Fritzweiler/Pfister/Summerer
Praxishandbuch Sportrecht

Praxishandbuch Sportrecht

von

Dr. jur. Jochen Fritzweiler
Rechtsanwalt in Burghausen/München

Dr. jur. Bernhard Pfister
em. o. Professor an der Universität Bayreuth

Dr. jur. Thomas Summerer
Rechtsanwalt in München

unter Mitarbeit von

Michael Reinhart
Rechtsanwalt in München

Privatdozent Dr. Christian von Coelln
Universität Passau

2. Auflage

Verlag C. H. Beck München 2007

Zitiervorschlag:
PHB SportR-*Bearbeiter* Teil/Rz
Beispiel:
PHB SportR-*Pfister* 6/100

C. H. Beck im Internet:
beck.de

ISBN 10 3 406 53856 8
ISBN 13 978 3 406 53856 8

© 2007 Verlag C. H. Beck oHG
Wilhelmstraße 9, 80801 München

Druck: Freiburger Graphische Betriebe
Bebelstraße 11, 79108 Freiburg i. Br.

Satz: Fotosatz Otto Gutfreund
Marburger Straße 11, 64289 Darmstadt

Gedruckt auf säurefreiem, alterungsbeständigem Papier
(hergestellt aus chlorfrei gebleichtem Zellstoff)

Vorwort zur 2. Auflage

Seit Erscheinen der ersten Auflage hat sich das Sportrecht in allen seinen Teilen rasant weiterentwickelt. Sportrecht ist mehr denn je Wirtschaftsrecht – bezeichnend dafür ist, dass über Sport nicht nur im Sportteil der Tageszeitungen berichtet wird, sondern auch in deren Wirtschaftsteil und in speziellen Wirtschaftszeitungen (Handelsblatt!). Längst urteilen über Sportrechts- und damit Wirtschaftsfragen der Bundesgerichtshof und der EuGH.

Die Expansion des Sportrechts wird auch aus Sicht der Publikationen deutlich: so umfasste z. B. der 1. Band der Entscheidungssammlung des internationalen Sportschiedsgerichtshofes, des Tribunal Arbitral du Sport (TAS), noch die Rechtsprechung von 12 Jahren (1986–1998), der 2. (1998–2000) und 3. Band (2001–2003) jeweils nur noch 2 Jahre. Zwei sportrechtliche Habilitationsschriften sind in den letzten Jahren erschienen, die Zahl der Dissertationen ist kaum zu überblicken. Neben der etablierten Fachzeitschrift „SpuRt" ist die „causa sport" erschienen. Zu den schon lange bestehenden, eher wissenschaftlich ausgerichteten Sportrechtsvereinigungen (Deutsche Vereinigung für Sportrecht/Konstanzer Arbeitskreis und International Association of Sports Law – IASL –) formierten sich zunehmend Rechtsanwälte in diesem Fachbereich und gründeten die International Sport Laywers Association (ISLA) sowie die Arbeitsgemeinschaft Sportrecht im Deutschen Anwaltverein (DAV), die zahlreiche Tagungen veranstalten.

Diese Entwicklung im Sportrecht und die neuen Erkenntnisse in Theorie und Praxis führten dazu, dass weite Teile der zweiten Auflage neu geschrieben werden mussten und der Umfang des Textteils sich vergrößert hat. Nur beispielhaft seien erwähnt die Präzisierung des Komplexes Vermarktung und Sponsoring, des Veranstalterbegriffs, die Ausgliederung von Profiabteilungen – vor allem im Eishockey, Fußball und Handball – in Kapitalgesellschaften, die Vereinheitlichung des Kampfs gegen Doping durch Gründung der nationalen und internationalen Anti-Doping-Agenturen NADA und WADA, die Zulässigkeit der Zentralvermarktung, der Musterprozess zur Frage der Existenz von Hörfunkrechten, die Verfassungswidrigkeit des bisher praktizierten staatlichen Sportwettmonopols und das „Aus" für Ausbildungsentschädigungen bei Spielertransfers. Schließlich war es angesichts des grassierenden Doping-Unwesens und anderer strafrechtlich relevanter Verhaltensweisen notwendig, einen besonderen Teil „Sport und Strafrecht" einzufügen.

Den Verfassern lag wie schon bisher sehr daran, die Antinomie zwischen sportlichem Verbands-Regelwerk und staatlichem Recht auszugleichen und das Sportrecht als Schnittstelle vieler Rechtsgebiete durch fundierte Argumentation weiterzuentwickeln. In dieser Grundhaltung wissen wir uns einig, obgleich jeder Autor eigene Schwerpunkte gesetzt hat und für die von ihm verfassten Teile die Verantwortung trägt, soweit nicht ausdrücklich zwei Verfasser genannt werden.

Wir danken besonders Herrn Prof. Dr. Bernhard Haffke (Passau) und Herrn Ass. jur. Jürgen Paepke (DFL, Frankfurt) für wertvolle Hinweise. Anregungen und Kritik, vor allem aus der Praxis, sind stets willkommen.

Bearbeitungsstand der zweiten Auflage ist Juni 2006.

Burghausen/München/Bayreuth, im August 2006 *Die Verfasser*

Vorwort zur 1. Auflage

Der Sport in Deutschland wächst weiterhin in allen seinen Erscheinungsformen, vor allem steigen auch die Umsätze im und um den Sport. Im mindestens gleichen Maße nehmen auch die sportrechtlichen Streitigkeiten zu und damit die Zahl der Gerichtsentscheidungen und der wissenschaftlichen Beiträge. Rein vereinsinterne, persönliche Streitigkeiten mag es noch wie in der Anfangszeit des modernen Sports geben. Im Mittelpunkt der sportrechtlichen Diskussionen und Entscheidungen stehen heute aber regelmäßig ganz erhebliche Vermögensinteressen, selbst wenn der Streit um Zulassung zum sportlichen Wettkampf oder um Sieg und Niederlage geht, also um rein sportliche Fragen – Sportrecht ist weitgehend Wirtschaftsrecht.

Glücklicherweise wird die Masse der über 26 Millionen Mitglieder in den gut 87 000 Sportvereinen, die Basis der weit über 100 Sportverbände in Deutschland, bei ihrer Sportausübung kaum mit Rechtsproblemen in Berührung kommen. Aber die juristischen Fragen des Sports bewegen zumindest seit dem Bundesliga-Skandal Anfang der 70er Jahre und sicher seit dem viel diskutierten und – von seiten der Sportverbände – geschmähten Bosman-Urteil des Europäischen Gerichtshofes auch die große Zahl der Sport-Treibenden oder am Sport Interessierten; fast tägliche Berichte in den Sportteilen der Tageszeitungen, wöchentliche Kolumnen in Sport- oder allgemeinen Magazinen und eine Vielzahl von Fernsehberichten und -streitgesprächen beweisen dies.

Wer als Richter, Anwalt, Vereinsvorsitzender, Funktionär, Sponsor, Mäzen oder Berufssportler erstmals mit einem sportrechtlichen Problem zu tun hat, findet sehr schwer den Einstieg. Das beginnt schon bei der Suche nach relevantem Material, nach Entscheidungen, Büchern, Aufsätzen. Die eigentliche Schwierigkeit des Sportrechts besteht in dem Zusammenwirken, oft aber auch Zusammenstoß von staatlichem Recht und dem von den internationalen oder nationalen Sportverbänden gesetzten Regelwerk. Kenntnisse des staatlichen Rechts und des Regelwerks des Sports sind erforderlich, aber auch ein Gespür für die Besonderheiten des Sports oder der einzelnen Sportart. Wer vom staatlichen Recht kommt, läuft leicht Gefahr, allein oder doch in erster Linie dieses für maßgebend zu halten; der Vertreter des – vor allem internationalen – Sports empfindet den Anspruch des Rechts der vielen einzelnen Nationalstaaten auf Vorrang als ungebührlich und, da die Einheitlichkeit des weltoffenen Sports gefährdend, für nicht hinnehmbar.

Auch im Sport müssen zugunsten des einen und zum Nachteil eines anderen am Sport Beteiligten Entscheidungen getroffen werden; es wäre das Ende des Sports, würden die staatlichen Gerichte wegen der durch Sportentscheidungen oft betroffenen Vermögensinteressen in jedem Fall die letzte Entscheidungskompetenz beanspruchen. Andererseits kann auch nicht dem Sport die letzte Entscheidung überlassen bleiben, zu unterschiedlich, oft entgegengesetzt sind die Interessen der Entscheidenden – meist Sportfunktionäre – und der von der Entscheidung Betroffenen.

Die Autoren des vorliegenden Handbuchs versuchen einen möglichen Mittelweg. In ihrer Grundhaltung wissen sie sich einig – weitgehende Autonomie dem Sport, Schutz vor allem der mitunter doch schwachen Position der Sportler, Vereine und kleinerer Verbände; sie wagen es, den derzeitigen Stand für den Praktiker umfassend darzustellen.

Für besondere Unterstützung danken die Autoren den Herren Professor Dr. Bernhard Haffke (Passau) und Dr. Eckhard Pache (Hamburg) sowie Frau Dr. Susanne Rückert (München).

Burghausen/München, Bayreuth, Berlin, im März 1998   *Die Verfasser*

Bearbeiterverzeichnis der 2. Auflage

Dr. Fritzweiler: . . . . 1. Teil Sport und Staat (mit *Dr. v. Coelln*);
3. Teil Sport, Arbeit und Wirtschaft;
5. Teil Sport, Schäden und Beeinträchtigungen

Prof. Dr. Pfister: . . . . Einführung;
2. Teil Sport, Vereine und Verbände, 1. Kapitel (Abschnitt E) und
4. Kapitel Abschnitt B;
6. Teil Internationales Sportrecht

Dr. Summerer: . . . . . 2. Teil Sport, Vereine und Verbände;
4. Teil Sport und Medien;
7. Teil Sport und Europarecht

Reinhart: . . . . 8. Teil Sport und Strafrecht

Inhaltsverzeichnis

	Seite
Vorwort zur 2. Auflage	V
Vorwort zur 1. Auflage	VI
Bearbeiterverzeichnis	VII
Literaturverzeichnis	XXV
Abkürzungsverzeichnis	XXIX

Einführung	1
A. Begriff des Sports	2
B. Begriff des Sportrechts: Verbandsregelwerk und staatliche Rechtsordnung	6
C. Die Autonomie des Sports – das selbstgesetzte Recht der Sportverbände	10
I. Grundlage der Autonomie	10
II. Rechtlich bedeutsame, typische Besonderheiten des Sports	12
1. Die monopolistisch-hierarchische Organisationsstruktur des Sports	12
a) Die Binnenstruktur	12
b) Die monopolistische Struktur nach außen	16
2. Die Verbandsregeln	17
a) Spielregeln	17
(a) Spielregeln im engeren Sinn	18
(b) Die Spielregeln im weiteren Sinn	21
b) Sonstige Verbandsregeln	24
c) Fairness-Gebot als oberster Grundsatz der Spielregeln	24
III. Die Interessenlage der am Sport Beteiligten	24
IV. Begrenzung der Autonomie des Sports	26

1. Teil. Sport und Staat

Einführung	31
1. Kapitel: Sport und Verfassung	31
A. Grundrechte und Freiheitsgewährungen für Sportler, Vereine und Verbände	33
I. Die Grundrechte des einzelnen Sportlers	34
1. Artikel 2 I GG	34
2. Artikel 2 II Satz 1 GG	36
3. Artikel 12 I GG	37
4. Weitere spezielle Grundrechte	40
II. Das Grundrecht auf Sport in den Vereinen und Verbänden (Art. 9 I GG)	40
III. Grundrechtseingriffe des Staates	42
1. Doping und staatliche Eingriffe	42
2. Kinderhochleistungssport, Kommerzialisierung und staatliche Eingriffe	45
3. Befugnis für ein Sportverbandsgesetz	46
B. Die Wahrnehmung staatlicher Aufgaben und Befugnisse im Sport	47
I. Sport als öffentliche Aufgabe	48
II. Kompetenzaufteilung zwischen Bund, Länder und Kommunen	51
1. Kompetenzen des Bundes	51
2. Kompetenzen der Länder	53
3. Kompetenzen der Gemeinden	54
C. Geltendmachung von Verfassungsverstößen	55
2. Kapitel: Sport und öffentliche Verwaltung	56
A. Sportförderungsmaßnahmen	56
I. Die einzelnen Sportförderungsmaßnahmen in Bund, Ländern und Gemeinden	56
1. Bund	56
2. Länder	58
3. Städte und Gemeinden	58
II. Gesetzliche Grundlagen und Normen für Sportsubventionen	60

Inhaltsverzeichnis

	Seite
1. Begriff der Sportsubvention	60
2. Subventionierungsvoraussetzungen	61
3. Rechtsansprüche für Verbände oder Einzelne	63
B. Ordnungsmaßnahmen der Verwaltung	63
I. Polizei- und sicherheitsrechtliche Maßnahmen bei einzelnen Gefahrensituationen	63
1. Selbstgefährdungen der Sportler	64
a) Hochleistungssport	64
b) Risikosportarten	64
c) Bei eingetretener Gefahr	64
2. Gefahren und Risiken von Sport(groß)veranstaltungen	65
a) Vom Sport selbst ausgehende Risiken	65
b) Von Zuschauern und Veranstaltungsumfeld ausgehende Risiken	66
c) Maßnahmen gegen Veranstalter und Zuschauer	66
II. Umwelt- und Nachbarschutz-Maßnahmen	70
1. Umweltbeeinträchtigungen	71
a) Art der Schäden durch die einzelnen Sportarten	71
b) Gesetzeslage	71
c) Rechtsprechung	73
d) Konfliktlösende Ordnungsmaßnahmen	73
aa) Sportarten an Sportanlagen gebunden	74
bb) Sportarten nicht an Sportanlagen gebunden	79
2. Nachbarliche Beeinträchtigungen	83
a) Gesetzeslage	84
b) Rechtsprechung	85
c) Geänderte Situation durch die Benutzungs VO 1990 und die Sportanlagen-Lärmschutz VO 1991	87
d) Konfliktlösende Maßnahmen	89
e) Rechtsprechung zur Sportanlagen-LärmschutzVO	89

2. Teil. Sport, Vereine und Verbände

Einführung	102
1. Kapitel. Autonomie, Organisation, Regelwerke und Management des Sports	104
A. Das Spannungsverhältnis zwischen Vereins-/Verbandsrecht und staatlichem Recht	104
I. Autonome Rechtsetzungsfähigkeit des Vereins/Verbandes	104
II. Einteilung des Regelwerks	106
1. Sportregel – Rechtsregel	106
2. Satzung und Ordnungen – der weite Vereinsverfassungsbegriff des BGH	107
III. Hierarchie Vereinsrecht – staatliches Recht	108
1. Vorrang staatlichen Rechts	108
2. Die Satzung als Sonderprivatrecht?	109
3. Keine Verdrängung staatlichen Rechts durch verbandsrechtliche Wertungen	109
a) Spezielle Sozialwerte des Sports	109
b) Einzelfälle aus verschiedenen Rechtsbereichen	110
B. Sportorganisationen	112
I. Landesfachsportverbände	113
I. Bundesfachsportverbände	113
III. Landessportbünde	113
IV. Deutscher Olympischer Sportbund (DOSB)	113
V. Stiftung Deutsche Sporthilfe	114
VI. Der „Freiburger Kreis"	114
VII. Kontinentale Sportvereinigungen	114
VIII. Internationale Fachsportverbände (IFs)	114
IX. Internationales Olympisches Komitee (IOC)	114
X. Organisationsaufbau des Sports weltweit	116
C. Struktur und Regelwerke großer Sportverbände	117
I. Deutscher Sportbund (DSB)	117
II. Leichtathletik (DLV)	117

	Seite
III. Fußball (DFB), Bundesliga	117
IV. Tennis (DTB)	119
V. Basketball (DBB/BBL)	119
VI. Eishockey (DEB/DEL)	119
VII. Skisport (DSV)	119
VIII. Handball (DHB-HBL)	120
IX. Volleyball (DVV)	120
X. Hockey (DHoB)	120
XI. Eislauf (DEU)	120
XII. Turnen (DTuB)	120
XIII. Schwimmen (DSV)	120
D. Rechtsformen und Management der Sportvereine/-verbände	120
I. Vereinsname, Sitz, Namensschutz	120
II. Idealverein – Wirtschaftsunternehmen (e.V. – GmbH/AG)	122
1. Traditionelle Erscheinungsformen	122
a) Eingetragener Verein (e.V.)	122
b) Nebenzweck-Privileg	124
2. Zwang zur Umwandlung in Kapitalgesellschaften	124
3. Umwandlungstendenzen und moderne Erscheinungsformen	125
III. Finanzierung eines Sportvereins	130
IV. Prüfungsverfahren zur Feststellung der wirtschaftlichen Leistungsfähigkeit eines Vereins bzw. einer Kapitalgesellschaft	131
1. Das Lizenzerteilungsverfahren durch den Ligaverband	131
2. Entscheidung und Rechtsmittel	134
3. UEFA-Clublizenzierungsverfahren	136
4. Lizenzierungsverfahren in anderen Sportarten	137
5. Lizenzverweigerungen und Rechtsstreitigkeiten	137
6. Haftung	138
E. Der Sportverein in der Insolvenz	139
Einführung	140
I. Eröffnung des Insolvenzverfahrens	141
1. Gründe für die Eröffnung	141
2. Antragspflicht des Vorstandes, Haftung	141
3. Das Eröffnungsverfahren, Fortführung des Wettkampfbetriebes	142
II. Folgen der Eröffnung des Insolvenzverfahrens	143
1. Für den Bestand des Vereins	143
2. Die Insolvenzmasse	143
a) Das Vereinsvermögen	143
b) Das Recht, an Verbandseinrichtungen teilzunehmen	144
(a) Das Teilnahmerecht als Massebestandteil	144
(b) Verbandsregelungen	145
(1) Verbandsregelwerk enthält keine Regelung	145
(2) Im Regelwerk des Verbandes finden sich Regeln für den Insolvenzfall	146
3. Auswirkungen der Insolvenz auf die Spieler	151
a) Vereinsmitglieder	151
b) Arbeitnehmer	151
III. Insolvenz eines Sportclubs in der Rechtsform einer Aktiengesellschaft, GmbH oder GmbH & Co. KG	153
2. Kapitel. Mitgliedschaft im Verein/Verband und Bindungswirkungen	153
A. Arten der Mitgliedschaften	153
I. Ordentliche/unmittelbare Mitgliedschaft (Verein – Sportler/Verband – Verein)	153
II. Mittelbare Mitgliedschaft (Verband – Sportler)	154
III. Außerordentliche Mitgliedschaft	154
B. Aufnahmeanspruch (Beitritt)	155
I. Das monopolbildende Ein-Platz-Prinzip	155
II. Kartellrechtlicher Aufnahmeanspruch	156
III. Zivilrechtlicher Aufnahmeanspruch	157

	Seite
C. Mitgliedschaftsrechte	159
I. Organschafts-, Wert- u. Schutzrechte	159
II. Mitgliedschaftsrecht als sonstiges Recht im Sinne des § 823 Abs. 1 BGB und Teilnahmeanspruch	161
III. Einzelfälle	163
D. Mitgliedschaftspflichten	167
E. Die Verbindlichkeit des Vereins-/Verbandsregelwerks	167
I. Geltung gegenüber unmittelbaren Mitgliedern	167
II. Geltung gegenüber mittelbaren Mitgliedern	169
1. Lückenloses System korrespondierender Satzungsverankerung (korporationsrechtliches Modell)	169
a) Statische Verweisung	169
b) Dynamische Verweisung	170
2. Vertrag (individualrechtliches Modell)	170
III. Geltung olympischen Rechts gegenüber NOK, Fachsportverbänden und Athleten	173
IV. Geltung des Rechts der internationalen Fachsportverbände	174
3. Kapitel. Ordnungs- und Strafgewalt der Vereine/Verbände	**175**
A. Rechtsetzungs- und Ordnungsmaßnahmen	175
B. Beispiele im Verbandsrecht	177
I. Zulassungsregeln und Zulassungsbeschränkungen	177
1. Zulassungsregeln („Amateur"-Status)	177
a) Leichtathletik	177
b) Olympische Spiele	177
2. Vereinswechsel und Transfersystem	178
a) Vereinswechsel mittels Spielervermittler	178
b) Transfersysteme im Fußball und der Leichtathletik	182
3. Förderung jüngerer deutscher Spieler	184
4. Wechsel der Staatsangehörigkeit	185
II. Vermarktungsbeschränkungen gegenüber Sportlern und Vereinen	186
III. Doping	189
1. Definitionen des Dopings, Zuständigkeiten und Statutenbeispiele	189
2. Einführung in die Dopingproblematik	193
3. Unverzichtbare Rechtsgarantien	197
4. Sanktionen der Verbände	198
5. Doping im Zivil- und Strafrecht	199
6. Doping in der ehemaligen DDR	201
C. Berücksichtigung rechtsstaatlicher Grundsätze	201
I. Bestimmtheitsgrundsatz	201
II. Rückwirkungsverbot	202
III. Verbot der Doppelbestrafung	202
IV. Verhältnismäßigkeit/Übermaßverbot	203
V. Verschulden/Zurechenbarkeit	204
VI. Zuständiges Organ	205
VII. Verfahren, rechtliches Gehör und anwaltlicher Beistand	205
VIII. Begründungs- und Mitteilungserfordernis	207
IX. Aufschiebende Wirkung eines Rechtsmittels	207
4. Kapitel. Vereins- und Verbandsgerichtsbarkeit – Schiedsgerichtsbarkeit – staatliche Gerichtsbarkeit	**207**
A. Die Vereins- und Verbandsgerichtsbarkeit und ihre Bedeutung	207
B. Schiedsgerichtsbarkeit (§§ 1025 ff. BGB)	209
I. Vorteile und Problematik einer Schiedsgerichtsbarkeit im Sport	209
II. Abgrenzung Vereinsgericht – (echtes) Schiedsgericht	212
III. Das Schiedsverfahren	213
1. Die Schiedsklausel	213
a) Schiedsklausel in einer Satzung	214
b) Vertragliche Schiedsklausel	215

	Seite
2. Das Schiedsverfahren	215
3. Der Schiedsspruch	216
C. Klagearten und Anträge bei Vereinsstreitigkeiten	218

5. Kapitel. Gerichtliche Überprüfung der Vereinsregelungen und -maßnahmen und ihr Umfang 220
A. Überprüfbarkeit von Tatsachenentscheidungen und Regelverstößen durch Sportgerichte . 220
B. Überprüfbarkeit von Vereinsregelungen und -maßnahmen durch staatliche Gerichte 226
    I. Anwendbarkeit der AGB-Bestimmungen nach §§ 305 ff. BGB auf Vereinssatzungen und Nebenordnungen 226
    II. Kontrollmaßstab § 242 BGB 228
        1. Übersicht des Prüfungsumfangs 228
            a) Bei Vereinen/Verbänden, die keine sozialmächtige oder Monopolstellung aufweisen 228
            b) Bei Verbänden mit sozialmächtiger oder Monopolstellung 229
        2. Prüfungskriterien im Einzelnen 229
            a) Erstreckung der Ordnungsgewalt auf den Betroffenen 229
            b) Satzungsmäßige Grundlage der Ordnungsmaßnahme 229
            c) Einhaltung des in der Satzung oder Vereinsordnung festgelegten Verfahrens . . 229
            d) Einhaltung allgemeingültiger Verfahrensgrundsätze 230
            e) Gesetzmäßigkeit der Ordnungsmaßnahme 230
            f) Fehlerfreiheit der Tatsachenermittlung 230
            g) Subsumtion und Strafausspruch: Willkür/grobe Unbilligkeit oder Angemessenheit? 231
    III. Im Prozess kein Nachschieben von Gründen 233
    IV. Keine Anpassung einer rechtswidrigen Maßnahme 233
C. Die Kontrollintensität im Ausland 233
    I. Schweiz 233
    II. USA 234
    III. England 235

3. Teil. Sport, Arbeit und Wirtschaft

Einführung 240
1. Kapitel. Sportleistungsverträge 243
A. Sportliche Tätigkeit als schuldrechtliche Leistung 243
B. Vertragsrechtliche Grundlagen 247
    I. Vertragliche Verpflichtung zur Begründung eines Schuldverhältnisses 247
    II. Einordnung des Sportleistungsvertrages als Werk-, Dienst- oder Arbeitsvertrag . . . 248
    III. Regelung der Dienstleistungen und Arbeitsbedingungen 251
    IV. Minderjährige und Hochleistungssport 252
        1. Wirksamkeit der Verträge 252
        2. Zulässigkeit nach Jugendarbeitsschutzgesetz 253
C. Das Sport-Leistungsverhältnis – Einzelne Pflichten 253
    I. Pflichten des Sportlers als Dienstverpflichteter oder Arbeitnehmer 253
        1. Hauptpflichten des Sportlers 253
        Sportleistung nach
            a) Art 253
            b) Umfang 256
            c) Zeit 257
            d) Ort 258
        2. Nebenpflichten des Sportlers 258
    II. Pflichten des Sportveranstalters als Arbeitgeber/Dienstherr 259
        1. Hauptpflichten des Sportveranstalters 259
            a) Beschäftigungspflicht 259
            b) Vergütungspflicht 259
        2. Nebenpflichten 261
D. Ansprüche bei Pflichtverletzungen 261
    I. Ansprüche bei Pflichtverletzungen durch den Sportler 261

	Seite
II. Ansprüche bei Pflichtverletzung durch Dienstherrn/Arbeitgeber	264
E. Mitbestimmung, Betriebsverfassungsrecht, Tarifvertragsrecht	266
I. Mitbestimmung im Mannschaftssport	266
1. Betriebsverfassungsrechtliche Mitbestimmung	267
2. Gewerkschaftliche Mitbestimmung	269
a) Tariffähigkeit, Artikel 9 III GG, § 2 I TVG	269
b) Streikrecht	271
II. Mitbestimmung im Individualsport	271
F. Beendigung des Sportleistungsverhältnisses	273
I. Transfer-Wartefristen	274
II. Transfer-Zahlungen	276
III. Auswirkungen von Lizenzverlust, Aufstieg/Abstieg, Insolvenz eines Bundesligavereins auf den Arbeitsvertrag	277
1. Lizenzverlust	277
2. Aufstieg/Abstieg in andere Liga	278
3. Insolvenz	278
G. Besondere Sportleistungsverhältnisse (Sportlehrer, Trainer, Schiedsrichter)	278
I. Sportunterricht, Trainertätigkeit	278
1. Rechtsnatur, Vertragspflichten	279
2. Ansprüche bei Pflichtverletzungen	280
3. Beendigung des Trainerverhältnisses	280
II. Wettkampfrichter-Tätigkeit	282
1. Rechtsnatur, Vertragspflichten	282
2. Ansprüche bei Pflichtverletzungen	283
a) Ansprüche des Sportlers bzw. Spielers	283
b) Ansprüche des Verbandes/Vereins	284
2. Kapitel. Werbeleistungsverträge („Sponsoring-Verträge")	**285**
Einführung	285
A. Vermarktungs- oder Sponsoringvertrag	287
I. Leistungsgegenstände, insbesondere die Werberechte	287
1. Immaterialgüter als Werberechte	288
a) Geschützte Immaterialgüter	288
b) Ansprüche bei Rechtsverletzungen	290
c) Rechtsnatur der immateriellen Werberechte und ihrer Übertragung	290
2. Dienstleistungen	293
II. Typologische Einordnung des Vermarktungs- oder Sponsoringvertrages	293
1. Vergabe der Werberechte	294
2. Dienstleistungen	295
3. Leistungen des Sponsors	295
III. Vertragliche Regelungen insbesondere der Pflichten im Einzelnen	295
1. Geschäftsgrundlage	296
2. Leistungen des Gesponserten	296
a) Vergabe der Werberechte	296
b) Dienst- und Werkleistungen des Gesponserten	298
3. Leistungen des Sponsors	299
4. Sportspezifische und allgemeine Regelungen	300
a) Beachtung der Verbands- und Vereinsregelungen	300
b) Vertragsdauer	301
c) Gerichtsstandsklausel, TASCAS	302
d) Internationale Verträge	303
e) Rahmenvertrag/Vorvertrag	303
IV. Pflichtverletzungen (Leistungsstörungen)	303
1. Grundsätze	303
2. Pflichtverletzungenn (Leistungsstörungen) auf Seiten des Gesponserten	304
3. Pflichtverletzungen auf Seiten des Sponsors	305
4. Verletzung von Nebenpflichten	305
B. Ausrüstungsvertrag	306

	Seite
3. Kapitel. Vermittlungsverträge	307
A. Werbeagenturvertrag	307
I. Agentur als Vermittler	308
1. Typologische Einordnung	308
2. Einzelne Regelungspunkte	309
a) Umfang der Vermarktung	309
b) Pflichten des Auftraggebers (Entgelt)	310
c) Vertragsdauer, Kündigungsrecht	310
d) Abschluss der Sponsorenverträge	311
II. Agentur als „Eigenhändler"	312
III. Internationale Agenturverträge	313
B. Vermittlungs- und Managementvertrag	313
I. Athleten-/Spieler-Vermittlungsvertrag	313
1. Rechtsnatur/beiderseitige Pflichten	313
2. Ansprüche bei Pflichtverletzungen	315
II. Manager- oder Managementvertrag	315
1. Rechtsnatur, Pflichten	315
2. Ansprüche bei Pflichtverletzungen	316
a) Pflichtverletzung des Managers	316
b) Pflichtverletzung des Athleten	316
4. Kapitel. Fernseh-Verwertungsverträge	316
I. Rechtsnatur des Vertrages	317
II. Pflichten des Sportveranstalters und des Rechteverwerters	317
III. Ansprüche bei Pflichtverletzungen	317
5. Kapitel. Zuschauerverträge	318
I. Rechtsnatur des Vertrages, Vertragspflichten	318
II. Ansprüche bei Pflichtverletzungen	320
1. Pflichtverletzungen des Sportveranstalters	320
2. Pflichtverletzungen des Zuschauers	322
6. Kapitel. Sportwettverträge	322
A. Grundlagen	323
I. Die Entwicklung der Sportwette	323
II. Gesetzliche Grundlagen der Sportwette	323
III. Zulässigkeit der Sportwette	324
1. Glücksspielverbot gemäß §§ 284 ff. StGB	325
2. Erlaubnis bzw. Genehmigung der Sportwette	325
3. Rechtmäßigkeit der staatlichen Beschränkung des Sportwettenmarktes	326
B. Sport-Wettverträge	327
I. Rechtsnatur des Vertrages, Vertragspflichten	327
II. Ansprüche bei Pflichtverletzungen	328
1. Pflichtverletzungen der Wettspieler, Toto-Gesellschaft und Annahmestelle	328
2. Pflichtverletzungen in einer Tippgemeinschaft	329
7. Kapitel. Versicherungsverträge	330
I. Die Sportveranstaltungsausfallversicherung	330
II. Fernsehausfallversicherung/Werbeausfallversicherung	331
4. Teil. Sport und Medien	
Einführung	336
1. Kapitel: Die Bedeutung der Sportberichterstattung in den elektronischen Medien	336
A. Vollprogramme mit Sportangebot	337
B. Sport-Spartenprogramme	338
I. Deutsches Sport-Fernsehen (DSF) GmbH	338
II. Eurosport Fernseh GmbH	338
C. Sport im Abonnement-Fernsehen und im Kabel	338
I. Premiere Fernsehen GmbH & Co. KG	338
II. Kabel Deutschland GmbH (KDG)	339
III. Arena Sport Rechte und Marketing GmbH	339

	Seite
D. Sport im Internet	339
E. Sport im Mobilfunk	339
2. Kapitel: Gesetzliche Grundlagen und Regelungsbeispiele	339
A. Informations- und Rundfunkfreiheit (Artikel 5 I GG)	340
B. Sportwerbung und Sportsponsoring in den Medien	341
I. Sportwerbung	341
II. Sportwerbung für Zigaretten und Tabakerzeugnisse sowie Alkohol	344
III. Sportsponsoring	346
C. Jugendschutz	347
D. Sport, Medien und Wettbewerbsrecht (UWG, UrhG, MarkenG)	347
I. Übertragung ohne Genehmigung/Lizenz	348
II. Herstellung und Vertrieb von Programmheften	348
III. Gebrauch von Titeln, Logos, Emblemen, Marken (Titelschutz/Markenschutz)	348
IV. Gebrauch von Spielplänen und Ergebnistabellen	349
E. Beschränkungen des Marktes für Sportübertragungen und Kartellrecht (GWB, EG-Vertrag)	351
I. Rechtsgrundlagen	351
II. Exklusivvereinbarungen	352
III. Begriff der Fernseh- und Hörfunkrechte	354
IV. Zentrale Rechtevergabe – Veranstalterbegriff	357
V. Genehmigung einer Sportveranstaltung durch den Sportverband	368
VI. Zentraler Rechteeinkauf und Eurovisionssystem der EBU	369
VII. Übertragung von Großereignissen im Fernsehen	371
3. Kapitel: Der Fernsehverwertungsvertrag und sein Umfeld	373
A. Rechte des teilnehmenden Sportlers	375
B. Sportrechte-Agenturen	377
C. Inhaber der Verwertungsrechte einzelner Sportarten (Auswahl)	377
D. Das Recht auf Kurzberichterstattung	379
E. Der Fernsehverwertungsvertrag	383
4. Kapitel: Ansprüche von Sportlern wegen schädigender Sportberichterstattung	385
A. Gegendarstellung	385
B. Unterlassung	388
C. Widerruf	389
D. Schadensersatz	390
E. Schmerzensgeld	390
5. Kapitel: Ansprüche von Sportlern wegen unerlaubter Nutzung ihres Bildes oder Namens, insbesondere zu Werbezwecken	391
6. Kapitel: Sport und GEMA	396

5. Teil. Sport, Schäden und Beeinträchtigungen

	Seite
Einführung	401
1. Kapitel. Haftungsvoraussetzungen	403
A. Vertragliche Ansprüche	403
B. Deliktische Ansprüche	404
1. § 823 Abs. 1 BGB	404
2. § 823 Abs. 2 BGB	405
3. § 831 BGB	405
4. § 833 BGB, § 7 StVG, § 33 LuftVG	405
C. Umfang des Schadensersatzes	405
D. Haftungsbeschränkung, Mitverschulden	405
E. Beweislast	406
F. Konkurrenz der Anspruchsgrundlagen, Unterschiede	406
2. Kapitel. Haftung der Sportler bei Sportunfällen	406
A. Rechtsprechung und Dogmatik der Verkehrspflichtenhaftung	407
B. Bestimmung der „Verkehrspflichten im Sport" durch das Regelwerk der Sportverbände und gesetzlich fixierte Verkehrspflichten	410
C. Haftung der Sportler bei den einzelnen Sportarten	417

Inhaltsverzeichnis

	Seite
I. Individualsportarten (Parallelsportarten)	418
II. Kampfsportarten	428
III. Sportarten im Bereich der Gefährdungshaftung	432
1. Gefährdungshaftung beim Reit- und Pferdesport	433
2. Gefährdungshaftung beim Auto- und Motorradsport	433
3. Gefährdungshaftung beim Flugsport	434
IV. Haftung des Sportlers gegenüber Helfern, Zuschauern	435
V. Haftungsbeschränkung, Haftungsausschluss, Mitverschulden	436
1. Ausdrücklicher Haftungsausschluss	436
2. Stillschweigender Haftungsausschluss	437
3. Gesetzlicher Haftungsausschluss	438
4. Mitverschulden	438
VI. Beweisführung im Prozess	440
3. Kapitel. Haftung der Sportveranstalter bei Sportunfällen	441
A. Rechtsprechung und Bestimmung der „Verkehrspflichten für den Sport"	442
B. Haftung der einzelnen Veranstalter bei verschiedenen Sportarten	445
I. Haftung des Sportvereins und Sportverbandes	445
1. Haftung gegenüber Sportlern	445
a) Vertragliche und deliktische Anspruchsgrundlagen	445
b) Verkehrspflichten bei den einzelnen Sportarten	447
c) Ausschluss und Beschränkung der Haftung	450
2. Haftung gegenüber Zuschauern und Unbeteiligten	451
Exkurs: Haftung des Stadioneigentümers	456
II. Haftung privater Sportlehrer (Trainer) und Sportschulen	457
1. Vertragliche und deliktische Anspruchsgrundlagen	457
2. Verkehrspflichten bei den einzelnen Sportarten	457
3. Ausschluss und Beschränkung der Haftung	460
III. Haftung der Betreiber von Bahnen und Schleppanlagen	461
1. Vertragliche und deliktische Anspruchsgrundlagen	461
2. Verkehrspflichten bei den einzelnen Sportarten	462
3. Ausschluss und Beschränkung der Haftung	465
IV. Haftung des Staates und der Kommunen im öffentlichen Sportbetrieb	466
1. Vertragliche und deliktische Anspruchsgrundlagen	466
2. Verkehrspflichten bei den einzelnen Sportarten	468
3. Ausschluss und Beschränkung der Haftung	470
V. Haftung des Produzenten, Vertreibers, Vermieters und Reparateurs von Sportgeräten und Sportanlagen	471
1. Vertragliche und deliktische Anspruchsgrundlagen	471
2. Verkehrspflichten bei den einzelnen Sportarten	472
3. Ausschluss und Beschränkung der Haftung	474
4. Kapitel. Haftung der Zuschauer	474
I. Gegenüber (Mit-)Zuschauern	474
II. Gegenüber Veranstalter und Stadioneigentümer	475
III. Gegenüber Sportlern, Schiedsrichtern, unbeteiligten Dritten	476
5. Kapitel. Gesamtschuldnerische Haftung	476
6. Kapitel. Versicherungsschutz bei Sportunfällen	477
I. Gesetzliche Versicherungen	478
1. Gesetzliche Unfallversicherung	478
2. Gesetzliche Krankenversicherung	481
3. Gesetzliche Rentenversicherung	481
II. Private Versicherungen	482
1. Private Unfall-, Kranken- und Haftpflichtversicherung	482
2. Sportversicherung als	483
a) Sportunfallversicherung	484
b) Sportkrankenversicherung	484
c) Sporthaftpflichtversicherung	485

	Seite
III. Ausschluss von Risikosportarten	485
1. Ausschluss von Risikosportarten	486
2. Aufopferungsansprüche für Leistungssportler	487

7. Kapitel. Sport – Nachbarliche Beeinträchtigungen, Umwelteinwirkungen, Abwehr und Ausgleich ... 488

I. Sport – Nachbarliche Beeinträchtigungen, Abwehr und Ausgleich	488
1. Anspruchsvoraussetzungen	489
2. Ältere Rechtsprechung zum Sportlärm	490
3. Entwicklung der Rechtsprechung	490
a) Wesentliche Geräuschbeeinträchtigungen	492
b) Privilegierung	492
4. Gesetzesänderung	494
5. Praktische Anwendung im Sport	494
a) Anwendung der Sportanlagen-Lärmschutzverordnung auf den Sportsachverhalt	494
b) Auslegung der Tatbestandsmerkmale des § 906 BGB	495
II. Sport – Umwelteinwirkungen, Abwehr und Ausgleich	495
1. Anspruchsvoraussetzungen	496
2. Rechtsprechung	496
3. Abwehr und Ausgleich von Umwelteinwirkungen	496
a) Abwehranspruch §§ 1004, 906 I, II Satz 1 BGB; Schadensersatz nach § 906 II Satz 2 BGB, § 14 Satz 2 BImSchG	496
b) Schadensersatzansprüche nach § 22 WHG, § 2 HaftpflichtG, § 114 BBergG	497
c) Schadensersatz nach §§ 823 ff. BGB	497
4. Das neue Umwelthaftungsgesetz	497
5. Die Problematik einer Umwelthaftung nach der deliktischen Generalnorm des § 823 I BGB	498
a) Individuelle Rechtsgutsverletzung nach § 823 Abs. 1 BGB	498
b) Schaden nach §§ 249 ff., 251 BGB	499
c) Kausalität	499
d) Rechtswidrigkeit	499
e) Verschulden	500

6. Teil. Internationales Sportrecht

Einführung	506
1. Kapitel. Der Status Internationaler Sportverbände	507
I. Die Organisationsstruktur	507
II. Rechtliche Einordnung der Internationalen Sportverbände	508
III. Einordnung des von den Internationalen Sportverbänden gesetzten „Rechts" (lex sportiva)	511
IV. Bindung der Beteiligten	513
2. Kapitel. Internationales Privatrecht	515
A. Das auf Verbände (Vereine) anzuwendende Recht (Verbandsstatut)	515
I. Bestimmung des Verbandsstatuts	515
II. Umfang des Verbandsstatuts	518
B. Das auf Verträge anwendbare Recht (Vertragsstatut)	520
I. Allgemeine Grundregeln	520
1. Vereinbarung des anwendbaren Rechts (Rechtswahlklausel)	520
2. Fehlen einer Vereinbarung	523
3. Geltungsbereich des Vertragsstatuts	523
4. Zwingende Normen und ordre public	524
II. Einzelne sport-typische Verträge	525
1. Regelanerkennungsvertrag	525
2. Sportleistungsverträge	530
a) Arbeitsverträge	530
b) Dienst- oder Werkverträge	531
3. Sponsoring- oder Vermarktungsverträge	532

	Seite
a) Statut der Werberechte	532
b) Statut des Vermarktungsvertrages	537
4. Fernsehrechteverwertungsvertrag	538
5. Franchisevertrag	540
6. Wettverträge	541
7. Zuschauervertrag	541
8. Ausrüstungsvertrag	543
9. Agenturvertrag	543
C. Das auf Delikte anzuwendende Recht (Deliktsstatut)	543
I. Allgemeine Grundregeln	544
1. Das autonome deutsche Kollisionsrecht	544
a) Handlungsort	544
b) Verletzungsort	544
c) Sonderregeln	545
d) Umfang des Deliktsstatuts	545
2. Die geplanten EU-VO	546
a) Grundregeln	546
b) Umfang des Deliktsstatuts	547
II. Einzelne sport-typische Delikte	548
a) Sportunfälle	548
b) Fehlerhafte Sportmaterialien	548
c) Verletzung immaterieller Güter	548
3. Kapitel: Internationales Zivilprozessrecht	550
Einführung	550
A. Zuständigkeit deutscher Gerichte	552
I. Grundsatzzuständigkeit am Wohnsitz/Sitz einer Partei (allgemeiner Gerichtsstand)	552
a) Zuständigkeit am Sitz einer juristischen Person	552
b) Klage gegen einen Internationalen Verband mit Sitz im Ausland am Sitz seines deutschen Mitgliedverbandes?	553
II. Gerichtsstand für Klagen aus einem Vertrag	555
1. Nach EuGVVO/LÜ	555
2. Nach deutscher ZPO	556
3. Gerichtsstand für Arbeitssachen	557
III. Gerichtsstand für Deliktsklagen	557
1. Nach EuGVVO/LÜ	557
2. Nach deutscher ZPO	558
IV. Gerichtsstand des Sachzusammenhangs (EuGVVO/LÜ)	559
V. Gerichtsstand der Gewährleistung (Regress)	560
VI. Gerichtsstand des Vermögens	560
VII. Gerichtsstandsvereinbarung	562
1. Nach Art. 23 EuGVVO/17 LÜ	563
2. §§ 38, 40 deutsche ZPO	564
B. Anerkennung und Vollstreckung von Urteilen	565
I. Anerkennung und Vollstreckung ausländischer Urteile in Deutschland	565
1. Nach EuGVVO/LÜ	565
2. Nach der deutschen ZPO	566
II. Anerkennung und Vollstreckung deutscher Urteile im Ausland	567
C. Einstweiliger Rechtsschutz	567
I. Gerichtszuständigkeiten	567
II. Anwendbares Recht	569
III. Anerkennung und Vollstreckung einstweiliger Maßnahmen	569
4. Kapitel. Internationale Schiedsgerichtsbarkeit	570
Bedeutung der internationalen Schiedsgerichtsbarkeit für den Sport	570
1. Zulässigkeit der Entscheidung eines Rechtsstreits durch ein deutsches oder ausländisches Schiedsgericht	573
2. Die Schiedsklausel	574
a) Schiedsgerichtsvereinbarung	574

	Seite
b) Satzungsmäßige Schiedsklausel	575
c) Wirkung einer Schiedsklausel	575
3. Verfahren vor dem Schiedsgericht	576
4. Der Schiedsspruch	576
a) Wirkung	576
b) Aufhebung, Anerkennung, Vollstreckung	577
5. Das Tribunal Arbitral du Sport (TAS)	579

7. Teil. Sport und Europarecht

Einführung	585
1. Kapitel. Sport in der Europäischen Union	586
I. Geschichte der Beziehungen zwischen Sport und der Europäischen Union	586
1. Rechtliche Grundlagen	586
2. Die europäischen EU-Institutionen und ihre Beziehungen zum Sport	587
3. Europäische Sportpolitik	589
II. Sport im Verfassungsvertrag	592
2. Kapitel. Anwendbarkeit des EG-Vertrags auf Sportfragen	594
I. Anwendungsbereich des Vertrages	594
1. Keine ausdrückliche Gemeinschaftskompetenz zur Regelung des Sports	594
2. Sport als „Teil des Wirtschaftslebens" i. S. v. Art. 2 EGV	594
3. Keine Bereichsausnahme	594
II. Das Recht von Amateursportlern auf Ausübung ihres Sports in der EU	594
III. Berufliche Befähigungsnachweise im Sport	597
3. Kapitel. Rechtsprechung des EuGH zu Sportfragen	599
I. Walrave und Koch /Union cycliste Internationale	600
II. Donà ./. Mantero	600
III. UNECTEF./. Heylens	601
IV. Bosman	601
V. Deliège	604
VI. Lehtonen	605
VII. Kolpak	607
VIII. Meca-Medina und Majcen ./. Kommission	608
IX. Piau ./. Kommission	609
X. Simutenkov	610
4. Kapitel. Schutz der Sporttreibenden durch die Grundfreiheiten des EG-Vertrags	611
I. Freizügigkeit der Arbeitnehmer gem. Art. 39 EGV	611
1. Arbeitnehmerbegriff	611
2. Regelungsgehalt des Art. 39 EGV	613
3. Drittwirkung	614
4. Rechtfertigungsgründe bzw. Grenzen des Art. 39 EGV	615
II. Niederlassungsfreiheit (Art. 43 EGV) und Dienstleistungsfreiheit (Art. 49 EGV)	617
5. Kapitel. Ausländerklauseln im Sport nach Bosman	618
I. Entwicklung der Ausländerregelungen im Fußball seit Bosman	618
II. Gegenwärtiger Status	619
1. Deutschland	619
2. Europa	620
III. Die Assoziierungsabkommen	620
IV. Regelungen des Zugangs zum Arbeitsmarkt	623
V. Völliger Ausschluss ausländischer Spieler von Nationalmannschaften	624
6. Kapitel. Internationale Transferregelungen im Fußball	625
I. Entwicklung der Transferregelungen	625
II. Das neue FIFA-Transferreglement	626
7. Kapitel. Wettbewerbsbestimmungen nach Art. 81 und 82 EGV	629
I. Regelungsgehalt der Art. 81 und 82 EGV	629
II. Standpunkt der Kommission	630
III. Betroffene Bereiche des Sports	630
IV. Sportvereine und Sportverbände als Unternehmen	631

Inhaltsverzeichnis

		Seite
V.	Auswirkungen der Art. 81 ff. EGV auf Ausländerklauseln und Transferregeln	631
VI.	Auswirkungen der Art. 81 ff. EGV auf Wartefristen bei Nationalitätswechsel/ Einbürgerung	633
VII.	Auswirkungen der Art. 81 ff. EGV auf Disziplinarmaßnahmen	633
VIII.	Auswirkungen der Art. 81 ff. EGV auf Produktwerbung	633
IX.	Auswirkungen der Art. 81 ff. EGV auf exklusive Einkaufsvereinbarungen	634
X.	Auswirkungen der Art. 81 ff. EGV auf den Exklusivvertrieb von Eintrittskarten	635
XI.	Auswirkungen der Art. 81 ff. EGV auf die Mehrfachbeteiligung an Fußballvereinen	635
XII.	Auswirkungen der Art. 81 ff. EGV auf sportorganisatorische Regeln	636
XIII.	Freistellung	636
XIV.	Dumping	637
XV.	Subventionen für den Sport	637
XVI.	Wettbewerb zwischen Sportverbänden	639
XVII.	Zentrale Vermarktung der Medienrechte	639

8. Teil. Sport und Strafrecht

1. Kapitel. Einführung 645
2. Kapitel. Abgrenzung des Gegenstandes 648
A. Das Sportstrafrecht im engeren Sinn als Straflosigkeitsrecht des Sports . . . 648
    I. Vorbemerkung 648
    II. Sport als Strafrechtsbegriff 648
        1. Vorbemerkung 648
        2. Die Funktion des Sports im Sportstrafrecht im engeren Sinne . . . 649
        3. Die einzelnen Definitionsmerkmale des Sports 650
            a) Vorbemerkung 650
            b) Sport als Bewegung 651
            c) Sport als Bewegung gegeneinander 652
            d) Sport als regel- und organisationsgeleitetes Handeln . . . 653
            e) Sonderfälle 655
        4. Zwischenergebnis 656
    III. Straftaten im Sport vs. Straftaten beim Sport 656
        1. Vorbemerkung 656
        2. Straftaten im Sport vs. Straftaten beim Sport 657
        3. Mögliche Täter-Opfer-Konstellationen im Sport 658
            a) Sportler vs. Sportler 658
            b) Sportler vs. Zuschauer 658
            c) Sportler vs. Unparteiische oder Offizielle 659
            d) Zuschauer vs. Zuschauer/Dritte; Fankriminalität 660
            e) Veranstalter/Ausrüster vs. Sportler/Zuschauer 660
    IV. Ergebnis 664
B. Das Sportwirtschaftsstrafrecht als Sportstrafrecht im weiteren Sinne . . . 664
3. Kapitel. Körperverletzungen und Sachbeschädigungen im Sport . . . 665
A. Einführung 665
    I. Behandelte Deliktsgruppen 665
        1. Körperverletzungs- und Sachbeschädigungsdelikte 665
        2. Keine Behandlung der Tötungsdelikte 666
        3. Keine Behandlung der übrigen Deliktsgruppen des Kern- und Nebenstrafrechts . 667
        4. Sonderproblem: Doping 667
    II. Körperverletzungen im anerkannten Bewegungskampfsport 668
    III. Körperverletzungen im Sport 669
        1. Konkretisierende Abgrenzung zu den Körperverletzungen beim Sport . . . 669
        2. Trainerhandeln als Körperverletzung im Sport? 670
            a) Beteiligung des Trainers an den Taten seiner Spieler . . . 670
            b) Körperverletzung durch quälerisches Training 670
    IV. Empirische Grundlagen der Körperverletzungen im Sport 671
        1. Vorbemerkung 671
        2. Regelfall: Vorsätzliche Tatbestandsverwirklichung 671

	Seite
3. Regelfall: Vorsätzliche Regelverletzung	672
B. Körperverletzungen im Sport	673
I. Vorbemerkung	673
II. Dogmatische Begründungen für die Straflosigkeit der Körperverletzungen im Sport	673
1. Vorbemerkung	673
2. Tatbestandsausschließende Lösungen	673
a) Restriktive Auslegung des Tatbestands der Körperverletzungsdelikte	673
b) Sozialadäquanz bzw. erlaubtes Risiko	674
c) Sportadäquanz	676
d) Kritik	676
2. Rechtfertigungslösungen	679
a) Rechtfertigung durch aktuell vorhandene Einwilligung	679
b) Eigene Lösung: Rechtfertigung durch mutmaßliche Einwilligung	681
III. Das Problem der Sittenwidrigkeit	684
IV. Grundtatbestand und Qualifikationen	685
a) Der Grundtatbestand des § 223 StGB	685
b) Qualifikationen	686
V. Versuch	688
VI. Täterschafts- und Teilnahmeformen	688
VII. Unterlassen	688
C. Sachbeschädigungen im Sport	689
I. Vorbemerkung	689
II. Tatbestandsausschluss vs. Rechtfertigung	689
1. Tatbestandsausschluss	689
2. Keine Rechtfertigung	689
3. Rechtfertigung durch mutmaßliche Einwilligung	690
D. Prozessuale Fragen	690
I. Vorbemerkung	690
II. Das öffentliche Strafverfolgungsinteresse	690
III. Doppelbestrafungsverbot bzgl. staatlicher und innerverbandlicher Sanktionen	691
4. Kapitel. Doping	**691**
A. Einführung	691
B. Doping als Körperverletzung	692
I. Grundtatbestand und Qualifikationen	692
1. Tatbestandsfragen des § 223 StGB	692
a) Körperliche Misshandlung	692
b) Gesundheitsschädigung	693
2. Qualifikationen der §§ 224 bis 227 StGB	693
II. Die strafrechtliche Bedeutung der einzelnen Formen des Dopings	694
1. Freiwilliges Selbstdoping	694
2. Unfreies Selbstdoping/Heimliches Doping/Zwangsdoping	694
3. Einverständliches Fremddoping	695
4. Versehentlich gefährliches Doping	696
III. Ergebnis	697
C. Doping als Verstoß gegen das Arznei- und Betäubungsmittelrecht	697
1. § 95 I Nr. 2a AMG	697
2. §§ 29 ff. BtMG	698
D. Doping als Vermögensdelikt	698
I. Vorbemerkung	698
II. Doping als Betrug gem. § 263 StGB	699
1. Die Dogmatik des Betrugstatbestandes	699
2. Die einzelnen möglichen Betrugskonstellationen	700
a) Betrug zum Nachteil des Vereins	700
b) Betrug zum Nachteil des Veranstalters	701
c) Betrug zum Nachteil der Sponsoren	702
d) Betrug zum Nachteil von Förderinstitutionen	703
e) Betrug zum Nachteil von Konkurrenten	703

Inhaltsverzeichnis

	Seite
f) Betrug zum Nachteil von Zuschauern	704
g) Betrug zum Nachteil von Wettanbietern	704
III. Doping als Untreue gem. § 266 StGB	705
E. Doping als Wettbewerbsdelikt	705
5. Kapitel. Sportmanipulationen	**706**
A. Vorbemerkung	706
B. Manipulationen zu sportimmanenten Zwecken	708
I. Vorbemerkung	708
II. Manipulationen durch Sportler/Trainer	708
1. Manipulationen mit Ergebniswirkung	708
a) Vorbemerkung	708
b) Betrug zum Nachteil der gegnerischen Spieler	708
c) Betrug zum Nachteil des gegnerischen Vereins	710
d) Betrug zum Nachteil des eigenen Vereins	710
e) Ergebnis	711
2. Manipulationen ohne Ergebniswirkung	711
C. Manipulationen zu außersportlichen Zwecken; insbesondere: Wettmanipulationen	711
I. Manipulationen durch Unparteiische/Offizielle	711
1. Vorbemerkung	711
2. Betrug zum Nachteil des Wettanbieters	711
3. Betrug zum Nachteil des Verbandes	712
4. Betrug zum Nachteil des unterlegenen Vereins	713
5. Betrug zum Nachteil einzelner Spieler	714
II. Manipulationen durch Sportler/Trainer	714
1. Betrug zu Lasten von Wettanbietern	714
2. Betrug zum Nachteil des Verbandes	714
3. Betrug zum Nachteil des gegnerischen Vereins	714
4. Betrug zum Nachteil der gegnerischen Spieler	714
5. Zwischenergebnis	715
D. Manipulationen in Absprache der beteiligten Mannschaften	715
E. Ergebnis	716
6. Kapitel. Sportwirtschaftsstrafrecht	**716**
A. Einführung	716
B. Untreue gemäß § 266 StGB	717
I. Missbrauchstatbestand	717
II. Treuebruchstatbestand	718
C. Die Insolvenzdelikte	718
D. Falschangabedelikte gemäß § 331 HGB	719
E. Bestechung im geschäftlichen Verkehr gemäß §§ 299, 300 StGB	720

Anhang

A. Gesetzestexte	721
1. Sportanlagenlärmschutzverordnung (18. BImSchV)	721
2. Dopingopfer-Hilfegesetz – DOHG	732
3. Gesetz zum Schutz des olympischen Emblems und der olympischen Bezeichnungen (OlympSchG)	735
4. Gesetz über den Verkehr mit Arzneimitteln (Arzneimittelgesetz – AMG)	738
B. Verbandsrecht	741
1. Olympische Charta	741
2. Statuten internationaler/nationaler Verbände	791
3. Welt-Anti-Doping-Code	792
C. Vertragsmuster	836
1. Athletenvereinbarung	836
2. Musterarbeitsvertrag	845
Stichwortverzeichnis	857

Literaturverzeichnis

Arens, Wolfgang/Scheffer, Andreas, AR-Blattei SD, Sport II 1480.2
ders., AR-Blattei SD, Krankheit IV 1000.4

Bachof, Otto, Neue Tendenzen in der Rechtsprechung zum Ermessen und zum Beurteilungsspielraum, JZ 1972, 641 ff.
Bar, Christian von, Verkehrspflichten, Köln u. a. 1980
Bartlsperger, Richard, Die Werbenutzungsverträge der Gemeinden, Stuttgart u. a. 1975
Battis, Ulrich/Krautzberger, Michael/Löhr, Rolf-Peter, Baugesetzbuch, Kommentar, 9. Aufl., München 2005
Baumann, Peter, Die Haftung für Umweltschäden aus zivilrechtlicher Sicht, JuS 1989, 433 ff.
Baumbach, Adolf/Hopt, Klaus J., Handelsgesetzbuch, Kommentar, 32. Aufl., München 2005
Bellmann, Sport-Marketing in der Praxis, Essen 1990
Bender, Bernd, Staatshaftungsrecht, 3. Aufl., Heidelberg 1981
Berner, Georg/Köhler, Michael, Polizeiaufgabengesetz, Kommentar, 18. Aufl., München 2006
Bieberstein, Wolfgang von, Haftungsbefreiung im dreispurigen Schadensausgleich, VersR 1968, 510 ff.
Bitter, Georg, Zur Zulässigkeit kommunaler Förderungsmaßnahmen, BayVBl. 1965, 45 ff.
Bodewig, Theo, Probleme alternativer Kausalität bei Massenschäden, AcP 185, 50 ff.
Bölter, Herbert, Bedeutung des Sports für den Strafvollzug in Baden-Württemberg aus der Sicht des Justizministeriums, WFV 30, 7 ff.
Brandes, Hans-Georg, Belastung der Landschaft durch Sportanlagen und Sportaktivitäten am Wasser, in: Jahrbuch für Naturschutz und Landschaftspflege 38 (1986), 99 ff.
Breuer, Rüdiger, Öffentliches und privates Wasserrecht, 3. Aufl., München 2004
Bruhn, Manfred/Mehlinger, Rudolf, Rechtliche Gestaltung des Sponsoring, Bd. 1, 2. Aufl., München 1995
Burmeister, Joachim, Selbstverwaltungsgarantie und wirtschaftliche Betätigung der Kommunen, in: *Püttner, Günter,* Handbuch der kommunalen Wissenschaft und Praxis, Bd. 5, 2. Aufl., Berlin 1984
Busse, Jürgen, Bayerische Bauordnung, Kommentar, Loseblattwerk, Stand März 2006
Bydlinsky, Franz, Zu den dogmatischen Grundlagen des Kontrahierungszwanges, AcP 180 (1980), 1 ff.

Czychowski, Manfred/Reinhardt, Michael, Wasserhaushaltsgesetz (WHG), Kommentar, 8. Aufl., München 2003

Deselaers, Josef, Reform des Tierzüchterrechts – eine Notwendigkeit?, AgrarR 1981, 245 ff.
Deutsch, Erwin, Fahrlässigkeit und erforderliche Sorgfalt, 2. Aufl., Köln 1995
ders., Allgemeines Haftungsrecht, 2. Aufl., Köln 1995
ders., Methode und Konzept der Gefährdungshaftung, VersR 1971, 1 ff.
Diller, Martin, Krankfeiern seit 1. 6. 1994 schwieriger? – Das neue Entgeltfortzahlungsgesetz, NJW 1994, 1690 ff.

Ehlgen, Heinz-Werner, Merchandising, ZUM 1996, 1008 ff.
Emmerich, Volker, Unlauterer Wettbewerb, 7. Aufl., München 2004
Engelhardt, Dieter/Brenner, Walter, Naturschutzrecht in Bayern, Loseblattwerk, Stand Sept. 2006
Engeln, Wilbert, Das Hausrecht und die Berechtigung zu seiner Ausübung, Diss. Berlin 1989
Erman, Walter, Handkommentar zum Bürgerlichen Gesetzbuch in zwei Bänden, 11. Aufl., Münster 2004, zitiert: Erman/Bearbeiter

Fessmann, Ingo, Theaterbesuchsvertrag oder wann krieg' ich als Zuschauer mein Geld zurück, NJW 1983, 1164 ff.
Fezer, Karl-Heinz, Markenrecht, Kommentar, 3. Aufl., München 2001
Fickert, Hans C./Fieseler, Herbert, Baunutzungsverordnung, Kommentar, 10. Aufl., Köln 2002

Friauf, Karl Heinrich, Bemerkungen zur verfassungsrechtlichen Problematik des Subventionswesens, DVBl 1966, 729 ff.
Friesecke, Albrecht, Bundeswasserstraßengesetz, 5. Aufl., Köln 2004
Fritz, Klaus, Das Verhältnis von privatem und öffentlichem Immissionsschutzrecht nach der Ergänzung von § 906 I BGB, NJW 1996, 573 ff.
Fritzsche, Friedrich/Knopp, Günter-Michael/Manner, Reinhard, Das Wasserrecht in Bayern, Band I, München, Stand Jan. 1996
Fritzsche, Jörg, Die Durchsetzung nachbarschützender Auflagen über zivilrechtliche Abwehransprüche, NJW 1995, 1121 ff.
Fromm, Karl/Nordemann, Wilhelm/Vink, Kai/Hertin, Paul, Urheberrecht, Kommentar, 8. Aufl., Stuttgart 1994
Frowein, Jochen A., Versammlungsfreiheit und Versammlungsrecht, NJW 1969, 1081 ff.

Geigel, Reinhardt, Der Haftplichtprozess, 24. Aufl., München 2004
Götz, Volkmar, Allgemeines Polizei- und Ordnungsrecht, 13. Aufl., Göttingen 2001
ders., Die Entwicklung des allgemeinen Polizei- und Ordnungsrechts (1981–1983), NVwZ 1984, 211 ff.
ders., Die Entwicklung des allgemeinen Polizei- und Ordnungsrechts (1987–1989), NVwZ 1990, 725 ff.
Graf-Baumann, Toni/Metreveli, Stephan, Unfall- und Katastrophenforschung, Erlangen 1981

Hager, Günter, Das neue Umwelthaftungsgesetz, NJW 1991, 134 ff.
ders., Umweltschäden – ein Prüfstein für die Wandlungs- und Leistungsfähigkeit des Deliktsrechts, NJW 1986, 1961 ff.
Hanau, Peter/Rolfs, Christian, Abschied von der gefahrgeneigten Arbeit, NJW 1994, 1439 ff.
Haverkate, Jörg, Rechtsfragen des Leistungsstaats, Tübingen 1983
Hefermehl, Wolfgang/Köhler, Helmut/Bornkamm, Joachim, Wettbewerbsrecht, Kommentar, 24. Aufl., München 2005
Henckel, Wolfram, Grenzen richterlicher Schadensschätzung, JuS 1975, 221 ff.
Hennig-Bodewig, Frauke, Wettbewerbsrechtliche Probleme der Werbung mit Prominenten, Betriebsberater 1983 (Sonderbeilage), 605 ff.
Hentschel, Peter, Straßenverkehrsrecht, Kommentar, 38. Aufl., München 2005
Hofmann, Edgar, Privatversicherungsrecht, 4. Aufl., München 1998
Hofmann, Max/Grabherr, Edwin, Luftverkehrsgesetz, Komm., München, Stand: August 1993
Hoppe, Werner/Beckmann, Martin/Kauch, Petra, Umweltrecht, 2. Aufl., München 2000
Hortleder, Gerd, Sport in der nachindustriellen Gesellschaft – Eine Einführung in die Sportsoziologie, Frankfurt am Main 1978

Immenga, Ulrich/Mestmäcker, Ernst-Joachim, GWB, Kommentar, 3. Aufl., München 2001
Ipsen, Hans Peter, Verwaltung durch Subventionen, in: Veröffentlichungen des Verbandes der deutschen Staatsrechtslehrer (VVDStRL), Bd. 25, 1967, 257 ff., 308 ff.
Isensee, Josef/Kirchhof, Paul, Handbuch des Staatsrechts; zitiert: Bearbeiter, in: HdbStR; Bd. IV (Finanzverfassung und bundesstaatliche Ordnung), 3. Aufl., Heidelberg 2006, Bd. VI (Freiheitsrechte), 2. Aufl., Heidelberg 2001

Jarass, Hans-D./Pieroth, Bodo, Grundgesetz, Kommentar, 8. Aufl., München 2005

Kirberger, Staatsentlastung durch private Verbände, 1978
Kirchhof, Ferdinand, Private Rechtsetzung, Habil., Berlin, 1987
Klein, Willi, Deutsches Sporthandbuch, Heidelberg 1997
Kloepfer, Michael, Der Vorbehalt des Gesetzes im Wandel, JZ 1984, 685 ff.
Knemeyer, Franz-Ludwig, Bayerisches Polizei- und Ordnungsrecht, 10. Aufl., München 2004
Köndgen, Johannes, Überlegungen zur Fortbildung des Umwelthaftpflichtrechts; UPR 1983, 345 ff.
Kötz, Hein, Zur Haftung bei Schulunfällen, JZ 1968, 285 ff.
Kregel, Volker, Änderung von § 906 I BGB im Rahmen des Sachenrechtsänderungsgesetzes, NJW 1994, 2599 ff.
Kullmann, Hans-Josef, Die Rechtsprechung des BGH zum Produkthaftpflichtrecht in den Jahren 1994–1995, NJW 1996, 18 ff.

Literaturverzeichnis

Ladeur, Karl-Heinz, Schadenersatzansprüche des Bundes für die durch den Sandoz-Unfall entstandenen „ökologischen Schäden"?, NJW 1987, 1236 ff.
Larenz, Karl, Lehrbuch des Schuldrechts, Bd. II (1. HB), 13. Aufl., München 1986
Larenz, Karl/Canaris, Claus-Wilhelm, Lehrbuch des Schuldrechts, Bd. II (2. HB), 13. Aufl., München, 1994
Larenz, Karl, Methodenlehre der Rechtswissenschaft, 6. Aufl., Berlin u. a. 1991
Lieb, Manfred, Arbeitsrecht, 9. Aufl., München 2006

Marburger, Peter, Regeln der Technik, Köln u. a. 1979
Martin, Dietrich, Zur sportlichen Leistungsfähigkeit von Kindern, in: Sportwissenschaft 1982, 255 ff.
Mathieu, Theodor, Sport und Freizeit, in: *Püttner, Günter* (Hrsg.), Handbuch der kommunalen Wissenschaft und Praxis, Bd. 4 (Die Fachausgaben) § 82, 2. Aufl., Berlin 1983
Maunz, Theodor/Dürig, Günter/Badura, Peter, Grundgesetz, Komm., Loseblattwerk, 8. Aufl., Stand Juni 2006
Maurer, Hartmut, Allgemeines Verwaltungsrecht, 16. Aufl., München 2006
Mertens, Hans-Joachim, Verkehrspflichten und Deliktsrecht, VersR 1980, 397 ff.
Münch, Ingo von, Grundgesetz, Komm., Bd. I, 5. Aufl., München 2000
Münchener Kommentar zum Bürgerlichen Gesetzbuch, Kommentar in 11 Bänden, 3. Aufl., München 1992–1997, zitiert: MüKo-Bearbeiter

Nipperdey, Hans Carl, Rechtswidrigkeit, Sozialadäquanz, Fahrlässigkeit, Schuld im Zivilrecht, NJW 1957, 1777 ff.

Ossenbühl, Fritz, Umweltschutz und Gemeinwohl in der Rechtsordnung, Bitburger Gespräche, Jahrbuch 1983, 5 ff.

Palandt, Otto, Bürgerliches Gesetzbuch, Komm., 65. Aufl., München 2006; zitiert: Palandt/Bearbeiter
Paschke, Marian, Medienrecht, 2. Aufl., Berlin 2001
Pfister, Bernhard/Steiner, Udo, Sportrecht von A–Z (Beck-Rechtsberater im dtv 5608), München 1995
Piduch, Erwin A., Bundeshaushaltsrecht, Loseblattkommentar
Pietzcker, Jost, Polizeirechtliche Störerbestimmungen nach Pflichtwidrigkeit und Risikosphäre, DVBl. 1984, 457 ff.
Prölss, Erich R./Martin, Anton, Versicherungsvertragsgesetz, Komm., 27. Aufl., München 2004

Rehbinder, Eckard, Ersatz ökologischer Schäden – Begriff, Anspruchsberechtigung und Umfang des Ersatzes unter Berücksichtigung rechtsvergleichender Erfahrungen, NuR 1988, 105 ff.
Rehbinder, Manfred, Urheberrecht, 14. Aufl., München 2006
Reichert, Bernhard/van Look, Frank, Handbuch des Vereins- und VerBd.srechts, 6. Aufl., Neuwied u. a. 1995
Reif, Risks and Gaims, in: *Ochs/Berry,* Sports Injuries, 2. Aufl., Melbourne, 1986, S. 44 ff.
RGRK-BGB, Das Bürgerliche Gesetzbuch mit besonderer Berücksichtigung der Rechtsprechung des Reichsgerichts und des Bundesgerichtshofs, Komm., 12. Aufl., 1974–1982
Richter, Arnt, Privatversicherungsrecht, Stuttgart u. a. 1980
Rolfs, Christian, Die Neuregelung der Arbeitgeber- und Arbeitnehmerhaftung bei Arbeitsunfällen, durch das SGB VII, NJW 96, 3177 ff.
Roth, Eugen, „Das große Los", Nordwest-Lotto in Nordrhein-Westfalen, 1965
Rupp, Hans Heinrich, Die „Verwaltungsvorschriften" im grundgesetzlichen Normensystem – Zum Wandel einer verfassungsrechtlichen Institution, JuS 1975, 609 ff.

Salzwedel, Jürgen (Hrsg.), Grundzüge des Umweltrechts, Beiträge zur Umweltgestaltung, Berlin 1982
Saunwald, Rüdiger, Die Reform des Grundgesetzes, NJW 1994, 3313 ff.
Sauter, Eugen/Schweyer, Gerhard, Der eingetragene Verein, 18. Aufl., München 2006
Schaub, Günter, Arbeitsrechts-Handbuch, 11. Aufl., München 2005
Schenke, Wolf-Rüdiger, Erstattung der Kosten von Polizeieinsätzen, NJW 1983, 1882 ff.
Schimke, Martin, Sportrecht, Frankfurt 1996
Schiwy, Peter/Schütz, Walter, Medienrecht, Lexikon, 4. Aufl., 2006

Schmidt, Ludwig, Einkommensteuergesetz, Komm., 25. Aufl., München 2006
Schönke, Adolf/Schröder, Horst, Strafgesetzbuch, Komm., 27. Aufl., München 2006
Schricker, Gerhard, Urheberrecht, Kommentar, 3. Aufl., München 2006
Schulin, Bertram, Handbuch des Sozialversicherungsrechts, Bd. 1, Krankenversicherungsrecht, München 1994
Schulte, Hans, Die Tragweite der naturschutzrechtlichen Eingriffsregelung für das Grundeigentum, VerwArch 1986, 372 ff.
ders., Zivilrechtsdogmatische Probleme im Hinblick auf den Ersatz „ökologischer Schäden", JZ 1988, 278 ff.
Schwind, Hans-Dieter u. a. (Hrsg.), Ursachen, Prävention und Kontrolle von Gewalt. Analyse und Vorschläge der unabhängigen Regierungskommission zur Verhinderung und Bekämpfung von Gewalt (Gewaltkommission), 2. Aufl., Berlin 1994
Selmer, Peter, Privates Umwelthaftungsrecht und öffentliches Gefahrenabwehrrecht, Heidelberg 1991
Spoerr, Wolfgang, Die Allgemeine Verwaltungsvorschrift zur Ausübung des Gesetzes über die Umweltverträglichkeitsprüfung, NJW 1996, 85 ff.
Steffen, Erich, Verkehrspflichten im Spannungsfeld von Bestandsschutz und Handlungsfreiheit, VersR 1980, 409 ff.
ders., Verschuldenshaftung und Gefährdungshaftung für Umweltschäden, NJW 1990, 1817 ff.
Steiner, Udo/Grimm, Dieter, Kulturauftrag im staatlichen Gemeinwesen, in: Veröffentlichungen des VerBd.es der deutschen Staatsrechtslehrer (VVDStRL) 9, Bd. 42, Berlin 1984
ders., Förderung des Gemeinschaftslebens und gemeinnütziger Aktivitäten, in: *Püttner, Günter*, Handbuch der kommunalen Wissenschaft und Praxis, Bd. 6, § 126, 2. Aufl., Berlin 1985

Tröndle, Herbert/Fischer, Thomas, Strafgesetzbuch, 53. Aufl., München 2005

Ulmer, Eugen, Urheber- und Verlagsrecht, 3. Aufl., Berlin u. a. 1980

Vieweg, Klaus, Nachbarrecht und Naturschutz, NJW 1993, 2570 ff.

Waltermann, Raimund, Forderungsübergang auf Sozialleistungsträger, NJW 1996, 1644 ff.
Weber, Albrecht/Hellmann, Ulrich, Das Gesetz über die Umweltverträglichkeitsprüfung (UVP-Gesetz), NJW 1990, 1625 ff.
Weisemann, Ulrich/Spieker, Ulrich, Sport, Spiel und Recht, 2. Aufl., München 1997
ders., Sport und Arbeitsrecht, Betrieb 1979, 259 ff.
Werner, Fritz, Sport und Recht, Tübingen 1968
Weyers, Hans Leo, Versicherungsvertragsrecht, 3. Aufl., Neuwied u. a. 2003
Will, Michael R., Quellen erhöhter Gefahr, München 1980
Wolber, Klaus, Schutz der gesetzlichen Unfallversicherung für wettkampfbezogene Betriebssportarten, SozVers 1974, 149 ff.
Wolff, Hans/Bachof, Otto/Stober, Rolf, Verwaltungsrecht, Bd. III (Ordnungs-, Leistungs- und Verwaltungsverfahrensrecht), 5. Aufl., München 2004
Wong, Glenn, Essentials of Amateur Sports Law, Dover 1988
Würtenberger, Thomas, Erstattung von Polizeikosten, NVwZ 1983, 192 ff.

Zöller, Richard, Zivilprozessordnung, Kommentar, 25. Aufl., Köln 2005; zitiert: *Zöller*/Bearbeiter

Abkürzungsverzeichnis

aA.	andere(r) Ansicht
ABl.EG.	Amtsblatt der Europäischen Gemeinschaften
ACOG.	Atlanta Committee of the Olympic Games
AENOC	Association of European National Olympic Committees
aF.	alte(r) Fassung
AG	Amtsgericht; Aktiengesellschaft
AIBA	Association Internationale de Boxe Amateur (Internationaler Amateurboxverband)
AIWS	Assemblée Internationale des Fédérations des Sport d'Hiver (Versammlung der Wintersportverbände)
AllER	All England Law Reports
ANOC	Association of National Olympic Committees (Vereinigung der Nationalen Olympischen Komitees)
ANOCA	Association of NOCs of Africa
ASOIF.	Association of Summer Olympic International Federations
ATP	Association of Tennis Professionals
BayObLG.	Bayerisches Oberstes Landesgericht
BayObLGZ.	Entscheidungen des BayObLG in Zivilsachen
BDG.	Bund Deutscher Gewichtheber
BDR.	Bund Deutscher Radfahrer
BFH	Bundesfinanzhof
BGE	Entscheidungen des Schweizerischen Bundesgerichts; Amtliche Sammlung
BGH.	Bundesgerichtshof
BGHZ.	Entscheidungen des BGH in Zivilsachen
BImSchG.	Bundes-Immissionsschutzgesetz
BImSchV, 18.	Sportanlagen-Lärmschutzverordnung
CAS	Court of Arbitration for Sport (Sportschiedsgerichtshof des IOC)
CIO	Comité International Olympique
CONI	Comitato Olympico Nazionale Italiano
DABV	Deutscher Amateur-Box-Verband
DAeC	Deutscher Aero-Club
DBV	Deutscher Badminton-Verband
DBB	Deutscher Basketball-Bund
DBSV	Deutscher Bob- und Schlittensportverband
DEB	Deutscher Eishockey-Bund
DEL	Deutsche Eishockey-Liga
DEU.	Deutsche Eislauf-Union
DFeB	Deutscher Fechter-Bund
DFB	Deutscher Fußball-Bund
DFV	Deutscher Fallschirmsport-Verband
DHB.	Deutscher Handball-Bund
DHoB	Deutscher Hockey-Bund
DiszO	Diszilpinarordnung
DLV	Deutscher Leichtathletik-Verband
DRB.	Deutscher Ringer-Bund
DRV	Deutscher Ruder-Verband
DSB	Deutscher Sportbund
DSchüB	Deutscher Schützenbund
DSchwV.	Deutscher Schwimm-Verband
DSegV.	Deutscher Segler-Verband
DSV	Deutscher Skiverband

Abkürzungsverzeichnis

DTB	Deutscher Tennis-Bund
DTuB	Deutscher Turner-Bund
DVfMF	Deutscher Verband für Modernen Fünfkampf
DVV	Deutscher Volleyball-Verband
EMRK	Europäische Menschenrechtskonvention
EuGH	Gerichtshof der Europäischen Gemeinschaften
EuGRZ	Europäische Grundrechte-Zeitschrift
EuGVÜ	Brüsseler EWG-Übereinkommen über die gerichtliche Zuständigkeit und die Vollstreckung gerichtlicher Entscheidungen in Zivil- und Handelssachen vom 27. 9. 1968 (BGBl. 1972 II, S. 774, mehrfach geändert)
Europ. MRK	Europäische Kommission für Menschenrechte
EuZW	Europäische Zeitschrift für Wirtschaftsrecht
FEI	Fédération Équestre Internationale (Internationaler Reiterverband)
FG	Finanzgericht
FIA	Fédération Internationale de l'Automobile (Internationaler Automobil-Verband)
FIAC	Fédération Internationale Amateur de Cyclisme (Internationaler Amateurradfahrer-Verband)
FIBA	Fédération Internationale de Basketball Amateur (Internationaler Basketball-Verband)
FIBT	Fédération Internationale de Bobsleigh et de Tobogganing (Internationaler Bob- und Rodelsport-Verband)
FICP	Fédération Internationale du Cyclisme Professionell (Internationaler Berufsradfahrer-Verband)
FIDE	Fédération Internationale des Echecs (Internationaler Schachverband)
FIE	Fédération Internationale d'Escrime (Internationaler Fechter-Verband)
FIFA	Fédération Internationale de Football Association (Internationaler Fußball-Verband)
FIG	Fédération Internationale de Gymnastique (Internationaler Turnerbund)
FIH	Fédération Internationale de Hockey (Internationaler Hockey-Verband)
FIL	Fédération Internationale de Luge de Course (Internationaler Rennrodel-Verband)
FILA	Fédération Internationale de Lutte Amateur (Internationaler Ringer-Verband)
FINA	Fédération Internationale de Natation Amateur (Internationaler Schwimm-Verband)
FIS	Fédération Internationale de Ski (Internationaler Skiverband)
FISB	Fédération Internationale de Skibob (Internationaler Skibob-Verband)
FITA	Fédération Internationale de Tir à l'Arc (Internationaler Verband für Bogenschießen)
FIVB	Fédération Internationale de Volleyball (Internationaler Volleyball-Verband)
FN	Deutsche Reiterliche Vereinigung (Fédération Équestre Nationale)
GAISF	General Association of International Sports Federations (Verband der Internationalen Sportverbände)
GYIL	German Yearbook of International Law
h. M.	herrschende Meinung (in der Rechtswissenschaft)
IAAF	International Amateur Athletic Federation (Internationaler Leichtathletik-Verband)
IBF	International Badminton Federation (Internationaler Badminton-Verband)
IBF	International Boxing Federation (Internationaler Box-Verband)
ICC	International Cricket Conference (Internationaler Cricket-Verband)
IF	International Federation (Internationaler Verband)
IFV	Internationaler Faustball-Verband
IHF	Fédération Internationale de Handball (Internationaler Handball-Verband)

Abkürzungsverzeichnis

IIHF	International Ice Hockey Federation (Internationaler Eishockey-Verband)
IOC/IOK	International Olympic Commitee/Internationales Olympisches Komitee
ISU	International Skating Union (Internationale Eislauf-Union)
ITF	International Tennis Federation (Internationaler Tennis-Verband)
ITTF	International Table Tennis Federation (Internationaler Tischtennis-Verband)
IWF	International Weightlifting Federation (Internationaler Gewichtheber-Verband)
IYRU	International Yacht Racing Union (Internationaler Yachtrennen-Verband)
JBl.	Juristische Blätter (Österreich)
LG	Landgericht
LiSpSDt.	Lizenzspielerstatut des DFB
LSB	Landessportbund
LÜ	Luganer Übereinkommen über die gerichtliche Zuständigkeit und die Vollstreckung gerichtlicher Entscheidungen in Zivil- und Handelssachen vom 16. 9. 1988
MüKo	Münchener Kommentar zum Bürgerlichen Gesetzbuch
NBA	National Basketball Association (USA)
NCAA	National Collegiate Athletic Association (USA)
nF.	neue(r) Fassung
NJW	Neue Juristische Wochenschrift
NJW-RR	NJW-Rechtsprechungs-Report Zivilrecht
NOC/NOK	National Olympic Committee/Nationales Olympisches Komitee
NVwZ	Neue Zeitschrift für Verwaltungsrecht
NVwZ-RR	NVwZ-Rechtsprechungsreport
NZA	Neue Zeitschrift für Arbeitsrecht
OCOG	Organizing Committee of the Olympic Games
ÖFB	Österreichischer Fußball-Bund
ÖJZ	Österreichische Juristenzeitung
OGH	Oberster Gerichtshof (Österreich)
OLGZ	Entscheidungen der Oberlandesgerichte in Zivilsachen (seit 1994: FGPrax)
ONS	Oberste Nationale Sportkommission für den Automobilsport in Deutschland
Rev.Jur.	Revue Juridique et économique du Sport (Frankreich)
RuS	Recht und Sport (Schriftenreihe)
RuV	Rechts- und Verfahrensordnung
SFV	Schweizerischer Fußball-Verband
SJZ	Schweizerische Juristenzeitung
Slg.	Rechtsprechungssammlung des EuGH
SpielO	Spielordnung
SportFG	SportförderungsG (eines Bundeslandes)
SportO	Sportordnung
SpuRt	Zeitschrift für Sport und Recht
TAC	The Athletic Congress (USA)
TAS	Tribunal Arbitral du Sport (Sportschiedsgerichtshof des IOC)
Trib.	Tribunal
UCI	Union Cycliste Internationale (Internationale Radfahrer-Union)
UEFA	Union des Associations Européennes de Football (Europäische Fußball-Union)
UIPMB	Union Internationale de Pentathlon Moderne et Biathlon (Internationale Union für Modernen Fünfkampf und Biathlon)
UIT	Union Internationale de Tir (Internationale Schützenunion)
USCA	Code of the Laws of the United States of America, Annotated
USOC	United States Olympic Committee

XXXI

Abkürzungsverzeichnis

WBA	World Boxing Association
WBC	World Boxing Council
WB-DSchwV	Wettkampfbestimmungen des Deutschen Schwimmverbands
WettkO	Wettkampfordnung
WFV	Schriftenreihe des Württembergischen Fußballverbands e.V. (mit Heft-Nr.)
WHA	World Hockey Association
WTA	Women's Tennis Association

Einführung

Literatur: *Adolphsen, Jens,* Internationale Dopingstrafen; *ders.* Eine lex sportiva für den internationalen Sport? in Jahrbuch Junger Zivilrechtswissenschaftler (2003) S. 281 ff.; *Alexy, Robert,* Begriff und Geltung des Rechts, Freiburg (Breisgau)/München 1992; *Baddeley, Margareta,* Le Sportif, sujet ou objet? La protection de la personnalité du sportif, ZSchwR Bd. 115 (1996) 135 ff.; *dies.,* La résolution des litiges dans le sport international: Importance et particularités du droit Suisse, Revue Juridique et Économique du Sport, 1997, S. 5 ff.; *dies.* in *Fritzweiler* (Hrsg.), Doping, Sanktionen, Beweise, Ansprüche (2000); *Bahners, Frank,* Einführung von Gehaltsobergrenzen im deutschen Berufsfußball aus wettbewerbsrechtlicher Sicht, SpuRt 2003, 142 ff.; *Canaris, Claus-Wilhelm,* Konsens und Verfahren als Grundlage der Rechtsordnung, JuS 1996, S. 573 ff.; *Carl, Klaus/Kauser, Dietrich/Mechling, Heinz/Preising, Wulf,* Handbuch Sport, Bd. 1 und 2, Düsseldorf 1984; *Coing, Hemut,* Grundzüge der Rechtsphilosophie, 5. Aufl., Berlin 1993; *Coopers/Lybrand,* Der Einfluß der Tätigkeit der Europäischen Gemeinschaft auf den Sport 1993 (zit. Abschlußbericht); *de Cristofaro, Marcello,* Sportrecht in Italien, in *Will, Michael, R.* (Hrsg.), Sportrecht in Europa, RuS H. 11, 1993; *Derksen, Roland,* Ultimate fighting – oder: setzt das Strafrecht modernen Gladiatorenkämpfen Grenzen? SpuRt 2000, 141; *Deutsch, Erwin* (Hrsg.), Teilnahme am Sport als Rechtsproblem, RuS H. 16, 1993; *Diem, Carl,* Wesen und Lehre des Sports und der Leibeserziehung, Dublin 1969; *ders.,* Weltgeschichte des Sports, 3. Aufl., Stuttgart 1971; *Dietrich, Knut/Heinemann, Klaus,* Der nichtsportliche Sport, Schorndorf 1989; *Emmerich, Volker,* Sachverständigenmarkt: Die Technischen Überwachungsvereine in *Oberender, Peter,* Marktstruktur und Wettbewerb in der Bundesrepublik Deutschland, München 1984 S. 661 ff.; *Evans, A.,* Sportrecht in England, in *Will, Michael, R.* (Hrsg.), Sportrecht in Europa, RuS H. 11, 1993; *Fikentscher, Adrian,* Kartellrecht im Sport – Ökonomische und rechtsvergleichende Betrachtungen, SpuRt 1995, 149 ff.; *Fikentscher, Adrian,* Mitbestimmung im Sport, Beiträge zum Sportrecht Bd. 10 (2002); *Frascaroli, Ruggero,* Enciclopedia del Diritto „Sport (dir. pubbl. e priv.)" Bd. XLIII, Milano 1990; *Gerhardt, Volker,* Die Moral des Sports, Sportwissenschaft 1991, 125; *Götze, Stephan, Lauterbach, Kathrin,* Rechtsfragen der Anwendung des Video-Beweises im Fußballsport SpuRt 2003, 95 ff. und 145 ff.; *Grayson, Edward,* Sport and the Law, London 1988; *Haas, Ulrich* in Haas Ulrich/Haug Tanja/Reschke, Eike (Hrsg.) in Reschke (Hrsg.), Handbuch des Sportrechts (Loseblattsammlung), Grundlagen des Sportrechts; *Häberle, Peter,* Verbände als Gegenstand demokratischer Verfassungslehre, ZHR 145 (1981) 473 ff.; *Hannamann, Isolde,* Kartellverbot und Verhaltenssteuerung im Sport, 2001; *Harris, H. A.,* Sport in Britain in *Ueberhorst, Horst,* Geschichte der Leibesübungen Bd. 4, Berlin/München u. a. 1972, S. 134 ff.; *Heermann, Peter, W.,* Professionelle Sportligen auf der Flucht vor dem Kartellrecht, RabelsZ 67 (2003), 206 ff. = www.sportrecht.org v. 19. 8. 2002. *ders.,* Sport und europäisches Kartellrecht SpuRt 2003, 89; *Henkel, Heinrich,* Einführung in die Rechtsphilosophie, 2. Aufl. 1977; *Heinemann, Klaus,* Einführung in die Soziologie des Sports, 4. Aufl., Schorndorf 1998; *Herder-Dorneich, Philipp* (Hrsg.), Zur Verbandsökonomik, Berlin 1973; *ders.,* Verbände im Wahlsystem – Verbandswahlen in *ders.* Verbandsökonomik, 1973; *Heringer, Hans Jürgen,* Regeln und Fairneß, Sportwissenschaft 1990, 27 ff.; *Heß, Burkhard,* Voraussetzungen und Grenzen eines autonomen Sportrechts unter besonderer Berücksichtigung des internationalen Spitzensports in *Heß, Burkhard/Dressler, Wolf-Dieter,* Aktuelle Rechtsfragen des Sports, 1999, S. 1 ff.; *Holzke, Frank,* Der Begriff Sport im deutschen und europäischen Recht, Diss. Köln (2001); *Hortleder, Gerd,* Sport in der nachindustriellen Gesellschaft, Frankfurt a. M. 1978; *Hummer, Waldemar,* Internationale nichtstaatliche Organisationen, in Berichte der deutschen Gesellschaft für Völkerrecht (2000) S. 45 ff.; *Jost, Eike* in *Dietrich, Knut/Heinemann, Klaus,* Der nichtsportliche Sport, Schorndorf 1989; *Ketteler, Gerd,* Sport als Rechtsbegriff, SpuRt 1997, 73 ff.; *Klein, Willi,* Deutsches Sporthandbuch, Loseblattausgabe, Wiesbaden; *v. Krockow, Christian Graf,* Sport, Hamburg 1974; *Kuhn, Bernd,* Der Sportschiedsrichter zwischen bürgerlichem Recht und Verbandsrecht (Diss. Bayreuth, 2000); *Kummer, Max,* Spielregel und Rechtsregel, Bern 1973; *Nolte, Martin,* Sport und Recht, 2004; *ders.,* Staatliche Verantwortung im Sport (2004); *Nürk, Stefan,* Sport und Recht, 1936; *Oschütz, Frank,* Sportschiedsgerichtsbarkeit (2005); *Parlasca, Susanne,* Kartelle im Profisport, Ludwigsburg 1993; *Pfister, Bernhard,* Autonomie des Sports, Festschrift für *W. Lorenz,* Tübingen 1991, S. 183 ff.; *ders.,* Der rechtsfreie Raum des Sports in *Hadding, Walther,* Festgabe Zivilrechtslehrer 1934/1935 (1999) S. 457 ff.; *ders.,* Sportregeln vor staatlichen Gerichten, SpuRt 1998, 221 ff.; *ders.,* Schutzzweck von Sportregeln in Festschrift für Wolfgang Gitter 1995, 731–743; *Plessner, Helmuth* (Hrsg.), Sport und Leibeserziehung, 4. Aufl., München 1975; *Poschenrieder, Franz-Joachim,* Sport als Arbeit, Diss. München

A. Begriff Sport

1977; *Reichert, Bernhard,* Grundriß des Sportrechts und des Sporthaftungsrechts, Neuwied 1968; *Romano, Santo,* L'Ordinamento Giuridico (Die Rechtsordnung), deutsche Übersetzung, Berlin 1975; *Reuter, Dieter,* Grenzen der Verbandsgewalt, ZHR 1980, 101; *Schroeder, Friedrich-Christian/Kauffmann, Hans,* Sport und Recht, Berlin 1972; *Steiner,* Die Autonomie des Sports, Schriften der Juristischen Studiengesellschaft Regensburg H. 26 (2003); *Steinkamp, Ernst,* Was ist eigentlich Sport?, Wuppertal 1983; *Steinbeck, Anja,* Vereinsautonomie und Dritteinfluß (1999); *Stender-Vorwachs, Jutta,* Sport und Kultur, SpuRt 2004, 201; *Stone, Julius,* Lehrbuch der Rechtssoziologie Bd. 1, Freiburg 1976; *Teubner, Gunther,* Organisationsdemokratie und Verbandsverfassung, Tübingen 1978; *Ulmer, Eugen,* Urheber- und Verlagsrecht, 3. Aufl., Berlin u. a. 1980; *Vieweg, Klaus,* Zur Einführung: Sport und Recht, JuS 1983, S. 825 ff.; *ders.,* Normsetzung und -anwendung deutscher und internationaler Verbände, Berlin 1990; *ders.,* Fairness und Sportregeln in Festschrift für Volker Röhricht (2005) S. 1255; *ders./Röthel, Anna,* Verbandsautonomie und Grundfreiheiten, ZHR 166, 6 ff.; *Vinnai, Gerhard* (Hrsg.), Sport in der Klassengesellschaft, Frankfurt a. M. 1972; *Weiß, Otmar,* Sport und Gesellschaft, Wien 1990; *Will, Michael, R.* (Hrsg.), Sportrecht in Europa, RuS H. 11, 1993; *Westermann, Harm Peter* in Festschrift für *Rittner* (1991) S. 771; *Wise, Aron, N./Meyer, Bruce, S.,* International Sports Law and Business, 3 Bände, Cambridge (USA) 1997; *Wissenschaftlicher Beirat des DSB,* Sportwissenschaft 1980, 437 ff.

Übersicht

A. Begriff Sport	1
B. Begriff des Sportrechts: Verbandsregelwerk und staatliche Rechtsordnung	6
C. Die Autonomie des Sports – das selbstgesetzte Recht der Sportverbände	11
I. Grundlage der Autonomie	11
II. Rechtlich bedeutsame, typische Besonderheiten des Sports	13
1. Die monopolistisch-hierarchische Organisationsstruktur des Sports	13
a) Die Binnenstruktur	13
b) Die monopolistische Struktur nach außen	18
2. Die Verbandsregeln	20
a) Spielregeln	20
(a) Spielregeln im engeren Sinn	21
(b) Die Spielregeln im weiteren Sinn	22
b) Sonstige Verbandsregeln	23
c) Fairness-Gebot als oberster Grundsatz der Spielregeln	24
III. Die Interessenlage der am Sport Beteiligten	25
IV. Begrenzung der Autonomie des Sports	31

A. Begriff Sport

1 1. Eine genaue, allgemein anerkannte Definition des Begriffes Sport ist der Sportwissenschaft noch nicht gelungen.[1]

Der *wissenschaftliche Beirat des DSB* hat in einem Diskussionspapier zum Begriff des Sports darauf hingewiesen, dass die Definition weitgehend abhängt vom Standpunkt des Betrachters:[2] Was verstehen die Menschen (die Allgemeinheit), was die (Sport-)Wissenschaft, was der Sport, d.h. die Sportorganisation, was das Recht – und hier wäre gegebenenfalls wieder je nach Rechtsgebiet zu unterscheiden – unter Sport.

2 Eine grundlegende Unterscheidung ist zu treffen zwischen reinem Gesundheitssport, der nach Regeln betrieben wird, die zuvörderst unter gesundheitlichen Gesichtspunkten geschaffen werden,[3] deren Übertretung allenfalls vom Körper selbst sanktioniert wird,

---

[1] Dazu grundlegend jetzt *Frank Holzke*, Der Begriff Sport im deutschen und europäischen Recht, Diss. Köln (2001).

[2] Abgedruckt in Sportwissenschaft 1980, 437, dazu *Holzke* a.a.O. S. 119 ff. Vgl. auch die Untersuchung von *Stone*, Lehrbuch der Rechtssoziologie Bd. 1 (1976) S. 132, dem bei einer Befragung, was unter Sport zu verstehen sei, etwa 2600 Aktivitäten genannt wurden.

[3] Hierzu sind zu zählen etwa Koronarsport- oder Gymnastikgruppen. – *Holzke* a.a.O. S. 145 definiert dementsprechend unterschiedlich nach (inter)national einheitlichen Regeln organisierten Wettkampfsport und Körpersport. Allein regional betriebene Wettkämpfe, wie das von U. Steiner (in Pfister/Steiner, Sportrecht A–Z „Wettessen") in Bayern aufgefundene Maßkrugstemmen gehöre daher

und den hier uns allein interessierenden Wettkampfsport, dessen Regeln das Ziel des Wettkampfes bestimmen und den einzuhaltenden Weg; weiterhin kann zwischen amateurmäßig betriebenem Freizeitsport und professionellen „Showsport" unterschieden werden, wobei der Übergang fließend ist.[4] Staat und Sportverbände differenzieren noch weitergehend zwischen Breiten-, Spitzen- und Berufssport.[5]

Breitensport betreibt die große Zahl der wirklichen Amateure in ihrer Freizeit als Ausgleich zur Arbeit. Spitzensport wird von einer kleinen Zahl von Hochleistungssportlern betrieben, mitunter lange Zeit noch unter traditionellem Amateurstatus.[6] Diese Sportler müssen heute zielbewusst über längere Zeiträume, in wissenschaftlich entwickelter Methodik und meist mit aufwendigem Material trainieren und können daher weder eine andere Ausbildung durchführen noch einer geregelten beruflichen Tätigkeit zur Sicherung ihrer Existenz nachgehen; sie erhalten von ihrem Verband, Verein oder von Sponsoren Zuwendungen verschiedener Art[7] und haben manchmal auch Aussicht, nach ihrer aktiven Zeit als Sportler in sportnahe Berufe übernommen zu werden. Unter reinen Amateurbedingungen kann heute Spitzensport kaum noch betrieben werden. In manchen „attraktiven" Sportarten hingegen können erfolgreiche Athleten erhebliche Einnahmen verbuchen, die sie zu Spitzenverdienern werden lassen. Eine große Zahl der „Spitzensportler" sind daher als echte Berufssportler zu bezeichnen.

Unter Berufssport im engeren Sinne wird der Sport gezählt, der – teilweise schon lange – unter professionellen Bedingungen durchgeführt wird und den die Sportler zum Zweck ihrer Existenzsicherung betreiben, wie Automobilrennsport, Radsport, Boxsport, Fußball, Eishockey, Eiskunstlauf, Tennis, Reiten, Golf, Skifahren u.a.m.

Ein Unterschied zwischen Spitzensport und Berufssport ist zunächst historisch zu erklären und besteht heute vor allem darin, dass es vielen „Spitzensportlern" insbesondere aus weniger „attraktiven" Sportarten nicht gelingt, ihre wirtschaftliche Existenz nachhaltig zu sichern.[8]

Sportler und gegebenenfalls Berufssportler sind nicht nur die an Wettkämpfen Teilnehmenden, sondern auch die Trainer, Schiedsrichter und dergleichen, aber nicht die Funktionäre der Verbände, die „Richter" an den Sportgerichten und Schiedsgerichten.

Folgende Kriterien werden als wesentlich für den Sport angesehen;[9] allerdings können gegen jedes einzelne der Kriterien Bedenken geltend gemacht werden. Vor allem mag die Abgrenzung zum Spiel nur schwer gelingen, sieht man von der „Organisiertheit" des Sports ab:[10]

– Weitgehend übereinstimmend wird *Bewegung* als entscheidendes Kriterium angesehen;[11] Schach wäre demnach nicht zum Sport zu zählen,[12] Autosport allenfalls

---

trotz der strengen Regeln wegen der Kraftanstrengung allenfalls zum Körpersport. Für Körpersport kommen vor allem die besonderen sport-typischen Erwägungen bei Haftungsfragen in Betracht.

[4] S. hierzu die Untersuchung von *Hortleder,* Sport in der nachindustriellen Gesellschaft S. 93 ff.

[5] Z. B. *Poschenrieder* S. 38 ff.; *Fikentscher,* Mitbestimmung im Sport S. 44 ff.

[6] Z. B. bis 2001 International Amateur Athletic Federation, der internationale Leichtathletikverband, heute: International Association of Athletic Federations.

[7] Deutsche Sporthilfe; Antrittsgelder, Siegprämien, Aufwandsentschädigungen usw.

[8] Immerhin hat mancher Spitzensportler zumindest wegen seiner Bekanntheit bessere Berufschancen, die nicht zuletzt allerdings auch auf seine bewiesene Leistungsbereitschaft zurückzuführen sind.

[9] Vgl. dazu jetzt ausführlich *Holzke* a.a.O. *Steiner* in *Pfister/Steiner,* Sport AZ, „Sportbegriff". *Ketteler* SpuRt 1997, 73 ff.; *Stender-Vorwachs,* SpuRt 2004, 201.

[10] Selbst dieses Kriterium hilft nicht, auch für verschiedene Spiele finden sich Organisationsstrukturen, z. B. Skat, Bridge, Go, die (daher?) auch vor allem steuerrechtliche Anerkennung als Sport erstreben, s. für Skat *Holzke,* Skat als Wettkampfsport, SpuRt 2002, 100, der selbst als wesentliches Merkmal neben Wettkampf „Sieg und Niederlage" aufführt, gegen die verneinende Entscheidung des BFH 2001, 255.

[11] *Wissenschaftlicher Beirat des DSB* a.a.O. *Carl/Kayser/Mechling/Preising,* Handbuch des Sports Bd. 1 S. 6, dort weitere Literatur.

[12] So *Steinkamp,* Was ist eigentlich Sport S. 21. – Allenfalls in den letzten Sekunden einer Partie,

dann, wenn man nicht die Bewegung des menschlichen Körpers als entscheidend ansieht.
- Vielfach wird in der Diskussion zum Sportbegriff hervorgehoben, der Sport unterscheide sich von sonstigen Bewegungen – insbesondere von Arbeit – durch seine *Zweckfreiheit*, also dadurch, dass die Sportausübung selbst unproduktiv sei;[13] unter anderem auf dieser Anschauung beruhte das lange Beharren auf dem Amateurstatus als einer unabdingbaren Voraussetzung für den Sport.[14] In neuerer Zeit wird demgegenüber betont, die Tatsache, dass mit der Sportausübung Geld verdient werde, widerspräche gar nicht dem Prinzip der Zweckfreiheit, wenn man zwischen dem inneren Zweck der Sportausübung selbst – Gewinn eines Spiels, der Meisterschaft –, der als solcher unproduktiv ist, und den weiteren Zwecken, die damit verfolgt werden – Gesundheitsförderung, Zeitvertreib, Geldverdienen usw. – unterscheide.[15] Ob die Zweckfreiheit des Sports überhaupt ein Kriterium ist, das durch die feine Unterscheidung zwischen innerem und äußerem Zweck gerettet werden kann, mag hier dahinstehen;[16] heute ist jedenfalls im Ergebnis anerkannt, dass die Zwecke, die die Beteiligten verfolgen, nicht entscheidend dafür sind, ob sie „Sport" treiben oder nicht.[17]
- Streben nach *Leistung*, insbesondere auch Leistungssteigerung[18] auf unterschiedlichen Ebenen[19] zeichnet den typischen Sportler aus, ist daher Kriterium des Sports, jedoch in einer Leistungsgesellschaft kein besonders unterscheidendes; im Gegenteil wird daraus geschlossen, dass der Sport gerade Abbild der Gesellschaft sei.[20]

---

vor allem beim Blitzschach, aber auch hier ist mehr Hektik als Bewegung festzustellen. Bei „Blindschach" schließlich fehlt jegliche körperliche Bewegung. Dennoch ist der Deutsche Schachbund Mitglied des DOSB, und gem. Art. 29 der Charte Olympique in die Olympische Bewegung aufgenommen; Schach fällt jedenfalls i. S. des Steuerrechts unter Sport. Der Sportbrockhaus, „Sport" bringt daher die „geistige Beweglichkeit" ins Spiel. *Holzke* a.a.O. S. 92 ff., 98 ff. zählt Schach zum Sport wegen der Ähnlichkeit zu wesentlichen Eigenschaften von Tätigkeiten, die unbestritten zum Sport gehören.

[13] *Wissenschaftlicher Beirat des DSB* a.a.O. – Angeln zum Fischfang, um den Fisch dann zu haben, ist kein Sport, wohl aber Sportangeln – Bewegung? –, bei dem es lediglich auf das Fangen selbst ankommt. – Dieses Kriterium rührt von der Spieltheorie her, *Carl* u. a., Handbuch S. 7 f.

[14] Z. B. *Diem C.,* Wesen und Lehre des Sports S. 10. – In England wurde professioneller Sport schon im 19. Jahrhundert ausgeübt. – Übrigens wurde auch in der arbeitsrechtlichen Literatur aus diesem Grund lange Zeit diskutiert, ob Sport als Arbeit, Sportler daher als Arbeitnehmer angesehen werden könnten. Aufgrund einer ganz anderen Definition sieht *Marani Toro* (Novissimo Digesto, Artikel Sport, 52 Fn. 1) den Sport als Gegensatz zur Arbeit: Wenn ein Regelwerk professionelle Aktivitäten zulasse, handele es sich nicht mehr um Sport. Vgl. auch *Mazzoni,* Dilettanti e professionisti, Riv. Dir. Sport 1968, 368.

[15] *Gerhardt, V.,* Die Moral des Sports, Sportwissenschaft 1991, 125, 133: Zweckfreiheit als *interne* Voraussetzung des Sports (als Spiel). *Heidemann,* Der Begriff des Spiels S. 53. – Sportlicher Zweck des 5000 m-Laufes ist je nach dem das Erreichen des Ziels, und zwar möglichst schnell oder gegebenenfalls (nur) schneller als der Gegner; das ist als solches unproduktiv. Der Läufer kann damit weitere Ziele verfolgen: den Zuschauern eine „Show" zu bieten, damit verbunden Gelderwerb, Anerkennung oder nur Förderung der Gesundheit, Entspannung usw.

[16] *Ketteler* SpuRt 1997, 75 hält dieses Element nur für einen Anhaltspunkt.

[17] Immerhin beeinflusst der mit der Sportausübung verfolgte weitere Zweck u. U. die Regeln inhaltlich: So wird etwa die Spielzeit gekürzt aus gesundheitlichen Gründen (z. B. für Jugendliche, Kinder oder Senioren) oder zur besseren Vermarktung.

[18] *Wissenschaftlicher Beirat des DSB* a.a.O. *Carl* a.a.O. S. 8. Bezeichnend ist die Verwendung des Komparativs im Olympischen Wortzeichen: citius, altius, fortius. Es genügt nicht schnell usw. zu sein.

[19] Freizeit-, Breiten-, (Hoch)Leistungssport.

[20] Z. B. *Plessner, H.* in *Plessner, H.* (Hrsg.), Sport und Leibeserziehung, 4. Aufl. 1975 S. 26; *Mitscherlich* ebda. S. 60; *Weiß, O.,* Sport und Gesellschaft S. 47, 49. Daher auch Kritik aus der gleichen Richtung an Gesellschaft und Sport, z. B. *Vinnai, G.,* Sport in der Klassengesellschaft (1972). Mitunter

Einführung

— Hiermit hängt zusammen der *Leistungsvergleich*, der *Wettkampf*,[21] der die Beteiligung mehrerer Personen voraussetzt; Joggen, Bergsteigen, (Rad- oder Ski-)Wandern würden nach diesem Kriterium aus dem Bereich des Sports fallen, wiewohl von manchen dazu gezählt.[22]

— Wettkampf verlangt grundsätzlich *Chancengleichheit*,[23] d.h. er sollte unter grundsätzlich gleich Starken stattfinden; wenn schon nicht beim einzelnen Wettkampf, so muss doch auf Dauer die Chance auf Sieg und Niederlage bestehen. Für den Sportler wäre es das Ende seiner Bemühungen um Leistungssteigerung und letztlich seiner Sportausübung, fände er keinen Gegner mehr, der gegen ihn eine Siegchance hätte; für den Wettkampfsport selbst ist es tödlich, wenn auf lange Zeit immer dieselben gewinnen, dieselben verlieren.[24]

Die sich aus der Unsicherheit des Ausgangs ergebende Spannung lockt Zuschauer in die Stadien und vor den Bildschirm, Voraussetzung für die weitere Vermarktung. Scharfer Wettkampf erhöht die Einnahmen der an ihm beteiligten Sportler oder Vereine; insoweit unterscheidet sich sportlicher Wettkampf fundamental vom Wettbewerb zwischen Unternehmen; jedes Unternehmen könnte gut auf alle Wettbewerber und jeden Wettbewerb verzichten, kommt es dadurch doch seinem Ziel – Gewinnmaximierung – näher.

Das Streben nach Leistungsvergleich ist örtlich unbeschränkt, tendiert zu weltweitem Vergleich.

— Leistungsvergleich, Wettkampf setzen *einheitliche Regeln* voraus, die zumindest das Ziel vorgeben und die Rahmenbedingungen setzen, sowie die *Bindung* der Beteiligten an die Regeln. Bindende Regeln sind ein ganz besonderes, wenn nicht geradezu das typische Merkmal des (Wettkampf-)Sports.[25]

— Die Durchführung von Wettkämpfen und die Aufstellung und Durchsetzung von Regeln erfordern, wenn eine gewisse Kontinuität erreicht werden soll, eine *Organisation*,[26] bei Streben nach weltweitem Vergleich, *weltweite* Organisation.[27]

---

wird der Unterschied darin gesehen, dass im Sport die Chancengleichheit als weiteres unterscheidendes Erfordernis hinzukomme, *Carl* a.a.O. S. 8.

[21] *Gerhardt, V.*, a.a.O. S. 137.

[22] Vgl. Text oben zu Fn. 1.

[23] *Carl* a.a.O. S. 8. Das Handicap im Golf macht hiervon eine scheinbare Ausnahme zu dem Zweck, dass Spieler unterschiedlicher Stärke zusammen einen Wettkampf austragen können, der dann natürlich nicht zu einem echten Leistungsvergleich führt. *Steinkamp* a.a.O. zählt Wettkämpfe, in denen ein Teilnehmer dem Konkurrenten eine Vorgabe gibt, daher nicht mehr zum Sport: wer etwa beim Tennis von seinem überlegenen Gegner jeweils 15 Punkte als Vorgabe erhalte – wie gelegentlich der Verf. dieser Zeilen –, spiele in Wirklichkeit gar nicht Tennis.

[24] Dies versucht der US-amerikanische Profisport zu verhindern durch Spielerverteilung „drafts" unter den Clubs zu vermeiden.

[25] *Jost* in *Dietrich/Heinemann,* Der nichtsportliche Sport (1989) S. 45 ff.; *Heinemann,* Einführung Bd. 1 S. 36; *Steinkamp* S. 37. Allerdings kennzeichnet die Regelbindung auch das Spiel, kann also nicht als das alleinige Kriterium des Sports dienen. Anderseits fallen auch nach diesem Kriterien Joggen, Bergsteigen und Wandern aus dem Sport, die, da nicht im Wettkampf ausgetragen, auch keiner besonderen Regeln bedürfen.

[26] Selbst wenn nur zwei Personen an einem Wettkampf teilnehmen, müssen sie sich darauf einigen, welchen Sport sie ausüben wollen und damit entweder selbst Regeln festlegen oder von anderer Seite festgelegte übernehmen.

[27] Im Ursprungsland vieler moderner Sportarten, England, setzten sich oft die von einem Verein ursprünglich aufgestellten Regeln durch, oder stellten oft kleinere regionale Institutionen die Regeln für die von ihnen durchgeführten Wettkämpfe auf, die dann von anderen übernommen oder aufgrund einer Vereinbarung zwischen mehreren Institutionen vereinheitlicht wurden, vgl. *Diem, C.*, Weltgeschichte des Sports S. 675. – Für Golf werden auch heute noch die Spielregeln und deren Auslegung vom Golfclub St. Andrews festgelegt.

4 2. Spezifische rechtliche Probleme entstehen vor allem im Rahmen des kommerzialisierten Sports, der – wie gezeigt – weitgehend[28] im Rahmen der Sportverbandsorganisation stattfindet. Ohne die Kommerzialisierung wären allenfalls gelegentliche Haftungsfälle wegen Körperverletzung und öffentlich-rechtliche Probleme (Bauerlaubnis für Stadion, Sperrung von Rennstrecken) zu bewältigen.[29] Dadurch ist auch die Bestimmung, was zum Sport zu zählen ist, jedenfalls für ein Handbuch des Sportrechts geklärt: Alle Sportarten, die sich verbandsmäßig organisieren, in Deutschland also unter dem Dach des DOSB, gehören zum Sport.[30]

Für „Sportarten" außerhalb dieses organisierten Sports können manche der im Folgenden erörterten Rechtsfragen von Bedeutung sein. Vor allem die Relevanz von Regeln für die Haftung bei einer Sportverletzung: Einigen sich zwei oder mehr Personen auf einen sportlichen Wettkampf, so akzeptiert jeder das Risiko, das sich nach den Regeln, von denen beide ausgehen, oder sogar bei üblicher Regelverletzung ergibt;[31] Grenze ist hier nach allgemeinem staatlichen Recht die Sittenwidrigkeit des betreffenden „Wettkampfes".[32]

5 3. Die oben kurz dargestellten wesentlichen Kriterien – wir nennen es das *Sport-Typische* – spielen, wie sich immer wieder zeigen wird, eine ganz wesentliche Rolle für die Beurteilung sportrechtlicher Fragen.

B. Begriff des Sportrechts: Verbandsregelwerk und staatliche Rechtsordnung

6 Der Sport – nach gewissen Anfangsschwierigkeiten vom Staat grundsätzlich anerkannt, sogar gefördert – organisierte den Sportbetrieb selbst, schuf sein eigenes Regelwerk und setzte es durch. Es entstand, zunächst noch sehr lückenhaft, die eine *Säule des Sportrechts*, das selbst geschaffene Regelwerk des Sports, das heute für jede Sportart aufgrund einer (rechtsgeschäftlichen) Anerkennung durch die Beteiligten weltweit weitgehend einheitlich gilt, eine wirkliche (private) *lex sportiva*.[33] Früher ging es im Sport zumeist „um nichts"; eine Niederlage, die der Fehlentscheidung eines Schiedsrichters zugeschrieben wurde, eine unberechtigte Bestrafung durch den Verband ärgerten die Betroffenen, sie verloren vielleicht an Ansehen, ohne dass sie gleich Sport- oder gar staatliche Gerichte angerufen hätten. Unter dem Einfluss langsam zunehmender wirtschaftlicher Interessen wurde das Regelwerk[34] verfeinert und insbesondere die Sportgerichtsbarkeit ausgebaut.

---

[28] Natürlich werden viele sportliche Wettbewerbe auch außerhalb der weltweiten Sportverbandsorganisation teils auf rein kommerzieller Ebene durchgeführt, wie etwa in den USA die kommerziellen Ligen, aber auch einzelne „Sportevents" wie etwa Marathonläufe oder der jährliche Wettbewerb um das schnellste Besteigen des Empire State Building in New York.

[29] Im sogen. kommerziellen Sport, Fitnessstudio, Tenniscenter usw., wird nicht der Sport und der sportliche Wettbewerb als solcher kommerzialisiert; die hier entstehenden Rechtsprobleme liegen denn auch anders.

[30] *Holzke* a.a.O. S. 129 kritisiert diese „Definition", da sie das zu Definierende selbst in der Definition enthalte und zudem zu eng sei. Ich wollte das auch nicht als Definition verstanden wissen, sondern nur in der „Einführung" den Gegenstand des Handbuches bestimmen, wobei am Rande Unschärfen auftreten (z. B. Fitnessstudio) und zudem, wie im Text angeführt, manche Ausführungen auf andere Aktivitäten analog herangezogen werden können. – Im Ergebnis dürfte aber *Holzkes* Definition jedenfalls des Wettkampfsportes (s. oben Fn. 3) nicht weit von der unsrigen abweichen.

[31] Vgl. dazu näher unten 5/Rz. 13 ff. Also z. B. beim Fingerhakeln.

[32] Eine „Sportart", bei der Autofahrer auf der weißen Mittellinie der Straße aufeinander losrasen und der gewinnt, der nicht ausweicht, ist sittenwidrig; die „Regeln" könnten die Rechtswidrigkeit und die Haftung nicht beeinflussen, übrigens auch dann nicht, wenn diese Wettkämpfe im Rahmen eines „Sportverbandes" organisiert würden. Oder neuerdings „ultimate fighting", dazu *Derksen*, SpuRt 2000, 141.

[33] Dazu näher unten 6/Rz 8 f.

[34] Vgl. zum Regelwerk der Sportverbände näher unten 2/Rz.35 ff. und 177 ff.

Einführung

Der Einfluss des staatlichen Rechts war zunächst sehr begrenzt; rechtlich schützens- 7
werte Interessen, die ein Eingreifen des Staates verlangt hätten, standen kaum auf dem
Spiel, wenn etwa ein Sportler vom Spielbetrieb ausgeschlossen wurde; er mochte sich ein
anderes Freizeitvergnügen suchen. Verständlich daher, dass der Staat und insbesondere die
ordentliche Gerichtsbarkeit sich gegenüber dem Eigenleben der Vereine und Verbände
weitgehend zurückhielten, so dass der Gedanke an einen rechtsfreien Raum des Sports
Fuß fassen konnte.[35] Allenfalls das Haftpflichtrecht und das Strafrecht zum Schutz der
körperlichen Unversehrtheit, im weiteren Bereich des Sports auch das öffentliche Recht
(Baurecht, Polizeirecht bei größeren Veranstaltungen) griffen ein. Darüber hinaus waren
wirtschaftliche Interessen involviert, da die Sportausübung zumeist „etwas kostete":
Sportanlagen und Sportausrüstung mussten beschafft werden. Hinsichtlich der daraus
entstehenden vertragsrechtlichen Probleme stand auch nie in Zweifel, dass die staatliche
Rechtsordnung Geltung beanspruchte.

Angesichts der zunächst sich heimlich einschleichenden, dann immer mehr im Mittelpunkt, jetzt sogar im Vordergrund stehenden wirtschaftlichen Interessen in großen Teilen
des Sports kann der Sport weder ein Staat *im* Staate sein, noch der internationale Sport
ein Staat *neben* den völkerrechtlich anerkannten Staaten der Welt. Zunächst versuchte der
Sport intern alle Streitigkeiten zwischen den Beteiligten durch Sportgerichte zu lösen,
mitunter in der Meinung, damit endgültig Rechtsfrieden zu schaffen.[36] Auch der Sport
ist – wie alle menschlichen Aktivitäten – staatsgebunden in dem Sinne, dass er einer
staatlichen Rechtsordnung unterliegt. Dem von den Sportverbänden geschaffenen Regelwerk, gleichgültig, ob es nur national oder weltweit als lex sportiva Geltung beansprucht, kommt daher weder Völkerrechtsqualität zu noch steht es gleichrangig neben
oder gar über den staatlichen Rechtsordnungen.[37]

Die Beteiligten haben Anspruch auf Schutz ihrer – hauptsächlich wirtschaftlichen –
Interessen durch den Staat; der Staat muss, wie auch in sonstigen Bereichen, Rechtsschutz
gewähren. Es ist daher nicht verwunderlich, dass zunehmend staatliche Gerichte in sportlichen Streitfällen angerufen werden und sich für zuständig erklären; als Folge davon
setzt der Sport selbst sein „Recht" immer umfassender und weiter ausdifferenziert, passt
es an die Grundsätze des staatlichen Rechts an, auch Sportgerichte übernehmen diese
Grundsätze, um sich gegenüber dem staatlichen Rechtsanspruch abzusichern; echte
Schiedsgerichte werden in internationalen und nationalen Bereich eingesetzt, die die Zuständigkeit der staatlichen Gerichte – nicht die Geltung des staatlichen Rechts – einschränken.[38] Der Zuwachs rechtswissenschaftlicher Beiträge zum Sport, beginnend in
Deutschland[39] mit den Arbeiten von *Fritz Werner* (1967), *Bernhard Reichert* (1968) und dem
Sammelband von *Schroeder/Kaufmann* (1972), übertrifft denn auch den Zuwachs in anderen Rechtsdisziplinen und hält an.[40]

---

[35] *Schild* Jura 1982, 585, allerdings mit gewissen äußersten Grenzen. Kritisch dagegen auf rechtsvergleichender Grundlage *Bermejo Vera,* Le Sport et le Droit S. 12 ff. Zum heute noch anzuerkennenden Bereich des „rechtsfreien Raum des Sports" s. *Pfister* in Hadding (Hrsg.), Festgabe Zivilrechtslehrer 1934/1935, S0.457 ff.
[36] Ausdrücklich die (inzwischen geänderte) internationale Wettkampfordnung für Skibob: „Ein zivilrechtliches oder strafrechtliches Einschreiten ist ... aus sportlichen Gründen untersagt."
[37] So aber einst der Chefankläger des DFB, *Hans Kindermann.* – Zur Einordnung der internationalen Sportverbänden und des von ihnen gesetzten Regelwerks s. unten Teil 6/1. Kapitel.
[38] Zur nationalen Schiedsgerichtsbarkeit im Sport s. Teil 2/Rz. 280 ff., zur internationalen Teil 6/ Rz. 150 ff.
[39] In Italien beispielsweise erscheint die Rivista di Diritto dello Sport schon seit den fünfziger Jahren.
[40] Früher immerhin schon *Stefan Nürk,* Sportrecht, 1936. Einen kurzen rechtsvergleichenden Überblick über die im Wesentlichen ähnliche Entwicklung des „Sportrechts" in anderen Ländern gibt *Baddeley,* ZSchweizerisches Recht 115 (1996), 138 ff. Drei Reihen zum Sportrecht existieren inzwischen: Die Schriftenreihe des *Württembergischen* Fußballverbandes seit 1975, die des *Konstanzer Arbeitskreises* für Sportrecht seit 1984, die von *Kühl/Tettinger/Vieweg* herausgegebenen Beiträge zum

B. Begriff des Sportrechts: Verbandsregelwerk und staatliche Rechtsordnung

Der Freiraum des Sports wird im gleichen zunehmenden Maße durch das staatliche Recht begrenzt, wie wirtschaftliche Interessen, von welcher Seite auch immer, sich des Sports „bemächtigen".

8 Die *zweite Säule des Sportrechts* bildet daher das staatliche Recht der einzelnen Staaten.[41] Daraus erwachsen für die erforderliche einheitliche, weltweite Geltung der Sportverbandsregeln zwei Gefahren:

(1) Ein einheitliches Weltrecht, das die Belange der Sportler, der nationalen Sportverbände und der Sportvereine gegenüber den Weltsportverbänden, gegen die von ihnen festgelegten Regeln und Einzelentscheidungen schützen könnte, existiert nicht; das Völkerrecht ist auf den privatrechtlich organisierten Sport nicht anzuwenden, enthält auch kaum Schutzvorschriften für Individuen.[42] Rechtlichen Schutz bieten daher weitgehend nur das einzelstaatliche Recht und im Rahmen der Europäischen Union zunehmend das Europäische Recht, gegebenenfalls auch die Europäische Menschenrechtskonvention und entsprechende Abkommen in anderen Erdteilen.

Der Eingriff einzelstaatlichen Rechts führt nun aber dazu, dass viele Rechtsordnungen in Sportsachen mitreden wollen und können, was zu einer Gefährdung der einheitlichen Anwendung der weltweiten Sportregeln führt.[43]

(2) Es gibt auch nicht eine – kraft Gesetzes – zuständige einheitliche Gerichtsbarkeit, die über Sportstreitigkeiten zu entscheiden hätte. Zuständig für die Entscheidungen von Rechtsstreitigkeiten sind daher zunächst die nationalen Gerichte, welches, hängt vom Einzelfall ab;[44] die Zersplitterung der Zuständigkeit vergrößert die Gefahr für die einheitliche Rechtsanwendung.

Abhilfe kann hier die Durchsetzung eines echten Schiedsgerichts für Sportsachen schaffen, etwa das Tribunal Arbitral du Sport (TAS).[45] Die Anerkennung eines eigenen Sportschiedsgerichts setzt die völlige Unabhängigkeit des Schiedsgerichts und der Schiedsrichter gegenüber den Beteiligten eines Verfahrens voraus, insbesondere gegenüber den Internationalen Sportverbänden. Zwar bestehen gegen die Durchsetzung eines Schiedsgerichts durch Monopolverbände, ohne dass den Unterworfenen die Möglichkeit offen bleibt, doch ein staatliches Gericht anzurufen, gewisse Bedenken; sie sollten jedoch, wenn wirkliche Unabhängigkeit des Schiedsgerichts und eine ausgewogene Besetzung der Schiedsrichterliste gesichert ist, zugunsten der Einheitlichkeit der Rechtsprechung in Sportsachen zurückgestellt werden.[46] Streitigkeiten innerhalb eines nationalen Verbandes sollten entsprechend von einem nationalen Sportschiedsgericht entschieden werden, für das die gleichen Grundsätze gelten.

Nach einer längeren Entscheidungspraxis durch eine institutionalisierte Schiedsgerichtsbarkeit wird sich über das Verbandsregelwerk hinaus eine einheitliche lex spor-

---

Sportrecht. Darüber hinaus eine Sportrechtszeitschrift, SpuRt, und neuerdings eine in der Schweiz, Causa Sport. Zumindest vier Habilitationsschriften, *Vieweg*, Normsetzung und -anwendung (1990), *Steinbeck*, Vereinsautonomie und Dritteinfluß (1999), *Adolphsen*, Internationale Dopingstrafen (2003) und *Nolte*, Staatliche Verantwortung im Sport (2004), sowie eine Vielzahl von Dissertationen haben Einzelprobleme vertieft.

[41] Zur Zweispurigkeit des Sportrechts s. *Vieweg* JuS 1983, 825 ff. und *Karaquillo*, Le Droit du Sport S. 51 ff. Dagegen zählt *Hess*, Aktuelle Rechtsfragen a.a.O. S. 24 f. zum „Sportrecht" nur das Verbandsregelwerk; das ist natürlich Frage der unterschiedlichen Definition. Jedenfalls muss man bei der Verwendung des Ausdrucks „Sportrecht" immer klarstellen, was man darunter versteht.

[42] Vgl. zur Stellung des einzelnen Menschen im Völkerrecht und zu deren evtl. Ansprüchen *Seidl-Hohenveldern*, Völkerrecht § 53. Immerhin kann die Europäische Menschenrechtskonvention Schutz gewähren.

[43] Unten Teil 6/Rz. 10 ff.

[44] Unten Teil 6/Rz. 102 ff.

[45] Englisch: Court of Arbitration for Sport (CAS).

[46] S. zum TAS unten Teil 6/Rz. 165. Natürlich bleibt jedem Betroffenen gegenüber einem Schiedsgerichtsurteil die Berufung auf den staatlichen ordre public vor staatlichen Gerichten offen.

Einführung

tiva entwickeln, die auch von den staatlichen Gerichten anerkannt werden könnte, wenn die Schiedssprüche veröffentlicht werden, sich somit der Kontrolle durch die Wissenschaft stellen und vor allem späteren Parteien und Schiedsrichtern bekannt werden.[47] *Lex sportiva* in diesem Sinne ist das von allgemeinen Rechtsgrundsätzen der hoch entwickelten staatlichen Rechtsordnungen durchdrungene Verbandsregelwerk, die aufgrund rechtsvergleichender Forschungen zu erarbeiten sind und nicht etwa nur dem Rechtsgefühl an einem nationalen Recht ausgebildeter Schiedsrichter entspringen dürfen.[48] Allerdings wird eine auch weit entwickelte lex sportiva kaum für alle Rechtsfragen eine Antwort bereithalten, wie es eine staatliche Rechtsordnung kann, so dass für bestimmte Fragen immer ein Rückgriff auf einzelstaatliches Recht erforderlich sein wird.[49]

Solange und soweit dies nicht durchweg gesichert ist, bleibt es beim Schutz durch nationale Gerichte aufgrund nationalen Rechts mit den erwähnten Gefahren für die einheitliche Anwendung des internationalen Sport-Regelwerks, da jedes Gericht zunächst von seinem nationalen Recht ausgeht.

In Deutschland hat der Staat – anders als in anderen Ländern – kein generelles Sportgesetz erlassen; auch fehlt es jedenfalls bislang an speziellen Gesetzen für den Sport, sieht man einmal von steuer-, sozial- und baurechtlichen Einzelbestimmungen ab. Der Sport ist daher in die allgemein gültigen Gesetze eingebunden.

Nun ist allerdings fast das gesamte staatliche Recht auch für den Sport bedeutsam, ohne dass sich daraus besondere sportspezifische Probleme ergeben. Die Verfasser dieses Handbuchs haben daher ihre Aufgabe konzentriert auf die Teile des staatlichen Rechts, deren Anwendung auf Sachverhalte des Sports *sportspezifische* Probleme mit sich bringen. Da der Sport heute, soweit er rechtliche Probleme aufwirft, ein Teil der Wirtschaft ist, ist das Sportrecht weitgehend Wirtschaftsrecht. Dennoch weist der Sport gegenüber der allgemeinen Wirtschaft Besonderheiten auf, wie sich schon bei der Beschreibung der wesentlichen Merkmale des Sports gezeigt hat, Besonderheiten, die auf die rechtliche Beurteilung einwirken.

Während der deutsche Sport rechtlich vom Staat getrennt ist, die nationalen Sportverbände als Subjekte des Privatrechts Autonomie besitzen und dementsprechend auch die Rechtsbeziehungen zwischen ihnen und den anderen am Sport Beteiligten (untere Sportverbände, Vereine, Sportler) privatrechtlicher Natur sind, haben beispielsweise Frankreich, Griechenland, Italien[50] und Spanien[51] allgemeine Sportgesetze erlassen, manche Staaten auch Gesetze, die besondere Fragen des Sports regeln, z. B. Arbeitsverträge von Sportlern,[52] die Rechtsnatur von Profi-Clubs[53] oder das Doping-Prob-

---

[47] Darauf weist *W. Lorenz*, Festschrift *Karl H. Neumayer* (S. 407, 409) zu Recht hin.

[48] So *W. Lorenz* a.a.O. S. 409 f.

[49] Das übersieht m. E. *Hess*, Aktuelle Rechtsfragen a.a.O. S. 42, 43, wenn er, ohne Rückgriff auf das Kollisionsrecht und damit auf ein nationales materielles Recht, glaubt (alle) anstehenden Sportrechtsfälle lösen zu können; das schafft bekanntlich auch die lex mercatoria nicht. So fehlen beispielsweise im Sportregelwerk Regeln für Geschäftsfähigkeit, Anfechtung von Rechtsgeschäften wegen Irrtums, Verjährungsfristen, Sachmängelhaftung, also viele Regeln des BGB und den entsprechenden Rechtsregeln anderer Staaten, s. Beispiele bei *W. Lorenz* a.a.O. S. 429 ff.). S. zur lex sportiva als anzuwendendes Recht in internationalen Fällen unten 6/Rz. 8.

[50] Das italienische NOK (C.O.N.I.) ist eine öffentlich-rechtliche Körperschaft, die italienischen Sportverbände sind nach diesem Gesetz jur. Personen des Privatrechts.

[51] Frankreich, Ges. v. 16. 7. 1984/13. 7. 1992; Griechenland, Ges. Nr. 75/1975, Italien, Ges. Nr. 70 vom 20. 3. 1975, decreto-legge des Staatspräsidenten Nr. 157 v. 28. 3. 1986, decreto legge 242/99, Decreto-legge 242/2000, dazu *Palmieri*, Riv. Dir. dello Sport 2001, 219; Spanien, Ges. Nr. 10 v. 15. 10. 1990. Vgl. dazu die Beiträge von *Autexier* (Frankreich), *Malatos* (Griechenland), *de Cristofaro* (Italien), und *Bermejo Vera* (Spanien) in *Will* (Hrsg.), Sportrecht in Europa.

[52] Belgien, Ges. v. 24. 2. 1978 betr. Sportarbeitsverträge; ähnlich Italien, Ges. v. 23. 3. 1981, Griechenland, v. 5. 8. 1991.

[53] Frankreich, Ges. v. 16. 7. 1984/13. 7. 1992; Italien Ges. Nr. 91 v. 23. 3. 1981; Spanien, Ges. Nr. 10 v. 15. 10. 1990.

lem.⁵⁴ Aber auch diese Staaten gewähren den Sportverbänden im Rahmen der Gesetze weitgehende Autonomie, gehen sogar darüber hinaus und verpflichten die unteren Verbände, die Vereine und die Sportler, die von den nationalen Verbänden gesetzten Regeln einzuhalten; teilweise wird den Verbänden sogar die Ausübung von Hoheitsgewalt (service public) zugestanden.⁵⁵

Die internationalen Sportverbände sind ebenfalls reine Privatrechtssubjekte und genießen Autonomie.⁵⁶

10   Die zwischen staatlichem Recht und autonom geschaffenem „Recht" des Sports bestehende Spannung ist das grundlegende und wohl immerwährende Problem des Sportrechts; sie wird gemildert, wenn der Sport, insbesondere die Sportgerichte und Schiedsgerichte, Grundsätze des staatlichen Rechts übernehmen und wenn andererseits das staatliche Recht die Besonderheiten des Sports, das Sport-Typische berücksichtigt, dem Sport hierfür weitgehende Autonomie belässt.⁵⁷

C. Die Autonomie des Sports – das selbstgesetzte Recht der Sportverbände

I. Grundlage der Autonomie

11   Für den Sportler ist das Tätigwerden in einer Organisation nach den oben (Rz. 3 f.) genannten Kriterien des Sports (vor allem Leistungsvergleich und Wettkampf nach einheitlichen Regeln) zwingende Notwendigkeit, ist sport-typisch. Der einzelne Sportler entscheidet sich für eine bestimmte Sportart; wollen die beteiligten Sportler nicht selbst jeweils die Regeln vereinbaren, so muss das eine – letztlich weltweite – Organisation, der jeweilige Welt-Sportverband, für sie tun.

Aus der Selbstbestimmung des Menschen – Art. 2 Abs. 1 GG – folgt, dass er grundsätzlich selbst die Regeln setzen kann, nach denen er sich (hier: sportlich-spielerisch) betätigen will; weitergehend ergibt sich daraus für den einzelnen das Recht, „in Organisationen tätig zu werden bzw. sich durch diese zu verwirklichen"⁵⁸ und dabei *gruppenspezifische Zwecke* zu verfolgen.⁵⁹

Die in einer Organisation zusammengeschlossenen Mitglieder entwickeln zur Erreichung ihrer gemeinsamen besonderen Ziele besondere „Sozialwerte", die sie in ihrem Bereich auch durchsetzen dürfen;⁶⁰ diese besonderen „Sozialwerte" müssen nicht unbedingt den Werten des pluralistischen Staates entsprechen, der die Verschiedenheit der Bürger zu beachten hat und daher einerseits liberaler sein muss, andererseits aber verpflichtet ist, allen seinen Bürgern einen gewissen Schutz zu gewähren. Die besonderen Sozialwerte einer Organisation dürfen aber weder dem zwingenden Recht des Staates widersprechen,

---

⁵⁴ Z. B. Frankreich, Ges. v. 28.6. 1989, jetzt Gesetz-Entwurf v. 19.11. 1998, dazu *Röthel*, SpuRt 1999, 20. Vgl. Überblick v. *Krogmann*, SpuRt 2000, 37 und 106.

⁵⁵ Frankreich, Ges. v. 16.7. 1984, mit der Folge, dass die Verwaltungsgerichte für Klagen gegen Sportverbände zuständig sind.

⁵⁶ S. dazu näher unten 6/Rz. 6 ff.

⁵⁷ Dahingehend mein Versuch in Festschrift für *Werner Lorenz* (1991), Autonomie des Sports, sport-typisches Verhalten und staatliches Recht; ähnlich und gleichzeitig *H. P. Westermann* in Festschrift für *Rittner* (1991) S. 771.

⁵⁸ Art. 9 GG. *Scholz, R.* in *Maunz/Dürig/Herzog/Scholz*, Komm. zum GG Art. 9 Rdnr. 22; vgl. insbesondere auch *Häberle* ZHR 145 (1981) S. 473, 481 ff. zur individualistischen Grundlage des Art. 9 GG.

⁵⁹ *V. Krockow*, Sport, 1974 S. 98 f. spricht in diesem Zusammenhang von einem gesellschaftlichen Subsystem, *Teubner*, Organisationsdemokratie und Verbandsverfassung, 1978, von Teilsystem.

⁶⁰ S. dazu *Reuter*, Grenzen der Verbandsgewalt, ZHR 1980, 101, der allerdings von „Sozialmoral" spricht. – *BVerfG* NJW 1979, 699 ff. (Mitbestimmungsurteil) und mehrfach, *Scholz* a.a.O.

von dem die Organisation ihre Autonomie gerade ableitet, noch dem ordre public der Staaten, in die sie hineinwirken will.[61]

Selbstgesetzter „gruppenspezifischer Zweck" der in den Sportverbänden organisierten Sportler ist die *Durchführung* des Sports im Allgemeinen oder einer besonderen Sportart und die *Organisation* von Wettkämpfen auf allen Ebenen. Zur Erreichung dieses sportspezifischen Zwecke – wir nennen es das Sport-typische – schaffen die Sportverbände umfangreiche Regelwerke und setzen sie in ihrem Bereich durch. Da der Staat den verbandsmäßig betriebenen Sport anerkennt, gar fördert, teilweise sogar in der Verfassung schützt, muss auch die vom Sport entwickelte „Werteordnung" als den *Sport typisierend* in gewissem Umfang als *„sozialadäquat"* anerkannt werden; so wäre es beispielsweise widersprüchlich, Sport zwar anzuerkennen, die Bildung und Durchsetzung einheitlicher Regeln für eine Sportart durch eine einheitliche Organisation – allein deswegen,[62] etwa wegen Verstoßes gegen das Monopolrecht – zu verbieten; oder Boxen als Wettkampfsport zuzulassen, eine dabei verursachte sport-typische Körperverletzung dennoch als rechtswidrig zu sanktionieren.[63] Der Staat ist vielmehr gehalten, einen Kompromiss zwischen sport-typischen Erfordernissen und staatlichem Recht, zwischen den Ansprüchen des Sports und (Schutz-)Ansprüchen anderer Rechtssubjekte zu finden. **12**

Das *Sport-typische*[64] ist eine Kurzbezeichnung für Charakteristika des Sports, die sein Wesen konstituieren; es ist ein topos[65] in der rechtlichen Argumentation, ist nicht etwa schon ein Recht, ein rechtlicher Anspruch selbst; nicht alles Sport-typische ist rechtmäßig, auch etwas Sport-typisches kann gegen legitime Interessen anderer verstoßen, es bedarf dann der Abwägung im Einzelfall.[66] So kann eine Körperverletzung, selbst bei einem sportart-typischen Regelverstoß rechtmäßig sein, jedenfalls nicht zum Schadensersatz verpflichten, während eine darüber hinausgehende Verletzung anders zu bewerten

---

[61] Vgl. zu den Grenzen des ordre public unten 6/Rz. 365.

[62] Kommen noch andere Gesichtspunkte hinzu, wie heute vor allem wirtschaftliche, so kann dies natürlich das (Kartell-)Recht auf den Plan rufen. S. dazu jetzt grundlegend *Hannamann*, Kartellverbot und Verhaltenssteuerung im Sport (2001), *Heermann*, Sport und europäisches Kartellrecht SpuRt 2003, 89; *Stopper, Martin*, Ligasport und Kartellrecht, aus wirtschaftswissenschaftlicher Sicht *Parlasca* a.a.O.

[63] S. zur Problematik extrem gefährlicher, d.h. möglicherweise zu verbietender „Sportarten" oben Fn. 32.

[64] S. dazu schon *Pfister*, Festschrift für *W. Lorenz* I (1991) S. 171, 177 ff.; ähnlich *H. P. Westermann*, FS *Rittner* (1991) S. 771 ff.: spezifisch sportrechtliche Wertungen *überlagern das anwendbare Privatrecht* (Hervorhebung von mir); kritisch *Steiner*, Die Autonomie des Sports S. 14 ff., der immer dann ein Eingreifen des staatlichen Rechts fordert, wenn Interessen der Beteiligten im Spiel sind, die zum Schutzbereich des staatlichen Rechtskreises gehören. Da aber meist vermögensrechtliche Interessen betroffen sind, wäre ein gerichtsfreier Raum kaum noch gegeben, selbst nicht im bekannten 11-m-Fall des Urteils des LG Chemnitz (SpuRt 1998, 41), das *Steiner* jedoch zu Recht tadelt. Sollte *Steiner* jedoch den Schutzbereich des staatlichen Rechts auf Rechte und Rechtsgüter beschränken (so wohl S. 17), dann decken sich unsere Ansichten im Ergebnis. – Zur näheren Rechtfertigung und Beispielen des Sport-Typischen s. unten Rz. 13 ff.

[65] S. zur Bedeutung von topoi für die Gewinnung „richtigen Rechts" *Henckel*, Rechtsphilosophie S. 522 ff., der gerade auch die „grundlegenden Spielregeln des Verhaltens in der Gemeinschaft" als topoi anführt; s. ebenda zur „sozialen Wertordnung" als topoi.

[66] *Hess*, Aktuelle Rechtsfragen des Sports, Heidelberg, 1999, S. 21 ff., lehnt den Begriff des „Sport-typischen" als unbrauchbar ab, da es dem Begriff an Bestimmtheit fehle, ein Einwand, der gegen jeden „topos" vorgebracht werden kann; das Sport-typische soll nur ein wesentliches Kriterium bei der Beurteilung von Rechtsfragen darstellen, s. *Henkel* a.a.O. S. 354 und 522 ff. Wenn *Hess* a.a.O. S. 23 (im Anschluss an *Westermann, s.* Fn. 64) „spezifische sportliche Wertungen" vorschlägt, die das anwendbare Privatrecht „überlagern", so sehe ich – vor allem hinsichtlich der Präzision – keinen Unterschied zum „Sport-typischen"; übrigens verwendet *Hess* (S. 28) dann selbst eine „sporttypische" Regelung als Argument.

ist;[67] in gewissen Grenzen kann aus sport-typischen Gründen auch die Gleichberechtigung von Mann und Frau eingeschränkt werden.[68]

Je enger eine Regelung oder sonstige Maßnahme mit den *typischen Besonderheiten* des Sports oder der betreffenden Sportart[69] zusammenhängt, umso freier ist die Autonomie, je weiter sie sich von dem für den Sport oder die Sportart Typischen entfernt, desto enger sind die Schranken des staatlichen Rechts.

Einige wesentliche topoi des Sport-typischen[70] sollen im Folgenden kurz dargelegt werden.

II. Rechtlich bedeutsame, typische Besonderheiten des Sports

1. Die monopolistisch-hierarchische Organisationsstruktur des Sports

13 **a) Die Binnenstruktur.** Der Sport hat sich in der Neuzeit zunächst in privaten Vereinigungen, Schulen oder dergleichen entwickelt,[71] wurde also nicht von außen, etwa vom Staat verordnet, im Gegenteil, mitunter musste er sich gegen den Staat durchsetzen. Um überörtliche Wettkämpfe durchführen zu können, schlossen diese Vereinigungen sich rasch zunächst auf regionaler, bald aber auch auf nationaler Ebene zu Verbänden (association, fédération) der betreffenden Sportart zusammen. Die nationalen Fachverbände gründeten dann ihrerseits regionale und weltweite internationale Verbände.[72] Die Sportverbände entwickelten sich also „von unten nach oben".

Coubertin rief 1894 das Comité Internationale Olympique (IOC) ins Leben, das weltweit die Olympischen Spiele organisieren sollte. Das IOC erkannte dann die Nationalen Olympischen Komitees an, die sich in den meisten Staaten im Laufe der Zeit gründeten, hier also ein Aufbau von „oben nach unten".

14 Eine der wesentlichen Aufgaben der internationalen und nationalen Sportfachverbände war es von allem Anfang an und ist es heute noch, die Sportregeln – eines der wesentlichsten Merkmale des Sports – für ihre Sportart möglichst weltweit einheitlich festzulegen, um Wettkämpfe auf weltweiter, regionaler oder nationaler Ebene zwischen den Sportlern zu ermöglichen, und Wettkämpfe, häufig ganze Systeme von Wettkämpfen, z. B. Ligen, zu organisieren. Diese Aufgabe erfordert zweierlei:

– Die weltweite monopolistische Organisation jeder Sportart (Ein-Platz- oder Ein-Verbands-Prinzip)
– Die verbindliche Festlegung der Regeln durch den Weltfachverband „von oben nach unten" (hierarchischer Aufbau).

---

[67] Im Ergebnis ständige Rechtsprechung, die sich allerdings meist auf widersprüchliches Verhalten des Anspruchstellers beruft; ganz überzeugend ist das nicht, dann müsste nämlich ein besonders fairer Spieler, der nie derartige Regelverletzungen begeht, den Anspruch geltend machen können.

[68] Während die Nichtzulassung von (i.d.R. körperlich stärkeren) Männern in reinen Frauenligen auch unter dem Gesichtspunkt der Gleichberechtigung zu rechtfertigen ist, bedarf der umgekehrte Fall, dass ausnahmsweise eine besonders „kräftige" Sportlerin in einer Männerliga, wo regelmäßig mehr zu verdienen ist, zuzulassen ist, noch der näheren Untersuchung; einschränkend insoweit *Haas*, Grundlagen . . . 2. Kapitel Rz. 73, der m. E. die unterschiedlichen finanziellen Möglichkeiten zwischen Männer- und Frauenligen nicht genügend berücksichtigt. Immerhin gibt es beispielsweise im Schach eigene Frauenligen, obwohl auch in Männerligen Frauen spielberechtigt sind. Auch in Jugendligen dürfen beispielsweise keine Erwachsenen spielen, wohl aber umgekehrt. Ähnlich die Problematik bei Behinderten, s. dazu die amerikanische Entscheidung Martin v. PGA 994 F. Supp. 1242 und dazu *Bröhmer*, SpuRt 2002, 141. – S. zum Ganzen auch *Hess*, Aktuelle Rechtsfragen a.a.O. S. 30.

[69] Oben Fn. 32 wurde schon darauf hingewiesen, dass der Staat natürlich nicht jede Sportart billigen muss; ein missbilligte Sportart kann sich nicht auf Sport-typizität berufen, wie z. B. nächtliche „Autorennen" oder neuerdings das „ultimate fighting", dazu *Derksen*, SpuRt 2000, 141.

[70] Die Darstellung des Typischen *einzelner* Sportarten kann hier nicht geleistet werden.

[71] Vgl. *Diem, C.*, Weltgeschichte des Sports S. 675 ff., *Harris*, Sport in Britain S. 136 ff.

[72] Vgl. den Überblick über die Gründung Internationaler Sportverbände bei *Vieweg*, Normsetzung S. 53.

Einführung

(1) Wegen des Erfordernisses der Einheitlichkeit der Spielregeln kann für ihre Festsetzung nur jeweils *eine* Instanz zuständig sein; daraus ergibt sich geradezu zwangsläufig das *Ein-Verbands-* oder *Ein-Platz-Prinzip, die monopolistische* Struktur der Sportverbände. Für jede Sportart gibt es nur jeweils einen Weltfachverband, der nur je einen nationalen, mitunter auch einen Erdteils[73]-Fachverband als Mitglied aufnimmt[74] und auch von seinen Mitgliedern verlangt, dass sie das Ein-Platz-Prinzip in ihrem Bereich streng durchsetzen. Insbesondere fordert das IOC für olympische Sportarten das Ein-Platz-Prinzip.[75]

Für rein regionale oder nationale Wettbewerbe sind neben den allgemeinen, weltweiten Regeln auch spezielle Regeln erforderlich, die auf örtliche Besonderheiten und Gewohnheiten Rücksicht nehmen, wie z. B. Sommer-, Winterpausen, Auf- und Abstieg u.a.m. Auch diese müssen in ihrem Bereich wiederum einheitlich sein, so dass das Ein-Platz-Prinzip auch auf nationaler Ebene zu rechtfertigen und tatsächlich auch weitgehend durchgesetzt ist.[76]

Ausnahmen vom weltweiten Ein-Platz-Prinzip gibt es vor allem in Individual-Sportarten, wie Boxen und Schach, letztlich aus kommerziellen Gründen. Auch hier hat allerdings nur *ein* Verband eine einheitliche Organisation von der Weltspitze bis zum untersten Verein hinter sich.

Schwierigkeiten und Streitigkeiten entstehen, wenn Untersportarten sich entwickeln, die sich vom allgemeinen Fachverband nicht genügend vertreten fühlen.[77]

Im Übrigen sind in Anbetracht der hohen Gewinnerwartungen Angriffe von Konkurrenten auf das nationale Ein-Verbands-Prinzip zu erwarten,[78] die aber erhebliche natürliche Zugangsbarrieren zu überwinden haben, z. B. hinsichtlich der Infrastruktur, Stadien usw.; daran dürfte der Ausbau zu einer weltweiten Konkurrenz scheitern.

Sollte sich auf nationaler Ebene eine Konkurrenz durchsetzen, so wird diese bemüht sein, wegen der Lukrativität internationaler Wettbewerbe Arrangements mit den Internationalen Verbänden zu treffen; dann würden vertragliche Vereinbarungen anstelle der monopolistischen, satzungsmäßigen Organisation die Einheitlichkeit der Regeln sichern. Hier dürfte die derzeitige Organisation des Sports schon mittelfristig Änderungen erfahren. Im Laufe dieser Entwicklung könnte zeitweise auch die Einheitlichkeit der Regeln verloren gehen und damit auch die Möglichkeit des weltweiten Leistungsvergleichs; jedoch sollte das dem Sport innewohnende Streben nach weltweitem Leistungsvergleich – wie verschiedene Beispiele zeigen[79] – letztlich doch obsiegen.

---

[73] Z. B. die UEFA, der Zusammenschluss der nationalen Fußballverbände in Europa als Mitglied der FIFA. S. zum Aufbau des Sportverbandswesens neben *Vieweg* a.a.O. neuerdings *Haas*, Grundlagen in *Haas/Haug/Reschke* (Hrsg.) insbesondere Rz. 49 ff.

[74] Ursprünglich wurde das Ein-Platz-Prinzip meist schon von den Gründungsmitgliedern in der Satzung des höheren Verbandes festgelegt, die sich also dadurch ihre eigene Monopolstellung sicherten. S. zum Ein-Platz-Prinzip und Bedenken dagegen näher unten 2/Rz. 108 ff., 117 und 7/Rz. 148.

[75] Règles 31 Ziff. 3, 32 Ziff. 1.2, 51 Charte Olympique.

[76] Zum Ausland vgl. die Beiträge in *Will* (Hrsg.), Sportrecht in Europa und *Karaquillo*, Le Droit du Sport S. 17 f.

[77] Vgl. z. B. die Absonderung des Deutschen Hängegleiterverbandes und des Deutschen Fallschirmsport-Verbandes (DFV) vom Deutschen Aero-Club. In Belgien versuchte der Hallenfußball die Trennung vom Fußballverband. In Deutschland steht immer wieder die Drohung einer Absonderung der Profi-Vereine im Fußball oder Eishockey im Raum.

[78] So konnte etwa der Medienherrscher *Murdoch* in Australien eine eigene Football-Liga gründen und die Spieler, Trainer usw. den Vereinen der bisherigen Liga abwerben; vgl. den Bericht von *v. Münch* NJW 1996, 3324 a. E. – Im rein professionell organisierten US-amerikanischen Sport gibt es immer wieder Versuche, eine Konkurrenzliga aufzubauen, die allerdings entweder sich mit der bestehenden verschmolzen haben oder letztlich gescheitert sind.

[79] Teilnahme von Sportlern aus US-Profiligen an Olympischen Spielen; Wettkämpfe der Boxweltmeister verschiedener Boxorganisationen.

C. Die Autonomie des Sports – das selbstgesetzte Recht

(2) Das Regelwerk muss von dem zuständigen Weltfachverband *verbindlich* festgelegt werden; er muss dafür sorgen, dass die unteren Verbände es akzeptieren und ebenso einheitlich in ihrem Bereich durchsetzen bis hinunter zu den Mitgliedsvereinen und den Sportlern, vorbehaltlich bestimmter Unterschiede für regionale Wettbewerbe. Entgegen dem Gründungsvorgang – von unten nach oben – erfordern daher sport-typische Gründe eine Vormachtstellung des höheren Verbandes gegenüber dem einzelnen unteren Verband. Regelmäßig geschieht das auf die Weise, dass die unteren Verbände den höheren Verband zur einseitigen, auch zukünftigen Regelfestsetzung und -änderung legitimieren.[80]

15 Sowohl das Ein-Platz-Prinzip als auch die Bindung an das Regelwerk der jeweils höheren Verbände ist in den Satzungen[81] der Sportverbände festgelegt, außerdem – insbesondere auch im Verhältnis zu Dritten, die keine unmittelbaren Verbandsmitglieder sind, z. B. zu Sportlern – einzelvertraglich abgesichert, stellt also eine Art Kartell dar, und zwar sowohl im nationalen Bereich als auch – da der Sport weltweit agiert – ein weltweites Kartell.

Die sport-typische monopolistisch-hierarchische Struktur im Inneren – also gegenüber unteren Verbänden, Vereinen und Sportlern[82] – setzt sich fort bei der Durchführung von Wettbewerben –, Olympischen Spielen, Weltmeisterschaften, aber auch nationalen Ligen – die zwangsläufig mit beschränkter Teilnehmerzahl und nach einem genauen Wettkampfplan durchgeführt werden.

Soweit derartige Wettbewerbe – wie heute zumeist im Hochleistungssport – auch unter kommerziellen Gesichtspunkten durchgeführt werden, sind zur Herstellung dieser „Produkte" – je nach Sportart und Veranstaltung – verschiedene Verbände, Vereine[83] oder Einzelsportler[84] als verbandsgebundene und unter sich in einem detailliert geregelten sportlichen und wirtschaftlichen Wettbewerb stehende Unternehmer beteiligt; die zugrunde liegenden Wettkampfregeln im weitesten Sinn, an die sich die Beteiligten binden, könnte man wettbewerbstheoretisch als Kartellvereinbarungen ansehen,[85] die aber erforderlich sind, um das Produkt überhaupt herstellen zu können.[86]

---

[80] Die Zulässigkeit auch von zukünftigen Regeländerungen ergibt sich nach dem positiven deutschen Recht aus dem Rechtsgedanken der §§ 315 ff. BGB, der im Vereinsrecht Ausdruck in §§ 32 f. BGB gefunden hat, folgt aber im Übrigen schon aus dem Grundsatz der Vertragsfreiheit. Der Unterschied besteht nur darin, dass im Vereinsrecht die Änderungsbefugnis grundsätzlich gegeben ist, die Unzulässigkeit daher besonders – rechtsgeschäftlich – geregelt sein muss (vgl. z. B. § 35 BGB), während im Einzelvertragsrecht umgekehrt die Zulässigkeit einseitiger Änderungen besonders vereinbart sein muss. Zur nach h. M. anzunehmenden Unzulässigkeit einer „dynamischen" Verweisung innerhalb einer Verbandskette s. 2/Rz. 151 ff. Diese Ansicht sollte aber für den Sport überdacht werden: sie führt zu einer übermäßigen Bürokratisierung und Papierflut, ohne den berechtigten Belangen der Sportler größeren Schutz zu gewähren, ebenso *Hess,* Aktuelle Fragen des Sportrechts, *ders..* Grundlagen... in *Haas/Haug/Reschke* (Hrsg.) 2. Kap. Rz. 17.

[81] Einige Staaten haben jedoch für ihren nationalen Bereich das Ein-Platz-Prinzip zumindest für olympische Sportarten und die Bindung an deren Regelwerk kraft Gesetz vorgesehen, z. B. Frankreich, Ges. v. 16. 7. 1984/13. 7. 1992; Griechenland, Ges. Nr. 75/1975; Italien seit dem Ges. Nr. 426/1942 betr. das CONI, beibehalten für andere nationale Sportverbände durch Dekrete des Staatspräsidenten Nr. 530/1974 und 157/1986; Spanien, Ges. Nr. 10 v. 15. 10. 1990, USA (für olympische Sportarten) 36 USCA § 371 ff.

[82] Nachfragemonopol.

[83] Verbände z. B. bei einer Fußball-Weltmeisterschaft, Vereine in einer Liga, beide jeweils mit Sportlern aufgrund von Dienst- oder Arbeitsverträgen.

[84] Zumindest bei Einzelsportarten wie Tennis usw.; die Übergänge sind fließend.

[85] S. *Parlasca* a.a.O. S. 45 ff.

[86] Bei einem Ligawettbewerb wird z. B. festgelegt, wann und wo die Vereine gegeneinander antreten müssen, andere Vereine sind ausgeschlossen. Die Ähnlichkeit zu den bekannten Arbeitsgemeinschaften von Unternehmen liegt nahe; allerdings liefern im Sport die Beteiligten gleichartige Beiträge. S. zu „Kartelle im Profi-Sport" die gleichnamige Arbeit von *Parlasca,* auch *Hannamann, Stopper* und *Heermann* a.a.O. und den Bericht von *Volckaert* (Kolloquium der Association Suisse de Droit du Sport am 14. 5. 1997 in Bern) über verschiedene Gerichtsentscheidungen, aus denen sich die Tendenz ergibt,

Einführung

Den heute weitgehend straff organisierten Weltsport kennzeichnen also ein *monopolistisch-hierarchischer* Aufbau mit *kartellähnlichen* Vereinbarungen – von der Kreismeisterschaft bis zur Weltmeisterschaft und zu Olympischen Spielen[87] –, beides aus sport-typischen Gründen zu rechtfertigen.

Dennoch ist dies nicht ganz frei von Bedenken. Zwar werden in den meisten Weltsportverbänden die Spitzenfunktionäre durch Wahlen bestimmt, doch besteht – wie politologische Untersuchungen nachgewiesen haben – bei hierarchischem Verbandsaufbau von „Verbandsketten" ein erhebliches „Demokratiedefizit".[88] Die Legislative und Exekutive – wozu auch noch eine Art Judikative gehört – der Verbandshierarchie liegen in der Hand von Funktionären,[89] die, wenn sie überhaupt Leistungssport auf höherem Niveau betrieben haben, dann jedenfalls zu einer Zeit, da die wirtschaftlichen Verhältnisse im Sport noch völlig anders waren. Der Einfluss der Basis, der aktiven Sportler, „das Volk", ist umso geringer, je höher die Hierarchiestufe ist. In vielen Verbänden sind zwar Bestrebungen erkennbar, die Sportler an Verbandsentscheidungen zu beteiligen, doch stoßen sie – selbst beim besten Willen aller Beteiligten – rasch an die Grenzen des den Sportlern Möglichen; ganz abgesehen davon können Sportler verschiedener Sportarten,[90] aber auch der gleichen Sportart – Hochleistungssportler, Breitensportler, Seniorensportler usw. und sogar der gleichen Liga[91] – durchaus entgegengesetzte Interessen haben, so dass in einem allgemeinen Sportverband – wie dem DOSB –, aber auch in den Fachsportverbänden ein gerechter und alle zufrieden stellender Interessenausgleich selbst bei demokratischer Beteiligung der Sportler kaum zu verwirklichen ist.

Da im kommerzialisierten Sport die Sportler existenziell auf die Monopol-Organisation angewiesen sind, können sie der Bindung nicht entgehen; ihnen ist faktisch eine autonome Wahrnehmung ihrer eigenen Interessen nicht möglich; sie sind also im Sinne der Rechtsprechung des Bundesverfassungsgerichts[92] auf Schutz angewiesen.

Hinzu kommt eine weitere Besonderheit. Die großen internationalen und nationalen Verbände, vor allem der für Fernsehen und daher Werbung „attraktiven" Sportarten, sind heute Wirtschaftsunternehmen mit großen materiellen, insbesondere aber immateriellen Werten, die auf den Leistungen der Spitzensportler und der organisatorischen Leistung

---

dass Zulassungsquoten für Meisterschaften grundsätzlich zulässig sind: Trib. *Namur* v. 6. und 16. 2. 96 (Affaire Deliège), Trib. *Genève* v. 14. 9. 1995 (G. Riss), Trib. *Bruxelles* v. 2. 4. 96 (Cabrera).

[87] Wollte man nur Kreismeisterschaften veranstalten, so würde Einheitlichkeit auf Kreisebene genügen.

[88] „Lange Wahlketten" von der Basis, die sich im Sportbereich schon kaum an Vereinswahlen beteiligen, bis zur Weltspitze. Der Einfluss der Basis auf die Spitze ist überhaupt nicht messbar. Vgl. *Herder-Dorneich*, Verbände im Wahlsystem – Verbandswahlen, in *ders.*, Zur Verbandsökonomik, 1973. Vgl. zu den Schwierigkeiten der Durchsetzung einer demokratischen Struktur in einer Verbandshierarchie *Teubner*, Organisationsdemokratie (passim) und konkret zu den Defiziten bei Sportverbänden unten 2/Rz. 4; *Haas*, Grundlagen ... in *Haas/Haug/Reschke* (Hrsg.) Rz. 66 ff.

[89] Die Feststellung der NZZ v. 19. 20. 12. 1998 S. 44, „Das IOK ist Exekutive und Legislative, Regierung und Parlament zugleich", stimmt im Wesentlichen auch für die anderen Internationalen Sportverbände. S. zu den Bedenken wegen großer Marktmacht und geringer Transparenz *Hummer*, Berichte a.a.O. S. 180 ff.

[90] Offenkundig sind die Interessengegensätze bei telegenen und nicht telegenen Sportarten. Aber auch bei Dopingfragen werden Sportler einer Sportart, in der Doping nach Ansicht von Fachleuten, wie angeblich im Fußball, kaum förderlich sein soll, über Dopingfragen anders urteilen als Sportler, in deren Sportart die Leistungsförderung auf der Hand liegt und die eben immer – ob zu Recht oder zu Unrecht – fürchten, dass jedenfalls im Ausland die Dopingregeln weniger streng sind oder jedenfalls weniger streng gehandhabt werden.

[91] Vgl. z. B. die unterschiedlichen Interessen hinsichtlich der Vermarktung oder der Ausdehnung internationaler Wettbewerbe bei Spitzenvereinen der Fußballbundesliga, bei den „grauen Mäusen" oder gar bei Vereinen der unteren (Amateur-)Ligen.

[92] BVerfGE 89, 214. Ebenso *Hass*, in *Haas/Haug/Reschke* (Hrsg.), Grundlagen ... 2. Kap. Rz. 34 ff. mit weiteren Nachweisen.

der Funktionäre beruhen. Gerade im Hinblick auf diese Werte haben die Verbände und die Sportler oft gegensätzliche Interessen; hier darf der Verband nicht seine Interessen ohne Rücksicht auf die der Sportler durchsetzen.[93] Die Verbände werden von Funktionären zumindest auch nach unternehmerischen Gesichtspunkten geleitet; diese sind aber weder selbst „Eigentümer" noch stehen hinter ihnen Kapitaleigner, denen sie verantwortlich wären; das IOC kooptiert sogar seine Mitglieder. Die Gewinne sollen dem Sport verbleiben. Die Verbände, deren Rechtsform denn auch nicht für Unternehmen gedacht ist, ähneln insoweit unternehmerisch tätigen Stiftungen,[94] die nach deutschem Recht jedenfalls strenger staatlicher Kontrolle unterliegen. Der für das übrige Wirtschaftsleben typische Interessengegensatz zwischen Kapital und Arbeit besteht nicht. Einerseits streben heute die meisten Sportverbände nach Erhöhung ihrer Gewinne; diese müssen sie aber nicht an die Gesellschafter oder sonstigen Kapitaleigner ausschütten, verteilen sie andererseits aber auch nicht vollständig an die den wirtschaftlichen Erfolg unmittelbar schaffenden Sportler oder Vereine, sondern verwenden sie zumindest teilweise für sonstige Zwecke, wie für die weitere Entwicklung ihrer Sportart.[95] Auch zwischen den Vereinen eines Verbandes klafft die Schere zwischen Reich und Arm immer weiter auseinander; die Bemühungen mancher Verbände, einen „sozialen Ausgleich" zu schaffen, stoßen naturgemäß auf den Widerstand der reichen Clubs, die mit „Ausverlagerung" drohen[96] Auch zwischen Spitzensportler und Verband gibt die Verteilung der „Werberechte" oft Anlass zu Streitigkeiten.

Ähnliches gilt innerhalb der deutschen Sportvereine, soweit sie (noch) im Rahmen des Idealvereins Profiabteilungen neben Amateurabteilungen führen.

18 **b) Die monopolistische Struktur nach außen.** Beteiligt am Wirtschaftsmarkt Sport sind aber auch Unternehmen, die von außen an den Sport herantreten: Zulieferer von Sportgeräten und Sportmaterialien, Vermarktungsagenturen, Sponsoren, Medien usw., manche ebenfalls existentiell auf diesen Markt angewiesen. Auch ihnen gegenüber tritt der Sport monopolistisch oder als Kartell auf,[97] und zwar wiederum sowohl im nationalen Bereich wie weltweit. Auch sie, die vom Sport profitieren wollen, müssen die Besonderheiten des Sports hinnehmen.[98]

Darüber hinausgehende wettbewerbsbeschränkende Verbandsregelungen oder Vereinbarungen sind aber an der Messlatte des Kartellrechts zu beurteilen. So versuchen Sportverbände in neuerer Zeit, die im Außenverhältnis – etwa zwischen Vereinen und den genannten Dritten – zumindest teilweise gegebene Konkurrenzsituation[99] zu monopolisieren:[100]

---

[93] S. dazu österreichischer OGH SpuRt 2004, 154 mit Anmerkung von Hauser, Causa Sport 2004, 65: Ein Verband hatte ein Team zu einem (wirtschaftlich wichtigen) Rennen nicht zugelassen, weil einer dessen Fahrer bei einem früheren Rennen auf Weisung des sportlichen Leiters das Trikot des Rennstalls und nicht das des Veranstalters getragen hatte. Der OGH gab der Klage auf Zulassung wegen Missbrauchs der Monopolstellung statt.

[94] Ähnlich auch der TÜV, s. zu den entsprechenden Bedenken dagegen *Emmerich* in *Oberender*, Wettbewerb und Marktstruktur S. 661, 676 ff.

[95] Da die Verbände keiner Publizitätspflicht unterliegen, ist die genaue Verwendung der Mittel weitgehend unbekannt.

[96] Z. B. die G 14 im europäischen Fußball oder der Streit zwischen den deutschen Profi-Eishockeyclubs und der DEL, dazu *Hiedl* SpuRt 1998, 191. Wiederum ist die Ähnlichkeit zur Entwicklung der Gesellschaft frappierend, s. dazu aus soziologischer Sicht *Vinnai*, Sport in der Klassengesellschaft.

[97] Sogar im Verhältnis zu den Zuschauern kann eine monopolähnliche Stellung bestehen, s. *BGHZ* Bd. 101, 100 (Kopplungsverkauf).

[98] Bekannt sind die Beispiele, dass in einer Mannschaft nicht jeder Spieler im Trikot seines eigenen Werbepartners auftreten kann, oder dass bei einem Wettkampf nicht jedes beteiligte (Sport-) Unternehmen – Verband, Verein, Sportler – sich selbst vermarkten kann.

[99] Jeder einzelne Teilnehmer etwa an einer Liga könnte zunächst einmal selbst „seine" Veranstaltungen im Rahmen des Wettbewerbs vermarkten, Fernsehrechte daran vergeben oder selbst bestim-

- Sie ziehen einerseits Rechtspositionen der Beteiligten – Sportvereine, Sportler – an sich, um eine zentrale Vermarktung gegenüber Dritten – Medien, insbesondere Fernsehen, und Werbewirtschaft –, also ein Angebotsmonopol durchzusetzen,[101] wie es schon lange in den USA,[102] jetzt aber auch im europäischen Bereich und in Deutschland zu beobachten ist.
- Andererseits versuchen sie ein Nachfragemonopol zu begründen, indem sie nur Sportmaterialien von bestimmten Anbietern für Wettbewerbe zulassen. Sport-typisch gerechtfertigt sind derartige Bestrebungen, wenn dadurch sichergestellt werden soll, dass die Materialien den einheitlichen Regeln entsprechen; wird dies von mehreren Herstellern gewährleistet, unterliegt die Frage, ob ein Verband nur *einen* Hersteller für sämtliche Wettbewerbe zulassen darf, wofür er erhebliche Geldbeträge von dem begünstigten Hersteller erhält, dem allgemeinen staatlichen Recht.[103]

Weitere kartellartige Vereinbarungen sind zu erwarten, z. B. gegenüber Sportlern[104] oder der Sportartikelindustrie.[105]

Das Ein-Platz-Prinzip, der Oktroy der Regeln und die kartellmäßige Struktur sportlicher Wettbewerbe sind Voraussetzungen für die typische Sportausübung und daher grundsätzlich vom staatlichen Recht anzuerkennen; die Interessen insbesondere der Sportler wie auch Dritter verlangen demgegenüber nach Schutz. Hier bedarf es jeweils einer Abwägung zwischen den berechtigten Interessen des Sports (Sportler, Sportvereine und die zu diesem Zweck bestehenden Sportverbände) an der Durchführung des von den Beteiligten gewünschten und gewollten Sports einerseits und einem angemessen Schutz der Einzelnen am Sport Beteiligten und außenstehender Dritter.

19

2. Die Verbandsregeln

a) *Spielregeln* sind ein wesentliches Kennzeichen des Sports; sie werden üblicherweise von den Sportverbänden festgelegt.[106]

20

Früher enthielt das Regelwerk einer Sportart nur die für die Sportausübung selbst wesentlichen „Spielregeln"; es „ging um nichts"; man konnte sich daher auf Grundregeln beschränken. Angesichts der Kommerzialisierung des Sports mussten Erfolg und Nichterfolg nicht nur beim Wettkampf selbst, sondern auch im Vorfeld – Zulassung zum Wettkampf oder gar schon in den Kader, Doping und vor allem Sanktionen bei Regelverstö-

---

men, welche – natürlich den Regeln entsprechende – Sportmaterialien er verwenden will; dies versuchen Verbände zu verhindern.

[100] S. die Einfügung des § 31 GWB (1999) nach dem Urteil des BGH WM 1998, 147 (Gesamtvermarktung).

[101] Kartell, das auf Satzung oder Vertrag beruht. S. dazu *Parlasca* a.a.O. S. 74 und vorige Fn. Dieses Monopol ist besonders effizient, seitdem in Deutschland die Marktgegenseite durch Zulassung privater Fernsehunternehmen ihre Quasi-Monopolstellung verloren hat, wirkt sich allerdings nur bei fernsehattraktiven Sportarten aus. Bei manchen Sportarten ist die Nachfrage gerade umgekehrt, hier kann sogar der Fall eintreten, dass erst die Medien einer Sportart zum Publikumsinteresse und damit zur Vermarktungsmöglichkeit verhelfen; folgerichtig zahlt hier der Sport für seine Medienpräsenz.

[102] Dazu *Wise/Meyer*, International Sports Law and Business 1997.

[103] Vgl. hierzu Entscheidungen der *Kommission* vom 18. 3. 1992 (DSI), ABl. EG 1992, L 131, S. 32 ff. und vom 21. 12. 1994 (Tretorn) ABl. EG 1994, L 378, S. 35 ff., sowie *Coopers/Lybrand*, Abschlußbericht S. 70 f. Dazu 2/Rz. 108 ff., 4/Rz. 83 ff. und 7/Rz. 196 ff. und die Erwägungen des Gesetzgebers, die zur Schaffung der Ausnahme der Zentralvermarktung für den Sport in § 31 GWB führten.

[104] Wie z. B. der salary-cap, die Begrenzung von Spielergehältern durch Regelung innerhalb eines Verbandes dazu *Bahners* SpuRt 2003, 142 ff.

[105] So kann beispielsweise durch Reglenänderung die Qualität der Sportmaterialien so verändert werden, dass einige der bisherigen Hersteller faktisch ausscheiden, vor allem wenn Patente entsprechenden Schutz gewähren.

[106] Dazu oben Rz. 3 a. E und 6 f.

C. Die Autonomie des Sports – das selbstgesetzte Recht

ßen – rechtlich abgesichert werden. Es kamen daher Regeln hinzu, die nicht mehr die einzelne Sportart typisieren, sondern die weit „über den Sportplatz" hinaus Geltung beanspruchen und Auswirkungen haben.[107]

Heute haben die internationalen und nationalen Sportverbände überaus komplexe Regelwerke aufgestellt, die inzwischen in Loseblattsammlungen und mehrbändigen Werken vorliegen[108] und, von „Sportjuristen" entworfen, an Akribie und Detailfreude jeden staatlichen Gesetzgeber in den Schatten stellen und nur noch von Spezialisten gekannt und verstanden werden können.

Die in den Regelwerken der Sportverbände enthaltenen Regeln lassen sich unterscheiden in Spielregeln im engeren und weiteren Sinn und allgemeine Verbandsregeln.[109] Dabei geht es vor allem um die Abgrenzung von *Spielregeln* und *Rechtsregeln,* um die Frage, ob und in welchem Umfang sie und die auf ihnen beruhenden Entscheidungen der Verbandsorgane, vor allem die „Tatsachenentscheidung des Schiedsrichters" von staatlichen Gerichten überprüft werden können.

21 (a) Die Ausgestaltung der *Spielregeln im engeren Sinn* – praktisch die Regeln, die die Sportausübung „auf dem Sportplatz" betreffen – ist die ureigenste Angelegenheit der Sportverbände; hier ist ihre Autonomie am weitesten, wenngleich nicht völlig unbeschränkt: *Max Kummer* hat in seiner grundlegenden Schrift den Unterschied zwischen Spielregeln und Rechtsregeln herausgearbeitet und kommt zum Ergebnis, dass die Spielregeln im engeren Sinn hinsichtlich ihrer Wirksamkeit, aber vor allem ihre Anwendung durch die Sportverbände, insbesondere durch die Schiedsrichter und eventuell eingerichtete Kontrollinstanzen des Verbandes, nicht der Überprüfung durch die staatlichen Gerichte unterliegen. Diese Ansicht wird vor allem in der Schweiz im Grundsatz anerkannt,[110] während sie in Deutschland teilweise auf Ablehnung gestoßen ist;[111] indes haben die ablehnenden Autoren bislang keine Maßstäbe aufzeigen können, die eine einigermaßen sichere Abgrenzung zulassen, welche Schiedsrichterentscheidungen von ordentlichen Gerichten nachgeprüft werden können.[112]

Als rechtlicher Ausgangspunkt kann – für das deutsche Recht – die Regelung des „Preisausschreibens" (Auslobung), § 661 BGB herangezogen werden. Die Organisation und insbesondere die Regelung sportlicher Wettkämpfe ist in der Tat eines der Hauptbeispiele für das Preisausschreiben:[113] die Sportverbände schreiben nach den von ihnen fest-

---

[107] Vgl. dazu grundlegend *Kummer, M.,* Spielregel und Rechtsregel, 1973 und näher zur Einteilung der Regeln unter rechtlichen Gesichtspunkten *Pfister,* Festschrift für *W. Lorenz* (1991) S. 177 f.

[108] Z. B. *Klein, W.,* Deutsches Sporthandbuch, inzwischen fünf Bände, Loseblattausgabe, nur grundlegende Regeln enthaltend. Auch die einzelnen Verbände gehen inzwischen zu Loseblattausgaben mit regelmäßigen Neulieferungen über.

[109] Dazu *Kummer,* Spielregel und Rechtsregel, 1973 und unten 2/Rz. 5 ff.

[110] S. schweizerisches BGE 120 II 369 mit Nachweisen auf frühere Entscheidungen; auch EuG 1. Instanz, SpuRt 2005, 20 (Meca-Medina/Majcen) allerdings mit verfehlter Grenzziehung, so richtig *Schröder* in einer Anmerkung. Unterschiedlich (noch) die Rechtsprechung des Tas, s. dazu den Überblick bei *Pfister* SpuRt 2002 S. 178 f., und neuerdings die Entscheidungen während der Olympischen Spiele in Athen 2004, A/704 berichtet von *Martens/Oschütz* SpuRt 2005, 59, 60 f., *Oschütz,* Sportschiedsgerichtsbarkeit S. 141 ff.

[111] Grundsätzlich wie hier *Haas,* Grundlagen des Sportrechts B 2. Kap. Rdnr. 45, in *Haas/Haug/Reschke* (Hrsg.), Handbuch des Sportrechts; *Kuhn,* Der Sportschiedsrichter S. 82 ff.; *Pfister,* SpuRt 1998, 221 ff. Ablehnend *Heß* in *Heß/Dressler,* Aktuelle Rechtsfragen des Sports S. 19 ff., *Oschütz,* Sportschiedsgerichtsbarkeit S. 138 ff., wohl auch *Vieweg,* Festschrift *Röhricht* S. 1261; *Adolphsen,* Internationale Dopingstrafen.

[112] *Oschütz,* Sportschiedsgerichtsbarkeit S. 140 f. bejaht eine Überprüfbarkeit immer, wenn die „Entscheidungen über die bloße Spielsituation hinausreichen und auch Vermögensinteressen betroffen werden". Jeder 11 m-Pfiff kann Vermögensinteressen (auch der Spieler: Siegprämie) beeinflussen. *Vieweg,* Festschrift *Röhricht,* will das Fairness-Gebot als Maßstab heranziehen, dazu *Pfister,* Besprechung der Festschrift, Causa Sport 2005, 424 f.

[113] Schon die Motive zum BGB, *Mugdan,* Bd. 2 S. 519 sehen „körperliche Fertigkeiten" als Gegenstand eines Preisausschreibens an. Kommentare zu § 661 BGB.

gesetzten Regeln einen Wettkampf aus. Auch die Veranstaltung eines „Mehrstufenspiels" wie ein Pokalwettbewerb, eine Liga mit Auf- und Abstieg oder ein längerer Ausscheidungswettbewerb etwa für die Nominierung zu Olympischen Spielen oder Weltmeisterschaften kann als zeitlich aufeinander folgende aber zusammenhängende Vielzahl von Ausschreibungen angesehen werden. Ausgelobter Preis kann jede Art von materiellem oder ideellen Wert sein:[114] ein Geldpreis, ein Titel, ein Recht auf Aufstieg in eine höhere Klasse oder auf Teilnahme an einem höheren, z. B. internationalen Wettbewerb. Dass erhebliche wirtschaftliche Interessen involviert sind, schadet nicht.[115]

Aus § 661 Abs. 2 BGB ergibt sich, dass die Entscheidungen des Preisgerichts verbindlich sind; so haben denn auch schon mehrfach Gerichte die Entscheidungen von Sport-Kampfgerichten unter Hinweis auf § 661 Abs. 2 BGB als unanfechtbar angesehen.[116] Insbesondere können staatliche Gerichte[117] nicht die Entscheidungen des Schiedsrichters anhand einer eigenen Auslegung der Spielregeln überprüfen und gegebenenfalls das Spielergebnis aufheben.[118] Dass die staatlichen Gerichte hier größte Zurückhaltung üben, liegt nicht nur in ihrem eigenen Interesse, da sie sonst wöchentlich mit einer Unzahl von Klagen überschwemmt würden; vor allem fordert das die Autonomie des Sports, also der Sportverbände, die ihre Sportart, ihre Wettkämpfe mit den sich daraus ergebenden „Gewinnen" nach ihren Vorstellungen sollen regeln können.[119] Die Durchführung der sportlichen Wettkämpfe selbst, wie sie von allen Beteiligten grundsätzlich gewollt wird, würde empfindlich gestört, würden staatliche Gerichte etwa schon auf dem Platz Entscheidungen des Schiedsrichters beanstanden[120] oder das vom Schiedsrichter festgestellte Endergebnis im Nachhinein – nach möglicherweise jahrelangem Rechtsstreit – aufheben können. Die Beteiligten nehmen an den Wettbewerben teil, so wie ihr Ablauf von den Sportverbänden in dem Regelwerk festgesetzt wird,[121] das ist der richtige Grundgedanke des § 661 Abs. 2 BGB.

Soweit die Entscheidung des Schiedsrichters über das Spiel hinaus nach den Regeln Auswirkungen hat, etwa die automatische Sperre eines Spielers nach einem Platzverweis, beruht diese Wirkung zwar auch auf einer Tatsachenentscheidung; der Grund für die Privilegierung der Tatsachenentscheidung ist hier aber nicht mehr gegeben; hier können auch staatliche Gerichte eingreifen, wenn in Rechtspositionen des Betroffenen eingegrif-

---

[114] RGZ 143, 259, 262; BGH NJW 1984, 1118 f.; *MünchKommBGB/Seiler* § 657 Rdnr. 7.

[115] BGHZ 17, 366, s. auch OLG Frankfurt SpuRt 1998, 236. S. näher zu den einzelnen Voraussetzungen *Kuhn* a.a.O. und *Pfister* a.a.O.

[116] BGH MDR 1966, 572 = LM § 661 Nr. 2; BGH 17, 366, 373; OLG Frankfurt/M SpuRt 1998, 236; OLG Frankfurt VersR 1997, 12; s. auch BGH NJW 1995, 583, 587, der zu Recht darauf hinweist, dass Sportgerichte, „soweit es sich nicht um die Einhaltung der Spielregeln im engeren Sinne handelt", der Kontrolle durch die staatliche Gerichtsbarkeit unterliegen. *Soergel-Lorentz* § 661 Rdnr. 3 mit weiteren Nachweisen.

[117] Wohl aber kann jeder Sportverband eigene Kontrollinstanzen (Oberschiedsrichter, Sportgericht) vorsehen, so auch *Kummer* a.a.O. S. 78, *Vieweg*, FS *Röhricht*.

[118] Dies haben zu Unrecht das LG Chemnitz SpuRt 1998, 41 und das OLG Dresden als Berufungsgericht (unveröffentlicht) versucht, sind aber glücklicherweise zum selben Ergebnis gekommen wie der Schiedsrichter (11 m-Fall, dazu *Pfister* SpuRt 1998, 220). – Prozessual ist eine Klage auf Aufhebung eines Spielergebnisses nicht unzulässig, sondern unbegründet, da eben die Sportregel keine Anspruchsgrundlage darstellt, Ausnahme etwa § 826 BGB, dazu sogleich unten. – Zu den verbandsrechtlichen Regelungen hinsichtlich des Tatsachenentscheides des Schiedsrichters s. Teil 2/Rz. 334 ff.

[119] *Kummer* a.a.O., *Pfister* Festschrift *W. Lorenz* a.a.O.

[120] Im Rahmen von einstweiligen Anordnungen.

[121] Daraus ergibt sich, dass das Verbandsregelwerk etwa die Richtigkeit von Schiedsrichterentscheidungen durch Kontrollinstanzen absichern kann. Zur Lösung dieses „Zielkonfliktes zwischen Schnelligkeit und Gerechtigkeit" versucht *Vieweg* (Festschrift *Röhricht*, S. 1255 ff.) neuerdings das Fairnessgebot heranzuziehen; offen bleibt, wenn ich recht sehe, ob und welche „Rechtsmittel" gegeben sein sollen, wenn eine konkrete Regelung nicht dem Fairnessgebot entspricht, insbesondere wer die (Nicht-)Einhaltung des Fairnessgebots soll feststellen dürfen.

fen wird.[122] Eine genaue Abgrenzung zwischen Spielregel im engeren Sinne von den übrigen ist daher möglich.

Hat ein Beteiligter nach dem Regelwerk einen Preis (Aufstiegsrecht, Teilnahmerecht an Olympischen Spielen) erworben, so hat er darauf einen auch vor Gerichten durchsetzbaren Rechtsanspruch gegen den Veranstalter, hier also den Verband.[123]

An zwingendes Recht und die guten Sitten sind die Spielregeln[124] und die auf ihnen beruhenden Entscheidungen[125] jedoch gebunden; die bewusst falsche etwa durch Bestechung erwirkte Verbands-, insbesondere Schiedsrichterentscheidung kann auch vom staatlichen Gericht aufgehoben oder sonst sanktioniert werden, z. B. durch Zuerkennung eines Schadensersatzanspruches.[126] Teilweise wird darüber hinaus vertreten, dass auch eine *grob unbillige Entscheidung* des „Preisgerichts" mit großen wirtschaftlichen Folgen vom staatlichen Gericht aufgehoben werden kann.[127]

Die „auf dem Platz" geltenden Spielregeln beanspruchen Geltung, ohne dass es auf eine rechtsgeschäftliche Anerkennung der Beteiligten ankommt, obwohl sie meist zu konstruieren sein dürfte. Soweit die Regel die körperliche Integrität der Sportler oder von Sachen betreffen, gelten sie als „Verkehrspflichten" für alle Teilnehmer, ohne dass es auch

---

[122] So ausdrücklich schweizerisches BG in SpuRt 1995, 211 mit Anm. v. *Scherrer*; ebenso *Kummer* a.a.O. S. 45 f. ausdrücklich für die automatische Sperre nach zweifacher Verwarnung durch Schiedsrichter. Ebenso Art. 83 b) FIFA-Disziplinarreglement. Richtig daher auch die von *Scherrer* SpuRt 2002, 264 kritisierte Entscheidung des Disziplinarrichters der schweizerischen Nationalliga (Fußball): Nach der Regel war ein wegen Fouls des Platzes verwiesener Spieler jedenfalls für das nächste Spiel automatisch gesperrt; der Disziplinarrichter hob die Sperre auf, da nach Fernsehbeweis gar kein Foul vorgelegen hatte; *Scherrer* übersieht bei seiner Kritik der Entscheidung den oben dargelegten Zweck der Privilegierung und haftet zu sehr am missverständlichen Ausdruck „Tatsachenentscheidung". Konsequenterweise müsste dann ein Spieler der zu Unrecht wegen Tätlichkeit vom Platz gewiesen wurde, auf lange Zeit gesperrt werden, wenn das Disziplinargericht an die „Tatsachenentscheidung" gebunden wäre.

[123] § 661 Abs. 2: „Die Entscheidung (des Preisrichters) ist ‚verbindlich'". Allgemeine Meinung *MünchKommBGB/Seiler* § 661 Rdnr. 13 mit weiteren Nachweisen. Da der Anspruch nur gegen den den Wettkampf ausschreibenden Verband besteht, kann der Anspruch praktisch ins Leere gehen, wenn der höhere Verband, etwa das IOC, nicht gebunden ist. Auch das Tas hat eine Verbandsentscheidung, die einem Sportler die Zulassung zu den Olympischen Spielen verweigerte, aufgehoben, Tas 96/153, ebenso die nachträgliche Aberkennung einer Goldmedaille wegen angeblichen Dopingvergehens, Tas 98/002.

[124] Ordre public: Eine „Sportart" beispielsweise, bei der Autofahrer frontal aufeinander zu rasen und derjenige gewinnt, der nicht ausweicht, dürfte sich kaum auf die ihr zustehende Autonomie berufen, s. dazu schon oben Fn. 32. – Außerordentlich schwierig ist das Problem, inwieweit die Aufstellung besonders (unnötig?) „gefährlicher" Regeln eine Haftung des Verbandes bzw. der Funktionäre begründet. Vgl. *Fritzweiler* SpuRt 1995, 28 zu besonders gefahrträchtigen Skirenn-Pisten. Zum „ultimate fighting" s. *Derksen*, SpuRt 2000, 141.

[125] BGHZ 17, 366; *RGRK-Steffen* § 661 Rdnr. 7; *Soergel-Lorentz* a.a.O. *Kummer* a.a.O. S. 64 f. will nur den bestochenen Schiedsrichter selbst haftbar machen, das darauf beruhende Ergebnis soll offenbar Bestand haben. Jetzt gerade im Bestechungsfall des Schiedsrichters Hoyzer virulent geworden; aus der zahlreichen Literatur hierzu s. *Heermann*, Causa Sport 2005, 4 ff.

[126] So auch § 17 Nr. 2 e) und § 17 a RVO des DFB, wohl mit Zustimmung der FIFA. Die Entscheidungen der DFB-Gerichte im Hoyzer-Bestechungsfall haben ein gutes Mittelmaß gefunden: Aufhebung des Spielergebnisses, soweit es während einer laufenden Saison noch möglich ist, Schadensersatz, wenn dies unmöglich ist (§§ 249, 251 BGB!), etwa weil inzwischen weitere Pokalrunden abgewickelt wurden.

[127] *MünchKommBGB/Seiler*, § 661 Rdnr. 14. Auch *Steiner*, Autonomie des Sports S. 19, spricht sich offenbar für weitere Eingriffsmöglichkeit des staatlichen Rechts und Richters aus. Das würde vor allem eine eindeutig falsche und spielentscheidende Tatsachenentscheidung des Schiedsrichters betreffen; in einem eklatanten Einzelfall mag es erträglich sein, so wohl auch das DFB-Sportgericht im Fall Borussia Neunkirchen und „Helmer-Tor", berichtet u. a. von *Eilers* SpuRt 1994, 79. Wie aber ist die Grenze zu ziehen, ohne dass „the flood-gates would be opened", so treffend Tas OG 02/007 (KoreanOC).

nur darauf ankommt,[128] dass der einzelne Teilnehmer sie genau kennt; bindend ist auch nicht der – den Sportlern zudem oft unbekannte – „Buchstabe der Verbandsregel", sondern wie die Regel durch die Sportler praktisch auf dem Sportplatz ausgeführt und von den Schiedsrichtern gehandhabt wird;[129] jeder Sportler akzeptiert die aufgrund der Regeln übliche Sportpraxis, so wie eben der betreffende Sport bei derartigen Wettkämpfen – z. B. in einem bestimmten Liga-Wettbewerb – ausgeübt wird, gleichgültig, ob er sie im Einzelnen kennt; das umfasst auch die Akzeptanz von sport(art)-typischen Regelverletzungen.[130] Auch die Tatsachenentscheidung des Schiedsrichters aufgrund dieser Regeln sind daher – im Rahmen der genannten Grenzen – vor staatlichen Gerichten unanfechtbar

Auch für die übrigen Spielregeln „auf dem Platz" sollte eine rechtsgeschäftliche Anerkennung nicht erforderlich sein. Auch diese Regeln müssen für alle Teilnehmer als eine Art Verkehrssitte einheitlich gelten und einheitlich ausgelegt werden,[131] mögen sie die Regel kennen oder mag einer gar gegen sie protestiert haben.[132]

(b) Die *Spielregeln im weiteren Sinn* betreffen auch jedenfalls mittelbar die Sportausübung, wenngleich nicht mehr „auf dem Spielfeld". 22

Hierzu gehören insbesondere Regeln über die Zulassung von Vereinen oder Sportlern zu Wettkämpfen,[133] über deren Ausschluss (Sperre),[134] Transferbestimmungen, Ausländerklauseln und die Regeln zur Durchführung des Mehrstufenspiels.[135] Auch soweit eine Spielregel und die darauf beruhende Entscheidung des Schiedsrichters Auswirkungen über den Wettkampf auf dem Platz hinaus hat, etwa die automatische Sperre eines Spielers nach einem Platzverweis, fällt sie hierunter.[136] Auch die Regeln betreffend das Spielmaterial und Sportkleidung gehören hierher. Jedenfalls zum deutschen Recht wird heute kaum noch bestritten, dass die Bindung an diese Verbandsnormen, vor allem, soweit sie den Verband zu Eingriffen berechtigen oder den Beteiligten gegeneinander Ansprüche

---

[128] So haben Gerichte bei Entscheidungen über Sportverletzungen zu Recht noch nie gefragt, ob die Beteiligten die Spielregeln rechtsgeschäftlich anerkannt haben. Ebenso für die FIS-Regeln *Heermann-Götze* NJW 2003, 3254, ihnen zustimmend *Haas*, Grundlagen ... B. 2. Kap. Rz. 6, in *Haas/Haug/Reschke* (Hrsg.), Handbuch des Sportrechts.

[129] Treffend das schweizerische Bundesgericht: Vorschriften, „die das Spiel in seiner *konkreten* Ausführung auf dem Spielfeld regeln.", *BGE* 108 II 20, Hervorhebung vom Verf.

[130] S. dazu näher *Pfister,* a.a.O. 189. Im Ergebnis ebenso die Rechtsprechung, dazu unten 5/ Rz. 13 ff.

[131] So *Haas* a.a.O. Rdnr. 30 f.

[132] Das Fehlen einer rechtsgeschäftlichen Bindung wäre etwa denkbar im Sport von Minderjährigen, wenn versäumt wurde, eine rechtsgültige Erklärung der Eltern zu besorgen. Aber auch wenn ein Sportler in seinem Regelanerkennungsvertrag ausdrücklich eine dieser Spielregeln für sich ausgeschlossen hätte – ohne dass dies dem Verband aufgefallen wäre, sonst hätte es seine Nichtzulassung zur Folge gehabt –, würde es dem Sportler nichts helfen. Es wäre absurd gewesen, hätte das Tas in der Entscheidung gegen die deutschen Dressurreiter bei den Olympischen Spielen von Athen, 2004 (Tas OG 04/07, dazu *Martens/Oschütz* SpuRt 2005, 60) geprüft, ob die in Frage stehende Regel von allen Beteiligten „rechtsgeschäftlich" anerkannt worden war.

[133] BGH NJW 1983, 442 f. (zu einem Architektenpreisausschreiben). OLG Frankfurt SpuRt 1998, 37 und LG Nürnberg-Fürth ebenda S. 38; dort ging es um die Zulassung zur Fußballregionalliga, allerdings wurde ein Anspruch abgewiesen.

[134] Keinesfalls kann der Begründung des Europäische Gericht erster Instanz im Fall Meca-Medina, EuG Dok.-Nr 02 38 1 SpuRt 2005, 21 mit berechtigter Kritik von *Schröder,* zugestimmt werden. Dazu unten Fn. 144.

[135] *Kummer* a.a.O. S. 47 ff., 53 f. Aus der Vielzahl von nationalen und internationalen Entscheidungen hierzu s. LG München SpuRt 1995, 162, OLG München SpuRt 1996, 133, zu diesem Fall Krabbe s. den Bericht von *Summerer* SpuRt 2002, 233 ff. Meist kommen Entscheidungen staatlicher Gerichte indes zu spät, so dass nur noch über einen Schadensersatzanspruch zu entscheiden ist. Schneller reagieren können hier Schiedsgerichte bei den Sportverbänden; so hat das Tas schon verschiedentlich Sperren von Sportlern aufgehoben (Tas 94/129) oder verkürzt (Tas 2001/A/317), oder die vom Verband verweigerte Nominierung durchgesetzt (Tas 96/153).

[136] S. dazu schon oben zu Fn. 122.

gewähren, rechtsgeschäftlich begründet werden muss.[137] Dies ermöglicht einen gewissen Schutz. Er liegt weniger in der ersten Folgerung, dass jeder sich durch Verweigerung der Zustimmung diesen Regeln entziehen könnte; praktisch ist dies dem Verein oder Sportler kaum möglich, da er ohne diese Zustimmung nicht zum Wettbewerb zugelassen wird und die Verbände heute auf eine lückenlose rechtsgeschäftliche Bindung achten.[138]

Die rechtsgeschäftliche Bindung weist aber den Weg zur Inhaltskontrolle. Zwar gilt der Grundsatz der Privatautonomie, d.h., die Beteiligten können auch inhaltlich vereinbaren, was sie wollen. Der Privatautonomie sind aber durch den Gesetzgeber, vor allem jedoch in den letzten Jahrzehnten durch die Gerichte erhebliche Schranken gesetzt worden; die dort entwickelten Kontrollmaßstäbe sind auch hier heranzuziehen. Bei der Inhaltskontrolle ist davon auszugehen, dass angesichts der rechtsgeschäftlich begründeten und abgesicherten Monopolstellung der Sportverbände und des Angewiesenseins des Hochleistungssportlers und der Vereine auf sie, eine Ungleichgewichtslage im Sinne der grundlegenden Entscheidung des Bundesverfassungsgerichts zu den Voraussetzungen und Grenzen der Privatautonomie[139] gegeben ist; der Staat und seine Gerichte sind dann in besonderer Weise verpflichtet – unter Berücksichtigung sport-typischer Erfordernisse – Schutz zu gewähren.

Das Erfordernis der rechtsgeschäftlichen Zustimmung, die das gesamte maßgebliche Regelwerk umfassen muss, kann indes in Einzelfällen zu Schwierigkeiten führen, wenn etwa wegen eines Versehens die (wirksame) Zustimmung eines Beteiligten nicht vorliegt, vor allem wegen der oft langen Verweisungsketten.[140] Ergibt sich hier – bei nicht sehr sorgfältiger Arbeit eines der Verbände – eine Lücke, so müsste nach rechtsgeschäftlichem Verständnis u. U. eine Bindung zu verneinen sein. Da kaum ein Sportler bei Erteilung der Lizenz die Lückenlosigkeit nachprüft, wird durch dieses Erfordernis keinesfalls der Schutz der Sportler vergrößert; allenfalls muss – letztlich materiell zu Unrecht – z. B. ein Dopingsünder, der einen findigen Anwalt hat, der im Ernstfall genau der Hierarchie der Regelwerke nachspürt und eine Lücke entdeckt, freigesprochen werden, wenn man nicht sehr weitgehend mit stillschweigender Zustimmung oder ähnlichen Instituten helfen kann.[141] Es ist daher doch zu überlegen, ob nicht – ähnlich wie in anderen Ländern[142] – das von den (internationalen) Verbänden gesetzte Regelwerk für alle

---

[137] S. dazu unten 2/Rz. 147 ff.

[138] Natürlich kann es dabei einmal zu einer Lücke führen, wenn etwa konkret die Unterschrift des Sportlers unter dem Anerkennungsvertrag fehlt. Zu Recht hat das OLG Dresden in einem derartigen Fall dennoch die Bindung an die (Doping-)Regeln bejaht, wenn er an einem Wettkampf teilgenommen hat, obwohl er die Athletenvereinbarung für das betreffende Jahr nicht unterzeichnet hatte, da er seit langem im Besitz eines Startpasses war und an Wettkämpfen teilgenommen hatte, Beschluss v. 18. 12. 2003 in *Haas/Haug/Reschke*, Handbuch des Sportrechts 13 24 31.

[139] BVerfGE 89, 214. Zur Inhaltskontrolle s. unten 2/Rz. 345 ff.

[140] Im Zusammenhang mit einer Lizenzerteilung erkennt ein Sportler das Regelwerk des die Lizenz erteilenden unteren Verbandes an; in diesem Regelwerk ist die Bindung an das des höheren Verbandes vorgesehen usw. bis zum Weltspitzenverband, der seinerseits etwa auf die Dopingregeln der WADA verweist. Vor allem, wenn man noch die Zulässigkeit einer „dynamischen Verweisung" ablehnt, kann es zu Lücken kommen.

[141] S. auch den oben Fn. 138 erwähnte Fall des OLG Dresden und den Falle *Nagel*, schweizerisches BG SpuRt 2002, 62, und dazu die genaue Schilderung der Hintergründe bei *Adolphsen*, Internationale Dopingstrafen S. 548 f.: Das BG geht in mehreren Urteilen vom „Vertrauensgrundsatz" des schweizerischen Rechts aus und fragt daher, kann der Verband darauf Vertrauen, dass für den Sportler die Regeln wirksam ist, ohne dass der Sportler davon überrascht wird, BGE 119 II 271 (Fall Gundel), v. 31. 10. 1996 (Fall Nagel), *Reeb*, Rec. des sentences du TAS, 1986–1998 S. 585 und sehr weitgehend BG SpuRt 2002, 62 (Stanley Roberts) zur Verbindlichkeit einer Schiedsgerichtsklausel. S. auch das Reiterurteil des BGH NJW 1995, 583.

[142] In Australien und den USA sind Sportler an die Dopingbestimmungen kraft Gesetzes gebunden, s. *Baddeley* in *Fritzweiler* (Hrsg.), Doping, Sanktionen, Beweise, Ansprüche (2000) S. 14 f. In Italien sind die Sportler an die gesamten Regeln ihres Sportverbandes kraft Gesetzes gebunden.

im Rahmen des Verbandes aktiven Sportler unabhängig von ihrer rechtsgeschäftlichen Zustimmung verbindlich ist und der wesentliche Schutz der berechtigten Interessen der Sportler – wie praktisch bisher auch – durch eine *inhaltliche Kontrolle* zu gewährleisten ist. Doch bedarf dies noch genauerer Diskussion.

Die Regeln im weiteren Sinn können, wenn durch eine auf ihnen beruhende Entscheidungen in Rechtspositionen der Betroffenen eingegriffen wird, Gegenstand gerichtlicher Entscheidungen werden. Die Verbandsautonomie wird hier durch das gesamte staatliche Recht begrenzt, die staatlichen Gerichte sind zur Kontrolle berufen. Sport-typische Bedürfnisse können sich aber insbesondere noch über Generalklauseln, unbestimmte Rechtsbegriffe oder als Rechtfertigungsgründe Geltung verschaffen;[143] andererseits ist das Schutzbedürfnis der Sportler oder Vereine und unteren Verbände wegen der Ungleichgewichtslage in besonderer Weise zu berücksichtigen.[144] Hier müssen die staatlichen Gerichte im Einzelfall die Gesamtinteressen des Sports oder dieser Sportart, die vom Verband zu vertreten sind,[145] und der Betroffenen gegeneinander abwägen; insbesondere ist dabei auch das sich aus der Verbandsautonomie ergebende Ermessen zu berücksichtigen.[146] Weitgehend frei[147] sind die Verbände bei der abstrakten Regelung der Maße und Qualität des Sportmaterials, das notwendigerweise einheitlich sein muss. Hingegen dürfte eine Verbands-Bestimmung, dass nur das von einem bestimmten Unternehmen hergestellte Material verwendet werden darf, gegen zwingendes Recht verstoßen.[148]

Dieselben Grundsätze gelten auch für Vorschriften zur Sportbekleidung. Soweit sie von sportlicher Notwendigkeit getragen sind, etwa zur Sicherung der Chancengleichheit oder Einheitlichkeit einer Mannschaft, können sie gerechtfertigt sein.[149] Sonst kann die Verbandsregel jedenfalls nicht mit sport-typischen Erfordernissen gerechtfertigt werden; das gilt vor allem für Regeln mit finanziellem Hintergrund, hier müssen die oft gegenläufigen Interessen des Verbandes und der Mitglieder und der Sportler berücksichtigt werden; die Grenze der Regelungsbefugnis wird erreicht, wenn es nur um Geschmacksfragen geht.[150]

---

[143] Systematisch vorbildlich hat daher der *EuGH* im *Bosman*-Urteil, NJW 1996, 505 ff. = SpuRt 1996, 59 ff., die Sportbelange unter „Rechtfertigungsgründen" erörtert. Ihm ist auch darin zuzustimmen, dass er sport-typische Gründe insoweit nicht anerkennt, als dasselbe sportlich erwünschte Ergebnis – z. B. Förderung der Nachwuchsarbeit – auf weniger (in die Rechte der Sportler) einschneidende Weise erreicht werden kann.

[144] Insoweit abzulehnen die Begründung des Europäische Gericht erster Instanz im Fall Meca-Medina, SpuRt 2005, 21 mit berechtigter Kritik von *Schröder* ebenda und Anmerkung von *Orth* in causa sport 2004, 195 ff.: Das Dopingverbot beruhe allein auf sportlichen und nicht auf wirtschaftlichen Gesichtspunkten, falle daher nicht in den Wirtschaftsbereich, den Art. 81 f. EGV regelt. Demgegenüber kommt es darauf an, ob die sportliche Regelung in (wirtschaftliche) Rechtspositionen des Sportler eingreift; dann muss eine Abwägung zwischen den beiderseitigen Interessen stattfinden, wie es der EuGH in Bosman-Urteil hinsichtlich des Ausschlusses von Ausländern in einer Nationalmannschaft getan hat. Sonst wären beispielsweise auch Sperren gegen Sportler, die natürlich auf sportlichen Gesichtspunkten und nicht auf wirtschaftlichen beruhen, von der Überprüfung durch Gerichte (auch unter europarechtlichen Kriterien) ausgeschlossen. Bedenken gegen die Entscheidung auch bei *Haas*, Grundlagen ... in *Haas/Haug/Reschke* (Hrsg.) 2. Kap. Rz. 57 a.

[145] Damit wird klargestellt, dass keinesfalls alle mitunter *rein eigenen* Interessen des Verbandes ins Gewicht fallen dürfen.

[146] So ist zweifelhaft, ob ein Gericht eine vom Verand verhängte Sperre, die es zwar grundsätzlich für berechtigt aber für zu lange hält, verkürzen (so Tas Entscheidung in Recueil des sentences du TAS 1986–1998 92/74) oder nur insgesamt aufheben darf, um die konkrete Festlegung nochmals – im Rahmen der gezogenen Schranken – dem Verband (Wahrung des Verbandsermessens!) zu überlassen, so *Summerer* unten 2/307 unter Berufung auf *Vieweg* FS Lukes S. 821 f.

[147] Bis zur Gefährdung für den Menschen und bis zur Sittenwidrigkeit.

[148] Kartellrecht (Machtmissbrauch einer Monopolstellung), § 826 BGB. S. dazu schon oben Fn. 105.

[149] Auch hier ist zu prüfen, ob nicht eine weniger strenge Regelung genügen würde.

[150] Dies war gerade Gegenstand eines Rechtsstreits Puma gegen FIFA betr. einteiliger Sporttrikots der Nationalmannschaft Kameruns, der mit einem Vergleich endete. Als Anspruchsgrundlage

23 **b)** Schließlich gibt es eine Vielzahl von Verbandsregeln, die keine sport-typischen Besonderheiten aufweisen, etwa über Beitragspflichten, Organisation, Abstimmungsquoren, Geschäftsordnung usw. Sie unterliegen dem staatlichen Recht unter Beachtung der allgemeinen Verbandsautonomie.

24 **c)** Oberster – teilweise allerdings ungeschriebener – Grundsatz jeder Sportausübung sollte das Erfordernis des Fairplay, der Fairness sein, dessen Inhalt allerdings nur schwer zu umschreiben ist.[151] Zunächst einmal kann und sollte der Gedanke der Fairness die Regelbildung durch die Verbände beeinflussen; weiterhin ist er auch bei der Regelauslegung vom Schiedsrichter oder auch vom später entscheidenden Sportgericht zu beachten und sollte auch von staatlichen Gerichten bei sportrechtlichen Entscheidungen berücksichtigt werden.[152] Ob darüber hinaus der Grundsatz der Fairness rechtlich nutzbar gemacht werden kann, muss füglich bezweifelt werden. Denkbar wäre etwa, das Fairness-Gebot als eine Art „Sportgrundrecht" auch gegenüber regelgerechtem, aber als unfair empfundenem Verhalten eines Sportlers im Einzelfall heranzuziehen, beispielsweise um ihn trotz der Regelbeachtung zu bestrafen oder ihm ein Wettkampfergebnis abzuerkennen.[153]

Ohne rechtliche Sanktionen sollte das Fairness-Gebot als oberster Grundsatz von den Sportverbänden insbesondere bei der Trainerausbildung betont werden; auch sollte besondere Fairness eines Spielers in besonderer Weise belohnt (Fairness-Pokal) werden.[154]

III. Interessenlagen der am Sport Beteiligten

25 Die Autonomie der Verbände wird zwangsläufig von Verbandsfunktionären wahrgenommen,[155] die sie allerdings nicht in ihrem eigenen Interesse, sondern im Interesse der Gesamtheit der am Sport Beteiligten wahrnehmen sollen,[156] deren Interessen keinesfalls einheitlich sind.

Die Basis bilden die Sportler, auch sie unter sich mit unterschiedlichen Motiven, je nachdem, ob sie Sport relativ kurzfristig zum Broterwerb – auf höchstem (wirtschaftlichen) oder unteren Niveau – ausüben, als gesundheitsfördernd oder als reines Freizeitvergnügen.

Ein Sportverband will – nach seiner Satzung – den Sport allgemein bzw. seine Sportart fördern. In diesem Rahmen soll er die Interessen seiner Verbandsangehörigen – untere Verbände, Vereine, Sportler – wahrnehmen. Er will den Hochleistungs-, den allgemeinen Leistungssport und auch den Breitensport, unterschieden noch zwischen Jugend-, Se-

---

kommt wiederum Kartellrecht in Betracht; wurde die Regel eigens eingeführt, um ein bestimmtes Unternehmen auszuschließen, (bei Anwendbarkeit deutschen Rechts) möglicherweise auch § 826 BGB.

[151] *Wissenschaftlicher Beirat des DSB* a.a.O.: Zum Sport gehören Grundwerte und Leitideen, wie Fairplay, Partnerschaft, Unversehrtheit des Partners, Chancengleichheit und Teamgeist. S. auch die Beiträge in *Erika Scheffen* (Hrsg.), Sport, Recht und Ethik, RuS H. 24. Neuerdings versucht *Vieweg* in FS *Röhricht* S. 1255 ff. den topos Fairness für das Problem der Tatsachenentscheidung fruchtbar zu machen.

[152] So könnte ein Arbeitsgericht sicher eine vom Verein ausgesprochene Geldstrafe oder gar Kündigung eines Spielers einer Profimannschaft, die darauf beruht, dass er die Regelwidrigkeit eines von ihm erzielten, entscheidenden Tores dem Schiedsrichter zugegeben habe, für unrechtmäßig erklären, weil der Spieler fair und daher nicht pflichtwidrig gegenüber dem Verein gehandelt habe.

[153] S. die Übersicht über verschiedene Fälle bei *Vieweg* FS *Röhricht* S. 1255 ff.

[154] Immerhin besteht die Gefahr, dass die wegen besonderer Fairness ausgezeichnete Mannschaft dem Abstieg verfällt, was nicht gerade als Vorbild dienen würde.

[155] Vgl. zum Demokratiedefizit, oben zu Fn. 88.

[156] Zur Autonomie der Verbände im Interesse der Verbandsmitglieder BVerfG NJW 1979, 699 ff. (Mitbestimmung) und mehrfach, *Scholz* in *Maunz/Dürig/Herzog/Scholz*, Komm. zum GG Art. 9 Rdnr. 21. Speziell zu Sportverbänden *Pfister*, Festschrift für *W. Lorenz* 1 (1991) S. 181. Tatsächlich setzen Verbände indes oft auch eigene Interessen – gegenüber den Mitgliedern – durch, menschlich ist es, dass sie mitunter auch ihre persönlichen Interessen im Auge haben.

nioren- und Altensport u. a., fördern. Als dauerhafte Institution muss er auch die langfristige Entwicklung im Auge behalten; insoweit unterscheidet er sich von den Interessen der derzeitigen Sportlergeneration, die aber diese langfristigen Investitionen anerkennen muss, hat doch jeder Sportler zumindest als Anfänger zunächst Nutzen aus den vorhandenen Einrichtungen des Sports gezogen.[157]

Besondere Schwierigkeiten entstehen durch die organisatorische Verbindung von professionell und mehr oder weniger rein amateurmäßig betriebenem Sport unter einem Verbandsdach; Schwierigkeiten, die es in Staaten wie den USA, wo von vornherein beides organisatorisch getrennt war, nicht gibt. Verbands- und Vereinsstrukturen, die bestimmt und geeignet waren, Amateursport durchzuführen, nahmen den Profisport auf und behielten die gleichen Regelungsmechanismen bei. **26**

In der Gemengelage zwischen gewerbsmäßig und ideell betriebenem Sport versuchen die deutschen Sportverbände einen – für beide Seiten zumindest auch vorteilhaften – Ausgleich zu finden, zumal beide nach dem vorherrschenden Sportverständnis in Deutschland nicht scharf zu trennen sind, sondern ineinander übergehen.[158] Immerhin wird in manchen Sportarten wie beim DFB oder im Bereich des Eishockey versucht, die Interessengegensätze durch Trennung der Zuständigkeiten zu befriedigen.

Wegen der Bedeutung eines (spannenden) Wettkampfes für die Attraktivität und damit für den – auch wirtschaftlichen – Erfolg ist es eine Aufgabe der Sportverbände, die Chancengleichheit, d.h. ungefähr gleiche Stärke der Beteiligten auch langfristig zu sichern, gegebenenfalls sogar durch besondere Maßnahmen zu fördern.[159] So ist ein Verband durchaus bestrebt, auch die sportlich und – oft weil – finanziell schwachen Vereine, das Amateurlager oder Sportentwicklungsländer in einer langfristigen Sportpolitik zu stärken und verwendet dafür Mittel, die er aus dem kommerziellen Sport gewinnt, oder schränkt den Berufssport in sonstiger Weise ein.[160] Unter diesem Aspekt lassen sich durchaus verständliche Gründe für ein Transfersystem anführen, das allerdings kaum ein taugliches und erst recht nicht das alleinige Heilmittel zur Aufrechterhaltung einer gewissen Chancengleichheit darstellt und, da es Sportler in ihrer Berufsfreiheit benachteiligt, zu Recht von den Gerichten grundsätzlich für rechtswidrig erklärt wurde.[161]

Schwierig zu bestimmen sind die Interessen eines Vereins zwischen dem Streben nach sportlichem Erfolg und wirtschaftlicher Solidität. Beides kann voneinander abhängen, ohne dass das eine das andere garantieren könnte; nicht selten ruiniert ein sportlicher Höhenflug die finanzielle Basis oder rettet umgekehrt der Abstieg die Finanzen. Sportliche Erfolge sind noch weniger als unternehmerische mit einer gewissen Sicherheit zu planen; zu sehr mischen Glück und Zufall mit, wie immer wieder Beispiele beweisen. Eine scharfe Trennung – Amateursport, rein ideelle Ziele, Profisport, rein kommerzielle, d.h. Gewinnmaximierung – ist, jedenfalls bei der derzeitigen Verbands- und Vereinsorganisationsstruktur des deutschen Sports, daher nicht möglich;[162] auch ein Profiverein wird und sollte einen Platz in der Bundesliga vorziehen einem möglicherweise höheren Gewinn in der unteren Liga. **27**

Letztlich hängen die Sportvereine ab von den maßgeblichen Funktionären oder Sponsoren, vom beschaulichen Breitensportverein bis zum ehrgeizigen Proficlub, beide müssen auf finanziellen Ausgleich bedacht sein, der Proficlub muss aber gewisse Risiken ein-

---

[157] Vgl. zur ähnlichen Argumentation im Urheberrecht *Ulmer, E.,* Urheber- und Verlagsrecht S. 6, 347 ff.

[158] Auf- und Abstieg; Pokalwettbewerbe, an dem Profi- und Amateurmannschaften teilnehmen. Auch in derselben Liga oder Mannschaft treten oft Profis neben Amateuren auf.

[159] Im Unterschied zum ganz anders gearteten „Wettbewerb" zwischen Unternehmen. Dort ist die Sicherung des Wettbewerbes allenfalls Aufgabe des Staates, die ihm aus seiner Schutzfunktion erwächst.

[160] Zeitliche Beschränkung von Fernsehübertragungen zugunsten von Amateurveranstaltungen, Art. 14 UEFA-Statuten.

[161] *Bosman*-Urteil des EuGH SpuRt 1996, 59 ff., dazu unten 7/Rz. 65 ff. und BAG SpuRt 1997, 94 ff.

[162] Dahingehend aber die Forderung von *Raupach* SpuRt 1995, 141 ff.

gehen. Funktionäre eines Sportverbandes oder eines Vereins können darüber hinaus sehr vielfältige, auch persönliche Interessen haben.[163]

28 Schon aus diesem kurzen Überblick ergibt sich, dass ein Sportverband – als Normgeber und Normdurchsetzer – durchaus auch gegensätzliche Interessen gegenüber den einzelnen Sportlern und Vereinen hat, und daher das Regelwerk nicht nur an deren gegenwärtigen Interessen ausrichten kann; dies ist bei der rechtlichen Beurteilung des Verhältnisses Verband zu den Sportlern/Vereinen immer im Auge zu behalten, denn gerade das deutsche Vereinsrecht ist nicht darauf ausgerichtet, erhebliche wirtschaftliche, entgegengesetzte Interessen auszugleichen. Daher kommt beispielsweise der mitunter sehr umstrittenen Frage, wem von Rechts wegen eine bestimmte Rechtsposition (z. B. Veranstaltungs-, Vermarktungsrecht) originär zusteht und wer andererseits sie sich *daher* nur aufgrund eines Rechtsgeschäfts übertragen lassen kann und dafür gegebenenfalls ein Entgelt zahlen muss, ganz entscheidende Bedeutung zu.[164] Das Gleiche gilt für die teils gleichgerichteten, teils unterschiedlichen Interessen zwischen Verein und Sportlern.

29 Am Sport beteiligt sind auch Zuschauer, Zulieferer, Werbewirtschaft, Sponsoren und schließlich die Medien, allen voran die Fernsehunternehmen oder Rechteverwerter. Sie sind als Außenstehende nicht verbandsrechtlich in die Organisation eingebunden, sondern nur durch schuldrechtliche Verträge mit Sportlern, Vereinen und Verbänden verbunden. Hier gibt es besondere sportspezifische Rechtsprobleme wegen der Vielseitigkeit der Vertragsbeziehungen: Sportler, Verein und Verband können ihre Rechte bei ein und derselben Veranstaltung an verschiedene Personen vergeben; die Frage, wie sich widersprechende Verträge vereinbaren lassen, führt wiederum zu dem Problem, wem Rechte bei und an einer Veranstaltung zustehen. Hier einen Ausgleich der unterschiedlichen Belange zu ermöglichen, ist – nicht zuletzt angesichts der Machtstrukturen – ein schwieriges Unterfangen.

Weitgehend sind die Außenstehenden gerade am Typischen des Sports interessiert, nehmen daher auch die damit verbundenen nachteiligen Besonderheiten und Schwierigkeiten in Kauf. So kann ein Zuschauer sein Entgelt nicht zurückverlangen, wenn seine Mannschaft verliert oder schlecht spielt, selbst dann nicht, wenn Trainer und Spieler alle Anstrengungen, gar einen Sieg versprochen haben.[165] Das Gleiche gilt für Fernsehunternehmen und die Werbewirtschaft, die ihr damit verbundenes Risiko durch besondere Vertragsklauseln oder gar durch Einflussnahme auf die Organisation von Wettkämpfen zu minimieren versuchen.[166]

30 Schließlich hat auch der *Staat* – ähnlich der Wirtschaft – eigennützige Interessen, am Ansehen des Sports zu partizipieren, aber auch dessen vielfältige soziale Werte zu nutzen, fördert ihn daher und versucht, Einfluss auf ihn zu nehmen.

IV. Begrenzung der Autonomie des Sports

31 Ein Sportler kann sein Selbstbestimmungsrecht nur ausüben bei der anfänglichen Auswahl der Sportart, ist dann aber faktisch von seinem Monopolverband abhängig; da zudem das Demokratieprinzip im Sport nicht gewahrt ist und auch wohl kaum effektiv durchgesetzt werden kann,[167] besteht eine Ungleichgewichtslage im Sinne der Rechtsprechung des Bundesverfassungsgerichts zu den Schranken der Privatautonomie.[168]

---

[163] Abgesehen davon können Verbandsfunktionäre bestrebt sein, wirtschaftlich den Verband zu stärken, um faktische Macht zu vergrößern, zu welchen Zwecken auch nur immer. Letztlich ist es auch menschlich, daß sie auch an sich selbst denken.

[164] Dazu unten 4/Rz. 144 ff.

[165] Offenbar a. A. *Koller*, RdA 1982, 46 ff.: Wenn Sportler keine Höchstleistungen erbringen, haben Zuschauer Anspruch auf Minderung.

[166] So mag es für ein nationales Fernsehunternehmen wirtschaftlich desaströs sein, wenn das nationale Team aus einem internationalen Wettbewerb vorzeitig ausscheidet; dagegen hilft die Änderung der Wettbewerbsregeln, so dass nicht jeder Fehltritt zum Ausscheiden führt, s. die Änderungen bei der UEFA Champions League.

[167] Verbandsketten s. oben zu Fn. 88.

[168] BVerfGE 89, 214.

Einführung

Die wirtschaftliche Existenz eines (Berufs-)Sportlers hängt in jeder Hinsicht[169] von seiner sportlichen Leistung ab; das Problem seiner „Teilhabe"[170] am Sport ist also das wesentliche Grundproblem des Sportrechts; die Teilhabe beginnt mit der Förderung, Zulassung zum Training, zum Kader, geht über die Zulassung zu Wettbewerben bis zur Zuerkennung von Siegen, d.h. Anerkennung seiner sportlichen Leistung. In jeder Phase kann ein Sportler durch Entscheidungen des Verbandes und anderer Personen geschädigt aber auch in besonderer Weise gefördert werden. Wegen dieser existentiellen Bedeutung der Teilhabe ist der Staat verpflichtet, den Beteiligten unter Beachtung des Sport-typischen Rechtsschutz zu gewähren;[171] letztlich ist es auch der Staat, der die Autonomie gewährt und daher ihre Grenzen festlegen kann.[172]

Kein Zweifel kann daran bestehen, dass die Autonomie des Sports im Verhältnis zu Außenstehenden, die nicht innerhalb der Verbandsorganisation stehen und daher nicht mitgliedschaftsrechtlich an die Verbandsregeln gebunden sind, dem allgemeinen Recht unterstehen, insbesondere auch den Grundsätzen des Vertragsrechts. Allerdings gilt auch hier die Ausnahme für Spielregeln im engeren Sinn;[173] im Übrigen – insbesondere hinsichtlich der Spielregeln im weiteren Sinn – sind auch hier sport-typische Besonderheiten des Sports im Wege der Vertragsauslegung oder als Verkehrssitte zu beachten. **32**

Die besondere Problematik des Sportrechts besteht daher darin, unter Wahrung der Autonomie – der sport-typischen Besonderheiten – des Sports die Rechte vor allem der Sportler und der Sportvereine aber auch der Außenstehenden zu sichern.[174] Dieses Erfordernis hat zu einer Verschärfung der Kontrolle der Verbandsregeln und -Entscheidungen durch die staatlichen Gerichte geführt,[175] ein Vorgang, der noch keinesfalls abgeschlossen ist. Insbesondere bleibt die Grenzziehung zwischen dem berechtigten Streben des Sports, sein Leben, d.h. seine Regeln im weitesten Sinne selbst zu gestalten, selbst durchzusetzen und Streitfälle in der für den Sportbetrieb gebotenen Eile und „sportnah" selbst zu entscheiden, und den gleichfalls berechtigten Forderungen der einzelnen Athleten und gegebenenfalls auch Vereine und unteren Verbände auf Teilhabe am Sport, auf Schutz ihrer finanziellen und beruflichen, aber auch rein persönlichen Interessen eine wohl immerwährende Aufgabe des Sportrechts. **33**

Erschwert wird die Lösung dieser Aufgabe durch die Tatsache, dass der Sport mit seinen Internationalen Verbänden als einer der ersten globalisierten privaten Akteure kaum von den einzelstaatlichen Rechtsordnungen und Gerichten generell und effektiv kontrolliert werden kann, zumal die einzelstaatliche Kontrolle die Gefahr in sich birgt, die wünschenswerte und für den Sport geradezu existenzielle Einheitlichkeit zu fragmentieren.[176] Auch dies ist eine Aufgabe, die das Sportrecht mit dem allgemeinem Wirtschaftsrecht teilt.[177]

---

[169] Nicht nur hinsichtlich des unmittelbaren Entgelts für sportliche Leistungen, sondern insgesamt als Grundlage seiner Vermarktung.
[170] *Deutsch, E.* (Hrsg.), Teilnahme am Sport als Rechtsproblem (1993).
[171] Treffendes Beispiel österreichischer OGH 2 Ob 232/98 a (www.ris.bka.gv.at/): Regel, wonach ein Spieler trotz Wechsel der Staatsangehörigkeit nicht hintereinander in verschiedenen Nationalmannschaften spielen darf, ist grundsätzlich (sport-typisch) zulässig; in concreto aber nicht, da Spieler nur in einer Jugendnationalmannschaft eines anderen Staates gespielt hatte und schon seit 12 Jahren österreichischer Staatsangehöriger war.
[172] *Habscheid* in *Schröder/Kaufmann* S. 159.
[173] Dazu oben Rz. 21.
[174] Ähnlich *Karaquillo,* Le Droit du Sport S. 60 f.
[175] Dazu 2/Rz. 334 ff.
[176] Hierzu unten 6. Teil.
[177] Nicht zu verwundern ist es daher, dass mindestens zwei Habilitationsschriften zum Sportrecht sich gerade mit den Internationalen Sportverbänden beschäftigen, *Vieweg,* Normdurchsetzung (1990) und *Adolphsen,* Internationale Dopingstrafen (2003), auch die Diss. von *Hannamann,* Kartellverbot... (2001).

1. Teil. Sport und Staat

Literatur: *Arens, Wolfgang,* Transferbestimmungen im Fußballsport im Lichte des Arbeits- und Verfassungsrechts, SpuRt 1994, 179 ff.; *Bentlage, Hubert,* Der Motorsport im Straßenverkehrs- und Ordnungsrecht, Diss. Bochum 1981; *Berkemann, Jörg,* Sportstättenbau in Wohngebieten – Alte und neue bau- und immissionsschutzrechtliche Probleme, NVwZ 1992, 817 ff.; *Bethge, Herbert,* Grundrechtskollisionen, in: Merten, Detlef/Papier, Hans-Jürgen (Hrsg.), Handbuch der Grundrechte in Deutschland und Europa, Bd. III, 2006, § 71; *Birk, Hans-Jörg,* Umwelteinwirkungen durch Sportanlagen, NVwZ 1985, 689 ff.; *Bruckner, Marius,* Transnationale polizeiliche Gewaltprävention, Würzburg, 2003; *Buchner, Werner/Winkler, Robert,* Der Schutz von Natur und Landschaft und der Ausgleich von Nutzungskonflikten im Alpenraum, BayVBl. 1991, 225 ff.; *Burmeister, Joachim,* Sportverbandswesen und Verfassungsrecht, DÖV 1978, 1 ff.; *ders.,* Aufopferungsrechtliche Entschädigungsansprüche staatlich geförderter Hochleistungssportler, NJW 1983, 2617 ff.; *ders.,* Sport als Aufgabe kommunaler Selbstverwaltung?, RuS 9, 37 ff.; *Cherkeh, Rainer T./Momsen, Carsten,* Doping als Wettbewerbsverzerrung?, NJW 2001, 1745 ff.; *Coester, Michael,* Familienrechtliche Aspekte des Kinderhochleistungssports, RuS 1, 15 ff.; *Deusch, Florian,* Polizeiliche Gefahrenabwehr bei Sportgroßveranstaltungen, Berlin, 2005; *Deutsche Olympische Gesellschaft* (Hrsg.), „Der Goldene Plan" in den Gemeinden, 2. Aufl., Frankfurt/Main 1962; *Deutscher Sportbund* (Hrsg.), „Goldener Plan Ost", 2. Aufl., Frankfurt/Main 1993; *Donike, Manfred* u. a., Blut und Urin zur Dopingkontrolle, Schriftenreihe d. Bundesinst. f. Sportwissenschaft Bd. 86, Schorndorf 1996; *Erbguth, Wilfried,* Umweltverträgliche Freizeitanlagen, Band 2 (Rechtsfragen), Berichte des Umweltbundesamtes 6/1987, Berlin; *Fahlbusch-Wendler, Christine,* Die Zulässigkeit der staatlichen Förderung des Kinderhochleistungssports in der Bundesrepublik Deutschland, RuS 1, 33 ff.; *Frey, Günter,* Kindgemäßes Leistungstraining, in: Sportwissenschaft 1982, 275 ff.; *Grupp, Klaus,* Sportliche Nutzungen und Gemeingebrauch an öffentlichen Gewässern sowie ihre Begrenzungen, RuS 8, 13 ff.; *Häberle, Peter,* „Sport" als Thema neuerer verfassungsstaatlicher Verfassungen, in: Becker, Bernd, Festschrift für Werner Thieme zum 70. Geburtstag, Köln u. a. 1993, 25 ff.; *Habscheid, Walter J.,* Vereinsautonomie, Vereinsgerichtsbarkeit und ordentliche Gerichtsbarkeit, in: *Schroeder, Friedrich-Christian/Kauffmann, Hans* (Hrsg.), Sport und Recht, Tübingen 1972, S. 158 ff.; *Hebeler, Timo,* Das Staatsziel Sport- Verfehlte Verfassungsgebung?, SpuRt 2003, 221 ff.; *Heger, Martin,* Die Strafbarkeit von Doping nach dem Arzneimittelgesetz, SpuRt 2001, 92 ff.; *Jahnel, Dietmar,* Mountain-Biken – Regelungen im österreichischen und deutschen Recht, SpuRt 1995, 193 ff.; *Kirchhof, Ferdinand,* Sport als Mittel der Förderung kommunaler Wirtschaftsstruktur, RuS 9, 3 ff.; *Kirchhof, Paul,* Sport und Umwelt als Gegenstand des Verfassungsrechts und der Verfassungspolitik, in: Kirchhof, Paul (Hrsg.), Sport und Umwelt, 1992, S. 41 ff.; *Kloepfer, Michael/Brandner, Thilo,* Wassersport und Umweltschutz, NVwZ 1988, 115 ff.; *Knauber, Raffael,* Gemeinwohlbelange des Naturschutzes und Gemeinwohlgebrauch der Landschaft durch Sport, NuR 1985, 309 ff.; *Knopp, Günther-Michael,* Probleme der Sportausübung auf deutschen Binnengewässern und ihre rechtliche Lösung, RuS 8, 1 ff.; *Krogmann, Mario,* Grundrechte im Sport, Berlin 1998; *Kühl, Jochen,* Rechtstatsächliche Konstruktionen der Werbung durch Verbände und Vereine, RuS 3, 25 ff.; *Lauerbach, Erwin,* Sport und Gesellschaft, in: *Schroeder, Friedrich-Christian/Kauffmann, Hans,* Sport und Recht, Berlin/New York 1972, 6 ff.; *Manssen, Gerrit,* Sportgroßveranstaltungen als Polizeigroßveranstaltungen, SpuRt 1994, 169 ff.; *Markert, Ludwig/Schmidbauer, Wilhelm,* Polizeirechtliche Probleme bei Sportgroßveranstaltungen, BayVBl. 1993, 517 ff.; *dies.,* Polizeitaktische und polizeirechtliche Probleme bei Sportgroßveranstaltungen, RuS 18, 35 ff.; *Mayer, Rupert,* Motorsportveranstaltungen – Genehmigungsfragen bei ihrer Durchführung, SpuRt 1995, 197 ff.; *Menge, Michael,* Medizinische Aspekte des Kinderhochleistungssports, RuS 1, 1 ff.; *Münch, Ingo von/Rauball, Reinhard,* Bundesliga-Skandal, Berlin u. a. 1972; *Neumann, Hans-P.,* Sport auf öffentlichen Straßen, Wegen und Plätzen, Berlin, 2001; *Nicklisch, Fritz,* Inhaltskontrolle von Verbandsnormen, Heidelberg 1982; *Niese, Lars Holger,* Höhere Gefahrenklassen in der Verwaltungsberufsgenossenschaft – Krise für die Sportvereine?, SpuRt 1995, 205 ff.; *ders.,* Sport im Wandel – Systemvergleichende Untersuchung des Sports in Ost- und Westdeutschland, Diss. Frankfurt/Main 1997; *ders.,* Gefahren der Kommerzialisierung des Sports sowie des Kinderhochleistungssports, in: Scheffen, Erika (Hrsg.), Sport, Recht und Ethik, 1998, S. 63 ff.; *Nolte, Martin,* Staatliche Verantwortung im Bereich Sport, 2004; *Otto, Harro,* Zur Strafbarkeit des Dopings – Sportler als Täter und Opfer, SpuRt 1994, 10 ff.; *Papier, Hans-Jürgen,* Sportstätten und Umwelt, UPR 1985, 73 ff.; *ders.,* NVwZ 1986, 624 ff.; *Pfister, Bernhard,* Autonomie des Sports, sport-typisches Verhalten und staatliches Recht, in: *Pfister, Bernhard/Will, Michael R.* (Hrsg.), Festschrift für Werner Lorenz zum 70. Geburtstag, Tübingen 1991, 171 ff.; *Reichert, Bernhard,* Sponsoring und nationales Sportverbandsrecht, RuS 20, 31 ff.; *Reinhart, Michael,* Öffentliches Strafverfolgungsinteresse bei Sportverletzungen und -unfällen, SpuRt 1997, 1 ff.; *Reuter, Dieter,* Voraussetzungen und Grenzen der Verbindlichkeit internationalen Sportrechts für Sportvereine und Sportler, RuS 7, 53 ff.; *Ronellenfitsch, Michael,* Die Zulassung von Automobilsportveranstaltungen, DAR 1995, 241 ff.; *Sandberger, Georg,* Berufsfreiheit, Freiheit der Sportausübung und Macht internationaler Verbände, WFV 18, 70 ff.; *Schild, Wolfgang,* Das strafrechtliche Problem der Sportverletzung (vorwiegend im Fußballkampfspiel), Jura 1982, 464 ff., 520 ff., 585 ff.; *ders.,* Doping in strafrechtlicher Sicht, RuS 5, 13 ff.; *ders.,* Strafrechtliche Folgen der Ausschreitungen von Zuschauern bei Sportveranstaltungen, RuS 18, 63 ff.; *Schmidt, Karl,* Voraussetzung und Formen staatlicher Sportförderung, RuS 6, 17 ff.; *Schmitz, Uta,* Privat- und öffentlich-rechtliche Abwehransprüche gegen Sportlärm, NVwZ 1991, 1126 ff.; *Schulze-Hagen, Bernhard/Schulze-Hagen, Bernhard Franz,* Der Golfplatz im Baurecht, BauR 1986, 6 ff.; *Schwarze, Thomas,* Planungsrechtliche Zulässigkeit von Bolzplätzen in Wohngebieten, DVBl. 1986, 1050; *Schwerdtner, Eberhard,* Sport und Umwelt – ein nicht zu lösendes Problem?, NVwZ 1989, 936 ff.; *Smollich, Thomas,* Naturschutz und Sport, DVBl. 1990, 454 ff.; *Stapff, Cornelia,* Ski alpin und öffentliches Recht, Diss. Augsburg 1995; *Steiner, Udo,* Amateurfußball und Grundrechte, WFV 12, 7 ff.; *ders.,* Staat, Sport und Verfassung, DÖV 1983, 173 ff.; *ders.,* Verfassungsrechtliche Aspekte des Kinderhochleistungssports, RuS 1, 41 ff.; *ders.,* Kommunen und Leistungssport – Mäzenatentum oder Daseinsvorsorge?, DVP 1987, 171 ff.; *ders.,* Verfassungsrechtliche Probleme des Dopings, WFV 26, 50 ff.; *ders.,* Verfassungsfragen des Sports, NJW 1991, 2729 ff.; *ders.,* Sport auf dem Weg ins Verfassungsrecht – Sportförderung als Staatsziel, SpuRt 1994, 2 ff.; *ders.,* Aktuelle Entwicklungen des Verhältnisses von Sport und Recht, in: *Haimerl, Berhard* (Hrsg.), Festschrift für Heinz Lutter, Regensburg 1994, 214 ff.; *ders.,* Aktuelle Entwicklungen des Verhältnisses von Sport und Recht, BayVBl. 1995, 417 ff.; *ders.,* Von den Grundrechten im Sport zur Staatszielbestimmung „Sportförderung", in: FS Stern München 1997, S. 509 ff.; *ders.,* Doping aus verfassungsrechtlicher Sicht, in: Röhricht, Volker/Vieweg, Klaus (Hrsg.), Doping-Forum, 2000, S. 125 ff.; *ders.,* Die Autonomie des Sports, 2003; *ders.,* Amateurfußball und Grundrechte, in: *Tettinger, Peter J./Vieweg, Klaus* (Hrsg.), Gegenwartsfragen des Sportrechts, 2004, S. 9 ff.; *ders.,* Staat, Sport und Verfassung, in: *Tettinger, Peter J./Vieweg, Klaus* (Hrsg.), Gegenwartsfragen des Sportrechts, 2004, S. 27 ff.; *ders.,* Kommunen und Leistungssport Mäzenatentum oder Daseinsvorsorge?, in: *Tettinger, Peter J./Vieweg, Klaus* (Hrsg.), Gegenwartsfragen des Sportrechts, 2004, S. 43 ff.; *ders.,* Verfassungsfragen des Sports, in: *Tettinger, Peter J./Vieweg, Klaus* (Hrsg.), Gegenwartsfragen des Sportrechts, 2004, S. 98 ff.; *ders.,* Der Sport auf dem Weg ins Verfassungsrecht – Sportförderung als Staatsziel, in: *Tettinger, Peter J./Vieweg, Klaus* (Hrsg.), Gegenwartsfragen des Sportrechts, 2004, S. 119 ff.; *ders.,* Von den Grundrechten im Sport zur Staatszielbestimmung „Sportförderung", in: *Tettinger, Peter J./Vieweg, Klaus* (Hrsg.), Gegenwartsfragen des Sportrechts, 2004, S. 136 ff.; *ders.,* Kinderhochleistungssport in Deutschland – Thesen zur Verfassungslage, in: *Tettinger, Peter J./Vieweg, Klaus* (Hrsg.), Gegenwartsfragen des Sportrechts, 2004, S. 154 ff.; *ders.,* Verfassungsrechtliche Probleme des Kindersports, in: *Tettinger, Peter J./Vieweg, Klaus* (Hrsg.), Gegenwartsfragen des Sportrechts, 2004, S. 160 ff.; *ders.,* Die Autonomie des Sports, in: *Tettinger, Peter J./Vieweg, Klaus* (Hrsg.), Gegenwartsfragen des Sportrechts, 2004, S. 222 ff.; *Stender-Vorwachs, Jutta,* Sport und Kultur, SpuRt 2004, 201 ff.; *Stern, Klaus,* Die Grundrechte der Sportler, in: *Schroeder, Friedrich-Christian/Kauffmann, Hans* (Hrsg.), Sport und Recht, Tübingen 1972, 142 ff.; *ders.,* Verfassungsrechtliche und verfassungspolitische Grundfragen zur Aufnahme des Sports in die Verfassung, FS für Thieme, München 1993, S. 269 ff.; *Tettinger, Peter J.,* Rechtsprobleme der Subventionierung des Sports, RuS 6, 33 ff.; *Tettinger, Peter/Kleinschnittger, Annette,* Aktuelle Probleme im Konfliktfeld von Sport und Umweltschutz, JZ 1992, 109 ff.; *Tettinger, Peter J.,* Sportliche Freizeitaktivitäten und Umweltschutz, SpuRt 1997, 109 ff.; *ders.,* Fairneß als Rechtsbegriff im deutschen Recht, in: *Scheffen, Erika* (Hrsg.), Sport, Recht und Ethik, 1998, S. 33 ff.; *ders.,* Sport als Verfassungsthema, in: ders. (Hrsg.), in: Sport im Schnittfeld von europäischem Gemeinschaftsrecht und nationalem Recht, 2001, S. 9 ff.; *Turner, George/Werner, Klaus,* Sport und Umwelt – Konflikte, Rechtsprobleme, Lösungen, SpuRt 1997, 51 ff.; *Vieweg, Klaus,* Zur Einführung: Sport und Recht, JuS 1983, 825 ff.; *ders.,* Normsetzung und -anwendung deutscher und internationaler Verbände, Berlin 1990; *ders.,* Doping und Verbandsrecht, NJW 1991, 1511 ff., *ders.,* Disziplinargewalt und Inhaltskontrolle – Zum „Reiter-Urteil" des Bundesgerichtshofs, SpuRt 1995, 97 ff.; *ders.,* Staatliches Anti-Doping-Gesetz oder Selbstregulierung des Sports?, SpuRt 2004, 194 ff.; *Westermann, Harm Peter,* Die Verbandsstrafgewalt und das allgemeine Recht, Bielefeld 1972; *Wiethaup, Hans,* Zur straf- und zivilrechtlichen Seite von Unglücksfällen auf Tribünen in überfüllten Fußballstadien, VersR 1971, 16 ff.; *Würtenberger, Thomas,* Risiken des Sports – polizei- und ordnungsrechtliche Fragen, RuS 14, 31 ff.

C. Die Anatomie des Sports – das selbstgesetzte Recht

Übersicht

	Rz.
Einführung	1
1. Kapitel. Sport und Verfassung	2–51
A. Grundrechte und Freiheitsgewährungen für Sportler, Vereine und Verbände	8–34
I. Die Grundrechte des einzelnen Sportlers	9–21
1. Artikel 2 I GG	9–13
2. Artikel 2 II Satz 1 GG	14, 15
3. Artikel 12 I GG	16
4. Weitere spezielle Grundrechte	21
II. Das Grundrecht auf Sport in den Vereinen und Verbänden (Art. 9 I GG)	22, 23
III. Grundrechtseingriffe des Staates	24–34
1. Doping und staatliche Eingriffe	25–30
2. Kinderhochleistungssport, Kommerzialisierung und staatliche Eingriffe	31, 32
3. Befugnis für ein Sportverbandsgesetz	33, 34
B. Die Wahrnehmung staatlicher Aufgaben und Befugnisse im Sport	35–49
I. Sport als öffentliche Aufgabe	36–40
II. Kompetenzaufteilung zwischen Bund, Länder und Kommunen	41–50
1. Kompetenzen des Bundes	42–44
a) Sportbezogene Kompetenzen aufgrund von geschriebenen Bundeskompetenzen	43
b) Ungeschriebene sportspezifische Bundeskompetenzen	44
2. Kompetenzen der Länder	46–48
3. Kompetenzen der Gemeinden	49, 50
C. Geltendmachung von Verfassungsverstößen	51–55
2. Kapitel. Sport und öffentliche Verwaltung	56–110
A. Sportförderungsmaßnahmen	57–65
I. Die einzelnen Sportförderungsmaßnahmen in Bund, Ländern und Gemeinden	58–60
1. Bund	58
2. Länder	59
3. Städte und Gemeinden	60
II. Gesetzliche Grundlagen und Normen für Sportsubventionen	60a–65
1. Begriff der Sportsubvention	61
2. Subventionierungsvoraussetzungen	61a–64
a) Gesetzliche Bestimmungen	62
b) Haushaltsrechtliche Bestimmungen	63
c) Verwaltungsrechtliche Bestimmungen	64
d) Europarechtliche Zulässigkeiten	64a
3. Rechtsansprüche für Verbände oder Einzelne	65
B. Ordnungsmaßnahmen der Verwaltung	65a–110
I. Polizei- und sicherheitsrechtliche Maßnahmen bei einzelnen Gefahrensituationen	66–79
1. Selbstgefährdungen der Sportler	66–69
a) Hochleistungssport	67
b) Risikosportarten	68
c) Bei eingetretener Gefahr	69
2. Gefahren und Risiken von Sport- (groß)veranstaltungen	69a–72
a) Vom Sport selbst ausgehende Risiken	70
b) Von Zuschauern und Veranstaltungsumfeld ausgehende Risiken	71
c) Maßnahmen gegen Veranstalter und Zuschauer	72
II. Umweltschutz- und Nachbarschutz-Maßnahmen	80–110
1. Umweltbeeinträchtigungen	81–99
a) Art der Schäden durch die einzelnen Sportarten	81
b) Gesetzeslage	82–84
c) Rechtsprechung	85
d) Konfliktlösende Ordnungsmaßnahmen	85a–99
aa) Sportarten an Sportanlagen gebunden	86
bb) Sportarten nicht an Sportanlagen gebunden	90
2. Nachbarliche Beeinträchtigungen	100–110
a) Gesetzeslage	101, 102
b) Rechtsprechung	103, 104

	Rz.
c) Geänderte Situation durch Baunutzungsverordnung und Sportanlagenlärmschutz-verordnung	105–108
d) Konfliktlösende Maßnahmen	109
e) Rechtsprechung zur SportanlagenlärmschutzVO	110

Einführung

Das Verhältnis zwischen Sport und Staat betrifft die Frage, wie der Sport in den staatlichen **1** Hoheitsverband, genauer: in die verfassungsmäßige Ordnung, eingebunden ist. Diese Eingebundenheit ergibt sich zunächst aus den Aussagen der *Verfassung* – bzw. der *Verfassungen* (Grundgesetz und Landesverfassungen) – zum Sport und über den Sport. Sie wird näher konkretisiert durch die Gesetzgebung, durch die Rechtsprechung sowie durch die Verwaltung. Alle drei Staatsgewalten wirken mittelbar oder unmittelbar auf den Sport ein.

Im Bereich der *Verfassung(en)* als der rechtlichen Grundordnung des Staates sind zunächst diejenigen Regelungen von Interesse, die Aussagen über die *Grundrechte* des einzelnen Sportlers oder der Vereine und Verbände enthalten, weiter diejenigen Normen, die die *Aufgaben und Kompetenzen von Staatsorganen* im Sportbereich betreffen, sowie schließlich die sportbezogenen *Staatszielbestimmungen* und *Programmsätze*. Im Bereich der *Verwaltung* geht es darum, die Erfüllung der staatlichen Aufgaben im Sport im Rahmen des Gesetzesvollzugs zu beleuchten.

Praktisch relevant wird das Verhältnis zwischen Sport und Staat in einer Vielzahl von Fällen. Es betrifft die Tätigkeit staatlicher Gerichte, die von einem Profisportler gegen eine Wettkampfsperre durch einen Sportverband angerufen werden, ebenso wie beispielsweise die Frage, in welchem Umfang der staatliche Gesetzgeber bei der Pönalisierung des Doping sportrelevante Regelungen treffen darf.

1. Kapitel. Sport und Verfassung

Das Grundgesetz erwähnt den Sport trotz dessen großer Bedeutung bisher nicht. In an- **2** dere europäische Verfassungen hat der Sport etwa seit den siebziger Jahren des vergangenen Jahrhunderts – zunächst vereinzelt – Eingang gefunden.[1] Mittlerweile ist er in einer ganzen Reihe von Verfassungen enthalten. Dazu zählen neben etlichen europäischen Nationalverfassungen die Verfassungen fast aller deutschen Bundesländer. Auch der – momentan noch nicht ratifizierte – Vertrag über eine Verfassung für Europa behandelt den Sport ausdrücklich.

Diejenigen *europäischen Nationalverfassungen*, die den Sport erwähnen, tun dies in unter- **3** schiedlicher Form. Meist wird der Staat zur Sportförderung aufgefordert:
– *Bulgarien*: „Der Staat soll ... die Entwicklung des Sports ... fördern." (Art. 52)
– *Griechenland*: „Der Sport steht unter dem Schutz und der obersten Aufsicht des Staates." (Art. 16)
– *Kroatien*: „Der Staat soll die Pflege der körperlichen Ertüchtigung und des Sports fördern und unterstützen." (Art. 68 IV)
– *Litauen*: „Der Staat soll die körperliche Betätigung der Gesellschaft fördern und soll den Sport unterstützen." (Art. 53 III)
– *Moldavien*: „Die Behörden sind verpflichtet, Bedingungen zu schaffen, die es den jungen Menschen ermöglichen, frei am ... sportlichen Leben des Landes teilzunehmen." (Art. 50 V)
– *Polen*: „Die Behörden sollen die Entwicklung der körperlichen Kultur unterstützen, besonders unter Kindern und jungen Menschen." (Art. 68 V)

---

[1] Siehe die anschauliche Bestandsaufnahme bei *Häberle*, in: FS Thieme, 1993, S. 27 ff.

- *Portugal*: „Jeder Mann hat das Recht auf Körperkultur und Sport." (Art. 79)
- *Rumänien*: „Die Behörden müssen dazu beitragen, Bedingungen für eine freie Teilnahme junger Menschen am ... sportlichen Leben des Landes zu sichern." (Art. 45 V)
- *Spanien*: „Die öffentliche Gewalt fördert die Gesundheitserziehung die Leibeserziehung und den Sport." (Art. 43)
- *Schweiz*: „Der Bund fördert den Sport, insbesondere die Ausbildung. Er betreibt eine Sportschule. Er kann Vorschriften über den Jugendsport erlassen und den Sportunterricht an Schulen obligatorisch erklären." (Art. 68)
- *Türkei*: „Der Staat hat Maßnahmen zur körperlichen und geistigen Ertüchtigung der türkischen Staatsbürger jeglichen Alters zu treffen und die Verbreitung des Sports bei den Massen zu fördern. Der Staat trifft Fürsorge für den erfolgreichen Sportler" (Art. 59)

4 Die meisten *Landesverfassungen* der sog. alten Bundesländer der Bundesrepublik Deutschland, die zum Teil andere Lebensbereiche wie etwa Arbeit, Erholung, Natur von jeher unter die Obhut und Pflege des Staates stellen, nannten den Sport zunächst nicht.[2] Das änderte sich im Gefolge der Wiedervereinigung. Sämtliche Verfassungen der 1990 beigetretenen Länder enthalten pionierhaft[3] den – unterschiedlich konkret formulierten – Auftrag, den Sport zu schützen bzw. zu fördern:

- *Brandenburg*: „Sport ist ein förderungswürdiger Teil des Lebens. Die Sportförderung des Landes, der Gemeinden und Gemeindeverbände ist auf ein ausgewogenes bedarfsgerechtes Verhältnis von Breitensport und Spitzensport gerichtet." (Art. 35)
- *Mecklenburg-Vorpommern*: „Land, Gemeinden und Kreise schützen und fördern [u. a. den] Sport." (Art. 16 I Satz 1)
- *Sachsen*: „Das Land fördert das kulturelle, das künstlerische und wissenschaftliche Schaffen, die sportliche Betätigung sowie den Austausch auf diesen Gebieten. Die Teilnahme an der Kultur in ihrer Vielfalt und am Sport ist dem gesamten Volk zu ermöglichen. Zu diesem Zweck werden öffentlich zugängliche Museen, Bibliotheken, Archive, Gedenkstätten, Theater, Sportstätten, musikalische und weitere kulturelle Einrichtungen ... unterhalten." (Art. 11 I, II)
- *Sachsen-Anhalt*: „Kunst, Kultur und Sport sind durch das Land und die Kommunen zu schützen und zu fördern. ... Das Land und die Kommunen fördern im Rahmen ihrer finanziellen Möglichkeiten die kulturelle Betätigung aller Bürger insbesondere dadurch, dass sie öffentlich zugängliche Museen, Büchereien, Gedenkstätten, Theater, Sportstätten und weitere Einrichtungen unterhalten." (Art. 36 I, III)
- *Thüringen*: „Der Sport genießt Schutz und Förderung durch das Land und seine Gebietskörperschaften." (Art. 30 III)

5 Nicht zuletzt aufgrund der Impulswirkung dieser Bestimmungen wurden entsprechende Vorschriften auch in die neue Berliner Verfassung sowie in die Verfassungen aller übrigen Bundesländer mit Ausnahme von Hamburg aufgenommen.[4] Sowohl bei den vorgenannten als auch bei den im folgenden aufgeführten Bestimmungen handelt es sich ausnahmslos um *Staatszielbestimmungen*, auch wenn der Wortlaut dies nicht immer erkennen lässt.[5] Besondere Beachtung verdient die baden-württembergische Regelung, die als Einzige die Autonomie des Sports gesondert hervorhebt:

- *Baden-Württemberg*: „Der Staat und die Gemeinden fördern das kulturelle Leben und den Sport unter Wahrung der Autonomie der Träger." (Art. 3 c I)

---

[2] Näher zur Rechtslage im Jahre 1983 *Steiner*, in: *Tettinger/Vieweg* (Hrsg.), Gegenwartsfragen des Sportrechts, 2004, S. 27 f.

[3] Vgl. *Tettinger* SpuRt 2003, 45; *Hebeler* SpuRt 2003, 221.

[4] Dazu näher *Steiner*, in: *Tettinger/Vieweg* (Hrsg.), Gegenwartsfragen des Sportrechts, 2004, S. 119 ff.; ders., a.a.O., S. 142 ff.

[5] *Hebeler* SpuRt 2003, 222. Näher zum Sport als Staatsziel in diversen Landesverfassungen *Nolte*, Staatliche Verantwortung im Bereich Sport, 2004, S. 214 ff.

- *Bayern*: „Das kulturelle Leben und der Sport sind von Staat und Gemeinden zu fördern." (Art. 140 III)
- *Berlin*: „Sport ist ein förderungs- und schützenswerter Teil des Lebens. Die Teilnahme am Sport ist den Angehörigen aller Bevölkerungsgruppen zu ermöglichen." (Art. 32)
- *Bremen*: „Der Staat pflegt und fördert den Sport." (Art. 36 a)
- *Niedersachsen*: „Das Land, die Gemeinden und die Landkreise schützen und fördern Kunst, Kultur und Sport." (Art. 6)
- *Hessen*: „Der Sport genießt den Schutz und die Pflege des Staates, der Gemeinden und Gemeindeverbände." (Art. 62 a)
- *Nordrhein-Westfalen*: „Sport ist durch Land und Gemeinden zu pflegen und zu fördern." (Art. 18 III)
- *Rheinland-Pfalz*: „Der Sport ist durch das Land, die Gemeinden und Gemeindeverbände zu pflegen und zu fördern." (Art. 40 IV)
- *Saarland*: „Wegen seiner gesundheitlichen und sozialen Bedeutung genießt der Sport die Förderung des Landes und der Gemeinden." (Art. 34 a)
- *Schleswig-Holstein*: „Die Förderung der Kultur einschließlich des Sports ... ist Aufgabe des Landes, der Gemeinden und Gemeindeverbände." (Art. 9 III)

Nach dem – freilich zumindest derzeit gescheiterten – Entwurf eines *Vertrags über eine Verfassung für Europa* ist die Union zuständig für die Durchführung von Unterstützungs-, Koordinierungs- oder Ergänzungsmaßnahmen mit europäischer Zielsetzung im Bereich des Sports (Art. I-17 lit. d). Art. III-282 I UAbs. 2 des Vertrages sieht vor, dass die Union unter Berücksichtigung der besonderen Merkmale des Sports, seiner auf freiwilligem Engagement basierenden Strukturen und seiner sozialen und pädagogischen Funktion zur Förderung der europäischen Aspekte des Sports beiträgt. Nach Art. III-282 I UAbs. 3 lit. g gehört die Entwicklung der europäischen Dimension des Sports durch Förderung der Fairness und der Offenheit von Sportwettkämpfen und der Zusammenarbeit zwischen den für den Sport verantwortlichen Organisationen sowie durch den Schutz der körperlichen und seelischen Unversehrtheit der Sportler, insbesondere junger Sportler, zu den Zielen der Tätigkeit der Union. Zudem fördern die Union und die Mitgliedsstaaten die Zusammenarbeit mit Drittländern und den für den Bildungsbereich und den Sport zuständigen internationalen Organisationen, insbesondere dem Europarat (Art. III-282 II). Als Beitrag zur Verwirklichung der in Art. III-282 genannten Ziele sieht Art. III-282 Abs. 3 zum einen Fördermaßnahmen durch Europäisches Gesetz oder Rahmengesetz vor, die unter Ausschluß jeglicher Harmonisierung der Rechtsvorschriften der Mitgliedsstaaten nach Anhörung des Ausschusses der Regionen und des Wirtschafts- und Sozialausschusses erlassen werden, zum anderen Empfehlungen, die der Rat auf Vorschlag der Kommission abgibt.

Zusammenfassend lässt sich in den vergangenen Jahren ein deutlicher Trend zur verfassungsrechtlichen Berücksichtigung des Sports ausmachen, der das Grundgesetz freilich bisher nicht erreicht hat. Gleichwohl enthält dieses maßgebliche Aussagen sowohl über die Rechte des Einzelnen als auch über die Wahrnehmung staatlicher Aufgaben im Bereich des Sports.

A. Grundrechte und Freiheitsgewährungen für Sportler, Vereine und Verbände

Auch wenn der Sport im Grundgesetz nicht ausdrücklich erwähnt wird, genießt er gleichwohl dessen grundrechtlichen Schutz. Es gibt lediglich kein explizites oder spezielles „Grundrecht auf Sport". Die sportliche Betätigung wird indessen von mehreren Grundrechten erfasst, die *auch*, aber eben nicht ausschließlich für den Sport gelten.[6]

---

[6] Siehe hierzu *Steiner* DÖV 1983, 174.

1. Kapitel. Sport und Verfassung

Welchen Schutz das Grundgesetz *Sportlern*, *Vereinen* und *Verbänden* gewährt, ist durch Auslegung zu klären. Generell stellen Grundrechte in erster Linie *Abwehrrechte* gegen staatliche Eingriffe dar. Daneben enthalten sie Schutzpflichten, die den Staat zu *positivem Handeln* verpflichten können. Dazu kann der Schutz der Grundrechtsausübung vor Dritten ebenso zählen wie die Gewährung von Teilhabe an staatlichen Einrichtungen.[7]

I. Die Grundrechte des einzelnen Sportlers

1. Artikel 2 I GG

9 Das Recht des einzelnen Sportlers auf sportliche Betätigung ergibt sich regelmäßig aus dem Generalgrundrecht der allgemeinen Handlungsfreiheit, das Teil des in Art. 2 I GG für jedermann verbürgten Rechts auf die freie Entfaltung der Persönlichkeit ist. Die allgemeine Handlungsfreiheit schützt nicht nur Tätigkeiten mit einer gesteigerten Bedeutung für die Persönlichkeitsentwicklung, sondern jedes menschliche Verhalten[8] unabhängig von dessen Bedeutung für die Persönlichkeitsentfaltung.[9] Das Grundrecht schützt daher auch die Freiheit der sportlichen Betätigung.[10] Allerdings ist zu beachten, dass der allgemeinen Handlungsfreiheit die Funktion eines subsidiären Auffanggrundrechts im Bereich der Freiheitsgrundrechte zukommt. Das Grundrecht tritt zurück, soweit eine Tätigkeit bereits durch ein spezielleres Grundrecht geschützt wird. Für sportliche Aktivitäten bedeutet dies, dass Art. 2 I GG nur zum Zuge kommt, sofern nicht Art. 2 II Satz 1 GG bzw. Art. 12 I GG eingreifen.[11]

Die allgemeine Handlungsfreiheit ist ein Abwehrrecht gegen Beschränkungen der sportlichen Betätigung. Positive Ansprüche des Sportlers gegen den Staat, etwa auf die Gewährung von Zuschüssen für sportliche Aktivität oder Mitfinanzierung von Sportanlagen, gewährt das Grundrecht hingegen nicht.[12]

10 Der Freiraum, den Art. 2 I GG dem einzelnen Sportler gewährt, ist nicht grenzenlos. Das Grundrecht wird u. a. durch die Rechte anderer und durch das Sittengesetz beschränkt. Praktisch relevant ist vor allem[13] die Schranke der verfassungsmäßigen Ordnung, zu der alle formell und materiell mit der Verfassung vereinbaren Vorschriften zählen. Ob die Einschränkung sportlicher Aktivitäten rechtmäßig ist, hängt daher in erster Linie von ihrer Verhältnismäßigkeit ab: Die einschränkende Maßnahme muss zur Förderung eines verfassungslegitimen Ziels geeignet, erforderlich und angemessen sein.

11 Einschränkungen ihrer Betätigung haben Sportler in vielen Fällen weniger von staatlichen Organen und aufgrund staatlicher Vorschriften zu befürchten als vielmehr von internen Verbandsorganen, die auf der Grundlage verbandsautonomer Satzungsbestimmungen tätig werden.[14] Dass der Sportler sich gegenüber dem Verband auf Grundrechte berufen kann, ist indes nicht selbstverständlich. Grundrechte sind in erster Linie Abwehrrechte des Bürgers gegen den Staat, nicht gegen private Dritte, zu denen auch die Sportverbände zählen. Eine „unmittelbare Drittwirkung" der Grundrechte, wie sie namentlich

---

[7] Zu den unterschiedlichen Grundrechtsfunktionen näher *Jarass*, in: *Jarass/Pieroth*, GG, 7. Aufl. 2004, Vorb. vor Art. 1 Rz. 1 ff.

[8] BVerfGE 6, 32 (36 ff.).

[9] BVerfGE 80, 137 (152 ff.).

[10] *Steiner* BayVBl. 1995, 417; *Tettinger*, in: *Tettinger* (Hrsg.), Sport im Schnittfeld von europäischem Gemeinschaftsrecht und nationalem Recht, 2001, S. 10.

[11] *Krogmann*, Grundrechte im Sport, 1998, S. 47 f. Zu Art. 2 II Satz 1 GG unten Rz. 14 f., zu Art. 12 I GG Rz. 16 ff.

[12] Zur Förderung des Sports durch den Staat näher unten Rz. 36 ff.

[13] Die Schranken der Rechte anderer bzw. des Sittengesetzes werden von der verfassungsmäßigen Ordnung erfaßt, *Jarass*, in: *Jarass/Pieroth*, GG, 7. Aufl. 2004, Art. 2 Rz. 18 f.

[14] Siehe hierzu *Stern*, in: *Schroeder/Kauffmann* (Hrsg.), Sport und Recht, 1972, S. 144 m.w.N.; *Burmeister* DÖV 1978, 1 ff.

die ältere Rechtsprechung des Bundesarbeitsgerichts annahm,[15] ist abzulehnen.[16] Jedoch enthalten die Grundrechte über ihre staatsgerichtete Abwehrfunktion hinaus eine objektive Wertordnung, die auch auf die Rechtsbeziehungen zwischen Privaten ausstrahlt. Ansatzpunkte für die Berücksichtigung der Grundrechte sind insbesondere die privatrechtlichen Generalklauseln wie die §§ 138, 242, 826 BGB.[17] Letztlich wird aber die Auslegung und Anwendung jeder Privatrechtsnorm sowie die Auslegung von Willenserklärungen (§§ 133, 157 BGB) BVerfGE 73, 261 (269) erfasst.[18] Für die Auslegung und Anwendung sportverbandsinterner Regelungen muß Entsprechendes gelten. Diese seit langem anerkannte[19] „Ausstrahlungswirkung" oder „mittelbare Drittwirkung" der Grundrechte, die in der neueren Dogmatik zunehmend in der *Schutzpflichtenfunktion* der Grundrechte aufgeht, hat zur Folge, dass staatliches Recht, speziell die Wertordnung des Grundgesetzes, auch in den Bereich des Sports eindringt.[20] Sie trägt der Überlegung Rechnung, dass Freiheitsbedrohungen nicht nur durch den Staat, sondern auch durch gesellschaftliche Kräfte möglich sind.[21] Gerade im Verhältnis des Sportlers zu Sportverbänden wird dies besonders deutlich.

Die große Macht der Sportverbände gegenüber den ihnen „ausgelieferten" Sportlern[22] **12** wird vielfach kritisiert. Bei der juristischen Bestimmung der Eingriffsbefugnisse der Verbände ist freilich zu berücksichtigen, dass auch die Verbandstätigkeit ihrerseits unter grundrechtlichem Schutz steht. Die Vereinigungsfreiheit des Art. 9 I GG verbürgt die Verbandsautonomie und gewährt den Vereinen und Verbänden das Recht auf „funktionsgerechte Betätigung".[23] Von den einander gegenüberstehenden Grundrechten ist keines automatisch vorrangig. Vielmehr sind sie im Wege „praktischer Konkordanz" zu einem schonenden Ausgleich zu bringen. Einerseits muss der Sportler Einschränkungen seiner Betätigung hinnehmen, die sich aus der Funktion der Verbände ergeben. Andererseits müssen die Sportverbände den Grundrechtsschutz des Sportlers respektieren; dies umso mehr, als der grundrechtliche Schutz des Verbandes letztlich im Interesse der in ihm zusammengeschlossenen Sportler besteht.[24] Der fehlende automatische Vorrang der Verbandsposition bezeichnet zugleich ein prägendes Merkmal der Funktion des Sports im freiheitlichen Staatswesen. Hier müssen die individuellen Freiheitsrechte nicht hinter Verbandsinteressen zurückstehen wie in totalitären Staaten, wo der Sport eine Art Staatsfunktion innehat. Im Geltungsbereich des Grundgesetzes stehen Sportler weder als „Amateur" noch als Profisportler in einem wie auch immer gearteten Bindungsverhältnis zum Staat.[25]

Im praktischen Ergebnis dürfen die Verbände daher nur so weit in die Freiheitsrechte **13** der Sportler eingreifen, als dies zur Aufrechterhaltung der Sportrechtsorganisation und zur Durchführung von Wettkämpfen zwingend geboten ist. Spielsperren und Vereinsausschlüsse sind zwar grundsätzlich als zulässige Regeln anzusehen. Es ist jedoch im Einzel-

---

[15] BAGE 1, 185 (193 f.). S. mittlerweile aber BAGE 48, 122 (138 f.); 52, 88 (97 f.).

[16] Die Annahme einer unmittelbaren Grundrechtsbindung Privater wie der Sportverbände würde zu Folgeproblemen führen, soweit in Grundrechte nur durch Gesetz oder aufgrund Gesetzes eingegriffen werden darf. Die Handlungsform des Gesetzes steht Privaten gerade nicht zur Verfügung. Dazu näher *Steiner*, in: *Tettinger/Vieweg* (Hrsg.), Gegenwartsfragen des Sportrechts, 2004, S. 14 f.

[17] Jüngst BVerfGE 103, 89 (100).

[18] *Jarass*, in: *Jarass/Pieroth*, GG, 7. Aufl. 2004, Vorb. vor Art. 1 Rz. 59.

[19] Grundlegend BVerfGE 7, 198 (205 f.); s. auch BVerfGE 73, 261 (269). Zur Berücksichtigung der Menschenwürde für den Sportbereich LG Lübeck NJW-RR 1988, 123.

[20] *Steiner*, Die Autonomie des Sports, 2003, S. 9 f.

[21] Vgl. *Pieroth/Schlink*, Grundrechte – Staatsrecht II, 20. Aufl. 2004, Rz. 183.

[22] So z. B. *Burmeister* DÖV 1978, 5 ff.; siehe hierzu auch bereits *Stern*, in: *Schroeder/Kauffmann* (Hrsg.), Sport und Recht, 1972, S. 152; *Steiner* WFV 12, 15 ff.

[23] Siehe im Einzelnen unten Rz. 22 f.; *Scholz*, in: *Maunz/Dürig*, GG, Stand Februar 1999, Rz. 43.

[24] Näher unten Rz. 22.

[25] So insbesondere *Stern*, in: *Schroeder/Kauffmann* (Hrsg.), Sport und Recht, 1972, S. 153; *Werner*, Sport und Recht, 1968, S. 15 ff.

fall stets zu prüfen, ob bei ihrer Anwendung der Grundsatz der Verhältnismäßigkeit eingehalten ist.[26]

Besondere Bedenken bestehen gegen verbandsinterne Sanktionen, die an ein Verhalten des Sportlers anknüpfen, das durch spezielle Grundrechte geschützt ist. Das ist beispielsweise der Fall, wenn Sportler für die Teilnahme an Wettkämpfen gesperrt werden sollen, weil sie den Wehrdienst aus Gewissensgründen verweigert oder weil sie sich an einer politischen Demonstration beteiligt haben. Sofern man bei der Beurteilung entsprechender Sanktionen nicht ohnehin unmittelbar auf die Ausstrahlungswirkung der insofern einschlägigen speziellen Grundrechte abstellt (Kriegsdienstverweigerung: Art. 4 III GG; freie Meinungsäußerung und friedliche Versammlung: Art. 5 I Satz 1, 8 I GG), verstärken diese zumindest den Schutz der allgemeinen Handlungsfreiheit.[27] Im Übrigen dienen derartige Einschränkungen keinen legitimen sportlichen Zwecken, so dass sie schon vor Art. 2 I GG allein schwerlich Bestand haben können. Anders können Sanktionen zu beurteilen sein, mit denen ein Verband auf verbandskritische Äußerungen von Sportlern reagiert. Das berechtigte und ebenfalls grundrechtsgeschützte Funktionsinteresse des Verbands gestattet es, verbandsschädigende und beleidigende Äußerungen zu sanktionieren. Andererseits genießt Kritik den Schutz der Meinungsfreiheit, so dass es Art. 5 I Satz 1 GG nicht zulässt, jeden öffentlich geäußerten Hinweis auf Missstände und Verbesserungsmöglichkeiten als verbandsschädigend einzustufen.[28]

2. Artikel 2 II Satz 1 GG

14 Speziellen grundrechtlichen Schutz für den einzelnen Sportler gewährt das Recht auf körperliche Unversehrtheit des Art. 2 II Satz 1 GG, das in seinem Anwendungsbereich der allgemeinen Handlungsfreiheit vorgeht. Das Grundrecht schützt vor Einwirkungen, die die menschliche Gesundheit im biologisch-physiologischen Sinne beeinträchtigen, die die körperliche Integrität oder die psychische Gesundheit in einer Weise verletzen, die der Zufügung von Schmerzen entspricht.[29] Ein umfassendes Grundrecht auf Gesundheit im Sinne vollständigen Wohlbefindens etwa nach dem Verständnis von Gesundheit in der Präambel der WHO-Satzung enthält die Vorschrift jedoch nicht.[30] Daher fällt nicht jede sportliche Betätigung schon deshalb in den Schutzbereich, wenn und weil sie gesund ist. Zu fordern ist vielmehr ein besonderer Bezug zur Aufrechterhaltung bzw. Wiederherstellung körperlicher Funktionen, wie er beispielsweise beim Rehabilitierungssport gegeben ist.[31]

Art. 2 II Satz 1 GG erschöpft sich nicht in der Funktion eines Abwehrrechts. Das Grundrecht verpflichtet den Staat, sich schützend und fördernd vor die körperliche Unversehrtheit des Bürgers zu stellen und ihn vor rechtswidrigen Eingriffen von Seiten anderer zu bewahren.[32]

15 Zu den Maßnahmen, die am Grundrecht auf körperliche Unversehrtheit zu messen sind, gehören namentlich vorgeschriebene Blutentnahmen zum Zweck der Dopingkontrolle. Sie gehen regelmäßig von Verbänden, also von Privaten aus. Zur Beurteilung der Rechtmäßigkeit derartiger Maßnahmen bedarf es wiederum einer sorgfältigen Abwä-

---

[26] Zur Rechtfertigung von Eingriffen in Art. 12 I GG unten Rz. 19 f.
[27] Zur Verstärkung der allgemeinen Handlungsfreiheit durch spezielle Freiheitsrechte BVerfGE 104, 337 (346).
[28] *Steiner*, in: *Tettinger/Vieweg* (Hrsg.), Gegenwartsfragen des Sportrechts, 2004, S. 22 f.
[29] BVerfGE 56, 54 (75).
[30] *Di Fabio*, in: *Maunz/Dürig*, GG, Stand Februar 2004, Art. 2 Abs. 2 Rz. 57.
[31] Näher *Krogmann*, Grundrechte im Sport, 1998, S. 46 f.
[32] So zum Grundrecht auf Leben BVerfGE 45, 187 (254 f.); 46, 160 (164). Zur Geltung der Schutzpflicht auch für die körperliche Unversehrtheit BVerfGE 56, 54 (78). S. auch *Kirchhof*, in: *Kirchhof* (Hrsg.), Sport und Umwelt, 1992, S. 46 f., unter Hinweis u. a. auf die Rechtsprechung des BVerfG zum Kernkraftwerk Kalkar (BVerfGE 49, 89 [140 ff.]).

gung der betroffenen Grundrechte. Bei Sportlern, deren Ablehnung einer Blutentnahme religiös begründet ist, ist zusätzlich die Religionsfreiheit gem. Art. 4 I GG in die Abwägung einzustellen. Jedenfalls in derartigen Fällen wird man den Rückgriff auf zumutbare Alternativlösungen für zwingend ansehen müssen.[33]

Staatliche Eingriffsmöglichkeiten, die im Übrigen den Gesetzesvorbehalt des Art. 2 II Satz 3 GG zu beachten hätten, bestehen angesichts der Subsidiarität staatlichen Eingreifens, wie es für Doping im „Europarats-Übereinkommen gegen Doping" vom 16. 11. 1989[34] noch einmal ausdrücklich festgehalten ist, bisher nicht.

3. Artikel 12 I GG

Durch die Professionalisierung und durch die zunehmende ökonomische Bedeutung des Sports[35] hat das in Art. 12 I GG verbürgte Grundrecht der Berufsfreiheit für den Sport besondere Bedeutung erlangt. Beruf im Sinne dieses Grundrechts ist jede erlaubte und auf Dauer angelegte Tätigkeit, die der Schaffung und Erhaltung einer Lebensgrundlage dient.[36] Dazu zählt jedenfalls der Profi-Sport. **16**

Auch Doppel- und Nebenberufe erfüllen die Voraussetzungen des Berufsbegriffs.[37] Deshalb genießt jede sportliche Betätigung, die zumindest teilweise der Schaffung und Erhaltung einer Lebensgrundlage dient, den Schutz der Berufsfreiheit. In bestimmtem Umfang kann auch der Amateursport in den Schutzbereich des Art. 12 I GG fallen. Entscheidend ist der Umfang der Einkünfteerzielung.[38] Kleinere materielle Zuwendungen, etwa in der Form von Handgeldern beim Vereinswechsel, reichen für die Berufsqualifizierung freilich nicht aus. Anders ist beispielsweise der Fall zu beurteilen, dass ein Verein einem Spieler ein Kraftfahrzeug für längere Zeit zur freien Benutzung zur Verfügung stellt.[39]

Unter den Schutzbereich des Art. 12 I GG fällt weiterhin die berufsbezogene[40] Ausbildung. Ein förmlicher Ausbildungsgang ist nicht erforderlich. Vielmehr genügt es, wenn eine bestimmte Tätigkeit nach der gesellschaftlichen Anschauung als Ausbildungs- und Lernvorgang für einen bestimmten späteren Beruf angesehen wird. Das kann etwa bei der Teilnahme am Training und bei der Spielpraxis in einer Amateurspielergruppe der Fall sein, sofern es sich dabei nicht allein um Freizeitsport, sondern um die Ausbildung zum späteren Beruf des lizenzierten Fußballers handelt. Zu diesen Gruppen, für die Art. 12 I GG eine „Vorwirkung" im Amateurbereich entfaltet,[41] gehören z. B. talentierte, in Repräsentativspielen schon eingesetzte Jugendspieler, die sich vertraglich an einen Lizenzverein binden, ferner diejenigen Amateurspieler, die mehrfach in Verbandsspielen der ersten Mannschaft verwendet wurden und so für das laufende Spieljahr die Spielberechtigung für alle Konkurrenz-Amateurmannschaften des Vereins verlieren. Für diese Spieler liegen stets vorläufige Verträge vor.[42] Voraussetzung für den Schutz des Amateursports durch die Berufsfreiheit unter dem Gesichtspunkt der Berufsausbildung ist in jedem Fall, dass die berufliche Ausübung der jeweiligen Sportart zumindest möglich ist.[43]

---

[33] Siehe im Einzelnen die Gutachten des Bundesinstituts für Sportwissenschaft von *Kühl, Tettinger, Vieweg* bei *Donike,* Blut und Urin zur Dopingkontrolle, 1996, S. 31 ff.; Ergebnisse in SpuRt 1995, 1 f.
[34] Siehe BGBl. 1994 II, S. 335; abgedruckt auch in SpuRt 1994, 60 ff.
[35] Nachweise bei *Steiner,* Die Autonomie des Sports, 2003, S. 10 Fn. 12.
[36] BVerfGE 105, 252 (265).
[37] *Jarass,* in: *Jarass/Pieroth,* GG, 7. Aufl. 2004, Art. 12 Rz. 5.
[38] *Krogmann,* Grundrechte im Sport, 1998, S. 41.
[39] Von der Frage, ob eine sportliche Tätigkeit unter den Berufsbegriff des Art. 12 I GG fällt, ist die Frage nach dem Status des Amateurs im verbandsrechtlichen Sinne zu unterscheiden. Dazu näher 2/180 ff.
[40] Eine nicht berufsbezogene Ausbildung wird hingegen allein durch Art. 2 I GG geschützt.
[41] *Steiner,* in: Tettinger/Vieweg (Hrsg.), Gegenwartsfragen des Sportrechts, 2004, S. 23 ff.
[42] So insbes. ausführlich *Steiner* WFV 12, 20 f.
[43] *Krogmann,* Grundrechte im Sport, 1998, S. 43.

Das wird in vielen Randsportarten mangels Publikumsinteresses und damit mangels Einnahmemöglichkeiten nicht der Fall sein.

In persönlicher Hinsicht schützt Art. 12 I GG seinem Wortlaut nach allein Deutsche. In der Sache genießen jedoch die Angehörigen anderer EG-Mitgliedsstaaten aufgrund des Diskriminierungsverbots aus Art. 12 I EGV denselben Schutz, der freilich über Art. 2 I GG zu gewährleisten ist.[44]

17 Dass der Berufssport einem System der Lizenzierung durch die einzelnen Sportverbände unterliegt, die ein rechtlich abgesichertes Monopol besitzen, wurde erstmals durch den Fußball-Bundesliga-Bestechungsskandal 1970[45] deutlich. Sport als Beruf ist ähnlich wie andere Berufe nicht frei zugänglich, sondern unterliegt einem außerstaatlichen Konzessionierungssystem der Verbände.[46] Einschränkungen der beruflichen sportlichen Betätigung ergeben sich häufig gerade durch Maßnahmen der Verbände. Das betrifft z. B. die Zeitsperren von Sportlern, wenn sie Vereins- oder Verbandsverbote verletzen oder wegen Fouls und Platzverweisen gesperrt werden oder wenn sie wegen Dopings ihre Lizenzen (auf längere Zeit) verlieren. Auch wenn ein Sportler seine Staatsbürgerschaft wechselt oder seinen ständigen Wohnsitz in ein anderes Land verlegt, sieht er sich einer mehrjährigen Sperre ausgesetzt, z. B. der dreijährigen Sperre durch die IOC-Regel 46 OS, ähnlich Regel 12 Ziffer 9 e, f und 11 b, c IAAF-Satzung, sowie DLV-Regel, Teil II A 9 e, f, 11 b, c WKO.

18 Von derartigen Sanktionen gehen Beschränkungen der Berufsausübung bzw. der Berufswahl aus. Gleichwohl sind die Sanktionen nicht unmittelbar an Art. 12 I GG zu messen.[47] Auch bei der Berufsfreiheit handelt es sich in erster Linie um ein staatsgerichtetes Abwehrrecht. Zugleich ist sie jedoch Ausdruck einer objektiven Wertordnung, die mittelbar auch auf die Rechtsbeziehungen zwischen Privaten einwirkt[48] und gerade für das Verhältnis zwischen den einzelnen Sportlern und den Sportverbänden besondere Bedeutung erlangt.[49] So strahlt die Berufsfreiheit etwa auf verbandsrechtliche Satzungsvorschriften aus; sie ist bei der Auslegung einer verbandsrechtlichen Ermessensvorschrift, ja sogar bei der Anwendung ausländischer Sportverbandsstatuten zu berücksichtigen.

Die Ausstrahlungswirkung intensiviert sich, wo es um den Schutz persönlicher Freiheit vor überlegener wirtschaftlicher und sozialer Macht geht.[50] Das ist im Verhältnis der Sportler gegenüber den Sportverbänden[51] regelmäßig der Fall, da diese aufgrund des Ein-Platz-Prinzips Monopolisten sind. Trotz des unterschiedlichen dogmatischen Ansatzes kann die Ausstrahlungswirkung der Grundrechte ihrer unmittelbaren Drittwirkung im praktischen Ergebnis daher durchaus gleichen. Art. 12 I GG soll dem Einzelnen eine weitestmögliche Bewegungs-, Gestaltungs- und Entscheidungsfreiheit gegenüber jedweder Art von einseitig verbindlicher Reglementierung sichern.[52] Dies gilt gerade auch gegenüber den von den Sportverbänden vielfach praktizierten Mechanismen des psychischen

---

[44] Die Gegenauffassung gesteht Ausländern aus Mitgliedsstaaten der EG die Berufung auf die sog. Deutschengrundrechte des Grundgesetzes zu. Näher zu diesem generellen Problem *Dreier*, in: Dreier, GG I, 2. Aufl. 2004, Vorb. Rdnr. 115.

[45] Siehe *v. Münch/Rauball*, Bundesliga-Skandal, 1972, S. 271 ff.

[46] Im Einzelnen hierzu ausführlich *Stern*, in: Schroeder/Kauffmann (Hrsg.), Sport und Recht, 1972, S. 154; *Steiner* WFV 12, 11 ff.

[47] Zu Ansätzen, den DFB im Zusammenhang mit dem Bundesliga-Bestechungsskandal aufgrund seiner faktischen und rechtlichen Monopolstellung zum unmittelbaren Grundrechtsadressaten zu machen *Steiner*, in: Tettinger/Vieweg (Hrsg.), Gegenwartsfragen des Sportrechts, 2004, S. 14 f.

[48] Näher bereits oben Rz. 11. Speziell zur Bedeutung von Art. 12 I GG im Bereich des Sports *Gubelt*, in: v. Münch/Kunig, GG I, 5. Aufl. 2000, Art. 12 Rz. 63.

[49] *Steiner*, Die Autonomie des Sports, 2003, S. 10.

[50] *Jarass*, in: Jarass/Pieroth, GG, 7. Aufl. 2004, Vorb. vor Art. 1 Rz. 60.

[51] Auch gegenüber einem Verein hat das einzelne Mitglied regelmäßig nur sehr geringe Einflussmöglichkeiten. Jedoch besteht insofern immerhin die Möglichkeit des Vereinswechsels.

[52] *Stern*, in: Schroeder/Kauffmann (Hrsg.), Sport und Recht, 1972, S. 154.

Zwangs, der gezielten Beeinflussung, der versteckten Verführung, der vermeintlich freiwilligen Unterwerfung, der Preisgabe von Rechten (vor allem bei der Vermarktung), die in ihrer rechtsmindernden Wirkung dem gezielten Eingriff in Rechtsstellungen keineswegs nachstehen[53] (müssen). Soweit der Staat die Sportverbände Sportrecht eigenverantwortlich erzeugen lässt, entbindet er sie nicht von der Achtung der freiheitlichen Grundprinzipien oder von der Verpflichtung, die autonome Regelungskompetenz unter Beachtung der grundgesetzlichen Fundamentalprinzipien auszuüben. Dazu zählt auch die Berufsfreiheit als Regelungsschema, dessen Bezugspunkt die persönliche Freiheit ist. Ihre Regelungsschranken gelten für monopolartige Sportrechtsetzung in gleicher Weise wie für den staatlichen Gesetzgeber.[54] Da das Einverständnis der Sportler und Vereine keine hinreichende privatautonome Legitimation zu vermitteln vermag, weil sie auf ihre (mittelbare) Mitgliedschaft angewiesen sind, muss der Staat in Gestalt einer gerichtlichen Gerechtigkeitskontrolle mit seiner Legitimation aushelfen. Insofern werden die Bindungen des Staates an die Grundrechte zugleich zu Bindungen der Verbandstätigkeit.[55]

Ob eine staatliche Maßnahme mit der Berufsfreiheit vereinbar ist, hängt primär von **19** ihrer Verhältnismäßigkeit ab, die das Bundesverfassungsgericht für Art. 12 I GG durch die Kriterien der sog. *Drei-Stufen-Theorie* näher ausgestaltet hat.[56] Überträgt man deren Maßstäbe auf das Verhältnis zwischen den Sportverbänden und den Sportlern, so sind Beschränkungen der *Berufs(sport)ausübung* aus vernünftigen Erwägungen des „Sportwohls" heraus zulässig. Für die *Berufs(sport)wahl* dürfen *subjektive Voraussetzungen*, – das sind solche Voraussetzungen, die an Eigenschaften des einzelnen Sportlers anknüpfen wie insbesondere die Vor- und Ausbildung – nur aufgestellt werden, soweit der Schutz besonders wichtiger Anliegen des nationalen bzw. internationalen Sports diese zwingend erfordert. Das ist der Fall, sofern die Ausübung des Berufssports andernfalls unmöglich oder unsachgemäß wäre. Besonders strenge Anforderungen sind an *objektive Berufs(sport)zulassungsvoraussetzungen* zu stellen; sie sind nur zur Abwehr nachweisbarer oder höchstwahrscheinlicher schwerer Gefahren für ein überragend wichtiges „Sportgut" zu rechtfertigen, das unabhängig von den jeweiligen sportlichen oder verbandspolitischen Vorstellungen anerkannt ist. Ein Beispiel ist die Unbestechlichkeit als Grundlage eines jeden sportlichen Wettbewerbs.[57] Zusätzlich müssen die Maßnahmen in jedem Fall verhältnismäßig sein: Sie müssen geeignet sein, das nach den obigen Kriterien hinreichend gewichtige Ziel zu fördern. Sie müssen erforderlich sein, also das den Sportler am wenigsten belastende aller gleich wirksamen Mittel darstellen. Schließlich darf zwischen dem eingesetzten Mittel und dem angestrebten Zweck kein grobes Missverhältnis bestehen; die Maßnahme muss dem Sportler zumutbar sein. Letzteres lässt sich nur durch eine Abwägung im Einzelfall ermitteln.

Wenn die Sportverbände für die Teilnahme an internationalen, zum Teil aber auch an **20** nationalen Wettbewerben einen mehrjährigen Wohnsitz im neuen Land und/oder eine mehrjährige Staatsbürgerschaft verlangen,[58] so stellt dies in den Kategorien der Drei-Stufen-Theorie eine subjektive Zulassungsvoraussetzung dar. Die Anforderungen betreffen die Berufswahl, nicht etwa nur die Berufsausübung, da Hochleistungssport allein auf der örtlichen bzw. regionalen Ebene regelmäßig nicht beruflich betrieben werden kann. Hinzu kommt, dass eine Sperre regelmäßig ein Gutteil der selten länger als ein Jahrzehnt

---

[53] So besonders *Burmeister* DÖV 1978, 5.
[54] *Stern*, in: Schroeder/Kauffmann (Hrsg.), Sport und Recht, 1972, S. 155; *Grunsky* WFV Nr. 18, 109, 111; *Sandberger* WFV Nr. 18, 81; *Westermann*, Die Verbandsstrafgewalt und das allgemeine Recht, 1972, S. 86 ff.
[55] So *Reuter* RuS 7, 64.
[56] BVerfGE 7, 377 ff. („Apotheken-Urteil"), seither ständige Rechtsprechung, vgl. BVerfGE 11, 30 (41 ff.); 13, 97 (104 f.); 75, 246 (264 ff.); 75, 284 (292 ff.); 104, 357 (364 ff.).
[57] *Steiner* WFV Nr. 12, 21. S. auch *Steiner*, in: Röhricht/Vieweg (Hrsg.), Doping-Forum, 2000, S. 136: Fairness und Chancengleichheit als höchste Sportgüter.
[58] So z. B. die 3-jährige Sperre der Alina Astafei nach IOC-Regel 46, siehe 2/197 ff.

dauernden „sportlichen Lebenserwartung" des Athleten erfassen wird. Um eine lediglich subjektive Zulassungsvoraussetzung handelt es sich, weil mit dem Wohnsitz des Athleten an subjektive Eigenschaften der Person angeknüpft wird. Als besonders wichtiges „Sportgut" kommt lediglich die organisatorische Aufrechterhaltung des internationalen Sport- und Spielbetriebs in Frage. Dieser Begriff ist alles andere als scharf abgrenzbar; die Gefahr, dass die Anforderung in Wahrheit auf sachfremden – oder genauer: sportfremden – Motiven beruhen, ist evident. Es drängt sich die Vermutung auf, die bestehenden Zulassungssperren dienten vor allem dem Konkurrenzschutz des Sportverbands und dem Prestige des Herkunftsstaates. Diese Ziele mögen dem einzelnen Sportverband besonders wichtig erscheinen. Aus Sicht des umfassenden oder internationalen Sportwohls muss das nicht zwangsläufig gelten. Umfassendes oder internationales Sportwohl ist dem Verbandswohl nicht automatisch gleichzusetzen.[59] (Nach denselben Grundsätzen ist auch die Rechtmäßigkeit der Transfer-Entschädigungsbestimmungen der Verbände zu beurteilen, wie die Entscheidungen des EuGH im Fall Bosman und des BAG im Fall Kienass festgestellt haben.[60]) Das Wohl des Sports umfasst vielmehr die – im Einzelnen auch gegenläufigen und daher zu einem Ausgleich zu bringenden – Interessen aller am Sport Beteiligten, wie ja auch die vom Bundesverfassungsgericht zur Rechtfertigung von Eingriffen in die Berufsfreiheit herangezogenen Gemeinschaftsgüter nicht Güter des Staatsapparates, sondern solche der Gesamtheit der Bürger sind. Der Schutz vor Abwerbung zu einem regionalen oder nationalen Konkurrenzverband ist jedenfalls kein besonders wichtiges Gut, ohne das der Sportbetrieb nicht oder nicht sachgemäß durchführbar wäre. Lediglich der Schutz vor einer missbräuchlichen Verzerrung des Spielbetriebs lässt sich als hinreichend gewichtiges Sportgut ansehen. Freilich ist unter diesem Gesichtspunkt allenfalls eine Sperre von drei bis sechs Monaten für ausschließlich internationale Wettkämpfe zu rechtfertigen;[61] weitergehende Sperren sind nicht erforderlich und daher unverhältnismäßig. Zusätzlich ist zu bedenken, dass der Athlet die Sperre nicht durch einen Regelverstoß auslöst, sondern durch die bloße Inanspruchnahme ihm zustehender Grund- bzw. Menschenrechte, z. B. seines Rechts auf Ausreisefreiheit gem. Art. 13 II der Allgemeinen Erklärung der Menschenrechte und Art. 12 II des Internationalen Pakts über bürgerliche und politische Rechte der UNO sowie Art. 2 II des 4. Zusatzprotokolls der EMRK.

4. Weitere spezielle Grundrechte

21 Je nach Konstellation des Einzelfalles kann das Verhalten des Sportlers über die vorstehend erörterten Grundrechte hinaus noch durch weitere Grundrechte geschützt werden. So genießt beispielsweise der Vereinswechsel den Schutz des Art. 9 I GG;[62] die Kundgabe eines religiösen Bekenntnisses auf der Sportkleidung wird von Art. 4 I GG erfasst.[63] Dem ist bei der Beurteilung der Rechtmäßigkeit von einschränkenden Vereins- bzw. Verbandsmaßnahmen (Beschränkungen des Vereinswechsels; Verbot religiöser Trikotwerbung) Rechnung zu tragen.

II. Das Grundrecht auf Sport in den Vereinen und Verbänden (Artikel 9 I GG)

22 Auch für die Sportausübung im Verein gibt es kein sportspezifisches Grundrecht. Sie fällt in den Schutzbereich der allgemeinen Vereinigungsfreiheit aus Art. 9 I GG. Das Grundrecht besitzt mehrere Gewährleistungsschichten.

---

[59] A. A. teilweise *Stern,* in: *Schroeder/Kauffmann* (Hrsg.), Sport und Recht, 1972, S. 155; ebenso *Reuter* WFV 18, 58 ff.; *Grunsky* WFV 18, 107 ff.
[60] EuGH NJW 1996, 505 ff.; BAG SpuRt 1997, 94; siehe auch 3/61.
[61] Ähnlich *Sandberger* WFV 18, 81; Verbandsgericht des DVV im Fall *Häberlein,* siehe 2/198.
[62] Näher *Steiner,* in: Tettinger/Vieweg (Hrsg.), Gegenwartsfragen des Sportrechts, 2004, S. 21 f.
[63] Zur Berücksichtigung weiterer Grundrechte s. bereits oben Rz. 13.

Als *individuelles Freiheitsrecht* des einzelnen Sportlers schützt Art. 9 I GG die positive Vereinigungsfreiheit, die die Vereinsgründung und den Vereinsbeitritt erfasst, sowie die negative Vereinigungsfreiheit, also die Freiheit, einem Verein nicht beizutreten bzw. aus ihm auszutreten.[64] Zugleich schützt Art. 9 I GG als *kollektives Freiheitsrecht* die Entstehung, vor allem aber die Betätigung der Sportvereine und -verbände selbst.[65] Anders formuliert: Art. 9 I GG ist ein Doppelgrundrecht,[66] das neben der Vereinigungsfreiheit des Einzelnen die Existenz und die funktionsgerechte Betätigung der Vereinigung selbst schützt.[67]

Diese kollektive Komponente ist freilich kein Selbstzweck. Vielmehr soll sie es dem Einzelnen (hier: Sportler) ermöglichen, durch den Zusammenschluss mehrerer Personen und die dadurch verstärkte Position das zu erreichen, was er allein nicht zu erreichen vermag. Den Vereinen und vor allem den Verbänden ist ihre Autonomie daher nicht im eigenen Interesse gewährt, sondern im Interesse der Sportler.[68] Diese Überlegung gewinnt an Bedeutung, wenn es zu Konfliktsituationen zwischen beiden Grundrechtsträgern kommt, also zwischen dem Verein oder Verband auf der einen Seite und dem Mitglied auf der anderen Seite. Die grundrechtliche Gewährung der Vereinsautonomie beruht auf der Prämisse, dass ein Missbrauch von Verbandsmacht durch Selbstregulierungsmechanismen, vor allem durch die Freiwilligkeit der Mitgliedschaft, ausgeschlossen ist. Aufgrund des Ein-Platz-Prinzips ist das Sportverbandswesen jedoch durch eine lückenlose räumlich-fachliche Monopolisierung geprägt, die insbesondere im Hinblick auf zu verhängende Sanktionen ein umfangreiches Konfliktpotential birgt.[69]

Inhaltlich umfasst die den Sportvereinen und Sportverbänden durch Art. 9 I GG gesicherte Autonomie („Selbst-Gesetzgebungs- und Verwaltungsrecht") die freie Entscheidung über den Vereins- bzw. Verbandszweck, den Namen, die Organisation sowie über Mittel und Wege zur Erfüllung der jeweiligen Aufgaben. Die Ausübung des Sports und dessen Organisation, die Regelbildung sowie der Statutenerlass sind daher grundrechtlich geschützte Tätigkeiten. Im Rahmen dieser Freiheitsgarantie können Sportvereine und Sportverbände eigene Maßstäbe und Werte für den Sport entwickeln. Das Recht zur autonomen Rechtssetzung bezieht sich sowohl auf Grundentscheidungen und „sportethische Grundvorstellungen" als auch auf Entscheidungen technischer und organisatorischer Art, also beispielsweise den Erlass von Sport- und Spielregeln. Der Staat – einschließlich seiner Gerichte –[70] ist verpflichtet, die Eigenständigkeit und Eigengesetzlichkeit des Sportwesens zu respektieren. *Steiner* bringt es auf den Punkt: „Eine Anpassungspflicht des Sportrechts an den ethischen Standard der Durchschnittsgesellschaft besteht nicht."[71] Die Entscheidung darüber, was „sportlich" und „fair" ist, ist auf diese Weise gegenüber staatlichen Ingerenzen grundrechtlich abgeschirmt.[72] *Pfister* bezeichnet die dem Sport in Art. 9 I GG gewährte Autonomie in ihrem Kernbereich treffend als „speziellen

23

---

[64] Im Einzelnen siehe *Scholz*, in: *Maunz/Dürig*, GG, Stand Februar 1999, Art. 9, Rz. 42. Zum Problem freier Sportbetätigung und „Ein-Platz-Prinzip" der Sportverbände siehe 2/108 ff.

[65] So jedenfalls BVerfGE 13, 174 (175); 80, 244 (253). S. aber die beachtlichen Einwände von *Pieroth/Schlink*, Grundrechte – Staatsrecht II, 20. Aufl. 2004, Rz. 731; *Krogmann*, Grundrechte im Sport, 1998, S. 70.

[66] Vgl. die Nachweise bei *Krogmann*, Grundrechte im Sport, 1998, S. 66 Fn. 198.

[67] *Vieweg*, Normsetzung und -anwendung deutscher und internationaler Verbände, 1990, S. 151 m.w.N.

[68] *Pfister*, in: FS Lorenz, 1991, S. 180 f.; *Reichert/van Look*, Handbuch des Vereins- und Verbandsstrafrechts, 6. Aufl. 1995, Rz. 2904 ff., 2915 f.; *Stern*, in: *Schroeder/Kauffmann* (Hrsg.), Sport und Recht, 1972, S. 142 ff.

[69] *Vieweg* JuS 1983, 826; *Nicklisch*, Inhaltskontrolle von Verbandsnormen, 1982, S. 34 f.; siehe auch 2/108 ff.

[70] *Steiner* NJW 1991, 2730. Näher zum Verhältnis zwischen der staatlichen Gerichtsbarkeit und der Gerichtsbarkeit der Sportverbände 2/276 ff.

[71] Siehe im Einzelnen hierzu *Steiner* DÖV 1983, 175; *ders.* WFV 12, 14 f.; *ders.*, in: *Tettinger/Vieweg* (Hrsg.), Gegenwartsfragen des Sportrechts, 2004, S. 18.

[72] *Steiner* NJW 1991, 2730.

Sozialwert", nämlich das „Sport-Typische",[73] in dessen Rahmen keine Bindung an die „weite Moral der pluralistischen Gesellschaft" bestehe.

Gleichwohl bedeutet „Autonomie" nicht, dass die Verbände aufgrund von vorstaatlichen Befugnissen Regelungen beliebigen Inhalts erlassen dürften. Vereins- bzw. Verbandsautonomie ist keine originäre Rechtssetzungskompetenz, sondern eine spezielle Ausprägung der Privatautonomie.[74]

Bedeutung kommt der grundrechtlich geschützten Autonomie auch im Hinblick auf die internationale Einbindung des Sports zu. Sportverbände können aufgrund von Verpflichtungen gegenüber internationalen Dachorganisationen gehalten sein, Entscheidungen durchzusetzen, die nach den Wertungen der nationalen Rechtsordnung womöglich anders ausfallen würden. In derartigen Fällen ist es gerade ihre – freilich durch zwingende Regelungen des nationalen Rechts begrenzte – innerstaatliche Autonomie, die den Verbänden die Integration in den internationalen Sportbetrieb ermöglicht.[75]

III. Grundrechtseingriffe des Staates

24 Keines der „Sportgrundrechte" aus Art. 2 I und II 1 GG sowie aus Art. 9 I GG ist vorbehaltlos gewährleistet. Die allgemeine Handlungsfreiheit steht unter dem Vorbehalt der Schrankentrias aus Art. 2 I GG (Rechte anderer, verfassungsmäßige Ordnung, Sittengesetz);[76] für das Recht auf körperliche Unversehrtheit gilt der Gesetzesvorbehalt des Art. 2 II Satz 3 GG. Als Schranken der Vereinigungsfreiheit sieht Art. 9 II GG die Möglichkeit des Verbots von Vereinigungen vor. Jedoch können auf die Vorschrift als mildere Maßnahmen auch andere Einschränkungen gestützt werden.[77] Auch können Einschränkungen der Vereinigungsfreiheit aufgrund kollidierenden Verfassungsrechts gerechtfertigt sein.[78]

Staatliche Grundrechtseingriffe sind nur im Rahmen dieser Schranken zulässig; darüber hinaus müssen sie insbesondere den Grundsatz der Verhältnismäßigkeit beachten. Andere Eingriffe müssen die Sportler und die Sportverbände nicht hinnehmen. Ihnen steht der Rechtsschutz durch staatliche Gerichte bis hin zum Bundesverfassungsgericht zur Verfügung.

Die Frage nach dem Umfang staatlicher Eingriffsbefugnisse in die „Sportfreiheit" des Einzelnen sowie in die „Sporthoheit" der Verbände stellt sich namentlich im Zusammenhang mit den Praktiken beim *Doping* sowie mit dem *Kinderhochleistungssport*. Auch ein staatliches *Sport(verbands)gesetz* wird diskutiert.

1. Doping und staatliche Eingriffe

25 *Doping* ist in der letzten Zeit ein Dauerthema der sportpolitischen Diskussion. Es rückte spätestens seit den Olympischen Spielen 1988 in Seoul in den Brennpunkt der Öffentlichkeit und beschäftigt – nicht nur in spektakulären Fällen wie dem des Läufers *Dieter Baumann* – die interne Debatte in den Sportverbandsorganisationen sowie die politische und rechtswissenschaftliche Auseinandersetzung.[79] Insbesondere mehren sich die Forderungen, der Staat solle Doping im Bereich des Sports durch die Schaffung neuer Straftat-

---

[73] *Pfister*, in: FS Lorenz, 1991, S. 171 ff., 180.

[74] *Habscheid*, in: *Schroeder/Kauffmann* (Hrsg.), Sport und Recht, 1972, S. 159; *Kirchhof*, Private Rechtssetzung, 1982, S. 265, 269; siehe auch 2/3, 4; *Vieweg*, Normsetzung und -anwendung deutscher und internationaler Verbände, 1990, S. 159 ff.; 182 f.

[75] *Steiner*, Die Autonomie des Sports, 2003, S. 12.

[76] Dazu bereits oben Rz. 10.

[77] *Jarass*, in: *Jarass/Pieroth*, GG, 7. Aufl. 2004, Art. 9 Rz. 20; str.

[78] *Pieroth/Schlink*, Grundrechte – Staatsrecht II, 20. Aufl. 2004, Rz. 752 f.

[79] Vgl. ausführlich 2/209 ff; den Diskussionsstand zusammenfassend *Vieweg* NJW 1991, 1511 ff. m.w.N. S. auch *Heger* SpuRt 2001, 92, mit dem Hinweis, dass die Diskussion um verbandsinterne Sanktionen dazu führen kann, dass die Frage nach staatlichen Reaktionen in den Hintergrund tritt.

bestände pönalisieren, weil die Sportverbände mit dem Problem überfordert seien und weil ohne strafrechtliche Sanktionen der Sport in seiner wertbildenden gesellschaftlichen Funktion Schaden zu nehmen drohe.[80] Im Frühjahr 2004 hat „der Sport in Sachen Doping nach der Hilfe des Staates gerufen".[81]

Abgesehen von strafrechtlichen Detailfragen[82] sieht sich diese Forderung freilich schon **26** mit grundrechtlichen Bedenken konfrontiert. Das den Sportverbänden durch Art. 9 I GG zugestandene Recht der Selbstverwaltung begrenzt die Eingriffsbefugnisse des Staates:[83] Das Recht, Maßstäbe für sportliches Verhalten festzulegen, ist Teil der den Verbänden zustehenden Befugnis zur eigenständigen „Sportgesetzgebung". Damit sind staatliche Sanktionen zur Verhinderung von Doping freilich nicht von vornherein ausgeschlossen. Die „Verantwortungsteilung" zwischen Sport und Staat verläuft nicht trennscharf; es gibt Rechtsgüter, zu deren Schutz neben den Sportverbänden der Staat befugt ist.[84] Man wird jedoch, nimmt man die Autonomie des Sports ernst, verlangen müssen, dass sich der Staat bei der Pönalisierung von Doping auf kollidierendes Verfassungsrecht stützen kann.

Der Schutz der Menschenwürde (Art. 1 I GG) lässt sich insofern nicht heranziehen. **27** Zwar schließt die Freiwilligkeit einer bestimmten Tätigkeit (hier: des Dopens) nicht aus, dass sie gleichwohl gegen die Menschenwürde verstößt.[85] Jedoch ist die Würde des Menschen erst verletzt, wenn die einzelne Person zum Objekt herabgewürdigt wird. Das ist beim Doping regelmäßig nicht der Fall. Zwar mag der Sportler, der sich dopt, sein Ansehen verlieren. Abgesehen von Manipulationsvarianten, die ihn im Falle ihrer Entdeckung lächerlich machen, wird er jedoch seiner Würde kaum verlustig gehen.[86] Die Menschenwürde schützt nicht das generelle soziale Ansehen, sondern nur eine „Minimalanthropologie".[87]

Problematisch ist es auch, wenn sich der Staat zur Rechtfertigung von Eingriffen, die den Gebrauch leistungsfördernder Substanzen durch die Sportler selber[88] sanktionieren, auf Art. 2 II Satz 1 GG (körperliche Unversehrtheit) beruft. Insofern wird die bekannte Grundsatzfrage aufgeworfen, inwieweit seitens des Staates die gesundheitliche Selbstgefährdung des Bürgers unterbunden werden darf. Zwar besteht einerseits die oben erwähnte staatliche Schutzpflicht, die den Staat sogar verpflichten kann, zum Schutz der körperlichen Unversehrtheit tätig zu werden. Andererseits ist davon die Gesundheit nicht umfassend betroffen. Zudem ist zu bedenken, dass Verhaltensweisen, durch die ein Sportler seine eigene Gesundheit gefährdet oder sogar schädigt, ihrerseits unter dem Schutz des Grundrechts aus Art. 2 I GG stehen. Das ist bei der Bestimmung der Reichweite des Schutzauftrages aus Art. 2 II GG limitierend zu berücksichtigen.[89]

Der Gebrauch von Dopingmitteln ist als solcher denn auch selbst im Zusammenhang **28** mit der Wettkampfteilnahme und der Täuschung der übrigen Beteiligten nicht als Betrug (§ 263 StGB) strafbar, obwohl dies nach dem allgemeinen Rechtsempfinden durchaus nahe liegen könnte. Anders kann die Situation im Falle der Zahlung einer Siegprämie

---

[80] *Cherkeh/Momsen* NJW 2001, 1745 ff.
[81] F.A.Z. v. 24. 3. 2004, S. 41; dazu *Vieweg* SpuRt 2004, 194.
[82] Näher unten 8. Teil.
[83] Siehe hierzu im Einzelnen *Steiner* NJW 1991, 2733 ff.; ders. WFV 26, 50 ff.; ders. BayVBl. 1995, 419.
[84] *Steiner*, in: *Tettinger/Vieweg* (Hrsg.), Gegenwartsfragen des Sportrechts, 2004, S. 242 f., nimmt insofern eine begriffliche Anleihe im Staatskirchenrecht und spricht von „res mixtae".
[85] So zu „Peep-Shows" BVerwGE 64, 274 (279 f.); 84, 314 (318). Zur Bedeutung der Freiwilligkeit für Verletzungen der Menschenwürde im Zusammenhang mit der Fernsehsendung „Big Brother" *Schmitt Glaeser* ZRP 2000, 399 f.; *Hinrichs* NJW 2001, 2174 f.; *Huster* NJW 2000, 3477 f.
[86] *Steiner* in: Röhricht/Vieweg (Hrsg.), Doping-Forum, 2000, S. 127.
[87] *Steiner* NJW 1991, 2734.
[88] Anders sind Regelungen zu beurteilen, die sich gegen Dritte richten. Dazu sogleich.
[89] *Steiner* NJW 1991, 2734.

(Betrug gegenüber dem Veranstalter) oder im Zusammenhang mit Sportwetten zu beurteilen sein.[90] Generell kommt der Tatbestand des Betruges angesichts seines Schutzguts „Vermögen" nur dort in Betracht, wo sportliche Leistungen bzw. Erfolge wirtschaftlich honoriert werden.[91] Der dopende Sportler selbst verstößt auch nicht gegen die Bestimmungen des Arzneimittel- und des Betäubungsmittelgesetzes (§ 29 I Nr. 3 BtMG, §§ 95, 96 AMG).[92]

Verabreichen Trainer den Sportlern Dopingmittel, so scheidet die Strafbarkeit einer tatbestandlich eventuell vorliegenden Körperverletzung nach § 223 StGB regelmäßig durch das Einverständnis des Sportlers aus.[93] Jedoch verbietet § 6a AMG, Arzneimittel zu Dopingzwecken im Sport in den Verkehr zu bringen, zu verschreiben oder bei anderen anzuwenden. Das Verbot gilt nur für Arzneimittel, die Stoffe der im Anhang des Europarats-Übereinkommens gegen Doping im Sport vom 16. 11. 1989[94] aufgeführten Gruppen von Dopingwirkstoffen enthalten, sofern damit nicht die Behandlung von Krankheiten bezweckt wird und das Doping bei Menschen erfolgt bzw. erfolgen soll (§ 6a II AMG). § 6a III AMG enthält die Ermächtigung zum Erlass einer Rechtsverordnung, die die Strafbarkeit auf weitere Stoffe ausdehnen kann, sofern dies zur Verhütung einer unmittelbaren oder mittelbaren Gefährdung der menschlichen Gesundheit durch Doping im Sport geboten ist. § 95 I Nr. 1a AMG stellt Verstöße gegen das Verbot unter Strafe.[95] Kompetenziell lassen sich diese Regelungen auf Art. 74 I Nr. 19, 74 I Nr. 1 GG i.V.m. Art. 72 II GG stützen.

29 Das Europaratsabkommen gegen Doping im Sport verpflichtet die beigetretenen Staaten, Doping zu ächten und alle dazu notwendigen Maßnahmen zu ergreifen. Freilich verleiht das Abkommen bzw. das Gesetz, mit dem ihm Deutschland beigetreten ist, dem Staat keine Eingriffsbefugnisse.[96] Insofern bleibt es dabei: Die staatliche Eingriffskompetenz besteht nur subsidiär, d.h. dann, wenn die vorrangig zuständigen nationalen und internationalen Sportverbände versagen.[97] Das berücksichtigen die Neuregelungen im AMG. Sie bezwecken allein den Schutz der Gesundheit der Sportler vor Gefährdungen durch Dritte wie z. B. Trainer, Ärzte etc. Darin liegt ein entscheidender Unterschied zu Regelungen, die das Doping durch den Sportler selber unter Strafe stellen würden.[98] Die Autonomie des Sports im Hinblick auf die Festlegung sportrelevanter Maßstäbe bleibt durch die Regelungen des AMG gewahrt. Die Begründung des Gesetzentwurfs zu § 6a AMG weist ausdrücklich darauf hin, dass es entsprechend dem Zweck des Arzneimittelgesetzes in § 6a AMG um den Schutz der Gesundheit gehe. Die Gewährleistung sportlicher Fairness als solcher werde demgegenüber durch Maßnahmen der Gremien des Sports verfolgt.[99]

---

[90] Zur Strafbarkeit bei Rennwette und Doping *Wittig* SpuRt 1994, 134 ff.
[91] Näher *Cherkeh/Momsen* NJW 2001, 1748 f.
[92] Im Gegensatz dazu sind bestimmte Formen des Verschaffens, des Verschreibens und des Handels sehr wohl nach § 29 BtMG strafbar; siehe zum Sport *Schild* RuS 5, 20 ff., 26; *Otto* SpuRt 1994, 10 ff.
[93] Im Einzelnen *Schild* RuS 5, 20–23 m. w.N.; zu den Schadensersatzansprüchen von im DDR-Sportsystem geschädigten Sportlern gegen den Staat siehe *Lehner/Freibüchler* SpuRt 1995, 2 ff.
[94] Gesetz v. 2. 3. 1994 zu dem Übereinkommen v. 16. 11. 1989, BGBl. 1994 II, 334; abgedruckt in SpuRt 1994, 60 2/209.
[95] Näher zum Ganzen *Heger* SpuRt 2001, 92 ff.
[96] *Steiner*, in: Tettinger/Vieweg (Hrsg.), Gegenwartsfragen des Sportrechts, 2004, S. 133.
[97] Vgl. auch *Steiner*, in: FS Lutter, 1994, S. 223 f.; so auch bereits *Schild* Jura 1982, 585 ff. 2/238 ff.
[98] Vgl. dazu auch die für die Europäische Kommission erstellte Studie „Legal Comparison and the Harmonisation of Doping Rules", zusammengefasst bei *Vieweg* SpuRt 2004, 196 f.: Während es sachgerecht sei, den auf die Verwendung bei Dritten gerichteten Besitz von Dopingmitteln sowie deren Anwendung bei Dritten unter Kriminalstrafe zu stellen, seien strafrechtliche Sanktionsdrohungen gegen den Sportler selber nicht zu empfehlen.
[99] So ausdrücklich die Begründung der Bundesregierung zum Entwurf des § 6a AMG, BR-Drucks. 1029/97, S. 24. – Zur rechtlichen Bedeutung des Begriffs „Fairneß" *Tettinger*, in: *Scheffen* (Hrsg.), Sport, Recht und Ethik, 1998, S. 33 ff.

In weiten Teilen bleibt Doping also nach wie vor ein Problem des Sports und seiner 30
Verbände. Der Staat hat insofern derzeit nur die Möglichkeit, diejenigen Förderungs-/
Zuwendungsbescheide gegenüber Sportverbänden, die die Einhaltung der nationalen
und internationalen Dopingbestimmungen zur Auflage haben, im Falle von Verstößen zu
widerrufen.[100] Damit trägt er zugleich seinem Interesse Rechnung, eigenem Ansehens-
verlust, der durch Manipulationen von staatlich geförderten Sportlern eintreten würde,
entgegenzuwirken.[101]

Ob die staatliche Zurückhaltung Bestand hat, bleibt abzuwarten. Entgegen der Einschätzung, dass der Staat gut damit beraten sei, über die §§ 6a, 95 AMG hinaus keine gesetzlichen Maßnahmen zur Dopingbekämpfung zu ergreifen,[102] wird bemerkenswer-
terweise im Bereich des Sports selber das Für und Wider weitergehender Maßnahmen bedacht. Weil die Dopingbekämpfung in Deutschland für verbesserungswürdig erachtet
wird, gibt es seit 2004 die „Rechtskommission des Sports gegen Doping (ReSpoDo)",
die einen Forderungskatalog des Sports zur härteren Bekämpfung der „Dopingseuche"
erarbeiten soll. Zu ihren Aufgaben gehört auch die Prüfung der Forderung nach einem
Anti-Dopinggesetz.[103]

In jedem Fall wäre bei der Realisierung eines derartigen Gesetzes eine Fülle von Fragen
zu bedenken. Um nur einige der wichtigsten[104] zu nennen: In welchen Bereichen wirkt
sich Doping so stark aus, dass der Staat Regelungen erlassen darf? Wo sind die Folgen des
Dopings so gravierend, dass der Staat sogar eingreifen muss? Ist zwischen einzelnen
Sportarten zu differenzieren? Muss zwischen Amateur- und Berufssport unterschieden
werden? Ob sich diese und alle übrigen Fragen zufrieden stellend und in verfassungsmä-
ßiger Weise beantworten lassen, erscheint zweifelhaft.

2. Kinderhochleistungssport, Kommerzialisierung und staatliche Eingriffe

Beim *Kinderhochleistungssport* stellt sich die Frage, ob staatliche Eingriffe zulässig oder so- 31
gar geboten sind, um Kinder vor den überdurchschnittlichen Beanspruchungen und Belastungen zu schützen, die beim Training von Kindern und Jugendlichen besonders in
einzelnen Sportarten wie z. B. Kunstturnen, Eiskunstlauf und Schwimmen (vermeintlich) notwendig sind, um Höchstleistungen zu erzielen. Dabei kommt es aufgrund fortschreitender Kommerzialisierung und Zurückdrängung der ideellen Werte des Sports
vielfach zu Auswüchsen.[105] *Burmeister* weist darauf hin, dass der Trainingsaufwand bereits
von 7- oder 8-jährigen Kindern im Falle abhängiger Arbeit mit dem Jugendarbeitsschutzgesetz absolut unvereinbar wäre; er konstatiert eine „Versklavung des Sportlers
durch bedingungslose Unterwerfung unter das Höchstleistungsprinzip im Spitzensport".[106]

Diesen Tendenzen könnte der Staat beispielsweise durch die gesetzliche Einführung
eines Mindestalters für Sportleistungstraining entgegenwirken. In Betracht käme auch,
fachärztliche Untersuchungen gesetzlich vorzuschreiben, um Gesundheitsschäden vorzubeugen. Verfassungsrechtlich müssten sich derartige Maßnahmen nicht nur am „Sport-
Grundrecht" der Kinder aus Art. 2 I GG, sondern auch am elterlichen Erziehungsrecht

---

[100] *Steiner* NJW 1991, 2735.
[101] Dazu *Steiner*, in: *Röhricht/Vieweg* (Hrsg.), Doping-Forum, 2000, S. 128.
[102] *Steiner* in: *Röhricht/Vieweg* (Hrsg.), Doping-Forum, 2000, S. 129.
[103] Pressemitteilung des Deutschen Sportbundes v. 15.6. 2004, abrufbar unter ⟨http://www.dsb.de⟩, weiter über „DSB Presse", dann „Newsarchiv"; s. auch *Vieweg* SpuRt 2004, 197.
[104] Eine ausführliche Darstellung der relevanten Probleme findet sich bei *Vieweg* SpuRt 2004, 195 f.
[105] *Niese,* Sport im Wandel – Systemvergleichende Untersuchung des Sports in Ost- und Westdeutschland, 1997, S. 70 ff., 72.
[106] *Burmeister* NJW 1983, 2617 f.

aus Art. 6 II Satz 1 GG messen lassen, das die Sorge für das körperliche Wohl umfasst.[107] Staatliche Maßnahmen, die das Elternrecht im Verhältnis zum Kind beschränken, greifen in das Grundrecht ein.[108]

32 Eingriffe in das Grundrecht aus Art. 2 I GG müssen zu ihrer Rechtfertigung Bestandteil der verfassungsmäßigen Ordnung sein. Eingriffe in das Erziehungsrecht der Eltern können prinzipiell durch das sog. Wächteramt der staatlichen Gemeinschaft (Art. 6 II Satz 2 GG) gerechtfertigt werden.[109] Sie müssen durch Gesetz erfolgen bzw. auf einer gesetzlichen Grundlage beruhen;[110] inhaltlich müssen sie dem Wohl des Kindes dienen.[111]

Dieses materielle Erfordernis spricht gegen die Zulässigkeit staatlicher Verbote und Beschränkungen. Nach wohl überwiegender Auffassung fehlt es am konkreten Schutzbedürfnis des Kindes.[112] Gesicherte Erkenntnisse über Gesundheitsschäden durch Praktiken des Kinderhochleistungssports liegen bisher nicht vor.[113] Die Verletzungsrisiken sind nicht kindersportspezifisch, ebenso wenig gibt es gesicherte Erkenntnisse über die Belastbarkeit von Kindern.[114] Insofern fordert auch Art. 2 II Satz 1 GG kein Eingreifen des Staates.[115] Da das staatliche Wächteramt gerade dazu dient, die Rechte des Kindes zu schützen,[116] ist zudem zu berücksichtigen, dass die sportliche Betätigungsfreiheit in Art. 2 I GG auch die risikobehaftete Sportausübung schützt.[117] Staatliche Eingreife zum Schutze von Kindern und Jugendlichen im Sinne von Verboten und Beschränkungen sind daher nicht gerechtfertigt.[118]

3. Befugnis für ein Sportverbandsgesetz

33 Verschiedentlich ist angeregt worden, der Staat möge durch eine eigene „Sportgesetzgebung", etwa in Form eines *Sportverbandsgesetzes*, auf den Bereich des Sports einwirken, um der Übermacht der Verbände gegenüber den Sportlern Einhalt zu gebieten.

Dass die quasi-hoheitliche Verbandsgewalt der Sportverbände die Individual(grund)rechte der Sportler gefährden kann, wurde bereits dargelegt.[119] Besonders deutlich merkt *Burmeister* an, dass „unser freiheitliches System legitimierte Einwirkungsmöglichkeiten der Sportorganisation auf das den Verbandsstatuten unterworfene Individuum kennt, die in ihrer Intensität in nichts den direkten Eingriffen in die Freiheitssphäre des aktiven

---

[107] *Pieroth,* in: *Jarass/Pieroth,* GG, 7. Aufl. 2004, Art. 6 Rz. 31.
[108] *Pieroth,* in: *Jarass/Pieroth,* GG, 7. Aufl. 2004, Art. 6 Rz. 35.
[109] *Pieroth,* in: *Jarass/Pieroth,* GG, 7. Aufl. 2004, Art. 6 Rz. 31.
[110] BVerfGE 107, 104 (120).
[111] *Pieroth/Schlink,* Grundrechte – Staatsrecht II, 20. Aufl. 2004, Rz. 658. Zum Verhältnis zwischen dem Elternrecht bzw. der Elternverantwortung sowie dem Wächteramt des Staates näher BVerfGE 24, 119 (143 f.). – Zu den familienrechtlichen Aspekten der §§ 1626, 1666 BGB im Kinderhochleistungssport siehe *Coester* RuS 1, 13 ff.
[112] A. A. teilweise *Fahlbusch/Wendler* RuS 1, 36–37.
[113] Dazu *Niese,* in: *Scheffen* (Hrsg.), Sport, Ethik und Recht, 1998, S. 68, unter Hinweis auf Zwischeninformationen über die Ergebnisse einer vom Bundesministerium des Innern in Auftrag gegebenen Langzeitstudie über Gefahren speziell des Kunstturnens.
[114] So *Martin,* Sportwissenschaft 1982, 255; *Frey,* Sportwissenschaft 1982, 291; weitere Nachweise bei *Steiner* RuS 1, 50–51.
[115] *Steiner,* in: *Tettinger/Vieweg* (Hrsg.), Gegenwartsfragen des Sportrechts, S. 156 ff. Zutreffend auch der Hinweis von *Steiner,* a.a.O., S. 154 ff., dass aus Art. 1 I GG ebenfalls keine Handlungspflicht des Staates folgt, da die Menschenwürde der Kinder selbst durch übermäßige sportliche Betätigung regelmäßig nicht berührt wird.
[116] BVerfGE 24, 119 (144).
[117] Zur Frage eines staatlichen Verbotes des gefährlichen Boxsportes *Fritzweiler* SpuRt 1995, 156.
[118] So im Ergebnis insbesondere *Steiner* RuS 1, 56–57; *Vieweg,* Normsetzung und -anwendung deutscher und internationaler Verbände, 1990, S. 168 f. m.w.N. Näher zur verfassungsrechtlichen Beurteilung des Hochleistungssports von Kindern *Steiner,* in: *Tettinger/Vieweg* (Hrsg.), Gegenwartsfragen des Sportrechts, S. 154 ff., sowie *ders.,* a.a.O., S. 160 ff.
[119] Siehe oben Rz. 11 ff., 17 ff.

Sportfunktionärs [ehemals] östlicher Prägung nachstehen, ja, im Bereich des professionellen Sportbetriebs sogar Formen der Vermarktung Platz gegriffen haben, für die man im Leben des ... staatseigenen und weithin seiner individuellen Verfügungsmacht beraubten Sportlers in sozialistischen Ländern schwerlich Parallelen findet".[120] Aus diesem Grunde müsse der Gesetzgeber der Sportverbandsmacht Einhalt gebieten und, selbstverständlich ohne eine Verstaatlichung des Sportbetriebs anzustreben, die verfassungsrechtlichen Schranken privatautonomer Disposition über die Rechte und Rechtsstellungen des Sportlers im Verhältnis zu seinen Verbänden durch ein spezielles Sportverbandsgesetz aktualisieren.[121]

Das beschriebene Machtgefälle würde den Staat zumindest berechtigen, ein Sportverbandsgesetz zu erlassen. Der mit einem solchen Gesetz einhergehende Eingriff in die grundrechtlich geschützte Betätigungsfreiheit der Sportverbände wäre durch die ebenfalls grundrechtlich abgesicherten Positionen der Sportler gerechtfertigt. Dagegen spricht nicht, dass Sportler Eingriffe in ihre grundrechtlich verbürgten Rechte bisher meist abwehren konnten. Zumindest in Bereichen des Profisports gibt es Gefährdungen. Beispiele sind der Entzug des gesetzlichen Richters durch satzungsmäßige Schiedsklauseln der monopolartigen Sportverbände oder etwa das Verhalten des Deutschen Leichtathletikverbandes im Fall *Krabbe,* der sich den Vorgaben des internationalen Sportverbandes zunächst eher unterworfen fühlte als dem staatlichen Recht.[122] Einige klare gesetzliche Vorgaben wären auch deshalb hilfreich, weil im schnelllebigen Sport (sogar einstweiliger) Rechtsschutz häufig zu spät kommt und weil Schadensersatz oft eine schwierige Beweisführung erfordert und nur unter hohem Kostenaufwand zu erlangen ist.

34

Allerdings hätte eine gesetzliche Regelung, für die der Bund im Rahmen seiner konkurrierenden Gesetzgebungskompetenz nach Art. 74 I Nr. 3, 72 GG zuständig wäre, in jedem Fall die Verbandsautonomie und das Subsidiaritätsprinzip im Verhältnis zwischen Staat und Sport zu wahren. Unter Beachtung dieser Vorgaben könnten in einem Sportverbandsgesetz zugleich bestimmte Rahmenregelungen zur Aufgabenstellung, zur demokratischen Organisationsstruktur, zu Disziplinarordnungen und Sanktionen der Verbände getroffen werden.

B. Die Wahrnehmung staatlicher Aufgaben und Befugnisse im Sport

Die Grundrechte, speziell die grundrechtlich abgesicherte Autonomie des Sports, richten sich an den Staat als Ganzes. Sie grenzen die Regelungsbefugnisse des Staates insgesamt von denen der Sportverbände ab. Von diesem Aspekt ist die innerstaatliche Zuständigkeitsverteilung unter den staatlichen Hoheitsträgern zu unterscheiden. Sie betrifft die Frage, welche staatliche Ebene die staatlichen Befugnisse ausübt und die staatlichen Aufgaben wahrnimmt. Angesprochen ist in erster Linie die von Art. 30, 70 ff., 83 ff. GG vorgenommene Aufteilung der Kompetenzen zwischen dem Bund einerseits und den Ländern andererseits, speziell die Aufteilung der Gesetzgebungskompetenzen nach Art. 30, 70 ff. GG. Darüber hinaus ist die Garantie der kommunalen Selbstverwaltung aus Art. 28 II GG zu berücksichtigen, nach der den Gemeinden das Recht gewährleistet sein muss, die Angelegenheiten der örtlichen Gemeinschaft in eigener Verantwortung zu regeln.

35

Zuvor ist freilich noch ein anderer Aspekt zu behandeln. Staatliche Kompetenzen und Befugnisse bestehen nur dort, wo Staatsaufgaben zu erfüllen sind.[123] Insofern ist der

---

[120] *Burmeister* DÖV 1978, 1 ff.
[121] *Burmeister* DÖV 1978, 3.
[122] Näher 2/226.
[123] *Isensee,* HStR III, 2. Aufl. 1996, § 57 Rz. 140.

Frage nach der Zuständigkeitsverteilung im Bereich des Sports die Frage nach der Existenz einschlägiger Staatsaufgaben vorgelagert. Staatsaufgaben sind ein spezieller Fall öffentlicher Aufgaben. Um öffentliche Aufgaben handelt es sich bei Tätigkeitsfeldern, die den öffentlichen Interessen im Sinne einzelner Belange des Gemeinwohls entsprechen. Sie können prinzipiell sowohl vom Staat als auch von Privaten wahrgenommen werden. Staatsaufgaben sind solche öffentlichen Aufgaben, deren Wahrnehmung der Staat aufgrund bzw. im Rahmen der Verfassung übernimmt.[124]

I. Sport als öffentliche Aufgabe

36 Es muss nicht besonders erwähnt werden: Der Sport hat in den letzten Jahrzehnten den Bereich ausschließlich privater Freizeitbeschäftigung weit hinter sich gelassen; Freizeitsport und Profisport stehen regelmäßig im Mittelpunkt öffentlichen Interesses. Abgesehen vom Stellenwert des Sports im Bereich des staatlichen Erziehungs- und Bildungswesens sind beide Sportbereiche auch im Übrigen gesellschaftlich und gesellschaftspolitisch relevant.[125] Der Sport hat insgesamt eine derartige öffentliche Bedeutung erlangt,[126] dass das Sportwesen – oder genauer: seine Förderung und Pflege – allgemein als öffentliche Aufgabe angesehen wird.[127] Zu staatlichen Aufgaben werden die Förderung und die Pflege des Sports, wenn und soweit sich der Staat dieser öffentlichen Aufgabe rechtsförmig und in den Grenzen der Verfassung[128] annimmt.[129] Sportpflege und Sportförderung sind als Staatsaufgaben allgemein akzeptiert.[130]

Weder das Grundgesetz noch die Landesverfassungen setzen voraus, dass der Staat zur Wahrnehmung einer Aufgabe explizit von der Verfassung ermächtigt wird. Eine pauschale Staatszielbestimmung genügt. Die Staatsaufgabe Sport findet jedenfalls im verfassungsgerichtlich anerkannten Prinzip des Kulturstaats,[131] das wiederum Bestandteil des Sozialstaatsprinzips ist, eine verfassungsrechtliche Grundlage.[132] Zumindest bei einem weiten, soziologische Aspekte einbeziehenden Verständnis von Kultur lässt sich Sport als eine spezielle Form von Kultur verstehen.[133] Seine Förderung und Pflege gehört somit zur Staatsaufgabe Kulturförderung.[134]

37 Der Staat darf das Sportwesen nicht vollständig privater Selbstregelung überlassen. Soweit sich privat verantwortete Tätigkeit als defizitär erweist, etwa weil sie sportliche Betätigungsmöglichkeiten nicht in ausreichendem Maße sicherzustellen vermag, ist der Staat zum Tätigwerden zumindest berechtigt, wenn nicht sogar dem Grunde nach verpflichtet. Umgekehrt untersteht der Sport jedoch keinesfalls insgesamt staatlicher Hoheit. Die Staatsaufgabe „Sportförderung" ist vielmehr unter gleichzeitiger Achtung der grundrechtlich garantierten Autonomie des Sports wahrzunehmen.[135] Der Staat ist im

---

[124] *Isensee*, HStR III, 2. Aufl. 1996, § 57 Rz. 134 ff.
[125] Ausführlich zur gesellschaftspolitischen Bedeutung des Sports der 10. Sportbericht der Bundesregierung, 2002, BT-Drucks. 14/9517, S. 13 f.
[126] Vgl. hierzu *Stern,* in: *Schroeder/Kauffmann* (Hrsg.), Sport und Recht, 1972, S. 142 f.; *Burmeister* DÖV 1978, 3; *ders.* RuS 9, 344 ff. m.w.N.
[127] Siehe *Stern,* in: *Schroeder/Kauffmann* (Hrsg.), Sport und Recht, 1972, S. 143; *Burmeister* DÖV 1978, 4; *Steiner* DVP 1987, 171 ff.; *Tettinger* RuS 6, 37.
[128] *Isensee*, HStR III, 2. Aufl. 1996, § 57 Rz. 137.
[129] Dazu allgemein BVerfGE 12, 205 (243).
[130] *Steiner,* HStR III, 2. Aufl. 1996, § 86 Rz. 26. – Zusätzlich ist der Hinweis veranlasst, dass Sportförderung zum Teil auch in Verfolgung anderer Zwecke eingesetzt wird. Dazu zählt beispielsweise die gesellschaftliche Integration von Angehörigen sozialer Problemgruppen.
[131] BVerfGE 35, 79 (114); 36, 321 (331).
[132] Näher *Stender-Vorwachs* SpuRt 2004, 201 f.
[133] *Steiner,* HStR III, 2. Aufl. 1996, § 86 Rz. 26.
[134] Zur Kunstförderung *Scholz,* in: *Maunz/Dürig,* GG, Stand November 1982, Art. 5 III, Rz. 79 ff.; ausführlich zu den Sportwerten und zur Sportförderung *Häberle,* in: FS Thieme, 1993, S. 40 ff.
[135] *Steiner,* HStR III, 2. Aufl. 1996, § 86 Rz. 26.

Bereich des Sports an das Subsidiaritätsprinzip gebunden.[136] Sofern er überhaupt tätig wird bzw. werden darf, ist er regelmäßig darauf beschränkt, private Aufgabenerfüllung zu fördern; als Veranstalter tritt er selbst nur ausnahmsweise auf.[137] Der Sport ist ein besonders deutliches Beispiel dafür, dass staatliche Tätigkeit die Wahrnehmung öffentlicher Aufgaben durch Private schon mangels sachlicher, vor allem aber (ehrenamtlicher!) personeller Ressourcen nicht zu ersetzen vermag.[138]

Unmittelbar tätig wird der Staat beim Schul- und Hochschulsport, beim Betriebssport, Militärsport und beim Sport im Rahmen des Strafvollzugs. Mittelbar fördert er den Sport über die im Bereich der Gesellschaft wurzelnden Verbände.[139] Freilich ist auch (bzw. gerade) bei der staatlichen Förderung privater Aufgabenwahrnehmung das Subsidiaritätsprinzip zu beachten. Staatliche Hilfe durch Förderung setzt die Hilfsbedürftigkeit des Sports voraus. Den Subsidiaritätsgrundsatz beachtet der Staat, indem er dem Sport hilft, soweit es notwendig ist, und ihm im Übrigen seine verfassungsgemäße Freiheit belässt.[140]

Die vielfach erhobene Forderung, diese allgemein anerkannte Sportpflege- und Sportförderungsaufgabe in Form einer Gesetzgebung, Verwaltung und Rechtsprechung bindenden *Staatszielbestimmung* in das Grundgesetz aufzunehmen, hat sich bisher – anders als auf der Ebene der Bundesländer –[141] nicht durchzusetzen vermocht.[142] Dafür gibt es nach wie vor gute Gründe. **38**

Abgesehen davon, dass sich das Grundgesetz trotz – oder vielleicht sogar neben anderen Vorzügen gerade wegen – seiner Zurückhaltung bei ausdrücklichen Staatszielbestimmungen[143] bewährt hat, birgt die Aufnahme einer Sportziel- bzw. Sportpflegebestimmung die Gefahr, unerfüllbare Erwartungshaltungen der Bürger hervorzurufen und so letztlich Enttäuschungen zu provozieren. Namentlich bei konkreten Versprechungen nach dem Muster der sächsischen und der sachsen-anhaltinischen Verfassung, die staatlich unterhaltene Sportstätten vorsehen, droht bereits die Schließung einzelner Sportplätze und -anlagen das Vertrauen der Betroffenen in die normative Geltungskraft der Verfassung zu beschädigen. Ob sich dieser Gefahr begegnen lässt, indem die entsprechenden Verfassungsverheißungen unter den Vorbehalt der finanziellen Möglichkeiten des Staates und der Kommunen gestellt werden, wie es in Art. 36 III SachsAnhVerf. – anders als im insofern noch bedenklicheren Art. 11 II Satz 2 SächsVerf. – der Fall ist, muss bezweifelt werden.

Neben diesen Einwänden gegen verfassungskräftige Staatszielbestimmungen im Allgemeinen spricht gegen ein *grundgesetzliches* Staatsziel Sportförderung im Besonderen die Gefahr von Kompetenzkonflikten zwischen Bund und Ländern. Eine derartige Vorschrift im Grundgesetz droht auf Seiten des Bundes Begehrlichkeiten nach der Anerkennung ungeschriebener oder nach der Normierung geschriebener Bundeskompetenzen zu wecken.[144]

Schließlich wäre aus der spezifischen Perspektive des Sports zu besorgen, dass eine entsprechende Staatszielbestimmung zu einer verstärkten staatlichen, die Autonomie des Sports bedrohenden Aufgabenwahrnehmung im Sport führen würde.[145]

---

[136] *Steiner* DÖV 1983, 175 f.; siehe auch den 10. Sportbericht der Bundesregierung, 2002, BT-Drucks. 14/9517, S. 15.
[137] Näher *Steiner* DÖV 1983, 176.
[138] *Steiner* DÖV 1983, 176, unter Verweis auf *Kirberger*, Staatsentlastung durch private Verbände, 1978, S. 125 ff.
[139] Siehe *Bölter* WFV 30, 7.
[140] Siehe hierzu *Steiner* DÖV 1983, 176; *Tettinger* RuS 6, 37–38; *Burmeister* RuS 9, 47–48.
[141] Oben Rz. 4 f.
[142] Vgl. zum Diskussionsstand *Tettinger* RuS 6, 37; *Steiner* NJW 1991, 2730; *Stern*, in: FS für Thieme, S. 274 ff.; *Steiner*, SpuRt 1994, 3 ff.; *ders.*, in: FS Stern, 1997, S. 515 ff.
[143] Siehe hierzu auch *Kirchhof*, in: *Kirchhof* (Hrsg.), Sport und Umwelt, 1992, S. 49 ff.
[144] Siehe hierzu *Steiner* NJW 1991, 2730.
[145] So *Kirchhof*, in: *Kirchhof* (Hrsg.), Sport und Umwelt, 1992, S. 54 f.; a. A. *Steiner*, in: Tettinger/Vieweg (Hrsg.), Gegenwartsfragen des Sportrechts, 2004, S. 125: Grundrechtliche Absicherung des Sports

Nach alledem erscheint es zumindest fraglich, ob die Aufnahme des Staatsziels Sportförderung in das Grundgesetz die Situation des Sports verbessern würde.[146]

39 Auf der anderen Seite ist nicht zu übersehen, dass die Schaffung des Art. 20a GG die Gewichte in der Diskussion um die Aufnahme eines Staatsziels Sport in das Grundgesetz verschoben hat. Die Vorschrift erklärt den Umweltschutz und mittlerweile zusätzlich den Tierschutz zum Staatsziel. Angesichts des prinzipiellen Interessenkonflikts zwischen den Belangen des Sports einerseits und des Umweltschutzes andererseits ist derzeit die Gefahr nicht von der Hand zu weisen, dass staatliche Entscheidungen zur Lösung dieses Konflikts zu Lasten des Sports präjudiziert sind.[147] Der verfassungsändernde Gesetzgeber muss sich die Frage stellen (lassen), ob ein „verfassungsrechtlicher ‚Rebreak'"[148] in Form der Aufnahme auch des Sports in das Grundgesetz nicht schon zur (Wieder-)Herstellung der „Waffengleichheit" von Sport und Umweltschutz[149] geboten ist.[150]

Nach Art. 20a GG schützt der Staat „auch in Verantwortung für die künftigen Generationen die natürlichen Lebensgrundlagen und die Tiere im Rahmen der verfassungsmäßigen Ordnung durch die Gesetzgebung und nach Maßgabe von Gesetz und Recht durch die vollziehende Gewalt und die Rechtsprechung."[151] Ob die zu schützenden natürlichen Lebensgrundlagen nur solche sind, die den Bedürfnissen des Menschen dienen, wird unterschiedlich beurteilt.[152] Die Pflicht zum Schutz der Umwelt gilt nicht unbegrenzt. Art. 20a GG ist als bloßes Rechtsprinzip ausgestaltet.[153] Die Vorschrift verpflichtet in erster Linie den Gesetzgeber, Regelungen zum Schutz der Umwelt zu erlassen. Dabei verbleibt dem Gesetzgeber freilich ein weiter Gestaltungsspielraum. Weiter bindet die Norm auch die Verwaltung und die Rechtsprechung, die im Rahmen ihrer bereits nach Art. 20 III GG ohnehin bestehenden Bindung an Gesetz und Recht Belange des Umweltschutzes zu berücksichtigen haben.[154]

Subjektive Rechte enthält Art. 20a GG nicht.[155] Insbesondere handelt es sich nicht um ein Grundrecht.[156] Die Vorschrift kann grundrechtsbeschränkend wirken, indem sie gesetzlich begründete[157] Eingriffe in andere Grundrechte – einschließlich sportschützender Grundrechte – legitimiert. Sie kann aber auch grundrechtsverstärkend wirken,[158] indem sie grundrechtliche Schutzgehalte intensiviert.

---

zieht staatlicher Einflussnahme ausreichende Grenzen.- Zu einer möglichen normativen Lösung dieses Problems durch Art. 3 c I BaWüVerf. vgl. oben Rz. 5.

[146] Kritisch zum Staatsziel Sportförderung in den Landesverfassungen *Hebeler* SpuRt 2003, 221 ff.
[147] *Steiner* NJW 1991, 2730.
[148] So plastisch *Steiner* NJW 1991, 2730.
[149] *Hebeler* SpuRt 2002, 224.
[150] Zum verfassungsrechtlichen Verhältnis zwischen Sport und Umweltschutz vor der Schaffung von Art. 20a GG *Kloepfer/Brandner* NVwZ 1988, 116.
[151] Ausführlich zum verfassungsrechtlichen Umweltschutz durch Staatszielbestimmungen sowie durch Grundrechte *Steinberg* NJW 1996, 1985 ff.
[152] Einer derartigen anthropozentrischen Sichtweise steht eine ökozentrische Sichtweise gegenüber. Zu Nachweisen zu beiden Einschätzungen sowie zur geringen praktischen Bedeutung des Streits s. *Jarass*, in: *Jarass/Pieroth*, GG, 7. Aufl. 2004, Art. 20a Rz. 3. S. auch *Sannwald* NJW 1994, 3314, zur Behandlung der Frage bei der Entstehung der Vorschrift.
[153] *Jarass*, in: *Jarass/Pieroth*, GG, 7. Aufl. 2004, Art. 20a Rz. 3; *Schulze-Fielitz*, in: *Dreier*, GG II, 1998, Art. 20a Rz. 23.
[154] Näher zum jeweiligen Maß der Bindung der drei Staatsgewalten *Jarass*, in: *Jarass/Pieroth*, GG, 7. Aufl. 2004, Art. 20a Rz. 18 ff.; *Schulze-Fielitz*, in: *Dreier*, GG II, 1998, Art. 20a Rz. 55 ff.
[155] BVerwG NVwZ 1998, 1081.
[156] *Jarass*, in: *Jarass/Pieroth*, GG, 7. Aufl. 2004, Art. 20a Rz. 2.
[157] Staatsziele sind nicht geeignet, Grundrechte unmittelbar, also ohne Konkretisierung durch den Gesetzgeber zu beschränken. So zum Sozialstaatsprinzip BVerfGE 59, 231 (262 f.). Noch deutlicher zum Sozialstaatsprinzip sowie zum Umweltschutz *Bethge* VVDStRL Heft 57 (1998), S. 48: Staatszielbestimmungen sind Gesetzgebungsaufträge.
[158] Zu diesen gegenläufigen Wirkungsmöglichkeiten *Schulze-Fielitz*, in: *Dreier*, GG II, 1998, Art. 20a Rz. 73.

Nach alledem statuiert Art. 20a GG keinen strikten Vorrang des Umweltschutzes vor den Belangen des Sports. Gleichwohl muss sich der Sport im konkreten Konfliktfall derzeit entgegenhalten lassen, im Gegensatz zum Umweltschutz auf der Ebene des Grundgesetzes nicht den Rang eines expliziten Staatsziels zu besitzen.

Anders stellt sich die Regelungssituation in den Verfassungen der Bundesländer dar, **40** in denen der Sport in Form von Staatszielbestimmungen – die sich freilich nur an die jeweilige Landesstaatsgewalt richten, nicht an den Bund –[159] einen festen Platz einnimmt.[160] Bei der Schaffung der Verfassungen der neuen bzw. jungen Länder, denen insofern eine Vorreiterrolle zukam,[161] galten besondere Bedingungen, die es dem Sport erleichtert haben, in die Verfassung aufgenommen zu werden. Sicherlich sollte mit den Sportförderungsbestimmungen eine deutliche Anerkennung bisheriger sportlicher Leistungen der Athleten realexistierend-sozialistischer Prägung erfolgen und gleichzeitig ein Förderungsprogramm für die Zukunft geschaffen werden.[162] In diese Richtung deutet auch die programmatische Bestimmung in Art. 39 I des Einigungsvertrags vom 18. 9. 1990, nach der die öffentlichen Hände den Sport ideell und materiell nach der Zuständigkeitsverteilung des Grundgesetzes fördern.

II. Kompetenzaufteilung zwischen Bund, Ländern und Kommunen

Die Zuständigkeit zur Wahrnehmung staatlicher Aufgaben und zur Inanspruchnahme **41** staatlicher Befugnisse teilt das Grundgesetz zwischen Bund und Ländern auf. Eine zusätzliche Dezentralisierung betrifft die kommunalen Gebietskörperschaften. Diese nehmen Angelegenheiten des örtlichen Wirkungskreises wahr; staatsfunktionell werden sie den Ländern zugeordnet.

1. Kompetenzen des Bundes

Im Verhältnis zwischen dem Bund und den Ländern sind nach der Regelvermutung des **42** Art. 30 GG grundsätzlich die Länder für den Sport einschließlich der Sportförderung zuständig. Obwohl die Zuständigkeit des Bundes vom Volumen der Gesetzgebungskompetenzen her den Regelfall darstellt, handelt es sich nach der Systematik des Grundgesetzes um eine Ausnahme. Die Kompetenz des Bundes kann sich aus expliziten Vorschriften oder als ungeschriebene Kompetenz ergeben. Eine ausdrückliche Sportkompetenz enthält die Verfassung nicht. Geschriebene Bundeskompetenzen umfassen den Sport daher (allenfalls) neben anderen Aspekten. Bei den bestehenden sportspezifischen Zuständigkeiten handelt es sich um ungeschriebene Kompetenzen.

a) Sportbezogene Kompetenzen aufgrund von geschriebenen Bundeskompetenzen **43**

– Im Rahmen der von Art. 91a I GG als lex specialis gegenüber Art. 30, 83 ff., 104a I GG[163] geregelten Gemeinschaftsaufgaben wirkt der Bund an der Erfüllung von Aufgaben der Länder mit. Der „Ausbau und Neubau von Hochschulen" (Art. 91a I Nr. 1 GG) schließt die Finanzierung von Sportstätten im Hochschulbau mit ein.[164] Maßnahmen zur „Verbesserung der regionalen Wirtschaftsstruktur" (Art. 91a I Nr. 2 GG) können in

---

[159] Zur fehlenden Bindung des Bundesgesetzgebers an Staatszielbestimmungen der Landesverfassungen *Steiner*, in: Tettinger/Vieweg (Hrsg.), Gegenwartsfragen des Sportrechts, 2004, S. 146.
[160] Siehe oben Rz. 4.
[161] Siehe oben Rz. 5.
[162] So auch *Steiner* SpuRt 1994, 3.
[163] *Pieroth*, in: Jarass/Pieroth, GG, 7. Aufl. 2004, Art. 91a Rz. 1.
[164] Zum finanziellen Umfang der Mitwirkung des Bundes im Rahmen von Art. 91a I Nr. 1 GG vgl. den 10. Sportbericht der Bundesregierung, 2002, BT-Drucks. 14/9517, S. 78.

der Mitfinanzierung von kommunalen Sportanlagen wie beispielsweise Badeseen und Kunsteisbahnen bestehen.

- Nach Art. 91b GG können Bund und Länder aufgrund von Vereinbarungen bei der Bildungsplanung und bei der Förderung von Einrichtungen und Vorhaben der wissenschaftlichen Forschung von überregionaler Bedeutung zusammenwirken. Die ebenfalls gegenüber Art. 30, 83 ff., 104a I GG spezielle Vorschrift[165] ermöglicht es, die Sportforschung durch Einbeziehung des Sports in den Bildungsgesamtplan und in Projekte der Bildungsforschung, an denen der Bund ebenfalls beteiligt ist, zu fördern.
- Unter die Zuständigkeit des Bundes für die Pflege der Beziehungen zu auswärtigen Staaten nach Art. 32 I GG[166] fällt auch der internationale Sportaustausch. Der Bund ist insofern zuständig für die Pflege internationaler Sportbeziehungen sowie für sportbezogene Entwicklungshilfe.
- Aufgrund seiner Verwaltungszuständigkeiten aus Art. 87, 87b ff. GG sowie seiner Zuständigkeit für die Aufstellung der Bundeswehr (Art. 87a GG) kann der Bund den Sport durch Bildung von Sportkompanien im Bundeswehrbereich sowie durch Betriebssportgruppen in Bundesbehörden unterstützen.
- Der Bund besitzt nach Art. 104a IV GG die Kompetenz, den Ländern unter bestimmten Voraussetzungen Finanzhilfen für besonders bedeutsame Investitionen der Länder und Gemeinden zu gewähren. Davon macht er bei städtebaulichen Sanierungsmaßnahmen gem. § 164b BauGB (früher § 245 XI BauGB bzw. § 71 Städtebauförderungsgesetz) Gebrauch, unter die auch die Sanierung von Sportanlagen fallen kann.
- Schließlich ist noch klarstellend zu erwähnen, dass der Bund im Rahmen seiner Gesetzgebungsbefugnisse auch sportbezogene Regelungen treffen darf.[167]

44 b) Ungeschriebene sportspezifische Bundeskompetenzen. Darüber hinaus besitzt der Bund ungeschriebene Kompetenzen für die Sportförderung, die sich aus der Natur der Sache oder kraft Sachzusammenhangs zu geschriebenen Kompetenzen ergeben.[168] Insbesondere reklamiert er eine Kompetenz kraft Natur der Sache für die Sportförderung, soweit sie Bereiche betrifft, die für Deutschland als Ganzes von zentraler Bedeutung sind und die nicht allein von den Ländern gelöst werden können. Dazu zählt der Bund namentlich Vorhaben gesamtstaatlicher Repräsentation. Im Einzelnen schreibt sich der Bund u.a. folgende Kompetenzen zu:[169]

- Finanzierungsbefugnisse im Hinblick auf Ereignisse wie die Olympischen Spiele, die Paralympics, Welt- und Europameisterschaften.
- Förderung des Spitzensports, aber auch die Verbesserung von Rahmenbedingungen für den Breitensport einschließlich der Förderung des Sportstättenbaus für beide Bereiche (hinsichtlich des Breitensports insbesondere im Rahmen des Sonderförderprogramms „Goldener Plan Ost").[170]
- Förderung nichtstaatlicher zentraler Organisationen, die für das Bundesgebiet als Ganzes von Bedeutung sind und die ein Land allein nicht ausreichend unterstützen kann, wie z.B. DSB, NOK, Bundessportfachverbände.
- Ressortzugehörige Funktionen wie z.B. ressortakzessorische Forschungsvorhaben.

---

[165] *Pieroth*, in: *Jarass/Pieroth*, GG, 7. Aufl. 2004, Art. 91b Rz. 1.
[166] Vgl. den 10. Sportbericht der Bundesregierung, 2002, BT-Drucks. 14/9517, S. 15.
[167] 10. Sportbericht der Bundesregierung, 2002, BT-Drucks. 14/9517, S. 15.
[168] Aus der jeweiligen Kompetenz für die Wahrnehmung einer Aufgabe folgt aus Art. 104a GG eine entsprechende Finanzierungskompetenz. Näher *Maunz*, in: Maunz/Dürig, GG, Art. 104a, Rz. 15.
[169] Hierzu und zum Folgenden s. den 10. Sportbericht der Bundesregierung, 2002, BT-Drucks. 14/9517, S. 14 ff.
[170] Siehe im Einzelnen hierzu den 10. Sportbericht der Bundesregierung, 2002, BT-Drucks. 14/9517, S. 67 ff.

Die extensive Inanspruchnahme ungeschriebener Kompetenzen durch den Bund ist **45** nicht frei von Bedenken. Immerhin handelt es sich um eine Durchbrechung der ausdrücklichen Zuständigkeitssystematik des Grundgesetzes. Zwar ist die Existenz ungeschriebener Verwaltungskompetenzen anerkannt.[171] Jedoch bedarf die Annahme derartiger Kompetenzen im Einzelfall einer tragfähigen Begründung.

Wohl zu Recht allgemein anerkannt[172] ist die Zuständigkeit des Bundes für die Förderung des Hochleistungssports aus Gründen der gesamtstaatlichen Repräsentation. Soweit es tatsächlich um die gesamtstaatliche Repräsentation geht, ist der Bund aus der Natur der Sache heraus zuständig. Im Übrigen ist freilich zu bedenken, dass eine Bundeskompetenz kraft Natur der Sache voraussetzt, dass die Wahrnehmung einer bestimmten Aufgabe allein durch die Länder nicht in Betracht kommt. Bloße Zweckmäßigkeitserwägungen reichen zur Begründung von Bundeskompetenzen nicht aus.[173] Zurückhaltung ist namentlich bei der Annahme einer Bundeskompetenz kraft Natur der Sache aufgrund der Überregionalität eines Sachverhalts geboten.[174]

Es ist daher fragwürdig, wenn sich der Bund für die sog. Modellförderung auf Vereinsebene[175] sowie für die verschiedensten Maßnahmen der sog. Talentsuche und Talentförderung[176] für zuständig erachtet. Zwar mögen die Länder in der Praxis Kompetenzübergriffe des Bundes eher gelassen sehen, wenn und weil kompetenzwidrige Sportförderung regelmäßig mit Zahlungen des Bundes verbunden ist.[177] An der Zuständigkeitssystematik des Grundgesetzes, die nicht zur Disposition der Hoheitsträger steht, ändert dies nichts.

2. Kompetenzen der Länder

Die Länder sind nach Art. 30, 70 I, 83 GG für die Wahrnehmung der staatlichen Aufgaben **46** im Bereich des Sports zuständig, soweit das Grundgesetz dem Bund keine Kompetenzen verleiht. Zuständigkeit für die Sportförderung besitzen die Länder namentlich im Sportstättenbau, im Schul- und Hochschulsport sowie bei der Förderung von Sportorganisationen. Eine trennscharfe Unterscheidung zwischen den einzelnen Kompetenzen der Länder ist weder möglich noch nach der Systematik des Grundgesetzes geboten.

Die Förderung des Sportstättenbaus betrifft die kommunalen Sport-, Spiel- und **47** Freizeitanlagen, außerdem Sportanlagen an Schulen und Hochschulen und in Vereinen. Maßgebliche Leitlinien enthalten die jeweiligen Bedarfs- und Entwicklungspläne, die wiederum von Richtwerten der Deutschen Olympischen Gesellschaft geprägt sind.

Den Schul- und Hochschulsport fördern die Länder in sachlicher Hinsicht durch Ausbildungseinrichtungen an Hochschulen und Fachhochschulen, in personeller Hinsicht durch Besoldung von Stellen für die Sportwissenschaft und -praxis sowie durch die Ausbildung der Sportlehrer. Zudem werden schulsportliche Wettkämpfe sowie Schulsportfeste und Schulsporttage gefördert.

Zur Unterstützung der Sportorganisationen zählen die ergänzenden Hilfen für Sportverbände. Diese Hilfen erfolgen als institutionelle Förderung, bei der Verbände bzw. Vereine als solche unterstützt werden, oder als Maßnahmeförderung, also als Hilfe bei

---

[171] *Vogel*, HStR IV, 2. Aufl. 1999, § 87 Rz. 25, mit Nachweisen aus der Rechtsprechung des BVerfG.

[172] Dazu *Steiner* NJW 1991, 2731.

[173] BVerfGE 41, 291 (312).

[174] So zutreffend *Degenhart*, Staatsrecht I, 20. Aufl. 2004, Rz. 179. Gegen Bundeskompetenzen kraft Überregionalität bereits BVerfGE 12, 205 (250). S. jedoch auch die neuere Rechtsprechung BVerfGE 105, 252 (270); 105, 279 (301 ff.), nach der sich Bundeskompetenzen aus der gesamtstaatlichen Verantwortung der Staatsleitung ergeben sollen.

[175] Siehe hierzu den 4. Sportbericht der Bundesregierung, S. 174 ff.

[176] Siehe hierzu den 5. Sportbericht der Bundesregierung, S. 40 ff. Kritisch hierzu insbesondere *Tettinger* RuS 6, 42 und 43.

[177] *Steiner* NJW 1991, 2732.

einzelnen Vorhaben. Vereine und Verbände erhalten Zuwendungen für ihre gesamte Tätigkeit im Bereich des Breiten- und Wettkampfsports. Dazu zählen etwa der Kauf von Sportgeräten, kleinere Sportstättenmaßnahmen und die Unterhaltung vereinseigener Anlagen. Besonders bedeutsam in diesem Zusammenhang ist die Förderung der Aus- und Fortbildung sowie der Honorierung von Übungsleitern, Jugendleitern und Organisationsleitern.

48 Auch die Förderung des Hochleistungssports fällt teilweise in die Kompetenz der Länder. In diesem Bereich besteht eine gewisse Parallelität von Bundes- und Landeskompetenzen.[178] Die Länder unterstützen den Leistungssport durch den Ausbau und Betrieb von Landesleistungszentren und -stützpunkten sowie von Verbandssportschulen.[179]

Schließlich fördern – ebenfalls neben dem Bund[180] bzw. den Gemeinden[181] – die Länder besondere Bereiche des Breitensports, wie z. B. den Versehrten- und Behindertensport sowie den Sport für Ausländer, Aussiedler und Strafgefangene.

3. Kompetenzen der Gemeinden

49 Art. 28 II Satz 1 GG gewährleistet den Gemeinden das Recht, alle Angelegenheiten der örtlichen Gemeinschaft im Rahmen der Gesetze in eigener Verantwortung zu regeln. Zu den von der Selbstverwaltungsgarantie erfassten Aufgaben gehört auch die Schaffung angemessener Möglichkeiten für die sportliche Betätigung.

Die Gemeinden fördern den Breiten- und Wettkampfsport in den Vereinen u. a., indem sie Sportstätten wie Hallenbäder, Turnhallen, Stadien und sonstige Freizeitsportanlagen errichten und unterhalten. Dabei handelt es sich regelmäßig um freiwillige Selbstverwaltungsaufgaben, Aufgaben also, zu deren Wahrnehmung die Gemeinden nach dem Kommunalrecht des jeweiligen Landes nicht verpflichtet sind.

Sofern die Sportförderung durch Kreise in Rede steht, ist zu beachten, dass deren verfassungsrechtliche Position nach Art. 28 II Satz 2 GG schwächer ausgestaltet ist als diejenige der Gemeinden. U. a. wird der Aufgabenkreis der Gemeindeverbände, zu denen auch die Kreise zählen, anders als derjenige der Gemeinden vom Gesetzgeber bestimmt.[182]

50 Die Gemeinden sind nicht auf die Förderung des Breitensports beschränkt. Sie unterstützen in zunehmendem Maße durch unterschiedliche Maßnahmen auch den professionellen Spitzensport.[183] Dagegen ist nichts einzuwenden, soweit die jeweilige Fördermaßnahme im Einklang mit dem geltenden Recht steht. Aufgrund der grundsätzlichen Universalität bzw. Allzuständigkeit der Gemeinden wird auch die Unterstützung professioneller Sportausübung von der Selbstverwaltungsgarantie erfasst, sofern es sich um Angelegenheiten der örtlichen Gemeinschaft handelt. Das ist der Fall, wenn die Fördermaßnahmen der Befriedigung von Bedürfnissen dienen, die einen spezifischen Bezug zur örtlichen Gemeinschaft aufweisen bzw. gerade in dieser örtlichen Gemeinschaft wurzeln.[184] Gegen eine Herausnahme der Unterstützung professionellen Sports aus der Selbstverwaltungsgarantie spricht im Übrigen die Unmöglichkeit, zwischen Amateur-Leistungssport und Berufs-Leistungssport zu unterscheiden.[185]

---

[178] Vgl. *Steiner* NJW 1991, 2731 f.: keine wirklich abgeschlossenen Kompetenzräume. S. auch den 10. Sportbericht der Bundesregierung, 2002, BT-Drucks. 14/9517, S. 16.

[179] Siehe im Einzelnen die beispielhafte Aufzählung von *Schmidt* RuS 6, 22 ff.

[180] Zu den diesbezüglichen Zuständigkeiten bzw. Tätigkeiten des Bundes s. den 10. Sportbericht der Bundesregierung, 2002, BT-Drucks. 14/9517, S. 11 ff., 45 ff., 72 ff.

[181] Siehe *Kirchhof* RuS 9, 4 ff.

[182] Näher *Pieroth*, in: *Jarass/Pieroth*, GG, 7. Aufl. 2004, Art. 28 Rz. 28.

[183] Siehe im Einzelnen unten Rz. 60. Ablehnend *Mathieu*, in: *Püttner* HKWP IV, 2. Aufl. 1983, § 82, S. 446 f. Zur Förderung des Leistungssports durch die Kommunen s. auch *Steiner*, in: *Tettinger/Vieweg* (Hrsg.), Gegenwartsfragen des Sportrechts, 2004, S. 43 ff.

[184] Zu diesem Kriterium grundlegend BVerfGE 79, 127 (151 ff.).

[185] Hierzu eingehend *Steiner* DVP 1987, 171 ff.; *ders.* NJW 1991, 2732.

C. Geltendmachung von Verfassungsverstößen

Abgesehen von speziellen Abhilfemöglichkeiten durch die Sportgerichtsbarkeit[186] können Verfassungsverstöße im Bereich des Sports prinzipiell auch vor staatlichen Gerichten geltend gemacht werden. Sofern sich die Träger der „Sportgrundrechte" in diesen verletzt fühlen, kommt Rechtsschutz vor der Fachgerichtsbarkeit bis hin zur Verfassungsbeschwerde zum Bundesverfassungsgericht in Betracht. Im Einzelnen ist Folgendes zu beachten: 51

1. Sieht der Betroffene seine Grundrechte durch eine *Verwaltungsbehörde* verletzt, so muss er gegen deren Handeln zunächst in den üblichen verwaltungsgerichtlichen Klageverfahren (§§ 40 ff. VwGO) vorgehen. Gegen untergesetzliche Normen (Satzungen und Verordnungen) steht – teilweise abhängig vom Landesrecht (§ 47 I Nr. 2 VwGO) – das Normenkontrollverfahren nach § 47 VwGO zur Verfügung; gegen Verwaltungsakte (bzw. gegen deren Unterlassung) sind Widerspruch und Anfechtungsklage (bzw. Verpflichtungsklage) zu erheben. Eine Verfassungsbeschwerde kann wegen des Gebots der Rechtswegerschöpfung (§ 90 II BVerfGG) bzw. wegen des übergeordneten Grundsatzes der Subsidiarität grundsätzlich erst zulässig sein, nachdem die Möglichkeiten des verwaltungsgerichtlichen Rechtsschutzes erfolglos ausgeschöpft wurden. 52

Bereits das zunächst angerufene Verwaltungsgericht überprüft sowohl die Rechtsnormen, auf deren Grundlage die Behörde gehandelt hat, als auch die Anwendung dieser Normen auf eventuelle Grundrechtsverstöße.[187] Stellt es im Rahmen einer Klage gegen den Erlass eines Verwaltungsaktes (bzw. gegen die Verweigerung eines beantragten Verwaltungsaktes) eine Grundrechtsverletzung fest, so gibt es der Klage statt, sofern die Grundrechtsverletzung in der verfassungswidrigen Anwendung einer an sich nicht zu beanstandenden Rechtsnorm liegt. Das Gleiche gilt, sofern die Grundrechtsverletzung auf der Anwendung einer grundrechtswidrigen untergesetzlichen Vorschrift beruht. Rührt die Verfassungswidrigkeit der Behördenentscheidung hingegen aus der Anwendung eines verfassungswidrigen formellen (und nachkonstitutionellen, also nach Inkrafttreten des Grundgesetzes verkündeten) Gesetzes, so muss das Verwaltungsgericht nach Art. 100 I GG das Verfahren aussetzen und die Entscheidung des Bundesverfassungsgerichts über die Gültigkeit des Gesetzes einholen (sog. konkrete Normenkontrolle bzw. Richtervorlage).

2. Ist der verwaltungsgerichtliche Rechtsweg erschöpft, kann der Sportler wegen einer potentiellen Grundrechtsverletzung Verfassungsbeschwerde zum Bundesverfassungsgericht erheben (Art. 93 I Nr. 4 a GG, §§ 13 Nr. 8 a, 90 ff. BVerfGG). Zu beachten ist die Beschwerdefrist von einem Monat ab Zustellung der letztinstanzlichen Entscheidung (§ 93 I BVerfGG). 53

Darüber hinaus können Fragen aus dem Verhältnis von Sport und Staat auch in anderen Verfahrensarten des Bundesverfassungsgerichts relevant werden. Kompetenzkonflikte im Hinblick auf die Wahrnehmung staatlicher Aufgaben und Befugnisse im Sportwesen sind zwischen Bund und Ländern im Wege des Bund-Länder-Streits nach Art. 93 I Nr. 3 GG, §§ 13, Nr. 7, 68 ff. BVerfGG auszutragen; soweit es gerade um *Gesetzgebungs*kompetenzen geht, kommt zusätzlich eine abstrakte Normenkontrolle nach Art. 93 I Nr. 2 GG, §§ 13, Nr. 6, 76 ff. BVerfGG in Betracht. Für Streitigkeiten zwischen obersten Bundesorganen über den Umfang der Aufgaben und Befugnisse im Sport steht der Organstreit nach Art. 93 I Nr. 1 GG, §§ 13 Nr. 5, 63 ff. BVerfGG zur Verfügung. Dabei handelt es sich jedoch sämtlich um staatsorganisationsrechtlich geprägte Verfahren, in denen einzelne Sportler sowie die Sportvereine und -verbände nicht antrags- bzw. beteiligtenfähig sind. 54

---

[186] Dazu näher unten 2/276 ff.
[187] Vgl. BVerfGE 95, 28 (36 f.). S. auch *Bethge*, in: *Merten/Papier* (Hrsg.), Handbuch der Grundrechte in Deutschland und Europa, Bd. III, 2006, § 71 Rz. 13.

55 3. Maßnahmen von Sportvereinen und -verbänden, die dem Bereich der Privatautonomie angehören, können nicht unmittelbar Gegenstand einer Verfassungsbeschwerde sein. Es handelt sich nicht um Akte der vom Staat verantworteten öffentlichen Gewalt, gegen die sich die Verfassungsbeschwerde allein richten kann. Gleichwohl kann der Konflikt eines Sportlers mit einem Verein oder Verband letztlich zu einer Verfassungsbeschwerde führen. Hat der Sportler – abgesehen von den Möglichkeiten der Sportgerichtsbarkeit – erfolglos vor den staatlichen Zivilgerichten um Rechtsschutz nachgesucht, so ist eine Verfassungsbeschwerde mit der Begründung möglich, die Zivilgerichte hätten die Ausstrahlungswirkung der Grundrechte unzureichend beachtet.[188] Die gerichtlichen Urteile stellen als Akte öffentlicher Gewalt einen tauglichen Beschwerdegegenstand dar.[189]

2. Kapitel. Sport und öffentliche Verwaltung

56 Die Verwaltung im sozialen Wohlfahrtsstaat unterteilt man herkömmlich je nach den Auswirkungen auf den Bürger und andere Rechtsträger in *Leistungsverwaltung* und *Eingriffsverwaltung,* je nach Sachgebieten wiederum etwa in Innere Verwaltung, Kultusverwaltung etc. Unschwer ist zu erkennen, dass der Bereich der Sportförderung – als ergänzender Handlungsbereich zur Organisation und Pflege des Sports durch die Vereine und Verbände zu sehen[190] – der Leistungsverwaltung zuzuordnen ist, der Bereich der notwendigen Ordnungsmaßnahmen der Eingriffsverwaltung.

Aus der Feststellung, dass Sportpflege und Sportförderung eine politisch und verfassungsrechtlich akzeptierte Staatsaufgabe darstellt, ergibt sich konkret noch nicht Inhalt und Umfang staatlicher Verwaltungstätigkeit im Sport.

Welche Ansprüche nun Sportler, Vereine und Verbände im Einzelnen im Rahmen ihres grundsätzlichen Rechts auf ermessensfehlerfreie Verwaltung gegenüber staatlichen Institutionen haben, ergibt sich den jeweiligen Zuständigkeiten.

Strukturell kann der staatliche Verwaltungskatalog für den Sport in zwei Bereiche geteilt werden, nämlich den Bereich verschiedenster *Sportförderungsmaßnahmen* durch Bund, Länder und Kommunen (*Leistungsverwaltung*) sowie den von *polizei- und ordnungsrechtlicher Maßnahmen* (*Eingriffsverwaltung*).

A. Sportförderungsmaßnahmen

57 Der Sport wird seitens des Staates subsidiär gefördert, auf der Grundlage der Autonomie und Selbstverwaltung (durch die Verbände) des Sports.[191]

Umfangreich ist der gesetzliche Katalog der staatlichen Förderungsmaßnahmen gegenüber Sportverbänden und Institutionen. Für diese stellt sich die Frage nach den konkreten gesetzlichen Voraussetzungen auf Sportförderung so wie für den einzelnen Sportler.

I. Die einzelnen Sportförderungsmaßnahmen in Bund, Ländern, Gemeinden

1. Bund

58 Auf Bundesebene sind folgende Förderungskompetenzen zu nennen:
– Unter Art. 32 I GG – auswärtige Beziehungen – fallen internationale Sportbeziehungen sowie sportbezogene Entwicklungshilfe.[192]

---

[188] BVerfGE 7, 198 (205 ff.); 99, 185 (196). – Zu der Möglichkeit, das Urteil eines echten Schiedsgerichts wegen eines Verfassungsverstoßes nach § 1059 II Nr. 2b ZPO (Anerkennung oder Vollstreckung des Schiedsspruchs verstößt gegen den ordre public) aufzuheben, s. näher Teil 2/304 ff.
[189] BVerfGE 84, 192 (195).
[190] Siehe 10. Sportbericht der Bundesregierung, S. 16.
[191] Siehe hierzu *Neumann*, S. 38 ff. mit weiteren Nachweisen.
[192] Siehe 10. Sportbericht der Bundesregierung, S. 24 ff.

- Unter Art. 91a I Ziff. 1, 2 GG – Gemeinschaftsaufgaben – fallen die Hilfe des Bundes für Gemeinden beim Ausbau von Fremdenverkehrsanlagen, z. B. Badeseen, Kunsteisbahnen, Waldsportpfade.[193]
- Unter Art. 91b GG – Bildung und wissenschaftliche Forschung – fallen z. B. Modellversuche der Bildungsforschung im Rahmen der Aufnahme des Sports im Bildungsgesamtplan.[194]
- Zu den Investitionshilfemaßnahmen aus Art. 104a IV GG zählen Sanierungs- und Entwicklungsmaßnahmen beim Bau von Sportanlagen nach §§ 136, 137, 146–148 BauGB.[195]

Weitere Förderungsmaßnahmen werden vom Bund durchgeführt kraft **Sachzusammenhangskompetenz**[196] als Sportförderung des Hochleistungssportes nach bestimmten Programmen, die von der Bundesregierung und den Sportverbänden entwickelt wurden:

- *Jahresplanungen der Fachverbände.* Hier werden spezielle Wettkampfprogramme in Zusammenhang mit der Teilnahme an Weltmeisterschaften, Europameisterschaften, Länderkämpfen u. a. unterstützt, ebenso wie Schulungsprogramme von Nationalmannschaften, Stützpunkttrainings- sowie Sichtungslehrgänge für talentierte Jugendsportler.
- *Organisation von Veranstaltungen.* Hier beteiligt sich der Bund an Kosten für internationale Veranstaltungen in der Bundesrepublik.
- *Unterhaltung von Bundesleistungszentren.* Der Bund fördert die entsprechenden Bundesleistungszentren der Sportfachverbände in Form von Zuschüssen zu Investitionen und Unterhaltungskosten.
- *Unterstützung von Bundestrainern und hauptamtlichen Funktionären.* Der Bund übernimmt die Honorierung von hauptamtlichen Funktionären wie Geschäftsführern und Sportdirektoren von Verbänden, ebenso die der hauptamtlichen Bundestrainer.
- *Sportmedizin.* Auch die sportmedizinischen Maßnahmen zugunsten der Hochleistungssportler werden vom Bund unterstützt, was unter anderem in Form der Schaffung sportmedizinischer Untersuchungszentren geschieht.
- *DOSB-Projekte im Hochleistungssport.* Über den Bundesausschuss Leistungssport (BAL) des DOSB wird der Leistungssport gefördert durch Übernahme von Kosten der Fort- und Weiterbildungsschulungen für Trainer und Sportmediziner.
- *Internationale Verbände/Vertretung.* Ebenso stellt die Bundesregierung für die Arbeit deutscher Vertreter in den internationalen Verbänden Geldmittel zur Verfügung.
- *Sportwissenschaft.* Auch für die hohen Ausgaben für wissenschaftliche Forschung des im Jahre 1970 gegründeten Bundesinstituts für Sportwissenschaft werden im Rahmen dieser Kompetenz Geldmittel zur Verfügung gestellt.

Festzustellen ist insgesamt: Obwohl die Sportförderung durch den Bund in ihrer Aufgabenzuweisung durch Art. 30, 70 I GG (Kulturhoheit) konkret von denen der Länder abgegrenzt ist, greift der Bund in der Praxis in Länderbereiche ein, durch faktisch sich selbst gegebene Zuständigkeiten, die er etwa mit „Staatspflege" oder „stillschweigend festgeschriebene Bundeszuständigkeiten" umschreibt, wobei es zu Kompetenzkonflikten kommen könnte.[197]

---

[193] Siehe 10. Sportbericht der Bundesregierung, S. 19 f., 75 f.
[194] Siehe 10. Sportbericht der Bundesregierung, S. 51 ff.
[195] Siehe auch den 10. Sportbericht der Bundesregierung, S. 67 ff.; *Kirchhof* RuS 9, 11.
[196] Siehe hierzu oben Rz. 44, 10. Sportbericht der Bundesregierung, S. 14–15; *Tettinger* RuS 6, 41.
[197] Zu dieser Abgrenzungsproblematik siehe *Tettinger* RuS 6, 42–43 m.w.N.

2. Länder

59 Die Länder fördern im Rahmen ihrer Kulturhoheit nach Art. 30 GG speziell den Sportstättenbau, den Schul- und Hochschulsport sowie die Sportorganisationen und schließlich besondere Zielgruppen:[198]

- *Förderung des Sportstättenbaues.* In diesem Bereich werden kommunale Sport-, Spiel- und Freizeitanlagen, schulische und hochschulische Sportanlagen sowie Vereinssportanlagen gefördert. Von den Trägern der Sportstätten werden spezielle Bedarfs- oder Entwicklungspläne ausgearbeitet und mit den Länderregierungen jeweils beschlossen, was wiederum auf der Grundlage von Richtwerten für Sportanlagen der Deutschen Olympischen Gesellschaft erfolgt.

   In einzelnen Ländern bestehen hierzu auf der Grundlage der Sportförderungsgesetze, z. B. in Rheinland-Pfalz, Bremen, Berlin,[199] Verpflichtungen der Kommunen zur Erstellung von Sportstätten-Leitplänen:

- *Förderung des Schul- und Hochschulsportes.* Hier fördern die Länder neben den Sportstätten der Schulen und Hochschulen spezielle weitere Ausbildungsmaßnahmen, z. B. durch Zuschüsse für Dozenten und Trainer in den Fächern Sportwissenschaft und Praxis sowie Fortbildungsmaßnahmen für Sportlehrer. Im schulsportlichen Wettkampf werden z. B. Schulmannschaftswettbewerbe, Bundesjugendspiele mitgefördert ebenso wie spezielle Schulsportwettkampfveranstaltungen im örtlichen Bereich.

- *Förderung von Sportorganisationen.* Umfangreich sind die Förderungsmaßnahmen der Länder zugunsten der Sportverbände. Die Tätigkeiten der Sportverbände werden dann gefördert, wenn deren eigene Mittel nicht ausreichen, speziell zum Zwecke des Breiten- und Wettkampfsports. Die Förderung erfolgt durch Zuschüsse zur Verbands- und Vereinstätigkeit in jeder erdenklichen Weise, z. B. für den Kauf von Sportgeräten, Sportkleidung, Unterhaltung von vereinseigenen Anlagen, Lehrgangsveranstaltungen. Umfangreich ist hier weiterhin die Unterstützung zur Ausbildung und Fortbildung von Übungs- und Jugendleitern. Im Leistungssport werden zusätzlich zu den Bundesmaßnahmen gefördert der Betrieb und Ausbau von Bundes- und Landeszentren und Stützpunkten. Hier ergänzen sich Bundes- und Landesförderung gegenseitig. Gleiches gilt für die Förderung sportmedizinischer Betreuung der Leistungssportler in den verschiedenen Landes- und Bundeskadern.

- *Zielgruppenförderung.* Im Laufe der Zeit haben sich gesellschaftliche Gruppen gebildet, die sich der sportlichen Betreuung von Randgruppen unserer Gesellschaft widmen und hier Ausbildungsprogramme mit fest angestellten Übungsleitern organisieren; dies betrifft insbesondere den Sport von Versehrten und Behinderten, Infarktgeschädigten, Strafgefangenen und Ausländern. Die Länder fördern die Ausbildungsprogramme dieser Gruppen.

3. Städte und Gemeinden

60 Nach der Aufgabenzuweisung in Art. 28 II Satz 1 GG erfüllen Städte und Gemeinden für die Bürger entsprechend deren Bedürfnisse ihre Aufgaben nach Haushaltsgrundsätzen und fördern hiermit auch die sportliche Tätigkeit.

Zu erwähnen ist hier insbesondere der sog. *Goldene Plan*:

Die Deutsche Olympische Gesellschaft hatte im Jahre 1959 auf den Mangel an Erholungs-, Spiel- und Sportanlagen in der Bundesrepublik aufmerksam gemacht und zum planmäßigen Aufbau von Sportstätten konkrete Ziele und Vorschläge in Übereinstim-

---

[198] Zu den einzelnen Landesverfassungen mit Förderungsziel-Bestimmungen, s. oben Rz 4–6; konkrete Förderungsverpflichtungen ergeben sich teilweise aus Landesgesetzen, z. B. § 2 Rh.-Pf. Sportförderungsgesetz, § 10 Abs. 2 Ziff. 3 u. 6 Brem.SportFG, § 11 Abs. 1 Ziff. 3 u. 5 Berl.SportFG.

[199] Siehe vorige Fußnote.

mung mit dem Deutschen Sportbund im *Goldenen Plan* für Gesundheit, Spiel und Erholung zusammengefasst.

Die Zielvorstellungen waren insbesondere, eine Bedarfsermittlung an Erholungs-, Spiel- und Sportanlagen in den Gemeinden durchzuführen, aufgrund der die Gemeinden ein Planungsprogramm zu errichten hatten. Danach sollten konkrete Planungen beschlossen werden und zur Durchführung kommen, wobei die Finanzierung durch Bund, Länder und Gemeinden als Gemeinschaftswerk vorgenommen werden sollte.[200] Diese Zielvorstellungen des Goldenen Plans konnten in dem vorgegebenen 15-Jahres-Programm von 1960 bis 1975 weitgehend realisiert werden. Im Jahre 1990 wurde vom Deutschen Sportbund ein „*Goldener Plan Ost*" entwickelt, der auf den Erfahrungen des Goldenen Plans aufbaut und den Mangel an Sportstätten in den neuen Bundesländern in ähnlicher Weise zu beheben versucht.[201] Nach dem System des Goldenen Planes werden durch Geldmittel Sport- und Freizeitanlagen gefördert, insbesondere Turn- und Sporthallen, Sportplätze, Hallen- und Freibäder, Sondersportanlagen, öffentliche Spielplätze und Freizeitzentren. Unter Sondersportanlagen fallen auch speziell Reitsportanlagen, Tennisplätze, Schießsportanlagen, Skiloipen, Skipisten, Radrennbahnen. Nach den Prinzipien des Goldenen Planes ist hier nicht nur die Investitionmaßnahme genau zu überprüfen, sondern auch die Aufbringung der Folgekosten, insbesondere Personalkosten.[202] Speziell fördert der Bund den Ausbau der Stadien für die Fußball-WM der Städte Berlin und Leipzig, eine Ausnahmesituation, um die Strukturen in Ostdeutschland zu verbessern.[203]

Neben der Förderung für Sportstätten werden von den Kommunen auch weitere sportliche Aktivitäten der Vereine unterstützt, teils im Freizeitsport, teils im Profisport, insbesondere die Unterhaltung vereinseigener Sportanlagen, Bereitstellung kommunaler Anlagen, Zuschüsse für Veranstaltungskosten sowie für Vergütungen der Übungs- und Organisationsleiter der Sportvereine. Gemeindliche und städtische Sportanlagen werden den Sportvereinen weitgehend kostenlos zur Verfügung gestellt. Außerdem erhalten die Vereine oftmals Zuschüsse in Form von Pro-Kopf-Mitgliedsförderung ihrer Mitglieder sowie für ihre Leistungssportler.

Hierfür haben Städte und Gemeinden weitergehend sog. Sportförderungsrichtlinien erstellt, in welchen die Voraussetzungen und Bedingungen der Förderung der Sportvereine niedergelegt sind. Außer diesen spezifischen Sportförderungsgesichtspunkten widmen sich die Kommunen zunehmend der Ausstattung von Freizeit- und Sportanlagen, um ihre Attraktivität für die Bürger zu heben und gleicherweise ihre Anziehungskraft nach außen. Das Spektrum derartiger Förderungsmaßnahmen ist nicht eingrenzbar, eine Abgrenzung zwischen Sport- und Wirtschaftsförderung ist kaum möglich.[204]

Gerade in Fremdenverkehrsgemeinden wie in Wintersportorten, Badeorten, Meerbädern ist beides fast identisch infolge der Untrennbarkeit von sportlicher Betätigung, Freizeit und Erholung als den wesentlichen Zielpunkten von Fremdenverkehr und Touristik. Hierbei werden auch Sportveranstaltungen gefördert, deren Bedeutung weit über die Gemeindegrenzen hinausreicht, z. B. bei international anerkannten Veranstaltungen. Gleichzeitig wird auch der Profisport von den Kommunen direkt oder indirekt unterstützt, indem beispielsweise Sportstätten für Bundesligaclubs zur Verfügung gestellt sowie Bürgschaften für die Verpflichtung von Hochleistungssportlern eines örtlichen Profi-clubs geleistet werden. Die Gemeinden verstehen sich auch hier als allzuständig, was

---

[200] Zu den Einzelheiten: *Dt. Olymp. Gesellschaft (Hg.)*, Der „Goldene Plan" in den Gemeinden, 2. Aufl. 1962.
[201] Siehe hierzu im Einzelnen: *DSB (Hrsg.)*, „Goldener Plan Ost", 2. Aufl. 1993.
[202] Siehe zur Entwicklung des „Goldener Plan Ost" die Darstellung im 10. Sportbericht der Bundesregierung S. 67 ff., insbesondere S. 69.
[203] Hierzu 10. Sportbericht der Bundesregierung, S. 70.
[204] Siehe *Kirchhof* RuS 9, 6–7, 10.

nicht unbestritten ist.²⁰⁵ Einige Ländergesetze, wie z. B. § 3 III Rheinl.-Pfälz. Sportförderungsgesetz, verbieten deshalb auch die Förderung des Berufssports ausdrücklich.

Die unmittelbare Förderung des Profi-Sports erscheint gewiss problematisch, zu bedenken ist aber auch der nicht unbedeutende Förderungseinsatz des Staates im Bereich von Kunst und Kultur.²⁰⁶ Insbesondere muss man sich der Bedeutung und Wirkung bestimmter Profi-Sport-Förderungsmaßnahmen auf die Infrastruktur bewusst werden, ebenso der gesellschaftspolitischen Akzeptanz. So gesehen wird man von einer Zulässigkeit dieser Maßnahmen ausgehen müssen, wenn der örtliche Bezug gegeben ist.²⁰⁷ Allerdings muss bei derartigen Förderungsmaßnahmen immer als äußerste Grenze das Erfordernis der Gemeinwohldienlichkeit beachtet werden, worauf Burmeister zu Recht hinweist,²⁰⁸ ebenso das die wirtschaftliche Risikogrenze bestimmende Subsidiaritätsprinzip.

II. Gesetzliche Grundlagen und Normen für Sportsubventionen

60a Nach dem Grundsatz der Gesetzmäßigkeit der Verwaltung (Art. 20 III GG) bedarf staatliches Handeln im Bereich der *Eingriffsverwaltung* einer ausdrücklichen gesetzlichen Grundlage, wogegen dieser Gesetzesvorbehalt im Bereich der *Leistungsverwaltung* stets umstritten war und nach herrschender Auffassung für Wirtschaftssubventionen eine gesetzliche Ermächtigung nicht notwendig ist.²⁰⁹

Insofern ist es für die Wirksamkeit staatlicher Förderungsleistungen im Sport wesentlich, ob diese in den Bereich der Subventionen fallen, denn diese unterliegen besonderen Voraussetzungen und werden auch ohne gesetzliche Grundlage gewährt. Lediglich wenige Länder haben Sportförderungsgesetze mit entsprechenden Regelungen erlassen: § 1 I, Satz 2 des Bremischen Sportförderungsgesetzes²¹⁰ spricht davon, dass die sportliche Betätigung zu fördern ist, um Gesundheit und Leistungsfähigkeit zu erhalten, soziale Grunderfahrung zu vermitteln, Freizeit gestalten zu helfen sowie soziale Integration der Bevölkerungsgruppen zu ermöglichen. Ähnliche Grundsätze sind niedergelegt in § 2 Rheinland-Pfälzisches Sportförderungsgesetz²¹¹ und § 11 I des Berlinischen Sportförderungsgesetzes.²¹²

1. Begriff der Sportsubvention

61 Der Subventionsbereich wird in seiner Begrifflichkeit und Zulässigkeit in erster Linie bezüglich Wirtschaftssubventionen erörtert,²¹³ einen festen abschließenden Subventions-Begriff gibt es nicht, wenn auch das BVerwG die Subvention definiert als „Leistungen der öffentlichen Hand, die zur Erreichung eines bestimmten, im öffentlichen Interesse gelegenen Zwecks gewährt werden sollen".²¹⁴

Lediglich der § 264 VII Satz 1 StGB (Subventionsbetrug) definiert die Subvention als „eine Leistung aus öffentlichen Mitteln nach Bundes- oder Landesrecht oder nach dem Recht der europ. Gemeinschaften an Betriebe oder Unternehmen, die wenigstens zum

---

[205] Siehe oben, Rz. 49; auch hierzu *Steiner* DVP 1987, 171 ff.; *ders.* NJW 1991, 2732; *Tettinger*, RuS 6, 39.
[206] Hierzu auch *Kirchhof* RuS 9, 6; *Steiner* NJW 1991, 2732.
[207] So *Steiner* HKWP Bd. 6, S. 681; *ders.* NJW 1992, 2732.
[208] So *Burmeister* RuS 9, 61 ff.; sowie ausführlich HKWP 5, 1984, S. 19 ff.
[209] Siehe *Maurer*, § 6 m.w.N.; BVerfGE 40, 196 (248); 48, 210 (222).
[210] Brem. GBl. 76, S. 173.
[211] Rh.-Pf. GVBl. 74, S. 597.
[212] Berl. GVBl. 78, S. 2105.
[213] Siehe hierzu grundsätzl. *Maurer*, § 17 II; *Steiner*, VerwR VIII Rz. 190; *Ipsen* und *Zacher*, Verwaltung durch Subventionen in VVDStRL 1967, S. 257 ff., 308 ff.; *Bitter*, Kommunale Förderungsmaßnahmen, BayVBl. 65, 45 ff.
[214] BVerwG NJW 1959, 1098.

Teil ohne marktmäßige Gegenleistung gewährt wird und der Förderung der Wirtschaft dienen soll".[215] Sportsubventionierungen werden lediglich im Zusammenhang mit der Kultur-Subventionierung teilweise erwähnt.[216]

Allgemein wird man unter Sportsubvention zu verstehen haben alle jene vermögenswerten Leistungen, die von Gebietskörperschaften (Bund, Länder, Kommunen) unmittelbar oder durch Beauftragung Dritter an natürliche oder juristische Personen des Privatrechts zum Zwecke der Förderung sportlicher Betätigung erbracht werden.[217] Vermögenswerte Leistungen können Geldleistungen (einschließlich Zinszuschüsse, Kredite) oder Sachleistungen sein, wie z. B. die kostenlose Bereitstellung von Sportstätten durch Gemeinden an Sportvereine. Auszuscheiden sind lediglich vermögenswerte Leistungen aus öffentlichen Mitteln an andere öffentliche Aufgabenträger, welche dem Sport mittelbar zugute kommen, ebenso steuerliche Vergünstigungen oder Vorzugstarife. Ebenso fallen hierunter nicht die Leistungen, welche dem Sport z. B. über die Stiftung Deutsche Sporthilfe, einer vom Deutschen Sportbund und der Deutschen Olympischen Gesellschaft gegründeten Organisation, zukommen.[218]

2. Subventionierungsvoraussetzungen 61a

Förderungsvoraussetzungen für Sportsubventionen ergeben sich, abgesehen von den Vergaberichtlinien einzelner Haushaltstitel, insbesondere aus:
— *gesetzlichen Bestimmungen,*
— haushaltsrechtlichen Vorschriften,
— verwaltungsrechtlichen Verfahrensbestimmungen
— europarechtlichen Zulässigkeiten

a) Gesetzliche Bestimmungen. Da nach herrschender Auffassung zur wirksamen Gewährung von Wirtschafts- und Sportsubventionen das Vorliegen eines formellen Gesetzes nicht notwendig ist,[219] existieren keine bundesgesetzlichen Regelungen, lediglich einige auf Landesebene erlassenen Sportförderungsgesetze, z. B. die der Länder Rheinland-Pfalz, Bremen und Berlin.[220] 62

In diesen Bestimmungen befindet sich die Festlegung von allgemeinen Zielen der Sportförderung sowie der Gegenstände und Mittelverteilung (so z. B. § 2 V, 10 III Brem. Sport FG, § 8 II, § 11, I, III berl. Sport FG, § 16 III, IV Rh.Pf.SportFG).

In den erwähnten Gesetzen finden sich also konkrete Bezeichnungen von Sportförderungsmaßnahmen, wie z. B. der Aus- und Weiterbildung, Beschäftigung von Mitarbeitern, Trainingsmaßnahmen, Talentsuche, Durchführung von Wettkämpfen, Errichtung, Unterhaltung sowie Bewirtschaftung von Sportanlagen usw.[221]

b) Haushaltsrechtliche Bestimmungen. In erster Linie müssen bei Sportförderungen die haushaltsrechtlichen Vorschriften eingehalten werden, wie z. B. die §§ 14 und 26 HaushaltsgrundsätzeG, wonach staatliche Leistungen nur gewährt werden dürfen, wenn Bund oder Länder „ein erhebliches Interesse haben, welches ohne die Zuwendungen nicht in notwendigem Umfang befriedigt werden kann". Weiterhin ist gem. §§ 23, 24 der Bundeshaushalts-Ordnung von den zuständigen Behörden stets zu prüfen, ob das 63

---

[215] Siehe hierzu *Schönke/Schröder,* StGB-Kommentar, § 264 Rz. 6–8.
[216] *Bleckmann,* Subventionsrecht 1978, S. 15.
[217] Siehe hierzu *Tettinger* RuS 6, 44 ff.
[218] Hierzu im Einzelnen: *DSB (Hrsg.),* Der Sport in der BR Deutschland, 1986, S. 43.
[219] Siehe hierzu BVerfGE 8, 167; *Haverkate,* Rechtsfragen des Leistungsstaats, 1983, S. 154 ff.; a. A. *Friauf* DVBl. 1966, 733 ff.; *Rupp* JuS 75, 615 ff.
[220] Siehe oben Rz. 46–48.
[221] Siehe im Einzelnen *Tettinger* RuS 6, 49 m.w.N.

staatliche Interesse so erheblich ist, „dass die vorgesehene Zuwendung nicht unterbleiben kann, also nach Grund und Höhe notwendig ist".[222] Derartige Grundsätze des Subsidiaritätsprinzips sind wiederum zu konkretisieren mit Hilfe der Programmsätze der Bundesregierung zur Sportförderung.[223] Diese Programmsätze, festgehalten im „Leistungssportprogramm des Bundesministers des Innern", umreißen allgemeine Grundsätze, Bewilligungskriterien sowie die einzelnen Bereiche der Förderung. Aus der Darstellung der einzelnen Bereiche ergibt sich, was gefördert wird: Training, Wettkämpfe, sportmedizinische Betreuung – Regeneration, Trainer/hauptamtliches Führungspersonal, Talentsuche/Talentförderung, Sportstättenbau, soziale Betreuung der Hochleistungssportler, Training von Hochleistungssportlern im Bundesgrenzschutz, internationale Sportveranstaltungen im Inland, bilateraler Sportverkehr, internationale Gremien.[224]

64 **c) Verwaltungsrechtliche Bestimmungen.** Überwiegend erfolgt die Sportförderung gegenüber Vereinen und Verbänden über Verwaltungsakte (§ 35 ff. VwVfG) oder öffentlich-rechtliche Verträge (§§ 54 ff. VwVfG),[225] weshalb die Vorschriften des Verwaltungsverfahrensgesetzes (VwVfG), insbesondere die zentrale Bestimmung über das Verwaltungsermessen nach § 40 VwVfG anwendbar sind. Nach dieser Bestimmung hat die zuständige Behörde ihr Ermessen entsprechend dem Zweck der Ermächtigung auszuüben und die gesetzlichen Grenzen des Ermessens einzuhalten. Hierbei ist abgesehen von dem Subventionszweck insbesondere der Gleichheitssatz zu beachten.[226] Auf die hierzu notwendige Zusammenarbeit zwischen Behörden und Sportorganisationen (Landes-Sport-Beiräte) zur Vermeidung von Ermessensfehlern weist *Tettinger* hin.[227] Ebenfalls ist im Rahmen des Verwaltungsermessens das rechtsstaatliche Übermaßverbot zu beachten, wonach bei der Förderungsmaßnahme jeweils die Geeignetheit, Erforderlichkeit sowie Verhältnismäßigkeit zu prüfen ist.[228]

Die Förderungsmaßnahmen können stets mit Auflagen verbunden werden (§ 36 II VwVfG), so z. B., dass der Zuwendungsempfänger einer Sportstättenförderung zu sorgen hat, dass auch vereinsfremde Personen die Sportstätten benützen können, ferner sicherzustellen hat, dass die gesundheitliche Vorsorge und Betreuung der Sportler erfolgt.[229] Im Hochleistungssport wird dies auch bereits seit langem so praktiziert, dass bei Nichteinhaltung der Auflagen in den Förderungsbescheiden die Förderbescheide widerrufen werden können. Diese Handhabung widerspricht auch nicht der herrschenden Auffassung, dass staatliche Eingriffe gegenüber Gefahren von Doping-Praktiken und Übertreibungen im Bereich des (Kinder)Hochleistungssport verfassungsrechtlich nicht abgesichert sind.[230]

64a **d) Europarechtliche Zulässigkeiten.** Schließlich darf die Förderung nicht gegen das europäische Beihilfenrecht nach Art. 87, 88 EG verstoßen. Nach Art. 87 I EG sind Sportsubventionen dann Beihilfen, wenn Förderungen aus staatlichen Mitteln gewährt werden und dadurch Begünstigungen bestimmter Unternehmen oder Produktionszweige den Wettbewerb verfälschen oder zu verfälschen drohen. Derartige Förderungen sind dann mit dem gemeinsamen Markt nicht vereinbar, es sei denn, die

---

[222] Siehe *Piduch*, BundeshaushaltsR § 23, Rz. 1; § 44 Rz. 2.
[223] So z. B. der 7. Sportbericht des Bundesreg. 1990, S. 176 ff.
[224] Siehe 7. Sportbericht der Bundesregierung 1990, S. 178–183.
[225] Im Einzelnen *Maurer*, § 17 III 2; *Ipsen* DVBl. 1956, 602 ff.
[226] Vgl. hierzu BVerwGE 44, 1 ff., 6; DÖV 1979, 793.
[227] *Tettinger* RuS 6, 51.
[228] Zu den allg. Vorraussetzungen der Subventionsgewährung Maurer, § 17 II 2.
[229] So BVerfGE 49, 89, 141 f.; 53, 20, 57.
[230] Siehe hierzu oben Rz. 31.

Kommission nimmt derartige Förderungen aus Ermessensgründen gem. Art. 87 III EG davon aus.[231]

3. Rechtsansprüche für Verbände oder Einzelne

Da für Sportsubventionen als Teilbereich der Leistungsverwaltung gesetzliche Ermächtigungen nicht erforderlich sind, ergibt sich als Kehrseite der Medaille für den Bürger, dass ein Rechtsanspruch nicht besteht. Auch aus Art. 2 I GG lässt sich ein positiver Leistungsanspruch nicht ableiten.[232] **65**

Aus den oben beschriebenen Förderungsvoraussetzungen für Sportsubventionen ergeben sich für den einzelnen Sportler oder Sportverein bzw. -Verband somit keine Rechtsansprüche. Haushaltspläne können Ansprüche ebenso wenig begründen (§ 3 II Haushaltsgrundsätzegesetz) wie Bewilligungsrichtlinien.[233] In gleicher Weise rechtfertigen einige landesrechtliche Sportförderungsgesetze keine Ansprüche; sie haben allenfalls programmatischen Inhalt, entgegen ihrer Formulierungen, wie etwa in § 2 I 1 Brem.SportFG[234] „Anspruch auf Förderung durch Staat und Gesellschaft".[235]

Der einzelne Sportler oder Verein/Verband kann allenfalls bei Verletzung verfassungsrechtlicher Grundsätze, so etwa des Gleichheitsgrundsatzes nach Art. 3 I GG, bei der Vergabe von Sportsubventionen Ansprüche geltend machen und diese im Rahmen einer sog. positiven Konkurrentenklage durchsetzen.[236]

Problematisch könnte insofern die Sportförderungspraxis sein, welche Sportförderungsmaßnahmen immer von der Zugehörigkeit zu einem anerkannten Landesfachverband bzw. Landessportbund und schließlich zum Deutschen Sportbund abhängig macht. Neu aufkommende Sportarten wie etwa Windsurfen, Drachenfliegen, Skateboard etc. können hierbei benachteiligt sein, weshalb die Gewährung derartiger Sportförderungsmittel ausschließlich über Verbände unter gleichzeitiger Nichtbeachtung nicht verbandszugehöriger Sportarten gegen das Gleichheitsgebot des Art 3 I GG verstoßen dürfte.[237]

B. Ordnungsmaßnahmen der Verwaltung

Ordnungsmaßnahmen der Verwaltung erfolgen im Rahmen der *Eingriffsverwaltung* und unterliegen somit strikt dem *Vorbehalt des Gesetzes,* wonach die Behörden für ihre Einschreitbefugnisse einer gesetzlichen Ermächtigung bedürfen.[238] **65a**

Bei den vielfältigen Gefahren des Sports ist die öffentliche Verwaltung zu Ordnungsmaßnahmen aufgerufen. Hier ist es Aufgabe des *Polizei- und Ordnungsrechts*, gesetzliche Ermächtigungen zu schaffen, um den Gefährnissen vorzubeugen, die sich aus den verschiedensten Risiken für den Sportler selbst ergeben, und gegebenenfalls einzugreifen. Dies gilt besonders bei Gefahren von Sportveranstaltungen. Schließlich ist es Aufgabe der verschiedenen *Bauplanungsgesetze* sowie *Umwelt-* und *Naturschutzgesetze*, durch gesetzliche Regelungen den Gefahren für Umwelt, Natur und Nachbarn vorbeugend zu begegnen und sie abzuwehren.

---

[231] Zu den Einzelheiten möglicher Befreiungen siehe *Koenig/Kühling* grundsätzlich in NJW 2000, 1065 ff., sowie SpuRt 2002, 53 ff.; *Orth,* SpuRt 2000, 349 ff.
[232] Siehe oben Rz. 9 ff.
[233] So BVerfGE 23, 10.
[234] Siehe oben Rz. 61, Fn. 210.
[235] So auch *Steiner,* unter Hinweis auf Kulturförderung, in VVDStRL 1984, 7, 30 ff.; *Tettinger* RuS 6, 52.
[236] Siehe hierzu *Maurer*, § 6 II 3, 14; *Tettinger* RuS 6, 53.
[237] So *Tettinger* a.a.O. S 53.
[238] Siehe z. B. *Kloepfer* JZ 1984, 685; BVerfGE 33, 12 f.; BVerwGE 72, 276 f.

I. Polizei- und sicherheitsrechtliche Maßnahmen bei einzelnen Gefahrensituationen

1. Selbstgefährdungen der Sportler

66 Sowohl bei Risikosportarten, etwa Boxsport, Motorsport, Drachenfliegen, Bergsteigen, wie auch bei den verschiedensten Formen des Hochleistungssports sind die Gesundheit und das Leben des Sportlers in Gefahr. Hierbei erhebt sich vielfach die Frage, ob die gesetzlichen Ermächtigungen des Polizei- und Ordnungsrechts Eingriffe zur Gefahrenabwehr zulassen.

Wenn es auch herkömmlicher Auffassung entspricht, den Einzelnen über das Polizei- und Ordnungsrecht zu schützen und Gefahren von ihm abzuwenden, so findet die Schutzpflicht ihre Grenze dort, wo Sportler in ihrer freien Entscheidung auf Ausübung einer risikobehafteten Sportart eingeschränkt würden, obwohl ihnen dies als Teilbereich der Lebensgestaltung durch Art. 2 I GG gewährt wird. Vor Selbstgefährdungen sind Sportler somit nicht zu schützen.[239]

67 a) Hochleistungssport. Staatliche Eingriffe jeglicher Art finden auch in gefährlichen Bereichen des Hochleistungssports ihre Grenze an der zugelassenen Eigengefährdung in Art. 2 I GG. Allenfalls wären gesetzgeberische Maßnahmen denkbar, bei einer Häufung von Risiken und Gefährdungen, die Nachteile für die allgemeine Gesundheit der Bevölkerung mit sich bringen würden,[240] wie die Beispiele der Schutzhelmpflichten, Sicherheitsgurt-Anlegepflichten u.Ä. gem. § 21a II StVO zeigen. Die Grenze zwischen staatlicher verfassungsgemäßer Fürsorge hier und verfassungswidrigen Zwängen dort ist jedoch schwierig zu finden, sie beschäftigen Literatur und Rechtsprechung ständig.[241]

Auch im (Kinder-)Hochleistungssport[242] sind Fragen der zulässigen Belastungen und Gefährdungen innerhalb der Sportgemeinschaft noch im Gange. Unter Berücksichtigung des dem Sport gem. Art. 9 I GG zugestandenen Selbstregelungsrechts sowie unter dem Gesichtspunkt des Subsidiaritätsprinzips ist ein staatliches Eingreifen durch Verwaltung oder Gesetze in diesem Bereich nicht zulässig.

68 b) Risikosportarten. Auch bei den Selbstgefährdungen in den übrigen Sportarten wie Boxsport, Motorsport, gefährliches Bergsteigen sowie Drachenfliegen verbietet sich grundsätzlich ein Eingreifen des Staates über polizeiliche Maßnahmen. Es ist nicht die Aufgabe der staatlichen Sicherheitsorgane, die Menschen gegen sich selbst zu schützen.[243]

Verschiedene ordnungsrechtliche Maßnahmen wurden immer wieder diskutiert, so z. B. besondere Zulassungsprüfungen für das Drachenfliegen und Skifahren. Staatliches Eingreifen wäre jedoch erst geboten, wenn innerhalb der Sportverbände derartige Regelungen nicht in ausreichendem Maße vorhanden sind. In diesen Sportarten, z. B. beim Boxen oder beim Auto- und Motorradsport, sind jedoch bis jetzt neben genauen Sicherheitsbestimmungen die Lizenzierungsverfahren ausreichend, Gefahren einzudämmen.

69 c) Bei eingetretener Gefahr. Ist staatliches, insbesondere polizeiliches Eingreifen zur Abwehr bevorstehender Sportgefahren nicht zulässig, weil es auch dem Wesen und Attraktivität der Risikosportarten zuwiderliefe und dem Sportler sozusagen ein Stück

---

[239] Siehe oben Rz. 25, 31; *Würtenberger* RuS 14, 33–34; zum Ganzen siehe *Lisken/Denninger*, E, RZ 19ff. ,21.
[240] Worauf *Steiner* hinweist, RuS 1, 52–53; *Lisken/Denninger*, a.a.O. RZ 23.
[241] Vgl. hierzu z. B. *Hentschel*, Straßenverkehrsrecht, § 21a StVO, Rz. 3 ff.; zum Diskussionsstand in der Lit. siehe die Nachweise bei *Steiner* a.a.O., S. 53; *Vieweg*, Normsetzung, S. 168 f.
[242] Siehe oben Rz. 31.
[243] Siehe hierzu z. B. *Götz*, Polizeirecht, Rz. 104 ff. m.w.N.; zur öffentlichen Strafverfolgung nach §§ 232, 303 c StGB siehe *Reinhart* SpuRt 1997, 1 ff.

Abenteuer in Extremsituationen genommen würde, so wird die Rechtmäßigkeit der polizeilichen Rettungsmaßnahmen bei bereits verwirklichter Gefahr oder Not wohl ganz überwiegend bejaht

Hierbei ist in Literatur und Rechtsprechung lediglich die Frage der Kostentragung umstritten.[244] Die Befürworter einer Kostenpflicht bestreiten eine polizeilich notwendige Maßnahme im Dienste der öffentlichen Sicherheit, die Gegenmeinung stützt sich auf die abschließenden Regelungen in den Polizeigesetzen, z. B. Art. 3 I Nr. 10 Bay.KostenG. Rettungsmaßnahmen sind daher kostenfrei, es sei denn, es liegt eine spezielle gesetzliche Vorschrift vor, wie etwa bei einigen Rettungsdienstgesetzen einzelner Länder.[245]

Die Inanspruchnahme der Opfer über die zivilrechtlichen Vorschriften einer Geschäftsführung ohne Auftrag scheitert am Grundsatz der Gesetzmäßigkeit der Verwaltung.[246]

2. Gefahren und Risiken von Sport(groß)veranstaltungen

Treten dagegen für den Sportler Gefahrenlagen durch andere Ursachen auf, etwa durch Sportanlagen oder durch massenhaftes Sporttreiben, wie z. B. Skilaufen, ist staatliche Fürsorge- oder Schutzpflicht geboten, ebenso wie bei Gefahren für Außenstehende (Zuschauer), etwa bei aus der Rennbahn ausbrechenden Fahrzeugen oder stürzenden Skirennläufern. Gleiches gilt bei Krawallen und Ausschreitungen von Zuschauern, auf Tribünen vor der Sportveranstaltung oder danach sowie bei der Zu- und Abfahrt zu den Stadien. **69a**

a) Vom Sport selbst ausgehende Risiken. Die von den Sportarten allgemein für Sportler und Zuschauer ausgehenden Gefahren werden in den verschiedenen baurechtlichen Genehmigungsverfahren der Länder berücksichtigt[247] und mit entsprechenden Auflagen verbunden. Derartige für Gefahren und Risiken während der Veranstaltung geltende, insbesondere baurechtliche Sicherheitsbestimmungen hat der Veranstalter ebenso einzuhalten, wie er seinen Verkehrssicherungspflichten nachzukommen hat.[248] Die Behörden haben die Einhaltung dieser Sicherheitsbestimmungen zu überprüfen. **70**

Ordnungsrechtliche Maßnahmen zur Gefahrenabwehr werden auch auf dem Verordnungswege durchgeführt, wie die Regelung des Art. 24 des Bayer. Landesstraf- und Verordnungsgesetzes „Ski- und Skibobfahren, Rodeln" zeigt. Danach können Gemeinden für diese Sportarten bestimmte Gelände zu Skiabfahrten oder Rodelbahnen erklären sowie Anordnungen für Einzelfälle treffen; das Staatsministerium kann auf diesen Strecken das Verhalten durch Verordnungen regeln und eine Kennzeichnungspflicht für die Gemeinden vorschreiben, was auch erfolgt ist.[249] In ähnlicher Weise erfolgte auch durch den Bundesgesetzgeber eine Regelung für Wasserskifahrer in der Verordnung über das Wasserskifahren auf Binnenwasserstraßen,[250] wonach das Wasserskifahren auf den Bundeswasserstraßen Rhein, Mosel, Donau nur auf bestimmten (gekennzeichneten) Strecken und Wasserflächen erlaubt ist.

In gleicher Weise werden Behörden tätig zur Gefahrenabwehr für die allgemeine Öffentlichkeit, insbesondere für Zuschauer. Beispiele sind hierfür die Rennveranstaltungen mit Kraftfahrzeugen auf öffentlichen Straßen, welche gem. § 29 Abs. 1 StVO verboten sind, nur unter besonderen Bedingungen können gem. § 29 Abs. 2 Satz 1 StVO Genehmigungen für Radsportveranstaltungen erteilt werden. Gemäß § 46 Abs. 2 Satz 1 StVO können in Ausnahmefällen besondere motorsportliche Wettbewerbe genehmigt werden.

---

[244] Siehe unten Rz. 73; *Berner/Köhler,* Art. 76, Rz. 3.
[245] Siehe *Würtenberger* RuS 14, 35 f.; *ders.* NVwZ 1983, 195–196.
[246] Siehe *Knemeyer* RZ 379 m. w. N.
[247] Siehe hierzu unten für Umwelt-Beeinträchtigungen Rz. 86 ff., für nachbarliche Beeinträchtigungen Rz. 109 ff.
[248] Siehe hierzu 5/Rz. 73 ff.
[249] Siehe hierzu die Verordnung über die Kennzeichnung der Skiabfahrten, Bay.GVBl. 83, 215 ff.
[250] Siehe Wasserski-VO v. 2. 9. 77, BGBl. I, 1749; jetzt BGBL 1998 I, 2199.

Gleiches gilt für Luftsportveranstaltungen nach § 29 Abs. 1 Satz 1 LuftVG, ebenso für Wassersportveranstaltungen nach § 117 BinnenschiffahrtVO.[251]

71 b) Von Zuschauern und Veranstaltungsumfeld ausgehende Risiken. Anlässlich der Durchführung von Sport(groß)veranstaltungen taucht infolge großer Zuschauermassen, aber auch wegen zunehmender Gewalttätigkeiten in Zusammenhang mit Sportgeschehen immer mehr die Problematik auf, mit welchen Maßnahmen die Ordnungsbehörden zur Aufrechterhaltung der öffentlichen Sicherheit und Ordnung sowie zur Gefahrenabwehr einschreiten können und müssen. Gesetzliche Grundlagen hierzu sind die Polizeigesetze der Länder, die sich weitgehend an den „Musterentwurf eines einheitlichen Polizeigesetzes"[252] der Innenministerkonferenz 1976/77 halten

Eine Aufgabe und Befugnis für polizeiliches Einschreiten ergibt sich dann, wenn eine Gefahr für die öffentliche Sicherheit und Ordnung besteht.[253] Die Bestimmung und Eingrenzung einer Gefahr erfolgt durch die Festsetzung der *Gefahrenschwelle* (oder *Einschreitschwelle*), deren Überschreiten die Gefahr auslöst, was jeweils nur für den Einzelfall erfolgen kann.

Gegen wen die Polizei im Einzelfall Einschreitmöglichkeiten hat, ergibt sich aus dem polizeirechtlichen *Störer*-Begriff.[254] Störer kann der Veranstalter oder der Zuschauer bzw. die Fan-Gruppe sein.[255]

72 c) Maßnahmen gegen Veranstalter und Zuschauer *aa) Gegen Veranstalter.* Der Veranstalter einer Sportveranstaltung käme als Störer im polizeirechtlichen Sinn in Betracht, wenn er sog. *Handlungsstörer* oder sog. *Zweckveranlasser* wäre

Handlungsstörer wäre der Veranstalter nach der herrschenden Theorie von der unmittelbaren oder eigentlichen Verursachung dann, wenn sein Verhalten die Gefahr unmittelbar entstehen lässt.[256] Dafür, dass der Sportveranstalter nicht Störer im polizeirechtlichen Sinne ist, spricht zunächst der Gesichtspunkt, dass er sich bei Einhaltung sämtlicher sicherheitsrechtlicher Maßnahmen ja rechtens verhält und ihm zustehende Rechtspositionen ausübt, z. B. die Gewerbefreiheit und die Verfügungsfreiheit über sein Eigentum (Art. 12, 14 GG). Weiterhin spricht gegen eine Handlungsstörereigenschaft, dass der Veranstalter einer Sportveranstaltung durch randalierende Zuschauer ja selbst gefährdet wird; er ist selbst der Gestörte, so dass er keinesfalls Verursacher der Gefährdungen (damit Störer) sein kann.[257]

Im Gegensatz dazu vertritt *Götz* die Auffassung, dass der Veranstalter einer Sportveranstaltung für sämtliche Gefahren verantwortlich sei, die dem mit der Veranstaltung notwendig verbundenen Publikum drohen; der Veranstalter habe in jedem Falle für den Schutz des Publikums zu sorgen, denn die Gefahren stünden in einem engen Wirkungs- und Verantwortungszusammenhang.[258] Eine derartige Ausuferung der Verantwortlichkeit des Sportveranstalters scheint bedenklich, ebenso wie jene, dass der Sportveranstalter als *Zweckveranlasser* Störer sei. Nach dieser Auffassung kann auch eine mittelbare Verursachung einer Gefahr ausreichend sein: Der Zweckveranlasser verhält sich zwar innerhalb seiner ihm zustehenden Rechtspositionen, veranlasst aber zwangsläufig, dass Dritte die öffentliche Sicherheit gefährden.[259] Der Sportveranstalter veranlasst jedoch keineswegs

---

[251] Zu diesen umweltschützenden Bestimmungen siehe unten Rz. 86 ff.
[252] Siehe den MEPolG abgedruckt bei *Knemeyer,* Rz. 549.
[253] Siehe *Götz,* Polizeirecht Rz. 140 ff.
[254] Siehe *Götz,* Polizeirecht, Rz. 188 ff., 200; Knemeyer, RZ 319,332 ff.
[255] Zur polizeirechtlichen Problematik bei Sportgroßveranstaltungen *Markert/Schmidbauer* BayVBl. 93, 517 ff.; *Manssen* SpuRt 1994, 169 ff.; grundsätzlich hierzu *Deusch,* 29 ff., 68 ff.; *Breucker,* S. 143 ff.; *ders.,* SpuRt 2005, 133 ff.
[256] Siehe hierzu *Götz,* Polizeirecht RZ 140 ff., *Lege,* VerwArch 89, S. 77 *Knemeyer,* Rz. 322 ff.
[257] So auch *Pietzcker* DVBl. 84, 461; *Schenke* NJW 1983, 1883.
[258] So *Götz,* Polizeirecht, Rz. 207; *ders.* NVwZ 1984, 211, 214 f.; *ders.* NVwZ 1990, 725, 731.
[259] Zur Zweckveranlassung im Einzelnen *Knemeyer,* Rz. 327 ff.; *Berner/Köhler,* Art. 7, Rz. 1; *Lege* VerwArch 89, 81 ff.

zwangsläufig Zuschauer zu Ausschreitungen oder zum Randalieren während der Veranstaltung, vorher oder nachher. Insofern ist er nicht vergleichbar mit den typischen Fällen der aufreizenden Schaufensterwerbung oder Rock-Musiker, welche Passanten zu verkehrswidrigen Verhalten veranlassen.

Nur in engen Grenzen könnte insgesamt der Veranstalter einer Sportveranstaltung Störer sein, nämlich dann, wenn er seinen (zivilrechtlichen) Verkehrssicherungspflichten[260] nicht nachkommt. In diesen Fällen ist er zumindest Mitverursacher des gefährdenden Verhaltens von Zuschauern oder Randalierern; dies betrifft allerdings nur Störungen während der Sportveranstaltung im Stadion. Hier hat der Veranstalter durch ausreichendes Ordnungspersonal und Organisationspläne für den reibungslosen Ablauf der Veranstaltung zu sorgen. Ist er allerdings nicht Mitverursacher und kommt es zu Störungen durch absichtlich herbeigeführte Situationen durch Randalierer, so ist er auch in diesem Falle nicht Störer im polizeirechtlichen Sinn.[261]

Unabhängig von der Möglichkeit des polizeilichen Einschreitens gegen den Veranstalter als Störer ist die Kostentragung nach dem Polizeikostenrecht in den verschiedenen Bundesländern für das polizeiliche Einschreiten zu beurteilen. Der Polizei-Kostenaufwand kann stets dann vom Veranlasser verlangt werden, wenn die öffentliche Sicherheit gefährdet wird, auch wenn sich dieser im Einklang mit den gesetzlichen Bestimmungen befindet, wie es z.B. bei der polizeilichen Begleitung von Schwertransporten auf Straßen der Fall ist. Erfolgen allerdings polizeiliche Sicherheitsmaßnahmen im öffentlichen Interesse, wie z.B. bei Open-Air-Konzerten, und im Sport bei Autorennen, Bundesligaspielen, so dienen diese Einsätze dem Interesse der Gemeinschaft und zum Schutze des einzelnen Teilnehmers vor den anderen bzw. der Masse. Nach herrschender Auffassung ist eine Kostenpflichtigkeit des Sportveranstalters hier deshalb nicht gegeben.[262] Eine Kostenregelung zur Übernahme von polizeilichen Maßnahmen bei privaten Veranstaltungen erhielt bis zum Jahre 1991 das Polizeigesetz des Landes Baden-Württemberg, welches inzwischen aufgehoben wurde; lediglich das Land Sachsen und Sachsen-Anhalt hat eine vergleichbare Regelung, nach der „Absperr- und Sicherheitsmaßnahmen für private Zwecke" – mit Ausnahme von Amateursportveranstaltungen – gebührenpflichtig sind.[263]

73

bb) Gegen Zuschauer, Fan-Gruppen. Die größten Gefahren bei Sport(groß)veranstaltungen stellt allerdings in der letzten Zeit das Störerpotential der gewaltbereiten Zuschauer- und Fan-Gruppen, insbesondere bei Fußball- und Eishockey-Veranstaltungen, aber auch bei anderen Sportgroßereignissen dar. Neben den Zuschauern bzw. Fans, deren Hauptinteresse dem Zusehen und Erleben des sportlichen Ereignisses gilt, gibt es mehr und mehr die zu Gewaltmaßnahmen geneigten Fans und Gruppen, welche bei jeder Gelegenheit zu Gewaltmaßnahmen greifen und die sportliche Veranstaltung zum Randalieren missbrauchen.[264] Die Problematik lautet hier, gegen wen und mit welchen Mitteln die Polizei zur Abwehr dieser Gefahren zum Schutze der Öffentlichkeit im Vorstadium des Entstehens vorgehen kann, damit es zu derartigen Ausschreitungen überhaupt nicht kommt. Abgesehen vom polizeilichen Auftrag zur Strafverfolgung gem. §§ 163 I, 152 II StPO bei bereits teilweise ausgeführter Straftaten, kann die Polizei zur Verhütung und Gefahrenabwehr jeweils nur gegen den Störer, also denjenigen, der die Gefahr durch sein Verhalten unmittelbar entstehen lässt, gemäß Art. 7, 8 BayPAG vorgehen. Da ein solches Einschreiten bei bereits eingetretener Störung infolge der gewaltigen Zuschauermassen meist zu spät ist, muss sich das polizeiliche Eingreifen auf Zuschauer und Fans im Vorfeld der Ver-

74

---

[260] Siehe hierzu 5/Rz. 83 ff.; a. A. hierzu mit ausführlicher Begründung *Lege,* a.a.O. S. 83–85.
[261] So auch *Würtenberger* RuS 14, 39.
[262] Siehe *Würtenberger* NVwZ 1983, 196.
[263] *Lisken/Denninger,* M. Rz 56 ff. m.w.N.; ausführlich hierzu *Lege,* VerwArch 89, 71 ff.; 85 ff.; *Deusch,* S. 127 ff.
[264] Siehe hierzu *Markert/Schmidbauer,* BayVBl. 93, 517 ff.; *dies.* RuS 18, 35 ff.; *Manssen,* SpuRt 1994, 169 ff.; zur Fankriminalität und Strafbarkeit des Zuschauerverhaltens siehe 8/35, 36.

anstaltung konzentrieren, auch wenn sie Nichtstörer im polizeirechtlichen Sinne sind. Die Möglichkeit eines frühzeitigen, taktisch zweckmäßigen und rechtlichen zulässigen Handlungsspielraums stellt die Polizei vor schwierige Aufgaben.

Das Vorgehen gegen Nichtstörer ist an die in Art. 10 Abs. 1 BayPAG gesetzlich normierten engen vier Voraussetzungen geknüpft:[265] Es muss eine gegenwärtige erhebliche Gefahr oder bereits eingetretene Störung gegenüber einem Rechtsgut abzuwehren und andere Maßnahmen nicht möglich sein. Vorläufige Erkenntnisse über mögliche Übergriffe ohne genaues Wissen über Ort und Zeit sind hierfür nicht immer ausreichend; für die Voraussetzungen eines Eingreifens gegen Nicht-Störer legen Literatur und Rechtsprechung strenge Maßstäbe an.[266] Die Zulässigkeit des polizeilichen Einschreitens wird letztendlich durch die sog. *Einschreitschwelle* bestimmt, die nach dem Grundsatz der Verhältnismäßigkeit und den zu erwartenden Gefahren (durch Ausschreitungen) im Einzelfall festzulegen ist. Die Einschreitschwelle bezeichnet den Grenzwert des tolerierbaren Verhaltens gemessen an der Schwere der zu erwartenden Rechtsgutsverletzung;[267] sie wird deshalb von der Polizei gerade dann besonders niedrig festgesetzt, wenn mit dem Auftreten von gewaltbereiten Fans zu rechnen ist.[268] Problematisch sind polizeiliche Maßnahmen allemal, denn die Erkenntnisse zeigen, dass potentielle Randalierer und Gewalttäter zunächst keine äußeren Zeichen für ihre geplanten Handlungen zeigen. Die Täter agieren nur dann, wenn sie anonym sind; die Taten ebenfalls erfolgen ohne äußeren Anlass plötzlich. Zudem hat sich die Vorgehensweise der Randalierer professionalisiert und ritualisiert, es hat sich eine bestimmte Kultur der sog. Hooligans gebildet.[269]

Für eine sachgerechte Gefahrabwendung hat sich im Laufe der Zeit folgender *Maßnahmenkatalog* entwickelt:

75 – *Im Vorfeld der jeweiligen Großveranstaltungen* sind Informationen der Fan-Gruppen am Ort einzuholen (Art. 31 I Nr. 1 BayPAG, § 8 a MEPolG). Zu erwartende Auftritte von Fan-Gruppen auswärts werden durch innerbehördliche Kontakte der Polizeibehörden der Länder und des Bundes zu Informationszwecken aufrechterhalten (Art. 40 I Satz 1 BayPAG, § 10 c MEPolG).

Dagegen werden die Gruppen, deren bereits begangene Gewaltdelikte bekannt sind und deren Täter schon bestraft wurden, in Arbeitsdateien „Straftäter" oder „Gewalttäter bei Sportveranstaltungen" von den Landes-Innenministerien geführt (Art. 38 II, 37 I BayPAG, § 10 a MEPolG).

Während in beiden Bereichen der Informationsaustausch auf Bundesebene gem. Art. 40 I BayPAG immer mehr Bedeutung gewinnt, existiert bekanntlich eine bundesweite Datei nicht und wird seitens der Konferenz der Innenminister gem. den Bestimmungen des Datenschutzgesetzes abgelehnt.

76 – *Vor der Veranstaltung allgemein* werden von den Polizeibeamten mit den verschiedenen Fan-Gruppen Gespräche geführt, auf dem Wege zu den Stadien, um auf die Besucher deeskalierend zu wirken, indem Gewaltmaßnahmen verpönend angesprochen werden, umso die potentiellen Gewalttäter von den anderen Besuchern zu trennen. Diese Maßnahme ist gedeckt durch die allgemeine Aufgabenzuweisung in Art. 2 I BayPAG, § 1 MEPolG.

Das Festhalten der Daten von Veranstalter und sonstigen verantwortlichen Personen von Sportereignissen ist gem. Art. 31 II Nr. 3 BayPAG, § 10 a MEPolG zulässig als Teil der Gefahrenvorsorge. Dabei geht es um die Abwehr abstrakter Gefahren, weshalb die

---

[265] *Berner/Köhler*, Komm. PAG, Art. 10, Rz. 1 ff.

[266] *Berner/Köhler*, Art. 10 Rz. 4; *Knemeyer*, Rz 268 ff.; BVerwG NJW 1970, 1892.

[267] Zur verfassungsrechtlichen Absicherung siehe das Volkszählungsgesetz-Urteil des BVerfG NJW 1984, 419 ff.

[268] Siehe hierzu *Markert/Schmidbauer* RuS 18, 41.

[269] Siehe im Einzelnen hierzu *Schild* RuS 18, 63 ff., sowie *Markert/Schmidbauer* RuS 18, 36–37; *Manssen* SpuRt 1994, 170.

Einschreitschwelle, die für die Befugnisse nach Art. 11 ff. BayPAG gilt, niedriger festzusetzen ist.[270]

Einfache Observationen sind gemäß Art. 31 I Nr. 1, Art. 30 II Satz 1, 2, III S. 2 BayPAG, § 8 c, d MEPolG möglich, längerfristige gemäß Art. 33 I Nr. 1, II PAG. Ähnliche Regelungen haben die übrigen Bundesländer, z. B. Baden Württemberg: § 19 c BWPolG, Hamburg: § 9 HambPolDVG, Sachsen-Anhalt: § 17 I Sachs-AnhSOG. Auch sind zum Zwecke der Vorgänge in der unmittelbaren Umgebung des Veranstaltungsortes Bild- und Tonaufnahmen unumgänglich und gemäß Art. 32 I BayPAG, § 10 MEPolG gedeckt, ähnlich § 19 d BWPolG, § 8 I HambPolDVG, § 14 I HessSOG. Ebenfalls sind zum Zwecke der Identitätsfeststellungen das Festhalten auf der polizeilichen Dienststelle gem. Art. 13 I, II BayPAG, § 9 MEPolG zulässig. Diese Maßnahme kann gegen jeden durchgeführt werden, der sich an Verkehrsanlagen oder Orten aufhält, an dem Straftaten verabredet, vorbereitet oder verübt werden.[271]

Anhaltspunkte für das Verabreden, Vorbereiten oder Verüben von Straftaten bieten hierzu wiederum die eigenen Aufklärungs- und Observationsmaßnahmen der Polizei aus vorangegangenen Geschehnissen bei Sportveranstaltungen. In der Regel ist die Polizei überall dort, wo sich Hooligans zusammenfinden, um Straftaten zu verabreden, zu Identitätsfeststellung befugt (Art. 13 I Nr. 2a PAG, § 9 I, 2a MEPolG). Durchsuchungen von Personen anlässlich einer Sportgroßveranstaltung nach Waffen und sonstigen gefährlichen Gegenständen sind gemäß Art. 21 I Nr. 1, II BayPAG, § 17, 18 MEPolG möglich, und zwar auch dann, wenn die Identität der Personen bereits feststeht. Da Holligans meist Gegenstände mit sich führen, die weder Waffen sind noch deren Besitz strafbar ist, jedoch zu gewalttätigen Auseinandersetzungen verwendet werden können, ist es oft im Einzelfall zu unterscheiden, ob diese Gegenstände bereits Gefahren im Sinne der Polizeigesetze darstellen.

Auch kann die Polizei durch Ingewahrsamnahme nach Art. 17 BayPAG, § 13 MEPolG präventiv eingreifen, wenn die Fan-Gruppen durch ihr Auftreten erkennen lassen, dass sie entschlossen zu Gewalttaten sind. Diese Befugnis, welche auch in anderen Bundesländern gleich gehandhabt wird, ist für die Polizeibehörden insofern oftmals ein stumpfes Schwert, weil die Hooligans selten Störungsabsichten bzw. strafbare Handlungen erkennen lassen.

Schließlich ist die sog. einschließende Begleitung gemäß Art. 11 BayPAG, § 8 MEPolG ein geeignetes Mittel, um die gewaltbereiten Gruppen von ihren Maßnahmen abzubringen. Derartige polizeiliche Maßnahmen sind allerdings umstritten.[272]

– *Unmittelbar vor dem Veranstaltungsort* ist ein enges Zusammenarbeiten der Polizeikräfte mit dem Veranstalter und dessen Ordnungsdiensten notwendig. Der Veranstalter ist stets dafür verantwortlich, dass er seinen Sicherungspflichten nachkommt.[273] Besucherverbote sind von den Ordnungsdiensten des Veranstalters zu kontrollieren.

Auch können vom Veranstalter private Sicherheitsdienste eingesetzt werden; diese haben selbstredend keine Polizeibefugnisse, jedoch diejenigen Eingriffsmöglichkeiten, die jedermann zustehen, z. B. Hilfeleistung nach § 323 c StGB sowie Festnahmemöglichkeit nach § 127 I, III StPO. Die Polizei ist hierbei befugt, bei hier auftretenden Gefahren, insbesondere offenem Widersetzen gegen Stadionverbote, einzugreifen und nach Art. 16 BayPAG entsprechende Platzverweise zu erteilen.[274] Für das Erteilen eines Platzverweises nach Art. 16 BayPAG, § 12 MEPolG genügt bereits die bloße Anwesenheit einzelner Personen oder einer Menge in Zusammenhang mit einer Gefahr.

---

[270] Siehe hierzu *Berner/Köhler*, PAG, Art. 31 Rz. 3.
[271] Siehe *Berner/Köhler*, PAG, Art. 13 Rz. 11.
[272] Vgl. *Berner/Köhler*, PAG, Art. 17 Rz. 10.
[273] Hierzu siehe oben, Rz. 70, 71.
[274] Siehe *Berner/Köhler*, PAG, Art. 16 Rz. 3.

78 — *In der Veranstaltung* ist ebenfalls eine enge Zusammenarbeit von Polizeikräften und den Ordnungsdiensten des Veranstalters notwendig.

Die polizeilichen Aufgaben und Befugnisse sind allerdings von denen der Veranstalter-Ordnungsdienste exakt zu trennen, wobei Letztere für die Sicherung des Stadions und der einzelnen Bereiche (Zuschauerbereich, Zuschauerblöcke, Spielfeldbereich, innere Räume — Mannschafts-, Schiedsrichterräume —, VIP-Bereiche) zuständig sind. Polizeikräfte dagegen haben die entsprechenden Stadionordnungen und Auflagen der Ordnungsbehörde zu kontrollieren und unmittelbare Kontakte mit den Ordnungsdiensten der Veranstalter zu pflegen.

Im Übrigen ist die Polizei zu sämtlichen Maßnahmen befugt wie vor der Veranstaltung, eine Übermittlung von polizeilichen Daten an die Veranstalter ist nicht zulässig.[275]

79 — *Nach der Veranstaltung* sind polizeiliche Maßnahmen in besonderem Maße notwendig, da das Ende eines Fußballspiels bzw. einer Großveranstaltung eine der gefährlichsten Phasen für gewalttätige Ausschreitungen darstellt. Hier verhindert die Polizei durch gezielte Maßnahmen, dass gegnerische Fan-Gruppen zusammentreffen.

Das zeitliche Verzögern des Abmarsches als Polizeimaßnahme stellt eine Ingewahrsamnahme nach Art. 17 I Nr. 1 PAG, § 13 MEPolG dar, welche kurzfristig zur Gefahrabwehr zulässig ist. Auch bei dem weiteren Abmarsch bzw. der Rückreise der Fangruppen auf Straßen und Bahnhöfen sind ähnliche Maßnahmen wie beim Anmarsch ebenso zulässig[276] und haben sich aus polizeilicher Sicht stets bewährt.

II. Umwelt- und Nachbarschutz-Maßnahmen

80 Am sensibelsten sind wohl die Ordnungsmaßnahmen der Verwaltung zum Schutz von Umwelt und Nachbarn zu sehen. Hier geht es um das viel diskutierte Konkurrenzverhältnis von Sport und Umwelt,[277] obwohl beide nach politischer Zielsetzung keine Gegensätze sein, sondern einem gemeinsamen Ziel und Zweck, nämlich der Gesundheit und Lebensqualität des Menschen, dienen sollen.

Insofern formuliert der § 1 BNatSchG klar, dass „Natur und Landschaft aufgrund ihres eigenen Wertes", aber auch „als Lebensgrundlagen des Menschen" zu schützen sind. Ebenso stellt § 1 Nr. 4 BNatSchG die Vielfalt, Eigenheit und Schönheit von Natur und Landschaft dem Erholungswert (für den Menschen) gegenüber. Auch in Art. 141 I, III Satz 1 und 2 Bayer. Verfassung ist jedermann der freie Zugang zur Natur und Gewässern gewährleistet, anderseits wird Staat, Gemeinden, öffentlich-rechtliche Körperschaften und Bürger verpflichtet, mit Naturgütern schonend umzugehen, sie zu erhalten und zu verbessern.[278]

Ausgangspunkt ist die Feststellung, dass Sport und Freizeit ein weltweit expandierender Wirtschaftsfaktor ist und somit Sport und Freizeitaktivitäten sich immer mehr in der Natur „ausbreiten", man spricht von einem zunehmenden „Nutzungsdruck" auf Natur und Landschaft.[279]

In der Praxis stellt sich bei Sport auf Sportanlagen und freier Natur immer mehr die Frage der Beeinträchtigung der Umwelt sowie des Nachbarbereiches, denn die Zahl der Sportstätten ist ebenso sprunghaft gestiegen wie die Sportaktivitäten in freier Natur, angetrieben und motiviert durch die Sportartikelindustrie.

---

[275] Siehe hierzu *Markert/Schmidbauer* BayVBl. 1993, 517 ff., 521; *dieselben* RuS 18, 57.
[276] Siehe hierzu *Berner/Köhler*, PAG 8 Art. 16 Rz. 6.
[277] Siehe oben Rz. 39.
[278] Ausführlich zu den Gewährleistungen des Grundgesetzes und der Länderverfassungen bezügl. der verschiedenen Rechte auf Erholung in freier Natur, *Neumann*, S. 70–85.
[279] Siehe hierzu z. B. *Erbguth/Stollmann*, NuR 99, 426; *ders.* SpuRt 2001 138, *Berkemann*, NuR 1998, 565, 566.

Dem liegt zugrunde ein immer stärker werdendes Gesundheitsbewusstsein der Bevölkerung sowie ein Trend zur Individualisierung von sportlicher Betätigung in Landschaft und Natur, weg vom organisierten Sportbetrieb. Ausdruck dafür sind beispielsweise Sportarten wie Radfahren/Mountainbiking, Touren- und Varianten-Skifahren sowie Snowboarden, Drachenfliegen, Fallschirmspringen sowie Tauchen und Wasserwandern.[280] Dazu kommt ein zunehmender Einfluss der Technik auf die verschiedensten Sportarten und schließlich auch das höhere Anspruchsdenken der nichtsporttreibenden Bevölkerung auf Ruhe und eine zunehmende Sensibilisierung für Schädigungen an der Umwelt. „Sportemissionen" sind zum einen Lärmemissionen in Bezug auf die unmittelbaren Nachbarn innerhalb der Wohnbebauung; aber auch außerhalb wirken Sportaktivitäten auf die Umwelt ein, indem die Natur beeinträchtigt und „verbraucht" wird. Ein sachgerechter Ausgleich zwischen Sport und Umwelt sowie der Nachbarbereiche ist somit notwendig. Hierbei gebührt der Umwelt auch aufgrund des neu geschaffenen Art. 20a GG zum Umweltschutz kein Vorrang, denn gleichbedeutend dem Umweltschutz stehen für den Sport die Garantien des Art. 2 I, 9 I, 12 I GG gegenüber.[281]

1. Umweltbeeinträchtigungen

a) Art der Schäden durch die einzelnen Sportarten. Die Skifahrer als Pistenfahrer, 81
Langläufer, aber auch Tourengeher beschädigen Gräser und Bäume oder stören das Wild in gleicher Weise wie die Reiter, Radfahrer (Mountainbiker), ebenso beeinträchtigen sämtliche Wassersportler wie Schwimmer, Taucher, Segler, Ruderer, Wasserskifahrer, Motorbootfahrer das Wasser und die angrenzenden Vegetationen in den Ufergebieten, schließlich stören die Drachenflieger, Ballonsportler und Segelflieger die Tier- und Pflanzenwelt. Auch die Golfer „verbrauchen die Natur", trotz bester Pflege ihrer Anlagen, sogar der stille Angler stört nistende Vögel.[282]

Umwelttypische Beeinträchtigungen durch Sport liegen dann vor, wenn die Umwelt als Bestandteil der Natur beeinträchtigt und geschädigt wird sowie die Natur als Allgemeingut betroffen ist. Geschädigt wird die Natur hier durch globale Maßnahmen im Sport, z. B. im Skisport durch die Skipisten nebst verschiedensten Nebenanlagen, die neu in die Natur der Wälder und Wiesen errichtet werden, und durch Ausweitung bestehender Skibetriebe durch Beschneiungsanlagen sowie durch Einzelaktionen von Sportlern in den verschiedensten Sportarten.

Systematisierend kann man die Sportarten in ihrer möglichen schädigenden Relevanz zur Umwelt einteilen als
— *Anlagenabhängige Sportarten*[283] in Sport-Anlagen bzw. -plätzen sowohl In-Door oder Out-Door, z. B. Schwimmen, Tennis, Leichtathletik, Golf, Pistenskilauf, Langlauf auf angelegten Loipen oder auf vorübergehend errichteten Anlagen für Autorennen, Radrennen, Moto-Cross.
— *Anlagenunabhängige Sportarten* in freier Natur oder Umgebung, z. B. Alpinskilauf und Skilanglauf, Laufen, Reiten, Moutain-Biken (Gelände-Radfahren), Wassersportarten, wie Schwimmen, Tauchen, Segeln, Surfen, Rudern, Kanu, Sportfischen, Motorbootsport.[284]

b) Gesetzeslage. *aa) Umweltrecht* oder (gleichbedeutend) *Umweltschutzrecht* ist als neuer 82
Rechtsbegriff seit Anfang der siebziger Jahre aktuell geworden. Man versteht allgemein darunter die Normen, die dem Schutz der Umwelt dienen,[285] also darauf abzielen,

---

[280] Siehe hierzu *Tettinger,* SpuRt 1997, 109 f.
[281] Siehe hierzu oben Rz. 39, sowie *Steiner,* NJW 1991, 2730.
[282] Zu den Auswirkungen des Wassersports auf die Umwelt *Grupp* RuS 8, 14, mit Hinweisen auf *Brandes,* Jahrbuch für Naturschutz und Landschaftspflege 1986, S. 99 ff. m.w.N.
[283] So auch *Smollich* DVBl. 1990, 455.
[284] Siehe *Kloepfer/Brandner* NVwZ 88, 117.
[285] Siehe *Hoppe/Beckmann/Kauch,* S. 32/Rn 102.

"menschliches Verhalten so zu steuern, dass die Grenzen der Belastbarkeit des Menschen, der übrigen Lebewesen und der jeweiligen Umwelt nicht gefährdet werden".[286]

Freilich ist dieser Normenbereich in engem Kontext mit dem Gemeinwohlbegriff zu sehen, denn der Gemeinwohlbelang Umwelt- bzw. Naturschutz steht mit dem des Sports in ständigem Zielkonflikt:[287] Der Schutz der Umwelt tritt mit den Interessen des Sports, die Umwelt zu nutzen, in Konkurrenz, beide reklamieren dabei oftmals das Gemeinwohlinteresse für sich. Zu Recht weist deshalb *Ossenbühl* darauf hin, dass die Berufung auf das Gemeinwohl häufig nur als Vorwand für gruppenegoistische Machtinteressen dient.[288] Bezogen auf das Gemeinwohl finden sich nun Umweltschutz-Normen insbesondere im öffentlichen Recht, vornehmlich in Spezialgesetzen des Naturschutzrechts, Gewässerschutzrechts und des Immissionsschutzrechts, aber auch im Strafrecht und teilweise im Privatrecht.[289]

Speziell *sportrelevantes Umweltrecht* ergibt sich wiederum aus den Normen, die für Sportler, Sportveranstalter oder Betreiber von Sportstätten, für das Betreiben von Sport oder die Errichtung von Sportanlagen Regelungen dahingehend treffen, dass durch Sport die Umwelt (Wasser, Boden, Luft) möglichst wenig beeinträchtigt oder gefährdet wird.

83 bb) Das Umweltrecht als *Verwaltungsrecht und Planungsrecht* regelt speziell die Errichtung von Sportanlagen, mit für den Träger oder Betreiber dieser Anlagen vorbeugenden Umweltschutzbestimmungen. Die planerischen Instrumente des Umweltrechts kommen für den Sport in den verschiedenen Planungsgesetzen von Bund und Ländern zum Ausdruck, wie z. B. im Raumordnungsgesetz (§ 1 Abs. 2 Nr. 2 – natürliche Lebensgrundlagen – § 2 Abs. 2 Nr. 1 – ausgeglichene ökologische Verhältnisse –, § 2 Abs. 2 Nr. 8 und 10 – Natur- und Landschaftsschutz -), im Baugesetzbuch (§ 1 Abs. 5, Abs. 6 Nr. 7, § 1a, § 4c, § 5 Abs. 2, 2a, § 9), im Bundes-Immissionsschutzgesetz (§§ 40, 47 BImSchG), Bundesnaturschutzgesetz (§§ 13–17 BNatSchG), Wasserhaushaltsgesetz (§§ 19, 36 Abs. 1, 2, 36b Abs. 1 WHG). Weiterhin sind zu erwähnen die verschiedenen gesetzlichen Bestimmungen als Umweltgebote und Verbote für die Nichterfüllung von Pflichten, z. B. §§ 1a Abs. 2, 29 Abs. 1, S. 1 WHG; § 9 BNatSchG – Duldungspflicht –, dagegen § 19 BNatSchG – Unzulässigkeit von Eingriffen –, Art. 2 Abs. 1, S. 1 BayNatSchG und die verschiedenen umweltrechtrelevanten Erlaubnis- bzw. Genehmigungsverfahren des Baurechts, Immissionsschutzrechts, Naturschutzrechts und Wasserrechts sowie deren Planfeststellungsverfahren.

Eine besondere Ausgestaltung des öffentlich-rechtlichen Umweltschutzes ist die vom Rat der Europäischen Union seit 1975 für Maßnahmen des Bundes und seit 1990 für bestimmte öffentliche und private Projekte gesetzlich vorgeschriebene *Umweltverträglichkeitsprüfung (UVP)*.[290] Nach der „Richtlinie des Rates über die Umweltverträglichkeitsprüfung bei bestimmten öffentlichen und privaten Projekten" (UVP-RL)[291] waren die Mitgliedsländer verpflichtet worden, entsprechende gesetzliche Regelungen über eine spezielle zusätzliche Zulässigkeitsprüfung für (Bau-)Vorhaben zu schaffen. Danach sollen Auswirkungen, speziell Belastungen von Vorhaben für die Umwelt, d.h. Menschen, Tiere und Pflanzen, Boden, Wasser, Luft, Klima und Landschaft, sowie Kultur- und sonstiger Sachgüter ermittelt und bewertet werden.[292] Auf der Grundlage des §§ 24 UVP-G sind

---

[286] So die Formulierung lt. Gutachten des Sachverständigen-Rates für Umweltfragen 1987, Rz. 39.
[287] Zur Konfliktsituation im Einzelnen *Knauber* NuR 1985, 309.
[288] *Ossenbühl*, Umweltschutz/Gemeinwohl in der Rechtsordnung, in: Bitburger Gespräche, Jahrb. 83, 7.
[289] Siehe hierzu 5/Rz. 144 ff., 158 ff.
[290] Siehe hierzu UVP-G vom 5. 9. 2001, BGBl. I S. 2350, BGBl. I S. 1914.
[291] Richtlinie 85/337/EWG, ABl. Nr. L. 175/40.
[292] Siehe hierzu grundsätzlich *Hoppe/Beckmann/Kauch*, S. 185 ff.; zu den weiteren EG-Richtlinien hierzu siehe *Erbguth/Stollmann*, SpuRt 2001, 139–140.

wiederum allgemeine Verwaltungsvorschriften für die Durchführung der UVP erlassen worden.[293] Die UVP ist kein eigenständiges Verfahren, sondern eine besondere Art der Beteiligung der Verwaltungsbehörde und Öffentlichkeit, in welcher der Vorhabensträger die Auswirkungen seines Vorhabens auf die einzelnen Umweltmedien darzulegen und Untersuchungen hierzu vorzunehmen hat.[294]

Auch die Bestimmungen des *Umweltstrafrechts* in den §§ 324 ff. StGB sind sportrelevant. **84** Sie bezwecken den strafrechtlichen Umweltschutz für Boden, Luft, Wasser, sowie für Tier- und Pflanzenwelt.[295] Straftatbestände für den Sportler sind insbesondere Gewässerverunreinigungen nach § 324 StGB sowie die Ordnungswidrigkeitstatbestände des § 41 WHG, Luftverschmutzungen und Lärmeinwirkungen nach § 325 StGB, unerlaubtes Betreiben bestimmter umweltriskanter Anlagen gem. § 327 StGB sowie etwa Gefährdung schutzbedürftiger Gebiete gem. § 329 StGB.[296]

c) Rechtsprechung. Die Rechtsprechung war mit Sport-Umweltkonflikten bisher kaum **85** befasst, sieht man von den speziellen Nachbarkonflikten durch Lärmbelästigungen ab.[297]

Zu erwähnen ist daher allenfalls die bisherige allgemeine zivilrechtliche Judikatur zur Haftung bei Umweltschäden[298] oder etwa die Entscheidung des Bundesverfassungsgerichts zum Sicherheitsstandard am Beispiel des Genehmigungsverfahrens in § 7 Abs. Nr. 3 AtomG; diese Bestimmung soll einem dynamischen Grundrechtsschutz dienen, zum Zwecke der Verwirklichung des Schutzzweckes in § 1 Nr. 2 AtomG:[299] Der laufenden Anpassung an wissenschaftliche Erkenntnisse dienen die unterschiedlichen Anforderungen „der allgemeinen anerkannten Regeln der Technik", „dem Stand der Technik" sowie „dem Stand von Wissenschaft und Technik".[300]

In der strafrechtlichen Judikatur ist vorherrschend die Beurteilung der Strafbarkeit für Gewässerverunreinigung nach § 324 StGB. Hier setzen die beiden Urteile des OLG Frankfurt[301] sowie des OLG Köln[302] grundsätzliche Maßstäbe zur Strafbarkeit von Unternehmen, aber auch Behörden.

Gewässerverunreinigungen ereignen sich insbesondere in Zusammenhang mit Schifffahrtsrechten. Hier ist die Einleitung von Küchen- und Toilettenabwässern in Ausübung des sachgerechten Schifffahrtsrechts „nicht unbefugt" und damit straffrei; anders ist es jedoch, wenn Schiffe zu schifffahrtsfremden Zwecken benützt werden, z. B. als stationäre Hotelschiffe.[303] Auch Schwimmbad-Abwässer können zu Gewässerverunreinigungen führen, weshalb Verwalter oder Amtsträger stets verantwortlich sind für ordnungsgemäße Anschlüsse an die Kanalisation.[304]

d) Konfliktlösende Ordnungsmaßnahmen.[305] Ordnungsmaßnahmen der Verwal- **85a** tung zur Konfliktlösung sind, abgesehen von den Beschränkungen und Auflagen im Drittinteresse bei baurechtlichen Genehmigungen **auf den Grundlagen der §§ 30, 34,**

---

[293] GMBl. 1995, 669 ff., siehe hierzu *Spoerr* NJW 1996, 85 ff. m.w.N.
[294] Siehe *Weber/Hellmann* NJW 1990, 1627; *Hoppe,* Kommentar zum UVPG, Vorbem. Rz 1 ff., Komm. zu § 3, 3 a bis 3 f., passim.
[295] Siehe hierzu *Schönke/Schröder,* StGB – Komm. vor § 324 Rz. 1 ff.
[296] Vgl. hierzu, *Hoppe/Beckmann/Kauch,* S. 326 ff.
[297] Auf diese hinweisend *Knauber* NuR 1985, 309.
[298] Siehe hierzu *Steffen* NJW 1990, 1817.
[299] BVerfGE 49, 89 ff.
[300] BVerfGE 49, 135–136.
[301] OLG Frankfurt, NJW 1987, 2753 ff.
[302] OLG Köln, NJW 1988, 2119.
[303] So OLG Köln in Strafvert. 1986, 537; zur Verkehrsfunktion und wasserwirtschaftlichen Funktion der Gewässer grundsätzlich BVerfGE 15, 1 ff.
[304] OLG Köln NJW 1988, 2119 unter Hinweis auf OLG Frankfurt NJW 1987, 2753.
[305] Siehe zu den Lösungsmöglichkeiten den Überblick *Turner/Werner* SpuRt 1997, 51 ff.; *Tettinger,* SpuRt 97, 109 ff.

35 BauGB,[306] des **Naturschutzrechts**, des **Gewässerschutzrechts** und des **Immissionsschutzrechts** möglich. Einig ist man sich in der Ausgangsbeurteilung, dass in der Konfliktlage Sport und Umwelt keinem dieser beiden Gemeinwohlbelange ein Vorrang gebührt,[307] im Einzelnen muss eine differenzierte Beurteilung der Zulässigkeit einzelner Sportarten in Natur und Umwelt getroffen werden, je nach dem Sportbetrieb mit Sportanlage oder in freier Natur.

Die Ermächtigungsgrundlagen für die Verwaltung sind durch sog. *unbestimmte Gesetzesbegriffe* (auf der Tatbestandseite) ausgestaltet; hierbei hat die Verwaltung einen breiten *Beurteilungsspielraum*.[308] Daneben steht der Verwaltung ein breiter *Ermessensspielraum* (auf der Rechtsfolgenseite) zu, was oftmals bedeutet, dass es bei ihr liegt, ob, wie und gegen wen sie vorgeht; dies dient der Einzelfallgerechtigkeit oder Zweckmäßigkeitserwägungen.[309]

Tettinger schlägt zur sachgerechten Ermessensausübung hinsichtlich des Interessenausgleiches zwischen Umweltschutz und Freiheitsberechtigung der Sportler folgendes Grundraster vor, nach welchem stufenweise zu differenzieren ist:

– Insoweit auf Seiten des Sports Dienstleistung und Ausrüstung zur Verfügung gestellt wird, (z. B. Liftbetreiber, Wasserskiverleiher, Rad- und Schlittschuhverleiher) berufliche Belange tangiert werden, ist die Gewährleistung des Art. 12 I GG zu berücksichtigen,

– insoweit es sich „nur" um individuelle Freizeitaktivität handelt, kommt eine Abwägung unter Zugrundelegung des Art. 2 I GG in Betracht und insoweit Belange des organisierten Sports zugrunde liegen, sind die Gewährleistungen der Vereins- und Verbandsautonomie des Sports gemäß Art. 9 II GG zu berücksichtigen.[310]

86 *aa) Sportarten an Sportanlage gebunden* z. B. Golf, Pisten-Skilauf, Ski-Langlauf sowie Auto- und Motorradrennsport.

Bei diesen Sportarten ist bei Errichtung und Betrieb von Sportanlagen das **Naturschutzrecht, Immissionsschutzrecht** und **Straßenverkehrsrecht** maßgebend.

– **Naturschutzrecht.** Zu Konflikten mit den Zielen des *Natur- und Landschaftsschutzes* gem. §§ 1, 2 BNatSchG kommt es, da Sportanlagen große Grundflächen benötigen, insbesondere für die Sportarten Golf, Pisten- und Skilanglauf.

Das neue BNatSchG (2002) enthält je nach dem Schutzzweck in den *Naturschutzgebieten* nach § 23 ein absolutes Veränderungsgebot und in den *Landschaftsschutzgebieten* nach § 26 ein relatives Veränderungsverbot, die Eingriffsregelung hat sich geändert:[311] Danach gilt für Naturschutzgebiete gemäß § 23 Abs. 2 i.V.m. den Landesgesetzen das Verbot der Zerstörung, Beschädigung und Veränderung (absolutes Veränderungsgebot), für Landschaftsschutzgebiete gem. § 26 Abs. 2 ein Verbot, alle Handlungen zu unterlassen, die den Charakter des Gebiets verändern oder dem besonderen Schutzzweck zuwider laufen (relatives Veränderungsgebot).

Außerhalb dieser beiden Schutzgebiete gilt die besondere Eingriffsregelung nach §§ 18, 19, wonach sämtliche vermeidbaren Eingriffe zu unterlassen sind (1. Stufe) sowie bei nicht vermeidbaren Eingriffen die Verpflichtung, entsprechende Ausgleichs- bzw. Ersatzmaßnahmen zu erfüllen (2. Stufe).[312] Im Übrigen sind derartige Eingriffe wie bisher gemäß § 329 Abs. 3 StGB mit Strafe bedroht.[313]

---

[306] Hierzu im Einzelnen unten, Rz. 100, 101, 102.

[307] Siehe hierzu z. B. *Knauber* NuR 85, 309; *Smollich* DVBl. 1990, 455; *Kloepfer/Brandner* NVwZ 1988, 121; zu Art. 20a GG siehe oben Rz. 39.

[308] Grundsätzlich hierzu *Wolff/Bachof/Stober* VerwR I § 31 Rz. 8 ff.; *Maurer*, § 7 Rz. 27 ff. Zur verwaltungsgerichtlichen Überprüfung siehe oben Rz. 23, BVerwGE 1972, 300 (317).

[309] Hierzu *Bachof* JZ 1972, 642.

[310] Siehe hierzu *Tettinger*, SpuRt 1997, 117.

[311] Siehe hierzu grundsätzlich *Wolf* Umweltrecht, Rz. 1091 f., 1110 f. sowie *Lorz/Müller/Stöckel*, Komm. zum Naturschutzrecht, § 18 Rz. 3, § 23 Rz. 13 ff., § 26 Rz. 10 ff.;.

[312] Siehe im Einzelnen hierzu *Lorz/Müller/Stöckel* a.a.O. § 19 Rz. 2 f.

[313] Vgl. *Schönke/Schröder* § 329, Rz. 36.

In Naturschutzgebieten bedürfen deshalb Sportanlagen wie Golfplätze, Langlaufloipen, Skipisten oder Anlagen für den Wassersport einer besonderen Beurteilung. Wegen des großen Grundstücksflächenbedarfs führten diese Anlagen schon jeher zu einer Veränderung der jeweiligen Gebiete,[314] Ausnahmeregelungen waren bereits nach der bisherigen Gesetzeslage jeweils nicht möglich.[315]

Ähnliche Gesichtspunkte gelten für diese Sportanlagen in *Landschaftsschutzgebieten*.

Soweit der Verwaltung bei der Auslegung der Bestimmungen der §§ 18, 19, 23 und 26 BNatSchG und im Zusammenhang der Landesgesetze jetzt Ermessensspielräume vorgesehen sind, so sind diese in einer sorgfältigen Abwägung der Anforderungen des Umweltschutzes einerseits und auch der Freiheitsrechte der Sportler andererseits auszulegen. Wertvoll ist insofern die erwähnte Anregung von Tettinger, in einer stufenartigen Prüfung vorzugehen,

a) ob seitens der Sporttreibenden berufliche Belange tangiert werden, da hier einschlägige Dienstleistungen zu erbringen sind (z. B. Sportausrüstungsverleiher). Art. 12 I GG betroffen sind;

b) ob es sich weiterhin lediglich um nach Art. 2 I GG geschützte individuelle Freizeitaktivitäten handelt;

c) ob Belange des organisierten Sports und somit Gewährleistungen der Vereins- und Verbandsautonomie des Sports nach Art. 9 I GG zu beachten sind.[316]

Immer wird es jeweils im Einzelfall vom Größenverhältnis der Sportanlage zum Gebiet abhängen, von der Gestaltung sowie von deren Beeinflussung des Naturhaushaltes. Nicht nur die Sportanlagen selbst benötigen Freiflächen, Anpflanzungen etc., sondern auch deren Umfeld, wie Zufahrtsstraßen, Parkplätze und Gaststättenbetriebe. Eine Veränderung im Sinne eines Eingriffes gemäß § 18 I BNatSchG mit der Folge eingesetzt, der Ausgleichspflicht gemäß § 19 BNatSchG liegt daher in diesen Fällen vor.[317]

Liegt insgesamt bei der Planung bzw. Genehmigung einer Sportanlage weder ein Eingriff nach § 18, keine Zerstörung, Beschädigung oder Veränderung nach § 23, sowie eine Veränderung nach § 26 BNatSchG vor, so besteht ein Rechtsanspruch auf Genehmigung dieser Anlage.

Das OVG Lüneburg hat die Anlage eines Golfplatzes in einem Landschaftsschutzgebiet, in welchem intensive Landwirtschaft betrieben wird, als mit den Belangen des Landschaftsschutzes nicht vereinbar angesehen und die Anlage nicht zugelassen. Die Erwägung, eine Golfanlage sei ökologisch und optisch positiver zu bewerten als intensive landwirtschaftliche Nutzung, verbiete sich, denn die Landwirtschaft solle durch Landschaftsschutz-Verordnungen gerade vor landschaftsfremden Nutzungen geschützt werden.[318]

Bei der naturschutzrechtlichen Beurteilung von Sportanlagen außerhalb von Schutzgebieten ist jeweils die Eingriffsregelung der §§ 18, 19 BNatSchG zu beachten. Es ist somit zu prüfen, ob Sportanlagen Eingriffe i. S. d. § 18 BNatSchG in Natur und Landschaft darstellen. Bei Golfplatz-Anlagen ist dies wegen des großen Flächenbedarfes wohl eher der Fall als etwa bei Skilanglaufloipen oder Skipisten. Bei Entscheidungen über Sportanlagen nach § 35 BauGB ist die Naturschutzbehörde im Genehmigungsverfahren zu beteiligen (§ 21 BNatSchG). Sind Naturschutzinteressen tangiert, wird die Baugenehmigung nicht erteilt (§ 35 III 5. Spiegelstrich BauGB); die Naturschutzbehörde kann jedoch unter Berücksichtigung der Ausgleichs- und Ersatzmöglichkeiten der §§ 18, 19 BNatSchG eine Sportanlage zulassen.[319]

---

[314] *Schulze-Hagen* BauR 1986, 13.
[315] So im Einzelnen *Smollich* DVBl. 1990, 456.
[316] Siehe oben vor Rz. 86; *Tettinger* SpuRt 1997, 117.
[317] Zu den gesetzlich geregelten Eingriffen in verschiedenen Ländergesetzen siehe *Smollich* a.a.O., S. 456.
[318] OVG Lüneburg, NuR 1989, 45 ff.
[319] Siehe hierzu *Erbguth*, S. 46; *Schulte* VerwArch 1986, 376.

Sportanlagen in der freien Natur beeinträchtigen auch Waldflächen, weshalb stets die Wald(schutz)gesetze einschlägig sind, wenn sie in Waldbereichen errichtet werden. Nach § 2 I 1 BWaldG ist Wald „jede mit Forstpflanzen bestockte Grundfläche", ebenso Waldwege und mit ihm verbundene und dienende Flächen. Gemäß §§ 2 II 2, 9 I BWaldG darf Wald nur mit Genehmigung der Forstbehörden gerodet oder in eine andere Nutzung umgewandelt werden (Umwandlungsgenehmigung); hierbei werden von der Behörde immer Ersatz-Anpflanzungen von Bäumen und Gehölzen eingefordert.[320]

Die Errichtung und der Ausbau von Skipisten bedarf wegen ihrer Eingriffe in die Natur und den Naturhaushalt einer naturschutzrechtlichen Genehmigung, in Bayern nach Art. 6 ff. BayNatSchG. Neben evtl. notwendigen Feststellungen in einem Raumordnungsverfahren sind baurechtliche Genehmigungen auf der Grundlage der §§ 29, 35 I Nr. 4 BauGB erforderlich.[321]

Die in Zusammenhang mit dem Skipistenbetrieb meist notwendigen Beschneiungsanlagen („Schneekanonen") bedürfen einer wasserrechtlichen Erlaubnis nach Art. 59 a BayWG.[322] Eine Umweltverträglichkeitsprüfung ist nicht erforderlich. Ebenso bedürfen die für den Skibetrieb notwendigen Bergbahnen, Sessellifte und Schlepplifte einer naturschutzrechtlichen Genehmigung nach Art. 6 ff. BayNatSchG,[323] da Eingriffe regelmäßig vorliegen. Gleichzeitig sind **forstrechtliche** Genehmigungen nach Art. 9 II S. 2 BayWaldG sowie baurechtliche Genehmigungen neben den notwendigen Genehmigungen nach Art. 2 ff. des Bayerischen Eisenbahn- und Bergbahngesetzes (BayEBG) notwendig.[324] Eine Umweltverträglichkeitsprüfung ist notwendig, da die EWG- Richtlinie in ihrem Anhang II unter Ziffer 10 c) „Seilbahnen und andere Bergbahnen" ausdrücklich benennt und diese durch das UVG-Gesetz auch Gültigkeit hat.[325]

87 – **Immissionsschutzrecht.** Anlagengebundener Sport ist auch zum Zweck der Luftreinhaltung und Lärmbekämpfung *immissionsschutzrechtlich* bedeutsam, denn § 1 des Bundes-Immissionsschutzgesetzes (BImSchG) legt fest: „Menschen, Tiere, Pflanzen, den Boden, das Wasser, die Atmosphäre sowie Kultur- und sonstige Sachgüter vor schädlichen Umwelteinwirkungen zu schützen und dem Entstehen schädlicher Umwelteinwirkungen vorzubeugen". Dies sind Luftverunreinigungen, Geräusche, Erschütterungen, Licht, Wasser, Strahlen u. Ä., die oftmals von sportlicher Betätigung oder Anlagen ausgehen. Für den Sport, welcher auf Anlagen betrieben wird, ist in erster Linie der sog. *anlagenbezogene Immissionsschutz* relevant nach § 3 V Nr. 1 BImSchG: Unter „Betriebsstätten und sonstige ortsfeste Einrichtungen" fallen auch Sportanlagen. Aber ebenso sind Sportgeräte im Einzelfall unter den Anlagenbegriff nach § 3 V Nr. 2 „Maschinen, Geräte, soweit sie nicht unter § 38 BImSchG fallen", zu subsumieren.[326]

Sportanlagen bedürfen also dann einer Genehmigung bzw. Kontrolle durch das BImSchG, wenn sie durch Umwelteinwirkungen die nähere Nachbarschaft oder die weitere Allgemeinheit beeinträchtigen oder gefährden. Die Genehmigung nach § 13 BImSchG ist umfassend und schließt andere behördliche Genehmigungen mit ein, insbesondere eine baurechtliche Genehmigung.

Die teilweise strittige Frage, ob Sportanlagen dem Anlagenbegriff unterfallen, weil ja die Emissionen, insbesondere Geräusche, von den Anlagenbenutzern und nicht vom Be-

---

[320] Vgl. *Erbguth*, S. 63; *Schulze-Hagen* BauR 1986, 14; *Smollich* DVBl. 1990, 457.
[321] Siehe *Battis/Krautzberger/Löhr*, § 35 Rz. 37, sowie Rz 44 Stichworte.
[322] Siehe hierzu im Einzelnen die allgem. und Umweltfragen vom 18. 10. 93 Bekanntmachung des Bayer. Staatsministeriums für Landesentwicklung., AMBl 1993, 1262 ff..; *Stapff*, S. 100 ff.; *Buchner/Winkler*, BayVBl. 91, 230 ff.; zum Nachbarschutz der Beschneiungsanlage BayVGH, SpuRt 1995, 283.
[323] Siehe hierzu *Friedlein/Weidinger*, BayNatSchG, Art. 6, Rz. 9; *Engelhardt/Brenner/Fischer-Hüffle*, Art. 6 passim.
[324] Siehe im Einzelnen hierzu ausführlich *Stapff*, S. 32 ff.
[325] Im Ergebnis ebenso bejahend *Stapff*, S. 85–87.
[326] Siehe zum Anlagen-Begriff *Hoppe/Beckmann/Kauch*, § 21 Rz. 36 ff.

treiber ausgehen, wird zwischenzeitlich einhellig bejaht.[327] Dies gilt insbesondere für Freibäder sowie für so genannte „Erlebnis- und Spaßbäder"[328] Eine Sportanlage muss daher die einzelnen Voraussetzungen der §§ 4 f. BImSchG erfüllen, um immissionsschutzrechtlich genehmigt werden zu können; die Genehmigungsbedürftigkeit einer Sportanlage ergibt sich wiederum aus der nach § 4 Abs. 1 Satz 3 BImSchG erlassenen 4. Verordnung über genehmigungsbedürftige Anlagen.

Typische Sportanlagen, die einer immisionsschutzrechtlichen Genehmigung bedürfen, sind natürlich die für Auto- und Motorradrennsportveranstaltungen auf nichtöffentlichem Gelände als permanente Motorsport-Strecken (z. B. Nürburgring, Hockenheimring) errichteten Anlagen. Nach § 4 Abs. 1 Satz 1 und 3 BImSchG in Verbindung mit der 4. BImSchV Nr. 10.17 bedürfen Anlagen, die an 5 Tagen oder mehr pro Jahr der Übung oder Ausübung des Motorsports dienen, ausgenommen Modellsportanlagen, einer besonderen Genehmigung; diese Motorsportanlagen unterliegen damit nicht der Sportanlagenlärmschutzverordnung.[329] Motorsportveranstaltungen, die nicht auf ortsfesten Anlagen und auf nichtöffentlichem Gelände durchgeführt werden, unterliegen teilweise den Genehmigungspflichten nach Landesrecht.

– **Straßenverkehrsrecht.** Das *Straßenverkehrsrecht* erfüllt in Bezug auf sportliche Tätigkeit einen mehrfachen Ordnungszweck. Zunächst bestimmt es, in welcher Weise sportliche Betätigung auf der Straße erlaubt ist, ohne den Kraftfahrzeugverkehr zu beeinträchtigen; insofern bestimmt der § 31 StVO ein allgemeines Sport- und Spielverbot und lässt Sport nur in bestimmten Bereichen, z. B. auf Spielstraßen oder in Wintersportgebieten (laut Zusatzschildern hinter den Zeichen 101 und 250) zu.[330] Im Weiteren wird durch die Straßenverkehrsordnung der wichtige Bereich der Sondernutzung von Motorsportveranstaltungen auf öffentlichen Straßen geregelt. Nach herrschender Auffassung hat das Straßenverkehrsrecht durch die StVO nicht nur die Aufgabe, den Straßenverkehr zu ordnen und die dem Straßenverkehr selbst drohenden Gefahren abzuwehren, sondern die vom Straßenverkehr ausgehenden Umweltbeeinträchtigen einzugrenzen; dies ergibt sich insbesondere aus der Ermächtigungsnorm des § 6 Abs. 1, Ziff. 3 d, 5 a StVG[331] und findet ihren Ausdruck in der Umweltschutzbestimmung des § 30 StVO, nach welcher z. B. unnötiger Lärm und Abgasbelästigungen verboten sind. 88

Motorsportveranstaltungen auf öffentlichen Straßen[332] fallen nach § 29 StVO unter das Begriffsduo „Rennen" und „Motorsportveranstaltungen": *Rennen* sind gem. § 29 Abs. 1 StVO verboten, sie können nur im Wege einer *Ausnahmegenehmigung* gem. § 46 Abs. 2 StVO erlaubt werden; in diesem Falle bedarf es einer *zusätzlichen Erlaubnis* nach § 29 Abs. 2 StVO. Alle übrigen *Motorsportveranstaltungen* bedürfen einer *Erlaubnis* nach § 29 Abs. 1 Satz 1 StVO, ebenso wie andere (nicht motorsportliche) Veranstaltungen, etwa Volksläufe, Marathonläufe sowie Radsportveranstaltungen:[333] 89

– *(Auto/Motorrad-)Rennen:*
Dies sind Wettbewerbe zur Erreichung von Höchstgeschwindigkeiten bei gleichzeitig vorgegebener Strecke; hierunter fallen insbesondere Rundstreckenrennen, Bergrennen, Autorallyes, Sternfahrten als Zeitfahrten sowie Geschwindigkeits-Rekordversuche.[334] Eine Ausnahmegenehmigung nach § 46 Abs. 2 unterliegt engen Voraussetzungen; die Ver-

---

[327] Siehe *Hoppe/Beckmann/Kauch* a.a.O. § 21 Rz. 37.
[328] Siehe hierzu ausführlich *Kuchler,* NuR 2000, Seite 77 ff.
[329] Siehe unten Rz. 104.
[330] Siehe *Hentschel,* § 31 Rz. 6 ff.
[331] Siehe hierzu *Hentschel,* § 6 StVG, Rz. 20; so auch BVerwGE 59, 221, 228.
[332] Siehe hierzu eingehend *Bentlage,* S. 48 ff.
[333] Siehe die Auflistung der Sportarten in der VwV zu § 29 bei *Hentschel,* § 29 Rz. 1a; *Bentlage,* S. 57 ff.
[334] Siehe *Hentschel,* § 29 Rz. 1a sowie die Verwaltungsvorschrift zu § 29 StVO.

waltungsbehörden haben hier einen Ermessensspielraum,[335] wobei sie die besonderen Umweltinteressen des jeweiligen Ortes, der Größe der Veranstaltung und der Beeinträchtigung der Natur abzuwägen haben, unter dem Gesichtspunkt einer Ausnahmegenehmigungen des generellen Verbots in § 29 Abs. 1 StVO. Hierzu gibt es eine divierende Rechtsprechung.[336] Das *OVG Münster*[337] hat eine ablehnende Genehmigung bestätigt mit der Begründung, der antragstellende Motorsportclub habe besondere Umstände nicht dargetan, die für eine Ausnahmesituation sprechen. Vielmehr hätte dargelegt werden müssen, dass bei der Durchführung der Motorsportveranstaltung keine Schädigung oder Beeinträchtigung von Fauna und Flora vorliegt, jedenfalls reiche der Hinweis, dass die Fahrzeuge schadstoffarm seien, keineswegs aus. Das *OVG Münster* stellte weiterhin heraus, dass der Veranstalter trotz bereits durchgeführter 18 (!) Motorsportrennen jeweils neu belegen müsse, dass keinerlei negative Auswirkungen zu befürchten seien. Dagegen hat das *OVG Lüneburg*[338] dem Veranstalter im Hinblick auf eine 25-jährige Genehmigungspraxis der Verwaltungsbehörde einen Vertrauensschutz dergestalt zugebilligt, dass er mit einer Genehmigung rechnen könne. Schließlich hat das Bundesverwaltungsgericht die Versagung einer Sondergenehmigung nach § 46 Abs. 2 StVO für ein Autorennen auf öffentlicher Straße im Bereich eines Erholungsgebietes bestätigt. Das BVerwG[339] stellt sich auf den Standpunkt, dass der Naturschutzbelang in einem Erholungsgebiet jeweils absoluten Vorrang genieße und derartige Beeinträchtigungen auch vom Erholungsuchenden nicht hingenommen werden müssten. Dies insbesondere deshalb, weil die Interessen der Veranstalter, die dem Motorsport angehören, rein privater Natur seien; in derartigen Fällen sei dann der Ermessensspielraum der Genehmigungsbehörde praktisch auf null eingeschränkt.

Diese Auffassung kann aus der Sicht des Sports nicht überzeugen. Zu Recht weist *Neumann* darauf hin, dass es keinen Rechtssatz gibt, der besagt, den öffentlichen Interessen gebühre generell ein Vorrang vor privaten Interessen.[340] Unter Hinweis auf die Staatszielbestimmung des Sports in den Länderverfassungen sowie die Anerkennung des Sports als öffentliche Aufgabe[341] muss den Sportverbänden bzw. den Veranstaltern von Motorsport-Rennen ein Anspruch auf zumindest „offene" Ermessenstätigung zustehen, wie *Neumann* zu Recht ausführlich darlegt.[342] Insofern ist die positive Tendenz zu Ausnahmegenehmigungen in den Entscheidungen des BVerwG vom 13.03.97,[343] mit welcher die Erteilung einer Genehmigung für eine Auto-Rallye bestätigt wurde zu begrüßen.

— *Motorsport- oder sonstige (Sport-)veranstaltungen*:

Hierunter fallen Gelände-, Such- und Orientierungsfahrten mit vorgeschriebener Durchschnittsgeschwindigkeit und Fahrtzeit. Hier ist ebenfalls eine Erlaubnis gem. § 29 Abs. 2 StVO erforderlich, falls 30 Fahrzeuge und mehr am gleichen Platz ankommen oder starten;[344] die Zuständigkeiten werden durch § 44 Abs. 3 StVO bestimmt. Der Ermessensspielraum der Verwaltungsbehörde ist bei der Erlaubnis nach § 29 Abs. 2 StVO erheblich weiter; diese wird in der Regel erteilt, wenn keine gewichtigen Gründe entgegenstehen. Durch entsprechende Auflagen[345] in den Erlaubnisbescheiden werden Gefahren der Veranstaltung für den Straßenverkehr sowie für Natur und Umwelt eingedämmt.

---

[335] Siehe *Bentlage,* S. 81 ff.; für einen breiten Ermessensspielraum *Ronellenfitsch* DAR 1995, 247 f.; 274 ff.; *Mayer* SpuRt 1995, 197 ff.
[336] Siehe hierzu ausführlich *Neumann*, S. 257.
[337] OVG Münster SpuRt 1994, 153.
[338] OVG Lüneburg DAR 1989, 474.
[339] BVerwG SpuRt 1994, 206.
[340] So *Neumann*, S. 258.
[341] So *Neumann*, S. 258.
[342] So *Neumann*, S. 260.
[343] BVewG, DAR 97, 413 und NZV 97, 372.
[344] Siehe im Einzelnen die VwV zu § 29 Abs. 1 bei *Hentschel*, § 29 Rz. 1a.
[345] Siehe hierzu die VwV zu § 29 Abs. 2.

bb) *Sportarten nicht an Sportanlagen gebunden.* Skilaufen, Reiten, Radfahren, Skateboard, **90** Wassersport (Segeln, Rudern, Kanu, Motorboot, Wasserski), Flugsport.

Auch bei der Durchführung dieser Sportarten greifen die gesetzlichen Bestimmungen des **Naturschutzrechts, Immissionsschutzrechts** und insbesondere des **Gewässerschutzrechts** regelnd ein.

– **Naturschutzrecht.** Diese Sportarten haben gerade darin ihren besonderen Reiz, dass sie in der freien Natur ausgeübt werden, Naturgenuss und sportliche Betätigung sind eine Einheit. Da der Schutz von Natur und Landschaft gleichbedeutend neben dem Schutz des Erholungsinteresses in § 1 I Nr. 4 BNatSchG als Gesetzesziel genannt ist, ergibt sich bereits hieraus ein besonderes Spannungsverhältnis zwischen Naturschutz und Sport.[346] Die grundsätzliche Erlaubnis zum Betreiben von Sport ergibt sich aus dem Betretungsrecht gem. § 56 BNatSchG,[347] nach welchem die Länder im Einzelnen das Betreten „der Flur auf Straßen und Wegen sowie auf ungenutzten Grundflächen zum Zwecke der Erholung auf eigene Gefahr" gestatten. Dieses Betretungsrecht gilt allgemein auch für geschützte Bereiche wie z. B. Landschaftsschutzgebiete nach § 26 BNatSchG sowie für Naturschutzgebiete, soweit es deren Schutzzweck erlaubt (§ 23 Abs. 2 BNatSchG.

Alpinskilauf (Touren und Varianten), Skilanglauf, Schlittenfahren sind insbesondere vom allgemeinen Betretungsrecht umfasst, eine besondere Regelung ergibt sich aus Art. 24 BayNatSchG. Beschränkungen hinsichtlich der Betretung ergeben sich aus den Art. 25, 26, 27 BayNatSchG, insbesondere aus Art. 26 Abs. 2 für das Reiten, welches ebenso wie das Radfahren, insbesondere im Wald, nur auf Straßen und geeigneten Wegen zulässig ist (siehe hierzu Art. 26 II LStVG. Gegebenenfalls bedarf das Betreiben von Sport auch einer Einwilligung von privaten Grund- und Waldbesitzern, wie in Art. 22 Abs. 3 BayNatSchG ausdrücklich geregelt ist.

Die Skiläufer haben besonders jede Beeinträchtigung von Wald, Vegetation und Wild zu vermeiden, sei es auf angelegten Skipisten oder freier Skitour. In Bayern können aufgrund Art. 26 II BayNatSchG durch die Naturschutzbehörden Einzelregelungen für das pistenunabhängige Skifahren getroffen werden, in Form von Rechtsverordnungen oder Einzelanordnungen; ebenso können Gemeinden und Landkreise über Art. 26 Abs. 2 LStVG bei Gefahren einschreiten.[348]

Die Sportart *Geländefahren mit Motorrad (Moto-Cross)* wird mit geländetauglichen (Mo- **91** tor)rädern im freien Gelände auf Wiesen und freien Bergflächen betrieben, ebenso auf Feld- und Waldwegen, sowohl im Rahmen von freiem Sport als auch von organisierten Veranstaltungen. Neben der Lärmverursachung wird hierdurch oftmals Vegetation und Tierwelt geschädigt.

Derartige Sportarten können nur insofern betrieben werden, als sie keinen Eingriff in die Natur gemäß § 18 I BNatSchG darstellen bzw. keine Zerstörung (§ 23 Abs. 2 BNatSchG) bzw. keine Veränderung (§ 26 Abs. 2 BNatSchG) hervorrufen. Hier sind erhebliche Erosionsschäden unabwendbar, die auch durch Rekultivierungsmaßnahmen gemäß § 19 BNatSchG nicht ausgeglichen werden können, weshalb z. B. Geländerennen seit jeher verboten wurden.[349] Befreiungen gem. § 62 BNatSchG können ggf. im Zusammenhang mit Ländergesetz nur in begrenztem Umfange erreicht werden ...

Hinsichtlich der Durchführung von *Rennsportveranstaltungen* müssen ebenso die Bestimmungen des § 18, 19 BNatSchG eingehalten werden und eine Ausgleichs- und Ersatzmaßnahme für evtl. Zerstörungen sichergestellt sein. Im Übrigen gelten unterschiedliche ländergesetzliche Regelungen: Neben Art. 6 a II BayNatSchG, nach welchem Beeinträchtigungen ebenso zu kompensieren sind, ist zusätzlich eine Erlaubnis nach Art. 19 III

---

[346] So auch *Erbguth*, S. 209; *Knauber* NuR 1986, 308; *Smollich* DVBl. 1990, 458.
[347] Zur Rechtsnatur des Betretungsrechts und zum Inhalt im Einzelnen, unter Berücksichtigung der Länder-Naturschutz- und Waldgesetze, siehe die ausführliche Darstellung bei *Neumann*, S. 173.
[348] Vgl. auch *Buchner/Winkler* BayVBl. 1991, 227.
[349] Vgl. VGH Mannheim NVwZ 1988, 167; VGH Kassel NuR 1989, 86.

BayLStVG einzuholen.³⁵⁰ In den meisten Ländern gibt es für die beeinträchtigenden Geländerennen die stärkere Regelungsmaßnahme der Genehmigungspflicht.³⁵¹ Lediglich in einzelnen Ländern wie z. B. Niedersachsen und Bremen ist eine ausdrückliche Erlaubnispflicht für Motor- und Geländesportveranstaltungen und Landschaftseingriffe nicht geregelt. Hier scheitert jedoch die Durchführung derartiger Veranstaltungen bereits an der allgemeinen Betretungsregelung des § 56 S. 1 BNatSchG, wonach ein Betreten nur dann erlaubt ist, wenn es mit Erholung verbunden ist.³⁵²

92 Anders ist das Fahren mit *Geländefahrrädern (Mountain-Bike)* zu beurteilen, eine Sportart auf Berg- und Waldwegen und freien Wiesen des alpinen Geländes und der Ebene.³⁵³ In Naturschutzgebieten ist das Mountainbiken nach § 13 II BNatSchG verboten, wenn es zu einer nachhaltigen Zerstörung und Beschädigung des Gebietes führen kann, in Landschaftsschutzgebieten nach §§ 26 II BNatSchG nur dann zulässig, wenn es dem Schutzzweck des Gebietes nicht zuwiderläuft.

Insgesamt gesehen ist das Radfahren, Reiten, ebenso wie das Skifahren von dem allgemeinen Betretungsrecht nach § 56 BNatSchG erfasst³⁵⁴ und in den meisten Ländern somit grundsätzlich erlaubt. In einigen Landesgesetzen gibt es aber die Möglichkeit der Einschränkung für bestimmte Gebiete aus den Gründen des Landschaftsschutzes.³⁵⁵ Andere Länder erlauben dagegen das Radfahren nur auf Wegen und Straßen, wie z. B. Bayern, Baden-Württemberg, Bremen, Niedersachsen und Schleswig Holstein,³⁵⁶ somit eine Einschränkung des § 27 I BNatSchG. In diesen Ländern ist damit das Radfahren auf freien Grundflächen in der freien Natur untersagt.

Besonderheiten für Radfahrer regeln auch die Waldgesetze: Nach § 14 I BWaldG ist das Radfahren nur auf Straßen und Wegen in Waldgebieten zulässig; weitere Einschränkungen können die Länder nach § 14 II BWaldG aus Gründen des Forstschutzes und der Waldbewirtschaftung vornehmen.

93 – **Gewässerschutz.** Bei den verschiedenen Wassersportarten sind zu unterscheiden die Sportarten ohne Wasserfahrzeuge, also etwa alle Arten des Schwimmens, Ballspielens im Wasser und Tauchen sowie im Winter Eislaufen, Eisstockschießen und Eissegeln, und die Sportarten mit Wasserfahrzeugen, also Segeln, Surfen, Motorsportarten.

Diese Sportarten sind auf öffentlichen Gewässern im Rahmen des Gemeingebrauchs zulässig,³⁵⁷ der geregelt ist je nach Zweck und Funktion der Wassergesetze.³⁵⁸ Die unterschiedliche Funktion der Gewässer mit der Folge der Zuordnung zu verschiedenen Gesetzgebungszuständigkeiten ergibt sich aus Art. 74 Nr. 21 GG: Die Verkehrsfunktion eines Gewässers fordert die Zuordnung zum Schifffahrtsrecht, die wasserwirtschaftliche Funktion eine zum Wasserhaushaltsgesetz.³⁵⁹ Für den Sport gilt somit die Gemeingebrauchsregelung auf Binnenwasserstraßen und Seewasserstraßen in § 1 I Nr. 1, 2, § 6 WaStrG und für sämtliche oberirdischen Gewässer und Küstengewässer in § 1 I Nr. 1, 1a WHG, § 23

---

³⁵⁰ Z. B. Art. 6 a II BayNatschG; § 12 BadWürttNatSchG.
³⁵¹ Z. B. § 6 I HessNatSchG; § 6 I 2 RhPfLNatSchG; § 12 II SaarlNatSchG.
³⁵² Siehe *Soell* bei *Salzwedel,* Grundzüge des Umweltrechts, S. 555; siehe die weiteren Nachweise bei *Smollich* DVBl. 1990, 459–460.
³⁵³ Zur grundsätzlichen Abwägung zwischen Naturschutz und Handlungsfreiheit des Art. 2 I GG siehe das „Reiterurteil" des BVerfG, BVerfGE 80, 137 (152 f.); zur Rechtslage in Österreich siehe *Jahnel* SpuRt 1995, 193 ff.
³⁵⁴ *Lorz/Müller/Stöckel,* § 56 Rz. 5; BayVerfGH, BayVBl. 75, 473; BVerfG, NJW 1989, 2525 ff.; BayVerfGH, 34, 131 = BayVBl. 82, 144 ff.; *Tettinger,* SpuRt 97, 111–112.
³⁵⁵ Siehe § 36 I, II Berl., § 36 Hamb., § 10 II 3 Nr. 1 Hess., § 5 I 3 Saarl.NatSchG.
³⁵⁶ Z. B. Art. 23, 25 II 1 BayNatSchG; § 37 III BadWürttNatSchG; § 2 NdsFFOG.
³⁵⁷ Zum Gemeingebrauch siehe *Czychowski/Reinhardt,* § 23 Rz. 16–25.
³⁵⁸ Zu Funktion und Zweck des BundeswasserstraßenG und WasserhaushaltsG siehe *Czychowski/Reinhardt,* Einl. III.
³⁵⁹ BVerfGE 15, 1 ff., 10–12.

WHG. Jedermann ist somit die Benutzung der Gewässer von Nord- und Ostsee zum Bodensee sowie von Rhein, Mosel, Main und Donau gewährleistet, soweit nicht besondere Einschränkungen notwendig sind.

– *Wassersport ohne Wasserfahrzeuge.* Diese Sportarten fallen unter den *Gemeingebrauch*[360] **94** der § 6 WaStrG, § 23 WHG, ergänzende Regelungen finden sich in einzelnen Ländergesetzen.[361] Die Ausübung von Wassersport im Rahmen des Gemeingebrauchs bringt zwangsläufig die Begrenzung von Eigentumsrechten anderer mit sich[362] und ist ebenso nur nach dem Grundsatz der Gemeinverträglichkeit sowie durch gebotene Rücksichtnahme auf andere durchzuführen.[363] Dieser besteht allerdings nur an oberirdischen Gewässern, in manchen Ländern, wie Bremen, Hessen, Niedersachsen und Rheinland-Pfalz, nur an natürlichen, nicht an künstlichen Gewässern. Somit ist jeglicher Sport an Baggerseen (diese entstehen aus Grundwässern bzw. werden angelegt) in diesen Ländern untersagt, wenn er nicht ausdrücklich zugelassen ist.

Der Umfang des Gemeingebrauchs im Einzelnen, also welche Sportarten im Einzelnen ohne besondere Erlaubnis zulässig sind, ist den einzelnen Landesgesetzen zu entnehmen. Dies sind alle Schwimmarten sowie Tauchen mit Schnorchel und Schwimmflossen[364] sowie die Eissportarten, nicht dagegen das mannschaftssportliche Betreiben von Wasserball oder die Durchführung von Veranstaltungen, wie Volksschwimmen oder Segelregatten, welche jeweils erlaubnispflichtige Sondernutzungen sind.[365]

Das Sporttauchen mit Tauchanzug und Atemgerät zählt nach herrschender Auffassung nicht unter den Gemeingebrauch,[366] mit Ausnahme einer Spezialregelung in Bremen (§ 71 I BremWassG) und Baden-Württemberg (§ 26 I Satz 1 BadWürttWG), wo das Sporttauchen dem Schwimmen gleichgestellt ist;[367] in Rheinland-Pfalz bedarf das Tauchen einer besonderen Genehmigung (§ 36 II RhPflWassG). In Brandenburg ist Tauchsport zulässig in Gewässern, die der Fachminister durch Rechtsverordnung vorschreibt (§ 43 IV BrdbgWG). Nicht zum Gemeingebrauch zählt grundsätzlich die Sportfischerei; nach § 25 WHG kann jedoch das Angeln, als „Einbringen von Stoffen in oberirdische Gewässer" zum Zwecke der Fischerei als erlaubnisfrei erklärt werden, entsprechende Regelungen finden sich hierfür in den einzelnen Ländergesetzen.

– *Sportarten mit Wasserfahrzeugen.*[368] Ausgangspunkt für die Fragen der Zulässigkeit des **95** Wassersports mit Wasserfahrzeugen ist die Gemeingebrauchsregelung in § 6 WaStrG. Daneben bestimmt noch zusätzlich für Bundes-Wasserstraßen der § 5 Satz 1 WaStrG die Benutzung mit Wasserfahrzeugen als Gemeingebrauch, wonach jedermann die Benutzung mit Motorbooten, Wasserskiern, Segelbooten, Surfbrettern sowie Luftmatratzen gestattet ist.[369] Die Landeswassergesetze sehen dagegen unterschiedliche Regelungen vor: Kleine Wasserfahrzeuge ohne eigene Triebkraft, also Segelboote, Ruderboote, Tretboote, Surfbretter und Ähnliches zählen in allen Bundesländern zum Gemeingebrauch.[370] Ob die Benützung eines Fahrzeuges nach dessen Größe noch unter den

---

[360] Eingehend zum Gemeingebrauch und Wassersportarten *Kloepfer/Brandner* NVwZ 1988, 117; *Grupp* RuS 8, 20 ff.
[361] Z. B. Art. 21 BayWG, § 26 BadWürttWG, § 27 HessWG, § 73 NdsWG, § 17 SchlHWG.
[362] Hierzu eingehend *Knopp* RuS 8, 6; BayVGH BayVBl. 1986, 524.
[363] Siehe im Einzelnen *Grupp* RuS 8, 27 m. w. N.
[364] Siehe *Breuer*, Rz. 267; *Czychowski/Reinhardt*, § 23 Rz. 17.
[365] Siehe *Czychowski/Reinhardt*, § 23 Rz. 17, 21.
[366] Siehe hierzu im Einzelnen *Fritsche/Knopp/Manner*, § 23 WHG Rz. 21; *Smollich* DVBl. 1990, 461; *Kloepfer/Brandner* NVwZ 1988, 117 m. w. N.; siehe auch die Verordnung „Über die Prüfung zum anerkannten Abschluss geprüfter Taucher/geprüfte Taucherin", SpuRt 2000, 145.
[367] So VGH Mannheim NVwZ 1988, 168.
[368] Siehe hierzu die SportbootvermietungsVO (BGBl. I 1996, 1518 ff.) SpuRt 1997, 89.
[369] So *Frieseke*, WaStrG, § 5, Rz. 3, 7; § 6, Rz. 2.
[370] Z. B. Art. 21, 27 BayWG, § 26 BadWürttWG, § 25 BerlWG, § 73 NdSWG, § 36 II RhPFWG.

Gemeingebrauch fällt, ist jeweils einzelfallbezogen zu entscheiden,[371] allerdings ist das Segeln auch mit Kajüt-Segelbooten stets innerhalb des Gemeingebrauchs.

Motorboote werden nur in einzelnen Ländern wie z. B. Rheinland-Pfalz (§ 36 II RhPfWassG) dem Gemeingebrauch zugerechnet, im Übrigen hält man sich an die vom BVerwG qualifizierte Unterscheidung zwischen Schifffahrt und Gemeingebrauch[372] und lässt dabei Motorboote nur in den der Schifffahrt gewidmeten Gewässern zu. Dies erfolgt ohne Genehmigungsvorbehalt,[373] was gleichermaßen für die gewerbliche und wassersportliche Betätigung gilt.

Einschränkungen der wassersportlichen Aktivitäten sowohl auf Bundeswasserstraßen wie auf Ländergewässern können aus Gründen der Schifffahrt nach § 6 WaStrG sowie aus Gründen des Naturschutzes nach § 5 S. 3 WaStrG gemacht werden. Hier kann das Befahren von Bundeswasserstraßen durch Rechtsverordnungen nach § 46 Nr. 3 WaStrG, bei Gewässern in Naturschutzgebieten und Nationalparks nach §§ 23, 24, 26, 27 BNatSchG geregelt, eingeschränkt oder untersagt werden. Je größer die Gefahren und zu erwartenden Schäden für die Natur sind, desto eher sind Einschränkungen gerechtfertigt.[374] Unterschiedlich sind die länderrechtlichen Regelungen zur Einschränkung des Gemeingebrauchs.[375] Teils durch Rechtsverordnungen, teils durch Einzelverfügungen kann zum Schutze des Schiffsverkehrs sowie der Fischerei und des Natur- und Landschaftsschutzes das Betreiben von Wassersport eingeschränkt werden.[376] Daneben sind die Regelungen zu beachten, die den Verkehr auf Bundeswasserstraßen und Ländergewässern regeln, z. B. die *Binnenschiffahrtsstraßen-Ordnung*,[377] die *Wasserskiverordnung*[378] die *Sportseeschifferscheinverordnung*[379] sowie die *Bayerische Schifffahrtsordnung*[380]

96 Anlagen jedoch zur Ausübung von Wassersport an den Ufern, wie z. B. Bootsstege,[381] Liegeplätze für Sportmotorboote, Boots-Slipanlagen, fallen nicht unter den Gemeingebrauch, sondern müssen nach den Wassergesetzen der Länder besonders genehmigt werden.[382]

97 – **Immissionsschutzrecht.** Zusätzlich zu den Regelungen im Natur- und Gewässerschutz müssen sich die Motorsportarten mit Auto und Motorrad, Luftfahrzeugen und Wasserfahrzeugen den Beschränkungen des Immissionsschutzes unterwerfen. Diese nicht anlagegebundenen Sportarten sind dem sog. *verkehrsbezogenen* Immissionsschutz gem. §§ 38 ff. BImSchG zuzuordnen.[383] Danach werden zwecks Vermeidung von Luftverunreinigung und Lärmverursachung nur solche Fahrzeuge zugelassen, deren Emissionen die zulässigen

---

[371] Siehe hierzu *Czychowski/Reinhardt*, 23 Rz. 21; OVG Koblenz NuR 1982, 240.
[372] BVerwGE 32, 304.
[373] Siehe auch *Kloepfer/Brandner* NVwZ 1988, 118; *Breuer*, Rz. 268.
[374] Vgl. hierzu im Einzelnen *Smollich* DVBl. 1990, 461; *Kloepfer/Brandner* NVwZ 1988, 115 ff., 119; BayVGH NuR 1980, 121, 123; VGH Mannheim NVwZ 1988, 166.
[375] Z. B. Art. 22 BayWassG (Bay GVBl. 77, 469); §§ 25 VI Nrn. 3, 43; 28 III S. 1 BerlWassG; § 76 Nr. 1 BremWasserG; § 11 I Nr. 1a, b HbgWasserG; §§ 22, 23, 26 V SaarlWassG.
[376] Siehe hierzu *Grupp* RuS 8, 30 ff.; Bay VerfGH n. F. 32 II, 92.
[377] BGBl. 1985 I S. 734, BGBl. 1987 I S. 541.
[378] BGBl. 1990 I S. 107.
[379] BGBl. 1992 I S. 2061.
[380] BayGVBl. 77, 469.
[381] Hierzu BayVGH BayVBl. 1986, 524 m. Anm. *Knopp*. Auf die besondere sportliche Dimension und ökologische Problematik des Hängegleitens und der Modellfliegerei weist *Stollmann* hin, „Problematik luftbezogene Freizeitaktivitäten", SpuRt 1998, 103.
[382] Baden-Württemberg: § 76 WG; Bayern: Art. 59 BayWG; Berlin: §§ 62 ff. BWG; Brandenburg: § 87 BbgWG; Bremen: § 90 BrWG; Hamburg: § 15 WG; Hessen: § 69 WG; Mecklenburg-Vorpommern: § 82 MecklVorpWG; Niedersachsen: § 91, 133 NWG; Nordrhein-Westfalen: § 99 LWG; Rheinland-Pfalz § 76 LWG; Saarland: § 78 SWG; Sachsen: SächsWG; Sachsen-Anhalt: § 93 SachsAnhWG; Schleswig-Holstein: §§ 56, 139 II Nr. 3, 130 SchlHWG; Thüringen: § 79 ThürWG.
[383] Siehe im Einzelnen *Hoppe/Beckmann/Kauch*, § 21 Rz. 230 ff.

1. Teil. Sport und Staat

Grenzwerte nicht überschreiten (§ 38 I Satz 1 BImSchG). Auch unterliegen sie den Verkehrsbeschränkungen bei austauscharmen Wetterlagen (§ 40 Satz 1 BImSchG).

Gerade auch aus Umweltschutzgründen finden sich gesetzliche Regelungen besonders für den Luftsport in den Bestimmungen des Luftverkehrsgesetzes (LuftVG), der Luftverkehrsordnung (LuftVO) und der Luftverkehrszulassungsordnung (LuftVZO). Nach § 1 Abs. 1 LuftVG ist die Benutzung des Luftraumes zwar für jedermann frei, allerdings darf nach § 2 LuftVG im Luftraum nur ein anerkanntes Luftfahrzeug i. S. v. § 1 II LuftVG verkehren. Nach dieser Bestimmung sind dies neben Flugzeugen, Motorseglern und Drachen z. B. auch Gleitschirme und Personenfallschirme.[384] Nach den weiteren gesetzlichen Regelungen muss jedes Luft(sport)fahrzeug von einem Flugplatz aus starten und landen (§ 25 Abs. 1 Satz 1 LuftVG) oder auf ähnlich eingerichteten Landeplätzen nach § 49 Abs. 1 LuftVZO bzw. Segelflugplätzen (§ 54 Abs. 1 LuftVZO), es sei denn, ein Grundstückseigentümer und die Luftfahrtbehörde haben die Genehmigung erteilt (§ 25 I LuftVG). Gerade für nicht motorgetriebene Luftfahrzeuge, z. B. Gleitschirme und Hängegleiter wird hiervon Gebrauch gemacht; die Genehmigungen werden nur nach genauer Prüfung erteilt, wenn keine Beeinträchtigungen des Natur- und Landschaftsschutzes eintreten (§ 6 Abs. 2 Satz 1 LuftVG). Da durch Start- und Landeplätze die Tier- und Pflanzenwelt stets beeinträchtigt wird,[385] ist die Entscheidung jeweils vom Einzelfall abhängig, wobei insbesondere zeitliche und räumliche Einschränkungen notwendig sein werden. Nach § 19 BNatSchG sind Eingriffe nur im Zusammenhang mit Kompensationsmaßnahmen zulässig, die Länder können nach § 19 Abs. 4 BNatSchG weitere Regelungen erlassen.[386] **98**

In Bayern ergeben sich Einschränkungsmöglichkeiten nach den Art. 21–33a BayNatSchG; allerdings gilt z. B. das Drachen- und Gleitschirmfliegen, Skifahren, Schlittenfahren als Betreten im Sinne von § 27 I BNatSchG, Art. 22 BayNatSchG.[387]

Für den Motorflugsport gelten weiter die Umweltschutzbestimmungen des Fluglärmgesetzes,[388] welches nach § 1 FluglG besonders für die Umgebung von Flugplätzen gilt. Nach diesem Gesetz sind in der Umgebung von Flugplätzen und Flughäfen bestimmte Lärmschutzbereiche vorgeschrieben (sog. *passiver Lärmschutz*), ferner sind Verbesserungen des Luftverkehrsgesetzes durch besondere Verhaltenspflichten beim Luftverkehrsbetrieb (sog. aktiver Lärmschutz) vorgesehen. Nach § 2 sind die Lärmschutzbereiche in verschiedene Schutzzonen mit äquivalenten Dauerschallpegel von 67 db (A) bis 75 db (A) festgelegt, in welchem teils Bauverbote geregelt werden (§ 5 Abs. 1 FluglG) sowie Kostenersatz für Schallschutzaufwendungen (§§ 9, 12 FluglG). Der sog. *aktive Lärmschutz* bestimmt, dass Luftfahrzeuge nur zugelassen werden, wenn die Betriebsgeräusche das nach dem jeweiligen Stand der Technik unvermeidbare Maß nicht übersteigen (§ 2 Abs. 1 Satz 2 Nr. 4 LuftVG). Weiterhin sind nach § 29b Abs. 1 LuftVG Flugplatzhalter, Luftfahrzeughalter und Luftfahrzeugführer verpflichtet, am Boden und in der Luft unvermeidbare Geräusche von Luftfahrzeugen zu verhindern bzw. unvermeidbare Geräusche auf ein Mindestmaß zu beschränken.[389] **99**

2. Nachbarliche Beeinträchtigungen

Der Sportstätten-Nachbarkonflikt ist naturgemäß in erster Linie privatrechtlich relevant in Zusammenhang mit Abwehransprüchen nach § 1004 BGB.[390] Ordnungsmaßnahmen **100**

---

[384] Siehe hierzu *Hofmann/Grabherr*, § 1 Rz. 33.
[385] Hierzu ausführlich *Stollmann*, a.a.O., S. 104.
[386] Siehe hierzu *Buchner/Winkler* BayVBl. 1991, 228.
[387] *Engelhardt/Brenner*, Art. 22, Rz. 1.
[388] Fluglärmgesetz vom 30. 3. 71 (BGBl. I S. 282).
[389] Im Einzelnen hierzu *Hoppe/Beckmann/Kauch*, § 22 Rz. 12 ff.; BayObLG, NZV 1993, 119 f.
[390] Siehe hierzu auch zum öffentlich-rechtlichen Abwehranspruch (gegen eine Sportanlage einer öffentlich-rechtlichen Körperschaft) 5/Rz. 145.

der Verwaltung sind demgegenüber in erster Linie *Planungsmaßnahmen* im Baurecht unter Berücksichtigung des Immissionsschutz- und Naturschutzrechts, insbesondere bei der Berücksichtigung von Sportanlagen (Tennisplätze, Sportplätze, Fußballstadien etc.) anlässlich der Festsetzung von Bebauungsplänen sowie *Maßnahmen bei Genehmigungen* dieser Anlagen. Die Problematik des Sportstätten-Nachbarkonflikts kommt im verwaltungsrechtlichen Bereich in gleicher Weise zum Ausdruck wie im privatrechtlichen; zwangsläufig sind nachbarliche Beeinträchtigungen im Sport, in erster Linie der Sportlärm, in gleicher Weise zu definieren.[391]

101 **a) Gesetzeslage.** Im Rahmen ihrer planerischen Ordnungsfunktion wird die Verwaltung bei zu errichtenden Sportanlagen regelmäßig nach baurechtlichen und immissionsschutzrechtlichen Regelungen tätig.

Eine in einem *festgesetzten Bebauungsplan* zu *planende* Sportanlage oder eine konkret zu *genehmigende* hat vor nachbarlichen Einwänden (Bebauungsplan – Normenkontrollantrag, Genehmigungsverfahren – Widerspruch, Klage) nur Bestand, wenn das planungsrechtliche Abwägungsgebot nach §§ 1 Abs. 7, 1a BauGB, die immissionsschutzrechtlichen Aspekte (Luftreinhaltepläne § 47 BImSchG sowie Lärmminderungspläne, § 47a BImSchG) eingehalten werden (im Zusammenhang mit den baurechtlichen Bestimmungen der §§ 30, 31, 34, 35 BauGB). Ferner ist zu berücksichtigen, dass Sportanlagen unter den Anlagenbegriff des § 3 Abs. 5 Nr. 1 BImSchG fallen,[392] demnach zwar nicht genehmigungspflichtig nach § 4 BImSchG – mit Ausnahme von Motorsport- und Schießanlagen –,[393] aber doch so zu errichten sind, dass schädliche Umwelteinwirkungen verhindert werden (§ 22 BImSchG). Wenn demgemäß Festsetzungen in Bebauungsplänen betreffend „Sportanlagen" gemäß §§ 9 I Nr. 4, 5 und 15 BauGB eine konkrete Zulässigkeitsaussage über Art und Umfang einer Nutzung nicht treffen, ist die generelle Zulässigkeit nach den jeweiligen Gebieten der §§ 29 ff. BauGB in Verbindung mit §§ 2 ff. BauNVO festzustellen:[394]

– Die Gebietsregelung in §§ 2 ff. BauNVO besagt: Sportanlagen sind in reinen Wohngebieten nur ausnahmsweise zulässig (§ 3 Abs. 3 Nr. 2), dagegen in allgemeinen Wohngebieten (§ 4 Abs. 2 Nr. 3) und Gewerbegebieten (§ 8 Abs. 2 Nr. 4) generell zulässig. Zulässig sind Sportanlagen auch in besonderen Wohngebieten (§ 4a Abs. 2 Nr. 5), in Dorfgebieten (§ 5 Abs. 2 Nr. 7), in Mischgebieten (§ 6 Abs. 2 Nr. 5) generell, ausnahmsweise dagegen in Kleinsiedlungsgebieten (§ 2 Abs. 3 Nr. 2) und in Industriegebieten (§ 9 Abs. 3 Nr. 2).

– Auch durch Ausweisung besonderer Flächen für Sportanlagen gemäß § 9 Abs. 1 Nr. 5 BauGB und § 9 Abs. 1 Nr. 15 und Nr. 22 BauGB sowie § 10 BauNVO kann eine Gebietsregelung getroffen werden.[395]

Im Weiteren kommt es bei der Beurteilung der Zulässigkeit einer Sportanlage auf das sog. Einzelfall-Korrektiv des § 15 BauNVO entscheidend an. Danach sind Anlagen dann unzulässig, wenn sie nach Anzahl, Lage, Umfang oder Zweckbestimmung der Eigenart des betreffenden Baugebietes widersprechen (§ 15 Abs. 1 S. 1) oder, wenn von ihnen Belästigungen oder Störungen ausgehen können, nach der Eigenart des Baugebiets im Baugebiet selbst oder in dessen Umgebung unzumutbar sind (§ 15 Abs. 1 S. 2) oder wenn sie solchen Belästigungen oder Störungen ausgesetzt werden. Bei der erwähnten Gebietsausweisung

---

[391] Siehe hierzu im Einzelnen unten 5/Rz. 146, 147.
[392] Siehe oben Rz. 87.
[393] Siehe 4. BImSchV (BGBl. I S. 1586), Anhang 10.17 und 10.18.
[394] Vgl. die ausführliche Darstellung zum Sportlärm im Bauplanungsrecht bei *Birk* NVwZ 1985, 692 ff.
[395] Siehe im Einzelnen *Birk* NVwZ 1985, 692 ff. Siehe ferner *Ketteler*, Die Sportanlagenlärmschutzverordnung (18. BImSchV) in Rechtsprechung und behördlicher Praxis – eine Bilanz nach 10 Jahren NVwZ 2002, 1070 ff.

ist dann das Abwägungsgebot gemäß § 1 Abs. 7 BauGB zu beachten, welches § 15 der Bau-NVO ersetzt, wobei die Regelung des § 50 BImSchG zu berücksichtigen ist.[396]

Sportanlagen wiederum im *unbeplanten Innenbereich* (Baumaßnahme nach Art und Ausmaß der baulichen Nutzung sich „in die nähere Umgebung einfügend" bzw. „der näheren Umgebung entsprechend") unterliegen nach § 34 Abs. 1, 2 BauGB einer speziellen Zumutbarkeitsprüfung, ebenfalls Sportanlagen *im Außenbereich* (Baumaßnahme weder innerhalb eines Bebauungsplanes – § 30 BauGB, noch unbeplanter Innenbereich nach § 34 BauGB), bei welchen über § 35 Abs. 1 Nr. 4, § 35 Abs. 3 BauGB der Immissionsschutzaspekt des § 15 BaunutzVO Berücksichtigung findet. Im Rahmen der Zumutbarkeitsprüfung gem. § 15 BauNutzVO oder aber des Abwägungsgebots des § 1 Abs. 7 BauGB in Verbindung mit § 50 BImSchG gelangen die §§ 22 ff. BImschG zur Anwendung, denn Sportanlagen fallen auch unter den Tatbestand der „nicht genehmigungsbedürftigen Anlagen";[397] dies gilt sowohl für den Geltungsbereich eines Bebauungsplans als auch innerhalb bebauter Ortsteile sowie im Außenbereich.[398]

b) Rechtsprechung. Die Rechtsprechung hierzu zeigt ein buntes Bild, sie musste sich überwiegend befassen mit Lärmkonflikten bei *Tennisplätzen*, aber auch mit denen bei *allgemeinen Sportplätzen*

– Bei *Tennisplätzen* ging es um Entscheidungen anlässlich der *Aufstellung von Bebauungsplänen* und deren richtige planerische Einordnung: Nach der im Jahre 1985 geltenden Bau-NutzungsVO hat das *OVG Koblenz* die Ausweisung einer Sportanlage mit Tennisplätzen in einem allgemeinen Wohngebiet gem. § 1 III, VII (damaliges) BBauG für zulässig erachtet, bei der gleichzeitigen Einplanung eines Lärmschutzwalles von 9 m Breite und 100 m Länge.[399] Ebenso erachtete das *OVG Lüneburg* eine Tennisanlage in unmittelbarer Nachbarschaft eines allgemeinen Wohngebietes im Bebauungsplan gem. § 1 VII (damaliges) BBauG als „gegeneinander gerecht abgewogen".[400]

In den *Genehmigungsverfahren* von zu errichtenden Sportanlagen und Tennisplätzen lagen in der Rechtsprechung naturgemäß konkretere Anhaltspunkte für nachbarschutzgerechte Abwägungen vor. Die Verwaltungsgerichte kommen hier zu weitgehend übereinstimmenden Ergebnissen. Auffällig ist, dass zur Beurteilung des allgemeinen Rücksichtnahmegebotes (§ 34 Abs. 1 BauGB „einfügen" und § 35 Abs. 2, 3 BauGB „öffentliche Belange") und gem. § 15 Abs. 1 BauNVO allein aufgrund konkreter Erwägungen aus baurechtlicher Sicht entschieden wird, ohne Lärm-Messungen vorzunehmen.

Ablehnend sind die Gerichte verschiedentlich, wenn sie die zu erwartenden Belästigungen quasi bereits voraussehen:

Das *OVG Bremen* untersagte die Nutzung eines nicht genehmigten Tennisplatzes in einem allgemeinen Wohngebiet (§ 4 III Nr. 3 BauNVO), denn es seien die üblichen Immissionen zu erwarten, nämlich die „schussartigen Schläge der Bälle", das Laufen und Rufen der Spieler, Trainer und Betreuer.[401] Das *OVG Münster* versagte die Baugenehmigung für eine Erweiterung einer Tennisanlage im unbeplanten Innenbereich wegen Verstoßes gegen das allgemeine Rücksichtnahmegebot und verlangt die Aufstellung eines Bebauungsplanes.[402] Dagegen genehmigte das *OVG Lüneburg* eine Tennisplatzanlage in einem Mischgebiet, allerdings unter zeitlicher Begrenzung des Spielbetriebes und unter Auflagen von baulichen Vorkehrungen (Anpflanzungen etc.).[403]

---

[396] Siehe hierzu *Birk* NVwZ 85, 693, 694; *Schmitz* NVwZ 1991, 1134; *Battis/Krautzberger/Löhr*, § 1 Rz. 106.
[397] Jetzt § 1 II d. 18 BImSchV: § 3 V Nr. 1 BImschG.
[398] Vgl. hierzu die Darstellung und Nachweise bei *Tettinger/Kleinschnittger* JZ 1992, 110–111.
[399] NVwZ 1985, 766.
[400] UPR 1987, 279; auch OVG Lüneburg DÖV 1985, 37.
[401] UPR 1985, 141.
[402] NVwZ 1985, 769.
[403] UPR 1985, 181.

Konkreter werden die Beurteilungen und baurechtlichen Abwägungen folgender Entscheidungen: Das *OVG Bremen* hob eine bereits erteilte Baugenehmigung für eine Tennisplatzanlage auf, welche neben einem reinen Wohngebiet (!) genehmigt war – zwar unmittelbar neben Gartenanlagen –, wenn auch mit einem Lärmschutzwall von 120 m Länge und bis zu 5,75 m Höhe unter Hinweis auf einen Verstoß gegen § 15 Abs. 1 Satz 2 BauNVO; eine derartige Lärmschutzwall-Errichtung sei eine „Abriegelung" der Grundstücke und widerspreche bereits den Festsetzungen des Baubauungsplanes.[404]

Das *OVG Saarlouis*[405] hatte zu der nachträglichen Errichtung einer Tennisübungswand mit asphaltierter Spielfläche (Abstand zum Nachbarwohnhaus 40 m) zu befinden. Das der Baugenehmigung beiliegende entlastende Lärmgutachten auf der Basis der VDI-Richtlinie 2058 und der TA-Lärm erachtete das Gericht für unzureichend, da derartige Messungen keine taugliche Grundlage zur Ermittlung der Störwirkung seien. Die besonders dumpfen und hämmernden Geräusche der Bälle, die Impulsartigkeit, Monotonie und wechselnden Lautstärken bei der sportlichen Betätigung seien erhebliche Belästigungen gem. § 5 Nr. 1 BImSchG und damit unzumutbar.

Mit ähnlicher Begründung, nämlich Verstoß gegen das Rücksichtnahmegebot, wurden Tennisplatz-Errichtungen abgelehnt vom *BayVGH*[406] und *BVerwG*,[407] in jeweils reinen Wohngebieten, wobei die Gerichte lediglich auf die zu erwartenden Störungen des Tennisplatzlärmes hinwiesen, diese Störungen „lägen auf der Hand".

Positiver waren dann wieder die Gerichte gegenüber Tennisplatzerrichtungen eingestellt – wohl infolge der öffentlichen Diskussion und der teilweise geänderten Einstellung (sowie der gesetzlichen Vorgaben): Zunächst befasste sich das *BVerwG*[408] mit der Frage der Privilegierung von Tennisplätzen im Außenbereich gem. § 35 Abs. 1 Nr. 5, Abs. 3 BauGB. Die Kläger argumentierten damit, dass Tennisplätze im beplanten und unbeplanten Innenbereich kaum mehr genehmigt werden könnten und dass deshalb Tennisplatzanlagen im Außenbereich privilegiert zulässig sein müssten. Das *BVerwG* wies jedoch auf die Neufassung der Baunutzungsverordnung hin (Sportanlagen auch in reinen Wohngebieten ausnahmsweise zulässig, § 3 Abs. 3 Nr. 2, sowie in allgemeinen Wohngebieten, § 4 Abs. 2 Nr. 2): zunächst seien die Möglichkeiten des unbeplanten Innenbereiches auszuschöpfen um dann eine Privilegierung im Außenbereich zu prüfen.

Der *VGH Mannheim* erachtete die Genehmigung einer Tennisplatzanlage im beplanten allgemeinen Wohngebiet für rechtens und nahm eine konkrete Prüfung des baulichen Rücksichtnahmegebotes gem. § 15 Abs. 1 Satz 2 BauNVO vor: Die vorgegebenen Richtwerte für Lärm-Immissionen wurden hier vom Gericht nach der TA-Lärm anerkannt, die Messungen lagen mit 35 dB unterhalb des Richtwertes von 40 dB, somit zulässige Belästigungen und Störungen gem. § 15 Abs. 1 Satz 2 BauNVO und zumutbar.[409]

Ähnlich entschied der *VGH Mannheim*[410] zur Errichtung einer Tennisplatzanlage im unbeplanten Innenbereich. Unter konkreter Abwägung der zu erwartenden Störungen gem. § 15 Abs. 1 BauNVO wurde die Anlage unter verschiedenen Auflagen genehmigt.

Schließlich traf das *OVG Lüneburg*[411] eine sofortige Beseitigungsanordnug für einen ungenehmigten Tennisplatz im Außenbereich, für welchen die Bauaufsichtsbehörde eine vorläufige Duldung erkärte; neben dem Verstoß gegen § 35 II und III BauGB und der Nähe von 15 m zu einem ruhigen Wohngrundstück war auch ein Lärmpegel von 83 dB (A) gemessen worden.

---

[404] UPR 1986, 233.
[405] UPR 1985, 179 = NVwZ 1985, 770.
[406] UPR 1986, 31; ähnlich bereits ablehnend der BayVGH in BayVBl. 1981, 565; 1983, 275.
[407] UPR 1986, 26.
[408] UPR 1991, 187 = NVwZ 91, 878.
[409] NVwZ 1991, 900; ähnlich Hess. VGH, UPR 1990, 360.
[410] NVwZ 1992, 389.
[411] UPR 1994, 38.

– Bei *allgemeinen Sportanlagen* wurden die zu erwartenden Belästigungen von den Gerichten ähnlich gewichtet. **104**

Der *VGH Mannheim*[412] ließ einen Privat-Sportplatz neben dem eigenen Wohngrundstück in einem reinen Wohngebiet wegen Verstoßes gegen §§ 3, 14 I, 15 I BauNVO nicht zu; auch lasse die tägliche Benützung als Fußball-, Volleyball- und Handballplatz ganz erhebliche Lärmbelästigungen erwarten.

Im allgemeinen Wohngebiet dagegen ließ das *OVG Berlin*[413] eine Baugenehmigung für eine Sportplatzanlage gelten, dies unter ausführlicher Auseinandersetzung mit dem baurechtlichen Rücksichtnahmegebot, allerdings mit der Auflage eines Lärmschutzwalles[414] und der Maßgabe, dass der Lärmpegel von 55 dB tagsüber sowie 40 dB nachts nicht überschritten werden.

Bei der Abwägung zwischen den nachbarlichen Wohn- bzw. Ruhebedürfnissen und Sport-Immissionen zeigt sich in der Rechtsprechung somit insgesamt, dass Nachbarinteressen mit dem Sport gleichrangig schutzwürdig sind. Einen Vorrang genießt der Sport nicht, denn „Sportausübung ist, ebenso wenig wie andere mit Geräuschen verbundene Tätigkeiten, von der Rücksichtnahme auf das Ruhebedürfnis anderer Menschen freigestellt".[415] Das Urteil des *BVerwG* zur Schulsportanlage *Dortmund-Sölde*[416] weist auf die Einzelfall-Problematik hin, indem es in seinem Leitsatz 2 formuliert: „Es gibt keinen Rechtssatz, dass Sportplätze in Wohnnähe für den Vereinssport oder die Allgemeinheit überhaupt nicht oder nur zu Tageszeiten besonderen Ruhebedürfnisses nutzbar seien oder dass auf ihnen zu Tageszeiten besonderen Ruhebedürfnisses nicht Fußball gespielt werden darf. Maßgebend sind vielmehr die konkreten Gegebenheiten des Einzelfalles."

c) Geänderte Situation durch die Baunutzungs VO 1990 und die Sportanlagen-LärmschutzVO 1991.

– *BauNutzungsVO vom 23. 1. 1990.*[417] **105**

Lange Zeit war Sport im öffentlichen Recht insofern schlechter gestellt, als die BauNutzungsverordnung 1977 Sportplätze im Wohngebiet generell untersagte (mit Ausnahmen von Schulsportanlagen). Die neue BauNVO 1990 regelt nunmehr, dass Sportplätze in Wohnnähe generell nicht unzulässig sind:

Es gilt, dass Sportplätze in *reinen Wohngebieten* ausnahmsweise (§ 3 Abs. 3 Nr. 2), und in *allgemeinen Wohngebieten* grundsätzlich (§ 4 Abs. 2 Nr. 3) zulässig sind.

– *Sportanlagen-LärmschutzVO vom 18. 7. 1991.*[418] **106**

Dem Erlass dieser Verordnung ging eine wechselhafte Entwicklung voraus. Ausgangspunkt umfangreicher Diskussionen waren die §§ 22 ff. BImSchG, wonach nichtgenehmigungsbedürftige Anlagen so zu errichten sind, dass schädliche Umwelteinwirkungen verhindert werden, welche nach dem Stand der Technik vermeidbar sind und nach dem Stand der Technik unvermeidbare schädliche Umwelteinwirkungen auf ein Mindestmaß zu beschränken.[419] Bei den sachlich gerechtfertigten Richtwerten orientierte sich die Rechtsprechung stets an der TA-Lärm[420] und der VDI-Richtlinie 2058, also Regelwerken für Arbeitslärm und Gewerbelärm. Dies geschah auch für Sportanlagen und deren

---

[412] NVwZ 1985, 766; zur Abwägung nach § 1 VI BauGB siehe auch OVG Rheinland-Pfalz BauR 85, 171; BauR 85, 655.
[413] NVwZ 1987, 984.
[414] Zur Festsetzung eines Lärmschutzwalles im Bebauungsplan zum Schutz gegen Reitsportanlage OVG Lüneburg SpuRt 1995, 181.
[415] So das sog. *Tegelsbarg*-Urteil des BVerwG NJW 1989, 1291; siehe 5/Rz. 140.
[416] Siehe z. B. Schulsportanlage (*Dortmund-Sölde*), BVerwG DVBl. 1991, 1151 = NVwZ 1991, 884 = UPR 1991, 340, sowie *Gaentzsch* UPR 1985, 201 ff.
[417] BGBl. 1990 I S. 132.
[418] BGBl. 1991 I S. 1588; abgedruckt in Anhang A.1.
[419] Zum Rücksichtnahmegebot allgemein BVerwG NJW 1990, 1192; BVerwG DVBl. 91, 1151.
[420] TA-Lärm v. 16. 7. 68, Bundesanzeiger Nr. 137.

Sportlärm, ohne die Besonderheiten des Sportbetriebes zu berücksichtigen, worauf die Rechtsprechung hinwies,[421] abgesehen von der Sozialadäquanz des Sports.[422]

Da Sportlärm in diesen Regelwerken bekanntermaßen nicht ausreichend berücksichtigt wird, machte der „Länderausschuss für Immissionsschutz" Vorschläge in Form seiner „Hinweise zur Beurteilung des durch Freizeitaktivitäten verursachten Lärms", der sog. LAI-Hinweise zur Beurteilung von Freizeitlärm.[423] Hierbei wurden bei besonderen Sportgeräuschen zu Lasten des Sports Zuschläge zwischen 3 und 10 Dezibel vorgenommen, mit der Begründung, dass die besondere Impulsartigkeit von Geräuschen, wie z. B. die Ballgeräusche bei Tennis und Fußball, Lautsprecheranlagen berücksichtigt werden müßten. Der sog. Mittelungspegel des Gewerbelärms wurde für Sport bisher nicht angewandt,[424] weshalb man zu Recht darauf hinwies, dass die Geräusche damit doppelt zu Lasten des Sports berechnet würden.[425]

Diese sog. Zuschlagspraxis erzeugte wieder erhebliche Kritik, denn auch der Zuschlag für ruhebedüftige Zeiten sowie für Sonn- und Feiertage führte im Vergleich zum Gewerbelärm zu einer ungünstigeren Bewertung des Sportlärms.[426] Somit kam es schließlich im Jahre 1991 zum Erlass der Sportanlagen-Lärmschutzverordnung, die für mehr Rechssicherheit dadurch sorgen soll, dass sie durch verbindliche Richtwerte und Messverfahren eine gerechtere Beurteilung des Sportlärms erwirkt.

Ausgehend von der VDI-Richtlinie 3724 „Beurteilung der durch Freizeitaktivitäten verursachten und von Freizeiteinrichtungen ausgehenden Geräusche" wurden die einzelnen Immissionsrichtwerte gestaffelt nach verschiedenen Gebieten und nach einzelnen Tageszeiten und Wochentagen (§ 2 Abs. 2 VO) sowie weitere einzelne Regelungen getroffen (§§ 2, 3 VO), um den Sportlärm besonders berücksichtigen zu können.

107 – Der *Anwendungsbereich* der Sportanlagen-Lärmschutzverordnung ist *allgemein* wie folgt zu bestimmen:

Generell fallen nach §§ 1 II, Satz 3 V Nr. 1 BImschG „nicht genehmigungsbedüftige Anlagen" unter die Verordnung, wenn sie ortsfest sind, ferner zur Sportausübung bestimmt und schließlich der von ihr ausgehende Lärm der Sportausübung zuzuordnen ist (§ 1 Abs. 2 Satz 2 VO). Ebenfalls fallen Nebenanlagen von Sportanlagen darunter (§ 1 Abs. 3 VO).[427] Weiterhin werden in der Verordnung die Anforderungen des § 23 I BImschG für Sportlärm, nämlich *Immissionsrichtwerte* und *Messververfahren, verbindlich* vorgeschrieben, wogegen die bisherigen Grenzwerte der TA-Lärm und VDI-Richtlinie 2058 lediglich Anhaltspunkte zu Bewertung waren. Die Richtwerte dürfen, von den Ausnahmen in der VO abgesehen, nicht überschritten werden.

108 – Um die verschiedensten Sportsituationen *speziell* angemessen zu berücksichtigen, gibt es folgende einzelne Regelungen:

– besondere Behandlung der Ruhezeiten (§ 2 Abs. 5 VO)

– kurzzeitige Überschreitungen der Richtwerte bis zu 30 dB (§ 2 Abs. 4 VO)

– Ausnahmen für Wettkampf und Turniersport durch Zulassung höherer Werte für 18 Kalendertage im Jahr (§ 5 Abs. 4 VO).

Schließlich werden nach § 3 VO den Sportanlagenbetreibern im Weiteren gewisse Auflagen gemacht, um die entsprechenden Immissionsrichtwerte einzuhalten, insbesondere

---

[421] Hierauf hinweisend das *Tegelbarg*-Urteil, siehe 5/Rz. 140; weitere Rspr. hierzu bei *Birk* NVwZ 1995, 691.

[422] Siehe den Hinweis bei *Tettinger/Kleinschnittger* JZ 1992, 112.

[423] Abgedruckt in NVwZ 1985, 98 und NVwZ 1988, 135.

[424] Siehe im Einzelnen *Gaentsch* UPR 1985, 204; *Birk* NVwZ 1985, 691.

[425] So z. B. *Papier* UPR 1985, 76.

[426] *Birk* NVwZ 1985, 691; *Papier* NVwZ 1986, 624 ff.; *Schwarze* DVBl. 1986, 1050; *Schwerdtner* NVwZ 1989, 939.

[427] Zum Anwendungsbereich und Bedeutung der VO im Einzelnen *Spindler/Spindler* NVwZ 1993, 225 ff.

müssen an Lautsprecheranlagen und ähnlichen Einrichtungen technische Maßnahmen getroffen, ferner technische und bauliche Schallschutzmaßnahmen wie etwa lärmmindernde Ballfangzäune, Bodenbeläge und Schallschutzwände angebracht sowie Vorkehrungen getroffen werden, dass Zuschauer keine übermäßig lärmerzeugenden Instrumente wie pyrotechnische Gegenstände oder druckgasbetriebene Lärmfanfaren verwenden, schließlich müssen An- und Abfahrtswege sowie Parkplätze so gestaltet werden, dass schädliche Umwelteinwirkungen durch Geräusche auf ein Mindestmaß beschränkt werden. Für diese Maßnahmen sind gem. § 5 der Verordnung Übergangsregelungen getroffen von 2 bis 10 Jahren.

d) Konfliktlösende Maßnahmen. Im Rahmen von *Planungsentscheidungen* bei Sportanlagen hat die Genehmigungsbehörde bei zu erwartenden nachbarlichen Beeinträchtigungen unter Anwendung der SportanlagenlärmschutzVO die gesetzlichen Bestimmungen und die hierzu ergangenen technischen Regelwerke im Einklang mit der herrschenden Rechtsprechung wie folgt zu berücksichtigen: **109**
— Zunächst ist der *Anwendungsbereich* der *Sportanlagenlärmschutzverordnung* festzustellen nach § 1 der VO, nämlich, ob es sich um eine Sportanlage oder eine Nebenanlage hierzu handelt, ebenso um „Sportlärm", der der „Sportausübung" unterfällt,[428]
— weiter sind unter Heranziehung der erwähnten Bestimmungen des öffentlichen Baurechts die flächenbezogenen Nutzungen zu klären. Hierbei sind bereits die von Sportanlagen ausgehenden zu erwartenden Emissionen gem. § 1 Abs. 7 BauGB abzuwägen. Die Regelungen der §§ 2 ff. BaunutzVO legen sodann klar, ob die Sportanlage grundsätzlich mit dem Gebietscharakter vereinbar, also gebietsverträglich[429] ist. Zur Auslegung dieser bauplanungsrechtlichen Prüfung sind die immissionsschutzrechtlichen Bestimmungen der §§ 3, 22 BImSchG heranzuziehen.[430]

Im Rahmen des *Baugenehmigungsverfahrens* sind ebenso ergänzend und in Auslegung bauplanerischer Bestimmungen der §§ 30, 34, 35 BauGB, § 15 BauNVO, die immissionsschutzrechtlichen Bestimmungen der §§ 3, 22 BImSchG heranzuziehen; aus § 15 III BauNVO ergibt sich, dass die konkrete Zulässigkeit einer Sportanlage eine eigenständige baurechtliche Prüfung darstellt, dass aber die Regelungen des BImSchG gewichtige Anhaltspunkte hierfür sind.[431]

Der Begriff der Zumutbarkeit in § 15 I BauNVO ist identisch mit dem der Erheblichkeit in § 3 I BImSchG. Hiernach sind das Messverfahren sowie die Werte der SportanlagenlärmschutzVO zu beachten: Bei *Einhaltung* bzw. *Unterschreitung* der Richtwerte kann die Sportanlage in der Regel baurechtlich und immissionsschutzrechtlich genehmigt werden. Bei *Überschreitung* der Richtwerte kann eine Genehmigung nur dann erfolgen, wenn die Anordnungen der Behörde gem. § 24 BImSchG eingehalten werden, insbesondere die Anordnungen gem. §§ 3, 5 SportanlagenlärmschutzVO.[432]

e) Rechtsprechung zur SportanlagenlärmschutzVO. Abweichend von der Auffassung des *OLG Koblenz*[433] wendet das *OVG Münster*[434] die Sportanlagenlärmschutzverordnung für einen nachbarrechtlichen (Folgen-)Beseitigungs- bzw. Unterlassungsanspruch an. Ein Nachbar einer städtischen, für den Eishockeysport genutzten Eissporthalle verlangte die Reduzierung der von dort ausgehenden Geräuschimmisionen. Aufgrund **110**

---

[428] Hierzu im Einzelnen *Spindler/Spindler* NVwZ 1993, 226.
[429] Zur Gebietsverträglichkeit im Einzelnen *Fickert/Fieseler,* Rz. 7 ff. zu § 4.
[430] Siehe hierzu *Berkemann* NVwZ 1992, 819; *Fickert/Fieseler,* Vorbem. 12.10 ff. zu § 2.
[431] Siehe *Fickert/Fieseler,* § 15 Rz. 33.
[432] Zur abschließenden normativen Festlegung der Zumutbarkeitsschwelle, BVerwG NVwZ 1995, 993.
[433] OLG Koblenz NVwZ 93, 301; siehe 5/144.
[434] OVG Münster SpuRt 1994, 44 ff. = NVwZ 1994, 1018.

einer Baugenehmigung im Jahre 1988 hatte die Beklagte einen maximalen Lärm-Beurteilungspegel von 70 dB (A) tagsüber und von 55 dB (A) nachts einzuhalten, wogegen von dem Kläger eine Reduzierung der Lärmwerte nach einem Beurteilungspegel von 50/55 dB (A) tagsüber und 40 dB (A) nachts verlangt wurde. Das *OVG Münster* wendet die SportanlagenlärmschutzVO an, legt die einzelnen Bewertungsvorgaben dar und hält schließlich die Zumutbarkeitsgrenze für den Kläger nicht überschritten.

Das *OVG Berlin*[435] beurteilte die Zulässigkeit eines Bolzplatzes in einem großstädtischen Mischgebiet zwar nicht nach der Sportanlagenlärmschutzverordnung, denn es handele sich bei einem Bolzplatz nicht um eine Sportanlage, stellte jedoch fest, dass nach den hier vorgenommenen Lärmmessungen der Bolzplatz sowohl den technischen Regelwerken TA-Lärm und VDI-Richtlinie 2058 sowie der Sportanlagenlärmschutzverordnung entspreche. Die Messungen hatten ergeben, dass die zulässige Grenze von 55 dB (A) nicht überschritten werde.

Das *VGH Mannheim*[436] bestätigte schließlich eine erstinstanzliche Entscheidung zu einer nachträglichen Anordnung nach § 17 BImSchG hinsichtlich eines Betriebes einer Motoball-Anlage. Ein Sportverein betrieb zunächst ohne baurechtliche Genehmigung eine Motoball-Anlage im Außenbereich zwischen zwei Ortsteilen, etwa 300 m von der Wohnbebauung entfernt, angrenzend an einen Gemeindewald; der Betrieb der Anlage war nach §§ 34, 35 Abs. 1 und 2 BauGB sowie § 3 BauNVO zu beurteilen, nachdem die Trainings- und Wettkampfveranstaltungen ohne zeitliche Begrenzung betrieben worden waren und die Richtwerte für allgemeine Wohngebiete von 55 dB (A) von den gemessenen Werten mit 58 dB (A) deutlich überschritten wurden, sind die Wettkampfveranstaltungen auf eine Zeit von Samstag, 15 bis 18 Uhr, und das Training einmal wöchentlich festgelegt worden. Dem klagenden Sportverein wurden unter Zugrundelegung der Wertung der TA-Lärm und der VDI-Richtlinie 2058 auch keine Ruhezeitzuschläge von 6 dB (A) zugebilligt, auch das Rücksichtnahmegebot greift hier nicht zugunsten des Sportvereins, da die Anlage baurechtlich nicht genehmigt war.

Zu hinzunehmenden Lärmbelästigungen einer Beschneiungsanlage neben einer Skipiste für einen Gaststättenbetrieb hatte der *BayVGH*[437] zu befinden. Gegen die Baugenehmigung, welche mit der Auflage versehen war, die Beschneiung zur Nachtzeit auf 18 Nächte im Zeitraum vom 15. 11. bis 1. 3. unter einer Lärmbelästigung für das Gaststättenanwesen auf 60 dB (A) am Tage und 45 dB (A) bei Nacht zu beschränken, war neben den Bestimmungen des § 19 Abs. 1 Nr. 3 BauGB, §§ 3 I, 22 I Nr. 1 BImSchG, § 16 GewO auch die wasserrechtliche Erlaubnis nach §§ 2 I, 3 I Nr. 6, 33 I Nr. 1 WHG, Art. 18 I BayWG erforderlich. Die nachbarlichen Einwände wies das Verwaltungsgericht erstinstanzlich und auch der *BayVGH* mit der Begründung zurück, dass der Beurteilungspegel von 60 dB (A) und 45 dB (A) nachts zumutbar sei und das baurechtliche Rücksichtnahmegebot im Außenbereich (§ 19 I Nr. 3, § 35 III BauGB) eine Reduzierung des Lärmes nicht verlange. Auch werde durch den Betrieb der Schneekanonen die Wasserführung von Trink- und Brauchwasserquelle nicht beeinträchtigt, denn die Nutzung von Grundwasser ist nicht vom Eigentumsschutz umfasst.

Anlässlich eines Normenkontrollverfahrens gegen einen Bebauungsplan, in welchem unter anderem die Spielbetriebszeiten für den allgemeinen Sportbetrieb festgesetzt war, entschied der VGH Baden-Württemberg,[438] dass § 9 Abs. 1 Nr. 24 BauGB für die Festsetzung von Nutzungsarten für Sportanlagen in einem Bebauungsplan keine Rechtsgrundlage biete. Sehen die textlichen Festsetzungen eines Bebauungsplanes mit derartigen Nutzungszeitregelungen nichtig. Bei der Prognose der zu erwartenden Lärmimmissionen könne die Gemeinde neben der festgesetzten Art, Größe und Lage der Sportanlagen auch

---

[435] OVG Berlin SpuRt 1995, 179.
[436] VGH Mannheim SpuRt 1995, 225.
[437] BayVGH SpuRt 1995, 283 ff.
[438] VGH Bad.-Württ., Urt. vom 14.11.96, BRS 58, S. 99.

die von ihr geplanten Nutzungszeiten zugrunde legen, sofern sie deren spätere Umsetzung als rechtlich hinreichende gesichert annehmen darf.

Zu Lärmbelästigungen durch eine Minigolfanlage hatte das OVG Lüneburg[439] zu befinden, streitig waren hier die von der Behörde verfügten Betriebseinschränkungen und Lärmschutzauflagen anlässlich einer Baugenehmigung für eine Minigolfanlage mit Kiosk, Tischtennisfreiflächen, Ruheplatz und Pkw-Einstellplätzen. Die Sportanlagenlärmschutzverordnung sei zur Bestimmung der Erheblichkeitsgrenze maßgeblich, sofern es sich bei der Minigolfanlage um eine Sportanlage im Sinne dieser Verordnung handele; in jedem Falle stelle die Freizeitlärm-Richtlinie eine verwertbare Entscheidungshilfe zur Beurteilung der von Freizeitanlagen ausgehenden Geräuscheinwirkungen dar.

Das BVerwG hatte erneut im Rahmen eines Normenkontrollverfahrens gegen einen Bebauungsplan zu entscheiden[440] als eine bestehende Sportanlage (Sportplatz mit Stehtribüne und Laufbahn, 4 Tennisplätze, 2 Sportheime) erweitert wurde um einen großen Hartplatz, ferner weitere Tennisplätze und einen Parkplatz mit 158 neuen Stellplätzen. Die Immissionsrichtwerte der Sportanlagenlärmschutzverordnung wurden eingehalten, die Einwände hatten deshalb keinen Erfolg. Das BVerwG stellte in seinen Leitsätzen noch einmal fest: Die Sportanlagenlärmschutzverordnung – 18. BImSchV – hat für die Bauleitplanung (nur) mittelbar rechtliche Bedeutung:
a) die Gemeinde darf keinen Bebauungsplan aufstellen, der nicht vollzugsfähig ist, weil seine Verwirklichung an den immissionsschutzrechtlichen Anforderungen der Verordnung scheitern müsste.
b) Bei der planerischen Abwägung gemäß § 1 Abs. 6 BauGB muss die Gemeinde die Schutzbedürftigkeit des Einwirkungsbereichs der Sportanlage entsprechend den Anforderungen der Verordnung zutreffend ermitteln. Sie darf nahe liegende und verhältnismäßige Möglichkeiten einer Sportlärmbelästigung benachbarter Gebiete unterhalb der Richtwerte nicht unberücksichtigt lassen.

Um Auseinandersetzungen wegen Sportlärm von vornherein aus dem Weg zu gehen, beschied wiederum das BVerwG[441] letztendlich einen Bauantrag für ein Wohnhaus neben einem bereits bestehenden Fußballplatz abschlägig, da das nachbarliche Einvernehmen versagt worden war: In einem allgemeinen Wohngebiet ist ein Wohnbauvorhaben in unmittelbarer Nachbarschaft eines vorhandenen Sportplatzes unzulässig, wenn es sich Sportlärmimmissionen aussetzt, die nach der Eigenart des Gebiets in diesem unzumutbar sind (§ 15 Abs. 1 Satz 2 BauNVO).

Dagegen lassen sich im Wege einer einstweiligen Anordnung die Flutlicht- und Lärmbelästigungen durch Sportplätze nicht vorläufig regeln, wie das OVG Schleswig[442] feststellt. Denn selbst wenn es durch den Betrieb eines Sportplatzes zu rechtswidrigen Immissionen auf einem Nachbargrundstück kommt, ist es dessen Eigentümern zuzumuten, diese Beeinträchtigungen jedenfalls vorübergehend bis zu einer Entscheidung in einem Hauptsacheverfahren hinzunehmen.

Auch die immer beliebter werdenden Ballspiel- und Skateanlagen der Kommunen sind hinsichtlich ihrer Lärmbelästigungen nach der Sportanlagenlärmschutzverordnung zu beurteilen. Der VGH Baden-Württemberg[443] setzte nach der 18. BImSchG genaue Benutzungszeiten der Anlage fest (an Werktagen 8.00 bis 13.00 und 15.00 bis 19.30, an Sonn- und Feiertagen 10.00 bis 13.00 Uhr für Kinder und Jugendliche bis 14 Jahre). Zur Einhaltung und Durchsetzung derartiger Anlagenbetriebe hat die Kommune für einen Schließdienst mit Öffnen und Schließen der vollständig eingezäunten Anlage zu sorgen.

---

[439] OVG Lüneburg, Beschluss vom 18. 12. 1996, NVwZ 1999, S. 88.
[440] BVerwG, Urt. vom 12. 8. 1999 (Natur u. Recht 2000, Heft 2).
[441] BVerwG, Urt. vom 23. 9. 1999 (Natur u. Recht 2000, Heft 9).
[442] OVG Schleswig, Beschluß vom 22. 3. 2002, NVwZ-RR 2004, S. 19.
[443] VGH Bad.-Württ., Urt. vom 16. 4. 2002, NVwZ-RR, Seite 643.

Bolzplätze in Wohngebieten werfen immer wieder die Frage der Zumutbarkeitsgrenze für Lärmimmissionen auf, wobei sich die Frage nach der Anwendbarkeit der Sportanlagenlärmschutzverordnung stellt. Der BayVGH[444] hielt hierzu fest, bei Bolzplätzen ist die Zumutbarkeitsgrenze für Lärmimmissionen durch eine Würdigung aller maßgeblichen Umstände der konkreten Situation, insbesondere der Gebietsart und der tatsächlichen Verhältnisse zu bestimmen. Die Immissionsrichtwerte der Sportanlagenlärmschutzverordnung (18. BImSchV) sind als Anhaltspunkte heranzuziehen; die Bestimmungen über die Ermittlungs- und Beurteilungsverfahren sind entsprechend anzuwenden.

Bei der Ermittlung der Geräuschemission eines Bolzplatzes mit Rasenfeld, festen Toren und geräuschdämmendem Ballfanggitter ist kein Impulszuschlag gemäß Nr. 1.3.3 des Anhangs zur 18. BImSchV anzusetzen.

Das BVerwG wiederholte nochmals die Auffassung, dass Bolzplätze nicht der Sportanlagenlärmschutzverordnung unterfallen und somit die Immissionsrichtwerte nicht unmittelbar anwendbar seien[445] und bestätigte somit die bisherige Rechtsprechung.[446] Wesentlich waren schließlich die Erwägungen und Grundsätze des OVG NRW im Beschluss vom 22.7.2004[447] zur Frage der Verursachung von Lärmbeeinträchtigungen in einer Sportanlage. Die Anwohner wandten sich beim Neubau einer Sportanlage insbesondere dagegen, dass die Lärmbeeinträchtigungen eher von dem „Mehrzweckraum" und der Küche des Sporthallengebäudes ausgingen, ebenfalls auch vom Parkplatzsuchverkehr außerhalb des eigentlichen Sportbetriebes verursacht würden. Das OVG stellte fest, dass sich die Anwendung der Sportanlagen-Lärmschutzverordnung auch auf diese Lärmbeeinträchtigungen erstrecke und nicht auf den Sportbetrieb beschränkt sei.

---

[444] BayVGH, Urt. vom 25.11.2002, NVwZ-RR 2004, 1/2004.
[445] BVerwG, Urt. vom 11.2.2003, SpuRt 2003, 249 (m.Anm. *Tettinger*).
[446] Siehe hierzu HessVGH, 30.11.1999, SpuRt 2003, 251.
[447] OVG NRW, 22.7.2004, SpuRt 2004, 263.

2. Teil. Sport, Vereine und Verbände

Literatur: *Adolphsen, Jens,* Umsetzung des Welt Anti-Doping Code in Deutschland, in: *Vieweg,* Perspektiven des Sportrechts, Berlin 2005, S. 81 ff.; *ders.,* Internationale Dopingstrafen, 2003; *ders.,* Anforderungen an Dopingstrafen nationaler Sportverbände – am Beispiel des Falles Dieter Baumann –, SpuRt 2000, 97 ff.; *Alberts, Hans-W.,* Der bezahlte Fußballspieler, JuS 1972, 590 ff.; *Andres, Winfried,* Die rechtlichen Auswirkungen der Insolvenz des Vereins auf den Spielbetrieb und den Spieler, RuS 12, 35 ff.; *Arens, Wolfgang,* Transferbestimmungen im Fußballsport im Lichte des Arbeits- und Verfassungsrechts, SpuRt 1994, 179 ff.; *Arens, Wolfgang/Scheffer, Andreas,* AR-Blattei SD, Sport II 1480.2; *Bach, Thomas,* Sportpolitische Probleme (des Dopings), WFV 26, 46 ff.; *Baddeley, Margareta,* Dopingsperren als Verbandssanktion aus nationaler und internationaler Sicht, in: *Fritzweiler,* Doping, 2000, 9 ff.; *Baecker, Wolfgang,* Grenzen der Vereinsautonomie im deutschen Sportverbandswesen, Diss., Berlin 1985; *Bamberger/Roth,* BGB, München 2003; *Baumbach, Adolf/Hefermehl, Wolfgang,* Wettbewerbsrecht, Kommentar, 23. Aufl., München 2004; *Baumbach, Adolf/Lauterbach, Wolfgang/Albers, Jan/Hartmann Peter,* Zivilprozeßordnung, Kommentar, 63. Aufl., München 2005; zitiert: Baumbach/Bearbeiter; *Berendonk, Brigitte,* Doping, Hamburg 1992; *Binder, Martin, Quirling, Christian,* Das neue FIFA-Transferreglement, SpuRt 2005, 184 ff.; *Bodmer, Hans,* Vereinsstrafe und Verbandsgerichtsbarkeit, Stuttgart 1989; *Böttcher, Roland,* Die Beendigung des rechtsfähigen Vereins – kritische Darstellung mit Änderungsvorschlägen, Rpfleger 1988, 169 ff.; *Boreatti, Walter,* Sportlervermittlung und Sportlermanagement: Eine Eingangsbetrachtung, in: *Scherrer,* Sportlervermittlung und Sportlermanagement, 2. Aufl. Bern 2003, S. 9 ff.; *Boyes,* Regulating Sport after the Human Rights Act 1998, New Law Journal 2001, 444; *Brinkmann, Gisbert,* Schiedsgerichtsbarkeit und Maßnahmen des einstweiligen Rechtsschutzes, Berlin 1977; *Buchberger, Markus,* Das Verbandsstrafverfahren deutscher Sportverbände – Zur Anwendbarkeit rechtsstaatlicher Verfahrensgrundsätze, SpuRt 1996, 122 ff. und 157 ff.; *Büsching, Thilo,* „ran SAT.1 Fußball" Merchandising: Produkte fürs Gefühl, in: *Meyer, Anton,* Handbuch Dienstleistungs-Marketing, Band 2 Stuttgart 1998, S. 1788 ff.; *Burmeister, Joachim,* Sportverbandswesen und Verfassungsrecht, DÖV 1978, 1 ff.; *Czempiehl, Benedict/Kurth, Jürgen,* Schiedsvereinbarung und Wechselforderung im deutschen und internationalen Privatrecht, NJW 1987, 2118 ff.; *Degenhart, Christoph,* Olympia und der Gesetzgeber: Ist ein sondergesetzlicher Schutz gerechtfertigt?, AfP 2006, 103 ff.; *Dehesseles, Thomas,* Vereinsführung: Rechtliche und steuerliche Grundlagen, in: *Galli/Gömmel/Holzhäuser/Straub,* Sportmanagement, München 2002, S. 5 ff.; *Dehesseles, Thomas, Siebold, Michael,* Sponsoring: Rechtliche und steuerliche Grundlagen, in: *Galli/Gömmel/Holzhäuser/Straub,* Sportmanagement, München 2002, S. 355; *Deutsch, Erwin,* Das sonstige Recht des Sportlers aus der Vereinsmitgliedschaft, RuS 16, 49 ff.; *ders.,* Sondergerichtsbarkeit im Sport?, VersR 1990, 2 ff.; *Deutscher Sportbund* (Hrsg.), DSB, Die Gründerjahre des DSB, 1990; *Donike, Manfred,* Gutachten zur Frage des Nachweises von Dopingmitteln im Blut, in: Schriftenreihe des Bundesinstituts für Sportwissenschaft, Band 86, Schorndorf, 1996; *ders./Rauth, Susanne,* Dopingkontrollen, Bundesinstitut für Sportwissenschaft, Köln 1988; *ders.,* Verfahren und Probleme der Doping-Kontrolle, RuS 5, 1 ff.; *Dreier/Schulze,* Urheberrechtsgesetz Kommentar, München 2004; *Dury,* Kann das Strafrecht die Doping-Seuche ausrotten, SpuRt 2005, 137; *Eilers, Goetz,* Amateur und Profi im Fußball – Rechtslage und Rechtswirklichkeit, RuS 4, 17 ff.; *ders.,* Darstellung und Beurteilung des sogenannten „Ommer-Modells" aus der Sicht des Deutschen Fußball-Bundes, WFV 28, 48 ff.; *ders.,* Das Urteil des DFB-Sportgerichts zur Aufhebung der Wertung des Spiels zwischen dem FC Bayern München und dem 1. FC Nürnberg, SpuRt 1994, 79 f.; *Englisch, Jörg,* Spielervermittlung und Spielerberatung nach DFB-Recht, WFV Nr. 44 (2003), 35 ff.; *ders.,* (Fußball-)Spielbetriebsgesellschaften in der Fußballregionalliga, SpuRt 2005, 46 ff.; *Erman, Walter,* BGB 11. Aufl., Münster 2004; *Fahl,* Sportverbandsgerichtsbarkeit und Doppelbestrafungsverbot, SpuRt 2001, 181; *Fenn, Herbert,* Erfassung der Sportler durch die Disziplinargewalt der Sportverbände, SpuRt 1997, 77 ff.; *Fezer, Karl-Heinz,* UWG Kommentar, München 2005; *Finger, Gerd,* Die Satzung eines Sportvereins – Anregungen für die Praxis, SpuRt 1995, 103 ff.; *Franz, Kurt/Hartl, Monika,* Doping durch den Arzt als „ärztliche Tätigkeit", NJW 1988, 2277 ff.; *Friedrich, Walther J.,* Doping und zivilrechtliche Haftung, SpuRt 1995, 8 ff.; *Fritzweiler,* Doping – Sanktionen, Beweise, Ansprüche, Bern 2000; *Fuhrmann, Claas,* Idealverein oder Kapitalgesellschaft im bezahlten Fußball?, SpuRt 1995, 12 ff.; *Füllgraf, Lutz,* Wieviel wirtschaftliche Betätigung im Idealverein? – dargestellt am deutschen Lizenzfußball, DB Nr. 45 (1981), 2267 ff.; *Galli, Albert,* Lizenzvergabe durch den Deutschen Fußball- Bund – Anforderungen an das externe Rechnungswesen der Vereine, SpuRt 1996, 79 ff.; *ders.*, Rechtsformgestaltung und Lizenzierungspraxis im Berufsfußball: Die Situation in England, Italien und Spanien vor dem Hintergrund der Regelungen in Deutschland, SpuRt 1998, 18 ff.; *ders.*, Das Lizenzierungsverfahren der Union des Associations Européennes des Fottball (UEFA): Anforderungen an die Rechnungslegung und Prüfung, in: *Galli, Albert/Gömmel, Rainer/ Holzhäuser, Wolfgang/ Straub, Wilfried* (Hrsg.), Sportmanagement, München 2002, 97 ff.; *ders.*, Das Lizenzierungsverfahren der UEFA: Kriterien für den Nachweis der wirtschaftlichen Leistungsfähigkeit der Klubs, SpuRt 2003, 177 ff.; *Gerlinger, Michael*, Anmerkungen zum Urteil des OLG Oldenburg vom 10. 5. 2005, causa sport 2005, 192 f.; *Gießelmann-Goetze, Gudrun*, Das Ein-Platz-Prinzip, in: *Will, Michael R.* (Hrsg.), Sport und Recht in Europa – Kolloquium, Saarbrükken 1988, 15 ff.; *Götze, Stephan/Lauterbach, Kathrin*, Rechtsfragen zur Anwendung des Videobeweises im Fußballsport, SpuRt 2003, 95 ff. und 145 ff.; *Grayson, Edward*, Sport and the Law, London 1988; *Grotz*, Zur Betrugsstrafbarkeit des gesponserten und gedopten Sportlers, SpuRt 2005, 93; *Grunewald, Barbara*, Anmerkung zu OLG Celle, WM 1988, 495, WM 1988, 497 ff.; *dies.*, Vereinsordnungen, ZHR 152 (1988), 242 ff.; *Grunsky, Wolfgang*, Die Befugnis der Sportverbände zur Regelung der Werbetätigkeit durch die Mitgliedsvereine, RuS 3, 13 ff.; *ders.*, Einstweiliger Rechtsschutz und Verbandsautonomie, WFV 22, 61 ff.; *ders.*, Rechtliche Probleme des Arbeitsverhältnisses eines Bundesligaspielers zu seinem Verein, WFV 12, 50 ff.; *ders.*, Tatsachenfeststellungen im Sportrecht zwischen staatlichen Gerichten und Verbandsgerichten, WFV 24, 63 ff.; *Haaga, Werner*, Die Finanzierung und Bilanzierung der Lizenzspielerabteilung eines Fußballvereins, WFV 28, 19 ff.; *Haas, Ulrich*, Die Sport(-schieds-)gerichtsbarkeit der Athleten, in: Rechte der Athleten, Akademieschrift 49 der Führungs- und Verwaltungs-Akademie des DSB 1997, 57 ff.; *Haas, Ulrich/Adolphsen, Jens*, Sanktionen der Sportverbände vor ordentlichen Gerichten, NJW 1996, 2351 ff.; *dies.*, Verbandsmaßnahmen gegenüber Sportlern, NJW 1995, 2146 ff.; *Haas, Ulrich/Gedeon, Bertolt*, Die Abgrenzung von Vereinsgerichten zu echten Schiedsgerichten, SpuRt 2000, 228 ff.; *Haas/Haug/Reschke*, Handbuch des Sportrechts, Losseblattsammlung mit Erläuterungen, Stand 2005; *Haas, Ulrich/Prokop, Clemens*, Die Athletenvereinbarung – der Athlet als stilles Mitglied des Verbandes/Neue Wege der Konfliktlösung, SpuRt 1996, 109 ff. und 187 ff.; *Haas, Ulrich/Prokop, Clemens/Niese, Holger*, Muster einer Athletenvereinbarung, SpuRt 1996, 189 ff.; *Haas, Ulrich/Reimann, Christoph*, Erwerbschance und Erwerbsschaden bei Individualsportlern, SpuRt 2000, 49 ff.; *Habersack*, Die Mitgliedschaft subjektives und „sonstiges" Recht, 1996; *Habscheid, Walter J.*, Vereinsautonomie, Vereinsgerichtsbarkeit und ordentliche Gerichtsbarkeit, in: *Schroeder, Friedrich-Christian/Kauffmann, Hans* (Hrsg.), Sport und Recht, Berlin/New York 1972, 158 ff.; *Hadding, Walther*, Kooperationsrechtliche oder rechtsgeschäftliche Grundlagen des Vereinsrechts?, in: *Lutter, Marcus* (Hrsg.), Festschrift für Robert Fischer, Berlin/New York 1979, 165 ff.; *Hannamann, Isolde*, Kartellverbot und Verhaltenskoordinationen im Sport, Berlin 2001, 1 ff.; *Hauptmann, Markus*, Abschlussbericht der Rechtskommission des Sports gegen Doping (ReSpoDo) – Zusammenfassung, SpuRt 2005, 198 ff.; *Heckelmann, Dieter*, Der Idealverein als Unternehmer?, AcP 179, (1979), 1 ff.; *Heermann, Dieter*, Die Geltung von Verbandssatzungen gegenüber mittelbaren Mitgliedern und Nichtmitgliedern, ZGR 1999, 325 ff.; *ders.*, Haftungsfragen bei Lizenzierungsverfahren im Ligasport, RuS Band 34; *Hemmerich, Hannelore*, Die Ausgliederung von Idealvereinen, BB 1983, 26 ff.; *dies.*, Möglichkeiten und Grenzen wirtschaftlicher Betätigung von Idealvereinen, Heidelberg 1982; *Hennes, Wilhelm*, Regelverstoß, Tatsachenfeststellung und Überprüfung durch das Sportgericht, WFV 25, 40 ff.; *Herdegen*, Einstweiliger Rechtsschutz durch Schiedsgerichte in rechtsvergleichender Betrachtung, RIW 81, 304 ff.; *Hermanns, Arnold*, Grundlagen des Sportsponsoring, in: *Galli/Gömmel/Holzhäuser/Straub*, Sportmanagement, München 2002, 333; *Heß, Burkhard*, Voraussetzungen und Grenzen eines autonomen Sportrechts unter besonderer Berücksichtigung des internationalen Spitzensports, in: Aktuelle Rechtsfragen des Sports, 1999, 1 ff.; *Hesse, Konrad*, Grundzüge des Verfassungsrechts der Bundesrepublik Deutschland, 20. Aufl., Heidelberg 1995; *Hiedl, Norbert*, Drohen „wilde Ligen" im Eishockey-Sport? – Zu den Streitigkeiten DEB und DEL –, SpuRt 1998, 191 ff.; *Hilpert, Horst*, Notwendigkeit einer Anklageinstanz im Sportverbandsgerichtsverfahren?, SpuRt 1996, 50 ff.; *ders.*, Organisation und Tätigkeit von Verbandsgerichten, BayVBl. 1988, 161 ff.; *ders.*, Sport und Arbeitsrecht, RdA 1997, 92 ff.; *ders.*, Tatsachenentscheidung und Regelverstoß im Fußball, SpuRt, 1999, 49 ff.; *Hoffmann, Jürgen*, Sponsoring zwischen Verbandsrecht und Berufsfreiheit, SpuRt 1996, 73 ff.; *Hoffmann, Matthias*, Sportgesellschaften – Patentrezept für alle Ligen? – Zur Neuorganisation der deutschen Eishockey-Liga, SpuRt 1994, 24 f.; *Hohl, Michael*, Rechtliche Probleme der Nominierung von Leistungssportlern, Diss. Bayreuth 1992; *ders./Dressel, Uwe*, Vereinsmanagement, München 1998; *Holzhäuser, Felix*, Der strukturelle Aufbau professioneller deutscher Sportligen nach Ausgliederung aus Bundesfachsportverbänden, SpuRt 2004, 144 ff. und 243 ff.; *Hopt, Klaus*, Aktiengesellschaft im Berufsfußball, BB 1991, 505 ff.; *ders.*, Aktiengesellschaft im Profifußball?, WFV 28, 101 ff.; *Immenga, Ulrich/Mestmäcker, Ernst-Joachim*, GWB Kommentar, 3. Aufl., München 2001; *Jahn, Matthias*, Ein neuer Straftatbestand gegen eigenverantwortliches Doping?, SpuRt 2005,

141; *Jarass, Hans D./Pieroth, Bodo,* Grundgesetz, Kommentar, 5. Aufl., München 2000; *Jenny, Christian,* Der Sportlervermittlungs- und der Sportlermanagementvertrag, in: Scherrer, Sportlervermittlung und Sportlermanagement, 2. Aufl. Bern 2003, 23 ff.; *Jolidon, Pierre,* Arbitrage et sport, in: *Merz, Hans/Schluep, Walter R.* (Hrsg.), Festschrift für Max Kummer, Bern 1980, 633 ff.; *Kathmann, Uwe,* Rechtsfragen zur praktischen Anwendung des Spielervermittler-Reglements des Weltfußballverbandes FIFA, in: *Scherrer,* Sportlervermittlung und Sportlermanagement, 2. Aufl. Bern 2003, 109 ff.; *Kauffmann, Hans,* Verbandsrechtsprechung im Sport, WFV 24, 6 ff.; *Kebekus, Frank,* Alternativen zur Rechtsform des Idealvereins im bundesdeutschen Lizenzfußball, Diss. Berlin 1991; *Kern, Markus, Haas, Oliver, Dworak, Alexander,* Finanzierungsmöglichkeiten für die Fußball-Bundesliga und andere Profisportligen, in: *Galli/Gömmel/Holzhäuser/Straub,* Sportmanagement, München 2002, S. 395; *Ketteler, Gerd,* Sport als Rechtsbegriff, SpuRt 1997, 73 ff.; *Kindermann, Hans,* Die verbandsrechtliche Regelung des Dopingverbots im Fußball, WFV 26, 31 ff.; *Kirchhof, Ferdinand,* Private Rechtssetzung, Habil., Berlin 1987; *Klein, Willi,* Deutsches Sporthandbuch, Band I: Organisation – Recht – Verwaltung; Loseblattsammlung, 2. Aufl., Heidelberg 1997; *Klingmüller, Angela,* Sportlervermittler in den USA, in: *Scherrer,* Sportlervermittlung und Sportlermanagement, 2. Aufl. Bern 2003, 75 ff.; *dies.,* Namensrechte bei Sportstätten/Der Namensrechtsvertrag, SpuRt 2002, 59 ff.; *Knauth, Klaus-Wilhelm,* Die Ermittlung des Hauptzwecks bei eingetragenen Vereinen, JZ 1978, 339 ff.; *Kohler, Stefan,* Mitgliedschaftliche Regelungen in Vereinsordnungen, Diss. Heidelberg 1992; *Kohlhaas, Max,* Das Doping aus rechtlicher Sicht, in: *Schroeder, Friedrich-Christian/Kauffmann, Hans* (Hrsg.), Sport und Recht, Berlin/New York 1972, 48 ff.; *ders.,* Zur Anwendung aufputschender Mittel im Sport, NJW 1970, 1958 ff.; *Kopp, Ferdinand O.,* Verwaltungsgerichtsordnung, Kommentar, 10. Aufl., München 1994; *Körner, Harald Hans,* Doping: Der Drogenmißbrauch in Sport und Staat, ZRP 1989, 418 ff.; *Krähe, Christian,* Beweislastprobleme bei Doping im internationalen Sport, in: *Fritzweiler,* Doping, 2000, S. 39 ff.; *Kröninger, Holger,* Provisionsansprüche von Spielervermittlern gegenüber Fußballvereinen, SpuRt 2004, 233 ff.; *Krogmann, Mario,* Dopinggesetzgebung im Ausland, SpuRt 1999, 148 ff. und 2000, 13 ff.; *Krumpholz, Andreas,* Apartheid und Sport, München 1991; *Kühl, Jochen,* Rechtstatsächliche Konstruktionen der Werbung durch Verbände und Vereine, RuS 3, 25 ff.; *ders.,* Die Entstehung des DSB-Sanktionskatalogs als Empfehlung an die Spitzenverbände, in: Schriften der Führungs- und Verwaltungsakademie des DSB, Berlin 1994; *Kühl, Kristian,* Die sportrechtlichen Straftatbestände, WFV 24, 22 ff.; *ders.,* Zur Zulässigkeit von Blut-/Urin-Dopingtests, in: Schriftenreihe des Bundesinstituts für Sportwissenschaft, Band 86, Schorndorf, 1996; *Kuhn, Georg/Uhlenbruck, Wilhelm/Mentzel, Franz,* Konkursordnung, Kommentar, 10. Aufl., München 1986; *Kummer, Max,* Spielregel und Rechtsregel, Bern 1973; *Kurtze, Klaus,* Das Recht der internationalen Sportverbände, Diss. Augsburg, 1975; *Lampe, Christian/Müller, Michael,* Sportmanagement und Arbeitsvermittlung, SpuRt 2003, 133 ff.; *Larenz, Karl,* Lehrbuch des Schuldrechts, Band I (Allgemeiner Teil), 14. Aufl., München 1987; *Lehner, Michael/Freibüchler, Torsten,* Doping im DDR-Sportsystem – Schadensersatzansprüche der Opfer?, SpuRt 1995, 2 ff.; *Leipold, Dieter,* Richterliche Kontrolle vereinsrechtlicher Disziplinarmaßnahmen – Besprechung der Entscheidung *BGHZ* 87, 337, ZGR 1/1985, 113 ff.; *Lenz, Tobias/Imping, Andreas,* Tatsachenentscheidungen: Bindung und Ausnahmen, SpuRt 1994, 225 ff.; *Limberger, Franziska,* Sportlervermittlung: Erste Analyse aus der Sicht des österreichischen Rechts, SpuRt 2004, 139 ff.; *Linck, Joachim,* Doping aus juristischer Sicht, MedR 1993, 55 ff.; *ders.,* Doping und staatliches Recht, NJW 1987, 2545 ff.; *Lindemann, Hannsjörg,* Sportgerichtsbarkeit – Aufbau, Zugang, Verfahren, SpuRt 1994, 17 ff.; *Loeper v., Hans-Heinrich/Faßbender, Heinz,* Doping im Galopprennsport, RuS 5, 51 ff.; *Lohbeck, Eckart,* Das Recht der Sportverbände, Diss. Marburg 1971; *Löhr, Karl-Ludwig,* Mitwirkung der Vermittler von Berufssportlern/Lizenzspielern bei Vertragsverhandlungen, NJW 1995, 2148 f.; *Look, Frank van,* Gegen die vorläufige Wettkampfsperre gerichtete einstweilige Leistungsverfügung, EWiR 2000, 659; *Lüke, Gerhard,* Einstweiliger Rechtsschutz in der Verbands- und Schiedsgerichtsbarkeit, WFV 22, 38 ff.; *Lukes, Rudolf,* Erstreckung der Vereinsgewalt auf Nichtmitglieder durch Rechtsgeschäft, in: *Hefermehl, Wolfgang* (Hrsg.), Festschrift für Harry Westermann, Karlsruhe 1974, 325 ff.; zitiert: *Lukes,* Erstreckung; *Maier, Frank,* Rechtsfragen der Organisation und Autonomie im Verbands- und Berufssport – Dargestellt am Beispiel des Deutschen Fußball-Bundes und der National Football League in den USA, Diss. Bayreuth 1995; *Majcen, Rolf,* Nominierungsanspruch zur Teilnahme an der Europameisterschaft?, SpuRt 2004, 7 ff.; *Malatos, Andreas,* Berufsfußball im europäischen Rechtsvergleich, Kehl/Straßburg/Arlington 1988; *Martinek, Michael,* Moderne Vertragstypen, 1992; *Medicus, Dieter,* Allgemeines Schuldrecht, 9. Aufl., Heidelberg 1996; *Meinberg, Martin/Olzen, Dirk/Neumann, Steffen,* Gutachten über die rechtliche Möglichkeit zur Verhinderung des Doping-Mißbrauchs, RuS 5, 63 ff.; *Mevert, Friedrich,* Internationale und Europäische Sportorganisationen, Bd. 4 der Schriftenreihe zum Deutschen Sporthandbuch, Wiesbaden 1981; *Meyer, Heinrich H. D.,* Die Eignung von Blut und/oder Urin zum Nachweis von Dopingsubstanzen, in: Schriftenreihe des Bundesinstituts für Sportwissenschaft, Band 86, Schorndorf, 1996; *Modl, Christian*, Rechtliche Aspekte der Sportlervermittlung im schweizerischen Recht, in: Scherrer, Sportlervermittlung und Sportlermanagement, 2. Aufl. Bern 2003, S. 43 ff.; *Müller, R. Klaus*, Eignung von Blut und/oder Urin zum Doping-Nachweis, in: Schriftenreihe des Bundesinstituts für Sportwissenschaft, Band 86, Schorndorf, 1996; *Münchener Kommentar zum Bürgerlichen Gesetzbuch*, München 2003; zitiert: MüKo-Bearbeiter; *Müller, Christian*, Kostenkontrolle und Wettbewerbssicherung durch Lizenzierungsverfahren – Dargestellt am Reglement für die Fußball-Bundesliga, in *Büch, Martin-Peter/Schellhaaß, Horst*, Ökonomik von Sportligen, Schorndorf 2005, 53 ff.; *ders.*, Befreiung der Profi-Fußballer von den Fesseln institutionalisierter Kompensationssysteme? Ein Plädoyer für die Zulässigkeit von Spielerbindungen im Teamsport, in: *Horch/Heydel/Sierau*, Finanzierung des Sports, Aachen 2002; *Müller, Rudhart Klaus*, Doping – Methoden, Wirkungen, Kontrolle, München 2004; *Nasse, Roland*, Der Sportler und (s)ein Manager, SpuRt 1996, 113 ff.; *Nicklisch, Fritz*, Inhaltskontrolle von Verbandsnormen, Heidelberg 1982; *Niese, Lars Holger*, Die Muster-Athletenvereinbarung des Deutschen Sportbundes; Was muß alles geregelt sein und wo liegen die Grenzbereiche?, in: Rechte der Athleten, Akademieschrift 49 der Führungs- und Verwaltungsakademie des DSB 1997, 7 ff.; *Nolte, Martin*, Staatliche Verantwortung zur Bestrafung des Dopings?, in: *Vieweg*, Perspektiven des Sportrechts, Berlin 2005, S.127 ff.; *Oswald, Denis*, L'Organisation Juridique des Fédérations Internationales de Sport, in: Olympic Message Nr. 11, 9/1985, 7 ff.; *Otto, Harro*, Zur Strafbarkeit des Dopings – Sportler als Täter und Opfer, SpuRt 1994, 10 ff.; *Palandt, Otto*, Bürgerliches Gesetzbuch, Kommentar, 64. Aufl., München 2005; *Partikel, Andrea*, Formularbuch für Sportverträge, 2. Aufl. München 2006; *Paul, Christian*, Kontamination mit Doping-Substanzen: Zur Pflicht zur Aufklärung des Sportlers über mögliche Kontaminationsquellen, SpuRt 2004, 240; *Petri, Grischka*, Zur AGB-rechtlichen Inhaltskontrolle des World Anti-Doping Codes und des NADA-Codes, in: *Vieweg*, Perspektiven des Sportrechts, Berlin 2005, S. 105; *ders.*, Die Sanktionsregeln des World Anti-Doping-Codes, SpuRt 2003, 183 ff. und 230 ff.; *Pfister, Bernhard*, Anmerkung zum Reiter-Urteil, JZ 1995, 464 ff.; *ders.*, Autonomie des Sports, sport-typisches Verhalten und staatliches Recht, in: *Pfister, Bernhard/Will, Michael R.* (Hrsg.), Festschrift für Werner Lorenz zum 70. Geburtstag, Tübingen 1991, 171 ff.; *ders.*, Bindung an Verbandsrecht in der Verbandshierarchie, SpuRt 1996, 48 ff.; *ders.*, Das „Krabbe-Urteil" – Urteilsanmerkung 1. Teil: Deutsche Sportverbände als Niederlassungen der internationalen Verbände?, SpuRt 1995, 201 ff.; *ders.*, Das „Krabbe-Urteil" – Urteilsanmerkung 2. Teil: Kollisions- und materiellrechtliche Probleme, SpuRt 1995, 250 ff.; *ders.*, Schutzzweck von Sportregeln, in: *Heinze, Meinhard*, Festschrift für Gitter, Wiesbaden, 1995, S. 731 ff.; *ders.*, Die Doping-Rechtsprechung des TAS, SpuRt 2000, 133 ff.; *ders.*, Ein grundlegendes Urteil des TAS zu den Dopingregeln des IOC, SpuRt 2003, 16 ff.; *Prokop, Clemens*, Probleme des Deutschen Leichtathletik-Verbandes bei der Durchsetzung von Sanktionen nach Dopingverstößen, in: Schriften der Führungs- und Verwaltungsakademie des DSB, Berlin 1994; *ders.*, Die Athletenvereinbarung am Beispiel des Deutschen Leichtathletikverbandes, in: Rechte der Athleten, Akademieschrift 49 der Führungs- und Verwaltungsakademie des DSB 1997, 19 ff.; *ders.*, Die Grenzen der Dopingverbote, Diss. Baden-Baden 2000; *ders.*, Probleme der aktuellen Dopingbekämpfung aus Sicht nationaler/internationaler Verbände, in: *Fritzweiler*, Doping, 2000, S. 79 ff.; *Rauball, Reinhard*, Fragen des Rechtsmittelverfahrens bei Lizenzversagung, RuS 35, 61 ff.; *Raupach, Arndt*, „Structure follows strategy" – Grundfragen der Organisation, des Zivil- und Steuerrechts im Sport, dargestellt am Thema „Profigesellschaften", SpuRt 1995, 241 ff., SpuRt 1996, 2 ff.; *Rauste, Olli*, Der Mißbrauch einer beherrschenden Position (Monopolstellung) seitens des Finnischen Basketball-Verbandes, SpuRt 1996, 76 ff.; *Reichert, Bernhard*, Handbuch Vereins- und Verbandsrecht, 10. Aufl., München, Neuwied, 2005; *ders.*, Erstmalige Verhängung einer Vereinsstrafe durch ein Schiedsgericht als Vereinsorgan, SpuRt 2004, 50 ff.; *ders.*, Rechtsfragen beim Konkurs von Sportvereinen mit Profi- und Amateurabteilungen, RuS 12, 1 ff.; *ders.*, Sponsoring und nationales Sportverbandsrecht, RuS 20, 31 ff.; *ders.*, Sportverbandslizenzen im Bereich des Profimannschaftssports, SpuRt 2003, 3 ff. und 98 ff.; *Reimann, Christoph*, Persönliche Haftung der Verbandsorgane gegenüber Sportlern, in: *Vieweg*, Perspektiven des Sportrechts, Berlin 2005, S. 1 ff.; *Reinhart*, Sportverbandsgerichtsbarkeit und Doppelbestrafungsverbot, SpuRt 2001, 45; *Reuter, Dieter*, Die Verfassung des Vereins gem. § 25 BGB, ZHR 148 (1984), 523 ff.; *ders.*, Probleme der Transferentschädigungen im Fußballsport, NJW 1983, 649 ff.; *ders.*, Voraussetzungen und Grenzen der Verbindlichkeit internationalen Sportrechts für Sportvereine und Sportler, RuS 7, 53 ff.; *Ritthaler, Friedrich*, Doping und Sport – Medizinische Fragen, WFV 26, 24 ff.; *Rittner, Karin*, Sport und Arbeitsteilung, Bad Homburg 1976; *Röhricht, Volker*, Buchbesprechung: *Grunewald, Barbara*, Der Ausschluß aus Gesellschaft und Verein, Köln 1987, AcP 189 (1989), 386 ff.; *ders.*, Satzungsrechtliche und individualrechtliche Absicherung von Zulassungssperren als wesentlicher Bestandteil des DSB-Sanktionskatalogs, in: Schriften der Führungs- und Verwaltungsakademie des DSB, Berlin 1994; *ders.*, Inhaltskontrolle verbandsrechtlicher Entscheidungen. Bestandsaufnahme und Ausblick, WFV 24, 75 ff.; *ders./Vieweg,* Doping-Forum – aktuelle rechtliche und medizinische Aspekte, RuS Sonderband 2000; *Röthel, Anne,* Neues Doping-Gesetz für Frankreich, SpuRt 1999, 20 ff.; *Rohlmann, Peter,* Sportmerchandising, in: *Galli/Gömmel/Holzhäuser/Straub,* Sportmanagement, München 2002, S. 373; *Roth, Edgar,* Verbandsrechtliche Prüfungsverfahren – Zulässigkeit, Methode und Auswirkungen, RuS 12, 25 ff.; *Roth, Günter/Altmeppen, Holger,* GmbHG Kommentar, 5. Aufl., München 2005; *Roth, Hans, Walther, Fridolin,* Der Fall „FC Sion" – zur nachträglichen Teilnahme eines Fußballvereins an einer laufenden Meisterschaft, SpuRt 2005, 195 ff.; *Sauter, Eugen/Schweyer, Gerhard/Waldner, Wolfram,* Der eingetragene Verein, 17. Aufl., München 2001; *Schauhoff, Karl-Friedrich,* Was ist eigentlich ein Schiedsgericht?, SpuRt 1995, 24 f.; *Schellhaaß, Horst,* Die Lizenzierung von Profivereinen aus ökonomischer Sicht, RuS 35, 25 ff.; *Scherrer, Urs,* Bußen im schweizerischen Verbands- und Arbeitsrecht: Keine Disziplinargewalt der Arbeitgeber, SpuRt 1994, 59 ff.; *ders.,* Keine Aktiengesellschaften im Schweizer Fußball, SpuRt 1995, 88 ff.; *ders.,* Rechtsfragen des organisierten Sportlebens in der Schweiz: Eine vereins- und persönlichkeitsrechtliche Untersuchung, Diss. Zürich 1982; zitiert: *Scherrer,* Rechtsfragen; *ders.,* Richterentscheide contra Verbandsmacht: Zum Entscheid des Berner Richteramtes III im Fall Gasser, SJZ 84 (1988), S. 136; *ders.,* Sportrecht – eine notwendige Sonderdisziplin?, SJZ 84 (1988), 1 ff.; *ders.,* Die Spielervermittler-Regelung des Weltfussballverbandes FIFA, in: *ders.,* Sportlervermittlung und Sportlermanagement, 2. Aufl. Bern 2003, S. 95 ff.; *Schertz, Christian,* Merchandising, München 1997; *Schild, Wolfgang,* Sportregeln und Rechtsnormen, WFV Nr. 46, S. 19 ff.; *ders.,* Sportstrafrecht, Baden-Baden 2002; *ders.,* Doping in strafrechtlicher Sicht, RuS 5, 13 ff.; *Schießl, Harald,* Der Idealverein als Unternehmensträger – konzern- und steuerrechtliche Fragen, in: *Vieweg,* Perspektiven des Sportrechts, Berlin 2005, S. 225 ff.; *Schimke, Martin,* Anmerkung zu Tribunal de Premiere Instance, Genf: Einstweilige Verfügung auf Zulassung zu einem Wettkampf, SpuRt 1996, 166 ff.; *ders.,* Sportrecht, Köln 1996; *Schlosser, Peter,* Einstweiliger Rechtsschutz durch staatliche Gerichte im Dienste der Schiedsgerichtsbarkeit, ZZP 99 (1986), 241 ff.; *ders.,* Prozessuale Fragen um den privatrechtlichen Vereinsverwaltungsakt: Eine Studie unter besonderer Berücksichtigung des Rechts der Sportverbände, MDR 1967, 884 ff., 961 ff.; *ders.,* Vereins- und Verbandsgerichtsbarkeit, München 1972; *Schmidt Karsten,* Verbandszweck und Rechtsfähigkeit im Vereinsrecht, Heidelberg 1984; zitiert: Schmidt K., Verbandszweck; *ders.,* Statutarische Schiedsklauseln zwischen prozessualer und verbandsrechtlicher Legitimation, JZ 1989, 1077 ff.; *ders.,* Wirtschaftstätigkeit von „Idealvereinen" durch Auslagerung auf Handelsgesellschaften, NJW 1983, 543 ff.; *Schmitt/Hörtnagl/Stratz,* Umwandlungsgesetz, Umwandlungssteuergesetz, 3. Aufl., München 2001; *Schneider-Grohe, Christa B.,* Doping, Lübeck 1979; *Schulke, Hans-Jürgen,* Die Zukunft der Olympischen Spiele, Köln 1976; *Schröder/Bedau,* Doping: Zivilrechtliche Ansprüche des Konkurrenten gegen den gedopten Sportler, NJW 1999, 3361 ff.; *Schwab, Dieter,* Zivilrechtliche Haftung beim Doping, RuS 5, 35 ff.; *Schwab, Karl-Heinz/Walter, Gerhard,* Schiedsgerichtsbarkeit, Kommentar, 7. Aufl., München 2005; zitiert: *Schwab/*Bearbeiter; *Schwierkus,* Der rechtsfähige ideelle und wirtschaftliche Verein (§§ 21, 22 BGB), Diss. Berlin 1981; *Sengle, Alfred,* Verrechtlichung des Sports, WFV Nr. 43 (2001), S. 91 ff.; *Siebold/Wichert,* Das Widerspruchsrecht der Fußballspieler gemäß § 613 a BGB bei der Ausgliederung der Profi-Abteilungen auf Kapitalgesellschaften, SpuRt 1999, 93 ff.; *Simma, Bruno,* The Court of Arbitration for Sport, in: FS Seidl – Hohenveldern, Köln 1988, S. 573 ff.; *ders.,* Möglichkeiten der Aufwertung der Rechtsposition der olympischen Organisation, in: NOK für Deutschland, Bundesinstitut für Sportwissenschaft, Max-Planck-Gesellschaft (Hrsg.), Olympische Leistung. Ideal, Bedingungen, Grenzen, Köln 1981, S. 334 ff.; *Skaupy, Walther,* Zu den Begriffen „Franchise", „Franchisevereinbarungen" und „Franchising", NJW 1992, 1785 ff.; *Staak, Michael,* Eignung von Blut und/oder Urin zum Doping-Nachweis, in: Schriftenreihe des Bundesinstituts für Sportwissenschaft, Band 86, Schorndorf, 1996; *Staudinger, J. von,* Bürgerliches Gesetzbuch, Kommentar, 13. Aufl., Berlin 2005; *Stein, Friedrich/Jonas, Martin,* Zivilprozeßordnung, Kommentar, Band 7, Teilband 2 §§ 946–1048, 22. Aufl., Tübingen 2002; *Steinbeck, Anja Verena,* Vereinsautonomie und Dritteinfluß, 1999; *dies.,* Der Anspruch auf Aufnahme in einen Verein – Dargestellt am Beispiel der Sportverbände, WuW 1996, 91 ff.; *Steiner, Udo,* Aktuelle Entwicklungen des Verhältnisses von Sport und Recht, in: *Haimerl, Bernhard* (Hrsg.), Festschrift für Heinz Lutter, Regensburg 1994, 214 ff.; *ders.,* Verfassungsfragen des Sports, NJW 1991, 2729 ff.; *ders.,* Verfassungsrechtliche Probleme des Dopings, WFV Nr. 26, S. 50 ff.; *ders.,* Doping aus verfassungsrechtlicher Sicht, in: *Röhricht/Vieweg,* Doping-Forum, RuS-Sonderband 2000, S. 125 ff.; *ders.,* Die Autonomie des Sports, in: Tettinger/Vieweg, Gegenwartsfragen des Sportrechts, Berlin 2004, S. 222; *Stern, Klaus,* Das Staatsrecht der Bundesrepublik Deutschland, Band II, München 1980; zitiert: Stern, Staatsrecht; *ders., Klaus,* Die Grundrechte der Sportler, in: *Schroeder, Friedrich-Christian/Kauffmann, Hans* (Hrsg.), Sport und Recht, Berlin/New York 1972, 142 ff.; *Stöber, Kurt,* Handbuch zum Vereinsrecht, 9. Aufl, Köln 2004; *Stoffel, Wilhelm,* Die Eignung von Blut und/oder Urinproben für die Dopingkontrolle,

Literatur

in: Schriftenreihe des Bundesinstituts für Sportwissenschaft, Band 86, Schorndorf, 1996; *Straub, Wilfried/Holzhäuser, Wolfgang/ Gömmel, Rainer/Galli, Albert,* Das Lizenzierungsverfahren des Ligaverbandes „Die Liga – Fußballverband e.V.": Anforderungen an die Rechnungslegung und Prüfung, in: *Galli, Albert/Gömmel, Rainer/ Holzhäuser, Wolfgang/ Straub, Wilfried* (Hrsg.), Sportmanagement, München 2002, 75 ff.; *Striegel/Vollkommer,* Die Legitimation von Dopingsanktionen, SpuRt 2004, 236; *Summerer, Thomas,* Prozeßende Katrin Krabbe: Hindernislauf mit Tücken, SpuRt 2002, 233; *derselbe,* Die neue Struktur des Profi-Fußballs, SpuRt 2001, 263; *derselbe,* Zur Wirksamkeit mündlicher Nebenabreden im Profifußball, SpuRt 1995, 264 ff.; *derselbe,* Internationales Sportrecht – eine dritte Rechtsordnung?, in: *Aderhold, Eltje* u. a. (Hrsg.), Festschrift für Hans Hanisch, Köln 1994, 267 ff.; *ders.,* Internationales Sportrecht vor dem staatlichen Richter in der Bundesrepublik Deutschland, Schweiz, USA und England, München 1990; *Summerer, Thomas/Blask, Holger,* Rechte an Spielplänen und Tabellen von Profiligen am Beispiel der DFL, SpuRt 2005, 50 ff.; *Summerer,Thomas/Ernst, Matthias,* Das neue Vereinsheim – Fleißarbeit der Mitglieder ohne Unfallversicherungsschutz?, Beitragspflicht eines Sportvereins zur gesetzlichen Unfallversicherung (Berufsgenossenschaft) für nicht gewerbsmäßige Bauarbeiten der Vereinsmitglieder, SpuRt 1994, 230 ff.; *Sutter, Thomas,* Rechtsfragen des organisierten Sports unter besonderer Berücksichtigung des Einzelarbeitsvertrages, Basel 1984; *Tenter, Thomas,* Die Schwalbe auf dem Fußballfeld oder ist die Zeitlupenstudie für den Staatsanwalt Anlaß zur Einleitung von Ermittlungen?, JABl. 96, 855 ff.; *Tettinger, Peter J.,* Blutentnahme zum Zwecke der Dopinganalytik? Verfassungsrechtliche Überlegungen zur Zulässigkeit einer Blutentnahme bei Leistungssportlern zum Nachweis von Dopingsubstanzen, in: Blut und/oder Urin zur Dopingkontrolle, Schriftenreihe des Bundesinstituts für Sportwissenschaft, Band 86, Schorndorf, 1996; *Thomas, Heinz/Putzo, Hans,* Zivilprozeßordnung, Kommentar, 26. Aufl., München 2004; *Tripcke, Gernot,* Die Club-Lizenzprüfung in der DEL, RuS 35, 41 ff.; *Tröndle/Fischer,* Strafgesetzbuch, 52. Aufl., München 2004; *Turner, George,* Die Einwilligung des Sportlers beim Doping, NJW 1991, 2943 ff.; *ders.,* Doping und Zivilrecht, NJW 1992, 720 ff.; *ders.,* Ist ein Anti-Doping-Gesetz erforderlich?, ZRP 1992, 121 ff.; *ders.,* Rechtsprobleme beim Doping im Sport, MDR 1991, 569 ff.; *Uhlenbruck, Wilhelm,* Konkursrechtliche Probleme des Sportvereins, in: *Gerhardt, Walter* u. a. (Hrsg.), Festschrift für Franz Merz zum 65. Geburtstag, Köln 1992, S. 581 ff.; *van Look, Frank,* Vereinsstrafen als Vertragsstrafen, Berlin 1990; zitiert: van Look, Vereinsstrafen; *Vedder, Christoph,* The International Olympic Committe: An Advanced Non-Governmental Organization and the International Law, GYIL Vol. 27 (1984), S. 233 ff.; *Vedder, Christoph/Tröger, Walther,* Rechtsqualität der IOC-Zulassungsregel – Anspruch und Wirklichkeit, RuS 7, 1 ff.; *Vieweg, Klaus,* Die gerichtliche Nachprüfung von Vereinsstrafen und -entscheidungen, JZ 1984, 167 ff.; *ders.,* Zur Einführung: Sport und Recht, JuS 1983, 825 ff.; *ders.,* Disziplinargewalt und Inhaltskontrolle – Zum „Reiter-Urteil" des Bundesgerichtshofs, SpuRt 1995, 97 ff.; *ders.,* Doping und Verbandsrecht, NJW 1991, 1511 ff.; *ders.,* Doping und Verbandsrecht – Zum Beschluß des DLV-Rechtsausschusses im Fall Breuer, Krabbe, Möller, NJW 1992, 2539 f.; *ders.,* Normsetzung und -anwendung deutscher und internationaler Verbände, Berlin 1990; *ders.,* Teilnahmerechte und -pflichten der Vereine und Verbände, RuS 16, 23 ff.; *ders.,* Zivilrechtliche Beurteilung der Blutentnahme zum Zwecke der Dopingkontrolle, in: Blut und/oder Urin zur Dopingkontrolle, Schriftenreihe des Bundesinstituts für Sportwissenschaft, Band 86, Schorndorf, 1996; *ders.,* Zur Bedeutung der Interessenabwägung bei der gerichtlichen Kontrolle von Verbands-Zulassungsentscheidungen, in: Schriften der Führungs- und Verwaltungsakademie des DSB, Berlin 1994; *ders.,* Zur Inhaltskontrolle von Verbandsnormen, in: *Leßmann, Herbert* (Hrsg.), Festschrift für Rudolf Lukes zum 65. Geburtstag, Köln u. a. 1989, 809 ff.; *ders.,* Doping – Realität und Recht, Berlin 1998; *ders.,* Staatliches Anti-Doping-Gesetz oder Selbstregulierung des Sports?, SpuRt 2004, 194 ff.; *Vieweg, Klaus/Hannamann, Isolde,* Athleteninteresse und mögliche Konflikte in Verein und Verband – Ein Beitrag zur aktuellen Diskussion sogenannter Athletenvereinbarungen, in: Rechte der Athleten, Akademieschrift 49 der Führungs- und Verwaltungsakademie des DSB 1997, 43 ff.; *Vieweg, Klaus/Kühl, Kristian/Tettinger, Peter J.,* Blut und/oder Urin zum Nachweis von Dopingsubstanzen – Ergebnisse juristischer Gutachten, SpuRt 1995, 188 ff.; *Vieweg/Neumann,* Probleme und Tendenzen des Lizenzierungsverfahrens, RuS 35, 9 ff.; *Vollkommer, Max,* Zum Rechtsschutz von Lizenzspielern und Lizenzvereinen durch staatliche Gerichte gegenüber der sog. Sportgerichtsbarkeit des Deutschen Fußball-Bundes, RdA 1982, 16 ff.; *Vollkommer, Max,* Zur Lizenzerteilungsstreit im Bundesligafußball, NJW 1983,726 f.; *Wagner, Gert,* Negative Auswirkungen eines Anti-Doping-Gesetzes, ZRP 1992, 369 ff.; *Warburton, Jean,* Sporting Decisions: Should the Courts Participate?, Solicitors' Journal, Vol. 131, Nr. 26, 1987, 868 ff.; *Waske, Thomas K.,* Nochmals: Die Angst des DFB-Sportgerichts vor der Tatsachenentscheidung, SpuRt 1994, 189 f.; *Wax, Peter,* Einstweiliger Rechtsschutz im Sport – Bestandsaufnahme, WFV 22, 7 ff.; *Weber, Christian,* Die Stiftung Nationale Anti-Doping-Agentur, RuS 36 (2006), 71 ff.; *Weber, Ulrich,* Beschränkung und Verbot von Beweismitteln in sportgerichtlichen

2. Teil. Sport, Vereine und Verbände

Verfahren, WFV 19, 8 ff.; *Weiland, Bernd H.*, Keine Lizenzen für bilanzschwache Fußballvereine?, NJW 1978, 737 ff.; *Weiler, Simon*, Multi-Club Ownership, in: Vieweg, Perspektiven des Sportrechts, Berlin 2005, S. 173 ff.; *Weistart, J. C./Lowell, C. H.*, The Law of Sports, Charlottesville, 1979, supplement 1985; *Wertenbruch, Johannes*, Die Vereinbarkeit der Beratungs- und Vermittlungstätigkeit für Berufssportler, NJW 1995, 223 ff.; *Westermann, Harm Peter*, Das Recht des Leistungssports – ein Sonderprivatrecht?, in: *Loewisch, Manfred* (Hrsg.), Festschrift für Fritz Rittner, München 1991, 771 ff.; zitiert: *Westermann*, Leistungssport; *ders.*, Der Sportler als „Arbeitnehmer der besonderen Art" – Zur Durchdringung von arbeitsrechtlichen Regelungen durch vereins- und verbandsautonome Bestimmungen, RuS 4, 35 ff.; *ders.*, Die Verbandsstrafgewalt und das allgemeine Recht, Bielefeld 1972; *ders.*, Verbandsautonomie und staatliches Rechtsprechungsmonopol, WFV 24, 41 ff.; *ders.*, Zur Legitimität der Verbandsgerichtsbarkeit, JZ 1972, 537 ff.; *ders.*, Die rechtliche Bewertung des Spielervermittlers/Spielerberaters nach deutschem Zivilrecht, WFV Nr. 44 (2003), 53 ff.; *ders.*, Fairness als Rechtsbegriff, WFV Nr. 46 (2004), S. 79 ff.; *Wiedemann, Herbert*, Gesellschaftsrecht – Ein Lehrbuch des Unternehmens- und Verbandsrechts, Band 1 (Grundlagen), München 1980; *Will, Michael R.*, Rechtsgrundlagen der Bindung nationaler Verbände an internationale Sportverbandsregeln, RuS 7, 29 ff.; *Wolf, Manfred*, In dubio pro arbitro?, WFV 19, 70 ff.; *Wolf, Manfred/Horn, Norbert/Lindacher, Walter F.*, Gesetz zur Regelung des Rechts der Allgemeinen Geschäftsbedingungen, Kommentar, 3. Aufl., München 1994; *Wong, Glenn M.*, Essentials of Amateur Sports Law, Dover 1988; *Zöller, Richard*, Zivilprozeßordnung, Kommentar, 24. Aufl., Köln 2004.

Übersicht

	Rz.
Einführung	
1. Kapitel. Autonomie, Organisation, Regelwerke und Management des Sports	1–2
A. Das Spannungsverhältnis zwischen Vereins-/Verbandsrecht und staatlichem Recht	3–21
I. Autonome Rechtsetzungsfähigkeit des Vereins/Verbandes	3–4
II. Einteilung des Regelwerks	5–9
1. Sportregel – Rechtsregel	5–7
2. Satzung und Ordnungen – der weite Vereinsverfassungsbegriff des BGH	8–9
III. Hierarchie Vereinsrecht – staatliches Recht	10–21
1. Vorrang staatlichen Rechts	10–11
2. Die Satzung als Sonderprivatrecht?	12
3. Keine Verdrängung staatlichen Rechts durch verbandsrechtliche Wertungen	13–21
a) Spezielle Sozialwerte des Sports	13
b) Einzelfälle aus verschiedenen Rechtsbereichen	14–21
B. Sportorganisationen	22–34
I. Landesfachsportverbände	24
I. Bundesfachsportverbände	25
III. Landessportbünde	26
IV. Deutscher Olympischer Sportbund (DOSB)	27
V. Stiftung Deutsche Sporthilfe	29
VI. Der „Freiburger Kreis"	30
VII. Kontinentale Sportvereinigungen	31
VIII. Internationale Fachsportverbände (IFs)	32
IX. Internationales Olympisches Komitee (IOC)	33
X. Organisationsaufbau des Sports weltweit	34
C. Struktur und Regelwerke großer Sportverbände	35–48
I. Deutscher Olympischer Sportbund (DOSB)	36
II. Leichtathletik (DLV)	37
III. Fußball (DFB), Bundesliga (Ligaverband und DFL)	38
IV. Tennis (DTB)	39
V. Basketball (DBB/BBL)	40
VI. Eishockey (DEB/DEL)	41
VII. Skisport (DSV)	42
VIII. Handball (DHB/HBL)	43
IX. Volleyball (DVV)	44
X. Hockey (DHoB)	45
XI. Eislauf (DEU)	46
XII. Turnen (DTuB)	47
XIII. Schwimmen (DSV)	48
D. Rechtsformen und Management der Sportvereine/-verbände	49–85

Übersicht

	Rz.
I. Vereinsname, Sitz, Namensschutz	49–53
II. Idealverein – Wirtschaftsunternehmen (e.V. – GmbH/AG)	53–71
1. Traditionelle Erscheinungsformen	53–60
a) Eingetragener Verein (e.V.)	54–58
b) Nebenzweck-Privileg	59–60
2. Zwang zur Umwandlung in Kapitalgesellschaften	61–62
3. Umwandlungstendenzen und moderne Erscheinungsformen	63–71
III. Finanzierung eines Sportvereins	72–75
IV. Prüfungsverfahren zur Feststellung der wirtschaftlichen Leistungsfähigkeit eines Vereins bzw. einer Kapitalgesellschaft	76–85
1. Das Lizenzerteilungsverfahren durch den Ligaverband	77–80
2. Entscheidung und Rechtsmittel	81
3. UEFA-Clublizenzierungsverfahren	82
4. Lizenzierungsverfahren in anderen Sportarten	83
5. Lizenzverweigerungen und Rechtsstreitigkeiten	84
6. Haftung	85
E. Der Sportverein in der Insolvenz	86–104
Einführung	86–87
I. Eröffnung des Insolvenzverfahrens	88–90
1. Gründe für die Eröffnung	88
2. Antragspflicht des Vorstandes, Haftung	89
3. Das Eröffnungsverfahren, Fortführung des Wettkampfbetriebes	90–91
II. Folgen der Eröffnung des Insolvenzverfahrens	92–103
1. Für den Bestand des Vereins	92
2. Die Insolvenzmasse	93–101
a) Das Vereinsvermögen	93
b) Das Recht an Verbandseinrichtungen teilzunehmen	94–101
(a) Das Teilnahmerecht als Massebestandteil	95
(b) Verbandsregelungen	96–101
3. Auswirkungen der Insolvenz auf die Spieler	102–103
a) Vereinsmitglieder	102
b) Arbeitnehmer	103
III. Insolvenz eines Sportclubs in der Rechtsform einer Aktiengesellschaft, GmbH oder GmbH & Co. KG	104
2. Kapitel. Mitgliedschaft im Verein/Verband und Bindungswirkungen	**105–169**
A. Arten der Mitgliedschaften	105–107
I. Ordentliche/unmittelbare Mitgliedschaft (Verein-Sportler/Verband-Verein)	105
II. Mittelbare Mitgliedschaft (Verband – Sportler)	106
III. Außerordentliche Mitgliedschaft	107
B. Aufnahmeanspruch (Beitritt)	108–117
I. Das monopolbildende Ein-Platz-Prinzip	108–109
II. Kartellrechtlicher Aufnahmeanspruch	110–111
III. Zivilrechtlicher Aufnahmeanspruch	112–117
C. Mitgliedschaftsrechte	118–146
I. Organschafts-, Wert- u. Schutzrechte	118–121
II. Mitgliedschaftsrecht als sonstiges Recht im Sinne des § 823 Abs. 1 BGB und Teilnahmeanspruch	122–129
III. Einzelfälle	130–146
D. Mitgliedschaftspflichten	147
E. Die Verbindlichkeit des Vereins-/Verbandsregelwerks	148–172
I. Geltung gegenüber unmittelbaren Mitgliedern	148–152
II. Geltung gegenüber mittelbaren Mitgliedern	153–164
1. Lückenloses System korrespondierender Satzungsverankerung (korporationsrechtliches Modell)	153–157
a) Statische Verweisung	154–155
b) Dynamische Verweisung	156–157
2. Vertrag (individualrechtliches Modell)	158–164
III. Geltung olympischen Rechts gegenüber NOKs, Fachsportverbänden und Athleten	165–170
IV. Geltung des Rechts der internationalen Fachsportverbände	171–172

2. Teil. Sport, Vereine und Verbände

	Rz.
3. Kapitel. Ordnungs- und Strafgewalt der Vereine/Verbände	173–275
A. Rechtsetzungs- und Ordnungsmaßnahmen	173–179
B. Beispiele im Verbandsrecht	180–251
I. Zulassungsregeln und Zulassungsbeschränkungen	180–183
1. Zulassungsregeln („Amateur"-Status)	180
a) Leichtathletik	181
b) Olympische Spiele	182–183
2. Vereinswechsel und Transfersystem	184
a) Vereinswechsel mittels Spielervermittler	185–189
aa) Vereinbarkeit mit staatlichem Recht	187–188
bb) Vereinbarkeit mit dem Rechtsberatungsgesetz im Besonderen	189
b) Transfersystem im Fußball und der Leichtathletik	191–195
3. Förderung jüngerer deutscher Spieler	196
4. Wechsel der Staatsangehörigkeit	197–198
II. Vermarktungsbeschränkungen gegenüber Sportlern und Vereinen	199–208
III. Doping	209–251
1. Definitionen des Dopings, Zuständigkeiten und Statutenbeispiele	209–224
2. Einführung in die Dopingproblematik	225–235
3. Unverzichtbare Rechtsgarantien	236–237
4. Die Sanktionen der Verbände	238–240
5. Doping im Zivil- und Strafrecht	241–249
6. Doping in der ehemaligen DDR	250–251
C. Berücksichtigung rechtsstaatlicher Grundsätze	252
I. Bestimmtheitsgrundsatz	253–256
II. Rückwirkungsverbot	257
III. Verbot der Doppelbestrafung	258
IV. Verhältnismäßigkeit/Übermaßverbot	259–261
V. Verschulden/Zurechenbarkeit	262–265
VI. Zuständiges Organ	266
VII. Verfahren, rechtliches Gehör und anwaltlicher Beistand	267–273
VIII. Begründungs- und Mitteilungserfordernis	274
IX. Aufschiebende Wirkung eines Rechtsmittels	275
4. Kapitel. Vereins- und Verbandsgerichtsbarkeit – Schiedsgerichtsbarkeit – staatliche Gerichtsbarkeit	276–302
A. Die Vereins- und Verbandsgerichtsbarkeit und ihre Bedeutung	276–279
B. Schiedsgerichtsbarkeit	280
I. Vorteile und Problematik einer Schiedsgerichtsbarkeit im Sport	280
II. Abgrenzung Vereinsgerichts – (echtes) Schiedsgericht	283
III. Das Schiedsgerichtsverfahren	284
1. Die Schiedsklausel	284
a) Schiedsklausel in einer Satzung	285
b) Vertragliche Schiedsklausel	286
2. Das Schiedsverfahren	288
3. Der Schiedsspruch	290
C. Klagearten und Anträge bei Vereinsstreitigkeiten	393–302
5. Kapitel. Gerichtliche Überprüfung der Vereinsregelungen und -maßnahmen und ihr Umfang	303–345
A. Überprüfbarkeit von Tatsachenentscheidungen und Regelverstößen durch Sportgerichte	304–311
B. Überprüfbarkeit von Vereinsregelungen und -maßnahmen durch staatliche Gerichte	312–337
I. Anwendbarkeit der AGB-Bestimmungen nach § 305 ff. BGB auf Vereinssatzungen und Nebenordnungen	312–318
II. Kontrollmaßstab § 242 BGB	319–335
1. Übersicht des Prüfungsumfangs	321–322
a) Bei Vereinen/Verbänden, die keine sozialmächtige oder Monopolstellung aufweisen	321
b) Bei Verbänden mit sozialmächtiger oder Monopolstellung	322
2. Prüfungskriterien im einzelnen	323–335
a) Erstreckung der Ordnungsgewalt auf den Betroffenen	323
b) Satzungsmäßige Grundlage der Ordnungsmaßnahme	324

		Rz.
c) Einhaltung des in der Satzung oder Vereinsordnung festgelegten Verfahrens		325
d) Einhaltung allgemeingültiger Verfahrensgrundsätze		326
e) Gesetzmäßigkeit der Ordnungsmaßnahme		327
f) Fehlerfreiheit der Tatsachenermittlung		328
g) Subsumtion und Strafausspruch: Willkür/grobe Unbilligkeit oder Angemessenheit?		330–335
III. Im Prozess kein Nachschieben von Gründen		336
IV. Keine Anpassung einer rechtswidrigen Maßnahme		337
C. Die Kontrollintensität im Ausland		338–345
I. Schweiz		338–340
II. USA		341–343
III. England		344–345

Einführung

Das Vereins- und Verbandsrecht befindet sich im *Umbruch*. Seit jeher genießen Vereine und Verbände aufgrund ihrer *Autonomie* das Privileg, in Satzungen und Nebenordnungen ihr eigenes Recht zu setzen und mittels eigener Verbandsgerichtsbarkeit auch durchzusetzen. Grundlegende Regelungen haben in der Satzung ihren Platz, weniger bedeutsame in Nebenordnungen. Da dieses Privileg aber nur vom Staat geliehen ist, verhilft die Autonomie nicht zu einem *Sonderprivatrecht,* das sich von der staatlichen Rechtsordnung abnabeln könnte. Vielmehr sind die Vereins- und Verbandsstatuten in das staatliche Recht, insbesondere das Zivil-, Wirtschafts- und Arbeitsrecht, eingebettet und müssen sich an dessen Maßstäben messen lassen. Bei Kollisionen, beispielsweise zwischen einer langjährigen Wettkampfsperre und dem Grundrecht auf Berufsfreiheit, gebührt dem staatlichen Recht *Vorrang*.

Während das IOC und die internationalen Sportfachverbände den Weltsport regieren, werden die einzelnen Sportarten national vom jeweiligen Sportfachverband, also z. B. Tennis vom DTB, repräsentiert. Ein Blick in die Statuten der großen Sportverbände zeigt viele Gemeinsamkeiten: geregelt werden Zuständigkeitsfragen, Zulassungsfragen zum Wettkampf, Vermarktungs- und Finanzierungsfragen, der Kampf gegen das Doping, die interne Gerichtsbarkeit und die zu erwartenden Sanktionen bei Regelverstößen. Gemeinsam ist fast allen Sportvereinen und -verbänden, dass sie als sog. *Idealvereine* organisiert und in das Vereinsregister eingetragen sind. Damit gehen zahlreiche Vergünstigungen, z. B. steuerlicher Art, einher. Die fortschreitende Kommerzialisierung hat allerdings Profivereine der Bundesligen und die größeren Sportverbände zu *Wirtschaftsunternehmen* mit Millionenumsätzen heranreifen lassen, die zugunsten eines besseren Managements und Gläubigerschutzes von Rechts wegen in eine Kapitalgesellschaft (GmbH, AG) *umgewandelt* werden müssten, wie es im Inland schon teilweise, im Ausland schon vielfach praktiziert wird.

Um eine solide finanzielle Basis für den Spielbetrieb zu gewährleisten, haben größere Sportorganisationen wie der Ligaverband und die DEL ein Prüfungsverfahren zur Feststellung der wirtschaftlichen Leistungsfähigkeit eingeführt. Dieses *Lizenzerteilungsverfahren,* aus dem die Lizenz als eine Art Gütesiegel hervorgeht, genießt, jedenfalls im Profifußball, hohe Anerkennung und vermochte jahrzehntelang eine Insolvenz zu vermeiden. Es ist jedoch keine Garantie gegen Insolvenzanträge. Eine Insolvenz lähmt aber nicht den laufenden Spielbetrieb; dieser kann unter „going concern"-Gesichtspunkten unter Federführung des Insolvenzverwalters fortgesetzt werden.

Das zweite Kapitel behandelt die Arten der Mitgliedschaft, die Mitgliedschaftsrechte und -pflichten sowie die Frage, unter welchen Voraussetzungen das Vereins-/Verbandsregelwerk gegenüber untergeordneten Vereinen und Sportlern verbindlich ist. Da es für jede Sportart nur einen Fachverband gibt, nehmen die Sportverbände eine *Monopolstellung* ein, die sie nicht missbrauchen dürfen *("Ein-Platz-Prinzip")*. Sofern Vereine oder Sportler auf die Mitgliedschaft angewiesen sind, haben sie einen zivilrechtlichen bzw. kartellrechtlichen *Aufnahmeanspruch.* Aus dem Mitgliedsrecht kann sich ferner ein *Teilnahme-* bzw. *Nominierungsanspruch* eines Sportlers gegen den Verein oder Verband ergeben.

Statuten gelten vom Grundsatz her nur gegenüber unmittelbaren Mitgliedern, also z. B. zwischen Verband und Verein oder zwischen Verein und Sportler. Da Sportler regelmäßig nur Vereinsmitglied, nicht aber Verbandsmitglied sind, kann eine Verbandsregel ihnen gegenüber nur *Wirksamkeit* erlangen, wenn sie auch in den „dazwischen liegenden" Vereinsstatuten *verankert* ist. Dabei darf die Vereinssatzung nur „statisch", nicht aber „dynamisch" auf die übergeordnete Verbandsregel verweisen. Ein zweiter Weg, um der Verbandsregel Geltung zu verschaffen, ist ein ausdrücklich oder stillschweigend geschlossener Vertrag. Ein solcher kann in der Vergabe einer allgemeinen *Spielerlaubnis* (Athletenpass, Lizenz) gesehen werden oder in der *Meldung* zu einem ganz bestimmten Wettkampf liegen. Hierzu muss der Sportverein oder -verband dem Sportler allerdings die Möglichkeit einräumen, in zumutbarer Weise von den Regeln, die gelten sollen, Kenntnis zu nehmen.

Im dritten Kapitel wird die *Ordnungs- und Strafgewalt* der Vereine und Verbände beleuchtet. Besonders in drei Bereichen läuft ein Sportler Gefahr, mit Strafen belegt zu werden: bei Verstößen gegen *Zulassungsregeln,* gegen *Vermarktungsbeschränkungen* und gegen das *Dopingverbot.* Die Zulassung zum Wettkampf darf heutzutage nicht mehr vom antiquierten *Amateurstatus* abhängig gemacht werden, ein Vereinswechsel nicht mehr an *Ablöseforderungen* scheitern. Der Einsatz von *Spielervermittlern* ist nur unter engen Voraussetzungen zulässig. Der Wechsel der Staatsangehörigkeit darf einem Sportler keine mehrjährige Sperre einbringen. Verpflichtet ein Sportverband einen Generalsponsor oder -ausrüster, darf dem Sportler oder Veranstalter nicht jegliche Individualvermarktung abgeschnitten sein. Im weltweiten Kampf gegen Doping ist durch die Gründung der NADA und der WADA ein wichtiger Schritt hin zu einem einheitlichen Dopingverbot und einem einheitlichen Strafkatalog gelungen; bislang differierten Sperren von Sportart zu Sportart und reichten von wenigen Monaten bis lebenslänglich. Angesichts des Grundrechts auf Berufsfreiheit haben die Sportverbände unverzichtbare *Rechtsgarantien* zugunsten der Sportler einzuhalten. Soweit die Sportverbände ernsthafte Dopingbekämpfung betreiben, sind staatliche Maßnahmen *subsidiär.*

Zu den *rechtsstaatlichen Grundsätzen,* die die Verbände beachten müssen, gehören die Bestimmtheit von Sanktionen, das Verbot der Rückwirkung und der Doppelbestrafung, der Verschuldens- und der Verhältnismäßigkeitsgrundsatz, die Zuständigkeit des richtigen Organs, ein faires Verfahren mit rechtlichem Gehör und der Möglichkeit anwaltlichen Beistands, die Begründung und Mitteilung einer belastenden Maßnahme und die aufschiebende Wirkung eines Rechtsmittels.

Das vierte Kapitel beschreibt das Dreiecksverhältnis zwischen der *Vereins- und Verbandsgerichtsbarkeit,* der *Schiedsgerichtsbarkeit* und der *staatlichen Gerichtsbarkeit.* Sportgerichte können echte Schieds- oder staatliche Gerichte niemals ersetzen oder ausschließen, sondern nur vorgeschaltet werden, so dass sich ein Sportler zuerst an sie wenden muss. Nur ein echtes Schiedsgericht, an dessen Unabhängigkeit strenge Maßstäbe anzulegen sind, kann an die Stelle eines staatlichen Gerichts treten. Einstweiliger Rechtsschutz im Eilverfahren kann stets sofort bei einem staatlichen Gericht begehrt werden. Je nach Rechtsschutzziel stehen einem Sportler oder Verein mehrere Klagearten zur Verfügung.

Das fünfte Kapitel macht transparent, inwieweit Vereinsregelungen und -maßnahmen von Sportgerichten und von staatlichen Gerichten auf ihre Rechtmäßigkeit überprüft werden. Die *Kontrolle* durch ein *staatliches Gericht* umfasst die Richtigkeit der zugrunde liegenden Tatsachen, die richtige Subsumtion der Tatsachen unter die Verbandsregel und die Angemessenheit der Strafzumessung. Der Verein/Verband kann im Prozess keine Gründe nachschieben. Das Gericht kann eine rechtswidrige Maßnahme nur für ungültig erklären oder aufheben, aus Achtung vor der Vereinsautonomie aber nicht der Rechtslage anpassen. Den Abschluss bildet ein Blick auf die Kontrollintensität im Ausland.

1. Kapitel. Autonomie, Organisation, Regelwerke und Management des Sports

1 Sport jeglicher Art wird traditionell überwiegend im Verein ausgeübt. Dies gilt uneingeschränkt für den Spitzensport. Daneben steht der herkömmliche Schul- und Hochschulsport. Der Freizeit- oder Breitensport[1] indessen hat sich im letzten Jahrzehnt zunehmend außerhalb von Vereinsstrukturen entwickelt. Dazu gehört vor allem die Sportausübung in Fitness-Studios, daneben nehmen Sportler verstärkt Angebote der Sporthäuser und sonstiger Reiseveranstalter wahr, die ein umfassendes Sportprogramm anbieten. In einzelnen Sportarten gibt es verbandsunabhängige Veranstaltungen; so veranstaltet der Zehnkampf-Team e.V. jedes Jahr mehrere „Jedermann-Zehnkämpfe". Außerdem kommt den Betriebssportorganisationen große Bedeutung zu. Der Bund Deutscher Betriebssportverbände ist die Dachorganisation der Betriebssportgemeinschaften, die in erster Linie von Unternehmen finanziert werden.[2] Schließlich stellt die Bundeswehr Stellen für Spitzensportler zur Verfügung.

2 Sport genießt indessen keinen Freiraum außerhalb der staatlichen Rechtsordnung, denn Vereine und Verbände ziehen ihre Existenzberechtigung aus Art. 9 GG und sind somit im Staatswesen verankert. Sie müssen sich ständig am Normengefüge messen lassen. Auch ist die Verrechtlichung des Sports weit fortgeschritten, die allerdings zu größerer Rechtssicherheit und Gerechtigkeit geführt hat.[3] Indessen genießt der Sport gewisse Privilegien. Schlüsselwort ist der Begriff der Vereins- bzw. Verbandsautonomie, aus der sich das „selbstgesetzte Recht des Sports"[4] ableitet. Daraus ergibt sich häufig ein Spannungsverhältnis zum staatlichen Recht, wenn z. B. allgemeine Sportprinzipien mit modernen Marketing-Grundsätzen kollidieren, wenn Vereinsregelungen spezielle Mitgliederinteressen, z. B. deren Fortkommen, beeinträchtigen oder wenn ein Verband in die wirtschaftliche Betätigungsfreiheit der Vereine zu stark hineinregiert.

A. Das Spannungsverhältnis zwischen Vereins-/Verbandsrecht und staatlichem Recht

I. Autonome Rechtsetzungsfähigkeit des Vereins/Verbandes

3 *Vereinsautonomie* bedeutet, dass der Verein seine eigene Organisation und die Rechtsverhältnisse seiner Mitglieder zu ihm im Rahmen der gesetzlichen Bestimmungen, der allgemeinen Grenzen der Privatautonomie und der allgemeinen Grundsätze des Körperschaftsrechts in einer für alle Mitglieder (solange sie ihm angehören) verbindlichen Weise selbst regeln kann. Zu den allgemeinen Grundsätzen des Körperschaftsrechts zählen der Grundsatz der Gleichbehandlung, das Verbot diskriminierender Unterschiede sowie die Organhaftung.[5] Die Vereinsautonomie umfasst inhaltlich das Recht zur eigenen Rechtsetzung, vor allem durch Satzung und Nebenordnungen, das Recht zur Selbstverwaltung durch Anwendung des selbstgesetzten Rechts im Einzelfall und dessen Durchsetzung. Breiten Raum nehmen Regeln zum Wettkampfbetrieb ein. Der regelmäßige

---

[1] Zum Begriff vgl. Einführung, Rz. 2 und 3. Teil, Rz. 2 f.
[2] So fördert z. B. der Chemie-Riese Bayer AG neben dem Profi-Sport („Bayer Leverkusen") auch den Breiten-, Behinderten- und Jugendsport mit ca. 13 Mio. Euro pro Jahr. 53 000 Mitglieder in 29 Vereinen treiben unter dem Bayer-Kreuz Sport, von denen etwa die Hälfte Firmenangehörige sind.
[3] Vgl. *Sengle*, WFV Nr. 43, S. 91 ff. mit illustrativen Beispielen und zahlreichen Nachweisen.
[4] *Reuter* NJW 1983, 652.
[5] *Ermann/Westermann*, § 25 Rz. 2; *Staudinger/Weick*, Vorbem. § 21 Rz. 35 ff.; *Reichert*, Rz. 346 ff.; *Baecker*, S. 18 ff.

Wettkampfbetrieb bedarf einer festen Organisation und einheitlicher Regelungen, weil erst diese einen Leistungsvergleich zulassen. Dazu gehören auch Reveländerungen, wie z. B. beim Volleyball, wonach der Ball mit dem gesamten Körper berührt und der Aufschlag von jeder Seite der Grundlinie ausgeführt werden darf. Schließlich gehört es zur Gestaltungsfreiheit eines Vereins, frei darüber zu entscheiden, ob und inwieweit er die Satzung und Ordnungen des übergeordneten Verbandes übernimmt, die dieser wiederum im Namen seiner *Verbandsautonomie* erlassen hat.[6]

Die Vereins- bzw. Verbandsautonomie hat ihre rechtliche Grundlage in den §§ 21 ff. BGB. Verfassungsrechtlich ist sie als Teilaspekt der Vereinigungsfreiheit durch Art. 9 I GG abgesichert.[7] Dabei ist stets zu beachten, dass sie den Vereinen und vor allem den Verbänden, die nur mittelbar die Sportler vertreten, nicht im eigenen Interesse gewährt ist, sondern im Interesse der *Gesamtheit der Sportler*.[8] Diese Wertung gewinnt dann an Bedeutung, wenn es zu Konfliktsituationen zwischen beiden Grundrechtsträgern, dem Verein/Verband einerseits und dem Mitglied andererseits, kommt. Die Gewährung der Vereinsautonomie durch das BGB beruht nämlich auf der Prämisse, dass ein Missbrauch von Verbandsmacht durch Selbstregulierungsmechanismen, vor allem durch die Freiwilligkeit der Mitgliedschaft, ausgeschlossen sei. Für das moderne Sportverbandswesen ist jedoch, bedingt durch das Ein-Platz-Prinzip, eine lückenlose räumlich-fachliche Monopolisierung kennzeichnend, die ein umfangreiches Konfliktpotential birgt, insbesondere im Hinblick auf zu verhängende Sanktionen.[9]

Ob Vereine eine *demokratische Binnenstruktur* aufweisen müssen, hat vor allem Bedeutung für die Kompetenz- und Machtverteilung zwischen Vorstand und Mitgliederversammlung. Die §§ 25 ff. BGB lassen dem Verein vom ursprünglichen Grundsatz her bei Ausgestaltung seiner Organisation weitgehend freie Hand. Sie enthalten kein Gebot, die Verfassung des Vereins demokratisch auszugestalten. Die Frage ist allerdings rege diskutiert worden, wenn Fälle auftraten, in denen Verbände mit wirtschaftlich mächtiger oder Monopolstellung, wie sie bei den Sportverbänden vorherrscht, von einer Funktionärsschicht oder einer Minderheit bisweilen selbstherrlich nach deren Interessen regiert werden; oder wenn große Teile einer Satzung eines übergeordneten Verbandes übernommen werden sollen.[10] Die h. L. fordert, solange vom Gesetzgeber keine Regelung zu erwarten ist, über eine richterliche Rechtsfortbildung eine demokratische Ausgestaltung der Satzung. Höchstes Organ muss die Mitglieder- oder Delegiertenversammlung sein, die die wesentlichen Entscheidungen selbst treffen muss und nicht dem Vorstand überantworten kann.[11] Dies gilt insbesondere für eine Fremdsteuerung, wenn z. B. die Satzung den Verein so stark unter fremden Einfluss bringt, dass die mitgliedereigene Willensbildung des Vereins so unbedeutend wird, dass dieser nur noch eine unselbständige Verwaltungsstelle eines außenstehenden Dritten darstellt.[12] Es ist also Vorsicht geboten und eine ausreichende Mitgliederbeteiligung sicherzustellen, wenn große Teile einer Satzung eines Verbandes in die eigene Satzung inkorporiert werden sollen.

---

[6] Zum Begriff Verbandsautonomie vgl. grundlegend *Vieweg*, Normsetzung, S. 147 ff.; OLG Frankfurt WRP 1985, 500 (503) – „Jägermeister Braunschweig" sowie Einführung Rz. 11.
[7] BVerfGE 80, 244 II; BVerfG NJW 1991, 2625; *Steiner*, S. 222 (240).
[8] *Pfister*, FS Lorenz, S. 180 f.
[9] *Vieweg* JuS 1983, 826; *Nicklisch*, S. 34 f.; zum Ein-Platz-Prinzip vgl. Rz. 108 f.; zur gerichtlichen Kontrolle vgl. Rz. 110 ff., 304 ff.
[10] Vgl. *Kirchhof*, S. 294 m.w.N.
[11] *Palandt/Heinrichs* § 25 Rz. 8 m.w.N., Grundsatz der Vereinssouveränität.
[12] OLG Köln NJW 1992, 1048; BayObLG NJW 1980, 1756 f.; *Staudinger/Weick*, Vorbem. §§ 21 ff. Rz. 51, § 27 Rz. 4; *Kirchhof*, S. 299; *Palandt/Heinrichs* § 25, Rz. 8.

II. Einteilung des Regelwerks

1. Sportregel – Rechtsregel

Sportregeln werden in mehr oder weniger umfangreichen sportartspezifischen Regelwerken, wie den Wettkampfbestimmungen oder der Olympischen Charta, von der betreffenden nationalen oder internationalen Sportorganisation aufgestellt. Um nun zu entscheiden, ob eine bestimmte Regel *rechtlich* relevant ist, müssen *Abgrenzungskriterien* gefunden werden.

5   Entscheidend ist in jedem Einzelfall, ob beim Betroffenen eine fühlbare *Rechtsgutsverletzung* eingetreten ist. Bezugsgrößen sind das berufliche Fortkommen und das allgemeine Persönlichkeitsrecht. Damit lassen sich Bagatellsanktionen, die nicht spielentscheidend sind, sondern eher der Ebene Glück, Pech oder Schicksal angehören, mühelos aussondern. In Zweifelsfällen ist rechtliche Erheblichkeit der jeweiligen Regel und damit auch *Justitiabilität* anzunehmen.[13]

6   Eine andere Abgrenzungsmöglichkeit besteht darin, das Regelwerk nach seiner größeren oder geringeren *Sport-Typizität* einzuteilen, also nach seiner Bedeutung für die einzelne Sportart und hinsichtlich seiner unmittelbaren Wirkung auf die Sportausübung allein oder auch auf außersportliche Bereiche. Sporttypische Regeln sind solche, die die betreffende Sportart prägen, ihren typischen Reiz und ihre Attraktivität für Spieler und Zuschauer bestimmen. Erst diese Typisierung und Vereinheitlichung ermöglicht sportliche Wettkämpfe in größerem Rahmen unter Wahrung der Chancengleichheit und unter Verhinderung von Wettbewerbsverzerrungen. Dazu gehören die Spielregeln im engeren und weiteren Sinne mit Einschluss der Sanktionen für Regelverstöße, z. B. diejenigen Regeln, die den Wettkampf betreffen. Beispiele hierfür sind die Einteilung von Gewichthebern und Boxern in Gewichtsklassen, Mindestaltervorschriften, das Verbot der Drehtechnik beim Speerwurf, Dopingbestimmungen usw. Typisch für den Ligabetrieb ist der Auf- und Abstieg der beteiligten Vereine. Andere Regeln, etwa die genaue Zahl der Aufsteiger, sind weniger typusprägend. Regelwerk und tatsächliche Ausübung durch die Sportler entwickeln den Typ einer Sportart. Andere Regeln eines Sportverbandes betreffen auch noch die Sportausübung, prägen aber nicht mehr den Typus der Sportart, so die meisten Zulassungsvoraussetzungen oder längere Sperren.[14] Spielregeln im engeren Sinn haben oft nur reine Binnenwirkung, sie binden den Sportler bei der Sportausübung, „auf dem Sportplatz", also seinen „status sportivus", ohne ihn in seinen Rechten zu schützen.[15] Sie genießen auch keinen Urheberrechtsschutz.[16]

Viele Spielregeln greifen aber daneben auch unmittelbar in das sonstige Leben des Sportlers ein, weil sie z. B. eine Sperre – und damit Verdienstentgang – eines Spitzensportlers vorsehen oder etwa die Nominierung zu Wettkämpfen regeln („status extrasportivus"). Schließlich greifen manche Regeln in den „status oeconomicus" des Sportlers ein, wenn er z. B. wegen Verstoßes gegen eine Spielregel vom Sportgericht zu einer Geldstrafe verurteilt oder ihm die finanzielle Förderung entzogen wird.

Die Einteilung hat folgende rechtliche Konsequenzen: Je sporttypischer eine Regel, eine Verbandsmaßnahme oder ein Verhalten des Sportlers ist, desto mehr ist der Sport selbst dafür verantwortlich, desto weiter geht seine Entscheidungskompetenz. Je mehr sie in den außersportlichen, insbesondere finanziellen Bereich eingreifen, desto mehr ist staatliches Recht zu beachten.[17]

---

[13] *Summerer*, S. 25 f. m.w.N.; ähnlich das Schweizer Bundesgericht BGE 119 II, 271, 281. Zur Rechtsgutsverletzung als Haftungsvoraussetzung vgl. 5. Teil Rz. 6.
[14] Ausführlich *Pfister*, FS Lorenz, S. 177 f.; vgl. auch *Vieweg*, JuS 1983, 828 f.
[15] *Schild*, WFV Nr. 46, S. 19 ff.
[16] OLG Frankfurt, ZUM 1995, 795 (Golfregeln).
[17] *Pfister*, FS Lorenz, S. 179 f.; vgl. zur Ordnungsgewalt der Vereine/Verbände bei Regelverstößen Rz. 173 ff.; vgl. zu den sich aus den Sport- und Spielregeln ergebenden Verkehrssicherungspflichten 5. Teil, Rz. 13 ff.

Damit steht fest, dass die althergebrachte Anschauung, Sportregeln bzw. Spielregeln **7** bewegten sich in einem rechtsfreien Raum, längst überholt ist. Der frühere Versuch, das Begriffspaar Sportregel und Rechtsregel gegeneinander abzugrenzen, führte nicht zum Ziel, weil weder die Spielregel noch die Rechtsregel einer exakten Definition zugänglich ist. Zieht man die mögliche Definition der typischen Rechtsnorm zu Rate, die durch Generalität und Heteronomität konstituiert wird, ist für die Abgrenzung zur Spielregel wenig gewonnen, liegen diese beiden Merkmale kumulativ doch auch der Spielregel zugrunde. Auch das für eine Rechtspflicht konstitutive Zwangsmoment bildet kein passendes Kriterium, weil es genauso der Spielregel inhärent ist.

Ebenso wenig befriedigend ist die Definition der Spielregel als „eine Regel, deren Verletzung mit einem sich auf das laufende Spiel beschränkenden Spielnachteil geahndet wird".[18] Dies zeigt sich bei der Subsumtion von Grenzfällen, wo es nicht einfach um den Pfiff des Schiedsrichters nach einem Foul im Fußball geht. Erfolgt etwa eine nachträgliche Disqualifikation wegen angeblichen Dopings für diesen einen Wettkampf, so müsste man Doping als Spielregelverletzung abtun. Doch auch ein weitergehender Spielnachteil in Form einer Sperre beruht ja auf einer Verletzung derselben Spielregel „Doping ist verboten". So ist jede Spielregel in dem Maße rechtserheblich, wie scharf die Sanktion bei ihrer Nichteinhaltung ausfällt. Bereits eine Disqualifikation kann eine massive Schädigung des Rufs und Fortkommens eines teilnehmenden Spitzenathleten verursachen. Ein Punktabzug, z. B. wegen Einsatzes eines gesperrten Spielers, mag unmittelbar nur ein einzelnes Spiel betreffen. Mittelbar können dadurch Auf- oder Abstieg besiegelt oder ein UEFA-Cup-Platz vereitelt werden. Hier sind Rechte des Vereins berührt, trifft ihn die Maßnahme doch härter als jedwede Geldstrafe. Die Definition versagt ferner dort, wo gar keine Regel verletzt wurde, wo beispielsweise trotz erfolgreicher Qualifikation die Nominierung für einen bestimmten Wettbewerb verweigert wird.

2. Satzung und Ordnungen – der weite Vereinsverfassungsbegriff des BGH

Für Vereine und Verbände ist es wichtig zu wissen, welche Sachverhalte in der Satzung **8** und welche in bloßen Nebenordnungen geregelt werden müssen. Gesetz und Rechtsprechung machen hier konkrete Vorgaben. Nach § 25 BGB bestimmt die Vereinssatzung die Verfassung eines Vereins (Gebot der *Satzungsförmigkeit* der Verfassung). Mindestinhalt der Satzung sind Bestimmungen über Name, Zweck, Sitz, Erwerb und Verlust der Mitgliedschaft, Bildung des Vorstands, Berufung der Mitgliederversammlung und über die Beitragspflicht.[19] Will der Verein, wie es die Regel ist, weitergehende Befugnisse gegenüber den Mitgliedern in Anspruch nehmen, bedarf er hierfür einer satzungsmäßigen Grundlage, z. B. um Vereinsstrafen festzusetzen oder Mitglieder von Vereinsveranstaltungen auszuschließen. Auch Aufnahmerichtlinien genießen Satzungsrang.[20] Nach Ansicht des BGH gehört sogar die Kostenregelung eines Vereinsstrafverfahrens wegen ihrer Bedeutung für die persönliche Rechtsstellung des Mitglieds zur zwingend satzungsförmigen Verfassung des Vereins.[21] Auch alle sonst für das Vereinsleben wesentlichen *Grundentscheidungen* bedürfen einer satzungsmäßigen Festlegung, wobei der BGH richtigerweise keine hohen Anforderungen an die Wesentlichkeit stellt. Dies mag zwar die Änderung der entsprechenden Regel erschweren, weil diese gem. § 71 I BGB im Vereinsregister eingetragen werden muss, ist aber für die *Rechtssicherheit* unerlässlich. Wesentliche Grundentscheidungen sind u. a. organisatorische Strukturen,[22] die Einrichtung eines Vereins-Schiedsge-

---

[18] *Kummer,* S. 44; vgl. auch *Pfister* FS Lorenz, S. 174 f.
[19] Vgl. *Staudinger-Weick* § 25 Rz. 3; *MüKo-Reuter* § 25 Rz. 7.
[20] OLG Düsseldorf NJW-RR 1987, 503 f.
[21] BGHZ 47, 172 (178) = NJW 1967, 1268; *MüKo-Reuter* § 25 Rz. 30.
[22] Z. B. § 5 Nr. 1a Satzung Ligaverband als – insofern ausreichende – Satzungsgrundlage zum Erlass des Ligastatuts, bestehend aus der Lizenzierungsordnung (LO), der Lizenzordnung Spieler

richts,[23] das dazugehörige Verfahren,[24] das Nominierungsverfahren höherer Kader für Wettkämpfe,[25] die Grundzüge einer Beitragspflicht,[26] bei einem Tierzuchtverein auch das Zuchtprogramm und die Zuchtziele.[27] Ohne satzungsmäßige Grundlage ist z. B. auch ein Beschluss der Mitgliederversammlung nichtig, der das satzungsmäßige Recht der Mitglieder zur Teilnahme an allen Vereinsveranstaltungen für einen bestimmten Kreis von Mitgliedern einschränkt.[28]

Zu den wesentlichen Grundentscheidungen gehören vor allem auch *Verbandssanktionen disziplinärer Art*, deren Intensität mit einschneidenden sportlichen, persönlichen und/oder finanziellen Folgen verbunden ist. Wegen der empfindlichen Konsequenz einer mehrjährigen Wettkampfsperre gehören die Voraussetzungen ihrer Verhängung samt Rechtsfolgen zu den wesentlichen Grundentscheidungen und müssen in der Satzung selbst geregelt sein, nicht etwa nur in einer Nebenordnung. Dies haben der Rechtsausschuss des DLV im Fall *Krabbe* und das LG München im Fall *Roberts* unmissverständlich klargestellt.[29] Der DLV hatte das Dopingverbot und die Strafbarkeit lediglich in einer Nebenordnung, nämlich der Wettkampfordnung, niedergelegt. In einer solchen, im Rang unter der Satzung stehenden Ordnung dürfen Strafvorschriften lediglich konkretisiert, nicht aber erstmals aufgeführt, erweitert oder zusätzliche Rechtsnachteile vorgesehen werden.[30] Umso irritierender ist angesichts dieser gefestigten Rechtsprechung und ganz herrschenden Lehre der Nichtannahme-Beschluss des BGH im Fall *Krabbe*, der in knapper Begründung der Revision der Klägerin gegen die einjährige Sperre des DLV keine Aussicht auf Erfolg beschied, da sie materielle und immaterielle Nachteile vor allem als Folge eigenen sportwidrigen Verhaltens hinzunehmen habe. Formale Gesichtspunkte, nämlich fehlende Satzungsverankerung der Rechts- und Verfahrensordnung und Fehlen des eingenommenen Medikaments auf der Dopingliste, hätten zurückzutreten.[31] Angesichts dieser überaus verbandsfreundlichen Billigkeitserwägungen bleibt offen, ob der BGH in Zukunft an seinem weiten, strengen Vereinsverfassungsbegriff festhält.

9   Regelungen, die nicht zu den dargestellten wesentlichen Grundentscheidungen gehören, kann der Verein in Nebenordnungen festlegen, sog. Vereinsordnungen, z. B. Sportordnungen, Wettkampfordnungen. Hierbei handelt es sich um *satzungsnachrangiges* Recht, das der Verein jederzeit abändern kann, ohne dass es einer Registereintragung bedarf.

III. Hierarchie Vereinsrecht – staatliches Recht

1. Vorrang staatlichen Rechts

10   Geflügelte Worte, wie dasjenige des ehemaligen „Chefanklägers" des DFB, Kindermann, Sportrecht gehe ordentlichem Recht vor,[32] hat man schon öfter vernommen, vor allem dann, wenn Vereine mit unverzichtbaren rechtsstaatlichen Prinzipien konfrontiert werden.

(LOS), der Spielordnung (SpOL) und der Ordnung für die Verwertung kommerzieller Rechte (OVR).

[23] BGHZ 88, 316 = NJW 1984, 1355; OLG Frankfurt GRUR 1985, 993.
[24] OLG Hamm SpuRt 1995, 271.
[25] *Hilpert* BayVBl 1988, 163.
[26] BGHZ 105, 313 = NJW 1989, 1725.
[27] BGH MDR 1984, 120.
[28] OLG Celle WM 1988, 495.
[29] NJW 1992, 2590 m.w.N. (*Krabbe*); LG München SpuRt 2000, 155 (158) (*Roberts*), insoweit bestätigt vom OLG München SpuRt 2001, 64 (66); ebenso OLG Frankfurt GRUR 1985, 993; OLG Dresden SpuRt 2005, 209; *Vieweg* NJW 1991, 1511 (1514); *Turner* MDR 1991, 569; *Reichert*, Rz. 416; *Buchberger* SpuRt 1996, 124.
[30] BGHZ 47, 178 = NJW 1967, 1268; OLG Frankfurt GRUR 1985, 993; *Röhricht* WFV Nr. 24, 85.
[31] Nicht veröffentlicht, erwähnt bei *Summerer*, SpuRt 2002, 233.
[32] Vgl. *Westermann* RuS 4, 38.

Die Rechtslage ist eine andere: Zwingendes staatliches Recht gilt auch für Vereine und Verbände. Bei Wertungskollisionen gebührt dann dem staatlichen Recht *Vorrang*. Die Autonomie des Sports gestattet lediglich insoweit von der allgemeinen Rechtsordnung abzuweichen, als dieses Recht dispositiv ist. Verbandsrechtliche Wertungen und sporttypische Merkmale fließen in die Auslegung unbestimmter Gesetzesbegriffe ein.[33]

Dies bedeutet, dass das staatliche Recht die Äußerungen der Verbandsautonomie nicht immer übernimmt, jedoch zu berücksichtigen versucht. Arbeits-, Wirtschafts- und Privatrecht werden mit den Gegebenheiten des organisierten Berufssports fertig, zwar nicht ohne Anerkennung von Sondergesetzlichkeiten und Abkehr von dem zu schematisch angewendeten arbeitsrechtlichen Fürsorgedenken, aber doch ohne Preisgabe des Schutzes des Schwächeren und der Herstellung individueller Vertragsgerechtigkeit. Der Sport hat Einbußen an autonomer Gestaltung hinzunehmen.[34] Unter besonderen Bedingungen kann das Selbstverständnis des Sports allerdings die „bereichsspezifische Modifikation staatlichen Rechts erzwingen, etwa dann, wenn die Anwendung staatlichen Rechts den Sport in seinem genuinen, unvergleichlichen und spezifischen Kern trifft und damit intensiver als andere Normadressaten." [35]

2. Die Satzung als Sonderprivatrecht?

So manches Regelwerk eines nationalen oder internationalen Sportverbandes gibt sich gern einen hoheitlichen Anstrich. Beispiele sind die IAAF „Constitution" oder das FIA–„Sportgesetz". Darüber hinaus beruft sich der Sport gerne darauf, die drei typischen Merkmale einer eigenen Rechtsordnung zu verwirklichen, nämlich Personengefüge plus Organisationsgefüge plus Normengefüge.[36] Zwar weist der Sport bestimmte Eigengesetzlichkeiten auf, dennoch ist ihm *kein Sonderstatus* zuzumessen. Vielmehr kann die rechtliche Behandlung mit Anleihen beim Wirtschaftsrecht, Arbeitsrecht und Privatrecht der Interessenlage aller Beteiligten am ehesten gerecht werden. Dies hindert freilich nicht, bestimmte typische Wertungen des Sports im Sinne einer „Wertautonomie" in die rechtliche Beurteilung einfließen zu lassen.[37]

3. Keine Verdrängung staatlichen Rechts durch verbandsrechtliche Wertungen

a) Spezielle Sozialwerte des Sports. Der Sport verfolgt gruppenspezifische Zwecke und verlangt von Sportlern bestimmte Verhaltens- und Denkweisen, die mit denen, die der Staat vorgibt, nicht deckungsgleich, manchmal nicht einmal kongruent sind. Der Sport verkörpert „spezielle Sozialwerte", die nicht unbedingt den Regeln des pluralistischen Staates entsprechen müssen, der die Verschiedenheit der Interessen seiner Bürger zu beachten hat. Völlig ungebunden ist der Sport aber auch bei Festlegung sporttypischer Regeln nicht. Der Staat legt zumindest die äußersten Grenzen durch alle zwingenden Normen fest. Je weniger das Regelwerk die Sportausübung prägt, je erheblicher die unmittelbaren Außenwirkungen sind, desto weniger kann sich der Sport auf die Autonomie berufen, die er ja von den *Zielsetzungen der Sportler* ableitet.[38]

Oberster Grundsatz der Sportausübung ist das *Fairnessgebot* („Fair play"). Dessen Definition ist schwierig, weil es keinen Kodex mit systematisch ableitbaren Einzelnormen gibt. Man verbindet mit Fairness am ehesten eine Symbiose aus Chancengleichheit, Vor-

---

[33] So schon *Pfister* FS Lorenz, S. 191 f.; grundlegend *Vieweg*, Normsetzung, S. 143; zum Autonomiebegriff vgl. Rz. 3.
[34] *Westermann* RuS 4, 55; kritisch *Reuter* NJW 1983, 656.
[35] *Steiner*, S. 222 (243/244).
[36] Nachweise bei *Summerer* FS Hanisch, S. 269 f.
[37] *Westermann* FS Rittner, S. 771 (790); *Steiner*, S. 222 (242).
[38] *Pfister* FS Lorenz, S. 181 f.

hersehbarkeit, Ausgewogenheit, Richtigkeit und Gerechtigkeit sportlichen Handelns und sportrechtlicher Maßstäbe.[39] Das Fairnessgebot verbietet beispielsweise, bei Judokämpfen Techniken ohne Abstimmung einzusetzen, die ein Gegner mit geringerem Ausbildungsstand nicht kennen und beherrschen muss.[40] Es genießt schon gewohnheitsrechtlich umfassende Anerkennung, ist allerdings auch in einigen Satzungen, sogar im Profibereich, normiert,[41] obwohl es im Privatrecht keine Entsprechung findet, weil das Gebot von „Treu und Glauben" gem. § 242 BGB keine so hohe Anforderung beinhaltet.

Bei der Auswahl von Sportlern für Mannschaftssportarten beispielsweise kann nicht allein die messbare Qualifikation des Einzelnen entscheiden. Daneben sind auch mannschaftssport-typische Kriterien ausschlaggebend, weil nicht immer die elf besten Individualisten auch die beste Mannschaft bilden.[42] Allerdings sind Begriffe wie „Mannschaftsdienlichkeit" oder „Teamfähigkeit"kritisch zu hinterfragen, werden sie nicht selten von Verbandsseite vorgebracht, um missliebige Sportler auszusondern.

Aufgrund ethisch sozialer Betrachtung ist *Doping* im Sport auch sittenwidrig im Sinne des Zivilrechts. Ein mit Bezug auf Doping abgeschlossenes Rechtsgeschäft, z. B. ärztliche Beratung, wäre somit unwirksam (§ 138 BGB), auch wenn nicht von vornherein feststeht, ob eine empirische Umfrage dieses Werturteil, das dem „Anstandsgefühl aller billig und gerecht Denkenden" entsprechen dürfte, bestätigen würde, bedenkt man die in heutiger Zeit zunehmende Tolerierung des Abnormen, des Künstlichen und des Aufsehenerregenden (z. B.Bodybuilding).[43] Werturteile unterliegen einer Wandlung und sind nicht für alle Zeiten feststehend. Zusammenfassend gilt, dass spezielle Sozialwerte und Wertmaßstäbe des Sports die zivilrechtlichen Generalklauseln, wie z. B. die Sittenwidrigkeit eines Verhaltens, in ihrer Auslegung beeinflussen.

14 b) Einzelfälle aus verschiedenen Rechtsbereichen. Beim *Idealverein*[44] hat sich die Meinung durchgesetzt, dass dieser nicht die richtige Rechtsform für Profivereine, wie z. B. Fußball-Bundesligavereine, darstellt, weil aus den angeführten Gründen sich die Wertung des staatlichen Rechts durchsetzt, diesen faktischen Wirtschaftsunternehmen die Rechtsform einer Kapitalgesellschaft zu geben. Entsprechendes gilt für die FIFA, die die von ihr für richtig gehaltene Subsumtion gleich in Art. 1 I der FIFA-Statuten hineingeschrieben hat: „Die FIFA ist ein im Handelsregister eingetragener Verein im Sinne der Artikel 60 ff. des Schweizerischen Zivilgesetzbuchs." Art. 60 ZGB setzt jedoch eine politische, religiöse, wissenschaftliche, künstlerische, wohltätige, gesellige oder eine andere nicht wirtschaftliche Aufgabe voraus. Hier tut sich jede Subsumtion sehr schwer. Das schweizerische Recht scheint aber bei der Auslegung großzügiger zu sein

15 Ein weiteres wichtiges Beispiel betrifft die *Fernsehübertragungsrechte*. Wie weiter unten aufgezeigt,[45] enthielt § 3 Ziff. 2, 3 und 6 LiSpSt i. d. F. bis 1997 die Wertung des DFB, die Fernsehübertragungsrechte von Bundesspielen und internationalen Wettbewerbsspielen lägen beim DFB und diesem stünden die Einnahmen hieraus zu.[46] Die Untersagungsverfügung des Bundeskartellamts gegen den DFB vom 2. 9. 1994[47] und der Beschluss des

---

[39] Vgl. vor allem *Westermann*, WFV Nr. 46, S. 79 ff. mit Untersuchung verschiedener Rechtsgebiete.

[40] OLG Köln SpuRt 1995, 135.

[41] Z. B. Präambel der DFB-Satzung: „Der DFB handelt in sozialer und gesellschaftspolitischer Verantwortung und fühlt sich in hohem Maße dem Gedanken des Fair Play verbunden." Fast identischer Wortlaut in der Präambel und in § 2 Nr. 3 der Satzung des Ligaverbandes.

[42] *Pfister* FS Lorenz S. 183.

[43] Vgl. *Turner* MDR 1991, 573; *Westermann* WFV Nr. 24, 56 f.

[44] Vgl. Rz. 55 ff.

[45] Vgl. 4. Teil, Rz. 48.

[46] Nach der Strukturreform des Profifußballs findet sich eine ähnliche Bestimmung in §§ 9, 17 OVR i.V.m. § 17 Nr. 2 d Satzung Ligaverband.

[47] SpuRt 1995, 118; bestätigt durch KG Berlin SpuRt 1996, 199 und BGH SpuRt 1998, 28.

BGH zur Unwirksamkeit des Globalvertrags[48] haben jedoch unmissverständlich klargemacht, dass die Verbände sich nicht über zwingendes Kartellrecht hinwegsetzen dürfen. Das hier zu lösende Problem ist die genaue Grenzziehung zwischen Kartellrecht und Verbandsautonomie im Einzelfall, die einen der „Brennpunkte" des modernen Sportrechts darstellt.[49]

Eine andere, überholte Bewertung betrifft die *Amateureigenschaft* der Sportler. Das IOC sprach sich bereits 1981 auf dem viel beachteten Kongress in Baden-Baden gegen die Beibehaltung des Amateurparagrafen aus. Der Weltleichtathletikverband hingegen trug das Wort „Amateur" bis 2001 (!) in seinem Namen, obwohl die Kommerzialisierung der Leichtathletik bereits mit der WM-Premiere 1983 in Helsinki begonnen hatte (International „Amateur" Athletic Federation, nunmehr geändert in International Association of Athletics Federations).[50] Unstreitig hat sich das Bild des Amateurs im Laufe der letzten zwei Jahrzehnte grundlegend gewandelt. Soweit Warte- und Reamateurisierungsfristen Sportler unbillig behindern, müssen sie sich am Grundrecht der Berufsfreiheit gem. Art. 12 GG messen lassen. Auch die Tätigkeit in einem Amateurverein gegen Zahlung von Aufwandsentschädigung ist Beruf im Sinne des Art. 12 GG.[51] **16**

§ 4 Nr. 1 LOS macht die Spielerlaubnis im Profifußball u. a. davon abhängig, dass ein Spieler in die *Transferliste* aufgenommen worden ist. Die Transferliste ist eine Einrichtung des Ligaverbandes zur Offenlegung des Vereinswechsels der Lizenzspieler. Ob die Transferliste sachlich unerlässlich ist, um beispielsweise Wettbewerbsverzerrungen in der Bundesliga-Rückrunde zu vermeiden, ist umstritten, nach richtiger Ansicht allerdings zu bejahen.[52] Aber auch hier schlägt die Wertung des Art. 12 GG durch. Ein statutenwidrig geschlossener Arbeitsvertrag ist privatrechtlich gültig.[53] Die früheren, bis zum 30.6.1997 geltenden Vorschriften des DFB (§§ 29 ff. LiSpSt) legten eine lange Übung fest, die darin bestand, dass ein Lizenzverein, der einen Spieler eines anderen Vereins unter Vertrag nahm, zur Zahlung einer *Transferentschädigung* an diesen Verein verpflichtet war, bei Amateuren eventuell an mehrere frühere Vereine des Spielers. Faktisch blockierte die Regelung den Spielerwechsel: solange sich abgebender und aufnehmender Verein über die Transferentschädigung nicht geeinigt hatten, schloss der aufnehmende Verein mit dem Spieler in der Regel den Arbeitsvertrag nicht ab. Hinter dieser Regelung standen zwar beachtliche Interessen, z. B. ein Finanzausgleich für bereits getätigte Investitionen in den Spieler oder die Aufrechterhaltung eines sportlichen wie wirtschaftlichen Gleichgewichts innerhalb der Liga, doch haben sich diese Interessen dem Grundrecht auf Berufsfreiheit unterzuordnen. Die rechtliche Zulässigkeit des Transfersystems war heftig umstritten und wurde von der überwiegenden Auffassung verneint.[54] EuGH[55] und BAG[56] haben es Mitte der neunziger Jahre für unzulässig befunden. Ähnlich umstritten ist die Zulässigkeit von *Ausbildungsentschädigungen*.[57] **17**

Immer wieder gibt es bei Vereinen Überlegungen, den Kartenverkauf für schlechte Spiele mit guten Spielen zu koppeln, um auch für schlechtere Begegnungen Zuschauer zu binden. Ein solches *Koppelungsgeschäft* ist Machtmißbrauch und verstößt gegen Wettbewerbsrecht.[58] **18**

---

[48] BGH ZUM 1990, 519 = NJW 1990, 2815 = DB 1990, 1506.
[49] Vgl. hierzu ausführlich *Hannamann*, S. 1 ff.
[50] Vgl. hierzu ausführlich Michael Gernandt in der SZ v. 6.8.2005.
[51] Vgl. *Westermann* RuS 4, 36 f., 43, 51; zu Art. 12 GG vgl. 1. Teil, Rz. 6; zum Begriff des Amateurs 3. Teil, Rz. 2 sowie *Hilpert* RdA 1997, 93.
[52] Vgl. 3. Teil, Rz. 49 f.
[53] OLG Hamm NJW 1976, 331; *Westermann* RuS 4, 46; *Reichert*, Rz. 5451.
[54] *Arens/Scheffer* Rz. 195, 257 ff., 277 ff.; *Westermann* FS Rittner, S. 782; differenzierend *Reuter* NJW 1983, 649 ff., jeweils m.w.N.; genauer s. u. Rz. 184 ff. und 3. Teil, Rz. 51 ff.
[55] S. 7. Teil Rz. 81 *(Bosman)*.
[56] S. 3. Teil Rz. 52a *(Kienass)*.
[57] Vgl. Rz. 194 ff.
[58] Landeskartellbehörde, WuW/E, 267 (Eishockey); WuW/E OLG 3335 (Fußball); BGHZ 101,

19 Bei Vereinen besteht regelmäßig kein *Betriebsrat,* obwohl sie gewiss Betriebe im Sinne des § 1 BetrVG sind. Vermutlich sind sie von Spielern wie auch Trainern unerwünscht, etwa weil die Entscheidungshierarchie über das Ob und das Wie des Einsatzes der Spieler, die Bindungen in ihrer Freizeit und ihrem Privatleben, Alkoholgenuss, Besuch von Lokalen, Autogrammstunden, Verbot verletzungsgefährlicher Freizeitbetätigung, eine Einflussnahme des Arbeitnehmerkollektivs nicht verträgt, ganz zu schweigen von Neueinstellungen oder Kündigungen. Hier wird wieder deutlich, dass es das Kollektiv nicht gibt, weil jeder Spieler auf dem Markt allein und eigenverantwortlich auftreten möchte.[59]

20 Auch arbeitsrechtliche Vorgaben behalten in der Regel die Oberhand, z. B. die *Lohnfortzahlungspflicht* gemäß § 616 BGB. So wirkt sich eine Spielsperre des DFB nicht unmittelbar nachteilig auf den Lohnanspruch eines Spielers aus. Eine gezahlte Treueprämie kann der Verein im Falle einer länger dauernden Spielsperre nur anteilig zurückfordern, wenn dies ausdrücklich vereinbart wurde, oder wenn die Prämie erkennbar eine Vergütung für die Einsatzmöglichkeit des Spielers sein sollte.[60]

21 Schließlich sei noch das Streben fast aller Vereine und Verbände erwähnt, Streitigkeiten innerhalb der eigenen Tore auszutragen und den Spielern den Gang zum *staatlichen Gericht* zu versperren. Auch wenn Verbandsschiedsrichter eine größere Sachnähe aufweisen mögen im Vergleich zu ordentlichen Richtern, kann der Rechtsweg zu staatlichen Gerichten als fundamentales Grundrecht nur ausnahmsweise dann ausgeschlossen werden, wenn ein echtes Schiedsgericht vereinbart wird, welches den strengen Voraussetzungen der §§ 1025 ff. ZPO genügt.[61]

B. Sportorganisationen

22 Struktur und Aufbau der nationalen und internationalen Sportverbände spiegeln ein weitverzweigtes, weltweit verflochtenes Organisationsnetz wider. Sportverbände sind die größten nicht-staatlichen Vereinigungen, die es gibt. Der stufenförmige, oft auch *pyramidenförmig* genannte Aufbau bedeutet, dass die Basis, nämlich Sportler in Vereinen, stets einem regionalen, nationalen und internationalen Vereinsverband untergeordnet ist, welcher die organisatorischen Vorgaben liefert.[62]

23 Der deutsche Sport weist einen sehr hohen Organisationsgrad auf. Im Deutschen Olympischen Sportbund (DOSB) sind mehr als 27 Mio. (mittelbare) Mitglieder in mehr als 90 000 Sportvereinen zusammengeschlossen. Das Bundesministerium des Innern fördert Sport mit rund 133 Mio. Euro pro Jahr.[63] Diese Zahlen beweisen, zu welch starker sozialen Kraft der Sport in der modernen Industriegesellschaft geworden ist. Der Breitensport mit seiner Vereinsstruktur organisiert z. B. Trimm-dich-Aktionen und Sportabzeichenprüfungen, übernimmt aber auch zunehmend wichtige Sozialisierungsfunktionen: Integration Jugendlicher, Aktivierung und Reaktivierung Älterer und Behinderter, Einbeziehung ausländischer Mitbürger usw. Die Leistungen des Sports für die Gesellschaft gipfeln in über 500 Millionen Arbeits- und Übungsstunden; 2,7 Mio. meist ehrenamtliche Helfer leisten hierzu einen herausragenden Beitrag.[64]

---

100 = WuW/E BGH 2406; *Tetzlaff* WuW 1988, 93 ff. (UEFA-Cup Spiel 1. FC Köln/Inter Mailand); *Immenga/Mestmäcker,* § 18 Rz. 140.

[59] *Westermann* FS *Rittner,* S. 783; vgl. auch 3. Teil, Rz. 46.
[60] BAG NJW 1980, 470.
[61] Vgl. unten, Rz. 280 ff.
[62] Vgl. die grafische Übersicht in Rz. 34; zum Verbandsbegriff vgl. *Reichert,* Rz. 5206 ff.
[63] Bezugsjahr: 2005, davon 541.000 Euro an die WADA.
[64] Vgl. zur Bedeutung des Sports die als BT-Drucksache veröffentlichten Sportberichte der Bundesregierung; zur Entwicklungsgeschichte des Verbandsgefüges der deutschen Sportverbände *Lohbeck,* S. 1 ff.

I. Landesfachsportverbände

Auf örtlicher Ebene sind die Sportler je nach ausgeübter Sportart in Vereinen organisiert. **24** Diese wiederum sind Mitglieder der Kreis-, Bezirks- oder Landesfachsportverbände, deren Sportart sie betreiben. Diese Landesfachsportverbände haben hauptsächlich die Aufgabe, den Sportbetrieb innerhalb des jeweiligen Bundeslandes mit dem Ziel zu organisieren, die Landesmeister in den verschiedenen Disziplinen zu ermitteln. Neben dem Wettkampfbetrieb obliegen ihnen aber auch weitere Aufgaben, z. B. die Talentsuche und -förderung oder die Abhaltung von Lehrgängen für Wettkämpfe in den Landesleistungszentren und die Organisation des Freizeitsports.[65]

II. Bundesfachsportverbände

Die Landesfachsportverbände sind in Bundesfachsportverbänden zusammengeschlossen, **25** die alle grundsätzlichen Angelegenheiten ihrer Sportart regeln. Diese Spitzenverbände vertreten die Fachsportarten in den Weltsportverbänden, sie veranstalten die Deutschen Meisterschaften, bilden die Spitzenkader heran, nominieren die Vertretungen für Länderkämpfe, Welt- und Europameisterschaften, sind für die Lehrarbeit und für die Weiterentwicklung des Regelwerks verantwortlich und unterhalten Bundesleistungszentren und über den DOSB angestellte Bundestrainer. Die fünf größten Bundesfachsportverbände sind Fußball mit über 26 000 Vereinen und 170 000 Mannschaften (6,27 Mio. mittelbare Mitglieder), Turnen (4,5 Mio.), Tennis (2,3 Mio.), Schützen (1,5 Mio.) und Leichtathletik (0,86 Mio.).

III. Landessportbünde

Parallel zur fachlichen Gliederung gibt es eine fachübergreifende Gliederung der Sport- **26** vereine eines Bundeslandes, unabhängig davon, welche Sportart sie betreiben. Ihnen obliegen fachübergreifende Aufgaben, z. B. die Vertretung der Interessen der Sportvereine auf Landesebene, Förderung der Ausbildung und Honorierung von Übungs- und Jugendleitern, von Führungskräften, des Übungsstättenbaus, des Versicherungsschutzes usw.

IV. Deutscher Olympischer Sportbund (DOSB)

Um die Aufgabenbereiche von DSB und NOK zu bündeln, fand in den Jahren 2005/06 **27** eine umfassende Strukturreform statt, die in eine Fusion mündete. Die Gründung des neuen Deutschen Olympischen Sportbundes erfolgte am 20. Mai 2006.

Der DOSB ist ein eingetragener Verein mit Sitz in Frankfurt/Main. Er verfolgt ausschließlich und unmittelbar gemeinnützige Zwecke. Er besteht aus den Landessportbünden, Sportfachverbänden (Spitzenverbänden), Sportverbänden mit besonderer Aufgabenstellung, Sportverbänden ohne internationale Anbindung, den deutschen IOC-Mitgliedern und den Persönlichen Mitgliedern. Er hat folgende Organe: die Mitgliederversammlung und das Präsidium. Daneben gibt es die Präsidialausschüsse Leistungssport und Breitensport/Sportentwicklung. Für Streitigkeiten ist ein (echtes) Schiedsgericht vorgesehen. Der DOSB unterhält eine Führungsakademie mit Sitz in Köln, die für das Management von Sportvereinen und -verbänden ein umfangreiches Seminarprogramm anbietet. Ferner gibt es ein EU-Büro des deutschen Sports in Brüssel.[66]

Dem DOSB obliegt es, den deutschen Sport in allen seinen Erscheinungsformen zu **28** fördern, zu koordinieren und ihn in überverbandlichen und überfachlichen Angelegenheiten gegenüber Gesellschaft, Staat sowie anderen zentralen Sport- und sonstigen Insti-

---

[65] Zu den Betätigungsfeldern und Organisationsabläufen vgl. 3/7 ff.
[66] Zu Einzelheiten vgl. www.dsb.de. mit einem ausführlichen Organigramm des deutschen Sports sowie www.fuehrungs-akademie.de.

tutionen im In- und Ausland zu vertreten. Dem DOSB obliegen alle Zuständigkeiten, Rechte und Pflichten eines Nationalen Olympischen Komitees, wie sie ihm duch das IOC und Olympische Charta übertragen sind, so insbesondere die ausschließliche Zuständigkeit, die Teilnahme der Bundesrepublik Deutschalnd an den Olympischen Spielen sicherzustellen sowie die Städte zu bestimmen, die sich um die Ausrichtung der Olympischen Spiele bewerben dürfen (§ 2 DOSB-Satzung).

V. Stiftung Deutsche Sporthilfe

29 Die Stiftung Deutsche Sporthilfe ist eine gemeinnützige Stiftung bürgerlichen Rechts mit Sitz in Frankfurt/Main. Sie wurde 1967 als Förderungs- und Sozialwerk des deutschen Spitzensports gegründet und dient dem gemeinnützigen Zweck, Sportlerinnen und Sportler im Hinblick auf die nationale Repräsentation ideell und materiell zu fördern. Bisher wurden 35 000 Sportler in das Förderprogramm aufgenommen. Der Umsatz beträgt seit Gründung Euro 320 Mio., das derzeitige Eigenkapital ca. 9 Mio. Derzeit werden 3800 Sportler unterstützt. Der Jahresetat beträgt ca. 12 Mio. Organe sind der Vorstand, der Stiftungsbeirat, das Kuratorium und der Gutachter-Ausschuss.[67] Zur Vermarktung hält sie 100 % an der Deutschen Sporthilfe GmbH (DGH) und 50 % an der Deutschen Sportmarketing GmbH (DSM).

VI. Der „Freiburger Kreis"

30 Der „Freiburger Kreis" ist eine 1974 gegründete Interessengemeinschaft von mittlerweile 165 Sportvereinen mit über 650 000 Mitgliedern. Er versteht sich als progressive Denkstube des deutschen Sports und veranstaltet Seminare zu Fragen des Vereinsalltags: Steuer- und Versicherungsrecht, Sportförderung, Sportstättenplanung, Umwelt- und Naturschutz, Gesundheitssport usw.[68]

VII. Kontinentale Sportvereinigungen

31 Auf europäischer Ebene gibt es Zusammenschlüsse der nationalen Fachsportverbände, z. B. den Europäischen Fußballverband (UEFA) mit Sitz in Nyon, Schweiz, der 52 nationale Fußballverbände repräsentiert. Außerdem haben sich die europäischen NOKs zur Vereinigung aller europäischen NOKs (AENOC) zusammengeschlossen.[69]

VIII. Internationale Fachsportverbände (IFs)

32 Die meisten Sportarten sind in Weltfachsportverbänden repräsentiert (85, davon 35 olympisch). Die größten sind die FIFA, die FIBA und die IAAF mit über 200 nationalen Verbänden. Auch die olympischen Sommersportverbände haben eine eigene Vereinigung (ASOIF), ebenso die olympischen Wintersportverbände. Die internationalen Fachsportverbände (85) sind in der AGFIS organisiert.[70]

IX. Internationales Olympisches Komitee (IOC)

33 Das IOC, gegründet 1894 in Paris, organisiert alle zwei Jahre abwechselnd die Sommer- und Winterspiele in Zusammenarbeit mit dem NOK des Gastgeberlandes und dem Organisationskomitee (OCOG) der ausrichtenden Stadt. Es hat 115 persönliche Mitglieder, die als „Botschafter" des IOC in ihren jeweiligen Heimatländern fungieren. Bisher hat das IOC 202 NOKs anerkannt. Es hat seinen Sitz in Lausanne, wird von einem 15-köpfigen Vorstand geleitet, hat über 100 hauptamtliche Angestellte und sieht sich gem. § 1 I

---

[67] Zu weiteren Einzelheiten vgl. www.sporthilfe.de.
[68] Vgl. www.freiburger-kreis.de.
[69] Vgl. *Mevert*, S. 1 ff.
[70] Vgl. *Kurtze*, S. 1 ff.; *Oswald* Olympic Message 11 (1985), 7; *Klein* Bd. I, Kap. I 7.

seiner Satzung als „Supreme authority of the Olympic Movement". Es beansprucht ferner die Eigentümerschaft („exclusive property") an den Olympischen Spielen und an allen damit zusammenhängenden Rechten (Art. 7 der Satzung).[71]

Zwar ist das IOC nach dem vereinsfreundlichen schweizerischen Recht als Verein registriert, doch ist es infolge der selbst betriebenen Kommerzialisierung spätestens seit den Olympischen Spielen in Los Angeles 1984 de facto in die Rolle eines multinationalen *Wirtschaftsunternehmens* hineingewachsen. Haupteinnahmequellen sind der weltweite Verkauf der Fernsehrechte und die Vermarktung der Olympischen Ringe. Während der vergangenen Olympiade, also von 2001–2004, nahm das IOC (zusammen mit dem OCOG) 4,13 Milliarden US-Dollar ein. 92 % davon gab/gibt es weiter an die 202 NOKs, die 35 „Olympischen" Sportverbände und die Organisationskomitees der Spiele, 8 % behält es als institutionelle Finanzierungsgrundlage. Derzeit sind die folgenden Sommersportarten olympisch: Badminton, Basketball, Bogenschießen, Boxen, Fechten, Fußball, Gewichtheben, Handball, Hockey, Judo, Kanu, Leichtathletik, Moderner Fünfkampf, Radsport, Reiten, Ringen, Rudern, Schießen, Schwimmen, Segeln, Taekwondo, Tennis, Tischtennis, Triathlon, Turnen, Volleyball. Austragungsorte der nächsten Olympischen Sommerspiele sind Peking (2008) und London (2012), der Olympischen Winterspiele Turin (2006) und Vancouver (2010).

Außerhalb des IOC gibt es ca. 40 nicht-olympische Sportarten, die alle vier Jahre als „World Games" ausgetragen werden.

Die folgende Grafik veranschaulicht den stufenförmigen bzw. pyramidenförmigen **34** Aufbau des Sports weltweit.

---

[71] Vgl. die ausführliche Internetpräsenz des IOC unter www.olympic.org, wo alle Einzelheiten abgerufen werden können, z. B. über die Organisation, die Satzung („Olympic Charter" in der Fassung vom 1. 9. 2004), die aktuelle Liste der Mitglieder, die 20 Kommissionen, das Finanzbudget („Revenue generation and distribution").

X. Organisationsaufbau des Sports weltweit

Vereinigung internationaler Fachsportverbände AGFIS (85 Mitglieder)

Vereinigung internationaler olympischer Sommersport-/Wintersportverbände ASOIF (35 Mitglieder)

Internationale Fachsportverbände IF (z.B. FIFA)
– *Ein-Platz-Prinzip, Anerkennungsmonopol* –

Kontinentale Fachsportverbände (z.B. UEFA)
– *Ein-Platz-Prinzip, Anerkennungsmonopol* –

Nationale (in Deutschland: Bundes-)Fachsportverbände (60 Mitglieder, z.B. DFB)

Landesfachsportverbände

Bezirks-/Kreisfachsportverbände

Internationales Olympisches Komitee IOC
– *Ein-Platz-Prinzip, Anerkennungsmonopol* –

Organisationskomitee für die Olympischen Spiele OCOG

Vereinigung der NOCs ANOC (196 Mitglieder)

Vereinigung europäischer NOCs AENOC

Nationales Olympisches Komitee NOK Fusion mit DSB ab Mai 2006 zum DOSB

Deutscher Sportbund DSB – *Ein-Platz-Prinzip* –

Landessportbünde (16)

Bezirks-/Kreissportbünde

Sportvereine

Sportler

C. Struktur und Regelwerke großer Sportverbände

Obgleich die Struktur der Sportverbände in ihren Details sehr unterschiedlich ist, gibt es wesentliche Gemeinsamkeiten:

Alle Sportverbände regeln ihre Angelegenheiten in einer Satzung und verschiedenen **35** Verbandsordnungen. In der *Satzung* legt der Verein/Verband seinen Vereinszweck, seinen Namen und Sitz, seinen inneren Aufbau (Organe), seine Betätigung nach außen, die Mitgliedschaft, seine Auflösung und das Schicksal des Vermögens bei seiner Auflösung fest.[72] Nach dem Wortlaut der Satzungen verfolgen die Sportverbände in der Regel gemeinnützige Zwecke und erstreben keine Gewinne. Eine solche Bestimmung ist antiquiert, da die meisten großen Sportverbände de facto Wirtschaftsunternehmen mit Monopolstellung sind.[73] Neben der Satzung geben sich die Sportverbände verschiedene Neben- bzw. *Verbandsordnungen,* die die einzelnen Sportverbände unterschiedlich benennen. Zu den inhaltlich immer wiederkehrenden Verbandsordnungen zählen die Geschäftsordnung, die Verwaltungsordnung, die Finanzordnung, die Rechts- und Verfahrensordnung, die Wettkampfordnung, die Ehrungsordnung und die Jugendordnung.[74] Zum Teil werden die Verbandsordnungen ausdrücklich zu Bestandteilen der Satzung deklariert.[75] Da mittlerweile alle größeren Sportverbände über eine ausführliche Internetpräsenz verfügen und deren Satzung und Statuten häufigen Änderungen ausgesetzt sind, beschränkt sich die Darstellung auf die Angabe des jeweiligen Sitzes und der Internetadresse („domain") sowie einiger Besonderheiten:

I. Deutscher Olympischer Sportbund (DOSB)

Sitz: Frankfurt/Main **36**
www.dsb.de

II. Leichtathletik (DLV)

Sitz: Darmstadt **37**
www.dlv-sport.de und *www.leichtathletik.de*
Weltverband: IAAF mit Sitz in Monaco, *www.iaaf.org*

III. Fußball (DFB), Bundesliga (Ligaverband und DFL)

Sitz: Frankfurt/Main, **38**
www.dfb.de, www.bundesliga.de
Besonderheiten:
Der DFB e.V. ist die Vereinigung der Landesverbände, Regionalverbände und des Ligaverbandes, in denen Fußballsport betrieben wird. Er hat zusätzlich zur Satzung die folgenden Statuten erlassen:
- Spiel-, Schiedsrichter- und Jugendordnung mit Durchführungsbestimmungen
- Finanzordnung
- Ausbildungsordnung
- Rechts- und Verfahrensordnung
- Ehrungsordnung

---

[72] Vgl. Satzungsmuster für Sportvereine/-verbände, *Finger* SpuRt 1995, 103 ff. sowie *Partikel*, Formularbuch.

[73] Vgl. Rz. 57.

[74] Vgl. Muster einer Geschäftsordnung, Finanzordnung, Jugendordnung und eines Haushaltsplans, abgedruckt bei *Klein* Band 1 V 1.2.1 bis 1.2.4.

[75] Zur Bedeutung dieser Methode vgl. Rz. 152.

– Geschäftsordnung für Bundestag und Vorstand
– Regionalliga-Statut.

Der deutsche Fußball hat im Jahr 2000 eine tief greifende *Strukturreform* hinter sich gebracht. Der Lizenzfußball, das heißt die 36 Profivereine der Bundesliga und der 2. Bundesliga, hat sich verselbständigt und einen eigenen Ligaverband mit eigenem Ligastatut gegründet, der gemäß § 16–16 d der DFB-Satzung Mitglied im DFB ist („Die Liga – Fußballverband e. V."). Weitere Einzelheiten sind im Grundlagenvertrag zwischen DFB und Ligaverband geregelt. Zur Führung des operativen Geschäfts wurde die DFL Deutsche Fußball Liga GmbH mit Sitz in Frankfurt/Main gegründet. Sie ist vor allem für den Spielbetrieb, die Vermarktung und die Lizenzierung verantwortlich.[76]

Das Ligastatut besteht gemäß § 5 Nr. 1a der Satzung des Ligaverbandes aus der

– Lizenzierungsordnung (LO),
– Lizenzordnung Spieler (LOS),
– Spielordnung des Ligaverbandes (SpOL) und
– Ordnung für die Verwertung kommerzieller Rechte (OVR)

sowie weiteren Richtlinien und Durchführungsbestimmungen.

Der *Status* der Fußballspieler ist in § 8 Spielordnung DFB geregelt. Danach gibt es drei Gruppen von Fußballspielern:

– den Amateur, der aufgrund seines Mitgliedschaftsverhältnisses Fußball spielt und als Entschädigung kein Entgelt bezieht, sondern seine nachgewiesenen Auslagen und allenfalls einen pauschalierten Aufwendungsersatz bis zu € 149,99 im Monat erstattet erhält,
– den Vertragsspieler, der über sein Mitgliedschaftsverhältnis hinaus einen schriftlichen Vertrag mit seinem Verein geschlossen hat und über seine nachgewiesenen Auslagen hinaus Vergütungen oder andere geldwerte Vorteile von mindestens € 150,00 monatlich erhält,
– den Lizenzspieler, der das Fußballspiel aufgrund eines mit einem Lizenzverein oder einer Kapitalgesellschaft geschlossenen schriftlichen Vertrags betreibt und durch Abschluss eines schriftlichen Lizenzvertrags mit dem Ligaverband zum Spielbetrieb zugelassen ist.[77]

Im Lizenzfußball bestimmt sich das *Dreiecksverhältnis* Ligaverband – Verein – Lizenzspieler nach der LOS (früher Lizenzspielerstatut). Die Teilnahme eines Vereins an den Spielen einer Lizenzliga setzt den Abschluss eines sog. Lizenzvertrags des Vereins mit dem Ligaverband voraus (§ 1 LO). Die Lizenz wird für ein Spieljahr erteilt, ist höchstpersönlicher Natur und nicht übertragbar. Parallel dazu ist zwischen dem Ligaverband und den in der Bundesliga und 2. Bundesliga tätig werdenden Berufsspielern ein Lizenzvertrag abzuschließen (§ 1 LOS), ohne den ein gegen Entgelt spielender Fußballsportler von seinem Verein in der Bundesliga nicht eingesetzt werden darf. Schließlich ist als Grundlage der Tätigkeit eines Berufsspielers in seinem Verein der Abschluss eines Arbeitsvertrags zwischen Verein und Spieler in §§ 2 Nr. 2, 6 ff. LOS vorgesehen. Die DFL hat hierzu einen Mustervertrag entwickelt, der die spezifischen Beziehungen der Vertragsparteien regelt.[78] Nichtsdestoweniger sind Verein und Spieler in der ver-

---

[76] Zu Satzung und Statuten vgl. www.bundesliga.de; zur Strukturreform *Summerer*, SpuRt 2001, 263; *Holzhäuser*, SpuRt 2004, 144 ff.; vgl. auch Rz. 64.

[77] Vgl. ausführl. zur Abgrenzung des Amateurs vom Profi und zu den Rechtsverhältnissen im Amateur-Fußball, *Arens/Scheffer*, 1480.2, Rz. 31 ff.; rechtsvergleichend *Malatos*, S. 46 ff.

[78] Siehe Anhang.

traglichen Gestaltung frei, soweit die Bindungen des Spielers zum Ligaverband Beachtung finden. Ein Spieler kann am Spielbetrieb der Lizenzligen erst teilnehmen, wenn ihm aufgrund des Vertrags mit dem Ligaverband die Lizenz erteilt worden ist. Dieser Vertrag überzieht das Vertragsverhältnis mit einem besonderen Geflecht von Regelungen und ist unverzichtbare Grundlage der Beschäftigung als Spieler in den Ligen. Mit der Unterzeichnung des Lizenzvertrags unterwirft sich der Spieler den besonderen Liga-Vorschriften. Während die Beziehung zwischen Ligaverband und Verein dem Verbandsrecht zuzuordnen ist, ist das Verhältnis des Ligaverbands zum Spieler zusätzlich vertragsrechtlich abgesichert und begründet so eine *doppelspurige* Verpflichtung der Lizenzspieler auf die Liga- und DFB-Statuten.[79]

Weltverband: FIFA mit Sitz in Zürich, *www.fifa.com*

IV. Tennis (DTB)

Sitz: Hamburg, *www.dtb-tennis.de* 39
Weltverband: ITF mit Sitz in London, *www.itftennis.com*

V. Basketball (DBB – BBL)

Sitz: Hagen, *www.basketball-bund.de* 40
Weltverband: FIBA mit Sitz in Genf, *www.fiba.com*
Besonderheit: Für den Profisport ist seit dem Jahr 2000 die Basketball- Bundesliga GmbH (BBL) verantwortlich.

VI. Eishockey (DEB/DEL)

Sitz: DEB e.V.: Füssen (Verwaltungssitz: München), *www.deb-online.de* 41
Sitz DEL: Deutsche Eishockey Betriebsgesellschaft mbH: Köln, *www.del.org*
Weltverband: IIHF mit Sitz in Zürich, *www.iihf.com*
Besonderheit: Im Eishockey ist die Trennung zwischen dem Verband (DEB) als Organisator des Amateursports und der DEL als Organisator des Profisports am stärksten ausgeprägt.[80] Der DEB betreibt seit der Saison 2001/02 alle Seniorenligen unterhalb der DEL nicht mehr selbst, sondern hat hierfür eine Eishockey-Betriebsgesellschaft mbH, die ESBG GmbH, gegründet. Deren Gesellschafter sind neben dem DEB die für die jeweiligen Ligen qualifizierten Clubs. Die heute für die oberste Spielklasse verantwortliche DEL GmbH wurde 1997 unabhängig vom DEB von den teilnehmenden Clubs gegründet. Sie war Folge des Scheiterns der vom DEB initiierten und nach einem vermeintlichen Franchise-System[81] strukturierten Deutschen Eishockey-Liga GmbH (DEB DEL GmbH). Der DEL GmbH gehören heute als Gesellschafter 13 GmbHs und eine GmbH & CoKG an.

VII. Skisport (DSV)

Sitz: Planegg, eingetragen im Vereinsregister des AG München, 42
www.ski-online.de
Weltverband: FIS mit Sitz in Oberhofen (Schweiz), *www.fis-ski.com*

---

[79] Zum Vertragsverhältnis ausführlich 3. Teil, Rz. 9.
[80] Vgl. *Holzhäuser*, SpuRt 2004, 244.
[81] Vgl. *Hiedl*, SpuRt 1998, 191 ff.; die Strukturreform war Anlass diverser Rechtsstreitigkeiten zwischen DEB und DEL, vgl. die Schiedssprüche in SpuRt 1997, 162 und 165.

VIII. Handball (DHB – HBL)

43 *Sitz:* Dortmund, www.dhb.de
Weltverband: IHF mit Sitz in Basel, www.ihf.info
Besonderheit: Im Handball haben sich die 1. und 2. Bundesliga ab 2002 weitgehend verselbstständigt. Ähnlich dem Fußball hat sich ein Ligaverband konstituiert, der für das operative Geschäft die Handball Bundesliga GmbH (HBL) gegründet hat.

IX. Volleyball (DVV)

44 *Sitz:* Frankfurt/Main, *www.volleyball-verband.de*
Weltverband: FIVB mit Sitz in Lausanne, *www.fivb.com*

X. Hockey (DHoB)

45 *Sitz:* Hürth, *www.deutscher-hockey-bund.de*
Weltverband: FIH mit Sitz in Lausanne, *www.fihockey.org*

XI. Eislauf (DEU)

46 *Sitz:* München, *www.eislauf-union.de*
Weltverband: ISU mit Sitz in Lausanne, *www.isu.org*

XII. Turnen (DTuB)

47 *Sitz:* Frankfurt/Main, *www.dtb-online.de*
Weltverband: FIG mit Sitz in Moutiers (Schweiz), Verlegung nach Neuchatel 2006 geplant, *www.fig-gymnastics.com*

XIII. Schwimmen (DSV)

48 *Sitz:* Kassel, *www.dsv.de*
Weltverband: FINA mit Sitz in Lausanne, *www.fina.org.*

D. Rechtsformen und Management der Sportvereine/-verbände

Von den vielfältigen Fragen des Vereinsrechts[82] sind besonders praxisrelevant der Name, Sitz und Namensschutz, die Einstufung als Idealverein oder Wirtschaftsunternehmen sowie Finanzierung, Besteuerung[83] und wirtschaftliche Leistungsfähigkeit eines Vereins, Letztere insbesondere im Hinblick darauf, ob ein Profi-Verein eine Spielberechtigung (Lizenz) erhält oder verliert.

I. Vereinsname, Sitz, Namensschutz

49 § 57 Absatz 1 BGB schreibt zwingend vor, dass die Satzung sowohl den Vereinsnamen als auch den Sitz enthält. Der *Vereinsname,* in der Regel bestehend aus Namenskern und Namenszusätzen (z. B. Fußballclub St. Pauli v. 1910 e.V., wobei St. Pauli den Namenskern darstellt), darf frei gewählt werden. Unschädlich ist, wenn der Namenskern keinen Schluss auf den Vereinszweck zulässt. Sogar die Wahl von Phantasienamen ist zulässig. Die Änderung des Namens bedarf zugleich der Satzungsänderung. Gemäß § 57 Absatz 2

---

[82] Vgl. zu Begriff, Entstehung, Satzung grundsätzlich *Staudinger/Weick,* Vorbem. § 21 Rz. 43 ff.; *Reichert,* Rz. 1, 81 ff.; *Stöber,* Rz. 27 ff.
[83] Vgl. hierzu ausführlich *Reichert,* Rz. 6375 ff.

BGB soll sich der Name von den Namen der an demselben Ort oder in derselben Gemeinde bereits bestehenden eingetragenen Vereine deutlich unterscheiden. Dies ist dann der Fall, wenn nach dem Gesamteindruck und unter Berücksichtigung des Wortsinns einschließlich des Wort- und Klangbildes jede ernsthafte Gefahr einer Verwechslung ausgeschlossen ist.[84] Fehlt es an der deutlichen Unterscheidbarkeit, so wird der Verein gem. § 60 BGB nicht eingetragen. Auf den Namen des Vereins ist § 18 Absatz 2 HGB entsprechend anzuwenden. Danach darf ein Name, der zur Täuschung über Art, Größe, Alter oder sonstige wesentliche Verhältnisse des Vereins geeignet ist, nicht eingetragen werden.[85] Täuschend wäre es beispielsweise, wenn sich eine Stiftung den Namen „Olympia Stiftung" gäbe, dieser Verein aber de facto von Mitgliedsbeiträgen lebt und keiner Kontrolle der öffentlichen Hand unterliegt.[86] Eine bereits eingetretene oder beabsichtigte Täuschung ist nicht erforderlich. Verstößt der Vereinsname gegen § 18 Absatz 2 HGB, dann ist die Satzung insoweit nichtig (§ 134 BGB), mit der Folge, dass die Gesamteintragung und nicht bloß der unzulässige Name zu löschen ist.

Der Verein kann nur einen *Sitz* haben. Der Sitz muss satzungsmäßig festgelegt werden. **50** Dieser statutarische Sitz gewährleistet die Erreichbarkeit des Vereins. Der Verein muss aber weder eine Geschäftsstelle, einen Geschäftsbetrieb noch Vermögen an diesem Sitz haben.[87] Als Sitz gilt hilfsweise der Ort, an dem die Verwaltung geführt wird, sofern die Satzung keine Sitzbestimmung enthält (vgl. § 24 BGB). Der Sitz bestimmt auch den allgemeinen Gerichtsstand (§ 17 I, III ZPO). Eine Verlegung des Sitzes stellt eine Satzungsänderung dar, die erst durch die Eintragung in das Vereinsregister wirksam wird (§ 71 I BGB). Verlegt ein Verein seinen Sitz ins außereuropäische Ausland, dann verliert er die in Deutschland erlangte Rechtsfähigkeit. Durch den Verlegungsbeschluss wird die juristische Person aufgelöst und liquidiert. Diese Rechtsfolge gilt nicht bei einer Verlegung innerhalb der EU; diese wird als einheitlicher Rechtsbereich angesehen.[88]

Der *Namensschutz* ist in § 12 BGB geregelt. Er erstreckt sich auch auf Vereinsnamen. **51** Namensartige Kennzeichen (z. B. Embleme, Bildzeichen) sind geschützt, soweit sie entweder von Natur aus unterscheidungskräftig sind oder durch Verkehrsgeltung Unterscheidungskraft erlangt haben. Dies ist der Fall, wenn ein nicht unbeträchtlicher Teil des Verkehrs das Zeichen als Hinweis auf eine bestimmte Personenvereinigung ansieht.[89] Ob der Name eines *Sponsors* dem bestehenden Vereinsnamen hinzugefügt oder in ihm integriert werden darf, hängt von den Satzungen der Sportverbände ab und ist teils erlaubt, teils untersagt.[90]

Eine Verletzung des Namensrechts liegt vor, wenn das Recht zum Gebrauch des Namens bestritten wird, sog. *Namensleugnung*. Auch der unbefugte Gebrauch des Vereinsnamens, sog. *Namensanmaßung*, verletzt das Namensrecht, soweit dadurch schutzwürdige Interessen des betroffenen Vereins verletzt werden. Eine *Verwechslungsgefahr* stellt stets eine Interessenverletzung dar. Zudem muss das Interesse schutzwürdig sein. Insoweit sind die widerstreitenden Interessen gegeneinander abzuwägen.[91]

Als *Rechtsfolge* sieht § 12 BGB die Beseitigung der Beeinträchtigung vor. Besteht Wie- **52** derholungsgefahr, können auch Unterlassungsansprüche geltend gemacht werden. Schadensersatz ist verschuldensabhängig nur über § 823 BGB durchsetzbar. Sofern ein Verein

---

[84] *Reichert*, Rz. 476.
[85] *Reichert*, Rz. 478 ff., *Palandt/Heinrichs* § 58 Rz. 2, 3.
[86] BayObLG NJW 1973, 249.
[87] OLG Stuttgart BB 1977, 413.
[88] *Reichert*, Rz. 6331, 6336.
[89] *Reichert*, Rz. 482 ff.; *Palandt/Heinrichs* § 12 Rz. 10, 38 m.w.N.
[90] Erlaubt z. B. in der Leichtathletik, untersagt im Fußball: „Änderungen, Ergänzungen oder Neugebungen von Vereinsnamen und Vereinszeichen zum Zwecke der Werbung sind unzulässig". (§ 15 Ziffer 2 DFB-Satzung, § 12 Ziffer 2 Satzung Ligaverband). Zum Fall „Jägermeister Braunschweig" vgl. Rz. 206.
[91] *Reichert*, Rz. 492 ff.

seinen Namen geschäftlich verwendet, genießt er primär Namensschutz über § 5 MarkenG.⁹² So besteht zugunsten eines Fußballclubs Markenschutz gegen die unbefugte Verwendung seines Namens und Wappens auf nicht offiziellen Fan-Artikeln.⁹³ Bei Verletzung bestehen Unterlassungs- und Schadensersatzansprüche gemäß § 15 IV, V MarkenG. Der Schaden kann ebenso wie im Falle der Verletzung eines Urheber- oder gewerblichen Schutzrechts nach Art einer Lizenzgebühr oder nach dem Verletzergewinn berechnet werden. Bei schwerwiegenden Eingriffen ist zusätzlich ein Schmerzensgeldanspruch durchsetzbar.

53 Ebenfalls besteht namensrechtlicher, wettbewerbsrechtlicher und markenrechtlicher Schutz des sog. *Domain-Namens*, z. B. eines Bundesligavereins, als Teil der elektronischen Rufnummer im Internet.⁹⁴

II. Idealverein – Wirtschaftsunternehmen (e.V. – GmbH/AG)

Die Frage, ob Sportvereine als gemeinnützige Idealvereine oder als Kapitalgesellschaften angemessener organisiert sind, wird seit jeher kontrovers diskutiert.

1. Traditionelle Erscheinungsformen

54 **a) Eingetragener Verein (e.V.).** Die eingetragenen Vereine umfassen in fast allen Sportarten sowohl den Amateur- als auch den Profibereich. Der Idealverein hat Tradition. Fußballvereine wurden vor rund 100 Jahren gegründet, z. B. Bayern München 1900, BVB Dortmund 1909, Hamburger SV schon 1887. Die meisten Sportvereine und alle Sportverbände sind im Vereinsregister des zuständigen Amtsgerichts als rechtsfähiger, nicht wirtschaftlicher Verein gemäß § 21 BGB eingetragen. Leitungs- und Vertretungsorgan ist der Vorstand, höchstes Organ ist die Mitgliederversammlung. Ihr obliegt die Beschlussfassung über alles, was von wesentlicher Bedeutung für das Vereinsleben ist, beispielsweise Erlass und Änderungen der Satzung.

55 Das Gesetz versteht unter einem Ideal- bzw. nicht wirtschaftlichen Verein einen Verein, dessen Zweck nicht auf einen wirtschaftlichen Geschäftsbetrieb gerichtet ist. Es ist heute jedoch einhellige Meinung, dass nicht auf die Zielsetzung abzustellen ist, sondern auf die *Tätigkeit,* ob also de facto ein *wirtschaftlicher Geschäftsbetrieb* besteht.⁹⁵ Nach h. M. ist unter einem wirtschaftlichen Geschäftsbetrieb „das planmäßige und auf Dauer angelegte Auftreten des Vereins am Markt in unternehmerischer Funktion durch Einschaltung in wirtschaftliche Umsatzprozesse mit einer regelmäßig entgeltlichen Tätigkeit zu verstehen. Das unternehmerische Moment, das die Betätigung des Vereins zum wirtschaftlichen Geschäftsbetrieb stempelt, ist in seiner planmäßigen Betätigung als Anbieter von Wirtschaftsgütern im weitesten Sinne gegen Entgelt zu sehen, ohne dass es in diesem Zusammenhang darauf ankommt, ob der Verein selbst Gewinne erzielen will. Elemente eines wirtschaftlichen Geschäftsbetriebs können gerade auch in der Auslagerung wirtschaftlicher Tätigkeiten erblickt werden."⁹⁶ Vor allem der Profi-Fußball wird als Wirtschaftsfak-

---

⁹² *Ingerl/Rohnke,* § 14 Rz. 72; *Palandt/Heinrichs* § 12 Rz. 10, 36, 38; zur Subsidiarität des Namensschutzes im Verhältnis zum Markenschutz vgl. BGH NJW 2002, 2031, 2096.
⁹³ EuGH SpuRt 2003, 62: Arsenal Football Club". Vgl. auch SpuRt 2004, 16: „Adidas-Salomon".
⁹⁴ Vgl. BGH NJW 2002, 2031, 2096; BGH NJW 2003, 2978; LG Mannheim NJW 1996, 2736; *Palandt/Heinrichs,* § 12 Rz. 10.
⁹⁵ LG Frankfurt NJW 1996, 2040; vgl. ausführlich *K. Schmidt,* Verbandszweck, S. 183 ff.; *MüKo-Reuter,* §§ 21, 22 Rz. 4 ff.; *Palandt/Heinrichs,* § 21 Rz. 2, 5.
⁹⁶ LG Frankfurt NJW 1996, 2040; vgl. auch OLG Celle Rpfleger 1992, 66 m.w.N.; BayObLG 85, 284; *MüKo-Reuter,* §§ 21, 22 Rz. 10 ff., 30. *K. Schmidt,* der eine Fallgruppenbildung befürwortet, S. 189 ff., und einen engen funktionalen Zusammenhang zwischen Auslagerung und nichtschaftlicher Zweckverfolgung fordert, S. 192; nicht unentbehrliche ökonomische Tätigkeiten seien nur anzuerkennen, wenn sie in den Dienst der nichtwirtschaftlichen Vereinstätigkeit gestellt sind und keine Gefahr für Gläubigerinteressen mit sich bringen, S. 333.

tor immer bedeutender: Erzielte Einnahmen in Millionenhöhe aus Übertragungsrechten, Banden- und Trikotwerbung, dem Verkauf von Eintrittskarten etc. lassen beispielsweise die Clubs der Fußball-Bundesliga,[97] den DFB (Vermarktung der Nationalmannschaft und des DFB-Pokals), die UEFA (Vermarktung der „Königsklasse" Champions League) und die FIFA (Vermarktung der Weltmeisterschaft) durchweg als *Wirtschaftsunternehmen* erscheinen.[98] Die voraussichtlichen Einnahmen der UEFA aus dem neuen Vermarktungsprogramm „Eurotop" sollen sich bis 2009 auf über 257 Millionen Euro belaufen.[99] Die FIFA erwartet im Jahr 2006 Gesamteinnahmen von 2,5 Milliarden Schweizer Franken.[100]

Die moderne Profi-Abteilung eines Fußballbundesligavereins ist demnach ein wirtschaftlicher Geschäftsbetrieb „par excellence", der nicht in den Dienst der nicht-wirtschaftlichen Vereinstätigkeit gestellt ist. Er ist Unternehmer im Sinne von § 14 Abs. 1 BGB. **56**

Doch auch bei den Profiklubs der übrigen Bundesligen sind die typischen Unternehmensmerkmale Unternehmerrisiko, Unternehmerinitiative und Teilnahme am Sportmarkt voll verwirklicht. Gleiches gilt für Spitzensportverbände, die zwar keine Bundesliga, dafür aber einen besonders vermarktungsfähigen A-Kader unterhalten, wie z. B. der DLV. Durch die Veranstaltung nationaler und Mitveranstaltung internationaler Meisterschaften beteiligt er sich entgeltlich auf dem Markt für Sportveranstaltungen. Dort bietet er geldwerte (gewerbliche) Leistungen an und erzielt dadurch Erlöse in Millionenhöhe, etwa durch Vergabe von Fernsehübertragungsrechten und von Werbemöglichkeiten (Sponsoring). Dies gilt auch für die IAAF: sie erhielt allein aus den Einnahmen der Olympischen Spiele 2004 in Athen einen Anteil von 24 Millionen Dollar.[101] Schließlich sind zunehmend erfahrene Kaufleute im Marketing der Sportspitzenverbände beschäftigt, um adäquate Verhandlungsstrategien auszuarbeiten. Somit ist festzustellen: Die traditionelle Verankerung der Amateurabteilungen im Gesamtverein lässt den ideellen Zweck zwar noch aufscheinen, vermag aber nicht darüber hinwegzutäuschen, dass wirtschaftliche Interessen dominieren. Die vom Gesetzgeber einst vorgegebene ideelle Zielsetzung besteht somit nur noch am Rande.[102] **57**

Vereine, deren Zweck auf einen wirtschaftlichen Geschäftsbetrieb gerichtet ist oder die de facto einen wirtschaftlichen Geschäftsbetrieb unterhalten, sind gemäß § 22 BGB als wirtschaftliche Vereine zu qualifizieren. Als solchen hat z. B. das OLG Stuttgart die „Vereinigte Skizunft Kaltes Feld e. V." eingestuft, die sich bei dem Betrieb von Skischlepplifts und Seilbahnen engagiert.[103] Rechtsfähigkeit erlangen diese nur durch staatliche Verleihung, die äußerst selten vorkommt. Voraussetzung ist, dass die Erlangung der **58**

---

[97] Alle 36 Clubs der Bundesliga und der 2. Bundesliga hatten nach einer Erhebung der DFL in der Saison 2004/05 Einnahmen in Höhe von 650 Mio. Euro. Sie zahlten rund 379 Mio. Euro Steuern, davon rund 243 Mio. Lohnsteuer, 100 Mio. Euro Umsatzsteuer und 10 Mio. Gewerbesteuer. Sie investierten in den letzten 10 Jahren nahezu 2 Milliarden Euro in den Bau oder Umbau der Stadien.

[98] LG Frankfurt NJW 1983, 763; *MüKo-Reuter*, §§ 21, 22 Rz. 43; *Staudinger/Weick*, § 21 Rz. 15; *Hopt*, WFV Nr. 28, S. 102; *Heckelmann*, AcP 179, 2, 55; ebenso für die Eishockey-Bundesliga das Schiedsgericht für den Bereich des DEB, SpuRt 1994, 265; *Reichert* RuS 12, 4. Die Auffassung des BGH in bezug auf den DFB in der „Programmheft"-Entscheidung, GRUR 1962, 255, ist überholt; so zutreffend *K. Schmidt*, Verbandszweck, S. 201f. und *Schwierkus* S. 320.

[99] Sponsors.de vom 18. 10. 2005.

[100] FAZ vom 30. 7. 2005; allein der langfristige Sponsorvertrag mit Adidas beschert der FIFA bis zum Jahr 2014 Einnahmen von 215 Millionen Dollar sowie Sachleistungen im Wert von 136 Millionen Dollar.

[101] SZ vom 6. 8. 2005.

[102] So schon allgemein *Stern*, S. 147; auch für das schweizerische Recht stellt *Bodmer*, S. 195, fest, Sportverbände seien Monopolverbände und hätten sich vom Typus des Idealvereins weit entfernt; zur aktuellen Diskussion in der Schweiz vgl. *Scherrer* SpuRt 1995, 88.

[103] OLGZ 1971, 465.

Rechtsfähigkeit durch andere Vorschriften unzumutbar ist. Soweit die Vereinigung die Rechtsfähigkeit nach den handelsrechtlichen Vorschriften erlangen kann, ist für die Verleihung kein Raum.[104] Hier bietet sich vor allem die Rechtsform der GmbH, der GmbH & Co. KG oder der „kleinen" AG an.

59 b) Nebenzweck-Privileg. Trotz wirtschaftlicher Betätigung liegt kein wirtschaftlicher, sondern ein Idealverein vor, wenn der Geschäftsbetrieb im Rahmen einer ideellen Zielsetzung lediglich Nebenzweck ist. Man spricht dann vom sog. Nebenzweck- oder auch Nebentätigkeits-Privileg. Voraussetzung ist aber, dass der Verein seinen Zweck zu einem erheblichen Teil durch nicht-unternehmerische Aktivitäten fördert und der wirtschaftliche Geschäftsbetrieb als Nebentätigkeit dem Hauptzweck eindeutig untergeordnet ist.[105] Nicht der Wortlaut der Satzung, sondern der tatsächlich verfolgte Zweck ist für die Beurteilung maßgebend, weil unternehmerische Merkmale aus steuerlichen Gründen in der Satzung nicht als (mitverfolgter) Zweck genannt werden dürfen. Paradebeispiele für den erlaubten Nebenzweck sind der Restaurationsbetrieb eines Sportvereins oder Alpenvereinsunterkünfte. Für den Fall, dass der kommerzielle Nebenbetrieb ein vollkaufmännisches Grundhandelsgeschäft ist, muss er in das Handelsregister eingetragen werden (§ 33 HGB).[106]

60 Bundesligavereine mit Profiabteilungen können sich jedoch nach heute wohl h. L. angesichts der breiten Kommerzialisierung, wie oben unter a) beschrieben, aus Gründen des Mitglieder- und Gläubigerschutzes nicht mehr wie früher auf das Nebenzweck-Privileg berufen.[107] Am Beispiel des Fußballs zeigt sich, dass die maßgeblichen Umsätze im Profibereich erwirtschaftet werden. In diesem Bereich wird das Geld auch reinvestiert. Die Unterstützung der Amateurabteilungen macht daran gemessen nur einen winzigen Teil aus. Die Bedeutung des Vereins steht und fällt mit dem Profibereich. Der Profi-Fußball verleiht den Vereinen das Gepräge, sowohl nach außen als auch nach innen.[108] Die Berufssportabteilungen haben sich innerhalb des jeweiligen Vereins so weit verselbständigt, dass sie Selbstzweck geworden sind.[109] Bei schlechtem Management entstehen rasch Schulden in Millionenhöhe.

Zur Deckung werden oft diejenigen Vereinsgrundstücke verpfändet oder veräußert, die früher aus den Beiträgen der „kleinen" Mitglieder angeschafft worden sind. Hier vernichtet der wirtschaftliche Geschäftsbetrieb die Grundlage für die Verfolgung des ideellen Zwecks, nämlich des Sports für die Sportler statt für die zahlenden Zuschauer.[110]

2. Zwang zur Umwandlung in Kapitalgesellschaften

61 Nach §§ 43 Absatz 2, 44 BGB kann einem Verein, dessen Zweck nach der Satzung nicht auf einen wirtschaftlichen Geschäftsbetrieb gerichtet ist, die Rechtsfähigkeit entzogen werden, wenn er trotzdem einen solchen Zweck verfolgt. Fast alle Bundesligavereine weisen satzungsgemäß ideelle Zielsetzungen auf. Damit richtet sich die Rechtsfolge der verdeckten *Rechtsformverfehlung* nach § 43 Absatz 2 BGB (die offene, also durch die Sat-

---

[104] *Palandt/Heinrichs* § 22 Rz. 1; *Reichert*, Rz. 116.
[105] BayObLGZ 1985, 283 (285); *Sauter/Schweyer/Waldner*, Rz. 47; *Palandt/Heinrichs* § 21 Rz. 5; *Reichert* Rz. 147; *MüKo-Reuter* §§ 21, 22 Rz. 19; *Staudinger/Weick*, § 21 Rz. 15.
[106] *Reichert*, Rz. 56; *Sauter/Schweyer/Waldner*, Rz. 47 m.w.N.; *Baumbach/Hopt*, § 33 Rz. 1.
[107] *Heckelmann* AcP 179 (1979), 40; *Hemmerich*, S. 109; *Raupach* SpuRt 1995, 244, 247; *Knauth* JZ 1978, 339; *Kebekus*, S. 41 ff.; *Malatos*, S. 65 ff.; *Westermann* Leistungssport, S. 780; *MüKo-Reuter* §§ 21, 22 Rz. 25 und 43; einschränkend *K. Schmidt* S. 203, wonach Sportvereine mit umfangreichen Amateurabteilungen trotz bedeutsamer Lizenzsportabteilungen noch unter das Nebenzweck-Privileg fallen können. Ähnlich *Füllgraf*, DB 1981, 2267; *Reichert*, Rz. 127; *Stöber*, Rz. 54 a; *Palandt/Heinrichs*, § 21 Rz. 5; wohl auch *Erman/Westermann*, § 21 Rz. 5; vgl. auch BGH NJW 1983, 569 „ADAC" und Rz. 68.
[108] *MüKo-Reuter* §§ 21, 22 Rz. 43, jedenfalls für die Vereine der 1. Bundesliga.
[109] *Fuhrmann* SpuRt 1995, 13.
[110] Besonders treffend *Medicus* § 66 Rz. 1112.

zung gedeckte Rechtsformverfehlung fällt nach h. M. unter §§ 159, 142 FGG, wonach die Zuständigkeit des Registergerichts gegeben ist).[111] Es droht eine Löschung im Vereinsregister von Amts wegen. Das Eingreifen der zuständigen Verwaltungsbehörde (Landratsamt bzw. Senatskanzlei) gem. § 44 BGB steht nach überwiegender Auffassung nicht in deren Ermessen, sondern ist zwingend.[112] Eine Zwangslöschung wegen wirtschaftlicher Betätigung sieht auch der Entwurf eines Gesetzes zur *Änderung des Vereinsrechts* vor, den das Bundesministerium der Justiz im August 2004 vorgestellt hat.[113] Zwar soll dort die Möglichkeit der Ausgliederung wirtschaftlicher Geschäftsbetriebe ausdrücklich kodifiziert werden. Andererseits werden allerdings wirtschaftliche Geschäftsbetriebe im Rahmen eingetragener Vereine kaum mehr möglich sein. Sie müssen nämlich als Hilfsmittel zur Erreichung des ideellen Zwecks dienen und gegenüber der ideellen Betätigung verhältnismäßig geringfügig sein; die Grenze soll entweder bei 10 % des Umsatzes oder mit Erreichen der handelsrechtlichen Buchführungspflichten gezogen werden Das Amtsgericht würde dann dem Verein eine angemessene Frist setzen, um ihm die Umwandlung in eine andere Rechtsform zu ermöglichen (§ 21 Abs. 1 und § 43 des Entwurfs in Verbindung mit S. 14 und 21 der Begründung).

Selbst wenn man nach derzeit noch geltender Rechtslage eine Ermessensentscheidung befürwortete, dürfte das Ermessen jedenfalls im Profisport auf null reduziert sein, da ein Bedürfnis nach Vertrauensschutz nicht besteht, so dass Profi-Sportvereinen die Rechtsfähigkeit entzogen werden muss mit der Folge der unbeschränkten Haftung der Mitglieder.[114] Das Handelsrecht nennt abschließend die bei wirtschaftlicher Betätigung zulässigen Gesellschaftsformen. Nichtrechtsfähige wirtschaftliche Vereine sind als eigenständige Rechtsform nicht anerkannt. Danach besteht ein verwaltungsrechtlicher Anspruch auf ermessensfehlerfreie Entscheidung, der sich im Einzelfall auf Löschung im Vereinsregister verdichten kann, wenn dies die einzig richtige verbleibende Entscheidung darstellt.[115]

Zivilrechtliche Unterlassungsansprüche von *Wettbewerbern* bestehen nicht, weil §§ 21 **62** und 22 keinen „unmittelbar wettbewerbsregelnden" Charakter aufweisen, sondern wertneutral sind.[116] Dagegen können *Mitglieder* auf Unterlassung des wirtschaftlichen Geschäftsbetriebs klagen, weil dieser jedenfalls das mitgliederschädigende Risiko des Verlusts der Rechtsfähigkeit mit sich bringt.[117]

Im Ergebnis besteht also derzeit zwar noch kein gesetzlicher Zwang zur Umwandlung, weil die wirtschaftliche Expansion von Profi-Clubs auf Basis einer extensiven Auslegung des Nebenzweck-Privilegs in der Praxis geduldet wird, doch ist die Beibehaltung der alten Vereinsstruktur mit nicht zu unterschätzenden Risiken behaftet. Zudem ist angesichts der erwähnten Gesetzesinitiative bereits jetzt anzuraten, bei erheblicher wirtschaftlicher Betätigung eine Umwandlung in Angriff zu nehmen.

3. Umwandlungstendenzen und moderne Erscheinungsformen

Zwar hat es bislang keine Amtslöschungen gegeben. Das bisherige Stillhalten der Behör- **63** den sollte jedoch nicht zu blindem Vertrauen in den Bestand der jetzigen Rechtsform führen. Sollte ein Gläubiger auf die Idee kommen, die Haltbarkeit des derzeitigen Systems mit rechtlichen Mitteln zu „testen", hätte dies unabsehbare Folgen für den organi-

---

[111] *Palandt/Heinrichs*, §§ 43, 44 Rz. 2 m.w.N.
[112] *Stöber*, Rz. 862; *MüKo-Reuter* § 44 Rz. 4; a. A. *Palandt/Heinrichs*, §§ 43/44 Rz. 2 m.w.N.
[113] Vgl. hierzu *Reichert*, Rz. 7141.
[114] So die h. M., vgl. *Raupach*, SpuRt 1995, 244 und 247 m.w.N. Die Haftung der Mitglieder für Vereinsschulden besteht bereits vor Entzug, so OLG Dresden, causa sport 2005, 406 mit Anmerkung *Haas*.
[115] *Heckelmann*, AcP 179, 53 f., stellt eine günstige Prognose für einen Amtshaftungsprozess der im Konkurs zu kurz gekommenen Vereinsgläubiger; ähnlich *K. Schmidt*, S. 253 f. Vgl. allgemein *Kopp* VwGO, § 113, Rz. 86.
[116] BGH NJW 1986, 3201 f.; *K. Schmidt*, S. 251 f.
[117] *K. Schmidt*, S. 250.

sierten Sport.¹¹⁸ Dementsprechend sind in den letzten Jahren bei einzelnen Vereinen, insbesondere der größeren Ligen, Umwandlungstendenzen feststellbar. Vorreiter ist der Bundesligist Borussia Dortmund, der als GmbH & Co. KG a. A. firmiert und am 31.10. 2000 den Börsengang gewagt hat.¹¹⁹ Oder auch der FC Bayern München, der am 14. 2. 2002 seinen Profibetrieb in eine AG umgewandelt hat, ohne an die Börse zu gehen. Die Mehrzahl der Fußball-Bundesligisten hat sich in den letzten Jahren in eine Kapitalgesellschaft umgewandelt. Als mögliche Rechtsformen stehen die GmbH, GmbH & Co KG und AG zur Verfügung,¹²⁰ ferner die „Klein-AG", die, wie auch die GmbH, die Gründung durch nur eine Person und, im Gegensatz zur GmbH, eine Börsennotierung ermöglicht. Weiterhin erleichtert das Umwandlungsrecht die *Ausgliederung* der Profi-Abteilung aus Vereinen (§ 3 Abs. 1 Ziffer 4 UmwG).¹²¹ Eine solche Ausgliederung, am geeignetsten in Form einer AG oder KG a. A., sollte zu einer *dualen Ligaorganisation* führen

— auf Ortsebene: Trennung zwischen örtlichem Verein und Profigesellschaft und entsprechend

— auf Bundesebene: Trennung zwischen Fachsportverband im gemeinnützigen Bereich und einer „Bundesligagesellschaft" im Profibereich. Letztere hätte im Bereich Fußball die Leitung der beiden Fußballbundesligen, der Pokalwettbewerbe, der Länderspiele und der Lehrgänge der Nationalmannschaft zur Aufgabe.¹²²

Eine Ausgliederung in Tochtergesellschaften oder gemeinsame Beteiligungsgesellschaften führt rechtlich, nicht unbedingt auch wirtschaftlich zu einer Externalisierung von Leistungen. Vorzug ist neben der rechtlichen Trennung von Verantwortungsbereichen (Abschichtungswirkung) eine haftungsmäßige Abschirmwirkung (Segmentierung). Häufiger ist indes eine steuerliche Optimierung ein Motiv für Ausgliederungskonzepte, wobei in Grenzfällen eine vorherige Abstimmung mit der Finanzverwaltung ratsam ist. Arbeitsrechtlich ist auf § 613a BGB hinzuweisen, wonach Arbeitsverhältnisse auf die übernehmende Gesellschaft übergehen können und den Arbeitnehmern des Vereins – auch den Sportlern – ein Widerspruchsrecht zustehen soll.¹²³ Grundsätzlich gibt es mehrere Gestaltungsmöglichkeiten, die in der Regel einer Mehrheit der anwesenden Mitglieder bedürfen (§ 33 BGB, § 275 Abs. 2 UmwG):

— Formwechsel eines eingetragenen Vereins in eine Kapitalgesellschaft (§§ 272–282 UmwG)

— Abspaltung zur Neugründung einer Kapitalgesellschaft (§§ 123 Abs. 3, 125, 136 UmwG)

— Ausgliederung zur Aufnahme in eine neue AG. ¹²⁴

64 Der *DFB* hat sich im Jahr 2000 intensiv mit dem Thema beschäftigt und in enger Abstimmung mit den Proficlubs der Bundesliga und der 2. Bundesliga eine konsequente Verselbständigung des Profifußballs ab der Spielzeit 2001/02 beschlossen:¹²⁵

Wichtige Aufgabenkreise, beispielsweise Profi-Spielbetrieb und Vermarktung, wurden aus dem DFB herausgelöst und einem neuen Rechtsträger, dem „Die Liga – Fußballverband e.V." (kurz: Ligaverband) in Form der Rechtspacht (§ 581 BGB) zur Nutzung über-

---

¹¹⁸ *Raupach* SpuRt 1995, 244.

¹¹⁹ Dieser ist bislang aber nicht von Erfolg gekrönt: der Ausgabekurs der Aktie betrug 11 Euro, wohingegen der derzeitige Kurs (Mitte 2006) bei 2,30 Euro verharrt. Der Emissionserlös belief sich auf rund 165 Mio. Euro, vgl. zu den Rechtstatsachen *Schießl*, S. 227.

¹²⁰ Vgl. zur Rechtsformwahl *Raupach* SpuRt 1996, 2ff.; *Hopt* WFV Nr. 28, 104ff.; *Knauth* JZ 1978, 341; *Kebekus*, S. 54 ff.; aus betriebswirtschaftlicher Sicht *Kern/Haas/Dworak*, S. 401ff.

¹²¹ Zu Einzelheiten der Umwandlung vgl. *Schmitt/Hörtnagl/Stratz*, § 3 Rz. 21.

¹²² *Raupach* SpuRt 1996, 5 m.w.N.

¹²³ *Siebold/Wichert*, SpuRt 1999, 93 f.

¹²⁴ Genauer *Dehesseles*, S. 19 ff.

¹²⁵ Vgl. *Summerer*, SpuRt 2001, 263; Satzungen und Ligastatut sind unter www.bundesliga.de (Liga intern) abrufbar. Vgl. ferner *Englisch*, SpuRt 2005, 46, in Bezug auf die Zulassung von Kapitalgesellschaften in der Regionalliga.

lassen. Diesem gehören die 36 Vereine und Kapitalgesellschaften der beiden Lizenzligen als ordentliche Mitglieder an. Einzelheiten regelt ein Grundlagenvertrag zwischen DFB und Ligaverband. Letzterer hat sich zur Erfüllung seiner Aufgaben eine Satzung nebst Ligastatut gegeben und zur Durchführung seines operativen Geschäfts die Deutsche Fußball Liga GmbH (DFL) mit Sitz in Frankfurt/Main gegründet. Deren Hauptgeschäftsbereiche gliedern sich in Vermarktung, Spielbetrieb und Lizenzierung. Damit ist ein wichtiger Schritt zur weiteren Professionalisierung des Fußballs und zu einer eigenen *corporate identity* der Liga getan, wie sie in anderen Ländern, allen voran in den USA, bereits gang und gäbe ist.

Die Rechtsgrundlagen der Neustrukturierung sind die folgenden:
– Satzung DFB: § 6 Nr. 2 b, § 7 Nr. 2 b, § 16–16 d, § 18;
– Grundlagenvertrag zwischen DFB und Ligaverband vom Mai 2001
– Satzung Ligaverband, eingetragen im Vereinsregister Frankfurt/Main
– Satzung (Gesellschaftsvertrag) DFL, eingetragen im Handelsregister Frankfurt/Main
– Statut des Ligaverbandes, bestehend aus
   i. Lizenzierungsordnung (LO)
   ii. Lizenzordnung Spieler (LOS)
   iii. Spielordnung des Ligaverbandes (SpOL)
   iv. Ordnung für die Verwertung kommerzieller Rechte (OVR).

Die sechzehn Erstligisten der *Handball-Bundesliga* haben sich in eine GmbH oder **65** GmbH & Co. KG umgewandelt. Beispiele sind die TV Großwallstadt Sport- und Marketing GmbH, TBV Lemgo GmbH & Co. KG, THW Kiel GmbH & Co. KG. Insbesondere der alljährliche Geldmangel bewog die Vereine zu neuen Organisationsformen. Ein professionelles Management soll die Finanzprobleme beseitigen und schneller Entscheidungen treffen können. Dasselbe gilt für die Basketball-Bundesliga (BBL): dort hat zum 1.7 2006 als letzter Club Alba Berlin seine Profi-Abteilung aus dem Verein ausgegliedert und zusammen mit seinem Hauptsponsor eine GmbH gegründet.

Die *Eishockey-Bundesliga* hatte sich von dem traditionellen System der gemeinnützigen **66** Sportvereine und des DEB als deren Dachverband bereits seit der Spielzeit 1994/95 gelöst. Die alte Bundesliga war durch ein *Franchise-System* ersetzt worden.[126] Franchising stellt ein Vertriebssystem dar, in dem der Franchisegeber wirtschaftlich selbständigen Unternehmen, den Franchisenehmern, u. a. die Nutzung von Erfahrungswissen („know how") und gewerblichen Schutzrechten gegen Entgelt einräumt. Hauptzweck eines Franchisevertrages ist es, durch das Zusammenwirken persönlichen Einsatzes und finanzieller Mittel sowohl für Franchisegeber als auch für Franchisenehmer wirtschaftliche Vorteile unter Wahrung der beiderseitigen Unabhängigkeit anzustreben. Der Franchisevertrag ist ein als Dauerschuldverhältnis ausgestalteter, gemischter Vertrag mit vorrangigen Elementen der Rechtspacht.[127] Dieses System ist allerdings gescheitert, weil das Schiedsgericht der DEL die seit 1994 geltenden Franchise-Verträge zwischen DEB und DEL gem. § 1 GWB für von Anfang an unwirksam erklärt hat.[128] Heute besteht die DEL GmbH aus den am Spielbetrieb teilnehmenden Clubs, die als Kapitalgesellschaften, meist in Form einer GmbH, deren Gesellschafter sind.[129]

Zum Zwecke der Vermarktung hat ein Teil der Verbände Kapitalgesellschaften vorge- **67** schaltet, so genannte *Vermarktungstöchter*. Beispiele hierfür sind:
– Fußball-Bund: DFB-Wirtschaftsdienste, Frankfurt
– Basketball-Bund: Basketball-Werbe- und Ausstattungs-GmbH, Hagen
– Handball-Bund: Handball Marketing GmbH, Dortmund

---

[126] Vgl. einführend *Hoffmann* SpuRt 1994, 24 f.
[127] *Palandt/Putzo* vor § 581 Rz. 22; *Martinek,* passim.; *Skaupy* NJW 1992, 1785.
[128] SpuRt 1997, 165 ff.
[129] Vgl. *Holzhäuser,* SpuRt 2004, 244 ff.

- Leichtathletikverband: Deutsche Leichtathletik-Marketinggesellschaft mbH (DLM), Darmstadt
- Golfverband: Deutsche Golfsport GmbH, Wiesbaden
- Motorsportverband: DMV-Wirtschaftsdienste GmbH, Frankfurt
- Volleyball-Verband: SDV Stiftung Deutscher Volleyball, Frankfurt
- Stiftung Deutsche Sporthilfe/NOK: Deutsche Sport-Marketing (DSM) GmbH, Frankfurt

68 Die dargestellten Ausgliederungen unternehmerischer Tätigkeit durch Gründung von Tochterunternehmen haben den Vorteil, dass die Vereine bzw. Verbände weiter als Idealverein „firmieren" können, weil ihnen bislang (noch) eine – wohl überkommene – Rechtsauffassung zur Seite steht, wonach die Beteiligung an einem Unternehmen oder die Ausgliederung keinen eigenen wirtschaftlichen Geschäftsbetrieb begründet; dies soll selbst dann gelten, wenn der Verein auf die Tochter beherrschenden Einfluss ausübt.[130] An dieser Auffassung sind aus Umgehungsgesichtspunkten erhebliche Zweifel angebracht. Hält der Idealverein Beteiligungen an Unternehmen, kann er selbst als Unternehmen im konzernrechtlichen Sinn zu qualifizieren sein, mit der Folge, dass Konzerntatbestände in Betracht kommen.[131]

69 Ein Blick ins *Ausland* zeigt, dass ganz überwiegend Rechtsformen der Kapitalgesellschaft bestehen. So diente die amerikanische NHL der DEL als Vorbild. Aber auch in Europa finden sich bereits eine Reihe von Ländern, in denen die Clubs als Kapitalgesellschaften organisiert sind. So in Italien, Frankreich, England und Griechenland bezüglich des Lizenzfußballs.[132] In *Italien* muss nach einer Direktive des italienischen Fußballverbandes FIGC von 1966 und einem Gesetz von 1981 jeder Sportclub, der Berufssportler unter Vertrag nimmt, in der Form der „societa per azioni" (s. p. a.) oder „societa a responsabilita limitata" (s. r. l.) organisiert sein. In *Frankreich* mussten lediglich die Profiabteilungen nach einem Gesetz von 1984 in eine besondere Sport-Aktiengesellschaft umgewandelt werden. Für die Profiabteilungen der Fußballclubs in *Griechenland* legt ein Gesetz von 1979 eine entsprechende Rechtsform als AG fest. In *England* stehen die der deutschen GmbH bzw. AG vergleichbaren „private" oder „public limited companies" zur Verfügung. Die Tottenham Hotspurs sind als „public limited company" organisiert. Schließlich sind auch in *Russland* Fußballclubs in Aktiengesellschaften umgewandelt worden, so z. B. der Rekordmeister Dynamo Kiew. In der *Schweiz* hingegen scheiterte die Einführung von Aktiengesellschaften im Profifußball bislang.[133]

70 Die Organisation als Kapitalgesellschaft bietet entscheidende *Vorteile*, und zwar sowohl für den *Verein* selbst als auch für *Gläubiger*. Das Management wird professionalisiert. Die fachliche Kompetenz, betriebswirtschaftlich fundierte Entscheidungen zu treffen, steigt. Kungeleien werden eingedämmt. Zudem wird dem häufig anzutreffenden Nachteil abgeholfen, dass sich die Mitgliederversammlung aus allen Mitgliedern des Vereins zusammensetzt. Die Mitglieder der übrigen Sportabteilungen des Vereins entscheiden also über die Tätigkeit der Lizenzabteilung mit. Dies dient nicht immer einer sachgerechten und ausschließlich am Interesse einer Profiabteilung orientierten Entscheidungsfindung. Hingegen erfolgt bei der AG die Auswahl, Bestellung und Überwachung des Vorstands durch den Aufsichtsrat. Der Verantwortungsbereich des Managements für unternehmerische Entscheidungen und der betriebswirtschaftliche Einsatz des Kapitals richten sich nach marktwirtschaftlichen Vorgaben.[134]

---

[130] BGHZ 85, 90 = NJW 1983, 569 (ADAC-Rechtsschutzversicherungs AG); *Hemmerich* BB 1983, 26; *Palandt/Heinrichs* § 21 Rz. 3; kritisch *Schmidt* NJW 1983, 543 (545). A. A. *MüKo-Reuter*, §§ 21, 22 Rz. 10, 30, 36 a; *Hopt* WFV Nr. 28, 114. Vgl. auch Rz. 60.

[131] Ausführlich *Schießl*, S. 229 ff.

[132] *Hopt* BB 1991, 778, 781; *ders.*, WFV Nr. 28, 106 f.

[133] Vgl. *Scherrer* SpuRt 1995, 88.

[134] Ausführlich *Hopt*, WFV Nr. 28, 107 ff.; *ders.*, BB 1991, 778, 785.

Die gesellschaftsrechtlichen Vorschriften gewährleisten einen besseren Gläubigerschutz, insbesondere im *Haftungsbereich,* wo die strengen gesetzlichen Bestimmungen der §§ 48, 93 und 117 AktG eine Beweislastumkehr zu Lasten des Vorstands festschreiben. Ferner auferlegt § 43 GmbHG dem Geschäftsführer eine besondere Sorgfaltspflicht. Im Vereinsrecht hingegen gelten die allgemeinen Grundsätze des Schuldrechts, wonach der Geschädigte dem Verein bei Pflichtverstößen Verschulden nachweisen muss (§§ 276 I, 277 BGB) und wonach ein Mitglied sich u. U. sogar mit einem satzungsmäßigen oder vertraglichen Haftungsausschluss abfinden muss.[135]

Es finden, anders als im Vereinsrecht, gesetzlich vorgeschriebene, regelmäßige *Kontrollen des Jahresabschlusses* durch Aufsichtsrat (bei der AG) und Abschlussprüfer statt (§§ 171 AktG, 42a GmbHG), ferner besteht Bilanzierungspflicht (§§ 150 AktG, 242, 264 HGB, 42 GmbHG). Nach § 325 HGB haben die gesetzlichen Vertreter von Kapitalgesellschaften den Jahresabschluss beim Handelsregister einzureichen. Gesetzliche Offenlegungs-Vorschriften für Vereine finden sich nicht. Ein Verein mit Lizenzspielerabteilung, der nach seinem Umsatzvolumen einer Kapitalgesellschaft entspricht, bleibt „geheim". Allerdings erstellen die Lizenzvereine aufgrund satzungsrechtlicher Bestimmung und steuerrechtlicher Verpflichtung gemäß § 140 AO eine Bilanz mit Gewinn- und Verlustrechnung.[136] Das Stimmrecht orientiert sich an den Kapitalanteilen und nicht nach Köpfen. Damit wird ein risikoadäquates und verantwortungsbewusstes Abstimmungsverhalten gefördert.

Durch Ausgliederung der Profiabteilung aus dem Amateurbereich kann der Status der *Gemeinnützigkeit* dauerhaft erhalten bleiben.[137] Die Trennung führt nicht zu erhöhten steuerlichen Belastungen, da die Profiabteilung als wirtschaftlicher Betrieb ohnehin keine Steuervergünstigungen erhielt. Die getrennte Veranlagung verhindert zwar, dass Verluste aus dem Amateurbereich mit Gewinnen der Profiabteilung verrechnet werden können, führt aber aufgrund des vergleichsweise geringen Mittelbedarfs der Amateurabteilungen zu keinen gravierenden steuerlichen Nachteilen. Als „Allheilmittel" zur wirtschaftlichen Gesundung der Vereine dürfen die „modernen" Erscheinungsformen nicht verstanden werden. Kapitalzuwächse sind vor allem durch die AG und die KG a. A. zu erwarten. Die Aktien sollten dann aber auch an der Börse gehandelt werden. Dies ist derzeit nur bei Borussia Dortmund der Fall.

Zu beachten ist allerdings, dass Mehrfachbeteiligungen von Unternehmen an Sportkapitalgesellschaften verbandsrechtlich unzulässig sind (*"Multi-Club Ownership"*).[138] Gleiches gilt für beherrschende Einflussnahme. So bestimmt § 8 Ziffer 2 der Satzung des Ligaverbandes, dass eine Kapitalgesellschaft im Profi-Fußball nur dann eine Lizenz erwerben kann, wenn ein Verein mehrheitlich an ihr beteiligt ist, der über eine eigene Fußballabteilung verfügt, und der im Zeitpunkt, in dem sie sich erstmals für eine Lizenz bewirbt, sportlich für die Teilnahme an einer Lizenzliga qualifiziert ist. Der Verein („Mutterverein") ist an der Gesellschaft mehrheitlich beteiligt („Kapitalgesellschaft"), wenn er über 50 % der Stimmenanteile zuzüglich mindestens eines weiteren Stimmenanteils in der Versammlung der Anteilseigner verfügt. Bei der KG a. A. muss der Mutterverein oder eine von ihm zu 100 % beherrschte Tochter die Stellung des Komplementärs haben. In diesem Fall genügt ein Stimmenanteil des Muttervereins von weniger als 50 %, wenn auf andere Weise sichergestellt ist, dass er eine vergleichbare Stellung hat wie ein an der Kapitalgesellschaft mehrheitlich beteiligter Gesellschafter. Dies setzt insbesondere voraus, dass dem Komplementär die kraft Gesetzes eingeräumte Vertretungs- und Geschäftsführungs-

---

[135] OLG Celle OLG-Report 2002, 244; OLG Hamm VersR 1995, 309; *Palandt/Heinrichs* § 31 Rz. 12; kritisch *Reichert,* Rz. 3262, 3265, 3535.
[136] *Haaga* WFV Nr. 28, 19 und 21.
[137] Ausführlich *Schießl,* S. 239 ff. und *Dehesseles,* S. 19, mit mehreren *Outsourcing*-Modellen.
[138] Vgl. ausführlich *Weiler,* S. 173 ff.; vgl. auch *Steiner,* S. 222 (253), der in diesem Zusammenhang von einem „ermutigenden Beispiel der Abwehr sportgefährdender Einflüsse" spricht.

befugnis uneingeschränkt zusteht. Lizenzvereine und Kapitalgesellschaften dürfen weder unmittelbar noch mittelbar an anderen Kapitalgesellschaften der Lizenzligen beteiligt sein; dies gilt für die Mitglieder von Organen der Kapitalgesellschaften bzw. der Lizenzvereine mit Ausnahme des jeweiligen Muttervereins entsprechend. Als mittelbare Beteiligung der Kapitalgesellschaft gilt auch die Beteiligung ihres Muttervereins an anderen Kapitalgesellschaften. Eine Dominanz wie diejenige des russischen Öl-Milliardärs Roman Abramovitsch in Bezug auf den Londoner Club FC Chelsea wäre somit im deutschen Fußball nicht möglich.

71 Ein Nachteil, der in der Praxis bislang nicht in Erscheinung getreten ist, könnte entstehen, falls die Rechtsprechung bei einer Sportkapitalgesellschaft das traditionell Sportvereinen zustehende Privileg hinterfragt, sich auf einen Bewertungsspielraum im Rahmen der Vereinsautonomie[139] zu berufen, was vor allem bei der Verhängung von Sanktionen oder bei der Versagung einer Lizenz eine Rolle spielen kann. Richtig dürfte sein, dass mit Umwandlung in eine Kapitalgesellschaft keine Einschränkung der Vereins- bzw. Verbandsautonomie einhergeht, da ein Verein von der Rechtsordnung nicht dafür bestraft werden sollte, dass er eine moderne und gesetzesgemäßere Rechtsform gewählt hat.

III. Finanzierung eines Sportvereins

Finanzierungsfragen erhalten ihre rechtliche Dimension dadurch, dass einige Verbände ein Lizenzierungsverfahren eingeführt haben oder einzuführen beabsichtigen, von welchem die Spielberechtigung abhängt.

72 Die Finanzierungsformen eines Vereins lassen sich entweder nach der Herkunft des Kapitals (Außenfinanzierung-Innenfinanzierung) oder nach der Rechtsstellung des Kapitalgebers (Eigenfinanzierung-Fremdfinanzierung) differenzieren.[140] Jeder Sportverein finanziert sich ganz klassisch aus Mitgliedsbeiträgen. Die Einnahmen reichen aber bei weitem nicht aus, die Ausgaben des Sportvereins zu decken. Heutzutage könnten allein aus Mitgliedsbeiträgen nicht einmal die Spielergehälter bezahlt werden. Weitere Finanzmittel erhält der Verein durch Sportveranstaltungen und Zuschauereinnahmen. Hinzu kommen Zuschüsse seitens Dritter; insbesondere von den Landessportbünden und den Kreis- und Fachverbänden, ferner Mittel der öffentlichen Hand von Bund, Land und Kommune. Angesichts der verstärkten Mittelkürzungen der öffentlichen Hand spielen öffentliche Zuschüsse nur noch eine untergeordnete Rolle. Die *Vermarktung* (inkl. TV- und Hörfunk-Rechte) macht mittlerweile den Löwenanteil der Einnahmen aus. Im Falle der Zentralvermarktung, wie z. B. im Profi-Fußball durch die DFL, erhalten die Mitgliedsvereine entsprechend abgestufte Ausschüttungen.

73 Viel versprechende Erlösstrategien basieren auf dem Lizenzgeschäft (Licensing) und Merchandising. Unter *Licensing* versteht man die gegen Entgelt gewährte Einräumung eines Benutzungsrechts für immaterielle Güter (Patente, Geschmacksmuster, Warenzeichen oder Know-how). Unter *Merchandising* wird die umfassende Sekundärvermarktung von populären Erscheinungen verstanden. Die Leistung besteht in einem absatzfördernden Imagetransfer von Inhalten und Emotionen einer bekannten Marke auf ein zu verkaufendes Produkt. Grundlage hierfür ist eine Lizenzvergabe an Namen, Titeln, Figuren, Logos u. Ä.[141] So haben die 36 Fußballclubs der Bundesliga und 2. Bundesliga in der Saison 2004/05 einen Rekordumsatz von über 100 Mio. Euro erzielt. Der Kreativität von Marketingexperten sind so gut wie keine Grenzen gesetzt, die Vermarktungsmöglichkeiten – vor allem im Vergleich zur USA – noch lange nicht ausgeschöpft. Die Tendenz geht dahin, einem Stadionbesuch „Event"-Charakter zu verleihen, also zu einem Erlebnis für die ganze Familie mit dem Spiel als Höhepunkt werden zu lassen.

---

[139] Vgl. hierzu Rz. 3, 330 ff.
[140] Vgl. ausführlich aus betriebswirtschaftlicher Sicht *Kern/Haas/Dworak*, S. 397 ff.
[141] Vgl. ausführlich *Schertz*, Rz. 21, 31, 408. Aus betriebswirtschaftlicher Perspektive sehr anschaulich *Büsching*, S. 1788 ff. und *Rohlmann*, S. 373.

Weitere Finanzquellen erschließen sich die Sportverbände und Vereine durch den Ausbau des *Sponsorings*.[142] Sponsoring umfasst die Trikot- und Bandenwerbung, die Verpachtung des Namensrechts am Stadion,[143] die Vermarktung des Vereinsnamens, eines einzelnen Ereignisses, eines Wettbewerbs,[144] einer speziellen Sportsendung oder eines Athleten. 2006 erreicht das Sponsoring ein geschätztes Volumen von Euro 2 Milliarden, Tendenz steigend. Auch im Breitensport gehen die Verantwortlichen verstärkt auf Sponsorensuche. 74

Zu einem ganz erheblichen Teil trugen bis Mitte der neunziger Jahre die *Transfererlöse* zur Finanzierung und zur Erhaltung der wirtschaftlichen Wettbewerbsfähigkeit der Sportvereine bei. Häufig wurden sie sofort für neue Spielerkäufe reinvestiert, um der Besteuerung zu entgehen. Kehrseite waren die hohen Ablöseforderungen, die die Vereine häufig nur durch Kreditaufnahme bewerkstelligen konnten. Seit der EuGH[145] und das BAG[146] das Transfersystem für unzulässig erklärt haben, sind „Transfererlöse" nur noch von einem Verein zu erzielen, der einen Spieler aus einem laufenden Vertrag freigibt. 75

IV. Prüfungsverfahren zur Feststellung der wirtschaftlichen Leistungsfähigkeit eines Vereins bzw. einer Kapitalgesellschaft

Vereine und Kapitalgesellschaften, die eine Profi-Mannschaft in einer Bundesliga unterhalten, sind regelmäßig Wirtschaftsunternehmen mit Jahresetats in Millionenhöhe. Im Streben nach sportlichem Erfolg in professionellen Sportligen neigen die Clubs insgesamt dazu, zu viel Geld in Spielerpotential zu investieren. Zum Teil werden diese Überinvestitionstendenzen als „Hyperaktivität" bezeichnet.[147] Diese Verhaltensweisen der Clubs können zu finanziellen Schieflagen oder sogar zu Insolvenzen im laufenden Wettbewerb führen. Ein Instrument, um Überinvestitionstendenzen wirkungsvoll einzudämmen und Insolvenzgefahren zu begegnen, ist ein ggf. durch einen Sicherungsfonds oder ein Kautionssystem ergänztes Lizenzierungsverfahren des Verbandes zur Überprüfung der wirtschaftlichen Leistungsfähigkeit eines Bewerbers. Nur die Clubs, die die vom Verband aufgestellten Lizenzierungsvoraussetzungen erfüllen, erhalten die Lizenz für die kommende Spielzeit. Ein solches Verfahren soll gewährleisten, dass die Clubs in der zu lizenzierenden Spielzeit nicht mehr Geld ausgeben als sie, vorsichtig kalkuliert, einnehmen bzw. über fest zugesagte Kredite zur Verfügung gestellt bekommen. Die Berechtigung dieses Verfahrens wird deutlich, wenn man sich die Folgen vor Augen führt, die eine wirtschaftlich bedingte Einstellung des Spielbetriebs bei einem Teilnehmer während der Saison für den geordneten Spielbetrieb der Liga, die Medienpartner und die Vermarktbarkeit und das Ansehen der gesamten Liga haben kann. 76

1. Das Lizenzerteilungsverfahren durch den Ligaverband[148]

Nach der Strukturreform des DFB und der Verselbständigung des Profifußballs durch Gründung des Ligaverbandes, des Zusammenschlusses der Vereine und Kapitalgesellschaften der Bundesliga und 2. Bundesliga, führt der Ligaverband als Mitgliedsverband 77

---

[142] Zum Begriff des Sponsoring vgl. 3. Teil Rz. 73 ff.; zu den rechtlichen und steuerlichen Grundlagen vgl. *Dehesselles/Siebold*, S. 355; zu den Wirkungspotentialen vgl. *Hermanns*, S. 333 mit Abbildung der Sponsoring-Richtlinien der Bayer AG (S. 341).

[143] Vgl. hierzu *Klingmüller*, SpuRt 2002, 59 ff.; bekannte Beispiele sind die „Allianz-Arena" in München (bis zum Jahr 2021), die „Commerzbank-Arena" in Frankfurt (bis 2015), die „AOL-Arena" in Hamburg oder der „Signal Iduna Park" in Dortmund.

[144] So ist z. B. Sony exklusiver Partner der UEFA Champions League bis 2009 und Partner der FIFA bis 2014.

[145] Vgl. hierzu 7. Teil Rz. 81.

[146] Vgl. hierzu 3. Teil, Rz. 52a.

[147] Siehe *Müller*, S. 53 f. m.w.N.

[148] Ausführlich *Straub/Holzhäuser/Gömmel/Galli*, S. 78 ff. Aus ökonomischer Sicht instruktiv *Schellhaaß*, RuS 35, 25 ff.

des DFB seit der Spielzeit 2001/2002 das vom DFB seit den sechziger Jahren entwickelte Lizenzierungsverfahren in eigener Verantwortung durch. Die Lizenzerteilung ist eine der satzungsmäßigen Aufgaben des Ligaverbandes (§ 4 Nr. 1c Satzung). Hierfür bedient sich der Ligaverband seiner Tochter, der DFL Deutsche Fußball Liga GmbH (§ 19 Nr. 2 Satzung). Der grundsätzliche Ablauf des Lizenzierungsverfahrens hat sich auch nach der Zulassung von Kapitalgesellschaften zum Spielbetrieb der Lizenzligen im Jahre 1998 nicht geändert. Ständig fortentwickelt wurden und werden jedoch insbesondere die Detailvorschriften zum Nachweis der finanziellen Kriterien (wirtschaftliche Leistungsfähigkeit).

Die mit dem Lizenzierungsverfahren verfolgten Ziele sind in der Präambel zur Lizenzierungsordnung des Ligaverbandes (LO)[149] festgehalten. Danach dient das Lizenzierungsverfahren u. a. dazu

— den Liga-Spielbetrieb für die jeweils kommende Spielzeit, wie auch längerfristig zu sichern, zuverlässig planen und durchführen zu können,

— die Stabilität sowie die Leistungs- und Konkurrenzfähigkeit der Lizenznehmer auch für andere nationale und internationale Wettbewerbe gewährleisten zu helfen,

— die Integrität des Wettbewerbs zu erhöhen,

— Verlässlichkeit und Glaubwürdigkeit auszubauen,

— Management- und Finanzstrukturen zu fördern,

— das öffentliche Image und die Vermarktung der Liga wie auch der Lizenznehmer zu fördern und zu sichern, dass sie stabile Bestandteile unserer Gesellschaft, zuverlässige Partner des Sports und der Wirtschaft sind.

Neben der wirtschaftlichen Leistungsfähigkeit müssen nach § 2 LO für die Lizenzerteilung auch die sportlichen, rechtlichen, personell-administrativen, infrastrukturellen, medien- und sicherheitstechnischen Kriterien erfüllt sein.

78 Die Lizenz erhalten die Vereine und Kapitalgesellschaften durch einen Vertrag mit dem Ligaverband. Mit Erteilung der Lizenz erwerben die Clubs die Mitgliedschaft im Ligaverband (§§ 7, 8 Nr. 1 Satzung des Ligaverbandes, § 2 Lizenzvertrag). Die Lizenz wird aber immer nur für die Dauer einer Spielzeit erteilt (§ 1 Nr. 4 LO). Die Clubs der Lizenzligen müssen jeweils spätestens am 15. März, die Clubs der Regionalliga am 1. März (Ausschlussfrist nach § 8 Nr. 5 LO) die Lizenz für die folgende Spielzeit schriftlich beantragen und rechtsverbindlich erklären, dass die Lizenzierungsunterlagen richtig und vollständig sind. Ferner ist verbindlich zu erklären, die im Rahmen der Lizenzerteilung festgelegten Auflagen zu erfüllen.

Bewerber aus der Regionalliga, die mangels Mitgliedschaft im Ligaverband noch nicht dessen Regelungen unterworfen sind, müssen zusätzlich eine schriftliche Erklärung vorlegen, in der sich der Bewerber zum Zwecke der Durchführung des Lizenzierungsverfahrens der Vereinsgewalt des Ligaverbandes, den Bestimmungen der Satzung und des Ligastatuts des Ligaverbandes sowie den Entscheidungen der Organe des Ligaverbandes und der DFL unterwirft. Ferner ist der Ligaverband zu berechtigen, bei wesentlichen Verstößen gegen die übernommenen Verpflichtungen eine Vertragsstrafe gegen den Bewerber festzusetzen. Bewerber aus den Lizenzligen sind bereits durch den von ihnen unterzeichneten Lizenzvertrag und durch die Mitgliedschaft im Ligaverband an die Satzung und das Ligastatut gebunden. Eine Voraussetzung für die Erfüllung der rechtlichen Kriterien ist zudem, dass sich der Bewerber in seiner Satzung den Bestimmungen des Ligaverbandes und des DFB sowie den Entscheidungen der Organe der Verbände und der DFL unterwirft. Im Lizenzvertrag wird der Club außerdem verpflichtet, in seiner Satzung eine Regelung aufzunehmen, die die Verbindlichkeit der Satzungen und Ordnungen auch gegenüber seinen Mitgliedern sicherstellt. Dadurch sind die Clubs aufgrund eigener Satzung den Bestimmungen, insbesondere denen des Lizenzierungsverfahrens, des Ligaverbandes unterworfen.

---

[149] Abrufbar unter http://www.bundesliga.de, Rubrik Liga intern.

Gegen die Zulässigkeit dieses Verfahrens im Hinblick auf § 20 II GWB und Art. 9 I GG bestehen so lange keine Bedenken, als der Verband keinen Club willkürlich behandelt oder diskriminiert. Eine solide wirtschaftliche Grundlage aller Clubs ermöglicht erst einen geordneten Spielbetrieb über die ganze Saison ohne existenzgefährdende Liquiditätsengpässe und ist daher ein anerkennenswerter Regelungszweck. Das Lizenzierungsverfahren ist hierfür ein geeignetes, erforderliches und angemessenes Mittel. Freilich dürfen auch die Anforderungen, die der Ligaverband im Einzelnen stellt, nicht außer Verhältnis zum angestrebten Zweck stehen.

Zum Nachweis seiner wirtschaftlichen Leistungsfähigkeit muss der Bewerber nach **79** § 8 Nr. 1 LO folgende Unterlagen einreichen:
a) Bilanz zum 31.12.t-1 (t = aktuelles Jahr),
b) Gewinn- und Verlustrechnungen für das abgelaufene Spieljahr (01.07.t-2 bis 30.06. t-1) und für die erste Hälfte des laufenden Spieljahres (01.07.t-1 bis 31.12.t-1),
c) Lagebericht des Vorstandes bzw. der Geschäftsführung,
d) Plan-Gewinn- und Verlustrechnungen für die zweite Hälfte des laufenden Spieljahres (01.01.t bis 30.06.t) und für die kommende Spielzeit (01.07.t bis 30.06.t+1),
e) Bericht eines Wirtschaftsprüfers über die Prüfung der unter a) bis d) genannten Unterlagen. Das abschließende Ergebnis der Prüfung der Punkte a) bis d) ist zu bestätigen. Wird der Bestätigungsvermerk versagt oder nicht gegeben, liegt kein geprüfter Abschluss vor.

Die Prüfung durch den Wirtschaftsprüfer erfolgt nach den gesetzlichen Vorschriften und nach den vom Ligaverband erlassenen Anforderungen an die Berichterstattung über die Prüfung des Jahres-/Zwischenabschlusses von Vereinen und Kapitalgesellschaften durch Wirtschaftsprüfer nach Anhang VII zur LO, die den besonderen Gegebenheiten des Lizenzfußballs Rechnung tragen. In der Praxis bedeutsam ist die Aktivierungspflicht für Transferzahlungen an den abgebenden Verein im Berufssport. Diese sind nicht sofort als Betriebsausgaben absetzbar, sondern sind Anschaffungskosten der Spielerlaubnis.[150]

Außerdem ist der Bewerber nach § 8 Nr. 2 LO verpflichtet, wesentliche Verträge in den Bereichen der Vermarktung und des Spielbetriebs vorzulegen, sowie Dokumente, die für die Beurteilung der wirtschaftlichen Gesamtsituation erforderlich sind, wozu z. B. Werbe- und Sponsorenverträge mit einem Volumen über T€ 500 für Bewerber zur Bundesliga, über T€ 100 für Bewerber zur 2. Bundesliga sowie Vermarktungs- bzw. Agenturverträge gehören. Der Bewerber hat zudem eine Darstellung über die Beteiligungen an ihm selbst und seine Beteiligungen an anderen Gesellschaften sowie ggf. die entsprechenden Satzungen und Gesellschaftsverträge vorzulegen. Die Auswirkungen der wirtschaftlichen Situation der Beteiligungsunternehmen auf die Vermögens-, Finanz- und Ertragslage des Bewerbers sind vom Wirtschaftsprüfer zu würdigen (Ziffer 8.4 des Anhangs VII zur LO). Die umfassenden Offenlegungspflichten sollen die DFL in die Lage versetzen, die (Abhängigkeits-)Verhältnisse und Interessenlagen bei den Clubs sachgerecht einzuschätzen und mögliche Einflussnahmen von Dritten auf die Integrität des Wettbewerbs oder das Ansehen der Liga weitgehend auszuschließen.[151] Hierzu dienen auch die Inkompatibilitätsregelungen in § 8 Nr. 2 Satzung Ligaverband und § 4 Nr. 4 LO.

Darüber hinaus hat der Bewerber noch eine Reihe rechtsverbindlicher schriftlicher Erklärungen abzugeben, in bzw. mit denen er
— sich verpflichtet, sich an der Stellung des Sicherungsfonds (Anhang VIII zur LO) zu beteiligen;
— versichert, bis zum 31.12.t-1 sämtliche fälligen Transferverbindlichkeiten erfüllt oder eine ersatzweise Regelung mit den Anspruchsberechtigten getroffen zu haben, sowie,

---

[150] BFH NJW 1993, 222.
[151] Siehe *Müller*, S. 67 f.

alle fälligen Transferverpflichtungen bis zum 30.06.t+1 vertragsgemäß zu erfüllen oder eine ersatzweise Regelung zu treffen;

- vom Ligaverband beauftragten, vom Berufsstand zur Verschwiegenheit verpflichteten Dritten das Recht einräumt, Auskünfte beim zuständigen Betriebsfinanzamt einzuholen;
- seine Kreditinstitute vom Bankgeheimnis gegenüber den genannten Dritten entbindet;
- versichert, bis zum 31.12.t-1 sämtliche fälligen Verbindlichkeiten gegenüber seinen Angestellten erfüllt sowie Lohnsteuern und Sozialabgaben ordnungsgemäß abgeführt oder eine ersatzweise Regelung getroffen zu haben;
- versichert, bis zum 31.12.t-1 sämtliche fälligen Verbindlichkeiten gegenüber den Steuerbehörden erfüllt oder eine ersatzweise Regelung getroffen zu haben;

80   Die DFL prüft die wirtschaftliche Leistungsfähigkeit anhand der vorgelegten Unterlagen. Sofern diese nicht ausreichen, kann sie weitere Unterlagen oder Erklärungen fordern. Die Entscheidung über die wirtschaftliche Leistungsfähigkeit kann unter Bedingungen bzw. mit Auflagen erfolgen. Anstelle einer Nichtbestätigung der wirtschaftlichen Leistungsfähigkeit stellt die Erteilung von Auflagen und/oder Bedingungen eine weniger einschneidende Maßnahme dar, die im Interesse des Bewerbers liegt.

Vorrangiges Kriterium für die Beurteilung der wirtschaftlichen Leistungsfähigkeit sind die Liquiditätsverhältnisse des Bewerbers. Diese müssen gewährleisten, dass er während der zu lizenzierenden Spielzeit jederzeit in der Lage ist, allen Zahlungsverpflichtungen nachzukommen und einen geordneten Spielbetrieb aufrechtzuerhalten. Um im Lizenzierungsverfahren festgestellte Liquiditätsunterdeckungen ausgleichen zu können, kann die DFL als Bedingung für den Nachweis der wirtschaftlichen Leistungsfähigkeit die Stellung einer Liquiditätsreserve als Guthaben auf einem Bankkonto der DFL oder in Form einer Bankgarantie verlangen. Die Liquiditätsreserven werden allein dazu verwandt, etwaige finanzielle Engpässe eines Lizenznehmers im Laufe einer Spielzeit zu überbrücken, um damit den Spielbetrieb für alle Beteiligten (übrige Lizenznehmer, Vertragspartner, etc.) sicherzustellen.

Ferner wird auch die Vermögenslage des Bewerbers und damit die besondere Funktion von Eigenkapital als Risikopuffer und Haftungsmasse berücksichtigt. Das Vermögen des Bewerbers soll durch den Spielbetrieb nicht nachhaltig gemindert werden. Sofern ein Bewerber negatives Vermögen bzw. einen nicht durch Eigenkapital gedeckten Fehlbetrag in der testierten Bilanz zum 31.12.t-1 ausweist, ist durch eine Auflage festzulegen, dass sich diese Kennziffer nicht verschlechtern darf. Hierdurch soll die Planung des Bewerbers für die Zukunft positiv beeinflusst werden.

Das Schaubild auf Seite 136 verdeutlicht die denkbaren Entscheidungen im Lizenzierungsverfahren.

2. Entscheidung und Rechtsmittel

81 Die DFL entscheidet nach § 11 LO über die Vollständigkeit und die fristgerechte Einreichung der Lizenzierungsunterlagen und über die Erfüllung der Lizenzierungsvoraussetzungen, insbesondere der wirtschaftlichen Leistungsfähigkeit. Die Entscheidungen der DFL ergehen durch Beschluss der Geschäftsführung. Eine Entscheidung kann nur vom jeweiligen Bewerber selbst, nicht aber von anderen Bewerbern angefochten werden. Der betroffene Bewerber kann innerhalb einer Woche nach Zustellung der Entscheidung Beschwerde bei der DFL erheben, die dieser abhelfen kann. Wird ihr nicht abgeholfen, kann der Bewerber innerhalb von fünf Tagen Beschwerde zum Lizenzierungsausschuss (§§ 18, 18a Satzung) erheben. Der Bewerber kann innerhalb dieser Ausschlussfrist letztmals neue Tatsachen vortragen. Der Lizenzierungsausschuss entscheidet nach Anhörung des Bewerbers und der DFL verbandsintern endgültig. Ein Wirtschaftsprüfer sowie ein Jurist mit Befähigung zum Richteramt – beide vom Vorstand des Ligaverbandes berufen – beraten

2. Teil. Sport, Vereine und Verbände

Liquidität zum 30. 6. t+1
- → NEGATIV → **Bedingungen zum Nachweis der Liquidität zum 30. 6. t+1**
  - → **Lizenzierungsausschuss: Entscheidung über Bedingungserfüllung**
    - → ERFÜLLT → Liquidität zum 30. 6. t+1 positiv → Wirtschaftliche Leistungsfähigkeit ist gegeben – Unter Auflagen –
    - → NICHT ERFÜLLT → Wirtschaftliche Leistungsfähigkeit ist nicht gegeben – Keine Lizenz –
- → POSITIV
  - → **Eigenkapital lt. Bilanz zum 31. 12. t-1**
    - → NEGATIV → Wirtschaftliche Leistungsfähigkeit ist gegeben – Unter Auflagen –
    - → POSITIV → Wirtschaftliche Leistungsfähigkeit ist gegeben – Ohne Auflagen –

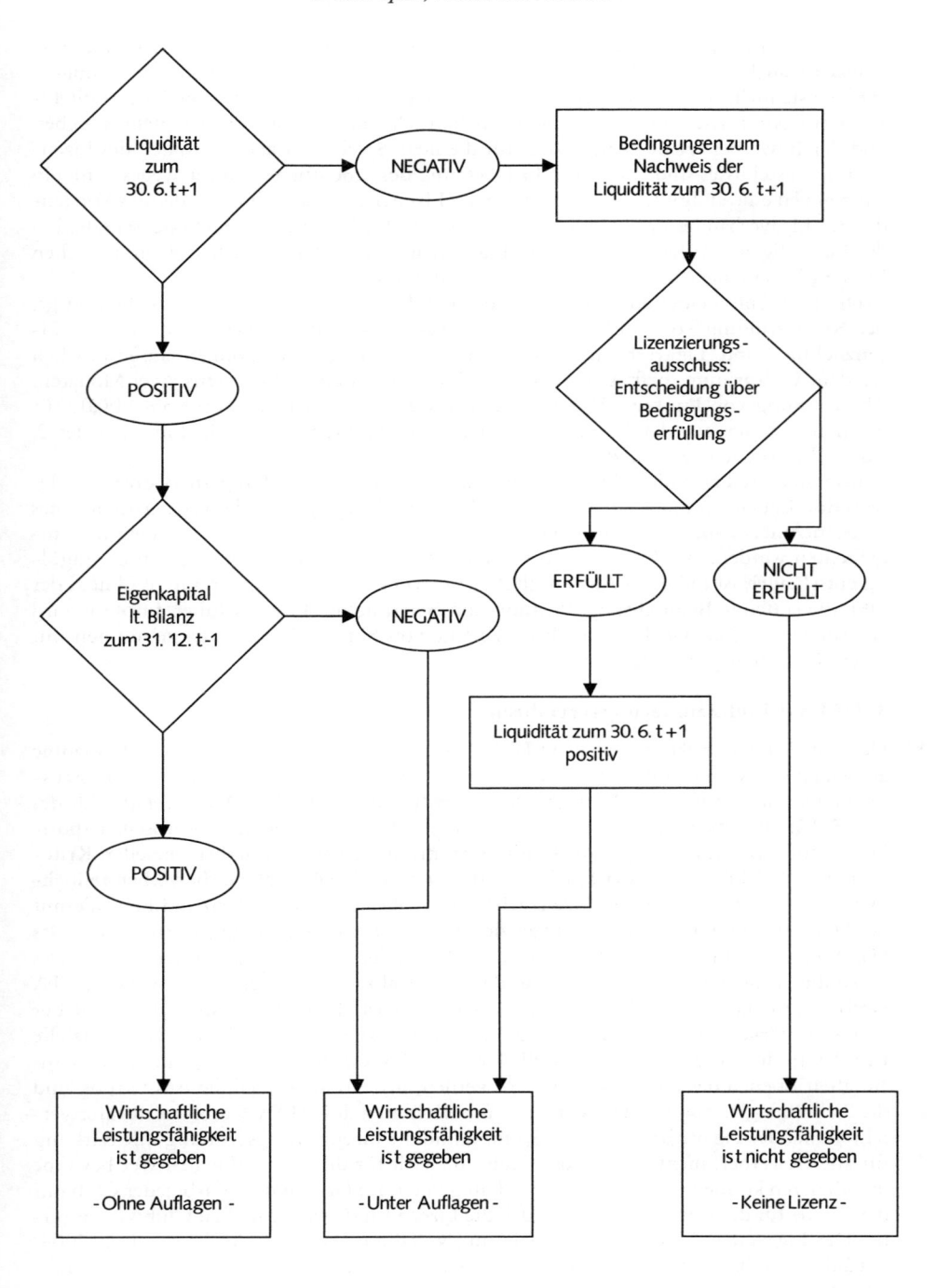

im laufenden Verfahren die DFL und den Lizenzierungsausschuss. Der Lizenzierungsausschuss ist auch zuständig für die Entscheidung über die Erfüllung von Bedingungen. Werden sie nicht innerhalb einer von der DFL gesetzten Ausschlussfrist erfüllt, ist die Lizenzierungsvoraussetzung (z. B. die wirtschaftliche Leistungsfähigkeit) nicht gegeben und der Bewerber erhält keine Lizenz für die neue Spielzeit. Entscheidungen des Lizenzierungsausschusses sind endgültig. In Ersetzung des ordentlichen Rechtsweges kann ein Club gegen eine endgültige Entscheidung des Lizenzierungsausschusses oder des Vorstandes des Ligaverbandes das Ständige Schiedsgericht für Vereine und Kapitalgesellschaften der Lizenzligen anrufen (§ 13 Satzung Ligaverband, § 1 Schiedsgerichtsvertrag zwischen Lizenznehmer einerseits und DFB, Ligaverband und DFL andererseits).

Die DFL entscheidet außerdem über die Erfüllung von Auflagen und ist berechtigt, bei Nichterfüllung von Auflagen eine Vertragsstrafe gemäß des Vertrages zwischen Lizenznehmer und Ligaverband festzusetzen. Als Vertragsstrafe können ausgesprochen werden: Verwarnung, befristete Sperre des Teilnehmers bis zu höchstens zwei Monaten, Aberkennung von Punkten, Platzsperre, Geldstrafen bis zur Höhe von € 500 000,00 für einen Teilnehmer aus der Bundesliga und € 250 000,00 für einen Teilnehmer aus der 2. Bundesliga sowie Lizenzentzug.

Insbesondere kann die DFL einen Punktabzug auch mit Wirkung zu Beginn der der Sanktion folgenden Spielzeit aussprechen. Die Entscheidung über die Vertragsstrafe eines Lizenznehmers kann nur von diesem selbst, nicht aber von anderen Lizenznehmern angefochten werden. Beschwerde zum Vorstand des Ligaverbandes, der wiederum endgültig entscheidet, ist möglich. Auch nach Abschluss des Lizenzierungsverfahrens obliegt der DFL die laufende Beobachtung, Prüfung und Beratung der Lizenznehmer. Insofern wird als Auflage regelmäßig die monatliche Vorlage von Soll/Ist-Vergleichen zusammen mit einem Liquiditätsplan festgesetzt.

3. UEFA-Clublizenzierungsverfahren[152]

82 Das UEFA-Exekutivkomitee hat im Jahr 2000 beschlossen, die Erlaubnis zur Teilnahme an den europäischen Clubwettbewerben der UEFA an die Erfüllung von Mindestvoraussetzungen zu knüpfen. Im Frühjahr 2002 veröffentlichte die UEFA die Version 1.0 des UEFA-Handbuchs zum Lizenzierungsverfahren. Dieses erläutert die spezifischen sportlichen, infrastrukturellen, personell-administrativen, rechtlichen und finanziellen Kriterien, die alle Clubs, die ab der Spielzeit 2004/2005 an UEFA-Clubwettbewerben teilnehmen wollen, erfüllen müssen. Lizenzgeber bleibt aber der Nationalverband bzw. die mit der Durchführung des nationalen Lizenzierungsverfahrens betraute Ligaorganisation. Das Handbuch stellt insofern nur Mindeststandards auf, die vom Lizenzgeber in ein nationales „Handbuch" umzusetzen sind, das von der UEFA akkreditiert werden muss. Die UEFA verfolgt mit diesem Verfahren u. a. das Ziel, die wirtschaftliche Leistungsfähigkeit der Clubs zu stärken, die Transparenz und Glaubwürdigkeit zu erhöhen und das finanzielle Fairplay in diesen Wettbewerben zu überwachen. Insgesamt sollen die Qualitätsstandards auf allen Ebenen des Fußballs verbessert werden, insbesondere auch die Ausstattung und die Sicherheit der Stadien. Die Vorgaben und Kriterien des UEFA-Clublizenzierungsverfahrens hat der Ligaverband in seine Satzung und die Lizenzierungsordnung mit Wirkung für alle Bewerber, nicht nur für die Clubs, die sich für die internationalen Wettbewerbe qualifizieren können, aufgenommen und umgesetzt. Im Grundsatz erwirbt jeder Club mit der Lizenz für die Bundesliga damit auch die Lizenz für die europäischen Clubwettbewerbe. Der Ligaverband hat dieses Lizenzierungsverfahren erstmalig für die Spielzeit 2004/2005 durchgeführt. Die überarbeitete Version 2.0 des Handbuchs ist im Herbst 2005 verabschiedet worden.

---

[152] Ausführlich *Galli*, S. 97 ff.; *ders.*, SpuRt 2003, 177 ff.; UEFA-Handbuch abrufbar unter http://de.uefa.com/uefa/MediaServices/Regulations/index,page=2.htmx bzw. http://de.uefa.com/newsfiles/22719.pdf.

Im Rahmen der Implementierung des UEFA-Clublizenzierungsverfahrens hat die UEFA im Jahre 2003 auch einen Standard für den nationalen Lizenzgeber eingeführt. Dieser Standard spezifiziert die qualitativen Anforderungen an die Lizenzgeber. Mit der Zertifizierung des Lizenzgebers und damit der Bestätigung, dass die im Standard niedergelegten Qualitätsmerkmale erfüllt sind, wird sichergestellt, dass bei der Überprüfung und Lizenzierung der Clubs gemäß des UEFA-Clublizenzierungsverfahrens in ganz Europa einheitliche Methoden angewendet werden. Die DFL ist im März 2005 zertifiziert worden.

4. Lizenzierungsverfahren in anderen Sportarten

Auch in anderen Sportarten bestehen Lizenzierungsverfahren, die in den wirtschaftlichen Prüfungskriterien im Grundsatz dem Lizenzierungsverfahren im Profifußball entsprechen, in Einzelheiten aber abweichen. So wird die Lizenz im Eishockey durch die DEL auf unbestimmte Zeit erteilt (§ 18 Lizenzordnung); jeder Lizenzclub hat jedoch zu Beginn eines Jahres nachzuweisen, dass die Voraussetzungen der Lizenzerteilung auch für die neue Spielzeit vorliegen, wobei das Fortbestehen dieser Voraussetzungen im Rahmen eines Lizenzbestätigungsverfahrens festgestellt wird.[153] Nach den Lizenzverweigerungen für die Handballclubs TuSEM Essen und die SG Wallau Massenheim für die Spielzeit 2005/2006 hat die Handball-Bundesliga die Richtlinien des Lizenzierungsverfahrens überarbeitet. Über die Lizenzvergabe entscheidet nicht mehr der Vorstand der HBL abschließend, sondern eine dreiköpfige Lizenzierungskommission. Zudem müssen die Anmeldungen bereits am 1. Dezember, statt am 1. Februar, abgegeben werden. 83

5. Lizenzverweigerungen und Rechtsstreitigkeiten

Aufgrund der immensen wirtschaftlichen Auswirkungen, die eine Nichtzulassung eines Lizenzbewerbers zum Spielbetrieb einer Bundesliga hat, werden Streitigkeiten um die Verweigerung oder den Entzug einer Lizenz mit besonderer Vehemenz und meist sehr öffentlichkeitswirksam zwischen den Beteiligten ausgetragen. Zu denken ist im Fußball nur an die Klage von Eintracht Frankfurt gegen den Ligaverband, der dem Club die Lizenz für die Spielzeit 2002/2003 verweigerte, nachdem eine vom Club zur Erfüllung einer Bedingung vorgelegte Bankgarantie vom ausstellenden Kreditinstitut nachträglich an – im Zeitpunkt der Entscheidung des Ligaverbandes nicht gegebene – Voraussetzungen geknüpft worden war. Der Auffassung des Ligaverbandes, dass die geforderte jederzeitige und freie Verfügbarkeit der garantierten Summe im Rahmen und für die Zwecke des Lizenzierungsverfahrens nicht gegeben sei, folgte das angerufene Ständige Schiedsgericht nicht und wies den Ligaverband an, die Bedingung als erfüllt anzusehen.[154] Der von der Nebenintervenientin SpVgg. Unterhaching, die bei einer Lizenzverweigerung gegenüber Eintracht Frankfurt in der 2. Bundesliga verblieben wäre, nach § 1059 ZPO gestellte Antrag auf Aufhebung des Schiedsspruchs wurde vom OLG Stuttgart zurückgewiesen.[155] Auch ein Antrag auf Erlass einer einstweiligen Verfügung gegen den Ligaverband, bis zu einer Hauptsacheentscheidung keine Lizenz an Eintracht Frankfurt zu erteilen, hatte keinen Erfolg.[156] 84

Neben diesen Streitigkeiten, die die Frage betrafen, ob vorgelegte Unterlagen für die Bedingungserfüllung inhaltlich ausreichten,[157] gab es im Fußball auch wiederholt Streit-

---

[153] Ausführlich *Reichert*, SpuRt 2003, 98, 99 f. *derselbe*, Rz. 5508; *Tripcke*, RuS 35, 41 ff.
[154] Ständiges Schiedsgericht für Vereine und Kapitalgesellschaften der Lizenzligen, Schiedsspruch v. 3.7. 2002, SpuRt 2002, 213 f.
[155] OLG Stuttgart, SpuRt 2002, 207 ff.
[156] OLG Frankfurt, SpuRt 2003, 79 ff.
[157] Siehe auch die Verweigerung der Lizenz für die Spielzeit 2000/2001 gegenüber Tennis Borussia Berlin, OLG Frankfurt, SpuRt 2001, 28 ff.

fälle über die Einhaltung der Ausschlussfristen für die Bedingungserfüllung.[158] Wegen der Nichtvorlage von Unterlagen im Lizenzierungsverfahren dagegen wurden dem SSV Reutlingen durch den Ligaverband mit Wirkung zu Beginn der Spielzeit 2002/2003 sechs Gewinnpunkte abgezogen.[159]

Im Handball wurden TuSEM Essen und der SG Wallau Massenheim wegen Fristversäumnissen und fehlender wirtschaftlicher Leistungsfähigkeit jeweils die Lizenz für die Spielzeit 2005/2006 vom Vorstand der Handball Bundesliga (HBL) verweigert. Das Ständige Schiedsgericht für Lizenzligavereine bestätigte im Fall Essen die Nichtzulassung. Die SG Wallau Massenheim zog ihren Antrag auf Lizenzerteilung vor dem Ständigen Schiedsgericht zurück, nachdem bekannt geworden war, dass bereits im Lizenzierungsverfahren ein Insolvenzantrag gestellt wurde, was zuvor verschwiegen worden war.[160]

Im Eishockey verweigerte die Gesellschafterversammlung der DEL im Sommer 2005 dem EHC Wolfsburg die Verlängerung einer Ausnahmegenehmigung für das nicht bundesligataugliche Eisstadion und damit die Lizenzbestätigung für die Spielzeit 2005/2006.[161]

Bei einem Lizenzstreit ist schließlich auch das *zeitliche* Moment zu bedenken, weil im Interesse des Gesamtwettbewerbs eine Verzögerung des Beginns einer Spielzeit angesichts des meist engen Rahmenterminkalenders höchst problematisch sein kann: Im schweizerischen Profifußball hat der Rekurs des FC Sion gegen die Versagung der Lizenz dazu geführt, dass der Club erst mit 3½-monatiger Verspätung den Spielbetrieb aufnehmen konnte. Dessen nachträgliche Integration als 19. Mannschaft in die laufende Saison 2003/04 war sowohl sportpolitisch als auch juristisch einmalig.[162]

6. Haftung

85 Ist dem Prüforgan bei der Prüfung der wirtschaftlichen Leistungsfähigkeit ein vorwerfbarer Fehler unterlaufen, so haftet der mit der Prüfung betraute Vereins- oder Verbandsvorstand bzw. der GmbH-Geschäftsführer dem Sportverband aus dem Organschaftsverhältnis kraft seiner Bestellung bzw. aus dem Anstellungsverhältnis wegen schuldhafter Verletzung von Pflichten aus einem Schuldverhältnis gemäß § 280 Abs. 1 BGB auf Schadensersatz. Nach der Zurechnungsvorschrift des § 31 BGB haftet der Verein bzw. Verband für seine Organe, wenn diese in Ausführung der ihnen zustehenden Verrichtungen einem Dritten einen Schaden zufügen. Der Sportverband als Verein oder als GmbH haftet aber für seine Prüforgane nur dann, wenn ein Mitgliedschaftsrecht schuldhaft verletzt worden ist (§ 823 Abs. 1 BGB). Auch ist eine Haftung aus dem Rechtsgrund eines Vertrags mit Schutzwirkung für Dritte in Betracht zu ziehen.[163] Schadensersatzansprüche gegen den Lizenzgeber können jedoch wirksam ausgeschlossen werden, jedenfalls für leicht fahrlässiges Handeln, wie es beispielsweise § 3 Abs. 2 des Lizenzvertrags zwischen Ligaverband und Club vorsieht.[164]

Schließlich ist auf die *Verschwiegenheitsklausel* in § 11 Nr. 7 LO Ligastatut hinzuweisen, die den Ligaverband und die DFL verpflichtet, alle während des Lizenzierungsverfahrens

---

[158] Z. B. Schiedsgericht des DFB im Fall SSV Reutlingen, SpuRt 2003, 255 ff.

[159] Einem Bundesligisten wurde letztmals für die Spielzeit 1995/1996 die Lizenz verweigert (Dynamo Dresden). 1992/1993 wurden Dynamo Dresden vier, 1993/1994 dem 1. FC Nürnberg sechs und Hertha BSC drei, 1999/2000 Eintracht Frankfurt zwei Gewinnpunkte wegen Verstößen gegen Eigenkapital-Auflagen abgezogen; vgl *Rauball*, RuS 35, 61 ff.

[160] Siehe auch LG Dortmund, SpuRt 2001, 24, das dem Antrag eines Clubs auf Erlass einer einstweiligen Verfügung stattgab. Zum Insolvenzfall Gummersbach vgl. *Vieweg/Neumann*, RuS 35, 10.

[161] Vgl. *Tripcke*, RuS 35, 41 ff.

[162] *Roth/Walther*, SpuRt 2005, 195 ff.

[163] *Reichert*, SpuRt 2003, 102 m.w.N. und Hinweisen zum Verschuldensmaßstab. *Heermann*, RuS Band 34 (2005; Zur Vorstandshaftung eines Bundesligavereins vgl. LG Kaiserslautern, SpuRt 2006, 79 ff. Zum Mitgliedschaftsrecht vgl. auch Rz. 122 ff.

[164] So auch *Reichert*, Rz. 3535.

vom Bewerber erhaltenen Informationen streng vertraulich zu behandeln und weder direkt noch indirekt Dritten offen zu legen. Zwar haben Mitglieder eines Verbandes von Gesetzes wegen ein Auskunftsrecht gegen den Vorstand des Verbandes über alle wesentlichen tatsächlichen und rechtlichen Verhältnisse des Verbandes (§§ 27 Abs. 3, 666 BGB).[165] Dieses Informationsrecht findet jedoch seine Grenze in einem (vorrangigen) berechtigten Geheimhaltungsinteresse des Verbandes zur Abwehr einer zu besorgenden Gefahr für ihn selbst oder die Tochtergesellschaft analog § 51a Abs. 2 GmbHG.[166] Grenzen ergeben sich ferner aus der Erforderlichkeit und Zumutbarkeit der Informationserteilung.[167] Ein solch vorrangiges Geheimhaltungsinteresse ist hier zu bejahen, weil die Geheimhaltung berechtigterweise zum Schutz des gesamten Lizenzierungssystems einer Ausforschung Dritter vorbeugen und dessen Stabilität sichern soll. Es liegt auf der Hand, dass Informationen über einen unmittelbaren Konkurrenten in diesem sensiblen Bereich der Finanzplanung zu einer nicht wieder gutzumachenden Wettbewerbsverzerrung führten. Dies würde ferner die Solidarität innerhalb einer Liga gefährden und deren Selbstverwaltung in Frage stellen. Das Geheimhaltungsgebot gilt folgerichtig nicht nur gegenüber den Mitgliedern, sondern auch gegenüber öffentlichen Behörden, beispielsweise des Bafin im Rahmen des gemäß § 4 Abs. 3 Satz 3 WpHG bestehenden Auskunftsverweigerungsrechts.

E. Der Sportverein in der Insolvenz[168]

Literatur. *Adolphsen, Jens*, Lizenz und Insolvenz von Sportvereinen, in *Heermann, Peter* (Hrsg.), Lizenzentzug und Haftungsfragen im Sport, RuS H. 34 (2005) S. 65 = KTS 2005, 53; *Arbeitskreis für Insolvenz- und Schiedsgerichtswesen e.V.* (Hrsg.), Kölner Schrift zur Insolvenzordnung (1997); *Englisch, Jörg*, Die Insolvenzklausel des DFB und die bisherigen Insolvenzfälle im Fußball, in *WFV* (Hrsg.), Wirtschaftliche Kontrollmaßnahmen ... (2003) S. 25; *Grunsky, Wolfgang*, Arbeitsrechtliche Einzelfragendes Sportlerstatus bei Insolvenz des Vereins in *ders.*, (Hrsg.) Der Sportverein in der wirtschaftlichen Krise, RuS H. 12 (1990) S. 53 ff.; *Gutzeit, Bettina*, Die Vereinsinsolvenz, (Diss. Bonn) 2003); *Haas, Ulrich*, Die Auswirkungen der Insolvenz auf die Teilnahmeberechtigung der Sportvereine am Spiel- und Wettkampfbetrieb, NZI 2004, 183; *Heermann, Peter*, Festschrift *Röhricht (2005) S. 1191 ff.*; Heidelberger Kommentar zur Insolvenzordnung (3. Aufl., 2003), zit. HK-InsO-Verf.; *Jaeger, Ernst*, Kommentar zur Konkursordnung, 1997; *Jaeger, Ernst*, Insolvenzordnung, Großkommentar, (2004); *Kreißig, Wolfgang*, Der Sportverein in Krise und Insolvenz (Diss. Mainz) 2003; *Kübler/Prütting*, Kommentar zur Insolvenzordnung; *Küpperfahrenberg, Jan*, Haftungsbeschränkungen für Verein und Vorstand (Diss. Bayreuth, 2005); *Müller, Hans-Friedrich*, Der Verband in der Insolvenz (2002); Münchener Kommentar zur Insolvenzordnung (2001ff.), zit. MünchKommInsO-Verf.; *Schmidt, Karsten*, Gesellschaftsrecht, 4. Aufl. 2003; *Stürner/Breyer*, Anmerkung in LM H. 11/2001 § 32 KO Nr. 15; *Uhlenbruck, Wilhelm*, Konkursrechtliche Probleme des Sportvereins in Festschrift für *Franz Merz* zum 65. Geburtstag (1992) S. 581; *Walker, Wolf-Dietrich*, Arbeitsrechtliche Folgen des Lizenzentzuges, in *Heermann, Peter* (Hrsg.), Lizenzentzug und Haftungsfragen im Sport, RuS H. 34 (2005) S. 47; *ders.*, Die Anwendung der Insolvenzordnung im Falle der Insolvenz von Sportvereinen in *WFV* (Hrsg.), Wirtschaftliche Kontrollmaßnahmen ... (2003) S. 45; *ders.* Zur Zulässigkeit von Insolvenzklauseln in den Satzungen der Sportverbände, KTS 2003 S. 169.

---

[165] BGHZ 152, 339 = NJW-RR 2003, 830 (entgegen der Vorinstanz OLG München SpuRt 2002, 113 ff.); *Reichert*, Rz. 1361; *Stöber*, Rz. 303.
[166] BGH a.a.O.; *Roth/Altmeppen*, § 51a Rz. 24. *Reichert*, Rz. 1373
[167] *Palandt/Sprau*, § 666 Rz. 1; *Palandt/Heinrichs*, §§ 258–261 Rz. 24; BGHZ 137, 162 (169); LG Berlin NZG 2001, 375 (377).
[168] Weitgehend gelten die folgenden Ausführungen auch für die Insolvenz eines Sportclubs in der Rechtsform der Aktiengesellschaft, GmbH und GmbH & Co. KG. S. dazu unten Rz. 104.

Einführung

Früher musste nur äußerst selten über einen Verein ein Insolvenzverfahren eröffnet werden. Da trotz zunehmender Kommerzialisierung der Sport in Deutschland weiterhin weitgehend von Idealvereinen i. S. § 21 BGB durchgeführt wird, ist es unausbleiblich, dass auch Vereine in wirtschaftliche Krisen geraten und insolvent werden, sei es durch Misswirtschaft des Vorstandes, sei es durch plötzlichen Wegfall von Sponsorengeldern.

Aufgrund der neuen Insolvenzordnung[169] hat sich das Insolvenzrecht gegenüber der früheren Konkursordnung in einigen Punkten geändert. Insbesondere wurde in die Insolvenzordnung auch das vormals in einem besonderen Gesetz, der Vergleichsordnung, geregelte Vergleichsverfahren aufgenommen.

86 Zweck des Insolvenzverfahrens ist die Befriedigung der Gläubiger, die nach dem Gesetz auf mehrere Arten erreicht werden kann (§ 1 InsO):
– Liquidation des Vereins, Verwertung seines Vermögens[170] mit anschließender Verteilung des Erlöses an die Gläubiger.
– Stattdessen kann aufgrund eines Insolvenzplanes eine abweichende Regelung getroffen werden, insbesondere mit dem Zweck, das Unternehmen zu erhalten.[171]
– Schließlich ist auch eine sogen. „Eigenverwaltung" durch den Schuldner – beim Verein also durch den Vorstand – möglich.

Für einen Sportverein stellen sich insbesondere folgende Probleme:
– Aus welchen Gründen ist ein Insolvenzverfahren zu beantragen, wer kann den Antrag stellen,
– Haftung des Vereinsvorstandes bei Versäumung des Antrages.
– Fällt die Vereinslizenz in die Insolvenzmasse und kann der Sportbetrieb eines Vereins weiterlaufen, insbesondere, kann eine Ligamannschaft weiter an den Spielen der Liga teilnehmen?
– Was geschieht mit den Sportlern?
  a) Vereinsmitglieder
  b) Profispieler mit Arbeitsvertrag, Ablösewert (Transfersumme)

87 Schon bevor ein Antrag auf Insolvenzeröffnung gestellt worden ist, hat gem. § 321 BGB ein Vertragspartner des Vereins, der vorleistungspflichtig ist, das Recht seine Leistung zurückzubehalten, wenn erst nach Abschluss des jeweiligen Vertrages die Vermögensverschlechterung erkennbar geworden ist; der Verein kann dieses Leistungsverweigerungsrecht nur abwenden, wenn er seine Leistung (vorzeitig) erbringt oder Sicherheit leistet, oder wenn nach Verfahrenseröffnung der Insolvenzverwalter Erfüllung wählt.[172]

---

[169] Vor der neuen Insolvenzordnung (InsolvO), in Kraft getreten am 1. 1. 1999, galt in der Bundesrepublik Deutschland die Konkursordnung vom Jahr 1877, dementsprechend sprach man meist von Konkurs.

[170] Durch Verkauf von Einzelgegenständen oder etwa durch Veräußerung der Profi-Abteilung, einschließlich der Liga-Lizenz, s. dazu unten Rz. 94 f.

[171] Dies kommt hier insbesondere bei einem Profi-Verein in Betracht. – Demgegenüber hatte das Konkursverfahren nach der früheren KO nur die Vermögensliquidierung zum Zwecke, während die Aufrechterhaltung eines Unternehmens in der Vergleichsordnung geregelt war.

[172] § 321 BGB ermöglichte es z. B. der DFL, *nach* dem Antrag der KirchMedia KGaA auf Eröffnung des Insolvenzverfahrens, aber *vor* Eröffnung, die Leistung, also Einlass in die Stadien zwecks TV-Aufzeichnung, zu verweigern, wenn nicht KirchMedia die entsprechenden Teile der Vergütung zu zahlen bereit gewesen wäre.

I. Eröffnung des Insolvenzverfahrens

1. Gründe für die Eröffnung

Das Insolvenzverfahren wird vom Amtsgericht auf Antrag des Schuldners (hier also des Sportvereins) oder eines Gläubigers eröffnet, wenn einer der folgenden Gründe vorliegt:[173] *Zahlungsunfähigkeit* oder *Überschuldung*. Nur der Schuldner selbst kann auch bei *drohender Überschuldung* den Antrag stellen.[174]

88

Zuständig für den Antrag des Vereins ist jedes vertretungsberechtigte Mitglied des Vorstands; stellen nicht alle Mitglieder den Antrag, so muss der Eröffnungsgrund glaubhaft gemacht werden.[175]

Zahlungsunfähigkeit liegt vor, wenn der Schuldner seine fälligen Zahlungspflichten nicht erfüllen kann; ein Indiz für Zahlungsunfähigkeit ist die Einstellung der Zahlungen durch den Schuldner (§ 17).

Überschuldung liegt vor, wenn das Vermögens des Vereins die bestehenden Verbindlichkeiten nicht deckt; hierfür ist eine besondere Bilanz aufzustellen, die die wahren Werte enthält; betreibt der Verein ein Wirtschaftsunternehmen,[176] so ist bei der Feststellung der Werte von der Fortführung des Unternehmens auszugehen, wenn diese nach den Umständen überwiegend wahrscheinlich ist (§ 19 Abs. 1 Satz 2 InsO).

Schließlich kann der gesamte vertretungsberechtigte Vereinsvorstand Antrag auf Insolvenzeröffnung stellen, wenn *drohende Zahlungsunfähigkeit* vorliegt; dies ist der Fall, wenn der Verein *voraussichtlich* nicht in der Lage ist, seine Zahlungspflichten pünktlich zu erfüllen.[177]

2. Antragspflicht des Vorstandes, Haftung

Liegt Zahlungsunfähigkeit oder Überschuldung (Insolvenzreife) vor, so ist jeder vertretungsberechtigte Vorstand *verpflichtet*, den Antrag auf Eröffnung des Insolvenzverfahrens beim zuständigen Amtsgericht zu stellen.[178] Wird dies schuldhaft[179] versäumt, so haften die vertretungsberechtigten Vorstandsmitglieder den Gläubigern auf Ersatz der Schäden, die ihnen durch die verspätete Stellung des Antrags entstanden sind, und zwar den Altgläubigern für die zwischenzeitlich eingetretene Verringerung der Insolvenzquote,[180] den

89

---

[173] §§ 13 ff., 16 ff. InsO,.
[174] § 18 InsolvO.
[175] § 15 InsolvO. Glaubhaftmachung beispielsweise durch eidesstattliche Versicherung, § 294 Abs. II ZPO i.V.m. § 4 InsolvO.
[176] Z. B. Profiabteilung.
[177] § 18 InsO.
[178] § 42 Abs. 2 S.1 BGB; streitig ist, ob sich die Haftung direkt daraus ergibt oder erst i.V.m. § 823 Abs. 2 BGB. Die 3-Wochen-Frist für die Antragstellung nach objektivem Eintritt der Insolvenzreife, die § 64 Abs. 1 S. 1 GmbHG gewährt, soll analog auch für den Vereinsvorstand gelten, *Reichert*, Handbuch des Vereins- und Verbandsrechts Rdnr. 1944.
[179] § 42 Abs. 2 S. 2 BGB, s. zu dieser Haftung näher *Reichert* a.a.O Rdnr. 1942 ff., *Kreißig* a.a.O. S. 112 ff., *Küpperfahrenberg*, Haftungsbeschränkungen S. 174 ff. Leichte Fahrlässigkeit genügt. Die Aufgabenverteilung im Verein entlastet keinen Vorstand, ebenso wenig mangelnde Sachkunde. Jedes Vorstandsmitglied hat sich jederzeit über die Vermögensverhältnisse des Vereins zu informieren, so auch *Heermann* in Fs *Röhricht* S. 1203, der außerhalb der Insolvenz der Haftungsbeschränkung durch eine Ressortverteilung das Wort redet.
[180] S. zu Einzelheiten der Haftung, *Reichert* a.a.O. Rdnr. 1942 ff. Altgläubiger sind diejenigen, die im Zeitpunkt der Insolvenzreife Forderungen gegen den Verein hatten. Schaden ist der Betrag, um den sich die an die Gläubiger auszuzahlende Insolvenzquote durch die Verspätung verringert. Z. B. wenn einzelne Gläubiger sich vorher noch schnell Vermögenswerte zu ihrer Befriedigung gesichert, etwa ein Vereinskonto gepfändet haben; der entsprechende Betrag entgeht jetzt anteilsmäßig den übrigen Gläubigern.

Neugläubigern dafür, dass sie nach der Insolvenzreife noch in vertragliche Beziehungen zum Verein getreten sind.[181]

Schon im Vorfeld trifft den Vorstand daher die Pflicht, die Solvenz des Vereins fortlaufend im Auge zu behalten, gegebenenfalls eine Vermögensbilanz aufzustellen[182]

3. Das Eröffnungsverfahren, Fortführung des Wettkampfbetriebes

90 Das zuständige Amtsgericht kann den Antrag auf Insolvenzeröffnung abweisen, wenn nicht einmal so viel Geld vorhanden oder durch Verwertung des Vermögens zu erzielen ist, dass die Verfahrenskosten gedeckt sind (§ 26 I Satz 1 InsO).

Da zwischen Eingang des Antrags auf Insolvenzeröffnung beim Amtsgericht und dessen Entscheidung ein längerer Zeitraum liegen kann, trifft das Gericht meist bestimmte Anordnungen, insbesondere kann es einen vorläufigen Insolvenzverwalter bestellen (§ 21 InsO) und ihm sogar (was in der Regel geschieht) die Verwaltungs- und Verfügungsbefugnis über das Vereinsvermögen übertragen, wenn es diese Befugnis dem Verein (Insolvenzschuldner) entzieht.[183] Dieser „starke" Insolvenzverwalter hat die Pflicht, das Unternehmen (also etwa die Profi-Abteilung) fortzuführen, es sei denn das Gericht stimmt einer Stilllegung zu, um eine erhebliche Verminderung des Vereinsvermögens zu verhindern.[184]

Bei Fortführung tritt der Insolvenzverwalter in die Funktion als Arbeitgeber ein. Soweit er Spieler nicht freistellt,[185] gelten die in dieser Zeit entstehenden Gehaltsforderungen der Spieler als Masseschulden; die Gehaltsforderungen für die letzten drei Monate vor *Eröffnung* des Insolvenzverfahrens (also gerade auch für die Zeit nach Antragstellung) sind zudem gem. § 183 Abs. 1 SGB III durch den Anspruch auf Zahlung des sogen. Insolvenzgeldes gegen die Bundesanstalt für Arbeit in gewisser Höhe gesichert,[186] der allerdings erst mit Eröffnung entsteht. Gerade diese Finanzierungsmöglichkeit begründet die Gefahr einer Wettbewerbsverzerrung, da der Insolvenzverein – anders als die Ligakonkurrenten – den Wettkampfbetrieb für drei Monate praktisch personalkostenfrei durchführen kann.[187] Wird in einem derartigen Fall wegen zwischenzeitlicher Gesundung der Vereinsfinanzen die Eröffnung des Insolvenzverfahrens abgelehnt, so helfen die unten behandelten Verbandsregeln für den Fall der *Eröffnung* eines Insolvenzverfahrens nicht.

91 In dem Beschluss des Amtsgerichts über die Eröffnung des Insolvenzverfahrens, wird regelmäßig auch der Insolvenzverwalter ernannt. Das Gericht kann aber auch, statt einen Insolvenzverwalter zu ernennen, *Eigenverwaltung* durch den Schuldner (Vereinsvorstand) anordnen, wenn der Schuldner dies beantragt hat und der Gläubiger, der den Insolvenzantrag gestellt hat, dem zustimmt. Die Eigenverwaltung kann auch noch nach Ablehnung durch das Gericht später durch die Gläubigerversammlung beantragt werden. Eigenverwaltung wird jedoch nur angeordnet, wenn zu erwarten ist, dass sie nicht zu einer Verzögerung des Verfahrens oder zu anderen Nachteilen für die Gläubiger führt.[188]

---

[181] BGH NJW 1994, 2220 (zur GmbH), OLG Köln WM 1998, 1043. Zur (bejahten) Haftung des Vorstandes eines Fußballvereines s. OLG Köln WM 1998, 1043.

[182] *Grabau/Hundt* BuW 2003, 26, 30; *Küpperfahrenberg* a.a.O. S. 174. Vor allem bei einen Großverein mit unternehmerischer Tätigkeit muss eine Art „Vorwarnsystem" bestehen (vgl. dazu *Haas*, SpuRt 1999, 1. 3; *Kreißig* a.a.O. S. 36f., Analogie zu § 92 Abs. 2 AktG).

[183] Sogen. „starker Insolvenzverwalter"; zu diesen Befugnissen s. unten Rz. 7.

[184] § 22 Abs. 2 Nr. 2 InsO.

[185] Zur Möglichkeit der Entlassung s. unten Rz. 103.

[186] Zu dem sich jährlich ändernden Berechnungsmodus s. §§ 183 ff., 341 SGB III i.V.m. einer jährlichen Verordnung der Bundesregierung; Beispiel für 2005 bei Walcker a.a.O. S. 52. – Zu den Möglichkeiten einer „Vorfinanzierung" durch Abtretung dieser Ansprüche an ein Kreditinstitut gem. § 188 SGB III s. *Kreißig* a.a.O. S. 144 f.

[187] S. zu dieser Argumentation *Englisch* a.a.O. S. 30ff.

[188] §§ 270ff. InsO. – Insbesondere ist zu bedenken, dass dieselben Vorstandsmitglieder, die vorher verantwortlich waren, jetzt „den Karren aus dem Dreck ziehen sollen"; es werden daher dagegen erhebliche Bedenken vorgetragen.

II. Folgen der Eröffnung des Insolvenzverfahrens

1. Für den Bestand des Vereins

Durch die Eröffnung des Insolvenzverfahrens wird der Verein aufgelöst, bleibt aber **92** weiterhin rechtsfähig und Rechtsträger des Vereinsvermögens;[189] auch die interne Vereinsorganisation bleibt erhalten. Die Mitgliedschaften im Verein bestehen fort, soweit in der Satzung nichts anderes vorgesehen ist. Der Vorstand übt weiterhin seine Tätigkeit aus.

Allerdings gehen mit der Eröffnung die Verwaltungs- und Verfügungsbefugnisse über das Vereinsvermögen auf den Insolvenzverwalter über. D. h. nur er kann neue Verpflichtungen für die Insolvenzmasse eingehen, nur er kann über das Vermögen des Vereins verfügen; er nimmt das gesamte Vermögen in Besitz. Den Vorstand[190] treffen aber gewisse Auskunfts- und Mitwirkungspflichten gegenüber dem Insolvenzgericht, dem Insolvenzverwalter, dem Gläubigerausschuss und – auf Anordnung des Gerichts – auch der Gläubigerversammlung.[191]

Diese Rechtsfolgen gelten grundsätzlich auch für einen Verein mit mehreren Abteilungen selbst dann, wenn nur eine Abteilung (etwa die Profi-Abteilung) die Insolvenz verursacht; d.h. alle Abteilungen fallen in die Insolvenzmasse. Dies gilt nicht für solche Abteilungen, die nach der Vereinssatzung über selbständiges Vermögen verfügen und es selbst verwalten;[192] sie können auch nach Insolvenzeröffnung über den Verein weiterhin über ihre Mittel unabhängig vom Insolvenzverwalter verfügen und den Spielbetrieb durchführen.

Fällt ein Verband in der Rechtsform des eingetragenen Vereins in Insolvenz, so werden davon seine selbständigen Mitgliedsverbände oder -vereine nicht betroffen.

2. Die Insolvenzmasse

a) Das Vereinsvermögen. In die Insolvenzmasse, über die nur der Insolvenzverwalter **93** zu verfügen hat und die der Befriedigung der Gläubiger dient, fällt das gesamte Vermögen des Vereins einschließlich dessen, was der Verein während des Verfahrens hinzu erwirbt.[193] Insbesondere gehören die Sportanlagen, Spiel- und Trainingsgeräte dazu, vorausgesetzt, sie stehen im Eigentum des Vereins. Zur Insolvenzmasse gehören auch die dem Verein zustehenden Vermarktungsrechte, wie die mediale Vermarktung von Sportveranstaltungen,[194] und evtl. Transfersumme für die vorzeitige Freigabe von Spielern.[195]

---

[189] *Reichert* a.a.O. Rdnr. 2038; *Walker* in WFV H. 45 a.a.O. S. 45 f. und weitgehend gleich in KTS 2003, 169.- In der Satzung kann jedoch bestimmt sein, dass der Verein als nichtrechtsfähiger Verein fortgesetzt wird. Zudem kann die Mitgliederversammlung die Fortsetzung des Vereins als rechtsfähiger Verein beschließen, wenn das Insolvenzverfahren auf Antrag des Vereins eingestellt oder der die Fortsetzung des Vereins vorsehende Insolvenzplan bestätigt wird; s. näher § 42 Abs. 1 S. 2 BGB, §§ 212 f., 258 InsO.

[190] Und zwar auch die Mitglieder, die innerhalb von zwei Jahren vor dem Antrag auf Eröffnung aus dem Vorstand ausgeschieden sind, § 101 Abs. 1 S. 2 InsO. Insbesondere Auskunftspflichten über das in- und ausländische Vermögen des Vereins.

[191] §§ 97, 101 Abs. 1 S. 1 InsO.

[192] *Reichert* a.a.O. Rdnr. 2032. In diesem Fall kann auch ein eigenes Insolvenzverfahren nur über eine Abteilung eröffnet werden.

[193] Dies ist eine der wichtigsten Änderungen gegenüber der früheren KO, wonach nur das Vermögen im Zeitpunkt der Eröffnung in die Konkursmasse fiel.

[194] Praktisch bestehen sie nur dann weiter, wenn der Verein weiterhin am Wettkampfbetrieb teilnehmen kann, dazu sofort unten. Zu den Vermarktungsrechten s. unten Teil 3/Rz. 78 ff.

[195] Zur Zulässigkeit von Transferentschädigungen s. unten Rz. 193 ff.. Zur vorzeitigen Kündigungsmöglichkeit von Arbeitsverträgen im Insolvenzfall s. unten Rz. 103; dadurch wird natürlich die Chance des Insolvenzverwalters, eine hohe Transferentschädigung zu verlangen, sehr verringert.

94 b) Das Recht, an Verbandseinrichtungen teilzunehmen. Nimmt der Verein mit einer oder mehreren Abteilungen oder Mannschaften an einem vom Verband betriebenen Ligawettbewerb teil, so stellen sich zwei Probleme, deren Lösung nicht ohne weiteres den maßgebenden Vorschriften des BGB oder der InsO zu entnehmen ist:
– Fällt das Teilnahmerecht (Lizenz)[196] überhaupt in die Insolvenzmasse, so dass der Insolvenzverwalter die Möglichkeit hat, weiterhin die Mannschaften am Spielbetrieb teilnehmen zu lassen (unten (a).
– Wenn dies bejaht wird, so stellt sich das weitere Problem, ob der Verband in seinem Regelwerk irgendwelche negativen Folgen für den Insolvenzverein vorsehen kann, sei es, dass der Verein vom weiteren Spielbetrieb völlig ausgeschlossen wird (Verlust der Mitgliedschaft, Erlöschen der Lizenz), sei es, dass die bisherigen und die weiteren Spiele nicht gewertet werden, und der Verein am Ende der Saison absteigt oder ähnliche Regelungen (unten (b).[197]

95 (a) Das Teilnahmerecht als Massebestandteil.[198] Nach wohl im Ergebnis ganz herrschender Meinung gehört das Teilnahmerecht[199] am Ligabetrieb zur Konkursmasse, wenngleich mit unterschiedlicher Begründung.[200]

Die Schwierigkeiten ergeben sich aus § 36 InsO, wonach Gegenstände, die nicht der Zwangsvollstreckung unterliegen, nicht in die Insolvenzmasse fallen; das sind grundsätzlich die unabtretbaren Gegenstände (§§ 857/851 ZPO). Soweit das Teilnahmerecht nach den Verbandsregeln abtretbar ist, fällt es demgemäß in die Insolvenzmasse.[201]

Problematisch bleiben hingegen die Fälle, in denen das Teilnahmerecht nicht abtretbar ist; dann ist es, wenn es gesellschaftsrechtlich oder zumindest gesellschaftsrechtsähnlich einzuordnen ist, seiner Natur nach nicht pfändbar, und fiele demnach nicht in die Insolvenzmasse.

Nach einer vordringenden Meinung gibt es bei juristischen Personen überhaupt kein insolvenzfreies Vermögen, § 36 soll hier aufgrund einer teleologischen Reduktion unanwendbar sein.[202] Nach dieser Meinung fällt das Teilnahmerecht in jedem Fall in die Insolvenzmasse.

Folgt man dieser grundsätzlichen Meinung nicht, so würde das nach den Verbandsregeln unabtretbar gestaltete Teilnahmerecht nicht zur Masse gehören. Da das Teilnahmerecht aber regelmäßig nicht vom Vorstand selbst ausgeübt werde, sondern er dies den Spielern „zur Ausübung überlässt", soll nach der Auffassung von *Haas* und *Adolphsen* gem. § 857 Abs. 3 ZPO dennoch Pfändbarkeit und damit Massezugehörigkeit gegeben sein.[203] Dies ist aber kein Fall des Überlassens i. S. des § 857 Abs. 3. Der Begriff Überlassung zur

---

[196] Die Lizenz (Spielerlaubnis, Spielerpass) der Spieler des Vereins bleiben von der Insolvenz des Vereins unberührt und fällt nicht in die Insolvenzmasse des Vereins.

[197] Vgl. zu den in verschiedenen Verbänden aufzufindenden Regelungen *Englisch* a.a.O. und *Walker* a.a.O.

[198] Die folgenden Ausführungen gelten auch für die AktGes., die GmbH und die GmbH & Co KG.

[199] Gleichgültig ob auf Mitgliedschaft oder auf Lizenzvertrag beruhend.

[200] *Stürner/Breyer* Anmerkung in LM H. 11/2001 § 32 KO Nr. 15; *Haas*, NZI 2004, 183; *Adolphsen* RuS H. 34 S. 73 ff.; auch *Walker* a.a.O. S. 45 ff. und *Kreißig* a.a.O. S. 185 ff. gehen wohl beide von der grundsätzlichen Massezugehörigkeit aus und erörtern die Problematik nur im Zusammenhang mit sogen. verbandsrechtlichen Insolvenzklauseln; *König/deVries*, SpuRt 2006, 96 ff., 98. A. A. *Gutzeit* a.a.O,. S. 184 ff., die nur nach den Verbandsregeln abtretbare Teilnahmerechte zur Insolvenzmasse zählt.

[201] BGH NZI 2001, 360 = LM H. 11/2001 § 32 KO Nr. 15 mit Anmerkung von *Stürner/Breyer*, die dies auch für entgegenstehende Verbandsregeln bejahen, da diese gem. § 103 InsO unwirksam seien, dazu sofort unten. Wie der BGH auch *Gutzeit* a.a.O. S. 177 ff.

[202] *K. Schmidt*, Gesellschaftsrecht § 11 VI 4 und vielfach *Henckel/H-F. Müller* in *Jäger*, InsO § 35 Rdnr. 145; *H-F. Müller*, Der Verband in der Insolvenz S. 29 f. Dagegen z. B. *MünchKommInsO-Lwowski* § 35 Rdnr. 104 ff.

[203] *Haas* NZI 2003, 183, *Adolphsen* RuS H. 34 S. 76.

Ausübung stammt vor allem aus dem Nießbrauchs- und Dienstbarkeitsrecht und meint nur den Fall, dass der Ausübungsberechtigte (das wären hier die Sportler[204]) einen eigenen schuldrechtlichen Anspruch auf Ausübung gegen den Nießbraucher (hier den Verein) erhält und auf eigene Rechnung das Recht ausübt;[205] die Beschäftigung von Hilfspersonen – wie sie bei Unternehmen insbesondere juristischen Personen selbstverständlich ist – fällt nicht darunter.[206] Die Vereinslizenz wird nur durch das Auftreten des Vereins ausgeübt.

Vielmehr ergibt sich die Massezugehörigkeit auch eines nicht abtretbaren Teilnahmerechts aus einem ähnlichen Gesichtspunkt wie bei – nicht an persönliche Eigenschaften des Berechtigten gebundenen – Gewerbe- oder Anlagegenehmigungen. Auch sie fallen insoweit in die Insolvenzmasse, als der Verwalter auf ihrer Grundlage den Betrieb (evtl. als Stellvertreter) weiterführen kann.[207] Anders als bei der Zwangsvollstreckung, die in der Tat nur Sinn macht, wenn der beschlagnahmte Gegenstand veräußert werden kann, geht es bei unserer Frage nur darum, ob der Verwalter das Unternehmen, also insbesondere die betr. Sportabteilung, weiter betreiben kann, wozu eben das Teilnahmerecht erforderlich ist. Zu beachten ist auch, dass das Abstellen auf Pfändbarkeit/Abtretbarkeit für die Frage der Zugehörigkeit zur Insolvenzmasse bei einem rein exekutorischen Verfahren wie nach der früheren Konkursordnung Sinn machte; es sollte das Vermögen insgesamt durch Einzel- oder Gesamtveräußerung zum Zwecke der Gläubigerbefriedigung liquidiert werden, daher kam es auf Abtretbarkeit an. Soweit aber die Gläubigerbefriedigung – wie nach der neuen Insolvenzordnung – auch durch Unternehmensfortführung und -erhaltung bewirkt werden kann, kommt es auf Abtretbarkeit nicht an;[208] daher enthielt die frühere Vergleichsordnung, die ebenfalls die Unternehmenserhaltung bezweckte, keine dem § 1 KO (= heute §§ 35, 36 InsO) entsprechende Vorschrift, was alles in die Vergleichsmasse fallen sollte.

Als Ergebnis ist festzuhalten, das Teilnahmerecht gehört – gleichgültig, ob es nach der Verbandsregelung abtretbar ist oder nicht – zur Insolvenzmasse und kann vom Insolvenzverwalter wahrgenommen werden.

(b) Verbandsregelungen. Ob und in welchem Umfang das Teilnahmerecht auch in der Insolvenz des Vereins weiterhin wahrgenommen werden kann, hängt von der Verbandsregelung und deren Wirksamkeit ab. **96**

(1) Enthält die Verbandssatzung oder der Lizenzvertrag *keine Regelung,* so bleibt der Verein auch nach Insolvenzeröffnung Mitglied des Verbandes. Auch der Lizenzvertrag wird durch die Insolvenzeröffnung nicht berührt. Allenfalls der Insolvenzverwalter kann die weitere Erfüllung ablehnen, also den Spielbetrieb einstellen.

---

[204] Ganz abgesehen davon haben die Sportler eine eigene Spielberechtigung gegenüber dem Verband aufgrund ihres Spielerpasses oder ihrer Spielerlizenz.

[205] BGHZ 55, 115 und die in den folgenden Fn. zitierten Autoren.

[206] *Soergel-Stürner* § 1059 Rdnr. 2; *MünchKomm-Joost* § 1092 Rdnr. 6; *MünchKomm-Petzoldt* § 1059 Rdnr. 4, *Staudinger-Rothe* § 1092 Rdnr. 4. *Jaeger-Kuhn,* KO (1997). Vgl. auch § 540 BGB (Gebrauchsüberlassung im Mietrecht) und Kommentare hierzu. – Nach der Gegenansicht müssten alle Spieler gegenüber dem Verein eigene schuldrechtliche Ansprüche auf Nutzung der Vereinslizenz haben.

[207] *Jaeger-Henckel,* KO (1997) § 1 Rdnr. 11 (es sei müßig diese Rechtsinstitute in die Begriffe des § 1 KO, heute § 35 f. InsO) zu zwängen; eine derartige Erlaubnis erlösche nicht, es sei nur zu prüfen, ob der Verwalter sie als Stellvertreter (im untechnischen Sinn) ausüben kann. *MünchKommInsO-Lwowski* § 35 Rdnr. 5 11 ff.; *HK-Eickmann* a.a.O. § 35 Rdnr. 26; *Braun,* InsO § 35 Rdnr. 64. S. auch *H-F. Müller* a.a.O. S. 30 f., der zu Recht auf die wirtschaftliche Funktion bestimmter Rechtspositionen hinweist, die sich nicht durch isolierte Veräußerung, wohl aber durch bestimmungsgemäße Ausübung realisieren lassen.

[208] Daher ist der Verweis in § 36 InsO, der weitgehend dem § 1 KO entnommen wurde, jedenfalls auf die Fälle der Fortführung entsprechend anzupassen; das wird in einer selbständigen Abhandlung näher auszuführen sein.

Soweit für die weiteren Wettkämpfe *keine Kosten* anfallen, oder die anfallenden Kosten von den Spielern selbst getragen werden,[209] liegt der weitere Spielbetrieb wie bisher im Verantwortungsbereich des Vorstandes.[210]

Fallen Kosten an, die aus der Insolvenzmasse beglichen werden sollen,[211] so obliegt die Entscheidung über die Fortführung des Spielbetriebs zunächst dem Insolvenzverwalter,[212] der die Weiterführung bewilligen wird, wenn er sich aus dem weiteren Spielbetrieb sogar höhere Einnahmen erhofft[213] und die Möglichkeit sieht, den Verein (wirtschaftlich) unter Erhalt der Zugehörigkeit zu dieser Liga zu retten. Diese Hoffnung besteht aber nur dann, wenn die kommenden Spiele weiterhin eine gewisse Attraktivität haben, wenn er also im Wesentlichen mit derselben Mannschaft auftreten kann und die Spannung erhalten bleibt, weil die Spiele gewertet werden und Meisterschaft oder Abstieg entscheiden können. Die letzte Entscheidung darüber hat dann die Gläubigerversammlung nach dem „Berichtstermin" (§§ 156 f. InsO).

Wird der Spielbetrieb als Unternehmen durchgeführt, so ist der Insolvenzverwalter sogar verpflichtet, den Betrieb bis zum Berichtstermin fortzuführen, in dem die Gläubigerversammlung über die Fortführung entscheidet; vorher bedarf er zur Stilllegung der Zustimmung des Gläubigerausschusses (§ 158 Abs. 1).[214]

97 (2) Im Regelwerk des Verbandes finden sich Regeln für den Insolvenzfall. Vorsicht ist zunächst geboten, wenn es sich um eine Verbandsregel aus der Zeit vor der Insolvenzordnung handelt.[215] Ist in einer älteren Verbandsregel vorgesehen, dass der Verein im Falle seines *Konkurses* aus dem Verband oder aus der Liga ausscheidet, so betrifft das im Zweifel nicht den Fall der Insolvenz. Nach der vorhergehenden Konkursordnung wurde der Verein in jedem Falle liquidiert; eine Fortsetzung war nur möglich im Falle eines Verfahrens nach der Vergleichsordnung; ein Vergleich sollte nach einer derartigen Verbandssatzung gerade nicht zum Ausscheiden des Vereines führen. Da nach der Insolvenzordnung aber die Insolvenz sowohl zur Auflösung als auch zum Erhalt des Vereins führen kann (s.o.), ergibt eine Auslegung der Satzung, dass die Eröffnung eines Insolvenzverfahrens nicht zum Verlust der Mitgliedschaft führt.[216]

98 Im Übrigen sind in der Praxis vor allem zwei Arten von Regelungen zu finden:[217]

---

[209] In unteren Klassen ist das denkbar, wenn etwa die Spieler die Reisekosten selbst tragen, und die Heimspiele auf einem gemeindlichen Grundstück stattfinden und die Gemeinde kein Entgelt verlangt, oder, z. B. beim Schach, in einer Wirtschaft gegen geringe Bewirtungskosten, die jeder Spieler selbst zahlt, ausgetragen werden.

[210] *Noack* in *Kübler/Prütting,* InsO, Gesellschaftsrecht Rdnr. 692. Ob die bisherigen oder die weiteren Spiele in der Liga gewertet werden, hängt wiederum vom Verbandsregelwerk ab. S. Beispiele hierfür bei *Englisch* und *Walker* a.a.O.

[211] Spielergehälter, Reise-, Trainings- und sonstige Betriebskosten.

[212] *Noack* a.a.O. Rdnr. 692 mit weiteren Nachw., *Gutzeit* a.a.O. S. 170 f.; wohl auch *Kreißig* a.a.O. S. 185, der aber im Wesentlichen nur auf besondere Verbandsregeln eingeht. Differenzierend *Reichert* a.a.O. Rdnr. 2036: Wird eine z. B. Nachwuchsabteilung im Verein haushaltsmäßig getrennt (von der insolventen Profi-Abteilung) geführt und kann diese Abteilung nach der Satzung auch durch ihren Leiter über die Mittel verfügen, so soll sie dies auch weiterhin können.

[213] Z. B. wenn ein besonders zugkräftiges Spiel hohe Zuschauereinnahmen erwarten lässt. – Gem. § 1 InsO fallen auch Einnahmen nach Eröffnung des Insolvenzverfahrens in die Konkursmasse. Die hierfür entstehenden Kosten sind dann Massekosten, die aus der Insolvenzmasse vorweg zu berichtigen sind (§ 55 InsO).

[214] *Kreißig* a.a.O. S. 172.

[215] Meist kenntlich durch die Verwendung des Wortes Konkurs anstatt Insolvenz.

[216] *Pfister,* SpuRt 2002, 103 f. (zu einer Entscheidung des DEB-Schiedsgerichts), zustimmend *Walker* RuS *Kreißig* S. 195, *Gutzeit* a.a.O. S. 180 ff. – Dies übersieht völlig das LG Köln, SpuRt 2003, 161, wenn es ausführt, der Begriff Insolvenz sei vom Gesetzgeber festgelegt und stehe nicht zur Disposition der Parteien; es geht um Auslegung des Parteiwillens.

[217] Zu den verschiedenen Regelungsmöglichkeiten, die indes offenbar nie zu ganz befriedigenden Ergebnissen führen, *Englisch* und *Walker* in WFV a.a.O.

- Der insolvente Verein verliert mit Insolvenzeröffnung seine Lizenz und scheidet sofort aus dem Spielbetrieb aus.
- Der Verein kann weiter am Spielbetrieb teilnehmen, seine bisherigen und folgenden Spiele werden aber nicht in der Tabelle gewertet;[218] er steigt am Ende der Spielzeit ab.[219]

Zunächst stellt sich die Frage, ob derartige Klauseln überhaupt rechtswirksam sind.

Durch den Lizenzverlust und das *Ausscheiden* aus dem Ligabetrieb oder aus einem sonstigen Wettbewerb werden die von der Insolvenzordnung vorgesehenen Möglichkeiten des Insolvenzverwalters, die Gläubiger dadurch zu befriedigen, dass er das „Unternehmen" Sportverein fortführt, praktisch ausgeschlossen; denn wenn überhaupt, so hat ein insolventer Sportverein nur dann eine Chance zu überleben oder wenigstens zur besseren Befriedigung seiner Gläubige, wenn der Spielbetrieb – wenn auch unter gewissen finanziellen Einschränkungen oder sonstigen Änderungen – aufrechterhalten wird. Dasselbe gilt, wenngleich in geringerem Maße, wenn der Verein zwar weiter teilnehmen darf, aber seine Spiele nicht (für ihn) gewertet werden und er am Ende der Saison absteigt.

Zur Sicherung der Möglichkeit der Unternehmensfortführung enthalten die §§ 103 ff. InsO verschiedene Bestimmungen über die Fortwirkung von noch laufenden gegenseitigen Verträgen des Schuldners mit der Maßgabe, dass Vereinbarungen,[220] die im Voraus die Anwendung dieser Bestimmungen ausschließen oder einschränken, unwirksam sind (§ 119 InsO).

Gem. § 103[221] kann der Insolvenzverwalter entscheiden, ob er einen gegenseitigen Vertrag, der beiderseits noch nicht erfüllt ist, erfüllen will oder nicht; für unseren Fall hieße das, dass er über die Fortführung des Spielbetriebes zu entscheiden hat; dieses Wahlrecht würde ihm durch eine Insolvenzklausel des Verbandes genommen.

Die Ansichten hinsichtlich der Wirksamkeiten von verbandsrechtlichen Insolvenzklauseln gehen völlig auseinander: von grundsätzlicher Unwirksamkeit[222] bis zu grundsätzlicher Wirksamkeit[223] über eine differenzierende Lösung.[224] **99**

Adolphsen ordnet das Teilnahmerecht als gesellschaftsrechtlich begründetes Recht ein,[225] das aber im Grenzbereich zu Austauschverträgen stehe; daher will er § 103 InsO analog anwenden und kommt zum Ergebnis, dass alle Verbandsklauseln, die das Wahlrecht des Insolvenzverwalters beschneiden, unwirksam seien; dem Insolvenzverwalter stehe allein (i.V.m. der Gläubigerversammlung) die Entscheidung über Fortführung oder Einstellung des weiteren Spielbetriebes zu.[226]

Eine Regel, wonach der Insolvenzverein am Ende der Saison als Absteiger feststeht, hält er jedoch für wirksam; sie sei reine Regelung in einer Sportordnung und beeinträch-

---

[218] Oder nur für oder gegen die jeweiligen Gegner gerechnet.

[219] *Englisch* a.a.O. bringt eine Vielzahl von sehr gegensätzlichen Beispielen: Werden sämtliche Spiele gewertet, so besteht die Gefahr, dass die Spiele nach der Insolvenzeröffnung, weil der Verein etwa Leistungsträger freigegeben hat, zu irregulären Ergebnissen führen und das Tabellenbild verfälschen. Werden die bisherigen (regulären) Spiele nicht gewertet, so kann der Gegner, der gegen den insolventen Verein verloren hat, seinen Tabellenplatz verbessern; werden nur die bisherigen Ergebnisse gewertet, so haben manche Mannschaften weniger Wertungsspiele. Englisch kommt daher zu dem Schluss, dass eine wirklich voll zufrieden stellende Regelung für alle Fälle kaum zu finden ist.

[220] Der Begriff „Vereinbarung" umfasst auch Satzungsbestimmungen, unabhängig vom Theorienstreit zur Rechtsnatur der Verbandssatzung, *Walker* a.a.O. S. 51;.

[221] Die folgenden Bestimmungen enthalten Sondervorschriften vor allem für Miet- und Dienst(Arbeits-)verträge.

[222] *Adolphsen* a.a.O., *Gutzeit* a.a.O. S. 182 ff.

[223] *Haas*, NZI 2003, 183 f., *König/de Vries*, SpuRt 2006, 96 ff.

[224] *Walker* a.a.O.

[225] Gleichgültig, ob auf Mitgliedschaft (a.a.O. S. 71) oder auf (Lizenz-)Vertrag (S. 72 f.) beruhend.

[226] Im Ergebnis ebenso *Gutzeit* a.a.O. S. 182 ff. gem. § 242 BGB.

tige nicht das Wahlrecht. Dem ist aber entgegenzuhalten, dass auch diese Regelung zumindest mittelbar das Wahlrecht beeinträchtigt, da der Insolvenzverwalter damit rechnen muss, dass die Attraktivität der weiteren Spiele nicht mehr gegeben ist, Zuschauer ausbleiben und damit auch die Werbewirksamkeit herabgesetzt wird.[227]

Haas[228] hält die §§ 103 ff. InsO für unanwendbar. Verbandsrechtliche Insolvenzklauseln unterlägen nur der allgemeinen Kontrolle für verbandsrechtliche Maßnahmen gem. §§ 242 und 138 BGB; in aller Regel würden sie der dadurch gebotenen Interessenabwägung standhalten, seien also wirksam.

Walker geht – wie *Haas* – von der Unanwendbarkeit der §§ 103 ff. aus und misst derartige Klauseln ebenfalls an §§ 138, 242 BGB. Er kommt aber – anders als Haas – zum Ergebnis, sie seien „nur dann nicht unwirksam, wenn der Verband an der jeweiligen Regelung ein berechtigtes Interesse hat, das dem Vereinsinteresse vorgeht." Im Rahmen der Interessenabwägung sei insbesondere zu berücksichtigen, ob es dem Verband oder dem Verein eher zuzumuten sei, sich den Interessen des anderen anzupassen.

Im Einzelnen kommt *Walker* zu folgenden Ergebnissen: Ein automatisches Erlöschen oder eine automatische Entziehung des Teilnahmerechts aufgrund der Insolvenzeröffnung sei unwirksam; vielmehr bedürfe es einer Einzelfallentscheidung durch den Verband, ob die Lizenz zu entziehen sei.[229]

Der für Verbandsmitglieder vorgesehene *automatische Zwangsabstieg* am Ende der laufenden Saison z. B. in die nächste tiefere Amateurliga sei hingegen ohne weiteres zulässig.[230]

Eine verbandsrechtliche Klausel, wonach die Mitgliedschaft oder die Lizenz bei *Auflösung* des Vereins automatisch erlösche, betreffe regelmäßig nur die endgültige Auflösung des Vereins; die Auflösung bei Insolvenzeröffnung sei aber gerade nicht endgültig, vielmehr bestehe der Verein vorläufig fort und könne aufgrund eines Beschlusses der Mitgliederversammlung endgültig fortgesetzt werden.[231]

100 Die Problematik ergibt sich einmal aus der äußerst vielfältigen Interessenlage, zum anderen auch aus der schwierigen dogmatischen Einordnung der Teilnahmeberechtigung an einem Ligabetrieb, sei es aufgrund Mitgliedschaft, sei es aufgrund eines Lizenzvertrages.

Interessenlage:[232] Die Ligakonkurrenten werden dem Insolvenzverein oft nicht ohne Berechtigung[233] vorwerfen, er habe nur aufgrund seines Finanzgebarens sich die günstige Ausgangsposition in dieser Liga schaffen können (z. B. den Aufstieg erreicht); wenn er jetzt am Spielbetrieb weiterhin mit voller Bewertung seiner Spiele teilnehme *und* dabei die Vorteile eines Insolvenzverfahrens in Anspruch nehmen könne,[234] werde der sportliche Wettbewerb verzerrt. Noch stärker sei die Verzerrung, wenn er seine bisherige Mannschaft weitgehend entlassen müsse und praktisch nur noch mit seiner zweiten oder seiner Jugendmannschaft antrete. Andererseits, scheidet er während der Saison sofort

---

[227] Das Fernsehen wird an der Übertragung kaum ein Interesse haben, was zur Einnahmeverkürzung führen kann, wenn das Entgelt davon abhängt, ob tatsächlich Spiele des betr. Vereins übertragen werden.

[228] NZI 2003, 178 f., 183 f. Noch weitergehend hält LG Köln, SpuRt 2003, 161 eine Insolvenzklausel mit der das Teilnahmerecht aufgrund der Insolvenz erlischt, ohne jegliche Kontrolle für wirksam.

[229] Ähnlich wie bei der Erteilung der Lizenz müsse die wirtschaftliche Leistungsfähigkeit beurteilt werden, zu § 12 Abs. 2 Lizenzstatut Volleyball. Nichtigkeit bejaht auch *Kreißig* a.a.O. S. 191 ff.

[230] Ebenso *Adolphsen* a.a.O. S. 86 und *Kreißig* a.a.O. S. 195 unter Berufung auf *Walker*.

[231] Ebenso *Kreißig* a.a.O. S. 194, der, falls diese Auslegung nicht helfen könne, Nichtigkeit annimmt.

[232] Dazu *Walker* a.a.O. und vor allem *Englisch* a.a.O. mit vielen verschiedenen Beispielen aus der Praxis, die die unterschiedlichen (berechtigten) Interessen der Wettbewerber und die möglichen Verzerrungen des Wettbewerbes die in eine oder andere Richtung zeigen.

[233] Immerhin kann die Krise auch darauf beruhen, dass plötzlich ein Sponsor abspringt oder selbst seine Zahlungen einstellt.

[234] S. insbesondere zu arbeitsrechtlichen Folgen für die Spielerverträge unten Rz. 103.

völlig aus dem Spielbetrieb aus, wird gerade das bewirkt, was durch die Wirtschaftlichkeitsprüfung vor Erteilung der Lizenz vermieden werden soll, ein verzerrter Ablauf des Ligawettbewerbs: praktisch können dann die bisherigen Spiele ebenfalls nicht gewertet werden, was sich zugunsten der Mannschaften auswirkt, die gegen den Insolvenzverein verloren hatten und umgekehrt.

Aber auch, wenn der Verein weiterhin voll am Wettbewerb teilnimmt, er aber als erster Absteiger feststeht, sind Verzerrungen zu befürchten, da die Motivation der Spieler in den kommenden Spielen naturgemäß gering ist.

Eine generelle Regelung läuft also immer Gefahr, im Einzelfall zu geradezu unsinnigen Folgen zu führen.

Auf der anderen Seite steht das Interesse des Insolvenzverwalters und der Insolvenzgläubiger an einer weiteren Ligateilnahme des Vereins, um eine bessere Befriedigung der Gläubiger zu ermöglichen und vielleicht sogar den Verein zu sanieren. Die neue Insolvenzordnung bezweckt gerade den Schutz dieser Interessen.

Schwierig ist es, den Schutz der – möglicherweise sogar gegenläufigen und je nach Fallgestaltung unterschiedlichen – Interessen des Verbandes und insbesondere der anderen Vereine einerseits und die der Insolvenzgläubiger andererseits rechtlich einzuordnen. **101**

Zuzustimmen ist den Autoren, die eine Anwendung der §§ 103 ff. InsO ablehnen. Zwar lebt der Verband – vor allem im Profi-Bereich – auch wirtschaftlich von der Teilnahme der Vereine also von deren Leistungen, sei es, dass er unmittelbar ein Entgelt von ihnen erhält, sei es, dass er die letztlich von den Vereinen durchgeführte Wettkampfserie vermarkten kann.[235] Umgekehrt leistet der Verband die gesamte Organisation des Wettbewerbs, gegebenenfalls ein System von Ligen mit Auf- und Abstieg, einschließlich der Regelaufstellung und -durchsetzung durch Schiedsrichter und Sportgerichte. Insoweit ist eine Ähnlichkeit zu gegenseitigen Verträgen zu erkennen.[236]

Demgegenüber ist nicht zu verkennen, dass erst die Teilnahme verschiedener Vereine den ganzen Wettbewerb ermöglicht. Die Regeln, und insbesondere die hier interessierenden betreffend die Wirtschaftlichkeitsprüfung und Insolvenz sollen das Interesse gerade der anderen Teilnehmer sichern und nicht das des Verbandes. Der Verein wird meist die sportliche Leistungsfähigkeit, die ihn berechtigt hat, an dieser Liga teilzunehmen, im Insolvenzfall gerade nicht ohne weiteres beibehalten können. Der Verwalter, der das Teilnahmerecht weiterhin beansprucht, kann demgemäß nicht, wie § 103 voraussetzt, einwandfreie Erfüllung gewährleisten. Die §§ 103 ff. InsO passen daher aus sport-typischen Gründen – Sicherstellung eines einwandfreien sportlichen Wettbewerbs – nicht auf die hier gegebene Situation.

Andererseits ergibt sich aus den §§ 103 ff. InsO – wie schon aus der Vorgängervorschrift § 17 KO – und vor allem aus der neuen Möglichkeit des Insolvenzplanes, der gerade den Erhalt des Unternehmens zum Zwecke der Befriedigung der Gläubiger ermöglichen soll, dass die Vermögensinteressen der Gläubiger geschützt werden sollen.

Es gilt also, zwischen den besonderen Interessen der anderen Vereine an einem sportlich einwandfreien Wettbewerb auf der einen Seite und der der Gläubiger des Insolvenzvereines auf der anderen Seite abzuwägen. Es ist also weder der Ansicht zuzustimmen, die jede Insolvenzregel des Verbandes grundsätzlich für wirksam hält, noch der gegenteiligen, die jede für unwirksam hält.

Alle diese Überlegungen würden daher im Anschluss an Walker für eine *individuelle Entscheidung* im Einzelfall sprechen, die letztlich nur vom Verband getroffen werden

---

[235] Verkauf der Senderechte, aber auch Vermarktung der Werberechte.
[236] Immerhin hat der BGH im Basketball-Fall (NZI 2001, 360 = LM H. 11/2001 § 32 KO Nr. 15 mit Anmerkung von *Stürner/Breyer*) obiter von einem Gegenseitigkeitsvertrag gesprochen, ohne dass es dort darauf ankam. Wie der BGH auch *Gutzeit* a.a.O. S. 177 ff. S. auch *Walker* a.a.O. und *Kreißig* a.a.O. 185 f.

kann, natürlich in Zusammenarbeit mit dem Insolvenzverwalter, der (in Verbindung mit dem Gläubigerausschuss) die letzte Entscheidung hinsichtlich der vermögensrechtlichen Auswirkungen hat; im Ergebnis würde das bedeuten, nur wenn beide der Fortsetzung zustimmen, ist sie möglich.

Rechtlicher Anknüpfungspunkt können nach dem Vorschlag von Walker die §§ 134, 138, 242 BGB sein mit der Folge, dass eine Verbandsklausel, die den automatischen Ausschluss des Insolvenzvereins aus einer Liga zur Folge hat, nichtig ist. Walker begründet die Unwirksamkeit nur wegen eines Verstoßes gegen die Beitritts- und Verbleibefreiheit des *Insolvenzvereins*; Chancen des Vereins, die er im Fall seiner Fortführung auf dem Markt habe, würden durch die Klauseln beeinträchtigt. Da diese Chancen von den Gläubigern ohnehin nicht zu beeinflussen seien, lehnt Walker hingegen einen Verstoß gegen die Interessen der *Insolvenzgläubiger* und damit gegen den Zweck der Insolvenzordnung ab.[237] Abzuwägen sei daher nur zwischen den Interessen des Verbandes bzw. der anderen Vereine und des Insolvenzvereins.

M. E. werden aber durch einen automatischen Ausschluss des Vereins auch *Vermögensinteressen der Gläubiger* beeinträchtigt, da sie vor allem dann einer Fortführung und Sanierung zustimmen werden, wenn sie eine höhere Befriedigung ihrer Forderungen erhoffen; gerade den Schutz dieser Vermögensinteressen bezweckt die Insolvenzordnung, indem sie mit den erwähnten Bestimmungen die Fortführung des Unternehmens sichert.

Bei der vom Verband zu treffenden Einzelfallentscheidung sind daher die Interessen des Verbandes bzw. der beteiligten Vereine in concreto,[238] wie auch die des Insolvenzvereins und dessen Gläubiger zu berücksichtigen. Die letzte Entscheidung trifft dann der Insolvenzverwalter mit Zustimmung der Gläubigerversammlung, ob das Teilnahmerecht, falls es nach der Verbandsentscheidung weiter besteht, wahrgenommen werden soll oder nicht.[239]

Ein in dem Verbandsregelwerk vorgesehener Zwangsabstieg nach Beendigung der laufenden Runde gefährdet ebenfalls die Fortführung des Vereins und damit auch der Gläubiger. Ob ein automatischer Zwangsabstieg wirksam vorgesehen werden kann, erscheint nach dem oben Ausgeführten daher zweifelhaft, jedenfalls für einen reinen Profi-Verein, der als Unternehmen anzusehen ist. Andererseits kann es dem Verband und den anderen Vereinen nicht zugemutet werden, dass der bedrohte Verein in der nächsten Saison wiederum für Unsicherheit sorgt. Zumindest steht es dem Verband daher frei – wie auch sonst – vor Beginn der neuen Saison über die wirtschaftliche Leistungsfähigkeit zu entscheiden und gegebenenfalls die Lizenz zu verweigern. Ist hingegen die wirtschaftliche Leistungsfähigkeit (wieder) voll zu bejahen, dann erscheint es – entgegen Adolphsen und Walker – zweifelhaft, ob allein wegen der vergangenen Insolvenz die Lizenz verweigert werden kann; denn ein wirtschaftlich gesunder Verein, der auch die sportlichen Voraussetzungen erfüllt, hat eben einen Anspruch auf Lizenzerteilung. Rechtfertigt allein der Grund, dass er aufgrund seines früheren unwirtschaftlichen Verhaltens sich möglicherweise eine günstige sportliche Ausgangsposition „erschwindelt" habe, eine Strafsanktion?[240]

Zu bedenken ist allerdings, dass das Erfordernis einer Einzelfallentscheidung immer die Gefahr von langdauernden Gerichtsverfahren in sich birgt – sei es, dass der Insolvenzverwalter die negative Entscheidung des Verbandes angreift, sei es, dass ein konkurrierender Verein dagegen klagt –, die den weiteren Verlauf des Spielbetriebes erschweren, wenn

---

[237] A. a. O. S. 53 ff., insbesondere S. 55.

[238] D. h. es ist zu prüfen, ob nach den Umständen gerade dieses Falles eine größeres Verzerrung des sportlichen Wettbewerbs zu befürchten ist, wenn der Insolvenzverein ausscheidet oder wenn er weiter macht.

[239] Keinesfalls kann der Verwalter gegenüber dem Verband *verpflichtet* sein, den Spielbetrieb aufrecht zu erhalten, so aber offenbar *König/de Vries*, SpuRt 2006, 99 linke Spalte. Wie sollte das auch gehen: der Verwalter kann keine Spielergehälter mehr zahlen, Reisekosten, Stadionaufsicht usw. Das würde völlig dem Wesen der Insolvenz widersprechen.

[240] Dazu s. auch *Englisch* a.a.O. S. 33 mit beachtlichen Erwägungen.

nicht sogar völlig durcheinander bringen. Hier ist – wie auch sonst in Sportsachen – ein regelmäßig weit schnelleres Schiedsgerichtsverfahren vorzusehen.

Vielleicht ist auch eine abstrakte Regelung denkbar, nach der dem Insolvenzverein eine weitere unbeschränkte Teilnahme nur dann gewährt wird, wenn der Insolvenzverwalter zusichert, dass er einen *sportlich einwandfreien* weiteren Wettbewerb[241] aufrechterhalten kann. Nur wenn beide, Verband und Insolvenzverwalter, einen derartigen Kompromiss zustande bringen, hat für alle Beteiligten die weitere volle Teilnahme einen sportlichen wie wirtschaftlichen Sinn; insbesondere würde dann der Zweck der vorherigen Prüfung der wirtschaftlichen Leistungsfähigkeit – Sicherung der Saison – erreicht. Kann der Verwalter diese Sicherheit nicht geben, dann gelten automatisch die Beschränkungen der Verbandsregeln – Nichtwertung der Spiele, Zwangsabstieg nach dem Ende der Saison; dann hat auch die weitere Teilnahme für den Verein bzw. dessen Gläubiger auch keinen Sinn,[242] so dass in den meisten Fällen eine einvernehmliche Lösung zu erwarten ist.

3. Auswirkungen der Insolvenz auf die Spieler

a) Vereinsmitglieder. Die Vereinsmitgliedschaft bleibt erhalten, wenn die Satzung **102** nichts anderes vorsieht.[243] Teilweise wird angenommen, dass die Neuaufnahme von Mitgliedern nicht möglich sei;[244] ob dies auch für den Fall gilt, dass der Insolvenzplan die Fortsetzung des Vereins vorsieht – wie dies nach der neuen Insolvenzordnung möglich ist – erscheint zweifelhaft;[245] jedenfalls ist die Neuaufnahme dann möglich, wenn der Verein als nichtrechtsfähiger Verein fortbesteht oder später als wiederum rechtsfähiger Verein fortgeführt wird.[246]

Die Spielerlizenzen bleiben von der Insolvenzeröffnung unberührt; soweit eine Abteilung des Vereins weiterhin am Spielbetrieb teilnimmt, sind daher die betreffenden Spieler spielberechtigt.

b) Arbeitnehmer. Die Arbeitsverhältnisse zwischen Verein und Spielern werden durch **103** die Insolvenzeröffnung nicht berührt (§ 108 Abs. 1 Satz 1 InsO);[247] die beiderseitigen Ansprüche bleiben bestehen.

Die Arbeitgeberfunktion geht auf den Insolvenzverwalter über. Er hat jedoch hinsichtlich der Arbeitsverhältnisse nicht das Wahlrecht gem. § 103 InsO. Obwohl Spielerverträge regelmäßig befristet sind, was eine vorzeitige *ordentliche* Kündigung[248] gewöhnlich ausschließt, können beide Parteien das Arbeitsverhältnis gem. § 113 InsO mit einer Frist von drei Monaten zum Monatsende kündigen, soweit nicht vertraglich – oder was hier selten sein dürfte – gesetzlich eine kürzere vorgesehen ist.[249]

---

[241] Insbesondere z. B. dass er keine Spieler vorzeitig entlassen muss, also weiterhin im Wesentlichen mit der geplanten Mannschaft antreten kann.

[242] Wie oben gezeigt, sind Spiele, ohne im Wesentlichen die bisherigen Spieler und daher aus sportlichen Gründen ohne Wertung der Spiele und gar mit Zwangsabstieg, kaum so attraktiv, dass mit erheblichen Einnahmen zu rechnen ist.

[243] *Reichert* a.a.O. Rdnr. 2039.

[244] *Sauter/Schweyer* Rdnr. 75, *Stöber* Rdnr. 137, der eine Ausnahme macht für den Fall, dass die Satzung vorsieht, dass der Verein als nichtrechtsfähiger weiter betrieben wird.

[245] *Reichert* a.a.O. Rdnr. 2039 weist zu Recht darauf hin, dass der Insolvenzverwalter, der den Spielbetrieb fortsetzen will, ev. neue Spieler benötigt, die nach Verbandsregeln Mitglieder sein müssen.

[246] § 42 Abs. 1 S. 2 und 3 BGB.

[247] Die Ausführungen gelten auch für AktGes, GmbH und GmbH & Co. KG.

[248] Das Recht zur *außerordentlichen Kündigung* (gem. § 626 BGB) besteht – wie auch sonst – wenn eine der Parteien ihre vertraglichen Verpflichtungen in erheblichem Maße verletzt: der Verein (Insolvenzverwalter) die Gehälter nicht auszahlt, den Spielbetrieb (einschließlich Training) einstellt; der Spieler, wenn er nicht mehr zum Training oder zu den Spielen erscheint. Die Insolvenzeröffnung als solche stellt keinen Kündigungsgrund dar. *Walker* a. a.O S. 57 f.; *Gutzeit* a.a.O. S. 164.

[249] Bei einem – wie bei Sportlern üblichen – befristeten Arbeitsvertrag ist natürlich § 622 BGB nicht als ges. vorgesehene kürzere Kündigungsfrist heranzuziehen, BAG SpuRt 2002, 72 ff.

Der Insolvenzverwalter ist allerdings an die Kündigungsschutzvorschriften insbesondere des Kündigungsschutzgesetzes zugunsten der Arbeitnehmer gebunden.[250] Wird der Spielbetrieb eingestellt, so kann er den Spielern betriebsbedingt kündigen.[251] Wird der Spielbetrieb fortgesetzt, so sind betriebsbedingte Kündigungen zur Verkleinerung des Kaders möglich; zweifelhaft ist jedoch die Zulässigkeit der Kündigung eines hoch bezahlten „Leistungsträgers", um einen „billigeren" Spieler stattdessen einzukaufen.[252] Auch eine „Änderungskündigung" mit dem Ziel einer Gehaltssenkung ist jedenfalls dann möglich, wenn andernfalls der Spielbetrieb nicht weiter durchgeführt werden könnte; auch hier besteht aber die Gefahr, dass der Spieler sich darauf nicht einlässt und dann ablösefrei den Verein wechseln kann.[253] Natürlich können Insolvenzverwalter und Spieler auch eine einvernehmliche Abänderung oder Beendigung des Arbeitsvertrages vereinbaren.[254]

Der Sportler als Arbeitnehmer kann innerhalb der 3-Monats-Frist ohne jegliche Beschränkung kündigen.

Der gekündigte Spieler hat Anspruch auf Schadensersatz in Höhe des bis zum gewöhnlichen Ende des Dienstverhältnisses entgangenen Verdienstes; er muss sich aber den anderweitig in dieser Zeit erhaltenen oder böswillig nicht erzielten Verdienst anrechnen lassen.[255] Der Schadensersatzanspruch stellt aber nur eine Insolvenzforderung dar.[256]

Die Kündigung hat im Profibereich zur Folge, dass der Spieler nach Ablauf der Kündigungsfrist den Verein ablösefrei verlassen kann; da die möglichen Ablösesummen oft einen Hauptvermögenswert des Vereins darstellen, wird der Insolvenzverwalter entsprechend abwägen.

Ansprüche der Arbeitnehmer, die vor der Eröffnung entstanden sind, sind einfache Insolvenzforderungen (§§ 38/108 Abs. 2 InsO),[257] die während des Verfahrens durch die Weiterführung des Vertrages entstehen, sind Masseforderungen (§ 55 Abs. 1 Nr. 2 InsO).

Punkt- oder Siegprämien für ein einzelnes Spiel sind zeitlich eindeutig zuzuordnen: Prämien für Spiele, die vor der Insolvenzeröffnung stattgefunden haben, sind Insolvenzforderungen, die danach stattfinden, hingegen Masseforderungen. Zweifelhaft ist die zeitliche Einordnung von Prämien, die für die Erreichung eines bestimmten Zieles zugesagt sind: Da die Erreichung dieses Ziels auf den Leistungen der ganzen Saison beruhen und nicht etwa erst am letzten Spieltag „verdient" wird, sollte sie anteilmäßig auf die

---

[250] *MünchKommInsO-Löwisch/Caspers* § 113 Rdnr. 20 mit weiteren Nachweisen; *Walker* RuS H. 34 a.a.O. S. 58 f.; *Kreißig* a.a.O. S. 174 f.

[251] Dadurch entgehen aber möglicherweise Ablösezahlungen, die bekanntlich nur verlangt werden können, wenn der Spieler aus einem bestehenden Arbeitsvertrag vorzeitig „herausgekauft" werden soll; s. dazu näher 3/Rz.

[252] *Walker* RuS H. 34 S. 59.

[253] *Walker* RuS a.a.O. S. 59.

[254] *MünchKommInsO/Löwisch/Caspers* § 113 Rdnr. 36.

[255] §§ 113 Abs. 1 S. 3 InsO, 615 Abs. 2 BGB. Z. B. wenn er ein angemessenes Vertragsangebot eines anderen Vereins nicht annimmt. – Noch nicht geklärt ist die Frage, in welchem Umfang eventuelle Prämien, die der Spieler möglicherweise noch verdient hätte, einzuberechnen sind. Jedenfalls einzuberechnen sind solche Prämien, die dem Spieler in dieser Zeit auch dann zugestanden hätten, wenn er nicht mitgespielt hätte: Z. B. Punktprämien, die auch den nicht auf dem Platz oder auf der Bank sitzenden Spielern zustehen. Prämien, die nur den tatsächlich spielenden Sportlern zustehen, sind m. E. nicht einzubeziehen, da nicht sicher ist, ob der Betreffende tatsächlich aufgestellt worden wäre.

[256] §§ 113 Abs. 3, 38 InsO.

[257] Nicht ausbezahlte Vergütungen für die letzten drei Monate vor Insolvenzeröffnung oder vor der Abweisung des Antrages mangels Masse sind durch das sogen. Insolvenzgeld teilweise gesichert (§§ 183 ff. SGB III, näher dazu, insbesondere zur Einbeziehung von Prämien in das Insolvenzgeld *Walker* RuS a.a.O. S. 52 f. – Soweit Forderungen des Arbeitnehmers im Eröffnungsverfahren vom „starken Insolvenzverwalter" begründet worden sind, sind sie Masseforderungen.

ganze Saison verteilt werden.[258] Eine Auslegung der Prämienzusage ergibt regelmäßig, dass eine Prämie auch dann auszuzahlen ist, wenn der Verein den prämiierten Tabellenplatz erreicht, aber wegen der Insolvenz dann doch nicht die damit verbundene Hoffnung realisieren kann.[259]

III. Insolvenz eines Sportclubs in der Rechtsform einer Aktiengesellschaft, GmbH oder GmbH & Co. KG

Das oben Gesagte gilt weitgehend auch für einen Sportclub, der in der Form einer Aktiengesellschaft, einer GmbH oder GmbH & Co. KG geführt wird. An die Stelle des Vereinsvorstands hinsichtlich der Antragspflicht treten hier die Geschäftsführer.[260]   **104**

Bei der GmbH & Co. KG ist zu beachten, dass die Insolvenzverfahren für GmbH und die KG zu unterscheiden sind; i.d.R. wird über beide Gesellschaften das Insolvenzverfahren zu eröffnen sein; hinsichtlich der KG ist die GmbH und für sie ebenfalls der Geschäftsführer zur Stellung des Antrags verpflichtet. Diese zum Antrag verpflichteten Personen haften bei schuldhafter Verletzung der Verpflichtung den Gläubigern.[261]

Durch die Eröffnung des Insolvenzverfahrens wird die Gesellschaft aufgelöst,[262] kann aber – ähnlich wie der Verein – fortgesetzt werden.[263]

Die obigen Ausführungen gelten uneingeschränkt auch hinsichtlich des Rechts des Sportclubs zur Teilnahme an Verbandseinrichtungen (Liga), insbesondere hinsichtlich der verschiedenen Verbandsklauseln zur Insolvenz und hinsichtlich der Folgen für die Arbeitsverträge mit den Spielern.

2. Kapitel. Mitgliedschaft im Verein/Verband und Bindungswirkungen

A. Arten der Mitgliedschaften

I. Ordentliche/unmittelbare Mitgliedschaft (Verein – Sportler/ Verband – Verein)

Sportler sind in aller Regel ordentliche bzw. unmittelbare Mitglieder der Vereine, in denen sie sich sportlich betätigen. Die Vereine wiederum sind Mitglieder der übergeordneten Verbände. Die Mitgliedschaft kann im Gründungsstadium oder nach diesem durch   **105**

---

[258] *Grunsky* a.a.O. S. 60 f.; *Walker* RuS a.a.O. S. 53 f.; *Gutzeit* a.a.O. S. 166 f.; *Kreißig* a.a.O. 179; ebenso *Summerer* in der Vorauflage 2/103. Fällt die Insolvenzeröffnung genau in die Mitte der Saison, so ist die Prämie zur Hälfte Insolvenz- zur Hälfte Masseforderung.

[259] Nichtabstiegsplatz oder Platz, der zur Teilnahme an der Champions-League berechtigt, wird erreicht, nach Verbandsregelung steigt der Verein wegen Insolvenz doch ab oder kann nicht an der League teilnehmen. A. A. offenbar *Walker* RuS S. 54. Ob darüber hinaus eine Prämie auch dann als verdient anzusehen ist, wenn die tatbestandlichen Voraussetzungen (bestimmter Tabellenplatz) nur deswegen nicht erfüllt wurden, weil der Verein infolge der Insolvenz die Mannschaft schwächen musste (Kündigung von Spielern), erscheint indes äußerst zweifelhaft, so aber *Grunsky* a.a.O. 57, *Gutzeit* a.a.O. S. 167 f.; dagegen zu Recht *Walker* a.a.O.

[260] § 92 AktGes., § 64 Abs. 1 GmbHGes. Bei der GmbH & Co KG hat den Antrag zu stellen der persönlich haftende Gesellschafter, i.d.R. also die GmbH und für sie der bzw. die Geschäftsführer (§ 15 InsO). I.d.R. wird das Insolvenzverfahren über beide zu eröffnen sein, auch wird dieselbe Person Insolvenzverwalter werden; beide Verfahren sind aber zu unterscheiden, s. dazu *Noack* in *Kübler/ Prütting*, InsO, Gesellschaftsrecht, Sonderband 1, S. 219 ff.

[261] § 15 InsO, § 823 Abs. 2 BGB. S. dazu oben Rz. 89.

[262] § 262 Abs. 1 Nr. 3 AktGes, § 60 Abs. 1 Nr. 4 GmbHGes., für die GmbH & Co KG §§ 131 Abs. 1 Nr. 3/161 Abs. 2 HGB.

[263] § 274 Abs. 2 Nr. 1 AktG, § 60 Abs. 1 Nr. 4 GmbHG, jeweils bei Bestätigung eines Insolvenzplanes, § 258 Abs. 1 InsO; bei GmbH & Co. KG aufgrund Beschlusses der Gesellschafter, § 144 Abs. 1 HGB.

Aufnahmevertrag (Beitritt) erworben werden. Alle Mitglieder haben grundsätzlich die gleichen Rechte und Pflichten.[264] Eine unterschiedliche Ausgestaltung ist nur bei Vorliegen eines wichtigen Grundes zulässig.[265]

Viele Sportvereine bieten verschiedene Sportarten an (*Mehrspartenvereine*). Überwiegend werden mehrere Vereinsabteilungen unterhalten, in denen die jeweilige Sportart selbständig betrieben wird. Der Sportler bleibt unmittelbares Mitglied im Gesamtverein, wenn für die sportlichen Angelegenheiten zwar Abteilungen mit eigener Leitung und Verwaltung geschaffen wurden, die Abteilungen aber lediglich rechtlich unselbständige Teile des Vereins sind. Satzungsmäßig können jedoch Rechte und Pflichten auf eine bestimmte Vereinsabteilung beschränkt werden.[266] Ist die kraft Satzung verselbständigte Abteilung auch rechtlich selbständig (z. B. als eingetragener Verein), so ist der Sportler nur Mitglied dieser rechtlich selbständigen Abteilung. Durch Doppelverankerung in den Satzungen ist eine Mitgliedschaft in beiden Vereinen möglich. Eine satzungsmäßige Doppelverankerung liegt vor, wenn sowohl die Satzung des Mitgliedsvereins (Vereinsabteilung) als auch die des übergeordneten Gesamtvereins eine Bestimmung enthält, nach der der Erwerb der Mitgliedschaft in der rechtlich selbständigen Abteilung zugleich den Erwerb der Einzelmitgliedschaft im Gesamtverein bedeutet.

II. Mittelbare Mitgliedschaft (Verband – Sportler)

106 Von einer mittelbaren Mitgliedschaft spricht man, wenn Rechte und Pflichten des Einzelmitgliedes gegenüber dem Dachverband begründet werden, ohne dass eine ordentliche Mitgliedschaft zwischen Dachverband und Sportler besteht. Um dem vom internationalen und nationalen Verband geschaffenen Regelwerk auch gegenüber den Einzelmitgliedern Geltung zu verschaffen und weil die unmittelbare Mitgliedschaft wegen des zu großen Mitgliederbestands nicht praktikabel ist, wird eine mittelbare Mitgliedschaft konstruiert, die rechtlich *keine Mitgliedschaft* ist. Das Verbandsrecht wird für die Einzelmitglieder nur dann verbindlich, wenn dem *Gebot der mehrfachen Satzungsverankerung* genügt wurde. Das heißt, der Dachverband muss in seiner Satzung bestimmen, welche Regelungen auch für die Einzelmitglieder gelten sollen. Ferner muss der Mitgliedsverein satzungsmäßig festlegen, dass die entsprechenden Teile des vom Dachverband gesetzten Rechts auch für seine Einzelmitglieder verbindlich sein sollen, und diese Passagen ausdrücklich benennen.[267] Bei Zwischenschaltung eines Landesverbandes ist eine dreifache Satzungsverankerung erforderlich.

Fehlt es an einer ausreichenden Satzungsverankerung, können Rechte und Pflichten mittelbarer Mitglieder, welche letzten Endes eben keine Mitglieder sind, nur durch vertragliche Vereinbarung begründet werden.

Das mittelbare Mitglied hat kein Recht, an den Mitgliederversammlungen des Dachverbandes teilzunehmen. Es gibt aber ein Teilnahmerecht an Sportveranstaltungen, soweit die vom Dachverband aufgestellten Zulassungsvoraussetzungen erfüllt worden sind. Umgekehrt kann – je nach Statuten – nach Abgabe der Meldung eine Pflicht zur Teilnahme an Veranstaltungen bestehen. In Teilbereichen entspricht die mittelbare damit der ordentlichen Mitgliedschaft.

III. Außerordentliche Mitgliedschaft

107 Die außerordentliche Mitgliedschaft stellt eine Ausnahme des Grundsatzes gleicher Rechte und Pflichten von Mitgliedern eines Vereins dar. Sie bedarf der ausdrücklichen Regelung in der Satzung. Ihr Erwerb erfolgt wie bei der ordentlichen Mitgliedschaft

---

[264] *Reichert,* Rz. 730, 765, 771 ff.
[265] *Palandt/Heinrichs* § 35 Rz. 3.
[266] *Reichert* Rz. 753, 774 ff.
[267] *Reichert* Rz. 447, 709 ff. und 6368 m.w.N.; *MüKo-Reuter* vor § 21 Rz. 122; näher Rz. 153 f.

durch Beitritt. Grundmodelle sind das auswärtige Mitglied oder Gastmitglied (häufig bei Golfclubs), das fördernde Mitglied, das Jugendmitglied, das passive Mitglied oder das Ehrenmitglied. Im Regelfall hat ein außerordentliches Mitglied weniger Rechte und Pflichten. Dessen verbleibende Rechte und Pflichten muss die Satzung eindeutig festlegen.[268]

Gewisse Mindestrechte dürfen nicht abbedungen werden. Hierzu gehört das Teilnahmerecht an der Mitgliederversammlung und das Minderheitenrecht nach § 37 BGB, wonach die Einberufung einer Mitgliederversammlung auf Verlangen einer Minderheit erfolgen muss.

B. Aufnahmeanspruch *(Beitritt)*

Aufnahmebegehren gibt es sowohl in der Konstellation Sportler – Verein als auch Verein – Verband. Grundsätzlich kann der Verein bzw. Verband aufgrund seiner Autonomie frei bestimmen, wer zur Erreichung des satzungsmäßigen Zwecks als Mitglied aufgenommen werden soll. Ausfluss dieser Freiheit ist das sog. Ein-Platz-Prinzip, das für den Sport auf der ganzen Welt von umfassender Bedeutung ist.

I. Das monopolbildende Ein-Platz-Prinzip

Das Ein-Platz-Prinzip besagt, dass für jedes Bundesland nur ein Landessportbund und **108** für jede Sportart nur ein Spitzenverband in den DOSB aufgenommen wird (§ 6 Nr. 2 DOSB-Satzung i.V.m. § 4 Nr. 2 Aufnahmeordnung DOSB). Entsprechend ist das Ein-Platz-Prinzip in den Landessportbünden verwirklicht. Es findet sich ferner in den Statuten des IOC und der internationalen Fachsportverbände.[269] Das IOC erkennt für jedes Land nur ein NOK an und gestattet allein diesem, das betreffende Land bei den Olympischen Spielen zu vertreten. Die NOKs müssen zwar ihrerseits alle nationalen Sportverbände, die eine olympische Disziplin vertreten, aufnehmen, sofern diese Mitglied in dem vom IOC anerkannten internationalen Fachverband ihrer Disziplin sind. Da aber die Statuten der Weltfachverbände wiederum vorsehen, dass jeweils nur ein nationaler Fachverband Mitglied im internationalen Fachverband werden kann und der Alleinvertretungsanspruch fachlich und räumlich gewährleistet sein muss, kann vom DOSB nicht mehr als ein nationaler Verband für jede olympische Disziplin anerkannt werden (Ausführungsbestimmung 1.2 zu § 28 und 29 der IOC-Satzung). Angesichts der Bedeutung der Mitgliedschaft im Weltverband für die Teilnahme an Olympischen Spielen sowie nationalen und internationalen Meisterschaften, besteht ein erheblicher Druck, das Sportverbandswesen auf nationaler Ebene entsprechend zu organisieren. Deshalb verwundert es nicht, dieses Prinzip auch in den Sportgesetzen jener Länder wiederzufinden, die den Sport öffentlich-rechtlich organisiert haben, wie Spanien, Frankreich und Italien. In Spanien ist das Prinzip in Art. 14.3 des Sportgesetzes 13/1980 normiert, in Frankreich in Art. 17 des Sportgesetzes Nr. 610 vom 16. 7. 1984 und in Italien im Präsidialdekret vom 28. 3. 1986, n. 157.[270]

Die Folge ist eine – international abgesicherte – *Monopolstellung* dieser Sportver- **109** bände.[271] Zwar erleichtert das Ein-Platz-Prinzip eine einheitliche Regelsetzung und Bindungswirkung von der Spitze bis zur kleinsten Untergliederung und lässt keine Probleme bei der eindeutigen Ermittlung des Meisters einer Sportart aufkommen; im

---

[268] *Palandt/Heinrichs* § 38 Rz. 2; *Reichert*, Rz. 688.
[269] So bestimmt § 4 Abs. 2 IAAF-Satzung beispielsweise: „Only one member from each country or territory may be affiliated to IAAF, and such member shall be recognized by the IAAF as the only national governing body for athletics in such country or territory".
[270] *Gießelmann-Goetze*, S. 17 f.; *Vieweg* Normsetzung, S. 61 ff.
[271] BGHZ 63, 284; *Stern* Grundrechte, S. 154; ausdrücklich bezüglich des DSB OLG Frankfurt WRP 1986, 281; bezüglich des LSB Nordrhein-Westfalen OLG Düsseldorf NJW-RR 1987, 503; bezüglich des DFB, LG Frankfurt NJW 1983, 763 und *MüKo-Reuter* § 25 Rz. 36; bezüglich des österreichischen Skiverbandes OGH Wien, SpuRt 1996, 91.

Berufsboxsport konkurrieren fünf Weltverbände miteinander, World Boxing Council (WBC), World Boxing Association (WBA), World Boxing Federation (WBF), International Boxing Federation (IBF) und International Boxing Council (IBC), so dass die Ermittlung des Weltmeisters eine komplizierte Prozedur mit Ausscheidungswettkämpfen ist. Auf der anderen Seite ist es nicht zu übersehen, dass ein Verein, der nicht in diese Verbands-Hierarchie eingebettet ist, es schwer hat, sich wettkampfmäßig zu betätigen und Mitglieder zu gewinnen. Die wesentlichen Leistungen der Verbände kommen nur Mitgliedern zugute. Die Zuweisung von Trainingszeiten in den kommunalen Sporteinrichtungen sowie die Verteilung staatlicher Subventionen wird maßgeblich durch die im DOSB organisierten Fachverbände kontrolliert. Das Recht, einen eigenen Verein/Verband außerhalb dieser Strukturen zu gründen, läuft ins Leere. Dies wurde schon des Öfteren von Verbänden, denen der Beitritt verweigert worden war, nicht widerspruchslos hingenommen, so dass sich fragt, ob es Ausnahmen vom Grundsatz der Aufnahmefreiheit gibt. Ausnahmen sind – neben einer denkbaren vertraglichen oder satzungsmäßigen Selbstbindung des Vereins bzw. Verbandes – der kartellrechtliche Aufnahmeanspruch nach § 20 Abs. 6 (früher: § 27) GWB und der Aufnahmeanspruch wegen Monopol- oder monopolähnlicher Stellung gemäß § 826 BGB.

II. Kartellrechtlicher Aufnahmeanspruch

110 Nach § 20 Abs. 6 GWB dürfen Wirtschafts- und Berufsvereinigungen die Aufnahme eines Unternehmens nicht ablehnen, wenn die Ablehnung eine sachlich nicht gerechtfertigte ungleiche Behandlung darstellen und zu einer unbilligen Benachteiligung des Unternehmens im Wettbewerb führen würde.[272] Voraussetzung ist, dass der *Bewerber* um die Mitgliedschaft ein *Unternehmen* ist. *Hochleistungssportler* vermarkten sich und ihre Leistungen vollumfänglich. Sie erzielen daraus beträchtliche Einnahmen. Jedenfalls Spitzensportler erfüllen die Unternehmenseigenschaft.[273] Doch auch bei sog. Amateursportlern, die mehr als eine Aufwandsentschädigung erhalten, wird man heutzutage die Unternehmereigenschaft bejahen müssen.[274] Gleiches gilt für *Sportvereine mit Profiabteilungen*. Diese werden auf verschiedenen Märkten des Sport-Business massiv wirtschaftlich tätig. Erwähnt sei an dieser Stelle nur das einträgliche Millionengeschäft aus der Vermarktung oder Abtretung der Bandenwerbungs- oder TV-Übertragungsrechte.[275]

111 Der *aufnehmende* Verband muss eine Wirtschafts- oder Berufsvereinigung sein. Dies setzt voraus, dass eine umfassende Wahrnehmung und Förderung der gemeinsamen Wirtschafts- und Berufsinteressen bezweckt wird.[276] Die Rechtsprechung hat dies beispielsweise hinsichtlich des DFB[277] und des DEB[278] bejaht, einzelne Amateursportverbände hingegen bisher vom Anwendungsbereich des § 27 GWB a. F. ausgenommen, weil deren Ziele nicht auf die wirtschaftliche Förderung ihrer Mitglieder gerichtet seien.[279] Im heute kommerziell geprägten Sport wird man angesichts der flächendeckenden Vermarktung alle Dachverbände des Sports als Wirtschaftsvereinigungen i. S. d. § 20 Abs. 6 GWB ansehen müssen,[280] so dass dessen direkte Anwendung in Betracht kommt.

---

[272] Zu den einzelnen Tatbeständen ausführlich *Steinbeck* WuW 1996, 97 ff.; *Immenga/Mestmäcker/Markert*, § 20 Rz. 328 ff.; *Reichert*, Rz. 985 ff.

[273] So schon das Kartellamt 1961 im Berufsboxer-Fall WuW/BKartA, 357; OLG Frankfurt BB 1986, 554; BGH WuW/E 389; *Hohl*, S. 195; zur Abgrenzung zur Angestellteneigenschaft vgl. 3/16.

[274] So zutreffend *Steinbeck* WuW 1996, 96, die eine Trennlinie zwischen Amateur- und Profilager für willkürlich hält, weil Geld auch die Amateursportwelt in den unteren Ligen verändert habe.

[275] Ebenso *Steinbeck* WuW 1996, 95 f.; OLG Karlsruhe WuW/E OLG 3562 (Motoryachtverband).

[276] *Immenga/Mestmäcker/Markert* § 20 Rz. 330.

[277] LG Frankfurt NJW 1983, 763; zustimmend *Vollkommer* NJW 1983, 726.

[278] DEB-Schiedsgericht, SpuRt 1997, 163.

[279] OLG Frankfurt WRP 1983, 35, 37, ebenso OLG Frankfurt WRP 1986, 281, 283, offen gelassen in BGHZ 63, 282, 286.

[280] Ebenso *Steinbeck* WuW 1996, 96 f.

§ 20 Abs. 6 GWB ist Schutzgesetz zugunsten der verbotswidrig abgelehnten Unternehmen. Der abgelehnte Bewerber hat gemäß § 33 GWB Anspruch auf Unterlassung und Schadensersatz. Dieser schließt das Recht ein, unmittelbar gegen den Verein bzw. Verband Klage auf Aufnahme zu erheben.[281] Im Eishockey hat das DEB-Schiedsgericht 1996 den DEB zur Aufnahme der DEL-Clubs verurteilt.[282] Diese Grundsätze gelten spiegelbildlich auch für den Entzug einer bereits erteilten Lizenz.[283]

III. Zivilrechtlicher Aufnahmeanspruch

Daneben besteht eine privatrechtliche Anspruchsgrundlage außerhalb des Kartellrechts. Vereine oder Verbände, die im Einzelfall keine Wirtschafts- oder Berufsvereinigung i. S. d. § 20 Abs. 6 GWB sind, können jedenfalls wegen sittenwidriger vorsätzlicher Schädigung aus § 826 BGB zur Aufnahme von Mitgliedern verpflichtet sein. Die Sittenwidrigkeit bestimmt sich nach der in § 20 Abs. 6 GWB umschriebenen Formel. Danach darf die Ablehnung der Aufnahme nicht zu einer – im Verhältnis zu bereits aufgenommenen Mitgliedern – sachlich nicht gerechtfertigten ungleichen Behandlung und unbilligen Benachteiligung eines die Aufnahme beantragenden Bewerbers führen.[284] Hinsichtlich der Sportarten, in denen aufgrund des Ein-Platz-Prinzips nur ein Dachverband besteht, ist regelmäßig eine Monopolstellung gegeben.[285] Der Aufnahmeanspruch setzt eine Abwägung der beiderseitigen Interessen voraus. Ergibt sich danach, dass die Zurückweisung des Bewerbers unbillig erscheint, besteht ein *Anspruch auf Aufnahme.*[286] Unbillig ist die Benachteiligung z. B. nicht, wenn dem Bewerber die Möglichkeit offen steht, auf örtlicher oder regionaler Ebene einem anderen Verein beizutreten. Vor Gericht wurden schon mehrere Fälle geklärt, in denen ein Verein einen Aufnahmeanspruch gegen den Verband trotz des Ein-Platz-Prinzips durchsetzen wollte:

112

Der *DSB* hatte die Aufnahme des *Rad- und Kraftfahrerbundes Solidarität e.V.* (RKB) unter Berufung auf das satzungsmäßige Ein-Platz-Prinzip abgelehnt, da der Radsport im DSB bereits durch den Bund Deutscher Radfahrer e.V. vertreten war. Der BGH entschied, dass satzungsmäßige Aufnahmebeschränkungen eines Monopolverbandes gerichtlich überprüft werden können. Zur Überprüfung zog er eine an § 826 BGB sowie an § 27 GWB a. F. angelehnte Formel heran, derzufolge die Ablehnung der Aufnahme nicht zu einer – im Verhältnis zu bereits aufgenommenen Mitgliedern – sachlich nicht gerechtfertigten Behandlung und unbilligen Benachteiligung des Bewerbers führen dürfe. Maßgeblich sei eine umfassende Abwägung der Interessen des Monopolverbandes und des Bewerbers. Der RKB habe ein so erhebliches Interesse, an den Rechten eines Mitglieds des DSB teilzuhaben, dass er unbillig benachteiligt werde, wenn diese ihm vorenthalten würden. Doch habe auch der DSB ein berechtigtes Interesse daran, dass bereits innerhalb der Fachgebiete eine einheitliche Rangfolgenentscheidung über Fördermaßnahmen getroffen werde und er selbst nur noch fachübergreifend koordinieren müsse. Die Satzungsbestimmung des Ein-Platz-Prinzips sei deshalb grundsätzlich sachlich gerechtfertigt. Bei dieser Interessenkonstellation sah sich der BGH veranlasst, den Rechtsstreit zurückzuverweisen, damit mit den Parteien in der Tatsacheninstanz erörtert werden konnte, wie sowohl dem Ein-Platz-Prinzip als auch dem Gebot der Gleichbehandlung sportartgleicher und ähnlich bedeutender Verbände stärker Rechnung zu tragen sei.[287]

113

---

[281] Steinbeck WuW 1996, 95; *Immenga/Mestmäcker/Markert,* § 20 Rz. 370; Reichert, SpuRt 2003, 99.
[282] SpuRt 1997, 163.
[283] Reichert, SpuRt 2003, 99.
[284] BGHZ 63, 285 = NJW 1975, 771; BGH WRP 1986, 205.
[285] Vgl. oben, Rz. 109.
[286] Reichert, Rz. 998 ff. Auch ein Anspruch auf vorläufige Mitgliedschaft im Eilverfahren ist denkbar, so OLG Düsseldorf SpuRt 1999, 35.
[287] 1. Entscheidung: BGHZ 63, 282 (285) = NJW 1975, 771 ff.; 2. Entscheidung: BGH II ZR 8/76 vom 19.12.1977, soweit ersichtlich, unveröffentlicht.

In der zweiten Entscheidung wies der BGH die Revision des Beklagten (DSB) als unbegründet zurück, nachdem das OLG Frankfurt als Berufungsgericht den DSB verurteilt hatte, den Kläger als ordentliches Mitglied aufzunehmen.[288] Dabei stellte der BGH unmissverständlich klar:

„Im Hinblick darauf, dass das Ein-Platz-Prinzip in der Satzung des Beklagten in einer Form Niederschlag gefunden hat, die zu einer steten Quelle der Diskriminierung und Benachteiligung gleichartiger Sportverbände werden kann – der zufällig zuerst Gekommene hat sogar dann den Vorrang, wenn ihn der Außenstehende an Bedeutung überragt –, musste er den Senat zunächst als Sache des Beklagten ansehen, diesem Prinzip eine Gestalt zu geben, die die diskriminierenden Folgen ausschließt. Nur dann und insoweit ist das Ein-Platz-Prinzip sachlich gerechtfertigt und demgemäß der Kläger verpflichtet, den Anforderungen der Satzung des Beklagten zu entsprechen, wenn er als ordentliches Mitglied aufgenommen werden will. Ebenso wenig braucht sich der Kläger mit der angebotenen, außerordentlichen Mitgliedschaft zu begnügen. Die Revision trägt insoweit selbst vor, dass diese Art von Mitgliedschaft der Stellung eines ordentlichen Mitglieds, die der konkurrierende Bund Deutscher Radfahrer einnimmt, nicht gleichwertig ist. Sie kann damit die bestehende Benachteiligung nicht beseitigen."

Der RKB hatte dieses Urteil dennoch nicht vollstreckt, sondern sich mit der Aufnahme als „Sportverband mit besonderer Aufgabenstellung" zufrieden gegeben. Rechtsprechung und Schrifttum sind im Ergebnis der RKB-Entscheidung des BGH gefolgt. Zur Begründung wird dabei – neben der vom BGH verwendeten Formel, die sich an §§ 826 BGB und 27 GWB a. F. anlehnt – teils direkt auf §§ 26 II, 27 und 35 GWB a. F. verwiesen, teils wird die sog. Horizontalwirkung der Grundrechte als Grundlage des Aufnahmeanspruchs angesehen, teils wird der Aufnahmeanspruch als gewohnheitsrechtliche Ausgestaltung des Gleichbehandlungsgebots begriffen, teils in Analogie zu den gesetzlich geregelten Fällen des Kontrahierungszwangs begründet.[289]

114 Hinsichtlich der Zulässigkeit des Ein-Platz-Prinzips sind Zweifel angebracht, ob es nicht eine „mildere" Satzungsbestimmung gibt, mit der das gleiche Ziel zu erreichen ist. Schützenswert ist nur das Interesse des Verbandes, seinen Verbandszweck zu sichern, also etwa Deutsche Meisterschaften auszurichten, und die Funktionsfähigkeit zu wahren.[290] Die Aufnahme eines zweiten Bewerbers derselben Sportart müsste zu einer Gefährdung des Verbandszwecks führen. Die Funktionsfähigkeit ließe sich wohl auch dadurch erreichen, dass ein Verband zwar mehrere Vereine derselben Sportart aufnimmt, diese sich aber nur durch einen Sprecher vertreten lassen können.[291]

115 Auch der *Aikido-Verband*, der eine eigenständige, ostasiatische Selbstverteidigungssportart repräsentiert, hatte vor Gericht Erfolg und ist mittlerweile Mitglied im DOSB und den Landessportbünden.[292] Die hierzu ergangenen Gerichtsentscheidungen stellen jedoch das Ein-Platz-Prinzip selbst nicht in Frage. In der Klage gegen den DSB hatte sich der Aikido-Verband von vornherein auf das Ziel beschränkt, als „Sportverband mit besonderer Aufgabenstellung" aufgenommen zu werden. Die Fallgestaltung wies ferner die Besonderheit auf, dass die Sportart Aikido noch nicht als eigenständige Disziplin im DSB vertreten war und damit die Grundvoraussetzung für eine auf das Ein-Platz-Prinzip gestützte Ablehnung nicht gegeben war. Die Landessportbünde wurden so lediglich zur Vergabe eines ohnehin freien Platzes verurteilt.

116 Diskussionswürdig ist ferner, ob die traditionellen Verbandsstrukturen mit dem Ein-Platz-Prinzip der Aufnahme von *Freizeitsportvereinen* entgegenstehen. Drei Berliner Vereine

---

[288] Urt. v. 27.11.1975, AZ: 9 U 41/75.
[289] Vgl. *Vieweg* JuS 1983, 827 m.w.N.; *derselbe* RuS 16, 26 ff.; *Gießelmann-Goetze*, S. 23 m.w.N.
[290] BGH NJW 1979, 36; NJW 1991, 485.
[291] Vgl. *Steinbeck* WuW 1996, 99 mit Hinweis auf den Rechtsgedanken des § 146 I 2 HGB.
[292] BGH WRP 1986, 204; OLG Düsseldorf NJW-RR 1987, 503; OLG Frankfurt WRP 1986, 281.

hatten darauf aufmerksam gemacht, dass keine der etablierten Sportarten einen echten Freizeitbereich habe aufbauen können; der Freizeit- und Gesundheitssport – von Aerobic bis Rehabilitation – verzeichne seit fünf Jahren bis zu 15 % Wachstum. Die Vereine hätten ihre Kapazitätsgrenzen erreicht, weil bei der Vergabe städtischer Sportstätten diejenigen Sportarten bevorzugt würden, deren Verbände im LSB mit Sitz und Stimme vertreten seien. Deshalb beabsichtigten die drei Berliner Vereine die Gründung eines Verbandes für Freizeit- und Gesundheitssport und dessen Aufnahme in den LSB Berlin.[293] Ein Aufnahmeanspruch wäre hier denkbar, wenn die Vereine nachweisen könnten, dass sie auf die Mittel und Einrichtungen des LSB angewiesen sind und nicht auf private Einrichtungen zurückgreifen können. Auch der Freizeitsport genießt ein grundlegendes Interesse der Bevölkerung und kann sich auf Art. 2 und 9 GG stützen. Schon allein deshalb, um keine Mitglieder zu verlieren, täte der LSB gut daran, sich nicht von vornherein gegen entsprechende Aufnahmebegehren zu wenden und seine Satzung diesbezüglich zu überprüfen.

Zusammenfassend ist festzustellen, dass – entgegen dem Ein-Platz-Prinzip – immer **117** dann eine *Aufnahmepflicht* besteht, wenn:
– der die Aufnahme ablehnende Verband eine Monopolstellung oder eine überragende Machtstellung innehat und ein wesentliches Interesse am Erwerb der Verbandsmitgliedschaft besteht (was im deutschen Sport regelmäßig der Fall ist) *und*
– die Ablehnung der Aufnahme zu einer – im Verhältnis zu bereits aufgenommenen Mitgliedern – sachlich nicht gerechtfertigten ungleichen Behandlung und unbilligen Benachteiligung des Bewerbers führt.[294]

Diese Aufnahmepflicht kann *prozessual* vor den ordentlichen Gerichten, regelmäßig dem Landgericht, durch Leistungsklage durchgesetzt werden. Der Antrag geht auf Verurteilung zur Abgabe einer Aufnahmeerklärung. Der Bewerber hat die Voraussetzungen des Aufnahmeanspruchs darzulegen und zu beweisen. Der Verband hat sachlich gerechtfertigte Gründe für die Ablehnung darzulegen und zu beweisen.[295] Bei einem stattgebenden rechtskräftigen Urteil ist die Aufnahme vollzogen (§ 894 ZPO). Zu demselben Erfolg kann im Einzelfall auch das (kostengünstigere) Untersagungsverfahren gemäß §§ 32, 48 Abs. 2 GWB führen. Hier hat das Kartellamt ein Eingreifermessen, so dass sich ein entsprechender Antrag des Bewerbers empfiehlt.[296] Hat ein Verband/Verein die Aufnahme rechtswidrig vereitelt, macht er sich schadensersatzpflichtig gemäß § 33 GWB.

C. Mitgliedschaftsrechte

Die Rechte des Vereinsmitglieds lassen sich in Organschafts-, Wert- und Schutzrechte unterteilen. Das Recht aus der Mitgliedschaft ist als sonstiges Recht i. S. d. § 823 I BGB anerkannt. Im Einzelfall kann sich daraus ein Nominierungsanspruch ergeben.

I. Organschafts-, Wert- und Schutzrechte

Zu den Organschaftsrechten zählen das Recht auf Teilnahme an der Mitgliederversammlung, das Stimmrecht und das aktive und passive Wahlrecht. Wertrechte beschreiben Vorteile, die sich gerade aus der Beteiligung an der Verfolgung des gemeinsamen Vereinszwecks ergeben. Hierzu zählt die Teilnahme an Vereinsveranstaltungen oder der Bezug einer Vereinszeitschrift.[297] Die gerade im Sport bedeutsamen Schutzrechte umfassen den Anspruch des Mitglieds, nicht gesetzes- oder satzungswidrig behandelt zu werden. In Disziplinarverfahren ist *rechtliches Gehör* zu gewähren. Eine sachlich nicht gerechtfertigte

118

---

[293] FAZ vom 14. 1. 1994, 26.
[294] BGH WRP 1986, 204; OLG Frankfurt WRP 1986, 281; AG Frankfurt, SpuRt 1999, 36. *Röhricht* WFV Nr. 24, 79 f.; *Reichert* Rz. 1002; *Palandt/Heinrichs* § 25 Rz. 10 und 11. Vgl. ferner Rz. 124 ff.
[295] BGH WM 1985, 387 f.; *Reichert*, Rz. 1005.
[296] Vgl. *Immenga/Mestmäcker/Markert*, § 20 Rz. 364.
[297] *Reichert* Rz. 736 ff.

Ungleichbehandlung gegenüber anderen Mitgliedern ist unzulässig.[298] Eine gegen den *Gleichbehandlungsgrundsatz* verstoßende Satzungsbestimmung ist nichtig.[299] Die Mitgliedschaft vermittelt gegenseitige *Treuepflichten,* auf deren Beachtung das Mitglied Anspruch hat.[300] Weiterhin besteht ein Anspruch auf *Rücksichtnahme* und *Förderung.*[301] Diese Mitgliedschaftsrechte stehen sowohl unmittelbaren als auch mittelbaren Mitgliedern zu. Der Rechtsausschuss des DLV hat im *Krabbe-Fall* auf Schutzrechte der betroffenen Athletinnen konkret Bezug genommen. Danach war das Vertrauen der Athletinnen zu schützen, nicht mit Sanktionen belegt zu werden, die mit den in der geltenden Satzung festgesetzten Maßstäben in Widerspruch stünden.[302] Die Ahndung von Dopingverstößen war in der Satzung nicht geregelt. Auch aus diesem Grund wurden die Athletinnen unter Beachtung ihrer Schutzrechte vom Dopingvorwurf freigesprochen.

119 Die Pflicht zum Schutz und zur Förderung der Interessen des Mitglieds macht es auch erforderlich, ihm die Möglichkeit zu verschaffen, von Satzung(en) und Ordnungen und deren Änderungen in zumutbarer Weise Kenntnis zu nehmen.[303] Wie der Rechtsausschuss im genannten Fall weiter ausgeführt hat, hatte der beklagte Sportverband das *Publizitätserfordernis* missachtet. Nicht ausreichend ist eine Vorschrift, wonach Regeländerungen des Weltverbandes (z. B. Erhöhung der Sanktionsdauer) automatisch für den nationalen Verband gelten sollen.[304]

120 Als Verstoß gegen die Treuepflichten ist ein Vereinsgebaren anzusehen, mit dem sich der Verein *in Widerspruch zu seinem eigenen Verhalten* setzt, so z. B. die Umsetzung einer Entscheidung des übergeordneten Verbandes gegen die eigene Rechtsauffassung, auch wenn dies Sanktionen nach sich ziehen könnte. Gegen die Rechte des Sportlers auf Schutz und Förderung verstößt, wer die Teilnahme an Wettkämpfen ohne Rechtfertigung erschwert. Ein Sportverband hat grundsätzlich eine Pflicht, Verträge zur Teilnahme an Sportveranstaltungen abzuschließen. Die Verweigerung eines Vertragsabschlusses kann als sittenwidrig zu bewerten sein. Soll ein Sportler von einem Wettkampf ausgeschlossen werden, muss ein gewichtiger sachlicher Grund vorliegen. So hat der Oberste Gerichtshof Österreichs zutreffend entschieden, dass der Widerruf einer Einladung zur Teilnahme an einem bedeutenden Radrennen zweieinhalb Wochen vor dem Start einen sittenwidrigen Missbrauch der faktischen Machtposition des Österreichischen Radsportverbandes gegenüber den Radsportlern darstelle.[305] Zu missbilligen ist gleichfalls, wenn ein Verband nicht den eindeutig Besten nominiert oder den Start seines „Parradeteams" kurzfristig absagt, weil sich dessen Zusammensetzung als nicht konfliktfrei erweist, anstatt alles Denkbare zu unternehmen, einen Start zu ermöglichen, auf den hin die Sportler in der Regel jahrelang hart trainiert haben.[306] Wird schließlich eine vom Schiedsgericht bereits entschiedene Sache erneut mit einem anderen Gegner zum weiteren Gegenstand eines schiedsgerichtlichen Verfahrens gemacht, handelt der Verband treuwidrig.

121 Die schuldhafte Verletzung von Mitgliedschaftsrechten verpflichtet den Verein zu *Schadensersatz* nach § 280 Abs. 1 BGB (früher nach den Grundsätzen der positiven Vertragsverletzung).[307] Zusätzlich hat der BGH die Mitgliedschaft in einem Sportverein als sonstiges

---

[298] *Röhricht* WFV Nr. 24, 76 f.; *Reichert,* Rz. 735.
[299] *Staudinger/Weick* § 35 Rz. 15; *Grunsky* RuS 3, 18; *Reichert,* Rz. 771.
[300] *Reichert,* Rz. 890 ff.; KG MDR 1985, 230 (Bootsbenutzung).
[301] *Reichert,* Rz. 897 ff.; *Müko-Reuter* § 38 Rz. 19; *Vieweg* NJW 1991, 1516.
[302] DLV-Rechtsausschuss, NJW 1992, 2590.
[303] Vgl. BGH NJW 1995, 583 ff.
[304] NJW 1992, 2591; zur Unzulässigkeit dynamischer Verweisungen vgl. unten Rz. 153.
[305] OGH SpuRt 2004, 154 mit Anmerkung *Hauser.*
[306] Insofern versagte der BDR im Fall Jens Lehmann, als er den „Bahnvierer" bei der WM in Stuttgart 2003 einen Tag vor dem geplanten Start zum Entsetzen der Spitzenfahrer unter dem fadenscheinigen Vorwand mangelnder Teamfähigkeit einfach abmeldete.
[307] Ausführlich *Linnenbrink/Hofmeister,* SpuRt 1996, 127 ff. m.w.N.; *Reichert* Rz. 3490. Zur Schadensberechnung vgl. Rz. 300.

Recht i. S. d. § 823 I BGB ausdrücklich anerkannt, wonach den Mitgliedern bei Verletzung auch ein deliktischer Anspruch zusteht.

II. Mitgliedschaftsrecht als sonstiges Recht im Sinne des § 823 I BGB und Teilnahmeanspruch

Nicht nur der Kernbereich, nämlich der Bestand der Mitgliedschaft, sondern auch *wesentliche Ausformungen* des Mitgliedschaftsrechts sind geschützt. Umfasst ist die Befugnis, ungehindert und undiskriminiert an Wettkämpfen teilzunehmen sowie vom Verein zu verlangen, zur Teilnahme an überörtlichen Wettbewerben gemeldet zu werden, wenn der entsprechende Leistungsstand vorliegt. Insofern kann von einer Anwartschaft gesprochen werden.[308] Das Teilnahmerecht kann auch als Lizenz bezeichnet werden. Diese ist grundsätzlich höchstpersönlich und nicht übertragbar, es sei denn, die Vereinssatzung sähe dies vor (§§ 38, 719 BGB).[309] Bahnbrechend ist die Entscheidung des zweiten Zivilsenats des BGH vom 12. 3. 1990 (*Schärenkreuzer-Fall*), in dem zwar nicht speziell auf Teilnahme, sondern auf Schadensersatz geklagt worden war, der BGH sich aber grundlegend zum Teilnahmerecht geäußert hat:[310]

Ein Segler war Mitglied eines Sportvereins, der eine bestimmte Bootsklasse (Schärenkreuzerklasse) satzungsgemäß förderte. Der Verein legte neue Zulassungsvorschriften für die Bootsklasse fest, wobei nach einer Übergangsregelung vor 1986 gebaute Yachten auch den Klassenbestimmungen entsprechen sollten, wenn die zur Zeit des Baus gültigen Vorschriften eingehalten wurden. Obwohl der Segler für seine 1984/85 erstellte Yacht einen gültigen Messbrief besaß, wurde er von der Regattateilnahme 1986 und 1987 ausgeschlossen. Der BGH stellte fest, dass die Sperre sachlich unrichtig war. Das Vereinsmitglied kann wegen der schuldhaften Verletzung seines der Mitgliedschaft entspringenden Teilnahmerechts aus § 823 I BGB Schadensersatz verlangen.

Gemäß § 31 BGB haftet der Verein für die von Vereinsorganen verursachten Schäden. Nach § 823 I BGB kommt neben der *Haftung* des Vereins sogar eine persönliche Haftung der Vereinsorgane in Betracht, allerdings nur dann, wenn sie bei der schädigenden Handlung nicht ausschließlich in Vollzug sie bindender Mehrheitsentscheidungen (Beschluss der Mitgliederversammlung) gehandelt haben.[311] Der Schutz der Vereinsmitglieder ist mit der Anwendbarkeit des § 823 I BGB umfassender geworden. Das Mitgliedschaftsrecht ist als sonstiges Recht i. S. d. § 823 I BGB einklagbar. Bislang wurde deliktsrechtlicher Schutz nur bei Verstößen gegen § 826 BGB gewährt. Voraussetzung war eine sittenwidrige vorsätzliche Schädigung. Nunmehr werden Beeinträchtigungen der Vereinsmitgliedschaft schon unter dem Aspekt der Rechtswidrigkeit beleuchtet. Schadensersatz wird bereits bei Fahrlässigkeit geschuldet. Im Folgenden wird eine wesentliche Ausformung des Mitgliedsrechts, der *Teilnahmeanspruch,* näher beleuchtet.

Jeder Fachsportverband bzw. -verein veranstaltet *Wettkämpfe* auf Kreis-, Landes-, nationaler oder internationaler Ebene. Wettkämpfe werden vom Veranstalter ausgeschrieben. Die *Ausschreibung* ist eine Bekanntmachung der Veranstaltung und der Modalitäten ihrer Durchführung samt Teilnahmevoraussetzungen.[312] Die zweite Möglichkeit, Teilnahmekriterien aufzustellen, besteht in Form spezieller, verbandsinterner Regelungen, meist *Nominierungsrichtlinien* genannt. Darin wird festgelegt, unter welchen Voraussetzungen ein Sportler in die verschiedenen Kader berufen oder zu internationalen Wettbewerben geschickt werden kann. Während aber die Ausschreibung die allgemeinen Teilnahmevoraussetzungen be-

---

[308] *Deutsch* RuS 16, 57–59; *MüKo-Mertens,* § 823 Rz. 151; *Bamberger/Roth/Spindler,* § 823 Rz. 102; *Habersack,* S. 314, 337.
[309] *Reichert,* SpuRt 2003, 5 ff.; *Palandt/Heinrichs,* § 38 Rz. 3 und § 413 Rz. 4. Dies gilt auch für ein „Aufstiegsrecht".
[310] BGHZ 110, 323 = NJW 1990, 2877; *Reichert* Rz. 3490.
[311] *Deutsch* RuS 16, 51; *Reimann,* S. 8 ff.
[312] Z. B. Deutsche Basketball-Meisterschaft der Jugend 2006, vgl. www.basketball-bund.de (Spielbetrieb).

kanntgibt, hat die Nominierungsrichtlinie die Aufgabe, den Verbandsgremien Kriterien für die Auswahl besonders erfolgversprechender Sportler aus dem Kreise derjenigen, die die Grundvoraussetzungen der Ausschreibung erfüllen, an die Hand zu geben.[313]

125 Um den Anforderungen des Gesetzesvorbehalts des Art. 12 I Satz 2 GG zu genügen, müssen die Nominierungskriterien in einer Ordnung geregelt werden. Diese muss den Anforderungen des Art. 80 I Satz 2 GG entsprechen und ein sachnahes Entscheidungsorgan festlegen.[314] Die Auswahl der Sportler trifft im Verband entweder eine einzelne Person, z. B. Trainer oder Sportwart, oder ein Auswahlgremium.

126 Der DOSB (vor 2006 das NOK) hat beispielsweise das alleinige Recht, deutsche Sportler zu Olympischen Spielen zu entsenden.[315] Der DOSB darf z. B. die in einem sorgfältig und eingehend durchgeführten Dopingverfahren vor dem Dachverband zutage getretenen Tatsachen bei der Prüfung, ob ein Sportler (hier: Kanute) nach seinen sportlichen Leistungen und seiner Persönlichkeit für die Olympiamannschaft zu nominieren ist, heranziehen und verwerten.[316] Die Nominierungsentscheidung liegt im Ermessen des DOSB.[317] Bestimmte Richtlinien müssen beachtet werden. Dabei kann sich das Nominierungsermessen so weit reduzieren, dass dem Sportler ein Nominierungsanspruch erwächst.

Das NOK orientierte sich bislang an den vom Bundesausschuss für Leistungssport des DSB konkretisierten Nominierungskriterien. Danach muss der potentielle Olympiastarter den *„Leistungsnachweis einer begründeten Endkampfchance"* erbringen. Damit ist i.d.R. die Aussicht einer Plazierung unter den ersten acht der Welt gemeint.[318] „Nur" deutscher Meister zu sein, genügt danach noch nicht. Rechtlich erscheint es zweifelhaft, ob das NOK mit dem Auswahlkriterium der „Endkampfchance" seinen Ermessensspielraum nicht überstrapaziert, weil saubere (deutsche) Sportler angesichts der weltweit stark divergierenden Qualität der Dopingkontrollen in vielen Disziplinen eben keine „begründete Endkampfchance" haben dürften.

127 Daneben vergibt das IOC für die Olympischen Spiele regelmäßig Freiplätze („Wildcards"), um die Universalität der immer mehr den Eliten vorbehaltenen Spiele zu gewährleisten. Die grundsätzliche Teilnahmebefugnis ist zunächst abhängig von bestimmten Vorgaben des IOC. Beispielsweise muss nach Regel 41 nebst Ausführungsbestimmung der IOC-Satzung, der sog. IOC-Zulassungsregel, jeder Teilnehmer an Olympischen Spielen die IOC-Regeln und die Regeln der internationalen Fachverbände beachten und respektieren. Die Teilnehmer müssen ihr Einverständnis mit dem „World Anti-Doping Code" erklären und dessen Regeln beachten (Regel 44).[319]

128 Eine Nominierung begründet ein Vertragsverhältnis zwischen Sportler und Verband. Daraus ergibt sich eine vorvertragliche Sonderverbindung, die die Vertragsfreiheit des Verbandes als Monopolisten einschränkt und ihn zur Gleichbehandlung nicht nur seiner Mitglieder, sondern auch seiner potentiellen Vertragspartner verpflichtet. Deshalb hat der Sportler einen *Nominierungsanspruch* unter Berufung auf § 242 BGB i.V.m. Art. 3 I GG i.V.m. der Nominierungsrichtlinie, sofern bei der Auswahl zur Olympiateilnahme kein Ermessensspielraum verbleibt, weil beispielsweise die Nominierung von einem bestimmten Punktesystem abhängig gemacht wurde und der Athlet die erforderliche Punktzahl erreicht hat.[320] In der Praxis ist dieser Fall die Ausnahme, weil sich dadurch das Nominierungsgre-

---

[313] *Hohl*, S. 21 ff. Vgl. z. B. die Nominierungsrichtlinien 2006 zu den diversen Wettkämpfen des DLV unter www.leichtathletik.de, Rubrik Medienservice – Normen.
[314] *Hohl*, S. 164 ff.
[315] Regeln 31 Abs. 3, 45 und 49 Abs. 1 IOC-Satzung, § 2 Nr. 2 DOSB-Satzung.
[316] OLG Frankfurt NJW 1992, 2576.
[317] LG München I, Urt. v. 4. 7. und 7. 11. 1984 (Fall Kühlem), ausführlich zit. bei Wax, WFV Nr. 22, 18 ff. m.w.N.; OLG München in: *Haas/Haug/Reschke* Rz. 13 38 2 (Fall Kühlem); LG Frankfurt in: *Haas/Haug/Reschke* Rz. 13 29 1 (Radsport).
[318] *Hohl*, S. 29 ff. mit weiteren Kriterien.
[319] Vgl. Übersicht der Grundregeln bei *Hohl*, S. 25 ff.
[320] *Hohl*, S. 173 f.

mium eine Entscheidung nach eigenem Ermessen abschneiden würde. Ermessensfehlgebrauch seitens des Auswahlgremiums läge z. B. vor, wenn dieses einen Sportler dem DOSB zur Teilnahme an Olympia nur deshalb nicht vorschlagen würde, weil dieser nicht zugunsten des Verbandes beim Europacup startete, oder etwa, weil dessen Fachsportverband es versäumte, ihn rechtzeitig bei der NADA für Trainingskontrollen anzumelden.

Ein Nominierungsanspruch kann sich auch auf §§ 20 Abs. 1, 33 (früher: 26 Abs. 2, 35) **129** GWB stützen. § 20 Abs. 1 GWB verbietet marktbeherrschenden Unternehmen jede unbillige Behinderung oder sachlich nicht gerechtfertigte Ungleichbehandlung von anderen Unternehmen in einem Geschäftsverkehr, der gleichartigen Unternehmen üblicherweise zugänglich ist.

Mit Entsendung von Sportlern zu Wettkämpfen betätigen sich DOSB und Sportverbände auf dem Markt für Sportveranstaltungen, weil u. a. TV-Sender die Wettbewerbe übertragen und dafür Vergütungen bezahlen, an denen ganz oder zumindest teilweise DOSB und Sportverbände partizipieren. Diese sind daher Unternehmen i. S. d. § 20 Abs. 1 GWB.[321] Aufgrund des Ein-Platz-Prinzips nehmen sie eine Monopolstellung ein und sind daher marktbeherrschend.

Spitzensportler bieten geldwerte Leistungen auf dem Markt für Sportveranstaltungen an. Sie vermarkten ihre eigene Person und sind dementsprechend als „andere Unternehmen" i. S. d. § 20 Abs. 1 GWB anzusehen.[322] Jede Nicht-Nominierung stellt eine Behinderung bzw. Ungleichbehandlung dar. Die weitere Voraussetzung der Unbilligkeit oder Grundlosigkeit erfordert eine umfassende Interessenabwägung im Einzelfall.[323] Fällt die Interessenabwägung zugunsten des Sportlers aus, dann steht ihm ein auf Wiederherstellung des ursprünglichen Zustands gerichteter Schadensersatzanspruch gem. § 33 GWB zu. Der Sportler hat einen Anspruch auf eine neue, nicht diskriminierende Verbandsentscheidung. Ist das Auswahlermessen des Verbandes im konkreten Fall auf null reduziert, ergibt sich für den Sportler ein Nominierungsanspruch.

Lässt sich dieser aus zeitlichen Gründen oder sonstwie nicht verwirklichen, steht dem **130** Sportler ein *Schadensersatzanspruch* in Geld gegen den Verband zu, weil diesem sowohl bei der Aufstellung der Nominierungskriterien als auch bei der Nominierungsentscheidung bewusst ist, dass – außer im reinen Amateurbereich – erhebliche Vermögensinteressen auf dem Spiel stehen.[324] Beispielhaft sei auf die Fälle verwiesen, in denen Sportler oder Vereine versuchten, vor Zivilgerichten ihr Teilnahmerecht durchzusetzen, nachdem der jeweilige Verband sie gesperrt oder die Nominierung bzw. Lizenz verweigert hatte – mit unterschiedlichem Erfolg. In älteren Fällen respektierten die staatlichen Richter häufig den Ermessensspielraum der Verbände.[325]

III. Einzelfälle

Kühlem./. DSchwV[326] und Kühlem./. NOK[327]   **131**

Als Drittplazierter des 100-m-Kraulwettbewerbs hatte Kühlem die vom DSchwV im Hinblick auf die Olympischen Spiele 1984 in Los Angeles aufgestellte Qualifikationsnorm erfüllt. Statt Kühlem nominierte der DSchwV den Fünftplazierten. Das LG München gab Kühlem Recht, erließ eine entsprechende Verfügung und bestätigte diese mit Endurteil. Damit war Kühlem aber noch lange nicht am Ziel. Zwar meldete der DSchwV

---

[321] So auch *Hohl*, S. 192–195; OLG München SpuRt 1996, 137 in Bezug auf die IAAF; vgl. auch Rz. 111.
[322] So auch *Hohl*, S. 195; vgl. auch Rz. 110.
[323] *Hohl*, S. 198.
[324] *Pfister* FS *Gitter*, S. 741 f.
[325] Vgl. auch Übersicht bei *Hohl*, S. 51 ff., und *Wax* WFV Nr. 22, 13 ff.
[326] LG München I, Endurteil v. 7. 11. 1984, 25 O 11586/84 und OLG München, Urt. v. 17. 9. 1985, 13 U 1645/85.
[327] LG München I, Urt. v. 4. 7. 1984, 30 O 11731/84.

dem NOK Kühlem als Teilnehmer. Das NOK wiederum nominierte ihn jedoch nicht. Kühlem beantragte den Erlass einer einstweiligen Verfügung gegen das NOK auf Verpflichtung zur Nominierung, hilfsweise auf ermessensfehlerfreie Neubescheidung unter substantiierter Angabe von Gründen. Sowohl Haupt- als auch Hilfsantrag wies das LG München I zurück. Zur Begründung verwies es auf die Vereinsautonomie des NOK, welches nicht an Vorgaben des DSchwV gebunden sei. Angemerkt sei noch, dass Kühlem schließlich in der Berufungsinstanz auch gegen den DSchwV verlor. Das OLG München hob das Endurteil des LG München I auf: Die Entscheidung des DSchwV sei nicht offenbar unbillig.

132 Scherhag./. Deutscher Rollsport Bund (DRB)[328]

Scherhag, deutscher Vizemeister im Rollkunstlaufen 1985, beantragte, den DRB zu verpflichten, ihn für die EM und WM 1985 zu nominieren. Das LG Frankfurt gab Scherhag teilweise Recht. Es verurteilte den DRB, Scherhag für die EM 1985 zu nominieren, und begründete dies mit dem vereinsrechtlichen Gleichbehandlungsgrundsatz. Nicht beanstandet wurde, dass der Verband für die WM den damaligen deutschen Meister nominierte. Zur EM fuhr Scherhag dennoch nicht. Der Internationale Rollsport-Verband nahm die Meldung des DRB wegen Verspätung nicht mehr an.

133 Pichler./. DSV[329]

Der Biathlet Pichler begehrte 1987 die Zulassung zu Vorausscheidungs-Wettkämpfen im Hinblick auf die Olympischen Winterspiele 1988 in Calgary. Der DSV hatte ihm die Zulassung zuvor versagt, weil – in Abweichung von der bisherigen Praxis – die Teilnehmer allein aus Angehörigen der Lehrgangsgruppe Ia ermittelt werden sollten. Aus dieser war Pichler im Frühjahr 1986 ausgetreten. Das LG München gab Pichler Recht. Als Monopolverband habe der DSV für ein Auswahlverfahren zu sorgen, das jedem Biathleten, unabhängig von seiner Zugehörigkeit zu einer Lehrgangsgruppe, eine reelle Chance zur Qualifikation einräume. In zweiter Instanz endete der Streit mit einem Vergleich. Auch Pichler sollte mit der Entscheidung noch nicht am Ziel sein. Der DSV führte nämlich keine Ausscheidungswettkämpfe durch. Pichler beantragte, den DSV zur Durchführung zu verpflichten. Das LG München wies den Antrag zurück. Es begründete die Entscheidung damit, dass es Sache des Vereins sei, seine Angelegenheiten selbst zu regeln. Ein zu revidierender Willkürakt habe nicht vorgelegen.

134 Radschinsky./. NOK[330]

Der Gewichtheber Radschinsky kämpfte im Eilverfahren vor dem Landgericht München um die Nominierung zu den Olympischen Spielen 1988 in Seoul. Das NOK hatte zuvor die Nominierung mit der Begründung abgelehnt, Radschinsky habe dem Geist des Fairplays zuwidergehandelt, weil er sich wegen Handelns mit Anabolika strafbar gemacht hatte. Zur Verteidigung führte der Athlet an, er habe nie selbst Anabolika genommen und sich von seiner Tat inzwischen distanziert. Im Übrigen habe er die erforderlichen Qualifikationsleistungen erbracht. Das LG München I wies seinen Antrag ab. Die Entscheidung des NOK sei weder gesetzes- noch sittenwidrig, noch offenbar unbillig. Sie leide auch nicht an Verfahrensfehlern. Insbesondere sei das Gericht nicht befugt, sein eigenes Ermessen an die Stelle des Ermessens des Verbandes zu setzen. Es greife sonst unzulässig in dessen Verbandsautonomie ein.

135 Krabbe, Breuer, Derr./. Sportclub Neubrandenburg[331]

Die Klägerinnen waren von DLV und IAAF wegen sportwidrigen Verhaltens zu einer Sperre von insgesamt 3 Jahren und 9 Tagen verurteilt worden. Vor dem Rechtsausschuss des DLV waren sie insoweit erfolgreich gewesen, als dieser lediglich eine einjährige Sperre

---

[328] LG Frankfurt, Az. 2/13 O 360/85.
[329] LG München I, Urt. v. 28. 8. 1987, Az. 25 O 16173/87 und OLG München, 13 U 5124/87; LG München I, Urt. v. 27. 11. 1987, 25 O 21789/87.
[330] LG München I, Urt. v. 31. 8. 1988, 20 O 17268/88.
[331] LG Neubrandenburg SpuRt 1994, 149.

guthieß. Obwohl diese bereits abgelaufen war und trotz verfassungsrechtlicher Bedenken versagten ihnen AG und LG Neubrandenburg die begehrte Meldung zu den Hallenmeisterschaften der Leichtathletik des Landes Mecklenburg-Vorpommern in Rostock am 22.1.1994 im Eilverfahren. Zu einer anderen Beurteilung der Rechtslage kamen jedoch das LG und OLG München in der umfassenden Unterlassungs- und Schadensersatzklage (s. Rz. 140).

Dieter Baumann./. DLV und IAAF[332] 136

Der Fall Baumann, ausgelöst durch kontaminierte Zahnpastatuben, ist ein Paradestück prozessualer Klippen, die sich letztlich als unüberwindbar erwiesen haben. Nach Suspendierungen durch den DLV am 19.11.1999 und 22.1.2000 wiesen sowohl der DLV-Rechtsausschuss als auch das LG Darmstadt und OLG Frankfurt Baumanns Eilantrag auf Aufhebung der Suspendierung zurück. Am 23.6. 2000 setzte der DLV-Rechtsausschuss die Suspendierung aus. Daraufhin gewann Baumann den 5000 m-Lauf bei den Deutschen Meisterschaften. Am 18.9.2000 sperrte ihn das „Schiedsgericht" der IAAF bis Januar 2002. Das hiergegen angerufene Sportschiedsgericht CAS bestätigte am 22.9.2000 die Sperre der IAAF. Baumanns Schadensersatzklage über DM 678 000.– wurde schließlich vom LG Stuttgart rechtskräftig abgewiesen.

Roberts./. FIBA[333] 137

Der amerikanische Basketball-Profi Stanley Roberts war am 24.11.1999 von der NBA wegen Dopings für 2 Jahre gesperrt worden. Aufgrund einer entsprechenden Pressemeldung, jedoch ohne eigene Erkenntnisse zum Dopingvorwurf im Einzelnen, sperrte ihn die FIBA ebenfalls für 2 Jahre. Diese Sperre vereitelte einen lukrativen Vertragsabschluss. Roberts erzielte einen Teilerfolg: Die Kartellkammer des LG München I hob im Eilverfahren die Sperre vorläufig auf. Die Berufung der FIBA zum OLG München blieb insoweit ohne Erfolg. Allerdings hob das OLG München die erstinstanzliche Entscheidung in Bezug auf den weitergehenden Antrag auf, der FIBA zu untersagen, Roberts an der Ausübung seines Teilnahmerechts bei Wettbewerben innerhalb der Europazone auszuschließen, soweit dies auf die Suspendierung der NBA gestützt werde.

In mehreren Fällen setzten Athleten bzw. Vereine ihr Teilnahmerecht und/oder Schadensersatz erfolgreich gerichtlich durch:

Teske./. DLV[334] 138

Wegen der Verletzung eines Ausrüstervertrags war die Leichtathletin Charlotte Teske für die Deutschen Leichtathletik-Meisterschaften 1982 in München vom DLV gesperrt worden. Parallel zum vereinsinternen Verfahren betrieb sie ein Eilverfahren vor dem LG München mit dem Ziel, sie zu den Meisterschaften zuzulassen. Bereits im verbandsinternen Verfahren hob der DLV-Rechtsausschuss die Sperre auf, so dass die ebenfalls erfolgreiche einstweilige Verfügung des LG München nur noch Makulatur war.

Echtermann./. BDR[335] 139

Einen vollen Erfolg erzielte der Radrennfahrer Echtermann. Im Eilverfahren verpflichtete das LG Frankfurt den BDR, Echtermann bei den Deutschen Meisterschaften 1986 im 50-km-Zeitfahren zuzulassen. Das Gericht erkannte in den Zulassungsbestimmungen des BDR einen Verstoß gegen die Chancengleichheit.

---

[332] Vgl. die Tatsachendokumentation von *Haug* in SpuRt 2000, 238; Rechtsausschuss des DLV, SpuRt 2000, 206; LG Darmstadt SpuRt 2001, 114; OLG Frankfurt/Main SpuRt 2001, 159; LG Stuttgart SpuRt 2002, 245. Vgl. hierzu auch *Adolphsen*, SpuRt 2000, 97 ff. sowie den Sonderdruck von *Becker/Lehmkuhl*.
[333] LG München I SpuRt 2000, 155; OLG München SpuRt 2001, 64.
[334] LG München I, Beschl. v. 20.7.1982, Az. 25 O 12841/82.
[335] LG Frankfurt, Beschl. v. 11.7.1986, Az. 2/18 O 273/86.

140   Krabbe./. DLV und IAAF[336]
Vor der Kartellkammer des LG München I, wo sie Startrecht und Schadensersatz einklagte, war die Klägerin insofern erfolgreich, als DLV und IAAF verurteilt wurden, es zu unterlassen, sie an der Ausübung ihres Melde- und Startrechts bei künftigen nationalen und internationalen Leichtathletik-Wettkämpfen einschließlich der dazu zu absolvierenden Qualifikationswettbewerbe zu hindern. Außerdem wurde die zweijährige Sperre der IAAF, die über die einjährige Sperre des DLV hinausging, für unwirksam erklärt und die IAAF zu Schadensersatz dem Grunde nach verurteilt. Das OLG München hob die Verurteilung des DLV auf, bestätigte allerdings die Verurteilung der IAAF. Das Betragsverfahren endete vor dem OLG München mit einem Vergleich, nachdem das LG München I die IAAF zu Schadensersatz in Millionenhöhe verurteilt und das OLG München zu erkennen gegeben hatte, das erstinstanzliche Urteil bestätigen zu wollen. Die Kernaussage des Urteils besteht darin, dass einer Athletin, die aufgrund einer rechtswidrigen Sperre Einkommensausfälle erlitten hat, in einem Schadensersatzprozess die Darlegungs- und Beweiserleichterung des § 252 Satz 2 BGB, § 287 ZPO zugute kommt. Zwar müssen für die Prognose der hypothetischen Sportkarriere konkrete Anknüpfungstatsachen dargelegt und zur Überzeugung des Gerichts nachgewiesen werden. An die Darlegung solcher Tatsachen dürfen indes keine zu hohen Anforderungen gestellt werden.

141   Uphoff-Becker./. Deutsches Olympiakomitee für Reiterei[337]
Die viermalige Dressur-Olympiasiegerin Nicole Uphoff-Becker hatte sich nicht für das Dressur-Team qualifiziert und war vom NOK nicht für die Olympischen Spiele 1996 in Atlanta nominiert worden. Mittels einstweiliger Verfügung wurde das Olympiakomitee für Reiterei veranlasst, ihre Nennung fristgemäß an das NOK weiterzuleiten.

142   Eintracht Frankfurt./. Die Liga – Fußballverband e.V.[338]
Eintracht Frankfurt war vom Ligaverband die Lizenz für die Saison 2002/03 versagt worden, nachdem die vorzulegende Bankgarantie nach Auffassung des Ligaverbandes und der DFL nicht den Vorgaben entsprach. Das angerufene Ständige Schiedsgericht gab der Schiedsklage statt, so dass die Lizenz erteilt wurde. Nebenintervenient SpVgg Unterhaching, der als sportlicher Absteiger von der Lizenzversagung profitiert hätte, erhob erfolglos Aufhebungsklage vor dem OLG Stuttgart und strengte ebenso erfolglos ein Eilverfahren vor dem LG Frankfurt/Main an.

143   Birte Bultmann./. DLV[339]
Die Langstreckenläuferin hat vor dem LG Darmstadt eine Einstweilige Verfügung gegen ihre Doping-Suspendierung und somit ein Startrecht für drei Wettkämpfe erwirkt. Nach Auffassung des Gerichts sprächen alle wissenschaftlichen Untersuchungen für einen körpereigenen Ursprung der festgestellten Nandrolon-Werte.

144   Graciano Rocchigiani./. WBC[340]
Der frühere Box-Weltmeister erhielt nach dem Urteil eines New Yorker Gerichts Schadensersatz in Höhe von 4,5 Mio. Dollar für die rechtswidrige Aberkennung des WM-Titels 1998.

---

[336] LG München I SpuRt 1995, 161 ff., insoweit bestätigt von OLG München SpuRt 1996, 133; vgl. hierzu *Pfister* SpuRt 1995, 201 und 250 ff. Betragsverfahren: LG München I SpuRt 2001, 238; zum gesamten Verfahren vgl. *Summerer*, SpuRt 2002, 233. Zur Schadensberechnung vgl. auch *Haas/Reimann*, SpuRt 2000, 49 ff.

[337] LG Münster, FAZ v. 8.7.1996.

[338] Ständiges Schiedsgericht für Vereine und Kapitalgesellschaften der Lizenzligen, SpuRt 2002, 213, OLG Stuttgart SpuRt 2002, 207; OLG Frankfurt SpuRt 2003, 79 Vgl. auch Rz. 84 (Lizenzierungsverfahren).

[339] SZ vom 22.12.2004.

[340] SZ vom 29.11.2004.

FC Sion./. Swiss Football League[341] 145
Dem Schweizer Fußballclub FC Sion wurde nach mehreren Gerichtsverfahren die Lizenz erteilt, so dass er den Spielbetrieb in der Saison 2003/04 mit 3½ Monaten Verspätung doch noch aufnehmen konnte.

Alexander Waske u. a. ./. ATP 146
Im September 2005 haben 45 Tennis-Doppel-Spieler in Houston, Texas, Klage gegen die ATP eingereicht, mit der sie verhindern wollen, dass die ATP eine Reform durchsetzt, die speziell Doppel-Profis benachteiligt. Danach dürfen ab 2008 nur noch Spieler im Doppel antreten, die auch im Einzel-Hauptfeld stehen. Nach deutscher Rechtslage besteht im Grundsatz kein Anspruch eines Spielers oder eines Vereins, dass ein bestimmtes Wettbewerbsformat beibehalten wird. Dieses gehört zu den Spielregeln im weiteren Sinn, die unter die Verbandsautonomie fallen. Allerdings ist dieser Fall als Grenzfall anzusehen, weil im Tennis „das Doppel" als eigene Disziplin anzuerkennen ist, deren Ausübung im Lichte des Grundrechts auf Berufsfreiheit nicht ohne gute Gründe von der erfolgreichen Ausübung einer benachbarten Disziplin abhängig gemacht werden sollte.

D. Mitgliedschaftspflichten

Zur Verwirklichung des Vereinszwecks ist das Mitglied grundsätzlich verpflichtet, *Beiträge* 147
zu entrichten. Die Beitragsregelung muss gem. § 58 Nr. 2 BGB satzungsmäßig festgelegt sein. Eine ziffernmäßige Bestimmung der Beitragshöhe ist nicht erforderlich.[342] Die Mitgliedschaft stellt ein gegenseitiges Treueverhältnis dar, so dass auch das Mitglied dem Verein zur Treue verpflichtet ist. Die *Treuepflicht* verlangt vom Mitglied, sich gegenüber dem Verein loyal zu verhalten, seine Zwecke aktiv zu fördern und alles zu unterlassen, was dem Vereinszweck schadet.[343] So darf der Athlet seine Mannschaft bei Wettkämpfen nicht grundlos im Stich lassen.[344] Eine Teilnahmepflicht kann aus der Treuepflicht nicht abgeleitet werden, auch nicht an Wettkämpfen, die für das Renommee des Vereines von Bedeutung sein mögen. Deshalb gehen die Vereine/Verbände zunehmend dazu über, Sportler zu vertraglichen Zusagen zu verpflichten, so z. B. der DLV mittels seiner Anfang 1995 ins Leben gerufenen „Athletenvereinbarung".[345]

E. Die Verbindlichkeit des Vereins-/Verbandsregelwerks

Satzungen und Nebenordnungen bestimmen traditionell Rechte und Pflichten der Vereins- und Verbandsmitglieder.

I. Geltung gegenüber unmittelbaren Mitgliedern

Unmittelbare Mitgliedschaften bestehen im Regelfall zwischen Sportler und Verein 148
und Verein und Dachverband. Die Mitglieder erlangen die Mitgliedschaft entweder im Stadium der Vereins- und Verbandsgründung oder durch *Beitritt*. Die Gründer schließen einen Vertrag, nämlich die für sie und alle nachfolgenden Mitglieder verbindliche Satzung. Nach der *Vertragstheorie* bleibt die Satzung auch nach der Gründung Vertrag. Nach der *Normentheorie* ist die Satzung von Anfang an Rechtsnorm. Die *modifizierte Normentheorie* hält die Satzung nur während der Gründung für einen Vertrag. Danach erhalte sie den Charakter einer Rechtsnorm.[346] Die Satzungen enthalten organisationsrechtliche und schuldrechtliche Elemente. Neben Zuständigkeitsvorschriften können in der Satzung

---

[341] *Roth/Walther*, SpuRt 2005, 195 ff. Vgl. auch Rz. 84 (Lizenzierungsverfahren).
[342] BGH NJW 1995, 2981; *Palandt/Heinrichs* § 58 Rz. 5.
[343] BGH MDR 1978, 29; *Reichert* Rz. 890 ff.
[344] *MüKo-Reuter* § 38 Rz. 25.
[345] Genauer unten, Rz. 163.
[346] Zu den verschiedenen Theorien vgl. *Palandt/Heinrichs* § 25 Rz. 3.

auch Regeln über die Benutzung von Vereinseinrichtungen stehen. Das Mitglied erbringt den Mitgliedsbeitrag. Als Gegenleistung erhält es ein Benutzungsrecht an den Sportanlagen. Das Mitglied erstrebt mit Beitragsentrichtung nicht ausschließlich die Förderung der ideellen Zwecke, sondern konkrete Vorteile im Sinne von Leistung und Gegenleistung. Insoweit ist der Vertragstheorie zuzustimmen.

149 Der *Vereinsbeitritt* des Sportlers und der *Verbandsbeitritt* des Vereins erfolgen durch Aufnahmevertrag. Aufgrund der schon bestehenden Satzung wird von einer punktuellen Einigung abgesehen. Mit Aufnahme erkennt das Mitglied die Satzung und etwaige Nebenordnungen der Sportorganisation an und wird so an dessen Regelwerk gebunden. Die Wandlung der Satzung von einem ursprünglich privatrechtlichen Vertrag zur körperschaftlichen Verfassung eines Vereins ändert nichts daran, die Satzung als Ausfluss privater Willensbetätigung zu beurteilen.[347]

150 Zum Teil wird vertreten, der Aufnahmevertrag sei kein *gegenseitiger Vertrag* i. S. d. §§ 320 ff. BGB. Es fehle an der Verknüpfung von Leistung und Gegenleistung, weil die Verwirklichung gemeinsamer Zwecke im Vordergrund stehe.[348] Dem ist entgegenzuhalten, dass selbst auf den von gemeinsamer Zwecksetzung dominierten Gesellschaftsvertrag die §§ 320 ff. BGB, wenn auch mit Einschränkungen, anwendbar sind.[349] Da der Vereinsbeitritt auch auf die schuldrechtlichen Komponenten der Satzung abzielt, besteht in diesen Teilen ein Verhältnis von Leistung und Gegenleistung, so dass die §§ 320 ff. BGB zumindest eingeschränkt für den Aufnahmevertrag gelten.[350]

151 Ferner gilt, dass *Nichtigkeits- und Anfechtungsgründe* bezüglich des Aufnahmevertrags nur mit Wirkung ex nunc und nicht rückwirkend (ex tunc) geltend gemacht werden könnten. Entsprechend den Grundsätzen über den Beitritt zur fehlerhaften Gesellschaft soll vermieden werden, dass mitgliedschaftliche Rechte und Pflichten für die Vergangenheit in Frage gestellt werden können.[351] Ebenso wie die Rückabwicklung gesellschaftlicher, führt die Rückabwicklung mitgliedschaftlicher Verhältnisse, z. B. bei nachträglicher Korrektur von Abstimmungen, zu erheblichen Schwierigkeiten. Das Mitglied hat in der Regel bereits Vereinsleistungen oder Vereinseinrichtungen in Anspruch genommen. Beitrittsmängel begründen daher lediglich ein ex nunc wirkendes Austrittsrecht. Ausnahmsweise kann die Fehlerhaftigkeit bei fehlender Geschäftsfähigkeit, Sittenwidrigkeit oder Verbotswidrigkeit (Aufnahme in einen Verein trotz Vereinsverbots) mit Rückwirkung geltend gemacht werden.

152 Die für das Vereinsleben wesentlichen *Rechte und Pflichten* müssen in der *Vereins- bzw. Verbandssatzung* geregelt sein. Hierzu zählen beispielsweise Dopingregeln und verbandsrechtliche Sanktionen.[352] Werden solche wesentlichen Grundentscheidungen in Nebenordnungen geregelt, die nicht in der Satzung selbst zum Satzungsbestandteil erklärt sind, also lediglich satzungsergänzenden Charakter haben und nicht in das Vereinsregister eingetragen sind, so folgt daraus keine rechtswirksame Bindung der Mitglieder. Aus Gründen des Mitgliederschutzes wird der Kreis der der Satzung zuzurechnenden Sachverhalte weit gezogen.[353] Deshalb genügt es auch nicht, wenn eine Nebenordnung sich selbst zum Bestandteil der Satzung erklärt. Vielmehr muss es umgekehrt sein. Ändert ein Sportverband seine Regeln, muss er die Änderung nicht jedem einzelnen Sportler mitteilen; allerdings bedarf es, um sie verbindlich zu machen, einer Verankerung in Satzung bzw. Nebenordnung(en) sowie einer Bekanntmachung im Mitteilungsblatt oder durch Aus-

---

[347] BayObLG 77, 10; *Larenz* AT, § 10 III; grundlegend *Hadding*, S. 165 (188); *Nicklisch*, S. 24; *van Look*, S. 72 f.
[348] *MüKo-Reuter* § 38 Rz. 34, *Pfister* FS Lorenz, S. 184.
[349] *Palandt/Thomas* § 705 Rz. 13.
[350] A. A. *MüKo-Reuter* § 38 Rz. 17.
[351] *Reichert* Rz. 966 ff.
[352] DLV-Rechtsausschuss, NJW 1992, 2588, 2590; *Vieweg* SpuRt 1995, 188; *Meinberg/Olzen/Neumann* RuS 5, 84 f.; vgl. ausführlich Rz. 8.
[353] BGHZ 47, 172, 178; vgl. auch oben Rz. 8.

hang.³⁵⁴ Selbstverständlich genügt auch eine vertragliche „Unterwerfung" unter die jeweils aktuellen Statuten, beispielsweise in einer Athletenvereinbarung oder einem Lizenzvertrag.

II. Geltung gegenüber mittelbaren Mitgliedern[355]

1. Lückenloses System korrespondierender Satzungsverankerung (korporationsrechtliches Modell).

Satzungsbestimmungen eines übergeordneten Verbandes sind gegenüber mittelbaren **153** Mitgliedern (Nichtmitgliedern), also Sportlern und Vereinen, nur dann bindend, wenn sie *lückenlos* auch in der Satzung der nachgeordneten Vereine und Verbände verankert sind.³⁵⁶ In unserer Rechtsordnung kann nur der Staat einseitig Recht setzen. Im Privatrechtsverkehr, zu dem auch das Sportverbandswesen gehört, kann dies kein Rechtssubjekt; es ist auf die rechtsgeschäftliche Zustimmung derjenigen angewiesen, die gebunden sein sollen. Es gibt **keine** „Durchgriffswirkung" des höheren Verbandsrechts auf nachrangiges Vereinsrecht oder gar auf den einzelnen Sportler im Sinne eines „self executing".³⁵⁷ Fehlt die Verankerung, kann eine Bindung nicht einfach durch einen konkludent zustande gekommenen Vertrag konstruiert werden, wenn nicht deutliche Anhaltspunkte einer Unterwerfung vorliegen. Räumen Verbandsstatuten einem Sportler (als Nicht-Mitglied) Rechte ein, so kann dieser sich unmittelbar auf sie berufen („*Satzung zugunsten Dritter*").

Ob eine Verankerung vorliegt, ist unter dem Stichwort „statische" – „dynamische" Verweisung diskutiert worden:

a) Statische Verweisung. Eine *statische* Verweisung liegt vor, wenn der nachgeordnete **154** Verein pauschal in der eigenen Satzung die Regeln und Bestimmungen des übergeordneten Verbandes für unmittelbar verbindlich erklärt. Unzulässig und ohne rechtliche Bindungswirkung für das mittelbare Mitglied ist eine solche Generalverweisung, wenn versäumt wird, die Satzung des übergeordneten Verbandes ausdrücklich zu benennen und die „übernommenen" Bestimmungen im Einzelnen aufzuführen. Nach Sinn und Zweck des Gebots lückenloser Satzungsverankerung soll das einzelne Mitglied vorhersehen können, welchen konkreten Bestimmungen es sich unterwirft. Eine statische Verweisung ist nur zulässig, wenn sie widerspruchsfrei und verständlich gefasst ist und die einzelnen in Bezug genommenen Regelungen des Verbandes bestimmt bezeichnet.³⁵⁸ Zum Teil wird die wörtliche Wiedergabe der Verbandsvorschriften in der Satzung des Mitgliedsvereins für erforderlich gehalten.³⁵⁹ Dieser Auffassung ist aus Gründen der Transparenz und des Schuldprinzips zumindest dann zu folgen, wenn dem Sportler schwere Nachteile drohen. So genügt es z. B. nicht, dass die Vereinssatzung auf Doping-Rahmenrichtlinien eines übergeordneten Verbands lediglich verweist. Vielmehr müssen diese *in ihrem Kern* (Tatbestand, Sanktion) *wörtlich* aufgeführt werden. Die einzelnen verbotenen Substanzen einer Dopingliste können dann allerdings in einer Nebenordnung, die ständiger Aktualisierung offensteht, untergebracht werden

Kommt es trotz Auslegung zu einem Widerspruch zwischen zwei Statutenbestimmungen, auf die wirksam verwiesen wurde, gebührt der spezifischen Regelung des unteren **155**

---

[354] Ähnlich *Pfister* JZ 1995, 467; zum Publizitätserfordernis vgl. auch Rz. 119.
[355] Zum Begriff vgl. *Reichert* Rz. 709 ff. und oben Rz. 106.
[356] BGHZ 28, 134 = NJW 1958, 1867; BayObLGZ 1986, 528 (534); OLG Frankfurt GRUR 1985, 992; Rechtsausschuss DLV NJW 1992, 2591; *Reuter* RuS 7, 67 ff.; *MüKo-Reuter* vor § 21 Rz. 122; *Vieweg* Normsetzung, 335 f.; *derselbe* NJW 1992, 2540; *Lukes* Erstreckung, 344; *Burmeister* DÖV 1978, 9; *Heermann*, NZG 1999, 325 ff.; *Meinberg/Olzen/Neumann* RuS 5, 72.
[357] *Pfister* SpuRt 1996, 48.
[358] OLG Hamm OLGZ 1987, 397 = NJW-RR 1988, 183.
[359] *Stöber* Rz. 34; a. A. *Sauter/Schweyer/Waldner* Rz. 132 und *Reichert* Rz. 426.

Verbandes/Vereines der Vorrang vor dem nur generellen Verweis in seiner Satzung auf das Regelwerk des höheren Verbandes.³⁶⁰

156 b) Dynamische Verweisung. Eine *dynamische* Verweisung liegt vor, wenn der nachgeordnete Verein Satzungen und Ordnungen des übergeordneten Verbandes in ihrer *jeweiligen* Fassung für unmittelbar verbindlich erklärt. Gegenüber der statischen Verweisung sollen auch sämtliche Änderungen *automatisch* mit übernommen werden. Dynamische Verweisungen sind *nicht zulässig*, weil sie gegen §§ 21, 71 BGB verstoßen.³⁶¹ Wenn demnach Satzungsbestandteile des Verbandsrechts geändert werden, muss auch die Satzung des nachgeordneten Vereins angepasst werden, was zwingend eine Registereintragung und meist auch einen Beschluss der Mitglieder (nicht nur des Vorstands) erfordert.

157 In der Praxis ist das Gebot der lückenlosen Satzungsverankerung nur selten verwirklicht. Dies mag unter anderem daran liegen, dass eine solche Verankerung von „ganz oben bis nach ganz unten" über sämtliche Vereinsebenen hinweg einen großen Verwaltungs- und Kontrollaufwand bedeutet. Besondere Schwierigkeiten bringt sie für Mehrspartenvereine, die das Regelwerk mehrerer Sportverbände in ihre Satzung aufnehmen müssten. Deshalb sind einige Spitzenverbände dazu übergegangen, zumindest die herausragenden Athleten bzw. diejenigen eines A-Kaders zu individuellen vertraglichen Vereinbarungen zu bewegen.

2. Vertrag (individualrechtliches Modell)

158 Ein Sportler kann einzelvertraglich das Regelwerk des Verbandes oder Teile davon anerkennen, und zwar ausdrücklich oder durch schlüssiges (konkludentes) Verhalten. Dafür hat der BGH im *Reiter-Fall* zwei unbedenkliche Wege aufgezeigt:

„Die eine gebräuchliche Form der Unterwerfung besteht darin, dass der Sportler seine *Meldung* zu einem konkreten Wettbewerb abgibt, der ausdrücklich nach Wettkampf- und Disziplinarordnung des für die betreffende Sportart verantwortlich zeichnenden Verbandes ausgeschrieben ist. In diesem Fall erklärt der Sportler durch seine Meldung ausdrücklich oder konkludent, dass er die nach diesen Ordnungen für die Durchführung des betreffenden Wettbewerbs geltenden Regeln und die für den Fall ihrer Verletzung angedrohten Sanktionen des zuständigen Verbandes als auch für sich verbindlich anerkennt. Die andere in der Praxis anzutreffende Form rechtsgeschäftlicher Unterwerfung besteht darin, dass der Sportler auf seinen Antrag bei dem für seine Sportart zuständigen Verband eine *generelle Start- oder Spielerlaubnis* (Sportler- oder Spielerpass bzw. Spielerausweis oder Lizenz) erwirbt, bei deren Erhalt er verspricht, bei seiner sportlichen Betätigung die von dem Verband für die Ausübung dieser Sportart aufgestellten Regeln zu beachten und sich im Falle von Regelverstößen dessen Sanktionen zu unterstellen."³⁶²

159 Daraus folgt, dass für die Praxis drei vertragliche Abschlussformen in Betracht kommen:
– der *Teilnahme- oder Nominierungsvertrag*, der die Meldung und Zulassung eines Sportlers zu einem konkreten Wettkampf beinhaltet

– eine *Lizenz* (Spielerlaubnis, Reiterausweis, Athletenpass), die der Verband dem Sportler oder Club auf Antrag erteilt und die diesem eine generelle Teilnahmeberechtigung einräumt.³⁶³

---

³⁶⁰ *Pfister* SpuRt 1996, 50.
³⁶¹ BGH NJW 1995, 585 = SpuRt 1995, 46; BGH NJW-RR 1989, 376; OLG Dresden SpuRt 2005, 209; *Vieweg* NJW 1992, 2540; *Reichert* Rz. 429 und 447; *Reuter* RuS 7, 67; OLG Frankfurt NJW 1983, 2576; OLG Hamm NJW-RR 1988, 184; Rechtsausschuss DLV NJW 1992, 2591; *MüKo-Reuter* vor § 21 Rz. 120; *Fenn* SpuRt 1997, 78 f.; *Palandt/Heinrichs*, § 25 Rz. 2. A. A. *Haas/Haug/Reschke* B 2. Kap. Rz. 17.
³⁶² BGHZ 128, 93 = BGH NJW 1995, 586 = JZ 1995, 461 = SpuRt 1995, 43; vgl. zu diesem Urteil *Pfister* JZ 1995, 464, *Vieweg* SpuRt 1995, 97 und *Fenn* SpuRt 1997, 77.
³⁶³ Ähnlich *Vieweg* SpuRt 1995, 99; *Pfister*: sog. „Regelanerkennungsvertrag", FS Lorenz, S. 185; *Reichert*, SpuRt 2003, 3 ff.

– der individuell ausgehandelte *Einzelvertrag* (z. B. Michael Schumacher mit Formel I-Veranstalter)

Der *Einzelvertrag* wird die Ausnahme für wenige Spitzensportler bleiben, weil diese **160** Form viel Aufwand verursacht und eine seitens des Verbandes nicht immer erwünschte „Sonderbehandlung" mit sich bringt. Praktikabler sind die anderen beiden Formen. Im Regelfall entscheidet der Verband, welche Sportler an bestimmten Wettkämpfen teilnehmen dürfen. Erklärt sich der Sportler zur Teilnahme am Wettkampf bereit, so kommt zwischen Verband und Sportler ein *Teilnahme- oder Nominierungsvertrag* zustande. Beiderseitig werden Rechte und Pflichten begründet. Der Sportler verpflichtet sich zum Start, den Verband treffen Betreuungs- und Förderpflichten, z. B. Meldung für internationale Wettkämpfe bei internationalen Verbänden. Der Inhalt dieses Vertrages ist im Wege der Auslegung gem. §§ 133, 157 BGB zu ermitteln. Bei Bestimmung der Pflichten ist die Ebene zu beachten, auf welcher der Vertrag geschlossen wird. Eine Kaderberufung begründet ihrer Intensität nach andere Pflichten als die Nominierung unmittelbar für einen Wettkampf. Gebunden wird der Sportler an das zum Zeitpunkt des Vertragsabschlusses geltende, sich auf den konkreten Wettkampf beziehende Verbandsrecht. Die Unterwerfung ist sachlich auf die Bereiche begrenzt, an denen auch ein Nichtmitglied interessiert ist.[364] Eine dynamische Verweisung in dem Vertrag soll aber zulässig sein (§§ 315 ff. BGB).[365] Der Nominierungsvertrag kann als Geschäftsbesorgungsverhältnis mit einem überdurchschnittlich starken Bezug zum Auftragsrecht gekennzeichnet werden.[366]

Schwachpunkt dieses Vertragsmodells ist, dass sich eine solche Bindung nicht automa- **161** tisch auf das Geschehen *außerhalb* des Wettkampfbetriebs, z. B. Doping-Trainingskontrollen, erstreckt. Außerdem sind Sportler, die nicht an Wettkämpfen teilnehmen, auch nicht an Dopingbestimmungen gebunden. Solche *Bindungslücken* vermeidet die zweitgenannte Form, also ein rechtsgültig unterzeichneter Athletenpass oder eine in regelmäßigen Abständen beantragte und erteilte *Lizenz*.[367]

Voraussetzung ist stets die Einbeziehung des Regelwerkes durch zumutbare *Kenntnisnah-* **162** *me* durch den Sportler und dessen Einverständnis damit. Stehen die darin vereinbarten Leistungen in einem Gegenseitigkeitsverhältnis, sind nach hier vertretener Auffassung die §§ 305 ff. BGB (früher AGBG) anwendbar.[368] Die wirksame Einbeziehung des Regelwerks bestimmt sich dann nach § 305 Abs. 2 BGB.[369] Im *Reiter*-Fall hatten die Beteiligten im Antrag auf erstmalige Erlangung des Reiterausweises *ausdrücklich* erklärt, dass sie die Leistungsprüfungsordnung (LPO) der Deutschen Reiterlichen Vereinigung als für sich verbindlich anerkennen. In den Anträgen auf Wiederausstellung dieses Ausweises hatten sie in jährlichen Abständen versichert, dass ihre im Erstantrag abgegebenen Erklärungen weiterhin Gültigkeit besäßen. Darüber hinaus hatte der Verband allen Turnierreitern die vollständige LPO zusammen mit dem ersten Reitausweis zugesandt.[370] Allein die Ausschreibung eines Wettkampfes unter vagem Hinweis auf ein Regelwerk oder ein Hinweis auf die Regeln durch Aushang oder die Einreichung von Nennungsschecks, die auf andere als die Wettkampfregeln verweisen, führt noch keine konkludente Bindung herbei.[371]

---

[364] OLG Düsseldorf SpuRt 1995, 171 (Rennreiter); *Lukes*, S. 343 f.
[365] *Pfister* FS Lorenz, S. 185; *Reichert* Rz. 717.
[366] Ausführlich *Hohl*, S. 104 ff.
[367] *Vieweg* SpuRt 1995, 99; OLG München SpuRt 1996, 134 (Krabbe); *Reichert*, SpuRt 2003, 3 ff.
[368] *Pfister* JZ 1995, 466; a. A. BGH NJW 1995, 583, der wohl auch hier § 242 BGB anwenden würde; vgl. auch *Vieweg* SpuRt 1995, 99; genauer Rz. 312 ff.
[369] Vgl. auch *Meinberg/Olzen/Neumann* RuS 5, 74; *Heermann*, NZG 1999, 328 ff.
[370] BGH NJW 1995, 586 = JZ 1995, 461 = SpuRt 1995, 43.
[371] A. A. wohl BGH NJW 1995, 586, der die genannten Kriterien möglicherweise alternativ ausreichen lässt, wobei im genannten Fall die Kriterien allerdings kumulativ vorlagen; unzutreffend *Lindemann* SpuRt 1994, 20, der unterstellt, „dass es immer zu einer rechtsgeschäftlichen ausdrücklichen oder stillschweigenden Unterwerfung des einzelnen Sportlers unter die maßgeblichen Ordnungen kommt".

Ebenso wenig kommt alleine durch leistungsorientierte Sportausübung eine Bindung an das Verbandsregelwerk außerhalb des Wettkampfes zustande.[372]

Sofern allerdings im Antragsformular oder in der Lizenz auf die *Wettkampfregeln* verwiesen wird, werden diese Vertragsinhalt, soweit der Sportler mit ihnen zumutbarerweise rechnen muss. Dies ist durch Auslegung nach dem objektiven Empfängerhorizont zu ermitteln (§§ 133, 157 BGB). Überraschende Regeln werden nach dem Maßstab des § 305 c BGB nicht Vertragsbestandteil.[373] Deshalb darf auch eine unzulängliche satzungsrechtliche Bindung nicht einfach in einen konkludent zustande gekommen Vertrag umgedeutet werden, weil sonst zu Recht strenge Vorgabe des BGH, dass nämlich Grundentscheidungen aus Gründen der Rechtssicherheit in die Satzung gehören, unterlaufen würde. Jeder Einzelfall bedarf genauer Prüfung.

163 Von den Sportverbänden haben FIS und DLV jeweils ein Modell ins Leben gerufen, welches Rechte und Pflichten einzelner Sportler vertraglich festschreiben will. Der Internationale Skiverband (FIS) hat zusätzlich zu der Aktivenerklärung gegenüber dem DSV eine internationale Fahrerlizenz mit Beginn der Ski-Saison 94/95 eingeführt. Die sog. *„Athletenerklärung im Zusammenhang mit dem Antrag zur Erteilung einer internationalen (FIS) Lizenz„* umfasst vier Bereiche, erstens die Bezeichnung der Risiken, zweitens die Risikobereitschaft, drittens die persönliche Haftung und viertens die Vereinbarung über Streitfälle. Unter dem Punkt „Risikobereitschaft" heißt es:

„Ich erkläre, die internationale Wettkampfordnung gelesen zu haben und zu verstehen und erkläre weiter mich durch alle anderen seitens der Organisatoren, der FIS oder der Partner der FIS festgelegten Regeln gebunden. Ich verpflichte mich, die Trainings- und Wettkampfstrecken (Strecke, Streckenführung, Sprungschanzen usw.) sowie deren Sicherheitseinrichtungen umfassend und persönlich zu prüfen. Ich verpflichte mich auch, allfällige Bedenken und Verbesserungsvorschläge vor dem Start entweder persönlich oder durch meinen Mannschaftsführer dem zuständigen Funktionär oder der Jury zu melden. Ohne Rücksicht auf das Gewicht meiner Bedenken gebe ich mit meinem Start zu erkennen, dass ich den gegebenen Zustand der Rennstrecke (Sprungschanze) sowie die vorhandenen Sicherheitseinrichtungen als angemessen und zufriedenstellend erachte und bereit bin, das mit dem Start verbundene Risiko einzugehen. Ich bin mir bewusst, dass ich die Pflicht habe, allfällige Bedenken zur Sicherheit der Wettkampf- oder Trainingsstrecken zu melden und meine Unterlassung dieser Meldung als Verzicht auf jeden sich darauf beziehenden Anspruch zu gelten hat."

Unter der Überschrift „persönliche Haftung" heißt es:

„Ich übernehme auch die volle und alleinige Verantwortung für die im Training oder Wettkampf verwendete Ausrüstung und erkenne weiter an, dass es nicht der Verantwortung des Organisators, Veranstalters oder Beauftragten unterliegt, diese Ausrüstung zu prüfen oder zu überwachen".

Unter der Überschrift „Vereinbarung über Streitfälle" heißt es:

„Ich erkläre mich einverstanden, vor Einleitung eines Rechtsstreits bei einem ordentlichen, zuständigen Gericht meine Ansprüche einem Schiedsgericht ... einzureichen. und in gutem Glauben jedes zugesprochene Urteil anzuerkennen ... Insbesondere erkläre ich mich einverstanden, dass jede Entschädigung, welche mir durch meinen persönlichen Versicherer oder dank einer für mich durch meinen Verein oder meinen nationalen Verband abgeschlossenen Versicherung zufließt, an einen durch Vergleich, durch Entscheid des Schiedsgerichtes oder durch Urteil eines öffentlichen Gerichts zugesprochenen Betrag angerechnet wird."[374]

164 Der *DLV* hat 1995 die *Athletenvereinbarung* für Kaderathleten eingeführt. Damit will er si-

---

[372] A. A. *Haas/Adolphsen* NJW 1995, 2147 f., die von einer Drittbegünstigung der Verbandssatzung (§ 328 BGB) als Kehrseite belastende Bindungen ableiten wollen.
[373] *Pfister* JZ 1995, 465 f.
[374] Zu den haftungsrechtlichen Bedenken vgl. 5. Teil, Rz. 72.

cherstellen, dass Spitzenathleten bei bestimmten Sportmeetings antreten. Ein gesichertes hochkarätiges Teilnehmerfeld wirkt positiv auf die Vermarktung der Veranstaltung. Die Athleten verpflichten sich etwa, das Ansehen des Verbandes in der Öffentlichkeit zu stärken, indem sie sich bereitwillig an Maßnahmen der Öffentlichkeitsarbeit beteiligen. Weiter verpflichten sie sich, den Kampf gegen Doping zu unterstützen, festgelegte Kleidung bei Nationalmannschaftseinsätzen zu tragen sowie bei Konflikten zuerst den verbandsinternen Rechtsweg auszuschöpfen. Darüber hinaus besteht Abschlussmöglichkeit für ein Schiedsgericht.[375]

III. Geltung olympischen Rechts gegenüber NOKs, Fachsportverbänden und Athleten

Die Olympische Satzung (Olympic Charter), auch IOC-Satzung genannt, ist die Verfassung der gesamten olympischen Bewegung. Die 61 Regeln und die zahlreichen dazugehörigen Durchführungsbestimmungen (Bye laws) sind gemäß der aktuellen, seit 1. 9. 2004 geltenden Fassung in 5 große Abschnitte unterteilt. Nach der Präambel und den „Fundamental Principles of Olympism" sind dies die folgenden: „The Olympic Movement and its Action"; „The International Olympic Committee"; „The International Federations"; „The National Olympic Committees"; „The Olympic Games". Der universelle Geltungsanspruch des IOC fußt vor allem auf den Regeln 1, 2, 3, 6 und 7 der Satzung.[376] **165**

Gemäß Regel 6 Abs.1 der Satzung sind die Olympischen Spiele nicht Wettkämpfe zwischen Ländern, sondern zwischen Athleten bzw. Mannschaften. Dennoch ist das IOC sehr daran interessiert, den jeweiligen Staat, in dem die Olympischen Spiele stattfinden, in die Verantwortung einzubinden. Dies macht Regel 34 Abs. 3 der Satzung deutlich. Danach wird die Ausrichtung der Olympischen Spiele einer Stadt nur dann anvertraut, wenn die Bundesregierung des entsprechenden Landes gegenüber dem IOC eine Garantie dergestalt abgibt, dass das Land und seine Behörden die Olympische Satzung anerkennen. Deutschland hat diesbezüglich sogar ein eigenes Olympiaschutzgesetz im Jahr 2004 erlassen.[377] Gegenüber allen anderen Staaten, die nicht Gastgeber sind, besteht kein Geltungsanspruch des IOC, weder aufgrund der Satzung noch aufgrund Gesetzes noch durch eine gewohnheitsrechtliche Unterwerfung der Staaten.[378] Die ca. 200 NOKs sind nach jeweils nationalem Recht eigenständig gegründet und regelmäßig als Verein eingetragen. Das IOC erkennt nur ein einziges NOK pro Land an. „Land" ist autonom aus der Satzung heraus auszulegen (Regel 31) und deckt sich nicht notwendigerweise mit dem völkerrechtlichen Staatsbegriff. **166**

Die wichtigsten Steuerungsmittel des IOC sind die in seinem freien Ermessen liegende Anerkennung eines *NOKs*, die Genehmigung von dessen Satzung und dessen Unterwer- **167**

---

[375] Ausführlich *Prokop*, Akademieschrift 49, 19 ff.; *Haas/Prokop* SpuRt 1996, 109 und 187 ff.; kritisch hierzu *Vieweg/Hannamann*, Akademieschrift 49, 43 ff. Das Muster ist abgedruckt bei *Haas/Haug/Reschke* C VII 2.

[376] "Under the supreme authority of the International Olympic Committee, the Olympic Movement encompasses organisations, athletes and other persons who agree to be guided by the Olympic Charter. The goal of the Olympic Movement is to contribute to building a peaceful and better world by educating youth through sport practised in accordance with Olympism and its values (Regel 1 Abs.1). The authority of last resort on any question concerning the Olympic Games rests with the IOC (Regel 6 Abs. 3). The Olympic Games are the exclusive property of the IOC which owns all rights and data relating thereto, in particular, and without limitation, all rights relating to their organisation, exploitation, broadcasting, recording, representation, reproduction, access and dissemination in any form and by any means or mechanism whatsoever, whether now existing or developed in the future. The IOC shall determine the conditions of access to and the the conditions of any use of data relating to the Olympic Games and to the competitions and sports performances of the Olympic Games (Regel 7 Abs. 1)." Vgl. auch Anhang B.

[377] BGBl. I, S. 479; kritisch hierzu *Degenhart*, AfP 2006, 103 und LG Darmstadt, SpuRt 2006, 164 = AfP 2006, 191.

[378] Vgl. *Summerer*, S. 107.

fung unter die unbedingte Strafgewalt des IOC (Regeln 28/29 mit Ausführungsbestimmung 1). Zu beachten ist, dass die NOKs nicht Mitglieder des IOC sind. Die Rechtsbeziehungen zwischen IOC und NOK sind daher nur mittelbar verbandsrechtlicher Natur. Das korporationsrechtliche Modell scheidet hier aus, weil es an der notwendigen „Transformation" fehlt, d.h. die Satzung eines NOK beinhaltet keine der olympischen Satzung gleichlautenden Regeln, sondern enthält lediglich eine Adaptionsklausel, wonach ganz allgemein IOC-Recht gelten soll (§ 2 -Abs. 2 DOSB-Satzung). Eine solche dynamische Verweisung ist unzulässig.[379] Deshalb kann eine wirksame Bindung an IOC-Recht nur dadurch erfolgen, dass man das *Anerkennungsgesuch* des NOK als vertraglichen Antrag versteht, den das IOC dadurch annimmt, dass es das jeweilige NOK anerkennt und auf sein Regelwerk verpflichtet (Ausführungsbestimmung 1 zu Regeln 28/29 Olympische Satzung). Ebenso muss das NOK Änderungen seiner Satzung dem IOC mitteilen und um Genehmigung nachsuchen (Ausführungsbestimmung 1.3 zu Regeln 28/29). Regel 61 erklärt das Schiedsgericht CAS für zuständig in Bezug auf alle Streitigkeiten im Zusammenhang mit den Olympischen Spielen.

In Italien[380] und Frankreich[381] sind die jeweiligen NOKs von Staats wegen verpflichtet worden, ihre Regelwerke nach der olympischen Satzung auszurichten.

168 Für nahezu jede Sportart gibt es einen *internationalen Fachsportverband* (IF). Dessen Aufgaben gehen über den olympischen Bereich weit hinaus; doch hinsichtlich ihrer Teilnahme an den Olympischen Spielen unterliegen die IFs der *Anerkennung* durch das IOC; deren Satzung muss mit der olympischen Satzung übereinstimmen (Regel 26 der Olympischen Satzung). Regel 27 überträgt den IFs verschiedene Aufgaben, z. B. die Verantwortung für die technische Ausgestaltung ihrer Sportarten. Häufig adaptieren die IFs die olympische Zulassungsregel. Es finden sich auch Adaptionsregeln, die die Olympische Satzung generell für anwendbar erklären. Die IFs unterwerfen sich also wie auch das NOK den für sie bestimmten Regeln der Olympischen Satzung durch ihr Anerkennungsgesuch.

169 Die *nationalen Fachsportverbände* haben keine vertragliche Beziehung mit dem IOC. Regel 30 der Olympischen Satzung schreibt ihnen zwar vor, dass ihre Statuten mit der Olympischen Satzung und denjenigen des entsprechenden Weltverbandes (IF) übereinstimmen müssen. In der Praxis fehlt es häufig auch an einer ausreichenden Satzungsverankerung, um die IOC-Regeln verbindlich zu machen. In der Satzung der nationalen Fachsportverbände müsste nämlich im Einzelnen ausgeführt werden, an welche Bestimmungen der olympischen Satzung der nationale Fachsportverband gebunden sein will. Eine vertragliche Anknüpfung kommt nur insoweit in Betracht, als das IOC eine bestimmte Sportart zur olympischen erklärt und der betreffende nationale Fachsportverband die Athleten dieser Sportart bei Olympischen Spielen repräsentiert.

170 Die *Athleten* müssen sich gegenüber dem IOC in einem Meldeformular für die Olympischen Spiele der Olympischen Satzung, vor allem der Zulassungsregel und dem World Anti-Doping Code, unterwerfen. Auch die Schiedsgerichtsbarkeit des CAS für sämtliche Streitigkeiten in Zusammenhang mit der Teilnahme an den Olympischen Spielen wird in dieser Erklärung begründet (Ausführungsbestimmung 6 zu Regel 45 der Olympischen Satzung). Diese Unterwerfung kann als Regelanerkennungsvertrag ausgelegt werden.

IV. Geltung des Rechts der internationalen Fachsportverbände gegenüber nationalen Fachsportverbänden und Athleten

171 Um am Weltsport teilnehmen zu können, müssen die nationalen Fachsportverbände Mitglieder der jeweiligen Weltsportverbände sein. Es gilt das Ein-Platz-Prinzip, d.h. nur ein Fachsportverband pro Land wird aufgenommen (z. B. § 4 Abs. 2 IAAF-Satzung). So ha-

---

[379] Vgl. oben, Rz. 153, 156.
[380] Vgl. die Präsidialdekrete Nr. 530 v. 2. 8. 1974 und Nr. 157 v. 28. 3. 1986.
[381] Vgl. Art. 19 I Satz 2 Loi No. 84–610 v. 16. 7. 1984.

ben FIFA und IAAF, die beiden größten Weltsportverbände, über 200 Mitgliedsverbände. Die IFs bestimmen in ihren Satzungen ihre Sanktionsgewalt. Bisweilen wird diese einschließlich Tatbestand vom nationalen Fachsportverband in eine Parallelbestimmung transformiert, meistens wird die gesamte Satzung durch eine pauschale Geltungsanordnung adaptiert, z. B. durch beidseitigen Geltungsbefehl. Zu beachten ist, dass eine statische Verweisung hinreichend bestimmt sein muss, um eine Bindungswirkung zu erzielen.[382]

Eine *vertragliche* Bindung der Athleten besteht bisher nur mit wenigen Sportverbänden, **172** beispielsweise DLV und FIS (s. Rz. 163 f.). Eine *satzungsrechtliche* Bindung besteht nur dann, wenn diejenigen Bestimmungen, die für den Athleten gelten sollen, auf dem Wege lückenloser Satzungsverankerung hinreichend transparent fixiert sind.[383] Fehlt es an einer ausreichenden Verankerung, kann dieses Manko nicht einfach durch die Annahme *gewohnheitsrechtlicher* Geltung übertüncht werden.[384]

3. Kapitel. Ordnungs- und Strafgewalt der Vereine/Verbände

A. Rechtsetzungs- und Ordnungsmaßnahmen

Die Austragung von Sportwettkämpfen erfordert Zulassungsregeln, technische Wett- **173** kampfregeln und eine Kontrolle über deren Einhaltung. Anderenfalls wäre eine Gleichbehandlung der Athleten nicht gewährleistet. Im Rahmen ihrer durch § 25 BGB und Art. 9 Abs. 1 GG garantierten *Vereinsautonomie* sind die Vereine und Verbände berechtigt, Verhaltenspflichten festzulegen und diese mittels eigener Ordnungs- und Strafgewalt durchzusetzen.[385] Hinsichtlich der für die Beziehung zwischen Verein und Sportler bedeutsamen Sachverhalte, z. B. Zulassungsvoraussetzungen zum Wettkampf, besteht sogar eine *Regelungspflicht,* die sich aus der verbandsrechtlichen Förderpflicht ableitet.[386]

Zu unterscheiden sind Rechtsetzungsmaßnahmen sowie Ordnungsmaßnahmen, mit **174** und ohne disziplinären Charakter. Ordnungsmaßnahmen disziplinären Charakters werden *Vereinsstrafe* genannt, solche ohne disziplinären Inhalt werden als privates Verwaltungshandeln eines Vereins oder Verbands bezeichnet („*Vereinsverwaltungsakt*").[387] Sanktionen eines Verbandes gegen sich selbst sucht man vergeblich; sie richten sich stets an untergeordnete Vereine/Verbände oder gegen Sportler.

Zur Durchsetzung der Regeln bedienen sich die Vereine/Verbände eines mehr oder **175** weniger ausgefeilten *Sanktionsinstrumentariums*. In Betracht kommen: Verwarnung, Verweis, Geldbuße, Verbot der Platzbenutzung, Verlust der Ämterbekleidung, Sperre auf Dauer oder auf Zeit, Punkteabzug, Disqualifikation, Lizenzentzug, Zwangsabstieg, Ausschluss vom Verein bzw. Verband.

Die *Vereinsstrafe* ist nach wohl noch h. M. keine *Vertragsstrafe* i. S. d. §§ 339 ff. BGB, son- **176** dern ein eigenständiges verbandsrechtliches Instrument.[388] Die Straftatbestände und die angedrohten Strafen bzw. Ordnungsmaßnahmen zählen zu den wesentlichen Grund-

---

[382] Vgl. oben, Rz. 154.
[383] Vgl. oben, Rz. 153 ff..
[384] So aber missverständlich das LG München I im Fall Krug./. DLV (1978), Urteilskopie S. 7: „Rule 53 der IAAF., wird in Verbindung mit Rule 11 zumindest gewohnheitsrechtlich so verstanden."; kritisch dazu *Will* RuS 7, 36.
[385] Grundlegend *Westermann* Verbandsstrafgewalt, 30 ff.; *Reichert* Rz. 346 ff.; *Palandt/Heinrichs* § 25 Rz. 12; vgl. auch Rz. 3.
[386] So auch *Vieweg* NJW 1991, 1514.
[387] *Schlosser,* S. 38 ff.
[388] BGHZ 21, 373; 87, 337; *Reichert,* Rz. 2705; *Stöber,* Rz. 669; *Röhricht* WFV Nr. 24, 83; a. A. *van Look* Vereinsstrafen, S. 134 ff.; *Schwab/Walter* Kap. 32 Rz. 21. Vgl. zum Meinungsstand *Staudinger/Weick,* Vorbem. § 21 Rz. 33 ff.; vgl. zur schweizerischen Rechtslage *Scherrer* SpuRt 1994, 59.

sätzen des Vereins und müssen daher in der Satzung geregelt sein.[389] Ebenfalls satzungsmäßig festgelegt werden müssen besonders belastende Nebenfolgen, z. B. die Verpflichtung, die Kosten des Ordnungsverfahrens zu tragen. Eine Verankerung in bloßen Nebenordnungen, z. B. in der Wettkampfordnung, wäre unzureichend. Sanktionen von Dachverbänden gegenüber Sportlern als mittelbaren Mitgliedern sind, wenn es nicht vertragliche Anknüpfungspunkte gibt, nur dann wirksam, wenn die Sanktionstatbestände und die angedrohten Strafen lückenlos in den jeweiligen Satzungen verankert worden sind.[390]

177 Abzulehnen ist der öfters von Verbandsfunktionären unternommene Versuch, Sanktionen in *„negative Zulassungsvoraussetzungen"* umzuetikettieren, um ihnen so den Strafcharakter abzusprechen. Beispiel: eine Dopingsperre sei keine Strafe, ihr Fehlen sei vielmehr Wettkampfteilnahmevoraussetzung. Ein Vergleich zum Straßenverkehr macht deutlich, dass z. B. ein Fahrverbot nach § 44 StGB sehr wohl eine Strafe darstellt; wer möchte hier dem Staat gestatten, sich auf den Standpunkt zurückzuziehen, die Unterlassung des zum Fahrverbot führenden Fehlverhaltens sei eben generelle Zulassungsvoraussetzung zum Straßenverkehr? Damit zeigt sich klar die funktionale Identität zwischen der Verbandsstrafe „Sperre" und der Verbandsentscheidung, einen Sportler zu Wettkämpfen „nicht zuzulassen".[391]

178 Vereinssanktionen können auch gegenüber *Nichtmitgliedern* ausgesprochen werden. Voraussetzung hierfür ist, dass die Vereinsordnungsgewalt vertraglich anerkannt wurde oder durch das Hausrecht der Vereine gerechtfertigt werden kann, wie z. B. ein Stadionverbot.[392] Im Übrigen sind Satzungsbestimmungen, die eine Ordnungsmaßnahme gegen ein Nichtmitglied androhen, nichtig.[393] Wirkt sich eine Vereinsstrafe, die gegen ein Mitglied verhängt wurde, mittelbar auf ein Nicht-Mitglied aus, so kann dieses Beseitigung seiner Diskriminierung gemäß § 826 BGB verlangen.

179 Umstritten ist die Antwort auf die Frage, ob ein Sportverband seine Strafgewalt auf einen Dritten, z. B. auf ein Schiedsgericht, übertragen kann. So hat der DLV in Dopingfällen die Sanktionen auf ein Schiedsgericht „ausgelagert", das sich nach dem Schiedsstatut des DSB zusammensetzt. Auf diese Weise will sich der Verband offensichtlich nicht nur seiner Verantwortung, sondern auch einer möglichen Haftung entziehen. Dies dürfte schwerlich mit § 2 Ziffer 1.1 seiner eigenen Satzung vereinbar sein, wonach es zu seinen Aufgaben gehört, „Sanktionen gegen Doping zu verhängen", also nicht nur bei einer dritten Stelle zu beantragen. Nach richtiger Ansicht ist eine solche Auslagerung nicht möglich, weil ein Schiedsgericht unter dem Aspekt der Gewaltenteilung nicht dazu missbraucht werden darf, die Exekutive zu ersetzen. Verhängt ein derartiges Schiedsgericht, wie im Doping-Fall *Amewu Mensah*, eine Sanktion, ist diese Entscheidung dem Verband zurechenbar, so dass das Schiedsgericht nicht als Gericht entschieden hat und folglich der Gang zum staatlichen Gericht nicht präkludiert sein kann.[394]

In der Praxis besonders konfliktträchtig haben sich die Zulassungs- und Vermarktungsbeschränkungen sowie Dopingregeln erwiesen, so dass diese im Folgenden näher dargestellt werden.

---

[389] Vgl. Rz. 8.

[390] Vgl. Rz. 153.

[391] So auch *Vieweg* NJW 1991, 1513 Fn. 30; vgl. auch *Westermann* WFV Nr. 24, 52; abweichend *Meinberg/Olzen/Neumann* RuS 5, 81, wonach bei vertraglicher Regelung die Sperre nicht als Vertragsstrafe des alten Teilnahmevertrags, sondern als Zulassungsbedingung eines neuen Teilnahmevertrags aufzufassen und zu formulieren sei.

[392] Das AG Frankfurt/Main, SpuRt 2005, 172, hat erst kürzlich ein bundesweites Stadionverbot für wirksam erachtet.

[393] BGH WM 1980, 869, 870; BGH NJW 1995, 583; *Röhricht* Akademieschrift, S. 16.

[394] Ähnlich *Reichert*, Rz. 4846 ff. und SpuRt 2004, 50 mit zahlreichen Nachweisen; **a. A.** wohl das Schiedsgericht des DSB im erwähnten Fall, SpuRt 2003, 212, wobei dieses ausdrücklich darauf hinweist, dass die Athletin die freie Wahl zwischen Schieds- und Verbandsgericht hatte, sowie *Haas/Gedeon*, SpuRt 2000, 228 (231) und *Pfister* Rz. 291.

B. Beispiele im Verbandsrecht

I. Zulassungsregeln und Zulassungsbeschränkungen

1. Zulassungsregeln („Amateur"-Status)

Jeder nationale und internationale Sportverband hat Zulassungsregeln festgelegt. Exemplarisch zu erwähnen sind diejenigen der Leichtathletik und der Olympischen Spiele. Am antiquierten Begriff des „Amateurs" als Zulassungsvoraussetzung halten die Sportverbände mittlerweile nicht mehr fest. **180**

a) Leichtathletik. Im Bereich des DLV ist sedes materiae die Leichtathletikordnung (LAO), die gemäß § 15 Ziffer 1.4 der DLV-Satzung deren Bestandteil ist. In § 5 Ziffer 1 LAO ist das Teilnahmerecht an Wettkämpfen geregelt. Danach gibt es folgende Voraussetzungen, die sämtlich vorliegen müssen: **181**

– Gültiges Startrecht;
– Beachtung der Übergangsbestimmungen in § 3 VAO
– Duldung und Unterstützung von Dopingkontrollen im Wettkampf und außerhalb des Wettkampfes gemäß den Anordnungen des Wettkampfleiters bzw. der Antidoping-Kommission;
– Führung des Athletenpasses, soweit dazu eine Pflicht besteht;
– Ordnungsgemäße Meldung durch den Verein oder die Leichtathletik-Gemeinschaft (LG);
– Tragen der Vereins- bzw. LG-üblichen Wettkampfkleidung mit Vereins- bzw. LG-Abzeichen, die dem zuständigen Landesverband gemeldet sein muss;
– Unverändertes Tragen der vom Veranstalter ausgegebenen Startnummern.

Es folgen in § 5 Ziffer 2 LAO Bestimmungen über das Teilnahmerecht an Meisterschaften.

Im Bereich der IAAF enthalten deren „Competition Rules 2006/07" in Regeln 20ff. die einschlägigen Bestimmungen zur Zulassung. Diese sind durch den DLV in seinen internationalen Wettkampfbestimmungen (IWB) adaptiert. Danach ist ein Athlet teilnahmeberechtigt, wenn er sich diesen Regeln unterwirft und ihm die Teilnahmeberechtigung nicht aberkannt ist.

b) Olympische Spiele. Der althergebrachte „Amateur"-Status hat sich zur sog. Zulassungsregel gewandelt. Das Wort „Amateur" wurde bereits zum Teil 1968, endgültig 1971, aus den olympischen Regeln gestrichen und durch den Terminus „Zulassung" ersetzt. Willi Daumes Initiative führte dazu, die Zulassungsregel 26 im Laufe des 11. Olympischen Kongresses 1981 zu ändern und den veränderten Zeitumständen anzupassen, um vor allem dem westlichen Gesellschafts- und Wirtschaftssystem adäquate Sportförderung zu ermöglichen und die mit der bisherigen Regel 26 verbundene Heuchelei zu beenden.[395] Dennoch ist auch in der aktuellen Definition der Zulassung und Startberechtigung noch der Geist der Amateureigenschaft wahrnehmbar, wenn sie auch heutzutage vorrangig den globalen Vermarktungsinteressen des IOC dienen mag. So heisst es in Regel 41 Ausführungsbestimmungen 3 und 4 der Olympischen Satzung (eligibility code): **182**

„Except as permitted by IOC Executive Board, no competitor, coach, trainer or official who participates in the Olympic Games may allow his person, name, picture or sports performances to be used for advertising purposes during the Olympic Games. The entry or participation of a competitor in the Olympic Games shall not be conditional on any financial consideration."

---

[395] Vgl. ausführl. *Tröger/Vedder* RuS 7, 2ff.

183 Freilich haben IOC und FIFA bei der Endrunde des olympischen Fußballturniers 1984 in Los Angeles alle Augen zugedrückt: Obwohl die Bestimmungen keine Spieler zuließen, die ihren Lebensunterhalt durch Fußballspielen verdienten, bestand die Olympiamannschaft des DFB wie auch der übrigen Teilnehmer ausschließlich aus Berufsspielern.[396] Dem „Geist" Olympias entspricht es eben, dass stets die Besten antreten. Im Lichte des Grundrechts auf Berufsfreiheit (Art. 12 GG) kann es freilich zweifelhaft sein, ob streng gefasste, den Sportler benachteiligende Zulassungsregeln angesichts der den Spitzensport beherrschenden Kommerzialisierung verfassungsmäßig sind.[397]

2. Vereinswechsel und Transfersystem

184 Das Transfergeschäft, das noch im Jahre 1994 in Europa 4468 internationale Transfers verzeichnete, ist nach den Urteilen des EuGH im Fall *Bosman* und des BAG im Fall *Kienass* deutlich zurückgegangen.[398] Dennoch sind Vereinswechsel, die auch als Transfers bezeichnet werden, an der Tagesordnung. Daran sind im Profisport häufig Spielervermittler beteiligt, oft auch Spielerberater, -agenten oder -manager genannt.[399] Deren Tätigkeit ist im folgenden auf ihre Zulässigkeit zu überprüfen.

185 **a) Vereinswechsel mittels Spielervermittler.** Im Lizenzfußball lassen sich nahezu alle Topspieler von Spielervermittlern bzw. Managern beraten, vor allem dann, wenn ein Vereinswechsel ansteht. Kommt es zum gewünschten Transfer, erhalten die Berater eine Provision. Fraglich ist, inwieweit deren Tätigkeit von Verbands- und staatlichem Recht gesteuert werden kann und ob diesbezügliches Verbandsrecht mit staatlichem Recht im Einklang steht. Die FIFA nimmt in diesem Bereich ein Regelungsmonopol in Anspruch. § 14 der Ausführungsbestimmungen zu den FIFA-Statuten erlaubt Spielern die Beiziehung von Vermittlern bei Transfers, knüpft die Tätigkeit als Spielervermittler allerdings an den Erwerb einer *Lizenz* und ermächtigt das Exekutivkomitee, entsprechende Vorschriften zu erlassen. Das Exekutivkomitee der FIFA hat am 10.12.2000 ein Spielervermittler-Reglement erlassen, das am 1.3.2001 in Kraft trat (einige nachträgliche Änderungen am 1.4.2002).[400] Schon vor diesem Zeitpunkt hatte ein 1995 eingeführtes Spielervermittler-Reglement gegolten, das von der EU-Kommission beanstandet worden war und daraufhin von der FIFA überarbeitet wurde.[401] Die bedeutendsten Eckpunkte lassen sich wie folgt zusammenfassen:[402]

- Spielervermittler ist definitionsgemäß eine natürliche Person, die in Übereinstimmung mit dem Reglement regelmäßig und gegen Entgelt einen Spieler mit einem Verein zur Begründung eines Arbeitsverhältnisses bzw. zwei Vereine zur Begründung eines Transfervertrags zusammenführt;
- Spielervermittler bedarf einer Lizenz, die unbefristet, personengebunden und mit weltweiter Geltung vom Nationalverband (DFB) erteilt wird;
- Prüfung durch schriftlichen Multiple-Choice-Test mit 20 Fragen;
- Verpflichtung zum Abschluss einer Berufshaftpflichtversicherung mit einer Deckungssumme von mindestens € 500,– (hilfsweise Bankgarantie über CHF 100 000,– zugunsten der FIFA);

---

[396] Vgl. *Eilers* RuS 4, 21.
[397] Vgl. 1/4 ff.; ausführlich *Summerer*, S. 139 ff.
[398] Genauer 7/139 ff.
[399] Zur begrifflichen Abgrenzung vgl. *Kathmann*, S. 114 ff.; *Jenny*, S. 25 ff. Einen Überblick über die Spielervermittlung in der Schweiz gibt *Modl*, S. 43 ff., in Österreich *Limberger*, SpuRt 2004, 139 ff., in den USA *Klingmüller*, S. 75 ff.
[400] Einsehbar unter www.fifa.com (Regelwerk & Listen).
[401] Vgl. hierzu *Scherrer*, Die Spielervermittler-Regelung des Weltfußballverbandes FIFA, S. 95 f.; *Boreatti*, S. 15 ff.
[402] Vgl. ausführlich *Kathmann*, S. 110 ff.; *Scherrer*, S. 97 ff.

- Vorgabe eines standardisierten, Ergänzungen zugänglichen Vermittlungsvertrags, der beim Nationalverband zu hinterlegen ist;
- Bemessungsfaktor für die Vergütung des Vermittlers soll das Bruttogrundgehalt des Spielers sein, im Zweifel in Höhe von 5 % dieses Gehalts;
- Verbot an Vereine, Entschädigungen, die für einen anderen Verein bestimmt sind, an den Vermittler zu zahlen (z. B. Ausbildungsentschädigung, Entschädigung für vorzeitige Vertragsaufhebung);
- Verpflichtung des Vermittlers auf einen Kodex der Berufsethik, der z. B. ein Abwerben von Spielern untersagt;
- Sanktionen gegen einen Spielervermittler: Verweis, Geldstrafe, Suspension der Lizenz, Lizenzentzug;
- Sanktionen gegen einen Spieler: Verweis, Geldstrafe, Sperre bis zu 12 Monaten;
- Sanktionen gegen einen Verein: Verweis, Sperre des Vorstands, Geldstrafe, befristetes Verbot, Transfers zu tätigen, Sperre für sämtliche nationalen oder internationalen Fußballaktivitäten;
- Zuweisung der Entscheidungszuständigkeit an die Nationalverbände bei Streitigkeiten zwischen Spielern, Vereinen oder anderen Vermittlern, die vom Nationalverband lizenziert worden sind.

Derzeit sind weltweit 2526 lizenzierte Spielervermittler bei der FIFA registriert, davon allein 133 aus Deutschland.[403] Eine Ausnahme von der Lizenzpflicht der FIFA besteht gemäß Art. 1 Abs. 3 des Reglements für Familienangehörige des jeweiligen Spielers und für zugelassene Rechtsanwälte.

Jeder nationale Fußballverband ist verpflichtet, sein Regelwerk den Vorgaben der FIFA anzupassen.

Die Statuten des DFB enthalten dementsprechend im Anhang zur DFB-Spielordnung ein DFB-Reglement für Spielervermittler. Dieses erklärt im Wege der statischen Verweisung das FIFA-Reglement für anwendbar und ergänzt dieses lediglich durch einige wenige Bestimmungen. So erhebt der DFB gemäß Ziffer V Abs. 2 eine einmalige Lizenzgebühr in Höhe von € 5,–. Eine weitere Bestimmung ist Ziffer IX: danach wird die Inanspruchnahme von Diensten nicht-lizenzierter Spielervermittler durch Spieler oder Clubs als unsportliches Verhalten angesehen und bei einem nationalen Transfer gemäß § 9 Nr. 2 RuV geahndet, der auf den umfangreichen Sanktionskatalog des § 44 DFB-Satzung verweist.[404] Auch das Ligastatut des Ligaverbandes enthält in § 13 Nr. 6 LOS eine entsprechende Sanktionsnorm. Danach kann einem Spieler im Fall der Vermittlung durch eine nicht-lizenzierte Person die Spielberechtigung entzogen werden. **186**

aa) Vereinbarkeit mit staatlichem Recht. Anders als in den meisten anderen Rechtsordnungen ist in Deutschland der gesamte Regelungsgehalt des Spielervermittler-Reglements im Sozialgesetzbuch (SGB) III, in der Arbeitsvermittlungsverordnung (AVermVO) und im Rechtsberatungsgesetz (RBerG) abschließend gesetzlich geregelt. **187**

Früher war für die Vermittlung von Arbeitnehmern durch private Arbeitsvermittler gemäß § 291 SGB III a. F. für geraume Zeit eine Erlaubnis der Bundesanstalt für Arbeit erforderlich.[405] Dies galt auch für Profi-Fußballer, so dass die FIFA-Lizenz allein aufgrund des Vorrangs des staatlichen Rechts zur Vermittlung nicht ausreiche. **188**

Diese staatliche Erlaubnispflicht ist seit dem 27. März 2002 abgeschafft. Seitdem dürfen Arbeitsvermittler ohne vorherige Erlaubnis tätig werden. Sie müssen dabei allerdings

---

[403] Stand Oktober 2005, aktuelle Liste einsehbar unter www.fifa.com.
[404] Vgl. zu den Schwierigkeiten der Ahndung ausführlich *Englisch*, WFV Nr. 44, 48 ff.
[405] Vgl. etwa BGH SpuRt 2005, 108, wo es primär um die konkludente Genehmigung eines nichtigen Spielervermittlervertrages ging.

die gesetzlichen Vorgaben über die Art und Weise der Vermittlung nach §§ 296–298 SGB III und AVermVO beachten. Danach sind Vermittlungsverträge nur wirksam, wenn sie schriftlich geschlossen werden.[406] Ferner verbietet § 297 Nr. 4 SGB III eine exklusive Bindung eines Spielers an einen Vermittler.[407]

189 Angesichts der liberalen staatlichen Regelung kann die FIFA deutsche Vereine und Spieler grundsätzlich nicht zwingen, nur mit FIFA-Agenten zusammenzuarbeiten. Entsprechende Verbandsvorschriften haben nur verbandsinterne Wirkung und lassen die Rechtswirksamkeit eines Vermittlungsvertrags mit einem Agenten ohne Lizenz unberührt. Die mangelnde FIFA/DFB-Lizenz steht also einer gültigen Provisionsvereinbarung nicht entgegen. Auch kann die FIFA keine Sanktionen gegen Spielerberater verhängen, weil diese nicht ihrer Verbandsgewalt unterliegen, es sei denn, sie hätten diese vertraglich anerkannt. Allerdings hat sich die FIFA ein Antragsrecht ausbedungen, ihren Mitgliedsverband im Einzelfall zu einem Lizenzentzug zu verpflichten. Faktisch dürften die verbandsinternen Sanktionsandrohungen allerdings dazu führen, dass Spieler und Vereine auf lizenzierte Vermittler zurückgreifen. So sieht § 21 des Musterarbeitsvertrags der DFL vor, dass sich ein Spieler im Fall einer Vermittlung nur eines Rechtsanwalts oder einer Person bedienen darf, die eine von einem Mitgliedsverband der FIFA ausgestellte Spielervermittlerlizenz besitzt.[408] Auch der Lizenzvertrag zwischen Ligaverband und Profi-Fußballspieler sieht dies vor. Diese Vertragsklausel verstößt nicht gegen § 297 Nr. 4 SGB III, der so genannte Konkurrenzausschlussklauseln verbietet, da sie nicht bezweckt, den Wettbewerb einzuschränken, sondern die Qualität der Berufsträger zu erhöhen.[409]

Die gängige Praxis bei der Vermittlung von Lizenzspielern im Berufsfußball widerspricht bei genauer Betrachtung dem FIFA-Spielervermittler-Reglement. Gemäß dessen Art. 14 d soll der Spielervermittler bei einem Transfer nur die Interessen einer beteiligten Partei, nämlich seines Auftraggebers, vertreten. In Art. 12 Abs. 3 des Reglements ist ferner vorgesehen, dass der Spielervermittler für seine Bemühungen nur vom Auftraggeber und von keiner anderen Partei entlohnt werden soll. In der Praxis hat der Vermittler jedoch häufig eine Art Doppelmandat: sein Auftraggeber ist regelmäßig der Spieler, dessen Interessen er auch dem Club gegenüber vertritt, bezahlt wird der Vermittler jedoch nicht selten von dem Club, zu dem der Spieler letztlich transferiert wird.[410] Hier ist im Übrigen seitens des Clubs auch hinsichtlich der Voraussetzungen der steuerrechtlichen Abzugsmöglichkeiten Vorsicht geboten! Zivilrechtlich bestehen jedoch keine durchgreifenden Bedenken gegen ein derartiges Doppelmandat: In Anlehnung an die unmittelbar für den Makler geltende Vorschrift des § 654 BGB ist eine Tätigkeit für beide Parteien grundsätzlich zulässig.[411] Zu betonen ist, dass der Vergütungsanspruch des Vermittlers nur dann entsteht, wenn er den Abschluss eines Arbeitsvertrages zwischen einem Spieler und einem Verein durch seine Tätigkeit nachweislich fördert, diese also zumindest mitursächlich für den Vertragsabschluss gewesen ist, was in der Hektik fristgebundener Transfers nicht immer beachtet wird.[412]

Die vielfach als wünschenswert angesehene Begrenzung der Vergütung des Spielervermittlers auf einen bestimmten Prozentsatz des Spielergehalts kann nicht generell mit der bestehenden Gesetzeslage begründet werden: Gemäß §§ 296 Abs. 3, 421g Abs. 2 SGB III darf der Vergütungsanspruch gegen den Arbeitsuchenden grundsätzlich nicht mehr als € 2.500.– brutto betragen. § 296 SGB III regelt jedoch nur die Vergütung zwischen dem

---

[406] AG München, Az.: 182 C 1953/97, zit. nach *Kathmann*, S. 130.
[407] Vgl. *Kröninger*, SpuRt 2004, 233 ff.; *Lampe/Müller*, SpuRt 2003, 133 ff.
[408] Vgl. Anhang.
[409] Kritisch *Kathmann*, S. 122.
[410] Vgl. *Kröninger*, SpuRt 2004, 234; *Kathmann*, S. 120.
[411] A. a. O.; *Palandt/Sprau*, § 654 Rz. 4. Vgl. auch *Westermann*, WFV Nr. 44, 68 mit vielen kritischen Denkanstößen.
[412] So zu Recht *Kathmann*, S. 133 f. mit einem illustrativen Beispiel. LG Braunschweig SpuRt 2002, 250; AG München SpuRt 2000, 114.

(schutzbedürftigen) Arbeitsuchenden und seinem Vermittler, jedoch nicht die häufig vorliegende Konstellation eines Vertrages zwischen Arbeitgeber und Vermittler. Auch die aufgrund § 301 SGB III erlassene Vermittler-Vergütungsverordnung, durch welche die Provision im Bereich des Berufssports auf max. 14 % des Arbeitsentgelts des Arbeitnehmers für 12 Monate begrenzt wird, gilt nur im Verhältnis Vermittler-Arbeitnehmer. In einem solchen Fall ist auch kein Raum mehr für eine gesonderte Vergütung für Berufsberatung, weil diese von der Vermittlung umfasst sein soll.[413] Der Betrag von 5 % des Jahresgrundgehalts des Spielers, den das Spielervermittler-Reglement der FIFA für den Fall vorsieht, dass eine Einigung über die Vergütung ausbleibt, kann als vernünftiger Maßstab herangezogen werden, der auch vom OLG Dresden als angemessen angesehen wurde.[414] Eine gesetzliche Vorschrift wie etwa in Frankreich, wo die Vergütung auch bei einem Vertrag mit dem Arbeitgeber auf 10 % des Gesamtvertragsvolumens begrenzt wird, existiert in Deutschland nicht. Daher können hierzulande Provisionsvereinbarungen zwischen Arbeitgebern und Vermittlern letztlich bis zur Grenze der Sittenwidrigkeit (§ 138 BGB) vereinbart werden. Als sittenwidrig wurde jüngst vom LG Köln die Provisionsvereinbarung zwischen der Beraterfirma des ehemaligen Nationalspielers Jens Nowotny und Bayer Leverkusen in Höhe von 20 Mio. Mark angesehen.[415]

Das Lizenzerfordernis der FIFA steht mit europäischem Kartellrecht im Einklang, da es qualitativ zu einer Professionalisierung der Spielervermittlertätigkeit führt.[416] Auch liegt kein Verstoß gegen deutsches Kartell- oder Wettbewerbsrecht vor, weil FIFA und DFB im Rahmen ihrer Verbandsautonomie anerkennenswerte Ziele (Transparenz der Geldflüsse, Eindämmung des teilweise verbreiteten Vermittler-Unwesens, von manchen als „Sklavenhandel" herabgewürdigt, Vermeidung von Diskriminierung) mit angemessenen Mitteln verfolgen.[417]

Schließlich ist darauf hinzuweisen, dass die Spielervermittlung je nach Sachlage ein sogenanntes Haustürgeschäft darstellen kann, das eine Widerrufsmöglichkeit beinhaltet (§§ 312, 355 BGB). So hatte das OLG Hamm den Beratervertrag eines Agenten als unwirksam angesehen, weil dieser auf dem Trainingsgelände des Arbeitgebers Kontakt zu dem Spieler aufgenommen und ihm dort mehrfach über den Vertragsabschluss verhandelt hatte, der daraufhin ohne Belehrung über das Widerrufsrecht in der Wohnung eines Mitspielers abgeschlossen wurde.[418]

bb) Vereinbarkeit mit dem Rechtsberatungsgesetz im Besonderen. Soweit der Spielervermittler ohne **190** Rechtsanwaltszulassung rechtliche Angelegenheiten erledigt, insbesondere Vertragsverhandlungen führt, verstößt er gegen Art. 1 § 1 RBerG.[419] Das Führen von Vertragsverhandlungen stellt eine geschäftsmäßige Besorgung fremder Rechtsangelegenheiten dar, da die Tätigkeit darauf gerichtet und geeignet ist, konkrete fremde Rechte zu verwirklichen oder konkrete fremde Rechtsverhältnisse zu gestalten: Aushandeln von Startgeldern, Siegprä-

---

[413] *Lampe/Müller*, SpuRt 2003, 136 f.
[414] SpuRt 2004, 258 f.
[415] Urteil v. 28.10.2005, zur Veröffentlichung in SpuRt vorgesehen.
[416] So zu Recht EuG SpuRt 2005, 102.
[417] So zu Recht *Englisch*, WFV Nr. 44, 35 (50). A. A. *Jungheim*, S. 289 f., mit dem Argument, der DFB maße sich die Aufgabe einer Berufskammer für Spielervermittler an, zit. nach Scherrer, S. 108 Fn. 78.
[418] NJW-RR 1993, 1532, zit. nach *Nasse*, SpuRt 1996, 116.
[419] So zutreffend *Wertenbruch* NJW 1995, 224 und *Kathmann*, S. 125 ff.; a. A. *Löhr* NJW 1995, 2149, der das Aushandeln eines Vertrags als notwendiges Hilfsgeschäft billigt; a. A. auch *Nasse*, SpuRt 1996, 116, der allerdings auch auf die schwierige Abgrenzung zwischen Rechts- und Wirtschaftsangelegenheiten hinweist. Der Kölner Anwaltsverein hatte im August 1995 gegen den Spielervermittler Wolfgang Fahrian beim LG Köln Unterlassungsklage erhoben. Dieser hat, nachdem ihn das Gericht auf die Wertlosigkeit seiner FIFA-Lizenz hingewiesen hatte, im Januar 1996 eine strafbewehrte Unterlassungserklärung abgegeben. Eine beschränkte Ausnahme besteht für die Spielergewerkschaft VdV.

mien oder Werbehonoraren oder Abschluss eines Arbeitsvertrags mit einem Bundesligaverein. Dies gilt vor allem für höhere Spielklassen und bei Auslandstransfers, wo eine Fülle von Rechtsfragen zu beantworten ist, wie sich dem Musterarbeitsvertrag der DFL entnehmen lässt.[420] Eine Ausnahme mag allenfalls für einfache Vereinbarungen unterhalb der höchsten zwei Spielklassen anzuerkennen sein, wenn sich die Rechtsberatung als untergeordnetes Hilfsgeschäft im Sinne von Art. 1 § 5 RBerG einstufen lässt.[421] Konsequenz eines Verstoßes gegen Art. 1 § 1 RBerG ist die *Nichtigkeit des Beratungsvertrags* gemäß § 134 BGB. Außerdem liegt ein Verstoß gegen § 3 UWG vor.

Die verbotene Rechtsberatung erfüllt zudem den Tatbestand einer *Ordnungswidrigkeit* (Art. 1 § 8 I Nr. 1 RBerG) und kann mit einer Geldbuße bis zu € 5000,– geahndet werden. Eine höhere Geldbuße ist gem. § 17 IV OWiG möglich, soweit der wirtschaftliche Vorteil aus der unerlaubten Tätigkeit € 5000,– übersteigt. Um den Sportler vor unerwünschten Folgen zu schützen, sollte er Vertragsverhandlungen und andere Rechtsgeschäfte unbedingt in die Hände eines zugelassenen Rechtsanwaltes legen. Hierfür spricht dessen höhere Sachkunde, dessen Verschwiegenheitspflicht, der Schutz vor Interessenkollision (wenn der Vermittler z. B. zugleich Vereinsmanager ist) und der Schutz vor überhöhten Gebühren sowie die Absicherung bei fehlerhafter Rechtsberatung durch die obligatorische Berufshaftpflichtversicherung der Rechtsanwälte, die häufig höher sein dürfte als die seit 2001 vorgeschriebene Mindestdeckung der Versicherung der Spielervermittler.[422] Bei einem Verstoß des Beraters (auch mit FIFA-Lizenz) gegen das Rechtsberatungsgesetz sind Vereine und Spieler berechtigt, die für das Aushandeln eines Vertrages gezahlten *Provisionen* mit einer Verjährungsfrist von 3 Jahren zurückzufordern (§§ 812 I 1, 195 BGB).

Die Regelwerke vieler Verbände enthalten Bestimmungen, die den Sportler daran hindern, den Verein nach seinem Belieben zu wechseln.

191 b) Transfersystem im Fußball und der Leichtathletik. Im Profi-Fußball enthalten §§ 13 ff. LOS Vorschriften zur Spielerlaubnis und zum Vereinswechsel. Gemäß § 13 Abs. 2 LOS wird einem *Lizenzspieler* eine Spielerlaubnis für den neuen Verein nur erteilt, wenn

- die Aufnahme des Spielers in die Transferliste bekannt gegeben oder der Spieler vereinseigen ist;
- dem Ligaverband ein wirksamer Vertrag zwischen Club und Spieler vorliegt;
- für den gleichen Zeitraum keine anderweitigen rechtlichen Bindungen als Spieler an einen anderen Club mehr bestehen;
- die Sporttauglichkeit nachgewiesen ist;
- der Spielerpass vorliegt;
- eine gültige Aufenthaltserlaubnis bei denjenigen Spielern vorliegt, die nicht Angehörige eines EU- oder EWR-Staates sind
- der Spieler versichert, dass er im Zeitraum vom 1. 7. bis zum 30. 6. des Folgejahres bisher für nicht mehr als zwei Clubs die Spielerlaubnis erhalten hat und für nicht mehr als einen Club in Pflichtspielen eingesetzt wurde und
- der Spieler versichert, dass er, weder direkt noch indirekt, über Anteile, und/oder Optionen für Anteile an lizenzierten Kapitalgesellschaften der deutschen Lizenzligen verfügt und solche Anteile bzw. Optionen während der Dauer des Vertrages auch nicht erwerben wird, wobei der Erwerb von Aktien der eigenen Kapitalgesellschaft gestattet ist, sofern er angezeigt wird.

---

[420] Siehe Anhang.
[421] So OLG Dresden SpuRt 2004, 257 (258) in einem Fall der Fußball-Regionalliga, also der dritthöchsten Spielklasse.
[422] So auch *Wertenbruch* NJW 1995, 225.

Die Transferliste ist eine Einrichtung des Ligaverbandes zur Offenlegung des Vereinswechsels der Lizenzspieler. Sie unterscheidet zwei *Transferperioden* (§ 4 Nr. 2 LOS). Die Transferperiode I geht vom Ende eines Spieljahres bis zum 31.8., die Transferperiode II vom 1.1. bis zum 31.1. eines Kalenderjahres. Sowohl die Transferlistenregelung als auch die übrigen in § 13 LOS genannten Erfordernisse sind aus Gründen der Vermeidung von Wettbewerbsverzerrungen gerechtfertigt.[423] Für internationale Transfers gilt gemäß § 15 LOS das FIFA-Reglement bezüglich Status und Transfer von Spielern.

Die Spielerlaubnis beim Vereinswechsel von *Amateuren (Definition § 8 Ziffer 1 Spielordnung des DFB)* regelt § 16 der Spielordnung des DFB. Voraussetzung ist **192**
– ein Antrag auf Spielerlaubnis;
– die Vorlage des bisherigen Spielerpasses mit Vermerk des abgebenden Vereins über Zustimmung oder Nicht-Zustimmung zum Vereinswechsel und
– der Nachweis über die erfolgte Abmeldung.

Beim Vereinswechsel eines Amateurs mit Statusveränderung und eines Vertragsspielers (Definition § 8 Ziffer 2 Spielordnung des DFB) gelten die Vorschriften des § 23 der Spielordnung des DFB.

Äußerst umstritten war vor dem Jahr 1997 die rechtliche Zulässigkeit der in dem damaligen § 29 LiSpSt verankerten *Transferentschädigung*. Insbesondere traten Probleme in verfassungs- und arbeitsrechtlicher Hinsicht auf.[424] Die Entscheidungen des EuGH im Fall *Bosman*[425] und des BAG im Fall *Kienass*[426] haben Klarheit gebracht, dass die Pflicht zur Zahlung von Transferentschädigungen, auch Ablösesummen genannt, nach Auslaufen eines Vertrags gegen Europarecht bzw. gegen die Verfassung verstößt. Durch eine solche Zahlungspflicht, sowohl des neuen Vereins wie eventuell durch den Spieler selber, werde das Recht auf eine *freie, unbeschränkte Arbeitsplatzwahl* unzulässig eingeschränkt. Der DFB hat die Ablösesummen für die Saison 1996/97 als Übergangslösung halbiert und ab Saison 1997/98 abgeschafft. Als Ausgleich wurden Ausbildungs- und Förderungsentschädigungen eingeführt (§§ 23 a, 27, 28 Spielordnung des DFB und §§ 16–18 LOS). **193**

Zum Verständnis ist die Kenntnis des bis 1.7. 1997 geltenden Transfersystems nötig: Gemäß § 29 Nr. 1 LiSpSt war ein Verein der Lizenzligen, der einen Spieler eines anderen Vereins unter Vertrag nahm, zur Zahlung einer Transferentschädigung verpflichtet. Vor der Neufassung des LiSpSt (seit dem 1.9. 1980) war der Vereinswechsel zudem von der Freigabeerklärung des abgebenden Vereins abhängig. Dadurch war es möglich, exorbitante Ablöseforderungen zu stellen und die Freigabe von deren Erfüllung abhängig zu machen, so dass de facto ein Spielerwechsel verhindert werden konnte. Diese Transferregelung wurde mit Formen der Leibeigenschaft verglichen[427] und für rechtlich unzulässig gehalten. Das bis 1.7. 1997 geltende Transfersystem verzichtete auf eine gesonderte Freigabe, nicht aber auf die Zahlung einer Transferentschädigung. Im Streitfall wurde die Höhe der Transferentschädigung von einem unabhängigen Schiedsgutachter festgestellt. Der Spieler war durch dieses Verfahren aber nicht gehindert, den Vereinswechsel unabhängig von einer endgültigen Entscheidung über die Höhe der Transferentschädigung zu vollziehen.

Allgemein sollte das Transferentschädigungssystem als Mittel zur Aufrechterhaltung der Wettbewerbsfähigkeit und als Solidaritätsmechanismus der Liga dienen. In der „Post-Bosman-Ära" schien es dem DFB gelungen zu sein, mit der sog. *Ausbildungs- und Förderungsentschädigung* bei Vereinswechsel ein transparenteres und rechtlich weniger bedenkliches Mittel gefunden zu haben, um die Ligen wettbewerbsfähig zu halten. Jedoch hat **194**

---

[423] So auch *Arens* SpuRt 1994, 183 zum früheren Rechtszustand der §§ 26 ff. LSpSt; vgl. auch 3/49 f.
[424] Ausführlich hierzu 3/51 ff.
[425] Vgl. hierzu 7/81 ff.
[426] SpuRt 1997, 94; vgl. 3/52 a.
[427] *Burmeister* DÖV 1978, 1 ff.

auch diese grundsätzlich begrüßenswerte Kompensationsform kürzlich einen Dämpfer erhalten. So hat das OLG Oldenburg mit Urteil vom 10. Mai 2005 die pauschalisierte Ausbildungsentschädigung in § 23 a Spielordnung des DFB für nichtig erklärt, weil sie gegen das Grundrecht der Berufsfreiheit verstoße (§ 138 BGB i.V.m. Art. 12 Abs. 1 GG). Entscheidend sei die faktische Wirkung der Entschädigung, die einen Vereinswechsel erschwere.[428] Das Gericht schloss sich damit der Auffassung des BGH an, der bereits am 27. 9. 1999 das damals gültige Ausbildungsentschädigungssystem im Eishockey verworfen hatte: dieses habe einen zu starken Eventualitäts- und Zufallscharakter, diene weniger ideellen als vielmehr wirtschaftlichen Interessen der beteiligten Clubs und beziehe sich nicht auf die dem Spieler zuteil gewordene konkrete Ausbildung.[429] Ob damit das gesamte Ausbildungsentschädigungssystem aufgegeben werden muss, bedarf noch eingehender Erörterung in der Praxis des Spielbetriebs. Derzeit kann jedenfalls eine Ausbildungsentschädigung nicht durchgesetzt werden, da jüngst auch das Bundesgericht des DFB mit Urteil v. 10. 5. 2006 den diesbezüglichen Zahlungsantrag des VfV Borussia 06 Hildesheim zurückgewiesen hat. Folglich sind auch § 27 und § 28 DFB-Spielordnung unwirksam. Damit ist auch der Ausbildungsentschädigung gemäß Art. 20 des FIFA-Reglements bezüglich Status und Transfer von Spielern der Boden entzogen.

In der Leichtathletik kann der bisherige Verein Ausbildungskostenersatz verlangen, wenn der Athlet mindestens der Altersklasse der Jugend angehört, ununterbrochenes Startrecht für den bisherigen Verein hatte und im laufenden oder abgelaufenen Jahr mindestens einmal auf Platz 1–30 der Bestenliste stand (§ 4 Ziffer 6.1 LAO).

195 Regelungen zum Wechsel des Startrechts in der *Leichtathletik* finden sich für den Bereich des DLV in § 4 Ziffer 4 LAO (in der Fassung vom 18. 12. 2004). Danach muss ein Wechsel des Startrechts schriftlich vom neuen Verein bei dem für diesen zuständigen Landesverband beantragt werden. Der Antrag kann nur in der Wechselfrist vom 1. Oktober bis 30. November gestellt werden. Das neue Startrecht kann bei einem Wechsel frühestens zum 1. Januar erteilt werden. Ohne Wartefrist kann das Startrecht erteilt werden, wenn der Athlet auf das Startrecht für den bisherigen Verein verzichtet, er mindestens neun Monate nicht an Wettkämpfen teilgenommen hat, der frühere Verein dies bestätigt und die Freigabe erteilt (§ 4 Ziffer 4.8.3 LAO). Ohne Wartefrist kann das Startrecht außerdem erteilt werden, wenn der bisherige Verein aufgelöst wird oder ein Wohnortwechsel ansteht, etwa wegen Wechsels der Schule oder Aufnahme eines Ausbildungsplatzes. Das neue Startrecht darf erst zum Zeitpunkt des Vorliegens der *Freigabe* bzw. nach Ablauf der Fristen erteilt werden. In aller Regel erteilt der bisherige Verein die Freigabe durch Unterschrift auf dem Startpass (§ 4 Ziffer 5.1 LAO). Gründe für eine Verweigerung der Freigabe sind in § 4 Ziffer 5.2 LAO aufgeführt. Hierunter soll auch noch ausstehender Ausbildungskostenersatz zählen. Dies ist trotz der Ermessensregelung in Ziffer 6.7 LAO rechtlich zweifelhaft, weil der Wechsel für den Athleten unbillig erschwert oder gar vereitelt würde, ohne dass er darauf Einfluss nehmen kann. Über die Berechtigung einer Freigabeverweigerung entscheidet auf Antrag der Landesverband, wenn die Vereine demselben Landesverband angehören, ansonsten der Vorsitzende des Bundesausschusses Wettkampforganisation. Dagegen kann binnen zwei Wochen Beschwerde beim Rechtsausschuss erhoben werden (§ 4 Ziffer 5.3 LAO).

3. Förderung jüngerer deutscher Spieler

196 Die vollständige Öffnung des Spielermarkts für ausländische Spieler aus der EU und die teilweise Öffnung für Nicht-EU-Spieler ist vielen Sportverbänden ein Dorn im Auge, weil sie befürchten, dass damit Spielpraxis für jüngere deutsche Spieler verloren geht, die letztlich zu einer Qualitätseinbuße der Nationalmannschaft führt. Inwieweit in zulässiger Weise

---

[428] OLG Oldenburg SpuRt 2005, 164. Ebenso LG Stuttgart, SpuRt 2004, 116 = NJW-RR 2004, 929, im Profi-Tennis. Dagegen mit guten Argumenten *Gerlinger*, causa sport 2005, 192.
[429] BGHZ 142, 304 = NJW 1999, 3552 = SpuRt 2000, 19 = ZIP 1999, 1807.

bestimmte Kontingente deutscher Spieler für den Kader eines Vereins verpflichtend vorgeschrieben werden dürfen, ist noch nicht endgültig geklärt. So schreibt im Fußball beispielsweise § 5 Nr. 4 LO Ligaverband vor, dass ein Club in seinem Kader mindestens 12 deutsche Lizenzspieler unter Vertrag haben muss. Ferner ist ab 1. 6. 2006 ein neuer § 5a in die LOS eingefügt worden, der eine bestimmte Anzahl „lokal" ausgebildeter Spieler vorschreibt (die indessen nicht zwangsläufig die deutsche Staatsangehörigkeit haben müssen).

Auf dem gerichtlichen Prüfstand befanden sich allerdings bereits § 12 Ziffern 1 und 2 DFB-Spielordnung. Nach Ziffer 1 dürfen Lizenzspieler unter 24 Jahren in Pokalspielen und in Meisterschaftsspielen der ersten Mannschaft ihres Clubs in allen Amateurspielklassen eingesetzt werden. Nach Ziffer 2 müssen unter den 18 Spielern, die auf dem Spielberichtsbogen einer Regionalliga- oder Oberligamannschaft genannt sind, mindestens 6 deutsche Spieler unter 24, darunter mindestens drei Spieler unter 21, sein. Die hiergegen gerichtete Feststellungsklage des SV Arminia Hannover e.V. gegen den DFB hat das LG Frankfurt/Main abgewiesen. Es sei nicht zu beanstanden, dass unter dem Gesichtspunkt der Jugendförderung jungen Spielern die Möglichkeit gegeben werde, Praxiserfahrungen zu sammeln. Auch sei kein Verstoß gegen das Diskriminierungsverbot gemäß Art. 48 Abs. 2 EG-Vertrag gegeben, „da kein Eingriff in die Berufsfreiheit der ausländischen Spieler vorliegt, weil nur ein geringer Teil der eingesetzten Spieler die Voraussetzungen der deutschen Staatsangehörigkeit erfüllen müssen".[430]

4. Wechsel der Staatsangehörigkeit

Sportler, die die Staatsangehörigkeit wechseln, sind häufig folgenschweren Beschränkungen ihrer Herkunftsverbände ausgeliefert. Bisweilen verweigert dieser dem Sportler die Freigabe für seinen zukünftigen Verband. Beispielsweise sehen die „Competition Rules" des internationalen Leichtathletikverbandes (Regel 5 Ziffer 2 c) und die Satzung des IOC (Ausführungsbestimmung 2 zu Regel 42) im Falle fehlender Freigabe eine *dreijährige Sperre* vor, was in aller Regel das Karriereende bedeutet. Die IAAF hat die Regel ab 1. 11. 2005 sogar verschärft, indem die Sperre erst ab dem Zeitpunkt des Erwerbs der neuen Staatsbürgerschaft in Kraft tritt und nicht, wie bisher, ab dem Zeitpunkt des letzten Starts des Athleten für sein Herkunftsland. Selbst bei Freigabe durch den Herkunftsverband bleibt eine einjährige Sperre bestehen.[431] Das „Council" der IAAF kann in Ausnahmefällen die Sperre ermäßigen oder aufheben, der Vorstand des IOC dann, wenn NOK und IF zustimmen.

Solche Sperren sind unzulässig und mit Art. 12 I GG nicht vereinbar. Zum einen stellen sie qualitativ ein Berufsverbot auf Zeit dar. Zum Zweiten fehlt es an jeglichem persönlichen Fehlverhalten eines Sportlers. Die Motive verweigerter Freigabeerklärungen sind vielfältig, oftmals nicht nachzuvollziehen, teilweise schikanös. Die Herkunftsverbände erwarten eine finanzielle Entschädigung für den „verlorenen" Sportler. Im Unterschied zu den bereits dargestellten Transfersystemen fehlt hierfür aber eine Rechtsgrundlage. Eine nicht unbedeutende Rolle spielt auch die Vorstellung vieler Verbände, nunmehr als Nation geschwächt in einen bedeutenden internationalen Wettkampf zu gehen und im Medaillenspiegel ins Hintertreffen zu geraten.[432] Leidtragende der ver-

---

[430] LG Frankfurt, Urteil v. 14. 10. 2003, Az.: 2/12 O 133/03; zur europarechtlichen Dimension vgl. 7. Teil/185.

[431] Unter dieser überzogenen, durch nichts zu rechtfertigenden Regel litt z. B. die ehemals rumänische Weltklasse-Hochspringerin Alina Astafei, die seit Februar 1995 Deutsche ist. Das rumänische NOK hatte ihr lange die Freigabe für einen Start für Deutschland verweigert. Deutsches und rumänisches NOK einigten sich in letzter Minute, so dass die Athletin bei den Olympischen Sommerspielen 1996 in Atlanta starten konnte.

[432] Im Fall Astafei war von Abwerbungsversuchen die Rede; FAZ v. 11. 4. 1994, 29 und 31. 3. 1995, 39; vgl. ferner den Fall Wlaschenko, dem der lettische Verband ebenfalls die Freigabe verweigerte, FAZ v. 11. 2. 1995, 26, und den Fall des Hindernis-Weltmeisters Shaheen, SZ v. 5. 8. 2005.

härteten Fronten ist allein der Sportler oder die Sportlerin, obwohl sie sich nichts vorzuwerfen haben. Träger des Grundrechts auf Berufsfreiheit sind alle Deutschen im Sinne des Art. 116 GG. Darüber hinaus können sich EU-Ausländer, soweit europarechtlich geboten, auf Art. 12 GG berufen. Andere Ausländer können sich lediglich auf Art. 2 Abs. 1 GG stützen, der geringeren Schutz bietet.[433] Die meisten Staaten haben sich allerdings dem Internationalen Pakt über bürgerliche und politische Rechte aus dem Jahre 1966 angeschlossen, der in Art. 12 ein Ausreiserecht vorsieht; ähnlich lautet Art. 2 des Protokolls Nr. 4 zur EMRK von 1963. Anstatt die bisherigen Verdienste einer Spitzensportlerin mit einer flexiblen Transferregelung anzuerkennen, verbauen ihr manche Verbände die sportliche und berufliche Zukunft. Nationalstolz ist hier fehl am Platz. Auch die Olympischen Spiele sind gemäß Regel 6 Ziffer 1 der IOC-Satzung Spiele der Athleten, nicht der Staaten (!).

II. Vermarktungsbeschränkungen gegenüber Sportlern und Vereinen

199 Nahezu jeder Sportverband beschränkt „seine" Vereine und Sportler in der Eigenwerbung. Während früher maßgeblicher Beweggrund der – antiquierte – „Amateurstatus" der Sportler war, ist es heute häufig ein Vertrag mit einem *Generalausrüster,* dessen Kleidung und Sportgeräte von den Mitgliedern benutzt werden müssen oder mit einem *Generalsponsor,* der kein Individual-Sponsoring mehr zulässt. Teilweise liegen auch sportethische Wertungen zugrunde. In vielen Wettkampfbestimmungen finden sich sehr weitgehende Werbebeschränkungen für Veranstalter oder einzelne Athleten. So schreibt beispielsweise die UEFA den an der Champions League teilnehmenden Clubs vor, ein werbe- und sponsoringfreies Stadion zur Verfügung zu stellen. Die FIFA beansprucht zur WM 2006 extensive Außenwerbeflächen zugunsten ihrer Sponsoren, z. B. die Zufahrtswege vom Flughafen und von den Hotels zum Stadion einschließlich einer sog. Bannmeile, die freilich rechtlich angreifbar ist, weil sie das Hausrecht der Anwohner und das Recht der angrenzenden niedergelassenen Unternehmen beeinträchtigt. Das IOC gibt zentimetergenau vor, in welcher Größe der Hersteller auf dem Trikot und den Schuhen der Athleten abgebildet sein darf (Regel 53 Ausführungsbestimmung 1 der Satzung). Sehr akribisch sind auch die Werbevorschriften des DLV (Ziffer 4 der Ausführungsbestimmungen zu Regel 8 IWR), wonach beispielsweise auf dem Trikot der Athleten nur ein einziger persönlicher Sponsor gestattet ist. Die FIFA hatte die Trikot-Einteiler der Nationalmannschaft Kameruns während des Afrika-Cups 2004 verboten und den Nationalverband wegen Zuwiderhandlung mit Abzug von sechs Punkten in der WM-Qualifikation bestraft, diese harte Entscheidung aber später aufgehoben. Bestehen blieb allerdings eine Geldstrafe über 200 000 Schweizer Franken, die Ausrüster Puma für den Verband beglich.

200 Rechtlich unbedenklich sind solche Beschränkungen, die als sportimmanente oder sporttypische Wertungen des Verbandes anzusehen sind, z. B. ein Werbeverbot für Tabakprodukte und Alkoholika oder ein Verbot von Stadionwerbung, die nach Meinung des Sportverbandes geschmacklos, irritierend, anstößig, diffamierend oder der Veranstaltung unangemessen ist.

201 Rechtlich bedenklich sind allerdings Bestimmungen, die den Athleten oder den Verein zu sehr in seinen *eigenen* Vermarktungsinteressen einschränken, ohne dass dies zwingend für die wettkampfmäßige Durchführung *erforderlich* ist. Bedenklich sind ferner die Bestimmungen, die zwar erforderlich sein mögen, jedoch *unverhältnismäßig* sind. Hier ist stets darauf zu achten, dass der Verband als Monopolist seine Machtstellung nicht missbraucht. So hatte Puma im vorgenannten Trikotstreit vor dem LG Nürnberg gegen die

---

[433] *Jarass/Pieroth,* Art. 12 Rz. 10.

FIFA Schadensersatzklage erhoben. Die Parteien schlossen einen außergerichtlichen Vergleich, nachdem das Gericht kartellrechtliche Bedenken geäußert hatte.[434]

Bedenken begegnet z. B. auch die des Öfteren anzutreffende Bestimmung, wonach **202** für persönliche Sponsoren einzelner Athleten im Wettkampfbereich *in keiner Form* Werbung betrieben werden darf, ferner die Regel, wonach die zu tragende Kleidung je nach Qualität der Veranstaltung keine oder nur eine ganz bestimmte Sponsorenidentifikation aufweisen darf. Der DFB hat allgemein verbindliche Vorschriften über die Beschaffenheit und Ausgestaltung der Spielkleidung für Fußballspieler und Schiedsrichter erlassen, deren § 4 Werbung nur auf der Vorderseite und am Ärmel im Oberarmbereich des Trikots zulässt. Diese Beschränkung hat das LG Frankfurt/Main als von der Verbandsautonomie gedeckt angesehen und die entsprechende Nichtigkeitsklage des SV Arminia Hannover abgewiesen. Es sei nicht zu beanstanden, dass sich der DFB „zwischen der denkbaren Regelungsmöglichkeit eines absoluten Verbots bis hin zur völligen Freigabe aller Bereiche für eine Regelung entschieden hat, die wirtschaftlichen Gesichtspunkten, aber auch sportästhetischen Gesichtspunkten gerecht werden will."[435] Als sehr bedenklich ist eine Regel der IAAF anzusehen, die dem DLV vorschreibt, dass dieser in seiner Satzung vorsehen soll, dass er die von den einzelnen Athleten oder Vereinen eingegangenen *Werbeverträge kontrollieren* kann und er der IAAF ggf. Kopien der zwischen Werbepartnern und Athleten oder Vereinen eingegangenen Verträge übermitteln muss.

Unverhältnismäßig disziplinierend wäre auch eine Bestimmung, durch die ein Sport- **203** verband sicherstellen will, dass die zwischen einem Sponsor und einem Athleten eingegangenen Verträge den Athleten weder dazu verpflichten, seinen Wettkampfplan nach den Direktiven eines Sponsors zu richten, noch bei vom Sponsor bestimmten Wettkämpfen zu erscheinen, bei denen der Sponsor nicht Veranstaltungssponsor ist. Zu scharf erschiene auch eine Sanktion, die Athleten, die gegen eine entsprechende Werbevorschrift verstoßen, vom Wettkampf ausschließt. Hier müßte zumindest eine Abmahnung dem Ausschluss vorangehen, so dass dem Athleten noch ein Trikotwechsel möglich ist.

Unwirksam können ferner Werbebeschränkungen sein, die einem Sportler oder einem **204** Verein bestimmte Marken verbieten, weil der Verband einen *Generalausrüster* exklusiv verpflichtet hat.[436] Grundsätzlich unterfällt es der Vereinsautonomie, ob und in welcher Form ein Verein als Veranstalter Werbung betreiben will, z. B. durch Banden, Videoleinwand, den Platzlautsprecher, in der Stadionzeitung oder auf den Eintrittskarten. Ein Sportler kann sich wiederum auf seine Berufsfreiheit berufen, weil etablierte Werbeformen („Trikot") ein konkretes Wirtschaftsgut i. S. d. Art. 12 I GG darstellen. Es gilt folgender **Grundsatz**: Der übergeordnete Sportverband kann die Werbetätigkeit des Sportlers bzw. Vereins nur dann satzungsmäßig *beschränken* oder unter Zustimmungsvorbehalt stellen, wenn er durch eine eindeutige Eingriffsbefugnis dazu ermächtigt ist, die Beschränkung nur Wettkämpfe umfasst, bei denen er Veranstalter ist, er den Grundsatz der Wettbewerbsgleichheit beachtet und den Großteil der Einnahmen an die Sportler bzw. Vereine ausschüttet, so dass er selbst nur insoweit partizipiert, als es um seine Auslagen für die Wettkampforganisation geht. Verbandsbestimmungen, die die Vereine hinsichtlich ihrer Werbemöglichkeiten ungleich oder diskriminierend behandeln, sind unwirksam (Gleichbehandlungsgrundsatz bzw. § 20 Abs. 1 GWB).[437] Darüber hinaus ist es einem Verband verwehrt, satzungsmäßig die *gesamten* Vermarktungsrechte der angeschlossenen

---

[434] Vgl. dpa vom 25. 10. 2005.
[435] Urteil v. 9. 11. 2005, AZ.: 2–06 O 101/05, zur Veröffentlichung in SpuRt 2006 vorgesehen.
[436] Vgl. das Eilverfahren vor dem LG München I, zit. bei *Wax* WFV Nr. 22, 15 f., das die Leichtathletin Charlotte Teske angestrengt hatte, weil sie mit dem Ausrüstungsvertrag, den der DLV abgeschlossen hatte, nicht einverstanden war. Vgl. hierzu Rz. 138.
[437] So schon *Grunsky* RuS 3, 18; ausführlich *Reichert* RuS 20, 37 ff.; ähnlich *Vieweg/Hannamann*, Akademieschrift 49, 51 ff., die die organisatorische und finanzielle Beteiligung der Athleten betonen.

Vereine und/oder Sportler für sich zu beanspruchen. Wenn dies kartellrechtlich überhaupt zulässig sein sollte, bedarf es hierfür einer vertraglichen Befugnis.

Als wegweisend darf die vom Ligaverband für den Profi-Fußball im Jahr 2001 eingeführte Ordnung für die Verwertung kommerzieller Rechte (OVR) angesehen werden, weil sie den „Spagat" versucht, die Gruppenvermarktungsinteressen der DFL mit den Einzelinteressen der Clubs in Einklang zu bringen. So heißt es in § 13 Ziffer 2 OVR:

„Über die ihr dafür zur Verfügung stehenden Vermarktungsrechte wird sich die DFL mit den lizenzierten Vereinen und Kapitalgesellschaften des Ligaverbandes dann abstimmen, wenn von diesen Rechte eingeräumt und Leistungen erbracht werden sollen, die deren individuelle Kooperationen und Partnerschaften mit ihren wesentlichen Sponsoren, z. B. Trikotsponsor und Sportartikelausrüster, im Sinne der Produkt- und Branchen-Exklusivität nachhaltig beeinträchtigen."

205 *Außerhalb* von Wettkämpfen kann ein Sportler satzungsmäßig nicht verpflichtet werden, für ein Produkt zu werben, für welches auch der Verein wirbt. Unwirksam wäre auch eine Bestimmung, die für den Fall, dass der Verein/Verband keinen Sponsor haben sollte, den Sportlern eine *Abgabepflicht* größeren Umfangs bezüglich Einnahmen aus eigenen Sponsorverträgen auferlegen würde.

206 In § 13 a Nr. 2 der Satzung in der Fassung bis 30. 6. 1996 (§ 15 Nr. 2 aktuelle Fassung) hatte der DFB den Fußballvereinen eine Änderung, Ergänzung oder Neugebung des Vereinsnamens und Vereinszeichens zum Zwecke der Werbung untersagt. Gegen diese Beschränkung hatte der damalige Bundesligist Eintracht Braunschweig Klage erhoben, weil er im Jahr 1983 einen Werbevertrag abgeschlossen hatte, der ihn gegen eine Vergütung von DM 1 Mio. pro Saison verpflichtete, seinen Namen in „Sportverein *Jägermeister* Braunschweig" zu ändern. Nach Meinung des Klägers verstoße diese Werbebeschränkung gegen den Grundsatz der Wettbewerbsgleichheit, weil bereits bestehende „Werbenamen", wie etwa Bayer Leverkusen oder Bayer Uerdingen, weiterverwendet werden könnten, wogegen entsprechende Umbenennungen für die Zukunft nicht möglich seien. Das OLG Frankfurt hat jedoch in einer Interessenabwägung gemäß § 26 Abs. 2 GWB a. F. der Verbandsautonomie des DFB den Vorrang eingeräumt:

207 „Mit Recht steht der Beklagte auf dem Standpunkt, dass die Erfüllung dieser Aufgaben (ordnungsgemäßer Spielbetrieb) in mehrfacher Hinsicht gefährdet ist, wenn es den Vereinen freisteht, sich als bloße Werbeträger in eine noch größere als die schon bestehende Abhängigkeit von reinen Wirtschaftsunternehmen zu begeben... Der Verein, der seine sportlichen und wirtschaftlichen Maßnahmen in erster Linie auf den Geldfluss seines Namensgebers abstellt, ist damit in seinem Bestand völlig von der Willkür und dem Schicksal des Namensgebers abhängig. Es besteht nicht nur die Aussicht, dass der Namensgeber eher als der Vertragspartner einer Trikotwerbung dazu übergehen wird, auch den sportlichen Kurs eines Vereins zu bestimmen. Schwerer wiegt die Gefahr, dass ein Rückzug des Namensgebers – sei es wegen mangelnder Werbewirksamkeit des Vereins, sei es wegen eigener finanzieller Schwierigkeiten – fast zwangsläufig, wie das Beispiel des Klägers zeigt, zum Konkurs des Vereins, und damit zu seinem Ausscheiden aus den Bundesligawettbewerben führen muss... Mit Recht hat der Beklagte auch hervorgehoben, dass der Verein mit der Änderung seines Namens zu Werbezwecken seine sportliche Identität verliert..."[438]

Rechtlich einwandfrei ist in diesem Zusammenhang eine Bestimmung wie diejenige des DLV anzusehen, wonach der Name eines einzigen *Sponsors* dem bestehenden Vereinsnamen hinzugefügt oder integriert werden darf.

---

[438] OLG Frankfurt WRP 1985, 500 (504). Die hiergegen eingelegte Revision hatte lediglich aus verfahrensrechtlichen Gründen Erfolg, BGHZ 99, 119 = NJW 1987, 1811. Vgl. aber auch *Grunsky* RuS 3, 19 ff.; rechtstatsächliche Konstruktionen der Werbung durch Verbände und Vereine beschreiben ausführlich *Kühl* RuS 3, 25 ff. und *Reichert* RuS 20, 36 ff.

Strittig ist, ob die Vergabe der *Fernsehübertragungsrechte* an der Bundesliga zentral durch **208** den Ligaverband als Vermarktungsbeschränkung zu Lasten der Clubs angesehen werden kann. Dadurch werden die einzelnen Vereine der Fußball-Bundesliga daran gehindert, selbst auf diesem Markt aufzutreten und selbst Verhandlungen mit den interessierten Fernsehsendern zu führen. Nach hier vertretener Auffassung liegt keine Vermarktungsbeschränkung vor, da die Clubs der gemeinschaftlichen Vermarktung in diesem Sektor zugestimmt haben. Die kartellrechtlichen Bedenken gegen die zentrale Vermarktung der Bundesliga durch die DFL und der Champions League durch die UEFA sind mittlerweile durch Entscheidungen der EU-Kommission ausgeräumt.[439]

III. Doping

1. Definitionen des Dopings, Zuständigkeiten und Statutenbeispiele

Bis zum Jahr 2000 war die Bekämpfung des Dopings Stückwerk. Jeder Sportverband **209** hatte seine eigenen Regeln und verhängte höchst unterschiedliche Sanktionen.[440] Es gab keine einheitliche Definition des Dopings, die weltweite Anerkennung genossen hätte. Die erste brauchbare Definition lieferte das bis heute rechtsverbindliche *Europarat-Übereinkommen* gegen Doping im Sport vom 16. 11. 1989.[441] Art. 2 Abs. 1 lautet:

> „a) Doping im Sport bedeutet die Verabreichung pharmakologischer Gruppen von Dopingwirkstoffen oder Dopingmethoden an Sportler und Sportlerinnen oder die Anwendung solcher Wirkstoffe oder Methoden durch diese Personen; b) pharmakologische Gruppen von Dopingwirkstoffen oder Dopingmethoden bedeuten vorbehaltlich des Abs. 2 (Anmerkung: Abs. 2 bezieht sich auf eine Wirkstoff- und Methodenliste im Anhang der Konvention) diejenigen Gruppen von Dopingwirkstoffen oder Dopingmethoden, die von den betreffenden internationalen Sportorganisationen verboten wurden und in Listen aufgeführt sind, welche gem. Art. 11.1 b von der beobachtenden Begleitgruppe bestätigt wurden; c) Sportler und Sportlerinnen sind Personen, die regelmäßig an Sportveranstaltungen teilnehmen."

Das Abkommen statuiert das *Subsidiaritätsprinzip*. Die Sportverbände sind primär ver- **210** antwortlich für den Erlass von Dopingregeln, die Festlegung von Strafen, die Durchführung von Dopingkontrollen usw. Eine staatliche Gesetzgebung sollte nur dann eingreifen, wenn die Sportverbände ihrer Verantwortung nicht nachkommen. Ein mit den Sportverbänden nicht abgestimmter sportpolitischer Alleingang des Staates in Dopingfragen hätte im Übrigen auch seine praktischen Schwierigkeiten, da der Staat angesichts der Professionalität der Sportorganisationen in Fragen des Sports immer eine Art Amateur bleiben wird.[442] Ein staatliches Anti-Doping-Gesetz würde vor allem Regelungen zur Kontrolle des Transports, des Besitzes, der Einfuhr, der Verteilung und des Verkaufs vorsehen und Maßnahmen gegen den Doping-Schwarzmarkt treffen. Auch in Deutschland hat es immer wieder Rufe nach einem staatlichen Anti-Doping-Gesetz gegeben, die sich nach den Enthüllungen bei der Tour de France (Landis, Ullrich) verstärkt haben, so dass eine Gesetzesinitiative wahrscheinlich ist. Ein Gesetz wurde bisher nicht verwirklicht, weil man DSB und Fachsportverbänden zutraut, die Doping-Problematik in den Griff zu bekommen, und die gesamtgesellschaftlichen Auswirkungen noch kein solches Ausmaß erreicht haben, dass der Staat auf den Plan treten muss. Gefordert wäre der Staat im Rahmen seiner Schutzpflicht allerdings bei massenhaftem Missbrauch gesundheitsschädlicher Dopingmittel und bei Kinderdoping.[443] Allerdings ist im Jahr 2004 eine Rechtskommission des Sports gegen Doping eingesetzt worden mit dem Auf-

---

[439] Vgl. hierzu 4. Teil Rz. 98 ff.
[440] Vgl. mit zahlreichen Beispielen *Spindler/Fritzweiler*, S. 133.
[441] BGBl. 1994 II 335, SpuRt 94, 60, in Kraft seit 1. 6. 1994. Aktuelle Verbotsliste in SpuRt 2006, 153.
[442] *Steiner* WFV Nr. 26, 52. Ebenfalls kritisch gegenüber einem staatlichen Anti-Doping-Gesetz *Wagner* ZRP 1992, 369.
[443] So auch *Steiner* WFV Nr. 26, S. 56; *derselbe* FS Lutter, S. 224; vgl. auch 1/10 f.

trag, mögliche gesetzliche Initiativen für eine konsequente Verhinderung, Verfolgung und Ahndung des Dopings vorzuschlagen. Diese Kommission hat am 15. 6. 2005 einen umfangreichen Abschlussbericht vorgelegt.[444]

Einzelne Länder haben spezielle *Anti-Doping-Gesetze* erlassen. Hierzu zählen z. B. Frankreich, Italien, Griechenland und Belgien.[445]

211 Mit Gründung der Welt-Anti-Doping-Agentur (**WADA**) am 10. 11. 1999 wurde die längst fällige weltweite Harmonisierung der Anti-Doping-Regelwerke in Angriff genommen. Die WADA ist eine Stiftung schweizerischen Rechts. Stifter ist das IOC. Die WADA stellt eine verbindliche Liste der im Sport verbotenen Substanzen und Methoden auf und aktualisiert sie mindestens einmal jährlich. Sie hat ferner einheitliche Standards für die Dopinganalytik sowie eine Akkreditierung von Kontrolllabors eingeführt.[446] Es dauerte indessen drei Jahre, bis im Juni 2003 der erste Entwurf des Welt-Anti-Doping-Code den potentiellen Unterzeichnern, wie Staaten und Sportverbänden, vorgestellt werden konnte. Nach mehreren Konsultationsverfahren wurde die endgültige Version am 5. 3. 2003 bei der 2. Weltkonferenz gegen Doping in Kopenhagen per Akklamation angenommen. Bis Ende 2005 haben nahezu alle Internationalen Sportfachverbände und NOKs den WADA-Code angenommen und sich zu seiner Umsetzung verpflichtet. Die Teilnehmer an der Kopenhagener Konferenz wollten bis zum Beginn der Olympischen Winterspiele in Turin im Februar 2006 eine bindende zwischenstaatliche Vereinbarung treffen. Die UNESCO hat daraufhin im Oktober 2005 eine Anti-Doping-Konvention verabschiedet, die im Wesentlichen auf dem Welt-Anti-Doping-Code basiert und im Laufe des Jahres 2006 in nationales Recht überführt werden soll. Damit soll die völkerrechtliche Verbindlichkeit gewährleistet werden.[447] Solange keine gesetzliche Verbindlichkeit besteht, bedarf der WADA-Code der Umsetzung, sei es durch die Internationalen Fachsportverbände, sei es durch die Nationalen Anti-Doping-Organisationen. Für einzelne Bereiche hat die WADA detaillierte Verhaltensanweisungen erlassen, die sog. International Standards.

212 Konsequenterweise ist in Deutschland Ende 2002 die Stiftung Nationale Anti-Doping Agentur (**NADA**)[448] gegründet worden. Sie hat zum 1. 7. 2003 die Aufgaben der bisherigen Anti-Doping-Kommission (ADK) von DSB und NOK übernommen und am 8. 10. 2004 ein umfangreiches Regelwerk gegen Doping beschlossen. Dieses umfasst die zwingenden Vorschriften des Welt-Anti-Doping-Code der WADA, der International Standards für Dopingkontrollen und für die Erteilung von medizinischen Ausnahmegenehmigungen sowie die Bestimmung der Rahmenrichtlinien der ADK, soweit diese übernommen werden konnten. Bestandteil ist ferner die Liste der verbotenen Wirkstoffe und Methoden der WADA. Das Regelwerk gliedert sich in 4 Teile mit 17 Artikeln und 7 Anhänge:

– Teil I: Allgemeiner Teil mit Definition des Dopings

– Teil II: Dopingkontrollverfahren

– Teil III: Ergebnismanagement, Sanktionen und Rechtsmittel

– Teil IV: Sonstiges mit Umsetzungsverpflichtung

---

[444] Vgl. die Zusammenfassung von *Hauptmann*, SpuRt 2005, 198 und 239. Vgl. auch *Vieweg*, SpuRt 2004, 194.

[445] Vgl. *Krogmann*, SpuRt 1999, 148 und 2000, 13; *Röthel*, SpuRt 1999, 20.

[446] Vgl. Einzelheiten auf www.wada-ama.org. Aus der umfangreichen Literatur vgl. *Adolphsen*, S. 81 ff.; *Petri*, SpuRt 2003, 183 und 230; *Welten*, SpuRt 1999, 257 und 2000, 37; *Haas/Prokop*, SpuRt 2000, 5; *Netzle*, SpuRt 2003, 186.

[447] Dpa vom 27. 10. 2005.

[448] Vgl. zu Einzelheiten den ausführlichen Internetauftritt www.nada-bonn.de. Dort abgedruckt sind u. a. nicht nur der Code, sondern auch die Liste der verbotenen Wirkstoffe und Methoden sowie eine Beispielliste zulässiger Medikamente. Aus der Literatur vgl. *Weber*, RuS 36, 71 ff.

Die Verbindlichkeit des Regelwerks entsteht durch die sog. Trainingskontrollvereinba- 213
rung zwischen NADA und den deutschen Sportfachverbänden, die bis 20. 12. 2004 erfolgen musste. Die Sportfachverbände haben ihre Satzungen und Statuten dem NADA-Code anzupassen und dafür zu sorgen, dass dieser auch für die Athleten, Trainer, Ärzte, Betreuer und Hifspersonal aufgrund satzungsmäßiger oder einzelvertraglicher Bindung verbindlich wird. Art. 15.3 setzt hierfür eine Frist bis 31. 12. 2005. Adressaten des NADA-Code sind alle Athleten deutscher Staatsangehörigkeit, die mindestens 14 Jahre alt sind und unmittelbar oder mittelbar einem Sportfachverband angehören. Auf ausländische Athleten findet der Code Anwendung, wenn diese aufgrund einer von einem deutschen Sportfachverband ausgestellten Lizenz, Spielberechtigung, Teilnahmeberechtigung o.Ä. bzw. als Mitglied eines Teams mit deutscher Lizenz am Sportbetrieb in Deutschland teilnehmen.

Definiert wird Doping im NADA-Code als „das Vorliegen eines oder mehrerer der 214
nachfolgend in Art. 2.1 bis Art. 2.8 festgelegten Verstöße gegen Anti-Doping-Bestimmungen." Verstöße gegen Anti-Doping-Bestimmungen sind die folgenden:
– das Vorhandensein eines verbotenen Wirkstoffs, seiner Metaboliten oder Marker in den Körpergewebs- oder Körperflüssigkeitsproben eines Athleten;
– der Gebrauch oder der versuchte Gebrauch eines verbotenen Wirkstoffs oder einer verbotenen Methode;
– die Verweigerung oder das Unterlassen ohne zwingenden Grund, sich einer angekündigten Probenahme zu unterziehen, die gemäß den Bestimmungen des NADA-Code oder anderer anwendbarer Anti-Doping-Bestimmungen zulässig ist, oder jeder anderweitige Versuch, sich der Probenahme vorsätzlich zu entziehen;
– der Verstoß gegen die Vorschriften des NADA-Code oder andere anwendbare Vorschriften zur Verfügbarkeit des Athleten für Trainingskontrollen, einschließlich versäumter Kontrollen und des Versäumnisses, die erforderlichen Angaben zum Aufenthaltsort und zur Erreichbarkeit zu machen;
– die unzulässige Einflussnahme oder der Versuch der unzulässigen Einflussnahme irgendeines Teils der Dopingkontrolle;
– der Besitz von verbotenen Wirkstoffen und verbotenen Methoden;
– Handel mit einem verbotenen Wirkstoff oder einer verbotenen Methode;
– die Verabreichung oder versuchte Verabreichung von verbotenen Wirkstoffen oder verbotenen Methoden an Athleten oder die Beihilfe, Unterstützung, Anleitung, Anstiftung, Verschleierung oder sonstige Tatbeteiligung bei einem Verstoß oder einem versuchten Verstoß gegen Anti-Doping-Regeln.

Die NADA beschränkt sich auf Dopingkontrollen außerhalb des Wettkampfes („out 215
of competition"). Für Wettkampfkontrollen ist der jeweilige Fachsportverband zuständig. Die NADA führt jährlich etwa 4000 Trainingskontrollen durch und bedient sich hierzu einer sportunabhängigen externen Institution. Die NADA wählt hierfür die zu untersuchenden Athleten aus. Die Benachrichtigung der Athleten, die Probenahme und der Probenversand erfolgen durch den Auftragnehmer.

Das Verbot bestimmter Substanzen durch Sportverbände setzt grundsätzlich ausrei- 216
chende wissenschaftliche Daten voraus, die einen leistungssteigernden oder sonst sportwidrigen Effekt in der betreffenden Applikationsart aufzeigen. Darüber hinaus sind Sportverbände verpflichtet, ihre Anti-Doping-Bestimmungen unter Beachtung wissenschaftlicher Erkenntnisse und Fortschritte ständig zu überprüfen und anzupassen. Nur auf diese Weise kann eine hinreichende Legitimation von Dopingsanktionen erzielt werden.[449]

Dopingmittel sind in aller Regel legale Pharmazeutika, die zu Dopingzwecken miss- 217
braucht werden. Eine regelrechte Entwicklung spezieller Dopingmittel ist – entgegen

---

[449] *Striegel/Vollkommer*, SpuRt 2004, 236.

mancher Mutmaßung – nicht festzustellen. Eine Ausnahme hiervon ist das 2003 in Kalifornien entdeckte illegale Mittel THG (Tetrahydrogestrinon).[450] Die verbotenen Wirkstoffgruppen der aktuellen Liste sind die folgenden: *Stimulantien* erhöhen die Aufmerksamkeit und sind in der Lage, Leistungsbereitschaft und Aggressivität zu steigern. So ist z. B. Koffein ein Stimulantium, dessen Verbot 2004 allerdings aufgehoben wurde, da sich die Bestimmung eines zuverlässigen Grenzwerts als schwierig erwies.

218 *Narkotika* wirken als schmerzstillende Mittel. Viele dieser Substanzen haben starke Nebenwirkungen. Ihre Anwendung führt häufig zu physischer und psychischer Abhängigkeit. *Anabole Wirkstoffe*, die dem männlichen Hormon Testosteron vergleichbar sind, werden zum Aufbau der Muskelmasse und Muskelkraft gebraucht. In geringen Dosen steigern sie die Wettkampfbereitschaft. Bei Frauen führt ihre Anwendung zur Maskulinisierung, Akne, Bartwuchs und Unterdrückung der normalen Funktion der Eierstöcke und der Menstruation. *Diuretika* werden im Sport eingesetzt, um schnell an Gewicht zu verlieren, was bei Sportarten mit Einteilung nach Gewichtsklassen von Bedeutung ist. Ferner, um die Konzentration von Dopingmitteln im Urin zu verringern und damit den Nachweis zu erschweren. Die letzte verbotene Wirkstoffgruppe umfasst *Peptidhormone* und *Analoge*. Hierzu zählt z. B. das Wachstumshormon HGH.

219 Vor allem aus dem Radsport ist der Missbrauch des blutbildenden Erythropoietin (EPO) geläufig. In der Niere gebildet, bewirkt EPO normalerweise die ständige kontrollierte Neubildung des Hämoglobins und seiner Träger, der roten Blutkörperchen, deren Lebensdauer nur etwa 100 Tage beträgt. Bei exogener Zufuhr steigt der Anteil der Blutkörperchen und damit der Feststoffgehalt des Blutes, das dickflüssig wird. Da Hämoglobin den Sauerstoff aus der Lunge in die Gewebe – vor allem auch in die Muskulatur – transportiert, ist eine Erhöhung dieses Transportflusses bei Muskelhöchstleistungen willkommen und kann Wettbewerbsvorteile bringen. Neuerdings ist von außen zugeführtes, gentechnisch hergestelltes EPO analytisch vom körpereigenen EPO unterscheidbar.[451]

220 Zu den verbotenen *Methoden* zählt das *Blutdoping, Gendoping* und die pharmakologische, chemische und physikalische *Manipulation* einer Urinprobe. Unter Blutdoping versteht man die Verabreichung von Blutpräparaten, die rote Blutkörperchen enthalten, wenn keine medizinische Indikation für eine solche Behandlung vorliegt. Dadurch wird die Sauerstofftransportkapazität erhöht.[452] Die Liste der verbotenen Wirkstoffgruppen und Methoden enthält ferner Wirkstoffgruppen, die nur bei bestimmten Sportarten verboten sind. Hierzu zählen z. B. Alkohol, Marihuana oder Beta-Blocker.[453]

221 Die Frage, ob Doping verboten ist, ist in der Verbands- und Vereinssatzung grds. regelungsbedürftig. Fehlte ein solches Verbot, wäre Doping erlaubt und könnte nur von einem Wettbewerber als unlauteres Verhalten gemäß § 3 UWG angegriffen werden. Die meisten internationalen und nationalen Sportorganisationen haben Dopingbestimmungen an unterschiedlichen Stellen mit unterschiedlicher Regelungsdichte in ihr Regelwerk aufgenommen. Exemplarisch werden im Folgenden diejenigen des Fußballs und der Olympischen Spiele vorgestellt.

222 Im Bereich des *Fußballs* heißt es in § 5 der Spielordnung des DFB wörtlich:[454]

(1) Doping ist verboten.
(2) Doping ist das Vorhandensein einer Substanz aus den verbotenen Wirkstoffen im Körper (Gewebe- oder Körperflüssigkeit). Doping ist auch die Anwendung verbotener Methoden, die geeignet sind, den physischen oder psychischen Leistungszustand eines Spielers künstlich zu verbessern. Doping ist auch der Versuch von Dritten, Substanzen aus den verbotenen Wirkstoffen oder die An-

---

[450] *Müller*, S. 29.
[451] *Müller*, S. 38 ff., 44.
[452] *Müller*, S. 47; *Ritthaler* WFV Nr. 26, 29.
[453] Erläuterungen hierzu bei *Müller*, S. 45. Vgl. die aktuelle Verbotsliste in SpuRt 2006, 153 ff.
[454] Vgl. auch *Kindermann* WFV Nr. 26, 31 ff.

wendung verbotener Methoden anzubieten oder jemanden zu deren Verwendung zu veranlassen. Maßgeblich ist die vom DFB jeweils herausgegebene Liste (Anhang A zu den Anti-Doping-Richtlinien des DFB).

(3) Jeder Spieler ist verpflichtet, sich einer angeordneten Dopingkontrolle zu unterziehen.

(4) Jeder Verein und jede Tochtergesellschaft hat zu gewährleisten, dass die Spieler seiner bzw. ihrer Mannschaft nicht gedopt werden und sich angeordneten Dopingkontrollen unterziehen. Dem Verein oder der Tochtergesellschaft ist das Handeln der Angestellten und beauftragten Personen sowie dem Verein zusätzlich das Handeln seiner Mitglieder zuzurechnen.

(5) Die Anordnung von Dopingkontrollen obliegt dem Träger der jeweiligen Spielklasse. Verstöße gegen die Anti-Doping-Vorschriften werden nach den jeweiligen Bestimmungen der Träger geahndet.

(6) Die Einzelheiten werden in den vom DFB-Präsidium auf Vorschlag der Anti-Doping-Kommission erlassenen Anti-Doping-Richtlinien geregelt.

223 Dieses Dopingverbot wird durch zwei Satzungsbestimmungen flankiert: Nach § 4 k ist es Zweck und Aufgabe des DFB, das Dopingverbot zu beachten und durchzusetzen, um Spieler vor Gesundheitsschäden zu bewahren und Fairness im sportlichen Wettbewerb und Glaubwürdigkeit im Fußballsport zu erhalten. Der DFB stellt sicher, dass zu diesem Zweck Dopingkontrollen durchgeführt werden. Wesentliche Rechtsgrundlage ist § 6 Ziffer 2 c der Satzung, wonach der DFB die Zuständigkeit zur Regelung der Durchführung von Dopingkontrollen auf Grundlage der Reglemente von WADA, NADA, FIFA und UEFA sowie den Anti-Doping-Richtlinien des DFB für sich in Anspruch nimmt. Als Strafmaß bei einem Dopingvergehen ist eine Sperre von 6 Monaten bis zu zwei Jahren, im Wiederholungsfall auf Dauer, vorgesehen (§ 8 Ziffer 3 RuV). Im Profisport gilt das identische Dopingverbot aufgrund §§ 3 Ziffer 2, 4 Ziffer 1 g, 5 Ziffer 2 und 11 i Satzung Ligaverband. Neben dieser satzungsmäßigen Geltung besteht eine vertragliche Verbindlichkeit gemäß Lizenzvertrag zwischen Ligaverband und Club. Die Verbindlichkeit für die Spieler ergibt sich aus entsprechenden Bestimmungen im (Muster-) Arbeitsvertrag.

Die Statuten der FIFA erwähnen Doping nicht ausdrücklich. Die FIFA hat allerdings mit Wirkung zum 10. 5. 2004 ein umfangreiches Regelwerk gegen Doping bei und außerhalb von Wettkämpfen erlassen.[455]

224 Für die *Olympischen Spiele* erklärt Regel 44 der IOC-Satzung den WADA-Code für verpflichtend.

2. Einführung in die Dopingproblematik

225 Berichte über Dopingfälle in den Medien sind an der Tagesordnung. Das liegt nicht unbedingt daran, dass immer mehr gedopt wird. Vielmehr bringen verfeinerte Analysemethoden und vor allem unangemeldete *Trainingskontrollen* Dopingmißbrauch verstärkt ans Licht, der vorher im Dunkeln blieb. Beispielsweise blieben reine Wettkampfkontrollen erfolglos, wenn die Athleten während des Trainings Anabolika einnahmen, die Mittel aber rechtzeitig vor dem Wettkampf wieder absetzten. Früher wurden nur Urinproben abgenommen, neuerdings werden in Einzelfällen auch Blut, Haare und Speichel untersucht. Die DSB-Rahmenrichtlinien sehen seit 1999 in § 7 sowohl Urin- als auch Blutkontrollen vor.[456] Nach dem Willen des DSB (seit 20. 5. 2006 DOSB) sollen auch *Blutproben* entnommen werden können, weil sie die Analyseergebnisse zusätzlich verfeinern. Jedoch sind Blutproben bisher in den wenigsten Satzungen vorgesehen. Anhang 6 des NADA-Codes vom 1. 11. 2004 sieht allerdings bereits Verfahrensvorschriften bei Entnahme von Blutproben vor. Wegen der besseren Nachweisbarkeit der meisten Dopingstoffe im Urin kann dieser nicht durch Blutproben ersetzt werden. Blutproben können nur

---

[455] Einsehbar unter www.fifa.com.
[456] Abgedruckt bei *Röhricht/Vieweg*, Sonderband RuS 2000, Anhang 4.

wichtige zusätzliche Informationen liefern.⁴⁵⁷ Blutproben sind Eingriffe in das Grundrecht der körperlichen Unversehrtheit nach Art. 2 II Satz 1 GG, die nur aufgrund eines Gesetzes oder bei freier Einwilligung eines Athleten statthaft sind.⁴⁵⁸

226 Doping ist im Sport weltweit verbreitet und wird seit Anfang der siebziger Jahre auch juristisch intensiv beleuchtet.⁴⁵⁹ Zu den spektakulären Dopingfällen gehören das Dopinggeständnis des kanadischen Sprinters *Ben Johnson* nach den Olympischen Spielen 1988 in Seoul; sicherlich auch die Machenschaften der chinesischen „Wunderschwimmerinnen" vor den Asienspielen 1994⁴⁶⁰ sowie das Ephedrin-Doping des argentinischen Fußballstars *Maradona* bei der Weltmeisterschaft 1994 in den USA.⁴⁶¹ In Deutschland haben vor allem die Fälle *Katrin Krabbe* und *Dieter Baumann* Aufsehen erregt.⁴⁶² Der Fall *Krabbe* wurde von der Bevölkerung und einem Teil der Medien überwiegend als positiver Dopingfall eingeordnet, obwohl die maßgebliche Substanz Clenbuterol zum Zeitpunkt der Einnahme ausdrücklich nicht auf der Dopingliste verzeichnet war, so dass die Einnahme keinen Dopingverstoß darstellen konnte. DLV und IAAF verhängten trotzdem die pauschale vierjährige Dopingsperre. Nach Freispruch durch den DLV-Rechtsausschuss⁴⁶³ blieb dennoch eine Sperre von insgesamt drei Jahren und acht Tagen wegen „sportwidrigen Verhaltens" bestehen, weil die Athletin ein Medikament eingenommen hatte, das ihr zuvor kein Arzt verschrieben hatte.⁴⁶⁴

227 Die wenigsten Dopingfälle sind einheitlich zu beurteilen. Die folgenden Fälle veranschaulichen die Notwendigkeit, jeden Einzelfall differenziert zu betrachten: ⁴⁶⁵
a) In der Saison 1994/95 ereignete sich der erste „Dopingfall" im bezahlten Fußball, der Fall *„Wohlfarth"*. Der Stürmer des VFL Bochum hatte einen *rezeptfreien* Appetitzügler eingenommen. Das anscheinend harmlose Medikament enthielt jedoch einen auf der Dopingliste stehenden Wirkstoff. Der DFB verurteilte Wohlfarth wegen fahrlässigen Dopings zu einer Sperre von zwei Monaten.⁴⁶⁶ Der erste „Dopingfall" im Handball verlief ähnlich. Nach einem Kreislaufkollaps hatte eine Spielerin des Zweitligisten Sachsen Zwickau ein Medikament eingenommen, das den verbotenen Wirkstoff Etilefrin, ein Ephedrin, enthielt. Der DHB sperrte sie für drei Monate.

---

⁴⁵⁷ Genauer *Müller*, S. 64 f.

⁴⁵⁸ *Donike/Rauth*, S. 30; einen gangbaren Weg zeigen die Gutachten von *Vieweg, Kühl* und *Tettinger* auf, zusammengefasst in SpuRt 1995, 188 ff.; ausführlich *Tettinger*, S. 538 ff., zu den verfassungsrechtlichen Zulässigkeitsvoraussetzungen.

⁴⁵⁹ Aus der **älteren** Literatur vgl. insbesondere *Kohlhaas*, S. 48 ff.; ders. NJW 1970, 1958 ff.; *Schneider-Grohe*, S. 1 ff.; *Schild* (Hrsg.) RuS 5 mit Beiträgen von *Schild*, S. 13 ff., *Schwab*, S. 35 ff., v. *Loeper/Faßbender*, S. 51 ff. und *Meinberg/Olzen/Neumann*, S. 63 ff.; *Linck* NJW 1987, 2545 ff.; ders. MedR 1993, 55 ff.; *Franz/Hartl* NJW 1988, 2277 ff.; *Körner* ZRP 1989, 418 ff.; *Steiner* WFV Nr. 26, 50 ff.; *Vieweg* Normsetzung, S. 84 ff., 252 f., 289 ff.; ders. NJW 1991, 1511 ff.; ders. NJW 1992, 2539 ff.; *Turner* NJW 1991, 2943 ff.; ders. NJW 1992, 720 ff.; ders. MDR 1991, 569 ff.; ders. ZRP 1992, 121 ff.; *Wagner* ZRP 1992, 369; *Otto* SpuRt 1994, 10 ff.; *Friedrich* SpuRt 1995, 8 ff.; *Lehner/Freibüchler* SpuRt 1995, 2 ff.; *Adolphsen/Haas*, NJW 1996, 2351; *Vieweg*, Doping – Realität und Recht, 1998, mit zahlreichen Beiträgen interdisziplinärer Art. Aus der **neueren** Literatur vgl. insbesondere *Röhricht/Vieweg*, Sonderband RuS 2000 mit verschiedenen Beiträgen; *Fritzweiler*, Doping – Sanktionen, Beweise, Ansprüche, 2000; *Pfister*, SpuRt 2000, 133 und 2003, 16; *Fischer*, EuZW 2002, 297; *Menzel*, WRP 2002, 810 sowie die Monografien von Adolphsen, Internationale Dopingstrafen, 2003; *Bergermann*, Doping und Zivilrecht, 2002 und Petri, Die Dopingsanktion, 2004.

⁴⁶⁰ Im Jahre 1994 wurden insgesamt 31 Chinesen wegen Dopings gesperrt, vgl. FAZ v. 18. 11. 1994, 38 und 28. 7. 1995, 29. Aber auch im deutschen Spitzensport gab es im gleichen Jahr 34 positive Tests, hauptsächlich im Radsport, Gewichtheben und in der Leichtathletik.

⁴⁶¹ SZ v. 24. 8. 1994, 25.

⁴⁶² Vgl. Rz. 136 und 140.

⁴⁶³ Beschluss vom 26. 3. 1993, SpuRt 1996, 66.

⁴⁶⁴ Zur Unwirksamkeit der Sperre(n): vgl. Rz. 259, 337.

⁴⁶⁵ Zur Komplexität der Dopingproblematik: *Vieweg* NJW 1991, 1511 f.

⁴⁶⁶ SpuRt 1995, 233.

b) Problematisch ist auch dieser Fall: Im Urin des Sportlers wird eine verbotene Substanz nachgewiesen. Die Einnahme des entsprechenden Medikaments war aber *medizinisch indiziert*.

c) Dem Athleten wird die verbotene Substanz *unbewusst* verabreicht. Ohne sein Wissen oder Einverständnis wird von dritter Seite *manipuliert*.

228 Die Fälle a) bis c) haben ein Merkmal gemeinsam: Der Athlet hat die Substanzen nicht zu unfairer Leistungssteigerung eingenommen. Teilweise trifft ihn nicht einmal ein Vorwurf. Dopingdefinitionen und Sanktionen sollten den unterschiedlichen Fallkonstellationen Rechnung tragen. Sie sollten den Zweck des Dopingverbots in die Definition mit einfließen lassen.[467] Verschiedene *Zwecke* sind denkbar: Schutz der Gesundheit der Sportler, Verhinderung einer Wettbewerbsverzerrung, Bewahrung des Ansehens einer Sportart oder Vorbildfunktion für die Jugend. Laut § 4k seiner Satzung bekennt sich beispielsweise der DFB zum Dopingverbot, um die Spieler vor Gesundheitsschäden zu bewahren, die Fairness im sportlichen Wettbewerb zu erhalten und die Glaubwürdigkeit des Fußballs zu sichern. Als *Hauptzweck* gilt – objektiv betrachtet – Gesundheitsschutz in Verbindung mit Chancengleichheit. Da Doping die Gesundheit gefährdet, sind „saubere" Sportler davor zu schützen, dass ein Dopingsünder sie praktisch zwingt, sich ebenfalls zu dopen, um Chancengleichheit zu wahren. Als *Nebenzweck* gilt die Wahrung des Ansehens einer Sportart.

229 Nach diesseitiger und herrschender Auffassung ist der Fund verbotener Substanzen alleine noch nicht ausreichend, einen positiven Dopingfall anzunehmen und, darauf gestützt, eine Sperre auszusprechen. Dopingvorwürfe erfordern einen vollständigen *Verschuldensnachweis*.[468] Die Athleten der Fälle b) und c) müssten nach allgemeinem Gerechtigkeitsempfinden straffrei bleiben. Das Regelwerk der NADA hat in Bezug auf derartige Zweifelsfälle wesentlich mehr Klarheit gebracht:

230 Bei medizinischer Indikation gibt es jetzt die Möglichkeit einer medizinischen Ausnahmegenehmigung („Therapeutic Use Exemption TUE") gemäß Art. 5 NADA-Code. Ein entsprechender Antrag ist vom Sportler über den deutschen Sportfachverband der NADA zu übersenden. Hierfür stellt die NADA Formulare zur Verfügung. Der Antrag ist rechtzeitig, spätestens 21 Tage vor dem nächsten Wettkampf, zu stellen. Art. 5.4 enthält verschiedene Kriterien für die Bewilligung einer Ausnahmegenehmigung. Ausnahmsweise kann die Anwendung eines verbotenen Wirkstoffs nachträglich angezeigt werden, wenn
– eine Notfallbehandlung oder Behandlung einer akuten Krankheit erforderlich war,
– die Anzeige unverzüglich nach der Anwendung erfolgte, und
– ansonsten die Voraussetzungen für die Erteilung einer Ausnahmegenehmigung zum Zeitpunkt der Anwendung vorgelegen haben (Art. 5.7).

Die Ausnahmegenehmigung wird befristet, in der Regel auf ein Jahr, erteilt. Zuständig ist ein Ärztekomitee, dem mindestens drei qualifizierte und unabhängige Ärzte angehören.

231 Der Fall c), der an *Dieter Baumann* erinnert, hat in Deutschland zu einer breiten Diskussion darüber geführt, ob der Verschuldensnachweis vom Sportverband oder vom Sportler zu führen ist, wer also das Risiko der Ungewissheit trägt. Die Vertreter einer strengen, verbandsfreundlichen Lösung plädierten für die Anwendung des Grundsatzes der „strict liability", also einer Beweislastumkehr zu Lasten des Sportlers, da er viel eher als der Verband in der Lage sei, aufzuklären, welches Mittel wie in seinen Körper gelangt sei. Eine effektive Dopingbekämpfung werde sonst unmöglich gemacht, da nicht nachprüfbaren Schutzbehauptungen des Sportlers Tür und Tor geöffnet sei.[469] Die athletenfreundliche Gegenansicht wendet die allgemeinen Beweislastregeln an, wonach der die Strafe aus-

---

[467] So schon *Vieweg* NJW 1991, 1512.
[468] Vgl. Rz. 262 ff.
[469] Vgl. *Prokop*, S. 79 (86). Die Rechtsprechung des CAS verfolgt auch diese harte Linie, vgl. zuletzt CAS SpuRt 2005, 162; *Pfister*, SpuRt 2000, 133 und SpuRt 2003, 16: „doppelte Beweislastumkehr".

sprechende Verband – ähnlich wie im staatlichen Strafprozess – dem Sportler nicht nur die Tat, sondern auch die schuldhafte Begehung der Tat nachweisen müsse.

232 Vor In-Kraft-Treten des Regelwerks der NADA hat sich hierzu die herrschende Meinung herausgebildet, dass der Lehre vom sog. *Anscheinsbeweis* („prima-facie-Beweis") zu folgen sei. Dieser greift bei typischen Geschehensabläufen ein, d.h. in Fällen, in denen ein bestimmter Sachverhalt feststeht, der nach allgemeiner Lebenserfahrung auf eine bestimmte Ursache oder auf einen bestimmten Ablauf als maßgeblich für den Eintritt eines bestimmten Erfolgs hinweist. So spricht etwa bei einem Auffahrunfall der erste Anschein für eine schuldhafte Fahrweise des Auffahrenden. Dieser kann den Anscheinsbeweis jedoch erschüttern, wenn er die ernsthafte Möglichkeit eines atypischen Geschehensablaufs im konkreten Fall nachweist.[470] Danach besteht bei positiver A- und B-Probe zunächst die Vermutung, dass der Sportler den Dopingverstoß zu vertreten hat. Denn nach der Lebenserfahrung hat derjenige, bei dem verbotene Mittel analysiert werden, diese Mittel in aller Regel bewusst oder jedenfalls in fahrlässiger Unkenntnis zu sich genommen. Insoweit handelt es sich um einen typischen Geschehensablauf. Wendet nun der Sportler ein, die verbotene Substanz müsse ihm ohne eigenes Wissen von einem Dritten (Ehegatten, Trainer, Arzt, Koch, Konkurrenten) zugeführt worden sein, muss der Richter prüfen, ob dieser Einwand einen atypischen Geschehensablauf zu tragen vermag, so dass der Anscheinsbeweis als erschüttert anzusehen ist. An die Erschütterung sind strenge Anforderungen zu stellen.[471]

233 Dieser Beweisstandard ist sachgerecht. Er schließt bloße Schutzbehauptungen aus und ist hoch genug, um nicht zu einem Wildwuchs an Freisprüchen zu führen, den die Sportverbände fürchten, um den Anti-Doping-Kampf nicht zur Farce werden zu lassen. Trotzdem stellt er nicht grundsätzlich die Beweislast des Verbands in Frage. Diese Beweismaßstäbe halten auch Verfassungsrecht stand. Bei aller Orientierung am Prinzip des fairen Verfahrens muss beim Sportler so viel Ahndungsrisiko verbleiben, dass er verantwortungsvoll und umsichtig mit allem umgeht, was nicht Training ist.[472] Folglich hat er auch bei den sog. Nahrungsergänzungsmitteln Vorsicht walten zu lassen, da mittlerweile allseits bekannt ist, dass nicht alle diese frei von Verunreinigungen sind. Es sind allerdings auch Fälle denkbar, in denen ein Sportler keine Kenntnis über mögliche Kontaminationsgefahren haben konnte. Hier wäre das Verbot nicht geeignet, Grundlage einer Sanktion zu sein.[473]

234 Auf dieser Linie liegt auch der 2004 eingeführte NADA-Code, dessen Art. 11.1 folgende Verschuldensvermutung aufstellt:

„Das Vorhandensein eines verbotenen Wirkstoffs oder seiner Metaboliten oder Marker in einer Körpergewebs- oder Körperflüssigkeitsprobe des Athleten begründet die widerlegbare Vermutung, dass der Athlet den Verstoß mindestens fahrlässig begangen hat. Der Athlet kann diese Vermutung widerlegen, indem er nachweist, dass dieser Verstoß ohne sein Verschulden verursacht wurde, und er nachweist, wie der verbotene Wirkstoff in seinen Organismus gelangt ist (zum Beweismaß vgl. Art. 3)."

Gemäß Art. 3.1.2 ist das Beweismaß die „überwiegende Wahrscheinlichkeit".

235 Fraglich ist, ob dieses Beweismaß eine Beweislastumkehr zu Lasten des Sportlers bedeutet, die dem nach deutschem Recht geltenden Verschuldensprinzip zuwiderliefe und deshalb unzulässig wäre. Prüfungsmaßstab sind §§ 309 Nr. 12 bzw. – bei Sportlern, die Unternehmer sind – 307 Abs. 1 BGB. Die „überwiegende Wahrscheinlichkeit" ist mehr als die ernsthafte Möglichkeit eines anderen Geschehensablaufs, stellt also eine Verschärfung der angemessenen Beweisregeln dar. Hier verläuft eine feine, aber bedeutsame ver-

---

[470] Vgl. etwa BGH WM 1997, 1493 (1496); *Walker*, S. 135 (144); *Reichert*, Rz. 2719 ff.
[471] OLG Frankfurt, SpuRt 2001, 159 (162); Vgl. ausführlich hierzu *Walker*, S. 135 (143 ff.); *Krähe*, S. 39 (50 ff.), *Fenn/Petri*, SpuRt 2000, 232 (233 f.), jeweils mit zahlreichen Nachweisen.
[472] *Steiner*, Sonderband RuS 2000, 125 (135).
[473] *Paul*, SpuRt 2004, 240.

fassungsrechtliche Grenze, die sich in dem AGB-rechtlichen Verbot der Beweisbenachteiligung niederschlägt. Eine gesetzeskonforme Auslegung dürfte hier den Wortlaut überstrapazieren, so dass man von der Unwirksamkeit dieses Beweismaßes auszugehen haben dürfte. Die entstehende Lücke ist durch den allgemeinen Grundsatz zu schließen, dass der Sportverband die Beweislast für die rechtsbegründenden Tatsachen trägt, wobei die Grundsätze des Anscheinsbeweises zum Tragen kommen.[474]

3. Unverzichtbare Rechtsgarantien

Unverzichtbare Grundlage jeder Dopingbekämpfung bildet ein materielles Dopingrecht, das sportfachlich und medizinisch fundiert, präzise in der Verbandssatzung formuliert und hinreichend publiziert ist. Das Verfahren der Dopingkontrolle ist so zu gestalten, dass es sich gegenüber Fehlern und Manipulationen möglichst unauffällig erweist und in allen Phasen von sachkundigen, unabhängigen und neutralen Personen verantwortet wird.[475] **236**

Folgende Rechtsgarantien im Einzelnen sind m. E. unverzichtbar: **237**

1. Leitmotiv des gesamten Verfahrens muss die Wahrung der Persönlichkeit und der Würde des Sportlers sein.
2. Im Lichte des Grundrechts auf körperliche Unversehrtheit, in welches nach Art. 2 II Satz 3 GG nur aufgrund eines formellen Gesetzes eingegriffen werden darf, ist grundsätzlich nur die Untersuchung einer ohne Zwang abgelieferten Urinprobe zulässig. Unzulässig sind weitergehende Eingriffe, etwa eine Blutentnahme, zumindest dann, wenn eine präzise Bestimmung in der Satzung fehlt.
3. Die zu untersuchenden Sportler werden vor Ende des Wettkampfes mittels Rangfolge (z. B. die ersten drei) und/oder Los bestimmt.
4. Zutritt zum Labor hat nur ein eng begrenzter Personenkreis, etwa der Sportler und eine Begleitperson, der Arzt und sein Assistent, ein Mitglied der Kontrollkommission/Probenbeauftragter, ein Dolmetscher.
5. Der Ablauf des Verfahrens muss dem Sportler in seiner Heimatsprache oder einer ihm gut verständlichen Sprache erläutert werden.
6. Es müssen ausreichend Getränke in Originalbehältnissen zur Verfügung stehen.
7. Der Sportler wählt eigenhändig aus einer größeren Anzahl unbenutzter Urinsammelgefäße zwei Behälter aus. Einer davon wird mit Hauptprobe A, der andere mit Reserveprobe B gekennzeichnet. Die Kodierung auf den Behältern muss mit derjenigen auf dem Dopingkontrollformular übereinstimmen.
8. Der Sportler teilt seine Urinprobe auf die beiden Behälter auf.
9. Weigert sich der Sportler, sich dem Verfahren zu unterziehen, werden ihm die Konsequenzen erläutert.
10. Verwechslungen und Manipulationen müssen durch nicht rückgängig zu machende, sichere Versiegelung beider Proben im Beisein des Sportlers und getrennte Aufbewahrung der B-Probe ausgeschlossen sein.
11. Der Sportler und der Arzt/Probenbeauftragte bestätigen schriftlich die ordnungsgemäße Abnahmeprozedur. Hält der Sportler die Prozedur für unzulänglich, vermerkt er dies unter Angabe des Grundes auf dem Dopingkontrollformular. Der Sportler erhält eine Durchschrift des unterzeichneten Dopingkontrollformulars. Eine weitere Durchschrift erhält das Labor, das die Analyse durchführt; diese Durchschrift darf keinerlei Angaben enthalten, welche Rückschlüsse auf die Identität des Sportlers zulassen.
12. Die A-Probe wird unverzüglich, längstens binnen zwei Wochen nach Abnahme, von einem diplomierten (Bio-)Chemiker in einem IOC-akkreditierten Labor untersucht.

---

[474] Zutreffend und ausführlich *Petri*, S. 105 (122).
[475] *Steiner* NJW 1991, 2736.

13. Ein positives Ergebnis der A-Probe wird dem Sportverband sowie dem Sportler unverzüglich vertraulich mitgeteilt. Der Sportler hat das Recht zur Stellungnahme.
14. Die B-Probe wird binnen drei Wochen nach Mitteilung des Ergebnisses der A-Probe im Beisein des Sportlers und einer Person seines Vertrauens von einem zweiten (Bio)-Chemiker analysiert, der mit dem ersten nicht identisch ist. Der Sportler hat das Recht, hierfür ein anderes IOC-akkreditiertes Labor auszuwählen. Auf dieses Recht ist er rechtzeitig hinzuweisen. In diesem Fall dürfen ihm satzungsmäßig die dadurch zusätzlich entstehenden Kosten auferlegt werden, die bei negativem Ergebnis zu erstatten sind.
15. Der Verbleib der A- und B-Probe samt der durchgeführten Analysen muss seitens des/der Labors mittels eines „Laufzettels" mit den Unterschriften der jeweils Verantwortlichen nachgewiesen werden können („chain of custody").
16. Ist auch die B-Probe positiv, darf erst jetzt der Name des angeschuldigten Sportlers bekannt gegeben (Datenschutz!) und seine Suspendierung ausgesprochen werden.
17. Die Suspendierung muss eine substantiierte Begründung und Rechtsbehelfsbelehrung enthalten.

4. Die Sanktionen der Verbände

238 Dopingverstöße sind bis zur Geltung des WADA- bzw. NADA-Codes von den Sportverbänden höchst unterschiedlich bestraft worden. Die Dauer der Sperren reichten von wenigen Wochen bis zu lebenslang. Nur wenige Verbände setzten ausdrücklich einen schuldhaften Verstoß voraus. Sperren von mehr als zwei Jahren haben bei nicht wenigen Sportlern das Karriereende bedeutet. Angesichts der für den Leistungssportler mit einer mehrjährigen Wettkampfunterbrechung verbundenen nachteiligen Auswirkungen hält der Rechtsausschuss des DLV einen Entzug der Starterlaubnis für *zwei Jahre* für das *Höchstmaß* dessen, was noch innerhalb der grundrechtlich-rechtsstaatlichen Grenzen liegt.[476]

239 Die NADA soll die Vereinheitlichung der Sperren herbeiführen, die im Sinne einer Gleichbehandlung der Sportler und Sportarten dringend geboten ist. Gemäß Art. 11.3 des NADA-Codes beläuft sich die Sperre bei Vorhandensein eines verbotenen Wirkstoffs oder Anwendung einer verbotenen Methode
– zwei Jahre beim ersten Verstoß
– lebenslang beim zweiten Verstoß.

Beim Ausmaß der Sperre sind im Übrigen die konkreten Umstände des Einzelfalls, das Maß des Verschuldens und die Angemessenheit der Sperre im Verhältnis zum Verstoß zu berücksichtigen. Geschah der Verstoß weder vorsätzlich noch grob fahrlässig, kann die Dauer der Sperre reduziert werden.

Milder fällt die Sanktion bei sog. *speziellen* Wirkstoffen aus: Die Liste verbotener Wirkstoffe und verbotener Methoden enthält spezielle Wirkstoffe, die wegen ihrer großen Verbreitung in medizinischen und anderen Produkten besonders leicht zu unbeabsichtigten Verstößen gegen Anti-Doping-Bestimmungen führen können, oder deren wirksamer Missbrauch als Dopingmittel weniger wahrscheinlich ist. Kann ein Athlet nachweisen, dass die Anwendung eines speziellen Wirkstoffs nicht der Steigerung der sportlichen Leistung diente, so findet gemäß Art. 11.4 folgendes Strafmaß Anwendung:
– öffentliche Verwarnung bis zu einjähriger Sperre bei erstem Verstoß
– zweijährige Sperre bei zweitem Verstoß
– lebenslange Sperre bei drittem Verstoß.

---

[476] NJW 1992, 2588, bestätigt durch OLG München SpuRt 1996, 138; so auch *Steiner* WFV Nr. 26, 62.

Der *Fußball* hat sich den Vorgaben der NADA mit guten Gründen (noch) nicht ange- **240** schlossen, da er mit Recht darauf hinweist, dass es „minder schwere" Fälle[477] gibt, die eine Sanktion von zwei Jahren als unverhältnismäßig erscheinen lassen. DFB und DFL haben deshalb dem Sportgericht, das für die Verhängung der Sanktionen zuständig ist, einen größeren Ermessensspielraum eingeräumt, der es ermöglicht, die besonderen Umstände der Tat zu würdigen und somit eine größere Einzelfallgerechtigkeit walten zu lassen. Die Dauer der Sperre beläuft sich auf sechs Monate bis zu zwei Jahre, im Wiederholungsfall auf Dauer. Ein Dopingvergehen unter Verwendung spezifischer Substanzen kann ein Strafmaß unter sechs Monaten nach sich ziehen, falls der gedopte Spieler beweisen kann, dass die Verwendung einer solchen Substanz keine Leistungssteigerung zum Ziel hatte. Bei Verstößen (lediglich) gegen die Anti-Doping-Richtlinien ist gegen den Spieler eine Sperre von mindestens zwei Wochen bis zu sechs Monaten auszusprechen. Ergibt die von einem vom IOC anerkannten Labor durchgeführte Analyse einer Urinprobe oder anderen Probe das Vorhandensein einer verbotenen Substanz im Körper gemäß der vom DFB als Anhang A zu den Anti-Doping-Richtlinien des DFB in der jeweils gültigen Fassung herausgegebenen Liste oder die Anwendung einer verbotenen Methode, so wird ein schuldhafter Dopingverstoß vermutet. Die Verschuldensvermutung kann widerlegt werden, wenn erwiesenermaßen Tatsachen einen anderen Geschehensablauf ernsthaft als möglich nahe legen (§ 8 Ziffer 3 RuV).

5. Doping im Zivil- und Strafrecht

Über die sportrechtliche Verbandsebene hinaus erlangen Dopingfälle Bedeutung, wenn **241** es um zivilrechtliche Haftungsfragen oder strafrechtliche Verantwortung der am Doping beteiligten Personen geht. Im Wesentlichen kommen Ansprüche auf *Schadensersatz* und *Schmerzensgeld* in Betracht. Diese Ansprüche können dem gedopten Sportler gegen Trainer, Arzt und Verein zustehen, wenn er die Präparate unbewusst und gutgläubig eingenommen hat, während der Verabreichende von den Dopingeigenschaften wusste. Wie mittlerweile anhand von Stasi-Unterlagen belegt werden kann, wurden in vielen Fällen Sportler der ehemaligen DDR ohne ihr Wissen zu systematischem Doping ausgenutzt.

Bei der Entscheidung über eine Dopingsperre hat der Verband aufgrund vertraglicher **242** oder vereinsrechtlicher Beziehung zum Sportler auch dessen wirtschaftliche Interessen zu berücksichtigen. Ist die Sperre nicht gerechtfertigt, ist sie zu unterlassen oder vorzeitig aufzuheben. Liegt ein Verschulden vor, haftet der Vorstand darüber hinaus für die dem Sportler entstandenen *Vermögensschäden*.[478]

Wird der Sieger nach einem Wettkampf des Dopings überführt und versäumt es der **243** Verband, ihn nachträglich zu disqualifizieren, hat der Zweite einen Anspruch auf Ersatz des nachweisbaren Schadens gegen den Verband, etwa weil ihm ein lukrativer Werbevertrag entgangen ist.[479]

Denkbar ist auch, dass sich der gedopte Sportler selbst schadensersatzpflichtig macht, **244** wenn er seine Leistung bewusst manipuliert. Dann können vorwiegend vertragliche Ansprüche des Vereins, des Trainers, der Veranstalter und Werbefirmen bestehen. Auch ein gesetzlicher Anspruch eines konkurrierenden Sportlers gemäß §§ 3, 4 Nr. 11 UWG ist denkbar. Keine *Schadensersatzpflicht des Sportlers* gegenüber dem Verband besteht, wenn er

---

[477] Vgl. z. B. den Fall Tiganj, Rot Weiß Erfurt, der im April 2005 positiv auf die verbotene Substanz Fenoterol getestet wurde, weil er seinem widerspenstigen Sohn bei dessen Asthma-Anfall das neue Spray vorgeführt hatte. Folge: 10 Wochen Sperre und drei Punkte für den Gegner Unterhaching. Oder etwa den Fall Vucicevic, 1860 München, der glaubhaft ohne jede Dopingabsicht wegen der Anwendung eines Haarwuchsmittels im November 2005 positiv getestet wurde. Folge: 6 Monate Sperre.

[478] OLG München SpuRt 1996, 133 und LG München I, SpuRt 2001, 238 (Fall Krabbe); *Pfister* FS Gitter, S. 741.

[479] *Pfister*, FS Gitter, S. 743.

gegen ein Dopingverbot, das ihm der Verband vereinsrechtlich oder vertraglich auferlegt hat, verstößt und deshalb z. B. ein Verbandssponsor abspringt. Das Dopingverbot bezweckt nämlich in erster Linie Chancengleichheit und Gesundheitsbewahrung aller Wettkämpfer. Es ist allenfalls Reflex zugunsten des Verbandes, wenn sauberer Sport betrieben wird und deshalb Sponsorengelder fließen; in den *Schutzbereich der Norm* fällt dieses Vermögensinteresse nicht. Gegen eine Schadensersatzpflicht spricht ferner, dass der Sanktionenkatalog der Verbände eine solche gerade nicht enthält, der Sportler also daraus schließen kann, dass eine solche Sanktion nicht droht.[480]

245 Der Sportverein haftet ohne eigenes Verschulden, wenn er sich das Fremdverschulden seines gedopten Athleten als Erfüllungsgehilfen gem. § 278 BGB zurechnen lassen muss.[481]

246 Die Einnahme von Dopingsubstanzen kann zu ganz erheblichen Gesundheitsschäden bis hin zum Tod führen. Bislang sind etwa 100 Todesfälle bekannt, die dem Doping zugeschrieben werden.[482] Damit stellt sich die Frage nach der *strafrechtlichen Verantwortung*. Nimmt der Athlet in bewusster und rechtlich freier Entscheidung die verbotenen Substanzen ein, begeht er eine straflose freiwillige Selbstgefährdung.[483] Diejenigen, die die Selbstgefährdung veranlasst, ermöglicht oder gefördert haben, bleiben ebenfalls straflos, es sei denn, sie hatten Tatherrschaft.[484] Umstritten ist, ob der Athlet wirksam in eine Körperverletzung einwilligen kann (§ 228 StGB). Zum Teil wird vertreten, die Tat sei zumindest bei schwerwiegenden Gesundheitsschädigungen sittenwidrig. Eine wirksame Einwilligung sei nicht möglich.[485] Dem ist entgegenzuhalten, dass es gesellschaftlich keinesfalls unüblich ist, die Leistungsfähigkeit mit Hilfe von „Mittelchen" zu teigern. Man denke nur an die weitverbreitete Einnahme von Beruhigungsmitteln z. B. vor Prüfungssituationen oder anderer Mittel bei besonderer beruflicher Anspannung.[486]

247 Ob ein strafrechtlich relevanter Betrug gemäß § 263 StGB vorliegt, kann nicht einheitlich beantwortet werden. Als mögliche Opfer kommen in Betracht: Veranstalter, Preisspender, Konkurrent, Zuschauer, Sponsor, Förderinstitution. Betrug zum Nachteil des Veranstalters, des Preisspenders, des Sponsors und der Förderinstitution – etwa der Deutschen Sporthilfe – erscheint durchaus möglich. Betrug zum Nachteil des Zuschauers und des Konkurrenten dürfte hingegen ausscheiden.[487]

248 Neben den Bestimmungen des Strafgesetzbuchs sind die Vorschriften des Betäubungsmittelgesetzes (§ 29 BtMG), des Arzneimittelgesetzes (§ 95 AMG) und des ärztlichen Berufsrechts zu beachten. Gemäß § 95 Abs. 1 Nr. 2a AMG macht sich strafbar, wer vorsätzlich entgegen § 6a Abs. 1 AMG Arzneimittel zu Dopingzwecken im Sport in den Verkehr bringt, verschreibt oder bei einem anderen anwendet. Täter können ein Arzt, Apotheker, Trainer, Sportfunktionär, Ausbildungsleiter oder gewinnsüchtige Dopingmittelhändler sein, also grundsätzlich jeder, auch ein Sportler, der einem anderen,

---

[480] Zuteffend *Pfister* FS Gitter, S. 737.
[481] Ausführlich zur gesamten zivilrechtlichen Problematik *Friedrich* SpuRt 1995, 8ff.; *Schwab* RuS 5, 35ff.; *Turner* NJW 1992, 720ff.; *Linck* MedR 1993, 61f.
[482] *Otto* SpuRt 1994, 11; Aufsehen erregte der Tod der 26jährigen deutschen Siebenkämpferin Birgit Dressel, die 1987 nach der Einnahme von Arzneimittelcocktails (Auswahl von über 100 Medikamenten) an einem allergischen Schock starb, vgl. *Körner* ZRP 1989, 418.
[483] *Schild*, Sportstrafrecht, S. 144; *Fritzweiler*, SpuRt 1998, 234; *Cherkeh/Momsen*, NJW 2001, 1745; *Heger*, JA 2003, 76; *Otto*, SpuRt 1994, 10.
[484] Nach *Linck* NJW 1987, 2548 haben dopende Ärzte in aller Regel Tatherrschaft.
[485] *Linck* NJW 1987, 2550.
[486] Vgl. *Meinberg/Olzen/Neumann* RuS 5, 76. Vgl. auch *Schild*, Sportstrafrecht, S. 157: „nicht eindeutig beantwortbar".
[487] Ausführlich *Schild*, Sportstrafrecht, S. 158ff.; *Cherkeh/Momsen*, NJW 2001, 1745; eher ablehnend *Grotz*, SpuRt 2005, 93; *Linck* NJW 1987, 2551; *Turner* MDR 1991, 574. Vgl. vor allem auch 8. Teil Rz. 130ff.

etwa einem Trainingskollegen, ein solches verbotenes Arzneimittel zu Dopingzwecken besorgt.[488]

Immer wieder wird diskutiert, ob sich durch neue oder verschärfte Strafvorschriften Doping wirksamer bekämpfen ließe. Bislang herrscht die Meinung vor, dass derartige Maßnahmen – abgesehen von den verfassungsrechtlichen Bedenken im Hinblick auf Art. 3, 74 Abs. 1 Nr. 19 und 103 Abs. 2 GG – weder erforderlich noch geeignet sind.[489] Seit den Vorfällen rund um die Tour de France 2006 ist allerdings ein Umdenkungsprozess in Gang gekommen. 249

6. Doping in der ehemaligen DDR

Unterlagen des Ministeriums für Staatssicherheit belegen, dass in der ehemaligen DDR systematisch gedopt wurde. Dopingmaßnahmen wurden nicht nur finanziert, sondern durch gezielte Forschungsprojekte gefördert. Spätestens seit 1967 bestand ein umfangreiches staatlich angeordnetes und gelenktes Dopingsystem, das als nationale Forschungsaufgabe zusammengefasst und gefördert wurde.[490] An Tausenden von Sportlern wurden Dopingmittel getestet. Viele Sportler waren ahnungslose Instrumente des Staatsapparates. Sie erhielten die Präparate z. B. als Vitamingabe getarnt. Viele erlitten massive Gesundheitsschäden. 250

Damit stellt sich die Frage nach Schadensersatzansprüchen der Opfer. Der ehemalige DDR-Gewichtheber *Roland Schmidt* hat einen Musterprozess angestrengt. Das LG Dresden hat die Schadensersatzklage gegen zwei Ärzte und gegen die Bundesrepublik Deutschland abgewiesen: Die Ärzte seien nach dem maßgeblichen Staatshaftungsrecht der DDR nicht persönlich verantwortlich. Gegen die Bundesrepublik Deutschland könne der ursprünglich gegen die DDR bestehende Staatshaftungsanspruch mangels einer Zurechnungsnorm nicht durchgesetzt werden.[491] Dennoch erhielten Dopingopfer aus der ehemaligen DDR eine, wenn auch geringe, finanzielle Hilfe nach dem Dopingopferhilfe-Gesetz vom 24. 8. 2002 (BGBl. I 3410). 251

C. Berücksichtigung rechtsstaatlicher Grundsätze

Die verbandsautonome Festlegung des Regelwerks, insbesondere der geschilderten Zulassungs- und Dopingregeln, findet dort ihre Grenze, wo rechtsstaatliche Grundsätze verletzt werden. Die Grenzziehung ist schwierig und sollte anhand folgender Kriterien vorgenommen werden: 252

I. Bestimmtheitsgrundsatz

Die Sanktionstatbestände samt Rechtsfolgen müssen hinreichend bestimmt sein. Der aus Art. 103 II GG abgeleitete Bestimmtheitsgrundsatz kommt auch im Vereinsrecht voll zum Tragen.[492] Jeder Sportler muss unzweideutig erkennen können, ob und wie ein Fehlverhalten sanktioniert wird, ob eine Verwarnung, eine Geldstrafe, ein Platzverbot, Punktabzug, Disqualifikation, eine Sperre oder ein Ausschluss droht. Die Satzung darf es nicht dem zuständigen Organ überlassen, welche Sanktion dieses verhängen will. 253

In jedem Fall unzureichend ist ein *pauschales* Dopingverbot. Dopingregeln müssen beispielsweise explizit aufführen, welche Substanzen verboten sein sollen. Eine nur bei- 254

---

[488] *Schild*, Sportstrafrecht, S. 170 ff.; *Heger*, SpuRt 2001, 95. Vgl. 8. Teil Rz. 125 ff.
[489] *Dury*, SpuRt 2005, 137; *Jahn*, SpuRt 2005, 141. Vgl. 8. Teil Rz. 109 ff.
[490] Ausführlich *Berendonk*, S. 89 ff.
[491] Bestätigt vom OLG Dresden, SpuRt 1997, 132; ausführlich *Lehner/Freibüchler* SpuRt 1995, 2 ff.
[492] BGHZ 96, 249 f. = NJW 1986, 1034; OLG Dresden SpuRt 2005, 209; Rechtsausschuss DLV SpuRt 1996, 68; *Steiner* FS Lutter, S. 218; *Vieweg* SpuRt 1995, 100; *Burmeister* DÖV 1978, 9; *Kühl* WFV Nr. 24, 23, 30; zurückhaltender OLG München SpuRt 2001, 64 (67) und *Westermann* WFV Nr. 24, 49 ff.

spielhafte Aufzählung einiger Wirkstoffe ist im Zeitalter ausgereifter chemischer Analysetechniken nicht ausreichend. Nicht ausreichend ist ferner, wenn bei den verbotenen Verbindungen auf das Kriterium der „*Verwandtschaft*" abgestellt wird, weil offen bleibt, ob der chemische Wirkmechanismus oder der anabole Effekt maßgeblich sein soll.[493]

255   Ist dem Bestimmtheitserfordernis nicht Genüge getan, darf dieses Erfordernis nicht über einen *Auffangtatbestand*, beispielsweise denjenigen des sportwidrigen Verhaltens, aufgeweicht werden. Die Einnahme eines Medikaments beispielsweise, das nicht in der Liste der verbotenen Substanzen aufgeführt ist, darf allein nicht regelmäßig einen Verstoß gegen die anerkannten Grundsätze sportlichen Verhaltens bedeuten, wenn nicht erschwerende Umstände hinzutreten.[494] So ist z. B. auch im Strafrecht anerkannt, dass der Tatbestand der Beleidigung nach § 185 StGB keine „Lückenbüßerfunktion" hat, wenn eine Sexualstraftat nicht die Voraussetzungen des § 184c StGB erfüllt.[495]

256   Zwar erscheint es grundsätzlich zulässig, auf der Tatbestandsseite mit generalklauselartigen Begriffen zu arbeiten, z. B. mit „*sportwidrigem Verhalten*",[496] doch ist hier der Transparenz willen zu fordern, dass ein solch vager, verwaschener Begriff durch eine beispielhafte Aufzählung mehrerer Verhaltensweisen, die dadurch erfasst werden sollen, schärfere Konturen erhält, vor allem dann, wenn gravierendere Sanktionen drohen. Anderenfalls wäre es für Sportler niemals vorhersehbar, wann sie einen Dopingverstoß oder einen Verstoß gegen „anerkannte" Grundsätze sportlichen Verhaltens begehen.

II. Rückwirkungsverbot

257   Gemäß Regel 103 II GG kann eine Tat nur bestraft werden, wenn die Strafbarkeit gesetzlich bestimmt war, bevor die Tat begangen wurde. Ein neuer Sanktionstatbestand darf also nicht rückwirkend auf ein früheres Verhalten des Betroffenen zu dessen Nachteil angewendet werden. Der verfassungs- und strafrechtliche Grundsatz „*nulla poena sine lege*" gilt auch im Vereinsrecht.[497] Eine Änderung wirkt grundsätzlich erst für die Zukunft.[498] Die Übertragung dieses Grundsatzes auf das Vereinsrecht ist auch konsequent. Man braucht sich nur vor Augen halten, dass Verbandssanktionen wesentlich einschneidender als die Verhängung einer bloßen Geldstrafe durch den Strafrichter sein können, jedenfalls dann, wenn beispielsweise wegen Dopings mehrjährige bis lebenslange Sperren verhängt werden. In gleicher Weise dürfen auch Mitgliedschaftsrechte nicht rückwirkend nachteilig geändert werden.[499]

III. Verbot der Doppelbestrafung

258   Gemäß Art. 103 III GG darf niemand wegen derselben Tat aufgrund der allgemeinen Strafgesetze mehrmals bestraft werden. Dieser Grundsatz („*ne bis in idem*") gilt auch für die Vereinsstrafe.[500] So verstieße beispielsweise die separate Bestrafung eines Sportlers durch den Weltverband gegen das Verbot der Doppelbestrafung, wenn bereits durch den nationalen Verband in gleicher Sache eine Sanktion verhängt wurde.[501] Ob eine Vereinsstrafe und eine staatliche Strafe kumulativ verhängt werden können, ist strittig. Es gibt

---

[493] So auch der Rechtsausschuss des DLV, SpuRt 1996, 68; großzügiger wohl OLG Düsseldorf NJW-RR 1996, 696 (Pferderennsport).
[494] A. A. OLG München SpuRt 1996, 136 („Krabbe").
[495] *Dreher/Tröndle* § 185 Rz. 9a.
[496] *Röhricht* WFV Nr. 24, 85.
[497] *MüKo-Reuter* § 25 Rz. 8, 30; *Reuter* ZHR 148 (1984), 547.
[498] LG Frankfurt im Fall Häberlein/Sindelfingen gegen DVV, Urteil vom 20.1.1989, AZ 2/13 O 592/88, unveröffentlicht, Urteilskopie S. 16; OLG Frankfurt WRP 1986, 281 (285); OLG Düsseldorf NJW-RR 1987, 503 (504); *Palandt/Heinrichs* § 25 Rz. 3; *Röhricht* WFV Nr. 24, 85.
[499] *Röhricht* WFV Nr. 24, 77.
[500] *Palandt/Heinrichs* § 25 Rz. 17; *Kauffmann* WFV Nr. 24, 12; *MüKo-Reuter* § 25 Rz. 31.
[501] LG München I, SpuRt 1995, 167 (Fall Krabbe); *Buchberger* SpuRt 1996, 125.

Sachverhalte, bei denen der staatliche Strafausspruch unverzichtbar ist, beispielsweise im Schiedsrichterskandal *Hoyzer*, den der DFB im Jahr 2005 aufzuarbeiten hatte, so dass die besseren Gründe trotz der ausgefeilten deutschen Verbandsgerichtsbarkeit für ein Nebeneinander von Verbandsstrafe und staatlicher Strafe sprechen. Ist indes der Zweck der Strafe durch eine verhängte Verbandsstrafe bereits erfüllt, so muss dies ein Grund dafür sein, das öffentliche Interesse an der Strafverfolgung zu verneinen und das eventuell noch auszugleichende Maß an zu ahndender Schuld als gering im Sinne des § 153 StPO anzusehen.[502]

IV. Verhältnismäßigkeit/Übermaßverbot

Durch eine Sanktion, z. B. eine Wettkampfsperre, greift ein Sportverband in das Grundrecht der Berufsfreiheit eines Hochleistungssportlers (Art. 12 I GG) bzw. in das Grundrecht der Handlungsfreiheit eines Amateurs (Art. 2 I GG) ein. Besteht eine Mitgliedschaft, ist ferner das Mitgliedschaftsrecht tangiert. Ein solcher Eingriff ist nur zulässig, wenn er den Verhältnismäßigkeitsgrundsatz beachtet, wenn er also *geeignet*, *erforderlich* und *nicht übermäßig* ist.[503] Die Geeignetheit und Erforderlichkeit von Sperren, beispielsweise wegen Dopings, werden regelmäßig deshalb zu bejahen sein, weil mittels Sperre Gesundheit und Chancengleichheit, also überragende Güter des internationalen Sportinteresses, geschützt werden sollen. Eine Sperre muss aber auch angemessen, darf nicht übermäßig sein. Der DLV-Rechtsausschuss hat ausgeführt, dass eine vierjährige Wettkampfsperre wegen eines erstmaligen Dopingverstoßes unangemessen sei und damit gegen das Verhältnismäßigkeitsprinzip verstoße. Eine Sperre von solcher Dauer bedeute für den Spitzensportler regelmäßig ein Berufsverbot. Eine *zweijährige Sperre* sei das *Höchstmaß* dessen, was noch innerhalb der grundrechtlich-rechtsstaatlichen Grenzen liege.[504] **259**

Um angemessen zu sein, muss eine Abstufung zumindest zwischen erstem und wiederholtem Verstoß vorgenommen werden („*Stufenleiter*"). Eine solche ist im NADA-Code und in den meisten Sportverbandssatzungen vorgesehen. **260**

Unzulässig wäre es, wenn eine Sperre wegen eines weniger schwerwiegenden Vergehens nicht deutlich weniger lange währte als eine Sperre wegen eines gewichtigeren Vergehens, so z. B. wenn ein Sportler wegen „unsportlichen Verhaltens" (beinahe) genauso lange gesperrt würde wie wegen eines Dopingvergehens. Die Bewertung der Schwere des Fehlverhaltens ist freilich Tatfrage.

Bei der rechtlichen Bewertung der Dauer der Sperre ist nicht nur auf die Sanktion des Dachverbandes abzustellen, der die Sanktion ausgesprochen hat; vielmehr ist auch die *Wertung anderer Dachverbände* einzubeziehen, welche Sperre dort ausgesprochen wird. Bei erstmaligem Dopingverstoß verhängen nur wenige Verbände Sperren von mehr als zwei Jahren, die meisten Verbände sehen eine abgestufte Zeitdauer von drei Monaten bis zu zwei Jahren vor.[505] Durch die Verabschiedung der Regelwerke der WADA und NADA[506] dürfte hier ab dem Jahr 2005 eine Vereinheitlichung eintreten.

Der Grundsatz der Verhältnismäßigkeit gebietet es ferner, dass ein Verein/Verband nicht sofort zum härtesten Mittel greift, sondern eine *mildere Maßnahme* ergreift, wenn der Zweck auch dadurch zu erreichen ist. Ein Sportler, der versehentlich verbotene Substanzen eingenommen hat, in dem Glauben, es handele sich um Mittel, die seine Gesund- **261**

---

[502] Ebenso *Fahl*, SpuRt 2001, 181. **A.A.** *Reinhart*, SpuRt 2001, 45, jeweils mit weiteren Nachweisen und die Vorauflage.
[503] *Steiner* FS Lutter, S. 218; *Kühl* WFV Nr. 24, 23; *Buchberger* SpuRt 1996, 160 f.
[504] NJW 1992, 2588, bestätigt durch OLG München SpuRt 1996, 138; ebenso *Steiner* NJW 1991, 2736. Aber auch diese kann in einem konkreten Fall zu hoch sein, vgl. *Buchberger* SpuRt 1996, 161. Ebenso aus Sicht des Schweizer Rechts *Baddeley*, S. 21.
[505] Eine Gegenüberstellung der Strafbestimmungen nationaler Spitzenverbände enthält Anlage III der Akademieschrift des DSB 1994.
[506] Vgl. hierzu Rz. 211 ff.

heit wiederherstellen, ist grundsätzlich keine Gefahr für den sauberen Sport. Eine längere Sperre steht hier in keinem Verhältnis zum angestrebten Zweck, der durch eine Abmahnung oder einen Verweis genauso gut zu erreichen wäre.[507]

V. Verschulden/Zurechenbarkeit

262   In der Regel setzt eine Vereinsstrafe Verschulden voraus.[508] Ausnahmsweise ist nach älterer Rechtsprechung des BGH „für die Verhängung kleinerer Vereinsstrafen" Verschulden nicht unbedingt erforderlich.[509] Eine satzungsmäßige Bestimmung kann nicht, auch nicht ausdrücklich, bei einem Verstoß gegen Verhaltenspflichten vom Erfordernis des Verschuldens absehen; eine das Verschuldenserfordernis negierende Satzungsbestimmung ist unwirksam. Insbesondere bei einer folgenschweren oder mit einem *Unwerturteil* verbundenen Sanktion kann auf den Nachweis eines vorwerfbaren Verhaltens nicht verzichtet werden.[510] Zwar ist zu bedenken, dass der Nachweis fahrlässigen oder gar vorsätzlichen Fehlverhaltens des Angeschuldigten seitens des Sportverbandes nicht leicht zu führen sein wird; manche Funktionäre befürchten, dass die Effizienz verbandsrechtlicher Selbstordnung durch Schutzbehauptungen des Sportlers untergraben würde. Auf der anderen Seite genießt das Verschuldensprinzip hohen Stellenwert, welches im Bereich staatlicher Strafe eine neuzeitliche, rechtsstaatliche, in Art. 6 II EMRK und § 15 StGB verbürgte Errungenschaft ist, die nicht voreilig schneller verbandsmäßiger Ahndung geopfert werden darf. Auch wer sich z. B. unbefugt Betäubungsmittel beschafft, kann nur bestraft werden, wenn er zumindest fahrlässig handelt (§ 29 I, IV BtMG).

263   Ohne Verschuldensnachweis zulässig wäre indessen eine *Disqualifikation* für den zurückliegenden Wettkampf, da diese allein am objektiven Dopingbefund anknüpfen darf (vgl. Art. 9.6 NADA-Code). Die Sanktion beschränkt sich hier auf die Ausschaltung irregulärer Vorteile und dient der Chancengleichheit im einzelnen Wettkampf. Im Gegensatz zur persönlichen Bestrafung eines Sportlers mittels einer in die Zukunft wirkenden Sperre ist die bloße Disqualifikation nicht zwangsläufig mit einem (dauerhaften) ethischen Vorwurf behaftet.[511]

264   Als Ausprägung des Rechtsstaatsprinzips gilt für Sanktionen im Vereinsrecht der Grundsatz der *Unschuldsvermutung* nach Art. 6 II EMRK. Solange dem Beschuldigten die Tat nicht nachgewiesen ist, gilt er als unschuldig.[512] Es gilt der Grundsatz „in dubio pro reo", bei Zweifeln darf der angeschuldigte Sportler also nicht verurteilt werden. Das individuelle Freiheitsinteresse ist höherwertig als jeder Strafausspruch.[513] So hat das Schiedsgericht des Deutschen Schwimmverbandes z. B. die Sperre der Europameisterin *Sylvia Gerasch* wegen erhöhten Koffeinwertes aufgehoben, weil ihr kein schuldhaftes Verhalten nachzuweisen war.[514] In diesem Sinne hat ferner auch ein Moskauer Bezirksgericht im

---

[507] *Turner* MDR 1991, 570; *Buchberger* SpuRt 1996, 161.
[508] OLG München SpuRt 2001, 64 (68) (*Roberts*); OLG Frankfurt SpuRt 2001, 159 (162) (*Baumann*); *MüKo-Reuter* § 25 Rz. 30; *Steiner* NJW 1991, 2736; *Meinberg/Olzen/Neumann* RuS 5, 83 f.; *Palandt/Heinrichs* § 25 Rz. 14; *Kühl* WFV Nr. 24, 23.
[509] BGHZ 29, 352; BGH NJW 1972, 1892; aufgegriffen von OLG München SpuRt 1997, 134 (Spielverlust wegen Einsatzes eines nicht spielberechtigten Spielers).
[510] OLG Frankfurt, SpuRt 2001, 159 (162) – Dieter Baumann –; OLG München SpuRt 2001, 64 (68) – Roberts –; OLG Frankfurt, WPM 1986, 302 (304); Rechtsausschuss DLV NJW 1992, 2591; *Vieweg* NJW 1992, 2540; *Turner* MDR 1991, 570; *Palandt/Heinrichs* § 25 Rz. 14; *Hilpert* BayVBl. 1988, 200; *Meinberg/Olzen/Neumann* RuS 5, 84.
[511] Vgl. *Vieweg* NJW 1991, 1515; *Röhricht* Akademieschrift, S. 20; *Meinberg/Olzen/Neumann* RuS 5, 83; DSV-Schiedsgericht, SpuRt 1994, 211. So haben die USA bei der Leichtathletik-WM 2003 in Paris wegen Dopings rückwirkend drei Goldmedaillen verloren (Kelli White, Calvin Harrison), vgl. SZ v. 29.11.2004.
[512] *Kühl* WFV Nr. 24, 23.
[513] So auch *Hennes* WFV Nr. 25, 46.
[514] SpuRt 1994, 210.

Fall der Hallenweltmeisterin *Naroschilenko* entschieden und die vierjährige Dopingsperre des russischen Leichtathletikverbandes für rechtswidrig befunden, weil deren Ehemann und Trainer ihr ohne ihr Wissen Dopingmittel verabreicht hatte.[515]

Abzulehnen ist daher die teilweise vertretene Ansicht, dem Sportler „in besonders begründeten Fällen" durch die Satzung den Nachweis fehlenden Verschuldens aufzuerlegen. Angesichts der Monopolstellung der Dachverbände und deren Strafgewalt ähnelt die Beziehung zwischen Verein/Verband und Sportler derjenigen zwischen Staat und Bürger. Der Verein/Verband ist dem einzelnen Sportler mit den zur Verfügung stehenden Mitteln zur Aufklärung des Sachverhaltes durch seine vielschichtige Organisation und Personal weit überlegen. Daher muss der Verband den Nachweis des Verschuldens führen. Dies gilt insbesondere für Dopingvorwürfe, da durch diese der angeschuldigte Sportler in der Weltöffentlichkeit diskriminiert und als Betrüger stigmatisiert wird. Falls man die Strafgewalt als Vertragsstrafe ansieht (Athletenpaß), wäre es zulässig, eine Beweislastverschiebung im Sinne eines Anscheinsbeweises[516] vorzusehen. Eine vollständige Beweislastumkehr zu Lasten des Sportlers wäre unzulässig, weil der Verband hier seine Vertragsabschlussmacht missbräuchlich ausnutzen würde. **265**

VI. Zuständiges Organ

Grundsätzlich ist die Mitgliederversammlung für Vereinsstrafen zuständig. Jedoch ist eine Übertragung dieser Kompetenz auf ein Vereinsorgan zulässig. Das zuständige Organ muss aber satzungsmäßig genau festgelegt sein.[517] Eine Verhängung der Sanktion durch das unzuständige Organ hat deren Unwirksamkeit zur Folge.[518] Ein Mitglied oder Organ, welches durch ein anderes Mitglied verletzt oder beeinträchtigt wurde, darf wegen Befangenheit nicht am Vereinsstrafverfahren gegen dieses Mitglied mitwirken.[519] **266**

VII. Verfahren, rechtliches Gehör und anwaltlicher Beistand

Das gesamte Verfahren von der Ermittlung bis hin zur Entscheidung muss vom Grundsatz des „fair play" geprägt sein; hier ist für den Verband der falscheste Ort, um vermeintliche Autorität durchzusetzen. Der vom Bundesverfassungsgericht geforderte „Grundrechtsschutz durch Verfahren"[520] muss auch im Vereinsrecht beachtet werden. Das vom Sportverband praktizierte Verfahren muss zwar kein getreues Abbild des staatlichen Strafprozesses sein, doch ist eine *Kongruenz mit den tragenden staatlichen Verfahrensgrundsätzen* zu fordern. So ist bei bedeutsamen Vorgängen wie etwa einer Dopinguntersuchung[521] oder einer Olympia-Nominierung eine ins Einzelne gehende satzungsmäßige Verankerung der Verfahrensweise unerläßlich. **267**

Zu den elementaren Grundsätzen gehört der Anspruch auf *rechtliches Gehör,* bevor eine Sanktion ausgesprochen wird, ob schriftlich oder mündlich, liegt im Ermessen des Vereins; bei gravierenden Vorwürfen (z. B. Doping) wird man dem Betroffenen Gelegenheit zu schriftlicher *und* mündlicher Stellungnahme einräumen müssen. Die Vorwürfe, auf die die Sanktion gestützt werden soll, müssen konkret bezeichnet werden. Dieser Grundsatz entspringt Art. 103 I GG und Art. 6 I EMRK und gilt uneingeschränkt auch im Vereinsrecht, wenn nicht unmittelbar, dann jedenfalls aufgrund der Rücksichtspflicht, die Straf- **268**

---

[515] FAZ v. 3. 12. 1993, 31. Verbandsfreundlicher *Haas/Adolphsen,* NJW 1996, 2352, die unter Hinweis auf OLG München SpuRt 1996, 138 die Eigenverantwortlichkeit des einzelnen Sportlers betonen und ihm eine Erkundigungspflicht auferlegen.
[516] Vgl. Rz. 231, 232.
[517] Palandt/Heinrichs § 25 Rz. 16.
[518] LG Münster, *Haas/Haug/Reschke* Rz. 13 49 3 (Volleyball).
[519] OLG Karlsruhe NJW-RR 1996, 1503.
[520] BVerfGE 53, 30 (65); *Hesse* Rz. 358.
[521] LG München SpuRt 2000, 155. Vgl. zu den einzelnen Schritten Rz. 237 f.

269 festsetzung auf eine möglichst breite Grundlage zu stützen, wozu auch der Standpunkt des Betroffenen gehört.[522]

269 So ist beispielsweise das rechtliche Gehör verletzt, wenn der Vorstand es ablehnt, eine zweieinhalbseitige schriftliche Stellungnahme des Betroffenen zur Kenntnis zu nehmen, die eine Stunde vor der Verhandlung über die Vereinsstrafe per Fax eingegangen ist und dem Vorstand vorgelegen hat.[523] Verändert sich der rechtliche Gesichtspunkt, unter dem die Verfehlung geahndet werden soll, muss der Sportler rechtzeitig darauf hingewiesen werden, damit er sich zielgerecht verteidigen kann (vgl. § 265 StPO), so z. B., wenn ein Dopingvorwurf fallen gelassen und in einen Vorwurf sportwidrigen Verhaltens umgemünzt wird. In einem solchen Fall sehen manche Verbandsstatuten begrüßenswerterweise sogar die Einleitung eines neuen Verfahrens vor.

270 Die Nichtgewährung rechtlichen Gehörs führt zur *Nichtigkeit* der Ordnungsmaßnahme.[524] Der Mangel kann aber durch Nachholung in einer höheren Rechtsmittelinstanz geheilt werden, soweit diese zur vollen Überprüfung der erstinstanzlichen Entscheidung befugt ist.[525]

271 *Im Fall Sandra Gasser* deckte das Richteramt Bern schwere Verfahrensverstöße auf. Trotz weitreichender Konsequenzen, nämlich dem Ende der sportlichen Karriere, beachtete der Verband nicht einmal das absolute Minimum eines korrekten Verfahrens. Dazu gehören die Anhörung eines angeschuldigten Sportlers, die Möglichkeit zur Einsicht in das volle *Belastungsmaterial,* das zum Entscheid führte, die schriftliche Ausfertigung eines Urteils, dessen Begründung und eine korrekte und klare Eröffnung des Entscheids.[526]

272 *Automatisch* in Kraft tretende Sanktionen von einigem Gewicht sind unter dem Aspekt eines fairen Verfahrens rechtlich unzulässig, da sie dem angeschuldigten Sportler jede Möglichkeit effizienter Verteidigung abschneiden und gegen den Grundsatz der Unschuldsvermutung verstoßen. Sanktionen, also gerade auch Wettkampfsperren, müssen stets auch individuelle Gesichtspunkte wie die Intensität der unerlaubten Leistungsbeeinflussung, den Grad des Verschuldens, die Häufigkeit des Verstoßes und die noch verbleibende Dauer wettkampfsportlicher Betätigung berücksichtigen.[527]

273 Aus Gründen der Waffengleichheit hat der Sportler auch das Recht auf *anwaltlichen Beistand,* da sich die Dachverbände, meistens aber auch Vereine, angesichts der gewachsenen Komplexität des Regelwerks zunehmend spezifischer sportrechtlicher Beratung durch spezialisierte Anwälte versichern. Anwaltlicher Beistand ist zumindest dann unabdingbar, wenn eine nicht ganz einfache Sach- und Rechtslage vorliegt, eine größere Beweisaufnahme ansteht, strittige Fragen der Satzungsauslegung zu klären sind oder empfindliche wirtschaftliche Nachteile drohen.[528] Verweigert der Verein/Verband die Teilnahme eines anwaltlichen Beistandes zu Unrecht, verstößt er gegen seine Rücksichtspflichten gegenüber dem (mittelbaren) Mitglied. Rechtsfolge ist die Unwirksamkeit der verhängten Ordnungsmaßnahme.[529] Die Rücksichtspflicht kann es auch erforderlich machen, dass ein Verband die Anwaltskosten eines Sportlers dafür trägt, dass dieser sich im Hinblick auf seinen Ruf oder seine Vermarktungsinteressen veranlasst sieht, eine Streitigkeit mit einem Dritten (mit-)auszutragen, die primär den Verband angeht.

---

[522] BGHZ 55, 381 = NJW 1971, 879 = BB 1971, 449; *MüKo-Reuter* § 25 Rz. 30; *Weber* WFV Nr. 19, 10; *Palandt/Heinrichs* § 25 Rz. 17; *Röhricht* WFV Nr. 24, 85.
[523] OLG Köln NJW-RR 1993, 891.
[524] Schiedsgericht der DEL-GmbH, SpuRt 1995, 182; LG Gießen SpuRt 1997, 104. LG Münster, *Haas/Haug/Reschke,* Rz. 13493.
[525] *Jarass/Pieroth,* Art. 103 Rz. 38.
[526] SJZ 84 (1988), 87 f.; ausführlich und rechtsvergleichend zu diesem Fall *Summerer* 149 ff. und *Scherrer* SJZ 84 (1988), 136.
[527] So schon *Steiner,* NJW 1991, 2736.
[528] Vgl. BGHZ 55, 381 = NJW 1971, 879 = BB 1971, 449; BGHZ 90, 92 (94) = NJW 1984, 1884; *Buchberger* SpuRt 1996, 158; *Schlosser* 188 ff.; *MüKo-Reuter* § 25 Rz. 30; *Hilpert* BayVBl. 1988, 166.
[529] So auch *Reichert,* Rz. 2843

VIII. Begründungs- und Mitteilungserfordernis

Trifft ein Verein oder Verband eine Ordnungsmaßnahme, so muss er die Entscheidung dem Sportler schriftlich mitteilen und begründen.[530] Die Begründung muss für den Betroffenen erkennen lassen, aufgrund welcher tatsächlichen Feststellungen und welcher Überlegungen sie verhängt worden ist.[531] Dadurch soll der Betroffene in die Lage versetzt werden, eigenständig beurteilen zu können, ob sich das zuständige Organ mit seinem Fall gewissenhaft und argumentativ auseinander gesetzt hat und ob es sinnvoll erscheint, die Entscheidung anzugreifen. Im weiteren Verfahren vor einem ordentlichen Gericht oder Schiedsgericht darf der Verband keine Gründe nachschieben. Tut er dies doch, dürfen die Gründe nicht berücksichtigt werden.[532]

274

IX. Aufschiebende Wirkung eines Rechtsmittels

Praktisch bedeutsam ist die Frage, ob ein Sportler, gegen den eine Sanktion verhängt wurde, trotzdem alle Mitgliedschaftsrechte zumindest so lange wahrnehmen darf, bis das vereinsinterne Einspruchsverfahren abgeschlossen ist. Dazu hat das Bayerische Oberste Landesgericht entschieden, dass ein vereinsinternes Rechtsmittel gegen einen Vereinsausschluss aufschiebende Wirkung hat, es sei denn, die Satzung versagt diese Wirkung ausdrücklich.[533] Weiter geht das OLG Köln. Danach widerspricht es allgemeinen rechtsstaatlichen Verfahrensgrundsätzen, wenn in der Satzung eines Vereins für Rechtsmittel gegen eine Vereinsstrafe keine aufschiebende Wirkung vorgesehen ist bzw. der sofortige Vollzug nicht auf solche Fälle beschränkt wird, in denen besondere Umstände dies rechtfertigen.[534] Dies bedeutet, dass ein Sportler, solange das Verfahren innerhalb des Vereins bzw. Verbandes läuft, nicht von der Teilnahme an Wettkämpfen, für welche er sich qualifiziert hat, abgeschnitten werden darf. Bedauerlicherweise sehen nur wenige Regelwerke eine solche Wirkung vor; wenn sie sie vorsehen, wie z. B. § 15 RO des Deutschen Schwimmverbandes oder § 13 Abs. 3 Rechts- und Schiedsordnung des Deutschen Skiverbandes, schließen sie sie gerade bei einer Berufung gegen Startverbote und Sperren aus oder stellen sie in das Ermessen des Vorsitzenden des Schiedsgerichts.

275

4. Kapitel. Vereins- und Verbandsgerichtsbarkeit – Schiedsgerichtsbarkeit – staatliche Gerichtsbarkeit

A. Die Vereins- und Verbandsgerichtsbarkeit und ihre Bedeutung

In jeder Sportart sind Gremien vorgesehen, häufig sogar zwei Instanzen, die für die Entscheidung von Streitigkeiten zuständig sind. Zu den möglichen Streitfällen zählen Vereinsstrafen gegenüber Sportlern, Streitigkeiten zwischen Dachverband und Mitgliedsvereinen sowie zwischen den Mitgliedsvereinen. Diese sportgerichtlichen Gremien sind vorwiegend nicht im Verein selbst, sondern im Landes- oder Bundessportverband angesiedelt. Damit wird zunächst eine Interessenkollision vermieden, wie sie bei Einrichtung von verschiedenen Sportgerichten in den jeweiligen Vereinen auftreten würde. Zudem sind die Voraussetzungen für eine Gleichbehandlung aller Sportler und Vereine durch eine zentrale übergeordnete Instanz für jede Sportart besser gewährleistet. Bezüglich der

276

---

[530] BGHZ 102, 265, 274 = NJW 1988, 552; BGH NJW 1990, 40 f.; *Reichert*, Rz. 2860; *MüKo-Reuter*, § 25 Rz. 30; *Schlosser* S. 202 f.; *Habscheid*, S. 166.
[531] OLG Köln NJW-RR 1993, 891; *Buchberger* SpuRt 1996, 159.
[532] BGH NJW 1990, 40 f.; OLG Frankfurt NJW 1992, 2580 f.; *MüKo-Reuter* § 25 Rz. 30.
[533] BayObLGZ 88,170.
[534] OLG Köln NJW-RR 1993, 891; vgl. auch *Palandt/Heinrichs* § 25 Rz. 19.

Streitigkeiten, in die der Dachverband selbst verwickelt ist, sollte das Sportgericht seine Überparteilichkeit aus Gründen der Akzeptanz durch die Parteien durch besondere Vorkehrungen, z. B. bei der Besetzung des Spruchkörpers, sicherstellen. Eine eigene Anklageinstanz, wie den Kontrollausschuss des DFB, gibt es nur vereinzelt.[535]

277 Die *Bezeichnungen* der sportgerichtlichen Gremien sind höchst *unterschiedlich*. Im *Fußball* heißen sie Bundesgericht und Sportgericht (§§ 39 ff. DFB-Satzung). International sind es die FIFA-Disziplinarkommission und die Berufungskommission. Im *Tennis* sind die zuständigen Instanzen für Sport- und Disziplinarangelegenheiten die Disziplinarkommission des Landesverbandes, der Disziplinarausschuss des DTB und das Sportgericht des DTB. In der *Leichtathletik* wird die Verbandsgerichtsbarkeit vom Rechtsausschuss ausgeübt. International werden „Suspensions and other sanctions" laut Art. 14 der IAAF-Satzung durch „Council" und „Congress" verhängt. Disziplinarorgane des Deutschen *Skiverbandes* sind das Präsidium und der Rechtsausschuss. Der einheitlich korrekte Begriff für alle diese Spruchkörper sollte „*Sportvereinsgericht*" bzw. „*Sportverbandsgericht*" lauten.

278 Die Bedeutung dieser Vereinsgerichte ist immens. Etwa 800 der Spitzen- und Landesverbände unterhalten um die 1000 „Sportgerichte". Einer Schätzung aus dem Jahre 1985 zufolge fallen allein im Bereich des Fußballs jährlich 340 000 Verfahren an. Die wahre Verfahrensflut (mit steigender Tendenz) von insgesamt 420 000 Fällen im Jahr in allen Sportarten übertrifft die Verfahren vor den Verwaltungsgerichten um das Dreifache und liegt sogar über denen der Arbeitsgerichte.[536]

279 Diese herausragende praktische Bedeutung und das damit einhergehende Machtpotential führt unweigerlich zu der Frage der Zulässigkeit solcher Vereins- und Verbandsgerichte. Grundsätzlich sind Vereine/Verbände im Rahmen ihrer *Vereinsautonomie* berechtigt, eigene Gerichte zur Rechtsdurchsetzung zu bestimmen.[537] Das in Art. 92 GG verankerte Rechtsprechungsmonopol des staatlichen Richters steht den Vereinsgerichten so lange nicht entgegen, wie die private Rechtsprechung der staatlichen lediglich *vorgeschaltet* ist. Die Tätigkeit der Sportverbandsgerichte ist nämlich nicht mehr als die Wahrnehmung vertraglicher Gestaltungsrechte.[538] Vielfach wollen Vereine oder Verbände eine Streitigkeit selbst endgültig entscheiden. Dies ist nur zulässig, wenn sie über ein echtes *Schiedsgericht* verfügen. Irreführend ist es, wenn Vereins- und Verbandsgerichte den Anschein erwecken, sie seien echte Schiedsgerichte, weil nur Letztere zulässigerweise den Weg zu den ordentlichen Gerichten ausschließen können. Deshalb ist stets zu prüfen, ob es sich um unechte oder echte Schiedsgerichte i. S. d. §§ 1025 ff. ZPO handelt. Unechte Schiedsgerichte sind bloße Vereinsgerichte, die den Weg zu den ordentlichen Gerichten oder echten Schiedsgerichten *niemals wirksam ausschließen* können.[539] Ein solcher Ausschluss kann allenfalls als ein Gebot ausgelegt oder in ein Gebot umgedeutet werden, vor Anrufung eines staatlichen Gerichts den verbandsinternen Rechtsweg auszuschöpfen.[540] Die *oft schwierige Unterscheidung* zwischen echten und unechten Schiedsgerichten wird nachfolgend näher beschrieben (Rz. 283).

---

[535] Zur Notwendigkeit einer Anklageinstanz vgl. *Hilpert* SpuRt 1996, 50 ff.

[536] *Hilpert* BayVBl. 1988, 161; *Kühl* Akademieschrift, S. 7; *Deutsch* VersR 1990, 2, danach wurden für 1987 450 000 Disziplinarfälle geschätzt.

[537] Grundlegend *Schlosser*, S. 33 ff.; *Westermann* JZ 1972, 537 ff.; *derselbe*, S. 52 ff.; *MüKo-Reuter* § 25 Rz. 21 ff.

[538] OLG Frankfurt NJW 1973, 2208 f.

[539] BGH NJW 1989, 1477; OLG Celle WM 1988, 495; OLG Frankfurt GRUR 1985, 992 (OMK); OLG Karlsruhe OLGZ 1970, 300 (302); *Stern* Staatsrecht, § 43 III 3 b; *Habscheid*, S. 167 ff.; *Schlosser*, S. 122, 170; *Deutsch*, VersR 1990, 6; *Hilpert* BayVBl. 1988, 170; *Palandt/Heinrichs* § 25 Rz. 20, 28; *Wax* WFV Nr. 22, 16.

[540] BGH NJW 1995, 587 = SpuRt 1995, 50.

B. Schiedsgerichtsbarkeit (§§ 1025 ff. ZPO)

Literatur: *Adolphsen, Jens,* Internationale Dopingstrafen; *Baddeley, Magareta,* Thoughts on Swiss Federal Tribunal decision 129 III 445, Causa Sport 2004, 91; *Bandel,* Einstweiliger Rechtsschutz im Schiedsverfahren; *Dietrich, Marcel,* Sportregeln und Kartellrecht, Causa Sport 2004, 249; *Ebbing, Frank,* Private Zivilgerichte (2003); *ders.,* NZG 2000, 898; *Fenn,* Festschrift für *Wolfgang Henckel* (1995) S. 175 ff.; *Haas, Ulrich* (Hrsg.), Schiedsgerichtsbarkeit im Sport, RuS H. 31 (2003); *ders.,* ZGR 2001, 325; *ders.,* Anm. zu BGH SpuRt 2000, 153, ebenda S. 139; *Henn, Günter,* Schiedsverfahrensrecht 3. Aufl. 2000; *Kauffmann, Hans* in Schriftenreihe des Württembergischen Fußballverbandes (Hrsg.) Verbandsrechtsprechung und staatliche Gewalt (1987) H. 24. FV H. 24 (1987); *Kölbl, Angelika,* Schiedsklauseln in Vereinssatzungen (2004); *König, Bernhard,* Sind Schiedsabreden auf den CAS/RAS wirksam? SpuRt 2004, 137; *Kröll, Stefan,* Schiedsklauseln in Satzungen – zur Abgrenzung von Vereins- und Schiedsgerichten ZIP 2005, 13; *ders.,* NJW 2001, 1173; *Meyer, Peter,* SpuRt 2005, 97; *Münch, Joachim* in Münchener Kommentar zur ZPO (2. Aufl.) Bd. 3 (2001); *Oschütz, Frank,* Sportschiedsgerichtsbarkeit (2005); Probleme der Schiedsgerichtsbarkeit im Sport: arbeitsrechtliche Streitigkeiten und einstweiliger Rechtsschutz in *Haas* (Hrsg.) RuS H. 31 S. 43; *Reichert, Bernhard,* Handbuch des Vereins- und Verbandsrecht (10. Aufl.); *ders.,* Erstmalige Verhängung einer Vereinsstrafe durch ein Schiedsgericht als Vereinsorgan SpuRt 2004, 50; *Röhricht, Volker* (Hrsg.) Sportgerichtsbarkeit RuS H. 22 (1997); *Schlosser, Peter,* Vereins- und Verbandsgerichtsbarkeit (1972); *ders.,* in Stein/Jonas, Kommentar zur ZPO, Band 9 (22. Aufl. 2002); *ders.,* Anmerkung zu BGH, Beschluss v. 27. 5. 2004, LMK 2004, 169; *Schwab/Walter,* Schiedsgerichtsbarkeit (Kommentar) 6. Aufl. 2000; *Seitz* NJW 2002, 2838; *Voit, Wolfgang* in *Musielak* (Hrsg.) Kommentar zur ZPO (4. Aufl. 2005), §§ 1025 ff. ZPO; *Vollkommer, Max,* NJW 1983, 726; *Westermann, Harm Peter,* Die Verbandsstrafgewalt und das allgemeine Recht (1972); *ders.,* Verbandsautonomie und staatliches Rechtsprechungsmonopol in Schriftenreihe des WFV (Hrsg.) Verbandsrechtsprechung und staatliche Gewalt (1987) H. 24.

I. Vorteile und Problematik einer Schiedsgerichtsbarkeit im Sport

Die allgemein hervorgehobenen Vorteile der Schiedsgerichtsbarkeit[541] gelten in besonderem Maße auch für Sportstreitigkeiten:[542] Schnellere Entscheidungen, größere Sachnähe der Richter, oft auch deutlich geringere Kosten. Weniger überzeugend ist die mögliche größere Vertraulichkeit, da das Verfahren sowie die Urteilsverkündung nicht öffentlich sein müssen, das Urteil selbst nicht veröffentlicht werden muss; vor allem Letzteres birgt die Gefahr zumindest des Anscheins einer Geheimjustiz in sich, die sich nicht der öffentlichen, insbesondere wissenschaftlichen Kritik stellt. Schiedsgerichte tun daher gut daran, ihre Urteile zu veröffentlichen,[543] zumal viele Sportgerichtssachen erhebliche Aufmerksamkeit in der Öffentlichkeit erregen und daher letztlich kaum geheim bleiben können.

In Sportsachen sind in der Regel sehr schnelle Entscheidungen erforderlich, und zwar nicht nur für den durch die Entscheidung konkret Betroffenen, sondern auch für Dritte; man denke etwa an die Zulassung zu einem bevorstehenden sportlichen Wettbewerb, an Streitigkeiten über eine Disqualifikation oder Spielwertung während eines laufenden Wettbewerbs, wovon – bei beschränkter Teilnehmerzahl – die Teilnahme eines anderen Sportlers oder Vereins abhängen kann. Ein Verfahren vor den ordentlichen Gerichten zieht sich erfahrungsgemäß – vor allem, wenn mehrere Instanzen angerufen werden können – über Jahre hin. Sie können in angemessener Zeit allenfalls im Wege einer einstweiligen Anordnung entscheiden, wobei dann das endgültige Urteil praktisch

---

[541] *Schwab/Walter* Kap 1 Nr. 8; *Ebbing,* Private Zivilgerichte (2003) S. 39 ff.: Besondere Sachkunde der Schiedsrichter, kürzere Verfahrensdauer, bei internationalen Streitigkeiten auch die erleichterte Durchsetzbarkeit eines Schiedsspruches im Ausland. Weniger bedeutsam für den Sport mag die fehlende Öffentlichkeit sein.
[542] Dazu *Haas* RuS H. 31 S. 10 und *Oschütz,* Sportschiedsgerichtsbarkeit S. 33 ff.
[543] Entscheidungen des Tas werden meistens in Sammelbänden veröffentlicht. Auch deutsche Sportschiedsgerichte veröffentlichen Entscheidungen oftmals, vor allem in der SpuRt.

obsolet wird und allenfalls noch über einen Schadensausgleich entschieden werden kann.[544] In internationalen Fällen werden durch die Vereinbarung eines (internationalen) Schiedsgerichts insbesondere die Schwierigkeiten der internationalen Zuständigkeit der nationalen Gerichte und damit auch die Gefahren des „forum shoppings" vermieden.[545]

Demgegenüber steht im Schiedsgerichtsverfahren meist nur *eine* Instanz zur Verfügung. Eine zügige Verfahrensdurchführung wird weiterhin gefördert durch ein sogen. *institutionelles Schiedsgericht*, wie sie meist bei Sportverbänden eingerichtet werden. Es handelt sich hier um eine ständige Einrichtung, oft mit eigener Verfahrensordnung. Die Schiedsrichter können entweder schon für einen bestimmten Zeitraum benannt werden, oder es existiert eine Liste, aus der die Parteien die Richter für das Verfahren auswählen können. Die Schiedsrichter stehen daher von vornherein zur Verfügung und können binnen kürzester Zeit agieren. Sie sind mit dem Regelwerk der betreffenden Sportart und den spezifischen sportrechtlichen Problemen vertraut [546] und haben keine große Zahl von Akteneingängen zu bearbeiten, so dass eine Entscheidung notfalls binnen Tagen ergehen kann.[547]

Bei einer institutionellen Schiedsgerichtsbarkeit ist auch eine größere Kontinuität der Rechtsprechung, die Entwicklung von Rechtsgrundsätzen und damit eine gewisse Rechtssicherheit zu erwarten. Soweit dem Schiedsgericht ein Sekretariat zur Verfügung steht, ist es die Anlaufstelle und übernimmt die Verwaltungsaufgaben.[548] Dementsprechend haben viele deutsche Sportverbände eigene Schiedsgerichte[549] und der internationale Sport vor allem unter der Führung des IOC 1983/4 ein internationales Schiedsgericht (Tas/Cas) in Lausanne gegründet, das inzwischen eine sehr vielfältige Rechtsprechung entfaltet.[550]

Demgegenüber nimmt bei einem *ad-hoc-Schiedsgericht (Gelegenheitsschiedsgericht)*, das erst nach Entstehen eines Streits zwischen den Parteien gebildet wird, schon der Vorlauf eine gewisse Zeit in Anspruch für die Verfahrensregelung, für die Auswahl und Benennung der (sachkundigen) Schiedsrichter[551] usw.

281 Gegen die Vereinbarung einer Schiedsgerichtsbarkeit im Sport – in der Praxis regelmäßig schon vor Entstehen eines konkreten Rechtsstreites, in der Regel also schon im Zeitpunkt der Aufnahme in den Verband oder der vertraglichen Zulassung zu sportlichen Wettbewerben (Lizenz) – ergeben sich andererseits aus zwei Gründen Bedenken, die nicht von der Hand zu weisen sind, zumal meistens beide vorliegen. Aus der *Monopolsituation* des jeweiligen Sportverbandes, auf den die unteren Verbände, Vereine und vor allem die Sportler angewiesen sind[552] und aus dem *Verfahren zur Bestellung* der Schiedsrichter.[553]

---

[544] Verluste in Millionenhöhe wegen entgangener Sponsorengelder usw. muss der Verband u. U. als Schadensersatz ersetzen oder der Sportler tragen, s. die Fälle K. Krabbe und Rocchigiani, dem 31 Millionen Dollar Schadensersatz zugesprochen worden waren, *Haas* a.a.O.

[545] *Oschütz*, Sportschiedsgerichtsbarkeit S. 35 f.; der Kläger hat oft die Wahl die Klage vor den Gerichten verschiedener Staaten zu erheben, wobei er seine Wahl danach treffen kann, welches Gericht das ihm günstigere Sachrecht anwenden wird; so werden in Schadensersatzfällen gerne – wenn möglich – die US-Gerichte angegangen, die bekanntlich deutlich höhere Schadensersatzbeträge zusprechen.

[546] Allerdings kann gerade wegen der Nähe zu dem Verband die Unabhängigkeit gefährdet sein.

[547] Soweit ein Schiedsgericht bei großen Wettkämpfen eingerichtet ist, kann es auch binnen Stunden entscheiden, so z. B. die ad-hoc-Kammern des Tas bei Olympischen Spielen.

[548] S. dazu *Seitz* NJW 2002, 2838, *Haas*, RuS H. 31 S. 14 f.

[549] S. Übersicht bei *Oschütz*, Schiedsgerichtsbarkeit S. 63 f.

[550] Tribunal arbitral du Sport – Court of Arbitration for Sport. S. dazu Teil VI/Rz. 163 ff..

[551] Mit denen dann erst ein Schiedsrichtervertrag ausgehandelt werden muss.

[552] S. dazu und zu dem daraus folgenden Aufnahmezwang Rz. 108 ff.

[553] Zu diesen Bedenken ausführlich *Haas* a.a.O. S. 17 ff.. Das Schweizerisches BG hatte im Fall Gundel (BGE 119 II 271 Bedenken, ob das damals als Abteilung des IOC geführte TAS auch dann als unabhängig anzuerkennen sei, wenn Partei des Verfahrens das IOC wäre; daraufhin wurde das Tas durch Zwischenschaltung einer Trägerstiftung (CIAS) unabhängig gestaltet; diese Konstruktion hat

Auf den Anspruch auf staatlichen Rechtsschutz kann nur durch beiderseits *freiwillige* Unterwerfung unter ein Schiedsgericht verzichtet werden.[554] Aufgrund der monopolistischen Stellung der Sportverbände bleibt dem anderen Teil, will er Mitglied werden oder an sportlichen Wettbewerben im Rahmen des Sportverbandes teilnehmen, praktisch nichts anderes übrig, als die vom Verband vorgesehene Schiedsgerichtsbarkeit anzuerkennen. Vor Streichung des § 1025 Abs. 2 ZPO[555] wurde daher teilweise die Unwirksamkeit einer Schiedsklausel von Sportverbänden angenommen.[556] Die jedenfalls jetzt herrschende Meinung geht unter dem Gesichtspunkt der Gleichwertigkeit der Schiedsgerichtsbarkeit gegenüber der staatlichen zu Recht davon aus, dass die Monopolsituation allein die Unzulässigkeit nicht begründet.[557]

Diese Gleichwertigkeit besteht aber nur dann, wenn die Unabhängigkeit und Unparteilichkeit der Schiedsrichter wirklich gesichert ist. Der Bundesgerichtshof hat gerade in den letzten Jahren unter diesen Gesichtspunkten gegenüber der (monopolistischen) Verbandsschiedsgerichtsbarkeit eine kritische Haltung eingenommen: In einem Fall hielt er ein Mitglied, das gegen die mit Stimmenmehrheit beschlossene Einfügung einer Schiedsgerichtsklausel in die Verbandssatzung gestimmt hatte, nicht daran gebunden.[558]

Im anderen Fall verneinte er sogar überhaupt das Vorliegen eines Schiedsgerichts, obwohl in der Satzung damit der Weg vor die ordentlichen Gerichte ausgeschlossen werden sollte, da „aufgrund einer Gesamtschau" u.a. wegen des in der Satzung vorgesehenen Verfahrens der Schiedsrichterbestellung deren Unabhängigkeit vom Verband strukturell nicht sichergestellt und rechtsstaatliche Verfahrensgrundsätze nicht gewahrt waren.[559]

An und für sich sollten die beiden Parteien gleichen Einfluss auf die Schiedsrichterbenennung haben. Werden aber – was wegen der zügigen Entscheidungsfindung und Sachnähe der Richter zu befürworten ist – die Richter schon vorher benannt, so können an deren Auswahl vor allem die Sportler, die gegenüber dem Verband meist über keine eigene gleich starke Organisation verfügen, kaum mitwirken.[560] Daher muss die Regelung hinsichtlich der Auswahl der Schiedsrichter besonders sorgfältig abgefasst werden: Selbstverständlich dürfen die Schiedsrichter keine Organe, Angestellte oder Mitglieder des Verbandes sein;[561] auch eine Benennung der Schiedsrichter nur durch den Verband be- **282**

---

das BGE 129 III 455 inzwischen (zunächst) gebilligt; Bedenken dagegen von *Baddeley*, Causa Sport 2004, 91 f.

[554] Allgemeine Meinung, *Musielak-Voit* a.a.O. § 1029 Rdnr. 2. S. zu den Anforderungen an eine Sportschiedsgerichtsbarkeit auch *Oschütz*, Schiedsgerichtsbarkeit S. 87 ff..

[555] Danach war ein Schiedsvertrag unwirksam, wenn eine Partei ihre soziale oder wirtschaftliche Überlegenheit dazu ausgenutzt hat, den anderen Teil zum Abschluss des Vertrages oder zu Bestimmungen nötigte, die ihr ein Übergewicht gaben.

[556] LG Frankfurt ZIP 1989, 599 (zu DFB), *Westermann*, Die Verbandsstrafgewalt S. 108 ff., *Vollkommer* NJW 1983, 726.

[557] So Bundesrat-Drucksache 211/96. *MünchKommBGB/Reuter* § 25 Rdnr. 58 hat seine frühere ablehnende Ansicht nach Änderung der Gesetzeslage aufgegeben. *Ebbing* NZG 2000, 898, *Haas* a.a.O. S. 23 f und ZGR 2001, 325, *Kröll* NJW 2001, 1173. A.A. *König* SpuRt 2004, 137, der stattdessen eine Schiedsgerichtsvereinbarung *nach Entstehen der Streitigkeit* empfiehlt, die der Sportler regelmäßig akzeptieren werde. Da der gestrichene § 1025 Abs. 2 ZPO als Spezialnorm zu § 138 BGB (Sittenwidrigkeit) angesehen wurde, bleibt es jetzt demnach bei der Kontrolle gem. dem (engeren?) § 138 BGB, *Musielak/Voit* § 1029 Rdnr. 10 mit weiteren Nachweisen. *Haas* a.a.O. S. 25f.

[558] BGHZ 144, 146 = SpuRt 2000, 153 mit Anm. von *Haas* S. 139 ff. Dazu unten Rz. 285.

[559] BGH NJW 2004, 2226 = SpuRt 2004, 159.

[560] *Haas* a.a.O. S. 33 schlägt denn auch vor, dass ein Gremium aus Aktivenvertreter und Sportverbandsvertreter die Richter vorschlägt. Im nationalen Bereich ist dies vielleicht möglich.

[561] Das wäre ein Richten in eigener Sache. Allgemeine Meinung: BGH NJW 2004, 2226, *Haas* a.a.O. S. 19ff., *Kröll* ZIP 2005, 13; *Kölbl* a.a.O. S. 152, 154 stützt das Ergebnis auf den „Justizgewährungsanspruch".

gegnet Bedenken;[562] zumindest müssen dann vom Verband völlig unabhängige Personen benannt werden. Empfehlenswert ist die Benennung durch eine neutrale Instanz.[563] Keine Bedenken sollten hingegen bei großen Verbänden dagegen bestehen, dass Mitglieder von Vereinen dieses Verbandes benannt werden, soweit auch die andere Partei zu diesem Personenkreis gehört;[564] dies sichert sachnahe Entscheidungen.

Letztlich wird der Bundesgerichtshof, möglicherweise auch das Bundesverfassungsgericht oder der Europäische Gerichtshof für Menschenrechte entscheiden müssen, ob die eingeschränkte Freiwilligkeit in Sportsachen i.V.m. einem gewissen Einfluss der Sportverbände auf die Schiedsrichterauswahl den Grundrechten entspricht. Die Entscheidung wird nicht zuletzt auch davon abhängen, inwieweit es gelingt, dass Schiedsgerichte so mit eigener Organisation institutionalisiert werden, dass auch der leiseste Verdacht eines möglichen Einflusses der Verbände ausgeräumt wird. Die Konstruktion des Tas genügt dem angesichts der Bestellung der Schiedsrichterliste m. E. nicht völlig.[565]

II. Abgrenzung Vereinsgericht – (echtes) Schiedsgericht

283 Aus den eben genannten Gründen ist die Abgrenzung zwischen beiden „Gerichtsbarkeiten" außerordentlich wichtig und schwierig, zumal die Bezeichnung, die dem Gericht durch die Verbandssatzung oder der Parteivereinbarung gegeben wird, nicht entscheidend ist.

Damit ein Schiedsgericht vorliegt, müssen bestimmte Voraussetzungen gegeben sein: In erster Linie muss die *Absicht*, ein Schiedsgericht i.S. der §§ 1023 ff. ZPO zu installieren und damit den Rechtsweg zu den staatlichen Gerichten auszuschließen, sich eindeutig aus der Schiedsklausel ergeben.[566] Weiterhin muss gesichert sein, dass das Schiedsgericht als unabhängige und unparteiliche Instanz aufgrund eines fairen Verfahrens entscheidet; ist eine dieser Voraussetzungen nicht gegeben, so handelt es sich nicht um ein Schiedsgericht, sondern nur um ein Verbandsorgan. Der Bundesgerichtshof will in einem neueren Entscheid dabei aufgrund einer „Gesamtschau"[567] entscheiden, ob ein Schiedsgericht oder

---

[562] *Kröll* a.a.O., der darauf hinweist, dass gegebenenfalls die andere Partei beim staatlichen Gericht Antrag auf andere Zusammensetzung des Schiedsgerichts gem. § 1034 Abs. 2 ZPO stellen kann. Auch *Haas* a.a.O. S. 30 f hält es für unzulässig, wenn eine Partei die Schiedsrichterliste aufstellt und die andere Partei daraus die Richter auswählen kann.

[563] *Henn*, Schiedsverfahrensrecht § 18 Rdnr. 220 fordert, dass die Schiedsrichter von beide Teilen oder von einem neutralen Dritten bestellt werden müssten, ebenso *Schwab/Walter* a.a.O. Kap. 32 Rdnr. 15. Die Richter des Schiedsgerichts im Bereich des DEB werden beispielsweise vom Präsidenten der Industrie- und Handelskammer München vorgeschlagen, der seinerseits sportnahe (nicht sportverbandsnahe) Juristen auswählt.

[564] *Kröll*, ZIP 2005, 13, 17. Zweifel dagegen (bei kleinen Verbänden) bei *Schwab/Walter* Kap. 9 Rz. 11; *Summerer* in der Vorauflage Teil 2/Rz. 282. – Bedenken bestehen, wenn Sportler, die nur Arbeitnehmer eines Vereines sind, praktisch gezwungen sind, ein derartig besetztes Schiedsgericht zu akzeptieren, s. *König* SpuRt 2004, 137 f.

[565] So *Baddeley*, Causa Sport 2004, 91 wegen der Auswahl durch die Verbände. Zudem bleibt natürlich immer das Bedenken, dass ein Schiedsrichter – sei es aus finanziellen oder aus Prestigegründen – Interesse daran hat, wieder benannt zu werden. Kritisch zu verschiedenen Verbandsschiedsgerichten auch *Summerer* in der Vorauflage 2/292ff. *Haas* a.a.O. S. 32 f hält offenbar die CIAS-Praxis für unbedenklich, plädiert aber doch für völlige Unabhängigkeit der die Schiedsrichterliste aufstellenden Organisation. S. näher zum TAS 6/Rz. 165.

[566] *Grunsky*, Festschrift *Röhricht* S. 1146; *Kröll* ZIP 2003, 15.

[567] BGH NJW 2004, 2226 = SpuRt 2004, 159 mit kritischen Anmerkungen von *Kröll* ZIP 2005, 13 und NJW 2005, 194, *Schlosser* LMK 2004, 169; *Grunsky* FS *Röhricht* S. 1137, *P. Meyer* SpuRt 2005, 97. Neben den im Text erwähnten Kriterien verlangt der BGH, dass die betreffende Instanz *nur* „Streitigkeiten" zu entscheiden habe und nicht etwa auch Zuständigkeitsfragen, und dass dessen Entscheidung zur Vollstreckung durch staatliche Vollstreckungsbehörden bestimmt sei. – In der Literatur ist die Abgrenzung im Einzelnen streitig, s. dazu zudem z.B. *Fenn*, Festschrift für *Henckel* S. 175 ff.

ein Vereinsgericht anzunehmen sei. Dies führt für die Parteien zu großen Unsicherheiten, da im Vorhinein nicht sicher festgestellt werden kann, ob die Klage gegen eine Vereinsentscheidung oder Antrag auf Aufhebung eines Schiedsspruches zu stellen ist.[568] Nach der Entscheidung des Bundesgerichtshofes trägt damit der Kläger ein erhebliches Risiko, denn bei Wahl des falschen Rechtsweges soll sein Rechtsmittel als unzulässig abzuweisen sein, mit der Folge, dass er nicht nur die Kosten zu tragen hat, sondern möglicherweise auch völlig rechtlos gestellt wird, wenn nämlich die zunächst nicht gewählte Klage inzwischen verfristet ist.[569] Viel spricht daher dafür, in einem derartigen Fall die Verweisung analog § 281 ZPO/17 a GVG an das zuständige Gericht zuzulassen[570] oder zumindest auf die *erkennbare* Absicht des Verbandes abzustellen:[571] ist ein echtes Schiedsgericht gewollt, dann ist es als solches zu behandeln; entspricht es nicht den in der „Gesamtschau" des BGH vorgesehenen Kriterien, so ist der Schiedsspruch auf Aufhebungsklage hin eben aufzuheben.

III. Das Schiedsgerichtsverfahren

1. Die Schiedsklausel

Auf ein Schiedsgericht mit Sitz in Deutschland sind die §§ 1025 ff. ZPO anzuwenden. **284** Schiedsgerichte mit Sitz im Ausland richten sich nach dem Recht des Sitzlandes, die Anerkennung und Vollstreckung ihrer Schiedssprüche in Deutschland nach dem UN-Übereinkommen.[572]

Die Zuständigkeit eines Schiedsgerichts anstelle der staatlichen Gerichtsbarkeit kann nur aufgrund eines Rechtsgeschäfts (Schiedsklausel) der Betroffenen begründet werden, soweit der Streitgegenstand objektiv schiedsfähig ist. Die *Schiedsfähigkeit* dürfte in sportrechtlichen Sachen in aller Regel gegeben sein, da meistens vermögensrechtliche Ansprüche[573] Gegenstand sein werden, zumindest aber die Parteien berechtigt sind, über den Streitgegenstand einen Vergleich zu schließen (§ 1030 ZPO); nur für *arbeitsrechtliche* Streitigkeiten, etwa zwischen Verein und Sportler, kann ein Schiedsgericht nicht vereinbart werden (§§ 4, 101 ArbGG).[574]

---

[568] Die Klage ist vor dem zuständigen Gericht erster Instanz zu erheben, der Antrag auf Aufhebung beim Oberlandesgericht zu stellen.

[569] Folgt man der BGH-Entscheidung, so kann einem Kläger sogar jeder Rechtsweg abgeschnitten werden: Geht ein Kläger davon aus, es liege eine vereinsgerichtliche Entscheidung vor, und klagt dementsprechend vor den Zivilgerichten, die diese Klage (rechtskräftig) als unzulässig abweisen, da eine schiedsgerichtliche Entscheidung anzunehmen sei, und erhebt er dann Aufhebungsklage vor dem OLG, so ist denkbar, dass der BGH auch diese Klage letztinstanzlich abweist, da doch eine Vereinsentscheidung vorliege (ähnlich im zit. BGH-Fall). Ein Fall für das Bundesverfassungsgericht.

[570] *Schlosser* LMK 2004, 169, *P. Meyer* SpuRt 2005, 97.

[571] *Grunsky* FS Röhricht a.a.O., der die vom BGH erwähnten einzelnen Kriterien als Indizien für die Absicht werten will.

[572] § 1025 ZPO, wo auch die wenigen Ausnahmen geregelt sind. Zu Schiedsgerichten mit Sitz im Ausland s. Teil 6/Rz. 150 ff. Das deutsche Schiedsverfahrensrecht beruht weitgehend auf dem UN-Übereinkommen.

[573] *Musielak-Voit* § 1030 Rdnr. 2. Der Begriff vermögensrechtliche Ansprüche ist sehr weit aufzufassen und umfasst auch Klagen auf Zulassung zu einem Wettbewerb, wenn im Hintergrund Vermögensinteressen stehen.

[574] *Oschütz* in *Haas* (Hrsg.) RuS H. 31 (2003) S. 43 ff., soweit die deutschen Arbeitsgerichte international zuständig sind; er fordert denn auch eine Gesetzesänderung für Berufssportler. *Krähe*, SpuRt 2004, 204, ist der Ansicht, dass in einer Arbeitsrechtsstreitigkeit zwischen einem deutschen Fußballverein und einem ausländischen Spieler, der natürlich deutschem Recht unterlag, aufgrund der maßgeblichen DFB-Statuten, die auf das FIFA-Reglement verweisen, wonach das Tas (auch in Arbeitssachen) zuständig ist, §§ 4, 104 ArbGG ausgeschlossen werden kann. Dieser Ansicht kann keinesfalls zugestimmt werden: das für Verein und Sportler maßgebende DFB-Regelwerk unterliegt

Eine wirksame Schiedsklausel schließt die Zuständigkeit der staatlichen Gerichte aus; erhebt eine Partei dennoch Klage zu einem Gericht, so weist dieses auf Rüge des Beklagten die Klage als unzulässig ab.[575]

Die erforderliche rechtsgeschäftliche Vereinbarung des Schiedsgerichts kann sich für die *Mitglieder* eines Verbandes oder Vereines aus der *Verbands-/Vereinssatzung* ergeben (unten a), im Übrigen und insbesondere für Dritte, die keine unmittelbaren Verbandsmitglieder sind, wie regelmäßig die Sportler, aus einem *Vertrag* (unten b). Die Schiedsklausel muss die Streitigkeiten bezeichnen, die vom Schiedsgericht zu entscheiden sind; regelmäßig werden bei einer satzungsmäßigen Schiedsklausel „alle Streitigkeiten aus der Mitgliedschaft" zwischen Verband und Mitgliedern, aber auch zwischen den Mitgliedern (z.B. den unteren Verbänden) dem Schiedsgericht zugewiesen, bei einer vertraglichen Schiedsklausel alle aus dem Vertrag sich ergebenden Streitigkeiten.

285 a) Schiedsklausel in einer Satzung. Nach wohl einhelliger Meinung kann eine Schiedsklausel auch in die Satzung eines Vereins aufgenommen werden.[576] Die herrschende Meinung, insbesondere auch die Rechtsprechung, entnimmt die Zulässigkeit einer *satzungsmäßigen* Schiedsklausel aus § 1066 ZPO, woraus sich ergibt, dass die besondere Schriftform des § 1031 ZPO nicht eingehalten werden muss, so dass Mitglieder grundsätzlich daran gebunden sind.[577] Der Bundesgerichtshof hat aber bei monopolartigen Verbänden mit Aufnahmezwang (das ist bei Sportverbänden anzunehmen) eine Einschränkung gemacht: Wird eine Schiedsklausel von der Mitgliederversammlung neu beschlossen, so sind Mitglieder, die dagegen gestimmt haben, nicht an die Schiedsklausel gebunden.[578] Die Reichweite dieser Entscheidung ist umstritten, insbesondere ist zweifelhaft, ob neu beitretende Mitglieder an die bestehende satzungsmäßige Schiedsklausel eines Monopolverbandes gebunden sind.[579]

In der Satzung müssen die wesentlichen Punkte, insbesondere die Modalitäten der Besetzung des Schiedsgerichts enthalten sein.[580] Zweifelhaft ist, ob es genügt, wenn in einer Satzung ein Verweis auf die Satzung eines anderen (höheren) Verbandes enthalten ist, und in dieser anderen Satzung ein Schiedsgericht vorgesehen ist. Zumindest muss in der verweisenden Satzungsbestimmung ausdrücklich auf die Schiedsgerichtsbarkeit des höheren Verbandes hingewiesen werden; das ergibt sich aus dem Erfordernis, dass nur eine bewusste Anerkennung der Schiedsgerichtsbarkeit die Zuständigkeit der staatlichen Gerichte ausschließen kann. Daher sollten höhere Verbände gegenüber sogen. mittelbaren Mitgliedern, also insbesondere den Sportlern, auf einer einzelvertraglichen, dann allerdings formbedürftigen Schiedsklausel bestehen.[581]

---

deutschem Recht; danach kann die zwingende Vorschrift der §§ 4, 104 ArbGG nicht ausgeschlossen werden, auch nicht über den Umweg, dass die DFB-Regel auf das (nicht deutschem Recht unterliegende FIFA-Statut) verweist.

[575] § 1032 ZPO. Zur dennoch gegebenen Zuständigkeit für einstweilige Maßnahmen s. unten Rz. 289.

[576] BGH NJW 2000, 1713 = SpuRt 2000, 153 mit Anmerkung von *Haas* ebenda S. 139, *Musielak-Voit* § 1066 Rdnr. 4 mit weiteren Nachw.

[577] BGH NJW 2000, 1713 = SpuRt 2000, 153 mit Anmerkung von *Haas* ebenda S. 139, BGH NJW 2004, 2226 = SpuRt 2004, 159, OLG Hamburg SpuRt 2001, 247. *Musielak-Voit* § 1066 Rdnr. 4 mit weiteren Nachw. Kritisch *Ebbing* a.a.O. S. 133 ff., *Schwab/Walter*, Schiedsgerichtsbarkeit Kap. 32 II. 1.

[578] BGH vorige Fn.

[579] Verneinend *Kröll* NJW 2001, 1173, 1176. Bejahend *Haas* SpuRt 2000, 139 (ähnlich ders. ZGR 2001, 347), dessen Argument, der Aufnahmeanspruch eines neuen Mitglieds bestehe nur in den Grenzen der (zulässigen!) Satzung, nicht recht überzeugt, wenn – nach BGH – der gegenteilige Wille der Bindung ausschließt; es geht ja gerade um die Zulässigkeit der Klausel gegenüber nicht (freiwillig) Zustimmenden. Bejahend auch *K. Schmidt* JZ 1989, 1077.

[580] *Musielak/Voit* § 1066 Rdnr. 8 mit weiteren Nachweisen. D. h. sie können nicht in einer Nebenordnung stehen; fehlen die Modalitäten der Besetzung, so ist nach §§ 1034, 1035 ZPO zu verfahren.

[581] Ähnlich *Oschütz*, Sportschiedsgerichtsbarkeit S. 225.

Nichtmitglieder sind an die Schiedsklausel natürlich nicht gebunden, hier ist eine vertragliche Vereinbarung erforderlich.

b) Vertragliche Schiedsklausel. Insbesondere zwischen Verband und Sportler, die regelmäßig keine Mitglieder des Verbandes sind, kann ein Schiedsgericht nur durch *Vertrag* vereinbart werden, der der Schriftform bedarf,[582] beispielsweise im Rahmen eines Regelanerkennungs-, Lizenzvertrages oder einer Athletenvereinbarung geschehen; dabei lässt die Unwirksamkeit dieser Verträge die Wirksamkeit der Schiedsvereinbarung unberührt;[583] das Schiedsgericht entscheidet dann über die Unwirksamkeit des Hauptvertrages, weist also gegebenenfalls einen darauf gestützten Anspruch ab. 286

Wird in dem Vertrag auf die Satzung des Verbandes hingewiesen, in dem sich die Schiedsklausel befindet, so sollte unbedingt im Vertrag ein ausdrücklicher Hinweis auf die Schiedsklausel enthalten sein, andernfalls besteht die Gefahr, dass ein Gericht, wenn z.B. der Sportler keine Kenntnis von der Schiedsklausel in der Satzung haben musste, die Vereinbarung für unwirksam hält.[584] Die Bedenken entfallen, wenn nach Entstehen des Streites die Parteien sich (nochmals) auf das Schiedsgericht einigen oder wenn es jeder Partei vorbehalten bleibt statt des Schiedsgerichts die staatlichen Gerichte anzurufen.[585]

Zu den Problemen der Freiwilligkeit der Vereinbarung der Schiedsklausel und der Unabhängigkeit der Schiedsrichter s. oben Rz. 281f. Hat eine Partei bei der Bestellung der Schiedsrichter ein Übergewicht – z.B. wenn sie eine höhere Zahl von Schiedsrichtern benennen darf oder wenn die Schiedsrichterliste (nur) ihr nahe stehende Personen bezeichnet[586] – so kann die andere Partei beim staatlichen Gericht[587] eine abweichende Schiedsrichterbenennung beantragen. Darüber hinaus kann ein konkreter Schiedsrichter abgelehnt werden, wenn berechtigte Zweifel an seiner Unparteilichkeit oder Unabhängigkeit von einer Partei bestehen.[588] 287

2. Das Schiedsverfahren

Das Schiedsgericht entscheidet über seine Zuständigkeit und in diesem Zusammenhang über die Wirksamkeit der Schiedsklausel (Kompetenz-Kompetenz). Erklärt es sich trotz der Rüge der Unzuständigkeit für zuständig, so kann dagegen von jeder Partei die Entscheidung des staatlichen Gerichts angerufen werden, das dann endgültig entscheidet.[589] 288

Das Verfahren ist regelmäßig zumindest in Grundzügen in einer speziellen Verfahrensordnung des Schiedsgerichts geregelt. Im Übrigen können die Parteien oder das Schieds-

---

[582] Von beiden Parteien unterzeichnetes Schriftstück oder Brief(Fax)wechsel, s. näher § 1031 Abs. 1 ZPO. Die besondere Verbraucherschutzvorschrift (Abs. 4) dürfte in Sportsachen kaum Anwendung finden.
[583] § 1040 Abs. 1 S. 2 ZPO, *Musielak-Voit* § 1040 Rdnr. 4.
[584] S. § 1031 Abs. 3 ZPO. Das schweizerische BG 119 II 271 (Fall Nagel) hat einen allgemeinen Verweis auf die Satzung, in der die Schiedsklausel enthalten war, (nur) deswegen für wirksam gehalten, weil der betr. Profi-Sportler von der Schiedsgerichtsklausel tatsächlich Kenntnis hatte. Zur Problematik *Oschütz*, Schiedsgerichtsbarkeit S. 225 ff..
[585] *Musielak/Voit* § 1029 Rdnr. 21.
[586] Sogen. strukturelles Übergewicht. Das ist eine Gefahr, wenn die Liste praktisch vom Verband errichtet wird. Der BGH SpuRt 2004, 2226 = SpuRt 2004, 159 hat aber in einem derartigen Fall die entscheidende Instanz nicht mehr als Schiedsgericht bezeichnet, s. dazu oben Rz. 283. Das Verhältnis von § 1034 Abs. 2 ZPO zu den Voraussetzungen für das Vorliegen eines Schiedsgerichts sind aufgrund dieser Entscheidung unklar geworden, *Kröll* ZIP 2005 S. 17.
[587] Zuständig ist das vereinbarte Oberlandesgericht, sonst das am Sitz des Schiedsgerichts (§ 1062, 1043 ZPO).
[588] § 1036 Abs. 2 ZPO.
[589] § 1040 Abs. 3 ZPO. Zuständig ist das OLG, das in der Schiedsklausel bezeichnet wird oder in dessen Bezirk das Schiedsgericht seinen Sitz hat (§ 1062 ZPO).

gericht selbst die Verfahrensregeln bestimmen, häufig werden dabei die Regeln des Zivilverfahrenrechts (ZPO) herangezogen.

Von gewissen rechtsstaatlichen Verfahrensgrundsätzen kann jedoch nicht abgewichen werden, ein Verstoß hiergegen führt gegebenenfalls dazu, dass das betreffende Organ nicht als Schiedsgericht, sondern als Vereinsinstanz anzusehen ist,[590] oder zur Aufhebung des Schiedsspruches: Unparteilichkeit der Schiedsrichter, Gleichbehandlungsgrundsatz, Gewährung rechtlichen Gehörs, kein Ausschluss von Rechtsanwälten.[591]

Das Schiedsgericht wendet – wie das staatliche Gericht – die für die Parteien verbindlichen Verbandsregeln oder Vertragsbestimmungen sowie das staatliche Recht an, insbesondere das Zivilrecht aber auch gegebenenfalls das Kartellrecht.[592] Insbesondere kann dem Schiedsgericht aufgrund der Verfahrensordnung eine weitergehende Überprüfungsmöglichkeit der angefochtenen Verbandsentscheidung zustehen als dem staatlichen Gericht.

Bei einem Fall mit Auslandsberührung zieht das Schiedsgericht die von den Parteien vereinbarte Rechtsordnung, sonst die Rechtsordnung heran, mit der der Sachverhalt die engste Beziehung aufweist.[593]

Das Schiedsgericht kann Beweise erheben, hat aber insoweit keine Zwangsmittel; jedoch kann ein staatliches Gericht auf Antrag des Schiedsgerichts oder einer Partei das Schiedsgericht bei der Beweisaufnahme unterstützen.[594] Das Schiedsgericht würdigt frei die Beweise.[595]

289 Das Schiedsgericht kann auch eine *einstweilige Anordnung* erlassen, wenn die Parteien dies nicht ausgeschlossen haben;[596] das staatliche Gericht kann deren Vollziehung anordnen. Daneben kann aber auch das staatliche Gericht selbst auf Antrag einer Partei eine einstweilige Anordnung erlassen.[597]

3. Der Schiedsspruch

290 Das Schiedsgericht beendet das Verfahren durch einen Schiedsspruch, mit dem es die Schiedsklage abweist oder ihr ganz oder teilweise stattgibt, z. B. eine Verbandsstrafe aufhebt bzw. reduziert; das Verfahren kann auch durch einen (Schieds-)Vergleich beendet werden (§ 1053 ZPO). Soweit die Parteien nichts anderes vereinbart haben, entscheidet das Schiedsgericht dabei auch über die Kosten (§ 1057 ZPO).

Der Schiedsspruch oder -vergleich kann auch gestaltend in das Rechtsverhältnis der Parteien eingreifen, z. B. die vom Verband versagte Lizenz erteilen, das Ergebnis eines Wettkampfes ändern.[598]

---

[590] Dazu oben zu Rz. 283.
[591] § 1042 ZPO.
[592] § 1051 Abs. 1 ZPO. Zur zwingenden Anwendung des Kartellrechts s. BGHZ 88, 314. – Eine an und für sich zulässige Entscheidung nach Billigkeit (§ 1051 Abs. 3) dürfte in Sportsachen kaum vorgesehen sein, stieße auch angesichts der Vormachtstellung des Verbandes auf Bedenken; jedenfalls wäre das Schiedsgericht immer noch an den ordre public gebunden, *Musielak-Voit* § 1051 Rdnr. 23.
[593] Beispielsweise wenn ein Sportler aus dem Ausland einen deutschen oder internationalen Sportverband (mit Sitz in Deutschland) verklagt. § 1051 ZPO. S. dazu 6/Rz. 158.
[594] § 1050 ZPO, insbesondere Zeugen (auch zwangsweise) vorladen, vernehmen und vereidigen.
[595] § 1042 Abs. 4 S. 2 ZPO.
[596] § 1041 ZPO. Vor der Gesetzesänderung strittig, befürwortend schon die Vorauflage, 2/322.
[597] § 1033 ZPO. Streitig ist, ob die Zuständigkeit des staatlichen Gerichts für den Erlass einstweiliger Anordnungen von den Parteien ausgeschlossen werden kann, verneinend *MünchKommZPO-Münch* § 1033 Rdnr. 14, *Musielak/Voit* § 1033 Rdnr. 3, *Reichert*, Handbuch a.a.O. Rdnr. 1873; *Stein/Jonas-Schlosser* § 1033 Rdnr. 1 für die Zeit vor Errichtung des Schiedsgerichts. Bejahend hingegen *Bandel*, Einstweiliger Rechtsschutz im Schiedsverfahren S. 309, *Adolphsen*, Internationale Dopingstrafen S. 159. Keinesfalls können aber die Parteien sowohl die Zuständigkeit der staatlichen Gerichte wie des Schiedsgerichts für einstweilige Maßnahmen ausschließen. – Sachliche und örtliche Zuständigkeit des staatlichen Gerichts ergeben sich aus dem allgemeinen Recht, Hauptsachegerichtsstand (§ 937 ZPO) ist der Sitz des Schiedsgerichts.
[598] *Reichert*, Handbuch a.a.O. Rdnr. 1869.

Streitig ist, ob das Schiedsgericht auf Antrag (Klage) des Verbandes *erstmals* auf eine **291** Verbandsstrafe erkennen kann, ohne dass vorher ein Verbandsorgan darüber entschieden hat.[599] Verbände sehen dies in ihrem Regelwerk mitunter vor, um dadurch einer möglichen Haftung wegen einer von ihnen verhängten, später aber aufgehobenen Sperre zu entgehen, denn es entscheidet ja gleich mit Rechtskraftwirkung ein Schiedsgericht.[600] Das formale Bedenken hiergegen, Schiedsgerichte könnten (nur?) für die Entscheidung von *Streitigkeiten*[601] vereinbart werden (§ 1029 ZPO), sollte nicht durchschlagen: die Schiedsgerichtsbarkeit kann von den Parteien in weiterem Umfang nach ihren Bedürfnissen eingerichtet werden als die staatliche.[602] Die Rechtsprechung hat auch verschiedentlich zugelassen, dass Schiedsgerichte die Rechtsbeziehungen zwischen den Parteien gestalten können.[603] Die Schiedsrichter sind regelmäßig auch aufgrund ihrer Nähe zu der betreffenden Sportart sachkundig. Rechtsstaatliche Grundsätze, die dagegen sprechen könnten, sind nicht ersichtlich, wenn bestimmte Kautelen eingehalten werden, damit durch die Verkürzung der Instanzen der anderen Partei (Sportler) keine Nachteile entstehen:

– Die Befugnis des Schiedsgerichts muss in dem von den Parteien vereinbarten Regelwerk ausdrücklich festgelegt werden.
– Es muss eine eigene Verbandsinstanz als „Anklagebehörde" den Sachverhalt vortragen und die Beweise vorlegen; das Schiedsgericht kann nicht als Inquisitionsinstanz verhandeln.[604]
– Weiterhin muss diese Anklagebehörde auch einen konkreten „Strafantrag" stellen, der dann vom Schiedsgericht nicht überschritten werden darf. Andernfalls würden die Verteidigungsrechte des Sportlers unvertretbar eingeschränkt; er wäre von vornherein praktisch gezwungen einen Anwalt zu nehmen, während er bei einem verbandsrechtlichen Vorverfahren das Urteil des Verbandsorgans abwarten könnte, um sich dann gegebenenfalls, wenn er mit der Verbandsentscheidung nicht einverstanden ist, mit anwaltschaftlicher Vertretung an das vereinbarte Schiedsgericht zu wenden.

Problematisch ist bei diesem Verfahren auch die Kostentragungspflicht;[605] das vereinsinterne Verfahren zur Festsetzung einer Vereins- oder Vertragsstrafe ist jedenfalls regelmäßig kostengünstiger als ein Schiedsgerichtsverfahren. Zumindest müsste daher der Verband die Kosten des Schiedsgerichtsverfahrens tragen,[606] etwa in Analogie zum Anerkenntnisurteil.[607]

Unter denselben Voraussetzungen bestehen dann auch keine Bedenken dagegen, dass das Schiedsgericht statt einer von einem Verbandsorgan verhängten „Strafe" eine andere

---

[599] Befürwortend *Adolphsen*, Internationale Dopingstrafen S. 528, *Schlosser*, Vereins- und Verbandsgerichtsbarkeit S. 118 f, *Haas* RuS H. 31 S. 35, wohl auch *Fenn*, Festschrift *Henckel* S. 186 mit Überblick zum Meinungsstand, Sportschiedsgericht Frankfurt 2003, 212 ff., mit pronounciert ablehnender Anmerkung von *Reichert* SpuRt 2004, 50 mit umfassender Übersicht über vor allem ältere Rechtsprechung; kritisch auch *Summerer*, Rz. 179. Trotz gewisser Bedenken eingeschränkt befürwortend auch *Oschütz*, Schiedsgerichtsbarkeit S. 349 ff..

[600] Die Schiedsrichter haften ihrerseits nur für vorsätzliche Rechtsbeugung, BGHZ 15, 12, *Schwab/Walter* Kap. 12 Rdnr. 9 mit weiteren Nachweisen. Das ergibt sich nach der Rspr. nicht aus § 839 Abs. 2 BGB (analog), sondern aus der den Schiedsrichtern vertraglich eingeräumten Stellung.

[601] In der Tat liegt möglicherweise gar kein „Streit" vor, wenn der Sportler sich seines Vergehens bewusst der angemessenen Strafe harrt.

[602] Ein staatliches Gericht kann jedenfalls nicht erstmals eine Verbandsstrafe verhängen.

[603] BGH WM 1976, 331 betr. angemessene Erhöhung eines Pachtzinses unmittelbar durch Schiedsspruch. Zur Verhängung einer Verbandsstrafe, s. *Schwab/Walter* Kap. 3 II Rdnr. 7.

[604] *Schlosser*, Vereins- und Verbandsgerichtsbarkeit Rz. 118.

[605] Darauf weist zu Recht *Haas* RuS H. 31 S. 37 hin.

[606] So *Haas* a.a.O. S. 37.

[607] § 93 ZPO; so das Sportschiedsgericht des DLV auf der Grundlage der Athletenvereinbarung, SpuRt 2003, 212.

festsetzt;[608] dies beschleunigt die Beendigung des Verfahrens erheblich, da andernfalls die Sache an das Verbandsgericht zurückverwiesen werden und gegebenenfalls ein weiteres Schiedsgerichtsverfahren folgen müsste.[609]

292 Der *Schiedsspruch* hat, wenn nicht noch ein Rechtsmittel zu einem Oberschiedsgericht vorgesehen ist, was selten der Fall ist, die gleiche Wirkung wie das rechtskräftige Urteil eines staatlichen Gerichts[610] und kann insbesondere auch vom staatlichen Gericht für vollstreckbar erklärt werden.[611] Er kann nur noch aus sehr eingeschränkten Gründen mit dem Antrag auf gerichtliche Aufhebung angefochten werden.[612]

Aufhebungsgründe sind insbesondere: Unwirksamkeit der Schiedsvereinbarung, der Gegenstand des Streites ist nicht schiedsfähig,[613] Verletzung des rechtlichen Gehörs, Fehler bei der Bildung des Schiedsgerichts[614] und sonstige Verstöße gegen zwingende Verfahrensvorschriften.[615] Insbesondere kann ein Schiedsspruch auch aufgehoben werden, wenn seine Anerkennung oder Vollstreckung zu einem Ergebnis führt, das mit wesentlichen Grundsätzen des deutschen oder auch des europäischen Rechts, insbesondere mit den Grundrechten nicht vereinbar ist.[616] Keinesfalls prüft das staatliche Gericht aber gleichsam als Revisionsinstanz die Richtigkeit der Entscheidung.[617]

C. Klagearten und Anträge bei Vereinsstreitigkeiten

293 Die für die Praxis wichtige Frage lautet:

Wie kann sich ein Sportler oder ein Verein gegen nachteilige Maßnahmen des Vereins/Verbands prozessual zur Wehr setzen? Fast immer ist schnelles Handeln oberstes Gebot, weil der gesamte Wettkampfbetrieb samt Zulassungsverfahren von Fristen und Terminen (Statuten!) geprägt ist. Deshalb ist zu empfehlen, möglichst frühzeitig anwaltlichen Rat einzuholen, um die Erfolgsaussichten nebst Kostenrisiko eines Antrags auf Erlass einer Einstweiligen Verfügung beim zuständigen Amts- oder Landgericht zu erörtern. Dieses entscheidet über einen solchen Antrag in aller Regel binnen weniger Tage. Je nach Dringlichkeit des Falles entscheidet es nach bloßer Aktenlage oder nach vorheriger Anhörung der Parteien. In einem solchen Eilverfahren kann stets nur eine vorläufige Regelung erzielt werden, weil die erhobenen Ansprüche nur summarisch, also ohne den sonst üblichen Tiefgang, geprüft werden. Angesichts der Schnelllebigkeit des Leistungssports erübrigt sich in vielen Fällen eine „normale" Klage (Hauptsacheverfahren) im Anschluss an ein Eilverfahren.

---

[608] Z. B. statt einem vom Verbandsgericht festgesetzten Spielverlust auf Wiederholung erkennt. Hier ist natürlich besonders wichtig, dass sich dies aus den Statuten ergibt.

[609] Darauf weist zu Recht *Handschin* in *Arter* (Hrsg.), Sport und Recht (2005) S. 281f. hin.

[610] § 1055 ZPO.

[611] §§ 1060, 1062ff. ZPO. – Aufgrund des New Yorker UN-Übereinkommens über die Anerkennung und Vollstreckung ausländischer Schiedssprüche v. 10.6.1958, das in den meisten Staaten gilt, ist die Anerkennung und Vollstreckung eines Schiedsspruches im Ausland meist leichter als die eines Urteils eines staatlichen Gerichts, ein nicht unerheblicher Vorteil bei internationalen Streitsachen.

[612] § 1059 ZPO. Zuständig ist das im Schiedsvertrag vereinbarte OLG, sonst das am Sitz des Schiedsgerichts (§ 1062 Abs. 1 Ziff. 4 ZPO).

[613] Dazu oben Rz. 284.

[614] Verstößt allerdings schon die satzungsmäßige oder vertragliche Regelung für die Bildung des Schiedsgerichts gegen die Grundsätze der Unparteilichkeit des Schiedsgerichts, so liegt nach Auffassung des BGH, SpuRt 2004, 130 (dazu oben Rz. 283) kein Schiedsspruch vor, sondern eine reine Verbandsentscheidung, so dass nicht die Aufhebungsklage, sondern nur die allgemeine Klage gem. § 253ff. ZPO in Betracht kommt.

[615] § 1050 Abs. 1 ZPO

[616] § 1059 Abs. 2 b) ZPO. Hierzu könnte der Fall einer exorbitant langen Sperre oder gar eines völligen Ausschlusses eines Sportlers zählen.

[617] Keine révision au fond; selbst ein Verstoß gegen zwingende Vorschriften führt nicht ohne weiteres zur Aufhebung *Musielak/Voit* § 1059 Rdnr. 29.

Je nachdem, welches Rechtsgut verletzt worden ist, sind mehrere Zielrichtungen bei 294
der Auswahl der geeigneten Anträge zu bedenken. Eine abstrakte Überprüfung von Satzung oder Statuten ist nicht statthaft, wie das LG Frankfurt/Main am 9. 11. 2005 entschieden hat. In Betracht kommen vor allem Anträge auf:
– Aussetzung der Wirkungen einer disziplinären Ordnungsmaßnahme
– Aufhebung einer Sanktion
– Aufnahme eines Sportlers in einen Verein bzw. eines Vereins in einen Verband
– Sofortige vorläufige Wettkampfzulassung im Eilverfahren[618]
– Unterlassung sämtlicher Maßnahmen, die die Ausübung des Melde- und Startrechts behindern, verbunden mit einem Antrag auf Androhung von Ordnungsgeld bzw. Ordnungshaft
– Schadensersatz, z. B. wegen entgangenen Gewinns infolge gekündigter, nicht verlängerter oder nicht neu abgeschlossener Sponsorenverträge oder infolge ausgebliebener Startprämien
– Schmerzensgeld, z. B. wegen Verunglimpfung oder Rufschädigung

Eine häufig anzutreffende Konstellation besteht darin, dass ein Sportler versucht, eine 295
aberkannte *Plazierung* zurückzuerhalten. Allerdings hat das OLG Frankfurt in einem solchen Fall dem Kläger die Feststellung, dass er „Deutscher Straßenmeister" in der Klasse 50 ccm geworden sei, verwehrt. Das OLG führte aus, dass ein rechtliches Interesse an der alsbaldigen Feststellung bestehe, das Gericht aber nicht befugt sei, die Ergebnisse von Rennveranstaltungen selber zu bewerten und einen Titel zuzuerkennen.[619]

Mitglieder, die durch einen Beschluss der Mitgliederversammlung unzulässig in ihren 296
Rechten eingeschränkt worden sind, werden die Unwirksamkeit des Beschlusses gerichtlich feststellen lassen wollen.[620] Hierfür stehen Feststellungsklage und Gestaltungsklage zur Verfügung.

Mit der *Feststellungsklage* kann die Unwirksamkeit von Vereinsbeschlüssen oder sonsti- 297
gen Vereinsmaßnahmen festgestellt werden. Erforderlich ist stets ein rechtliches Interesse gem. § 256 Abs. 1 ZPO an der alsbaldigen Feststellung. Wirtschaftliche Nachteile, aber auch Beeinträchtigungen des Ansehens und der Ehre, jede unzulässige Diziplinarmaßnahme sowie eine angestrebte Rehabilitierung begründen in der Regel ein rechtliches Interesse an der Feststellung.[621]

Grundsätzlich hat der Kläger die anspruchsbegründenden Tatsachen vor Gericht zu *be-* 298
weisen. Eine Ausnahme hiervon gilt, wenn der Verband gegen den Sportler eine Disziplinarmaßnahme verhängt hat. Dann gelten die Grundsätze des Strafprozessrechts. Der Sportler ist nicht beweispflichtig, vielmehr muss der Verband beweisen, dass die Voraussetzungen der Verhängung der Sanktion vorliegen. Dies gilt auch für die Frage, ob ein Fehlverhalten vorwerfbar ist.[622] Eine Ausnahme mag für einzelne Fälle anzuerkennen sein, in denen es dem Sportler sehr viel leichter als dem Verband fällt, den Sachverhalt aufzuklären, um den Schuldvorwurf zu entkräften.

Mit der Gestaltungsklage wird nicht bloß festgestellt, dass ein Beschluss unwirksam 299
ist, sondern die Rechtslage wird verändert. Verbandsmaßnahmen können aus Achtung vor der Verbandsautonomie nur in Eilfällen oder bei offenkundiger Rechtswidrigkeit gerichtlich aufgehoben werden. Dadurch wird nicht zu stark in die Verbandsautonomie ein-

---

[618] LG München SpuRt 2000, 155; LG Frankfurt NJW 1983, 783. Die Zulässigkeit sog. Leistungsverfügungen ist weitgehend anerkannt, vgl. *Röhricht* RuS 22, 38 m.w.N.; vgl. auch die Anmerkung von *Schimke*, SpuRt 1996, 167 zu einem schweizerischen Eilverfahren.
[619] OLG Frankfurt GRUR 1985, 992; vgl. auch *Zöller/Vollkommer* § 940 Rz. 8 „Sport".
[620] Vgl. OLG Celle WM 1988, 495.
[621] LG München I SpuRt 1995, 165 (Fall Krabbe); *Baumbach/Hartmann* § 256 Rz. 29, 65.
[622] A. A. *van Look*, S. 140, der dem Sportler die Beweislast für fehlendes Verschulden zumindest in den Fällen aufbürdet, in denen dies in der Satzung ausdrücklich vorgesehen ist. Vgl. auch Rz. 229, 262.

gegriffen.[623] Vor allem das Gestaltungsurteil bietet effektiven Rechtsschutz, besonders dann, wenn – wie im Fall *Krabbe* – der Weltsportverband immer wieder betont, er werde das Urteil eines staatlichen Gerichts nicht anerkennen. Das LG Frankfurt hat in einem Fall einen Anspruch des Klägers auf Gestattung einer bestimmten *Trikotwerbung* bejaht und den anderslautenden Schiedsspruch des Verbandes aufgehoben. Die Verpflichtung zur Gestattung der Werbung könne durch die angerufene Kammer ausgesprochen werden, ohne dass hierin eine unzulässige Beschränkung der Verbandsautonomie des Beklagten gesehen werden könne.[624]

300   Die Aufnahme in einen Sportverein, die Erteilung einer Lizenz, die Änderung eines Spielmodus, die Wiederholung eines Spieles, Schadensersatz und Schmerzensgeld sowie ähnliche Leistungsbegehren sind mit der *Leistungsklage* geltend zu machen. Bei der Schadensberechnung kommen dem Sportler die Beweiserleichterungen der §§ 252 BGB, 287 ZPO zugute. Er braucht nur die Umstände darlegen, aus denen sich nach dem *gewöhnlichen Lauf der Dinge* die Wahrscheinlichkeit eines Gewinneintritts ergibt. Dabei darf an die Prognose keine zu hohe Anforderung gestellt werden, weil eine solche im Leistungssport naturgemäß schwieriger ist als in anderen Berufen (genauer Rz. 140).

301   Will ein Spieler zu einem anderen Verein wechseln und verweigert der abgebende Verein die Freigabe, so kann Letzterer (durch einstweilige Verfügung) unter Androhung von Ordnungsmitteln verpflichtet werden, den Spieler freizugeben.[625] Da abgebender und aufnehmender Verein üblicherweise einen Transfervertrag abschließen, kann es effizienter sein, einen Antrag dergestalt zu stellen, dass der abgebende Verein verurteilt wird, eine entsprechende Freigabeerklärung abzugeben. Auf diese Weise ist es möglich, die vom abgebenden Verein erforderlichen Erklärungen mittels einstweiliger Verfügung bis zum Abschluss eines Hauptsacheverfahrens zu ersetzen (§ 894 I 1 ZPO).

302   Ein *Unterlassungsantrag* (§§ 1004 i.V.m. 823 BGB) hat zum Ziel, vor zukünftigen Behinderungen der Sportausübung geschützt zu werden. Insoweit muss eine Wiederholungsgefahr vorliegen. Eine Wiederholungsgefahr wird bereits bei vorangegangener Verletzung (z. B. Sperre) vermutet.[626] Es genügt auch eine *erstmals* drohende Beeinträchtigung.[627]

5. Kapitel. Gerichtliche Überprüfung der Vereinsregelungen und -maßnahmen und ihr Umfang

303   Wir haben in diesem Kapitel gesehen, dass Anerkennung von Vereinsautonomie nicht Gerichtsfreiheit bedeutet, sondern lediglich Gewährung eines gerichtlich kontrollierten Freiraums zur Gestaltung des Rechtsverhältnisses des Vereins bzw. Verbandes zu seinen Mitgliedern. Im Folgenden geht es um Intensität und Maßstäbe gerichtlicher Kontrolle. Dabei ist zuerst zu klären, ob und inwieweit Sportgerichte Tatsachenentscheidungen und Regelverstöße überprüfen.

A. Überprüfbarkeit von Tatsachenentscheidungen und Regelverstößen durch Sportgerichte

304   An jedem Spieltag stehen Schiedsrichter und deren Entscheidungen im Kreuzfeuer der Kritik. Ob Elfmeter, Abseits oder Tor; der sich benachteiligt fühlende Spieler/Verein wird regelmäßig protestieren. Eine Lähmung des Spielbetriebs wäre vorprogrammiert, wollte man auch nur die verbandsinterne Überprüfung jeder Schiedsrichterentscheidung

---

[623] OLG Celle BB 1973, 1190; OLG Frankfurt GRUR 1985, 992; a. A. *Reichert* Rz. 3186, der nur Schiedsgerichten Gestaltungsbefugnis einräumen will. In der Praxis empfiehlt sich sicherheitshalber ein Hilfsantrag auf Feststellung der Unwirksamkeit oder Rechtswidrigkeit. Vgl. auch Rz. 337.
[624] LG Frankfurt ZIP 89, 603.
[625] LG Lübeck NJW-RR 1988, 122.
[626] LG München I, SpuRt 1995, 168 (Fall Krabbe); LAG Köln SpuRt 1999, 77 (Profifußball).
[627] *Palandt/Bassenge* § 1004 Rz. 33.

zulassen. Da fehlerhafte Schiedsrichterentscheidungen aber erhebliche wirtschaftliche Folgen haben können, z. B. verpasst der Verein wegen eines nicht anerkannten Tores die Qualifikation für einen europäischen Wettbewerb, ihm entgehen dadurch TV-Gelder und Sponsorverträge in Millionenhöhe, darf nicht schlichtweg jede Entscheidung unanfechtbar sein. Der Fernsehbeweis ist in eng begrenztem Umfang heranzuziehen, um sachgerechte Lösungen zu erhalten. Die Regelwerke der großen Mannschaftssportarten unterscheiden zwischen sog. *Tatsachenentscheidungen* und *Regelverstößen*.[628] Im Fußball überprüft die DFB-Sportgerichtsbarkeit *Regelverstöße*, soweit sie mit hoher Wahrscheinlichkeit *spielentscheidende* Bedeutung haben. Einspruch gegen die Spielwertung kann u. a. erhoben werden, wenn der Regelverstoß des Schiedsrichters „die Spielwertung als verloren oder unentschieden mit hoher Wahrscheinlichkeit beeinflusst hat" (§ 17 Nr. 2 lit. c Rechts- und Verfahrensordnung des DFB; siehe auch § 13 Nr. 1 lit. d RVO[629]).[630] Enger gefasst ist die Regelung im Eishockey: Hier kann die Aufhebung der Spielwertung nur damit begründet werden, dass ein Regelverstoß „zu einer spielentscheidenden Benachteiligung geführt hat". Die *wahrscheinlich* spielentscheidende Beeinflussung genügt danach gerade nicht, sondern durch den Regelverstoß muss das Spielergebnis wirklich beeinflusst worden sein, oder umgekehrt, ohne die Regelverletzung müsste das Spielergebnis anders lauten.[631] Gleiches gilt im Handball: Einspruch gegen die Spielwertung kann eingelegt werden wegen eines „spielentscheidenden Regelverstoßes des Schiedsrichters, Zeitnehmers oder Sekretärs".[632] Ein Regelverstoß im Fußball läge beispielsweise vor, wenn der Schiedsrichter ein Foul vor der Strafraumgrenze wahrnimmt, gleichwohl aber Elfmeter pfeift (falsche Regelanwendung ohne Täuschung über den Sachverhalt).

Weit häufiger ist der Fall, dass der Schiedsrichter das Foul im Strafraum wahrnimmt, Elfmeter pfeift und sich erst später anhand von Fernsehbildern belehren lässt, dass seine Entscheidung falsch war, weil das Foul außerhalb des Strafraums begangen wurde. Im Gegensatz zum Regelverstoß sind dies *Tatsachenentscheidungen* (Täuschung über den Sachverhalt mit konsequenter Regelanwendung), für die Folgendes gilt:

Tatsachenentscheidungen sind in den meisten Sportarten *unanfechtbar*. Das irregulär oder tatsächlich nicht erzielte, aber gegebene Tor, die falsche Abseitsentscheidung, der zu Unrecht gegebene Elfmeter, sind regelmäßig Entscheidungen, die im Sportrechtsweg nicht nachgeprüft werden. Das OLG Saarbrücken hat die Klage eines Ringervereins abgewiesen, der der Auffassung war, ein Mannschaftskampf sei fehlerhaft bewertet worden. Das Gericht stellte fest, dass die Frage, ob eine mit Punkten bewertete Kampfhandlung vor oder nach dem Schlussgong vorgenommen worden sei, zu den endgültigen Tatsachenentscheidungen zähle.[633]

305

In der Rechtsordnung des DEB heißt es in Art. 4 Nr. 3: „Tatsachentscheidungen eines Schiedsrichters unterliegen nicht der Überprüfung durch die Gerichte. Als Tatsachtscheidungen gelten alle Entscheidungen eines Schiedsrichters, die dieser im Rahmen der Regeln und des im hiernach zustehenden Ermessens aufgrund seiner Beobachtungen trifft."[634]

---

[628] Zur Unterscheidung zwischen Regelverstoß und Tatsachenentscheidung *Eilers*, SpuRt 1994, 79, *Wolf* WFV Nr. 19, 75; kritisch dazu *Götze/Lauterbach*, SpuRt 2003, 95, 96.
[629] Im Internet abrufbar unter http://www.dfb.de/dfb-info/interna/index.html.
[630] Ausführlich *Hilpert*, SpuRt 1999, 49ff. und *Hennes* WFV Nr. 25, 42ff., mit Hinweisen auf die Rechtsprechung des DFB-Bundesgerichts.
[631] Art. 4 Nr. 1 DEB-Rechtsordnung; abrufbar unter http://www.deb-online.de/neu/impressum/satzung/5RO2004.pdf; siehe auch Urteil des Schiedsgerichts des DEB, SpuRt 2002, 37.
[632] §§ 19, 28 Abs. 2 DHB-Rechtsordnung; abrufbar unter http://www.deutscherhandballbund.de/content/pdf/C-DHB-RECHTSO 20012005.pdf.
[633] OLG Saarbrücken in: *Haas/Haug/Reschke* Rz. 16 32 3; dort auch weitere Entscheidungen zum Fußball, Rz. 15 16 17, 16 16 2, 16 16 25; Basketball Rz. 16 04 1; Hockey 16 20 1.
[634] Allg. anerkannte Definition, vgl. *Reichert*, Rz. 2886, *Götze/Lauterbach*, SpuRt 2003, 95, 96.

Ausnahmsweise können sich Tatsachenentscheidungen des Schiedsrichters auch auf Wahrnehmungen anderer Spieloffizieller beziehen, die ihm glaubhaft mitgeteilt worden sind und zweifelsfrei dieselbe Spielsituation betreffen.[635]

Im Fußball beruht die Unanfechtbarkeit der Tatsachenentscheidung auf der den Schiedsrichter betreffenden Regel 5 der weltweit gültigen Spielregeln der FIFA.[636] Sie lautet:

„Seine *(scil. des Schiedsrichters)* Entscheidungen über Tatsachen, die mit dem Spiel zusammenhängen, sind endgültig. Er darf eine Entscheidung nur ändern, wenn er festgestellt hat, dass sie falsch war, oder falls er es für nötig hält, auch auf einen Hinweis eines Schiedsrichter-Assistenten. Voraussetzung hierfür ist, dass er das Spiel weder fortgesetzt noch abgepfiffen hat."[637]

Die seit dem 1. Juli 1998 gültige Entscheidung 3 des International Football Association Board (IFAB)[638] ergänzt diese Regel: „Zu den Tatsachen, die mit dem Spiel zusammenhängen, gehören auch das Ergebnis eines Spiels sowie die Entscheidung, ob ein Tor erzielt wurde oder nicht." Die Entscheidungen des International F. A. Board haben Normcharakter.[639]

Die Endgültigkeit der Tatsachenentscheidung des Schiedsrichters bezieht sich auch auf eine eventuell neben der Spielentscheidung gleichzeitig getroffene Disziplinarentscheidung (persönliche Spielerstrafe, wie z. B. Feldverweis[640]). Der etwaige objektiv zu Unrecht erfolgte Ausschluss des Spielers bis zum Spielende hat auf die Wertung des Spiels keine Auswirkungen.[641] Jedoch kann die Endgültigkeit der Tatsachenentscheidung insoweit durchbrochen werden als der Spieler in einem anschließenden Verfahren vor dem Sportgericht freigesprochen werden kann. So kann nach Art. 83 b) FIFA-Disziplinarreglement die Disziplinarkommission der FIFA „offensichtlich falsche" Disziplinarentscheidungen des Schiedsrichters korrigieren. Eine offensichtlich falsche Schiedsrichterentscheidung liegt nach FIFA-Zirkular Nr. 948 vor, wenn erwiesen ist, dass der Schiedsrichter als Folge eines Irrtums einen falschen Spieler mit einem Feldverweis bestraft oder eine offensichtlich gravierende Fehlentscheidung *(wrongful dismissal)* getroffen hat. Nach DFB-RVO ist gegen einen Feldverweis nach einer gelb-roten Karte ein Einspruch beim DFB-Sportgericht dann zulässig, wenn ein offensichtlicher Irrtum des Schiedsrichters nachgewiesen wird...[642] Umgekehrt gilt nach § 8 Nr. 8 DFB-RVO, dass ein Spieler auch nachträglich bestraft werden kann, wenn der Schiedsrichter einen Fall krass sportwidrigen Verhaltens eines Spielers nicht wahrgenommen und damit keine positive oder negative Tatsachenentscheidung darüber getroffen hat. Die FIFA-Disziplinarkommission kann nach Art. 83 a) FIFA-Disziplinarreglement ebenfalls schwere Vergehen ahnden, die von den Spieloffiziellen nicht bemerkt wurden.[643] Auch insofern wird also das Prinzip der Unanfechtbarkeit der Tatsachenentscheidung relativiert.

---

[635] *Reichert*, Rz. 2887; vgl. auch Schiedsgericht BBL, SpuRt 2005, 122, 124.

[636] Im Internet abrufbar unter http://www.fifa.com/de/index.html, dort Regelwerk & Listen, Stand Juli 2005; Anerkennung der FIFA-Spielregeln durch § 3 Nr. 1 DFB-Satzung und § 3 Nr. 3 Satzung Ligaverband.

[637] Siehe auch Art. 44 Abs. 3 Rechtspflegeordnung der UEFA (RPO).

[638] Dem International Football Association Board gehören je ein Vertreter der vier britischen Verbände England, Schottland, Wales und Irland sowie vier Vertreter der FIFA an. Änderungen der Fußballregeln müssen mit einer $^3/_4$-Mehrheit (d.h. 6 von 8 Stimmen) beschlossen werden.

[639] *Hilpert* SpuRt 1999, S. 49, 50.

[640] Vgl. Art. 78 FIFA-Disziplinarreglement, das für alle von der FIFA organisierten Spiele und Wettbewerbe gilt.

[641] *Weber* WFV Nr. 19, 18.

[642] § 11 Nr. 3 DFB-RVO; nach einer roten Karte kann das Verfahren bei einem solchen Irrtum eingestellt werden (§§ 13 Nr. 2, 15 Nr. 2 RVO). Ein Einspruch gegen eine gelbe Karte ist zulässig, wenn sich der Schiedsrichter in der Person des Spielers geirrt hat (§ 12 DFB-RVO); vgl. Art. 44 Abs. 4 RPO.

[643] So auch die Kontroll- und Disziplinarkammer der UEFA nach Art. 10 Abs. 3 RPO.

306 Aus Skepsis vor der Einführung des Fernsehens als „Oberschiedsrichter" will die FIFA die Regel 5 außerhalb der genannten Fälle ohne jegliche Ausnahme angewandt wissen.[644] Dennoch hat das DFB-Bundesgericht im Jahre 1979 im sog. Fall *„Neunkirchen"* eine Ausnahme gemacht. Zur Begründung führte es aus, dass der absolute Zwang, bei Offenkundigkeit eines Irrtums eine Tatsachenentscheidung dennoch hinnehmen zu müssen, die Regel V zur Farce degradieren würde.[645] Weiter heißt es in einem Urteil des DFB-Sportgerichts vom 25. 10. 1982: „Eine solche, von jedermann zu beachtende Tatsachenentscheidung würde nur dann nicht vorliegen, wenn entweder (der) Schiedsrichter bewusst einen falschen Sachverhalt seiner Entscheidung zugrunde gelegt hätte oder wenn die Entscheidung so offenkundig falsch gewesen wäre, dass an dem Institut der Tatsachenentscheidung ausnahmsweise nicht mehr festgehalten werden könnte."[646] Das OLG Saarbrücken[647] hat darauf hingewiesen, dass der Grundsatz der Unanfechtbarkeit dann durchbrochen werde, wenn die *Fehlerhaftigkeit* der Tatsachenfeststellung *offenkundig* sei, d.h. wenn sie für jeden Beteiligten und Zuschauer unmittelbar, irrtumsfrei und ohne weiteres wahrnehmbar und beweisbar gewesen sei.

307 Der DFB hat seine mutige und richtige Begründung im Fall *„Neunkirchen"* im Fall *„Helmer"* leider nicht wiederholt, aber dennoch im Ergebnis richtig entschieden. Der Schiedsrichter hatte irrtümlich auf ein Tor erkannt, obwohl der Ball ins Aus gerollt war. Das DFB-Sportgericht hat die Neuansetzung des Spiels mit einem *Regelverstoß* begründet. Hierzu spaltete es den Sachverhalt in zwei Vorgänge auf: Der Schiedsrichter habe versäumt, trotz eigener Zweifel mündliche Rücksprache mit dem Linienrichter im Anschluss an den vermeintlichen Torerfolg zu nehmen. Dadurch seien Schieds- und Linienrichter von zwei verschiedenen Spielvorgängen ausgegangen. Die Feststellung, dass der Ball im Tor war, bedeute keine Tatsachenfeststellung des Schiedsrichters, sondern eine solche des Linienrichters.[648] Der DFB fand also einen – wenn auch wenig überzeugenden – dogmatischen Ausweg über einen konstruierten Regelverstoß.[649]

Bei lebensnaher Betrachtung dürfte vielmehr nahe liegen, dass der Schiedsrichter den Sachverhalt zur Kenntnis genommen und ihn anschließend mit Tor gewürdigt hat.[650] Lebensfremd ist es zu sagen, der Schiedsrichter habe überhaupt keine Feststellungen und damit auch keine Entscheidung im obigen Sinne getroffen.[651] Der DFB hat es versäumt, Kriterien aufzustellen, unter denen das Dogma der Unanfechtbarkeit von Tatsachenentscheidungen in Zukunft durchbrochen werden könnte.

In zwei anderen Fällen aus den Jahren 1995 und 1997[652] entschied das DFB-Sportgericht auf Neuansetzung der Begegnungen nach dem damaligen § 25 Nr. 2 lit. c DFB-Spielordnung (jetzt § 17 Nr. 2 lit. c RVO) wegen eines festgestellten Regelverstoßes des Schiedsrichters. Die Besonderheit lag hier jeweils darin, dass das DFB-Sportgericht den Angaben des Schiedsrichters über seine Tatsachenfeststellung nicht folgte, sondern unter Zugrundelegung des nach Überzeugung des Gerichts wahren Sachverhaltes in der Entscheidung des Schiedsrichters einen Regelverstoß erkannte. In beiden Fällen intervenierte die FIFA und wies den DFB jeweils an, die ursprüngliche Spielwertung aufrechtzuhalten. Begründet wurde dies im Ergebnis damit, dass es sich um Tatsachenentscheidungen des Schieds-

---

[644] Kritisch *Hennes* WFV Nr. 25, 45, der zutreffend auch darauf hinweist, dass die Qualität der Fernsehbilder sich nicht auf die Zulässigkeit, sondern allenfalls auf die Beweiswürdigung auswirkt; vgl. *Eilers* SpuRt 1994, 79; *Wolf* WFV Nr. 19, 77.

[645] Vgl. *Wolf* WFV Nr. 19, 77; *Lenz/Imping* SpuRt 1994, 227.

[646] Zitiert nach *Wolf* WFV Nr. 19, 77.

[647] OLG Saarbrücken, Urteil vom 30. 11. 1982, in *Haas/Haug/Reschke* Rz. 16 32 3; siehe auch *Reichert*, Rz. 2886, 2893.

[648] DFB-Sportgericht, SpuRt 1994, 110.

[649] *Waske* SpuRt 1994, 190.

[650] *Lenz/Imping* SpuRt 1994, 226; *Waske* SpuRt 1994, 189.

[651] So lautet aber der Leitsatz des DFB-Sportgerichts, vgl. SpuRt 1994, 110.

[652] Ausführlich hierzu *Hilpert* SpuRt 1999, 49, 53 ff.

richters und nicht um Regelverstöße handele. Hintergrund war offenbar, dass die Überprüfung der Tatsachenwahrnehmung des Schiedsrichters durch die Sportgerichte von vornherein ausgeschlossen werden sollte.[653] In Konsequenz dieser Entscheidungen der FIFA wurden die DFB-Statuten dahingehend ergänzt, dass eine rechtskräftige Entscheidung der DFB-Rechtsorgane, welche eine Spielwiederholung wegen eines spielentscheidenden Regelverstoßes des Schiedsrichters anordnet, zur abschließenden Beurteilung der FIFA vorgelegt wird (§ 18 Nr. 6 RVO). Fraglich bleibt, ob die oben genannte Entscheidung 3 des IFAB nunmehr dazu führt, dass das Spielergebnis auch bei einem spielentscheidenden Regelverstoß unanfechtbar ist. Denn wenn das Spielergebnis zu den endgültigen Tatsachenentscheidungen gehören soll, werden vorausgegangene Regelverstöße dadurch überholt und ebenfalls unangreifbar.[654] § 17 Nr. 2 lit. c) DFB-SpO wäre dann obsolet.

Zu konstruieren wäre der Fall, dass ein Schiedsrichter in fahrlässiger Verkennung der Spielregel 7 bei Stand von 0:0 einen Strafstoß in der 90. Minute wegen Ablauf der Spielzeit nicht mehr ausführen lässt. Seit Inkrafttreten der Entscheidung 3 des IFAB hat es im Bereich des DFB allerdings keinen Einspruch mehr gegeben, bei dem tatsächlich ein Regelverstoß des Schiedsrichters festgestellt wurde und der Anlass zur Überprüfung der FIFA-Regel gegeben hätte.[655]

Eine Tatsachenentscheidung ist allerdings aus Sicht der FIFA auch dann überprüfbar, wenn sie eine willentlich herbeigeführte Fehlentscheidung des Schiedsrichters darstellt.[656] Ein mit krimineller Energie manipulierter Spielausgang könne danach z. B. durch Spielwiederholung wieder „in das richtige Licht" gerückt werden. Nach der Rechtsprechung der DFB-Sportgerichtsbarkeit im sog. Wettskandal um Schiedsrichter Hoyzer u. a. in der Spielzeit 2004/2005 ist ein Einspruch gegen die Spielwertung dann begründet, wenn sowohl die Verabredung zur Spielmanipulation als auch eine tatsächlich erfolgte sportwidrige Manipulation des Spielablaufs nachgewiesen wird. Diese Feststellungen wurden in § 17 Nr. 2 e) und § 17a RVO auch statuarisch verankert. Bei einem infolge nachgewiesener, ergebnisbeeinflussender Manipulation begründeten Einspruch kann auf Spielwiederholung oder Spielwertung für den Einspruchsführer erkannt werden.

308   Trotz des bisherigen unbeirrbaren Festhaltens der FIFA am Grundsatz der Endgültigkeit der Tatsachenentscheidung – Disziplinarverfahren und bewusste Spielmanipulationen ausgenommen – muss aufgrund der möglichen enormen wirtschaftlichen Folgen einer Tatsachenentscheidung zunächst geklärt werden, *wie* – nicht mehr *ob* – technische Hilfsmittel in geeigneter Weise genutzt werden können, um den Schiedsrichter in der Entscheidungsfindung zu unterstützen und um Entscheidungen mit potentiell spielentscheidendem Charakter während des Spiels, ggf. auf Hinweis des Schiedsrichter-Assistenten und im eigenen Ermessen des Schiedsrichters, zu überprüfen und zu ändern. Dabei bleibt oberste Prämisse, dass der Spielfluss durch Spielunterbrechungen nicht unangemessen gestört werden darf. Die Korrektur durch einen Hauptschiedsrichter, der anhand von Fernsehaufnahmen entscheidet und den Schiedsrichter dann ggf. per Funk informiert (der sog. „Videobeweis"), scheidet wohl gegenwärtig aus.[657] Die Techniken müssen im Übrigen zuverlässig bzw. fehlerfrei und deren Kosten für Vereine und Verbände zumutbar sein. Ein erster Schritt in die richtige Richtung ist damit getan, dass die FIFA ein technisches System testet, das den Nachweise erbringen soll, ob der Ball die Torlinie vollständig überschritten hat (den sog. „Chip im Ball").[658]

---

[653] Vgl. *Hilpert* SpuRt 1999, 49, 54.
[654] *Hilpert* SpuRt 1999, 49, 55.
[655] So auch nicht zuletzt im Urteil des DFB-Bundesgerichts vom 4. April 2005 im Einspruchsverfahren gegen die Wertung des Spiels Hansa Rostock gegen FC Schalke 04 (Endstand 2:2). Hansa Rostock hatte den Einspruch auf einen angeblichen Regelverstoß gestützt.
[656] Schreiben der FIFA an den DFB vom 4. März 2005.
[657] So auch *Götze/Lauterbach*, SpuRt 2003, 145, 148.
[658] Interessanterweise haben sich nur 19 Torhüter der 36 Clubs der Fußball-Bundesligen in einer

Eine allgemeine Rechtspflicht der Verbände gegenüber ihren Mitgliedern, den Videobeweis oder andere technische Neuerungen einzuführen, besteht hingegen nicht.[659] Fernsehaufzeichnungen eines Spiels können zudem bisher nach FIFA-Zirkular Nr. 948 lediglich in Disziplinarverfahren als echtes Beweismittel zur Ermittlung des Sachverhaltes in den Fällen herangezogen werden, „in denen der Schiedsrichter eine offensichtliche Fehlentscheidung getroffen hat und darüber hinaus, wenn der Schiedsrichter schwere Verstöße gegen das Disziplinarreglement nicht gesehen oder gehört hat".[660] Im Nichtdisziplinarverfahren ist die Verwendung von Fernsehaufzeichnungen als Beweismittel gegenwärtig dann zulässig, wenn der Verdacht einer Spielmanipulation besteht.[661]

In anderen Sportarten ist die Skepsis vor der Inanspruchnahme technischer Hilfsmittel schon überwunden. Mit Beginn der Saison 93/94 wurden bereits Torkameras in den Eisstadien installiert, um dem Schiedsrichter die Möglichkeit zur Überprüfung seiner Entscheidung zu geben. Nach Nr. 330 IIHF-Regel kann eine Torszene von einem Video-Torrichter überprüft werden, allerdings nur auf Verlangen des Schiedsrichters oder des Video-Torrichters. **309**

Abschließend ist festzuhalten, dass der Sport mit den meisten Fehlentscheidungen seiner Schiedsrichter leben muss, denn Irren ist menschlich. Nach weit verbreiteter Ansicht macht dies auch und gerade den Reiz des sportlichen Ereignisses aus. Ziel kann nicht sein, die Kompetenzen des Schiedsrichters durch technische Hilfsmittel zu untergraben und die Spiele zeitverzögert aufgrund nachträglicher Auswertungen am grünen Tisch, anstatt auf dem grünen Rasen zu entscheiden.[662] Denn die Attraktivität des Spielbetriebs liegt auch darin begründet, dass die Wertung des Spiels mit Abpfiff feststeht und somit der aktuelle Stand und die Überschaubarkeit des Ligenwettbewerbs jederzeit gewährleistet ist. Dennoch müssen auch wahrscheinlich spielentscheidende, schwerwiegende Schiedsrichterentscheidungen bei *offenkundiger Fehlerhaftigkeit*, die auch mittels Fernsehbeweis festgestellt werden kann, *korrigierbar* sein. Dies sollte allerdings grundsätzlich nur während des Spiels erfolgen. **310**

Die Überprüfbarkeit von Tatsachenentscheidungen nach dem Spiel durch Dritte kann in Ausnahmefällen zulässig sein, wenn eine besonders schwerwiegende Fehlentscheidung vorliegt, diese spielentscheidende Auswirkungen hat – dies muss feststehen, die hohe Wahrscheinlichkeit reicht nicht – und sie auf Grundlage der unmittelbaren audiovisuellen Wahrnehmung des direkten Spielvorgangs wie sie auch der Schiedsrichter erlebt offenkundig und zweifelsfrei für alle Betrachter ist.[663]

Dass die Unanfechtbarkeit von Tatsachenentscheidungen keine Geltung beanspruchen kann, wenn sie nachweislich auf eine Befangenheit oder gar Bestechung des Schiedsrichters zurückgeht, hat die FIFA erkannt.[664] Die FIFA und andere Verbände bleiben aber aufgefordert, ihr Regelwerk im oben dargelegten Sinn weiter zu reformieren.

Eine andere Frage ist es, ob staatliche Gerichte die Tatsachen überprüfen können, die ein Sportgericht seiner Urteilsfindung zugrunde gelegt hat. Diese Frage ist zu bejahen und wird in Rz. 328 näher beleuchtet. Insoweit ist der Sachverhalt also nicht bestandsfest. Vorab ist jedoch zu klären, ob als Kontrollmaßstab die gesetzlichen Regeln über AGB **311**

Umfrage des Bundesliga-Magazins im Juli 2005 für die Einführung des „Chip im Ball" ausgesprochen, 9 waren dagegen, 8 hatten keine eindeutige Meinung.

[659] Überzeugend *Götze/Lauterbach*, SpuRt 2003, 145, 147.

[660] § 16 Nr. 6 DFB-RVO spricht nur von „sonstigen Beweismitteln", unter die aber die Fernsehaufnahmen als Augenscheinsbeweis nach § 371 ZPO fallen.

[661] Zu den Kriterien einer eingeschränkten Korrektur von Tatsachenentscheidungen vgl. *Lenz/Imping* SpuRt 1994, 227; *Wolf* WFV Nr. 19, 79.

[662] *Hennes* WFV Nr. 25, 41.

[663] Vgl. schon OLG Saarbrücken, Rz. 306, sowie Schiedsgericht BBL, SpuRt 2005, 122, 123. Im Fußball würde eine solche Überprüfung gegenwärtig freilich der schon erwähnten Regel 5 der Spielregeln widersprechen und Sanktionen der FIFA nach sich ziehen.

[664] Siehe insofern auch die Aufforderung in der Vorauflage Rn. 343.

Anwendung finden, wonach das Regelwerk eines Verbandes sich nicht zu sehr von gesetzlichen Standard-Vorgaben entfernen darf, oder ob (lediglich) der Grundsatz von Treu und Glauben nach § 242 BGB zu beachten ist.

B. Überprüfbarkeit von Vereinsregelungen und -maßnahmen durch staatliche Gerichte

I. Anwendbarkeit der AGB-Bestimmungen nach §§ 305 ff. BGB auf Vereinssatzungen und Nebenordnungen

312   Nach § 310 Abs. 4 BGB sind einzelne Gebiete aus dem sachlichen Anwendungsbereich der AGB-Bestimmungen herausgenommen (Bereichsausnahme). Die Bereichsausnahme erfasst ausdrücklich das Gesellschaftsrecht. Nicht ausdrücklich genannt ist das Vereinsrecht. Nach h. M. umfasst das Gesellschaftsrecht auch das Vereinsrecht.[665] Teilweise wird die Ansicht vertreten, die AGB-Bestimmungen seien gar nicht oder nur in wenigen Fällen auf Vereinssatzungen und Nebenordnungen anwendbar.[666] Eine Inhaltskontrolle der Verbandsnormen beurteile sich allein nach § 242 BGB und nicht nach den AGB-Bestimmungen.

313   In diese Richtung hat auch der BGH in dem bekannten *Reiter-Fall* geurteilt. Dabei ging es um die Frage, ob mittelbare (und damit Nicht-)Mitglieder der Disziplinargewalt eines Sportverbandes unterstellt sind.[667] In einem der Leitsätze heißt es: „Sportliche Regelwerke sind auch im Verhältnis zu Nichtmitgliedern des regelaufstellenden Verbandes keine AGB im Sinne des AGB-Gesetzes. Sie unterliegen der Inhaltskontrolle nach § 242 BGB." Im Wesentlichen begründet der BGH seine Auffassung damit, dass Sporttreibende und die Sportart betreuende Verbände nicht grundlegend entgegengesetzte Interessen verfolgten. Sie seien vielmehr durch das in die gleiche Richtung weisende Anliegen der Aufrechterhaltung eines geregelten und geordneten Sportbetriebs miteinander verbunden. Damit handele es sich nicht um vom AGB-Gesetz erfasste Leistungsaustauschbeziehungen mit prinzipiell gegensätzlichen Interessen.[668]

314   Daraus lässt sich aber nicht folgern, dass im Bereich des Sports generell keine Austauschbeziehungen, die dann der Inhaltskontrolle nach den AGB-Bestimmungen unterfielen, vorliegen können. Im Zuge fortschreitender Vermarktung sind Vorgaben von Sportverbänden bekannt geworden, Athleten an einem Wettbewerb nur dann teilnehmen zu lassen, wenn sie die Ausrüstung eines bestimmten Herstellers tragen. Ein die Anwendung des AGB-Gesetzes ausschließender „Interessengleichklang", wie ihn der BGH a.a.O. generell unterstellt, läge in einem solchen Fall wohl nicht vor, vor allem dann nicht, wenn sich für den Athleten die Chance böte, einen eigenen Ausrüstervertrag abzuschließen. Der Athlet wird die vorgeschriebene Kleidung nur anziehen, weil er anderenfalls von der Teilnahme am Wettbewerb ausgeschlossen würde. In einem solchen Fall verfolgt ein Sportverband keine ideellen, der Aufrechterhaltung des Sportbetriebs dienenden, sondern allein *wirtschaftliche Interessen*. Die Spitzenverbände des Sports stellen sich als

---

[665] Vgl. *Wolf/Horn/Lindacher* § 23 Rz. 77 m.w.N.
[666] *Vieweg* Normsetzung, S. 231, 264, 327 m.w.N.; *derselbe* FS Lukes, S. 813; *Palandt/Heinrichs* § 310 Rz. 50, § 25 Rz. 9; *Schwarz* in Bamberger/Roth § 25 Rz. 28 und *Wolf/Horn/Lindacher* § 23 Rz. 78, die Satzungsbestimmungen eines Verbandes, die Rechtsbeziehungen zu Dritten regeln, der Kontrolle nach AGBG unterstellen wollen; BGHZ 136, 394, 396 f. = NJW 1998, 454, wonach eine Inhaltskontrolle von Satzungsbedingungen des Versicherungsvereins auf Gegenseitigkeit nach AGB-Bestimmungen erfolgt; a. A. *MüKo-Kötz* § 23 AGBG Rz. 6 und *MüKo-Reuter*, vor § 21 Rz. 125; *Grunewald* ZHR 152 (1988), 260; ausführlich *Kohler* 200 f. m.w.N.
[667] BGHZ 128, 93 = BGH NJW 1995, 583 ff.; zu einem früheren Fall bez. einer Genossenschaft, der Leistungs- und Benutzungspflichten zum Gegenstand hatte, vgl. BGHZ 103, 219 = WM 1988, 707.
[668] BGH NJW 1995, 583, 585 = SpuRt 1995, 43; *Röhricht* RuS 22, 34 f.

Wirtschaftsunternehmen in Monopolstellung dar. Aufgrund des Ein-Platz-Prinzips gibt es für den Sportler keine Möglichkeit, anderen gleichwertigen Sportvereinen beizutreten. Wollen die Sportler eine realistische Vermarktungschance haben, sind sie auf die mittelbare Mitgliedschaft im Verband angewiesen, ohne die eine Teilnahme an organisierten nationalen und internationalen Wettkämpfen praktisch ausgeschlossen ist. Die Teilnahme beruht nicht unmittelbar auf der Mitgliedschaft, sondern auf Qualifikation und Nominierung. Der Verband bestimmt durch das Teilnehmerfeld die Vermarktungsmöglichkeiten einer Veranstaltung. Der Sportler versucht, über die Teilnahme Start- und Preisgelder zu erzielen und seinen Marktwert („goodwill") zu steigern. Kommerzielle Ziele überlagern den satzungsmäßigen Zweck, der meist aus steuerlicher Vernebelungstaktik nur die „Förderung des Sports" erwähnt.

Das Verhältnis zwischen Verband und mittelbarem Mitglied ist somit dem *Austausch* **315** *von Dienstleistungen* vergleichbar, gerichtet auf Erzielung wirtschaftlicher Vorteile.[669] Mangels demokratischer Binnenstruktur, aufgrund langer „Wahlketten", der Größe der Massenorganisation „Verband" und der oft anzutreffenden Übermacht des Vorstands sind die mitgliedschaftlichen Mitwirkungsrechte äußerst beschränkt. Den Mitgliedern ist es oftmals nicht möglich auszutreten, ohne schwerwiegende Nachteile wirtschaftlicher oder sozialer Art zu erleiden. Soweit die Mitgliedschaft damit nicht mehr freiwillig ist und der Verband nicht einmal Anstrengungen unternehmen muss, Mitglieder zu werben bzw. an sich zu binden, besteht eine *strukturelle Ungleichgewichtslage*, wie sie typischerweise bei nicht ausgehandelten Vertragsbedingungen anzutreffen ist.[670]

Daraus folgt, dass nicht alle Statuten oder Verträge, die mit dem Vereinsrecht in Berüh- **316** rung stehen, der Bereichsausnahme unterfallen, jedenfalls diejenigen nicht, bei denen ein *Austauschverhältnis* und nicht ein Mitgliedschaftsverhältnis die Rechtsbeziehung prägt. Die Ausnahmevorschrift des § 310 Abs. 4 BGB ist nämlich grundsätzlich eng auszulegen, umfasst doch schon die Gesetzesterminologie den Verein nur sehr undeutlich. Auch die Literatur vertritt die Auffassung, dass Vereinssatzungen dann nicht der Bereichsausnahme unterfallen, wenn sie normative Wirkung für Verträge entfalten, die der Verein mit Dritten abschließt, indem der Vertrag auf die Vereinssatzung Bezug nimmt.[671] So beispielsweise bei Benutzung von Vereins- und Verbandseinrichtungen durch Nichtmitglieder.

Der BGH relativiert die Unanwendbarkeit des AGB-Gesetzes jedoch insoweit, als sich **317** zwar die Inhaltskontrolle unmittelbar nach § 242 BGB beurteile, Wertungsmaßstäbe des AGB-Gesetzes aber *entsprechend* heranzuziehen seien, soweit sie auf das Rechtsverhältnis passten. Auch bei der rechtsgeschäftlich zu beurteilenden Unterwerfung müsse der Sportler eine zumutbare Möglichkeit der Kenntnisnahme vom Inhalt des Regelwerks haben. Der BGH führt weiter aus: „Eine Beeinträchtigung des Rechtsschutzes dieses Personenkreises ist damit nicht verbunden, da an die Angemessenheit sportlicher Verbandsnormen. kein weniger strenger Maßstab anzulegen ist als bei Anwendung des AGB-Gesetzes."[672] Daraus folgt, dass unterschiedliche Ergebnisse – AGB-Bestimmungen oder § 242 BGB – nicht zu befürchten sind.[673] Der BGH hatte im *Reiter-Fall* allerdings keinen Anlass, näher auf § 2 AGBG (jetzt § 305 BGB) einzugehen, weil die Einbeziehung des Regelwerks in die Teilnahmevereinbarung der Reiter einer Kontrolle gemäß § 305 BGB standgehalten hätte.

Folgt man der hier vertretenen Auffassung, die die Anwendung der AGB-Bestimmun- **318** gen befürwortet, gilt Folgendes: Die Anwendung der §§ 305 ff. BGB erfordert die *Einbeziehung* der Satzungsbestimmungen in hinreichend transparenter Form (§ 305 BGB). Da-

---

[669] So auch *Kohler* 200 f.; auch *Vieweg/Hannamann*, Akademieschrift 49, 50 f., sehen bei der Vermarktung ein Austauschverhältnis und Interessendivergenzen.
[670] Vgl. BGHZ 105, 319; vgl. auch den Begriff „strukturelle ungleiche Verhandlungsstärke" des BVerfG NJW 1994, 36.
[671] *Wolf/Horn/Lindacher* § 23 Rz. 78.
[672] BGH NJW 1995, 585.
[673] So schon *Vieweg* NJW 1991, 1516.

zu ist in der Regel erforderlich, dass der beitrittswillige Sportler die Satzung ausgehändigt bekommt oder die Aushändigung zumindest angeboten wird.[674] Jedes Mitglied hat einen rechtlichen Anspruch auf Abschrift der Satzung in deutscher Sprache. Die §§ 305 ff. BGB sind zudem auch auf *Nebenordnungen* (z. B. Wettkampfordnung des DLV) anwendbar. Auch die Nebenordnungen müssen gemäß § 305 BGB wie die Satzung ausgehändigt werden. Gerade in Vereinsordnungen sind oft noch häufiger als in der Satzung Regelungen anzutreffen, welche die Leistungsbeziehung zwischen Verein und Mitglied ausgestalten. Damit gewinnt die Inhaltskontrolle nach den §§ 305 ff. BGB gerade in diesem Bereich an Praxisrelevanz. Findet im konkreten Fall die AGB-Bestimmung keine Anwendung, so verbleibt eine Kontrolle des Satzungsinhalts am Maßstab des § 242 BGB.[675] Wie weit diese Inhaltskontrolle greift, ist Gegenstand des nachfolgenden Abschnitts.

II. Kontrollmaßstab § 242 BGB

319   Wer sich gegen ein Sportgerichtsurteil vor einem staatlichen Gericht zur Wehr setzen will, fühlt sich ungerecht behandelt. Er hält die bisher ergangenen Entscheidungen für unrichtig. Die Unrichtigkeit kann auf verschiedenen Ebenen liegen. Zunächst ist es möglich, dass der Sportler sich überhaupt nicht der Strafgewalt des Vereins oder Verbandes unterworfen fühlt. Des Weiteren ist es möglich, dass die Vereinsnorm, auf die sich die Entscheidung stützt, unwirksam ist, weil sie einer Inhaltskontrolle nicht standhält. Eine weitere Fehlerquelle liegt darin, dass das Sportgericht von einem unrichtigen Sachverhalt ausgegangen ist. Ferner kann die Subsumtion des Sachverhalts unter die einschlägige Vereinsnorm fehlerhaft sein. Schließlich kann der Strafausspruch der Höhe nach überzogen sein.[676]

320   Die folgenden Ausführungen gelten sowohl für *disziplinarische* als auch *nicht disziplinarische* Maßnahmen eines Vereins oder Verbandes, insbesondere also auch, wenn es nicht um einen Vereinsausschluss geht. Eine Abgrenzung wäre in den seltensten Fällen sauber durchführbar und auch nicht sachgerecht.[677] Man mag beispielsweise die Anforderungen an den Inhalt eines Spielerpasses als nicht disziplinäre Ordnungsmaßnahme betrachten, doch ist die Reaktion auf einen Verstoß gegen diese Ordnung eine Strafe oder einer Strafe doch so nahe, dass für ihre Behandlung durch das Regelwerk des Vereins keine andere Wertung gelten kann als für eine Bestrafung.[678]

1. Übersicht des Prüfungsumfangs

321   a) Bei Vereinen/Verbänden, die *keine* sozialmächtige oder Monopolstellung aufweisen. Die gerichtliche Kontrolle umfasst im Wesentlichen folgende Punkte:
- Erstreckung der Ordnungsgewalt des Vereins oder Verbandes auf den betroffenen Sportler
- Wirksame Grundlage der Ordnungsmaßnahme in der insoweit gültigen Satzung
- Einhaltung des in der Satzung oder Vereinsordnung festgelegten Verfahrens
- Einhaltung allgemeingültiger Verfahrensgrundsätze
- Gesetzmäßigkeit der Ordnungsmaßnahme

---

[674] Vgl. Rz. 119, 152, 162; weniger streng wegen der Besonderheiten des Vereinsrechts *Grunewald* ZHR 152 (1988), 255.

[675] BGH NJW 1995, 583; BGHZ 105, 306 (316) = NJW 1989, 1724 (1726) = WM 1989, 184 (187); OLG Celle WM 1988, 495 (Rechtswegausschluss); KG MDR 1985, 230 (Bootsbenutzungsvertrag).

[676] Vgl. *Grunsky* WFV Nr. 24, 64.

[677] So die heute zutreffende h. M.: LG Lübeck, NJW-RR 1988, 122; *Westermann* WFV Nr. 24, 52; *Palandt/Heinrichs* § 25 Rz. 28; *Schwarz* in Bamberger/Roth § 25 Rz. 73; weitergehend, d.h. dem Verein im Einzelfall kein Beurteilungsermessen mehr zubilligend, nunmehr *Reichert*, Rz. 3119 ff.

[678] *Westermann* WFV Nr. 24, 52.

- Fehlerfreiheit der der Maßnahme zugrunde liegenden Tatsachenermittlungen
- Prüfung, ob keine Willkür und keine grobe Unbilligkeit der Maßnahme vorliegt (Subsumtion und Strafausspruch)[679]

b) Bei Verbänden mit sozialmächtiger oder Monopolstellung. Aufgrund des Ein-Platz-Prinzips sind zumindest alle *Sportverbände ab Landesebene* als sozialmächtig und als Monopolist einzustufen.[680] Hier geht die Kontrolle über die im letzten Spiegelstrich angeführte grobe Unbilligkeit hinaus: Die gerichtliche Kontrolle prüft das Regelwerk auf seine *inhaltliche Angemessenheit,* die einen angemessenen Ausgleich zwischen den berechtigten Interessen des Verbandes und den schutzwürdigen Interessen derjenigen, die der Verbandsgewalt unterworfen sind, herstellen muss.[681] Dabei ist dem Verband unter Berücksichtigung der Verbandsautonomie aber ein Beurteilungsspielraum zuzubilligen. Ein Gericht kann daher nicht ohne weiteres seine Überzeugung und seine Wertmaßstäbe an die Stelle derjenigen des Verbandes setzen. Ein Verbandsausschluss wird aber umso eher unbillig sein, je wichtiger für den Betroffenen die Mitgliedschaft ist, so dass dem Beurteilungs- oder Ermessensspielraum in diesem Fall enge Grenzen gesetzt sind.[682] 322

2. Die Prüfungskriterien im Einzelnen

a) Erstreckung der Ordnungsgewalt auf den Betroffenen. Das Gericht prüft, ob der Betroffene überhaupt der Ordnungsgewalt des Vereins oder Verbandes unterliegt. Dies ist der Fall, wenn 323

- der Sportler unmittelbares Mitglied des Vereins bzw. der Verein unmittelbares Mitglied des Verbandes ist
- der Sportler bzw. Verein bei fehlender unmittelbarer Mitgliedschaft aufgrund lückenloser Satzungsverankerung der Ordnungsgewalt unterliegt (Doppelverankerung)[683] oder
- der Sportler bzw. Verein sich vertraglich der Ordnungsgewalt des Vereins bzw. Verbandes unterworfen hat.[684]

Ferner darf die Sanktion nicht gegen einen bereits aus dem Verein bzw. Verband ausgeschiedenen Betroffenen verhängt worden sein.[685]

b) Satzungsmäßige Grundlage der Ordnungsmaßnahme. Das staatliche Gericht prüft, ob die verhängte Maßnahme in der insoweit wirksamen Satzung eine ausreichende Grundlage hat. Die Sanktionsdrohung muss schon vor der begangenen Tat in der Satzung verankert gewesen sein. Eine Vereinsnebenordnung, die von der Satzung nicht zu deren Bestandteil erklärt wurde, genügt nicht.[686] 324

c) Einhaltung des in der Satzung oder Vereinsordnung festgelegten Verfahrens. Die Maßnahme des Vereins bzw. Verbandes muss auf einem fehlerfreien Verfahren der jeweils zuständigen Vereinsinstanz beruhen. Fehlerhaft kann eine Maßnahme z. B. sein, 325

---

[679] Vgl. BGHZ 87, 373, 343 = BGH NJW 1984, 918, 919; BGHZ 102, 265, 277 = NJW 1988, 552, 555; BGH NJW 1995, 583; 587; *Röhricht* WFV Nr. 24, 85 f.; *Reichert* Rz. 3075 f.; *Schwarz* in Bamberger/Roth § 25 Rz. 61. Kritisch gegenüber der Differenzierung zwischen Verbänden mit Monopolstellung und solchen ohne Monopolstellung *MüKo-Reuter,* vor § 21 Rz. 124.
[680] So BGH NJW 1995, 583 = SpuRt 1995, 43 ausdrücklich in Bezug auf den Hessischen Fachverband der Reit- und Fahrvereine sowie die Deutsche Reiterliche Vereinigung; weitere Beispiele vgl. oben, Rz. 109.
[681] BGHZ 128, 93, 110 = BGH NJW 1995, 583, 587; OLG Frankfurt SpuRt 2001, 28, 29.
[682] BGHZ 102, 265, 277 = NJW 1988, 552, 555; BGH NJW 1997, 3368, 3370; *Reichert* Rz. 3107; siehe unten Rz. 332 ff.
[683] *Reichert,* Rz. 3082.
[684] Vgl. oben, Rz. 148 ff.; *Reichert* Rz. 3082, 2724 ff.
[685] *Reichert* Rz. 3079 ff.
[686] *Reichert* Rz. 3083.

wenn angebotene Zeugen nicht vernommen wurden oder ein Augenschein nicht eingenommen worden ist.[687] Hierbei muss es sich nicht um einen groben Verfahrensfehler handeln. Allerdings muss der Verfahrensfehler für die Entscheidung ursächlich gewesen sein. Dies ist im Zweifel anzunehmen[688] und bei Verstößen gegen rechtsstaatliche Minimalregeln stets der Fall.[689]

326 **d) Einhaltung allgemeingültiger Verfahrensgrundsätze.** Aus der Feststellung, dass das verbandsgerichtliche Verfahren mit den staatlichen Vorgaben in einem Strafverfahren zwar nicht deckungsgleich, aber *kongruent* sein muss,[690] folgt nach allgemein gültigen, ungeschriebenen Verfahrensgrundsätzen zum Beispiel, dass der von einer Ordnungswidrigkeit Betroffene wegen Befangenheit nicht an einer Entscheidung über die Verhängung einer Sanktion mitwirken darf, ferner, dass ausreichend Gelegenheit zur Verteidigung sowie rechtliches Gehör gewährt werden muss.[691]

327 **e) Gesetzmäßigkeit der Ordnungsmaßnahme.** Die Maßnahme kann auch deshalb unwirksam sein, weil etwa der Verband vom Verein bzw. der Verein vom Sportler ein gesetz- oder sittenwidriges Verhalten verlangt. Der Betroffene darf beispielsweise nicht in wettbewerbswidriger Weise diskriminiert werden, weil dadurch ein Verstoß gegen § 20 GWB vorliegen kann. Auch eine übermäßig hohe Strafe oder Geldbuße kann sittenwidrig sein, weil sie gegen § 138 I BGB verstößt.[692]

328 **f) Fehlerfreiheit der Tatsachenermittlung.** Die Tatsachenfeststellungen, auf die der Verein bzw. Verband seine Maßregel stützt, sind nach dem bahnbrechenden Urteil des BGH aus dem Jahre 1984 ebenfalls *voll* gerichtlich nachprüfbar:

„Die freiwillige Unterwerfung unter die Vereinsstrafgewalt kann … nicht dahin ausgelegt werden, die Mitglieder seien bei ihrem Eintritt damit einverstanden, für Taten verantwortlich gemacht zu werden, die sie nicht begangen haben … Vergegenwärtigt man sich die große gesellschaftliche Macht, die heute von Organisationen wie Gewerkschaften, Berufsvereinen, Sportverbänden über ihre Mitglieder ausgeübt werden kann, lässt sich die These, die der bisherigen Rechtsprechung unausgesprochen zugrunde lag, nicht aufrechterhalten, die Mitglieder verzichteten im Voraus auf die Überprüfung des im vereinsrechtlichen Disziplinarverfahren festgestellten Sachverhalts durch staatliche Gerichte."[693]

In jedem Falle – also nicht nur bei sozial mächtigen Verbänden – kann das Gericht den Sachverhalt in vollem Umfang nachprüfen.[694]

329 Diese *volle Sachverhaltskontrolle* umfasst auch die Rechtswidrigkeit und das Verschulden.[695] Dabei sind diejenigen Tatsachen zugrunde zu legen, auf die der Verein seine Ent-

---

[687] *Grunsky* WFV Nr. 24, 66.
[688] *Reichert* Rz. 3089.
[689] *Röhricht* WFV Nr. 24, 86.
[690] Vgl. oben, Rz. 267 ff.
[691] *Reichert*, Rz. 3090; *Schwarz* in Bamberger/Roth § 25 Rz. 53 m.w.N.
[692] Vgl. *Reichert* Rz. 3093.
[693] BGHZ 87, 337, 344 = NJW 1984, 918, 919.
[694] BGH NJW 1997, 3368, 3370; BGHZ 93, 151,158 = NJW 1985, 1216.
[695] So zutreffend *Reichert* Rz. 3096. Das Ergebnis der Beweisaufnahme in einem Sportgerichtsverfahren soll jedoch vom staatlichen Gericht selbst dann hinzunehmen sein, wenn dieses anders entschieden hätte, so *Röhricht* RuS 22, 31: „Es kann nicht Aufgabe des die Kontrolle privatautonomer Entscheidungen wahrnehmenden staatlichen Richters sein, seine Überzeugung an die Stelle derjenigen des häufig zeitlich wie fachlich tatnäheren Verbandsgerichts zu setzen. Vielmehr haben ganz ähnliche Regelungen zu gelten wie im Bereich der staatlichen Gerichtsbarkeit für das Verhältnis von Revisions- und Tatrichter." So auch das Ständige Schiedsgericht für Vereine und Kapitalgesellschaften in seiner Entscheidung vom 21. April 2005 im Schiedsverfahren LR Ahlen gegen DFB und DFL, nachdem Sport- und Bundesgericht nach Einspruch von Wacker Burghausen die Wiederholung des nachweislich von Schiedsrichter Hoyzer manipulierten Spiels Ahlen gegen Burghausen

scheidung gestützt hat. Ein Nachschieben neuer Tatsachen, die im vereinsinternen Verfahren nicht festgestellt sind, und damit neuer Ausschlussgründe, ist unzulässig.[696]

g) Subsumtion und Strafausspruch: Willkür/grobe Unbilligkeit oder Angemessenheit? Bei der Nachprüfung der *Subsumtion,* also der Anwendung der Ordnungsbestimmung auf den konkreten Sachverhalt, ob etwa ein Verhalten vereinsschädigend, unsportlich, unkameradschaftlich ist, ergibt sich die Schwierigkeit, dass hier die besonderen Werte und Maßstäbe des Vereins zur Geltung kommen, die oft nicht mit den durchschnittlichen gesellschaftlichen Wertvorstellungen deckungsgleich sind. Deshalb prüft die Rechtsprechung bei Vereinen/Verbänden, die *keine* sozialmächtige oder monopolistische Stellung innehaben, regelmäßig nur nach, ob die Rechtsanwendung, d.h. letztlich der Ausspruch der Strafe, grob oder offenbar unbillig oder willkürlich ist oder gegen die staatlichen Gesetze verstößt.[697] Dies gebietet die Achtung vor der Vereinsordnungsgewalt und der zugehörigen Vereinsgerichtsbarkeit als einem Stück außerstaatlicher Rechtskultur; die staatlichen Gerichte sollen nur Missbrauch und Wildwuchs bei der Ausübung der Vereinsgerichtsbarkeit unterbinden.[698] Der Verein genießt also hier im Rahmen seines Ermessens ein *Bewertungsvorrecht.*[699]

330

In der Praxis tritt die Subsumtionskontrolle im eigentlichen Sinne häufig hinter eine reine Ergebnisprüfung zurück, beurteilt wird demnach, ob die von einem Verein verhängte Sanktion unter Berücksichtigung der Schwere des Vergehens (grob) unbillig, d.h. unverständlich hart, ist. Ein Ausschluss kann umso eher offenbar unbillig sein, je bedeutsamer die Vereinszugehörigkeit für das Mitglied ist. Letztlich läuft es auf eine *Abwägung der Interessen* von Verein und Mitglied hinaus.[700] Fälle offenbarer Unbilligkeit hat die Rechtsprechung etwa angenommen, wenn bei gleichem Sachverhalt ein Mitglied ausgeschlossen wird, ein anderes dagegen nicht, also bei willkürlicher Ungleichbehandlung; wenn die Wahrnehmung berechtigter Interessen des betreffenden Mitglieds nicht berücksichtigt wird; wenn sich die Ausschließung allein auf das Verhalten von Angehörigen eines Mitglieds stützt; wenn sich die Ausschließung auf lange zurückliegende Tatsachen gründet. Stützt sich der Ausschluss auf einen Vereinsbeschluss, ist auch dessen Rechtmäßigkeit voll nachprüfbar. In diesem Rahmen kann auch die Unbilligkeit der zugrunde liegenden Ordnungsbestimmung selber im Wege der Inhaltskontrolle überprüft werden. Schließlich kann auch ein Übermaß im Strafausspruch offenbar unbillig sein.[701]

331

Die meisten Sportverbände ab Landesebene können jedoch nur einen *begrenzten* Ermessensspielraum in Anspruch nehmen, jedenfalls dann, wenn es um *Aufnahme* oder *Ausschluss* eines Mitglieds geht. Der BGH[702] formulierte in einem Fall des Ausschlusses eines Gewerkschaftsmitglieds deutlich:

332

„Diese Beschränkung ist bei Monopolverbänden sowie Vereinigungen mit einer überragenden Machtstellung im wirtschaftlichen oder sozialen Bereich, bei denen die Mitgliedschaft für den Einzelnen aus beruflichen, wirtschaftlichen oder sozialen Gründen von erheblicher Bedeutung ist, ... und die deshalb einem Aufnahmezwang unterliegen, innerlich nicht berechtigt. Der Ausschluss muss durch sachliche Gründe gerechtfertigt,

---

angeordnet hatten: „Das Schiedsgericht ist angesichts der Vereinsautonomie der Beklagten lediglich befugt zu prüfen, ob der vom Bundesgericht aus dem festgestellten Sachverhalt gezogene Schluss rechtsfehlerfrei war, insbesondere was den Umfang der Beweiserhebung und der Beweiswürdigung angeht. Rechtsfehler sind insoweit keine erkennbar. Daraus folgt, dass das Schiedsgericht so lange keine eigene Beweiswürdigung vornehmen kann, als nicht gravierende Fehler festgestellt sind.".

[696] BGHZ 102, 265, 273 = NJW 1988, 552, 554; BGHZ 45, 314 = NJW 1981, 2178, 2180; *Röhricht* RuS 22, 30 f.; *Reichert* Rz. 3109 ff.
[697] BGHZ 36, 114; BGHZ 47, 384 f.; BGHZ 75, 159; BGHZ 87, 343 ff.; *Röhricht* WFV Nr. 24, 86.
[698] *Röhricht* AcP 189 (1989), 388, 391.
[699] *Westermann* WFV Nr. 24, 58 f.; *Erman/Westermann,* § 25 Rz. 5.
[700] *Vieweg* NJW 1991, 1515.
[701] Ausführlich *Röhricht* WFV Nr. 24, 86 f. m.w.N.; *Reichert* Rz. 3101 ff. m.w.N.
[702] BGHZ 102, 265, 277 = NJW 1988, 552, 555.

darf also nicht unbillig sein. Dabei ist zwar der Vereinigung in Anerkennung ihrer Autonomie zur Wert- und Zielsetzung ein *Beurteilungsspielraum* zuzubilligen. Das Gericht kann daher nicht ohne weiteres seine Überzeugung und seine Wertmaßstäbe an die Stelle derjenigen des Verbandes setzen. Da ein Ausschluss aber umso eher unbillig sein wird, je wichtiger für den Betroffenen die Mitgliedschaft ist, sind diesem Beurteilungs- und Ermessensspielraum *enge Grenzen* gesetzt."

Diese Rechtsprechung hat der BGH im *Reiter-Fall* bestätigt und über Aufnahme- und Ausschlussstreitigkeiten hinaus auf Streitigkeiten über Ordnungsgelder angewendet: Die Rechtsprechung habe vereinsrechtliche Regelwerke sog. *sozialmächtiger* Verbände auf ihre *inhaltliche Angemessenheit* zu überprüfen, also nicht nur auf Willkür und grobe Unbilligkeit.[703]

333   Die überwiegende Meinung in der *Literatur* plädiert schon lange für *volle* Überprüfbarkeit. Das Verbandswesen habe in den letzten Jahrzehnten einen solch bedeutenden (kommerziellen) Aufschwung erfahren, dass es häufig zu unkontrollierter und undemokratischer Machtausübung komme, insbesondere bei monopolartigen Verbänden, in denen die Freiwilligkeit der Mitgliedschaft einem faktischen Zwang weiche und die Mitwirkungsmöglichkeiten bei der Willensbildung verloren gingen.[704]

334   Letztgenannter Auffassung ist im Grundsatz zuzustimmen. Ein im Hinblick auf die angegriffene Vereinsmaßnahme zu bestimmender und ggf. eng zu begrenzender Beurteilungsspielraum verbleibt jedoch auch Verbänden mit sozialmächtiger Stellung. Im Prinzip gilt aber analog zum Ausspruch des BGH zur Tatsachenermittlung die Überlegung, dass auch hinsichtlich der Subsumtion die Sportler bei Vereinsbeitritt sich nicht automatisch damit einverstanden erklären, dass der Verein sein Regelwerk falsch auf einen Sachverhalt anwendet. Dass eine volle gerichtliche Prüfung einschließlich Subsumtion unerlässlich ist, zeigt illustrativ der Fall *Zola Budd*: Die IAAF warf der gebürtigen südafrikanischen zweimaligen Cross-Weltmeisterin mit britischem Pass vor, an zwei Rennen in Südafrika teilgenommen und dadurch Regel 53 (i) der IAAF-Satzung verletzt zu haben. Die Subsumtion beruhte auf einer allzu extensiven Auslegung des Begriffs „has taken part". Die Athletin hatte sich nachweislich nicht zur Teilnahme gemeldet, sondern hatte in ihrer Heimat ihren 21. Geburtstag gefeiert und war bei den Rennen lediglich als Zuschauerin, wenn auch im Trainingsanzug, anwesend. Der angedrohten einjährigen Sperre kam sie durch resignativen Verzicht auf weitere internationale Starts zuvor. Hintergrund waren Boykottdrohungen schwarzafrikanischer Staaten. Die Affäre führte zu einer erregten Debatte im britischen Unterhaus und zu Anzeigen gegen IAAF-Offizielle wegen Erpressung.[705]

335   Im Ergebnis ist also im monopolartig strukturierten Sportbereich von einer weitestgehend uneingeschränkten *Tatsachen-, Subsumtions- und Strafzumessungskontrolle* auszugehen.[706] Dies bedeutet beispielsweise für den Bereich des Dopings, dass nicht in die Dopingliste aufgenommene Substanzen und Methoden nicht im Wege einer fehlerhaften Subsumtion zur Grundlage einer Verbandsentscheidung gemacht werden dürfen.[707]

---

[703] BGH NJW 1995, 583, 585 = SpuRt 1995, 43, 46; so bereits BGH NJW 1989, 1727; *Vieweg* SpuRt 1995, 100; so ist z. B. bei einer so gravierenden Maßnahme wie dem Lizenzentzug die DFB-Gerichtsbarkeit an die Wertungen der Gewerbeordnung gebunden, da die Bundesliga-Vereine de facto Gewerbebetriebe darstellen, vgl. *MüKo-Reuter* § 25 Rz. 36; gleich lautend BGH NJW 1997, 3368, 3370.

[704] *Schlosser*, S. 99 f.; *Habscheid*, S. 167 f.; *Nicklisch*, S. 26, 35, 47; *Vieweg* JZ 1984, 170–173; *derselbe* FS Lukes, S. 820 f.; *Westermann*, S. 104; *derselbe* WFV Nr. 24, 54 f., 58 f. (bei Anerkennung eines Bewertungsvorrechts); *Larenz* AT § 10 IV; *Wiedemann* § 3 III, 186 f.; *Leipold*, S. 118 f.; *Reichert* Rz. 3107; einschränkend bei Gefährdung des Verbandszwecks: *Grunsky* WFV Nr. 24, 70; völlig verkannt wird die Tiefe gerichtlicher Kontrolle von *Lindemann* SpuRt 1994, 22 f.

[705] Vgl. FAZ v. 18. 4. 1988, 27 und 22. 4. 1988, 28; Der Spiegel Nr. 18 v. 2. 5. 1988, 197.

[706] *Staudinger/Weick* Vorbem. § 21 Rz. 41 und § 35 Rz. 55.

[707] Ebenso *Vieweg* SpuRt 1995, 189 (Ziffer 10).

III. Im Prozess kein Nachschieben von Gründen

Stützt der Verein oder Verband eine Ordnungsmaßnahme auf eine bestimmte Sanktionsregel, so muss das Gericht diese heranziehen; der Verein oder Verband darf im Prozess diese Ordnungsregel nicht auswechseln.[708] Aufgrund eines neuen Ordnungstatbestandes kann nur ein neues Vereinsverfahren eingeleitet werden.[709] Nachgeschobene Gründe werden vom ordentlichen Gericht regelmäßig nicht berücksichtigt.[710] 336

IV. Keine Anpassung einer rechtswidrigen Maßnahme

Bei begründeter Feststellungsklage eines von einer Vereinsmaßnahme Betroffenen stellt das Gericht durch Urteil die Unwirksamkeit der Maßnahme fest. Das Gericht kann einen Vereinsbeschluss grundsätzlich weder endgültig aufheben noch abändern.[711] Hält das Gericht eine Verbandsregel oder Ordnungsmaßnahme gem. § 242 BGB für rechtswidrig, wäre die Maßnahme aber in abgeschwächter Form rechtsgültig, stellt sich die Frage, ob das Gericht die Regel oder Maßnahme anpassen darf, ob es zum Beispiel eine überzogene Sperre mildern kann. Aus Achtung vor der Verbandsautonomie ist das *nur in Eilfällen* vorläufig zuzugestehen. Ansonsten ist dem Verband Gelegenheit zu autonomer Regelung innerhalb angemessener Frist zu geben. Eine *geltungserhaltende Reduktion* scheidet also aus.[712] Die Parteien können das Gericht jedoch ausdrücklich ermächtigen, eine andere als eine vom Verbandsgericht verhängte Strafe festzusetzen.[713] 337

C. Die Kontrollintensität im Ausland

I. Schweiz

In der Schweiz lässt sich die richterliche Kognition wie folgt zusammenfassen: In formeller Hinsicht kann der Vereinsentscheid frei überprüft werden. In materieller Hinsicht ist Ausgangspunkt bei der Kontrolle von Vereinsstrafen die volle richterliche Überprüfungsbefugnis, welche die Inhalts-, Tatsachen- und Subsumtionskontrolle umfasst. Die Subsumtion unter unbestimmte Rechtsbegriffe hat der Richter zurückhaltend nachzuprüfen. Ist die Subsumtion offensichtlich unrichtig, steht dem Richter volle Kognition zu. Bei der Kontrolle des Rechtsfolgeermessens kann der Richter bei Vorliegen qualifizierter Ermessensfehler einschreiten. Die weite Ausschlussautonomie nach Art. 72 ZGB ist einschränkend auszulegen, so dass auch hier eine Überprüfungsbefugnis besteht.[714] 338

Insbesondere *Kummer* hat sich für eine Erweiterung gerichtlicher Kontrolle eingesetzt. Da sich Wirtschaftsverbände als Vereine organisieren dürften, sofern sie nur nicht selber ein kaufmännisches Unternehmen betreiben, hätten sich viele wirtschaftliche Interessenverbände der Organisationsform des Vereins bedient, wobei der einst vorausgesetzte „ideale" Zweck gesprengt worden sei. Genauso seien die Sportverbände in unkontrollierte Machtstellungen hineingewachsen, die es ihnen erlaubten, eine bestimmte „Branche" umfassend zu lenken und zu beherrschen. Nicht minder umfassend müsse daher in Reduktion des Art. 72 II ZGB die richterliche Kontrolle der Begründetheit von Ausschlüssen und Sperren sein, soweit diese das *Persönlichkeitsrecht* des Mitglieds verletzten.[715] 339

---

[708] So zutreffend *van Look,* S. 227; *MüKo-Reuter* § 25 Rz. 31; *Schwarz* in Bamberger/Roth § 25 Rz. 71; a. A. BGH WM 1982, 1222 in einer Genossenschaftssache.
[709] *Reichert* Rz. 3111.
[710] BGH NJW 1990, 40 f.; OLG Frankfurt NJW 1992, 2581; *MüKo-Reuter* § 25 Rz. 30.
[711] *Reichert,* Rz. 3113. Vgl. auch Rz. 299.
[712] *Vieweg* FS Lukes, S. 821 f.
[713] OLG Hamm SpuRt 2002, 115, 117.
[714] Ausführlich *Bodmer,* S. 172–197; zur richterlichen Kontrolle statutarischer Strafen zuletzt BGE 119 II, 271 (FEI).
[715] *Kummer,* S. 54–62; ebenso *Scherrer,* S. 153 f. m.w.N.; derselbe SJZ 84 (1988), 1 ff. Vgl. auch BG

340 Diese Argumentation übernimmt denn auch das Berner Richteramt III im Fall *Sandra Gasser*:

„Um dieses unbefriedigende Ergebnis zu vermeiden, rechtfertigt sich eine Beschränkung der Ausschlussautonomie in der Weise, dass wenigstens jener Aussschluss richterlich überprüft werden kann, der ein Mitglied in seiner Persönlichkeit verletzt, und zwar insbesondere dann, wenn dem Verein in seinem Bereich eine Monopolstellung zukommt. Dies trifft auf die IAAF und den Gesuchsgegner als dessen Mitglied zu, indem jeder Athlet, der an einem Leichtathletikmeeting teilnehmen will, indirekt ‚Mitglied' des Gesuchsgegners sein muss und damit dessen Reglementen und den Reglementen der IAAF unterworfen ist."[716]

II. USA

341 In der amerikanischen Rechtsordnung gilt grundsätzlich das Konzept des *„limited judicial review"*.[717] Danach werden die Regeln der *„voluntary associations"* nur überprüft, wenn eine der folgenden fünf Voraussetzungen vorliegt:

a) Die Regeln verletzen die öffentliche Ordnung, weil sie betrügerisch oder unvernünftig (*„unreasonable"*) sind.
b) Die Regeln überschreiten die Vereinskompetenz.
c) Der Verein verstößt gegen eine eigene Regel.
d) Die Anwendung der Regeln ist unvernünftig oder willkürlich.
e) Die Regeln verletzen ein Grundrecht.

342 Jedoch ist erkannt worden, dass diese *„non-interference doctrine"* infolge der Machtzunahme der Vereine *Lockerungen* erfahren muss. Dies haben der Supreme Court von Oklahoma[718] und der Supreme Court von Alabama[719] im College Sport, der in den USA allerdings stark professionalisiert ist, hervorgehoben. Diese beiden Urteile lassen erstaunliche Parallelen zur Argumentation des Bundesgerichtshofs erkennen. Die Durchschlagskraft einer Klage auf dem „federal level" hängt davon ab, ob sich ein Sportler auf die Verletzung eines Grundrechts im Sinne der fünften Voraussetzung berufen kann. Bejahendenfalls stehen ihm die *„Due Process Clause"* und die *„Equal Protection Clause"* der 5. und 14. Ergänzung der Bundesverfassung zur Seite und erlauben eine volle Überprüfung.[720] Ferner können die Gerichte eine volle Überprüfung am Maßstab der *„Antitrust Laws"*, insbesondere des „Sherman Antitrust Act" vornehmen. Dessen Anwendung beschränkte sich früher u. a. auf den reinen Profisport; seit 1972 erstreckt sie sich auf den sog. Amateursport, da dieser im Zuge fortschreitender Kommerzialisierung in die Bereiche von „trade" und „commerce" vorgerückt ist.[721]

343 Während das deutsche Kartellrecht nach §§ 1 I, 15 GWB nur Waren und Dienstleistungen erfasst, werden in den USA auch Regelungen des Zugangs zum Arbeitsmarkt als *Kartelltatbestand* gesehen, als Gruppenboykott der im Dachverband zusammengeschlossenen Vereine. Im Fall *Linseman*[722] sah der U. S. District Court von Connecticut die WHA-Regel 17.2 a, die Spielern unter 20 Jahren den Wechsel ins Profilager verbot, automatisch als rechtswidrig an. Im Fall *Brenner*[723] entschied ein Bundesberufungsgericht, dass der Aus-

---

SpuRt 1995, 211 zur Amtsenthebung eines Trainers sowie Appellationshof Bern SpuRt 1995, 268 zum Entzug der Lizenz eines Boxers.

[716] SJZ 84 (1988), 86.
[717] Vgl. hierzu ausführlich *Wong*, S. 89 ff. m. w. N.
[718] Board of Regents of the University of Oklahoma v. NCAA, 561 P. 2 d 499; vgl. die Nachweise bei *Summerer*, S. 166.
[719] Gulf South Conference v. BOYD, 369 So. 2 d 553.
[720] San Francisco Arts & Athletics, Inc. v. USOC and IOC, 107 A S.Ct. 297; Martin v. IOC, 740 F. 2 d 670; Duva and Ayala v. World Boxing Association, 548 F.Supp. 710.
[721] Vgl. *Wong*, S. 634 m. w. N.
[722] Linseman v. World Hockey Association, 439 F.Supp. 1315.
[723] Brenner v. World Boxing Council, 675 F. 2 d 445.

sschluss eines Boxkampfveranstalters aufgrund des Organisationsinteresses der WBC gerechtfertigt und nicht wettbewerbshindernd sei. Schließlich ist das Urteil des U. S. Supreme Court erwähnenswert, in welchem er die Auflösung zweier internationaler *Boxvereine* anordnete, nachdem diese gegen den „Sherman Act" verstoßen hatten.[724]

III. England

Insbesondere Lord Denning dürfte es zu verdanken sein, dass auch in der englischen Rechtsprechung, die Vereinen seit jeher weiteste Autonomie zubilligt, ein Umdenken stattgefunden hat.[725] Überprüfungsfreudig zeigten sich die Richter in zwei Fällen, in denen sie dem jeweiligen Weltsportverband vorwarfen, gegen die „*restraint of trade laws*" verstoßen zu haben: Zum einen kassierte der High Court die wettbewerbshindernde *Transferregel der FIFA* und wies den englischen Fußballverband an, aus dem Weltverband *auszutreten*, falls dieser seine Regeln nicht englischem Recht anpassen wolle.[726] Im zweiten Fall kassierte der High Court eine Regeländerung des Internationalen Kricket-Verbandes (ICC).[727] Seit Einführung des „Human Rights Act 1998" scheint sich ein Wandel hin zur deutschen Kontrollpraxis anzubahnen.[728] **344**

Im Fall Sandra *Gasser* war der High Court in London allerdings zurückhaltender. Zwar überprüfte er die Wirksamkeit der IAAF-Regeln am Maßstab des englischen Rechts und stellte fest, dass Regeln 53 und 144 eine Beschränkung des Wettbewerbs darstellten. Im Ergebnis ließ er jedoch die zweijährige Sperre wegen angeblichen Dopingvergehens trotz erwiesener Verfahrensfehler unbeanstandet.[729] **345**

---

[724] International Boxing Club of New York, Inc. v. United States, 358 U. S. 242.
[725] Zur Entwicklung der Rechtsprechung *Grayson*, S. 260–276 und *Warburton*, S. 868 f.
[726] Cooke v. Football Association, The Times v. 24. 3. 1972, 8, C. L. Y. Digested 1972/516, zit. nach *Grayson* 203, 206 f., 274 f.
[727] Greig v. Insole (1978) 3 All ER 449.
[728] Vgl. *Boyes*, S. 444, zitiert nach *Steiner*, S. 222 (225).
[729] Gasser v. Stinson, Urteil v. 15. 6. 1988, unveröffentlicht, ausführlich bei *Summerer*, S. 3, 77, 146, 170.

3. Teil. Sport, Arbeit und Wirtschaft

Literatur: *Adolphsen, Jens,* Internationale Dopingstrafen, Tübingen, 2003; *Ahrens, Claus,* Die Verwertung persönlichkeitsrechtlicher Positionen (2002); *Ahrens, Hans-Jürgen,* Vermögensrechtliche Elemente postmortaler Persönlichkeitsrechte im Internationalen Privatrecht, in FS für Willi Erdmann, 2002; *Arens, Wolfgang,* Transferbestimmungen im Fußballsport im Lichte des Arbeits- und Verfassungsrechts, SpuRt 1994, 179 ff.; *ders.,* Der Fall Bosman – Bewertung und Folgerungen aus der Sicht des nationalen Rechts, SpuRt 1996, 39 ff.; *Baston-Vogt, Marion,* Der sachliche Schutzbereich des zivilrechtlichen allgemeinen Persönlichkeitsrechts, 1997; *Beuthien/Schmölz,* Persönlichkeitsschutz durch Persönlichkeitsgüterrechte, München, 1999; *Blackshaw, Ian S.* and *Siekmann, Robert, C. R.* (Hrsg.), Sports Image Rights in Europe (2005); *Bepler, Klaus* (Hrsg.), Sportler, Arbeit und Statuten, Berlin 2000; *Borggräfe, Julia,* Der Sporttrainervertrag, Frankfurt/Main, 2006; *Börner, Lothar,* Berufssportler als Arbeitnehmer, Diss. Darmstadt 1969; *Bruhn, Manfred/Mehlinger, Rudolf,* Rechtliche Gestaltung des Sponsoring, Band 1, 2. Aufl., München 1995, Band 2, München 1994; *Bruhn, Manfred,* Sponsoring – Unternehmen als Mäzene und Sponsoren, 2. Aufl., Frankfurt/Main u. a. 1991; *Buchberger Markus,* Die Überprüfbarkeit Sportsverbandsrechtlicher Entscheidungen durch die ordentliche Gerichtsbarkeit, 1999 Berlin; *Buchner Herbert,* Die Rechtsstellung der Lizenzspieler, NJW 1976, 2242 ff.; *ders.,* Die Rechtsverhältnisse im deutschen Lizenzfußball, RdA 1982, 1 ff.; *Canaris, Claus-Wilhelm,* Gewinnabschöpfung bei Verletzung des allgemeinen Persönlichkeitsrechts in FS für Erwin Deutsch (1999) S. 85; *Del Fabro Marco,* Der Trainervertrag, Bern-Stuttgart-Wien, 1992; *Deselaers, Josef,* Die Doppelfunktion der Rennvereine, AgrarR 1980, 325 ff.; *ders.,* Einführung in das Recht der Sportwette, RuS 10, 15 ff.; *ders.,* Buchmacher – auch juristische Personen?, AgrarR 1994, 146 ff.; *Diekmann, Albrecht,* Zur Zuständigkeit der ordentlichen Gerichte bei Streitigkeiten zwischen Amateur-Fußballspieler und Verein, WFV 12, 242 ff.; *Domberg, Rainer,* Der Schiedsrichter nach der verbandsrechtlichen Regelung, WFV 25, 12 ff.; *Dury, Walter,* Haftung des Trainers – Straf- und zivilrechtliche Verantwortlichkeit, RuS 21, 9 ff.; *Eilers, Götz,* Freizügigkeit im Sport – Beschränkung durch Aufenthaltserlaubnisregelungen? in: *Scherrer/Delfabro* (Hrsg.), Freizügigkeit im europäischen Sport, Zürich 2002; *Forkel, Hans,* Gebundene Rechtsübertragung, 1. Band, Köln, 1977; *ders.* Lizenzen an Persönlichkeitsrechten durch gebundene Rechtsübertragung, GRUR 1988, 491; *ders.* Lizenzen an Persönlichkeitsrechten durch gebundene Rechtsübertragung, GRUR 1988, 491; *Fritzweiler Jochen* (Hrsg.), Sportmarketing und Recht, Vermarktungsrechte – Verträge – Konflikte, Basel/München 2003; *ders./Holzer Wolfgang,* Auswirkungen von Dopingverstößen auf Arbeits-, Lizenz- und Sponsorenverträge in *Fritzweiler* (Hrsg.), Doping-Sanktionen – Beweise – Ansprüche, Bern 2000; *Galli/Gömmel/Holzhäuser/Straub* (Hrsg.), Sportmanagement – Grundlagen der unternehmerischen Führung im Sport aus Betriebswirtschaftslehre, Steuern und Recht für den Sportmanager, München 2002; *Gitter, Wolfgang,* Arbeitsverhältnisse der Sportler, in: *Richardi, Reinhard/Wlotzke, Otfried* (Hrsg.), Münchener Handbuch zum Arbeitsrecht, Band 2 (Individualarbeitsrecht II), München 1993; *Götting, Horst-Peter,* Persönlichkeitsrechte als Vermögensrechte, Tübingen, 1994; *ders.,* Die Vererblichkeit der vermögenswerten Bestandteile des Persönlichkeitsrechts, NJW 2001, 585; *Grunsky, Wolfgang,* Rechtliche Probleme des Arbeitsverhältnisses eines Bundesligaspielers zu seinem Verein, WFV 12, 50 ff.; *ders.,* Rechtliche Zulässigkeit von Wartefristen, Reamateurisierungsfristen und Probleme im Zusammenhang mit einem Lizenzverlust des Vereins, WFV 18, 104 ff.; *ders.,* Die Befugnis der Sportverbände zur Regelung der Werbetätigkeit durch die Mitgliedsvereine, RuS 3, 13 ff.; *ders.,* Vertragliche, insbesondere arbeitsrechtliche Aspekte der Trainertätigkeit im Amateur- und Profibereich, WFV 29, 48 ff.; *Haas, Ulrich/Prokop, Clemens,* Die Athletenvereinbarung, SpuRt 1996, 109 ff., 187 ff.; *Helle, Jürgen, Besondere Persönlichkeitsrechte im Privatrecht (1991); ders.,* Wirtschaftliche Aspekte des zivilrechtlichen Persönlichkeitsschutzes, RabelsZ 1996, 448; *Helmholz, Niels,* Die private Arbeitsvermittlung im Berufssport, Berlin 2005; *Hoffmann, Jürgen,* Sponsoring zwischen Verbandsrecht und Berufsfreiheit, SpuRt 1996, 73 ff.; *Holzer, Wolfgang,* Die Rechtsstellung des Trainers aus arbeitsrechtlicher Sicht nach österreichischer und deutscher Rechtslage, RuS 21, 37 ff.; *Imping, Andreas,* Die arbeitsrechtliche Stellung des Fußballspielers zwischen Verein und Verbänden, Dahlem 1996; *Ittmann, Erasmus Benjamin,* Pflichten des Sportlers im Arbeitsverhältnis, 2004, Baden-Baden; *Jachmann, Monika,* Arbeitnehmereigenschaft von Mannschaftssportlern bei Werbetätigkeit, SpuRt 1996, 185 f.; *Jungheim, Stephanie,* Berufsregelungen des Weltfußballverbandes für Spielervermittler, 2002 Berlin; *Kania, Thomas,* Betriebsräte in Lizenzfußballvereinen, SpuRt 1994, 121 ff.; *Kaske, Joachim,* Das arbeitsrechtliche Direktionsrecht und arbeitsrechtliche

3. Teil. Sport, Arbeit und Wirtschaft

Treuepflichten im Berufssport, Diss. Bayreuth 1983; *Kirschenhofer, Matthias,* Sport als Beruf, Frankfurt/Berlin 2002; *Klein, Willi/Roth, Oskar,* Deutsches Sporthandbuch, Regelwerk des deutschen Sports, Loseblatt – 3 Bände, Heidelberg 1996; *Koller, Ingo,* Die Rechtsbeziehungen zwischen Sportveranstalter und Zuschauer, RdA 1982, 46 ff.; *Kratz, Alexandra/ Quantius, Markus,* Zur außerordentlichen Kündigung von Sponsoringverträgen in Dopingfällen, in *Bepler, Klaus* (Hrsg.), Sportler, Arbeit und Statuten, Festschrift für *Herbert Fenn* (Beiträge zum Sportrecht H. 7 (2000); *Loewenheim* (Hrsg.), Handbuch des Urheberrechts, München, 2003; *Lieb, Manfred,* Der Schiedsrichter – Erfüllungsgehilfe?, WFV 25, 48 ff.; *Malatos, Andreas,* Berufsfußball im europäischen Rechtsvergleich, Kehl/Straßburg/Arlington 1988; *Merkel, Benjamin,* Der Sport im kollektiven Arbeitsrecht, 2003, Aachen; *Meyer-Cording, Ulrich,* Die Arbeitsverträge der Berufsfußballspieler, RdA 1982, 13 ff.; *Müller, Gerda,* Möglichkeiten und Grenzen des Persönlichkeitsrechts VersR 2000, 797; *Nasse, Roland,* Das Recht des Sportlers am eigenen Bild, SpuRt 1995, 145 ff.; *ders.,* Der Sportler und (s)ein Manager, SpuRt 1996, 113 ff.; *Niese, Lars Holger,* Fortschreitende Kommerzialisierung des Sports – wo bleibt der Athlet?, SpuRt 1996, 126 f.; *Pahlow, Louis,* Lizenz und Lizenzvertrag im Recht des Geistigen Eigentums, im Erscheinen; *Peifer, Karl-Nikolaus,* Individualität im Zivilrecht, Tübingen, 2001; *Pfister, Bernhard,* Zivilrechtliche Probleme der Sportwette, RuS 10, 75 ff.; *ders.,* Die persönliche Verantwortlichkeit des Schiedsrichters in zivil- und strafrechtlicher Hinsicht, WFV 25, 61 ff.; *ders.* Der Managervertrag des Sportlers in *Scherrer* (Hrsg.), Sportlervermittlung und Sportlermanagement, Bern, München, 2. Aufl. 2003; *ders.* Vermarktung von Rechten durch Vertrag und Satzung, in *Fritzweiler* (Hrsg.), Sportmarketing und Recht, Basel, 2003; *ders.,* Kollisionsrechtliche Probleme bei der Vermarktung von Persönlichkeitsrechten, Festschrift für *Georgiades* (2005) S. 869 ff.; *Plath, Kai-Uwe,* Individualrechtsbeschränkungen im Berufsfußball, Berlin 1999; *Poschenrieder, Franz-Joachim,* Sport als Arbeit – Konsequenzen aus arbeitsrechtlicher Sicht unter Einbeziehung der Grundrechte, Diss. München 1977; *Prokop, Clemens,* Grenzen der Dopingverbote, Baden-Baden 2000; *ders.,* Trainer auf Abruf – Die Zulässigkeit der zeitlichen Begrenzung von Trainerverträgen, SpuRt 1995, 263 ff.; *Reichert, Bernhard* Sponsoring und nationales Sportverbandsrecht, RuS 20, 31 ff.; *Reschke, Eike,* Zur Entwicklung des Amateurstatus – Amateursportler als Vertragssportler?, RuS 4, 1 ff.; *Reuter, Dieter,* Probleme der Transferentschädigungen im Fußballsport, NJW 1983, 649 ff.; *ders.,* Rechtliche, wirtschaftliche und sportliche Aspekte der Ablösesummen, WFV 18, 50 ff.; *Richtsfeld, Stefan,* Das Rechtsverhältnis zwischen Sportveranstalter und Zuschauer, Diss. Regensburg 1992; *Rüth, Holger,* Kollektives Arbeitsrecht im Lizenzsport, 2003, Trier; *Schack, Haimo,* Besprechung von Götting, Persönlichkeitsrechte als Vermögensrecht, AcP 1995, 594; *ders.,* Urheber- und Urhebervertragsrecht, 3. Aufl. 2005; *Schaub, Renate,* Sponsoring und andere Verträge zur Förderung überindividueller Zwecke (im Druck); *Schellhaaß, Horst,* Die Funktion der Transferentschädigung im Fußballsport, RdA 1984, 218 ff.; *Scherrer, Urs* (Hrsg.), Sportlervermittlung und Sportlermanagement, 2. Auflage 2003, Bern/München; *Schickardt, Christoph,* Durchsetzung der vertraglichen Ansprüche der Trainer in der Praxis, WFV 29, 58 ff.; *Schild, Wolfgang,* Stadionverbote, WFV 21, 66 ff.; *ders.,* Aufsichts- und Überwachungspflichten des Trainers und Übungsleiters aus strafrechtlicher Sicht, WFV 29, 18 ff.; *ders.,* Rechtliche Fragen des Dopings, RuS 5, 13 ff.; *Schneider, Jürgen,* Streikrecht der deutschen Profifußballer?, SpuRt 1996, 118 ff.; *Schirmer, Uwe,* Die Rechtsstellung des Vertragsamateurs des DFB, Diss. Bayreuth 1989; *Scholz, Rupert/Aulehner, Josef,* Die „3+2"-Regel und die Transferbestimmungen des Fußballsports im Lichte des europäischen Gemeinschaftsrechts, SpuRt 1996, 44 ff.; *Schricker, Gerhard,* Urheberrecht Kommentar, 3. Aufl., 2006; *Schulze Wessel, Lambert,* Die Vermarktung Verstorbener, Berlin, 2001; *Schwab, Dieter,* Zivilrechtliche Haftung beim Doping, RuS 5, 35 ff.; *Seiter, Hugo,* Vertrags- und arbeitsrechtliche Probleme der Werbung durch Spitzensportler, RuS 3, 41 ff.; *Siebold, Michael/Wichert, Joachim,* Das Widerspruchsrecht der Fußballspieler gemäß §§ 613 a BGB bei der Ausgliederung der Profi-Abteilungen auf Kapitalgesellschaften, Spurt 1999, 93 ff.; *Sosnitza, Olaf,* Die Zwangsvollstreckung in Persönlichkeitsrechte, JZ 2004, 992 ff.; *Summerer, Thomas,* Sportwetten als Mediengeschäftsmodell der Zukunft, in: *Büsching* (Hrsg.), Schriften zur Medienwirtschaft, Bd. 14, Baden-Baden, 2005; *Trommer, Hans-Ralf,* Die Transferregelungen im Profi-Sport im Lichte des „Bosman-Urteiles" im Vergleich zu den Mechanismen im bezahlten amerikanischen Sport; *Tucher, Tobias,* Urheberrechtliche Fragen im Spannungsverhältnis zwischen Werbeagentur und Auftraggeber, München 1998; *Turner, George,* Rechtsprobleme beim Doping im Sport, MDR 1991, 569 ff.; *Eike,* Persönlichkeitsrechte in Lizenzen? AfP 1999, 507; *Vieweg, Klaus* (Hrsg.), Vermarktungsrechte im Sport, Berlin 2000; *ders.* (Hrsg.), Spektrum des Sportrechts; *ders.* (Hrsg.), Sponsoring und Sportrecht, SpuRt 1994, 6 ff., 73 ff.; *ders.,* Sponsoring und internationale Sportverbände, RuS 20, 53 ff.; *Wagner, Albert,* Lotto und Toto in der Praxis, RuS 10, 1 ff.; *Waldhauser, Hermann,* Die Fernsehrechte des Sportveranstalters, Berlin 1999; *Weber, Bernd,* Probleme unlizenzierter Fan-Artikel im Sport – ein neues Phänomen der Produktpiraterie?, SpuRt 1996, 83 ff.; *Wegner, Konstantin,* Der Sportsponsoring-Vertrag, Baden 2002; *Weiand, Neil George,* Kultur- und

Übersicht

Sportsponsoring im deutschen Recht unter besonderer Berücksichtigung urheber-, medien- und wettbewerbsrechtlicher Aspekte, Berlin 1993; *ders.*, Rechtliche Aspekte des Sponsoring, NJW 1994, 227 ff.; *ders.*, Der Sponsoringvertrag, München 1995; *Westerkamp, Georg,* Ablöseentschädigung im bezahlten Sport, Diss. Münster 1980; *Westermann, Harm Peter,* Der Sportler als „Arbeitnehmer der besonderen Art" – Zur Durchdringung von arbeitsrechtlichen Regelungen durch vereins- und verbandsautonome Bestimmungen, RuS 4, 35 ff.; *Wittig, Petra,* Dianas zweifelhafter Sieg – Rennwette und Doping, SpuRt 1994.

Übersicht

	Rz.
Einführung	1
1. Kapitel. Sportleistungsverträge	7
A. Sportliche Tätigkeit als schuldrechtliche Leistung	8
B. Vertragsrechtliche Grundlagen	12
I. Vertragliche Verpflichtung zur Begründung eines Schuldverhältnisses	12
II. Einordnung des Sportleistungsvertrages als Werk-, Dienst- oder Arbeitsvertrag	13
III. Regelung der Dienstleistungen und Arbeitsbedingungen	18
IV. Minderjährige und Hochleistungssport	19
1. Wirksamkeit der Verträge	19
2. Zulässigkeit nach Jugendarbeitsschutzgesetz	19 a
C. Das Sport-Leistungsverhältnis – Einzelne Pflichten	20
I. Pflichten des Sportlers als Dienstverpflichteter oder Arbeitnehmer	20
1. Hauptpflichten des Sportlers	20
Sportleistung nach	
a) Art	21
b) Umfang	30
c) Zeit	33
d) Ort	34
2. Nebenpflichten des Sportlers	35
II. Pflichten des Sportveranstalters als Arbeitgeber/Dienstherr	37
1. Hauptpflichten des Sportveranstalters	37
a) Beschäftigungspflicht	37
b) Vergütungspflicht	38
2. Nebenpflichten	40
D. Ansprüche bei Pflichtverletzungen	41
I. Ansprüche bei Pflichtverletzungen durch den Sportler	42
II. Ansprüche bei Pflichtverletzung durch Dienstherrn/Arbeitgeber	46
E. Mitbestimmung, Betriebsverfassungsrecht, Tarifvertragsrecht	48
I. Mitbestimmung im Mannschaftssport	49
1. Betriebsverfassungsrechtliche Mitbestimmung	50
2. Gewerkschaftliche Mitbestimmung	52
a) Tariffähigkeit, Art. 9 Abs. III GG, § 2 Abs. I TVG	53
b) Streikrecht	54
II. Mitbestimmung im Individualsport	55
F. Beendigung des Sportleistungsverhältnisses	56
I. Transfer-Wartefristen	58
II. Transfer-Zahlungen	60
III. Auswirkungen von Lizenzverlust, Aufstieg/Abstieg, Insolvenz eines Bundesligavereins auf den Arbeitsvertrag	62
1. Lizenzverlust	62
2. Aufstieg/Abstieg in andere Liga	63
3. Insolvenz	64
G. Besondere Sportleistungsverhältnisse (Sportlehrer, Trainer, Schiedsrichter)	65
I. Sportunterricht, Trainertätigkeit	65
1. Rechtsnatur, Vertragspflichten	66
2. Ansprüche bei Pflichtverletzungen	68
3. Beendigung des Trainerverhältnisses	69
II. Wettkampfrichter-Tätigkeit	70
1. Rechtsnatur, Vertragspflichten	70
2. Ansprüche bei Pflichtverletzungen	72

	Rz.
a) Ansprüche des Sportlers bzw. Spielers	72
b) Ansprüche des Verbandes/Vereins	72
2. Kapitel. Werbeleistungsverträge ("Sponsoringverträge")	73
Einführung	73
A. Vermarktungs- oder Sponsoringvertrag	77
I. Leistungsgegenstand, insbesondere die Werberechte	78
1. Immaterialgüter als Werberechte	79
a) Geschützte Immaterialgüter	79
b) Ansprüche bei Rechtsverletzungen	82
c) Rechtsnatur der immateriellen Werberechte und ihre Übertragung	83
2. Dienstleistungen	89
II. Typologische Einordnung des Vermarktungs- oder Sponsoringvertrages	90
1. Vergabe der Werberechte	91
2. Dienstleistungen	94
3. Leistungen des Sponsors	96
III. Vertragliche Regelungen, insbesondere der Pflichten im Einzelnen	97
1. Geschäftsgrundlage	97
2. Leistungen des Gesponserten	98
a) Vergabe der Werberechte	98
b) Dienst- und Werkleistungen des Gesponserten	103
3. Leistungen des Sponsors	108
4. Sportspezifische und allgemeine Regelungen	112
a) Beachtung der Verbands- und Vereinsregelungen	112
b) Vertragsdauer	114
c) Gerichtsstandsklausel, Tas/CAS	118
d) Internationale Verträge	120
e) Rahmenvertrag/Vorvertrag	121
IV. Pflichtverletzungen (Leistungsstörungen)	122
1. Grundsätze	122
2. Pflichtverletzungen (Leistungsstörungen) auf Seiten des Gesponserten	123
3. Pflichtverletzungen auf Seiten des Sponsors	126
4. Verletzung von Nebenpflichten	127
B. Ausrüstungsvertrag	129
3. Kapitel. Vermittlungsverträge	133
A. Werbeagenturvertrag	133
I. Agentur als Vermittler	134
1. Typologische Einordnung	135
2. Einzelne Regelungspunkte	136
a) Umfang der Vermarktung, Pflichten der Agentur	136
b) Pflichten des Auftraggebers (Entgelt)	139
c) Vertragsdauer, Kündigungsrecht	140
d) Abschluss der Sponsorenverträge	142
II. Agentur als „Eigenhändler"	143
III. Internationale Agenturverträge	149
B. Vermittlungs- und Managementvertrag	150
I. Athleten-/Spieler-Vermittlungsvertrag	151
1. Rechtsnatur/beiderseitige Pflichten	151
2. Ansprüche bei Pflichtverletzungen	151
II. Manager- oder Managementvertrag	152
1. Rechtsnatur, Pflichten	152
2. Ansprüche bei Pflichtverletzungen	153
a) Pflichtverletzungen des Managers	153
b) Pflichtverletzungen des Athleten	153
4. Kapitel. Fernseh-Verwertungsverträge	154
I. Rechtsnatur des Vertrages	155
II. Pflichten des Sportveranstalters und des Rechteverwerters	156
III. Ansprüche bei Pflichtverletzungen	157

	Rz.
5. Kapitel. Zuschauerverträge	158
I. Rechtsnatur des Vertrages, Vertragspflichten	158
II. Ansprüche bei Pflichtverletzungen	163
1. Pflichtverletzungen des Sportveranstalters	163
2. Pflichtverletzungen des Zuschauers	168
6. Kapitel. Sportwettverträge	168a
A. Grundlagen	169
I. Die Entwicklung der Sportwette	169
II. Gesetzliche Grundlagen der Sportwette	170
III. Zulässigkeit der Sportwette	170a
1. Glücksspielverbot gemäß §§ 284 ff. StGB	171
2. Erlaubnis bzw. Genehmigung der Sportwette	172
3. Rechtmäßigkeit der staatlichen Beschränkung des Sportwettenmarktes	173
B. Sport-Wettverträge	174a
I. Rechtsnatur des Vertrages, Vertragspflichten	175
II. Ansprüche bei Pflichtverletzungen	176a
1. Pflichtverletzungen der Wettspieler, Totogesellschaft und Annahmestelle	177
2. Pflichtverletzungen in einer Tippgemeinschaft	178
7. Kapitel. Versicherungsverträge	179
I. Die Sportveranstaltungsausfallversicherung	180
II. Fernsehausfallversicherung/Werbeausfallversicherung	181

Einführung

1 Die seit den sechziger Jahren sich entwickelnde zunehmende Kommerzialisierung des Sportgeschehens hat zur Folge, dass die über den Sport gewonnene Wertschöpfung das sportbezogene Brutto-Inlandsprodukt in der Zeit von 1993 bis 2000 von 1,4 % auf 1,5 % steigen ließ und der Wert von Waren und Dienstleistungen des Sportbereichs mittlerweile im Jahre 2000 eine Höhe von über 29,5 Milliarden Euro erreichte.[1] Die zunehmende Bedeutung des Sports als Wirtschaftsfaktor, begründet mit technischen Entwicklungen und Gewinn an mehr Freizeit, führte nicht nur zu einer zunehmenden Verrechtlichung.[2] Sie führt infolge der Ökonomisierung des Sportgeschehens zu einer Eingliederung von Sportsachverhalten in das Wirtschafts- und Arbeitsrecht.

Zunächst hat man allerdings rechtstatsächlich danach zu differenzieren, ob die Beteiligten Sport als *Freizeitbeschäftigung* betreiben, etwa zur Erholung, Gesundheit, Fitness und Leistungssteigerung oder als *Beruf* oder *Arbeit* zur Sicherung ihrer Existenz. Sportliche Betätigung im bezahlten Sport ist schon längst nach sozialen und soziologischen Maßstäben durchaus unter dem Begriff *Arbeit* einzuordnen.[3] Sportliche Hochleistung hat, wirtschaftlich messbar, einen Marktwert, weshalb sie auch Arbeit in rechtlichem Sinne[4] ist; dabei ist es unerheblich, dass diese Tätigkeit neben ihrem Erwerbszweck gleichzeitig spielerische Elemente aufweist. Ebenso ist sportliche Betätigung herrschender Ansicht nach *Beruf* im Sinne des Art. 12 GG.[5]

2 Die Entwicklung hat bald gezeigt, dass neben der professionellen Vorbereitung und Durchführung von Wettkämpfen in der Großzahl der Sportarten, die der (Fernseh-)Vermarktung unterliegen, keine Berufe mehr ausgeübt werden können und somit Sportler

---

[1] Siehe hierzu 10. Sportbericht der Bundesregierung, BR Drucks., 590/02, 1, 19; *Büch* in *Schlattmann/Seidelmeier* (Hrsg.): Themenfelder der Sportwissenschaft zwischen Ökonomie und Kommunikation, 203, S. 1, 7.
[2] Siehe hierzu im Einzelnen oben Einleitung, Rz. 6.
[3] So z. B. bereits *Habermas*, in Soziologische Notizen, „Verdopplung der Arbeitswelt im Leistungssport", siehe bei *Poschenrieder*, S. 46–55.
[4] Siehe für alle *Schaub*, § 8 II 1b; a. A. noch BSGE 16, 98; BAG, EzA Nr. 36 zu § 611 BGB.
[5] So bereits BVerfGE 14, 22; 22, 287; *Turner*, MDR 91, 570; BGH, NJW 99, 3552 = SpuRt 99, 236.

auf finanzielle Ausgleiche angewiesen sind, teils durch den Staat über Fördermittel[6] und über die Wirtschaft in Gestalt von Vermarktungs- bzw. Sponsoringeinnahmen, teils direkt, teils über die Sportverbände als deren Vermarkter.

In diesem Zusammenhang ist die Zweiteilung des Sportlers in Amateur und Profi bedeutsam:

Die ursprüngliche Amateur-Regel[7] der Amateur Athletic Association 1866 in England

„*Amateur ist der Gentleman, der noch nie an einem öffentlichen und für alle Teilnehmer offenen Wettbewerb teilgenommen hat, der noch nie für Geld gestartet ist, der noch niemals mit einem Berufsathleten um einen Preis oder um Wettgelder gekämpft hat, der noch nie in seinem Leben den Beruf eines Lehrers oder Trainers im Sport ausgeübt hat und der schließlich weder Arbeiter noch Künstler noch Journalist ist*"

wurde vom IOC zunächst im Jahre 1896 ändert. Das IOC untersagte den Amateuren, die an den Olympischen Spielen teilnehmen wollten, jegliche finanzielle Zuwendungen für sportliche Betätigungen. Jedoch im Jahre 1974 gestattete bereits die IOC-Regel Nr. 26 wenigstens auf dem Umweg über den nationalen oder internationalen Verband Sponsorenverträge zu schließen, wobei Zahlungen nur an den jeweiligen Verband gehen durften.[8]

Diese Regel 26 wurde im Laufe der Jahre mehr und mehr aufgelockert und durch die Olympic Charta 1991 endgültig beseitigt. Die spätere IOC-Regel 45 in der Fassung 1996 verbot lediglich finanzielle Zuwendungen während der Dauer der Olympischen Spiele, was jetzt in IOC-Regel 41 weiterhin gilt.[9]

Die Konsequenz aus dieser Entwicklung[10] ist somit die veränderte rechtliche Stellung des Sportlers bei Hochleistungstraining und Wettkampf und seine daraus gewandelten rechtlichen Beziehungen in den Bereichen Arbeit und Wirtschaft. Der Beginn der Kommerzialisierung im Sport kann in etwa auf die Olympischen Spiele 1960 in Rom und 1964 in Tokio fixiert werden, als damals bereits von Produzenten von Sportartikeln den Teilnehmern der Olympischen Spiele sowie internationalen Sportveranstaltungen unentgeltlich Sportgeräte zur Verfügung gestellt wurden sowie weitere geldwerte Leistungen; es entwickelten sich Ausrüsterverträge und Werbeverträge mit Sportlern. Ebenfalls wurden Sportverbände mehr und mehr mit Geld ausgestattet in gleichzeitiger Verbindung mit Werbemaßnahmen aus der Wirtschaft, denn Sportgroßveranstaltungen waren nicht mehr finanzierbar. Für die Olympischen Spiele in Montreal 1976 wurden bereits insgesamt 34,8 Mio. DM bezahlt, für Barcelona 1992 bereits 825 Mio. DM. Für die Vergabe von Fernsehrechten wurden bei Olympia in München 17,8 Mio. Dollar bezahlt, für Barcelona 1992 bereits 635 Mio. Dollar, zuletzt in Athen 2004 1,49 Milliarden.[11] Es entwickelte sich die Sponsoring-Praxis, welche besonders die Sportarten Fußball, Automobilsport, Tennis, Ski, Boxen, Leichtathletik, Eiskunstlauf, Reiten und Golf vermarktete[12] (ist mit neueren Zahlen nicht auszuführen).

Wird nun Sport mit Erwerbszweck in Arbeit und Beruf betrieben oder wird sportliche Betätigung wirtschaftlich verwertet, so kommt es aus der Sicht des Rechtsanwenders darauf an, welche Verträge mit welchem Inhalt zwischen den Beteiligten geschlossen werden, um dann je nach Vertragstyp die beiderseitig gewollten Rechtsfolgen zu bestimmen und bei etwaigen Leistungsstörungen und Pflichtverletzungen die *gegenseitigen Ansprüche* angemessen bewerten zu können.

---

[6] Zur Sportförderung siehe 1/Rz. 41.
[7] Zur Entwicklung des Amateurbegriffs *Müller*, Olympische Kongresse, passim; *Reschke*, Sport als Arbeit, RuS 4, S. 3 ff.
[8] Zur damaligen Vertragskonstruktion Sportler – Fördergesellschaft Deutsche Sporthilfe GmbH – Sponsor im Einzelnen: *Seiter*, RuS 3, S. 57 ff.; *Bruhn/Mehlinger*, Sponsoring II, S. 53.
[9] Siehe hierzu auch, 2/Rz. 180 f., sowie Anhang B.1.
[10] Zur Entwicklung des Amateurstatus *Reschke*, RuS 4, 10 ff.
[11] Siehe hierzu 4/120, 121.
[12] Siehe im Einzelnen bei *Bruhn*, Sponsoring, S. 81 f. sowie *Vieweg*, RuS 20, 53 f., *Hermanns/Riedmüller*, S. 47 ff. 131 ff.; sowie die Beiträge in *Galli/Gömmel/Holzhäuser/Straub*, S. 229 ff.

Einführung

Sportler schließen Vereinbarungen mit Vereinen, Verbänden und Wirtschaftsunternehmen als Sportveranstalter, ebenso paktieren Vereine und Verbände mit Wirtschaftsunternehmen; schließlich bestehen vertragliche Beziehungen zwischen Veranstaltern und Zuschauern bei allen Sport-Wettkampfveranstaltungen.

Gegenstand dieser Verträge kann zunächst einmal die *Sportleistung* selbst sein, die der Sportler aufgrund eines Dienst- oder Arbeitsvertrages erbringt (Sportleistungsvertrag). Vereine und Verbände können aufgrund einer organisatorischen Leistung Sportveranstaltungen anbieten, sei es den Zuschauern (Zuschauervertrag), sei es Medien, insbesondere Fernsehunternehmen (Fernsehverwertungsvertrag).

Ebenso kann Inhalt dieser Verträge die *Werbeleistung* sein, denn den weitaus größten Teil der Gelder erhält der Sport aufgrund der Vermarktung seines good will. Diese Verträge mit den *Werbeleistungen* von Sportlern, Verbänden, Vereinen oder sonstigen Veranstaltern schwanken in ihren Bezeichnungen: Die gesamten Aktivitäten zur Geldbeschaffung wird oft als *Merchandising*[13] bezeichnet. Vom Blickwinkel des Geldgebers aus, der einen Sportler, Verband oder Verein „fördert", spricht man von *Sponsoringverträgen;* aus dem Blickwinkel des Gesponserten von *Vermarktungsverträgen*. Sportbezug haben diese Verträge, da Grundlage der Werbeleistung eine sportliche Aktivität ist, entweder die eigene sportliche Leistung des Sportlers oder die vom Verband, Verein oder sonstigen Veranstalter organisierte.

4   Nach herkömmlicher zivilrechtlicher Systematik im Vertragsrecht und Schuldrecht bestimmen einzelne Vertragstypen die jeweiligen gesetzlichen Voraussetzungen sowie das Entstehen und Erlöschen wirksamer Ansprüche. Anspruchsvoraussetzung für beiderseitige Ansprüche ist in jedem Falle ein *bestehendes Schuldverhältnis,* dessen Inhalt eine *Leistung* (§ 241 S. 1 BGB) ist.

Der *Sportler* erbringt mit seiner sportlichen Tätigkeit eine *Sportleistung* sowie zeitgleich, in unmittelbarem Zusammenhang oder im Anschluss daran, weitere Leistungen für Produkte und Namen von Wirtschaftsunternehmen, eine *Werbeleistung.* Für beide erhält er Vergütungen.

Der *Sportveranstalter* dagegen erbringt *Organisations- und Werbeleistungen,* er organisiert und „veranstaltet" die Sportleistung des Sportlers. Diesen Leistungen stehen jeweils die Geldleistungen des Sponsors, eines Wirtschaftsunternehmens oder eines Vereines bzw. Verbandes gegenüber:

Leistungen im Sport
– die *Sportleistung des Sportlers*
– die *Werbeleistung des Sportlers*
– die *Organisations- und Werbeleistung des Sportveranstalters als Verein, Verband, Sportunternehmer*
  gegenüber
– *Geld-Leistungen der Sponsoren, Wirtschaftunternehmen oder Vereinen bzw. Verbänden.*
– *Dienstleistungen der Berater, Manager, Vermittler*

5   Nach den Vertragsleistungen, als dem Hauptinhalt der Verträge, nämlich *Sportleistung* und *Werbeleistung* im Sport, bieten sich, abgesehen von der Gestaltungsfreiheit schuldrechtlicher Verpflichtungsverträge, folgende *Vertragsarten* an, die in die gesetzlich geregelten *Vertragstypen* passen:

Einteilung der vertraglichen Beziehungen nach Rechtssubjekten (Beteiligten):
– *Verträge zwischen Sportler und Sportveranstalter (Verein, Verband, Unternehmer)*
  über die Leistung einer sportlichen Tätigkeit, also „Sportleistung"
  (*Sportleistungsvertrag*)
– *Verträge zwischen Sportler und Vermarktern bzw. Sponsoren*

---

[13] Siehe hierzu z. B. *Pohlmann,* in *Galli/Gömmel/Holzhäuser/Straub,* S. 373; auch 2/73.

sowie Sportveranstalter (Vereine, Verbände, Unternehmern) und Vermarktern bzw. Sponsoren über eine Werbeleistung bzw. Vermarktungsleistung in Form des Gestattens einer Nutzung von Rechten an Person und sportlicher Tätigkeit oder in Form zusätzlicher eigener Tätigkeit *(Vermarktungs-/Sponsoringvertrag, Ausrüstervertrag, Agenturvertrag)*
- *Verträge zwischen Sportler sowie Sportveranstalter (Verein, Verband) und Wirtschaftsunternehmen über die Verwertung des Produktes Sportleistung des Sportlers oder Sportveranstaltung des Veranstalters (Fernseh-Verwertungsvertrag)*
- *Verträge zwischen Sportler und Berater, Vermittler, Manager über eine Dienst-Beratungs-Vermittlungsleistung (Sportmanagementvertrag)*
- *Verträge zwischen Sport-Veranstalter und Sport-Zuschauern über das Zuschauen bei einer Sportveranstaltung (Zuschauervertrag)*
- *Verträge zwischen Sport-Wettveranstalter und Wettspieler über die Verwertung eines Sportwettkampfergebnisses (Sportwettverträge)*
- *Verträge zwischen Sportunternehmern und Versicherer (Sportversicherungsvertrag) über eine Versicherungsleistung (Sportversicherungvertrag)*

In Gegensatz zu diesen originär sportbezogenen Vertragstypen, deren Inhalt also sport- 6
typische Leistungen bzw. Vertragsinhalte zum Gegenstand haben, stehen sonstige Verträge, wie z. B. Miet- oder Pachtverträge mit einem Sportstätten-Eigentümer, Arbeitsverträge und Dienstverträge mit organisatorisch oder kaufmännisch Tätigen, Kaufverträge anlässlich Sportgeräteanschaffungen, Finanzierungsverträge oder allgemeine Versicherungsverträge zur Abdeckung verschiedener Risiken. Diese weisen keine rechtlich sportspezifischen Besonderheiten auf; sie beinhalten weder Sport- oder noch Werbeleistungen des Sportlers oder Sportveranstalters und sind daher Leistungen des allgemeinen Wirtschaftslebens. Sie unterliegen somit den üblichen schuldrechtlichen Kriterien rechtlicher Beurteilung.[14]

1. Kapitel. Sportleistungsverträge

Die Leistung des Sportlers gegenüber dem Veranstalter besteht hier in dem Erbringen ei- 7
ner sportlichen Tätigkeit.

Hauptleistung ist die Sportleistung, eine Nebenleistung kann die Werbeleistung[15] sein. Nach dem allgemeinen schuldrechtlichen Leistungsbegriff in §§ 241, 362 BGB[16] ist *Leistungsverhalten* wie auch *Leistungserfolg* die *sportliche Tätigkeit,* weshalb man von einer *Sportleistung* sprechen kann. Die Gegenleistung des Veranstalters besteht überwiegend in einer Geldleistung; diverse beiderseitige weitere Verhaltenspflichten können hinzutreten.

A. Sportliche Tätigkeit als schuldrechtliche Leistung

Die Sportleistung im Sinne von Leistung einer sportlicher Tätigkeit kann (ebenso wie 8
Werbeleistung) Gegenstand rechtlicher Verpflichtung sein.[17] Besonders die traditionellen Berufssportarten zeigen uns, dass sich Sportler, wenn sie wirtschaftliche Interessen verfolgen,[18] gegenüber dem Veranstalter zu sportlicher Tätigkeit bzw. Sportwettkampf verpflich-

---

[14] Siehe zu der Vielzahl der im Zusammenhang mit Sport abgeschlossenen Verträge im Einzelnen bei *Partikel*, Formularbuch für Sportverträge, unter D.
[15] Soweit eine Werbeleistung des Sportlers vorgesehen ist, gelten hier die Ausführungen unter Rz. 73 ff.
[16] Siehe zum Leistungsbegriff, *MüKo-Kramer,* § 241, Rz. 6.
[17] Siehe z. B. *Schaub,* § 186 IV m. w. N. zum Lizenzspieler u. a.
[18] Hierzu Rz. 13 ff.

ten, vornehmlich in Sportarten wie Automobilsport, Boxen, Fußball, Rugby, Basketball, Eishockey, Eislauf, Radsport.

Der Inhalt der *Sportleistung* als schuldrechtliche Leistung besteht in der Leistung (oder Darbietung) der jeweiligen Sportart in ihrer Eigenart und Technik selbst, nicht dagegen in der Leistung eines bestimmten Standards. Wo und in welchen Bereichen eine Sportleistung überhaupt entstehen kann, mag ein kurzer Exkurs in die verschiedenen Sportbereiche in Wirtschaft und Gesellschaft verdeutlichen, im *nichtorganisierten* oder im organisierten Bereich.

In diesem *organisierten Bereich*[19] ist der Sport − sieht man vom Schulwesen ab − in Vereinen und Verbänden, dort vornehmlich in Form des Wettkampfbetriebes, gekennzeichnet also durch regelmäßige Trainings- und Wettkampfveranstaltungen, einem hoch entwickelten Sportbetrieb, was die Leistungserbringung, aber auch die wirtschaftliche Verwertung anbelangt.

9 Bei der Organisation des Sportwettkampfbetriebes in den verschiedensten Sportarten, insgesamt 56 Fach-Sportverbände[20] in der Bundesrepublik, unterscheiden wir zwischen nationalen und internationalen Wettkampfveranstaltungen sowie zwischen *laufenden Wettkämpfen* und *einzelnen Wettkampfveranstaltungen*.

Die laufenden Wettkampfveranstaltungen werden in bestimmter zeitlicher Reihenfolge in so genannten Ligen durchgeführt auf Bundes- und Landesebene, z. B. die 1. und 2. Bundesliga im Fußballsport, Eishockey, Tennis etc. in vielen weiteren Sportarten.

Ebenfalls werden auf Landesebene in den Landesligen laufende Wettkämpfe veranstaltet, vornehmlich in Mannschaftssportarten, deren Professionalität ebenso wie deren Vermarktung abnimmt und sich dem Freizeitsport nähert.[21]

Neben diesen laufenden Wettkämpfen werden auf nationaler und internationaler Ebene für viele Einzelsportart-Disziplinen einzelne Wettkampfveranstaltungen als Turniere, Rennen, Meisterschaften organisiert.

Bei all diesen Wettkampfveranstaltungen tritt als Veranstalter entweder ein gastgebender Sportverein auf (so z. B. bei laufenden Liga-Wettbewerben), oder aber ein (Regional-)Sportverband (z. B. bei einzelnen Sportwettkämpfen), der jeweilige Fach-Spitzenverband (z. B. bei Deutschen Meisterschaften). Bei den internationalen Sportwettkampfveranstaltungen z. B. den so genannten Cup-Veranstaltungen wie im Tennis Davis-Cup und dem Skisport der sog. Weltcup, ist der jeweilige nationale Spitzen-Verband oder internationale Verband der Veranstalter.

10 Bei den Einzelveranstaltungen des Spitzensports, z. B. Leichtathletik-Meetings, Tennisturnieren, Skirennen, gab es lange Zeit eine mit dem Fußball vergleichbare dominante Organisation *eines* Sportverbandes nicht. Es haben sich allerdings einige Sportarten wegen ihres besonderen Zuschauerinteresses „an die Spitze gearbeitet" und Veranstaltungs-Zyklen entwickelt, die nationalen oder internationalen Ligen ähneln, wie z. B. im Automobil-Rennsport die so genannte Formel-1-Weltmeisterschaft mit jährlich 15 Rennen an verschiedensten internationalen Orten weltweit, im Tennis die internationale ATP-Tour, im Golf die Internationale PGA-Golf-Tour, sowie im alpinen Skisport der FIS-Weltcup.

In allen diesen Bereichen wird somit Sport geleistet, *Sportleistungsverträge* werden geschlossen zwischen Sportler und Verein als Veranstalter laufender Sportveranstaltungen bzw. Ligawettbewerben (z. B. Bundesligen) oder einzelner Sportwettkämpfe (z. B. Leichtathletik-Meeting), ebenso mit Unternehmern, als Veranstalter eines Tennisturniers. Der Sportveranstalter verkauft die an ihn erbrachte Sportleistung an den Sponsor weiter.

---

[19] Im nicht organisierten Bereich des Sports wird keine Sportleistung erbracht, oftmals bezahlt der Sportler sogar Geld um eine Sportleistung im weiteren Sinne zu erhalten, bedenkt man die Angebote des Freizeitmarktes insbesondere der Sportveranstalter wie Sporthäuser, Reisebüros und Sporttouristik.

[20] Siehe hierzu, 2/Rz. 22 ff.; 34 ff.

[21] Amateursportler (ohne Vergütung) und Profisportler (mit Vergütung) können auch im gleichen Wettkampf nebeneinander auftreten.

Von dem Organisationsrahmen und der -form, die die jeweiligen Spitzenverbände 11 für ihre Sportarten konstruieren, hängt wiederum die vertragliche Vereinbarung ab, nach der die *Sportleistung* oder *Werbeleistung* erbracht wird.

Generell kann man von zwei verschiedenen grundsätzlichen Möglichkeiten der Betätigung im Profisport ausgehen: Entweder ist der Sportler als Arbeitnehmer in einer Organisation (Club- und Ligawettbewerb – ausnahmsweise eventuell auch im Verband z. B. Skiverband) tätig oder er ist im Rahmen eines Dienstvertrages in Einzelfall mit Veranstaltern (eines Tennistuniers, Golftuniers oder Boxwettkampfes) verbunden.

Als **Exkurs** kann hierzu die Organisationsstruktur der einzelnen Sportarten[22] behilflich sein:

Fußball

Im Deutschen Fußballbund (DFB) wird der Amateurfußball in den Ligen der einzelnen Landesverbände organisiert, der Profi-Fußball der 1. und 2. Bundesliga in dem im Jahr 2001 gegründeten Liga-Verband dem mittels eines sog. „Grundlagenvertrages" die Rechte an der Bundesliga übertragen wurden. DFB und Liga-Verband verpflichten sich zu beiderseitigen Leistungen, insbesondere verschiedenster Zahlungen, wie z. B. Einnahmen aus Eintrittsgeldern und Medienverwertung. Die Deutsche Fußballliga GmbH (DFL GmbH) wiederum ist die Geschäftsführungsgesellschaft des Liga-Verbandes und übernimmt für diesen das operative Geschäft; sie erteilt z. B. die Lizenzen an die Clubs, die mittels Lizenzvertrag Mitglied im Verband werden, ferner die Lizenzen an Spieler.[23]

Die Arbeitsverträge mit den Fußballspielern schließen wiederum die Fußballclubs ab.

Eishockey

Im Eishockey dagegen hat der Deutsche Eishockeybund (DEB) den gesamten Liga-Betrieb oberhalb der Landesverbände ausgegliedert, sowohl für den Amateur- als auch für den Profi-Sport. Die ESBG GmbH organisiert die Ligen im Amateurbereich, die DEB DEL GmbH den Profi-Sport. Die jeweiligen Clubs sind „Mitglieder" in diesen Gesellschaften, es sind alle Rechtsformen als Gesellschafter zugelassen.[24] Beide Gesellschaften sind mit dem DEB mittels eines Kooperationsvertrages verbunden. Voraussetzung der Mitgliedschaft in den Gesellschaften ist, dass die Gesellschafter mittels eines Kooperationsvertrages mit einem gemeinnützigen Verein verbunden sind, welcher gleichzeitig wiederum Mitglied in einem Landesverband des DEB ist.

Die die Durchführung des Profi-Eishockeys repräsentierende Deutsche Eishockey-Liga (DEL) dagegen wurde unabhängig vom DEB von den Clubs gegründet.[25]

Die Clubs sind als GmbH konstruiert, die wiederum Gesellschafter der DEL GmbH werden, wenn ihnen die Lizenz als Teilnahmerecht erteilt wird. Auch die Eishockey-Spieler haben einen Lizenz-Vertrag mit der DEL GmbH, sie schließen Arbeitsverträge mit den jeweiligen Clubs ab.

Handball

Der Deutsche Handball-Bund (DHB) hat den Liga-Betrieb im Amateur- und Profi-Handball ähnlich der Struktur im Deutschen Fußballbund (DFB) organisiert. Der Amateur-Handball wird durch Regional- und Landesverbände im DHB durchgeführt, der Profi-Handball dagegen von der Handball-Bundesliga-Vereinigung Männer und der Handball-Bundesliga-Vereinigung Frauen. Die Clubs sind Mitglieder im Liga-Verband, nachdem sie eine Lizenz erteilt bekommen haben. Eine Handball-Bundesliga GmbH fun-

---

[22] Siehe hierzu auch 2/Rz. 35f., Anhang B.2; zum Veranstalter-Begriff, 4/82ff.
[23] Siehe hierzu *Summerer*, SpuRt 2001, 263 sowie *Holzhäuser*, SpuRt 2004, 145 f.
[24] Siehe § 2 Nr. 2.2 der DEB-Satzung, siehe weiterhin *Holzhäuser*, SpuRt 2004,246.
[25] Zur Entwicklung des ursprünglichen Franchise-Systems siehe z. B. den DEL-Schiedsspruch v. 7. 2. 97, SpuRt 97, 165; *Weiß*, SpuRt 1997, 158 sowie *Schäfer* in *Scherrer* (Hrsg.), Sportkapitalgesellschaften 1998, 17 ff.

giert als Durchführungsgesellschaft des Verbandes, die sog. HBL GmbH. Ligaverband und Deutscher Handball-Bund (DHB) sind durch einen sog. Grundlagenvertrag verbunden.

Die Handball-Spieler erhalten eine Lizenz vom Liga-Verband und sind mittels Arbeitsvertrag mit dem jeweiligen Club verbunden.

Basketball

Im Deutschen Basketball-Bund (DBB) wird der Amateur-Basketball von den Landesverbänden wettkampfmäßig in Ligen durchgeführt, diese sind wie üblich ordentliche Mitglieder im DBB. Der Profi-Basketball wird durch die Arbeitsgemeinschaft der 1. Basketball-Bundesliga der Herren (AG BL) organisiert, die wiederum Mitglied im Deutschen Basketball-Bund ist. Die Basketball-Bundesliga GmbH (BBL GmbH) ist wiederum für die Durchführung des Ligasports verantwortlich. Gesellschafter in der Basketball-Bundesliga GmbH (BBL GmbH) sind der DBB und die AG BL, wogegen die Basketball-Clubs nicht unmittelbar Gesellschafter in der BBL GmbH sind, vielmehr nur Mitglied in der AG BL. Lizenzen für die Basketball-Spieler erteilt die BBL GmbH, Arbeitsverträge werden wiederum mit den Clubs geschlossen.

Automobil-/Motorradsport

Wettkämpfe werden organisiert von den Clubs in den Spitzenverbänden Allgemeiner Deutscher Automobil-Club (ADAC) und Deutscher Motorsport-Verband (DMV), unter der weiteren Koordination und Aufsicht der *Obersten Nationalen Sportkommission Deutschland* (ONS), sowie der *Obersten Motorradsport-Kommission* (OMK) und des internationalen Verbandes FIA.

Der Sportler – Autorennfahrer, Motorradrennfahrer – steht in Verbindung mit der Automobilfirma bzw. Rennstall oder dem Sponsor, z. B. der Rennfahrer Michael Schumacher mit Ferrari.

Boxen

Der Boxsport wird organisiert durch den *Bund deutscher Berufsboxer (BDB)* und den *Deutschen Amateur-Boxverband (DABV).* Wettkämpfe werden von Veranstaltern gegen Zahlungen fester Kampfbörsen bei Berufsboxern organisiert, bei sog. Amateuren dagegen von den Vereinen.

Golf

Profi-Golfer verpflichten sich selbständig gegenüber den Veranstaltern von großen Turnieren. Die übrigen Hochleistungssportler im deutschen Golfsport regeln ihre Teilnahme bei regionalen und überregionalen Turnieren ebenso selbst.

Leichtathletik

Wettkampfdurchführung und Teilnahme der Athleten sind in der Wettkampfordnung (WKO) sowie in den Regeln der International Association of Athletics Federations (IAAF) niedergelegt.

Leichtathleten erhalten von ihrem jeweiligen Verein oder Spitzenverband ihre Startberechtigung je nach entsprechender Qualifizierung, A-Kaderathleten sind mittels einer Lizenzvereinbarung an den Verband gebunden.

Radsport

Beim Radsport findet man im *Berufsradsport* die Wettkämpfe „auf offenen Winterbahnen, sowie auf der Straße einschließlich Rundstreckenrennen, Kriterien und Querfeldeinrennen". Diese echten Profiradfahrer stehen in vertraglichen Beziehungen zum jeweiligen Veranstalter. Es gibt Lizenzen für Berufsfahrer und Schrittmacher, ebenso wie für die Veranstalter (einschließlich der Helfer), ausgestellt durch den Bund deutscher Radfahrer e.V. Daneben gibt es die *Leistungssportler mit Amateurstatus* im Bund deutscher Radfahrer in den Sportarten Straßen- und Bahnrennsport, Kunstradsport, Radball und Radpolo, BMX, Mountain-Bike. Beziehungen bestehen jeweils zwischen Vereinen als Veranstaltern und Sportlern.

Skisport
Der Skiläufer regelt seine Teilnahme an Wettbewerben über seine Starterlaubnis mit dem Verein; der deutsche Skiverband erteilt für die Skiläufer aller Leistungsklassen die Teilnahmeberechtigung auf nationaler Ebene, bei internationalen Wettkämpfen wird eine Lizenz benötigt.

Die Spitzenfahrer oder Langläufer stehen in vertraglichen Beziehungen mit dem deutschen Skiverband und sind im so genannten Skipool eingegliedert.

Tennis
Es besteht eine Bundesliga.

Nach dem Bundesligastatut des deutschen Tennisbundes benötigen die Spieler eine Spielberechtigung, Teilnahmeregelungen werden zwischen Spielern und Vereinen geschlossen. Im Übrigen nehmen die Spitzenspieler im Tennis an nationalen und internationalen Tennisturnieren selbstständig teil und schließen entsprechende Vereinbarungen mit den Veranstaltern. ATP-Ranglistenspieler und Spitzenspieler treffen Vereinbarungen über Turnierteilnahmen (Meldungen), wie Wimbledon und French Open oder ATP-Tour, sowie bei Daviscup und Federationcup selbst oder sind über die Weltrangliste qualifiziert.

Zusammenfassend ist feststellen, dass dort, wo aufgrund vorgegebener Sportverbandsorganisation die Leistung des Sportlers in Form von sportlicher Betätigung als wesentliche Hauptleistung eines Vertrages vereinbart wird, es sich um einen *Sportleistungsvertrag* handelt, dagegen dort, wo die Werbeleistung als wesentliche Hauptleistung gilt, es sich um einen *Vermarktungsvertrag* bzw. die weiteren erwähnten Vertragstypen handeln wird.

Sportleistungen werden auch erbracht in Zusammenhang mit weiteren Leistungen; z. B. leisten Sportlehrer und Trainer sportliche Tätigkeit zusätzlich mit Ausbildungs- und Betreuungstätigkeit ebenso wie Schiedsrichter und Assistenten (Linienrichter) mit der Leitung eines Sportwettkampfes. Derartige Leistungen mit nur teilweiser sportlicher Betätigung bedürfen einer zusätzlich andersartigen Bewertungsweise.[26]

B. Vertragsrechtliche Grundlagen

I. Vertragliche Verpflichtung zur Begründung eines Schuldverhältnisses

Schuldrechtliche Verpflichtungen zu sportlicher Tätigkeit können stets nur auf der Grundlage eines vertraglich vereinbarten Schuldverhältnisses (§ 311 BGB) bestehen: Nach § 241 S. 1 BGB kann der Gläubiger vom Schuldner eine Leistung fordern. Von derartigen Leistungsverpflichtungen sind die Rechtsbeziehungen abzugrenzen, welche zwischen Sportler und Verein bzw. Verband bestehen und sich aus der Vereins- bzw. Verbandsmitgliedschaft ergeben: Allein durch Mitgliedschaften und Teilnahme am Sport oder etwa durch Erteilung eines Athletenpasses. Es ergibt sich keine schuldrechtliche Verpflichtung zu sportlicher Leistung, allenfalls lediglich solche Verpflichtungen zur Regeleinhaltung, d.h. den Sport so zu betreiben, wie im Sportverbands-Regelwerk vorgegeben ist.[27]

Scharf zu unterscheiden sind demnach Sportleistungsvertrag und Regelanerkennungsvertrag; Letzterer verpflichtet wiederum den Verband zur Zulassung von Verbandsveranstaltungen, wenn die sportlichen Voraussetzungen erfüllt werden.[28]

12

---

[26] Siehe hierzu unten, Rz. 65 ff.
[27] Zur sog. kollektivrechtlichen Seite der Sportleistung siehe z. B. *Kirschenhofer*, S. 18 ff.
[28] Vgl. im Einzelnen, *MüKo-Reuter*, § 38 Rz. 24; *Reichert*, 819 ff.; allenfalls durch eine besondere Satzungsbestimmung könnte eine Sportleistungspflicht brgründet werden, *Reichert*, Rz. 5355 ff.

Ebenfalls bestehen im *nichtorganisierten Freizeitsport* keine rechtliche Verpflichtungen zu einer Sportleistung unter Sportlern oder zwischen Sportlern und Organisatoren (mit einziger Ausnahme des Sportausbildungsvertrages).[29]

Ob somit über die Vereinsmitgliedschaft hinaus schuldrechtliche Leistungsverpflichtungen des Sportlers bestehen beurteilt sich danach, welche Leistungen der Sportler durch die Mitgliedschaft im Verein und damit einer Mannschaft zusätzlich erhält (Trainingsbetreuung, Material).[30]

Betreibt der *Hochleistungssportler* dagegen leistungsbezogenen Wettkampfsport mit intensiven Vorbereitungen, insbesondere Training, und erhält dafür eine konkret abgesprochene Vergütung, so erbringt er eine Sportleistung gegenüber dem Vertragspartner als Leistung eines Vertrages gemäß §§ 241, 320 BGB. Inhalt und Umfang der Sportleistung werden je nach Sportart und Sportveranstalter frei vereinbart, auf der Grundlage von gesetzlichen Bestimmungen und eventuellen Verbandsregelungen.

Hierzu geben verschiedene Verbände ihren Vereinen,[31] welche als Veranstalter fungieren, Musterverträge vor, wie z. B. der *Deutsche Fußball-Bund, der Deutsche Eishockey-Bund,* bzw. DFL und DEL *für den Ligabetrieb.* Der *Deutsche Eishockeybund* spricht in Art. 49 Ziff. 2 SpO nur von Verträgen über die Anerkennung der Satzung und Spielregeln des DEB; ähnlich der Deutsche Handballbund in seiner Spielordnung § 12 Ziff. 1c von „vertraglicher Bindung" in Zusammenhang mit der Spielberechtigung. Diese verschiedenen Vertragsarten sind je nach Inhalt im Einzelnen Arbeitsverträge, Dienstverträge, Lizenzverträge oder Regelanerkennungsverträge welche je nach Inhalt Verpflichtungen zu Sportleistung enthalten, manchmal sogar gleichzeitig eine Vergabe einer Lizenz des Verbandes an den Sportler oder aber auch im Amateurbereich lediglich eine Regelanerkennungsvereinbarung darstellen.[32]

II. Einordnung des Sportleistungsvertrages als Werk-, Dienst- oder Arbeitsvertrag

13   Verpflichtet sich der Sportler zu einer Sportleistung gegen Entgelt, also mit dem Zweck, dass er diese Leistung erbringt, um dafür eine Vergütung zu erhalten, so ist dies ein *gegenseitiger personenrechtlicher Austauschvertrag.*[33] Dieser bestimmt die beiderseitigen Pflichten der Parteien und kommt formlos zustande, wenn beide Vertragsteile sich über die Vertragsbedingungen einig sind. Gesetzliche Formvorschriften bestehen nicht,[34] lediglich einige Verbände wie z. B. die FIFA schreiben die Schriftform vor.

Für die Beurteilung der einzelnen Pflichten und Leistungsstörungen kommen die gesetzlich geregelten Vertragstypen eines Dienstvertrages (§§ 611 ff. BGB), Werkvertrages (§§ 631 ff. BGB) oder teils möglicherweise sogar eines Gesellschaftsvertrages (§§ 705 ff. BGB) mit spezieller Rechtsfolgenregelung in Betracht, in Zusammenhang mit Bestimmungen der allgemeinen schuldrechtlichen Verpflichtungsverträge nach § 311 BGB, deren Rechtsfolgen sich nach allgemeinen Schuldrecht der §§ 280, 323, 325 ff. BGB richten.

---

[29] Siehe hierzu unten, Rz. 65 ff.
[30] Siehe im Einzelnen auch 2/Rz. 160, ferner hierzu *Schmidt/Heinicke,* EStG § 3 Stichwort „Aufwandsentschädigung" zur Behandlung der „reinen Amateure" im Fußball, AR-Blattei SD 1480.2; *Arens/Scheffer,* Rz. 55–60; hierzu auch BFH v. 23.10.1992, SpuRt 1996, 208; auch *Reichert,* Rz. 5342.
[31] Zu den Vereinbarungen der Verbände mit Spitzensportlern, z. B. der Atlethenvereinbarung des DLV, siehe *Haas/Prokop,* SpuRt 1996, 109 ff.
[32] Siehe hierzu 2/158 f.
[33] Zum Austauschverhältnis, *Müko-Emmerich,* Rz. 3 ff. vor §§ 320 BGB; auch für Austauschverhältnis zwischen Sportler und Verein/Verband, *Pfister,* JZ 95, 465 m.w.N.; *Haas/Prokop,* SpuRt 1996, 111, kein Austauschverhältnis zwischen Athlet und Sportverband; siehe auch *Haas/Adolfsen,* NJW 95, 2147; siehe auch *Kirschenhofer,* S. 38 ff.
[34] Im Einzelnen grundsätzlich bei *Schaub,* § 29 I, § 32; *Palandt-Putzo,* § 611 BGB Rz. 13.

Die Vereinbarung einer Sportleistung ist, der Dienstleistung ähnlich, in den Dienstvertrag nach §§ 611 ff. BGB einzuordnen, denn als Rechtsfolge ist die sportliche Tätigkeit geschuldet, nicht etwa ein sportlicher Erfolg; letzteres würde für einen Werkvertrag nach §§ 631 ff. BGB sprechen.[35] Ein Werkvertrag wäre allenfalls dann anzunehmen, wenn zwischen Veranstalter und Sportler ein Teilnahmevertrag für eine Veranstaltung vereinbart wird, in der etwa Rekordversuche unternommen werden, was aber selten vorkommt;[36] Werkverträge können aber unter Umständen bei (erfolgsabhängigen) Trainerverträgen vorliegen.[37]

Je nach *Sportart* und *Organisation des Sportbetriebes* wird zwischen Sportverein oder -verband als Veranstalter und dem Sportler ein Dienstvertrag nach §§ 611 ff. BGB oder ein Dienstvertrag mit arbeitsrechtlichen Sonderbestimmungen (Arbeitsvertrag) geschlossen. Die Arbeitnehmereigenschaft des Sportlers zeigt unterschiedliche Rechtsfolgen weniger bei Beurteilung der gegenseitigen Hauptpflichten, wie Leistung und Vergütung (§§ 611, 612, 613, 614, 615, 616 BGB), und den Nebenpflichten, wie Treuepflicht und Fürsorgepflicht (§§ 617, 618 BGB), sondern bei arbeitsrechtlichen Sonderregelungen wie

– Weisungs(Direktions-)recht
– Kündigungsschutz-Vorschriften
– Entgeltfortzahlung, Urlaub
– Tarifvertrags- und Betriebsverfassungsrecht
– Sozialversicherungsrechtliche Folgen
– Zuständigkeit der Arbeitsgerichte bei gerichtlicher Auseinandersetzung

Nach herrschender Auffassung in Rechtsprechung und Literatur hängt die Arbeitnehmereigenschaft davon ab, ob die Tätigkeit von einer persönlichen Abhängigkeit geprägt ist, was wiederum von der organisatorischen Einbindung in den Betrieb des Dienstberechtigten, dessen Weisungsgebundenheit nach Ort, Zeit und Inhalt der Arbeitsleistung, ferner einer organisatorischen Abhängigkeit für die Leistungserbringung und schließlich die Leistungserbringung für fremdnützige Zwecke.[38] **14**

Je nach Organisation des Sportbetriebes, der jeweiligen Sportart und des Veranstalters, sei es Verein, Verband oder privater Sportveranstalter,[39] kann die Frage der Arbeitnehmereigenschaft beantwortet werden. So ist z. B. bei der Organisation von laufenden Mannschaftswettkämpfen, wie bei den Bundesligen, beim Veranstalter eine regelrechte Betriebs- und Arbeitsorganisation (gleich jedem Arbeitgeber) notwendig, mit der Folge von Unselbständigkeit und Weisungsgebundenheit seitens des Sportlers gegenüber dem Veranstalter im Sinne von Arbeitsverhältnissen. Ein solches Indiz gilt in erster Linie für Sportarten des Mannschaftssports, aber auch in den Einzelsportarten, wenn sie von Vereinen oder Verbänden mannschaftlich organisiert werden.

Literatur und Arbeitsgerichte bejahen die Arbeitnehmereigenschaft der *Fußballspieler* im Profi-Fußball fast ausnahmslos.[40] Einzelfallabhängig wird die Arbeitnehmereigenschaft zu bejahen oder zu verneinen sein bei Amateuren mit der Erstattung von lediglich Auslagenersatz, so z. B. die Regelung des DFB.[41] **15**

---

[35] Zur Abgrenzung Dienstvertrag/Werkvertrag siehe *Schaub*, § 36 II.
[36] A. A. wohl *Caninenberg*, S. 67.
[37] Siehe unten, Rz. 65 ff.
[38] So die h. A., vgl. bei *Schaub*, § 8 II 3, III, 36 I m.w.N.; *Ricardi*, MüHa ArbR § 23 Rz. 13 ff.; BAG NJW 80, 470; BAG, NZA 1992, 408.
[39] Siehe oben Rz. 11.
[40] *Buchner*, RdA 82, 5 ff. m.w.N.; *Westermann*, RuS 4, 36 ff.; kritisch *Diekmann*, WFV 12, S. 28–29; BAG AP § 611 BGB, Berufssport Nr. 2; BGH, SpuRt 2002, 240; *Reichert*, Rz. 5347 ff. m.w.N.; ausführlich *Ittmann*, S. 30; dagegen für die Einordnung als Unternehmer *Scholz/Aulehner*, SpuRt 1996, 46 f.; *Fischer*, SpuRt 1997, 183 f.
[41] Siehe hierzu AR-Blattei SD 1480. 2, *Arens/Scheffer*, Rz. 46 ff.; 158 ff.; a. A. BAG AP Nr. 51 zu § 611 BGB; im Ergebnis ebenso *Schirmer*, S. 38 ff. Siehe die Regelung § 8 (Spielerstatus der SpielO DFB).

1. Kapitel. Sportleistungsverträge

Obwohl Arbeitsrecht, Sozialrecht und Steuerrecht jeweils unterschiedliche Arbeitnehmerbegriffe haben, ist sich die höchstrichterliche Rechtsprechung einig, dass Sportler als Arbeitnehmer einzustufen sind. Das Bundessozialgericht[42] stellte im Jahre 1961 allein auf die Entgelthöhe eines Fußball-Vertragsspielers ab, die nicht eine Aufwandsentschädigung, sondern Gegenleistung für sportliche Leistung sei und somit die Tätigkeit versicherungspflichtig nach den (damals geltenden) §§ 160, 165 RVO. Der Bundesfinanzhof[43] bejaht die Arbeitnehmereigenschaft mit der Begründung, dass die Vergütungen nach dem Gesamtbild der Verhältnisse als Einkommen bzw. Lohn einzustufen seien, nicht als Aufwandsentschädigung für eine Liebhaberei. Dies gilt auch, wenn der Sportler als Vergütung Werbeentgelte einer vom Verein ausgegliederten Vermarktungsgesellschaft erhält.[44]

16 Abweichend hiervon wird in der Literatur auch die Auffassung vertreten, dass insbesondere Profispieler des Mannschaftsports als leitende Angestellte zu qualifizieren sind, als selbständige Dienstleister, oder aber auch als Mitunternehmer eines Vereins.[45] Richtig ist, dass bei herausragenden Spitzensportlern in einer Mannschaft, welche auch weitgehend Mitentscheider sind, die Merkmale Weisungsabhängigkeit und -gebundenheit in den Hintergrund treten. Allerdings bleibt die Eingliederung in die betriebliche Organisation des Vereins vorhanden, auch wenn die Argumentation, dass Spitzensportler ihrer Mannschaft überragende Leistungen bieten und durch individuelle Persönlichkeitselemente ihr ein Gepräge geben,[46] nicht ganz von der Hand zu weisen ist. Das BAG bejaht in seiner ständigen Rechtsprechung die Angestellten-Eigenschaft für Lizenzfußballspieler,[47] während diese in Österreich vom OGH verneint wird.[48] Auch in Zusammenhang mit der Bosman-Entscheidung wurde sie diskutiert.[49]

Diese Frage, ob Sportler in Arbeitsverhältnissen nun als Angestellte anzusehen sind, mit unterschiedlichen Folgen etwa bei Lohnfortzahlung, Kündigung, Rentenversicherung und Betriebsratswahl (§ 10 I BetrVG), ist überwiegend bedeutungslos durch die Entscheidung des Bundesverfassungsgerichts hinsichtlich der Verfassungswidrigkeit einer Ungleichbehandlung von Arbeitern und Angestellten.[50]

Zumindest für viele sog. Führungsspieler als Profisportler von Mannschafts-Sportarten wie Eishockey, Handball, Auto-Motorrad-Rennsport trifft die Argumentation des BAG zur Angestellteneigenschaft des Lizenzfußballspielers generell zu, nach welcher diese ebenfalls als Angestellte einzustufen sind.

17 Im Gegensatz hierzu liegt bei Einzelsportarten dann, wenn der Sportler bei Sportveranstaltungen als Einzelkämpfer auftritt, ein reiner Dienstvertrag nach §§ 611 ff. BGB vor, z. B. bei Sportarten wie Boxen, Tennis, Ski, Eislauf, Leichtathletik, Reiten und Radsport. Allerdings können auch hier Arbeitsverträge vorliegen, wenn Spitzenverbände ihre Mannschaften so organisieren (so z. B. bei einem zeitlich und örtlich straff organisierten Tennisturnier oder Leichtathletikmeeting) und vermarkten, daß der Einzelsportler abhängig und weisungsgebunden ist.[51] Auch dann, wenn Wirtschaftsunternehmen, wie die

---

[42] BSG, BSGE 16, 98.
[43] BFH v. 23. 10. 92, SpuRt 1996, 208; zur Besteuerung im Einzelnen siehe 2/Rz. 402, 403.
[44] Hierzu *Jachmann*, SpuRt 1996, 185 f.; ArbG Oberhausen, SpuRt 1996, 21.
[45] Siehe die zusammenfassende Darstellung bei *Kirschenhofer*, S. 44 ff.; zum Ganzen auch *Bepler*, Lizenzfußballer: Arbeitnehmer mit Beschäftigungsanspruch? Seite 44 ff. in Bepler (Hrsg.), Sportler, Arbeit und Statuten 2000 Berlin.
[46] Siehe hierzu *Fischer*, SpuRt 1997, 181 ff.; *Kania*, SpuRt 94, 121; sowie *Scholz/Aulehner*, SpuRt 1996, 44.
[47] BAG, seit BAG, NJW 1980, 470; ebenso BSGE 16, 98 ff.
[48] Öst. OGH, SpuRt 2004, 253 m. Anm. *Resch*; ebenso öst. OGH, SpuRt 2005, 67.
[49] Siehe *Dieckmann*, WFV 12, 29; auch *Scholz/Aulehner*, SpuRt 1996, 46.
[50] BVerfG 30. 5. 90, AP Nr. 28 zu § 622 BGB.
[51] Bejahend die Arbeitnehmer-Eigenschaft für Tennisspieler bei Liga-Mannschaftsspielen, ArbG Bielefeld, NZA 89, 966.

Fa. Benetton gegenüber der Formel I Vereinigung FOCA als Sportveranstalter im Auto-Mobilrennsport seine „Sportleistung" anbietet, in dessen Organisation der Sportler eingegliedert ist, könnte man je nach Einzelfall von einem Arbeitsverhältnis zwischen Sportler und diesem Veranstalter ausgehen.

Für die einzelnen Sportarten kommt es daher bei der Frage, ob ein *Dienstvertrag* oder *Arbeitsvertrag* vorliegt, im Ergebnis auf die konkrete Ausgestaltung der vertraglichen Beziehung im Sinne eines Arbeitsverhältnisses zwischen Sportler und Verein/Verband (Arbeitgeber) an. Zu prüfen ist dabei, ob eine Abhängigkeit und Weisungsgebundenheit vorliegt; beides kann, muss sich aber nicht aus der Höhe der Vergütung eines damit in Zusammenhang stehenden zeitlichen Aufwandes des Sportlers für seinen Arbeitgeber/Dienstherrn ergeben; auch kann die Abhängigkeit gegenüber Vereinsorganen und Trainern bedeutsam sein. Schließlich kann die gewollte steuerliche Behandlung der Einkünfte eine Rolle spielen, wie das FG des Saarlandes[52] feststellte, als es die Arbeitnehmer-Eigenschaft einer Bundesliga-Tischtennisspielerin bejahte.

Zusammenfassend ist festzuhalten, daß bei den typischen Einzelsportarten je nach Eingliederung in die Verbandsorganisation überwiegend *Dienstverträge*[53] vorliegen, wie z. B. bei Bogenschießen, Boxen, Badminton, Eisschnellauf, Eiskunstlauf, Golf, Leichtathletik, Tennis, Tischtennis, Segeln, Squash, Turnen, Reiten, Ringen, Schwimmen, dagegen *Arbeitsverträge* eher bei Mannschafts-Sportarten wie Basketball, Eishockey, Fußball, Handball, Hockey, Volleyball. Arbeitsverträge werden auch im Automobil- und Motorradsport, Skisport, Tennissport und Fechten geschlossen, und zwar dann, wenn wegen der Vermarktung dieser Sportarten eine Eingliederung des Sportler in den Organisationsbereich des Verbandes oder Vereines mit der Folge von Weisungsgebundenheit notwendig ist (z. B. bei den Bundesliga-Systemen mancher Sportarten). Für die Rechtsnatur des Vertrages macht es keinen Unterschied, ob der Vertrag des Sportlers zwischen Verein oder Verband abgeschlossen wird, wie es beispielsweise bei der Athletenvereinbarung (Verband) oder einem „Antrittsvertrag" zu einem Sportwettkampf (Verein oder Verband) der Fall ist.

III. Regelung der Dienstleistungen und Arbeitsbedingungen

Die *Dienstleistungen und Arbeitsbedingungen* ergeben sich aus dem jeweiligen Vertrag und der gesetzlichen Regelung der §§ 611 ff. BGB, bei Arbeitsverträgen speziell zusätzlich aus den weitgehend zwingenden Normen des Arbeitsrechts, Tarifverträgen, betrieblicher Übung, sowie dem Direktionsrecht.[54] Während bei Verträgen zur Teilnahme an einem Einzelnenwettkampf die Dienstleistung genau geregelt werden kann, wird sie bei Arbeitsverträgen aufgrund des Direktionsrechts im Einzelnen bestimmt, denn die Arbeitsbedingungen können in den verschiedenen Sportarten und Sportsituationen nicht abschließend konkretisiert werden. Definiert man das Direktionsrecht – wie üblich – als „Einseitiges Leistungsbestimmungsrecht des Arbeitgebers, welches die allgemein geschuldete Leistung des Arbeitnehmers individualisiert und dessen Verhalten bestimmt", so wird deutlich, dass damit die Sportleistung im Einzelnen klar und konkret geregelt werden kann.[55] Organisiert wird das Direktionsrecht des Arbeitgebers je nach Größe des Wirtschaftsunternehmens Sportverein entweder von den satzungsmäßigen Organen eines Vereins oder den Geschäftsführern, Vereinsmanagern, Vereinstrainern oder auch vom Mannschaftskapitän. Der konkrete Inhalt des Direktionsrechtes wird bei den einzelnen Pflichten relevant, die sich in *Art, Umfang, Zeit* und *Ort* der Sportleistung konkretisieren.

Im Einzelfall kann auch ein Direktionsrecht des übergeordneten Sportverbandes bestehen, denkbar z. B. bei der rechtlichen Beziehung des Bundesligavereins innerhalb

18

---

[52] FG des Saarlandes, SpuRt 1995, 81.
[53] Im Ergebnis so *Ittmann*, S. 36 ff.
[54] Siehe bei *Schaub*, § 31; *MüKo-Söllner*, § 611 BGB, Rz. 174 ff., sowie Rz. 213–221.
[55] Siehe hierzu *Grunsky*, WFV 12, S. 52–53.

des Ligaverbandes,[56] sowie bei einer aufgespaltenen Arbeitgeberfunktion beim Leiharbeitsverhältnis. Trotz der unbestreitbar großen Einflussmöglichkeiten des Ligaverbandes bzw. der DFL auf seine Vereine aufgrund der Satzungs- und Vertragsbestimmungen wäre es verfehlt, eine Art Arbeitgeberstellung einzuräumen, denn die Vereine nehmen ihre Arbeitgeberfunktion voll wahr.[57] Ähnlich ist dies bei den Verbandsorganisationen anderer Sportarten zu sehen; auch Sponsoren, welche Vereine und damit den Arbeitgeber des Sportlers mit Geldleistungen fördern, haben keine Mitspracherechte in Gestalt von Direktionsrechten. Im Ergebnis spielt dies auch keine Rolle, denn Sponsoren können ihre Mitwirkungsrechte am Sportgeschehen innerhalb ihrer vertraglichen Beziehungen mit dem Verein zur Geltung bringen.

IV. Minderjährige und Hochleistungssport

Im Hochleistungssport sind auch Sportleistungsverträge mit Minderjährigen relevant, besonders in den Sportarten Kunstturnen, Schwimmen, Eiskunstlauf und Fußball. Zum Zwecke langfristiger Planung des Trainings, der Leistungssteigerung und der nachfolgenden Karriere sind Verträge mit Minderjährigen notwendig.[58]

Hierbei geht es um die Frage der Wirksamkeit der abzuschließenden Verträge, ebenso die Anwendbarkeit des Jugendarbeitschutzgesetzes.

1. Wirksamkeit der Verträge

19 Verpflichtende Verträge für Minderjährige schließen die Eltern als gesetzliche Vertreter ab (§§ 1631, 107, 108 BGB), sie haben hier das Kindeswohl in den Grenzen des § 1666 I BGB zu beachten.

Einer vormundschaftsgerichtlichen Genehmigung bedürfen kurzfristige Arbeitsverträge nicht (§ 1643 Abs. 1 BGB, § 1822 Nr. 7 BGB).[59] Anders ist die Rechtslage, wenn Minderjährige durch die Eltern Verträge schließen, die länger als ein Jahr über die Volljährigkeit hinaus vereinbart werden, hier ist zumindest eine Genehmigung für Verträge, „die zu wiederkehrenden Leistungen verpflichten", nämlich z. B. Dienstverträge gemäß § 1822 Nr. 5 BGB erforderlich. Inwieweit Arbeitsverträge der Genehmigung durch das Vormundschaftsgericht bedürfen, (sowohl bei Minderjährigkeit auf Arbeitgeber- wie auf Arbeitnehmerseite) ist umstritten.[60] In jedem Falle darf eine vertragliche Bedingung eines Minderjährigen an den Dienstherrn nicht für eine längere Zeit als für fünf Jahre eingegangen werden, wie sich aus §§ 15 Abs. 4 TzBfG, 624 BGB ergibt.[61] Genehmigungsfähig durch das Vormundschaftsgericht gemäß § 1822 Nr. 5, 8 BGB sind gerade die Verträge, in welchen sich Minderjährige an Trainer und Förderer langfristig binden, der Trainer bzw. Förderer auch finanzielle Investitionen bietet, um dann auf dem Höhepunkt der Karriere nach Eintritt in die Volljährigkeit Rückzahlungen zu erhalten. Infolge der neuen gesetzlichen Regelung des § 1629a BGB haftet der Minderjährige nur beschränkt mit dem bei Eintritt der Volljährigkeit vorhandenen Vermögen.[62] Hier sind stets besondere Vertragsgestaltungen notwendig, sei es, dass sich eventuell die Eltern des Minderjährigen schuld-

---

[56] Siehe oben Rz. 11.
[57] Siehe hierzu *Eilers*, WFV, 12, S. 76 ff., 82; *Meyer-Cording*, RdA 82, 13 ff.; AR-Blattei Sport II 1480. 2 *Arens/Scheffer*, Rz. 202 ff.
[58] Zur tatsächlichen Situation siehe *Walker*, RuS 30, S. 46; siehe zum Ganzen *Schwab*, WFV 41 (2000), S. 63.
[59] Anders ist die Rechtslage in Österreich, siehe OGH, SpuRt 1999, 24.
[60] Bejahend z. B. *Schaub*, § 32 II 2; verneinend *Palandt-Dietrichsen*, § 1822, Rz. 18.
[61] Siehe im Einzelnen die Darstellung bei *Walker*, RuS 30, S. 53 ff.
[62] Siehe hierzu *Thiel*, Das Gesetz zur Beschränkung der Haftung Minderjähriger, Tübingen 2002, S. 142 ff.; sowie *dieselbe*, Finanzierung minderjähriger Sportler und die Einrede nach § 1629a BGB, SpuRt 2002, 1 ff.

rechtlich verpflichten oder dieser bei Eintritt der Volljährigkeit ein wirksames Schuldanerkenntnis abgibt.[63]

2. Zulässigkeit nach Jugendarbeitsschutzgesetz

Liegt ein Arbeitsverhältnis mit Minderjährigen vor, ist die Anwendbarkeit des Jugendarbeitsschutzgesetzes in jedem Falle gegeben, d.h. die Grenzen der zulässigen Beschäftigung von Jugendlichen sind im Einzelnen zu beachten. Hier ist gemäß § 5 JArbSchG die Frage der Überforderung von Kindern und Jugendlichen bei der „Beschäftigung" zu prüfen und die in dieser Bestimmung geregelten Ausnahmetatbestände.[64] Ebenfalls kann unter Umständen die Ausnahme des § 6 JArbSchG (Kultur- und Medienbereich) Platz greifen. 19a

Problematisch ist stets die Anwendbarkeit des JArbSchG dann, wenn Sport geleistet wird im Rahmen einer vertraglichen Bindung und kein Arbeitsverhältnis vorliegt (§ 1 Abs. 1 Nr. 3 JArbSchG). Hier ist es wesentlich, ob der Minderjährige dem Trainer oder Veranstalter weisungsgebunden ist und weiterhin, ob die sportliche Leistung einen wirtschaftlichen Wert hat. Im Einzelfall wird es auf den Inhalt der jeweiligen Verpflichtungen ankommen.

C. Das Sport-Leistungsverhältnis – Einzelne Pflichten

I. Pflichten des Sportlers als Dienstverpflichteter oder Arbeitnehmer

1. Hauptpflichten des Sportlers

Die Sport-Leistungspflicht als Hauptpflicht[65] ergibt sich aus § 611 Abs. 1 BGB, sie lässt sich hinsichtlich der Betätigung und Organisation in jeder Sportart nach *Art, Umfang, Zeit, Ort* darstellen. 20

a) **Art.** Die Art der Sportleistung ergibt sich im Einzelnen aus der vertraglichen Vereinbarung, für den Sport-Arbeitnehmer kann sie ergänzend durch das Direktionsrecht bestimmt werden

Sportleistungspflicht in jeder Sportart bedeutet zunächst sportliche Tätigkeit in Form von Kräftemessen im Wettkampf, ferner die Erbringung einer sportlichen Höchstleistung im Rahmen der Leistungsfähigkeit. Manche Sportleistungs-Verträge sprechen dies ausdrücklich an, z. B. der Mustervertrag des DFL in § 2: „Der Spieler verpflichtet sich, seine ganze Kraft und seine sportliche Leistungsfähigkeit uneingeschränkt für den Verein einzusetzen." Gleichwohl schuldet der bezahlte Sportler keinen bestimmten (werkvertraglichen) Erfolg.[66] Dagegen wird in den Teilnehmerverträgen an Wettkämpfen oder Turnieren die Teilnahmepflicht vereinbart. Bei derartigen Dienstverträgen in den Einzelsportarten ergibt sich die Tätigkeit im Einzelnen aus dem Regelwerk selbst, z. B. bei Leichtathletik-Laufwettbewerben aus Spezialdisziplinen Weitsprung, Hochsprung, Laufwettbewerb, bei Segel-Regatten aus Bootsklassen etc. Bei Mannschaftssportarten wird dagegen nicht differenziert nach Positionen innerhalb der Mannschaft also etwa „Linksaußen", Verteidiger oder Torwart einer Mannschaft; § 8 SpielO des DFB spricht beispielsweise nur von Amateuren bzw. Nichtamateuren mit oder ohne Lizenz. Derartige sport- und spieltechnische Einzelheiten werden allenfalls im Einzelfall konkret vereinbart, so dass eine solche spezielle Tätigkeit zwar Vertragsbedingung sein kann, aber nicht muss. Bei Dienstverträ-

---

[63] Z. B. der Fall des Tennisprofis Haas, OLG München, SpuRt 2003, 29.
[64] Siehe im Einzelnen hierzu *Walker*, RuS 30, S. 55 ff.
[65] Vgl. hierzu allgemein *Mü-Ko-Söllner*, § 611 BGB, Rz. 363 ff.
[66] Siehe oben, Rz. 13.

gen mit Verbänden, wie z. B. in Aktivenvereinbarungen, wird die Teilnahmepflicht an nationalen und internationalen Wettkämpfen genau fixiert.

21 Bei Arbeitsverträgen können diese Leistungen im Rahmen des Vereinbarten durch das *Direktionsrecht* genauer bestimmt werden: Art und Weise von Trainingsveranstaltungen, Wettkämpfen, Privatspielen (auch gegen drittklassige Gegner). Ebenso obliegt es dem Trainer und der Vereinsleitung, die jeweiligen Spieler in Wettkampfspielen einzusetzen oder sie nur auf die Reservespielerliste zu setzen. Da die sportliche Tätigkeit leistungsabhängig ist, muss der Sportler dies hinnehmen, denn taktische Konzeptionen und Einsätze müssen dem Trainer zustehen. Das Arbeitsgericht Hannover hat z. B. entschieden, dass die Anordnung eines Fußballclubs für ein zeitversetztes Sondertraining und gleichzeitigem Ausschluss vom regulären Mannschaftstraining unter Hinweis auf das Direktionsrecht für zulässig erachtet.[67] Dieses ergibt sich auch aus § 5 des Mustervertrages der DFL, wo es wörtlich heißt: „Einsatz und Tätigkeit des Spielers werden nach Art und Umfang vom Vorstand oder der von ihm Beauftragten bestimmt." Somit kann der Arbeitgeber in Mannschaftssportarten wie Fußball, Handball und Eishockey die jeweiligen Spieler in eine andere Position versetzen.

Auch wenn einem Mittelstürmer innerhalb eines Fußballspieles andere taktische Aufgaben innerhalb des Spieles zukommen, so ist diese „Fußballspielpflicht" die gleiche wie die eines mittleren Läufers, so dass die allgemeinen Grundsätze des Arbeitsrechts zur *Umsetzung* von einem auf den *anderen Arbeitsplatz* nicht befolgt werden müssen. Der Trainer kann es für gerechtfertigt halten, einen Lizenzspieler zu verpflichten, an den Spielen von Amateurmannschaften mitzuwirken.[68]

Ebenso zeigt sich die genaue Gestaltung des Trainings und des Wettkampfes als typischer Anwendungsbereich des Direktionsrechts: Das Training wird in seinem Gesamtumfang zeitlich, örtlich und sachlich vom Trainer bestimmt, dessen taktische und spieltechnische Anordnungen zu befolgen sind, was auch für den Wettkampf gilt. Insofern ist die eigene Persönlichkeit des Sportlers, dessen eigener Stil und Entfaltungskraft besonders im Mannschaftssport teilweise eingeschränkt und hat sich dem obersten Ziel, nämlich dem mannschaftlichen Erfolg, weitgehend unterzuordnen.

22 Eine *Begrenzung des Direktionsrechts* des Sportarbeitgebers ergibt sich aber aus dem Gesichtspunkt seiner Fürsorgepflicht gem. §§ 617, 618 BGB dort, wo es für den Sportler gefährlich und schädigend sein könnte. Werden also vom Sportler gefährliche Rennstrecken gefahren z. B. beim Auto-, Motorradsport, Skiabfahrtslauf, ebenso im Profifußball bei schlecht bespielbaren Fußballplätzen bei Regen, Eis und Schnee, besteht die Pflicht, auf die Gesundheit des Sportarbeitnehmers bzw. Dienstpflichtigen Rücksicht zu nehmen. In jedem Falle ist der Sportler berechtigt, bei bestehenden Gefahren zum Wettkampf nicht anzutreten, ja manchmal sogar verpflichtet bei Gefahren für Dritte. Gleiches gilt dann, wenn das Training überzogen wird bzw. wenn der Sportler übermäßig beansprucht wird, was häufig dann zu größerer Verletzungsanfälligkeit führt.[69] Aufgrund seiner Treuepflicht ist der Sportler wiederum gehalten, alles zur Wiederherstellung seiner Gesundheit zu tun und sich unter ärztliche Betreuung des Vereins zu stellen, sowie Anweisungen zu befolgen. Grenzen sind dort zu ziehen, wo das Persönlichkeitsrecht beeinträchtigt wird, insbesondere auch bei Eingriffen in die Gesundheit durch ärztliche Maßnahmen, z. B. Operationen.[70] Ärztliche Untersuchungen sind daher gegen den Willen des Sportlers nur bei konkreten Anlässen möglich, es sei denn, sie sind schriftlich vereinbart, wie in §§ 2 b), c), 4 Ziff. 2 c) des Mustervertrages der DFL.[71]

---

[67] ArbG Hannover, SpuRt 98, 197; im Ergebnis ebenso *Kaske*, S. 41; *Börner*, S. 117. Zur Beschäftigungspflicht bei Mannschaftssportarten s. Rz. 37.

[68] So LAG Mecklenburg-Vorpommern, SpuRt 98, 198; vgl. hierzu auch *Schaub*, § 45 IV 4; im Übrigen die Lit.-Hinweise bei *Kaske*, S. 62–63.

[69] Siehe im Einzelnen *Gitter/Schwarz*, Sport und Sozialversicherungsrecht, RdA 1982, S. 38.

[70] Siehe *Kaske*, S. 61; *Burmeister*, DÖV 1978, S. 11.

[71] Vgl. hierzu *Buchner*, RdA 82, 4.

Bei der Frage ob der Arbeitgeber ein generelles oder teilweises *Rauchverbot, Alkoholverbot* **23** aussprechen kann, oder ein rechtzeitiges Zu-Bett-Gehen anordnen (z. B. gemäß § 2i) Mustervertrag DFL) oder etwa ein Verbot von verletzungsbedrohten Sportarten (Skifahren für Fußballspieler) wird es darauf ankommen, inwieweit die Interessen des Arbeitgebers, aber auch die Leistungsfähigkeit des Sportlers beeinträchtigt werden kann. Auch wenn das Betreiben sog. „gefährlicher Sportarten" bei allgemeinen Arbeitsverhältnissen kein Verschulden darstellt[72] und aus dem allgemeinen Schutzgedanken gegenüber der Privatsphäre des Arbeitnehmers einiges gegen ein solches Verbot spricht, sind doch derartige Anordnungen bei den durchwegs befristeten Sportarbeitsverhältnissen zulässig.[73]

Der Arbeitgeber kann auch im Rahmen seines Direktionsrechtes Weisungen erteilen, die außerhalb der unmittelbaren sportlichen Tätigkeit sind, so z. B. die Art und Weise der Mitwirkung an Werbeveranstaltungen, wenn dies vertraglich vereinbart oder durch Vertragsauslegung zu ermitteln ist.

Da Sportveranstaltungen vom Arbeitgeber oder Dienstherr weitgehend als Werbemittel eingesetzt werden, ist mit der *Sportleistung* zwangsläufig auch eine *Werbeleistung* verbunden. Eine solche Werbeleistung kann als immanenter Bestandteil der Sportleistung erbracht werden, nämlich als Duldung bzw. Gestattung der Nutzung von Persönlichkeitsrechten (z. B. Trikotwerbung),[74] oder als aktive Mitwirkung in Form einer zusätzlichen (Neben-)Leistung zur Sportleistung (z. B. Teilnahme an Repräsentationsveranstaltungen). Sie ist jedenfalls ein Ausfluss der Treuepflicht in der Gestalt einer Nebenpflicht des Arbeits(Dienst)verhältnisses zu sehen.[75] Regelt dagegen der Sportler seine Vermarktung (Werbeleistungen) vertraglich selbständig, so liegt ein Individual-Werbevertrag vor, welcher neben oder anstelle des Sportleistungsvertrages geschlossen werden kann.[76]

Bei *ausdrücklicher vertraglicher Regelung* über die Verpflichtung zur Werbung und dessen **25** Umfang werden Einzelheiten entweder von vornherein genau bestimmt oder im Rahmen des Weisungsrechts oder Direktionsrechts durch den Arbeitgeber.[77]

Im Mustervertrag der DFL wird eine umfassende Übertragung der Persönlichkeitsrechte auf den Arbeitgeber (Club) vereinbart.[78] Ebenfalls werden dort Einzelheiten der Werbepflichten in § 2 festgelegt:

... „e) an allen Darstellungen und Publikationen des Vereins oder der Spieler zum Zwecke der Öffentlichkeitsarbeit für den Verein, insbesondere in Funk, Presse und Fernsehen unentgeltlich teilzunehmen bzw. mitzuwirken...",

und konkretisiert durch § 6: „... die Weisungen. aller sonstigen Vereinsveranstaltungen zu befolgen".

Ob es sich hierbei um Eigenwerbung des Vereins selbst oder um Fremdwerbung für Sponsoren handelt, ist unerheblich; der Spieler ist verpflichtet, an jeglichen Werbemaßnahmen für den Verein mitzuwirken. Auch regelt § 2e) des Mustervertrages die Werbung: „Die Sportkleidung (Clubanzüge etc.) ist zu tragen". Fußballspieler sind gehalten, die gesamte gestellte Sportkleidung mit der entsprechenden Werbung zu tragen, andere Werbung ist unzulässig.

Schließlich bedürfen eigene Werbeaktionen des Spielers der Zustimmung des Arbeitgebers (siehe z. B. § 2f) Mustervertrag DFL), zu der er verpflichtet ist, wenn dessen Interessen beeinträchtigt sind.[79]

---

[72] Siehe hierzu 5/Rz. 142; ein Lohnfortzahlungsanspruch entfällt nicht, BAG, AP § 1 LFZG Nr. 39 (Fußball). 42 (Boxen).
[73] So auch *Grunsky*, WFV 12, 56; im Ergebnis auch *Imping*, S. 70; *Kirschenhofer*, S. 58 f.
[74] Siehe hierzu auch unten, Rz. 97 ff.
[75] So bereits ausführlich *Seiter*, RuS 3, 44 ff.
[76] Siehe unten, Rz. 77 ff.
[77] Siehe hierzu *Poschenrieder*, S. 203 ff.; *Kaske*, S. 70 ff., 93 ff.; *Börner*, S. 126 f.
[78] Siehe Mustervertrag, www.bundesliga.de/intern.
[79] Siehe auch Regelungen anderer Verbände, z. B. Muster-Athletenvereinbarung des DOSB in Ziff. 4.2.4., 4.2.5., siehe unten Anhang C.

26 Die Einschränkung eigener Werbe- bzw. Vermarktungsaktivitäten des Arbeitnehmers darf jedoch nicht unverhältnismäßig erfolgen, hier ist das durch Art. 12 GG geschützte Interesse des Arbeitnehmers bzw. Dienstnehmers abzuwägen gegen das wiederum durch Art. 14 GG geschützte Interesse des Veranstalters an der Vermarktung des durch ihn geschaffenen Sportereignisses.[80] Ein Verstoß gegen § 20 GWB sowie gegen Art. 81, 82 EGV wird allerdigs überwiegend abgelehnt.[81]

27 Fehlt dagegen *eine ausdrückliche Vereinbarung* über die Werbepflichten des Sportarbeitnehmers, so ist eine Vertragsauslegung gemäß § 157, 242 BGB vorzunehmen. Grundsätzlich wird man wohl auch hier von einer Verpflichtung des Sportlers ausgehen, für Werbemaßnahmen zur Verfügung zu stehen, da er die Interessen des Vereins, Verbandes bzw. Sponsors als Sport-(Dienstherr oder)Arbeitgeber fördern muss. Ob es sich um besonders werbewirksame Sportarten, wie etwa Motor-, Rad- oder Skirennsport[82] handelt oder nicht, spielt keine Rolle. Sicherlich wird man auf den Einzelfall abstellen müssen, und hierbei etwa die Höhe der Vergütung des Sportlers, die Art des Werbe-Produktes und der Werbemaßnahme berücksichtigen müssen.

28 Bei Werbepflichten gibt es in jedem Falle Grenzen, die in den Verbotsnormen der §§ 134, 138 BGB und den hiermit zur Geltung kommenden Wertungen des Grundgesetzes bestimmt sind so z. B. durch den allgemeinen Schutz des Persönlichkeitsrechts und der Menschenwürde.[83] Der Privatbereich des Sportlers beispielsweise ist in eine Werbepflicht keinesfalls mit einbezogen, der Sportler daher nicht etwa verpflichtet, Verlobungs-, Hochzeits- oder Taufbilder für Werbemaßnahmen zur Verfügung zu stellen. Auch dürfen Bilder des Sportlers vom Arbeitgeber mangels ausdrücklicher Vereinbarung nicht kommerziell verwertet werden, mit Ausnahme von offiziellen Mannschaftsfotos.[84]

29 Problematisch ist oftmals die Verpflichtung des Sportlers, im Rahmen seiner Werbepflicht sich für bestimmte Sportgeräte zur Verfügung zu stellen und sie zu benützen (Skier, Tennisschläger, etc.), obwohl er nach seiner Erfahrung diese Geräte für unzureichend hält. Bei Arbeits- oder Dienstverhältnissen mit Pferde-, Rad-, Motorrad- und Auto-Rennställen ist diese Pflicht als Kernpunkt des Vertrages klar (hier hat der Sportler darüber hinaus vereinbarte Hinweis- und Beratungspflichten!) vereinbart. In anderen Fällen ist stets im Einzelfall zu berücksichtigen, ob der Sportler bei Eintritt in das Arbeitsverhältnis die Umstände bereits kannte oder nicht, ebenso wie groß und bedeutend die Eignungs- und Qualitätsunterschiede von Sportgeräten sind und seine Leistung beeinflussen.

Um diesen Problemen aus dem Weg zu gehen, haben sich Sportvereine oder -verbände mit Sportartikelproduzenten zu sog. Poolverträgen zusammengeschlossen („Skipool, Tennispool"), damit der Sportler sich die für ihn am besten geeigneten Sportgeräte aussuchen kann.[85]

30 b) Umfang. Wie viel Arbeit nun der Sportler innerhalb welcher Zeit leisten muss, ist gerade wegen der besonderen Zeitstruktur des Sport-(Dienst)Arbeitsverhältnisses und der körperlichen Leistungsfähigkeit bedeutsam

In jedem Falle muss er wie meist vertraglich vereinbart, seine Arbeitskraft, also sein gesamtes Leistungsvermögen zur Verfügung stellen. Aus vertraglichen Regelungen, wie z. B. in § 2 des Mustervertrages der DFL, ergibt sich deshalb meist ein ausschließlicher Einsatz,[86] es sei denn, der Sportler hat einen Hauptberuf und ist sozusagen als „Halb-

---

[80] Im Einzelnen hierzu *Kirschenhofer*, S. 63 ff. m.w.N.; *Schneider*, S. 138 m.w.N.; zum Ganzen siehe auch *Reichert*, Rz. 5467 mit Verweis auf die 9. Auflage dort Rz. 2820–2844.
[81] Siehe hierzu ausführlich *Kirschenhofer*, S. 67 ff.
[82] A. A. wohl *Börner*, S. 126; *Kaske*, S. 75.
[83] Siehe hierzu *Seiter*, RuS 3, S. 48 m.w.N.; *Kirschenhofer*, S. 60.
[84] Siehe hierzu auch unten Rz. 66, 82; *Seiter*, a.a.O., S. 49 Fn. 20.
[85] Siehe hierzu unten, Rz. 129 ff.
[86] Siehe AR-Blattei SD 1480, *Arens/Scheffer*, Rz. 168.

profi" tätig. Der Sportler hat generell für den Arbeitgeber nicht nur den Wettkampf im Rahmen der sportlichen Veranstaltung zu leisten, sondern auch das regelmäßige Training, welches vom Arbeitgeber ebenso wie die weitere Gestaltung des Arbeitsverhältnisses im Rahmen seines Direktionsrechtes geregelt wird.

Eng mit dem Umfang des Arbeitseinsatzes hängt die Frage *Zulässigkeit einer Nebentätigkeit* zusammen. Diese wird man mangels konkreter vertraglicher Vereinbarung dann als erlaubt ansehen müssen, wenn die Erfüllung der Sportleistung gegenüber dem Arbeitgeber nicht beeinträchtigt wird; je nach Sportart ist dies unterschiedlich zu beurteilen. **31**

Nimmt die Nebentätigkeit, die ja meist eine Werbetätigkeit auf eigene Rechnung des Sportlers sein wird, allerdings einen bedeutenden Umfang ein, so ist sie bei fehlender ausdrücklicher Vereinbarung im Zweifel nicht zulässig.[87]

In jedem Fall ist der Sportarbeitnehmer aufgrund seiner Treuepflicht gehalten, Grenzen dort zu ziehen, wo sie den Interessen seines Arbeitgebers entgegenstehen. Seine sportliche Leistungsfähigkeit darf er hierbei ebenso wenig beeinträchtigen, wie er keine Werbemaßnahmen betreiben darf, die in Konkurrenz zu denen seines Arbeitgebers stehen.

Liegt eine vertragliche Vereinbarung vor, so ist diese und eventuelle Beschränkungen bzw. Genehmigungsvorbehalte zu berücksichtigen. In § 3 des DFL-Mustervertrages heißt es beispielsweise:

„Die Ausschöpfung anderer Verdienstmöglichkeiten ... ist dem Sportler nur nach vorheriger Zustimmung des Vereins gestattet, die nur verweigert werden kann, wenn das Arbeitsverhältnis unmittelbar betroffen wird."

Derartige Zustimmungen für Sonderaktionen des Sportlers, z. B. Autogrammstunden, sind bei den verschiedenen Sportarten sicherlich unterschiedlich zu handhaben; sie werden teilweise untersagt, um die sportliche Leistungsfähigkeit oder Organisationabläufe nicht zu beeinträchtigen. Grundsätzlich sind sie jedoch zulässig. Bestimmte Bereiche von eigenen Werbetätigkeiten des Sportlers, wie z. B. Werbung mit eigenen Bildern, wiederum beeinträchtigen das Vereinsinteresse nicht und sind zustimmungsfrei.

Manche Vereine und Verbände unterhalten eigene *Werbe- bzw. Vermarktungsgesellschaften*, weshalb in den Arbeitsverträgen vereinbart wird, dass Werbetätigkeiten der Sportler von dieser Gesellschaft abgewickelt werden müssen. Die Zulässigkeit solcher Beschränkungen ist nach der ständigen Rechtsprechung des Bundesarbeitsgerichts auch im Hinblick auf Art. 12 GG grundsätzlich außer Zweifel; allerdings kann nach beiderseitiger Interessenabwägung im Einzelfall eine solche Beschränkung bzw. Verweigerung der Genehmigung unzulässig sein.[88] Es wird z. B. darauf ankommen, ob und inwieweit die Werbetätigkeit als Nebentätigkeit die arbeitsvertraglichen Pflichten beeinträchtigt, und auch, ob die Nebentätigkeit dem reinen Geldverdienen oder der persönlichen und beruflichen Fortentwicklung des Sportlers bestimmt ist. **32**

c) Zeit. Die jeweilige Arbeits- oder Dienstzeit des Sportlers ergibt sich zwangsläufig aus dem Regelwerk und den hierauf basierenden Terminlisten des Verbandes; sie wird auch vertraglich vereinbart, oder im Rahmen des Direktionsrechts vom Arbeitgeber bestimmt. Sie ist zwangsläufig auf die sonst üblicherweise arbeitsfreie Zeit wie Samstage, Sonntage, Feiertage oder Abendstunden ausgerichtet, da die Zuschauer oder die Fernsehprogramme in dieser Zeit am besten erreicht werden. Die früher geltenden Sonn- und Feiertagsarbeitsverbots-Bestimmungen des § 105 a u. § 105 b GewO und § 17 AZO sind entweder durch die Ausnahmeregelung des § 105 i GewO (Schaustellungen) als genehmigt angesehen worden,[89] oder als von den Parteien abbedungen.[90] **33**

---

[87] Siehe hierzu *Börner*, S. 126 f.; *Kaske*, S. 182 ff. mit teilweiser anderer Ansicht.
[88] Siehe hierzu allgemein *Schaub*, § 43; BAG, AP Nr. 60 und 68 zu § 626 BGB; *Kaske*, S. 178 ff.; *Grunsky*, WFV 12, S. 57 ff.
[89] Siehe *Deneke-Neumann*, AZO-Komm., § 17 Rz. 3 Ziff. 4; *Börner*, S. 108.
[90] Siehe hierzu auch *Poschenrieder*, S. 131 ff.

1. Kapitel. Sportleistungsverträge

Durch die Neuregelung im seit 1994 gültigen *Arbeitszeitgesetz*[91] ist für Sportler eine Ausnahmeregelung vom allgemeinen Beschäftigungsverbot in § 10 Nr. 7 geschaffen worden, wonach an Sonn- und gesetzlichen Feiertagen von 0–24 Uhr Arbeitnehmer „beim Sport und in Freizeit-, Erholungs- und Vergnügungseinrichtungen" beschäftigt werden dürfen.

34 **d) Ort.** Der Ort der Sportleistung ist das Vereins(Sport)gelände für das Training, für Wettkämpfe auch die Sportgelände der anderen Vereine, sowie die bei den jeweiligen Sportarten dazu bestimmten Gelände, z. B. die Ski- und Motorrennsport-Strecken, Bob- und Schlittenbahnen, Regattastrecken auf See- und Flussrevieren

Über das Direktionsrecht kann der Arbeitgeber auch eine örtliche Veränderung des Tätigkeitsbereiches für den Fall von betrieblichen Erfordernissen bestimmen. Beim Sportarbeitsverhältnis stellt sich insbesondere im Fußball die Frage der wirksamen Ausleihe eines Spielers an einen anderen Sportverein. Da der örtliche Lebensbereich für den Sportler ebenso wichtig ist wie bei jedem anderen Arbeitnehmer, wäre es eine Übersteigerung seiner Treuepflicht, wollte man ihn verpflichten, in jeglichen Ortswechsel einzuwilligen. Praktische Bedeutung erlangt diese Frage aber deshalb nicht, weil der Sportler zur Erhaltung seines „Marktwertes" meist zustimmen wird.

Kurzfristige Ortswechsel etwa für Auslandseinsätze in Wettkampf und Training sind zulässig und sind aufgrund des Direktionsrechts gerechtfertigt, denn es gibt kaum Sportarten, deren Attraktivität nicht durch bessere Witterungs- und Klimaverhältnisse im Ausland gesteigert werden kann.

2. Nebenpflichten des Sportlers

35 Vertragliche Nebenpflichten des Sportlers im Sportleistungsverhältnis ergeben sich als Ausfluss der sog. *Treuepflicht*;[92] nach dieser ist der Dienstverpflichtete wie auch der Arbeitnehmer verpflichtet, „die schutzwürdigen Interessen" des Vertragspartners zu wahren. Danach besteht z. B. die Verpflichtung, in bestimmten Situationen andere als die vertraglich vereinbarte Arbeit zu leisten und die besonderen Interessen des Betriebes zu berücksichtigen.[93]

Danach ist der Sportler, um die ständige körperliche Höchstleistung zu erreichen, in besonderem Maße verpflichtet, einen „soliden" Lebenswandel zu führen und sich sämtlichen Maßnahmen zu unterziehen, die seine sportliche Höchstleistung erhalten oder steigern. Weiterhin hat er im Rahmen seiner Sportleistungspflicht die besonderen Interessen des Dienstherrn/Arbeitgebers als Veranstalter von Sportwettkämpfen zu berücksichtigen, und in speziellen Fällen Mehrarbeit zu leisten, oder etwa bei Terminänderungen zu anderen Zeiten und Orten aufzutreten.

36 In gleicher Weise ist er im Rahmen seiner *Verschwiegenheitspflicht* gehalten, sich mit Meinungsäußerungen in der Öffentlichkeit einzuschränken sowie selbstverständlich innerbetriebliche Tatsachen und Beziehungen seines Arbeitgebers (Vereins) als Betriebsgeheimnisse zu wahren.[94]

Schließlich hat er es zu unterlassen, von Konkurrenzarbeitgebern *Schmiergelder* anzunehmen, sei es zur Beeinflussung von Wettkampfergebnissen oder als Anreiz zu Vereinsübertritten.[95]

---

[91] Arbeitszeit-Gesetz, BGBl. I S. 1170.
[92] Zu den dienstvertraglichen Nebenpflichten allgemein *Schaub*, § 53 I, II; *MüKo-Söllner*, § 611 BGB, Rz. 392 ff.; *Ittmann*, S. 104 ff.
[93] Zur vereinsrechtlichen Loyalitätpflicht siehe *Reichert*, Rz. 891, 903 ff.; konkretisiert z. B. in der Muster-Athletenvereinbarung des DOSB in Ziff. 1, siehe unten Anhang C..
[94] Vgl. hierzu BGH, AP Nr. 1 und 6 zu § 17 UWG.
[95] Siehe hierzu *Gitter*, MüHa ArbR § 195 Rz. 57.

II. Pflichten des Sportveranstalters als Arbeitgeber/Dienstherr

1. Hauptpflichten des Sportveranstalters

Die Hauptpflichten[96] des Sportveranstalters – in der Regel ein Verein oder Verband, aber auch ein kommerzieller Unternehmer – im Sportleistungsverhältnis sind die Beschäftigungspflicht (§ 611 I BGB) und die Vergütungspflicht.[97]

a) Beschäftigungspflicht. Die Pflicht des Arbeitgebers, den Sportler vertragsgemäß zu beschäftigen, wirft insbesondere bei Mannschaftssportarten die Frage auf, ob für Fußball-, Hockey- oder Basketballspieler ein Anspruch besteht, bei Wettkämpfen aufgestellt zu werden. Für den Sportler ist der Einsatz im Wettkampf bedeutsam wegen der Erhaltung seiner Leistungsfähigkeit, aber auch wegen entsprechender höherer Vergütung, für den Trainer oder Arbeitgeber wiederum muss jeweils die beste Mannschaft aufgestellt werden, auch haben taktische Erwägungen den Vorrang. Der arbeitsrechtliche Beschäftigungsanspruch wird daher durch das Direktionsrecht eingeschränkt, was allerdings stets auf sachgerechten Erwägungen beruhen muss;[98] zum Zweck, sportliche Höchstleistungen zu erzielen, ist dies zu bejahen 37

Der Sportler hat somit lediglich den Anspruch, ständig am Training teilzunehmen und muss Einbußen einer geringeren Entlohnung hinnehmen; das Arbeitsgericht Solingen hat einen Bundesligaclub verpflichtet, seinen Fußballprofi am Training teilnehmen zu lassen, obwohl der Club ihn bei Vorzahlung seiner Bezüge vom Spiel- und Trainingsbetrieb freigestellt hatte.[99]

Einen Anspruch zur Teilnahme an Pflichtspielen hat der Fußballspieler allerdings nicht, wie das BAG festgestellt hat.[100] Bei den überwiegend in Einzelsportarten abgeschlossenen Dienstverträgen hat er einen Anspruch, an dem vereinbarten Wettkampf aufzutreten.

b) Vergütungspflicht. Die Vergütungspflicht in § 611 I BGB wird vertraglich konkretisiert. Danach erhalten auch Sportler in Sportleistungsverhältnissen die verschiedensten Arten von Vergütungen: Bei Einzelsport-Wettkämpfen sind es Startgelder, eventuell auch Siegprämien, bei Mannschaftssportarten insbesondere im Rahmen laufender Ligawettbewerbe erhält der Sportler als Arbeitnehmer Grundvergütungen, sowie zusätzliche leistungsabhängige Prämien, etwa für Punktgewinne, erreichte Tabellenplätze, Klassenerhalt oder Teilnahme an internationalen Wettbewerben (Europa-Pokal). Bei Verträgen mit Verbänden werden die Sportler an den Sponsoreneinnahmen beteiligt, gestaffelt nach Plazierung und Leistung 38

Derartige Vergütungsarten sind bei sämtlichen Sportarten üblich, Art und Weise von Grund- und Zusatzvergütung, sowie Prämienberechnung unterscheiden sich je nach Sportart. Vielfach werden auch weitere Entlohnungen gewährt, wie kostengünstige Wohnungen oder Fahrzeuge, Ausbildungsbeihilfen usw. Auch wenn diese wirksam vereinbarten Vergütungen unter Umständen statutenwidrig sein sollten, besteht ein Anspruch des Sportlers bei entsprechender Vereinbarung.[101]

Fußball-, Handball- und Eishockeyclubs im Besonderen, aber auch andere Sport-Arbeitgeber vereinbaren stets ein Grundgehalt und erfolgsorientierte Vergütungen: Prämien für das Erreichen bestimmter Punkte pro Spiel, Erreichen eines Tabellenplatzes, aber auch

---

[96] Vgl. hierzu allgemein, *MüKo-Soellner*, § 611 BGB, Rz. 299 ff.
[97] Hierzu grundsätzlich, BAG, AP Nr. 4, 5, 6, 14 zu § 611 BGB.
[98] Zur Problematik im Einzelnen *MüKo-Söllner*, § 611 BGB, Rz. 359 ff.; *Gitter*, MüHa ArbR § 195 Rz. 53 ff.; siehe oben Rz. 20.
[99] ArbG Solingen, SpuRt 97, 98 = AuR 1996, 198.
[100] BAG, AP Nr. 65 zu § 616 BGB.
[101] So BAG, AP 29 zu § 138 BGB.

Jahresprämien gestaffelt nach Spieleinsätzen oder Einsatzprämien pro Spiel. Problematisch ist für diese Prämien jeweils die Anspruchslage bei der Entgeltfortzahlung im Krankheitsfalle oder bei der Berechnung des Urlaubsentgeltes. Die bisherige Rechtsprechung musste sich bisher in erster Linie mit Vergütungsfragen im Fußballsport auseinander setzen.

Zunächst mußte das BAG[102] entscheiden, ob die an konkrete Spieleinsätze gekoppelte und gestaffelte Jahresprämie voll zu zahlen sei oder nur anteilig in Höhe der tatsächlich erfolgten Spieleinsätze. Der Lizenzspieler war erkrankt und erhielt für 6 Wochen sein Grundgehalt nebst Spielprämien für 6 Wochen; darüber hinaus verlangte der Spieler seine volle Jahresprämie in der Höhe, wie wenn er ohne krankheitsbedingte Arbeitsunfähigkeit sämtliche Pflichtspiele absolviert hätte. Das BAG entschied, dass die an Spieleinsätze gebundene Jahresprämie keine gesicherte Rechtsposition für den Arbeitnehmer darstelle und somit keine Entgeltfunktion habe; sie sei nur abhängig von konkreten Spieleinsätzen zu bezahlen. Dabei mache es keinen Unterschied, ob der Spieler krankheitsbedingt fehle oder nicht eingesetzt werde.

Anders zu beurteilen ist demgegenüber eine zum monatlichen Grundgehalt zusätzlich vereinbarte Einsatzprämie für das jeweilige einzelne Spiel. Diese monatlich zu zahlende Einsatzprämie ist anders als eine gestaffelte Jahresprämie als echtes Entgelt zu beurteilen und somit auch bei der Gehaltsfortzahlung im Krankheitsfalle mit zu berücksichtigen.[103]

Dagegen sind Prämien für das Erreichen bestimmter Punkte, Tabellenplätze oder Wettbewerbe als echte Entgelte zu sehen und z. B. bei der Urlaubsentgeltberechnung ebenso zu berücksichtigen, wie bei Entgeltfortzahlung im Krankheitsfalle.[104]

Darüber hinaus hat das LAG Düsseldorf[105] die Rechtsprechung des BAG zur Einbeziehung von Einsatz-, Spiel- und Punktprämien in das Urlaubsentgelt auf Jahresleistungsprämien erweitert und in die Berechnung des Urlaubsentgeltes die erfolgsabhängigen Leistungsprämien des gesamten Kalenderjahres aufgenommen, nicht lediglich die nach § 11 I BUrlG vorgesehenen 13 Wochen. Das BAG folgte dieser Abweichung vom klaren Gesetzeswortlaut des § 11 I BUrlG nicht, wohl aber der Entscheidung im übrigen. Bedenken gegen diese Rechtsprechung werden nicht nur wegen der Unabdingbarkeit in § 13 I BUrlG erhoben, sondern weil sie zu nicht tragbaren Ergebnissen führt.[106] Auch in diesem Zusammenhang ist die Frage aufgeworfen worden, ob der Urlaubsentgeltanspruch für den Profifußballer als Arbeitnehmer besonderer Art überhaupt noch zeitgemäß ist. Zurecht wird daher in der Literatur vielfach gefordert, den § 1 BUrlG auf den Profifußballspieler nicht anzuwenden.[107]

Schließlich ist die Frage, ob der Arbeitgeber während der Vertragslaufzeit sein Grundgehalt- bzw. Prämiensystem umstellen kann (also höheres Grundgehalt und niedrigere Punkteprämie oder umgekehrt), zu verneinen. Eine solche Umstellung ist genau gesehen eine Änderungskündigung, welche in einem befristeten Arbeitsverhältnis ausgeschlossen ist; auch eine Umstellung über einen vereinbarten Leistungsvorbehalt wäre nach diesem Gesichtspunkt unzulässig.[108]

39 Nicht unter die Vergütung fallen die so genannten *Handgelder*. Diese stellen nämlich weder ein besonderes Entgelt oder eine Treueprämie für geleistete Dienste dar, sondern werden vielmehr als zusätzlicher Anreiz für einen Vertragsschluss bezahlt. Auch wenn die Handgeldzahlungen teilweise gegen Vereins- oder Verbandsstatuten verstoßen, sind sie

---

[102] So BAG, AP Nr. 65 zu § 616 BGB m. Anm. *Trieschmann*.
[103] BAG, SpuRt 1997, 61.
[104] So BAG, AP Nr. 10 zu § 11 BUrlG; BAG, NZA 93, 750 ff., BAG, NJW 96, 2388 (Krankheit), ArbG Frankfurt/Main, SpuRt 1994, 151; ArbG Gelsenkirchen, SpuRt 1994, 152 (Urlaub).
[105] LAG Düsseldorf, SpuRt 1994, 193 ff. m. Anm. *Hartung*.
[106] BAG, NJW 97, 276; zu den Bedenken *Hartung*, SpuRt 1994, 198 ff.; *Brömmekamp*, SpuRt 1997, 50.
[107] Siehe die zusammenfassende Darstellung von *Bühler*, SpuRt 98, 143 m.w.N.
[108] So *Lieb*, § 4, 4; *Grunsky*, WFV 12, 61.

nicht gesetzeswidrig und deshalb rechtlich nicht zu beanstanden.[109] Sie sind dem Vertragspartner allenfalls dann zurückzuzahlen, wenn der Vertrag nicht erfüllt werden kann, z. B. bei Lizenzentzug des Sportlers oder bei anderer schuldhafter Nichterfüllung.[110]

2. Nebenpflichten

Die sich für den Sportveranstalter ergebenden vertraglichen Nebenpflichten, zusammenfassend *Fürsorgepflichten*[111] genannt, sind in §§ 617, 618 BGB geregelt, sie sind unabdingbar (§ 619 BGB) und durch arbeitsrechtliche Rechtsprechung ausgeformt.[112] Diese allgemeinen dienst- sowie arbeitsrechtlichen Grundsätze für Fürsorgepflichten gelten auch für das Sportleistungsverhältnis;[113] insbesonders ist der Veranstalter verpflichtet, die Sportplätze und sämtliche Sportanlagen in verkehrssicheren Zustand zu erhalten. Die Fürsorgepflichten des Veranstalters sind deshalb vertragliche Verkehrspflichten.[114] **40**

D. Ansprüche bei Pflichtverletzungen

Das Schuldrechtsmodernisierungsgesetz hat für Verträge nach dem 1.1. 2002 das ursprüngliche System der Leistungsstörungen ersetzt durch den neuen Begriff der Verletzung einer Pflicht aus dem Schuldverhältnis. **41**

Grundtatbestand für Schadensersatz ist der § 280 I BGB, welcher in Zusammenhang mit der geänderten Bestimmung des § 241 BGB (Pflicht zur Leistung und zur Rücksichtnahme) zum Schadensersatz für vermutetes Verschulden verpflichtet, wie folgt:
– Unmöglichkeit jeder Art (§§ 275, 283, 311a, 326)
– Verzug (§§ 280 II, 286–288, 323)
– Verletzung einer vertraglichen Nebenpflicht zur Rücksicht (§§ 241 II, 282, 324)
– Verletzung einer vorvertraglichen Pflicht zur Rücksicht (§§ 311 II, III, 324)

Ergänzt werden diese Regelungen durch spezielle Dienstvertragsvorschriften der §§ 615–619a BGB. Der in Vertragsverhältnissen Geschädigte hat im Prozess die Verursachung des Schadens durch die objektive Pflichtverletzung nachzuweisen, wogegen der Schuldner der Leistung oder des Schadensersatzes der Verpflichtung nur entgeht, wenn er seinerseits nachweist, dass er die Pflichtverletzung nicht zu vertreten hat (§ 280 I Satz 2 BGB).

Im Gegensatz zu diesen Regelungen wird bei *Deliktsansprüchen* nach §§ 823 ff. BGB für *nachgewiesenes Verschulden*[115] gehaftet.

I. Ansprüche bei Pflichtverletzungen durch den Sportler

Ansprüche können für den Dienstherrn/Arbeitgeber entstehen, wenn die Sport- Leistung in zu vertretender Weise überhaupt nicht erbracht, verzögert oder eine Pflicht verletzt wurde. **42**

Beim Nichtantreten zu einem vertraglich vereinbarten und zeitlich bestimmten Wettkampf liegt, falls die Leistung nicht nachholbar ist, eine Unmöglichkeit nach §§ 275, 325 BGB bzw. *Nichtleistung*[116] vor. Ob nun eine vereinbarte Sport(-höchst-)leistung nach Auf-

---

[109] So die Rspr. seit OLG Köln, NJW 71, 1367; OLG Hamm, NJW 76, 331; ebenso wenig sittenwidrig sind Verträge zur Abtretung von Transferzahlungen, so OLG München, SpuRt 1996, 97.
[110] So OLG Köln, a.a.O. bei nicht erfolgtem Auf- oder Abstieg des Vereins; OLG Hamm, a.a.O. für Nicht-Spielantritt des Fußballspielers.
[111] Siehe *MüKo-Soellner*, § 611 BGB, Rz. 380 ff.
[112] Siehe z. B. BAG, AP § 611 BGB, Nr. 75, 76.
[113] Zu den Arten der Fürsorgepflichten siehe *Schaub*, § 108 II.
[114] Siehe 5/Rz. 68 ff.; zu den Sportstätten-Verkehrspflichten als Bestandteil der Fürsorgepflichten, *Börner*, S. 56 ff.
[115] Siehe 5/Rz. 6 Konkurrenz der Anspruchsgrundlagen.
[116] Zu Begriff und Folgen im Einzelnen *Schaub*, § 51.

fassung des Arbeitgebers nicht erbracht ist oder ob sie nachholbar ist, richtet sich danach, was die geschuldete Sportleistung nach dem jeweiligen Vertragsinhalt ist.

Der Dienstherr/Arbeitgeber ist bei Nichtleistung von der Zahlung einer Vergütung befreit (§ 326 I BGB); er kann ferner, falls der Sportler dies zu vertreten hat, Schadensersatz verlangen oder vom Vertrag zurücktreten (§§ 323 V, 280 BGB). Anstelle des Rücktrittsrechts kommen allerdings die Sondervorschriften der §§ 626–628 BGB – außerordentliches Kündigungsrecht – in Betracht. Nur dann, wenn der Sportler nachweisen kann, dass ihn kein Verschulden trifft (§ 280 I Satz 2 BGB), können gegen ihn keinerlei Ansprüche wirksam erhoben werden.

Bei *verspäteten Leistungen* des Sportlers (Verzug), entweder er tritt trotz Mahnung nicht an (§ 286 I BGB) oder nicht zur fest vereinbarten Zeit (§ 286 II BGB), steht dem Dienstherrn/Arbeitgeber ein Anspruch auf Ersatz des Verzögerungsschadens (§ 280 I BGB) oder Nichterfüllungsschadens (§§ 275 IV, 280 BGB) zu; er hat jedoch auch das Recht zum Rücktritt.

Pflichtverletzungen des Sportlers führen im Dienstvertrags- und Arbeitsrecht nicht zu Ansprüchen auf Gewährleistung, oder etwa Vergütungskürzung,[117] allenfalls zu Schadensersatzansprüchen; gefährdet eine Pflichtverletzung den Vertragszweck und ist eine Fortsetzung unzumutbar, kann der Vertragspartner zurücktreten und Schadensersatz wegen Nichterfüllung des ganzen Vertrages verlangen.[118]

Verletzungen vertraglicher Nebenpflichten sind aus der Sicht des Dienstherrn/Arbeitgebers nach dem Leistungsinhalt zu beurteilen; es wird also im Einzelfall zu beurteilen sein, ob bei bestmöglichen Anstrengungen der Sportler seine „geschuldete Leistung" erbrachte, und er unter Berücksichtigung von psychischen und physischen Leistungsschwankungen seine vereinbarte Leistung erbrachte oder nicht. Will der Arbeitgeber wegen mangelhafter Leistungen des Sportlers Schadensersatzansprüche geltend machen, so dürfte er erhebliche Beweisschwierigkeiten haben, auch wenn ein Verschulden nicht Anspruchsvoraussetzung ist. Leistungsschwankungen und schwache Leistungen im Sportarbeitsverhältnis werden daher in der Praxis eher gelöst mit zusätzlichen Leistungsanreizen zum Grundgehalt, aber auch durch die Vereinbarung von Vertragsstrafen.

Eine Vertragsstrafenvereinbarung hat sich grundsätzlich zu orientieren an §§ 339 ff. BGB; eine Vertragsstrafe ist bei Arbeitsverträgen mit Profisportlern abzugrenzen von der Betriebsbuße.[119] Ausdrücklich vereinbarte Vertragsstrafen sind gemessen an den §§ 339 ff. BGB grundsätzlich zulässig, die zu sichernde vertragliche Verpflichtung muss wirksam sein, sowie ausreichend bestimmt, schließlich ist die Höhe der Vertragsstrafe angemessen festzulegen.[120] Das Landesarbeitsgericht Berlin hat eine vertragliche Verpflichtung eines Profi-Fußballspielers, sich sportmedizinischen und sporttherapeutischen Maßnahmen clubintern zu unterziehen (anstelle eigene Berater zu beauftragen) als wirksam gesichert durch eine Vertragsstrafe gesehen.[121]

43 Eine wohl häufige Pflichtverletzung seitens eines Sportlers oder Mannschaftsspielers tritt ein, wenn dieser infolge *Spielsperren* oder *Wettkampfverboten* (etwa bei Regelverletzungen, Verstöße gegen Dopingregeln) durch Verbandsstatuten nicht eingesetzt werden darf, z. B. ist nach den gängigen Spielordnungen der Fuß-, Handball- und Eishockeyverbänden ein *gesperrter* Spieler in Bundesligaspielen nicht einzusetzen.

Derartige Spielsperren und Einsatzverbote bestehen meist über einen längeren Zeitraum als einige Tage, so dass die Vergütungspflicht nicht über § 616 BGB (vorübergehende Verhinderung) bestünde. Ebenso wenig ist diese Frage über eine Teilunmöglichkeit

---

[117] Siehe bei *Schaub*, § 52 II.
[118] So die ständige Rechtsprechung des BGH, zuletzt NJW 94, 1653.
[119] Siehe hierzu *Schul/Wichert*, SpuRt 2004, 230.
[120] Siehe hierzu *Schul/Wichert*, a.a.O., S. 230 m.w.N.
[121] LAG Berlin, SpuRt 2005,75; zur Sittenwidrigkeit einer Vertragsstrafe anlässlich eines Dienstvertrages mit einem Rennfahrer dagegen LG München, SpuRt 2005, 77.

§§ 280, 311a, 326 BGB zu beantworten, denn die Sportleistung lässt sich nicht in Trainings- und Wettkampfleistung aufspalten. Insgesamt liegt in diesen Fällen keine Pflichtverletzung des Sportlers vor[122](mit Ausnahme von Dopingverstößen); sportlicher Wettkampf verlangt besonderes Risiko, „normale" Härteeinsätze und Regelverletzungen sind üblich. In gravierenden Fällen von Pflichtverletzungen lösen die Verbände dies mit Geldbußen bzw. Vertragsstrafen.

Literatur und Rechtsprechung sehen dieses Problem in Zusammenhang mit der grundsätzlichen Frage einer Beeinflussung des Arbeitsverhältnisses durch verbandsgerichtliche Entscheidungen:[123] Sie wird ganz überwiegend verneint, mit der Folge, dass die beiderseitigen (Verbands- und arbeitsrechtlichen) Pflichten nicht unmittelbar tangiert werden und deshalb jeweils eigenständig geprüft werden müssen.[124] Auch das BAG hat zu einem Lohn- und Treueprämienanspruch eines Lizenzfußballers entschieden, dass sich eine vom DFB verhängte Spielsperre nicht unmittelbar auf den Lohnanspruch auswirke,[125] lediglich Prämien für die Absolvierung von Pflichtspielen seien hiervon ausgenommen.

Damit ist klargestellt, dass die nach den Verbandsstatuten unanfechtbaren Tatsachenentscheidungen von Sportverbänden arbeitsrechtliche Bedeutung nicht erlangen. Vielmehr ist unabhängig zu prüfen, ob eine Pflichtverletzung des Sportlers vorliegt; bei einem vorsätzlichem Dopingverstoß wird man sie bejahen müssen, bei fahrlässigem eher nicht. Wenn z. B. das DFB-Bundesgericht[126] bei einem Dopingverstoß eines 32-jährigen erfahrenen Fußballprofis eine Sperre von zwei Monaten wegen *bewusst fahrlässigen Verstoßes* gegen § 14 a Nr. 1, 2 DFB-SpielO aussprach, so ist nach eigenständiger Prüfung eine arbeitsrechtliche Pflichtverletzung wohl zu bejahen.

Auch die *Dienstunfähigkeit* des Sportlers ist ein Fall der Unmöglichkeit, dessen Folgen **44** sich nach § 616 I BGB als Ausnahme von § 326 BGB regeln: Wird der Sportler dienst- oder arbeitsunfähig, so behält er seinen Vergütungsanspruch, wenn er nachweist, dass die verhältnismäßig kurze Dienstunfähigkeit von ihm nicht zu vertreten ist (§§ 275, 283, 326 BGB).

Auch im Arbeitsrecht werden diese Grundsätze durch das Entgeltfortzahlungsgesetz (EFZG) – bisher Lohnfortzahlungsgesetz[127] durchbrochen; nach § 3 I EFZG besteht bei unverschuldeter krankheitsbedingter Arbeitsunfähigkeit ein Lohnfortzahlungsanspruch.[128] Die bisherige Unterscheidung in Arbeiter und Angestellte ist durch § 1 II EFZG entfallen, die Voraussetzungen für den Lohnfortzahlungsanspruch (für die Dauer von 6 Wochen) ändern sich jedoch nicht.

Bei Freizeitsport wird die sportverletzungsbedingte Arbeitsunfähigkeit von der Rechtsprechung ganz überwiegend als unverschuldet angesehen, sogar die Ausübung von so genannten gefährlichen Sportarten wie Boxen, Drachenfliegen und kämpferisch ausgeübtem Sport. Nur dann liege ein Verschulden vor, so die Rechtsprechung, wenn die Gefährlichkeit sich darin manifestiere, dass das Verletzungsrisiko bei objektiver Betrachtung so groß sei, dass auch ein gut ausgebildeter Sportler bei sorgfältiger Beachtung aller Regeln dieses Risiko nicht vermeiden könne; dies sei dann gegeben, wenn das Geschehen für den Sportler nicht mehr beherrschbar sei.[129] Erst recht muss dies für Sportler im Sportdienst- oder Arbeitsverhältnis gelten, weshalb grundsätzlich kein Zweifel an der Entgeltfortzahlungspflicht bestehen kann.[130] Allenfalls bei Verletzungen aufgrund schwe-

---

[122] So bereits *Poschenrieder*, S. 178 ff.
[123] Siehe hierzu 2/Rz. 10 ff.
[124] Grundsätzlich hierzu *Buchner*, NJW 76, 2242 ff.; RdA 82, 8 ff. m.w.N.
[125] BAG, NJW 80, 470; im Ergebnis ebenso *Ittmann*, S. 184 ff.
[126] DFB-Bundesgericht, SpuRt 1995, 233.
[127] Entgeltfortzahlungsgesetz v. 26. 5. 94, BGBl. 1994 I, 1014 ff., hierzu *Diller*, NJW 94, 1690 ff.
[128] Siehe BAG, NJW 73, 1430; 83, 2660.
[129] Vgl. BAG, AP Nr. 45, 65 zu § 616 BGB; BAG, AP Nr. 5 zu § 63 HGB; zusammenfassend *Arens*, AR-Blattei SD 1000.4, Krankheit IV.
[130] BAG, AP Nr. 49 zu § 1 LohnFG m. Anm. *Gitter*; BAG, NJW 96, 2388.

rer vorsätzlicher Spielregelverstöße oder nicht eingehaltener Schutzmaßnahmen könnte im Einzelfall ein Verschulden im Sinne einer unverantwortlichen Selbstgefährdung vorliegen.

Auch bei Verletzungen des Sportlers außerhalb von Sport- und Trainingsveranstaltungen seines Arbeitgebers besteht ein Entgeltfortzahlungsanspruch; dieser kann allenfalls dann eingeschränkt sein, wenn der Sportler entgegen ausdrücklichen Hinweisen risikobehaftete Ausgleichssportarten betrieben hat und sich dabei verletzte.

Zur Höhe des zu zahlenden Entgelts ist festzuhalten, dass im Verletzungs- bzw. Krankheitsfalle nur leistungsunabhängige Prämien in die Entgeltsberechnung mit einzubeziehen sind,[131] wie z. B. Prämien für erreichte Tabellenplätze, Punkte oder Wettbewerbe, nicht jedoch Prämien für besondere Leistungen, wie z. B. Spieleinsätze. In der Praxis wird oftmals anhand von Durchschnittsbetrachtungen durch einvernehmliche Regelungen eine Lösung in Streitfällen gesucht; diese sind allerdings unzulässig wegen der Unabdingbarkeit der gesetzlichen Regelung des § 616 BGB.

45 Ansprüche gegen den Sportler aus Verletzung vertraglicher Nebenpflichten können schließlich bestehen bei verursachten Personen- und Sachschäden infolge von Sportunfällen. Arbeitgeber/Dienstherr, können als Verletzte vertragliche Schadensersatzansprüche neben denen aus Deliktsrecht[132] geltend machen, Helfer, sowie Mitsportler, unter Umständen nach dem Grundsatz des Vertrages mit Schutzwirkung zugunsten Dritter.[133]

Bei diesen Schadensersatzansprüchen kommt der Gesichtspunkt der Haftungsmilderung nach dem Begriff der „gefahrgeneigten Arbeit" zum Tragen; dieser ist durch die neuere Rechtsprechung einer anderen Beurteilung unterstellt worden[134] und nach § 254 zu beurteilen. Insofern wirkt das Haftungstrias der „groben Fahrlässigkeit", der „durchschnittlichen Fahrlässigkeit", sowie der „leichten Fahrlässigkeit" in der Abwägung im Rahmen des § 254 BGB fort.[135] Fügt der Sportler demgemäß dem Dienstherrn/Arbeitgeber oder seinem Helfer im Zuge der sportlichen Tätigkeit einen Schaden zu, so ist eine evtl. Haftungsmilderung danach zu prüfen, ob der Sportler eine schwere, mittlere oder leichte Regelverletzung begangen hat.

Bei Schädigungen von Mitsportlern kommt für Personenschäden die gesetzliche Regelung des § 637 RVO, jetzt §§ 104 ff. SGB VII, in Betracht, nach der die Haftung des Arbeitnehmers ausgeschlossen ist, denn Personenschäden werden von der Berufsgenossenschaft des Arbeitgebers ersetzt. Gleiches gilt für Verletzungen gegenüber Sportlern der gegnerischen Mannschaft.[136] Für angerichtete Sachschäden bei Mitsportlern im Rahmen sportlicher Tätigkeit gelten schließlich auch die Gesichtspunkte einer Haftungsmilderung gem. § 254 BGB.

II. Ansprüche bei Pflichtverletzungen durch Dienstherrn/Arbeitgeber

46 Ansprüche für den Sportler gegen den Dienstherrn/Arbeitgeber als Veranstalter können entstehen, falls nach erfolgter Sportleistung die Vergütung nicht bezahlt wird oder falls der leistungswillige verpflichtete Sportler seine Leistung nicht erbringen kann, weil der Veranstalter sie nicht annimmt; ebenfalls dann, wenn der Dienstherr/Arbeitgeber vertragliche Nebenpflichten verletzt.

---

[131] Siehe BAG, AP 65 zu § 616 BGB; NZA 93, 750; BAG, NJW 86, 2904; 96, 2388.
[132] Siehe 5/Rz. 53.
[133] Ebenso ist eine Meinung in der Literatur immer mehr im Vordringen die zwischen den Teilnehmern von sportlichen Wettbewerben ein gesetzliches Schuldverhältnis sieht, so insbesondere auch *Pfister*, SpuRt 2002, 45 ff. m. w.N.
[134] Siehe den Beschluss des gemeinsamen Senats der Obersten Gerichtshöfe des Bundes, NJW 94, 856; BAG GS, NJW 95, 210.
[135] Siehe hierzu *Hanau/Rolfs*, NJW 94, 1439.
[136] Siehe unten Rz. 47 sowie 5/Rz. 57 f.

Bei Nichtzahlung der Vergütung hat der Sportler die Ansprüche aus *Unmöglichkeit, Verzug, Pflichtverletzung,* bei Nichtannahme die Ansprüche aus *Gläubigerverzug.*
Nimmt der Dienstherr/Arbeitgeber somit die Leistung nicht an, obwohl der Sportler zum Wettkampf antreten kann und will, richten sich die Folgen nach der Bestimmung des § 326 II BGB, beim Dienstvertrag nach der Sonderregelung des § 615 Satz 1 BGB:[137] Der Sportler hat Anspruch auf die vereinbarte Vergütung, muss sich allerdings nach §§ 615 Satz 2, 326 II Satz 2 BGB ersparten Aufwand oder anderweitigen Erwerb anrechnen lassen. Wenn also ein Sportwettkampf nicht stattfindet, unterbrochen oder nachträglich annulliert wird, ist der Veranstalter zur Zahlung der Vergütung verpflichtet – er trägt die Vergütungsgefahr nach § 326 II BGB –, was auch in der Neuregelung des § 615 Satz 3 BGB zum Ausdruck kommt.

Generell trägt also das sportliche und finanzielle Risiko der Veranstalter, wie jeder Arbeitgeber das Betriebs- und Wirtschaftsrisiko. Spiel- und Wettkampfausfälle im Sportbetrieb können verschiedenste Ursachen haben: Unbespielbarkeit von Plätzen oder Hallen, Zuschauerausschreitungen, Disqualifikationen von Spielern oder Mannschaften, also meist Veranstalter-Verantwortungsbereiche. Auch wenn derartige Ausfälle nachweislich vom Veranstalter nicht zu vertreten sind, hat der Sportler einen Vergütungsanspruch, denn nach den Grundsätzen der Lehre vom Betriebsrisiko[138] liegt ein typisches Veranstalterrisiko vor; dies kann freilich durch konkret getroffene Vereinbarungen zwischen Sportler und Veranstalter abbedungen werden.[139]

Verletzen Dienstherr/Arbeitgeber im Sportleistungsverhältnis ihre vertraglichen Nebenpflichten gegenüber dem Sportler, so hat dieser *Schadensersatzansprüche;* auch bei einer Verletzung durch andere vom Dienstherr/Arbeitgeber angestellte Sportler kommt dies in Betracht. Hierbei hat der Sportler die Pflichtverletzung nachzuweisen, der Dienstherr/Arbeitgeber das vermutete Verschulden zu widerlegen nach § 280 I Satz 1 u 2 BGB (§ 282 a. F. BGB). 47

Bei Verletzungen und Schäden des Sportlers, für welche gleichzeitig Ansprüche nach deliktischen Bestimmungen[140] bestehen, ist die vertragliche Anspruchsgrundlage wegen dieser bekannten Beweislastregelung günstiger; sie beinhaltet nach der gesetzlichen Schuldrecht-Neuregelung auch eventuelle Schmerzensgeldansprüche (§ 253 Abs. 2 BGB).

Hinsichtlich der Pflichtverletzungen[141] durch den Dienstherrn/Arbeitgeber ist auf den Pflichtenumfang der „Verkehrspflichten im Sport" – identisch mit den deliktischen Haftungsgrundsätzen – zu verweisen.[142] Die Haftung nach beiden Anspruchsgrundlagen erfährt allerdings eine Einschränkung bei Personenschäden durch die gesetzlichen Bestimmungen der §§ 636 ff. RVO (jetzt §§ 104 ff. SGB VII), nach welcher die Haftung des Unternehmers für die in seinem Unternehmen tätigen Arbeitnehmer, Angehörigen und Hinterbliebenen bei einem Arbeitsunfall ausgeschlossen ist.[143] Sportler als Arbeitnehmer haben daher bei Personenschäden ihre Ansprüche gegenüber den Berufsgenossenschaften[144] geltend zu machen.

---

[137] Siehe hierzu *Palandt-Putzo,* § 615 BGB, Rz. 4, 5.
[138] Siehe hierzu *Schaub,* § 101 II m.w.N.; st. Rspr. des BAG in AP 10, 14, 15 zu § 61 BGB.
[139] So auch *Poschenrieder,* S. 183.
[140] Siehe hierzu 5/Rz. 6.
[141] Siehe im Einzelnen zu den Verkehrspflichten/Fürsorgepflichten die Nachweise bei *MüKo-Söllner,* § 611 BGB, Rz. 375; *Palandt-Putzo,* § 611 BGB, Rz. 98.
[142] Siehe 5/Rz. 13 ff.
[143] Siehe hierzu 5/Rz. 57 f.
[144] Siehe 5/Rz. 131 ff.; zum Haftungsprivileg und Unternehmereigenschaft des Pferdehalters, OLG Hamm, SpuRt 1995, 67.

E. Mitbestimmung, Betriebsverfassungsrecht, Tarifvertragsrecht

48 Während sich in der Arbeitswelt die Mitbestimmung durch verschiedene gesetzliche Regelungen, z. B. des MitbestimmungsG, sowie des BetriebsverfassungsG geregelt und damit durchgesetzt hat, ist sie im Bereich der Sport-Organisationsstrukturen noch in der Entwicklung.

Mitbestimmung heißt per Definition, die Entscheidungsmacht soll nicht allein in der Hand eines oder einzelner Personen an der Spitze liegen, sondern unter Beteiligung aller von den Maßnahmen Betroffener ausgeübt werden.

Gerade im Sport mit seiner vielgestaltigen nationalen und internationalen Organisations- und Verbandsstruktur stellt sich die Frage nach der Mitbestimmung, da die Willensbildung gerade innerhalb des pyramidenförmigen Organisationsaufbaus der Verbände von oben nach unten verläuft. Hier entstehen zwangsläufig sowohl Repräsentations- wie auch Kontrolldefizite.

Für Mitbestimmungsmöglichkeiten in Vereinen und Verbänden enthält das Vereinsrecht keine dem Arbeitsrecht vergleichbare Regelungen. Dagegen ist in den hierarchisch organisierten Verbänden die Mitbestimmung aufgrund zunehmender Kommerzialisierung im Sport der letzten Jahrzehnte geradezu notwendig geworden.[145] Sportverbände schaffen in ihren Satzungen immer mehr Möglichkeiten von Interessenvertretung und Mitbestimmung durch „Aktivenvertreter", „Beiräte der Aktiven" und Athletenkommissionen, ebenso bilden sich Interessenvertretungen der Spieler in Profi-Fußball durch die VdV und im Eishockey durch die vde.

International wiederum schließen sich Vereinigungen zusammen, um ihre Interessen angemessen gegenüber Verbänden vertreten zu können, wie z. B. die ATP (Tennis), FIFPro(Fußball), CTTP (Tischtennis), GIBA (Basketball),und schließlich die „G14"[146] als Zusammenschluss europäischer Fußballvereine.

Die Literatur hat sich bisher mit den Komplexen der Mitbestimmung aus der Sicht des Arbeitsrechts im Sport[147] sowie aus der Sicht der Verbände, gleichzeitig vergleichend im US-amerikanischen Leistungssport[148] beschäftigt. Man hat die Möglichkeiten der Mitbestimmung in den Mannschaftssportarten einerseits und in den Einzelsportarten andererseits zu unterscheiden:

Bei Mannschaftssportarten steht das Verhältnis Sportler zu seinem Verein zur Diskussion, Profisportler sind ja weitgehend Arbeitnehmer, die gesetzlichen Vorgaben der arbeitsrechtlichen Mitbestimmung dienen somit als Ausgangspunkt.

Bei *Einzelsportarten* dagegen geht es um das Verhältnis Sportler – Verband, verbandsrechtliche und vertragsrechtliche Strukturen sind hier zu berücksichtigen.

I. Mitbestimmung im Mannschaftssport

49 Die Entwicklung der Mitbestimmung im Sport ist dort weiter gediehen, wo nach herrschender Meinung im Sport die Profisportler Arbeitnehmer sind,[149] und wo das Arbeitsrecht aufgrund der Regelung im Betriebsverfassungsgesetz Institutionen und Abläufe der Mitbestimmung regelt. Arbeitsrechtliche Mitbestimmung geschieht in zweifacher Weise: Überbetrieblich treten die Arbeitnehmer dem Arbeitgeber als *Gewerkschaft* gegenüber,

---

[145] Siehe *Prokop*, S. 43 ff.
[146] Siehe z. B. *Malatos*, S. 159.
[147] Siehe hierzu *Malatos*, S. 159 ff., *Walker*, S. 11 ff., *Fikentscher*, S. 175 ff., *Merkel*, S. 86 ff.
[148] *Klingmüller*, S. 107 ff.; *Fikentscher*, Seite 205 ff., Vereinsrechtliche Mitbestimmung der Athleten und ihrer Vertreter in *Walker*, a.a.O., S. 43 sowie *ders.*, Mitbestimmung im Sport, Passim 2002, Berlin.
[149] Siehe oben Rz. 13.

innerbetrieblich treten die Arbeitnehmer als Belegschaft eines Betriebes auf, welcher durch den *Betriebsrat* repräsentiert wird. In den Regelwerken der Verbände, welche für die Mannschaftsportarten in Betracht kommen, wie z. B. Fußball, Handball, Eishockey etc. tauchen Begriffe aus der arbeitsrechtlichen Mitbestimmung nicht auf, womit sich die Frage stellt, ob die gesetzlichen Regelungen im Betriebsverfassungsgesetz auf die Arbeitnehmer im Mannschaftssport bedeutungsvoll sein können bzw. Anwendung finden. Tatsächlich ist hier zu unterscheiden die „*vereinsinterne*" (etwa durch den Betriebsrat) sowie die „*vereinsübergreifende*" (etwa durch eine Gewerkschaft) Mitbestimmung.

Vereinsintern werden oftmals Spielerräte gebildet, welche die Spieler im Verein gegenüber der Vereinsführung und dem Trainer vertritt.[150] Diese informelle Mitbestimmung in Form der Interessenvertretung von Spielern hat sich bewährt.

Die *Vereinsübergreifende* Mitbestimmung hat sich aus der ehemaligen Vertretung der Fußballspieler bei der Deutschen Angestelltengewerkschaft (DAG) entwickelt und zur Gründung der Vereinigung der Vertragsfußballer e. V. (VdV) geführt, welche die Berufsfußballspieler ähnlich einer Gewerkschaft in insbesondere arbeitsrechtlichen Fragen berät, ähnlich ist die Tätigkeit der Vereinigung der Eishockeyspieler (vde) zu sehen.[151] International ist die VdV Mitglied der FIF-Pro, ein internationaler Zusammenschluss von Spielergewerkschaften, der eine internationale Interessenvertretung wahrnimmt (§ 3 der VdV-Satzung). Die Literatur hat die Frage gestellt, inwieweit im professionellen Mannschaftssport eine arbeitsrechtliche Mitbestimmung nach der gesetzlichen Regelung im Arbeitsrecht, zweckmäßig, möglich oder durchführbar ist,[152] sowohl innerhalb der Fußballclubs als „Betriebsverfassungsrechtliche Mitbestimmung" als auch außerhalb der Clubs als Interessenvertretung gegenüber den Verbänden als so genannte „Gewerkschaftliche Mitbestimmung".

1. Betriebsverfassungsrechtliche Mitbestimmung

Mitbestimmungsbefugnisse sind in Arbeitsverträgen von Profisportlern nicht erwähnt. **50** Allerdings haben teilweise Profi-Clubs der DFL-GmbH die Gründung eines Betriebsrates[153] erwogen.

Die Erfordernisse für die Errichtung von Betriebsräten in Sportarten des Mannschaftssportes wären grundsätzlich nach § 1, 7, 8 BetrVG gegeben (Anzahl der beschäftigten Arbeitnehmer, Dauer der Beschäftigung), ferner nach § 47 I BetrVG (Verein als einheitlicher Betrieb) sowie nach § 54 BetrVG (Konzern, Betriebsrat und Sportverband).[154]

Als Mitbestimmungstatbestände[155] im Sport könnte man sich vorstellen:
Bei der *Personalplanung*
käme das *Unterrichtungs- und Beratungsrecht* in Betracht (§ 92 BetrVG). Dazu zählen alle Maßnahmen, die sich auf den Spielerkader auswirken, z. B. die Erweiterung/Reduzierung des Kaders, Neuverpflichtungen von Spielern. Bei *Einstellungen* hat der Betriebsrat zudem ein *Mitbestimmungsrecht* (§ 99 BetrVG), mit der Folge, dass der Betriebsrat zu jeder geplanten Verpflichtung zustimmen müsste. Bei der Verpflichtung eines Trainers scheidet ein Mitbestimmungsrecht aus, da dieser in der Regel leitender Angestellter i.S.d. § 5 III BetrVG ist.
In Sozialen Angelegenheiten
könnten einige in § 87 I BetrVG aufgeführten Mitbestimmungstatbestände in der sportverbandlichen Praxis eine bedeutende Rolle spielen:

---

[150] Siehe im Einzelnen *Fikentscher*, Mitbestimmung, S. 176 ff.

[151] *Fikentscher*, Mitbestimmung, S. 175 ff.

[152] Hier insbesondere *Walker*, a.a.O., S. 12 ff.

[153] Siehe *Rüth*, Notwendige Einschränkungen betriebsverfassungsrechtlicher Mitbestimmung im Lizenzsport, SpuRt 2005, 177 ff.

[154] Siehe im Einzelnen ausführlich *Walker*, RuS 27, S. 29 f.; *Reichhold*, LdR-Arbeitsrecht, Sport B II. 2.; *Imping*, S. 287; sowie *Kania*, SpuRt 1994, 121 f., *Merkel*, S. 160 ff.; *Rüth*, S. 209 ff.

[155] Ausführlich hierzu *Rüth*, S. 230 ff.

Betriebsbußen nach § 87 I Nr. 1 in Zusammenhang mit § 12 des Musterarbeitsvertrages DFL, sowie eine Arbeitszeit-Festlegung § 87 I Nr. 2 und 3 Betr.VG bei Training und Spielbetrieb.

Beim Thema *Vergütungen* käme ein Mitbestimmungsrecht hinsichtlich der Entlohnungsgrundsätze in Betracht, § 87 I Nr. 10 BetrVG.

Schließlich verbleibt noch der Hinweis, dass die bedeutende Mitbestimmungsmöglichkeit des Betriebsrates gemäß §§ 102 ff. BetrVG bei Kündigungen im Mannschaftssport keine Bedeutung hat, weil die Praxis befristete Verträge abschließt, sowie Aufhebungsverträge.

51 Um derartige Mitbestimmungsmöglichkeiten im Sport nicht relevant werden zu lassen, hat man in Literatur und Rechtsprechung die Auffassung vertreten, die Sportvereine als Tendenzbetriebe zu sehen.[156] Ob ein Sportverein als Tendenzbetrieb angesehen werden kann, hängt davon ab, ob er überwiegend erzieherischen oder künstlerischen Zwecken dient.

„Erzieherischen Bestimmungen" dienen Bildungseinrichtungen allgemein bildender oder berufsbildender Art, die durch planmäßige und methodische Unterweisung in mehreren Fächern die Persönlichkeit eines Menschen formen.[157] Allein die Vermittlung der zur Ausübung des Sports erforderlichen Fähigkeiten reichen dafür nicht aus. Das hat das BAG entschieden, als es die Tendenzeigenschaft eines Landessportverbandes abgelehnt hat.[158]

Um einen Tendenzbetrieb aus künstlerischen Gesichtspunkten bejahen zu können, müsste der Betrieb des Sportvereins unmittelbar oder überwiegend künstlerischen Bestimmungen dienen. Bei Mannschaftssportarten wird jedoch eine geistig-ideelle Zielsetzung, wie sie von § 118 I Nr. 1 BetrVG gefordert wird, zu verneinen sein, weshalb Sportvereine folglich nicht als Tendenzbetriebe anzusehen sind.[159]

Bedenken gegen die Mitbestimmung im professionellen Mannschaftssport im Sinne der Regelung des Betriebsverfassungsgesetzes gibt es insgesamt somit in erster Linie durch die hieraus folgende Beschneidung der unternehmerischen Entscheidungsfreiheit. Damit könnte man die Mitbestimmung nach §§ 105, 111 BetrVG sowie § 112 IV BetrVG abwenden, denn die Vereine im Profisport sind meist auch als Kapitalgesellschaften organisiert und somit auch nach unternehmerischen Gesichtspunkten zu beurteilen.

Da der Unternehmer das wirtschaftliche Risiko trägt, muss ihm das Alleinentscheidungsrecht auch in wichtigen Angelegenheiten des Profisports verbleiben, so z. B. die Verpflichtung von Profisportlern als Arbeitnehmer.[160]

Insgesamt ist zur innerbetrieblichen Mitbestimmung in den Mannschaftssportarten festzustellen, dass sich die Konzeption des BetriebsverfassungsG für den allgemeinen Arbeits- u. Wirtschaftsprozess schwerlich im Entscheidungsbereich des Sportbetriebs anwenden lassen. Die innerbetriebliche Mitbestimmung im Bereich Fußball, Eishockey, Basketball, Handball funktioniert unabhängig davon ohne die unmittelbare Anwendung der arbeitsrechtlichen Institute. Die in den Vereinen konstituierten Spielerräte vertreten die Interessen der Spieler gegenüber Trainer und Vereinsleitung, und zwar auch in den maßgeblichen erwähnten Bereichen, insbesondere auch in Vergütungsfragen und denen der Prämiengestaltung.[161]

---

[156] So *Grunsky*, Das Recht des Fußballspielers, WFV Nr. 12 S. 62; siehe bei *Walker*, RuS 27, S. 38 ff.
[157] Siehe hierzu *Walker*, RuS 27, S. 39 m.w.N.
[158] BAG, NZA 1999, 1347 = SpuRt 1999, 249.
[159] Siehe hierzu *Walker*, RuS 27, S. 41 m.w.N.
[160] Siehe hierzu *Walker*, RuS 30, S. 41 f.; ebenso *Imping*, S. 298; ebenso *Rüth*, S. 251 ff.
[161] Siehe hierzu *Fikenscher*, S. 185 f.

2. Gewerkschaftliche Mitbestimmung

Im professionellen Mannschaftssport wird eine überbetriebliche Mitbestimmung in **52**
Deutschland repräsentiert durch die Vereinigung der Vertragsfußballer (VdV) sowie für
den Eishockeysport die Vereinigung der Eishockeyspieler (vde).[162] Ausländische Gewerkschaften finden wir in England mit der Spielergewerkschaft PFA, in Italien mit der AIC,
in Spanien die AFE und in den USA die Spielergewerkschaften Baseball, Eishockey und
Basketball.[163] Schließlich gibt es europäische Spielergewerkschaften im Fußball in der
F.I.F.PRO, im Eishockey sowie Tischtennis (CTTP) und im Basketball (GIBA).

Literatur[164] und Rechtsprechung haben sich mit der Frage, ob es sich bei den Vereinigungen VdV und vde um Gewerkschaften im Rechtssinne handelt bereits befasst, denn
für die gewerkschaftliche Mitbestimmung als überbetriebliche Mitbestimmungsart ist in
erster Linie das Recht zum Abschluss von Tarifverträgen und als Streikrecht maßgebend,
als Voraussetzung für das Bestehen einer Gewerkschaft i.S.d. BetriebsverfassungsG.

Die VdV und vde werden oftmals als „Spielergewerkschaften" bezeichnet, weshalb
man (exemplarisch) nach deren Satzungen prüfen kann, inwieweit die aus der Sicht des
BetriebsverfassungsG Gewerkschaften sind.

a) Tariffähigkeit, Art. 9 III GG, § 2 I TVG. *aa) Organisation und Rechtsgrundlage.* Eine **53**
tariffähige Koalition muss frei gebildet, gegnerfrei und auf überbetriebliche Grundlage
organisiert sein. Des Weiteren muss sie sich als satzungsmäßige Aufgabe die Wahrnehmung der Interessen ihrer Mitglieder zum Ziel gesetzt haben, ihrer Struktur nach unabhängig und mächtig genug sein sowie das geltenden Tarifrecht anerkennen.

Im Hinblick auf die VdV und vde würde dies im Einzelnen bedeuten:[165]

– Organisationsform –
es muss sich um eine privatrechtliche Vereinigung handeln, was bei der seit 1987 vereinsrechtlich bestehenden (im Vereinsregister eingetragenen) VdV der Fall ist.

– Demokratie-Erfordernis –
die interne Struktur bei der VdV und der vde (Beispiel aus der Satzung?) entspricht
demokratischen Grundsätzen.[166]

– Überbetrieblichkeit –
nach § 1 I der Satzung der VdV erstreckt sich ihr Organisationsbereich auf Betriebe, in
denen männliche oder weibliche Fußballspieler das Fußballspiel gegen Entgelt ausüben,
jeder Verein stellt einen Betrieb dar, womit die Überbetrieblichkeit bei einer Zahl von
etwa 50 Vereinen in Bundesligen und Regionalligen zu bejahen ist,

– Gegnerfreiheit –
ordentliche aktive Mitgliedschaft bei der VdV dürfen nur Vertragsfußballspieler
sein,[167]

– Unabhängigkeit –
die VdV versucht laut ihrer Satzung (§ 2 II), ihre Ziele unabhängig von den Staatsorga-

---

[162] Siehe im Einzelnen mit weiteren Nachweisen *Fikenscher*, S. 186 ff. sowie *Walker*, S. 12.
[163] Siehe hierzu *Malatos*, Berufsfußball im europäischen Rechtsvergleich, 1988, 155; sowie *Imping*, S. 287.
[164] Siehe hierzu im Einzelnen *Merkel*, S. 86 ff.; *Rüth*, S. 119 ff.
[165] Siehe dazu im Einzelnen *Pröpper*, NZA 2001, S. 1347 f.; *Merkel*, S. 92 ff.
[166] Siehe im Einzelnen *Pröpper*, a.a.O. S. 1348.
[167] Vgl. dazu § 6 III der Satzung der VdV: Ordentliche aktive Mitglieder der VdV können alle Personen werden, die bei einem Verein des DFB, eines ihm angehörenden Regional- oder Landesverbandes oder des Liga-Verbandes oder einer Tochtergesellschaft eines solchen Vereins gegen Entgelt
als Fußballspieler beschäftigt sind oder nachweislich eine derartige Beschäftigung anstreben und das
15. Lebensjahr vollendet haben, unabhängig davon, ob sie in der Vergangenheit bereits ein entsprechendes Beschäftigungsverhältnis begründen konnten.

nen, den Arbeitgebern, den politischen Parteien und den Religionsgemeinschaften zu erreichen.
– Soziale Mächtigkeit –
eine Gewerkschaft muss nach ständiger BAG-Rechtsprechung auch die Macht besitzen, wirkungsvollen Druck ausüben zu können, denn nur auf diese Weise kann sichergestellt werden, dass der soziale Gegenspieler die Arbeitnehmervereinigung auch ernst nimmt.

Grundsätzlich ist dafür Voraussetzung, dass die Vereinigung viele Mitglieder hat, wobei die Mächtigkeit und die Durchsetzungskraft immer im Einzelfall beurteilt werden muss. So kann nach der Rechtsprechung auch eine zahlenmäßig kleine Vereinigung tariffähig sein, wenn sie einerseits den geforderten wirkungsvollen Druck auf den sozialen Gegenspieler ausüben kann und andererseits auch den von ihm ausgeübten Gegendruck standhalten kann.[168]

In der vde sind 70 %, in der VdV 70 % der Spieler der 1. Bundesliga, 50 % der Spieler der 2. Bundesliga und dabei 80 % aller deutschen Nationalspieler organisiert. Die soziale Mächtigkeit ist somit zu bejahen, ebenso wie die
– Leistungsfähigkeit –,[169]
– Tarifwilligkeit und Arbeitskampfbereitschaft –

seit der am 14. 6. 2001 beschlossenen Satzungsänderung (§ 2 IV a) ist nun auch dieses Kriterium bei der VdV offensichtlich erfüllt:
Mitbestimmung bei der Gestaltung der Gehalts- und übrigen Arbeitsbedingungen, insbesondere durch den Abschluss von Tarifverträgen unter Anwendung aller gewerkschaftlichen Mittel in den drei jeweils höchsten Spielklassen der Herren-Seniorenbereichs innerhalb des DFB (Bundesliga, 2. Bundesliga und Regionalliga).

Bei der vde ergab sich dies schon vorher, da sie in ihrer Satzung (§ 2 Satz 4) ausdrücklich von ihrer Arbeitskampfbereitschaft ausging. Gezeigt hat sich dies dann beispielsweise 1996, als Warnstreiks von der vde organisiert wurden.[170]

bb) Mögliche Gegenstände tariflicher Regelungen. Denkbar wäre hier eine Vereinbarung von Mindestarbeitsbedingungen, davon wären aber lediglich die Spieler der unteren Klassen im Fußball, also nicht der 1. und 2. Bundesliga betroffen, sofern sie ein gewisses Grundhalt verdienen.

Für Gehaltsobergrenzen dagegen besteht in Deutschland im Gegensatz zum amerikanischen Profisport keine Notwendigkeit (sog. Salary caps), denn im internationalen Vergleich verdienen die deutschen Profisportler noch nicht die höchsten Gehälter.[171]

Darüber hinaus verstieße eine solche Regelung gegen § 4 Abs. 3 TVG.[172]

Auch im Bereich der Gesundheitsvorsorge, des Spielereinsatzes, der Sicherung von Persönlichkeitsschutzrechten oder schließlich des Einsatzes von ausländischen Profisportlern könnte man sich Regelungsgegenstände vorstellen.[173]

cc) Tarifpartner der Spielergewerkschaften. Bei der Anerkennung der vde und der VdV als Gewerkschaften stellt sich die weitere Frage nach deren Tarifpartnern:
– nach § 2 I TVG könnten die Spielergewerkschaften mit jedem *Verein* Tarifverträge abschließen, also einen sog. Firmentarifvertrag.
– Weitere denkbare Tarifpartner wären im Fußball der *DFB* oder die *DFL*, im Eishockey die *DEL*.

---

[168] Siehe die Literatur- u. Rechtspr.-Nachweise bei *Pröpper*, a.a.O.; *Walker*, RuS 27 S. 16; *Fikenscher*, S. 269 ff.
[169] *Pröpper*, a.a.O. S. 1349; *Merkel*, S. 140 f.
[170] *Walker*, RuS 27, S. 16.
[171] Siehe hierzu z. B. *Walker*, a.a.O. S. 17.
[172] So überzeugend *Rüth*, Tarifvertragl. Gehaltsobergrenze bei Gehältern von Spitzensportlern?, SpuRt 2003, 137.
[173] Siehe hierzu im Einzelnen: *Walker*, RuS 27, S. 19 f.

Im Falle des DFB könnte dieser entweder Arbeitgeber, Arbeitgeberverband oder eine sog. Spitzenorganisation sein. Letztere Varianten entfallen, da der DFB satzungsgemäß nicht den Zweck verfolgt, Arbeits- und Wirtschaftbedingungen seiner Mitglieder zu wahren.
(§ 2 II TVG).[174] Abgesehen davon, dass es bislang an der fehlenden Tarifwilligkeit des DFB scheiterte – die DFB-Satzung enthält keine dahingehende Regelung –, kann dem DFB seit der Gründung der Deutschen Fußball-Liga GmbH (DFL) keine arbeitgeberähnliche Stellung mehr zugesprochen werden.

Die DFL, in der alle Vereine der ersten und zweiten Liga Gesellschafter sind, hat zur Aufgabe, die Eigenständigkeit des Ligabetriebs und der Vereine gegenüber dem DFB zu verkörpern. Somit wäre die DFL der soziale Gegenspieler der VdV, bislang scheitert es aber, wie beim DFB auch – an der Tarifwilligkeit, da die DFL-Satzung derartiges nicht regelt.[175]

Die DEL-Betriebsgesellschaft mbH, in der die DEL-Clubs Gesellschafter sind, kann derzeit auch nicht als tariffähige Arbeitgebervereinigung betrachtet werden, da auch hier ausweislich des Gesellschaftsvertrages nicht die Gestaltung von Arbeits- und Wirtschaftsbedingungen bezweckt und auch keine Tarifwilligkeit gegeben ist.

b) Streikrecht. Effektiv wäre eine gewerkschaftliche Mitbestimmung nur dann, wenn **54** neben der Möglichkeit Tarifverträge abzuschließen, auch ein Streikrecht bestünde.

Nachdem im Eishockey die vde ihre Streikwilligkeit bereits zeigte[176] hat auch die VdV in ihrer Satzungsänderung im § 2 IVa festgehalten: „Mitbestimmung bei der Gestaltung und übrigen Arbeitsbedingungen, insbesondere durch den Abschluss von Tarifverträgen unter Anwendung aller gewerkschaftlichen Mittel ...". Dies bedeutet, das hiermit der Arbeitskampf bzw. der Streik mit eingeschlossen ist.[177]

Im Ergebnis ist zur gewerkschaftlichen Mitbestimmung im Mannschaftssport festzuhalten, dass seitens der Arbeitnehmervertretungen im Fußball und Eishockey, VdV sowie vde die Vorraussetzungen für eine Gewerkschaft und damit einer gewerkschaftlichen Mitbestimmung gegeben wären. Seitens der Arbeitgeberseite DFL und DEL fehlt es aber derzeit noch an der Tarifwilligkeit. Festzustellen ist gleichwohl, dass die (arbeitsrechtlichen) Interessen der Profisportler im Mannschaftssport weitgehend informell ihre Berücksichtigung finden, so dass ein gewerkschaftliches Tätigwerden der Spielergewerkschaften nicht notwendig ist.[178]

II. Mitbestimmung im Individualsport

Im Individualsport, speziell im professionellen Leistungssport haben sich Mitbestim- **55** mungsmöglichkeiten zwangsläufig nur in den Verbänden entwickelt, hier auf der Ebene der Fachverbände, in welchen die so genannten Aktivensprecher für die Athleten in ihrem jeweiligen Fachverband tätig werden, andererseits aber auch, fachverbands-übergreifend, existieren Beiräte der Aktiven im Deutschen Olympischen Sportbund (DOSB) und in der Deutschen Sporthilfe (DSH).

Demgemäß kann man zwei Formen der Mitbestimmung feststellen, die *Aktivensprecher/Athletensprecher* und *der Beirat der Aktiven:*

---

[174] Siehe bei *Walker; Fikenscher,* S. 172 *Rüth,* SpuRt 2003, 138.
[175] Siehe hierzu bei *Pröpper,* NZA 2001, 13150; siehe hierzu auch *Klose/Zimmermann,* Tarifvertrag als Regelungsinstrument: Perspektive für den deutschen Sport in *Bepler* (Hrsg.), Sportler, Arbeit und Statuten, S. 154 ff. Berlin 2000.
[176] *Walker,* RuS 27, S. 25.
[177] Siehe hierzu auch *Pröpper,* a.a.O. S. 1349.
[178] So im Ergebnis *Fikenscher,* S. 194, ähnlich *Walker,* RuS 27 S. 42; sowie *Klose/Zimmermann,* Tarifvertrag als Regelungsinstrument: Perspektive für den deutschen Sport, S. 174 in *Bepler* (Hrsg.), Sportler, Arbeit und Statuten, Berlin 2000.

Die Aktivensprecher/Athletensprecher

Die Aktiven-/Athletensprecher werden gewählt von den Kaderathleten eines Verbandes, als Interessenvertreter in Verbänden und Ausschüssen.

Diese Mitbestimmungsform basiert auf einer satzungsrechtlichen und vertragsrechtlichen Grundlage.

Nachdem der Beirat der Aktiven im DOSB zunächst Rahmenrichtlinien für die Aktivensprecher in den Spitzenverbänden des DOSB verabschiedete, wurden später aus den unverbindlichen Richtlinien in vielen Verbänden satzungsrechtliche Grundlagen für die Aktivensprecher/Athletensprecher geschaffen und die Aufgaben und Befugnisse im Einzelnen geregelt.[179] Neben dieser satzungsmäßigen Verankerung gibt es in vielen Sportarten auch eine vertragliche Grundlage für diese Mitbestimmungsform; in den Athletenverträgen zwischen Sportlern und Verband befinden sich verschiedene Regelungen. Insbesondere im deutschen Skiverband (DSV) und im deutschen Leichtathletikverband (DLV) sind in deren Athletenvereinbarungen Regelungen enthalten über Mitsprache in verschiedensten Angelegenheiten, insbesondere auch in Beteiligung der Athleten an Sponsoreneinnahmen.[180]

In vielen Sportarten enthalten der Athletenvertrag zwischen Sportler und Verband nunmehr eine Mitbestimmungsklausel.

Der Beirat der Aktiven

Der Beirat der Aktiven ist ein in der Satzung verankertes Organ des DOSB und hat die Aufgabe für den Bereich des Leistungssportes, die Bedürfnisse der Sportlerinnen und Sportler in den Verbänden zu vertreten (§ 6 Zf.2.1.GO des Bereichs Leistungssport im DOSB).

Die Mitbestimmung innerhalb des deutschen Sportbundes erstreckt sich auf die Förderung und Stärkung der Aktiven in den Fachverbänden, wie z. B. in der Mitwirkung bei der Festlegung von Nominierungskriterien für Olympische Spiele sowie bei Fördrungskonzepten, Stellungnahmen zu Dopingfragen und Ausarbeitung von Athleten-Vereinbarungen.[181]

Probleme bieten diese Formen der Mitbestimmung im Individualsport in der mangelnden finanziellen Ausstattung, des notwendigen Fachwissens der Vertreter und einer starken Präsenz. Die im Arbeits- und Wirtschaftsrecht durch gesetzliche Regelungen vorgesehenen Instrumente wie Freistellung von Betriebsräten, Ansprüche auf Teilnahme von Schulungs- und Fortbildungskursen und Kostenerstattungsansprüchen fehlen im Bereich des Individualsports, abgesehen davon, dass ein erfolgreicher Spitzensportler kaum Zeit finden wird, Mitbestimmungsbefugnisse für die übrigen Athleten auszuüben. So können die satzungsgemäßen und vertragsrechtlich vereinbarten Mitbestimmungsbefugnisse seitens der Athleten meist nicht ausgeübt werden.

Auf den Sport lassen sich diese betriebsverfassungsrechtlichen Schutzvorschriften mit Ausnahme der Kostenregelung jedoch nicht übertragen, v. a. weil sich dort der betriebsverfassungsrechtliche Grundsatz der Selbstvertretung der Gewerkschaft nicht verwirklichen lässt. Im Sport steht dieser Grundsatz im Widerspruch zum Prinzip des Leistungssports.

Dies lässt sich wie folgt verdeutlichen: Die Tätigkeit eines Athleten ist klar und deutlich die Sportausübung, es besteht also überhaupt kein Interesse für ihn, vom Training oder Wettkampf freigestellt zu werden, um seiner Funktion als Aktivenvertreter gerecht zu werden.

Ebenso hat kein Sportler, schon gar nicht in den Mannschaftssportarten, einen automatischen Anspruch auf Wettkampfteilnahme, vielmehr stehen in der Regel dem Trainer mehr Spieler zur Verfügung, aus denen er aufgrund der Trainingsergebnisse etc. dann die

---

[179] Siehe im Einzelnen *Fikenscher*, S. 198 ff.
[180] Siehe hierzu im Einzelnen *Fikenscher*, S. 200 ff.
[181] Siehe hierzu *Fikenscher/Schmitt/Sonn*, SpuRt 1999, 89 ff.; siehe Anhang C.1.

Mannschaft Spiel für Spiel aufstellt. Ein arbeitsrechtlicher Beschäftigungsanspruch wird deshalb regelmäßig verneint.

Eine Alternative zu dieser Form der Spielervertretung wäre eine Aktivenvertretung entweder durch ehemalige Aktive oder durch Dritte, womit sich die eben dargestellten Probleme umgehen lassen könnten.

F. Beendigung des Sportleistungsverhältnisses

Für das auf Dauer angelegte Sportdienst(-arbeits-)Verhältnis kommen die gesetzlich geregelten Beendigungsgründe der §§ 620 ff. BGB in Betracht. Ist es auf bestimmte Zeit fixiert (§ 620 Abs. 1 BGB), so endet es mit Zeitablauf, ist es unbefristet (§ 620 Abs. 2 BGB), so endet es nach den Kündigungsbestimmungen der §§ 621, 622 BGB oder auch durch einvernehmliche Vertragsaufhebung (§ 311 BGB). 56

Die Befristungsregelung in § 620 BGB gilt sowohl für Sportdienstverträge als auch für Sportarbeitsverträge; für Letztere ist die Befristung nur wirksam, wenn sie den Kündigungsschutz nicht umgeht und die Bestimmungen des ab 1. 1. 2001 geltenden Gesetzes über Teilzeitarbeit und befristete Arbeitsverträge einhält. Die Höchstdauer der Befristung von fünf Jahren gemäß § 624 BGB behält weiter ihre Gültigkeit.[182] Danach ist eine Befristung eines Arbeitsverhältnisses nur zulässig, wenn ein sachlicher Grund vorliegt (§ 14 I TzBfG), mit Ausnahme, wenn die kalendermäßige Befristung des Vertrages nur zwei Jahre dauert (§ 14 II TzBfG).

Sachliche Gründe für Sportarbeitsverhältnisse liegen jedenfalls vor, wenn die Sportler für die Zeitdauer einer mehrwöchigen oder mehrmonatigen Veranstaltung oder Veranstaltungsreihe verpflichtet werden, ein länger andauerndes Turnier oder etwa für die Dauer einer Saison. Die meisten Sportarten sind saisonabhängig, auch wenn sich wegen der Internationalität und der Vermarktung viele Sportarten von Wetter und Temperatur unabhängig machten, wie z. B. Tennis, Golf, Eishockey sowie Hallen-Sportarten.

Nach ganz überwiegender Auffassung liegt bei Sportarbeitsverhältnissen ein sachlicher Grund für eine Befristung vor,[183] weitgehend wird für die Befristungsabreden in Sportarbeitsverträgen die nachlassende Leistungsfähigkeit des Sportlers als Begründung verwendet.[184]

Besondere Bedeutung hat die Frage der Befristung im Profifußball durch die Bosman-Entscheidung des EuGH vom 15. 12. 1995 erlangt (welche die Ablösesummen bei Beendigung eines Arbeitsverhältnisses für unzulässig erklärte), denn die Fußballclubs schließen durchwegs langfristige Verträge ab, um dann bei einer möglichen Beendigung des Arbeitsverhältnisses während laufender Vertragszeit Ablösesummen verhandeln zu können.

Insofern sind auch die Regelungen der FIFA und des DFB bezüglich der Dauer und der Beendigung des Arbeitsverhältnisses wirksam.[185]

Die Vereinbarung eines befristeten Vertrages bedeutet, dass die ordentliche Kündigung ausgeschlossen ist; erfolgt trotzdem der Ausspruch einer Kündigung, so kann hieraus keineswegs eine außerordentliche Kündigung angenommen werden, vielmehr müssen hierfür weitere Umstände hinzutreten.[186] Die fristlose Kündigung ist nur unter den Vor-

---

[182] Siehe zum neuen Teilzeit- und Befristungsgesetz, *Hromadka*, NJW 2001, 400 ff.
[183] Siehe z. B. *Schaub*, § 39 II 5; *Schamberger*, SpuRt 2002, 228; SpuRt 2003, 48; *Hausch*, SpuRt 2003, 103.
[184] Zur Befristung von Trainerverträgen siehe unten, Rz. 69 ff.
[185] Siehe „FIFA-Statut bezüglich Status und Transfer von Spielern" vom 5. 7. 2001, abgedr. in SpuRt 2002, 148, hierzu *Fritz/Düll*, SpuRt 2002, 144 ff. hierzu auch *Klingmüller/Wichert*, SpuRt 2001, 1 ff. FIFA-Statut v. 18. 12. 2004, gültig ab 1. 7. 2005 abgedr. in SpuRt 2005, 99.
[186] So LAG Köln, SpuRt 1995, 51; siehe auch BAG, SpuRt 1996, 21 ff., für die Dienstverträge siehe die außerordentliche Kündigung gegenüber einem Autorennfahrer bei „absichtlicher" Kollision,

aussetzungen des § 626 BGB wirksam, sie bedarf also eines besonderen Grundes, nach dem die weitere Fortsetzung des Arbeitsverhältnisses unzumutbar ist.

Sie kommt im Profi-Sport äußerst selten vor, wie *Ittmann* richtig feststellt.[187] Ein besonderer Grund zur fristlosen Kündigung wurde z. B. bejaht, wenn ein Lizenzspieler der 2. Bundesliga sich der Traineranordnung widersetzt, an Spielen der Amateurmannschaften mitzuwirken.[188] Ein Grund zur Kündigung kann sich insbesondere bei Pflichtverletzungen durch den Sportler ergeben,[189] ebenso können gravierende Pflichtverletzungen bei dem Arbeitgeber vorliegen, welche den Sportler zur Kündigung berechtigen. Die fristlose Kündigung kann im weiteren Schadensersatzansprüche des Vereines gegen den Spieler gemäß § 628 BGB auslösen.[190]

57 Die Beendigung des Sportarbeitsverhältnisses ist dann mit Problemen verbunden, wenn oftmals damit gleichzeitig ein Vereinswechsel verbunden ist und der Beginn eines neuen Arbeits- oder Dienstverhältnisses.

Sportliche Erfolge der arbeitgebenden Sportvereine aber auch der Spieler hängen weitgehend von der atraktivität und Leistung der Sportler und Mannschaft zusammen. Aus diesen Gründen, aber auch zur Aufrechterhaltung eines geordneten Sportbetriebes im Ligasystem haben die Sportverbände die Vereins- und Arbeitsplatzwechsel an ein kompliziertes Regelwerk geknüpft, in welchen zeitliche Beschränkungen (Transferwartefristen) und Zustimmungen sowie Ablösezahlungen (Transferzahlungen) des abgebenden Vereins geknüpft waren.[191] Zu klären ist in diesem Zusammenhang, inwieweit das System der *Wechselfristen* der Verbände die Rechte der Sportler zu Recht beschränken, ebenso, inwieweit Verbandsregelungen über Transferzahlungen/Ausbildungsentschädigungen rechtens sind.

Schließlich kann auch ein Lizenzverlust eines Ligavereins als Arbeitgeber, ferner der Aufstieg/Abstieg, wie die Insolvenz des Ligavereins die Beendigung des Arbeitsvertrages herbeiführen.

I. Transfer-Wartefristen

58 Das von allen Sportverbänden wohl am weitesten entwickelte Wechselfristen-System ist im Regelwerk des DFB/DFL zu finden, dessen neueste Fassung auf der Grundlage des neuen FIFA-Reglements vom 5. 7. 2001 und 14. 12. 2004 erlassen wurde.

Grundsätzlich gehen diese Regelwerke davon aus, dass zur Aufrechterhaltung des Spielbetriebs ein Spieler für eine Ligasaison nur in einem Club spielen darf, ferner in diesem Club wiederum nur in einer bestimmten Mannschaft, allerdings mit bestimmten Ausnahmeregelungen. Derartige Regelungen finden sich z. B. in der SpielO des DFB für Amateure und für Nichtamateure ohne Lizenz und für Nichtamateure mit Lizenz in der LOS, wie sich aus §§ 16 ff. der SpielO, der Präambel zur LOS und § 14 der LOS ergibt.

Die SpielO und LOS regeln somit den Wechsel von einem Club zu einem anderen im Amateurbereich, aber auch den Wechsel vom Amateurbereich in den Lizenzbereich und setzen gleichzeitig hierfür die Rechtsfolgen für Verstöße hiergegen fest. Geleitet wurde das Regelwerk von den Eckdaten des FIFA-Transferreglements, welches die nationalen Verbände verpflichtete, das FIFA-Regelwerk anzuerkennen und umzusetzen.[192]

OLG Frankfurt, SpuRt 2004, 114; zur fristlosen Kündigung einer Motorradrennfahrerin, BAG, SpuRt 2003, 120; siehe auch zur österreichischen Rechtslage in Zusammenhang mit der dortigen Bestimmung des § 106 ArbVG, öst. OGH, SpuRt 2005, 69 m. Anm. *Resch*.

[187] *Ittmann*, S. 220 f.

[188] LAG Mecklenburg-Vorpommern, SpuRt 98, 198; siehe weiter LAG Düsseldorf, DB 1970, 595; LAG Hamm, BB 1973, 141.

[189] Siehe hierzu oben Rz. 42 ff.

[190] Siehe hierzu *Rüsing/Schmülling*, SpuRt 2001, 52 ff.

[191] Zu den Transfer-Regelungen der Verbände siehe 2/Rz. 184 ff.; *Eilers*, RuS 15, 2 ff.; Regelwerke DFB siehe 2/17.

[192] Siehe hierzu grundsätzlich *Trommer*, ferner *Streinz*, die Rechtsprechung des EuGH nach dem

3. Teil. Sport, Arbeit und Wirtschaft

Bei der Frage des arbeitsrechtlichen Einflusses auf die Wechselfristen hat man zu unter- **59** scheiden zwischen Profisportlern, deren Schutz sich aus Art. 12 GG ergibt (§ 8 SpielO: „Vertragsspieler" oder „Lizenzspieler") und Amateuren aus Art. 1, 2 GG (§ 8 SpielO: „Amateur"). Die Wirksamkeit des Wechselfristsystems beantwortet sich gleichermaßen nach Art. 12 GG sowie nach der Rechtsprechung des EuGH zur Frage der Grundrechtskollision zwischen Verbandsautonomie und Recht auf Freizügigkeit. Aus den Urteilen Deliege und Lehtonen des EuGH,[193] welcher festsetzt, dass ein „überragend wichtiges Verbandsinteresse" als Rechtfertigungsgrund für den Eingriff in die Freizügigkeit gilt, ist zu entnehmen, dass das Wechselfristsystem zur Aufrechterhaltung des Sport- und Ligabetriebes wirksam ist,[194] aber auch bei Berücksichtigung der herrschenden Auffassung eine Geltung der Grundrechte auch im Privatrechtsverkehr ist nach der Stufentheorie Folgendes festzustellen: Beim Vereinswechsel wird in die Berufsausübung eingegriffen, nicht aber in die Berufswahl, weshalb diese Regelung der Wartefristen dann wirksam ist, wenn vernünftige Erwägungen des Gemeinwohls es zweckmäßig erscheinen lassen.

Die Literatur hat zwar bereits vor dem Bosmann-Urteil die Wirksamkeit der Wartefristen erheblich in Zweifel gezogen,[195] die Rechtsprechung die Fristenregelung dagegen für wirksam erachtet,[196] wobei dem Verbandsinteresse jeweils mehr Gewicht beigemessen wurde, als dem Individualinteresse der Spieler.

Diese Grundsätze sind für den Sportbetrieb und die Ligasysteme der anderen Sportarten in gleicher Art und Weise anzuwenden, wie z. B. in den Regelungen:

Deutscher Handballbund/Spielordnung § 12 (Spielberechtigung) in Ziff. 10 die Einzelheiten der Wartefrist bei Vereinswechsel: Sie beträgt zwei Monate, der Vereinswechsel ist bis spätestens 31.12. der Spielsaison möglich.

Deutscher Eishockeybund/Spielordnung Art. 55 Vereinswechselzeiten, „zur Wahrung eines geordneten Spielbetriebes und zur Vermeidung sportlicher Wettbewerbsverzerrungen". Die Fristen sind unterschiedlich je nach Bundesliga, Oberliga, Regionalliga, Juniorenaltersklasse und Nachwuchsmannschaften, Damen und Mädchen, sowie den Landesverband-Spielbetrieben.

Deutscher Basketballbund/Bundesligaordnung § 11, Vereinswechsel eines Spielers: Im Falle einer Nichtfreigabe durch den Verein beträgt die Wartefrist für Bundesligaspieler sogar 12 Monate.

Bund Deutscher Radfahrer/Sportordnung: Ziffer 5 (Lizenzen für einen Lizenzwechsel) ein Wettbewerbsverbot für die Dauer von drei Monaten.

Deutscher Leichtathletikverband/ Leichtathletikordnung: 4. Abschnitt unter B) eine Wartefrist von neun Monaten,

Deutscher Tennisbund § 5, Wettspielordnung die Spielberechtigung und Wechsel lediglich in der Zeit vom 1.10. bis 30.11. eines Jahres.

Bosmann-Urteil – Spielräume für Verbände – in *Tettinger*, RuS 29 S. 27 ff. S. 26–99; *Fritz/Düll*, SpuRt 2002, 144; *Schäfer*, Freizügigkeit aus vereins- und verbandsrechtlicher Sicht, in: *Scherrer/Del Fabro*, Freizügigkeit im europäischen Sport, 2002, Zürich.

[193] Siehe Fall *Deliege*, SpuRt 2000, 148 sowie Fall *Lehtonen*, SpuRt 2000, 151 zu Art. 12 GG bereits *Grunsky* in WFV 18, S. 107 f.; siehe auch 1/Rz. 9.

[194] So insbesondere auch *Streinz*, SpuRt 2000, 226.

[195] Siehe hierzu AR-Blattei SD 1480.2, *Arens/Scheffer*, Rz. 233 ff., 256.

[196] AG Heidelberg, SpuRt 1999, 160; LG Bochum, SpuRt 1999, 240, LG Dortmund, SpuRt 1999, 242. Zur Sittenwidrigkeit einer Transfervereinbarung zwischen zwei Sportvereinen siehe LG Braunschweig SpuRt 2004, 69; auf einem anderen Blatt stehen wieder die möglicherweise wettbewerbswidrigen Transferpraktiken im Profisport, welche zu Schadensersatz- und Unterlassungsansprüchen, ebenso zu Beschäftigungsverboten führen können, hierzu *Schloßer,* SpuRt 2003, 226.

II. Transfer-Zahlungen

60 Transferzahlungen sind seit langer Zeit bei einvernehmlicher oder einseitiger Vertragsbeendigung in vielen Sportarten üblich, besonders in Fußball und Eishockey, sie sind ein effizentes Finanzierungsmittel jedes wirtschaftlich geführten Sportvereines. Die rechtliche Wirksamkeit dieser Zahlungen,[197] die der aufnehmende Verein an den abgebenden Verein für den Spieler zu zahlen hatte, war ist seit langem in Diskussion.

Von Verbandsregelungen hinsichtlich Zahlungen bei Vereinswechseln sei exemplarisch die Regelung des Deutschen Fußball-Bundes (DFB) angeführt werden, die in der Spielordnung (SpielO) und in der Lizenzordnung Spieler (LOS) aufgeführt sind.

Hierbei ist vom Status der Fußballspieler in § 8 SpielO auszugehen:
a) Amateur
b) Vertragsspieler
c) Lizenzspieler

Danach sind für
a) Amateure nach § 16 SpielO für Vereinswechsel innerhalb des Amateurbereichs je nach Höhe der Spielklassen für Spieler und Spielerinnen Entschädigungen zwischen 250,– und 5000,– € zu bezahlen;
b) Vertragsspieler bei Vereinswechseln – je nach Statusänderung oder nicht – eine Entschädigung zu zahlen, die sich aus einem Basisbetrag der bisherigen Vereine und einem Faktor des aufnehmenden Vereins errechnet – je nachdem, welcher Spielklasse der aufnehmende Verein angehört;
c) den Amateur bzw. Vertragsspieler, der bis zur Vollendung des 23. Lebensjahres erstmalig Lizenzspieler wird, gemäß § 27 SpielO für Vereine der Bundesliga 50 000,– €, für Vereine der 2. Bundesliga 22 500,– € zu bezahlen. Die entsprechende Regelung findet sich in § 16 der LOS („Ausbildungs- u. Förderungsentschädigung");
d) Amateure oder Nichtamateure ohne Lizenz zwischen dem vollendeten 23. und 28. Lebensjahr bei Vereinswechseln und einer Statusänderung als Nichtamateur mit Lizenz nach § 28 SpielO bei Übertritt zu einem Verein der Bundesliga 25 000,– €, zu einem Verein der 2. Bundesliga 11 250,– € zu bezahlen. Die entsprechende Regelung befindet sich in § 17 der LOS („Ausbildungs- u. Förderungsentschädigung").

Wichtig hierbei ist, dass die Verbandsregelungen in den obigen Bestimmungen ausdrücklich festhalten, dass die Wirksamkeit des Arbeitsvertrages des Spielers mit dem neuen Verein nicht von der Zahlung der bestimmten Höhe der Entschädigung abhängig gemacht werden darf. Damit ist der Rechtsprechung hinsichtlich der Freizügigkeit des Arbeitnehmers bei Beendigung des Arbeitsverhältnisses im Sinne der Bosman-Rechtsprechung ausdrücklich Rechnung getragen.

Andere Spitzenverbände haben bzw. hatten ähnliche Regelungen, so z. B. der deutsche Leichtathletikverband in § 3 GBO-DLV, § 4 E Ziff. 3 LAO, wo geregelt ist, dass ein Ausbildungskostenersatz in Höhe von 1750,– € bei einem Vereinsübertritt zu zahlen ist.[198] Auch der deutsche Basketballbund hat Richtlinien über Kostenerstattung von Jugendspielern, welche die tatsächlich entstandenen Weiter- und Ausbildungskosten der Spieler erstattbar festschreiben.[199]

61 Nachdem das Bosman-Urteil des EuGH vom 15. 12. 1995[200] diese FIFA/UEFA-Regelung der Transferzahlungen für unwirksam erklärt hat mit der gleichen Folge für die nationalen

---

[197] *Eilers*, WFV 28, 48 ff., *Westermann*, a.a.O. 81 ff.; *Schellhaaß*, RdA 84, 218 ff., *Arens*, SpuRt 94, 179 ff., *Reichert* Rz. 5456 ff., zur Zulässigkeit in verbandsrechtlicher Sicht, siehe 2/Rz. 17, 187 ff., 77.
[198] Siehe hierzu die Entsch. des RA des DLV vom 12. 9. 57 in SpuRt 1998, 205.
[199] Siehe hierzu die Entsch. des RA des DBB SpuRt 1998, 207; beide Verbände haben diese Regelungen nunmehr storniert, siehe folgende Rz. 61.
[200] EuGH, NJW 96, 505 ff. = EuZW 96, 82 ff. = JZ 96, 248 ff. = SpuRt 1996, 59 ff.; zu den bisher gegen die damaligen Bedingungen der Transferentschädigungen erhobenen Bedenken siehe die Literatur und Rechtsprechung in der Vorauflage unter Rz. 51 und 52.

Sportverbandsregelungen, haben die Sportverbände die in ihren Statuten festgelegten Bedingungen der Transferentschädigungen ändern müssen. In der Folgezeit haben verschiedene Verbände früher die wohl begründeten Zahlungen bei Vereinswechseln infolge der Aufwendungen des abgebenden Vereins mit dem Begriff der Ausbildungs-, Weiterbildungs- und Förderungsentschädigung usw. versehen und ausführlich damit begründet, dass sie ja mit den nun abzugebenden Sportlern Investitionen tätigen mussten. Nachdem verschiedene Instanzgerichte derartige Entschädigungszahlungen für wirksam erachteten, hat der BGH in einer Entscheidung vom 27. 9. 1999 klargestellt, dass pauschale Zahlungen in Höhe von 25 000,– DM beim Vereinswechsel eines Vertragsamateurs unangemessen hoch seien und eine Beeinträchtigung des Grundrechts der Freiheit der Berufswahl darstellten.[201] Der BGH hat in diesen Urteilen zwar den Versuch unternommen, die Entscheidung des EuGH im Fall Bosman zu konkretisieren, denn dieser hat sich zu den eventuellen rechtfertigungsgründen des Transfersystem, nämlich u. a. die Aufrechterhaltung des finanziellen und sportlichen Gleichgewichts zwischen den Vereinen und die Unterstützung der Suche sowie die Ausbildung junger Spieler, nicht geäußert. Lediglich das BAG hat im Fall Kienass differenzierter sich mit Ausbildungs- und Weiterbildungskosten befasst und festgestellt, dass diese immer anfallen würden und dann erstattungsfähig seien, wenn sie dem einzelnen Arbeitnehmer zugeordnet werden könnten. Es sei jedoch zu bedenken, dass die Aufwendungen für die Sportler in der jeweiligen Spielsaison verbraucht würden.[202]

Wenngleich dem BGH eine Konkretisierung der zulässigen Entschädigungen für eine erfolgte Ausbildung und Weiterbildung des Sportlers nicht gelungen ist, konnte der Schluss gezogen werden, dass Vereine auch bei erfolgter Beendigung des Arbeitsvertrages berechtigt sind, eine Entschädigung zu verlangen, wenn diese konkret als Kosten dem jeweiligen Spieler zugeordnet werden können. Dies ist auch dadurch geschehen, dass seitens des DFB die Regelungen über die Ausbildung und Weiterbildungsentschädigung erneut geregelt wurde auf der Grundlage eines neuen FIFA-Reglements. Auch dieses neue System der Ausbildungs- und Weiterbildungsentschädigung hat die Rechtssprechung für unzulässig erklärt.[203]

Der DFB, aber auch die anderen Sportverbände haben aus dieser Rechtsprechung weitgehend die Konsequenz gezogen und ihre Regelwerke entsprechend geändert. So wurde der § 27 SpielO-DFB sowie § 16 LOS durch Urteil des DFB-Bundesgerichts für unwirksam erklärt, womit eine Zahlungspflicht der Ausbildungsentschädigung nicht mehr besteht.[204]

III. Auswirkungen von Lizenzverlust, Aufstieg/Abstieg, Insolvenz eines Bundesligavereins auf den Arbeitsvertrag

Schließlich kann auch der Sportarbeitsvertrag durch Lizenzverlust, ferner durch Aufstieg bzw. Abstieg in eine andere Liga sowie durch Insolvenz des Clubs beendet werden.

1. Lizenzverlust

Die Clubs bzw. Vereine als Arbeitgeber erhalten im Sport-Ligabetrieb von den Verbänden jeweils eine Lizenz als Teilnahmeberechtigung am Spielbetrieb.[205] Ebenso haben die Spieler neben ihren Arbeitsverträgen mit den Clubs Lizenzverträge mit dem jeweiligen Liga-

62

---

[201] BGH, NJW 99, 3552 = SpuRt 99, 236 (Fußballsport); BGH, SpuRt 2000, 19 (Eishockeysport); LG Stuttgart, SpuRt 2004, 116 (Tennissport).
[202] Siehe hierzu BAG, NZA 1997, 647 = SpuRt 1997, 94 (in den Urteilsgründen unter d) und i)). Zur ganzen Problematik siehe *Stopper*, SpuRt 2000, 2; *Reichert*, Rz. 5456 ff.
[203] So LG Oldenburg, SpuRt 2005, 72, sowie OLG Oldenburg, SpuRt 2005, 164.
[204] DFB-Bundesgericht, Urteil v. 28. 7. 06, SpuRt 2006, 262.
[205] Zum Lizenzierungsverfahren im Einzelnen *Reichert* RZ 5468 m.w.N. weiterhin zur Lizenzierungspraxis *Galli*, SpuRt 1998, 18 ff.; *Straub*, WFV 45,65 ff.

verband abgeschlossen.[206] Nach herrschender Auffassung ist der Club für den Fall des Lizenzentzuges durch den Ligaverband zur Kündigung des Arbeitsvertrages aus wichtigem Grund gem. § 626 BGB nicht berechtigt.[207] Dagegen hat der Spieler bei Lizenzentzug des Clubs ein Kündigungsrecht gem. § 626 BGB, und zwar auch dann, wenn nach Einlegung eines Rechtsmittels gegen den Lizenzentzug gerichtlich noch nicht endgültig entschieden ist.[208]

In Arbeitsverträgen wären auflösende Bedingungen, nach denen das Arbeitsverhältnis beendet sein soll, wenn dem Verein die Lizenz entzogen wird, unwirksam, wie das BAG in der früheren Rechtsprechung richtig festgestellt hatte.[209]

2. Aufstieg/Abstieg in andere Liga

63 Wenn der arbeitgebende Club aus der 2. Liga absteigt oder in die Amateurliga versetzt wird, besteht ein Grund zu einer fristlosen Kündigung seitens des Vereins oder des Spielers.[210] Es befinden sich in den Verträgen auch genaue Regelungen darüber, wie die Bedingungen im Einzelnen an die neue Situation angepasst werden sollen; Spieler und Verein verhandeln über die Anpassung.[211]

3. Insolvenz

64 Auch im Falle der Insolvenz[212] des arbeitgebenden Clubs bestehen die Arbeitsverträge fort. Ein Grund zu einer fristlosen Kündigung ist weder seitens des Vereines noch des Spielers gegeben. Eventuell betriebsbedingte Kündigungen des Arbeitsverhältnisses scheitern daran, dass die Arbeitsverträge befristet abgeschlossen sind.[213]

G. Besondere Sportleistungsverhältnisse (Sportlehrer, Trainer, Schiedsrichter)

Sportlehrer, Trainer und Schiedsrichter sind ebenfalls „Sportler" im Sinne der bisherigen Definitionen und erbringen eine besondere Sportleistung. Für sie gelten daher ebenso die bisher erörterten Grundsätze sowie Verpflichtungen aus Vertrag ebenso wie aus Delikt.

I. Sportunterricht, Trainertätigkeit

65 Eine besondere Art der Sportleistung ist die *Sportausbildungsleistung* der Sportlehrer in öffentlichen Schulen und privaten Schulen (Skischulen, Tennisschulen, Tauchschulen, Fitnessstudios etc.) sowie in Sportvereinen, aber auch im Zusammenhang mit Urlaubs- und Reiseleistungen, wo sie als Trainer oder Übungsleiter tätig werden.

Vertragsleistung des Sportlehrers ist die Ausbildung zu sportlicher Fähigkeit, bei Trainern von Leistungssportlern, dazu die ständige Betreuung und Beratung zur Steigerung und Erhaltung sportlicher Höchstleistung. Diese Leistung wird zusätzlich und gleichzeitig mit der sportlichen Tätigkeit erbracht.

---

[206] Siehe im Einzelnen oben Rz. 13 ff.
[207] So z. B. BAG, 4. 12. 2002, NZA 2003, 611 = SpuRt 2003, 123.
[208] Siehe hierzu LAG Berlin, 31. 8. 2000 in SpuRt 2001, 32 ff.; zur Lizenzerteilung grundsätzlich siehe OLG Frankfurt, SpuRt 2001, 28 ebenso zur Lizenzerteilung im Einzelnen.
[209] BAG, NJW 82, 788 ff., siehe hierzu *Grunsky*, WFV 18, 115.
[210] Siehe Mustervertrag der DFL § 10, Ziff. 2.
[211] Siehe z. B. § 10, Ziff. 4 des Musterarbeitsvertrages der DFL.
[212] Siehe hierzu im Einzelnen die Beiträge von *Wellensiek*, Der Sportverein in der Insolvenz, S. 18 ff.; *Englisch*, Die Insolvenzklausel des DFB und die bisherigen Insolvenzfälle im Fußball S. 25 ff., *Walker*, Die Anwendung der Insolvenzordnung bei Sportvereinen, S. 45 jeweils in WFV Nr. 45 (2003).
[213] Siehe hierzu bereits *Grunsky*, RuS 12, S. 54 ff.; siehe oben 2/86 ff.

Im Profisport – sowie im Amateursport-Bereich sind für diese Tätigkeiten bisweilen Lizenzen durch die Sportverbände notwendig[214]

1. Rechtsnatur, Vertragspflichten

Die beiderseitigen Verpflichtungen in den Sportunterrichts- und Sporttrainingsverhältnissen sind unterschiedlich. Im öffentlichen Schulunterricht regeln sich diese nach den Bestimmungen des Schulunterrichts für Schüler und Lehrer in den Schulgesetzen der Länder und Ministerial-Erlassen; der Sportlehrer kommt hier seinen Pflichten als Beamter oder Angestellter im öffentlichen Dienst nach. In einem Sport-Trainingsverhältnis in Verein oder Verband ist der Trainer tätig entweder als Mitglied ehrenamtlich gegen Aufwandsentschädigung oder auf vertraglicher Basis eines Dienst- oder Arbeitsvertrages.[215]

66

Eine besondere Situation liegt bei der Sportausbildung in den Fitnessstudios vor, denn diese stellen dem Sportler Trainingsgeräte und zumindest teilweise Unterweisung durch einen Trainer zur Verfügung. Deshalb könnten diese Verträge sowohl als Dienst-, wie auch als Mietverträge eingeordnet werden, was die Rechtsprechung auch getan hat, (als Mietverträge,[216] als Dienstverträge[217]). Der BGH[218] lässt die rechtliche Einordnung offen, sieht in den Verträgen dienstrechtliche und mietrechtliche Elemente. Im Einzelfall wird es auf die jeweilige Vertragsgestaltung ankommen, wenngleich grundsätzlich nach dem Leistungszweck der Fitnessstudio-Vertrag dem Dienstvertrag zuzuordnen ist,[219] denn eine Benutzung allein der Sportgeräte ohne Anweisung sei nicht möglich, der Sportler erwarte bereits im Übrigen auch eine Einweisung und zeitweise Betreuung. Auch die Fitnessstudios selbst sehen sich eher als Dienstleistungsbetrieb, sie werden im Übrigen weitgehend im Zusammenhang mit anderen Trainings, wie Gymnastik mit dem Schwerpunkt der Gesundheitspflege (Sauna, Solarien) verstanden.

Sportausbildungsleistungen bzw. Sportbetreuungsleistungen werden darüber hinaus immer mehr von Reiseveranstaltern, aber auch von Institutionen wie dem Deutschen Alpenverein angeboten. Hier kann je nach Reiseveranstaltungseigenschaft zusätzlich zu vorliegenden Dienstleistungspflichten eine Haftung gemäß §§ 651a bis 651m BGB eintreten.[220]

Sportausbildungsleistungen sind *typische Dienstleistungen* eines herkömmlichen Dienstvertrages des § 611 BGB, vergleichbar mit künstlerischer Unterrichtung.[221] Die Pflichten eines Lehrers oder Trainers sind rechtlich ähnlich denen des Sportlers gegenüber seinem Vertragspartner, sowie umgekehrt,[222] und analog den beiderseitigen Pflichten im Sportleistungsverhältnis zu beurteilen. In allen diesen Bereichen ist die Sportausbildungs- bzw. Betreuungsleistung als zeitbestimmte, dienstvertragliche Verpflichtung zu sehen[223] und nicht als erfolgsbestimmte werkvertragliche, denn der Sportlehrer kann dem Schüler keinesfalls einen sportlichen Erfolg oder ein Lehrziel garantieren. Eine Ausnahme hiervon bilden allerdings die Trainerverträge im Leistungssport: Trainerleistungen sind hier

---

[214] Siehe hierzu *Reichert,* Sportverbandslizenzen im Bereich des Profi-Mannschaftssports, SpuRt 2003, 3 ff.; zu den notwendigen Aufenthaltserlaubnissen ausländischer Trainer, *Mohr,* SpuRt 2002, 193 ff., zur Wirksamkeit des Lizenzierungssystems für Trainer bereits *Grunsky,* WFV 29, S. 51 ff.

[215] Siehe im Einzelnen *Borggräfe,* S. 25 ff. Zum Unfallversicherungsschutz siehe 5/Rz. 131 ff.

[216] OLG Düsseldorf, NJW-RR 92, 55; AG Frankfurt/Main, NJW-RR 93, 758.

[217] OLG Hamm, NJW-RR 92, 444.

[218] BGH, NJW 97, 193; NJW 97, 739.

[219] Zur Inhaltskontrolle nach §§ 307 ff. BGB (früher §§ 9–11 AGBG), *Weiler,* SpuRt 1998, S. 67 ff.

[220] Siehe hierzu OLG München zur Reiseveranstalterhaftung bei Lawinenunglück, SpuRt 2002, 117 f.; *Fritzweiler,* Vertragliche u. Deliktische Haftung des Reiseveranstalters im Sport, NJW 2005, 2486.

[221] Siehe hierzu *Palandt-Putzo,* § 611 BGB, Rz. 25 f.; *del Fabro,* S. 41; *Dury,* RuS 21, 26.

[222] Zu den Pflichten und Ansprüchen der Fußballtrainer ausführlich bereits *Grunsky,* WFV 29, 48 ff.; ausführlich *Borggräfe,* S. 10 ff., 28 ff.

[223] Zur Abgrenzung Werkvertrag/Dienstvertrag, *MüKo-Soellner,* Rz. 22 ff.

erfolgsbestimmt, denn mit dem Erreichen einer Meisterschaft oder eines Titels sind hohe Geldsummen verbunden. Wenn auch diese Verträge äußerlich als Dienst- oder Arbeitsverträge gestaltet werden, lässt sich die Erfolgsbestimmtheit nicht ableugnen und findet ihren Ausdruck in der Befristung des Vertrages,[224] sowie darin, dass Trainer oftmals nicht an eine zeitbestimmte Ableistung von Übungsstunden verpflichtet werden.[225]

Die Pflichten eines Sportlehrers oder Sporttrainers haben *zwei wesentliche Inhalte*: Zum einen muss dem Schüler eine bestimmte sportliche Technik und Taktik vermittelt werden bzw. der Leistungssportler an die Höchstleistung herangeführt werden und zum anderen muss der Schüler in den Sportarten vor den jeweiligen Gefahrensituationen geschützt werden. Letztere Gefahrenschutzpflichten sind identisch mit den Verkehrspflichten, deren Umfang abnimmt mit dem Alter, Können und der Professionalität des Sportlers.[226] Daneben kann auch in bestimmten Sportarten, z. B. Berg- u. Klettersport eine besondere Ausbildung zur Gefahren Vermeidungstechnik beabsichtigt sein, weshalb hier die Pflicht des Lehrers eine Hauptpflicht darstellt. Der Trainer im Hochleistungssport hat besondere Pflichten der Betreuung der Sportler während der Wettkämpfe, der Zusammenarbeit mit dem Vereinsvorstand, der werbewirksamen Information an die Medien.[227]

67 Ob nun der Sportlehrer bzw. Trainer Arbeitnehmer ist oder selbständiger Unternehmer als Dienstverpflichteter, kann mitunter zweifelhaft sein[228] und ist nur im Einzelfall zu entscheiden. Insbesondere bei Golflehrern oder Tennislehrern ist die Gestaltung ihres Unterrichts, insbesondere in der Zeiteinteilung weitgehend frei und das unternehmerische Risiko vertraglich unterschiedlich geregelt.[229]

Der Trainer als Arbeitnehmer genießt den gleichen arbeitsrechtlichen Schutz wie der Spieler bzw. Sportler, wobei es nichts ausmacht, ob die zu trainierenden Sportler als reine Freizeitsportler (als Vereinsmitglieder) oder Profi- oder Leistungssportler ebenso wie der Trainer in den Diensten des Vereins stehen. Der Trainer im Verein übt gegenüber den Spielern als verlängerter Arm des Arbeitgebers dessen Direktionsrecht aus.[230]

2. Ansprüche bei Pflichtverletzungen

68 Pflichtverletzungen in diesen Sportleistungsverhältnissen beurteilen sich weitgehend ähnlich denen des Sportlers[231] und des Dienstherrn/Arbeitgebers[232] im Sportleistungsverhältnis, sie werden in erster Linie in Zusammenhang mit Sportunfällen relevant.[233]

3. Beendigung des Trainerverhältnisses

69 Rechtsfragen werfen auch immer wieder die Beendigung der Trainerverhältnisse im Profi- bzw. Leistungssport auf. Trainerverträge werden jeweils als befristete Arbeitsverträge geschlossen; eine ordentliche Kündigung des Arbeitsverhältnisses scheidet somit für die Fälle der „Erfolglosigkeit" des Trainers ebenso aus, wie eine betriebsbedingte Kündigung nach § 1 KSchG.

---

[224] Siehe unten Rz. 69.
[225] So z. B. LG Landau, SpuRt 1995, 272 f.
[226] Zu den Verkehrspflichten bei den einzelnen Sportarten siehe 5/Rz. 13 ff.; zu den Pflichten auch *Schwab*, RuS 5, S. 43 f.
[227] Eingehend hierzu *del Fabro*, S. 218 f., 243 f.
[228] So bereits BAG, NZA 1991, 308 (kein Arbeitsvertrag bei Fußballtrainer mit A-Lizenz).
[229] So z. B. Arbeitsgericht Kempten, SpuRt 1998, 158; LAG Hamm, SpuRt 2006, 127; zum Golftrainervertrag OLG München, SpuRt 2003, 113; Landessozialgericht NRW, SpuRt 2005, 120.
[230] Zur strafrechtlichen Garantenstellung und möglichen Verantwortung des Trainers ausführlich *Schild*, WFV 29, 22 ff. m.w.N.
[231] Siehe oben Rz. 42.
[232] Siehe oben Rz. 46.
[233] Zu den Verkehrspflichten des Sportlehrers an öffentlichen Schulen, 5/Rz. 112 ff., in Vereinen, Rz. 70 ff., privaten Sportschulen, Rz. 93 ff.

Eine außerordentliche Kündigung eines befristeten Trainervertrages nach §§ 626 BGB, 627 ist bei Vorliegen entsprechender Gründe zwar möglich, jedoch ist das Ausbleiben eines sportlichen Erfolges kein wichtiger Grund nach § 626 BGB.[234]

Aus diesen Gründen ist die Beendigung der Dienstverhältnisse von Trainern problematisch, denn deren Beschäftigung erfolgt immer auch unter der nicht ausgesprochenen und nicht zu vereinbarenden Bedingung eines sportlichen Erfolges und einer daraus folgenden finanziellen Leistungskraft des Vereines. Bei Ausbleiben des sportlichen Erfolges besteht jedoch ein Interesse des Vereines an der Beendigung. Grundsätzlich hat man von Folgendem auszugehen:

Dienstverträge mit zeitlicher Begrenzung können in Form eines *auflösend bedingten* Dienstverhältnisses (ungewisser Eintritt der Bedingung führt zur Beendigung) oder eines *befristeten* Dienstverhältnisses (fest vereinbarter Zeitpunkt für die Beendigung) geschlossen werden. Beide Vertragsformen werden oftmals durch Verwendung unklarer Klauseln miteinander vermischt. Somit war die Zulässigkeit auflösend bedingter Verträge dann zu bejahen, wenn ein sachlich rechtfertigender Grund (§ 620 BGB) vorlag und der gesetzliche Kündigungsschutz nicht vereitelt wurde.[235] Die Vereinbarung des Eintretens eines sportlichen Erfolges als auflösende Bedingung wäre jedoch als (unbegründete) fristlose Kündigung zu werten, weshalb eine solche Beendigungsklausel unwirksam wäre.[236] Auch nach der Neueinführung des Gesetzes über Teilzeitarbeit und befristete Arbeitsverträge (TzBfG) ab 1.1.2001 hat sich die Rechtslage für befristete Trainerverträge nicht geändert, denn gem. § 14 Abs. II, Satz 1 TzBfG ist eine Befristung von Trainerverträgen ohne sachlichen Grund bis zu zwei Jahren möglich; über den Zeitraum von zwei Jahren ist der so genannte Verschleißtatbestand als sachlicher Grund für die Befristung eines Trainervertrages gem. § 14 Abs. I Satz 2 Nr. 4 „Eigenart der Arbeitsleistung" TzBfG einzuordnen.[237] Das BAG befasst sich erstmals mit der Problematik des sog. Verschleißtatbestandes und löst die Probleme des unter Erfolgsdruck stehenden Dienstherrn *und* Trainers wie folgt: Unter Berücksichtigung des sog. Verschleißtatbestandes ist jeweils eine sinnvolle Befristung zu vereinbaren, die in jedem Fall eine ausreichende Entfaltung der Trainertätigkeit ermöglicht. Diese wird je nach Sportart unterschiedlich sein und kann sich zweckmäßigerweise am Zeitpunkt von sportlichen Großereignissen ausrichten (evtl. Olympische Spiele, Weltmeisterschaften) oder auch an den Zeiträumen von Ligawettbewerben orientieren.[238] In der Folgezeit musste sich das Bundesarbeitsgericht erneut eingehend mit dem sog. Verschleißtatbestand als sachlichen Grund zur Befristung von Trainerverträgen mit Verbänden befassen. Zuvor hatten etwa zeitgleich das Landesarbeitsgericht Baden-Württemberg mit Urteil vom 4.6.1997[239] dem Ansinnen eines Tennis-Verbandstrainers auf Fortsetzung eines befristeten Arbeitsvertrages ebenso eine Absage erteilt, wie das Landesarbeitsgericht Düsseldorf mit Urteil vom 26.6.1997[240] dem Begehren eines Trainers im Deutschen Kanuverband. In beiden Fällen wurde der sog. Verschleißtatbestand allgemein als Befristungsgrund auch für Trainer als gerechtfertigter Grund anerkannt, welche im Trainingsbereich für Nachwuchs-Sportler tätig sind, auch wenn dieses Training nur in geringem Maße „verschleißgeneigt" sei. Demgegenüber relativierte das BAG nach den eingelegten Revisionen in beiden Fällen seine Rechtsprechung zum Verschleißtatbestand und hob beide Urteile auf.[241] Nach Auffassung des Bundesarbeitsgerichts

---

[234] So bereits LG Kaiserslautern, SpuRt 1996, 24.
[235] So die Rechtsprechung des BAG seit BAG, NZA 92, 452.
[236] So BAG, a.a.O., NZA 92, 452.
[237] Siehe im Einzelnen hierzu *Dieterich,* NZA 2000, 857; *Bauer/Pulz,* Befristung von Trainerverträgen im Spitzensport, SpuRt 2001, 56 ff.
[238] Siehe hierzu *Prokop,* SpuRt 1995, 263.
[239] SpuRt 98, S. 161.
[240] SpuRt 1998, 163.
[241] BAG vom 29.10.98 (LAG Baden-Württemberg) in SpuRt 99, 253 sowie BAG vom 15.4.99 (LAG Düsseldorf) in SpuRt 99, 254 mit Anm. *Latz* = NZA 99, 646 = AUR 99, 194, kritisch hierzu

kommt es darauf an, dass die Verweildauer der zu betreuenden Spitzensportler tatsächlich geeignet ist, einen Verschleiß zu begründen. Insofern kommt es ausschließlich auf das Verhältnis zwischen Trainer und den von ihm zu betreuenden Sportlern an und darauf, ob tatsächlich Verschleißerscheinungen beim Trainer im Zusammenhang mit einem möglichen Erfolgsdruck im Spitzensport auftreten könnten. Im Nachwuchsbereich der Verbandsarbeit steht oftmals der pädagogische Aspekt mehr im Vordergrund als es bei den Spitzensportlern der Fall ist. Es kommt daher jeweils auf den Einzelfall an, weshalb allgemeine Aussagen über das Vorliegen eines Verschleißtatbestandes, z. B. auch bei Mannschaftssportarten nicht möglich ist.

In der Folgezeit hatte das Arbeitsgericht Dortmund noch einmal Gelegenheit, sich mit der Frage des Verschleißtatbestandes im Zusammenhang mit einer Befristungsabrede zu befassen. Der Kläger war in der Leichtathletikdisziplin Trainer in der Sportart 400-Meter-Lauf, ferner Teamleiter Sprint, Stützpunkttrainer und Stützpunktkoordinator am Olympiastützpunkt. Seine Aufgaben waren überwiegend die Vorbereitung und Durchführung von Leistungsförderungsmaßnahmen, die Betreuung von Teilen von Nationalmannschaften, Erarbeitung von Analysen, Planungsunterlagen etc. Das Arbeitsgericht sah hier keinen drohenden Verschleiß der persönlichen Beziehung zu den einzelnen Sportlern (unmittelbar) und erkannte somit einen sachlichen Grund für eine Befristungsabrede nicht an.[242]

Schließlich weist das BAG[243] darauf hin, dass es bei der Vereinbarung einer auflösenden Bedingung im Arbeitsvertrag eines Trainers auch auf das Interesse des Trainers an der Aufnahme einer Bestimmung zur auflösenden Bedingung im Arbeitsvertrag ankomme. Der Trainer hatte hier den sportlichen Erfolg, nämlich den Erhalt der zweiten Bundesliga gesichert, dem Verein war vom DFB die Lizenz wegen fehlenden Nachweises der wirtschaftlichen Leistungsfähigkeit nicht mehr erteilt worden, weshalb der Verein dem Trainer fristlos kündigte; eine derartige Kündigung sei unwirksam, allerdings komme es darauf an, ob eine gleichzeitig vereinbarte auflösende Bedingung sachlich gerechtfertigt sei, was wiederum nur angenommen werden kann, wenn das Interesse des Arbeitnehmers an der Aufnahme einer solchen auflösenden Bedingung nachgewiesen ist.[244]

II. Wettkampfrichter-Tätigkeit

Eine weitere besondere Art der Sportleistung ist die Tätigkeit von Wettkampfrichter (Schiedsrichter und Assistenten) bei Mannschaftssportarten und Einzelsportarten. Die Vertragsleistung besteht hier in der Spielleitung anhand der jeweils geltenden Spielregeln gleichzeitig mit sportlicher Tätigkeit bei Mannschaftssportarten.

1. Rechtsnatur, Vertragspflichten

70 Die Pflichten der Wettkampfrichter (Schiedsrichter und Assistenten) ergeben sich aus den Verbandsregeln der einzelnen Sportverbände und den beiderseitigen Verträgen.

Für den Fußballsport z. B. ergeben sie sich aus den Regeln §§ 1 bis 18 DFB-Schiedsrichterordnung und der Regel 5 der DFB-Fußballregeln; hier heißt es: „Der Schiedsrichter hat den Spielregeln Geltung zu verschaffen", die Regel 6 beschreibt im Einzelnen die Aufgaben des Schiedsrichterassistenten zur Unterstützung des Schiedsrichters, insbesondere sollen sie dem Schiedsrichter helfen, „das Spiel in Übereinstimmung mit den Regeln zu leiten". Schiedsrichter und Assistenten erfüllen diese Aufgaben als Sportler; sie sind

---

Beathalter, Das Ende befristeter Trainerverträge? Seite 34 ff. in *Bepler* (Hrsg.), Sportler, Arbeit und Statuten, 2000 Berlin.

[242] Arbeitsgericht Dortmund, 15. 3. 2001, SpuRt 2003, 125, siehe hierzu eingehend *Dieterich,* NZA 2000, 857, 862; sowie *Bauer/Pulz,* SpuRt 2001, 57 f.

[243] BAG 4. 12. 2002, NZA 2003, 611 = SpuRt 2003, 122.

[244] Siehe BAG, NZA 2003, 614, 615.

Leistungssportler.²⁴⁵ Schiedsrichter sind in den Sportarten Fußball, Handball, Eishockey nach ihrer Qualifikation den Verbandsregeln unterworfen. Gleiches gilt für die Ringrichter im Boxsport, die eine Lizenz vom jeweiligen Verband erhalten (§§ 28 ff. der DABV-Regeln, §§ 3 ff. der BDB-Regeln), sowie die Sportarten Ringen, Judo und andere Kampfsportarten.

Zwischen Schiedsrichter, Ringrichter wie auch Assistenten und dem Verband besteht ein *Vertragsverhältnis;* es wird ein Lizenzvertrag und ein Dienstvertrag geschlossen. Sportverbände führen die Wettkampfveranstaltungen im Rahmen ihrer Aufgaben durch und regeln den Spiel-(Liga-)Betrieb, im Rahmen derer und der jeweils geltenden Schiedsrichterordnungen Schiedsrichter, Ringrichter und Linienrichter tätig werden. Das Vertragsverhältnis mit dem Verband ist ein Dauerschuldverhältnis, welches als **Dienstvertrag** mit Geschäftsversorgung zu qualifizieren ist (§ 665 BGB); es entsteht und beginnt mit der Anerkennung durch den Verband als Schiedsrichter, Ringrichter und Linienrichter.²⁴⁶

Inhalt für alle Arten des Dauerschuldverhältnisses für Wettkampfrichter ist, sich ständig leistungsbereit und leistungsfähig zu halten, die Ausbildungen und Fortbildungen des Sportverbandes zu besuchen und die entsprechenden Anweisungen der Sportverbände für die Durchführung der Aufgaben allgemein und die Regelungen für die Spielleitung im Einzelnen einzuhalten. Dieses ergibt sich für den Fußballsport aus § 7 DFB Schiedsrichterordnung, Regel 5 und 6 der DFB-Spielregeln²⁴⁷ sowie §§ 28 ff. der BDB- und DABV-Bestimmungen. Die Pflicht des jeweiligen Sportvereines ist es meist, für die Tätigkeit der Wettkampfrichter die entsprechende Aufwandsentschädigung zu bezahlen (§ 15 Schiedsrichter-O des DFB), der im Übrigen auch die Betreuung und den Schutz des Wettkampfrichters verantwortlich ist.²⁴⁸ Zwischen Verein und Schiedsrichter liegt hinsichtlich der einzelnen Spielleitung kein Auftragsverhältnis nach §§ 662 ff. BGB vor, viel mehr ist der Wettkampfrichter Erfüllungsgehilfe nach § 278 BGB im Rahmen des (Vertrags-)Verhältnisses zwischen Sportverband und Sportvereinen;²⁴⁹ dagegen ist er nicht Erfüllungsgehilfe im Rahmen des Sportveranstalter-Zuschauervertrages.²⁵⁰ 71

2. Ansprüche bei Pflichtverletzungen

Ansprüche können für den Sportverband bestehen, wenn Wettkampfrichter die erwähnten Pflichten im Rahmen des Regelwerks nicht einhalten, für Sportler bei ihnen gegenüber bestehenden Schutz-Pflichtverletzungen. 72

a) Ansprüche des Sportlers bzw. Spielers. Anspruchsvoraussetzung hierfür sind die Regelungen des Auftragsrecht (§ 675 BGB); soweit diese keine ausreichenden Regelungen treffen, gelten die allgemeinen gesetzlichen Regelungen der *Unmöglichkeit, Verzug, Verletzung einer vertraglichen Nebenpflicht zur Rücksicht.*²⁵¹

Bei Mannschaftssportarten kommen Ansprüche aus Verletzungen und Schäden in Betracht, welche der Schiedsrichter den Spielern zufügt, ebenso wie Sportler beim Wettkampf untereinander. Vertragliche Anspruchsgrundlagen sind hierfür die §§ 280 I BGB, 241 II BGB, für Ansprüche aus Delikt die §§ 823 ff. BGB; Pflichtverletzungen sind hinsichtlich des Umfanges der Pflichten wie im Deliktsrecht zu beurteilen.²⁵² Die Beweislast-Regel im Vertragsrecht (§ 280 I Satz 2 BGB) ist nicht anwendbar, denn bei einer etwaigen Verletzungs-

---

²⁴⁵ Siehe hierzu bereits *Pfister,* WFV Nr. 25 S. 65. *Domberg,* WFV 25 S. 21, *Kuhn,* S. 135 ff. (allerdings ist der Tennis-Schiedsrichter kein Leistungssportler).
²⁴⁶ Siehe hierzu ausführlich *Kuhn,* S. 73 ff., 77.
²⁴⁷ So auch *Pfister,* WFV 25, S. 62, Kuhn, a.a.O., S. 51 ff.
²⁴⁸ *Kuhn,* a.a.O., S. 115 ff.
²⁴⁹ *Kuhn,* a.a.O., S. 115 ff.
²⁵⁰ A. A. teilweise *Lieb,* WFV 25, S. 52 ff.; hierzu unten, Rz. 163 ff.
²⁵¹ Siehe hierzu Rz. 41
²⁵² Siehe hierzu 5/Rz. 13 ff., siehe auch *Kuhn,* a.a.O., S. 122, 123.

handlung des Schiedsrichters ist der Normzweck der Beweislast des § 280 I Satz 2 BGB zugunsten des Gläubigers[253] für Sportverletzungen auf dem Sportfeld nicht anwendbar.

Ansprüche von verletzten Spielern gegenüber dem Schiedsrichter auf vertraglicher Grundlage können auch bei einem *Unterlassen* von Schiedsrichterpflichten bestehen, wenn sie für Verletzungen ursächlich sind: Ein Spiel wird trotz schlechter Platzverhältnisse angesetzt bzw. nicht abgebrochen, oder aber der Schiedsrichter schreitet nicht ein und lässt das Spiel verrohen. Unterlassungen stehen dem aktiven Tun rechtlich dann gleich, wenn eine Erfolgsabwendungs- oder Garantenpflicht besteht.[254] Solche Pflichten des Schiedsrichters ergeben sich insbesondere aus seinem Vertrag zum Verband und den verbandsrechtlichen Regeln: Ordnungsgemäßer Ablauf des Spieles (z. B. DFB-Regel 5), er hat die Bespielbarkeit des Platzes vor jedem Spiel festzustellen (z. B. DFB-Regel 1), ebenso die gefahrlose Ausrüstung der Spieler (z. B. DFB-Regel 4), er kann das Spiel jederzeit wegen schlechter Witterung abbrechen (DFB-Regel 5, Anweisung 5). Diese Regelungen dienen auch dazu, Gefahren für die Gesundheit der Sportler auf dem Spielfeld abzuwenden (siehe z. B. Anweisung Nr. 1 der Regel 1 DFB, Nr. 1 zu Regel 4 DFB). Für Boxkämpfe hat der Ringrichter bei Kampf- oder Verteidigungsunfähigkeit den Kampf abzubrechen (§ 34 c DABV-Regeln, sowie § 29 Abs. 5 BDB-Regeln).[255]

Da Wettkampfrichter diese Vertragspflichten gegenüber dem Sportverband haben, bestehen diese Pflichten auch gegenüber den Sportlern im Rahmen eines Vertrages mit Schutzwirkung zugunsten Dritter;[256] unterlässt der Wettkampfrichter somit pflichtwidrig eine dieser Pflichten, so ist er im Einzelnen dem Sportler für Verletzung hieraus schadensersatzpflichtig, in gleicher Weise wie er aus deliktsrechtlichen Bestimmungen nach §§ 823 ff. BGB haftet.

b) Ansprüche des Verbandes/Vereines. Durch den Wettskandal in der Fußballbundesliga, Spielsaison 2004/2005[257] ist die Frage der Haftung des Schiedsrichters für Vermögensschäden aktuell geworden. Gegenüber dem Verband, z. B. DFB oder Ligaverband e.V. kommt eine Haftung gem. §§ 675, 611 BGB in Betracht, gegenüber den Vereinen, für die der Schiedsrichter im Auftrage des DFB bzw. Ligaverbandes tätig wird, eventuell die vertragliche Haftung oder Deliktshaftung.

Vertragliche Schadensersatzansprüche könnten für die Vereine entstehen, sofern man den Geschäftsbesorgungsvertrag zwischen Schiedsrichter und Verband als Vertrag mit Schutzwirkung zugunsten Dritter qualifizieren kann.[258] Bedenklich könnte hier die Schutzbedürftigkeit der Vereine sein nach Rechtsprechung des BGH,[259] wenn die Vereine nicht eigene Ansprüche gegenüber dem Verband haben. Diese könnten fraglich sein, weil der Verband ja nur verpflichtet ist, für einen ordnungsgemäßen Ablauf der Spiele nach den Spielregeln zu sorgen und der Verband den Vereinen nur die Liga, einschließlich Regelwerk und Organisation und Schiedsrichter zur Verfügung stellt, für dessen gute Ausbildung und Kontrolle er verantwortlich ist,[260] insofern könnte die Schutzbedürftigkeit zu bejahen sein. Abgesehen von einem nachzuweisenden Verschulden dürfte der Schadensnachweis bei den Vereinen für absichtlich manipulierte Fehlentscheidungen des Schiedsrichters oder fahrlässig herbeigeführte schwierig sein. In den meisten Fällen wird es um die Frage der Neuansetzung eines Spieles gehen nach dem Gesichtspunkt der Naturalrestitution (§ 249 I BGB). Da es dem Schiedsrichter nicht obliegt, hierüber zu entschei-

---

[253] Siehe *MüKo-Ernst*, § 280 Rz. 1, 30 ff.
[254] Siehe hierzu z. B. BGHZ 71, 93, siehe *Kuhn*, a.a.O., S. 138.
[255] Zu den Befugnissen der Ringrichter, *Fritzweiler*, SpuRt 1995, 156.
[256] Siehe insoweit auch *Kuhn*, a.a.O., Seite 106 ff., 123, 124.
[257] Siehe hierzu DFB-Sportgericht, SpuRt 2005, 82; *Schwab*, NJW 2005, 938 ff.; *Valerius*, SpuRt 2005, 90; zum Komplex der Wettmanipulationen durch Schiedsrichter ausführlich 8/164 ff.
[258] Siehe hierzu z. B. *Kuhn*, a.a.O., S. 105 ff.
[259] Siehe hierzu z. B. BGH, BGHZ 133, 173.
[260] Siehe zum Regelwerk 2/38.

den, müssten die finanziellen Schäden nachgewiesen werden. Die Kausalitätsprobleme sind hierbei unter dem Gesichtspunkt der so genannten Haftungsbegründung und haftungsausfüllenden Kausalität zu beurteilen.[261]

Die Deliktshaftung dürfte gem. § 823 I, II BGB abgesehen vom Schadensnachweis nicht problematisch sein, denn der Schiedsrichter verletzt ein absolutes sonstiges Recht im Sinne des § 823 I BGB.[262]

2. Kapitel. Werbeleistungsverträge („Sponsoringverträge")

Einführung

Bei den im vorigen Kapitel behandelten Verträgen waren die sportlichen Leistungen unmittelbarer Vertragsgegenstand. Die im Folgenden zu behandelnden Verträge haben Sportbezug, da sie auf sportlichen Leistungen beruhen, ohne dass diese selbst Vertragsgegenstand sind. Bei den sogen. Vermarktungs- oder Sponsoringverträgen besteht die typische Leistung in einer Werbeleistung des Gesponserten (Sportler, Verein, Verband oder sonstiger Veranstalter eines Sportwettbewerbs) für ein Unternehmen oder für eine Kommune (im Folgenden Sponsor) gegen Entgelt.[263]

73

Die Bandbreite der möglichen Vertragsgestaltungen ist sehr groß und geht juristisch von der reinen über die gemischte *Schenkung* bis zum echten gegenseitigen *Austauschvertrag*. Dementsprechend wechseln auch die – oft aus der Betriebswirtschaftslehre übernommenen – Bezeichnungen, die wenig aussagekräftig sind und keine scharfe rechtliche Bedeutung erlangt haben.[264] Juristisch einzuordnen sind diese Verträge nur durch die in concreto von den Parteien vereinbarten Leistungen, also dem Leistungsgegenstand.

Am einen Ende der Skala[265] steht die – uns hier nicht weiter interessierende – *Spende*, die ein Mäzen einem meist nur lokal bekannten Sportler oder Verein aus reiner Freundschaft oder aus Begeisterung für den Sport zukommen lässt, ohne dass er hierfür eine wirkliche Gegenleistung vom Geförderten erhält, abgesehen vielleicht von einer kurzen Durchsage während der Veranstaltung oder einem Hinweis auf dem Programm, wodurch er seine „gesellschaftspolitische Verantwortung" beweisen und seine corporate identity in der Öffentlichkeit in irgendeiner Weise darstellen kann.[266] Aus diesem Mäzenatentum entwickelte sich ein längerfristiges *Sponsoring*, das – vom Blickwinkel des Sponsors aus – die Förderungsabsicht betont, bei dem aber der Gesponserte in gewissem Umfang irgendwelche Werbeleistungen für den Sponsor erbringt. Am anderen Ende des Spektrums stehen die Verträge, bei denen der Sponsor handfeste wirtschaftliche Interessen mit dem Engagement verbindet, in der Hoffnung auf bessere Absatzchancen für seine Produkte. Eine besondere Förderungsabsicht ist oft nicht mehr gegeben; die Übergänge sind fließend. Ähnlich ist die Entwicklung beim *Ausrüstungsvertrag*, bei dem der Sponsor Ausrüstungsgegenstände unentgeltlich zur Verfügung stellt, evtl. sogar mit zusätzlichen Zah-

---

[261] Siehe hierzu grundsätzlich, *Müko-Grunsky,* vor § 249, 37 ff., aber auch z. B. BGH seit BGHZ 99, 196.

[262] Siehe hierzu oben 2. Teil, Rz. 126 ff.

[263] Zur Bedeutung des Sponsoring siehe *Weiand,* Kultur-Sponsoring, Seite 36 f., zum Begriff Sponsoring Seite 26 f., 36 f., *Vieweg,* RuS 20, 53 f., *Klooz,* RuS 20, Seite 17 f.

[264] *Raupach* warnt zu Recht vor juristischen Ableitungen aus den Begriffen, s. *Raupach,* Zivilrechtliche und steuerrechtliche Fragen des Sponsoring, Non Profit Law Yearbook 2001, S. 169 ff. a.a.O.

[265] Das ganze Spektrum der Möglichkeiten erörtert *Schaub,* Sponsoringvertrag und andere Verträge zur Förderung überindividueller Zwecke (im Druck).

[266] Vgl. zu diesem sogen. Sozio-Sponsoring oder mäzenatischem Sponsoring *Breuninger/Rückert,* DB 1993, 503, *Raupach,* a.a.O. S. 172. Diese Arten des Sponsoring bieten steuerrechtliche Probleme. Die Übergänge zum hier zu Behandelnden sind jedoch fließend, wenn der Gesponserte dem Sponsor gewisse Rechte in geringem Umfang einräumt. Zivilrechtlich kann es sich dann um eine sogen. gemischte Schenkung handeln.

lungen und sich schon dadurch eine gewisse Werbewirksamkeit erhofft; der Vertrag kann aber auch erhebliche Dimensionen erreichen, wenn etwa die Mannschaft des Skiverbandes längerfristig ausgerüstet und eingekleidet wird.[267]

Unter den Oberbegriff Merchandising fällt schließlich auch der Fan-Artikel-Verkauf durch einen Verband oder Verein, der als reiner Kaufvertrag keine sportspezifischen Probleme aufwirft.[268]

Gesponsert oder, umgekehrt, vermarktet werden kann ein Sportler oder eine juristische Person (Verband, Verein, sonstiger Sportveranstalter) allgemein oder hinsichtlich eines kurzen Events (Leichtathletik-Meeting) oder einer sich lange hinziehenden Wettkampfserie (Ligawettbewerb). Im ersten Fall erlangt der Sponsor regelmäßig Werberechte an der Person (Namen, Bild, Logo usw.), im zweiten Fall auch an den Wettkämpfen.

74 Juristisch von Interesse sind in unserem Zusammenhang die Vertragsverhältnisse, in denen beide Parteien wirtschaftlich bedeutsame Leistungen erbringen.

Die vertragstypischen Leistungen erbringt i. d. R. der Sportler, der Sportverein oder Sportverband oder ein sonstiger Sportveranstalter. Er vermarktet seinen Goodwill; vom Blickwinkel des Gesponserten aus spricht man daher von *Vermarktungsvertrag*: Er erbringt den kommunikativen Werbeeffekt für den Sponsor, indem er
– dem Vertragspartner Immaterialgüter zur Verwendung in der Werbung überlässt (lizenzvertragliche Komponente[269]),
– selbst aktiv tätig wird, z. B. bei Werbeveranstaltungen des Sponsors mitwirkt oder – als Verband oder Verein – seine Sportler mitwirken lässt (z. B. bei Fernsehspots oder Autogrammstunden) oder Geschäftsbezeichnungen des Sponsors vor allem im Rahmen sportlicher Aktivitäten in der Öffentlichkeit präsentiert (z. B. unter Verwendung von Sportgeräten oder allgemeiner Werbung auf Sportstätten, sogen. *dienstvertragliche Komponente*).

Häufig werden alle diese Leistungen in einem einheitlichen Vertrag zugesagt; denkbar ist aber auch, dass nur eine oder einige dieser Leistungen zu erbringen sind.

Die Leistung des Sponsors besteht vor allem in Geld, aber auch in Sach-[270] oder Dienstleistungen.

75 Die Bedeutung des Sponsoring für Einzelsportler, Sportmannschaften und Sportveranstaltungen wurde in der betriebswirtschaftlichen Literatur, aber auch in der rechtswissenschaftlichen, seit Beginn der neunziger Jahre ausführlich erörtert.[271] Je nachdem, ob der Absatz eines Produktes für den Sport (Sportartikel oder Sportnahrungsmittel) gefördert werden soll, oder das Image eines Sportlers auf ein Produkt oder eine Dienstleistung durchschlagen soll unterscheidet man das Produkt- oder Imagesponsoring. Weiter spricht man von einem Dauersponsoring oder Ereignis-Sponsoring (Event-Sponsoring), wenn ein Sponsoring-Engagement längerfristig gedacht ist oder nur für ein einmaliges Ereignis.

In der Gesetzespraxis hat der Begriff Sponsoring ebenso wenig wie Marketing Eingang gefunden (wenngleich der Begriff in Verträgen und auch in Urteilen verwendet wird), lediglich nationale und internationale Staatsverträge enthalten hierzu einige Tatbestände,[272] in § 7 des Rundfunkstaatsvertrages vom 31. 8. 1991 findet sich die Definition:

---

[267] Unten Rz. 129.

[268] Probleme entstehen, wenn Fan-Artikel von Dritten als Plagiate hergestellt und vertrieben werden. S. dazu EuGH, SpuRt 2003, 62 (Arsenal London).

[269] Siehe *Weiand*, Kultur-Sportsponsoring, S. 54 f., 69; *Wegner* spricht von passivem Element, da sich die Tätigkeit auf die Erteilung der Erlaubnis beschränkt, im Gegensatz zum aktiven Element, das immer wieder Tätigkeiten (Dienstleistungen) des Gesponserten erfordert, S. 29–32 sowie 79–83.

[270] Vor allem beim Ausrüstungsvertrag, unten Rz. 129.

[271] Siehe hierzu *Bruhn*, Sponsoring, S. 81 f., *Bruhn/Mehlinger*, Sponsoring, S. 15 f., 73 f.; *Kühl*, RuS 3, S. 26–33; *Weiand*, Kultur-Sportsponsoring, S. 26 f.; *Weiand*, NJW 94, 229 f.

[272] Siehe hierzu *Weiand*, NJW 74, 227–228; auch für den jetzt geltenden Rundfunkstaatsvertrag vom 11. 9. 1996 gilt die damalige Regelung des § 7.

„Sponsoring ist der Beitrag einer natürlichen oder juristischen Person oder Personenvereinigung, die an Rundfunktätigkeiten oder an Produkten audiovisueller Werke nicht beteiligt ist, zur direkten oder indirekten Finanzierung einer Sendung, um den Namen, die Marke, das Erscheinungsbild der Person, ihre Tätigkeit oder ihre Leistung zu fördern."

Der Gesponserte kann sich vermarkten, indem er die Werberechte und die damit verbundenen Dienstleistungen **76**

— unmittelbar einem *Wirtschaftsunternehmen* vergibt, das sie für die eigene Werbung, also für die Förderung des eigenen Absatzes verwendet und dafür dem Gesponserten ein Entgelt zu bezahlen bereit ist.[273] In engem Zusammenhang damit steht der „Ausrüstungsvertrag", der jedoch einige Besonderheiten aufweist.[274]

— Er kann aber auch eine *„Agentur"* oder einen *Manager* mit der Vermarktung der Werberechte beauftragen.[275] Oft spricht man hier von *Gesamtvermarktung*, wenn der Sportler, Sportverband oder Sportverein die Agentur beauftragt, alle Möglichkeiten der werblichen Nutzung seines Goodwill zu finden und an Unternehmen zu „verkaufen".

Die Agentur kann im Namen und auf Rechnung des Gesponserten[276] oder im eigenen Namen und auf eigene Rechnung[277] handeln. Im ersten Fall vermittelt die Agentur Verträge zwischen dem Gesponserten und Dritten und erhält dafür ein Entgelt vom Gesponserten. Im zweiten Fall zahlt die Agentur dem Gesponserten ein Entgelt und zieht den Gewinn aus der Weitervermarktung.

Im Zusammenhang mit der Vermarktung eines Sportlers übernimmt die Agentur oft auch noch die Vermittlung von sportlichen Dienstleistungen für den Sportler und mitunter sogar noch die gesamte Vermögensverwaltung.[278]

A. Vermarktungs- oder Sponsoringvertrag

Aufgrund des Vermarktungsvertrages erlaubt der Gesponserte dem Sponsor, gegen Entgelt bestimmte Werberechte für Werbezwecke zu verwenden, sei es auf bestimmten Produkten,[279] sei es allgemein in seiner Werbung. Daneben verpflichtet sich der Gesponserte oft auch zu Dienstleistungen verschiedener Art.[280] **77**

Rechtlich problematisch ist zunächst die Rechtsnatur der Werberechte[281] sowie die Einordnung ihrer rechtsgeschäftlichen Vergabe (Lizenzierung).[282]

I. Leistungsgegenstand, insbesondere die Werberechte[283]

Grundsätzlich kann der Gesponserte nur solche „Werberechte" zur Verfügung stellen, an denen ein *Ausschließungsrecht* gegenüber Dritten besteht, die von Dritten daher nicht ohne Zustimmung des Berechtigten verwendet werden dürfen.[284] **78**

---

[273] S. unten Rz. 77 ff.
[274] S. unten Rz. 126.
[275] S. unten Rz. 133 ff.
[276] S. unten Rz. 134 ff.
[277] S. unten Rz. 143 ff.
[278] S. dazu unten Rz. 152 ff.
[279] Z. B. Sportartikel, die der Hersteller (Sponsor) mit Namen/Bild des Sportlers versehen darf.
[280] *Wegner*, S. 73 und passim spricht hinsichtlich der Gestattung der Nutzung der Werberechte von einem *passiven* Leistungselement (da hier der Gesponserte nicht aktiv tätig werden muss, sondern (nur) die Verwendung seiner Werberechte gestatte), hinsichtlich der Dienstleistung von einem *aktiven*.
[281] S. unten Rz. 83 ff.
[282] S. unten Rz. 91 ff.
[283] Dazu neuerdings *Schaub*, Sponsoringvertrag a.a.O. § 7 IV. 2. (2).
[284] Vgl. zum Folgenden – hinsichtlich Sportwerberechte – die Ausführungen von *Schlindwein* in *Fritzweiler* (Hrsg.), Sportmarketing und Recht, S. 51, 56 ff., *Neumann, Andrea* in *Vieweg* (Hrsg.), Spektrum des Sportrechts, 2003, 295, 310 ff.

In Betracht kommen *körperliche Sachen*, deren Eigentümer der Gesponserte ist – hier genießt er Schutz gem. §§ 904, 823 Ab. 1, 1004 BGB – oder an denen er ein Besitzrecht aufgrund eines Miet- oder Pachtvertrages hat, soweit in diesem Vertrag ihm auch die werbliche Nutzung vorbehalten ist (Schutz gem. §§ 823 Abs. 1, 858 BGB).

Natürlich steht einem Sportler als Werbefläche auch der *„eigene Körper"* zur Verfügung, an dem er Werbung für ein Unternehmen betreiben kann, indem er auf seinen Sponsor hinweisende Tätowierungen anbringen lässt, dessen Ausrüstungsgegenstände verwendet oder auf Kleidungsstücken den Namen oder das Logo usw. eines Unternehmens in der Öffentlichkeit zeigt.

1. Immaterialgüter als Werberechte

79 **a) Geschützte Immaterialgüter.** In erster Linie werden immaterielle Rechte vermarktet. Der *Name,* auch der *bekannte Vorname*[285] oder *Spitzname*[286] eines Sportlers ist gem. §§ 12, 823 Abs. 1, 1004 BGB,[287] sein *Bild* gem. §§ 22 ff. KUG, 823 Abs. 1, 1004 BGB,[288] sonstige vermögenswerte Persönlichkeitsrechte sind gem. § 823 Abs. 1 BGB[289] gegenüber der gewerbsmäßigen Verwendung, insbesondere für Werbezwecke, durch Dritte in gewissen Grenzen geschützt.[290] Dem steht das – ebenfalls grundgesetzlich geschützte – Informationsbedürfnis der Allgemeinheit gegenüber.

So dürfen der Name und Bilder des Sportlers von einem Veranstalter, der den Sportler unter Vertrag hat, ohne besondere Erlaubnis des Sportlers in angemessener Weise auf Ankündigungen, Programmen usw. angegeben werden; ebenso dürfen in der Presse oder in (Sport)Büchern oder in Lexika Bilder von bekannten Sportlern und Berichte über sie zur Information erscheinen, selbst als „Aufreißer", z. B. als Titelbild.[291] Die genaue Abgrenzung zwischen Vermögensinteressen des Rechtsträgers und dem Informationsbedürfnis der Allgemeinheit ist im Einzelfall indes sehr schwierig.[292]

---

[285] Z. B. „Uwe" (für Uwe Seeler), BGH, NJW 1983, 1185; „Berti" (für Berti Vogts), LG Düsseldorf NJW-RR 1988, 748.

[286] OLG Hamburg in *Reschke*, Handbuch des Sportrechts Bd. 3 38 01 (3): Quick Nick für den Formel-I-Rennfahrer Nick Heidfeld.

[287] Auch der Name eines Vereins oder Verbandes fällt unter diesen Schutz, BGHZ Bd. 124, 178. Evtl. auch Schutz gem. MarkenGes.

[288] Vgl. hierzu grundsätzlich *Hubmann/Rehbinder*, § 1 I, § 56. Speziell zu Bildern von Sportlern, *Nasse*, SpuRt 1995, 145 f.

[289] Allgemeines Persönlichkeitsrecht: Z. B. auch die Stimme: OLG Hamburg, GRUR 1989, 666 (Heinz Erhardt), hier hatten die Erben geklagt; das Gericht bejahte die vermögensrechtlichen Interessen, die auch für die Erben zu schützen seien. Aber auch sonstige besondere Kennzeichen einer Persönlichkeit genießen unter dem Gesichtspunkt des allgemeinen Persönlichkeitsrechts Rechtsschutz, *Magold, Hanns Arno*, Personenmerchandising – Der Schutz im Recht der USA und Deutschlands, 1994; *Freitag, Andreas*, Die Kommerzialisierung von Darbietung und Persönlichkeit, 1993. *Fikentscher*, Wirtschaftsrecht Bd. II S. 112 spricht von „wirtschaftlichem Persönlichkeitsrecht" als Rahmenrecht, das der Konkretisierung bedarf, die auch durch weitere Entwicklung der Technik oder von Marketingstrategien geschehen kann.

[290] Zu den besonderen Problemen, wenn ein Bild werbemäßig verwendet werden soll, auf denen mehrere Sportler abgebildet sind (z. B. Mannschaftsfoto), s. *Pfister*, Festschrift für *Werner Lorenz* II (2001), S. 246, 257 ff., etwas gekürzt auch in SpuRt 2002, 45 ff. sub 3

[291] Vgl. BGH, GRUR 1979, 425 (Fußballspieler darf auf Deckblatt eines Wandkalenders erscheinen), GRUR 1979, 732 (Torwart), OLG Frankfurt/M, NJW 1989, 402 (Bildnis v. Boris Becker darf auf dem Umschlagbild eines Tennislehrbuches erscheinen). BGH, NJW 1996, 593 (W. Brandt).

[292] S. gegenüber den in Fn. 291 zit. Entscheidungen: BGH, GRUR 1968, 652 (Ligaspieler, mit krit. Anmerkung von *Kleine*) und OLG Köln v. 19. 7. 1988 (zit. von *Nasse*, SpuRt 1995, 145 f.), die die Abbildungen von Bundesligaspielern in einem Sportkalender oder einer Hochspringerin auf dem Umschlag eines Buches über mentales Training ohne Zustimmung für unzulässig hielten; OLG Frankfurt in *Reschke*, 37 00 (5) (Nacktfoto von Eiskunstläuferin zur Information). BGH, NJW 1997, 1152 (Bob Dylan), in dem aufgrund einer genauen Abwägung zwischen Informations- und Werbezweck ein Anspruch des Sängers zugestanden wurde.

Jedenfalls unzulässig ist die Verwendung von Namen und Bild zu *Reklamezwecken* für andere Produkte ohne Zustimmung des Berechtigten.

Der Name einer *juristischen Person* (Verband, Verein sonstiger Veranstalter) genießt den **80** gleichen Schutz[293] wie der einer natürlichen Person; zudem können auch Logos, Vereins- oder Verbandsfarben und sonstige Kennzeichen[294] geschützt sein.

Einem Verband stehen auch die Werberechte an der Nationalmannschaft, dem Verein an seiner Mannschaft[295] zu, selbst wenn die Werbewirksamkeit der Nationalmannschaft eines bestimmten Verbandes von der Leistung einzelner oder mehrerer Sportler besonders geprägt wird. Vergibt also ein Sportverband einem Unternehmen das Recht, sich als „Förderer der Nationalmannschaft des Verbandes" zu bezeichnen, so bedarf er hierzu nicht der Zustimmung der (jeweiligen) Sportler.[296]

Das Gleiche gilt für *Veranstaltungen* eines Verbandes oder Vereines. Die „Deutsche Meisterschaft" eines Verbandes kann von diesem vermarktet werden, z. B. durch Vergabe des Rechts an ein Unternehmen, sich als Förderer der „Deutschen Meisterschaft des ... Verbandes" zu bezeichnen.[297] Wenn im Rahmen einer deutschen Meisterschaft viele Einzelveranstaltungen durchzuführen sind (wie etwa beim Betrieb eine Liga), steht allerdings das Werberecht an den einzelnen Veranstaltungen den jeweiligen Einzelveranstaltern zu, z. B. dem Verein,[298] insbesondere an den Werbeflächen der benutzten Sportstätten, deren Eigentümer oder Besitzer[299] sie sind.

Auch darf ein Verband oder Veranstalter bei einem Wettbewerb, den er selbst durchführt, das zu benützende Sportgerät, soweit es einheitlich sein muss, bestimmen und damit dessen Hersteller benennen und mit diesem entsprechende Sponsoringverträge abschließen.[300]

Soweit ein Verband oder Verein Rechte der *von ihm verpflichteten Sportler* (Namen, Bild) **81** Dritten zu Werbezwecken zur Verfügung stellen oder „an ihrem Körper" (Trikot-)Wer-

---

[293] Schutz gem. § 12 BGB. Der Name einer juristischen Person ist als Immaterialgüterrecht anzusehen, *Staudinger/Coing/Habermann*, § 12 Rdnr. 30 mit weiteren Nachweisen zum Streitstand.

[294] Zeichen, Figuren, Farben usw. Schutz kann bestehen gem. §§ 2 ff. UrhRGes, wenn künstlerisch gestaltet, nach Geschmacksmustergesetz oder nach §§ 3, 4, 5, 14 Abs. 5, 15 Abs. 4 MarkenG (hiernach auch der Vereinsname), möglicherweise auch nach UWG. Zu den Möglichkeiten des Schutzes von sportrelevanten Marken s. *Wegner*, a.a.O. S. 107 ff., *Schlindwein*, a.a.O. S. 56 ff., *Neumann, Andrea*, in *Vieweg* (Hrsg.), Spektrum des Sportrechts, Beiträge zum Sportrecht Bd. 12, 2003, S. 295 ff., 310 ff. Das OLG Hamburg hat einen kennzeichenrechtlichen Schutz der Bezeichnung „WM 94" bzw. „Fußballweltmeisterschaft" abgelehnt, NJW-RR 1997, 1265, zu der Entscheidung kritisch *Wegner*, a.a.O. S. 108; die vorausgehende Entscheidung des LG Hamburg in *Reschke*, 38 16 (6). Zweifel, ob allein die Verkehrsgeltung einer Sportmarke Schutz nach Markengesetz gewährt, äußert *Bayreuther*, WRP 1997, 820 f., da es bei ihr an der Kennzeichnung bestimmter Waren oder Dienstleistungen fehle; der Fan kaufe aus Sympathie; kritisch dazu *Neumann*, a.a.O. S. 315 f.

[295] Meist über den Schutz des Namens. Es dürfte aber auch die Bezeichnung „Deutsche Fußballnationalmannschaft" für den DFB oder „Deutsche Olympiamannschaft" für das NOK geschützt sein.

[296] Soweit er Bilder der Spieler dabei verwendet, bedarf er jedoch deren Zustimmung. – Eine andere Frage ist, ob ein Verband/Verein auch auf der Sportkleidung ihrer Sportler Reklame machen darf; hierfür bedarf er grundsätzlich der Zustimmung der Sportler.

[297] Organisiert der Verband auch die deutsche Meisterschaft und führt sie selbst durch und trägt deren finanzielles Risiko, so kann er sich insoweit auch auf das Recht am Unternehmen (§ 823 Abs. 1 BGB) stützen.

[298] Vgl. dazu *Stegmaier, Bernd*, Rechtsprobleme zwischen Athleten und Sportverbänden beim Sportsponsoring, Diss. Bonn, 1999, S. 45 f.

[299] Wenn der Verband/Verein sich im Pachtvertrag diese Rechte gesichert hat, s. oben Rz. 78.

[300] Z. B. Tennisbälle bei einem vom Verband ausgerichteten Turnier. Eine andere Frage ist, inwieweit der Verband für Vereinsturniere einheitlich Bälle im Zusammenhang mit einem Sponsoringvertrag bestimmen darf, vgl. dazu z. B. österreichischer OGH, WRBl 2003, 238 ff. und Entscheidungen der EG-Kommission Abl. 1994 Nr. L 378 S. 45 (Tretorn) und Abl. 1992 Nr. L 131 S. 32 (Dunlop).

bung betreiben will, bedarf er der rechtsgeschäftlichen Zustimmung der Sportler.[301] Da bei Mannschaftssportarten der Verein die Trikots bestimmen darf, kann eine Auslegung des Arbeits- oder Dienstvertrages ergeben, dass er dabei auch in gewissem Umfang Reklame für einen Sponsor anbringen darf.[302] Auch ohne besondere Gestattung im Vertrag mit den Sportlern darf der Verein/Verband jedenfalls deren Namen in der Werbung für die Veranstaltung veröffentlichen, ebenso auch im Programmheft, in Radiodurchsagen usw. Ist eine Fernsehübertragung der Veranstaltung geplant, so sollte dies im Vertrag mit den Sportlern ausdrücklich erwähnt werden, um jedenfalls Zweifel zu zerstreuen und spätere Streitigkeiten zu vermeiden; denn fehlt es an einer Vereinbarung, so hängt es von den Umständen ab, ob sich eine stillschweigende Zustimmung des Sportlers zur Ausstrahlung aus der Auslegung des Vertrages ergibt.

82 **b) Ansprüche bei Rechtsverletzungen.** Verwendet ein Dritter unbefugt den Namen, das Bild, ein sonstiges Persönlichkeitsrecht[303] oder ein anderes der oben genannten Rechte, so hat der Rechtsinhaber grundsätzlich Ansprüche auf *Unterlassung* der weiteren Benutzung für die Zukunft, gegebenenfalls Einstampfung des Materials, auf *Schadensersatz*,[304] u. U. bestehen auch Ansprüche auf Ersatz des immateriellen Schadens.[305] Der materielle Schaden umfasst den tatsächlich eingetretenen Schaden im Vermögen des Berechtigten[306] einschließlich des entgangenen Gewinns.[307] Stattdessen kann auch eine Entschädigung in Höhe einer üblichen Lizenzgebühr für die Zeit der unrechtmäßigen Verwendung verlangt[308] oder der Gewinn des Verletzers „abgeschöpft" werden.[309]

83 **c) Rechtsnatur der immateriellen Werberechte und ihrer Übertragung.** Viele Werberechte sind unbestritten „echte Immaterialgüterrechte", wie der Vereinsname, das Vereinszeichen, -farben, -logos, vor allem, wenn sie als Marken eingetragen oder sonst geschützt sind;[310] sie genießen absoluten Schutz nach den Gesetzen und sind mit dinglicher Wirkung übertragbar, mit der Folge, dass der Erwerber ein positives Benutzungsrecht[311] und daher eigene Abwehrrechte gem. dem oben Ausgeführten gegen Rechtsverletzer hat.[312] Natürlich ist bei ihnen auch ein rein schuldrechtlich wirkender Verzicht des Rechtsinhabers möglich.[313]

84 Schwierig ist hingegen die rechtliche Einordnung von *persönlichkeitsrechtlichen* Positionen wie insbesondere Name und Bild, aber auch die Stimme und überhaupt alle persönlichen Merkmale einer natürlichen Person.

---

[301] Zur besonderen Problematik, wenn ein Sportler selbst Werbeverträge mit einem Unternehmen abschließt, s. unten Rz. 112.

[302] Vgl. dazu *Stegmaier,* a.a.O. S. 45 f.

[303] Z. B. die Stimme eines Menschen, oben Fn. 289.

[304] §§ 1004, 823 Abs. 1 BGB, bei Rechten, die kraft besonderer Gesetze geschützt sind, auch nach den dortigen Bestimmungen, z. B. UrhG, MarkenG, GeschmacksmusterG.

[305] § 253 Abs 2 BGB.

[306] Z. B. wenn ein Sponsor wegen der Rechtsverletzung durch einen Dritten die gezahlte Lizenzgebühren zurückverlangen kann.

[307] Z. B. wenn wegen der Verletzung ein Lizenzvertrag nicht abgeschlossen wird.

[308] BGH, GRUR 1956, 427 st. Rechtsprechung; Schricker/Wild, UrhG § 97 Rdnr. 60, 86 f.

[309] *Canaris,* Festschrift *Ernst Deutsch* (über § 812 BGB), *Beuthien/Schmölz,* Persönlichkeitsschutz, über § 687 Abs. 2 BGB.

[310] § 4 f MarkenG, auch der Name eines Sportlers kann eingetragen werden. GeschmacksmusterG. – S. zum Schutz des Markenberechtigten gegenüber Vertreiber unlizenzierter Fan-Artikel, der beim Verkauf sogar angibt, sie seien nicht von jenem lizenziert, EuGH v. 12. 11. 2002, SpuRt 2003, 62 (Arsenal London).

[311] *Schönherr,* Zur Begriffsbildung im Immaterialgüterrecht, Festschrift für *A. Troller* (1976), S. 57, 62 ff.

[312] Rz. 82.

[313] S. dazu unten Rz. 88. *Martin Hiestand,* Die Anknüpfung internationaler Lizenzverträge (1993), S. 70 ff. mit weiteren Nachweisen.

Seit langem ist anerkannt, dass mit persönlichkeitsrechtlichen Positionen kommerzielle Interessen verbunden sein können;[314] insbesondere Sportler profitieren davon und haben die Rechtsprechung bereichert.[315] Die Rechtsnatur dieser immateriellen Werberechte (Persönlichkeitsrechte) und vor allem die dogmatische Einordnung ihrer rechtsgeschäftlichen Verwertung – mit erheblichen praktischen Folgen – ist gerade in jüngster Zeit Gegenstand höchstrichterlicher Entscheidungen[316] und wissenschaftlicher Diskussionen[317] geworden.

Ausgangspunkt war der rein deliktische Schutz besonderer Persönlichkeitsrechte (Name, Bild, Stimme) und des allgemeinen Persönlichkeitsrechtes. Nach und nach wurde unterschieden zwischen den rein *persönlichkeitsrechtlichen* Interessen, deren Verletzung bei schwerer Beeinträchtigung einen Anspruch auf Ersatz immaterieller Schäden begründet,[318] und den *vermögensrechtlichen* Interessen, deren Verletzung zu Schadensersatz- und Bereicherungsansprüchen führt.[319] Als Konsequenz hiervon konnte der geschützte Rechtsinhaber auf diesen Schutz gegen Entgelt verzichten;[320] der Lizenznehmer erhielt aber bei einer Verletzung durch Dritte allenfalls einen obligatorischen Anspruch gegen den *Berechtigten*, konnte sich aber kaum gegen Dritte, die seine Verwertungsrechte verletzten, wehren.

Die sogen. Nena-Entscheidung[321] hat hier einen grundlegenden Wandel gebracht – nicht aber dogmatische Klarheit: Die Sängerin Nena hatte alle für die kommerzielle Nutzung des akustischen und optischen Umfelds erforderlichen Rechte, insbesondere am Namen, Bild und Logo (trademark) einer Verwertungsgesellschaft überlassen. Diese verklagte einen Dritten, der das Bild der Sängerin unbefugt zur Werbung verwendet hatte auf Herausgabe der Bereicherung. Der BGH ließ zwar offen, ob das Recht am Bild (als einem Persönlichkeitsrecht) und die sonstigen von Nena vergebenen Rechte mit dinglicher Wirkung übertragen werden könnten,[322] doch er sprach der Klägerin aus *eigenem* Recht einen Bereicherungsanspruch (Eingriffskondiktion) i. H. einer angemessenen Vergütung für eine (Unter)Lizenz zu; damit ist ihr – jedenfalls im Ergebnis – eine „absolute", quasi-dingliche Rechtsposition mit einem Zuweisungsgehalt eingeräumt worden.[323]

---

[314] BGHZ Bd. 20, 345 ff. (Paul Dahlke); zu weiteren Fällen s. die Übersicht bei *Ullmann*, AfP 1999, 211 ff. und G. *Müller*, VersR 2000, 797, beide Richter des in Persönlichkeitsrechtssachen zuständigen I. bzw. VI. Zivilsenats.

[315] S. zuletzt die Entscheidungen verschiedener Gerichte in SpuRt 2004, 22 ff.

[316] BGHZ GRUR 1987, 128 = NJW-RR 1987, 231 (NENA), BGHZ NJW 2000, 2195 (Marlene Dietrich), BGHZ NJW 2000, 2201 (Blauer Engel).

[317] U. a. drei Habilschriften: *Götting*, Persönlichkeitsrechte als Vermögensrechte (1995), *Peifer*, Individualität im Zivilrecht (2001) und *Ahrens*, Die Verwertung persönlichkeitsrechtlicher Positionen (2002); *Beuthien/Schmölz*, Persönlichkeitsschutz durch Persönlichkeitsrechte (1999), neben einer großen Anzahl von Dissertationen zu Einzelproblemen und Aufsätzen im Zusammenhang mit den BGH-Entscheidungen. – Einsamer Widerspruch gegen die (seiner Ansicht nach: zu) weitgehende Vermarktbarkeit der Persönlichkeit von *Schack*, AcP 1995, 594 (Besprechung des Werkes von *Götting*) und seinen Schüler(inne)n, *Baston-Vogt*, Der sachliche Schutzbereich und *Peifer*, Individualität im Zivilrecht.

[318] BGHZ GRUR 1958, 40 (Herrenreiterfall), §§ 823 Abs. 1/847 BGB bzw. Art. 1, 2 Abs. 1 GG.

[319] BGHZ GRUR 1956, 427 (Paul Dahlke). Insbesondere wird dem Geschädigten eine Entschädigung in Höhe einer angemessenen Lizenzgebührt zugesprochen, BGH, NJW 1979, 2205 (Fußballkalender); dazu auch die Aufsätze von *Müller* und *Ullmann* (s. Fn. 314) mit jeweils weiteren Nachweisen.

[320] Dabei ist die Qualifikation dieses „Verzichts" sehr unsicher. Teilweise wird von Einwilligung (s. §§ 21 f. KUG) gesprochen, mitunter von pactum de non petendo u. ä.

[321] BGHZ GRUR 1987, 128 = NJW-RR 1987, 231.

[322] Immerhin hat der BGH die Frage als umstritten bezeichnet, was damals überraschte und daher als Anzeichen der Distanzierung des BGH von dem Dogma der Unübertragbarkeit angesehen wird.

[323] *Götting*, a.a.O. S. 63; *Forkel*, GRUR 1988, *Helle*, Besondere Persönlichkeitsrechte im Privatrecht (1991) S. 116. *Ullmann*, AfP 1999, 209 f. spricht sogar von einem Immaterialgüterrecht. Im Ergebnis ebenso *Wegner*, S. 96 ff. Kritisch *Peifer*, Individualität im Zivilrecht, S. 132 ff. und passim.

In den späteren Marlene-Dietrich- und Der-blaue-Engel-Entscheidungen[324] hat der BGH anerkannt, dass die *vermögensrechtlichen* Positionen des Persönlichkeitsrechts *vererbbar* sind, also an den Erben übergehen, während das *ideelle Persönlichkeitsrecht* des Verstorbenen von den nächsten Angehörigen wahrzunehmen ist. Danach hat der Erbe gegen einen Rechtsverletzer vermögensrechtliche Ansprüche aus Deliktsrecht, insbesondere auf Schadensersatz, oder aus ungerechtfertigter Bereicherung auf eine angemessene Lizenzgebühr oder auf Herausgabe des Verletzgewinns. Die Angehörigen hingegen können in gewissem Umfang den Schutz der ideellen Interessen des Persönlichkeitsrechts wahrnehmen. Dies kann zu Schwierigkeiten führen, wenn Angehörige und Erben nicht identisch sind und sich nicht einigen.[325]

86 Für die Praxis ist mit diesen Entscheidungen wohl geklärt, dass die vermögenswerten Elemente des Persönlichkeitsrechts mit absoluter, sprich dinglicher Wirkung einem anderen zur Verwertung überlassen werden können.[326] Dadurch wird für den Erwerber ein positives, ausschließliches Verwendungsrecht begründet, aufgrund dessen er gegen Dritte, die die Rechte verletzen, eigene Ansprüche hat. Es ist dann mehr eine terminologische Frage, ob man in diesen vermögensrechtlichen Bestandteilen des Persönlichkeitsrechts schon echte (daher übertragbare) Immaterialgüterrechte sieht,[327] eine beschränkte, gebundene Übertragung eines vom allgemeinen Persönlichkeitsrechts abgespaltenen Teilrechts zulässt[328] oder allgemein von Einräumung von Nutzungsrechten am Persönlichkeitsrecht[329] spricht.

Wird die Lizenz beendet, so fällt das dingliche Teilrecht automatisch wieder zurück,[330] das Mutterrecht erstarkt wieder zum Vollrecht.

Allerdings bleiben auch bei der Einräumung eines absoluten, dinglichen vermögenswerten (Teil-)Rechts die rein persönlichkeitsrechtlichen Ansprüche zum Schutz der ideellen Interessen beim Rechtsinhaber; er kann also nach wie vor gegen Verletzungen seiner ideellen Persönlichkeit nach den Grundsätzen des Schutzes des allgemeinen Persönlichkeitsrechts vorgehen,[331] gegebenenfalls sogar gegen den Lizenznehmer, wenn

---

[324] BGH, NJW 2000, 2195 und ebenda S. 2201. In der ersten Entscheidung heißt es, der BGH habe über die Übertragbarkeit noch nicht ausdrücklich entschieden, aber in einigen Entscheidungen „bereits angedeutet, dass der Grundsatz der Unübertragbarkeit und Unvererblichkeit nicht notwendig für alle Bestandteile des Persönlichkeitsrechts gilt". (Unter Verweis auf die Mephisto-Entscheidung BGHZ Bd. 50, 133.) S. zu diesen Entscheidungen *Götting*, NJW 2001, 585 und *T. Müller*, GRUR 2003, 31.

[325] Insbesondere kann der Angehörige für seinen Verzicht auf seinen Anspruch wiederum ein Entgelt fordern, wodurch auch diese Position praktisch einen vermögensrechtlichen Inhalt erhält; verdoppelt sich dann bei einem Erbfall nach dem Angehörigen die Rechtsstellung wiederum in eine vermögens- und eine persönlichkeitsrechtliche Komponente?

[326] Gegen diese Tendenz, *Schack*, Urheber- und Verlagsrecht, 2. Aufl. Rndr. 564 ff.

[327] *Ullmann*, a.a.O., der auch von Lizenzierung mit dinglicher Wirkung spricht; *Sosnitza*, JZ 2004, 999: auf dem Wege dorthin.

[328] So *Forkel*, GRUR 1988, 491; ähnlich sprechen *Beuthien/Schmölz*, a.a.O. von „eigenpersönlichen Gegenständen", von „Wirtschaftsgütern", die außerhalb der Person, der Persönlichkeit stehen. Ebenso wohl *Schaub*, Sponsoringvertrag, a.a.O. § 7 IV. 2. (2) – Natürlich kann weder das Recht am eigenen Bild oder gar am Namen translativ übertragen werden, mit der Folge, dass der Rechtsinhaber dieser Rechte endgültig verlustig geht. Es kann sich immer nur um die vermögensrechtlichen (Rechts-)Positionen handeln, die einem anderen „konstitutiv" eingeräumt, „gebunden übertragen" werden, während die persönlichkeitsrechtlichen Positionen beim Berechtigten verbleiben, *Forkel*, GRUR 1988, 491.

[329] S. § 31 UrhG; *Götting*, a.a.O., s. auch *Ahrens*, a.a.O. S. 403 ff. Vgl. zu den verschiedenen Konstruktion neuerdings *Pahlow*, a. a.O 11. Kapitel, der selbst ein dienstbarkeitsähnliches Recht annimmt.

[330] *Forkel*, Festschrift *Kraft*, S. 98 f.

[331] OLG Hamburg, SpuRt 2004, 210 (Oliver Kahn), dazu *Schmid-Petersen*, SpuRt 2004, 248 und die Vorinstanz LG Hamburg, SpuRt 2004, 26: dort hatte der Kl. (nur) Unterlassung verlangt, obwohl er seine Persönlichkeitsrechte weitgehend seinem Verein zur Vermarktung überlassen hatte. Bei schwerer Beeinträchtigung seiner Persönlichkeit könnte er wohl auch Entschädigung verlangen, nicht aber Ersatz des Vermögensschadens. Unklar bleibt bei diesen Entscheidungen, ob der Kl., auch

dieser durch die besondere Art seiner Vermarktungsaktionen die Gefühle des Rechtsinhabers verletzt.[332]

Wegen der Trennung von ideellen und vermögensrechtlichen Positionen des Persönlichkeitsrechtes ist es streitig, ob bei der Einräumung von Lizenzen an Persönlichkeitsrechten eines *Minderjährigen* dessen Einwilligung in den Lizenzvertrag erforderlich ist oder gar genügt, oder ob der gesetzliche Vertreter den Vertrag allein abschließen kann. Da die zu vergebenden Werberechte wohl fast immer einen persönlichkeitsrechtlichen Einschlag haben, sollte die Einwilligung des minderjährigen Sportlers – soweit er hinsichtlich deren Bedeutung einsichtsfähig ist[333] – eingeholt werden; der Vertrag im Übrigen ist dann von dem gesetzlichen Vertreter abzuschließen bzw. zu genehmigen.[334] 87

Von einer Begründung einer dinglichen, gegen Dritte geschützten Rechtsstellung durch Lizenzvertrag ist zu unterscheiden die – natürlich nach wie vor zulässige – rein *obligatorische* Berechtigung des Begünstigten, die nur relativ gegenüber dem Rechtsinhaber wirkt, dem Begünstigten aber keine eigenen Ansprüche gegen dritte Rechtsverletzer verschafft.[335] Was im Einzelfall vorliegt, hängt von der vertraglichen Vereinbarung zwischen Rechtsinhaber und Lizenznehmer ab und sollte daher immer klargestellt werden. 88

2. Dienstleistungen

Unproblematisch im Vergleich zur Verfügungstellung von Werberechten sind dagegen die Dienstleistungen, die der gesponserte Sportler, Verein oder Verband zu erbringen hat, sie sind Dienste i. S. d. §§ 611 f. BGB, Art und Umfang ergeben sich jeweils aus den vertraglichen Vereinbarungen.[336] 89

II. Typologische Einordnung des Vermarktungs- oder Sponsoringvertrages

Beim Vermarktungs- oder Sponsoringvertrag handelt es sich um einen schuldrechtlichen, gegenseitigen Vertrag, der den Vorschriften des allgemeinen Schuldrechts, also §§ 241 ff. und §§ 320 ff. BGB unterliegt. 90

Bei der typologischen Einordnung des Vertrages ist in erster Linie von der Leistung des Gesponserten auszugehen, die den Vertrag charakterisiert, und weiter zu unterscheiden hinsichtlich der mehr passiven Vergabe der Werberechte (1.) und der aktiven Erbringung von Diensten (2.).

---

wenn nicht seine ideelle Persönlichkeit, sondern nur vermögenswerte Interessen verletzt werden, (aus eigenem Recht) Unterlassung verlangen kann; dies sollte zu verneinen sein, denn sonst könnte er auch ein Entgelt gem. §§ 823 Abs. 1, 812 BGB (Lizenzgebühr) verlangen. Diese Frage bedarf noch genauer Klärung. – Diese Trennung kann vor allem bedeutsam werden, wenn durch Erbfall die Berechtigung hinsichtlich der Persönlichkeitsrechte (Angehörige) und der vermögenswerten Teile (Erben, Lizenzgeber) auseinander fallen. Aber mit Einschränkung auch, wenn die Einstellung des Lizenzgebers sich nachvollziehbar geändert hat, *Helle,* Besondere Persönlichkeitsrechte S. 120.

[332] *Helle,* Besondere Persönlichkeitsrechte S. 118. Nach LG Oldenburg, SpuRt 2004, 29, soll sogar die nachträgliche erhebliche Änderung der inneren Einstellung möglicherweise eine Unterlassungsklage des Rechtsinhabers gegen den Lizenznehmer rechtfertigen, in concreto „nach umfassender Abwägung" aber abgelehnt. – Daher hängt auch eine Zwangsvollstreckung in diese Persönlichkeitsrechte von der Zustimmung des Betroffenen ab, die er nicht missbräuchlich verweigern darf, *Sosnitza,* JZ 2004, 992 ff.

[333] Also wohl noch nicht erforderlich bei einer gerade 5-jährigen Eisprinzessin.

[334] MüKo-*Gitter,* 3. Aufl., Vor § 104 Rdnr. 89; *Götting,* a.a.O. S. 152 ff., jeweils mit weiteren Nachweisen.

[335] *Martin Hiestand,* Die Anknüpfung internationaler Lizenzverträge (1993) S. 70 ff. mit weiteren Nachweisen.

[336] S. dazu näher unten Rz. 103 ff.

1. Vergabe der Werberechte

91 Hinsichtlich der Vergabe der *Werberechte* handelt es sich typologisch um einen *Lizenzvertrag*. Dessen Rechtsnatur ist zwar im Einzelnen streitig, jedoch liegt eine Anlehnung an den *Pachtvertrag* (§§ 581 ff. BGB) nahe, auf den gem. § 581 Abs. 2 BGB weitgehend die Bestimmungen über Mietverhältnisse (§§ 535 ff. BGB) anzuwenden sind,[337] soweit der Vertrag nichts anderes bestimmt.

Manche der danach anzuwendenden Vorschriften passen auf derartige Lizenzverträge allerdings nicht so recht, so dass oft schon die Vertragsauslegung deren Unanwendbarkeit ergeben wird,[338] was indes Anlass zu Streitigkeiten geben kann. Die Parteien sollten daher ihr Augenmerk auf eine genaue Regelung der beiderseitigen Rechte und hinsichtlich möglicher Leistungsstörungen legen.

Die an und für sich anzuwendenden mietrechtlichen Vorschriften enthalten z. B. eine scharfe Haftung des „Vermieters", hier des Gesponserten, für Sach- oder Rechts-Mängel der Mietsache, also der zur Verfügung gestellten Werberechte.[339] In erster Linie empfiehlt sich eine genaue Regelung, wofür im Einzelnen gehaftet wird: z. B. Dopingvergehen, längere Sperre,[340] oder für den Fall, dass der Gesponserte bei einer ausschließlichen Lizenz dennoch eine weitere Lizenz vergeben hat oder später vergibt. Geregelt werden sollten auch die eintretenden Rechtsfolgen; evtl. kann die Vereinbarung einer Vertragsstrafe bzw. eines pauschalierten Schadensersatzes[341] Streitigkeiten über Höhe der Minderung oder des Schadensersatzes vermeiden helfen.

92 Noch nicht geklärt ist, ob für das Verhältnis schuldrechtlicher Lizenzvertrag zur (dinglichen) Übertragung der Werberechte (bzw. zur Einwilligung) das Trennungs- und insbesondere das Abstraktionsprinzip, stilbildende Merkmale des deutschen Rechts,[342] gelten.[343] Dass die Einwilligung in die Verwendung der Werberechte von dem schuldrechtlichen Vertrag zu *trennen* ist, selbst wenn sie im selben Akt erklärt wird, ergibt sich daraus, dass sie durchaus auch erst später – als Erfüllung – erklärt werden kann.[344]

Die Geltung des Abstraktionsprinzips hätte darüber hinaus zur Folge, dass bei Unwirksamkeit des schuldrechtlichen Vertrages z. B. wegen Anfechtung oder Sittenwidrigkeit

---

[337] Eine unmittelbare Anwendung der Vorschriften über den Mietvertrag ist ausgeschlossen, da dieser sich nur auf körperliche Sachen bezieht. *Schaub*, Sponsoringvetrag a.a.O. § 7 V 2. sieht eine Vergabe der Werberechte auf Dauer als Rechtskauf an (§§ 453, 433 BGB), im Übrigen ebenfalls als Rechtspacht (§§ 581 ff. BGB), ähnlich *Pahlow*, a.a.O. hinsichtlich der Vergabe einer ausschließlichen (absoluten) Lizenz: kaufähnliche Rechtsverschaffungspflicht, die dem Lizenznehmer einen Anspruch auf Einräumung einer dinglichen Rechtsstellung verleiht (doch wohl nur für eine gewisse Zeit!), im Übrigen modifiziertes Pachtrecht, letzlich also ein gemischter Vertrag.

[338] So *Forkel*, Festschrift *Kraft*. Vgl. auch den Überblick bei *Stumpf/Gross*, a.a.O. Rdnr. 290 ff. über die Schwierigkeiten der Heranziehung gesetzlicher Vorschriften zu den besonderen Vertragstypen. *Pahlow*, a.a.O. 10. Kap. II. schlägt daher eine sehr modifizierte Anwendung der Pacht- bzw. Mietregeln vor.

[339] Vgl. §§ 536 ff. BGB: Der Mieter, hier der Sponsor, hat danach bei Vorliegen oder Entstehen eines Mangels ein Minderungsrecht; für anfängliche oder später vom „Vermieter" verschuldete Mängel sogar einen Schadensersatzanspruch. Auch die Frage, ob bei dauerhafter Verschlechterung der sportlichen Leistung ein Mangel zu bejahen ist, sollte im Vertrag geklärt werden. *Pahlow*, a.a.O. 12. Kap. III. wendet hinsichtlich der Vergabe einer ausschließlichen Lizenz Kaufrecht und damit §§ 453, 434 BGB auf Mängel an.

[340] Ob Dopingvergehen oder Sperre ein Mangel der Werberechte i. S. der §§ 536 ff. ist, für den der Gesponserte auch ohne Verschulden jedenfalls auf Minderung haften würde, erscheint sehr zweifelhaft; jedenfalls haftet der Sportler – bei i. d. R. zu bejahendem Verschulden – auf Schadensersatz, gleichgültig, ob man Mangel annimmt oder eine sonstige Vertragsverletzung.

[341] §§ 339 ff. BGB, allerdings nicht in AGB, § 309 Abs. 1 Ziff. 6 BGB. Vertragsstrafe kann unabhängig und neben einem Schadensersatzanspruch geltend gemacht werden, § 340 Abs. 2 BGB.

[342] *Zweigert/Kötz*, Einführung in die Rechtsvergleichung, Bd. I S. 213.

[343] S. den Überblick von *Götting*, a.a.O. S. 158 f.

[344] Im Ergebnis ebenso *Pahlow*, a.a.O. 6. Kap. II. 2. c) mit weiteren Nachweisen.

die Einwilligung weiterhin Bestand hätte und eigens widerrufen werden müsste. Das Abstraktionsprinzip sollte aber – wie auch im Urheberrecht, bei dem ja auch ein Zusammenhang mit dem Persönlichkeitsrecht besteht – hier nicht gelten;[345] zumindest kann eine Geschäftseinheit i. S. v. § 139 BGB zwischen Kausalgeschäft und Übertragung (Einwilligung) regelmäßig zu bejahen sein. Um aber jeden Zweifel auszuschließen, sollte ausdrücklich vereinbart werden, dass die Übertragung mit Unwirksamkeit oder Beendigung des Vertrages entfällt.

Soweit dem Sponsor Werbung an *Sachen* des Gesponserten (in und an Sportstätten) erlaubt wird, sind die miet- bzw. pachtrechtlichen Vorschriften allenfalls dann entsprechend anwendbar, wenn dem Sponsor der Besitz an diesen Sachen überlassen wird, was selten der Fall sein dürfte. **93**

2. Dienstleistungen

Hinsichtlich der *Dienst-* oder *Werkleistungen* des Gesponserten[346] können die Vorschriften des Dienstvertrages oder des Werkvertrages herangezogen werden.[347] **94**

Soweit bei einem Sponsoringvertrag sowohl Werberechte eingeräumt als auch Dienst- und Werkleistungen zugesagt werden, handelt es sich um einen gemischt-typischen Vertrag. Für jeden Leistungstyp sind die entsprechenden Vorschriften anzuwenden. Für Probleme, die nur einheitlich für den ganzen Vertrag gelöst werden können, wie etwa Rücktritt, ist von den Normen des Typs auszugehen, der den Schwerpunkt des ganzen Vertrages ausmacht.[348] **95**

3. Leistungen des Sponsors

Besteht die *Leistung des Sponsors* allein in Geldzahlungen, so ändert sich dadurch die typologische Einordnung nicht. Soweit er in erheblichem Umfang auch Sachleistungen erbringt, so können hierauf die Vorschriften über den Kauf- oder über den Mietvertrag angewendet werden, etwa hinsichtlich etwaiger Mängel,[349] bei Dienst- oder Werkleistungen die Vorschriften über Dienst- oder Werkvertrag. **96**

III. Die vertraglichen Regelungen insbesondere der Pflichten im Einzelnen

Da es sich beim Vermarktungs- oder Sponsoringvertrag – wie eben gezeigt – nicht um einen eindeutig bestimmten Vertragstypus handelt, sind die beiderseitigen Verpflichtungen und Rechte, insbesondere die Leistungen des Gesponserten, möglichst genau zu benennen.[350] Allenfalls gewisse Nebenpflichten[351] können sich aus dem Zusammenhang des Vertrages ergeben.

---

[345] *Schricker/Schricker*, UrhRG Vor §§ 28 Rdnr. 61, *Götting*, a.a.O. S. 159 f.; *Pahlow*, a.a.O. 6. Kap. II. 2. c) Große praktische Bedeutung hat die Streitfrage nicht, denn selbstverständlich *darf* der Lizenznehmer bei Unwirksamkeit des schuldrechtlichen Vertrages die Werberechte nicht verwenden.
[346] Teilnahme an Werbeveranstaltungen, an TV-Spots und dergleichen – Verbände und Vereine können sich verpflichten, die Marke, das Logo usw. des Partners im eigenen Bereich zu verwenden, etwa auf Briefen, Werbeplakaten für eigene Veranstaltungen usw.
[347] *Schaub*, Sponsoringvertrag a.a.O. § 7 V 2. *Weiand*, Kultur- und Sportsponsoring, S. 38 f. Z. B. bei längerem Aufenthalt in den Werkräumen des Sponsors (Unternehmers) die Haftungsvorschrift des § 618 BGB, bei mangelhaften Werkleistungen z. B. §§ 633 ff.
[348] BGH, NJW 1989, 1673, *Larenz/Canaris*, a.a.O. II/2 § 62 II.
[349] Dies kann anders sein, wenn der Sponsor ein eigenes Interesse daran hat, dass er einwandfreie Waren (z. B. Ausrüstungsgegenstände) liefert, s. dazu unten Rz. 129 f.
[350] *Wegner*, a.a.O. S. 80 f.
[351] Dazu unten Rz. 127 f.

1. Geschäftsgrundlage

97 Oft gehen beide Parteien beim Abschluss eines Vermarktungsvertrages davon aus, dass der Gesponserte besondere sportliche Leistungen erbringt, in einer bestimmten Liga spielt usw. oder dass die vom Gesponserten durchgeführten Sport-Events im Fernsehen übertragen werden, wodurch natürlich die Werbewirkung für den Sponsor erheblich vergrößert wird. Beendet dann der Sportler überraschend seine sportliche Karriere, steigt der Verein ab und dgl. oder finden überhaupt keine Übertragungen statt, so kann von einer „Störung der Geschäftsgrundlage" gesprochen werden, die den Sponsor berechtigt, eine Vertragsanpassung zu verlangen, i. d. R. eine Herabsetzung seiner Zahlungen[352] oder gar Auflösung des Vertrages insgesamt.

Die gesetzliche Regelung und die schon vor dieser Neuregelung ergangene Rechtsprechung bestimmen für derartige Fälle weder die Voraussetzungen noch die Rechtsfolgen eindeutig. Es empfiehlt sich daher in einer einführenden allgemeinen Klausel klarzustellen, von welchen Voraussetzungen die Parteien ausgehen und inwieweit das Ende der Karriere, der Abstieg oder der Ausfall einer oder mehrerer Übertragungen den Sponsor zur Auflösung des Vertrages oder zu einer Kürzung des Entgelts und in welcher Höhe berechtigen.[353]

2. Leistungen des Gesponserten

98 **a) Vergabe der Werberechte.** Folgende Punkte hinsichtlich des Leistungsumfangs bedürfen einer genauen Regelung im Vertrag:

– Welche Werberechte (Bild, Foto, sonstige vermarktbare Persönlichkeitsmerkmale[354]) bis hin zu einer Gesamtvermarktung der Persönlichkeit des Gesponserten[355] werden dem Sponsor eingeräumt.

– Darf der Gesponserte auch anderen Sponsoren Werberechte einräumen (ausschließliche – einfache Lizenz, unten (a))?

– Sachlicher und örtlicher Umfang der dem Sponsor eingeräumten Befugnisse (b)

– Befugnis des Sponsors zur Weitervergabe der Rechte (Unterlizenzen (c))

– Dauer der Verwendung (d).

Im Zweifel – also wenn sich aus dem Vertrag zu diesen Punkten auch nicht aufgrund einer Auslegung etwas entnehmen lässt – ist anzunehmen, dass der Gesponserte (Lizenzgeber) dem Sponsor (Lizenznehmer) nicht mehr Rechte als zur Erreichung des Vertragszweckes nötig zubilligt.[356]

99 (a) Ausschließliche oder einfache Lizenz. Um spätere Streitigkeiten zu vermeiden, ist zu regeln, welche Befugnisse hinsichtlich der Werberechte beim *Gesponserten* verbleiben,[357] anders ausgedrückt, ob er sich verpflichtet, nur diesem Vertragspartner die Werbe-

---

[352] § 313 BGB.

[353] So hat das OLG München eine Herabsetzung der Sponsorenleistungen in einem Fall abgelehnt, in dem von 11 geplanten Live-Ausstrahlungen eine erst eine Woche später und in eingeschränktem Umfang erfolgte, SpuRt 2000, 242.

[354] S. zu den möglichen Werberechten von Sportlern oben Rz. 73 ff., von Verbänden und Vereinen Rz. 80 f. Beim Bild muss genau festgelegt werden, um welche Art von Bildern (Foto, Film) es sich handelt, wer sie herzustellen hat, welche Art von Bildern nicht verwendet werden dürfen, z. B. Nacktfotos und dgl.

[355] Vgl. den Vertrag der Sängerin Nena in BGHZ GRUR 1987, 128.

[356] Allgemeiner Grundsatz des Immaterialgüterrechts, s. Zweckübertragungsregel des Urheberrechts, § 31 Abs. 5 UrhG. *Wegner*, a.a.O. S. 206.

[357] Die ideellen Teile des Persönlichkeitsrechts bleiben immer beim Berechtigten, er kann sie weder übertragen noch auf sie verzichten. Allenfalls kann er gewissen Eingriffen zustimmen, z. B. der Verwendung von Nacktfotos.

rechte und seine werblichen Dienstleistungen zur Verfügung zu stellen (sogen. *ausschließliche Lizenz*), oder ob er auch noch an andere Interessenten diese Rechte vergeben darf (*einfache Lizenz*). Bei einer ausschließlichen Lizenz wird der Gesponserte i. d. R. eine höhere Lizenzgebühr verlangen können; bei einer „einfachen" Lizenz hingegen können die Gesamteinnahmen aus den verschiedenen Verträgen höher sein.

Gewährt der Gesponserte eine ausschließliche Lizenz, gestattet aber dann dennoch einem anderen die Verwendung der Rechte, macht er sich schadensersatzpflichtig,[358] der Sponsor kann seine Leistung mindern, möglicherweise auch den Vertrag wegen dieser schweren Vertragsverletzung kündigen.[359]

Bei der Gewährung einer ausschließlichen Lizenz ist im Zweifel, wenn sich aus dem Vertrag nichts anderes ergibt, davon auszugehen, dass der Lizenznehmer (Sponsor) eine dingliche Rechtsstellung an den Werberechten erhalten soll und daher gegen Dritte, die sie verletzen, eigene Ansprüche auf Schadensersatz oder aus ungerechtfertigter Bereicherung hat, und zwar entweder i. H. einer angemessenen Lizenzgebühr oder auf Herausgabe des Verletzergewinns.[360] Doch kann auch eine rein schuldrechtlich wirkende Erlaubnis mit Ausschließlichkeitsbindung vereinbart werden, die dem Sponsor nur schuldrechtliche Ansprüche gegen den Gesponserten einräumt, aber keine eigenen Rechte gegen Dritte.[361]

Sehr zweifelhaft ist, ob eine *dingliche Rechtsstellung* auch bei einer einfachen Lizenz begründet werden kann. Würde man dies bejahen,[362] so könnten gegebenenfalls mehrere Lizenznehmer durch einen Dritten verletzt werden, was zu erheblichen Schwierigkeiten bei der Schadensberechnung führen würde;[363] es ist daher der wohl herrschenden Meinung zu folgen, dass nur der Lizenzgeber, also der Sportler, der Verband/Verein die Ansprüche gegen den Verletzer geltend machen kann.[364] **100**

Auch bei der Gewährung einer einfachen Lizenz empfiehlt es sich, zur Vermeidung späterer Streitigkeiten zu vereinbaren, dass der Gesponserte jedenfalls an einen Konkurrenten des Sponsors keine weitere Lizenz vergeben darf.[365]

(b) Umfang und örtliche Grenzen der Verwendungsbefugnis. Soweit der Sponsor nicht völlig freie Hand haben soll, wie er die Werberechte verwendet,[366] empfehlen sich Vereinbarungen hinsichtlich des Umfangs, in dem der Sponsor die Werberechte verwenden darf: **101**

---

[358] Hat er beiden eine ausschließliche Lizenz gewährt, so haben beide die entsprechenden Ansprüche.

[359] Dazu unten Rz. 114 f.

[360] BGH, NJW-RR 1987, 231 (Nena); für den Anspruch des Unterlizenznehmers BGHZ 141, 267; für den daneben bestehenden Anspruch des Lizenzgebers BGH 118, 399. Erleidet der Lizenznehmer einen höheren eigenen Schaden, so kann er diesen geltend machen. *Forkel*, Festschrift *Alfons Kraft*, S. 95 ff.; *Canaris*, Festschrift *Deutsch* zum Anspruch nach § 687 Abs. 2 BGB, zum Bereicherungsanspruch; *Beuthien/Schmölz*, a.a.O. S. 50 ff.

[361] Dazu oben Rz. 88. Abgeleitete Ansprüche gegen Dritte kann der Vertragspartner aufgrund Abtretung oder einer Prozessstandschaft haben.

[362] Dafür offenbar *Forkel*, Festschrift *Kraft*, S. 99.

[363] Sicherlich kann dann nicht jeder LN eine volle Lizenzgebühr vom Verletzer verlangen; sind sie dann als Gesamtgläubiger anzusehen? *Stumpf/Groß*, Der Lizenzvertrag, 6. Aufl. Rdnr. 39, mit weiteren Nachweisen schließen daher eine dingliche Wirkung einer einfachen Lizenz aus.

[364] *Stumpf/Groß*, a.a.O., *Pahlow*, a.a.O. 9. Kap. I, der selbst daher von relativer Lizenz spricht, jeweils mit weiteren Nachweisen.

[365] Ob sich das auch ohne ausdrückliche Vereinbarung aus dem Vertrag ergibt, ist zweifelhaft, hängt jedenfalls von den gesamten Umständen ab, führt daher leicht zu vermeidbaren Streitigkeiten.

[366] Aber auch dann ergeben sich Grenzen aufgrund der Auslegung des Vertrages und aus Treu und Glauben (§ 242 BGB): So wird etwa die Verbreitung von Nacktfotos nicht ohne weiteres von der Erlaubnis zur Verwendung von Bildern für Werbezwecke gedeckt sein. – Selbst wenn ein Sportler darin zunächst einwilligt, kann er bei glaubhaft gemachter „gewandelter Auffassung" die weitere Verwendung der Nacktfotos untersagen, muss dann jedoch eine entsprechende Kürzung des Entgelts hinnehmen, vgl. § 42 UrhG, *MünchKomm-Rixecker*, § 12 Rdnr. 41 mit weiteren Nachweisen, LG Oldenburg, SpuRt 2004, 29 (oben Fn. 332).

Ganz allgemein zu jeder Art von Werbung (z. B. Imagewerbung), nur auf bestimmten Produkten oder nur in bestimmten Ländern oder Regionen; in den beiden letzten Fällen steht es dem Gesponserten – selbst bei einer ausschließlichen Lizenz – frei, in anderen Ländern bzw. Regionen an weitere Unternehmen die Werberechte zu vergeben, soweit nichts anderes vereinbart ist. Auch inhaltliche Grenzen[367] der Werbung können vereinbart werden.

102 (c) Weiterübertragung der Lizenz durch Sponsor. Wird eine *ausschließliche* Lizenz erteilt, so soll nach manchen Autoren zu vermuten sein, dass der Lizenznehmer Unterlizenzen an andere Unternehmen weitervergeben, möglicherweise sogar die ganze Lizenz abtreten darf.[368] Bei einer *einfachen* Lizenz, die nur ein obligatorisches Verwendungsrecht begründet, wird demgegenüber die Zulässigkeit der Weiterübertragung ohne Zustimmung des Rechtsinhabers überwiegend abgelehnt.[369] Soweit Persönlichkeitsrechte Gegenstand der Lizenz sind, bestehen jedoch in beiden Fällen Bedenken gegen eine Weitervergabe ohne Zustimmung des Berechtigten, da sie möglicherweise nur aufgrund eines besonderen Vertrauensverhältnisses zur Vermarktung eingeräumt werden.

Es empfiehlt sich daher in jedem Fall eine Vereinbarung darüber, in der bei Gestattung einer Weitervergabe beispielsweise auch der Personenkreis, an den die Lizenz weiter vergeben werden darf, eingeschränkt und der Umfang der Weitervergabe geregelt wird.[370]

103 b) Dienst- und Werkleistungen des Gesponserten. Während bei der Vermarktung der Werberechte der Gesponserte keine weiteren Aktivitäten zu entfalten, sondern allenfalls Störungen zu unterlassen hat,[371] muss er bei Dienst- und Werkleistungen immer wieder aktiv tätig werden. Diese Dienstleistungen müssen möglichst genau nach Zahl, Inhalt, Umfang usw. im Vertrag festgelegt werden.

Da das Ausfallen eines oder gar mehrerer Termine die ganze Werbeaktion des Sponsors empfindlich treffen kann, ohne dass er in der Lage ist, den eintretenden Schaden genau zu beziffern, empfiehlt sich für diesen Fall die Vereinbarung einer Minderung des Entgeltes des Sponsors in bestimmter Höhe oder gar einer Vertragsstrafe oder eines pauschalierten Schadensersatzes.[372] Das erfordert Fingerspitzengefühl, um nicht das Vertrauensverhältnis zu belasten. Ein probates Mittel ist daher, den Gesamtbetrag der Sponsorleistung von vornherein jedenfalls für besonders wichtige und große Dienstleistungen des Gesponserten aufzuschlüsseln,[373] so dass der einzelne Posten entfällt, wenn die entsprechende Werbemaßnahme nicht durchgeführt wird.[374]

---

[367] Evtl. Geschmacksfragen, keine Werbung für Alkohol oder Tabak.

[368] Aufgrund Auslegung des Vertrages *Stumpf/Gross*, a.a.O. Rdnr. 321 Zulässigkeit der Weiterübertragung s. *Götting*, a.a.O. S. 162, *Pahlow*, a.a.O. 13. Kap. III. jeweils mit weiteren Nachweisen. Teilweise wird auch von Übertragung der Einwilligung gesprochen und eine Analogie zu § 413 BGB bejaht. Vgl. auch § 34 UrhRG. – Bei Weiterübertragung ist anzunehmen, dass der Zweiterwerber ebenfalls eine „quasidingliche" Rechtsstellung erwirbt und daher (unter Anwendung der in der Nena-Entscheidung des BGH ausgesprochen Grundsätze, oben Rz. 85) eigene Ansprüche gegen Drittverletzer geltend machen kann.

[369] *Pahlow*, a.a.O. 13. Kap.

[370] Natürlich kann die Zustimmung zur Weitervergabe (Unterlizenz) auch noch nachträglich erteilt werden.

[371] S. unten Rz. 127.

[372] §§ 339 ff. BGB.

[373] „Vom Gesamtbetrag des vom Sponsor zu zahlenden Entgelts entfallen je 50 % auf die Gewährung der Werberechte und die Dienstleistungen." Das kann natürlich noch weiter aufgestückelt werden, indem beispielsweise pro Teilnahme an einer Werbeaktion ein bestimmter Betrag festgesetzt wird. – Im Fall eines bekannten Sportlers, in dem eine Aufschlüsselung fehlte, trug der Gesponserte vor, die von ihm gewährten Werberechte machten weit über 80 % der Gesamtsumme aus, die Teilnahme an Werbeterminen nur etwa knapp 20 %, die Gegenseite meinte genau das Gegenteil. Eine Beweisaufnahme darüber wäre mit den größten Schwierigkeiten und hohen Kosten verbunden.

[374] § 326 i.V. m. § 275 BGB, außer wenn der Ausfall einer Werbemaßnahme in den Verantwortungsbereich des Sponsors fällt, § 326 Abs. 2 BGB.

Dies gilt insbesondere hinsichtlich der Verpflichtung des Gesponserten zur Teilnahme an Werbeterminen und sonstigen Dienstleistungen im Rahmen der Werbeaktionen des Sponsors, die für die Gesamtwirkung außerordentlich wichtig sind. In diesen immer wieder zu erbringenden Einzelleistungen liegt ein besonderes Streitpotential, vor allem wenn der hierzu Verpflichtete keine besondere Vergütung im Einzelfall erhält, sondern alles mit dem Gesamtbetrag des vom Sponsor zu zahlenden Entgeltes abgegolten ist: Um welche Art und vor allem um wie viele Termine pro Jahr handelt es sich; wer trägt die entstehenden Kosten? Da für beide Teile meist eine langfristige Planung erforderlich ist, sollte auch festgelegt werden, bis zu welchem Zeitpunkt die Termine für die nächste Periode (Saison, Jahr) verbindlich zu vereinbaren sind, ob und in welchem Umfang evtl. überraschend dazwischen kommende sportliche Aktivitäten, einschließlich Trainingslager, Gesundheitsmaßnahmen und dgl. Vorrang vor den Werbeterminen haben, welche Rechtsfolgen sich an das Ausfallen eines Termins knüpfen, unterschieden danach, ob eine Partei daran ein Verschulden trägt oder nicht.

Dasselbe gilt für Werbeleistungen, die der Gesponserte im eigenen Bereich zugunsten **104** des Sponsors durchzuführen hat, wie Logo des Sponsors auf allen Schriftstücken des Verbandes/Vereins, Werbeplakate bei Veranstaltungen usw. zu verwenden; sie sind möglichst genau zu beschreiben hinsichtlich Ort, Größe usw.; am sinnvollsten liefert der Sponsor die Vorgaben hierfür. Auch hier können die Rechtsfolgen für den Fall, dass bestimmte Werbemaßnahmen ausfallen, vereinbart werden, wie Kürzung der Sponsorleistung.[375]

Wenn ein Verband/Verein Dienste anderer Personen, insbesondere „seiner" Sportler **105** anbietet, muss er die Sportler in irgendeiner Weise dazu verpflichten. Wenn ein Verband sich verpflichtet, Werbung des Sponsors im ganzen Verbandsbereich durchzusetzen, muss er natürlich sicherstellen, dass er dies auch bei den unteren Verbänden und Vereinen durchsetzen kann.

Gewisse Vorsicht ist für den Sportler geboten, wenn er Werbung für Produkte des Part- **106** ners machen soll; für den Fall, dass sich herausstellt, dass das empfohlene Produkt gesundheitsschädliche Auswirkungen haben könnte, sollte ihm eine Distanzierung vorbehalten werden.[376]

Die sportliche Leistung, die vor allem ein *Sportler* als Gesponserter erbringt, ist zwar **107** Grundlage des Vertrages, jedoch dürfte sich daraus keine konkrete Verpflichtung zur Teilnahme an bestimmten Wettkämpfen entnehmen lassen.[377] Es kann aber im Vertrag ausdrücklich bestimmt werden, dass der Sportler an bestimmten großen Wettkämpfen teilnimmt, der Verein in einer bestimmten Liga spielt; dann sollte auch gleich geregelt werden, welche Rechtsfolgen sich an eine Nichtteilnahme knüpfen.

3. Leistungen des Sponsors

Die Gegenleistung des Sponsors besteht regelmäßig und hauptsächlich in Geld, kann **108** aber auch Sachleistungen oder Dienstleistungen umfassen.[378] Eine einmalige Zahlung des Sponsors als Vorleistung birgt – wie jede Vorleistung – das Risiko in sich, dass die erwartete Gegenleistung dann doch nicht so wie erhofft ausfällt und ein Rückzahlungsanspruch, wenn er überhaupt gegeben ist, schwer durchzusetzen ist. Regelmäßige Zahlungen vermeiden dieses Risiko, steigern auch die Einsatzbereitschaft des Gesponserten, vor allem wenn sie sich in der Höhe nach dem Einsatz des Gesponserten[379] richten.

---

[375] Z. B. bei einem Eishockeyclub war die – im Rahmen einer Globalvermarktung – zugesagte Werbung auf dem Eis wegen schlechter Pflege des Eises im Fernsehen nicht zu erkennen; Streitpunkt war, ob und in welcher Höhe der Sponsor seine Leistung herabsetzen konnte.
[376] S. dazu *Wegner*, a.a.O. S. 60.
[377] Wohl aber kann es Geschäftsgrundlage des Vertrages sein, dazu oben Rz. 97.
[378] Siehe hierzu im Einzelnen *Weiand*, Kultur-Sportsponsoring, S. 62 f., 69 f.
[379] Z. B. Foto-/Filmtermine, Autogrammstunden, gegebenenfalls auch „auf Abruf" durch den Sponsor.

109 Möglicherweise hat der Gesponserte auch ein Interesse daran, dass der Sponsor mit den Werberechten auch tatsächlich in bestimmtem Umfang Werbung betreibt, da bei längerem Nichtgebrauch sich ihr Werbewert verringert;[380] das muss dann ausdrücklich im Vertrag vereinbart werden.

110 Ist der Gesponserte zu verschiedenartigen Leistungen verpflichtet, insbesondere zur Einräumung von Werberechten *und* Dienstleistungen, so empfiehlt sich – worauf schon hingewiesen wurde – soweit möglich eine Aufteilung des Entgeltes auf die verschiedenen Leistungen. Dies erleichtert im Falle, dass der Sportler vor allem seine aktiven Verpflichtungen (Teilnahme an Werbeveranstaltungen) nicht erfüllt, wohl aber der Sponsor Werbung mit den Werberechten durchführt, eine eindeutige Berechnung der dann möglichen Herabsetzung der Leistung des Sponsors (Minderung).[381]

Bei langjährigen Verträgen sollte das Entgelt auch von den jeweiligen Erfolgen oder Misserfolgen des Gesponserten abhängen, etwa in der Weise, dass für die Erringung einer Meisterschaft ein zusätzliches Entgelt in bestimmter Höhe ausgeworfen oder für die Nichterringung ein Betrag abgezogen wird.

111 Wenn Sachen übereignet werden, sind insoweit – z. B. bei Mängeln – die kaufrechtlichen oder werkvertraglichen Vorschriften anzuwenden, werden sie nur zur zeitweiligen Nutzung überlassen, die Bestimmungen des Mietrechts.

Häufig hat der Sponsor ein eigenes Interesse an der Zurverfügungstellung der Sachen, dann kann – gerade anders als die gesetzlichen Vorschriften es vorsehen – geregelt werden, dass der Sponsor *berechtigt* ist, mangelhafte Sachen auszutauschen.[382]

4. Sportspezifische und allgemeine Regelungen

112 a) Beachtung der Verbands- und Vereinsregelungen. Der Gesponserte muss immer beachten, ob Regelungen des (höheren, auch internationalen) Verbandes[383] oder des Vereines, an die er als Mitglied oder aufgrund eines Arbeits- oder Regelanerkennungsvertrages (Athletenvereinbarung) gebunden ist, Vorschriften enthalten, die ihm Werbung in bestimmtem Umfang verbieten oder zur Werbung für den Verband/Verein verpflichten; dies gilt insbesondere, wenn er sich verpflichten will, Trikots und sonstige Ausrüstungsgegenstände eines Unternehmens zu tragen oder zu verwenden bzw. – wenn es sich um einen Verband/Verein handelt – tragen oder verwenden zu lassen.[384]

Schließt er entgegen einem zulässigen und ihn bindenden Verbot mit einem Unternehmen einen Vertrag, so ist dieser keinesfalls nichtig; Verbandssatzungen und erst recht Regeln unterhalb der Satzung sind keine gesetzlichen Verbote i. S. § 134 BGB.[385] Der Gesponserte begeht aber, wenn der Sponsor aufgrund des Vertrages die Werberechte entgegen dem verbandsrechtlichen Verbot verwendet,[386] dem Verband gegenüber eine

---

[380] Zumindest bei Vergabe einer ausschließlichen Lizenz. Ist nur eine einfache Lizenz vergeben, dann kann der Rechtsinhaber sich selbst um einen weiteren Sponsor bemühen. S. zur Problematik der Ausübungspflicht und zu den Rechtsfolgen bei einer Verletzung *Pahlow*, a.a.O. 10. Kap. VI.

[381] Gem. § 275 Abs. 1 i. V. m. § 326 BGB. Wird nur der Gesamtbetrag der Sponsorenleistung festgelegt, so ist Streit über die Höhe vorprogrammiert, eine Schätzung für das Gericht äußerst schwierig. S. oben Rz. 103.

[382] Zum Ausrüstervertrag s. unten Rz. 129 ff.

[383] Natürlich muss jeder Verband/Verein auch die von ihm selbst festgelegten Regelungen beachten.

[384] Zu der Zulässigkeit derartiger Regelungen und zur Bindung an sie durch Verein oder Verband s. *Fritzweiler/Schneider*, Grenzen der Vermarktung und Kollisionen von Rechten, S. 186 f. in *Fritzweiler* (Hrsg.), Sport-Marketing und Recht, München/Basel, 2003 und oben 2/199 ff. *Menzel, Thobias*, Werbebeschränkungen im Sport, Diss Marburg 2001, der teilweise einen Verstoß gegen das GWB bejaht, ähnlich auch *Reimann, Christoph*, Lizenz- und Athletenvereinbarungen zwischen Sportverband und Sportler, Europäische Hochschulschriften, Diss. Halle, 2003, S. 214 ff.

[385] BAG, NJW 1971, 855; *Soergel-Hefermehl*, § 134 Rdnr. 6 mit weiteren Nachweisen.

[386] Der Sponsor ist ja regelmäßig nicht an das Verbot des Verbandes/Vereins gebunden.

Pflichtverletzung und kann entsprechend dem Regelwerk bestraft werden (Ausschluss aus dem Kader, Sperre), gegebenenfalls ist er auch zum Schadensersatz verpflichtet.

Sollte sich der Sponsor aus bestimmten Gründen gezwungen sehen, die Werberechte wegen des Verbots des Verbandes doch nicht wahrzunehmen – etwa um mit dem mächtigen Verband „keinen Ärger" zu bekommen –, so kann sich der Gesponserte auch dem Sponsor gegenüber wegen Nichterfüllung oder positiver Forderungsverletzung haftbar machen, zumindest, wenn der Sponsor von dem verbandsrechtlichen Verbot nichts wusste.

Auch hinsichtlich der Dienstleistungen, die der Gesponserte selbst oder durch seine Sportler zu erbringen hat, muss er darauf achten, dass die versprochenen Aktivitäten nicht im Widerspruch zu seinen Verpflichtungen gegenüber seinem Verein/(höheren) Verband stehen, insbesondere auch in zeitlicher Hinsicht. Es sollte in dem Vertrag ein ausdrücklicher Vorbehalt eingefügt werden.[387] Da für beide Teile eine langfristige Planung erforderlich ist, sollte möglichst ein Zeitpunkt genannt werden, bis zu dem die Termine für den nächsten Zeitraum (Saison, Jahr) verbindlich abzusprechen sind. **113**

b) Vertragsdauer. Ein besonderes Augenmerk ist – schon bei der Vertragsgestaltung – auf *die Beendigung* des Vertragsverhältnisses zu richten, insbesondere ist bei jedem Vertrag[388] festzulegen, wie lange der Sponsor die Werberechte verwenden darf. **114**

In der Hauptsache werden sich zwei Fragen stellen:

– Soll der Vertrag von vornherein befristet werden oder unbefristet laufen; in beiden Fällen ist die Kündigungsmöglichkeit zu regeln (1).

– Darf der Sponsor nach Beendigung des Vertrages die Rechte noch für eine bestimmte Zeit verwenden, gegebenenfalls, in welchem Umfang? (2)

(1) Abgesehen von einem Vertrag über ein Eventsponsoring werden Vermarktungsverträge regelmäßig auf längere Zeit abgeschlossen, sei es befristet evtl. mit Verlängerungsklausel, sei es unbefristet. **115**

(a) Jeder auf längere Zeit abgeschlossener Vertrag (Dauerschuldverhältnis), gleichgültig, ob unbefristet oder befristet, kann jederzeit bei Vorliegen eines *„wichtigen Grundes"* fristlos gekündigt werden.[389] Da im Einzelfall sehr zweifelhaft sein kann, was als wichtiger Grund anzusehen ist, sollten bestimmte, mögliche Vorkommnisse *beispielhaft* als wichtiger Grund aufgeführt werden.[390]

Auch kann vereinbart werden, dass beim Eintreten bestimmter Ereignisse der Vertrag (unter Einhaltung einer bestimmten Frist) gekündigt werden darf, etwa für den Fall, dass der Sportler über einen längeren Zeitraum keine genau benannten Erfolge aufzuweisen hat.

(b) Ein von vorneherein *unbefristeter* Vertrag kann – auch wenn kein wichtiger Grund vorliegt – jedenfalls nach einer gewissen Zeit von jeder Seite gekündigt werden, „ewige" Schuldverträge gibt es im deutschen Zivilrecht nicht. Hinsichtlich der Zeit, nach der erstmals ein solcher Vertrag gekündigt werden kann, bestehen natürlich erhebliche Zweifel. Die Länge hängt von vielen Kriterien ab, insbesondere auch von den Investitionen, die eine Partei (i. d. R. der Sponsor) tätigen muss, andererseits aber auch von dem Angewiesensein der anderen (i. d. R. der Sportler) auf die Erträge aus dem Vertrag. Um diesen **116**

---

[387] „An Werbeveranstaltungen des Sponsors kann sich der Sportler nur im Rahmen seiner (zeitlichen) Verpflichtungen gegenüber Verband/Verein beteiligen."

[388] Auch bei einem sogen. Eventsponsoring: Wie lange vor und nach dem Event dürfen die Werberechte verwendet werden.

[389] Jetzt § 314 BGB, der die ständige Rechtsprechung kodifiziert hat, s. z. B. BGH, NJW 1951, 161 ff.

[390] „Als wichtiger Grund ist insbesondere anzusehen, wenn der Sportler mit einem Konkurrenzunternehmen einen Werbevertrag abschließt oder er wegen eines Dopingvergehens vom Verband rechtskräftig verurteilt wird", s. hierzu *Holzer/Fritzweiler*, Auswirkungen von Dopingverstößen auf Arbeits-, Lizenz- und Sponsorenverträge, S. 71 f. in *Fritzweiler* (Hrsg.), Doping, Sanktionen, Beweise und Ansprüche, Bern/München/Wien, 2000, *Weiand*, Sponsoringvertrag, S. 122.

Schwierigkeiten zu entgehen, empfiehlt sich eine Regelung, ab wann erstmals ein Vertrag gekündigt werden kann.[391]

Verdächtig sind Klauseln, nach denen nur *eine* Partei den Vertrag vorzeitig kündigen kann, wenn diese Partei die wirtschaftlich und geistig überlegene ist; hier sind Gerichte geneigt, die Klausel wegen Sittenwidrigkeit für nichtig zu erklären.[392]

117 (2) Schon die Auslegung des Vertrages dürfte ergeben, dass mit Beendigung des Vertrages – gleichgültig, ob aufgrund einer Kündigung oder nach Ablauf der Frist – das Verwendungsrecht des Sponsors endet, da damit eben auch das Einverständnis des Gesponserten mit der Verwendung der Werberechte erlischt. Da wegen der Diskussion über die Geltung des Abstraktionsprinzips[393] hierüber (noch) keine endgültige Klarheit besteht, sollte dies ausdrücklich vorgesehen werden.

Verwendet dann der Sponsor nach Vertragsbeendigung die Werberechte weiterhin, so macht er sich – wie ein unrechtmäßiger Verwender der Rechte – schadensersatzpflichtig und kann auf Unterlassung verklagt werden.[394] Dies kann – vor allem bei einer unvorhergesehenen Kündigung – für den Sponsor eine große Härte darstellen, wenn er beispielsweise noch eine größere Zahl von Produkten mit dem Namen oder Logo des Gesponserten auf Lager hat oder eine Marketingaktion gerade läuft.[395] War jedenfalls die Herstellung dieser Waren oder diese Marketingaktion noch von dem Vertrag, insbesondere von den Zahlungen des Sponsors gedeckt, so wird man nach dem Grundsatz von Treu und Glauben (§ 242 BGB) dem Sponsor das Recht zubilligen, die Reste jedenfalls in angemessenem Umfang noch zu verkaufen oder die Werbeaktion zu Ende zu führen.[396]

Zur Vermeidung von Streitigkeiten empfiehlt es sich, im Vertrag von vornherein zu regeln, dass bestimmte Aktionen noch für eine bestimmte Frist, evtl. gegen entsprechende weitere Zahlungen, durchgeführt werden dürfen. Andererseits kann eine derartige Vereinbarung die Verhandlungen mit einem neuen Interessenten nach Beendigung des vorhergehenden Vertrages erschweren.

118 **c) Gerichtsstandsklausel, TAS/CAS.** Wie bei jedem wirtschaftlich bedeutsamen Vertrag kann es auch bei Vermarktungs- und Sponsoringverträgen später zu Streitigkeiten kommen. Die Parteien können in gewissen Grenzen vereinbaren, welches Gericht örtlich zuständig sein soll; in internationalen Verträgen kann auch die ausschließliche Zuständigkeit eines ausländischen Gerichts vereinbart werden.[397]

119 Um den Gang zu den ordentlichen Gerichten zu vermeiden, deren Verhandlungen grundsätzlich öffentlich sind und die – bei mehreren Instanzen – sich über Jahre hinziehen, können die Parteien die Zuständigkeit eines *Schiedsgerichts* vereinbaren und damit die Zuständigkeit der staatlichen Gerichtsbarkeit ausschließen. Hier ist an die Vereinbarung des Tribunal arbitral du sport (TAS) in Lausanne – unter Ausschluss des Rechtsweges zu den ordentlichen Gerichten – zu denken, dessen Zuständigkeit auch bei Streitigkeiten für Vermarktungsverträge mit Sportbezug vereinbart werden kann.[398] Es kann aber auch

---

[391] Bei der Verwendung von AGB ist § 309 Ziff. 9 zu beachten, Höchstlaufzeit bei bestimmten Verträgen 2 Jahre.

[392] Z. B. OLG Hamm, SpuRt 1996, 96, das zu Recht eine AGB-Klausel in einem Werbevertrag, die der einen Partei ein jährliches Kündigungsrecht zubilligte, der anderen aber erst nach 14 Jahren, wegen Verstoßes gegen § 9 AGBGes (heute § 307 Abs. 1 BGB) für nichtig erklärte.

[393] S. dazu oben Rz. 92.

[394] S. dazu oben Rz. 82.

[395] BGH, NJW 1992, 2084; vgl. auch den Sachverhalt in BGHZ NJW-RR 2003, 1278: da der Sponsor einer Sportlerin offenbar nach Vertragsbeendigung die Werberechte noch weiter verwendete, musste er eine strafbewehrte Unterlassungserklärung abgeben; selbst dann verwendete er weiterhin Werberechte der Sportlerin, die allerdings nicht einzeln in der Unterlassungserklärung genannt waren. Dennoch wurde er verurteilt.

[396] So offensichtlich LG Oldenburg, SpuRt 2004, 29, 31.

[397] Dazu unten Teil 6/Rz. 127.

[398] Zum TAS s. unten Teil 6/Rz. 165.

ein Ad-hoc-Schiedsgericht z. B. nach der Schiedsgerichtsordnung des Deutschen Instituts für Schiedsgerichtswesen e.V. vereinbart werden.

d) Internationale Verträge. Ein internationaler Vertrag liegt vor allem vor, wenn die Parteien in verschiedenen Staaten ihren Wohnsitz oder Sitz haben oder wenn Werberechte zur Nutzung im Ausland vergeben werden. Wird ein *internationaler Vertrag* geschlossen, so ist auch das Problem zu beachten, welches Recht auf den Vertrag anzuwenden ist,[399] bei der Vermarktung von Werberechten im Ausland außerdem die Frage, welcher Rechtsordnung sie unterliegen, insbesondere ihr Schutz. Schließlich muss auch das Problem bedacht werden, vor welchem Gericht gegebenenfalls geklagt werden kann;[400] gerade in Auslandssachverhalten empfiehlt sich hier oft die Vereinbarung eines Schiedsgerichts.[401] 120

e) Rahmenvertrag – Vorvertrag. Die Parteien können entweder von vornherein die beiderseitigen Leistungen genau festlegen oder zunächst nur einen *Rahmenvertrag* abschließen, in dem die beiderseitigen möglichen Leistungen bestimmt werden. Entweder werden die Leistungen dann von einer Partei (i. d. R. dem Sponsor) *abgerufen*, die dann zu der ebenfalls festgelegten Gegenleistung verpflichtet ist; oder beide Parteien *einigen* sich später, welche einzelnen Leistungen zu welchem Zeitpunkt erbracht werden sollen, wobei die dann fällige Gegenleistung schon im Rahmenvertrag bestimmt ist.[402] 121
Keinesfalls zu empfehlen ist es, dass die Verpflichtungen einer Partei völlig offen gelassen werden.[403]
Wirtschaftlich sehr bedeutsamen Verträgen geht mitunter ein sogen. *Letter of intent* voraus, mit dem eine Partei verbindlich erklärt, welche Leistungen sie im Falle eines Vertragsschlusses zu erbringen bereit ist.[404]

IV. Pflichtverletzungen (Leistungsstörungen)[405]

1. Grundsätze

Soweit sich im Vertrag keine abweichenden Regelungen finden,[406] sind bei Pflichtverletzungen die gesetzlichen Vorschriften des BGB heranzuziehen, also insbesondere die zum Allgemeinen Teil des Schuldrechts und – vor allem hinsichtlich der Haftung für Mängel – die besonderen Regeln zu den jeweiligen Vertragstypen.[407] 122
Als Daumenregel kann man diese gesetzlichen Regelungen folgendermaßen zusammenfassen: Erbringt eine Partei ihre Hauptleistung überhaupt nicht, nicht einwandfrei (mangelhaft) oder nicht rechtzeitig, dann kann die andere Partei ihre Gegenleistung zurückbehalten (§ 320 BGB) und auf Erfüllung klagen.

---

[399] Dazu unten Teil 6/Rz. 25 ff.
[400] S. dazu Teil 6/Rz. 101 ff.
[401] Dazu unten Teil 6/Rz. 163.
[402] „Der Sportler steht für Autogrammstunden nach Abruf durch den Sponsor (oder: nach näherer Vereinbarung) zur Verfügung und erhält dafür jeweils ... €".
[403] „A erhält monatlich ... € und beteiligt sich dafür an Promotion des B (Sponsors)", s. zu einem derartigen Fall die Entscheidung 92/81 des TAS in Recueil 1986–1998, 47 ff. Eine derartige Formulierung ist nur dann sinnvoll, wenn der Sponsor ein jederzeitiges Kündigungsrecht hat und damit ein gewisser Druck auf den Gesponserten ausgeübt wird. Im umgekehrten Fall, in dem ein Sportler (aus Osteuropa) zu erheblichen Dienstleistungen verpflichtet wurde, insbesondere auch zur Zahlung einer Ablösesumme für den Fall eines Vereinswechsels, der Sponsor aber nur allgemein „Förderung" versprach, liegt sogar Sittenwidrigkeit (§ 138 BGB) und damit Nichtigkeit nahe. Dieser Vertrag lag Verf. vor.
[404] Dazu grundlegend *Lutter*, Letter of Intent (1982).
[405] S. dazu *Schaub*, Sponsoringvertrag a.a.O. V. 3.
[406] S. zu den möglichen Regelungen oben Rz. 97 ff. und 112 ff.
[407] S. dazu oben Rz. 90 ff.

Bei endgültiger Nichtleistung (Unmöglichkeit) entfällt auch die Leistungspflicht der anderen Partei (§§ 275, 326 BGB); bei teilweiser Nichtleistung wird das Entgelt entsprechend herabgesetzt.[408] Falls die Gegenleistung schon erbracht wurde, kann der Gläubiger sie zurückfordern, gegebenenfalls den Vertrag kündigen oder zurücktreten.[409]

Kann der Schuldner nicht nachweisen, dass ihm an der Verspätung, an der Nichterfüllung oder der nicht einwandfreien Erfüllung kein Verschulden trifft, so kann die andere Partei Ersatz des durch die Verspätung[410] oder die Nichterfüllung entstandenen Schadens verlangen.[411] Ist hingegen der Gläubiger für die Nichtleistung des Schuldners verantwortlich oder tritt der Umstand, der zur Nichtleistung führt (§ 275 n BGB), während des Annahmeverzuges des Gläubigers ein, so bleibt der Gläubiger zur Leistung verpflichtet.[412]

Wie schon erwähnt, sollten vor allem für den Fall, dass der Gesponserte Dienstleistungen nicht erbringt, klare Regeln im Vertrag aufgestellt werden.[413]

2. Pflichtverletzungen (Leistungsstörungen) auf Seiten des Gesponserten

123 Die Einräumung der Werberechte erfolgt regelmäßig schon aufgrund des Vertrages, so dass hier Leistungsstörungen kaum eintreten werden; denn mit Abschluss des Vertrages kann der Sponsor die Werberechte entsprechend dem Vertrag verwenden. Denkbar sind indes Verletzungen von Nebenpflichten durch den Gesponserten.[414]

124 Bei *Dienstleistungen* hingegen sind Pflichtverletzungen eher zu erwarten. Erbringt der Gesponserte eine zugesagte Dienstleistung nicht zum festgelegten Zeitpunkt,[415] so kommt er in Verzug, wenn er nicht sein Nichtverschulden beweisen kann; ist eine Zeit nicht festgelegt, so bedarf es zunächst einer Mahnung des Gläubigers.[416] Ist Verzug eingetreten, so kann der Gläubiger den ihm dadurch eingetretenen Schaden ersetzt verlangen,[417] also z. B. die nutzlosen Aufwendungen, aber auch den entgangenen Gewinn.[418] Dieser wird sich aber etwa bei einer fehlgeschlagenen Werbeaktion häufig nicht feststellen lassen; daher empfiehlt sich für derartige Fälle die Festsetzung eines pauschalierten Schadensersatzes im Vertrag. Kann die nicht erbrachte Leistung auch nicht mehr nachgeholt werden, so kann der Gläubiger ebenfalls Schadensersatz wegen Nichterfüllung verlangen; außerdem entfällt die Verpflichtung des Gläubigers zu seiner Leistung; stellte die ausgefallene Dienstleistung nur einen Teil der gesamten Leistung des Gesponserten dar, so entfällt der entsprechende Teil der Gegenleistung des Sponsors; um auch hier die Schwierigkeit der genauen Berechnung zu vermeiden, empfiehlt es sich, im Vertrag festzulegen, welche Teile der Leistung des Sponsors auf die einzelnen Leistungen des Gesponserten entfallen.[419]

125 Wie oben erwähnt ist die sportliche Betätigung des Gesponserten Grundlage des Vertrages,[420] ohne dass sich daraus eine konkrete Verpflichtung zur Teilnahme an bestimmten

---

[408] Minderung, §§ 326 Abs. 1 S. 2, 441 Abs. 3 BGB.
[409] §§ 326 Abs. 1/ 275 Abs. 1–3; §§ 323 ff. BGB (evtl. Nachfristsetzung oder Mahnung erforderlich). – Bei Mängeln §§ 433 ff. (Kauf), §§ 633 ff. (Werkvertrag).
[410] War die Zeit für die Leistung nicht kalendermäßig festgelegt, so muss der Gläubiger zunächst die andere Partei mahnen, vgl. § 281 BGB.
[411] §§ 280 ff. BGB. Der Schuldner haftet auch für das Verschulden seiner „Erfüllungsgehilfen", § 278 BGB, ein Verein beispielsweise für das Nichtantreten der zugesagten Sportler.
[412] § 326 Abs. 2 BGB.
[413] S. oben Rz. 103 ff.
[414] Dazu unten Rz. 127. Evtl. „Mängel" der Werberechte sind nach §§ 433 ff. oder 633 ff. zu behandeln.
[415] Bspl. Ein Sportler erscheint nicht zum Werbetermin.
[416] § 286 BGB.
[417] § 280 BGB.
[418] §§ 249, 252 BGB.
[419] S. dazu oben Rz. 103 f.
[420] S. dazu oben Rz. 97.

Wettkämpfen ergibt.[421] Soweit nach dem Vertrag der Gesponserte ausnahmsweise verpflichtet ist, an bestimmten Wettbewerben teilzunehmen, stellt die Nichtteilnahme eine Vertragsverletzung dar, der Sponsor kann seine Gegenleistung entsprechend herabsetzen; ist im Vertrag für die Teilnahme an dieser Veranstaltung eine besondere Summe ausgeworfen worden, so braucht der Sponsor sie nicht zu zahlen.[422] Kann der Gesponserte nicht beweisen, dass ihn an der Nichtteilnahme kein Verschulden trifft,[423] so haftet er darüber hinaus auf Schadensersatz wegen Unmöglichkeit seiner Leistung.[424]

Ein völliger Rückzug des bislang aktiven Sportlers führt zum Fortfall der Geschäftsgrundlage, die andere Partei kann gem. § 313 BGB Anpassung des Vertrages verlangen oder, falls eine Anpassung nicht möglich oder zumutbar ist, den Vertrag kündigen.[425]

Steigt ein Verband oder Verein aus seiner bisherigen Liga ab, so kann das ebenfalls eine Störung der Geschäftsgrundlage darstellen mit gleichen Rechtsfolgen. Es sind aber unbedingt für beide Fälle, die ja im Sport nicht völlig undenkbar sind, im Vertrag genaue Regelungen einschließlich der Rechtsfolgen zu treffen.

3. Pflichtverletzungen auf Seiten des Sponsors

Hinsichtlich der Gegenleistung des Sponsors bestehen hingegen – jedenfalls soweit es sich um Geldleistungen handelt – über Pflichtverletzungen i. d. R. keine Zweifel, auch nicht hinsichtlich ev. Sanktionen,[426] so dass insoweit entsprechende Regelungen nicht so dringend erscheinen, aber natürlich möglich sind. Allenfalls hinsichtlich der Sachleistungen empfehlen sich u. U. vom Gesetz abweichende Regeln, z. B. dass bei Mängeln der Sponsor ein Nachlieferungs*recht* hat, dass evtl. Schadensersatzansprüchen bei reinen Vermögensschäden begrenzt werden.[427]

126

4. Verletzung von Nebenpflichten

Neben(leistungs)pflichten können sich aus den gesamten Umständen des Vertrages ergeben, was im Streitfall aber zu Problemen führen kann. Daher sollten typische Nebenleistungspflichten konkret benannt werden, möglichst auch die Sanktionen bei einer Verletzung. Insbesondere ist hier natürlich an das Verbot der Drogenbenutzung[428] oder an eine Verbandssperre zu denken,[429] aber auch an sonstige Verhaltensweisen, die die vom Sponsor erhoffte Werbewirkung beschädigen können, wie Werbung für andere, vor allem für

127

---

[421] Immerhin kann die Nichtteilnahme eine Nebenpflichtverletzung darstellen, s. dazu unten Rz. 127 f.

[422] §§ 275/326 BGB.

[423] Z. B. Verletzung. Schwierig ist die Antwort, wenn er wegen schlechter Form oder wegen schlechter Vorergebnisse nicht zugelassen wird; hier kann das Verschulden im mangelnden Training liegen. Einen Verband/Verein als Gesponserten wird kaum ein Verschulden treffen, wenn seine Mannschaft die Zulassung nicht erreicht hat.

[424] §§ 280, 281 BGB.

[425] Rz. 97 f.

[426] Nacherfüllung, Verzugszinsen, Schadensersatz, letztlich auch ein Kündigungsrecht. Auch die Berechnung der Höhe des Schadensersatzes dürfte i. d. R keine Schwierigkeiten machen.

[427] Z. B. wenn wegen eines Mangels des gelieferten Ausrüstungsgegenstandes ein (sonst sicherer) Sieg nicht errungen wird, ein Ski bricht kurz vor der Ziellinie.

[428] Wird wegen eines Dopingvergehens eine Verbandsstrafe verhängt, so stellt dies eine Nebenpflichtverletzung des Sportlers dar, die auch zur Vertragsauflösung führen kann; ein vager Verdacht genügt wohl nicht, er muss schon – etwa durch positive A-Probe – erhärtet sein. Eine Nebenpflichtverletzung ist auch dann anzunehmen, wenn sich ein Sportler den vom Verband vorgeschriebenen Kontrollen (mehrfach) entzieht. S. dazu *Kratz/Quantius* in Festschrift für *Herbert Fenn* (2000), S. 177, 188 f. und den Fall der griechischen Athleten bei den Olympischen Sommerspielen in Athen 2004.

[429] Siehe hierzu im Einzelnen *Holzer/Fritzweiler*, Auswirkungen von Doping-Verstößen auf Lizenz- und Sponsorenverträge in *Fritzweiler* (Hrsg.), Doping-Sanktionen, Beweise, Ansprüche, S. 71 ff.

Konkurrenz-Produkte. Eine Pflichtverletzung liegt insbesondere dann vor, wenn der Gesponserte eine ausschließliche Lizenz vergeben hat und dann einem anderen eine weitere Lizenz an demselben Werberecht vergibt.[430]

Sportliche Misserfolge werden i. d. R. keine (verschuldete) Nebenpflichtverletzung darstellen und daher keine Rechtsfolgen auslösen. Gegebenenfalls können aber bestimmte Misserfolge vertraglich als Grund für eine Herabsetzung des Entgelts vereinbart werden, genauso wie umgekehrt Erfolge für eine Erhöhung.

Wie schon erwähnt, ist die Teilnahme an bestimmten Wettkämpfen, wenn dies nicht ausdrücklich vereinbart worden ist, keine Hauptpflicht. Doch kann es eine Nebenpflichtverletzung darstellen, wenn der Gesponserte – hauptsächlich ein Sportler – an deutlich weniger Wettkämpfen teilnimmt als in den Vorjahren, wobei natürlich besondere Trainingspläne z. B. zur Vorbereitung auf Olympische Spiele zu berücksichtigen sind.

128 Verletzt eine der Parteien schuldhaft eine Nebenpflicht, so kann der Vertragspartner – vorbehaltlich einer besonderen Regelung im Vertrag – Schadensersatz aus positiver Forderungsverletzung verlangen.[431] Da es durchaus zweifelhaft sein kann, ob sich aus der Verletzung einer Nebenpflicht ein konkreter Schaden der anderen Partei ergibt, dessen Höhe wenigstens zu schätzen ist (§ 287 ZPO), empfiehlt sich die vertragliche Festsetzung eines pauschalierten Schadensersatzes, wodurch zunächst der anderen Partei vor Augen gehalten wird, dass es sich um wichtige Pflichten handelt, und andererseits Beweisschwierigkeiten hinsichtlich der Schadenshöhe vermieden werden.

Wird durch die Verletzung einer Nebenpflicht das Vertrauensverhältnis erheblich gestört, so kann die andere Partei auch vom ganzen Vertrag zurücktreten.[432]

B. Ausrüstungsvertrag

129 Gegenstand des Ausrüstungsvertrages ist die Lieferung von Ausrüstungsgegenständen. Der Ausrüstungsvertrag kommt in verschiedenen Spielarten vor, insbesondere kann er auch Teil eines Sponsoringvertrages sein, dann ist hinsichtlich der Lieferung der Ausrüstungsgegenstände das Folgende zu beachten, im Übrigen kann auf das oben zum Sponsoringvertrag Gesagte verwiesen werden.

Abgesehen von der reinen Schenkung der Ausrüstungsgegenstände, die uns hier nicht weiter interessiert, steht am einen Ende der Vertrag, bei dem das Interesse des Ausrüsters (Sponsors) darin liegt, dass der Auszurüstende die Gegenstände werbewirksam verwendet und evtl. noch testet; möglicherweise zahlt hierfür der Ausrüster sogar noch ein Entgelt. Soweit der Gesponserte zur Verwendung und/oder zum Testen *verpflichtet* ist, handelt es sich keinesfalls um einen Schenkungsvertrag, auch nicht um einen Kaufvertrag, sondern um einen gemischt-typischen Vertrag.[433] Die gesetzlichen Bestimmungen für besondere Verträge passen weitgehend nicht;[434] umso wichtiger ist es, entsprechend der beiderseitigen Interessen genaue Regelungen zu vereinbaren, für den Fall, dass Leistungsstörungen eintreten: Der Gesponserte trägt die Ausrüstungsgegenstände nicht im gewünschten Umfang, verwendet gar gelegentlich Konkurrenzprodukte; er gibt keine brauchbaren Verbesserungsvorschläge; Verschwiegenheitspflicht des Gesponserten gegenüber Dritten hinsichtlich auftauchender Mängel usw. Wer trägt das Risiko für Beschädigung oder Zerstörung der Sachen? Für den Fall, dass der Ausrüster verbesserte Produkte

---

[430] Dazu schon oben Rz. 99 f.
[431] §§ 241 Abs. 2, 280 ff. BGB.
[432] §§ 324, 241 Abs. 2 BGB, „wenn (dem Sponsor) ein Festhalten am Vertrag nicht mehr zuzumuten ist".
[433] Austauschvertrag mit anderstypischer Gegenleistung, *Larenz-Canaris*, Schuldrecht Bd. II, § 62 II.
[434] Die allgemeinen Regeln etwa der positiven Forderungsverletzung (§ 280 BGB) oder für Delikt § 823 BGB sind natürlich anzuwenden. Wird bei der an einen Verband/Verein zu liefernden Ausrüstung ein Sportler des Verbandes/Vereins verletzt, so hat dieser Ansprüche aufgrund Vertrages mit Schutzwirkung zugunsten Dritter und Delikts.

herstellt, ist zu regeln, ob er verpflichtet oder berechtigt ist, die früheren Produkte auszutauschen.

Grundsätzlich haftet der Ausrüster für Schäden aufgrund mangelhafter Ausrüstungsgegenstände;[435] vor allem bei riskanten Sportgeräten, insbesondere, wenn der Sportler sie gerade zu Testzwecken erhält, sollte insoweit eine genauere Regelung getroffen werden, wobei zu beachten ist, dass ein vollständiger Ausschluss der Haftung unzulässig ist; hier hängt vieles von den Umständen des Einzelfalles ab.

Gerade weil die gesetzlichen Vorschriften kaum anzuwenden sind, sind auch mögliche Sanktionen für Pflichtverletzungen zu vereinbaren; wiederum ist an eine Vertragsstrafe zu denken, die einen eventuellen Schadensersatzanspruch umfasst.

Am anderen Ende der Skala steht der Vertrag, bei dem der Ausrüster (Sponsor) für Lieferung hochwertiger Ausrüstungsgegenstände ein echtes Entgelt[436] in Form von Werberechten oder Dienstleistungen als Teil eines Vermarktungsvertrages erhält. Typologisch ist der Vertrag wiederum als gemischt-typischer Vertrag einzuordnen. Hier sind auf jede Leistung grundsätzlich die Regeln desjenigen Vertragstyps anzuwenden, dem sie angehört:[437] hinsichtlich der Sachleistungen des Ausrüsters also die kaufrechtlichen Regeln, insbesondere bei Sachmängeln; hinsichtlich der Einräumung von Werberechten durch den Gesponserten handelt es sich um einen Lizenzvertrag.[438] Für Probleme, die nur einheitlich für den ganzen Vertrag gelöset werden können, wie etwa Rücktritt, ist von den Normen des Typs auszugehen, der den Schwerpunkt des ganzen Vertrages ausmacht.[439] 130

Weitere Mischverträge sind denkbar: der Auszurüstende erhält die Gegenstände mit Rabatt und dgl. Hier empfehlen sich, jedenfalls bei wirtschaftlich bedeutsameren Verträgen, genaue Regelungen, da die Anwendung der gesetzlichen Regeln, etwa des Kauf- oder Mietrechts zweifelhaft und u. U. nicht angemessen ist. So ist zu vereinbaren, ob der Ausrüster ein Recht hat, gelieferte Gegenstände gegen neue auszutauschen, welche Verpflichtungen der Auszurüstende übernimmt,[440] welche Rechte er hat und wiederum die Haftung für Schäden aufgrund eines mangelhaften Ausrüstungsgegenstandes. 131

Hat ein Ausrüstungsvertrag Berührung mit dem Ausland, so sind die kollisionsrechtlichen und international-zivilprozessrechtlichen Probleme schon beim Vertragsschluss zu beachten.[441] Berührung mit dem Ausland liegt insbesondere vor, wenn die Vertragspartner ihren (Wohn)Sitz in verschiedenen Staaten haben. 132

3. Kapitel. Vermittlungsverträge

A. Werbeagenturvertrag

Statt sich um die Auswahl seiner Vertragspartner und das Aushandeln der Vertragsbedingungen selbst zu kümmern, kann sich ein Sportler, ein Verband oder Verein (Auftraggeber) auch durch eine Agentur oder einen Manager (im Folgenden wird nur von Agentur 133

---

[435] Nach dem Produkthaftungsgesetz und aufgrund des Vertrages; eingeschränkt, wenn es sich um reine Schenkung handelt, vgl. § 521 BGB.

[436] Erhält der Ausrüster einen angemessenen *Geldbetrag*, so handelt es sich um einen Kaufvertrag. Eine Besonderheit liegt dann allenfalls darin, dass der Sportler sich verpflichtet, nur bei diesem Ausrüster die Gegenstände zu kaufen.

[437] Sogen. Vertrag mit anderstypischer Gegenleistung. S. dazu *Larenz/Canaris,* Schuldrecht II/2 § 62 II, *Medicus,* Schuldrecht II § 121 I.

[438] Dazu Rz. 90 ff.

[439] BGH, NJW 1989, 1673, *Larenz/Canaris,* a.a.O. II/2 § 62 II.

[440] Zeitlicher Rahmen der Verwendungspflicht, Verbot der Verwendung von Konkurrenzprodukten usw.

[441] Dazu unten Teil VI/Rz. 25 ff., 102 ff.

gesprochen) vermarkten lassen.[442] Vor allem bei einer Vermarktung über Landesgrenzen hinweg oder gar weltweit empfiehlt sich die Einschaltung einer Agentur, die Kontakte und insbesondere auch die erforderlichen Sprach- und Rechtskenntnisse und Erfahrungen und Beziehungen in der Region hat.[443]

Die Agentur ist verpflichtet, Sponsoren zu suchen, die Interesse an den Werberechten und an Dienstleistungen des Gesponserten im Rahmen von Werbeaktionen haben, und Verträge mit diesen zu vermitteln oder abzuschließen.

Hierfür stehen zwei Möglichkeiten zur Verfügung:
- Die Agentur *vermittelt* dem Auftraggeber Werbeverträge mit Unternehmen, die dann zwischen Auftraggeber und Unternehmen zustande kommen (I).
- Der Auftraggeber *ermächtigt* die Agentur, seine Werberechte *im eigenen Namen* weiter zu vergeben und überdies den Unternehmen Dienstleistungen des Auftraggebers anzubieten (II).

Grundsätzlich sollte mit der Vermarktung nur *eine* Agentur beauftragt werden (Ausschließlichkeitsklausel), da es sonst zu erheblichen Abstimmungsschwierigkeiten kommen kann. Eine Ausschließlichkeitsklausel muss aber ausdrücklich vereinbart werden. Die Verpflichtung mehrerer Agenturen kann dann sinnvoll sein, wenn jede nur für ein Land oder einen Kontinent zuständig sein soll.

I. Agentur als Vermittler

134 Vom Agenturvertrag sind die von der Agentur vermittelten Verträge zu unterscheiden, für die das oben Rz. 73 ff. Gesagte gilt.

1. Typologische Einordnung

135 Typologisch ist der Vertrag Auftraggeber – Agentur einzuordnen als *Dienstvertrag*, der auf einen Geschäftsbesorgung[444] gerichtet ist, mit Elementen des *Werkvertrages*, jedenfalls soweit das Entgelt erfolgsabhängig ist. Da die Agentur Dienstleistungen „höherer Art" und „aufgrund besonderen Vertrauens" zu leisten hat, ist insbesondere § 627 BGB anzuwenden, der ein jederzeitiges Kündigungsrecht vorsieht;[445] allerdings kann diese Vorschrift abbedungen werden.[446] Offenkundig ist weiterhin die Ähnlichkeit mit einem *Maklervertrag* (§§ 652 ff. BGB), da die Agentur Vertragspartner für den Auftraggeber sucht, allerdings – anders als der Makler – hierzu i. d. R. verpflichtet ist, ebenso zum *Handelsvertretervertrag* (§§ 84 ff. HGB).[447] Auch der Handelsvertreter vermittelt oder schließt Verträge für einen Unternehmer[448] und gestaltet seine Tätigkeit und seine Ar-

---

[442] *Schlindwein*, Die Vermarktung von Einzelsportlern, S. 520 ff. in *Galli* (Hrsg.), *Nasse*, SpuRt 1996, 116 und *Pfister* in *Scherrer* (Hrsg.), Sportlervermittlung und Sportlermanagement, 2. Aufl. S. 139 ff. Zu unterscheiden ist dieser Vertrag vom Vermittlungsvertrag, aufgrund dessen die Agentur einem Sportler einen Sportleistungsvertrag vermitteln soll (dazu unten Rz. 150 ff.); beides ist aber oft verknüpft.

[443] S. zu weiteren Vorteilen der Vermarktung durch eine Agentur *Geissinger* in *Fritzweiler* (Hrsg.), S. 103 ff.

[444] §§ 675, 663 ff., 611 ff. BGB, so insbesondere *Nasse*, SpuRt 1996, 116.

[445] BGH, NJW 1983, 1191 = LM § 627 BGB Nr. 3; BGH, NJW-RR 1993, 505, zu Agenturverträgen von Künstlern. Speziell zu Sportmanagementverträgen s. *Nasse*, SpuRt 1996, 113 und *Pfister* in *Scherrer* (Hrsg.), S. 158 f.

[446] Sogar stillschweigend, wenn sich aus dem Vertrag ergibt, dass beide Parteien an einer langfristigen Bindung beim Vertragsabschluss interessiert waren. BGH, NJW-RR 1991, 439, *MüKo-Schwerdtner*, § 627 Rdnr. 17 mit weiteren Nachweisen.

[447] Vgl. zu Ähnlichkeiten wie Unterschieden zu beiden Vertragstypen ausführlich *Pfister* in *Scherrer* (Hrsg.), Sportlervermittlung und Sportlermanagement, 2. Aufl. 2003, S. 148 ff.

[448] Sportler wie auch Verbände oder Vereine, die sich über eine Agentur vermarkten lassen, sind regelmäßig „Unternehmer" in diesem Sinne.

beitszeit wie die Agentur im Wesentlichen frei (§ 84 Abs. 1 Satz 2 HGB). Dass der Handelsvertreter Verträge über gewerbliche Leistungen vermittelt, die Agentur hingegen im Wesentlichen Verträge über Persönlichkeitsrechte, ist kein entscheidender Unterschied;[449] wegen der Ähnlichkeit der Interessenlage und der insoweit bestehenden Lückenhaftigkeit der Regelung des Dienstvertrages erscheint insbesondere die teilweise analoge Berücksichtigung der Vorschriften zum Handelsvertreter angemessen.[450]

Diese Einordnung führt, je nach Vertragsgestaltung, dazu, dass die gesetzlichen Bestimmungen dieser Vertragstypen und der hierzu ergangenen Rechtsprechung zumindest analog heranzuziehen sind: § 86 HGB ist auf die Pflichten der Agentur, § 86a HGB auf die Pflichten des Auftraggebers anzuwenden.[451] Insbesondere die analoge Anwendung von § 87 Abs. 1 Satz 2 Fall 2 HGB hinsichtlich der Provision für Folgeverträge usw. entspricht der Interessenlage; dadurch wird das Risiko der Agentur gemindert, dass der Auftraggeber abspringt; zur Klarstellung sollte aber unbedingt eine entsprechende Vereinbarung eingefügt werden.[452]

2. Einzelne Regelungspunkte

a) Umfang der Vermarktung, Pflichten der *Agentur*. Genau zu regeln ist, in welchem **136** Umfang die Agentur den Auftraggeber vermarkten soll: Typisch und sinnvoll ist eine Gesamtvermarktung. Hier soll die Agentur die gesamten Werberechte des Auftraggebers an Sponsoren vermitteln,[453] i. d. R. auch seine Beteiligung an Werbeaktionen, also Dienstleistungen. Zu ihrer Aufgabe gehört es auch, zunächst die Vermarktungsmöglichkeiten zu finden und den Goodwill des Auftraggebers auszubauen. Zu der Frage, welche Werberechte und welche Dienst- oder Werkleistungen die Agentur vermarkten soll, s. oben Rz. 77 ff. Je nachdem, welches Vertrauen der zu Sponsernde in die Agentur setzt, kann er ihr ein größeres Ermessen in dieser Hinsicht einräumen und letztlich seine Gesamtvermarktung anvertrauen, die auch die Vermittlung von Dienstleistungen des Auftraggebers (bei Verband/Verein: seiner Sportler) einschließt.

Weiters sollte festgelegt werden, inwieweit die Agentur hinsichtlich der von ihr zu findenden Vertragspartner und hinsichtlich des Inhalts der auszuhandelnden Verträge freie **137** Hand hat, oder ob sie nur in bestimmten örtlichen[454] und inhaltlichen Grenzen[455] arbeiten soll. Für die zu vermittelnden Dienstleistungen müssen vor allem genaue zeitliche Kriterien festgelegt werden oder der Auftraggeber im Einzelfall um Zustimmung gebeten werden. Diese Punkte sind insbesondere zu beachten, wenn die Agentur Abschlussvollmacht hat, da dann der Auftraggeber gegenüber dem Unternehmen gebunden wird.[456]

---

[449] So wird der Agent eines Künstlers ebenfalls als Handelsvertreter angesehen, LG München I, Urt. v. 27. 11. 1997 (unveröffentlicht); *K. Schmidt*, Handelsrecht § 27 I 2, *Staub-Brüggemeier*, Komm. zum HGB § 89a Rdnr. 3; s. auch *Baumbach-Hopt* § 84 Rdnr. 26.

[450] S. dazu und zum Folgenden näher *Pfister* in *Scherrer* (Hrsg.), S. 152 f.

[451] Der an und für sich gegebene Anspruch der Agentur als Beauftragte auf Ersatz der für notwendig gehaltenen Aufwendungen (§§ 675/670 BGB) dürfte gem. § 87d HGB regelmäßig ausgeschlossen sein, doch empfiehlt sich insoweit eine klarstellende Klausel, ob mit der Vergütung alle Kosten der Agentur gedeckt werden oder ob sie (teilweise) zu ersetzen sind.

[452] „Werden nach Beendigung des Agenturvertrages noch weitere Verträge mit den von der Agentur gewonnenen Sponsoren abgeschlossen, so erhält die Agentur ... % der daraus erzielten Einnahmen für einen Zeitraum von ... Monaten/Jahren".

[453] Vgl. z. B. den Nena-Fall des BGH, GRUR 1987, 128 = NJW-RR 1987, 231 und dazu oben Rz. 85.

[454] Vertretung nur für bestimmte Länder.

[455] Etwa keine Werbemaßnahmen in der Alkohol- oder Tabakbranche, was u. U. aufgrund der maßgeblichen Verbandsbestimmungen erforderlich ist, oder bestimmte Veranstaltungen werden anderweits vermarktet.

[456] Vgl. im Übrigen zu den einzelnen festzulegenden Punkten oben Rz. 97 ff.

Die konkreten Pflichten der Agentur können indes nur sehr allgemein umschrieben werden.[457] Es empfiehlt sich auch keine abschließende Aufzählung, denn der Erfolg hängt ja gerade von der kreativen Ausgestaltung ihrer Arbeit ab. Da ihre Entlohnung von ihren Erfolgen abhängig ist, wird sie sich schon aus diesem Grund bemühen. Leistet die Agentur (dennoch) auf Dauer zu wenig, so hilft letztlich nur die Kündigung.[458]

138 Soweit eine im Einzelfall konkret festgelegte Pflicht von der Agentur verletzt wird, haftet sie nach den Regeln über Unmöglichkeit und Verzug.

Denkbar sind Ansprüche wegen Verletzung einer Nebenpflicht, etwa wenn die Agentur versehentlich Dienstleistungen des Auftraggebers zum gleichen Zeitpunkt oder ausschließliche Lizenzen an mehrere Sponsoren vermittelt und dadurch der Auftraggeber den Sponsoren gegenüber haftbar wird, oder wenn sie Geschäftsgeheimnisse des Auftraggebers verrät.

139 b) Pflichten des *Auftraggebers* (Entgelt). Als Entgelt für die Agentur wird i. d. R. eine Prozentuale aus den Einnahmen aufgrund der vermittelten Verträge[459] festgelegt, daneben mitunter auch ein Festbetrag oder regelmäßig zu zahlende Beträge.[460] Geregelt werden sollte, ob das Entgelt auch die Auslagen der Agentur umfasst.

Weitere Pflichten treffen den Auftraggeber i. d. R. nicht. Allenfalls hat er der Agentur – schon im eigenen Interesse – entsprechende Informationen zu geben, evtl. auch für Fototermine zur Verfügung zu stehen oder seine Sportler zur Verfügung zu stellen.

Bei Nichtzahlung des Entgelts[461] bleibt er weiterhin zur Zahlung verpflichtet und kommt aufgrund einer Mahnung oder spätestens 30 Tage nach Fälligkeit und Zugang einer Rechnung in Verzug und haftet auf Schadensersatz, wenn er nicht, was kaum möglich sein dürfte, sein Nichtverschulden beweist.[462]

140 c) Vertragsdauer, Kündigungsrecht. I. d. R. wird ein Vertrag mit einer Agentur für eine längere Zeit abgeschlossen, was grundsätzlich im Interesse beider Parteien liegt; denn die Suche nach Sponsoren, gar der Aufbau des Goodwill des Auftraggebers dauert eine gewisse Zeit.[463] Wird auf eine langfristige Bindung verzichtet, so besteht zudem für die Agentur die Gefahr, dass der Auftraggeber, wenn sich Vermarktungserfolge einstellen, den Agenturvertrag auflöst[464] oder auslaufen lässt und sich eine billigere Agentur sucht oder gar allein die Früchte aus der bisherigen Arbeit der Agentur zu ernten versucht. Eine langfristige Bindung hingegen birgt für den Auftraggeber das Risiko, dass trotz seiner guten sportlichen Leistungen der finanzielle Erfolg der Vermarktung ausbleibt, weil die Agentur zu wenig für ihn tut, weil sie sich mehr um andere Partner kümmert oder weil sie schlicht unfähig ist.

Die Problematik langfristiger Verträge stellt die Rechtsprechung immer wieder vor Probleme und ist Gegenstand wissenschaftlicher Erörterungen,[465] ohne dass klare Lösungsmöglichkeiten entwickelt wurden. Bei den Agenturverträgen kommt erschwerend

---

[457] Vgl. die allgemein gehaltenen Formulierungen von *Jenny/Scherrer* in *Scherrer* (Hrsg.), S. 178 I.
[458] S. dazu Rz. 140 f.
[459] *Nasse,* SpuRt 1996, 114, auch zur angemessenen Höhe und Fallstricken. – Das LG Essen in Reschke Bd. 1 03 16 3, hat einen Vertrag gem. § 138 BGB für unwirksam erklärt, in dem der Manager einem unerfahrenen jungen Sportler als Leistung nur allgemein seine Kenntnisse zur Verfügung gestellt hat, dafür aber ein festes Entgelt erhielt.
[460] Werden im Wesentlichen nur regelmäßige Bezüge in gleicher Höhe für die Agentur vereinbart, so ist das Kündigungsrecht gem. § 627 BGB ausgeschlossen, BGH, BB 1993, 607; BGH, NJW-RR 1991, 439.
[461] Soweit es die Agentur nicht von vornherein aus den einlaufenden Einnahmen einbehält.
[462] § 286 BGB.
[463] Selbst ein Vertrag für ein Event wird für längere Zeit abgeschlossen.
[464] Insbesondere gem. § 627 BGB, dazu und zur Ausschlussmöglichkeit oben zu Fn. 445 f.
[465] *Oetker,* Das Dauerschuldverhältnis und seine Beendigung, 1994; *Jickeli,* Der langfristige Vertrag 1996.

hinzu, dass die genauen Leistungspflichten der Agentur kaum genau festgelegt werden können und dementsprechend konkrete Pflichtverletzungen, die zu einer Kündigung berechtigten, kaum nachweisbar sind; letztlich wird sich die Agentur nur „bemühen" müssen.

Wird ein langfristiger Vertrag abgeschlossen,[466] so können die beiderseitigen Interessen beispielsweise gewahrt werden durch die Vereinbarung einer Gewinnbeteiligung der Agentur einerseits und einer Ausstiegsklausel (Kündigungsrecht) für den Fall, dass die Einnahmen aus den von der Agentur abgeschlossenen Werbeverträgen nicht eine bestimmte Summe erreichen, wobei natürlich auch die sportlichen (Miss)Erfolge jeweils zu berücksichtigen sind.

Umgekehrt kann auch durch die Vereinbarung eines kurzfristigen Kündigungsrechts i. V. m. der Vereinbarung einer Provision für Folgeverträge und eines Ausgleichsanspruch für die Agentur[467] ein Interessenausgleich geschaffen werden.

Das Kündigungsrecht aus *wichtigem Grund* gem. § 314 BGB kann nicht ausgeschlossen werden. Es kann sinnvoll sein, dass die Parteien schon im Vertrag festlegen, was sie „insbesondere" als wichtige Gründe ansehen wollen;[468] eine Beschränkung auf bestimmte Gründe ist allerdings nicht zulässig.[469]

Eine besondere Problematik hinsichtlich der Vertragsdauer entsteht, wenn Eltern eines **141** minderjährigen Sportlers für diesen einen längerfristigen Managervertrag abschließen, dessen Dauer (weit) in die Volljährigkeit des Sportlers hineinreicht. Diese Bindung begegnet erheblichen verfassungsrechtlichen Bedenken auf der Grundlage einer Entscheidung des Bundesverfassungsgerichtes, die zur Einführung des § 1629a BGB geführt hat, die aber in ihrer Begründung weit über den konkreten Streitgegenstand hinausging.[470] Es sollte daher für den Sportler eine Kündigungsmöglichkeit vorgesehen werden für den Zeitpunkt des Eintritts seiner Volljährigkeit.[471] Andernfalls hat der volljährig gewordene Sportler gegenüber Ansprüchen des Managers das Einrederecht gem. § 1629a BGB, es sei denn, er hat das im Vertrag vorgesehene Kündigungsrecht nicht wahrgenommen oder den Vertrag fortgesetzt.[472]

d) Abschluss der Sponsorenverträge. Je nachdem, wie viel sich der Auftraggeber **142** selbst zutraut und welches Vertrauen er in die Agentur hat, kann er sich die endgültige Genehmigung der von der Agentur ausgehandelten Verträge selbst vorbehalten oder die Agentur auch zum Vertragsabschluss bevollmächtigen. Im zweiten Fall müssen die

---

[466] Gem. § 309 Ziff. 9 BGB ist in AGB eine längere Laufzeit als zwei Jahre unwirksam; diese Vorschrift gilt indes nicht für Unternehmen, als die Verbände/Vereine, aber auch Profi-Sportler meist anzusehen sind; doch kann diese Frist über die Generalklausel des § 310 Abs. 1 BGB auch hier zu beachten sein, insbesondere beispielsweise bei einem geschäftlich unerfahrenen Sportler.

[467] §§ 87 Abs. 3 und 89b HGB, s. dazu oben Rz. 135 und *Pfister* in *Scherrer* (Hrsg.), S. 152 f. mit weiteren Nachweisen.

[468] Z. B. auf Seiten des Gesponserten Dopingvergehen oder lange Sperre oder auch Verletzung, auf Seiten der Agentur, wenn sie Partner aus derselben Branche unter Vertrag nimmt. Wegen der typologischen Einordnung als pachtvertragsähnlich kann auch § 543 Abs. II–IV (§ 582 Abs. 2) BGB entsprechend herangezogen werden.

[469] *Palandt-Grüneberg* § 314 Rdnr. 3.

[470] BVerfGE Bd. 72, 155 ff. = NJW 1986, 1859: Der „Gesetzgeber (ist) aufgerufen, in Wahrnehmung seines Wächteramtes (Art. 6 GG) Regelungen zu treffen, die verhindern, dass der volljährig Gewordene nicht mehr als nur eine scheinbare Freiheit erreicht."

[471] S. dazu *Walcker*, RuS H. 30 (2001) S. 52; *Thiel*, SpuRt 2002, 1 ff., *dies.* Das Gesetz zur Beschränkung der Haftung Minderjähriger, Diss. Bayreuth, 2002; zur spezifischen Problematik bei Manager- und Sponsoringverträgen s. *Pfister* in *Scherrer* (Hrsg.), Sportlervermittlung und Sportlermanagement, 2. Aufl. 2002, 161.

[472] Ob auch ohne ausdrückliche Vereinbarung ein Kündigungsrecht des volljährig Gewordenen besteht ist zweifelhaft, wird von *Thiel*, a.a.O. S. 142 f. abgelehnt. Das OLG München hat im Fall des Tennisspielers Haas ein abstraktes Schuldanerkenntnis nach Eintritt der Volljährigkeit als Anspruchsgrundlage gegen den Volljährigen herangezogen, SpuRt 2003, 29.

Grundsätze der von der Agentur abzuschließenden Verträge natürlich besonders genau festgelegt werden, insbesondere auch hinsichtlich der erforderlichen Beachtung der Verbandsregeln.[473]

II. Agentur als „Eigenhändler"

143 Der Auftraggeber (Sportler, Verband, Verein) kann aber auch der Agentur seine vermarktungsfähigen Rechte *zur Ausübung*, genauer zur Weitervergabe überlassen. Dieser Vertragstyp scheint seltener anzutreffen zu sein.[474]

Geht man davon aus, dass die Werberechte durch Lizenz eingeräumt oder übertragen werden können, so stellt sich dieser Agenturvertrag als *Lizenzvertrag* dar,[475] aufgrund dessen die Agentur eine eigenständige, dingliche Rechtsposition an den Werberechten erhält, mit der Folge, dass sie gegen einen Verletzer dieser Rechte eigene Ansprüche auf Schadensersatz, Lizenzgebühr oder Gewinnherausgabe geltend machen kann.[476] Für den Agenturvertrag wie auch für die Verträge, die die Agentur mit weiteren (Unter)Lizenznehmern abschließt, gilt daher weitgehend das oben zu Rz. 77 ff. Gesagte, insbesondere auch hinsichtlich des Umfangs der Rechtseinräumung.

144 Bei diesem Vertrag hat die Agentur an den Auftraggeber ein Entgelt zu zahlen, entweder in Form eines festen Betrages oder als Anteil aus den Einnahmen der Agentur aus der Vermarktung oder eine Kombination aus beidem. Berechnet sich das Entgelt nur aus den Einnahmen der Agentur, so läuft der Auftraggeber Gefahr, dass er bei „schlechten Geschäften" der Agentur wenig oder praktisch nichts erhält. Enthält der Vertrag – wie zumeist – eine Ausschließlichkeitsklausel[477] und kann der Auftraggeber ihn auch nicht vorzeitig kündigen,[478] so kann er auch keine andere Agentur mit der Vermarktung betrauen. Es sollte daher zumindest ein Mindestbetrag vereinbart werden und im Übrigen eine Gewinnbeteiligung.[479]

145 Natürlich kann die Agentur die Werberechte nicht in einem weiteren Umfang vermarkten als sie ihr vom Auftraggeber zugestanden worden sind; ein gutgläubiger Erwerb ist nicht möglich.[480] Tut sie es doch, so macht sie sich schadensersatzpflichtig, möglicherweise gegenüber beiden, dem Auftraggeber wie dem von ihr gefundenen Lizenznehmer. Zudem würde der Lizenznehmer, wenn er die Rechte in dem weiteren Umfang wahrnimmt, wie jeder Dritte eine Rechtsverletzung gegenüber dem Auftraggeber begehen und den entsprechenden Ansprüchen des Auftraggebers ausgesetzt sein.[481]

146 Die Verträge der Agentur mit den Sponsoren können wiederum als (Unter)Lizenzverträge abgeschlossen werden, aufgrund deren die Sponsoren eine eigene dingliche Rechtsposition hinsichtlich der ihnen eingeräumten Werberechte erlangen.[482] Möglich ist auch, dass die Agentur den Sponsoren gegenüber nur auf ihr Verbietungsrecht verzichtet (Einwilligung).[483]

---

[473] S. hierzu oben Rz. 112.
[474] Ein Beispiel für diese Fallgestaltung ist der Nena-Fall des BGH, dazu oben Rz. 85.
[475] Der „Auftraggeber" ist Lizenzgeber, die Agentur Lizenznehmer.
[476] S. zu dieser Problematik oben Rz. 86 f.
[477] S. dazu Rz. 133 a. E.
[478] Hier hilft die Vereinbarung eines Kündigungsrechts für den Fall, dass der Gewinn eine bestimmte Höhe nicht erreicht.
[479] Außerdem muss im Vertrag klargestellt werden, welche Kosten die Agentur abziehen darf.
[480] Allgemeine Meinung, vgl. §§ 415, 398 ff. BGB, die von der Literatur teilweise auf die Übertragung der Werberechte analog angewendet werden. Es fehlt jedenfalls eine Ausnahmevorschrift, die den gutgläubigen Erwerb zulässt.
[481] Insbesondere kann der Gesponserte von dem Lizenznehmer eine entsprechende Lizenzgebühr oder gar Unterlassung verlangen, s. dazu oben Rz. 82.
[482] Dazu oben Rz. 99 f.
[483] Dazu oben Rz. 88.

Statt der Einräumung einer *dinglichen Lizenz* an die Agentur ist aber auch eine rein **147** schuldrechtliche Gestaltung möglich: Der Auftraggeber verzichtet im Vertrag mit der Agentur gegenüber den Unternehmen, die die Agentur unter Vertrag nehmen wird (Sponsoren), auf die Geltendmachung seiner Werberechte[484] in dem Umfang, wie er im Vertrag Auftraggeber – Agentur hinsichtlich örtlicher und inhaltlicher Grenzen festzulegen ist.[485]

Bei dieser Fallgestaltung hat weder die Agentur noch der Sponsor gegen evtl. Rechtsverletzer eigene Ansprüche.

Denkbar ist auch, dass der Gesponserte sich vorbehält, seinen Verzicht erst nach Einsichtnahme in den Vertrag Agentur – Sponsor zu erklären; dadurch behält er sich ein **148** starkes Aufsichtsrecht vor. Dies hat natürlich nur Sinn, wenn der Gesponserte sich die Überprüfung des von der Agentur abgeschlossenen Vertrages selbst zutraut oder damit einen Anwalt beauftragt. Andererseits schwächt ein derartiger Vorbehalt die Verhandlungsposition der Agentur, die bei den Verhandlungen mit Sponsoren sich immer die Genehmigung durch den Auftraggeber vorbehalten muss.

III. Internationale Agenturverträge

Hat der Agenturvertrag Berührung mit dem Ausland, so sind die kollisionsrechtlichen **149** und international-zivilprozessrechtlichen Probleme schon beim Vertragsschluss zu beachten.[486] Berührung mit dem Ausland liegt insbesondere vor, wenn die Vertragspartner ihren (Wohn)Sitz in verschiedenen Staaten haben; aber auch wenn die Agentur die Vermarktung (auch) im Ausland durchführen soll, sind gewisse kollisionsrechtliche Aspekte zu beachten, insbesondere das Problem, inwieweit die zu vermarktenden Rechtspositionen in den betreffenden Ländern geschützt sind.[487]

B. Vermittlungs- und Managementverträge

Als *Athleten-* oder *Spieler-Vermittlungsverträge* bezeichnet man allgemein die Verträge, aufgrund **150** derer der Athleten- oder Spieler-Vermittler gegen Vergütung tätig wird, um einen geeigneten Vertragspartner zu vermitteln, insbesondere einen neuen Arbeitgeber. Von einem *Athleten-Managervertrag* oder *Athleten-Managementvertrag* spricht man, wenn der Manager darüber hinaus den Sportler bzw. Spieler ständig betreut und für diesen verschiedenste Dienstleistungen gegen Vergütung verrichtet.

Beide Arten von Dienstleistern nimmt der Athlet oder Spieler als Unternehmer im professionellen Sportbetrieb in Anspruch, um sich voll auf seine sportliche Trainings- und Wettkampftätigkeit konzentrieren zu können. Sie sind Vermarktungsverträge im weiteren Sinne.

I. Athleten-/Spieler-Vermittlungsvertrag

1. Rechtsnatur/beiderseitige Pflichten

Je nach Vereinbarung wird der Vermittler verpflichtet, geeignete Vertragspartner mitzuteilen, **151** evtl. auch zu verhandeln über die einzelnen Konditionen, darüber hinaus aber kann der Vermittler beauftragt sein, die Verträge selbständig auszuarbeiten und bis zur Unterschriftsleistung vorzubereiten. Insgesamt umfasst die Vermittlung alle Tätigkeiten, die geeignet sind, ein Arbeits- oder Dienstverhältnis zu begründen. Dieses können ziel-

---

[484] Dies kann als Verzicht zugunsten Dritter analog § 328 BGB angesehen werden.
[485] Nur für bestimmte Länder, ausschließliche – einfache Lizenz, nur für bestimmte Branchen, nicht für Alkohol, Rauchen usw. Der Sportler muss hierbei auch das Verbandsregelwerk beachten. Vgl. dazu oben Rz. 112.
[486] Dazu unten 6/Rz. 25 ff., 102 ff.
[487] Dazu unten 6/Rz. 99 ff.

gerichtete Werbemaßnahmen, Telefonakquisitionen, Bewerbungsschreiben etc. sein bis hin zum Formulieren der Vertragstexte.[488] Bei der Tätigkeit der Athleten- und Spieler-Vermittlung sind die gesetzlichen Regelungen der Arbeitsvermittlung und des Rechtsberatungsgesetzes zu berücksichtigen. Das ursprüngliche Monopol der Arbeitsvermittlung durch die Bundesanstalt für Arbeit ist durch die Neuregelung des § 291 Abs. 1 in SGB III laut Gesetzesänderung vom 27. 3. 2002 entfallen, so dass es einer Erlaubnis der Bundesanstalt für Arbeit nicht mehr bedarf,[489] Gleiches gilt für die Vermittlung von Dienstverträgen. Für den Vermittlungsvertrag ist zwingend die Schriftform vorgeschrieben, andernfalls ist dieser unwirksam (§ 297 Nr. 1 SGB III n. F.), ein Vergütungsanspruch kann nur bei schriftlicher Vereinbarung der Vermittlungsleistung und der Vergütung entstehen.[490]

Die Tätigkeit eines Athleten- und Spieler-Vermittlers unterliegt darüber hinaus auch den Bestimmungen des Rechtsberatungsgesetzes, da es sich bei der Vermittlungstätigkeit in so gut wie allen Fällen um eine geschäftsmäßige Besorgung fremder Rechtsangelegenheiten i. S. d. Art. 1 § 1 RBerG handelt.[491]

Die in Art. 1 § 5 Nr. 1 vorgesehenen Ausnahmeregelungen zur Rechtsberatung als Hilfsgeschäft bzw. Rechtsberatung bei vorgeschalteter Vermittlungstätigkeit greifen nicht.[492] Ausdrücklich weist deshalb der DFB in seinem DFB-Reglement für Spielervermittler unter Ziff. VIII darauf hin, dass der Spielervermittler bei seiner gesamten Tätigkeit zur Beachtung und zur Einhaltung der Vorschriften des Rechtsberatungsgesetzes verpflichtet ist. Dagegen enthält das FIFA Spielervermittlerreglement eine solche Bestimmung nicht.[493]

Der Umfang der Vermittlungsleistungen ergibt sich aus der vertraglichen Vereinbarung, er kann jedoch übereinstimmend mit § 296 Abs. 1 Satz 3 SGB III n. F. beschrieben werden als jegliche Leistungen, die zur Vorbereitung und Durchführung der Vermittlung erforderlich sind. Jegliche anderen Leistungen des Vermittlers, also berufsberatende Dienste und weitere Service- bzw. Managerleistungen sind von der Vermittlungsleistung abzugrenzen und damit auch entsprechend zu vergüten.

Die Vergütung des Vermittlers wird fällig, wenn infolge der Vermittlung ein Beschäftigungsverhältnis zustande gekommen ist (§ 296 Abs. 2 SGB III), sie muss kausal für den Abschluss des Vertrages sein. Insofern ähnelt der Sportlervermittlungsvertrag dem Maklervertrag und der dortigen Regelung zur Entstehung der Provision bzw. Vergütung.[494] Die Höhe der Vergütung des Vermittlers ergibt sich aus §§ 296 Abs. 3 SGB III, 421g Abs. 2 Nr. 3 SGB III, wonach der Vergütungsanspruch gegen den arbeitsuchenden Sportler grundsätzlich nicht mehr als 2500,– € betragen darf. Ein weitergehender Vergütungsanspruch mit dem Arbeitgeber kann vereinbart werden. Hier ist die Verordnungsermächtigung in § 301 SGB III zu beachten, wonach eine Vermittler-Vergütungsverordnung am 27. 6. 2002 erlassen wurde.[495] Nach dieser Verordnung darf gemäß § 1 für die Vermittlung

---

[488] Siehe zum Begriff der Arbeitsvermittlung § 35 Abs. 1 S. 2 SGB III; ausführlich zum Rechtsverhältnis zwischen Spielervermittler und Auftraggeber, *Helmholz*, S. 109 ff.; zur Lizenzierung des Spielervermittlers siehe 2/Rz. 185, 186.

[489] Siehe im Einzelnen hierzu *Lampe/Müller*, Sportmanagement und Arbeitsvermittlung, SpuRt 2003, 133, 134.

[490] A. A. LG Braunschweig, SpuRt 2002, 250 – allerdings zur Rechtslage vor der Novellierung des SGB III vom 27. 3. 2002.; siehe auch OLG Celle, SpuRt 2004, 67; sowie BGH, SpuRt 2005, 108.

[491] Siehe im Einzelnen hierzu *Wertenbruch*, NJW 1995, 223 ff.; *Buchberger*, AnwBl. 2000, 637; *Kathmann*, in: *Scherrer* (Hrsg.), Sportlervermittlung und Sportmanagement, 2003, S. 125 ff.; a. A. *Jungheim*, S. 173 ff.

[492] Siehe hierzu *Buchberger*, AnwBl. 2000, 640.; *Johnigk*, Spielervermittler, Spielerberatung und Rechtsberatungsgesetz Seite 121 in *Bepler* (Hrsg.), Sportler, Arbeit und Statuten, Berlin 2000.

[493] Kritisch und zweifelnd an der Wirksamkeit der Spielervermittler-Reglements von FIFA und DFB, *Jungheim*, S. 103.

[494] Siehe hierzu *Palandt-Thomas,* § 652, Rz. 22 ff.

[495] Vermittler-Vergütungsverordnung vom 27. 6. 2002, BGBl. I, S. 2439.

eine Vergütung vereinbart werden, die sich nach dem Arbeitsentgelt bemisst. In § 2 der VO darf sie die Höhe des dem Arbeitgeber zustehenden Arbeitsentgelts nicht übersteigen, bei einer Dauer des Beschäftigungsverhältnisses von mehr als 12 Monaten dürfen maximal 12 Monate als Berechnungsgrundlage zugrunde gelegt werden.

2. Ansprüche bei Pflichtverletzungen

Bei Pflichtverletzungen aus Sportler- bzw. Spielervermittlungsverträgen kommen die grundsätzlichen Folgen aus Verletzung von Hauptpflichten und Nebenpflichten im Schuldrecht in Betracht.[496]

Relevant könnte sein, wenn der Vermittler den Umfang seiner Tätigkeit überschreitet, seine Vertretungsmacht, oder aber den Vertrag bezüglich evtl. Inkassovollmachten nicht ordnungsgemäß mit dem Sportler abwickelt. Bedeutsam könnte u. a. auch werden, wenn während der Vertragslaufzeit festgestellt wird, dass der Vertrag sittenwidrig ist, z. B. eine vereinbarte Provision aus dem Gesichtspunkt der Äquivalenzstörung, d. h. ein grobes Missverhältnis im Vergleich von Leistung und Gegenleistung.[497]

II. Manager- oder Managementvertrag

Im Vergleich zum Athleten-/Spielervermittlungsvertrag ist hier eine intensive, ständige Betreuung und umfangreiche Tätigkeit des Managers vereinbart; dies ist notwendig, weil hier keine festen Beschäftigungsverhältnisse des Einzelsportlers vorliegen und ständig neue Vertragspartner (Veranstalter) gewonnen werden müssen; ferner die Wettkampftätigkeit des Athleten zu planen und diese mit der Vermarktung in Einklang zu bringen und zu organisieren ist. Wenn der Manager weitere Aufgabe übernimmt, den Athleten zu „vermarkten", d. h. Geldquellen zu erschließen, Sponsoren und diverse Weitervermarkter, z. B. Fernsehanstalten, zu gewinnen und für den Sportler Verträge abzuschließen,[498] so ist er insofern Vermarkter des Sportlers und schließt insofern einen Vermarktungsvertrag ab.

1. Rechtsnatur, Pflichten

Ähnlich wie beim Athletenvermittlungsvertrag sind hier die Vertragsbeziehungen des Managers zum Athleten zu unterscheiden von den Vertragsbeziehungen des Managers zum Sponsor, Vermarkter, Wettkampfveranstalter.

Soweit in dem Managementvertrag Vermarktungstätigkeiten vereinbart sind, gilt das zu dem Agentur- oder Vermarktungsvertrag Aufgeführte. Soweit es sich um Planung einer Wettkampftätigkeit handelt, ist der Managervertrag als Dienstvertrag einzuordnen mit der Leistung höherer Dienste in einer in einer Vertrauensstellung sowie als Geschäftsbesorgungsvertrag gemäß §§ 675, 663 ff. BGB.[499]

Die Pflichten des Athleten gegenüber dem Manager sind abstrakt nicht zu definieren, sie ergeben sich vielmehr jeweils aus den tatsächlich getroffenen Vereinbarungen, rechtlich beurteilen sie sich danach, ob die Pflichten sich nach Dienstleistung bzw. Geschäftsbesorgung richten. In erster Linie besteht die Pflicht, die vereinbarte Vergütung zu zahlen, und die Treuepflicht, an der jeweiligen Vertragsanbahnung und Unterzeichnung der Verträge mitzuwirken.

Die Pflicht des Sportlers, die abgeschlossenen Verträge zu erfüllen, besteht wiederum gegenüber den jeweiligen Vertragspartnern.

Ebenso wenig sind die Pflichten des Managers abstrakt zu beschreiben, da sie sich aus den speziellen Verträgen ergeben, sowie aus der jeweiligen typologischen Einordnung des jeweiligen Vertragselements.

152

---

[496] Siehe oben Rz. 41.
[497] Siehe hierzu *Kretschmer/Karakaya*, SpuRt 2004, 46.
[498] Siehe hierzu oben Agentur- und Vermarktungsvertrag, Rz. 133.
[499] Siehe *Pfister* in *Scherrer* (Hrsg.), Sportlervermittlung und Sportmanagement, S. 149 f.

2. Ansprüche bei Pflichtverletzungen

153 **a) Pflichtverletzungen des Managers.** Eine Pflichtverletzung kann darin gesehen werden, wenn die Verträge zwischen Athlet und Veranstalter unwirksam sind, weil ein Verstoß gegen das Rechtsberatungsgesetz vorliegt, oder aber auch wenn die Verträge wegen Sittenwidrigkeit nichtig sind, da der Manager den Sportler durch den Vertrag zu lange an sich binden wollte.[500] Eine Pflichtverletzung liegt hier deshalb vor, weil der Sportler sich ja gerade der Sachkundigkeit des Managers bedient und dieser sich ja verpflichtet, sich um die Abwicklung der Verträge zu kümmern. Gleiches gilt, wenn der Manager beispielsweise sich unwiderrufliche Generalvollmachten geben lässt, welche im Einzelfall rechtsunwirksam sein können.[501]

Eine weitere Pflichtverletzung des Managers ist dann gegeben, wenn er nachweislich die einzelnen Verpflichtungen der Beibringung von Veranstaltern usw. verletzt, also sich zu wenig um den Sportler kümmert oder gar mehrere Sportler betreut und hier wiederum dadurch einen Sportler vernachlässigt. Hier stellt sich die Frage einer fristlosen Kündigung aus wichtigem Grund und einer Schadensersatzpflicht.

Pflichtverletzungen des Managers ergeben sich insbesondere auch dann, wenn er die Kollisionen der Rechte des Athleten mit den Rechten der Verbände nicht erkennt und eigentlich kennen müsste bzw. einen Rechtsberater hätte beiziehen müssen.[502]

b) Pflichtverletzungen des Athleten. Zu Pflichtverletzungen des Sportlers kann es kommen, wenn er sich zum Abschluss von Verträgen anderer Manager bedient und diese wiederum Verträge abschließen und es zu Kollisionen der Verträge kommt. Auszugehen ist hier davon, dass eine Ausschließlichkeitsvereinbarung stets im Vertrag schriftlich fixiert werden muss. Lediglich in Ausnahmefällen wird sich allein durch Auslegung des Vertrages ergeben, dass eine Ausschließlichkeit vereinbart ist, ohne ausdrücklich erwähnt zu werden.

Hinsichtlich einer Schadensersatzpflicht des Sportlers ist auf das Handelsvertreterrecht zurückzugreifen.[503]

4. Kapitel. Fernseh-Verwertungsverträge

154 Im Vergleich zu den Sportvermarktungsverträgen mit dem Leistungsgegenstand des „Goodwill" des Sportlers – beruhend auf der sportlichen Leistung – oder des Verbandes oder einer Veranstaltung – beruhend auf der organisatorischen Leistung der Sportveranstaltung – zu Werbezwecken, besteht die Leistung bei diesem Vertrag in der Übertragung der sportlichen und organisatorischen Leistung des Veranstalters als Gesamtprodukt zur weiteren Verwertung dieses Produktes.[504] Unscharf werden derartige Verträge auch als Sportrechte-Übertragungsverträge[505] bezeichnet, obwohl es sich bei dem Produkt der organisatorischen Leistung einer Sportveranstaltung im technischen Sinne nicht um ein Recht handelt.[506] Das Produkt Sportveranstaltung wird dann zu einem Recht im untechnischen Sinne, wenn der Träger bzw. der Inhaber der Veranstaltung andere von der Nut-

---

[500] Siehe hierzu den Fall OLG Frankfurt, NJW-RR 1996, 1333.
[501] Siehe hierzu *MüKo-Schramm*, § 168 BGB Rz. 31 ff., Rz. 88.
[502] Siehe hierzu *Fritzweiler*, in: *Scherrer* (Hrsg.), Sportlervermittlung und Sportmanagement, 2003 Bern München, S. 174.
[503] Siehe hierzu *Baumbach-Hopt*, § 87 Rz. 24.
[504] Zur Abgrenzung Werbeleistung, siehe oben Rz. 2.
[505] Eine besondere Form der Verwertung ist Vertrieb von sog. Fanartikeln (T-Shirts, Mützen, Logos) in Form des Merchandising – dies ist die Befugnis, Namen, Geschehensabläufe und kennzeichnende Bestandteile eines Werkes zu verwerten, siehe hierzu *Fromm/Nordemann/Hertin*, vor § 31 Rz. 61; *Weber*, SpuRt 96, 83.
[506] LG Hamburg, SpuRt 2002, 202 spricht von einem „Hörfunkrecht im untechnischen Sinne".

zung dieses Rechtsgutes ausschließen kann.[507] Stellt sich dagegen der Sportler für eine Fernsehübertragung zur Verfügung, so handelt es sich hierbei um einen Dienstvertrag,[508] bei Übertragung seiner Persönlichkeitsrechte für eine Fernsehübertragung wird es sich um einen Vermarktungsvertrag handeln, welcher als Lizenzvertrag zu definieren ist.[509]

I. Rechtsnatur des Vertrages

Seiner Rechtsnatur nach handelt es sich bei dem Fernsehverwertungsvertrag[510] um einen Nutzungsvertrag in Form eines Pachtvertrages,[511] die Leistung des Sportveranstalters besteht somit in der *Überlassung eines Rechtes* zur Nutzung gegen Entgeltzahlung. **155**

II. Pflichten des Sportveranstalters und des Rechteverwerters

Sportveranstalter verpflichten sich in ihren Rechteverwertungsverträgen zur Übertragung der Nutzung an ihren Sportstätten, bzw. der gesamten Veranstaltung zur weiteren Verwertung. Der Veranstalter (Sportverband, Sportverein oder sonstige Veranstalter) der Sportveranstaltung ist somit verpflichtet, jeweils das ausschließliche und alleinige Recht zu übertragen; demzufolge hat er zu prüfen, ob er z. B. als Pächter der alleinige Inhaber dieser Nutzungsrechte ist oder ob Verpächter oder Vermieter bereits Nutzungsrechte an andere Unternehmen abgetreten haben. Bei Sportstätten, die im Eigentum von Städten und Gemeinden stehen, werden die Nutzungsrechte an Sportvereine mit den jeweiligen Pachtverträgen übertragen. **156**

Der Sportveranstalter muss sich gegebenenfalls auch die Rechte der an der Veranstaltung beteiligten Sportler sichern, d. h. deren Rechte zur weiteren Verbreitung übertragen lassen. Bei dieser Übertragung willigt der Sportler gleichzeitig zu dem genau umrissenen Zweck in die Verwertung seines Persönlichkeitsrechts am eigenen Bild ein.[512]

Als Gegenleistung werden bei diesen Verträgen Nutzungsentgelte vereinbart, die der Berechtigte zu zahlen hat.

III. Ansprüche bei Pflichtverletzungen

Anspruchsvoraussetzungen bei gegenseitigen Pflichtverletzungen sind, abgesehen von der getroffenen vertraglichen Vereinbarung, die gesetzliche Regelung über Pflichtverletzungen nach §§ 280, 323, 325 BGB.[513] Soweit typische Pflichtverletzungen vorliegen, die im gesetzlichen Vertragstypus Pachtvertrag, §§ 581 ff. BGB, geregelt sind, sind Pflichtverletzungen nach dessen Bestimmungen zu beurteilen. **157**

Überschreitet der Nutzungsberechtigte den Umfang des ihm gestatteten Verwertungsrechtes, so stehen dem Verletzten die besonderen Rechte auf *Gegendarstellung*, *Unterlassung*, *Widerruf*, *Schadensersatz* und *Schmerzensgeld*[514] zu.

---

[507] Siehe hierzu z. B. *Schlindwein*, Vermarktbare Rechte und ihre Träger in *Fritzweiler* (Hrsg.), Sportmarketing und Recht 2003, S. 56 ff.
[508] Siehe oben Rz. 89 ff.
[509] Siehe oben Rz. 90 ff.
[510] Zur Rechteverwertung in den Medien, 4/Rz. 118 ff.
[511] Siehe grundsätzlich hierzu *MüKo-Voelskow*, § 581 Rz. 1 ff., 6, *Palandt-Putzo*, Einf. zu § 581 Rz. 22; zum Fernseh-Rechte-Verwertungsvertrag 4/Rz. 144 ff.; siehe auch OLG Hamm, SpuRt 1996, 96 (Spielplakate für Sportveranstaltung).
[512] Siehe zum Zustimmungsbedürfnis des Sportlers und Sportveranstalters in den Medien 4/Rz. 126 ff.
[513] Siehe im Einzelnen oben Rz. 41.
[514] Siehe im Einzelnen 4/Rz. 152 ff.

5. Kapitel. Zuschauerverträge

Bei dieser Art von Verträgen zwischen Zuschauer und Sportveranstalter ist Ausgangspunkt, dass der Veranstalter die Sportleistung des Sportlers organisiert und dem Zuschauer zugänglich macht, entweder in geschlossenen Stadien oder Sporthallen oder in freiem Gelände. Wenn der Veranstalter nicht in der Lage ist, andere von der Besichtigung auszuschließen, könnte dies mitunter zweifelhaft sein.[515]

Die Leistung des Sportveranstalters besteht somit im Bereitstellen einer Sportveranstaltung, die des Zuschauers in der Entgeltzahlung.

I. Rechtsnatur des Vertrages, Vertragspflichten

158 Die Hauptpflicht des Veranstalters bei diesem Vertrag ist, ein Sportwettkampfereignis dem Zuschauer unmittelbar neben dem Sportfeld zum Zuschauen zu ermöglichen, ähnlich dem Theaterveranstalter gegenüber dem Besucher; Hauptpflicht des Zuschauers ist die Entgeltzahlung.

Rechtsprechung und Literatur ordneten bisher die Sportveranstalter-Zuschauerverträge in den Vertragstypus Werkverträge ein,[516] vergleichbar mit der Veranstaltung von Theateraufführungen. Danach sei der Inhalt des Vertrages eine Vorführung einer Sportleistung für den Zuschauer, die von einem bestimmten Platz aus zu sehen ist; die Platzüberlassung lediglich „Erfüllungsmittel" des Vertrages.[517]

Die Qualifizierung als Werkvertrag hat zur Folge, dass der Sportveranstalter für seine Werkleistung nach Gewährleistungsbestimmungen der §§ 633 ff. BGB einstehen müsste.

Die heutigen modernen Zuschauerverträge mit ihrem vielfältigeren Leistungsangebot bedürfen einer differenzierteren Betrachtungsweise. Auszugehen ist von dem Begriff der Sportveranstaltung,[518] wonach die einzelnen Leistungen des Sportveranstalters zu unterscheiden sind:

Dem Zuschauer werden vom Veranstalter teilweise in Sportstadien bestimmte Sitzplätze verkauft, auch in bestimmten sog. Blocks auf den Tribünen, mit oder ohne Überdachung. Werden demnach dem Zuschauer bestimmte Plätze zugewiesen, so muss man ein mietvertragliches Element in dem Vertrag zugrunde legen. Kernpunkt der Leistung des Veranstalters ist aber das sportliche Wettkampfereignis in einer bestimmten Sportart und mit bestimmten Sportlern, die den Wettkampf untereinander betreiben. Bei Fußballspielen, Eishockey-Spielen sind es die Mannschaften, die angekündigt werden (in Presse und Programmen), bei Tennisturnieren, Leichtathletik-Meetings stehen die Sportler ebenfalls fest. Der Zuschauer, der sich eine Eintrittskarte kauft, geht von dieser konkreten Leistung aus, die eine Dienstleistung darstellt.[519]

159 *Koller*[520] warf die Frage auf, welche Qualität der Sportleistung vom Veranstalter zu erbringen sei, und vertrat die Auffassung, dass der Veranstalter besonders in professionellen Bereichen gegenüber dem Zuschauer die Verpflichtung habe, dass der Sportler Höchstleistungen erbringe. Der Zuschauer erwarte diese Höchstleistung und sei enttäuscht, wenn diese nicht erbracht werde. Weil aber der Veranstalter wiederum einen derartigen („Höchstleistungs-")Erfolg nicht garantieren könne, plädierte *Koller* für die Einordnung des Zuschauervertrages als Dienstvertrag statt als Werkvertrag.

---

[515] Siehe hierzu *Hoeren*, Urheberrechtliche Fragen rund um den Rosenmontagszug, NJW 97, 376.
[516] RGZ 127, 314 (Motorrad-Rennen); BGH, VersR 55, 444 (Fußballspiel), VersR 57, 228. (Skispringen) *MüKo-Soergel*, § 631 Rz. 130 m.w. N.
[517] Siehe im Einzelnen zum Meinungsstand, *Koller*, RdA 82, 46; *Richtsfeld*, S. 73 ff.
[518] Siehe 5/Rz. 3; auch bei *Caninenberg*, S. 59 ff.; *Börner*, S. 20 ff.
[519] Siehe oben, Rz. 13 ff.
[520] *Koller*, RdA 82, 47, 51.

Dem ist zuzustimmen, allerdings wohl eher mit der Begründung, dass eine Erfolgsleistung von keinem der Vertragspartner beabsichtigt bzw. erwartet ist. Tatsächlich erwartet der Zuschauer wohl Spannung und Sensation oder den Sieg seines Favoriten, wobei aber die Leistung der Sportler keine Höchstleistung sein muss. Darüber hinaus weiß der Zuschauer – oftmals selbst Sportler –, von welchen Umständen Leistungsschwankungen physisch und psychisch abhängen, und solidarisiert sich oft auch mit einer schlechten Leistung eines (hochqualifizierten) Sportlers. Als Leistung des Sport-Zuschauervertrages bleibt daher das Bereitstellen eines Sportwettkampf-Ereignisses für den Zuschauer in einer bestimmten Sportart in einem Stadion oder in freiem Gelände (z. B. Radrennstrecke, Skipiste) und das Antreten bestimmter Sportler; dies alles ist als dienstvertragliche Leistung zu qualifizieren.

Schließlich werden vom jeweiligen Sportveranstalter weitere Leistungen angeboten **160** wie z. B. Einlass in bestimmte Prominenten-Logen, bestimmte Räume des Stadions oder Clubgeländes (V. I. P. Lounge), um dort Kontakte mit Trainer, prominenten Sportlern herzustellen und entsprechenden Pressekonferenzen beizuwohnen. Hierbei sind meist exklusive Verpflegungen mit enthalten. Diese zusätzlichen Leistungen sind je nach Inhalt als Dienst- oder Kaufvertrags-Leistungen zu beurteilen.

Insgesamt ist deshalb der Vertrag zwischen Veranstalter und Zuschauer von der jeweiligen Einzelleistung abhängig; es wird sich meist um einen sog. typengemischten Vertrag mit werkvertrags-, mietvertrags- sowie werklieferungsvertraglichen Elementen handeln. Die rechtliche Beurteilung von Rechtsfolgen bei Leistungsstörungen und Pflichtverletzungen erfolgt somit grundsätzlich nach den allgemeinen schuldrechtlichen Regelungen oder nach einer möglichen Zuordnung zu einem bestimmten Vertragstyp.[521]

Zu einem wirksamen *Vertragsschluss* zwischen Veranstalter und Zuschauer kommt es **161** durch Lösung der Eintritts- bzw. Abonnementskarte. Dabei stellt die Einzelkarte ohne Namen des Inhabers rechtlich ein Inhaberverpflichtungszeichen nach § 807 BGB dar, welches nach sachenrechtlichen Grundsätzen übertragbar ist, also durch Einigung und Übergabe (§ 929 BGB). Dagegen ist die Abonnementskarte ein Legitimationspapier nach § 808 BGB, an dem nach schuldrechtlichen Grundsätzen der Anspruch durch Abtretung (§ 398 BGB) übertragbar ist.[522]

Für den Zuschauervertrag liegt kein gesetzlich geregelter Fall des Kontrahierungszwanges vor;[523] darüber hinaus besteht keine Pflicht des Veranstalters zum Abschluss eines Vertrages aus dem Gesichtspunkt, der Besuch von Sportveranstaltungen zähle nach allgemeiner Ansicht in der heutigen Zeit zur Grundversorgung der Menschen.[524]

Dagegen können Sportveranstalter bei vorangegangenen Vertragsverletzungen von **162** Zuschauern, z. B. Zuschauerausschreitungen, *Besuchsverbote* („Stadionverbote") aussprechen aufgrund ihres Hausrechts. Umfang und Ausübung des Hausrechts sind zwar teilweise strittig;[525] dem privaten Veranstalter steht aber das Hausrecht als Eigentümer und Besitzer nach §§ 858 I, 1004 II BGB zu,[526] wogegen die Kommunen als Veranstalter aufgrund ihrer Ordnungsgewalt Befugnisse für Besuchsverbote haben.[527] Sportverbände,

---

[521] Siehe im Einzelnen hierzu *MüKo-Söllner,* § 305 Rz. 38 ff.; *Palandt-Heinrichs,* Einf. vor § 305 Rz. 15; auch *Caninenberg,* S. 76; *Richtsfeld,* S. 82.
[522] Vgl. im Einzelnen *MüKo-Hüffer,* § 807, Rz. 10; § 793 Rz. 8; § 808 Rz. 3.
[523] Zum Kontrahierungszwang siehe *MüKo-Kramer,* vor § 145 Rz. 8 ff.; *Bydlinsky,* AcP 1801 ff.
[524] So wohl teilweise *Richtsfeld,* S. 52 ff.; zu den neuerlichen Praktiken der Übertragungsverbote von (Fußball)Bundesligakarten OLG Hamburg, NJW 2005, 3003, sowie *Ensthaler/Zech,* NJW 2005, 3389 sowie von Eintrittskarten aus Sicherheitsgründen bei der Fußball-WM 2006, siehe *Kraus/Oberrauch,* SpuRt 2005, 147; EuZW 2006, 199; *Weller,* NJW 2005, 934 ff.; AG Frankfurt/Main, SpuRt 2006, 122.
[525] Siehe *Schild,* WFV Nr. 21, S. 80 ff.; *Engeln,* S. 107 ff.
[526] Siehe zur Eigentumstheorie BGHZ 33, 230 ff., zur Besitzschutztheorie BGH, NJW 67, 1911; *Schild,* WFV Nr. 21, S. 89; *Engeln,* S. 110 m. w. N; *Breucker,* SpuRt 2005, 136.
[527] Siehe hierzu im Einzelnen *Schild,* WFV Nr. 21, S. 88 ff.; *Frowein,* NJW 69, 1084 ff.

insbesondere im Fußball, haben Richtlinien für die Sicherheit in Fußballstadien erlassen, um Ausschreitungen vorzubeugen. Diese sind die Grundlagen für Stadienverbote. Das AG Leverkusen bestätigte die Wirksamkeit eines Stadionverbotes.[528] Derartige Stadienverbote werden stets an den Grundrechten der Art. 1, 2 GG gemessen und deren Eingriffsmöglichkeiten. Das AG Franfurt[529] hielt erneut ein Stadionverbot auf der Grundlage der Richtlinien des DFB für wirksam, da die Vereine verpflichtet seien, Fußballspiele auszurichten, ohne dass es zu Rechtsgüterverletzungen unter den Beteiligten komme, wofür sie entsprechende Vorsichtsmaßnahmen treffen dürfen.

Erwirbt somit ein Zuschauer, gegen welchen ein Besuchsverbot ausgesprochen ist, eine *Eintrittskarte*, so ist der Veranstalter berechtigt, den Vertrag zu kündigen; ferner liegt ein vom Gläubiger zu vertretendes anfängliches Unvermögen (§ 306 BGB) vor. Gleichzeitig macht sich der Unbefugte wegen Hausfriedensbruchs (§ 123 I StGB) strafbar.[530] Die Durchsetzung des Besuchsverbots gegenüber einem Inhaber einer Abonnementskarte (Dauerschuldverhältnis) dagegen erfolgt über die Kündigungsmöglichkeit nach §§ 626, 696, 723 I BGB aus wichtigem Grund analog.

II. Ansprüche bei Pflichtverletzungen

Anspruchsvoraussetzung für Pflichtverletzungen des Sport-Zuschauervertrages sind die gesetzlich geregelten Fälle der *Unmöglichkeit, Schuldnerverzug, Gläubigerverzug* und *Pflichtverletzungen*,[531] bei der Zuordnung von Leistungen des Zuschauervertrages in gesetzlich geregelte Vertragstypen gelten deren Bestimmungen.[532]

Leistungsstörungen kommen in Betracht, wenn eine Sportveranstaltung ausfällt, abgebrochen oder mangelhaft durchgeführt wird oder auch, wenn der Zuschauer durch unsachgemäßes Verhalten (Randalieren) Schäden anrichtet.

1. Pflichtverletzungen des Sportveranstalters

163 Eine Pflichtverletzung des Veranstalters wäre z. B. der Ausfall einer Sportveranstaltung; Ausfälle können in Betracht kommen, wenn der Platz unbespielbar ist oder die Stadionanlage versagt (Ausfallen des Flutlichtes oder andere plötzlich auftretende Defekte), verpflichtete Sportler nicht antreten, Sponsoren sich zurückziehen oder die Veranstaltung wegen angekündigter Anschläge ausfallen muss. In diesen Fällen liegt der Fall der nachträglichen Unmöglichkeit vor mit der Folge, dass der Zuschauer seine Ansprüche nach §§ 275 ff., 326 I BGB geltend machen kann; er hat Anspruch auf Schadensersatz, es sei denn, der Sportveranstalter weist nach, dass er den Ausfall nicht zu vertreten hat (§ 280 BGB). Dann wird er von seiner Leistung frei, hat aber auch keinen Vergütungsanspruch und muss bereits gezahlte Eintrittsgelder zurückzahlen. Der Veranstalter trägt somit die genannten Veranstaltungs-Risiken. Auch *abgebrochene Sportwettkämpfe* sind den Ausfällen zuzuordnen, denn ein Sportereignis ohne Ergebnis (Sieg, Niederlage, Zeitmessung) ist für den Zuschauer ohne Wert, somit ist die sog. teilweise Unmöglichkeit der vollständigen gleichzusetzen,[533] mit der Folge der Rückerstattung des Eintrittsgeldes und Schadensersatzes im Falle des Vertretenmüssens. Kein Fall einer (teilweisen oder vollständigen) Unmöglichkeit liegt bei einer *nachträglichen Annulierung* des Wettkampfergebnisses einer Sportveranstaltung vor, denn der Veranstalter hat hier seine Leistung vollständig erbracht.[534]

---

[528] AG Leverkusen, SpuRt 2001, 72, siehe hierzu ähnlich die Frage des Ausreiseverbotes gem. § 7 PassG, VG Gelsenkirchen, SpuRt 2001, 76; VG Hannover, SpuRt 2005, 258.
[529] AG Frankfurt, SpuRt 2005, 172; ebenso AG Freiburg, SpuRt 2005, 257.
[530] Siehe hierzu *Schild*, WFV 21, S. 90 ff. m. w. N.; *Richtsfeld*, S. 67 ff. m. w. N.
[531] Siehe oben Rz. 41.
[532] Siehe oben Rz. 90 ff.
[533] Zur teilweisen Unmöglichkeit *MüKo-Emmerich*, § 275 Rz. 57 ff.; die Veranstalter von Fußball-(Bundesliga)Spielen treffen hierfür Regelungen in ihren „Allg. Ticket-Geschäftsbedingungen (ATGB)".
[534] So auch im Einzelnen *Schwab*, RuS 5, S. 45 f.

Entscheidend für eine Rückerstattung der Eintrittsgelder sowie für eine Schadenser- **164** satzleistung (z. B. wenn zusätzlich Kostenersatz für weite Anfahrten und Übernachtungen anlässlich der Veranstaltung aufgewendet wird[535]) ist die Frage des Vertretenmüssens des Veranstalters nach § 276 I BGB; auch ein Verschulden seiner Erfüllungshilfen hat er nach § 278 BGB zu vertreten. Als solche Erfüllungsgehilfen des Veranstalters kommen der Sportler, die gesamte Sportmannschaft, auch Gastmannschaften in Betracht, ebenso jegliche anderen Helfer und eingesetzte Organisatoren, wie etwa der Verkäufer von Eintrittskarten. Nach ständiger Rechtsprechung des BGH ist jeweils derjenige Erfüllungsgehilfe, welcher mit Willen des Schuldners bei der Erfüllung einer diesem obliegenden Verpflichtung als seine Hilfsperson tätig wird.[536] Der Veranstalter haftet dem Zuschauer somit auch dann, wenn diese Personen schuldhaft handeln und die Veranstaltung nicht durchgeführt werden kann, sei es, dass es zu einem Abbruch kommt oder zu einem Ausfall.[537]

Oftmals entscheiden Schiedsrichter über den Ausfall oder Fortgang einer Sportveran- **165** staltung, weshalb sich die Frage stellt, ob der Veranstalter schiedsrichterliches Verhalten zu vertreten hat. Nach herrschender Auffassung sind Schiedsrichter und Wettkampfrichter aber nicht Erfüllungsgehilfen des Veranstalters; weder „bedient sich der Verein des Schiedsrichters, noch bestehen vertraglichen Beziehungen zum Verein – diese bestehen lediglich zwischen Schiedsrichter und Verband".[538]

Der Veranstalter hat somit schiedsrichterliches Verhalten nicht zu vertreten. Darüber hinaus weist *Lieb*[539] auf einen weiteren wichtigen Gesichtspunkt hin: Auf die Erfüllungsgehilfen-Eigenschaft komme es nicht an, weil wegen der Tatsachenentscheidungen des Schiedsrichters eine zurechenbare Haftung ohnehin nicht in Betracht komme. Die Entscheidungen des Schiedsrichters, z. B. darüber, ob der Platz unbespielbar ist oder nicht (Nässe oder Vereisung), oder aber das Spiel gefährdet ist durch ein herannahendes Gewitter mit Blitzgefahr, oder schließlich, ob das Spiel wegen grober Fouls zu entgleiten droht, und abgebrochen werden muss, sind richtigerweise als Ermessens- und Tatsachen-Entscheidung zu werten. Der Zuschauer weiß und billigt im Übrigen auch sporttypische Schiedsrichter-Entscheidungen. Eine Zurechenbarkeit für eventuelle Fehler scheidet deshalb aus; der Schiedsrichter ist in seiner Entscheidungsfreiheit weder eingeschränkt noch weisungsgebunden, obwohl er in vertraglichen Beziehungen zum übergeordneten Sportverein steht und gegenüber diesem Verpflichtungen hat.[540] Für ein „Fehlverhalten" des Schiedrichters, welches einen Ausfall der Veranstaltung zur Folge hat, muss daher im Einzelfall der Veranstalter nicht einstehen.

Ansprüche des Zuschauers bei *mangelhaft* durchgeführten Veranstaltungen sind bei **166** mangelhafter Leistung[541] nach den Gewährleistungsbestimmungen dieser Vertragstypen bzw. als Fall der Pflichtverletzung[542] zu lösen. Eine mangelhafte Leistung liegt nicht vor, wenn die Sportler schlecht spielen oder kämpfen, allerdings dann, wenn bei Sportveranstaltungen mit Einzelwettkämpfern, wie Tennisturnieren oder Leichtathletikveranstaltungen, bestimmte Teilnehmer nicht antreten. Bei Turnieren auch mit bestimmten ausdrücklich angekündigten Sportlern oder etwa Schaukämpfen, Rekordversuchen hat der Veranstalter das Fehlen von prominenten Sportlern anzukündigen; anderfalls ist die Leistung mangelhaft.

---

[535] Zur Frage des Frustrationsschadens siehe die Nachweise bei *Koller*, RdA 82, 49 Fn. 33.
[536] Siehe hierzu auch 5/Rz. 5, Haftungsvoraussetzungen; ständige Rechtsprechung des BGH, z. B. NJW 78, 2257, siehe auch *MüKo-Hanau*, § 278 BGB, Rz. 12; *Palandt-Heinrichs*, § 278 BGB, Rz. 7 ff.
[537] Siehe hierzu auch *Richtsfeld*, SpuRt 1995, 154.
[538] Hierzu ausführlich *Pfister*, WFV 25, S. 62 ff.
[539] So *Lieb*, WFV 25, S. 52 unter Hinweis auf BGH (Preisausschreiben), NJW 83, 442.
[540] So auch zur Verantwortlichkeit des Schiedsrichters *Pfister*, WFV 25, S. 61 ff.; *Lieb*, WFV 25, S. 59.
[541] Siehe oben Rz. 159, 160.
[542] Siehe hierzu oben Rz. 41.

Eine Mangelleistung des Sportveranstalters liegt auch dann vor, wenn der Zuschauer infolge schlechter Sicht das Sportgeschehen nicht betrachten kann (Blickversperrung durch andere Sportgeräte, Werbetafeln, Masten, Überfüllung des Stadions, undiszipliniertes Verhalten anderer Zuschauer etc.). Bei Nachweis der Mangelhaftigkeit besteht Anspruch auf Rückzahlung des Eintrittsgeldes.

Ferner können Mängelansprüche auch über das mietvertragliche Element des Sportveranstaltungsvertrages beurteilt werden: Bei mangelhafter Sicht etwa hat der Zuschauer nach § 537 I BGB Minderungsansprüche sowie Schadensersatzansprüche nach § 538 BGB. Das *AG Hannover* hat im Falle eines Rock-Konzertes einen Minderungsanspruch des Zuschauers bei undiszipliniertem Verhalten der Mitzuschauer zugesprochen (in Höhe des niedrigsten Eintrittspreises), mit dem Hinweis, der Veranstalter müsse sich in jedem Falle ein undiszipliniertes Verhalten der Zuschauer zurechnen lassen.[543] Mangelleistungen oder Schlechterfüllung wiederum bei so genannten Leistungspaketen, z. B. Verköstigungen in VIP-Lounge, Teilnahme an Trainer-Presse-Konferenzen, sind nach den jeweiligen Vertragstypen (z. B. Werklieferungsvertrag §§ 651 ff. BGB, Dienstvertrag §§ 611 ff. BGB) zu beurteilen.

167 Haftungsausschlussklauseln schließlich auf Eintritts- oder Abonnementskarten sind unwirksam, sie verstoßen nach allgemeiner Auffassung gegen § 305 II, Ziff. 1, 2 BGB, denn Zuschauer nehmen derartige Klauseln kaum zur Kenntnis, auch fehlt es an entsprechenden Hinweisen. Ebenso verstoßen diese Klauseln gegen das absolute Klauselverbot des § 309 Ziff. 8 BGB sowie gegen das Gebot der unangemessenen Benachteiligung nach § 307 Abs. 2 Ziff. 1 BGB.[544]

2. Pflichtverletzungen des Zuschauers

168 Pflichtverletzungen des Zuschauers sind unsachgemäße Verhaltensweisen, wie Randalieren und Störung der Sportveranstaltung.

Führen diese zu Schäden des Veranstalters, hat dieser Schadensersatzansprüche aus vertraglicher Pflichtverletzung sowie aus den deliktsrechtlichen Bestimmungen.[545]

Bei der *vertraglichen* Anspruchsgrundlage hat der Veranstalter die Schädigung durch den Schädiger zu beweisen, dieser muss unter Beweis stellen, dass er sie nicht zu vertreten hat.

Bei *deliktsrechtlicher* Anspruchsgrundlage hat der geschädigte Veranstalter alle Tatbestandsvoraussetzungen des § 823 BGB unter Beweis zu stellen, allerdings kommt ihm bei Schädigungen durch mehrere Zuschauer die Kausalitätsvermutung des § 830 I 1 BGB zugute.[546]

6. Kapitel. Sportwettverträge

168a Die Bedeutung des Sportwetten-Marktes ist im letzten Jahrzehnt erheblich gestiegen. Bisher hat sich die Sportwette auf das einfache System der Fußball-Toto- und Pferdewette beschränkt, der Staat hatte als Inhaber des Monopols im Lotterie- und Glücksspielwesen die Sportwette regelungstechnisch voll in der Hand gehabt. Neuerdings hat sich allerdings durch die technischen Entwicklungen, insbesondere durch das Internet, aber auch durch die Ausweitung auf den europäischen Markt der Wettspielbetrieb erheblich erweitert und Rechtsfragen aufgeworfen.[547]

---

[543] AG Hannover, NJW 81, 1219 sowie das LG München, SpuRt 2006, 121 (keine Haftung für gewalttätige Zuschauerübergriffe); hierzu auch *Koller*, RdA 82, 512.

[544] Siehe hierzu *Fessmann*, NJW 83, 1167.

[545] Siehe hierzu 5/Rz. 127; so bejaht das LG Rostock einen Schadensersatzanspruch bei Zuschauerausschreitungen, SpuRt 2006, 83; siehe auch oben Rz. 162.

[546] Siehe 5/Rz. 125, 126.

[547] *Ohlmann*, WRP 2005, 48 ff.; *Diegmann/Hoffmann*, DÖV 2005, 45 ff.; *Janz*, NJW 2003, 1694 ff.

Dabei konzentrierten sich jüngst die Rechtsfragen auf das Verhältnis zwischen Sportwettunternehmen und Staat, hierbei insbesondere die Zulässigkeit der Veranstaltung und Vermittlung von Glücksspielen überhaupt, ferner die rechtlichen Beziehungen der Wettunternehmer untereinander, also Wettbewerbsfragen. Diesen Fragen soll einleitend nachgegangen werden, denn die Wirksamkeit des Wettvertrages zwischen Wettspieler und Wettunternehmer hängt u. a. auch von der rechtlichen Zulässigkeit der Veranstaltung der Sportwette ab.

A. Grundlagen

I. Die Entwicklung der Sportwette

169 Wetten auf Sportereignisse hat es schon seit jeher gegeben. Pferdewettunternehmen reichen bis in das 15. Jahrhundert zurück, in Deutschland gibt es sie etwa seit 1800, der Fußballtoto hat sich in Deutschland in der Nachkriegszeit besonders entwickelt.[548] Den Rennvereinen im Pferderennsport fließen an den Einnahmen des Wettspielbetriebes bis zu 96 % zu, den Sportverbänden des Fußballs etwa 20 % bis 30 % der Einnahmen. Nicht nur wegen der Unterschiede der beiden Sportarten, Pferderennsport und Fußball, und deren Wettspielentwicklung, sondern auch aus der Tatsache, dass die Lotteriehoheit und das Glücksspielrecht Polizeirecht ist und damit Ländersache[549] (beide Wettspielarten bedürfen einer besonderen Zulassung[550]), sind beide Wettspielarten und deren Beziehungen zwischen Wettunternehmen und Sportverbänden als Veranstalter des sportlichen Ereignisses unterschiedlicher Struktur.

Zwischenzeitlich können Wettunternehmer auf jeden sportlichen Wettkampf Wetten anbieten – der Wettmarkt stellt einen bedeutenden Wirtschaftsfaktor dar,[551] besonders deshalb, weil aufgrund der Entwicklung in der Datentechnik die Wettkunden per Telefon, Telefax oder Internet Wetten abgeschlossen werden können per Bezahlung über Kreditkarten.

Einen neue Form der Sportwette ist die sog. Oddset-Wette, einer Weiterentwicklung der einfachen Sportwette, bei welcher auf jedes mögliche Ereignis gewettet werden kann und mit einer von Anfang bestehenden Gewinnquote gewettet wird.[552] Die Oddset-Wette wird speziell im Fußballsport, aber auch in Sportarten wie Eishockey, Basketball, Handball, Skispringen, Tennis, Boxen und Formel 1 angeboten. Zunächst wurde diese Wettform von privaten Wettunternehmern angeboten, später auch von den staatlichen Lotto-Toto-Gesellschaften der Bundesländer. Jedes Land hat eine unterschiedliche Organisation und Rechtsform ihrer (staatlichen) Beteiligung an Lotto- und Toto-Unternehmen, teilweise gibt es in Bundesländern nur Staatslotterien, in Bayern ist der Glücksspielbetrieb untergebracht als Mittelbehörde im Staatsministerium der Finanzen ohne eigene Rechtspersönlichkeit.

II. Gesetzliche Grundlagen der Sportwette

170 Seit jeher unterliegt das Glücksspiel dem gesetzlichen Regelungsbereich, Sportwetten sind Glücksspiel im Sinne der §§ 284 ff. StGB.[553]

---

[548] Siehe den einführenden Kurzüberblick bei *Deselaers*, RuS 10, S. 15 ff.; zur Geschichte der Pferdewette *Roth*, S. 32 ff., zum Fußballtoto *Roth*, S. 108–112.
[549] Ständige Rechtsprechung, BVerfGE 28, 119 ff.
[550] Zur Ablehnung des Betriebes eines Sportwettunternehmens BVerwG, NVwZ 95, 475.
[551] Siehe hierzu *Voßkuhle/Bumke*, Rechtsfragen der Sportwette, 2005, S. 11.
[552] Siehe zum Begriff „Odd" und „set" bereits § 4 III Rennwett- u. Lotteriegesetz vom 8. 4. 1922, RGBl. I, 335, 393.
[553] Siehe hierzu *Diegmann/Hoffmann*, DÖV 2005, S. 48 m. w. N.

Das Rennwett- und Lotteriegesetz vom 8. 4. 1922[554] regelt die Zulassung und den Betrieb der Rennwettunternehmer im Pferderennsport, nämlich der *Totalisator*wette[555] und der *Buchmacher*wette. Die Pferderennvereine betreiben die Totalisatorwette, daneben gibt es auch heute noch die Buchmacher als private Unternehmer, die in eigenem Namen oder als Agenten der Rennvereine tätig sind.[556] Von jeher war es die Aufgabe der Galopp- und Trabrennvereine, sowohl sportliche Leistungsprüfungen durchzuführen als auch gleichzeitig als Wettunternehmer tätig zu sein, um durch deren Einnahmen die Aufgaben der Tierzucht zu erfüllen.[557] Die staatliche Aufsicht über den Pferderennwettbetrieb wurde den Pferdesportverbänden übertragen und auch trotz der Manipulationsmöglichkeiten in dieser Sportart, etwa durch Bestechung, Doping etc., dort belassen. Nach § 1 Abs. 2 des Rennwett- und Lotteriegesetzes besteht jederzeit die Möglichkeit, die Erlaubnis zum Rennwettbetrieb zu widerrufen, wenn nicht gesichert ist, „dass sie ihre Einnahmen ausschließlich zum Besten der Landespferdezucht verwenden" (§ 1 Abs. 3). Von den Behörden sind den Vorständen der Vereine und Verbände Verpflichtungen auferlegt worden, die Überwachung sorgfältigst zu führen und über sämtliche Verdachtsfälle zu informieren sowie neutrale Wirtschaftsprüfungsunternehmen zur Beaufsichtigung des Renn- und Wettbetriebes zu beauftragen.[558]

Das Rennwett- und Lotteriegesetz wurde durch Änderungsgesetz vom 17. 5. 2000 zuletzt neu geregelt,[559] ferner durch das 3. Gesetz zur Änderung der Gewerbeordnung vom 24. 8. 2002.[560] Wesentliche Vorschriften sind die §§ 284, 286, 287 StGB, welche das unerlaubte Glücksspiel unter Strafe stellen, ferner die Bestimmungen der §§ 14, 33c bis 33i GewO, schließlich die Bestimmungen der §§ 762, 763 sowie 312d BGB.

Schließlich haben die Bundesländer, in deren Zuständigkeit das Lotteriewesen liegt, am 1. Juli 2004 einen Staatsvertrag zum Lotteriewesen in Deutschland (Lotteriestaatsvertrag) geschlossen,[561] worin ein einheitlicher ordnungsrechtlicher Regelungsrahmen herbeigeführt werden und somit den verfassungsrechtlichen und europarechtlichen Erfordernissen entsprechen sollte.[562] Der Lotteriestaatsvertrag bezieht sich primär auf Lotterien, aber auch auf Sportwetten, welche Glücksspiele im Sinne des § 3 Abs. 1 Lotteriestaatsvertrag sind.[563] Der Lotteriestaatsvertrag sieht ausdrücklich die Lotterie als „Aufgabe des Staates" an, aber nennt auch ausdrücklich die „Lotterien anderer Veranstalter" und regelt in § 14, dass gewerbliche Spielvermittler unter engen Voraussetzungen zuzulassen sind.

III. Zulässigkeit der Sportwette

170a In der letzten Zeit wurde privaten Sportwetten-Veranstaltern und -Vermittlern seitens des Staates die Zulassung zum Wettbetrieb verweigert bzw. bestehende Betriebe von den Behörden geschlossen. Sie begründeten die Verbote bzw. Zulassungssperren mit dem staatlichen Monopol – um auf der anderen Seite allerdings selbst gewinnträchtig am Sportwettenmarkt teilhaben zu können – in erster Linie mit einem Verstoß gegen § 284 StGB, aber auch damit, dass eine gesetzliche Regelung für eine Zulassung privater Sportwetten-Anbieter überhaupt nicht besteht.

---

[554] RGBl. 1922, 393 mehrfach geändert, zuletzt durch 2. Rechtsbereinigungsgesetz v. 16.12.1986, BGBl. 1986 I S. 1986 ff.
[555] Zum Begriff Totalisator siehe *Creifelds*, Rechtswörterbuch, Stichwort „Lotterie, Ausspielung".
[556] Siehe im Einzelnen hierzu *Deselaers*, RuS 10 S. 18 ff.
[557] Siehe im Einzelnen hierzu *Deselaers*, AgrarR 1980, 325; 81, 245.
[558] Siehe im Einzelnen *Deselaers*, RuS 10, S. 23 ff.
[559] Siehe BGBl. 2000, I, 715.
[560] BGBl. 2002, I, 2412.
[561] Siehe hierzu die einzelnen Verkündungsblätter der Länder.
[562] Siehe hierzu *Ohlmann*, WRP 2005, S. 48 ff.
[563] Siehe hierzu *Ohlmann*, WRP 2005, S. 56.

1. Glücksspielverbot gemäß §§ 284 ff. BGB

Das Bundesverwaltungsgericht bestätigte eine Entscheidung des bayrischen VGH, welche **171** die Genehmigung zu einem Sportwettbetrieb verweigerte, mit der Begründung dass es bei dem Glücksspielverbot der §§ 284 ff. verbleibt, denn Oddset-Wetten seien Glücksspiel, welche unerwünscht und schädlich seien und dem Schutzbereich des Art. 12 Abs. 1 GG nicht unterfielen.[564] Der BGH[565] urteilte zunächst ähnlich anlässlich der Klage einer Gesellschafterin des deutschen Toto- und Lottoblock gegen einen Konkurrenzunternehmer aus Österreich, welcher seinen Geschäftsbetrieb auf Deutschland ausweitete; auch das österreichische Unternehmen unterliege dem Glücksspielverbot des § 284 StGB, ein Verstoß gegen die Dienstleistungsfreiheit nach Art. 49 EGV liege im Übrigen nicht vor.

In ähnlicher Weise entschied beispielsweise der Bay VGH,[566] als ein Wettbüro an ein in Gera ansässiges Unternehmen Wetten vermittelte und die Behörden gemäß Art. 7 Abs. 2 Nr. 1 LStVG untersagten, ebenfalls der VGH Mannheim[567] welcher eine Untersagungsverfügung der Stadt Karlsruhe gegenüber einem Wettbüro, welches an britische Wettunternehmen vermittelte, untersagte.

Lediglich das OVG Bautzen[568] machte eine Ausnahme anlässlich des Widerspruchs eines Wettbüros gegenüber einer Untersagungsverfügung und gewährte die Wiederherstellung einer aufschiebenden Wirkung des Rechtsbehelfs dagegen, wobei es sich zugunsten des Antragstellers auf Artikel 12 Abs. 1 GG Artikel 28 Abs. 1 sächs. Verf. berief.

Zwischenzeitlich war die Gambelli-Entscheidung des EuGH[569] ergangen; unter Berufung auf Artikel 43, 49 EGV wurde festgestellt, dass die nationalen Regelungen, welche der Tätigkeit des Sammelns, der Annahme, Bestellung und Übertragung von Wetten, insbesondere auch Sportwetten keine Konzessionen/Genehmigungen erteilen, gegen die Niederlassungsfreiheit und das Recht des freien Dienstleistungsverkehrs verstieße. Trotzdem entschied beispielsweise das BayObLG,[570] dass es sich bei der Veranstaltung und Vermittlung von Sportwetten um verbotene Glücksspiele im Sinne des § 284 StGB handele.

Die Auffassung der Rechtsprechung ist nicht überzeugend, insbesondere deshalb weil eine Auseinandersetzung mit der Frage ob das Argument der Gefahrenabwehr zum Schutze der Spielleidenschaft der Bevölkerung tatsächlich einen Eingriff in den Schutzbereich des Grundrechts der Berufsfreiheit Artikel 12 GG rechtfertige und ferner in wieweit hier kein Verstoß gegen Artikel 43, 49 EGV vorliege. Auch das Bundesverwaltungsgericht hat in seiner oben zitierten Entscheidung mahnend darauf hingewiesen,[571] dass kritischer geprüft werden müsse, ob die Fernhaltung privater Anbieter vom deutschen Sportwettenmarkt unter gleichzeitiger Forderung der staatlichen Sportwette Oddset gerechtfertigt sei.

Im Übrigen hat auch der Lotterie-Staatsvertrag vom 1. 7. 2004 im § 14 klar ausgesprochen, dass auch private Anbieter unter Umständen zuzulassen sind.

2. Erlaubnis bzw. Genehmigung der Sportwette

Erlaubnisse bzw. Genehmigungen zum Sportwettbetrieb ist Ländersache und die **172** einzelnen Sportwettengesetze der Länder sind sehr unterschiedlich,[572] insbesondere die

---

[564] BVerwG, NJW 2001, 2648 ff.
[565] BGH, NJW 2002, 2175.
[566] BayVGH, 29. 9. 04, GewArch 2005, 78.
[567] VGH Mannheim, 12. 1. 2005, GewArch 2005, 113.
[568] OVG Bautzen, 2 2. 12. 2004, Az 3 BS 28/4 (unveröffentlicht).
[569] EuGH, 6. 11. 2003, NJW 2004, 139.
[570] BayObLG, NJW 2004, 1057.
[571] BVerwG, NJW 2001, 2648.
[572] Siehe hierzu *Vußkuhle/Bumke*, S. 92 ff. und die dortige Zusammenstellung der Lädergesetze.

Länder Brandenburg, Hessen, Saarland, Thüringen. Niedersachsen, Nordrhein-Westfahlen und Sachsen-Anhalt haben das Monopol des Staates festgeschrieben und die Genehmigung privater Wettunternehmer so gut wie ausgeschlossen oder erteilen Genehmigungen nur unter engen Voraussetzungen,[573] was verfassungsrechtlich bedenklich war.

Lediglich ein privates Wettunternehmen erhielt die staatliche Erlaubnis zum Sportwettenbetrieb: Einem Sportwettenunternehmen wurde in der ehemaligen DDR noch vor dem Beitritt im Jahre 1990 eine Genehmigung auf der Grundlage der Gewerbegesetze der DDR erteilt, welche gemäß Art. 19 Satz 1 Einigungsvertrag auch nach dem Beitritt wirksam geblieben ist. Die vielfach ausgetragenen Rechtsstreite gegen die Wirksamkeit und das über Ländergrenzen hinaus erfolgte Tätigsein des Wettunternehmers blieben erfolglos.[574]

3. Rechtmäßigkeit der staatlichen Beschränkung des Sportwettenmarktes

173 Inwieweit die staatliche Beschränkung des Sportwettenmarktes rechtmäßig ist, hierzu hat sich bisher das *Bundesverfassungsgericht* in einem Beschluss vom 19. 7. 2000[575] geäußert, ebenso wie der EuGH in seiner *Gambelli*-Entscheidung.[576] Das Bundesverfassungsgericht musste das Spielbankengesetz 1995 des Landes Baden-Württemberg, welches entgegen der bisherigen Regelung des Spielbankengesetzes 1933 nunmehr private Spielbanken nicht mehr zulässt, für unwirksam erklären und gab der Verfassungsbeschwerde statt; es wies darauf hin, dass durch diese Regelung in das Recht der freien Berufsausübung, Artikel 12 Abs. 1 GG eingegriffen werde, was nur zur Abwehr nachweisbarer, höchstwahrscheinlich schwerer Gefahren zulässig sei. Der Betrieb einer Spielbank sei zwar eine unerwünschte Tätigkeit, die der Staat zwar erlaube, um das illegale Glücksspiel einzudämmen, um so gleichzeitig den Spieltrieb zu steuern und die Menschen für strafbarer Ausbeutung zu schützen. Gleichwohl entspreche ein Verbot des privaten Spielbankenbetriebes nicht dem Verhältnismäßigkeitsgrundsatz, ein derartiger Eingriff sei zur Gefahrenabwehr nicht erforderlich. Im Gegensatz dazu hat die bisherige Rechtsprechung der Verwaltungsgerichte sich darauf berufen, dass die Verhältnismäßigkeit gewahrt ist;[577] dagegen teilt das überwiegende Schrifttum die Auffassung des Bundesverfassungsgerichtes im Ergebnis.[578]

174 Mit ähnlichen Argumenten wie bisher das Bundesverfassungsgericht lehnt der EuGH in der Entscheidung *Gambelli*[579] das Verbot des privaten Sportwettenbetriebs ab unter Berufung auf die Niederlassungsfreiheit und Dienstleistungsfreiheit der Art. 43, 49 EGV. Entsprechend seiner bisherigen Rechtsprechung legt der EuGH klar, dass „es im Ermessen der nationalen Instanzen und Gerichte liege Beschränkungen der Zulassungen vorzunehmen, soweit sie keine Diskriminierung darstellten und aus zwingenden Gründen des Allgemeinwohls gerechtfertigt seien"! Beschränkungen seien nur zulässig, wenn sie durch Ziele der Sozialpolitik insbesondere zur Beschränkung schädlicher Wirkungen gerechtfertigt seien, allerdings dürften sie nicht unverhältnismäßig sein. Ausdrücklich erwähnt der EuGH auch, dass die Verhinderung von Steuerminderungseinnahmen keineswegs ein vorgeschobener Rechtfertigungsgrund zur Beschränkung des Glücksspiels sein könne.

Lediglich der hess. VGH vom 9. 2. 2004[580] hat sich die Auffassung des EuGH zu eigen gemacht und gegen jegliche Monopolisierung des Sportwettenbetriebes argumentiert,

---

[573] Hierzu *Janz*, NJW 2003, 1698.
[574] Siehe hierzu z. B. BGH, GewArch 2002, 162; BGH, NJW 1999, 54 OLG Nürnberg, SpuRt 2001, 157.
[575] BVG 19. 7. 2000, NVwZ 2001, 790.
[576] EuGH, NJW 2004, 139 = SpuRt 2004, 108.
[577] Siehe hierzu z. B. BVerwG, NJW 2001, 2648; VGH München, GewArch 2001, 65.
[578] Z.B. *Vußkuhle/Bumke*, S. 46, *Janz*, NRW 2003, 1699, dagegen gegenteilige Auffassung *Dietline/Thiel*, NWVBl. 2001, 173 ff.
[579] EuGH, NJW 2004, 139.
[580] Hess. VGH, SpuRt 2004, 118.

ebenso das LG München I.[581] Es muss daher festgehalten werden, dass sowohl nach den verfassungsrechtlichen Vorgaben des Art. 12 I GG sowie nach dem europarechtlichen in Art. 43, 49 EGV eine Untersagung des privaten Sportwettenmarktes unzulässig ist, sowohl was die Veranstaltung als auch was die Vermittlung betrifft.[582]

Diese Auffassung hat nunmehr das Bundesverfassungsgericht vertreten: In seiner Entscheidung vom 28. 3. 2006[583] hat es entschieden, dass ein staatliches Monopol für Sportwetten mit dem Grundrecht der Berufsfreiheit nach Art. 12 I GG nur vereinbar ist, wenn es sich konsequent am Ziel der Bekämpfung von Suchtgefahren ausrichtet. Es hat den Gesetzgeber verpflichtet, die Veranstaltung und Ermittlung von Sportwetten bis zum 31. 7. 2007 neu zu regeln und dafür in seinem Urteil konkrete ausführliche Vorgaben gegeben. Bis zur Neuregelung durch ein Gesetz darf das derzeitige staatliche Lotteriegesetz bis zum 31. 12. 2007 noch angewandt werden, allerdings nur, wenn wiederum die Vorgaben seines Urteils genau beachtet werden. Gestützt auf die Logik der Entscheidungsgründe und die Vorgaben dieses Urteils hoben die Verwaltungsgerichte in Eilverfahren die Schließungsverfügungen sowie Unterlassungsanordnungen von Behörden gegen private Wettunternehmen wieder auf.[584]

B. Sport -Wettverträge

›Bei den Sportwettverträgen zwischen Wettspielern und Wettunternehmen wird die Spannung am Ausgang eines Sportereignisses unter Einbeziehung der Spielleidenschaft des Sportpublikums verwertet. Da Glücksspiel und Spiellust bei Zuschauern von Sportveranstaltungen seit jeher in großem Ausmaße vorhanden waren, nutzen besonders Veranstalter von Pferderennen und Fußballspielen das Spiel- und Wettbedürfnis schon lange als einträgliche Einnahmequelle.

174 a

Die Leistung der Wettunternehmen besteht bei Bezahlung des Spieleinsatzes in der Gewährung einer Gewinnchance durch Organisation des Spielbetriebes, nämlich Zusammenstellung der Wettspiel-Paarungen bzw. Rennteilnehmer, Bearbeitung der eingereichten Wetten, Verwertung der Spielergebnisse und Feststellung der Gewinner.

I. Rechtsnatur des Vertrages, Vertragspflichten

Die Sportwetten sind Glücksspiele nach §§ 284 ff. StGB, deren Veranstaltung ohne behördliche Erlaubnis strafbar ist.[585] Sie sind auch Glückspiele nach § 762 BGB, die rechtlich unverbindlich sind, vielmehr erst bei staatlicher Genehmigung eine rechtliche Verpflichtung begründen (§ 763 BGB).

175

Rechtlich verbindlich sind die Sportwettverträge (Fußballtoto- und Pferderennwette) also erst durch die staatliche Genehmigung[586] in den verschiedenen Ländergesetzen.[587] Über den Inhalt der Wettverträge sagt die Bestimmung des § 763 BGB nichts aus, weshalb hier auf die sehr umfangreichen Teilnahmebedingungen der Lotto- und Totogesellschaften der einzelnen Länder zurückgegriffen werden muss; diese beschreiben den jeweiligen Vertragsinhalt für den Fußballtoto.[588] Für die Pferdewetten sind dagegen die Vorschriften für den Pferderennwettbetrieb[589] maßgebend.

---

[581] LG München I, NJW 2004, 171 = SpuRt 2004, 73.
[582] Siehe hierzu *Hambach*, SpuRt 2004, 102 ff.
[583] BVerfG, NJW 2006, 1261 = SpuRt 2006, 115.
[584] So z. B. VG Amberg, SpuRt 2006, 168; VG München, SpuRt 2006, 170.
[585] Siehe hierzu oben, Rz. 170, 172; zur Problematik der Wettmanipulation durch unparteiische Sportler siehe 8/164 ff.
[586] Siehe hierzu, *MüKo-Pecher,* § 763 Rz. 3 f.
[587] Siehe oben, Rz. 173.
[588] Siehe z. B. die Teilnahmebedingungen des Süd-Lotto und Bayer. Fußball-Toto, Rennquintett Ausgabe Dez. 92, und die in den anderen Bundesländern identischen Regelungen.
[589] Siehe die Sonderbestimmungen für den Wettbetrieb des Direktoriums für Vollblutzucht und

Die beiderseitigen *Vertragspflichten* ergeben sich für den Fußball-Toto aus den Teilnahmebedingungen der Totogesellschaften, z. B. für den Spieler die Einreichung der Spielscheine (Ziff. 5), Spieleinsätze (Ziff. 6), Abgabe der Spielscheine (Ziff. 8), für die Totogesellschaft die Gewinnermittlung (Ziff. 12a, b, c), Auswertung (Ziff. 13–16) und Gewinnauszahlung (Ziff. 18). Für Pferderennwetten aus den Vorschriften über den Wettbetrieb aus der Satzung des Hauptverbandes für Traber-Zucht und Rennen e.V. (HTV) und den einzelnen Totalisatorbestimmungen des Veranstalters.

Der *Spielvertrag* unterfällt auch keinem besonderen Typus der im BGB geregelten Verträge; er enthält vielmehr sowohl dienst- wie werkvertragliche Elemente mit dem Inhalt, das Spiel nach den Teilnahmebedingungen für sämtliche Wettspieler zu organisieren. Da bei der Totalisatorwette (Toto) im Gegensatz zur Buchmacherwette der Wettbetrieb für die Totogesellschaft gewinn- und verlustunabhängig ist, fungiert diese nach dem Vertrag als Treuhänder für die von den Wettspielern eingezahlten Gelder.[590]

176   Vertragspartner der Wettspieler sind die Lotto- und Totogesellschaften, welche unter staatlicher Beteiligung und Aufsicht als juristische Personen des Privatrechts (z. B. Bremer Toto- und Lotto GmbH, staatliche Sport-Toto GmbH Baden-Württemberg) fungieren.[591] Diese wiederum betreiben im Bundesgebiet die Annahmestellen für Lotto und Toto als interne Bezirksaußenstellen oder selbständige Geschäftsstellen (deren Inhaber als Handelsvertreter nach §§ 84ff. HGB).

Bedeutsam sind die Regelungen über den Zeitpunkt eines wirksamen *Vertragsabschlusses,* z. B. in Ziff. 10 Abs. 1 der Teilnahmebedingungen des Bayer. Fußballtotos:

„Der Spielvertrag ist abgeschlossen, wenn der Spielabschnitt nach Eingang in der Staatlichen Lotterieverwaltung verfilmt und der Mikrofilm durch Verschluss rechtzeitig (d. h. vor Beginn des ersten Fußballspiels des ersten Spieltages) gesichert und der Spielabschnitt auswertbar ist. Fehlt eine dieser Voraussetzungen, so kommt der Spielvertrag nicht zustande."[592] Dies gilt sowohl für die Fußball-Sportwette als auch für die Pferderennwette.[593] Somit ist die Manipulation so gut wie ausgeschlossen; der dem Spielteilnehmer verbleibende Wettschein ist daher lediglich eine Quittung für die Zahlung des Spieleinsatzes, nicht dagegen eine Art Vertragspapier mit einem Anspruch auf Gewinnauszahlung.[594]

II. Ansprüche bei Pflichtverletzungen

176a   Anspruchsvoraussetzungen für Pflichtverletzungen des Wettspielvertrages sind die gesetzlich geregelten Fälle der *Unmöglichkeit, Schuldnerverzug, Gläubigerverzug* und *Pflichtverletzung.*[595]

1. Pflichtverletzungen der Wettspieler, Totogesellschaft und Annahmestelle

177   Seit der Existenz dieser beiden gebräuchlichsten Sportwetten gibt es auch Versuche von Manipulationen durch Wettspieler, teils durch Beeinflussung des Ergebnisses des Sportwettkampfes, teils durch versuchtes nachträgliches (nach Feststehen des Wettkampfergeb-

---

Rennen e.V., §§ 1, 27 als Bestandteil der Satzung des Hauptverbandes für Traber-Zucht und -Rennen e.V. (HTV).

[590] Siehe im Einzelnen hierzu *Pfister*, RuS 10, S. 77 ff., 78 m. w. N.

[591] Siehe oben Rz. 170.

[592] Diese Regelung findet sich auch in den Teilnahme-Bedingungen der übrigen Länder-Toto-Gesellschaften.

[593] Siehe § 27 Abs. 3 der Sonderbestimmungen für den Wettbetrieb des Direktoriums für Vollblutzucht und Rennen e.V. sowie z. B. die bayer. Teilnahmebedingungen der Pferdewette „Rennquintett", Ziff. 10.1.

[594] So ständige Rechtsprechung, BGH, NJW 65, 1583; *MüKo-Pecher*, § 763 Rz. 12; ausführlich *Pfister*, RuS 10, S. 77.

[595] Siehe Rz. 41.

nisses) Einreichen von ausgefüllten Wettscheinen, weshalb Pflichtverletzungen der Wettspieler zunächst näherliegend erscheinen. Alle Arten von Betrugsversuchen machen den Wettvertrag von vornherein unwirksam (§ 123 BGB).

Ansprüche aus Pflichtverletzungen erwachsen den Wettspielern allerdings gegenüber der Annahmestelle oder Totogesellschaft, wenn nachgewiesen wird, dass er den Spielschein ordungsgemäß ausgefüllt und rechtzeitig an der Toto-Annahmestelle abgegeben hat, die Totogesellschaft die Gewinnauszahlung jedoch verweigert mit der Begründung, eine ordnungsmäße Verfilmung hätte nicht stattgefunden oder der Annahmestelle sei ein Fehler unterlaufen.

Nachdem vertragliche Schadensersatzansprüche wegen des hinausgeschobenen Vertragsschlusses ausscheiden, kommen Ansprüche aus Verletzung vorvertraglicher Pflichten nach §§ 311 II, 324 BGB in Betracht, wonach der Schuldner wie ein Vertragspartner haftet, wenn er nach Aufnahme von Vertragsverhandlungen vorvertragliche Pflichten verletzt;[596] hierbei haftet die Totogesellschaft auf Schadensersatz und entgangenen Gewinn (§ 249 BGB). Bei einem ordnungsgemäß ausgefüllten Wettschein wird sich die Totogesellschaft kaum entlasten können (§ 280 II BGB). Deshalb schließen jedoch die Teilnahmebedingungen die Haftung aus, denn Ziff. 11, Abs. 2 bestimmt: „Die Haftung staatlicher Lotterieverwaltung für Verschulden der Annahmestellen (bzw. Versandstellen) und aller sonstigen mit der Weiterleitung der Spielabschnitte beauftragten Stellen" ist ausgeschlossen. Diese Bestimmung verstößt auch nicht gegen § 309 Ziff. 2 BGB (unwirksame Haftungsausschlüsse), denn dieser ist gem. § 309 Ziff. 7 b) BGB auf staatlich genehmigte Lotterieverträge nicht anwendbar; diese Bereichsausnahme verstößt auch nicht gegen § 307 BGB, denn sie ist zum Schutze der Wettspieler vor Betrugsgefahren gerechtfertigt. Nach den Teilnahmebedingungen besteht hier somit lediglich ein Rückzahlungsanspruch auf den Spieleinsatz und die Bearbeitungsgebühr.

Ebenso wenig bestehen Ansprüche gegen eine nachweislich unsorgfältig handelnde Toto-Annahmestelle, denn deren Haftung ist in den Teilnahmebestimmungen auf Vorsatz beschränkt (Ziffer 11.5), auch ist sie kein Vertragspartner des Wettspielers (Ziff. 11 Abs. 5, Satz 2). Die Rechtsprechung hat die Haftung einer Toto-Annahmestelle darüber hinaus auch aus dem Gesichtspunkt der sog. Sachwalterhaftung – Eigenhaftung des Vertreters und Erfüllungsgehilfen bei besonderem Vertrauen oder Eigeninteresse[597] – abgelehnt, mit der Begründung, dass eine besondere Vertrauenstellung zwischen Wettspieler und Annahmestelle nicht besteht.[598]

2. Pflichtverletzungen in einer Tippgemeinschaft

Pflichtverletzungen in *Tippgemeinschaften*, welche sich oftmals zum Zwecke des gemeinsamen Glückspiels in Betrieben und Freundeskreisen zusammenschließen, und daraus resultierende Ansprüche haben Literatur und Rechtsprechung ebenfalls bereits beschäftigt. **178**

Bei diesen (Innen-)Gesellschaften werden gemeinsam Einsätze eingezahlt, einer der Gesellschaften erledigt das Ausfüllen und Abgabe der Scheine, der Gewinn wird verteilt. Wird nun aufgrund von Nachlässigkeit ein Spielschein von dem hierfür Verantwortlichen falsch ausgefüllt oder dessen Abgabe überhaupt vergessen, liegt eine zum Schadensersatz führende Pflichtverletzung vor.

Der BGH stellte allerdings fest, dass in einer Tippgemeinschaft keine rechtliche Verpflichtung übernommen würde.[599]

Er äußert sich zwar nicht zur Frage, dass die Tippgemeinschaft ein Gefälligkeitsverhältnis ist und keine Rechtsbindung nach § 705 BGB erzeugen kann; vielmehr mangelt es ei-

---

[596] Siehe hierzu *Palandt-Heinrichs,* § 276 Rz. 65, 66; BGH seit BGHZ 6, 330; zuletzt BGH, NJW 85, 1466.
[597] Siehe hierzu *Palandt-Heinrichs,* § 276 Rz. 97; BGHZ 87, 302; BGH, NJW 87, 1512.
[598] So OLG Celle, NJW-RR 86, 833; im Einzelnen *Pfister,* RuS 10, S. 80 f.
[599] BGH, NJW 74, 1705.

ner rechtliche Bindung aus dem Spielcharakter nach § 762 BGB. Er bestätigte damit die Entscheidung der Vorinstanzen, welche die Klage von Mitgliedern einer Tippgemeinschaft gegen einen säumigen Mitspieler abwies, der sie durch Nichtabgabe des Tippzettels um den Gewinn brachte.

Auch eine andere Pflichtverletzung in einer Tippgemeinschaft hatte der BGH[600] zu beurteilen: Ein Spieler einer Tippgemeinschaft hatte den Tippschein ordnungsgemäß ausgefüllt und eingereicht, aber nicht bezahlt. Nachdem der Gewinn auf ihn fiel, wollte er nachträglich noch zahlen; die Mitspieler wollten ihm dagegen die Gwinnauszahlung verweigern, worauf sie der BGH zur Zahlung verurteilte. Literatur und Rechtsprechung beurteilen die Frage der rechtlichen Verbindlichkeit dieser Nebenverträge zu Spielverträgen unterschiedlich,[601] der BGH verneint im Schadensersatzfall die rechtliche Bindung dieser Verträge, bejaht sie jedoch im Gewinnanteilsfall.[602]

7. Kapitel. Versicherungsverträge

179 Der organisierte Sportbetrieb mit seinen vielfältigen Vermarktungsformen hat sich im letzten Jahrzehnt zu einem hochwertigen Wirtschaftsfaktor entwickelt. Komplizierte Vermarktungsprozesse bringen für die Beteiligten wie Sportveranstalter, Vermarktungsagenturen, Sportverbände und Teilnehmer umfangreich Risiken mit sich.[603]

Diese Risiken müssen durch besondere Versicherungen kalkulierbar gemacht werden. Sowohl die Sportverbände als Veranstalter, aber auch die Vertragspartner aus Wirtschaft sind bestrebt, jeweils Versicherungen abzuschließen, woraus sich verschiedenste Versicherungsarten entwickelt haben.

Gesetzliche Grundlage hierfür ist das Versicherungsvertragsgesetz (VVG) mit den verschiedensten Versicherungsbedingungen.

Eine Versicherung liegt stets dann vor, wenn durch privaten Vertrag in einer Gefahrengemeinschaft bei bestimmten Risiken ein Leistungsanspruch gegen den Versicherer für den Versicherungsnehmer vereinbart wird, für den Fall, dass sich das Risiko verwirklicht, d. h. der Versicherungsfall gegeben ist.

Als Versicherungsarten haben sich hier insbesondere herausgebildet, die Sportveranstaltungsausfallversicherung, die Fernsehausfallversicherung, die Werbeausfallversicherung sowie weitere Einzelversicherungen.

I. Die Sportveranstaltungsausfallversicherung

180 Die am längsten übliche und verbreitete Versicherungsform im organisierten Sportbetrieb ist die Sportveranstaltungsausfallversicherung.[604] Die Sportveranstaltungsausfallversicherung deckt Vermögensschäden ab, die der Versicherte durch den Ausfall einer Sportveranstaltung hinnehmen muss. Man unterscheidet hier den Totalausfall, welcher sich vor Veranstaltungsbeginn bereits abzeichnet, von dem Abbruch der Veranstaltung als einer vorzeitigen Beendigung, oder aber auch lediglich ein Ausfall eines Veranstaltungsteiles. In diesen Situationen ist stets der Versicherungsfall eingetreten.

Bei der jeweiligen *Vertragsgestaltung* wird zunächst der sportliche Ablauf, etwa die Teilnehmer, Zeitdauer und die jeweiligen örtlichen Situationen berücksichtigt, ebenfalls der notwendige finanzielle Aufwand. Hinsichtlich der Beschreibung des Risikos werden etwa die Risiken von Elementarereignissen, wie z. B. Naturereignisse, Schnee, Hitze, Sturm, sowie die wirtschaftlichen Risiken, Währung, Zoll und devisenrechtliche Be-

---

[600] BGH, WM 68, 376.
[601] Siehe im Einzelnen die Literatur- und Rechtsprechungsnachweise bei *Pfister*, RuS 10, S. 86 ff.
[602] BGH, NJW 75, 1705.
[603] Zu den Risiken von Sportunfällen und Gesundheitsschäden siehe 5/Rz. 130 ff.
[604] Siehe *Caninenberg*, Die Sportveranstaltungsausfallversicherung, 1988, *Passim*.

schränkungen, ferner das politische Risiko, Unruhen, Terror, aber auch die technischen Risiken vereinbart.[605]

Als *Versicherungsleistung* werden regelmäßig entgangene Einnahmen, entgangener Gewinn oder für den Veranstalter bisher entstandene Kosten vereinbart.

Die jeweils eintretenden Risiken sind höchst unterschiedlich, z. B. war die Fußballweltmeisterschaft 2002 in Japan und Korea durch besondere Naturrisiken wie Erdbeben und Taifune bedroht, während der Boykott der Olympischen Spiele 1980 in Moskau wiederum das politische Risiko aufzeigte und das Wintersportveranstaltungsrisiko bei wetterbedingten ausgefallenen Wettbewerben zutage tritt.

Die Versicherungssummen sind jedenfalls in den letzten zwei Jahrzehnten bei derartigen Veranstaltungen in die Milliarden gegangen.

Probleme gab es in letzter Zeit, soweit ersichtlich, bei Kündigungen wegen Gefahrerhöhungen gemäß § 27 VVG. Im Rahmen einer Sportausfallversicherung kündigte ein Versicherer die mit einem Sportverband abgeschlossene Versicherung gegen Einnahmeausfälle bei der medialen Verwertung von Sportveranstaltungen wegen der Anschläge des 11. 9. 2001 in New York mit der Begründung, dass man bei Abschluss der Versicherung mit derartigen Risiken nicht rechnen hätte können. Das Landgericht München hielt diese Kündigung für unwirksam mit der Begründung, dass auch bereits vor dem 11. 9. 2001 derartige Ereignisse bekannt waren.[606]

II. Fernsehausfallversicherung/Werbeausfallversicherung

Neben dem Risiko eines Ausfalles einer ganzen Sportveranstaltung gibt es die Risiken eines Fernsehausfalles oder Werbeausfalles. **181**

Bei der Fernsehausfallversicherung kann der Veranstalter das Risiko der ausgefallenen Fernsehausstrahlung für seine Veranstaltung versichern. Hat er beispielsweise Verträge mit Bandenwerbung abgeschlossen (für eine Fernsehausstrahlung), wird er das Risiko einer ausgefallenen bzw. eingeschränkten TV-Ausstrahlung versichern. Insofern werden in diesen Versicherungen Zeiträume vereinbart, die ausgestrahlt werden, oder spezielle Meetings sowie mehrtätige Veranstaltungen,bzw. der einzelne Umfang der zu übertragenden Spiele, wie z. B. Eröffnungsspiele, Halbfinale und Finale.

Ähnlich werden bei der Werbeausfallversicherung die Werbeausfälle versichert, die darin bestehen können, dass bestimmte Werbemittel oder -träger nicht rechtzeitig installiert werden können, ferner dass Werbeträger zerstört und beschädigt werden, oder schließlich, dass gewisse Werbemaßnahmen durch gesetzliche Bestimmungen überhaupt nicht zum Tragen kommen.[607]

---

[605] Siehe hierzu *Himmelseher*, RuS 26, S. 10 ff.
[606] LG München I, SpuRt 2003, 245, sowie *Langheid*, NVersZ 2002, 433; *Beckmann*, ZIP 2002, 1125.
[607] Ähnliche Versicherungsverträge werden geschlossen als *Nichtauftrittsversicherung* (Nichtauftritt eines Spitzen-Athleten), als, *Prize Indemnity (*Golfturnier: „hole in one") sowie als **D & O** – *Directors and Officers Liability* (Haftung für ehrenamtlich Verantwortliche).

4. Teil. Sport und Medien

Literatur: *Ahrens, Hans-Jürgen/Jänich, Volker,* Die Vergabe von Fernsehübertragungsrechten für Basketballspiele durch den Deutschen Basketballbund (DBB), in: *Vieweg* (Hrsg.), Vermarktungsrechte im Sport, Rechtsgutachten, Berlin, 2000, S. 9; *Amsinck, Michael,* Der Sportrechtemarkt in Deutschland – Ursachen und Konsequenzen der Gründung einer Sportrechteagentur von ARD und ZDF, Media Perspektiven 1997, 62 ff.; *Archner, Gernot,* Die kartellrechtliche Zulässigkeit der zentralen Vermarktung von Fernsehübertragungsrechten an Bundesligaspielen durch den DFB, Diss., Hamburg 2000; *Bizer,* Sportberichterstattung in den Printmedien, in: *Hoffmann-Riem* (Hrsg.), Neue Medienstrukturen – neue Sportberichterstattung?, 1988, 137 ff.; *Blask, Holger,* Die Anwendbarkeit der Single-Entity-Theorie im professionellen Fußball, Diss., Köln 2005; *Blödorn,* Das magische Dreieck: Sport – Fernsehen – Kommerz, in: *Hoffmann-Riem* (Hrsg.), Neue Medienstrukturen – neue Sportberichterstattung?, 1988, 100 ff.; *Bothor, Peter,* Anmerkungen zu LG Frankfurt a. M., Zum Verstoß gegen Kartellrecht bei Fernsehübertragungsrechten des Dachverbandes, SpuRt 1996, 63 ff.; *ders.,* Anmerkung zu LG Frankfurt/Main, SpuRt 1998, 196; *Bröcker, Klaus/Neun, Andreas,* Fußballweltmeisterschaft zwingend im Free-TV?, ZUM 1998, 766; *Bumke, Ulrike,* Klagebefugnis der Landesmedienanstalten im Streit um rundfunkrechtliche Zulassungsentscheidungen?, ZUM 1995, 360 ff.; *v. Coelln, Christian,* Ausgleich zwischen Sportvermarktung und freier Sportinformation – Das Recht auf Kurzberichterstattung, SpuRt 2001, 221; *Damm, Renate/Rehbock, Klaus,* Widerruf, Unterlassung und Schadensersatz in Presse und Rundfunk, 2. Auflage, München 2001; *Deselaers,* Sportverbände und europäisches Kartellrecht, WuW 1998, 946; *Dieckmann, Albrecht,* Zur Mitwirkung der Lizenzfußballspieler bei der Vergabe von Fernsehrechten, WFV Nr. 32, 59 ff.; *Doepner, Ulf,* Sportberichterstattung nach dem Rundfunkstaatsvertrag der Länder (Entwurf) und der EG-Fernsehrichtlinie, RuS 13, 23 ff.; *Dörr, Dieter,* Die Entwicklung des Medienrechts, NJW 1995, 2263 ff.; NJW 1997, 1341 ff.; *Dörr, Dieter/Mailänder K. Peter,* Freiheit und Schranken der Hörfunkberichterstattung über den Spitzensport, rechtsgutachtliche Stellungnahmen im Auftrag der ARD, Baden-Baden 2003; *Dreier, Thomas/Schulze, Gernot,* UrhG, München 2004; *Duvinage, Peter,* Praktische Aspekte bei Erwerb und Vermarktung medialer Rechte, in: *Galli/Gömmel/Holzhäuser/Straub,* Sportmanagement, München 2002; *Eilers, Goetz,* Medienwirklichkeit im Sport heute, WFV Nr. 23, 6 ff.; *Elter, Vera-Carina,* Verwertung medialer Rechte der Fußballunternehmen, Diss. BWL, Berlin 2003; *dies.,* Mediale Rechte im Sport, in: *Galli/Gömmel/Holzhäuser/Straub,* Sportmanagement, München 2002; *Emmerich, Volker,* Sport und Medien aus kartellrechtlicher Sicht, RuS 13, 57 ff.; *Fikentscher, Adrian,* Kartellrecht im Sport – ökonomische und rechtsvergleichende Betrachtungen, SpuRt 1995, 149 ff.; *ders.,* Gibt es sog. Hörfunkrechte? – Ein Diskussionsbeitrag, SpuRt 2002, 186; *ders.,* Kommerzialisierung von Persönlichkeitsrechten im Sport, RuS 36, 27 ff.; *Frey, Dieter,* Die Vergabe der medialen Rechte an der Fußball-Bundesliga, ZUM 2005, 585 ff.; *Friccius, Enno,* Medienrechtliche Probleme der Sportberichterstattung, RuS 13, 1 ff.; *ders.,* Sponsoring, ZUM 1996, 1019 ff.; *Fringuelli, Pietro Graf,* Internet TV, Frankfurt 2004; *Fromm/Nordemann,* Urheberrecht, 9. Auflage, Stuttgart 1998; *Fuhr, Ernst W.,* Das Recht des Fernsehens auf freie Berichterstattung über öffentliche Veranstaltungen, in: Rechtsfragen im Spektrum der öffentl. R., Festschrift für Armbruster, 1976, 117 ff.; *ders.,* Exklusivberichterstattung des Rundfunks im Spannungsverhältnis zwischen Privatautonomie, Kartellrecht und Recht auf freie Berichterstattung, ZUM 1988, 327 ff.; *Gauß, Holger,* Oliver Kahn, Celebrity Deathmatch und das Right of Publicity – Die Verwertung Prominenter in Computer- und Videospielen in Deutschland und den USA, GRUR Int. 2004, 558; *Gröpl, Christoph,* Fußball im Fernsehen – Zirkusspiele der modernen Art, SpuRt 2004, 181; *Günther, Wolf,* Umfang und zivilrechtliche Begrenzung der Aufnahmerechte an Sportveranstaltungen, insbesondere durch das besondere Persönlichkeitsrecht der Sportler, Diss., Würzburg 2003; *Haas, Ulrich/Reimann, Christoph,* Das „Fernsehrecht" an Sportveranstaltungen als Abwehrrecht, SpuRt 1999, 182; *Hahn, Bernhard,* Das Recht am eigenen Bild – anders betrachtet, NJW 1997, 1348 ff.; *Hamacher/Efing,* Das WM-Erlebnis auf der Großbildleinwand, SpuRt 2006, 15 ff.; *Hannamann, Isolde,* Kartellverbot und Verhaltenskoordination im Sport, Berlin, 2001; *Hartel, Ulrich,* Product-Placement, ZUM 1996, 1033 ff.; *Hartlieb, v. Holger/Schwarz, Mathias,* Handbuch des Film-, Fernseh- und Videorechts, 4. Auflage, München 2004; *Hartstein, Reinhard/Ring, Wolf-D./Kreile, Johannes/Dörr, Dieter/Stettner, Rupert,* Rundfunkstaatsvertrag, Kommentar, Stand April 2006, Heidelberg, München, Berlin; *Hausmann, Friedrich Ludwig,* Der Deutsche Fußball Bund (DFB) – Ein Kartell für „Fernsehrechte"?, BB 1994, 1089 ff.; *Heermann, Peter,* Sport und europäisches Kartellrecht,

SpuRt 2003, 89; *ders.*, Fußball-Kurzberichterstattung im Abseits?, SpuRt 2001, 188; *ders.*, Kann der Ligasport die Fesseln des Kartellrechts sprengen?, SpuRt 1999, 11; *Hefermehl/Köhler/Bornkamm*, Wettbewerbsrecht, 24. Aufl. 2006; *Heinemann, Klaus*, Kommerzialisierung, neue Medienstrukturen und Veränderungen des Sports, in: *Hoffmann-Riem* (Hrsg.), Neue Medienstrukturen – neue Sportberichterstattung?, 1988, 40 ff.; *Henle, Victor*, Die „listed events", epd Medien Nr. 15 v. 1. 3. 1997, 5 ff.; *Henning-Bodewig, Frauke*, Die Kurzberichterstattung über Sportveranstaltungen im französischen Recht, ZUM 1994, 454 ff.; *Herrmann, Günter*, Rundfunkrecht, Fernsehen und Hörfunk mit neuen Medien, München 1994; *Hess, Wolfgang*, Medienkartellrecht, AfP 2003, 250; *Hesse*, Die Finanzierung des öffentlich-rechtlichen Rundfunks aus europäischer und nationaler Sicht, AfP 2005, 499 ff.; *Hoeren, Thomas*, Urheberrechtliche Fragen rund um den Rosenmontagszug, NJW 1997, 376 ff.; *ders.*, Zur Rechtsnatur von Übertragungsrechten an Fußballspielen und ihrer Überlassung, JR 1998, 332; *Horn, Robert*, Zur Problematik der Übertragungsrechte für Fußballspiele im Fernsehen, Jura 1989, 17 ff.; *Immenga, Ulrich/Mestmäcker, Ernst-Joachim*, EG-Wettbewerbsrecht, Band I, 1997; *dies.*, GWB, 3. Auflage, München 2001; *Jänich, Volker*, Fußballübertragungsrechte und Kartellrecht, GRUR 1998, 438; *Jansen, Monika*, Fernsehberichterstattung, Verfassungsrechtliche Probleme, Diss., Regensburg 1994; *Jarass, Hans-D.*, Verfassungsmäßigkeit des Rechts der Kurzberichterstattung, AfP 1993, 459 ff.; *Kahlenberg, Harald*, Kartellrechtliche Grenzen von Vermarktungsmaßnahmen im Sport, in: Führungs- und Verwaltungsakademie des DSB, Akademieschrift 44, 137 ff., Berlin 1996; *ders.*, Kurzkommentar zum Beschluß des KG EwiR § 1 GWB 1/96, 407; *Kreile, Johannes/Rahn, Stephanie*, Das Ende der Tabakwerbung in Deutschland und Europa?, ZUM 1998, 820; *Kuczera, Markus*, Die Vermarktung von Übertragungsrechten im Fußball nach deutschem Recht und nach europäischem Kartellrecht, Diss., München 2004; *Kübler, Friedrich*, Das Recht auf freie Kurzberichterstattung?, ZUM 1989, 326 ff.; *Kulka*, Werbung im Zusammenhang mit der Übertragung von Sportveranstaltungen, in: WFV Nr. 23, 51 ff.; *Ladeur*, Virtuelle Werbung in Sportübertragungen, SpuRt 2000, 47; *ders.*, Pay-TV und Exklusivverträge über Senderechte für Sportveranstaltungen, SpuRt 1998, 54; *Lauktien, Annette-Tabea*, Der Staatsvertrag zur Fernsehkurzberichterstattung, Baden-Baden, 1992; *dies.*, Anmerkung zum Urteil des BVerfG v. 17. 2. 1998, ZUM 1998, 253; *Lehr/Brosius-Gersdorf*, Kurzberichterstattung über Fußballbundesligaspiele, AfP 2001, 449; *Lenz, Christofer*, Das Recht auf Kurzberichterstattung – Bestätigung und Korrektur aus Karlsruhe, NJW 1999, 757; *Liegl/Schmitz*, Aus anderer Sicht: Zentrale Vermarktung von Fernsehrechten im Bereich des Automobilsports, WRP 1998, 244; *Lochmann, René*, Die Einräumung von Fernsehübertragungsrechten an Sportveranstaltungen, Diss. Tübingen 2005; *Löffler, Martin/Ricker, Reinhart*, Handbuch des Presserechts, 5. Auflage, München 2005; *Loewenheim/Meessen/Riesenkampf*, Kartellrecht, Band 2 GWB, München 2006; *Mahler*, Ist ein neuer Veranstalterbegriff für den professionellen Ligasport notwendig?, SpuRt 2001, 8; *Mailänder, Peter*, Freiheit der Hörfunkberichterstattung! Der Torjubel muß hörbar bleiben, ZUM 2003, 820; *Mathy/Wendt*, Der Westfälische Friede und die Pressefreiheit, AfP 1982, 144 ff.; *Matthies, Anja*, Virtuelle Werbung – rechtliche Fragen bei der Übertragung von Sportereignissen im Fernsehen, Diss. Hamburg 2004; *Meister, Johannes*, Verfassungsrechtliche Fragen der Entgeltpflichtigkeit von Hörfunkübertragungen aus Fußballstadien, AfP 2003, 307; *Melichar, Ferdinand*, „Hörfunkrechte" an Spielen der Fußballbundesliga, FS Nordemann 2004, S. 213 ff.; *Mestmäcker, Ernst-Joachim*, Veranstalterrechte als Fernsehrechte, in: *Berger/Ebeke/Elsing/Großfeld/Kühne* (Hrsg.), FS Otto Sandrock 2000, 689; *ders.*, Die Vergabe von Fernsehrechten an internationalen Wettbewerbsspielen deutscher Lizenzligavereine, in: *Vieweg*, Vermarktungsrechte im Sport, Rechtsgutachten, Berlin 2000, S. 53; *Mestmäcker, Ernst-Joachim/Schweitzer, Heike*, Europäisches Wettbewerbsrecht, 2. Auflage, München 2004; *Müsse*, Das Recht der Fernsehkurzberichterstattung, ZUM 1991, 516 ff.; *Nasse, R. F.*, Das Recht des Sportlers am eigenen Bild, SpuRt 1995, 145 ff.; *Nolte, Georg*, Die Kompetenzgrundlage der Europäischen Gemeinschaft zum Erlaß eines weitreichenden Tabakwerbeverbots, NJW 2000, 1144; *Oehmichen, Ekkehardt*, Sport im Alltag – Sport im Fernsehen, Media Perspektiven 1991, 744 ff.; *Orth, Mark*, Vereinbarkeit der Zentralvermarktung der Fernsehrechte mit europäischem Kartellrecht und dem Kartellrecht der Mitgliedstaaten, in: *Fritzweiler* (Hrsg.), Sportmarketing und Recht, Basel 2003, S.127 ff.; *Ory, Stephan*,, Fußballrechte im untechnischen Sinn, AfP 2002, 195; *Osterwalder, Simon*, Übertragungsrechte an Sportveranstaltungen, Diss. Bern/München 2004; *Parlasca, Susanne*, Kartelle im Profisport, Diss., Ludwigsburg/Berlin 1993; *Pedriali, Alessandra/Pfeifer, Karl-Nikolaus*, Der Schutz des Veranstalters von Sportereignissen nach italienischem Recht, ZUM 1995, 461 ff.; 1994, 454 ff.; *Peters, Butz*, Die publizistische Sorgfalt, NJW 1997, 1334 ff.; *Petersen, Jens*, Fußball im Rundfunk- und Medienrecht, München 2001; *Poll, Günter*, Sportübertragungsrechte in der Europäischen Union aus urheberrechtlicher Sicht, RuS 19, 13 ff.; *Prinz, Matthias/Peters, Butz*, Medienrecht, München 1999; *Reichert, Bernhard*, Sponsoring und nationales Sportverbandsrecht, RuS 20, 31 ff.; *Ricker, Reinhart*, Die Partizipationsrechte gesellschaftlicher Gruppen im öffentlich-rechtlichen Rundfunk: zum Anspruch des Landessportbundes Hessen e.V.

auf Partizipation am Rundfunkrat des Hessischen Rundfunks, Berlin, 1988; *Roth, Wulf-Henning*, Rechtsfragen der Rundfunkübertragung öffentlich-rechtlicher Rundfunkanstalten, AfP 1989, 515 ff.; *Russ, Christian*, Das Lied eines Boxers – Grenzen der Rechtswahrnehmung durch die GEMA am Beispiel des Falles „Henry Maske", ZUM 1995, 32 ff.; *Schellhaaß*, Die zentrale Vermarktung von Sportübertragungsrechten aus sportökonomischer Sicht, RuS 28, 39; *Schimke, Martin*, Sportübertragungsrechte in der Europäischen Union aus kartellrechtlicher Sicht, RuS 19, 31 ff.; *ders.*, Legal Principles Applicable to the Centralised Marketing of TV Broadcasting Rights in Germany, The International Sports Law Journal 2003, 15; *Schippan, Martin*, Anforderungen an die journalistische Sorgfaltspflicht, ZUM 1996, 398 ff.; *Schmid-Petersen, Frauke*, Fußball im Radio – Können Sportveranstalter „Hörfunkrechte" vermarkten?, SpuRt 2003, 234; *dies.*, Rechtliche Grenzen der Vermarktung von Persönlichkeiten: Computerspiel mit Oliver Kahn, SpuRt 2004, 248; *Schmittmann, Michael*, Vermarktung von Sportübertragungsrechten: EG-Wettbewerbsrecht verdrängt mitgliedstaatliche Kontrolle, AfP 2004, 514; *Schricker, Gerhard*, Urheberrecht, 2. Auflage, München 1999; *Schwerdtner, Peter*, Schutz der Persönlichkeitsrechte des Sportlers, WFV Nr. 23, 106 ff.; *Seitz, Walter/Schmidt, German/Schoener, Alexander*, Der Gegendarstellungsanspruch in Presse, Film, Funk und Fernsehen, 3. Auflage, München 1998; *Siegfried*, Die Fernsehberichterstattung von Sportveranstaltungen, zugl. Diss., Gießen, 1990; *Soehring, Jörg*, Die Entwicklung des Presse- und Äußerungsrechts 1994–1996, NJW 1997, 360 ff.; *ders.*, Presserecht, 3. Auflage, Stuttgart 2000; *ders.*, Die neuere Rechtsprechung zum Presserecht, NJW 1994, 16 ff.; *Söffing, Andreas/Schmalz, Andrea*, Bilanzierung von TV-Übertragungsrechten bei Sportveranstaltungen, SpuRt 1994, 222 ff.; *Springer*, Die zentrale Vermarktung von Fernsehrechten im Ligasport nach deutschem und europäischem Kartellrecht unter besonderer Berücksichtigung des amerikanischen Antitrust-Rechts, WRP 1998, 477; *Steiner, Udo*, Sport und Medien aus verfassungsrechtlicher Sicht, RuS 13, 39 ff.; *ders.*, Sport und Medien aus verfassungsrechtlicher Sicht, in: *Tettinger/Vieweg* (Hrsg.), Gegenwartsfragen des Sportrechts, Berlin 2004, S. 71; *Stiess, Katia/Hellert, Joos*, Kein Ende der Tabakwerbung, ZUM 2000, 1038; *Stockmann, Kurt*, Sportübertragungsrechte und Kartellrecht am Beispiel der Europacup-Spiele, ZIP 1996, 411 ff.; *Stopper, Martin*, Ligasport und Kartellrecht, Diss., Berlin 1997; *ders.*, Wer ist Veranstalter und Rechtsträger im Profifußball?, SpuRt 1999, 188; *Straub, Wilfried/Summerer, Thomas*, Strukturen der Deutschen Fußball- Liga, in RuS vorgesehen; *Strauß, Ingo*, Hörfunkrechte des Sportveranstalters, Berlin 2006; *Summerer, Thomas*, Unentgeltliche Fernseh-Kurzberichterstattung: RTL 2 und n-tv als Totengräber der Fußball-Bundesliga?, SpuRt 1994, 77 ff.; *ders.*, Gemeinsame Vermarktung der Fußball-Bundesliga, SpuRt 2004, 151; *ders.*, Die neue Struktur des Profi-Fußballs – Zur Gründung des Ligaverbandes und der DFL, SpuRt 2001, 263; *ders.*, Sportwetten als Mediengeschäftsmodell der Zukunft? – Wirtschaftsrechtliche Rahmenbedingungen, in: *Büsching, Thilo*, Schriften zur Medienwirtschaft Band 14, Baden-Baden 2005, S. 209 ff., *Summerer Thomas/Blask Holger*, Rechte an Spielplänen und Tabellen von Profiligen am Beispiel der DFL, SpuRt 2005, 50; *Summerer, Thomas/Rösner, Alexander*, Der Fall des Fußballtrainers Aad de Mos: Schutz vor kündigungsrelevanten Presseveröffentlichungen, SpuRt 1996, 88 ff.; *Summerer/Wichert*, Kostenlose Radio-Sendungen über Fußball aus den Stadien, SpuRt 2006, 55; *Tettinger, Peter J.*, Das Recht des Rundfunks auf freie Berichterstattung bei Sportveranstaltungen, WFV Nr. 23, 28 ff.; *ders.*, Kurzberichterstattung über Sportereignisse im Fernsehen, SpuRt 1998, 109; *Trafkowski, Armin*, Medienkartellrecht, Diss., München 2002; *Troller, Kamen*, Das Sportbild – ein neues Immaterialgut?, SpuRt 2004, 170; *Ungerer, Herbert*, Die Vermarktung der TV-Sportrechte im EG-Wettbewerbsrecht, medien und recht 2004, 206; *Urek, Thomas*, Grenzen der Zulässigkeit von Exklusivvereinbarungen über die Fernsehberichterstattung bei Sportveranstaltungen, Diss., München, 1991; *Waldhauser, Hermann*, Die Fernsehrechte des Sportveranstalters, Diss., Berlin 1999; *Wenzel, Karl Egbert*, Das Recht der Wort- und Bildberichterstattung, 5. Auflage, Köln 2003; *ders.*, Urheberrecht für die Presse, 3. Auflage, Stuttgart 1996; *Wertenbruch, Johannes*, Die zentrale Vermarktung von Fußball-Fernsehrechten als Kartell nach § 1 GWB und Art. 85 EGV, ZIP 1996, 1417 ff.; *ders.*, Gibt es lizenzierbare Hörfunk-Übertragungsrechte des Sportveranstalters?, SpuRt 2001, 185; *v. Westerholt, Margot*, Übertragung von Sportveranstaltungen im Fernsehen, ZIP 1996, 264 ff.; *Westerloo, Ed*, Sportrechte: Preisskala nach oben offen?, Media Perspektiven 1996, 514 ff.; *Wetzel/Wichert*, Fußball-WM im Free TV: Ungerechtfertigter Eingriff in wirtschaftliche Grundrechte von Veranstalter und Zwischenhändler, SpuRt 2001, 228; *Winter, Michael*, Das Fehlen eines Kurzberichterstattungsrechts für Hörfunksender: Ein Manko des geltenden Rundfunkrechts, SpuRt 2004, 98; *ders.*, ZUM 2003, 531; *Zagouras, Georgios*, Freie und lizenzpflichtige Sportberichterstattung nach der Hörfunkrechte-Entscheidung des BGH, WuW 2006, 376 ff.; *Zuck, Rüdiger*, Ist Fußball ein Menschenrecht?, NJW 1998, 2190.

4. Teil. Sport und Medien

Übersicht

	Rz.
Einführung	1
1. Kapitel. Die Bedeutung der Sportberichterstattung in den elektronischen Medien	3
A. Vollprogramme mit Sportangebot	5
B. Sport-Spartenprogramme	6
I. Deutsches Sportfernsehen (DSF) GmbH	6
II. Eurosport Fernseh GmbH	7
C. Sport im Abonnement-Fernsehen und im Kabel	8
I. Premiere Fernsehen GmbH & Co. KG/Premiere AG	8
II. Kabel Deutschland GmbH (KDG)	9
III. Arena Sport Rechte und Marketing GmbH	9a
D. Sport im Internet	10
E. Sport im Mobilfunk	11
2. Kapitel. Gesetzliche Grundlagen und Regelungsbeispiele	12
A. Informations- und Rundfunkfreiheit (Art. 5 I GG)	14
B. Sportwerbung und Sportsponsoring in den Medien	16
I. Sportwerbung	17
II. Sportwerbung für Zigaretten und Tabakerzeugnisse sowie Alkohol	30
III. Sportsponsoring	40
C. Jugendschutz	46
D. Sport, Medien und Wettbewerbsrecht (UWG, UrhG, MarkenG)	47
I. Übertragung ohne Genehmigung/Lizenz	49
II. Herstellung und Vertrieb von Programmheften	50
III. Gebrauch von Titeln, Logos, Emblemen, Marken (Titelschutz/ Markenschutz)	51
IV. Gebrauch von Spielplänen und Ergebnistabellen	55
E. Beschränkungen des Marktes für Sportübertragungen und Kartellrecht (GWB, EG-Vertrag)	58
I. Rechtsgrundlagen	58
II. Exklusivvereinbarungen	63
III. Begriff der Fernseh- und Hörfunkrechte	70
IV. Zentrale Rechtevergabe – Veranstalterbegriff	80a
V. Genehmigung einer Sportveranstaltung durch den Sportverband	101
VI. Zentraler Rechteeinkauf und Eurovisionssystem der EBU	102
VII. Übertragung von Großereignissen im Fernsehen	109
3. Kapitel. Der Fernsehverwertungsvertrag und sein Umfeld	118
A. Rechte des teilnehmenden Sportlers	124
B. Sportrechte-Agenturen	131
C. Inhaber der Verwertungsrechte einzelner Sportarten (Auswahl)	133
D. Das Recht auf Kurzberichterstattung	134
E. Der Fernsehverwertungsvertrag	144
4. Kapitel. Ansprüche von Sportlern wegen schädigender Sportberichterstattung	152
A. Gegendarstellung	154
B. Unterlassung	165
C. Widerruf	170
D. Schadensersatz	176
E. Schmerzensgeld	177
5. Kapitel. Ansprüche von Sportlern wegen unerlaubter Nutzung ihres Bildes oder Namens, insbesondere zu Werbezwecken	181
6. Kapitel. Sport und GEMA	200

Einführung

1 Die Neugründung privater Fernseh- und Hörfunkstationen Mitte der actziger Jahre und die Ausweitung des Sportzeitschriftenmarktes hat eine neue Dimension der Sportberichterstattung erschlossen, die vor allem mit den Schlagworten *„Kommerzialisierung", „Sponsoring", „Exklusivität"* und *„Sportvermarktung"* gekennzeichnet werden kann.[1] Die folgenden Kapitel behandeln medienrechtliche Fragen des Rundfunks und der Presse, die in der Praxis stark mit dem Sport verflochten sind. Das auf den Sport anzuwendende Medienrecht gibt die rechtlichen Vorgaben, nach denen sich Rundfunk, Presse und die neuen Medien bei der Sportberichterstattung richten müssen. Im Mittelpunkt stehen Programmbeschaffung, Programmgestaltung und Programmverwertung. Auch wenn der Begriff *Rundfunk* sowohl das Fernsehen als auch den Hörfunk umfasst und die neuen Medien Internet und Mobilfunk an Bedeutung gewonnen haben, ist Fernsehen bei wirtschaftlicher Betrachtung das bei weitem dominierende Medium, so dass sich die folgenden Ausführungen auf das Fernsehen konzentrieren.

2 Das *erste Kapitel* illustriert den hohen Stellenwert, den die Sportberichterstattung heute im Fernsehen einnimmt. Das *zweite Kapitel* stellt die gesetzlichen Grundlagen vor, die bei der Sportberichterstattung zu beachten sind. Bei allen Sponsoring- und Werbeformen sind zwingende Vorschriften des Europarechts und des Rundfunkstaatsvertrags zu beachten, beispielsweise das umstrittene Verbot der Zigarettenwerbung. Ungenehmigte Ausstrahlungen und unerlaubte Herstellung von Programmheften sind unlauterer Wettbewerb. Das Kartellrecht nimmt einen immer höheren Stellenwert ein, weil es darüber wacht, dass die divergierenden Interessen zwischen Rechteinhabern (Zentralvermarktung) und den Rechteverwertern auf der Nachfrageseite zum Ausgleich gebracht werden. Geklärt werden in diesem Zusammenhang auch der schillernde Begriff der Fernsehübertragungsrechte und der Veranstalterbegriff, der für viele Rechtsfragen von zentraler Bedeutung ist.

Das *dritte Kapitel* behandelt die Frage, ob Sportler oder Veranstalter über die Vergabe der Fernsehrechte entscheiden können und welche Rolle Sportrechte-Agenturen spielen. Ferner wird das Recht auf Kurzberichterstattung untersucht. Schließlich werden die Eckdaten eines Fernsehverwertungsvertrags vorgestellt, der in der Praxis die Regel darstellt.

Das *vierte Kapitel* beleuchtet die Ansprüche von Sportlern wegen nachteilhafter Sportberichterstattung. In Betracht kommen Gegendarstellung, Unterlassung, Widerruf, Schadensersatz und Schmerzensgeld.

Im *fünften Kapitel* geht es um den Inhalt des Persönlichkeitsrechts, also vor allem diejenigen Ansprüche, die ein Sportler geltend machen kann, wenn sein Bild oder seine Stimme unerlaubt, vor allem zu fremden Werbezwecken, benutzt wird.

Das *sechste Kapitel* weist schließlich auf die Musikrechte hin, deren Nutzung bei Sportveranstaltungen in der Regel von der GEMA genehmigt werden muss.

1. Kapitel. Die Bedeutung der Sportberichterstattung in den elektronischen Medien

3 Gerade sportliche Großereignisse wie die Fußball-WM 2006 in Deutschland oder die Olympischen Spiele sind Zuschauermagneten ohnegleichen. Die Berichterstattung erreicht mehrere Milliarden Zuschauer in nahezu 200 Ländern der Erde. Die klassischen

---

[1] Zur Rolle des Sports in der Medienlandschaft vgl. *Eilers*, WFV Nr. 23, S. 19 ff. Zum „magischen Dreieck" Sport – Fernsehen – Kommerz vgl. *Blödorn*, S. 100 ff.; *Heinemann*, S. 40 ff.; zur Sportberichterstattung in den Printmedien vgl. *Bizer*, S. 137 ff.

Medien Zeitung, Fernsehen und Hörfunk werden zunehmend von Internet und Mobilfunk ergänzt. Der Zugang zu „Premium"-Inhalten spielt eine gewichtige Rolle bei der Erschließung neuer Fernseh-, Video- und Kabelmärkte. Programmveranstalter reservieren ein nicht unerhebliches Budget für den Erwerb von Sportrechten und die – technisch aufwendige – Produktion von Sportereignissen. Die EBU, der Zusammenschluss aller öffentlich-rechtlichen Sender in Europa,[2] bezahlte beispielsweise für die Übertragungsrechte an den Olympischen Spielen 2010 und 2012 die Rekordsumme von insgesamt € 614 Mio. an das IOC. Das IOC denkt bereits an ein eigenes „Olympia-TV", die FIFA an ein eigenes „FIFA-TV".

Mittlerweile spricht man sogar von „*Fernsehsportarten*". Darunter sind diejenigen Sportarten zu verstehen, die in der Öffentlichkeit als besonders telegen oder massenattraktiv angesehen werden und für hohe Einschaltquoten sorgen, welche wiederum Voraussetzung dafür sind, dass die Werbewirtschaft Werbespots bei den Sendern bucht. Hierzu gehören zuallererst Fußball, dieser mit deutlichem Vorsprung vor der Formel 1, Skisport, einige herausragende Boxkämpfe, Spitzenereignisse der Leichtathletik, vor allem bei Olympischen Spielen, und – mit rückläufiger Tendenz – Tennis.[3] Dabei besteht eine große Abhängigkeit der Attraktivität von der Teilnahme deutscher Einzelsportler bzw. Mannschaften. Michael Schumacher, mehrfacher Formel-1-Weltmeister, begegnet uns bei Interviews als „wandelnde Litfaßsäule".[4] Die Anziehungskraft großer Sportereignisse eignet sich besonders für die Weitergabe von Werbebotschaften, die auf mehrere nationale Märkte zugleich abzielen. Sport im Fernsehen erreicht 80 % der Bevölkerung.[5] Der Volleyball-Weltverband schreibt – kartellrechtlich bedenklich – jedem nationalen Volleyballverband, der an der Weltliga teilnehmen will, vor, dass ein Fernsehsender alle Heimspiele live überträgt. Der hohe Stellenwert des Sports spiegelt sich im Programmangebot sowohl der vier größten Sender ARD, ZDF, RTL, SAT.1 als auch der zwei Sportsender DSF und Eurosport als auch des Senders Premiere und des Kabelunternehmens Kabel Deutschland wider.

A. Vollprogramme mit Sportangebot

Einen hohen Anteil an der Berichterstattung über hochkarätige Sportereignisse haben die vier größten deutschen Vollprogramme, ARD, ZDF, SAT.1 und RTL. Mit RTL assoziiert man vor allem Formel 1, mit SAT.1 die Fußball Champions League, mit ARD Fußball-Bundesliga, mit ARD und ZDF Fußballländerspiele, Olympische Spiele, DFB-Pokal und eine sportliche „Rundumversorgung". Live-Ausstrahlungen bedeutender Sportereignisse erreichen zwischen 10 und 20 Mio. Zuschauer. Die erfolgreichste wöchentliche Sportsendung ist seit der Saison 2003/04 die ARD mit der „Sportschau". Nähere Informationen finden sich auf den Online-Diensten der Sender www.ard.de, www.zdf.de, www.sat1.de und www.rtl.de.

---

[2] Dies sind 67 aktive Mitglieder aus 47 Ländern Europas und der Mittelmeerregion sowie 54 assoziierte Mitglieder aus 30 außereuropäischen Ländern, vgl. FAZ v. 30. 10. 2004, S. 43.

[3] Diese Reihenfolge der beliebtesten TV-Sportarten ergibt sich aus einer bundesweiten Feldbefragung des DFB zum Sportsponsoring im März 2004 und entspricht auch der Praxis der Sportrechtevermarktung. Auf den Rängen 7–15 folgen Radsport, Eiskunstlaufen, Handball, Schwimmen, Reiten, Tanzen, Motorradrennen, Eishockey und Volleyball.

[4] Von DSB und Stiftung Deutsche Sporthilfe im Jahre 1974 noch für unerträglich empfunden, vgl. *Friccius*, RuS 13, 6.

[5] Vgl. *Oehmichen*, Media Perspektiven 1991, 744 ff. mit ausführlicher Darstellung einer sportsoziologischen Untersuchung.

B. Sport-Spartenprogramme

Neben den Vollprogrammen gibt es zwei Sport-Spartensender, die fast ausschließlich Sport übertragen, nämlich das Deutsche Sport Fernsehen (DSF) und Eurosport.

I. Deutsches Sport-Fernsehen (DSF) GmbH

6 DSF wurde als Nachfolger von Tele 5 am 1.1.1993 von der ehemaligen Kirchgruppe gegründet und hat seinen Sitz in Ismaning bei München. Programmschwerpunkte sind Fußball, vor allem die Sonntagsspiele der Bundesliga und die gesamte 2. Bundesliga und UEFA-Cup, Boxen und Motorsport (Näheres siehe unter www.dsf.de). Der Umsatz beläuft sich auf ca. 100 Mio. Euro, 40 % davon aus dem Geschäftsbereich T-Commerce. Alleiniger Anteilseigner der DSF GmbH ist seit 1. 2. 2005 der Medienkonzern EM.TV AG.

Wegen der von einigen Landesmedienanstalten behaupteten engen Verflechtung mit dem ehemaligen Kirch-Konzern ist die *Sendelizenz* des DSF bereits Gegenstand zahlreicher Gerichtsverfahren gewesen, die sich mittlerweile erledigt haben.[6] Die Bayerische Landeszentrale für neue Medien (BLM) genehmigte dem Sender am 29. 4. 1999 die bundesweite Verbreitung seines Programms bis 30. 4. 2007. Die Verbreitung erfolgt über Antenne, Kabel und das Satellitensystem Astra.

II. Eurosport Fernseh GmbH

7 Eurosport ist ein „Kind" der EBU, gegründet im Jahre 1987 von 21 EBU-Mitgliedern und seit 1989 auf Sendung. Dieses EBU-Konsortium fungiert als Programmveranstalter. Seit 2001 ist Eurosport im alleinigen Besitz des französischen Privatsenders TF1, nachdem dieser die Anteile von Canal+ und Havas Image übernommen hatte. Hauptsitz ist Issy-les-Moulineaux bei Paris, die Niederlassung in Unterföhring bei München steuert die Aktivitäten für Deutschland, Österreich und die Schweiz.

Über die EBU besteht Zugriff auf die Rechte zahlreicher internationaler Wettbewerbe, z. B. die Tour de France, Leichtathletik-WM, Olympischen Spiele, ATP-Tour, Ski-Weltcup. Ca. 20 % seines Programms stammen von Rechten, die die EBU hält. Eurosport strahlt über 100 Sportarten aus und erreicht ca. 92 Mio. Haushalte in 52 europäischen und nordafrikanischen Ländern in 17 verschiedenen Sprachen über vier Satelliten und Kabel. Davon ist der wichtigste Markt mit über 30 Mio. Haushalten Deutschland (Näheres unter www.eurosport.de).

C. Sport im Abonnement-Fernsehen und im Kabel

I. Premiere Fernsehen GmbH & Co. KG/Premiere AG

8 Premiere ist ein Abonnement-Kanal mit Sitz in Unterföhring bei München, der sein Programm seit 1991 verschlüsselt gegen ein monatliches Entgelt ausstrahlt. Er ist von den derzeit ca. 3,2 Mio. Abonnenten mittels Decoder empfangbar. Die Verbreitung erfolgt über Kabel und Satellit. Mit der Ausstrahlung von digitalen Programmen begann Premiere bereits in einem Modellversuch 1997. Die bundesweite Sendegenehmigung wurde auf 10 Jahre bis 2009 erteilt. Nach der Verschmelzung mit dem ehemaligen Sender DF1 im Jahre 1999 ist Premiere der einzige Abo-Sender in Deutschland, bekommt seit 2005 allerdings zunehmend Konkurrenz durch das Pay-TV-Programmangebot von Kabel Deutschland und der Arena Sport Rechte und Marketing GmbH, die die Live-Rechte an der Fußballbundesliga und 2. Bundesliga ab der Saison 2006/07 vom Ligaverband erwor-

---

[6] Zur Prozessgeschichte und Klagebefugnis der Landesmedienanstalten vgl. *Bumke*, ZUM 1995, 360. Vgl. ferner BayVGH, ZUM 1996, 326, bestätigt durch BVerwG, Urt. v. 19. 3. 1997.

ben hat. Premiere steht vor allem für qualitativ hochwertige, weitgehend werbefreie Übertragungen von der Fußball-Bundesliga bis Mitte 2006 (alle 306 Spiele live), Champions League, Ligapokal, FIFA-WM 2006 und 2010, Boxen, Golf und Formel 1 (Näheres unter www.premiere.de). Hauptanteilseigner bis zum Börsengang im Jahr 2005 waren der Finanzinvestor Permira mit ca. 55 %, Dr. Georg Kofler mit ca. 20 % und die Bayerische Landesbank mit ca. 10 %. Seit 2005 ist Premiere börsennotiert.

II. Kabel Deutschland GmbH (KDG)

KDG ist Deutschlands größte Kabelgesellschaft mit Sitz in Unterföhring bei München, die mehr als 10 Mio. Haushalte gegen Entgelt mit verschiedenen analogen und digitalen Programmangeboten ohne Werbeunterbrechung versorgt. Das Ende 2004 gestartete *Kabel Digital Home* umfasst 30 Sparten- und Special interest-Sender sowie 47 Radioprogramme, darunter auch ein Sportangebot (Näheres unter www.kabeldeutschland.de). 9

III. Arena Sport Rechte und Marketing GmbH

Mit Arena ist Ende 2005 ein neuer „Player" auf den Fernsehmarkt getreten, der die Live-Rechte an der Fußballbundesliga und 2. Bundesliga ab der Saison 2006/07 vom Ligaverband erworben hat. Er plant die Ausstrahlung aller Spiele über Satellit und Kabel via PayTV. Hauptgesellschafter ist Unity Media GmbH. 9a

D. Sport im Internet

Sportübertragungen im Internet, etwa durch *live streaming*, haben sich bislang in Deutschland noch nicht in nennenswertem Umfang etabliert; allerdings ist künftig mit einer Zunahme zu rechnen, zumal die Deutsche Telekom AG die diesbezüglichen Übertragungsrechte einschließlich IPTV an der Fußballbundesliga ab der Saison 2006/07 erworben hat. Hingegen erfreuen sich Sportinformationsdienste großen Zuspruchs. Hier sind vor allem erwähnenswert die Online-Dienste der DFL unter www.bundesliga.de (mit Audio-Übertragungen der Fussball-Bundesligaspiele), des DFB unter www.dfb.de, der Sport1 Medien GmbH & CoKG unter www.sport1.de, der RTL Interactive GmbH unter www.sport.de und − mit sport*rechtlicher* Berichterstattung − der Arbeitsgemeinschaft Sportrecht im Deutschen Anwaltverein unter www.sportrecht-dav.de. 10

E. Sport im Mobilfunk

Sportübertragungen im Mobilfunk befinden sich in Deutschland noch in der Anfangsphase. Allerdings ist mit Einführung des UMTS (Universal Mobile Telecommunication System) mit zunehmender Netzabdeckung und Verbreitung der UMTS-fähigen Endgeräte ab 2005 mit einer wachsenden Bedeutung zu rechnen. So hat sich beispielsweise die Deutsche Telekom AG für den Bundesligafußball die diesbezüglichen Verwertungsrechte für T-Mobile bis zunächst 2009 gesichert. Die Hauptkonkurrenten sind Vodafone, e-plus und O2. 11

2. Kapitel. Gesetzliche Grundlagen und Regelungsbeispiele

Das auf den Sport anzuwendende Medienrecht soll Interessenkonflikte zwischen den Beteiligten entscheiden. Die unterschiedlichen Interessen lassen sich wie folgt exemplifizieren: 12
− Der *Sportveranstalter* möchte ein möglichst großes Publikum für seine Veranstaltung erreichen. Um Sponsoren zu gewinnen, ist Fernsehpräsenz *conditio sine qua non*. Eine zentrale Vermarktung sichert ihm die besten Erlöse. Deshalb reklamieren die Sportverbände die

Veranstalter-Rechte für sich. Damit kollidieren die eigenen Vermarktungsinteressen der Sportvereine, falls sie sich vom Verband nicht befriedigend vertreten fühlen.

- Die *Fernsehsender* bzw. die vorgeschalteten Sportrechte-Agenturen sind bestrebt, gegenüber dem Veranstalter eine möglichst uneingeschränkte Exklusivität durchzusetzen, verbunden mit einer langen Vertragsdauer. Dies läuft den Interessen der ausgeschlossenen Sender zuwider, die zumindest ein Kurzberichterstattungsrecht und freien Zutritt zu Veranstaltungen durchsetzen wollen.
- *Sponsoren* und *Werbungtreibende* wollen durch geschicktes *product placement* ihre Produkte in Szene setzen, sehen sich aber durch Werbeverbote und -einschränkungen daran gehindert. Ferner versuchen sie häufig, Sportler ungefragt für Werbezwecke einzusetzen, wogegen diese sich selbst vermarkten wollen.
- *Marken- und Titelinhaber* trachten danach, ihre Marke (Logo) gegen „Trittbrettfahrer" zu verteidigen, die sich an deren Sogwirkung anhängen wollen.
- *Teilnehmende Sportler* wehren sich gegen Sportveranstalter, die durch Vergabe der Fernsehrechte ihr Persönlichkeitsrecht aushöhlen, sofern es keine vorrangigen vertraglichen Absprachen gibt.
- *Presse und Rundfunk* nehmen für sich in Anspruch, möglichst umfassend über Sportler und Veranstaltungen berichten zu können, was sich nicht selten durch „reißerische" oder unwahre Berichterstattung zu deren Nachteil auswirkt. Sportler und Sportveranstalter halten Ansprüche auf Gegendarstellung, Unterlassung, Widerruf, Schadensersatz oder Schmerzensgeld dagegen.
- *Musikkomponisten*, die größtenteils von der GEMA vertreten werden, wollen nicht hinnehmen, dass ihre Musik von Sportveranstaltern ohne Genehmigung verwendet wird.

13 Die gesetzlichen Grundlagen sind weit verstreut und richten sich nach den jeweiligen Regelungszielen.[7] Dies erklärt sich daraus, dass die *Gesetzgebungs-* und *Verwaltungskompetenz* für die Veranstaltung von Rundfunksendungen den Bundesländern zusteht. Auf dieser Länderkompetenz basieren der *Rundfunkstaatsvertrag*, die *Werberichtlinien* der Landesmedienanstalten und die *Pressegesetze* der Bundesländer. Daneben gibt es Kompetenzen des Bundes und der EG. Hierzu gehören das *Urheberrecht*, das deutsche und europäische *Kartellrecht*, das *Wettbewerbsrecht*, die *EG-Fernsehrichtlinie* und die Europaratskonvention über das grenzüberschreitende Fernsehen (Art. 73–75 GG).[8] Die zentrale Bestimmung in der *Verfassung* ist Art. 5 GG.

A. Informations- und Rundfunkfreiheit (Art. 5 I GG)

14 Art. 5 I 1 2. HS GG gewährleistet jedem das Recht, sich aus allgemein zugänglichen Quellen ungehindert zu unterrichten. Dieses allgemeine Kommunikationsgrundrecht der *Informationsfreiheit* bedeutet, dass jeder ungehindert in- und ausländische Presseorgane und Rundfunkprogramme empfangen können soll, impliziert aber nicht die solchen Publikationen der Massenmedien regelmäßig vorausgehende Informationsbeschaffung.[9] Das Grundgesetz gewährt hier also kein Recht des Zugriffs auf „Informationen", die – wie bei Sportveranstaltungen – auf privater und privat organisierter Leistung beruhen.[10] Der Inhaber des Hausrechts – in der Regel der die Veranstaltung ausrichtende Verein oder Verband – kann grundsätzlich gemäß §§ 903, 1004 BGB frei darüber entscheiden, wem er zu welchen Bedingungen Zutritt ins Stadion gewährt. Ein Kontrahierungszwang, wie er für einige wenige private Unternehmen, z. B. Stromversorger, bestehen

---

[7] Vgl. zu den Rechtsquellen des Rundfunkrechts *Herrmann*, § 3.
[8] Vgl. ausführlich *Herrmann*, § 6 Rz. 27 ff.
[9] *Tettinger*, WFV Nr. 23, S. 36 f.; vgl. *Jarass/Pieroth*, Art. 5 Rz. 14.
[10] *Steiner*, RuS 13, 49.

kann, ist zu verneinen, „weil das Bedürfnis nach der Teilhabe an der Fußballveranstaltung nicht der Deckung von Lebensbedürfnissen gleichzusetzen ist und für den Besucher regelmäßig noch andere Informationsquellen bestehen".[11] Solche Sportveranstaltungen sind keine allgemein zugänglichen Quellen, weil die Zugänglichkeit eines Sportereignisses in aller Regel kapazitätsmäßig beschränkt ist und nach Maßgabe des erkennbaren Veranstalterwillens allein für ein interessiertes, zahlendes Publikum eröffnet wird.[12] So besteht beispielsweise auch kein Anspruch eines Rundfunkteilnehmers auf eine digitale Fernsehausstrahlung einer Fußball-WM.[13]

Art. 5 I Satz 2 GG gewährleistet die Pressefreiheit und die Freiheit der Berichterstattung durch Rundfunk und Filme. Dieses spezielle Grundrecht der *Rundfunkfreiheit* gewährleistet institutionelle Eigenständigkeit von der Beschaffung der Information bis zur Verbreitung der Nachricht und der Meinung.[14] Daraus ergibt sich für einen Rundfunkveranstalter jedoch noch kein Anspruch gegenüber dem Veranstalter eines Sportwettkampfes, ihm Zutritt, Aufnahme und Ausstrahlung eines Berichtes zuzugestehen.[15] Auch lässt sich kein Verfassungsauftrag ableiten, dass der Rundfunkgesetzgeber verpflichtet sei, durch gesetzliche Bestimmungen Rundfunkveranstaltern Senderechte zur Sicherstellung der Bevölkerung mit einer „Grundversorgung" mit Spitzensport zu verschaffen.[16] Ebenso wenig hat eine Sportart einen einklagbaren Anspruch darauf, bei der Ausstrahlung berücksichtigt zu werden, auch wenn sog. Randsportarten sportpolitisch immer wieder eine solche Forderung erheben. Schließlich sichert Art. 10 EMRK das Recht zum Empfang von Nachrichten, ohne dass jedoch damit Rechte erwüchsen, die über die Wirkkraft des Art. 5 I GG hinausgingen.[17] 15

B. Sportwerbung und Sportsponsoring in den Medien (Rundfunkstaatsvertrag, EG-Fernsehrichtlinie, Europaratskonvention über das grenzüberschreitende Fernsehen)

Werbung und Konsum sind wesentliche Erscheinungsformen moderner Gesellschaften. Gerade der Sport als *lingua franca* der globalisierten Kultur ist mit seinen emotionalen Höhenflügen für den Transfer von Werbebotschaften die Plattform par excellence. Angesichts der immensen Werbe- und Sponsoringbudgets, die in den Sport fließen, kann man von einer „Versportlichung" der Werbung sprechen, die umgekehrt mit einer extremen Werbedurchsetzung des (Profi-)Sports einhergeht. Deshalb ist es für die werbetreibende Wirtschaft unerlässlich, Möglichkeiten und Grenzen werblicher Maßnahmen auszuloten und die einschlägigen Vorschriften zu beachten. 16

I. Sportwerbung

Der Staatsvertrag über den Rundfunk im vereinten Deutschland (RfStV) enthält auch Vorgaben für die Sportberichterstattung. Auf seiner Grundlage haben die Landesmedienanstalten Gemeinsame Richtlinien für die Werbung, zur Durchführung der 17

---

[11] LG Duisburg, Urt. v. 22.7.2005 Az. 7 S 63/05; ebenso AG Frankfurt, Urt. v. 8.10.2004 Az. 30 C 1600/04-47.
[12] *Tettinger*, WFV Nr. 23, 36; a. A. *Fuhr*, FS *Armbruster*, S. 126.
[13] VerwG Köln ZUM-RD 2002, 455 (Art. 3 I GG).
[14] *Jarass/Pieroth*, Art. 5 Rz. 32; BVerfGE 77, 74; BGHZ 110, 375; zum Partizipationsrecht eines Landessportbundes am Rundfunkrat vgl. BVerfG, NVwZ 1992, 766; *Ricker*, S. 5 ff.
[15] BGH SpuRt 2006, 73, OLG Hamburg, NJW-RR 2003, 1486 (Hörfunk); OLG München, BayVBl. 1986, vgl. *Tettinger*, WFV Nr. 23, 39 m. w. N.; a. A. *Kübler*, S. 90, der einen auf Art. 5 gestützten Anspruch auf Kontrahierung aber dann enden lässt, wenn es ausschließlich oder überwiegend um Unterhaltung geht. Zur Ausnahme des Rechts auf Kurzberichterstattung vgl. Rz. 134.
[16] *Steiner*, RuS 13, 49.
[17] *Tettinger*, WFV Nr. 23, 39 f.

Trennung von Werbung und Programm und für das Sponsoring im Fernsehen[18] und im Hörfunk[19] erlassen, die für die Privatsender gelten. Daneben gibt es die ARD-Richtlinien für die Werbung, zur Durchführung der Trennung von Werbung und Programm und für das Sponsoring[20] sowie die ZDF-Richtlinien für Werbung und Sponsoring.[21] Einige besonders sportrelevante Vorschriften werden im Folgenden wiedergegeben:

18 Verstöße gegen nachfolgende Vorschriften zum Sponsoring und zur Werbung sind unter dem Gesichtspunkt des Vorsprungs durch Rechtsbruch i. d. R. wettbewerbswidrig und begründen zugunsten eines Mitbewerbers einen verschuldensunabhängigen *Unterlassungsanspruch* gegen den Rundfunkbetreiber, Verleger oder Werbungtreibenden gemäß §§ 3, 8 Abs. 2 UWG.[22] Medienrechtliche Unzulässigkeit impliziert also wettbewerbsrechtliche Unzulässigkeit.

19 Bei schuldhaft begangenem Verstoß besteht ein *Schadensersatzanspruch* gemäß § 9 UWG i.V. m. §§ 249 ff. BGB. Bei der in Wettbewerbssachen häufig schwierigen Schadensermittlung gewährt § 287 ZPO eine weitgehende Erleichterung für die Beweisführung.[23]

20 *Werbung* oder Werbetreibende dürfen das übrige Programm inhaltlich und redaktionell nicht beeinflussen. Einzelheiten des Programms dürfen nicht nach Vorgaben der Werbewirtschaft angepasst werden (*Verbot der Programmbeeinflussung*, § 7 II RfStV). Werbung muss als solche klar erkennbar sein. Sie muss im Fernsehen durch optische (Werbelogo) und im Hörfunk durch akustische Mittel eindeutig von anderen Programmteilen getrennt sein (*Trennungs- und Kennzeichnungsgebot*, § 7 III RfStV).

21 Auch die Bildberichterstattung im Sportteil einer Zeitung unterliegt dem Gebot der Trennung von Werbung und redaktionellem Teil. Sie hat sich an der journalistischen Informationsaufgabe auszurichten und darf nicht privatwirtschaftlichen Belangen dienen. Eine Bildauswahl, bei der die deutlich sichtbare, zur werblichen Unterstützung einer Anzeigenreklame geeignete *Trikotwerbung* am Sportler den Ausschlag für die Veröffentlichung gibt, verstößt daher auch gegen § 3 UWG.[24]

22 *Schleichwerbung* ist unzulässig. Schleichwerbung ist die Erwähnung oder Darstellung von Waren, Dienstleistungen, Namen, Marken oder Tätigkeiten eines Herstellers von Waren oder eines Erbringers von Dienstleistungen in Programmen, wenn sie vom Veranstalter absichtlich zu Werbezwecken vorgesehen ist und die Allgemeinheit hinsichtlich des eigentlichen Zwecks dieser Erwähnung oder Darstellung irreführen kann. Eine Erwähnung oder Darstellung gilt insbesondere dann als zu Werbezwecken beabsichtigt, wenn sie gegen Entgelt oder eine ähnliche Gegenleistung erfolgt (§ 2 II Ziffer 6 i.V. m. § 7 VI Satz 1 RfStV). Keine Schleichwerbung ist es, wenn die Darstellung aus überwiegend „programmlich-dramaturgischen" Gründen sowie zur Wahrnehmung von Informationspflichten erfolgt. *Product Placement* wird überwiegend als Erscheinungsform der Schleichwerbung angesehen, mit der Folge, dass es als unzulässig zu bewerten ist. Eine Ausnahme gilt für Fälle, wo *product placement* dem Fernsehzuschauer offen als werbliche Kommunikation gegenübertritt, so dass eine Irreführung ausscheidet, so bei Trikot- und Bandenwerbung.[25] Dies gilt jedenfalls, solange diese nicht „inszeniert" ins Bild gesetzt werden.[26] Das Verbot der Schleichwerbung ist auch in der EG-Fernsehrichtlinie vom

---

[18] Abgedruckt bei *Hartstein/Ring/Kreile/Dörr/Stettner*, § 7 Rz. 102.
[19] Abgedruckt bei *Hartstein/Ring/Kreile/Dörr/Stettner*, § 7 Rz. 103.
[20] Abgedruckt bei *Hartstein/Ring/Kreile/Dörr/Stettner*, § 7 Rz. 100.
[21] Abgedruckt bei *Hartstein/Ring/Kreile/Dörr/Stettner*, § 7 Rz. 101.
[22] Vgl. *Hefermehl/Köhler/Bornkamm*, § 4 Rz. 1.205 und 3.39.
[23] Vgl. *Hefermehl/Köhler/Bornkamm*, § 9 Rz. 1.23 und 1.35.
[24] KG Berlin, AfP 1994, 313 (M. Rummenigge/Die Continentale). Zur Anzeigenplazierung vgl. BGH, GRUR 1992, 463 = WRP 1992, 378; zur „redaktionell gestalteten Anzeige" vgl. *Hefermehl/Köhler/Bornkamm*, § 4 Rz. 3.20.
[25] *Matthies*, S. 72 m.w.N.
[26] *V. Westerholt*, ZIP 1996, 269. Zur Werbung im Kinofilm „Feuer, Eis & Dynamit" von Willy Bogner vgl. BGH, NJW 1995, 3177 und 3182. Für den Kinofilm gilt das Trennungsgebot weder gesetz-

3. 10. 1989[27] enthalten, die allerdings nur einen Mindeststandard festlegt, den Mitgliedsstaaten also Raum lässt, strengere Regeln festzulegen.

Für die *Einfügung* von Werbung gelten für die öffentlich-rechtlichen Anstalten § 15 IV RfStV und für den privaten Rundfunk § 44 III 1 RfStV, wonach bei der Übertragung von Sportereignissen, die Pausen enthalten, Werbung *nur in den Pausen* ausgestrahlt werden darf. Für die Dauer der Werbung gelten § 16 RfStV bzw. § 45 RfStV. Die jeweiligen Pausen werden von den spezifischen Regeln der übertragenen Sportart, wie z. B. Halbzeit, Drittelpausen, Seitenwechsel, festgelegt. Damit ist klargestellt, dass es beispielsweise verboten wäre, eine Halbzeit im Fußball, die aus 45 Minuten besteht, durch Werbespots zu zerstückeln. Zeitversetzte und nicht redaktionell bearbeitete Direktübertragungen sind wie Direktübertragungen zu behandeln. 23

Noch ungeklärt ist die Frage, ob die *Pause* bei einer zeitversetzten Ausstrahlung *verlängert* werden darf, so dass, z. B. bei einem Boxkampf, eine Werbeinsel plaziert werden kann, ohne auf die Bilder der Akteure in den Ringecken verzichten zu müssen. Die Frage ist bei einer Auslegung der Vorschrift nach Sinn und Zweck zu bejahen. Der Zweck besteht nämlich darin, zusammengehörige Teile eines Wettkampfes nicht beliebig auseinander zu reißen. Einzelne Boxrunden sind daher als eigenständige Teile anzusehen, ähnlich wie einzelne Spiele beim Tennis vor einem Seitenwechsel, wo es bereits Usus ist, dass ein Sender infolge Werbung etwas später in den neuen Satz einsteigt. Man wird hier dem jeweiligen Sender einen Ermessensspielraum zubilligen können, welche Verzögerung er dem Zuschauer zumuten will. 24

§ 7 IV RfStV ermöglicht eine werbliche Teilnutzung des Bildschirms: der sog. *Split Screen* lässt eine Mehrfachbelegung des Fernsehbildes zu, so dass redaktionelle und werbliche Inhalte parallel ausgestrahlt werden können, sofern eine eindeutige optische Trennung und Kennzeichnung erfolgt. Eine Variante ist die sog. *Ticker*-Werbung, die am unteren Rand des Fernsehbildes in einem Laufband (*crawl*) eingeblendet wird. 25

Bei der Auslosung von Geld- und Sachpreisen in *Gewinnspielen* und Quizveranstaltungen, die redaktionell gestaltet sind, ist eine zweimalige Nennung der Firma bzw. zur Verdeutlichung des Produkts auch eine zweimalige kurze optische Darstellung des Preises in Form von Bewegtbildern zulässig. Es dürfen keine weiteren werblichen Hinweise auf die Eigenschaft bzw. Qualität des Preises erfolgen (Nr. 18 der Gemeinsamen Richtlinien der Landesmedienanstalten). 26

Hinweise auf Bücher, CDs, Videos und andere Publikationen, z. B. Spiele, sowie deren Bezugsquellen unterliegen nicht den Werbevorschriften, wenn durch sie der Inhalt erläutert, vertieft oder nachbearbeitet wird (Nr. 15 V der Gemeinsamen Richtlinien der Landesmedienanstalten). In den Anwendungsbereich dieser Vorschrift, die nicht eng ausgelegt werden sollte, fallen z. B. *Trailer*, die ein Bundesliga-Jahrbuch oder eine CD-ROM über Saisonhöhepunkte präsentieren, sofern der präsentierende Sender auch das entsprechende Sportereignis ausstrahlt. 27

Bei *virtueller* Werbung handelt es sich um die technische Möglichkeit, ein Fernsehbild nach Aufnahme, aber vor Sendung digital dahin gehend zu verändern, dass entweder Werbung in das Bild neu eingegeben wird oder bestehende Werbebotschaften verändert werden.[28] Gemäß § 7 VI Satz 2 RfStV ist virtuelle Werbung nur unter engen Voraussetzungen zulässig: sie darf lediglich dazu verwendet werden, eine am Ort der Übertragung real bestehende Werbung zu ersetzen und es muss am Anfang und Ende der Sendung auf 28

---

lich noch standesrechtlich; es sollte allerdings aus wettbewerbsrechtlichen Gründen auf den Kinofilm ausgedehnt werden, so *Hefermehl/Köhler/Bornkamm*, § 4 Rz. 3.42.

[27] ABl. Nr. C 298 v. 17. 10. 1989, S. 23 ff., novelliert durch Richtlinie 97/36/EG, ABl. L 202 v. 30. 7. 1997, S. 60, abgedruckt und erläutert in *Hartstein/Ring/Kreile/Dörr/Stettner*, I B4 Rz. 51 ff.; für 2007 ist eine Reform der Richtlinie geplant, die eine Liberalisierung einiger Werbeverbote, vor allem fes product placement, zum Ziel hat; rechtsvergleichend zum Medienrecht in den Staaten der EU vgl. *Dörr*, S. 234 ff.

[28] *Hartstein/Ring/Kreile/Dörr/Stettner*, I § 7 Rz. 60; vgl. auch *Matthies*, S. 28 ff., mit interessanten Vorschlägen für eine maßvolle Ausweitung virtueller Werbung.

sie hingewiesen werden. Bei einer Sportübertragung aus dem Ausland ist es also möglich, Bandenwerbung für ausländische Produkte, die im Inland nicht oder nicht unter dieser Marke erhältlich sind, durch solche Produkte zu ersetzen, die im Inland käuflich sind. Damit wird eine wirtschaftlich interessante Möglichkeit der Mehrfachvermarktung eröffnet. Wem das Recht zusteht, virtuelle Werbung in das Fernsehbild einzufügen, ist im RfStV nicht geregelt. Nach allgemeinem Zivilrecht ist dieses Recht dem originären Rechteinhaber zuzuordnen, da die Sportübertragung in ihrer Authentizität betroffen ist.[29]

29 Nach der offiziellen Definition der FIFA handelt es sich bei *virtueller* Werbung um computergenerierte Bilder, die live oder zeitversetzt gesendet werden unter Austausch von verschiedenen Elementen mit dem Ziel, Werbebotschaften in das Signal das vom Fernsehen oder von ähnlichen heutigen oder zukünftigen Technologien übermittelt wird, einzuspeisen.[30] Das FIFA-Reglement verbietet – sofern es qua Satzung oder Vertrag Anwendung findet – virtuelle Werbung auf dem Spielfeld, wenn die Mannschaften sich noch darauf befinden. Untersagt sind außerdem Einblendungen auf Personen, Fans oder Gruppen, außer wenn alle Betroffenen, namentlich Organisatoren, Rechteinhaber, Sender und Inserenten zugestimmt haben. Sind die Mannschaften hingegen nicht auf dem Spielfeld, darf im Anstoßkreis oder im Strafraum Werbung eingeblendet werden, ebenso dort, wo bestehende Werbung ersetzt wird. Ansonsten finden sich in den Statuten der Sportverbände meist keine Regeln über virtuelle Werbung. Vertraglich wird sie bislang allerdings häufig untersagt, weil die Veranstalter einen Verlust an Glaubwürdigkeit und Authentizität befürchten.

II. Sportwerbung für Zigaretten und Tabakerzeugnisse sowie Alkohol

30 Art. 13 der EG-Fernsehrichtlinie untersagt „jede Form der Fernsehwerbung für *Zigaretten* und andere *Tabakerzeugnisse*". Erläuternd heißt es in der Präambel:
„Fernsehwerbung für Zigaretten und Tabakwaren muss ganz verboten werden, einschließlich indirekter Formen der Werbung, die zwar nicht direkt das Tabakerzeugnis erwähnen, aber das Werbeverbot durch Benutzung von Markennamen, Symbolen oder anderen Kennzeichen von Tabakerzeugnissen oder von Unternehmen, die bekanntermaßen oder hauptsächlich solche Erzeugnisse herstellen bzw. verkaufen, zu umgehen suchen." Das gleiche Verbot enthält Art. 15 I des europäischen Übereinkommens über das grenzüberschreitende Fernsehen vom 5. 5. 1989.[31]

31 Daraufhin hatte die EG im Jahr 1998 eine zusätzliche Richtlinie erlassen, wonach die Mitgliedstaaten die Werbung für Tabakerzeugnisse mit wenigen Ausnahmen verbieten mussten.[32] Deutschland hat sich seit jeher gegen ein europaweites Tabakwerbeverbot gesträubt und im Jahre 2000 vor dem EuGH eine erfolgreiche Nichtigkeitsklage mit dem Argument erhoben, der EG fehle im Gesundheitssektor die Zuständigkeit.[33]

32 Allerdings hat die EG Ende 2002 eine neue Richtlinie erlassen, die den deutschen Gesetzgeber bis Juli 2005 zur Umsetzung in nationales Recht verpflichtet. Auch gegen diese hat die Bundesregierung Klage vor dem EuGH erhoben, die noch nicht entschieden ist. Der trotz der anhängigen Klage erarbeitete deutsche Gesetzesentwurf verbietet Werbung für Tabakerzeugnisse in der Presse oder in einer anderen gedruckten Veröffentlichung. Ähnliches soll für Radio und Internet gelten. Ausgenommen sollen nur Zeitschriften sein, die sich an

---

[29] So auch *Matthies*, S. 31. Zur Problematik der aufgedrängten virtuellen Werbung vgl. *Ladeur*, SpuRt 2000, 45 und 101 sowie *Matthies*, S. 150 f.
[30] § 2 a Regulations for the use of virtual advertising by the FIFA, abrufbar unter www.fifa.com.
[31] In Kraft in Deutschland seit 1.11.1994, abgedruckt und erläutert in *Hartstein/Ring/Kreile/Dörr/Stettner*, I B 4 Rz. 104 f.
[32] Richtlinie 98/43/EG v. 6.7.1998, ABl. L 213/9 v. 30.7.1998; vgl. hierzu *Nolte*, NJW 2000, 1144; *Kreile/Rahn*, ZUM 1998, 820.
[33] EuGH, NJW 2000, 3701. Vgl. hierzu *Stiess/Hellert*, ZUM 2000, 1038.

Arbeitnehmer im Tabakhandel wenden oder die für den Export außerhalb der EU bestimmt sind. Auch das Sponsoring von Hörfunkprogrammen und die Verteilung kostenloser Zigaretten sollen untersagt werden. Auch das grenzüberschreitende Sponsoring von Sportveranstaltungen soll untersagt werden, nicht aber das Firmensponsoring in Deutschland.[34]

Diese europarechtlichen Verbote gehen weiter als § 22 I Lebensmittel- und Bedarfsgegenständegesetz (LMBG). Danach ist es verboten, für Zigaretten, zigarettenähnliche Tabakerzeugnisse und Tabakerzeugnisse, die zur Herstellung von Zigaretten durch den Verbraucher bestimmt sind, im Hörfunk oder im Fernsehen zu werben. Dennoch wird man es als noch zulässig erachten müssen, wenn z. B. anlässlich eines Autorennens verbotene Werbetexte oder Logos „nebenbei" eingeblendet werden. In Bezug auf § 22 I LMBG wird der Standpunkt vertreten, dass eine solche zufällige Einblendung nicht vom Werbeverbot erfasst wird.[35] Obwohl einiges dafür spricht, dass der europäische Gesetzgeber auch jedwede Umgehung dieses Werbeverbots erfassen will, wird sich ähnlich wie bei den Printmedien die Prüfungspflicht aus verfassungsrechtlichen wie Praktikabilitätsgründen nur auf eindeutige, grobe und ausreichend erkennbare Verstöße erstrecken, nicht aber beispielsweise auf die zufällige Einblendung eines seit Jahr und Tag an der Rallyestrecke befindlichen Straßenplakats mit Zigarettenwerbung.[36]

Während aufgrund der strengen europäischen Regelungen Werbung für Zigarren und Schnupftabakerzeugnisse sowie Pfeifentabak im Fernsehen verboten ist, ist Werbung für diese Produkte *im Hörfunk* unter der Geltung des § 22 I LMBG nach wie vor gestattet.[37]

Ähnlich verhält es sich mit der sog. *aufgedrängten Werbung.* Auch bereits vor Erlass der EG-Fernsehrichtlinie bestand das Gebot strikter Trennung zwischen Werbung und Programm. ARD und ZDF hatten von der Fußball-WM 1986 in Mexiko Übertragungen aus Stadien gebracht, in denen für eine Zigarettenmarke geworben worden war. Das Ordnungsamt Baden-Baden stellte das daraufhin eingeleitete Ordnungswidrigkeitsverfahren gegen die Intendanten der Sender mit der Begründung ein, dass es für die Sender keine Möglichkeit gegeben habe, diese nicht von ihnen selbst initiierte Werbeform zu vermeiden. Der Verzicht auf die Ausstrahlung des aufgezeichneten Fußballspiels sei unzumutbar gewesen, da er mit dem Informationsauftrag der Rundfunkanstalten und mit der ihnen zustehenden Pressefreiheit unvereinbar gewesen sei.[38]

Fernsehsender haben auch keine Handhabe, eine eigens für eine Veranstaltung angebrachte (erlaubte) Bandenwerbung zu verdecken. Als das ZDF vor vielen Jahren dies einmal versuchte, sah es sich einer Unterlassungsklage der Fa. Martini und Rossi ausgesetzt, der das LG Mainz stattgab.[39] Heutzutage wird diese Art der aufgedrängten Werbung von allen Akteuren akzeptiert und gilt nicht mehr als unlauter.[40] Bestes Beispiel ist die Großeinblendung der Skier von Skispringern und -rennläufern mit deutlich sichtbaren Logos. Das Kriterium der Unvermeidbarkeit bzw. Unzumutbarkeit dürfte indes teilweise ausgedient haben, da im Zeitalter der Digitalisierung des Fernsehsignals eine Überblendung der Werbung, jedenfalls bei Nicht-Live-Ausstrahlungen, technisch machbar wäre.[41] In der Praxis muss sich ein Fernsehsender allerdings bemühen, Schleichwerbung so weit wie möglich zu vermeiden, darf sich also keinesfalls gegenüber der Werbewirtschaft oder einem

---

[34] SZ v. 17. 12. 2004.
[35] *Doepner*, RuS 13, 37 m. w. N.
[36] Ebenso *Doepner*, RuS 13, 37 f.; *Zipfel*, § 22 Rz. 12 a.
[37] *Hartstein/Ring/Kreile/Dörr/Stettner*, § 7 Rz. 72. Die genannten Verbote gelten auch für das Sponsoring gemäß § 8 IV RfStV.
[38] *Friccius*, RuS 13, 7. Gleiches gilt für das allseits tolerierte „Hemdkragensponsoring", vgl. hierzu *Friccius*, ZUM 1996, 1020.
[39] Vor dem OLG Koblenz wurde der Streit im Wesentlichen im Sinne des Klägers verglichen, vgl. *Friccius*, RuS 13, 5.
[40] *Ladeur*, SpuRt 2000, 48.
[41] Ähnlich auch *Matthies*, S. 88.

Sponsor verpflichten, entsprechende Plakate, Banden oder Inserts auch nur kurz ins Bild zu setzen. Ein solcher Vertrag wäre gemäß § 134 BGB nichtig. Andererseits braucht er aber nicht auf eine Ausstrahlung zu verzichten, auch wenn damit zwangsläufig derartige Werbeeinblendungen verbunden sind; insoweit genießt das redaktionelle Interesse Vorrang.[42]

37 Die genannten Tabakwerbeverbote gelten nicht für andere Werbeträger, wie z. B. Printmedien, Plakate, Kino (erlaubt mit Warnhinweisen) oder Schaufenster und Sponsoring. Bezüglich der Werbung in Sportstätten hat sich die deutsche Zigarettenindustrie eine freiwillige Selbstbeschränkung auferlegt.

38 Werbung für Alkohol unterliegt in Deutschland nur in Bezug auf Minderjährige gesetzlichen Beschränkungen. Gemäß § 6 JMStV darf sich Werbung für Alkohol weder an Kinder oder Jugendliche richten noch durch die Art der Darstellung Kinder und Jugendliche besonders ansprechen oder diese beim Alkoholgenuss darstellen. Gerade bei Brauereien ist Sponsoring und Werbung bei Sportereignissen und Sportübertragungen sehr beliebt. Gesetzliche Beschränkungen zum Zwecke des Gesundheitsschutzes wären allerdings zulässig und werden immer wieder diskutiert. Frankreich beispielsweise hat ein gesetzliches Verbot direkter und indirekter Fernsehwerbung für alkoholische Getränke über 1,2 % erlassen („Loi Evin"). Darüber hinaus gibt es seit 1995 einen – rechtlich nicht verbindlichen – Verhaltenskodex, der von den französischen Sendern verlangt, dass diese bei Übertragung ausländischer Sportereignisse alle verfügbaren Maßnahmen ergreifen, um zu verhindern, dass Marken alkoholischer Getränke dabei zu sehen sind. Diese nationale Regelung ist kein Verstoß gegen die Dienstleistungsfreiheit nach Art. 49 EGV. Mit diesem Tenor hat der EuGH die Vertragsverletzungsklage der Europäischen Kommission gegen Frankreich abgewiesen.[43] Dieses Werbeverbot hatte der EuGH bereits kurz zuvor in einem Vorabentscheid als rechtmäßig angesehen, dem eine Klage der Fa. Bacardi gegen den Sender TF1, der Agentur Darmon und Girosport zugrunde lag, mit der Bacardi diesen drei Gesellschaften untersagen lassen wollte, auf ausländische Vereine Druck dahin auszuüben, dass diese Werbung für von Bacardi hergestellte alkoholische Getränke auf Werbetafeln an den Veranstaltungsorten binationaler ausländischer Sportereignisse ablehnen.[44]

39 Unzulässig ist allerdings *Alkoholwerbung* aktiver Leistungssportler aufgrund Ziffer 5 der Verhaltensregeln des Deutschen Werberats in der Fassung von 1998.

III. Sportsponsoring (§ 2 II Ziffer 7 RfStV)

40 Bei Sendungen, die ganz oder teilweise gesponsert werden, muss zu Beginn und am Ende auf die Finanzierung durch den Sponsor in vertretbarer Kürze[45] deutlich hingewiesen werden („*Sendungs- oder Programmsponsor*"). Der Hinweis ist in diesem Rahmen auch durch Bewegtbild möglich. Er darf keinen „imageprägenden Slogan" enthalten.[46] Neben oder anstelle des Namens des Sponsors kann auch dessen Firmenemblem oder eine Marke eingeblendet werden. Inhalt und Programmplatz einer gesponserten Sendung dürfen vom Sponsor nicht in der Weise beeinflusst werden, dass die Verantwortung und redaktionelle Unabhängigkeit des Rundfunkveranstalters beeinträchtigt werden (§ 8 II, III RfStV).

41 Vom Sendungssponsor zu unterscheiden ist der *Ereignissponsor*, der einen Sportwettkampf finanziell unterstützt und häufig auch als Titelsponsor fungiert, z. B. „BMW

---

[42] So schon *Friccius*, RuS 13, 6; *Hartstein/Ring/Kreile/Dörr/Stettner*, § 7 Rz. 24 und § 8 Rz. 17–19; *Hartel*, ZUM 1996, 1035 mit Hinweis auf BGH, NJW 1990, 3201.

[43] EuGH, NJW 2004, 2957. Zur Rechtmäßigkeit eines nationalen Verbots indirekter Fernsehwerbung durch Werbetafeln während binationaler Sportveranstaltungen vgl. EuGH, EuZW 2004, 497; vgl. auch EuGH, EuZW 2003, 382 (keine extraterritoriale Geltung französischer Fernsehwerbeverbote).

[44] EuGH, SpuRt 2004, 207.

[45] In der Praxis haben sich 5–10 Sekunden herausgebildet, je nachdem, ob einer oder mehrere Sponsoren abgebildet werden; vgl. auch OLG Frankfurt, NJW-RR 1994, 365.

[46] Str., vgl. *Hartstein/Ring/Kreile/Dörr/Stettner*, § 8 Rz. 35 und § 7 Rz. 102 Zif. 12.

Open" anstatt wie früher „Internationale Bayerische Tennismeisterschaften". Im Jahr 1992 hat der BGH die Einblendung des Logos von Agfa-Gevaert als Ereignissponsor eines Fußballländerspiels als wettbewerbswidrige Imagewerbung i. S. v. § 1 UWG beanstandet, weil der Sponsor nicht die Sendung selbst, sondern das Ereignis finanziell gefördert habe, das Gegenstand der Sendung war.[47]

Die Bedeutung dieses Urteils relativiert sich, wenn der Ereignissponsor zugleich *Titelsponsor* ist („Doppelsponsoring"): Dessen Einblendung ist für den Sender unvermeidbar, weil der Name der Veranstaltung für deren Identifizierung unerlässlich ist und damit zulässig. Als zulässiges Sponsoring ohne Anrechnung auf die Werbezeit wäre z. B. auch das „joint logo" einer Liga und ihres Hauptsponsors, das konstant in das Bild eingeblendet wird, anzusehen, da es sich um eine Namenserweiterung des Sportereignisses und keine Vermarktungsmaßnahme des Senders handelt. 42

Rechtlich zweifelhaft sind die Identifikationseinblendungen der Computerhersteller, beispielsweise zum Torstand oder zur Zeitmessung (*„Grafik-, Zeit- oder Computersponsor"*). Diese werden in das werbefreie Bild als inszenierte Werbung hineinmontiert und dürften so gegen § 8 IV RfStV verstoßen,[48] werden aber in der Praxis seit längerem nicht beanstandet, weil sie den Zuschauer i. d. R. nicht irreführen. Als Quellennachweis sind sie zulässig, wenn zwischen der Firma und der eingeblendeten Information ein direkter funktionaler Zusammenhang besteht (Ziffer 19 II LMA-Fernsehrichtlinie). 43

Das bei interviewten Spielern und Trainern seit Jahren gebräuchliche *Hemdkragensponsoring* ist rechtlich unbedenklich, wenn das Logo lediglich erkennbar und nicht besonders herausgehoben wird. 44

Identische Sequenzen aus einem Werbespot dürfen in einen Sponsorspot nicht einfließen.[49] Auch soll es unzulässig sein, die Marke eines Sponsors als Sponsorhinweis auf dem Hintergrund einer Szene eines Fußballspiels einzublenden, die als zusätzlichen Werbeeffekt die Marke des Sponsors in der Art einer Bandenwerbung ein zweites Mal in Erscheinung treten lässt. Eine derartige *doppelte bildliche Hervorhebung* der Marke verstößt gegen § 3 UWG.[50] Ansonsten sollte § 8 RfStV nicht zu eng ausgelegt werden, hat doch der Gesetzgeber Sponsoring als eigenständige Finanzierungsform anerkannt. 45

C. Jugendschutz

Sportsendungen können auch mit den Jugendschutzvorschriften des Jugendmedienschutz-Staatsvertrags (§§ 5, 8 JMStV) kollidieren. So sind z. B. *Wrestling*-Sendungen als jugendgefährdend eingestuft worden, weil Kinder nicht erkennen könnten, dass sich die Akteure in Wirklichkeit nicht gegenseitig verletzten. Solche Sendungen dürften deshalb nicht zu beliebiger Zeit, sondern erst spät abends ausgestrahlt werden.[51] 46

D. Sport, Medien und Wettbewerbsrecht (UWG, UrhG, MarkenG)

Wichtigste Rechtsgrundlage ist die Generalklausel in § 3 (vormals § 1) UWG: unzulässig sind danach unlautere Wettbewerbshandlungen, die geeignet sind, den Wettbewerb zum Nachteil der Mitbewerber, der Verbraucher oder der sonstigen Marktteilnehmer nicht nur unerheblich zu beeinträchtigen. Personen oder Unternehmen, die dergestalt unlauter handeln, können auf Unterlassung und Schadenersatz in Anspruch genommen werden 47

---

[47] BGH, ZIP 1992, 804 = EWiR 1992, 915 (*Sack*).
[48] *Greffenius/Fikentscher*, ZUM 1992, 526, 538; *v. Westerholt*, ZUM 1996, 270; zur „Animation" vgl. *Hartstein/Ring/Kreile/Dörr/Stettner*, § 7 Rz. 32 d.
[49] OLG Frankfurt, AfP 1995, 609 (612). A. A. beim Gewinnspiel *Friccius*, ZUM 1996, 1024.
[50] OLG Frankfurt AfP 1995, 609 (Isostar).
[51] HessVGH, ZUM 1996, 990.

(§§ 8, 9 UWG). Die Rechtsprechung hat zu § 1 UWG, der bis 30.6. 2004 in Kraft war, Fallgruppen herausgearbeitet. Danach kommt vor allem bei Behinderung, Übernahme fremder Leistung, Schmarotzen an fremder Leistung oder Rufausbeutung ein Wettbewerbsverstoß in Betracht.[52]

48 Nicht im geschäftlichen Verkehr zu Zwecken des Wettbewerbs handelt beispielsweise ein Informatikstudent, der wahrheitsgemäße Mitteilungen über Sportereignisse im Internet zu *Hobbyzwecken* verbreitet. Der betroffene Verein hat gegen diesen keinen Unterlassungsanspruch.[53]

I. Übertragung ohne Genehmigung/Lizenz

49 Ein Verstoß liegt beispielsweise vor, wenn ein Fernsehsender von einem Sportereignis berichtet, ohne hierfür vom Sportveranstalter eine *Genehmigung bzw. Lizenz* erhalten zu haben.[54] Dasselbe gilt bei einer Radiosendung aus dem Stadion.[55] In diesem Fall kann der Veranstalter aus § 3 (vormals § 1) UWG gegen den Sender vorgehen, wenn die Ausstrahlung im Inland erfolgt. Dieser Schutz versagte nach altem Recht im Falle einer Kabelweiterendung, da es insoweit an einem Wettbewerbsverhältnis zwischen Veranstalter und Kabelbetreiber gefehlt haben dürfte;[56] nach neuem Recht dürfte aber auch dieser Fall gemäß § 3 UWG Schutz genießen, weil es nicht mehr auf eine konkrete Wettbewerbssituation ankommt, sondern es ausreicht, wenn die unlautere Handlung geeignet ist, den Wettbewerb nicht unerheblich zu beeinträchtigen.

II. Herstellung und Vertrieb von Programmheften

50 Der Abdruck der bloßen Programmelemente einer Sportveranstaltung in einer Druckschrift steht wettbewerbsrechtlich jedem frei.[57] Dagegen darf nicht jedermann *Programmhefte* für Sportdarbietungen ohne Erlaubnis des Veranstalters verfassen und verbreiten. Dadurch wird das Recht des gewerblichen Veranstalters verletzt, die Art seiner Werbung selbst zu bestimmen, und ihm ferner die Möglichkeit genommen, den Bedarf von Programmheften in seine Kalkulation einfließen zu lassen. Ferner wird beim Publikum der irrige Eindruck erweckt, der Veranstalter habe das Programmheft zumindest gebilligt, so dass ihm auch unrichtige Angaben über das Programm angelastet werden.[58]

III. Gebrauch von Titeln, Logos, Emblemen, Marken (Titel-/Markenschutz)

51 Für geplante Sportsendungen und andere medienbezogene Vorhaben kann *Titelschutz* gem. § 5 III MarkenG im Titelschutzanzeiger und ähnlichen Publikationsorganen beantragt werden.[59] Nach Veröffentlichung der Titelschutzanzeige muss das Werk dann binnen angemessener Frist unter dem angekündigten Titel auch tatsächlich erscheinen. Welche Frist angemessen ist, hängt davon ab, mit welcher branchenüblichen Herstellungszeit die angesprochenen Fachkreise rechnen müssen. In der Regel wird durch die Anzeige für die

---

[52] Zur Bedeutung der Generalklausel vgl. *Harte/Henning/Schünemann*, § 3 Rz. 1 ff.; ausführlich zu den von der Rspr. gebildeten Fallgruppen *Baumbach/Hefermehl*, § 1 Rz. 2 ff.

[53] AG Detmold, SpuRt 1997, 65.

[54] So auch *Stopper*, SpuRt 1999, 188; *Siegfried*, S. 31 f.; *Soehring*, Rz. 6.35; *Stopper*, S. 77; so andeutungsweise auch BGH, SpuRt 1998, 29 (Europapokalheimspiele); vgl. auch Rz. 69 und 78.

[55] So auch *Melichar*, FS Nordemann, S. 213; offen gelassen von OLG Hamburg, NJW-RR 2003, 1486. Vgl. hierzu ausführlich Rz. 75 ff.; Zusammenfassungen außerhalb des Stadions sind selbstverständlich erlaubt.

[56] Vgl. *Poll*, RuS 19, 24, der auf weitere (urheberrechtliche) Schutzlücken hinweist.

[57] RGZ 140, 140.

[58] BGHZ 27, 264 „Box-Programmheft"; vgl. aber auch BGH, GR 62, 254 „Fußball-Programmheft"; *Baumbach/Hefermehl*, § 1 Rz. 493, 536.

[59] Vgl. hierzu *v. Hartlieb/Schwarz-Reber*, 39. Kapitel.

Dauer von ca. 6 Monaten bis zur ersten Umsetzung eine vorläufige Priorität begründet.[60] Darüber hinaus kommt ein *wettbewerbsrechtlicher Formatschutz* in Betracht, sofern alle wiederkehrenden Gestaltungselemente, wie sie vom Zuschauer aufgenommen werden, eine einprägsame Struktur aufweisen. Eine bloße *Sendeidee* genießt diesen Schutz noch nicht.[61]

Auch für *Printmedien* ist Titelschutz unentbehrlich, das OLG Köln hat der Zeitschrift **52** mit dem Titel *SPORTS Life* Kennzeichnungskraft und damit Titelschutz zuerkannt. Zwischen den Titeln *SPORTS Life* und *BRAVO Sports* bestehe jedenfalls mit Hinblick darauf eine Verwechslungsgefahr, als die Titelbestandteile *SPORTS* jeweils prägende Bedeutung hätten.[62]

Größtmöglichen Schutz gegen unbefugte Benutzung gewährt die Eintragung eines **53** Logos, Emblems oder sonstigen Zeichens als sog. *Dienstleistungsmarke* in das beim deutschen Markenamt geführte Register gem. § 3 MarkenG. Der Schutz kann im Wege der Anmeldung als Gemeinschaftsmarke beim Europäischen Markenamt in Alicante auf die gesamte EU ausgedehnt werden. Auf diese Weise ist beispielsweise das Bundesliga-Logo als kombinierte Wort-/Bildmarke der DFL wie auch die Marke DFL selbst europaweit umfassend geschützt. Bei Verletzungen stehen dem Betroffenen ein Unterlassungs- und ein Schadensersatzanspruch zur Seite (§ 15 IV, V MarkenG). Außerdem ist die missbräuchliche Verwendung von Marken strafbar gem. § 143 MarkenG.

Auch ein als Marke eingetragener *Slogan* kann Markenschutz genießen. So hat das **54** LG München I einen Unterlassungsanspruch des Mobilfunkunternehmens O2 gegen seinen Konkurrenten e-plus aus § 14 II Nr. 2, V MarkenG bejaht, weil dieser die Wortmarke „da legst di nieda", die durch eine massive Werbekampagne mit Franz Beckenbauer als originelle Herkunftskennzeichnung für die Telekommunikationsdienstleistungen von O2 angesehen wurde, durch eine ähnliche Werbekampagne mit Rudi Völler verletzt wurde. e-plus habe den Markenslogan von O2 gezielt zum Zwecke der Aufmerksamkeitsausbeutung aufgegriffen und damit auch gegen die guten Sitten verstoßen (§ 23 MarkenG). Zudem ergebe sich der Anspruch aus § 1 UWG unter dem Gesichtspunkt der Nachahmung von Werbemitteln.[63]

IV. Gebrauch von Spielplänen und Ergebnistabellen

Im Zuge fortschreitender Kommerzialisierung mehren sich Versuche fremder Unterneh- **55** men, sich an bekannte Sportmarken oder deren Produkte anzulehnen, um deren Aufmerksamkeitsgrad oder guten Ruf für eigene Geschäftszwecke zu nutzen. Dieses Phänomen ist auch im Ausland verbreitet und dort als *ambush marketing* bekannt. Bevorzugter Gegenstand der Begierde sind die Spielpläne, auch Terminlisten (fixture lists) genannt, und die Ergebnistabellen verschiedener Bundesligen, vor allem der Fußball-Bundesliga. Sie werden als Anknüpfungspunkt für so manche Geschäfte genutzt, beispielsweise für Sportwetten und Sponsorengagements („die Bundesligatabelle wird Ihnen präsentiert von Firma X"). Der DFB hat beispielsweise in § 52 Ziffer 2.1 seiner Spielordnung verankert, dass er die Rechte aus den Terminlisten bei Spielen der Bundesligen gemeinsam mit dem Ligaverband ausübt. Fraglich ist nun, wie weit diese Rechte greifen, ob also einem Sportveranstalter bzw. Ersteller von Spielplänen generell Rechte zur Seite stehen, welche ihm allein deren Nutzung vorbehalten, oder ob fremden Unternehmen eine beliebige Nutzung im Rahmen eines Allgemeingebrauchs erlaubt ist. Ein spezielles Gesetz zum Veranstalterschutz gibt es beklagenswerterweise (noch) nicht. In Betracht kommen Urheberrecht, Markenrecht und

---

[60] OLG Hamburg, WRP 1996, 322 = NJW-RR 1996, 879; ausführlich *Löffler*, Presserecht, BT Titelschutz Rz. 46 ff.

[61] BGH, NJW 2003, 2828; OLG Düsseldorf, WRP 1995, 1032; OLG München, NJW-RR 1993, 619; *Have/Eickmeier*, ZUM 1994, 269.

[62] OLG Köln, SpuRt 1996, 93.

[63] LG München I, Urteil v. 6. 8. 2003 (Az: 1 HK O 426/03). Zur Schutzfähigkeit der „Fußball WM 2006" vgl. den kritischen Beschluss des BGH v. 27. 4. 2006, Az. I ZB 96/05.

Wettbewerbsrecht. Hierzu gibt es erst vereinzelt Rechtsprechung. Richtig dürfte Folgendes sein:

56 In Bezug auf die Spielpläne und Tabellen kann man einen urheberrechtlichen Schutz wohl nur dann herleiten, wenn ein Sportverband gemäß §§ 87a ff. UrhG eine selbständige, wesentliche Investition in die Beschaffung, Überprüfung oder Darstellung der Spielpläne oder in die Errechnung der Tabelle vorgenommen hätte. Hierzu hat der EuGH in einem Vorabentscheid entgegen dem Schlussantrag der Generalanwältin[64] entschieden, dass es an einer derartigen Investition fehle. Zwar könne ein Spielplan über die Fußballmeisterschaft als eine Datenbank angesehen werden; die Ermittlung und Zusammenstellung der in diesem Spielplan enthaltenen Daten seien aber mit dem Erzeugen dieser Daten durch die unmittelbar beteiligte Liga untrennbar verbunden.[65] Allerdings hat er gleichzeitig in Bezug auf Listen der zu einem Rennen zugelassenen Pferde anerkannt, dass Entnahmehandlungen (Übertragung des Inhalts einer Datenbank auf einen anderen Datenträger) und Weiterverwendungshandlungen (Öffentliche Zurverfügungstellung), die sich auf die Gesamtheit oder eine wesentlichen Teil des Inhalts einer geschützten Datenbank erstrecken, die Genehmigung dessen erfordern, der die Datenbank erstellt hat, *auch wenn* dieser seine Datenbank ganz oder zum Teil der Öffentlichkeit zugänglich gemacht oder einem Dritten die Genehmigung erteilt haben sollte, die Datenbank zu veröffentlichen.[66] Im Rahmen von § 4 UrhG ist es eine offene Frage, ob die Rechtsprechung der Erstellung des Spielplans über eine ganze Spielzeit hinweg die erforderliche schöpferische Eigenheit eines Werks zuerkennen würde. Dagegen mag sprechen, dass die Anordnung der Spielpaarungen einigen zwingenden Kriterien folgt, wie etwa feststehende Anzahl der Begegnungen, Winterpause, europäischer Spielkalender, Vorgaben der Sicherheitsbehörden. Dafür spricht, dass es einer großer Sachkunde und einer nicht zu unterschätzenden Portion Kreativität bedarf, um ausgeglichene, gleiche Wettbewerbschancen eröffnende und zugleich spannende Ansetzungen über eine gesamte Spielzeit hinweg zu bewerkstelligen. Bloßen Spielregeln hat die Rechtsprechung keinen Werkscharakter zuerkannt.[67] Von deren Automatismus sind Spielpläne jedoch weit entfernt, so dass für sie urheberrechtlicher Schutz denkbar und begrüßenswert wäre. Ein markenrechtlicher Schutz dürfte dagegen in der Regel ausscheiden, es sei denn, einer bekannten Marke, wie beispielsweise der Fußball-Bundesliga, würde eine Verwässerung drohen, was nur anhand der konkreten Umstände eines Falles bewertet werden kann.

57 Allerdings dürfte *wettbewerbsrechtlicher* Schutz gemäß § 3 UWG nicht von der Hand zu weisen sein:

Ein Sportverband bzw. Ligaverband ist, je nach Intensität seines organisatorischen und wirtschaftlichen Beitrages zur Gesamtveranstaltung, regelmäßig als Veranstalter oder Mitveranstalter der von ihm verantworteten Meisterschaft anzusehen. Folglich ist er, gegebenenfalls in Rechtsgemeinschaft mit anderen Mitveranstaltern, auch zur umfassenden wirtschaftlichen Verwertung seines Produkts berechtigt. Spielpläne und Ergebnistabellen stellen kommerziell verwertbare Elemente dar, die von einer Liga geschaffen werden. Fremde Unternehmen, z. B. Wettanbieter, übernehmen zur Erstellung ihres Angebots den Kern dieser Leistungen planmäßig und systematisch. Der Spielplan kann nicht hinweggedacht werden, ohne dass deren Angebot entfiele. Die Leistungsübernahme erfolgt unlauter unter dem Gesichtspunkt der Behinderung, da die Liga der Möglichkeit beraubt wird, ihr Arbeitsergebnis umfassend, sei es durch Selbstvermarktung, sei es durch Lizenzierung, auszuwerten. Des Weiteren ist in der Fremdverwertung eine Ausbeutung des

---

[64] *Stix-Hackl,* Rechtssache C 46/02, Suchformular unter http://curia.europa.eu/de/content/juris/index_form.htm.

[65] EuGH, Urteile v. 9.11. 2004, SpuRt 2005, 64 mit Anm. *Kraus.* Die Firma Fixtures Marketing hatte für Rechnung der Profifußballigen Lizenzen für die Nutzung der Spielpläne für die höheren englischen und schottischen Fußballligen vertrieben.

[66] EuGH, SpuRt 2005, 64; vgl. hierzu *Summerer/Blask,* SpuRt 2005, 50.

[67] OLG Frankfurt/Main, ZUM 1995, 795.

guten Rufs (*Goodwill*) einer Liga zu erkennen. Ein Fremdprodukt macht sich nämlich den etablierten, guten Ruf eines Ligaprodukts zunutze, indem es dessen Werbewert missbräuchlich abschöpft. Darüber hinaus kommt ein ergänzender Leistungsschutz der Liga gemäß § 4 Nr. 9 b UWG für den Fall in Betracht, dass sie selbst ein an den Spielplan oder die Tabelle gekoppeltes Produkt anbietet. Dann könnte sich nämlich ein ähnliches Fremdprodukt als Nachahmung und damit als unlautere Leistungsübernahme darstellen. Schließlich kann die unerlaubte Verwertung Dritter auch als Eingriff in den eingerichteten und ausgeübten Gewerbebetrieb einer Liga zu werten sein, der Unterlassungs- und Schadensersatzansprüche gemäß §§ 823 I, 1004 analog BGB auslöst.

Inwieweit Vereine und Sportler in diesem Zusammenhang ihre Namens- und Markenrechte gegen fremde Kommerzialisierung, beispielsweise durch Sportwettenveranstalter, geltend machen können, ist richterlich noch nicht geklärt; gute Gründe sprechen dafür.[68]

E. Beschränkungen des Marktes für Sportübertragungen und Kartellrecht (GWB, EG-Vertrag)

I. Rechtsgrundlagen

Will ein Inhaber von Verwertungsrechten diese *en gros* veräußern, ist ein Konflikt mit dem Kartellrecht vorprogrammiert, weil dies zu Wettbewerbsbeschränkungen auf dem Nachfragemarkt führen kann. Zu beachten ist zunächst das Kartellverbot des § 1 GWB, das beispielsweise alle Absprachen und Vereinbarungen zwischen Veranstaltern und Fernsehsendern über ein gemeinsames Vorgehen am Markt von der Programmbeschaffung bis zur Programmausstrahlung erfasst, ferner die Vorschriften über Austauschverträge nach § 14 GWB. Für die großen Rundfunksender[69] und die Sportverbände, die regelmäßig eine marktbeherrschende Position einnehmen, gelten außerdem das *Missbrauchs- und das Diskriminierungsverbot* der §§ 19 und 20 GWB.[70] **58**

§ 31 GWB sah bis zum Jahr 2005 eine Ausnahme für den Sport vor: § 1 GWB fand keine Anwendung auf die zentrale Vermarktung von Rechten an der Fernsehübertragung satzungsgemäß durchgeführter sportlicher Wettbewerbe durch Sportverbände, die in Erfüllung ihrer gesellschaftspolitischen Verantwortung auch der Förderung des Jugend- und Amateursports verpflichtet sind und dieser Verpflichtung durch eine angemessene Teilhabe an den Einnahmen aus der zentralen Vermarktung dieser Fernsehrechte Rechnung tragen.[71] Danach war der ganz überwiegende Teil der Zentralvermarktung von Fernsehrechten, beispielsweise diejenige des Profifußballs durch den Ligaverband, vom Kartellverbot, jedenfalls auf nationaler Ebene, ausgenommen. Der praktische Nutzen war indessen gering, da das GWB vom EG-Kartellrecht überlagert wird, so dass der Gesetzgeber diese Ausnahme gestrichen hat. **59**

(*Exklusiv-*)*Vereinbarungen* für Übertragungs- und/oder Vermarktungsrechte können auch in den Anwendungsbereich des *EG-Kartellrechts* fallen (Art. 81 I und 82 I EGV). Gemäß Art. 81 I EGV sind alle Vereinbarungen zwischen Unternehmen, Beschlüsse von Unternehmensvereinigungen und aufeinander abgestimmte Verhaltensweisen, welche den Handel zwischen Mitgliedsstaaten zu beeinträchtigen geeignet sind und eine Verhinderung, Ein- **60**

---

[68] Vgl. hierzu *Summerer*, Sportwetten als Mediengeschäftsmodell, S. 209 ff.; vgl. ferner Rz. 181 ff.

[69] BGH, NJW-RR 2004, 839: Der einzige Anbieter von Liveübertragungen deutscher (Galopp-) Rennen ist ein marktbeherrschendes Unternehmen mit den sich aus § 20 GWB ergebenden Bindungen.

[70] Vgl. *Immenga/Mestmäcker* zu §§ 19, 20, 31 Rz. 2; *Emmerich*, RuS 13, 66 ff. m. w. N.; *Roth*, AfP 1989, 515 ff.; *Urek*, S. 67 ff., 169 f.; rechtsvergleichende Zusammenfassungen in Sports Law & Finance 1994, 34 ff.

[71] Näher hierzu *Mestmäcker*, in: Immenga/Mestmäcker zu § 31 GWB a. F.

schränkung oder Verfälschung des Wettbewerbs innerhalb des Gemeinsamen Marktes bezwecken oder bewirken, mit dem Gemeinsamen Markt unvereinbar und verboten. Art. 81 I EGV ist eine Verbotsnorm, hat also automatisch die Nichtigkeit eines Kartellvertrags zur Folge, ohne dass es einer Unwirksamkeitserklärung einer Kartellbehörde bedarf (Art. 81 II EGV).[72] Inwieweit ein Betroffener daraus Unterlassungs- und Schadensersatzansprüche nach nationalem Recht herleiten kann, ist eine Frage der konkreten Umstände des Einzelfalls und davon abhängig, ob er in den Schutzbereich der Norm einbezogen ist.[73]

61 Gemäß Art. 82 EGV ist die missbräuchliche Ausnutzung einer beherrschenden Stellung auf dem Gemeinsamen Markt oder auf einem wesentlichen Teil desselben durch ein oder mehreren Unternehmen verboten, soweit dies dazu führen kann, den Handel zwischen Mitgliedsstaaten zu beeinträchtigen.

62 Art. 87 I EGV verbietet staatliche *Beihilfen* gleich welcher Art, die durch die Begünstigung bestimmter Unternehmen oder Produktionszweige den Wettbewerb verfälschen. Hingegen können Beihilfen zur Förderung der Kultur als europarechtskonform angesehen werden (Art. 87 III d EGV). Inwieweit der Medien- und Sportsektor unter dieses Privileg fallen, ist noch nicht abschließend geklärt. Durch den Amsterdamer Vertrag wurde dem EGV allerdings ein Protokoll beigefügt, das die Finanzierung des öffentlich-rechtlichen Rundfunks durch die Mitgliedsstaaten für grundsätzlich zulässig erklärt. Außerdem dürfte schon der Tatbestand des Art. 87 I EGV mangels staatlicher Zurechenbarkeit der Finanzmittel nicht erfüllt sein.[74] Die EU-Kommission vertritt hingegen den Standpunkt, dass die Rundfunkgebühren für die Finanzierung der öffentlich-rechtlichen Sender eine Beihilfe darstellen, weil sie zwangsweise erhoben werden und staatlicher Kontrolle unterliegen. Sie betragen ab April 2005 monatlich 17,03 Euro und ergeben ein Volumen von mehr als 7 Milliarden Euro jährlich. Die Kommission strebt zwar nicht deren Abschaffung an, hat allerdings auf Beschwerde des VPRT eine Überprüfung der kommerziellen Aktivitäten von ARD und ZDF, inbesondere im Online-Bereich, angekündigt, um Wettbewerbsnachteile für die allein auf Werbeeinnahmen angewiesenen Privatsender zu stoppen.[75] Auch staatliche bzw. kommunale Zuschüsse zum Stadionbau, günstige Bürgschaften hierfür oder die Verpachtung oder der Verkauf eines kommunalen Grundstücks an einen Club unter Marktpreis können unter diesem Blickwinkel problematisch sein.

II. Exklusivvereinbarungen

63 Im professionellen Sport nimmt infolge zunehmender Kommerzialisierung und Monopolisierung das Kartellrecht eine immer bedeutendere Rolle ein. Diese Entwicklung ist noch nicht abgeschlossen. Der Zweck des Kartellrechts liegt darin, zu einer allseitigen Öffnung der Märkte beizutragen und wirtschaftliche Macht im Interesse gleicher *Wettbewerbsfreiheit* zu bändigen. Angesichts der gestiegenen Zahl von Fernsehsendern, vor allem auch der Spartensender DSF und Eurosport, und des daraus folgenden drastischen Anstiegs der Nachfrage am Programmbeschaffungsmarkt ist es von großer Bedeutung, dass *prinzipiell* alle Sender Zugang zu attraktiven Programmen haben und nicht größere Mengen durch langfristige und globale *Exklusivverträge* dem Markt entzogen werden, was insbesondere massenattraktive und werbewirksame Programme wie Spitzensportveranstaltungen betrifft. Deshalb hat der Gesetzgeber Exklusivvereinbarungen über die Ausstrahlung sportlicher Großereignisse im Pay TV eingeschränkt.[76]

---

[72] Näher hierzu *Mestmäcker/Schweitzer*, § 22 Rz. 7.
[73] OLG Frankfurt/Main, SpuRt 1999, 200 (202 f.): im FIA-Fall „keine eigene einklagbare Rechtsposition".
[74] Näher hierzu *Hesse*, AfP 2005, 499 ff.; *Cremer*, in: *Calliess/Ruffert*, Art. 87 Rz. 18 und 43 m. w. N.; *Streinz/Koenig/Kühling*, § 87 EGV Rz. 92 m. w. N ; *Hartstein/Ring/Kreile/Dörr/Stettner*, I B4 Rz. 36 ff.
[75] *Focus* Nr. 50/2004, S. 155; *Hess*, AfP 2003, 253.
[76] Vgl. hierzu unten Rz. 111.

Obwohl Exklusivität als solche nicht wettbewerbswidrig, sondern notwendig ist, um **64** den Wert eines Programms zu sichern, der sich in Zuschauerzahlen, Marktanteil und Werbeerlösen widerspiegelt, kann Exklusivität dann kartellrechtswidrig werden, wenn *Dauer* und/oder *Umfang* exzessiv sind, so dass Konkurrenz ausgeschaltet wird. Problematisch sind daher Vereinbarungen zwischen Sportverbänden und Fernsehsendern, die einem einzigen Sender unter Ausschluss aller anderen Sender langfristig die Berichterstattung über bestimmte Sportveranstaltungen ermöglichen.

Exklusivvereinbarungen können nach Inhalt und Reichweite verschieden ausgestaltet **65** werden. Entscheidend ist dabei die Art der eingeräumten Verwertung. Zu unterscheiden sind grundsätzlich:
— *Exklusivrechte* (zeitgleich/live oder zeitversetzt oder zusammengefasst)
— *Erstverwertungsrechte* (zeitgleich/live oder zeitversetzt oder zusammengefasst)
— *Zweitverwertungsrechte* (stets zeitversetzt oder zusammengefasst nach Beendigung der Erstverwertung)
— *Nachverwertungsrechte* (stets zeitversetzt oder zusammengefasst nach Beendigung der Zweitverwertung)
— *Nachrichtliche Berichterstattungsrechte* („*news access*") bis zu drei Minuten zusammengefasst („kleiner Programmaustausch")
— *Archivrechte* (Recht, Bildmaterial vorangegangener Spiele oder Spielzeiten zu konservieren, beispielsweise für Jahresrückblicke oder Dokumentationen; beinhaltet *per se* aber keine generelle Ausstrahlungsbefugnis oder gar Sublizenzrechte)
— *Sublizenzrechte* (Recht, anderen Sendern, meist nachrangige, Verwertungsrechte einzuräumen).

Hat ein Veranstalter als Lizenzgeber an einen Sender z. B. das Recht zur exklusiven **66** Live-Ausstrahlung vergeben, kann er anderen Sendern das Recht zur zeitversetzten Sendung einräumen. „Echte" Exklusivität liegt vor, wenn einem Sender ein alleiniges, ausschließliches Verwertungsrecht eingeräumt wird; in einem solchen Fall sind Konkurrenzsender völlig von der Berichterstattung ausgeschlossen. Wenn dagegen nur ein zeitlich vorrangiges Recht, d. h. ein Erstverwertungs- oder Prioritätsrecht, besteht, handelt es sich um eine „unechte" Exklusivvereinbarung, da sie die Vergabe von Zweitverwertungsrechten, bei ungenutzten Rechten sogar die Veräußerung von Erstverwertungsrechten, erlaubt. Werden ausschließliche Verwertungsrechte vergeben, ist der Lizenznehmer berechtigt, seinerseits Nachverwertungsrechte zu vergeben, wenn sich der Lizenzgeber deren Vergabe nicht ausdrücklich vorbehalten hat, sog. Sublizenzierung. In der Wirkung kann ein Erstverwertungsrecht einem Ausschließlichkeitsrecht sehr nahe kommen, sofern sich Zweit- oder Nachverwertungsrechte, womöglich auch noch mit größeren zeitlichen Embargos befrachtet, wegen der besonders im schnelllebigen Sport erwarteten Aktualität als uninteressant erweisen.[77]

Für die Praxis kann folgende grobe *Richtschnur* dienen: Exklusive Übertragungsrechte, **67** die sich nur auf eine einzige oder einige wenige Sportveranstaltungen oder eine Saison beziehen, sind angesichts des breiten Spektrums an Sportereignissen als unwesentliche Beschränkung des Marktzutritts anzusehen und daher kartellrechtlich unbedenklich. Ist hingegen eine größere Anzahl zukünftiger Sportveranstaltungen über einen mehrjährigen Zeitraum umfasst, ist zur Lösung der Frage, ob die Beschränkung unbillig ist, eine umfassende *Interessenabwägung* vorzunehmen.[78]

Potentiellen Vertragspartnern ist nach erfolgter Ausschreibung zu *empfehlen*,[79] eine Bin- **68** dung hinsichtlich Erstverwertung nicht über drei Jahre hinaus einzugehen, keine weiter-

---

[77] Vgl. auch *Urek*, S. 21; zum Fernsehverwertungsvertrag vgl. Rz. 139 ff.
[78] *Roth*, AfP 1989, 521 f.; *Urek*, S. 84 ff.
[79] Vgl. eine „Checkliste" bei *Ungerer,* medien und recht 2004, 206 (209).

gehenden Optionsklauseln vorzusehen, möglichst keine Rechte ungenutzt zu lassen sowie die Übertragungsrechte zu *diversifizieren*, also dritten Sendern Zweit- und Nachverwertungsrechte größeren Umfangs zu marktüblichen Konditionen anzubieten, ferner, soweit es die Eigenart des Spielmodus zulässt, ein Spiel aus der Exklusivitätsvereinbarung herauszunehmen und einem dritten Sender zur Erst- oder Live-Verwertung anzubieten, wie es z. B. die DFL im Fußball praktiziert. So haben sich bis 2009 Arena die Live-Pay- und ARD und DSF die Erstverwertung im Free TV gesichert, doch haben die ARD das Recht zur Live-Verwertung eines „Topspiels" zum Start der Hin- und der Rückrunde und das ZDF Zweitverwertungsrechte erworben.

69 Parteien eines (zulässigen) Exklusivvertrags haben gegen einen dritten Sender, der ohne Gestattung von einem Sportereignis berichten will, einen *Unterlassungsanspruch* wegen Ausnutzens fremder Leistung (§ 3 UWG) und wegen Eingriffs in den eingerichteten und ausgeübten Gewerbebetrieb (§§ 823 I, 1004 I Satz 2 BGB analog), bei Verschulden des ausgeschlossenen Senders auch einen *Schadensersatzanspruch* (§ 823 I und II BGB).[80]

III. Begriff der Fernseh- und Hörfunkrechte

70 Der Begriff der Fernseh- und Hörfunkrechte wird nicht einheitlich gebraucht. Oft spricht man auch von Verwertungsrechten, Übertragungsrechten, Ausstrahlungsrechten, Nutzungsrechten, Lizenzrechten oder schlicht Lizenzen. Dies rührt daher, dass es sich um kein „dingliches" Recht handelt, sondern um eine schuldrechtliche Gestattung des Veranstalters. Am geeignetsten erscheint der Begriff der *Verwertungsrechte*, die sich in Erst-, Zweit- und Nachverwertungsrechte sowie nachrichtliche Berichterstattungsrechte untergliedern lassen.

71 Aus *bilanzrechtlicher* Sicht handelt es sich um sog. immaterielle Vermögensgegenstände, die regelmäßig dem Umlaufvermögen zuzuordnen sind. Im Anschaffungszeitpunkt sind sie, wie andere Vermögensgegenstände auch, mit den Anschaffungs- oder Herstellungskosten zu aktivieren.[81]

72 Zum ersten großen Rechtsstreit über Fernsehübertragungsrechte führte der *Globalvertrag* zwischen DSB und ARD/ZDF, den das Bundeskartellamt im Jahre 1987 wegen unbilliger Beschränkung des Marktes für Sportübertragungsrechte gemäß § 18 I Nr. 2b GWB für teilweise unwirksam erklärt hat.[82] Das Kammergericht Berlin[83] und der BGH[84] haben diese Entscheidung bestätigt. Der DSB und 28 der ihm angeschlossenen Spitzenverbände hatten im Jahre 1985 mit ARD und ZDF einen Vertrag über die ausschließliche rundfunkmäßige Erstverwertung von Sportveranstaltungen in Bild und Ton mit einer Laufzeit von fünf Jahren abgeschlossen. Dritte Sender waren darauf beschränkt, Verwertungsrechte derjenigen Veranstaltungen nichtexklusiv zu erwerben, die von ARD/ZDF freigegeben worden wären. Diese Freigabe brauchte erst fünf Tage vor dem Sportereignis mitgeteilt werden. Lediglich 15 Sportverbände, darunter der DFB, der DEB und der DGV, hatten sich diesem Globalvertrag nicht angeschlossen, um sich weiterhin selbständig zu vermarkten. Der BGH bekräftigte zunächst, dass § 18 GWB auch die wirtschaftliche Tätigkeit der öffentlich-rechtlichen Rundfunkanstalten bei der Programmbeschaffung erfasse. Diese unterfielen dem Unternehmensbegriff ebenso wie die vertragsbeteiligten Spitzenverbände des Sports.[85]

---

[80] Ausführlich *Urek*, S. 125 ff.; *Hausmann*, BB 1994, 1091.

[81] Genauer *Söffing/Schmalz*, SpuRt 1994, 222.

[82] WuW/E BKartA 2273 = Media Perspektiven Dokumentation III/87, S. 190 ff. mit Stellungnahme der ARD, des ZDF und des DSB.

[83] WuW/E OLG 4267 = AfP 1989, 466 mit Anm. *Kulka*.

[84] BGHZ 110, 371 = WuW/E BGH 2627 = NJW 1990, 2815 = ZUM 1990, 519 = DB 1990, 1506.

[85] BGH, a.a.O.; so schon *Emmerich*, RuS 13, 59 f. m. w. N.; *Roth*, AfP 1989, 518.

Wegen des Tatbestandsmerkmals „gewerbliche Leistung" musste der BGH auch zum 73
schillernden Begriff der *„Fernsehübertragungsrechte"* Stellung nehmen. Danach genießt der
Veranstalter eines Sportereignisses – anders als bei der Darbietung eines ausübenden
Künstlers (§ 81 UrhG) – kein Urheber- oder verwandtes Schutzrecht.[86] Die Erlaubnis des
Veranstalters zur Fernsehübertragung einer Sportveranstaltung ist keine Übertragung
von Rechten, sondern eine Einwilligung in Eingriffe, die der Veranstalter aufgrund seines *Hausrechts* (§§ 858, 1004 BGB), seines Rechts an seinem eingerichteten und ausgeübten Gewerbebetrieb (§ 823 I BGB), aus § 826 BGB oder aus § 1 UWG verbieten könnte.
Die Einräumung eines ausschließlichen („exklusiven") Übertragungsrechts an einer
Sportveranstaltung ist nichts anderes als die Einwilligung in die Fernsehübertragung,
verbunden mit der Übernahme der Verpflichtung, keinem anderen Rundfunkveranstalter die Übertragung zu gestatten,[87] und kann somit als *Gestattungs- oder Lizenzvertrag* bezeichnet werden.[88]

Der BGH ließ das Argument nicht gelten, das GWB sei hier nicht anwendbar, weil 74
es den Vertragspartnern gerade auf die Exklusivität ankomme, Exklusivität (oder zumindest zeitliche Priorität) im publizistischen und wirtschaftlichen Wettbewerb der
Fernsehveranstalter um Einschaltquoten und Werbeeinnahmen als besonders wertvoll
angesehen und somit zu einem Teil der Leistung selbst werde, weil erst diese Planungssicherheit biete und den enorm hohen Investitionsaufwand in „manpower" und Technik
rechtfertige.[89] Auch der öffentlich-rechtliche Auftrag zur Grundversorgung der Bevölkerung (mit Spitzensport?) sowie das Risiko eines aufziehenden „Preispokers" mit
privaten Fernsehsendern hindere die Anwendung des Kartellrechts nicht.[90] Auch bedingt die Grundversorgungsfunktion des öffentlich-rechtlichen Rundfunks keine
Besserstellung im Hinblick auf die Zulässigkeit von Exklusivvereinbarungen, da weder
das duale Rundfunksystem noch die Rechtsprechung noch Art. 5 I GG dies vorschreiben.

Die ausgeführte Judikatur des BGH zum *Hausrecht* als Anspruchsgrundlage für Über- 75
tragungsrechte kann mittlerweile als gefestigt gelten, da sie kürzlich auch von LG und
OLG Hamburg aufgegriffen und vom BGH wiederholt bejaht wurde. Streitgegenstand
in diesem Verfahren war die Existenz von *Hörfunkübertragungsrechten*, auch *Hörfunklizenz*
oder *Radiolizenz* genannt. Der private Hörfunksender Radio Hamburg, unterstützt vom
VPRT, hatte gegen die DFL und die Lizenzvereine Hamburger SV und St. Pauli erfolglos Klage auf Feststellung erhoben, dass diesen keine Hörfunkrechte an den Fußballspielen zustünden, für die sie eine Vergütung verlangen könnten. Das OLG Hamburg führt
hierzu im Wesentlichen Folgendes aus:

„Entgegen den Angriffen der Berufung bildet das Hausrecht des Veranstalters eine ausreichende
Rechtsgrundlage dafür, den Zutritt zu Fußballspielen der Bundesliga zum Zwecke der Radioberichterstattung von der Zahlung eines Entgelts abhängig zu machen. ... Das Hausrecht ist die

---

[86] BGH, ZUM 1990, 522; *Roth*, AfP 1989, 516; *Horn*, Jura 1989, 18; eine Ausnahme mag für eine Tanzkür oder Eisrevue angebracht sein, bei der das künstlerisch-schöpferische Element gegenüber dem rein sportlichen überwiegt, vgl. *Schricker/Loewenheim*, § 2 Rz. 129, *Schricker/Krüger*, § 73 Rz. 10 und *Schricker/Vogel*, § 81 Rz. 16. Lediglich der Produzent (host broadcaster) hat ein Leistungsschutzrecht an der Herstellung einer Sportreportage gemäß §§ 94/95 UrhG und das Sendeunternehmen am Sendesignal gemäß § 87 I UrhG, vgl. hierzu *Schricker/Katzenberger*, § 94 Rz. 20 und § 95 Rz. 10.
[87] BGH, ZUM 1990, 522 f.; OLG München, ZUM 1996, 527; *Hausmann*, BB 1994, 1091.
[88] So schon *Roth*, AfP 1989, 518; vgl. auch Rz. 144.
[89] BGH, ZUM 1990, 523; *Roth*, AfP 1989, 520, 522. Nicht unter § 18 GWB fällt hingegen ein Werbevertrag, der einen Berufssportler verpflichtet, ausschließlich Sportbekleidungsartikel eines bestimmten Herstellers zu tragen, da ihm die Beschränkung immanent sei, ohne dass zusätzliche, erst durch Vereinbarung zustande gekommene Beschränkungen geschaffen würden, OLG Frankfurt, NJW-RR 1986, 716, a. A. *Immenga/Mestmäcker*, § 18 Rz. 48 ff. m. w. N. (Interessenwahrungsvertrag).
[90] BGH, ZUM 1990, 526.

zivilrechtliche Entsprechung zu Art. 13 GG. ... Es geht hier um die unmittelbare Nutzung des veranstalteten Ereignisses über das Maß hinaus, das durch den Preis der Eintrittskarte abgedeckt wird. Und zwar zum Zwecke der Erzielung eigener Einkünfte. ... Art. 5 I Satz 2 GG – die Gewährleistung der Rundfunkfreiheit – schränkt das Hausrecht des Veranstalters von Fußballspielen nicht in der Weise ein, dass er die Berichterstattung des Hörfunks aus den Stadien vergütungsfrei dulden muss. Dem LG ist auch darin zu folgen, dass die Rechtsprechung des BVerfG zur Fernsehberichterstattung in gleicher Weise für den Hörfunk gilt, mithin die Verpflichtung zur kostenlosen Verwertung durch den Rundfunk unvereinbar wäre mit Art. 12 I GG, und zwar unter dem Gesichtspunkt des Verstoßes gegen die Berufsausübungsfreiheit. Auch wenn ... Unterschiede zwischen der direkten Bildübertragung des Fernsehens und der schöpferischen Umsetzung durch den Radioreporter in der Tat bestehen, rechtfertigen diese eine abweichende rechtliche Beurteilung nicht. Auch für die Hörfunkberichterstattung aus dem Stadion ist das zeitgleich stattfindende Spiel die Basis, die Reportage lebt von der Spannung der unmittelbaren Berichterstattung und der Live-Atmosphäre und wird in ihrem eigenen Charakter hiervon geprägt."[91]

76 Dem Urteil ist grundsätzlich zuzustimmen.[92] Besonders die Rundfunkfreiheit wurde als Argument arg überstrapaziert, geht es den Sendern neben der Informationsvermittlung doch vor allem auch darum, den Unterhaltungswert von Live-Reportagen aus dem Stadion abzuschöpfen, das eigene Programm dadurch zu profilieren, die Zuhörerbindung zu verstärken und durch Werbeeinblendungen Erlöse zu erzielen. Hierfür ist der Begriff *Infotainment* geprägt worden, auch wenn es oft vorrangig um *Entertainment* geht. Unter dem Eindruck dieser Entwicklung hat denn auch die ARD im Jahr 2003 einen entgeltlichen mehrjährigen Kooperationsvertrag mit der Fußball-Liga abgeschlossen, der ihr Live-Reportagen und eine bestimmte Infrastruktur im Stadion ermöglicht. Des Weiteren sind diesbezüglich ca. 30 Lizenzvereinbarungen mit privaten Radiosendern abgeschlossen worden. Als Vorläufer ist der niedersächsische Pivatsender „Antenne.Das Radio" zu nennen, der bereits 1996 mit dem Veranstalter der ATP-WM in Hannover, der Expo 2000 GmbH, die Radiorechte für die Live-Berichterstattung exklusiv für vier Jahre erworben hatte.[93]

77 Auch Beispiele mit Auslandsbezug untermauern die Lizenzpflichtigkeit der Berichterstattung aus dem Stadion: So hat der Hoge Raad der Niederlande bereits 1987 entschieden, dass Radio- und Fernsehreportagen über Fußballspiele der Zustimmung des veranstaltenden Fußballverbandes bedürfen und dieser daher eine angemessene Vergütung hierfür verlangen könne.[94] Des Weiteren sind Radiorechte an den Fußball-Weltmeisterschaften 2002 und 2006 nach Auskunft der Vermarkterin, Infront Sports & Media AG, an Frankreich, Spanien, Irland, USA, Polen und Slowenien entgeltlich lizenziert worden. In Großbritannien hat der Sender BBC im November 2000 die Radiorechte von der englischen Liga für die Spielzeiten 2001/02 bis 2003/04 gegen eine hohe Lizenzgebühr erworben. In Italien zahlt der staatliche Sender RAI pro Jahr ca. 5 Mio. Euro, um die Fußball-

---

[91] OLG Hamburg, SpuRt 2003, 243 = NJW-RR 2003, 1485 bestätigt durch BGH SpuRt 2006, 73 = NJW 2006, 377; vgl. auch als Vorinstanz LG Hamburg, SpuRt 2002, 202 (205), das zutreffend den Unterhaltungswert einer Live-Reportage aus dem Stadion betont, der nicht lizenzfrei zu haben sei.

[92] Ebenso *Schmid-Petersen*, SpuRt 2003, 234, die in einer ungenehmigten Live-Hörfunkübertragung zusätzlich eine unlautere Nachahmung einer fremden Leistung sieht; *Winter*, ZUM 2003, 531; *Melichar*, FS Nordemann, S. 213 (221 f.), bejaht zutreffend auch unlauteren Wettbewerb und einen Eingriff in den eingerichteten und ausgeübten Gewerbebetrieb; *Strauß*, S. 334; *Zagouras*, WuW 2006, 376; *Meister*, AfP 2003, 307. *Wertenbruch*, SpuRt 2001, 185 (187), hatte bereits vor diesen Gerichtsverfahren das Hausrecht als Rechtsgrundlage befürwortet, ebenso *Soehring*, Rz. 6.38. **A.A.** *Mailänder*, ZUM 2003, 820; *Ory*, AfP 2002, 195; *Fikentscher*, SpuRt 2002, 186. Das Urteil des AG Münster, AfP 1994, 68, wird häufig fälschlicherweise als Beleg gegen die Existenz von Hörfunkrechten zitiert. Streitgegenstand war lediglich die *nachträgliche* Geltendmachung einer Lizenzzahlung, die abgewiesen wurde.

[93] AfP 1996, 370.

[94] GRUR Int. 1988, 784 (786); ausführlich hierzu *Waldhauser*, S. 312 ff.

spiele der italienischen Profi-Liga im Hörfunk zu übertragen.[95] In Frankreich wurden die Radiorechte an der nationalen Fußballmeisterschaft für 3,7 Mio. Franc an einen Privatsender veräußert. Auch aus der Formel 1 ist bekannt, dass sich deren Vermarkter die Radiorechte teuer vergüten lässt.[96]

Ob Lizenzforderungen im Fernsehen und Hörfunk daneben auch aus lauterem Wettbewerb (§ 3 UWG) und aus dem Recht am eingerichteten und ausgeübten Gewerbebetrieb (§ 823 I BGB) hergeleitet werden können, ist umstritten.[97] Nach richtiger Ansicht ist dies zu bejahen: ein Veranstalter wird um die Früchte seiner Arbeit gebracht, wenn er sein Sportereignis nicht umfassend in allen Facetten verwerten kann. Seine Leistung, die vor allem in unternehmerischen Investitionen, professionell erarbeitetem Know-how und organisatorischer Erfahrung besteht, kann von einem fremden Unternehmen nicht einfach unentgeltlich für eigene kommerzielle Zwecke übernommen werden. Dies ist eine unlautere Ausnutzung fremder Leistung und ein unmittelbarer, betriebsbezogener Eingriff in das unternehmenseigene Vermarktungsportfolio.[98] 78

Dass das Hausrecht als (Haupt-)Anspruchsgrundlage dringend einer Ergänzung durch die Rechtsprechung oder den Gesetzgeber bedarf, zeigt ein Blick auf sog. *Open air events*, z. B. Radrennen, die nicht im Stadion, sondern auf der Straße stattfinden. Es ist kein Grund ersichtlich, warum solche Veranstaltungen weniger schutzwürdig sein sollen als solche im Stadion. Die Bau- und Unterhaltungskosten eines Stadions sind jedenfalls kein hinreichendes Unterscheidungskriterium. Für eine Veranstaltung unter freiem Himmel hat der Organisator allerdings regelmäßig eine *Sondernutzungserlaubnis* einzuholen, die man wohl mit einem „begrenzten Hausrecht" vergleichen kann, so dass auch diese Schutz genießt. Ähnlich wird man einen Überflug mit einem Zeppelin-Raumschiff über einem Stadion zu bewerten haben, der zudem einer luftverkehrsrechtlichen Erlaubnis bedarf. 79

Der Veranstalter kann sich ebenso auf sein Hausrecht berufen, wenn es um die Frage geht, ob und in welchem Umfang er *Fotografen* und *Nachrichtenagenturen* (entgeltlich) *Zutritt* zum Stadion gewährt. Zwar ist er dem allgemeinen Missbrauchs- und Diskriminierungsverbot gemäß §§ 19, 20 GWB unterworfen, doch kann er in dem Lizenzvertrag, mit dem er beispielsweise Fotografen akkreditiert, autonom den Umfang (selbstverständlich nicht den Inhalt) von deren Tätigkeit bestimmen. Deshalb kann er zulässigerweise bestimmte Verwertungsformen, vor allem solche, die durch die moderne Telekommunikationstechnik entstanden sind, beispielsweise die elektronische Übertragung von Fotos vom Stadion zur Internet- oder Mobilfunkverwertung, oder etwa die Sequenzfotografie oder die Erstellung eines Live-Tickers im Stadion, ausschließen oder mit zeitlichen Auflagen versehen. 80

IV. Zentrale Rechtevergabe – Veranstalterbegriff

Der oft verwendete Begriff *Zentralvermarktung* ist unscharf und irreführend, suggeriert er doch eine zentralistische, umfassende, etwaige Mitberechtigte ausschließende Rechtevergabe. Diese negative Konnotation ist beispielsweise bei der Vermarktung des Profifußballs unangebracht, da dort alle Profivereine im Ligaverband zusammenwirken, um ihr 80a

---

[95] *Petersen*, S. 129. *Summerer/Wichert*, SpuRt 2006, 55 m. w. N.
[96] Vgl. *Melichar*, FS Nordemann, S. 213 (214 f.).
[97] Dafür mit überzeugender Argumentation *Melichar*, FS Nordemann, S. 213 (215 ff.) m. w. N., der auch den deutlichen Unterschied zwischen Hörfunk*übertragung* und Presse*berichterstattung* herausarbeitet (S. 223 f.). Das OLG Hamburg, a.a.O. hat die Frage nach den beiden zusätzlichen Anspruchsgrundlagen dahingestellt bleiben lassen. Der BGH hat aus diesen Vorschriften jedenfalls Abwehrrechte eines Heimvereins abgeleitet, kraft derer dieser Mitschnitte und Übertragungen verhindern könne (SpuRt 1998, 29). Dies weitergedacht, liegt auch die entsprechende Begründung einer Lizenzforderung nahe.
[98] Ähnlich *v. Westerholt*, ZIP 1996, 265; *Poll*, RuS 19, 21; *Soehring*, Rz. 6.35.

2. Kapitel. Gesetzliche Grundlagen und Regelungsbeispiele

Produkt gemeinsam zu vermarkten. Deshalb ist – je nach Fallkonstellation – der Begriff *gemeinsame Vermarktung* oder der Begriff *Gesamtvermarktung* vorzuziehen.

81 Um diese ging es in einem großen Rechtsstreit im Jahre 1994, betreffend die Veräußerung der Rechte für die Fernsehübertragung der *Fußball-Europapokal-Heimspiele* durch den DFB an die beiden Sportrechte-Agenturen ISPR und UFA, die die Rechte wiederum zu gleichen Teilen mit wechselndem Auswahlrecht an RTL und SAT. 1 lizenziert hatten. Ausgangspunkt war die Fragestellung, wer *Rechteinhaber* einer Sportveranstaltung ist, wer also über die Vergabe der Fernsehübertragungsrechte verhandeln und entscheiden darf. In Betracht kommt der Sportverband oder der einzelne gastgebende Verein, möglicherweise auch der Gastverein. Die meisten Sportfachverbände reklamieren mehr oder weniger deutlich diese Rechte für sich.[99] Der DFB hatte sich auf § 3 Nr. 2 und 6 des LiSpSt als Befugnisnorm berufen, wonach er das Recht besitze, „über Fernseh- und Rundfunkübertragungen von Bundesspielen und internationalen Wettbewerbsspielen mit Lizenzligamannschaften" Verträge zu schließen. Gemäß Art. 14 der UEFA-Statuten besaßen „die UEFA und ihre Mitgliedsverbände das exklusive Recht, audiovisuelle und rundfunktechnische Ausstrahlungen oder Wiedergaben von Veranstaltungen zu bewilligen, die in ihren jeweiligen Zuständigkeitsbereich fallen, sowie jede andere Nutzung und Verbreitung durch Bild- und Tonträger, sei es direkt oder zeitversetzt, ganz oder in Ausschnitten". Das Bundeskartellamt hatte sowohl das *Untersagungsverfahren* nach § 1 GWB als auch den Antrag auf Erteilung einer Erlaubnis zu einem *Rationalisierungskartell* nach § 5 II, III GWB zum Nachteil des DFB entschieden.[100] Dem DFB wurde untersagt, über Fernsehübertragungen von Europapokal-Heimspielen deutscher Lizenzligavereine für den deutschen Markt Verträge auszuhandeln und abzuschließen, soweit er damit den Lizenzligavereinen das Recht nimmt, derartige Verträge selbst auszuhandeln und abzuschließen. Die streitgegenständlichen Übertragungsrechte waren bis zum Ende der Saison 1988/89 von den einzelnen Vereinen *individuell* vergeben worden. Seit diesem Zeitpunkt hatte der DFB die weltweiten – ausgenommen Italien und Monaco – Übertragungsrechte *zentral vermarktet* und für einen Zeitraum von sechs Spielzeiten an ISPR und UFA vergeben, die zusammen eine Vergütung von DM 60 Mio. pro Spielzeit an den DFB entrichteten.[101] Seit Beendigung dieses Rechtsstreits vermarkten die Vereine und Kapitalgesellschaften der Bundesliga ihre Europapokalspiele wieder individuell (§ 9 Ziffer 2 OVR). Eine Rückkehr zur gemeinschaftlichen Vermarktung durch die DFL aufgrund Beauftragung durch die am Europapokal qualifizierten Clubs bzw. durch die UEFA wäre im Lichte der neueren Rechtsentwicklung zulässig. So hat die UEFA am 18. 6. 2005 beschlossen, die Verwertungsrechte am Europapokal ab den Viertelfinalspielen der Saison 2006/07 zentral zu vermarkten.

82 Rechtsprechung und Literatur haben im Rahmen der Diskussion über die Rechteinhaberschaft die Befugnisse zur kommerziellen Verwertung von Sportveranstaltungen dem so genannten *Veranstalter* zugeordnet. Nicht abschließend geklärt ist aber bislang, wer im Einzelfall als Veranstalter anzusehen ist und die dogmatische Herleitung des Begriffs. Gesetzlich geregelt ist das Veranstalterrecht nur für das Leistungsschutzrecht des Veranstalters von urheberrechtlich geschützten Darbietungen in § 81 UrhG. Sportliche Darbietun-

---

[99] Vgl. z. B. § 52 Ziffer 2.3 Spielordnung DFB i. V. m. § 47 Ziffern 1 und 2 Durchführungsbestimmungen zur Spielordnung DFB; § 2 Abs. 2 DBB-Satzung, wonach die „Wahrnehmung der Rechte zur Medienwiedergabe von Basketball-Veranstaltungen" Aufgabe des DBB ist.

[100] Beschlüsse vom 2. 9. 1994, WuW/E BKartA 2682 = WuW 1995, 160 = SpuRt 1995, 118 ff., bestätigt durch KG, SpuRt 1996, 199 = ZIP 1996, 801 = EWiR 1996, 407 (*Kahlenberg*) und BGHZ 137, 297 = NJW 1998, 756 = SpuRt 1998, 28 = ZIP 1997, 2215; zustimmend *Fleischer*, WuW 1996, 473, 481; *Heermann*, SpuRt 1999, 11; *Stopper*, SpuRt 1999, 188; *Mahler*, SpuRt 2001, 8; *Jänich*, GRUR 1998, 438.

[101] Ausführlich, auch zum Verteilmodus, *Stockmann*, ZIP 1996, 411 ff. Vierzig Prozent des jährlichen Fernsehhonorares von 60 Mio. Mark gingen vorab an *nicht* am Cup teilnehmende deutsche Vereine; die Teilnehmer erhielten nur eine Mio. für jede erfolgreiche Runde.

gen, wie etwa Fußballspiele, gelten jedoch nicht als geschützte künstlerische Leistung, da es sich bei ihnen nicht um geistige neuartige Schöpfungen i. S. d. UrhG, sondern um sich ständig wiederholende Vorgänge handelt, die auf körperlicher Geschicklichkeit, Kraft und Perfektion beruhen.[102] Deshalb bestehen an Sportveranstaltungen – bedauerlicherweise – keine mit dem Urheberrecht vergleichbaren absoluten (dinglichen) Rechte.[103] Dennoch wird deutlich, dass derjenige, der als Veranstalter einen sportlichen Wettbewerb organisiert, ein dem Urheberrecht zumindest vergleichbares, legitimes Schutzinteresse an der Verwertung seiner Leistung hat.

Der BGH hat diesbezüglich, anknüpfend an das Reichsgericht,[104] in seiner Tanzkurse-Entscheidung ausgeführt,[105] dass derjenige Veranstalter sei, „der die Veranstaltung angeordnet und ins Werk gesetzt hat". Dies sei derjenige, der für die Aufführung in *organisatorischer* und *finanzieller* Hinsicht verantwortlich sei.[106] In der Programmhefte-Entscheidung hat er festgestellt, dass die Planung und Abhaltung derartiger Veranstaltungen einen erheblichen *Arbeitsaufwand* mit sich bringe und den Einsatz nicht unbeträchtlicher finanzieller Mittel bedinge.[107] Zum Tätigkeitskreis des Veranstalters gehöre daher auch das Recht, die Veranstaltung kommerziell zu verwerten, in diesem Fall, Programmhefte zu vertreiben.[108] Ähnlich entschied er in der Bubi-Scholz-Entscheidung,[109] dass dem Veranstalter aufgrund seiner erbrachten *organisatorischen* Leistungen das Recht obliege, die vorhandenen wirtschaftlichen Möglichkeiten auszuschöpfen. Dazu gehöre neben dem Verkauf von Eintrittskarten auch die entgeltliche Einräumung des Rechts, das Ereignis für Zwecke des Films oder Fernsehens aufzunehmen.[110]

Die herrschende Literatur ist angesichts dieser Rechtsprechung lange Zeit davon ausgegangen, dass derjenige als Veranstalter zu betrachten sei, der in organisatorischer und finanzieller Hinsicht für die Veranstaltung verantwortlich sei, wer deren Vorbereitung und Durchführung übernehme und dabei das unternehmerische Risiko trage.[111]

An der Herstellung eines Ligawettbewerbs, beispielsweise im Fußball, sind neben dem Ligaverband (und der DFL) auch die Vereine beteiligt, die hinsichtlich der einzelnen Spiele das personelle und vor allem wirtschaftliche Risiko tragen. Daher ist zu klären, wie sich die Beteiligung verschiedener Akteure auf den Veranstalterbegriff auswirkt. Bei der Beurteilung der Verwertung der Fernsehrechte hat sich der BGH in seinem Europapokalheimspiele-Beschluss[112] mit der Frage auseinander gesetzt, ob und inwieweit die beteiligten Verbände über die Veranstalterrechte als Allein- oder Mitberechtigte verfügen können. Unter Berücksichtigung des Gesamtproduktcharakters von Fußballwettbewerben stellte der BGH fest, dass *„die Vereine, (. . .) jedenfalls Mitveranstalter der auf ihrem Platz ausgetragenen Heimspiele (sind), selbst wenn man deren Einbindung in den Gesamtwettbewerb nicht*

---

[102] Auch wenn der eine oder andere Fallrückzieher oder Torschuss durchaus eine gute Portion schöpferische Kreativität aufweisen mag; vgl. *Dreier/Schulze*, § 2 Rz. 146; eine Ausnahme mag allenfalls für eine Eislaufrevue anzuerkennen sein, vgl. a.a.O., Rz. 147 m. w. N.; *Roth,* AfP 1989, 515 (516).
[103] *Poll,* RuS 19, 22.
[104] RGZ 78, 84.
[105] BGH, GRUR 1956, 516 – Tanzkurse.
[106] So auch BGH, GRUR 1960, 253 – Autoskooter.
[107] BGHZ 27, 264 (265 f.) – Programmhefte.
[108] BGHZ 27, 264 (266) – Programmhefte.
[109] BGH, NJW 1970, 2060 – Bubi Scholz.
[110] Im zu entscheidenden Fall sahen die Richter die Voraussetzungen jedoch als nicht erfüllt an: BGH, NJW 1970, 2060 – Bubi Scholz.
[111] *Ahrens/Jänich,* S. 13; *Mestmäcker,* FS Sandrock, S. 689 (689); *Jänich,* GRUR 1998, 438 (439); *Parlasca,* S. 6; *Westerholt,* ZIP 1996, 264 (264); *Mahler,* SpuRt 2001, 8 (9); *Hausmann,* BB 1994, 1089 (1090 f.); *Hannamann,* S. 166; *Stopper,* Ligasport und Kartellrecht, S. 75 ff.; *Liegl/Schmitz,* WRP 1998, 244 (246); *Springer,* WRP 1998, 477 (481); *Schmittmann/Lehmann,* AfP 1996, 255 (257); *Waldhauser,* ZUM 1998, 129 (131); *Wertenbruch,* ZIP 1996, 1417 (1420).
[112] BGH, SpuRt 1998, 28 – Europapokalheimspiele.

als nebensächlich ansieht".[113] Dabei erwähnte er allerdings ausdrücklich die Möglichkeit, dass ein Verband originäre Mitberechtigung an der Vermarktung der im Wettbewerb ausgetragenen Fußballspiele erlangen könne, wenn er die betroffenen *„Wettbewerbe ins Leben gerufen, über Jahre durch zahlreiche Einzelmaßnahmen organisiert und geleitet und ihnen ein hohes Ansehen bei den Zuschauern verschafft hat".*[114]

85 In dieser Entscheidung ist in Literatur[115] und Rechtsprechung[116] vielfach eine Ausweitung des Veranstalterbegriffs zugunsten der Sportverbände gesehen worden. Danach sei Veranstalter, „wer die wesentlichen wirtschaftlichen Leistungen zur Schaffung des vermarktbaren Produkts erbringt und sich somit als natürlicher Marktteilnehmer ausweist".[117] Dementsprechend werde der herkömmliche Veranstalterbegriff ergänzt, so dass entweder Veranstalter sei, „wer in organisatorischer und finanzieller Hinsicht für die Veranstaltung verantwortlich ist *oder* durch *äquivalente* Leistungen die Veranstaltung zu einem *vermarktungsfähigen Produkt* macht".[118] Entscheidend sei, ob bei der Entstehung des vermarktungsfähigen Produkts die Tätigkeit des ausschreibenden Verbandes nicht hinweggedacht werden könne, ohne dass das Produkt seine spezifische Wertigkeit verlöre.[119] Ob ein Sportverband Mitveranstalter ist, hängt also von der Intensität seiner Veranstalterleistung ab.[120]

86 Was bedeutet diese Entwicklung in der Praxis für den Veranstalter eines Ligabetriebs? Dies sei am Profifußball exemplifiziert: An der Herstellung des *Gesamtproduktes* Bundesliga sind der Ligaverband, die DFL und die Vereine und Kapitalgesellschaften *gemeinschaftlich* beteiligt. Der Heimverein stellt das Stadion bereit, beschäftigt Trainer und Personal und lässt die von ihm bezahlte Mannschaft antreten. Der Gastverein stellt ebenfalls eine Mannschaft und macht somit die einzelne Partie erst möglich. Ligaverband und DFL erbringen seit ihrer Verselbständigung im Jahr 2001[121] ein Bündel wesentlicher sportorganisatorischer Leistungen, die zuvor seit Gründung der Bundesliga im Jahr 1963 der DFB erbracht hatte[122] und die einen erheblichen administrativen Aufwand bedingen (derzeit 38 Mitarbeiter). Im Einzelnen:

– Durchführung eines aufwendigen Lizenzierungsverfahrens nach sportlichen, technischen, organisatorischen und wirtschaftlichen Kriterien und Erteilung der Lizenzen an die Vereine und Kapitalgesellschaften der Bundesliga und 2. Bundesliga zur Teilnahme am Spielbetrieb;

– Erteilung der Lizenzen an die derzeit ca. 1000 Lizenzspieler;

– Führung der Transferliste unter Beachtung des Transferreglements der FIFA;

– Erstellung des Rahmenterminkalenders im Einvernehmen mit dem DFB;

– Festlegung des Spielmodus und Erarbeitung der Spielpläne;

---

[113] BGH, SpuRt 1998, 28 (29) – Europapokalheimspiele.
[114] BGH, SpuRt 1998, 28 (30) – Europapokalheimspiele.
[115] *Springer*, WRP 1998, 477 (481); *Mestmäcker*, FS Sandrock, S. 689 (697 f.); *Mahler*, SpuRt 2001, 8 (10); *Stopper*, SpuRt 1999, 188 (189 ff.); *Archner*, S. 63 f.
[116] LG Frankfurt/Main, SpuRt 1998, 195 (196) – European Truck Racing Cup: danach lägen originäre Veranstalterrechte auch beim Internationalen Automobilverband FIA angesichts seiner organisatorischen Leistungen, offen gelassen von der Berufungsinstanz OLG Frankfurt/Main, SpuRt 1999, 200. Vgl. auch das vorangegangene Eilverfahren LG Frankfurt/Main, SpuRt 1997, 129.
[117] *Springer*, WRP 1998, 477 (481).
[118] *Mahler*, SpuRt 2001, 8 (10); *Stopper*, SpuRt 1999, 188 (190 f.).
[119] *Bothor*, SpuRt 1998, 196 (197).
[120] *Mestmäcker*, in: *Immenga/Mestmäcker*, § 31 Rz. 11. *Lochmann* stellt auf den Investitionsaufwand ab und bejaht ein Leistungsschutzrecht, das von der lauterkeitsrechtlichen Generalklausel erfasst wird (S. 294).
[121] Vgl. hierzu *Summerer*, SpuRt 2001, 263.
[122] Vgl. Satzung Die Liga-Fußballverband e.V.; Satzung DFL Deutsche Fußball Liga GmbH, abrufbar unter www.bundesliga.de; *Archner*, S. 62 f.

- Leitung des Spielbetriebs mit Kür des deutschen Meisters, Kontrolle von Auf- und Abstieg;
- Sicherstellung der Einhaltung der internationalen Spielregeln;
- Setzung autonomer Regeln durch eigene Satzung und Ligastatut;
- Transformation der Vorschriften der FIFA und der UEFA in die eigene Satzung;
- Etablierung eines neutralen ständigen Schiedsgerichts;
- Mitbesetzung des Schiedsrichterausschusses und der Rechtsorgane des DFB;
- Förderung des gesamten Fußballsports, insbesondere Jugendtalentförderung;
- Sicherstellung, dass jeder Profi-Club ein Jugendleistungszentrum unterhält;
- Entwicklung von Aktivitäten, die aus gesellschaftspolitischer Verantwortung heraus dem Allgemeinwohl dienen (z. B. Benefizspiel zugunsten der Flutopfer).

87 Durch dieses Gesamkonzept ist es zunächst dem DFB, danach dem Ligaverband nebst DFL gelungen, der Bundesliga ein hohes Ansehen und einen unverwechselbaren *Goodwill* bei Zuschauern und Vermarktern gleichermaßen zu verschaffen. Dies zeigen die seit Jahren steigenden Zuschauerzahlen in den Stadien und die ungebrochene Nachfrage der Vermarkter, Verwerter und Sponsoren. Das Lizenzierungsverfahren des Ligaverbandes genießt europaweites Renommee und hat Modellcharakter für das ab 2004/05 eingeführte Lizenzierungsverfahren der UEFA. Gleichzeitig ist festzustellen, dass der BGH im angeführten Beschluss[123] das vom Bundeskartellamt und KG als maßgeblich erachtete Kriterium der Übernahme des wirtschaftlichen Risikos einer Veranstaltung gerade nicht herangezogen hat. Daraus ist zu schließen, dass der BGH die oben aufgeführten organisatorischen Leistungen als ausreichend anerkennt und das wirtschaftliche Risiko nur als eines von mehreren Kriterien ansieht, anhand derer beurteilt werden kann, wer Veranstalter und damit Inhaber der Vermarktungsrechte ist. Hieraus folgt, dass kein *einzelner* Club über ein eigenes Recht am Gesamtwettbewerb Bundesliga verfügt. Denn der Wert jedes einzelnen Spiels besteht vor allem in der Zuordnung zu diesem Gesamtwettbewerb. Dies wird deutlich, wenn man den Wert von langjährig von Verbänden oder Ligaorganisationen betreuten Wettbewerben, wie der Bundesliga, mit dem von weniger kontinuierlich durchgeführten Wettbewerben, wie Vereins- oder Sponsorenturnieren oder gar Freundschaftsspielen, vergleicht. Letztere sind nur einen Bruchteil von Ersteren wert. Angesichts dieser *Wertschöpfung* sind Ligaverband und DFL, möglicherweise auch (noch) der DFB, im Hinblick auf die Gesamtveranstaltung Bundesliga als *Mitveranstalter* und insoweit als originär vermarktungsberechtigt anzusehen.[124]

88 Die teilweise im Schrifttum vertretene Ansicht, dass bezüglich des Veranstalterrechts im Ligasport allein auf das Hausrecht des Heimvereins abzustellen sei[125] und eine Vermarktungsberechtigung der Ligagesellschaft an der Veranstaltung von vornherein aus-

---

[123] BGH, SpuRt 1998, 28.

[124] Vgl. in diesem Sinne ausdrücklich für den Fußball: *Stopper*, SpuRt 1999, 188 (191); *Mestmäcker*, FS Sandrock 2000, S. 691 (698); *Mestmäcker*, in: *Immenga/Mestmäcker*, GWB, § 31 Rz. 10; *Mahler*, SpuRt 2001, 8 (11); *Jänich*, GRUR 1998, 438 (441); *Duvinage*, Sportmanagement 2002, 307; *Schimke*, ISLJ 2003, 17; *Schellhaaß*, RuS 28, 39 (44); so ausdrücklich für den Internationalen Automobilverband FIA: LG Frankfurt/Main, SpuRt 1998, 195; offen gelassen von der Berufungsinstanz OLG Frankfurt/Main, SpuRt 1999, 200 (bloße Überwachungstätigkeit würde nicht ausreichen); sowie allgemein für Sportverbände: *Ahrens/Jänich*, Rechtsgutachten 2000, 9, 28, 49; *Hannamann*, Kartellverbot, 2001, 194; wohl auch *Heermann*, SpuRt 1999, 11 (13), wonach nicht zu leugnen sei, dass der DFB die beiden Bundesligen ins Leben gerufen, über Jahre durch zahlreiche Einzelmaßnahmen organisiert und geleitet und ihnen ein hohes Ansehen bei den Zuschauern verschafft habe. Zur Rechtslage in Italien vgl. *Pedriali/Pfeifer*, ZUM 1995, 461 ff.

[125] *Haas/Reimann*, SpuRt 1999, 182 (187); *Waldhauser*, ZUM 1998, 129 (131); *Hoeren*, JR 1998, 332; *Deselears*, WuW 1998, 946 (951); *Sauer*, SpuRt 2004, 93 (94); weitere Nachweise bei *Mestmäcker*, FS Sandrock, S. 689 (697).

scheide, ist abzulehnen und wird im Zusammenhang mit der Frage der Rechte an Spielplänen und Ergebnistabellen geradezu exemplarisch widerlegt. Bei diesen Elementen handelt es sich um allein von der DFL im Zusammenhang mit dem Spielbetrieb der Bundesliga erbrachte Leistungen. Eine Erfassung diesbezüglicher Nutzungsrechte unter dem Gesichtspunkt des Hausrechts ist offensichtlich ausgeschlossen. Derartige Leistungen, die direkt im Zusammenhang mit dem Gesamtwettbewerb stehen, können doch nicht in den originären Rechtskreis des einzelnen Vereins fallen! Außerdem würde diese Ansicht bei all denjenigen Sportveranstaltungen fehlschlagen, bei denen mangels Stadion kein Hausrecht verfügbar ist.

89 Ein Sportverband wird allerdings nicht ohne weiteres dadurch zum (Mit-)Veranstalter, dass er einem Turnier lediglich einen bestimmten Rang innerhalb einer Veranstaltungsreihe verleiht.[126]

90 Da der Ligaverband also mindestens Mitinhaber der Vermarktungsrechte ist, kann die Zentralvermarktung schon von vornherein nicht gegen das Kartellverbot des Art. 81 Abs. 1 EG-Vertrag verstoßen, da er mit den Vereinen bei der Vermarktung der Rechte *notwendigerweise* zusammenwirken muss. Dieses notwendige *Joint venture* zwischen Verband und Vereinen bei der Vermarktung hat seine ursprüngliche Ursache in der *gesetzlichen* Ausgestaltung der (Mit-)Inhaberschaft von Rechten gemäß §§ 741, 744 I BGB, nicht in einer Vereinbarung des Verbandes und der Vereine, auch wenn es eine solche im Einzelfall geben mag. Die Regelungen über die Zentralvermarktung dienen lediglich der Umsetzung der gemeinschaftlichen Vermarktung. Ligaverband, DFL und Clubs bilden somit eine *Rechtsgemeinschaft*, die zulässigerweise beschließt, die Vermarktung der gemeinschaftlichen Medienrechte einem Teilhaber – dem Ligaverband – zu überlassen und Einigung erzielt über die bestmögliche wirtschaftliche Verwertung.[127] Folglich ist der Ligaverband berechtigt, die sich aus dem Betrieb der beiden Bundesligen ergebenden Vermarktungsrechte exklusiv und *originär* im eigenen Namen zu verwerten (§ 6 Nr. 2a Satzung Ligaverband, § 9 Nr. 1 OVR, § 16a Nr. 2 DFB-Satzung, § 6 Grundlagenvertrag DFB-Ligaverband). Eine derartige Rechtsgemeinschaft wird man auch in Bezug auf den *DFB-Pokal* zwischen DFB und den beteiligten Clubs sowie in Bezug auf die *Formel 1* zwischen dem Verband FIA, den Rennställen/Teams, den Automobilherstellern, dem Organisator Slec (Ecclestone) und den Rennstreckenbetreibern annehmen müssen. Art. 81 Abs. 1 EGV und § 1 GWB sind demnach auf die gemeinschaftliche Vermarktung von Rechten, an denen Ligaverband und Bundesligavereine Miteigentum haben, richtiger Ansicht nach nicht anwendbar, zumal das sportliche Kräftemessen nicht auf dauerhafte Verdrängung oder gar Vernichtung der Konkurrenten gerichtet ist.[128]

---

[126] OLG München, ZUM 1996, 528 (ATP).

[127] So auch OLG Frankfurt/Main, SpuRt 1999, 200 (202); LG Frankfurt/Main, SpuRt 1999, 195 (FIA); *Stopper*, SpuRt 1999, 188 (191f.). Folglich wird man die Pacht, die der Ligaverband qua Grundlagenvertrag an den DFB abführt, als Abgeltung eines etwaigen, aus der Vergangenheit herrührenden Mitveranstaltungsrechts des DFB ansehen müssen, das durch Zeitablauf nach der erfolgten Verselbständigung des Ligaverbandes freilich zunehmend an Wert verliert. Daran vermag auch Art. 71 FIFA-Statuten nichts zu ändern, der seinen Mitgliedern, also hier dem DFB, originäres Eigentum an allen Rechten zuordnen will, welche an den Wettbewerben entstehen, die in den Zuständigkeitsbereich des DFB fallen. Denn gesetzliche Wertungen gehen den FIFA-Statuten vor.

[128] So auch *Nordemann*, § 1 Rz. 241 und *Dorß/Traub*, Anhang 2 § 1 Rz. 4, in: L/M/R, Kartellrecht; *Ahrens/Jänich*, S. 25–28 in Bezug auf den DBB; *Schimke*, ISLJ 2003, 17, der im Hinzutreten des Ligaverbandes sogar eine Stärkung des Wettbewerbs sieht; *Kahlenberg*, KG EwiR § 1 GWB 1/96, 407 (408). **A.A.** *Ungerer*, medien und recht 2004, 206, aus Sicht der EU-Kommission; das OLG Frankfurt/Main, a.a.O., hielt im FIA-Fall auch bei Annahme einer Rechtsgemeinschaft die Anwendung kartellrechtlicher Vorschriften „nicht für ohne weiteres ausgeschlossen", wenn eine marktbeherrschende Stellung zu Lasten Dritter missbraucht wird: so hatte die beklagte FIA die zentrale Vermarktung auf alle von ihr lediglich autorisierten internationalen Motorsportveranstaltungen erstreckt, bei denen sie keine organisatorischen Aufgaben innehatte, was ihr ermöglichte, den Wettbewerb durch solche Rennserien gegebenenfalls zu steuern, die der Formel 1 aus ihrer Sicht abträglich sein könn-

Zu diesem Ergebnis gelangt man auch bei Anwendung anderer dogmatischer An- **91** knüpfungspunkte, die in jüngster Zeit viel diskutiert worden sind und zu einer Tatbestandsrestriktion des Kartellverbots führen:

Zum einen ist die dem amerikanischen Recht entlehnte *„rule of reason"* vorgeschlagen worden, wonach zur Rechtfertigung von Verhaltensabsprachen im Profisport eine Abwägung zwischen Zweckmäßigkeit und wettbewerbsbeschränkendem Charakter der Verhaltensabsprache vorgenommen werden soll.[129] Der Übernahme einer „rule of reason" wird jedoch überwiegend unter Verweis auf die systembedingten Unterschiede des Sec. 1 Sherman Act und den europäischen Vergleichsordnungen grundsätzlich widersprochen.[130] Demnach besteht im europäischen und deutschen Kartellrecht nur im Rahmen der Freistellungstatbestände Raum für eine umfassende Abwägung wettbewerbsbeschränkender und wettbewerbsfördernder Aspekte.

Zum anderen sind die Grundsätze der *Immanenztheorie*,[131] wonach für die Funktions- **92** fähigkeit bestimmter, von der Rechtsordnung anerkannter, an sich wettbewerbsneutraler Rechtsinstitute notwendige Wettbewerbsbeschränkungen nicht dem Kartellverbot unterfallen sollen, zur Beurteilung von Vermarktungsabreden im Ligasport herangezogen worden. In der Rechtsprechung sind mittels dieser Theorie bisher vor allem wettbewerbsbeschränkende Nebenabreden ansonsten kartellrechtskonformer Verträge, insbesondere im Bereich der Unternehmensveräußerung, vom Kartellverbot ausgenommen worden.[132] Der Gedanke lässt sich auf den Ligasport übertragen, soweit die den Wettbewerb beschränkenden Vermarktungsabreden notwendig sind, den Bestand des Ligasports zu erhalten. Diese Bestandsnotwendigkeit wird dabei in der Notwendigkeit, einen wirtschaftlich und damit auch sportlich *ausgeglichenen* Wettbewerb anbieten zu können, gesehen. Die zentrale Vergabe sei ferner gerechtfertigt, weil sie zum einen sicherstelle, dass Spitzenspiele von konkurrierenden Sendern *nicht parallel* zur besten Sendezeit ausgestrahlt würden, zum zweiten, dass auch weniger attraktive Spiele gezeigt würden, wodurch alle Vereine bei der Trikot- und Stadionwerbung annähernd *gleiche Vermarktungschancen* erhielten. Das Gleiche gelte für den *DFB-Pokal*.[133] Unterstellt man eine generelle Anwendbarkeit des Grundgedankens der Immanenztheorie im Bereich des professionellen Fußballs,[134] treten aber hinsichtlich der Feststellung des Inhalts und Umfangs der freistellungsfähigen Abreden die gleichen Probleme wie in den Fällen ver-

---

ten. Dies hatte zur Übertragung der Fernsehrechte der FIA an allen 19 FIA-Serien und den 17 lediglich autorisierten Serien für einen Zeitraum von 15 Jahren an Herrn Ecclestone bzw. an die von ihm kontrollierte Gesellschaft ISC geführt.

[129] *Archner*, S. 153; *Jänich*, GRUR 1998, 438 (442); *Liegl/Schmitz*, WRP 1998, 244 (248).
[130] GA *Lenz* in: EuGHE 1995, 4921 Rn. 265 ff.; *Archner*, S. 153; *Hannamann*, S. 367. Vgl. allgemein *Mestmäcker/Schweitzer*, § 7 Rz. 56.
[131] *Wertenbruch*, ZIP 1996, 1417 (1422); *Stopper*, Ligasport und Kartellrecht, S. 125 ff.; *Springer*, WRP 1998, 477 (483); *Hannamann*, S. 485 ff.; *Archner*, S. 143; *Stockmann*, ZIP 1996, 411 (416).
[132] BGH, NJW 1994, 384 – ausscheidender Gesellschafter –; *Zimmer*, in: *Immenga/Mestmäcker*, § 1 Rz. 272 ff.; von OLG Frankfurt/Main für denkbar gehalten, im konkreten FIA-Fall aber mangels ausreichenden Vorbringens der Beklagten abgelehnt;.
[133] *Wertenbruch*, ZIP 1996, 1422 f.; *Stopper*, S. 144 ff. mit Hinweis auf die Rechtslage in den USA.
[134] So z. B. *Stopper,* Ligasport und Kartellrecht, S. 125 ff., *Nordemann* in: L/M/R, Kartellrecht, § 1 Rz. 241; *Hannamann*, S. 489 ff.; *Nordemann* in: L/M/R, Kartellrecht, § 1 Rz. 241; *Ahrens/Jänich*, S. 28, 42 f.; auch der bis Ende 2004 amtierende Wettbewerbskommissar *Mario Monti* erkennt die *Ausgeglichenheit* eines sportlichen Wettbewerbs als notwendig an: „Another particular feature of the sports sector is the need to preserve uncertainty as to results and a degree of equality in sporting competitions, in order to attract the spectators' interest. Rules, without which a sport could not exist (that is, rules inherent to a sport, or necessary for its organisation, or for the organisation of competitions) should not, in principle, be subject to the application of EC competition rules. Sporting rules applied in an objective, transparent and non-discriminatory manner do not constitute restrictions of competitions." (Conference on „Governance in Sport", Vortrag „Competition and Sport – the rules of the game", Brüssel, 26. 2. 2001, S. 3, zitiert nach *Heermann*, SpuRt 2003, 89, Fn. 23 und 46.)

traglicher Nebenpflichten auf. Insofern ist kaum verlässlich absehbar, welche wettbewerbsbeschränkenden Abreden im Rahmen von Fußballligen gerechtfertigt werden können.

93 Um den ökonomischen Besonderheiten des Ligasports, aber auch den Anforderungen der Kartellrechtsordnung, Rechnung zu tragen, ist in den USA ferner die *Single-Entity*-Theorie entwickelt worden. Danach sind nicht die einzelnen Clubs, sondern die Liga in ihrer Gesamtheit als die kartellrechtlich relevante wirtschaftliche Einheit anzusehen. Rechtliche Anknüpfungspunkte für die Einheitstheorie sind der zwingende Kooperationscharakter einer Liga und – im Anschluss an die Copperweld-Entscheidung des Supreme Court[135] – die tatsächliche und rechtliche Integration der Clubs in die Ligaorganisationen. In diesem Sinne hat die US-Rechtsprechung im Jahr 2000 die *Major League Soccer* (MLS LLC) als eine von den Gesellschaftern unabhängige, separate juristische Person und somit als ein formal und funktional einheitliches Unternehmen i. S. d. Kartellrechts bewertet und für die Anwendung des Kartellverbots keinen Raum gesehen. Ähnliche Begründungsmuster finden sich mittlerweile auch in der deutschen und europäischen Beurteilung kartellrechtsrelevanter sportökonomischer Sachverhalte. So hat z. B. der englische *Restrictive Practices Court* die *Premier League* als funktional wirtschaftliche Einheit betrachtet und die Zentralvermarktung der Fernsehrechte als Ausdruck notwendiger Chancengleichheit innerhalb der Liga, sowie der Tatsache, dass der Wert eines Spiels vom Wert der Gesamtproduktion abhängt, als kartellrechtskonform angesehen. Das Prinzip des Wettbewerbs, auf dem der Fußball basiere, werde auf Dauer zerstört, wenn nicht regulierend in den Markt für Fernsehrechte eingegriffen und so dem bedrohlichen Konzentrationsprozess entgegengewirkt werde. Bei individueller Vermarktung würde die ohnehin zu tiefe Kluft zwischen Arm und Reich noch tiefer, der Fußball würde Schaden erleiden.[136]

94 Eine direkte Übertragung der Grundsätze der oben genannten Entscheidung zur MLS[137] auf eine Ligaorganisation wie den Ligaverband und die DFL, mit der Folge einer umfassenden Kartellrechtsimmunität, kommt wohl nicht in Betracht, da die Clubs der beiden Bundesligen nicht bloß Betriebsabteilungen der Ligagesellschaft sind, sondern ihre rechtliche Selbständigkeit behalten haben. Dieser Unterschied steht einer Heranziehung der Überlegungen zur Single-Entity-Theorie jedoch nicht grundsätzlich entgegen, da die Überlegungen zur faktischen, funktionalen und/oder rechtlichen Einheitlichkeit einer Fußballliga es ermöglichen, die jeweiligen Besonderheiten des Einzelfalles genügend zu berücksichtigen.[138] Dogmatische Anknüpfungspunkte bieten im deutschen und europäischen Kartellrecht der Arbeitsgemeinschaftsgedanke sowie die Sonderregeln über den konzerninternen Wettbewerb.

Nach dem *Arbeitsgemeinschaftsgedanken* führt die Kooperation verschiedener Unternehmen nicht zu einer Wettbewerbsbeschränkung, sondern vielmehr zu einer Verstärkung des Wettbewerbs, wenn durch den Zusammenschluss ein neuer Marktteilnehmer entsteht.[139]

Demzufolge lassen sich Ligavermarktungsaktivitäten dann rechtfertigen, wenn die an der Arbeitsgemeinschaft Beteiligten einen wesentlichen Beitrag zur Herstellung des Vermarktungsgegenstands leisten. Inwieweit ein (organisatorischer) Beitrag als wesentlich für die Schaffung des vermarktungsfähigen Produkts zu betrachten ist, lässt sich nur im Einzelfall unter Berücksichtigung aller relevanten Umstände beurteilen. Diesbezüglich

---

[135] Copperweld Corp. v. Independence Tube Corp., 467 U. S. 752 (772) (1984).

[136] Epd medien Nr. 59 vom 31. 7. 1999, S. 21.

[137] Fraser v. MLS, 97 F. Supp. 2d 130 (D.Mass. 2000); Fraser v. MLS 284 F.3d 47 (2002 U. S. App.).

[138] Ausführlich und überzeugend *Blask*, Die Anwendbarkeit der Single-Entity-Theorie im professionellen Fußball, 2005.

[139] *Zimmer* in: *Immenga/Mestmäcker*, GWB, § 1 Rn. 369; OLG Stuttgart, WuW/E OLG 3110 (3111) – Pulverbeschichtungsanlage.

hat der englische Restrictive Practices Court aufgezeigt,[140] inwiefern Erwägungen über das wirtschaftlich Sinnvolle und kaufmännisch Vernünftige bei der Bewertung der Zentralvermarktung im professionellen Fußball berücksichtigt werden können. Die Richter haben dementsprechend festgestellt, dass die kollektive Vermarktung der Rechte und die einhergehende Umverteilung der Einnahmen unter den Clubs ökonomisch sinnvoll sei und die Tatsache widerspiegele, dass alle Premier-League-Clubs an der Herstellung des Produkts beteiligt seien.[141] Der Wert der Übertragungsrechte werde insbesondere durch den Wert des Premier-League-Produkts selber beeinflusst. Spielten die Vereine außerhalb der Liga irgendwelche Spiele gegeneinander aus, stellten die daraus resultierenden Vermarktungsrechte ein anderes, weniger werthaltiges Produkt als die Vermarktungsrechte der Liga dar. Eine vergleichbare Sichtweise hat auch der BGH im Europapokalheimspiele-Verfahren angedeutet.[142] Zwar hat er die Vermarktungsaktivitäten des DFB nicht durch den Arbeitsgemeinschaftsgedanken als gerechtfertigt angesehen. Die Ablehnung beruhte aber darauf, dass der DFB in diesem speziellen Fall – Europapokal – an der Entstehung des marktfähigen Gutes nicht in einer Weise beteiligt gewesen sei, die ihn neben den am Wettbewerb teilnehmenden Vereinen als „natürlichen Marktteilnehmer" ausweise.[143] Zur Beantwortung der Frage, wer als „natürlicher Marktteilnehmer" bei der Vermarktung von Ligasport in Betracht kommt, bietet es sich allerdings heute eher an, auf die Entwicklung des modernen Veranstalterbegriffs im Rahmen der Zuordnung der kommerziellen Rechte zurückzugreifen.[144]

95 In gedanklicher Anknüpfung an den Integrationsgedanken der Single-Entity-Theorie wird im deutschen Recht eine Freistellung der Ligaaktivitäten entsprechend der Wertungen der Sonderregeln für *konzerninternen* Wettbewerb vorgeschlagen.[145] Die erforderliche (konzentrative) Abhängigkeit der Clubs ergibt sich aus den tatsächlichen sportökonomischen Besonderheiten der Herstellung von Ligafußball und der Unterwerfung unter die Satzungen von Ligaverband und DFL. Zwar hat der BGH die Annahme konzernrechtlicher Strukturen zwischen den Bundesligavereinen abgelehnt.[146] Diese Ablehnung begründete er damit, „dass die bindenden Entscheidungen auf der Leitungsebene nicht, wie dies für diese Form des Unternehmenszusammenschlusses bestimmend ist, von den gleichgeordneten Unternehmen getroffen werden, sondern letztlich in den Händen der Organe des DFB liegen, die nicht von den Ligavereinen gestellt werden".[147] Dabei hatte er jedoch noch die alten Strukturen des DFB vor der Satzungsänderung vom 30. 10. 2000 zu bewerten, wonach die Lizenzligavereine in den maßgeblichen Entscheidungsgremien des DFB tatsächlich nur eine Minderheitenposition eingenommen hatten. Die Strukturreform des deutschen Fußballs rechtfertigt heute eine andere Bewertung.[148] Bis dato hatte der DFB den Berufsfußball auf zentralistische Weise mittels seiner Ausschüsse geleitet.[149] Die Fußballbundesliga hatte keine eigene Rechtspersönlichkeit, sondern war lediglich eine Vereinseinrichtung des DFB. Mit der Strukturreform haben sich die Organisation und das Verhältnis der Berufsfußballigen sowie der an die-

---

[140] British Office of Fair Trading ./. Football Association Premier League Ltd. (FAPL Ltd), Rn. 202.
[141] British Office of Fair Trading ./. Football Association Premier League Ltd. (FAPL Ltd), Rn. 202. Ebenso in Bezug auf die Bundesligen *Nordemann* in: L/M/R, Kartellrecht, § 1 Rz. 241.
[142] BGH, SpuRt 1998, 28 (30) – Europapokalheimspiele.
[143] BGH, SpuRt 1998, 28 (30) – Europapokalheimspiele.
[144] S. o. Rz. 86–91.
[145] *Heermann*, ZHR 161 (1997), 665; *Heermann*, WRP 2001, 1140 (1143 ff.).
[146] BGH, SpuRt, 1998, 28 (31) – Europapokalheimspiele.
[147] BGH, SpuRt, 1998, 28 (31) – Europapokalheimspiele.
[148] Vgl. auch *Heermann*, WRP 2001, 1140 (1144); *Heermann*, RabelsZ 67 (2003); zur Strukturreform *Summerer*, SpuRt 2001, 263.
[149] Zum Verhältnis der Bundesliga zum DFB vor der Umstrukturierung: *Malatos*, Berufsfußball, S. 50 f.

sen beteiligten Lizenzmannschaften zum DFB grundlegend verändert. Die im neu gegründeten Ligaverband zusammengeschlossenen Lizenzmannschaften richten den Spielbetrieb seit der Saison 2001/02 in voller Autonomie aus. Die bestimmenden Entscheidungen werden auf der Leitungsebene von den gleichgeordneten Unternehmen im Vorstand und der Generalversammlung getroffen. Der Ligaverband und die zum Zwecke der Führung des operativen Geschäfts gegründete DFL GmbH üben weitreichenden Einfluss auf die wirtschaftliche Betätigung der angeschlossenen Unternehmen aus. Mittels der von den Clubs vermittelten Leitungsmacht können sie Maßnahmen im Rahmen der Lizenzerteilung und der Umverteilung von Einnahmen sowie Vermarktungsfragen auch gegen innergesellschaftliche Widerstände durchsetzen.

96 Sofern man zu dem Ergebnis kommt, Art. 81 Abs. 1 EG-Vertrag sei anwendbar, stellte sich bis zum 30. 4. 2004 die Frage eines Negativattests oder einer Freistellung vom Kartellverbot gemäß Art. 81 Abs. 3 EG-Vertrag. Diese Freistellung gibt es aber seit 1. 5. 2004 nicht mehr, nachdem zu diesem Zeitpunkt die VO 1/2003 in Kraft getreten ist.[150] Damit wird die Durchsetzung des EU-Kartellrechts dezentralisiert. Nach dem neu eingeführten sog. Prinzip der Legalausnahme gelten alle Vereinbarungen automatisch als freigestellt, die den Anforderungen des Art. 81 Abs 3 EGV entsprechen. Ob Vereinbarungen diesen Anforderungen entsprechen, müssen Unternehmen im Rahmen einer Selbstveranlagung feststellen. Hierfür tragen sie die Beweislast und das Risiko der Rechtsunsicherheit.[151]

97 Als neue Instrumentarien kommen in Betracht:
– Art. 10 Satz 1 VO 1/2003: Feststellung der Nichtanwendbarkeit von Art. 81 EGV bei öffentlichem Interesse von Amts wegen
– Art. 9 Abs. 1 VO 1/2003: *Verbindlicherklärung von Verpflichtungszusagen.*

98 Letzteren Weg hat die EU-Kommisssion bei der Fußball-Bundesliga eingeschlagen und eine solche Entscheidung am 14. 9. 2004 angekündigt und am 19. 1. 2005 erlassen.[152] Vorausgegangen waren mehrjährige Verhandlungen zwischen DFB, DFL, Ligaverband und EU-Kommission, die durch den Antrag des DFB auf Erteilung eines Negativattests, hilfsweise auf Freistellung, aus dem Jahr 1998, den sich der Ligaverband nach seiner Gründung zu Eigen gemacht hatte, ausgelöst wurden. Tendierte die EU-Kommission zunächst zu einer Freistellung[153] ähnlich der Entscheidung in Sachen *Champions League*,[154] wäre es nach In-Kraft-Treten der neuen Verfahrensordnung sachgerechter und folgerichtiger gewesen, Art. 10 Satz 1 VO 1/2003 anzuwenden, um nach einem Prüfungszeitraum von über sechs Jahren endlich für Rechtssicherheit zu sorgen. Allerdings dürfte der Streit auch durch die Anwendung von Art. 9 Abs. 1 VO 1/2003 beigelegt und mit einem Schutz bis zur Saison 2009/10 versehen sein, weil auch das Bundeskartellamt während dieser Zeit gehindert ist, den Vorgang erneut aufzugreifen.

99 Allerdings hat die EU-Kommission dem Ligaverband einige Verpflichtungszusagen abgerungen, deren Auswirkungen auf die Vermarktungspraxis ab der Saison 2006/07 noch nicht abzusehen sind. Die wesentlichen Zusagen sind die folgenden:
– eine offene und diskriminierungsfreie Ausschreibung der Rechte
– eine Laufzeit von nicht mehr als drei Jahren
– eine Entbündelung des Angebots in mehreren Paketen, ohne dass der Erwerb durch einen einzigen Verwerter ausgeschlossen ist:

---

[150] EG-Abl. L 1 vom 4. 1. 2003, S. 1.
[151] Vgl. *Mestmäcker/Schweitzer*, S. 473.
[152] EU ABl. C 229/13 und L 134/46 v. 27. 5. 2005; vgl. *Schmittmann*, AfP 2004, 514 und *Dorß/Traub* in L/M/R, Kartellrecht, Anh 2 § 1 Rz. 16 ff. Zu den Schwierigkeiten der Umsetzung im Zeitalter der Konvergenz vgl. *Frey*, ZUM 2005, 585.
[153] So angekündigt im ABl. C 261, vom 30. 10. 2003; vgl. *Summerer*, SpuRt 2004, 151.
[154] Siehe Rz. 100.

- Paket 1: Live-Übertragung der Hauptspieltage der Bundesliga (samstags) und 2. Bundesliga (sonntags) mit Konferenzschaltung an den Nebenspieltagen im TV (ab 1.7. 2006)
- Paket 2: Live-Übertragung der Nebenspieltage der Bundesliga (sonntags) und der 2. Bundesliga (freitags) mit Konferenzschaltung an den Hauptspieltagen im TV (ab 1.7. 2006)
- Paket 3: Live-Übertragung mindestens zweier Begegnungen der Bundesliga pro Saison und zeitversetzte Highlight-Erstverwertung im Free TV (ab 1.7. 2006)
- Paket 4: Live-Übertragung von Spielen der 2. Bundesliga und zeitversetzte Highlight-Erstverwertung im Free TV (ab 1.7. 2006)
- Paket 5: Zweit- und/oder Drittverwertungsrechte Bundesliga und/oder 2. Bundesliga im Free TV (ab 1.7. 2006)
- Paket 6: Internetübertragung, live oder zeitnah, ausschnittsweise oder vollständig, beide Ligen (bis 30.6. 2006); live und zeitnah, ausschnittsweise oder vollständig, beide Ligen, bei 90 min. Live-Berichterstattung durch den Ligaverband selbst (ab 1.7. 2006)
- Paket 7: zeitversetzte Highlight-Verwertung im Internet, beide Ligen (ab 1.7. 2004)
- Paket 8: Mobilfunk, live und/oder near live und/oder zeitversetzt, vollständig und/oder ausschnittsweise, beide Ligen (ab 1.7. 2004)
- Paket 9: Mobilfunk, zeitversetzt und ausschnittsweise, beide Ligen (ab 1.7. 2004)
- Paket 10: alle übrigen Rechte, die nicht den Paketen 1–9 oder den Rechten der Clubs zuzuordnen sind (z. B. öffentliche Vorführungen, DVD, Audio, Spielanalysen, ab 1.7. 2004).

Den Clubs stehen im Wesentlichen die folgenden Rechte zur eigenen Vermarktung zur Verfügung:
- Free TV: zeitversetzte Verwertung der Heimspiele 24 Stunden nach Spielende in voller Länge (ab 1.7. 2006)
- Internet: zeitversetzte Zusammenfassung ab 90 min. nach Spielende auf eigener Homepage oder derjenigen eines Dritten bis zu 30 min., ab 24 Stunden nach Spielende bis zur vollen Länge (bis 30.6. 2006); Verwertung nach Spielende bis zur vollen Länge (ab 1.7. 2006)
- Mobilfunk: freie Verwertung der Heimspiele (ab 1.7. 2004)
- Stadion-TV: verschiedene zeitlich gestaffelte Verwertungsrechte (ab 1.7. 2004)
- EDV-gestützte Spiel- und Spieleranalysen mit eigener Aufzeichnung (ab 1.7. 2004)
- Nutzung von Bewegtbildmaterial für Werbemaßnahmen
- Nutzung von Bewegtbildmaterial für Bild-/Tonträger für Endkonsumenten (z. B. vereinsbezogene CD, DVD, ab 1.7. 2004)
- Audioverwertung: frei empfangbar von den Heimspielen live bis zu 10 min. je Halbzeit, nach Spielende ohne Einschränkung; im Internet von den Heim- und Auswärtsspielen live und zeitversetzt bis zur vollen Länge; im Mobilfunk von den Heimspielen zeitlich gestaffelt (ab 1.7. 2004)
- Verwertung von Rechten des Ligaverbandes, die ungenutzt bleiben würden, nach einem genau bestimmten Verfahren (ab 1.7. 2004).

Mit diesem Kompromissmodell dürfte es gelungen sein, die gemeinschaftliche Vermarktung zu öffnen, ohne sie zu zerschlagen. Sie bleibt in ihrem Kern erhalten. Die Clubs vermarkten die Rechte in Teilbereichen, behalten allerdings die Vorteile einer zentralen Anlaufstelle (*One-stop-shopping*) für die von der Kommission anerkannte Markenprägung der Liga (*brand image*) sowie von geringeren Transaktionskosten.

100 Die genannten Vorteile hatten die EU-Kommission schon 2003 bewogen, die gemeinschaftliche Vermarktung der *Champions League* durch die UEFA gemäß Art. 81 III EGV vom Kartellverbot freizustellen.[155] In den Beschwerdepunkten vom 18. 7. 2001 hatte sie die Vermarktung zunächst als nicht freistellungsfähigen Verstoß gegen Art. 81 I EGV beurteilt. Die UEFA hatte daraufhin, ähnlich wie nach ihr die DFL, eine Entbündelung ihres Rechtepakets vorgenommen und auch den Clubs einige Verwertungen ermöglicht.[156] Entscheidend dürfte folgende Erwägung gewesen sein: Erst die gemeinschaftliche Vermarktung schafft das Markenprodukt *Champions League*, das durch eine einheitliche, durchgehend hochwertige Präsentation gekennzeichnet ist und eine spezifische Verbraucherpräferenz begründet und gewährleistet. Damit wird eine besondere Art von Markenrecht als Veranstalterrecht anerkannt, das zur Verfügung über die Fernsehrechte berechtigt. Dieses steht der UEFA zu. Die Lizenzierung ligaspezifischer Rechtepakete verschafft Medienunternehmen, Fußballclubs und Verbrauchern Vorteile, die bei individueller Vermarktung nicht erreichbar sind. Hoher Stellenwert kommt danach der organisatorischen, am Markt durchgesetzten und vom Publikum als eigenes Produkt wahrgenommenen Veranstalterleistung zu. Damit handelt es sich um ein Produkt, das der Veranstalter schafft, und nicht um ein Bündel von Veranstalterrechten, die durch Wettbewerbsbeschränkungen zusammengehalten werden.[157]

100 a Ähnliche Verpflichtungszusagen wie der Ligaverband hat die englische *Premier League* abgegeben, welche die EU-Kommission bis 30. 6. 2013 für verbindlich erklärt hat. Ihnen war ein „statement of objections" vorausgegangen.[158]

100 b In Bezug auf die Verwertungsrechte an der *spanischen* Fußballliga hat die Europäische Kommission ihre Untersuchung gegen den Erwerber Audivisual Sport AVS nach Konsultation der Betroffenen eingestellt.[159]

100 c Die belgische Wettbewerbsbehörde hat die Vergabe sämtlicher Verwertungsrechte an der belgischen Fußballliga an die Gesellschaft Belgacom für 36 Mio. Euro für einen Zeitraum von drei Jahren gebilligt und Beschwerden zweier Konkurrenten zurückgewiesen; das Vergabeverfahren sei transparent und diskriminierungsfrei gewesen.[160]

100 d *Frankreich* hat beispielsweise schon seit 1984 die Inhaberschaft an Verwertungsrechten an Sportereignissen gesetzlich den Sportverbänden zugewiesen: „Les fédérations ... sont propriétaires du droit d'exploitation des manifestations ou compétitions sportives qu'ils organisent" (Art. 18-1 Loi No 84-610 v. 16. 7. 1984).

V. Genehmigung einer Sportveranstaltung durch den Sportverband

101 Keinen Verstoß gegen Kartellrecht konnte das LG Frankfurt bei der Vergabe der Fernsehrechte am Stuttgarter *„Sparkassen-Cup"* erkennen. Der DLV hatte diese im Paket mit anderen Rechten an Veranstaltungen der Leichtathletik vertraglich ab 1. 1. 1995 an das DSF vergeben und dem Württembergischen Leichtathletikverband die Genehmigung als Ausrichter erteilt. Die Messe- und Kongressgesellschaft Stuttgart fungierte als Veranstalterin und trug das wirtschaftliche Risiko. Deshalb wollte sie die Fernsehrechte selber für ein höheres Entgelt an den Südwestfunk (ARD) veräußern. Der DLV berief sich auf seine DLO II. Teil D 4, wonach der „Veranstalter mit der Anmeldung die Regelungen und vertraglichen Vereinbarungen anerkennt, die der DLV und/oder die Landesverbände zur

---

[155] KomE 23. 7. 2003, ABl. 2003 Nr. L 291/25. Kritisch zum alten Vermarktungsmodell der UEFA *Wertenbruch*, ZIP 1996, 1423. Vgl. ferner LG Hamburg SpuRt 2000, 200, wo eine Agentur vergeblich versuchte, die Zentralvermarktung im Eilverfahren zu verhindern.
[156] Genauer *Ungerer*, medien und recht 2004, 206 (208 f.).
[157] *Mestmäcker/Schweitzer*, § 11 Rz. 36.
[158] KomE 22. 3. 2006.
[159] *Hess*, AfP 2003, 253.
[160] Global Competition Review v. 8. 9. 2005. Die dagegen eingereichte Klage wurde vom Court of Appeals in Brüssel mit Urteil v. 28. 7. 2006 abgewiesen.

Veräußerung der Fernsehrechte für alle von ihnen bzw. ihren Unterorganisationen genehmigten Veranstaltungen getroffen haben". Nach Auffassung des LG sei die Beschränkung der Genehmigung von Sportveranstaltungen auf Mitgliedsverbände sachdienlich, da nur so die vom DLV verfolgten *sportlichen Interessen* durchgesetzt werden könnten. Auf die Frage, ob der DLV die Genehmigungserteilung an die Vermarktung der TV-Rechte durch ihn *koppeln* dürfe, komme es nicht an, weil der entsprechende Passus in der DLO allein vom Genehmigungsberechtigten angegriffen werden könne.[161]

VI. Zentraler Rechteeinkauf – Eurovisionssystem der EBU

Nach diesem System beteiligen sich die *Mitglieder* der EBU (European Broadcasting Union) seit Jahrzehnten am gemeinsamen Einkauf von Fernsehrechten – den Eurovisionsrechten – an internationalen Sportereignissen und an einem institutionalisierten Austausch der auf dieser Basis produzierten Sportprogramme nach dem Grundsatz der Gegenseitigkeit. Sie geben en bloc ein Angebot für die Rechte für ganz Europa ab, die regelmäßig Exklusivität gegenüber Nichtmitgliedern beinhalten. Die EBU koordiniert die Interessen der einzelnen Mitglieder und übernimmt häufig selbst die Verhandlungen, vor allem bei Großereignissen. Die Rechtekosten werden unter den Programmnutzern nach einem bestimmten Schlüssel aufgeteilt. Für die europaweiten Übertragungsrechte von den Olympischen Spielen in Athen 2004 bezahlte die EBU 321,3 Mio. Euro, von denen 59,4 Mio. Euro auf ARD und ZDF entfielen.[162] Der Transport des Signals vom Ort der Aufnahme zu den Übertragungseinrichtungen der Mitglieder vollzieht sich über ein Netz terrestrischer Leitungen (Antenne) von einer Gesamtlänge von 18 000 km mit mehr als 60 Einspeisungspunkten und über Satellitenfrequenzen. **102**

Die Zugangsregelung für *Nichtmitglieder* sieht Mindestkonditionen vor, die im Übrigen frei ausgehandelt werden. Außerdem ist Nachrichtenzugang zu gewähren. Die Gebühr für die Nachverwertungsrechte und für die Bereitstellung des Signals ist Verhandlungssache. Kommt es hierüber zu keiner Einigung, wird die Entscheidung auf Verlangen des Nichtmitglieds einem oder mehreren unabhängigen Sachverständigen übertragen, die einen Schiedsspruch fällen. **103**

Über der EBU schwebt seit über 10 Jahren das kartellrechtliche Damoklesschwert, da es sich um ein sehr großes, exklusives, europaweites und langjähriges Rechtepaket handelt. Um eine etwaige *Freistellung vom Kartellverbot* zu erlangen, bedurfte es einer Anmeldung bei der EG-Kommission (Art. 85 III EGV a. F.).[163] Eine solche Freistellung hatte die EG-Kommission am 11. Juni 1993, befristet bis 25. Februar 1998, dem Eurovisionssystem der EBU unter der Auflage erteilt, Drittsendern gemäß der von der EBU nachgebesserten Zugangsregelung Zugang zu den Eurovisionsrechten zu gewähren.[164] **104**

Die Entscheidung der Kommission erklärte Art. 85 Abs. I EGV für nicht anwendbar auf

– die Satzungsbestimmungen und Regelungen der EBU, die den Erwerb von Fernsehrechten für Sportveranstaltungen betreffen,

---

[161] LG Frankfurt, SpuRt 1996, 63 mit Anm. *Bothor;* vgl. auch FAZ und SZ vom 19. 1. 1995, ferner den entsprechenden Streit zwischen Deutschem Hockey-Bund und Berliner Hockey-Verband, FAZ vom 22. 5. 1995. Die Argumentation des LG Frankfurt scheint etwas formaljuristisch, weil der „Genehmigungsberechtigte", also der Landesverband, sich aufgrund seiner mitgliedschaftlichen Treuepflicht und Beteiligung an den TV-Einnahmen wohl nicht erdreisten würde, gegen den DLV auszuscheren.

[162] So der *Intendant* der ARD in *Focus* Nr. 50/2004, S. 155. Im Juni 2004 hat die EBU mit dem IOC einen Vertrag über die Rechte an den Olympischen Spielen 2010 und 2012 über die Rekordsumme von 614 Mio. Euro abgeschlossen, wovon 115 Mio. Euro auf ARD und ZDF entfallen sollen, so FAZ v. 30. 10. 2004, S. 43.

[163] *Emmerich,* RuS 13, 71 ff.; *Roth,* AfP 1989, 522 f.; *Koch* in *Grabitz/Hilf,* Art. 85 Rz. 7, 90, 138.

[164] ABl. Nr. L 179 vom 22. 7. 1993, S. 23 ff.; vgl. *Schimke,* RuS 19, 34 ff.; *Dörr,* NJW 1995, 2264.

- den Austausch von Sportprogrammen im Rahmen der Eurovision,
- den vertraglichen Zugang Dritter zu diesen Programmen.

Die EG-Kommission hatte die Freistellung zugunsten der EBU mit einer Reihe von Vorteilen gerechtfertigt, deren Begründetheit indes fragwürdig erscheint. Die gemeinsame Nutzung der Rechte erleichtere grenzüberschreitende Tätigkeiten teilnehmender Mitglieder und trage so zur Entwicklung eines gemeinsamen europäischen Fernsehmarktes bei. Die EBU-Mitglieder seien so imstande, eine breitere Palette von Sportprogrammen einschließlich Minderheitssportarten anzubieten. Der Austausch des Signals führe zu erheblicher Rationalisierung und zu Kosteneinsparungen, insbesondere bei finanzschwächeren Mitgliedern. Wettbewerb werde nicht ausgeschaltet, weil das System nicht nationale Veranstaltungen umfasse, die im Fernsehen in der Mehrzahl seien.[165]

105 Diese Freistellung ist vom Gericht erster Instanz der EG auf Klage der *Métropole télévision SA* und *Reti Televisive Italiane SpA* mit Urteil vom 11. 7. 1996 für *nichtig* erklärt worden. Das Gericht stellte fest, die Kommission sei aufgrund fehlerhafter Auslegung des Artikels 85 III EGV zu der Schlussfolgerung gelangt, dass die von ihr freigestellten Wettbewerbsbeschränkungen, insbesondere diejenigen, die sich aus den Regeln über die Aufnahme in die EBU ergeben, unerlässlich seien. Die Kommission habe sich nicht auf ein Mindestmaß konkreter wirtschaftlicher Daten gestützt, wie etwa auf die Zahlen für die Investitionen, die die Mitglieder der EBU in ihrem jeweiligen, wirtschaftlich unterschiedlichen nationalen Kontext getätigt hätten, oder auf die spezifischen Berechnungen des Verhältnisses zwischen diesen Investitionen und den Einkünften aus der Übertragung der Sportveranstaltungen.[166]

106 Die Kommission erteilte im Jahr 2000 erneut eine Freistellung bis zum Jahr 2005,[167] die jedoch erneut für nichtig erklärt wurde, weil entgegen den Zugangs- und Sublizenzregeln faktisch so gut wie keine, jedenfalls keine praktikable Rechteerwerbschance für Nicht-Mitglieder der EBU bestehe.[168] Die Kommission arbeitet nun an einer dritten Entscheidung, deren Ausgang kaum vorherzusagen ist, da mittlerweile der Sender Premiere Beschwerde erhoben hat.

107 Die bisherigen gerichtlichen Entscheidungen sind nachvollziehbar. Dennoch müsste eine diskriminierungsfreie Lösung möglich sein. Unbestritten führt das bisher von der EBU praktizierte System zu einem erheblichen Wettbewerbsnachteil für *private* Fernsehsender, die nicht zur EBU zugelassen werden und individuell am Markt auftreten. Gerade internationale Sportereignisse, z. B. die Olympischen Spiele, stehen im Brennpunkt der Nachfrage. Auch wenn einige der privaten Nachfrager zu finanzstarken Medienkonzernen gehören, sind sie häufig nicht in der Lage, mit der gebündelten Einkaufs- und Verhandlungsmacht der EBU-Mitglieder zu konkurrieren. Die Zugangsregelung erwies sich in der Praxis bislang nicht als geeignet, Privatsender angemessen teilhaben zu lassen. Zum einen verlangen die EBU-Mitglieder zur eigenen Refinanzierung häufig überhöhte Minutenpreise, die über denjenigen liegen, die sie selbst anteilig bezahlt haben. Zum Zweiten ziehen sich die Verhandlungen regelmäßig bis kurz vor Beginn der Veranstaltung hin, so dass keine Zeit mehr verbleibt, einen Sachverständigen einzuschalten. Zum Dritten verfahren die EBU-Mitglieder äußerst restriktiv bei der Vergabe einer Akkreditierung für ein Kamerateam eines nachfragenden Privatsenders, welches für eine qualifizierte Nachverwertung unerlässlich ist und ohne das der Nachfrager auf bloße Mitschnitte angewiesen ist. Auf der anderen Seite sind auch die Vorteile des Systems unbestreitbar: die Sportwettkämpfe werden meist im frei empfangbaren Fernsehen übertragen, so dass die größtmögliche Zuschauerreichweite in jedem Land erzielt wird. Auch kleinere Sender

---

[165] ABl. Nr. L 179 vom 22. 7. 1993, S. 31 ff.; vgl. *Herrmann*, § 16 Rz. 69 f.; *Forrester*, Sports Law & Finance 1994, 27 f.

[166] EuG, ZUM 1996, 885 = EuZW 1996, 660; vgl. *Dörr*, NJW 1997, 1343 f.

[167] ABl. 2000 L 151/18.

[168] Urteil des EuGH vom 27. 9. 2004 (AZ C-470/02 P).

kommen zum Zug. Dies entspricht regelmäßig dem legitimen Interesse des Veranstalters: So ist z. B. das IOC sehr darauf bedacht, den Universalgedanken der Olympischen Spiele weltweit zu verbreiten. So erhielt die EBU für die Olympischen Spiele 2008 den Zuschlag, obwohl die weltweit operierende News Corporation (Rupert Murdoch) ein höheres Angebot abgegeben hatte. Freilich mag bei der Vergabe auch die „Insolvenzfestigkeit" der öffentlich-rechtlichen Sender eine Rolle gespielt haben. Das Ziel einer hohen Ausstrahlungsdichte ist aber möglicherweise auch durch strenge Sublizenzauflagen zu erreichen.

Eine Entscheidung, die in engem Zusammenhang mit dem Verfahren gegen die EBU stand, betraf den Sportsender Eurosport.[169] Eurosport I war ein Gemeinschaftsunternehmen zwischen einem EBU-Konsortium einerseits und einem Unternehmen der Murdoch-Gruppe (Sky Channel/News International) andererseits. Dieses Gemeinschaftsunternehmen wurde aus zwei Gründen als *wettbewerbswidrig* gemäß Art. 85 I EGV a. F. angesehen. Zum einen handelte es sich bei den Mutterunternehmen um potentielle *Wettbewerber*, die beide imstande gewesen wären, unabhängig voneinander alternative Sportsender zu betreiben. Zum andern nimmt Eurosport am Eurovisionssystem teil und damit unmittelbar an der gemeinsamen *Sportprogrammbeschaffung*. Dies erschien nicht gerechtfertigt im Hinblick auf die Beteiligung von Sky Channel, einem kommerziellen Privatsender, der damit mittelbar Zugang zum Eurovisionssystem und dadurch einen Wettbewerbsvorteil gegenüber anderen kommerziellen Sendern erhielt. Im Anschluss an die Verbotsentscheidung der Kommission, die auch einen Antrag auf Freistellung gemäß Art. 85 III EGV abgelehnt hatte, und im Hinblick auf seine Fusion mit BSB hat sich Sky Channel aus Eurosport zurückgezogen und wurde durch den französischen Sender TF 1 ersetzt, der selbst aktives EBU-Mitglied ist. Dadurch hat sich nach Auffassung der Kommission die Sachlage geändert, weil TF 1 weder ein potentieller Wettbewerber des Konsortiums ist noch ungerechtfertigte Wettbewerbsvorteile erhält. **108**

VII. Übertragung von Großereignissen im Fernsehen

Der Erwerb der Fernsehverwertungsrechte an der Fußball-WM 2002 und 2006 durch die Kirch-Gruppe hatte Befürchtungen hervorgerufen, eine überwiegende Verwertung im Bezahlfernsehen werde große Teile der Bevölkerung von der Möglichkeit ausschließen, diese Fußball-Spitzen-Events im „Free TV" zu verfolgen. Nach bis 1999 geltendem Recht gab es keine Handhabe, Rechteagenturen oder Fernsehsendern vorzuschreiben, in welchem Ausmaß oder Verhältnis sie Sportrechte verwerten. **109**

Das Europäische Parlament und der Rat haben allerdings im Jahr 1997 die EG-Fernsehrichtlinie um einen neuen Art. 3a erweitert. Danach wird jedem Mitgliedstaat die Möglichkeit eingeräumt, eine *Liste von Ereignissen* zu erstellen, die unverschlüsselt direkt oder zeitversetzt empfangbar sein müssen. Dabei muss es sich um Ereignisse handeln, denen der jeweilige Mitgliedstaat eine „erhebliche gesellschaftliche Bedeutung beimisst".[170] **110**

Bei der Umsetzung dieser Richtlinie in nationales Recht hat der deutsche Gesetzgeber in § 5a II RfStV folgende Sportveranstaltungen zu solchen *Großereignissen* erklärt: **111**
— Olympische Sommer- und Winterspiele;
— bei Fußball-EM und WM alle Spiele mit deutscher Beteiligung sowie unabhängig von einer deutschen Beteiligung das Eröffnungsspiel, die Halbfinalspiele und das Endspiel;
— die Halbfinalspiele und das Endspiel um den Vereinspokal des Deutschen Fußball-Bundes;

---

[169] Screensport ./. EBU Members, EG-Kommission ABl. Nr. L 63/32 vom 9. 3. 1991.
[170] ABl. EG Nr. L 202/60 vom 30. 7. 1997; zu den „listed events" in Großbritannien vgl. *Henle*, epd Medien v. 1. 3. 1997, S. 5 ff.

- Heim- und Auswärtsspiele der deutschen Fußballnationalmannschaft;
- Endspiele der europäischen Vereinsmeisterschaften im Fußball (Champions League, UEFA-Cup) bei deutscher Beteiligung.

112 Die TV-Ausstrahlung dieser Großereignisse in Deutschland verschlüsselt und gegen besonderes Entgelt ist nur zulässig, wenn der Fernsehveranstalter selbst oder ein Dritter zu angemessenen Bedingungen ermöglicht, dass das Ereignis zumindest in einem frei empfangbaren und allgemein zugänglichen Fernsehprogramm in Deutschland zeitgleich oder, sofern wegen parallel laufender Einzelereignisse nicht möglich, geringfügig zeitversetzt ausgestrahlt werden kann. Besteht keine Einigkeit über die Angemessenheit der Bedingungen, sollen die Parteien rechtzeitig vor dem Ereignis ein Schiedsverfahren nach §§ 1025 ff. ZPO vereinbaren (§ 5 a I RfStV).

113 Demnach besteht keine Pflicht zur Übertragung eines Großereignisses in einem zuzahlungsfrei empfangbaren Fernsehprogramm. Vielmehr reicht es aus, wenn der Pay-TV- oder Pay-per-view-Veranstalter die Rechte zu angemessenen Bedingungen angeboten und sich kein Veranstalter zu einer Ausstrahlung oder zu einem Erwerb der Rechte bereit erklärt hat. So darf der Preis für die Ausstrahlung im Free TV nicht überhöht, das heißt unverhältnismäßig hoch sein. Wann Bedingungen unangemessen sind, richtet sich nach den Umständen des Einzelfalls. Ein Zuschlag für Aufwendungen und Zeitaufwand des Unternehmers in Höhe von 10–15 % ist gerechtfertigt.[171]

114 Die Listenregelung löst eine Vielzahl von Fragestellungen aus. Im Vordergrund stehen Auswirkungen auf die Rechtsposition von Sportveranstaltern und Rechtehändlern. So hatte beispielsweise die Taurus Film GmbH (ehemalige Kirchgruppe) die umfassenden Verwertungsrechte an den Fußball-Weltmeisterschaften 2002 und 2006 zu einem Zeitpunkt erworben, als sie von einer uneingeschränkten Vermarktbarkeit dieser Rechte ohne Listenregelung ausgehen konnte. Diesbezüglich hat sich die Lage zwar entschärft, weil sich der Rechtsinhaber in einem ergänzenden Vertrag verpflichtete, sämtliche WM-Spiele der deutschen Nationalelf im frei empfangbaren Fernsehen live übertragen zu lassen und insoweit auf rechtliche Schritte zu verzichten;[172] dennoch stellt sich die grundsätzliche Frage, ob der gesetzgeberische Eingriff qua Listenregelung rechtmäßig und ökonomisch sinnvoll ist.

115 Unter ökonomischem Blickwinkel hat sich die Monopolkommission unter Vorsitz von Carl Christian von Weizsäcker in einer Sonderuntersuchung gegen die Beschränkung von Exklusiv-Senderechten ausgesprochen. Exklusive Übertragungen im entgeltfinanzierten Fernsehen zu beschränken, verringere den Wert der TV-Verwertungsrechte und beeinträchtige die Position der Rechteinhaber übermäßig. Die Listenregelung führe daher zu einer erheblichen Wettbewerbsverzerrung. Mit dem Recht auf nachrichtenmäßige Kurzberichterstattung gebe es ein Instrument, das die allgemeine Informationsversorgung gewährleiste.[173]

116 Abgesehen davon, dass eine solche Liste schwerlich mit dem in Art. 3a Abs. 1 EGV verankerten Grundsatz einer offenen Marktwirtschaft mit freiem Wettbewerb vereinbar ist, stellt sich die verfassungsrechtliche Problematik in Bezug auf Art. 12 I und Art. 14 I Satz 1 GG. Zweifelhaft ist, ob der mit der Listenregelung verbundene, weitgehende Eingriff in die Programmfreiheit von Pay-TV-Veranstaltern und in die Berufsausübungsfreiheit und in die Eigentumsrechte des Rechteinhabers bzw. Rechtekäufers noch verhältnismäßig ist. Da die Listenregelung nicht nur eine auszugsweise Berichterstattung, sondern eine in voller Länge ermöglicht, ist der Grundrechtseingriff wesentlich intensiver als bei einer Kurzberichterstattung nach § 5 RfStV. Dies trifft den Exklusivrechteinhaber wirtschaft-

---

[171] *Hartstein/Ring/Kreile/Dörr/Stettner*, I B5 (amtliche Begründung) und Rz. 12.
[172] *Bröcker/Neun*, ZUM 1998, 766 (768). Zur Zulässigkeit des bei der WM 2006 in Deutschland so beliebten „Public Viewing" vgl. *Hamacher/Efing*, SpuRt 2006, 15 ff.
[173] Zitiert nach Horizont vom 17. 9. 1998.

lich sehr hart. Für einen Pay-TV-Veranstalter wird es zum unkalkulierbaren Risiko, Rechte an derartigen Großereignissen zu erwerben, weil der Gesetzgeber keinerlei Maßstäbe zur Preisfindung in Bezug auf die Sublizenzierung an Free-TV-Veranstalter entwickelt hat. Soll sich die Vergütung an den für Exklusivrechte marktüblichen Preisen orientieren oder an den Gewinnen, die den Exklusivrechteinhabern infolge der unverschlüsselten Ausstrahlung entgehen? Ist eine Gewinnberechnung, etwa nach § 252 BGB, nicht ohnehin aussichtslos, da durch Sportrechte häufig andere Programmbestandteile aufgewertet werden und Image-Gesichtspunkte ebenfalls eine nicht zu unterschätzende Rolle spielen? Somit besteht die konkrete Gefahr, dass derartige Großereignisse zu Lasten der Sportveranstalter zumindest teilweise „entkommerzialisiert" werden.[174] Einschränkungen bereits erworbener Verwertungsrechte sind zwar nicht als *enteignungsähnliche Eingriffe* zu qualifizieren, sondern als eine Inhalts- und Schrankenbestimmung gemäß Art. 14 I Satz 2 GG. Auch liegt wohl keine unzulässige echte, sondern eine unechte Rückwirkung vor, so dass letztlich kein Vertrauenstatbestand geltend gemacht werden kann. Allerdings stellt sich im Rahmen der Verhältnismäßigkeit die Frage, ob nicht ein zeitnahes, abgestuftes Nachverwertungssystem im Free TV ausreichend wäre, um dem Informationsbedürfnis der insoweit „verwöhnten" Zuschauer in Deutschland Rechnung zu tragen und keine „Zwei-Klassen-Informationsgesellschaft" entstehen zu lassen.[175] Im Ergebnis wird man die Listenregelung wohl noch als verfassungskonform ansehen können, solange sie ihren Charakter als eng umrissene Ausnahmevorschrift bewahrt. Vor einer etwaigen Ausweitung des Ereigniskatalogs ist jedoch zu warnen.[176]

Systematisch würden zu diesem Kapitel auch Ausführungen zum gesetzlichen Recht auf *Kurzberichterstattung* gehören, da dieses Recht auch eine Beschränkung des Marktes für Sportübertragungen darstellt. Da dieses allerdings auch Inhalt eines typischen TV-Verwertungsvertrages ist, wird es im nächsten Kapitel beschrieben. **117**

3. Kapitel. Der Fernsehverwertungsvertrag und sein Umfeld

Der Fernsehverwertungsvertrag birgt eine hohe Komplexität in sich, gilt es doch, die Rechtepakete auf die Bedürfnisse der Verwerter „richtig" zuzuschneiden und sie in Bezug auf eine regelmäßig höhere Anzahl von Verwertern richtig gegeneinander abzugrenzen. Daneben gilt es die gesetzlichen Vorgaben, insbesondere kartellrechtlicher und rundfunkrechtlicher Natur, zu beachten. Zudem geht es jedenfalls im Spitzensport um enorme Summen, so dass große vertragliche Sorgfalt walten sollte. **118**

Die *Kosten der Verwertungsrechte* sind infolge der Kommerzialisierung des Sports einerseits und der wachsenden Nachfrage der Sender nach unverwechselbarem *content* andererseits in den letzten fünfzehn Jahren vor allem in den „telegenen" Sportarten explodiert. Zwar mag nach der Insolvenz der Kirch-Gruppe als einem der größten Sportrechtehändler und -verwerter im Jahre 2002 eine gewisse Konsolidierung eingetreten sein; jüngste Vertragsabschlüsse in der obersten Fußballliga Englands und Frankreichs zeigen allerdings weiter nach oben.[177] Folgende Beispiele belegen dies eindrucksvoll. **119**

Fußball-Bundesliga (in Mio. DM, ab Saison 2002/03 in Euro): **120**
1965/66   0,64 ARD/ZDF
1970/71   3,0 ARD/ZDF

---

[174] *Gröpl*, SpuRt 2004, 181 (184 f.).
[175] Ebenso *Hartstein/Ring/Kreile/Dörr/Stettner*, I B5 Rz. 5. *Wetzel/Wichert*, SpuRt 2001, 228.
[176] Ausführlich *Wetzel/Wichert*, SpuRt 2001, 228; *Bröcker/Neun*, ZUM 1998, 766 (779); *Ladeur*, SpuRt 1998, 54 (61) m. w. N.
[177] Die englische Premier League erhält pro Jahr 688 Mio. Euro von BSkyB und BBC; die Erlöse aus der Auslandsverwertung belaufen sich schon auf ca. 95 Mio. Euro, vgl. FAZ v. 24. 2. 2001; die französische Ligue 1 erhält ab der Saison 2005/06 pro Jahr 600 Mio. Euro von Canal+, Le Monde v. 12. 12. 2004.

1980/81	6,3	ARD/ZDF
1987/88	18	ARD/ZDF
1988/89	40	UFA/RTL
1991/92	55	UFA/RTL
1992/93	140	ISPR/SAT
1996/97	140	ISPR/SAT.1[178]
1997/98	180	ISPR/SAT.1[179]
2000/01	ca. 700	Kirch-Gruppe/Premiere/SAT.1
2002/03	ca. 290	KirchMedia i. I./Buli/Infront/Premiere/SAT.1/DSF
2004/05	ca. 300	Ligaverband/DFL/Premiere, ARD, DSF[180]
2006/07	ca. 450	Ligaverband/Arena/ARD/ZDF/Telekom

121 Olympische Sommerspiele (in Mio. $) weltweit

Rom	1960	1,0
Tokio	1964	5,0
Mexiko	1968	9,5
München	1972	17,8
Montreal	1976	34,8
Moskau	1980	88
Los Angeles	1984	287
Seoul	1988	403
Barcelona	1992	635
Atlanta	1996	898
Sydney	2000	1332
Athen	2004	1493
Peking	2008	1706, 443 allein von EBU.[181]

122 Die drei höchstdotierten Kontrakte, die je im Profisport abgeschlossen wurden, sind:
- der Sechsjahresvertrag zwischen den amerikanischen Sendern CBS und Fox und der National Football League (NFL), der den Sendern die Verwertungsrechte an Amerikas Sportart Nummer eins bis zum Jahr 2011 sichert. Die NFL bleibt somit die einzige Liga, die alle ihre Spiele – reguläre Saison und Playoffs – im Free TV zeigt. Kostenpunkt: 8 Milliarden $,[182]
- der Vertrag über die Fußball-Weltmeisterschaften 2002 und 2006 zwischen FIFA und der Kirch-Gruppe/Sporis AG. Kostenpunkt: DM 3,4 Milliarden,[183]
- die Vergabe der Fernsehrechte an den Olympischen Spielen 2000 bis 2008 durch das IOC an den amerikanischen Sender NBC für $ 2,3 Milliarden und an die EBU für $ 1,44 Milliarden.[184]

123 Vor diesem Hintergrund wird deutlich, welche Bedeutung der Beantwortung der Frage zukommt, wer zur Vergabe der Verwertungsrechte befugt ist. Dies ist der so genannte Sportveranstalter.[185] In der Praxis werden Verwertungsrechte so gut wie immer vertraglich vergeben.[186] Einen Kontrahierungszwang gibt es nicht, weil es sich bei Sportveranstaltungen nicht um lebensnotwendige Leistungen handelt.[187] Einen wie auch immer

---

[178] FAZ vom 11. 2. 1995, S. 26; vgl. zur Entwicklung, auch in technischer Hinsicht, *Eilers,* WFV Nr. 23, 6 ff.; *Amsinck,* Media Perspektiven 1997, 62 ff.; *van Westerloo,* Media Perspektiven 1996, 514 ff.
[179] SZ v. 5. 2. 1996, S. 15.
[180] Die letzten drei Zahlenangaben beruhen auf sid vom 27. 6. 2003 und 20. 12. 2005.
[181] www.olympic.org/marketing revenue/broadcastrights.
[182] Horizont Sport Business v. 9. 11. 2004.
[183] FAZ v. 13. 7. 1996.
[184] FAZ v. 6. 3. 1997.
[185] Zum Veranstalterbegriff siehe oben Rz. 83 ff.
[186] Zu den Vertragseckdaten vgl. Rz. 144 ff.
[187] *V. Westerholt,* ZIP 1996, 266.

gearteten Rechtsanspruch auf *panem et circenses* gibt es ebenso wenig.[188] Der Sportveranstalter ist aber nur dann zur Vergabe befugt, wenn es keine entgegenstehenden Rechte anderer Personen gibt. Deshalb ist an dieser Stelle noch die Frage zu untersuchen, welche Rechte die teilnehmenden Sportler haben, die gegebenenfalls vom Sportveranstalter im Vorfeld erworben werden müssen.

A. Rechte des teilnehmenden Sportlers

Aus dem Recht eines teilnehmenden Sportlers *am eigenen Bild* gemäß § 22 Satz 1 KUG **124** lässt sich keine Befugnis zur Mitentscheidung über die Vergabe der Verwertungsrechte ableiten. Zunächst darf über eine Sportveranstaltung generell berichtet werden, ohne die Einwilligung der Sportler eingeholt zu haben, sofern sich die Berichterstattung auf die „Darstellung des Geschehens" beschränkt (§ 23 I Nr. 3 KUG).[189]

Zwar ist die *Zur-Schau-Stellung* einzelner teilnehmender Sportler im Fernsehen grund- **125** sätzlich von ihrer Einwilligung abhängig. Spitzensportler gehören zu den sog. absoluten oder relativen Personen der Zeitgeschichte (§ 23 I Nr. 1 KUG). Auch noch nicht so bekannte Sportler können darunter fallen, wenn sie an einem die breite Öffentlichkeit interessierenden Wettkampf teilnehmen.[190] Die Einwilligung ist jedoch entbehrlich, wenn eine Interessenabwägung nach § 23 II KUG ergibt, dass das Informationsinteresse der Allgemeinheit das Anonymitäts- und Vergütungsinteresse des Sportlers überwiegt. Dies ist bei der Fernsehübertragung von Sportereignissen regelmäßig der Fall, weil das Ereignis auch dann übertragen wird, wenn der eine oder andere Sportler, z. B. verletzungsbedingt, nicht teilnimmt. Treten hingegen die wirtschaftlichen und unterhaltenden Zwecke der Verbreitung in den Vordergrund, bedarf es der Einwilligung des Sportlers, die indessen im Regelfall vom Veranstalter eingeholt sein wird.

Sportler können sich des Weiteren auch nicht auf den Leistungsschutz der §§ 73 ff. **126** UrhG berufen. Sie sind in der Regel keine ausübenden Künstler, weil sie keine persönliche geistige Schöpfung im Sinne des Werkbegriffs erbringen.[191] Auch eine Analogie kommt nicht in Betracht, weil der Gesetzgeber den Künstlerschutz bewusst nicht auf Leistungssportler ausdehnen wollte, so dass es an einer planwidrigen Regelungslücke fehlt.[192] Ebenso wenig steht dem Sportler § 3 UWG zur Seite, weil es regelmäßig an einem Wettbewerbsverhältnis zwischen ihm und dem Fernsehsender fehlt und er durch die Ausstrahlung nicht um die Früchte seiner Arbeit gebracht wird.[193]

Letztendlich ist nur aus dem *allgemeinen Persönlichkeitsrecht* des Sportlers eine Befugnis **127** zur Mitentscheidung über die Herstellung eines Bildnisses durch Dritte abzuleiten.[194] Ein Rückgriff darauf ist zulässig, weil das UrhG den Leistungsschutz von Sportlern nicht regeln wollte[195] und das Schutzbedürfnis des Sportlers infolge der Kommerzialisierung des Hochleistungssports gestiegen ist. Vor allem liegt ein Vergleich mit dem „*Orchester-Fall*" nahe, in dem der BGH betont hat, dass jedem ausübenden Künstler unabhängig von dem Rang seiner künstlerischen Leistung und ohne Rücksicht darauf, ob seine Leistung mehr oder weniger in einer Gruppenleistung aufgehe, im Grundsatz das Recht zustehe,

---

[188] *Zuck*, NJW 1998, 2191.
[189] *Schricker/Gerstenberg*, § 60/§ 23 KUG Rz. 21; *Löffler/Ricker*, 43. Kap. Rz. 18.
[190] *Schricker/Gerstenberg*, § 60/§ 23 KUG, Rz. 11 f. m. w. N.; *Herrmann*, § 25 Rz. 60 ff.; *Löffler/Ricker*, 43. Kap. Rz. 9 ff.; *Roth*, AfP 1989, 516; *Siegfried*, S. 6 ff.
[191] *Schricker/Krüger*, § 73 Rz. 10; *Dieckmann*, WFV Nr. 32, S. 67; eine Ausnahme mag für eine Eislaufkür oder ein Ballett anzuerkennen sein, so *Fromm/Nordemann/Hertin*, § 73 Rz. 17.
[192] *Haas/Reimann*, SpuRt 1999, 182; *Siegfried*, S. 14 f.; a. A. *Dieckmann*, WFV Nr. 32, S. 67 ff.
[193] *Haas/Reimann*, SpuRt 1999, 182 (183); *Siegfried*, S. 20; *v. Westerholt*, ZIP 1996, 265.
[194] Vgl. *Staudinger/Schäfer*, § 823 Rz. 213; *MüKo/Mertens*, § 823 Rz. 134; *MüKo/Schwerdtner*, § 12 Rz. 162 ff., 186 ff.; so andeutungsweise auch OLG München, ZUM 1996, 529. A. A. *Haas/Reimann*, SpuRt 1999, 182 (184).
[195] Vgl. *Schricker/Krüger*, vor §§ 73 ff. Rz. 24 f.

über Art und Umfang der Verwertung seiner Leistung selbst zu entscheiden, insbesondere Tonbandaufnahmen zu Sendezwecken zu untersagen. Das gleiche Problem stelle sich bei ihrer Natur nach vergänglichen Darbietungen, bei denen eine Nachfrage nach ihrer Wiederholung besteht, wie beispielsweise bei Artisten und Sportlern.[196] Auch die sportliche Leistung ist durch höchstpersönliche Fähigkeiten geprägt und drückt in vielen Sportarten einmalige Individualität aus, die nicht reproduzierbar ist. Demzufolge unterliegen sportliche Leistungen als Ausdruck individueller Persönlichkeit eines Hochleistungssportlers grundsätzlich seiner freien, durch Art. 1 I und 2 I GG gewährleisteten Selbstbestimmung.[197]

128 Deshalb muss ein Veranstalter, der Fernsehverwertungsrechte vergibt, stets darauf achten, dass die Einwilligung der teilnehmenden Sportler zur Fernsehausstrahlung eingeholt ist, um etwaige Regressansprüche zu vermeiden. Dies kann grundsätzlich entweder durch Satzung oder durch Vertrag erfolgen.

129 Gegenüber den einzelnen Sportlern kann sich eine Befugnis des Veranstalters zur Vergabe der Verwertungsrechte vor allem aus der Geltung formell und materiell rechtmäßiger *Vereinssatzungen* ergeben, denen sich der Sportler als Mitglied unterworfen hat.[198] Diese Unterwerfung ist rechtlich als Abtretung des Verwertungsrechts an seinen sportlichen Leistungen an den Verein in dem durch die Bestimmung festgelegten Umfang zu qualifizieren. Ob eine vollständige Abtretung aller Rechte hinsichtlich des Abschlusses von Medienverträgen ohne besondere Vergütung, wie sie in der Praxis die Regel darstellt, wirksam ist, bedarf einer Würdigung aller Umstände des Einzelfalls. Sie ist regelmäßig zu rechtfertigen, weil Verhandlungen mit allen einzelnen Sportlern, die möglicherweise auch noch uneinig über die Höhe der zu erwartenden Vergütung sind, einen riesigen organisatorischen Aufwand bedeuten würden, weil der Sportler ferner seinen Bekanntheitsgrad und seine gehobene soziale Stellung der Fernsehwiedergabe verdankt und weil die Einnahmen, die der Veranstalter vom Fernsehen erhält, meistens mittelbar den Sportlern durch höhere Gehälter, Startgelder und Preisgelder zugute kommen, also „eingepreist" sind.

130 Alternativ ist eine Abtretung der geschilderten Rechte in Dienst- oder Arbeitsverträgen sowie in sonstigen schuldrechtlichen Vereinbarungen zwischen Veranstalter und Sportler möglich. Als Beispiel dient die Fußball-Bundesliga: Der Arbeitsvertrag im Profi-Fußball zwischen Club und Spieler wird diesem Abtretungserfordernis gerecht.[199] Ohne vertragliche Abrede wäre ein angestellter Sportler allerdings aus dem Arbeitsverhältnis heraus ohnehin verpflichtet, seine Einwilligung zur Übertragung von Fußballspielen im Fernsehen zu erteilen, dann aber gegebenenfalls gegen zusätzliche Vergütung. Vergütungsansprüche gegen die Sendeunternehmen gelten mangels anderer Abreden als abgetreten.[200] Allein aus der faktischen Teilnahme des Sportlers an Veranstaltungen kann nicht auf ein stillschweigendes Einverständnis zur Vergabe von Fernsehverwertungsrechten geschlossen werden, so dass aus Gründen der Rechtssicherheit stets der Abschluss einer Vereinbarung zu empfehlen ist.[201]

---

[196] BGHZ 33, 20 (28); diese Vergleichbarkeit bekräftigt ausführlich *Dieckmann*, WFV Nr. 32, S. 68 ff. Ähnlich *Poll*, RuS 19, 25 ff., der zu Recht betont, dass damit noch kein Leistungsschutzrecht verbunden sei, das mit dinglicher Wirkung übertragbar wäre. *Reichert*, Rz. 2732 a, sieht dagegen ein echtes Leistungsschutzrecht des Sportlers; ebenso *Reichert*, RuS 20, 46. *Pfister*, SpuRt 2002, 45 (48), spricht sich für eine Bruchteilsgemeinschaft der teilnehmenden Sportler aus.

[197] *Siegfried*, S. 21 ff.; a. A. *v. Westerholt*, ZIP 1996, 264.

[198] Vgl. hierzu 2/ ff.; im Profibereich kommt die Mitgliedschaft eines Sportlers im Verein jedoch wegen steuerlicher Gesichtspunkte kaum vor.

[199] Vgl. im Einzelnen § 3 *Musterarbeitsvertrag*, den der Ligaverband den Clubs empfiehlt, abgedruckt im Anhang.

[200] *Dieckmann*, WFV Nr. 32, S. 74 ff. Ähnlich *Kübler*, S. 53. Zur Rechtslage in den USA vgl. den Fall *Baltimore Orioles, Inc. v. Major League Baseball Players Association* (1986) 231 USPQ 673 („... rights to such telecasts are owned by players' employers").

[201] A. A. *Hoeren*, NJW 1997, 376 zu dem insoweit nicht vergleichbaren Kölner Rosenmontagszug; vgl. zu dem Themenkomplex ausführlich *Siegfried*, S. 30 ff.; *Roth*, AfP 1989, 516 f.; *Kübler*, S. 42 ff.

B. Sportrechte-Agenturen

Verträge über die Verwertungsrechte an Sportgroßveranstaltungen werden in vielen Fällen nicht direkt vom Veranstalter mit den Fernsehsendern geschlossen; vielmehr wird eine Rechte-Agentur eingeschaltet, die auch eine entsprechende Beratung bietet und die Rechte nach kommerziellen Gesichtspunkten diversifiziert und länderweise vermarktet. Es besteht ein Markt für Live-Ausstrahlungen und für zeitversetzte Ausstrahlungen. Die Agenturen sind entweder unabhängig oder mit Sendern aus der eigenen „Familie" verbunden, in deren Auftrag oder Interesse sie die Rechte erwerben. 131

Die weltweit größte Agentur, *International Management Group* (IMG), unterhält 64 Büros in 30 Ländern und tritt bisweilen selbst als Veranstalter auf. Seine Vertretung in Deutschland, *Trans World International* (TWI) mit Sitz in Hamburg, ist eine der größten Produktionsfirmen von Sportfilmen und Lizenzgeber vieler Sportereignisse weltweit. Für die Vermarktung der Auslandsrechte an der Fußball-Bundesliga – alle anderen Rechte vermarktet die DFL selbst – in ca. 120 Länder war bis 2006 die *Sportfive* GmbH in Hamburg verantwortlich, die im Jahr 2004 mit der *Internationale Sportrechteverwertungsgesellschaft* (ISPR) mit Sitz in München fusionierte. Seit der Saison 2006/07 liegen die Auslandsrechte bei der Betandwin.com Interactive Entertainment AG in Wien. Bedeutsam sind ferner die Infront AG mit Sitz in Zug/Schweiz, die *CWL Sports AG* mit Sitz in Kreuzlingen/Schweiz, die Television Event and Media *Marketing AG* (T. E. A. M.) in Luzern, die iSe AG mit Sitz in Zürich. Ferner ist die *RTV Sport Sales + Promotion GmbH* mit Sitz in Hamburg zu nennen. Für den englischen (vor allem Fußball-)Markt ist schließlich Octagon CSI in London zu nennen. Seit 1996 besitzen schließlich auch ARD und ZDF eine eigene Sportrechte- und Marketing-Agentur GmbH namens *SportA* mit Sitz in München. 132

C. Inhaber der Verwertungsrechte einzelner Sportarten (Auswahl)

Die folgende Übersicht gibt einen exemplarischen Überblick über Verwertungsrechte und zeigt, bei welchem Sender die Übertragungsrechte liegen. 133

Die Klammer nach der Sportart oder Veranstaltung bezeichnet den Sportverband oder die Organisation, welche die originäre Rechteinhaberschaft für sich beansprucht (Lizenzgeber).

Nach der (geschätzten) Vertragsdauer erscheint der Fernseh-Hauptverwerter in Deutschland (Lizenznehmer).[202]

1. AUTOMOBILSPORT
Formel 1 (FOCA):
RTL
Premiere
DTM Deutsche Tourenwagen-Meisterschaft (ITR):
ARD

2. BASKETBALL
Bundesliga:
Premiere

3. BIATHLON
WM, EM, World Cup (IBU):
bis 2010 EBU (ARD/ZDF)

---

[202] Vgl. die Übersicht in Sponsors 8/2005 mit Angabe der Programmsponsoren. Zur Rechtsnatur der Fernsehverwertungsrechte vgl. Rz. 70 und 144.

4. EISHOCKEY
Weltmeisterschaft (IIHF):
DSF
Deutsche Eishockey Liga (DEL):
Premiere

5. FUSSBALL
Bundesliga (Ligaverband/DFL):
bis 2006 Premiere (alle Spiele live); ab 2006/07 Arena
ARD (Erstverwertung Hauptspieltag)
DSF (Erstverwertung Nebenspieltag)
2. Bundesliga (Ligaverband/DFL):
Arena und DSF
Ligapokal (Ligaverband/DFL):
Bis 2007 Premiere
WM (FIFA) 2006 (Infront):
Premiere; ARD/ZDF (48 Spiele); RTL (8 Spiele); 2010: Premiere, ARD/ZDF
EM 2008 (UEFA) Sportfive, Europa- und Weltmeisterschafts-Qualifikationsheimspiele (DFB):
bis 2009 ARD/ZDF
Champions League (UEFA):
Bis 2006 SAT.1 und Premiere
Ab 2006 Premiere
UEFA Cup (UEFA):
individuelle Verwertung durch die Clubs an unterschiedliche Sender bis zum Viertelfinale, ab dem Viertelfinale ProSieben SAT 1 + Premiere
Länderspiele (Heimspiele) (DFB):
Bis 2009 ARD/ZDF
DFB-Pokal (DFB):
Bis 2009 ARD/ZDF

6. HANDBALL
Bundesliga (DHB): SportA + Sportfive
Bis 2007 DSF

7. LEICHTATHLETIK
Deutsche Meisterschaften Halle/Freiluft, Mehrkampfmeeting Ratingen, Gala Dortmund (DLV):
ARD/ZDF
WM (IAAF) und EM (EAA):
EBU, Eurosport
Golden League (IAAF):
Premiere

8. OLYMPISCHE SPIELE
Olympische Spiele (IOC):
bis 2012 EBU, ARD/ZDF/Eurosport

9. RADSPORT
Tour de France (Amoury):
EBU ARD/3. Programme/ZDF/Eurosport

10. SKISPORT
Skispringen: Vierschanzentournee Deutschland (DSV)/Österreich (ÖSV) und Weltcups in Deutschland
Bis 2007 RTL
Alpine und nordische Ski-WM (FIS):
ARD/ZDF/Eurosport

Biathlon-WM (IBU):
ARD/ZDF/Eurosport

11. TENNIS
Grand Slams (außer Wimbledon), ITF: Eurosport
Wimbledon und Davis Cup: DSF

12. 32 ÜBRIGE SPORTARTEN „DSB-GRUPPENVERTRAG" (von Aerosport bis Wasserski):
(RTV/SportA), ARD/ZDF

D. Das Recht auf Kurzberichterstattung

Da Fernsehverwertungsverträge meist echte oder unechte Exklusivverträge[203] sind, ist es häufig nur ein einziger Sender, der über ein Sportereignis unter Ausschluss aller übrigen Sender berichtet. Mit Gründung der neuen Privatsender ab 1984 hatten diese in zunehmendem Maße die Verwertungsrechte an bedeutenden Sportveranstaltungen erworben. Heftige Diskussion hatte die Vergabe der *Fußball-Bundesliga*-Rechte durch den DFB an die UFA im Sommer 1988 für drei Spielzeiten und der *Wimbledon*-Verwertungsrechte über die UFA an RTL ausgelöst. Da die Privatsender im Anfangsstadium nur über eine geringe technische Reichweite verfügten, weil die Verbreitung über Satellit und Kabel noch in den Anfängen steckte, wurden Befürchtungen laut, eine flächendeckende Versorgung der Bevölkerung mit bedeutenden Sportereignissen sei gefährdet. Es entsprach und entspricht bis heute herrschender Meinung, dass ein problemlos durchsetzbares *Zutrittsrecht* von Fernsehsendern gegenüber Veranstaltern zum Zwecke der Kurzberichterstattung außerhalb des Anwendungsbereichs des Versammlungsgesetzes nicht existiere.[204] Deshalb hatte es der Gesetzgeber für nötig befunden, ein zunächst *unentgeltliches* Kurzberichterstattungsrecht in § 5 (vormals § 4) des Rundfunkstaatsvertrags, in Kraft seit 1.1.1992, zu normieren. Die wichtigsten aktuellen Passagen dieser umfangreichen Vorschrift lauten:

134

„(1) Das Recht auf unentgeltliche Kurzberichterstattung über Veranstaltungen und Ereignisse, die öffentlich zugänglich und von allgemeinem Informationsinteresse sind, steht jedem in Europa zugelassenen Fernsehveranstalter zu eigenen Sendezwecken zu. Dieses Recht schließt die Befugnis zum Zugang, zur kurzzeitigen Direktübertragung, zur Aufzeichnung, zu deren Auswertung zu einem einzigen Beitrag und zur Weitergabe unter den Voraussetzungen der Absätze 2 bis 12 ein ...

135

(4) Die unentgeltliche Kurzberichterstattung ist auf eine dem Anlass entsprechende nachrichtenmäßige Kurzberichterstattung beschränkt. Die zulässige Dauer bemisst sich nach der Länge der Zeit, die notwendig ist, um den nachrichtenmäßigen Informationsgehalt der Veranstaltung oder des Ereignisses zu vermitteln. Bei kurzfristig und regelmäßig wiederkehrenden Veranstaltungen vergleichbarer Art beträgt die Obergrenze der Dauer in der Regel eineinhalb Minuten. Werden Kurzberichte über Veranstaltungen vergleichbarer Art zusammengefasst, muss auch in dieser Zusammenfassung der nachrichtenmäßige Charakter gewahrt bleiben.

(5) Das Recht auf Kurzberichterstattung muss so ausgeübt werden, dass vermeidbare Störungen der Veranstaltung oder des Ereignisses unterbleiben... Das Recht auf Kurzberichterstattung ist ausgeschlossen, wenn Gründe der öffentlichen Sicherheit und Ordnung entgegenstehen und diese das öffentliche Interesse an der Information überwiegen...

---

[203] Zum Begriff vgl. oben Rz. 63 ff.
[204] *Friccius,* RuS 13, 15 f. mit Darstellung des Rechtsgutachtens von *Lerche/Ulmer; Steiner,* RuS 13, 41 f. m. w. N.; vgl. auch *Tettinger,* WFV Nr. 23, S. 45 f. § 6 II VersammlG erlaubt Pressevertretern lediglich den Zutritt zu öffentlichen Versammlungen in geschlossenen Räumen. § 50 UrhG ist mangels eines „Werks" nicht anwendbar, vgl. *Dieckmann,* WFV Nr. 32, S. 59.

(6) Für die Ausübung des Rechts auf Kurzberichterstattung kann der Veranstalter das allgemein vorgesehene Eintrittsgeld verlangen; im Übrigen ist ihm Ersatz seiner notwendigen Aufwendungen zu leisten, die durch die Ausübung des Rechts entstehen.

(7) Für die Ausübung des Rechts auf Kurzberichterstattung über berufsmäßig durchgeführte Veranstaltungen kann der Veranstalter ein dem Charakter der Kurzberichterstattung entsprechendes billiges Entgelt verlangen. Wird über die Höhe des Entgelts keine Einigkeit erzielt, soll ein schiedsrichterliches Verfahren nach §§ 1025 ff. ZPO vereinbart werden. Das Fehlen einer Vereinbarung über die Höhe des Entgelts oder über die Durchführung eines schiedsrichterlichen Verfahrens steht der Ausübung des Rechts auf Kurzberichterstattung nicht entgegen; dasselbe gilt für einen bereits anhängigen Rechtsstreit über die Höhe des Entgelts.[205]

(8) Die Ausübung des Rechts auf Kurzberichterstattung setzt eine Anmeldung des Fernsehveranstalters bis spätestens zehn Tage vor Beginn der Veranstaltung beim Veranstalter voraus...

(9) Reichen die räumlichen und technischen Gegebenheiten für eine Berücksichtigung aller Anmeldungen nicht aus, haben zunächst die Fernsehveranstalter Vorrang, die vertragliche Vereinbarungen mit dem Veranstalter oder dem Träger des Ereignisses geschlossen haben. Darüber hinaus steht dem Veranstalter oder dem Träger des Ereignisses ein Auswahlrecht zu...

(10) Fernsehveranstalter, die die Kurzberichterstattung wahrnehmen, sind verpflichtet, das Signal und die Aufzeichnung unmittelbar denjenigen Fernsehveranstaltern gegen Ersatz der angemessenen Aufwendungen zur Verfügung zu stellen, die nicht zugelassen werden konnten.

(11) Trifft der Veranstalter oder der Träger eines Ereignisses eine vertragliche Vereinbarung mit einem Fernsehveranstalter über eine Berichterstattung, hat er dafür Sorge zu tragen, dass mindestens ein anderer Fernsehveranstalter eine Kurzberichterstattung wahrnehmen kann.

(12) Die für die Kurzberichterstattung nicht verwerteten Teile sind spätestens drei Monate nach Beendigung der Veranstaltung oder des Ereignisses zu vernichten; die Vernichtung ist dem betreffenden Veranstalter oder Träger des Ereignisses schriftlich mitzuteilen. Die Frist wird durch die Ausübung berechtigter Interessen Dritter unterbrochen."

136 Gestützt auf diese Bestimmung stellten Privatsender mehrmals Anträge auf Erlass einer *Einstweiligen Verfügung* gegen einzelne Bundesliga-Fußballvereine auf Zutritt zu Bundesligaspielen zum Zwecke der Kurzberichterstattung. Begonnen hatte alles damit, dass sich *n-tv* am 3. 5. 1993 auf das Kurzberichterstattungsrecht berufen hatte, um die Höhepunkte des Meisterschaftsspiels der Fußball-Bundesliga zwischen dem FC Bayern München und Bayer 04 Leverkusen ausstrahlen zu können. Der Antrag wurde jedoch vom LG München I zurückgewiesen. Auch die Beschwerde vor dem OLG München hatte keinen Erfolg. Ein zweiter Antrag vor dem LG Dortmund bescherte dem Nachrichtensender denselben Misserfolg in beiden Instanzen. Davon ließ sich *RTL 2* aber nicht abschrecken und stellte im Februar 1994 sechs Eilanträge vor den Landgerichten Dortmund, Duisburg, Hamburg, Frankfurt, Leipzig und Bremen. Sie blieben erfolglos, mit Ausnahme des stattgebenden Urteils des LG Bremen, das aber unter Ablehnung des Antrags vom OLG Bremen am 3. 5. 1994 wieder aufgehoben worden ist. Diese Entscheidungen geben über die materiellen Fragen der Rechtsproblematik aber keinen befriedigenden Aufschluss, da die Gerichte die Anträge bereits am Verfügungsgrund scheitern ließen, weil sie wegen fehlender Dringlichkeit eine vorläufige Sicherung im Eilverfahren nicht für notwendig erachteten.[206] Aber auch in jüngerer Zeit

---

[205] Dieser Absatz, der die Entgeltlichkeit vorschreibt, war ursprünglich nicht vorgesehen und ist Ausfluss der im nächsten Abschnitt beschriebenen Korrektur des Bundesverfassungsgerichts.
[206] OLG Bremen, SpuRt 1994, 85; LG Duisburg und LG Leipzig, SpuRt 1994, 39 f.; vgl. hierzu *Summerer*, SpuRt 1994, 77 und 86.

ist die ARD an der gerichtlichen Durchsetzung gegen die Vermarktungsgesellschaft ISPR gescheitert, wobei allerdings vertragliche Besonderheiten den Ausschlag gaben.[207]

Gegen die *formelle und materielle* Verfassungsmäßigkeit des § 5 RfStVt sind zu Recht schwerwiegende Bedenken vorgetragen worden, die die Bundesregierung veranlasst haben, eine Normenkontrollklage zum BVerfG zu erheben. Sie lassen sich wie folgt zusammenfassen: **137**

Zum einen wurde die *Gesetzgebungskompetenz* der Länder angezweifelt, weil der Landesgesetzgeber nicht befugt sei, durch den Rundfunkstaatsvertrag eine Freistellung der Fernsehsender von privatrechtlichen Normen zu statuieren. Zum Zweiten hielt eine verbreitete Meinung § 5 RfStV für *materiell verfassungswidrig*. Das Kurzberichterstattungsrecht sei eine unzulässige Inhaltsbestimmung des Eigentumsrechts und verstoße gegen die *Eigentumsgarantie* des Art. 14 Abs. 1 GG. Die Regelung des § 5 RfStV stelle einen Eingriff in die eigentumsrechtlichen Positionen von Veranstaltern dar, indem sie deren Rechte auf allgemeine Vertragsfreiheit und auf Ausübung des Hausrechts (§§ 858, 1004 BGB) verletze, denn der Veranstalter dürfe das Übertragungsrecht an der Sportveranstaltung nicht frei verwerten, sondern sei verpflichtet, einem Fernsehsender ohne eine vertragliche Vereinbarung über die Zahlung einer üblichen Lizenzgebühr unentgeltlich das Filmen zu gestatten und ihm zu diesem Zwecke Zugang zur Veranstaltungsstätte zu gewähren.[208] Dadurch würden vermögenswerte Rechte des Veranstalters verletzt; seine Verfügungsbefugnis, die Veranstaltung nach den Grundsätzen der Privatautonomie frei zu verwerten, werde ausgehöhlt und das Eigentum in einer nicht mehr als privatnützig zu bezeichnenden Weise beschnitten.[209] Daneben sei auch das ebenfalls vom Schutzbereich des Art. 14 Abs. 1 GG umfasste Recht am eingerichteten und ausgeübten *Gewerbebetrieb* betroffen, wenn der Veranstalter unternehmerisch tätig sei.[210] Der Eingriff in die geschützten eigentumsrechtlichen Positionen werde auch nicht durch vorrangige öffentliche Interessen im Sinne des Art. 14 Abs. 1 Satz 1 und 2, Abs. 2 GG gerechtfertigt. Als ein solches werde zwar das *Informationsinteresse* der Bevölkerung als vorrangiger Belang des Gemeinwohls im Sinne des Art. 14 Abs. 2 GG angeführt. Ein bloßes *Unterhaltungsinteresse* allein reiche in diesem Zusammenhang aber nach ganz h. M. nicht aus. Sportübertragungen liege reines Unterhaltungsinteresse zugrunde, Interesse an origineller, ästhetischer und spannender Unterhaltung.[211] Die Information über das Ereignis hingegen müsse nicht notwendigerweise durch Senden bewegter Bilder, sondern könne ebenso durch Verlesen der bloßen Nachricht unter Zuhilfenahme eingeblendeter Standbilder erreicht werden.[212] **138**

Der Eingriff in das Eigentumsrecht durch § 5 RfStV sei nicht verhältnismäßig, da es für den Veranstalter nicht zumutbar ist, wegen eines vermeintlichen Informationsinteresses, das ebensogut durch andere Formen der Informationsübermittlung gewahrt werden könne, auf sein vermögenswertes Verwertungsrecht zugunsten eines weiteren Rundfunkunternehmers ohne Erhalt einer Lizenzgebühr zu verzichten. Es stünde dann z. B. im bezahlten Fußballsport zu befürchten, dass ein vertraglicher Erstverwerter nicht mehr bereit wäre, produktgerechte Lizenzgebühren an den Ligaverband zu bezahlen, wenn auf anderen Sendern bereits vor der Sendung des Erstverwerters kurze „highlights" der Spiele zu sehen wären. Der Ligaverband könne dann entsprechend weniger Geld an die Vereine ausschütten, was deren Wettbewerbsfähigkeit vermindern und wegen ins Ausland abwan-

---

[207] LG München I, SpuRt 2001, 242 mit zustimmender Anm. *Birnstiel*, vgl. auch *Heermann*, SpuRt 2001, 188.
[208] *Lauktien*, S. 126; *Jansen*, S. 141.
[209] *Lauktien*, S. 126; *Jansen*, S. 142; a. A. *Jarass*, AfP 1993, S. 459, der einen Verstoß gegen Art. 14 deshalb ablehnt, weil diese Verwertungsverträge keine konkret vorhandenen Eigentumsgegenstände beträfen; *Hartstein/Ring/Kreile/Dörr/Stettner*, § 5 Rz. 14 ff.
[210] *Müsse*, ZUM 1991, 522; *Lauktien*, S. 126; a. A. *Hartstein/Ring/Kreile/Dörr/Stettner*, § 5 Rz. 15, 27 f.
[211] So schon *Steiner*, RuS 13, 51.
[212] *Lauktien*, S. 132 f.; *Jansen*, S. 195.

dernder Spieler zu einer sinkenden Attraktivität der Bundesliga führen würde.[213] In diesem Zusammenhang sei auch auf den Sinn und Zweck der Regelung des § 5 RfStV zu achten: Der Gesetzgeber wolle verhindern, dass sich ein kleiner Sender exklusive Fernsehausstrahlungsrechte sichere, aber mangels technischer Reichweite die „Grundversorgung" der Bevölkerung mit Sport nicht gewährleisten könne. In einem solchen Falle solle zumindest ein großer Sender mit hoher Reichweite in der Lage sein, die Höhepunkte bestimmter Sportereignisse auszustrahlen.[214] Eine solche Gefahr bestehe heute aber nicht mehr. Die großen Privatsender SAT und RTL hätten über 90%, die Sportspartensender DSF und Eurosport mehr als 75% Reichweite. Die Rechte aller bedeutenden Sportereignisse wie beispielsweise Fußball, Tennis, Boxen, Leichtathletik oder Formel 1 seien von Sendern mit hoher Reichweite erworben worden, die wiederum anderen großen Sendern die Zweitverwertungsrechte weiter übertrügen. Die weiträumige Verbreitung der Bilder wichtiger Sportereignisse sei somit gesichert. Ferner verletze das Recht auf Kurzberichterstattung das Grundrecht der Veranstalter auf *freie Berufsausübung* (Art. 12 GG).[215] Schließlich verstoße das Recht der Kurzberichterstattung gegen das Grundrecht der *Unverletzlichkeit der Wohnung*.[216] Auch Geschäfts- und Betriebsräume genössen nach h. M. den Schutz des Art. 13 GG, wenn sie nicht öffentlich zugänglich sind.[217]

139 Die dargestellten Bedenken, die auch Sportverbände wie DFB und DSB teilten, haben dazu geführt, dass das Bundesverfassungsgericht am 17. 2. 1998 unter verfassungskonformer Auslegung ein salomonisches Grundsatzurteil gefällt hat: Das Recht auf nachrichtenmäßige Kurzberichterstattung sei mit dem Grundgesetz vereinbar. Es *verstoße* aber gegen Art. 12 I GG, dieses Recht bei berufsmäßig durchgeführten Veranstaltungen *unentgeltlich* auszugestalten. Außerdem dürfe das Kurzberichterstattungsrecht nicht vor dem vertraglich begründeten Übertragungsrecht ausgeübt werden, wenn der Inhaber der vertraglichen Rechte eine *Karenzzeit* einzuhalten habe. Die Berufsfreiheit gelte auch für juristische Personen des Privatrechts. Bei der Regelung des Entgelts habe der Gesetzgeber sicherzustellen, dass die Kurzberichterstattung grundsätzlich allen Fernsehveranstaltern zugänglich bleibe.[218] Der Eingriff in die Freiheit der Berufsausübung durch ein dann entgeltlich auszugestaltendes Kurzberichterstattungsrecht sei letztlich durch vernünftige Gemeinwohlerwägungen gedeckt:

140 „Sämtliche Fernsehveranstalter sollen in die Lage versetzt werden, eigenständig zumindest nachrichtenförmig über Ereignisse und Veranstaltungen zu berichten. Damit werden zugleich die Voraussetzungen dafür geschaffen, dass die im Fernsehen übermittelten Informationen nicht aus einer einzigen Quelle stammen, sondern unterschiedlicher Herkunft sind, und damit in Bezug auf ein und denselben Gegenstand verschiedene Blickwinkel, Wahrnehmungen und Deutungen zur Geltung kommen können. ... (Zur) Information im Sinn des klassischen Rundfunkauftrags ... zählen gerade auch Berichte über herausragende Sportveranstaltungen, die im Zentrum der Auseinandersetzung um das Kurzberichterstattungsrecht stehen. Die Bedeutung solcher Sportereignisse erschöpft sich nicht in ihrem Unterhaltungswert. Sie erfüllen darüber hinaus eine wichtige gesellschaftliche Funktion. Der Sport bietet Identifikationsmöglichkeiten im lokalen und nationalen Rahmen und ist Anknüpfungspunkt für eine breite Kommunikation in der Bevölkerung. Eine umfassende Berichterstattung, wie sie von Art. 5 Absatz 1 Satz 2 GG gefordert wird, lässt sich daher unter Verzicht auf Sportereignisse nicht verwirklichen. ... Ein weniger belastendes Mittel, das den Gesetzeszweck ebenso erreichte, ist nicht erkennbar. Die von der Bundesregierung in Aussicht gestellte Einführung eines erweiterten urheberrechtlichen Zitierrechts in § 50 UrhG stellt kein derartiges Mittel dar. ..."

---

[213] *Summerer*, SpuRt 1994, 77 f.
[214] Vgl. *Hartstein/Ring/Kreile/Dörr/Stettner*, § 4 Rz. 4; *Summerer*, SpuRt 1994, 77.
[215] *Jansen*, S. 178; *Lauktien*, S. 148 ff.; *Müsse*, ZUM 1991, 523.
[216] *Doepner*, RuS 13, 32; *Lauktien*, S. 150 ff., 158; *Jansen*, S. 195.
[217] BVerfGE 32, 54; 76, 83; vgl. *Jarass/Pieroth*, Art. 13 Rz. 2.
[218] BVerfGE 97, 228 = SpuRt 1998, 116 = NJW 1998, 1627. Ausführlich hierzu *Hartstein/Ring/Kreile/Dörr/Stettner*, § 5 Rz. 53 f.; *v. Coelln*, SpuRt 2001, 221; *Lauktien*, ZUM 1998, 253; *Lenz*, NJW 1999, 757 m. w. N.; zur „Karenzzeit" vgl. *Heermann*, SpuRt 2001, 188.

Der Gesetzgeber hat diese Vorgabe durch die Einfügung des neuen Absatzes 7 in § 5 **141** RfStV, der die Entgeltpflicht statuiert, formal erfüllt, die Entwicklung von Parametern eines angemessenen Vergütungssystems allerdings der Praxis überlassen. Ausgangspunkt ist der Wert der Übertragungsrechte, der sich aus dem Unterhaltungswert der Sendung, aber auch aus dem Nachrichtenwert ermittelt. Deswegen scheint es geboten, die Zahlung für die Erstverwertungsrechte als Bemessungsgrundlage für die Kurzberichterstattungsvergütung heranzuziehen und die Dauer, die in der Regel 90 Sekunden nicht übersteigen darf, ins Verhältnis zur Gesamtausstrahlung zu setzen.[219] Allerdings sind Abschläge vorzunehmen, da das auf eine nachrichtenmäßige Berichterstattung beschränkte Kurzberichterstattungsrecht den wirtschaftlich vor allem interessanten Unterhaltungswert der Veranstaltungen nur begrenzt vermitteln kann.[220] Auf der anderen Seite ist ein solcher Abschlag dann zu relativieren, wenn die Kurzberichte das Produkt in seiner Vermarktungsfähigkeit mehr als nur unerheblich behindern.

Auch in *Österreich* gab es Streit um die TV-Berichterstattung über die österreichische **142** T-Mobile-Bundesliga zwischen Erstverwerter Premiere und dem ORF. Nach einer Entscheidung des Bundeskommunikationssenats (BKS) hat der ORF das Recht auf Kurzberichterstattung an der Bundesliga und darf pro Spieltag bis zu 90 Sekunden in seinen Nachrichtensendungen zeigen. Die Vergütung beträgt 1000 Euro pro Minute.[221]

§ 5 RfStV gilt nicht für die Berichterstattung im *Hörfunk*. Auch eine Analogie scheidet **143** aus.[222]

E. Der Fernsehverwertungsvertrag

Da eine gesetzliche Regelung fehlt, werden Verwertungsrechte in der Praxis vertraglich **144** vergeben. Der Fernsehverwertungsvertrag ist ein *Typenmischvertrag* mit kauf-, miet- und pachtähnlichen Elementen. Die Aufzeichnung des Signals am Veranstaltungsort erfolgt entweder durch den Veranstalter oder aufgrund einer Gestattung des Veranstalters bzw. Stadioninhabers, die Ausstrahlungsbefugnis ist lizenzähnlich. Häufig spricht man auch vom *Lizenzvertrag*.[223] Da die Verwertungsrechte stets befristet – in der Regel drei Jahre – eingeräumt werden, dürfte die Nähe zum Pachtvertrag überwiegen, so dass dessen gesetzliche Regelung primär heranzuziehen ist.[224] Allerdings kann von Fall zu Fall auch eine analoge Anwendung des Urheberrechts (§§ 31 ff. UrhG) in Betracht kommen.[225] *Vertragspartner* ist auf der einen Seite der Veranstalter oder Ausrichter einer Sportveranstaltung, häufig Lizenzgeber genannt, und ein Fernsehunternehmen oder eine Rechteagentur auf der anderen Seite, häufig Lizenznehmer genannt. Ist eine Rechteagentur zwischengeschaltet, ist der nachfolgende Vertrag zwischen ihr und dem Fernsehunternehmen entweder deckungsgleich mit ihrem Vertrag mit dem Veranstalter oder aufgesplittert, wenn sie die Rechte an mehrere Fernsehunternehmen veräußert.

Vertragsgegenstand ist ein bestimmtes Sportereignis oder eine Reihe von Turnieren, bei **145** denen der Lizenzgeber dem Lizenznehmer gestattet, ein Aufnahmeteam im Stadion zu akkreditieren und ein Fernsehsignal auf Bild- und Tonträger aufzuzeichnen oder aufzeichnen zu lassen, verbunden mit einem Ausstrahlungsrecht in einem bestimmten Aus-

---

[219] Vgl. das Berechnungsbeispiel bei *Hartstein/Ring/Kreile/Dörr/Stettner*, § 5 Rz. 40.
[220] BVerfG, SpuRt 1998, 116 (119).
[221] Pressemeldung vom 11. 9. 2004.
[222] *Hartstein/Ring/Kreile/Dörr/Stettner*, § 5 Rz. 52; *Winter*, SpuRt 2004, 98. Differenzierend *Strauß*, S. 328, mit Appell an den Gesetzgeber.
[223] Vgl. zum Begriff *Schricker* vor §§ 28 ff., Rz. 21 ff.; zum Film- und Sendelizenzvertrag vgl. *v. Hartlieb/Schwarz*, 156. und 257. Kap.
[224] *Bamberger/Roth*, vor § 581 Rz. 9; *Erman/Jendrek*, vor § 581 Rz. 7; *Fromm/Nordemann-Hertin*, vor § 31 Rz. 62, 66.
[225] Vgl. *Schricker*, vor §§ 28 ff., Rz. 25.

strahlungsgebiet („Territorium"). Festzulegen ist ferner der Umfang des Ausstrahlungsrechts, also via Antenne („terrestrisch"), Satellit, Kabel, Pay TV, oder Pay per view (vgl. § 20 UrhG). Von überragender Bedeutung ist, ob Exklusivität eingeräumt wird, ob zeitgleiche („live") Erstverwertungsrechte oder Zweit- oder Nachverwertungsrechte eingeräumt werden.[226] Ferner ist eine Regelung über Nebenrechte zu treffen, z. B. Sponsoring, Gewinnspiele, Timer-Einblendungen, Verwendung des Fernsehbildmaterials zum Zwecke der Werbung oder des „Merchandising", Vergabe von Nachverwertungs- und Archivrechten. Werden derartige Rechte nicht ausdrücklich übertragen, verbleiben sie nach der Zweckübertragungslehre, die als Auslegungsregel auch für schuldrechtliche Nutzungsverträge gilt, beim Lizenzgeber.[227]

146 Ferner werden *Veranstaltungsort* und *Veranstaltungszeiten* sowie *Produktionsmodalitäten* festgelegt. Die Produktion liegt üblicherweise in der Verantwortung des Fernsehsenders, kann aber auch vertraglich, wie bei der Fußball-Bundesliga, dem Lizenzgeber obliegen. Produziert wird i. d. R. entweder ein „clean feed", d. h. ein Signal mit internationalem Ton (ohne deutschen Kommentar) und Grafik ohne Senderlogo, oder ein „clean clean feed" mit Ton (ohne deutschen Kommentar), ohne Grafik und ohne Senderlogo. Ist dies vertraglich nicht präzisiert, schuldet der Produzent ein „clean feed".

147 Des weiteren ist die *Vertragsdauer* zu bestimmen. Sie hält sich meist im Rahmen von ein bis drei Jahren und ist häufig mit einer Verlängerungsoption verknüpft, die bis zu einem bestimmten Termin auszuüben ist.

148 Die *Hauptleistungspflicht des Lizenzgebers* besteht darin, dem Lizenznehmer ungehinderten Zutritt zum Veranstaltungsort und eine störungsfreie Aufnahmemöglichkeit zu verschaffen sowie das Ausstrahlungsrecht zu gewährleisten. Der Erfüllungsort liegt regelmäßig dort, wo von der Lizenz Gebrauch gemacht werden soll, also am Ort des Landes der geplanten Ausstrahlung. Bei Leistungsstörungen finden die Regeln des Pachtrechts oder des allgemeinen bzw. besonderen Schuldrechts Anwendung (§§ 581 ff. bzw. 320 ff. BGB). Häufig wird ein Minderungsrecht für den Fall ausgeschlossen, dass ein Sender von dem in § 5 RfStV vorgesehenen Kurzberichterstattungsrecht[228] Gebrauch macht.

149 Die *Hauptleistungspflicht des Lizenznehmers* ist die Bezahlung der vereinbarten Vergütung, die meist auf mehrere Fälligkeiten verteilt wird. Unter Umständen kommt die reduzierte Umsatzsteuer in Höhe von 7 % in Betracht (§ 12 Abs. 2 Nr. 7c UStG i.V.m. § 95 UrhG). Eine Ausstrahlungspflicht oder gar *Sendegarantie* ist nur dann geschuldet, wenn sie vertraglich vereinbart ist; das gleiche gilt für *Promotion*-Aktivitäten (z. B. Trailer) des Fernsehunternehmens vor Beginn des Ereignisses. Beides hat für die Sponsoren des Lizenzgebers, insbesondere die Bandensponsoren, erhebliche Bedeutung. Als Nebenleistungspflichten finden sich bisweilen Andienungspflichten des Senders in Bezug auf Werbung und Sponsoring zugunsten der Hauptsponsoren des Veranstalters, etwa auch verbunden mit einem Erstverhandlungs- oder Vorkaufsrecht (*Matching offer right*).

150 Auch tut man gut daran, an den *Insolvenzfall* und an Rechterückfallklauseln zu denken, auch wenn deren Zulässigkeit umstritten ist.[229] Ferner kann in der Praxis das Leistungsverweigerungsrecht gemäß § 321 BGB eine wichtige Rolle einnehmen, so dass dieses aus Sicht des Veranstalters keinesfalls abbedungen werden sollte.

151 Schließlich ist an die Vereinbarung des anwendbaren Rechts und des (ausschließlichen) Gerichtsstands zu denken, was vor allem bei Fällen mit Auslandsberührung dringend anzuraten ist. Als echtes Schiedsgericht empfiehlt sich der Sport-Schiedsgerichtshof (CAS) in Lausanne.[230]

---

[226] Zu den Begriffen und zur Zulässigkeit vgl. Rz. 63 ff.
[227] *Schricker*, §§ 31/32 Rz. 36/37 und vor §§ 73 ff. Rz. 19.
[228] Vgl. hierzu Rz. 134 ff.
[229] Fußnote ist entfallen.
[230] Vgl. zum Kollisionsrecht bei Auslandsberührung Teil 6 Rz. 69 ff., zur Gerichtsstandsvereinbarung Teil 6 Rz. 129 ff.

4. Kapitel. Ansprüche von Sportlern wegen schädigender Sportberichterstattung

In der Medienlandschaft ist der Kampf um Marktanteile in bisher ungekanntem Ausmaß **152** entbrannt. Mittels Kabel oder Satelliten können heute ca. 35 Programme, in naher Zukunft voraussichtlich mehr als 100 Programme digital empfangen werden. Die Anzahl der deutschen Sportzeitschriften hat sich auf 56 erhöht; die auflagenstärksten sind „Sport-Bild" mit ca. 470 000 Lesern sowie „Kicker" mit ca. 231 000 (Montag) und 211 000 (Donnerstag) Lesern.[231] Der Konkurrenzdruck führt vereinzelt zu besonderer Rücksichtslosigkeit. Sportler werden zu diesem Zweck mehr denn je mit ausführlicher, bisweilen ausufernder Berichterstattung konfrontiert, die sich auch auf die private Ebene oder ihr familiäres Umfeld bezieht.

Im Folgenden werden die dem betroffenen Sportler[232] zur Verfügung stehenden Ansprüche dargestellt, wenn Presse oder Rundfunk die Grenze des Zumutbaren überschreiten. Da es bei den Ansprüchen gegen Presse und Rundfunk im Kern um die gleichen Anspruchsziele geht, werden sie gemeinsam behandelt und auf Unterschiede in den Anspruchsgrundlagen hingewiesen. Der Betroffene hat fünf zivilrechtliche Ansprüche: auf *Gegendarstellung*, *Widerruf*, *Unterlassung*, *Schadensersatz* und *Schmerzensgeld*. Diese Ansprüche sind heute als den Gegebenheiten moderner Massenkommunikationsmittel angepasste, für das Sondergebiet des Medienrechts näher ausgestaltete Mittel zum Schutz des Einzelnen gegen Einwirkungen der Medien auf seine Individualsphäre anerkannt.[233] Da die Sportberichterstattung von besonderer Schnelllebigkeit geprägt ist, ist das Augenmerk vor allem auf die Ansprüche zu richten, die in einem Eilverfahren im Wege einstweiligen Rechtsschutzes durchgesetzt werden können. **153**

A. Gegendarstellung

Gegen in einem Medium veröffentlichte Tatsachenbehauptungen steht dem Betroffenen **154** ein Anspruch auf Gegendarstellung zu. Die Gegendarstellung ist eine Erklärung des Sportlers, mit der er der Erstmitteilung widerspricht. Sie muss
(1) vom Sportler eigenhändig unterschrieben sein
(2) kurz und bündig sein
(3) sich auf Tatsachen beschränken
(4) dem Verlag bzw. Rundfunkunternehmen unverzüglich (sicherheitshalber im Original) zusammen mit einem Abdruck- bzw. Ausstrahlungsverlangen zugeleitet werden;
(5) ihre Wahrheit muss nicht glaubhaft gemacht werden.[234]

Der Gegendarstellungsanspruch soll schnell durchsetzbar sein und ist daher *einfach* **155** *und formal* gestaltet, um dem Bedürfnis nach schneller Reaktion Rechnung zu tragen.[235] Er fußt auf dem Allgemeinen Persönlichkeitsrecht nach Art. 2 I i.V. m. Art. 1 I GG,[236] welches die Selbstbestimmung des Einzelnen über die Darstellung seiner Person in der Öffentlichkeit umfasst.[237] Ein Sportler kann somit grundsätzlich selbst entscheiden, wie

---

[231] IVW II/2006.
[232] Für andere Betroffene, insbesondere den Sportveranstalter, gelten die Ausführungen sinngemäß.
[233] BVerfG, NJW 1983, 1179.
[234] Vgl. grundlegend *Seitz/Schmidt/Schoener*, Rz. 108 ff.; ausführlich zur aktuellen Entwicklung der (uneinheitlichen) Rechtsprechung *Prinz*, NJW 1995, 817 ff.; *Soehring*, NJW 1994, 16 ff.; *ders.*, NJW 1997, 370; *Reumann*, S. 147 ff.
[235] BGH, NJW 1976, 1201; BGH, NJW 1963, 151.
[236] BVerfGE 73, 201; OLG München, NJW 1988, 350; *Löffler/Ricker*, 23. Kap. Rz. 3.
[237] BVerfGE 63, 142 = NJW 1983, 1180; BVerfG, AfP 1993, 563; BayObLG, AfP 1986, 128.

seine Person in der Öffentlichkeit dargestellt wird. Die Darstellung falscher Tatsachen ist niemals zu rechtfertigen, auch nicht unter Berufung auf die durch Art. 5 I GG gewährte Meinungsfreiheit, da falsche Tatsachen keinen schützenswerten Beitrag zur Meinungsbildung zu leisten vermögen.[238]

156 Der rundfunkrechtliche Gegendarstellungsanspruch hat sein Vorbild im pressegesetzlichen Gegendarstellungsrecht. Für manches Rundfunkunternehmen gilt das Pressegesetz mittels einer auf den Rundfunk erstreckten Regelung, die meisten Rundfunk- und Mediengesetze regeln die Gegendarstellung selbst. Die *Anspruchsgrundlage* gegen *Presseveröffentlichungen* findet sich im jeweiligen Landespressegesetz, dort meist in § 11, in Bayern, Hessen, Mecklenburg-Vorpommern, Sachsen, Sachsen-Anhalt und Berlin in § 10, in Brandenburg in § 12, im Saarland § 10 SMG. Die Anspruchsgrundlage gegen *Rundfunkberichte (Fernsehen und Hörfunk) der öffentlich-rechtlichen Rundfunkanstalten* findet sich in Art. 17 BR-G; § 3 Nr. 9 HR-G (mit Bezug auf § 10 Hess PresseG); § 15 MDR-StV; § 12 NDR-StV; § 9 BlnBraRStV; § 24 RB-G; § 10 SMG; § 10 SWR-StV; § 9 WDRG; § 9 ZDF-StV. Für Sendungen *privater Rundfunkunternehmen* gelten: § 9 LMedienG BW; Art. 18 BayMG; § 10 VI BerlPresseG; § 19 BremLMG; § 10 HmbMedienG; § 28 HPRG; § 30 RundfG M-V; § 21 NMedienG; §§ 44, 45 LMG NRW; § 11 LMG RPF; § 10 SMG; § 19 SächsPRG; § 26 MedienG LSA; § 31 LRG SH; § 24 Thür LMG.

157 Unter dem Begriff „*Tatsachen*" sind gegenwärtige oder vergangene Sachverhalte, Begebenheiten, Vorgänge, Verhältnisse oder Zustände zu verstehen, wozu nicht nur die sinnlich wahrnehmbaren (sog. äußeren) Tatsachen, sondern auch innere Tatsachen wie Motive und Absichten des Handelns zählen.[239] Ausgeschlossen sind Gegendarstellungen gegen Meinungsäußerungen und Werturteile. Für die Abgrenzung zwischen Tatsache und *Werturteil* ist die Frage der Beweiszugänglichkeit maßgebend. Ist eine Aussage verifizierbar, so handelt es sich um eine Tatsache.[240] So ist z. B. der Begriff „Dopingsünderin" objektiver Beweisführung zugänglich, daher eine Tatsachenbehauptung und gegendarstellungsfähig. Anders die Aussage „Fußballer X hat miserabel gespielt": als (subjektives) Werturteil ist diese nicht gegendarstellungsfähig. Bei „gemischten" Äußerungen kommt es darauf an, was nach Ansicht eines verständigen, nicht „flüchtigen" Durchschnittsbetrachters überwiegt. Maßgeblich ist stets der Empfängerhorizont unter Berücksichtigung des individuell angesprochenen Leser- bzw. Zuhörer- bzw. Zuschauerkreises. Im Zweifel ist eine Meinungsäußerung anzunehmen.[241] Kennt der Sportler die Erstmitteilung nicht genau, weil sie ihm zugetragen wird, steht ihm ein Auskunftsanspruch gegen das Rundfunkunternehmen zur Seite, der in manchem Rundfunk- oder Mediengesetz ausdrücklich verankert ist.[242]

158 Gegendarstellungsfähig sind nach h. M. sowohl *eigene* Mitteilungen der Medien als auch *Äußerungen Dritter*, die lediglich verbreitet werden, z. B. Interviews, Zitate oder Leserbriefe.[243] Die Rechtswidrigkeit der Behauptung ist nicht Anspruchsvoraussetzung, so dass eine Gegendarstellung nichts über die *Wahrheit oder Unwahrheit* der Erstveröffentlichung aussagt. Eine solche Schlussfolgerung des Lesers bzw. Zuschauers liegt allerdings nicht fern, so dass der Redaktion eine Stellungnahme im Anschluss an die Gegendarstellung erlaubt ist, sofern sie die Gegendarstellung nicht entwertet („Redaktionsschwanz").[244]

---

[238] BVerfG, NJW 1993, 916; BVerfG, NJW 1991, 2339; *Soehring*, NJW 1994, 17.
[239] RGSt 55, 131; *Seitz/Schmidt/Schoener*, Rz. 305 ff.
[240] BGH, GRUR 1989, 222; BGH, NJW 1988, 1589; ausführlich *Seitz/Schmidt/Schoener*, Rz. 336 ff.
[241] *Soehring*, NJW 1994, 17 m. w. N.
[242] *Herrmann*, § 24 Rz. 13.
[243] *Löffler/Ricker*, 25. Kap. Rz. 13 m. w. N.; zum Fall des Fußballtrainers Aad de Mos ./. Der SPIEGEL vgl. *Summerer/Rösner*, SpuRt 1996, 88.
[244] *Löffler/Ricker*, 27. Kap. Rz. 8; *Seitz/Schmidt/Schoener*, Rz. 435 ff.; *Wenzel*, Rz. 11 149 ff.; der Redaktionsschwanz ist nur durch eine zweite, zeitgleiche Einstweilige Verfügung zu verhindern, vgl. *Prinz*, NJW 1995, 819.

Anspruchsberechtigt ist jede Person oder Stelle,[245] die durch die veröffentlichte Tatsachen- **159** behauptung betroffen ist. Der Begriff der „Person" in den Landespressegesetzen erfasst sowohl in- als auch ausländische natürliche oder juristische Personen.[246] Eine etwaige Betroffenheit einer Person oder Stelle liegt vor, wenn unmittelbar oder mittelbar[247] in deren Interessensphäre eingegriffen wird und diese dadurch individuell berührt wird.[248] *Anspruchsverpflichtet* sind – sowohl einzeln – als auch gesamtschuldnerisch – der verantwortliche Redakteur und der Verleger bzw. das Rundfunkunternehmen, welcher bzw. welches die Erstmitteilung veröffentlicht bzw. ausgestrahlt hat.[249]

Grundsätzlich muss die eigenhändig unterschriebene[250] Gegendarstellung dem An- **160** spruchsverpflichteten unverzüglich, spätestens innerhalb von 3 Monaten mit einem Abdruckverlangen bzw. Ausstrahlungsbegehren zugeleitet werden. Dabei ist nicht auf das Erscheinungsdatum, sondern auf die tatsächliche Kenntnisnahme durch den Betroffenen abzustellen.[251] Umstritten ist, ob die *Unterzeichnung* der Gegendarstellung durch einen Bevollmächtigten, z. B. durch den Rechtsanwalt, ausreicht, oder ob sie durch den Betroffenen persönlich erfolgen muss. Die meisten Landespressegesetze halten eine Unterschrift des Bevollmächtigten für nicht ausreichend.[252]

Umstritten ist außerdem, ob das Formerfordernis der handschriftlichen Unterzeich- **161** nung bei einer Zusendung per *Telefax* gewahrt ist (§ 126 I BGB). Eine solche sieht die Rechtsprechung teilweise als Formverstoß an,[253] teilweise – aus Gründen der Erleichterung des Verkehrs zu Recht – billigt sie.[254] Angesichts dieser nicht sicheren Rechtslage ist Beachtung der strengen Schriftform zu empfehlen, also die Zusendung des Originals.

Eine Pflicht zum Abdruck bzw. zur Ausstrahlung setzt weiter voraus, dass die Gegen- **162** darstellung keinen *strafbaren Inhalt* hat, also beispielsweise keine Beleidigung enthält, und sich auf tatsächliche Angaben beschränkt, die mit denjenigen der Erstmitteilung in einem direkten gedanklichen Zusammenhang stehen.[255] Bei der Formulierung des Inhalts der Gegendarstellung ist auf größtmögliche *Präzision* zu achten; die kleinste Beanstandung seitens des Gerichts kann den Antrag zum Scheitern bringen, weil nur wenige Gerichte in der mündlichen Verhandlung Änderungen zulassen.[256]

Maßgeblich für den Abdruck der Gegendarstellung ist das sog. „Prinzip der *Waffen-* **163** *gleichheit*".[257] Danach ist die Gegendarstellung in der nächstfolgenden Nummer, im gleichen Teil der Druckschrift und in der gleichen Schriftgröße zu veröffentlichen, in dem die betreffende Erstmeldung erschienen ist.[258] Dadurch soll derselbe Adressatenkreis und dieselbe Aufmerksamkeit wie mit der Erstmitteilung erreicht werden.[259] Wendet sich die Gegendarstellung gegen eine Behauptung, die auf der Titelseite veröffentlicht wurde, so muss die Gegendarstellung ebenfalls auf der Titelseite abgedruckt werden, damit bei-

---

[245] Vgl. § 10 BayLPG, welches von „Person oder Behörde" spricht.
[246] *Löffler/Ricker*, 24. Kap. Rz. 1; *Seitz/Schmidt/Schoener*, Rz. 61.
[247] Gemäß § 10 BayLPG nur unmittelbar.
[248] *Löffler/Ricker*, 24. Kap. Rz. 2 ff.; *Seitz/Schmidt/Schoener*, Rz. 62; OLG Hamburg, AfP 1982, 233.
[249] *Löffler/Ricker*, 24. Kap. Rz. 9; *Herrmann*, § 24 Rz. 43 ff.
[250] Vgl. § 11 LPG; *Seitz/Schmidt/Schoener*, Rz. 177; *Löffler/Ricker*, 25. Kap. Rz. 18.
[251] LG Frankfurt, AfP 1981, 415; *Löffler/Ricker*, 25. Kap. Rz. 26; *Herrmann*, § 24 Rz. 47 ff.
[252] Im Einzelnen *Löffler/Ricker*, 25. Kap. Rz. 19; *Herrmann*, § 24 Rz. 32.
[253] OLG Hamburg, AfP 1989, 746; OLG Köln, AfP 1985, 151; *Seitz/Schmidt/Schoener*, Rz. 200.
[254] OLG München, NJW 1990, 2895; OLG Saarbrücken, AfP 1992; *Löffler/Ricker*, 25. Kap. Rz. 18; *Wenzel*, Rz. 11 147.
[255] *Löffler/Ricker*, 25. Kap. Rz. 20 ff.; *Herrmann*, § 24 Rz. 27 f.
[256] „Alles-oder-Nichts-Prinzip", aus Praktikersicht instruktiv *Prinz*, NJW 1995, 817 f.; ein Beispiel einer Gegendarstellung schildert *Herrmann*, § 24 Rz. 34; *Zöller/Vollkommer*, § 940 Rz. 8.
[257] OLG München, AfP 1992, 158; OLG Hamburg, AfP 1977, 243.
[258] OLG Frankfurt, NJW 1988, 352; OLG Hamburg, AfP 1977, 243; *Seitz/Schmidt/Schoener*, Rz. 421, 425.
[259] BVerfG, NJW 1983, 1179; OLG München, AfP 1992, 158; *Seitz/Schmidt/Schoener*, Rz. 421.

spielsweise auch „Kiosk-Leser" erreicht werden.²⁶⁰ Umstritten ist die Antwort auf die im Fernsehen wichtige Frage, ob eine Gegendarstellung auch ein Bild enthalten darf, etwa als Entgegnung auf eine Fotomontage, oder ob gar die Ausstrahlung einer filmischen Gegendarstellung verlangt werden kann.²⁶¹

164 Der Anspruch auf Gegendarstellung kann ausschließlich im Verfahren der *Einstweiligen Verfügung* vor den Zivilgerichten durchgesetzt werden (§§ 935 ff. ZPO).²⁶² Die sachliche Zuständigkeit (Amts- oder Landgericht) richtet sich nach der Streitwertgrenze des § 23 GVG i. V. m. §§ 937, 943 ZPO. Die örtliche Zuständigkeit richtet sich nach dem Wohnsitz des Redakteurs oder dem Sitz des Verlages bzw. des Rundfunkunternehmens (§§ 12, 17 I ZPO). § 32 ZPO ist nicht anwendbar.

B. Unterlassung

165 Der Unterlassungsanspruch richtet sich nicht nur gegen die Veröffentlichung von *Tatsachenbehauptungen*, sondern auch gegen *Meinungsäußerungen*,²⁶³ sofern durch die Veröffentlichung bzw. Ausstrahlung geschützte Rechte eines Sportlers gemäß §§ 823 I, II, 824, 826 BGB, § 22 KUG oder § 1 UWG verletzt wurden bzw. mit einer unmittelbar bevorstehenden Veröffentlichung oder Ausstrahlung verletzt würden. Anspruchsgrundlage sind §§ 1004 I Satz 2, 862 BGB, wonach Störungen zu unterlassen sind.²⁶⁴

166 Hinsichtlich des Erfordernisses, dass die Gefahr der Rechtsgutverletzung unmittelbar bevorstehen muss, ist zwischen der sog. Erstbegehungs- und der Wiederholungsgefahr zu unterscheiden. Eine *Erstbegehungsgefahr* ist grundsätzlich nur dann anzunehmen, wenn der Betroffene konkrete Kenntnis einer bevorstehenden Berichterstattung erhält, die eine Rechtsverletzung beinhaltet.²⁶⁵ Dies kann z. B. durch entsprechende Recherche oder Nachfrage beim Betroffenen erfolgen. Jedoch reicht eine allgemeine Recherchetätigkeit nicht aus, vielmehr muss ein fertig formuliertes Manuskript vorliegen.²⁶⁶ Ein Unterlassungsanspruch aufgrund einer Erstbegehungsgefahr wird als sog. vorbeugender Unterlassungsanspruch bezeichnet und stellt in der Praxis die Ausnahme dar.

167 Eine *Wiederholungsgefahr* wird nach herrschender Meinung in Anlehnung an das Wettbewerbsrecht bereits dann vermutet, wenn die fragliche Äußerung mit rechtsgutverletzendem Inhalt bereits einmal veröffentlicht wurde.²⁶⁷ Nach anderer Auffassung müssen konkrete Anhaltspunkte vorliegen, aus denen sich eine Wiederholungsgefahr ergibt;²⁶⁸ diese ergebe sich nicht bereits aus der „Natur der Presse".²⁶⁹

168 Für die Durchsetzung des Unterlassungsanspruchs ist es ratsam, den Verlag bzw. das Rundfunkunternehmen vor Inanspruchnahme der Gerichte abzumahnen. Dies geschieht in der Praxis mittels einer *strafbewehrten Unterlassungserklärung*, die der Betroffene dem Verlag bzw. Rundfunkunternehmen abverlangt. Dadurch entfällt die Wiederholungsgefahr und damit das Rechtsschutzbedürfnis, ein Gericht anzurufen.²⁷⁰ Darüber hinaus befreit

---

²⁶⁰ BGH, NJW 1995, 864 („Caroline von Monaco"); OLG Hamburg, NJW 1995, 885; *Prinz*, NJW 1995, 819 m. w. N.; *Löffler/Ricker*, 27. Kap. Rz. 2 m. w. N.

²⁶¹ *Herrmann*, § 24 Rz. 29 m.w.N.; *Prinz*, NJW 1995, 818 f.

²⁶² *Seitz/Schmidt/Schoener*, Rz. 567 ff.; *Wenzel*, Rz. 11 160 ff.; nicht ausgeschlossen ist ein Hauptsacheverfahren in den Landespressegesetzen Bayerns, Sachsens und Hessens, vgl. *Löffler/Ricker*, 28. Kap. Rz. 2 f.; *Baumbach/Hartmann*, § 940 Rz. 40; *Zöller/Vollkommer*, § 940 Rz. 8 „Presserecht".

²⁶³ BGH, NJW 1982, 2246.

²⁶⁴ *Soehring*, Rz. 30.2; *Herrmann*, § 25 Rz. 115.

²⁶⁵ *Soehring*, Rz. 30.12.

²⁶⁶ *Wenzel*, Rz. 12.24; *Löffler/Ricker*, 44. Kap. Rz. 5; *Soehring*, Rz. 30.12.

²⁶⁷ BGH, NJW 1986, 2505; *Löffler/Ricker*, 44. Kap. Rz. 5; *Wenzel*, Rz. 12.9.

²⁶⁸ *Damm/Kuner*, Rz. 239; *Soehring*, Rz. 30.8 f.; *Mathy/Wendt*, AfP 1982, 153.

²⁶⁹ OLG Celle, AfP 1977, 345.

²⁷⁰ *Löffler/Ricker*, 44. Kap. Rz. 6.

sie den Anspruchsgegner bei sofortigem Anerkenntnis vom Kostenrisiko.[271] Bei der Formulierung der Unterlassungserklärung ist seitens des Sportlers darauf zu achten, die in Zukunft zu unterlassenden Verletzungsarten möglichst erschöpfend aufzuführen. Im Zusammenhang mit einer Namensrechtsverletzung einer Olympiasiegerin, der ein Merchandisingvertrag vorausging, hat der BGH eine derartige Unterlassungserklärung allerdings weit, also zugunsten der Sportlerin, ausgelegt. Eine Unterlassungsvereinbarung sei regelmäßig nicht auf die Verwendung der darin im Einzelnen bezeichneten Bilder der vermarkteten Persönlichkeit beschränkt, wenn diese keinen Anlass gehabt habe anzunehmen, der Unterlassungsschuldner nehme ein Recht zur Veröffentlichung anderer Bilder in Anspruch (§ 339 BGB).[272]

Der Betroffene muss beweisen, dass die konkrete Darstellung tatsächlich unwahr oder unzulässig, somit objektiv rechtswidrig ist. Eine Umkehr der *Beweislast* findet statt, wenn Unterlassung gegenüber verleumderischen Äußerungen im Sinne von § 186 StGB i.V.m. § 823 II BGB begehrt wird. In diesem Fall hat der Betroffene nur darzulegen und zu beweisen, dass der Beklagte die Äußerung getan hat. Die Wahrheit der Äußerung muss, analog zum Strafprozess, der Beklagte beweisen.[273] Der Unterlassungsanspruch wird im Regelfall im Eilverfahren mittels *Einstweiliger Verfügung* vor den Zivilgerichten durchgesetzt, kann aber auch im Klageverfahren vor dem AG oder LG (je nach Streitwert) verfolgt werden.[274] **169**

C. Widerruf

Gegen *unwahre Tatsachenbehauptungen* kann ein Sportler ferner einen Anspruch auf Widerruf geltend machen. Dieser ist auf Tatsachen beschränkt, weil es sich hier um eine erneute Äußerung der Presse bzw. des Rundfunkunternehmens handelt. Aufgrund der verfassungsrechtlich in Art. 5 I Satz 1 GG gewährten Meinungsfreiheit kann den Medien nicht durch ein Gerichtsurteil befohlen werden, ihre Meinung aufzugeben oder nach außen zu ändern.[275] Der Widerrufsanspruch bezweckt die Beseitigung der durch falsche Tatsachenbehauptung geschaffenen, fortwährenden Rufbeeinträchtigung. Anspruchsgrundlage dieses Beseitigungsanspruches ist der Rechtsgedanke aus § 1004 i.V.m. §§ 823 ff. BGB.[276] **170**

Die Unwahrheit der Tatsache muss positiv feststehen. Die Darlegungs- und Beweislast für die Unrichtigkeit der Tatsachenbehauptung liegt bei demjenigen, der den Widerruf begehrt.[277] Ein *Verschulden* ist nicht erforderlich. Der Widerrufsanspruch besteht auch, wenn die Mitteilung einer falschen Tatsache nicht rechtswidrig war, also unter Beachtung der erforderlichen journalistischen Sorgfalt erfolgte.[278] **171**

Hinsichtlich der Arten des Widerspruchs sind folgende Darstellungsweisen möglich, die sich nach der „Schwere" der Erstmitteilung richten. Der sog. volle Widerruf als „schwerste" Form erfolgt ohne weitere Zusätze bzw. Abänderungen und setzt die völlige Unwahrheit der zu widerrufenden Behauptung voraus. Daneben enthält der sog. *eingeschränkte* Widerruf den Vermerk, die Behauptung werde – z.B. aufgrund der Nichterweislichkeit der Richtigkeit – nicht aufrechterhalten.[279] **172**

---

[271] BGH, NJW 1979, 2041; OLG Düsseldorf, AfP 1982, 44; *Damm/Kuner*, Rz. 241.
[272] BGH, NJW-RR 2003, 1278 = NJW 2003, 3270 (nur Leitsatz).
[273] *Soehring*, Rz. 30.3 und 30.22 ff.; *Löffler/Ricker*, 44. Kap. Rz. 12.
[274] *Löffler/Ricker*, 44. Kap. Rz. 15; *Soehring*, Rz. 30.19; *Damm/Kuner*, Rz. 248.
[275] *Damm/Kuner*, Rz. 265.
[276] *Damm/Kuner*, Rz. 258.
[277] *Löffler/Ricker*, 44. Kap. Rz. 19; *Soehring*, Rz. 31.6.
[278] *Soehring*, Rz. 31.3; *Löffler/Ricker*, 44. Kap. Rz. 20. Zu den Anforderungen an die journalistische Sorgfaltspflicht vgl. *Schippan*, ZUM 1996, 398.
[279] BGH, NJW 1977, 1682; *Soehring*, Rz. 31.14.

173 Eine noch abgeschwächtere Variante, die sog. *Richtigstellung*, ermöglicht eine Erklärung in der Form, dass die Erstmitteilung durch die Art ihrer Darstellung einen falschen Anschein erweckt hat.[280]

174 Übernimmt das Presseorgan bzw. das Rundfunkunternehmen unwahre Angaben Dritter, kommt ein Anspruch auf *Distanzierung* in Betracht.[281]

175 Da der Widerrufsanspruch ein Erfüllungsanspruch ist, ist er nur im *Hauptsacheverfahren* durchsetzbar, nicht im Eilverfahren.[282] Die dadurch entstehende Mühe und zeitliche Verzögerung der „Rehabilitierung" infolge mehrerer Instanzen können bei der Entscheidung über ein Schmerzensgeld Berücksichtigung finden.[283]

D. Schadensersatz

176 Kommt es durch eine widerrechtliche Veröffentlichung bzw. Ausstrahlung zu einer Verletzung eines geschützten Rechtsguts, z. B. der *Ehre* oder des *Allgemeinen Persönlichkeitsrechts*, und ist diese ursächlich für einen eingetretenen Schaden, so kann Ersatz für wirtschaftliche Einbußen und für entgehenden Gewinn verlangt werden. Voraussetzung ist dabei zumindest fahrlässiges Handeln (§§ 823, 824 I, 276 I, 249 Satz 2, 251 I, 252 BGB). Ein Beispiel hierfür wäre eine Berichterstattung über einen unbestätigten Doping-Verdacht, der sich im nachhinein als grundlos darstellt, für den Sportler indessen zu wirtschaftlichen Einbußen führte, etwa wegen vorzeitiger Kündigung eines Sponsorvertrags. Gemäß § 254 II Satz 1 BGB ist der Geschädigte verpflichtet, ihm zumutbare Maßnahmen zu treffen, die geeignet sind, den eingetretenen oder drohenden Schaden zu mindern. Die Kosten der zu diesem Zweck aufgewandten schadensmindernden Maßnahmen sind unter besonderen Umständen ebenfalls erstattungsfähig.[284]

E. Schmerzensgeld

177 Ein Anspruch auf Schmerzensgeld (§ 253 I BGB) besteht nach ständiger Rechtsprechung dann, wenn eine rechtswidrige Verletzung des allgemeinen Persönlichkeitsrechts vorliegt, die sich als schwerwiegend darstellt und sich die Beeinträchtigung nicht in anderer Weise ausgleichen lässt.[285] Voraussetzung ist ferner *schweres* Verschulden, welches bei einem *groben* Verstoß gegen die journalistischen Sorgfaltspflichten anzunehmen ist.[286] Im Vordergrund steht nicht ein Ausgleich für erlittene „Schmerzen", sondern vielmehr eine Entschädigung für die Verletzung der Persönlichkeit („*Genugtuungsfunktion*").[287]

178 Um hier eine „Hemmschwelle" vor rücksichtsloser Berichterstattung zu errichten, sollte die Höhe des Schmerzensgeldes, in Anlehnung an die etwa für „Paparrazzifotos" gezahlten Beträge, nicht zu niedrig bemessen werden.[288] Im Gegensatz dazu steht die restriktive Praxis der deutschen Gerichte, die selten über EURO 10 000,– hinausgehen.[289] Das

---

[280] LG Stuttgart, AfP 1983, 295; *Wenzel*, Rz. 13.60; *Herrmann*, § 25 Rz. 127.
[281] *Löffler/Ricker*, 44. Kap. Rz. 22.
[282] *Löffler/Ricker*, 44. Kap. Rz. 33; *Zöller/Vollkommer*, § 940 Rz. 8.
[283] BGH, NJW 1995, 861.
[284] BGH, NJW 1976, 1198; *Damm/Kuner*, Rz. 317 f.; *Löffler/Ricker*, 44. Kap. Rz. 39.
[285] BGHZ 26, 349 (Herrenreiter); BGHZ 30, 7 (Caterina Valente); BGHZ 35, 363 (Ginseng-Wurzel); BGHZ 39, 124 (Fernsehansagerin); BGH, NJW 1965, 685 (Soraya); BVerfGE 34, 269 (Soraya); BGHZ 95, 212; *Löffler/Ricker*, 44. Kap. Rz. 43 ff.; *Herrmann*, § 25 Rz. 132 ff.
[286] BGH, NJW 1996, 985 f.; OLG Koblenz, NJW 1997, 1375; vgl. OLG München, AfP 1990, 46. Zur journalistischen Sorgfaltspflicht vgl. *Schippan*, ZUM 1996, 398.
[287] BGH, NJW 1995, 861 (864); NJW 1996, 1131 (1134).
[288] *Prinz*, NJW 1995, 820.
[289] Vgl. Darstellung bei *Damm/Kuner*, Rz. 359, 389; *Schulze/Stippler-Birk*, S. 1 ff. Anders z. B. die amerikanischen Gerichte, die nicht selten „punitive damages" in Millionenhöhe zusprechen, vgl. *Wong*, passim.

für Sportler bisher höchste Schmerzensgeld in Höhe von DM 60 000,– ist *Steffi Graf* zuerkannt worden, nachdem sie in einem Lied einer Popmusikgruppe als sexuelles Lustobjekt diskriminiert worden war.[290] Ein noch höherer Betrag, nämlich DM 90 000,–, ist der kurzzeitigen Geliebten Boris Beckers, Frau Ermakova, in ihrer Klage gegen den Axel-Springer-Verlag zugesprochen worden: Auch wenn Details der Beziehung im Zeitpunkt der Verletzungshandlung durch bereits zuvor erfolgte Medienberichterstattung bekannt gewesen seien, sah das Gericht in dem in das Internet gestellte Computerspiel, in dem ihre intime Beziehung zu dem Tennisspieler in besonders herabwürdigender Weise nachgestellt werden sollte, eine schwerwiegende Verletzung ihres allgemeinen Persönlichkeitsrechts (§ 823 I BGB).[291] Auch die Veröffentlichung der konkreten Höhe des von einem Profifußballspieler in der Oberliga *bezogenen Gehalts* stellt einen schwerwiegenden Eingriff in dessen Individualsphäre dar, der einen Schmerzensgeldanspruch rechtfertigt.[292] Die Höhe der Forderung kann in das Ermessen des Gerichts gestellt werden (§ 287 I ZPO).[293] Angesichts des Kostenrisikos ist allerdings die Angabe einer Untergrenze und einer bestimmten Größenordnung zu empfehlen.[294]

Durch einen Widerruf kann die Forderung eines Schmerzensgeldes ausgeschlossen **179** sein, da dieses *subsidiär* ist. Ein Anspruch besteht nur insoweit, als das Persönlichkeitsrecht des Sportlers andernfalls ohne ausreichenden Rechtsschutz bliebe.[295]

Als *Gerichtsstand* für Klagen aus unerlaubter Handlung ist das Gericht zuständig, in **180** dessen Bezirk die haftungsbegründende Handlung begangen wird. Begangen wird sie am Erscheinungsort der Presse und im *gesamten Verbreitungsgebiet*. Für den Rundfunkbereich bedeutet dies, dass der Betroffene überall im Ausstrahlungsbereich des Programms seine bürgerlich-rechtliche Klage erheben kann. Stattdessen kann der Betroffene gemäß §§ 12, 17 ZPO auch beim allgemeinen Gerichtsstand des Beklagten Klage erheben oder Anträge stellen.[296]

5. Kapitel. Ansprüche von Sportlern wegen unerlaubter Nutzung ihres Bildes oder Namens, insbesondere zu Werbezwecken

Für die klassischen Medien (Fernsehen, Illustrierte, Tageszeitung) ist die Bildbeschaffung **181** von zentraler Bedeutung. Dies gilt ebenso für die multimediale Zukunft (Internet; Spiele auf DVD etc.) sowie für die Vermarktung von Waren und Dienstleistungen. Mit dem Bild eines prominenten Sportlers erzielt ein Produkt ungleich höhere Aufmerksamkeit und Absatz. Dabei stellt sich immer wieder die Frage, ob und bis zu welchem Grad sich ein Sportler die Verwendung seines Bildes durch Dritte gefallen lassen muss. Regelmäßig hat er ein ureigenes Interesse an der Eigenvermarktung seiner Person. Dieses steht indessen häufig im *Spannungsverhältnis* mit dem Interesse der sportbegeisterten Allgemeinheit an möglichst eingehender Information über einen bekannten Sportler.

Das *Recht am eigenen Bild* ist als besondere Erscheinungsform des allgemeinen Persön- **182** lichkeitsrechts und zusätzlich zu diesem in §§ 22 ff. KUG geschützt. Gemäß § 22 Satz 1 KUG dürfen Bildnisse im Grundsatz nur mit *Einwilligung* des Abgebildeten verbreitet werden. Davon macht § 23 KUG einige Ausnahmen. Danach bedarf es keiner Einwilligung bei Bildnissen aus dem Bereich der Zeitgeschichte und bei Bildern von Versamm-

---

[290] OLG Karlsruhe, NJW 1994, 1963.
[291] LG München I, AfP 2002, 340.
[292] AG Berlin, AfP 1996, 188.
[293] *Löffler/Ricker*, 44. Kap. Rz. 50.
[294] So die neuere Rspr. des BGH, zuletzt BGH, NJW 1996, 2427 m. w. N.; *Schricker/Gerstenberg*, § 60/§§ 33–50 KUG Rz. 17.
[295] *Damm/Kuner*, Rz. 351; *Löffler/Ricker*, 44. Kap. Rz. 47.
[296] *Herrmann*, § 25 Rz. 148; *Baumbach/Hartmann*, § 32 Rz. 18.

lungen und ähnlichen Vorgängen, an denen die dargestellten Personen teilgenommen haben. Die Befugnis erstreckt sich jedoch nicht auf eine Verbreitung, durch die ein berechtigtes Interesse des Abgebildeten verletzt wird. Diese gesetzliche Ausgangslage ist durch Rechtsprechung und Literatur wie folgt präzisiert worden:

183 Schutzobjekt ist das Bildnis, also die *Erkennbarkeit* einer Person in einer Abbildung, sei es fotografisch, zeichnerisch, satirisch oder auch mittels Computergrafik. Dabei müssen nicht unbedingt die Gesichtszüge zu sehen sein. Es genügt, wenn andere Merkmale oder ein beigefügter Text auf eine Person hindeuten. Eine Verletzung liegt bereits vor, wenn der Abgebildete begründeten Anlass zur Annahme hat, er könnte durch die Abbildung identifiziert werden. Für Kenner einer Fußballmannschaft kann ein Torwart sogar von hinten aufgrund Statur, Haltung, Haarschnitt unschwer zu erkennen sein.[297] Keiner Einwilligung des einzelnen Sportlers oder Zuschauers bedarf es zunächst bei sog. repräsentativen Aufnahmen im Rahmen der Berichterstattung über Sportveranstaltungen, bei denen einzelne Personen als charakteristisch oder beispielhaft für die Ansammlung herausgegriffen werden, etwa um die Stimmung bei einem Fußballspiel wiederzugeben (§ 23 I Nr. 3 KUG).[298]

184 Ist eine *Einwilligung* erforderlich, kann sie ausdrücklich oder stillschweigend erteilt werden. Sie gilt immer nur im Rahmen des vereinbarten Zwecks; im Zweifel ist sie auszulegen. So berechtigt die Einwilligung in eine Bildveröffentlichung im redaktionellen Teil nicht zur Verwendung in der Werbung.[299] Das Gleiche gilt beispielsweise für einen Wanderer, der auf einer Bergtour aufgenommen wird und sein Bild in einem Ferienprospekt wiederfindet.[300] Wer an einem Fototermin teilnimmt, muss allerdings damit rechnen, dass Fotografen Bilder zur Veröffentlichung in einer Fachzeitschrift anfertigen.[301] Ob sich eine erteilte Einwilligung auf Werbezwecke erstreckt, ist besonders sorgfältig zu prüfen.[302] Der Erwerb veröffentlichter Bilder seitens einer Agentur entbindet den Bildverwerter nicht von einer ausdrücklichen Nachfrage nach der Einwilligung und ihrem Umfang.[303] Ein Betroffener ist grundsätzlich an seine Einwilligung gebunden. Ein Widerruf kommt nur in Betracht, wenn sich die äußeren Lebensumstände oder die innere Einstellung grundlegend geändert haben.[304]

185 Bei sog. *Personen der Zeitgeschichte* ist die Einwilligung entbehrlich. Spitzensportler, Berufsfußballspieler und ihre Trainer sind anerkanntermaßen *absolute* Personen der Zeitgeschichte, deren Bild – außer aus dem Bereich der Privat- und Intimsphäre – regelmäßig ohne deren Einwilligung verbreitet werden darf.[305] An den Bekanntheitsgrad des Sportlers sind dabei immer geringere Anforderungen gestellt worden. Bereits die einmalige Teilnahme an einem der breiten Öffentlichkeit zugänglichen Sportereignis begründet die Zurechnung des Sportlers zu dem Kreis der absoluten Personen der Zeitgeschichte.[306]

---

[297] BGH, NJW 1979, 2205 = GRUR 1979, 732f. (Torwart); OLG München, OLGZ 270 (Paul Breitner); LG München I, LGZ 197 (Trickskifahrer); *Schricker/Gerstenberg*, § 60/§ 22 KUG Rz. 5; *Löffler/Ricker*, 43. Kap. Rz. 3f.

[298] So zutreffend *Löffler/Ricker*, 43. Kap. Rz. 19; a. A. *Schricker/Gerstenberg*, § 60/§ 23 KUG Rz. 22; *Wenzel*, Rz. 8.20.

[299] OLG Hamburg, AfP 1981, 357; LG München, Ufita 1978, 342 ff.

[300] OLG Frankfurt, GRUR 1986, 614; *Schricker/Gerstenberg*, § 60/§ 22 KUG Rz. 15f.

[301] LG Oldenburg, SpuRt 2004, 29 – *Nicole Uphoff*.

[302] BGH, NJW 1992, 2084 = WRP 1992, 632 (Joachim Fuchsberger).

[303] BGH, a.a.O.; AG Kaufbeuren, AfP 1988, 277; *Schricker/Gerstenberg*, § 60/§ 22 KUG Rz. 17f.; *Löffler/Ricker*, 43. Kap. Rz. 7.

[304] LG Oldenburg, SpuRt 2004, 29 (31).

[305] KG, Ufita 20 (1955), 199 (Boxkampf); RGZ 125, 80 (Tull Harder); BGH, GRUR 1968, 652 (Ligaspieler); BGH, GRUR 1979, 425 (Fußball); BGH, GRUR 1979, 732 (Torwart); OLG München, OLGZ 270 (Paul Breitner); OLG Frankfurt/Main, NJW 2000, 594 (Katharina Witt); *Kübler*, S. 50; *Damm/Kuner*, Rz. 81; *Schricker/Gerstenberg*, § 60/§ 22 KUG Rz. 10f.; *Löffler/Ricker*, 43. Kap. 13.

[306] OLG Frankfurt, AfP 1988, 62 betreffend Boris Becker schon vor seinem ersten Wimbledon-Sieg; vgl. auch *Herrmann*, § 25 Rz. 73; *Siegfried*, S. 8; *Kübler*, S. 51.

Auch Fußballer, die sich bisher kaum in ihrer Mannschaft hervorgetan haben, dürften zu diesem Kreis zu zählen sein, da der Kampf der Bundesligavereine um die Meisterschaft und die Mannschaftsaufstellung von der breiten Öffentlichkeit mit größter Aufmerksamkeit verfolgt wird.[307] Als sog. relative Personen der Zeitgeschichte sind Personen anzusehen, die aufgrund ihrer Verknüpfung mit einem Ereignis der Zeitgeschichte zum Gegenstand eines Informationsinteresses der Öffentlichkeit werden.[308] Dies können z. B. Angehörige, Freunde und nahe Bekannte von Sportlern sein. Dabei reicht das bloße Zusammensein mit der absoluten Person der Zeitgeschichte nicht aus, vielmehr muss eine berichtenswerte Beziehung hergestellt werden. Diese liegt z. B. dann vor, wenn sich die Person demonstrativ mit der absoluten Person der Zeitgeschichte in der Öffentlichkeit zeigt.[309] Eine Darstellung darf allerdings nur in Zusammenhang mit deren Wirken erfolgen und, sofern es sich um eine zeitlich befristete Bindung handelt, nur, solange die Bindung besteht einschließlich einer gewissen Nachwirkung.[310]

186 Das Einwilligungserfordernis besteht aber dennoch, wenn der Sportler ein berechtigtes Interesse an der Nichtveröffentlichung i. S. d. § 23 II KUG geltend machen kann. Dies kann er regelmäßig in den Fällen, in denen die Bildnisse entstellend sind oder den privaten oder gar intimen Bereich betreffen.[311] Ebenso wenig muss ein Sportler eine Veröffentlichung dulden, wenn sein Bild *zu Werbezwecken* eingesetzt wird und das Informationsinteresse der Öffentlichkeit hinter den Erwerbsinteressen zurücktritt. Zweck dieses Vorbehaltes ist es, dem Interesse des Abgebildeten vor einem übermäßigen Zugriff auf seine Person Rechnung zu tragen.[312]

187 Auch speziell im Sportrecht gab es hierzu schon Grundsatzurteile: Im Fall des Fußballspielers *Tull Harder* hatte das Reichsgericht dessen Interesse an der Nichtverbreitung seines Bildes in Zigarettenschachteln noch verneint,[313] obwohl es andererseits dem Unterlassungsanspruch *Graf Zeppelins* in einem ähnlich gelagerten Fall stattgegeben hatte.[314] Eine Klarstellung erfolgte durch den BGH in der *Sammelbilder*-Entscheidung: Danach bräuchten es die Spieler nicht zu dulden, dass ihre Bilder ohne ihre Einwilligung zur Werbung für Waren oder gewerbliche Leistungen ausgenutzt und massenhaft entgeltlich vertrieben würden. Es sei kein unangemessenes Verlangen, am Ertrag solcher Vermarktung beteiligt zu werden, da die Spieler durch ihre Leistungen die Voraussetzung geschaffen hätten, dass die Bilder gekauft würden.[315] In der *Torwart*-Entscheidung hat der BGH bestätigt, dass es ein Torwart nicht hinnehmen müsse, ohne seine Einwilligung in einer Werbeanzeige für eine Fernsehmarke abgebildet zu werden.[316] Im *Fußball-Wandkalender*-Fall hat der BGH – anders als in der Sammelbilder-Entscheidung – dem Kalender insgesamt einen eigenständigen informativen Gehalt zugebilligt und deshalb trotz des kommerziellen Interesses des Herausgebers angenommen, dass die Veröffentlichung durch § 23 I Nr. 1 KUG gedeckt sei. Durch die Aufnahme seines Bildes in den Kalender sei der Spieler in kaum stärkerem Maße tangiert, als wenn er z. B. im Rahmen einer Bildberichterstattung über das im Kalender behandelte Thema in einer Illustrierten abgebildet worden wäre.[317]

---

[307] BGH, NJW 1968, 1091; *Kübler*, S. 51.
[308] *Soehring*, Rz. 21.5.
[309] OLG Hamburg, AfP 1991, 626; großzügiger OLG Hamburg, AfP 1991, 437 = NJW 1990, 1000; LG Köln, AfP 1994, 166 f. (Begleiterin Harald Schmidts); kritisch *Prinz*, NJW 1995, 820 f.; vgl. ferner *Löffler/Ricker*, 43. Kap. Rz. 14 m. w. N.; *Damm/Kuner*, Rz. 85.
[310] OLG Hamburg, AfP 1993, 576; *Soehring*, Rz. 21.9; *Damm/Kuner*, Rz. 85.
[311] BGH, NJW 1968, 1091; BGH, NJW 1979, 2203.
[312] BGH, NJW 1956, 1554 (Paul Dahlke); BGH NJW 1958, 827 (Herrenreiter); BGH, NJW 1992, 2084 (Joachim Fuchsberger) BGH, AfP 1997, 475 (Schallplattenhülle); *Schricker/Gerstenberg*, § 60/§ 22 KUG Rz. 38; *Löffler/Ricker*, 43. Kap. Rz. 16, jeweils m. w. N.
[313] RGZ 125, 80.
[314] RGZ 74, 308; vgl. zu beiden Fällen *Schwerdtner*, WFV Nr. 23, S. 110.
[315] BGHZ 49, 288 = NJW 1968, 1091; genauer *Schwerdtner*, WFV Nr. 23, S. 110 f.
[316] GRUR 1979, 732.
[317] BGH, NJW 1979, 2203 = GRUR 1979, 425; *Schwerdtner*, WFV Nr. 23, S. 111 f.

188 Bei einem Buch über mentales Training entschied das OLG Köln, dass das Bild einer Hochspringerin ausschließlich als Blickfang und damit in unzulässiger Weise zur *Verkaufsförderung* verwendet wurde.[318] Anders hat das OLG Frankfurt im Fall des *Tennis-Lehrbuchs* entschieden: Die Darstellung Boris Beckers in Schlagstellung auf dem Umschlag eines Lehrbuchs könne jedenfalls dann nicht untersagt werden, wenn die Autoren eine individuelle Lernmethode des Tennisspiels propagieren, die sich an den unterschiedlichen Schlagtechniken bekannter Tennisspieler orientiere. Hier überwiege das Informationsinteresse der Allgemeinheit.[319]

189 Selbst die Veröffentlichung einer Nacktaufnahme einer bekannten Eiskunstläuferin kann ausnahmsweise einen Informationszweck verfolgen, wenn der das Foto begleitende Text sich in satirischer Weise mit den Umständen, die zur Entstehung der Fotos geführt haben, auseinander setzt.[320]

190 Auch ein Fernsehsender darf ohne Einwilligung nicht mit dem Bild eines Sportlers werben. So hat das LG München einem Unterlassungsantrag Boris Beckers gegen den Sender n-tv stattgegeben, wonach die Verwendung eines sog. *Screenshot* mit seinem Bild aus einem in diesem Sender ausgestrahlten Werbespot zwecks Eigenwerbung des Senders n-tv einen rechtswidrigen und schuldhaften Eingriff in das Recht am eigenen Bild darstellt.[321] Ebensowenig darf eine neu erscheinende Zeitung das Foto eines bekannten Tennisspielers verwenden, wenn der in der Werbung in Zusammenhang mit dem Foto angekündigte redaktionelle Beitrag nicht geschrieben und nicht erschienen ist und auch nicht erscheinen sollte.[322]

191 Auch wenn sich ein prominenter Sportler als Werbeträger für ein Unternehmen in einem Fernsehspot zur Verfügung stellt, ist die Bezugnahme auf diesen Spot in der Werbung eines Konkurrenten unter Verwendung von Persönlichkeitsmerkmalen des prominenten Sportlers als rechtswidriger Eingriff in dessen Persönlichkeitsrecht zu werten.[323]

192 Besorgniserregend ist die Zunahme der Abbildung oder Nennung von Sportlern in Video- und Computerspielen, die von deren Herstellern meist unter Berufung auf ein vermeintliches Informationsbedürfnis der Öffentlichkeit gerechtfertigt werden. So ist beispielsweise Welttorwart Oliver Kahn im Computerspiel „FIFA Fußball-WM 2002" zeichentrickähnlich, allerdings gut erkennbar, dargestellt worden. Einem solch ausufernden Vorbringen eines Informationsbedürfnisses, um in Wahrheit kommerzielle Interessen zu verfolgen, hat das OLG Hamburg indes Schranken gesetzt, indem es dem Unterlassungsanspruch des Sportlers stattgab. Die Verbreitung des Computerspiels verletze sowohl das Recht des Klägers am eigenen Bild als auch dessen allgemeines Persönlichkeitsrecht. Mit der Mitgliedschaft des Klägers in der Spielergewerkschaft VdV sei noch keine Ermächtigung zur Rechteverwertung verbunden. Auch fehle des an einer Übertragung entsprechender Nutzungsrechte an die FIFPRO, die diese hätte weiterübertragen können.[324]

---

[318] OLG Köln, Urt. v. 19.7. 1988, ausführlich hierzu *Nasse*, SpuRt 1995, 145 ff. Ähnlich entschied das OLG Hamburg hinsichtlich der Umschlaggestaltung eines Taschenbuchs über den FC Schalke 04, AfP 2000, 382.

[319] OLG Frankfurt, NJW 1989, 402 = AfP 1988, 62.

[320] OLG Frankfurt/Main, NJW 2000, 594 (Katharina Witt: ihre Schadensersatzklage in Höhe von DM 20 000.- war erfolglos).

[321] LG München I, ZUM-RD 2000, 564 = AfP 2000, 475 (AOL-Spot „Ich bin drin!").

[322] OLG München SpuRt 2004, 24 = AfP 2003, 363 („Der strauchelnde Liebling").

[323] LG München I, ZUM-RD 2000, 549 (Boris Becker gegen Telekom AOL-Spot „Ich bin drin!").

[324] OLG Hamburg, SpuRt 2004, 210 in Bestätigung der Vorinstanz; zustimmend *Schmid-Petersen*, SpuRt 2004, 248 mit dem nachdenkenswerten Vorschlag, bei nicht realen Videospielen bereits tatbestandlich den Zusammenhang mit der „Zeitgeschichte" zu verneinen. Zustimmend ferner *Gauß*, GRUR Int. 2004, 558 mit rechtsvergleichenden Hinweisen zur Rechtslage in den USA, wo mit dem *right of publicity* und dem *right of privacy* vergleichbarer Schutz zugunsten der Sportler besteht. Zur Rechtslage in der Schweiz vgl. *Troller*, SpuRt 2004, 170.

Neben der unmittelbaren Nutzung und Vermarktung des Bildes eines Sportlers zu **193** Werbezwecken, welches im Einverständnis des Betroffenen erfolgt, kann es zu einer *mittelbaren Nutzung* kommen. Darunter fällt nicht etwa der Fall, dass im Umfeld einer Sportberichterstattung gezielt Werbung plaziert wird, da dort nicht mit dem Sportler selbst geworben wird. Eine in Hinblick auf § 3 UWG wettbewerbswidrige und somit unzulässige Werbung liegt jedoch in den Fällen vor, in denen eine werbewirksame Nebenwirkung (z. B. Trikotwerbung eines Fußballspielers) innerhalb der Berichterstattung nicht unvermeidlich ist, sondern gezielt ausgesucht wird, um einer benachbarten Anzeige eines Sponsors zu größerer Werbekraft zu verhelfen.[325]

Somit ist als Leitfaden festzuhalten, dass eine Einwilligung des Sportlers in die Verbreitung seines Bildes umso eher vonnöten ist, je stärker dieses für werbliche Zwecke eingesetzt werden soll. In die nach § 23 II KUG vorzunehmende *Interessenabwägung* muss vor allem aber auch der Gedanke einfließen, dass der heutige Leistungs- und Berufssport ohne die Medien undenkbar wäre. Diese holen sich mit der Berichterstattung im Wege eines Bereicherungsausgleichs im untechnischen Sinne zurück, was sie für die Sportler bereits geleistet haben und weiterhin leisten. Weil die Berufssportler ihre Leistung und ihr Image selbst extensiv kommerzialisieren, sind sie häufig an umfassender öffentlicher Zurschaustellung interessiert, wenn nicht sogar vertraglich verpflichtet. Berufssportler begeben sich regelmäßig bewusst und gewollt in diese Wechselwirkung und können deshalb in diesem Bereich nicht extensiv Persönlichkeitsrechte in Anspruch nehmen, die sie sonst aufgeben.[326] Freilich ist die Grenze dort überschritten, wo vom Sportler verlangt wird, dass er seine Persönlichkeitsrechte en bloc aufgebe oder abtrete. Hier können nur einzelne Ausprägungen des Persönlichkeitsrechts zu einer bestimmten Nutzung schuldrechtlich übertragen werden.[327] **194**

Neben der Verletzung des speziellen Persönlichkeitsrechts am eigenen Bild kann auch **195** eine Verletzung des *Namensrechts* eines Sportlers oder eines Vereins in Betracht kommen. Eine solche liegt beispielsweise vor, wenn ein Sportler ohne seine Einwilligung mit bestimmten Einrichtungen, Gütern oder Erzeugnissen, mit denen er nichts zu tun haben will, in Verbindung gebracht wird.[328] So hat das LG Frankfurt/Main jüngst einer Klage der DFL gegen einen Computerspielehersteller stattgegeben, der Namen der Clubs und Spieler abgebildet hatte.[329]

Wird durch eine Wort- oder Bildberichterstattung in das Recht am eigenen Bild ein- **196** gegriffen, kommen Ansprüche des Sportlers auf Unterlassung, Vernichtung der Aufzeichnungen, Bereicherungsausgleich, Schadensersatz und Schmerzensgeld in Betracht. Ein vorsätzlicher Eingriff kann gemäß § 33 KUG mit Geld- oder Freiheitsstrafe bestraft werden. Der *Unterlassungsanspruch* ergibt sich aus §§ 1004 I Satz 2, 862 I Satz 2 BGB i.V. m. § 22 KUG, der Anspruch auf Vernichtung der Aufzeichnungen aus § 37 I Satz 2 KUG.[330]

Praxisrelevant ist vor allem der verschuldensunabhängige *Bereicherungsanspruch* nach **197** § 812 BGB. Der unberechtigte Bildnutzer hat dem Sportler die ausgebliebene Lizenzvergütung zu zahlen, die er auf Kosten des Sportlers erspart hat und von welcher der Sport-

---

[325] KG Berlin, AfP 1994, 313.
[326] So schon *Schwerdtner*, WFV Nr. 23, S. 114.
[327] Kritisch in Bezug auf das Arbeitsverhältnis im Profi-Fußball auch *Dieckmann*, WFV Nr. 32, S. 61 ff.; zu Vermarktungsbeschränkungen vgl. 2. Teil, Rz. 199 ff.
[328] BGH, NJW 1983, 1184 = GRUR 1983, 262 (Vorname „Uwes"); BGHZ 81, 75 = NJW 1981, 2402 („Carrera"); *MüKo-Schwerdtner*, § 12 Rz. 106 m. w. N.; *ders.*, WFV Nr. 23, S. 115 f.; *Gauß*, GRUR Int. 2004, 558 (562). Auch der Schutz der Stimme ist anerkannt, OLG Hamburg GRUR 1989, 666.
[329] LG Frankfurt/Main, Urteil v. 19.1. 2005, bestätigt durch OLG Frankfurt/Main, Urt. v. 22. 11. 2005 (Az. 11 U 6/05) – „BDFL Manager" –, zur Veröffentlichung in SpuRt vorgesehen. Vgl. auch *Fikentscher*, RuS 36, 27 (34).
[330] Genauer *Schricker/Gerstenberg*, § 60/§§ 33–50 KUG Rz. 3; *Löffler/Ricker*, 44. Kap. Rz. 1 ff.; *Herrmann*, § 25 Rz. 63.

ler seine Einwilligung hätte abhängig machen können. Bei der Bemessung einer fiktiven Lizenzvergütung ist darauf abzustellen, „welches Entgelt vernünftige Vertragspartner in der Lage der Parteien als angemessenes Honorar für die werbemäßige Verwertung des Fotos ausgehandelt hätten. Dabei sind alle Umstände des konkreten Falles zu berücksichtigen, also u. a. die Auflagenstärke und Verbreitung der die Werbeanzeige enthaltenden Zeitschrift, die Art und Gestaltung der Anzeige sowie die Werbewirkung der Bildveröffentlichung."[331] Bei der Ermittlung der Höhe des Ausgleichs sollte im Rahmen von § 287 I Satz 2 ZPO stärker auf die Erfahrungswerte der Werbewirtschaft und des Sportsponsoring zurückgegriffen werden.[332] Der unberechtigte Bildnutzer kann sich nicht darauf berufen, er hätte, hätte der Sportler ein Honorar verlangt, von einer Verbreitung des Bildes abgesehen. Vielmehr muss er sich an dem von ihm geschaffenen Zustand festhalten lassen.[333]

198 Daneben hat der Sportler einen verschuldensabhängigen *Schadensersatzanspruch* gemäß § 823 II BGB i. V. m. § 22 KUG. Der Schaden kann auf dreifache Weise berechnet werden: Zum einen kann der Sportler den konkreten Schaden einschließlich des ihm entgangenen Gewinns verlangen (§§ 249, 252 BGB). Alternativ kann er den Betrag fordern, der einer angemessenen Lizenzvergütung entspricht.[334] Alternativ kann er aber auch Herausgabe desjenigen Gewinns fordern, den der unberechtigte Verwerter aus seinem rechtswidrigen Eingriff gezogen hat.[335]

199 Schließlich kommt ein Anspruch auf *Schmerzensgeld* in Betracht, sofern die Schwere des Eingriffs oder des Verschuldens eine Genugtuung erfordert. Anspruchsgrundlage sind §§ 847, 823 II BGB i. V. m. § 22, 23 II KUG sowie Art. 1 und 2 I GG.[336]

6. Kapitel. Sport und GEMA

200 Sportveranstaltungen sind häufig von Musik begleitet. Man denke nur an den theatralisch inszenierten Einzug des Boxweltmeisters im Halbschwergewicht, *Henry Maske*, in die Boxarena Mitte der neunziger Jahre. *Musikaufführungen* sind genehmigungspflichtig. Für die Aufführung muss eine Gebühr bezahlt werden. Auch der Gastwirt, der zur Kundenbindung eine laufende oder aufgenommene Sportsendung im Fernsehen einschaltet oder auch nur das Radio als akustischen Hintergrund laufen lässt, benötigt vom Rechtsinhaber das Nutzungsrecht gemäß § 22 UrhG.[337] Damit nicht mit jedem Urheber eines Musikstücks einzeln verhandelt werden muss, haben die Komponisten, Textdichter und Musikverleger die Gesellschaft für musikalische Aufführungsrechte und mechanische Vervielfältigungsrechte (GEMA) gegründet. Ihre Direktion sitzt in Berlin und München. Sie ist ein wirtschaftlicher Verein kraft staatlicher Verleihung. Zweck ist gemäß § 2 I der Satzung der Schutz des Urhebers und die Wahrnehmung seiner Rechte im Rahmen dieser Satzung. Die Einrichtung ist uneigennützig und nicht auf Gewinnerzielung gerichtet. Dem Verein obliegt die treuhänderische Verwaltung der ihm von seinen Mitgliedern und Dritten zur Verwertung übertragenen Rechte.[338] Gesetzliche Grundlage ist das Ur-

---

[331] BGH, NJW 1992, 2085 m. w. N.; *Schricker/Gerstenberg*, § 60/§§ 33–50 KUG Rz. 6; *Löffler/Ricker*, 43. Kap. Rz. 8.

[332] *Nasse*, SpuRt 1995, 147.

[333] BGH, NJW 1956, 1554; 1979, 2205; 1992, 2084.

[334] Zur Berechnung vgl. OLG München, AfP 2003, 71 (Boris Becker gegen Saturn: DM 150 000,–); LG Düsseldorf, NJW-RR 1998, 747 („Jetzt aber ran, Berti": DM 10 000,–).

[335] *MüKo-Schwerdtner*, § 12 Rz. 282 f.; *derselbe*, WFV Nr. 23, S. 109; *Schricker/Gerstenberg*, § 60/ §§ 33–50 Rz. 5; *Löffler/Ricker*, 44. Kap. Rz. 35 ff.

[336] BGH, NJW 1996, 985 f. (Caroline von Monaco); *Soehring*, NJW 1997, 364 ff.; *Schricker/Gerstenberg*, § 60/§§ 33–50 KUG Rz. 9 f.

[337] *Fromm/Nordemann*, § 22 Rz. 1.

[338] Vgl. *Roloff*, S. 451 f.; *Schricker/v. Ungern-Sternberg*, § 19 Rz. 27; *Schricker/Reinbothe*, WahrnG, vor §§ 1 ff. Rz. 14.

heberrechtswahrnehmungsgesetz, dessen § 6 der GEMA Tarifautonomie einräumt. Danach setzt die GEMA Tarife fest, die sich insbesondere nach der Intensität der Musiknutzung und der Anzahl der Zuhörer richten. Die Höhe des Tarifs hängt entscheidend davon ab, ob die Darbietung lediglich eine musikalische Umrahmung darstellt und pro Sportveranstaltung unter 30 Minuten bleibt oder ob die Musiknutzung intensiver ist. Die GEMA ist die größte musikalische Verwertungsgesellschaft in Europa und hat im Jahr 2005 Erträge in Höhe von Euro 852 Mio. vereinnahmt. Auch die Vervielfältigung und Verbreitung der Musik auf Videokassetten ist genehmigungspflichtig.[339]

Im Interesse der Sportvereine hat der DSB angesichts der Vielfalt der Musikverwendung im sportlichen Bereich einen Gesamtvertrag und zwei Zusatzvereinbarungen mit der GEMA geschlossen. Danach werden bei rechtzeitig eingeholter Einwilligung der GEMA *Vorzugssätze* bei Musikaufführungen gewährt. Außerdem erfolgt durch die Zahlung eines jährlichen Pauschalbetrags durch den DSB eine Freistellung von den GEMA-Gebühren bei bestimmten Veranstaltungen mit musikalischer Umrahmung. Werden Werke ihres Repertoires ohne Einwilligung genutzt, ist die GEMA berechtigt, Schadensersatz in Höhe des doppelten Normaltarifbetrags zu verlangen.[340] Auch die DFL hat zugunsten der 36 Profiklubs der Bundesliga und 2. Bundesliga über deren Musiknutzung in den Stadien einen Gesamtvertrag zu Vorzugssätzen mit der GEMA abgeschlossen.

201

Die Grenzen der Rechtswahrnehmung durch die GEMA hat der Fall *Henry Maske* aufgezeigt. Das LG München hatte ihm mit einstweiliger Verfügung vom 25.7.1994 untersagt, das Chorstück „O Fortuna" aus Carl Orffs szenischer Kantate „Carmina Burana" zur Einstimmung auf seine Kämpfe zu verwenden.[341] Die Wiedergabe der Musik im Rahmen der Boxveranstaltung ist aus drei Gründen problematisch: zum einen wird „Carmina Burana" nicht in voller Länge wiedergegeben, sondern nur die Schlussminute aus „O Fortuna". Zum Zweiten wird die Musik nicht mit den von Carl Orff vorgesehenen Bildern choreographisch und mimisch verbunden, sondern eher martialisch mit dem Einmarsch in die Boxarena. Zum Dritten könnte eine Nutzung der Musik zur Eigenwerbung des Boxers Henry Maske vorliegen, wozu die hierfür nötigen Nutzungsrechte eingeholt sein müssten. Daher sei wegen des hier vorliegenden urheberpersönlichkeitsrechtlichen Bezugs nicht die GEMA zur Wahrnehmung befugt gewesen, sondern der Verlag. Ohne dessen Nutzungserlaubnis stelle sich die Verbindung von „O Fortuna" mit dem Einmarsch des Boxweltmeisters als Verstoß gegen §§ 14, 23 UrhG (analog) dar, was die Ansprüche nach § 97 I UrhG nach sich ziehe, also vor allem den Anspruch auf Unterlassung der weiteren Verwendung. Folglich liege auch in der Übertragung durch RTL und in der Bewerbung der Sendung mittels „Trailer" eine Urheberrechtsverletzung.[342]

202

---

[339] V. *Hartlieb*, 213. Kap. Rz. 1 ff.
[340] Der Vertrag und die Vereinbarungen sind nebst Erläuterungen abgedruckt in DSB, Arbeitshilfen Heft 1 „Sport und GEMA", 1991.
[341] Zit. nach *Russ*, ZUM 1995, 32.
[342] *Russ*, ZUM 1995, 34 f., der – allerdings zu weitgehend – den Trailer des Senders unter Hinweis auf OLG Hamburg, ZUM 1991, 90 f. als Werbespot ansieht; a. A. mit beachtlichen Gründen *v. Have/Eickmeier*, ZUM 1995, 321 ff.

5. Teil. Sport, Schäden und Beeinträchtigungen

Literatur: *Beulke, Stefan,* Die Haftung des Bergführers bei beruflicher und privater Ausübung des Bergsports, München 1994; *Börner, Joachim,* Sportstätten-Haftungsrecht, Berlin 1985; *Caninenberg, Peter,* Die Sportveranstaltungsausfallversicherung, Frankfurt/Main u. a. 1988; *Dambeck, Gerhard,* Beweisfragen im Schadensersatzprozeß wegen Auslösemängeln von Sicherheitsbindungen, VersR 1992, 285 ff.; *ders.,* Die neuen FIS-Regeln, DAR 1993, 132 ff.; *Dambeck, Gerhard/Leer, Eugen,* Piste und Recht, Schriftenreihe des Deutschen Ski-Verbandes Band 6, 3. Aufl. 1996; *Dambeck, Gerhard/Pichler, Josef,* Kollisionsunfälle mit Skipistengeräten – Haftung nach deutschem und österreichischem Recht, SpuRt 1996, 6 ff.; *Deutsch, Erwin,* Die Mitspielerverletzung im Sport, VersR 1974, 1045 ff.; *ders.,* Der Reiter auf dem Pferd und der Fußgänger unter dem Pferd – Irrwege der Rechtsprechung zur Haftung für die Tiergefahr, NJW 1978, 1998 ff.; *ders.,* Nachbarrecht und Sportstätte, VersR 1984, 1001 ff.; *Dury, Walter,* Zur Anwendbarkeit der Sportanlagen-Lärmschutzverordnung im zivilrechtlichen Nachbarstreit, NJW 1994, 302 ff.; *ders.,* Von Sportanlagen ausgehender Lärm – Auswirkungen der Änderung von § 906 Abs. 1 BGB für die Praxis, SpuRt 1995, 102 ff.; *ders.,* Haftung des Trainers, Straf- und zivilrechtliche Verantwortlichkeit, RuS 21; *Eichenberger, Richard,* Zivilrechtliche Haftung des Veranstalters sportlicher Wettkämpfe, Diss. Zürich 1973; *Eickmann Tobias,* Die zivilrechtliche Haftung beim Betrieb von Pistenraupen und die Eigenverantwortlichkeit des Wintersportlers, Münster 2004; *Friedrich, Paul M.,* Die Haftung des Sportlers aus § 823 Abs. 1 BGB, NJW 1966, 755 ff.; *Fritzweiler, Jochen,* Haftung bei Sportunfällen, München 1978; *ders.,* Rennen auf eigene Gefahr? – Ist das Risiko im Skirenn- und Motorsport gerecht verteilt?, SpuRt 1994, 131 ff.; *ders.,* Gefährliches Boxen und staatliches Verbot?, SpuRt 1995, 156 ff.; *ders.,* Haftung bei Sportunfällen, DAR 1997, 137; 1998, 260; *Fuchs, Maximilian,* Schadensausgleich bei Sportverletzungen, SpuRt 1999, 133; *Füllgraf, Lutz,* Haftungsbegrenzung bei Sportverletzungen, VersR 1983, 705 ff.; *Gaentzsch, Günter,* Sportanlagen im Wohnbereich, UPR 1985, 201 ff.; *Galli, Bernhard,* Haftungsprobleme bei alpinen Tourengemeinschaften, Frankfurt/Main 1995; *ders.,* Ein Unfall im Gebirge – Persönlicher Schicksalsschlag oder Haftung des Verursachers?, SpuRt 1995, 208 ff.; *Gitter, Wolfgang,* Sport und gesetzliche Unfallversicherung, SGb 1990, 393 ff.; *ders.,* Unfallversicherungsrechtliche Fragen zu Risikosportarten, RuS 14, 21 ff.; *ders.,* Die Festsetzung von Gefahrtarifen in der gesetzlichen Unfallversicherung im Hinblick auf den Fußballsport, SpuRt 1996, 148 ff.; 1997, 12 ff.; *Gitter, Wolfgang/Schwarz, Wolfgang,* Sport und Sozialversicherungsrecht, RdA 1982, 37 ff.; *Graf-Baumann/Metreweli,* Unfall- u. Katastrophenforschung, Erlangen 1981; *Grunsky, Wolfgang,* Zur Haftung von Sportunfällen, JZ 1975, 109 ff.; *ders.,* Haftungsrechtliche Probleme der Sportregeln, Heidelberg 1979; *Günther, Jörg-Michael,* Die zivilrechtliche Haftung im Tennissport, VersR 1993, 794 ff.; *Hass, Ulrich/Haug, Tanja/Reschke, Eike,* Handbuch des Sportrechts, Dokumentation mit Erläuterungen Band 1–3 1986 Neuwied; *Hagen, Horst,* Höchstrichterliche Rechtsprechung zum Problemkreis Nachbarschutz und Sportstätte, RuS 17, 1 ff.; *ders.,* Sportanlagen im Wohnbereich – Rechtsproblematik aus bürgerlich-rechtlicher Sicht, UPR 1985, 192 ff.; *Hagenbucher, Karl-Heinz,* Die Verletzung von Verkehrssicherungspflichten als Ursache von Ski- und Bergunfällen, München 1984; *ders.,* Die Verletzung von Verkehrssicherungspflichten als Ursache von Ski- und Bergunfällen, NJW 1985, 177 ff.; *Hillermeier, Karl,* Nochmals: Sinn und Unsinn einer Haftungsneuregelung beim Skischleppliftbetrieb, ZPR 1981, 160 ff.; *Himmelseher, Volker,* Die Entwicklung der Sportversicherung in der Bundesrepublik Deutschland, 1981 Puchheim; *Hoffmann, Elvira/Hoffmann, Matthias,* Traumhaftes Inline-Skating, Lehrbuch, 1996; *Hoffmann, Michael/Münchenbach, Hartmut/Pohl, Wolfgang,* Felsklettern – Sportklettern, Alpin-Lehrplan 2, 3. Aufl. 1991; *Huber, Michael,* Zur Haftung des gewerbsmäßigen Skivermieters bei Skiunfällen infolge fehlerhafter Einstellung der Sicherheitsbindung, NJW 1980, 2561 f.; *Hübner, Ulrich,* Haftungs- und Versicherungsrecht bei Risikosportveranstaltungen, RuS 14, 1 ff.; *Hummel, Dieter,* Verkehrssicherungspflicht für Skipisten, NJW 1974, 170 ff.; *Irmer, Daniela,* Snowboarder – eine Gefahr für Skifahrer?, SpuRt 1996, 14 f.; *Klein, Willi/Roth, Oskar,* Deutsches Sporthandbuch, Regelwerk des deutschen Sports, Loseblatt – 3 Bände, Heidelberg 1996; *Kleppe, Peter,* Die Haftung bei Skiunfällen im Alpenländern, München u. a. 1967; *Köhler, Helmut,* Zivilrechtliche Haftung bei Zuschauerausschreitungen, RuS 18, 13 ff.; *König, Bernhard,* Die Haftung von Funktionären nationaler und internationaler Sportverbände, SpuRt 1994, 112 ff.; *Krähe, Christian,* Die zivilrechtlichen Schadensersatzansprüche von Amateur- und Berufssportlern für Verletzungen beim Fußballspiel, Bern u. a. 1981; *Kummer, Max,* Spielregel und Rechtsregel, Bern 1973; *Lang, Gerhard,* Sportanlagen im Wohnbereich, UPR 1985, 185 ff.; *Majerski-Pahlen, Monika,*

5. Teil. Sport, Schäden und Beeinträchtigungen

Sozialleistungen für Sportlerinnen und Sportler, SGb 1990, 49 ff.; *Merkel, Christian*, Die Haftung der Sportveranstalter bei Sportunfällen, Berlin 2004; *Mihm, Katja*, Sozialversicherungsrechtliche Aspekte in Freizeit- und Profisport, Ansprüche und verschuldens- sowie risikoabhängige Grenzen, SpuRt 1995, 18 ff.; *Nirk, Rudolf*, Die Haftung bei Skiunfällen, NJW 1964, 1829 ff.; *Padrutt, Willy*, Probleme des Skirechts aus schweizerischer Sicht, in: *Schroeder/Kauffmann* (Hrsg.), Sport und Recht, Tübingen 1972; *Papier, Hans-Jürgen*, Sportstätten und Umwelt, UPR 1985, 73 ff.; *ders.*, Sport und Umwelt, NVwZ 1986, 624 ff.; *Petev, Valentin*, Zum Problem der Rechtswidrigkeit in bezug auf die zivilrechtliche Haftung für Sportunfälle, VersR 1976, 320 ff.; *Pichler, Josef*, „Skifahren auf Sicht" – eine uneingeschränkte Forderung, NJW 1967, 2193 ff.; *ders.*, Die Verkehrssicherungspflicht bei internationalen Skirennstrecken, SpuRt 1995, 53 ff.; *ders.*, Selbstgefährdung durch Teilnahme am Skirennsport – Haftungsbegrenzung, SpuRt 97, 7 ff.; *Pichler, Josef/Fritzweiler, Jochen*, Österreichische und deutsche Rechtsprechung zu Skiunfällen, SpuRt 1999, 7; 2000, 8; *Pichler, Josef/Holzer, Wolfgang*, Handbuch des österreichischen Skirechts, Wien 1987; *Pikart, Heinz*, Bürgerlich-rechtliche Rechtsfragen bei Lärmbelästigungen durch den Betrieb von Sportanlagen im Wohnbereich, in: Umwelteinwirkungen durch Sportanlagen, Düsseldorf 1984; *Reif*, Risks and Gains/*Oaks-Berry:* Sportinjuries, Reprint Melbourne 1986; *Röckrath, Luidger*, Die Haftung des Sportvereins als Veranstalter unter besonderer Berücksichtigung des Bergsports, SpuRt 2003, 189; *Rolfs Christian*, Sport und Sozialversicherung, Baden-Baden, 2001; *Salzwedel, Jürgen*, Sportanlagen im Wohnbereich, UPR 1985, 210 ff.; *Schaible, Hans*, Die gesetzliche Unfallversicherung und der Verein, WFV 16, 20 ff.; *Scheffen, Erika*, Entwicklungstendenzen der Rechtsprechung des Bundesgerichtshofes zur Haftung bei Sportunfällen, RuS 2, 1 ff.; *Scheuer, Werner*, Die Athletenerklärung des Internationalen Skiverbandes (FIS) – Sportrisiko und Eigenverantwortung, SpuRt 1995, 26 f.; *Schmidt, H. W.*, Sorgfaltspflichten des Golfspielers gegenüber Dritten und Verkehrspflicht des Platzvereins, VersR 1963, 1101 ff.; *Schmidt, Karsten*, Vereinsmitgliedschaft als Grundlage von Schadensersatzansprüchen, JZ 91, 157 ff.; *Schmitz, Uta*, Privat- und öffentlich-rechtliche Abwehransprüche gegen Sportlärm, NVwZ 1991, 1126 ff.; *Schünemann, Wolfgang*, Unfallhaftung im Bergsport, VersR 1982, 825 ff.; *Schwab, Dieter*, Haftungsfragen bei Zuschauerausschreitungen, WFV 13, 63 ff.; *Schwarz, Wolfgang*, Sozialversicherungsrechtliche Aspekte des Betriebssports und des firmennahen Sports, Diss. Bayreuth 1988; *Spindler, Gerald/Spindler, Beate*, Die Sportanlagen-Lärmschutz-Verordnung in ihrer praktischen Anwendung, NVwZ 1993, 225 ff.; *Stein, Holger*, Haftungsrechtliche Folgen von Zuschauerausschreitungen bei Massensportveranstaltungen, Diss. Bayreuth 1992; *Stiffler, Hans-Kaspar*, Schweizerisches Schneesportrecht, 3. Aufl., Bern 2002; *Stoll, Hans*, Handeln auf eigene Gefahr, Berlin/Tübingen 1961; *Sturm, Hans/Zintl, Fritz*, Sicheres Klettern in Fels und Eis, 3. Aufl. München 1966; *dies.*, Felsklettern, München 1979; *Taupitz, Jochen*, Das Umwelthaftungsgesetz als Zwischenschritt auf dem Weg zu einem effektiven Umwelthaftungsrecht, Jura 1992, 113 ff.; *ders.*, Umweltschäden durch Sport aus haftungsrechtlicher Sicht, RuS 17, 17 ff.; *Vieweg, Klaus*, Sportanlagen und Nachbarrecht, JZ 1987, 1104 ff.; *Wachendorf, Uwe*, Sinn und Unsinn einer Haftungsneuregelung beim Skischleppliftbetrieb, ZRP 1981, 77 ff.; *Werner, Fritz*, Sport und Recht, Tübingen 1968; *Wiethaup, Hans*, Rechtsprechungsübersicht betr. Lärmbeeinträchtigung durch Sportveranstaltungen, MDR 1969, 822 ff.; *ders.*, Zur straf- und zivilrechtlichen Seite von Unglücksfällen auf Tribünen in überfüllten Fußballstadien, VersR 1971, 16 ff.; *Zeilner*, Haftung und Schadensersatz bei Sportunfällen, 2001 *Zimmermann, Reinhard*, Verletzungserfolg, Spielregeln und allgemeines Sportrisiko, VersR 1980, 497 ff.; *Zuck, Rüdiger*, Der Golfunfall, in: *Bruchhausen, Karl* u. a. (Hrsg.), Festschrift für Rudolf Nirk zum 60. Geburtstag, München 1992.

Übersicht

	Rz.
Einführung	1
1. Kapitel. Haftungsvoraussetzungen	5
A. Vertragliche Ansprüche	5
B. Deliktische Ansprüche	6
1. § 823 Abs. 1 BGB	6
2. § 823 Abs. 2 BGB	6a
3. § 831 BGB	6b
4. § 833 BGB, § 7 StVG, § 33 LuftVG	6c
C. Umfang des Schadensersatzes	6d
D. Haftungsbeschränkung, Mitverschulden	6e
E. Beweislast	6f
F. Konkurrenz der Anspruchsgrundlagen, Unterschiede	6g

	Rz.
2. Kapitel. Haftung der Sportler bei Sportunfällen	7
A. Rechtsprechung und Dogmatik der Verkehrspflichtenhaftung	8
B. Bestimmung der „Verkehrspflichten im Sport" durch das Regelwerk der Sportverbände und gesetzlich fixierte Verkehrspflichten	13
C. Haftung der Sportler bei den einzelnen Sportarten	16a
I. Individualsportarten (Parallelsportarten)	17
II. Kampfsportarten	42
III. Sportarten im Bereich der Gefährdungshaftung	49
1. Gefährdungshaftung beim Reit- und Pferdesport	50
2. Gefährdungshaftung beim Auto- und Motorradsport	51
3. Gefährdungshaftung beim Flugsport	52
IV. Haftung des Sportlers gegenüber Zuschauern und Helfern	53
V. Haftungsbeschränkung, Haftungsausschluss, Mitverschulden	54a
1. Ausdrücklicher Haftungsausschluss	55
2. Stillschweigender Haftungsausschluss	56
3. Gesetzlicher Haftungsausschluss	57
4. Mitverschulden	59
IV. Beweisführung im Prozess	62
3. Kapitel. Haftung der Sportveranstalter bei Sportunfällen	64
A. Rechtsprechung und Bestimmung der „Verkehrspflichten für den Sport"	66
B. Haftung der einzelnen Veranstalter bei verschiedenen Sportarten	69a
I. Haftung des Sportvereins und Sportverbandes	69b
1. Haftung gegenüber Sportlern	70
a) Vertragliche und deliktische Anspruchsgrundlagen	71
b) Verkehrspflichten bei den einzelnen Sportarten	73
c) Ausschluss und Beschränkung der Haftung	78
2. Haftung gegenüber Zuschauern und Unbeteiligten	80
Exkurs: Haftung des Stadioneigentümers	89
II. Haftung privater Sportlehrer (Trainer) und Sportschulen	93
1. Vertragliche und deliktische Anspruchsgrundlagen	94
2. Verkehrspflichten bei den einzelnen Sportarten	96
3. Ausschluss und Beschränkung der Haftung	98
III. Haftung der Betreiber von Bahnen und Schleppanlagen	99a
1. Vertragliche und deliktische Anspruchsgrundlagen	100
2. Verkehrspflichten bei den einzelnen Sportarten	102
3. Ausschluss und Beschränkung der Haftung	108
IV. Haftung des Staates und der Kommunen im öffentlichen Sportbetrieb	109a
1. Vertragliche und deliktische Anspruchsgrundlagen	110
2. Verkehrspflichten bei den einzelnen Sportarten	112
3. Ausschluss und Beschränkung der Haftung	115
V. Haftung des Produzenten, Vertreibers, Vermieters und Reparateurs von Sportgeräten und Sportanlagen	118
1. Vertragliche und deliktische Anspruchsgrundlagen	119
2. Verkehrspflichten bei den einzelnen Sportarten	121
3. Ausschluss und Beschränkung der Haftung	123
4. Kapitel. Haftung der Zuschauer	124
I. Gegenüber (Mit-)Zuschauern	124
II. Gegenüber Veranstalter und Stadioneigentümer	127
III. Gegenüber Sportlern, Schiedsrichtern, unbeteiligten Dritten	128
5. Kapitel. Gesamtschuldnerische Haftung	129
6. Kapitel. Versicherungsschutz bei Sportunfällen	130
I. Gesetzliche Versicherungen	130a
1. Gesetzliche Unfallversicherung	131
2. Gesetzliche Krankenversicherung	133
3. Gesetzliche Rentenversicherung	136
II. Private Versicherungen	136a
1. Private Unfall-, Kranken- und Haftpflichtversicherung	137
2. Sportversicherung als	
a) Sport-Unfallversicherung	139

	Rz.
b) Sportkrankenversicherung	140
c) Sporthaftpflichtversicherung	141
III. Ausschluss von Risikosportarten, Aufopferungsansprüche für Leistungssportler	141a
1. Ausschluss von Risikosportarten	142
2. Aufopferungsansprüche für Leistungssportler	143
7. Kapitel. Sport und Nachbarliche Beeinträchtigungen, Umwelteinwirkungen, Abwehr und Ausgleich	143a
I. Sport – Nachbarliche Beeinträchtigungen, Abwehr und Ausgleich	144
1. Anspruchsvoraussetzungen	145
2. Ältere Rechtsprechung zum Sportlärm	146
3. Entwicklung der Rechtsprechung	148
a) Wesentliche Geräuschbeeinträchtigungen	152
b) Privilegierung	153
4. Gesetzesänderung	155
5. Praktische Anwendung im Sport	156
a) Anwendung der Sportanlagen-Lärmschutzverordnung auf den Sportsachverhalt	156
b) Auslegung der Tatbestandsmerkmale des § 906 BGB	157
II. Sport – Umwelteinwirkungen, Abwehr und Ausgleich	158
1. Anspruchsvoraussetzungen	158
2. Rechtsprechung	159
3. Abwehr und Ausgleich von Umwelteinwirkungen	160
a) Abwehranspruch §§ 1004, 906 I, II Satz 1 BGB; Schadensersatz nach § 906 II Satz 2 BGB, § 14 Satz 2 BImSchG	160
b) Schadensersatzansprüche nach § 22 WHG, § 2 HaftpflichtG, § 114 BBergG	161
c) Schadensersatzansprüche nach §§ 823 ff. BGB	162
4. Das neue Umwelthaftungsgesetz	163
5. Die Problematik einer Umwelthaftung nach der deliktischen Generalnorm des § 823 I BGB	164a

Einführung

Sport umfasst sowohl körperliche Betätigung als auch soziale Interaktion; beide Faktoren **1** tragen dazu bei, dass es zu Schadensereignissen oder jedenfalls zu *Beeinträchtigungen* kommen kann. Diese unerwünschten Folgen lassen sich auf verschiedene Art und Weise darstellen:

Nach dem *Charakter* der Beeinträchtigung unterscheiden wir Personenschäden, Sachschäden, Vermögensschäden und Immissionen. Nach dem *Verursacher* lassen sich Beeinträchtigungen durch Sportler, Zuschauer, Veranstalter bzw. Anlagenbetreiber und durch Dritte, nach dem *Objekt* der Beeinträchtigung schließlich differenzieren wir Einwirkungen auf Sportler, Zuschauer, Dritte (insbesondere Nachbarn) oder „die Umwelt" schlechthin.

Nach der in unserer Rechtsordnung vorgesehenen *gesetzlichen Regelung* über *Schadensausgleich* und *Abwehr* von Beeinträchtigungen unterscheiden wir Normen
– der *Haftung*, als einem individuellen Schadensausgleich zwischen Schädiger und Geschädigten,
– des *Versicherungsschutzes*, als einem sozialen Schadensausgleichssystem von gesetzlich vorgesehenen staatlichen Versicherungen und privaten Versicherungen,
– über *Beseitigungs- und Unterlassungsansprüche* gegenüber Beeinträchtigungen von Eigentum und Persönlichkeitsrechten.

Beim *Schadensausgleich durch Haftung* ist nach den Schadenszurechnungsgründen zu suchen, d. h. nach Normen, die die Verantwortung und die Ersatzpflicht für einen Schaden regeln. Die Rechtsordnung geht davon aus, dass grundsätzlich jeder Schaden von demjenigen, der ihn erlitten hat, selbst zu tragen ist und dass dem Geschädigten ein Anspruch auf Schadensausgleich nur dann zusteht, wenn ein besonderer Grund besteht. Dieser kann auf *vertraglicher Verpflichtung* beruhen oder auf *rechtswidriger* und *schuldhafter Verursachung* des Schadens nach §§ 823 ff. BGB, ferner auf einer Verantwortung für einen Schaden von denjenigen, die in ihrem Interesse eine mit besonderen Gefahren für andere verbundene Anlage oder Tätigkeit betreiben (*Gefährdungshaftung*).

Der *Schadensausgleich durch Versicherungsschutz*, ein Ausgleichsystem durch öffentlich-rechtliche Pflichtversicherungen und privatrechtlich geregelte freiwillige Versicherungen, tritt an die Stelle der rechtswidrigen Verschuldens- und Gefährdungshaftung; hierbei kommt es auf die Zuordnung der Schadensfälle in diese gesetzlich oder vertraglich geregelten Ausgleichstatbestände an. Wegen der gesetzlichen Forderungsübergänge der §§ 116 SGB X und 67 VVG sind Haftungs- und Versicherungsrecht eng verzahnt.

Die Regelungen über *Beseitigungs- und Unterlassungsansprüche* für vorhandene und künftig zu erwartende Beeinträchtigungen persönlicher Rechtsgüter ergänzen schließlich den Rechtsschutz durch Schadensausgleich.

2   Sportsachverhalte innerhalb dieser Normenkomplexe und anhand der Rechtsprechung angemessen zu beurteilen, heißt ihre besonderen Eigenheiten berücksichtigen. Dies erfordert die besondere Beurteilung bestimmter gefährlicher Verhaltensweisen und Belästigungen in Zusammenhang mit den einzelnen Sportarten. Eine solche muss unter den Sportarten unterschiedlich sein, je nach deren Eigenheiten, Technik, Taktik in deren Ausübung, ferner danach, ob die Sportart mit alleiniger Körperkraft oder mit Sportgeräten, Kraftfahrzeugen oder mit Tieren betrieben wird, sowie nach außen bezüglich ihrer Auswirkungen auf Nachbarn und Umwelt.

Literatur und Rechtsprechung sind sich insgesamt längst darüber einig, dass sich der Sport *nicht mehr im rechtsfreien Raum* abspielt,[1] sondern den allgemeinen Rechtsregeln unterworfen ist.

3   Der Begriff *Sport* oder auch *Spiel*[2] ist rechtlich nicht relevant, da keine Gesetzesnormen an ihn anknüpfen,[3] ebenso wenig an die Begriffe *Sportverletzung* und *Sportunfall*. Unter *Sportverletzung* versteht man nach allgemeinem Sprachgebrauch den selbst oder fremdverursachten Personenschaden in Zusammenhang mit sportlicher Betätigung des Sportlers selbst, während *Sportunfall* das plötzliche Ereignis im Sport ist, welches Personen- und Sachschäden des Sportlers sowie anderer Personen und Sachen zur Folge hat. Beide sind tatsächliche Begriffe und keine Rechtsbegriffe,[4] wie etwa im Verkehrs- und Strafrecht der *Verkehrsunfall*,[5] im Arbeitsrecht der *Arbeitsunfall*[6] oder auch der *versicherungsrechtliche Unfallbegriff* nach § 2 AUB.[7]

Ebenfalls als tatsächlicher Begriff ist die *Sportveranstaltung* zu verstehen. Die Sportveranstaltung ist im Gegensatz zum Sportbetrieb bzw. der sportlichen Betätigung durch Sportler ein Ereignis, bei welchem Zuschauer anwesend sind und ein größerer Organisationsaufwand notwendig ist. Sie wird planmäßig durchgeführt und vorbereitet und ist zeitlich begrenzt durch den sportlichen Wettkampf der Sportler bzw. der Erreichung des leistungsbezogenen Zweckes. Durch die Anwesenheit von Zuschauern und die Abwicklung organisatorischer Maßnahmen vor und nach dem Sportbetrieb ist die Sportveranstaltung ein zusätzlicher Gefahrenbereich.[8]

Lediglich die Versicherungsbedingungen für die Sportveranstaltungsausfall-Versicherung knüpfen an einen festbegrenzten Begriff Sportveranstaltung an, wonach Merkmale

---

[1] Siehe Einführung/Rz. 6 ff.
[2] Zum Begriff siehe Einführung Rz. 1 ff.; hierzu auch BGH, NJW-RR 95, 857.
[3] Sieht man von vereinzelten Regelungen wie z. B. den § 31 StVO „Sport und Spiel" ab.
[4] Siehe *Fritzweiler*, S. 5; *Börner*, S. 25.
[5] Siehe hierzu *Hentschel*, § 142 StGB, Rz. 24.
[6] Siehe *Schaub*, § 109 II.
[7] Siehe hierzu unten, Rz. 130 ff.
[8] Zum Begriff der Sportveranstaltung ausführlich *Börner*, S. 16 ff., 24.

wie sportliches Ereignis, Veranstaltungsabsicht, Planmäßigkeit und Rechtmäßigkeit, Veranstaltungsstätte, wirtschaftliches Umfeld und Selbständigkeit sowie teilweise eine wirtschaftliche Zielsetzung vorliegen müssen.[9]

Personen- oder Sach-Schadensfälle im Sportgeschehen ereignen sich nun im freien Sportbetrieb (etwa Fußball spielende Jugendliche auf freiem Bolzplatz, Bergsteigen) oder im Rahmen von Sportveranstaltungen; sie können durch Eigenverursachung des Sportlers selbst oder Fremdverursachung eines Mitsportlers oder anderer Beteiligter (z. B. Helfer, Schiedsrichter) geschehen. Im Rahmen von Sportveranstaltungen kann man genau gesehen *zwei Verursachungsbereiche* ausmachen, nämlich diejenigen aus dem *Sportbetrieb* und die aus dem außersportlichen *Veranstaltungsbereich*. Man unterscheidet Unfälle im Sportbetrieb (*Sportunfälle*) von denjenigen, deren Ursache dem „Zuschauerbetrieb" – Zuschauerbereich oder Nachbarbereich – entstammt, als einem dem Sportbetrieb mit einbezogenen Gefahrenbereich (*Sportveranstaltungsunfälle*). **4**

Für eine übersichtliche Darstellung der Haftungsmöglichkeiten und deren verschiedenste Voraussetzungen bei *Sportunfällen* und *Sportveranstaltungsunfällen* eignet sich am besten das *Verursacherprinzip* unter gleichzeitiger Berücksichtigung der verschiedensten *Gefahrenbereiche*. Demnach ist zu unterscheiden

– die Haftung des *Sportlers* selbst gegenüber Mitsportlern, gegenüber Zuschauern und gegenüber Veranstaltern,

– die Haftung der *Sportveranstalter* gegenüber Sportlern sowie gegenüber Zuschauern der Veranstaltung und schließlich

– die Haftung der *Zuschauer* gegenüber dem Veranstalter und gegenüber den Mitzuschauern.

1. Kapitel. Haftungsvoraussetzungen

A. Vertragliche Ansprüche

Bei Sportunfällen und Sportveranstaltungsunfällen können zwischen den Beteiligten vertragliche Beziehungen bestehen, aus denen sie unmittelbar berechtigt und verpflichtet werden. Ausnahmsweise können darüber hinaus nicht beteiligte Dritte in den Schutz vertraglicher Pflichten mit einbezogen werden. Die Rechtsprechung hat hierzu die Rechtsfigur des Vertrages mit Schutzwirkung zugunsten Dritter entwickelt, aus dem der außenstehende Dritte vertragliche Schadensersatzansprüche geltend machen kann. Sportler wie Zuschauer können unter Umständen in Verträge der Veranstalter mit einbezogen sein, wenn der (Schutz-)Zweck des Vertrages sich gleichermaßen auf sie erstreckt.[10] Die Voraussetzungen lassen sich nur durch Vertragsauslegung ermitteln (trotz neuerdings erfolgter gesetzlicher Regelung in § 311 Abs. 3 BGB). **5**

Verletzt also ein Vertragspartner seine vertraglichen Sorgfaltspflichten gegenüber dem anderen und wird der Dritte dadurch verletzt, so hat dieser Schadensersatzansprüche, wenn er mit in den Vertrag einbezogen ist[11] und er selbst keine eigenen Ansprüche hat.[12]

Anspruchsgrundlage für eine Haftung bei Sportunfällen aus vertraglichen Beziehungen war bis zur Schuldrechtsreform unter anderem auch das Rechtsinstitut der positiven Vertragsverletzung, welches nun auf der Grundlage des neu geschaffenen § 241 Abs. 2 BGB durch die Pflicht „zur Rücksicht auf die Rechte und Rechtsgüter des anderen Teils"

---

[9] So *Caninenberg*, S. 20–24 m.w.N.; siehe auch *Himmelseher*, Besondere Versicherungen des organisierten Sportes.
[10] Für seinen Betrieb und seine Veranstaltungen in RuS 26, 10 ff. Zu den Voraussetzungen des Schutzwirkungsvertrages *Palandt-Heinrichs*, § 328 Rz. 13 ff.; BGH, NJW 85, 489; 96, 2927.
[11] Siehe hierzu BGH, NJW 76, 1844; 84, 355; 87, 1758.
[12] So BGH, BGHZ 133, 168.

ersetzt wurde.¹³ Ob nun der Vertragsschuldner Pflichtverletzungen zu vertreten hat, richtet sich nach den §§ 276 bis 279 BGB. Der Schuldner haftet für eigenes Verschulden nach § 276 BGB und für das seiner Erfüllungsgehilfen nach § 278. Nach § 276 Abs. 1 Satz 1 BGB haftet der Schuldner für Vorsatz und Fahrlässigkeit, wobei Vorsatz das „Wissen und Wollen" des rechtswidrigen Erfolgs darstellt, die Fahrlässigkeit dagegen die „Außerachtlassung der im Verkehr erforderlichen Sorgfalt". Die zivilrechtliche Fahrlässigkeit beurteilt sich nach einem objektiven Maßstab. Dieser beinhaltet keinen persönlichen, sondern einen typischen Schuldvorwurf. Darüber hinaus haftet der Schuldner auch für seine Erfüllungsgehilfen, also die Personen, derer er sich zur Erfüllung seiner Verbindlichkeit bedient (§ 278 Satz 1 BGB). Erfüllungsgehilfe ist jeder, der mit Wissen und Wollen des Schuldners an der Leistungserfüllung mitwirkt.¹⁴ Bei der Erfüllungsgehilfen-Eigenschaft kommt es nur auf die tatsächliche Mitwirkung an, nicht etwa darauf, ob der Gehilfe nach Weisungen handelt oder in vertraglichen Beziehungen zum Schuldner steht (was den Unterschied zum Verrichtungsgehilfen des § 831 BGB ausmacht).

B. Deliktische Ansprüche

1. § 823 Abs. 1 BGB

6 Anspruchsgrundlage für eine Haftung eines Beteiligten im Sport aus § 823 Abs. 1 BGB ist die Verletzung des Lebens, des Körpers, der Gesundheit, des Eigentums oder eines sonstigen Rechts; die Verletzungshandlung, entweder aktives Tun oder pflichtwidrige Unterlassung, muss die Rechtsgutsverletzung kausal herbeigeführt haben, sie muss rechtswidrig sein und verschuldet, entweder in Form des Vorsatzes oder der Fahrlässigkeit.

Rechtsgutsverletzung: Für Sportsachverhalte kommen am ehesten Körperverletzungen und Sachbeschädigungen im Sinne des § 823 Abs. 1 BGB in Betracht, welche unter die aufgezählten Rechtsgüter Leben, Gesundheit und Eigentum fallen. Unter das genannte sonstige Recht sind auch der Name bzw. die Firma des Sportlers oder des Beteiligten sowie das Recht am eigenen Bild (§§ 22 ff. KUG) und das allgemeine Persönlichkeitsrecht zu subsumieren.

Verletzungshandlung: Unter Verletzungshandlung im Sinne des § 823 Abs. 1 BGB ist jedes willentliche Verhalten zu verstehen, welches schadensursächlich ist. Dem aktiven Tun ist das pflichtwidrige Unterlassen gleichgestellt, d. h., wenn ein Beteiligter eine Erfolgsabwendungs- oder Garantenpflicht hat und diese verletzt; solche Pflichten können sich aus Gesetz, besonderen Gefahrenlagen und anderen tatsächlichen Umständen ergeben.

Kausalität: Die Rechtsgutsverletzung des § 823 Abs. 1 BGB muss durch die Verletzungshandlung kausal herbeigeführt sein, wobei der Schädiger nur für eine adäquat verursachte Verletzung oder Schädigung haftet.

Rechtswidrigkeit: Die in § 823 Abs. 1 genannte Widerrechtlichkeit ist keine Anspruchsvoraussetzung, vielmehr wird sie durch eine erfolgte Verletzung indiziert. Der Verletzer kann sich durch Darlegung eines Rechtfertigungsgrundes von der Haftung befreien.

Verschulden: Schließlich verlangt eine Haftung nach § 823 Abs. 1 das Vorliegen eines Verschuldens des Verletzers, also Vorsatz oder Fahrlässigkeit gemäß § 276 Abs. 1 BGB.

Das Tatbestandsmerkmal Fahrlässigkeit im Deliktsrecht unterscheidet sich nicht von dem im Vertragsrecht. Nach dem objektiven Fahrlässigkeitsmaßstab sind Pflichtverletzung und objektive Fahrlässigkeit schwer zu trennen. Entscheidend bei der Haftung aus fahrlässigem Verhalten ist die Verletzung einer Verkehrspflicht.¹⁵

Neben dem Maßstab für das Verschulden ist schließlich auch die Schuldfähigkeit nach §§ 827 Satz 1, 828 BGB zu berücksichtigen (§ 276 Abs. 1 Satz 3 BGB).

---

¹³ Siehe hierzu *Palandt-Heinrichs,* § 241, Rz. 6 f.
¹⁴ So ständige Rechtsprechung des BGH, z. B. BGHZ 114, 263; BGH, NJW 88, 1907.
¹⁵ Siehe unten Rz. 12.

2. § 823 Abs. 2 BGB

Haftungsvoraussetzung für § 823 Abs. 2 BGB ist (im Gegensatz zur Verletzung bestimmter Rechtsgüter in § 823 Abs. 1 BGB) die Verletzung oder Schädigung eines anderen durch den Verstoß gegen ein Gesetz, das den Schutz des Beschädigten bezweckt.[16] **6a**

Ebenso ist nach dem Wortlaut des § 823 Abs. 2 BGB weitere Haftungsvoraussetzung das Verschulden, dieses wird jedoch nach der Rechtsprechung bereits vermutet, wenn das Schutzgesetz die Verletzungshandlung konkret beschreibt.[17]

Schutzgesetz ist jede Rechtsnorm (Art. 2 EGBGB), es kann sich handeln um ein Gesetz, eine Rechtsverordnung oder öffentlich-rechtliche Satzung, welche den Einzelnen schützen soll. Keine Rechtsnormen sind daher etwa DIN-Normen, Unfallverhütungsvorschriften oder Vereinssatzungen; Schutzgesetze im Sinne des § 823 Abs. 2 BGB sind ebenso wenig Rechtsnormen, die nicht den Einzelnen, sondern nur die Allgemeinheit schützen, denn der Zweck des Schutzgesetzes muss zumindest den Schutz des Einzelnen ebenfalls beabsichtigen.

3. § 831 BGB

Im Deliktsrecht ist die Haftung für Verrichtungsgehilfen besonders ausgestaltet. Eine Haftung tritt nicht ein für das Verschulden der Gehilfen, sondern nur für eigenes Auswahl- und Überwachungsverschulden, welches vermutet wird. Verrichtungsgehilfe ist jeder, der zur Verrichtung bestellt wird und nach den Weisungen des Geschäftsherrn handelt. Voraussetzung der Haftung ist die Schädigung durch den Verrichtungsgehilfen in Form der Verwirklichung des objektiven Tatbestandes einer unerlaubten Handlung nach §§ 823 ff. BGB; der Verrichtungsgehilfe muss dabei in Ausführung der Verrichtung gehandelt haben. Der Geschäftsherr haftet nicht, wenn er sich nach § 831 Abs. 2 Satz 2 BGB entlasten kann, wobei er entweder die Schadensverursachung widerlegen muss oder sein vermutetes Auswahl- bzw. Überwachungsverschulden. **6b**

4. § 833 BGB, § 7 StVG, § 33 LuftVG

Haftungsvoraussetzung für die Tatbestände der Gefährdungshaftung als Tierhalter nach § 833 BGB, als Fahrzeughalter nach § 7 StVG und als Luftfahrzeughalter nach § 33 LuftVG sind die Verletzungs- oder Schadenszufügungen nach diesen Tatbeständen. **6c**

C. Umfang des Schadensersatzes

Die *Höhe*, *Art* und *Umfang*[18] des Schadensersatzes richten sich nach den §§ 249 ff. BGB, die für die deliktische Haftung ergänzt werden durch die §§ 842 bis 849 BGB. Zu ersetzen ist der Schaden, der durch Vertragsverletzung, unerlaubte Handlung oder Gefährdungshaftung verursacht wurde, unabhängig vom Grad des Verschuldens. **6d**

Höchstschadensbegrenzungen gibt es nur nach den Gefährdungshaftungsbestimmungen des § 12 StVG, § 37 LuftVG, §§ 9, 10 HaftpflG, §§ 10, 11 ProdukthaftG.

D. Haftungsbeschränkung, Mitverschulden

Eine bestehende Haftung aus Vertrag oder Delikt kann aufgrund der Vertragsfreiheit grundsätzlich beschränkt oder ausgeschlossen werden, ausdrücklich oder stillschweigend. Beschränkungen und Ausschlüsse sind jedoch an dem zwingenden Recht des § 276 Abs. 2 BGB zu messen sowie an § 309 Nr. 7 a und b BGB. **6e**

---

[16] Vergleiche hierzu *Palandt-Thomas*, § 823, Rz. 140 ff.
[17] Siehe hierzu z. B. BGH, NJW 92, 1039; *Palandt-Thomas* § 823, Rz. 143; *MüKo-Wagner*, § 823, Rz. 317 ff.
[18] Zum Schadensumfang bei Profisportlern siehe *Haas/Reimann*, SpuRt 2000, 49.

Eine Beschränkung der Haftung kann auch durch die Selbstverantwortung des Geschädigten erfolgen, was in § 254 BGB geregelt ist. Danach werden in Schadensfällen die beiderseitigen Verursachungs- und Schuldbeiträge gegeneinander abgewogen und der zu leistende Schadensersatz zwischen Schädiger und Geschädigtem anteilsmäßig verteilt. § 254 Abs. 1 BGB verdrängt die Spezialvorschriften der Gefährdungshaftung §§ 9, 17 Abs. 1 Satz 2 StVG, § 34 LuftVG, § 4 HaftPflG.

Haftungsbeschränkungen und Mitverschulden gewähren dem Schädiger stets eine Einwendung, die er im Prozess erheben muss und zu beweisen hat.

E. Beweislast

6f Die *Beweislast* für die Haftung trägt jeweils der Anspruchssteller, was bedeutet, dass er sämtliche Haftungsvoraussetzungen beweisen muss, wenn er erfolgreich seine Schadensersatzansprüche durchsetzen will (§§ 286, 287 ZPO), im Gegensatz zu den Sonderregelungen der §§ 831, 832, 834 BGB, § 18 StVG, wo das Verschulden vom Geschädigten bzw. Verletzten nicht bewiesen werden muss, sondern bereits vermutet wird. Bei der Gefährdungshaftung ist auch im Sport wiederum die Verletzung oder Schädigung durch die besondere Verwirklichung des betreffenden Gefahrenbereiches zu beweisen.

F. Konkurrenz der Anspruchsgrundlagen, Unterschiede

6g Erfüllt ein und dieselbe Handlung die Haftungsvoraussetzungen für eine vertragliche Haftung sowie für eine unerlaubte Handlung, haftet der Verletzer oder Schädiger aus beiden Gründen. Beide Schadensersatzansprüche stehen selbständig nebeneinander in Anspruchskonkurrenz.[19]

Die deliktische Haftung wird von der Vertragshaftung nur ausnahmsweise verdrängt, z. B. dann, wenn eine gesetzliche Haftungsbeschränkung wirkungslos wäre.[20]

Die Unterschiede beider Anspruchsgrundlagen sind vielfältig:
– Während bei der *deliktischen Haftung* der Verletzer oder Schädiger nur bei *bewiesenem* Verschulden haftet (wofür der Geschädigte die Beweislast trägt), wird im *Vertragsrecht* gemäß §§ 280 Abs. 1 Satz 2, 286 Abs. 4 BGB für *vermutetes* Verschulden gehaftet.

– Unterschiedlich ist auch die *Haftung für Gehilfen*:

In Vertragsverhältnissen haftet der Schuldner nach § 278 BGB auch für das *Verschulden seiner gesetzlichen Vertreter* und Erfüllungsgehilfen; in Zusammenhang mit §§ 282, 285 hat er die Handlungsweisen dieser Hilfspersonen schlechthin zu vertreten, es sei denn, er entlastet sich und beweist, dass er die Leistungsstörung nicht zu vertreten hat. Bei der deliktischen Haftung haftet der Schuldner bei seinen Gehilfen *für sein eigenes Auswahl- und Überwachungsverschulden*, welches ebenfalls vermutet wird und wobei er sich aber auch entlasten kann.

2. Kapitel. Haftung der Sportler bei Sportunfällen

7 Für eine Haftung der Sportler bei Sportunfällen kommen in erster Linie die *deliktsrechtlichen Bestimmungen* in Betracht. *Vertragliche Sonderbeziehungen* dagegen bestehen zwischen Sportlern im Freizeitsportbereich in der Regel nicht, denn bei der Vereinbarung der Sportler untereinander, sich zu sportlichen Betätigungen zusammenzuschließen, liegt kein Vertrag vor, ein Rechtsbindungswille fehlt.[21] Lediglich mit den am Sport wirtschaft-

---

[19] Siehe hierzu grundsätzlich MüKo-*Wagner*, Vor § 823, Rz. 61 ff.
[20] Siehe z. B. BGH, NJW 92, 1679.
[21] Siehe 3/Rz. 12; *Kummer*, S. 34.

lich Beteiligten, den Sportveranstaltern, schließen Sportler Verträge ab, woraus sich verschiedenste Schadensersatzansprüche ergeben können.[22]

Dies gilt besonders für den Profisportbereich, wo zwischen Sportlern und Sportveranstaltern Dienst- oder Arbeitsverträge abgeschlossen werden. Vertragliche Haftungsansprüche des Sportlers oder Sportveranstalters ergeben sich dann im Einzelnen aus diesen Dienst- und Arbeitsverhältnissen.[23]

A. Dogmatik und Rechtsprechung der Verkehrspflichtenhaftung

Für eine sachgerechte Beurteilung der deliktischen Haftungsmodalitäten ist ein kurzer Einblick in die bisherige Rechtsprechung zu Sportunfällen notwendig, ebenso die in der neueren Literatur entwickelte Dogmatik der Verkehrspflichtenhaftung. **8**

Die ersten Entscheidungen zu Sportunfällen fällte das Reichsgericht zu *Auto- u. Motorradsport*,[24] *Handball*[25] und *Radsport*[26] in den 30er Jahren; es folgten Entscheidungen der Instanzgerichte zum *Fußball*,[27] *Reitsport*[28] und *Skisport*.[29]

In dieser Zeit hat die Rechtsprechung die Sportgefahren und Sportrisiken bei der Verschuldensprüfung berücksichtigt und sportgerechte Maßstäbe beim Tatbestandsmerkmal Fahrlässigkeit, der *„im Verkehr erforderlichen Sorgfalt"* (§ 276 Abs. 1 Satz 2 BGB) zu finden versucht. Die Risikoübernahme der am Sportgeschehen Beteiligten wiederum wurde oftmals durch das Institut „Handeln auf eigene Gefahr" oder „Einwilligung in die Verletzung" nach dem „Alles-oder-nichts"-Prinzip beurteilt und eine Haftung entweder bejaht oder gänzlich abgelehnt. Die Gefährdungshaftung wurde dagegen ohne Einschränkungen angewandt. Die Literatur hat diese haftungsrechtlichen Relevanzen dogmatisch unterschiedlich gewichtet; man ist sich jedoch im Ergebnis darüber einig gewesen, dass das erhöhte Verletzungsrisiko im Sport haftungsmindernd oder sogar haftungsausschließend zu berücksichtigen ist.[30]

Auch eine wohl grundlegende Entscheidung des BGH zur Sporthaftung vom 5.11. 1974, bezogen auf die Voraussetzungen des Schadensersatzanspruches eines Fußballspielers gegen den Mitspieler wegen einer Verletzung, brachte keine Klarheit, löste aber eine umfangreiche Diskussion aus. Der BGH stellt in dieser Entscheidung heraus:[31]

„Der Teilnehmer an einem Fußballspiel nimmt grundsätzlich Verletzungen, die auch bei regelgerechtem Spiel nicht zu vermeiden sind, in Kauf. Daher setzt ein Schadensersatzanspruch gegen einen Mitspieler den Nachweis voraus, dass dieser sich nicht regelgerecht verhalten hat."

Unter Berufung auf sein Urteil vom 14.3.1961[32] stellt der BGH dabei fest, dass jeder Teilnehmer eines Fußballwettkampfes sich den Spielregeln unterwerfe und bei einem spielgerechten Verhalten des Mitspielers keine ihm etwa erwachsenen Schadensersatzansprüche geltend machen dürfe. Das Erheben von Schadensersatzansprüchen wäre in diesen Situationen ein widersprüchliches Verhalten.

---

[22] Siehe unten Rz. 64 ff.
[23] Siehe 3/Rz. 42 ff.
[24] RGZ 127, 313; 130, 162; 150, 73.
[25] RG in DR 39, 770.
[26] RG in JW 38, 2737.
[27] OLG Neustadt in MDR 1956, 548 u. 550.
[28] LG München in VersR 1953, 168.
[29] OLG München in HRR 1942, 552.
[30] Einschränkungen im Tatbestand nahm die älteren Literatur vor, siehe die Literaturhinweise bei *Fritzweiler*, S. 26 ff.; zur Rechtswidrigkeit u. Einwilligung im Sport-Risiko, *Fritzweiler*, S. 59 ff.; *Krähe*, S. 30 ff.; zur Anwendung der Lehre der Sozialadäquanz im Sport *Nipperdey*, NJW 57, 1777 ff., insbesondere *Fritzweiler*, S. 33–58; zur Problematik der Sozialadäquanz im Strafrecht siehe 8/64 ff.; *Petev*, VersR 76, 320; zur Modifizierung des Schuldbegriffes im Sport siehe insbes. *Stoll*, S. 76 ff.; *Deutsch*, VersR 74, 1048.
[31] BGHZ 63, 140 = NJW 75, 109.
[32] BGHZ 34, 355 = NJW 61, 655.

Teilweise ist dieses Urteil, obwohl im Ergebnis sachgerecht, in der Literatur auf Kritik gestoßen. Grunsky[33] wies darauf hin, es erwecke den Eindruck, dass an sich ein Schadensersatzanspruch bestehe, der infolge einer Risikoübernahme oder des Grundsatzes „Venire contra factum proprium" entfalle. Im Gegensatz zum BGH müsse das beiderseitige Beteiligtsein am erhöhten Gefährdungsrisiko im Sport dogmatisch entweder der Tatbestandsmäßigkeit, der Rechtswidrigkeit oder der Schuld des § 823 Abs. 1 BGB-Deliktstatbestandes zugeordnet werden; erst dann gelange man zu einem etwaigen Haftungsausschluss bzw. Mitverschulden gemäß § 254 BGB.[34] Im Grundsatz besteht aber in der Literatur Einigkeit darüber, dass bei einer Mitspielerverletzung unter gleichzeitiger Einhaltung der Spiel- und Sportregeln eine Schadensersatzpflicht entfällt.[35] Schließlich hat der BGH neuerdings seine Rechtsprechung, dass bei Einhaltung von Wettbewerbsregeln oder geringfügiger Regelverletzung in Sportarten mit nicht unerheblichem Gefahrenpotential Schadensersatzansprüche entfallen, auch auf Teilnehmer von Autorennenveranstaltungen ausgeweitet.[36]

9 Kernpunkt der Diskussion und Auseinandersetzung in der Sportunfallhaftung aufgrund fahrlässigen Verhaltens ist also die Frage der *zugelassenen Gefährdung* bzw. des *erhöhten Risikos* einer Verletzung des anderen, die Regelung dieser Gefährdungen und Risiken in den Spielregeln der einzelnen Sportarten und deren rechtliche Zuordnung.

Oder mit anderen Worten: In welchem Maße trägt die Verteilung des Haftungsrisikos der Tatsache Rechnung, dass bestimmte Sportarten mit typischen Verletzungsgefahren verbunden sind? Während sich die Literatur bei der dogmatischen Einordnung dieser Gesichtspunkte bisher an das herkömmliche Verständnis des Tatbestandsaufbaus des § 823 Abs. 1 und Abs. 2 BGB hielt,[37] werden neuerdings die Haftung der Sportler sowie der anderen Verantwortlichen bei Sportveranstaltungen immer mehr in das *System einer Verkehrspflichtenhaftung* eingeordnet.[38]

Diese neuere Auffassung ist wegen ihrer praktischen Bedeutung für die Sportunfallhaftung kurz zu skizzieren:

10 Die ursprünglich herrschende Lehre einer Haftung für unmittelbare Eingriffe, die *legislative Konzeption* des § 823 Abs. 1 BGB, wurde abgelöst durch die jetzt herrschende Auffassung einer darüber hinausgehenden ergänzenden Haftung für verkehrswidriges Verhalten, die *judizielle Konzeption* des § 823 Abs. 1 BGB.[39]

Die *legislative* Konzeption versteht den Tatbestand als generelle Verbotsmaterie für unmittelbare Eingriffe. Der Eingriff als solcher ist ausreichend für die Erfüllung des Tatbestandes. Demnach beurteilt sich die Rechtswidrigkeit unmittelbar nach dem Eingriff in das fremde Rechtsgut und nicht nach der Schadensverursachung. Nach der *judiziellen* Konzeption kann es eine Schadensersatzpflicht nur bei Beeinträchtigung fremder Rechtsgüter aufgrund konkreter Verletzung von Verhaltenspflichten (*Verkehrspflichten*) geben; hier wird der Tatbestand erweiternd verstanden als *Verkehrspflichten*-Verletzung auch für mittelbare Eingriffe in die Rechtsgüter des § 823 Abs. 1 BGB.

Der *Tatbestand* ist also kein generelles Schadensverursachungsverbot und trifft auch keine Aussage über die Rechtswidrigkeit. Er umgrenzt nur den Adressatenkreis für mög-

---

[33] *Grunsky*, Zur Haftung von Sportunfällen, JZ 75, 109 ff.
[34] *Grunsky*, a.a.O., S. 110.
[35] *Grunsky*, Haftungsrechtliche Probleme der Sportregeln, 1979, S. 35; *Marburger*, Regeln der Technik, 1979, S. 302 ff.; *Zimmermann*, VersR 1980, 497 ff.; *Schild*, Jura 1982, 464 ff.; *Füllgraf*, VersR 1983, 705 ff.
[36] BGH vom 1. 4. 2003, NJW 2003, 2018.
[37] Siehe oben, Rz. 6.
[38] Siehe bereits *Deutsch*, Die Mitspielerverletzung im Sport, VersR 1974, 1045 m. w. N.; *v. Bar*, Verkehrspflichten, S. 43 ff., 101 ff.
[39] Siehe hierzu im Einzelnen *Mertens*, Verkehrspflichten und Deliktsrecht, VersR 80, 397 ff., 398; *ders.* in MüKo-*Mertens*, § 823, Rz. 13 ff. (3. Aufl.); MüKo-*Wagner*, § 823, Rz. 58 ff. (4. Aufl.); *v. Bar*, S. 60 ff.; *Marburger*, Regeln der Technik, 1979, S. 308; *Börner*, Sportstätten-Haftungsrecht, 1985, S. 237 ff., 240.

liche deliktische Ansprüche und die folgende Rechtswidrigkeitsbeurteilung (sog. rechtswidrigkeits-neutraler Tatbestand).

Die *Rechtswidrigkeit* beurteilt sich nach der judiziellen Konzeption nicht bereits durch den Eingriff in ein geschütztes Rechtsgut des § 823 Abs. 1 BGB, sondern erst bei einem Verstoß gegen eine Verhaltensregel, nämlich einer Verkehrspflicht; erst durch den Verstoß wird danach die Rechtswidrigkeit indiziert. Die Verkehrspflichten als solche wiederum werden im Einzelnen genau bestimmt.

Das *Verschulden* als letzter Zurechnungsgrund im Tatbestandsaufbau des § 823 Abs. 1 BGB **11** wird nach der judiziellen Konzeption reduziert. Für den Fahrlässigkeitskomplex des § 276 Abs. 1 Satz 2 BGB, bestehend aus sog. „äußerer" und „innerer" Sorgfalt,[40] wird die „äußere Sorgfalt" bereits durch die Verkehrspflichten abschließend bestimmt, so dass lediglich das Merkmal „innere Sorgfalt" verbleibt.[41] Fahrlässig handelt bei Sportunfällen der Verursacher somit dann, wenn er die Unfallgefahr voraussehen und vermeiden konnte.[42]

Die praktischen (dogmatischen) Konsequenzen für die Beurteilung der Sportunfallhaftung sind folgende: **12**

Das Verständnis vom Tatbestand als generelle Verbotsmaterie (*legislative Konzeption*) passt nicht für zwar gefährliche, aber offensichtlich zulässige Verhaltensweisen im Sport, die zu Eingriffen – Verletzungen – führen. Deshalb werden Verhaltensweisen im Sport sachgerechter dadurch gelöst, dass das Rechtswidrigkeitsurteil an die Verletzung von Verhaltenspflichten knüpft (*judizielle Konzeption*), denn sportliche Verhaltensweisen, die offensichtlich geduldet werden, weil sie regelgerecht sind, können nicht rechtswidrig sein und sind keine Verkehrspflichtverletzung.[43] Das bedeutet im Ergebnis eine Übereinstimmung mit der zitierten Entscheidung des BGH,[44] nach welcher Verletzungen eines Mitsportlers unter Einhaltung der Sportregeln in Kauf genommen werden müssen. Für die Prüfung der Sportunfall-Haftungsvoraussetzungen heißt dies:

– Für die *Haftung nach* § 823 Abs. 1 BGB müssen die Verkehrspflichten konkretisiert werden in Form einer *zweistufigen* Bestimmung: zunächst ein *subsumtionsfähiger Rechtssatz*, aus dem dann für den Einzelfall des *Rechtswidrigkeitsurteil* gefällt werden kann.[45]

– Für die *Haftung nach* § 823 Abs. 2 BGB sind die Verkehrspflichten bereits in Form der normierten Schutzgesetze abschließend konkretisiert, einer weiteren Bestimmung bzw. Konkretisierung bedarf es nicht mehr;[46] sie ist daher weder notwendig noch zulässig.[47] Eine Ausnahme hiervon bildet lediglich der Boxsport, bei welchem nach Verletzung des Schutzgesetzes §§ 223 ff., 212 StGB der Verletzer haften würde; hier wird allerdings die Verkehrspflicht durch die Regeln des Boxsports genauer bestimmt, so dass keine Verkehrspflichtverletzung vorliegt und die zivilrechtliche[48] Haftung entfällt. Gesetzliche Verkehrspflichttatbestände für die Sportunfallhaftung des § 823 Abs. 2 BGB finden sich gerade dort, wo Sportler sich beim Sport im öffentlichen Verkehr be-

---

[40] Zum Begriff siehe *Deutsch*, Fahrlässigkeit, S. 94 ff.
[41] Siehe hierzu *Mertens*, VersR 80, 407; MüKo-*Wagner*, § 823, Rz. 64 ff.
[42] Siehe hierzu grundsätzlich *Deutsch*, Fahrlässigkeit, S. 125 f.; *ders.*, Zur Fahrlässigkeit im Sport, VersR 74, 1049.
[43] Zur Anwendung der judiziellen Konzeption auf Sportverletzungen siehe *Mertens*, a.a.O., S. 400; im Ergebnis übereinstimmend *Grunsky*, JZ 75, 112.
[44] Sowie der überwiegenden Rechtsprechung in den europäischen Nachbarländern (z. B. Österr. OGH, SpuRt 95, 160).
[45] Zum Begriff „Gesetzes-konkretisierendes Richterrecht" s. *Ipsen*, S. 63 ff.; *Marburger*, S. 345; *Mertens*, VersR 80, 401.
[46] Zur Schutzgesetzverletzung nach § 823 Abs. 2 BGB MüKo-*Wagner*, § 823, Rz. 319 ff., 150.
[47] Siehe hierzu im Einzelnen MüKo-*Wagner*, § 823, Rz. 319, 150; *Mertens*, VersR 1980, 397 ff., 401; siehe auch *Börner*, S. 75 ff.
[48] Die strafrechtliche Haftung bzw. Verantwortung bleibt hiervon unberührt, sie wird durch die rechtfertigende Einwilligung gelöst, *Schönke-Schröder-Stree*, § 228, Rz. 16; ausführlich hierzu 8/71 ff., zum gefährlichen Boxen auch *Fritzweiler*, SpuRt 95, 156.

finden, beispielsweise im Wassersport mit Schiffen auf öffentlichen Schifffahrtsstraßen, bei Flugsportarten im Luftraum, oder wenn sie als Sportler sich im öffentlichen Straßenverkehr bewegen.

B. Bestimmung der „Verkehrspflichten im Sport" durch das Regelwerk der Sportverbände und gesetzlich fixierte Verkehrspflichten

13 Eine konkrete Bestimmung für die Haftung nach § 823 Abs. 1 BGB durch Rechtssätze ist nur im Zusammenhang mit bestimmten Gefahrensituationen möglich. Bei den einzelnen Sportarten liegen nämlich unterschiedliche Gefahrenmomente vor. In Bezug auf die Verletzungsgefährlichkeit der jeweiligen Sportart hat die Literatur bisher unterschieden zwischen *Individualsportarten* (Sport nebeneinander) und *Kampfsportarten* (Sport gegeneinander).[49]

Bei den *Individualsportarten*, wie z. B. bei Leichtathletik, Turnen, Schwimmen, Skilaufen, Reiten, Segeln, Golf etc. wird zur Ausübung selbst kein weiterer Sportler benötigt. Sie werden allein betrieben (oder nebeneinander), bei der Ausübung selbst sind keine Konfrontationen, Berührungen bzw. körperliche Kontakte notwendig, diese sind auch nicht erlaubt und damit Gefährdungen auch verboten.

Anders ist dies bei den *Kampfsportarten*, betrieben in Zweikampf oder im Mannschaftssport, wie beispielsweise Boxen, Ringen, Judo, Fechten, Tennis oder Fußball, Handball, Basketball, Eishockey und Wasserball. Sie werden zu zweit oder zu mehreren (gegeneinander) betrieben, hier sind körperliche Kontakte oder Konfrontationen mit Körper oder Sportgerät immanent mit der Ausübung verbunden, sie sind gewissermaßen Bestandteil der Ausübung und grundsätzlich erlaubt.

Danach ist festzustellen: Bei den *Kampfsportarten* sind gewisse *gefährliche Verhaltensweisen grundsätzlich zugelassen*, bei den *Individualsportarten* nicht.

Im Einzelnen sind die besonderen Sport-Gefahrensituationen auch in den Regelwerken berücksichtigt mit dem Zweck, die beteiligten Sportler zu schützen. Somit können die Verkehrspflichten durch die vorliegenden Sportregeln fast immer abschließend bestimmt werden. Dort wo in einzelnen Sportarten keine festen Regeln vorhanden sind, werden diese durch die Eigenart der Sportart bestimmt und schließlich auch durch das allgemeine Fairnessgebot als generelle Norm für das Verhalten im Sport, vergleichbar mit § 1 StVO.[50] Der Begriff *„Verkehrspflichten im Sport"*[51] setzt sich langsam durch.

Aus folgenden *Regelwerk*-Beispielen der *Sportverbände*[52] wird deutlich, dass die Sportregeln zum Teil Schutzcharakter haben und zur *Konkretisierung* der Verhaltenpflichten geeignet sind. Diese Sport- und Spielregeln der Verbände gelten aufgrund ihres Schutzcharakters unter den Sportlern als Verkehrspflichten, unabhängig von ihrer vertraglichen Geltung aufgrund von Regelanerkennungsverträgen.[53] Die gesetzgeberische Fixierung der *„Verkehrspflichten im Sport"* in Schutzgesetzen für die Haftung nach § 823 Abs. 2 BGB in einzelnen Sportarten trägt zur Ergänzung bei.

14 **a) Kampfsportarten.** Die Regelwerke der Kampfsportarten gehen davon aus, dass der sportliche Kampf „Mann gegen Mann" oder „Mannschaft gegen Mannschaft" gewisse gefährliche körperliche Attacken mit sich bringt und lassen diese auch grundsätzlich zu,

---

[49] So teilweise die Rspr. z. B. BGH, NJW 75, 110; VersR 82, 1004 zu den Begriffen „Sport nebeneinander" – „gegeneinander" siehe *Fritzweiler*, S. 2 ff.; auch „parallele Sportausübung", so in MüKo-*Wagner*, § 823, Rz. 519–524, siehe auch 8/12 ff.

[50] Siehe im Einzelnen bei *Fritzweiler*, 53 ff.

[51] Zuerst bei *Deutsch* in VersR 74, 1049; siehe im Einzelnen *Börner*, S. 34 ff.

[52] Eine umfangreiche Zusammenstellung der Spiel- und Wettkampfregeln findet sich bei *Klein*, Bd. III.

[53] Siehe hierzu 2/Rz. 158 f.

stellen aber gleichzeitig Regeln auf, die das Verletzungsrisiko verringern oder ganz ausschließen.

Beispielhaft seien folgende Bestimmungen aus einzelnen Sportarten angeführt:

Basketball: (Dt. Fassung der Int. Regeln 2000)

Regel VII des internationalen Basketballverbandes stellt in den Art. 42 (Fouls) und Art. 43 (Kontakt) sowie Art. 44 (persönliches Foul) klar, dass Basketball ein Spiel ohne Körperberührung ist, obwohl persönliche Kontakte nicht ganz vermieden werden können; insbesondere können ernsthafte körperliche Kontakte, die bei fairem und unter der notwendigen Vorsicht um den Ball geführten Kampf geschehen, als zufällig beurteilt werden und sind nur nach bestimmten wesentlichen Grundsätzen als regelwidrig zu beurteilen, was dem Schiedsrichter obliegt (Art. 43.1.2 des Regelwerkes).

Boxen: (Regeln des dt. Amateurboxverbandes, Fassung 1993)

In den Bestimmungen der §§ 21, 22 werden die zugelassenen Ausrüstungen genau beschrieben, ferner die ärztliche Untersuchungspflicht, Anwesenheit des Arztes während des Kampfes, in § 27 die Kampfaufgabe durch Sekundanten, in § 34 durch den Ringrichter oder durch Empfehlung des Ringarztes, schließlich beschreibt der § 39 detailliert sämtliche verbotenen und unsportlichen Handlungen.

Die Regeln des Bundes Deutscher Berufsboxer (Fassung 1987) sind hinsichtlich der gefahrvermeidenden Sicherheitsbestimmungen weitgehend ähnlich.

Eishockey: (Int. Regeln 1994)

Abschnitt 3: Sichere Ausrüstung:

303, 304 Torhüterausrüstungen und andere Schutzausrüstungen zum Zweck des Kopf- u. Körperschutzes beispielhaft vorgeschrieben.

Abschnitt 6:

603 Verletzungsversuche und absichtlich erfolgte Verletzung;

604 Check gegen Bande: „... derartig heftig anderen checkt, dass dieser heftig gegen die Bande geworfen wird";

606 Unkorrekter Körperangriff und Check von hinten: „in Gegner hineinrennt oder -springt, von rückwärts körperlich angreift" etc.,

607 Mit dem Stock checken: „mit Stock den Körper berührt, wenn Stock nicht gleichzeitig den Boden berührt".

Fußball: (Regeln 2003/2004)

Regel 4 – Ausrüstung der Spieler: beispielhafte Aufzählung von zwingend vorgeschriebener Grundausrüstung, gefährdende Gegenstände dürfen nicht getragen werden.

Regel 12 – Verbotenes Spiel und unsportliches Betragen:

Bestimmte Verstöße

z. B. Treten, Beinstellen, Anspringen, Rempeln, Halten, beim Tackling den Gegner vor dem Ball berühren etc. werden mit *direktem Freistoß* geahndet, ein *indirekter Freistoß* liegt dann vor, wenn der Torwart bestimmte Verstöße begeht, ferner, wenn ein Spieler nach Ansicht des Schiedsrichters gefährlich spielt, den Lauf des Gegners behindert bzw. den Torwart hindert, den Ball freizugeben.

weitere Verstöße

wenn die Verstöße nach Einschätzung des Schiedsrichters fahrlässig, rücksichtslos oder mit unverhältnismäßigem Körpereinsatz begangen werden.

Handball: (Regeln des dt. Handballbundes 1997)

Regel 8 – Hallenhandball – (Verhalten zum Gegenspieler) verbietet das Sperren mit Armen, Händen und Beinen, ebenso das Klammern, Festhalten, Stoßen, Anrennen sowie auf andere Weise Behindern oder Gefährden.

Ringen: (Internationale Ringkampfregeln, dt. Fassung 2003)

In dem Regelwerk, welches für griechisch-römischen Ringkampf, freien Ringkampf und weiblichen Ringkampf gilt, sind in Art. 8 gefährliche Bekleidung untersagt und ebenso in den Art. 41 ff. die einzelnen verbotenen Griffe aufgeführt, welche Leben und Gesundheit des Gegners gefährden können.

15 b) Individualsportarten/Parallelsport. Diese Regelwerke lassen gefährliche Verhaltensweisen ausdrücklich nicht zu, vielmehr bestimmen sie in der betreffenden Sportart das gefahrvermeidende Verhalten gegenüber dem Mitsportler, aber auch gegenüber Gefahren, die aus der *Betätigung der Sportart* selbst drohen (z. B. den Naturgefahren beim Bergsport, den Natur- und Technik-Gefahren im Flugsport); diese lassen auch Schlüsse auf Verhaltenspflichten gegenüber den Mitsportlern zu.

Beispielhaft seien folgende Bestimmungen aus einzelnen Sportarten angeführt:

Berg- und Klettersport: Verhaltensregeln der Union International des Associationes d'Alpinisme (UIAA) und „Tirol Deklaration" September 2002

Die Verhaltensregeln der UIAA wurden auf dem Kongress Future of Mountain Sports, Innsbruck, September 2002, durch die „Tirol Deklaration" ergänzt und enthaltenen Prinzipien und Standards für das Verhalten im Bergsport.[54]

Für das gefahrvermeidende und sichere Verhalten sind besonders die Art. 1, 2 und 6 relevant:

Artikel 1 Eigentverantwortung
Maxime

Bergsteiger und Kletterer üben ihren Sport in Situationen mit Unfallrisiko aus, in denen die externen Hilfsmöglichkeiten eingeschränkt sein können. Im Bewusstsein dieser Tatsache betreiben sie diese Aktivität in eigener Verantwortung und sind selbst für ihre Sicherheit zuständig. Jeder Einzelne sollte so handeln, dass er weder die Menschen noch die Natur in seinem Umfeld gefährdet.

1. Unsere Ziele wählen wir entsprechend den eigenen aktuellen Fähigkeiten aus bzw. entsprechend den Fähigkeiten des Teams und den Verhältnissen am Berg. Im Zweifelsfalle sind wir wirklich bereit, auf die Durchführung einer Tour zu verzichten.

2. Wir stellen sicher, dass unser Trainingsstand dem angestrebten Ziel entspricht, dass wir die Unternehmung sorgfältig geplant und die notwendigen Vorbereitungen getroffen haben.

3. Bei jedem Unternehmen führen wir die adäquate Ausrüstung mit und sind auch fähig, mit dem Material fachgerecht umzugehen.

Artikel 2 Teamgeist
Maxime

Die Mitglieder eines Teams sollten bereit sein, Kompromisse einzugehen, um alle Bedürfnisse und Fähigkeiten in der Gruppe zum Ausgleich zu bringen.

1. Jedes Mitglied des Teams sollte die Sicherheit der anderen Gruppenmitglieder im Auge haben und dafür Verantwortung übernehmen.

2. Kein Teammitglied sollte allein zurückgelassen werden, wenn dies sein/ihr Wohlergehen beeinträchtigen könnte.

Artikel 3 Die Gemeinschaft der Bergsteiger und Kletterer
Maxime

Wir sind allen Menschen, denen wir in den Fels- und Berggebieten begegnen, das selbe Maß an Respekt schuldig. Wir tun gut daran, andere auch unter isolierten Bedingungen und bei starker körperlicher und seelischer Belastung so zu behandeln, wie wir selbst behandelt werden wollen.

1. Wir tun alles in unserer Macht Stehende, andere nicht zu gefährden und warnen sie vor potentiellen Gefahren.

2. Wir stellen sicher, dass niemand diskriminiert wird.

3. Als Besucher respektieren wir die lokalen Regelungen.

4. Wir behindern oder stören andere nicht mehr als nötig. Wir lassen schnelleren Seilschaften den Vortritt. Wir besetzen keine Routen, die andere begehen wollen.

---

[54] Beides abgedruckt unter www.alpenverein.de.

5. Teil. Sport, Schäden und Beeinträchtigungen

1. Prüfe vor der Bergtour Deine körperliche Eignung und schätze Deine Kräfte sowie die Deiner Begleiter, insbesondere die Deiner Kinder, und Deine Erfahrung richtig ein. Trittsicherheit und Schwindelfreiheit sind oft wichtige Erfordernisse. Wenn Du ernsthaft, insbesondere öfter, in die Berge gehen willst, dann bilde Dich rechtzeitig aus. Die alpinen Vereine und Alpinschulen geben Dir dazu Gelegenheit.

2. Plane jede Bergtour vorher genau. Landkarten und Führerwerke sowie Auskünfte alpiner Vereine und Ortskundige, wie Bergführer und Hüttenwirte, können dabei entscheidend helfen. Nicht die zu überwindende Streckenlänge ist bei einer Bergfahrt entscheidend, sondern die zu überwindende Höhendifferenz.

3. Am Berg benötigst Du eine entsprechende Ausrüstung und Bekleidung, insbesondere aber festes hohes Schuhwerk mit griffiger Sohle. Wetter- und Kälteschutz, wie Pullover, Ohrenschutz und Handschuhe, sind unerlässlich, kann doch das Wetter oft und sehr rasch umschlagen. Wichtig ist auch eine Tourenapotheke und Notverpflegung.

4. Beachte die Witterungsverhältnisse, insbesondere die Wettervorhersagen und Lawinenberichte in den Massenmedien und vor allem im Rundfunk. Erkundige Dich auch im vorgesehenen Tourengebiet über die lokale Wetter- bzw. Schneesituation.

5. Die Tour muss entsprechend der Jahreszeit der Tageslänge angepasst sein. Gib aus Gründen der Sicherheit, insbesondere für den Notfall, Weg und Ziel an – in den Hüttenbüchern, in den Gaststätten oder bei Freunden – allenfalls auch den Zeitpunkt der Rückkehr. Nur wenn Du dies tust, kannst Du erfolgversprechend gesucht werden.

6. Früh weggehen, früh zurückkehren, umkehren können, bedeutet frohes Bergsteigen und Sicherheit. Verhindere, dass Dich die Nacht unterwegs überrascht.

7. Gehe nicht allein. Überzeuge Dich von den Fähigkeiten Deiner Begleiter. Die Leistungsstärke des Schwächsten ist der Maßstab. Achte auf richtiges Verhalten, auch wenn Du mit Erfahrenen gehst. Bergführer oder geprüfte Wanderführer sind zuverlässige Begleiter.

8. Passe Dein Tempo immer Deinen Möglichkeiten und denen Deiner Begleiter an. Zu schnelles Gehen führt unweigerlich zu frühzeitiger Erschöpfung. Gehe nicht bis zum Äußersten Deiner Kräfte, Du kannst nie wissen, was Dir noch bevorsteht.

9. Verlasse den markierten Weg nicht. Aber Markierungen sind weder ein Hinweis auf die Schwierigkeit noch auf den Zustand des Weges. Wenn Du die Markierung verloren hast, kehre um. Weil auch im leichten Gelände ein Sturz möglich ist, ist beim Gehen größte Aufmerksamkeit notwendig. Die Begehung steiler Grashänge, insbesondere wenn sie nass sind, von steilen Schneefeldern und von Gletschern ist immer schwierig und gefahrvoll. Auf verschneiten Gletschern und Kletterrouten ist immer mit Brust- und Sitzgeschirr anzuseilen. Vermeide das Betreten von Schneebrücken, das Überqueren hochgehender Gletscherbäche. Schneegipfel können auch im Sommer Wächten aufweisen.

Zu 10. – 12.:
Um manchen Weg auch dem Bergwanderer zugänglich zu machen, war es notwendig, ihn teilweise mit künstlichen Hilfsmitteln wie Leitern, Tritten und Seilen auszustatten, deren Benützung die Anwendung der einfachen Grundregeln der bergsteigerischen Technik erfordert.

10. Ist ein Zugreifen mit den Händen nötig, soll nur mit einer Hand oder einem Fuß ein neuer Tritt oder Griff gesucht werden, die anderen drei Glieder bedürfen eines festen Standes oder Haltes.

11. Prüfe jedes einzelne Hilfsmittel, Brücke, Geländer, aber auch Seile, Tritte und Klammern mit Augen, Hand oder Fuß. Auch am bestgewarteten Steig kann etwas, auch ein Fels, locker sein.

12. Belaste jedes Hilfsmittel nur zweckbestimmt und so wenig als möglich. Hänge Dich nicht mit dem ganzen Gewicht an Seile oder Stangen, die nur als Geländer gedacht sind.

13. Sind Kinder oder Ungeübte mit Dir unterwegs, nimm diese insbesondere an ausgesetzten Stellen ans Seil.

14. Raste in angemessenen Abständen. Im Normalfall mindestens alle $1^1/_2$ bis 2 Stunden, iss öfters, aber wenig.

15. Tritt keine Steine ab, weil dadurch andere Bergwanderer ernstlich gefährdet werden. Steinschlaggefährdete Stellen sind möglichst schnell zu überschreiten. Besonders im Schrofengelände, in und unterhalb Runsen, Schluchten und Kaminen können Steine ausbrechen, abstürzen und Dich gefährden.

16. Der Abstieg kann schwieriger und gefährlicher werden als der Aufstieg. Scheue Dich nicht, bei schwierigen Passagen oder bei Klettersteigen mit dem Gesicht zum Berg abzusteigen. Passe daher Dein Tempo immer den Gegebenheiten an, renne nie leichtfertig. Behalte volle Aufmerksamkeit bis zur Heimkehr. In der natürlichen Ermüdung lässt diese oft sehr nach.

17. Kehre rechtzeitig um. Das ist keine Schande, sondern ein Zeichen der Vorsicht. Es wird notwendig, wenn das Wetter umschlägt, Nebel einfällt, auch wenn der Weg zu schwierig wird oder nicht in Ordnung ist.

18. Bei Gewittern vermeide, unfreiwilliger Blitzableiter zu sein. Meide Gipfel und Grate und stelle Dich nie unter einzelstehende hohe Bäume.

19. Bewahre Ruhe, wenn ein Unfall eintritt! Versuche mit eigenen Mitteln, allenfalls durch Notsignale wie Rufen, Winken mit großen Kleidungsstücken, Hilfe herbeizuholen. Ein Verletzter soll möglichst am Unfallort bleiben, jedenfalls an einer sichtbaren Stelle, und nicht allein gelassen werden.

20. Unfallmeldestellen sind in der Regel Hütten, Berggasthöfe oder der nächste Gendarmerieposten.

21. Halte die Bergwelt sauber, nimm Abfälle mit ins Tal und hilf mit, unsere Berge rein zu halten.

Flugsportarten:
Der Deutsche Aero-Club als oberster Dachverband für alle Flugsportarten gibt in Form von Betriebsordnungen für einzelne Sportarten wie Segelflug, Motorflug und Fallschirm- sowie Gleitschirmsport Anweisungen und Vorschriften für die Handhabung dieser Sportgeräte vor und während des Betriebs, die als Richtlinien zur Unfallvermeidung für den Sportler selbst, also auch für den Mitsportler gelten.

Gesetzlich fixierte Verkehrspflichten
Für flugsportliche Betätigungen im Luftraum gelten die Luftverkehrszulassungs-Ordnung (LuftVZO), welche insbesondere Bau- und Zulassungsvorschriften der Luftfahrzeuge enthält, die Luft-Verkehrs-Ordnung (LuftVO), welche ähnlich der Straßenverkehrsordnung (StVO) den Verkehr der Luftfahrzeuge im Luftraum regelt (z. B. Ausweichregeln), sowie die Flugbetriebsordnung für Hängegleiter und Gleitsegler.[55]

Golf: (Regeln 2002/2003)
Es gelten hier die Regeln des im Jahre 1754 gegründeten Golfclubs „Royal and Ancient Golf Club of St. Andrews" und die Gesetze der Golfetikette; lt. Abschnitt I, Etikette darf ein Spieler den Ball nicht spielen, bevor nicht vor ihm Spielende außer Reichweite sind; ebenso müssen Spieler, die mit anderen zusammentreffen, mit dem Weiterspiel so lange warten, bis jene außer Reichweite sind. Insbesondere beim Abschlag dürfen Mitspieler nicht zu nahe hinter dem Ball oder dem Loch stehen.

Leichtatletik:
In den amtlichen Leichtatletikregeln ist nach Bestimmung 18 der Wettkampfbestimmungen für Laufwettbewerbe jegliches Rempeln, Schneiden und jede Benachteiligung

---

[55] Siehe im Einzelnen 1/Rz. 98.

eines anderen Wettkämpfers verboten. Nach der Bestimmung 57 wird für den Diskuswurf empfohlen, zum Schutze anderer Beteiligter (Wettkämpfer, Kampfrichter und Zuschauer) alle Würfe aus einem Schutzgitter auszuführen; Gleiches gilt laut Bestimmung 59 für den Hammerwurf.

Motorsport (Stand 2003):
Das Reglement des neu gegründeten Dachverbandes für den Motorsport in Deutschland, des DMSB – Deutscher Motorsportbund e.V. – übernimmt die internationalen Reglements für den Automobilsport und Motorradsport sowie Kartrennsport. Danach müssen die Rennfahrer dem Konkurrenten Platz zum Überholen einräumen, die Strecke bei Fahrzeugdefekten freimachen. Ansonsten sind der Fahrweise keine gefahrvermeidenden Grenzen gesetzt.

Gesetzlich fixierte Verkehrspflichten
Für motorsportliche Betätigungen, wie z. B. Zuverlässigkeitsfahrten, Orientierungsfahrten, die über eine Sondererlaubnis nach § 29 Abs. 2 StVO[56] auf öffentlichen Straßen betrieben werden, gelten sämtliche Verkehrsregeln der StVO.

Reitsport:
Regelungen zur Gefahrvermeidung kann man grundsätzlich dem Standardwerk „Richtlinien für Reiten und Fahren" der Deutschen Reiterlichen Vereinigung e.V., Hauptverband für Zucht und Prüfung deutscher Pferde, entnehmen, in welchem das Grundwissen für den Reit-, Fahr- und Voltigiersport enthalten ist. Auch die „Leistungs-Prüfungsordnung" (LPO) gibt hier Hinweise für die vorgeschriebenen Standards eines gefahrvermeidenden Verhaltens.

Gesetzlich fixierte Verkehrspflichten
Nach § 28 Abs. 1 StVO sind Reiter verpflichtet, autoscheue sowie ungerittene und verkehrsungewohnte Reitpferde vom Verkehr fern zu halten. In jedem Falle müssen Reiter sich im Bereich des öffentlichen Straßenverkehrs an die Regelungen der StVO halten. Nach § 41 StVO in Zusammenhang mit dem blauen Zusatzschild – Zeichen 239 (weißer Reiter auf blauem Grund) – müssen Reiter die für sie bestimmten Sonderwege benützen; dagegen dürfen Reiter, die den Radfahrern und Fußgängern vorgesehenen Sonderwege nicht benützen.

Segelsport/Wasserski- u. Motorbootsport:
Die Wettsegelbestimmungen der Internationalen Sailing Federation (ISAF) legen in Teil 2 Abschn. A fest, welche Boote im Falle einer Begegnung mit einem anderen das Wegerecht (Vorfahrt) haben.

Gesetzlich fixierte Verkehrspflichten
Segelboote haben sich ebenso wie andere Wasserfahrzeuge (Ruderboote, Motorboote) an die einzelnen Bestimmungen für Bundeswasserstraßen und Landesgewässer zu halten,[57] insbesondere an die einzelnen Länder-Schifffahrts-Ordnungen, z. B. die Bayer. Schifffahrtsordnung.[58] Die Schifffahrtsordnungen schreiben unter anderem die Beleuchtung der Fahrzeuge und notwendige Erkennungszeichen vor, ebenso genaue Fahrregeln. Diese sind ähnlich den Bestimmungen der StVO. Ebenso haben sich Motorboote sowie Wasserskifahrer an die Verordnung über das Wasserskifahren auf Binnenwasserstraßen (WasserskiV)[59] zu halten, wonach Motorboote und Wasserskifahrer auf Bundesschifffahrtsstraßen nur bestimmte Strecken und Wasserflächen benützen dürfen, die gekennzeichnet sind.

Skilaufen/Snowboarden:
FIS-Verhaltensregeln für (Alpin)Skifahrer – Stand 2002 –
1. Rücksicht auf die anderen Skifahrer
Jeder Skifahrer muss sich so verhalten, dass er keinen anderen gefährdet oder schädigt.

---

[56] Siehe hierzu im Einzelnen 1/Rz. 88, 89.
[57] Siehe hierzu im Einzelnen 1/Rz. 95.
[58] Bay. GVBl. 77, S. 469.
[59] BGBl. 1998 I, 2199 (abgedruckt in SpuRt 1998, 235).

2. Beherrschung der Geschwindigkeit und der Fahrweise
Jeder Skifahrer muss auf Sicht fahren. Er muss seine Geschwindigkeit und seine Fahrweise seinem Können und den Gelände-, Schnee- und Witterungsverhältnissen sowie der Verkehrsdichte anpassen.

3. Wahl der Fahrspur
Der von hinten kommende Skifahrer muss seine Fahrspur so wählen, dass er vor ihm fahrende Skifahrer nicht gefährdet.

4. Überholen
Überholt werden darf von oben oder unten, von rechts oder links, aber immer nur mit einem Abstand, der dem überholten Skifahrer für alle seine Bewegungen genügend Raum lässt.

5. Einfahren und Anfahren
Jeder Skifahrer und Snowboarder, der in eine Skiabfahrt einfahren, nach einem Halt wieder anfahren oder hangaufwärts schwingen oder fahren will, muss sich nach oben und unten vergewissern, dass er dies ohne Gefahr für sich und andere tun kann.

6. Anhalten
Jeder Skifahrer muss vermeiden, sich ohne Not an engen oder unübersichtlichen Stellen einer Abfahrt aufzuhalten. Ein gestürzter Skifahrer muss eine solche Stelle so schnell wie möglich freimachen.

7. Aufstieg und Abstieg
Ein Skifahrer, der aufsteigt oder zu Fuß absteigt, muss den Rand der Abfahrt benutzen.

8. Beachten der Zeichen
Jeder Skifahrer muss die Markierung und die Signalisation beachten.

9. Hilfeleistung
Bei Unfällen ist jeder Skifahrer zur Hilfeleistung verpflichtet.

10. Ausweispflicht
Jeder Skifahrer, ob Zeuge oder Beteiligter, ob Verantwortlicher oder nicht, muss im Falle eines Unfalles seine Personalien angeben.

FIS-Verhaltensregeln für Langläufer
1. Rücksichtnahme auf die anderen
Jeder Langläufer muss sich so verhalten, dass er keinen anderen gefährdet oder schädigt.

2. Signalisation, Laufrichtung und Lauftechnik
Markierungen und Signale (Hinweisschilder) sind zu beachten. In Loipen ist in der angegebenen Richtung und Lauftechnik zu laufen.

3. Wahl der Spur
Auf Doppel- und Mehrfachspuren muss in der rechten Spur gelaufen werden. Langläufer in Gruppen müssen in der rechten Spur hintereinander laufen. In freier Technik ist rechts zu laufen.

4. Überholen
Überholt werden darf rechts oder links. Der vordere Läufer braucht nicht auszuweichen.
Er sollte aber ausweichen, wenn er es gefahrlos kann.

5. Gegenverkehr
Bei Begegnungen hat jeder nach rechts auszuweichen. Der abfahrende Langläufer hat Vorrang.

6. Stockführung
Beim Überholen, Überholtwerden und bei Begegnungen sind die Stöcke eng am Körper zu führen.

7. Anpassung der Geschwindigkeit an die Verhältnisse
Jeder Langläufer muss, vor allem auf Gefällstrecken, Geschwindigkeit und Verhalten seinem Können, den Geländeverhältnissen, der Verkehrsdichte und der Sichtweite anpassen. Er muss einen genügenden Sicherheitsabstand zum vorderen Läufer einhalten. Notfalls muss er sich fallen lassen, um einen Zusammenstoß zu verhindern.

8. Freihalten der Loipen
Wer stehen bleibt, tritt aus der Loipe. Ein gestürzter Langläufer hat die Spur möglichst rasch freizumachen.

9. Hilfeleistung
Bei Unfällen ist jeder zur Hilfeleistung verpflichtet.

10. Ausweispflicht
Jeder, ob Zeuge oder Beteiligter, ob verantwortlich oder nicht, muss im Falle eines Unfalles seine Personalien angeben.

Gesetzlich fixierte Verkehrspflichten
Nach § 31 StVO ist das Skifahren auf öffentlichen Verkehrsstraßen verboten und nur in Zusammenhang mit den Gefahrzeichen nebst Zusatzschild (Abfahrender Skiläufer) nach § 40 StVO erlaubt und zugelassen.
Ebenfalls müssen sich Skifahrer an die Regelungen des Art. 24 Bayer. Landesstraf- und Verordnungsgesetzes[60] halten, die bestimmte Gelände für den Skisport eröffnen, und ebenfalls die KennzeichenVO,[61] wonach die einzelnen Abfahrten beschrieben sind, sowie einzelne Verbote und Warnungen ausgesprochen werden.

Squash: (Regel 1984)
Regel 12: Genügende Sicht, Raum zum Schlagen, Behinderung (Spieler muss nach dem Schlag sofort ausweichen, um Gegner Platz zum Schlag zu lassen)
Regel 13: Let (= Wiederholung des Schlages)
Ein Let wird gewährt, wenn Spieler nicht schlägt, da anderer ihn behindert, bzw. Spieler nicht verhindern kann, dass anderer getroffen wird.

Diese Regelwerke der Sportverbände werden immer wieder durch neue Bestimmungen **16** ergänzt, so dass von einem abgeschlossenen Regelsystem nicht gesprochen werden kann. So haben sich beispielsweise zunächst eigene Regeln für das *Snowboarden* aus den FIS-Verhaltensregeln entwickelt (die dann in die FIS-Regeln 2002 aufgenommen wurden[62]), ebenso die Verhaltensregeln des neuen *Inline-Skatings* aus den Regeln des Roll(schuh)- schnellaufs.[63] Auch dort wenden die Gerichte im Übrigen dann Sportregeln aus anderen Sportarten an, wenn es sich aus dem Gefahrenpotential dieser Sportart ergibt.[64]

C. Die Haftung der Sportler bei den einzelnen Sportarten[65]

Für die Haftung des Sportlers[66] bei Sportunfällen in den Individual- und Kampfsport- **16a** arten ergibt sich folgender Prüfungsmaßstab:

---

[60] Siehe auch 1/Rz. 90.
[61] Siehe unten Rz. 104.
[62] Hierzu *Pichler*, Neue FIS-Regeln, SpuRt 2003, 1; *Heermann/Götze*, NJW 2003, 3253; *Pichler*, NJW 2004, 643.
[63] Siehe *Hoffmann/Hoffmann*, S. 107; zum Inline-Skaten grundsätzlich *Vieweg*, NZV 1998, 1 ff.; *Cizek*, SpuRt 2003, 14 ff.; *Schödel*, SpuRt 2005.
[64] Siehe unten, Rz. 17 ff.; z. B. OLG Hamm, NJW RR 91, 418 zum Tennis; OLG Frankfurt, NJW 86, 2648 zur Kraftdemonstration; OLG Düsseldorf, VersR 93, 1235 zum mit der Sportart Karate vergleichbaren Schattenboxen.
[65] Siehe hierzu auch die Entscheidungen in *Haas/Hauck/Reschke*, Handbuch des Sportrechts, Ziff. 21 und 22.
[66] Siehe zu den Haftungsvoraussetzungen oben Rz. 6.

- Prüfung des Verschuldens anhand der Konzeption der Verkehrspflichtverletzung nach § 823 Abs. 1 und Abs. 2 BGB[67]
- Prüfung weiterhin bei Sportarten, die der Gefährdungshaftung unterliegen, eines (neben der Verkehrspflichtverletzung) *zusätzlichen* Haftungsgrundes nach den dortigen gesetzlichen Voraussetzungen (nachfolgend III.)
- Prüfung etwaiger Haftungsausschlüsse oder etwaigen Mitverschuldens des Geschädigten (nachfolgend IV.).

I. Individualsportarten („Parallelsportarten")

17 Da sich bei der Ausübung dieser Sportarten auf dem Sportgelände immer Mitsportler befinden, enthalten die Sportregeln das *allgemeine Rücksichtnahmegebot* (gleichsam wie in dem für den Straßenverkehr geltenden § 1 StVO), denn nach dem Sinn dieser Sportarten sind Gefährdungen/Verletzungen generell nicht erlaubt. Die Rechtsprechung hat die Verkehrspflicht aus den jeweiligen Sportregeln bestimmt. Bei einem Verstoß gegen diese wird auch das Verschulden bejaht, denn aus dem allgemeinen Rücksichtsgebot folgt auch die gebotene Vorhersehbarkeit und Vermeidbarkeit.

Im Vergleich zu sämtlichen Sportarten hat der *Skisport als Massensport* eine Sonderstellung, was sich in der Fülle der Rechtsprechung niederschlägt. Die große Zahl der gerichtlich entschiedenen Skiunfallkonstellationen hat demzufolge zu einer besonderen Ausprägung der einzelnen Pflichten der Skiläufer geführt. Diese haben deshalb für die *„Verkehrspflichten im Sport"* in den übrigen Sportarten eine gewisse *Leitfunktion* übernommen, speziell dort, wo vergleichbare Gefahrensituationen vorliegen (z. B. Eislaufen, Radsport, Segeln). Aus dem FIS-Regelwerk können somit Grundsätze für das Verhalten in Gefahrensituationen in diesen Sportarten abgeleitet werden.

18 *Skilauf*
Alpinskilauf/Snowboarden. Die Hauptgefahr für die Skifahrer, welche sich ja mit großen Geschwindigkeiten nahe anderen Skifahrern auf gleichem Gelände bewegen, ist die Kollisionsgefahr. Um Unfälle zu vermeiden, ist ein umfangreicher Pflichtenkatalog für den Skifahrer aufgestellt worden, die erwähnten FIS-Regeln für Skifahrer[68] und FIS-Regeln für Ski-Langläufer, welche vom FIS-Komitee mit einem Kurz-Kommentar versehen sind.[69]

Das FIS-Regelwerk beginnt mit einer Präambel:
„Das Skifahren birgt wie alle Sportarten Risiken. Die FIS-Regeln als Maßstab für skisportgerechtes Verhalten des sorgfältigen und verantwortungsbewussten Skifahrers haben zum Ziel, Unfälle auf Skipisten zu vermeiden. Die FIS-Regeln gelten für alle Skifahrer. Jeder Skifahrer ist verpflichtet, sie zu kennen und einzuhalten. Wer unter Verstoß gegen die Regeln einen Unfall verursacht, kann für die Folgen zivil- und strafrechtlich haftbar werden."

Die FIS-Regeln gelten trotz des missverständlichen Wortlautes in der Präambel für das gesamte Skigelände – also auch außerhalb der Skipisten – in den Alpenländern,[70] werden aber auch von allen übrigen Nationen in deren Skigebieten anerkannt. Sie sind noch nicht zum *Gewohnheitsrecht* geworden[71] und gelten nicht nur für Skifahrer und Snowboarder (dies ausdrücklich seit 2002), sondern auch für Benutzer anderer gleitender Skigeräte, also z. B. Skibob, Monoski, Bigfoot, Snowblade und Snowbike. Entscheidend

---

[67] Siehe oben, Rz. 12.
[68] Der im Jahre 1967 von der FIS beschlossene 10-Verhaltensregeln-Katalog wurde im Jahre 1990 geringfügig geändert, hierzu *Dambeck*, DAR 93, 132 ff.; erneut geändert im Jahre 2002, hierzu *Pichler*, SpuRt 2003, 1 ff.
[69] Abgedruckt bei *Stiffler*, Rz. 60 ff.; *Dambeck*, Rz. 73 ff.
[70] So einhellige Auffassung, *Pichler/Holzer*, S. 154; *Stiffler*, Rz. 55, 56; *Dambeck*, Rz. 49.
[71] So z. B. auch OLG Düsseldorf, VersR 90, 111; a. A. *Stiffler*, Rz. 150; *Dambeck*, DAR 93, 132.

ist, dass mit diesen Geräten skifahrtypische Verhaltensweisen wie z. B. Schwünge, Bögen und Rutschen ausgeübt werden können.[72, 73] Neuerdings plädierten *Heermann/Götze* für eine modifizierte Anwendung der FIS-Regeln infolge technischer und räumlicher Änderungen im Wintersport.[74] Dem Skifahrer auf der Piste gebühre im Verhältnis zu anderen Wintersportlern, z. B. die aus Tiefschneegebieten in die Piste einfahrenden Skifahrer und Snowboarder sowie die in Funparks (im Pistenbereich) fahrenden Snowboarder und schließlich anderen Wintersportgeräten auf der Piste wie Snowbikes, Swingboats, Plastikbananen und Autoreifen, kein Vorrang, insbesondere sei die FIS-Regel 5 einschränkend anzuwenden. Dieser Auffassung hat *Pichler*[75] entschieden widersprochen und dargelegt, dass auch aufgrund der aktuellen Situation und Änderung im Schneesportbetrieb keine Änderung oder modifizierte Änderung der FIS-Regeln geboten sei, insbesondere sei eine modifizierte Anwendung der Vorrangregeln 2 und 3 in Zusammenhang mit Regel 5 systemwidrig, aber auch praxisfremd. Die bisher zu Skiunfällen ergangene Rechtsprechung kann weitgehend analog auf Snowboard-Unfälle angewandt werden.

Regel 1. Die Regel 1 bringt den Grundsatz, „niemanden zu schädigen oder zu gefährden", zum Ausdruck und stellt damit gleichzeitig den Auffangtatbestand für die Gefahrsituationen dar, welche die Regeln 2–7 nicht konkret ansprechen.[76] Hierunter fällt als wichtigste Pflicht diejenige zum sog. *Notsturz*: Jeder Skifahrer muss freiwillig notfalls stürzen, um drohende Zusammenstöße zu vermeiden, wenn er z. B. nicht mehr anhalten oder ausweichen kann. Ebenfalls unter die Regel 1 fällt jede Pflichtverletzung, die zu einer Quasi-Kollision führt: Ein Skifahrer verletzt den anderen zwar nicht durch Berührung, bringt ihn aber durch sein Verhalten in eine Situation, die zu dessen Selbstverletzung oder Drittverletzung führt.[77]

19

Eine Verletzung dieser Verhaltenspflicht/Regel 1 wegen nicht erfolgten Notsturzes sah das OLG Köln[78] anlässlich einer Kollision zweier hintereinander fahrender Skiläufer in einem Skikurs, das OLG München[79] anlässlich einer Verletzung bei einem Renntraining auf der Piste ohne Absperrung; das LG Köln[80] wandte die Regel 1 als Auffangtatbestand an bei einer Verletzung durch einen sich aus der Bindung eines Skiläufers lösenden Ski.

Mit der Pflicht des Skiläufers zum Notsturz, welche sich aus der FIS-Regel 1 herleitet, hat sich in letzter Zeit das OLG Hamm befasst.[81] Klarzustellen ist hierbei, dass eine Notsturzpflicht ausdrücklich in das FIS-Regelwerk nicht aufgenommen wurde, sie sich jedoch im Einzelfall aus der FIS-Regel 1 ergibt. Diese Pflicht besteht insbesondere dann, wenn Skifahrer auf leichtem Skigelände und mit langsamer Geschwindigkeit in der Lage sind, eine Kollision zu erkennen und die Möglichkeit haben, diese durch einen Sturz zu vermeiden.[82]

Aber auch nach Kollision und Sturz ist die Regel 1 eine wichtige Verhaltenspflicht[83] für das Aufstehen, damit ein weiteres Abgleiten auf der Piste vermieden wird. Fährt ein

---

[72] Siehe im Einzelnen *Pichler*, NJW 2004, 645. Die Geltung auch für Snowboarder war durch OLG München, SpuRt 1994, 36 ff. längst geklärt und in der Neuregelung der FIS-Regeln ab 2002 berücksichtigt.
[73] Siehe hierzu *Dambeck*, Rz. 66; OLG München, SpuRt 94, 36 ff.
[74] NJW 2003, 3253 ff.
[75] NJW 2004, 846.
[76] H. M. siehe im Einzelnen *Dambeck*, Rz. 77 m. w. N.; die Pflichten der Regel 1 gelten gegenüber allen Personen im Pistenbereich, auch gegenüber Fußgängern am Pistenrand, OLG Innsbruck, SpuRt 2005, 27.
[77] H. M. siehe *Pichler/Holzer*, S. 133, 193.
[78] OLG Köln, NJW 62, 1110.
[79] OLG München, NJW 66, 2406.
[80] LG Köln, NJW 72, 639.
[81] OLG Hamm, SpuRt 94, 30; 95, 59.
[82] Siehe im Einzelnen hierzu *Leer*, SpuRt 95, 60.
[83] OLG Karlsruhe, VersR 77, 869.

Skifahrer langsam und stürzt er mit der Folge eines weiteren Abrutschens und Verletzung eines anderen Skiläufers, so ist der Sturz an sich noch kein Verstoß gegen die Regel 1; allerdings kann beim weiteren Abrutschen ein Verstoß gegen die Regel 2 und 3 vorliegen.[84]

Ein neuer Anwendungsbereich der Regel 1 ergibt sich aufgrund neuer Skitechniken, insbesondere im Bereich extremer Carvingschwünge, bei denen mit hohen Geschwindigkeiten quer zur Hangneigung aber auch sogar bergaufwärts gefahren wird. Hier wird das (später noch zu erörternde) Vorrecht des unteren Skifahrers vor dem oberen relativiert, der carvende Skifahrer oder Snowboarder muss die Regel 1 (sowie die Regel 2) mehr als bisher beachten.

20 *Regel 2.* Aus der Regel 2 (Beherrschung der Geschwindigkeit und Fahrweise) ergibt sich die Pflicht, dass der Skifahrer stets so fahren muss, dass er in der Lage ist, auf andere Skifahrer, Gelände-, Schnee-, und Witterungsverhältnisse richtig zu reagieren, d. h. gegebenenfalls zu bremsen, anzuhalten und auszuweichen. Das heißt im Einzelnen: Die Skipiste bzw. zu befahrende Strecke vor sich zu beobachten, ständig auf Sicht zu fahren, kontrolliert zu fahren, also nicht über sein Können hinaus, und die Geschwindigkeit den jeweiligen Umständen des Geländes, dem Schnee und den anderen Skifahrern anzupassen. Diese Regel wird mitunter als die wichtigste bezeichnet, da die meisten Unfälle auf einer nicht angepassten Geschwindigkeit beruhen.[85]

Mit der Verletzung dieser Regel befassten sich bereits das OLG Köln[86] und das OLG München (bei Befahren einer Rennstrecke vor Rennbeginn)[87] sowie der BGH;[88] im letzteren Fall waren zwei Skiläufer kollidiert, wobei der eine direkt in der Fallinie, der andere eher schräg einen Hang hinabfuhr.[89] Die Regel 2 statuiert Verhaltenspflichten nicht nur in bestimmten Pistenbereichen oder Richtungen, sondern für das gesamte Skigelände. Das OLG München[90] hat in einem Kollisionsfall im Bereich sich kreuzender verschiedener Pisten die Regel 2 zu Recht angewandt und eine Regelverletzung mangels Nachweises verneint.[91] Besonders bei nichteinsehbaren Hängen oder Kuppen ist das Sichtfahrgebot zu beachten, aber auch im Umfeld von Liftstationen, wie die Entscheidungen des LG München, LG Mainz und Österreich. OGH belegen.[92]

21 *Regel 3.* Als Ergänzung zur Regel 2 wird hier der allgemeine Verhaltensgrundsatz im Skilauf deutlich, dass der vordere bzw. untere Fahrer den Vorrang genießt gegenüber dem hinteren oder von oben kommenden,[93] der meist schneller fährt (oder durch Spurwechsel von oben kommt). Der von oben kommende und schnellere Skifahrer ist verpflichtet, auf die unteren und langsameren Rücksicht zu nehmen und einen entsprechenden Sicherheitsabstand einzuhalten, was auch für das Überholen gilt. Er muss den unteren Skifahrer mit all seinen Bewegungen voll berücksichtigen, also enge oder weite Schwünge, Bögen, plötzliches Anhalten und Stürze,[94] unabhängig von dessen Können

---

[84] OLG Düsseldorf, VersR 90, 111.
[85] So bereits *Hummel*, NJW 65, 525; *Pichler*, NJW 67, 2193; weitere Lit.Nachweise bei *Dambeck*, Rz. 82 ff.; zum kontrollierten Fahren bei Vereisung, Engstellen OLG Frankfurt, VersR 95, 544; LG Nürnberg-Fürth, SpuRt 96, 26.
[86] OLG Köln, NJW 62, 1110; auch OLG Karlsruhe, NJW 64, 55.
[87] OLG München, NJW 66, 2406.
[88] BGHZ 58, 40 = NJW 72, 627.
[89] Ähnlich auch die Situation bei OLG München, NJW 77, 502.
[90] OLG München, VersR 82, 198; zu zusammenführenden Pisten siehe auch *Pichler/Holzer*, S. 160.
[91] So auch im Ergebnis OLG Hamm, VersR 89, 1206 u. OLG München, VersR 60, 164.
[92] Siehe „Österreichische und deutsche Rechtsprechung zu Skiunfällen" von *Pichler/Fritzweiler*, SpuRt 99, 8.
[93] So schon *Nirk*, NJW 64, 1831; siehe auch *Pichler/Holzer*, 170 ff.
[94] Im Einzelnen *Dambeck*, Rz. 103.

oder Alter. Auf diese Pflichten wiesen bereits ausführlich das OLG Stuttgart sowie der BGH[95] hin für die Kollision des in Kurzschwüngen fahrenden Skiläufers mit dem in lang gezogenen Schwüngen zu fahrenden. Für den in Carvingschwüngen quer zur Falllinie fahrenden Skifahrers gilt ergänzend die Regel 1 und 2; das Vorrecht des unteren Fahrers gegenüber dem oberen wird insoweit relativiert. Diese Carving-Schwünge schaffen insofern eine besondere Gefahrenlage, als sie den übrigen Skifahrern, die sich in der Berg-Tal-Fahrweise bewegen, den Ausweich- bzw. Bremsweg verkürzen. Insofern gilt zu Recht die FIS-Regel 1.[96]

Überholt ein schnellerer Skiläufer den langsameren, so hat der langsamere, evtl. in weiteren Schwüngen fahrende insbesondere keine Rückschaupflicht.[97] Diese Verhaltenspflichten gelten auch innerhalb einer Skikursgruppe, wenn in einer Reihe abgefahren wird.[98] Die Beweislagen sind stets schwierig festzustellen, wie die Kollisionsunfälle des LG Traunstein und LG Bayreuth[99] zeigen.

Regel 4 bezeichnet noch einmal besonders die Pflichten für das Überholen (obwohl diese bereits aus den Regeln 2 und 3 folgen) und stellt klar, dass es keinen Grundsatz, wie etwa „rechts vor links" oder bergseitig vor talseitig, gibt, denn gelände- und skifahrertypisches Bewegen gestatten dies nicht. Vielmehr ist jede Überholform zulässig, solange der Überholende dem Überholten genügend Raum für alle seine Bewegungsmöglichkeiten lässt.[100] **22**

Zu dieser Regel stellte das OLG Köln heraus, dass der Überholende stets mit Seitwärtsbewegungen des vorderen Skifahrers rechnen muss; diese gehören zum Skifahren, ebenso wie plötzlicher Richtungswechsel des Vorausfahrenden.[101]

Regel 5 spricht den stehenden Skifahrer an, im Vergleich zum fahrenden (Regel 2, 3 u. 4); der stehende Skifahrer ist verpflichtet, sich nach oben, unten, vorwärts und rückwärts zu orientieren, und hat damit umfangreichere Pflichten als der fahrende Skifahrer. Ebenfalls verpflichtet diese Regel den von außerhalb in eine Skiabfahrt einfahrenden Skiläufer. Er darf nur dann in die Abfahrtstrecke einfahren, wenn andere nicht gefährdet werden.[102] **23**

Der in der ursprünglichen Fassung 1967 der FIS-Regeln genannte „querende (= mit geringer Abwärtstendenz fahrende) Skifahrer"[103] wird jetzt den „fahrenden" zugerechnet; ihn treffen die Pflichten der Regeln 2, 3 und 4. Insofern ist bei Kollisionsunfällen, wie etwa dem der Entscheidung des BGH[104] zugrunde liegenden, die Regel 5 bei der Verhaltenspflichtprüfung nicht anwendbar. Vielmehr ist dem querenden Skiläufer als dem vorderen gemäß Regel 3 der Vorrang einzuräumen.[105]

Regel 6 verlangt – als Ergänzung zum Gebot der Regeln 2 u. 3, an enge und unübersichtliche Stellen mit angepasster Geschwindigkeit heranzufahren – vom Skifahrer, dass er an derartigen Stellen nicht ohne Not stehen bleibt. Nur in Notlagen, etwa wenn er gestürzt ist und nicht schnell genug aufstehen kann, darf der Skifahrer sich deshalb an die- **24**

---

[95] OLG Stuttgart, NJW 64, 1859; so auch insbesondere BGH, BGHZ 58, 40 = NJW 72, 627.
[96] Dazu siehe *Pichler/Fritzweiler,* SpuRt 99, 7.
[97] OLG Koblenz, VersR 76, 692; OLG Nürnberg, VersR 86, 1219; OLG Innsbruck, VersR 87, 294; a. A. teilweise OLG Hamm, SpuRt 98, 33.
[98] LG Oldenburg, VersR 79, 386; LG Kempten, ZfS 89, 368.
[99] LG Traunstein, SpuRt 96, 28; LG Bayreuth, SpuRt 97, 32.
[100] Siehe *Pichler/Holzer,* S. 179; *Stiffler,* Rz. 93 ff.
[101] OLG Köln, VersR 69, 550.
[102] Zum Einfahren vom Tiefschnee in die Piste OLG Karlsruhe, SpuRt 96, 25.
[103] Zur „Queren-Regel" und deren Problematik zusammenfassend *Dambeck,* Rz. 123 ff.
[104] BGH, NJW 72, 627.
[105] Zuletzt hierzu OLG Graz, SpuRt 94, 139 mit Anm. *Pichler;* OLG Düsseldorf, 19. 4. 1996, Az. 22 U 259/95 (unveröffentlicht). Unzutreffend daher die Hilfsbegründung der im Ergebnis richtigen Entscheidung des LG Traunstein, NJW-RR 95, 1307 = SpuRt 96, 28; zur Haftung bei einer Kreuzung von Skipisten OLG Düsseldorf, SpuRt 97, 31.

sen Stellen aufhalten.[106] Diese Regel kommt nach deutschem Recht in erster Linie bei der Mitverschuldens-Bewertung nach § 254 BGB zur Anwendung.

25   *Regel 7.* Die Skifahrer, die (mit dem Ski oder zu Fuß) aufsteigen, und die Nicht-Skifahrer verweist Regel 7 an den Pistenrand, um Gefährdungen zu vermeiden. Kurzzeitiges Aufsteigen (also Zurücksteigen) eines gestürzten Skifahrers ist von dieser Regel nicht erfasst, denn nur skifahr-untypische Behinderungen sollen vermieden werden.[107] Aus dieser Regelung ist für die abfahrenden Skiläufer *kein Vertrauensgrundsatz* abzuleiten; vielmehr muss der abfahrende Skifahrer mit stehenden und gehenden Personen auf der Skipiste rechnen, wie das OLG München[108] richtig feststellt.

26   *Regel 8* (Beachtung von Markierungen und Signalen) stellt eine Pflicht auf, die jeder Skifahrer bezogen auf sich selbst zu beachten hat; sie ist keine Verhaltenspflicht zum Schutze Dritter.[109] Werden also Markierungen und Schilder im Skigelände vom Skifahrer nicht beachtet und kommt es infolgedessen zu einer Verletzung, so ist ein Verstoß gegen die Regel 8 zur weiteren Konkretisierung der übrigen Verhaltenspflichten und zur Mitverschuldensbewertung heranzuziehen.[110]

27   *Regel 9/Regel 10* stellen Verhaltensregeln (Ausweispflicht, Hilfeleistung) für die Phase nach bereits eingetretenen Skiunfällen dar; diese Regeln können aber nach einhelliger Meinung nur moralische Sport-Pflichten erzeugen.[111]

Die Pflicht zur allgemeinen Hilfeleistung folgt im Übrigen bereits aus § 323c StGB. Hat jemand die Verletzung eines anderen rechtswidrig selbst verursacht, so ist er darüber hinaus kraft einer strafrechtlichen Garantenstellung aus Ingerenz in besonderem Maße verpflichtet, weiteren Schaden von dem Verletzten abzuwenden. Eine Verletzung dieser erhöhten Pflicht kann eine Haftung aus §§ 823 Abs. 2 BGB, 223 StGB nach sich ziehen.

28   Da das *Verschulden* regelmäßig mit dem Verstoß gegen eine Sportregel bejaht wird, befasste sich die Rechtsprechung bei Skiunfällen nur dann mit der Verschuldensprüfung, wenn die generelle Schuldfähigkeit nach §§ 827, 828 in Frage stand; anlässlich einer Kollision einer Skiläuferin auf gemeinsamer Abfahrt mit einer anderen derselben Gruppe, bei welcher ein Verstoß gegen die Regel 1, 2 und 3 bewiesen wurde, stellte der BGH[112] zur Verschuldensfähigkeit nach §§ 276 Abs. 1 Satz 3, 828 Abs. 2 BGB fest: Auch ein normal entwickeltes 9-jähriges Kind ist fähig, die Verantwortlichkeit für ein zu schnelles oder unaufmerksames Fahren beim Skilaufen und eine daraus bedingte Verletzung eines anderen zu erkennen. Es genüge die allgemeine Kenntnis, dass man beim Skifahren den anderen verletzen könne, wenn man etwa zu schnell fahre und die Kontrolle über seine Skier verliere, womit ein Verschulden zu bejahen sei.

29   *Skilauf/Langlauf.* Anders ist die Situation beim Skilanglauf: Fest ausgeprägte Loipen geben jedem Langläufer die Richtung vor, auch sind die durch eigene Körperkraft entwickelten Geschwindigkeiten erheblich geringer. Deshalb ereignen sich Unfälle ganz überwiegend ohne Fremdverschulden. Die 10 FIS-Verhaltensregeln für Langläufer haben deshalb in erster Linie Empfehlungscharakter für die eigene Sicherheit, ähnlich den Regelwerten der Alpenvereine, beschreiben aber auch das gefahrvermeidende Verhalten gegenüber den anderen.[113]

30   *Eislauf.* Ähnlich dem Skisport liegt die Gefahr für Verletzungen hier in den schnellen Bewegungen der Sportler und den hohen Geschwindigkeiten auf engem Raum. Einen

---

[106] Siehe hierzu *Pichler/Holzer*, S. 186; *Stiffler*, RZ 108f.
[107] Hierzu *Hummel*, NJW 65, 526; OLG München, NJW 66, 2404.
[108] OLG München, NJW 66, 2404; ebenso OLG Linz, ZVR 97/143.
[109] So die einhellige Auffassung, siehe z. B. *Dambeck*, Rz. 140.
[110] Siehe hierzu unten, Rz. 59–61.
[111] Hierzu *Stiffler*, Rz. 127ff. m. w. N.; einen Straftatbestand nach § 142 StGB für Skifahrer gibt es ebenso wenig, vgl. *Schönke-Schröder*, 24. Aufl., § 142, Rz. 5; allerdings bleiben Art. 24 Abs. 6 Bay LStVG u. § 323c StGB unberührt.
[112] BGH, NJW 87, 1947.
[113] Zu den Regeln des Alpenvereines Rz. 31; *Pichler/Holzer*, S. 197f.

exakten Verhaltenskatalog wie im Skilauf gibt es nicht. Aus der eislaufspezifischen Bewegungsart des Rückwärtslaufens ergibt sich dabei natürlich eine Rückschaupflicht.[114]

Eine weitere Pflicht bestimmt der BGH[115] aus dem allgemeinen Gefährdungsverbot und der Eislaufordnung eines Stadions (dort Art. 5 Nr. 4 Münchner Olympiastadion) für einen Eisläufer, der von hinten kommend an einem anderen vorbeifährt: Beim Überholen ist ein Abstand von einem Meter in jedem Fall zu gering, es kommt im Einzelnen auf die Bewegungen und Geschwindigkeiten der Eisläufer an.

Die Existenz einer weiteren Verhaltenspflicht für zwei kollidierende Eisläufer aus verschiedenen Fahrtrichtungen stellt schließlich das LG Weiden[116] fest: Der schnellere Eisläufer muss auf den langsameren Rücksicht nehmen, unabhängig davon, ob beide die gleiche oder entgegengesetzte Fahrtrichtungen haben.

Ein sehr hohes Eigenrisiko wiederum bürdet das OLG Düsseldorf[117] den Eisläufern auf: Der verletzte Kläger war durch den Beklagten, der in geringem Abstand *hinter* ihm lief und stürzte, zu Fall gebracht worden. Das OLG Düsseldorf sah hier keine Regelverletzung des von hinten kommenden Beklagten. Gegen diese Entscheidung ist allerdings zu argumentieren, dass ein derartiges Verhalten dem allgemeinen Gebot, niemanden zu gefährden oder zu schädigen, widerspricht; auch beim Eislauf gilt der Grundsatz des Abstandhaltens zu den anderen Eisläufern und der Einhaltung einer angemessenen Geschwindigkeit, um den anderen nicht zu schädigen, weshalb diese Entscheidung höchst anfechtbar ist.

Berg- und Klettersport. Gefahren dieser Sportart sind generell solche der Natur, des Gebirges und des Wetters, wie z. B. Eis- u. Steinschläge, Wetterumstürze, Erschöpfung, also weniger der Mitsportler. Die Gefahren sind so vielgestaltig wie die unterschiedlichen Arten des Bergsportes, die man einteilen kann etwa in alpines Bergwandern, Klettern in leichten, mittleren und hohen Schwierigkeitsgraden sowie in hochalpinem vergletschertem Berggelände, Sportklettern und Skibergsteigen.[118] **31**

Infolge der Unterschiedlichkeit im Betreiben dieser Sportarten gibt es zwar keine so konkreten gefahrvermeidenden Regeln wie die FIS-Skiregeln. Hier gelten zunächst die verschiedensten Regeln für das Sportklettern, teils auf natürlichem, teils auf künstlichem Gelände,[119] und für die hierzu vorgeschriebenen Ausrüstungen. Ferner gilt der von der UIAA entwickelte Verhaltenskatalog für das Bergwandern, welcher im Sinne von Empfehlungen und Ratschlägen zwar in erster Linie zum Schutz der eigenen Person vor Selbstgefährdung dient, aber Rückschlüsse für das gefahrvermeidende Verhalten anderen gegenüber zulässt.[120] Ebenfalls sind die vom Deutschen Alpenverein (DAV) entwickelten Tipps für Bergwandern und Bergsteigen als gefahrvermeidendes Regelwerk konzipiert.

Weiterhin gibt es übliche Sicherheitsstandards der alpinen Gefahren, der Methodik des Kletterns und des Begehens von Gletschergebieten,[121] zusammen mit der Bewertungsskala über die Schwierigkeitsgrade in Klettergebieten von I–VIII der UIAA. Auch hieraus ergibt sich die Mindestsorgfalt, die der Bergsteiger zur Gefahrabwendung für sich selbst und seine Kameraden zu erbringen hat.

In diesen Regelungen ist somit das sicherheitsgerechte Verhalten aus der Sicht des Bergsports beschrieben, besonders für die mehr gefahrenträchtigen Verhaltensweisen bei Klettern in Fels und Eis, wie z. B. die verschiedenen Arten des Anseilens, der Seilsicherung, der Standplatzeinrichtung, der Abstände etc. Für die besondere Klettersportart des „Freeclimbing" gibt es abweichende Regelungen nicht; bei diesem Freiklettern werden

---

[114] So bereits AG Mannheim, VersR 52, 440.
[115] BGH, NJW 82, 2555 = VersR 81, 853.
[116] LG Weiden, ZfS 91, 71.
[117] OLG Düsseldorf, SpuRt 94, 236 = VersR 94, 1484.
[118] Siehe hierzu *Schünemann*, VersR 82, 825; *Beulke*, S. 175 ff.; *Galli*, S. 7 ff.
[119] Siehe hierzu *Hoffmann/Münchenbach/Pohl*, S. 10 ff.
[120] Siehe die Verhaltensgrundsätze im Einzelnen Rz. 15.
[121] So z. B. *Sturm/Zintl*, Felsklettern; *dies.*, Sicheres Klettern in Fels und Eis, passim.

technische Unterstützungen (Haken, Klemmteile etc.) nur zur Sicherung, nicht aber zum Vorwärtskommen verwendet. Bei Verstoß gegen diese Sicherheitsstandards ist somit auch ein Verkehrspflichtverstoß gegeben.[122]

Dies bestätigt auch im Wesentlichen die Rechtsprechung z. B. in der Entscheidung des OLG Karlsruhe[123] zur abstürzenden Felsplatte auf einer Mont-Blanc-Tour; jedoch wird auch hier manifestiert, dass die Risiken im Bergsport von allen Teilnehmern in gleicher Weise zu tragen sind und bei einem eventuellen Pflichtverstoß eine beiderseitige Abwägung und Berücksichtigung der Risikoübernahme und des Mitverschuldens nach § 254 BGB Platz greift.

Das OLG Stuttgart hat ebenfalls derartige anerkannte Sicherheitsstandards des Deutschen Alpenvereins zur Grundlage der Verkehrspflichtenprüfung gemacht.[124] Hier stürzte eine Dreier-Seilschaft in vergletschertem Hochgebirge der Walliser Alpen ab und riss eine weitere Seilschaft mit in die Tiefe mit der Folge tödlicher Verletzungen. Das OLG Stuttgart prüfte hier die behaupteten zu großen Seillängen von 10 bis 12 Metern, die weiter aufgestellte Behauptung, man hätte die Blankeisflächen nur mit Eisenschrauben begehen dürfen, ferner, die Seilschaft sei ein zu hohes Tempo gegangen und hätte sich zu wenig akklimatisiert – diese Punkte hätten zu einer Fehlleistung geführt. Nach eingehender Sachverständigenbegutachtung wurde ein Verkehrspflichtverstoß und damit auch ein Verschulden verneint. Bejaht wurde dagegen ein Pflichtverstoß vom OLG München,[125] als zwei Bergsteiger in Schwierigkeitsgrad II ungesichert, aber am Seil gingen, der eine beim Setzen eines Sicherungskeiles ohne sicheren Standplatz abrutschte und den anderen mit in die Tiefe riss.

Ebenfalls für eine volle Haftung bei einer gemeinsamen Klettertour entschied das LG Aschaffenburg,[126] als beide Kletterer sich gegenseitig sicherten und beim Abseilen das Seil durch die Hände des einen Kletterers (und den von diesem verwendeten „Achter") rutschte, wobei der andere in die Tiefe fiel und sich dabei schwerste Verletzungen zuzog.[127]

32 *Inlineskating.* Inlineskating wird als neue Sportart vornehmlich auf Fußwegen, Radwegen und Spielstraßen betrieben, dem öffentlichen Straßenverkehr. Hinsichtlich des Bewegungsablaufes sind Inlineskater eher den Läufern zuzuordnen, bezüglich der Geschwindigkeit, Raumbedarf und Bremsweg allerdings wiederum den Radfahrern. Die Zuordnung der Inlineskater als Fußgänger oder Radfahrer ist bedeutsam für das sachgerechte Verhalten innerhalb des Straßenverkehrs und die Einhaltung entsprechender Vorschriften der Straßenverkehrsordnung (StVO).[128] Der BGH ordnete die Inlineskates als „ähnliche Fortbewegungsmittel" im Sinne des § 24 Abs. 1 StVO ein, „bis zu einer ausdrücklichen Regelung durch den Verordnungsgeber" – Inlineskater sind somit den Regeln der Fußgänger zu unterwerfen.[129]

33 *Leichtathletik.* Auch in den Sportarten der Leichtathletik gilt das allgemeine Gefährdungsgebot. Ausdrücklich schreibt z. B. die Bestimmung 18 der Wettkampfbestimmungen für Laufwettbewerbe vor, dass jegliches Rempeln, Schneiden und jede Benachteiligung eines anderen Kämpfers verboten ist. Ähnlich wie beim Radsport bewegen sich die Läufer auf engstem Raum, es gibt Positionskämpfe; enges Aneinanderlaufen ist hier

---

[122] So auch *Schünemann*, VersR 82, 827; *Galli*, S 156; *ders.*, SpuRt 95, 208; zur Haftung beim „Freeclimbing" *Galli*, SpuRt 97, 87.
[123] OLG Karlsruhe, NJW 78, 705.
[124] Siehe OLG Stuttgart, SpuRt 95, 216 = VersR 95, 671.
[125] OLG München, SpuRt 97, 100; siehe auch LG Mainz, SpuRt 97, 101.
[126] LG Aschaffenburg, SpuRt 2002, 69.
[127] Siehe auch BayObLG, SpuRt 2001, 21.
[128] Siehe hierzu im Einzelnen *Vieweg*, Inline-Skating – Rechtstatsachen, Rechtslage und Reformbedarf in NZV 1998, 1ff.; *Cizek/Schnider*, Inline-Skater in Österreich, SpuRt 2003, 14; *Schödel*, Inline-Skates – Fahrzeug, Fahrrad oder Fußgänger?, SpuRt 2005, 151.
[129] BGH, SpuRt 2002, 153 = NJW 2002, 1955.

5. Teil. Sport, Schäden und Beeinträchtigungen

üblich. Daher wird auch hier bei kleinen Regelverstößen nicht immer auch ein zum Schadensersatz verpflichtendes Verschulden vorliegen.

Nach der Bestimmung 57 für Diskus- und 59 für Hammerwurf sind Schutzgitter vorgeschrieben, was für den Sportler die besondere Pflicht darüber hinaus statuiert, sich vor jedem Wurf zu vergewissern, dass andere Beteiligte nicht gefährdet werden können. So hat der BGH[130] zur Haftung eines Diskuswerfers letzten Endes entschieden, dass dieser seine Sorgfaltspflicht stets dann verletzt, wenn ein aus der regulären Wurfbahn abgeirrter Diskus unbeteiligte Personen verletzt.

Golf. Gefahren beim Golfsport sind die fliegenden harten Bälle im Gelände für die dort ebenfalls spielenden Golfsportler und für Dritte. Die sich aus den Golfregeln und der sog. „Etikette" ergebende Verkehrspflicht bestimmt, dass der Spieler sich vor einem Schlag oder Probeschwung vergewissern muss, dass niemand nahe bei ihm oder sonstwie steht, dass ihn ein Schläger, Ball oder irgend etwas (Steine, Sand, Zweige etc.) treffen kann. Das OLG Nürnberg[131] sieht in der Etikette der Golfregeln eine maßgebliche Erkenntnisquelle für die Pflichten und hat diese als verletzt angesehen, als eine Spielerin derselben Viererquppe vom Mitspieler, der in Abstand von etwa 30 m aus dem Rough schlug, durch einen irregulär fliegenden Ball verletzt wurde; in der Folge wurde auch das Verschulden bejaht. Damit folgt es der bisherigen Rechtsprechung.[132] **34**

Tennis. Aus der allgemeinen Gefahr beim Tennisspiel, von einem geschlagenen Ball des Gegners getroffen zu werden, folgt die ungeschriebene Regel für jeden Tennisspieler, Bälle nur zum Zwecke des Ballwechsels zu schlagen; der Spieler darf also erst dann einen Ball schlagen, wenn er sich davon überzeugt hat, dass der Mitspieler den Ballflug beobachtet bzw. beobachtungs- und aufnahmebereit ist. Auch hat jeder Spieler dem anderen gegenüber eine Beobachtungspflicht während des Trainings oder Wettspieles. Das OLG Braunschweig[133] hat eine solche Pflicht als verletzt angesehen, als ein Spieler nach Beendigung des regulären Spieles noch auf einen Ball schlug und dieser den Mitspieler traf, welcher auf Bälle nicht mehr achtete, da das Spiel bereits beendet war. Das OLG Hamm[134] legte in seiner Entscheidung einen ähnlichen Pflichtenumfang beim Tennis fest: Ein Verstoß gegen die Pflichten eines Tennisspielers liege dann nicht vor, wenn ein weiterer sich plötzlich ins Spielfeld begibt, ohne die beiden Spieler um Unterbrechung zu bitten, und dabei von einem Ball getroffen wird.[135] **35**

Im Ergebnis folgt die Rechtsprechung in der Tennisspiel-Gefahrenbeurteilung den Entscheidungen des LG Wuppertal[136] und des OLG München.[137]

Squash. Aus der Gefahr der körperlichen Nähe der Spieler mit den Schlägern und der schnellen Bewegungen folgt auch für das Squash-Spiel der allgemeine Grundsatz, den Mitspieler nicht zu verletzen. Die Verhaltenspflichten werden im Einzelnen bestimmt aus den Squash-Spielregeln. Die Regel 12.1.3 besagt, dass ein Spieler dem anderen einen Freiraum zu einer Schwingbewegung geben muss, die Regel 13.1.3 besagt, dass in einer bestimmten Spielsituation ein sog. „Let" zu spielen ist, um Gefährdungen zu vermeiden. Mäßige Schwingbewegungen sind nach Regel 22 Schläge mit geringem Schwungradius. Ebenfalls sind die Spieler je nach Situation verpflichtet, einen Freiraum zu geben. **36**

Das OLG Hamm[138] hat entsprechend dieser Regel, als ein Spieler den Ball mit einer Vorhand schlug und mit dem Schläger nach links ausschwang und seinen Mitspieler da-

---

[130] BGH, VersR 60, 421.
[131] OLG Nürnberg, NJW-RR 90, 1504.
[132] Siehe die unveröffentl. Entsch. bei *Schmidt* in VersR 63, 1102; ebenso *Zuck* in Festschrift für *Nirk*, 1992, S. 1989 ff.
[133] OLG Braunschweig, NJW-RR 90, 987.
[134] OLG Hamm, NJW-RR 91, 418.
[135] Ähnlich auch OLG Hamm, SpuRt 2000, 248.
[136] LG Wuppertal, VersR 69, 337.
[137] OLG München, NJW 70, 2297.
[138] OLG Hamm, NJW-RR 91, 149.

bei am Auge verletzte, nach Anhörung eines internationalen Schiedsrichters als Sachverständigem keinen Pflichtenverstoß gesehen, denn in der vorliegenden Spielsituation durfte der Spieler einen Vorhandschlag ausführen und musste nicht ein „Let" gewähren. Darüber hinaus setzt sich das OLG Hamm auch mit der Verschuldensfrage auseinander: Selbst bei einem Regelverstoß sei ein Verschulden nicht gegeben, denn der Spieler hätte aufgrund der „Eigenart des Spielgeschehens", insbesondere der erforderlichen sekundenschnellen Entscheidungen über die Spielweise eine Verletzung nicht vermeiden können.

In ähnlicher Situation sah das OLG Hamm[139] entsprechend der Spielregel 12a (Vermeidung übermäßiger Ausholbewegungen) die Verhaltenspflicht eines Spielers als verletzt an, als dieser sich rückwärts zum Ball bewegte, anstatt mit dem Arm eine Drehbewegung zu machen. Dann hätte er seinen Partner gesehen, den Schläger nicht so weit ausgeholt und diesen nicht verletzt. Gleichwohl sei es aber nicht schuldhaft,[140] weil nach der Eigenart des Spieles, der Spielklasse und des Niveaus der Körperbeherrschung ein besonderer Maßstab anzulegen sei; hier liege nur ein normales und typisches Fehlverhalten vor.[141]

Dagegen sah wiederum das OLG Köln sachgerecht in einem sog. Trockenschlag (also eine reine Übungsbewegung ohne Ball) eine Regelverletzung nach Abschn. 12 dann als gegeben an, wenn der Spieler nicht gleichzeitig sicherstellt, dass der Mitspieler nicht gefährdet oder verletzt wird.[142]

37 *Segelsport/Wassersport.* Gefahren sind hier die Kollisionen von schnellen Schiffen beim Kampf gegen bzw. vor dem Wind, bei schnellen Manövern/Richtungsänderungen auf engem Raum. Beim Segelsport bewegen sich die Teilnehmer einer Regatta mit ihren Booten oft in unmittelbarer Nähe zueinander, die Pflichten sind ähnlich wie beim Skilauf am allgemeinen Rücksichtsgebot orientiert.

Ähnliches gilt für den Sport mit anderen Wasserbooten. Im Einzelnen schreiben die internationalen Wettsegelbestimmungen Vorfahrtsregeln sowie Ausweichregeln vor; sie konkretisieren die Verkehrspflichten ebenso, wie die gesetzlich fixierten Verkehrspflichten in den Wasserstraßengesetzen und einzelnen Länder-Schifffahrtsordnungen.[143]

Das OLG Hamm[144] hat die Pflichten beim Ausweichen bzw. Gewähren einer Vorfahrt bei einer Kollision zweier Segelboote beim „Halsen" (Wendemanöver) sachgerecht bestimmt, unter Zugrundelegung der Regeln Nr. 42.1 sowie 76.1 d. IWB: Während einer Wettfahrt wurde nämlich trotz Vorrechts eines anderen ein Halse-Manöver eingeleitet, das Boot des anderen gerammt und diesem der Platz für das Manöver abgeschnitten. Aufgrund unbestrittenen Sachverhaltes lag hier eine Verhaltenspflichtverletzung vor, somit eine schuldhafte Verletzung. Anders dagegen das OLG Hamburg:[145] Es sah zwar einen Verhaltenspflichtverstoß bei einer Kollision zweier Boote vor dem Startschuss für das anrennende Boot, verneinte aber das Verschulden, weil die plötzliche Kursänderung des beschädigten Bootes unvorhersehbar gewesen sei.

38 *Schwimmen.* Sportunfälle im Schwimmsport mit Fremdverursachung ereignen sich in erster Linie bei Kollisionen mit Wassersportlern anderer Sportarten, etwa Wasserspringern (oder Wasserbootsport). Das OLG Hamm sah eine Pflichtverletzung darin, dass der Springer, als er sich beim Sprung selbst verletzte, nicht vorher davon überzeugte, dass der Sprungbereich im Bassin frei war, und hat dessen Schadensersatzansprüche abgelehnt.[146]

---

[139] OLG Hamm, VersR 85, 296.
[140] Ähnlich auch AG Wiesloch, VersR 88, 1153; OLG Nürnberg, ZfS 90, 182; OLG München, VersR 93, 237.
[141] Zum Verschulden Rz. 11, 28, 41.
[142] OLG Köln, SpuRt 94, 200 = VersR 95, 58.
[143] Siehe oben Rz. 15 „Segeln/Wassersport"; sowie 1/Rz. 95.
[144] OLG Hamm, NJW-RR 90, 925; zur Ausweichpflicht gegenüber Ruderbooten Kammergericht, VersR 69, 1018.
[145] OLG Hamburg, VersR 85, 769.
[146] OLG Hamm, VersR 79, 1064.

Im zur Entscheidung anstehenden Fall war im Schwimmbad zunächst das Abspringen von der 7,50 m und 10 m hohen Plattform vom Bademeister überwacht worden. Dann wurde die Plattform gesperrt, der Bademeister entfernte sich von der Sprunganlage. Der Kläger, der vorher unter Aufsicht gesprungen war, sprang erneut und verletzte sich schwer, als er beim Eintauchen auf einen Schwimmer prallte.

Radsport. Aus der Gefahr der Kollision durch Geschwindigkeit auf engem Raum folgend, gelten je nach Veranstaltungsart das allgemeine Gefährdungsverbot und modifiziert die Regelungen der Straßenverkehrsordnung. **39**

So hat das OLG Koblenz[147] bei einem Radrennen im sog. Paar-Zeit-Fahren auf einer abgesperrten Straße, als zwei Rennsportteilnehmer im Gegenverkehr kollidierten, eine Pflichtverletzung darin gesehen, dass der eine unstreitig die Fahrbahnmitte überfahren hatte. Dagegen sah das AG Brackenberg[148] bei der Kollision zweier Radfahrer in einem Pulk keinen Regelverstoß und keine Pflichtverletzung. Das dichte Aufeinanderfahren, ohne Abstand zu halten, sei ebenso üblich wie die starken Hin-und-her-Ausweichbewegungen sowie die ruckhaften Positionswechsel der dicht aufeinander fahrenden Rennfahrer. Das OLG Zweibrücken verneint ebenfalls einen Regelverstoß beim „Windschattenfahren", als es durch Auffahren eines Radfahrers auf den voranfahrenden zu einer Kollision kam; der geringe Abstand und das hieraus folgende Risiko sei Trainingskonsens, weshalb Schadensersatzansprüche entfallen.[149]

Auto- und Motorradsport. Hohe Geschwindigkeiten aufgrund technisch höchstentwickelter Fahrzeuge sowie die gravierenden Folgen (Stürze, Kollisionen) auch geringer Fahrfehler sind die Gefahren dieser Sportart. Im *Automobil-Rennsport* unterscheidet man die Sportarten *Rundstreckenrennen, Bergrennen, Autoslaloms, Auto-Cross- und Rallyecross.* Unfallgefahren in diesen Sportarten sind Kollisionen der Beteiligten untereinander auf der Strecke aufgrund von Fahrfehlern und hohen Geschwindigkeiten, Kollisionen mit den Streckenabgrenzungen und allgemein das technische Gerät Automobil. **40**

Aus dem Reglement der *Obersten Nationalen Sportkommission für den Automobilsport in Deutschland (ONS)* ergibt sich für sämtliche Wettbewerbe, dass die Geschwindigkeit des Teilnehmers nicht eingeschränkt ist; vielmehr darf er an die Höchstgrenze der Leistungsfähigkeit der Maschine gehen. Gefahrvermeidende Bestimmungen ergeben sich z. B. für Rundstreckenrennen aus Art. 15 in Form umfangreicher Fahr- und Verhaltensvorschriften: Zum Stehen kommende Fahrzeuge müssen schnellstens die Strecke freimachen, Anhalten im Kurvenbereich ist ebenso verboten wie quer oder gegen die Fahrtrichtung sich zu bewegen, Schieben der Fahrzeuge ist verboten etc. Weitere Fahrvorschriften können in den Ausschreibungen von Rennen vereinbart werden.

Ergänzend gilt der Anhang L, Kap. IV des sog. *Internationalen Automobil-Sportgesetzes* (Verbandsregelung des internationalen Automobil-Sportverbandes) mit Regelungen für das Überholen, Anhalten des Fahrzeuges während des Rennens und der Einfahrt zu den Tankboxenanlagen: Ein Fahrzeug hat einem anderen Fahrzeug, welches zeitweise oder dauerhaft schneller ist, Platz zum Überholen zu geben; Überholen kann links und rechts erfolgen, Kurven können beliebig gefahren werden. Schließlich sind die einzelnen Flaggensignale des Wettkampfgerichts genauestens zu beachten.

Ähnliche Regelungen finden sich im ONS-Reglement für Bergstrecken-Rennen (dort Art. 14), für Slaloms (Art. 13), für Auto-Cross (Art. 16) und Rallyecross (Art. 12); für diese gilt ebenso der erwähnte Anhang L.

Vergleichbare Regelungen findet man im Reglement der *Obersten Motorradsport-Kommission (OMK)* für den *Motorradrennsport.* Insgesamt ist das allgemeine Rücksichtnahmegebot für den Auto- und Motorradrennsport konkretisiert durch die obigen Vorschriften

---

[147] OLG Koblenz, VersR 89, 1102.
[148] AG Brackenberg, VersR 90, 1286.
[149] OLG Zweibrücken, VersR 94, 1366 = SpuRt 95, 61 m. Anm. *Pardey;* OLG Rostock, SpuRt 99, 153; ebenso öst. OGH, SpuRt 2003, 197.

sowohl hinsichtlich der mitbeteiligten Rennfahrer auf der Strecke als auch der Helfer und Organisatoren und Veranstalter.

Die bisherige ältere Rechtsprechung, welche dem Rennfahrer ein fahrlässiges Verhalten anlastete, weil er etwa „zu wagemutig" gefahren und ein zu großes Risiko eingegangen war,[150] kann in dieser allgemeinen Formel nicht aufrechterhalten werden. Vielmehr ist die Verhaltenspflicht des Rennfahrers konkret aus dem Regelwerk der Verbände zu bestimmen oder aus den für die jeweilige Veranstaltung vereinbarten, wie z. B. bei Go-Kart-Rennen.[151]

Da die Risiken im Automobilrennsport derart hoch sind und eine gerechte Verteilung des hohen Risikos, welches Rennfahrer und Veranstalter in gleicher Weise eingehen, durch die gesetzlichen Bestimmungen des Haftungsrechts nur schwerlich erfolgen kann, werden zwischen den Beteiligten Haftungsausschlussvereinbarungen getroffen.[152] Wichtig war deshalb zur Klarstellung die Entscheidung des BGH,[153] in welcher dieser seine bisherige Rechtsprechung, dass Schadensersatzansprüche bei Sportarten gegeneinander bei geringfügiger Regelverletzung ausgeschlossen seien, nun mehr auch auf Teilnehmer des Autorennsports ausgeweitet hat. Dies habe in jedem Falle zu gelten, unabhängig von einer eventuell vorliegenden Haftungsausschlussvereinbarung.

41 Insgesamt gesehen liegt jedenfalls bei Verstößen gegen die Sportregeln eine *Verkehrspflichtverletzung* und damit ein fahrlässiges und somit *schuldhaftes Verhalten* nach § 276 Abs. 1 BGB vor. Verschiedentlich wird allerdings erwogen, den Sorgfaltsmaßstab im Sport auf die in § 277 BGB beschriebene „Sorgfalt in eigenen Angelegenheiten" zu reduzieren, indem man zwischen Sportlern bei gemeinsamer Sportausübung ein Gesellschaftsverhältnis annimmt.[154] Die Rechtsprechung zu Sportunfällen hat ein Gesellschaftsverhältnis unter Sportlern verneint.[155] Obwohl sich die Annahme einer Gesellschaft mit der Haftungsbeschränkung nach § 708 BGB für gemeinsames Bergsteigen, Hochseesegeln sowie Motorsport, aber auch andere gemeinsame Sportaktionen aufdrängt, ist unter den Beteiligten stets deutlich erkennbar, dass sie sich beim gemeinsamen Sport rechtlich nicht binden wollen,[156] wenngleich auch Sonderfälle in Form ausdrücklicher Vereinbarungen denkbar sind. Die Frage etwaiger Haftungsmilderungen ist sachgerechter nach dem Gesichtspunkt des mitwirkenden Verschuldens gem. § 254 BGB zu berücksichtigen.[157]

II. Kampfsportarten

42 *Das allgemeine Rücksichtnahmegebot ist hier eingeschränkt* im Gegensatz zu den Individualsportarten.[158] Da bei diesen Sportarten körperliche Kontakte sowie Gefährdungen (und auch Verletzungen) des Mitsportlers teilweise zugelassen sind und deshalb nicht jede Verletzung an sich rechtswidrig ist, kommt der Verkehrspflichtenbestimmung aufgrund der hier einschlägigen Sportregeln besondere Bedeutung zu. Bei einem Verstoß gegen die Regel (Rechtswidrigkeit) ist das Verschulden meist nicht gleichzeitig zu bejahen, anders als bei den Individualsportarten.

43 *Fußball.* Verletzungsgefahren ergeben sich aus dem Kampf um den Ball. Die Verhaltenspflichten werden besonders bestimmt durch die DFB-Regel 12 „Verbotenes Spiel und

---

[150] So z. B. BGH, BGHZ 5, 318 = NJW 52, 779.
[151] OLG Saarbrücken, VersR 92, 248; siehe auch OLG Celle, VersR 80, 874 zum Gelände-Motorsport.
[152] Siehe unten Rz. 78.
[153] BGH, NJW 2003, 2018.
[154] So z. B. *Schünemann* für den Bergsport, VersR 82, 826 ff.
[155] So BGH, NJW 63, 1099 für Fahrer und Beifahrer im Automobil-Rennsport; hierzu Anm. v. *Stoll*, JZ 64, 61 ff.; OLG Karlsruhe, NJW 1978, 705 für Seilschaft auf Hochgebirgstour.
[156] Im Einzelnen ebenso *Beulke*, S. 155 ff.
[157] Siehe hierzu unten Rz. 59.
[158] Siehe oben Rz. 17.

unsportliches Betragen"; hier sind sämtliche gefährlichen Verhaltensweisen beim Kampf um den Ball konkretisiert und die übermäßig gefährlichen Handlungen eingegrenzt. Der Torwart genießt im 5-Meter-Raum einen besonderen Schutz und darf beim Kampf um den Ball nicht in der Weise attackiert werden wie ein Feldspieler. Allerdings darf ein Feldspieler sich so lange um den Ball bemühen, d. h. nach dem Ball schlagen, bis der Torwart ihn fest in den Händen hält.

Eine derartige Verhaltenspflicht hat der BGH[159] aufgrund der DFB-Regel bereits 1957 nach zunächst vorheriger anderer Auslegung durch das OLG Neustadt[160] in dieser Form festgelegt. Das OLG Braunschweig und das Bayer. Oberste Landesgericht[161] folgten dieser Auffassung und stellt fest: Versucht der Torwart, nach dem Ball zu fassen, darf der Feldspieler gleichzeitig versuchen, den Ball wegzuschlagen.

Die beim Fußballspiel ständig auftauchende gefährliche Situation, dass mehrere Spieler gleichzeitig nach dem Ball schlagen und ein Spieler dabei verletzt wird, hat die Verhaltenspflicht bestimmt: Der Angriff muss dem Ball gelten; dabei erlittene Verletzungen sind regelgerecht und deshalb nicht rechtswidrig. Keinen Verstoß gegen eine Verhaltenspflicht sah bei dieser Spielsituation das OLG Bamberg[162] und ebenfalls der BGH in seiner Leitentscheidung von 1974.[163] Hier konnte jeweils der verletzte Kläger den Beweis nicht erbringen, dass der Angriff des Beklagten nicht dem Ball gegolten hätte.

Ebenso in einer weiteren Entscheidung der BGH:[164]

Hineingrätschen in die Beine des Gegners sei eine grundsätzlich zulässige Abwehrmethode, wenn der Angriff dem Ball gelte. Der BGH schloss sich dem Berufungsgericht an, welches einen Verstoß gegen die Regel 12 I Lit. a verneinte; der Beklagte sei zwar „mit gestrecktem Bein nach dem Ball gesprungen, wobei beim körperlichen Kontakt beider Spieler die Sohle des rechten Fußes des Beklagten sich am Ball, neben dem Bein des Gegenspielers befand". Weil die Fußspitze des gestreckten Beines des Beklagten hierbei etwas über dem Ball war, ist ein (unabsichtlicher) Regelverstoß nach Regel 12 II Ziff. 1 angenommen worden; ein Verschulden des Verletzers wurde verneint, weil nicht jede Verletzung einer dem Schutz der Spieler dienenden Fußballregel für eine Fahrlässigkeit spreche. Das Gebot des Kampfes im Spiel müsse erhalten bleiben; es gebe immer Verhaltensweisen im Grenzbereich zwischen einer gebotenen Härte und unzulässiger Unfairness.[165] Diese Verhaltenspflichten gelten auch bei Fußballspielen im Training und bei Fußballspielen etwa auf der Badewiese oder von sog. „Stammtischfußballmannschaften" sowie bei Fußballspielen auf sog. Bolzplätzen.[166] Das OLG München[167] sagt zum Hineingrätschen noch einmal deutlich:

Ein Hineingrätschen zwischen die Beine des Gegenspielers, der den Ball führt, ist dann zulässig, wenn objektiv eine vielleicht auch nur geringe Möglichkeit bestand, den Ball zu erreichen, was sich aus der Regel 12 Abs. 1, a, c, Abs. 2 Nr. 1 und Nr. 3 ergibt.

Lediglich in einem Fall hat der BGH beim Hineingrätschen eines Fußballspielers die Pflichtverletzung und das Verschulden bejaht und durch Nichtannahme der Revision das OLG München[168] bestätigt: Ein Torwart sprang mit vorgestreckten Beinen in Kniehöhe

---

[159] BGH, VersR 57, 290.
[160] OLG Neustadt, MDR 56, 548; siehe auch OLG Neustadt, MDR 56, 550.
[161] OLG Braunschweig, NdsRpfl 60, 233; BayObLG, NJW 61, 2072.
[162] OLG Bamberg, NJW 72, 1820.
[163] BGHZ 63,140 = NJW 75, 109 = VersR 75, 137; siehe auch das Parallel-Urteil des BGH, VersR 75, 155.
[164] BGH, NJW 76, 957.
[165] So auch LG Stuttgart, NJW-RR 88, 1241 für Kollision Torwart u. Stürmer; OLG Hamm, NJW-RR 92, 856.
[166] So LG Nürnberg/Fürth, VersR 90, 96. LG Trier, NJW-RR 2000, 1117.
[167] OLG München, VersR 86, 247.
[168] OLG München, VersR 77, 844 – Nichtannahme der Revision; im Ergebnis gleich OLG Celle in ZfS 89, 333.

„nach Art eines Weitspringers" gegen das rechte Bein eines angreifenden Spielers und verletzte diesen; dabei hatte er bereits keine Chance mehr, den Ball zu treffen, da dieser bereits abgespielt war. Hier lag somit ein Regelverstoß gegen die Regel 12 Abs. 1, Lit. a, c, b, vor, weil der Torwart hier erkennen konnte, dass er keine Chance hatte, den Ball zu erreichen. Somit war dessen Verhalten als absichtlicher Verstoß zu werten, vermeidbar und deshalb schuldhaft.

Als Fehlentscheidung ist demgegenüber eine neuere Entscheidung des OLG München zu werten, die das Hineingrätschen generell als Verstoß gegen Regel Nr. 12 ansah, weil der so genannte „gestreckte" Fuß als verbotenes Treten zu werten sei.[169]

Schließlich stellte das OLG Hamm[170] noch einmal klar, dass bei der Haftungsfrage stets eine unabhängige Verschuldensprüfung durch das Gericht vorzunehmen ist, unabhängig von der jeweiligen Schiedsrichterentscheidung auf dem Spielfeld.

44 Anlässlich von Regelverstößen beim Fußballspiel und eines daraus folgenden Verschuldens nach § 276 Abs. 1 Satz 2 BGB[171] wurde die Frage aufgeworfen, ob nicht ein Konzept der *gleitenden Fahrlässigkeit* im Kampfsport anzuwenden sei, nämlich dann, wenn der Verletzer aus Spieleifer, Unüberlegtheit, technischem Versagen, Übermüdung, Fehlbeurteilung des Spielgeschehens oder irrtümlicher Regelauslegung objektiv geringfügig gegen eine Spielregel verstoßen hat, teils unter dem Gesichtspunkt der Grundsätze der „gefahrgeneigten Arbeit" teils nach dem Gedanken des § 277 BGB.[172] Auch der BGH[173] hat derartige Erwägungen angestellt, musste aber darüber noch nicht entscheiden.

Wegen der besonderen Anforderungen in bestimmten Wettkampfsituationen hinsichtlich Schnelligkeit und körperlichem Einsatz ist dieser Einwand besonders unter dem Gesichtspunkt der im Arbeitsrecht ehemals geltenden Grundsätze der gefahrgeneigten Arbeit berechtigt, denn in diesen Spielsituationen sind derartige Verletzungen alltäglich und unterlaufen auch gewissenhaftesten Sportlern. Die Anwendung dieser Grundsätze mit der Folge der Verneinung der Vermeidbarkeit und Vorhersehbarkeit als Elemente der Fahrlässigkeit ist sicherlich dann geboten, wenn die besondere Spielsituation (Erschöpfung, besondere Hektik usw.) auf sämtliche Spieler gleicherweise zutrifft[174] oder die Regelverletzung in der jeweiligen Sportart als üblich oder geringfügig anzusehen ist.[175]

45 *(Hallen-)Handball.* Die Gefahr der Verletzung folgt ebenso wie bei Fußball aus dem Kampf um den Ball. Ausgangspunkt ist hier die Regel Nr. 8.6 der Internationalen Hallenhandballregeln, die es untersagt, dem Gegner den gefassten Ball mit einer Hand oder mit beiden Händen zu entreißen oder wegzuschlagen. Die Regel 8.11 verbietet es, den Gegner anzurennen und anzuspringen, ihm das Bein zu stellen, zu schlagen oder ihn auf andere Weise zu gefährden.

Das OLG Frankfurt[176] legte diese Regeln bei der Prüfung der Pflichtverletzung zugrunde, als ein Spieler aus vollem Lauf zum Sprungwurf ansetzte, dabei vom Arm eines Mitspielers getroffen wurde, zu Boden fiel und sich dabei verletzte – eine typische Handball-Spielsituation. Das Gericht bejahte zwar einen leichten Regelverstoß und eine Pflichtverletzung, nicht jedoch ein Verschulden, denn ein grober Regelverstoß nach Nr. 8 der Internationalen Handballregeln konnte nicht nachgewiesen werden. Ebenso urteilte

---

[169] OLG München, SpuRt 94, 98, siehe auch *Scheffen*, RuS 2, S. 2 f.; NJW 90, 2659.
[170] OLG Hamm, SpuRt 98, 156 m. Anm. *Fritzweiler*; ferner OLG Hamm, SpuRt 2006, 38; OLG Hamburg, SpuRt 2006, 41.
[171] Siehe hierzu oben Rz. 11, 28, 41.
[172] Zur Rechtsprechung siehe BayObLG, NJW 61, 2073; zur Literatur siehe *Friedrich*, NJW 66, 760; *Deutsch*, VersR 74, 1047; *Grunsky*, JZ 75, 111; *Fritzweiler*, S. 137 ff.
[173] BGHZ 63, 140 ff., 147 = BGH NJW 75, 109 ff., 111.
[174] So auch *Steffen* in RGRK-BGB, § 823, Rz. 356.
[175] So z. B. OLG München zum Fußball, NJW 76, 956; LG Nürnberg-Fürth, SpuRt 95, 174; BGH zum Basketball, NJW 76, 2161; auch Anwendung bei Individualsportarten wie Radsport, OLG Zweibrücken, SpuRt 95, 61; Trabrennsport, OLG Düsseldorf, SpuRt 96, 176.
[176] OLG Frankfurt, NJW-RR 91, 418.

das LG Marburg[177] und stellt fest, dass nicht jede geringfügige Verletzung einer Spielregel, mag sie auch dem Schutz des Spielers dienen, als fahrlässiges Verhalten zu werten ist.

Basketball. Die Gefahren folgen auch hier aus dem Kampf um den Ball. **46**

Ausführlich setzt sich der BGH[178] mit den Regeln des Int. Amateur-Basketball-Verbandes (hier Art. 76, 77) auseinander; zwei Spieler waren gleichzeitig in Richtung Korb hochgesprungen und einer hierbei verletzt worden.

Für den BGH wie für das Berufungsgericht war der Regelverstoß und die Verletzung einer Verhaltenspflicht, die dem Schutz der Spieler dient, gegeben. Ausführlich auch hier die Verschuldensprüfung: Im Gegensatz zu Fußball und Eishockey sei Basketball zwar ein „körperloses Spiel", bei dem körperliche Berührungen vermieden werden sollen; gleichwohl sei es ein Kampfspiel, bei dem körperliche Berührungen des Gegners nicht auszuschließen seien (Regel IX B Art. 76). Deshalb liege hier nur ein sog. „normales Foul" vor, also eine geringfügige Verletzung einer Spielregel, mit der Folge einer noch verkehrsüblichen Sorgfalt, so dass ein Verschulden entfalle.[179]

Eishockey. Die Gefahren von Kollisionen entstehen hier bei hohen Geschwindigkeiten **47**
im Kampf um den Puck; nur wenige Regeln grenzen die Risiken ein.

Das OLG München[180] entschied eine typische Spielsituation: Ein Spieler fuhr auf den anderen aus 5 Meter Entfernung mit voller Geschwindigkeit zu, um den Puck zu erlangen, und kollidierte mit diesem, wobei er ihn schwer verletzte. Auch hier ging es um die Frage des „normalen Fouls". Nach den Regeln 604, 606 des Deutschen Eishockeybundes (DEB) ist ein „unkorrekter Körperangriff" untersagt, ebenso ein „Check gegen die Bande"; ein Verstoß hiergegen war nachgewiesen. Da es sich nicht um einen geringfügigen Regelverstoß handelte, sah das Gericht ein Verschulden als gegeben an.

Boxen, Ringen, Judo. Die Gefahr von Verletzungen folgt aus dem unmittelbaren Krafteinsatz. **48**
Erst recht gilt der Grundsatz, dass nicht jede Regelverletzung im Kampfspiel eine Verkehrspflichtverletzung und ein haftungsbegründendes Verschulden darstellt, für Wettkämpfe mit unmittelbarem Körperangriff wie Boxen, Ringen und Judo. Sicherlich ist es verfehlt zu sagen, jeder Teilnehmer willige generell in Verletzungen ein, wie es beispielsweise der Patient bei einem ärztlichen Eingriff tut.

Diese in der älteren Literatur zu Sportunfällen teilweise vertretene Auffassung hat der BGH in seiner Grundsatzentscheidung im Jahre 1974 zu Sportunfällen[181] ausführlich generell für Sportarten verneint, allerdings für „gefährliche Sportarten" in Erwägung gezogen und dabei genannt: gefährliche Autorennen, waghalsige Felsklettereien, Box- und Ringkämpfe. Eine derartige Auffassung wäre jedoch abzulehnen, denn auch bei gefährlichen Sportarten willigt der Sportler nicht in Verletzungen ein. Für den Fall, dass er auf Schadensersatzansprüche von vornherein verzichten will, kann er dies über ausdrückliche Haftungsausschlüsse tun, wie z. B. im Auto- und Motorradsport.[182] Bei Zweikampfsportarten, wie Boxen, Ringen, Judo, werden derartige Haftungsausschlussvereinbarungen (bis jetzt) nicht abgeschlossen, obwohl sie wohl auch hier zweckmäßig wären.[183]

Gerichtsentscheidungen bei Sportverletzungen im Boxen und Ringen liegen, soweit ersichtlich, nicht vor; es kann der allgemeine Grundsatz aufgestellt werden, dass nicht jede Regelverletzung eine schuldhafte Verkehrspflichtverletzung ist, es vielmehr auf den Einzelfall ankommt.

---

[177] LG Marburg, NJW-RR 88, 1243; ebenso AG Berlin-Ch., VersR 82, 2086.
[178] BGH, NJW 76, 2161 = VersR 76, 776.
[179] So auch OLG Koblenz, VersR 91, 1067.
[180] OLG München, NJW-RR 89, 727.
[181] BGH, BGHZ 63, 104 ff. = NJW 75, 109.
[182] OLG Koblenz – Motorradrennsport, VersR 84, 1053; Autorennsport, VersR 93, 1164.
[183] Vgl. hierzu *Fritzweiler,* SpuRt 94, 131.

Beim *Judo* gibt es speziell geschriebene Regeln nicht; die bestimmten Wurf- oder Grifftechniken ergeben sich aus allgemeinen Beschreibungen der einzelnen Kampfarten und nach *Ausbildungsstand*. Die Judokas beherrschen die Techniken je nach ihrem *Ausbildungsstand*; nach diesem richten sich auch ihre Pflichten. Deren Umfang ergibt sich nicht zuletzt auch aus dem Fairnessgebot, welches als Obergrundsatz für jedes Regelwerk in den verschiedensten Sportarten zu gelten hat. Eine Pflichtverletzung und damit auch gleichzeitig einen Verschuldensvorwurf sah z. B. das OLG Köln als gegeben an, als ein Judoka die Wurftechnik einsetzte, welche der Gegner wegen seines geringen Ausbildungsstandes nicht kannte und auch nicht beherrschen musste.[184]

III. Sportarten im Bereich der Gefährdungshaftung

49 Eine Haftung des Sportlers kann außer aus Vertrag und aus § 823 Abs. 1 und 2 BGB auch aus Gefährdungshaftung – also grundsätzlich verschuldensunabhängig – hergeleitet werden. Dies gilt für den Sportler in seiner Eigenschaft als Halter eines Pferdes (§ 833 Satz 1 BGB), eines Kraftfahrzeuges (§ 7 StVG) oder Luftfahrzeuges (§ 33 LuftVG). Während die Halterhaftung als reine Gefährdungshaftung ausgestaltet ist, haften Sportler als Fahrer eines Kraftfahrzeuges nach § 18 StVG sowie als Tierhüter nach § 834 BGB für vermutetes Verschulden.

Soweit diese Haftungstatbestände nicht zum vollen Schadensersatz führen, insbesondere wegen der Höchstsummenbegrenzung in § 12 StVG, § 37 LuftVG, kann auf die Vertrags- und allgemeine Delikthaftung zurückgegriffen werden (§ 16 StVG, § 33 LuftVG).[185] Die Neuregelung des Schmerzensgeldanspruches im Allgemeinen Schuldrecht (§ 253 Abs. 2 BGB) wird in einigen Bestimmungen, z. B. §§ 11 StVG, 6 HPflG, 36 LuftVG, noch einmal ausdrücklich klargestellt.[186]

Im Zusammenhang mit den zugelassenen gefährlichen Verhaltensweisen im Sport wurde ursprünglich die Frage aufgeworfen, jegliche sportliche Betätigung der Gefährdungshaftung zu unterstellen.[187] Das Einstehen für eine übermäßige Gefahrsetzung seitens des Inhabers einer Gefahrenquelle hat ihren Schwerpunkt in den technischen Risiken (einer Anlage), für die der Verantwortliche dann haftet, wenn sich hieraus eine Gefahr verwirklicht. Auch die Tierhalterhaftung (§ 833 BGB) ist nach diesem Prinzip ausgestaltet. Die Anregung, mittels neuer Tatbestände die Gefährdungshaftung auf die Sportgefahren anzuwenden, haben Rechtsprechung und Literatur nahezu einhellig abgelehnt.[188] Von den Reformvorschlägen der Autoren *Weitnauer*, *Kötz* und *Deutsch*[189] wollen *Weitnauer* und *Kötz* die Gefährdungshaftung auf die Inhaber einer Anlage oder sonstigen Sache, von welcher die Gefahren ausgehen, beschränkt sehen und lediglich *Deutsch* auch menschliche Handlungen, welche gefährlich sind, in die Gefährdungshaftung mit einbeziehen.[190] De lege lata hat man davon auszugehen, dass die Gefährdungshaftung nur für gefährliche Anlagen eingreift, deren Gefahren durch den Menschen nicht steuerbar sind. Demgegenüber müssen menschliche Handlungen, seien sie noch so gefährlich, steuerbar sein und unterliegen deshalb der Verschuldenshaftung. Diese grundsätzlichen Erwägungen von *Kötz* und *Weitnauer* treffen auch für Sportsachverhalte zu.

So wurde auch z. B. im Bereich des Skisports die *analoge Anwendung der Straßenverkehrsordnung (StVO)* und des damit eng zusammenhängenden Straßenverkehrsgesetzes (StVG) *abgelehnt*.[191] Im Gegensatz zum Prinzip der Gefährdungshaftung als einer einseitigen

---

[184] OLG Köln, SpuRt 95, 135 = VersR 94, 1072.
[185] So st. Rspr. BGH seit BGHZ 46, 140; siehe auch *Hentschel*, § 16, Rz. 2 ff.
[186] Siehe hierzu *Wagner*, NJW 2002, 2049, 2053.
[187] So *Werner*, S. 7 ff., *Deutsch*, VersR 71, 1 ff.
[188] Siehe *Börner*, S. 430 m. w. N., 430 Fn. 11–15.
[189] Vgl. die Darstellung bei *Deutsch*, Haftungsrecht, 383 ff.
[190] Siehe im Einzelnen *Deutsch*, a.a.O., S. 385.
[191] So OLG Karlsruhe, NJW 59, 1589; NJW 64, 55; OLG Köln, NJW 62, 1110; sowie *Nirk*, NJW 64, 1834; *Kleppe*, S. 27 ff.; LG Bonn, NJW 2005, 873; Grunsky, SpuRt 2006, 62.

Gefahrsetzung verursachen die Sportler die Gefahren in der Regel gemeinschaftlich und gegenseitig, sowohl im Kampfsport (Fußball, Handball, Eishockey, Boxen) als auch im Individualsport (Skilauf, Segeln, Radsport).

Im Übrigen sind beim Sportgeschehen die Verletzten ganz überwiegend Beteiligte; jeder setzt gleichzeitig eine Gefahr gegenüber dem anderen. Auch das Zufallsmoment spielt im Sportgeschehen im Gegensatz zu den typischen Fällen der Gefährdungshaftung eine untergeordnete Rolle, so dass eine Ausweitung auf weitere Sportgefährnisse als beim Reit- und Pferdesport, beim Auto-, Motorrad- und Luftsport nicht Platz greift.

1. Gefährdungshaftung beim Reit- und Pferdesport

Im Bereich des Reit- und Pferdesports ist die Tierhalter-Haftung gemäß § 833 Abs. 1 BGB sowie die des Tieraufsehers nach § 834 BGB bei folgenden Fallgestaltungen relevant: a) Der Reitsportler wird vom Pferd verletzt ohne Beteiligung des Halters am Unfallgeschehen, b) der Reitsportler ist selbst der Halter und sein Pferd verletzt den anderen Reiter oder c) das Pferd verletzt Unbeteiligte. 50

Wird das Pferd in einem sog. Rennstall gehalten, in welchem es gezüchtet, trainiert und von verschiedenen Jockeys beritten wird, kommt die Haftung für vermutetes Verschulden gem. § 833 Satz 2 BGB in Betracht. Wird das Pferd während des Sports von dem Reitsportler geführt und beherrscht und entsteht dabei eine Verletzung oder ein Schaden, so entfällt nach ständiger Rechtsprechung ebenfalls die Voraussetzung für eine Gefährdungshaftung, denn hier steht das Tier unter der Leitung des Reiters, wodurch eine typische Tiergefahr als Verursachung entfällt.[192] Dies kommt insbesondere dann in Betracht, wenn es zu Schäden und Verletzungen kommt während Reitsport- oder Trabrennsport-Wettkämpfen, bei denen die Pferde unter dem Kommando des Sportlers stehen.

Anschaulich kommt dies bei dem Kollisionsunfall im Trabrennsport zum Ausdruck, bei welchem ein Gespann seine Spur verließ und die anderen Gespanne ihre Geschwindigkeit nicht zurücknahmen, so dass es zu Kollisionen und zu Verletzungen kam. Hier wurde ein Regelverstoß bei der Pflicht des „Ausparierens" gem. TRO 84/2 D i.V. m. TRO 84/1 gesehen.[193]

Über die alles entscheidende Frage, ob das besonders eingegangene Sportrisiko des Reitsportlers „auf dem Pferd" oder „neben dem Pferd" noch dem Sinn und Zweck der Gefährdungshaftung entspreche, besteht in Rechtsprechung und Literatur Streit. Der BGH bejaht die Gefährdungshaftung des Halters gegenüber dem Reitsportler, auch wenn dieser sich der besonderen Gefahr aussetzt.[194] In der Literatur wird vor allem von *Deutsch* und *Dunz* kritisch eingewendet, dass es insbesondere dann nicht mehr dem Schutzzweck der Gefährdungshaftung entspreche, wenn jemand in eigenem Interesse und Kenntnis der reiterlichen Tiergefahr ein Pferd benütze.[195] Trotzdem hält der BGH an seiner Rechtsprechung fest.[196]

2. Gefährdungshaftung beim Auto- und Motorradsport

Die besonderen Sportgefahren beim Auto- und Motorradsport gehen wie bei der allgemeinen Benützung des Fahrzeuges von der technischen Anlage Auto oder Motorrad aus und manifestieren sich somit als typischer Anwendungsfall einer Haftung nach § 7 StVG, sowohl bei geschlossenen Bahnen als auch auf (gesperrten) öffentlichen Straßen, für den Fall, dass der Sportler gleichzeitig Halter des Kraftfahrzeuges ist. 51

---

[192] Vgl. für die h. A. *Palandt-Thomas*, § 833 Rz. 7; MüKo-*Stein*, § 833 Rz. 13–17; BGH, VersR 66, 1063.
[193] OLG Düsseldorf, SpuRt 96, 176.
[194] So BGH in st. Rspr. seit NJW 77, 2158.
[195] So *Deutsch* in NJW 78, 1998 m. w. N.
[196] BGH, VersR 82, 348; VersR 82, 366; NJW 92, 2474; 93, 2611; zusammenfassend BGH, NJW-RR 2006, 815.

Bei Auto- und Motorradrennen auf geschlossener Bahn, den Rundstrecken-Rennen, sind ganz überwiegend die Hersteller- oder die Sponsorenfirmen Halter der Fahrzeuge und kommen als Haftende in Betracht; der Sportler als Fahrer haftet demnach für vermutetes Verschulden gemäß § 18 StVG[197] und kann sich gemäß § 18 Abs. 1 Satz 2 StVG entlasten, was bei den hohen Geschwindigkeiten und Risikoeinsätzen im Rennsport nicht immer einfach sein wird.

Dies bedeutet, dass er bei einem von ihm verursachten Unfall auch ohne Verschulden so lange haftet, bis er sich entlastet bzw. seine Nichtschuld nachweist. Bei hoher Geschwindigkeit und großem Risikoeinsatz im Rennsport wird dies meist nicht möglich sein.

Dagegen bleibt es in den Bereichen der Rallyes (Sternfahrten), Geschicklichkeitsrennen, Autocross- bzw. Motocross-Rennen oder Autoslaloms, wo der Sportler meist Halter ist, bei der Haftung nach § 7 StVG. Denn auch bei Rennsportveranstaltungen dieser Art[198] gehen von den Fahrzeugen im Prinzip ähnliche Gefahren aus wie beim öffentlichen Straßenverkehr, weshalb in Rechtsprechung und Literatur die Anwendung des Gefährdungshaftungstatbestandes stets anerkannt wurde.[199]

Die Rechtsprechung zur Haftung im Auto- und Motorradsport hat die Gefährdungshaftung des Sportlers – ergänzend zur Verschuldenshaftung – stets bejaht,[200] insbesondere der BGH in seiner Entscheidung zum Nürburgring-Rennen, als ein Rennfahrer bei einem Kurvenmanöver einen Polizisten des Ordnungsdienstes verletzte; das Gericht hat klargestellt, solange der Entlastungsbeweis vom Rennfahrer nicht geführt sei, sei „eine Haftung nach dem [damals geltenden] Kraftfahrzeuggesetz gegeben".[201]

3. Gefährdungshaftung beim Flugsport

52 Sportgefahren bei den Flugsportarten sind identisch mit denen des zivilen Luftverkehrs; deshalb kommen bei Sportunfällen in Sportarten wie *Motorflug, Segelflug, Ballon- und Drachenflug* sowie *Fallschirm-, Gleitsegel- und Hängegleitflug* die Haftungsbestimmungen der §§ 33 ff. LuftVG in Betracht: Die Haftung des Halters eines Luftfahrzeuges gegenüber außenstehenden Dritten ist nach § 33 Abs. 1 Satz 1 LuftVG als reine Gefährdungshaftung ausgestaltet – welche neben die Deliktshaftung nach §§ 823 ff. BGB tritt –,[202] die des Frachtführers gegenüber beförderten Personen nach § 44 LuftVG als vertragliche Haftung, wogegen der Führer eines Luftfahrzeuges, der nicht Halter ist, nach den §§ 823 ff. BGB haftet.

Unter die Luftfahrzeuge nach § 33 LuftVG fallen nach der abschließenden Aufzählung des § 1 Abs. 2 LuftVG (sowie § 1 Abs. 1, 6 LuftVZO): Flugzeuge, Drehflügler, Luftschiffe, Segelflugzeuge, Motorsegler, Frei- und Fesselballone, Drachen, Rettungsfallschirme, Flugmodelle, Luftsportgeräte (hierunter fallen Hängegleiter, Gleitsegel, Ultra-Leichtflugzeuge, Personenfallschirme) und sonstige für die Benutzung des Luftraumes bestimmte Geräte.[203]

Ist der Sportler nun Halter eines derartigen Luftfahrzeuges, so haftet er nach § 33 Abs. 1 Satz 1 LuftVG gegenüber Personen, die selbst am Flugbetrieb nicht beteiligt sind, wenn beim Betrieb eines Luftfahrzeuges durch Unfall jemand getötet, verletzt oder geschädigt wird. Unter den Begriff „Betrieb" eines Luftfahrzeuges als Haftungsvorausset-

---

[197] So ständige Rspr. seit RGZ 130, 162; auch BGHZ 5, 318 bei Rundstrecken-Rennen.
[198] Zum Verbot von Rennveranstaltungen auf öffentlichen Straßen nach § 29 StVO (Erlaubnisvorbehalt) siehe 1/Rz. 88, 89.
[199] Siehe auch die Nachweise bei *Börner,* S. 441 ff.
[200] So seit RGZ 150, 73.
[201] So BGHZ 5, 318, 321.
[202] Siehe zur Halterhaftung im Einzelnen *Hoffmann/Grabherr,* § 33, Rz. 4, 6; *Geigel/Schönwerth,* 29. Kap., Rz. 16 ff.; die Neuregelung im „Gesetz zu Harmonisierung des Haftungsrechtes im Luftverkehr" v. 6.4.2004, BGBl. I 550 hat zur Haftung bei sportlicher Betätigung keine Änderungen gebracht.
[203] Siehe *Hoffmann/Grabherr,* § 1, Rz. 33–36.

zung fallen auch alle Bereiche des Inbetriebsetzens; nicht notwendig ist, dass sich das Fahrzeug in der Luft befindet. Segelflugzeuge oder Drachen sind in Betrieb, wenn die Luft auf deren Flächen einwirkt. Unter Unfall ist jedes von außen auf den Verletzten wirkende plötzliche Ereignis zu verstehen.[204]

Bei der Halterhaftung des Luftfahrzeughalters ist *ebenso* wie bei der des Kfz-Halters nach § 7 StVG die Höchstsummenbegrenzung des § 37 LuftVG (je nach Größe des Luftfahrzeuges) ebenso zu beachten wie die Ausschlussfristen nach §§ 39, 40 LuftVG (Verjährung 3 Jahre, Anzeigepflicht innerhalb 3 Monaten). Für Schwarzflüge haftet nach § 33 Abs. 2 Satz 1 LuftVG derjenige, der es ohne Wissen des Halters benutzt, daneben der Halter nach § 33 Abs. 2 Satz 2 LuftVG, wenn er schuldhaft die Benutzung ermöglichte.

Gegenüber mitfliegenden Sportlern oder Fluggästen kommt nur die vertragliche Haftung des *Luftfrachtführers* gemäß §§ 44 ff. LuftVG in Betracht; Voraussetzung dafür ist das Vorliegen eines Beförderungsvertrages.[205] Die Rechtsprechung hat nur *ausdrücklich* geschlossene Beförderungsverträge anerkannt und die Haftung des Sportlers nach §§ 44, 45 LuftVG bei unverbindlichen Gefälligkeitsverhältnissen abgelehnt.[206]

Ähnlich kam das LG Frankfurt [207] zu einer Klageabweisung, als zwei Sportpiloten gemeinsam mit einem Flugzeug auf dem Weg zum Segelflugsport waren und es bei einer Notlandung zur Verletzung kam; weder das Bestehen eines Vertrages noch ein Verschulden („schwerer Manövrierfehler") konnten nachgewiesen werden.[208]

Der *Luftfahrzeugführer,* der, ohne Halter zu sein, das Luftfahrzeug selbständig führt (§ 2 LuftVO), haftet nach den §§ 823 ff. BGB bei nachgewiesenem Verschulden (im Gegensatz zum Fahrer eines Kfz, der für vermutetes Verschulden haftet); gegenüber Fluggästen haftet er jedoch nur innerhalb der Höchstgrenzen des § 37 LuftVG.

Für den Sport bedeutsam ist schließlich, dass für den Sportlehrer bei Flugsportarten nach § 33 Abs. 1 Satz 3 LuftVG ausschließlich die Verschuldenshaftung gilt; wer „Personen zu Luftfahrern ausbildet", haftet nach allgemeinen vertrags- und deliktsrechtlichen Bestimmungen.[209]

IV. Haftung des Sportlers gegenüber Zuschauern und Helfern

Der Sportler haftet gegenüber Zuschauern und Helfern mangels vertraglicher Beziehungen aus §§ 823 Abs. 1, 823 Abs. 2 BGB, denn auch den Nichtsportlern gegenüber ist er zu Rücksichtnahme verpflichtet. Bei den Sportarten, die typischerweise der Gefährdungshaftung unterliegen (Motor-, Reit-, Flugsport), haftet er gegenüber diesen Personen als Halter in gleicher Weise wie gegenüber Mitsportlern.[210]

Der Umfang der Verkehrspflichten des Sportlers ist auch hier entsprechend den jeweiligen Gefahrsituationen teils aus den Sportregeln zu bestimmen,[211] teils nach den allgemeinen Abwägungskriterien, die für die Veranstalter gelten.[212] Wesentlich ist für den Pflichtumfang, ob es sich um ein organisiertes Sportgeschehen handelt oder nicht. Bei organisierter Sportveranstaltung kann der Sportler weitgehend davon ausgehen, dass der Veranstalter z. B. für die Sicherheit der Zuschauer selbst Sorge trägt.[213]

53

---

[204] Siehe *Hoffmann/Grabherr,* § 33, Rz. 10.
[205] Siehe *Hoffmann/Grabherr,* § 44, Rz. 2 ff., 7, 8.
[206] BGH, VersR 71, 863 u. VersR 74, 754; BGH, NJW 80, 587; OLG Karlsruhe, VersR 91, 343 ff.; LG Frankfurt, VersR 94, 1485.
[207] LG Frankfurt, SpuRt 2000/164.
[208] Zur Haftung und Haftungsausschluss beim Tandem-, Passagier-, Fallschirmspringen LG Neuruppin, NJW-RR 2003, 1108; OLG Brandenburg, SpuRt 2004, 162.
[209] Siehe *Hoffmann/Grabherr,* § 33, Rz. 23.
[210] So die Rechtsprechung zum Motorsport, oben Rz. 40, 51; für den Reitsport Rz. 50.
[211] Siehe oben Rz. 13 ff.
[212] Siehe unten Rz. 67, 68.
[213] Siehe hierzu LG Waldshut-Tiengen, NJW 2002, 153 zur Verantwortung des Veranstalters für Zuschauer bei einem Mountainbike-Rennen; hierzu eingehend *Ramming/Schödl,* SpuRt 2002, 189.

Zu Verletzungen von Helfern oder Schiedsrichtern durch Sportler kommt es mehr durch *absichtliche* Verhaltensweisen in Form von Ausschreitungen gegenüber diesen als Folge vermeintlicher Schiedsrichter-Fehlentscheidungen. Das OLG Oldenburg hat mehrere *Fußballspieler* und deren *Betreuer* zum Schadensersatz für erlittene Verletzungen des Schiedsrichters verurteilen müssen, weil sie diesen beschimpften und bedrängten, worauf dieser zu Sturz kam und sich verletzte.[214]

54 Bei Zuschauerverletzungen hat sich die Rechtsprechung einst mit der Haftung der *Motorsportler* befasst;[215] ihnen kam wegen der besonderen Gefahren des Motorsports eine Sonderrolle zu. Der BGH hat den Umfang der Pflichten eines Rennfahrers deutlich an der Gefahr, die von einem schnellen Fahrzeug ausgeht, orientiert und dargelegt, dass sich der Rennfahrer keinesfalls auf die Absicherungsmaßnahmen der Veranstalter verlassen könne, es vielmehr seine Pflicht sei, seine Fahrweise am Risiko der Zuschauer zu orientieren.[216] Damit wurde dem Rennfahrer deutlich eine eigene selbständige Gefahrsteuerungspflicht neben dem Veranstalter auferlegt, was bei den damaligen Sicherheitsvorkehrungen gerechtfertigt war, sich aber heutzutage keinesfalls mehr halten lässt.

Die Konkretisierung der Pflichten des Sportlers ist jedenfalls stets in Abwägung zu den Pflichten des Veranstalters vorzunehmen, so wie es die Rechtsprechung getan hat für eine Zuschauerverletzung im Rahmen eines *Fußballspieles*[217] und für den Fall, als ein Zuschauer bei einem *Skispringen* infolge einer nicht ausreichenden Sperrung verletzt wurde.[218]

Hinsichtlich eventueller Haftungsausschlüsse und -beschränkungen gelten die erwähnten Kriterien bei der Haftung der Sportler untereinander;[219] hinzuweisen ist jedoch darauf, dass Zuschauer in den Haftungsausschluss der Rennsportler nicht mit einbezogen sind.

V. Haftungsbeschränkung, Haftungsausschluss, Mitverschulden

54a Stehen Pflichtenverstoß und Verschulden eines Sportlers fest oder ist einer der Gefährdungshaftungstatbestände erfüllt, so ist das Sportrisiko des Mitsportlers bzw. dessen „Sich-selbst-Aussetzen" einer besonderen Gefahr oder die Verletzung einer Spielregel in einer Sportart nach Literatur und Rechtsprechung zur Sportunfallhaftung entweder in einem ausdrücklichen oder stillschweigenden Haftungsausschluss (sog. *Handeln auf eigene Gefahr*) oder als Mitverschulden gem. § 254 BGB zu berücksichtigen.

1. Ausdrücklicher Haftungsausschluss

55 Ausdrückliche Haftungsausschlüsse von Sportlern untereinander sind nur innerhalb der Grenzen der §§ 276 Abs. 2, 309 Nr. 7 a, b BGB zulässig. In jedem Falle müssen diese beiderseitig ausdrücklich gewollt sein, keinesfalls wäre es ausreichend, aus der bloßen Teilnahme an einer gefährlichen Sportart zu schließen, dass ein Haftungsausschluss beabsichtigt sei. Ebenso wenig ist ein Aushang auf einer Sportanlage oder Ausdruck auf einer Teilnahmebescheinigung etwa „die Teilnahme erfolgt auf eigene Gefahr" ausreichend.[220] Die bisher üblichen Haftungsausschlussvereinbarungen bei Sportarten des *Auto- und Motorradsportes* (sowohl bei Rundstrecken-, Berg-, Autocross-Rennen wie auch bei Slalomveranstaltungen), *Bob- und Schlittenrennen* sowie *Helikopter-Skifahren*[221] können nur noch

---

[214] OLG Oldenburg, SpuRt 94, 203 m. Anm. *Bär*.
[215] So RGZ 130, 162; OLG Stuttgart, JW 1932, 2823; RGZ 150, 173; OLG Koblenz, VersR 52, 236; BGHZ 5, 318 = NJW 52, 779.
[216] BGHZ 5, 320; so auch noch OLG Bremen, VersR 55, 644.
[217] So LG Trier, VersR 64, 879.
[218] BGH, VersR 57, 228 und VersR 60, 22.
[219] Siehe hierzu Rz. 17 ff.
[220] So auch BGH zum Reitsport, NJW 77, 2159; vgl. weiter die Nachweise bei *Börner*, S. 389 ff.
[221] Siehe die Reglements der ONS, Art. 27 für Rundstrecken-Rennen, Art. 25 für Bergrennen, Art. 26 für Slalom, Art. 27 für Auto-Cross-Rennen; der FIBT, Pkt. 1.14 für Bobrennen, der FIL, § 19, 3 für Rodelrennen sowie die Teilnahme-Bedingungen der Helikopter-Unternehmen.

eingeschränkt vereinbart werden ebenso kann die bisherige Rechtsprechung zu *Motorradrennen*[222] und *Autorennen*[223] somit nur für Einzelfälle bei umfassender Abwägung aufrechterhalten werden.[224]

2. Stillschweigender Haftungsausschluss

Unter dem Gesichtspunkt der rechtfertigenden Einwilligung in ein bestehendes Risiko **56** einer Sportverletzung hat die ältere Rechtsprechung zu Sportunfällen einen stillschweigenden Haftungsausschluss gesehen, ebenso unter dem Gesichtspunkt des Rechtsinstitutes „Handeln auf eigene Gefahr".[225]

Die neuere Literatur und Rechtsprechung sieht seit der Entscheidung des BGH v. 4. 3. 1961 den rechtlichen Standort des „Handelns auf eigene Gefahr" in der vom Gesetz in § 254 BGB getroffenen Wertung.[226] Bei genauer Betrachtung hat die ältere Rechtsprechung ein „Handeln auf eigene Gefahr" des verletzten Sportlers einschränkend bezogen auf die übliche Gefahr der jeweilgen Sportart; die übliche Gefahr einer Sportart ist jedoch diejenige, die auch bei sorgfältigem Verhalten, d. h. bei Einhaltung der Spiel- und Sportregeln zu einer Verletzung führen kann, also identisch einem regelgerechten Verhalten des Sportlers, bei dem eine Haftung ausscheidet, wie man z. B. der Argumentation der Bergsport-Entscheidungen des OLG Karlsruhe entnehmen kann.[227] Deutlicher urteilt das LG Koblenz,[228] dass beim gemeinsamen Klettern kein stillschweigender Haftungsausschluss für leicht fahrlässiges Handeln in Frage kommen könne.

Bei derartigen stillschweigenden Haftungsausschlüssen in den Fällen der *Gefährdungshaftung (Reitsport, Automobilsport, Luftsport)* ist die Grenzziehung zwischen Gefahrenverursachung und Gefahrenübernahme schwierig und vom Einzelfall der jeweiligen Verursachung der Beteiligten abhängig. Hier hat stets eine beiderseitige Risiko- und Pflichtenabwägung gemäß § 254 BGB stattzufinden.[229] Der BGH lehnt deshalb in ständiger Rechtsprechung z. B. bei Reitsportunfällen ein Handeln auf eigene Gefahr mit der Folge eines Ausschlusses völliger Haftung grundsätzlich ab und lässt diese nur bei bewusster Inkaufnahme von drohender Eigengefährdung zu.[230]

Ein solcher Haftungsausschluss kann daher nur in Sonderfällen zum Tragen kommen und wird im Einzelnen davon abhängen, inwieweit sich der Sportler einer besonderen Eigengefährdung bewusst aussetzte und inwieweit er beispielsweise aus besonderem eigenem Interesse handelte.[231] Ähnlich ist die Argumentation des OLG Koblenz zur Frage eines stillschweigenden Haftungsausschlusses unter Teilnehmern bei einer *Motorrad-Rallye*.[232] Während des Wettbewerbs trat aus dem Motorrad eines Teilnehmers Öl aus und lief auf die Fahrbahn. Da ein ausdrücklich vereinbarter Haftungsausschluss nicht vorlag und auch bei der Dauerprüfung dieser Rallye die Vorschriften der StVO einzuhalten waren, kann nicht von einem stillschweigenden Haftungsausschluss ausgegangen werden, allerdings ist eine Mitverantwortung nach § 17 StVG anzusetzen.

---

[222] OLG Koblenz, VersR 84, 1053.
[223] OLG Koblenz, NVZ 93, 348 = VersR 93, 1164.
[224] Zur Risikoverteilung im Skirenn- u. Motorsport *Fritzweiler*, SpuRt 94, 131.
[225] Siehe im Einzelnen *Fritzweiler*, S. 59 ff., auch RGZ 130, 162 (Motorsport); OLG Neustadt, MDR 56, 548 ff. (Fußball).
[226] Siehe hierzu BGHZ 34, 355 = NJW 61, 655; *Stoll*, S. 241 ff., 261 ff.
[227] OLG Karlsruhe, NJW 78, 705; weitere Rspr.-Nachweise bei *Fritzweiler*, S. 80–81.
[228] LG Koblenz, SpuRt 2001, 203.
[229] So z.B. LG Frankfurt (Flugsport), SpuRt 2000, 164.
[230] So BGH, NJW 77, 2158 und in VersR 82, 348 u. 366; BGH, NJW 92, 907; BGH, NJW-RR 2006, 815.
[231] So BGH, NJW 74, 234; 77, 2158 u. VersR 82, 348; 82, 366; a. A. entschieden *Deutsch* in NJW 78, 1998.
[232] OLG Koblenz, SpuRt 1995, 137 = NJW-RR 95, 984.

3. Gesetzlicher Haftungsausschluss

57 **a)** Beim Auto- und Motorradsport ist eine Gefährdungshaftung für den Sportler dann ausgeschlossen, wenn nach § 7 Abs. 2 StVG der Unfall durch höhere Gewalt verursacht wird (ebenso wie nach § 1 Abs. 2 Satz 1 HaftpfG),[233] was wohl bei der Sportunfallhaftung selten in Betracht kommt.

58 **b)** Nach §§ 104, 105 SGB VI (früher §§ 636, 367 RVO) ist die Haftung des Arbeitgebers bei Sportunfällen in Zusammenhang mit Arbeitsverhältnissen (z. B. bei Fußball, Eishockey) grundsätzlich ausgeschlossen, da die Arbeitnehmer am Arbeitsplatz gegen Unfälle pflichtgemäß versichert sind.[234] Eine Haftung tritt nur bei vorsätzlicher Unfallverursachung oder bei Teilnahme am allgemeinen Verkehr ein. Ebenso haften Sportler nach § 105 SGB VI als Angehörige desselben Betriebes untereinander nicht; bei Sportverletzungen gegenüber Spielern der gegnerischen Mannschaft könnte dieser Haftungsausschluss zweifelhaft sein, ist jedoch aufgrund der Gefahrengemeinschaft zu bejahen.[235]

4. Mitverschulden

59 Wird ein Sportler bei einem Sportunfall verletzt und liegt ein pflichtwidriges Verhalten des Verletzers vor, so wird die Risikoübernahme und Selbstgefährdung des Verletzten bereits in der älteren Rechtsprechung zu Sportunfällen unter dem Gesichtspunkt des mitwirkenden Verschuldens gemäß § 254 BGB berücksichtigt;[236] auch bei der Sportunfallhaftung nach den Gefährdungshaftungstatbeständen ist § 254 BGB anzuwenden (§ 833 BGB, § 9 StVG, § 34 LuftVG).[237]

Der geschädigte Sportler muss sich also entgegenhalten lassen, er habe sich gleichermaßen einer Gefahr ausgesetzt. Sämtliche Verursachungs- und Verschuldensbeiträge des Schädigers sind gegenüber denen des Geschädigten abzuwägen. Nach der Grundsatzentscheidung des BGH vom 14. 3. 1961 kommt es jeweils auf die besondere Gefahrenlage, das Maß des Verschuldens und die Aussicht auf die Verwirklichung der Gefahr an.[238] Unter Berücksichtigung der unterschiedlichen Gefahrensituationen bei Kampfsportarten[239] und Individualsportarten ist die bisherige Rechtsprechung zu Sportunfällen bei der gegenseitigen Abwägung der Verursachungsbeiträge der Beteiligten jeweils zu sachgerechten Ergebnissen gekommen.

Erwähnenswert, weil lehrreich, sind folgende Entscheidungen zu einzelnen Sportarten:

60 Bei *Individualsportarten* stellt der BGH in einem *Skilauf*-Urteil fest,[240] dass bei einem Zusammenstoß auf der Skiabfahrt „auch der Kläger den Beklagten nicht gesehen hat, ihn bei gebotener Aufmerksamkeit aber hätte rechtzeitig erkennen können". Bei der Abwägung des beiderseitigen schuldhaften Unfallbeitrages, heißt es weiter, sei der jeweilige Ursachenbeitrag gleich zu bewerten; „hätten die Parteien einander bemerkt, so wäre jeder verpflichtet gewesen, nach Kräften den Zusammenstoß zu vermeiden". Im Ergebnis be-

---

[233] Vgl. im Einzelnen hierzu *Hentschel*, § 7 StVG, Rz. 30 ff.

[234] Grundsätzlich hierzu *Schaub*, § 109 I, V; siehe hierzu auch 3/Rz. 47; eingehend hierzu *Waltermann*, NJW 97, 3401 ff. sowie NJW 2002, 1225 ff.

[235] So auch *Gitter*, RuS 14, 29 f.

[236] So die ältere Rspr. zu Sportunfällen: Autosport: BGH, NJW 63, 1099; Fußball: OLG Neustadt, MDR 56, 548; Skisport: OLG Karlsruhe, NJW 59, 1589.

[237] Ebenfalls für den Reitsport h. A., z. B. MüKo-*Stein*, § 833, Rz. 6, *Palandt-Thomas*, § 833, Rz. 13; OLG Hamm, VersR 75, 865; OLG Düsseldorf, VersR 83, 1039; Flugsport LG Frankfurt, VersR 96, 1485.

[238] Ausführlich BGHZ 34, 365; siehe oben, Rz. 8.

[239] Mitverschuldenbeiträge bei Kampfsportarten hat die ältere Rspr. unter dem Gesichtspunkt der rechtfertigenden Einwilligung behandelt, z. B. BayObLG, NJW 61, 2072.

[240] BGH, NJW 72, 627 ff., 629.

jahen Berufungs- und Revisionsinstanz bei dem Skiunfall ein mitwirkendes Verschulden, welches mit $^1/_2$ veranschlagt wird.[241] Ähnlich ist auch die Abwägung der beiderseitigen Pflichtverletzungen bei FIS-Regel 2 durch Skifahrer/Snowboarder gegenüber dem ursprünglich stehenden und dann abfahrenden Skifahrer bei FIS-Regel 5.[242]

Für den *Bergsport* gibt die Mont-Blanc-Entscheidung des OLG Karlsruhe[243] zur Mitverschuldensabwägung lediglich Hinweise, denn hier wurde bereits ein Pflichtenverstoß verneint; das Gericht sagt, der Verursachungsgrundsatz durch den Schädiger werde eingeschränkt durch die „aus der Natur der bei einer solchen Tour auftretenden Gefahren", die untrennbar mit der Route verbunden seien, „z. B. Weglänge, Höhenunterschiede, Steilheit, Absturzgefahr usw.", und ordnete diese Gesichtspunkte in den Begriff des „Handelns auf eigene Gefahr" ein. Sachgerechter scheint es jedoch, diese in die Gesamtabwägung von Verursachungs- und Verschuldensanteilen mit einzubeziehen. Ebenso sind z. B. eine unterlassene Selbstprüfung des Bergsteigers darauf hin, ob er generell den einzelnen Gefahren gewachsen ist, sowie eine Selbstkontrolle bei den einzelnen Begehungsweisen oder eine etwaige Übermüdung als Mitverschuldensmomente zu werten.[244]

Beim *Radsport* auf öffentlichen Straßen kommt es oftmals zu Unfällen mit anderen Verkehrsteilnehmern. Der Radsportler ist selbstverständlich an die Einhaltung der Verkehrsregeln gebunden und genießt keine Sonderrechte. Der BGH[245] hat folgerichtig bei verkehrswidrigem Verhalten eines Radfahrers einer Radsportgruppe bei einer Kollision mit einem Kraftfahrzeug die Schadensersatzansprüche wegen überwiegenden Mitverschuldens abgelehnt.

Zum *Segelsport* hat das Kammergericht Berlin[246] anlässlich einer Kollision eines Segelbootes mit einem Ruderboot zu Recht argumentiert, die Ruderer treffe ein Mitverschulden, weil sie die anderen Boote im Auge behalten müssten. Dagegen war nach Auffassung des OLG Hamm[247] bei einer Segelbootkollision ein Mitverschulden des Steuermannes des beschädigten Schiffes deshalb nicht gegeben, weil dieser sich darauf verlassen konnte, dass der andere das ihm zustehende Vorrecht auf Durchführung des Halsemanövers gewährt; als er das Fehlverhalten des anderen feststellte, war es ausreichend, so schnell wie möglich zu reagieren.

Anlässlich des *Golfsportes* führt das OLG Nürnberg[248] aus, dass der Standort der verletzten Golfspielerin nicht zu beanstanden sei; insbesondere musste sie nicht hinter die sog. Abschlaglinie des Beklagten gehen und konnte sich darauf verlassen, dass der Beklagte die Golfregeln einhielt.

Vergleichbar ist auch die Argumentation des OLG München[249] für den *Tennissport*: Ein Mitverschulden könnte allenfalls vorliegen, wenn sich der verletzte Mitspieler während des Ballwechsels zur Unzeit nach dem Ball gebückt hätte. Ähnlich das OLG Braunschweig: Der Verletzte könne sich darauf verlassen, dass der Mitspieler den Ball nach Beendigung des Spieles nicht mehr schlage, weshalb eine mangelnde Abwehrreaktion kein Mitverschulden darstelle.[250]

---

[241] Vgl. auch zum Skilauf OLG Stuttgart, NJW 64, 1860; OLG München, NJW 66, 2404 und 2406; NJW 74, 189; die in diesem Zusammenhang ursprünglich vertretene Auffassung, dass die Teilnahme am Skibetrieb an sich bereits ein Mitverschulden i. S. d. § 254 BGB begründen könne (so OLG Karlsruhe in NJW 59, 1589, OLG Köln in NJW 62, 1110), ist vom BGH zu Recht abgelehnt worden.
[242] OLG München, SpuRt 94, 37 f.; ebenso kein Mitverschulden gegenüber nachkommenden schneller fahrenden Skifahrern, öst. OGH, SpuRt 2004, 17, m. Anm.
[243] OLG Karlsruhe, NJW 78, 706.
[244] Siehe i. E. hierzu *Beulke*, S. 206 ff., 168 ff.; *Schünemann*, VersR 82, 827 f.
[245] BGH, SpuRt 2004, 157.
[246] KG Berlin, VersR 69, 1018.
[247] OLG Hamm, NJW RR 90, 925.
[248] OLG Nürnberg, NJW-RR 90, 1504.
[249] OLG München, NJW 70, 2297.
[250] OLG Braunschweig, NJW 90, 987; a. A. OLG Hamm, SpuRt 2000, 248.

61 Bei *Kampfsportarten* musste sich bisher lediglich das OLG Hamm[251] anläßlich eines Revanche-Fouls eines *Fußballspielers*, der den Mitspieler mit dem Ellbogen absichtlich verletzte, zum Mitverschulden äußern: Eine Regelwidrigkeit des Verletzten kurz davor sei kein Fehlverhalten, müsse in Kauf genommen werden und begründe kein Mitverschulden.

VI. Beweisführung im Prozess

62 Auch im Sportunfallprozess gilt die ungeschriebene Grundregel der Beweisbeibringung mit der Folge der Beweislast, dass jede Partei die tatsächlichen Voraussetzungen derjenigen Rechtsnorm beweisen muss, deren Rechtsfolgen sie geltend macht.

Der bei einem Sportunfall Verletzte oder Geschädigte hat somit die haftungsbegründenden Voraussetzungen *Schadenseintritt, Verursachung durch einen erheblichen Regelverstoß und schuldhafte Verletzungshandlung des Schädigers* zu beweisen.

Wegen der schnellen Bewegungsabläufe im Sport, sowohl im Individualsport als auch bei harten Auseinandersetzungen im Kampfsport, ist, wie die Rechtsprechung zeigt, eine exakte Klärung der Geschehensabläufe sehr schwierig. Beweisaufnahmen durch Vernehmung von Mitsportlern oder Zuschauern sind infolge der beim Sport besonderen Sympathien oft wertlos, unparteiische Zeugen gibt es nicht.[252]

Somit kann oftmals der Verletzte seinen Anspruch nach einem Sportunfall nicht beweisen, da seine Beweismittel für einen eindeutigen Nachweis des so behaupteten Geschehensablaufes nicht ausreichen. Nach dem ungeschrieben im Zivilprozess geltenden Verhandlungs- und Beibringungsgrundsatz muss jede Partei den für sie haftungsbegründenden Sachverhalt vorbringen; tut sie das nicht, muss das Gericht nach der Beweislastregel entscheiden.

Eine große Zahl der Sportunfallprozesse läuft somit auf reine Beweislastentscheidungen hinaus, besonders bei Unfällen im Kampfsport.[253] Deshalb wurde erwogen, den Anscheinsbeweis bei Sportunfällen einzuführen: Bestimmte sportliche Bewegungsabläufe seien typische Geschehensabläufe, bei denen vom feststehenden Erfolg auf eine bestimmte Ursache geschlossen werden könne.[254]

Literatur und Rechtsprechung haben jedoch bisher die Anwendung des Anscheinsbeweises bei Sportunfällen abgelehnt mit der zutreffenden Begründung, die Geschehensabläufe seien hierfür nicht typisch genug, so insbesondere bereits 1956 der BGH für den *Skispringer*,[255] das OLG Karlsruhe für einen *Skiunfall*[256] sowie der BGH[257] für den Fall des überholenden *Eisläufers*: Es gebe bei Sportunfällen zu viele verschiedene Bewegungsabläufe und deshalb Verursachungsmöglichkeiten, die gerade nicht wie beim Anscheinsbeweis vorher bereits typischerweise ausgeschlossen werden könnten.[258]

Auch eine in diesem Zusammenhang vertretene Sondermeinung des OLG München[259] zum *Tennis*, nach den Grundsätzen der Beweislastverteilung nach Gefahrenkreisen habe der (meist angreifende) Verletzer den Beweis für regelrechtes Verhalten zu erbringen, wurde abgelehnt,[260] denn Sportler setzen sich im Verhältnis zueinander dem gleichen Risiko aus. Die Auffassung, dass der verletzte Sportler oder Beteiligte die Beweislast

---

[251] OLG Hamm, MDR 85, 847.
[252] So insbes. *Deutsch*, VersR 74, 1050; ausführlich auch BGHZ 63, 140, sowie OLG München, VersR 77, 844.
[253] Siehe hierzu *Scheffen*, RuS 2, 6, 15 ff.
[254] Siehe hierzu *Friedrich*, NJW 66, 760.
[255] BGH, VersR 57, 228 u. VersR 60, 22.
[256] OLG Karlsruhe, NJW 64, 55.
[257] BGH, NJW 82, 2555.
[258] BGH, a.a.O., S. 2556.
[259] OLG München, NJW 70, 2297.
[260] So BGH, NJW 75, 111; siehe auch *Grunsky*, JZ 75, 111.

für die Verursachung trägt, ist deshalb heute einhellig.[261] Zu einer beachtenswerten Beweiswürdigung bei einer nichtaufklärbaren Kollision zwischen Skifahrer und Snowboarder kam das Landgericht Bonn:[262] der Kläger, ein Skifahrer, kollidierte mit einem Snowboarder im Kreuzungsbereich zweier Pisten; auf beiden Pisten waren Warntafeln „Pistenkreuzung" gut sichtbar angebracht. Es konnte nicht aufgeklärt werden, welcher von beiden der schnellere bzw. der hintere und obere Skifahrer war (FIS-Regeln 1, 2 und 3). Unstreitig war lediglich das die Verletzungen kausal jeweils vom anderen Unfallbeteiligten verursacht waren. Nach Auffassung des LG Bonn spricht eine widerlegliche Vermutung dafür, dass jeder der beiden dem jeweils anderen nicht die nötige Aufmerksamkeit schenkte, und damit gleichermaßen schuldhaft gegen die FIS-Regeln 1 und 2 (allgemeine Sorgfaltspflicht und Sichtfahrgebot) verstoßen habe. Jeder habe sich somit gem. § 254 BGB ein Mitverschulden anrechnen zu lassen nach der eben genannten widerlegichen Vermutung, auch gegen die eigenen Sorgfaltspflichten verstoßen zu haben. Snowboards würden im Vergleich zu regulären Skiern wegen einer höheren Aufpralldynamik bei Kollisionen höhere Verletzungsrisiken mit sich bringen, weshalb die Mitverschuldensquote von Snowboardern im Vergleich zu Skifahrern höher anzusetzen sei; das Landgericht sprach somit dem Skifahrer eine Schadensquote von 60 % zu.

Bei den Sportarten, die der Gefährdungshaftung unterliegen, ist vom Geschädigten stets darzulegen und zu beweisen, dass sich der Unfall gerade in dem typischen Gefahrenbereich ereignete, welchen der Schutzzweck der Gefährdungshaftung betrifft. Die Rechtsprechung hat sich bei *Reitunfällen* damit befasst und geprüft, ob eine Reiterverletzung durch die Verwirklichung einer spezifischen Tiergefahr verursacht wurde: Das OLG Düsseldorf[263] hielt fest, dass der Reiter, welcher auf einem fremden Pferd stürzt, nachzuweisen hat, dass der Sturz des Pferdes durch eine typische Tiergefahr verursacht wurde, und nicht etwa durch fehlerhaftes reiterliches Verhalten. Der BGH hat diese Rechtsprechung bestätigt[264] mit der Begründung, der Reiter müsse beweisen, dass er trotz Einhaltung der erforderlichen Sorgfalt und reiterlichen Regeln verletzt worden sei.

Die modernere *Zeitlupen- bzw. Belichtungstechnik* im Medienbereich hat ursprünglich **63** die Frage aufgeworfen, ob als Beweismittel etwa Videoaufnahmen und Lichtbilder zulässig sind, denn diese können ja schnelle Bewegungsabläufe deutlicher und insbesondere unverrückbar festhalten. Das LG Stuttgart hat hierzu bereits 1988 überzeugend dargelegt,[265] dass Videoaufzeichnungen und Lichtbilder gegenüber Zeugenbeweisen überlegene Beweismittel und diese im Haftungsprozess deshalb statthaft sind.

Hiervon zu trennen ist die Frage der Zulässigkeit des Videobeweises im sportgerichtlichen Verbands-Verfahren, speziell in Zusammenhang mit Tatsachenentscheidungen von Schiedsrichtern. Die Anwendung im Sportgerichtsverfahren ist ebenso anerkannt, wogegen der Videobeweis als Kontrollmittel während des Wettkampfes gegen das bestehende Verbandsregelwerk verstößt – insbesondere vor dem Hintergrund, dass dies der Eigenart und der Abwicklung von Sportwettkämpfen widerspräche.[266]

3. Kapitel. Haftung der Sportveranstalter bei Sportunfällen

Sportunfälle („auf dem Sportfeld") werden nicht nur von Sportlern untereinander verur- **64** sacht, es kommen auch verschiedene weitere Verursacher in Betracht: Sportvereine/Sportverbände bzw. deren Verantwortliche, Sportlehrer oder private Sportschulen sowie

---

[261] Vgl. hierzu die Urteile OLG Hamm, NJW-RR 91, 149 (Squash), OLG Frankfurt, NJW-RR 91, 418.
[262] LG Bonn, NJW 2005, 1873.
[263] OLG Düsseldorf, VersR 91, 82.
[264] BGH, NJW 74, 234; VersR 82, 366.
[265] LG Stuttgart, NJW-RR 88, 1241.
[266] Siehe hierzu, 2/Rz. 304 ff., hierzu ausführlich *Goetze/Lauterbach*, SpuRt 2003, 95 ff., 145 ff.

öffentliche Schulträger, ebenso Bergbahnen und Schleppanlagen-Unternehmer (im Ski-, Wasser- und Segelflugsport) sowie öffentlich-rechtliche Körperschaften und Hersteller bzw. Verkäufer von Sportgeräten.

Auch wenn sich Sportunfälle bei den verletzten Sportlern oftmals zunächst als Selbstverletzungen oder -schädigungen darstellen – z. B. der Läufer stürzt auf der Bahn wegen Nässe, der Skiläufer stürzt auf vereister Piste –, so ist in derartigen Situationen bei Körper- oder Sachschäden neben dem konkreten Verhalten des Sportlers auch die Einstandspflicht der *Sportveranstalter* nach den Haftungsvoraussetzungen zu prüfen. Der Begriff des *Sportveranstalters* ist ebenso wenig wie *Sport* und *Sportunfall* ein Rechtsbegriff,[267] auch er ist für die Haftungsbeurteilung rechtlich nicht relevant. Nach dem Sprachgebrauch fallen darunter die Personen oder Institutionen, welche einen Sportbetrieb oder ein Sportereignis organisatorisch durchführen und das finanzielle Risiko tragen.[268] Der BGH definiert den Veranstalter in Zusammenhang mit dem Eingriff in den Gewerbebetrieb einer Boxveranstaltung mit „wer in organisatorischer und finanzieller Hinsicht für die Veranstaltung verantwortlich ist".[269] Die oben genannten möglichen Verursacher von Sportunfällen sind Sportveranstalter als unmittelbare Organisatoren von Sportereignissen; als mittelbare fallen darunter auch im weiteren Sinne die Produzenten und Vertreiber von Sportgeräten.

65   Auch Zuschauer können durch Geschehnisse auf dem Sportfeld verletzt werden. Oftmals ereignen sich dagegen Unfälle ohne unmittelbare Ursache durch die sportliche Betätigung selbst, jedoch aus Anlass einer Sportveranstaltung, also *Sportveranstaltungsunfälle* („neben dem Sportfeld"). Bei diesen Unfällen verwirklicht sich kein typisches Sport-Risiko, vielmehr ein allgemeines Risiko einer (Groß-)Veranstaltung mit Zuschauern als Beteiligten. Hierbei kann es zu Unfällen infolge von Organisationsdefiziten bei Veranstaltungen, sowie Bau-, oder Absperrungsmängeln an Sportstätten oder -stadien und zu Zuschauerausschreitungen mit erheblichen Personen- und Sachschäden, meist bei Fußball- und Eishockeyspielen und bei ähnlichen Sportgroßveranstaltungen (z. B. Zuschauerkatastrophe in Brüssel 1985 beim Europacupspiel FC Liverpool–Juventus Turin). Geschädigte können in erster Linie Zuschauer, aber auch Schiedsrichter und deren Assistenten sein sowie Sportler, ebenso Eigentümer des Stadions oder unbeteiligte Dritte (Eigentümer angrenzender Grundstücke).

A. Rechtsprechung und Bestimmung der „Verkehrspflichten für den Sport"

66   Die ältere Rechtsprechung zu *Sportunfällen* hat eine rechtswidrige und schuldhafte Verhaltensweise beim Veranstalter gemäß §§ 823 ff. BGB nach den gängigen Kriterien beurteilt und zunächst nur auf das Verschulden der Sportler (als Verrichtungsgehilfen des Veranstalters) abgestellt,[270] im Übrigen die unterschiedlichen Gefahren einer Sportart und des Sportgeländes erörtert und allgemein anhand des Zumutbarkeitskriteriums den Umfang der Sicherheitsvorkehrungen und -pflichten bestimmt.[271]

Frühe Gerichtsentscheidungen etwa zu Sportunterrichtsverhältnissen fehlen, soweit ersichtlich, ebenso wie zur Haftung anderer Sportveranstalter, denn Sport als Freizeit- und Wirtschaftsfaktor und damit als Veranstalter-Dimension war noch unterentwickelt. Deshalb ließen die wenigen Einzelfall-Entscheidungen hinsichtlich sportspezifi-

---

[267] Siehe oben Einführung, Rz. 3.
[268] Siehe hierzu *Börner*, S. 14 ff.; *Eichenberger*, S. 10 ff.; *Caninenberg*, S. 11 ff.
[269] BGHZ 27, 265; 39, 352; NJW 70, 2060.
[270] So das RG zu Zuschauer-Unfällen beim Auto-Motorrad-Rennsport RGZ 127, 313; RGZ 130, 313; OLG Karlsruhe, VersR 54, 463; OLG Bremen, VersR 55, 644.
[271] So der BGH zur Veranstaltung eines Straßenradrennens VersR 54, 596 sowie eines Skispringens VersR 57, 228 u. VersR 60, 22; OLG Karlsruhe zum Autorennen, VersR, 54, 463; BGH zum „Diskustreiben", VersR 60, 421; BGH zur Boxkampf-Sicherung, VersR 61, 276.

scher Kriterien, etwa die der typischen Gefahren des Sports und ihrer Regelwerke, bezogen auf den Veranstalter eine sportgerechte Beurteilung kaum erkennen.

Sportveranstaltungsunfälle sind aufgrund der Entwicklung des Sports im Freizeit- und Unterhaltungssektor erst in jüngerer Zeit Gegenstand rechtlicher Auseinandersetzung geworden.

Die Gerichte mussten sich deshalb mit diesen aktuellen Schadensereignissen bisher wenig befassen. Das Reichsgericht stellte anlässlich der Haftung eines Sportvereines, als ein Fußball beim Spiel von Unbefugten über Umzäunung und Straße in eine Fensterscheibe flog und eine Person verletzte, lediglich nebenbei fest: eine Haftung sei dann *nicht* gegeben, wenn auf dem Sportplatz gefährliche Handlungen vorgenommen würden, für die der Platz seiner Einrichtung und seinem Zweck nach *nicht* bestimmt sei.[272] Das OLG Nürnberg[273] verurteilte einen *Fußballverein* zum Schadensersatz, als ein Zuschauer auf einer Tribüne stehend von anderen nach unten gedrängt und verletzt wurde. Es befand die Überfüllung des Stadions als die ausschlaggebende Ursache, nicht etwa ein undiszipliniertes oder mutwilliges Verhalten der Zuschauer.

Ausgehend von der Konzeption der unerlaubten Handlung des § 823 Abs. 1 BGB als **67** einer *Verkehrspflichtverletzung*[274] und davon, dass herrschender Auffassung nach auch gegenseitige vertragliche Beziehungen *Verkehrspflichten* begründen,[275] gilt es nunmehr, den konkreten Umfang der Pflichten für eine mögliche Haftung der Sportveranstalter zu bestimmen.

Die Beziehungen dieser am Sport wirtschaftlich beteiligten Personen oder Institutionen zum Sportler sind vielgestaltiger als die der Sportler untereinander. Deshalb ergeben sich jeweils besondere Gefahrabwendungspflichten und Fürsorgepflichten aus Verträgen, Delikt und öffentlich-rechtlichen Gewaltverhältnissen, sowie Garantiepflichten aus Kauf- und Mietverträgen; auch der Umfang der Verkehrspflichten ist insofern schwieriger zu bestimmen. Sowohl bei der vertraglichen als auch bei der deliktischen Haftung werden die Verkehrspflichten im Grundsatz aus dem Gesichtspunkt des Vertrauensschutzes hergeleitet;[276] im Einzelnen haben dann Literatur[277] und Rechtsprechung weitere allgemein gültige Bestimmungsgrundsätze und Abwägungskriterien für den Inhalt der Verkehrspflichten herausgearbeitet, wonach besonders zu berücksichtigen sind:

a) Art und Schwere der drohenden Gefahr und des drohenden Schadens;
b) Möglichkeit der Gefahrbeherrschung;
c) Wahrscheinlichkeit des Schadenseintritts;
d) Möglichkeit der Selbstvermeidung des Schadens durch den Geschädigten und Zumutbarkeit, den Schaden selbst zu tragen;
e) Umfang der Schadensverhinderungskosten.

In Erweiterung der erwähnten „*Verkehrspflichten im Sport*",[278] welche den vom Sportler **68** einzuhaltenden Sorgfaltsstandard in den jeweiligen Sportarten beschreiben, kann man diese dem Sportveranstalter obliegenden Verkehrspflichten gegenüber Sportlern und anderen Beteiligten als „*Verkehrspflichten für den Sport*" bezeichnen.[279] Während man bei der

---

[272] RGZ 138, 23 – der Verein wurde gleichwohl zum Schadensersatz verurteilt.
[273] OLG Nürnberg, VersR 55, 444; siehe OLG München, VersR 68, 1073 (Veranstalter eines Skispringens).
[274] Siehe oben, Rz. 12.
[275] Vgl. *Mertens*, VersR 1980, 397, 406; *v. Bar*, S. 18, 252; weitere Nachweise bei *Börner*, S. 52.
[276] Siehe hierzu für Sportstätten, *Börner*, S. 52 ff., 105 ff. (bei Vertragsverhältnissen), S. 72 ff., 137 ff. (bei Delikt).
[277] Vgl. hierfür beispielsweise bei *Mertens*, VersR 1980, 401; *Steffen*, VersR 80, 411.
[278] Siehe oben Rz. 13.
[279] So *Börner* zusammenfassend für den Sport, S. 34 ff., 40; siehe hierzu auch *Tschauner*, Die rechtliche Bedeutung technischer Normen für Sportgeräte- und Ausrüstung, S. 197, in *Vieweg* (Hrsg.), Perspektiven des Sportrechts, Berlin 2005.

Konkretisierung der *„Verkehrspflichten im Sport"* in erster Linie auf die Sportregeln als gefahrenbestimmendes Regelwerk Bezug nimmt,[280] sind die *„Verkehrspflichten für den Sport"* anhand rechtlicher Normen als bereits gesetzlich fixierten Verkehrspflichten (Schutzgesetze nach § 823 Abs. 2 BGB) auszufüllen, aber auch anhand außerrechtlicher Normen, soweit sie Sportgefahren beschreiben und ihnen Schutzcharakter zukommt.[281]

Je nach Situation des Haftenden ist dies unterschiedlich: So werden z. B. die Pflichten eines Vereines durch Sportstättenregeln der Sportverbände, die des Sportlehrers oder der Sportschulen durch Gesetze und Verordnungen mitbestimmt, die der öffentlich-rechtlichen Körperschaften und Kommunen dagegen durch gemeindliche Benutzungssatzungen und -ordnungen und schließlich die Pflichten eines Sportgeräte-Vertreibers durch das Technische Sicherheitsrecht der DIN-Normen.[282]

Ebenfalls bestimmen zum Schutz von Sportlern und Zuschauern Art. 142 „Automobil-Sportgesetz" der FIA die Sicherheits-Vorgaben zur Durchführung von Veranstaltungen, ferner der ONS und OMK zur Streckensicherung sowie die Bestimmungen 2.11 (Kurven), 2.12 (Kurvenüberkragungen), 2.13 (Fliehkräfte) des FIBT; ebenso schreibt die Regel 102 B der Internat. Eishockey-Regeln zur Austragung von Europa- und Weltmeisterschaften vor, dass besondere Höhen für die Plexiglaswände hinter den Toren einzuhalten sind.[283]

Treffend typisiert *v. Bar* in seiner Untersuchung[284] die verschiedensten Verkehrspflichten nach Pflichteninhalt und Funktion der Einwirkung auf den gegenständlichen Gefahrenherd:

— *bei selbstverantwortlicher Gefahrvermeidung und Gefahrsteuerung:* Warnpflichten, Verbots(untersagungs)pflichten, Instruktionspflichten,

— *bei unmittelbarer Gefahreinwirkung:* Gefahrenkontrollpflichten, Auswahl- und Aufsichtspflichten, Organisationspflichten, Erkundigungs- und Benachrichtigungspflichten und Obhuts- bzw. Fürsorgepflichten.

Auch eine derartige Typisierung trägt zur Konkretisierung der *„Verkehrspflichten für den Sport"* bei. Die Verkehrspflichtenbestimmung bei der Veranstalterhaftung ist insgesamt gesehen ähnlich nach der zweistufigen Methode vorzunehmen wie bei der Sportlerhaftung,[285] der *subsumtionsfähige Rechtssatz* orientiert sich allerdings weitgehend an gesetzlich fixierten Schutzbestimmungen für den Sport, an Bestimmungen der Sportverbände oder an bestehenden DIN-Normen.

69 Ähnlich ist bei den *Sportveranstaltungsunfällen* die Bestimmung der Verkehrspflichten vorzunehmen. Nach der Konzeption der Verkehrspflichthaftung im Vertrags- und Deliktsrecht ist für die Konkretisierung der Verkehrspflichten von Veranstaltern und Stadioneigentümern Bezug zu nehmen auf die erwähnten *Abwägungskriterien* sowie die außerrechtlichen Normen mit Schutzcharakter,[286] ebenso auf die gesetzlich fixierten Verkehrspflichten in Form der Schutzgesetze des § 823 II BGB.

Solche Schutz-Normen sind z. B. der § 29 StVO für Motorsportveranstaltungen, ferner die Landes-Bauordnungen, welche die Bausicherheit von Gebäuden und Bauwerken und damit der Sportplätze und Sportstadien vorschreiben,[287] die anerkannten Regeln der

---

[280] Siehe oben Rz. 14 ff., auch *Börner,* S. 242 m. w. N.
[281] Einen ausführlichen Überblick hierzu gibt *Börner,* S. 219–251.
[282] Siehe *Marburger,* Regeln der Technik, S. 302, 303; DIN-Taschenbücher 116 (Ausgabe 1991) – Sportgeräte –, 134 (Ausgabe 1996) – Sportplätze, Sporthallen – 147 (Ausgabe 1992) – Herstellervorschriften für Sportgeräte –.
[283] Siehe Internat. Eishockey-Regeln, Ausgabe 1994.
[284] Siehe *v. Bar,* S. 83 ff.
[285] Siehe oben, Rz. 10, 12; ferner *Mertens,* VersR 80, 397 ff. und *MüKo-Mertens,* (3. Aufl.), § 823, Rz. 2 ff.; *MüKo-Wagner,* Rz. 470 ff., 484.
[286] Siehe oben Rz. 67.
[287] Siehe im Einzelnen *Börner,* S. 219–220.

Bautechnik, z. B. Art. 3 BayBauO als spezielle Sicherheitsregel,[288] auch wenn hier Sportanlagen nicht unmittelbar angesprochen werden. Zu nennen sind ferner die DIN-Normen „Sporthallen, Sportplätze, Eissportanlagen, Sportstättenbeleuchtung",[289] welche die Grundlagen für Planung und Bau, sowie notwendige Vorkehrungen bezüglich Sicherheitstechnik, Spielfeldabgrenzungen, Nachbargrundstücke und Verkehrswege festlegen.

Regeln der Sportverbände können dann relevant sein, wenn sie Schutzcharakter gegen Außenstehende haben.[290] Beispielsweise hat der Deutsche Fußball-Bund (DFB) Richtlinien zur Verbesserung der Sicherheit bei Bundesligaspielen erlassen, welche für den veranstaltenden Verein genaue Pflichten für den Zustand der Anlagen und den organisatorischen Ablauf der Veranstaltung vorschreiben. In erster Linie sollen zwar durch derartige Sportverband-Sicherheitsbestimmungen die Zuschauer vor dem teilweise gefährlichen Sportbetrieb geschützt werden, aber auch umgekehrt muss der Sportler vor unachtsamen Zuschauern oder absichtlichen Ausschreitungen geschützt werden.

Nur bedingt dagegen sind zur Konkretisierung der Pflichten des Sportveranstalters anwendbar die Unfallverhütungsvorschriften der Berufsgenossenschaften, da diese für den internen Bereich gelten sollen, oder gemeindliche Satzungen, da sie nicht von einer übergeordneten Institution erlassen werden.

B. Haftung der einzelnen Veranstalter bei verschiedenen Sportarten[291]

I. Haftung des Sportvereins und Sportverbandes

Haftungsfragen für Sportvereine und -verbände treten auf, falls Sportler auf dem Sportfeld als Mitglieder im Einflussbereich des Vereins Unfälle erleiden oder als eingeladene Sportler (Amateur bzw. bezahlter Leistungssportler) bei nationalen oder internationalen Wettkämpfen, ebenso bei Zuschauerverletzungen oder bei Unfällen anderer außenstehender Beteiligter. **69a**

1. Haftung gegenüber Sportlern

Erleiden Sportler Verletzungen oder Schäden, können Vereine und Verbände haftbar gemacht werden aus vertraglichen Beziehungen, Delikt sowie aus den Bestimmungen der Gefährdungshaftung.[292] Sie haften für die zum Schadensersatz verpflichtenden Handlungen ihrer satzungsmäßigen Vorstände und Funktionäre über § 31 BGB (Organhaftung), für ihre Angestellten über §§ 278, 831 BGB.[293] **70**

Dies hat der BGH anlässlich *Autorennveranstaltungen* bereits ausführlich erörtert und eine Haftung des veranstaltenden Vereins sowie weiterer Funktionäre bejaht;[294] in jüngster Zeit befasste sich der österr. OGH bei *Skirennen* mit der Haftung der Rennleiter, des Kampfgerichtes sowie der Technischen Delegierten unter Hinweisen auf deren Kompetenzen nach der Internationalen Wettkampfordnung (IWO) laut Pkt. 603 ff.[295]

a) **Vertragliche und deliktische Anspruchsgrundlagen.** *Vertragliche Beziehungen* zwischen Sportverein und Vereinsmitglied bestehen aufgrund des Mitgliedschaftsverhältnis- **71**

---

[288] Siehe bei *Marburger*, Regeln der Technik, S. 84 ff.
[289] Siehe DIN-Taschenbuch 134 (Ausgabe 1996); für die Benutzung von Spiel- u. Sportgeräten gibt das DIN-Taschenbuch 116 (Ausgabe 1991) genaue Anweisungen.
[290] Siehe oben, Rz. 68.
[291] Siehe hierzu auch die Entscheidungen bei *Haas/Haug/Reschke*, in Handbuch des Sportrechts unter Ziff. 23, 24.
[292] Siehe zu den Haftungsvoraussetzungen allgemein, Rz. 5, 6.
[293] Siehe im Einzelnen *Sauter/Schweyer*, Rz. 290 ff.
[294] BGH, NJW 75, 533.
[295] Siehe die Rechtsprechungsnachweise bei *König*, SpuRt 94, 112 ff.

ses;²⁹⁶ hieraus können sich Schadensersatzansprüche ergeben. Allerdings besteht für das Vereinsmitglied hieraus keine Pflicht, irgendeine sportliche Tätigkeit zu erbringen. Lediglich im bezahlten Leistungssport werden hierzu Dienstverträge oder Arbeitsverträge abgeschlossen.²⁹⁷

Unter Vereinsmitgliedern wird dagegen bei gemeinsamer sportlicher Betätigung keine vertragliche Beziehung, ebenso wenig eine Gesellschaft des bürgerlichen Rechts angenommen, von Ausnahmen abgesehen – etwa bei gleichzeitigen vermögenswerten Interessen –, denn hier fehlt der Rechtsbindungswille.²⁹⁸ Besondere Verträge zwischen Mitglied und Verein sind unter Umständen anzunehmen bei vereinsseits organisierten Trainings- und Übungsveranstaltungen für Mitglieder, insbesondere bei Kindern und Jugendlichen. Hier kommt infolge der Teilnahme ein Dienst- bzw. Auftragsvertrag zur Leistung eines Sportunterrichts durch den Verein zustande, ähnlich dem privaten Sportunterricht.²⁹⁹ Hierbei kommt es jedoch auf die im Einzelnen gewollten Verpflichtungen und die jeweilige Sportart an. Das OLG Stuttgart³⁰⁰ hat bei der Durchführung einer Bergtour von einem alpinistischen Verein für seine Mitglieder die Annahme eines Dienst- oder Reisevertrages abgelehnt.

Es wird aber immer im Einzelfall darauf ankommen, welche Leistungen der Verein bzw. Verband seinen Mitgliedern anbietet. Oftmals werden Sportfreizeit- und Unterrichtsprogramme nach Art von Sportschulen oder Reiseunternehmen angeboten, so dass je nach Leistungskatalog ein Dienstvertrag oder Reisevertrag anzunehmen sein wird.³⁰¹

Sportler können auch als Wettkämpfer in die Verträge ihrer Vereine und Verbände, die diese als Veranstalter schließen, mit einbezogen sein nach der Rechtsfigur des Vertrages mit Schutzwirkung zugunsten Dritter. Für Verträge im bezahlten Leistungssport hat man diese Konstruktion längst bejaht. *Grunsky*³⁰² hat insbesondere ausführlich dargelegt, dass stets ein schuldrechtsähnliches Verhältnis zwischen den Vereinen des Deutschen Fußball-Bundes vorliegt, die im Rahmen von Fußball-Bundesliga-Spielen (Punktspiel oder Pokalrunde) gleichzeitig an einem Wettbewerb teilnehmen; in derartige Beziehungen (sei es durch ausdrückliche vertragliche Vereinbarungen oder konkludent) sind die Sportler der Vereine mit einbezogen mit der Folge, dass bei Verletzung von vertraglichen Sorgfaltspflichten auch von ihnen Schadensersatzansprüche geltend gemacht werden können, ähnlich wie es z. B. in Zusammenhang mit Miet- und Werkverträgen für beteiligte Personen anerkannt ist.³⁰³

Auch im Freizeitsport ist der Schutzwirkungsgedanke anzuwenden, z. B. dort, wo der Sportverein etwa Sporthallen (Tennis, Squash), Golfplätze, Eisbahnen, Schwimmbäder, Tennisplätze etc. anmietet und diese dem Sportler gegen Entgelt zur Verfügung stellt. Hier kommen Mietverträge zwischen Verein und Eigentümer als Haftungsgrundlage in Betracht, wobei die Schutzpflichten identisch sind mit den Verkehrspflichten.

Im bezahlten Leistungssport ist diese Schutzwirkungskonstruktion zwischen Veranstalter und Sportler insofern bereits überholt, als die Sportler für ihre Teilnahme an Wettkämpfen mit den Veranstaltern (Vereine, Verbände) mehr und mehr ausdrücklich klare Wettkampfverträge abschließen, in denen sich auch Regelungen über Schutzpflichten

---

[296] Siehe oben Rz. 7, 2/Rz. 105 ff., 3/Rz. 12; *Reichert*, Rz. 650 ff.; *Schmidt*, JZ 91, 157.

[297] Siehe im Einzelnen 3/Rz. 12 ff.

[298] So z. B. BGHZ 39, 56 = NJW 63, 1099 anlässlich gemeinsamer Teilnahme an Automobil-Zuverlässigkeitsfahrt, sowie OLG Karlsruhe, NJW 73, 705; OLG München, SpuRt 97, 100 (Hochgebirgstouren), *Schünemann*, VersR 82, 826.

[299] Zu den einzelnen Pflichten siehe Rz. 94 ff.

[300] OLG Stuttgart, NJW 96, 1352.

[301] Siehe hierzu grundsätzlich *Röckrath*, SpuRt 2003, 189 ff., sowie OLG München, NJW-RR 2002, 694 = SpuRt 2002, 117; auch BGH, SpuRt 2002,195 zum Unfall beim Helikopter-Skilauf.

[302] *Grunsky*, Haftungsrechtl. Problem d. Sportregeln, 1979, S. 35, siehe auch *Krähe*, S. 309 ff., 323 ff., 349.

[303] Siehe zu den Schutzwirkungsverträgen oben Rz. 5.

des Veranstalters finden.[304] Gleiches gilt für Schiedsrichter, die im Auftrage des Verbandes tätig sind.[305]

Die *deliktsrechtliche Haftung* des Vereins nach §§ 823 ff. BGB gegenüber Sportlern, Helfern, Schiedsrichtern und Zuschauern setzt eine Verletzung der in § 823 Abs. 1 BGB genannten Rechtsgüter durch aktives Tun oder pflichtwidriges Unterlassen voraus. Rechtstatsächlich häufiger sind im Sport die Pflichtverletzungen durch Unterlassen, die dann vorliegen, wenn eine Erfolgsabwendungs- oder Garantenpflicht für besonders geschaffene Gefahrenquellen besteht. 72

Beispielsweise können Sporttreibende oder andere Beteiligte grundsätzlich darauf vertrauen, dass der Verein für die entsprechende Sicherheit der Sportanlage sorgt, weiter für die ordnungsgemäße Organisation eines Übungs- und Trainingsbetriebes oder Wettkampfes[306] und schließlich für die Unterhaltung von Anlagen und Wegen.[307] Nach der Konzeption der *Verkehrspflichtenhaftung* kommt der herkömmlichen Unterscheidung zwischen Tun und Unterlassen als Verletzungshandlung des § 823 Abs. 1 BGB keine Bedeutung mehr zu.[308]

Zusätzlich haftet der Verein neben §§ 823 ff. BGB nach den Bestimmungen der Gefährdungshaftung dann, wenn er Halter im Sinne der § 833 Abs. 1 BGB, § 7 I StVG und § 33 Abs. 1 LuftVG ist,[309] also speziell im Reit- oder Pferdesport, Auto- und Motorradsport sowie Flugsport.[310]

b) Verkehrspflichten bei den einzelnen Sportarten. Bei der Bestimmung des Umfanges der „Verkehrspflichten für den Sport" des Vereines ist die Rechtsprechung auch meist zu sachgerechten Ergebnissen gekommen. 73

Für einzelne Sportarten wurde die Bestimmung zunächst nach den allgemeinen Abwägungskriterien[311] vorgenommen.

Bei *Radrennen auf öffentlichen Straßen,* wo es ja um den Schutz von Sportlern und Zuschauern geht, verlangte bereits das OLG Stuttgart[312] und die folgende Rechtsprechung vom veranstaltenden Verein, in Zuschauerbereichen zumindest Posten aufzustellen, um das Hineinlaufen von Zuschauern in die Strecke zu verhindern, und zwar unter Bezugnahme auf die spezielle Gefahr; der Klage eines verletzten Rennfahrers bei einem Zusammenstoß mit einem Fußgänger wurde stattgegeben. Ebenso bestimmten das LG Stuttgart und OLG Stuttgart[313] den Umfang der Verkehrspflichten des Vereins anlässlich eines Straßenradrennens, als ein Radrennfahrer bei einer Massenkarambolage in die Zuschauermenge flog, nach der typischen Gefahr und verlangten für die vorliegende Unfallstelle keine massiven Eisengitter als Absperrung im Zielbereich; die gespannten Seile seien ausreichend. Bestätigt wurde diese Rechtsprechung durch das OLG Frankfurt,[314] welches vom Veranstalter die sichere Benutzungsmöglichkeit einer Rennstrecke verlangt und ebenso, die sportausübenden Rennfahrer von weiteren Gefahren freizuhalten.

---

[304] Zu den Athletenvereinbarungen z. B. der Skisportler, Leichtathleten, siehe 2/Rz. 160 ff. Anhang C. 4, zur Haftung der Funktionäre der Internationalen Sportverbände grundsätzlich *Reichert,* Rz. 3217 ff.; *König,* SpuRt 94, 112 ff.

[305] Siehe hierzu 3/Rz. 70 ff.; *Pfister,* WFV 25, 62 ff.

[306] Siehe zu den einzelnen Pflichten *Börner,* S. 252 ff.; LG München II, SpuRt 99, 161 (Fußballtraining Jugendlicher).

[307] OLG Hamm, SpuRt 99, 245 (Fußball-Trainingsplatz); siehe auch *Hagenbucher,* NJW 85, 178 (zur Wegesicherungspflicht des Alpenvereins).

[308] Siehe oben Rz. 9, 10.

[309] Siehe oben Rz. 50 ff.

[310] Siehe zu den Haftungsvoraussetzungen Rz. 6; Flugsport: BGH, NJW 83, 2445.

[311] Siehe oben Rz. 67, 68; diese Grundsätze finden auch Anwendung im Grenzbereich Sport und Therapie, wie ein Urteil anlässlich eines Sportunfalles bei der Therapie Drogenabhängiger zeigt, OLG Frankfurt, SpuRt 94, 93 ff. m. Anm. *Grunsky.*

[312] LG Stuttgart, VersR 84, 1098.

[313] LG u. OLG Stuttgart, VersR 87, 1152.

[314] OLG Frankfurt, SpuRt 2005, 166; so auch StA Traunstein, SpuRt 2005, 168.

Ohne nähere Begründung zum Umfang der Verkehrssicherungspflicht verurteilte das LG Waldshut-Tiengen den Vorsitzenden (eines Wettkampfausschusses) des veranstaltenden Vereins wegen fahrlässiger Tötung, als bei einem Mountainbike-Downhill-Rennen ein Teilnehmer stürzte, das Fahrrad durch die Luft flog und einem Zuschauer tödliche Verletzungen zufügte.[315]

Das OLG Karlsruhe[316] wiederum stellte einen Verein von der Haftung gegenüber einem Teilnehmer eines Straßenrennens frei, welcher auf einer Berg-ab-Strecke wegen eines vor ihm bremsenden Fahrers gegen eine Leitplanke stürzte. Weder der Verein noch die Straßenbaubehörde, so das OLG, müssten derartige typische Gefahren beseitigen, da der Reiz des Rennsportes gerade in der Schwierigkeit der Strecke liege. Der BGH[317] bestätigte diese Auffassung mit der Klarstellung, dass eine Abpolsterung von Leitplanken nur an ungewöhnlich gefährlichen Stellen verlangt werden könne.

Ähnlich bestimmen die Gerichte den Pflichtenumfang der *Fußballvereine* für Zuschauerverletzungen infolge von Ballschüssen,[318] für „abirrende Bälle" mit der Folge von Schädigungen Außenstehender[319] sowie bei Verletzungen von Sportlern aufgrund mangelhaft abgesicherter Sportanlagen und -geräte.[320] Gleichfalls muss ein *Tennisplatz*-Betrieb nicht für jegliche witterungsbedingte Behinderung einstehen.[321]

Nach allgemeinen Kriterien wurde auch die Verkehrspflicht für das *Rodeln* bestimmt für einen Seminar-Veranstalter, der für den winterlichen Rodelunfall eines Teilnehmers haftbar gemacht werden sollte. Den Seminarteilnehmern war es freigestellt gewesen, den Rückweg von einer Skihütte „mit Schlitten (für Geübte) oder mit Sessellift" anzutreten. Zwar habe der Veranstalter die Pflicht, sich vom Zustand der Rodelabfahrt zu überzeugen und gegebenenfalls die Teilnehmer vor atypischen Gefahren auf einer Rodelabfahrtstrecke zu sichern und zu warnen; vereiste Stellen in Kurven müsse der Benützer jedoch selbst einkalkulieren.[322]

74 Nach und nach wurden Regeln und Normen der Sportverbände zur Bestimmung der Pflichten mit herangezogen: Das OLG Nürnberg berücksichtigte beim *Fußballspiel* bereits die Regeln des DFB und des Bayer. Fußballverbandes zur Pflichtenbestimmung des Vereins, als ein Spieler über einen Beton-Pfosten stürzte, der 1,70 m außerhalb des Spielfeldes stand; es verneinte die Pflicht, weil es keine entsprechenden Regeln gab.[323]

Beim Aufprall eines *Hallen-Handballspielers* an eine Stirnwand im Abstand von 7 m zum Spielfeld verneinte das LG Heidelberg[324] eine Pflichtverletzung unter Hinweis auf die Einhaltung der DIN-Norm 18 032 für Hallenerrichtung; Schutzmatten seien hier nicht anzubringen.

Der BGH[325] hat dann anlässlich eines Zuschauer-Unfalles bei einer *Autorennveranstaltung* die Entscheidung eines Instanzgerichtes bestätigt und zur Pflichtenbestimmung des veranstaltenden Motorsport-Clubs sowie des Rennleiters, Streckenabnahmekommissars und der Obersten Nationalen Sportkommission (ONS) erstmals Sportverbandsregeln, nämlich den Art. 139 Sportgesetz der FIA[326] als Beurteilungsmaßstab verwendet. Diese Be-

---

[315] LG Waldshut-Tiengen, NJW 2002, 153 ff.; zu Recht kritisch zur Abgrenzung von Verkehrssicherungs- und Garantenpflichten *Ramming/Schödel*, SpuRt 2002, 189 ff.
[316] OLG Karlsruhe, VersR 86, 662, ebenso OLG Hamm, NJW-RR 2000, 1416.
[317] BGH, VersR 86, 705 = NJW-RR 86, 1029.
[318] LG Trier, VersR 64, 879.
[319] AG Grevenbroich, NJW-RR 87, 987; LG Aachen, NJW-RR 88, 665.
[320] Siehe hierzu die Rechtsprechungsnachweise bei *Börner*, S. 245 ff.
[321] So OLG München, VersR 81, 887.
[322] Siehe OLG Köln, SpuRt 94, 31 ff. mit Anm. *Scheffen;* zur Kollision Rodelschlitten und Kfz OLG München, VersR 84, 763.
[323] OLG Nürnberg, VersR 77, 1134; ebenso LG Baden-Baden, SpuRt 96, 175.
[324] LG Heidelberg, VersR 80, 367; ähnlich OLG Düsseldorf, VersR 83, 274.
[325] BGH, NJW 75, 533; siehe auch oben Rz. 70.
[326] Jetzt Art. 142 FIA Sportgesetz 1991.

stimmung spreche zwar nur generalklauselartig davon, dass der Rennleiter „über die öffentliche Sicherheit zu wachen sowie die Ordnung im Bereich der Rennstrecke sicherzustellen" hat, sie werde jedoch durch weitere interne Anweisungen des Verbandes konkretisiert.

Anlässlich der Verletzung eines *Fußballspielers* durch einen 1,70 m außerhalb des Fußballfeldes stehenden Betonpfosten berief sich das OLG Nürnberg[327] zum Umfang der Pflichten des Sportvereines auf die Regeln des DFB und des Bayerischen Fußballverbandes: Besondere Sicherheitsbestimmungen hierfür gebe es nicht, auch seien derartige Spielfeldanlagen so üblich gewesen, weshalb eine Pflichtverletzung nicht zu sehen sei. Das LG Baden-Baden stellte schließlich bei einem Sturz eines *Fußballspielers* am Spielfeldrand klar, dass der Sportplatzbetreiber nicht den Ausschluss jeglicher Gefahren für den Sportler schulde.[328]

Das OLG Hamm[329] bezog sich bei der Bestimmung der Pflichten für Verantwortliche einer *Turnhalle* anlässlich einer Verletzung eines Sportlers an einer Glasbausteinwand ausdrücklich auf die (damals geltenden) DIN-Vorschriften 18 032 Ausgabe 1975 für Turnhallen und sah die Verkehrspflicht des Vereines als verletzt an.

Diese Entscheidungen zeigen insgesamt:

75

Bei der Findung von Normen zur Konkretisierung der Verkehrspflichteninhalte können *Sportverbandsnormen, öffentlich-rechtliche Normen* oder *DIN-Normen* als Mindestanforderungen dienlich sein, sind aber letzlich niemals abschließendes Kriterium. Im Einzelfall bedeutet die Einhaltung einer derartigen Norm noch nicht die Erfüllung einer konkreten Verkehrspflicht. Ist nämlich eine konkrete Gefahrensituation in einer Norm nicht berücksichtigt, so wäre weiter zu prüfen, ob nicht unter Berücksichtigung der Eigenarten einer Sportart eine weitere gefahrbezogene Verkehrspflicht einzuhalten ist. Dies kommt z. B. in der Entscheidung des BGH zur Haftung des Veranstalters eines *Eishockey-Bundesligaspieles* gegenüber einem vom Puck getroffenen und verletzten Zuschauer[330] deutlich zum Ausdruck. Gleiches muss gelten für die Konkretisierung der Verkehrspflichten durch Sportverbandsregeln und private Benutzungsordnungen sowie Sportvereinssatzungen.[331]

Das OLG München[332] bestimmte entsprechend diesen Grundsätzen den Pflichtenumfang des Vereines, der eine *Tennishalle* vermietet, anlässlich einer Verletzung eines Tennisspielers nach den Tennis-Anlagen-Planungsvorschriften des Deutschen Tennisbundes 1981: Drei Plätze waren in einer Halle durch Netze getrennt, ein 2 Meter hoher Eisenpfosten mit 37 cm Durchmesser war neben der sog. T-Linie angebracht, der Auslauf für die Tennisspieler war zudem noch vom vorgeschriebenen Abstand (3,65 m) auf 2,31 m verkürzt. Ein Spieler prallte gegen den Eisenpfosten und verletzte sich. Eine Pflichtverletzung wurde in der Spielauslauf-Verkürzung und gleichzeitigen Postierung der Eisenpfosten an dieser Stelle gesehen. Anders dagegen hält das OLG Hamm bei einem Abstand der Grundlinie zu einem Stützbalken der Rückbank von 4,87 m eine Haftung für gegeben.[333]

Dort, wo es normierte Sicherheitsbestimmungen nicht gibt, ist dagegen aus der jeweiligen Gefahren- und Risikosituation einer Sportart der Umfang der Verkehrspflichten zu bestimmen, wie es in der Entscheidung des OLG Stuttgart[334] bei einem *Bergunfall* geschieht: Das Ausrutschen eines Teilnehmers einer Seilschaft und Mitziehen der übrigen

76

---

[327] OLG Nürnberg, VersR 77, 1134.
[328] LG Baden-Baden, SpuRt 96, 174 ff.
[329] OLG Hamm, VersR 82, 152.
[330] Siehe unten Rz. 80.
[331] Ausführlich hierzu *Börner*, S. 242–244.
[332] OLG München, NJW-RR 87, 18.
[333] OLG Hamm, SpuRt 98, 125.
[334] OLG Stuttgart, NJW 96, 1352 = SpuRt 1998, 197; siehe auch zum gleichen Fall die Entscheidung des OLG Stuttgart in SpuRt 2004, 31 zum Freistellungsanspruch gegen den Verein gemäß §§ 670, 27 Abs. 3 BGB.

stellt eine typische Gefahr des Bergsportes dar, weshalb eine Verletzung einer Verhaltenspflicht des ehrenamtlichen Bergführers nicht gegeben sein kann.

77   Kontrovers sind dagegen noch die Auffassungen über den Umfang der Pflichten der Veranstalter von *Ski- und Motorsportrennen.* Bei Skirennen hat man zu unterscheiden zwischen den Veranstaltern im Freizeitrennsport und im internationalen (Profi-)Rennsport; bei Letzterem wird der Umfang der Verkehrspflichten durch die Bestimmungen der internationalen Skiwettkampfordnung (IWO), insbesondere Punkt 701.1–4, bestimmt („Objektive Gefahren für die Wettkämpfer sind zu vermeiden, sowie hohe Geschwindigkeiten, die das Risiko gefährlicher, gesundheitsschädigender Stürze zur Folge haben können").[335] Die hohen Geschwindigkeiten und das Zuschauerinteresse verlangen eine exakte Abstimmung zwischen den Pflichten der Veranstalter und der Rennfahrer; eine garantieähnliche Sorgfaltspflicht des Veranstalters gegenüber dem Rennläufer, wie sie der österr. OGH in seinem Urteil vom 22. 6. 1993 (Brian Stemmle) postuliert, ist jedoch abzulehnen.[336]

Im Fall des tödlichen Sturzes der Skirennläuferin Ulrike Maier ist ein Strafverfahren gegen den verantwortlichen Rennleiter der FIS schließlich eingestellt worden bei gleichzeitiger freiwilliger Anerkennung eines Schadensersatzbetrages, nachdem eine Verkehrssicherungspflichtverletzung nicht nachgewiesen werden konnte.[337]

Ähnliches gilt für Motorsport (Auto- und Motorradrennen), bei welchen für den Veranstalter der Art. 142 des FIA-Gesetzes zur Bestimmung der Verkehrssicherungspflicht maßgebend ist. Sind bei Sportveranstaltungen Helfer eingesetzt, so ist der Verein verpflichtet, konkrete gefahrvermeidende Anweisungen zu erteilen, z. B. für einen Landehelfer beim *Segelflugbetrieb.*[338]

Für sämtliche Sportarten bedeutsam ist die neuerdings entstandene Frage eines Personenschutzes als Verkehrspflicht für den Sportveranstalter. Anlässlich eines Tennisturniers wurde die Profi-Tennisspielerin Monica Seles im Laufe eines Tennismatches anlässlich des Seitenwechsels, als sie auf der Spielerbank Platz genommen hatte, von einem Attentäter von hinten mit einem Messerstich schwer verletzt. Der Attentäter, versehen mit einer gültigen Eintrittskarte, hatte die Absperrung zwischen Zuschauertribüne und Tenniscourt übersprungen, stürzte auf die Tennisspielerin und konnte von Ordnungskräften erst nach dem Messerstich überwältigt werden. Die Schadensersatzklage der Tennisspielerin, welche ihre Profikarriere mehrere Jahre unterbrechen musste, gegen den Turnierveranstalter wurde vom Landgericht Hamburg abgewiesen mit der Begründung, dass es bis zu diesem Zeitpunkt weltweit zu keinem Attentatsversuch auf Teilnehmer von internationalen Tennisturnieren gekommen sei und deshalb der Veranstalter zu Vorkehrungen gegen die Verwirklichung einer solchen Gefahr nicht verpflichtet gewesen sei. Offen geblieben ist die Frage, ob eine derartige Pflicht für die Zukunft besteht.[339]

78 **c) Ausschluss und Beschränkung der Haftung.** Bei der Haftung von Vereinen und Verbänden kann grundsätzlich ein *ausdrücklicher Haftungsausschluss* gegenüber Sportlern in Betracht kommen, wenn ein solcher vor der Veranstaltung abgeschlossen und zur Kenntnis genommen werden unter den Bedingungen der §§ 276 Abs. 3, 305 Abs. 1, 307 ff., insbesondere § 309 Nr. 7a BGB. Individuell ausgearbeitete Haftungsausschlüsse sind deshalb nur innerhalb dieser Grenzen wirksam.

Strittig ist seit jeher, ob derartige Haftungsfreizeichnungen unter die Bereichsausnahme des § 23 Abs. 1 AGBG a. F., jetzt § 310 Abs. 4 BGB fallen. Das OLG Hamm hielt diese

---

[335] Siehe hierzu *Pichler,* SpuRt 94, 53 ff. m. w. N.; *Pichler,* SpuRt 97, 7 ff.
[336] Siehe im Einzelnen hierzu *Pichler,* SpuRt 94, 55.
[337] Siehe hierzu *Fritzweiler/Pichler,* SpuRt 97, 124; *Pichler,* SpuRt 97, 7.
[338] So BGH, NJW-RR 91, 281.
[339] LG Hamburg, NJW 1997, 2606; hierzu *Mohr,* SpuRt 1997, 191.

bei gemeinsamer Ausübung von Risikosportarten im Verein für anwendbar.[340] Höchstrichterlich liegen Entscheidungen nicht vor.

Die bisherige Rechtsprechung des OLG Koblenz[341] zum Haftungsausschluss bei einem Motorradrennen sowie die des BGH[342] zwischen *Radrennfahrer* und veranstaltendem Verein, ferner des LG Karlsruhe,[343] ebenso des OLG Hamm[344] hält einer Überprüfung gemäß § 309 Nr. 7 a, b BGB überwiegend nicht mehr stand.

Allerdings kommen Haftungsbeschränkungen des Veranstalters durch *mitwirkendes Verschulden des geschädigten* Sportlers in Betracht. Das OLG München hat ein erhebliches Mitverschulden des *Tennisspielers* darin gesehen, dass auch er die Gefahr des zu nahen Eisenpfostens an der Spielfeldbegrenzung hätte erkennen können, weshalb es zuzumuten war, hierauf zu achten.[345] Der öst. OGH entschied anlässlich von Verletzungen eines erwachsenen Sportlers bei gymnastischen Übungen an einem nicht verankerten Fußballtor auf einer Badewiese, dass dieser das Risiko hätte erkennen können unter Ablehnung jeglicher Haftung.[346] Auch auf einer *Kegelbahn* müsse jeder Teilnehmer erkennen, dass die Kugeln an der entsprechenden Gleitbahn zurückrollen und man sich hierbei eventuell verletzen könne.[347] Auf *Rodelbahnen* schließlich muss jeder Benützer die Gefahren und sein Können selbst einschätzen.[348] 79

Dagegen hat der österr. OHG zur Frage des Mitverschuldens der *Skirennläufer* bei Verletzungen anlässlich von Stürzen bei Skirennen jegliches Mitverschulden der Rennläufer verneint, mit der Begründung, diese dürfe an die Höchstgrenze seiner Leistung gehen.[349] Der Internationale Skiverband (FIS) hat zunächst in der Folge dieser Entscheidungen durch eine *Athletenerklärung*[350] reagiert und die Eigenverantwortlichkeit der Sportler dokumentiert, zu welcher sich jeder teilnehmende Rennläufer durch Unterschrift verpflichtet. Insbesondere erkennt der Skirennläufer an, dass er eigenverantwortlich vor den einzelnen Skirennen die Wettkampfstrecke und Sicherheitseinrichtungen prüft und Bedenken gegenüber dem Veranstalter vorbringt.[351] Diese Athletenerklärungen sind hinsichtlich ihrer Wirksamkeit an § 309 Ziff. 7 a, b BGB zu messen.

Verletzt sich somit ein Skirennläufer bei einem Rennen, ist eine Pflichtverletzung des Veranstalters zwar zu prüfen, in jedem Fall muss sich anderseits der Rennläufer gegebenenfalls entgegenhalten lassen, dass er Gefährdungsursachen unter Umständen bei der Vorbereitung zu dem Rennen hätte erkennen können.

2. Haftung gegenüber Zuschauern und Unbeteiligten

Erleiden Zuschauer oder völlig unbeteiligte Dritte Verletzungen oder Schäden aufgrund sportlicher oder außersportlicher Ursachen, so können Vereine als Veranstalter haftbar gemacht werden aus vertraglichen Beziehungen und deliktischen Bestimmungen.[352] Eine Haftung von Sportverbänden als „Mitorganisatoren" scheidet wohl aus, weil die alleinige Verantwortung beim veranstaltenden Verein liegt; ebenso wenig kommt eine Staatshaftung gem. § 839 BGB, Art. 34 GG aus Amtspflichtverletzung infolge etwaiger 80

---

[340] OLG Hamm, VersR 1995, 309 = SpuRt 1996, 19; *Palandt/Heinrichs*, § 310 BGB, Rz. 50 sowie *Röckrath*, SpuRt 2003, 193 m. w. N.
[341] OLG Koblenz, VersR 84, 1053.
[342] BGH, VersR 86, 705.
[343] LG Karlsruhe, VersR 87, 1023.
[344] OLG Hamm, VersR 95, 309.
[345] OLG München, NJW-RR 87, 18.
[346] OGH, SpuRt 2001, 193.
[347] So LG Wiesbaden, VersR 82, 659; ähnlich zum Tanzsport OLG Karlsruhe, VersR 80, 777.
[348] OLG Köln, SpuRt 94, 34.
[349] Siehe hierzu oben Rz. 77.
[350] Siehe zur Athletenerklärung 2/Rz. 160 ff.
[351] Siehe hierzu *Scheuer*, SpuRt 95, 26.
[352] Zu den Haftungsvoraussetzungen Rz. 6.

Untätigkeit von Ordnungsbehörden in Betracht wegen des polizeilichen Ermessensspielraums.[353]

81 **a) Gegenüber Zuschauern.** Der Verein als Veranstalter haftet Zuschauern gegenüber aus *Vertrag*, denn beide schließen einen *gemischten Werk-Miet-Vertrag* ab, mit der Leistungsverpflichtung einer Sportvorführung, anzusehen von einem bestimmten Platz der Sportstätte.[354] Mit dem Lösen der Eintrittskarte kommt der Vertrag zustande, jedoch können vorvertragliche Pflichten ebenso verletzt werden wie nachvertragliche. Vertragliche Anspruchsgrundlage für Schäden und Verletzungen bei Unfällen ist die Vertragsverletzung.[355] Der Veranstalter haftet auch für das Verschulden seiner Erfüllungsgehilfen (§ 278 BGB).

Neben der Vertragshaftung kommt die *Deliktshaftung* des Veranstalters für Verletzungen des Zuschauers nach §§ 823 ff. BGB in Betracht sowie gemäß § 831 BGB die Haftung für Verrichtungsgehilfen, nämlich Ordner und sonstige Hilfskräfte; nicht dagegen kommt die Haftung des Veranstalters als Gebäudebesitzer nach §§ 836–838, 31 BGB mit den jeweils entsprechen Beweiserleichterungen zur Anwendung, denn diese Bestimmungen gelten nicht für Mieter.[356]

82 Bei der Bestimmung des *Verkehrspflichten-Umfanges* des Veranstalters ist auf die allgemeinen Abwägungskriterien zu verweisen, ebenso auf die Pflichten des Veranstalters, welche gegenüber dem Sportler gelten.[357]

Während die Entscheidungen des Reichsgerichts zu Zuschauerunfällen beim *Motorsport* noch eigene Pflichten des Veranstalters neben denen der Rennsportler statuierten,[358] stellte die BGH-Entscheidung vom 26. 11. 1974[359] klar, dass ausschließlich der Veranstalter und nicht etwa der Rennfahrer für die Sicherheit der Zuschauer verantwortlich sei, unter Hinweis auf Art. 142 des FIA-Sportgesetzes, und verurteilte Veranstalter, Rennleiter, Streckenabnahmekommissar und die ONS zum Schadensersatz, als ein Rennwagen ausbrach und Zuschauer verletzte. Hierbei ist darauf hinzuweisen, dass der Motorsport-Veranstalter nach § 29 StVO bei der Erlaubnis entsprechende Haftpflichtversicherungen abschließen muss.[360]

Bei einer *Eishockey-Zuschauerverletzung* durch einen Puck zog das LG Freiburg[361] zur Bestimmung der Verkehrspflichten eines Vereins die Verbandsregeln und öffentlich-rechtliche Vorschriften in Betracht: An der Zuschauerlängsseite seien im Jahre 1977 die Anbringung von Netzen, Plexiglaswänden und anderen Schutzvorrichtungen weder aus Verbandssicht noch aus Verwaltungsvorschriften verpflichtend gewesen, weshalb auch keine Pflicht verletzt sei.

Ebenfalls nahm das OLG München[362] bei einer Zuschauerverletzung durch einen Diskus im Rahmen eines *Leichtathletikwettbewerbes* auf die Verbandsregelungen Bezug: Ein Schutzgitter von 3,40 m Höhe sei zwar gerade noch zulässig gewesen nach den Vorschriften des Deutschen Leichtathletikverbandes; trotzdem sei eine zusätzliche Absperrungsmaßnahme und Sicherheitszone notwendig und zumutbar, weshalb eine Gefahrabwendungs-Pflicht bestehe und auch verletzt sei.

Der BGH musste dann erneut zur Haftung des Veranstalters eines *Eishockey-Bundesligaspieles* für einen durch Puck verletzten Zuschauer befinden und bejahte die Haftung des veranstaltenden Vereines, obwohl ein Verstoß gegen die DIN-Norm 18 036 Teil 1 (Hallen

---

[353] Siehe OLG Celle, VersR 1975, 177.
[354] So bereits OLG Nürnberg, VersR 55, 444 (Fußball); siehe im Einzelnen 3/Rz. 158 f.
[355] Siehe 3/Rz. 41, 163 f.
[356] Siehe hierzu auch die Haftung des Stadioneigentümers, Rz. 89 ff.
[357] Siehe oben Rz. 67–68, 73.
[358] RGZ 127, 313; OLG Stuttgart, JW 1932, 2823; OLG Karlsruhe, VersR 54, 463; OLG Bremen, VersR 55, 644.
[359] BGH NJW 75, 533.
[360] Siehe hierzu *Hentschel*, § 29, Rz. 1 a.
[361] LG Freiburg, VersR 81, 1138; OLG Karlsruhe, VersR 81, 962 zur Absicherung bei Fußballspiel.
[362] OLG München, VersR 82, 1105.

für Eissport) nicht vorlag.[363] Hierbei wurde vom BGH zu Recht die Auffassung vertreten, dass bei Eishockey-Spielen mit größerer Zuschauerbeteiligung auch die Zuschauer an den Längsseiten des Spielfeldes durch Plexiglasscheiben über den „Banden" geschützt werden müssen. Die DIN-Norm 18 036 Teil 1 sei nämlich in ihrer Formulierung ausdrücklich nicht abschließend und müsse somit ergänzt werden; dies müsse, so der BGH, durch die Regel 102 B der internationalen Eishockey-Regeln erfolgen. Das OLG Düsseldorf[364] verlangt an den Längsseiten der Eishockey-Spielfelder einen 1,25 m hohen Plexiglas-Schutz und einen weiteren Abstand von 3,5 m zu den Zuschauerbänken, das OLG Celle[365] hält ein Fangnetz hinter dem Tor in Höhe von 4,5 m sowie ein Zwischenraum zu den Zuschauerbänken von 2 m für erforderlich.[366] Ähnlich konkretisierte das OLG Koblenz die Sicherungspflichten des Veranstalters eines Baseball-Spiels gegenüber Zuschauern anlässlich der Abweisung der Klage einer verletzten Zuschauerin.[367]

Ähnlich ist bei *internationalen Skirennstrecken* die Pflichtenzuweisung an die Veranstalter unter Bezug auf die Homologations-Bestimmungen der Punkte 650 ff. der Internationalen Wettkampfordnung (IWO) zusehen, insbesondere was die Zielräume (Punkt 615 IWO) anbelangt.[368]

Bei Verletzungen oder Schäden von Zuschauern durch außersportliche Ursachen ist **83** von der Veranstalterpflicht auszugehen, einen ungestörten Ablauf der Veranstaltung zu gewährleisten, die Zuschauer vor Schädigungen zu schützen und die jeweiligen Zuschauergefahren zu beherrschen, auch wenn sie nicht vom Sportbetrieb ausgehen;[369] dies gilt jedoch nicht gegenüber unbefugt in die Sportstätte gelangten Personen.[370]

Da mit Zuschauerausschreitungen und Gewalttätigkeiten in Sportstadien heute ständig zu rechnen ist, ist es für den Veranstalter unabdingbare Pflicht, die notwendigen Vorkehrungen zu treffen, um für Zwischenfälle ausreichend gewappnet zu sein. Der BGH fordert Vorkehrungen gegen Gefahren durch unerlaubte und vorsätzliche Eingriffe Dritter dann, wenn nach sachkundigem Urteil die Möglichkeit von Verletzungen besteht.[371] Daher ist es Pflicht des Veranstalter zu prüfen, mit welchen Zwischenfällen aufgrund bisheriger Erfahrungen zu rechnen ist und welche wirksamen Maßnahmen zu ihrer Verhinderung möglich sind. Im Einzelnen hat der Veranstalter für einen absolut sicheren baulichen Zustand der Sportstätte oder des Stadions zu sorgen und jegliche Gefahren baulicher Art zu beseitigen.

Bei großen Veranstaltungen wird man an folgenden Pflichtenkatalog denken:
– Ausreichende Einlasskontrollen, um alkoholisierte und bewaffnete Personen vom Zutritt auszuschließen und Überfüllungen im Stadion zu vermeiden
– Ausreichende Organisation während der Veranstaltung zur Sicherung der verschiedenen Fan-Gruppen
– Ausreichendes, qualifiziertes *Personal von Ordnern*
– Ständige Beobachtung und Kontrolle des Zuschauerverhaltens
– Kein Verkauf von Alkohol, keine Überfüllung des Stadions, ausreichende Absperrung des Spielfeldes, ausreichende Organisation eventueller Fluchträume sowie Präsenz von Sanitätspersonal.

Die Grenzen der zumutbaren Pflichten sind jeweils an den Kriterien Größe der Gefahr, Möglichkeit der Beherrschung und erforderlicher Kostenaufwand zu messen; dabei sind

---

[363] BGH, NJW 84, 802 = VersR 84, 169 ff.; zu den DIN-Normen siehe oben Rz. 69.
[364] OLG Düsseldorf, SpuRt 99, 248.
[365] OLG Celle, SpuRt 97, 203.
[366] Keine Netze zur Absicherung bei Handballspiel, OLG Schleswig-Holstein, SpuRt 99, 244.
[367] OLG Koblenz, SpuRt 2001, 103 mit Anmerkung *Ritscher*.
[368] Siehe hierzu *Pichler*, SpuRt 94, 53 ff.
[369] Siehe oben BGH zur Veranstalterpflicht bei Sportgefahren des Eishockey-Spieles, Rz. 82.
[370] Siehe dazu MüKo-*Wagner* § 823, Rz. 470, 471.
[371] So der BGH zum Pflichtenumfang des Veranstalters eines Flugtages, NJW 80, 223.

mindestens die Sicherheitsauflagen der jeweiligen Sportverbände einzuhalten sowie eventuelle öffentlich-rechtliche Satzungen zur Durchführung von Sportgroßveranstaltungen. Ob eine solche Handhabung zur Pflichtenerfüllung ausreicht, muss im Einzelfall entschieden werden.[372]

Im Fall der Tennisprofispielerin Monica Seles, welche während eines Turniers in der Pause auf ihrem Stuhl sitzend bei einem Attentat durch einen Zuschauer mittels Messerstich schwer verletzt wurde, hatte das LG Hamburg zu den Sicherungspflichten eines Sportturnierveranstalters zu urteilen. Eine Verkehrspflichtverletzung sah das Gericht nicht mit der Folge der Klageabweisung, da es bis zu diesem Zeitpunkt noch keinen derartigen Vorfall gegeben hatte.[373]

Ebenso ist bei einem Fußballspiel die Zahl der erforderlichen Ordnungskräfte je nach Gefahrsituation zu bestimmen.[374] Allerdings darf der Pflichtenkatalog nicht überspannt werden:

Das OLG Köln[375] hat festgestellt, dass Veranstalter größerer Sportveranstaltungen nicht verpflichtet seien, regelmäßig von den *Zuschauertribünen* Unrat und Abfälle zum Schutze der Zuschauer zu entfernen; dabei wurde die Klage eines Zuschauers abgewiesen, welcher durch eigene Vorsicht eine Verletzung aufgrund einer liegen gebliebenen Getränkedose vermeiden hätte können. Dagegen hat das OLG Düsseldorf[376] Schadensersatzansprüche eines verletzten Zuschauers für berechtigt erklärt, als ein veranstaltender Verein die *Tore zum Stadioninnenraum* offen gelassen hatte und so das Einströmen einer großen Zuschauermenge auf das Spielfeld ermöglichte. Der Ordnungsdienst konnte nicht verhindern, dass Jugendliche auf das Dach des Trainerunterstands kletterten, diesen umstürzten und den Kläger verletzten. Derartige Reaktionen seien zu erwarten und könnten durch ordnungsgemäße Vorbereitung der Veranstaltung vermieden werden.

84 Da sich selbst bei Einhaltung sämtlicher notwendigen Sicherheitsvorkehrungen derartige Schadens- und Unglücksfälle nicht ausschließen lassen, ist die Pflicht zum Abschluss einer *Zuschauerunfall-Versicherung* für den Veranstalter verschiedentlich gefordert worden.[377] Die Auferlegung einer derartigen Pflicht scheint unter Umständen denkbar bei Sport-Großveranstaltungen, wie bei Fußball-Bundesliga-Spielen (gemessen an den nicht unerheblichen Einnahmen durch Zuschauerbesuch und Fernseh-Vermarktung), besonders bei nahe liegenden Zuschauerausschreitungen anlässlich besonders publikumswirksame Ereignisse.[378] In diesem Zusammenhang wird neuerdings auch die Versicherungspflicht des Veranstalters gegen terroristische Anschläge diskutiert, allerdings in erster Linie hinsichtlich eines Versicherungsschutzes für Einnahme-Ausfälle des Sportveranstalters.[379]

85 Ein *Verschulden* als Haftungsvoraussetzung aus Vertrag und Delikt ist in der Regel dann gegeben, wenn ein Pflichtenverstoß vorliegt. Der Veranstalter haftet gleichermaßen für sein eigenes Verschulden, das seiner Organe (§ 31 BGB) sowie seiner Erfüllungsgehilfen (§ 278 BGB) und Verrichtungsgehilfen (§ 831 BGB). Als solche kommen neben den Vorständen insbesondere die Ordner, Kartenverkäufer sowie weitere Hilfskräfte in Betracht, ebenso die Sportler selbst, nicht dagegen die Schiedsrichter.[380] Ebenso wenig sind die so genannten Fanclubs oder Zuschauer als Erfüllungsgehilfen nach § 278 BGB (erst recht nicht Verrichtungsgehilfen nach § 831 BGB) des Veranstalters anzusehen, deren schädigende Handlungen dem Veranstalter zuzurechnen wären.

---

[372] Ähnlich *Schwab*, WFV 13, S. 76–77; *Köhler*, RuS 18, 15–16; ausführlich hierzu *Stein*, S. 128 ff.
[373] Siehe oben, Rz. 77, LG Hamburg, NJW 97, 2606 sowie *Mohr*, SpuRt 1997, 191.
[374] LG Gera, SpuRt 97, 205.
[375] OLG Köln, SpuRt 94, 145.
[376] OLG Düsseldorf, SpuRt 94, 147.
[377] So *Wiethaup*, VersR 1971, 17; *Schwab*, WFV 13, S. 81; *Köhler*, RuS 18, S. 28.
[378] Was teils vom DFB bei Länderspielen auch praktiziert wird.
[379] Siehe hierzu im Einzelnen 3/Rz. 89 ff.
[380] Siehe hierzu 3/Rz. 72; *Pfister*, WFV 25, 61 ff.

Haftungsausschlüsse, -beschränkungen und *Mitverschulden*serwägungen sind bei vertragli- **86** cher und deliktischer Haftung des Veranstalters zu berücksichtigen.

Haftungsausschlüsse in Form von Aufdrucken auf Eintrittskarten mit dem Inhalt etwa „keine Haftung für Personen- und Sachschäden" werden immer wieder vorgenommen, sind jedoch laut ständiger Rechtsprechung unwirksam.[381] Derartige Aufdrucke sind als allgemeine Geschäftsbedingungen zu werten. Sie unterliegen der Einbeziehungsklausel nach § 305 Abs. 2 BGB und sind deshalb nur wirksam, wenn beide Vertragspartner sie kennen; meist fehlt es bereits am notwendigen ausdrücklichen Hinweis nach § 305 Abs. 2 Ziff. 1 BGB.[382] Selbst bei ausreichenden Hinweisen würde ein genereller Haftungsausschluß weiter an der Überraschungsklausel nach § 305 c BGB scheitern; ein völliger Haftungsausschluss für jede Ursache und jedes Verschulden wäre für den Zuschauer deshalb ungewöhnlich und überraschend, weil er vom Veranstalter erwartet, dass dieser für ausreichenden Schutz sorgt. Selbst dann, wenn man das Überraschungsmoment verneinen würde, scheitert ein genereller Haftungsausschluss an § 309 Ziff. 7 BGB und § 276 Abs. 2 BGB, nach welchem eine Haftung nicht für Vorsatz und grobe Fahrlässigkeit ausgeschlossen werden darf und ein Verstoß hiergegen eine Haftungsfreizeichnungsklausel insgesamt unwirksam macht.[383]

Ein *Mitverschulden* der Zuschauer bei Verletzungen aus dem Sportbetrieb ist von der **87** Rechtsprechung verschiedentlich darin gesehen worden, dass sich diese an besonders gefährlichen Stellen postierten[384] oder das Sportgeschehen nicht ausreichend beobachteten.[385]

Bei Verletzungen des Zuschauers dagegen durch außersportliche Ursachen wiederum wird ein Mitverschulden teilweise damit begründet, dass die Gefahrenträchtigkeit (z. B. Ausschreitungen) von Sportgroßveranstaltungen ja allgemein bekannt sei und es ein gewisses Eigenrisiko des Zuschauers darstelle, wenn er sich derartigen besonderen Gefahren aussetze.[386] Dieser Gesichtspunkt ist generell nicht haltbar und allenfalls in speziellen Gefahrensituationen anzuwenden, ebenfalls wie im Einzelfall auch schadensmitverursachende Handlungen der Zuschauer nach § 254 BGB in Erwägung gezogen werden können. Dies ist z. B. dann der Fall, wenn gegnerische Fans provoziert werden oder wenn Schutzgitter übersprungen oder Absperrungen niedergerissen werden; auch haben sich Zuschauer, wenn sie provoziert werden, zurückzuziehen und müssen den Weisungen der Ordner und Stadionsprecher Folge leisten.

b) Gegenüber unbeteiligten Dritten. Der Veranstalter kann unbeteiligten Dritten **88** haftbar sein aus den deliktsrechtlichen Bestimmungen der §§ 823 ff. BGB, beispielsweise gegenüber Nachbarn einer Sportveranstaltung oder Haltern parkender Autos in unmittelbarer Stadionnähe oder eventuell Passanten auf den Zufahrtsstraßen durch An- und Abmarsch der Zuschauer- und Fangruppen. Hier kommt es bei der Prüfung einer Haftung besonders auf die Grenzen der Pflichten des Veranstalters an. Das LG Dortmund[387] entschied zum Umfang der Verkehrssicherungspflicht eines Fußballplatz-Betreibers gegenüber einem Nachbarn, dass die hinter dem Torbereich angebrachten Ballfangzäune von 8 m Höhe nicht immer ausreichend seien.

Zum Pflichtenkreis des Veranstalters gehört auch, eventuelle Gefahrenquellen, die durch das Zusammenströmen mehrerer tausend Zuschauer entstehen, zu vermeiden. Er hat insbesondere für einen ordnungsgemäßen An- und Abmarsch der Zuschauergruppen zu sorgen, dies durch geeignetes Ordnungspersonal zu organisieren und zu überwachen,

---

[381] So bereits OLG Nürnberg, VersR 55, 444; siehe oben, Rz. 55.
[382] Vgl. hierzu *Palandt-Heinrichs*, § 305, Rz. 29 m. w. N.
[383] Vgl. *Palandt-Heinrichs*, § 309, Rz. 40 ff., sowie ständige Rspr. des BGH, BGHZ 100, 185.
[384] BGH, VersR 60, 22 (Skispringen).
[385] So bereits BGH, VersR 82, 1105 (Diskuswurf-Wettbewerb).
[386] So BGH, VersR 64, 1965; NJW 84, 801; OLG Düsseldorf, SpuRt 97, 203 sämtlich bei Eishockeyspiel.
[387] LG Dortmund, NJW-RR 95, 1363 f.

sowie mit den öffentlichen Sicherheitskräften zusammenzuarbeiten.[388] Dieser Pflichtenkomplex darf jedoch nicht zuungunsten des Veranstalters ausgeweitet werden. Nur bei eindeutigen Pflichtverletzungen wird es daher im Einzelfall zu einer Haftung des Veranstalters kommen können.

Exkurs: Haftung des Stadioneigentümers

In engem Zusammenhang mit der Haftung des Vereins als Veranstalter steht die des Stadioneigentümers, weshalb sie an dieser Stelle behandelt wird.

89 **a) Gegenüber Zuschauern.** Eine *vertragliche* Haftung des Stadioneigentümers (meist eine öffentlich-rechtliche Körperschaft wie etwa Gemeinde oder Landkreis) kommt mangels Verträgen mit Zuschauern nicht in Betracht. Allenfalls könnte eine Haftung über eine Einbeziehung des Zuschauers in den Stadioneigentümer-Veranstaltervertrag nach der Rechtsfigur des Schutzwirkungsvertrages zugunsten Dritter[389] zu erwägen sein, denn der Zuschauer kommt als Dritter mit der Vertragsleistung des Stadioneigentümers in Berührung. Allerdings fehlt es an der von der Rechtsprechung geforderten *Schutzwürdigkeit* des Zuschauers, denn dieser hat eigene vertragliche Ansprüche gegen den Veranstalter.[390] Somit kommt für die Haftung des Stadioneigentümers gegenüber dem Zuschauer nur die *deliktische* Haftung der §§ 823 ff. BGB in Betracht.

90 *Verkehrspflichten* dahin gehend, das Stadion in einem baulich und technisch sicheren Zustand zu halten, dürften außer Zweifel sein. Für Sportgroßveranstaltungen müssen Gefährdungen aus Zuschauergedränge und Massenbewegungen sowie Ausschreitungen möglichst ausgeschlossen sein, weshalb entsprechende Sicherheitsvorkehrungen wie Schutzgitter, Absperrungen, ausreichende Freiräume und Ausgänge vorhanden sein müssen. Der Stadioneigentümer hat insofern ähnliche Pflichten wie der Veranstalter.[391] Der Schwerpunkt seiner Pflichten liegt bei ihm in der baulichen Herstellung gefahrvermeidender Einrichtungen und deren Überwachung. Eine Abwälzung der Pflichten vom Stadioneigentümer auf den Veranstalter kann nur für die Bereiche vorgenommen werden, auf welche der Veranstalter Einfluss hat, nicht z. B. für die Erhaltung der Bausicherheit. Bei einer Abwälzung hat der Stadioneigentümer eine Überwachungs- und Überprüfungspflicht, weshalb seine Verantwortung insofern weiter besteht.[392] Stadioneigentümer und Veranstalter haften dem Zuschauer somit unter Umständen gesamtschuldnerisch nach § 840 BGB.[393]

91 Darüber hinaus haftet der Stadioneigentümer nach §§ 836, 837 BGB als Eigenbesitzer eines Gebäudes, wobei das Verschulden vermutet wird und der Eigenbesitzer sich entlasten muss. Der verletzte Zuschauer hat somit Beweislastvorteile, denn er muss nur die Verletzung bzw. Schädigung durch fehlerhaft errichtete oder mangelhaft unterhaltene Gebäude oder Ablösung von Teilen beweisen; dabei kann ihm zusätzlich noch der Anscheinsbeweis zugute kommen.[394]

Bei den anlässlich von Ausschreitungen von Zuschauern verursachten Einstürzen von Zäunen und Mauern sowie von Geländern hat gerade diese Haftungsmöglichkeit große Bedeutung. Jedenfalls ist der Stadionbesitzer aufgrund der derzeitigen Erkenntnis von Zuschauerverhalten bei Großveranstaltungen stets dafür verantwortlich, dass das Stadion den besonderen hiermit verbundenen Gefahren standhält.[395]

---

[388] Siehe hierzu 1/Rz. 72 ff.
[389] Siehe hierzu allgemein Rz. 6.
[390] So auch der BGH, BGHZ 70, 327 für die Beziehung Untermieter-Hauptmieter; siehe die Rspr. Nachweise bei *Palandt-Heinrichs*, § 328, Rz. 21 ff.
[391] Siehe oben, Rz. 83.
[392] Siehe MüKo-*Wagner*, § 823, Rz. 283.
[393] So auch *Schwab*, WFV 13, 78.
[394] Vgl. MüKo-*Wagner* § 836, Rz. 30.
[395] Vgl. MüKo-*Wagner*, § 836, Rz. 18.

b) Gegenüber Sportlern, Schiedsrichtern, Helfern. Eine Haftung des Stadioneigen- 92
tümers gegenüber Sportlern, Schiedsrichtern, Helfern besteht ebenso wie gegenüber
Zuschauern aus den §§ 823 ff. BGB, speziell auch aus §§ 836, 837 BGB. Der Pflichtenumfang ist nach den gleichen Kriterien wie gegenüber den Zuschauern zu bestimmen.[396]

II. Haftung privater Sportlehrer (Trainer) und Sportschulen

Haftungsfragen stellen sich bei privaten Sportunterrichtsverhältnissen anlässlich Sport- 93
unfällen infolge unzureichender bzw. fehlerhafter Sportstätten oder Fehlverhaltens des
Sportlehrers (Trainers).

Sportlehrer werden tätig als Trainer eines Sportvereines, aber auch als private Unternehmer oder als Angestelle von Privat-Sportschulen bzw. Reiseunternehmen.[397] In allen
diesen Bereichen kommt eine Haftung aus Vertrag, Delikt und Gefährdungshaftung in
Betracht.[398]

1. Vertragliche und deliktische Anspruchsgrundlagen

Vertragliche Schadensersatzansprüche können sich ergeben aus Sport-Unterrichtsverträgen 94
zwischen Sportlehrer und Sportler oder zwischen Vereinen und zu trainierenden Sportlern. Sie sind stets Dienstverträge, denn der Sportlehrer garantiert dem Sportschüler keinen bestimmten Erfolg, weil dieser von den Fähigkeiten des Schülers abhängt. Bei diesen
Verträgen haben die Sportlehrer die Pflicht zur Unterweisung in der sportlichen Technik
und gleichzeitig Fürsorge- und Schutzpflichten dahin gehend, die besonderen Sportgefahren für den Schüler zu steuern und abzuwenden. Beide Pflichten sind Hauptpflichten
des Sportlehrervertrages.[399]

Anders kann es nur sein, wenn Sportunterricht und -betreuung in Zusammenhang
mit Reiseleistungen angeboten werden. Hier kann es sich je nach Einzelfall auch um das
Einstehen für einen Erfolg gemäß § 651 a BGB handeln, wenn die Reiseleistung insofern
mangelhaft ist.[400]

Im Rahmen der Haftung nach *deliktsrechtlichen* Bestimmungen der §§ 823 ff. BGB ist 95
der Sportlehrer (Trainer) zusätzlich gegenüber den von ihm betreuten Sportlern auch für
Verletzungen und Schäden außenstehender Personen einstandspflichtig. Ebenso haftet
der Sportlehrer bei Reitsport, Motor- und Luftsport als Halter eines Tieres oder Fahrzeuges gegebenenfalls auch nach den erwähnten Bestimmungen der Gefährdungshaftung.[401]

2. Verkehrspflichten bei den einzelnen Sportarten

Am Beispiel des Berg- und Skiführers werden die Kriterien zur Bestimmung dessen Ver- 96
kehrspflichten, nämlich gründliche Kenntnisse der Führungstechnik, der alpinen Gefahrenlehre, konkrete Tourenvorbereitung sowie Aufklärung der Geführten über die Risiken
der Bergtour und die persönlichen Anforderungen deutlich.[402]

Mitunter ist zweifelhaft, ob im Einzelfall zwischen Beteiligten im Sport ein LehrerSchüler-Verhältnis vorliegt im Sinne eines verpflichtenden Vertrages des Lehrers gegen-

---

[396] Siehe oben Rz. 90, 91.
[397] Zu den vertragsrechtlichen Einzelheiten siehe 3/Rz. 65 f.
[398] Siehe zu den Haftungsvoraussetzungen allgemein Rz. 5, 6.
[399] Vgl. *Fritzweiler*, S. 104 ff.; für Skilehrer *Pichler*, S. 201 ff., 214 ff.; *Börner*, S. 38, 291.
[400] Siehe insofern *Fritzweiler*, Sport als Gegenstand eine Urlaubsreise – Vertragliche und deliktische Haftung des Reiseveranstalters, NJW 2005, 2486.
[401] Siehe oben Rz. 49–52; OLG Köln, NJW 74, 2051; BGH, VersR 82, 348 (Reitschule).
[402] Siehe *Beulke*, S. 21 ff.; siehe auch *Schünemann*, VersR 82, 1130.

über dem Schüler oder ob es sich nur um ein unverbindliches Gefälligkeitsverhältnis handelt. In der Sportrechtsliteratur[403] ist man sich aber einig, dass ein verpflichtender Vertrag oder Auftrag zwischen den Beteiligten nur dann anzunehmen ist, wenn der Lehrer bzw. der Führer davon ausgehen muss, dass sich ihm Schüler bzw. Geführte bedingungslos anvertrauen, weil sie aufgrund fehlender Kenntnisse in der Sportart auf seine Fachkenntnis und Kompetenz angewiesen sind.[404] Allerdings stellte der österreichische OGH[405] klar, dass der „Gefälligkeitsführer" alle ihm zumutbaren Sicherheitsvorkehrungen treffen und sich überzeugen muss, dass der Geführte die notwendigen Fähigkeiten für die Tour mitbringt. Liegt nur eine Gefälligkeit im Sinne einer gleichberechtigten Sportkameradschaft vor, haftet der Schädiger dem Verletzten nur nach den deliktsrechtlichen Bestimmungen der §§ 823 ff. BGB. Zu einer Haftung des Reiseveranstalters sowohl nach den Bestimmungen des Reiserechts gemäß §§ 651a, 651c, 651f BGB sowie zur Haftung aus Organisationsverschulden gemäß § 823 Abs. 1 BGB kam das OLG München in seinem Urteil vom 24.1.2002,[406] als eine abgehende Lawine Teilnehmer einer Skitourenwanderwoche verletzte und tötete. Im Katalog des Veranstalters war die Tour als „sichere, sanfte Anstiege mit Genussfahrten" beschrieben worden. Hier haftet der Veranstalter auf Schadensersatz wegen Nichterfüllung und wegen Organisationsverschuldens bei Planung und Durchführung der Reise. Im gleichen Fall kam das Landgericht Innsbruck hinsichtlich der strafrechtlichen Verantwortung der Bergführer für die fahrlässige Tötung zu einem freisprechenden Urteil.[407]

Das LG München[408] entschied zu den Pflichten eines *Skilehrers* anlässlich einer von einem Außenstehenden verschuldeten Kollision mit einem Kursteilnehmer: Der Skilehrer sei nicht verpflichtet, den flüchtigen Schädiger zu verfolgen und dessen Personalien festzustellen.[409] Das LG Deggendorf stellte das Eigenrisiko des Skischülers heraus und urteilte, dass es keine Pflichtverletzung des Skilehrers sei, wenn ein 5-jähriger Skischüler im Anfängerkurs nach mehrtägigem Üben beim Liftfahren an einer fast ebenen Ausstiegsstelle stürzt und sich verletzt.[410]

Das OLG Düsseldorf sah eine Pflichtverletzung einer *Reitlehrerin* darin, dass diese bei einer Reitübung das Pferd zu einer schnelleren Gangart trieb, wodurch die Schülerin zu Boden fiel.[411]

Beim *Reitunterricht* ist besonders der jeweilige Ausbildungsstand und das Alter des Schülers zu berücksichtigen.[412] Ferner genügt es nicht, wenn der Reitlehrer bei Durchführung von Voltigierübungen die Führung des Pferdes einem anderen Reitschüler überlässt.[413]

Das OLG Stuttgart weist den *Fußballtrainer*, der mit Jugendlichen mitspielt, zu besonderer Sorgfalt an.[414]

---

[403] Siehe z. B. *Kleppe*, S. 145, *Pichler*, S. 236; siehe auch die Nachweise bei *Beulke*, S. 95 ff.; zur Tourengemeinschaft *Galli*, S. 107 ff., 133 ff.; ferner *Röckrath*, SpuRt 1003, 189.
[404] Siehe zu dem in der Schweiz entwickelten Begriff des „Faktischen Führes" *Galli*, S. 84 ff.; auch in SpuRt 95, 208.
[405] Österreich. OGH, SpuRt 2000, 110. Siehe hierzu auch BayObLG, SpuRt 2001, 21.
[406] SpuRt 2002, 117 = NJW-RR 2002, 694.
[407] LG Innsbruck, SpuRt 2002, 106.
[408] LG München, VersR 77, 164, im Einzelnen *Kleppe*, S. 117 ff.
[409] Anders allerdings das OLG Düsseldorf, SpuRt 2005, 31, welches die Fürsorgepflicht eines Skihallenbetreibes bestimmt, bei einem Unfall zwischen Snowboardern und Skifahrer die Personalien der Unfallbeteiligten festzuhalten.
[410] LG Deggendorf, SpuRt 2003, 25.
[411] OLG Düsseldorf, VersR 77, 868; zur Beweislast bereits BGH, VersR 58, 605.
[412] OLG München, VersR 81, 1039.
[413] LG Gießen, SpuRt 95, 138.
[414] OLG Stuttgart, NJW-RR 2000, 1556 = SpuRt 2000, 248.

Das OLG Köln[415] hat eine Pflichtverletzung eines *Karate-Lehrers* darin gesehen, dass der Schüler ohne genaue vorherige Erklärung, Vorbereitung und Sicherheitsmaßnahmen eine schwirige Selbstverteidigungsübung (sog. Schwitzkastengriff) trainieren musste, bei welcher dieser sich verletzte. Der *Judolehrer* sowie die Ausbilder in anderen Kampfsportarten, wie z. B. *Shaolin-Kempo*, haben darauf zu achten, dass ausreichend und systematisch-aufbauend die Fall-und Abrolltechniken trainiert werden,[416] ebenso dass die Trainer gerade beim Training (besonders bei Jugendlichen) besondere Sorgfalt bei bestimmten Wettkampfübungen anzuwenden haben – auch wenn diese im Wettkampf erlaubt sind –, um Verletzungen zu vermeiden.[417]

Der Turnlehrer hat ebenso nicht nur für einen übungsangemessenen Mattenaufbau zu sorgen sowie für intensive Hilfestellung, sondern auch für eine besondere Erarbeitung und Verbesserung des Bewegungsablaufes, so dass der Schüler nicht überfordert ist.[418]

Dagegen wurde ein Pflichtenverstoß eines *Drachenfluglehrers* vom OLG München[419] verneint, als der Flugschüler beim Start und etwas schwierigen Windverhältnissen aus 20 Metern Höhe abstürzte; wenn der Lehrer den Schüler überrede, ein gewisses Risiko einzugehen, liege darin generell kein Pflichtenverstoß.

Dies zeigt, dass neben den allgemeinen Abwägungskriterien[420] bei der Bestimmung des Umfanges der Sportlehrer-Pflichten auch die speziellen Berufspflichten, denen der Sportlehrer unterliegt, herangezogen werden müssen, z. B. die speziellen Ausbildungs- und Prüfungsordnungen.[421] In ihnen ist ähnlich wie bei den anderen Berufen stets das Mindestmaß der zu erbringenden Pflichten festgelegt.

Die allgemeinen Sicherungspflichten des Lehrers gegenüber dem Schüler sind im Wesentlichen Informations- und Instruktionspflichten oder auch Warn- und Fürsorgepflichten und verlangen vom Sportlehrer, dass er die Schüler auf das jeweilige Risiko in der Sportart hinweist und entsprechende Verhaltensweisen lehrt, und auch, dass er sie während des Unterrichts von Gefahren fern hält und nicht überfordert.[422] Die besonderen Sicherungspflichten des Lehrers ergeben sich weiter aus den Sicherheitsbestimmungen für einzelne Sportstätten und Sportgeräte; diese sind ebenfalls in den Kodifikationen der Berufspflichten enthalten. Z. B. sind Sportstätten in einem derartigen Sicherheitszustand zu erhalten, dass dem Sportler keine Gefahren drohen.

Ebenso können für die Konkretisierung der Sportlehrer-Verkehrspflichten auch die einzelnen gesetzlichen Bestimmungen (z. B. die landesrechtlichen Bestimmungen über die Sicherheit des Verkehrs auf Skiabfahrtsstrecken, Verordnung für Schiffahrt auf bayer. Gewässer) sowie die Unfallverhütungsvorschriften der jeweiligen Berufsgenossenschaft herangezogen werden. Diese sind zwar nach herrschender Auffassung keine Schutzgesetze i. S. des § 823 Abs. 2 BGB,[423] jedoch dienen sie zur Bestimmung der Verkehrspflichten. Schließlich sind auch die Sportregeln und Sportstätten-Sicherheitsregeln der Sportverbände[424] und evtl. Sportvereinssatzungen als weiterer Konkretisierungsmaßstab der Sportlehrerverkehrspflichten zu berücksichtigen.

---

[415] OLG Köln, VersR 83, 929.
[416] OLG Celle, NJW-RR 2000, 559; OLG Hamm, NJW-RR 2003, 68.
[417] Öst. OGH, SpuRt 2005, 106.
[418] LG Dresden, SpuRt 2001, 106.
[419] OLG München, VersR 82, 50.
[420] Siehe oben, Rz. 67, 68.
[421] Zu nennen sind z. B. die Prüfungs-Ordnungen der Fachsportlehrer, Schwimmlehrer, Tennislehrer, Skilehrer, die erlassen werden aufgrund der Gesetze über Erziehungs- u. Unterrichtswesen in den versch. Bundesländern; siehe auch im Einzelnen *Fritzweiler*, S. 105 ff.
[422] Vgl. zu den Pflichten des Schwimmlehrers BGH, NJW 62, 959; des Reitlehrers OLG Düsseldorf, NJW 75, 1892; des Skilehrers LG München, VersR 77, 164.
[423] BGH, NJW 68, 641–642; für den Sport siehe *Börner*, S. 249.
[424] Zu den „sportstättenbezogenen" Pflichten *Börner*, S. 39, 293 ff.

Ausführlich befasst sich das OLG Nürnberg[425] mit den Pflichten eines Ausbilders im *Fallschirmspringen:* Anlässlich einer unplanmäßigen Wasserlandung wurde ein Schüler schwer verletzt. Der Ausbilder hatte bei der Festsetzung des Absetzpunktes die umfangreichen Auflagen der zuständigen Regierungsbehörde nicht beachtet. Ferner hätte er aufgrund seiner Sportlehrer-Erfahrung damit rechnen müssen, dass ein Schüler aufgrund von durch den Sprung verursachten Bewusstseinsstörungen den Fallschirm möglicherweise nicht steuern könne.

Auf die besondere Pflicht zur Überprüfung von sachgemäßer Ausrüstung des Schülers beim Fallschirmspringen weist das OLG Koblenz hin.[426] Gerade bei Sportarten, die mit technischen Geräten ausgeübt werden, hat der Sportlehrer deren besondere Risiken zu beachten. Deshalb handelt ein *Wasserskilehrer* nach Auffassung des OLG Köln grob fahrlässig, wenn er den Motor bereits in Bewegung setzt, bevor der Schüler das Bootsinnere vollständig erreicht hat.[427]

Diese Pflichten dürfen jedoch nicht überdehnt werden und sind jeweils in Abgrenzung zum Eigenrisiko des Sportschülers zu ermitteln. Insofern ist die Konkretisierung der Pflichten eines *Ski-Langlauflehrers* durch das LG Traunstein[428] sicherlich richtig: Hier war ein Langlaufschüler auf einer Strecke zu Sturz gekommen und verletzte sich. Der Langlauflehrer konnte beweisen, dass er die Schüler ausreichend vorbereitet hatte, so dass sie eine derartige Strecke bewältigen konnten; auch hatte er sich vom Zustand der Strecke allgemein überzeugt. Jedenfalls war er nicht verpflichtet, die Langlaufloipe und deren Bergabstrecken so genau zu untersuchen, dass jegliches Sturzrisiko ausgeschlossen sei.

97 Soweit Zuschauer oder andere am Sportunterricht nicht Beteiligte mit der Sportunterrichtsveranstaltung in Berührung kommen, gelten die Sicherungspflichten auch ihnen gegenüber dann, wenn der Sportlehrer damit rechnen muss, dass sie in den Gefahrenbereich kommen können.

3. Ausschluss und Beschränkung der Haftung

98 *Ausdrückliche Haftungsausschlüsse* kommen bei Sportlehrverhältnissen in der Regel selten vor, denn der unerfahrene Sportler will ja gerade geschützt werden und wenig Risiko eingehen. Anders ist es allenfalls bei Sondertrainingsveranstaltungen mit bereits geübten Sportlern und bei von Lehrern und Schülern ausdrücklich besprochenen Gefahren oder auch bei Sportarten, die mit technischen (gefährlichen) Geräten ausgeübt werden, so zum Beispiel beim Auto- und Motorradsport sowie Drachenfliegen oder beim Umgang mit Tieren wie beim Reitsport. Im Einzelfall kommt es dabei auf eine wirksam erfolgte ausdrückliche Vereinbarung an.[429]

Die in der Vergangenheit von der Rechtsprechung für wirksam erachteten Haftungsausschlüsse im *Reitsport*[430] sowie im *Motorsport*[431] sind nach der Neuregelung des § 309 Nr. 7a, b BGB nicht mehr als wirksam zu erachten.

Zum Ausschluss von Haftungsansprüchen eines *Drachenflugschülers* gegenüber seinem Lehrer mit der Formulierung „haftet für die Folgen eines Sturzes selbst" befand das OLG München,[432] dass dieser zumindest für leichte Fahrlässigkeit wirksam sei gemäß § 11 Nr. 7 AGBG (jetzt § 309 Ziff. 7 BGB), nicht jedoch für grobe Fahrlässigkeit; dies gelte gleicher-

---

[425] OLG Nürnberg, SpuRt 95, 274 m. Anm. *Scheffen;* siehe auch zu den Pflichten des Ausbilders von Hängegleiterpiloten OGH, SpuRt 96, 130 ff.
[426] OLG Koblenz, SpuRt 2002, 198.
[427] OLG Köln, SpuRt 2001, 200; zu den Pflichten des Inline-Skate-Lehrers, AG Bochum, SpuRt, 2001, 202; OLG Celle, SpuRt 2003, 246.
[428] LG Traunstein, bestätigt vom OLG München, SpuRt 95, 55.
[429] Siehe oben, Rz. 55, 78; siehe auch *Dury,* RuS 22, 27.
[430] OLG Düsseldorf, NJW 75, 1892; OLG Köln, VersR 77, 938.
[431] BGH, NJW 86, 1610; OLG Karlsruhe, VersR 90, 1405.
[432] OLG München, NJW 81, 1963 = VersR 82, 50.

maßen für die vertragliche wie für die deliktische Haftung. Gleiche Gesichtspunkte wurden vom OLG Köln[433] für den Ausschluss der Gefährdungshaftung des *Reitlehrers* zugrunde gelegt.

Ein *Mitverschulden* eines Sportschülers liegt insbesondere bei Nichtbefolgung der Lehreranweisungen vor, ebenso bei unerwarteten Fehlhandlungen.[434] Auch muss der Schüler stets mitentscheiden, welches Risiko er eingehen will und kann, sowie sich vom Zustand des Sportgerätes oder der Sportstätte mitüberzeugen. 99

Zum Mitverschuldenbeitrag eines Schülers beim *Karate-Unterricht* entschied das OLG Köln,[435] dass die schlechte Reaktion auch eines erfahrenen Karateschülers von diesem selbst zu berücksichtigen sei; er habe zwar die schwierige Übung erstmalig durchgeführt, jedoch mehrere Schüler dabei vorher beobachten können.

III. Haftung der Betreiber von Bahnen und Schleppanlagen

Sportunfälle im Zusammenhang mit Bahnen und Schleppanlagen im Sportstätten- oder Sportanlagenbereich ereignen sich beim Transport des Sportlers und gleichzeitiger Benutzung des Sportgerätes (Ski-, Wasserschlepplift, Flugsport-Schleppvorgang) oder im Anschluss an den Transport, nämlich bei Benutzung der Anlage oder Sportstätte (z. B. Skiabfahrt). 99a

Die Haftung der Betreiber dieser Anlagen bei derartigen Unfällen im Zusammenhang mit der Benutzung dieser technischen Einrichtungen, wie Bergbahnen beim Skisport (Kabinenbahnen, Sesselbahnen, Schlepplifte), Wasserskiliften und anderen Schlepphilfen wie Motorbooten beim Wassersport sowie Motorflugzeugen oder Startwinden beim Flugsport, bestimmt sich aus Vertrag, Delikt und den Bestimmungen der Gefährdungshaftung.[436]

1. Vertragliche und deliktische Anspruchsgrundlagen

Vertragliche Ansprüche des Verletzten können sich aus Beförderungsverträgen ergeben. Insbesondere in der Literatur hat sich längst die Auffassung durchgesetzt, dass bei der Benützung von Bergbahnen und Schleppanlagen im Skigelände durch den Erwerb von Skipässen oder Punktekarten ein Beförderungsvertrag als Werkvertrag abgeschlossen wird, welcher sowohl die „Auffahrt" zum Inhalt hat, als auch die „Abfahrt".[437] Der Bergbahnunternehmer hat also dafür zu sorgen, dass der Benützer auch gefahrenfrei in dem jeweils gekennzeichneten und damit vereinbarten Umfang die Abfahrten benützen kann. 100

Bei der Benützung eines *Skischlepplifts* handelt es sich um einen Mietvertrag mit werkvertraglichen Elementen.[438] Diese Rechtsauffassung für den Skisport ist auch auf andere Sportarten und deren technische Schlepphilfen anwendbar, wie Motorboote im Wassersport oder Motor-Schleppflugzeuge im Segelflugsport; auch hier handelt es sich um eine entgeltliche Gebrauchsüberlassung im Sinne eines Mietvertrages gemäß § 535 BGB. Folglich haften diese Betreiber bei Unfällen nach der strengen Haftungsregelung des § 536a BGB auch für Mangelfolgeschäden infolge einer fehlerhaften Anlage und sind zum Ersatz der Verletzungsfolgen (auch Schmerzensgeld!) verpflichtet,[439] ferner auch dann, wenn zwar kein Mangel vorliegt, aber eine Nebenpflicht verletzt wurde.[440]

---

[433] OLG Köln, NJW 74, 2051; VersR 77, 938.
[434] Zu den Pflichen beispielsweise des Skischülers *Kleppe*, S. 140 ff.
[435] OLG Köln, VersR 83, 929.
[436] Siehe oben Rz. 5, 6, 49 ff.
[437] Siehe hierzu *Palandt-Sprau*, Einf. vor § 631, Rz. 18 ff.; *Kleppe*, S. 161 f., 173 ff.; *Dambeck*, Rz. 204.
[438] Siehe die umfangreiche Literatur- und Rechtsprechungsübersicht bei *Börner*, S. 113–115.
[439] Siehe hierzu *Palandt/Weidenkaff*, § 536 a, Rz. 13; BGH, NJW 71, 424.
[440] Siehe zu den Haftungsvoraussetzungen allgemein Rz. 5.

101 Die Betreiber von Bahnen und Schleppanlagen haften daneben auch nach den *deliktischen* Bestimmungen der §§ 823 ff. BGB sowie teilweise nach der Gefährdungshaftung.

Unter § 1 Haftpflichtgesetz fallen zwar die Bergbahnen (Kabinenbahnen und Sesselbahnen), nicht jedoch nach einhelliger Auffassung die *Skischlepplifte*[441] sowie ähnliche Schleppanlagen auf dem Wasser, bei welchen für den Betrieb stets die aktive Mitwirkung des Sportlers notwendig ist. Auch im Wege einer Analogie ist § 1 HaftpflG nicht anwendbar,[442] wohingegen sich eine analoge Anwendung des § 7 Abs. 1 StVG für Pistenraupen und ähnliche Motor-Schneefahrzeuge wegen der Gefahren aus der Technik und der geringen Steuerungsmöglichkeit eher anbieten würde. Die Gefährdungshaftung für diese Skipistengeräte analog anzuwenden, wird jedoch in Literatur und Rechtsprechung abgelehnt.[443] Dagegen wird in der Literatur[444] für die Haftung von Motorbooten als Schlepper von *Wasserskifahrern* eine analoge Anwendung des § 7 StVG bejaht; die verschiedenen Luftschleppeinrichtungen unterfallen ohnehin der Gefährdungshaftung nach § 33 LuftVG.

2. Verkehrspflichten bei den einzelnen Sportarten

102 Die Rechtsprechung war mit Sportunfällen bei Schleppvorgängen wenig konfrontiert, lediglich zu Skischleppliftunfällen liegen – meist unveröffentlichte – Entscheidungen vor.[445] Der BGH stellte in dem ihm vorliegenden Fall unter anderem klar, dass der Skischlepplift nicht der Gefährdungshaftung unterfällt,[446] wohingegen in Österreich eine Gefährdungshaftung sich aus dem mangelhaften Zustand der Schleppspur gemäß § 9a EKHG ergeben kann. Klar ist, dass die Haftung für Sessellifte der Gefährdungshaftung unterliegt. Hinsichtlich der Haftung bei Unfällen in Zusammenhang mit der Beförderung durch Sessellifte liegen unveröffentlichte obergerichtliche Urteile vornehmlich in Österreich vor. Der öster. OGH wies Schadensersatzklagen für Verletzungen infolge von Stürzen beim Aussteigen ebenso ab, wie das OLG Graz und Innsbruck mit der Begründung, dass die Ungeschicklichkeit und das eigene Verhalten der Skifahrer für den Unfall ursächlich sei.[447]

103 Der Umfang der Verkehrspflichten des Schleppliftunternehmers bei der Beförderung ergibt sich aus der Risikoaufteilung hinsichtlich der Beförderungsgefahren, nämlich der technischen Anlage als solcher, der Liftspur sowie des angrenzenden Skigeländes und der sportlichen Mitwirkung des Skiläufers. Die Erhaltung der technischen Anlage in Funktionsbereitschaft und Gefahrensicherheit ist eine Garantiepflicht, die der Gefährdungshaftung angenähert ist.[448] Bei der Pflicht, die Liftspur fahrbereit zu halten, dürfen dem Skiläufer typische Schwierigkeiten und skiläuferische Gefahren zugemutet werden. Diese Pflichten für Benützer des Schleppliftes gelten, soweit Außenstehende (Skifahrer oder andere Personen) gefährdet werden können, auch diesen gegenüber.

Bei der Konkretisierung der Pflichten sind neben den allgemeinen Kriterien[449] die Unfallverhütungsvorschriften der Berufsgenossenschaften heranzuziehen.[450] Für Schleppvorgänge im *Flugsport* konkretisieren sich die Verkehrspflichten nach den verbandsinter-

---

[441] Seit BGH, NJW 60, 1345: „Ein Skischlepplift ist keine Eisenbahn i. S. d. § 1 RHaftpflG."
[442] Zum Meinungsstand hierzu *Wachendorf*, ZRP 81, 77 ff.; *Hillermeier*, ZRP 81, 160 ff.
[443] Siehe die Literatur-Hinweise in LG Waldshut-Tiengen, VersR 85, 1170; siehe auch Rz. 99.
[444] Auch in das HaftpflichtG v. 16. 8. 77 sind Schlepplifte nicht aufgenommen worden; *Will*, S. 98; *Börner*, S. 437 ff.: Für die analoge Anwendung insbes. *Will*, S. 111.
[445] Siehe bei *Fritzweiler*, S. 126; *Dambeck*, Rz. 310 ff.
[446] BGH, NJW 60, 1345; auch LG Freiburg, VersR 80, 148.
[447] Öster. OGH, ZVR 98, 1; sowie OLG Innsbruck und Graz in *Pichler/Fritzweiler*, SpuRt 2000, 9.
[448] Zum Diskussionsstand Schlepplift/Gefährdungshaftung siehe *Fritzweiler*, S. 126–127; *Wachendorf*, ZRP 81, 77; *Hillermeier*, ZPR 81, 160.
[449] Siehe oben Rz. 67, 68.
[450] Siehe bei *Marburger*, S. 479; MüKo-*Mertens*, 3. Aufl., § 823, Rz. 244.

nen Regelungen über Segelflug und Motorflug des Deutschen Aero-Clubs und ergeben sich gleichzeitig aus den gesetzlich fixierten Verkehrspflichten des Luftverkehrsgesetzes und der Luftverkehrs-Ordnung.[451]

Bei Unfällen in Zusammenhang mit der Beförderung durch Schlepplifte kamen die Gerichte ebenso jeweils zu einer Abwägung eines ursächlichen Unfallbeitrages des Teilnehmers gegenüber evtl. Fehlerquellen der Schleppliftanlage.[452] Das OLG Innsbruck konstatierte die Pflichten des Schleppliftbetreibers bei einem Unfall, als sich beim Aussteigen der Bügel im Anorak verhängte, so dass eine Skifahrerin zu Sturz kam. Eine Haftung zu $^2/_3$ wurde nach § 9 EKHG anerkannt mit der Begründung, dass der Liftwart den Lift nicht sofort abgestellt hatte.[453]

Mit der Konkretisierung der Verkehrspflichten von Bergbahnunternehmen bei der Sicherung der *Skipisten*[454] und Abfahrtsstrecken im Einzelnen hat sich die Rechtsprechung[455] wenig befasst, sowohl für das Berg- und Skigelände wie für andere Swie für andere Sporträume. Das OLG München hat lediglich eine Sicherungspflicht einer Berggaststätte für einen Pistenbereich im unmittelbaren Umkreis des Hauses abgelehnt.[456]

104

Näher bestimmt werden können die Verkehrspflichten der Betreiber von (Berg)bahnen und Schleppanlagen und deren Hilfspersonen neben den allg. Abwägungskriterien[457] jeweils durch die gesetzlichen Bestimmungen in den Bundes- und Landesgesetzen, wie z. B.

- Verordnung über das Wasserskifahren auf Binnenschifffahrtsstraßen (Wasserskiverordnung) vom 2. 9. 1977,[458]
- Art. 24 des Bay. Landesstraf- und Verordnungsgesetzes,[459]
- Bayr. Kennzeichen-Verordnung für Skiabfahrten, Skiwanderwege und Rodelbahnen,[460] ferner durch die verschiedensten DIN-Normen für Bergbahnen/Sportanlagen, wie z. B.
- DIN 32 912 und DIN 32 911 „Graphische Symbole und Schilder für Skipisten, Seilbahnen und Schlepplifte"[461] zur Beschilderung der Skipisten- und Seilbahnanlagen.

Diese Bestimmungen schreiben die Sicherheitsstandards für die Skigelände und auch Bergbahnen- und Lifteinrichtungen vor.

Die wichtigsten Entscheidungen zum Umfang der Verkehrspflichten von Bergbahnunternehmern sind die Urteile des BGH zum sog. „*Jennerfall*".[462] Hier kamen zwei Skifahrer bei einer Abfahrt von einer etwa 1800 m hohen Bergstation, die sie mit einer Gondel erreichten, auf extrem vereister Piste durch schwere Stürze und nachfolgendes Abrutschen zu Tode; die Abfahrtsverhältnisse waren auf der Bergstation als gut bezeichnet worden. In seinen Urteilen hat der BGH festgestellt, dass die Verantwortlichen (hier Betriebs-

105

---

[451] Siehe oben Rz. 15, 52.
[452] Siehe im Einzelnen die Entscheidungen des öster. OGH, ZVR 87, 76 sowie die Entscheidungen des OLG Innsbruck, OLG Hamm, OLG Nürnberg und OLG München in *Pichler/Fritzweiler*, SpuRt 2000, 10 f.; sowie AG Kempten, SpuRt 97, 34 ff.
[453] OLG Innsbruck, SpuRt 2001, 15 ff.
[454] Zum Begriff der Skipiste und Präparierung des angrenzenden Bereiches OLG Karlsruhe, NJW-RR 94, 351; *Pichler*, S. 153 ff.; *Kleppe*, S. 2 ff. m. w. N.
[455] Im Gegensatz hierzu die Literatur, insbesondere *Hummel*, NJW 65, 526; *Padrutt*, S. 108 ff.; *Pichler*, S. 23 ff.; *Hagenbucher*, S. 69 ff.; siehe zur Sicherungspflicht der Wege und Steige durch den Beförderungsunternehmer *Hagenbucher*, NJW 85, 178.
[456] OLG München, 25. 3. 1965, OLGZ 1965, 24, 25.
[457] Siehe oben Rz. 67, 68.
[458] BGBl. I, 1977, S. 1749.
[459] Fassung 13. 12. 1982, BayRS 2011-2-1; sowie die weiteren Landesgesetze, siehe hierzu 1/51 ff.
[460] Fassung 23. 2. 1983, GVBl. S. 215, BayRS 2011-2-4-I.
[461] Siehe oben Rz. 69.
[462] BGH, NJW 71, 1093; NJW 73, 1379.

leiter) verpflichtet seien, „für die Sicherheit des Verkehrs auf den von der Bergstation herabführenden Skiabfahrtsstrecken zu sorgen".[463] Wenngleich der BGH diese Beurteilung im Rahmen strafrechtlicher Pflichtenprüfung (§ 222 StGB) vornahm, gilt diese Feststellung auch für die zivilrechtliche Haftung.[464] Konkret bedeutet dies eine Pflicht zur Vorsorge dahin gehend, die Skiläufer über den jeweiligen Zustand der Pisten genau zu unterrichten und entsprechend zu warnen.[465] Entscheidend für den Umfang sind die Fragen des räumlichen und zeitlichen Bereiches der Pflichten[466] sowie der Umfang der Warnungen an die Skiläufer bei Naturgefahren, etwa Vereisung der Abfahrten oder die Sperrung einer Skiabfahrtsstrecke überhaupt.[467] Keinesfalls dürfen diese Pflichten überspannt werden; so stellt die StA Kempten in einer Einstellungsverfügung richtigerweise fest,[468] dass es für den Pistensicherungspflichtigen nicht vorhersehbar ist, dass bei normalen Sicht- und Schneeverhältnissen ein Skifahrer auf harter Piste zu Sturz kommt, 150 m abrutscht und schließlich erst weitere 100 m am Ende eines Hanges über einen senkrechten Felsabsatz stürzt.

106 Die Abgrenzung zwischen dem Risiko des Sportes und der jeweiligen Sportgefahren, welche der Sportler selbst auf sich nimmt, und denen, für die der verkehrsversicherungspflichtige Bergbahn- oder Schleppliftunternehmer einzustehen hat, wird in der Rechtsprechung stets nach dem Begriffspaar der *typischen* und *atypischen Gefahr* vorgenommen:[469]

Atypische Gefahren, mit denen der Sportler nicht rechnen muss, hat der Pflichtige zu beseitigen, z. B. auf einer präparierten Skiabfahrt unter der Schneeoberfläche liegende Hindernisse, wie Betonfundamente von Liftanlagen, Felsblöcke oder Baumstümpfe etc. *Typische* Gefahren sind nach der Rechtsprechung auch die für den Sportler *erkennbaren* Gefahren.[470] Mit der Frage der Abpolsterung scharfkantiger Liftstützen hat sich der BGH[471] anlässlich der Pistensicherungspflicht eines *Schleppliftunternehmers* auseinander setzen müssen: Liftstützen eines Schlepplifts innerhalb einer Abfahrt oder eines Übungshanges sind eine typische Situation bzw. normale Gefahr für jeden Skiläufer, insbesondere dann, wenn sie weithin sichtbar sind. Deshalb gibt es keine Pflicht für den Seilbahn- oder Schleppliftunternehmer, sämtliche Liftstützen abzupolstern (etwa mit Strohballen oder Plastikmaterial). Die Anforderungen der Allgemeinheit im Sinne eines absoluten Schutzes steigen sicherlich; dennoch darf das Eigenrisiko des Sportlers nicht auf Kosten anderer Verantwortlicher verringert werden. Der BGH[472] hat im erwähnten Fall zwar eine Pflicht zur Abpolsterung scharfkantiger Liftstützen bejaht, jedoch den Unternehmer nicht verurteilt, weil der Pflichtverstoß für diesen im Jahre 1981 nicht erkennbar war.

Zum Umfang der Pistensicherungspflicht durch den Bergbahnbetreiber stellt in ständiger Rechtsprechung der österr. OGH[473] fest, dass es keine Pflicht gebe, einen gut sichtbaren Pistenrand bei ausreichender Breite und leichtem Längsgefälle abzusichern, denn auch ein nicht routinierter Skifahrer müsse diesen Pistenrand erkennen und seine Fahrge-

---

[463] So BGH, NJW 73, 1380.
[464] Ständige Rspr. seit OLG München, NJW 74, 190.
[465] Zum Umfang im Einzelnen siehe *Pichler/Holzer*, S. 34 ff.; *Stiffler*, Rz. 325 ff.; *Dambeck*, Rz. 220 ff.
[466] Siehe hierzu OLG Karlsruhe, NJW-RR 94, 351; *Pichler*, S. 153 ff.; *Stiffler*, Rz. 570 ff.
[467] Zur Sperrung siehe *Kleppe*, S. 242 ff.; *Padrutt* in Sport u. Recht, S. 100 ff.; siehe auch Lit.-Nachweise bei *Börner*, S. 248, Fn. 261.
[468] StA Kempten, Verfügung v. 19.7. 2004, SpuRt 2005, 28 m. Anm. *Dambeck*.
[469] Für den Skisport *Kleppe*, S. 239 ff. m. w. N.; BGH, NJW 71, 1093; 82, 762; *Hummel*, NJW 74, 170; allgemein zu sportstättentypischen Gefahren, *Börner*, S. 245 ff.
[470] So das OLG München, NJW-RR 94, 154 zu den Gefahren einer Wildwasserrutschbahn.
[471] BGH, NJW 85, 620 = VersR 85, 64.
[472] BGH, a.a.O., S. 621; OLG München, SpuRt 2003, 23.
[473] Öster. OGH, SpuRt 95, 40; siehe auch die unveröffentlichten Entscheidungen des öster. OGH bei *Pichler/Fritzweiler*, SpuRt 99, 9.

schwindigkeit entsprechend einstellen. Zu weit dürfte das OLG Graz[474] mit seinen Anforderungen zur Sicherungspflicht des Liftbetreibers gehen, wenn es feststellt, dass eine Haftung zu 50% dann gegeben ist, wenn Privatpersonen im Pistenbereich einen Trainingslauf abstecken, der an ein Felsgelände angrenzt, und dann ein Skifahrer, der die Rennstrecke befährt, zu Sturz kommt und sich an einem Felsen verletzt.

Eine Haftung des Pistensicherungspflichtigen außerhalb präparierter Pisten kommt nicht in Betracht. Dies gilt sowohl beim Befahren sog. „Abfahrtsvarianten", die nicht im unmittelbaren Pistenbereich liegen, wie z. B. in der Entscheidung des OLG München,[475] als die Unfallstelle 400 m von der präparierten Piste entfernt lag. Erst recht scheidet eine Haftung aus, wenn der Skifahrer außerhalb von präpariertem und gesichertem Gelände von einer Lawine erfasst wird.[476] Dagegen ist der Pistensicherungspflichtige wiederum gehalten, den Pistenrand, der durch natürliche Geländegegebenheiten abgegrenzt ist und bei schlechten Sichtverhältnissen unter Umständen Gefahren birgt, abzusichern.[477]

Schließlich bestehen auch bei der *Pistenpräparierung mit Pisten-Raupen* konkrete Verkehrspflichten.[478] Sie werden bestimmt durch die Gefahren, die sich aus der schweren Manövrierfähigkeit, Bremsvorgängen und teilweiser Unsichtbarkeit im Skigelände ergeben. Die Ministerialanweisungen des Umweltschutz-Ministeriums[479] schreiben deshalb vor, dass die Pistenraupen möglichst nur bei geringem Pistenbetrieb einzusetzen sind, ferner bei schlechter Sicht oder unübersichtlichem Gelände besondere Vorkehrungen getroffen werden müssen (Drehlicht, Akustisches Warnsignal, Warnposten an Engstellen), notfalls die Piste sogar zu sperren.[480] **107**

Ein fast gleichgelagerter Kollisionsunfall zwischen Skifahrer und Pistenraupe wurde vom LG Kempten 1995 und vom öster. OGH 1996 entschieden: Ein Skifahrer fuhr in Schussfahrt talwärts in Richtung einer Kuppe und sprang ohne Sicht zu haben über die Kante und kollidierte mit einer hangaufwärts fahrenden Pistenraupe, welche er wegen der Hangneigung nicht sehen konnte; die Pistenraupe hatte die Warnlichter eingeschaltet, nicht jedoch ein akustisches Warnsignal. Das LG Kempten kam zu einer Haftungsverteilung von 50:50, weil der Skifahrer gegen die FIS-Regel 2 verstieß, der öster. OGH bewertete den Mitschuldensbeitrag des Skifahrers höher und kam lediglich zu einer Haftung von 25%.[481]

Ähnliche Grundsätze müssen auch für die Verkehrspflichten der übrigen Schleppanlagen-Betreiber gelten. Ein Wasserschlepplift-Unternehmer oder Motorboot-Halter ist für die befahrene Wasserstrecke in ähnlicher Weise sicherungspflichtig wie Schlepper eines Segelflugzeuges für evtl. Gefahren der Luftstrecke.

3. Ausschluss und Beschränkung der Haftung

Die oben erwähnten Gesichtspunkte für den *ausdrücklichen Haftungsausschluss*[482] gelten auch für die Betreiber und Benutzer von Bergbahn- und Schleppliftunternehmen. Der BGH wies darauf hin, dass der Aufdruck auf einer Lift-Tageskarte mit dem Inhalt, „für **108**

---

[474] OLG Graz, SpuRt 2005, 26.
[475] OLG München, 2.3.1978, Az. 14 U 596/77 (unveröffentlicht).
[476] OLG München, SpuRt 98, 35. Siehe die weiteren nichtveröffentlichten Entscheidungen zur Pistensicherungspflicht bei *Pichler/Fritzweiler,* SpuRt 99, 10 f.
[477] Öster. OGH, SpuRt 2001, 13.
[478] Vgl. LG Waldshut-Tiengen, VersR 85, 1170.
[479] Siehe die Gemeinsame Bekanntmachung v. 30.11.1984, MABl. Nr. 11985, S. 2 ff.; ebenso Richtlinien des Hauptverbandes der gewerblichen Berufsgenossenschaften, Zentr. Stelle für Unfallverhütung v. 1.1.1979.
[480] Siehe im Einzelnen *Dambeck/Pichler,* SpuRt 96, 6 ff.; ausführlich bei *Eickmann,* S. 4 und 5.
[481] LG Kempten, SpuRt 99, 33; öster. OGH, SpuRt 99, 25; sowie Anm. *Dambeck,* SpuRt 99, 138; im Einzelnen zur Abgrenzung der Pflichten des Pisten-Raupen-Betreibers zur Eigenverantwortlichkeit ausführlich *Eickmann,* S. 37 ff.
[482] Siehe oben Rz. 55, 78.

die mit der sportlichen Betätigung verbundenen sowie für die den Bergen und der Witterung eigentümlichen Gefahren haftet der Liftbesitzer nicht", unwirksam sei, unter Hinweis auf seine ständige Rechtsprechung zu § 9 Abs. 1 ABGB (jetzt § 307 BGB).[483]

109 *Mitverschuldensbeiträge* der Sportteilnehmer bei der Haftung von Bergbahnen wurden von der Rechtsprechung wie folgt berücksichtigt: Der BGH zieht im Jennerurteil vom 13.11.1970[484] in Erwägung, dass die beiden tödlich verunglückten Skifahrer die Vereisung der Abfahrtsstrecke zumindest teilweise erkannt hätten. Im weiteren Jennerurteil vom 3.4.1973[485] hielt der BGH fest, dass nur ein ganz ungewöhnliches gravierendes Selbstverschulden des Verletzten, etwa eine bewusste Zuwiderhandlung gegen bekannte Unfallverhütungsvorschriften, als Eigenverschulden zu berücksichtigen sei (freilich bei der in jenem Fall vorzunehmenden strafrechtlichen Beurteilung). Das OLG München zog richtigerweise den Verstoß eines Skiläufers gegen das Gebot des „Fahrens auf Sicht" als Mitverschuldensbeitrag in Betracht.[486] Kein Mitverschulden sah dagegen der österr. OGH,[487] als ein geübter Skifahrer in der Nähe eines Pistenrandes stürzte und über die steile Böschung in ein Felsloch fiel; der Skifahrer müsse auf einer mittelsteilen Piste nicht mit derartigen gefährlichen Situationen neben dem Pistenrand rechnen.

Bei Sportunfällen mit beweglichen oder unbeweglichen Schleppanlagen im Skigelände, zu Wasser oder in der Luft wird ein Mitverschulden demgemäß immer dann in Betracht kommen, wenn der verletzte Sportler die Gefährlichkeit kannte bzw. kennen musste und pflichtwidrig handelte. Zu berücksichtigen sind hierbei die von den Verbänden herausgegebenen und publizierten Sicherheitsanregungen für die Sportler, etwa Tipps des Deutschen Skiverbandes für Schleppliftfahrer, Tipps zum Verhalten gegenüber Pistenraupen,[488] welche einem verantwortungsbewußten Sportler bekannt sein müssen.

IV. Haftung des Staates und der Kommunen im öffentlichen Sportbetrieb

109a Bei Haftungsfragen aus Sportunfällen, die sich im Bereich des öffentlichen Sportbetriebes ereignen, ist die Besonderheit der Sportausübung aufgrund eines öffentlich-rechtlichen Rechtsverhältnisses mit Pflichtcharakter zu berücksichtigen.

Die Pflichtigen sind hier in den staatlichen Verwaltungsbereich eingegliedert:
Schüler treiben Sport in öffentlichen Schulen aufgrund der gesetzlich geregelten Schulpflicht, Beamte z. B. des Zoll- bzw. Polizeidienstes verpflichten sich, im Rahmen interner Dienstanweisungen ihre körperliche Leistungsfähigkeit durch Sport zu erhalten, ebenso betreiben Soldaten im Rahmen der militärischen Ausbildung in der Bundeswehr Sport sowie die Strafgefangenen in den Justizvollzugsanstalten.

Darüber hinaus stellen öffentlich-rechtliche Körperschaften, insbesondere Kommunen, im Rahmen ihrer Daseinsvorsorge Sportanlagen zur Benützung für jedermann zu Verfügung: Badeanstalten und Seebäder, Eislaufplätze seit jeher; heute kommen allgemeine Sportplätze, Skipisten, Trimm-Pfade und Schulsporthallen für einzelne Sportler oder Vereine dazu.

1. Vertragliche und deliktische Anspruchsgrundlagen

110 Eine *Vertragshaftung* des Staates und der Kommunen kommt in Betracht, wenn die öffentliche Hand Sportanlagen privatrechtlich durch Vertrag[489] zur Verfügung stellt (im Gegen-

---

[483] BGH, NJW 85, 620.
[484] BGH, NJW 71, 1095.
[485] BGH, NJW 73, 1382.
[486] OLG München, NJW 74, 192.
[487] Öster. OGH, SpuRt 2000, 15.
[488] Abgedruckt z. B. bei *Dambeck*, Anhang V, VI.
[489] Siehe hierzu BGH, NJW 81, 50; MüKo-*Papier*, § 839, Rz. 71 ff.; *Börner*, S. 106 ff.

satz einer öffentlich-rechtlichen Regelung durch Verwaltungsakt). Anspruchsgrundlagen für Schadensersatzansprüche sind hier die mietrechtlichen Bestimmungen der §§ 537, 538 BGB analog.[490]

Deliktische Anspruchsgrundlagen für eine Haftung ergeben sich aus § 839 Abs. 1 BGB, **111** Art. 34 Satz 1 GG. Hierbei handelt es sich um einen öffentlich-rechtlichen Anspruch, der jedoch unter das Deliktsrecht fällt (und für den nach Art. 34 Satz 3 GG, § 71 Abs. 2 Satz 2 GVG die Zivilgerichte zuständig sind). Danach tritt an die Stelle der Haftung des Beamten die des Staates (der öffentlichen Institution, in dessen Diensten er steht); nur in Ausnahmefällen kommt das sog. „Verweisungsprivileg" nach § 839 I Satz 2 BGB in Betracht,[491] es wird von der Rechtsprechung zunehmend restriktiv ausgelegt. Die Staatshaftung setzt voraus, dass der Beamte hoheitlich seine Amtspflicht verletzt; wird der Beamte dagegen privatrechtlich (fiskalisch) tätig, so haftet er selbst.

Die Haftung nach § 839 BGB umfasst nicht nur die geschützten Rechtsgüter in § 823 BGB, sondern schützt darüber hinaus auch das Vermögen nach §§ 249 ff. BGB.

Für Sportunfälle ergibt sich für die Praxis folgende Konsequenz:

Ereignen sich Sportunfälle im Bereich staatlicher Verwaltungsbereiche (z. B. Schul-, Polizei- und Wehrbereich), so ist stets von einem hoheitlichen Handeln gem. § 839 Abs. 1 BGB auszugehen ebenso wie dort, wo Staat und öffentliche Körperschaften im Bereich der Daseinsvorsorge Sportanlagen für die Allgemeinheit zur Verfügung stellen; hier wird durch die Regelung des § 839 Abs. 1 BGB, Art. 34 Satz 1 GG die Deliktshaftung nach den §§ 823 bis 838 BGB verdrängt.

Hinsichtlich des Pflichteninhaltes sind diese genannten staatlichen Verwaltungsbereiche – lange Zeit (außer in der Daseinsvorsorge) als so genannte besondere Gewaltverhältnisse des öffentlichen Rechts bezeichnet[492] – nach neuerer Auffassung den Dienst- und Arbeitsverhältnissen weitgehend gleichzusetzen, gerade auch im Hinblick auf den Pflichtenumfang der Dienstherrn und Arbeitgeber.

Die bisher weitgehend durch interne Verwaltungsordnungen geregelten Sonderbeziehungen der Beamten, Schüler, Soldaten und Strafgefangenen sind seit einigen Grundsatzentscheidungen des BVerfG[493] durch gesetzliche Bestimmungen in Form der Schulgesetze in den einzelnen Ländern, des Soldatengesetzes und der Beamtengesetze ersetzt worden. Die Fürsorgepflichten des § 618 BGB sind auf diese „öffentlich-rechtlichen Sonderrechtsverhältnisse" anwendbar,[494] innerhalb derer wiederum Verkehrspflichten bestehen;[495] diese sind den deliktsrechtlichen Verkehrspflichten inhaltlich identisch.

Stellt der Staat dagegen Sportanlagen, etwa Trimm-Pfade, Rodelhügel oder Kinderspielplätze bzw. Bolzplätze, zur Verfügung, ohne hoheitlich tätig zu sein, besteht kein öffentlich-rechtliches Benutzungsverhältnis, vielmehr werden diese Sachverhalte nach den privatrechtlichen Haftungsgrundsätzen der §§ 823 ff. BGB oder von Verträgen bewertet.[496]

---

[490] So h. A., siehe *Bender*, S. 279; im Einzelnen siehe oben Haftungsvoraussetzungen Rz. 6.
[491] Zur anderweitigen Ersatzmöglichkeit Palandt-*Thomas*, § 839, Rz. 54 ff.; bei Versagen einer Hilfestellung im Turnunterricht BGH, VersR 58, 706.
[492] Siehe hierzu *Maurer*, § 8, 26 ff.; § 6, 17–19.
[493] Siehe BVerfGE 33, 1; 34, 165, 192 ff.
[494] Vgl. Palandt-*Thomas*, § 839, Rz. 40–42; MüKo-*Lorenz*, § 618, Rz. 57, 58; ausführlich *Börner*, S. 78 f. mit weiteren Nachweisen.
[495] Siehe hierzu oben Rz. 67.
[496] Siehe Haftungsvoraussetzungen Rz. 5, 6, sowie 71, 72; vgl. hierzu auch *Börner*, S. 86 ff., 340.

2. Verkehrspflichten bei den einzelnen Sportarten

112 Bereits das Reichsgericht war mit dem Umfang der Fürsorgepflichten der Schulträger und Sportlehrer im *Schulsport* an öffentlichen Schulen befasst,[497] ebenfalls der BGH.[498] Später urteilte der BGH auch zu den Fürsorgepflichten gegenüber Soldaten bei einem Sportunfall im *Schwimmbad*.[499]

Bei Schulsportarten wurde bei Geräteturnarten wie *Kastenspringen* und *Reckturnen* jeweils eine Verletzung der Verkehrspflicht bejaht, wenn für den verletzten Schüler eine ausreichende Hilfestellung nicht vorhanden war[500] oder wenn eine ausreichende Belehrung über die Gefährnisse nicht erfolgte.[501] Verneint wurde eine Verletzung der Verkehrspflicht meist in den Fällen, in welchen sich der verletzte Schüler infolge einer Überforderung verletzte, die für den Lehrer nicht erkennbar war,[502] oder dann, wenn bei Kampfsportarten der Lehrer eine Gefahr zwangsläufig nicht beeinflussen konnte,[503] schließlich auch dann, wenn die Unfallursache weitgehend im Sportrisiko des Schülers lag oder durch eine Fehlhandlung des sporttreibenden Schülers mitverursacht war.[504]

Umfangreich waren auch die Entscheidungen des Reichsgericht zu den Verkehrssicherungspflichten von *Badeanstalten*, *Seebädern* und *Schwimmbädern* mit unterschiedlichen Ergebnissen: Badegäste seien vor einer Sturz- und Springflut und deren Sogwirkungen zu warnen, bei gefährdeten Badegästen seien besondere Sicherheitsvorkehrungen (Badewärter, Warnflaggen und -schilder, Rettungsringe) zu treffen.[505] Der BGH verlangte von den Badeanstalts-Verantwortlichen die Kennzeichnung einer gefährlich tiefen Stelle im Nichtschwimmerbereich.[506]

113 Entscheidend für die Bestimmung des Umfanges der jeweiligen Verkehrspflichten, unabhängig von der Haftungsgrundlage – etwa öffentlich-rechtliche Forderungsverletzung, Amtshaftungsanspruch, vertraglicher oder deliktischer Anspruch – sind die *allg. Abwägungskriterien*[507] sowie der hier zusätzlich sich verwirklichende Gesichtspunkt des *allgemeinen Lebensrisikos*: Dieses konkretisiert sich nämlich im Schulbetrieb nur in anderer Art und Weise und ist deshalb von jedem ebenso wie bei jeder eigenen privaten sportlichen Betätigung auch im pflichtbestimmten Schul- oder Beamtensport selbst zu tragen.[508]

Ergänzend sind zur Pflichtkonkretisierung öffentlich-rechtliche Vorschriften heranzuziehen, soweit sie z. B. wie die allgemeinen Sicherheitsbestimmungen bei der Errichtung von Gebäuden[509] noch Sicherheitsregeln für Sportstätten enthalten. Regelungen für die Sicherheit von Skifahrern, Rodelfahrern und Skibobfahrern auf Gelände außerhalb öffentlicher Wege und Plätze enthalten z. B. Art. 24 BayLStVG sowie die Kennzeichen-

---

[497] RGZ 21, 254 (Schulsport u. Wettkampf); RG, JW 38, 223 (Schwimmunterricht).
[498] BGH, VersR 57, 201 (Sicherheit von Schulturngeräten); BGH, VersR 58, 705 (Schulsport u. Amtspflichten); grundsätzlich hierzu *Kötz*, JZ 68, 285 ff.
[499] BGH, NJW 73, 896.
[500] BGH, VersR 58, 705; BGH, VersR 69, 554.
[501] BGH, VersR 58, 232 (Hinweispflicht auf zurückschlagende Äste durch vorderen Läufer); BGH, VersR 62, 825 ff. (Überprüfung bei Benutzung von Spielgeräten); OLG Düsseldorf, NJW 63, 2277 (Schwächlicher Schüler).
[502] OLG Düsseldorf, VersR 65, 1179 (Überforderung bei 5000-m-Lauf); BGH, NJW 67, 621 (Hängeübung an Sprossenleiter).
[503] OLG Frankfurt, NJW 67, 632 (schulisches Völkerballspiel); BGH, Vers 67, 470 (schulischer Fußballspiel-Ausscheidungswettkampf).
[504] BGH, NJW 63, 1828 (Fehltritt vom 5,7 cm breiten u. 36 cm hohen Schwebebalken).
[505] RGZ 136, 228; RG, JW 38, 2542; RG, JW 36, 2214.
[506] BGH, NJW 54, 1119.
[507] Siehe oben Rz. 67, 68.
[508] Siehe BGH zum Schulsport, NJW 67, 621; OLG Koblenz zur permanenten Aufsicht von Jugendlichen, SpuRt 96, 100.
[509] Die Regeln der Bautechnik, siehe *Marburger*, S. 151, 481.

VO,[510] ferner Unfallverhütungsvorschriften der Berufsgenossenschaften[511] sowie gemeindliche Satzungen. Auch sind die oben erwähnten DIN-Normen für Sportstätten und Sportgeräte sowie Sportstätten- und Sportveranstaltungsregeln der Sportverbände sowie derartige Bestimmungen in Sportvereinssatzungen beizuziehen.[512]

Bei der Klärung des Pflichtenumfangs von Lehrkräften beim *Schwimmunterricht* in einem öffentlichen Schwimmbad bezog sich das OLG Frankfurt[513] auf Ministerial-Erlasse des Kultusministeriums, nach denen der Lehrer auch bei einer Bademeister-Aufsicht stets allein verantwortlich sei; er dürfe, so das OLG, im Übrigen für den Schwimmunterricht erst nach erfolgreicher Methodik-Ausbildung der Deutschen Lebensrettungsgesellschaft (DLRG) eingesetzt werden.

Bei Sportanlagen, die von der Kommune selbst betrieben werden, z. B. einer städtischen Skipiste, ist jeweils zwischen deliktischer Haftung und Eintritt der Unfallversicherung aufgrund §§ 8 Nr. 2, 104 sowie 106 SGB VII zu unterscheiden.[514]

Werden seitens der Städte und Kommunen Sportanlagen und Sportgelände für die Allgemeinheit zur Verfügung gestellt, beurteilt sich die Haftung ähnlich; weitgehend sind die Pflichtenbestimmungen Einzelfallentscheidungen nach den genannten allgemeinen Abwägungskriterien. **114**

Beispielsweise zog das OLG Celle zur Konkretisierung der Verkehrspflichten einer Gemeinde für *Schwimmbäder* die Bestimmungen des Gemeindeunfallversicherungsverbandes heran, welcher die Wassertiefe unter den Sprungbrettern auf mindestens 3 m festschrieb; insbesondere bestehe eine Pflicht der Gemeinde, mindestens diese Tiefe bei der Einrichtung von Sprunganlagen in Schwimmbändern einzuhalten. Warnschilder allein reichten bei einer geringeren Tiefe keineswegs aus.[515] Teilweise haben die Gerichte bei der Pflichtenbestimmung für Gemeinde-Badeanstalten die Regelungen des Deutschen Schwimmverbandes (DSV) angewandt.[516] Dagegen hat das OLG Oldenburg[517] die Pflicht einer Gemeinde zur Sperrung eines *Baggersees* mit einer Wassertiefe von 1 m bis 1,50 m verneint, als ein Schwimmer sich bei einem Kopfsprung in das Wasser schwer verletzte. Jeder Benützer habe sich vorher über die Wassertiefe zu vergewissern, keinesfalls habe die Gemeinde jedes leichtfertige Verhalten eines Benutzers in Betracht zu ziehen. Ähnlich sind die Erwägungen des BGH bezüglich der Pflicht zur Warnung vor Kopfsprüngen in den *Nichtschwimmerteil* des Mehrzweckbeckens eines Schwimmbades.[518] Bei zusätzlichen Gefahren im Schwimmbad, wie z. B. bei Wasserspielgeräten, ist der Schwimmbadbetreiber verpflichtet, gegebenenfalls zusätzliches Aufsichtspersonal einzusetzen.[519]

Dagegen ist es die Pflicht einer Gemeinde, in einem *Badesee* einen unter der Wasseroberfläche in Ufernähe befindlichen Betonblock zu entfernen, denn dieser sei eine atypische Gefahr. Bei einem gemeindlichen Badesee, der sichtbar mit anderen Bade- und Erholungseinrichtungen durch die Gemeinde ausgestattet sei, müsse der Benutzer mit

---

[510] Siehe oben Rz. 15 „Skilaufen".
[511] MüKo-*Mertens*, § 823, Anm. 9; VersR 80, 397; *Börner*, S. 249 ff.
[512] *Börner*, S. 227 ff., S. 230 ff., S. 243 ff.
[513] OLG Frankfurt, VersR 83, 881; zum Umfang der Aufsichtspflichten in Schwimmbädern siehe auch BGH, NJW 62, 959; 80, 392 ff.; OLG Hamm, VersR 79, 1064; zuletzt OLG Koblenz, SpuRt 96, 99; SpuRt 96, 100.
[514] Siehe hierzu zur Haftung bei Schulunterricht auf städtischer Piste OLG Dresden, SpuRt 2002, 21 sowie BGH, SpuRt 2003, 69.
[515] OLG Celle, VersR 69, 1049; OLG Karlsruhe, VersR 78, 529.
[516] OLG Stuttgart, VersR 61, 1026; LG Ravensburg, VersR 64, 878.
[517] OLG Oldenburg, VersR 87, 1199.
[518] BGH, NJW 80, 1159; zur Absicherung eines Kinder-Schwimmbeckens OLG Düsseldorf, SpuRt 95, 58.
[519] So OLG Koblenz, SpuRt 96, 99; BGH, NJW 2000, 1946 = NJW-RR 2001, 318 = SpuRt 2001, 69. Siehe hierzu auch *Fritzweiler/Scheffen*, Rechtsprechung bei Schwimmbadunfällen, SpuRt 98, 150 ff.

derartigen Gefahren nicht rechnen.[520] Das OLG München hat bei einem Unfall auf einer *Wildwasserrutschbahn* ebenfalls auf die *Erkennbarkeit* abgestellt und damit die typische Gefahr gemeint, nämlich das gleichzeitige Benutzen der Bahn durch mehrere Personen und mögliche Zusammenstöße durch Wasserströmung, zeitweise geringe Wassertiefe etc., und eine Pflichtverletzung verneint.[521]

Ähnliche Gesichtspunkte gelten bei der Eröffnung gemeindlicher *Trimm-Pfade*. Hier kommt es im Einzelfall nach der Rechtsprechung darauf an, ob der Benutzer von der Pflege der Geräte und Sprunggruben durch die Gemeinde ausgehen könne. Grundsätzlich könne ein Benutzer darauf zwar vertrauen, jedoch hänge dies im Einzelfall auch z. B. von den jeweiligen Witterungsverhältnissen und der Jahreszeit ab.[522] Stellt eine Gemeinde eine *Turnhalle* mit einem teilweise undichten Dach zu Verfügung und trifft sie generelle Vorkehrungen durch den Hausmeister, dass der Boden trocken gehalten wird, so liegt laut OLG Düsseldorf[523] bei einem Unfall keine Amtspflichtverletzung vor. Nicht dagegen haftet eine Gemeinde dann, wenn sich ein Inlineskater auf einem Gehweg wegen einer durch eine Baumwurzel bedingten Unebenheit und einem folgenden Sturz verletzt.[524] Oftmals vermieten Kommunen an Vereine Turnhallen, so dass es um die Einhaltung der Verkehrssicherungspflichten durch die Kommune als Eigentümerin und des Vereins als Mieter geht.[525]

Bei *(Touren)Skiabfahrten* bestimmt sich der Umfang der Verkehrspflichten im Einzelfall ebenfalls danach, inwieweit der Benützer von einer Pflege oder „Wartung" der Abfahrt durch die Gemeinde ausgehen konnte. Typische Gefahren einer Abfahrt wie Schnee- und Geländeunebenheiten sowie Naturgegebenheiten (Büsche, Bäume und Wurzeln), teilweise unter der Schneedecke, muss der Skiläufer in Kauf nehmen. Der BGH entschied, als eine Skiläuferin an einem im Winter niedergelegten Weidezaundraht, der unter der Schneeoberfläche unsichtbar war, hängen blieb und sich verletzte, dass es grundsätzlich nicht zur Pflicht einer Gemeinde gehöre, die gefahrlose Benutzbarkeit einer solchen Abfahrt zu gewährleisten. Allerdings stellten die Weidezaundrähte eine besondere Gefahrenquelle dar, zur Beseitigung derer die Gemeinde verpflichtet gewesen sei, was sich bereits „nach allgemeinen (Pflichten)Grundsätzen" eines Grundstückseigentümers ergebe.[526]

3. Ausschluss und Beschränkung der Haftung

115 Ein *gesetzlicher Haftungsausschluss* bei der Sportlehrerhaftung in öffentlichen Schulen ist in dem bereits seit 1971 geltenden Unfallversicherungs-Neuregelungsgesetz[527] bestimmt, nach dem Kinder, Schüler und Studenten in die gesetzliche Unfallversicherung mit einbezogen sind. Selbst bei fahrlässigen Pflichtverletzungen bestehen somit wegen des Ausschlusses durch §§ 104, 105 SGB VII (ehemals §§ 636, 637 RVO) keine Ansprüche, wie das BVerfG[528] und das OLG Celle bei einem Schulsportunfall[529] feststellten. *Erwägungen*

---

[520] OLG München, VersR 83, 91; anders der Fall bei OLG Zweibrücken, VersR 77, 483.

[521] OLG München, NJW-RR 94, 154; ähnlich bereits OLG Köln, VersR 89, 159; bejahend aber Pflichtverletzung für schwer erkennbaren Betonsockel in Tennishalle, OLG Frankfurt, NJW-RR 93, 856.

[522] OLG Karlsruhe, VersR 75, 381 bejahend, OLG Koblenz, VersR 75, 669 verneinend; siehe auch zu Turn- und Spielgeräten auf öffentl. Anlagen OLG Celle, VersR 87, 467; BGH, NJW 88, 48; OLG Celle, SpuRt 96, 173.

[523] OLG Düsseldorf, VersR 82, 980.

[524] OLG Koblenz, SpuRt 2001, 201.

[525] Siehe OLG Nürnberg, SpuRt 2001, 109 zur Haftung anlässlich einer umstürzenden Gymnastikmatte.

[526] BGH, NJW 82, 762 = VersR 82, 346.

[527] BGBl. 1971 I 237 ff.; siehe hierzu das grundlegende Urteil des BGH v. 16.1.1967, BGHZ 46, 327 (331).

[528] BVerfG, NJW 73, 502.

[529] OLG Celle, VersR 74, 747.

zum Mitverschulden des Schülers beim *Schulsport* infolge Unaufmerksamkeit wurden zwar angestellt,[530] führten jedoch nicht zu Haftungsminderungen.

Ausdrückliche Haftungsausschlüsse[531] im Zusammenhang mit *Sport* auf bereitgestellten **116** *öffentlichen Sportanlagen* hat die Rechtsprechung mangels Vorliegens klarer Vereinbarungen bisher abgelehnt, insbesondere dann, wenn an Sportanlagen lediglich „Haftungsfreistellungsschilder" angebracht waren.[532]

Haftungseinschränkende *Mitverschuldensbeiträge* liegen bei verletzten Sportlern vor, **117** wenn ihnen angelastet werden kann, dass sie etwa allzu sorglos eine Sportanlage benützen und keinerlei eigene Risiko- bzw. Sicherheitserwägungen anstellen.[533] Im erwähnten „Weidezaun-Urteil" des BGH[534] wurde der Mitverschuldensbeitrag der verletzten *Skiläuferin* dahin gehend erörtert, ob sie sich über die nur lose niedergelegten Weidezaundrähte vorher hätte genau informieren und zu diesem Zweck hätte anhalten müssen. Wenn auch die Skifahrerin die Pfähle des Zaunes deutlich gesehen hat, so wäre es nach Auffassung des BGH eine Überspannung der Sorgfaltspflicht, von ihr zu erwarten, damit zu rechnen, dass die Drähte eventuell nur niedergelegt worden seien und so eine besondere Gefahr für sie darstellen könnten. Auch zu einem Abbremsen ihrer Fahrt und einer Überprüfung der Situation sei sie nach Meinung des BGH nicht verpflichtet gewesen, weshalb ein Mitverschulden nicht in Betracht komme. Ebenfalls ist ein *Tennisspieler* verpflichtet, in einer Tennishalle vor einem Rückwärtslaufen von der Spielfeldbegrenzung zur Wand auf eventuelle Gefahrenquellen zu achten.[535]

V. Haftung des Produzenten, Vertreibers, Vermieters und Reparateurs von Sportgeräten und Sportanlagen

Eine Haftung für Sportunfälle kann auch bestehen für Hersteller und Verkäufer sowie **118** Verleiher und Reparateure von Sportgeräten; sie sind am Sportbetrieb im weitesten Sinne beteiligt und fallen somit unter die Kategorie Sportveranstalter.

Bei Auto- und Motorsportarten bildet das technische Sportgerät ebenso einen wichtigen Bestandteil der Sportart wie etwa bei einem Fallschirm und Drachen der Luftsportler, bei den technischen Geräten Seil und Haken des Berg- und Klettersports, bei Ausrüstungsgegenständen der Segelboote, Rennräder und Skibindungen. Bei einem Sportunfall infolge von fehlerhaften oder defekten Sportgeräten stellt sich demnach die Haftungsfrage hinsichtlich derer, die Sportgeräte in den Verkehr bringen ebenso wie dener, die einen defekten Skischlepplift, eine fehlerhafte oder gefahrbringende unbewegliche Sportanlage (Turnhalle, Tennisplatzunterlage, Laufbahn) erstellen.

1. Vertragliche und deliktische Anspruchsgrundlagen

Sportartikel- und Sportanlagen-Produzenten, -Verkäufer oder -Vermieter haften dem **119** verletzten Sportler aus kauf-, werk- oder mietvertraglichen Vorschriften (§§ 433 ff., §§ 631 ff., §§ 535 ff. BGB).

Anspruchsgrundlage für Körperverletzungen und Gesundheits-, aber auch Sachschäden als Folge von fehlerhaften Sportgeräten oder -anlagen ist die positive Vertragsverletzung als schuldhafter Verletzung einer vertraglichen Sorgfalts- und Nebenleistungspflicht oder Schlechterfüllung.[536]

---

[530] So OLG Frankfurt, NJW 67, 634 (Völkerballspiel).
[531] Siehe hierzu oben Rz. 55, 78.
[532] So OLG Celle, VersR 69, 1049 (Badeanstalt); OLG Karlsruhe, VersR 75, 383 (Trimm-Pfad); BGH, VersR 82, 492 ff. (Freibad); OLG Frankfurt, NJW-RR 93, 856 (Tennishalle).
[533] So OLG Celle und OLG Karlsruhe, obige Fn. sowie LG Aachen, VersR 77, 1112.
[534] BGH, NJW 82, 762.
[535] OLG Frankfurt, NJW-RR 93, 856.
[536] Siehe zu den Haftungsvoraussetzungen Rz. 5.

Vermieter, Monteure und Reparateure von Sportgeräten haften für Verletzungen und Gesundheitsschäden als Folge von Mängeln gemieteter Sportgeräte ebenso aus positiver Vertragsverletzung des Mietvertrages oder Werkvertrages für nicht erfüllte Nebenpflichten. Zu diesen Nebenpflichten gehören die sorgfältige Funktionsüberprüfung des Sportgerätes, welches vermietet wird.[537] Dies gilt auch dann, wenn das vom *Vermieter* vermietete Gerät mit Ausrüstungsteilen des Sportlers zusammengesetzt wird, wie z. B. bei Vermietung eines Skis mit Sicherheitsbindung und eigenen Skischuhen des Skifahrers.

Der *Reparateur* oder *Monteur* eines Sportgerätes, z. B. einer Skisicherheitsbindung, haftet nach § 631 BGB für Verletzung seiner Nebenpflichten, die insbesondere auch in umfangreichen Informationspflichten bestehen, z. B. wenn der Sportler ein Sportgerät zur Montage oder Reparatur übergibt, welches den Sicherheitsbestimmungen nicht entspricht. Der Händler oder Reparateur als Fachmann hat hier die Pflicht, umfangreich über erkennbare Funktionsbeeinträchtigungen aufzuklären.

Bei unentgeltlicher Gebrauchsüberlassung, somit Vorliegen eines echten Leihvertrages nach §§ 598 ff. BGB, ist die Haftungsbeschränkung nach §§ 599, 600 BGB zu beachten.

120 Neben der vertraglichen Haftung kommt für Produzenten, Verkäufer, Vermieter, Reparateure von Sportgeräten auch die Haftung nach § 823 Abs. 1 BGB oder § 823 Abs. 2 i. V. m. der Verletzung eines Schutzgesetzes in Betracht.

Der Produzent von Sportgeräten haftet zusätzlich aus der sog. *Produkthaftung*, einer Haftung aus § 823 Abs. 1 BGB, die zunächst von der BGH-Rechsprechung contra legem zum Schutze des Verbrauchers als Haftung für vermutetes Verschulden des Produzenten entwickelt wurde[538] und dann durch das *Produkthaftungsgesetz* als reine Gefährdungshaftung. Diese Gefährdungshaftung ist für den Verletzten eine zusätzliche Anspruchsgrundlage, neben welcher eine Haftung aus § 823 Abs. 1, Abs. 2 BGB weiterhin bestehen bleibt; in jedem Falle bestehen Schmerzensgeldansprüche (§ 8 S. 2 ProdHaftG).

Der Produzent haftet somit bei Vorliegen der aufgeführten Voraussetzungen des § 1 Abs. 1 ProdHaftG[539] unabhängig von einer Pflichtverletzung und Verschulden. Der Umfang der Haftung nach den §§ 7–11 ProdHaftG entspricht den §§ 249, 252, 842, 843, 844 BGB, ist allerdings für Personenschäden begrenzt auf € 85 Mio.; bei Sachschäden sind € 500,– selbst zu tragen.

Sportgeräte sind stets Produkte i. S. v. § 2 Satz 1 ProdHaftG, ebenfalls Teile von Sportanlagen, etwa Bodenbeläge. Sportgeräte sind aber auch dann Produkte, wenn sie aus mehreren Teilen zu Sportgeräten zusammengebaut werden, wie z. B. bei der Montage einer Bindung auf Skier zu einer Funktionseinheit Ski, Bindung und Schuh sowie Skibremse. Hier ist dann der Sportartikelhändler auch „Hersteller" im Sinne des § 4 Abs. 1 ProdHaftG.[540]

2. Verkehrspflichten bei den einzelnen Sportarten

121 Für die vertragliche und deliktische Haftung der beteiligten Unternehmer gegenüber dem verletzten Sportler ist nunmehr entscheidend der Umfang der einzelnen Verkehrspflichten.

Diese sind bereits durch den Gesetzgeber fixiert in dem *Gesetz über technische Arbeitsmittel vom 24. 6. 1968*,[541] nach dessen § 2 Abs. 2 Ziff. 4 sämtliche Sportgeräte unter dieses Gesetz fallen. Nach § 3 sind Sportgeräte nach den allgemein anerkannten Regeln der Technik so herzustellen, dass Gefahren jeder Art vermieden werden.[542] Da Regeln der

---

[537] Siehe zur Haftung des Skivermieters *Huber*, NJW 80, 2561.
[538] So zuletzt z. B. BGH, NJW 75, 1827; 92, 1039.
[539] Zu den Einzelheiten siehe *Palandt-Thomas*, ProdHaftG § 1 Rz. 2 ff.; MüKo-*Wagner*, ProdukthaftG, Einl., Rz. 14 ff.; grundsätzlich hierzu *Kullmann/Pfister*, Kza 3604 C.II
[540] Siehe hierzu *Palandt/Thomas*, ProdHaftG § 4, Rz. 2; MüKo-*Wagner*, § 4, Rz. 4 ff.
[541] BGBl. I. S. 717, laufend novelliert, jetzt „Gerätesicherungsgesetz", 23. 3. 2002, BGBl. I S. 1163, siehe zum Stand bei *Jeiter/Klindt*, Einführung, Rz. 1 ff
[542] Siehe *Jeiter/Klindt*, § 2, Rz. 26; § 3, Rz. 12 ff.

Technik auch die sog. *DIN-Normen* sind, welche für die verschiedensten Sportgeräte, aber auch Sportbauten und Sportanlagen entwickelt wurden, wird die gesetzliche Regelung durch die *DIN-Normen* konkretisiert.

Die wichtigsten *DIN-Normen* sind im *DIN-Taschenbuch 147 für Wintersport, Wassersport, Bergsteigerausrüstung, Sportschutzhelme* aufgeführt.[543] Hervorzuheben sind hiervon etwa die *DIN-Normen 7901ff.* für die verschiedensten *Turn- und Gymnastikgeräte*, die *DIN-Normen 7931ff.* für die verschiedensten *Schwimmsportgeräte*, aber auch die DIN-Normen 7880ff. für *Skischuhe, Skibindung, Skibremsen und Fanggurte* sowie *Skistöcke*; Letztere werden ergänzt durch die DIN ISO 11088 (ehemals DIN-Norm 32923) für die Beurteilung, Zusammenstellung, Montage und Einstellung der Funktionseinheit Skibindung. Ergänzend hierzu sind wiederum die Richtlinien des internationalen Arbeitskreises Sicherheit beim Skilauf e.V. (IAS) heranzuziehen, welcher die Normenentwicklung maßgebend beeinflusst hat.[544]

Für den Hersteller von Sportgeräten besteht demnach die Pflicht, diese nach den DIN-Normen herzustellen und den Endverbraucher über den Verkäufer über sämtliche technischen Details und eventuelle Gefahren zu informieren. Der Verkäufer wiederum sowie Verleiher und Reparateur haben diese Sicherheitsregeln in gleicher Weise zu beachten. Gerade bei der Skisicherheitsbindung sind sowohl Montage als auch die vorbereitenden Abmessungen hierzu bis ins Detail geregelt. Die Pflichten beginnen mit der Überprüfung des Gerätes vor dem Verkauf und vor der Montage, gleich ob es sich um ein neu produziertes Sportgerät oder um ein gebrauchtes Gerät handelt; der Verwender ist über sämtliche Einzelheiten zu informieren. Die Pflichten enden bei der Ausgabe des Sportgerätes an den Verwender, wobei eine ebenso umfangreiche Information zu erfolgen hat. Werden diese Pflichten verletzt, liegt auch ein Verschulden nach § 276 Abs. 1 BGB vor.[545]

Sportunfälle als Folge fehlerhafter Sportgeräte (fehlerhaft produziert, montiert oder eingestellt) werfen schwierige Beweisfragen auf. Der Verletzte hat nachzuweisen, dass das Sportgerät fehlerhaft, der Fehler ursächlich für die fehlerhafte Funktion des Sportgerätes und diese ursächlich für die Sportverletzung war und schließlich das Vertretenmüssen. Es ist somit neben *Pflichtverletzung* und *Fehlerhaftigkeit* die weitere komplizierte *Ursachenfolge* nachzuweisen;[546] lediglich bei der Vertragshaftung wird das Vertretenmüssen der Fehlerhaftigkeit durch den Verkäufer, Reparateur oder Vermieter vermutet (§ 282 BGB).

122

Die bisherige Rechtsprechung hat sich, soweit ersichtlich, bisher nur mit Sportunfällen infolge von *fehlerhaften Ski-Sicherheitsbindungen* zu befassen gehabt. Zunächst bejahte das OLG Frankfurt in einer unveröffentlichten Entscheidung[547] unter Zugrundelegung des Anscheinbeweises die Haftung des Sportartikelhändlers; dagegen erachteten das LG Köln sowie das OLG Köln bei einem Sturz eines Skiläufers infolge Nichtöffnens der Sicherheitsbindung die Kausalität für die Verletzung nicht für erwiesen: Allein aus der Tatsache der Nichtauslösung einer Sicherheitsbindung könne nicht auf eine fehlerhafte Montage geschlossen werden.[548] Das OLG München[549] ließ für einen mangels *Nichtauslösung der*

---

[543] Vgl. hierzu im Einzelnen DIN Taschenbuch 147 (Ausgabe 1992); *Marburger,* Regeln der Technik, S. 197 ff.

[544] Siehe hierzu *Dambeck,* Rz. 328 ff.; ähnlich die Ö-Normen für Österreich, hierzu *Pichler/Holzer,* S. 116 ff.; für die Schweiz *Stiffler,* S. 349 ff.

[545] Siehe im Einzelnen hierzu die „Expander-Entscheidung" des BGH, NJW-RR 90, 406; siehe die Fälle bei *Kullmann/Pfister*: ungeeignetes Mountain-Bike, Kza 10 800/1, 11 100/1, 11 100/10; Skischuh 11/100/16; Taucheranzug 11 100/9.

[546] Vgl. für die Beweisfragen bei fehlerhafter Ski-Sicherheitsbindung *Dambeck,* VersR 92, 285 ff.

[547] OLG Frankfurt, 8. 2. 1974, Az. 3.U.96/72, siehe bei *Fritzweiler,* S. 153 und *Dambeck,* Rz. 383 ff. mit jeweils weiteren unveröffentl. Entscheidungen.

[548] LG Köln, VersR 75, 936; OLG Köln, VersR 76, 1164; ebenso OLG München, NJW 80, 2587; LG München, VersR 84, 1177; OLG München, VersR 85, 298; LG Traunstein, SpuRt 96, 27.

[549] OLG München, VersR 89, 489.

Skibindung verletzten Skischüler gegenüber der skiverleihenden Skischule die Grundsätze der Beweisvereitelung (§ 286 ZPO) gelten; durch Verschulden des Skiverleihers konnte nämlich die exakte Einstellung der Skibindung nicht mehr festgestellt werden, weshalb nach Auffassung des Gerichts von einer fehlerhaften Einstellung auszugehen sei.

Für andere Sportgeräte, deren Fehlerhaftigkeit und daraus resultierende Sportunfälle sind diese Grundsätze hinsichtlich Pflichtverletzungen und Beweisbarkeit anwendbar.

3. Ausschluss und Beschränkung der Haftung

123 *Haftungsausschlüsse* durch ausdrücklich geschlossene Haftungsausschluss-Vereinbarungen[550] sind zwar denkbar, jedoch keinesfalls üblich, denn der Benützer von Sportgeräten ist ja an der sicheren Funktionsweise interessiert und verlässt sich darauf.

Dagegen kann eine Beschränkung einer Haftung aus einem fehlerhaften Gerät über ein Mitverschulden dann vorgenommen werden, wenn beispielsweise der Sportler die Fehlerhaftigkeit erkannt hat und es trotzdem benützt in der Meinung, dass er ein Risiko eingehen könne. Mitverschuldensbeiträge liegen auch dann vor, wenn besondere Bedienungsanleitungen für Sportgeräte nicht beachtet werden.[551]

4. Kapitel. Haftung der Zuschauer

I. Gegenüber (Mit-)Zuschauern

124 Zuschauer haften gegenüber (Mit-)Zuschauern nach deliktsrechtlichen Bestimmungen der §§ 823 ff. BGB für die nachgewiesene eigene Schadenszufügung nach § 823 Abs. 1 BGB, für die gemeinschaftliche nach §§ 830 Abs. 1, 840 BGB.

Zuschauerverletzungen durch Handlungen anderer Zuschauer werden in der Regel absichtlich zugefügt und oftmals durch Zuschauerausschreitungen von Einzelnen oder Gruppen ausgelöst. Da die schadenstiftenden Personen oder Gruppen meist nicht mit ausreichender Sicherheit festgestellt werden können, liegt das Problem dieser Schadensersatzansprüche ganz überwiegend bei der Frage der Beweisbarkeit. Für den Verletzten ist daher die Haftung nach §§ 830 Abs. 1, 840 BGB mit der Beweiserleichterung bei gemeinschaftlich begangener unerlaubter Handlung besonders bedeutsam.

125 Nach § 830 Abs. 1 Satz 1 BGB ist bei gemeinschaftlich begangener unerlaubter Handlung jeder für den ganzen Schaden verantwortlich. Die Mittäter haften als Gesamtschuldner nach § 840 Abs. 1 BGB, die Verletzungshandlung durch den einzelnen Zuschauer muss nicht nachgewiesen werden. Der Nachweis einer *Mittäterschaft* gem. § 830 Abs. 1 Satz 1 BGB – nämlich ein bewusstes und gewolltes Zusammenwirken zur Herbeiführung eines einheitlichen Erfolges – eines Beteiligten ist durch seinen psychischen Beistand oder durch die Verabredung zur bösen Tat erbracht, wobei es auf den Umfang des Tatbeitrages nicht ankommt;[552] dagegen wird nicht gehaftet für sog. Exzesse des anderen, die über den gemeinsamen Tatplan hinausgehen.[553] Bei Zuschauerschlägereien dürfte dies auch meist das Kernproblem sein:

Obwohl Zuschauergruppen üblicherweise verabreden, gegnerische Sympathisanten zu bekämpfen und niederzuschlagen, werden wohl nicht immer gewalttätige Ausschreitungen von vornherein konkret verabredet; häufig sind Verletzungen die Folgen von panischen Entwicklungen oder Kettenreaktionen, die sich aus aktuellen Anlässen an Ort und Stelle ergeben. Die Rechtsprechung bejaht hier teilweise eine Mittäterschaft nach

---

[550] Siehe oben Rz. 6, 55, 78.
[551] So OLG Frankfurt, 8. 2. 1974, Az. 3 U 96/72 (Ski-Sicherheitsbindung) – unveröffentl.
[552] Siehe hierzu BGH, BGBZ 70, 285; 111, 282; ausführlich zu den Beweisproblemen *Stein*, S. 259 ff.
[553] Siehe BGH, NJW 72, 40.

§ 830 Abs. 1 Satz 1 BGB.[554] Zu Recht weist *Schwab* darauf hin, dass es bei *Zuschauerausschreitungen* anlässlich Fußballspielen unbillig wäre, bei einer derartigen sich oft allmählich entwickelnden Schlägerei mit unübersehbaren Angriffs- und Abwehrhandlungen einen Einzelnen aus dem Gemenge der Massenaktivitäten haftbar zu machen.[555] Eine Haftung wird daher nur bei eindeutigen Beweisen in Betracht kommen, wie die Rechtsprechung des BGH zur Haftung von Teilnehmern an Demonstrationen zeigt.[556]

Eine Haftung nach der *Alternativtäterschaft* gem. § 830 Abs. 1 2 BGB kommt in Betracht, **126** wenn nicht zu ermitteln ist, wer von mehreren Beteiligten die Verletzung oder den Schaden verursacht hat, aber feststeht, dass er an der Schadenszufügung mitgewirkt hat, z. B. mehrere werfen Flaschen, der Verletzte kann nur einen dingfest machen. Hier ist also die bloße Beteiligung ausreichend.[557] Diese gesetzliche Kausalitätsvermutung nach § 830 Abs. 1 Satz 2 BGB ist an folgende Voraussetzungen geknüpft: Der verletzte Zuschauer muss nachweisen, dass jeder der Gruppe ihn gefährdet hat, ferner, dass zumindest einer der Beteiligten die Verletzung ausgeführt haben muss.[558] Jeder der gemeinschaftlich in Anspruch Genommenen kann die Kausalitätsvermutung widerlegen.

Trotz der Beweiserleichterung in § 830 Abs. 1 BGB bleiben erhebliche Beweisprobleme. Gerade bei Massenausschreitungen wird man sich oft mit einer Unaufklärbarkeit abfinden müssen. Nicht nur die bekannten Ausschreitungen, z. B. bei den Bundesligaspielen des Hamburger Sportvereins in den Jahren 1979 und 1982, ebenso die Geschehnisse bei *Europa-Cup-Spiel 1985 im Brüsseler Heysel-Stadion* geben hierfür Beispiele. Bei derartigen Massenbewegungen können Verletzte und Verletzer kaum unterschieden werden, weshalb die Durchsetzung von Schadensersatzansprüchen oftmals an der Beweisbarkeit scheitert.[559]

II. Gegenüber Veranstalter und Stadioneigentümer

Zuschauer haften dem Veranstalter gegenüber bei Schädigungen jeweils aus Vertrag[560] **127** und nach den §§ 823 ff. BGB, gegenüber dem Stadioneigentümer dagegen lediglich aus den §§ 823 ff. BGB, was in der Praxis weder für den Verschuldensnachweis noch für den Schadensumfang nach §§ 249 ff. BGB bedeutsam ist.

Schädigende Handlungen des Zuschauers während, vor und nach der Veranstaltung sind überwiegend mutwillige und absichtliche: Stadionanlagen werden zerstört, Gegenstände, insbesondere Feuerwerkskörper geworfen, Ausschreitungen angezettelt oder das Sportfeld gestürmt. Derartige eindeutige Pflichtenverstöße werfen meist keine Verschuldensprobleme auf.

Neben Personen- und Sachschäden[561] infolge von Zerstörungen sind bedeutsam die oftmals gegenüber dem Veranstalter ausgesprochenen sportgerichtlichen Geldstrafen und Sperren. Nach einer Entscheidung des AG Brakel[562] haftet ein *Zuschauer*, der mit anderen *auf das Spielfeld stürmt* (hier wegen einer umstrittenen Schiedsrichterentscheidung) und eine Spielunterbrechung verursacht, welche gleichzeitig eine sportgerichtliche Geldstrafe nach sich zieht, auf Schadensersatz wegen Vertragsverletzung. Die Kausalität wird nicht etwa durch die gleichzeitigen Pflichtverletzungen anderer unterbrochen, ebenso wenig durch die später folgenden Verbandsgerichtsentscheidungen.[563] Auch für die aus derarti-

---

[554] Vgl. hierzu die Entscheidung des BGH zur Steinschlacht zweier Gruppen in JZ 72, 127 sowie in Demonstrationsfällen, z. B. BGH, NJW 72, 1369.
[555] *Schwab*, WFV 13, S. 67.
[556] Siehe BGH, NJW 72, 1571; 78, 816.
[557] Siehe hierzu MüKo-*Wagner*, § 830, Rz. 27 ff.
[558] So z. B. BGHZ 33, 291; 101, 111 f.; BGH, NJW 89, 2943.
[559] Vgl. dazu auch *Schwab*, WFV 13, S. 70–71; auch *Köhler*, RuS 18, S. 25 f.
[560] Siehe oben Rz. 81.
[561] Zum Schadensumfang grundsätzlich, Rz. 5, 6.
[562] AG Brakel, NJW-RR 88, 1246; SpuRt 94, 205 m. Anm. *Bär*.
[563] Zur kumulativen Kausalität siehe *Palandt-Heinrichs*, vor § 249, Rz. 86.

gen Vorkommnissen verhängten Spielsperren für Bundesliga-Clubs und die enormen Schäden bei Einnahmeausfällen und entgangenen Werbeerträgen ist somit Schadensersatz zu leisten; die Adäquanz ist hier zu bejahen, denn derartige Folgeschäden sind den Beteiligten bekannt.

*Mitverschulden*serwägungen zu Lasten des Veranstalters oder Stadioneigentümers stellen sich dann, wenn etwa durch mangelnde Absperrmaßnahmen oder gefahrvermindernde Vorkehrungen[564] die Ausschreitungen ermöglicht wurden; sie treten allerdings bei dem vorsätzlichen Verhalten der Randalierer zurück.

III. Gegenüber Sportlern, Schiedsrichtern, unbeteiligten Dritten

128 Eine vertragliche Haftung kommt mangels vertraglicher Beziehungen zwischen den Beteiligten nicht in Betracht, auch sind Sportler, Schiedsrichter, Helfer oder gar unbeteiligte Dritte in den Schutzbereich der Zuschauervertrages mit dem Veranstalter mit einbezogen.[565]

Bei der deliktischen Haftung der Zuschauer ist auf die weitgehend vergleichbare tatsächliche und rechtliche Situation der Haftung gegenüber Zuschauer und Veranstalter zu verweisen;[566] es tauchen die erwähnten Kausalitäts-, Verschuldens- und Beweisprobleme auf. Sportler und Schiedsrichter halten sich deshalb wegen ihrer Schadensersatzansprüche zweckmäßigerweise an ihre Vertragspartner Verein bzw. Verband.

5. Kapitel. Gesamtschuldnerische Haftung

129 Mehrere Sportler können für eine Verletzung eines *Mitsportlers* nebeneinander verantwortlich sein, z. B. im Mannschaftssport, wie Fußball, Handball, oder auch in einer Individualsportart wie Skilaufen, etwa bei Kollisionsunfällen. Daneben kann auch gleichzeitig ein Veranstalter für derartige Verletzungen haften, etwa bei mangelnden Sicherheitsvorkehrungen. Auch bei Verletzung von *Zuschauern*, etwa bei Sportarten wie Radsport, Motorradrennsport (Kollisionen), können mehrere Verantwortliche in Frage kommen: Sportler und Veranstalter sowie mehrere Sportveranstalter.

Kommen somit für den bei einem Sportunfall Verletzten mehrere Haftende nebeneinander in Frage, so sind diese Gesamtschuldner nach §§ 421, 422 BGB: Jeder Haftende schuldet die ganze Leistung, der Verletzte darf sie nur einmal verlangen; die Verpflichtung erlischt, wenn einer von beiden den Schaden ersetzt. Für die aus deliktsrechtlichen Bestimmungen Haftenden (einschließlich der Gefährdungshaftung) bestimmt § 840 Abs. 1 BGB, dass diese in jedem Falle Gesamtschuldner sind; Sportler und Veranstalter sind bei einer Haftung daher ebenso Gesamtschuldner[567] wie mehrere Sportveranstalter untereinander, z. B. Sportlehrer und Sportverein.[568]

Der Verletzte wird also zunächst einmal prüfen, wer von den möglichen Verursachern haftet, gleich ob aus evtl. bestehenden vertraglichen Beziehungen, Delikt- oder Gefährdungshaftung. Er wird nach dem obigen Haftungsprüfungsschema zu beurteilen haben, gegen welchen Haftenden und auf welcher Anspruchsgrundlage er vorgeht, schließlich mit welchen Beweismitteln er wohl am schnellsten die Haftung festmacht und insbesondere, welcher Haftende der solventere ist.[569]

Prozesstaktisch gesehen wird er erwägen, eventuell sämtliche möglichen Haftenden zu verklagen, um sie zumindest als Gegenbeweismittel auszuschalten.

---

[564] Siehe oben, Rz. 86, 87.
[565] Siehe Haftungsvoraussetzungen Rz. 5; sowie Rz. 81, 89.
[566] Siehe oben Rz. 124 ff.
[567] Siehe hierzu im Einzelnen Müko-*Wagner*, § 840, Rz. 21 ff.; *Palandt-Thomas*, § 840, Rz. 4 ff.
[568] So OLG Nürnberg, SpuRt 95, 274 zur Haftung des Fluglehrers und Fallschirmsportclubs.
[569] Zu den Voraussetzungen der Gesamtschuld grundsätzlich siehe *Palandt/Heinrichs*, § 421, Rz. 3 ff.

6. Kapitel. Versicherungsschutz bei Sportunfällen

Neben der Verschuldenshaftung und der Gefährdungshaftung ist für den Schadensausgleich bei Sportunfällen weiterhin das System des Versicherungsschutzes relevant,[570] denn Schadensersatzansprüche durch Haftungsbestimmungen werden hier für den Verletzten oder Geschädigten in bestimmtem Umfang verdrängt durch *Unfall-, Kranken- und Rentenversicherungen.* Darüber hinaus steht dem Geschädigten oder Verletzten eine eventuell abgeschlossene *Rechtsschutzversicherung* zur Verfolgung seiner Ansprüche bei, dem Haftenden wiederum eine *Haftpflichtversicherung*, welche den berechtigten Schadensersatzanspruch übernimmt.

130

Bei Ansprüchen im Versicherungsbereich hält sich der Verletzte an den Versicherungsträger, der seinen Aufwand wiederum durch Beiträge der bei ihm Versicherten, also aller potentiellen Schädiger deckt. Die Sozialversicherungsträger machen ihre Ansprüche über den gesetzlichen Forderungsübergang[571] beim haftpflichtigen Schädiger über § 116 SGB X (ehemals § 1542 RVO) geltend, private Versicherungen dagegen über § 67 VVG.

Auch in diesem Versicherungsschutz-System ist der Sportunfall kein Rechtsbegriff; lediglich der Begriff Unfall wird im Versicherungsrecht, insbesondere im Versicherungsvertrags-Recht, wenn auch nicht abschließend definiert, so doch beschrieben: In § 12 Nr. 1 II e) der AKB – auf Sachschäden bezogen – wird er in § 2 Nr. 1 AUB – auf Personenschäden gerichtet – als *ein plötzlich von außen auf seinen Körper wirkendes Ereignis,* durch welches *der Versicherte unfreiwillig eine Gesundheitsbeschädigung erleidet,* definiert.[572]

Für den Sportler kommen folgende Versicherungen in Betracht:
Die öffentlichen Versicherungen (Sozialversicherungen)
– gesetzliche Krankenversicherung,
– gesetzliche Unfallversicherung,
– gesetzliche Rentenversicherung,
– gesetzliche Arbeitslosenversicherung.[573]

Die privaten Versicherungen
– private Krankenversicherung,
– private Unfallversicherung,
– private Haftpflicht,
– private Sportversicherung.

Im System des Versicherungsschutzes unterscheiden wir also die *Sozialversicherungen* mit der gesetzlichen *Krankenversicherung, Rentenversicherung* und *Unfallversicherung,*[574] letztere als einer Art gesetzlicher Haftpflichtversicherung des Arbeitgebers, bei welcher Personen aufgrund bestimmter Tatbestände kraft Gesetzes (also automatisch) versichert sind, wiederum von den verschiedenen *Privatversicherungen* als einer Möglichkeit privater Vorsorge gegen Schäden und wirtschaftl. Nachteile, bei denen das Versicherungsverhältnis durch Vertrag entsteht.[575] Träger der gesetzlichen Unfallversicherung sind die Berufs-

---

[570] Siehe hierzu den Überblick bei MüKo-*Wagner*, vor § 823, Rz. 26 ff. m. w. N., ferner zur Risikoaufteilung bei Sportverletzungen zwischen Haftung und Versicherung *Fuchs*, SpuRt 99, 136.
[571] Zur praktischen Bedeutung des Forderungsübergangs *Waltermann*, NJW 96, 1644 ff.
[572] Siehe hierzu *Prölss/Martin*, § 180a, Rz. 1 ff., 179, Rz. 7.
[573] Einen umfassenden Überblick verschaffen *Gitter/Schwarz*, RdA 82, 37 ff. Siehe hierzu auch *Gitter*, MüHbArbR, § 195, Rz. 135 ff.; *Majerski-Pahlen*, SGb 90, 56 ff.; *Rolfs*, Sport und Sozialversicherung, 2001, S. 13 ff.; *Becker/Sichert*, Hartz IV in Diensten des Sports, SpuRt 2005, 187 untersuchen die gemeinnützigen Tätigkeiten im SGB II.
[574] Zu den übrigen staatl. und gesetzlich geregelten Versorgungen vgl. *Wolff*, VerwR III, § 140–145.
[575] Vgl. hierzu *Richter*, 1980, S. 34.

genossenschaften; für den Sport sind die Sportvereine als Unternehmer oder die Sportler selbst, wenn sie eigenständige Unternehmer sind (§ 658 Abs. 2 Ziff. 1 RVO), Mitglieder der Verwaltungsberufsgenossenschaft (§ 3 der Satzung der Verw.Ber.Gen., Abs. 1, GrZ 39).[576]

Die Mitgliedschaft besteht kraft Gesetzes, sobald die tatbestandlichen Voraussetzungen vorliegen, unabhängig von Anmeldung oder Beitragszahlung, im Gegensatz zur Mitgliedschaft bei privaten Versicherungen durch Vertragsabschlüsse.

Der Sportler oder andere Beteiligte, welcher Leistungsansprüche gegen eine Versicherung[577] geltend machen will, wird die Voraussetzungen eines *Versicherungsverhältnisses, Versicherungsfalles* und der *Versicherungsleistungen, danach* eventuelle *Leistungsbeschränkungen* und *Leistungsversagungen* prüfen müssen als Anspruchsvoraussetzungen für seine – grundsätzlich verschuldensunabhängigen – versicherungsrechtlichen Ansprüche.

I. Gesetzliche Versicherungen

130a Grundlegend für die gesetzliche Unfallversicherung, Krankenversicherung, Rentenversicherung sowie Arbeitslosenversicherung ist das *Beschäftigungsverhältnis* nach § 7 Abs. 1 SGB IV: Jede nichtselbständige Arbeit, worunter verstanden wird eine planmäßige Betätigung körperlicher und geistiger Kräfte, die der Befriedigung eines fremden Bedürfnisses dient.[578]

1. Gesetzliche Unfallversicherung

131 – *Versicherungsverhältnis.* Die gesetzliche Unfallversicherung tritt ein für alle Beschäftigten eines Arbeits- oder Ausbildungsverhältnisses (§ 2 Abs. 1 Nr. 1, 2 SGB VII); sie ist vorrangig vor den Leistungen der Krankenversicherung (§ 11 Abs. 4 SGB V).

Im Sport sind dies die typischen Sportarbeitsverhältnisse,[579] z. B. bei Fußballspielern der 1. und 2. Bundesliga, Eishockeyspielern, Berufsrennfahrern, auch bei „Nicht-Amateuren" ohne Lizenz.[580]

Aber auch dort, wo Spitzensportler mit Veranstaltern als Selbständige tätig sind, z. B. in Leichtathletik, Skisport oder Tennis, sind sie über § 2 Abs. 1 Nr. 1 SGB VII versichert.[581] Ebenso handelt es sich bei anderen Arten sportlicher Betätigung in Vereinen, um eine Beschäftigung nach § 2 Abs. 1 SGB VII, so dass ein Versicherungsverhältnis vorliegt.

Auch gehören zu dem versicherten Personenkreis gem. § 2 Abs. 1 Ziff. 13 die Helfer bei Sport-Unglücksfällen, z. B. Mitglieder der „Bergwacht", aber auch solche, die andere aus gegenwärtiger Gefahr für Körper und Gesundheit zu retten versuchen und dabei selbst verletzt werden.[582]

Ebenso sind die sporttreibenden Schüler und Sportstudenten im Rahmen der sportlichen Betätigung über § 2 Nr. 8 SGB VII gesetzlich unfallversichert,[583] schließlich sind über § 2 Nr. 9, 10 SGB VII folgende Personen in den Versicherungsschutz mit einbezogen: Helfer, Organisatoren, Schiedsrichter, die gegen Vergütung tätig sind, aber nicht in einem Beschäftigungsverhältnis stehen, also alle nebenamtlichen Vereinskräfte, solange sie gegen Entgelt tätig werden und nicht lediglich als Vereinsmitglieder ihre Mitgliedschaftspflichten erfüllen.[584]

---

[576] Siehe zu den Gefahrentarifen der gesetzlichen Unfallversicherung im Sport *Niese,* SpuRt 95, 205 ff.; *Gitter,* SpuRt 96, 148 ff.; 97, 12 ff.

[577] Einen Überblick über die verschiedenen Versicherungszweige bieten *Wolff/Bachof,* VerwR III, §§ 140 ff., *Richter,* S. 34, sowie zum Bereich Sport *Weisemann/Spieker,* S. 142 ff.

[578] Siehe hierzu *Rolfs,* a.a.O., S. 14 ff.; SozialRHB-*Ruland,* Abschn. 16, 78 ff.; BSGE 65, 21; 73, 90.

[579] Siehe oben, 3/Rz. 15 ff.; zum Sport als Arbeit i. S. d. § 539 RVO siehe BSGE 10, 94 ff.

[580] Siehe hierzu *Gitter,* SGb 90, 393; RuS 14, S. 22; *Lauterbach-Schwerdtfeger,* § 2, Rz. 61 f., Fußballspieler RZ 99 m. w. N.; BSG, SpuRt 2004, 79 (Höhe des Verletztengeldes).

[581] Siehe oben *Gitter,* SGb 90, 393; *Lauterbach-Schwerdtfeger,* § 2, Rz. 82 ff.

[582] OLG Hamm, SpuRt 95, 67 zur Hilfeleistung beim Einfangen durchgegangener Pferde

[583] Siehe hierzu *Weisemann/Spieker,* S. 157–158.

[584] *Lauterbach-Schwerdtfeger,* § 2, R. 348 ff.

Mit dem Fragenkomplex, ob lediglich Mitgliedschaftspflichten oder entgeltliche Tätigkeit vorliegen, befasste sich das Bundessozialgericht: Die bei dem *Bau eines Vereinsheimes tätigen Mitglieder* stehen dann (über den bisherigen § 539 Abs. 1 Nr. 1, Abs. 2 RVO) unter beitragspflichtigem Versicherungsschutz, wenn diese Tätigkeit nicht ausdrücklich in der Vereinssatzung festgelegt ist oder durch Beschluss einer Mitgliederversammlung geregelt wurde.[585] Darüber hinaus entschied das Bundessozialgericht nunmehr endgültig die Frage, ob Vereinsmitglieder, die an *Übungsleiterlehrgängen* teilnehmen, dem Versicherungsschutz nach §§ 2 Abs. 1 Nr. 1, 10 SGB VI unterliegen. Der Sozialversicherungsträger hatte in dem vorliegenden Fall mit Bescheid zu zahlende Beiträge festgesetzt, gegen die sich der Verein wehrte. Laut BSG kommt es darauf an, ob die Übungsleitertätigkeit nach Beendigung des Lehrganges entgeltlich oder unentgeltlich ausgerichtet sei, was von den Untergerichten nicht geprüft worden war.[586]

– *Versicherungsfall.* Ausgangspunkt ist hier der Begriff des Arbeitsunfalles, § 8 Abs. 1 SGB VII, sowie die weiteren mit der Arbeit verbundenen versicherten Tätigkeiten nach § 8 Abs. 2 SGB VII.[587] Bei welcher sportlichen Betätigung nun konkret Versicherungsschutz besteht, d. h., wann der Versicherungsfall eintritt, dazu hatte ursprünglich die Rechtsprechung die *Theorie der wesentlichen Bedingung* entwickelt.[588] Danach muss ein *wesentlicher innerer Zusammenhang* zwischen der *Risikosphäre* des Sportlers und dem Sportunfall vorliegen. Für Sportunfälle bei Training, Wettkämpfen, Schauveranstaltungen, Freundschaftsspielen und den dazu notwendigen Vorbereitungshandlungen ist der Versicherungsfall stets gegeben, ebenso bei Repräsentationen oder Werbeveranstaltungen im Zusammenhang mit dem sportlichen Ereignis.

In Weiterführung dieser Rechtsprechung sind für das Vorliegen eines Sport-Versicherungsfalles folgende Voraussetzungen maßgebend:
a) Zurechnung des Unfalles zur Versichertentätigkeit
b) Kausalität zwischen Unfall und Schadenseintritt (Gesundheitsschaden oder Tod)
c) Kausalität zwischen Unfall und Schadensumfang.[589]

Ausgeschlossen ist ein Versicherungsfall nach § 7 Abs. 2 SGB VII („Verbotswidriges Handeln") nicht, wenn der Sportler Regelwidrigkeiten begeht und es zu Verletzungen kommt mit der Folge eventuell strafrechtlich relevanter fahrlässiger Körperverletzungen nach § 223 StGB; allenfalls käme dieser Ausschluss bei absichtlichen Dopingverstößen in Betracht.

Ebenso wenig kann nach der von der Rechtsprechung entwickelten Figur der sog. *selbst geschaffenen Gefahr* der Versicherungsfall für den Sportler ausgeschlossen sein. Ein etwa übertriebener oder regelwidriger Körpereinsatz reicht hierzu jedenfalls nicht aus,[590] insbesondere nicht die Ausübung einer besonders gefährlichen Sportart.

Durch die Neuregelung in § 9 Abs. 1 SGB VII (Berufskrankheiten) sind auch typische Sportschäden wie Meniskusschäden, Schäden an Sehnen- und Muskelansätzen und Sehnenscheiden mit versichert.

Problematisch war seit jeher die Einordnung von Sportverletzungen als Arbeitsunfälle im Rahmen von *Betriebssportveranstaltungen* oder *betrieblicher sportlicher Tätigkeit*. Der Betriebssport dient ja bekanntlich teilweise der persönlichen Freizeitgestaltung und teilweise der Erhaltung der Gesundheit und damit dem betrieblichen bzw. Unternehmer-Interesse.

132

---

[585] BSG, SpuRt 94, 251.
[586] Siehe zum ehemaligen § 539 RVO, BSG, SpuRt 94, 15; SpuRt 96, 168; *Lauterbach-Schwerdtfeger* § 2, Rz. 366; BSG, 7. 9. 2004, Az B 2 U 45/03 R.
[587] Siehe hierzu die Bespielfälle bei *Rolfs*, S. 53 und 54 sowie die Rechtsprechung des BSG zu § 548 RVO, in SozR 3-2002, 100, § 548, Nr. 26, Nr. 29, Nr. 32.
[588] Siehe BSG seit BSGE 13, 176.
[589] Siehe den terminologisch exakten Überblick bei *Schulin*, in HS-UV, § 28, Rz. 1 ff. und § 29. Rz. 3 ff.; ebenso *Lauterbach-Schwerdtfeger-Watermann*, § 8, Rz. 6 ff.
[590] Siehe BSGE 37, 41; 43, 15; 53, 173.

Grundlegend für die Abgrenzung von *versichertem Betriebssport* im Rahmen des ehemaligen § 539 Abs. 1 Nr. 1 RVO zum *nichtversicherten Freizeitsport* ist noch immer die Entscheidung des BSG vom 28. 11. 1961,[591] in welcher insgesamt fünf *Abgrenzungsmerkmale* aufgestellt wurden, die auch jetzt noch für die Auslegung nach § 2 Abs. 1 Nr. 1 und 2 SGB VII entscheidend sind:

a) Die sportliche Betätigung muss als *Ausgleich* für die körperliche, geistige und nervliche Belastung durch die Betriebstätigkeit dienen; Wettkampfsport sowie auf Spitzenleistungen ausgerichteter Sport soll ausgenommen sein.

Da jede sportliche Betätigung aber Wettkampf enthält, hat die Abgrenzung in der Rechtsprechung stets Schwierigkeiten bereitet. Immerhin zählten von jeher sämtliche Mannschaftssportarten[592] zum Betriebssport. Sicherlich sind betriebsinterne Mannschaftswettbewerbe zu den versicherten Tätigkeiten zu zählen,[593] dagegen vereinzelt extern organisierte Pokalrunden nicht.[594] Bei Spielen gegen betriebsfremde Mannschaften wird man im Einzelfall zu entscheiden haben, ob der Ausgleichscharakter des Betriebssports noch vorliegt oder eher Wettkampfsport mit Leistungszweck.[595]

b) Die sportliche Betätigung muss mit einer gewissen *Regelmäßigkeit* stattfinden.

Einmalige Pokalspiele oder Sportfeste fallen somit nicht unter die versicherte Tätigkeit,[596] wogegen eine regelmäßig monatlich stattfindende Betätigung genügen wird.

c) Der Teilnehmerkreis muss sich im Wesentlichen auf die *Beschäftigten des Unternehmens* beschränken.[597]

d) Übungszeiten und jeweilige Dauer der Übungen müssen in einem dem *Ausgleichszweck* entsprechenden *Zusammenhang mit der Betriebstätigkeit* stehen.

e) Die Übungen müssen im Rahmen einer *unternehmensbezogenen Organisation* stattfinden, zu dem sich auch mehrere Unternehmen zusammenschließen können. Danach muss die sportliche Betätigung vom Betriebsinhaber organisiert sowie hierzu auch die notwendigen materiellen Voraussetzungen, z. B. Sportausrüstung und Platz zur Verfügung gestellt werden. Allein das Interesse des Betriebsinhabers am Ausgleichssport und dessen finanzielle Förderung reichen nicht aus, z. B. wird der Versicherungsschutz versagt, wenn das Unternehmen lediglich dienstfrei gibt und die Fahrtkosten ersetzt[598] oder wenn die Organisation des Betriebssportes auf einen Verein übertragen wird.[599]

– *Versicherungsleistung.* Die Frage des Umfanges der Versicherungsleistung beantworten grundsätzlich die §§ 26 ff. SGB VII, wo die Leistungen der diversen medizinischen Heilbehandlungen beschrieben sind; das Übergangsgeld und deren Berechnung ergibt sich aus §§ 50 und 52, das Verletztengeld aus §§ 45 ff., der Rentenanspruch wiederum aus §§ 56 ff. SGB VII.

Für den Sportler besonders bedeutsam ist sein Anspruch auf eine Verletztenrente bei Minderung der Erwerbsfähigkeit (§ 56 SGB VII), denn oft wird er durch Sportverletzungen schwer und nachhaltig mit Dauerschäden erwerbsunfähig. Nach § 56 Abs. 1 SGB VII muss die Minderung mindestens 10 % betragen.[600] Bei der Frage der Erwerbsunfähigkeit

---

[591] BSGE 16, 1 ff.
[592] Befürwortend für Einbeziehung des Wettkampfes, *Wolber* SozVers 74, 149 ff.
[593] So BSG, 31. 10. 72 in Soz.Sicherheit 73, 14.
[594] So BSG, 30. 4. 76 in Soz.Sicherheit 76, 210.
[595] So BSGE 45, 145; siehe auch die beispielhafte Aufzählung bei *Mihm*, SpuRt 95, 18 ff., siehe auch *Schwarz*, S. 183 ff., 245, der die Zugehörigkeit nach dem Schutzzweck beurteilt.
[596] So z. B. BSG, BB 1971, 656; bejahend allerdings bei regelmäßigem jährlichem Fußballturnier mit anderen Betriebssportgemeinschaften, BSG 2. 7. 1996, Az. 2 RU 32/95.
[597] Großzügige Auslegung durch das BSG, BSGE 17, 280.
[598] So BSG, 19. 3. 1991, Az. 2 RU 23/90; BSGE 7, 195 ff.; BSG, NJW 62, 117.
[599] So BSEG 7, 195 ff.; BSG, NJW 62, 117.
[600] Einzelheiten der Erwerbsminderung *Gitter*, RdA 92, 39; *Lauterbach-Sacher*, § 56, R. 20 ff.

kommt es auf die generelle Arbeits- und Erwerbsmöglichkeit auf dem allgemeinen Arbeitsmarkt an, nicht auf die konkret vor dem Unfall ausgeübte Tätigkeit.[601]
Die Höhe der Verletztenrente wird aus dem Grad der Erwerbsminderung und dem Jahresverdienst berechnet (§§ 56 Abs. 2, 57 ff., 81 ff. SGB VII), wobei die Höhe der Rente regelmäßig $^2/_3$ des Jahresverdienstes beträgt.

2. Gesetzliche Krankenversicherung

Versicherungsverhältnis. Der Freizeit-Sportler, der ja weitgehend nicht unter die gesetzliche **133** Unfallversicherung fällt,[602] ist dann krankenversichert, wenn er in der gesetzlichen Krankenversicherung im Rahmen eines Arbeitsverhältnisses pflichtversichert (§ 5 Abs. 1 Nr. 1 SGB V) oder freiwillig versichert ist (§ 9 SGB V). Dies bedeutet, dass Berufsportler unfallversichert[603] (§ 2 SGB VII) und krankenversichert, Freizeitsportler (Amateursportler) dagegen nur krankenversichert sind.

Versicherungsfall. Ausgangspunkt ist hier der Begriff der Krankheit. Diese wird definiert **134** als regelwidriger Körper- oder Geisteszustand, der die Notwendigkeit einer ärztlichen Heilbehandlung oder auch eine Arbeitsunfähigkeit zur Folge hat.[604] Auf die Ursache der Krankheit kommt es – im Gegensatz zur oben erwähnten Unfallversicherung – nicht an. Sportverletzungen, auch die durch sog. gefährliche Sportarten erlittenen, fallen demgemäß unter den Krankheitsbegriff.[605]
Ausgeschlossen ist die Versicherung lediglich bei vorsätzlicher Herbeiführung der Krankheit oder bei vorsätzlich begangenen Verbrechen oder Vergehen (§ 52 SBG V). Diese Ausnahmeregelung kommt bei Sportunfällen und Verletzungen praktisch nicht in Betracht,[606] auch nicht bei schweren Verstößen gegen die Wettkampfregeln oder bei Ausübung besonders gefährlicher Sportarten.

Versicherungsleistung. Leistungen der Versicherung sind die üblichen Krankenbehandlun- **135** gen, einschl. der Versorgung mit Arzneien und Heilmitteln und diversen Hilfsmitteln (§§ 27 ff., 44 ff. SGB V), unabhängig vom Bestehen etwaiger anderer Versicherungen (etwa private Sportunfallversicherung),[607] außer bei Vorliegen einer Berufskrankheit oder eines Arbeitsunfalles eines Sportarbeitnehmers (§ 11 Abs. 4 SGB V).[608] Die Höhe des Krankengeldes ist in §§ 44, 47 SGB V geregelt. Beim Sportarbeitnehmer sind die verschiedenen Prämien nicht in die Bemessung mit einzubeziehen, da sie kein Entgelt darstellen; hier ist besonders der Krankengeldanspruch als Folgeanspruch nach der Lohnfortzahlung gegen die Krankenkasse zu berücksichtigen,[609] wobei die Entgeltfortzahlung zum Ruhen des Krankengeldanspruches führt.

3. Gesetzliche Rentenversicherung

Versicherungsverhältnis. Die gesetzliche Rentenversicherung[610] kommt nur für Berufssport- **136** ler in Betracht, für Sportarbeitnehmer nach § 1 Abs. 1 Nr. 1 SGB VI und für selbständig tätige Sportler[611] (z. B. auch Sportlehrer) über ihre Versicherungspflicht gem. § 2 Nr. 1

---

[601] Siehe hierzu *Lauterbach-Sacher*, a.a.O., R. 25 BSG, SpuRt 2004, S. 79 ff.; BSG, SpuRt 2004, S. 81 ff.; BSG, SpuRt 2004, S. 83 ff.
[602] Siehe oben Rz. 131 ff.
[603] Siehe oben Rz. 131.
[604] So z. B. BSGE, 59, 119.
[605] Siehe z. B. *von Maydell/Ruland*, SozialRHB, Abschn. „Krankenversicherung, Rz. 99, sowie BSGE 72, 96; 66, 248; 59, 120.
[606] Siehe *Schulin-Schneider*, § 22, Rz. 462.
[607] So ständige Rechtsprechung seit BSG, NJW 59, 2327.
[608] So z. B. BSG vom 25. 6. 2002, Az. B1 KR 13/01 R; *Schulin-Kummer*, § 20 Rz. 29.
[609] Siehe im Einzelnen *Gitter*, RdA 82, 38.
[610] Zur geringen Bedeutung der Rentenversicherung im Sport siehe *Himmelseher*, S. 34; siehe aber *Gitter*, MüHbArbR § 195, Rz. 128 ff.
[611] Siehe hierzu eingehend *Rolfs*, S. 39 ff.

SGB VI und über die freiwillige Versicherung nach § 7 SBG VI. Insbesondere Tennislehrer, Golflehrer und Skilehrer sind je nach Vereinbarung ihrer Beschäftigungsart nach § 2 Nr. 1 SGB VI versicherungspflichtig.[612] Das Landessozialgericht NRW hat beispielsweise die Sozialversicherungspflicht (Kranken-, Renten- und Pflegeversicherung) für Golflehrer dann verneint, wenn es ihnen freistehe den Golfunterricht nach ihrem Belieben auch an Nichtmitglieder des Golfclubs zu erteilen und sie sich ebenso das Golfgelände aussuchen können und das Stundenhonorar frei zu vereinbaren ist.[613]

Versicherungsfall. Im Sport kommt bei der Rentenversicherung der Versicherungsfall bei Invalidität mit der Folge der Erwerbsminderung in Betracht (§ 43 SGB VI), sowohl bei voller als auch bei teilweiser Erwerbsminderung (§ 240 SGB VI).[614]

Versicherungsleistungen. Die Rentenzahlungen ergeben sich aus §§ 63 ff., insbesondere § 67 SGB VII, die Dauer der Rente, nämlich bis zum Eintritt der Altersrente aus § 43 Abs. 1 SGB VII.

II. Private Versicherungen

136a Neben der gesetzlichen Sozialversicherung können Ansprüche aus privat abgeschlossenen Versicherungen bestehen; sie ergeben sich aus den jeweiligen Verträgen mit den Versicherungsunternehmen, die unter staatlicher Aufsicht stehen; Rechtsgrundlage hierfür ist das Versicherungsprivatrecht.[615]

1. Private Unfall-, Kranken- und Haftpflichtversicherungen

137 Diese Unfall-, Kranken und Haftpflichtversicherungen kommen für Sportler im nichtorganisierten Sportbetrieb, aber auch als ergänzende Versicherung im Berufssport in Betracht.

Besonders im Profisport werden Unfall- bzw. Krankheitsversicherungen ergänzend zur gesetzlichen Versicherung abgeschlossen, um sich umfassend abzusichern. Sportunfall, -krankheitsfall, -haftpflichtfall beurteilen sich nach den gängigen Kriterien des Versicherungsvertragsrechts, welches sich ergibt aus dem Versicherungsvertragsgesetz (VVG) und den *Allgemeinen Versicherungsbedingungen* (AVB) sowie den Bedingungen der verschiedenen Versicherungszweige *Unfall* (AVB), *Krankheit* (AKB) und *Haftpflicht* (AHB).[616] In der Rechtsprechung geht es überwiegend um die Auslegung des Unfallbegriffes und diverser Ausschlussklauseln.

So bejahte das OLG Celle beispielsweise einen Unfall nach AUB 88 § 1 Ab. 4, als ein *Fußballspieler* sich im Laufen einen Achillessehnenriss zuzog,[617] ebenso das LG Bückeburg einen Unfall nach AUB 88 § 1 Abs. 3 für einen *Tennisspieler,* der nach einem Sprung eine Meniskusverletzung davontrug.[618] Dagegen verneint das OLG Schleswig[619] wiederum das Vorliegen eines Unfalles (AUB 61 § 2 Abs. 2a) „aufgrund plötzlicher Kraftanstrengung", als einem Läufer im Kurzstreckenlauf im Endspurt die Achillessehne riss.

Probleme gibt es stets auch bei gekoppelten Lebensversicherungen und Unfallzusatzversicherungen: Bei einem *Studenten-Boxmeisterschafts-Kampf* erlitt ein Student so schwere Schläge, dass er einer Gehirnverletzung erlag. Neben der Lebensversicherung zahlte die Unfallversicherung nicht, weil es sich nicht um ein plötzliches, unvorhergesehenes Ereig-

---

[612] Siehe hierzu *Jakob/Katzer,* Rentenversicherungspflicht selbstständiger Sportlehrer, SpuRt 2001, 143.
[613] Landessozialgericht NRW, 24. 6. 2004, SpuRt 2005, 120.
[614] Siehe *Rolfs,* S. 43 ff.
[615] Siehe hierzu z. B. *Hofmann,* § 1, Rz. 1 ff.; *Weyers,* Rz. 29 ff.
[616] Siehe hierzu *Hofmann,* § 3, Rz. 1 ff.; *Meyers,* Rz. 55 ff.; *Prölss/Martin,* AuB, S. 2505 ff.; AKB, S. 1665 ff.; AHB, S. 1267 ff.; ebenso den Überblick bei *Weisemann/Spieker,* S. 165 ff.
[617] OLG Celle, SpuRt 96, 171.
[618] LG Bückeburg, SpuRt 96, 172.
[619] OLG Schleswig, VersR 73, 50.

nis handelte.⁶²⁰ Dagegen liegt nach Auffassung des OLG München⁶²¹ ein plötzliches Ereignis vor, wenn ein *Segelflieger* infolge sauerstoffarmer Luft Bewusstseinsstörungen erleidet und tödlich abstürzt. Strittig waren auch Sportunfälle mit *Hängegleitern*, Drachenfallschirmen und Schirmdrachen etc. im Zusammenhang mit AUB 61 § 4 Nr. 3 a und § 1 Abs. 2 LuftVG. Hängegleiter und Drachenfallschirme sind zwar Luftfahrzeuge, sie dienen aber nicht der Luftfahrt als einer zielgerichteten Beförderung mit Reiseflugzeugen und sind deshalb nach den Bedingungen vom Unfallversicherungsschutz ausgeschlossen.⁶²²

Das OLG Karlsruhe⁶²³ hat schließlich die Unfalleigenschaft bei einem Erfrierungstod eines *Bergsteigers* bejaht, als dieser anlässlich einer Verschlechterung der Wetterverhältnisse und dadurch bedingtem Verlust der Sichtmöglichkeit sich niedersetzte und den Wetterumschwung abwartend schließlich erfror. Das OLG Köln entschied schließlich zu einer krankheitsbedingten Invaliditätsversicherung eines *Berufsfußballspielers*, dass bei einer dauernden Spielunfähigkeit aufgrund eines Unfalles während eines Fußballturnieres die Ausschlussklausel des § 3 Abs. 1 a AVB nicht in Betracht käme! Ob die dauernde Invalidität auf einem Unfall oder einer Krankheit beruhe, darauf komme es nicht an, in jedem Falle sei die Versicherung zur Leistung verpflichtet.⁶²⁴

Bei der privaten Haftpflichtversicherung im Sport muss berücksichtigt werden, dass die sportliche Betätigung in den Versicherungsschutz der Haftpflichtversicherung eingeschlossen ist, mit Ausnahme der „Sportklausel" des § 4 Abs. 1 Nr. 4 AHB (Teilnahme an Pferde-, Rad- oder Kraftfahrzeugrennen, Box- oder Ringkämpfen sowie Training) und des Auschlusses nach § 1 Abs. 2 b AHB (Luft-Wasser-Kraftfahrzeuge). Ein Risikoausschluss des Versicherers greift allerdings nur bei ausdrücklicher Aufzählung der jeweiligen Sportart in den Versicherungsbedingungen ein. Eine Ausweitung auf nichtaufgeführte, ebenfalls gefahrgeneigte Sportarten kann nicht gefolgert werden, stellt der öst. OGH⁶²⁵ in Zusammenhang mit einem Unfall bei Extremklettern fest.

2. Sportversicherung

Speziell für den Sport haben die Landes-Sportbünde für ihre Mitglieder die sog. Sport- **138** versicherung⁶²⁶ als Gruppenversicherung abgeschlossen in folgenden Sparten:
*Unfallversicherung, Krankenversicherung, Haftpflichtversicherung, Rechtsschutzversicherung, Vertrauensschadenversicherung*⁶²⁷ und für *Volkswettbewerb- und Trimm-Dich-Aktionen*.

Das Besondere dieser Versicherung ist die Ausdehnung des Versicherungsschutzes auf alle Sportarten und deren typische Risiken als über die allgemein gültigen Versicherungsbedingungen hinaus geltende Spezialregelungen. Hierbei handelt es sich um eine Pflichtmitgliedschaft der Vereinsmitglieder in den Sportverbänden, das Versicherungsverhältnis entsteht automatisch mit der Vereinsmitgliedschaft.

Für alle Versicherungszweige gehören zu dem versicherten Personenkreis die Landessportbünde selbst, ihre Fachverbände und Vereine sowie deren Mitglieder, Funktionäre, Personen im bezahlten Angestellten- oder Arbeitsverhältnis, freie Mitarbeiter gegen Vergütung, Betreuer, Schieds-, Kampf- und Zielrichter. Nicht zu den versicherten Personen gehören Berufssportler, Vertragsspieler und Lizenzspieler der Fußballvereine.

Allgemein ist für alle Versicherungssparten festzustellen, dass ein Versicherungsfall dann gegeben ist, wenn ein Schadensfall im Zusammenhang mit einer satzungsgemäßen

---

⁶²⁰ LG Köln, VersR 74, 542.
⁶²¹ OLG München, VersR 83, 127.
⁶²² OLG Nürnberg, VersR 80, 233.
⁶²³ OLG Karlsruhe, SpuRt 97, 102.
⁶²⁴ OLG Köln, SpuRt 94, 239.
⁶²⁵ Öst. OGH, SpuRt 2005, 201, m. Anm. *Haidlen*.
⁶²⁶ Zur Entwicklung u. Bedeutung der Sportversicherung siehe *Himmelseher*, S. 12 ff.; *Hübner*, RuS 14, S. 13 ff.
⁶²⁷ Rechtschutz- und Vertrauenschadenversicherung weisen keine Besonderheiten für den Sport auf, ihre Bedingungen sind identisch.

und angeordneten Veranstaltung bzw. Tätigkeit des Vereines vorliegt. Hierzu gehören sämtliche Veranstaltungen und Tätigkeiten im Zusammenhang mit dem Verein, wie auch gesellige Zusammenkünfte, Versammlungen und Lehrgänge. Auch besteht ein Wegeschutz, d. h. Schadensfälle auf dem Hin- bzw. Rückweg zu Vereinsveranstaltungen gehören zum Versicherungsbereich. Für alle Versicherungsarten gilt der Subsidiaritätscharakter gegenüber den eigenen Versicherungen des Sportlers.

139 a) Sport-Unfallversicherung.[628] *Versicherungsfall.* Der Eintritt eines Versicherungsfalles und die Leistungen orientieren sich zwangsläufig an der AUB, z. B. das Vorliegen eines Unfalles nach § 2 Abs. 1 AUB: „Ein Unfall liegt vor, wenn der Versicherte durch ein plötzlich von außen auf seinen Körper wirkendes Ereignis unfreiwillig eine Gesundheitsbeschädigung erleidet", oder wenn die Einschlussklausel des § 2 Abs. 2a AUB: „durch Kraftanstrengung des Versicherten hervorgerufene Verrenkungen, Zerrungen und Zerreißungen an Gliedmaßen und Wirbelsäule" gegeben ist. Bei den üblichen Sportverletzungen im Rahmen sportlicher Betätigung liegt stets ein Unfall im Sinne von § 2 Abs. 1 AUB vor, sowohl bei Fremdverletzungen als auch bei Selbstverletzungen auf dem Sportfeld, denn es handelt sich um ein von außen kommendes Ereignis.

Der Versicherungsschutz erfährt eine besondere Erweiterung auf sporttypische Risiken:

So wird z. B. der Einwand einer degenerativen Mitwirkung (§ 10 Abs. 1 AUB) nicht erhoben, ebenso fallen Bauch- und Unterleibsbrüche unter den Versicherungsschutz, obwohl sie nicht durch eine von außen kommende Einwirkung entstanden sind (§ 10 Abs. 3 AB). Schließlich fallen Todesfälle infolge Überanstrengung sowie Herzversagen unter den Unfallbegriff. Gleichzeitig sind Gesundheitsschäden und Todesfälle infolge von Temperatur- und Witterungseinflüssen, insbesondere Sonnenstiche, abweichend von § 2 III c AUB mitversichert. Schließlich ist darauf hinzuweisen, dass im Rahmen von Rennveranstaltungen im Motorsport auch hier die Mitglieder durch die Sportunfallversicherung mitversichert sind im Gegensatz zu § 4 Abs. 4 AUB.

Wenn schließlich die Gesundheitbeschädigung als Folge einer sportlichen Betätigung erst etwa zeitlich danach eintritt oder sogar nach Beendigung der sportlichen Tätigkeit zu einem späteren Zeitpunkt, fällt dies ebenfalls unter den Unfalltatbestand des § 2 Abs. 2 Satz 1 AUB, wenn die Kausalität zum Sport-Unfallereignis gegeben ist. Allerdings ist die Anzeigepflicht nach § 182 VVG mit der eventuellen Folge der Leistungsfreiheit nach § 6 Abs. 3 VVG zu beachten. Hinzuweisen ist auf das Merkmal der Freiwilligkeit in § 2 Abs. 1 AUB, welches besagt, dass beim Verletzten weder bedingter Vorsatz, bewusstes Risiko oder gar Einwilligung vorliegen darf.[629]

Als weitere Eintrittsvoraussetzung muss als Folge des Unfallereignisses und der Gesundheitsbeschädigung eine Invalidität oder Tod kausal eingetreten sein (§ 8 AUB). Auf die Haftungsausschlussklauseln der §§ 2 Abs. 3 AUB, 3 AUB ist hinzuweisen.

Versicherungsleistung. Diese beträgt bei der Unfallversicherung maximal € 40 000,– für den Invaliditätsfall, bei Arbeitsunfähigkeit entsprechende Renten. Bei Verdienstausfällen erfolgen gegen Nachweis Zahlungen.

Schüler erhalten gegebenenfalls Nachhilfestunden, Hausfrauen und Studenten bei nachgewiesener sportunfallbedingter Arbeitsunfähigkeit entsprechende Tagegelder.

140 b) Sportkrankenversicherung.[630] Die Sportkrankenversicherung umfasst die gleichen Gefahrenbereiche wie die Unfallversicherung; auch ihre Eintrittsvoraussetzungen sind weitgehend identisch, lediglich die Versicherungsleistung gestaltet sich anders. Hier werden nach den Versicherungsbedingungen entsprechende Behandlungskosten von Ärzten sowie weitere Heilbehandlungskosten für die Dauer von 2 Jahren, die Kosten stationärer

---

[628] Siehe im Einzelnen *Himmelseher,* S. 116 ff.; *Weisemann/Spieker,* S. 166 f.
[629] Vgl. im Einzelnen *Prölss/Martin,* §§ 180 Anm. 3 c, 180a, Anm. 1 b.
[630] Siehe *Himmelseher,* S. 124 f.; *Weisemann/Spieker,* S. 168 f.

Krankenhausbehandlung bis zu einem Höchstsatz von € 1500,– bezahlt. Auch beträgt der Gesamthöchstsatz aller Heilmaßnahmen € 1500,–. Im Übrigen kann auf die Allgemeinen Versicherungsbedingen für Krankheitskosten- und Krankenhaustagegeldversicherung verwiesen werden.[631]

c) Sporthaftpflichtversicherung.[632] *Versicherungsfall.* Der Versicherungsfall der Sporthaftpflichtversicherung regelt sich nach den allgemeinen Bestimmungen für die Haftpflichtversicherung der §§ 149 VVG und 5 Nr. 1 AHB. Auch für den Sport ist die strittige Frage des Zeitpunktes des Versicherungsfalles zu beachten: Kommt es auf das Kausal-Ereignis an oder auf das Folge-Ereignis? Der BGH bekennt sich zu Ersterem, der sog. Verstoßtheorie.[633] Für die Sportversicherung hat dies die Konsequenz, dass das Haftungsereignis während der sportlichen Tätigkeit, welche versichert war, eingetreten sein muss, also exakt während der Spiel- oder Trainingsdauer. Ebenso wie bei der Sportunfallversicherung ist bei der -haftpflichtversicherung das Merkmal der Freiwilligkeit eine Eintrittsvoraussetzung; nach § 152 VVG ist der Versicherer von der Leistung frei, wenn der versicherte Sportler die Tatsache, für die er verantwortlich ist, vorsätzlich oder widerrechtlich herbeigeführt hat.[634] Dies hat zur Folge, dass bei manchen Sportarten, wie Boxen, die Verletzungen des Gegners zwar regelgerecht sind, aber vorsätzlich, so dass der Versicherungsschutz entfällt, nicht jedoch bei fahrlässigen oder grob fahrlässigen Verletzungen, etwa bei Kampfsportarten durch Regelverletzungen. **141**

Eine Erweiterung bietet die Sport-Haftpflichtversicherung gegenüber der allg. Haftpflichtversicherung noch insofern, als in Abänderung der allgemeinen Haftungsausschlüsse des § 4 Abs. 4 AHB („Sportklausel") Haftpflicht an der Teilnahme bzw. Vorbereitung zu Radrennen eingeschlossen ist. Dagegen verbleibt es dabei, dass Haftpflichtansprüche aus Pferde-, Kraftfahrzeug-Rennen sowie Box- und Ringkämpfen ausgeschlossen sind. Ebenfalls fällt in Abweichung von § 1 Abs. 2b AHB die Benützung von Luft- und Kraftfahrzeugen unter den Versicherungsschutz.

Versicherungsleistungen. Der Leistungsumfang der Sporthaftpflichtversicherung umfaßt nach Prüfung der Haftpflichtfrage den Eratz des berechtigten Schadens für Dritte oder Vereinsmitglieder aufgrund zugefügter Verletzungen und Schäden als Versicherungs-Höchstsumme pro Schadensereignis € 7500,–, pro Versicherungsjahr für alle Schäden € 23 000,–.

Als Ergebnis ist insgesamt für die Versicherungssparten der Sportversicherung zu konstatieren, dass sie entsprechend der niederen Versicherungsprämien von ca. 1,– bis 2,- € zwar einen angemessenen, aber keinesfalls sämtliche Risiken abdeckenden Versicherungsschutz bieten.

III. Ausschluss von Risikosportarten, Aufopferungsansprüche für Leistungssportler

Im Zuge von Reformbestrebungen des Versicherungssystems ist die Frage gestellt worden, ob nicht das besondere Risiko bei gefährlichen Sportarten im *Freizeitsport* einer Einschränkung des Versicherungsschutzes bedarf, da es von den übrigen Versicherten in der Solidargemeinschaft nicht mitzutragen ist, unabhängig von der Verteilung der Lasten nach Gefahrenklassen in den Berufsgenossenschaften.[635] **141a**

Bei Hochleistungssportlern stellt sich unter anderem die Frage, ob der gesamte Versicherungsschutz für diese im Verhältnis zu ihren auferlegten Verpflichtungen gegenüber

---

[631] Siehe die Kommentierung bei *Prölss/Martin*, S. 1805 ff.
[632] Zu den Einzelheiten siehe *Himmelseher*, S. 132 ff.; *Weisemann/Spieker*, S. 170 ff.
[633] BGH, NJW 81, 870; vgl. *Prölss/Martin*, § 149, Rz. 12 ff.; *Klingmüller*, VersR 81, 421.
[634] Vgl. *Prölss/Martin*, § 152, Rz. 2 ff.; BGH, VersR 71, 806.
[635] Zur Gefahrenklassen-Einstufung von Sportvereinen in den Verwaltungsberufsgenossenschaften *Niese*, SpuRt 95, 205; SG Stuttgart, SpuRt 95, 230; SG Oldenburg, SpuRt 95, 286; *Gitter*, SpuRt 96, 148 ff.; 97, 12 ff.

Staat und Verband ausreichend ist, und ob deshalb etwa schwere Verletzungsfolgen nicht vom Staat getragen werden müssen.

1. Ausschluss von Risikosportarten

142 Die hohe Anzahl von Sportunfällen und Verletzungen stellt eine große finanzielle Belastung der Sozialversicherungsträger dar, weshalb sich die Frage stellt, ob es der Solidargemeinschaft der Versicherten zuzumuten ist, die Kosten für Risikosportarten mitzutragen.[636] Diese Frage wurde in Zusammenhang mit dem ähnlichen Problem eines Leistungsausschlusses bereits nach § 192 RVO für Missbräuche von Alkohol, Nikotin und Drogen gestellt.

Dieser Ruf nach mehr Eigenverantwortung des Sportlers lässt sich zwar mit dem Grundsatz der Subsidiarität des Sozialversicherungssystems begründen, nach welchem der Staat zur Leistung verpflichtet ist, wenn der Einzelne diese selbst nicht erreichen kann. Dagegen spricht jedoch ganz eindeutig der weitere Grundsatz der Sozialversicherungen, den Versicherten in allen Schicksalsfällen beizustehen.[637] Ebenfalls spricht gegen eine derartige Ausgrenzung der Grundsatz der Verschuldensunabhängigkeit im Sozialversicherungsrecht. Sogar die Rechtsprechung des BAG hat die gesetzliche Bestimmung des § 1 Abs. 1 LFZG (seit dem 1.6. 1994 § 3 Abs. 1 EFZG) sehr restriktiv ausgelegt. Danach stellt eine sportliche Betätigung selbst mit Risiken kein Verschulden dar;[638] ferner wurden selbst Sportarten wie *Fallschirmspringen, Drachenfliegen* und *Moto-Cross-Rennen* als nicht gefährlich eingestuft.[639] Eine exakte Abgrenzung zwischen sog. „besonders gefährlichen Sportarten" oder „nicht gefährlichen Sportarten" gibt es nicht, weil es jeweils auf Einzelsituationen und Leistungsfähigkeit des Betroffenen ankommt. Sportunfälle und Sportverletzungen sind hinsichtlich ihrer *Häufigkeit* und ihrer *Gefährlichkeit* schwer zu erfassen.

Nach Medienberichten ereignen sich in Deutschland jährlich weit mehr über 1 Mio. Sportunfälle, davon etwa 90 % im nicht organisierten und 10 % im organisierten Sport. Die häufigsten Unfälle ereignen sich bei den Sportarten Fußball, Basketball, Handball, Hockey, Volleyball, Boxen, Kraftsport, Reiten und Skisport, die schwersten Unfälle offensichtlich bei Segelfliegen, Drachenfliegen, Autorennsport, Skisport und Reitsport, wogegen zu den unfallärmsten Sportarten das Schwimmen, Rudern, Tennis und Tischtennis zu rechnen sind.[640]

Untersuchungen zur Gefährlichkeit und damit Unfallhäufigkeit in bestimmten Sportarten und deren besondere Risiken[641] haben ergeben, dass bei manchen Sportarten ein hohes Verletzungsrisiko, bei manchen ein hohes Todesrisiko besteht.[642] Dies besagt aber nichts Endgültiges zu deren Gefährlichkeit. Zwar zeigen die Statistiken,[643] dass das Bergklettern die Sportart mit dem höchsten Todesrisiko ist (bezogen auf die Zahl der Teilnehmer und eine lebenslange Teilnahme von 25 Jahren), ähnlich hoch ist dies bei den Sportarten Drachenfliegen, Fallschirmspringen, Tieftauchen; erst weit hinten rangiert das Profiboxen. Ein geringes Todesrisiko haben beispielsweise die Sportarten Skifahren, Fußball, Surfen. Andere Auftei-

---

[636] Siehe bei *Hübner*, RuS 14, 1 mit Hinweis auf den 25. Stuttgarter Kongress für aktuelle Medizin, 1991.
[637] BSG in SGb 1960, 208.
[638] BAGE 5, 307, 309.
[639] BAG, AP Nr. 39, 45 zu § 1 LFZG; siehe hierzu 3/Rz. 44; *Arens*, AR-Blattei, SD 1000.4, Krankheit IV „Sportunfall" mit Nachweisen zu Boxen, Bungee-Springen, Drachenfliegen, Fallschirmspringen, Fingerhakeln, Fußball, Karate, Kick-Boxen, Motorsport, Ringen, Schuhplattler(!), Skisport.
[640] Aufschlussreich sind die teilweise von Verbänden veröffentlichten Zahlenwerke, siehe z. B. die bereits von *Menge* zitierte Aufschlüsselung des Landessportbundes NRW über 30 000 Sportfälle, in *Steiner*, RuS 1, 3 ff.
[641] Zum Begriff des Risikos: „Eintrittswahrscheinlichkeit bestimmter Ereignisarten und Auswirkungsschwere", siehe *Graf-Baumann/Metreweli*, Unfall- u. Katastrophenforschung, 1981, S. 17 ff.
[642] *Reif,* S. 48 ff.
[643] S. im Einzelnen bei *Reif*, S. 54.

lungen gibt es bei dem Verletzungsrisiko: hier ist die Reihenfolge etwa Fußball, Skifahren, Drachenfliegen. Wir finden also bei manchen Sportarten ein hohes Todesrisiko, bei anderen wiederum ein besonderes Verletzungsrisiko. Allerdings ist festzustellen, dass das Risiko für den einzelnen Sportler mit zunehmender Übung und Erfahrung abnimmt und es von der psychischen Einstellung abhängt, welches Risiko der Einzelne bereit ist einzugehen.

Bei der rechtlichen Beurteilung von Sportunfällen wurde zwar teilweise der Begriff „Gefährliche Sportarten" verwendet,[644] aber nur, um den Unterschied der risikoreichen sportlichen Betätigung zum allgemeinen Verkehr schlechthin zu markieren. Eine absolute Differenzierung unter Sportarten als sog. Risikosportarten oder gefährliche Sportarten kann somit nicht vorgenommen werden.[645]

Ein Ausschluss von bestimmten Risikosportarten aus dem Sozialversicherungssystem oder eine Einschränkung wäre mangels eindeutiger Kriterien nicht sachgerecht.

2. Aufopferungsansprüche für Leistungssportler

Im Vergleich dazu erleiden Hochleistungssportler oftmals schwere Verletzungen und Sportschäden als Folgen von besonders intensiver Sporttätigkeit. Sie sind besonderen gesundheitlichen Belastungen ausgesetzt durch intensives Training und ständiger Ausschöpfung ihrer physischen und psychischen Kapazitäten.

Burmeister befürwortet deshalb eine staatliche Ausgleichspflicht für dauerhafte Gesundheitsschäden von staatlich geförderten Hochleistungssportlern, zumindest derjenigen Sportler, die von der deutschen Sporthilfe „mit dem Ziel zur Erlangung internationaler Wettbewerbsfähigkeit gefördert werden".[646] Nach seiner Auffassung sind die besonderen Sportrisiken durch die bestehenden Versicherungen unzureichend abgedeckt, weshalb Aufopferungsansprüche nach ständiger richterlicher Rechtsfortbildung in Anlehnung an die §§ 74, 75 ALR gegeben sein müssten.[647]

Demgegenüber ist festzuhalten: Sportunfälle, auch mit der Folge von lang andauernden Körperschäden im Bereich des staatlich geförderten Hochleistungssports, unterliegen ausschließlich der gesetzlichen Unfallversicherung der §§ 539, 548 RVO, da diese wegen der Intensität und des ständigen Trainings in einem Abhängigkeitsverhältnis zu Verein oder Verband durchgeführt werden.[648] Auch der Leistungssportler mit Amateurstatus unterfällt der gesetzlichen Unfallversicherung. Ebenfalls liegen die weiteren Eintrittsvoraussetzungen, z. B. Unfälle infolge Kraftanstrengungen mit der Folge von Verletzungen nach § 2 Abs. 2a AUB vor.

Richtig ist zwar, dass Sozialversicherungen sowie private Sportversicherungsverträge für Sportler in Extremfällen keinen umfassenden Versicherungsschutz bieten können. Die private Sportversicherung stellt jedoch in jedem Falle eine Ergänzung zu den anderen gesetzlichen Versicherungen dar und ist in erster Linie für die Bereiche des Freizeitsportes gedacht, wenn sie auch teilweise für den bezahlten Spitzensport eintritt. Der staatlich geförderte Hochleistungssport mit den absoluten Spitzenleistungen auf Bundesebene und seinem besonderen Trainingsaufwand stellt demgegenüber die Ausnahme dar. Aus diesem Grunde wurden auch von der „Stiftung Deutsche Sporthilfe" besondere Verträge zugunsten der von ihr geförderten Spitzensportler abgeschlossen mit umfassendem Unfall- sowie Haftpflichtschutz. Ähnliche Verträge schließen andere Spitzen-Sportfachverbände für ihre Mitglieder ab.

Für die Begründung eines Aufopferungsanspruches in Anlehnung an §§ 74, 75 ALR führt *Burmeister* unter anderem auch die Impf-Fall-Entscheidungen des BGH[649] an. Die

---

[644] So z. B. BGH, NJW 61, 657; BGH, NJW 63, 1100; BGH, NJW 75, 110.
[645] Vgl. die Darstellung bei *Hübner*, RuS 14, S. 3; *Majerski-Pahlen*, SGb 90, 52.
[646] Siehe *Burmeister*, NJW 83, 2617ff., 2622.
[647] Siehe *Burmeister*, a.a.O., S. 2620.
[648] Siehe oben Rz. 131ff.
[649] Siehe z. B. BGH, NJW 53, 857; 57, 948 sowie die weiteren Hinweise bei *Burmeister*, a.a.O., S. 2621.

Voraussetzungen eines Aufopferungsanspruches sind danach stets dann gegeben, wenn staatliche Eingriffe in die Rechte des Einzelnen vorliegen mit der Begründung eines Allgemeininteresses und der Folge eines sog. Sonderopfers.[650] Bei Leistungssportlern liege zwar kein direkter staatlicher Eingriff vor, jedoch sei die staatliche Sportförderung als „psychologisches Abfordern von sportlichen Höchstleistungen" zu qualifizieren, dies zumindestens für die Spitzensportler, die von der deutschen Sporthilfe mit dem Ziel der Erlangung internationaler Wettbewerbsfähigkeit gefördert werden.[651]

Dieser extensiven Auslegung der Rechtsprechung mit der Argumentation einer „modernen Form der individuellen Verführung"[652] stehen erhebliche Bedenken gegenüber. Zum einen sind die gesundheitlichen Belastungen der Leistungssportler nicht in den von *Burmeister* unterstellten Umfängen nachgewiesen; ferner besteht kein Zwang zur Teilnahme am Hochleistungssport, wie etwa bei dem pflichtigen Schulunterricht.[653] Vielmehr steht es jedem Sportler frei, sich von dem besonderen Training und der Belastung zurückzuziehen. Eine staatliche Schutzpflicht für Leben und körperliche Unversehrtheit in dem Umfang, wie von *Burmeister* gefordert, besteht nicht, wie insbesondere *Steiner* am Beispiel Kinderhochleistungssport überzeugend dargelegt hat.[654]

7. Kapitel. Sport und nachbarliche Beeinträchtigungen, Umwelteinwirkungen, Abwehr und Ausgleich

143a Konflikte des Sports mit der Umwelt und den unmittelbaren Nachbarn und deren Lösungsmöglichkeiten sind nicht nur Gegenstand der Rechtsnormen im öffentlichen Recht.[655] Gegenüber Sportemissionen (hauptsächlich als Lärm) auf den unmittelbaren Nachbarn, aber auch gegen schädigende Beeinträchtigungen der Natur bestehen Beseitigungs- und Unterlassungsansprüche – als ergänzender Rechtsschutz zum Schadensausgleich.

I. Sport – Nachbarliche Beeinträchtigungen, Abwehr und Ausgleich

144 Die ständig steigende Freizeit in unserer Gesellschaft und ein geändertes Freizeitverhalten scheint den Sport-Nachbarschaftskonflikt zu fördern: In geradezu identischen Zeiten (der Freizeit nämlich) will der eine Bevölkerungsteil (absolute) Ruhe, der andere Sportaktivität und verursacht selbst oder mittelbar (Sport-)Emissionen,[656] insbesondere Sportlärm. Dazu kommt, dass das subjektive Empfinden des Lärms unterschiedlich ist und einer neutralen Bewertung schwer zugänglich. Ferner ist der Sportlärm im Vergleich etwa zu Straßen- und Maschinenlärm unregelmäßig ausgeprägt. Neben dem „Konkurrenz-Anspruchsdenken" zwischen dem Sporttreibenden auf freie Betätigung seines Sports gemäß Art. 2 Abs. 1 GG sowie dem Recht des Nachbarn auf Ruhe und Erholung (gemäß Art. 2 Abs. 1, 14 Abs. 1 GG) kommt ein weiterer Faktor als Konfliktpotential hinzu: Eine konkrete Beeinträchtigung entsteht immer erst bei bereits errichteter Sportanlage und deren Nutzung, weshalb eine Kompromissbereitschaft schwer möglich ist und zur Verhärtung der Fronten führt.[657]

---

[650] Zur Sonderopfer-Theorie *Maurer,* § 26, Rz. 27 ff.; BGHZ 45, 152 ff.; 60, 130.
[651] So *Burmeister,* a.a.O., S. 2621.
[652] So *Burmeister* bereits in DÖV 78, 5.
[653] Siehe die Rspr. hierzu OLG Frankfurt, NJW 67, 632; BGH, VersR 67, 470; BGH, NJW 67, 621, sowie *Fritzweiler,* S. 119–120.
[654] Siehe *Steiner,* RuS 1, S. 48 ff.
[655] Siehe hierzu 1/Rz. 100 ff.
[656] Problematisch sind lediglich die sog. „Feinimmissionen" wie Lärm, Licht, Staub – wogegen „Grobimmissionen", nämlich das Eindringen von Sportgeräten auf ein Nachbargrundstück oder gar das Betreten durch Personen zweifellos Abwehransprüche begründet.
[657] Hierzu u. a. bereits *Vieweg,* JZ 87, 1106.

5. Teil. Sport, Schäden und Beeinträchtigungen

Während es bei Verletzungen und Schäden aus Sportunfällen um die Realisierung von Schadensersatzansprüchen geht, die die gesetzliche Regelung[658] in den §§ 823 ff. BGB vorsieht, hat der durch Sport andauernd Beeinträchtigte eher Interesse, die Beseitigung der Störung nach den §§ 1004, 862 BGB zu verlangen.

1. Anspruchsvoraussetzungen

Der durch Sportimmissionen[659] beeinträchtigte Nachbar hat nach den gesetzlichen Bestimmungen der §§ 1004, 862 BGB folgende Ansprüche: **145**

Bei *bestehenden Sportanlagen*[660] stehen dem Nachbarn gegen den Sportlärm zivilrechtliche und öffentlich-rechtliche Abwehransprüche zu – letztere bei Sportanlagen der öffentlichen Hand, für welche der Verwaltungsrechtsweg gegeben ist.[661]

Der *zivilrechtliche Beseitigungs- und Unterlassungsanspruch* gemäß § 1004 BGB sowie der für Mieter inhaltsgleiche Anspruch nach §§ 858, 862 BGB, richtet sich gegen den Störer des Sportlärms; als Zustandsstörer kommt der Sportanlagen-Betreiber als Gesamtverursacher – weniger der Sportler als Handlungsstörer – in Betracht.[662] Dieser auf die Beseitigung des Sportlärms gerichtete Anspruch wird durch die Duldungspflicht des § 906 BGB modifiziert:

Unwesentliche Beeinträchtigungen sind zu dulden, *wesentliche* sind, falls *nicht ortsüblich*, keinesfalls hinzunehmen; falls sie jedoch ortsüblich sind, sind sie für den Fall einer möglichen Verhinderung durch wirtschaftlich zumutbare Maßnahmen nicht zu dulden, andernfalls besteht eine Duldungspflicht mit angemessenem Ausgleich in Geld. Entscheidend ist somit die Auslegung der gesetzlichen Vorgaben: *Wesentliche Beeinträchtigung, ortsüblich* sowie *wirtschaftlich zumutbar.*

Der *öffentlich-rechtliche Abwehranspruch* bei unzumutbaren Immissionen von Sportanlagen der öffentlichen Hand im Bereich öffentlich-rechtlicher Nutzungen[663] beurteilt sich mangels gesetzlicher Regelung nach ständiger Rechtsprechung im Rahmen einer allgemeinen Leistungsklage nach Art. 2 Abs. 2 Satz 1 und Art. 14 Abs. 1 Satz 1 GG oder analog aus §§ 1004, 906 BGB.[664] Er bestimmt sich hinsichtlich der Rechtmäßigkeit dieser öffentlichen Immissionen wiederum nach Maßstäben der § 3 Abs. 1, 2 und § 22 Abs. 1, § 5 Nr. 1 BImschG. Danach sind Anlagen so zu betreiben, dass *schädliche Umwelteinwirkungen* auf ein Mindestmaß beschränkt werden, wozu gem. § 3 Abs. 1 und 2 BImschG auch Geräusche zählen, die nach Art, Ausmaß und Dauer geeignet sind, *erhebliche Belästigungen* für den Nachbarn herbeizuführen.

Anspruchsgegner der Abwehransprüche sind stets die Störer, d. h. auf deren Willen die Immission zurückgeht; dies können sog. Handlungs- oder Zustandsstörer[665] sein, etwa Sportler oder Sportveranstalter, die je nach Situation unter Umständen auch kumulativ haften.

---

[658] Zur analogen Anwendung der Beseitigungsansprüche nach § 1004 auf absolute Rechte siehe *Palandt-Thomas*, Einf. vor §§ 823, Rz. 16 ff.
[659] In der Literatur wird unterschieden zwischen direkten Immissionen – solche durch sportliche Betätigung selbst entstehende, z. B. Ballgeräusche, Schreie von beteiligten Personen – sowie indirekten Immissionen – Zuschauerlärm, Lautsprecher, Lichteinstrahlungen – und mittelbaren Immissionen – an- und abfahrende Fahrzeuge, lautstarke Fußgänger –, so *Birk*, NVwZ 1985, 689; *Schmitz*, NVwZ 1991, 1127; *Dury* in Umwelt, Sport und Recht württembergischer Fußballverband, 2000, zivilrechtliche Abwehransprüche gegen Emissionen von Sportanlagen Seite 35 f.
[660] Zur Problematik bei zu errichtenden Sportanlagen siehe 1/Rz. 100 f.
[661] Siehe hierzu im Einzelnen *Schmitz*, NVwZ 91, 1137.
[662] Ausführlich hierzu *Pikart*, S. 12 ff.
[663] Siehe für Sportanlagen die Rspr. bei *Schmitz*, NVwZ 91, 1127.
[664] Siehe BVerwG, NJW 88, 2396 (Feueralarmsirene); VGH Kassel, NJW 93, 3088 (Fußbälle auf Privatgrundstück).
[665] Siehe hierzu im Einzelnen *Schmitz*, NVwZ 91, 1128 m. w. Rechtssprechungsnachweisen.

2. Ältere Rechtsprechung zum Sportlärm

146 Die ältere Rechtsprechung hat sich wenig differenziert geäußert, Fragen der Üblichkeit und Wesentlichkeit in § 906 BGB wurden nur allgemein beantwortet. So musste sich das Reichsgericht mit sportlicher Betätigung und Lärmeinwirkungen auf Nachbarn auseinander setzen: *Kegelbahn*-Betriebe in Gaststätten wurden nach 21.00 Uhr untersagt mit der sehr allgemeinen Begründung einer „Üblichkeit im Stadtbezirk" oder der „Anschauung der Bevölkerung".[666] Ebenfalls wurden *Schießstände* bereits in Nachmittagszeiten wegen zu großer Lärmentwicklung untersagt.[667] In der Folgezeit mussten sich die Gerichte mit Lärmentwicklungen bei *Minigolf, Badebetrieben, Autorennen*, welche neben einer Gastwirtschaft veranstaltet wurden oder in Wohngebieten, sowie *Go-Kartbahnen, Wasserskisport* und *Fußball*[668] auseinander setzen. Erst in späterer Zeit kamen die Lärmbeeinträchtigungen von den *Tennisplätzen* und *Sportstadien* (Fußball und Leichtathletik) hinzu.[669] Sensiblere Ansichten und Anspruchsdenken fordern nun bereits exaktere Begründungen von Behörden und Gerichten, wozu jedoch *Deutsch*[670] auf die mangelnden Gestaltungsmöglichkeiten für den Zivilrichter nach § 906 BGB hinwies.

147 Zu einer differenzierteren Betrachtung der Lärmquelle aus dem Sportgeschehen, nämlich dem *„Sportlärm"*, ist die Literatur und Rechtsprechung dann in der Folgezeit gelangt:

„Sportlärm" ist zunächst einmal der direkte, durch Betätigung mit dem Sportgerät (Tennisball-Schlag, Motorgeräusch), durch Äußerungen der Sportler (Schreie, Zurufe) oder durch Rufe von Trainern bzw. Pfiffe der Schiedsrichter hervorgerufene Lärm. Indirekt entsteht Sportlärm durch Zuschauer-Äußerungen oder infolge von Lautsprecherdurchsagen. Aber auch der „Sport-Folgelärm" jeweils vor und nach der Sportbetätigung wie etwa Lärm infolge von Kraftfahrzeugen, Gaststättenbetrieb etc.[671] ist „Sportlärm".

Gleichbedeutend mit dem Lärm sind von Sportanlagen ausgehende Flutlicht-Emissionen sowie Staubentwicklungen etwa bei Motocross-Veranstaltungen.

So definierte Sportimmissionen i. S. v. § 906 Abs. 1 BGB wurden in Literatur und Rechtsprechung lange Zeit mit den anderen Immissionen des § 906 Abs. 1 BGB gleich gewichtet, sind aber in jüngster Zeit durch die Entwicklung des Sports mehr in den Mittelpunkt rechtlicher Auseinandersetzungen geraten.

3. Entwicklung der Rechtsprechung

148 Erschwert wurde die tatsächliche Konfliktsituation zwischen Sport und Nachbarschutz zusätzlich durch die unterschiedlichen gesetzlichen Vorgaben im privaten und öffentlichen Recht, womit die neuere Rechtsprechung lange Zeit beschäftigt[672] war, bis es zur gesetzlichen Änderung des § 906 Abs. 1 BGB im Jahre 1994[673] kam.

Die Problematik „Sport und Nachbar" in ihrer ganzen Bandbreite zeigt sich deutlich in der Entwicklung in Literatur und Rechtsprechung. Zunächst stellte sich nämlich die Fragen, ob der Sport gegenüber anderen nachbarlichen Beeinträchtigungen eine beson-

---

[666] RG, JW 1904, 175; JW 1905, 231.
[667] RG, JW 1908, 682.
[668] Vgl. den Überblick von *Wiethaup* in MDR 69, 822; AgrarR 73, 177 auf die nicht veröffentlichten Entscheidungen.
[669] Vgl. die Rechtsprechungshinweise bei *Birk*, NVwZ 85, 689; *Papier*, UPR 85, 7374.
[670] *Deutsch*, VersR 84, 1005.
[671] So z. B. *Birk*, a.a.O. S. 690; OVG Münster, UPR 83, 387; *Schmitz*, a.a.O.
[672] Siehe hierzu das sog. Volksfestlärmurteil des BGH, BGHZ 111, 63 = NJW 90, 2465, sowie das Urteil zur Feueralarmsirene des BVerwG, NJW 83, 2396; ebenso hierzu grundlegend die unterschiedliche Rechtsproblematik der Sportanlagen im Wohnbereich *Lang*, UPR 85, 185 ff.; *Hagen*, UPR 85, 192 ff.; *Gaentzsch*, UPR 85, 201 ff.; *Salzwedel*, UPR 85, 210 ff.
[673] BGBl. 1994 I S. 2457; *Kregel*, NJW 94, 2599; *Dury*, SpuRt 95, 102; im Einzelnen unten Rz. 155.

dere „Sympathie" genießt und ob damit also „Sportimmissionen" im Vergleich zu anderen Immissionen, gemessen an seiner besonderen gesellschaftlichen Bedeutung, günstiger zu bewerten seien oder überhaupt einer spezielleren Beurteilung bedurften.

Exemplarisch sind eingangs zwei Entscheidungen herauszustellen, welche die Diskussion geprägt haben: **149**

Im *Frankfurter-Tennisplatz-Urteil* des BGH v. 17. 12. 1982[674] ging es um die Klage einer Nachbarin eines Tennisclubs auf Unterlassung des Spielbetriebs, hilfsweise auf zeitliche Beschränkung. Das Wohnhaus stand 4 m neben dem Tennisplatz, auf welchem täglich Spielbetrieb war, zusätzlich jeden 2. Sonntag ein Tennisturnier. Während das Landgericht den Spielbetrieb lediglich einschränkte, wogegen der Tennisclub sich wehrte, untersagte das OLG den Spielbetrieb vollständig, der BGH bestätigte diese Entscheidung. Dem Tennisplatz-Urteil lag zwar eine wesentliche ortsunübliche Beeinträchtigung (obwohl nach Messungen tagsüber 60 dB (A), nachts 45 dB (A) nicht überschritten wurden), wohl aber auch ein besonderer atypischer Fall zugrunde.

Dem *Hamburger Tegelsbarg-Urteil* des BVerwG v. 19. 1. 1989[675] lag die Klage einer Hauseigentümerin gegen die Stadt Hamburg zugrunde, in der Minderung des Lärms durch den Freizeitsport einer Sportanlage verlangt wurde, auf der man Fußball, Leichtathletik, Handball u. Tennis betrieb, im Rahmen von Schulsport, Vereinssport und nicht organisiertem Sport. Das klägerische Haus stand seit 1930, die Sportanlage wurde 1978 errichtet. Die Klägerin hatte bereits außergerichtlich ohne Erfolg Lärmschutzmaßnahmen verlangt. Das OVG hatte das Fußballspielen an Sonn- und gesetzlichen Feiertagen sowie montags bis freitags nach 19.00 Uhr untersagt, das BVerwG bestätigte das Urteil mit der Abänderung, dass zusätzlich auch samstags Nachmittag der Sportbetrieb untersagt wurde. Auch diese Entscheidung bejahte eine erhebliche Belästigung durch den Sportlärm (obwohl der Richtwert von 55 dB (A) für allgemeine Wohngebiete nicht überschritten wurde).

Beide Urteile machten deutlich, dass die Nutzung von Sportanlagen im Wohnbereich stark eingeschränkt, ja mitunter sogar untersagt werden kann.

Danach zeigte die Rechtsprechung eine unterschiedliche Entwicklung. Aus der Fülle der Entscheidungen ragen die über *Tennisplätze* und *allg. Sportplätze* heraus: **150**

Tennisplätze. Folgerichtig im Anschluss an das BGH-Tennisplatzurteil bewertete das *OLG Celle*[676] die Frage der wesentlichen Beeinträchtigung gem. § 906 BGB anhand der TA-Lärm und beschränkte die Gesamtspielzeit an Werktagen auf max. 4 Stunden, weil der zulässige Grenzwert von 55 dB (A) überschritten wurde; der typische Sportlärm beim Tennis wurde mit einem Ruhezeit-Zuschlag von 6 dB (A) bewertet. Für den unbeplanten Innenbereich sei die tatsächliche Bebauung maßgebend, die einem allgemeinen Wohngebiet entspreche. Ebenso maßen das *LG Aachen*[677] sowie das *OLG Köln*[678] beim Tennisbetrieb auf einer Schulsportanlage außerhalb des Schulbetriebes die Frage der Wesentlichkeit an der TA-Lärm und VDI-Richtlinie 2058, deren Werte überschritten waren (reines Wohngebiet: 53 dB [A] plus 6 dB [A] Ruhezeit-Zuschlag), und verboten den Spielbetrieb außerhalb der Schulzeit.

Allg. Sportplätze. Nachdem das *OVG Münster*[679] den Betrieb eines Bolzplatzes untersagte wegen baurechtlicher Unzulässigkeit in allgemeinen Wohngebiet (Baunutzungsverordnung 1977) und zusätzlich, weil laut Messungen die Werte von 55 dB (A) um 7 dB (A) überschritten wurden, sowie das *OLG Stuttgart*[680] die Frage der wesentlichen Beeinträch-

---

[674] BGH, NJW 83, 751 = BauR 83, 181 = UPR 83, 124 = WM 83, 176 – ausführlich besprochen von *Hagen*, UPR 85, 192–194.
[675] BVerwG, BVerwGE 81, 197 = JZ 89, 951 = NJW 89, 1291 = NVwZ 89, 556 = DVBl. 89, 463.
[676] NJW 88, 424.
[677] NVwZ 88, 189.
[678] NVwZ 89, 290.
[679] NVwZ 84, 530.
[680] NVwZ 85, 784.

tigung an der TA-Lärm geprüft hat, haben das OVG Koblenz,[681] das OVG Berlin[682] und das BVerwG[683] bei bestehenden öffentlichen Sportplätzen und nachbarlichen Ansprüchen die Wesentlichkeit an der TA-Lärm und VDI-Richtlinie 2058 gemessen, die Ortsüblichkeit wurde anhand der bestehenden Bebauung beurteilt.

Deutlicher als bisher sprach sich dann das Bundesverwaltungsgericht[684] für die besondere Beurteilung des speziellen Sportlärms nach den LAI-Hinweisen[685] aus und schränkte den Vereinssport auf einer Schulsportanlage ein. Das BVerwG äußerte sich schließlich 1992[686] ähnlich bei einer bestehenden Sportanlage im Wohngebiet zur Frage der Erheblichkeit von Sportlärm in der Beurteilung nach §§ 3 Abs. 1, 22 Abs. 1, 23 Abs. 1 BImSchG i. V. m. § 3 der Berliner Lärmverordnung, indem es ausführte, dass Sportlärm zusätzlich stets nach „nicht-normativen Werten" bemessen werden muss.

151 Trotz der ursprünglich unterschiedlichen gesetzlichen Vorgaben für die Beurteilung der (Sport)Immissionen hatte sich die höchstrichterliche Rechtsprechung des BGH und BVerwG angenähert:[687]

152 a) *Wesentliche Geräusch-Beeinträchtigungen* gem. § 906 BGB[688] sind auch *erhebliche Geräusch-Belästigungen* gem. §§ 3, 22 BImSchG.[689] Hierbei werden die Richtwerte technischer Regeln (z. B. VDI-Richtlinie 2058 oder TA-Lärm) nicht schematisch angewandt, vielmehr ist im Einzelfall die Eigenart der störenden Geräusche zu berücksichtigen und zu bewerten.[690]

Auch die Beurteilung der *Ortsüblichkeit* gem. § 906 BGB entspricht weitgehend vergleichbaren öffentlich-rechtlichen Kriterien. Das BVerwG sieht den Maßstab für die *Erheblichkeit* nach §§ 3, 22 BImSchG identisch mit dem der *Wesentlichkeit* und *Ortsüblichkeit* nach § 906 BGB.

Während bei der Auslegung des Begriffes *Ortsüblichkeit* die Rechtsprechung des BGH mehr auf die tatsächlichen Verhältnisse im maßgebenden Vergleichsgebiet abstellt[691] und danach der Bauleitplanung keine entscheidende Bedeutung beigemessen wird (also keine privatrechtsgestaltende Wirkung des Bebauungsplans!), berücksichtigt die Rechtsprechung des BVerwG stärker die sog. „plangebende Situation" und stützt sich auf die Bebauungspläne. Soweit diese keine konkretisierenden Festsetzungen enthalten, werden sie in wohlverträglichem Sinne ausgelegt, was wiederum fast identisch ist mit der Bewertung des BGH der „tatsächlichen Verhältnisse im maßgebenden Vergleichsgebiet".[692]

153 b) Für Sport und Sportstätten hat sich die Auffassung gebildet, dass sie einen besonderen Vorrang oder „Sympathie" nicht genießen,[693] vielmehr Umwelt- und Nachbarschutz im Verhältnis zum Sport gleichwertig schutzwürdig sind. Eine *„Privilegierung"* von Sportimmissionen ist im geltenden Recht weder vorgesehen noch von der Rechtsprechung anerkannt. Demgegenüber ist aber auch eine bisher vorhandene *„Unterprivilegierung"* des Sports aus baurechtlicher Sicht durch die neue BauNutzVO 1990 beseitigt worden, ebenso immissionsrechtlich durch die Sportanlagen-LärmschutzVO 1991.[694]

---

[681] NVwZ 90, 279.
[682] NVwZ 89, 274.
[683] NVwZ 90, 858.
[684] NVwZ 91, 884.
[685] Abgedruckt in NVwZ 1985, 98 und NVwZ 1988, 135.
[686] NVwZ 92, 58.
[687] Siehe hierzu die ausführliche Erörterung von *Hagen*, RuS 14, S. 3 ff.
[688] Siehe im Einzelnen *Erman-Hagen*, 8. Aufl., § 906, Rz. 14 ff.
[689] So zunächst BVerwG, NJW 88, 2396 (Feueralarmsirene), dann BGHZ 111, 63 (Volksfestlärm).
[690] So im Tennisplatz-Urteil des BGH, NJW 83, 751; sowie BGH, NJW 90, 2466; BVerwGE 79, 254.
[691] So BGH, LM BGB § 906 Nr. 39 allgemein.
[692] So besonders im Tennisplatz-Urteil des BGH, NJW 83, 751.
[693] So ausdrücklich Tegelsbarg-Urteil Lts. 3), BVerwG, NVwZ 89, 256 = NJW 89, 1291. *Kloepfer/ Brandtner*, NVwZ 88, 115 ff.; *Tettinger/Kleinschnittger*, JZ 92, 112 m. w. N.
[694] Siehe hierzu im Einzelnen 1/Rz. 66 ff., Anhang A. 1.

Dieser erreichte Harmonisierungsstand zwischen zivilrechtlichem Nachbarschutz **154** und öffentlich-rechtlichem Immissionsschutz[695] wurde dann in der instanzlichen Rechtsprechung teilweise vollzogen: So war als positiv anzusehen die Entscheidung des *OLG Zweibrücken*, welches sich erstmals[696] auf die Sportanlagenlärmschutz-Verordnung stützte:

Bei der Beurteilung der Wesentlichkeit von Sportlärm gem. § 906 BGB sei von den in dieser Verordnung enthaltenen Richtwerten auszugehen, die sich an den Festsetzungen des Bebauungsplanes im Einwirkungsbereich der Sportanlage orientieren. Danach sind die gem. § 2 Abs. 2, Abs. 5 der Verordnung einzuhaltenden Richtwerte: Beurteilungspegel L = 50 dB (a) an Werktagen von 6.00 Uhr bis 8.00 Uhr, sowie 20.00 Uhr bis 22.00 Uhr, an Sonn- u. Feiertagen von 7.00 Uhr bis 9.00 Uhr, sowie 20.00 Uhr bis 22.00 Uhr, und außerhalb dieser Ruhezeiten der Beurteilungspegel L = 55 dB (a). Der im Verfahren beteiligte Tennisplatzbetreiber habe durch geeignete Maßnahmen sicherzustellen, dass diese Werte nicht überschritten werden.

Für das OLG sind somit die Richtwerte der SportanLärmVO zur Konkretisierung der Wesentlichkeit verbindlich. Sie bilden den derzeit gültigen Umweltstandard (also mehr, als der bisher in diesen Regelungen liegende anerkannte „antizipierte Sachverstand"), den der Richter zugrunde zu legen hat. Auch wenn es sich um eine Regelung des öffentlichen Rechts handele, gelte diese für den zivilrechtlichen Nachbarschutz, was die Einheit der Rechtsordnung gebiete, ebenso die Vermeidung unerwünschter Konflikte zwischen öffentlichen und zivilrechtlichen Duldungspflichten. Ausdrücklich verweist das Gericht auf das Volksfest-Lärm-Urteil des BGH.[697]

Dagegen riss das *OLG Koblenz*[698] anlässlich einer Entscheidung über Geräuschimmissionen von einer Tennisanlage die von der jüngsten Entwicklung mühsam zugeschütteten Gräben zwischen zivil- und öffentlich-rechtlicher Beurteilung der Sportlärmimmissionen wieder auf, indem es die Anwendung der SportanLärmSchutzVO schlichtweg ablehnte. Hierbei handele es sich nach Auffassung der OVG-Richter um eine Regelung, die auf einer öffentlich-rechtlichen Ermächtigungsgrundlage ergangen sei, lediglich eine gesetzgeberische Willensentscheidung darstelle und allenfalls Maximalwerte festlege, nicht jedoch Minimalwerte. Diese Regelung führe im Übrigen zu einer Verkürzung des zivilrechtlichen Rechtsschutzes.[699]

Dem ist entgegenzuhalten, dass es sich bei den Werten der Sportlärmschutzverordnung lediglich um Richtwerte handelt und letzten Endes auch der Richter im Einzelfall entscheidet. Gerade dem ständigen unterschiedlichen Sachverständigenverstand wollte ja der Gesetzgeber durch die Sportanlagenlärmschutz-Verordnung eine klare verbindliche Regelung für Zivilrecht und öffentliches Recht schaffen. Diese gesetzgeberische Regelung kann nicht umgangen werden, insbesondere nicht, wenn auf der Grundlage des Bundes-Immissionsschutzgesetzes Richtwerte zu den Tatbestandsmerkmalen der *Wesentlichkeit* und *Zumutbarkeit* des § 906 BGB legislativ festgesetzt werden, weshalb die Entscheidung des OLG Koblenz abzulehnen ist.[700] Auch das BVerwG geht davon aus, dass die technischen Richtwerte den so genannten Umweltstandard darstellen, welcher jeweils vom Tatrichter bei der Beurteilung zugrunde zu legen ist.[701] Die SportanLärmSchutzVO trägt daher zu einer sachgerechten Lösung sowohl <u>öffentlich-rechtlicher</u> wie auch *zivilrechtlicher Sport-Immissionen* bei.[702]

---

[695] Hierzu *Fritzsche*, NJW 95, 1121 ff.
[696] NJW 92, 1242.
[697] BGHZ 111, 63.
[698] OLG Koblenz, NVwZ 93, 301.
[699] OLG Koblenz, NVwZ 93, 302.
[700] So im Ergebnis teilweise *Spindler/Spindler*, NVwZ 93, 231.
[701] BVerwG, NJW 88, 2396; NVwZ 91, 884.
[702] Siehe hierzu *Dury*, NJW 94, 302.

Diesen Erwägungen sind in letzter Zeit mehrere Obergerichte auch gefolgt. So hat das *OLG Celle*[703] den Sportlärm von Tennisplätzen bei einer Nachbarschutzklage gem. § 906 Abs. 1 BGB nach der Sportanlagenlärmschutz-Verordnung beurteilt (dies in Übereinstimmung mit dem erstinstanzlichen Gericht). Die in der Verordnung festgelegten Richtwerte waren nicht erreicht, im Übrigen kam auch die so genannte Bonusregelung nach § 2 Abs. 2 der Verordnung in Betracht. Auch das *OLG Frankfurt*[704] beurteilte ein Tennisplatzgeräusch und dessen Wesentlichkeit gem. § 6 der Sportanlagenlärmschutz-Verordnung; die Richtwerte von 55 dB (A) waren nicht überschritten, denn trotz eines Ruhezeitzuschlages von 6 dB (A) war der Grenzwert nicht überschritten worden. Schließlich liegt auch das *OLG Saarbrücken*[705] auf dieser Linie.

4. Gesetzesänderung

155 Klarheit hat letzten Endes erst der Gesetzgeber im Jahre 1994 geschaffen. Nach verschiedenen Gesetzesinitiativen von Ländern und Bundesrat[706] kam es zur Änderung des § 906 Abs. 1 BGB.[707] Die Neufassung des § 906 Abs. 1 Satz 2 lautet: *„Eine unwesentliche Beeinträchtigung liegt in der Regel vor, wenn die in Gesetzen oder Rechtsverordnungen festgelegten Grenz- oder Richtwerte von den nach diesen Vorschriften ermittelten und bewerteten Einwirkungen nicht überschritten werden."* Der eingefügte Satz 3 lautet: *„ Gleiches gilt für Werte in allgemeinen Verwaltungsvorschriften, die nach § 48 des Bundesemissionsschutzgesetzes erlassen worden sind und den Stand der Technik wiedergeben."*

Somit ist klargestellt, dass Sport-Immissionen allein nach der Sportanlagenlärmschutz-Verordnung zu beurteilen sind. Andererseits bedeutet die Änderung des § 906 Abs. 1 BGB wiederum nicht, dass die Beurteilung der gesetzlichen Vorgabe „wesentlich" und „ortsüblich" allein und gänzlich nach der Sportanlagenlärmschutz-Verordnung zu erfolgen habe. Lediglich „in der Regel" ist von einer unwesentlichen Beeinträchtigung auszugehen, wenn die Grenz- oder Richtwerte nicht überschritten werden. Die Beurteilung besonderer Umstände im Einzelfall bleibt deshalb vorbehalten.[708]

5. Praktische Anwendung im Sport

Bei der Prüfung von Abwehr- bzw. Ausgleichsansprüchen der Nachbarn nach §§ 1004, 862, 906 BGB ist daher wie folgt vorzugehen:

156 **a) Anwendung der Sportanlagenlärmschutz-Verordnung auf den Sportsachverhalt.** Zunächst ist die Anwendung der Sportanlagen-LärmschutzVO auf den konkreten vorliegenden Sachverhalt zu klären:

Nach § 1 Abs. 1 der Verordnung muss es sich um eine ortsfeste und nach § 4 BImschV nicht genehmigungsbedürftige Anlage handeln, die zur *Sportausübung* bestimmt ist, und der von ihr ausgehende Lärm muss der Sportausübung zuzuordnen sein (§ 1 Abs. 2 der VO). Sportausübung muss in diesem Zusammenhang als weiter Begriff gesehen werden, hierunter fallen sportliche Freizeitaktivitäten in weitestem Sinne.[709] Bolzplätze, Freibäder, Kegelbahnen usw. fallen in jedem Fall darunter. Wichtig ist allerdings, dass es sich um eine ortsfeste Sportanlage handelt; ortsveränderliche Sportstätten bzw. Sportgeräte fallen daher aus. Eng ist der Begriff des *Sportlärms* zu fassen; andere Emissionen wie z. B. Flutlicht fallen nicht darunter, jedoch sämtliche in Zusammenhang mit der Sportaus-

---

[703] OLG Celle, SpuRt 1995, 126.
[704] OLG Frankfurt, SpuRt 95, 127.
[705] OLG Saarbrücken, SpuRt 95, 129.
[706] Siehe hierzu *Kregel*, NJW 94, 2599; *Dury*, SpuRt 95, 102; *Fritz*, NJW 96, 573.
[707] Sachenrechtsänderungsgesetz, 21. 9. 94, BGBl. I S. 2457.
[708] Siehe zur Neufassung *Kregel*, NJW 94, 2599.
[709] So auch *Spindler/Spindler*, NVwZ 93, 226; *Pigart*, S. 13; a. A. insofern VGH München, NVwZ 93, 1006 (Bolzplatz nicht zur Sportausübung gehörend).

übung stehenden Geräusche, wie z. B. die der an- und abfahrenden Zuschauer nach Sportveranstaltungen.[710]
Ebenfalls in den Anwendungsbereich der Sportanlagenlärmschutz-Verordnung fällt nach § 1 Abs. 3 der Verordnung eine *Nebenanlage*, die der Sportanlage dient. Die Nebenanlage muss in engem räumlichem, betrieblichem Zusammenhang mit der Sportanlage stehen.[711]

b) Auslegung der Tatbestandsmerkmale des § 906 BGB. Danach sind die Tatbestandsmerkmale des § 906 BGB auszulegen und zu bewerten wie folgt:[712] 157
Wesentlichkeit:
Hierfür ist ein Ermittlungs- und Beurteilungsverfahren der Geräuschimmissionen nach der Lärmschutzverordnung (Anhang) durchzuführen. Die Immissionsrichtwerte des § 2 der Verordnung sind für die Bestimmung einer „wesentlichen Immission" im Sinn des § 906 BGB bindend mit folgender Maßgabe:
– Bei *Überschreitung* der Richtwerte der VO liegt eine wesentliche Beeinträchtigung grundsätzlich vor, besondere Umstände können allerdings für eine andere Beurteilung sprechen; der Betreiber der Sportanlage trägt im Übrigen die Beweislast dafür, dass eine wesentliche Beeinträchtigung *nicht* vorliegt.
– Bei *Unterschreitung* der Richtwerte der VO liegt eine wesentliche Beeinträchtigung grundsätzlich nicht vor, auch hier können einzelne Umstände eine andere Beurteilung veranlassen; die Beweislast für eine wesentliche Beeinträchtigung trägt der Nachbar.
Ortsüblichkeit:
Die Frage der Ortsüblichkeit beantwortet sich ebenfalls nach der SportanLärmSchutz-VO, nämlich nach § 2 Abs. 2 und 6, wonach sich die Ortsüblichkeit nach der Festsetzung des Bebauungsplanes oder nach der tatsächlichen baulichen Nutzung beantwortet. Nach herrschender Auffassung ist die Ortsüblichkeit entsprechend der bestehenden Bebauung zu beantworten.[713]
Wirtschaftliche Zumutbarkeit:
Liegt eine ortsübliche wesentliche Beeinträchtigung vor, so beantwortet sich die Frage, welche Maßnahmen für den „Sportanlagen-Störer" wirtschaftlich zumutbar sind, nach der allgemeinen, zu § 906 BGB entwickelten Rechtsprechung, die dem Störer einen Handlungsspielraum zur Beseitigung der Störung lässt. Dieser kann selbst entscheiden, ob er nach den Prinzipien der Eignung, Erforderlichkeit und Verhältnismäßigkeit die Anlage betreibt.[714]
Das Zivilgericht muss allerdings die zur Abwendung der Beeinträchtigungen notwendigen Mittel vorschreiben und hierbei die in der Lärmschutzverordnung in §§ 3 und 5 dargelegten Maßnahmen als Anregungen in Erwägung ziehen.

II. Sport – Umwelteinwirkungen, Abwehr und Ausgleich

Auch die Umwelt sieht sich schon längst im Konflikt mit sportlicher Betätigung und fordert Schutz vor Beeinträchtigungen. Umweltbeeinträchtigungen sind Beeinträchtigungen der Natur, also des Bodens, des Wassers oder der Luft.[715] Die Natur wird als Allgemeingut beeinträchtigt, weshalb der Umweltkonflikt ganz überwiegend im öffentlichen

---

[710] Siehe i. E. *Spindler/Spindler*, NVwZ 93, 227.
[711] Siehe i. E. hierzu *Spindler/Spindler*, NVwZ 93, 227.
[712] Siehe hierzu *Dury*, NJW 94, 903; *Spindler/Spindler*, NVwZ 93, 230–231.
[713] Siehe hierzu z. B. *Papier*, NVwZ 86, 624; *Birk*, NVwZ 85, 697; hierzu auch „Froschlärmentscheidung" des BGH, NJW 93, 925; sowie neuerdings BVerwG, SpuRt 2001, 204.
[714] Siehe hierzu zum Meinungsstand MüKo-*Säcker*, § 906, Rz. 109.
[715] Zu den verschiedenen Umweltschutz-Gütern siehe die Aufzählung in § 2 Abs. 1 S. 2 Nr. 1 UVBG.

Recht ausgetragen wird, weniger im Privatrecht.[716] Teilweise gibt es Fälle, bei denen gleichzeitig mit der Umwelt oder Natur scheinbar untrennbar verbunden private Rechtsgüter verletzt werden, z. B. eine vom Skifahrer ausgelöste Lawine verletzt oder tötet Menschen und zerstört Häuser, Reiter zertrampeln Felder und Pflanzungen eines Landwirtes, oder Surfer beschädigen die Fischzucht eines privaten Forellenteiches.[717]

1. Anspruchsvoraussetzungen

158 Das Bürgerliche Gesetzbuch erwähnt in seinen Haftungsregelungen die Natur als geschütztes Rechtsgut nicht, insbesondere nicht in § 823 Abs. 1 BGB.

Um Beeinträchtigungen und Schäden von der Natur in Zusammenhang mit Sportbetrieb und Sportveranstaltungen dennoch abzuwenden, stünden „ersatzweise" als Anspruchsgrundlagen folgende gesetzliche Bestimmungen zur Diskussion:

- *§ 906 Abs. 2 BGB*: Nachbarliche Ausgleichsansprüche als Ersatz für die Duldung rechtswidriger Grenzüberschreitungen von Gasen, Dämpfen, Gerüchen, Rauch, Geräusch, Erschütterungen etc. für den Nachbarn, nicht am Allgemeingut Natur.[718]
- *§ 14 S. 2 BImSchG*: Nachbarlicher Schadensersatzanspruch bei nichtdurchführbaren/ [s]wirtschaftlich nicht vertretbaren Vorkehrungen für Einwirkungen auf Grundstücke bei genehmigter Anlage.
- *§ 22 WHG*: Gefährdungshaftung für Wasserschäden durch Verunreinigung des Wassers.
- *§ 2 HaftpflG*: Gefährdungshaftung für Strom- und Rohrleitungen.
- *§ 114 BBergG*: Gefährdungshaftung für Bergbauschäden.
- *§§ 823 ff. BGB*: Allgemeine Deliktshaftung für Verschulden.

2. Rechtsprechung

159 Gemessen an der hohen Aktualität von schädlichen Umwelteinwirkungen ist die bisherige privatrechtliche Rechtsprechung sehr dürftig. Sie ist zwangsläufig auf die Beeinträchtigung und Verletzung von Individualgütern ausgerichtet, wie z. B. die Beschädigung einer Forellenzucht durch Verseuchung der Gewässer, Verunreinigung von Grundwasser durch Öl oder Chemikalien[719] sowie Schädigung eines privaten Waldes durch behördlich genehmigte Emissionen[720] sowie Grundstückschäden durch bergbauliche Einwirkungen.[721]

Zu Recht hat *Steffen* auf die zwar bestehenden *Kausalitäts- und Beweisprobleme* bei der Rechtsverfolgung von behaupteten Umwelt-Schadensfällen verwiesen, aber auch weiterhin angemahnt, dass derzeit die *Naturwissenschaften* und deren Verantwortungsbewusstsein sowie eine bessere Zusammenarbeit von Industrie, Versicherern und Staat eher mehr gefordert seien als die Rechtswissenschaft.[722]

3. Abwehr und Ausgleich von Umwelteinwirkungen

160 **a) Abwehranspruch §§ 1004, 906 Abs. 1, Abs. 2 Satz 1 BGB Schadensersatz nach § 906 Abs. 2 Satz 2 BGB, § 14 Satz 2 BImSchG.** Neben den bereits erwähnten *Abwehr-*

---

[716] Siehe im Einzelnen 1/Rz. 80 ff.
[717] Vgl. die kurze Erwähnung der Kausalitätsprobleme für Lawinenschäden von *Henckel*, JuS 1975, 221, 223, sowie *Bodewig*, AcP 185, 538 f.
[718] Vgl. hierzu grundsätzlich *Vieweg*, NJW 93, 2570 ff.
[719] Vgl. die Zusammenstellung der Rechtsprechung bei *Steffen*, NJW 90, 1817 sowie *Köndgen*, UPR 83, 345.
[720] So das BGH-Waldschadensurteil, BGHZ 102, 305 ff.
[721] So BGH, BGHZ 53, 226 ff.
[722] Siehe *Steffen*, a.a.O., S. 1818.

ansprüchen und Duldungspflichten von nachbarlichen Einwirkungen und Umwelteinwirkungen[723] steht demjenigen, der eine Sportanlage mit entsprechenden Beeinträchtigungen zu dulden hat, ein entsprechender Schadenseratzanspruch nach § 906 Abs. 2 Satz 2 BGB und § 14 Satz 2 BImSchG zu.

Es handelt sich hier um einen sog. *Aufopferungsanspruch,*[724] der auf dem Rechtsgedanken basiert, dass derjenige, der eine Beeinträchtigung hinzunehmen hat, einen Ausgleich erhält, wenn er die Beeinträchtigung schon nicht abwehren darf. Die Höhe des Ausgleichs erfolgt im Wege der Schätzung im Verhältnis zur Schwere der Beeinträchtigung. Der Anspruchsteller muss daher die erlittene Beeinträchtigung als kausal durch das sportliche Ereignis verursacht beweisen. Probleme der Durchsetzung dieses Anspruches sind demnach Kausalitäts- und Beweisprobleme.

b) Schadensersatzansprüche nach § 22 WHG, § 2 HaftpflG, § 114 BBergG. Schadensersatzansprüche für Gewässerverunreinigungen nach § 22 WHG können im Zusammenhang mit dem Wassersport geltend gemacht werden, nach der Handlungshaftung des § 22 Abs. 1 WHG sowie nach der Anlagenhaftung des § 22 Abs. 2 WHG. Für derartige sportbedingte Verunreinigungen wird dann gehaftet, wenn durch das „beschädigte Wasser" wiederum die Nutzer unmittelbar betroffen sind.[725] Für Beschädigungen durch Strom- und Rohrleitungen kommt bei jeder erbauten Sportanlage mit Elektroinstallation eine Haftung nach § 2 HaftpflG sowie für Schadensereignisse in Bergen und Gebirge nach § 114 BBergG in Betracht.

161

Diese Anspruchsgrundlagen sind nach dem Prinzip der *Gefährdungshaftung* ausgestaltet: derjenige, der eine besondere Gefahr für die Allgemeinheit erzeugt, darf dies nur dann geschehen lassen, wenn er für den Schaden durch seine Verursachung allein und ohne Verschulden haftet. Hier ist der Schaden an der Natur durch eine kausale Handlung des Verursachers nachzuweisen; die bekannten Kausalitäts- und Beweisprobleme liegen auch hier vor.[726]

c) Schadensersatzansprüche nach §§ 823 ff. BGB. Für den Umweltgeschädigten stünde auch die Grundnorm des § 823 Abs. 1 BGB zur Verfügung. Hiernach muss der Nachweis einer Schädigung, der Kausalität und des Verschuldens erbracht werden. Die bisherige Rechtsprechung hat gezeigt, dass dem Anspruchsteller eine Beweisführung der Tatbestandsvoraussetzungen schwerlich gelingt.[727]

162

4. Das neue Umwelthaftungsgesetz

Das Umwelthaftungsgesetz vom 10.12.1990[728] sollte nach dem gesetzgeberischen Anspruch „die Rechtsstellung der Geschädigten nachhaltig verbessern und bestehende Haftungslücken schließen".[729] Dieses Gesetz lässt die anderen gesetzlichen Vorschriften über Haftungstatbestände für Umweltschäden unberührt (§ 18 Abs. 1 UHG) und führt eine Gefährdungshaftung ein in Form einer *Anlagenhaftung,* wie etwa in § 25 AtomG, nicht jedoch als sog. *Handlungshaftung,* wie etwa in § 22 Abs. 1 WHG. Von der allgemeinen sog. Anlagenhaftung unterscheidet sich der Haftungstatbestand des § 1 UHG dadurch, dass nur für Schäden gehaftet wird, die vermittels einer Umwelteinwirkung entstanden sind (also eingeschränkte Anlagenhaftung): Alle verursachten Schäden müssen demgemäß

163

---

[723] Siehe oben Rz. 145 a, 156 f.
[724] Siehe hierzu im Einzelnen *Baumann,* JuS 89, 434 f.
[725] *Czychowski-Reinhard,* Komm. WHG, § 22/Rz. 22; BGH, BGHZ 103, 129; *Michler* in WFV 42 Umwelt und Sport, 75 ff. m. w. N.
[726] Vgl. hierzu grundsätzlich *Taupitz,* Jura 92, S. 113 ff.
[727] Siehe oben Rz. 159.
[728] BGBl. 1990 I S. 2634.
[729] Vgl. die Begründung der Gesetzesentwürfe der Fraktionen CDU/CSU und FDP (BT-Drucks. 11/6454).

durch Stoffe, Erschütterungen, Geräusche, Druck, Strahlen und Gase verursacht werden, die sich in Boden-, Luft- oder Wasser ausgebreitet haben, jeweils ausgehend von einer Anlage.[730]

Eine Haftung ist dann gegeben, wenn ein Schaden eintritt als Folge einer Tötung eines Menschen, einer Körper- oder Gesundheitsverletzung oder einer Sachbeschädigung gem. § 823 Abs. 1 oder anderer Gefährdungshaftungstatbestände; mittelbare Drittschäden und reine Vermögensschäden sind hierbei ausgeschlossen.[731]

Entscheidend ist aber zu vermerken, dass durch dieses Gesetz Schäden an der Umwelt allgemein, wie z. B. an der Bodenvegetation, Erosionsschäden etc., etwa durch sportverursachende Umwelteinwirkungen, nicht erfasst werden. Die Natur als Allgemeingut wird als Schutzobjekt nicht erfasst, sondern nur die Individualschäden als Folge von Rechtsgutsverletzungen der §§ 823 ff. BGB.

164 Für Umwelteinwirkungen und Schäden aus *sportlicher Betätigung* sind die einzelnen Tatbestände des neuen Umwelthaftungsgesetzes deshalb nicht einschlägig, weil Sportstätten und Sportanlagen nicht unter den Anlagenkatalog des § 1 UHG mit 96 Anlagentypen fallen. Insbesondere fallen nicht Schießsportanlagen unter „Sonstiges" in Nr. 90, etwa Anlagen zur Verarbeitung und Vernichtung explosionsgefährlicher Stoffe i. S. d. Sprengstoffgesetzes, ferner Rennsportanlagen nicht unter Anlage Nr. 68, etwa teilweise oder vollständige Beseitigung von festen oder flüssigen Stoffen zum Verbrennen, wie *Taupitz* richtig festgestellt hat.[732]

Somit fallen Sportstätten oder -anlagen wie Skipisten, Skiabfahrt-Rennstrecken, Bergbahnen, Ski- und Wasserschlepplifte ebenso wenig unter die haftungsverursachenden Anlagen des Umwelthaftungsgesetzes wie etwa Sport-Flugplätze oder Auto-Rennstrecken.[733]

5. Die Problematik einer Umwelthaftung nach der deliktischen Generalnorm des § 823 Abs. 1 BGB

164a Umweltschäden durch Sportbetrieb können bzw. könnten daher allenfalls nach der deliktischen Generalnorm des § 823 I BGB durchgesetzt werden. Im Folgenden wird aufgezeigt, mit welchen Schwierigkeiten der Anspruchssteller bei den einzelnen Tatbestandsvoraussetzungen zu kämpfen hat:

165 **a) Individuelle Rechtsgutsverletzung nach § 823 Abs. 1 BGB.** Bei Umweltschäden als Folge des Sportbetriebs ist die erste Haftungsvoraussetzung nach § 823 Abs. 1 BGB die Verletzung eines privaten Rechtsgutes.

Da Umweltschäden keine individuellen, einem Rechtsträger zustehenden Rechtsverletzungen sind, vielmehr die Umwelt Allgemeingut ist, besteht also keine zivilrechtliche Sanktion. Schäden, die Skifahrer, Mountainbiker oder Segler und Surfer an Grasböden, Pflanzen und Sträuchern und Schilfgürteln hinterlassen, sind also keine Eigentumsverletzungen. Gleiches gilt für die keinem Aneignungsrecht unterliegenden Lebewesen.[734] Selbst wenn z. B. der Grasboden einer Skipiste oder im freien Skigelände Eigentumsschutz genießt, wäre eine Schädigung durch konkrete Sportausübung schwer nachweisbar.

Darüber hinaus scheitert ein wirksamer Schutz der Natur auch an der Tatsache, dass der Geschädigte ja nicht verpflichtet ist, einen Schaden geltend zu machen, ferner auch nicht einen evtl. Schadensersatz für die Rekultivierung der geschädigten Natur zu verwenden.[735]

---

[730] Siehe hierzu i. Einzelnen *Salje*, Umwelthaftungsgesetz/Komm. §§ 1, 3/Rz. 57, 72; *Micheler*, a.a.O., S. 73.

[731] Vgl. i. Einzelnen *Taupitz*, Jura 92, 115; *Hager*, NJW 91, 134, 141; *Schulte*, JZ 88, 278.

[732] *Taupitz*, RuS 17, S. 21.

[733] Auch nach der vorgesehenen Bestimmung des § 173 Abs. 1 i.V. m. § 421 Abs. 1 u. Abs. 2 Satz 1 des Umweltgesetzbuch-Entwurfes unterliegen diese Anlagen nicht dem UmwelthaftungsG.

[734] Vgl. hierzu *Ladeur*, NJW 87, 1238; *Rehbinder*, NuR 88, 107.

[735] Vgl. hierzu grundsätzl. BGHZ 76, 221; 66, 241; vgl. hierzu weiterhin MüKo-*Grunsky*, § 249, Rz. 17 ff.

Naturschutzfreundliche Abhilfevorschläge sind hierzu gemacht; sie reichen von dem Vorschlag, die Natur als selbständiges Rechtssubjekt mit eigenen Rechten auszustatten, über die Anerkennung der Umwelt als „Sonstiges Recht" i. S. d. § 823 Abs. 1 BGB bis zu dem Gedanken der Umweltbeeinträchtigung als Verletzung des allgemeinen Persönlichkeitsrechtes[736].

b) Schaden nach §§ 249 ff., 251 BGB. Selbst wenn man eine individuelle Rechtsgutsverletzung annehmen könnte, erhöbe sich weiter die Frage nach dem Schadensumfang. Nach § 249 Satz 1 BGB ist der ursprüngliche Zustand wiederherzustellen, Wertersatz schuldet der Schädiger nur, wenn die Wiederherstellung nicht gelingt (§ 251 BGB). 166

Wird somit durch die Errichtung von Golfplätzen, Skipisten oder durch Motorsport-Rennveranstaltungen sowie Ski- oder Wassersportbetrieb die Vegetation beschädigt und sind dadurch Wald- und Holzverluste zu beklagen, so ist hier zwischen dem wirtschaftlichen Schaden in Form des Holzverlustes und dem Ökologieschaden (klimatische Funktion des Waldes) zu unterscheiden. Kann eine Wiederherstellung nach § 249 Satz 1 BGB erfolgen? Wenn nicht, wie hoch ist der Wertersatz nach § 251 BGB? Ähnlich hat eine etwa durch den Motorsport beschädigte Fischzucht einen Vermögenswert, ein durch mangelndes Wasser verendeter Fluss dagegen keinerlei Marktwert.

Für ökologische Schäden ist somit die Schadensersatzbestimmung des § 251 BGB als Wiederherstellungsanspruch nicht tauglich.[737] Eine Rechtsfortbildung für Sport-Umweltschäden müsste hier in ähnlicher Weise erfolgen wie etwa auf anderen Rechtsgebieten, wie beispielsweise im Reiserecht und Mietrecht; wie die Reisepreis-Minderungstabellen oder die Miet-Mängel-Minderungstabellen könnte eine sog. „Umweltschmerzensgeldtabelle" geschaffen werden.[738]

c) Kausalität. Der Kausalitätsnachweis ist das Kernproblem der Umwelthaftung: Schäden in der Umwelt zeichnen sich dadurch aus, dass sie keinem konkreten Schädiger, also keiner bestimmten Sportanlage oder Sportbetrieb zugeordnet werden können.[739] 167

Die Auseinandersetzungen der Sportler mit den Naturschützern darüber, welche Schäden nachhaltig bei Böden und Vegetation sowie Wasser und Energiebeständen angerichtet werden z. B. durch Skiabfahrtsstrecken, Autorennen oder auch Golfplätze, sind bekannt.

Lösungsmöglichkeiten zur Überwindung der Kausalitätsprobleme könnten allenfalls die in anderen Rechtsbereichen entwickelten Durchschnitts- und Wahrscheinlichkeitsvermutungen bieten; der BGH lässt in der neueren Rechtsprechung zur Produkthaftung die statistische Wahrscheinlichkeit in Sachvorträgen zu.[740]

Das französische Arzthaftungsrecht lässt eine teilweise Wahrscheinlichkeit für die Kausalität ausreichen.[741]

d) Rechtswidrigkeit. Teilweise wird der Standpunkt vertreten, eine öffentlich-rechtlich genehmigte Sportanlage und der hier betriebene Sport im Rahmen der Genehmigung werde schlechthin rechtmäßig betrieben und damit sei das Tatbestandsmerkmal Rechtswidrigkeit ausgeschlossen. Diese Auffassung wurde in Literatur und Rechtsprechung überwiegend abgelehnt.[742] 168

---

[736] Vgl. die ausführliche Darstellung bei *Taupitz* in RuS 17, S, 24–28 m. w. N., *Medicus*, NuR 90, 145, 153 ff.; *Lersner*, NVdZ 88, 988; *Micheler*, a.a.O., S. 67 m. w. N.
[737] Vgl. hierzu *Ladeur*, NJW 87, 1239; *Schulte*, JZ 88, 281; *Rehbinder*, NuR 88, 106.
[738] Vgl. die Vorschläge zur Schadensbemessung bei *Ladeur*, NJW 87, 1240; *Rehbinder*, NuR 88, 109 ff.
[739] Vgl. hierzu oben Rz. 159; *Hager*, NJW 86, 1966 ff.; NJW 91, 137 ff., 139 ff.; MüKo-*Mertens*, (3. Aufl.), vor §§ 823, Rz. 11.
[740] Siehe BGH, NJW 95, 1160 (Holzschutzmittel); *Kullmann*, NJW 96, 25; *Schwabe*, Emission, Immission und Schadensersatz, Ursache – Wirkung – Beziehung, VersR 95, 371.
[741] Vgl. die Darstellung bei *Taupitz*, RuS 17, S. 32, 33 m. w. Lit.Nachweisen.
[742] Siehe bei *Selmer*, S. 18 m. w. N., ebenso bereits RGZ 159, 75.

Auch die nachbarliche Regelung des § 906 Abs. 2 BGB kann nicht auf die Umwelteinflüsse und deren Abwehrmöglichkeiten anderer ausweitend über das nachbarschaftliche Verhältnis hinaus[743] angewendet werden.[744]

169 e) Verschulden. Umweltschäden durch den Sport müssen vom Betreiber einer Anlage oder vom Sportler selbst nach dem Maßstab des § 276 BGB schuldhaft verursacht sein. Dabei kommt es darauf an, ob die Umweltschädigung von dem Beteiligten bei Anwendung der erforderlichen Sorgfalt hätte erkannt werden können. Bisher geht die Rechtsprechung mit dem potentiellen verantwortlichen Schädiger relativ großzügig um (zum Nachteil der Natur):

Der BGH[745] hat z. B. bei der Auseinandersetzung einer Nachbarin eines Schützenvereins, der eine Wurftauben-Schießanlage betrieb und das Grundstück durch Schrotblei durch eine hohe Bleikonzentration der Kugeln beschädigte, den Verantwortlichen zugestanden, dass diese eine mögliche Verseuchung des Grundstücks durch die fliegenden Schrotkugeln nicht hätten erkennen müssen; dies insbesondere deshalb nicht, weil auch für die zuständigen Behörden eine derartige Umweltschädlichkeit nicht erkennbar gewesen sei.[746] Die Anforderungen an die Erkennbarkeit der Gefährlichkeit und damit an das Verschulden wird sich sicherlich im Laufe der Zeit durch das stärkere Bewusstsein der Bevölkerung für Umweltbeeinträchtigungen ändern und geringer angesetzt werden müssen.

170 Als Fazit ist festzustellen, dass das Zivilrecht weder durch das verschuldensabhängige Haftungsrecht noch die ergänzenden Gefährdungshaftungstatbestände einen ausreichenden Schutz bzw. Ausgleich für Umweltbeeinträchtigungen aus dem Sportbereich bietet – ebenso wenig wie für Umweltbeeinträchtigungen aus anderen Lebensbereichen –.

Die Umwelt ist somit auch im Sport auf das Verantwortungsbewusstsein des einzelnen Sportlers und der Sportverbände angewiesen.[747]

---

[743] So der BGH, BGHZ 92, 143, 148 f.
[744] Siehe MüKo-*Mertens* (3. Aufl.), § 823, Rz. 99.
[745] BGHZ 111, 158.
[746] Vgl. d. Entscheidung der Instanzgerichte, LG Hechingen, NJW 87, 2749 und OLG Stuttgart, NJW 89, 1224.
[747] Zu den Aktivitäten der Sportverbände, siehe z. B. der ständige Informationsdienst des DOSB, „Sport schützt Umwelt", der „DSV-Umweltplan 2000 – Wege zum umweltgerechten Skisport", sowie des deutschen Alpenvereines („Grundsatzprogramm zur umwelt- und sozialverträglichen Entwicklung und zum Schutz des Alpenraumes" mit entsprechendem Maßnahmenkatalog, 1994).

6. Teil. Internationales Sportrecht

Literatur: *Adolphsen, Jens,* Internationale Dopingstrafen, Tübingen, 2003; *ders.,* Eine lex sportiva für den internationalen Sport? in Jahrbuch Junger Zivilrechtswissenschaftler (2003), S. 281 ff.; *Ahrens, Hans-Jürgen,* Vermögensrechtliche Elemente postmortaler Persönlichkeitsrechte im Internationalen Privatrecht, Festschrift für Willi Erdmann (2003); *Alexy, Robert,* Begriff und Geltung des Rechts, Freiburg/München 1992; *Autexier, Christian,* Sportrecht in Frankreich, in *Will, Michael R.* (Hrsg.), Sportrecht in Europa, RuS H. 11, Heidelberg 1993; *Baare-Schmidt, Wolfgang,* Der Status des Internationalen Olympischen Komitees im Völkerrecht (Diss. Tübingen, 1983); *Baddeley, Margareta,* Le Sportif, sujet ou objet? La protection de la personnalité du sportif, ZSchwR Bd. 115 (1996) 135 ff.; *dies.,* La résolution des litiges dans le sport international: Importance et particularités du droit Suisse, Revue Juridique et Economique du Sport, 1997 S. 5 ff.; *dies.,* Thoughts on Swiss Federal Tribunal decision 129 III 445, causa sport 2004, 91; *v. Bar, Christian,* Internationales Privatrecht, 2 Bände, München 1987 und 1991; *ders.,* Grundfragen des Internationalen Deliktsrechts, JZ 1985, S. 961 ff.; *ders.,* Verkehrspflichten – Richterliches Gefahrsteuerungsgebot im deutschen Deliktsrecht, Habil. Göttingen, 1980; *Basedow, Jürgen,* Die Dienstleistungsrichtlinie, Herkunftslandprinzip und Internationales Privatrecht, EuZW 2004, 423; *Baumann, Peter,* Leistungs- und Abänderungsurteil bei früherem Auslandsurteil, IPrax 1990, S. 28 ff.; *Baumbach, Adolf/Lauterbach, Wolfgang/Albers, Jan/Hartmann, Peter,* Zivilprozeßordnung, 64. Auflage, München 2006; *Behrens, Peter,* Die Gesellschaft mit beschränkter Haftung im internationalen und ausländischen Recht, Berlin u. a. 1976; *Benecke, Martina,* Auf dem Weg zu Rom II – Der Vorschlag für eine Verordnung zur Angleichung des IPR der außervertraglichen Schuldverhältnisse, RIW 2003, 830 ff.; *Blackshaw, Ian S.* and *Siekmann, Robert R.* (Hrsg.), Sports Image Rights in Europe (2005); *v. Caemmerer, Ernst* (Hrsg.), Vorschläge und Gutachten zur Reform des deutschen internationalen Privatrechts der außervertraglichen Schuldverhältnisse, Tübingen 1983; *Canaris, Claus-Wilhelm,* Konsens und Verfahren als Grundlage der Rechtsordnung, JuS 1996, S. 573 ff.; *Coing, Helmut,* Grundzüge der Rechtsphilosophie, 5. Aufl., Berlin 1993; *de Cristofaro, Marcello,* Sportrecht in Italien, in *Will, Michael R.* (Hrsg.), Sportrecht in Europa, RuS H. 11, Heidelberg 1993; *Deutsch, Erwin,* Das internationale Privatrecht der Arzthaftung, FS *Murad Ferid,* Frankfurt a. M. 1978, S. 117 ff.; *ders.,* Sondergerichtsbarkeit im Sport, VersR 1990, S. 2 ff.; *ders.,* Internationales Unfallrecht, in *v. Caemmerer, Ernst* (Hrsg.), Vorschläge und Gutachten zur Reform des deutschen internationalen Privatrechts der außervertraglichen Schuldverhältnisse, Tübingen 1983, S. 217 ff.; *Dörner, Heinrich,* Harter Kern und weicher Rand – (Noch) eine Formel zum internationalen Deliktsrecht bei Verkehrsunfällen, VersR 1989, S. 557 ff.; *Evans, Andrew,* Sportrecht in England, in *Will, Michael R.* (Hrsg.), Sportrecht in Europa, RuS H. 11, Heidelberg 1993; *Fikentscher, Adrian,* Kartellrecht im Sport – Ökonomische und rechtsvergleichende Betrachtungen, SpuRt 1995, S. 149 ff.; *Firsching, Karl,* Das Prinzip der Akzessorietät im deutschen internationalen Recht der unerlaubten Handlungen, FS *Imre Zajtay,* Tübingen 1982, S. 143 ff.; *Flume, Werner,* Die Vereinsstrafe, FS *Eduard Bötticher,* Berlin 1969, S. 101 ff.; *Frascaroli, Ruggero,* Enciclopedia del Diritto, Stichwort „Sport (dir. pubbl. e priv.)" Bd. XLIII, Rom 1990; *Freitag, Robert,* Der Wettbewerb der Rechtsordnungen im internationalen Gesellschaftsrecht, EuZW 1999, 267; *Friedrich, Katrin,* Internationale Persönlichkeitsrechtsschutz bei unerlaubter Vermarktung (München) 2003; *Geimer, Reinhold,* Internationales Zivilprozeßrecht, 2. Aufl., Köln 1993; *ders.,* Schiedsgerichtsbarkeit und Verfassung, in *Schlosser, Peter,* Integritätsprobleme im Umfeld der Justiz – Die Organisation der Rechtsberatung; Schiedsgerichtsbarkeit und Verfassungsrecht, 1994, S. 113 ff.; *ders.,* Rechtsschutz in Deutschland künftig nur noch bei Inlandsbezug?, NJW 1991, S. 3072 ff.; *Gottwald, Peter,* Die sachliche Kontrolle internationaler Schiedssprüche durch staatliche Gerichte, FS *Heinrich Nagel,* Münster 1987, S. 54 ff.; *Grayson, Edward,* Sport and the Law, London 1988; *Haas, Ulrich,* Die Anerkennung und Vollstreckung ausländischer und internationaler Schiedssprüche, Berlin 1991; *ders.,* Die Sport(-schieds-)gerichtsbarkeit der Athleten, in Recht der Athleten, Akademieschrift H. 49, S. 57; *ders.,* in *Weigand, Frank-Bernd,* Practioner's Handbook on International Arbitration (zit. Arbitration); *ders.,* Grundlagen des Sportrechts in *Reschke, Eike,* Handbuch des Sportrechts (Loseblattausgabe) Bd. 1; *Haas, Ulrich/Adolphsen, Jens,* Sanktionen der Sportverbände vor ordentlichen Gerichten, NJW 1996, S. 2351 ff.; *Hannamann, Isolde,* Kartellverbot und Verhaltenskoordination im Sport (2001); *Hausmann, Rainer,* Möglichkeiten und Grenzen der Rechtswahl in internationalen Urheberrechtsverträgen, FS *Wolf Schwarz,* Baden-Baden 1988, S. 47 ff.; *van Hecke, Georges,* Rechtspersönlichkeit für internationale Idealvereine, FS *Ignaz Seidl-Hohenveldern,* Köln 1988,

S. 629 ff.; *v. Hein, Jan,* Die Kodifikation des europäischen Internationalen Deliktsrechts, ZvglRWiss 2003, S. 528 ff.; *Heiß, Bernhard-Rudolf,* Einstweiliger Rechtsschutz im europäischen Zivilrechtsverkehr, Berlin 1987; *Herber, Rolf,* „Lex mercatoria" und „Principles" – gefährliche Irrlichter im internationalen Kaufrecht, IHR 2003, 1; *Heß, Burkhard,* Hochleistungssport zwischen internationaler Verbandsmacht und nationaler Gerichtsbarkeit, ZZPInt. 1996, 371; *ders.,* Voraussetzungen und Grenzen eines autonomen Sportrechts unter besonderer Berücksichtigung des internationalen Spitzensports, in *Heß/Dressler,* Aktuelle Rechtsfragen des Sports, Heidelberg, 1999; *ders.,* Mehr Instanzen und weniger Rechtsschutz?, in Akademie des württembergischen Fußballverbandes, 2002 S. 69 ff.; *Hiestand, Martin,* Die Anknüpfung internationaler Lizenzverträge, Frankfurt, 1993; *Hoeren,* NJW 1997, 376; *v. Hoffmann, Bernd,* Verträge über gewerblichen Rechtsschutz im Internationalen Privatrecht, RabelsZ 40 (1976), S. 208 ff.; *Honoré, Tony,* Making Law Bind: Essays legal and philosophical, Oxford 1987; *Hummer, Waldemar,* Internationale nichtstaatliche Organisationen, in Berichte der deutschen Gesellschaft für Völkerrecht (2000), S. 45 ff.; *Ipsen, Knut,* Völkerrecht, 5. Aufl., München 2004; *Jayme, Erik,* Kollisionsrechtliche Techniken für Langzeitverträge mit Auslandberührung, in *Nicklisch, Fritz* (Hrsg.), Der komplexe Langzeitvertrag, Heidelberg 1987, S. 311 ff.; *Jayme, Erik/Hausmann, Rainer,* Internationales Privat- und Verfahrensrecht, 10. Aufl., München 2002; *Karaquillo, Jean-Pierre,* Le Droit du Sport, Dalloz 1993; *Karl, Fritz,* Zur Sitzverlegung deutscher juristischer Personen des privaten Rechts nach dem 8. Mai 1945, AcP 159 (1960/61), S. 293 ff.; *Kegel, Gerhard,* Die Bankgeschäfte im deutschen internationalen Privatrecht, Gedächtnisschrift *Rudolf Schmidt,* Berlin 1966, S. 215 ff.; *ders./ Schurig, Christian,* Internationales Privatrecht, 9. Aufl., 2004; *Kohler, Christian,* Internationale Gerichtsstandsvereinbarungen: Liberalität und Rigorismus im EuGVÜ, IPrax 1983, S. 266 ff.; *Kötz, Hein,* Zur Anknüpfung des unter Lebenden errichteten Trust, IPrax 1985, S. 205 ff.; *Krause-Ablass, Wolf-Dietrich:* Afrika heute, Bd. 4 (1971) S. 455; *Kreuzer, Karl,* Apfelschorf im „Alten Land" – Kollisionsrechtliche Probleme der Produkthaftung, IPrax 1982, S. 1 ff.; *Krogmann, Mario,* Umfang und Grenzen der Vereinigungsfreiheit von Sportorganisationen in europäischen Rechtsordnungen in *Vieweg* (Hrsg.), Spektrum des Sportrechts (2003) S. 35 ff.; *Kropholler, Jan,* Europäisches Zivilprozeßrecht, 8. Auflage, Heidelberg 2005; *ders.,* Internationales Privatrecht, 5. Aufl., 2004; *ders.,* Ein Anknüpfungspunkt für das Deliktsstatut, RabelsZ 33 (1969), S. 601 ff.; *Kullmann Hans Josef/Pfister, Bernhard,* Produzentenhaftung (Loseblatt) Berlin; *Kummer, Max,* Spielregel und Rechtsregel, Bern 1973; *Leible, Stefan/Engel, Andreas,* Der Vorschlag der EG-Kommission für eine Rom II-Verordnung, EuZW 2004, 8; *Leible, Stefan/Hoffmann,* „Überseering" und das (vermeintliche) Ende der Sitztheorie, RIW 2002, 925; *Loewenheim, Ulrich* (Hrsg.), Handbuch des Urheberrechts, München, 2003; *Lorenz, Egon,* Das anwendbare Recht bei Schiffs- und Flugzeugunfällen in *Ernst v. Caemmerer* (Hrsg.), Vorschläge und Gutachten zur Reform des deutschen internationalen Privatrechts der außervertraglichen Schuldverhältnisse, Tübingen 1983; *Lorenz, Werner,* Die Lex Mercatoria: eine internationale Rechtsquelle, FS *Karl H. Neumayer,* Baden-Baden 1985, S. 407 ff.; *ders.,* Der Haager Konventionsentwurf über das auf die Produkthaftpflicht anwendbare Recht, RabelsZ 37 (1973), S. 317 ff.; *ders.,* Die allgemeine Grundregel betreffend das auf die außervertragliche Schadenshaftung anzuwendende Recht, in *Ernst v. Caemmerer* (Hrsg.), Vorschläge und Gutachten zur Reform des deutschen internationalen Privatrechts der außervertraglichen Schuldverhältnisse, Tübingen 1983, S. 155 ff.; *ders.,* AGB-Kontrolle bei gewerbsmäßiger Überlassung von Ferienwohnungen im Ausland: Internationale Zuständigkeit für Verbandsklagen, IPrax 1990, S. 292 ff.; *ders.,* Das internationale Privatrecht der Produkthaftpflicht, FS *Eduard Wahl,* Heidelberg 1983, S. 185 ff.; *ders.* Persönlichkeitsschutz bei Presseveröffentlichungen – national und international, FS für *Andreas Heldrich* (2005); *Lüke, Gerhard,* Probleme der Schiedsgerichtsbarkeit, FS 150 Jahre LG Saarbrücken, Köln, 1985; *Majcen, Rolf,* Nominierungsanspruch zur Teilnahme an Europameisterschaft?, SpuRt 2004, 7; *Malatos, Andreas,* Berufsfußball im europäischen Rechtsvergleich (Diss. Saarbrücken) 1987; *Mankowski, Peter,* Entwicklungen im IPR und IZVR 2003/2004, RIW 2004, 480; *Mansel, Heinz-Peter,* Kollisions- und zuständigkeitsrechtlicher Gleichlauf der vertraglichen und deliktischen Haftung – Zugleich ein Beitrag zur Rechtswahl durch Prozeßverhalten, ZVglRWiss 1987, S. 1 ff.; *Matscher, Franz,* Schiedsgerichtsbarkeit und EMRK, FS *Heinrich Nagel,* Münster 1987, S. 227 ff.; *Maunz, Theodor/Dürig, Günther/Herzog, Roman/Scholz, Rupert,* Kommentar zum Grundgesetz, München 1958 ff.; *Münchener Kommentar zum Bürgerlichen Gesetzbuch,* Bd. 10 und 11, 4. Aufl., 2006, zit. *MünchKomm-Verf.; Münchener Kommentar zur Zivilprozessordnung,* 4. Aufl., 2005, zit. *MünchKommZPO-Verf.; Musielak, Hans-Joachim* (Hrsg.) Kommtentar zur ZPO, 4. Aufl. 2005; *Nafziger, James A. R.,* International Sports Law, New York 1988; *Netzle, Stephan,* Das Internationale Sportschiedsgericht in Lausanne – Le Tribunal Arbitral du Sport (TAS), SpuRt 1995, S. 89 ff.; *Nicklisch, Fritz,* Schiedsgerichtsklauseln und Gerichtsstandsvereinbarungen in Verbandssatzungen und Allgemeinen Geschäftsbedingungen, BB 1972, S. 1285 ff.; *Niessen, Hans-Joachim,* Internationales Privatrecht für unerlaubte Handlungen im Widerspruch zum Diskriminierungsverbot des EWG-Vertrages, NJW 1968, S. 2170 ff.; *Nolte, Martin,* Sport und Recht (2004); *Palandt, Otto,* Bürgerliches Gesetzbuch (Kommentar), 56. Aufl., München 1996; *Ohly, Ansgar,* Herkunftslandprinzip und Kollisionsrecht, GRUR Int. 2001, 901 ff.; *Pfister, Bernhard/Steiner, Udo,* Sportrecht A-Z, München 1995; *ders.,* Autonomie des Sports, FS *Werner Lorenz,* Tübingen 1991, S. 183 ff.; *ders.,* – Das Bosman-Urteil des EuGH und das Kienass-Urteil des BAG in *Tokarski* (Hrsg.) EU-Recht und Sport, Aachen, 1998; *ders.,* Vermarktung von Rechten durch Vertrag und Satzung in *Fritzweiler* (Hrsg), Sport-Marketing und Recht, Basel, 2003; *ders.* in *Scherrer* (Hrsg.), Sportlervermittlung und Sportlermanagement, 2. Auflage, Bern 2003; *ders.,* Rechtsprechung des Tribunal Arbitral du Sport, SpuRt 2002, 177 und 2003, 7; *ders.,* Kollisionsrechtliche Probleme bei der Vermarktung von Persönlichkeitsrechten in Festschrift für *Georgiades* (2005); *Philip, Allan,* Der Geltungsbereich des Artikels 17, in Gerichtshof der Europäischen Gemeinschaften (Hrsg.), Internationale Zuständigkeit und Urteilsanerkennung in Europa, Berichte und Dokumente des Kolloquiums „Die Auslegung des Brüsseler Übereinkommens durch den Europäischen Gerichtshof und der Rechtsschutz im Europäischen Raum", Luxemburg, 11. und 12. März 1991, Köln 1993, S. 139 ff.; *Plouvin, Joel-Yves,* Nature juridique de la sanction disciplinaire prononcée par une féderation à l'encontre d'un sportif professionel convaincu de dopage, Gazette du Palais 1977. 2. doctrine, S. 450 ff.; *Rauscher, Thomas* (Hrsg.), Europäisches Zivilprozessrecht, München 2003; *Rauscher, Thomas,* Internationales Privatrecht, 2. Aufl., Heidelberg, 2002; *Rauscher, Thomas,* Strikter Beklagtenschutz durch Art. 27 Nr. 2 EuGVÜ, IPrax 1991, S. 155 ff.; *Reeb, Matthieu,* Herausgeber, Recueil des sentences du Tas, 1986–1998 und Band 2, 1998–2002, Berne; *Reichert, Bernhard, van Look, Frank,* Handbuch des Vereins- und Verbandsrechts 8. Aufl.; *Reichert, Bernhard,* Handbuch des Vereins- und Verbandsrechts, 10. Auflage, Neuwied, 2005; *Reithmann, Christoph/Martiny, Dieter,* Internationales Vertragsrecht, 6. Auflage, Köln 2004; *Reuter, Dieter,* Das selbstgeschaffene Recht des internationalen Sports im Konflikt mit dem Geltungsanspruch des nationalen Rechts, DZWiR 1996, S. 1 ff.; *ders.,* Voraussetzungen und Grenzen der Verbindlichkeit internationalen Sportrechts für Sportvereine und Sportler, in *Reuter, Dieter,* Einbindung des nationalen Sportrechts in internationale Bezüge, RuS H. 7, Heidelberg 1987, S. 53 ff.; *Romano, Santi,* L'Ordinamento Giuridico (Die Rechtsordnung), deutsche Übersetzung, Berlin 1975; *Röthel, Anne,* Das Recht der französischen Sportvereine und Sportverbände, SpuRt 2001, 89; *Roth, Hans* in *Scherrer, Urs,* Einstweiliger Rechtsschutz im internationalen Sport (Zürich/Baden-Baden) 1999; *Sack, Rolf/Sandrock, Otto,* Zügigkeit und Leichtigkeit versus Gründlichkeit – Internationale Schiedsverfahren in der Bundesrepublik Deutschland, JZ 1986, S. 372 ff.; *Sack, Rolf,* Ein amerikanisches Lehrstück für das Kollisionsrecht der Kapitalgesellschaften, RabelsZ 42 (1978), S. 227 ff.; *ders.,* Welches Kollisionsrecht hat ein internationales Schiedsgericht anzuwenden?, RIW 1992, S. 785 ff.; *ders.,* Das internationale Wettbewerbs- und Immaterialgüterrecht nach der EGBGB-Novelle, WRP 2000, 575; *Schack, Haimo,* Internationales Zivilverfahrensrecht, 3. Auflage, München 2002; *Schack, Haimo,* Urheber- und Verlagsrecht, 2. Aufl., Tübingen, 2001; *Schaps, Georg/Abraham, Hans,* Das Seerecht in der Bundesrepublik Deutschland (Kommentar), 4. Auflage, Berlin New York 1978; *Scherrer, Urs,* Sportrecht (2001); *ders.* (Hrsg.), Einstweiliger Rechtsschutz im internationalen Sport (Zürich/Baden-Baden) 1999; *Schlosser, Peter,* EU-Zivilprozessrecht, Kommentar, EuGVVO, 2. Aufl., München 2003; *ders.,* Die olympische Sportgerichtsbarkeit und das deutsche Recht, FS *Albrecht Zeuner,* Tübingen 1990, S. 467 ff.; *ders.,* Integritätsprobleme im Umfeld der Justiz – Die Organisation der Rechtsberatung; Schiedsgerichtsbarkeit und Verfassungsrecht, Bielefeld 1994; *ders.,* Das Recht der internationalen privaten Schiedsgerichtsbarkeit, 2. Auflage, Tübingen 1989; *ders.,* Vereins- und Verbandsgerichtsbarkeit, München 1972; *Schmid-Petersen,* Anmerkung zum Urteil des Hanseatischen OLG (Oliver Kahn) SpuRt 2004, 210, SpuRt 2004, 248; *Schmidt, Karsten,* Gesellschaftsrecht, 4. Aufl. 2002; *Schockweiler, Fernand,* Gerichtsstandsvereinbarungen im Brüsseler Übereinkommen, in Gerichtshof der Europäischen Gemeinschaften (Hrsg.), Internationale Zuständigkeit und Urteilsanerkennung in Europa, Berichte und Dokumente des Kolloquiums „Die Auslegung des Brüsseler Übereinkommens durch den Europäischen Gerichtshof und der Rechtsschutz im europäischen Raum", Luxemburg, 11. und 12. März 1991, Köln 1993, S. 107 ff.; *Schrag, Peter,* Internationale Idealvereine 1936; *Schwab, Karl-Heinz,* Einstweiliger Rechtsschutz und Schiedsgerichtsbarkeit, FS *Fritz Baur,* Tübingen, 1981, S. 627 ff.; *Schwab, Karl-Heinz/Walter, Gerhard,* Schiedsgerichtsbarkeit, 6. Auflage, München 2000; *v. Seidl-Hohenveldern, Ignaz/Loibl, Gerhard,* Das Recht der Internationalen Organisationen einschließlich der Supranationalen Gesellschaften, 7. Auflage, Köln/München u. a. 2006; *ders.,* Völkerrecht, 10. Auflage, Köln/München u. a. 2000; *Siehr, Kurt,* Internationales Privatrecht, Heidelberg 2001; *Silance, Luc,* Interaction des règles de droit du sport et des lois et traités émanants des pouvoirs publics, Revue Olympique, 1977 S. 619 ff.; *Simma, Bruno,* Möglichkeiten der Aufwertung der Rechtsposition der olympischen Organisation, in Nationales Olympisches Komitee für Deutschland, Bundesinstitut für Sportwissenschaft und Max-Planck-Gesellschaft zur Förderung der Wissenschaften e.V. (Hrsg), Redaktion *Vedder, Christoph,* Olympische

Übersicht

Leistung. Ideal, Bedingung, Grenzen – Begnungen zwischen Sport und Wissenschaft – eine Dokumentation, Köln 1981, S. 334 ff.; *ders.,* The Court of Arbitration für Sport, FS *Ignaz Seidl-Hohenveldern,* Köln 1988, S. 573 ff.; *Soergel-Bearbeiter,* Kommentar zum BGB, begr. von *Soergel, Theodor,* hrsg. von *Siebert, Wolfgang,* 12. Auflage, Stuttgart ab 1987; *Sonnenberger, Hans Jürgen,* Der Persönlichketisrechtsschutz nach den Art. 50–42 EGBGB, Festschrift für *Dieter Henrich; Spellenberg, Ulrich,* Der Gerichtsstand des Erfüllungsortes im europäischen Gerichtsstands- und Vollstreckungsübereinkommen, ZZP 1978 (Bd. 91), S. 38 ff.; *Spellenberg, Ulrich/Leible, Stephan,* Die Notwendigkeit vorläufigen Rechtsschutzes bei transnationalen Streitigkeiten in Gilles, Peter, Transnationales Prozeßrecht, Baden-Baden, 1995, S. 293 ff.; *Stäheli, Thomas,* Persönlichkeitsverletzungen im IPR, (1990); *Staudinger*-Bearbeiter, Kommentar zum BGB und Nebengesetzen, begr. von *Staudinger, Julius v.,* Berlin ab 2001; *Stein/Jonas-Bearbeiter,* Kommentar zur ZPO, 22. Auflage; *Steiner, Udo,* Sport und Medien aus verfassungsrechtlicher Sicht, in *Steiner, U.* (Hrsg) Sport und Medien, RuS H. 13, Heidelberg 1990, S. 39 ff.; *Stumpf, Herbert,/Gross,* Lizenvertragsrecht; *Summerer, Thomas,* Internationales Sportrecht – eine dritte Rechtsordnung, FS *Hans Hanisch,* Köln 1994, S. 267 ff.; *Toro, Marani B.,* „Sport", in Azura, A. und Eula, E. (Hrsg.), Novissimo Digesto Italiano, Torino 1977, S. 42 ff.; *Tröger, Walter/Vedder, Christoph,* Rechtsqualität der IOC-Zulassungsregel – Anspruch und Wirklichkeit, in *Reuter, Dieter,* Einbindung des nationalen Sportrechts in internationale Bezüge, RuS H. 7, Heidelberg 1987, S. 1 ff.; *Tyrolt, Jochen,* Sportschiedsgerichtsbarkeit und zwingendes staatliches Recht in *Vieweg, Klaus* (Hrsg.), Spektrum des Sportrechts (2003); *Vedder, Christoph,* The International Olympic Committee: An Advanced Non-Governmental Organisation and the International Law, GYIL Bd. 27 (1984), S. 233 ff.; *Vieweg, Klaus,* Zur Einführung: Sport und Recht, JuS 1983, S. 825 ff.; *ders.,* Normsetzung und -anwendung deutscher und internationaler Verbände, Berlin 1990; *Vollkommer, Max,* Zum Rechtsschutz von Lizenspielern und Lizenzvereinen durch staatliche Gerichte gegenüber der sog. Sportgerichtsbarkeit des DFB, RdA 1982, S. 16 ff.; *Vollmer, Lothar,* Satzungsmäßige Schiedsklauseln, Diss. Münster, 1970; *Wagner, Rolf,* Das deutsche internationale Privatrecht bei Persönlichkeitsrechtsverletzungen, Frankfurt 1986; *Walker, Wolf-Dietrich,* Der einstweilige Rechtsschutz im Zivilprozeß und im arbeitsgerichtlichen Verfahren, Diss. Tübingen 1993; *Weller, Marc-Philippe,* Das internationale Gesellschaftsrecht in der neuesten BGH-Rechtsprechung, IPrax 2003, 324; *Wertenbruch, Johannes,* Die zentrale Vermarktung von Fußball-Fernsehrechten als Kartell nach § 1 GWB und Art. 85 EGV, ZIP 1996, S. 1417 ff.; *Westermann, Harm Peter,* Die Verbandsstrafgewalt und das allgemeine Recht, Bielefeld 1972; *ders.,* Zur Legitimität der Verbandsgerichtsbarkeit – Bemerkungen zu den Urteilen des Deutschen Fußballbundes, JZ 1972, S. 537 ff.; *Will, Michael R.* (Hrsg.), Sportrecht in Europa, RuS H. 11, Heidelberg 1993; *ders.,* Rechtsgrundlagen der Bindung nationaler Verbände an internationale Sportverbandsregeln, in *Reuter Dieter* (Hrsg.), Einbindung des nationalen Sportrechts in internationale Bezüge, RuS H. 7, Heidelberg 1987, S. 29 ff.; *Württembergischer Fußballverband* (Hrsg), Einstweiliger Rechtsschutz im Sport, Schriftenreihe Heft 22, Stuttgart 1986; *Zöller*-Bearbeiter, Kommentar zur ZPO, begr. von *Zöller, Richard,* 24. Auflage, Köln 2005.

Übersicht

	Rz.
Einführung	1
1. Kapitel. Der Status Internationaler Sportverbände	4
I. Die Organisationsstruktur	4
II. Rechtliche Einordnung der Internationalen Sportverbände	6
III. Einordnung des von den Internationalen Sportverbänden gesetzten „Rechts" (lex sportiva)	8
IV. Bindung der Beteiligten	9
2. Kapitel. Internationales Privatrecht	
A. Das auf Verbände (Vereine) anzuwendende Recht (Verbandsstatut)	12
I. Bestimmung des Verbandsstatuts	12
II. Umfang des Verbandsstatuts	18
B. Das auf Verträge anwendbare Recht (Vertragsstatut)	25
I. Allgemeine Grundregeln	25
1. Vereinbarung des anwendbaren Rechts (Rechtswahlklausel)	26
2. Fehlen einer Vereinbarung	31
3. Geltungsbereich des Vertragsstatuts	34
4. Zwingende Normen und ordre public	36

6. Teil. Internationales Sportrecht

	Rz.
II. Einzelne sport-typische Verträge	39
1. Regelanerkennungsvertrag	39
2. Sportleistungsverträge	49
a) Arbeitsverträge	50
b) Dienst- oder Werkverträge	51
3. Sponsoring- oder Vermarktungsverträge	53
a) Statut der Werberechte	54
b) Statut des Vermarktungsvertrages	66
4. Fernsehrechteverwertungsvertrag	70
5. Franchisevertrag	76
6. Wettverträge	78
7. Zuschauervertrag (Verkauf von Tickets)	79
8. Ausrüstungsvertrag	84
9. Agenturvertrag	85
C. Das auf Delikte anzuwendende Recht (Deliktsstatut)	86
I. Allgemeine Grundregeln	87
1. Das deutsche autonome Kollisionsrecht	87
a) Handlungsort	89
b) Verletzungsort	90
c) Sonderregeln	91
d) Umfang des Deliktsstatuts	93
2. Die geplanten EU-VO	94
a) Grundregeln	95
b) Umfang des Deliktsstatuts	96
II. Einzelne sport-typische Delikte	97
a) Sportunfälle	97
b) Fehlerhafte Sportmaterialien	98
c) Verletzung immaterieller Güter	98 a
(aa) Rufschädigende Äußerungen	99
(bb) Sperre eines Sportlers, Vereins oder unteren Verbandes durch einen Internationalen Verband	100

3. Kapitel. Internationales Zivilprozessrecht

	Rz.
Einführung	102
A. Zuständigkeit deutscher Gerichte	107
I. Grundsatzzuständigkeit am Wohnsitz/Sitz einer Partei (allgemeiner Gerichtsstand)	108
a) Zuständigkeit am Sitz einer juristischen Person	109
b) Klage gegen einen Internationalen Verband mit Sitz im Ausland am Sitz seines deutschen Mitgliedverbandes?	110
II. Gerichtsstand für Klagen aus einem Vertrag	112
1. Nach EuGVVO/LÜ	112
2. Nach deutscher ZPO	114
3. Gerichtsstand für Arbeitssachen	115
III. Gerichtsstand für Deliktsklagen	116
1. Nach EuGVVO/LÜ	116
2. Nach deutscher ZPO	119
IV. Gerichtsstand des Sachzusammenhangs (EuGVVO/LÜ)	120
V. Gerichtsstand der Gewährleistung (Regress)	121
VI. Gerichtsstand des Vermögens	123
VII. Gerichtsstandsvereinbarung	127
1. Nach Art. 23 EuGVVO/17 LÜ	130
2. §§ 38, 40 deutsche ZPO	131
B. Anerkennung und Vollstreckung von Urteilen	133
I. Anerkennung und Vollstreckung ausländischer Urteile in Deutschland	134
1. Nach EuGVVO/LÜ	134
2. Nach der deutschen ZPO	138
II. Anerkennung und Vollstreckung deutscher Urteile im Ausland	140
C. Einstweiliger Rechtsschutz	141
1. Gerichtszuständigkeiten	142
2. Anwendbares Recht	147
3. Anerkennung und Vollstreckung einstweiliger Maßnahmen	148

	Rz.
4. Kapitel. Internationale Schiedsgerichtsbarkeit	150
1. Zulässigkeit der Entscheidung eines Rechtsstreits durch ein deutsches oder ausländisches Schiedsgericht	151
2. Die Schiedsklausel	152 a
a) Schiedsgerichtsvereinbarung	153
b) Satzungsmäßige Schiedsklausel	155
c) Wirkung einer Schiedsklausel	156
3. Verfahren vor dem Schiedsgericht	157
4. Der Schiedsspruch	159
a) Wirkung	159
b) Aufhebung, Anerkennung, Vollstreckung	160
5. Das Tribunal Arbitral du Sport (TAS)	165

Einführung

1 Vor allem der professionelle Hochleistungssport wird international betrieben; weltweit organisiert und beherrscht wird er – soweit olympisch – durch das IOC als oberstem allgemeinen internationalen Sportverband, im Übrigen durch die einzelnen internationalen, weltweiten oder regionalen Sportfachverbände. Die Beteiligten (Sportverbände, Vereine, Sportler) sind regelmäßig zumindest mittelbar mitgliedschaftlich verbunden;[1] darüber hinaus treten sie vor allem im Zusammenhang mit großen Sportveranstaltungen, wie Olympischen Spielen, Weltmeisterschaften u. a., in vertragliche Beziehungen. Alle diese Beziehungen – ob mitgliedschaftlich oder vertraglich – stehen nicht in einem „rechtsfreien Raum";[2] sondern führen immer wieder zu Rechtsstreitigkeiten und gerichtlichen Auseinandersetzungen. Soweit diese Beziehungen „über die Grenzen" gehen, also international sind, können die Gerichte verschiedener Staaten zur Streitentscheidung zuständig und verschiedene Rechtsordnungen anzuwenden sein.

Daneben ranken sich um den Sport viele kommerzielle Aktivitäten von Sponsoren, Fernsehanstalten, Sportrechteverwertern, Sportartikelherstellern u. a., die, über die Grenzen hinweg entfaltet, ebenfalls kollisionsrechtliche Probleme aufwerfen, wie Sponsoring- oder Vermarktungs- und sonstige Verträge. Schließlich werden auch immer wieder Schadensersatzansprüche aufgrund einer unerlaubten Handlung über die Grenzen geltend gemacht.

Daher stellt sich die Frage, wie sind die Internationalen Sportverbände, das von ihnen geschaffene, als autonom und sich selbst genügend gedachte „Rechtssystem", die darauf gegründeten Entscheidungen der Verbände, die Bindungswirkung und die Beziehungen der Beteiligten kollisionsrechtlich einzuordnen, wessen Kontrolle unterliegen sie?

2 Folgende internationale Fallkonstellationen können beispielsweise entstehen, die kollisionsrechtliche Probleme aufwerfen:

– Ein deutscher Sportler oder Verein will sich gerichtlich gegen die Sperre oder den Ausschluss durch einen Internationalen Sportverband mit Sitz im Ausland wenden oder klagt auf Zulassung zu einer internationalen Meisterschaft oder der umgekehrte Fall;

– ein ausländischer Sportler will einen Internationalen Sportverband mit Sitz in Deutschland verklagen;

– die Sperre eines Sportlers durch einen Internationalen Sportverband wird von einem ausländischen Gericht oder internationalen Schiedsgericht bestätigt;

---

[1] Zum Aufbau der Internationalen Sportverbände s. 2/Rz. 31 ff. und *Vieweg*, Normsetzung a.a.O.
[2] Zum nationalen Recht s. schon H. P. *Westermann*, JZ 1972, 537. Unten Rz. 7 ff.

– ein deutscher Sportverband, Verein oder Sportler will sich im Ausland vermarkten oder dorthin Fernsehrechte vergeben oder umgekehrt ein ausländischer in Deutschland;
– Klagen zwischen Sponsoren, Fernsehrechteverwertern, Sportverbänden, Sportvereinen oder Sportlern aus verschiedenen Staaten;
– seltener ist eine Klage zwischen einem deutschen und einem Internationalen Sportverband zu erwarten.[3] Auch die Klage eines (Internationalen) Sportverbandes gegen einen deutschen Sportler dürfte kaum die Praxis beschäftigen, da die Verbände kraft ihrer Verbandsgewalt in der Verbandshierarchie ihre Rechte meist auf anderem Wege durchsetzen können.

Dabei tauchen folgende kollisionsrechtliche Probleme auf: Nach welcher Rechtsordnung 3 richten sich
– der Status eines Internationalen oder ausländischen nationalen Sportverbandes (1. Kapitel), insbesondere die Beziehungen zwischen Internationalem Verband zu einem nationalen Verband oder zu einem Verein oder einem Sportler (2. Kapitel Rz. 12 ff.),
– internationale sport-typische Verträge z. B. zwischen Vereinen und Sportlern, zwischen Verbänden, Vereinen und Sportlern mit Sponsoren (2. Kapitel Rz. 25 ff.),
– Ansprüche, die sich aus einer unerlaubten Handlung (Delikt) ergeben (2. Kapitel Rz. 86 ff.).

Da Kollisionsrecht nationales Recht ist, gelten die folgenden Ausführungen für den Fall, dass *deutsche Gerichte* zu entscheiden haben. Wird ein ausländisches Gericht angerufen, so wendet es sein nationales Kollisionsrecht an.[4] Innerhalb der EU ist vor allem das internationale Schuldrecht weitgehend vereinheitlicht; die EU-Kommission plant eine VO zur Vereinheitlichung des internationalen Deliktsrechts. Auch sonst gelten in vielen Staaten teilweise dieselben Rechtsgrundsätze wie etwa die Möglichkeit einer Parteivereinbarung über das anzuwendende Recht.

Weiterhin ergeben sich international-zivilprozessrechtliche Probleme (dazu unten 3. Kapitel):
– Vor den Gerichten eines welchen Staates kann gegebenenfalls geklagt werden?
– Welche Wirkung hat das Urteil eines deutschen Gerichts im Ausland oder das Urteil eines ausländischen Gerichts im Inland?

Anstelle der staatlichen Gerichte können die Parteien auch die Streitentscheidung durch ein Schiedsgericht wählen (4. Kapitel).

1. Kapitel. Der Status Internationaler Sportverbände

I. Die Organisationsstruktur[5]

Der internationale Leistungssport wird im Rahmen von Internationalen Sportverbänden 4 betrieben. Der Aufbau ähnelt der deutschen Sportverbandsorganisation, insbesondere wird aufgrund der Satzungen auch weitgehend[6] das Ein-Platz-Prinzip (auch Ein-Ver-

---

[3] S. immerhin die Entscheidung des englischen Court of Appeals in *Reel v. Holder* (1979), 3 AllER 1041 und die Berufungsentscheidung hierzu des House of Lords (1981), 3 AllER 321 (Leichtathletikverband Taiwan gegen IAAF um Aufnahme).

[4] Verweist das ausländische Kollisionsrecht auf das deutsche Recht, so ist zu prüfen, ob es den sogen. renvoi zulässt; dann ist wiederum das deutsche Kollisionsrecht dahin zu untersuchen, ob es tatsächlich auf eine andere Rechtsordnung weiter- oder zurückverweist.

[5] Dazu grundlegend und detailliert *Vieweg*, Normsetzung S. 51 ff.; ders., JuS 1983, 825; *Summerer*, Internationales Sportrecht, S. 104 und 2/Rz. 34 ff.; neuerdings auch *Adolphsen*, Internationale Dopingstrafen.

[6] Eine Ausnahme machen beispielsweise das Berufsboxen, hier haben sich mehrere Weltfachverbände etabliert, ebenso Schach.

bands-Prinzip) durchgesetzt: An der Spitze stehen die Weltsportfachverbände, deren ordentliche Mitglieder die regionalen (kontinentalen) und nationalen Fachverbände der betreffenden Sportart sind. Als Mitglieder sind diese an die Satzungen und sonstigen Regeln des höheren Verbandes gebunden und meistens verpflichtet, diese Regeln auch ihren Mitgliedern aufzuerlegen. Die unteren nationalen Verbände sind Mitglieder der nationalen Spitzenverbände, in der Regel aber nicht unmittelbare Mitglieder der Internationalen Verbände. Auch die Sportvereine und die Sportler sind nicht Mitglieder der Internationalen Sportverbände.

5   Eine Sonderstellung nimmt das Internationale Olympische Komitee (IOC) ein, dessen Mitglieder nur natürliche Personen sind, keine Sportverbände.[7] Das IOC erkennt gemäß dem Ein-Platz-Prinzip je (olympischer) Sportart nur einen Weltverband an, gegebenenfalls auch je einen regionalen Fachverband und je einen nationalen Fachverband, sowie für jedes Land ein Nationales Olympisches Komitee (NOK). Voraussetzung für die Anerkennung durch das IOC ist, dass der betreffende Verband das Regelwerk des IOC als für ihn verbindlich anerkennt und sich verpflichtet, es in seinem Bereich durchzusetzen, insbesondere seinen Mitgliedsverbänden und Sportlern aufzuerlegen. Insoweit kann man auch hier von einem Regelanerkennungsvertrag sprechen.

II. Rechtliche Einordnung der Internationalen Sportverbände

6   Heute – nachdem das IOC insoweit sein Regelwerk geändert hat[8] – dürfte es unbestreitbar sein, dass Internationale Sportverbände keine Völkerrechtssubjekte sind.[9] Völkerrechtssubjekte sind die Staaten und die von ihnen gegründeten internationalen und supranationalen Organisationen.[10] Das IOC wurde von natürlichen Personen gegründet, die Internationalen Sportverbände hingegen i. d. R. von juristischen Personen des Privatrechts, nämlich den nationalen Sportverbänden. Vom Gründungsakt her scheidet also die Annahme einer Völkerrechtssubjektivität aus, eine spätere Verleihung hat nicht stattgefunden.

---

[7] Die Feststellung der NZZ v. 19./20. 12. 1998 S. 44, „Das IOK ist Exekutive und Legislative, Regierung und Parlament zugleich", stimmt im Wesentlichen auch für die anderen Internationalen Sportverbände.

[8] Règle 19 (1) Charte Olympique 1992: Das IOC „est une organisation internationale non-gouvernementale, à but non lucratif, à forme d'association dotée de la personnalité du Conseil fédéral Suisse". Demgegenüber Règle 11 (2) Charte Olympique 1985: Das IOC „est une association de droit international ayant la personnalité juridique".

[9] Schon zu dem früheren IOC-Statut wohl h. M. *Vieweg*, Normsetzung, S. 139 und passim, *Summerer*, Internationales Sportrecht, S. 36 ff. jeweils mit weiteren Nachweisen. *Vedder*, GYIL Bd. 27 (1984), 233; *Tröger/Vedder* in *Reuter*, Einbindung, S. 1. 9 mit weiteren Nachweisen, *Simma* in *BISP* (Hrsg.), NOK für Deutschland, Olympische Leistung, S. 234 ff.; *Baare-Schmidt*, Der Status des internationalen Olympischen Komitees im Völkerrecht (Diss. Tübingen, 1983). Für England s. die Entscheidung des House of Lords in *Reel v. Holger* (1981), 3 AllER 321 und die vorhergehende Entscheidung des Court of Appeals (1979), 3 AllER 1041, in denen die Völkerrechtssubjektivität des *IAAF* abgelehnt wurde, Frankreich: *Karaquillo*, Le Droit Du Sport (1993), 7, Italien: *Frascaroli*, Enciclopedia del Diritto „Sport (dir. pubbl. e priv.)", S. 514 (1990); *Marani Toro*, Riv. di Diritto dello Sport 1983, 390, Schweiz: *Baddeley*, Rev. Jur. 1997, 11; *Hannamann*, Kartellverbot, S. 74. Allenfalls hinsichtlich des IOC gab es Stimmen, die dessen Völkerrechtssubjektivität behaupteten: z. B. *Nafziger*, International Sports Law, S. 33 f.; *Krause-Ablass*, Afrika heute, Bd. 4 (1971), S. 455. Bei *Summerer*, Internationales Sportrecht S. 31 f., auch Zitate zumindest missverständlicher Äußerungen US-amerikanischer Gerichte, missverständlich wegen des unklaren Gebrauchs des Wortes „international", und weitere amerikanische Stimmen, die allerdings fälschlich von der Gründung durch Staaten ausgegangen sind.

[10] *Seidl-Hohenveldern*, Völkerrecht Rz. 617 ff., 799 ff.; *ders.*, Das Recht der Internationalen Organisationen einschließlich der Supranationalen Gesellschaften; *Ipsen* (Epping), Völkerrecht, S. 67 ff. Daneben gibt es noch einzelne Völkerrechtssubjekte aus historischen Gründen, wie den Vatikanstaat, oder aufgrund besonderer Verleihung, wie das Internationale Komitee vom Roten Kreuz.

Daraus folgt, dass das IOC und die Internationalen Sportverbände ihre Rechtsfähigkeit[11] nur von einer staatlichen Rechtsordnung ableiten können.[12] Auch die von ihnen beanspruchte Autonomie, also die Befugnis, „Recht" in ihrem Bereich zu setzen und durchzusetzen, wird vom Staat im Rahmen seiner Gesetze anerkannt, hängt darüber hinaus aber von der Zustimmung der Betroffenen ab.

Da kein Staat einem Internationalen Sportverband „öffentlich-rechtlichen" Status verliehen hat,[13] können sie also nur Rechtsfähigkeit aufgrund eines nationalen Rechts haben, wenn sie nicht darauf verzichten; sie sind demnach juristische Personen oder Personenverbindungen des Privatrechts. Die herrschende Lehre stuft sie als Non-Governmental Organizations (NGOs)[14] ein. Viele Internationale Verbände haben ihren Sitz in der Schweiz und sind – wie das IOC – Vereine schweizerischen Rechts;[15] Verbände mit Sitz in Deutschland sind eingetragene Vereine gem. §§ 21, 55 BGB.[16]

Die Zuordnung und damit Bindung eines jeden Internationalen Sportverbandes an **7** eine Rechtsordnung ist – jedenfalls beim derzeitigen Stand der Entwicklung – auch dringend zu wünschen, damit der erforderliche Rechtsschutz insbesondere den Sportlern,[17] aber auch zwischen den Sportverbänden,[18] gewährt wird. In den letzten Jahrzehnten haben sich vor allem die großen Verbände immer mehr zu Unternehmen entwickelt und sind dank ihrer Monopolstellung in einem äußerst begehrten Wirtschaftssektor zu einer wirtschaftlichen und sozialen Machtstellung gelangt. Die Monopolstellung beruht auf dem Ein-Platz-Prinzip; es ist verbandsrechtlich durchgängig abgesichert, aus sporttypischen Gründen auch durchaus gerechtfertigt und wird daher grundsätzlich rechtlich

---

[11] Die Rechtsfähigkeit von Gemeinschaften (juristischen Personen) ist, anders als die des Menschen, ein Konstrukt des Rechts. – Gelegentlich wurde ein Sportverband nicht als jur. Peson gegründet, wie bis zur Sitzverlegung von London nach Monaco der IAAF; s. zu weiteren Fällen, in denen ein Verband vor Gericht vorgab, nicht rechtsfähig und daher nicht passiv parteifähig zu sein, aber damit nicht durchdrang, *van Hecke*, Festschrift für *Seidl-Hohenveldern*, S. 633 f.: z. B. UIC und FIDE.

[12] *Van Hecke*, S. 629, dort auch zu den vielfältigen Versuchen seit Beginn des 20. Jahrhunderts, internationalen Vereinen eine internationale Rechtspersönlichkeit, also unabhängig von einer nationalen Rechtsordnung, zukommen zu lassen. *Hummer*, Berichte der deutschen Ges. für Völkerrecht (2001), S. 83 mit vielen Nachweisen auch zu anderen Rechtsordnungen; früher schon *Schrag*, Internationale Idealvereine (1936).

[13] Nationale Sportverbände hingegen sind mitunter im innerstaatlichen Bereich mit staatlichen Befugnissen betraut, wie z. B. in Frankreich loi Nr. 84-610 v. 16.7.1984, geändert durch loi Nr. 2000-627 v. 6.7.2000, s. dazu *Röthel*, SpuRt 2001, 89 und die Berichte von *Autexier* und *de Cristofaro* in *Will* (Hrsg.), Sportrecht in Europa. Das italienische NOK (C. O. N. I.) ist eine öffentlich-rechtliche Körperschaft, Ges. Nr. 70 vom 20.3.1975, jetzt decreto legge 242/99, die italienischen Sportverbände sind nach diesem Gesetz jur. Personen des Privatrechts; dazu *Palmieri*, Riv. Dir. dello Sport 2001, 219; zur früheren, anderen Lage s. *Marani Toro*, Novissimo Digesto Stichwort „Sport", S. 53 f. (1977).

[14] S. für das IOC die oben (Fn. 8) zitierte Regel 19 (1) Charte Olympique, *Vieweg*, Normsetzung, S. 26 f. und die oben (Fn. 9) genannten Autoren. NGOs haben im Rahmen der UNO beratenden Status (Art. 71 Satzung der UN und Sekundärrecht). – Sie sind auch keine Internationalen Organisationen, die eine Gründung durch Staaten oder andere Völkerrechtssubjekte voraussetzen, *Seidl-Hohenveldern/Loibl*, Das Recht der Internationalen Organisationen Rdnr. 0105; – Inzwischen kann man fragen, ob sich nicht einige der Internationalen Sportverbände zu so genannten transnationalen Unternehmen entwickelt haben, die aber nach ganz h. M. ebenfalls keine Völkerrechtssubjekte sind, s. dazu *Ipsen* (*Epping*), Völkerrecht, S. 92 f.

[15] S. zum Sitz vieler Internationaler Verbände oben 2/Rz. 31 ff.

[16] FIBA (Internationaler Basketball-Verband) und UIT (Internationaler Schützen-Verband).

[17] Dazu grundlegend *Vieweg*, Normsetzung, passim. – S. die treffende Darstellung der Kehrtwendung im französischen Recht zugunsten des Sportlerschutzes bei *Will* in *Reuter*, Einbindung, S. 41 ff.

[18] S. die Schilderung von Streitigkeiten zwischen Verbänden, die von *dem* Verband zu seinen Gunsten entschieden wurden, der im fraglichen Zeitpunkt die besser Machtposition hatte, von *Summerer*, Internationales Sportrecht und *Will* in *Reuter*, Einbindung, S. 29 ff.

1. Kapitel. Der Status Internationaler Sportverbände

nicht in Frage gestellt[19] — im Gegensatz zu anderen Monopolstrukturen im Wirtschaftsleben. Andererseits bringt diese Monopolstellung erhebliche Gefahren und Probleme mit sich: Einmal im Verhältnis zu den „unter dem Dach" der Verbände stehenden Mitgliedsverbänden und Sportlern, da die Sportverbände ihre Macht, insbesondere ihre Sanktionen, in ihrem Bereich *weltweit* selbst durchsetzen können und hierfür praktisch nie die Gerichtsbarkeit eines Staates in Anspruch nehmen müssen.[20] Umgekehrt können gerade Sportler, die in ihrer Sportausübung und — soweit Berufssportler — auch wirtschaftlich völlig von der Verbandshierarchie abhängig sind, ihre Rechte nur mit Hilfe staatlicher Gerichtsbarkeit oder allenfalls unabhängiger Schiedsgerichte durchsetzen.

Zum anderen besitzen die Sportverbände aber auch gegenüber Dritten eine monopolähnliche Stellung,[21] insbesondere gegenüber den Abnehmern der Sportleistungen[22] und den Sportartikelherstellern auf der Marktgegenseite.

Daher bedürfen Internationale Sportverbände, ihr Regelwerk und ihre Entscheidungen — wie auch die nationalen Verbände — als monopolistische Leistungsnachfrager und Leistungsanbieter ganz besonderer Kontrolle durch unabhängige Gerichte oder (Kartell)Behörden, die — nach dem derzeitigen Rechtszustand — nur durch staatliches Recht gewährleistet werden kann.

Andererseits gewährt die rein privatrechtliche Einbindung in eine staatliche Rechtsordnung den Internationalen Sportverbänden weit mehr Selbständigkeit und Schutz vor Eingriffen gegenüber Staaten und der Politik als dies etwa das Völkerrecht könnte.[23]

Welcher Rechtsordnung ein Internationaler Sportverband (Verbandsstatut) unterliegt, ist eine Frage des staatlichen Internationalen Privatrechts (Kollisionsrechts).[24]

---

[19] BGHZ 63, 282. *Vieweg*, Normsetzung, *ders.*, Jus 1983, 826 ff. *Schlosser*, FS *Albrecht Zeuner* (1990), S. 467, *Pfister*, Festschrift für *W. Lorenz* (1992), S. 183 ff. Neuerdings sehr detailliert auch zu den Grenzen der Zulässigkeit *Hanamann*, Kartellverbot und Verhaltenskoordination im Sport (2001) S. 98 und 268 ff.; 362 ff., dort auch die treffende kritische Darstellung der die Monopolstellung viel zu weitgehend rechtfertigenden single-entity-Theorie S. 350 ff. S. näher oben 2/Rz. 108.

[20] Endgültiger oder zeitweiliger Ausschluss (Sperre), Aberkennung eines Sieges, Nichtzulassung zu Wettkämpfen können ohne weiteres von den Verbänden selbst durchgesetzt werden; so nimmt es nicht wunder, dass von Klagen von Sportverbänden gegen Sportler vor staatlichen Gerichten, sieht man vielleicht von der Eintreibung von Mitgliedsbeiträgen ab, kaum die Rede ist.

[21] Dazu *Parlasca*, Kartelle im Profisport, und neuerdings *Hannamann*, Kartellverbot. — Immerhin konkurrieren die verschiedenen Sportarten untereinander.

[22] Fernsehanstalten und Fernsehrechteverwerter, Werbemarkt, letztlich auch Zuschauer, s. BGHZ 101, 100: Kopplungsverkauf von Eintrittskarten, allerdings von einem Verein, als „marktbeherrschendes Unternehmen". Dies berücksichtig m. E. *Schellhaas*, Recht und Sport, H. 33 nicht genügend. S. die Erörterung der verschiedenen Märkte bei *Hannamann*, Kartellverbot, S. 310 ff.

[23] So beharrt etwa der deutsche Sport angesichts anderer Entwicklungen in Nachbarländern zu Recht auf seiner rein privatrechtlichen Konstruktion und der damit gewährten Autonomie. Vgl. zur „völkerrechtlichen Tendenz" — und auch zu den Gefahren für den Sport, wenn die Staatengemeinschaft ihn vereinnahmt und dann zu politischen Zwecken ge- und damit missbrauchen kann — *Simma* in Bundesinstitut für Sportwissenschaft, NOK für Deutschland — Olympische Leistung (1981), S. 334 ff.; *ders.*, Festschrift für *Seidl-Hohenveldern*, S. 573 ff.; *Vedder* in *Reuter*, Einbindung, S. 1 ff. Vgl. zu den Einwirkungsmöglichkeiten des Staates bei „öffentlich-rechtlicher Struktur" des Sports (Griechenland) *Will* in *Reuter*, Einbindung, S. 43 ff. und zu den Autonomiebestrebungen des französischen Sports gegenüber der staatlichen Regelung *Autexier* in *Will*, Sportrecht in Europa, S. 20 ff. Übrigens sind auch nach französischem Recht die Beziehungen eines internationalen Sportverbandes zu einem nationalen Verband und zu Sportlern privatrechtlicher Natur, *Alaphilippe*, Anmerkung zu einer Entscheidung der Cour d'Appel Paris, Dalloz 1985, Information Rapide, 141.

[24] *V. Bar*, Internationales Privatrecht, Bd. 2, Rz. 617 f. — S. dazu unten 2. Kapitel.

III. Einordnung des von den Internationalen Sportverbänden gesetzten „Rechts" (lex sportiva)

Zu der in der Rechtstheorie umstrittenen Frage, ob Organisationen unabhängig von jeder staatlichen Verleihung die Fähigkeit haben, „Recht" zu setzen, braucht im vorliegenden Zusammenhang keine Stellung genommen zu werden.[25] Denn soweit ersichtlich gewähren alle Rechtsordnungen den Organisationen (Sportverbänden), die ihnen unterworfen sind, in gewissen, unterschiedlichen Schranken Autonomie,[26] d. h. die Verbände können Regeln für ihren Bereich setzen, die für die Verbandsmitglieder und für Dritte kraft rechtsgeschäftlicher Anerkennung verbindlich sind. Das internationale Schiedsgericht des Sports, das Tas, versucht auf der Grundlage dieser Regelwerke und aus allgemein anerkannten Rechtsgrundsätzen, in die es sport-typische Besonderheiten einfließen lässt, allgemeine Grundsätze des Sportrechts zu entwickeln; man kann hier von einer *lex sportiva* sprechen.[27] Dabei knüpft es aber grundsätzlich kollisionsrechtlich an eine staatliche Rechtsordnung an, häufig an das schweizerische Recht als dem Recht des Sitzes des (in Berufungssachen) verklagten Verbandes oder seines eigenen Sitzes.[28]

Diese lex sportiva kann aber nicht als anationales Recht unabhängig von jeder staatlichen Rechtsordnung Geltung beanspruchen,[29] wie es von der lex mercatoria behauptet wird.[30] Keinesfalls kann durch Parteivereinbarung international zwingendes Recht eines Staates ausgeschlossen werden, wie z. B. kartellrechtliche Bestimmungen, falls sie etwa in

8

---

[25] Zu dieser Grundfrage des Rechts grundlegend vor allem *Santi Romano*, L'Ordinamento Giuridico und auf seiner Grundlage die ältere italienische Lehre gerade zum Sport, s. dazu *Will* in *Reuter*, Einbindung, S. 38 ff., dort auch weitere Angaben zum französischen, griechischen und englischen Recht; speziell zu Sportverbänden vom Standpunkt der (deutschen) Völkerrechtslehre aus *Vedder*, vom Standpunkt des deutschen Zivilrechts aus *Reuter*, alle in *Reuter*, Einbindung. – Die Anerkennung einer eigenen Rechtssetzungsbefugnis von Organisationen hat – ähnlich wie die Lehre *von Gierkes* – historisch große Bedeutung gehabt, um diesen Organisationen einen Freiraum gegenüber dem Staat zu erkämpfen; heute, da ihnen vom Staat Autonomie zugestanden wird (für das deutsche Recht Art. 9 I GG, aber auch andere Staaten haben sie weitgehend anerkannt), geht es umgekehrt darum, die Grenzen der Autonomie mächtig gewordener Verbände zu bestimmen und hierzu bedarf es gerade der Einbindung in nationales Recht.

[26] Nach deutschem Recht gem. Art. 9 Abs. 1 GG. S. im Übrigen *Vieweg*, Normsetzung, S. 143 ff., der die Autonomie der Internationalen Verbände indes (auch) über die Mitwirkung der deutschen Mitgliedsverbände und daher ebenfalls aus Art. 9 ableitet. *Krogmann* kommt für Europa zu demselben Ergebnis, Vereinigungsfreiheit von Sportorganisationen in europäischen Rechtsordnungen in *Vieweg* (Hrsg.), Spektrum des Sportrechts, S. 35.

[27] S. dazu *Heß*, Aktuelle Rechtsfragen des Sports, S. 39 f. Selbstverständlich können die Uni-Droit-Principles oder die Ole-Lando-Principles angewendet werden, wie *Adolphsen* vorschlägt, aber nur, wenn die Parteien in irgend einer Weise sich darauf geeinigt haben.

[28] S. den Überblick über die kollisionsrechtliche Anknüpfung in der Tas-Rechtsprechung bei *Pfister*, SpuRt 2002, 177 sub II. Das Tas-Reglement verweist ausdrücklich auf das Kollisionsrecht bzw. auf die Rechtsordnung, dessen Anwendung das Schiedsgericht für angemessen hält; das würdigt *Adolphsen*, Eine lex mercatoria, nicht genügend.

[29] Dahin gehend der Versuch *Adolphsens*, Eine lex sportiva ... und auch in seiner Habilschrift, Internationale Dopingstrafen. Dagegen *Heß*, Aktuelle Rechtsfragen des Sports, für das Regelwerk nationaler Sportverbände, S. 40 f.; *Vieweg*, Normsetzung, S. 127 ff. und die in Fn. 23 zitierten Autoren. Zum französischen Recht *Plouvin*, Gazette du Palais 1977 2. doctrine, 450 ff., *Alaphilippe*, Anmerkung in Dalloz 1985, Information Rapide, 141. Für ein Zurücktreten des (französischen) staatlichen Rechts gegenüber dem von den Verbänden gesetzten Recht *Luc Silance*, Revue Olympique 1977, S. 619 ff., 628, allerdings mit verfehlter internationaler Argumentation.

[30] Gegen eine lex mercatoria als anationales Recht die ganz h. L. in Deutschland: eindringlich *v. Bar*, Internationales Privatrecht, Bd. 1, Rz. 100 ff., *Staudinger-Magnus*, Art. 28 Rdnr. 49, neuerdings *Herber*, IHR 2003, 1.

einem zivilrechtlichen Streit zwischen Sportler und Verband relevant sind.[31] Aber auch im Übrigen stehen zwei Bedenken dagegen: Während man bei der umstrittenen Lehre von der lex mercatoria immerhin in der Regel davon ausgehen kann, dass die sie vereinbarenden Parteien gleich stark sind und daher nicht des besonderen Schutzes staatlichen Rechts bedürfen, ist dies im Sport anders. Zwischen den das Sportregelwerk aufstellenden Internationalen Sportverbänden und vor allem den unterworfenen Sportlern, aber auch unteren nationalen Verbänden besteht ein erhebliches Ungleichgewicht.[32] Die meisten Staaten – insbesondere im Bereich der EU und gerade auch auf der Grundlage von EU-Rechtssätzen – haben *zwingende Normen* zum Schutz des Schwächeren.[33] Ob es dem Tas gelingt, ein System von Schutzregeln zu entwickeln,[34] muss vorläufig jedenfalls dahinstehen.

Der zweite, schlagendere Einwand, der übrigens auch gegen eine lex mercatoria als anationales Recht vorgebracht wird: die Lückenhaftigkeit des Verbandsregelwerkes, die auch nicht durch „allgemeine Rechtsgrundsätze"[35] zu schließen ist. Mögen die Sportverbände in ihrer Regelsetzung auch noch so detailfreudig sein, es fehlt in weiten Bereichen das zugrunde liegende Rechtssystem, die Masse der Vorschriften und das sich daraus ergebende Rechtssystem etwa der ersten drei Bücher des BGB oder entsprechende Vorschriften anderer Rechtsordnungen.[36] Sicherlich können manche Sportrechtsstreitigkeiten ohne konkreten Rückgriff auf ein nationales Recht entschieden werden,[37] aber Lücken werden immer wieder auftreten.

Im Ergebnis ist also festzuhalten: Aufgrund der Regelwerke der Sportverbände und aus allgemeinen sport-typischen Gesichtspunkten können insbesondere durch die Rechtsprechung des Tas allgemeine Sportrechtsgrundsätze entwickelt werden, eine lex spor-

---

[31] Anspruch auf Teilnahme aufgrund Monopolstellung. Dass die Verbände im Übrigen dem nationalen Kartellrecht unterstehen, soweit es sich für anwendbar erklärt, ist unzweifelhaft.

[32] S. dazu Einführung Rz. 13 ff.

[33] Beispielsweise Vorschriften zu AGB, arbeitsrechtliche, Verbraucherschutzvorschriften und dgl.

[34] Und zwar nicht nur aufgrund des subjektiven Rechtsgefühls der entscheidenden – ja nur an einem nationalen Recht ausgebildeten – Richter, sondern auf solider rechtsvergleichender Grundlage, s. dazu *W. Lorenz*, Festschrift für *Neumayer*, S. 407 ff.

[35] In einer genauen Analyse von Entscheidungen internationaler Schiedsgerichte hat *W. Lorenz*, a.a.O., gezeigt, dass die lex mercatoria (bestenfalls) aus allgemeinen Rechtsgrundsätzen der entwickelten Rechtsordnungen besteht, die (bestenfalls) aufgrund rechtsvergleichender Forschungen herausgearbeitet wurden; ein Charakter als eigenständige Rechtsquelle gegenüber den nationalen Rechtsordnungen kommt ihnen daher keinesfalls zu.

[36] Gerade darauf weist im Hinblick auf die lex mercatoria auch *W. Lorenz* (vorige Fn.), S. 52 hin. Im Ergebnis wohl ähnlich wie hier *Heß*, Aktuelle Rechtsfragen des Sports, S. 39 ff., der zwar die hier vertretene Ansicht bekämpft, aber (S. 43) dann ebenfalls „subsidiär" – d. h. doch wohl hinsichtlich der zwingenden Normen und bei Lückenhaftigkeit des Sportregelwerks – das Statut des internationalen Sportverbandes für berufen hält. *Adolphsen*, Eine lex sportiva ..., S. 645 f. versucht zur Lückenfüllung die Uni-Droit- oder Ole-Lando-Principles heranzuziehen; das setzt aber wiederum eine Einigung der Parteien hierauf voraus, zudem bleibt die Frage, was anzuwenden ist, wenn diese principles ihrerseits Lücken aufweisen oder überhaupt keine Regeln enthalten, wie etwa zum Deliktsrecht, Vertretungsrecht, bei Streit um die Vermarktung von Persönlichkeitsrechten zwischen Verband und Sportler und erst recht zum Sachenrecht. – Zudem wird sich kaum ein Staat etwa sein Kartellrecht ausschalten lassen, das daher auch von Schiedsgerichten zu beachten ist, s. dazu unten Rz. 160 ff. – Grundsätzlich zur Autonomie Internationaler Sportverbände und Grenzen ihrer Rechtssetzung *Vieweg*, Normsetzung, S. 127 ff., *Summerer*, Festschrift *Hanisch*, S. 267 ff.; *ders*. Internationales Sportrecht, S. 95 ff.; *Will* in *Reuter*, Einbindung, S. 37 f. Bei den genannten Autoren auch Zitate von Sportverbandsregeln, die eine andere Auffassung der Sportverbände zum Ausdruck bringen.

[37] Das Tas gibt in vielen Fällen an, welche staatliche Rechtsordnung anzuwenden ist, ohne dann darauf zurückgreifen zu müssen, s. den Überblick über kollisionsrechtliche Entscheidungen des Tas von *Pfister*, SpuRt 2002, 177 sub II. – Auch rein interne, allgemeine zivilrechtliche Streitigkeiten werden oft allein aufgrund des von den Streitparteien vereinbarten Vertrages ohne Anwendung einer Rechtsnorm entschieden.

tiva.[38] Dennoch bleibt das Regelwerk der Sportverbände jeweils in eine staatliche Rechtsordnung eingebettet, gleichgültig, ob es aufgrund Mitgliedschaft oder Einzelvertrag verbindlich ist. Aus der anzuwendenden staatlichen Rechtsordnung ergeben sich sowohl die die Rechtssetzungsbefugnis des Verbandes einschränkenden *zwingenden* als auch die evtl. Lücken *ausfüllenden* Normen.

Auch die sehr zweifelhafte Lehre von der lex contractus,[39] soweit sie überhaupt anzuerkennen ist, kann nicht auf das internationale Sportrecht übertragen werden.[40] Nach dieser Lehre sollen Verträge zwischen einem Staat und einem internationalen Unternehmen nicht einer bestimmten staatlichen Rechtsordnung unterliegen, weder der des beteiligten Staates, das erscheine dem Partner verdächtig, noch der eines anderen Staates, das verbiete das Souveränitätsdenken des beteiligten Staates. Ganz abgesehen, dass auch bei der lex contractus das Problem der Lückenhaftigkeit und der Begrenzung durch zwingendes Recht besteht, liegen die Gründe, die zu dieser Lehre führten, im Sportbereich nicht vor: Ein Internationaler Sportverband ist kein Völkerrechtssubjekt, ebenso wenig wie seine Mitglieder oder Vertragspartner; er verdankt seine Rechtsfähigkeit und seine Normsetzungsbefugnis einem Staat, es ist ihm daher nicht unzumutbar, auch seine Rechtsbeziehungen zu Dritten einer staatlichen Rechtsordnung unterzuordnen; umgekehrt ist auch ein Misstrauen des Partners schon deswegen nicht gerechtfertigt, weil es sich eben bei der anzuwendenden staatlichen Rechtsordnung nicht um die des Verbandes handelt.

IV. Bindung der Beteiligten

Nach dem oben Ausgeführten unterliegen die Internationalen Verbände einer staatlichen 9
Rechtsordnung; ihre Autonomie ist von dieser Rechtsordnung abgeleitet, die von ihnen erlassenen Regelwerke sind in eine nationale Rechtsordnung eingebunden. Die Bindung der Beteiligten an einen Internationalen Verband und damit an das von ihr gesetzte „Recht" kann daher nur auf dem (rechtsgeschäftlichen) Willen der Betroffenen beruhen.[41] Allenfalls ein Staat kann einseitig Recht setzen, das die Unterworfenen bindet;[42]

---

[38] Ebenso *Heß*, Aktuelle Rechtsfragen des Sports, S. 41 ff., *Oschütz*, Schiedsgerichtsbarkeit, S. 351 ff., 359 f. mit Überblick auch über den internationalen Streitstand.

[39] Dazu *Seidl-Hohenveldern*, Völkerrecht, Rz. 1626 ff.; *Ipsen* (*Heintschel v. Heinegg*), Völkerrecht, Rz. 8 ff., dort „internationalisierte Verträge" einführend.

[40] Das befürwortet aber *Vedder* in *Reuter*, Einbindung, S. 13 in Fn. 35.

[41] Vgl. BVerfGE Bd. 31, 58 ff. Zu Sportverbandsregeln speziell BGHZ Bd. 128, 93 ff. = NJW 1995, 583 ff. = JZ 1995, 664 ff. = SpuRt 1995, 43 ff. *Hannamann*, Kartellverbot S. 48 ff. Allgemein dazu T. *Honoré*, Making Law Binding, S. 32 ff., „shared understanding" der Gruppenmitglieder, worunter er weniger als eine konkrete Zustimmung versteht. – Eine Ausnahme vom Erfordernis einer rechtsgeschäftlichen Zustimmung ist nur für die reinen *Spielregeln* zu machen, die den Ablauf eines Spieles bestimmen. Vor allem, soweit sie bestimmte Verhaltensvorschriften beinhalten, können sie als Verkehrs(sicherungs)pflichten angesehen werden, die als solche für alle, die an dem geregelten Verkehr (also dem Spielbetrieb) teilnehmen, gelten und nicht aufgrund rechtsgeschäftlicher Begründung. Ganz prägnant in diesem Sinne die Geltung der FIS-Regeln, dazu 5/15. Vgl. zur Unterscheidung von „Spielregel und Rechtsregel" grundlegend das gleichnamige Buch von *Kummer* sowie Einführung/ Rz. 20 ff. und 2/5/ ff. Grundlegend zur Begründung von Verkehrspflichten, *v. Bar*, Verkehrspflichten S. 112 ff. – Zum französischen Recht *Plouvin*, Gazette du Palais 1977, 2. doctrine, 450 ff.

[42] Nach der sogen. Anerkennungstheorie liegt der Geltungsgrund auch für das staatlich gesetzte Recht in der Zustimmung der Unterworfenen. Zu dieser Grundfrage s. z. B. *Alexy*, Begriff und Geltung des Rechts; *Coing*, Grundzüge der Rechtsphilosophie, 5. Aufl. S. 237 ff.; *Canaris*, JuS 1996, 573 ff. Dann muss „erst recht" die Bindung an Verbandsrecht auf dem Willen der Gebundenen beruhen, selbst wenn man annimmt, die Autonomie der Sportverbände beruhe nicht auf staatlicher Verleihung. – Manchen Urteilen oder Gutachten des Tribunal arbitral de sport (Tas) lässt sich nicht entnehmen, dass die Richter offenbar der Auffassung waren, jeder Sportverband bestimme selbst, welche unteren Verbände und Sportler an seine Regeln gebunden seien. In den zugrunde liegenden Fällen waren jedes Mal mehrere Verbände der Ansicht, ein bestimmter Fall sei nach seinen (in concreto:

1. Kapitel. Der Status Internationaler Sportverbände

eine Ermächtigung durch einen Staat an einen Internationalen Sportverband, bindendes Recht zu setzen, ist nicht bekannt, hätte jedenfalls aber nur Wirkung im Bereich dieses Staates.[43]

Die rechtliche Bindung an die *Rechtsregeln* eines Verbandes kann auf *Mitgliedschaft* oder auf einem *Individualvertrag* beruhen,[44] beide werden rechtsgeschäftlich begründet. Gerade im internationalen Sport sind beide Arten anzutreffen, die Unterscheidung ist kollisionsrechtlich von Bedeutung.

Die nationalen und die regionalen Spitzenverbände sind regelmäßig Mitglieder des höheren Verbandes und daher als solche an dessen Regelwerk gebunden. Diese mitgliedschaftliche Beziehung unterliegt dem *Verbandsstatut*.[45]

Untere nationale Verbände, Vereine und Sportler, die keine Mitglieder des Internationalen Sportverbandes sind, können nur aufgrund eines *Einzelvertrages* dessen Regelwerk und insbesondere seine Sanktionsgewalt anerkennen (Regelanerkennungsvertrag).[46]

Auch zum IOC stehen die Internationalen, die nationalen Sportverbände und die Sportler nur in vertraglicher Beziehung.

Diese Regelanerkennungsverträge unterliegen dem *Vertragsstatut*.[47]

10 Die Rechtsordnung eines welchen Staates für diese Fragen im Einzelfall maßgebend ist, entscheidet das *Internationale Privatrecht* (Kollisionsrecht) des mit einem Streit befassten Gerichts; jedes Gericht wendet sein nationales Kollisionsrecht an, ein deutsches Gericht also das deutsche Kollisionsrecht, das weitgehend im EGBGB geregelt ist (s. unten 2. Kapitel).

Auch die Frage, die Gerichte eines welchen Staates zuständig sind, welche Wirkungen Urteile in anderen Staaten haben usw., entscheidet das (nationale) *internationale Zivilprozessrecht* (s. unten 3. Kapitel).

11 Daher können für einen Rechtsstreit die Gerichte verschiedener Staaten zuständig sein, die zu unterschiedlichen Urteilen kommen können, zumal sie, jeweils von ihrem eigenen Kollisionsrecht ausgehend, möglicherweise unterschiedliches materielles Recht anwenden. Die Regelungsdichte der einzelnen Rechtsordnungen gegenüber dem Sport ist nun

---

Doping)Regeln zu entscheiden, nahmen also die Kompetenz zur bindenden Rechtssetzung in Anspruch. Das Tas beantwortete die Konkurrenzproblematik mit einer Art kollisionsrechtlichen Begründung. Demgegenüber hätte das Gericht zunächst fragen müssen, die Regeln eines welchen Verbandes der betreffende untere Verband oder Sportler (rechtsgeschäftlich) anerkannt hatte; erst nach einer Feststellung, dass unterer Verband oder Sportler die Regeln mehrerer Verbände anerkannt hatten, hätte sich die Konkurrenzproblematik gestellt, wäre dann aber mit anderer Begründung zu lösen, s. zu dieser Problematik *Pfister*, SpuRt 2003, 7 f.

[43] Immerhin erklären manche Staaten die Regeln Internationaler Sportverbände für ihre nationalen Sportverbände als verbindlich, so das italienische Dekret Nr. 530/1974 und das französische Sportgesetz Nr. 988 v. 29. 10. 1975, allerdings vorsichtiger später das Gesetz Nr. 610 v. 16. 7. 1984, das ausdrücklich den Vorrang der allgemeinen Grundsätze des französischen Rechts erwähnt. S. dazu *Will* in *Reuter*, Einbindung, S. 41 ff., *Autexier* (zu Frankreich) und *de Cristofaro* (zu Italien) beide in *Will*, Sportrecht in Europa. – Die französischen nationalen Sportverbände nehmen *service public* wahr, sie werden vom Staat lizenziert und beaufsichtigt, ihre Entscheidungen unterliegen konsequenterweise verwaltungsgerichtlicher Kontrolle, *Autexier* in *Will*, Sportrecht in Europa, S. 14 ff., *Röthel*, SpuRt 2001, 249 ff.

[44] S. zu den Bindungen (Verhaltenskoordinationen) zwischen den einzelnen Verbandsebenen *Hannamann*, Kartellverbot, S. 252 ff.

[45] Dazu unten Rz. 12 ff.

[46] Soweit ein nationaler Spitzenverband seine Mitglieder verpflichtet, das Regelwerk des Internationalen Verbandes anzuerkennen, besteht im Zweifel diese Verpflichtung nur ihm gegenüber; nur wenn er außerdem in seinem Regelwerk auch eine unmittelbare Sanktionsbefugnis des Internationalen Verbandes vorsieht, kann das als Satzung zugunsten Dritter (des Internationalen Verbandes) angesehen werden. Kollisionsrechtlich gilt dann das unten Rz. 48 Gesagte, insbesondere zur Frage, ob eine Satzung zugunsten Dritter überhaupt zulässig ist. S. zur Bindung der „mittelbaren Mitglieder" *Summerer* 2/Rz. 106, *Reichert*, Handbuch des Vereins- und Verbandsrechts, Rz. 512.

[47] Dazu unten Rz. 39 ff.

sehr unterschiedlich.[48] Dies gefährdet die sport-typische Chancengleichheit der Sportler und stellt daher für den auf einheitliche Regeln und Regeldurchsetzung angewiesenen internationalen Sport eine geradezu tödliche Gefahr dar.[49] Die Internationalen Sportverbände – allen voran das IOC – versuchen daher, in ihrem Bereich eine einheitliche, institutionalisierte Schiedsgerichtsbarkeit durchzusetzen. Ausgeschlossen werden kann die staatliche Gerichtsbarkeit aber nur, wenn die Parteien die Gerichtsbarkeit eines *echten Schiedsgerichts* anstelle der staatlichen Gerichte vereinbaren. Ein echtes Schiedsgericht – im Unterschied insbesondere zu Verbandsgerichten – ist nur anzuerkennen, wenn das Gericht und insbesondere die Richter unparteiisch und unabhängig gegenüber den Parteien sind und die grundlegenden Verfahrensgarantien eingehalten werden.[50] Entscheidungsgremien von Sportverbänden, mögen sie auch mit hochqualifizierten Sportjuristen besetzt sein, genügen diesen Ansprüchen nicht; gegen ihre Entscheidungen können daher staatliche Gerichte angerufen werden;[51] ein Ausschluss der staatlichen Gerichtsbarkeit ohne Errichtung eines Schiedsgerichts in der Verbandssatzung ist unwirksam.

Auch ein Schiedsgericht muss jedoch grundsätzlich das maßgebliche staatliche Recht beachten.[52]

2. Kapitel. Internationales Privatrecht

A. Das auf Verbände (Vereine) anzuwendende Recht (Verbandsstatut)

I. Bestimmung des Verbandsstatuts

Welcher Rechtsordnung die Rechtsverhältnisse einer juristischen Person des Privatrechts[53] unterliegen, ist im EGBGB nicht geregelt.[54] Rechtsprechung und Wissenschaft beschäftigen sich hauptsächlich mit dem Problem ausländischer Handelsgesellschaften;

12

---

[48] S. dazu die Beispiele bei *Summerer*, Internationales Sportrecht, *Will* in *Reuter* (Hrsg.), Einbindung, S. 29 ff. und *Evans* in *Will*, Sportrecht in Europa, S. 31 ff.

[49] Dazu *Vieweg*, Normsetzung und *Adolphsen*, Internationale Dopingstrafen, passim.

[50] *Geimer*, Schiedsgericht und Verfassung, in *Schlosser*, Integritätsprobleme im Umfeld der Justiz (1994), S. 113; *Reichert – van Look*, Rz. 2531; *Schwab – Walter*, S. 302 f.; s. näher oben 2/Rz. 281 ff. Dies wird auch international gefordert, *Schlosser*, Rz. 522 ff. Allenfalls lehnen Gerichte ihre Zuständigkeit in Sportsachen ab, weil es sich nicht um „Rechtsfragen" handele.

[51] Auch wenn sie sich (Vereins-)Schiedsgerichte nennen; dazu *Schlosser*, Vereins- und Verbandsgerichtsbarkeit (1972); *H. P. Westermann*, Die Verbandsstrafgewalt und das allgemeine Recht (1972), insbesondere zur Sportgerichtsbarkeit. Zur Abgrenzung 2/Rz. 276 ff.

[52] S. zur internationalen Schiedsgerichtsbarkeit unten 4. Kapitel.

[53] Wird ein Verband durch einen Staat errichtet, sei es durch Gesetz, sei es durch Verwaltungsanordnung und nimmt er dementsprechend öffentlich-rechtliche Aufgaben wahr – so etwa das italienische Nationale Olympische Komitee (CONI) aufgrund Gesetz 426/16. 2. 1942, Ges. Nr. 70 vom 20. 3. 1975, jetzt decreto legge 242/99 (öffentlich-rechtliche Körperschaft); – unterliegt er auch im Übrigen dem nationalen Recht des Sitzstaates, eine Sitzverlegung ins Ausland kommt nicht in Betracht. Ähnlich das griechische EOA (NOK), Art. 1 Ges. 3148/2. 3. 1955, dazu *Malatos*, S. 35. Die italienischen *Sportverbände* sind nach diesem decreto legge 242/99 jur. Personen des Privatrechts; dazu *Palmieri*, Riv. Dir. dello Sport 2001, 219; zur früheren, anderen Lage s. *Marani Tôro*, Novissimo Digesto „Sport", S. 53 f. (1977). Die französischen Sportverbände sind Vereine (des Privatrechts) i. S. des Gesetzes vom 1. Juli 1901, bedürfen aber der Zulassung des Sportministers, die nur unter bestimmten Bedingungen erteilt wird, Décret 85-237 vom 13. 2. 1985; für jede Sportdisziplin wird ein einziger Verband mit der Durchführung nationaler Meisterschaften u. dgl. „beauftragt", Gesetz v. 16. 7. 1984; dazu *Röthel*, SpuRt 2001, 89 und *Autexier* in *Will*, Sportrecht in Europa, S. 14 ff. S. auch das USA-Gesetz 1978, 36 USCA sec. 371 ff. über die Errichtung des amerikanischen NOK.

[54] *MünchKomm-Kindler*, IntGesR Rdnr. 4. Art 37 Nr. 2 EGBGB bestimmt nur, dass auf das Gesellschafts- und Vereinsrecht die Art. 27 ff. EGBGB betr. die vertraglichen Schuldverhältnisse unanwendbar sind.

andere juristische Personen – wie Verbände und Vereine – unterliegen jedoch den gleichen Grundsätzen.[55]

Es kommen in Betracht die Rechtsordnung
- nach der der Verband gegründet worden ist, in deren Land meist auch der Satzungssitz liegt (Gründungstheorie),[56] oder
- in deren Bereich der tatsächliche Verwaltungssitz liegt (Sitztheorie); diese Theorie war bislang in Deutschland herrschend.[57]

In der Regel fallen beide Sitze zusammen, dann unterliegt der Verband/Verein nach beiden Theorien dieser Rechtsordnung.

13 Bei kleinen Verbänden wurde früher oft der in einem anderen Land als dem Gründungssitz liegende Wohnsitz des mitunter wechselnden Präsidenten als Verwaltungssitz angesehen,[58] was angehen mochte in einer Zeit, da Internationale Sportverbände geringe Aufgaben hatten, die von ganz wenigen Personen im Umfeld des Präsidenten durchgeführt werden konnten. In diesen idyllischen Verhältnissen führten die beiden Theorien zu unterschiedlichen Ergebnissen.

14 Heute haben alle größeren Internationalen Sportverbände hauptberufliche Geschäftsführer mit Angestellten an einem ständigen Ort; hier werden die „grundlegenden Entscheidungen der Leitung effektiv in laufende Geschäftsführungsakte umgesetzt, die laufenden Geschäfte geführt"[59] Er liegt regelmäßig in dem Staat, nach dessen Recht der Verband gegründet wurde, so dass diese Rechtsordnung nach beiden Theorien anzuwenden ist: Ein Verband, der in der Schweiz als juristische Person (Verein) gegründet wurde und dort seinen Sitz hat, ist auch in Deutschland (und in anderen Staaten nach deren Kollisionsrecht) als Verein schweizerischen Rechts anzuerkennen.

Gelegentlich wird ein Internationaler Sportverband in einem anderen Land – z. B. im Zusammenhang mit internationalen Wettkämpfen – gegründet als in dem Land, in dem er dann seine Tätigkeit durchführt, seinen Verwaltungssitz hat. In der Gründungsakte wird dann regelmäßig die Rechtsordnung als maßgebend bestimmt, in deren Bereich die Satzung angemeldet werden soll und er seinen Verwaltungssitz hat. Auch dann kommen die Theorien zum selben Ergebnis: Anwendbar ist dieses Recht.

15 Zu einem Auseinanderfallen von Gründungssitz und Verwaltungssitz kommt es daher vor allem bei einer Sitzverlegung, was bei Sportverbänden nicht selten zu sein scheint.[60] Nach der Gründungstheorie bleibt die bisherige Rechtsordnung weiterhin für den Verband maßgeblich, er behält insbesondere die ihm bislang zustehende Rechtsfähigkeit.[61]

Nach der bislang in Deutschland herrschenden, insbesondere von der Rechtsprechung angewandten *Sitztheorie* hingegen musste der Verband bei einer Sitzverlegung nach

---

[55] *MünchKomm-Kindler,* IntGesR, Rdnr. 295, *Reichert,* Handbuch des Vereinsrechts, Rdnr. 3139 f., *Staudinger-Großfeld,* Internationales Gesellschaftsrecht, Rz. 527 ff. *Schrag,* Internationale Idealvereine, 1936.

[56] Demgemäß besteht nach dieser Theorie praktisch eine Rechtswahlmöglichkeit, die nach der Sitztheorie nicht gegeben ist. – Sie hat sich u. a. in den USA, England, Schweiz und den Niederlanden durchgesetzt, vgl. Überblick in *MünchKomm-Kindler,* IntGesR Rdnr. 339 ff.

[57] BGHZ Bd. 97, 269 st. Rspr., *Staudinger-Großfeld,* Intern. GesR, Rdnr. 26 ff., *Palandt/Heldrich,* Anh. Art. 12 EGBGB, Rn. 2, 2a, jeweils mit weiteren Nachweisen. Sie war u. a. auch in Österreich und Frankreich herrschend. Die Gründungstheorie gilt vor allem im anglo-amerikanischen Bereich, aber auch in der Schweiz (Art. 154 Abs. 1 IPRG). Bei Anwendung der Sitztheorie ist, wenn eine Gesellschaft im Ausland ihren Sitz hat, gegebenenfalls eine Rück- oder Weiterverweisung dieses Rechts (Art. 4 Abs. 1 EGBGB) zu beachten, BGH, IPrax 1985, 221, 223 mit Anmerkung von *Kötz,* ebda., S. 205; *v. Bar,* Internationales Privatrecht, Bd. 2, Rz 624; *Staudinger-Großfeld,* a.a.O., Rz. 103 ff. jeweils mit weiteren Nachweisen.

[58] *MünchKomm-Kindler,* IntGesR, Rdnr. 719, der auch hierfür die Sitztheorie anwendet.

[59] Das ist der Verwaltungssitz, BGH, DB 1986, 2019.

[60] Vgl. die Auflistung bei *Vieweg,* Normsetzung, S. 53 ff.

[61] Vgl. dazu *v. Bar,* Internationales Privatrecht, Bd. 2, Rz. 623 mit Nachweisen zur deutschen Rechtsprechung, *Soergel-Lüderitz,* Anh. zu Art. 10, Rz. 47.

Deutschland nach deutschem Recht – also als Verein gem. §§ 21 ff. BGB – neu gegründet werden, um als juristische Person anerkannt zu werden.[62] Unterließ er dies, so wurde er in Deutschland als nicht rechtsfähiger Verein angesehen. Verlegte ein Verband seinen Sitz von Deutschland in ein anderes Land, so hing sein Fortbestehen vom Recht des aufnehmenden Landes ab.[63]

Der EuGH hat nun in der Entscheidung „Überseering"[64] dieses Ergebnis bei einem **16** Transfer einer juristischen Person *innerhalb der EU-Staaten* für unvereinbar mit der Niederlassungsfreiheit (Art. 43, 48 EG-Vertrag) erklärt: eine in einem Mitgliedstaat nach dessen Recht als juristische Person anerkannte Vereinigung ist auch bei einer Sitzverlegung in einen anderen EU-Mitgliedsstaat von den anderen Staaten, vor allem auch im Aufnahmestaat, als juristische Person nach dem Recht des Herkunftslandes anzuerkennen. Diese Rechtsprechung gilt auch für Sitzwechsel zwischen Staaten des Europäischen Wirtschaftsraums (EWR).[65]

Art. 48 EGV, der auf Art. 43 verweist, schließt zwar die Anwendung auf juristische Personen, die keinen Erwerbszweck verfolgen, aus; die Internationalen Sportverbände, ebenso wie jedenfalls die größeren Vereine, verfolgen jedoch Erwerbszwecke i. S. dieser Vorschrift, wenn sie Fernsehrechte vergeben und den Sport in irgendeiner Weise vermarkten.[66]

Nach dieser Rechtsprechung kann ein internationaler Verband seinen Sitz aus einem Mitgliedstaat der EU oder des EWR in einen anderen Mitgliedstaat verlegen und behält dann seine Rechtsform als juristische Person nach dem früheren Recht bei. Das Gleiche gilt zwischen den USA und Deutschland, aufgrund des deutsch-amerikanischen Freundschaftsvertrages.[67]

Der EuGH hat betont, dass aus zwingenden Gründen des Gemeinwohls unter engen Voraussetzungen gewisse Schutzvorschriften des aufnehmenden Landes auf den zugewanderten Verband angewendet werden können.[68]

Ob die Sitztheorie aufgrund dieser Entscheidungen innerhalb der EU- und EWR-Staaten überhaupt noch einen Anwendungsbereich hat oder ob sie insgesamt aufzugeben ist, ist streitig,[69] doch dürfte sie wegen der berechtigten Schutzinteressen, die diese Theo-

---

[62] BGHZ Bd. 25, 134, 144; BGH, DB 1986, 2019 (zu Kapitalgesellschaften); *v. Bar*, Internationales Privatrecht, Bd. 2, Rz. 623 mit weiteren Nachweisen. *MünchKomm-Kindler,* IntGesR, Rdnr. 405 mit Nachweisen. Teilweise wurde die Möglichkeit befürwortet, dass die juristische Person nur an das neue Recht anpassen muss und dann ihre Rechtsfähigkeit beibehält; so z. B. *Behrens*, Die Gesellschaft mit beschränkter Haftung im internationalen und ausländischen Recht, 1976, Rz. 107; *Soergel-Lüderitz*, Anh. zu Art. 10, Rz. 49.

[63] *Staudinger-Großfeld*, Internationales Gesellschaftsrecht, Rz. 351 ff. A. A. *Soergel-Kegel*, vor Art. 7, Rz. 242.

[64] EuGH, Slg. 2002, I-9919 = NJW 2002, 3614, dem der vorlegende Senat des BGH sofort gefolgt ist, BGH, NJW 2003, 1461 = IPrax 2003, 344. Vorher gingen die Entscheidung „Centros", Slg. 1999, I, 1459 = NJW 1999, 2027. – Eine Einschränkung durch das Recht am neuen Sitz lässt der EuGH bei Missbrauch zu. Der EuGH hat seine Rechtsprechung in der Inspire Art-Entscheidung weitergeführt, EuGH, EuZW 2003, 687. Zu den genannten EuGH-Entscheidungen liegen unzählige Besprechungen vor, z. B. *Leible/Hoffmann*, EuZW 2003, 677 ff. mit weiteren Nachweisen.

[65] OLG Frankfurt, IPrax 2003, 56, also von Liechtenstein, Norwegen und Island. Die Schweiz, Sitz vieler Internationaler Sportverbände, ist hingegen nicht Mitglied des EWR.

[66] *Streinz/Müller-Graff*, EUV/EWV (2003), Art. 48 Rdnr. 2.

[67] BGH, IPrax 2003, 265 = RIW 2004, 787 mit Anmerkung von *Ebke*, ebenda, S. 740.

[68] EuGH in der Überseering-Entscheidung Rdnr. 92 ff. In Betracht kommen z. B. Schutzvorschriften für Gläubiger und für Mitglieder (untere Verbände!).

[69] Aus der unübersehbaren Literatur z. B. *Leible/Hoffmann*, RIW 2002, 925 ff., *Freitag*, EuZW 1999, 267, *Weller*, IPrax 2003, 324. Immerhin hat der BGH, IPrax 2003, 265 in dem Urteil, das die Überseering-Entscheidung umsetzte, in einem obiter dictum die grundsätzliche Geltung der Sitztheorie noch bestätigt. Vgl. auch BGH, NJW 2001, 1056. Zu den verschiedenen Fallgestaltungen, in denen die Sitztheorie möglicherweise noch anzuwenden ist s. *MünchKomm-Kindler*, IntGesR Rdnr. 509 ff.

rie durchzusetzen vermag, jedenfalls gegenüber einer Sitzverlegung aus Drittländern, die nicht der EU oder dem EWR angehören, weiterhin angewendet werden.[70]

17 Zusammenfassend kann man daher sagen: Im Regelfall ist ein Verband nach dem Recht gegründet, in dem er auch seinen Verwaltungs- und Hauptgeschäftssitz hat. Dann ist dieses Recht das Verbandsstatut. Verlegt ein Verband seinen Geschäftssitz innerhalb der EU oder des EWR in ein anderes Land, so behält er den Rechtsstatus, den er im Herkunftsland hatte.

Die Internationalen Verbände, die in der Schweiz gegründet wurden und dort ihren Sitz[71] haben, sind demgemäß Vereine gem. Art. 60 ff. schweizerisches ZGB.[72]

II. Umfang des Verbandsstatuts[73]

18 Das Verbandsstatut, also die Rechtsordnung, der der Verband unterliegt, regelt den Gründungsvorgang,[74] die Rechtsfähigkeit des Verbandes,[75] seine Organe, ihre Zusammensetzung, ihre Befugnisse (Vertretungsbefugnis, auch vor Gericht) und die Rechtsbeziehungen zu und zwischen den Mitgliedern.[76]

Ist ein Internationaler Sportverband nach seinem Verbandsstatut rechtsfähig, so wird dies dementsprechend auch in Deutschland anerkannt. Die Vertretungsbefugnis richtet sich nach der Verbandssatzung i.V.m. dem betreffenden ausländischen Recht.

Hat ein Internationaler Sportverband nach der auf ihn anwendbaren Rechtsordnung keine Rechtsfähigkeit,[77] so ist er auch nach deutschem Recht nicht rechtsfähig. Wer in einem derartigen Fall vertretungsberechtigt für die hinter dem Internationalen Sportverband stehende Personenmehrheit ist, wer für sie Klage erheben kann,[78] wer für Schulden des Verbandes haftet, ergibt sich dann ebenfalls aus seinen Statuten und der zugrundeliegenden Rechtsordnung, genauso wie das Verhältnis zwischen Verband und Mitgliedern und den Mitgliedern untereinander.[79]

19 Meist überlässt das staatliche Recht dem Verband weitgehende Autonomie. Insbesondere kann der Verband nach der Rechtsordnung seines Heimatstaates auch das Verhältnis zu seinen Mitgliedern[80] selbst regeln, vor allem die beiderseitigen Rechte und Pflich-

---

[70] A. A. z. B. *Leible/Hoffmann*, RIW 2002, 933 ff., die jedenfalls eine Aufgabe der Sitztheorie für wünschenswert halten.

[71] S. die Aufzählung der Internationalen Sportverbände mit Sitz in der Schweiz bei *Roth* in *Scherrer*, Einstweiliger Rechtsschutz, S. 12.

[72] *Scherrer*, Sportrecht, Stichwort „Sportverband".

[73] Dazu *v. Bar*, Internationales Privatrecht, Bd. 2, Rz. 634 ff., *MünchKomm-Kindler*, IntGesR Rdnr. 520 ff., beide hauptsächlich zum Gesellschaftsrecht.

[74] *Palandt-Heldrich*, Anh. Art. 12, Rdnr. 10 auch zu den weiteren Regelungsmaterien des Verbandsstatuts. Also z. B. Eintragung gem. § 21 BGB. Ob sich daran aufgrund der oben dargelegten Rechtsprechung des EuGH etwas ändert, erscheint fraglich, bedarf jedenfalls noch einer Entscheidung.

[75] Aus den Statuten des Verbandes ergibt sich oft schon, welche Rechtsform erstrebt wird, vgl. z. B. Règle 17 Charte Olympique des IOC: rechtsfähiger Verein nach schweizerischem Recht. Das Gleiche gilt für andere Internationale Sportverbände mit Sitz in der Schweiz, *Baddeley*, Rev. Jur. 1997, 11 f. Weitere Nachweise bei *Vieweg*, Normsetzung, S. 51 ff. Allerdings muss dann natürlich immer noch geprüft werden, ob die Voraussetzungen nach der maßgeblichen Rechtsordnung auch wirklich erfüllt sind.

[76] *MünchKomm-Kindler*, IntGesR, Rdnr. 585.

[77] Kommt heute wohl kaum noch vor; immerhin war bis zur Sitzverlegung nach Monaco beispielsweise die *IAAF* nach englischem Recht (Sitz in London) nicht rechtsfähig.

[78] Aus Verkehrsschutzgründen kann aber auch ein nach ausländischem Recht nicht rechts- und damit nicht parteifähiger Verband/ Verein verklagt werden (vgl. § 50 Abs. 2 ZPO), BGH, NJW 1986, 2194.

[79] Nicht ganz einwandfrei ist es daher, wenn das LG München I im Krabbe-Fall gemeint hat, es handle sich bei dem „Organ" der – damals nicht rechtsfähigen – IAAF um mehrere Privatpersonen; s. dazu *Pfister*, SpuRt 1995, 250.

[80] Die Mitgliedschaft beruht auf einem Rechtsgeschäft zwischen Verband und Mitglied; dies dürfte auch weltweit anerkannt sein, vgl. *Schlosser*, Internationales Zivilprozessrecht, Rz. 282. Offen-

ten.[81] Soweit die staatliche Rechtsordnung eine Regelung durch den Verband selbst zulässt, geht das Regelwerk des Verbandes vor. Das zwingende Recht seines Heimatstaates setzt allerdings die Grenzen der Verbandsgewalt, insbesondere der „Rechtssetzungsbefugnis". Widerspricht eine Verbandsregel eines ausländischen Verbandes zwingendem Recht seines Heimatstaates, muss das deutsche Gericht dieses beachten und die sich aus diesem Recht ergebenden Folgen – i.d.R. Nichtigkeit der widersprechenden Verbandsregel und der darauf beruhenden Verbandsentscheidung – ziehen.

20 Das deutsche Gericht hat aber noch eine zweite Schranke für das Regelwerks eines „ausländischen" Verbandes zu beachten, den eigenen *ordre public* (Art. 6 EGBGB):[82] Führt die Anwendung einer Regel des ausländischen Verbandes auf der Grundlage des ausländischen Rechts (Verbandsstatut) zu einem „Ergebnis, das mit wesentlichen Grundsätzen des deutschen Rechts", insbesondere „mit den Grundrechten unvereinbar ist", so wird die Regel als unwirksam nicht angewendet. Klagt beispielsweise ein deutscher Verband gegen einen Internationalen Verband, dessen Mitglied er ist, auf Schadensersatz wegen seines Ausschlusses, der nach dem Verbandsrecht und dem Recht des Heimatstaates des Internationalen Verbandes berechtigt, nach Auffassung des deutschen Gerichts aber mit Art. 9 GG (z. B. Monopolmissbrauchs des Internationalen Verbandes) unvereinbar ist, so ist der Ausschluss als unwirksam anzusehen, der Schadensersatzanspruch daher möglicherweise berechtigt.[83]

21 Schließt ein Verband mit einem *Mitglied* einen Vertrag, so können das auf die mitgliedschaftliche Beziehung und das auf den Vertrag anwendbare Recht auseinanderfallen, was zu Schwierigkeiten führen kann. Es sollte daher, zumindest wenn der Vertrag mitgliedschaftsbezogen ist, darauf geachtet werden, dass die Anwendung des gleichen Rechts vereinbart wird.[84]

22 Die Rechtsverhältnisse mit *Dritten*, die nicht Mitglieder des Verbandes sind,[85] unterliegen hingegen nicht dem Verbandsstatut, sondern den für das jeweilige Verhältnis geltenden IPR-Regeln, insbesondere dem Vertragsstatut oder dem Deliktsstatut.[86]

23 Für *nationale* Sportverbände mit Sitz im Ausland gelten die gleichen Regeln: sie haben durchwegs ihren Sitz in dem Land, für das sie nach ihrer Satzung zuständig sind. Anwendbar ist daher das Recht dieses Landes. Sollte – etwa aufgrund politischer Wirren – ein nationaler Sportverband für längere Zeit seine Geschäfte von einem anderen Land ausführen, so gelten die Ausführungen oben Rz. 15 ff.

24 Auch bei einem *Sportclub* ist nationaler Gründungs- und Verwaltungssitz praktisch immer identisch.[87] Teilweise wird von einem nationalen Gesetz vorgeschrieben, dass Clubs,

---

bar a. A. *Summerer*, Internationales Sportrecht, S. 118 ff. (allerdings vor der Entscheidung BGHZ Bd. 128, 93 ff., oben Fn. 41), der eine reine Tathandlung des Beitretenden annimmt. *Summerer* legt dabei zu großen Wert auf die Möglichkeit des Beitretenden als Ausfluss seiner Privatautonomie, den Inhalt des Verbandsregelwerks zu bestimmen.

[81] *Soergel-Lüderitz*, Anh. zu Art. 10, Rz. 65; *v. Bar*, Internationales Privatrecht, Bd. 2, Rz. 634.

[82] Dem Text zustimmend OLG Frankfurt/M., SpuRt 2001, 159, 161 (Fall Baumann). Das Problem klar erkennend, aber hinsichtlich der Lösung zweifelnd: *Will* in *Reuter*, Einbindung, S. 47.

[83] Zum ordre public s. unten Rz. 36 f. Zu der außerordentlich umstrittenen Frage, welches Recht anstelle der ordre-public-widrigen ausländischen Norm anzuwenden ist vgl. *MünchKomm-Sonnenberger*, Art. 6, Rz. 92 ff.

[84] Zum Vertragsstatut s. unten Rz. 25 ff.

[85] Soweit man – entgegen der hier vertretenen Ansicht – Rechtswirkungen aufgrund einer „mittelbaren Mitgliedschaft" anerkennt, müsste auf dieses Rechtsverhältnis – entsprechend der zum internationalen Konzernrecht vertretenen Ansicht: anwendbar Sitzrecht des abhängigen Unternehmens – die am Wohnsitz des Mitgliedes geltende Rechtsordnung anzuwenden sein, *Reuter*, DZWiR 1996, 1, 5, der selbst aber – wie hier – das Konstrukt der mittelbaren Mitgliedschaft ablehnt.

[86] S. dazu unten Rz. 25 ff. und 86 ff.

[87] Immerhin kann nach dem italienischen Decreto-legge 242/2000 ein im Ausland gegründeter Sportclub, wenn er die Sportausübung in Italien betreibt, also dort seinen Geschäftssitz hat, an einer italienischen Sportliga teilnehmen.

die professionellen Sport betreiben, in der Form einer kommerziellen Gesellschaft, also als Aktiengesellschaft oder GmbH gegründet werden müssen;[88] hierzu bedarf es nach der jeweiligen Rechtsordnung eines entsprechenden Gründungsaktes.

B. Das auf Verträge anwendbare Recht (Vertragsstatut)

I. Allgemeine Grundregeln

25 Schon bei Abschluss eines internationalen Vertrages sollten die Parteien das Problem im Auge haben, welche Rechtsordnung auf den Vertrag anzuwenden ist und – da jedes Gericht diese Frage nach seinem eigenen Kollisionsrecht entscheidet – die Gerichte eines welchen Staates in einem Streitfall möglicherweise zuständig sein können.[89] Eine Auslandsberührung liegt insbesondere vor, wenn die Vertragsparteien in verschiedenen Ländern ihren Sitz oder Wohnsitz haben oder wenn der Vertragsgegenstand einen Bezug zum Ausland aufweist.[90] Welche Rechtsordnung auf Verträge mit Auslandsberührung anzuwenden ist, bestimmen für ein deutsches Gericht die Art. 27 ff. EGBGB.

In erster Linie können die Parteien das anwendbare Recht selbst durch eine „Rechtswahlklausel" vereinbaren (unten 1.); mangels einer Parteivereinbarung sieht das Gesetz eine Anknüpfung nach objektiven Kriterien vor (unten 2.).

Eine ausdrückliche Rechtswahl ist zu empfehlen, da sie von vornherein Rechtssicherheit gibt; denn nach den Rechtsordnungen der meisten Staaten ist die Vereinbarung des anzuwendende Rechts wirksam,[91] während die Anknüpfung des Vertrages bei Fehlen einer Vereinbarung unterschiedlich sein kann.[92] Im Bereich der EU ist indes das Kollisionsrecht der Schuldverträge aufgrund des „Übereinkommens über das auf vertragliche Schuldverhältnisse anzuwendende Recht", auf dem auch die Art. 27 ff. EGBGB beruhen, weitgehend vereinheitlicht worden.

1. Vereinbarung des anwendbaren Rechts (Rechtswahlklausel)

26 Bei einem Vertrag mit Auslandsberührung können die Vertragsparteien gem. Art. 27 EGBGB vereinbaren, welcher staatlichen Rechtsordnung dieser Vertrag unterliegen soll (sog. Rechtswahlklausel). Ob die Vereinbarung zustande gekommen und gültig ist, entscheidet sich nach dem vereinbarten Recht.[93]

Ein internationaler Sportverband wird meist Wert darauf legen, dass die Rechtsordnung des Staates angewendet wird, in dem er seinen Sitz hat. Dies ist jedenfalls dann sinnvoll, wenn er viele gleichartige Verträge abschließt, etwa mit vielen Sportlern aus verschiedenen Ländern, z. B. Verträge, aufgrund deren die Sportler berechtigt werden, an einem internationalen Wettkampf teilzunehmen, andererseits verpflichtet sind, das Re-

---

[88] Spanien, Ley Deporte 10/1990 i.V. m. Real Decreto 1084/1991; Italien, Gesetz Nr. 91/1981 oder auch Griechenland, Gesetz 879/79, wonach die Rechtsform einer AG für Profisportabteilungen von Sportvereinen (damals in Griechenland nur Fuß- und Basketball) zwingend eingeführt wurde. Zu den Einzelheiten (teilweise indes veraltet) siehe *Malatos*, S. 74 f.

[89] Dazu s. unten Rz. 102.

[90] Z. B. wesentliche Leistungen müssen im Ausland erbracht werden.

[91] Wenn auch mit Abweichungen im Detail. S. dazu den Überblick bei *v. Bar*, Internationales Privatrecht, Bd. 2, Rz. 412 ff.

[92] Das Vertragskollisionsrecht ist in den Staaten der EU weitgehend vereinheitlicht.

[93] Art. 27 Abs. 4 i.V. m. Art 31 EGBGB. Ist nach dieser Rechtsordnung die Rechtswahl gültig, so kann sich allerdings jede Partei gem. Art. 31 Abs. 2 i.V. m. 27 Abs. 4 EGBGB mit der Behauptung, sie hätte dem Vertrag nicht zugestimmt, auf das ihr vertraute Recht ihres (Wohn)Sitzes stützen, wenn es nicht gerechtfertigt ist, die Wirkung ihres Verhaltens nach dem gewählten Recht zu bestimmen. Das ist insbesondere der Fall, wenn nach der gewählten Rechtsordnung schon ein Schweigen auf ein Vertragsangebot zum Vertragsschluss führt, während das „Umweltrecht" der schweigenden Partei das Schweigen nicht als Zustimmung ansieht.

gelwerk mit Einschluss der Sanktionen für Zuwiderhandlungen anzuerkennen. Schon der Grundsatz der Chancengleichheit aller Sportler gebietet, dass diese Verträge in gleicher Weise ausgelegt und durchgesetzt werden. Es könnte in der Tat zu sinnwidrigen Folgen führen, wenn derartige Verträge mit deutschen Sportlern dem deutschen Recht, mit japanischen Sportlern japanischem Recht usw. unterlägen, denn dann wäre es durchaus denkbar, dass verschiedene Rechtsfolgen sich ergeben.

Für die Vereinbarung der am Sitz des Verbandes geltenden Rechtsordnung in allen gleichartigen Verträgen spricht weiterhin, dass dies auch die Rechtsordnung ist, die auf die Verbandsstatuten anzuwenden ist, so dass die Auslegung des Vertrages der der Verbandsordnung entspricht; dies ist wichtig, wenn die Vertragspartner auch mitgliedschaftsrechtlich gebunden ist.[94]

Bei großen internationalen Wettkämpfen kann es andererseits auch sinnvoll sein, in allen Verträgen die am Ort der Wettkämpfe geltende Rechtsordnung zu vereinbaren, so dass ein dort tagendes Ad-hoc-Schiedsgericht das dortige Recht anwenden kann.

Die Vereinbarung des anwendbaren Rechts muss nicht ausdrücklich erfolgen; erforderlich ist nur, dass sie „sich mit hinreichender Sicherheit" aus dem Vertrag oder den Umständen des Falles ergibt.[95] D. h. der tatsächlich vorliegende Rechtswahlwille beider Parteien muss sich (schlüssig, konkludent) aus dem Vertrag oder den Umständen ergeben.[96] Hierzu hat die Rechtsprechung eine Reihe von Indizien entwickelt, aus denen auf den Parteiwillen geschlossen werden kann, vor allem, wenn mehrere dieser Indizien auf ein und dieselbe Rechtsordnung weisen:[97] Vereinbarung *eines* Gerichtsstandes,[98] Verwendung von AGB oder sonstigen Vertragsklauseln, die ersichtlich auf eine Rechtsordnung zugeschnitten sind.[99] Auch die Vereinbarung eines Schiedsgerichts wird als Indiz für die Anwendung des Rechts am Sitz des Gerichts herangezogen, wenn das Gericht i. d. R. das Recht des Sitzlandes anwendet.[100] Allerdings kann der zu fordernde beiderseitige *wirkliche* Wille durchaus zweifelhaft sein, gerade wenn ein institutionelles Schiedsgericht – wie das TAS – vereinbart wird, sei es, weil in Sportrechtssachen üblich, sei es, weil der betreffende Verband immer dieses Gericht vereinbart oder gar seinerseits gegenüber dem höheren Verband dazu verpflichtet ist.

Die Rechtswahl kann auch in AGB[101] und auch noch nachträglich erfolgen, sogar noch in einem anhängigen Rechtsstreit.[102]

27

---

[94] S. dazu oben Rz. 12 ff.
[95] Art. 27 Abs. 1 S. 2 EGBGB.
[96] *Palandt-Heldrich*, Art. 27, Rdnr. 5, *Staudinger-Magnus*, Art. 27, Rdnr. 60. Im Gegensatz zum „hypothetischen Parteiwillen", der vor der Gesetzesänderung (1986) genügte.
[97] Vgl. die Aufzählung bei *Palandt-Heldrich*, Art. 27, Rdnr. 4.
[98] BGHZ 104, 268 und mehrfach. Vor allem, wenn das Gericht am Sitz des Verbandes vereinbart wird. Werden mehrere Gerichtsstände zur Wahl (einer der Parteien) gestellt, so hat das naturgemäß keine Indizwirkung. *V. Bar*, Bd. 2, Rz. 469.
[99] BGH, JZ 1963, 167; OLG Hamm, WM 1982, 2772; *v. Bar*, Internationales Privatrecht, Bd. 2, Rz. 471; *Reithmann/Martiny*, a.a.O., Rdnr. 85 ff., dort auch Hinweise auf weitere Indizien.
[100] BGH, NJW 1983, 1267, OLG Hamm, NJW-RR 1993, 1445; *Staudinger-Magnus*, a.a.O., Art. 27, Rdnr. 68 f., *Reithmann-Martiny*, a.a.O., Rdnr. 78 ff. Das TAS wendet – mangels einer Rechtswahlklausel – regelmäßig das schweizerische Recht an, s. dazu unten Rz. 165. Kritisch *v. Bar*, Internationales Privatrecht, Bd. 2, Rz. 472 mit weiteren Nachweisen, der auch hier realen Willen beider Parteien fordert.
[101] *Palandt-Heldrich*, Art. 27, Rdnr. 5, *Staudinger-Magnus*, Art. 27, Rdnr. 5; die Rechtsprechung prüft aber i. d. R. diese AGB-Klausel am deutschen AGB-Recht (mitunter auch über Art. 31 Abs. 2 EGBGB), vor allem an § 305 c BGB (überraschende Klausel), OLG Düsseldorf, NJW-RR 1994, 420.
[102] Art. 27 Abs. 2 S. 1 EGBGB. Der BGH schließt mitunter allein aus der Tatsache, dass die Parteien vor einem deutschen Gericht deutsches Recht plädieren, auf eine Vereinbarung des deutschen Rechts, BGH, NJW 1991, 1292 und mehrfach; dies geht zu weit, da die im IPR unerfahrenen Parteien – bisweilen selbst Anwälte – oft gar nicht wissen, dass sie erst durch ihr Plädieren eine möglicherweise anzuwendende andere Rechtsordnung ersetzen; dagegen auch die h. L., z. B. *v. Bar*, Internationales Privatrecht, Bd. 2, Rz. 461, *Mansel*, ZVglRWiss 1987, 1 ff.

28 Vereinbart werden kann auch eine sogen. *neutrale Rechtsordnung*, in deren Bereich keine der Parteien ihren Sitz hat und zu der der Sachverhalt keine besondere Beziehung aufweist.[103] Die Parteien können also insbesondere etwa das schweizerische Recht – als Recht am Sitz des IOC – wählen, vor allem wenn auch das TAS mit Sitz in Lausanne als Schiedsgericht zur Streitentscheidung vereinbart wird. Allerdings können die Parteien nur eine *staatliche* Rechtsordnung wählen, die Vereinbarung des „allgemeinen internationalen Sportrechts" – also eine der lex mercatoria entsprechenden lex sportiva – wäre ungenügend; es müsste dann – z. B. zur Füllung von Rechtslücken und zur Bestimmung des zwingenden Rechts – dann nach objektiven Kriterien die anzuwendende staatliche Rechtsordnung gesucht werden. Nur im Rahmen einer staatlichen Rechtsordnung können einzelne gewohnheitsrechtlich anerkannte Sportgrundsätze – etwa das Fairnessgebot, der Grundsatz der Chancen- und Regelgleichheit der Sportler u. v. a. m., die durchaus als lex sportiva bezeichnet werden können – berücksichtigt werden.[104]

29 Zulässig ist auch, dass die Parteien für einen abgrenzbaren Teil eines Vertrags eine andere Rechtsordnung vereinbaren als für den Rest.[105] Das kann z. B. sinnvoll sein in einem komplexen Vertrag, in dem neben den besonderen Pflichten der Parteien auch allgemein vereinbart wird, dass die Regeln eines Internationalen Sportverbandes in ihrem Verhältnis gültig sein sollen. Wird in einem derartigen Fall aus bestimmten Gründen nicht für den gesamten Vertrag das am Sitz des Internationalen Sportverbandes geltende Recht vereinbart, so sollte es wenigstens für den Regelanerkennungsvertrag[106] vereinbart werden und nur im Übrigen eine andere Rechtsordnung.[107]

30 Von der Vereinbarung einer staatlichen Rechtsordnung zu unterscheiden ist die Vereinbarung privat gesetzten Rechts, etwa des Regelwerkes eines Verbandes. Dies hat überhaupt nichts mit einer kollisionsrechtlichen Rechtswahl[108] zu tun. Genauso wie es den Parteien freisteht, im Rahmen einer staatlichen Rechtsordnung aufgrund der ihnen gewährten Vertragsfreiheit die Vertragsregeln selbst festzulegen, können sie natürlich auch auf die von anderen vorformulierten, ihnen bekannten Bedingungen verweisen, die damit Vertragsgegenstand werden.[109]

---

[103] *Palandt-Heldrich*, Art. 27, Rdnr. 3, MünchKomm-*Martiny*, Art. 27, Rz. 22; OLG München, IPrax 1996, 178 mit Anmerkung v. *Jayme* mit weiteren Nachweisen. Hier besteht aber gerade in Verträgen mit mächtigen Sportverbänden die Gefahr, dass diese eine Rechtsordnung wählen, die in Angelegenheiten des Sports sich völlig zurückhält und daher den erforderlichen Schutz vor allem der unterworfenen Sportler nicht gewährt. Ein deutsches Gericht wird daher in einem solchen Fall sorgfältig prüfen müssen, ob es die Rechtswahl anerkennt oder jedenfalls gewisse Schutzbestimmungen des deutschen Rechts trotz der Wahl eines ausländischen Rechts anwendet (vgl. z. B. Art. 29 EGBGB, Verbraucherverträge, und Art. 30 EGBGB, Arbeitsverträge).

[104] S. zur lex sportiva oben Rz. 8 f.

[105] Art. 27 Abs. 1 S. 3 EGBGB.

[106] Zum Regelanerkennungsvertrag s. 2/Rz. 155 ff. und zur kollisionsrechtlichen Problematik betr. den Regelanerkennungsvertrag unten Rz. 39 ff.

[107] Schließt etwa ein deutscher Sportler mit einem deutschen Verband einen Vertrag ab über die Teilnahme an einem internationalen Wettbewerb und erkennt er darin auch die Regeln eines Internationalen Sportverbandes mit Sitz in der Schweiz an, so wäre es sinnvoll, den Teil des Vertrages, der die Regelanerkennung enthält, dem schweizerischen Recht zu unterstellen, vor allem, wenn der Internationale Sportverband aufgrund dieses Vertrages unmittelbar Rechte gegenüber dem Sportler (z. B. Sanktionsverhängung) hat. Den ganzen Vertrag dem schweizerischen Recht zu unterstellen, entspricht nicht den Interessen der Parteien und könnte möglicherweise zu Schwierigkeiten führen, wenn im Einzelfall dadurch von den zwingenden Bestimmungen des deutschen Rechts (Art. 27 Abs. 3 EGBGB) oder des EU-Rechts abgewichen wird.

[108] Allenfalls eine materiellrechtliche Verweisung, dazu z. B. *MünchKomm-Martiny*, Art. 27, Rdnr. 14 mit weiteren Nachweisen.

[109] Wie etwa die VOB, die auch im privaten Bereich durch Vereinbarung Vertragsbestandteil werden, oder dem Einheitsmietvertrag.

2. Fehlen einer Vereinbarung

Schwieriger ist das anwendbare Recht zu bestimmen, wenn eine Rechtswahlklausel fehlt. **31** Vor allem kann, je nach dem, wo ein Prozess stattfindet, das entscheidende Gericht aufgrund seines nationalen Kollisionsrecht zur Anwendung einer anderen Rechtsordnung gelangen, so dass die Parteien nicht im Vorhinein sicher sein können, welches Recht anzuwenden ist. Da das Kollisionsrecht für Schuldverträge im Bereich der EU weitgehend vereinheitlicht wurde, besteht diese Gefahr insoweit in geringerem Umfang.

Eine Rechtswahl scheitert aber oft, weil die Parteien sich nicht auf *eine* Rechtsordnung – die naturgemäß für eine der Parteien „fremd" ist – einigen können oder weil sie sie schlicht vergessen.

Mangels einer Rechtswahlklausel ist nach der Grundregel des Art. 28 Abs. 1 EGBGB das Recht des Staates heranzuziehen, mit dem der Vertrag „die engsten Verbindungen aufweist". Hierfür stellt Art. 28 Abs. 2 EGBGB eine Vermutung auf: Es wird vermutet, dass ein Vertrag die engste Beziehung zu dem Staat hat, in dem die Partei, die die „charakteristische Leistung" erbringen muss, ihre Hauptverwaltung oder ihren gewöhnlichen Aufenthalt hat; die charakteristische Leistung ist die den Vertragstypus bestimmende Leistung, bei Kauf- und Werkverträgen beispielsweise die Liefer- oder Herstellungsverpflichtung, so dass hier das Recht am Sitz des Verkäufers/Werkunternehmers anzuwenden ist. Die Geldleistung ist regelmäßig nicht die charakteristische Leistung.

Schwierig ist die Anknüpfung, wenn beide Parteien charakteristische Leistungen erbringen sollen, wie etwa bei einem Tausch von Senderechten. Hier wird i. d. R. nichts anderes übrig bleiben, als nach der Grundregel des Art. 28 Abs. 1 EGBGB die Rechtsordnung zu bestimmen, zu der der Vertrag die engste Verbindung hat.

Ergibt sich aus den gesamten Umständen, dass der Vertrag engere Verbindungen mit **32** einem anderen Staat als dem der charakteristischen Leistung hat, so ist dessen Recht gem. Art. 28 Abs. 5 EGBGB (Ausweichklausel) anzuwenden. Dies ist beispielsweise denkbar bei einer Vermarktung von Persönlichkeitsrechten in einem bestimmten Land. S. zu diesen und anderen einzelnen sport-spezifischen Vertragstypen unten II.

Bei Staaten, die aus mehreren Gebietseinheiten bestehen, in denen jeweils eine eigene **33** Zivilrechtsordnung gilt,[110] ist gem. Art. 35 Abs. 2 EGBGB die Rechtsordnung des Einzelstaates anzuwenden, dessen Recht vereinbart ist oder, mangels einer Vereinbarung, in dem der Vertragspartner seinen Sitz hat, der die charakteristische Leistung erbringt, oder zu dem der Vertrag sonst die engste Beziehung aufweist.[111]

3. Geltungsbereich des Vertragsstatuts

Die vereinbarte (Art. 27) oder nach objektiven Kriterien (Art. 28) anzuwendende Rechts- **34** ordnung ist grundsätzlich für den ganzen Vertrag als sog. Vertragsstatut maßgebend. Eine eventuelle Rück- oder Weiterverweisung (renvoi) dieser Rechtsordnung wird nicht beachtet;[112] es handelt sich also um eine „Sachnormverweisung", so dass das materielle Recht der betreffenden Rechtsordnung anzuwenden ist.

Das Vertragsstatut regelt zunächst das Zustandekommen des Vertrages, ebenso die Fra- **35** ge, ob der Vertrag materiell wirksam ist,[113] einschließlich der AGB-Problematik, und die Folgen einer eventuellen Nichtigkeit oder Aufhebung des Vertrages.[114] Weiterhin richten sich danach die Auslegung des Vertrages, die beiderseitigen Vertragspflichten, die Proble-

---

[110] Wichtigster Fall sind die USA und Kanada, in denen jeder Einzelstaat vor allem auf dem Gebiet des Zivilrechts eigene Gesetzgebungszuständigkeit hat.
[111] Also auf den Regelanerkennungsvertrag ist das Recht des Einzelstaates anzuwenden, in dem der Internationale Sportverband seinen Sitz hat.
[112] Art. 35 Abs. 1 EGBGB.
[113] Art. 31 EGBGB: Folgen eines Irrtums, zwingende Vorschriften.
[114] Art. 32 Abs. 1 Ziff. 5 EGBGB.

me der Erfüllung und Nichterfüllung der Vertragspflichten, die sich aus einer Vertragsverletzung ergebenden Rechte der anderen Partei (z. B. Verhängung einer Sperre), die vertraglichen Schadensersatzansprüche, z. B. aus Verschulden bei Vertragsschluss (culpa in contrahendo) oder positiver Forderungsverletzung,[115] die Verjährung[116] und die Fragen der Beweislast.[117]

4. Zwingende Normen und ordre public

36 Grundsätzlich sind auch die zwingenden Normen des *Vertragsstatuts* anzuwenden, nicht hingegen die zwingenden Normen am Ort des Gerichts (lex fori). Von diesem Grundsatz der Nichtanwendbarkeit der zwingenden Normen der deutschen lex fori gibt es allerdings Ausnahmen.

Der Vorbehalt gem. Art. 34 EGBGB, wonach deutsche Normen, „die ohne Rücksicht auf das auf den Vertrag anzuwendende Recht den Sachverhalt zwingend regeln", von deutschen Gericht angewendet werden müssen,[118] dürfte im Sportbereich vor allem Verträge betreffen, die dem europäischen oder deutschen Kartellrecht unterfallen; sie können nicht durch Vereinbarung eines ausländischen Rechts dem Kartellrecht entzogen werden.[119]

37 Eine zweite, generelle Schranke gegenüber der Anwendung ausländischen Rechts stellt der *ordre public* dar.[120] Gem. Art. 6 EGBGB darf eine ausländische Norm nicht angewendet werden, wenn ihre Anwendung zu einem Ergebnis führen würde, „das mit wesentlichen Grundsätzen des deutschen Rechts offensichtlich unvereinbar ist", insbesondere mit deutschen Grundrechten. Nicht alle zwingenden Normen des deutschen Rechts gehören zu diesen „wesentlichen Grundlagen". Außerdem setzt die Anwendung des Art. 6 EGBGB eine „hinreichende Inlandsbeziehung"[121] voraus. Eine genügende Inlandsbeziehung ist insbesondere dann anzunehmen, wenn ein Verband oder Verein mit Sitz in Deutschland oder ein Sportler mit Wohnsitz oder dauerndem Aufenthalt in Deutschland Partei des Verfahrens oder wenn Gegenstand des Verfahrens ein in Deutschland stattfindender Wettkampf ist.[122]

Wegen der weltweit zu fordernden Chancengleichheit der Sportler ist allerdings größte Vorsicht geboten bei der Anwendung des deutschen ordre public in sport-typischen Fällen; nur wenn wirklich elementare Grundsätze des deutschen Rechts schwer verletzt würden, darf er herangezogen werden; denn der Weltsport würde gespalten, wollte jeder Staat seine *ihm* wichtigen Rechtsgrundsätze zum Schutze *seiner* Sportler durchsetzen. Auch bei der Anwendung des ordre public muss berücksichtigt werden, dass alle am

---

[115] *Palandt-Heldrich*, Art. 32, Rdnr. 8, *Staudinger-Magnus*, Art. 32, Rdnr. 116 ff.; *v. Bar,* Internationales Privatrecht, Bd. 2, Rz. 556 ff. und andere qualifizieren cic und pFV im Zusammenhang mit der Verletzung absoluter Rechte deliktsrechtlich und unterstellen sie daher dem Deliktsstatut; wegen der akzessorischen Anknüpfung (dazu unten Rz. 91) führt das aber i. d. R. zur Anwendung des gleichen Rechts.

[116] Art. 32 Abs. 1 Ziff. 1–4 EGBGB.

[117] Einschließlich der gesetzlichen Vermutungen, Art. 32 Abs. 3 EGBGB.

[118] Darunter fallen nicht alle zwingenden Bestimmungen des deutschen Rechts sondern nur die sogen. international zwingenden. Nach wohl h. M. fallen solche zwingenden Vorschriften darunter, deren Zweck „sich nicht im Ausgleich widerstreitender Interessen der Vertragsparteien erschöpft, sondern auch auf öffentliche Interessen gerichtet ist", also (auch) Schutz des Gemeinwohls. BAGE 71, 297, 316 f. und mehrfach; *Staudinger-Magnus*, Art. 34, Rdnr. 57.

[119] § 130 Abs. 2 GWB. *Palandt-Heldrich*, Art. 34, Rdnr. 3. Im Einzelnen ist aber vieles streitig. S. den Überblick über die in Betracht kommenden Normen bei *Staudinger-Magnus*, Art. 34, Rdnr. 85 ff.; *v. Bar,* Internationales Privatrecht, Bd. 1, Rz. 256 ff., Bd. 2, Rz. 452.

[120] Der Vorbehalt des eigenen ordre public findet sich in jeder Rechtsordnung.

[121] Ganz h. M., *Palandt-Heldrich*, Art. 6, Rdnr. 6, *MünchKomm-Sonnenberger*, Art. 6, Rz. 82 mit vielen Nachweisen.

[122] Vgl. zur Inlandsbeziehung allgemein *MünchKomm-Sonnenberger*, Art. 6, Rz. 84.

weltweiten Sport Beteiligten, also insbesondere auch die Sportler, das größte Interesse an der Gleichheit des Regelwerks und an dessen gleicher Anwendung haben und sich darauf auch eingelassen haben.[123]

Ein internationaler Sportverband kann sich der strengen Anwendung des ordre public durch ein nationales Gericht weitgehend insbesondere dadurch entziehen, dass er ein echtes Schiedsgericht mit seinen Partnern – nationalen Verbänden, Vereinen, Sportlern – vereinbart.[124] Allerdings hat auch das Schiedsgericht eine nationale Rechtsordnung seiner Entscheidung zugrunde zu legen und deren zwingenden Normen anzuwenden.

Ein Eingreifen des deutschen ordre public und damit die Nichtanwendung der betreffenden Norm des ausländischen Rechts, die zu dem missbilligenswerten Ergebnis führt, kommt beispielsweise in Betracht, wenn durch eine vieljährige Sperre in die Berufsausübungsfreiheit[125] oder in das allgemeine Persönlichkeitsrecht[126] eines deutschen Sportlers[127] oder in das Unternehmen[128] eines Sportveranstalters oder Sportlers in – nach deutscher Rechtsauffassung – unzulässiger Weise eingegriffen wird. **38**

Möglich ist die Anwendung des deutschen ordre public auch gegen nach deutscher Rechtsauffassung gefährliche und daher unverhältnismäßige Eingriffe in die körperliche Unversehrtheit eines Sportlers, z. B. im Rahmen einer Dopingkontrolle.[129]

Zu den besonderen Verbraucherschutzvorschriften der Art. 29 f. EGBGB, deren Voraussetzungen im kommerziellen Sportbereich allenfalls bei Zuschauerverträgen vorliegen dürften, s. unten Rz. 79 ff.

II. Einzelne sport-typische Verträge

1. Regelanerkennungsvertrag[130]

Die Internationalen Sportverbände setzen ihre Regelwerk mit Einschluss der darin vorgesehenen Sanktionen für Regelverstöße gegenüber unteren Verbänden, Vereinen und Sportlern entweder auf *vereins-* oder auf *vertragsrechtlicher* Grundlage durch.[131] Bei vereinsrechtlicher Bindung gelten die oben in Rz. 12 ff. dargelegten Grundsätze: es ist regelmäßig die am Sitz des Internationalen Sportverbandes geltende Rechtsordnung anzuwenden. **39**

Die unteren nationalen Sportverbände, die Sportclubs und die Sportler sind indes nicht Mitglieder des IOC oder des Internationalen Sportverbandes und daher nicht als solche an deren Regelwerk gebunden. Eine Bindung kann dann nur aufgrund eines *Einzelvertrages* erfolgen.[132]

---

[123] Reuter, DZWiR 1996, 1, 5 f. – Nicht mit dem ordre public gelöst werden kann ein gerade im Zusammenhang mit Doping immer wieder behauptetes Problem: Von den deutschen Sportverbänden würden weitaus schärfere Dopingkontrollen durchgeführt als in anderen Ländern, so dass deutsche Sportler weit mehr als ausländische unter den überaus strengen Strafen litten. Das – wenn es zutrifft, sicherlich missbilligenswerte – Ergebnis ist nicht auf die Anwendung ausländischen Rechts (evtl. i. V. m. den Statuten des internationalen Sportverbandes) zurückzuführen.

[124] Allerdings kann der ordre public auch bei der Anerkennung und Vollstreckung eines Schiedsgerichtsurteils in Deutschland geltend gemacht werden. S. dazu unten Rz. 160 f.

[125] Art. 12 GG, BAG, SpuRt 1997, 94 (Transferentschädigung). *Pfister*, SpuRt 1995, 250 f. Im Ergebnis ebenso *Summerer*, Internationales Sportrecht, S. 131 ff., ohne allerdings Art. 6 EGBGB heranzuziehen.

[126] Art. 2 Abs. 1 GG.

[127] Sportler aus EU-Staaten genießen denselben Schutz.

[128] Art. 14 GG.

[129] Beispiel: Ein deutscher Sportler soll gesperrt werden, weil er sich im Rahmen von internationalen Wettkämpfen geweigert hat, einen erheblichen körperlichen Eingriff vornehmen zu lassen.

[130] S. dazu 2/Rz. 155 ff.

[131] Vgl. dazu BGHZ Bd. 128, 93 ff.

[132] Grundlegend dazu für das deutsche Recht BGH, NJW 1995, 585 (Reiterfall), dazu *Vieweg*, SpuRt 1995, 97 ff. und *Pfister*, JZ 1995, 464 ff. – Die Entwicklung des „Sportrechts" ist in anderen Rechtsordnungen teilweise noch nicht soweit gediehen oder geht andere Wege als das deutsche

40 Die kollisionsrechtliche Qualifikation dieses Regelanerkennungsvertrages ist umstritten,[133] was nicht verwundert, denn auch die Rechtsnatur des Regelanerkennungsvertrages ist dogmatisch noch nicht endgültig geklärt. Löst man den Regelanerkennungsvertrag von den übrigen möglicherweise im selben Vertrag enthaltenen Regelungen, so ist Inhalt des Vertrages nur, dass *beide Seiten* (und nicht etwa nur der „unterworfene" Sportler) die Geltung des Regelwerkes im beiderseitigen Verhältnis und im Verhältnis zu den anderen Beteiligten, die ebenfalls diese Regeln anerkannt haben,[134] anerkennen.[135] Aufgrund des Regelanerkennungsvertrages allein entstehen keine Verpflichtungen; weder ist der die Regeln aufstellende Verband etwa verpflichtet, den Sportler zu Wettkämpfen zuzulassen, noch der Sportler, an einem Wettkampf teilzunehmen.[136] Als Dienstvertrag kann er daher nicht eingeordnet werden.

41 *Adolphsen*[137] sieht das Rechtsverhältnis mit durchaus beachtlichen Gründen als ein *gesellschaftsähnliches Mitgliedschaftsverhältnis* an, da die Beteiligten den gemeinsamen Zweck, Durchführung von Wettkämpfen, verfolgen, was die einheitliche Geltung des Regelwerkes erforderlich macht.[138] Somit kommt er zur Anwendung des Gesellschaftsstatuts; allerdings führt das seiner Ansicht nach zu der Schwierigkeit, dass eine *Vereinbarung* des anzuwendenden Rechts nicht in Betracht kommt.[139]

Dem ist entgegenzuhalten, dass die Sportler oder Vereine nur einen Teil des gesamten Verbandsregelwerkes[140] anerkennen und nur aufgrund eines weiteren, vom Regelanerkennungsvertrag zu trennenden Rechtsgeschäfts an einzelnen Veranstaltungen im Rahmen des Verbandes teilnehmen;[141] sie sind insbesondere nicht in die Verbandsorganisation

---

Recht; daher ist denkbar, dass dort etwa die Regelanerkennung durch einen Sportler oder die Zulassung eines Sportlers zu Meisterschaften gar nicht als rechtlich zu qualifizierender Vertrag angesehen wird, mit der Folge, dass eine rechtliche Bindung zwischen Verband und Sportler nicht auf einen Vertrag gestützt wird, so wohl Italien, s. dazu oben Fn. 43 Dann ist grundsätzlich auch diese Rechtsauffassung vom deutschen Gericht zu beachten, vorbehaltlich allerdings des deutschen ordre public, s. dazu Rz. 36 ff.

[133] Wird das vereinbarte Regelwerk selbst Inhalt des individuellen Vertrages, mit der Folge, dass die Regeln Vertragsbestimmungen sind oder wird durch den Vertrag das Regelwerk als eine Art selbständiger „Rechtsordnung" anerkannt. Die Problematik liegt hier anders als bei AGB, die typischerweise ein Austauschverhältnis regeln; im Sport haben alle Beteiligten ein objektives Interesse daran, dass die Regeln für alle in gleicher Weise gelten.

[134] Zu dieser Bindung zwischen allen Beteiligten s. *Pfister,* Festschrift für *Werner Lorenz* 2 (2001), S. 245 ff., verkürzt in SpuRt 2002, 45 ff.

[135] Nach *Heß,* a.a.O., S. 36 ist demgegenüber Vertragsgegenstand des Regelanerkennungsvertrages sowohl die Erbringung der Sportleistung durch den Sportler als auch die Ermöglichung der Teilnahme an Sportwettbewerben.

[136] Die Zulassung zu bestimmten Wettkämpfen erfolgt aufgrund einer Lizenz, die oft mit dem Regelanerkennungsvertrag verbunden ist. – *Fritzweiler,* 3/12; entgegen *Heß,* a.a.O. (S. 36 Fn. 173), auch schon in der Vorauflage richtig in 3/Rz. 12, zu Fn. 20; in der von *Heß* zit. 3/Rz. 15 a spricht *F.* nur von Sportleistungsvertrag.

[137] *Adolphsen,* Internationale Dopingstrafen, 2003, S. 131. Ähnlich *Reuter,* DZWiR 1996, 7, *Haas/Prokop,* JR 1998, 45, 51 f. und *Heß,* Voraussetzungen und Grenzen eines autonomen Sportrechts, S. 37: vereinsrecht(ähn)liche Regelung.

[138] Der BGH spricht im Reiterurteil von „Normwerken sozial-organisatorischer Natur", NJW 1995, 585.

[139] Das Gesellschaftsstatut kann nach der Sitztheorie wegen des Schutzes Dritter nicht vereinbart werden. Da *Adolphsen* aber nur ein gesellschafts*ähnliches* Verhältnis annimmt, sollte eine Vereinbarung auch bei Geltung des Gesellschaftsstatuts zulässig sein, denn die Gründe, die gegen eine Rechtswahl bei echten Gesellschaftsverhältnissen sprechen, kommen hier nicht vor; auch bei einer Innengesellschaft ist eine Rechtswahl möglich, *MünchKomm-Martiny,* Art. 37, Rdnr. 52 f.

[140] Die sportbezogenen Regeln, einschließlich der Sanktionen, hingegen nicht z. B. die organisationsrechtlichen.

[141] Dass Regelanerkennungsvertrag und beispielsweise die gleichzeitig erteilte Lizenz rechtlich zu trennen sind, zeigt sich, wenn etwa die Lizenz z. B. wegen falscher Angaben widerrufen werden

einbezogen und weder an der internen Willensbildung noch am Vermögen des Verbandes in irgendeiner Weise beteiligt; es besteht auch im Verhältnis Verband – Sportler/Verein keine eigene körperschaftliche Organisation; im Außenverhältnis, im Rechtsverkehr treten sie nicht gemeinsam (rechtsgeschäftlich) als solche – d. h. als Subjekt! – auf.[142] Die Sportler/Vereine können auch nicht die Verbandseinrichtungen wie Mitglieder nutzen, sondern nur entsprechend einer zusätzlichen Vereinbarung, möglicherweise überhaupt nicht.[143] Es handelt sich daher, wenn überhaupt, nur um eine Art Innengesellschaft ohne Verbandsorganisation[144] und ohne echte schuldrechtliche Leistungsverpflichtungen, die an das *Vertragsstatut* anzuknüpfen ist.[145]

Der Regelanerkennungsvertrag unterliegt daher dem Vertragsstatut; in erster Linie können die Parteien selbst bestimmen, welche Rechtsordnung auf ihn anzuwenden ist.[146]

Die vertragsrechtliche Einordnung ermöglicht auch eine größere Differenzierung als die von *Adolphsen* vorgeschlagene, da sie die Anwendung der Art. 27 ff. EGBGB, insbesondere eine Rechtswahl erlaubt.[147] I. d. R. sollte für alle Regelanerkennungsverträge eines Verbandes dieselbe (staatliche) Rechtsordnung vereinbart werden, und zwar die, in deren Bereich der Verband seinen Sitz hat,[148] bei einer Vereinbarung im Zusammenhang mit einer einzelnen Veranstaltung möglicherweise auch die, in deren Bereich die Veranstaltung stattfindet. **42**

Ob grundsätzlich eine *stillschweigende* Rechtswahl dieser Rechtsordnung angenommen werden kann, erscheint zweifelhaft, da die meisten Sportler und oft auch die Vereine

---

kann oder gar unwirksam ist: Der Regelanerkennungsvertrag bleibt zumindest insoweit bestehen, als darin Pflichten für das Lizenzerteilungsverfahren und der verbandsinterne Rechtsweg, einschließlich Schiedsgericht, geregelt sind.

[142] *K. Schmidt*, Gesellschaftsrecht, § 43 II 3; § 16 I. 1: Die Leitungsmacht der Verbandsorgane wird nicht von den Sportlern/Vereinen legitimiert.

[143] So z. B. bei einer allgemeinen Starterlaubnis, aufgrund deren eine konkrete Sportausübung nur möglich ist über eine Mitgliedschaft in einem Verein oder über einen weiteren Vertrag mit einem Verein oder Verband. Einen derartigen Fall bespricht *Majcen*, SpuRt 2004, 7: Ein Skibergsteiger hatte eine internationale Lizenz des Weltverbandes zur Teilnahme an internationalen Wettkämpfen, wurde aber vom nationalen Verband nicht gemeldet. *Majcen* versucht einen Anspruch auf Ersatz des Vertrauensschadens gegen den nationalen Verband zu begründen.

[144] *K. Schmidt*, Gesellschaftsrecht, § 7 I 2 b bb).

[145] Also an Art. 27 ff. EGBGB, ganz h. M. (in Deutschland), *Staudinger-Magnus* (2002), Art. 28, Rdnr. 626, Rdnr. 48, *MünchKomm-Martiny*, Art. 37, Rz. 51 und 52; *Palandt-Heldrich*, Art. 28, Rdnr. 19: Innengesellschaften ohne körperschaftliche Organisation richten sich nach dem Vertragsstatut. Ebenso schon die Vorauflage Teil 6/Rz. 30 f.

[146] Ebenso *Nolte*, Sport und Recht, S. 29 f., ohne indes aus die Problematik einzugehen.

[147] Art. 27 EGBGB (wohl nur analog, da es sich nicht um einen *schuldrechtlichen* Vertrag handelt). *Reuter*, a.a.O. lässt ebenfalls Rechtswahl zu, aber nur dann, wenn das (Kollisions-)Recht am Sitz des Verbandes bei einem mitgliedschaftsähnlichen Verhältnis eine Rechtswahl zulässt. Offenbar will er vom deutschen Kollisionsrecht aus das Verbandsstatut auch auf eine *vertraglich* begründete Regelanerkennung heranziehen.

[148] Nach *Heß*, a.a.O., S. 36 f. sollen die Parteien *kollisionsrechtlich* das Regelwerk des Sportverbandes und die allgemeinen Rechtsgrundsätze des Sportrechts vereinbaren können; „subsidiär" (also wohl hinsichtlich zwingender Normen und ev. Lücken) gelte das Statut des internationalen Spitzenverbandes. Ganz abgesehen davon, dass diese allgemeinen Rechtsgrundsätze selbst bestimmte Fragen gar nicht regeln (wollen), z. B. Grundlage und Umfang von Schadensersatzansprüchen, Verjährung u. v. a. m., das im BGB geregelt ist, ist dies aber gerade keine *kollisionsrechtliche* Rechtswahl, sondern die Vereinbarung privat gesetzten Rechts, was natürlich als *materiellrechtliche* Verweisung zulässig ist (und gerade Gegenstand des Regelanerkennungsvertrages ist). Dann muss aber die (hinsichtlich der zwingenden Normen und evtl. Lücken subsidiär) anzuwendende staatliche Rechtsordnung – mangels Rechtswahl – objektiv angeknüpft werden, also nach Art. 28 EGBGB. Die Ansicht von *Heß* nimmt offensichtlich die Lehre der kollisionsrechtlichen Vereinbarung der lex mercatoria auf, die jedenfalls von der in Deutschland ganz h. L. zu recht abgelehnt wird, *Staudinger-Magnus*, a.a.O. Art. 27, Rdnr. 48, 49, *MünchKomm-Martiny*, Art. 27, Rdnr. 28 ff., 32 ff. mit weiteren Nachweisen.

überhaupt keine Vorstellung von dieser Frage haben dürften.[149] Dieselben Zweifel bestehen, allein aus der Vereinbarung eines Schiedsgerichts (beispielsweise des TAS) – mangels ausdrücklicher Rechtswahl – das materielle Recht am Sitz oder Verhandlungsort des Schiedsgerichts als stillschweigend vereinbart anzusehen;[150] das TAS jedenfalls wendet zu Recht regelmäßig das schweizerische IPR-Gesetz an und nicht ohne weiteres das schweizerische materielle Recht.[151]

43 Mangels einer Rechtswahlklausel bestimmt sich das anzuwendende Recht nach Art. 28 EGBGB, allerdings ohne die Vermutung in Abs. 2, die hier keinen Sinn macht: echte *Leistungsverpflichtungen,* die den Vertrag charakterisieren, sind nicht auszumachen:[152] ist es die Verpflichtung der Unterworfenen (Sportler/Verein), die Regeln zu beachten, gegebenenfalls die Sanktionen zu erdulden, oder ist die charakteristische Leistung nicht doch eher die des Verbandes, der die Regeln aufstellt, immer überprüft und ergänzt und gegebenenfalls Wettbewerbe durchführt oder durchführen lässt? Sinn der Anknüpfung an die charakteristische Leistung ist ja einmal, dass das Recht gelten soll, in dem die Partei zu Hause ist, die die kompliziertere und daher regelungsbedürftigere Leistung erbringt; da dies i. d. R. der Unternehmer ist, der derartige Verträge massenhaft abschließt, hat dies zur – ökonomisch begrüßenswerten – Folge, dass alle seine gleichartigen Verträge mit Kunden aus verschiedenen Staaten derselben Rechtsordnung – nämlich seiner – unterliegen.[153] Wenn man schon auf die charakteristische Leistung abstellen wollte, müsste daher das die „Leistung" des Verbandes sein, der zudem dieselben Verträge massenhaft abschließt. Weiterhin werden sich Rechtsprobleme, die anhand einer staatlichen Rechtsordnung zu lösen sind, gerade im Hinblick auf das Regelwerk ergeben, insbesondere auf seine Wirksamkeit und seine Schranken. Auch danach müsste man zur Anwendung des Rechts am Ort der Hauptverwaltung gelangen, zumindest über die Ausweichklausel des Art. 28 Abs. 5 EGBGB.

Geht man hingegen richtigerweise von dem Grundsatz des Art. 28 Abs. 1 EGBGB aus,[154] dann besteht die engste Verbindung des Regelanerkennungsvertrages zur Rechtsordnung am Verwaltungssitz des Internationalen Verbandes:[155] Der Verband schließt sie massenhaft ab; bei der Aufstellung der Regeln braucht er nur *eine* Rechtsordnung zu beachten, und das ist sinnvollerweise nur die an seinem Sitz geltende. Alle Parteien haben den gemeinsamen Zweck, dass unter der einheitlichen Geltung der Regeln Wettbewerbe stattfinden, was nur gesichert werden kann, wenn die Regeln im Verhältnis zu allen derselben Rechtsordnung unterliegen.[156]

---

[149] Gem. Art. 27 Abs. 1 EGBGB muss sich eine Rechtswahl „mit hinreichender Sicherheit" aus den Vertragsbedingungen oder den Umständen ergeben.

[150] S. zur Indizwirkung einer Schiedsgerichtsklausel *Reithmann-Martiny,* Internationales Vertragsrecht, Rdnr. 78 f., *MünchKomm-Martiny,* Art. 27, Rdnr. 51: Für ein Schiedsgericht, dessen Verfahrensort in Deutschland liegt, s. § 1051 Abs. 1 und 2 ZPO.

[151] Dazu unten Rz. 165.

[152] *Reuter,* DZWiR 1995, 5, *Staudinger-Magnus,* a.a.O., Art. 28 Rdnr. 626 mit weiteren Nachweisen. Die Regelunterworfenen als die Erbringer der vertragscharakteristischen Leistungen i. S. § 28 Abs. 2 EGBGB anzusehen, würde zur Folge haben, dass das jeweilige Heimatrecht der Sportler anzuwenden wäre, also gerade keine einheitliche Rechtsordnung alle Verträge regelt. Zumindest müsste man dann über die Ausweichklausel Art. 28 Abs. 5 helfen.

[153] Uniformitätsinteresse, s. *MünchKomm-Martiny,* Art. 28, Rdnr. 31; *Staudinger-Magnus,* Art. 31, Rdnr. 70 f.

[154] So z. B. *Staudinger-Magnus,* Art. 28, Rdnr. 626 für die Innengesellschaft mit weiteren Nachweisen.

[155] *Staudinger-Magnus,* a.a.O., *Soergel-v. Hoffmann,* a.a.O., Art. Art. 27 Rdnr. 48, 49. Im Ergebnis ebenso *Adolphsen,* a.a.O. und *Reuter,* DZWiR 1996, 1, 5 f., die allerdings auf die mitgliedschaftsähnliche Beziehung abstellen, s. dazu oben Rz. 41. Unsere Auffassung ermöglicht aber eine abweichende Regelung z. B. bei einem Regelanerkennungsvertrag im Zusammenhang mit einem einzelnen Wettbewerb; Während *Adolphsen* diese Möglichkeit ablehnt, nimmt *Reuter* dazu keine Stellung.

[156] S. zu diesem Uniformitätsinteresse Fn. 153. Ob dieser Gesichtspunkt ausreicht, eine stillschweigende Rechtswahl anzunehmen, kann daher dahingestellt bleiben.

Wird der Regelanerkennungsvertrag aus Anlass einer Veranstaltung (z. B. Olympische **44** Spiele, Weltmeisterschaft) abgeschlossen, so können die Parteien gem. Art. 27 EGBGB die am Veranstaltungsort geltende Rechtsordnung vereinbaren; mangels einer Vereinbarung kann ein *enger Zusammenhang* mit dieser Rechtsordnung angenommen werden, wenn weitere Anhaltspunkte dafür sprechen, z. B. wenn das Schiedsgericht am Wettkampfort tagt (Art. 28 Abs. 1 oder 5 EGBGB).[157]

Oft steht der Regelanerkennungsvertrag im Zusammenhang mit einer *Lizenz* – also **45** mit der Erlaubnis, an bestimmten Veranstaltungen im Rahmen des Verbandes teilzunehmen; es gelten dieselben Grundsätze: mangels einer abweichenden Parteivereinbarung ist daher auch auf die Lizenz die am Sitz der Verbandes geltende Rechtsordnung anzuwenden; mit ihr hat die Lizenz die engste Verbindung

Als *Ergebnis* kann man festhalten: Der Regelanerkennungsvertrag wie auch eine damit **46** im Zusammenhang stehende Lizenz unterliegt der am Sitz des Internationalen Verbandes geltenden Rechtsordnung, sei es aufgrund einer Vereinbarung, sei es aufgrund einer objektiven Anknüpfung.[158] Die Parteien können aber – z. B. im Zusammenhang mit einem einzelnen Wettbewerb – eine andere, etwa die am Ort der Wettkämpfe geltende Rechtsordnung vereinbaren.

Nicht selten enthält der Vertrag außer der Regelanerkennung noch besondere Leis- **47** tungspflichten des Sportlers oder des unteren Verbandes oder des Vereins, beispielsweise die Pflicht, dem Verband Werberechte zur Ausübung zu überlassen oder an bestimmten Wettkämpfen teilzunehmen. Hinsichtlich dieser Leistungspflichten trifft die oben für den reinen Regelanerkennungsvertrag vorgetragene Argumentation nicht zu; insbesondere kann man füglich bezweifeln, ob alle vertraglich Gebundenen ein Interesse daran haben, dass auch insoweit die gleiche Rechtsordnung am Sitz des Verbandes angewendet wird.[159] Es besteht die Möglichkeit, durch eine *Rechtswahlklausel* diesen Teil des Vertrages kollisionsrechtlich zu trennen und ihn gem. Art. 27 Abs. 1 Satz 2, Abs. 2 EGBGB beispielsweise dem Recht am gewöhnlichen Aufenthaltsort des Sportlers zu unterwerfen. Dasselbe Ergebnis kann bei Fehlen einer Rechtswahl auch gem. Art. 28 Abs. 1 Satz 2 EGBGB erzielt werden. Hinsichtlich der Regelanerkennung verbleibt es bei der Anwendung des Rechts am Sitz des Verbandes.

Von diesem unmittelbaren Vertrag zwischen Internationalem Verband und Sportler **48** oder Verein zu unterscheiden sind die Fälle, in denen der Sportler mit seinem nationalen Verband oder mit seinem Verein, oder ein Verein mit einem Verband aufgrund eines Rechtsgeschäfts[160] das Regelwerk des Internationalen Verbandes anerkennt, ohne unmittelbar mit dem Internationalen Verband einen Vertrag abzuschließen.[161]

Zunächst wird durch einen derartigen Vertrag das Regelwerk des höheren Verbandes nur im Verhältnis der am Rechtsgeschäft Beteiligten verbindlich; kollisionsrechtlich gelten die oben angeführten Grundsätze.

---

[157] *Heß,* a.a.O., S. 36 will offenbar grundsätzlich an das Statut des Veranstalters anknüpfen, selbst wenn im Regelanerkennungsvertrag das Regelwerk eines anderen Verbandes, nämlich des internationalen Spitzenverbandes vereinbart wird.
[158] Im Ergebnis übereinstimmend *Adolphsen* und *Reuter,* a.a.O.
[159] Auf die Einräumung von Werberechten eines brasilianischen Sportlers an den Internationalen Sportverband kann durchaus eine andere Rechtsordnung anzuwenden sein als auf die eines chinesischen oder deutschen Sportlers.
[160] Sowohl aufgrund eines Einzelvertrages als auch aufgrund Mitgliedschaft möglich, wenn in der Satzung des Verbands/Vereins das Regelwerk des Internationalen Verbandes für verbindlich erklärt wird.
[161] Da der nationale Verband bzw. der Verein regelmäßig keine Vertretungsmacht für den Internationalen Verband hat, scheidet ein Vertrag zwischen Internationalem Verband und Sportler/Verein aus. Aus der Verpflichtung, die der nationale Spitzenverband gegenüber dem Internationalen Verband übernimmt, dessen Regelwerk in seinem Bereich durchzusetzen, ergibt sich jedenfalls noch keine Vertretungsmacht.

Erkennt der Sportler oder der Verein in diesem Vertrag aber die Sanktionsgewalt des höheren Verbandes an,[162] so handelt es sich insoweit um einen Vertrag zugunsten Dritter (des Internationalen Verbandes).[163] Hier ist mangels einer Rechtswahlklausel aus den gleichen Gründen wie oben Rz. 43 anzunehmen, dass die Rechtsbeziehung zwischen Internationalem Verband und Sportler die engste Beziehung zum Recht am Sitz des Internationalen Verbandes hat. Wollte man hier jeweils an das Statut des nationalen Verbandes anknüpfen, würden die Regelanerkennungsverträge mit Sportlern aus verschiedenen Staaten jeweils einer anderen Rechtsordnung unterliegen.

Etwas anderes ist anzunehmen, wenn die Regelanerkennungsverträge mit einem nationalen Verband im Zusammenhang mit einer Veranstaltung dieses Verbandes abgeschlossen werden; dann spricht – vor allem wenn staatliche Gerichte aus dem Veranstaltungsland zuständig sind – viel dafür, mangels einer ausdrücklichen Rechtswahl, die Rechtsordnung am Sitz des veranstaltenden Verbandes anzuwenden.[164]

2. Sportleistungsverträge

49 Soweit der teilnehmende *Sportler* gegen Entgelt einem Verein oder sonstigen Sportveranstalter seine sportlichen Leistungen erbringt, liegt entweder ein *Arbeitsvertrag* (a) oder ein reiner *Dienstvertrag* (b) vor.[165]

Verpflichtet sich ein *Verband* oder *Verein*, an einem Wettbewerb teilzunehmen, so liegt ein Dienstvertrag oder Werkvertrag vor.

Davon zu unterscheiden sind Fallgestaltungen, in denen ein Sportler nicht oder nicht in erster Linie wegen des zu zahlenden Entgeltes an einer Veranstaltung teilnimmt sondern um der Teilnahme wegen, etwa bei Olympischen Spielen oder Weltmeisterschaften.[166] Hier liegt das wirtschaftliche Interesse des Sportlers darin, dass sein sportlicher Goodwill schon aufgrund der Teilnahme oder jedenfalls bei einer guten Plazierung steigt und er daher für die Folgezeit verbesserte Einnahmen erwarten kann. Möglicherweise liegt hier nur oder jedenfalls hauptsächlich ein Regelanerkennungsvertrag vor, auf den nach dem oben zu 1. Gesagten das Recht am Sitz des Veranstalters anzuwenden ist oder das Recht des Landes, in dem die Veranstaltung durchgeführt wird. Dasselbe sollte gelten, wenn ein Verband oder Verein aus den gleichen Interessen an einem Wettbewerb teilnimmt.

50 **a)** Bei einem *Arbeitsvertrag* ist eine Rechtswahl möglich; sie kann aber nicht die zwingenden, dem Arbeitnehmer günstigen Vorschriften des ohne Rechtswahl anwendbaren Rechts verdrängen (Art. 30 Abs. 1 EGBGB).

Mangels einer Rechtswahl ist auf das Arbeitsverhältnis zwischen einem Club und dem Sportler das Recht des Landes anzuwenden, in dem der Sportler hauptsächlich seine

---

[162] Erlangt der Internationale Verband hingegen keine Sanktionsbefugnis gegenüber dem Sportler/Verein, so ist nur im Verhältnis zwischen den Vertragsparteien das Regelwerk des Internationalen Verbandes im Rahmen des auf diesen Vertrag anzuwendenden Rechts verbindlich.

[163] Oft wird hier im Anschluss an eine BAG-Entscheidung (AP § 611 BGB-Berufssport Nr. 2) auch § 317 BGB herangezogen, der indes nicht passt, da der Internationale Verband ja nicht im Interesse der beiden Beteiligten (unterer Verband/Verein und Sportler) Rechte wahrnimmt, z. B. eine Sperre ausspricht, sondern im eigenen Interesse, nämlich entsprechend seinem Verbandszweck: weltweiter Durchführung fairer Sportwettkämpfe. Ebenso *Reuter*, a.a.O.

[164] Ebenso wohl *Heß*, a.a.O., S. 36. Es hängt aber sehr von den gesamten Umständen ab.

[165] Zur Unterscheidung 3/Rz.13 ff., 15 a. Arbeitsverträge liegen vor allem in Mannschaftssportarten vor, reine Dienstverträge eher in Einzelsportarten, wenn kein Abhängigkeitsverhältnis und keine Weisungsgebundenheit des Sportlers gegeben ist (Leichtathletikmeeting). Daher Arbeitsverhältnis u. a. auch im Rad- und Automobil- Sport („Rennstall").

[166] Man könnte hier von einem Zulassungsvertrag sprechen; es handelt sich um einen atypischen Vertrag, der auch nicht als Austauschvertrag i. S. der §§ 320 ff. BGB anzusehen ist. Es ist sogar zweifelhaft, ob die Parteien sich gegenseitig verpflichten, ihre Leistung zu erbringen.

Arbeit verrichtet (Art. 30 Abs. 2),[167] das ist i. d. R. das Recht am Sitz des Clubs, also deutsches Recht für alle Arbeitsverhältnisse deutscher Vereine, italienisches für die italienischen Vereine.

Erbringt ein Sportler − wie etwa der Radfahrer eines Rennstalls oder ein Formel I Rennfahrer − seine Dienste in vielen Ländern, so ist ebenfalls das Recht am Sitz des Arbeitgebers anzuwenden (Art. 30 Abs. 2 Ziff. 2).

b) Auch bei einen *Dienst-* oder *Werkvertrag* über Teilnahme an einem Wettkampf kann die anzuwendende Rechtsordnung vereinbart werden. **51**

Mangels einer Rechtswahlklausel ist davon auszugehen, dass der Sportler die vertragscharakteristische Leistung erbringt und daher das an seinem gewöhnlichen Aufenthaltsort geltende Recht anzuwenden ist.[168] Das soll nach ganz herrschender Meinung auch dann gelten, wenn die Dienstleistung allein im Ausland erbracht werden soll. Dies würde dazu führen, dass auf die Verträge des Veranstalters mit Sportlern aus verschiedenen Ländern verschiedene Rechtsordnungen, nämlich jeweils die am gewöhnlichen Aufenthaltsort des einzelnen Sportlers geltende, anzuwenden wäre. Zu überlegen ist demgegenüber, ob nicht die Verträge eine engere Verbindung[169] mit dem Niederlassungsort des Veranstalters oder dem Veranstaltungsort haben; die Wettkämpfe setzen den Abschluss einer Vielzahl von gleichartigen Verträgen mit den Sportlern voraus, dort werden die sportlichen Leistungen (Dienste) erbracht, dort liegt daher das Zentrum, auf das alle Verträge ausgerichtet sind; die Sportler gehen davon aus, dass gleiche Wettkampfbedingungen für alle Beteiligten gelten. Es spricht daher − angesichts des Zusammenhangs aller Verträge[170] − vieles dafür, gem. Art. 28 Abs. 5 EGBGB das am Veranstaltungsort geltende Recht auf alle diese Verträge anzuwenden. Um sicherzugehen, sollte der Veranstalter jedoch eine entsprechende Rechtswahlklausel in alle Verträge einfügen. Jedenfalls unterliegt die in praktisch allen Verträgen enthaltene *Regelanerkennung* als abtrennbarer Teil[171] dem Recht am Sitz des Veranstalters bzw. am Ort der Veranstaltung.

Dasselbe gilt für den Dienstvertrag,[172] aufgrund dessen ein *Verband* oder *Verein* bei einer Sportveranstaltung mit seiner Mannschaft teilnimmt. **52**

---

[167] Zur Arbeitsleistung gehören nicht nur die Wettkämpfe sondern − zeitlich sogar überwiegend − das Training, das regelmäßig am Sitz des Clubs durchgeführt wird. − Eine besondere IPR-Problematik würde entstehen, wenn man bei verbandsbetriebenen Wettkämpfen (Champions-League) neben dem eigentlichen Arbeitgeber − dem Club − noch eine abgespaltene Arbeitgeberstellung des Verbandes bejahte; s. dazu *Reuter,* DZWiR 1996, 1, 6, mit Nachweisen zu dieser Ansicht, der selbst aber zu Recht diese „Abspaltung" ablehnt. Zur Abspaltung s. oben 3/Rz. 18. Nach der hier vertretenen Auffassung besteht zwischen Spieler und Verband (nur) ein *Regelanerkennungsvertrag*, s. zu dessen kollisionsrechtlicher Einordnung Rz. 39 ff.

[168] *Palandt-Heldrich,* Art. 28, Rdnr. 13, *Staudinger-Magnus,* Art. 28, Rdnr. 263: Für den „Auftrittsvertrag" von Künstlern und Sportlern. Teilweise wird auf den Ort, an dem die Leistung zu erbringen ist, hier also auf den Veranstaltungsort gem. Art. 28 Abs. 5 EGBGB abgestellt, *Kegel,* Gedächtnisschrift für *R. Schmidt,* S. 215, 223, jeweils mit weiteren Nachweisen. Vgl. auch *Deutsch,* Festschrift für *Ferid* (1978), S. 117 ff.

[169] Art. 28 Abs. 1 S. 1, Abs. 5 EGBGB.

[170] Zum „Uniformitätsinteresse", zusammenhängende Verträge, an denen mehrere Personen beteiligt sind, einheitlich anzuknüpfen z. B. *MünchKomm-Martiny,* Art. 28, Rz. 31 und 116 mit weiteren Nachweisen. Für Konsortialverträge von Banken *Palandt-Heldrich,* Art. 28, Rdnr. 19.

[171] Art. 28 Abs. 1 S. 2 EGBGB. S. zur kollisionsrechtlichen Beurteilung des Regelanerkennungsvertrages oben 1.

[172] Selbst wenn im Einzelfall ein Werkvertrag vorliegen sollte, ändert sich an der kollisionsrechtlichen Beurteilung nichts, vgl. *Staudinger-Magnus,* Art. 28, Rdnr. 30 4 ff.

3. Sponsoring- und Vermarktungsverträge[173]

53 Bei der Vermarktung von Werberechten (Name, Bild und sonstige vermögenswerte Persönlichkeitsrechte) stellt sich nicht nur das Problem, welcher Rechtsordnung unterliegt der Vertrag (unten b), sondern auch – als Vorfrage – welche Rechtsordnung ist auf das zu vergebende Werberecht, auf seinen Schutz und auf die Möglichkeiten seiner Lizenzierung (unten a) anzuwenden.

54 a) Statut der Werberechte.[174] Die Vermarktbarkeit eines Werberechtes hängt davon ab, dass es gegenüber einer Verwendung durch Dritte absolut geschützt ist, dass es also nicht von jedem Dritten unentgeltlich benutzt werden darf.[175] Der Schutz der Werberechte ist in den verschiedenen Staaten sehr unterschiedlich geregelt,[176] daher ist die Bestimmung des maßgebenden Rechts schon vor Abschluss eines Vertrages, mit dem Werberechte ins Ausland vergeben werden sollen, außerordentlich wichtig. Welcher Rechtsordnung ein Werberecht unteriegt, ist im EGBGB nicht geregelt.

Es ist insbesondere zu unterscheiden, ob das Werberecht – wie insbesondere Urheber-, Patent-, Marken-Rechte oder Geschmacksmuster – in den einzelnen Staaten spezialgesetzlich, teilweise aufgrund internationaler Verträge, geschützt wird[177] oder als Ausfluss des allgemeinen Persönlichkeitsrechts nur aufgrund des allgemeinen Deliktsrechts.[178]

55 (a) Für die spezialgesetzlich geschützten Rechte wird – jedenfalls im Ergebnis – nach der überwiegenden Meinung das sogen. „Schutzlandrecht" herangezogen.[179] Schutzlandrecht ist die Rechtsordnung des Staates, für dessen Gebiet in concreto Schutz beansprucht wird. Eine abweichende Parteivereinbarung ist wegen der Drittwirkung grundsätzlich ausgeschlossen.[180]

Nach dem Schutzlandrecht bestimmen sich das Entstehen und Erlöschen (Dauer) des Rechts, die Person des Rechtsinhabers, der Umfang des Schutzes, welche Ansprüche sind gegeben.[181] Nach dieser Rechtsordnung bestimmt sich auch, ob das Recht (zur Ausübung) mit dinglicher Wirkung übertragen werden kann – ob dafür eine bestimmte Form (Eintragung ins Register) einzuhalten ist – oder ob nur ein schuldrechtlicher Verzicht auf das Verbietungsrecht möglich ist und ob dem Lizenznehmer bei einer Verletzung durch Dritte eigene Ansprüche zustehen.[182]

Auch für mögliche bereicherungsrechtliche Ansprüche ist das Schutzlandrecht heranzuziehen.[183]

---

[173] Zu den Vermarktungs- und Sponsoringverträge s. oben Teil 3/Rz. 65 ff.
[174] Zu den Werberechten s. oben Teil 3/Rz. 78 ff.
[175] *Schaub*, Sponsoring a. a. O. § 7 IV. b).
[176] S. zu Werberechten der Sportler *Blackshaw/Siekmann*, Sports Image Rights in Europe, enthält auch einen Abschnitt über die Rechtslage in den USA
[177] Dazu unten (a).
[178] Unten (b).
[179] *MünchKommBGB/Drexl* Bd. 11, IntImmGR Rdnr. 6 ff., *Staudinger/Fezer*, IntWirtschR Rdnr. 698 ff. jeweils mit weiteren Nachweisen. Streitig ist, ob sich das Schutzlandprinzip aufgrund einer eigenen (gewohnheitsrechtlichen) Kollisionsregel ergibt, *Staudinger/Fezer* Rdnr. 698 ff., *Kropholler*, IPR § 53 VI, s. auch BGZ 136, 380, oder aufgrund des Internationalen Deliktsrechts über Art. 40 Abs. 1 EGBGB (Handlungs- und Erfolgsort liegen im Schutzland) oder gem. Art. 41, da zum Schutzland eine engere Verbindung besteht, s. dazu *Sack* WRP 2000, 269 ff., *MünchKommBGB/Drexl* Rdnr. 121 f. Nach jeder Ansicht ist sowohl eine vertragliche Rechtswahl ausgeschlossen als auch die Anwendung des gemeinsamen Wohnsitzrechts.
[180] Lit. vorige Fn.; allenfalls für einzelne Rechtsfolgen soo sie nach *Staudinger/v. Hoffmann* Art. 38 zulässig sein.
[181] *MünchKommBGB/Drexl* a.a.O. Rdnr. 127 ff., *Staudinger/Fezer* a.a.O. Rdnr. 706 ff.
[182] „Verfügungsgeschäft! BGH NJW 1992, 2824, *MünchKommBGB/Drexl* a.a.O. Rdnr. 133, *Staudinger/Fezer* a.a.O. Rdnr. 744. Der schuldrechtliche Vertrag hingegen richtet sich nach dem Vertragsstatut (Art. 27 ff. EGBGB), nach h. M. auch das Verfügungsgeschäft im Übrigen.
[183] Art. 38 Abs. 2 EGBGB, Eingriffskondiktion. *Palandt-Heldrich* Art. 38 Rdnr. 3, *Staudinger/v. Hoff-*

Wenn also beispielsweise ein Sportartikelhersteller seine Marke oder der Name eines Vereins im Ausland vermarktet werden soll, ist nach dem Recht dieses Landes zunächst zu prüfen, ob Marke oder Name in diesem Land für diesen Hersteller/Verein gegen die Verwendung durch Dritte geschützt ist oder etwa durch Registereintragung als Markte geschützt werden kann.[184] Soll die Marke oder der Name in mehreren Staaten vermarktet werden, so sind die Rechtsordnungen aller dieser Staaten auf die angesprochenen Fragen hin zu untersuchen; gegebenenfalls muss der Vertrag für jedes Land unterschiedlich gestaltet werden.[185]

Die gleiche Rechtslage ergibt sich aus dem *EU-VO-Entwurf* für das auf außervertragliche Schuldverhältnisse anzuwendende Recht.[186] Gem. Art. 9 ist auf die Verletzung von Rechten aus geistigem Eigentum das Recht des Staates anzuwenden, in dem der Schutz beansprucht wird; zum „geistigen Eigentum" i. S. des VO-E zählen nicht nur das Urheberrecht und verwandte Schutzrechte, sondern auch gewerbliche Schutzrechte.[187] **56**

(b) Die kollisionsrechtlichen Probleme bei der Vermarktung von *Persönlichkeitsrechten* sind noch wenig erörtert.[188] Rechtsprechung und Literatur beschäftigen sich vor allem mit der Verletzung des *ideellen Persönlichkeitsrechts*, insbesondere aufgrund von Presseveröffentlichungen, die deliktsrechtlich qualifiziert wird. Hier wird das Recht des Tatortes (Handlungs- oder Erfolgsort)[189] herangezogen; im Einzelnen ist aber vor allem hinsichtlich des Erfolgsortes (Art. 40 Abs. 1 Satz 2 EGBGB) sehr vieles streitig.[190] **57**

---

mann/*Fuchs* a.a.O. Art. 38 Rdnr. 16, *MünchKomm/Drexl* a.a.O. Rdnr. 132. Bei Ansprüchen aus *Leistungskondiktion* hingegen ist das Recht maßgebend, das auf das zwischen den Parteien bestehende Rechtsverhältnis anzusehen ist. Also wenn der Lizenzvertrag nichtig ist und der Lizenzgeber Bereicherungsansprüche gegen den Lizenznehmer geltend macht, das Recht, das auf den Lizenzvertrag anzuwenden war (Art. 38 A bs. 1 EGBGB).

[184] *Palandt-Heldrich* Art. 10 Rdnr. 5,. *MünchKommBGB/Drexl* a.a.O. Rdnr. 127 ff., *Staudinger/Fezer* a.a.O. Rdnr. 706 ff. In Deutschland z. B. gem. § 4 MarkenG: Eintragung in das vom Patentamt geführte Register, durch Verkehrsgeltung aufgrund der Benutzung, als notorisch bekannte Marke.

[185] Hat der Lizenznehmer z. B. in einem Land eigene Ansprüche gegen einen Rechtsverletzer, in einem anderen nicht, so ist für das zweite Land in den Vertrag eine Regelung aufzunehmen, dass und auf welche Weise der Lizenzgeber den Lizenznehmer schützen muss. Für das erste Land ist möglicherweise eine Regelung aufzunehmen, dass und welche Maßnahmen der Lizenznehmer gegebenenfalls ergreifen muss; Kostentragung!

[186] Dazu s. näher unten Rz. 94 f.

[187] Erwägungsgrund 14 zum VO-E, *Leible-Engel*, EuZW 2004, 13. Zu den Regelungen des VO-E betreffend Immaterialgüterrechte und Wettbewerbsrecht s. *Buchner*, GRUR Int. 2005, 1004 ff. Für einheitliche gemeinschaftsrechtliche Schutzrechte – wie etwa die Gemeinschaftsmarke (VO Nr. 4094) – ist das einschlägige Recht der Gemeinschaft anzuwenden; soweit dort keine Regelung enthalten ist, soll das nationale Recht des Verletzungsortes gelten (Art. 9 II VO-E).

[188] S. aber neuerdings *Friedrich*, Internationaler Persönlichkeitsrechtsschutz bei unerlaubter Vermarktung (2003) und *Pfister*, Festschrift für *Georgiades* (2005) S. 869 ff.

[189] Dazu s. unten Rz. 89 ff. – Die geplante EU-VO über außervertragliche Schuldverhältnisse (sogen. Rom II-VO, dazu unten Rz. 94) stellt gem. Art. 3 Abs. 1 grundsätzlich auf den Verletzungsort ab, Art. 6 sieht aber gerade für Persönlichkeitsrechtsverletzungen eine besondere ordre-public-Klausel vor; die Regelung wird insbesondere von der Presse-Lobby stark angegriffen.

[190] „Mosaiktheorie": Erscheint eine Zeitschrift in mehreren Staaten, so liegt der Erfolgsort in jedem dieser Staaten; jede der betreff. Rechtsordnungen entscheidet aber nur über die Schäden gerade in diesem Staat. BGH, NJW 1996, 1128; *MünchKomm-Junker*, Art. 40 Rdnr. 163, Rdnr. 216 mit weiteren Nachweise; *Staudinger-v. Hoffmann*, a.a.O., Art. 40, Rdnr. 53 ff. *Friedrich*, a.a.O., S. 165 ff., jeweils mit weiteren Nachweisen. Diese Theorie kann vor allem auch auf die Entscheidung des EuGH (Slg. 1995, 1881) zu Art. 5 NR 3 EuGVÜ gestützt werden; der EuGH bejahte bei einem Pressedelikt die internationale *Zuständigkeit* der Gerichte im jeweiligen Erscheinungsland, beschränkt indes jeweils auf die Entscheidung über die Verletzung im jeweiligen Land, *Kropholler*, IPR § 53 V 4. Daher will *Wagner*, RabelsZ 1998, 243, 284 statt des Tatortrechts von vorneherein nur die lex loci anwenden. – Der Gegendarstellungsanspruch (s. zum deutschen materiellen Recht 4/148) ist wohl an das Sitzrecht des Medienunternehmens anzuknüpfen, *Staudinger-v. Hoffmann*, Art. 40, Rdnr. 722 ff., *MünchKomm-Junker*, Art. 40, Rdnr. 171.

2. Kapitel. Internationales Privatrecht

Die Vermarktbarkeit der vermögenswerten Positionen des Persönlichkeitsrechts hängt von deren deliktischem Schutz ab, zu suchen ist also das Deliktsstatut.[191] Hier liegen jedoch die Interessen der Betroffenen anders als bei den Pressedelikten. Beim Schutz der *ideellen* Persönlichkeit steht – wie i. d. R. bei Delikten – einerseits die Person des *Verletzers* im Vordergrund, der sich nach dem Recht des Landes richten wird, in dem er handelt, regelmäßig also seinen Wohnsitz oder Sitz hat. Der Erfolg tritt hingegen dort ein, wo die ideelle Persönlichkeit herabgesetzt wurde, wo das soziale Umfeld des *Verletzten* liegt, regelmäßig also an dessen gewöhnlichem Aufenthaltsort, bei international bekannten Persönlichkeiten auch in den Ländern, in denen sie bekannt sind und eine spürbare Herabsetzung des Ansehens festzustellen ist.[192] Hier ist die Regelung in Art. 40 f. EGBGB, die gerade auf diese Interessen der beiden Beteiligten abstellt, angemessen.

Bei den *vermögenswerten* Positionen hingegen steht nicht die Person des Rechtsträgers im Mittelpunkt; seine *Vermögenswerte* werden verletzt, nicht seine Persönlichkeit.[193] Daher ist nicht auf das soziale Umfeld des Verletzten abzustellen sondern auf den Ort, an dem das Vermögensrecht belegen ist, das ist der Ort, wo die Vermarktung stattfindet (Vermarktungsort); dort nimmt der Verletzer eigene Vermögensinteressen wahr, indem er die vermögenswerten Rechte des anderen verletzt; dort stoßen die (Vermögens)Interessen von Rechtsinhaber und Verletzer aufeinander, ähnlich wie bei sonstigen Immaterialgüterrechten.

Es hätte auch keinen Sinn und würde zu unverständlichen Ergebnissen führen, wollte man hier gem. Art. 40 Abs. 1 auf das Recht abstellen, in dessen Bereich der *Verletzer gehandelt*, also z. B. das Werbematerial, die Plagiate usw. hergestellt hat,[194] oder sein Geschäftssitz liegt und dementsprechend die wesentlichen Entscheidungen getroffen werden (Handlungsort).[195] Da der Schutz der vermögenswerten Positionen des Persönlichkeitsrechtes in den einzelnen Rechtsordnungen sehr unterschiedlich geregelt ist,[196] würde diese Regelanknüpfung dazu führen, dass der Verletzer sich erfolgreich in ein Land mit geringem Schutzniveau zurückziehen könnte, um dort „zu handeln". Aber auch im umgekehrten Fall, dass „die wesentlichen Entscheidungen" des Verletzers in einem Land mit hohem Schutzniveau getroffen werden im Hinblick auf die Vermarktung in einem Land mit geringem Schutzniveau, ist es nicht angemessen, jenes heranzuziehen; in einem Land mit niedrigem Schutzniveau können eben Persönlichkeitsrechte wie auch sonstige Immaterialgüterrechte nur sehr eingeschränkt vermarktet werden.[197]

Genau so wenig ist das Recht am Wohnsitz des Verletzten (Erfolgsort, Art. 40 Abs. 1 S. 2) heranzuziehen;[198] dann könnte ein Sportler, dessen Wohnsitzstaat ein hohes recht-

---

[191] *Friedrich,* Internationaler Persönlichkeitsrechtsschutz, S. 103 ff., 114 ff.; *Pfister,* Festschrift für *Georgiades*; *Schack,* UFITA 1988, 51 ff., *Palandt-Heldrich,* Art. 40, Rdnr. 14, *Staudinger-v. Hoffmann,* Art. 40, Rdnr. 53, beide generell für das allgemeine Persönlichkeitsrecht und mit weiteren Nachweisen.

[192] *MünchKomm-Kreuzer* (3. Aufl.) Art. 38, Rdnr. 215.

[193] Wird ein Sportler etwa durch Plagiate außerdem noch lächerlich gemacht, so kann sowohl eine Verletzung seiner ideellen als auch seiner vermögenswerten Persönlichkeitsrechte vorliegen; dann wäre möglicherweise hinsichtlich jener das Tatortrecht, hinsichtlich dieser das Marktortrecht anzuwenden.

[194] Das wäre u. U. ein fernöstliches Land, nach dessen Recht vielleicht ein entsprechendes Verbot gerade nicht gilt.

[195] So aber *Friedrich,* Internationaler Persönlichkeitsrechtsschutz, S. 141 ff.; *Staudinger-v. Hoffmann* (2001), Art. 40, Rdnr. 58 für Persönlichkeitsrechtsverletzungen durch die Presse; ob es dort brauchbar ist, muss (wegen der gleichen Gefahr der Manipulierbarkeit) bezweifelt werden, ist aber in Vermarktungsfällen nicht sinnvoll, es kommt allein auf den örtlichen Werbemarkt an; *v. Hoffmann* macht ebenda auch eine Ausnahme für Verletzung des Namens: Handlungsort, wo Name zu Unrecht geführt wird; ebenso *Sonnenberger,* Festschrift D. *Henrich* (2000), S. 575, 580.

[196] Vgl. den kurzen Überblick über andere Rechtsordnungen bei *Staudinger-v. Hoffmann,* Art. 40, Rdnr. 52 mit Literaturhinweisen.

[197] Grundsatz par conditio concurrentium.

[198] Insoweit übereinstimmend *Friedrich,* a.a.O., S. 146 ff.

liches Schutzniveau aufweist, sich *weltweit* besser vermarkten als ein Sportler aus einem Land mit geringem Schutz.

Wenn ein Staat auf seinem Gebiet die Vermarktung vermögenswerter Persönlichkeitspositionen nicht oder nur in geringem Umfang schützt – wie einst das deutsche Reichsgericht[199] –, dann muss dies auch für die Vermarktung aus dem Ausland gelten; sonst käme man zu dem Ergebnis, dass Ausländer sich im Inland unter dem Schutz anderer Rechtsordnungen (ihres Heimatrechts) vermarkten können, Inländer hingegen nicht.

Zudem hängt der Schutz vom örtlich unterschiedlichen Bekanntheitsgrad des Betreffenden ab;[200] so mag der Name eines in Deutschland sehr bekannten Sportlers in einem anderen Land gänzlich unbekannt sein oder gar auf einen anderen Sportler hinweisen; dann kann der deutsche Sportler bei Verkauf von Fan-Artikeln mit „seinem" Namen im anderen Land keine Ansprüche geltend machen, wie umgekehrt der ausländische nicht beim Verkauf in Deutschland.

Eine „wesentlich engere Verbindung" besteht daher zum Marktort, von dessen Recht **58** der für die Vermarktung erforderliche Schutz abhängt; anzuwenden ist demnach gem. Art. 41 Abs. 1 EGBGB allein[201] das Recht des *Schutzlandes*, ähnlich wie bei anderen Immaterialgüterrechten[202] und allgemein beim Recht des unlauteren Wettbewerbs.[203] Findet die Vermarktung in mehreren Ländern statt, so sind gegebenenfalls verschiedene Rechte anzuwenden;[204] dies führt – anders als bei Pressedelikten – auch zu keinen Problemen hinsichtlich der Schadensbemessung, denn der Schaden oder der unrechtmäßige Gewinn (ersparte Lizenzgebühr) des Verletzers lassen sich örtlich begrenzen.

Die Anknüpfung an den Marktort führt allerdings dazu, dass möglicherweise die *ideel-* **59** *len* Interessen, deren Schutz ja nach ganz herrschender und zutreffender Meinung an den Handlungs- oder nach Wahl des Verletzten an den Erfolgsort angeknüpft werden,[205] einem anderen Schutzrecht unterliegen können.[206] Wird beispielsweise ein Sportler durch beleidigende Werbeartikel eines Dritten sowohl in seinem ideellen Persönlichkeitsrecht wie auch in seinen kommerziellen Interessen verletzt, so richtet sich der Schutz der ideellen Interessen nach dem Tatortrecht (Handlungs- oder Erfolgsort), der Schutz der vermögenswerten allein nach dem Marktortrecht. Auch dies führt zu keinen besonderen Schwierigkeiten, da sich die jeweils gegebenen Ansprüche gut abgrenzen lassen.[207]

Die Anknüpfung an Art. 41 Abs. 1 EGBGB schließt es aus, das Recht am (Wohn)Sitz **60** des Rechtsinhabers[208] oder gem. Art. 40 Abs. 2 das Recht am *gemeinsamen* gewöhnlichen

---

[199] RGZ 125, 80 – „Tull Harder". Das RG hätte, würde man vom Tatortprinzip ausgehen und wäre der Kläger Harder im Ausland wohnhaft gewesen oder hätte der Beklagte aus dem Ausland gehandelt, nach ausländischem Recht ev. dem Anspruch stattgeben müssen!?.

[200] Der Vermögenswert entsteht erst aufgrund einer gewissen Bekanntheit in dem betreffenden Land und wächst mit ihr.

[201] *Friedrich*, a.a.O. will hingegen sowohl das Recht des Handlungsortes als auch – nach Wahl des Verletzten – gem. Art. 40 Abs. 1 S. 2 – auch das Recht am Marktort anwenden.

[202] Dazu oben (a).

[203] So auch Art. 7 Abs. 1 EU-VO (Rom 2)-Entwurf. – Der Schutz der vermögenswerten Positionen des Persönlichkeitsrechts kann u. U. auch auf das Unlauterkeitsrecht gestützt werden.

[204] „Mosaiktheorie", *Friedrich*, a.a.O., S. 165 ff. mit weiteren Nachweisen; *Sack*, WRP 2000, 269 ff. kommt für Immaterialgüterrechte zum selben Ergebnis über Art. 40 I EGBGB, indem er für den Handlungsort auf die relevante Benutzungshandlung abstellt, der immer mit dem Erfolgsort, wo das Recht verletzt wird, zusammenfalle.

[205] *Staudinger-v. Hoffmann*, Art. 40, Rdnr. 57 ff. mit weiteren Nachweisen.

[206] Auch deswegen lehnt *Friedrich*, a.a.O. eine Anknüpfung allein an das Marktortrecht ab. Fallen Inhaber der vermögenswerten Teile (Erbe) und der ideellen (nächster Angehöriger) auseinander, so muss auch *Friedrich* zu einer getrennten Anknüpfung kommen.

[207] Widerruf, Entschädigung hinsichtlich der Beleidigung, Schadensersatz für die vermögensrechtlichen Interessen.

[208] Bei *betriebsbezogenen Wettbewerbsverstößen* wird eine Anknüpfung an die allgemeine Tatortregel

Aufenthalt bzw. Geschäftssitz des Ersatzpflichtigen und des Geschädigten heranzuziehen; wenn ein verletzter Sportler oder sein Lizenznehmer und ein Plagiator mit Sitz im selben Land Werbung mit dem Sportlerimage in einem Drittland machen, ist daher nicht das Heimatrecht der beiden anzuwenden, es bleibt vielmehr bei der Anwendung des Marktortrechts.[209]

Eine nachträgliche Rechtswahl gem. Art. 42 EGBGB ist jedenfalls hinsichtlich der Haftungsvoraussetzungen unzulässig,[210] allenfalls hinsichtlich der Rechtsfolgen möglich.[211]

61 Auch nach der geplanten *EU-VO* über außervertragliche Schuldverhältnisse ergibt sich aufgrund einer ähnlichen Argumentation die Anwendung des Marktortrechts (Schutzlandrechts). Der VO-E geht grundsätzlich vom Verletzungsort aus (Art. 5 Abs. 1);[212] wie oben Rz. 57 gezeigt, wird ein vermögenswertes, vermarktbares Persönlichkeitsrecht nur am Marktort verletzt, nicht am Ort des Wohnsitzes des Verletzten, da es gerade nicht um seine Herabsetzung in seinem sozialen Umfeld geht. Zu Recht geht daher Art. 9 EU-VO-E für die Verletzung von geistigem Eigentum vom Schutzlandrecht, also dem Marktortrecht aus. Gem. Art. 5 Abs. 3 EU-VO-E, der eine Sonderanknüpfung an das Recht des Staates vorsieht, mit dem das außervertragliche Schuldverhältnis eine „offensichtlich engere Verbindung" aufweist, ist daher auch bei der Verletzung vermögensrechtlicher Elemente des Persönlichkeitsrechts das Recht des Marktortes heranzuziehen. Das Marktortrecht ist auch dann anzuwenden, wenn beide Parteien ihren gewöhnlichen Aufenthalt in demselben Staat haben; Art. 5 Abs. 2 EU-VO-E, das in diesem Fall die Anwendung des Rechts des gemeinsamen Aufenthaltes vorsieht, ist weder bei Art. 9 Abs. 1 anzuwenden und wird auch von Art. 5 Abs. 3 (engere Verbindung) verdrängt. Eine nachträgliche Parteivereinbarung ist zwar grundsätzlich nach Art. 4 EU-VO-E zulässig, wird aber ausdrücklich ausgeschlossen für den Schutz des geistigen Eigentums gem. Art. 9 Abs. 3; dieser Ausschluss sollte – wie auch schon nach dem bisherigen deutschen Recht – auch für die vermögenswerten Persönlichkeitsrechte gelten.

62 Zum allgemeinen Persönlichkeitsrechtsschutz (vor allem bei Ehrverletzungen) ist streitig, ob das *Bestehen* eines allgemeinen Persönlichkeitsrechtes dem *Personalstatut* des Verletzten zu entnehmen ist oder ebenfalls dem Deliktsstatut.[213] Insbesondere die Rechtsprechung und wohl auch die inzwischen h. M. gehen vom Deliktsstatut aus;[214] dem ist vor allem bei der Vermarktungsproblematik zuzustimmen. Es wäre weder gerecht noch sinnvoll, einem Sportler, dessen Heimatrecht einen hohen Schutz der vermögenswerten Positionen seiner Persönlichkeit vorsieht, diesen hohen Schutz weltweit zu gewähren, oder umgekehrt, einem Sportler, dessen Heimatrecht vermögenswerte Persönlichkeitsinteressen überhaupt nicht schützt, den Schutz und damit eine Vermarktung weltweit zu versagen.[215]

---

diskutiert, Verletzungsort (Art. 40 Abs. 1 S. 2) wäre danach der gewöhnliche Aufenthalt/Sitz des Verletzten, *Staudinger-v. Hoffmann,* Art. 40, Rdnr. 326 ff.

[209] So auch *Sack,* WRP 2002, 278 f., obwohl er vom Handlungsort als Grundanknüpfung ausgeht; *Staudinger-v. Hoffmann,* a.a.O., Art. 40, Rdnr. 317 f. (zum Recht des unlauteren Wettbewerbs) mit weiteren Nachweisen, aber streitig. A. A. konsequenterweise insbesondere *Friedrich,* a.a.O., S. 174 ff.

[210] Ob und in welchem Umfang vermögenswerte Positionen des Persönlichkeitsrechts geschützt werden, entscheidet jeder Staat für seinen Bereich, h. M. zu Immaterialgüterrechten, *Staudinger-v. Hoffmann,* Art. 40, Rdnr. 392, *Sack,* WRP 2000, 284 jeweils mit weiteren Nachweisen. Auch insoweit a. A. *Friedrich,* a.a.O., S. 180 f.

[211] *Staudinger-v. Hoffmann,* Art. 40, Rdnr. 392.

[212] Zum Eu-VO-E s. näher Rz. 94 ff.

[213] S. Überblick über den Meinungsstand bei *Friedrich,* a.a.O., S. 112 ff. und *Staudinger-v. Hoffmann,* Art. 40, Rdnr. 54. Personalstatut ist das Heimatrecht (Staatsangehörigkeit bzw. Sitz bei jur. Personen) des Verletzten.

[214] OLG Hamburg, UFITA 1971, 322; OLG Köln, OLGZ 1973, 330. *Staudinger-v. Hoffmann,* a.a.O. A. A. *Palandt-Heldrich,* Art. 40, Rdnr. 14.

[215] Soll ein Spieler aus einem afrikanischen Staat (ohne Schutz vermögenswerter Interessen seiner Persönlichkeit), der eine große Karriere in Deutschland macht, wirklich sich hier nicht vermarkten können? Art. 1 GG würde nur den ideellen Schutz sichern, BVerfGE 101, 361. – Natürlich ist die

Das Recht des Schutzlandes bestimmt zunächst, ob und in welchem Umfang das zu **63** vermarktende Recht überhaupt geschützt wird und in welchem Umfang die Vermarktung von Persönlichkeitsrechten geduldet oder ermöglicht wird. Insbesondere auch die Frage, ob eine Lizenz mit *dinglicher Wirkung* vergeben werden kann, muss sich nach dieser Rechtsordnung richten;[216] denn die dingliche Wirkung hat ja zur Folge, dass der Lizenznehmer eigene Ansprüche gegen einen Verletzer hat; und dies zu entscheiden, ist Sache der Rechtsordnung, in deren Bereich das Recht verletzt wurde, also das Schutzlandrecht. Schließlich bestimmt das Schutzlandrecht, welche Rechtsfolgen[217] sich aus einer Verletzung ergeben.

Auch für Bereicherungsansprüche und Ansprüche aus unberechtigter Geschäftsführung ist aus den selben Gründen das Schutzlandrecht heranzuziehen,[218] ebenso für Ansprüche aus unlauterem Wettbewerb.[219] Dadurch wird gewährleistet, dass deliktische und Bereicherungsansprüche einheitlich nach derselben Rechtsordnung zu entscheiden sind und daher Wertungswidersprüche vermieden werden.

Die Frage, ob dem Sportler der Name überhaupt zusteht, richtet sich allerdings nach **64** seinem Personalstatut, also nach seinem Heimatrecht (Art. 10 Abs. 1 EGBGB).[220] Wird aber ein ausländischer Sportler in Deutschland nur unter seinem „verballhornten" Namen oder unter seinem „Künstlernamen" bekannt, so ist dies hinzunehmen; dieses vermögensrechtliche Element ist als solches am Marktort (hier Deutschland) nach Marktortrecht zu schützen;[221] hier hat er seine sportliche Aktivität entfaltet, durch die er diese vermögenswerte Position geschaffen hat.

Als Ergebnis ist festzuhalten: Ob eine vermarktbare vermögensrechtliche Position des **65** Persönlichkeitsrechts besteht, in welchem Umfang sie geschützt wird, sowie die Übertragbarkeit richten sich nach der Rechtsordnung am Vermarktungsort (streitig); soll eine Vermarktung in verschiedenen Ländern durchgeführt werden, so ist jeweils deren Rechtsordnung heranzuziehen.

b) Statut des Vermarktungsvertrages.[222] Die auf den Vermarktungsvertrag anzuwen- **66** dende Rechtsordnung kann von den Parteien beim Vertragsschluss, aber auch später und sogar noch im Prozess – auch konkludent – vereinbart werden.[223] Als Alternative zum Recht am (Wohn)Sitz des Gesponserten oder des Sponsors ist auch die Vereinbarung der Rechtsordnung des Landes, in dem die Werberechte vermarktet werden sollen, in Betracht zu ziehen; soll die Vermarktung aufgrund *eines* Vertrages in mehreren Staaten durchgeführt werden, so sollten aber keinesfalls die Rechtsordnungen mehrerer Staaten für anwendbar erklärt werden, was zu kaum überwindbaren Schwierigkeiten führen würde.[224]

Frage, ob einer Person ein *bestimmter Name* zusteht, nach ihrem Heimatrecht zu beurteilen, Art. 10 Abs. 1 EGBGB.

[216] Für das Urheberrecht und für andere Immaterialgüterrechte ist dies streitig, aber wohl h. M. S. Überblick bei *Hiestand*, Die Anknüpfung ... S. 104 ff.; *Staudinger-Magnus*, Art. 28, Rdnr. 605, 612; *MünchKomm-Drexl* Rdnr. 133 BGH, NJW 1998, 1395 (Spielbankaffaire, zum Filmurheberrecht), vgl. auch Art. 33 Abs. 2 EGBGB. Zu den Wirkungen einer dinglichen Lizenz s. 3/Rz. 83 ff.

[217] Unterlassungs- und Schadensersatzansprüche, ev. Bemessung nach der entgangenen Lizenzgebühr, Anspruch auf Vernichtung von Plagiaten usw.

[218] Art. 38 Abs. 2 EGBGB, Eingriffskondiktion. *Friedrich*, a.a.O., S. 126 f.; *Staudinger/v. Hoffmann/Fuchs*, a.a.O., Art. 38 Rdnr. 15; *Sack*, WRP 2000, 285 f. Dadurch wird der Gleichlauf von deliktischen und bereicherungsrechtlichen Ansprüchen gewährleistet.

[219] Für sie gilt nach h. M. ebenfalls das Marktortrecht, BGHZ 35, 239 (Kindersaugflasche) und mehrfach, *Staudinger-v. Hoffmann*, Art. 40, Rdnr. 303 mit weiteren Nachweisen.

[220] *Staudinger-v. Hoffmann*, Art. 40, Rdnr. 55.

[221] Für den Künstlernamen offenbar a. A. *Rauscher*, Internationales Privatrecht, S. 148, aber ohne Begründung.

[222] Zu Vermarktungs- oder Sponsoringverträgen s. Teil 3/Rz. 77 ff.

[223] S. dazu oben Rz. 27.

[224] Wird für jeden Vermarktungsstaat ein besonderer Vertrag geschlossen, so kann natürlich jeweils das Recht des Vermarktungsortes vereinbart werden.

67 Welche Rechtsordnung bei *Fehlen einer Rechtswahlklausel* gem. Art. 28 EGBGB auf einen Vermarktungsvertrag anzuwenden ist, hängt von der Vertragsgestaltung im Einzelnen ab und ist insgesamt streitig;[225] auch aus diesem Grunde ist eine Vereinbarung des anzuwendenden Rechts dringend zu empfehlen.

Soweit der Gesponserte dem Sponsor die Verwendung von Werberechten gestattet, gar noch weitere werbliche Dienstleistungen erbringt und dafür *nur Geld* erhält, erbringt der *Gesponserte* die charakteristische Leistung i. S. Art. 28 Abs. 2,[226] anwendbar ist dann das Recht, das an seinem Sitz (wenn juristische Person) oder gewöhnlichen Aufenthaltsort (bei Sportler)[227] gilt. Eine Mindermeinung will demgegenüber, wenn die Lizenz *nur für ein Land* erteilt wird, das Recht dieses Landes (des Schutzlandes) heranziehen,[228] was den Vorteil hätte, dass keine Wertungswidersprüche zwischen Vertragsstatut und Schutzlandrecht auftreten.

68 Wenn der Sponsor überwiegend Sach-, Werk- oder Dienstleistungen erbringt, oder wenn er eine Ausübungs*pflicht* übernimmt,[229] dann erbringen beide charakteristische Leistungen; besteht die Leistung des Gesponserten in einem solchen Fall nur in dem Verzicht auf die Geltendmachung seines Verbotsrechts hinsichtlich des Werberechts, ohne dass er weitere Leistungspflichten übernimmt, dann liegt der Schwerpunkt der Leistungen beim Sponsor, es kann daher gem. Art. 28 Abs. 5 das Recht am Sitz des Sponsors als maßgeblich heranzuziehen sein. Erbringen beide Parteien „charakteristische Leistungen" in erheblichem Umfang, so ist aus den gesamten Umständen zu entnehmen, zu welchem Staat der Vertrag die engste Verbindung aufweist (Art. 28 Abs. 1 Satz 1), in Betracht kommt dann vor allem auch das Schutzlandrecht, wenn die Rechte nur in einem Land vermarktet werden sollen und eine der Parteien dort ihren Sitz oder gewöhnlichen Aufenthalt hat.[230]

69 Fallen Vertragsstatut und Schutzlandstatut nach dem Ausgeführten nicht zusammen, so ist bei der Vertragsgestaltung zu beachten, dass sich der Schutz der Werberechte und die Frage ihrer (dinglichen) Übertragbarkeit nach dem Schutzlandrecht richten.[231]

4. Fernsehrechteverwertungsvertrag[232]

70 Vergibt ein Verband, Verein oder sonstiger Veranstalter *Senderechte* über eine Veranstaltung an eine Rechteagentur oder direkt an ein Fernsehunternehmen (Lizenznehmer) im Ausland, so ergeben sich ebenfalls kollisionsrechtliche Probleme hinsichtlich des Schutzes (a) und hinsichtlich des Vertrages (b).

---

[225] Vgl. dazu vor allem *Hiestand*, Die Anknüpfung internationaler Lizenzverträge (1993), *ders.* in Reithmann/Hiestand, a.a.O., Rdnr. 1270 ff.

[226] *Reithmann-Hiestand*, a.a.O., Rdnr. 1276; *MünchKomm-Martiny*, Art. 28, Rdnr. 387, jeweils mit weiteren Nachweisen. Vor allem vor Einführung des Art. 28 wurde teilweise auf das Recht des Schutzlandes abgestellt, was vor allem bei einer Lizenz für mehrere Länder zu Problemen führte.

[227] Bei einem ausländischen Sportler, der ständig bei einem deutschen Verein tätig ist und daher weitgehend in Deutschland wohnt, also regelmäßig das deutsche Recht. Anders kann es sein etwa bei einem Tennisprofi, der nur zu einzelnen Veranstaltungen nach Deutschland „eingeflogen" wird; hier ist der gewöhnliche Aufenthaltsort das Land, in dem er seinen Lebensmittelpunkt hat.

[228] *Stumpf/Gross*, a.a.O., Rdnr. 444 unter Verweis auf (meist ältere) Literatur.

[229] Hier wird teilweise unterschieden, ob die Ausübungspflicht nur zur Sicherstellung der Geldzahlungen des Sponsors dient oder zur Verbreitung der Bekanntheit des Sponsors, *Hiestand*, a.a.O.

[230] *MünchKomm-Martiny*, Art. 28, Rdnr. 387 mit weiteren Nachweisen.

[231] S. oben Rz. 54 ff. – Ist in dem Land der Vermarktung die Einräumung einer dinglichen Lizenz mit der Wirkung, dass der Lizenznehmer eigene Ansprüche gegen einen Rechtsverletzer hat, nicht möglich, dann muss im Vertrag geklärt werden, wie ein ev. erforderlicher Schutz durchzuführen ist.

[232] Soweit Hörfunkrechte vergeben werden (können), gilt das gleiche. Zum deutschen materiellen Recht s. 4/Rz. 118 ff. Zur schwierigen kollisionsrechtlichen Einordnung von Senderechten s. *Schack*, Urheber- und Urhebervertragsrecht, 2. Aufl., Rdnr. 930 ff.

(a) Zunächst ist zu prüfen, ob der Veranstalter faktisch oder rechtlich nach der Rechts- **71** ordnung des *Veranstaltungslandes* (Schutzlandrecht) ungenehmigte Filmaufnahmen seiner Veranstaltung verhindern kann.[233] Bei einer Vergabe von Senderechten in ein anderes Land ist weiterhin die Rechtslage im betreffenden Land hinsichtlich des Schutzes der Senderechte zu klären.[234] Vor allem wenn ein ausschließliches Nutzungsrecht vergeben wird, ist weiterhin zu klären, ob der Erwerber nach der dortigen Rechtsordnung gegebenenfalls selbst Abwehrrechte gegen Dritte geltend machen kann (dingliche Wirkung der Lizenz). Denn sollte es einen Staat geben, in dem Fernsehrechte an (Sport)Veranstaltungen (noch) nicht geschützt werden,[235] so wird eine entgeltliche Vergabe von Fernsehrechten in dieses Land kaum möglich sein. Vor allem hinsichtlich der Vergabe von so genannten Zweitverwertungsrechten kann das Problem entstehen. Hierzu bestehen internationale Verträge und Richtlinien der EU, die einen entsprechenden Schutz in den Vertragsstaaten, teilweise allerdings eingeschränkt, sichern.[236]

Weiterhin ist zu beachten, ob im Empfangsland bestimmte Werbeverbote[237] bestehen, die eine Ausstrahlung dort unzulässig machen. Wer von den beiden Vertragsparteien das Risiko hierfür trägt, richtet sich jedenfalls nach dem Vertragsstatut (unten Rz. 72 ff.) und ist in erster Linie eine Frage der Vertragsauslegung; zur Klarstellung empfiehlt sich eine entsprechende Vertragsklausel.

(b) Hinsichtlich des *auf den Vertrag anzuwendende Rechts* ist eine Vereinbarung zu empfeh- **72** len. Dabei ist neben der am Sitz des Lizenzgebers oder des Lizenznehmers geltenden Rechtsordnung auch die des Landes, in dem die Wettkämpfe stattfinden, oder in dem die Ausstrahlung[238] erfolgen soll, in Betracht zu ziehen (Schutzlandrecht).[239]

Mangels einer Rechtswahlklausel hängt es sehr von der Vertragsgestaltung ab, insbesondere **73** davon, wer die „vertragscharakteristische Leistung"[240] erbringt. Übernimmt der Lizenznehmer nur eine Geldzahlungspflicht, so erbringt der *Veranstalter* die charakteristische Leistung; es ist die an seinem Sitz geltende Rechtsordnung anzuwenden.[241] Finden die

---

[233] Bei Marathonläufen oder Volksläufen mag das zweifelhaft sein. S. zum ähnlich gelagerten Problem der Fernsehübertragung des Kölner Karnevalszuges *Hoeren*, NJW 1997, 376 ff.: Teilnehmer und Festkomitee hätten stillschweigend ihre Zustimmung zur Übertragung gegeben und könnten sie auch nicht durch ausdrückliche Erklärung aus der Welt schaffen.

[234] *V. Loewenheim/Castendyk*, Handbuch des Urheberrechts, § 79 Rdnr. 111. Besteht in dem betreffenden Land ein § 87 deutsches UrhG entsprechender Schutz oder kann dort nach einer Ausstrahlung im Ursprungsland das auf dort in irgendeiner Weise empfangene Signal von der Veranstaltung frei gesendet werden (Zweitverwertungsrechte)?

[235] Z. B. ein örtlicher Fernsehsender darf Signale, die er über Satellit empfängt, weiter senden. Zum Schutz nach deutschem Recht von Sendungen s. § 87, von Laufbildern § 95, sowie § 127 UrhG.

[236] Kommentierung der verschiedenen internationalen Abkommen usw. von *v. Loewenheim/Katzenberger*, a.a.O., § 57. Bei Ausstrahlung durch Sendeunternehmen mit Sitz in Staaten der EU oder des EWR s. § 127 UrhG und dazu *v. Loewenheim/Flechsig*, a.a.O., § 41 Rdnr. 71 ff.

[237] Z. B. für Alkohol (und Tabak) nach der französischen loi No 91-32 v. 10.1. 1991, JORF 12.1. 1991 S. 615, das gerade Fernsehübertragungen von Sportveranstaltungen aus dem Ausland betrifft; dieses Gesetz verstößt unter dem Gesichtspunkt des Gesundheitsschutzes nicht gegen europäisches Recht, EuGH, SpuRt 2004, 207 = EWS 2004, 411 und 413, dazu *Gundel*, ebenda, S. 398. Zum Einfluss von nationalen Verboten betr. Werbung über das Internet i.V. m. der e-commerce-Richtlinie der EU vgl. *Ohly*, GRURInt 2001, 901 ff. mit weiteren Nachweisen zum Streitstand.

[238] Falls das Senderecht für mehrere Länder vergeben werden soll, ist diese Anknüpfung indes unpraktikabel.

[239] S. dazu oben (a); wegen der Drittwirkungen liegt das Schutzlandrecht zwingend fest und kann nicht durch eine Parteivereinbarung abgeändert werden.

[240] Dazu allgemein oben Rz. 31.

[241] Der Veranstalter „gestattet" die Aufzeichnung und stellt die erforderlichen Räumlichkeiten zur Verfügung; erst recht ist dies der Fall, wenn er selbst auch das Signal anfertigt und liefert. Art. 28 Abs. 2 EGBGB, *Staudinger-Magnus* (2002), Art. 28 Rdnr. 616, *MünchKomm-Martiny*, Art. 28, Rz. 400.

Wettkämpfe in einem anderen Land statt, so kann auch das Recht des Veranstaltungsortes als Schwerpunktrecht herangezogen werden.[242]

Wenn das Fernsehunternehmen über die Geldzahlungspflicht hinaus weitere wesentliche Pflichten übernimmt, etwa eine *Aufnahme-* und *Sendeverpflichtung*; dann könnte im Einzelfall auch das Recht anzuwenden sein, das am Sitz der Fernsehanstalt gilt.[243] Erhält das Fernsehunternehmen sogar ein Entgelt für die Aufnahme und Ausstrahlung, so erbringt dieses Unternehmen die charakteristische Leistung gem. Art. 28 Abs. 2 EGBGB, die an seinem Sitz geltende Rechtsordnung ist anzuwenden.

74 Die gleichen Grundsätze gelten, wenn der erste Lizenznehmer, etwa eine Rechteagentur, die Aufnahme- und Senderechte an ein Fernsehunternehmen weitervergibt.

75 Anders liegt es, wenn Gegenstand des Vertrages die Herstellung der Signale (Filmmaterial) und ihre Übermittlung an eine Agentur oder direkt an ein Fernsehunternehmen ist.[244] Es handelt sich um eine Art Werk(Lieferungs-)Vertrag, die charakteristische Leistung besteht in der Herstellung und Lieferung, so dass das Recht am Sitz des Lieferers anzuwenden ist.[245]

Übernimmt jedoch die Agentur das Material mit der Verpflichtung dieses – möglichst weltweit – zu verbreiten und hängt davon auch die Höhe der Zahlungen ab, so kann je nach weiteren Umständen gem. Art. 28 Abs. 5 EGBGB auch das Recht am Sitz der Agentur anzuwenden sein.[246]

5. Franchisevertrag[247]

76 Franchiseverträge haben vor allem Bedeutung im Zusammenhang mit internationalen Wettkämpfen und sind mindestens genau so vielgestaltig wie Sponsoringverträge; auch hier empfiehlt sich daher dringend, dass die Parteien eine Rechtswahlklausel vereinbaren. An einem Beispiel soll die kollisionsrechtliche Problematik erörtert werden: Ein Internationaler Sportverband gründet eine internationale Profiliga aufgrund eines Franchisevertrages mit den teilnehmenden Vereinen aus verschiedenen Ländern; d. h. er veranstaltet und organisiert die Liga, verwertet die an ihr bestehenden Rechte (Fernsehrechte, Werberechte), erbringt den Teilnehmern Geldleistungen; aber auch die teilnehmenden Vereine erbringen Leistungen, indem sie die Übertragungsrechte aus ihrem Stadion an den Verband abtreten, an der Liga teilnehmen usw.

M. E. sprechen hier wiederum, wenn auch abgeschwächt, sport-typische Gründe für die Anwendung eines einheitlichen Rechts auf die Verträge zwischen dem Verband und den teilnehmenden Vereinen,[248] was dann nur die Rechtsordnung am Sitz des veranstaltenden Verbandes sein kann.[249] Für die Verträge über die Vergabe der Fernsehrechte oder

---

[242] Art. 28 Abs. 5 EGBGB, s. Literatur zur vorigen Fn., *Reithmann/Martiny/Joch*.

[243] So für ähnliche Fallgestaltungen *v. Hoffmann,* RabelsZ 40 (1976), 214; *Hausmann,* Festschrift für *Schwarz,* S. 56 Fn. 40; *Staudinger-Magnus,* Art. 28, Rdnr. 616, *MünchKomm-Martiny,* Art. 28, Rz. 401, 403. Letztlich hängt das davon ab, auf welches Land weitere Indizien des Vertrages hindeuten.

[244] Der Hersteller des Filmmaterials hat ein ausschließliches Vervielfältigungs- und Verbreitungs- und Veröffentlichungsrecht daran, § 94 UrhG. Vgl. dazu *v. Loewenheim/Schwarz/Reber/Castendyk,* a. a. O., § 75 Rdnr. 214 ff.

[245] *Reithmann/Martiny,* Internationales Vertragsrecht, Rdnr. 1316. Zum internationalen Werkvertrag s. *Staudinger-Magnus* (2002), Art. 28, Rdnr. 304, zum Werklieferungsvertrag Rdnr. 197; *MünchKomm-Martiny,* Art. 28, Rdnr. 145, 190.

[246] *Reithmann/Martiny,* a.a.O., Rdnr. 1840.

[247] S. zur Anknüpfung internationaler Franchiseverträge allgemein *MünchKomm-Martiny,* Art. 28, Rz. 229 f. mit weiteren Nachweisen.

[248] Für den Teil der Verträge, mit dem die Wettkampfregeln anerkannt werden, ist schon nach dem oben Rz. 39 ff. Gesagten das am Sitz des Verbandes geltende Recht anzuwenden.

[249] Auch *v. Bar,* Internationales Privatrecht, Bd. 2, Rz. 499 stellt auf den Franchisegeber als im Zentrum des ganzen Systems stehend ab. A. A. wohl *MünchKomm-Martiny,* Art. 28, Rz. 161, beide allerdings nicht zum hier erörterten Franchise.

Werberechte zwischen dem Verband und den Dritten[250] gilt hingegen das oben zu den betreffenden Verträgen Gesagte.

Für andere Arten von Franchiseverträgen außerhalb der Gesamtveranstaltung von Wettkämpfen spielt die Argumentation mit sport-typischen Gründen keine Rolle. 77

Erbringt hier eine Partei nur oder jedenfalls überwiegend Geldleistungen, so ist mangels einer Vereinbarung der anwendbaren Rechtsordnung das Recht am Sitz der anderen Partei, die dann die den Vertrag chakterisierende Leistung erbringt, anzuwenden.

Im Übrigen ist den gesamten Umständen des Vertrages zu entnehmen, zu welcher Rechtsordnung er die engste Verbindung aufweist.[251]

6. Wettverträge

Bei einem Wettvertrag zwischen einem Wettunternehmen und dem Spieler wird, wenn der Vertrag einen internationalen Bezug aufweist,[252] regelmäßig das anwendbare Recht vereinbart werden, und zwar das am Niederlassungsort des Unternehmens geltende. 78

Mangels einer Vereinbarung ist auf den Vertrag ebenfalls grundsätzlich das Recht am Niederlassungsort des Wettunternehmens anzuwenden, das die vertragscharakteristische Leistung erbringt.[253] Nach diesem Vertragsstatut richtet sich insbesondere, ob die Wettschuld einklagbar ist.[254]

7. Zuschauervertrag (Verkauf von Tickets)

Kollisionsrechtliche Probleme treten hier vor allem bei internationalen Wettbewerben wie Welt- oder Europameisterschaften auf, wenn Einlasskarten „über die Grenze" verkauft werden.[255] Dabei ist zu unterscheiden, ob es sich bei den Abnehmern um „Verbraucher" (Zuschauer) handelt oder um gewerbliche Abnehmer.[256] Eine *Rechtswahl* ist in jedem Fall grundsätzlich zulässig. 79

Beim Verkauf an „*Verbraucher*„ ist zwar auch eine Rechtswahl zulässig, es sind aber die Verbraucherschutzvorschriften in Art. 29 und 29a EGBGB zu beachten. Art. 29 EGBGB ist anzuwenden, wenn die Veranstaltung[257] in dem Land stattfindet, in dem der Verbraucher seinen gewöhnlichen Aufenthalt hat (Art. 29 Abs. 4 Ziff. 2)[258] *und* eine andere Rechtsordnung vereinbart wird.[259] Dann kann durch die Vereinbarung dieses anderen 80

---

[250] Fernsehanstalten (dazu oben Rz. 70), Agenturen (oben Rz. 75), Sponsoren (oben Rz. 53) usw.

[251] Vgl. die oben bei Rz. 31 aufgeführten Kriterien.

[252] Insbesondere wenn das Wettunternehmen die Wetten über die Grenzen anbietet. Zur europarechtlichen Zulässigkeit bei Genehmigung einer Behörde eines anderen EU-Mitgliedlandes s. LG München I, SpuRt 2004, 73.

[253] Aufstellen der Wettbedingungen, Ermittlung der Gewinner und Auszahlung der Gewinne. *MünchKomm-Martiny,* Art. 28, Rdnr. 384; *Soergel-v. Hoffmann,* Art. 28/29, Rdnr. 529.

[254] BGH, NJW 1988, 647. Bei im betr. Ausland nicht genehmigten Wetten kann über Art. 4 EGBGB auf § 762 BGB zurückgegriffen werden, zur Streitfrage s. *Soergel-v. Hoffmann,* a.a.O.

[255] Kauft ein Zuschauer sein Ticket unmittelbar am Ort der Wettkämpfe, dann handelt es sich, wenn auch der Veranstalter dort seinen Sitz hat, gar nicht um einen internationalen Sachverhalt, kollisionsrechtliche Probleme entstehen nicht. Nur wenn der Veranstalter, beispielsweise ein Internationaler Sportverband seinen Sitz in einem anderen Land hat, ist es ein internationaler Vertrag, es gelten dann die Ausführungen im Text.

[256] Agentur, die die Karten weiter verkauft oder auch Unternehmen, die sie als Prämien oder Geschenke für ihre Angestellten erwerben.

[257] Bei Sportveranstaltungen handelt es sich um „Dienstleistungen" i. S. Art. 29; der Begriff ist weit zu fassen, es fallen insbesondere auch Werkleistungen darunter, BGHZ 123, 380; *MünchKomm-Martiny,* Art. 29, Rdnr. 17 f.

[258] Art. 29 ist auch dann anzuwenden, wenn die Veranstaltung in einem anderen Staat als dem gewöhnlichen Aufenthaltsort des Zuschauers stattfindet, das Ticket aber zusammen mit einer Pauschalreise (Reise und Unterkunft) verkauft wird, Art. 29 Abs. 4 S. 2 EGBGB.

[259] Hauptfälle: Internationaler Sportverband oder sonstiger Veranstalter verkauft für eine Veran-

Rechts dem Zuschauer nicht der durch zwingende Vorschriften seines gewöhnlichen Aufenthaltsortes gewährte Schutz entzogen werden (Art. 29 Abs. 1 EGBGB),[260]
— wenn in diesem Staat für die Veranstaltung geworben wurde (Ziff. 1) oder
— wenn der Verbraucher sein Angebot dort abgegeben hat oder der Veranstalter bzw. sein Vertreter es dort angenommen hat (Ziff. 2).

Soweit es sich um einen Verbraucher mit gewöhnlichem Aufenthaltsort in Deutschland handelt, sind in diesen Fällen vor allem die §§ 305 ff. BGB (betreffend AGB), gegebenenfalls auch § 312 BGB (Haustürgeschäfte) und § 312 b (Fernabsatzverträge) anzuwenden, im Übrigen gilt das vereinbarte Recht.[261]

81 Art. 29 a EGBGB ist — soweit hier interessierend — dann zu beachten, wenn ein Internationaler Verband oder sonstiger Veranstalter aus einem Staat außerhalb der EU und des Europäischen Wirtschaftsraumes (EWR) Tickets europäischen Interessenten anbietet und dabei ein anderes Recht als das eines dieser Staaten vereinbart. Findet die Veranstaltung in einem dieser Staaten statt, so sind die dortigen Gesetze zur Umsetzung von Verbraucherschutzrichtlinien der EU[262] — im Übrigen aber das vereinbarte Recht — anzuwenden.

Findet die Veranstaltung in einem anderem Staat als einem Mitglied der EU bzw. des EWR statt, so gilt das Gleiche, wenn für die Veranstaltung in den EU- bzw. EWR-Staaten geworben wurde oder wenn der Zuschauer bei Abgabe seiner Vertragserklärung seinen gewöhnlichen Aufenthalt in einem EU- oder EWR-Staat hatte.

Liegt *keine Rechtswahl* vor, so ist, wenn das Ticket an einen Verbraucher unter den in Art. 29 Abs. 1 (1) oder (2) genannten Umständen verkauft wird, gem. § 29 Abs. 3 EGBGB das Recht anzuwenden, in dem der Verbraucher seinen gewöhnlichen Aufenthalt hat.

82 Liegen diese Umstände nicht vor,[263] so ist die anzuwendende Rechtsordnung gem. Art. 28 EGBGB zu bestimmen. Der Vertrag zwischen einem Veranstalter und dem Zuschauer ist als typengemischter Vertrag mit Elementen vor allem des Werk-, aber auch des Miet- und evtl. des Dienstvertrages anzusehen.[264] Die charakteristische Leistung erbringt der Veranstalter; grundsätzlich ist daher das Recht an seinem Sitz anzuwenden (Art. 28 Abs. 2 EGBGB).[265] Findet jedoch die Veranstaltung in einem anderen als dem Sitzland statt, so ist, wenn noch weitere Indizien dafür sprechen, insbesondere das Ticket auch dort gekauft wird, das Recht am Veranstaltungsort (Art. 28 Abs. 5 EGBGB) anzuwenden.

83 Beim Verkauf von Eintrittskarten an einen *gewerblichen Abnehmer*[266] ist eine auch stillschweigende Rechtswahl ohne Einschränkungen zulässig. Fehlt es an einer Rechtswahl, so gilt das oben Gesagte.

Verkauft jedoch die Agentur die Tickets im Namen und auf Rechnung des Veranstalters, dann liegt eine Geschäftsbesorgungsvertrag vor, die Agentur erbringt die charakte-

---

staltung in Deutschland Tickets auch an Deutsche und vereinbart ein anderes als das deutsche Recht; Verband oder Veranstalter aus Deutschland verkauft für eine Veranstaltung im Ausland an dort Wohnende Tickets und vereinbart deutsches Recht.

[260] Ist die vereinbarte Rechtsordnung für den Verbraucher günstiger, dann sind diese Vorschriften anzuwenden, *Staudinger-Magnus*, Art. 29, Rdnr. 100 mit weiteren Nachweisen (sogen. Günstigkeitsprinzip).

[261] Bei einem Verbraucher mit gewöhnlichem Aufenthalt in einem anderen Staat sind die dortigen Verbraucherschutzvorschriften zu berücksichtigen.

[262] Hier vor allem: RL 93/13/EWG v. 5.4.1993 (Missbräuchliche Klauseln), RL 97/7/RG v. 20.5.1997 (Fernabsatz).

[263] Hauptfall: Der Zuschauer kauft sein Ticket am ausländischen Veranstaltungsort.

[264] S. 3/Rz. 158.

[265] *Staudinger-Magnus* (2002), Art. 28, Rdnr. 304, *MünchKomm-Martiny*, Art. 28, Rdnr. 190, beide zum allgemeinen Werkvertrag.

[266] Wenn dieser sie weiter verkauft an einen „Verbraucher", so gilt für den Weiterverkauf das oben Rz. 79 ff. Gesagte.

ristische Leistung, es ist daher auf den Vertrag zwischen dem Veranstalter und der Agentur das Recht an ihrem Sitz anzuwenden, wenn nicht eine besonders enge Beziehung des Vertrages zu einem anderen Staat vorliegt.[267] Für die von der Agentur vermittelten Verträge mit den Zuschauern verbleibt es bei dem oben Gesagten.

8. Ausrüstungsvertrag[268]

Auch hier ist ohne Einschränkung die *Vereinbarung des* anzuwendenden Rechts möglich und zu empfehlen. **84**

Mangels einer Rechtswahl ist grundsätzlich die am Sitz des Ausrüsters geltende Rechtsordnung anzuwenden, da er mit der Lieferung der Ausrüstungsgegenstände die charakteristische Leistung erbringt (Art. 28 Abs. 2 EGBGB).

Soweit der Auszurüstende (Verband, Verein, Sportler) eine *Verwendungspflicht* übernimmt und darüber hinaus auch noch dem Ausrüster Werberechte einräumt, erbringt auch er eine charakteristische Leistung; die Anknüpfung gem. Art. 28 Abs. 2 EGBGB läuft ins Leere. Vor allem wenn die Verwendungspflichten sehr detailliert geregelt sind und noch weitere Dienstleistungspflichten des Gesponserten bestehen, dürfte die engste Beziehung zum Recht am Wohnsitz bzw. Sitz des Gesponserten bestehen, dieses Recht ist anzuwenden (Art. 28 Abs. 5 EGBGB). Doch hängt hier vieles von den gesamten weiteren Umständen ab.

9. Agenturvertrag

Beim Agenturvertrag übernimmt die Agentur die Vermarktung der Werberechte für den Gesponserten und erhält dafür ein Entgelt.[269] Die Agentur hat daher die den Vertrag charakterisierende Leistung zu erbringen, das am Sitz ihrer Hauptniederlassung oder der Niederlassung, die die Vermarktung nach dem Vertrag durchzuführen hat, geltende Recht ist auf den Vertrag zwischen Agentur und Gesponserten anzuwenden,[270] falls keine Rechtswahl vorliegt. **85**

Das auf die von der Agentur vermittelten Verträge zwischen Sponsoren und dem Gesponserten (Vermarktungsverträge) bestimmt sich hingegen nach dem oben Rz. 53 ff. Gesagten.

C. Das auf Delikte anzuwendende Recht (Deliktsstatut)

Internationalprivatrechtliche Probleme entstehen beispielsweise, wenn ein deutscher Skifahrer im Ausland einen Unfall verursacht, wenn ein internationaler Sportverband einen deutschen Verein oder Sportler sperrt, wenn ein Verband oder ein Sportler durch Presseveröffentlichungen diffamiert wird, oder wenn ein Sportler durch fehlerhaftes Sportmaterial verletzt wird und der Verletzte den Skifahrer, der Gesperrte den internationalen Sportverband, der Diffamierte das Presseorgan vor einem deutschen Gericht verklagt. **86**

---

[267] Art. 28 Abs. 5 EGBGB, z. B. wenn die Agentur die Tickets nur in *einem* anderen Land vertreiben soll.
[268] Zum Ausrüstungsvertrag s. oben 3/Rz. 117.
[269] S. dazu näher 3/Rz. 129 ff.
[270] Art. 28 Abs. 2 S. 1 und 2 EGBGB. Da wir oben den Agenturvertrag qualifiziert haben als Vertrag mit Elementen des Handelsvertreter- und Maklervertrages kann auch die international-privatrechtliche Literatur hierzu herangezogen werden, die ebenfalls auf den Sitz des Handelsvertreters/ Maklers abstellt, *Staudinger-Magnus*, a.a.O., Art. 28, Rdnr. 264 und 280 f.

I. Allgemeine Grundregeln

1. Das deutsche autonome Kollisionsrecht

87 Im Zuge der Reform des Internationalen Privatrechts ist am 1.6. 1999 das Gesetz zum Internationalen Privatrecht für *außervertragliche Schuldverhältnisse* und für Sachen in Kraft getreten; hiermit wurde auch das *Internationale Deliktsrecht* in Art. 40 EGBGB geregelt; Art. 41 und 42 EGBGB gelten allgemein für alle „außervertraglichen Schuldverhältnisse". Allerdings plant die EU-Kommission eine VO zum internationalen Deliktsrecht, die bei In-Kraft-Treten die Art. 40ff. EGBGB ersetzen würde.[271]

Mit dem Gesetz wurde teilweise die vorhergehende, auf Rechtsprechung und Wissenschaft beruhende Rechtslage kodifiziert, so dass ältere Gerichtsentscheidungen und Literatur (mit gewisser Vorsicht) noch herangezogen werden können.

Das neue Gesetz bleibt bei allgemeinen Regeln und enthält keine Sondervorschriften etwa für Verkehrsunfälle oder Persönlichkeitsrechtsverletzungen. Die Tatortregel als Grundsatz und die sogen. Ausweichklausel in Art. 41 gewährleisten nach Ansicht des Gesetzgebers ein hohes Maß an Flexibilität.[272]

Ob ein Geschehen als unerlaubte Handlung zu qualifizieren ist, richtet sich nach der deutschen lex fori;[273] der Begriff unerlaubte Handlung umfasst die gesamte außervertragliche Schadenshaftung einschließlich der Gefährdungshaftung.[274]

88 Das Gesetz hat eine Hierarchie von Anknüpfungspunkten vorgesehen. Um die hierarchische Rangfolge der einzelnen Bestimmungen richtig zu erfassen, liest man also das Gesetz am besten „von hinten", beginnend mit Art. 42 EGBGB.

In erster Linie ist die Rechtsordnung anzuwenden, die die beiden Parteien *nach* dem Schadensereignis *vereinbaren* (Art. 42).

Im Übrigen geht das Gesetz von der weltweit anerkannten *Tatortregel* aus; Tatort ist sowohl der, an dem die schadensstiftende Handlung *(Handlungsort)* vorgenommen wurde, als auch der *Erfolgsort*, an die Verletzung eingetreten ist:

89 **a) Handlungsort.** Grundsätzlich ist auf eine unerlaubte Handlung das Recht des Landes anzuwenden, in dem der Ersatzpflichtige *gehandelt* oder eine pflichtgemäße Handlung unterlassen hat (Art. 40 Abs. 1 Satz 1 EGBGB). Vorbereitungshandlungen, etwa Beratungen über eine zu verhängende Sperre oder Verfassen eines beleidigenden Presseartikels, zählen nicht dazu.

90 **b) Verletzungsort.** Liegt der Ort, an dem das geschützte Rechtsgut *verletzt* worden ist, in einem anderen Staat als dem Handlungsort (sogen. Distanzdelikt),[275] so kann der *Verletzte* statt des Rechts am Handlungsort die Anwendung des Rechts an diesem *Erfolgsort* wählen.[276] Wo letztlich der Vermögensschaden eintritt, etwa die Kosten der Heilbehandlung entstehen, ist hingegen irrelevant.

---

[271] Zu dieser VO s. unten Rz. 94 f.

[272] Der Bundesrat hatte noch eine Sonderregelung für die Produkthaftung angeregt, BT-Drucksache 14/343 S. 20.

[273] *Staudinger-v. Hoffmann,* Vor Art. 40, Rdnr. 1.

[274] Gesetzesbegründung BT-Drucksache 14/34 S. 11.

[275] Bei einer Sperre, die von einem internationalen Sportverband gegen einen nationalen Verband, gegen einen Sportverein oder einen Sportler ausgesprochen wird, liegt der Handlungsort dort, wo der die Sperre aussprechende Verband seinen Sitz hat; der Erfolgsort liegt hingegen in dem Land, in dem der Gesperrte seine sportliche Aktivität entfaltet (z. B. ein Belgier wohnt in Belgien, spielt aber bei einem deutschen Verein) oder seinen Wohnsitz hat. – Der Wettkampfort, an dem der Sportler gegebenenfalls das der Sperre begründende Vergehen begangen hat, ist für die Bestimmung des Tatorts (Tat des Verbandes!) unerheblich.

[276] Art. 40 Abs. 1 S. 2, allerdings muss die Wahl in der ersten Instanz und dann auch im ersten frühen Termin getroffen werden.

c) Sonderregeln. Neben dieser allgemeinen Regel hat der Gesetzgeber Sonderregeln 91 vorgesehen, die gegebenenfalls den allgemeinen vorgehen:

Haben der Ersatzpflichtige und der Verletzte ihren gewöhnlichen Aufenthalt oder – bei juristischen Personen – ihre Hauptverwaltung in demselben Staat, dann ist statt des Tatortrechtes das Recht am gemeinsamen Aufenthalt/Sitzland anzuwenden.[277]

Besteht zu dem Recht eines anderen Staates eine *wesentlich engere Verbindung*, dann ist dieses Recht anstelle der vorgenannten anzuwenden (sogen. *Ausweichklausel*, Art. 41). Eine wesentlich engere Verbindung kann sich *insbesondere* ergeben, wenn zwischen den Parteien ein Sonderrechtsverhältnis (z. B. Vertragsverhältnis) besteht und das Schadensereignis mit dem Sonderrechtsverhältnis in einem sachlichen Zusammenhang steht.[278] Es ist dann auf die deliktischen Ansprüche die für den Vertrag maßgebende Rechtsordnung anzuwenden.[279] Ereignet sich beispielsweise ein Unfall im Zusammenhang mit einem Vertrag (z. B. Skischulvertrag), dann kann das für die vertraglichen Ansprüche geltende Recht (Vertragsstatut) auch auf die deliktischen Ansprüche angewendet werden. Besteht bei einer Sperre eines Verbandes, Vereines oder Sportlers durch einen Internationalen Verband, zwischen diesem und dem Gesperrten ein Mitgliedschafts- oder Vertragsverhältnis, so ist ebenfalls die auf das Mitgliedschafts- oder Vertragsverhältnis anzuwendende Rechtsordnung maßgebend.[280]

Schließlich können die Parteien nach dem Schadensereignis auch vereinbaren, welches Recht anzuwenden ist (Art. 42).

Ist nach dem Gesagten eine andere Rechtsordnung als die des Tatortes anzuwenden, 92 so sind bei der Ermittlung des verkehrsrichtigen Verhaltens die Sicherheits- und Verhaltensvorschriften am Tatort heranzuziehen (sogen. local data), insbesondere die FIS-Regeln und besondere Wettkampfregeln.[281]

d) Umfang des Deliktsstatuts. Das Deliktsstatut bestimmt sowohl die Voraussetzungen 93 der Haftung[282] wie auch die Folgen.[283]

Gewährt das ausländische Recht, das nach den oben genannten Vorschriften anzuwenden ist, jedoch zu weitgehende Ansprüche, so sind sie von einem deutschen Gericht gem. Art. 40 Abs. 3 zu begrenzen.[284] Diese Vorschrift richtet sich insbesondere gegen Rechtsordnungen, die einen mehrfachen Schadensersatz vorsehen oder damit Strafzwecke verfolgen.[285]

Eine gewisse Erweiterung gegenüber dem früheren Rechtszustand bringt Art. 40 Abs. 4, wonach Ansprüche unmittelbar gegen die Versicherung des Schädigers geltend gemacht werden können, wenn das Recht, das auf die unerlaubte Handlung oder *auf den Versicherungsvertrag* anzuwenden ist, dies vorsieht.[286]

---

[277] Art. 40 Abs. 2. Die RechtsanwendungsVO 1941, die aufgehoben wurde, sah dies nur für deutsche Staatsangehörige vor, der BGH hatte diesen Grundsatz aber ausgedehnt.
[278] *Staudinger-v. Hoffmann,* Art. 41, Rdnr. 10 ff. Sogen. akzessorische Anknüpfung.
[279] S. zum Vertragsstatut oben Rz. 25 ff.
[280] Zum Verbandsstatut s. oben Rz. 12 ff.
[281] OLG Hamm, NJW-RR 2001, 1537 (Skiunfall zweier Deutscher in Italien). Und zwar in der Auslegung durch die Gerichte des Unfallstaates. *Palandt-Heldrich,* Art. 40, Rdnr. 8; *Staudinger-v. Hoffmann,* Art. 40, Rdnr. 176. Zu den FIS-Regeln s. oben, zu Wettsegelbestimmungen OLG Hamburg, OLG-Rep. 1999, 230.
[282] Deliktsfähigkeit, Kausalität, Rechtswidrigkeit, Verschulden, Haftung für Gehilfen, *Palandt-Heldrich,* Art. 40, EGBGB Rdnr. 16 f.; *Staudinger-v. Hoffmann,* Vor Art. 40, Rdnr. 23 ff.
[283] Höhe des Schadens, Unterlassungs- und Beseitigungsansprüche, immaterieller Schaden, Übertragbarkeit der Ansprüche, *Staudinger-v. Hoffmann,* Vor Art. 40, Rdnr. 34 ff.
[284] Diese Vorschrift ersetzt den früheren Art. 38, der einen noch weitergehenden Schutz nur für *deutsche* Staatsangehörige (privilegium germanicum) vorsah, dessen Gültigkeit aber zumindest im Rahmen der EU sehr zweifelhaft war.
[285] Z. B. triple damages oder punitive damages nach US-amerikanischem Recht.
[286] Nach der Rspr. war dies bislang nur möglich, wenn das Deliktsstatut dies vorsah, BGH, NJW 1989, 3095.

2. Die geplante EU-VO

94 Die EU-Kommission plant eine Verordnung über das auf außervertragliche Schuldverhältnisse anzuwendende Recht, die die Art. 38 ff. EGBGB ersetzen wird; sie sollte am 1.1. 2005 in Kraft treten, der vorgelegte Entwurf stieß jedoch auf Widerstand.[287] Wann und mit welchem genauen Inhalt sie in Kraft treten wird, lässt sich derzeit nicht genau abschätzen.

Die VO regelt außervertragliche Schuldverhältnisse[288] im Gegensatz zu vertraglichen, die weiterhin den Bestimmungen der Art. 27 bis 37 EGBGB unterliegen.[289] Die Frage, was ein außervertragliches Schuldverhältnis ist, muss autonom beantwortet werden, unterliegt also letztlich der Entscheidung durch den EuGH.[290] Nach der bisherigen Rechtsprechung des EuGH ist von einem vertraglichen Schuldverhältnis auszugehen, wenn eine Partei freiwillig eine Verpflichtung eingegangen ist.[291] Soweit hier interessierend ist vor allem die Abgrenzung bei Fällen der culpa und contrahendo und positiver Vertragsverletzung problematisch.[292] Deliktsrechtlich dürfte danach ein Fall einzuordnen sein, bei dem die zugrunde liegende Pflichtverletzung nicht auf den Vertragsgegenstand bezogen ist, also wenn eine allgemeine Pflicht verletzt wurde und nicht eine, die sich allein aufgrund des Vertrages ergibt.

Der VO-E enthält eine ausführliche Regelung des internationalen Deliktsrechts, aber auch einige Bestimmungen zum internationalen Bereicherungsrecht und zum Recht der unberechtigten Geschäftsführung. Die VO soll in allen Mitgliedsstaaten der EU mit Ausnahme von Dänemark gelten.[293] Sie ist auch dann anzuwenden, wenn sie auf das Recht eines Drittstaates verweist (Art. 2).

Neben einigen allgemeinen Regeln zum internationalen Deliktsrecht enthält der VO-E einige spezielle für besondere Delikte.

95 **a) Grundregeln.** Nach Art. 5 Abs. 1 des EU-VO-E ist das Recht anzuwenden, in dem der (primäre[294]) Schaden eingetreten ist oder einzutreten droht, also das Recht des Verletzungsortes,[295] auch bei einem sogen. Distanzdelikt, bei dem der Verantwortliche in einem anderen Land als dem des Verletzungsortes gehandelt hat.[296]

Haben die beiden Parteien jedoch ihren gewöhnlichen Aufenthalt im selben Staat, so ist stattdessen dessen Recht anzuwenden (Art. 5 Abs. 2); bei Gesellschaften, Vereinen und

---

[287] Vor allem auf Seiten der Medien wegen des Regelung betreffend den Schutz des Persönlichkeitsrechtes.

[288] Da nur zivil- und handelsrechtliche Schuldverhältnisse von der VO geregelt werden, fällt die Staatshaftung für hoheitliches Handeln nicht darunter.

[289] Diese beruhen ihrerseits auf dem EVÜ; allerdings plant die EU-Kommission auch hierfür eine VO, die sogen. Rom I-VO.

[290] *V. Hein,* ZVglRWiss 2003, 528, 541; *Leible/Engel,* EuZW 2004, 8.

[291] Zuletzt EuGH, Slg. 2002, I-7357 = NJW 2002, 3150 zu der gleichen Problematik bei Art. 5 Nr. 1 und 3 EuGVO.

[292] S. dazu oben Rz. 35. Vor allem die hier eher interessierenden Schutzpflichtverletzungen sind wohl deliktsrechtlich einzuordnen, *v. Hein,* a.a.O., S. 541.

[293] Art. 1 Abs. 3 VO; vgl. Art. 69 EGV i.V. m. dem Protokoll über die Position Dänemarks. Das Vereinigte Königreich und Irland werden wohl die VO übernehmen.

[294] Wo die schädigende Handlung vorgenommen wurde (Handlungsort) und wo Folgeschäden eintreten, ist unerheblich. Nach deutschem Recht ist nach dem Ubiquitätsprinzip das Recht des Handlungsortes oder aufgrund einer Wahl des Geschädigten auch das Recht des Verletzungsortes anwendbar.

[295] Trotz des nicht ganz eindeutigen Wortlauts wohl einhellige Meinung, Begründung der Kommission, KOM (2003) 427 endg., *Benecke,* RIW 2003, 830, 833; *Leible/Engel,* EuZW 2004, 7, 10, *v. Hein,* a.a.O., S. 542 f.

[296] Für die typischen Fälle (Produkthaftung, Wettbewerbsverstöße, Pressedelikte) hat die VO indes Sonderregeln vorgesehen, s. dazu unten.

juristischen Personen ist auf die Hauptniederlassung abzustellen oder auf die Zweigniederlassung, wenn das schädigende Ereignis oder der Schaden anlässlich ihres Betriebes eingetreten ist.[297]

Beiden Rechtsordnungen geht aber das Recht des Staates vor, zu dem die Gesamtheit der Umstände eine „offensichtlich engere Verbindung aufweist"; dies ist insbesondere der Fall, wenn zwischen den Parteien ein Rechtsverhältnis, beispielsweise Vertrag besteht, der mit dem Delikt in enger Verbindung steht (Art. 5 Abs. 3).

Grundsätzlich[298] können die Parteien nach dem Schadensfall das anzuwendende Recht vereinbaren; die Vereinbarung muss ausdrücklich erfolgen oder sich mit hinreichender Sicherheit aus den Umständen des Falles ergeben;[299] Rechte Dritter, insbesondere einer Versicherung, bleiben von der Vereinbarung unberührt; wenn alle anderen Sachverhaltselemente des Schadensfalles in einem anderen Staat liegen, bleiben dessen zwingende Normen jedoch anwendbar (Art. 4 Abs. 4); eine ähnliche Einschränkung gilt, wenn alle anderen Sachverhaltselemente im Bereich von EU-Staaten liegen und das Recht eines Drittstaates vereinbart wird; auch hiervon bleiben die Bestimmungen des EU-Rechts unberührt (Art. 4 Abs. 3). Auch sonst können zwingende Bestimmungen der lex fori oder sogar einer anderen als der nach den Grundregeln anwendbaren Rechtsordnung Wirkung verliehen werden (Art. 13 VO-E). An mehreren Stellen finden sich ordre-public-Vorbehalte.[300]

Die Verweisungen sind Sachnormverweisungen, d. h. es ist endgültig die benannte Rechtsordnung anzuwenden, eine Rück- oder Weiterverweisung (renvoi) dieser Rechtsordnung nicht zu beachten (Art. 21 VO-E).

Selbstverständlich sind Sicherheits- und Verhaltensregeln am Verletzungsort (sogen. local data) zu berücksichtigen, selbst wenn im Übrigen eine andere Rechtsordnung maßgebend ist (Art. 14); bei einem Skiunfall also die dort geltenden besonderen Skilaufregeln.[301]

Wird auf einen Staat verwiesen, in dem mehrere (Zivilrechts)Ordnungen gelten (vor allem USA und Kanada), so gilt die Verweisung auf die jeweilige Gebietseinheit.[302]

b) Umfang des Deliktsstatuts. Die anzuwendende Rechtsordnung, das Deliktsstatut, **96** ist vor allem maßgebend für die Voraussetzungen der Haftung und für evtl. Ausschlussgründe, für die Schadensbemessung, soweit sie nach Rechtsnormen erfolgt;[303] auch die Übertragbarkeit des Schadensersatzanspruches, die Frage, welche Personen (Angehörige) ihren Schaden geltend machen können, die Haftung für Dritte, sowie Verjährung und das Erlöschen von Ansprüchen richten sich nach dem Deliktsstatut (Art. 11 EU-VO-E); ebenso die Beweislast (Art. 17).

---

[297] Art. 20 Abs. 1. Entsprechend ist bei einem Zusammenhang mit der beruflichen Tätigkeit auf den Ort der beruflichen Niederlassung abzustellen. Für Fernsehveranstalter gilt dessen Niederlassungsort gem. EU-RL 89/552, 97/36.
[298] Ausnahme bei der Verletzung geistigen Eigentums, s. dazu oben Rz. 61.
[299] Art. 4 Abs. 1; üben die Parteien eine gewerbliche Tätigkeit aus, kann die Rechtswahl auch vorher erfolgen, Art. 4 Abs. 2.
[300] Art. 22 (allgemeiner op), Art. 24 (vor allem gegen US-amerikanische punitive damages gerichtet), Art. 23 (Vorbehalt bestimmten Gemeinschaftsrechts).
[301] S. oben Rz. 92. Z. B. die FIS-Regeln, und zwar gegebenenfalls in der Auslegung durch die Gerichte des Unfall-Staates, *Staudinger-v. Hoffmann*, Art. 40, Rdnr. 176. Ein Beispiel differierender Auslegung s. einerseits *Heermann-Götze*, NJW 2003, 3253, andererseits *Pichler*, NJW 2004, 643.
[302] Also bei einem Skiunfall in Colorado (USA) ist das Recht von Colorado anzuwenden.
[303] Die freie Schadensermittlung gem. § 287 ZPO bleibt einem deutschen Gericht daher möglich, wenn das anzuwendende ausländische Recht keine spezielle Norm enthält.

II. Einzelne sport-typische Delikte

Hierbei wird im Folgenden nur die Grundregel erörtert nicht jedoch die Sonderregeln bei gemeinsamem Aufenthalt der Parteien, bei einer offensichtlich engeren Verbindung zu einem anderen Staat und die Möglichkeit einer nachträglichen Parteivereinbarung,[304] die keine sport-typischen Besonderheiten aufweisen.

97 **a)** *Sportunfälle*: Auf einen Sportunfall ist nach der Regelung in Art. 40 f. EGBGB das Recht am Unfallort anzuwenden, wo in der Regel sowohl die schädigende Handlung vorgenommen als auch die Verletzung eingetreten ist.[305] Haben jedoch – was vor allem im Skisport nicht selten sein dürfte – Verletzer und Verletzter ihren gemeinsamen gewöhnlichen Aufenthalt in einem anderen Staat, dann ist das Recht dieses Staates anzuwenden.[306]

Entsprechendes gilt nach dem EU-VO-E.

98 **b)** Bei einem Schaden aufgrund eines *fehlerhaften Sportmaterials*[307] ist gem. Art. 40 EGBGB das Recht am Handlungsort anzuwenden; Handlungsort ist der Ort, an dem das Sportgerät hergestellt oder die maßgeblichen Entscheidungen des Herstellers getroffen worden sind;[308] Erfolgsort, dessen Recht aufgrund einer Wahl des Verletzten anzuwenden ist, ist der Ort, an dem die Verletzung eingetreten ist.

Nach *Art. 6 EU-VO-E* hingegen ist bei einem Produkthaftungsfall das Recht am gewöhnlichen Aufenthalt des Geschädigten anzuwenden, es sei denn, der in Anspruch Genommene weist nach, dass das Produkt ohne seine Zustimmung in dieses Land verbracht worden ist; dann ist das Recht im Staat des gewöhnlichen Aufenthalts des in Anspruch Genommen anzuwenden.

98a **c)** Schwieriger sind Handlungs- und Erfolgsort nach *Art. 40 EGBGB* bei der Verletzung von Persönlichkeitsrechten festzulegen.[309]

99 (aa) Bei einer rufschädigenden Äußerung ist *Handlungsort* der Ort, an dem die Äußerung an die Öffentlichkeit gedrungen ist, bei einem Pressedelikt am Verlagssitz, wo in der Regel auch das Blatt erschienen ist.[310]

Erfolgsort ist der gewöhnliche Aufenthalt des Betroffenen;[311] das Recht am Erfolgsort kann der Geschädigte als anwendbar wählen. Teilweise wird auch vertreten, dass bei international sehr bekannten Persönlichkeiten und Institutionen Erfolgsorte alle die Orte

---

[304] Hierzu oben Rz. 91.

[305] Allenfalls beim Lehrbuchfall des Sportschützens, der über die Grenze schießt und dort eine Person verletzt, fallen Handlungs- und Verletzungsort auseinander: Es ist das Recht am Standort des Schützen anzuwenden, wenn nicht der Verletzte die Anwendung des Rechts des Ortes, an dem er verletzt wurde, verlangt.

[306] OLG Hamm, NJW-RR 2001, 1537 Skiunfall zweier Deutscher in Italien; anwendbar ist deutsches Recht unter Berücksichtigung der in Italien geltenden besonderen Skiregeln. Auch auf einen Unfall während eines Trainingslagers eines deutschen Vereins im Ausland, ist deutsches Recht anzuwenden.

[307] Sportgeräte, z. B. Skibindungen, Rennwagen, Rennräder, Luftdrachen oder Rollerskates, s. zum deutschen materiellen Recht 5/Rz. 118 ff.

[308] *Paland-Heldrich, Staudinger-v. Hoffmann*, Art. 40, Rdnr. 93, *Kullmann-Pfister,* Kza 4010 II.1.a). Im Einzelnen streitig.

[309] Zum internationalen Deliktsrecht hinsichtlich *Immaterialgüterrechte*, insbesondere auch zu den vermögenswerten Teilen des Persönlichkeitsrechts s. oben Rz. 53 ff. im Rahmen des Kollisionsrechts bei Vermarktungsverträgen.

[310] *W. Lorenz*, Festschrift für *Heldrich* (2005), S. 841 ff.; *Staudinger-v. Hoffmann*, Art. 40, Rdnr. 58 f.; bei Internet-Delikten, der Ort, an dem die Äußerung in das Netz eingespeist wurde, im Einzelnen sehr streitig, s. ebenda Rdnr. 61. – Zur Verletzung der *vermögensrechtlichen* Positionen des Persönlichkeitsrechts s. oben Rz. 56.

[311] Dezidiert *Staudinger-v. Hoffmann*, Art. 40, Rdnr. 61, dort auch Darstellung des Streitstandes.

sind, an denen ihr Ruf erheblich beeinträchtigt wurde;³¹² nach dem Recht des jeweiligen Erfolgsortes kann jedoch nach dieser Theorie nur der gerade in diesem Land entstandene Schaden geltend gemacht werden; um den gesamten Schaden geltend zu machen, müssen dementsprechend viele Rechtsordnungen angewendet werden.

Art. 6 des Kommissionsentwurfes enthielt eine eigene Regelung für die Verletzung „der Privatsphäre oder der Persönlichkeitsrechte".³¹³ Da das Parlament – auf Drängen de Medien-Lobby – die Bestimmung sehr zugunsten der Presse ändern wollte, strich die Kommission Art. 6 vollständig,³¹⁴ es bleibt jetzt bei der Grundregel des Art. 5.

(bb) Bei der *Sperre* eines Sportlers, Vereins oder unteren Verbandes durch einen Internationalen Verband wird in der Regel zwischen dem Internationalen Verband und dem Gesperrten ein Vertragsverhältnis bestehen (Regelanerkennungsvertrag); dann ist gem. Art. 41 EGBGB die auf den Vertrag anzuwendende Rechtsordnung auch für die deliktischen Ansprüche maßgebend.³¹⁵ Dasselbe gilt nach Art. 5 Abs. 3 EU-VO-E. **100**

Besteht kein Vertragsverhältnis,³¹⁶ so ist nach Art. 40 Abs. 1 EGBGB in erster Linie das Recht am *Handlungsort* heranzuziehen. Das ist das Recht am Sitz des Verbandes, der die Sperre ausspricht;³¹⁷ tagt das entscheidende Organ – etwa aus Anlass eines länger dauernden Wettkampfes – am Ort der Wettkämpfe, um vor Ort unmittelbar Disziplinarentscheidungen treffen zu können, so ist stattdessen das dort geltende Recht herangezogen werden. **101**

Der *Erfolgsort*, dessen Recht aufgrund einer Wahl des Verletzten anzuwenden ist, liegt regelmäßig am gewöhnlichen Aufenthalt des Sportlers, vor allem, wenn er dort seine sportliche Aktivität entfaltet.³¹⁸ Wird eine Sperre für ein bestimmtes Turnier verhängt, so ist Erfolgsort – zumindest auch – der Ort des Turniers. Wird ein Sportler, der weltweit sportlich tätig ist – etwa ein Tennisprofi –, weltweit gesperrt, so könnte man – nach der „Mosaik-Theorie"³¹⁹ – den Erfolgsort in all den Ländern sehen, in denen er aufgrund der Sperre an einem Turnier nicht teilnehmen konnte.

Nach EU-VO-E bleibt es grundsätzlich beim Erfolgsort.³²⁰

---

³¹² Überblick zu dieser Theorie bei *Staudinger-v. Hoffmann*, Art. 40, Rdnr. 59 f., der sie selber aber ablehnt: Nach dem Recht eines der Erfolgsorte wird nur der dort entstandene Schaden beurteilt.

³¹³ Daraus ergibt sich m. E., dass diese Bestimmung nicht für die Verletzung vermögenswerter Teile des Persönlichkeitsrechts gilt; vgl. auch die Sonderregelung für Verletzung des geistigen Eigentums in Art. 8.

³¹⁴ Nach dem (vorläufig) zurückgezogenen Art. 6 sollte die Grundregel des Art. 3 (jetzt Art. 5) gelten, also grundsätzlich das am Verletzungsort geltende Recht anzuwenden sein; nur wenn dieses Recht mit wesentlichen Grundsätzen der lex fori des angerufenen Gerichts in Bezug auf die Meinungsfreiheit unvereinbar ist, sollte die lex fori anzuwenden sein.

³¹⁵ S. dazu oben Rz. 91. Zu dem auf das Vertragsverhältnis anzuwendende Recht s. oben B, insbesondere Rz. 66 f.

³¹⁶ Z. B. wenn ein Internationaler Verband, einen Sportler, der von seinem nationalen Verband gesperrt worden ist, weltweit sperrt, d. h. seinen Verbänden verbietet, dem Sportler eine Lizenz zu erteilen; s. z. B. den Fall des Basketballspielers Stanley Roberts SpuRt 2001, 155; 2001, 64 und 2002, 64.

³¹⁷ Es kommt also nicht darauf an, wo der entscheidende Ausschuss mehr oder weniger zufällig getagt hat, denn die Entscheidung wird dem Verband zugerechnet, er wird gegebenenfalls verklagt.

³¹⁸ Selbst dann, wenn ein Spieler für mehrere Europapokalspiele gesperrt wird, sollte man den Erfolgsort an seinen gewöhnlichen Aufenthaltsort anknüpfen; denn der Schaden besteht ja gegebenenfalls in der Nichtzahlung von Gehalt und Prämien durch den Verein. – Wohnt ein Spieler etwa in Belgien an der Grenze, spielt aber bei einem deutschen Verein, so sollte Deutschland der Erfolgsort sein.

³¹⁹ S. Fn. 190. Würde man diese Theorie auf unseren ähnlich gelagerten Sachverhalt anwenden, so hieße das, dass der Tennisprofi den Schaden, der ihm durch die Nichtteilnahme an den einzelnen Turnieren entstanden ist, nach dem jeweiligen Landesrecht geltend machen kann.

³²⁰ Art. 5.

3. Kapitel. Internationales Zivilprozessrecht

Einführung

102 Grundsätzlich bestimmt jeder Staat selbst, in welchen Streitigkeiten seine Gerichte *international* zuständig sind und ob das Urteil eines ausländischen Gerichts im Inland anerkannt und vollstreckt wird. Kann eine Klage nach dem jeweiligen nationalen Recht vor den Gerichten verschiedener Staaten erhoben werden, so steht dem Kläger die Wahl zu. Dabei sollte er Folgendes erwägen: Die Klage vor einem Gericht des eigenen Landes ist aus nahe liegenden Gründen einfacher. Andererseits ist zu prüfen, ob ein im Inland ergehendes günstiges Urteil gegebenenfalls im Ausland Wirkung entfaltet, d. h. dort anerkannt wird und nötigenfalls vollstreckt werden kann. Dies ist innerhalb der Staaten der Europäischen Union und des Europäischen Wirtschaftsraums (EWR) weitgehend gesichert.[321] Wird die Anerkennung oder Vollstreckung hingegen möglicherweise in einem Nicht-EU/EWR-Land erforderlich werden, weil beispielsweise die Wettkämpfe dort stattfinden, zu denen der Kläger seine Zulassung erstritten hat, oder das Vermögen des Beklagten nur dort liegt, so nützt dem Kläger ein Urteil eines deutschen Gerichts möglicherweise wenig, wenn es im betreffenden Staat nicht anerkannt und nicht vollstreckt wird.[322] Es kann daher günstiger sein, gleich im betreffenden Staat zu klagen oder ein Schiedsgericht anzurufen.[323] Dieselbe Überlegung gilt auch bei Schadensersatzklagen, wenn der Beklagte beispielsweise kein Vermögen in Deutschland hat, in das gegebenenfalls vollstreckt werden kann.[324]

Weiterhin muss in die Überlegung, wo geklagt werden soll, auch einfließen, dass jedes Gericht das auf den Sachverhalt anzuwendende Recht nach seinem Kollisionsrecht bestimmt, so dass möglicherweise je nach Gerichtsstand eine andere Rechtsordnung anzuwenden ist, was zu unterschiedlichen Urteilen führen kann. Die sich daraus ergebende Möglichkeit des „forum shopping"[325] gefährdet naturgemäß die einheitliche Auslegung und Anwendung des Regelwerks der Internationalen Sportverbände. Dieser Gefahr können die Verbände nur – in gewissen Grenzen – begegnen, indem sie entweder für alle ähnlichen Sachverhalte dieselbe Gerichtsstandsvereinbarung treffen oder ein einheitliches internationales Schiedsgericht zumindest für alle Fälle, die internationale Sportverbandsregeln zum Gegenstand haben, verbindlich durchsetzen.[326]

Umgekehrt muss auch der *Beklagte* mit (Wohn)Sitz in Deutschland, der im Ausland verklagt wird, klären, ob ein gegen ihn ergehendes Urteil in Deutschland anerkannt und vollstreckt wird und ob er Vermögen in dem betreffenden Land liegen hat,[327] in das der Kläger leicht vollstrecken kann. Nur wenn beide Fragen sicher zu verneinen sind, kann er es riskieren, sich nicht auf ein ihm Ausland anhängiges Verfahren einzulassen.

---

[321] S. dazu unten Rz. 133.

[322] Schlimmstenfalls bleibt die Partei völlig rechtlos, wenn das Gericht im Ausland wegen der in der Gerichtsstandsklausel vereinbarten Zuständigkeit der deutschen Gerichte sich für unzuständig erklärt.

[323] Wenn dessen Zuständigkeit gegeben ist. Schiedsgerichtsurteile sind – vor allem dank des weit verbreiteten *UN*-Übereinkommens – leichter im Ausland zu vollstrecken, dazu s. unten Rz. 159 ff.

[324] Zum Vermögen, in das vollstreckt werden kann, gehören beispielsweise auch Forderungen des ausländischen Beklagten gegen einen Schuldner mit (Wohn)Sitz in Deutschland, z. B. Forderungen auf Zahlung von Mitgliedsbeiträgen oder Lizenzgebühren.

[325] Unter forum shopping versteht man die Möglichkeit für den Kläger, sich unter den verschiedenen ihm zur Auswahl stehenden internationalen Gerichtsständen das Gericht für seine Klage auszusuchen, das das ihm am günstigsten erscheinende Recht anwenden wird.

[326] Dazu grundlegend *Adolphsen*, Internationale Dopingstrafen.

[327] Dazu gehören auch Forderungen gegen Schuldner in diesem Land, in die der Kläger pfänden kann.

Die internationale Zuständigkeit der deutschen Zivilgerichte bestimmt sich – soweit **103**
hier interessierend – in Zivil- und Handelssachen[328] weitgehend nach der EuGVVO[329]
oder dem im Wesentlichen gleichlautenden Luganer Übereinkommen (LÜ).[330] Voraussetzung ist, dass der *Beklagte* seinen Wohnsitz in einem Mitgliedstaat der EU,[331] dann anwendbar die EuGVVO, oder in einem Mitgliedstaat des LÜ,[332] dann anwendbar das LÜ, hat. EuGVVO und LÜ regeln auch die Anerkennung und Vollstreckung von Urteilen der Gerichte dieser Länder in den anderen Mitgliedstaaten, so dass die Vollstreckung innerhalb dieser Staaten weitgehend gesichert ist.

Die bislang strittige Frage, ob die EuGVVO auch dann anzuwenden ist, wenn ein Kläger mit (Wohn)Sitz in einem Drittstaat (also außerhalb des Geltungsbereiches von EuGVVO und LÜ) Klage gegen eine Person mit (Wohn)Sitz in einem Mitgliedstaat der EU erhebt, dürfte nach einer Entscheidung des EuGH zu bejahen sein.[333]

Außerhalb des Anwendungsbereiches von EuGVVO/LÜ, also praktisch nur, wenn **104**
der Beklagte seinen (Wohn)Sitz in einem Drittland hat,[334] bestimmt sich die internationale Zuständigkeit deutscher Gerichte nach der ZPO, und zwar nach der Regelung der örtlichen Zuständigkeit: ist ein deutsches Gericht gem. §§ 12 ff. ZPO örtlich zuständig, so ist damit auch die internationale Zuständigkeit gegeben.[335]

Die Vollstreckung des Urteils aus einem Drittstaat ist ebenfalls in der ZPO geregelt.[336]

Die Zuständigkeit der Gerichte von Drittstaaten wie auch die Vollstreckung eines deut- **105**
schen Urteils in diesen Staaten richtet sich nach deren Recht. Daher kann die Vollstreckung eines deutschen Urteils in einem Land außerhalb der EuGVVO/LÜ auf Schwierigkeiten stoßen oder sogar ganz scheitern, wie umgekehrt auch die Vollstreckung eines Drittstaatenurteils in Deutschland.[337]

Das *Verfahren* vor einem Gericht bestimmt sich jeweils nach dem für dieses Gericht **106**
maßgebenden nationalen Recht (lex fori), welche *materielle* Rechtsordnung es anzuwenden hat, nach seinem nationalen Kollisionsrecht.[338]

---

[328] Die Ausnahmen in Art. 1 Abs. 2 EuGVVO/LÜ spielen für uns keine Rolle.

[329] Verordnung Nr. 44/2001 des Rates über die gerichtliche Zuständigkeit und die Anerkennung und Vollstreckung von Entscheidungen in Zivil- und Handelssachen, in Kraft getreten am 1. 3. 2002 für alle Mitgliedsstaaten der EU mit Ausnahme von Dänemark (§ 1 Abs. 3 EuGVO), für das derzeit noch das EuGVÜ gilt; allerdings steht ein Abkommen zwischen der EG und Dänemark vor der Unterzeichnung, aufgrund dessen die EuGVVo auch in Dänemark gelten soll. Daher wird das EuGVÜ im Folgenden nicht mehr behandelt. Zum EuGVÜ s. Vorauflage VI 2. Kap. Die VO hat das frühere EuGVÜ abgelöst, dabei aber nur wenige inhaltliche Änderungen gebracht.

Außerdem gilt eine EU-VO Nr. 1348/2000 über die Zustellung gerichtlicher und außergerichtlicher Schriftstücke in Zivil- und Handelssachen in den Mitgliedsstaaten, in Kraft getreten am 31. 5. 2001 und die VO über Beweisaufnahme, in Kraft getreten am 1. 7. 2001. Diese beiden Verordnungen ergeben keine spezifische sportrechtliche Probleme, es wird daher auf sie hier nicht näher eingegangen, s. z. B. die Kommentierung von *Schlosser*, EU-Zivilprozessrecht (2003).

[330] BGBl. 1994 II S. 2660.

[331] S. Fn. 329.

[332] Island, Norwegen, Schweiz.

[333] EuGHE 2000 I 5925 = NJW 2000, 3121, allerdings noch zum EuGVÜ; *Kropholler*, a.a.O., vor Art. 2, Rdnr. 8, *MünchKommZPO-Gottwald*, Art. 2 EuGVÜ, Rdnr. 2, *Adolphsen*, a.a.O., S. 364 f. Anders früher BGHZ 109, 29, 34 und jetzt immer noch *Schack*, Internationales Zivilverfahrensrecht, Rdnr. 241.

[334] *Stein/Jonas-Roth*, vor § 12, Rdnr. 32, vgl. auch Art. 4 Abs. 1 EuGVVO/LÜ, der davon nochmals zwei weitere Ausnahmen vorsieht: Gerichtsstand der Belegenheit oder Registrierung (Art. 22) und der Gerichtsstandsvereinbarung (Art. 23), s. zu letzterem Rz. 127.

[335] BGHZ (Großer Zivilsenat) Bd. 44, 46 = NJW 1965, 1665; *MünchKommZPO-Patzina*, § 12, Rz. 85 ff., (fast) einhellige Meinung.

[336] Dazu unten Rz. 138.

[337] S. dazu unten Rz. 140.

[338] Für deutsche Gerichte also nach Art. 3–46 EGBGB, dazu s. oben Rz. 12 ff.

A. Zuständigkeit deutscher Gerichte[339]

107 Grundsätzlich kann eine Partei nach den Rechtsordnungen wohl aller Staaten[340] vor dem für ihren (Wohn)Sitz zuständigen Gericht als dem allgemeinen Gerichtsstand verklagt werden; daneben gibt es aber für besondere Sachverhalte weitere Gerichtszuständigkeiten. Der allgemeine Gerichtsstand wie auch die weiteren sind ausgeschlossen, soweit ausnahmsweise ein „ausschließlicher" Gerichtsstand vorgesehen ist.[341]

Im Folgenden werden nur die in typischen Sportsachen wichtigen Zuständigkeiten erörtert, und zwar jeweils die Zuständigkeit im Bereich von EuGVVO und LÜ und die Zuständigkeit deutscher Gerichte bei Klagen gegen Personen aus Drittstaaten.[342]

I. Grundsatzzuständigkeit am Wohnsitz/Sitz einer Partei (allgemeiner Gerichtsstand)

108 1. Grundsätzlich kann eine Person vor den Gerichten des EU- oder LÜ-Staates *verklagt* werden, in dem sie ihren Sitz oder Wohnsitz hat (Art. 2 EuGVVO/LÜ).[343] Die sachliche und die örtliche Zuständigkeit richtet sich dann nach dem Recht des Wohnsitzstaates, bei einer Klage vor einem deutschen Gericht also nach dem GVG und der ZPO.

109 a) **Zuständigkeit am Sitz einer juristischen Person.** Auch eine juristische Person (Verband, Verein) kann nach den genannten Vorschriften an ihrem Sitz verklagt werden. Unterschiedlich wird der Sitz einer *juristischen Person* bestimmt: Im Bereich der EU-Staaten ist dies der Ort, an dem sich der satzungsmäßige Sitz, ihre Hauptverwaltung oder Hauptniederlassung befindet;[344] im Bereich des LÜ bestimmt sich, wo der Sitz einer Gesellschaft liegt, hingegen nach dem Kollisionsrecht des entscheidenden Gerichts.[345] Auch nach der deutschen ZPO richtet sich die Frage, wo der Satzungs- oder Verwaltungssitz der Gesellschaft liegt, nach dem aufgrund des deutschen Kollisionsrechts anwendbaren materiellen Recht.[346] In der Regel ergibt sich der Sitz aus der Satzung, sonst ist der Verwaltungssitz maßgeblich.[347]

In diesem Gerichtsstand kann die juristische Person gegen ein Mitglied, ein Mitglied gegen die Gesellschaft oder können die Mitglieder untereinander Klage betreffend die mitgliedschaftsrechtlichen Beziehungen[348] erheben, auch wenn die Mitglieder ihren (Wohn)Sitz im Ausland haben. Ob ein Urteil des deutschen Gerichts dann auch in dem betreffenden Drittstaat anerkannt und vollstreckt wird, ist zweifelhaft, hängt

---

[339] Da die EuGVVO in allen EU-Ländern, das LÜ in der Schweiz, Island und Norwegen gilt, gelten die Ausführungen hierzu auch für die Zuständigkeit der Gerichte dieser Staaten.

[340] US-amerikanische Gerichte verneinen indes gelegentlich ihre Zuständigkeit trotz (Wohn)Sitz des Bekl. in den USA, wenn der Sachverhalt sich weitgehend im Ausland abgespielt hat (forum non conveniens), kritisch *Schütze* mit Nachweisen, RiW 2004, 162.

[341] Zu § 20 EuGVVO s. unten Rz. 115; im Übrigen spielen sie für uns praktisch keine Rolle: Art. 22 EuGVVO, Art. 16 LÜ, §§ 24, 32a ZPO.

[342] S. zum Anwendungsbereich oben Rz. 103.

[343] Ebenso § 12f ZPO.

[344] Art. 60 EuGVVO. – Folgende Internationale Sportverbände haben ihren Sitz in Deutschland: AIBA, EBU, FIBA, FISB, IOSF, UIT, s. *Summerer*, Festschrift für *Hanisch*, S. 276.

[345] Art. 53 LÜ, für ein deutsches Gericht daher nach deutschem IPR, maßgebend ist der Verwaltungssitz (str. vertreten wird auch Satzungssitz), dazu oben Rz. 12ff. – Vor allem in der Schweiz, Vertragsstaat des LÜ, haben viele Sportverbände ihren Sitz.

[346] § 17 ZPO, *Stein-Jonas/Schumann,* Art. 17, Rdnr. 9. – Fallen, wie etwa bis 1996 beim DLV, Satzungssitz (München) und Verwaltungssitz (Darmstadt) auseinander, so ist der Gerichtsstand bei beiden gegeben.

[347] § 17 Abs. 1 S. 2 ZPO.

[348] § 22 ZPO, auch wenn die Mitglieder selbst jur. Personen sind. – Z. B. auf Zahlung von Mitgliedsbeiträgen oder Erfüllung sonstiger Mitgliedspflichten.

jedenfalls von dessen Recht ab, ist aber im Bereich von EuGVVO/LÜ weitgehend gesichert.[349]

Für Klagen über Gültigkeit, Nichtigkeit oder Auflösung einer juristischen Person oder der Beschlüsse ihrer Organe sieht Art. 22 Nr. 2 EuGVVO/16 Nr. 2 LÜ eine *ausschließliche* Zuständigkeit der Gerichte in dem Staat vor, in dem die juristische Person ihren Sitz[350] hat. Zu diesen Beschlüssen zählt etwa der Beschluss eines Verbandsorgans über den Ausschluss eines Mitglieds oder die zeitweise Suspendierung von Mitgliedschaftsrechten.[351] „Beschlüsse", die sich nur vertragsrechtlich auswirken, etwa der Beschluss über die Sperre eines Sportlers, der kein Mitglied des Verbandes, sondern nur vertragsrechtlich an den Verband gebunden ist, begründen diese (ausschließliche) Zuständigkeit nicht.[352]

Die Klage der juristischen Person gegen ein Mitglied auf Zahlung von Mitgliedsbeiträgen oder Erfüllung anderer Mitgliedspflichten fällt nicht unter Art. 22 Nr. 2 EuGVVO/16 Ziff. 2 LÜ; da aber Erfüllungsort für die Mitgliedspflichten regelmäßig der Sitz des Verbandes/Vereines ist, kann die Klage gem. Art. 5 Ziff. 1 EuGVVO/LÜ am Sitz des Verbandes erhoben werden.[353]

b) Klage gegen einen Internationalen Verband mit Sitz im Ausland am Sitz seines deutschen Mitgliedverbandes?[354] Ob diese Möglichkeit gegeben ist, richtet sich, wenn der ausländische Verband seinen Sitz in einem Mitgliedsstaat von EuGVVO/LÜ hat, nach diesen Bestimmungen, hat er ihn in einem Drittland, so nach der deutschen ZPO.[355]

110

Die Frage wurde durch die Entscheidung des LG München I im Krabbe-Fall aufgeworfen.[356] Das Gericht sah den deutschen Leichtathletikverband, für den die örtliche Zuständigkeit de LG München gem. §§ 12 ff. ZPO gegeben war, als Niederlassung des Internationalen Leichtathletikverbandes (IAAF, Sitz in Monaco) an, so dass auch dieser in München gem. § 21 ZPO verklagt werden konnte.

Sowohl der Internationale als auch der deutsche Verband hatten eine deutsche Sportlerin für insgesamt 4 Jahre gesperrt. Die Sportlerin wehrte sich dagegen mit einer Schadensersatzklage vor dem LG München gegen beide Verbände. Nach dem Wortlaut von § 21 ZPO kann ein „Kaufmann" auch an dem Ort verklagt werden, wo er eine Niederlassung betreibt, wenn die Klage auf den Geschäftsbetrieb der Niederlassung Bezug hat. Eine unmittelbare Anwendung der Vorschrift kam nicht in Betracht, da ein Internationaler Sportverband kein „Kaufmann" ist; zu erwägen war aber eine analoge Anwendung.

Voraussetzung ist, dass sowohl der Internationale Sportverband als auch der deutsche Verband zumindest auch gewerblich tätig sind, was heute jedenfalls für die großen Ver-

---

[349] S. dazu unten Rz. 134.
[350] Anders als nach Art. 2 hat hier ein Gericht die Frage, wo der Sitz liegt, nach seinem IPR zu bestimmen (Art. 22 Ziff. 2 S. 2), s. Rz. 109. – Ausschließliche Zuständigkeit bedeutet, dass derartige Klagen *nur* vor diesem Gericht erhoben werden können. Ein abweichende Vereinbarung ist nicht möglich.
[351] Immer wieder drohen IF einzelnen Mitgliedsverbänden mit Ausschluss oder zeitweiliger Suspendierung, s. jetzt den Fall FIFA – Nationaler FV Marokko.
[352] Hier hängt die Zuständigkeit von der Anspruchgrundlage ab: Gerichtsstand des vertraglichen Erfüllungsortes, s. dazu RZ. 112 ff. oder der unerlaubten Handlung, dazu Rz. 116 ff.
[353] EuGH, IPrax 1984, 85. S. auch unten Rz. 112 f.
[354] § 21 ZPO, Art. 5 Nr. 5 EuGVVO, Sitz der Niederlassung.
[355] *Stein/Jonas-Roth*, § 21, Rdnr. 4, 6.
[356] Das LG München I (SpuRt 1995, 161) hat den DLV als deutsche „Niederlassung" des IAAF angesehen. Dem Urteil in diesem Punkt zustimmend jetzt auch *Stein/Jonas-Roth*, § 21, Rdnr. 19, *Pfister*, SpuRt 1995, 201 ff. (nur analoge Anwendung). *Adolphsen*, Internationale Dopingstrafen, S. 390 f., bejaht insgesamt ebenfalls eine analoge Anwendung, will sie aber vom Einzelfall abhängig machen. A. bringt auch rechtsvergleichende Hinweise insbesondere zu US-amerikanischen Entscheidungen. S. auch *Schimke*, SpuRt 1994, 92. Dagegen *Reuter*, DZWR 1996, 1, 4; *Haas/Adolphsen*, NJW 1996, 2353; *Heß*, ZZPInt 1996, 371, 385.

bände anzunehmen ist. Etwas problematisch ist es, den deutschen Verband als *Niederlassung* des ausländischen zu bezeichnen. Zwar kann die Niederlassung auch eine selbständige juristische Person sein; i. d. R. ist sie aber entweder von der Zentrale gegründet worden oder wird jedenfalls von ihr völlig beherrscht, worauf der Bundesgerichtshof in den typischen Fällen des § 21 ZPO abstellt.[357] Im Weltsport hingegen werden die internationalen Verbände gerade umgekehrt von den nationalen Verbänden gegründet, die dann dessen Mitglieder sind.[358]

Allerdings sind die nationalen Verbände durch das gesamte Regelwerk des Internationalen Sportverbandes, das sie als verbindlich anerkannt haben, völlig an den höheren Verband gebunden, sie müssen insbesondere – ähnlich wie eine „Niederlassung" – auch dessen Entscheidungen anerkennen und in ihrem Bereich durchsetzen.[359] Daher ist zumindest eine analoge Anwendung des § 21 ZPO zu bejahen und – wegen der besonderen Lage im Weltsport – auch zu wünschen. Viele Internationale Sportverbände versuchen nämlich, durch eine geschickte Auswahl ihres Sitzes ein gerichtliches Vorgehen gegen sie möglichst zu erschweren.[360] Manche ausländische Gerichte sehen Sportstreitigkeiten immer noch als nicht justitiabel an („Rechtsfreier Raum"). Außerdem ist jeder im Ausland zu führende Prozess schwieriger und kostspieliger; wenn aber ein Ausländer – wie ein Internationaler Sportverband – nach Deutschland ständig hineinwirkt und dabei noch gleichsam einen Vertreter – den deutschen Verband – in Deutschland hat, der seine Beschlüsse durchführen muss, dann soll er sich dort auch der Gerichtsbarkeit stellen; das ist gerade der beifallswürdige Gedanke des § 21 ZPO. Gegen dessen Anwendung spricht andererseits, dass dadurch in vielen Staaten eine Gerichtszuständigkeit gegen ein und denselben Verband gegeben sein kann, was eine wünschenswerte einheitliche Rechtsanwendung verhindert;[361] dieser Gefahr können die Internationalen Sportverbände durch Vereinbarung des Sportschiedsgerichts (TAS) entgehen.

Hält man grundsätzlich § 21 ZPO auf Internationale Sportverbände für anwendbar, so ist in jedem Einzelfall weitere Voraussetzung, dass der internationale Sportverband durch bestimmte Maßnahmen nach Deutschland hineinwirkt und diese Maßnahmen vom deutschen Verband in irgendeiner Weise mitgetragen oder gar vollzogen werden.[362] Zu denken ist in erster Linie an Strafmaßnahmen gegen deutsche Sportler oder Sportvereine, die sich im Rahmen des deutschen Sportverbandes auswirken.[363] Andererseits dürfte beispielsweise eine Sperre mit Wirkung allein für Wettkämpfe, die vom Internationalen Sportverband veranstaltet werden und daher auch von ihm selbst durchgesetzt werden können – z. B. Ausschluss von Europapokalspielen, Teilnahme an Weltmeisterschaften –, nicht zu diesem Gerichtsstand führen, da es an der Mitwirkung des deutschen Verbandes fehlt. Ebenso wenig kann eine Klage des deutschen Verbandes gegen den Internationalen Sportverband vor dem Gericht seines Sitzes[364] auf diese Bestimmung gestützt werden.

---

[357] BGH, NJW 1987, 3081 f., der aber den „Anschein" genügen lässt, ebenso EuGHE 1987, 4905 zu dem entsprechenden Art. 5 Nr. 5 EuGVO, dazu unten Rz. 111.

[358] Aus diesem Grunde hat das OLG München (SpuRt 1996, 136 f.) als Berufungsinstanz die analoge Anwendung des § 21 ZPO abgelehnt, allerdings seine Zuständigkeit gem. § 32 (Gerichtsstand der unerlaubten Handlung) i.V. m. § 512a ZPO auch für die IAAF bejaht.

[359] Zustimmend *Adolphsen*, Internationale Dopingstrafen, S. 390 f.

[360] So hat gerade die IAAF durch die Sitzverlegung von London nach Monaco sich der Anwendung der (jetzt) EuGVVO entzogen, darauf weist *Adolphsen*, a.a.O., S. 393 hin.

[361] *Heß*, ZZPInt 1996, 371, 384, *Adolphsen*, a.a.O., S. 388. S. zum Erfordernis der einheitlichen Anwendung Rz. 12 ff.

[362] Ebenso *Adolphsen*, a.a.O., S. 392 f.

[363] Aufgrund einer internationalen Sperre darf der Sportler i. d. R. auch an innerdeutschen Wettkämpfen nicht teilnehmen.

[364] Die Entscheidung des BGH, NJW 1975, 2142, betraf einen anderen Fall: Die Beklagte, eine niederländische Genossenschaft, hatte eine weitere Niederlassung in Deutschland; vor dem hierfür zuständigen Gericht konnte das deutsche Mitglied Klage erheben.

Ist der Gerichtsstand der Niederlassung gegeben, so kann der ausländische Verband vor dem örtlichen deutschen Gericht am Sitz des nationalen deutschen Verbandes verklagt werden. Gegenstand der Klage kann z. B. Aufhebung, Feststellung der Rechtswidrigkeit einer Sperre oder Schadenersatz sein.

Auch Art. 5 Nr. 5 EuGVVO/LÜ – der dem § 21 ZPO nachgebildet worden ist[365] – kennt den Gerichtsstand der Niederlassung; dieser ist vertragsautonom auszulegen, letztlich also durch den EuGH; wie er die oben angeschnittene Frage beantworten wird, bleibt abzuwarten. In der Literatur wird eine entsprechende Anwendung in derartigen Fällen von *Adolphsen* bejaht, von *Schlosser* verneint.[366] **111**

Werden in einem derartigen Fall der Internationale und der nationale Verband zusammen verklagt, dann kann die Klage im Gerichtsstand des Sachzusammenhanges sowohl am Sitz des Internationalen wie auch des nationalen Verbandes erhoben werden.[367]

II. Gerichtsstand für Klagen aus einem Vertrag

1. Nach EuGVVO/LÜ

Art. 5 Ziff. 1 EuGVVO/LÜ sieht für vertragliche Ansprüche, zu denen auch solche aus gesellschafts- und vereinsrechtlichen Mitgliedschaftsverhältnissen fallen, eine Gerichtszuständigkeit am Erfüllungsort vor. Für die in der Neuregelung der EuGVVO[368] ausdrücklich genannten Kauf- und Dienstleistungsverträge[369] ist Erfüllungsort der Ort, an dem die Sache zu liefern bzw. die Dienstleistung zu erbringen ist. Bei anderen Verträgen bestimmt sich der Erfüllungsort nach der streitigen Verpflichtung, so dass Austauschverträge möglicherweise zwei verschiedene Erfüllungsorte und damit Gerichtsstände haben. An welchem Ort die streitige Verpflichtung zu erfüllen ist, richtet sich nach der Rechtsordnung, die auf den Vertrag[370] bzw. auf das vereinsrechtliche Verhältnis[371] anwendbar ist.[372] **112**

Anders als nach § 29 ZPO führt sogar die mündliche Vereinbarung des Erfüllungsortes und grundsätzlich auch zwischen *Nicht*kaufleuten zum Gerichtsstand gem. Art. 5 Nr. 1 EuGVVO/LÜ;[373] allerdings muss der Ort ernstlich als Erfüllungsort gewollt sein und nicht nur, um den Gerichtsstand zu begründen, andernfalls es bei der Form des Art. 27 EuGVVO/LÜ bleibt.[374]

Ob ein Anspruch *vertraglicher Natur* ist, richtet sich nicht nach dem Vertragsstatut, sondern ist aus dem Gesamtzusammenhang von EuGVVO/LÜ zu entnehmen, also „autonom zu bestimmen".[375] Der EuGH stellt darauf ab, dass eine freiwillig eingegangene Verpflichtung bestanden hat;[376] danach sind Ansprüche aus ungerechtfertigtem Abbruch von Ver-

---

[365] *Kropholler*, Europäisches Zivilprozessrecht, Art. 5, Rdnr. 90.
[366] *Adolphsen*, a.a.O., S. 387 ff., *Schlosser*, Eu-Zivilprozessrecht (2. Aufl.), Art. 5, Rz. 23, selbst dann nicht, wenn nationaler und internationaler Verband dabei (z. B. bei einer Sperre) zusammengewirkt haben. Vgl. aber auch *MünchKommZPO-Gottwald*, Art. 5, Rdnr. 55, der auf den Rechtsschein abstellt.
[367] S. dazu unten Rz. 120.
[368] Art. 5 Abs. 1 Ziff. 1 b). Art. 5 LÜ enthält keine Sondervorschrift für Kauf- und Dienstverträge.
[369] Darunter fallen auch Werkverträge, *Rauscher-Leible*, Art. 5, Rdnr. 50.
[370] S. dazu oben Rz. 25 ff.
[371] S. dazu oben Rz. 12 ff.
[372] EuGH Slg. 1976, 1473 = NJW 1977, 491 mit Anmerkung von *Geimer*; EuGH, Slg. 1987, 239; BGH, RIW 1994, 508, 510.
[373] EuGH, RIW 1980, 726. Nur für Verbrauchersachen macht das EuGVVO/LÜ wiederum eine Ausnahme, vgl. Art. 13–15 EuGVVO/LÜ.
[374] EuGH, RIW 1997, 415 ff.
[375] EuGH, Slg. 1983, 987 und NJW 1989, 1424 st. Rspr., *Rauscher/Leible*, Art. 5, Rdnr. 15, sogen. autonome Qualifikation. Dagegen *Spellenberg* ZZP 1978, 38, 44 ff.
[376] EuGH, Slg. 2002 I 7357, *Rauscher-Leible*, Art. 5, Rdnr. 27.

tragsverhandlungen als deliktische einzuordnen und daher im Gerichtsstand der unerlaubten Handlung geltend zu machen. Im Übrigen ist die Einordnung von Ansprüchen aufgrund Verschuldens bei Vertragsschluss (culpa in contrahendo) und positiver Forderungsverletzung streitig.[377]

Unter vertragliche Ansprüche fallen jedenfalls auch Zahlungsansprüche zwischen Verband/Verein und einem Mitglied aufgrund der Vereinsmitgliedschaft, also beispielsweise auf Zahlung von Mitgliedsbeiträgen[378] und auf Zahlung einer Vertrags- oder Vereinsstrafe;[379] da Erfüllungsort hierfür meist der Sitz des Verbands/Vereins ist, kann also bei dem hierfür zuständigen Gericht geklagt werden.[380]

113 Deliktische Ansprüche, die neben einem vertraglichen Anspruch bestehen, können nicht in diesem Gerichtsstand geltend gemacht werden.[381] Wenn der Kläger beide Ansprüche vor demselben Gericht geltend machen will, kann er das am allgemeinen Gerichtsstand am (Wohn)Sitz des Beklagten.

2. Nach deutscher ZPO

114 Gem. § 29 ZPO ist für *vertragliche* Ansprüche das deutsche Gericht am Erfüllungsort der streitigen Verpflichtung zuständig.[382] Ob es sich um einen vertraglichen Anspruch handelt, ist, ebenso wie die Frage, wo eine Vertragspflicht zu erfüllen ist (Erfüllungsort), nach dem materiellen Recht zu beantworten, das auf den Vertrag anzuwenden ist (Vertragsstatut).[383]

Eine Vereinbarung des Erfüllungsorts begründet die Zuständigkeit nur, wenn sie von Vollkaufleuten, einer juristischen Person des öffentlichen Rechts oder von öffentlich-rechtlichen Sondervermögen getroffen wurde;[384] Sportverbände, Vereine und Sportler fallen nicht darunter, können also durch Vereinbarung des Erfüllungsortes keinen besonderen Gerichtsstand begründen, wohl aber eine zur Vermarktung von Rechten gegründete Gesellschaft (z. B. GmbH).

Zu den vertraglichen Ansprüchen gehören auch die aus Verschulden bei Vertragsschluss und positiver Forderungsverletzung.[385] Das gem. § 29 ZPO zuständige Gericht kann nach neuerer Rechtsprechung auch über einen im Zusammenhang mit dem vertraglichen Anspruch stehenden deliktischen Anspruch entscheiden.[386]

---

[377] S. *Mankowski*, IPrax 2003, 127 zur cic; *Schack*, Internationales Zivilverfahrensrecht, Rz. 263 will weitgehend vertraglich einordnen; differenzierend *MünchKommZPO-Gottwald*, Art. 5, Rz. 4: Aufklärungs- und Beratungspflichten vertragsrechtlich, Schutz- und Obhutspflichten deliktsrechtlich.

[378] EuGH, Slg. 1983, 3663 = RIW 1984, 483, hinsichtlich der Geltendmachung des Mitgliedsbeitrages durch einen Verband. *Kropholler*, Europäisches Zivilprozessrecht, Art. 5, Rdnr. 6.

[379] Vgl. OLG Hamm, RIW 1990, 1012.

[380] Davon geht auch EuGH, Slg. 1983, 3663 aus.

[381] Das ist wohl der Entscheidung des EuGH, Slg. 1988, 5565 – NJW 1988, 3088, mit kritischer Anmerkung von *Geimer* zu entnehmen, der für den umgekehrten Fall entschieden hat, dass ein Vertragsanspruch nicht im Gerichtsstand der unerlaubten Handlung geltend gemacht werden kann. *MünchKommZPO-Gottwald*, IZPR, Art. 5, Rz. 6, *Rauscher-Leible*, Art. 5, Rdnr. 59.

[382] Daneben kann der Anspruch auch im Allgemeinen Gerichtsstand am (Wohn)Sitz des Beklagten geltend gemacht werden, vgl. dazu oben Rz. 108 f.

[383] H. M. *Stein/Jonas-Roth*, § 29, Rz. 52 ff. mit Übersicht über den Streitstand. A. A. *Schack*, Internationales Zivilverfahrensrecht, Rz. 271. Zum Vertragsstatut s. oben Rz. 25 ff.

[384] Sonst könnte nämlich auf diesem Wege die nach deutschem Recht sehr eingeschränkte Möglichkeit einer direkten Gerichtsstandsvereinbarung (dazu Rz. 127) leicht umgegangen werden. Daher schlägt *Stein/Jonas-Roth*, § 29, Rz. 23 b ff. vor, dass in teleologischer Reduktion des Wortlauts eine materiellrechtlich wirklich gewollte Vereinbarung doch diesen Gerichtsstand begründet.

[385] BGH, NJW 1974, 410, *Stein/Jonas-Roth*, § 29, Rz. 18 mit weiteren Nachweisen.

[386] BGH, NJW 2003, 828; *Stein/Jonas-Roth*, § 29, Rz. 22.

3. Gerichtsstand für Arbeitssachen

Kollisionsrechtliche Probleme dürften in unserem Zusammenhang vor allem entstehen, wenn ein Sportler als Arbeitnehmer eines deutschen Vereins seinen Wohnsitz in einem Nachbarland hat, für dessen Bereich ebenfalls EuGVVO/LÜ gelten, und für den umgekehrten Fall, Sitz des Vereins in einem EU/LÜ-Staat, Wohnsitz des Sportlers in Deutschland.[387] **115**

Für Klagen gegen den Arbeitgeber (Verein) ist im Bereich von EuGVVO/LÜ zuständig das Gericht am Sitz des Arbeitgebers oder des Ortes, an dem der Arbeitnehmer gewöhnlich seine Arbeit verrichtet;[388] verrichtet er gewöhnlich seine Arbeit in verschiedenen Staaten, so ist das Gericht am Sitz der ihn einstellenden Niederlassung zuständig (Art. 19 Ziff. 1 und 2 EuGVVO); der Arbeitgeber kann hier auch Widerklage erheben (Art. 20 Abs. 2 EuGVVO).

Eine Klage des Arbeitgebers gegen den Arbeitnehmer ist hingegen ausschließlich am Wohnsitz des Arbeitnehmers anhängig zu machen (Art. 20 Abs. 1).

Eine Gerichtsstandsvereinbarung ist gem. Art. 21 nur zulässig, wenn sie nach Entstehen des Rechtsstreits getroffen oder wenn dadurch dem Arbeitnehmer ein weiterer Gerichtsstand eröffnet wird.

III. Gerichtsstand für Deliktsklagen

1. Nach EuGVVO/LÜ

Nach Art. 5 Ziff. 3 EuGVVO/LÜ kann der Verletzte, gleichgültig, wo er seinen (Wohn) Sitz hat, eine Klage aufgrund einer unerlaubten Handlung auch vor dem Gericht des Ortes anhängig machen, „an dem das schädigende Ereignis eingetreten ist oder einzutreten droht". Das ist nach der Rechtsprechung des EuGH sowohl der Ort, an dem der Schädiger gehandelt hat (oder hätte handeln müssen), als auch der Ort, an dem das Rechtsgut verletzt wurde.[389] **116**

Bei sogen. Streudelikten – insbesondere Persönlichkeitsrechtsverletzungen durch eine Presseveröffentlichung in verschiedenen Mitgliedsstaaten[390] – kann nach einer EuGH-Entscheidung zwar in jedem Erscheinungsort (als dem Verletzungsort) geklagt werden, doch jeweils nur der Schaden geltend gemacht werden, der gerade in diesem Staat entstanden ist.[391] Den gesamten Schaden kann der Geschädigte nur am Sitz des Verlages (Art. 2 EuGVVO/LÜ) oder am Handlungsort (Art. 5 Ziff. 3, Ort der Herstellung), die in der Regel zusammenfallen, geltend machen. **117**

Dasselbe dürfte gelten, wenn ein Sportler gegen die von einem Internationalen Verband verhängte weltweite Sperre vorgehen will:[392] zuständig sind – neben dem Gericht am Sitz des Verbandes (allgemeiner Gerichtsstand und Handlungsort),[393] vor dem der

---

[387] Arbeitsverhältnisse mit Sportlern mit einem Wohnsitz in Drittstaaten (außerhalb der EU/LÜ) dürften kaum vorkommen: Grundsätzlich ist dann – abgesehen vom jeweiligen Gerichtsstand des (Wohn)Sitzes des Beklagten – auch das Gericht am Erfüllungsort international und örtlich zuständig (§ 29 ZPO); s. dazu näher Kommentare hierzu.

[388] Ähnlich Art. 5 Abs. 1 2. Halbsatz LÜ.

[389] Handlungsort bzw. Verletzungsort. *Rauscher-Leible,* Art. 5, Rdnr. 86f., *Schlosser,* EuGVVO, Art. 5, Rdnr. 18f.

[390] Beispiel: Einem international bekannten Sportler wird in einer in mehreren Staaten erscheinenden Zeitung zu unrecht Doping vorgeworfen.

[391] EuGHE 1995 I 415, NJW 1995, 1881, *Kropholler,* a.a.O., Art. 5, Rdnr. 75.

[392] Deliktische Anspruchsgrundlage z. B. Boykott (gem. § 21, 33 GWB) oder § 826 BGB oder das entsprechende ausländische Recht. Dagegen allerdings *Schlosser,* Festschrift *Zeuner,* S. 467 ff.

[393] Art. 2 oder 3 Ziff. 3 EuGVVO/LÜ, soweit in der EU bzw. in einem Vertragsstaat des LÜ (Schweiz!) gelegen. Tagt das entscheidende Verbandsorgan mehr oder weniger zufällig an einem anderen Ort oder sind die entscheidenden Personen bei einer Telephonkonferenz gar an mehreren

Gesperrte den gesamten Schaden geltend machen kann – auch die Gerichte an den Orten (Verletzungsorte), in denen er wegen der Sperre nicht starten konnte oder, wenn die Sperre dem für ihn zuständigen nationalen Verband mitgeteilt wird, der sie in seinem Bereich durchführen muss, auch der Sitz dieses nationalen Verbandes; hier kann er aber jeweils nur den in dem betreffenden Staat entstandenen Schaden geltend machen.[394]

Bei der Vermarktung von Immaterialgüterrechten und Persönlichkeitsrechten im Ausland ist Handlungs- und Verletzungsort, der Marktort, an dem der Verletzer diese Rechte unrechtmäßig verwendet.[395]

118   Was eine „unerlaubte Handlung" darstellt, bestimmt sich aus dem Gesamtzusammenhang von EuGVVO/LÜ.[396] Darunter fallen alle Klagen, mit denen eine Schadenshaftung geltend gemacht wird, die nicht an einen Vertrag anknüpft, also insbesondere Klagen aufgrund §§ 823 ff. BGB, wegen eines Verstoßes gegen das GWB, aufgrund von Wettbewerbsverstößen oder Verletzungen von Immaterialgütern und Persönlichkeitsrechten[397] und der Gefährdungshaftung[398] oder den entsprechenden Vorschriften des anzuwendenden ausländischen Rechts. Neben Klagen wegen einer Körperverletzung können demnach auch Klagen eines Sportlers wegen Eingriffs in seine Berufsfreiheit oder in seinen Gewerbebetrieb[399] an diesem Gerichtsstand erhoben werden.

Zweifelhaft ist, ob Ansprüche, die nach deutschem Recht auf positive Forderungsverletzung oder culpa in contrahendo gestützt werden, nach der Rechtsordnung anderer Staaten aber deliktsrechtlich eingeordnet werden, in diesem Gerichtsstand oder im Gerichtsstand des vertraglichen Erfüllungsortes geltend gemacht werden können.[400]

Im Gerichtsstand der unerlaubten Handlung können nicht die möglicherweise konkurrierenden vertraglichen Ansprüche geltend gemacht werden.[401]

2. Nach deutscher ZPO

119   Für Klagen aus einer unerlaubten Handlung ist gem. § 32 ZPO[402] international ebenfalls das Gericht zuständig, „in dessen Bezirk die Handlung begangen ist". Hier kommen vor allem Klagen aufgrund §§ 823 ff. BGB, § 33 GWB, aber auch aus Gefährdungshaftung – oder der entsprechenden Vorschriften des anwendbaren ausländischen Rechts – in Betracht. Schadensersatzansprüche, die nur auf Vertrag gestützt werden, fallen nicht

---

Orten präsent, so sind diese Orte nicht als Handlungsorte anzusehen; die Entscheidung ist ja dem Verband zuzurechnen. Allenfalls, wenn das betreffende Verbandsorgan z. B. während einer längeren Meisterschaft dort ständig tagt, ist das als Handlungsort anzusehen.

[394] Vor allem im Hinblick auf eine evtl. Vollstreckung des Urteils gegen den Verband, der möglicherweise kein Vermögen in den anderen Staaten besitzt, in das vollstreckt werden kann, mag es sinnvoll sein, gleich am Sitz des Verbandes zu klagen, s. zu dieser Problematik oben Rz. 102.

[395] Und nicht der Ort der Planung der Verletzungshandlung und Herstellung der Plagiate usw.; das sind nur Vorbereitungshandlungen. Falls sich dort aber auch der (Wohn)Sitz des Verletzers befindet, so kann er dort gem. Art. 2 EuGVVO/LÜ bzw. § 12 f ZPO verklagt werden. – S. zu der gleich gelagerten Problematik der anzuwendenden Rechtsordnung oben Rz. 54 f.

[396] „Autonome Auslegung", EuGH, Slg. 1988, 5565 = NJW 1988, 3088; Kropholler, a.a.O., Art. 5, Rdnr. 65, Schlosser, EuGVVO, Art. 3, Rdnr. 16 mit weiteren Nachweisen.

[397] S. zu den Fallgruppen insgesamt Kropholler, Art. 5, Rdnr. 66, Rauscher-Leible, a.a.O., Art. 5, Rdnr. 79, MünchKommZPO-Gottwald, IZPR, Art. 5, Rz. 27 ff., jeweils mit Nachweisen zur Rechtsprechung.

[398] Schlosser, EuGVVO, Art. 3, Rdnr. 16, allgemeine Meinung.

[399] Vor allem Einzelsportler, die sich selbst vermarkten, haben einen Gewerbebetrieb, der gem. § 823 Abs. 1 BGB geschützt ist. OLG München (Krabbelfall), SpuRt 1996, 131 ff.

[400] Überwiegend wird differenziert: Verletzungen von Schutz- und Obhutspflichten deliktsrechtlich, von Aufklärungs- und Beratungspflichten vertragsrechtlich zu qualifizieren. Kropholler, Art. 5, Rdnr. 67; MünchKommZPO-Gottwald, IZPR, Art. 5, Rz. 29.

[401] EuGHE 1988, 5565 = NJW 1988, 3088, Kropholler, a.a.O., Art. 5, Rdnr. 70, Rauscher-Leible, Art. 5, Rdnr. 84.

[402] In Abgrenzung zur EuGVVO/LÜ praktisch nur anwendbar, wenn der Beklagte seinen Wohnsitz in einem Drittstaat hat, Stein/Jonas-Roth, § 32, Rdnr. 3.

darunter.[403] Kann ein Anspruch sowohl auf Vertrag als auch auf eine unerlaubte Handlung gestützt werden, so ist streitig, ob das gem. § 32 ZPO zuständige Gericht auch über die vertraglichen Ansprüche entscheiden kann.[404]

Begangen wird eine unerlaubte Handlung sowohl am Handlungs- als auch am Erfolgsort,[405] die bei sogen. Distanzdelikten auseinander fallen können. Handlungsort ist der Ort, an dem die Schadensursache gesetzt, Erfolgsort, wo das Rechtgut verletzt wurde.[406] Bei einer Sperre ist Handlungsort, wo die Entscheidung gefällt und verkündet wird, Erfolgsort, wo sie sich auswirkt.[407] Hat ein Sportler seine vermögenswerten Bestandteile seines Persönlichkeitsrechts im Ausland vermarktet und werden sie dort verletzt, dann ist (nur) dort der Verletzungsort und regelmäßig auch der Handlungsort;[408] bei einer Vermarktung in mehreren Ländern sind für Verletzungsklagen jeweils die Gerichte dieser Länder zuständig.

Für Klagen aufgrund des UWG ist international zuständig das Gericht am Begehungsort.[409]

IV. Gerichtsstand des Sachzusammenhangs (EuGVVO/LÜ)

Sollen mehrere Personen verklagt werden und besteht zwischen den Klagen ein so enger **120** Zusammenhang, dass eine gemeinsame Verhandlung und Entscheidung geboten erscheint, um widersprechende Entscheidungen zu vermeiden,[410] so können sie zusammen am (Wohn)Sitz des einen von ihnen, der in Bereich von EU/LÜ liegt, verklagt werden (Art. 6 Ziff. 1 EuGVVO/LÜ). Dies ist insbesondere bei Gesamtschuldnern der Fall oder wenn beispielsweise ein nationaler und ein internationaler Verband wegen Verhängung und Durchsetzung einer Sperre gemeinsam verklagt werden sollen.[411] Der Kläger hat dann die Wahl, beide entweder am Sitz des internationalen oder am Sitz des nationalen Verbandes zu verklagen.

---

[403] *Stein/Jonas-Roth,* § 32, Rdnr. 15.

[404] BGH, NJW 2003, 828 hat gegen die frühere Rechtsprechung diese Zuständigkeit des Sachzusammenhangs für rein nationale Sachverhalte gebilligt; ob dies auch für die internationale Zuständigkeit gilt, ist sehr umstritten, s. dazu *Stein/Jonas-Roth,* § 1, Rdnr. 11 und § 32, Rdnr. 4 und 16 mit Überblick über den Streitstand. *Summerer,* Internationales Sportrecht, S. 87 f., schlägt vor, bei Delikten, die im Zusammenhang mit einem Vertrag oder einer Verbandsmitgliedschaft stehen, einen „akzessorischen Gerichtsstand" allein am Vertrags- bzw. Verbandsgerichtsstand anzunehmen.

[405] Ganz h. M. BGH, NJW 1990, 1533 mit Anmerkung von *Schlosser* mit weiteren Nachweisen. Nicht dazu zählen Vorbereitungshandlungen. Ähnlich wird auch das Deliktsstatut bestimmt, s. dazu oben Rz. 53 f.

[406] *Stein/Jonas-Roth,* Art. 32, Rdnr. 29 mit Nachweisen.

[407] Z. B. wenn ein Internationaler Sportverband mit Sitz in einem Drittland anlässlich einer Veranstaltung in Deutschland durch ein dort sitzendes Sportgericht einen Sportler sperrt (Handlungsort), wenn die Sperre einen Sportler für einen Wettbewerb (u. a.) in Deutschland gilt (Erfolgsort).

[408] Vgl. *Stein/Jonas-Roth,* § 32, Rdnr. 29 und 34. Vorbereitungshandlungen (Herstellung des verletzenden Materials) begründen keinen Gerichtsstand.

[409] § 24 Abs. 2 S. 1 UWG, die Zuständigkeit gem. Abs. 1 wird in internationalen Fällen durch EuGVVO/LÜ ausgeschlossen, s. dazu oben. *Stein/Jonas-Roth,* § 32, Rdnr. 3.

[410] Die neue EuGVVO hat diese Einschränkung der Rechtsprechung des EuGH, Slg. 1988, 5565 = NJW 1988, 3088, entnommen; *Rauscher/Leible,* EuZPR, Brüssel I-VO Art. 6, Rdnr. 8, mit weiteren Nachweisen. In der Literatur wird der „Sachzusammenhang" ähnlich abgegrenzt wie die „Streitgenossenschaft" in §§ 59 f. ZPO – *MünchKommZPO-Gottwald,* IZPR, Art. 6, Rz. 5 mit weiteren Nachweisen (die Klagen müssen im Wesentlichen den selben tatsächlichen und rechtlichen Grund haben). Letztlich obliegt die genaue Konkretisierung dem EuGH.

[411] Wenn gegen beide deliktische Ansprüche geltend gemacht werden, wie im Fall Krabbe. Vgl. auch die Entscheidung des österreichischen OGH vom 24. 9. 1998 – 2 Ob 232/98 – (www.ris.bka.gv.at) im Fall des österreichischen Eishockeyspielers Viveiros, der sowohl den österreichischen wie auch den Internationalen Eishockeyverband mit Sitz in der Schweiz nach dieser Vorschrift verklagte, dazu *Adolphsen,* IPrax 2000, 81 ff., *ders.,* Internationale Dopingstrafen, S. 378 ff.

Die überwiegende Meinung in Deutschland wendet die Vorschrift auf den Fall analog an, dass nur einer der Beklagten seinen (Wohn)Sitz in einem Vertragsland, der andere aber in einem *Drittland* hat, so dass vor jenem auch der Drittstaatler mit verklagt werden kann, wenn der erforderliche Sachzusammenhang besteht.[412]

Diesen Gerichtsstand kennt die deutsche ZPO nicht.

V. Gerichtsstand der Gewährleistung (Regress)

121 Gem. Art 6 Ziff. 2 EuGVVO/LÜ kann jede Partei eines Prozesses, die für den Fall ihres Unterliegens einen Gewährleistungs- oder Regressanspruch gegen einen Dritten zu haben glaubt, diesen Anspruch gegen den Dritten vor dem Gericht des Hauptprozesses geltend machen, wenn der Dritte in einem Mitgliedstaat seinen (Wohn)Sitz hat. Allerdings gilt diese Zuständigkeit nicht in Deutschland oder Österreich.[413]

Immerhin kann dieser Gerichtsstand für einen internationalen oder deutschen Verband mit *Sitz in Deutschland* bei einer Klage im Ausland von Bedeutung sein, wenn dort gegen ihn Regress geltend gemacht wird oder umgekehrt er dort verklagt wird und Regress gegen einen Dritten erhebt. Das gegebenenfalls von diesem Gericht gefällte Urteil gegen den deutschen Verband oder zu seinen Gunsten ist in allen Mitgliedsstaaten, auch in Deutschland anzuerkennen und zu vollstrecken.

122 In Deutschland treten an die Stelle des Art. 6 Ziff. 2 EuGVVO/LÜ die §§ 72–74 (68) ZPO (Streitverkündung), deren Wirkungen in den Vertragsstaaten anerkannt werden:[414] Will ein vor einem deutschen Gericht verklagter Verband für den Fall seines Unterliegens Regress bei einem ausländischen Verband nehmen, so kann er diesem den Streit verkünden. Das hat allerdings – weniger weitgehend als die Gewährleistungsklage nach Art. 6 Ziff. 2 EuGVVO – nur die Wirkung, dass in einem möglichen späteren Prozess zwischen dem deutschen und dem ausländischen Verband dieser nicht behaupten kann, der Rechtsstreit des Hauptprozesses sei unrichtig entschieden.[415]

VI. Gerichtsstand des Vermögens

123 Diesen Gerichtsstand gibt es nach EuGVVO/LÜ, wie auch in den meisten anderen Staaten nicht. Gem. § 23 ZPO kann eine Klage wegen vermögensrechtlicher Ansprüche gegen einen Beklagten, der *keinen* Wohnsitz oder Sitz in Deutschland oder einem Mitgliedstaat von EuGVVO/LÜ[416] hat, vor dem Gericht des Ortes erhoben werden, an dem der Beklagte Vermögen liegen hat. Dieser Gerichtsstand kann Bedeutung erlangen vor allem in Rechtsstreitigkeiten gegen internationale Verbände mit Sitz in einem Drittstaat. Er steht auch einem Kläger mit (Wohn)Sitz im Ausland offen.[417]

Zweck der Vorschrift ist, einen inländischen Gerichtsstand zu sichern, wenn der Beklagte offensichtlich vermögensrechtliche Beziehungen zu Deutschland hat und hier daher auch

---

[412] *Kropholler,* a.a.O., Art. 6, Rdnr. 7; *Rauscher-Leible,* Art. 6, Rdnr. 7, für Sportrechtssachen auch *Adolphsen,* Internationale Dopingstrafen, S. 377 f., jeweils mit weiteren Nachweisen. Die meisten anderen Vertragsstaaten haben eine entsprechende Vorschrift in ihrem nationalen Recht, so dass sie zu demselben Ergebnis kommen.

[413] Art. 65 EuGVVO, da diese beiden Ländern den Gerichtsstand bislang in ihrem autonomen Recht nicht kannten.

[414] Art. 65 Abs. 2 S. 2 EuGVVO/LÜ.

[415] §§ 68/74 ZPO i.V. m. Art. 65 Abs. 2 S. 2 EuGVVO. Wird im Hauptprozess etwa entschieden, die Sperre, die ausgesprochen worden ist, sei rechtswidrig, so ist davon auch im Regressprozess auszugehen.

[416] Art. 3 EuGVVO/LÜ schließen diesen Gerichtsstand für ihren Bereich aus. *Stein/Jonas-Roth,* § 23, Rdnr. 2.

[417] BGHZ 94, 145. *Stein/Jonas-Roth,* § 23, Rdnr 9: Gleichgültig, ob der Kläger seinen (Wohn)Sitz in einem EU/LÜ-Mitgliedstaat oder einem Drittland hat.

eine eventuell notwendige Urteilsvollstreckung erfolgsversprechend ist. Dennoch hat die Rechtsprechung nie gefordert, dass das die Zuständigkeit begründende Vermögen in einem angemessenen Verhältnis zum Streitwert steht; selbst geringes Vermögen genügt.[418]

Der geltend gemachte Anspruch muss vermögensrechtlicher Natur, d. h. letztlich auf Wahrung vermögensrechtlicher Interessen gerichtet sein.[419] Das sind nicht nur Klagen auf Schadensersatz oder andere Geldleistungen; auch Klagen wegen einer Sperre, wegen der Aberkennung eines Sieges, auf Zulassung zu Wettkämpfen u. a. dürften heute fast immer vermögensrechtlichen Hintergrund haben, jedenfalls soweit Berufssportler im weitesten Sinne betroffen sind.[420]

124 Zum Vermögen, das die Zuständigkeit deutscher Gerichte begründet, zählen nicht nur im Inland gelegene Grundstücke und Wertgegenstände, sondern insbesondere auch Forderungen gegen einen Schuldner mit Wohnsitz in Deutschland (Bankkonto);[421] hat ein ausländischer internationaler Sportverband z. B. Forderungen gegen einen Rechteverwerter, eine Fernsehanstalt, einen Sponsor mit Sitz in Deutschland, auf ausstehende Mitgliedsbeiträge eines deutschen Sportverbandes oder dergleichen, so kann er gem. § 23 ZPO an dem Ort verklagt werden, an dem die Sendeanstalt, das betreffende Unternehmen oder der deutsche Verband[422] seinen Sitz in Deutschland hat. Der deutsche Verband selbst kann wohl nicht als Vermögen des Internationalen Verbandes angesehen werden.[423]

Immaterialgüterrechte sind in Deutschland belegen, wenn sie hier kraft Eintragung gesetzlich geschützt sind, wie Patente, Markenzeichen oder Gebrauchsmuster.[424]

Veranstaltet ein internationaler Sportverband in Deutschland große Wettkämpfe, so sind die daran bestehenden Verwertungsrechte in Deutschland belegen und begründen daher einen Gerichtsstand für Klagen gegen den internationalen Sportverband.

125 Nach der neueren Rechtsprechung des Bundesgerichtshofes muss der Rechtsstreit selbst auch eine gewisse Beziehung zum Inland haben, damit der Gerichtsstand gegeben ist.[425] Dies ist immer der Fall, wenn ein Sportler oder Sportverein mit (Wohn)Sitz oder dauerndem Aufenthalt im Inland als Kläger beteiligt ist;[426] kein genügender Inlandsbezug ist beispielsweise gegeben, wenn ein ausländischer Sportler, der keinen besonderen Bezug zu Deutschland hat,[427] vor diesem Gerichtsstand gegen eine Sperre eines internationalen Sportverbandes klagen will.

126 Das Urteil eines deutschen Gerichts, das in diesem Gerichtsstand erlassen wird, ist natürlich in Deutschland, aber auch in den Mitgliedsstaaten von EuGVVO/LÜ anzuerkennen und zu vollstrecken.[428] Die Vollstreckung in einem Drittland kann hingegen auf erhebliche Schwierigkeiten stoßen, da viele ausländische Rechte diesen „exorbitanten" Gerichtsstand nicht anerkennen und demzufolge die Vollstreckung von Urteilen, die in diesem Gerichtsstand ergangen sind, ablehnen.

---

[418] Obstkörbe, RGZ 75, 147, 152; BGH, NJW 1988, 966 st. Rspr. A. A. z. B. *Stein/Jonas-Roth*, § 23, Rdnr. 13 ff.; *Zöller-Vollkommer*, a.a.O., § 23, Rz. 7.
[419] BGHZ Bd. 89, 198, 200.
[420] *Adolphsen*, a.a.O., S. 398 f., *Reuter*, DZWR 1996, 4.
[421] § 23 S. 2 ZPO.
[422] *Reuter*, DZWiR 1996, 1, 4, ob der Internationale Verband – wie Reuter vorschlägt – auf den Mitgliedsbeitrag notfalls auch noch nach Klagezustellung verzichten kann und damit der Gerichtspflichtigkeit entgeht, erscheint wegen des Grundsatzes der perpetuatio fori zweifelhaft, s. dazu *Adolphsen*, Internationale Dopingstrafen, S. 402.
[423] So zu recht *Adolphsen*, a.a.O., S. 403 f.
[424] *Stein/Jonas-Roth*, § 23, Rdnr. 29.
[425] „Forum non conveniens". BGHZ Bd. 115, 90, 97 ff., BGH, NJW 1999, 1395. Übersicht über den Literaturstand bei *Stein/Jonas-Roth*, § 23, Rdnr. 10, der selbst kritisch gegenübersteht.
[426] Das war gerade der Zweck des Gesetzgebers, BGHZ 115, 90.
[427] Inlandsbezug z. B. dennoch gegeben, wenn der Sportler für einen deutschen Verein startet oder an Wettkämpfen in Deutschland teilnimmt.
[428] *Kropholler*, a.a.O., Art. 4, Rdnr. 4.

VII. Gerichtsstandsvereinbarung

127 Nach dem bisher Aufgeführten können in einem Streitfall möglicherweise die Gerichte verschiedener Staaten zuständig sein. Da jedes Gericht nach seinem Kollisionsrecht möglicherweise eine andere Rechtsordnung anwendet, sind divergierende Urteile möglich, selbst wenn im Übrigen die verbindlichen Regeln des Sportverbandes angewendet werden. Da der Kläger die Auswahl hat, kann er – anwaltlich gut beraten – sich das ihm „günstige Gericht" auswählen (sogen. forum shopping). Dieser Gefahr kann ausgewichen werden durch die Vereinbarung der Zuständigkeit des Gerichts, das im Streitfall entscheiden soll. In der Regel genügt dafür eine schriftliche Vereinbarung

Durch eine Gerichtsstandsvereinbarung kann sowohl ein an und für sich nach dem Gesetz gegebener Gerichtsstand abbedungen werden (Derogation[429]) oder ein an und für sich nicht gegebener Gerichtsstand begründet (Prorogation) werden.[430] Wird das prorogierte Gericht nicht ausdrücklich als ausschließlich zuständig bezeichnet, so muss die Vereinbarung ausgelegt werden, ob dadurch andere nach dem Gesetz gegebene Zuständigkeiten ausgeschlossen werden sollen oder nur ein zusätzlicher Gerichtsstand geschaffen werden soll. Im Rahmen von Art. 23 EuGVVO/17 LÜ besteht eine Vermutung dafür.[431]

Die Zulässigkeit und Wirksamkeit von Derogation und Prorogation bestimmt sich nach der Rechtsordnung des Staates, dessen Gerichtszuständigkeit abbedungen bzw. begründet wurde.[432]

128 Bei einer Gerichtsstandsvereinbarung im internationalen Verkehr *außerhalb des Geltungsbereichs von EuGVVO/LÜ* sind zwei Fragen vor allem zu beachten:

(1) Wenn eine evtl. erforderliche Vollstreckung nur im Ausland möglich ist, weil beispielsweise nur dort Vermögen des Schuldners liegt, so ist vorab zu prüfen, ob das Urteil des vereinbarten Gerichts notfalls in dem betreffenden anderen Land voraussichtlich anerkannt und vollstreckt werden wird? Dies beurteilt sich nach dem Recht des betreffenden Landes. Ist dies nach diesem Recht nicht der Fall, so ist das Urteil praktisch wertlos, falls der Beklagte nicht freiwillig dem Urteil nachkommt. Versucht der Kläger daraufhin, in diesem Land selbst zu klagen, so besteht die weitere Gefahr, dass die Gerichte dieses Landes unter Hinweis auf die Gerichtsstandsvereinbarung ihre Zuständigkeit verneinen mit der Folge, dass der Kläger rechtlos gestellt wird und letztlich die ganzen Verfahrenskosten zu tragen hat.

(2) Manche ausländische Rechtsordnungen erkennen eine Gerichtsstandsvereinbarung, durch die die Zuständigkeit ihrer Gerichte *ausgeschlossen* wird, nicht oder nur eingeschränkt an.[433] Es besteht daher die Gefahr, dass diese Gerichte sich entgegen der Vereinbarung für zuständig erklären, so dass jede Partei auch in diesem Land klagen kann.[434]

129 Im Bereich der *EuGVVO/LÜ* ist eine Gerichtsstandsvereinbarung gem. Art. 23/17 EuGVVO/LÜ in weiterem Umfang zulässig als nach §§ 38, 40 ZPO; die genaue Abgren-

---

[429] Aber nicht ein „ausschließlicher" Gerichtsstand, Art. 23 Abs. 5 EuGVVO/17 Abs. 3 LÜ, § 40 Abs. 2 ZPO.

[430] Es können auch mehrere Gerichtsstände ausgeschlossen und mehrere (z. B. nach Wahl des Klägers) begründet werden. Es ist auch zulässig, dass nur für eine Partei mehrere Gerichtsstände zur Wahl gestellt werden, BGH, RIW 1998, 964.

[431] *Kropholler*, a.a.O., Art. 23, Rdnr. 96.

[432] Wenn durch eine Vereinbarung die Zuständigkeit der Gerichte des Staates A abbedungen und die Zuständigkeit der Gerichte im Staate B begründet wird, so richtet sich die Wirksamkeit der Derogation nach dem Recht des Staates A, die Wirksamkeit der Prorogation nach dem Recht des Staates B.

[433] Überblick z. B. bei *Adolphsen*, Internationale Dopingstrafen, S. 435 ff.

[434] S. dazu *Adolphsen*, Internationale Dopingstrafen, S. 435 ff.: in den USA wird die Derogation eines amerikanischen Gerichtsstandes am reasonable-test geprüft. – Eine weitere Frage ist dann, ob ein entgegen der Gerichtsstandsvereinbarung in einem Drittstaat erlangtes Urteil in Deutschland anerkannt und vollstreckt wird.

zung zwischen beiden ist daher von Bedeutung und teilweise – trotz des klaren Wortlauts – umstritten.[435] Jedenfalls ist Art. 23 EuGVVO/17 LÜ anzuwenden, wenn wenigstens eine Partei ihren (Wohn)Sitz in einem Mitgliedsstaat hat und die Zuständigkeit eines Gerichts im Bereich EuGVVO/LÜ vereinbart wird, auch wenn der Vertragspartner in einem Drittstaat seinen (Wohn)Sitz hat.[436] § 38 ZPO ist daher – soweit hier interessierend – nur noch anzuwenden, wenn die Gerichtszuständigkeit in einem Drittstaat vereinbart und damit die Zuständigkeit der deutschen Gerichte ausgeschlossen wird.[437]

Als Daumenregel kann man unter Beachtung der erwähnten beiden Punkte sagen, dass eine Partei[438] mit (Wohn)Sitz in Deutschland mit einer Partei mit (Wohn)Sitz im Ausland vor oder nach Entstehen der Streitigkeit in weitestem Umfang einen Gerichtsstand in ihrem (Wohn)Sitzland, in Deutschland oder in einem Drittstaat vereinbaren kann, wobei wegen der unterschiedlichen Formvorschriften in EuGVVO/LÜ und § 38 ZPO unbedingt Schriftform zu empfehlen ist.

1. Nach Art. 23 EuGVVO/17 LÜ

Eine Gerichtsstandsvereinbarung unterliegt – wie gesagt – nur dann der EuGVVO/ **130**
LÜ, wenn (mindestens) eine Partei ihren Wohnsitz in einem Mitgliedsstaat hat und das Gericht eines Mitgliedsstaates vereinbart wird. Die Vereinbarung setzt gem. Art. 23 EuGVVO/17 LÜ Einigung über die Gerichtsstandsklausel in Schriftform voraus;[439] es genügt aber auch mündliche, sogar konkludente[440] Einigung, mit nachfolgendem Bestätigungsschreiben.[441]

Übermittlungen der Gerichtsstandsklausel in elektronischer Form sind der Schriftform gleichgestellt, wenn sie eine dauerhafte Aufzeichnung ermöglichen.[442]

Weiter als § 38 ZPO erlaubt Art. 23 EuGVVO/17 LÜ auch eine Gerichtsstandsvereinbarung gegenüber einem *Privatmann*; das bedeutet, dass ein Verband mit Sitz in einem Vertragsstaat vertraglich ohne weiteres mit einem deutschen Sportler, und natürlich mit einem Verband, Fernsehrechteverwerter usw., die i. d. R. Unternehmen sind, die Zuständigkeit des Gerichts an seinem Sitz vereinbaren kann.

Der EuGH[443] hält auch eine Gerichtsstandsklausel in der Satzung einer Aktiengesellschaft für wirksam; es komme nicht darauf an, ob der betreffende Aktionär (Vereinsmit-

---

[435] S. die klare Darstellung der einzelnen Fallgestaltungen in *MünchKommZPO-Gottwald*, Art. 17, Rdnr. 3 ff.

[436] Die verneinende frühere Rechtsprechung des BGHZ 134, 127, BGH, WM 1992, 87 dürfte durch die Entscheidung des EuGHE 2000 I 5925 überholt sein, *Kropholler*, Europäisches Zivilprozessrecht, Art. 23, Rdnr. 4 ff., *MünchKommZPO-Gottwald*, Art. 17, Rdnr. 6 f. jeweils mit Nachweisen zum Streitstand: Insbesondere unterfällt die Gerichtsstandsvereinbarung zwischen einem Verband mit Sitz in der Schweiz und einem mit Sitz in Deutschland der EuGVVO/LÜ. – Gerade bei einer Gerichtsstandsvereinbarung mit dem IAAF mit Sitz in Monaco (kein Mitgliedsstaat!) ist die Streitfrage erheblich. Im Ergebnis spielt der Streit für uns nur hinsichtlich der Form der Vereinbarung eine Rolle, daher Schriftform zu empfehlen.

[437] *MünchKommZPO-Gottwald*, Art. 17, Rdnr. 8.

[438] Insbesondere Sportverbände, Vereine, Sportler, Sponsoren und Rechtsverwerter. – Vor allem kann in einem Regelanerkennungsvertrag Verband – Sportler eine Gerichtsstandsklausel enthalten sein.

[439] Soweit ein Handelsbrauch in dem betr. Geschäftszweig besteht, den beide Parteien zumindest kennen mussten, genügt die danach erforderliche Form, also u. U. reines Bestätigungsschreiben, *Rauscher-Mankowski*, a.a.O., Art. 23, Rdnr. 35 f.

[440] Für eine Person mit (Wohn)Sitz in Luxemburg ist eine Gerichtsstandsvereinbarung nur dann wirksam, wenn diese sie ausdrücklich und besonders angenommen hat, Art. I Abs. 2 Protokoll v. 27. 10. 1968.

[441] Dabei ist gleichgültig, von welcher Partei das Bestätigungsschreiben stammt. EuGH, RIW 1985, 737. Das Bestätigungsschreiben muss aber der (mündlichen oder konkludenten) Einigung über die Gerichtsstandsvereinbarung nachfolgen, BGH, RIW 1994, 508, 510.

[442] Art. 23 Abs. 2, z. B. E-Mails.

[443] EuGH, RIW 1992, 492, dazu *Jayme/Kohler*, IPrax 1992, 351.

glied) dem Satzungsbeschluss selbst zugestimmt habe; die Schriftform sei gewahrt, wenn die Klausel in der Satzung enthalten ist und die Satzung z. B. in das vorgesehene öffentliche Register eingetragen ist. Ob diese Rechtsprechung auch für einen Verband gilt, erscheint zweifelhaft, denn Aktionäre haben – anders als Verbandsmitglieder – rein finanzielle Interessen.[444]

Ob eine Gerichtsstandsklausel materiellrechtlich wirksam ist, ist jedenfalls hinsichtlich der Einbeziehung und der Inhaltskontrolle nicht nach dem im Übrigen auf den gesamten Vertrag anwendbaren Recht (Vertragsstatut) zu prüfen, sondern nach dem vom EuGH entwickelten und erforderlichenfalls weiter zu entwickelnden[445] autonomen EU-Recht.[446]

2. §§ 38, 40 deutsche ZPO

131 Eine Gerichtsstandsvereinbarung, mit der die internationale Zuständigkeit eines deutschen Gerichts begründet oder ausgeschlossen werden soll, ist nur für *vermögensrechtliche* Ansprüche zulässig, was bei den hier interessierenden Fallgestaltungen fast immer der Fall sein wird.[447] Eine nach deutschem Recht gegebene „ausschließliche Zuständigkeit" kann überhaupt nicht abbedungen werden.[448]

Im Übrigen ist ohne weitere Beschränkung eine ausdrückliche oder konkludente Gerichtsstandsvereinbarung auch in allgemeinen Geschäftsbedingungen[449] zulässig für Vollkaufleute, juristische Personen des öffentlichen Rechts u. Ä. Darunter fallen Sportclubs und sonstige Gesellschaften, die in der Rechtsform einer AktG, KGaA oder GmbH betrieben werden, z. B. Vorschaltgesellschaften zur Vermarktung eines Verbandes oder Vereins.

Andere Personen – etwa *Sportverbände*, *Sportvereine* und *Sportler* – können nur *nach Entstehen* einer Streitigkeit die internationale Zuständigkeit eines deutschen Gerichts ohne weiteres vereinbaren oder ausschließen, allerdings muss dies ausdrücklich und schriftlich erfolgen.[450]

Hat eine der Parteien ihren (Wohn)Sitz in einem Drittland,[451] so können sie auch vor Entstehen des Streites schriftlich oder mündlich mit schriftlicher Bestätigung sowohl einen an und für sich gegebenen deutschen Gerichtsstand zugunsten eines ausländischen abbedingen[452] als auch einen deutschen Gerichtsstand vereinbaren; hat allerdings im letz-

---

[444] Bejahend jedoch *Adolphsen*, Internationale Dopingstrafen, S. 455 ff.; der sehr weitgehend darüber hinaus auch diese Rechtsprechung für den Regelanerkennungsvertrag des Sportlers für maßgebend hält; da er den Regelanerkennungsvertrag als mitgliedschaftsähnlich (und nicht wie hier vertragsrechtlich) einordnet, mag das konsequent sein; m. E. ist diese Konsequenz gerade ein weiteres Argument gegen diese Einordnung, vgl. dazu oben Rz. 39.

[445] Ev. Vorlage an den EuGH!.

[446] *Schlosser*, EU-Zivilprozessrecht, Art. 23 EuGVVO, Rdnr. 31; *Rauscher-Mankowski*, a.a.O., Art. 23, Rdnr. 39. Hinsichtlich Willensmängel und dgl. ist das Vertragsstatut maßgebend. Ähnlich, aber noch differenzierender, *Adolphsen*, Internationale Dopingstrafen, S. 448 ff. mit Ausführungen zum europa-rechtlichen Maßstab einer Inhaltskontrolle.

[447] § 40 Abs. 2 ZPO. Es genügt ein „wirtschaftlicher Hintergrund" der Klage, s. die Übersicht bei *Stein/Jonas-Schumann*, § 1, Rdnr. 46 f. Ebenso *Adolphsen*, Internationale Dopingstrafen, S. 445, jedenfalls für Ansprüche aufgrund einer Dopingstrafe. Auch bei Ansprüchen aufgrund des allgemeinen Persönlichkeitsrechts wird meist ein wirtschaftlicher Hintergrund in den im Sportbereich interessanten Fällen zu bejahen sein.

[448] § 40 Abs. 2 ZPO, dies gilt nach h. M. auch für die internationale Zuständigkeit deutscher Gerichte, BGHZ WM 1985, 1509.

[449] *Stein/Jonas-Bork*, § 38, Rdnr. 10 mit weiteren Nachweisen.

[450] § 38 Abs. 3 ZPO. – Außerdem wird ein an und für sich international unzuständiges Gericht zuständig, wenn sich der Beklagte auf die dort erhobene Klage hin zur Hauptsache mündlich verhandelt, ohne die Unzuständigkeit geltend zu machen (§ 39 ZPO/Art. 24 EuGVVO/Art. 18 LÜ); im amtsgerichtlichen Verfahren aber Belehrung erforderlich, § 504 ZPO.

[451] Also außerhalb des Bereichs der EU/LÜ, sonst sind EuGVVO/LÜ anwendbar.

[452] Es sei denn, es handelt sich um einen ausschließlichen Gerichtsstand (§ 40 Abs. 2 ZPO). – Ob das ausländische Gericht die Vereinbarung akzeptiert, richtet sich nach dem dortigen Recht.

ten Fall ein Partner der Vereinbarung seinen allgemeinen Gerichtsstand[453] in Deutschland, so kann nur dieser allgemeine Gerichtsstand oder ein sonst gegebener inländischer, besonderer Gerichtsstand vereinbart werden.[454]

Haben im Zeitpunkt des Abschlusses der Vereinbarung *beide Parteien* ihren (Wohn)Sitz in Deutschland, so kann eine Gerichtsstandsvereinbarung vor Entstehen des Streites nur für den Fall abgeschlossen werden, dass die zu verklagende Partei nach Vertragsschluss ihren Wohnsitz oder gewöhnlichen Aufenthaltsort aus Deutschland verlegt; Hauptfall dürfte der sein, dass ein (Berufs)Sportler[455] oder ein Sponsor möglicherweise aus Deutschland wegzieht.

Ob die Vereinbarung materiellrechtlich wirksam ist, richtet sich nach der Rechtsordnung, die nach dem deutschen Kollisionsrecht auf den Vertrag anzuwenden ist.[456]

Zur Vereinbarung eines Schiedsgerichts s. unten Rz. 150 ff. **132**

B. Anerkennung und Vollstreckung von Urteilen

Urteile ausländischer Gerichte werden in anderen Staaten nicht ohne weiteres anerkannt **133** und vollstreckt. Im Bereich von EuGVVO/LÜ ist dies erheblich erleichtert (unten I.1.). Im Verhältnis zu Drittstaaten richtet sich die Anerkennung und Vollstreckung in Deutschland nach den §§ 328, 722 f. ZPO (I.2.), in einem Drittstaat nach dessen nationalem Recht (unten II.), es sei denn, es besteht ein besonderes Anerkennungs- und Vollstreckungsabkommen mit dem betreffenden Land.[457]

I. Anerkennung und Vollstreckung ausländischer Urteile in Deutschland

1. Nach EuGVVO/LÜ[458]

Jede gerichtliche Entscheidung, die in einem Vertragsstaat des EuGVVO/LÜ erlassen worden ist, ist grundsätzlich in den anderen Vertragsstaaten *anzuerkennen*, ohne dass es eines besonderen Verfahrens hierfür bedürfte;[459] jedes Gericht oder jede Behörde prüft selbständig, ob die Entscheidung Wirkung entfaltet. Allerdings kann jede Partei auf Feststellung klagen, dass die Entscheidung anzuerkennen oder die Anerkennung zu versagen sei.[460] **134**

Die Anerkennung ist nur ganz ausnahmsweise und nur aus den in Art. 34, 35 EuGVVO/27, 28 LÜ aufgeführten Gründen zu versagen, wenn
- die Anerkennung dem ordre public des Anerkennungsstaates *offensichtlich*[461] widerspricht;
- der Beklagte sich auf das Verfahren nicht eingelassen hat *und* ihm das einleitende Schriftstück (Klage, Mahnbescheid) nicht so ordnungsgemäß und rechtzeitig zugestellt wurde, dass er sich verteidigen konnte;[462]

---

[453] §§ 12 f., 17 ZPO.
[454] § 38 Abs. 2 S. 3 ZPO.
[455] Nach h. M. ist die Vereinbarung einer internationalen Gerichtszuständigkeit auch in Arbeitssachen zulässig, *Stein/Jonas-Bork*, § 38, Rdnr. 75 mit Nachweisen.
[456] *Stein/Jonas-Bork*, § 38, Rdnr. 13.
[457] Diese Abkommen spielen in Sportrechtssachen kaum eine Rolle.
[458] Die EuGVVO hat gegenüber EuGVÜ/LÜ gewisse Änderungen gebracht, insbesondere andere Artikelziffern. Die EU-VO zur Einführung eines europäischen Vollstreckungstitels für *unbestrittene Forderungen* (Nr. 805/2004, Abl. EG L 143 S. 15 v. 30. 4. 2004) hat weitere Erleichterungen gebracht.
[459] Art. 32, 33 EuGVVO/25, 26 LÜ.
[460] Art. 33 Abs. 2 EuGVVO/26 Abs. 2 LÜ.
[461] Durch die EuGVVO neu eingefügt. Z. B. besonders schwere Verstöße gegen das (europäische) Kartellrecht, gegen Grundrechte und gegen Grundsätze eines rechtsstaatlichen Verfahrens, wie rechtliches Gehör.
[462] Hierdurch soll das rechtliche Gehör sichergestellt werden. Schärfer noch Art. 27 Nr. 2 LÜ, der abstrakte Ordnungsmäßigkeit vorsieht.

- die ausländische Entscheidung mit einer inländischen Entscheidung zwischen denselben Parteien unvereinbar ist;
- die ausländische Entscheidung mit einer früheren Entscheidung eines Gerichts eines Nichtvertragsstaates zwischen denselben Parteien und über denselben Streitgegenstand, soweit diese im Inland anzuerkennen wäre, im Widerspruch steht.

135 Nicht nachgeprüft werden darf, ob das ausländische Gericht international nach EuGVVO/LÜ tatsächlich zuständig war.[463] Ebenso wenig darf das ausländische Urteil inhaltlich nachgeprüft werden, also ob es unrichtig oder gesetzeswidrig ist.[464]

136 Liegen keine Versagungsgründe vor, so hat die Entscheidung in Deutschland die gleiche Wirkung, wie sie ihr nach dem entsprechenden ausländischen Recht zukommt; insbesondere entfaltet der Entscheid auch Rechtskraft.

137 Um eine in einem anderen Mitgliedsstaat ergangene Entscheidung,[465] die dort vollstreckbar ist, in Deutschland *vollstrecken* zu können, muss zunächst eine Vollstreckungsklausel bei einem deutschen Gericht[466] beantragt werden. Wenn die Förmlichkeiten[467] erfüllt sind, wird dem Antrag stattgegeben. Hiergegen kann der Schuldner einen Rechtsbehelf einlegen, bei dem dann über die oben Rz. 134 genannten Versagungsgründe entschieden wird.[468]

2. Nach der deutschen ZPO

138 Ist weder die EuGVVO noch das Luganer Übereinkommen noch ein zweiseitiger Staatsvertrag anzuwenden, so richtet sich die Anerkennung und die Vollstreckung eines ausländischen Urteils nach der ZPO.

Gem. § 328 ZPO kann die rechtskräftige Entscheidung eines ausländischen Gerichts in einer Zivil- oder Handelssache in Deutschland anerkannt werden, es sei denn, es liegen bestimmte Ausschließungsgründe vor. Die Anerkennung erfolgt wiederum nicht in einem besonderen Verfahren, sondern wird von jedem Gericht bzw. von jeder Behörde, die mit dem Urteil befasst werden, inzidenter geprüft; jede Partei kann allerdings Klage auf Feststellung der Anerkennung oder Nichtanerkennung erheben.[469]

Die in § 328 Abs. 1 Ziff. 2–4 ZPO genannten Versagungsgründe entsprechen weitgehend den oben angeführten des EuGVVO/LÜ. Darüber hinaus ist aber die Anerkennung und Vollstreckung auch dann ausgeschlossen, wenn

- die Gerichte des Urteilsstaates nach deutschem Recht nicht zuständig waren. D. h. es ist zu prüfen, ob das ausländische Gericht zuständig gewesen wäre, wenn dort die deutschen Zuständigkeitsregeln Gültigkeit hätten;[470] oder

- ein entsprechendes Urteil eines deutschen Gerichts im Urteilsstaat nicht anerkannt werden würde (Verbürgung der Gegenseitigkeit).[471]

---

[463] Es sei denn, es wurden die hier weniger interessierenden Zuständigkeitsregeln in Versicherungssachen (Art. 7–12 a) oder in Verbrauchersachen (Art. 13–15) oder gem. Art. 16 EuGVVO/LÜ (Belegenheit, Registrierung) verletzt.

[464] Art. 36 EuGVVO/29 LÜ. Keine revision auf fond.

[465] Dazu gehören auch ein Prozessvergleich (Art. 51 EuGVVO) und eine vollstreckbare Urkunde (Art. 50 EuGVVO).

[466] Örtlich zuständig ist das Landgericht am Wohnsitz oder Sitz des Schuldners oder des Bezirks, in dem die Vollstreckung durchgeführt werden soll.

[467] Art. 38 EuGVVO/31 LÜ. Hierzu hat der Gläubiger Urkunden vorzulegen, aus denen sich die Vollstreckbarkeit ergibt, und aus denen sich ergibt, dass das Urteil dem Schuldner zugestellt worden ist (Art. 53 EuGVVO/47 Abs. 1 LÜ).

[468] Art. 43, 45 EuGVVO. Im Bereich des LÜ wird schon bei der Entscheidung über die Vollstreckungsklausel über das Vorliegen von Versagungsgründen entschieden. Art. 34 Abs. 2 LÜ.

[469] § 256 Abs. 1 ZPO.

[470] § 328 Abs. 1 Ziff. 1 ZPO. „Spiegelbildliche Zuständigkeit." BGHZ Bd. 120, 334 mit Nachweisen.

[471] § 328 Abs. 1 Ziff. 5 ZPO. Eine Aufzählung der Staaten, zu denen die Gegenseitigkeit (nicht) verbürgt ist, findet sich etwa bei *Baumbach/Lauterbach/Albers/Hartmann*, Anhang zu § 328, aber auch

Die *Vollstreckung* eines ausländischen Urteils setzt darüber hinaus ein Vollstreckungsurteil **139**
eines deutschen Gerichts aufgrund eines sogen. Exequatur-Verfahrens voraus. Es wird auf
Antrag des Gläubigers erlassen, wenn das ausländische Urteil rechtskräftig ist und keine
Gründe für die Versagung der Anerkennung[472] vorliegen.

II. Anerkennung und Vollstreckung deutscher Urteile im Ausland

Ob ein Urteil eines deutschen Gerichts in einem Drittland außerhalb von EuGVVO/ **140**
LÜ anerkannt wird und dort vollstreckt werden kann, richtet sich nach dem Recht des
betreffenden Landes, das ebenfalls oft die Gegenseitigkeit[473] und immer die Wahrung seines ordre public fordert.

C. Einstweiliger Rechtsschutz

Einstweiliger Rechtsschutz spielt im Sport eine wichtige Rolle,[474] da Entscheidungen – **141**
beispielsweise im Rahmen eines Ligawettbewerbs, über die Zulassung von Sportlern zu
großen Wettkämpfen oder Aufhebung einer Sperre – wegen des Fortgangs des Wettbewerbs zumeist äußerst schnell ergehen müssen. Die Durchführung eines rechtsstaatlichen
Verfahrens vor einem staatlichen Gericht, gegebenenfalls mit mehreren Instanzen, oder
einem Schiedsgericht erfordert notwendigerweise eine gewisse Zeit; es brächte dem Kläger möglicherweise keine Hilfe mehr. Das Recht auf einstweiligen Rechtsschutz ergibt
sich aus dem Justizgewährungsanspruch und ist daher verfassungsrechtlich geboten,[475]
zumal wenn Berufs- oder Eigentumsinteressen der Beteiligten auf dem Spiele stehen;
einstweiliger Rechtsschutz ist auch international überall anerkannt.

1. Gerichtszuständigkeiten

Sowohl im Bereich von EuGVVO/LÜ als auch der deutschen ZPO (gegenüber Dritt- **142**
staatlern) ist jedenfalls das Gericht der Hauptsache für den Erlass von einstweiligen Anordnungen zuständig.

Im Anwendungsbereich von *EuGVVO/LÜ* ist das Gericht der Hauptsache, bei dem die **143**
Klage anhängig ist, für den Erlass einstweiliger Maßnahmen zuständig; vor Rechtshängigkeit können daher nach dem oben Ausgeführten verschiedene Gerichte zuständig sein.[476]

Daneben können aber – sowohl vor als auch nach Rechtshängigkeit der Sache –
gem. Art. 31 EuGVVO/24 LÜ auch *die* Gerichte einstweilige Anordnungen erlassen, die
nach dem nationalen Recht, also in Deutschland nach §§ 12 ff. ZPO (international) zuständig sind und zwar auch gegenüber einem Schuldner mit (Wohn)Sitz in einem anderen Mitgliedsstaat.[477] In Betracht kommt auch die Zuständigkeit deutscher Gerichte nach

---

in anderen Kommentaren. Streitig ist nur, ob eine neue Klage zwischen den gleichen Parteien mit
gleichem Streitgegenstand als *unzulässig* abzuweisen ist oder ob ein Urteil mit gleichem Inhalt ergehen kann, wofür oft – wegen der Unklarheit über die Anerkennungsfrage – ein Bedürfnis
besteht. S. dazu *Baumann*, IPrax 1990, 28 mit weiteren Nachweisen.

[472] S. vorige Rz.

[473] Also entsprechende Urteile des Landes müssten in Deutschland vollstreckt werden können.
Vgl. dazu die Aufzählung der Länder zu denen die Gegenseitigkeit (nicht) gewahrt ist bei *Baumbach/
Lauterbach/Hartmann/Albers*, ZPO, Anhang zu § 328.

[474] Vgl. *Württembergischer Fußballverband* (Hrsg.), Einstweiliger Rechtsschutz im Sport (H. 22,
1985), vor allem der Überblick von *Wax*, S. 7 ff., *Adolphsen*, Internationale Dopingstrafen, S. 470 ff.

[475] Wohl allgemeine Meinung. *Walker*, Der einstweilige Rechtsschutz im Zivilprozess und im
arbeitsgerichtlichen Verfahren (1993), S. 48 ff., *MünchKommZPO-Heinze*, Vor § 916, Rz. 10, jeweils
mit weiteren Nachweisen.

[476] EuGHE 1998 I 7091. *Kropholler*, a.a.O., Art. 31, Rdnr. 10. – S. zu den möglichen Zuständigkeiten oben Rz. 107 ff.

[477] *Kropholler*, a.a.O., Art. 31, Rdnr. 1, *Rauscher-Leible*, a.a.O., Art. 31, Rdnr. 21 f. – Dagegen will
Schlosser, a.a.O., Art. 31, Rdnr. 21 nur die von der EuGVVO gedeckten Gerichtsstände der ZPO zulas-

§ 23 ZPO (Vermögensgerichtsstand[478]), die für das Hauptsacheverfahren von Art. 3 EuGVVO/LÜ ausgeschlossen ist. Der EuGH hat allerdings gewisse Einschränkungen bei diesen nationalen Zuständigkeiten festgelegt.[479]

Haben die Parteien einen (ausschließlichen) Gerichtsstand als Hauptsachegerichtsstand vereinbart, und damit einen anderen, sonst gegebenen Gerichtsstand derogiert, so ist streitig, ob damit auch die Zuständigkeit für den einstweiligen Rechtsschutz auf den vereinbarten Gerichtsstand beschränkt werden kann.[480]

144 Welche *Maßnahmen* erlassen werden können, ihre Voraussetzungen, Form, Inhalt und Wirkungen ist nicht in EuGVVO/LÜ geregelt, sondern richtet sich nach dem *nationalen Recht* des zuständigen Gerichts,[481] für deutsche Gerichte also nach der ZPO. Die ZPO sieht als Maßnahme des einstweiligen Rechtsschutzes den – in Sportsachen weniger bedeutsamen – Arrest zur Sicherung der Vollstreckung einer Geldforderung (§ 916 ZPO) und die einstweilige Verfügung zur Regelung streitiger Rechtsverhältnisse (§ 940 ZPO) einschließlich der weitgehend von der Rechtsprechung entwickelten „Leistungsverfügung"[482] vor.

145 Im *Verhältnis zu Drittstaaten*[483] ist in erster Linie (international) zuständig das Hauptsachegericht,[484] das insbesondere auch durch eine Gerichtsstandsvereinbarung bestimmt werden kann;[485] vor Rechtshängigkeit der Hauptsache können daher mehrere Gerichte zuständig sein.[486] Auch hier ist streitig, ob die an und für sich kraft Gesetzes gegebene Zuständigkeit eines deutschen Gerichts zum Erlass einer einstweiligen Maßnahme durch die Vereinbarung eines ausländischen Gerichts ausgeschlossen werden kann. Das ist im Interesse eines schnellen Rechtsschutzes zu verneinen.[487]

---

sen, da der Zweck der deutschen Regelung sei, dass das mögliche Hauptsachengericht auch für die einstweilige Anordnung zuständig ist; die Zuständigkeit gem. § 23 ZPO hält er daher nicht für gegeben.

[478] Dazu oben Rz. 123. A. A. *Schlosser*, vorige Fn.

[479] EuGHE 1998 I 7091 und 1999 I 2277: zwischen dem Gegenstand der beantragten Maßnahme und der gebietsbezogenen Zuständigkeit muss eine „reale Verknüpfung bestehen", das reale Vollstreckungsobjekt muss in diesem Gerichtsbezirk liegen, zudem muss bei einer „Leistungsverfügung" die evtl. „Rückzahlung" gesichert sein; wie das im Einzelnen zu geschehen hat (z. B. bei Zulassung zu einem Wettkampf), ist noch nicht geklärt. S. zur Entscheidung *Spellenberg/Leible*, ZZPInt 1999, 221, 229.

[480] Und zwar ist sowohl die Zulässigkeit einer Beschränkung der Zuständigkeit der Gerichte für einstweilige Anordnungen streitig als auch, ob die Parteien diesen Ausschluss im Zweifel überhaupt wollen, s. dazu *Rauscher-Leible*, Art. 31, Rdnr. 33, *Kropholler*, Art. 24, Rdnr. 103, der offenbar die Zulässigkeit unter Hinweis auf § 802/40 Abs. 2 ZPO verneint. *Baumbach-Hartmann*, § 919, Rdnr. 5 hält demgegenüber offenbar allein das vereinbarte Gericht für zuständig, jedoch ohne nähere Begründung.

[481] *Kropholler*, Europäisches Zivilprozessrecht, Art. 31 Rdnr. 1. *MünchKommZPO-Gottwald*, Art. 24 GVÜ, Rdnr. 1.

[482] Dazu z. B. *Stein/Jonas-Grunsky*, vor 935, Rdnr. 35 ff., 54 ff. Darunter würde die Zulassung zu einem Wettbewerb zählen, die praktisch endgültig ist. S. die Fälle Krabbe, SpuRt NJW-RR 1994, 1269, Baumann und dazu die verschiedenen Entscheidungen staatlicher Gerichte in SpuRt 2001, 114, 159 und 198 und Stanley Roberts, SpuRt 2000, 155 und 2002, 64.

[483] Dazu oben Rz. 103 f.

[484] §§ 919, 942 ZPO. In Sportsachen kaum bedeutsam dürfte die weitere Arrestzuständigkeit des Gerichts sein, in dem sich der mit Arrest zu belegende Gegenstand oder die in ihrer persönlichen Freiheit zu beschränkende Person (in Deutschland) befindet (§ 919 ZPO). Eine einstweilige Verfügung kann in ganz besonders dringenden Fällen auch das Amtsgericht erlassen, in dessen Bezirk sich der körperliche oder unkörperliche Gegenstand befindet, in Bezug auf den die einstweilige Verfügung ergehen soll (§ 942 ZPO).

[485] *Stein/Jonas-Grunsky*, § 919, Rdnr. 1 mit weiteren Nachweisen. Zur Gerichtsstandsvereinbarung s. oben Rz. 129 f. Es kann aber nicht ein anderes Gericht nur für einstweilige Maßnahmen als zuständig vereinbart werden, § 802 ZPO.

[486] S. dazu oben Rz. 102 f.

[487] *Spellenberg/Leible* in Gilles, Transnationales Prozessrecht (1995), S. 311, grundsätzlich bejahend *Adolphsen*, Internationale Dopingstrafen, S. 478 f., wenn dadurch effektiver Rechtsschutz gewährleistet wird.

Haben die Parteien ein *Schiedsgericht* vereinbart, so ist sowohl im Bereich EuGVVO/ LÜ[488] als auch im Bereich der ZPO[489] das Schiedsgericht zum Erlass einstweiliger Anordnungen zuständig, wenn die Parteien dies nicht ausgeschlossen haben. Insbesondere institutionelle Schiedsgerichte wie das TAS sehen in ihrer Verfahrensordnung oft vor, dass sie einstweilige Anordnungen erlassen können.[490]   **146**

Daneben bleiben aber auch die ordentlichen Gerichte im Rahmen ihrer Zuständigkeit zur Anordnung einstweiliger Maßnahmen zuständig,[491] was durchaus sinnvoll ist, da u. U. auch die vorläufige Entscheidung des Schiedsgerichts zu lange dauern kann, wenn es beispielsweise erst zusammengesetzt werden muss, ganz abgesehen davon, dass über die evtl. erforderliche Vollstreckung in Deutschland ein deutsches Oberlandesgericht entscheiden müsste.[492]

Ob die Parteien im Rahmen einer Schiedsgerichtsklausel von vornherein darauf *verzichten* können, staatliche Gerichte für einstweilige Maßnahme anzurufen,[493] ist jedenfalls für die Fälle zu verneinen, in denen das im Ausland sitzende Schiedsgericht nicht schnell genug reagieren kann, insbesondere sich erst konstituieren muss.[494] Da das TAS sehr schnell entscheiden kann, und ein Verband wohl immer einer einstweiligen Anordnung des TAS sofort Folge leisten wird, erscheint der Verzicht grundsätzlich zulässig.[495]

2. Anwendbares Recht

An und für sich bestimmt sich das anwendbare Recht auch bei einer einstweiligen Maß- **147** nahme nach den Grundsätzen des Internationalen Privatrechts, gegebenenfalls ist also ausländisches Recht heranzuziehen.[496] Deutsche Gerichte wenden demgegenüber wegen der Eilbedürftigkeit oft ohne weiteres das deutsche materielle Recht an,[497] da die Feststellung des ausländischen Rechts zumeist eines Sachverständigengutachtens bedarf, das nicht in der gebotenen Kürze einzuholen ist.

Welche einstweiligen Anordnungen das deutsche Gericht erlassen kann, richtet sich nach deutschem Verfahrensrecht.

3. Anerkennung und Vollstreckung einstweiliger Maßnahmen

Ob eine einstweilige Maßnahme eines Gerichts in einem anderen Staate anerkannt und **148** vollstreckt wird, richtet sich nach dem Recht des betreffenden Landes.

---

[488] *Kropholler*, Art. 31, Rdnr. 4.
[489] § 1041 ZPO.
[490] Art. R 37 Code, aber erst nach Einreichung der Klage. Vor Errichtung der zuständigen Kammer kann der Präsident entscheiden, so dass eine Verzögerung nicht eintritt.
[491] Für den Bereich von EuGVVO/LÜ, EuGHE 1998 I 7091: die Zuständigkeiten gem. Art. 2 ff. EGVVO/LÜ sind hingegen ausgeschlossen. Zum UN-Ü s. Haas, Arbitration, Art. 2, Rdnr. 104. Für das nationale deutsche Recht s. § 1041 ZPO. Dazu *Adolphsen*, Internationale Dopingstrafen, S. 564 ff., *Kropholler*, Art. 31, Rdnr. 4.
[492] § 1062 Abs. 1 Ziff. 3 i. V. m. Abs. 2 ZPO.
[493] Nach Art. R 37 Abs. 2 S. 3 Code verzichten die Parteien in Verfahren gegen *Verbandsentscheidungen* (sogen. Berufungssachen) durch Anerkennung der Verfahrensregeln auf Anrufung der staatlichen Gerichte für vorläufige Maßnahmen.
[494] Für das deutsche Recht streitig *Wagner*, Prozessverträge, S. 421, vorsichtiger *Adolphsen*, Internationale Dopingstrafen, a.a.O., S. 575 ff. Die Frage der Zulässigkeit des Ausschlusses richtet sich nach der lex fori, wird ein deutsches Gericht angegangen also nach deutschem Recht, Haas, Arbitration, Art. 2, Rdnr. 104 (str.). – Zumal vor einer ev. erforderlichen Vollstreckung in Deutschland zunächst die Vollstreckbarkeitserklärung eines deutschen Gerichts erlangt werden muss.
[495] *Adolphsen*, Internationale Dopingstrafen, S. 581 ff.
[496] *Spellenberg/Leible* S. 317 ff. Zur Frage, welche Rechtsordnung in Sportsachen anzuwenden ist, s. oben 1. Kapitel.
[497] OLG Frankfurt, NJW 1969, 991, 993; OLG Karlsruhe, STAZ 1976, 19; OLG Karlsruhe, IPrax 1985, 106 f.; *MünchKommZPO-Heinze*, § 920, Rz. 18. Bedenken gegen diese Praxis z. B. bei *Spellenberg/Leible*, S. 317 f.

Innerhalb des Geltungsbereiches von *EuGVVO/LÜ* fallen einstweilige Maßnahmen unter die gem. Art. 32 ff. EuGVVO/25 ff. LÜ anzuerkennenden Entscheidungen.[498] Allerdings ist die Anerkennung und Vollstreckung in einem anderen Mitgliedsstaat ausgeschlossen, wenn die Entscheidung aufgrund eines Verfahrens erlassen wurde, zu dem der Gegner nicht geladen wurde.[499] Daher ist es empfehlenswert, den Antrag auf einstweilige Maßnahme vor einem Gericht des Staates[500] zu stellen, in dem sie notfalls vollstreckt werden soll, da dann das Erfordernis des rechtlichen Gehörs nicht gilt.

149 Entscheidungen aus einem *Drittstaat* werden in Deutschland nur anerkannt und vollstreckt, wenn sie die Streitsache endgültig erledigen; einstweilige Maßnahmen fallen daher regelmäßig nicht darunter.[501] Nur wenn die gerichtliche Entscheidung die Befriedigung des Gläubigers anordnet (sog. Leistungsverfügung), ist ihre Anerkennung und Vollstreckung möglich.[502]

Ob eine in Deutschland erlassene einstweilige Maßnahme in einem Drittstaat anerkannt und vollstreckt wird, richtet sich nach dem betreffenden ausländischen Recht oder nach dem zwischen beiden Staaten bestehenden Anerkennungs- und Vollstreckungsabkommen. Regelmäßig ist danach nur eine endgültige Entscheidung anerkennungs- und vollstreckungsfähig, so dass einstweilige Maßnahmen nicht vollstreckbar sind.

Wegen dieses Risikos spricht im Bereich außerhalb von EuGVVO/LÜ natürlich vieles dafür, eine einstweilige Maßnahme, deren Vollstreckung möglicherweise erforderlich ist, vor den Gerichten des Vollstreckungslandes zu beantragen, falls dort eine Zuständigkeit gegeben ist.

4. Kapitel. Internationale Schiedsgerichtsbarkeit[503]

Bedeutung der internationalen Schiedsgerichtsbarkeit für den Sport

150 Mehr noch als im innerstaatlichen Bereich ist für den internationalen Sport grundsätzlich eine Schiedsgerichtsbarkeit zu befürworten, wenn sie wirklich unabhängig gestaltet ist. Die allgemein genannten Gründe – Schnelligkeit der Entscheidung, Sachnähe der Schiedsrichter, Befriedungseffekt u. a.[504] – gelten vermehrt, da Verfahren vor ausländischen staatlichen Gerichten umständlicher und (daher) meist noch langwieriger sind und internationale sportrechtliche Fragen meist noch schwieriger zu lösen sind. Hinzu kommt, dass oft Gerichte verschiedener Staaten zuständig sein können, die, da sie jeweils von ihrer eigenen Rechtsordnung ausgehen, möglicherweise zu unterschiedlichen Ergebnissen kommen, ganz abgesehen davon, dass die Regelungsdichte der einzelnen Rechtsordnungen gegenüber dem Sport sehr unterschiedlich ist.[505] Dadurch würde die sport-

---

[498] *MünchKommZPO-Gottwald,* Art. 25 EuGVÜ, Rz. 13. Vgl. aber BGH, IPrax 1985, 321 (mit Anmerkung von *Schlosser,* ebenda). – Zu den generellen Einschränkungen der Anerkennung und Vollstreckung, insbesondere aufgrund des ordre public, s. oben Rz. 134 ff. – str. ist, ob die Entscheidung eines Gerichts, das seine Zuständigkeit nur auf seine nationale Rechtsordnung gem. Art 31 gestützt hat, in anderen Vertragsstaaten zu vollstrecken ist; verneinend *Kropholler,* Art. 31, Rdnr. 24, grundsätzlich bejahend *Rauscher-Leible,* Art. 31 Rdnr. 38.

[499] EuGH, IPrax 1981, 95 (vor allem unter Hinweis auf [jetzt] Art. 34 Ziff. 2), dazu *Hausmann,* ebenda, S. 79 ff., BGHZ 140, 395. Dadurch wird allerdings der mögliche Überraschungseffekt ausgeschlossen.

[500] Wenn die Zuständigkeit nach dem im Text Ausgeführten gegeben ist.

[501] *Zöller-Geimer,* § 328, Rz. 8; *Spellenberg/Leible,* S. 328.

[502] S. die in der vorigen Fn. angegebene Literatur. Zu den Voraussetzungen der §§ 328 und 722 ZPO s. oben Rz. 138 f.

[503] Zu Schiedsgerichtsbarkeit im Sport allgemein oben Teil 2/Rz. 280 ff., insbesondere auch zu den grundsätzlichen Anforderungen. *Reichert,* Rdnr. 1864 ff. und 2530 ff. *Haas/Holla* in *Haas* (Hrsg.), Schiedsgerichtsbarkeit im Sport, Recht und Sport H. 31 (2003) S. 10 ff. Zur internationalen Schiedsgerichtsbarkeit in Sportsachen *Adolphsen,* Internationale Dopingstrafen, S. 484 ff.

[504] Dazu oben Teil 2/Rz. 280; *Haas/Holla,* S. 10 ff.

[505] S. dazu die Beispiele bei *Summerer,* Internationales Sportrecht, *Will* in *Reuter* (Hrsg.), Einbindung, S. 29 ff. und *Evans* in *Will,* Sportrecht in Europa, S. 31 ff.

typische Chancengleichheit der Sportler gefährdet, was zu scharfen Reaktionen der internationalen Sportverbände und letztlich zu einer Zerreißprobe führen müsste.[506] Dies kann weitgehend vermieden werden, wenn von allen am internationalen Sport Beteiligten ein institutionalisiertes Schiedsgericht des Sports anerkannt wird; verliert vor diesem Schiedsgericht ein Internationaler Sportverband gegen einen Sportler oder einen nationalen Sportverband, so kann er es sich kaum leisten – wie bei einem entsprechenden Urteil eines nationalen Gerichts – den betreffenden nationalen Verband oder Sportler mit Sanktionen bis zum Ausschluss zu belegen.

Gegenüber der nationalen Rechtsprechung mit divergierenden Ergebnissen könnte eine internationale, institutionelle Sportschiedsgerichtsbarkeit im Laufe der Zeit allgemein anerkannte sportrechtliche Grundsätze entwickeln; derartige Grundsätze könnten, wenn die Entscheidungen veröffentlicht werden und daher auch einer „Kontrolle" durch die Wissenschaft unterliegen,[507] auch von staatlichen Gerichten in nationalen Sportrechtsfragen anerkannt und übernommen werden, was allmählich zu einer einheitlichen „lex sportiva" führen würde.[508]

Letztlich ist die Anerkennung des Urteils eines staatlichen Gerichts im Ausland weniger gesichert, seine Vollstreckung meist erheblich schwieriger als die eines „ausländischen" Schiedsurteils,[509] dessen Anerkennung und notfalls Vollstreckung in einem anderen Land aufgrund des New Yorker UN-Übereinkommen (UNÜ) über die Anerkennung und Vollstreckung ausländischer Schiedssprüche[510] weitgehend gesichert ist.

Die Tendenz der internationalen Sportverbände, die zunehmend in Rechtsstreitigkeiten verwickelt werden, geht denn auch dahin, Streitigkeiten der Entscheidung durch nationale Gerichte zu entziehen und sie einem institutionalisiertem Schiedsgericht, dem TAS anzuvertrauen.[511] Versuche verschiedener Sportverbände, Streitigkeiten verbandseigenen Organen („Verbandsgerichten") jeglicher Kontrolle unabhängiger (Schieds)Gerichte zu entziehen, müssen in einem Rechtsstaat scheitern und sind letztlich auch international weitgehend gescheitert.[512]

---

[506] Vgl. den englischen Fall *Cooke* v. Football Ass. (1972) The Times v. 24. 3. 1972, zit. nach *Grayson*, S. 203 ff.: Das Gericht verlangte Durchsetzung des englischen Rechts gegenüber Transferbestimmungen der FIFA, widrigenfalls der englische Fußballverband aus der FIFA ausscheiden müsse. Andererseits verlangen Internationale Verbände die Durchsetzung ihres Regelwerkes mit der Folge, dass widrigenfalls der nationale Verband ausgeschlossen wird. S. neuerdings die inzwischen wieder aufgehobene Suspension des griechischen Fußballverbandes von der Teilnahme an internationalen Wettbewerben durch die FIFA wegen der Einflussnahme seitens der griechischen Regierung.

[507] Die Entscheidungen des TAS werden veröffentlicht in *Reeb* (Hrsg.), Recueil des sentences du TAS, Bd. I 1986–1998, Bd. II 1998–2000. Der zweite Band, obwohl nur 3 Jahre umfassend, enthält mehr Urteile als der erste! S. die Besprechung des 1. Bandes von *Pfister*, SpuRt 2002, 177 und 2003, 7, zu den Entscheidungen der Ad-hoc-Kammern bei Olympischen Spielen s. *Martens-Oschütz*, SpuRt 2001, 4; 2002, 89; 2005, 59.

[508] So auch *Oschütz*, Schiedsgerichtsbarkeit, S. 351 ff. Zum Verhältnis einer „lex sportiva" zum nationalen Recht s. oben Rz. 8.

[509] Daher hat sich im internationalen Handel schon seit langem das Schiedsgerichtswesen mehr noch als im nationalen Bereich entwickelt.

[510] Vom 10. 6. 1958, BGBl. 1961 II, S. 122. Gem. § 1061 ZPO richtet sich die Anerkennung und Vollstreckung ausländischer Schiedssprüche nach dem UNÜ.

[511] Diese Tendenz rechtlich abzusichern, gilt das Bemühen von *Adolphsen*, Internationale Dopingstrafen.

[512] *Stein/Jonas-Schlosser*, vor § 1025, Rdnr. 5. S. die zahlreichen Fälle zit. von *Summerer*, Internationales Sportrecht. Die Zurückhaltung – vor allem von Gerichten aus dem Bereich des common law –, sich in Sportsachen einzumischen, rührt aus einer Zeit, in der durch Sportstreitigkeiten keine erheblichen Vermögensinteressen (property rights) berührt wurden und sie daher dem Sport einen weiten rechtfreien Raum zubilligten, und nicht daher, dass sie die Verbandsgerichtsbarkeit als vollwertig anerkannten, s. z. B. *Evans* in *Will* (Hrsg.), Sportrecht in Europa, S. 31 ff.

Andererseits sind gerade wegen der möglichen Breitenwirkung einer institutionalisierten Sportschiedsgerichtsbarkeit auch besondere Forderungen an die Unabhängigkeit und die Neutralität der Institution und vor allem der Richter gegenüber den internationalen Sportverbänden zu stellen.[513] Die geschlossene Schiedsrichterliste des TAS, in der ein Großteil der Schiedsrichter von Sportverbänden und nur ein Fünftel im Hinblick auf Interessen der Athleten bestimmt werden,[514] ist – entgegen der Ansicht des schweizerischen Bundesgerichts[515] – nicht über jeden Zweifel erhaben, vor allem nicht, wenn Fälle mit Sponsoren und Rechteverwertern dorthin gelangen sollten.

Auch muss eine Sportschiedsgerichtsbarkeit bereit sein, das maßgebende Verbandsregelwerk auf seine Vereinbarkeit mit staatlichen Rechtsgrundsätzen zu überprüfen.

Kein Einwand sollte *allein*[516] daraus hergeleitet werden, dass die Sportverbände als Monopolisten die Vereinbarung eines Schiedsgerichts, insbesondere des TAS, weitgehend durchsetzen können. In Deutschland ist dieser Einwand – nach Streichung des § 1025 Abs. 2 ZPO[517] – grundsätzlich nicht mehr berechtigt,[518] ebenso wenig nach schweizerischem Recht.[519] Entscheidend ist, dass die Unabhängigkeit und Neutralität der Richter auch für den Unterworfenen (Sportler) überzeugend gesichert ist, dass die Verfahrensgarantien beachtet werden und – natürlich – dass die Zustimmung des Betroffenen vorliegt, was aber auch dann der Fall sein kann, wenn „ihm nichts anderes übrig bleibt".

Die Zukunft wird – unter der wohlwollenden Aufsicht des schweizerischen Bundesgerichts[520] und dem kritischen Blick der Wissenschaft – erweisen, ob es seiner Aufgabe

---

[513] Schweizerisches BGE 119 II 271. Einen rechtsvergleichenden Überblick über die unterschiedlichen Maßstäbe gibt *Haas*, ZEuP 1999, 355, 361 ff.

[514] Art. S 14 Code of Sports-related Arbitration des TAS (Code), abgedruckt in *Reeb*, Rec. des Sentences, Anhang (zum Tas s. näher unten Rz. 165). Zumal die Mitglieder des CIAS, das die Unabhängigkeit des TAS sichern soll und alle Schiedsrichter auf Vorschlag der Internationalen Sportverbände benennt, ebenfalls von den Internationalen Sportverbänden benannt werden; die Sportler selbst haben daher keinen direkten Einfluss auf die Schiedsrichterliste. Darüber hinaus wäre es zu verstehen, wenn viele der Benannten ihre Wiederwahl nach vier Jahren nicht gefährden möchten.

[515] BG v. 31. 10. 1996, abgedruckt in *Reeb*, Rev. Des Sentences 1986–1998 S. 577, BG, SpuRt 2002, 62; BGE 129 III 445, Kritik an diesem Urteil gerade in Anbetracht der Auswahl der Schiedsrichterliste übt *Baddeley*, Causa Sport 2004, 91.

[516] Daher ist der Entscheidung des BGH, NJW 2000, 1713 auch für das jetzige Recht zuzustimmen: hier hatte das Mitglied eines Monopolverbandes gegen die Einführung einer Schiedsklausel in die Satzung gestimmt und war daher nicht an sie gebunden; da es sich um einen Monopolverband handelte, konnte man daraus, dass er nicht austrat, auch nicht auf nachträgliche Zustimmung schließen. Kritisch zu der Entscheidung indes *Adolphsen*, S. 558 ff.

[517] Dies war vor der Novellierung des deutschen Schiedsverfahrensrechts, streitig: Gem. § 1025 Abs. 2 war ein Schiedsvertrag unwirksam, wenn eine Partei ihre wirtschaftliche oder soziale Überlegenheit ausgenutzt hatte. Speziell zu Sportverbänden, s. *Preiß*, DB 1972, 1727, *Vollkommer*, RdA 1982, 31 f., *Westermann*, Die Verbandsstrafgewalt (1972), S. 108 ff.; *Nicklisch*, BB 1972, 1285, 1288 (zulässig, wenn legitime Gründe). Vgl. auch LG Frankfurt, ZIP 1989, 599 = EWiR § 1025 1/89 S. 623 (mit ablehnendem Kommentar *Schlosser*).

[518] S. dazu näher Teil 2/Rz. 282. Jetzt ist § 138 BGB anzuwenden, *Schwab-Walter*, Kap. 32, Rdnr. 14. *Stein/Jonas-Schlosser*, § 1029, Rdnr. 26, der zu Recht darauf hinweist, dass sonst ein Großteil von AGB schon aus diesem Grund unwirksam sei. Speziell zum Sport *Haas/Holla*, S. 22 ff. – Nach *Haas*, ZEuP 1999, 373 mit Nachweisen: unzulässig wohl nach belgischem, griechischen und österreichischem Recht.

[519] BGE v. 31. 10. 1996 (Fall Nagel), *Reeb*, Rec. des sentences du TAS, 1986–1998 S. 585, vgl. dazu *Haas*, ZEuP, a.a.O., *Adolphsen*, Internationale Dopingstrafen, a.a.O., S. 548 f., da die Neutralität gesichert sei. – Da das TAS seinen Sitz in der Schweiz hat, ist schweizerisches Recht auf die Vereinbarung des TAS anzuwenden, vorbehaltlich einer anderen Rechtswahl, Art. V Abs. 1a) UNÜ, Art. 178 schweizerisches IPRGes.

[520] Nur das schweizerische BG kann Entscheidungen des TAS aufheben, andere ausländische, z. B. deutsche Gerichte können allenfalls die Anerkennung und Vollstreckung für ihr Land verweigern, s. dazu unten Rz. 160 f.

gerecht wird und durch Entwicklung von Grundsätzen einer lex sportiva dem internationalen Sport dienen kann.

1. Zulässigkeit der Entscheidung eines Rechtsstreits durch ein deutsches oder ausländisches Schiedsgericht

Die deutsche staatliche Gerichtsbarkeit kann zugunsten eines Schiedsgerichts aufgrund einer einzelvertraglichen *Schiedsvereinbarung* (auch noch nach Entstehen des Streitfalles) oder durch *Verbandssatzung* ausgeschlossen werden. Anwendbar sind auf ein Schiedsgericht mit Sitz im Inland die §§ 1025 ff. ZPO, mit Sitz im Ausland das UN-Ü.[521] Urteile eines inländischen oder ausländischen Schiedsgerichts werden in Deutschland danach weitgehend anerkannt. Da die meisten Staaten das UN-Ü anerkannt haben, ist die Rechtslage im Ausland ähnlich, d. h. auch dort kann die staatliche Gerichtsbarkeit durch Vereinbarung eines Schiedsgerichts weitgehend ausgeschlossen werden, Schiedssprüche werden anerkannt. **151**

Schiedsunfähigkeit dürfte in sportbezogenen Fällen nur bei Arbeitsrechtssachen gegeben sein.[522] Gem. § 101 ArbGG ist für Streitigkeiten zwischen Arbeitnehmern (Sportler) und Arbeitgebern die Vereinbarung eines Schiedsgerichts unzulässig. Dies ist sowohl in der Einredesituation[523] als auch – falls das (ausländische) Schiedsgericht einen Schiedsspruch erlassen hat – bei der Frage der Anerkennung und Vollstreckung in Deutschland zu beachten. Demnach wird ein deutsches Arbeitsgericht trotz Vorliegen eines Schiedsgerichtsvertrages sachlich über die Klage entscheiden.[524] Ein von einem ausländischen Schiedsgericht in einer Arbeitsrechtssache erlassener Schiedsspruch ist in Deutschland nicht anzuerkennen oder zu vollstrecken.[525] Ob hiervon in Fällen mit Auslandbezug eine Ausnahme gemacht werden kann, ist sehr zweifelhaft. *Schlosser* schlägt in teleologischer Reduktion des § 101 Abs. 2 ArbGG eine Ausnahme insoweit vor, als gem. § 38 ZPO auch die Zuständigkeit eines ausländischen Gerichts vereinbart werden könnte[526] oder wenn von vornherein keine (internationale) Zuständigkeit eines deutschen Arbeitsgerichts gegeben ist. Im zweiten Fall ist in der Tat die Zulässigkeit der Vereinbarung eines Schiedsgerichts zu bejahen; Bedenken bestehen jedoch gegen die Heranziehung des § 38 ZPO;[527] denn der Schutzzweck des Ausschlusses der Schiedsgerichtsbarkeit liegt gerade darin, dass die vielfältigen und schwer zu überblickenden Schutznormen zugunsten des Arbeitnehmers eingehalten werden; der Wohnsitz des Arbeitnehmers im Ausland dürfte jedenfalls dann nicht genügen, wenn er seine Tätigkeit praktisch nur in Deutschland bei seinem **152**

---

[521] *Schwab-Walter*, Schiedsgerichtsbarkeit S. 308 f. § 1025 Abs. 3 ZPO spricht von ausländischen Schiedssprüchen. Da das Tas wie auch die Ad-hoc-Kammer bei Olympischen Spielen den Sitz in Lausanne/Schweiz haben, sind deren Schiedssprüche „ausländische".

[522] § 101 ArbGG, im Übrigen § 1030 Abs. 1 S. 1, Abs. 3 ZPO: Voraussetzung der Schiedsfähigkeit ist ein vermögensrechtlicher Anspruch oder soweit die Parteien befugt sind, über den Streitgegenstand einen Vergleich zu schließen.

[523] Der Beklagte trägt gegen die Klage vor, es sei eine Schiedsgerichtsvereinbarung getroffen worden; dem widerspricht der Kläger, die Sache sei nach deutschem Recht als der lex fori schiedsunfähig.

[524] So die in Deutschland ganz h. M. *Haas*, Arbitration, Part 3, Art. II, Rdnr. 58 mit Hinweisen auf andere (ausländische) Ansichten, *Stein/Jonas-Schlosser* (21. Aufl.), Anhang zu § 1044 (a. F.), Rdnr. 29.

[525] Art. V Abs. 2 a) UN-Ü. – Natürlich können die Parteien einen Schiedsspruch freiwillig erfüllen.

[526] *Stein/Jonas-Schlosser,* a.a.O., § 1044 Rdnr. 84 (in der 22. Aufl. nicht mehr enthalten). Ihm folgend *Musielak/Voit*, ZPO, § 1061, Rdnr. 22. Noch weiter geht *Krähe*, SpuRt 2004, 204, der allein aus der Tatsache, dass das TAS sich in der Schweiz befindet, einen Auslandssachverhalt annimmt; auch die Staatsangehörigkeit des in Deutschland wohnenden und arbeitenden Arbeitnehmers in concreto stellt keine genügende Auslandsberührung dar. *Krähe* geht zudem weder auf die Einrede, noch auf die Vollstreckungssituation ein; dazu *Pfister*, SpuRt 2006, H. 4.

[527] Z. B. wenn der Arbeitnehmer seinen Wohnsitz im Ausland hat (§ 38 Abs. 2 S. 1 ZPO), nach dem Entstehen der Streitigkeit (Abs. 3 Ziff. 1), und wenn die Vereinbarung für den Fall geschlossen wird, dass der Beklagte nach Vertragsschluss seinen Wohnsitz ins Ausland verlegt (Ziff. 2).

Verein ausübt; zudem wären dann für die Arbeitnehmer desselben Vereins unterschiedliche Rechtswege gegeben; es mag hingehen etwa bei Rennfahrern oder Turnierspielern mit Wohnsitz im Ausland, die meist im Ausland tätig sind.

2. Die Schiedsklausel

152a Eine Schiedsklausel kann sowohl in einem Einzelvertrag (a) als in einer Verbands- oder Vereinssatzung (b) enthalten sein.

153 **a) Schiedsgerichtsvereinbarung.** Da Sportler regelmäßig keine Mitglieder der Sportverbände sind, kommt für sie nur eine *Schiedsgerichtsvereinbarung* in Betracht. Die Schiedsvereinbarung muss in Schriftform erfolgen[528] und unterliegt dem von den Parteien vereinbarten Recht; mangels einer Rechtswahlvereinbarung ist das Recht am Schiedsort heranzuziehen (Schiedsvertragsstatut),[529] bei Zuständigkeit des TAS also schweizerisches Recht.[530] Nach dem Schiedsvertragsstatut richtet sich das Zustandekommen und die Wirksamkeit des Schiedsvertrages,[531] unabhängig vom Schicksal des Hauptvertrages.[532] Das Schiedsgericht entscheidet selbst über die Frage der Wirksamkeit des Schiedsvertrages.[533] Das schweizerische Bundesgericht wendet bei der Überprüfung von Schiedssprüchen des TAS hinsichtlich der Form § 178 Abs. 1 schweizerisches IPR-Gesetz an,[534] hinsichtlich der materiellen Wirksamkeit des Schiedsvertrages das von den Parteien vereinbarte, sonst ebenfalls schweizerisches Recht an.[535]

154 Insbesondere in einem Regelanerkennungs- oder Lizenzvertrag[536] zwischen Verband und Sportler wird oft ein Schiedsgericht vereinbart, in internationalen Fällen meist das TAS.[537] Möglich ist auch, dass in einem Vertrag zwischen unterem Verband und Sportler der Sportler das Regelwerk des höheren Verbandes, dessen Disziplinargewalt und für evtl. entstehende Streitigkeiten auch das in dessen Regelwerk vorgesehene Schiedsgericht anerkennt, hierbei handelt es sich um eine Art Schiedsgerichtsvertrag zugunsten Dritter; der höhere Verband ist natürlich nur daran gebunden, wenn er in seiner Satzung die Schiedsgerichtsbarkeit vorgesehen hat oder sich in concreto damit einverstanden erklärt.[538] Der Regelanerkennungsvertrag sollte zumindest einen Hinweis auf die satzungs-

---

[528] Sogen. erleichterte Schriftform, Art. 2 Abs. 1 und 2 UN-Ü; § 1031 ZPO. Vgl. zu Details *Stein/Jonas-Schlosser*, Anhang § 1061, Rdnr. 49 ff.

[529] Art. VI a UN-Ü, *MünchKommZPO-Voit*, § 1029, Rdnr. 17, zum selben Ergebnis kommt man über Art. 28 EGBGB. Wenn der Schiedsort in Deutschland liegt, ist demnach deutsches Recht anzuwenden, § 1025 Abs. 1.

[530] Art. II Abs. 3 UNÜ; s. z. B. die Regelung für das TAS (Tribunal Arbitral du Sport, vgl. unten Rz. 165).

[531] Art. V Abs. 1 a. UNÜ enthält *gewisse Schutzvorschriften* gem. dem Heimatrecht der beiden Parteien (z. B. betr. Geschäftsfähigkeit), die Vorrang gegenüber § 1025 Abs. 1 haben; *Stein-Jonas-Schlosser*, Anhang nach § 1061, Rdnr. 38 f.

[532] § 1040 Abs. 1 S. 2 ZPO; schon früher h. M., BGHZ Bd. 53, 315 = JZ 1970, 730 mit Anmerkung von *Schlosser. Stein/Jonas-Schlosser*, Anhang zu § 1061, Rdnr. 39.

[533] Sogen. Kompetenz-Kompetenz des Schiedsgerichts, § 1040 ZPO. Allerdings steht die Entscheidung des Schiedsgerichts über die Wirksamkeit der Schiedsvereinbarung unter der Kontrolle der staatlichen Gerichte, Art. V Abs. 1a) UN-Ü, § 1040 Abs. 3 S. 2, § 1059 Abs. 2 Ziff. 1a) ZPO.

[534] Erleichterte Schriftform, z. B. auch Übermittlung von Fax, die den Nachweis der Vereinbarung durch Text ermöglichen.

[535] BG, SpuRt 2002, 62, s. Art. R 45 Code de l'arbitrage für das TAS, vgl. unten Rz. 165. Auffallend, dass das OLG München, SpuRt 2001, 64, 67, in demselben Fall auf die Frage der Wirksamkeit der Schiedsabrede (offenbar aufgrund konkludenter Rechtswahl) deutsches Recht angewendet hat.

[536] S. dazu Rz. 39.

[537] S. dazu Rz. 165.

[538] S. zur Schiedsgerichtsvereinbarung zugunsten Dritter BGHZ Bd. 48, 45 = NJW 1967, 2057, 2059; RG in JW 1925, 2608 mit Anmerkung v. *Kisch*. Ebenso für die Schweiz *Wenger* in *Honsell*, a.a.O., Art. 178, Rdnr. 61.

mäßige Schiedsklausel enthalten; ob ein allgemeiner Verweis im Regelanerkennungsvertrag auf das Regelwerk des Internationalen Sportverbandes auch eine in dessen Satzung enthaltene Schiedsklausel wirksam einbezieht, ist zweifelhaft;[539] das für die Überprüfung von Entscheidungen des TAS in erster Linie zuständige schweizerische Bundesgericht stellt hier auf den Einzelfall ab und bejaht sehr weitgehend die Wirksamkeit, wenn der Sportler in irgend einer Weise Kenntnis von der Schiedsklausel hatte und der Verband auf das Einverständnis mit der Schiedsklausel vertrauen konnte.[540] Zur Sicherheit sollte jedenfalls im Regelanerkennungsvertrag mindestens ausdrücklich auf die Schiedsklausel hingewiesen werden.

b) Satzungsmäßige Schiedsklausel. Das UN-Ü erwähnt *satzungsmäßige* Schiedsklauseln nicht. Unterliegt das Mitgliedschaftsverhältnis *ausländischem* Recht, so bestimmt sich nach dieser Rechtsordnung, ob eine statutarische Schiedsklausel zulässig ist und unmittelbare Mitglieder bindet.[541] Die Zulässigkeit wird sowohl vom deutschen Bundesgerichtshof[542] als auch vom schweizerischen Bundesgericht anerkannt.[543] 155

c) Wirkung einer Schiedsklausel. Durch eine wirksame Schiedsklausel wird die Zuständigkeit der deutschen Gerichte ausgeschlossen; das Gleiche gilt für Vertragsstaaten des UN-Ü.[544] Das Schiedsgericht kann auch einstweilige Maßnahmen erlassen, wenn es die Parteien nicht 156

---

[539] Verneinend *Stein/Jonas-Schlosser*, § 1031, Rdnr. 5 und Anhang § 1061 Rdnr. 58; auf den Einzelfall abstellend *Haas*, Arbitration, Art. 2, Rdnr. 47, offenbar in Gefolgschaft des schweizerische BGE. Daher könnte bei Fehlen eines ausdrücklichen Hinweises ein deutsches Gericht einem daraufhin ergehenden Schiedsspruch die Anerkennung oder Vollstreckbarkeitserklärung verweigern.

[540] Aufgrund des Vertrauensgrundsatzes des schweizerischen Rechts, vgl. die Entscheidungen zu TAS-Schiedssprüchen BGE 119 II 271 (Fall Gundel), v. 31. 10. 1996 (Fall Nagel), *Reeb*, Rec. des sentences du TAS, 1986–1998 S. 585 und sehr weitgehend BG, SpuRt 2002, 62 (Stanley Roberts), wo erst im Laufe der Verhandlungen zwischen den Anwälten und dem Verband auf die Schiedsgerichtsklausel hingewiesen wurde, ohne dass der Sportler jemals sein Einverständnis hierzu geäußert hat. Das OLG München hat im Verfahren über einer einstweilige Verfügung dementsprechend eine Schiedsgerichtsvereinbarung nach deutschem Recht abgelehnt, SpuRt 2001, 64. *Huber*, Zeitschrift für Schweizerisches Recht 2002, II, 77. S. auch *Haas*, ZEuP 1999, 370, *Adolphsen*, Internationale Dopingstrafen, S. 544 ff., der einen allgemeinen Verweis für genügend hält in entsprechender Heranziehung der Entscheidung des EuGHE 1992 I 1745 zu (jetzt) Art. 23 EuGVVO; danach bindet eine Gerichtsstandsklausel in der Satzung einer AktG die Aktionäre, auch wenn sie dagegen gestimmt haben; dieser Sachverhalt liegt aber doch wohl anders, zumal keine Monopolstellung gegeben war.

[541] Da die Anwendung des UN-Übereinkommens Schriftform der Schiedsklausel verlangt (Art. II), bleibt bei einer satzungsmäßigen Schiedsklausel nur die Anerkennung nach dem autonomen Recht, in Deutschland also nach § 1044 ZPO (Meistbegünstigungsklausel, Art. VII Abs. 1 UN-Ü).

[542] Streitig ist, ob sich die Schiedsklausel in einer Satzung nach § 1066 oder nach 1025 ZPO richtet, s. *Schlosser*, § 1066, Rdnr. 5, *Musielak-Voith*, § 1066, Rdnr. 7. Nach der überwiegenden Rechtsprechung ist § 1066 ZPO anzuwenden, BGH, NJW 2000, 1713 (Hundezüchterverein, der monopolartig das Körbuch führt): Schriftformerfordernis des § 1027 ZPO a. F. (jetzt § 1031 ZPO) ist durch Satzung Genüge getan. Wird in die Satzung eines Monopolverbandes eine Schiedsgerichtsklausel neu aufgenommen, so sollen Mitglieder, die dagegen gestimmt haben, nicht daran gebunden sein; Kritik an der Entscheidung bei *Adolphsen*, a.a.O., S. 558 ff. mit weiteren Nachweisen. – Das schweizerische Bundesgericht scheint insoweit toleranter zu sein als der BGH, da es den Monopoleinwand nicht berücksichtigt, wenn jedenfalls die Neutralität des Schiedsgerichts gesichert ist, BGE (Fall Nagel) 31. 10. 1996, ebenso *Huber*, a.a.O., S. 124 und *Wenger* in *Honsel*, Komm. Z. schweizerischen Privatrecht, IPR Art. 178 Rdnr. 8 und 63, beide ohne allerdings auf die Monopolsituation einzugehen. – Zudem kommt nach dem „Vertrauensgrundsatz" des schweizerischen Rechts eine Einigung wohl leichter zustande als nach deutschem Recht, vgl. oben Fn. 539.

[543] Da die in Art. II UN-Ü vorgeschriebene Schriftform bei einer satzungsmäßigen Schiedsklausel nicht eingehalten sein dürfte, kann die Anerkennung und Vollstreckung eines ausländischen Schiedsspruches nur über das autonome Recht des Anerkennungs- oder Vollstreckungsstaates geschehen, in Deutschland also gem. § 1058 ZPO (Günstigkeitsprinzip).

[544] Die meisten Staaten sind Vertragsstaaten, s. die Auflistung der Vertragsstaaten bei *Jayme-Hausmann*, Internationales Privat- und Verfahrensrecht Nr. 124 und *Haas*, Arbitration Annex.

ausgeschlossen haben.[545] Ein entgegen der Schiedsklausel angegangenes staatliches Gericht verweist die Parteien auf Antrag einer Partei auf das schiedsgerichtliche Verfahren.[546]

3. Verfahren vor dem Schiedsgericht

157 Das Verfahren des Schiedsgerichts – insbesondere seine Zusammensetzung – kann von den Parteien geregelt werden. Institutionelle Schiedsgerichte stellen oft ein eigenes Verfahrensrecht zur Verfügung, wie das TAS;[547] sonst wenden Schiedsgerichte meist das Verfahrensrecht an, das am Tagungsort gilt.

Jedenfalls muss das Schiedsgericht die grundlegenden allgemeinen Verfahrensprinzipien beachten, wie den Grundsatz des rechtlichen Gehörs, Ablehnungsbefugnis der Parteien gegenüber einem Schiedsrichter wegen Besorgnis der Befangenheit, Zulassung von Anwälten,[548] widrigenfalls der Schiedsspruch Gefahr läuft, wegen Verstoßes gegen den ordre public vom zuständigen staatlichen Gericht aufgehoben oder nicht anerkannt und nicht vollstreckt zu werden.

158 Die Streitsache unterliegt materiell der Rechtsordnung, die die Parteien – auch erst im Verfahren – vereinbart haben;[549] sonst wendet ein Schiedsgericht mit Sitz in Deutschland das Recht an, zu dem der Sachverhalt die engste Beziehung hat.[550] Auch das TAS wendet das vereinbarte, sonst in Berufungssachen das Recht am Sitz des Verbandes,[551] in allgemeinen Schiedsgerichtssachen zunächst das schweizerische Kollisionsrecht an.[552] Das Schiedsgericht beachtet dann auch die zwingenden Normen der anzuwendenden Rechtsordnung; es wird – schon um die Anerkennung seines Urteils zu sichern – auch den internationalen ordre public der sonst beteiligten Rechtsordnungen berücksichtigen, insbesondere also die des Heimatlandes oder des Wohnsitzes der Parteien.[553]

4. Der Schiedsspruch

159 a) **Wirkung.** Der Schiedsspruch eines Schiedsgerichts – gleichgültig, in welchem Land er erlassen wurde – wirkt wie ein rechtskräftiges Urteil eines staatlichen Gerichts, ist daher im Inland ohne besonderes Verfahren anzuerkennen[554] und kann, falls erforderlich,

---

[545] Regel 37 der TAS-Verfahrensordnung sieht die Möglichkeit vor. Str. ist, ob sie gem. § 1041 (analog) auch in Deutschland zu vollstrecken sind, bejahend *Stein/Jonas-Schlosser*, § 1041, Rdnr. 20, verneinend *Gottwald/Adolphsen*, DStR 1998, 1017, 1020, *Schimke* in *Scherrer*, S. 64; jedenfalls dauert es länger. Soweit sie gegen einen Verband gerichtet sind, dürfte dieser sich ihrer freiwilligen Ausführung kaum entziehen können, so zu recht *Adolphsen*, Internationale Dopingstrafen, S. 583. Zu einstweiligen Maßnahmen näher oben Rz. 141.
[546] Art. II Abs. 3 UN-Ü, § 1032 Abs. 1 ZPO.
[547] Code of Sports-related Arbitration.
[548] Alle diese Punkte sind im Code of Sports-related Arbitration geregelt.
[549] § 1051 ZPO, ebenso Art. 187 schweizerisches IPRGes. S. dazu oben Rz. 26 f.
[550] § 1051 Abs. 2 ZPO.
[551] Art. 58 Code. Berufungssachen sind Klagen gegen Disziplinarentscheidungen eines Verbandes. Überblick über kollisionsrechtliche Entscheidungen des TAS bei *Pfister*, SpuRt 2002, 177 f.
[552] Art. 45 Code. Grundsätzlich ist nach Art. 187 schweizerischen IPRGes ebenfalls das Recht anzuwenden, mit dem der Sachverhalt die engste Beziehung hat.
[553] S. dazu unten Rz. 161, *Stein/Jonas-Schlosser*, § 1051, Rdnr. 4 mit weiteren Nachweisen und Anhang § 1061, Rdnr. 145, 148; hierzu gehören auch kartellrechtliche Vorschriften des GWB und Art. 81 f. EWGV, EuGH, Slg. 1999, 3055 = NJW 1999, 3549, schweizerisches BG 118 II 193. Das TAS (AEK Athens and Slavia Prag) Rec. des sentences 98/2000 wendet das EU-Kartellrecht an, s. dazu *Tyrolt* in *Vieweg* (Hrsg.), Spektrum des Sportrechts (2003), S. 75, 78 ff.
[554] § 1055 ZPO; für Schiedssprüche ausländischer Schiedsgerichte wird dasselbe in Analogie zu § 1055 oder aus § 1061 i.V. m. Art. III und V UN-Ü entnommen, s. *Stein/Jonas-Schlosser*, § 1055, Rdnr. 25. Ausnahmsweise kann aufgrund Parteivereinbarung oder der Verfahrensordnung des institutionellen Schiedsgerichts ein Rechtsmittel zu einem „Oberschiedsgericht" gegeben sein, wodurch die Rechtskraft aufgeschoben wird.

im In- oder Ausland nach einer Vollstreckbarkeitserklärung (Exequatur) durch ein staatliches Gericht des Vollstreckungslandes vollstreckt werden.

b) Aufhebung, Anerkennung, Vollstreckung. Jeder Staat behält sich aber das Recht **160** vor, aus bestimmten Gründen den Schiedsspruch eines Schiedsgerichts mit Sitz in seinem Land auf Antrag einer Partei durch seine Gerichte *aufzuheben*,[555] ausländischen Schiedssprüchen die Anerkennung oder Vollstreckbarkeit zu versagen.[556] Ein Schiedsspruch des TAS kann daher nur vom schweizerischen Bundesgericht aufgehoben,[557] in einem anderen Land kann ihm nur die Anerkennung und Vollstreckbarkeit aufgrund eines Gerichtsentscheides mit Wirkung nur für dieses Land versagt werden. Eine Überprüfung auf Richtigkeit der Entscheidung (révision au fond) findet in Deutschland, in der Schweiz wie auch in den meisten anderen Staaten in keinem Fall statt.[558]

Die Gründe für die Aufhebung eines inländischen Schiedsspruches bzw. für die Versagung der Anerkennung und Vollstreckbarkeitserklärung eines ausländischen Schiedsspruches sind in den meisten Staaten entsprechend dem UN-Ü gefasst.[559] Soweit im Sportbereich interessierend können sie sich insbesondere aus einem Verstoß gegen den (deutschen) ordre public[560] ergeben. **161**

Aufzuheben bzw. die Anerkennung zu versagen ist, wenn die *Schiedsklausel* nach dem auf sie anwendbaren Recht unwirksam ist; dann war das Schiedsgericht unzuständig.[561] Ein Verstoß gegen den deutschen ordre public liegt vor, wenn das *Entscheidungsergebnis* der Anwendung ausländischen Rechts in concreto zu den Grundgedanken der deutschen Regelungen und den in ihnen enthaltenen Gerechtigkeitsvorstellungen in so starkem Widerspruch steht, dass es nach deutschen Vorstellungen untragbar erscheint; jedoch gehören nicht alle zwingenden Vorschriften des deutschen Rechts zum ordre public.[562] Zu unterscheiden ist der materiellrechtliche und der verfahrensrechtliche ordre public.[563]

---

[555] Art. V Abs. 1e) UN-Ü. Für Deutschland § 1059 ZPO. Zuständig ist das OLG, das die Parteien vereinbart haben, sonst in dessen Bezirk das schiedsgerichtliche Verfahren stattgefunden hat, § 1062 ZPO.

[556] § 1061 i.V. m. mit Art. V UNÜ. Zuständig ist das OLG, in dessen Bezirk der Antragsgegner seinen Sitz oder gewöhnlichen Aufenthalt hat oder ihm gehöriges Vermögen liegt, s. näher § 1062 Abs. 2 ZPO. Möglich ist nach deutschem Recht auch ein Antrag auf Feststellung der Unwirksamkeit des Schiedsspruches in Deutschland, *Zöller-Geimer*, Art. 1061, Rdnr. 14, *Stein/Jonas-Schlosser*, § 1061, Rdnr. 7. – Entsprechendes gilt für andere Staaten nach deren Recht, insbesondere nach dem UN-Ü, das in den meisten gilt. Einen Überblick über die wesentlichen Aufhebungsgründe im Ausland gibt *Gottwald*, Festschrift für *Nagel* (1987) S. 54 ff.

[557] Gem. Art. 190 ff. IPRGes vom schweizerischen Bundesgericht, das schon mehrfach gegen Entscheide des TAS angerufen wurde, sie aber letztlich nicht beanstandet hat. Vgl. zu den Entscheidungen *Haas*, ZEuP 1999, 355. Neuerdings BG, SpuRt 2004, 38 mit Anmerkung von *Netzle* und SpuRt 2002, 62: Anfechtbar auch eine Vorentscheidung des TAS, mit der es seine Zuständigkeit feststellt; letztlich wurde die Vorentscheidung aber vom BG aufrechterhalten.

[558] *Schwab-Walter*, Kap. 24, Rdnr. 1.

[559] § 1061 ZPO i.V. m. Art. V UNÜ. Die Aufhebungsgründe in § 1059 ZPO sind dem UNÜ nachgebildet. – Allerdings können sich Unterschiede aufgrund der einzelstaatlichen Rechtsprechung ergeben.

[560] Art. V Abs. 2 b UN-Übereinkommen, § 1059 Abs. 2 Ziff. 2 b) ZPO.

[561] Art. V Abs. 1a) UN-Ü. Hier könnte die Zwangslage des Sportlers beachtlich werden, dem nichts anderes übrig blieb als die Schiedsklausel zu akzeptieren; um hier Sittenwidrigkeit gem. § 138 BGB zu bejahen, müssten aber noch weitere Umstände hinzukommen. Immerhin hat der BGH, NJW 2000, 1713 eine Schiedsklausel eines Monopolverbandes für die tatsächlich zustimmenden Mitglieder als verbindlich angesehen. Zur Problematik *Adolphsen*, Internationale Dopingstrafen, S. 551 ff.

[562] BGH, NJW 1998, 2358, *Stein/Jonas-Schlosser*, Anhang § 1061, Rdnr. 135.

[563] *Stein/Jonas-Schlosser*, Anhang § 1061, Rdnr. 137. Zum Verstoß gegen den materiellrechtlichen ordre public generell s. oben Rz. 37 f.

162 Ein Verstoß gegen den *materiellrechtlichen* ordre public kann vorliegen bei Verletzung von Grundrechten[564] – beispielsweise, wenn das Schiedsgericht eine übermäßig lange Sperre eines Berufssportlers,[565] möglicherweise auch eines Amateurs[566] aufrechterhält, eine in der Verbandssatzung vorgesehene hohe Ablösesumme für den Wechsel eines Jugendlichen zu einem Profiverein durchsetzt[567] oder zwingende Grundsätze des europäischen Rechts,[568] insbesondere auch kartellrechtliche Vorschriften nicht beachtet.[569] Die Tatsache, dass dem Sportler i. d. R. keine andere Wahl bleibt als die Schiedsklausel zu akzeptieren, dürfte trotz der Monopolstellung der internationalen Sportverbände nur bei Vorliegen weiterer Gründe zur Unwirksamkeit der Klausel und damit zu einem ordre-public-Verstoß des darauf basierenden Schiedsspruchs führen.[570]

163 Der *verfahrensrechtliche* ordre public beinhaltet insbesondere den Grundsatz des rechtlichen Gehörs und der Unabhängigkeit und Unparteilichkeit der Schiedsrichter.[571] Nach anfänglichem Zögern und daraufhin erfolgter Änderung der Verfahrensordnung des TAS hat das schweizerische Bundesgericht keine Bedenken mehr gegen die Auswahl der Schiedsrichter des TAS, auch nicht in einem Verfahren gegen das IOC selbst.[572] Ob die Neutralität der weitgehend von den Verbänden, im Übrigen im Hinblick auf die Interessen der Sportler ausgesuchten Schiedsrichter[573] auch in einem Verfahren zwischen einem Verband und einem Verein oder einem Sponsor oder Rechteverwerter gesichert ist, die alle kein Benennungsrecht haben, bleibt jedoch zweifelhaft.[574]

---

[564] *Zöller-Geimer*, Art. 1061, Rdnr. 64.

[565] Art. 12 GG. Handelt es sich um einen ausländischen Berufssportler in Deutschland, so ist der ordre public des betreffenden Heimatstaates zu berücksichtigen. S. zur Berücksichtigung ausländischer zwingender Vorschriften im Rahmen des deutschen ordre public *Stein/Jonas-Schlosser*, Anhang § 1061, Rdnr. 135, 143, einschränkend *Adolphsen*, a.a.O., S. 666 ff.

[566] Verstoß gegen die allgemeine Handlungsfreiheit, Art. 2 Abs. 1 GG s. dazu *Pfister* in *Pfister-Steiner*, Sportrecht A–Z, „Sperre".

[567] S. BGH NJW 2000, 1028 (zum internen Recht, Verstoß gegen §§ 138/242 BGB i. V. m. Art. 12 GG, Anm. von *Reuter* in LM H. 3/2000 § 138 Aa BGB Nr. 57/58.

[568] EuGH, EuZW 1999, 565, *Zöller-Geimer*, Art. 1061, Rdnr. 51. Zur Beachtung von „Eingriffsnormen" durch Schiedsgerichte eingehend *Tyrolt*, a.a.O., S. 85 ff. Z. B. ein Schiedsgerichtsurteil, das entgegen den Grundsätzen des Bosman-Urteils des EuGH (Slg. 1995 I S. 4930) die Ablehnung einer Spielerlaubnis für einen Berufssportler durch einen Verband, die Bestrafung eines Vereins wegen Nichtzahlung einer Ablösesumme oder wegen der Teilnahme mehrerer Spieler aus EU-Ländern aufrechterhält oder eine Ablösesumme für einen Spielerwechsel zuspricht. Grundsätzlich ebenso schweizerisches BG 118 II 193.

[569] EuGH, vorige Fn. *Stein/Jonas-Schlosser*, Anhang § 1061, Rdnr. 148; *Adolphsen*, a.a.O., S. 672 ff.

[570] S. dazu schon oben Fn. 515. Auch das Tas hat in verschiedenen Fällen das europäische Kartellrecht angewendet, z. B. Tas 98/200 (UEFA) und 99 A/ 234 und 235 (FINA)m, dazu *Oschütz*, Schiedsgerichtsbarkeit, S. 340 ff.

[571] *Stein/Jonas-Schlosser*, Anhang § 1061, Rdnr. 151. *Schwab-Walter*, S. 280. Dieser Einwand kann aber präkludiert sein, wenn der Unterlegene ihn im Schiedsverfahren selbst mit Aussicht auf Erfolg hätte vorbringen können.

[572] Obiter dictum des BG vom 31. 10. 1996 (Nagel), *Reeb*, Rec. des sentences du TAS, 1986–1998 S. 585. In der früheren Entscheidung v. 15. 3. 1993 BGE 119 II 271 (Gundel) hatte das BG noch Bedenken geäußert, falls das IOC selbst Partei sein würde. Beide Entscheidungen in Rec. des sentences 1986–1998 S. 545 und 577, dazu *Haas*, ZeuP 1999, 355; Kritik von *Baddeley*, Causa Sport 2004, 91 f.

[573] Regel 14 Code.

[574] Vgl. BGHZ Bd. 51, 255 = NJW 1969, 750 (Schiedsgericht des Warenvereins der Hamburger Börse, da nur Angehörige der Börse auf der Schiedsrichterliste standen). Vgl. auch BGH, NJW 1989, 1477, dort lagen allerdings auch noch Mängel vor. Dazu auch 2/Rz. 281.Ein Sponsor ist aber nicht wie ein Sportler „gezwungen", die Schiedsgerichtsbarkeit des TAS anzuerkennen; jedenfalls muss er die mangelnde Unabhängigkeit der Schiedsrichter schon im Schiedsgerichtsverfahren geltend machen, BGH, RIW 2002001, 458. *Reichert-van Look*, Rz. 2556 hält es für unzulässig, wenn bei institutionellen Verbandsgerichten ein an das Schiedsgericht gebundenes Nichtmitglied keinen Ein-

Streitig ist, ob die Tatsachenfeststellungen des Schiedsgerichts, soweit sie zur Beurteilung des ordre-public-Verstoßes erforderlich sind, nachgeprüft werden können.[575]

Schwierigkeiten können entstehen, wenn ein nationales Gericht einem ausländischen Schiedsspruch, der beispielsweise die Entscheidung eines Internationalen Verbandes aufrechterhält, die Anerkennung mit Wirkung nur für den betreffenden Staat[576] versagt; der nationale Sportverband bleibt ja gegenüber dem Internationalen Verband verpflichtet, die durch den – außerhalb dieses Staates ja wirksamen – Schiedsspruch bestätigte Verbandsentscheidung zu beachten und durchzusetzen, was er aber im Inland nach Versagung der Anerkennung nicht kann.[577] Das ist aber keine Besonderheit des Schiedsgerichtsverfahrens oder des internationalen Sportrechts, sondern ein allgemeines Problem des internationalen Privat- und Prozessrechts (sogen. „hinkende Rechtsverhältnisse"). Diese Schwierigkeit mag bei der Abwägung des staatlichen Gerichts, ob das Schiedsurteil wirklich gegen den nationalen ordre public verstößt, vor allem unter dem Gesichtspunkt der einheitlichen Regelanwendung im Sport mit einfließen; letztlich kann aber kein Rechtsstaat es zulassen, dass wesentliche Grundsätze seiner Rechtsordnung durch Regeln und Entscheidungen eines Internationalen Sportverbandes in seinem Bereich ausgehöhlt werden,[578] selbst wenn sie durch ein Schiedsgerichtsurteil bestätigt sind.

164

5. Das Tribunal Arbitral du Sport (TAS)

Unter Führung des *IOC* wurde 1983/1984 als Schiedsgericht für Sportangelegenheiten das TAS mit Sitz in Lausanne und aufgrund eines obiter dictum des schweizerischen Bundesgerichts[579] 1994 das ICAS errichtet, das das TAS verwaltet und beaufsichtigt.[580]

165

Das TAS entscheidet in privatrechtlichen Streitigkeiten mit Bezug zum Sport. Es besteht aus zwei Kammern.[581] Eine Kammer entscheidet über Streitigkeiten mit wirtschaftlichem Hintergrund, etwa zwischen Verbänden und Sponsoren oder Rechteverwertern

---

fluss auf die Besetzung hat. Etwas missverständlich demgegenüber Rz. 2555 a. E. Vgl. auch die Entscheidung der Europ.MRK im Fall Lars Bramelid v. Schweden.

[575] *Musielak-Voit,* § 1061, Rdnr. 30, *MünchKommZPO-Maier,* § 1044, Rdnr. 13; zweifelnd *Zöller-Geimer,* § 1059, Rdnr. 52 f. Jedenfalls muss der Antragsteller hinreichende Anhaltspunkte nachweisen, dass die Tatsachenfeststellung, z. B. der Dopingverstoß, fehlerhaft war.

[576] In seinem Heimatland wie auch im Übrigen Ausland behält der Schiedsspruch ja seine Wirkung, falls ihm nicht dort auch die Anerkennung versagt wird. – S. weitere Schwierigkeiten im Dreiecksverhältnis Internationaler Verband – nationaler Verband – Sportler aufgrund von Schiedsgerichtssprüchen, *Haas/Holla,* S. 38 ff.

[577] Beispiel: Ein Sportler oder Verein wird durch die Entscheidung eines Internationalen Verbandes von einem Wettbewerb in Deutschland ausgeschlossen; wird dem diese Entscheidung aufrechterhaltenden Schiedsurteil (etwa des TAS) aber die Anerkennung in Deutschland versagt, so muss der deutsche Verband den Sportler/Verein beim Wettbewerb zulassen, verletzt aber seine Verpflichtung gegenüber dem Internationalen Verband.

[578] So ausdrücklich BVerfGE Bd. 31, 58 = NJW 1971, 1509, 1513 allgemein zum IPR. Vgl. Cooke v. Football Association (1972) oben Fn. 184.

[579] BGE 119 II 271, 279 zum TAS in der alten Form. Alle Entscheidungen des schweizerischen Bundesgerichts zum TAS werden abgedruckt in Rec. des sentences. *Simma,* Festschrift für *Seidl-Hohenveldern* (1988), S. 573 ff. und *Schlosser,* Festschrift für *A. Zeuner,* S. 467 ff. (hier auch zur zitierten Entscheidung); *Nafziger,* Int.Comp. L. Q. 1996, 130 ff., 142. Das BG hatte zwar in concreto das Schiedsurteil des TAS bestätigt, indes betont, es könnten Zweifel an der Unparteilichkeit der Schiedsrichter bestehen, wenn in einem Fall das IOC selbst Partei im Schiedsverfahren sei. Einen Überblick über die Entwicklung des Tas gibt *Oschütz,* Sportschiedsgerichtsbarkeit S. 37 ff.

[580] CIAS = Conseil International de l'arbitrage en matière de Sport; TAS = Tribunal Arbitral du Sport. Zur Geschichte s. *Reeb* in Rec. des sentences 1986–1998 S. XIII ff. S. dazu den Bericht von *Netzle,* SpuRt 1995, 89 f. und *Baddeley,* Rev. Jur. 1997, 23 ff.

[581] Art. S. 20 Code de l'arbitrage en matière de sport (im Folgenden Code, frz. und engl. Originaltext in *Reeb,* Anhang, deutsche Übersetzung in *Reschke,* 80 00 (9). Chambre d'arbitrage ordinaire und Chambre arbitrale d'appel.

aufgrund einer Vereinbarung zwischen den Parteien. Die andere ist zuständig für Berufungen gegen (Disziplinar-)Entscheidungen von Sportverbänden (Berufungssachen), wenn dies die Verbandsstatuten[582] vorsehen oder in sonstiger Weise zwischen den Parteien vereinbart wird. Zudem kann das TAS auf Antrag von internationalen Sportverbänden Gutachten über Rechtsfragen erstellen.[583]

Die Kammern haben ihren Sitz regelmäßig ebenfalls in Lausanne, können aber in besonderen Fällen auch in einem anderen Land tagen.[584] Während der Olympischen Spiele wird jeweils eine sogen. Ad-hoc-Kammer am Ort der Spiele für Streitigkeiten aus Anlass der Spiele errichtet, die aber ebenfalls ihren rechtlichen Sitz in Lausanne hat. Das Verfahren ist im Code de l'arbitrage en matière de sport geregelt.[585]

Die Parteien können in der Schiedsklausel das auf die Streitfrage anzuwendende Recht bestimmen; mangels einer Vereinbarung wendet das Schiedsgericht in allgemeinen Sportsachen schweizerisches Recht unter Einschluss des schweizerischen Kollisionsrechts an,[586] in Berufungssachen das Recht am Sitz des betreffenden Verbandes.[587]

Das ICAS bestimmt wenigstens 150 Persönlichkeiten als Schiedsrichter.[588] Aus dieser Liste wählt jede Partei einen Schiedsrichter, die sich auf einen dritten, den Vorsitzenden – ebenfalls aus der Liste – einigen.[589]

Das TAS kann auch einstweilige Maßnahmen anordnen, nachdem die Sache anhängig ist.[590]

Schiedssprüche des TAS sind echte Schiedsgerichtssprüche und unterliegen daher nur einer sehr eingeschränkten Überprüfung durch das schweizerische Bundesgericht,[591] das schon mehrfach angerufen wurde, bislang aber keinen Schiedsspruch aufgehoben hat.[592]

---

[582] Zur Zulässigkeit satzungsmäßiger Schiedsklauseln s oben Rz. 155 ff.

[583] Art. 27 Ziff. 3.

[584] Art. R 28. Auch die Ad-hoc-Kammer bei Olympischen Spielen hat ihren „Sitz" in Lausanne, obwohl sie jeweils am Ort der Spiele tagt, Regel 7 des Règlement für die Olympischen Spiele. Beide abgedruckt jeweils in Recueil des sentences des TAS.

[585] Abgedruckt jeweils in Rec. des sentences a. E. Deutsche Übersetzung in *Reschke*, Handbuch des Sportrechts, 80/00/9. Zum Aufbau und zu den verschiedenen Verfahrensarten s. *Hofmann*, SpuRt 2002, 7 ff.

[586] Art. R 45 Code.

[587] Art. R 58 Code; bei einem Verband mit Sitz in der Schweiz also schweizerisches Recht.

[588] Von denen je $1/5$ vom IOC, von den Internationalen Sportverbänden, von den Nationalen Olympischen Komitees, zur Wahrung der Interessen der Athleten und als Unabhängige vorgeschlagen werden. Zur Kritik daran s. oben Text und Fn. 512 f. Im Verhältnis zu Sponsoren und Rechteverwertern ist die Neutralität nicht gewahrt, worauf es wohl zurückzuführen ist, dass derartige Streitsachen bislang praktisch nicht zum TAS gelangt sind.

[589] Art. R 40.1, Art. R 50. Im Einzelfall kann auch nur 1 Schiedsrichter entscheiden, der dann vom Präsidenten bestimmt wird.

[590] Art. R 37. Durch Anrufung des TAS verzichten die Parteien in *Berufungssachen* darauf, vor staatlichen Gerichten einstweilige Maßnahmen zu beantragen. Die Einschränkung besteht nicht in allgemeinen Schiedssachen und nicht vor Anrufung des TAS (Abs. 2 S. 3). Da das TAS auch schon vor Ernennung der Schiedsrichter durch den Präsidenten der zuständigen Kammer einstweilige Maßnahmen anordnen kann und Verbände sich wohl kaum der Befolgung einer einstweiligen Maßnahme entziehen können, mag diese Regelung trotz der fehlenden Durchsetzungsmöglichkeit hinnehmbar sein. Ebenso für Schweiz *Roth* in *Scherrer*, Einstweiliger Rechtsschutz im internationalen Sport, S. 40.

[591] Gem. Art. 190 ff. schweizerisches IPRGes. Da es sich für das Bundesgericht nicht um ein „ausländisches" Schiedsgericht handelt, ist das UNÜ von ihm nicht anzuwenden. – Art. R 59 Code schließt für nicht in der Schweiz Ansässige eine Anfechtung aus, wenn dies in irgend einem Zeitpunkt von den Parteien vereinbart wurde. Auch das OLG München, SpuRt 2001, 64 sieht das TAS als echtes Schiedsgericht an.

[592] Die Urteile des BG sind abgedruckt in Rec. des sentences Bd. 1 S. 545 ff., Bd. 2 S. 767 ff. Die wichtigen Entscheidungen in Sachen Gundel und Nagel werden erörtert von *Haas*, ZeuP 1999, 355, das Urteil in Sachen Reynolds ist abgedruckt in SpuRt 2002, 62 und scharf kritisiert von *Knöfel*, ebenda, S. 49.

In Deutschland sind die Schiedssprüche gem. § 1061 ZPO/UNÜ anzuerkennen und gegebenenfalls zu vollstrecken, wenn nicht besondere Versagungsgründe vorliegen.[593]

Die Schiedssprüche und Gutachten des TAS werden in Sammelbänden, Recueil des sentences du TAS, veröffentlicht.[594]

Das schweizerische Bundesgericht, das allein zur Aufhebung von Schiedssprüchen des TAS zuständig ist, hat inzwischen grundsätzlich das TAS als echtes Schiedsgericht anerkannt.[595]

---

[593] S. dazu oben Fn. 160.

[594] Bisher 2 Bände: Bd. 1 1986–1998, Bd. 2 1998–2002, herausgegeben jeweils von *M. Reeb*, Bd. 1 besprochen von *Pfister,* SpuRt 2002, 177 und 2003, 7). Die Entscheidungen der Ad-hoc-Kammern bei den Olympischen Spielen wurden besprochen von *Martens/Oschütz,* SpuRt 2001, 4 und 2002, 89.

[595] BG, SpuRt 2004, 38, mit Anmerkung von *Netzle,* ebenda; BGE 119 II 271 (Fall Gundel), hier noch mit gewissen Bedenken, woraufhin die Regeln für das Tas geändert wurden; BG, SpuRt 2002, 62.

7. Teil. Sport und Europarecht

Literatur (allgemein): *Autexier, Christian,* Sportrecht in Frankreich, RuS 11, 11 ff.; *Behrens, Peter,* Die Konvergenz der wirtschaftlichen Freiheiten im europäischen Gemeinschaftsrecht, EuR 1992, 145 ff.; *ders.,* Das Wirtschaftsrecht des Europäischen Binnenmarktes, Jura 1989, 561 ff.; *Bermejo Vera, D. José,* Sportrecht in Spanien, RuS 11, 107 ff.; *Calliess, Christian/Ruffert, Matthias,* Kommentar zu EU-Vertrag und EG-Vertrag, 2. Auflage, Neuwied 2002; *De Cristofaro, Marcello,* Sportrecht in Italien, RuS 11, 55 ff.; *Emmert, Frank,* Europarecht, München 1996; *ders.,* European Union Law – Cases, München 2001; *Erecinski, Tadeusz,* Sportrecht in Polen, RuS 11, 157 ff.; *Evans, Andrew,* Sportrecht in England, RuS 11, 31 ff.; *Geiger, Rudolf,* EUV/EGV, Kommentar, 4. Auflage, München 2004; *Gleiss/Hirsch,* Kommentar zum EWG-Kartellrecht, 4. Auflage, 1993; *Goyder, D. G.,* EC Competition Law, Second Edition, Oxford 1993; *Grabitz, Eberhard/Hilf, Meinhard,* Das Recht der Europäischen Union, 2004; *Hailbronner,* in: *Dauses, Manfred* (Hrsg.), Handbuch des EG-Wirtschaftsrechts, Stand: 3 EGL, Januar 1996; *Herdegen, Matthias,* Europarecht, 6. Auflage, München 2004; *Hörster, Heinrich Ewald,* Sportrecht in Portugal, RuS 11, 77 ff.; *Huber, Peter M.,* Recht der Europäischen Integration, München 1996; *Malatos, Andreas,* Sportrecht in Griechenland, RuS 11, 135 ff.; *Mestmäcker, Ernst-Joachim/Schweitzer, Heike,* Europäisches Wettbewerbsrecht, 2. Auflage, München 2004; *Oppermann, Thomas,* Europarecht, 2. Auflage, München 1999; *Streinz, Rudolf,* Europarecht, 5. Auflage, Heidelberg 2001; *Streinz, Rudolf* (Hrsg.), EUV/EGV, Kommentar, München 2003; *Zäch, Roger,* Wettbewerbsrecht der Europäischen Union, München/Bern 1994.

Literatur (speziell): *Arens, Wolfgang,* Der Fall Bosman – Bewertung und Folgerungen aus der Sicht des nationalen Rechts, SpuRt 1996, 42 ff.; *Breitenmoser, Stephan,* Der Einfluß der Personenfreizügigkeit des Europäischen Gemeinschaftsrechts auf Nicht-EU-Staaten, in: *Scherrer/del Fabro,* Freizügigkeit im europäischen Sport, Zürich 2002, S. 59; *Breucker, Marius/Wüterich, Christoph,* Quotierung von Nicht-EU-Sportlern?, SpuRt 2004, 10 ff.; *Buschmann, Ludwig,* Ausrüsterverträge im Lichte des EU-Kartellrechts, Bayreuth 2006; *Coopers & Lybrand/Europäische Kommission,* Der Einfluß der Tätigkeiten der Europäischen Union auf den Sport, Ausgabe 1995; *Eilers, Goetz,* Transferbestimmungen im Fußballsport; Verbandsrechtliche Regelungen des DFB, der UEFA und der FIFA, RuS 15, 1 ff.; *ders.,* Das Bosman-Urteil und seine Auswirkungen – rechtliche und wirtschaftliche Folgen für den Berufsfußball und den nicht-lizenzierten Fußball (Vertragsamateure, Amateure), Ausbildungs- und Förderungsentschädigungen, WFV 43, S. 49 ff.; *ders.,* Freizügigkeit im Sport – Beschränkung durch Aufenthaltserlaubnis-Regelungen?, in: *Scherrer/del Fabro,* Freizügigkeit im europäischen Sport, Zürich 2002, S. 129; *Fikentscher, Adrian,* Kartellrecht im Sport – Ökonomische und rechtsvergleichende Betrachtungen, SpuRt 1995, 149 ff.; *Fischer, Hans Georg,* EG – Freizügigkeit und bezahlter Sport – Inhalt und Auswirkungen des Bosman-Urteils des EuGH, SpuRt 1996, 34 ff.; *ders.,* EG-Freizügigkeit und Sport; Zur EG-rechtlichen Zulässigkeit von Ausländerklauseln im bezahlten Sport, SpuRt 1994, 174 ff.; *Fleischer, Holger,* Absprachen im Profisport und Art. 85 EGV, WuW 1996, 473 ff.; *Fritz, Jürgen/Düll, Katharina,* Zu den neuen FIFA-Transferregelungen, SpuRt 2002, 144 ff.; *Fritzweiler, Jochen,* Europarecht und Auswirkungen auf die Verbände: Rechtliche Orientierungshilfen an konkreten Fallbeispielen, in: *Tokarski,* Aachen 1998, S. 172; *Gutmann, Rolf,* Schach, Sport und Europäischer Gerichtshof, SpuRt 1997, 38 ff.; *Hailbronner, Kay/Nachbauer, Andreas,* Die Dienstleistungsfreiheit in der Rechtsprechung des EuGH, EuZW 1992, 105 ff.; *Hannemann, Isolde,* Kartellverbot und Verhaltenskoordination im Sport, Diss., Berlin 2001; *Heermann, Peter,* Sport und europäisches Kartellrecht, SpuRt 2003, 89 ff.; *Hilf, Meinhard,* Die Freizügigkeit des Berufsfußballspielers innerhalb der Europäischen Gemeinschaft, NJW 1984, 517 ff.; *Hilf, Meinhard/Pache, Eckhard,* Das Bosman-Urteil des EuGH – Zur Geltung der EG-Grundfreiheiten für den Berufsfußball, NJW 1996, 1169 ff.; *Hobe, Stephan/Tietje, Christian,* Europäische Grundrechte auch für Profisportler, JuS 1996, 486 ff.; *Imping, Andreas,* Ausländer-Quote und Ablösesummen im Profi-Fußball, EWS 1996, 193 ff.; *Kahlenberg, Harald,* Anmerkung zum Urteil des LG Frankfurt a. M. – 2 / 14 O 392/93 – vom 18. 1. 1994, SpuRt 1994, 129 ff.; *ders.,* Zur EG-rechtlichen Zulässigkeit von Ausländerklauseln im Sport, EWS 1994, 423 ff.; *ders.,* Anmerkung zum Bosman-Urteil des EuGH, EWiR 1996, S. 111 ff.; *Karpenstein, Peter,* Der Zugang von Ausländern zum Berufsfußball innerhalb der Europäischen Gemeinschaft, RuS 11, 171 ff.; *Kepper, de Christophe,* Die Europäische Union und der Sport, RuS 19, 1 ff.; *ders.,* Freizügigkeit und Sport nach EU-Recht, in: *Scherrer/del Fabro,* Freizügigkeit im europäischen Sport, Zürich 2002, S. 43; *Kerr, Tim,* Freizügigkeit im Sport innerhalb und ausserhalb der EG, in: *Scherrer/del*

7. Teil. Sport und Europarecht

Fabro, Freizügigkeit im europäischen Sport, Zürich 2002, S. 31; *Kijowski, Andrzej,* Transfer im Fußballsport im Lichte des polnischen Zivil- und Arbeitsrechts, RuS 15, 59 ff.; *Klingmüller, Angela/Wichert, Joachim,* Die Zulässigkeit von Ablösesummen für vertraglich gebundene Profifußballspieler, SpuRt 2001, 1 ff.; *Koenig, Christian/Kühling, Jürgen,* EG-Beilhilfenrecht, private Sportunternehmen und öffentliche Förderung von Sportinfrastrukturen, SpuRt 2002, 53 ff.; *König, Walfried,* Anerkennung ausländischer Trainerlizenzen nach deutschem und EU-Recht, RuS 21, 51 ff.; *Lenz, Carl Otto,* Schlußanträge des Generalanwalts Carl Otto Lenz vom 20. September 1995 – Rs. C – 415/93, EuGRZ 1995, 459 ff.; *Malatos, Andreas,* Berufsfußball im europäischen Rechtsvergleich, Diss., Saarbrücken, 1988; *Mohr, Hellmuth,* Aktuelle Verschärfung der Voraussetzungen für Aufenthaltserlaubnisse ausländischer Berufssportler und -trainer, SpuRt 2002, 193 ff.; *Nasse, Norbert K. H.,* Wirksamkeit des § 11 der Fußballprofiverträge hinsichtlich Art. 48 EGV, Art. 12 GG und AGBG analog, SpuRt 1997, 45 ff.; *Niese, Holger,* Ausländer- und Transfer-Regelungen im Sport, RuS 29, 53 ff.; *Orth, Mark,* Freizeitbad Dorsten und Stadion Löffelhausen – EG-Beihilferecht und öffentliche Finanzierung von Sportanlagen, SpuRt 2003, 149 ff.; *ders.,* Was hat Sport mit freiem Wettbewerb zu tun?, causa Sport 2004, 195 ff.; *Palme, Christoph/Hepp-Schwab, Hermann/Wilske, Stephan,* Freizügigkeit im Profisport – EG-rechtliche Gewährleistungen und prozessuale Durchsetzbarkeit, JZ 1994, 343 ff.; *Pfister, Bernhard,* Das Bosman-Urteil des EuGH und das Kienass-Urteil des BAG, in: *Tokarski,* EU-Recht und Sport, Aachen 1998, S. 151; *Rademacher,* Die Künstler-Steuer: Vereinbar mit dem Europarecht?, ZRP 1996, 471 ff.; *Renz, Gerhard,* Freizügigkeit von Berufsfußballspielern innerhalb der Europäischen Gemeinschaft, RuS 11, 191 ff.; *Ress, Georg,* Die neue Kulturkompetenz der EG, DÖV 1992, 944 ff.; *Schäfer, Bernd,* Freizügigkeit aus vereins- und verbandsrechtlicher Sicht, in: *Scherrer/del Fabro,* Freizügigkeit im europäischen Sport, Zürich 2002, S. 81; *Scherrer, Urs/del Fabro, Marco,* Die neue FIFA-Transferregelung: Ausgewählte Themen, in: *dieselben,* Freizügigkeit im europäischen Sport, Zürich 2002, S. 141; *Schneider, Karl-Heinz,* Die Verankerung des Sports im Gemeinschaftsrecht, SpuRt 2002, 137 ff.; *Scholz, Rupert/Aulehner, Josef,* Die „3 + 2"-Regel und die Transferbestimmungen des Fußballsports im Lichte des europäischen Gemeinschaftsrechts, SpuRt 1996, 44 ff.; *Schroeder, Werner,* Anmerkung zur EuGH-Entscheidung „Bosman", JZ 1996, 254 ff.; *ders.,* Sport und Europäische Integration, Die Diskriminierung von Sportlern in der Europäischen Gemeinschaft, Diss., München 1989; *Schweitzer, Michael,* Die Freizügigkeit des Berufssportlers in der Europäischen Gemeinschaft, SpuRt 7, 71 ff.; *Söffing, Andreas,* Bilanzierung und Abschreibung von Transferzahlungen im Lizenzfußball, BB 1996, 523 ff.; *Steindorff, Ernst,* Berufssport im Gemeinsamen Markt, RIW 1975, 253 ff.; *Stiffler, Hans-Kaspar,* Brauchen wir ein europäisches Schneesportrecht, SpuRt 2006, 46 ff.; *Stopper, Martin,* Deutsche Rechtsprechung zu Transfer-Zahlungen seit „Bosman" – Übersicht und Kritik, SpuRt 2000, 1 ff.; *Streinz, Rudolf,* Die Auswirkungen des EG-Rechts auf den Sport, SpuRt 1998, 1 ff. und 45 ff.; *ders.,* EG-Grundfreiheiten und Verbandsautonomie, SpuRt 2000, 221 ff.; *ders.,* Der Weg zum Binnenmarkt für Sportlehrer als Aufgabe der Gerichte, SpuRt 2004, 197 ff.; *ders.,* Die Rechtsprechung des EuGH nach dem Bosman-Urteil – Spielräume für Verbände zwischen Freizügigkeit und Kartellrecht und Verbandsautonomie, RuS 29, 27 ff.; *ders.,* Die Freizügigkeit des Athleten, in: *Scherrer/del Fabro,* Freizügigkeit im europäischen Sport, Zürich 2002, S. 99; *ders.,* Der Fall Bosman: Bilanz und neue Fragen, ZEuP 2005, 340 ff.; *ders./Herrmann/Kraus,* (Schneeball-)Schlacht um die Diplomanerkennung, SpuRt 2005, 5 ff.; *Tettinger, Peter,* Sport als Verfassungsthema – Die Rolle des Sports im deutschen Verfassungsrecht und innerhalb der gemeinsamen Werte der EU –, RuS 29, 9 ff.; *Wach, Andrzej,* Transfer im Fußballsport in Polen und seine Regelung in Sportvorschriften, RuS 15, 43 ff.; *Wertenbruch, Johannes,* Anm. zur EuGH-Entscheidung „Freizügigkeit von Berufsfußballspielern", EuZW 1996, 82 ff.; *Zuleeg, Manfred,* Der Sport im europäischen Gemeinschaftsrecht, RuS 11, 1 ff.

Übersicht

	Rz.
Einführung	1
1. Kapitel. Sport in der Europäischen Union	2
I. Geschichte der Beziehungen zwischen Sport und der Europäischen Union	2
1. Rechtliche Grundlagen	2
2. Die europäischen EU-Institutionen und ihre Beziehungen zum Sport	7
3. Europäische Sportpolitik	15
II. Sport im Verfassungsvertrag	22
2. Kapitel. Anwendbarkeit des EG-Vertrags auf Sportfragen	28
I. Anwendungsbereich des Vertrages	28

	Rz.
1. Keine ausdrückliche Gemeinschaftskompetenz zur Regelung des Sports	28
2. Sport als „Teil des Wirtschaftslebens" i. S. v. Art. 2 EGV	29
3. Keine Bereichsausnahme	33
II. Das Recht von Amateursportlern auf Ausübung ihres Sports in der EU	37
III. Berufliche Befähigungsnachweise im Sport	43

3. Kapitel. Rechtsprechung des EuGH zu Sportfragen ... 53
    I. Walrave und Koch ./. Union cycliste Internationale ... 56
    II. Donà ./. Mantero ... 61
    III. UNECTEF ./. Heylens ... 63
    IV. Bosman ... 65
    V. Deliège ... 74
    VI. Lehtonen ... 80
    VII. Kolpak ... 88
    VIII. Meca-Medina und Majcen ./. Kommission ... 95
    IX. Piau ./. Kommission ... 100
    X. Simutenkov ... 104

4. Kapitel. Schutz der Sporttreibenden durch die Grundfreiheiten des EG-Vertrags ... 106
    I. Freizügigkeit der Arbeitnehmer gem. Art. 39 EGV ... 106
        1. Arbeitnehmerbegriff ... 109
        2. Regelungsgehalt des Art. 39 EGV ... 115
        3. Drittwirkung ... 121
        4. Rechtfertigungsgründe bzw. Grenzen des Art. 39 EGV ... 124
    II. Niederlassungsfreiheit (Art. 43 EGV) und Dienstleistungsfreiheit (Art. 49 EGV) ... 134

5. Kapitel. Ausländerklauseln im Sport nach Bosman ... 139
    I. Entwicklung der Ausländerregelungen im Fußball seit Bosman ... 139
    II. Gegenwärtiger Status ... 146
        1. Deutschland ... 146
        2. Europa ... 147
    III. Die Assoziierungsabkommen ... 150
    IV. Regelungen des Zugangs zum Arbeitsmarkt ... 156
    V. Völliger Ausschluss ausländischer Spieler von Nationalmannschaften ... 161

6. Kapitel. Internationale Transferregelungen im Fußball ... 164
    I. Entwicklung der Transferregelungen ... 164
    II. Das neue FIFA-Transferreglement ... 167

7. Kapitel. Wettbewerbsbestimmungen nach Art. 81 und 82 EGV ... 177
    I. Regelungsgehalt der Art. 81 und 82 EGV ... 178
    II. Standpunkt der Kommission ... 180
    III. Betroffene Bereiche des Sports ... 181
    IV. Sportvereine als Unternehmen ... 182
    V. Auswirkungen der Art. 81 ff. EGV auf Ausländerklauseln und Transferregeln ... 184
    VI. Auswirkungen der Art. 81 ff. EGV auf Wartefristen bei Nationalitätswechsel/Einbürgerung ... 193
    VII. Auswirkungen der Art. 81 ff. EGV auf Disziplinarmaßnahmen ... 194
    VIII. Auswirkungen der Art. 81 ff. EGV auf Produktwerbung ... 195
    IX. Auswirkungen der Art. 81 ff. EGV auf exklusive Einkaufsvereinbarungen ... 201
    X. Auswirkungen der Art. 81 ff. EGV auf den Exklusivvertrieb von Eintrittskarten ... 203
    XI. Auswirkungen der Art. 81 ff. EGV auf die Mehrfachbeteiligung an Fußballvereinen ... 205
    XII. Auswirkungen der Art. 81 ff. EGV auf sportorganisatorische Regeln ... 206
    XIII. Freistellung ... 207
    XIV. Dumping ... 209
    XV. Subventionen für den Sport ... 210
    XVI. Wettbewerb zwischen Sportverbänden ... 216
    XVII. Zentrale Vermarktung der Medienrechte ... 219

Einführung

Der professionelle Sport ist als Teil des Wirtschaftslebens dem EU-Recht unterworfen. **1**
Eine Bereichsausnahme für den Sport gibt es nicht. Das Gemeinschaftsrecht hat Vorrang vor dem Recht der Mitgliedsstaaten. An diesen grundsätzlichen Feststellungen können nach der Rechtsprechung des Europäischen Gerichtshofs (EuGH) keine ernsthaften Zweifel mehr bestehen. Die Befürchtungen, dass die Europäische Union den Fußball „zerstören" könnte, haben sich indes nicht bewahrheitet.[1] Sie hat es auch nicht versucht. Der Fußball und der europäische Sport insgesamt mussten sich jedoch mit tief greifenden Veränderungen auseinander setzen, die das berühmt gewordene *Bosman*-Urteil des EuGH vom 15. 12. 1995 ausgelöst hatte.

Durch die Feststellung, dass *Ausländer-Kontingente* für EU-Angehörige und *Ablösesummen* nach Vertragsablauf bei Spielertransfers zwischen Staaten der EU mit europäischem Recht unvereinbar sind, hat der EuGH das Wirtschaftsgefüge der europäischen Profivereine grundlegend verändert und einer breiten Öffentlichkeit ins Bewusstsein gerufen, wie eng der Sport mit der EU und mit deren Rechtsordnung verflochten ist. Seitdem beschäftigen sich Sportjuristen und Vereinsmanager wesentlich eingehender mit dem Recht der EU. Auch wenn viele Fragen zwischenzeitlich durch weitere Urteile des EuGH und durch Änderungen der Statuten der Sportverbände beantwortet sind bzw. mit einiger Sicherheit beantwortet werden können, bleiben noch Fragen offen. Exemplarisch kann man die folgenden anführen:

– Wie kann sich ein Verein, der ein junges Talent ausbildet und fördert, davor schützen, dass dieses den Verein jederzeit entschädigungslos verlässt und dem Ruf des großen und schnellen Geldes folgt?
– Wie viele ausländische Spieler kann ein Trainer in einem Punktspiel einsetzen, ohne mit einer Sanktion rechnen zu müssen? Macht es einen Unterschied, ob die Spieler einem Staat angehören, der der EU oder dem EWR angehört, oder einem Staat, der im Geltungsbereich der UEFA liegt, oder einem Staat außerhalb der EU?
– Muss ein deutscher Snowboard-Trainer, der in Chamonix arbeiten will, eine zusätzliche französische Trainerprüfung ablegen?
– Ist die unentgeltliche Überlassung eines Stadions an einen Club durch die Kommune eine wettbewerbsverzerrende Subvention bzw. unerlaubte Beihilfe?
– Darf ein Sportveranstalter einem Lieferanten die Bezeichnung „offiziell" für dessen Produkt verleihen?

Die folgenden Kapitel zeigen, dass die allgemein gültigen Vorgaben der Gemeinschaftsrechtsordnung aufgrund des *Vorrangs des Gemeinschaftsrechts*[2] auch im Sport Geltung beanspruchen und von Sportlern, Vereinen und Verbänden innerhalb der EU zu beachten sind.

---

[1] Befürchtung von UEFA-Präsident Lennart Johannsen nach dem Bosman-Urteil; siehe Vorauflage Rz. 1.
[2] Vgl. hierzu allgemein *Geiger*, Art. 10 Rz. 27 ff.

1. Kapitel. Sport in der Europäischen Union

I. Geschichte der Beziehungen zwischen Sport und der Europäischen Union

1. Rechtliche Grundlagen

2 Die drei Europäischen Gemeinschaften wurden durch die Verträge über die Europäische Gemeinschaft für Kohle und Stahl,[3] die Europäische Atomgemeinschaft (EURATOM)[4] und die Europäische Wirtschaftsgemeinschaft (EWG)[5] gegründet. Der EWG-Vertrag wurde 1986 durch die Einheitliche Europäische Akte geändert.[6] Diese stellte die Weichen für die Vollendung des Europäischen Binnenmarktes, der gemäß Artikel 8a EWGV bis zum 31. Dezember 1992 vollendet werden sollte. Mit dem Vertrag von *Maastricht*,[7] der am 1. November 1993 in Kraft trat, wurde die *Europäische Union (EU)* errichtet. Sie umfasst die supranationalen Europäischen Gemeinschaften (1. Säule) sowie die beiden intergouvernementalen Säulen der Gemeinsamen Außen- und Sicherheitspolitik (GASP) und der Polizeilichen und Justiziellen Zusammenarbeit (PJZS), die bis zum In-Kraft-Treten des Amsterdamer Vertrages am 1. Mai 1999 die Bezeichnung „Zusammenarbeit in den Bereichen Justiz und Inneres (ZJI) trug. Der Vertrag von Nizza, der am 1. Februar 2003 in Kraft getreten ist, änderte an dieser Konstruktion nichts. Am 1. Mai 2004 erfolgte der Beitritt der zehn mittel- und osteuropäischen Staaten zur Europäischen Union, die nun 25 Mitglieder umfasst.

3 Zentrale Aufgabe der EG ist die Errichtung eines Gemeinsamen Marktes.[8] Damit ist ein Wirtschaftsraum gemeint, in dem ein *freier Verkehr von Personen, Waren, Dienstleistungen und Kapital* gewährleistet ist. Zu diesem Zweck räumt der EG-Vertrag die Grundfreiheiten des freien Warenverkehrs (Art. 28 ff. EGV[9]), des freien Personenverkehrs (Art. 39 ff. EGV[10]), der Niederlassungsfreiheit (Art. 43 ff. EGV[11]), der Dienstleistungsfreiheit (Art. 49 ff. EGV[12]) und des freien Kapitalverkehrs (Art. 56 ff. EGV[13]) ein. Diese Grundfreiheiten sowie das zu ihrer Verwirklichung erlassene sekundäre Gemeinschaftsrecht können auch für den Bereich des Sports gelten, sofern dieser als Teil des Wirtschaftslebens im Sinne des Art. 2 EGV zu qualifizieren ist. Dies kommt insbesondere in Betracht, wenn Sport im Rahmen eines entgeltlichen Arbeits- oder Dienstleistungsverhältnisses ausgeübt wird.[14]

4 Davon zu unterscheiden ist die Frage, ob die Europäische Gemeinschaft selbst Kompetenzen für Regelungen im Zusammenhang mit dem Sport besitzt. Für die *Abgrenzung* der Zuständigkeiten von EG und Mitgliedsstaaten gilt das Prinzip der *begrenzten Einzelermächtigung*.[15] Die EG kann nur dann tätig werden, wenn ihr der EG-Vertrag Kompetenzen zuweist (Art. 5 Abs. 1 EGV). Der EWG-Vertrag enthielt eine solche ausdrückliche Kom-

---

[3] Vertrag vom 25. 3. 1951, BGBl. 1952 II S. 445.
[4] Vertrag vom 25. 3. 1957, BGBl. II S. 1014 ff.
[5] Vertrag vom 25. 3. 1957, BGBl. 1957 II S. 766.
[6] ABl. 1987 L 169 S. 12; BGBl. 1986 II S. 1102.
[7] ABl. 1992 C 191 S. 1.
[8] Artikel 2 EGV.
[9] Art. III-151 des am 29. Oktober 2004 unterzeichneten Vertrages über eine Verfassung für Europa (nachfolgend „Verfassung"), ABl. 2004 C 310 vom 16. Dezember 2004; siehe unten Rz. 22 ff.
[10] Art. III-133 Verfassung.
[11] Art. III-137 Verfassung.
[12] Art. III-144 Verfassung.
[13] Art. III-156 Verfassung.
[14] EuGH Rs. 36/74 *Walrave/Koch*, Slg. 1974, 1405 ff. = NJW 1975, 1093; hierzu näher unter Rz. 56 ff.
[15] Vgl. *Streinz/Streinz*, Art. 5 Rz. 7 ff.

petenzzuweisung für den Bereich des Sports nicht. Auch der EGV, der in gewissen Bereichen zur Ausweitung der Kompetenzen der EG geführt hat, enthält keine ausdrückliche Kompetenzzuweisung für den Sport. Er enthält aber in Art. 151 EGV erstmals eine ausdrückliche Kompetenzzuweisung für den Bereich der *Kultur*.[16] Art. 151 Abs. 1 EGV lautet:

„Die Gemeinschaft leistet einen Beitrag zur Entfaltung der Kulturen der Mitgliedsstaaten unter Wahrung ihrer nationalen und regionalen Vielfalt sowie gleichzeitiger Hervorhebung des gemeinsamen kulturellen Erbes."

Da die *Europäische Sportcharta*, die 1992 in Rhodos angenommen wurde, den Sport als eine soziale und kulturelle Aktivität betrachtet, ist auch der Sport Teil des kulturellen Erbes der Mitgliedsstaaten.[17] Die Kompetenzen der EG gemäß Art. 151 EGV sind jedoch nicht darauf gerichtet, eine „Gemeinschaftskultur" zu schaffen, sondern die EG soll durch ihre Tätigkeit im Bereich der Kultur lediglich dazu ermächtigt werden, die Zusammenarbeit zwischen den Mitgliedsstaaten zu fördern und erforderlichenfalls die Tätigkeit der Mitgliedsstaaten zu ergänzen (Art. 151 Abs. 2 EGV). Sie kann zu diesem Zweck nichtverbindliche Empfehlungen gemäß Art. 249 Abs. 5 EGV erlassen und *Fördermaßnahmen* unter Ausschluss jeglicher Harmonisierung der Rechts- und Verwaltungsvorschriften der Mitgliedsstaaten beschließen (Art. 151 Abs. 5 EGV). Als Fördermaßnahmen kommen Preise, die Förderung kultureller Veranstaltungen, die Einrichtung von Akademien und die Durchführung von Festspielen und Rundfunk- und Fernsehveranstaltungen in Betracht.[18] Art. 151 EGV soll jedoch nicht dazu dienen, die in den Mitgliedsstaaten vorhandenen Regelungen für den Bereich des Sports durch gemeinschaftsrechtliche Regelungen abzulösen. 5

Für die *Ausübung* der Zuständigkeiten der EG gelten die ebenfalls in Art. 5 EGV normierten Grundsätze der Subsidiarität und der Verhältnismäßigkeit.[19] Nach dem Subsidiaritätsprinzip des Art. 5 Abs. 2 EGV wird die EG in den Bereichen, die nicht in ihre ausschließliche Zuständigkeit fallen, wozu auch die Bereiche Kultur und Sport zählen, nur tätig, sofern und soweit die Ziele der in Betracht gezogenen Maßnahmen auf der Ebene der Mitgliedsstaaten nicht ausreichend verwirklicht und daher wegen ihres Umfangs oder ihrer Wirkung besser auf Gemeinschaftsebene erreicht werden können.[20] Nach dem in Art. 5 Abs. 3 EGV verankerten Verhältnismäßigkeitsgrundsatz gehen die Maßnahmen der EG nicht über das zur Erreichung der Ziele der Verfassung erforderliche Maß hinaus.[21] 6

2. Die europäischen EU-Institutionen und ihre Beziehungen zum Sport

Der *Rat* der Europäischen Union (Art. 202 ff. EGV)[22] ist das wichtigste gesetzgebende Organ und Entscheidungsgremium der EU. In ihm kommen die Vertreter der Regierungen der 25 Mitgliedsstaaten zusammen. Er erlässt gemeinsam mit dem Europäischen Parlament die Gemeinschaftsrechtsakte auf Vorschlag der Kommission. Die oberste Ebene der EU-Sportpolitik bilden die informellen Sportministerkonferenzen der Europäischen Union. Sie bieten die Möglichkeit, aktuelle Probleme im europäischen Sport zu thematisieren und entsprechend koordinierte Maßnahmen auf europäischer Ebene zu treffen. 7

---

[16] Allgemein zu Art. 128 EGV (jetzt Art. 151 EGV) *Ress*, DÖV 1992, 944 ff.

[17] Die Europäische Sportcharta wurde in der 7. Konferenz der Europäischen Sportminister im Mai 1992 angenommen; vgl. überblicksmäßig *de Kepper*, RuS 19, 1 ff.

[18] *Ress*, DÖV 1992, 947.

[19] Vgl. *Streinz/Streinz*, Art. 5 Rz. 30 ff. und 45 ff.

[20] Vgl. *Streinz/Streinz*, Art. 5 Rz. 36 ff.; *Geiger*, Art. 5 Rz. 4 ff.; Art. I-11 Verfassung.

[21] Art. I-11 Verfassung entspricht Art. 5 EGV; die Organe der Union wenden das Subsidiaritätsprinzip und den Grundsatz der Verhältnismäßigkeit nach dem Protokoll über die Anwendung der Grundsätze der Subsidiarität und der Verhältnismäßigkeit an (2. Protokoll zum Verfassungsvertrag).

[22] Art. III-341, 342 ff. Verfassung.

8 Die *Kommission* (Art. 211 ff. EGV)[23] erarbeitet als Exekutivorgan Vorschläge für neue europäische Rechtsvorschriften, die sie dem Europäischen Parlament und dem Rat vorlegt. Sie besteht gegenwärtig aus 25 Mitgliedern, die von den nationalen Regierungen vorgeschlagen werden, aber unabhängig sind (Art. 213 EGV). Die Kommission ist verantwortlich für die praktische Umsetzung der EU-Aktivitäten. Zudem wacht sie darüber, dass die europäischen Verträge und die europäischen Rechtsvorschriften eingehalten werden und wird daher auch als „Hüterin der Verträge" bezeichnet. Innerhalb der Kommission ist die Generaldirektion Bildung und Kultur unter dem neuen Kommissar Jan Figel, der Viviane Reding im November 2004 nachfolgte, zuständig für die Abstimmung mit anderen Generaldirektionen bei sportrelevanten Themen und für die Kooperation mit den nationalen und internationalen Institutionen und Organisationen.[24] 1991 wurde das *Europäische Sportforum* als Beratungsorgan eingerichtet. Ziel ist es im Bereich des Sports einen Dialog und Erfahrungsaustausch zwischen der Kommission, den Mitgliedsstaaten und den Vertretern der Sportorganisationen zu ermöglichen. Das *Europäische Sportforum* wird einmal pro Jahr von der Kommission und dem Mitgliedsstaat organisiert, der im Rat den Vorsitz führt.

9 Das *Europäische Parlament* (Art. 189 ff. EGV)[25] wird von den Unionsbürgern alle fünf Jahre direkt gewählt. Es prüft und genehmigt im Rahmen des Mitentscheidungsverfahrens gemäß Art. 192, 251 EGV die europäische Gesetzgebung. Das Europäische Parlament besitzt einen Ausschuss für Kultur, Jugend, Bildung, Medien und Sport. Der Sport wurde erst 1999 in die Bezeichnung des Ausschusses aufgenommen, aber auch zuvor als Teil seines Zuständigkeitsbereichs betrachtet. Der Ausschuss hat wiederholt die wichtigen gesundheitlichen, erzieherischen und sozialen Aspekte des Sports hervorgehoben und die Einführung einer Rechtsgrundlage gefordert, die Gemeinschaftsaktionen im Bereich des Sports ermöglicht.

10 Der *Europäische Gerichtshof (EuGH)* sowie das *Gericht erster Instanz (EuG)* (Art. 220 ff. EGV)[26] sind die Rechtsprechungsorgane der EU. Insbesondere der EuGH hat durch seine Rechtsprechung in Vorabentscheidungsverfahren nach Art. 234 EGV auf entsprechende Vorlagen nationaler Gerichte hin den Anwendungsbereich und die Auswirkungen des Gemeinschaftsrechts für den Sport ganz wesentlich präzisiert und klargestellt.

11 Zwar ist der *Europarat* keine Institution der EU, gem. Art. 303 EGV ist jedoch eine zweckdienliche Zusammenarbeit mit ihm erwünscht. Ende 1977 wurde ein eigener Lenkungsausschuss zur Förderung des Sports, das Comité pour le Développement du Sport (CDDS), geschaffen. Der Sportlenkungsausschuss tritt jährlich zusammen und befasst sich mit jeweils aktuellen sportpolitischen Themen. Die für den Sport zuständigen europäischen Minister haben bisher zehn formelle Konferenzen abgehalten; die bislang letzte fand 2004 in Budapest statt. Die Ergebnisse der Ministerkonferenzen sind in vier grundlegenden Dokumenten enthalten: Europäische Charta „Sport für alle", die 1975 verabschiedet, 1992 revidiert und erweitert und zur „Europäischen Sportcharta" wurde; Europäische Konvention gegen Gewalt von Zuschauern und Fehlverhalten bei Sportveranstaltungen insbesondere bei Fußballspielen (1985); Europäische Anti-Doping Konvention (16. 11. 1989) und Ethik-Kodex im Sport 1992.

12 Die *Europäische Sportkonferenz (ESK)*, bestehend aus Vertretern staatlicher und nichtstaatlicher Sportorganisationen in Europa, existiert seit 1971. Das Sportgremium tritt in Abständen von zwei Jahren zusammen und dient der Abstimmung sportpolitischer Positionen und Entwicklungen des Sports in Europa. Die 17. Tagung der ESK fand 2005 in Athen statt.

13 Die Interessen deutscher Sportorganisationen gegenüber der EU vertritt das *EU-Büro des deutschen Sports,* das 1993 auf Initiative des Deutschen Sportbundes, des Nationalen Olympischen Komitees für Deutschland und der Landessportbünde eingerichtet wur-

---

[23] Art. III-347 ff. Verfassung.
[24] Siehe unter http://ec.europa.eu./sport/index.en.html.
[25] Art. III-330 ff. Verfassung.
[26] Art. III-353 ff. Verfassung; vgl. *Geiger,* Art. 220, 1 ff.

de.²⁷ Es pflegt die Kontakte zu den mit Sport befassten Institutionen der EU und berät deutsche Sportverbände über Fördermöglichkeiten und Gesetzesvorhaben der EU.

Der *Europäische Interregionale Pool des Sports* wurde im November 1996 durch die Unterzeichnung einer Charta gegründet. Ihm gehören je nach Ländern und Regionen staatliche Vertretungen und Dachverbände des Sports sowie sportwissenschaftliche Institute aus der deutschsprachigen Gemeinschaft Belgiens, Lothringen, Luxemburg, Rheinland-Pfalz und dem Saarland an. Er hat seit 1997 seinen Sitz in Luxemburg. **14**

In der Charta legen die Nachbarregionen fest, dass sie künftig gemeinsam Trainer und Übungsleiter ausbilden, gegenseitig Diplome anerkennen und den Leistungssport fördern wollen, indem sie Trainer austauschen oder Leistungszentren miteinander arbeiten lassen. Weitere Regionen sollen sich anschließen. Finanziert werden die Kooperationen durch das europäische Programm „Eurathlon" und Mittel aus einem Pool der Landessportbünde.²⁸

3. Europäische Sportpolitik

Der Sport ist in den Römischen Verträgen von 1957 und in den nachfolgenden Verträgen und Rechtsakten zur Änderung oder Ergänzung dieser Verträge nicht speziell erwähnt. Insbesondere ist der EG, die nach dem Prinzip der begrenzten Einzelermächtigung tätig wird,²⁹ keine ausdrückliche Kompetenz zur Regelung des Sports zugewiesen worden, so dass die Regelungskompetenzen für spezifisch sportbezogene Rechtsakte grundsätzlich den Mitgliedsstaaten der EG verblieben sind. **15**

Obwohl also die EG keine *originäre Sportzuständigkeit* besitzt, hat sie den Sport in der EG infolge des *Adonnino*-Berichts von 1985 zum *Europa der Bürger* jedoch gleichsam als idealen Einigungskatalysator „entdeckt".³⁰ Dort heißt es u. a., dass der Sport ein hervorragendes Mittel sei, um das Zugehörigkeitsgefühl der Europäer zu der Gemeinschaft zu festigen.³¹ Die Empfehlungen des Adonnino-Berichts wurden vom Europäischen Rat von Mailand 1985 angenommen. Die Kommission nutzte den Sport danach zunehmend für ihre Kommunikationspolitik und Öffentlichkeitsarbeit. Sie erhoffte sich durch die Förderung medienwirksamer Spitzensportveranstaltungen aus EG-Mitteln die Stärkung des Bewusstseins der EG-Bürgerinnen und -Bürger für deren Zugehörigkeit zu dieser heranwachsenden politischen Einheit. **16**

Um einen klaren Überblick über die Auswirkungen der EU auf den Sport zu bekommen, gab die Kommission bei dem Marktforschungsunternehmen *Coopers & Lybrand* eine Studie in Auftrag, deren Ergebnisbericht erstmals 1993 vorgelegt wurde.³² In dieser Studie wurden die wichtigsten Problembereiche dargestellt, wie sie sich einerseits aus der Sicht der EU anhand ihrer mittelbaren und unmittelbaren Regelungskompetenzen und andererseits aus der Sicht des Sports aufgrund seiner gewachsenen Strukturen und seiner Vereinskultur ergeben. **17**

Mit der „Erklärung zum Sport" der Regierungskonferenz von Amsterdam im Oktober 1997 fand der Sport erstmalig Berücksichtigung in den Vertragstexten: **18**

„Die Konferenz unterstreicht die gesellschaftliche Bedeutung des Sports, insbesondere die Rolle, die dem Sport bei der Identitätsfindung und der Begegnung der Menschen zukommt. Die Konferenz appelliert daher an die Gremien der Europäischen Union, bei wichtigen, den Sport betreffenden Fragen die Sportverbände anzuhören. In diesem Zusammenhang sollten die Besonderheiten des Amateursports besonders berücksichtigt werden."³³

---

[27] Siehe unter http://www.eu-sports-office.org/de/.
[28] Siehe unter http://www.sportakademie.de/partner/index.html.
[29] Hierzu ausführlicher *Geiger*, Art. 7 Rz. 15; *Streinz/Streinz*, Art. 5 Rz. 7 ff.
[30] Vgl. *Streinz/Magiera*, EGV Art. 17 Rz. 6.
[31] Zweiter Abschlussbericht in BullEG, Beilage 7/85, S. 28.
[32] „Der Einfluss der Tätigkeiten der EU auf den Sport", Abschlussbericht 1993; jährliche Aktualisierung bis 1995.
[33] Erklärung zum Sport (29) in: ABl. 1997, C 340/01 vom 10. 11. 1997.

19 Im Dezember 1998 veröffentlichte die Kommission ihr Diskussionspapier zum Europäischen Sportmodell.[34] Der Europäische Rat von Wien forderte die Kommission anschließend auf, einen Bericht im Hinblick auf den Schutz der sportlichen Strukturen und der Wahrung der gesellschaftlichen Funktion des Sports in der Gemeinschaft vorzulegen. Die Kommission stellte diesen Bericht[35] auf dem Europäischen Rat von Helsinki 1999 vor. Sie betont hierin den Stellenwert der gesellschaftlichen Funktion des Sports unter Berücksichtigung seiner besonderen Merkmale bei der Durchführung jeder Gemeinschaftspolitik. Integrität und Autonomie des Sports müssten bewahrt werden.[36]

20 Die „Erklärung über die im Rahmen gemeinsamer Politiken zu berücksichtigenden besonderen Merkmale des Sports und seine gesellschaftliche Funktion in Europa" des Europäischen Rates von Nizza vom 9. Dezember 2000 ist die Antwort des Rates auf diesen Bericht:[37]

„1. Der Europäische Rat hat den Bericht über den Sport zur Kenntnis genommen, den die Europäische Kommission im Hinblick auf die Erhaltung der derzeitigen Sportstrukturen und die Wahrung der gesellschaftlichen Funktion des Sports in der Europäischen Union dem Europäischen Rat in Helsinki im Dezember 1999 vorgelegt hat. Die Verantwortung für die Pflege der sportlichen Belange liegt in erster Linie bei den Sportorganisationen und den Mitgliedsstaaten. Die Gemeinschaft muss, auch wenn sie in diesem Bereich keine unmittelbare Zuständigkeit besitzt, bei ihren Tätigkeiten im Rahmen des Vertrages die sozialen, erzieherischen und kulturellen Funktionen berücksichtigen, die für den Sport so besonders charakteristisch sind, damit die für die Erhaltung seiner gesellschaftlichen Funktion notwendige Ethik und Solidarität gewahrt und gefördert werden.

2. Ein besonderes Anliegen des Europäischen Rates ist die Wahrung des Zusammenhalts und der Solidarität zwischen allen Ebenen der sportlichen Betätigung sowie der Fairness bei Wettkämpfen, der moralischen und materiellen Werte sowie des Schutzes der körperlichen Unversehrtheit der Sportler, vor allem der Minderjährigen.

Amateur- und Breitensport

3. Sport ist eine menschliche Tätigkeit mit grundlegenden sozialen, erzieherischen und kulturellen Werten. Er ist wichtig für die soziale Eingliederung und die Beteiligung am gesellschaftlichen Leben, für Toleranz und Akzeptanz der Verschiedenheiten sowie für die Beachtung der Regeln.

4. Sportliche Betätigung muss allen offen stehen; dabei sind die Interessen und Fähigkeiten jedes Einzelnen bei den vielseitigen organisierten wie individuellen Wettkampf- und Freizeitaktivitäten zu berücksichtigen.

5. Körperliche und sportliche Betätigung ist für Menschen mit körperlichen oder geistigen Behinderungen eine hervorragende Möglichkeit für die Entfaltung der Persönlichkeit, für Rehabilitation, soziale Integration und Solidarität und muss daher gefördert werden. In diesem Kontext begrüßt der Europäische Rat den wertvollen und beispielhaften Beitrag der Olympischen Spiele für Behinderte von Sydney.

6. Die Mitgliedsstaaten unterstützen die Tätigkeit der ehrenamtlichen Mitarbeiter im Sport durch Fördermaßnahmen zur Gewährleistung eines adäquaten Schutzes und zur Anerkennung der wirtschaftlichen und sozialen Funktion der ehrenamtlichen Mitarbeiter, gegebenenfalls mit Beteiligung der Gemeinschaft im Rahmen ihrer Zuständigkeiten.

Rolle der Sportverbände

7. Der Europäische Rat betont sein Eintreten für die Autonomie der Sportorganisationen und ihr Recht auf Selbstorganisation durch Schaffung geeigneter Verbandsstrukturen. Er erkennt an, dass die Sportorganisationen die Aufgabe haben, über Organisation und Weiterentwicklung ihrer jeweiligen Sportart, insbesondere in Fragen des sportlichen Regelwerks und der Bildung von Nationalmannschaften, so zu entscheiden, wie sie es zur Erreichung ihrer Ziele für richtig halten, soweit sie dabei einzelstaatliches und Gemeinschaftsrecht beachten und auf der Basis von Demokratie und Transparenz arbeiten.

---

[34] Siehe SpuRt 1999, 228 ff. und SpuRt 2000, 58 ff.

[35] Bericht der EU-Kommission an den Europäischen Rat im Hinblick auf die Erhaltung der derzeitigen Sportstrukturen und die Wahrung der sozialen Funktion des Sports im Gemeinschaftsrahmen vom 10. Dezember 1999; KOM (1999) 644.

[36] Siehe Fn. 35, S. 10.

[37] Anlage IV zu den Schlussfolgerungen des Vorsitzes, abrufbar unter http://ec.europa.eu/sport/action_sports/nice/nice_overview_de.html.

8. Er stellt fest, dass den Sportverbänden eine zentrale Aufgabe für den Erhalt der unerlässlichen Solidarität zwischen den einzelnen Ebenen zukommt, da in ihnen alle Ebenen der sportlichen Betätigung vom Freizeit- bis zum Spitzensport vertreten sind; sie sichern nämlich einer breiten Öffentlichkeit den Zugang zu sportlichen Wettkämpfen, personelle und finanzielle Unterstützung für den Amateursport, Förderung des gleichberechtigten Zugangs von Frauen und Männern zu sportlicher Tätigkeit auf allen Ebenen, Ausbildung der Jugend, Schutz der Gesundheit von Sportlern, Kampf gegen Doping, Gewalt und rassistische und fremdenfeindliche Demonstrationen.

9. Diese gesellschaftlichen Aufgaben bringen für die Verbände besondere Verantwortung mit sich und begründen daher die Anerkennung ihrer Zuständigkeit für die Organisation von Wettkämpfen.

10. Auch bei gebührender Berücksichtigung der Veränderungen in der Welt des Sports müssen die Verbände das Kernelement einer Organisationsform bleiben, die für Zusammenhalt im Sport und partizipative Demokratie sorgt.

Erhaltung der Ausbildungsfunktion des Sports

11. Die Ausbildung des sportlichen Nachwuchses ist lebenswichtig für den Fortbestand von Sport, Nationalmannschaften und Spitzenleistungen und muss gefördert werden. Die Sportverbände sind berechtigt, gegebenenfalls in partnerschaftlicher Zusammenarbeit mit staatlichen Stellen und unter Beachtung der Rechtsvorschriften und Gepflogenheiten auf einzelstaatlicher und Gemeinschaftsebene die erforderlichen Maßnahmen zu ergreifen, um die Ausbildungskapazitäten der ihnen angeschlossenen Clubs zu erhalten und die Qualität der Ausbildung zu sichern.

Schutz junger Sportler

12. Der Europäische Rat verweist auf die positive Wirkung sportlicher Betätigung für die Jugend und fordert, dass insbesondere Sportorganisationen der Erziehung und der beruflichen Ausbildung junger Spitzensportler besondere Aufmerksamkeit schenken, damit ihre berufliche Eingliederung, ihre seelische Ausgeglichenheit und ihre familiären Bande sowie ihre Gesundheit, wo die Dopingprävention besonders zu berücksichtigen ist, nicht durch ihre sportliche Laufbahn gefährdet werden. Er würdigt den Beitrag der Verbände und Organisationen, die mit ihren Schulungsmaßnahmen den Erfordernissen gerecht werden und somit einen wertvollen sozialen Beitrag leisten.

13. Der Europäische Rat ist besorgt über kommerzielle Aktivitäten, deren Ziel minderjährige Sportler, darunter auch aus Drittländern, sind, sofern sie nicht den geltenden arbeitsrechtlichen Vorschriften entsprechen oder die Gesundheit und das Wohlergehen der jungen Sportler gefährden. Er ruft die Sportorganisationen und die Mitgliedsstaaten auf, Untersuchungen über derartige Praktiken anzustellen, sie zu überwachen und gegebenenfalls geeignete Maßnahmen ins Auge zu fassen.

Sport im wirtschaftlichen Umfeld und Solidarität

14. Nach Ansicht des Europäischen Rates kann die Tatsache, dass ein einzelner Finanzakteur mehrere Sportclubs, die an denselben Wettkämpfen in ein und derselben Disziplin teilnehmen, besitzt oder wirtschaftlich kontrolliert, die Fairness im Wettkampf beeinträchtigen. Die Sportverbände werden ersucht, Maßnahmen zu ergreifen, mit denen erforderlichenfalls das Management von Clubs überwacht werden kann.

15. Der Verkauf von Fernsehübertragungsrechten ist für einige Sportarten gegenwärtig eine der wichtigsten Einnahmequellen. Der Europäische Rat ist der Auffassung, dass die Initiativen, die darauf abzielen, dass ein Teil der Verkaufserlöse auf geeigneter Ebene unter Berücksichtigung der einzelstaatlichen Gepflogenheiten zusammengelegt wird, dem Prinzip der Solidarität zwischen allen Bereichen der sportlichen Betätigung und allen Sportarten förderlich sind.

Transfers

16. Der Europäische Rat unterstützt nachhaltig den Dialog zwischen Sportbewegungen, insbesondere den Fußballverbänden und den maßgeblichen Profisportlerverbänden, der Gemeinschaft und den Mitgliedsstaaten über eine Weiterentwicklung der Transferregelung unter Berücksichtigung der speziellen Erfordernisse des Sports unter Wahrung des Gemeinschaftsrechts.

17. Die gemeinschaftlichen Institutionen und die Mitgliedsstaaten werden ersucht, im Rahmen ihrer Zuständigkeiten ihre politischen Handlungskonzepte im Einklang mit dem Vertrag und mit Blick auf diese Grundprinzipien weiter zu überprüfen."

Die Erklärung von Nizza ist rechtlich nicht verbindlich. Sie bildet auch keine Rechtsgrundlage für Maßnahmen der Gemeinschaft. Sie bildet aber eine politische *Leitlinie* für andere EU-Institutionen, die Mitgliedsstaaten und die internationalen und nationalen Sportverbände. Insbesondere stärkt sie die Autonomie der Sportverbände und anerkennt auch einen Beurteilungsspielraum der Sportverbände im Hinblick auf die Weiterentwicklung der Sportregeln, insbesondere auch den Schutz und die Förderung der Ausbildung von jungen Spielern (vgl. Ziffern 7 und 11). Die Erklärung von Nizza kann als wichtiger Schritt auf dem Weg zur Verankerung des Sports im EU-Primärrecht gewertet werden. In dem Vertrag über eine Verfassung für Europa findet der Sport in Art. III-282 Erwähnung.

II. Sport im Verfassungsvertrag

22 Am 29. Oktober 2004 unterzeichneten die Staats- und Regierungschefs der 25 EU-Mitgliedsstaaten in Rom den Vertrag über eine Verfassung für Europa. Er basiert auf einem Entwurf des Europäischen Konvents, der unter Vorsitz von Valéry Giscard d'Estaing von Februar 2002 bis Juli 2003 tagte und dem Vertreter der nationalen Parlamente und des Europäischen Parlaments sowie Vertreter der Kommission und der nationalen Regierungen angehörten. Der vom Konvent vorgelegte Entwurf des Verfassungsvertrages wurde am 18. Juni 2004 auf der Regierungskonferenz in Brüssel nach letzten Änderungen von den Staats- und Regierungschefs einstimmig angenommen. Nach der Ratifikation des Vertrages durch alle EU-Mitgliedsstaaten gemäß ihren verfassungsrechtlichen Vorschriften und der Hinterlegung der Ratifikationsurkunden sollte der Vertrag – frühestens am 1. November 2006 – in Kraft treten. Nach den gescheiterten Referenden in Frankreich am 29. Mai und den Niederlanden am 1. Juni 2005 sowie der Aussetzung der Abstimmungen u. a. in Großbritannien ist es ungewiss, ob, ggf. mit welchen Änderungen und wann der Verfassungsvertrag in Kraft treten wird.

23 Der Sport hat in Teil III, Titel III, dort unter Kapitel V („Bereiche, in denen die Union beschließen kann, eine Unterstützungs-, Koordinierungs- oder Ergänzungsmaßnahme durchzuführen") im Abschnitt 5 „Allgemeine Bildung, Jugend, Sport und berufliche Bildung" als Artikel III-282 Aufnahme in die Verfassung gefunden. Artikel III-282 entspricht ohne die den Sport betreffenden Regelungen im Wesentlichen Art. 149 EGV. Die auf den Sport bezogenen Passagen lauten:

„Die Union trägt unter Berücksichtigung der besonderen Merkmale des Sports, seiner auf freiwilligem Engagement basierenden Strukturen und seiner sozialen und pädagogischen Funktion zur Förderung der europäischen Aspekte des Sports bei." (Abs. 1, Unterabsatz 2).

„Die Tätigkeit der Union hat folgende Ziele: ...
g) die Entwicklung der europäischen Dimension des Sports durch Förderung der Fairness und der Offenheit von Sportwettkämpfen und der Zusammenarbeit zwischen den für den Sport verantwortlichen Organisationen sowie durch den Schutz der körperlichen und seelischen Unversehrtheit der Sportler, insbesondere junger Sportler." (Abs. 1 g)).

„Die Union und die Mitgliedstaaten fördern die Zusammenarbeit mit Drittländern und den für den Bildungsbereich und den Sport zuständigen internationalen Organisationen, insbesondere dem Europarat." (Abs. 2)

24 Die Union ist nach Art. I-17 zuständig für die Durchführung von Unterstützungs-, Koordinierungs- oder Ergänzungsmaßnahmen. Diese Maßnahmen mit europäischer Zielsetzung können u. a. im Bereich „Allgemeine Bildung, Jugend, Sport und berufliche Bildung" getroffen werden. Die Zuständigkeit der Mitgliedstaaten für diese Bereiche bleibt unberührt. Erlässt die Union im Rahmen ihrer Kompetenz verbindliche Rechtsakte, dürfen diese keine Harmonisierung der Rechtsvorschriften der Mitgliedstaaten beinhalten (Art. I-12 Abs. 5). Der Union werden „als Beitrag zur Verwirklichung der Ziele dieses Artikels" – also nicht nur „zur Verwirklichung" – in Art. III-282 Abs. 3 zwei Handlungsmöglichkeiten eingeräumt: die Festlegung von Fördermaßnahmen sowie der Erlass von Empfehlungen. Die Fördermaßnahmen werden durch Europäisches Gesetz oder Rahmengesetz unter Ausschluss jeglicher Harmonisierung der Rechtsvorschriften der Mitgliedstaaten festgelegt. Ausgeschlossen sind damit Europäische Beschlüsse, also Rechtsakte ohne Gesetzescharakter, die nur gegenüber den jeweiligen Adressaten verbindlich sind. Einzelfallregelungen sind daher nicht zulässig.[38] Das Gesetz wird nach An-

---

[38] Die Rechtsakte der Union sind in Art. I-33 der Verfassung bestimmt.

hörung des Ausschusses der Regionen (Art. III-386) und des Wirtschafts- und Sozialausschusses (Art. III-389) erlassen (Gesetzgebungsverfahren gemäß Art. I-34, Art.III-396). Der Rat kann auf Vorschlag der Kommission zudem Empfehlungen abgeben.

Die Sportministerkonferenz der Länder[39] begrüßte die Aufnahme des Sports in den Verfassungsvertrag der Europäischen Union. Damit könne die Kommission nach Ratifizierung des Vertrags dem Sport in den Ländern der Union mit Unterstützungs-, Koordinierungs- und Ergänzungsmaßnahmen helfen und dessen sozialen, erzieherischen, gesundheitlichen und kulturellen Werte fördern, ohne in die Autonomie und Kompetenz der Staaten und der Sportorganisationen einzugreifen. 25

Zu konstatieren ist, dass weder die vereinzelt geforderte Bereichsausnahme für den Sport noch eine ausdrückliche Sportkompetenz zugunsten der EU in die Verfassung aufgenommen wurde. Die Aufnahme dieses Artikels berechtigt die Union nicht zur Harmonisierung der Rechtsvorschriften der Mitgliedsstaaten. Die Bestimmung ermöglicht aber Maßnahmen, die auf die Unterstützung, Koordinierung und Ergänzung mitgliedsstaatlicher Aktivitäten gerichtet sind und greift damit Vorschläge aus dem „Helsinki-Bericht zum Sport" der EU-Kommission auf.[40] Als Schwerpunkte gemeinschaftlicher Tätigkeit sind drei Arbeitsfelder ersichtlich:[41] die Dopingbekämpfung, die Erziehung durch Sport und die Integrationsfunktion des Sports. Der im Verfassungsvertrag als Art. III-282 um den Sport ergänzte Art. 149 EGV wurde als alleinige Rechtsgrundlage bislang für die Jugendpolitik der Gemeinschaft herangezogen, z. B. für das Aktionsprogramm „Jugend". Auch der Beschluss zur Einrichtung des Europäischen Jahres der Erziehung durch Sport 2004 stützte sich auf Art. 149 EGV.[42] 26

Festzustellen ist ebenfalls, dass die „Autonomie des Sports" keinen Eingang in den Wortlaut der Verfassung gefunden hat, wie es von den Sportfachverbänden angestrebt wurde. Ob dies dadurch aufgewogen wird, dass nunmehr die Charta der Grundrechte der Union (Teil II des Verfassungsvertrages) in Art. II-72 die Versammlungs- und Vereinigungsfreiheit gewährleistet, ist zweifelhaft.[43] Denn der EuGH hat bereits früher die Vereinigungsfreiheit, die in Art. 11 EMRK verankert ist, als ein über Art. 6 Abs. 2 EUV auch in der Gemeinschaftsrechtsordnung geschütztes Grundrecht angesehen.[44] Größere Bedeutung für die Sportverbände hat m. E. die auf höchster politischer Ebene angenommene Erklärung von Nizza. Ihr kommt zwar keine rechtliche Verbindlichkeit, aber eben besonderes politisches Gewicht zu. Der EuGH hat in den Entscheidungen Deliège und Lehtonen bereits auf die Erklärung von Amsterdam Bezug genommen. Es bleibt abzuwarten, ob er – ähnlich wie die Kommission in ihren Entscheidungen nach Nizza – auch den Aussagen dieser Erklärung folgt. 27

---

[39] 28. Sportministerkonferenz in Halle (Saale) am 25./26. November 2004, siehe http://www.sportministerkonferenz.de/.
[40] Siehe Fn. 35: KOM (1999) 644, S. 6.
[41] Vgl. Rede der EU-Kommissarin Viviane Reding vor der Sportministerkonferenz in Magdeburg am 28. November 2003; abzurufen unter http://europa.eu.int/rapid, dort SPEECH/03/580.
[42] Siehe *Streinz/Niedobitek*, EGV Art. 149 Rz. 46.
[43] Dieser Ansicht ist aber Kommissarin Viviane Reading in einem Schreiben vom Juli 2004 an die Sportorganisationen, abrufbar unter http://ec.europa.eu./sport/action sports/article/article_eu.html.
[44] Vgl. nur EuGH Rs. C-415/93 *Bosman*, Rz. 79 f.; siehe ausführlich Rz. 65 ff.

2. Kapitel. Anwendbarkeit des EG-Vertrags auf Sportfragen

I. Anwendungsbereich des Vertrages

1. Keine ausdrückliche Gemeinschaftskompetenz zur Regelung des Sports

28 Die EG besitzt auch nach In-Kraft-Treten des EUV auf der Grundlage des Prinzips der begrenzten Einzelzuständigkeiten nur die ihr durch den EGV zugewiesenen Kompetenzen und Zuständigkeiten. Es existiert keine einzige Norm des primären oder sekundären EU-Rechts, die sich speziell mit dem Sport befasst und der EU Regelungskompetenzen einräumt. Gerade von Vereinen und Verbänden ist der Sport auch stets als ein von der Geltung des EG-Rechts ausgenommenes, eigenständiges gesellschaftliches Subsystem angesehen worden, wobei man sich insbesondere auf die Vereinigungsfreiheit und die Satzungsautonomie berief.[45]

2. Sport als „Teil des Wirtschaftslebens" i. S. v. Art. 2 EGV

29 Auch ohne spezielle Kompetenzzuweisung an die EG zur Regelung des Sports kann jedoch das allgemeine, auf anderen Kompetenzgrundlagen erlassene oder in den Gründungsverträgen enthaltene Gemeinschaftsrecht auch im Bereich des Sports anwendbar sein. Dies ist der Fall, wenn sich Tätigkeiten oder Vorgänge im Sport innerhalb des Anwendungsbereichs des Gemeinschaftsrechts befinden und bestimmten gemeinschaftsrechtlichen Regelungen unterfallen. Diese Voraussetzungen liegen insbesondere für den Profisport in weitem Umfang vor.

30 Der EuGH hat eindeutig zum Ausdruck gebracht, dass sportliche Betätigungen zu beruflichen Zwecken angesichts der *Ziele der Gemeinschaft* dem Gemeinschaftsrecht unterfallen, soweit sie einen Teil des Wirtschaftslebens i. S. v. Art. 2 EGV darstellen, wenn sie also z. B. von professionellen Sportlern gegen Entgelt erbracht werden. Auf die Erzielung eines Mindesteinkommens kommt es dabei nicht an.[46]

31 Diese uneingeschränkte Anwendung des EGV auf den Profisport ist insbesondere von den nationalen und internationalen Sportverbänden kritisiert worden. So hat die UEFA im Rechtsstreit *Bosman* geltend gemacht, dass die Gemeinschaftsbehörden stets die *Eigenständigkeit* des Sportsektors respektiert hätten und dass es äußerst schwierig sei, die wirtschaftlichen Aspekte von den sportlichen Aspekten zu trennen. Im selben Verfahren hat die deutsche Bundesregierung darauf hingewiesen, dass eine Sportart wie der Fußball in den meisten Fällen nicht den Charakter einer wirtschaftlichen Tätigkeit habe.[47]

32 Demgegenüber hat die Auffassung des EuGH in der Literatur zurecht Zustimmung gefunden[48] und lässt sich angesichts der wirtschaftlichen Bedeutung, die dem Profisport nicht nur im Bereich des Fußballs heute in der Gesellschaft zukommt, nicht mehr ernsthaft bestreiten.[49]

3. Keine Bereichsausnahme

33 Die Kritiker der uneingeschränkten Anwendbarkeit des EG-Vertrags auf Sportfragen stützen sich auf die Rechtsprechung des EuGH in den Fällen *Walrave* und *Donà/Mantero*. In Ersterer hatte der EuGH ausgeführt:[50]

---

[45] Vgl. *Hilf/Pache*, NJW 1996, 1169, 1171.
[46] EuGH, Slg. 1974, 1405, 1418, Rz. 4/10 *Walrave und Koch*; EuGH, Slg. 1976, 1333, 1341, Rz. 20 *Donà/Mantero*; vgl. *Zuleeg*, RuS 11, 4; *Streinz/Franzen*, Art. 39 Rz. 27.
[47] EuZW 1996, 82, 86, Rz. 71 und 72.
[48] So schon *Hilf*, NJW 1984, 520; *derselbe*, WFV Nr 18, S. 84; *Schweitzer*, RuS 7, 71, 78 ff.
[49] Vgl. auch *Hobe/Tietje*, JuS 1996, 486, 488.
[50] EuGH, Slg. 1974, 1405, Rz. 4/10.

„Dieses (Anm.: Diskriminierungs-)Verbot spielt jedoch keine Rolle bei der Aufstellung von Wettkampfmannschaften, etwa in der Form von Nationalmannschaften, da es bei der Bildung dieser Mannschaften um Fragen geht, die ausschließlich von sportlichem Interesse sind und als solche nichts mit wirtschaftlicher Betätigung zu tun haben."

In der *Donà*-Entscheidung[51] wird die Vereinbarkeit sportlich motivierter Differenzierungen mit dem EGV erneut bestätigt, wenn der Gerichtshof dort erklärt, die Art. 7, 48 ff., 59 ff. (jetzt Art. 12, 39 ff. und 49 ff.) EGV stünden einer Regelung nicht entgegen, welche ausländische Spieler von der Mitwirkung bei bestimmten Begegnungen aus nichtwirtschaftlichen Gründen ausschließt. Diese Ausführungen wurden teils dahin interpretiert, dass für den Sport eine Bereichsausnahme vom EGV gelte, teils dahin, dass nur einzelne Artikel – insbesondere Art. 39 EGV – nicht anwendbar seien oder eine Beeinträchtigung aus sportlichen Gründen gerechtfertigt sei.[52] Die Argumentation der Kritiker zielt darauf ab, den Sport wegen seines besonderen Inhalts und seiner sozialen Funktion vom Anwendungsbereich des EGV ganz oder zumindest teilweise auszunehmen. Auch beim Berufssport stehe das sportliche Wettkampfelement im Vordergrund, das letztlich das wirtschaftliche Element determiniere. Es handele sich um einen atypischen Bereich beruflicher Betätigung, für den nicht der EGV, sondern ausschließlich die besonderen Regeln des Sportverbandsrechts gälten.[53]

34

Der EuGH hat im *Bosman*-Urteil dieser Auffassung eine klare Absage erteilt. Zwar erkennt der EuGH die grundsätzliche Möglichkeit an, dass Gemeinschaftsrecht *einzelnen* Regelungen und Praktiken, die auf *nichtwirtschaftlichen* Gründen beruhen, nicht entgegensteht. Die Beschränkung des Geltungsbereichs der Grundfreiheiten darf jedoch nicht weiter gehen, als ihr *Zweck es erfordert*. Hieraus folgert der EuGH, dass die Beschränkung „nicht herangezogen werden [kann], eine sportliche Tätigkeit im ganzen vom Geltungsbereich des Vertrages auszuschließen".[54]

35

Diese Einschätzung überzeugt. Jede andere Bewertung ließe die Anwendbarkeit des EG-Vertrages auf objektiv wirtschaftliche, aber subjektiv sportlich motivierte Regelungen leer laufen und widerspräche daher Art. 2 und 3 EGV, denn im heutigen Profisport sind sportliche und wirtschaftliche Gesichtspunkte untrennbar miteinander verbunden.[55] Der EuGH hat sich ebenfalls nicht gescheut, das Diskriminierungsverbot auf künstlerische Betätigung anzuwenden und den Zugang von Künstlern zu kommunalen Einrichtungen dem EGV zu unterwerfen.[56] Für Bereichsausnahmen des Gemeinschaftsrechts zugunsten sportlicher, kultureller oder sonstiger *atypischer* wirtschaftlicher Betätigung bietet die Rechtsprechung des EuGH keinen Anhaltspunkt. Da auch der Wortlaut und die Systematik des Vertrages keinen Hinweis auf die Zulässigkeit derartiger Ausnahmen enthalten, sind diese abzulehnen.[57]

36

II. Das Recht von Amateursportlern auf Ausübung ihres Sports in der EU

Auch als Amateursportler genießen Arbeitnehmer aus der EU im EU-Ausland das Freizügigkeitsrecht.[58] Diese nicht unumstrittene Feststellung ist noch nicht Gegenstand der Rechtsprechung gewesen, ergibt sich aber aus folgenden Erwägungen:

37

Haben sich Arbeitnehmer mit ihren Familienangehörigen, zu welchen beruflichen Zwecken auch immer, in einem anderen Mitgliedstaat niedergelassen, kann die gleich-

38

---

[51] EuGH, Slg. 1976, 1333, Rz. 14/16.
[52] Vgl. zum Meinungsstand vor dem *Bosman*-Urteil Kahlenberg, EWS 1994, 423, 427 und *Palme/Hepp-Schwab/Wilske*, JZ 1994, 343.
[53] Vgl. *Scholz/Aulehner*, SpuRt 1996, 44; *Kahlenberg*, EWS 1994, 423; *Malatos*, S. 10 ff.
[54] EuGH, Rs. 415/93, Slg. 1995 I-4921= SpuRt 1996, 60 = EuZW 1996, 87, Rz. 76.
[55] So auch *Hobe/Tietje*, JuS 1996, 486, 488; a. A. *Kahlenberg*, EWS 1994, 423, 431.
[56] EuGH, Slg. 1985, 1819, 1824 ff. *Steinhauser*.
[57] So schon *Schroeder*, S. 39.
[58] Siehe auch *Streinz*, SpuRt 1998, 1, 6 m.w.N.

berechtigte Teilnahme an sportlichen Veranstaltungen und in Sportvereinen ein Element der *Integration* im Aufnahmeland sein.[59] Die Rechtsprechung des EuGH geht in die Richtung, auf der Grundlage der *VO 1612/68* an die Freizügigkeit der Arbeitnehmer weitgehende Forderungen nach Gleichheit der Lebensbedingungen anzuknüpfen.[60] Deshalb gebiete das Gemeinschaftsrecht die gleichberechtigte Teilnahme nicht nur am Berufs-, sondern auch am Amateursport.[61] Nach Art. 7 II VO 1612/68[62] genießen Arbeitnehmer eines anderen Mitgliedsstaates und ihre Familien die gleichen sozialen und steuerlichen Vergünstigungen wie Staatsangehörige des jeweiligen Mitgliedsstaates. Der EuGH hat als *soziale Vergünstigungen* die Bedingungen gewertet, die für die volle Integration der Arbeitnehmer und ihrer Familien in das Gastland notwendig sind.[63]

39 Ferner haben die EU-Mitgliedsstaaten in der *Europäischen Sportcharta von 1992* mehreren Grundsätzen zugestimmt, die das Recht der Amateure auf Ausübung ihres Sports in allen Mitgliedsstaaten berühren:
  – Sport ist als soziale Betätigung Bestandteil der menschlichen Gesellschaft und gehört daher zur Kultur im weitesten Sinne
  – Benachteiligungen aufgrund der Staatsangehörigkeit darf es beim Zugang zu Sporteinrichtungen oder zu sportlichen Aktivitäten nicht geben
  – jede befähigte Person sollte die Möglichkeit haben, ihre sportlichen Leistungen zu verbessern und persönliche Zielstellungen und/oder ein öffentlich anerkanntes Leistungsniveau zu erreichen.[64]

40 Darüber hinaus nahm das Europäische Parlament im Mai 1994 eine Entschließung über die EG und den Sport an. Nach Auffassung des Parlaments verlangen der „gesunde Menschenverstand" und die Einführung der Unionsbürgerschaft durch die Art. 17 ff. EGV,[65] dass der Amateursport in der EU allen EU-Staatsbürgern zu gleichen Bedingungen offen stehe und die auch im Amateursport praktizierte Diskriminierung aufgrund der Nationalität aufgehoben werde.[66]

41 Nicht nur die materielle, sondern auch die gesellschaftliche Gleichstellung der Wanderarbeitnehmer, soweit sie der Herstellung der Freizügigkeit dient, stellt also ein soziales Ziel der Gemeinschaft dar. Der EG-Vertrag bietet an zahlreichen Stellen Ansatzpunkte für eine derartige Zielsetzung (vgl. Art. 136 EGV: „sozialer Dialog"). Ausdrücklich erklärt Abs. 3 der Präambel die Absicht der Mitgliedsstaaten, die Lebensbedingungen ihrer Völker zu verbessern.[67] Diese Absicht ist auch als Gemeinschaftsziel zu qualifizieren, denn die beteiligten Mitgliedsstaaten verfolgen ihre Absichten über den Vertrag und die hierdurch gegründete Gemeinschaft.[68] Die EU hat sich durch die Maastrichter Verträge und ihre gemeinschaftlichen Aktionsbereiche auf dem Gebiet der Sozialpolitik, des Umweltschutzes, der Bildung und Kultur und der Gesundheitspolitik von einer rein wirtschaftlichen Konzeption gelöst.[69] Mit In-Kraft-Treten der Maastrichter Verträge hat die EG zudem mit Art. 151 EGV eine spezielle Zuständigkeit für die Kulturpolitik erlangt.[70] Bei Anerkennung der engen Verbindung zwischen Kultur und Sport verstärkt sich damit auch der Handlungsrahmen in diesem Bereich. Die Ausübung von Freizeitsport durch

---

[59] *Hilf*, NJW 1984, 520.
[60] EuGH, Slg. 1975, 1085, 1095 *Cristini/SNCF*; vgl. *Geiger*, Art. 48 Rz. 24.
[61] *EG-Kommission*, Coopers & Lybrand-Studie 1995, Rz. 1052; *Plouvin*, zit. nach *Zuleeg*, RuS 11, 6.
[62] VO 1612/68, ABl. 1968 Nr. L 257 vom 19. 10. 68 (Sartorius II 180).
[63] EuGH, Slg. 1986, 1283, 1300 ff., *Niederländischer Staat/A. F. Reed*.
[64] Coopers & Lybrand-Studie 1995, Rz. 1054.
[65] Art. I-10 Verfassung.
[66] ABl. Nr. C 205/94, Coopers & Lybrand-Studie 1995, Rz. 1046 f.
[67] Vgl. *Geiger*, Präambel Rz. 2.
[68] *Schroeder*, S. 56 f.; s. auch *Geiger*, Präambel Rz. 1.
[69] *Hilf/Pache*, in *Grabitz/Hilf*, EUV-Vorbem. Rz. 28.
[70] Vgl. *Geiger*, Art. 128 Rz. 2.

Wanderarbeitnehmer gehört demnach als wesentlicher Aspekt ihrer sozialen Integration zum Anwendungsbereich des EG-Vertrages. Die *Integrationskraft* des Sports dient in diesem Rahmen gerade der *Herstellung* der Freizügigkeit.

Es wäre auch praktisch unsinnig, wenn in den höchsten Spielklassen mehr Ausländer **42** spielen dürften als dieselben Vereine nach einem Abstieg einsetzen dürften. Eine derartige Unterscheidung wäre willkürlich und mit Art. 3 I GG unvereinbar.[71] Ob auch der sonstige (unentgeltliche) *Freizeitsport* ohne Anknüpfung an die Arbeitnehmereigenschaft oder die Stellung als Angehöriger eines Wanderarbeitnehmers den Bestimmungen des EGV unterfällt, ist weiter fraglich. Art. 18 EGV gewährleistet den Unionsbürgern ein allgemeines Recht auf Freizügigkeit unabhängig von der wirtschaftlichen Betätigung.[72] Das Recht auf Freizügigkeit ist eine spezielle Ausprägung des allgemeinen Diskriminierungsverbots gemäß Art. 12 EGV. Der Unionsbürger besitzt den Anspruch auf vollständige Inländergleichbehandlung, wovon insbesondere auch die diskriminierungsfreie Beteiligung am gesellschaftlichen und kulturellen Leben des Aufenthaltsstaats erfasst wird.[73] Zu der Frage der unmittelbaren Drittwirkung der Art. 12 und 18 EGV, d. h. ob die Bestimmungen auch unmittelbar zwischen Privaten, also den Sportverbänden und den Sportlern, gelten, hat der EuGH noch nicht abschließend Stellung genommen. Es spricht einiges dafür, eine Drittwirkung jedenfalls im Verhältnis des Amateur-Sportlers gegenüber den Sportverbänden anzunehmen. Die Erwägungen des EuGH zu den speziellen Diskriminierungsverboten der Grundfreiheiten erscheinen hier übertragbar.[74]

III. Berufliche Befähigungsnachweise im Sport

Gemeinschaftsrechtliche Einflüsse sind auch bei der Anerkennung im EU-Ausland er- **43** worbener sportspezifischer beruflicher Befähigungsnachweise festzustellen. Denn die Anerkennung im Ausland erworbener beruflicher Qualifikationen ist eine wesentliche *tatsächliche* Voraussetzung für die Freizügigkeit (Art. 39 ff. EGV), das freie Niederlassungsrecht (Art. 43 ff. EGV) sowie die Dienstleistungsfreiheit (Art. 49 ff. EGV).[75] Aus der Rechtsprechung des EuGH ergibt sich die Verpflichtung der Mitgliedsstaaten, auch *ohne spezifische Richtlinie* in einem anderen Mitgliedsstaat ausgestellte Diplome oder Befähigungsnachweise auf ihre Gleichwertigkeit zu prüfen und gegebenenfalls als gleichwertig anzuerkennen.[76]

Automatisch europaweit gültige *europäische Diplome* gibt es im Sport nur sehr wenige. **44** Ein Beispiel ist dasjenige für Wassersportlehrer, das dem Muster des französischen Staatsdiploms folgte und 1988 vom Europäischen Wassersportkomitee übernommen wurde. Die EG-Kommission ist nicht befugt, Sportdiplome zu verleihen oder anzuerkennen. Dies obliegt den Mitgliedsstaaten. In einigen Mitgliedsstaaten ist diese Zuständigkeit den Sportverbänden anvertraut. So haben z. B. die nationalen Pferdesportverbände aller EU-Mitgliedsstaaten ihre Befähigungsanforderungen für Reitlehrer harmonisiert und drei Qualifikationsebenen mit einem internationalen Trainerpass entwickelt.[77]

Für Trainer und Sportlehrer ist also für die Verwirklichung ihres Rechts auf Freizügig- **45** keit von Bedeutung, ob sie sich in einem anderen Mitgliedsstaat den *dort* vorgeschriebenen Prüfungen unterziehen müssen, wenn sie ihren Beruf dort ausüben wollen. Haben

---

[71] So zu Recht *Gutmann*, SpuRt 1997, 40.
[72] Vgl. *Streinz/Magiera*, Art. 18 Rz. 9 m. w. N.
[73] *Streinz/Magiera*, Art. 18 Rz. 16.
[74] Ausführlicher *Streinz/Streinz,* Art. 12 Rn. 39 ff. m. w. N.
[75] Zu Bedeutung und Voraussetzungen der wechselseitigen Anerkennung von Diplomen und Befähigungsnachweisen nach Gemeinschaftsrecht vgl. *Geiger*, Art. 39 Rz. 26, Art. 43 Rz. 18, Art. 47 Rz. 1 f.; *Streinz/Franzen*, Art. 39 Rz. 102 m. w. N.
[76] Vgl. EuGH, Slg. 1977, 1199 ff. *Patrick/Minister für kulturelle Angelegenheiten* sowie EuGH, Slg. 1987, 4097 ff. *UNECTEF/Heylens*.
[77] Vgl. Coopers & Lybrand-Studie 1995, Rz. 1 059 f.

Ausländer mit der Staatsangehörigkeit eines Mitgliedsstaates die nötigen Zeugnisse des Aufnahmelandes erworben, greift das Diskriminierungsverbot aus Gründen der Staatsangehörigkeit ein. Für die Anerkennung von Diplomen und Befähigungsnachweisen, die anderswo erlangt worden sind, reicht jedoch das Diskriminierungsverbot nicht aus.

46 Die Rechtsauffassung des EuGH in Fragen der gegenseitigen Anerkennung der beruflichen Befähigungsnachweise hat sich in den Rechtssachen Heylens[78] und Vlassopoulou[79] herauskristallisiert. Ein Sportverband bzw. Mitgliedstaat muss in jedem Fall die Qualifikation des Antragstellers mit der in seinem Land geforderten vergleichen und diesem mitteilen, aus welchen Gründen dessen Befähigungsnachweis als nicht äquivalent angesehen wird. Im Fall *Heylens* kam der Gerichtshof zu dem Schluss, dass es bei der Verweigerung der Äquivalenzanerkennung für ein Diplom eines Angehörigen eines anderen Mitgliedstaates möglich sein muss, diese Entscheidung auf gerichtlichem Wege auf Rechtmäßigkeit nach Unionsrecht überprüfen zu lassen.[80]

47 Im Anschluss an dieses Urteil sind zwei *Richtlinien* über die Einführung genereller Systeme zur *gegenseitigen Anerkennung der beruflichen Befähigungsnachweise* erlassen worden. Die Richtlinien verpflichten zur Anerkennung der in einem anderen Mitgliedstaat erworbenen Diplome, ohne ein Gegenseitigkeitserfordernis vorzusehen. Die 1991 in Kraft getretene erste Richtlinie 89/48/EWG[81] betrifft die Hochschuldiplome, die eine mindestens dreijährige Berufsausbildung abschließen. Die zweite Richtlinie von 1994 92/51/EWG[82] bezieht sich auf eine weniger als drei Jahre dauernde Hochschulausbildung sowie Berufsausbildungszeugnisse und Befähigungsnachweise des zweiten Bildungswegs, nicht spezialisierter Ausbildung und Fachausbildung. Der EuGH stellte in einem von der Kommission eingeleiteten Vertragsverletzungsverfahren nach Art. 226 EGV fest, dass die Italienische Republik gegen ihre Verpflichtungen aus der Richtlinie 92/51 verstoßen hatte, indem sie ein Gesetz, das die Anerkennung des Skilehrer-Diploms von einem Gegenseitigkeitserfordernis abhängig macht, aufrechterhalten hatte.[83]

48 Beide Richtlinien gelten für *reglementierte* Berufe, d. h. berufliche Tätigkeiten, die nur von Personen ausgeübt werden dürfen, die im Rahmen des nationalen Ausbildungssystems einen Befähigungsnachweis erworben haben. Dies trifft in Deutschland z. B. auf die Ausbildung zum Schwimmmeister (-gehilfen) zu, die auf der Basis des Berufsbildungsgesetzes erfolgt. Nicht als reglementiert gelten die Tätigkeiten von Eislauf-, Fecht-, Fußball-, Golf-, Segel-, Reitlehrern usw. Die Personen, die eine solche Qualifikation erworben haben, können sich zwar nicht auf einen Anerkennungsautomatismus berufen; aber auch ihnen kann die Anerkennung nachgewiesener Ausbildung und früherer Tätigkeiten nicht einfach verweigert werden. Vielmehr sind die Qualifikation und die Berufserfahrung zu berücksichtigen und in die Entscheidung über eventuelle ergänzende Lehrgänge einzubeziehen.[84]

49 Der Arbeitsuchende muss einen formellen Antrag zur Anerkennung seines Diploms bzw. Befähigungsnachweises stellen, über den die Behörden des Aufnahmestaats binnen vier Monate entscheiden müssen. Der Aufnahmestaat kann einen Nachweis über Berufserfahrungen oder eine Anpassungsphase oder gar eine Eignungsprüfung nur vorschreiben, wenn erhebliche Unterschiede in Bezug auf die Länge und den Inhalt der Ausbildung bestehen.[85]

---

[78] EuGH, Slg. 1987, 4097 = NJW 1989, 657.
[79] EuGH, Slg. 1991, 2357, 2383 ff. *Vlassopoulou/Ministerium für Justiz, Bundes-und Europaangelegenheiten Baden-Württemberg*.
[80] Siehe Rz. 85.
[81] Richtlinie des Rates 89/48/EWG v. 21. 12. 1988 (ABl. L 19/61 vom 24. 1. 1989).
[82] Richtlinie des Rates 92/51/EWG v. 18. 6. 1992 (ABl. L 209/25 vom 24. 7. 1992).
[83] EuGH, Urteil vom 16. 5. 2002, Rs. C-142/01, *Kommission/Italienische Republik*; mitgeteilt in SpuRt 2002, 237 mit Anmerkung *Streinz*.
[84] *König*, RuS 21, 57 f. Vgl. auch *Streinz/Herrmann/Kraus*, SpuRt 2005, 5 ff.
[85] Vgl. Coopers & Lybrand-Studie 1995, Rz. 1011 f.

Außerhalb des Schulsports ist die Anwendung der Richtlinien problematisch, da sich 50
die Sportberufe unterschiedlich entwickelt haben und in jedem Mitgliedstaat ein anderes
Qualifikationsniveau nachzuweisen ist. So hat der DFB in seiner Ausbildungsordnung explizit geregelt, welche Trainerlizenz für welche Spielklassen erforderlich ist. Gemäß § 9
Nr. 1 i.V. m. § 2 Nr. 1a) DFB-Ausbildungsordnung erhalten Trainer je nach dem Grad
ihrer Ausbildung zuerst die C-Lizenz, dann die B-Lizenz (UEFA-B-Lizenz), dann die
A-Lizenz (UEFA-A-Lizenz) und als höchste Stufe die Fußball-Lehrer-Lizenz des DFB
(UEFA-Pro-Lizenz). Nur Fußball-Lehrer sind berechtigt, Mannschaften der Lizenzligen
zu trainieren.

Über die Anerkennung von nationalen und internationalen Lizenzen und Berufs- 51
abschlüssen im Trainerwesen entscheidet gemäß § 7 Nr. 1 DFB-Ausbildungsordnung der
Lehrstab Trainerausbildung generell oder im Einzelfall unter Berücksichtigung der
UEFA-Konvention über die gegenseitige Anerkennung von Trainerqualifikationen.

Um Kriterien zur Vergleichbarkeit bemüht ist das 1991 gegründete *Europäische Netzwerk* 52
sportwissenschaftlicher Institutionen. Dieses hat ein fünfstufiges System entworfen, in dem
die verschiedenen Formen der Trainerausbildung in den europäischen Ländern platziert
wurden. Für die einzelnen Stufen liegen klare Definitionen in Bezug auf die Mindestausbildung, Prüfungsinhalte sowie Tätigkeitsdauer vor. Dieses System soll den nationalen
Sportverbänden die Entscheidung erleichtern, wie eine Lizenz im Einzelfall in das eigene
System einzuordnen ist.[86]

3. Kapitel. Rechtsprechung des EuGH zu Sportfragen

Der EuGH hat bislang acht Entscheidungen zum Sport und zu den Auswirkungen des 53
Gemeinschaftsrechts im Sportbereich erlassen. Sämtliche Sportentscheidungen des EuGH
sind als *Vorabentscheidungen* gemäß Art. 234 EGV, also auf Vorlage nationaler Gerichte, ergangen. Das Gericht Erster Instanz hat darüber hinaus über zwei gegen die EU-Kommission eingereichte Nichtigkeitsklagen nach Art. 230, 225 EGV entschieden. Als Rechtsmittelgericht entschied der EuGH gemäß Art. 225 Abs. 1 EGV, Art. 56 der Satzung des
Gerichtshofes in der Rechtssache Meca-Medina und Majcen (C-519/04 P).

Die immer noch überschaubare Anzahl der bisherigen Entscheidungen des EuGH 54
zum Sport ist wohl nicht mehr darauf zurückzuführen, dass Sportler, Funktionäre und
Verbände noch meinen, der Sport sei ein rechtsfreier Raum. Das dem nicht so ist, ist spätestens mit dem Bosman-Urteil in das Bewusstsein aller am Sport Beteiligten gerückt.
Vielmehr hat der Sport seine Statuten überprüft und, soweit notwendig, maßvoll angepasst, gewissermaßen „verrechtlicht", was auch zur Rechtssicherheit im Sport beigetragen
hat. Dass diese Anpassungen z.T. auch unter dem Eindruck gerichtlicher Entscheidungen
und Verfahren vor der EU-Kommission erfolgt sind, ist unbestreitbar.

Ein weiterer Grund ist, dass viele Konflikte durch die im Rahmen der Verbandsauto- 55
nomie errichtete, eigene Verbandsgerichtsbarkeit geschlichtet werden, und zwar sowohl
durch die Sport- als auch die Schiedsgerichtsbarkeit. Die Androhung von Sanktionen gegen die Sportler bei Einschaltung staatlicher Gerichte durch die Verbände sollte der Vergangenheit angehören.[87] In der Sache *Walrave und Koch* wurde die Klage nach Ergehen der
Vorabentscheidung des EuGH zurückgenommen, offenbar unter dem Einfluss der Androhung von Sanktionen durch den beklagten Radsportverband UCI.[88]

---

[86] *König*, RuS 21, 59.
[87] Vgl. *Schroeder*, S. 18 ff. m. w. N.; so auch im Fall des Eishockeyspielers Torsten Kienass, den nach
eigener Aussage Verbandsfunktionäre gefragt hatten, „ob er eigentlich das Transfersystem angreifen
wolle, oder doch lieber weiter in der Nationalmannschaft verteidigen wolle", SZ v. 27./28. 1. 1996,
S. 48.
[88] Vgl. *Hilf*, NJW 1984, 517, 520, Fn. 22.

I. Walrave und Koch/Union cycliste Internationale[89]

56 In diesem im Radrennsport angesiedelten Rechtsstreit ging es um die Teilnahme an den Weltmeisterschaften für Steher. Die Kläger des Ausgangsverfahrens, die beiden Niederländer Walrave und Koch, übten eine Tätigkeit als Schrittmacher professionell aus und fuhren entgeltlich für Radrennfahrer jeder Nationalität. Nach dem Reglement des internationalen Radsportverbandes mussten für die Teilnahme an Weltmeisterschaften Schrittmacher und Steher jedoch *dieselbe Staatsangehörigkeit* besitzen. Da Walrave und Koch für die Teilnahme an der Weltmeisterschaft mangels niederländischer Fahrer mit deutschen bzw. belgischen Stehern antreten wollten, klagten sie vor einem niederländischen Gericht auf Feststellung der Nichtigkeit der betreffenden Bestimmung wegen eines Verstoßes gegen die Diskriminierungsverbote des EWGV. Das niederländische Gericht setzte das Verfahren aus und legte die Sache dem EuGH mit der Frage vor, inwieweit die angegriffene Regelung mit den Art. 48, 59 oder 7 EWGV (jetzt Art. 39, 49 und 12 EGV) vereinbar sei.

57 Der EuGH stellte zunächst fest, dass angesichts der Ziele der Gemeinschaft der Sport nur insoweit dem EWGV unterfalle, als er *Teil des Wirtschaftslebens* i. S. v. Art. 3 EWGV (jetzt Art. 2 EGV) sei. Das sei insbesondere dann der Fall, wenn Sport im Rahmen eines *entgeltlichen Arbeits- oder Dienstleistungsverhältnisses* ausgeübt werde.[90]

58 Dies solle jedoch bei der Aufstellung von Wettkampfmannschaften, etwa in Form von *Nationalmannschaften,* nicht gelten, „da es bei der Bildung dieser Mannschaften um Fragen geht, die ausschließlich von sportlichem Interesse sind und als solche nichts mit wirtschaftlicher Betätigung zu tun haben". Diese Beschränkung des Geltungsbereichs des Diskriminierungsverbots dürfe indessen nicht weiter gehen, als die Zweckbestimmung der besagten Vorschriften dies erfordere.[91] Es blieb dem vorlegenden Gericht vorbehalten zu entscheiden, ob Schrittmacher und Steher eine Mannschaft in diesem Sinne bilden oder nicht.

59 Zudem äußerte sich der EuGH zum ersten Mal zu der Drittwirkung der Grundfreiheiten auf die Rechtsbeziehungen Privater. Er stellte fest, dass das Verbot der unterschiedlichen Behandlung nicht nur für behördliche Maßnahmen gelte, sondern sich auch auf sonstige Maßnahmen erstrecke, die eine kollektive Regelung im Arbeits- und Dienstleistungsbereich enthalten. Die Beseitigung der Hindernisse für die Freizügigkeit und den freien Dienstleistungsverkehr zwischen den Mitgliedsstaaten wäre nämlich gefährdet, wenn die Beseitigung der staatlichen Schranken dadurch in ihren Wirkungen wieder aufgehoben würde, dass privatrechtliche Vereinigungen kraft ihrer gesetzlichen Autonomie solche Hindernisse setzen könnten.[92] Die *unmittelbare Drittwirkung* ist nach Ansicht des EuGH also unerlässlich, um zu verhindern, dass privatrechtlich autonome Vereinigungen, also gerade auch Sportverbände, die Grundfreiheiten unterlaufen.

60 Insbesondere seine Aussage zum Anwendungsbereich des EWGV und zur Anwendbarkeit der Diskriminierungsverbote im Privatrechtsbereich qualifizieren das *Walrave*-Urteil als ein *Grundsatzurteil* zur Geltung der Freizügigkeit der Arbeitnehmer sowie des freien Dienstleistungsverkehrs gerade im Profisport.[93]

II. Donà ./. Mantero[94]

61 Ausgangspunkt dieses Rechtsstreits war das seinerzeit in Italien vom dortigen Fußballverband aufgestellte Verbot, für den bezahlten Fußball in der 1. und 2. Liga ausländische Spieler zu verpflichten. Spielervermittler *Donà* hatte im Auftrag eines italienischen Ver-

---

[89] EuGH, Rs. 36/74, Slg. 1974, 1405 ff. = NJW 1975, 1093, nachfolgend „EuGH, *Walrave und Koch,* Rz."; vgl. *Steindorff*, RIW 1975, 253.
[90] EuGH, *Walrave und Koch,* Rz. 4/10 und 16/19.
[91] EuGH, *Walrave und Koch,* Rz. 4/10.
[92] EuGH, *Walrave und Koch,* Rz. 16/19.
[93] Fußnote ist entfallen.
[94] EuGH, Rs. 13/76, *Donà,* Slg. 1976, 1333 = NJW 1976, 2068 L, nachfolgend „EuGH, *Donà,* Rz."

eins ausländische Spieler ermittelt, die für den Einsatz in der Mannschaft dieses Vereins geeignet erschienen. Da sich der Vorsitzende *Mantero* mit Hinweis auf die Ausländersperre weigerte, *Donà* die entstandenen Kosten zu ersetzen, machte dieser gerichtlich geltend, die betreffenden Statuten ständen im Widerspruch zu den Artikeln 48, 59 und 7 EWGV (jetzt Art. 39, 49 und 12 EGV) und seien daher gemeinschaftsrechtswidrig. Das italienische Gericht legte dem EuGH im Vorabentscheidungsverfahren nach Artikel 234 EGV (alt Art. 177 EWGV) diese Fragen vor. Der EuGH entschied dazu:

„Mit dem Artikel 7 und Art. 48–51 oder, je nach Sachlage, 59–66 EWGV ist eine nationale Regelung oder Praxis, auch wenn sie von einer Sportorganisation ausgeht, unvereinbar, die das Recht, als Profi oder Halbprofi an Fußballspielen teilzunehmen, allein den Angehörigen des betreffenden Mitgliedstaats vorbehält, es sei denn, es handelt sich um eine Regelung oder Praxis, welche die ausländischen Spieler von der Mitwirkung bei bestimmten Begegnungen aus nichtwirtschaftlichen Gründen ausschließt, die mit dem besonderen Charakter und Rahmen dieser Begegnung zusammenhängen und deshalb ausschließlich den Sport als solchen betreffen, wie dies z. B. bei Begegnungen zwischen Nationalmannschaften verschiedener Länder der Fall ist."[95]

62 Dem entscheidenden Unterschied des Falles gegenüber *Walrave*, der darin besteht, dass es hier nicht um die Zusammenstellung von Nationalmannschaften, sondern von Vereinsmannschaften geht, schenkt der EuGH keine Beachtung. Er wiederholt vielmehr im Wesentlichen die Aussagen des früheren Urteils. Die Entscheidung bringt jedoch insofern eine Neuerung, als bei der Frage der Anwendbarkeit des Gemeinschaftsvertrags nicht mehr darauf abzustellen ist, ob die *Bildung* der Mannschaften von sportlichem oder wirtschaftlichem Interesse ist, sondern auf den *Charakter der Begegnung* zwischen den Mannschaften, von denen ausländische Spieler ausgeschlossen werden. Dazu, ob auch bei Vereinsmannschaften Ausnahmen vom Diskriminierungsverbot in Frage kommen, hat der EuGH keine Stellung bezogen.

III. UNECTEF ./. Heylens[96]

63 In dieser Entscheidung ging es nicht um die Freizügigkeit, sondern um die Anerkennung von Trainerdiplomen. Der Belgier Heylens trainierte den französischen Fußballverein „Lille Olympic Sporting Club". Gegen ihn wurde ein Strafverfahren wegen Zuwiderhandlung gegen französische Bestimmungen eingeleitet, weil der Zugang zum Beruf des Trainers ein nationales oder als gleichwertig anerkanntes ausländisches Diplom voraussetzte und Heylens' belgischer Trainerschein nicht anerkannt worden war.

64 Der Gerichtshof kam zu dem Schluss, dass es bei der Verweigerung der Äquivalanzanerkennung für ein Diplom eines Angehörigen eines anderen Mitgliedstaates möglich sein muss, diese Entscheidung auf gerichtlichem Wege auf Rechtmäßigkeit nach Gemeinschaftsrecht überprüfen zu lassen. Als Voraussetzung für einen effektiven Rechtsschutz des Einzelnen gegen die Entscheidung einer Behörde gebiete die Freizügigkeit gem. Art. 48 EWGV (Art. 39 EGV), dass diese ihre Auffassung begründe.[97]

IV. Bosman[98]

1.

65 Dieser richtungweisenden Entscheidung des EuGH liegt ein fehlgeschlagener *Transfer* des belgischen Fußballprofis *Jean-Marc Bosman* vom belgischen Club RC Lüttich zum französischen Club US Dünkirchen zugrunde. Nach den Transferbestimmungen des bel-

---

[95] EuGH, *Donà*, Rz. 14/16 und 19.
[96] EuGH, Rs. 222/86, *Heylens u.a.*, Slg. 1987, 4097 = NJW 1989, 657.
[97] EuGH, *Heylens u.a.*, Rz. 15.
[98] EuGH, Rs. 415/93, *Bosman*, Slg. 1995 I-4921 = SpuRt 1996, 59 = NJW 1996, 505 = EuZW 96, 82 (mit Anm. *Wertenbruch*) = EuGRZ 1996, 17 = NZA 1996, 191 = ZIP 1996, 42 = JZ 1996, 248; *Hilf/Pache*, NJW 1996, 1169; *Schroeder*, JZ 1996, 254; *Kahlenberg*, EWiR 96, 111; *Imping*, EWS 1996, 193; *Palme*, JZ 1996, 238. Im Folgenden wird das Bosman-Urteil als „EuGH, *Bosman*, Rz." zitiert.

gischen Fußballverbandes war nach Vertragsablauf eine Freigabeerklärung des abgebenden Vereins notwendig, damit der Spieler nach dem Transfer seine neue Spiellizenz erhält. Im Gegenzug war der aufnehmende Verein jedoch verpflichtet, an den abgebenden Verein eine Ablösesumme als so genannte Ausbildungsentschädigung zu zahlen.

66 Da der RC Lüttich Zweifel an der Zahlungsfähigkeit des US Dünkirchen hatte, unterließ er es, beim Belgischen Verband URBSFA die Übermittlung des Freigabescheins an die Fédération Francaise de football (FFF) zu beantragen. Dadurch scheiterten die Verträge mit dem US Dünkirchen. Auch verschiedene weitere Versuche eines Transfers waren letztlich erfolglos. Bosman, der somit seinem Beruf als Profifußballer nicht mehr nachgehen konnte, klagte vor belgischen Zivilgerichten auf Schadensersatz.

Im Berufungsverfahren legte die Cour d'appel Lüttich die Sache dem EuGH mit folgenden Fragen vor:

67 „Sind die Artikel 48, 85, 86 EGV (jetzt Art. 39, 81, 82 EGV) dahin auszulegen, dass sie es verbieten,
– dass ein Fußballverein bei der Verpflichtung eines seiner Spieler, dessen Vertrag endet, durch einen anderen Verein die Zahlung eines Geldbetrages verlangen und entgegennehmen kann;
– dass die nationalen und internationalen Sportvereinigungen oder Sportverbände in ihren Regelungen Bestimmungen vorsehen können, die den Zugang ausländischer Spieler, die der Europäischen Gemeinschaft angehören, zu den von ihnen veranstalteten Wettbewerben beschränken?"

68 Mit Wirkung vom 15. 12. 1995 erklärte der EuGH die *Transferbestimmungen* und die *Ausländerklauseln* in den Regeln der professionellen Fußballverbände für *unvereinbar* mit dem *Freizügigkeitsrecht* gem. Art. 39 EGV. Dieses Recht gewährleistet Arbeitnehmern, die die Staatsangehörigkeit eines EU-Mitgliedsstaates besitzen, eine Inländergleichbehandlung als Arbeitnehmer, also in Bezug auf Arbeitsplatzwahl und Beschäftigungsbedingungen nicht schlechter gestellt zu werden als Inländer. Dabei stellte der EuGH klar, dass Art. 39 EGV nicht nur ein Diskriminierungsverbot, sondern *als Grundfreiheit* ein allgemeines *Beschränkungsverbot* enthält.[99] Schon der Schlussantrag des Generalanwalts Lenz[100] machte deutlich, dass „es keiner tiefschürfenden Erwägungen bedarf, um zu dem Ergebnis zu gelangen, dass die Ausländerklauseln diskriminierenden Charakter haben".

Der EuGH erkannte danach für Recht:

„1) Artikel 48 EWG-Vertrag steht der Anwendung von durch Sportverbände aufgestellten Regeln entgegen, nach denen ein Berufsfußballspieler, der Staatsangehöriger eines Mitgliedsstaats ist, bei Ablauf des Vertrages, der ihn an einen Verein bindet, nur dann von einem Verein eines anderen Mitgliedsstaats beschäftigt werden kann, wenn dieser dem bisherigen Verein eine Transfer-, Ausbildungs- oder Förderungsentschädigung gezahlt hat.

2) Artikel 48 EWG-Vertrag steht der Anwendung von durch Sportverbände aufgestellten Regeln entgegen, nach denen die Fußballvereine bei den Spielen der von diesen Verbänden veranstalteten Wettkämpfe nur eine begrenzte Anzahl von Berufsspielern, die Staatsangehörige anderer Mitgliedsstaaten sind, aufstellen können. ..."

2.

69 Die Verbände hatten vor der Bosman-Entscheidung unter Berufung auf die bisherige Rechtsprechung des EuGH gehofft, die *Ausländerklauseln* rechtfertigen zu können. Dabei bezogen sie sich auf den Wortlaut der *Donà*-Entscheidung,[101] in der von der Zulässigkeit einer Beschränkung des Einsatzes von Ausländern bei bestimmten Begegnungen aus

---

[99] Genauer Rz. 96.
[100] EuGRZ 1995, 459, 478, Rz. 135. Vgl. hierzu *Paefgen*, EWiR 1995, 987.
[101] EuGH, *Donà*, Rz. 17 f.; *Bosman*, Rz. 82 f.

nichtwirtschaftlichen Gründen die Rede war. Die Ausländerklauseln seien notwendig, um die Bindung jedes Vereins an sein Land zu erhalten und damit auch die Identifikation des Publikums mit dem jeweiligen Verein zu gewährleisten. Zudem wären die Ausländerklauseln erforderlich, damit genügend einheimische Spieler in den obersten Ligen vertreten seien und damit eine Reserve für die Nationalmannschaften vorhanden sei. Außerdem diene die Ausländerklausel der Aufrechterhaltung des sportlichen Gleichgewichts zwischen den Vereinen. Zudem müsse Vertrauensschutz gewährt werden, weil die „3+2"-Regel in Zusammenarbeit mit der Kommission ausgearbeitet sei. Schließlich drohe wegen der neuen Rechtslage eine Spaltung der Verbände FIFA und UEFA.[102]

70 Zunächst ist hervorzuheben, dass der EuGH *Nationalmannschaften* aufgrund ihres nichtwirtschaftlichen, also ausschließlich sportlichen Charakters, vom Anwendungsbereich des Art. 39 EGV ausgenommen hat.[103] Bei *Vereinsmannschaften* hat er eine solche Ausnahme abgelehnt. Die Ausländerklausel kann auch nicht aufrechterhalten werden, wenn Vereine in *internationalen Wettbewerben* (z. B. UEFA Cup) aufeinandertreffen.[104] Da die in den Verbandssatzungen enthaltenen Ausländerklauseln den Einsatz von Ausländern nicht nur für Spiele zwischen Mannschaften, die ihre Länder repräsentieren, sondern für alle von den Verbänden veranstalteten offiziellen Spiele begrenzen, stellen sie keine i. S. d. Rechtsprechung des EuGH zulässige Ausnahme vom Anwendungsbereich des Art. 39 EGV dar.

71 Dem ist zuzustimmen. Wollte man den gesamten professionellen Sport aufgrund der sportlichen Argumente von der Freizügigkeit ausnehmen, so bliebe die grundsätzliche Feststellung des Gerichtshofes, dass die Vorschriften über die Freizügigkeit auch für die Tätigkeit der Voll- und Halbprofis gelten, ihres Sinngehalts weitgehend entleert.[105] Der Verstoß kann auch aus den zusätzlich vorgetragenen Gründen nicht gerechtfertigt werden. So sind die Ausländerklauseln weder geeignet, die Identifikation mit Vereinen zu stärken, da diese schon jetzt kaum aus Spielern der betreffenden Region oder gar Stadt bestehen. Auch sind sie nicht erforderlich, um eine ausreichende Reserve von einheimischen Spielern für die Nationalmannschaften zu erhalten. Insoweit kann auch auf im Ausland tätige Spieler zurückgegriffen werden, wie das Beispiel des Fußballweltmeisters 1990 verdeutlicht. Damals spielten ein Großteil der deutschen Nationalmannschaft als „Legionäre" in Italien. Die Klauseln dienen auch nicht der Herstellung des sportlichen Gleichgewichts, denn auch jetzt sind die reichsten Vereine in der Lage, die spielstärksten inländischen wie auch ausländischen Spieler zu verpflichten. Schließlich hatte die „3+2"-Regel[106] keine Bindungswirkung für den EuGH, da die Kommission nicht berechtigt ist, Garantien hinsichtlich der Vereinbarkeit eines bestimmten Verhaltens mit dem Vertrag zu geben.[107]

72 Der EuGH hat die Rechtfertigung der *Transferregeln* ebenfalls verneint. Gerechtfertigt könnten freizügigkeitsbeschränkende Regelungen nur sein, wenn sie einen berechtigten Zweck verfolgen würden und aus zwingenden Gründen des Allgemeininteresses gerechtfertigt wären. Die Regeln müssten dann *geeignet,* die Verwirklichung des verfolgten Zwecks zu *gewährleisten,* und zur Erreichung dieses Zwecks *erforderlich* sein.[108] Zur Rechtfertigung der Transferregeln wurde geltend gemacht, durch sie werde das finanzielle und sportliche Gleichgewicht zwischen den Vereinen aufrechterhalten und die Suche nach Talenten sowie die Ausbildung junger Spieler unterstützt.[109]

---

[102] *Scholz/Aulehner,* SpuRt 1996, 45 f.
[103] EuGH, *Donà,* Rz. 14,15; EuGH, *Bosman,* Rz. 127 f.; vgl. *Kahlenberg,* EWS 1994, 427.
[104] Zutreffend *Fischer,* SpuRt 1996, 37.
[105] So *Hilf,* NJW 1984, 522.
[106] Siehe hierzu unten Kapitel 5 Rz. 140.
[107] EuGH, *Bosman,* Rz. 136.
[108] EuGH, *Bosman,* Rz. 104; vgl. *Hilf/Pache,* NJW 1996, 1172.
[109] *Kahlenberg,* EWS 1994, 428 f.; vgl. auch *Scholz/Aulehner,* SpuRt 1996, 46 f., die – zu Unrecht – die Bosman-Entscheidung als Verstoß gegen das Subsidiaritätsprinzip und gegen die Art. 3 I, 9 I und 14 GG werten.

73   Der EuGH hat die Geeignetheit der Transferregeln zur Verfolgung dieser Zwecke verneint. Auch bisher konnten die reichsten Vereine die besten Spieler verpflichten. Eine Förderung der Nachwuchsarbeit durch die Transferregeln bezweifelt der EuGH ebenfalls, da nicht systematische Jugendarbeit und betriebener Aufwand, sondern Zufälle und Unwägbarkeiten darüber entscheiden, welche Vereine zu welcher Zeit welche Transferentschädigungen erhalten.[110] Nach Lenz[111] können dieselben Zwecke zumindest ebenso wirksam mit anderen Mitteln erreicht werden. Er schlägt insoweit eine Art *Pool-System* vor, nach dem beispielsweise die Einnahmen aus der Vergabe von Fernsehübertragungsrechten unter den Vereinen aufgeteilt werden könnten.

V. Deliège[112]

74   Dem Urteil liegt folgender Sachverhalt zugrunde: Die belgische Judoka *Christelle Deliège* war seit 1983 als Leistungssportlerin im Judo aktiv. Die Einzelkampfsportart Judo wird weltweit von der International Judo Federation (IJF) organisiert. Auf europäischer Ebene besteht die European Judo Union (EJU), der die nationalen Verbände angehören. Der nationale belgische Verband ist die Ligue Belge du Judo (LBJ). Mitglieder der LBJ sind zwei Regionalvereinigungen, eine davon ist die Ligue francophone de judo (LFJ), denen die Vereine angehören, deren Mitglieder wiederum die Judoka sind. Die EJU beschloss im April 1994, dass von jedem nationalen Verband grundsätzlich nur noch ein Judoka pro Gewichtsklasse auf die Teilnahmeliste für europäische Turniere der sog. Kategorie A gesetzt werden konnte. Die Staatsangehörigkeit der Sportler spielte dabei keine Rolle, sondern nur die Zugehörigkeit zu einem nationalen Verband. Nach den Regeln der IJF konnten sich für die Olympischen Spiele 1996 neben den ersten acht der letzten Weltmeisterschaft für jeden Kontinent nur eine bestimmte Zahl von Judoka qualifizieren. Diese wurden nach Beschluss der EJU auf Grundlage der Ergebnisse bestimmt, die bei den Turnieren der Kategorie A und bei den Europameisterschaften erzielt wurden. Die LBJ nominierte im Februar 1996 nicht Frau Deliège, sondern zwei andere Sportlerinnen für ein internationales Turnier der Kategorie A in Paris. Gegen die Nichtnominierung richtete Frau Deliège beim Tribunal de première instance Namur zunächst einen Antrag auf vorläufigen Rechtsschutz und erhob kurz darauf auch Klage gegen die LFJ und die LBJ. Das erstinstanzliche Gericht legte in beiden Verfahren dem EuGH die Frage zur Vorabentscheidung vor, ob es gegen die Artikel 59, 85 und 86 des EGV (jetzt Art. 49, 81, 82) verstoße, „dass ein Berufssportler oder Halbprof. oder ein Anwärter auf eine berufliche oder halbprofessionelle Tätigkeit im Besitz einer Genehmigung seines Verbandes sein muss, um an einem internationalen Wettkampf teilnehmen zu können, bei dem sich keine Nationalmannschaften gegenüberstehen"?

75   In den zur gleichzeitigen Entscheidung verbundenen Rechtssachen macht der EuGH nochmals deutlich, dass die Begriffe Wirtschaftsleben, Arbeitnehmer oder Dienstleistung autonome Begriffe des Gemeinschaftsrechts sind. Eine Abgrenzung könne nicht durch die Klassifizierung der Sportverbände erfolgen. Es obliege dem nationalen Gericht anhand der Auslegungshinweise des EuGH den Sachverhalt festzustellen und zu beurteilen.

76   Der EuGH stellte fest, dass die Auswahlregeln sich nicht auf Begegnungen zwischen National- oder Auswahlmannschaften verschiedener Länder bezögen, sondern dass sie vielmehr die Teilnahme an anderen hochrangigen internationalen Begegnungen, die für

---

[110] EuGH, *Bosman*, Rz. 109; vgl. *Fischer*, SpuRt 1996, 36.
[111] EuGRZ 1995, 497 Rz. 226.
[112] EuGH, Rs. C-51/96 und C-191/97, *Deliège*, Slg. 2000, I-2549 = SpuRt 2000, 148 ff. = NJW 2000, 2011 ff.; vgl. *Streinz*, RuS 29, 27 (33). Die seit 17. Juni 1997 ergangenen Urteile, Schlussanträge und Beschlüsse des Gerichtshofes und des Gerichts erster Instanz sind unter http://curia.europa.eu/de/content/juris/index.form.htm mittels eines Suchformulars abrufbar. Nachfolgend wird das Deliège-Urteil als „EuGH, *Deliège*, Rz." zitiert.

einen nationalen Verband erfolge, ohne Rücksicht auf die Staatsangehörigkeit den Sportlern vorbehielten, die den betreffenden Verbänden angehörten. Der Umstand allein, dass die von den Sportlern bei diesen Wettkämpfen errungenen Bewertungen bei der Bestimmung der Länder berücksichtigt würden, die Vertreter zu den Olympischen Spielen entsenden könnten, rechtfertige es nicht, diese Wettkämpfe mit Begegnungen zwischen Nationalmannschaften gleichzusetzen, die nicht in den Anwendungsbereich des Gemeinschaftsrechts fielen.[113]

Der EuGH hob hervor, dass Auswahlregeln zwangsläufig die Zahl der Teilnehmer an einem Wettkampf beschränken und derartige Beschränkungen, die unausweichlich auf bestimmten Regeln oder Auswahlkriterien beruhen, notwendig mit der Durchführung eines hochrangigen internationalen Wettkampfes verbunden seien. Derartige, nicht an die Staatsangehörigkeit anknüpfende Regeln könnten daher für sich genommen nicht als durch Art. 49 EGV verbotene Beschränkungen des freien Dienstleistungsverkehrs angesehen werden.[114] Nach dem EuGH ist es „die natürliche Aufgabe der betroffenen Stellen, der Veranstalter von Turnieren, der Sportverbände oder auch der Vereinigungen von Berufssportlern, geeignete Regeln aufzustellen und in Anwendung dieser Regeln eine Auswahl zu treffen"[115] 77

Zu der Vereinbarkeit mit den Wettbewerbsregeln der Gemeinschaft äußerte sich der EuGH wie schon im Bosman-Urteil wegen fehlender tatsächlicher Angaben nicht. 78

Der EuGH entschied danach: 79

„Eine Regel, nach der ein Berufssportler oder Halbprofi oder ein Anwärter auf eine berufliche oder halbprofessionelle Tätigkeit an einem hochrangigen internationalen Wettkampf, bei dem sich keine Nationalmannschaften gegenüberstehen, nur teilnehmen kann, wenn er über eine Genehmigung oder Auswahlentscheidung seines Verbandes verfügt, stellt als solche keine durch Artikel 59 EG-Vertrag (jetzt Artikel 49 EGV) verbotene Beeinträchtigung des freien Dienstleistungsverkehrs dar, soweit sie zur Organisation eines solchen Wettkampfes erforderlich ist."

VI. Lehtonen[116]

Der Fall Lehtonen spielt im Bereich des Basketballs. *Jyri Lehtonen* ist professioneller Basketballspieler mit finnischer Staatsangehörigkeit. In der Saison 1995/96 spielte er zunächst in einer Mannschaft, die an der finnischen Meisterschaft teilnahm, und wurde nach Ende der Meisterschaft von Castors Braine, einem dem belgischen Basketballverband FRBSB angehörenden Verein, für die Endphase der belgischen Meisterschaft 1995/96 verpflichtet. Diese Verpflichtung wurde am 30. März 1996 bei der FRBSB registriert. Der Verein und der Spieler schlossen einen Arbeitsvertrag. 80

Nach den für internationale Spielertransfers gültigen Regelungen der Féderation internationale de basket-ball (Fiba) dürfen Vereine jedoch nicht einem für die jeweilige, von der Fiba festgelegte Zone geltenden Stichtag in ihre Mannschaft keine Spieler mehr aufnehmen, die in derselben Saison bereits in einem anderen Land dieser Zone gespielt haben. Für die europäische Zone ist der Stichtag für die Registrierung ausländischer Spieler der 28. Februar. Der Transfer von Spielern aus anderen Zonen ist auch nach diesem Datum bis zum 31. März noch zulässig. 81

Die FRBSB wies den Verein auf diese Regelung hin. Trotz des Hinweises setzte der Verein den Spieler in einem Spiel ein, das ebenso wie ein Spiel, bei dem Lehtonen lediglich auf dem Spielberichtsbogen aufgeführt wurde, von der FRBSB nachträglich als verloren gewertet wurde. 82

---

[113] EuGH, *Deliège*, Rz. 44.
[114] EuGH, *Deliège*, Rz. 64.
[115] EuGH, *Deliège*, Rz. 67.
[116] EuGH, Rs. C-176/96, Lehtonen, Slg. 2000, I-2681 = SpuRt 2000, 151 ff.; nachfolgend „EuGH, *Lehtonen*, Rz.". Vgl. *Streinz*, RuS 29, 27 (33).

83 Am 16. April 1996 beantragten J. Lehtonen und Castors Braine beim Tribunal de première instance in Brüssel eine einstweilige Verfügung gegen die FRBSB. Das erstinstanzliche Gericht setzte das Verfahren aus und legte dem Gerichtshof folgende Frage zur Vorabentscheidung vor:

„Läuft das Reglement eines Sportverbandes, wonach ein Verein einen erst nach einem bestimmten Zeitpunkt verpflichteten Spieler nicht mehr erstmalig im Wettkampf aufstellen darf, dem Römischen Vertrag, insbesondere dessen Artikeln 6, 48, 85 und 86, zuwider, wenn es sich um einen Berufsspieler mit der Staatsangehörigkeit eines Mitgliedsstaats handelt, und zwar trotz der zur Rechtfertigung dieser Regelung von den Verbänden angeführten sportlichen Gründe, nämlich der Notwendigkeit, dass die Wettkämpfe nicht verfälscht werden?"

84 Der EuGH war der Auffassung, dass Transferfristen die Freizügigkeit von Spielern, die als Arbeitnehmer anzusehen sind und ihre Tätigkeit in einem anderen Mitgliedsstaat ausüben wollen, einschränken könnten. Diese Regelung bilde damit ein Hindernis für die Freizügigkeit der Arbeitnehmer.[117] Unbeachtlich sei, dass die fraglichen Regeln nicht die Beschäftigung solcher Spieler betreffen, die nicht eingeschränkt werde, sondern die Möglichkeit für ihre Vereine, sie für ein offizielles Spiel aufzustellen. Da die Teilnahme an diesen Begegnungen das wesentliche Ziel der Tätigkeit eines Berufsspielers sei, liege es auf der Hand, dass eine Regelung, die diese Teilnahme beschränkt, auch die Beschäftigungsmöglichkeiten des betroffenen Spielers einschränke.[118]

85 Der EuGH sah aber hier die Möglichkeit einer Rechtfertigung der Beschränkung, da die Festsetzung von Fristen für Spielertransfers dem Zweck dienen kann, den geordneten Ablauf sportlicher Wettkämpfe sicherzustellen. Transfers, die zu einem späten Zeitpunkt erfolgen, könnten nämlich den sportlichen Wert einer Mannschaft im Verlauf der Meisterschaft erheblich verändern und damit die Vergleichbarkeit der Ergebnisse der verschiedenen an der Meisterschaft beteiligten Mannschaften und so in der Folge auch den geordneten Ablauf der Meisterschaft insgesamt beeinträchtigen, was insbesondere für eine Verstärkung während der Play-Off-Phase gelte. Jedoch dürften Maßnahmen von Sportverbänden zur Sicherung eines geordneten Wettkampfablaufs nicht über das hinausgehen, was zur Erreichung des verfolgten Zweckes erforderlich sei.[119]

Nach dem EuGH würde die Regelung über das hinausgehen, was zur Erreichung des verfolgten Zweckes erforderlich ist, wenn ein Transfer eines Spielers, der von einem anderen Verband außerhalb der Europazone nach Belgien wechselt und dies noch bis zum 31. März tun konnte, kein geringeres Risiko für den geordneten Ablauf der Meisterschaft darstellte.

86 Es sei jedoch Sache des nationalen Gerichts, zu prüfen, ob objektive Gründe, die nur den Sport als solchen betreffen oder Unterschieden zwischen der Lage von Spielern aus einem Verband der europäischen Zone und der von Spielern aus einem Verband außerhalb dieser Zone Rechnung tragen, eine solche unterschiedliche Behandlung rechtfertigen.

87 Der EuGH hat danach entschieden:
„Artikel 48 EG-Vertrag (jetzt Artikel 39 EGV) steht der Anwendung einer von Sportverbänden in einem Mitgliedsstaat getroffenen Regelung, wonach ein Basketballverein für Spiele um die nationale Meisterschaft keine Spieler aus anderen Mitgliedsstaaten aufstellen darf, die nach einem bestimmten Datum transferiert worden sind, entgegen, wenn für Transfers von Spielern aus bestimmten Drittländern insoweit ein späteres Datum gilt, es sei denn, dass objektive Gründe, die nur den Sport als solchen betreffen oder Unterschieden zwischen der Lage von Spielern aus einem Verband der europäischen Zone und der von Spielern aus einem Verband außerhalb dieser Zone Rechnung tragen, eine solche unterschiedliche Behandlung rechtfertigen."

---

[117] EuGH, *Lehtonen*, Rz. 49 f. unter Hinweis auf EuGH, *Bosman*, Rz. 99 f.
[118] EuGH, *Lehtonen*, Rz. 50. unter Hinweis auf EuGH, *Bosman*, Rz. 120.
[119] EuGH, *Lehtonen*, Rz. 55. unter Hinweis auf EuGH, *Bosman*, Rz. 104.

VII. Kolpak[120]

Maros Kolpak spielte seit März 1997 bei einem Verein der 2. Handball-Bundesliga. Er hatte **88** einen Arbeitsvertrag unterzeichnet und besaß eine ordnungsgemäße Aufenthaltserlaubnis. Nach der Spielordnung des DHB durften in Mannschaften der Bundesligen und Regionalligen bei Meisterschafts- und Pokalspielen allerdings höchstens zwei Spieler eingesetzt werden, die nicht die Staatsangehörigkeit eines Staates der EU bzw. des EWR-Abkommens besitzen (Nicht-EU-Ausländer).

Kolpak vertrat die Ansicht, dass er als slowakischer Staatsangehöriger aufgrund des sich **89** aus dem EG-Vertrag in Verbindung mit dem Assoziierungsabkommen EG – Slowakei ergebenden Diskriminierungsverbots unter denselben Bedingungen wie deutsche Spieler und Spieler aus der übrigen Gemeinschaft Anspruch auf eine unbeschränkte Teilnahme an den Wettkämpfen habe. Die Regelung in der DHB-Spielordnung verstoße daher gegen das Assoziierungsabkommen EG – Slowakei, so dass die Regel auf ihn nicht anwendbar sei.

Das mit dem Rechtsstreit in der zweiten Instanz befasste Oberlandesgericht Hamm **90** setzte das Verfahren aus, um den Gerichtshof im Rahmen des Vorabentscheidungsverfahrens zu befragen.

Einschlägige Bestimmung des Assoziierungsabkommens EG – Slowakei ist Artikel **91** 38 Abs. 1 erster Gedankenstrich:

„Vorbehaltlich der in den einzelnen Mitgliedstaaten geltenden Bedingungen und Modalitäten wird den Arbeitnehmern mit Staatsangehörigkeit der Slowakischen Republik, die im Gebiet eines Mitgliedstaats rechtmäßig beschäftigt sind, eine Behandlung gewährt, die hinsichtlich der Arbeitsbedingungen, der Entlohnung oder der Entlassung keine auf der Staatsangehörigkeit beruhende Benachteiligung gegenüber den eigenen Staatsangehörigen bewirkt; . . ."

Der EuGH stellte unter Bezugnahme auf das Urteil *Pokrzeptowicz-Meyer*[121] fest, dass **92** die Bestimmung unmittelbar anwendbar sei, so dass slowakische Staatsangehörige diese vor den Gerichten eines Mitgliedstaates geltend machen könnten.[122] Mit Hinweis auf die Erwägungen in den Urteilen *Bosman* und *Pokrzeptowicz-Meyer* stellte er fest, dass Artikel 38 Abs. 1 des Assoziierungsabkommens auch auf eine von einem nationalen Sportverband aufgestellte Regel anwendbar sei, also Drittwirkung entfaltet. Der Gerichtshof hob jedoch hervor, dass nach dem Wortlaut des Artikel 38 das darin enthaltene Diskriminierungsverbot zum einen nur für slowakische Staatsangehörige gelte, die in einem Mitgliedstaat rechtmäßig beschäftigt seien, und zum anderen nur hinsichtlich der Arbeitsbedingungen, der Entlohnung und der Entlassung gelte. Die Bestimmung erstrecke sich somit anders als Art. 39 Abs. 2 EGV *nicht* auf den *Zugang* zum Arbeitsmarkt.

Das Gericht entschied, dass die Regelung in der DHB-Spielordnung den Spieler als **93** ordnungsgemäß in einem Mitgliedstaat Beschäftigten im Vergleich zu Spielern, die Staatsangehörige eines Mitgliedstaates oder eines dem EWR angehörenden Staates sind, ungerechtfertigt benachteilige. Auch sportliche Gründe, die mit der Ausbildung von Nachwuchsspielern zusammenhängen, rechtfertigten diese Diskriminierung nicht.

Der EUGH hat danach für Recht erkannt: **94**

„Artikel 38 Absatz 1 erster Gedankenstrich des Assoziierungsabkommens EG – Slowakei ist dahin auszulegen, dass er es verbietet, auf einen Berufssportler slowakischer Staatsangehörigkeit, der bei einem Verein mit Sitz in einem Mitgliedstaat ordnungsgemäß beschäftigt ist, eine von einem Sportverband dieses Mitgliedstaats aufgestellte Regel an-

---

[120] EuGH, Rs. C-438/00, *Kolpak*, = SpuRt 2003, 153 ff. mit Anmerkung *Weiß*; nachfolgend „EuGH, *Kolpak*; Rz."; siehe zum Fall auch das Urteil des LG Dortmund im einstweiligen Verfügungsverfahren, SpuRt 1998, 32.
[121] EuGH, Rs. C-162/00, Pokrzeptowicz-Meyer, Slg. 2002, I-1049.
[122] EuGH, *Kolpak*, Rz. 24 ff., 30.

VIII. Meca-Medina und Majcen ./. Kommission[123]

95 Diese Entscheidung aus dem Jahr 2004 traf das Europäische Gericht Erster Instanz nach einer Nichtigkeitsklage gemäß Art. 230 EGV zweier Berufssportler aus Spanien und Slowenien. Die erstinstanzliche Zuständigkeit des EuG für die Nichtigkeitsklage folgt aus Art. 225 Abs. 1 EGV i. V. m. Art. 51 der Satzung des EuGH.[124]

96 Die beiden Langstreckenschwimmer wurden bei einer im Januar 1999 anlässlich eines Weltmeisterschaftswettkampfes durchgeführten Dopingkontrolle positiv auf Nandrolon getestet und anschließend jeweils für vier Jahre gesperrt; später wurde die Sperre durch das Schiedsgericht des Sports (TAS) auf jeweils zwei Jahre reduziert. Die Kläger legten im Mai 2001 Beschwerde nach Artikel 3 der VO 17/62 bei der Kommission ein, mit der sie beantragten, die Unvereinbarkeit von bestimmten vom IOC erlassenen und vom Internationalen Schwimmverband (FINA) angewendeten Anti-Doping-Regelungen mit Art. 81 und/oder Art. 82 EGV sowie Art. 49 EGV festzustellen. Die Kommission wies die Beschwerde zurück. Hiergegen erhoben die beiden Schwimmer Klage zum EuG.

97 Das Gericht kam nach Überprüfung der streitigen Anti-Doping-Regelungen unter Auslegung der Rechtsprechung des EuGH dann zu dem Ergebnis, dass diese Vorschriften nur rein sportlichen Charakter hätten. Denn die Anti-Doping-Regeln seien mit dem Sport als solchem eng verknüpft. Mit ihnen werde kein wirtschaftlicher Zweck verfolgt. Sie zielten darauf ab, den Sportsgeist (Fairplay) und die Gesundheit des Athleten zu bewahren und eine Verfälschung des sportlichen Wettbewerbs zu verhindern. Handele es sich aber um rein sportliche Regeln, so fallen sie ihrer Natur nach nicht in den Geltungsbereich der Bestimmungen des EG-Vertrages über die wirtschaftlichen Freiheiten, insbesondere die Art. 49, 81 und 82 EGV.[125]

98 Die Grundsätze, inwieweit die Gemeinschaftsbestimmungen auf dem Gebiet der Arbeitnehmerfreizügigkeit und der Dienstleistungsfreiheit auf sportliche Regelwerke Anwendung finden, gelten nach dem EuG auch für die wettbewerbsrechtlichen Bestimmungen des Vertrages:

„Denn die Tatsache, dass ein rein sportliches Regelwerk nichts mit wirtschaftlicher Betätigung zu tun hat, weswegen es nach Ansicht des Gerichtshofes nicht in den Geltungsbereich der Artikel 39 EG und 49 EG fällt, bedeutet auch, dass es nichts mit wirtschaftlichen Wettbewerbsbeziehungen zu tun hat, so dass es auch nicht in den Geltungsbereich der Artikel 81 EG und 82 EG fällt. Demgegenüber fällt eine Regelung, die, obwohl im Bereich des Sports erlassen, nicht rein sportlicher Natur ist, sondern den wirtschaftlichen Aspekt betrifft, den die sportliche Betätigung haben kann, sowohl in den Geltungsbereich der Artikel 39 EG und 49 EG als auch in den der Artikel 81 EG und 82 EG und kann gegebenenfalls einen Eingriff in die von diesen Bestimmungen garantierten Freiheiten darstellen und Gegenstand eines Verfahrens nach Artikel 81 EG und 82 EG sein."[126]

99 Da nach Auffassung des EuG die streitigen Anti-Doping-Regelungen rein sportliche Regelungen darstellen, und damit weder in den Geltungsbereich des Art. 49 noch der Art. 81 und 82 EGV fallen, wies das Gericht die Klage als unbegründet ab.

---

[123] EuG, Rs. T-313/02, *Meca-Medina und Majcen ./. Kommission,* Urteil vom 30. September 2004; nachfolgend „EuG, *Meca-Medina und Majcen,* Rz."; SpuRt 2005, 20 ff. mit kritischen Anmerkungen *Schroeder;* siehe auch *Orth,* causa sport, 3/4/2004, S. 195 ff.

[124] Abrufbar unter http://curia.europa.eu/de/instit/txtdocfr/index.htm.

[125] EuG, *Meca-Medina und Majcen,* Rz. 44, 47.

[126] EuG, *Meca-Medina und Majcen,* Rz. 42 unter Verweis auf Schlussanträge des Generalanwalts Lenz in der Rechtssache Bosman, Slg. 1995, I-4930 Rz. 253 bis 286, insbesondere Rz. 262, 277 und 278, des Generalanwalts Cosmas in der Rechtssache Deliège, Slg. 2000, I-2553, Rz. 103 bis 112, und des Generalanwalts Alber in der Rechtssache Lehtonen, Slg. 2000, I-2685, Rz. 110 und 115.

Mit ihrem Rechtsmittel nach Art. 56 der Satzung des EuGH beantragten die Sportler **99a**
die Aufhebung des Urteils.[127] Sie machten u. a. geltend, dass der EuGH rein sportliche
Regelwerke gerade nicht generell vom Geltungsbereich des EGV ausgeschlossen habe.
Der Gerichtshof folgte dem Vorbringen und entschied – entgegen der Ansicht des Generalanwaltes – unter Verweis auf die Urteile Bosman (Rz. 76) und Deliège (Rz. 43), dass
der bloße Umstand, dass eine Regelung rein sportlichen Charakter habe, nicht dazu führe, dass der Sportler oder die normerlassende Institution nicht in den Geltungsbereich des
EGV falle,[128] und hob das Urteil des EuG auf.

Gemäß Art. 61 der Satzung des Gerichtshofes entschied der EuGH über die Anträge
der Sportler auf Nichtigerklärung der Entscheidung der Kommission und wies die Klage
ab: Die streitigen Anti-Doping-Regeln verfolgten einen legitimen Zweck, nämlich u. a.
die Sicherung der Chancengleichheit der Sportler. Die Regelungen müssten auf das zum
ordnungsgemäßen Funktionieren des sportlichen Wettkampfes Notwendige begrenzt
sein. Der EuGH kam dann zu dem Schluss, dass der in der Anti-Doping-Regel festgelegte Schwellenwert nach dem Stand der wissenschaftlichen Kenntnisse weder zum Zeitpunkt des Erlasses noch zum Zeitpunkt der Anwendung überzogen gewesen sei, so dass
die Beschränkung nicht über das hinausgehe, was für die Organisation und den ordnungsgemäßen Ablauf des Wettkampfes erforderlich sei.

Auch die angesprochene Sanktion sei nicht unverhältnismäßig gewesen.[129]

IX. Piau ./. Kommission[130]

Der Kläger Laurent Piau war der Ansicht, dass das 1994 erlassene Spielervermittler- **100**
Reglement der FIFA gegen die Art. 81 und 82 EGV verstoße. Nach Einleitung des wettbewerbsrechtlichen Verfahrens durch die Kommission änderte die FIFA das Reglement
und erließ eine neues Spielervermittlerreglement, das am 1. März 2001 in Kraft trat und
am 3. April 2002 unwesentlich geändert wurde.[131] Das neue, weiterhin gültige Spielervermittlerreglement sieht Folgendes vor:
– zur Ausübung des Berufs des Spielervermittlers bedarf es einer vom zuständigen nationalen Fußballverband ausgestellten unbefristeten Lizenz;
– der Bewerber muss eine schriftliche Prüfung in Form eines Multiple-Choice-Tests
 ablegen;
– die Beziehungen zwischen dem Spielervermittler und dem Spieler sind in einem schriftlichen Vertrag zu regeln, dessen Laufzeit auf zwei Jahre begrenzt ist, aber verlängert
 werden kann. Regelt der Vertrag keine Vergütung, welche nach dem Bruttogrundgehalt
 des Spielers zu bemessen ist, ist die Vergütung auf 5 % des Gehaltes festzusetzen;
– für den Fall von Verstößen gegen das Reglement werden Vereine, Spieler und Spielervermittler Sanktionsregelungen unterworfen;
– der Spielervermittler hat eine Berufshaftpflichtversicherung abzuschließen.

Der Kläger hielt seine Beschwerde bei der Kommission aufrecht, die diese mit Ent- **101**
scheidung vom 15. April 2002 wegen fehlenden Gemeinschaftsinteresse an der Fortsetzung des Verfahrens zurückwies, da die wichtigsten beschränkenden Bestimmungen, die
mit der Beschwerde gerügt worden seien, aufgehoben worden seien – während der
zwingende Charakter der Lizenz zu rechtfertigen sei –, für die verbleibenden Beschränkungen eine Freistellung nach Art. 81 Abs. 3 EGV gewährt werden könne und Art. 82
EGV nicht anwendbar sei. Hiergegen richtete sich die Nichtigkeitsklage des Klägers.

---

[127] Siehe ABl. C 57/16 vom 5. 3. 2005.
[128] EuGH, SpuRt, 195 mit Anm. *Orth*.
[129] EuGH, SpuRt 2006, 195.
[130] EuG, Rs. T-193/02, Urteil vom 26. Januar 2005; siehe auch SpuRt 2005, 102 ff.
[131] Abrufbar unter http://www.fifa.com/organisation/Players.agents.regulations_EFSD_2003.pdf.

102 Das Gericht stellte zunächst fest, dass die Fußballvereine und die nationalen Fußballverbände, in denen die Vereine zusammengeschlossen sind, Unternehmen bzw. Unternehmensvereinigungen i. S. d. Art. 81 EGV seien. Somit stelle auch die FIFA, in der die nationalen Verbände zusammengeschlossen sind, eine Unternehmensvereinigung dar. Das Spielervermittlerreglement regele eine wirtschaftliche Tätigkeit, die weder den spezifischen Charakter des Sports noch die Organisationsfreiheit der Sportverbände betreffe. Der EuG betonte, dass die gerichtliche Nachprüfung auf die Wettbewerbsregeln und die von der Kommission vorgenommene Beurteilung der Frage beschränkt sei, ob die FIFA mit dem Reglement gegen diese Regeln verstoßen habe. Eine offensichtlich fehlerhafte Beurteilung habe die Kommission nicht vorgenommen. Insbesondere durfte sie annehmen, dass die Verpflichtung zum Abschluss einer Berufshaftpflichtversicherung kein unzumutbares Erfordernis sei und dass die Bestimmungen über die Vergütung der Spielervermittler keine Festsetzung gebundener Preise im Sinne des Wettbewerbsrechts darstellten.[132] Das Erfordernis einer Lizenz stelle zwar ein Hindernis für den Zugang zu dieser wirtschaftlichen Tätigkeit dar. Allerdings rechtfertigten das Ziel der Professionalisierung und einer Verbesserung der Ethik zum Schutz der Spieler, und die Tatsache, dass der Wettbewerb durch das Lizenzsystem nicht ausgeschaltet werde sowie das fast völlige Fehlen nationaler Regelungen (mit Ausnahme Frankreichs) den Erlass des Reglements.[133] Anders als die Kommission bejahte das Gericht eine kollektive beherrschende Stellung der FIFA auf dem Markt der Dienstleistungen der Spielervermittler. Da mit dem Reglement aber keine wettbewerbsbeschränkenden quantitativen Beschränkungen des Zugangs zur Tätigkeit der Spielervermittler vorgeschrieben worden seien, sondern Beschränkungen qualitativer Art, die als gerechtfertigt angesehen werden könnten, liege keine missbräuchliche Ausnutzung einer beherrschenden Stellung vor.[134]

103 Das Gericht wies der Klage daher ab. Gegen die Entscheidung wurde Rechtsmittel zum EuGH eingelegt.[135] Mit Beschluss vom 23. 2. 2006 wies der EuGH das Rechtsmittel wegen teilweiser offensichtlicher Unzulässigkeit und Unbegründetheit zurück.[136]

X. Simutenkov[137]

104 Seine Rechtsprechung im Fall Kolpak setzte der EuGH im Simutenkov-Urteil konsequent fort. In einem Vorabentscheidungsverfahren auf Vorlage eines spanischen Gerichts entschied er, dass das Partnerschaftsabkommen EG–Russland dem entgegenstehe, dass auf einen Berufssportler russischer Staatsangehörigkeit, der bei einem Verein mit Sitz in einem Mitgliedstaat ordnungsgemäß beschäftigt sei, eine von einem Sportverband dieses Staates aufgestellte Regel angewendet werde, nach der die Vereine bei Wettkämpfen auf nationaler Ebene nur eine begrenzte Zahl von Spielern aus Drittstaaten, die nicht dem EWR angehören, aufstellen dürften.

105 Geklagt hatte der zum damaligen Zeitpunkt bei CD Teneriffa beschäftigte russische Berufsfußballer Igor Simutenkov gegen eine Regelung des spanischen Verbandes, nach der in einem Meisterschaftsspiel nur drei Spieler aus Nicht-EWR-Staaten eingesetzt werden konnten. Simutenkov stützte sich auf das im Partnerschaftsabkommen EG–Russland enthaltene Diskriminierungsverbot. Danach müssen die Mitgliedstaaten den in ihrem Hoheitsgebiet rechtmäßig beschäftigten russischen Staatsangehörigen eine Behandlung gewähren, die hinsichtlich der Arbeitsbedingungen, der Entlohnung oder der Entlassung keine auf der Staatsangehörigkeit beruhende Benachteiligung gegenüber den eigenen

---

[132] EuG, *Piau/Kommission*, Rz. 90.
[133] EuG, *Piau/Kommission*, Rz. 102 ff.
[134] EuG, *Piau/Kommission*, Rz. 117.
[135] Siehe Abl. C 155/5 vom 25. 6. 2005.
[136] Siehe Abl. C 154/3 vom 1. 7. 2006; EuGH, causa sport 2/2006; S. 227 ff. mit Anmerkungen Murcsan, S. 243 ff.
[137] EuGH, Rs. C-265/03, Urteil vom 11. April 2005; SpuRt 2005, 155 ff.

Staatsangehörigen bewirkt. Der EuGH bejahte die unmittelbare Anwendbarkeit dieses Gleichbehandlungsgebots, da es klar formuliert und nicht an Bedingungen geknüpft sei. Unter Hinweis auf seine Rechtsprechung in den Sachen „Bosman" und „Kolpak" bejahte der EuGH auch die unmittelbare Wirkung des Diskriminierungsverbots im Verhältnis zwischen Sportverband und Spieler. Dem stehen nach Auffassung des EuGH auch nicht Gegenstand, Kontext und Zielsetzung des Abkommens mit Russland entgegen. Das Abkommen habe zwar nicht das Ziel, eine Assoziierung im Hinblick auf die schrittweise Integration des Landes in die EU zu schaffen, sondern es solle „die schrittweise Integration zwischen Russland und einem größeren Raum der Zusammenarbeit in Europa" bewirken. Aus dem Zusammenhang oder der Zielsetzung dieses Partnerschaftsabkommens ergebe sich jedoch nicht, dass es dem Diskriminierungsverbot eine andere Bedeutung hätte geben wollen als diejenige, die sich aus dem üblichen Sinn der Wendung ergebe. Eine Rechtfertigung der Einsatzbeschränkung aus sportlichen Erwägungen komme schließlich nicht in Betracht, da die Begrenzung den Kern der von den Berufsspielern ausgeübten Tätigkeit betreffe.

4. Kapitel. Schutz der Sporttreibenden durch die Grundfreiheiten des EG-Vertrags

I. Freizügigkeit der Arbeitnehmer gem. Art. 39 EGV

Für Profisportler von besonderer Bedeutung ist die durch das Gemeinschaftsrecht gewährleistete Freizügigkeit der Arbeitnehmer innerhalb sämtlicher Mitgliedstaaten der Europäischen Union. Art. 39 EGV begründet als eine der vier Grundfreiheiten des Gemeinschaftsrechts die als *grundrechtsgleich* anzusehende Freizügigkeit der Arbeitnehmer.[138] Nach dieser Vorschrift kann jeder Arbeitnehmer zum Zwecke unselbständiger Erwerbstätigkeit in jeden Mitgliedstaat der EU einreisen und sich dort dauerhaft aufhalten. **106**

Gemäß Art. 39 Abs. 2 EGV genießt er hierbei die gleichen Rechte wie die Arbeitnehmer des Aufnahmestaates; jede auf der Staatsangehörigkeit beruhende Ungleichbehandlung eines Arbeitnehmers bezüglich der Beschäftigung, Entlohnung und sonstiger Arbeitsbedingungen ist innerhalb der EU zwischen Unionsangehörigen verboten. Dieses Gebot der *Inländergleichbehandlung* stellt eine Konkretisierung des allgemeinen *Diskriminierungsverbotes* des Art. 12 EGV[139] dar. **107**

Weitere Rechte des Arbeitnehmers ergeben sich aus Art. 39 Abs. 3 EGV sowie aus den zur Verwirklichung der Freizügigkeit erlassenen Richtlinien und Verordnungen, deren wichtigste die Verordnungen 1612/68 des Rates über die Freizügigkeit der Arbeitnehmer innerhalb der Gemeinschaft[140] sowie 1408/71 des Rates über die soziale Sicherheit der Arbeitnehmer[141] darstellen. **108**

Die Freizügigkeitsregeln des Art. 39 EGV können nur auf einen grenzüberschreitenden Sachverhalt angewandt werden.[142]

1. Arbeitnehmerbegriff

Die Regelung des Art. 39 EGV erfasst nur Arbeitnehmer, welche die Staatsangehörigkeit eines Mitgliedstaates besitzen.[143] Arbeitnehmer mit mehreren Staatsangehörigkeiten, **109**

---

[138] Zur Unterscheidung von Grundfreiheiten und Grundrechten siehe *Streinz/Franzen*, Art. 39 Rz. 4 m. w. N.
[139] Artikel I-4 Abs. 2 i.V. m. Artikel III-123, III-124 Verfassung.
[140] ABl. 1968, L 257/2.
[141] ABl. 1971, L 149/2.
[142] St. Rspr. EuGH, Rs. C-332, 90 Steen I, Slg. 1992, I-341 Rz. 9; *Streinz/Franzen*, Art. 39 Rz. 35.
[143] *Streinz/Franzen*, Art. 39 Rz. 39; *Oppermann*, S. 549 f. m. w. N.

4. Kapitel. Schutz der Sporttreibenden durch die Grundfreiheiten des EG-Vertrags

von denen jedenfalls eine die eines Mitgliedsstaates ist, können sich auf die Gewährleistung des Art. 39 EGV berufen. Dies gilt auch, wenn die Doppel- oder Mehrstaatigkeit auf einer Einbürgerung beruht.[144]

110 Der Begriff des Arbeitnehmers wird im EGV und im dazu ergangene Sekundärrecht nicht definiert. Er ist autonom und einheitlich für das Gemeinschaftsrecht zu bestimmen.[145] Insofern kommt es auf Definitionen des Arbeitnehmerbegriffs in den nationalen Rechtsordnungen nicht an. Da der Arbeitnehmerbegriff den Geltungsbereich einer der vom EG-Vertrag garantierten Grundfreiheiten festlegen, darf er nicht einschränkend ausgelegt werden.[146] Arbeitnehmer im Sinne des Gemeinschaftsrechts sind Personen, die während einer bestimmten Zeit für einen anderen *weisungsgebunden* Leistungen erbringen, für die sie als Gegenleistung eine Vergütung erhalten.[147] Es muss sich um tatsächliche und echte Tätigkeiten wirtschaftlicher Art handeln, die sich nicht „als völlig untergeordnet oder unwesentlich darstellen".[148] Die Höhe der gezahlten Vergütung ist hingegen unerheblich. Arbeitnehmer ist also – im Gegensatz zu den selbständigen Erwerbspersonen, deren Freizügigkeit (Niederlassungsrecht) in den Art. 49 ff. EGV geregelt ist –, wer eine Beschäftigung in einem *Abhängigkeitsverhältnis* nach Weisung ausübt.[149]

111 Dementsprechend sind auch Sportler, die ihre Leistungen im Rahmen von Arbeitsverträgen erbringen, Arbeitnehmer i. S. v. Art. 39 EGV, gleichgültig, ob es sich um Voll- oder Halbprofis handelt.[150] Nicht vom Arbeitnehmerbegriff umfasst sind jedoch unwesentliche Tätigkeiten. Daher fallen reine *Amateursportler*, die höchstens eine Aufwandsentschädigung erhalten, nicht unter den Arbeitnehmerbegriff des Art. 39 EGV. Für *Trainer* gelten entsprechende Kriterien. Zwecks Abgrenzung der Amateure von den Berufssportlern lässt sich die Faustregel aufstellen, dass Zwischenformen im Zweifel zu den Berufstätigen zählen, denen Freizügigkeit zugesichert ist.[151]

112 Allerdings gab es Stimmen, die gerade in Bezug auf das *Bosman*-Urteil die Klassifizierung von Fußballprofis als Arbeitnehmer ablehnen und den Fußballprofi als selbständigen Gewerbetreibenden, also als Unternehmer, ansehen. Argumente für diese Einstufung sind zum einen die Millionengagen, die für „normale" Arbeitnehmer unerreichbar seien, zum anderen, dass der Spieler mit der Organisationsstruktur der Vereine kaum mehr verbunden sei. Deshalb dürfe für einen Fußballprofi nicht das gleiche Arbeitsrecht gelten wie für einen Schichtarbeiter.[152]

113 Dagegen hat der EuGH in seinen bisherigen sportrechtlichen Entscheidungen stets klargestellt, dass vor allem auf die *Weisungsgebundenheit* der entgeltlichen Tätigkeit abzustellen sei.[153] Diese kann insbesondere bei Mannschaftssportarten kaum bezweifelt werden. Selbst wenn man jedoch Sportler als *Dienstleistende* einordnet, was z. B. auf Spitzenspieler im Tennis wie Tommy Haas zutrifft, ergibt sich daraus im Ergebnis kein Unterschied. Denn dann greifen die Art. 49 ff. EGV ein, die die diskriminierungsfreie, selbständige Erwerbstätigkeit schützen.[154]

114 Übereinstimmend ist jedoch nur der Sportler *Begünstigter* i. S. d. Art. 39 ff. und 49 ff. EGV. Sportvereine können sich daher nicht auf das Recht auf Arbeitnehmerfreizügigkeit

---

[144] *Streinz/Franzen*, Art. 39 Rz. 41.
[145] EuGH, Rs. 26/62, Van Gend en Loos, Slg. 1963,1; Rs. C-176–96 Lehtonen, Rz. 45.
[146] St. Rspr. EuGH, Rs. 53/81 Levin, Slg. 1982, 1035 Rz. 13; Rs. C-176–96 Lehtonen, Rz. 42.
[147] EuGH, Slg. 1986, 2121 (2144) *Lawrie Blum*; EuGH, Slg. 1982, 1035 (1050) *Levin*.
[148] EuGH, Slg. 1982, 1035, 1050 Rz. 17 *Levin*.
[149] Vgl. *Zuleeg*, RuS 11, 2f.
[150] EuGH, Slg. 1974, 1405 *Walrave*; EuGH, Slg. 1976, 1333 *Donà*.
[151] *Zuleeg*, RuS 11, 4; s. auch oben Rz. 54 ff.; zu den fließenden Übergängen zwischen Amateuren und Profis schon *Hilf*, NJW 1984, 517 f.
[152] So *Scholz/Aulehner*, SpuRt 1996, 46: „freiberuflicher Entertainer aus der Unterhaltungsbranche"; vgl. auch FAZ vom 9. 1. 1996, S. 23 und 20. 1. 1996, S. 27.
[153] Vgl. *Kahlenberg*, EWS 1994, 423, 424; *Zuleeg*, RuS 11, 3.
[154] Vgl. *Zuleeg*, RuS 11, 7f.

berufen, selbst wenn sie indirekt betroffen sind. Nur der Begünstigte selbst kann sich auf die Grundfreiheiten berufen.[155]

2. Regelungsgehalt des Art. 39 EGV

Zunächst ist Art. 39 EGV wie alle Grundfreiheiten als *Diskriminierungsverbot* i. S. d. Inländergleichbehandlungsgrundsatzes anzusehen. Er stellt eine spezifische Ausprägung des Art. 12 EGV dar, der den Mitgliedsstaaten jegliche Ungleichbehandlung aus Gründen der Staatsangehörigkeit untersagt.[156] Die Freizügigkeit umfasst nach Art. 39 Abs. 2 EGV die Abschaffung jeder auf der Staatsangehörigkeit beruhenden unterschiedlichen Behandlung. Als Konkretisierung dürfen gem. Art. 4 VO 1612/68 nationale Vorschriften, die die Beschäftigung ausländischer Arbeitnehmer zahlen- oder anteilsmäßig beschränken, nicht auf Unionsbürger angewendet werden.[157] 115

Die sog. *Ausländerklauseln* beschränken die Zahl der in einem Spiel einsetzbaren Unionsbürger. Es liegt daher auf der Hand, dass Art. 39 EGV der Anwendung dieser Klauseln entgegensteht, denn gerade der Einsatz in einem Wettkampfspiel ist das wesentliche Ziel einer Beschäftigung als Berufsfußballer.[158] Es handelt sich um einen geradezu klassischen Fall der Diskriminierung. Die Spieler aus anderen Mitgliedsstaaten werden gegenüber Spielern, die die Staatsangehörigkeit dieses Mitgliedsstaates besitzen, hinsichtlich des Zugangs zu den Arbeitsplätzen und der Ausübung der Beschäftigung benachteiligt. 116

Anders als bei den Ausländerklauseln stellt sich die Sachlage für das *Transfersystem* dar. Eine Ausländerdiskriminierung lässt sich hier wohl schwerlich feststellen, denn der Anspruch auf „Ausbildungs- oder Fortbildungsentschädigung" entsteht bei jedem Spielerwechsel, unabhängig von der Staatsangehörigkeit des Spielers. Der EuGH hat im Bosman-Urteil dennoch die Transferregeln als unvereinbar mit dem Freizügigkeitsrecht des Art. 39 EGV angesehen, denn er hat Art. 39 EGV nicht als bloßes Diskriminierungsverbot, sondern als *allgemeines Beschränkungsverbot*[159] ausgelegt. In Anlehnung an die Grundrechte des deutschen Grundgesetzes erblickt der EuGH in Art. 39 EGV nicht nur ein Gleichbehandlungsgebot, sondern ein umfassendes Freiheitsrecht der europäischen Arbeitnehmer. Wörtlich führt der Gerichtshof insoweit aus: 117

„Bestimmungen, die einen Staatsangehörigen eines Mitgliedsstaates daran hindern oder davon abhalten, sein Herkunftsland zu verlassen, um von seinem Recht auf Freizügigkeit Gebrauch zu machen, stellen daher Beeinträchtigungen dieser Freiheit dar, auch wenn sie unabhängig von der Staatsangehörigkeit der betroffenen Arbeitnehmer Anwendung finden."[160]

Damit hat der EuGH die Konvergenz der Grundfreiheiten weiter zutage treten lassen. Schon im Jahre 1974[161] hat der Gerichtshof die Warenverkehrsfreiheit (Art. 28 EGV) von der Voraussetzung einer Ungleichbehandlung importierter Waren gelöst und sie zu einem allgemeinen Verbot der Beschränkung des zwischenstaatlichen Handelsverkehrs erweitert. Das Verbot des Art. 28 EGV erstreckt sich seit der *Dassonville*-Entscheidung auf „jede Handelsregelung der Mitgliedsstaaten, die geeignet ist, den innergemeinschaftlichen Handel unmittelbar und mittelbar, tatsächlich oder potentiell zu behindern".[162] 118

---

[155] *Kahlenberg*, EWS 1994, 425.
[156] *Behrens*, EuR 1992, 145, 148; *Geiger*, Art. 39 Rz. 12.
[157] Vgl. *Hilf/Pache*, NJW 1996, 1169, 1172.
[158] EuGH, *Bosman*, Rz. 120; *Lehtonen*, Rz. 49; *Lenz*, EuGRZ 1995, 478, Rz. 135.
[159] Vgl. *Streinz/Franzen*, Art. 39 Rz. 88; *Hilf/Pache*, NJW 1996, 1169, 1172; *Hobe/Tietje*, JuS 1996, 486, 489.
[160] EuGH, SpuRt 1996, 61 Rz. 96 = EuZW 1996, 82; vgl. *Fischer*, SpuRt 1996, 35; a. A. *Scholz/Aulehner*, SpuRt 1996, 47.
[161] EuGH, Slg. 1974, 837 *Dassonville*; vgl. *Behrens*, EuR 1992, 145, 148 ff.
[162] EuGH, a.a.O., S. 852; vgl. *Hailbronner/Nachbaur*, EuZW 1992, 109 ff. m. w. N.; *Geiger*, Art. 30 Rz. 8.

Ebenso hat der EuGH bezüglich der Dienstleistungsfreiheit (Art. 49 EGV)¹⁶³ und ansatzweise bezüglich der Niederlassungsfreiheit (Art. 43 EGV)¹⁶⁴ entschieden. Die Entscheidungen des EuGH zur Arbeitnehmerfreizügigkeit sind daher folgerichtig in die Entwicklung zur Konvergenz der Grundfreiheiten als umfassende Freiheitsrechte einzureihen.¹⁶⁵

119 Die vor Bosman geltenden *Transferregeln* der nationalen und internationalen Fußballverbände, galten sie auch unterschiedslos für jeden Spielerwechsel, schränkten *zumindest potentiell* die Freizügigkeit ein, denn ein Berufsfußballspieler konnte sich nach Auslaufen seines bisherigen Vertrages nicht ohne weiteres in einen anderen Mitgliedsstaat begeben, um dort für einen anderen Verein tätig zu werden. Erforderlich war in jedem Fall, dass an den bisherigen Verein die fällige Ablösesumme gezahlt wurde. Daran änderte auch nichts, dass nach den meisten nationalen Verbandsstatuten, wie auch nach den Regeln der UEFA und FIFA, die Spielberechtigung für den neuen Verein nicht mehr von der Regelung der Ablösesumme abhängen sollte. Denn kein vernünftig planender Verein wird einen neuen Spieler verpflichten, ohne sich zuvor mit dem abgebenden Verein über die Ablösesumme geeinigt zu haben.¹⁶⁶

120 Es erscheint möglich, die gemeinschaftsrechtlichen Diskriminierungsverbote als Schutzgesetze im Sinne von § 823 II BGB auszulegen und auf diesem Wege sowohl Aufwendungen für etwaige Vorstellungsgespräche als auch entgangene *Verdienstmöglichkeiten* geltend zu machen.¹⁶⁷

3. Drittwirkung

121 Ebenso wie die Grundrechte Abwehrrechte des Bürgers gegen den Staat darstellen, regeln die Grundfreiheiten des EGV unbestritten das Verhältnis zwischen Mitgliedsstaaten und Privaten, gelten also im öffentlich-rechtlichen Bereich.¹⁶⁸ Die meisten Beschränkungen der Freizügigkeit von Berufssportlern gehen jedoch von den Sportverbänden, also juristischen Personen des Privatrechts, und nicht von den Mitgliedsstaaten aus.

122 Der EuGH hat schon im *Walrave*-Urteil¹⁶⁹ die *unmittelbare Drittwirkung* des Art. 39 EGV bejaht und dies im *Bosman*-Urteil bestätigt.¹⁷⁰ Danach untersagt Art. 39 EGV nicht nur freizügigkeitsbeschränkende Maßnahmen durch staatliche Stellen, sondern ebenso nichtstaatliche Vorschriften anderer Art, die zur kollektiven Regelung unselbständiger Arbeit dienen, da nur auf diese Weise eine einheitliche Geltung des Art. 39 EGV in den Mitgliedsstaaten und eine weitgehende Sicherheit vor Umgehungen gewährleistet sind.¹⁷¹ Im Hinblick auf Tarif- und Einzelarbeitsverträge und Kollektivvereinbarungen ist in Art. 7 Abs. 4 der VO Nr. 1612/68¹⁷² klargestellt, dass alle Bestimmungen in derartigen Verträgen nichtig sind, soweit sie für Arbeitnehmer aus anderen EU-Mitgliedsstaaten diskriminierende Bedingungen vorsehen oder zulassen. Da dies eine Regelung des privatrechtlichen Bereichs ist, hat man aus ihr eine Drittwirkung abgeleitet.¹⁷³ Die Argumentation des EuGH stützt sich auf Gesichtspunkte der *effektiven* Durchsetzung der Grundfreiheiten des EG-Vertrages. Insbesondere aufgrund der in vielen Mitgliedsstaaten anerkannten Tarifautonomie (z. B. Art. 9 Abs. 3 Satz 1 GG) werden Arbeitnehmer in ihrer

---

¹⁶³ EuGH, Slg. 1974, 1299 *van Binsbergen*; EuGH, Slg. 1981, 3305 *Webb*.
¹⁶⁴ EuGH, Slg. 1986, 1475 *Kommission/Französische Republik*.
¹⁶⁵ Ansatzweise schon in EuGH, Slg. 1993, 1663 *Kraus*; vgl. auch *Behrens*, EuR 1992, 145, 153.
¹⁶⁶ Zutreffend *Lenz*, EuGRZ 1995, 482 Rz. 150.
¹⁶⁷ *Karpenstein*, RuS 11, 185.
¹⁶⁸ Vgl. *Schweitzer*, RuS 7, 71, 75.
¹⁶⁹ S. oben Rz. 72 ff.
¹⁷⁰ EuGH, *Bosman*, Rz. 87; weitergehend EuGH, Rs. C-281/98, *Angonese*, Slg. 2000, I-4139; kritisch *Streinz/Franzen*, Art. 39 Rn. 96 ff.
¹⁷¹ EuGH, *Bosman*, Rz. 82 f.; ausführlich *Oppermann*, S. 553.
¹⁷² S. auch oben Rz. 55.
¹⁷³ *Hilf*, NJW 1984, 517, 520; *Schweitzer*, RuS 7, 75.

Freizügigkeit betroffen. Es ist daher notwendig, dass Art. 39 EGV auch auf diese privatrechtlichen Vereinbarungen über Arbeitsbedingungen und -möglichkeiten Anwendung findet.[174]

Damit wirkt das Verbot auch *unmittelbar* gegenüber den nationalen und internationalen **123** *Sportverbänden*. Dies ist spätestens seit dem *Donà*-Urteil als gefestigte Rechtsprechung des EuGH anzusehen.[175] Auch Satzungen internationaler Verbände, wie dem Fußballweltverband FIFA, unterliegen dieser rechtlichen Kontrolle, soweit sie Beziehungen zum Gemeinschaftsgebiet haben.[176]

4. Rechtfertigungsgründe bzw. Grenzen des Art. 39 EGV

Nach dem *Verhältnismäßigkeitsprinzip* ist ein Verstoß gegen Art. 39 EGV durch freizügig- **124** keitsbeschränkende Regelungen zu rechtfertigen, wenn „diese Regeln einen mit dem Vertrag zu vereinbarenden berechtigten Zweck verfolgen würden und aus zwingenden Gründen des Allgemeininteresses gerechtfertigt wären. In diesem Fall müsste aber außerdem die Anwendung dieser Regeln geeignet sein, die Verwirklichung des verfolgten Zweckes zu gewährleisten, und dürfte nicht über das hinausgehen, was zur Erreichung dieses Zweckes erforderlich ist."[177] Die Rechtfertigungsgründe sind nicht auf den geschriebenen „ordre-public"-Vorbehalt des Art. 39 Abs. 3 EGV beschränkt und können grundsätzlich jeden mit dem Vertrag vereinbarten berechtigten Zweck verfolgen.[178]

Gegen diese vom EuGH aus dem Verhältnismäßigkeitsgrundsatz hergeleiteten Voraus- **125** setzungen für die Rechtfertigung einer Beschränkung der Freizügigkeit wurde zum Teil – zu Unrecht – Kritik erhoben. Diese Kritik geht von wesentlich weiterreichenden Beschränkungsmöglichkeiten mit folgender Überlegung aus: Im *Bosman*-Fall ging es um die Rechtmäßigkeit privater Vereinsstatuten. Es stehen sich damit Berufssportler und Sportverband in einem gleichstufigen Privatrechtsverhältnis gegenüber. Die daraus resultierende Kollision widerstreitender Rechte macht eine Abwägung im Sinne praktischer Konkordanz erforderlich. Vorliegend wäre daher das Recht der Vereinigungsfreiheit mit dem Recht der Sportler auf Freizügigkeit abzuwägen gewesen.[179]

Bei dieser Kritik wird jedoch nicht ausreichend berücksichtigt, dass dem Diskriminie- **126** rungs- und Beschränkungsverbot des Art. 39 EGV unmittelbare Drittwirkung gerade auch gegenüber den Sportvereinen und -verbänden zukommt, ja dass es im Berufssport für den freizügigkeitswilligen Sportler gerade diesem gegenüber bedeutsam ist und durchgesetzt werden muss. Diese unmittelbare Drittwirkung, die der EuGH zur effektiven Durchsetzung des Art. 39 EGV anerkannt hat,[180] darf nicht dadurch relativiert werden, dass den Verbänden unter Berufung auf ihre Vereinigungsfreiheit die Berechtigung zu nicht dem Verhältnismäßigkeitsgrundsatz entsprechenden Freizügigkeitsbeschränkungen eingeräumt wird.

In den neueren Entscheidungen hat der EuGH anerkannt, dass in der Gemeinschaft **127** der sportlichen Betätigung eine beträchtliche gesellschaftliche Bedeutung zukommt.[181] Er hat zudem die auf die Vereinigungsfreiheit gegründete *Autonomie* der Sportverbände deutlich gestärkt.[182] Dies geschah unter Hinweis auf die Amsterdamer Erklärung Nr. 29 zum

---

[174] Vgl. auch *Hobe/Tietje*, JuS 1996, 489.
[175] EuGH, Rs. 13/76 *Donà*, Slg. 1976, 1333, Rz. 17 f.; Rs. 415/93, *Bosman*, Rz. 82 f.; *Fischer*, SpuRt 1996, 35. Zur Problematik dieser Drittwirkung *Streinz*, RuS 29, 27 (43 f.) sowie *Streinz/Franzen*, Art. 39 Rz. 94.
[176] *Steindorff*, RIW/AWD 1975, 253, 254.
[177] EuGH, Rs 415/93, *Bosman*, Rz. 104; vgl. auch *Hilf/Pache*, NJW 1996, 1169, 1172 m. w. N.
[178] EuGH, *Bosman*, Rz. 106.
[179] *Scholz/Aulehner*, SpuRt 1996, 45; *Schroeder*, S. 191 ff.
[180] Vgl. hierzu Rz. 103.
[181] EuGH, *Bosman*, Rz. 106; *Deliège*, Rz. 41.
[182] So auch *Streinz*, RuS 29, 27 (48).

Sport, welche die gesellschaftliche Bedeutung des Sports unterstreicht und an die Gremien der Europäischen Union appelliert, die Sportverbände anzuhören und insbesondere die Besonderheiten des Amateursports zu berücksichtigen. Es wurde betont, dass diese Erklärung mit der Rechtsprechung insbesondere insoweit im Einklang stehe, als sie Situationen betreffe, in denen die Ausübung eines Sports zum Wirtschaftsleben gehöre.[183]

128 Weiter hat der EuGH in seinen Entscheidungen stets hervorgehoben, dass „die Bestimmungen des EG-Vertrags über die Freizügigkeit Regelungen oder Praktiken nicht entgegenstehen, die ausländische Spieler von bestimmten Begegnungen aus nichtwirtschaftlichen Gründen ausschließen, die mit dem spezifischen Charakter und Rahmen dieser Begegnungen zusammenhängen und deshalb nur den Sport als solchen betreffen."[184] Nach der Rechtsprechung des EuGH dürfe diese Beschränkung des Geltungsbereichs des Vertrages jedoch nicht weiter gehen, als ihr Zweck es erfordere; sie könne nicht herangezogen werden, um eine sportliche Tätigkeit im ganzen vom Geltungsbereich des EG-Vertrags auszuschließen.[185]

129 Hiervon ausgehend schien der EuGH bestimmte Sportregeln vom Anwendungsbereich des Vertrages auszunehmen, wobei es aber nicht immer deutlich wurde, ob die jeweils angesprochene „Beschränkung des Geltungsbereichs des Vertrages" dazu führte, dass die streitige Sportregel schon tatbestandlich keine Grundfreiheit beschränkte[186] oder dass sie eine Beschränkung darstellte, welche aber gerechtfertigt war.[187]

130 Die Ansicht des EuG, dass Regelungen, die sich auf den spezifischen Charakter und Rahmen von Sportveranstaltungen beziehen, und mit der Organisation und dem ordnungsgemäßen Ablauf des sportlichen Wettkampfs untrennbar verbunden sind, von vornherein nicht in den Geltungsbereich des Vertrages fallen,[188] wurde vom EuGH nicht geteilt.[189] Zu den „rein sportlichen" Regeln, die nach der Rechtsprechung des EuGH bzw. nach Auffassung der Kommission in Einklang mit dem Gemeinschaftsrecht stehen, zählen die Regeln über die Aufstellung von Nationalmannschaften,[190] die Auswahlregeln für die Teilnahme an hochrangigen internationalen Wettkämpfen,[191] die sog. Heim- und Auswärtsregel der UEFA[192] und die „Spielregeln" im engeren Sinn, wie z. B. die Regeln, welche die Dauer der Spielzeit und die Anzahl der Spieler auf dem Spielfeld festlegen. Die Anti-Doping-Vorschriften als rein sportliche Regeln fallen unter das Verbot der Wettbewerbsbeschränkungen und unterliegen einer uneingeschränkten Verhältnismäßigkeitsprüfung.[193] Sportregeln verlieren bereits dann ihren Charakter als rein sportliche Regeln bzw. *Sportausübungsregeln*, wenn sie z. B. einen diskriminierenden Zweck verfolgen und damit weiter gehen, als es ihr Zweck, nämlich die Durchführung und die Erhaltung des fairen Wettstreits, erfordert.

131 Regelungen, die die wirtschaftliche Betätigung des Sportlers betreffen, sind von den Bestimmungen des Vertrages erfasst. Zu ihnen gehören Regeln, welche die Zahlung von Entschädigungen beim Transfer von Berufssportlern von einem Verein zum anderen vorsehen,[194] welche die Anzahl der spiel- und einsatzberechtigten Berufssportler mit der Staatsan-

---

[183] EuGH, *Deliège*, Rz. 42; *Lehtonen*, Rz. 33.
[184] EuGH, *Donà*, Rz. 14/16; *Bosman*, Rz. 76 und 127; *Deliège*, Rz. 43; *Lehtonen*, Rz. 34.
[185] EuGH, *Donà*, Rz. 14/16; *Bosman*, Rz. 76 und 127; *Deliège*, Rz. 43; *Lehtonen*, Rz. 34.
[186] So im Ergebnis EuGH, *Deliège*, Rz. 69; zweifelnd *Streinz*, SpuRt 2000, 221, 225/227; die Erwägungen des EuGH unter Rz. 65–68 im Urteil *Deliège* scheinen lediglich unterstützender Natur und keine Rechtfertigungserwägungen zu sein.
[187] So EuGH, *Bosman*, Rz. 127.
[188] EuG, *Meca-Medina und Majcen*, Rz. 41.
[189] EuGH, SpuRt 2006, 195.
[190] EuGH, *Walrave und Koch*, Rz. 4/10, und *Donà*, Rz. 14/16.
[191] EuGH, *Deliège*, Rz. 64.
[192] Vgl. Pressemitteilung der Kommission IP/99/965, Fall *Mouscron*.
[193] EuGH, *Meca-Medina und Majcen*, SpuRt 2006, 195; siehe auch *Schroeder*, SpuRt 2005, 23 f.
[194] EuGH, *Bosman*, Rz. 114.

gehörigkeit eines anderen Mitgliedstaates in Vereinsmannschaften begrenzen,[195] oder die unterschiedliche Transferstichtage für Spieler aus anderen Mitgliedsstaaten ohne objektive, nur den Sport als solchen betreffende Gründe festlegen.[196] Diese Regelungen können aber objektiv gerechtfertigt sein, wenn sie einen berechtigten Zweck verfolgen, z. B. den geordneten Ablauf und die Integrität des Wettbewerbs,[197] sowie geeignet sind, die Verwirklichung des verfolgten Zwecks zu gewährleisten, und nicht über das hinausgehen, was zur Erreichung dieses Zwecks erforderlich ist.[198] Im Bosman-Urteil stellte der EuGH fest: „Angesichts der beträchtlichen sozialen Bedeutung, die der sportlichen Tätigkeit und insbesondere dem Fußball in der Gemeinschaft zukommt, ist anzuerkennen, dass die Zwecke berechtigt sind, die darin bestehen, die Aufrechterhaltung eines Gleichgewichts zwischen den Vereinen unter Wahrung einer bestimmten Chancengleichheit und der Ungewissheit der Ergebnisse zu gewährleisten sowie die Einstellung und Ausbildung junger Spieler zu fördern."[199]

An denselben Rechtfertigungsmaßstäben zu messen wären Sportregeln, die weder rein sportliche Regeln sind noch die wirtschaftlichen Aspekte des Sports berühren, so z. B. die Einsatzbeschränkungen für EU-Staatsangehörige im spanischen Amateurfußball.[200] Hier bedarf es wiederum „keiner tief schürfenden Erwägungen", dass diese gegen die Freizügigkeit nach Art. 18 EGV und das (allgemeinere) Diskriminierungsverbot des Art. 12 EGV verstoßenden Maßnahmen schon keinen berechtigten Zweck verfolgen und damit nicht gerechtfertigt sind.[201] **132**

Die Hoffnung, dass der EuGH im Rahmen der Prüfung rechtfertigender objektiver Gründe im Hinblick auf die Erklärung von Nizza, die erst nach den Urteilen *Deliége* und *Lehtonen* erging, in stärkerem Maße als bisher die Autonomie und das Selbstbestimmungsrecht der Verbände im Rahmen einer Gesamtabwägung berücksichtigen werde, hat durch die Entscheidung Meca-Medina einen Dämpfer bekommen. Zu fordern sind Entscheidungen auf europäischer Ebene, welche unter Berücksichtigung der Besonderheiten des Sports und der Autonomie der Sportverbände den Geltungsbereich und -umfang des Gemeinschaftsrechts auf Sportregeln, insbesondere rein sportliche Regeln, klarer und vorhersehbarer definieren.[202] **133**

II. Niederlassungsfreiheit (Art. 43 EGV) und Dienstleistungsfreiheit (Art. 49 EGV)

Im Profisport können neben der durch Art. 39 EGV gewährleisteten Freizügigkeit der Arbeitnehmer auch die Niederlassungsfreiheit oder die Dienstleistungsfreiheit Anwendung finden, wenn der Sportler nicht als Arbeitnehmer einzuordnen ist. **134**

Die in den Art. 43 ff. EGV verankerte *Niederlassungsfreiheit* gewährleistet die Aufnahme und Ausübung selbständiger Erwerbstätigkeit in einem anderen Mitgliedstaat, bei der in dem anderen Mitgliedstaat ein ständiger Geschäftssitz gegründet wird.[203] Die Anwen- **135**

---

[195] EuGH, *Bosman*, Rz. 137.
[196] EuGH, *Lehtonen*, Rz. 60.
[197] Siehe EuGH, *Lehtonen*, Rz. 53–55.
[198] Siehe EuGH, *Bosman*, Rz. 104; *Lehtonen*, Rz. 56.
[199] EuGH, *Bosman*, Rz. 106.
[200] Vgl. Pressemitteilung der Kommission IP/04/1222.
[201] Die im Bosman-Urteil angeführten Gründe (Rz. 131, 133, 135) sind grundsätzlich übertragbar. Auch die unmittelbare Drittwirkung der Art. 12 und 18 EGV ist im Hinblick auf die autonome Rechtssetzungsbefugnis auch der Amateursportverbände zu bejahen; siehe auch EuGH, Rs. C-281/98, *Angonese*, Rz. 30 ff., 36, wonach, das in Art. 39 EGV ausgesprochene Verbot der Diskriminierung aufgrund der Staatsangehörigkeit auch für Privatpersonen gelte.
[202] Siehe auch die umfassende, auf Initiative der Ratspräsidentschaft Großbritanniens erstellte Studie „Independent European Football Review" (abrufbar unter http://www.independentfootball-review.com) unter Beteiligung u. a. der UEFA und der EPFL (European Professional Football Leagues). Auch das für Frühjahr 2007 angekündigte Weißbuch zum Sport der Europäischen Kommission wird sich mit diesen Fragestellungen befassen.
[203] Vgl. *Geiger*, Art. 49 Rz. 5.

dung der Niederlassungsfreiheit kommt etwa in Betracht, wenn ein deutscher Tennisspieler eine eigene Vermarktungsgesellschaft in Österreich gründen möchte.

136 Die Art. 49 ff. EGV regeln *Dienstleistungen*, die in einem anderen Mitgliedsstaat der EG erbracht werden als demjenigen, in dem der Leistungserbringer ansässig ist, ohne dass es zur Gründung einer selbständigen gewerblichen Niederlassung kommt.[204] Dienstleistungen nach Art. 49 ff. EGV sind nur zeitlich begrenzte, d. h. vorübergehend grenzüberschreitend erbrachte entgeltliche Leistungen.[205] Wie bereits angesprochen,[206] ist von verschiedener Seite in Frage gestellt worden, ob Berufsfußballspieler, nur weil sie eine Mannschaftssportart ausüben, als Arbeitnehmer einzustufen sind. Stattdessen seien sie, ähnlich wie Tennis- oder Golfprofis, als „Unternehmer" oder „Dienstleister" anzusehen. Als Argumente werden die Höhe der Bezahlung und die angeblich nur geringe Einbindung in den Betriebsablauf der Vereine angeführt.[207]

137 M. E. spricht in den Mannschaftssportarten aufgrund der überwiegenden Weisungsabhängigkeit der Spieler vieles für die Einordnung als Arbeitnehmer. Auch leitende Angestellte oder Geschäftsführer einer Kapitalgesellschaft mit ähnlich hohem Gehalt sind im Grundsatz Arbeitnehmer, auch wenn bestimmte Schutzgesetze nur eingeschränkt für sie gelten. Beispiele, wie dasjenige des Skirennfahrers Armin Bittner, der aus seinem Mannschaftsverbund ausscherte und Einzelunternehmer wurde, sind selten und auf den Fußballsport nicht übertragbar. Auf diese Einordnung kommt es jedoch letztlich nicht an, denn auch die Niederlassungs- oder Dienstleistungsfreiheit stünde Transfer- und Ausländerbeschränkungen in gleicher Weise entgegen. Dies ergibt sich als logische Konsequenz aus der Konvergenz der Grundfreiheiten.[208]

138 Auch der *Empfänger* von Dienstleistungen, z. B. der Zuschauer eines Boxkampfes, darf durch einen Mitgliedsstaat grundsätzlich nicht an der Einreise gehindert werden. Einschränkende Maßnahmen zur Aufrechterhaltung der öffentlichen Sicherheit und Ordnung müssen sich an den Rahmen halten, der von Art. 46 I, 55 EGV in der Auslegung durch den EuGH vorgezeichnet ist.[209] Dieser Rahmen würde gesprengt, wenn beispielsweise, um etwa dem Rowdytum entgegenzuwirken, Kennkarten als Stadionzutrittsberechtigung auch EU-Bürgern abverlangt würden, die in diesem Zusammenhang bisher nicht straffällig geworden sind.

Gegen die Dienstleistungsfreiheit dürfte die Erhöhung der *Steuerpauschale* für Sportler und Künstler mit Sitz im Ausland, die in Deutschland ihre Leistung erbringen, von 15 % auf 25 % durch das Jahressteuergesetz 1996 verstoßen.[210]

5. Kapitel. Ausländerklauseln im Sport nach Bosman

I. Entwicklung der Ausländerregelungen im Fußball seit Bosman

139 Das *Bosman*-Urteil vom 15. Dezember 1995 hat die Statuten der Sportverbände, insbesondere auch die so genannten *Ausländerklauseln*, nachhaltig verändert. Die auf die Staatsangehörigen der EU-Mitgliedsstaaten angewendeten Ausländerregelungen wurden wegen ihrer Unvereinbarkeit mit dem Gemeinschaftsrecht mit sofortiger Wirkung für nichtig erklärt.

140 Die bisherige „3 + 2"-Regelung, die die UEFA mit der Europäischen Kommission 1991 ausgehandelt hatte, und die seit dem 1. Juli 1992 von den meisten Nationalverbänden

---

[204] Vgl. *Streinz/Müller-Graff,* Art. 49 Rz. 27.
[205] A. a. O.
[206] S. oben Rz. 91.
[207] Nachweis der Argumente und der rechtlichen Auswirkungen bei *Hilf/Pache,* NJW 1996, 1169, 1176.
[208] So auch *Nicolaysen,* Europarecht II, S. 162 f.
[209] *Zuleeg,* RuS 11, 8; allgemein *Streinz,* Rz. 713, 724.
[210] *Rademacher,* ZRP 1996, 471; vgl. auch *Schmidt/Heinicke,* EStG, § 50 a Rz. 12 m. w. N.

auch im nationalen Spielbetrieb angewendet wurde, fiel. Nach dieser Regel konnten EU-Angehörige zwar in beliebiger Anzahl verpflichtet und beschäftigt werden. Es durften aber nur drei dieser Spieler sowie zwei so genannte Fußball-Inländer, die fünf Jahre ununterbrochen für einen dem Nationalverband angehörenden Verein, davon drei in der Jugend, spielberechtigt waren, gleichzeitig im Spiel eingesetzt werden.[211]

Die UEFA entschied Mitte Februar 1996 auf Druck der EU-Kommission, die die sofortige Umsetzung des Urteils forderte, für die europäischen Club-Wettbewerbe jegliche Beschränkung des Einsatzes von Ausländern mit sofortiger Wirkung aufzuheben. 141

Im nationalen Bereich gelang es dem DFB, eine faktische Übergangsregelung bis zum Abschluss der Spielzeit 1995/1996 zu schaffen. Alle Lizenzvereine gaben im Januar 1996 freiwillig Einzelerklärungen ab, in der verbleibenden Spielzeit die EU-Spieler gemäß den zu Beginn der Spielzeit geltenden Bestimmungen einzusetzen. Die Übergangsregelung hielt, so dass die Spielzeit unter den gleichen Wettbewerbsbedingungen beendet werden konnte wie sie begonnen hatte.[212] Ab der Spielzeit 1996/1997 durften Spieler, die Staatsangehörige eines Landes sind, dessen Nationalverband Mitglied der UEFA ist („Europäer"), uneingeschränkt verpflichtet und eingesetzt werden. Der DFB ging damals in der Absicht, in dem Wettbewerbsraum der UEFA auch alle Spieler aus den „UEFA-Staaten" gleich zu behandeln, über die Vorgaben des *Bosman*-Urteils hinaus. Diese Freigabe für alle Europäer löste eine regelrechte Transferwelle Richtung Fußball-Bundesliga aus. In dem darauf folgenden Jahr stieg der Anteil von Ausländern (Europäer und Nicht-Europäer) unter den Lizenzspielern der Bundesliga und 2. Bundesliga von 19 % (1995/96) auf 28 % (1996/97) an. In der Spielzeit 2001/02 lag er bei 42 %. Der Anteil steigerte sich leicht auf 42,6 % in der Spielzeit 2003/2004. In der Spielzeit 2004/05 besaßen in der Bundesliga rund 49 % der Lizenzspieler nicht die deutsche Staatsangehörigkeit, in der 2. Bundesliga waren es rund 38 %. In der Spielzeit 2005/06 lag die Quote bei 45 % (Bundesliga) und 37 % (2. Bundesliga). Der Gesamtanteil ausländischer Lizenzspieler betrug 41 %.[213] 142

Dem Beispiel des DFB, die Beschränkungen für Europäer unmittelbar vollständig aufzuheben, folgte kein weiterer Nationalverband in Europa. 143

Der Einsatz von Nicht-Europäern in den Lizenzligen blieb hingegen auf drei Spieler beschränkt. Fußball-Deutsche konnten unbegrenzt eingesetzt werden. In das damalige Lizenzspielerstatut (heute § 5 Zif. 4 Lizenzierungsordnung des Ligaverbandes) wurde die Verpflichtung aufgenommen, dass jeder Lizenzverein mindestens 12 deutsche Lizenzspieler unter Vertrag haben muss. Regelungen zur Begrenzung der Höchstzahl der Spieler im Kader bestehen nicht. Die Regelung erscheint deswegen noch mit Art. 39 EGV vereinbar. 144

Die Anzahl der Nicht-Europäer, die verpflichtet und eingesetzt werden konnten, wurde nach Verselbständigung der Bundesliga unter dem Dach des DFB und Gründung des Die Liga – Fußballverband e.V. (Ligaverband) zu Beginn der Spielzeit 2001/2002 auf fünf erhöht und zur Spielzeit 2005/06 zunächst auf vier reduziert. 145

II. Gegenwärtiger Status

1. Deutschland

In Deutschland sind die Ausländerbeschränkungen in den vier großen Mannschaftssportarten inzwischen weitestgehend weggefallen. 146

Basketball: Die Basketball-Bundesliga hat eine stufenweise Anhebung der Anzahl deutscher Spieler beschlossen. Ab der Spielzeit 2007/08 müssen drei von 18 Spielern auf der Spielberechtigungsliste und zwei von zwölf auf dem Spielberichtsbogen die deutsche Staatsangehörigkeit besitzen. Bis zur Spielzeit 2009/10 wird die Anzahl auf jewels vier

---

[211] Siehe hierzu auch die Vorauflage, 7/34.
[212] *Eilers,* WFV 43, S. 49, 56.
[213] Erhebung der Abteilung Spielbetrieb der DFL, Stand 3. 2. 2006.

deutsche Spieler erhöht. Verpflichtungs- und Einsatzbeschränkungen für ausländische Spieler existieren nicht mehr (§ 8 BBl-Spielordnung).

Eishockey: Nach § 23 der DEL-Lizenzordnung[214] darf jeder Lizenzclub im Laufe einer Saison bis zu 12 Spielerlizenzen für ausländische Spieler beantragen. Ist diese Anzahl ausgeschöpft, werden für diesen Lizenzclub in dem laufenden Spieljahr keine weiteren ausländischen Spieler lizenziert. Ausländische Spieler sind solche, die zum Zeitpunkt des Lizenzantrages nicht die deutsche Staatsangehörigkeit besitzen. Nach dem 15. Februar können für das laufende Spieljahr keine Spielerlizenzen beantragt werden. Gemäß § 18 Abs. 2 der DEL-Spielordnung dürfen für jede Mannschaft maximal 22 Spieler auf dem Spielbericht eingetragen werden, von denen nur maximal 11 Spieler Ausländer im Sinne der Lizenzordnung sein dürfen.

Fußball: Ab der Spielzeit 2006/07 können auch Nicht-Europäer unbegrenzt verpflichtet und eingesetzt werden.

Handball: Auch die Handball-Bundesliga hat jegliche Verpflichtungs- und Einsatzbeschränkungen aufgehoben. Die Einführung einer Mindestzahl deutscher Spieler im Kader oder auf dem Spielberichtsbogen ist zur Spielzeit 2007/08 geplant.

2. Europa

147 In den höchsten Spielklassen des Vereinsfußballs in Europa sind differenzierte Regelungen anzutreffen.[215] Zu unterscheiden ist zwischen den Bestimmungen betreffend die Untervertragnahme von Spielern und den Einsatzregelungen.

148 In Belgien, Dänemark, England, den Niederlanden, Schottland und Schweden bestehen grundsätzlich keine Einschränkungen hinsichtlich der *Verpflichtung* von Nicht-EU-Spielern; gefordert wird aber eine Mindestvergütung. In England und Schottland ist zusätzliche Voraussetzung, dass der Spieler in den letzten zwei Jahren vor der Verpflichtung für mindestens 75 % der A-Länderspiele seines Landes, das unter den ersten 70 der FIFA-Rangliste gehören muss, aufgeboten worden ist. Die Ligaorganisationen in den Niederlanden und auch in Frankreich fordern mindestens eine Berufung in die Nationalmannschaft. In Österreich dürfen sieben Nicht-EU-Spieler unter Vertrag genommen werden, in Frankreich und Spanien sind es vier, in Griechenland fünf, wobei hier Spieler aus Bulgarien, Rumänien und der Türkei EU-Spielern gleichgestellt sind, und in Portugal sechs (Sonderstatus für Spieler aus Brasilien). In Italien darf ein Club nur noch einen Nicht-EU-Spieler verpflichten, wenn ein anderer Nicht-EU-Spieler des Clubs nach außerhalb Italiens transferiert wird.

149 Was den *Einsatz* der Nicht-EU-Spieler anbetrifft, so ergibt sich folgendes Bild: Grundsätzlich dürfen die Nicht-EU-Spieler, die vertraglich gebunden werden dürfen, auch uneingeschränkt eingesetzt werden. Abweichungen ergeben sich in Dänemark (Einsatz von nur drei Spielern), Portugal (4), Spanien (3) und Schweden (3).

III. Die Assoziierungsabkommen

150 Die vollständige Aufhebung der Einsatzbeschränkungen für ausländische Spieler: (Basketball, Handball und Fußball) ist unmittelbare Folge der EuGH-Rechtsprechung in den Fällen Kolpak[216] und Simutenkov sowie der rechtlichen Unsicherheit, inwieweit sich die Erwägungen des EuGH auf Staatsangehörige anderer, mit der EU über Assoziierungsabkommen verbundene Länder übertragen lassen. Im Kolpak-Urteil erkannte der EuGH die unmittelbare Drittwirkung des im Assoziierungsabkommen zwischen der Gemeinschaft und der Slowakei enthaltenen Diskriminierungsverbotes gegenüber den bereits

---

[214] Stand 10. Mai 2004.

[215] Erhebung unter den damals 13 Mitgliedern der Vereinigung der europäischen Profifußball-Ligen (EPFL); Stand: Spielzeit 2003/2004.

[216] EuGH, Rs. C-438/00, *Kolpak*; EuGH, Rs. C-265/03, Simutenkov, s. oben Rz. 88 und 104.

rechtmäßig im Mitgliedsstaat beschäftigten slowakische Arbeitnehmern an. Ein Recht auf Zugang zum Arbeitsmarkt wird jedoch nicht gewährt.[217] Zehn der Staaten, die sog. Europa-Abkommen mit der EU geschlossen hatten, sind am 1. Mai 2004 der EU beigetreten. Für die Staatsangehörigen der neuen EU-Mitglieder Polen, Tschechien, der Slowakei, Slowenien, Ungarn, Estland, Lettland und Litauen bestehen Übergangsfristen von bis zu fünf Jahren, in wirtschaftlichen Notlagen in den derzeitigen Mitgliedsstaaten von bis zu sieben Jahren, bis sie die volle Freizügigkeit im Sinne des Art. 39 EGV und damit unbeschränkt Zugang zum Arbeitsmarkt erhalten. Uneingeschränkten Zugang zum Arbeitsmarkt eines Mitgliedsstaates haben bereits die Berufssportler aus den Beitrittsländern, die am Tag des Beitritts (oder nach dem Beitritt) rechtmäßig für einen ununterbrochenen Zeitraum von 12 Monaten oder länger zum Arbeitsmarkt dieses Mitgliedsstaats zugelassen waren.[218]

Assoziierungsabkommen gemäß Art. 310 EGV[219] sind völkerrechtliche Verträge. Nach **151** dem politischen Zweck bzw. Konzept können Assoziierungen zur Vorbereitung eines späteren Beitritts (Beitrittsassoziation), zur Herstellung besonders enger Wirtschaftsbeziehungen (Freihandelsassoziation) oder zur Förderung der wirtschaftlichen Entwicklung (Entwicklungsassoziation) geschlossen werden.[220] Mit ihrem In-Kraft-Treten gelten Assoziierungsabkommen als integraler Bestandteil des Gemeinschaftsrechts und haben Vorrang vor mitgliedstaatlichem Recht.[221] Die Auslegungskompetenz liegt beim EuGH.[222] Die Bestimmungen der Abkommen sind *unmittelbar anwendbar*, wenn sie unter Berücksichtigung ihres Wortlauts und im Hinblick auf Sinn und Zweck des Abkommens eine klare und eindeutige Verpflichtung enthalten, deren Erfüllung oder deren Wirkungen nicht vom Erlass eines weiteren Aktes abhängen.[223] Ob eine in den Assoziierungsabkommen enthaltene Freizügigkeitsklausel für Arbeitnehmer unmittelbar anwendbar ist, bedarf daher in jedem Einzelfall der Auslegung:

Art. 28 des Abkommens über den Europäischen Wirtschaftsraum zwischen der EG **152** und nunmehr noch Island, Norwegen und Liechtenstein i.V. m. dessen Anhang V gewährt den Angehörigen dieser Staaten unmittelbar das Recht auf Arbeitnehmerfreizügigkeit i. S. d. Art. 39 EGV. Schweizer Staatsangehörige besitzen im Wesentlichen die gleichen Rechte nach den Bestimmungen des Freizügigkeitsabkommens EG-Schweiz, das am 1. Juni 2002 in Kraft trat.[224] Mit der Türkei besteht seit 1963 ein Assoziationsabkommen. Der Beschluss 1/80 des aufgrund des Abkommens eingesetzten Assoziationsrats enthält in Art. 10 zugunsten der türkischen Arbeitnehmer, die dem regulären Arbeitsmarkt angehören, ein Diskriminierungsverbot hinsichtlich des Arbeitsentgelts und der sonstigen Arbeitsbedingungen. Die Vorschrift ist unmittelbar anwendbar.[225] Art. 6 des Beschlusses 1/80 gewährt den türkischen Arbeitnehmern nach vier Jahren ordnungsgemäßer Beschäftigung in einem Mitgliedsstaat freien Zugang zu jeder abhängigen Beschäftigung in diesem Mitgliedsstaat. Die Abkommen mit den Maghreb-Staaten Algerien, Marokko und Tunesien[226] enthalten Diskriminierungsverbote für bereits ordnungsgemäß in einem Mitgliedsstaat beschäftigte Arbeitnehmer, die sich auf die Arbeits-, Entlohnungs- und

---

[217] Siehe zum Parallelfall der polnischen Basketballspielerin Malaja in Frankreich *Friedmann*, EU-Sportrecht aktuell, SpuRt 2003, 106.
[218] Verschlechterungsverbot/Präferenzregel: Anhang V, Liste nach Artikel 24 der Beitrittsakte von Athen, Dok. AA 2003 endg.
[219] Art. III-324 Verfassung; *Geiger*, Art. 310 Rz. 19.
[220] *Streinz/Mögele*, Art. 310 Rz. 4; *Geiger*, Art. 310 Rz. 3.
[221] *Geiger*, Art. 310 Rz. 20.
[222] EuGH, Rs. 12/86, *Demirel*, Slg. 1987, 3719 Rz. 7; *Streinz/Franzen*, Art. 39 Rz. 59.
[223] EuGH, *Demirel*, Rz. 14; *Geiger*, Art. 310 Rz. 21 m. w. N.;.
[224] *Franzen*, in *Streinz*, Art. 39 Rz. 52 ff.; siehe § 28 Aufenthaltsverordnung.
[225] Vgl. *Holzke*, SpuRt 2004, 1, 3; *Geiger*, Art. 310 Rz. 25; *Streinz/Franzen*, Art. 39 Rz. 67.
[226] Algerien: ABl. EG 1978 L 263 vom 27. 9. 1978; Tunesien: ABl. EG 1998 L 97 vom 30. 3. 1998; Marokko: ABl. EG 2000 L 70 vom 18. 3. 2000.

Kündigungsbedingungen beziehen. Die Diskriminierungsverbote sind ebenfalls unmittelbar anwendbar.[227] Mit Bulgarien[228] und Rumänien[229] bestehen Europa-Abkommen, die ebenfalls Diskriminierungsverbote enthalten. Deren unmittelbare Anwendbarkeit hat der EuGH für die vergleichbare Regelung im Assoziierungsabkommen EG-Polen bereits festgestellt.[230]

153 Ob die im Abkommen mit Russland[231] enthaltene Regelung zur Inländergleichbehandlung bereits eine klare und unmittelbare Verpflichtung enthält und somit unmittelbar gilt, war bis zur Entscheidung des EuGH in der Rechtssache Simutenkov umstritten.[232] Noch nicht für alle Assoziierungsabkommen geklärt ist, ob die Diskriminierungsverbote auch im Verhältnis zwischen Rechtssubjekten des Privatrechts, d. h. zwischen den Sportverbänden und den Sportlern, gelten, also Drittwirkung entfalten.[233] Der jeweilige Wortlaut der weitgehend wortgleichen Bestimmungen hilft nicht weiter. Der EuGH hat im Kolpak-Urteil unter Bezugnahme auf das Urteil Pokrzeptowicz-Meyer die Drittwirkung bejaht, da nach einem Vergleich von Gegenstand und Kontext des Assoziierungsabkommens EG-Polen und des EG-Vertrages kein Grund bestehe, dem Diskriminierungsverbot des Abkommens eine andere Bedeutung zu geben als die, die Art. 39 Abs. 2 EGV zukomme.[234] Diese Auffassung vertrat der EuGH letztlich auch im Simutenkov-Urteil.[235] Er hob zwar ausdrücklich hervor, dass das Abkommen nicht das Ziel habe, eine Assoziierung im Hinblick auf die schrittweise Integration des Landes in die EU zu schaffen, aus dem Zusammenhang oder der Zielsetzung des Partnerschaftsabkommens ergebe sich jedoch nicht, dass es dem Diskriminierungsverbot eine andere Bedeutung hätte geben wollen als diejenige, die sich aus dem üblichen Sinn dieser Wendung ergebe.[236]

154 Von Interesse ist diese Entscheidung insbesondere für die Bewertung des AKP-EG-Partnerschaftsabkommens,[237] das am 23. Juni 2000 in Cotonou unterzeichnet wurde und dem 77 Staaten in Afrika, im karibischen Raum und im Pazifischen Ozean angehören. Dieses enthält in Art. 13 Abs. 3 unter der Überschrift „Einwanderung" ein Diskriminierungsverbot. Gegenstand und Kontext des AKP-Abkommens unterscheiden sich aber von den genannten anderen Abkommen. Zielsetzung des Abkommens ist die Förderung der wirtschaftlichen, kulturellen und sozialen Entwicklung, die Eindämmung der Armut sowie die schrittweise Integration der AKP-Staaten in die Weltwirtschaft, jedoch nicht die Schaffung einer engen Handelsassoziation bzw. Beitrittsassoziation oder die schrittweise Integration zwischen dem Drittstaat und der EU. Der Wortlaut der Norm ist hingegen eindeutig und entspricht nahezu demjenigen der Diskriminierungsverbote in den Europa-Abkommen.[238] Insofern erscheint es wahrscheinlich, dass der EuGH die unmit-

---

[227] Vgl. *Streinz/Franzen*, Art. 39 Rz. 72; *Holzke*, SpuRt 2004, 1, 3 m. w. N.
[228] ABl. EG 1994 L 358 vom 31. 12. 1994.
[229] ABl. EG 1994 L 357 vom 31. 12. 1994.
[230] EuGH, Rs. C-162/00, *Pokrzeptowicz-Meyer*, Slg. 2002, I-1049 Rz. 31 ff.
[231] ABl. EG 1997 L 327 vom 28. 11. 1997.
[232] Für unmittelbare Anwendung *Holzke*, SpuRt 2004, 1, 4 m. w. N.; zweifelnd *Streinz/Franzen*, Art. 39 Rz. 75.
[233] Hierzu *Kreis/Schmid*, NZA 2003, 1013, 1016 m. w. N.
[234] EuGH, *Kolpak*, Rz. 34.
[235] Dieser Ansicht war auch bereits die damalige Kommissarin Diamantopoulou, mitgeteilt von *Friedmann*, in: EU-Sportrecht aktuell, SpuRt 2002, 236; siehe auch Fall des russischen Fußballers Karpin, dem von einem spanischen Gericht das Recht zuerkannt wurde, mit EU-Spielern gleichgestellt zu werden, EU-Sportrecht aktuell, SpuRt 2001, 12.
[236] EuGH, *Simutenkov*, Rz. 35, 36.
[237] ABl. EG 2000 L 317 vom 15. 12. 2000.
[238] „Die Mitgliedstaaten gewähren den Arbeitnehmern aus AKP-Staaten, die legal in ihrem Hoheitsgebiet beschäftigt sind, eine Behandlung, die hinsichtlich der Arbeits-, Entlohnungs- und Kündigungsbedingungen keine auf der Staatsangehörigkeit beruhende Diskriminierung gegenüber ihren eigenen Staatsangehörigen bewirkt. In dieser Hinsicht gewähren ferner die AKP-Staaten den

telbare Anwendbarkeit und Drittwirkung des Diskriminierungsverbotes trotz unterschiedlicher Zielsetzung und Gegenstand des AKP-Abkommens bejahen wird.[239]

Entsprechende Erwägungen gelten für die Europa-Mittelmeer-Abkommen mit den Maghreb-Staaten. Den in den Europa-Abkommen mit Bulgarien und Rumänien enthaltenen Diskriminierungsverboten wird eine Drittwirkung ebenso selbstverständlich zukommen wie den entsprechenden Klauseln in den Stabilisierungs- und Assoziierungsabkommen mit Kroatien[240] und Mazedonien[241] nach deren In-Kraft-Treten. Gleiches gilt für die bereits weiterreichende Assoziation mit der Türkei. Danach dürfen die Spielordnungen der Sportverbände keine diskriminierenden Regelungen hinsichtlich der Arbeitsbedingungen für die Angehörigen dieser Staaten vorsehen, insbesondere keine Beschränkung der Anzahl dieser Spieler auf dem Spielfeld. **155**

IV. Regelungen des Zugangs zum Arbeitsmarkt

Wie bereits erwähnt, gewähren die Assoziierungsabkommen keinen Anspruch auf Zugang zum nationalen Arbeitsmarkt. Nicht-EU/EWR-Sportler,[242] die eine selbständige Tätigkeit oder eine Beschäftigung ausüben wollen, benötigen einen Aufenthaltstitel nach § 4 des am 1. Januar 2005 in Kraft getretenen Aufenthaltsgesetzes (Visum, Aufenthaltserlaubnis oder Niederlassungserlaubnis), der sie zur Ausübung der Erwerbstätigkeit berechtigt. Einem Nicht-EU/EWR-Sportler kann nach § 18 Abs. 2 AufenthG ein Aufenthaltstitel zur Ausübung einer Beschäftigung erteilt werden, wenn die Bundesagentur für Arbeit zugestimmt hat oder wenn eine Rechtsverordnung bestimmt, dass die Ausübung ohne Zustimmung der Bundesagentur für Arbeit zulässig ist. Die sog. Beschäftigungsverordnung (BeschV),[243] die ebenfalls am 1. Januar 2005 in Kraft getreten ist, führt u. a. die zustimmungsfreien Beschäftigungen auf. Keiner Zustimmung der Bundesagentur für Arbeit bedarf gemäß § 7 Nr. 4 BeschV die Erteilung eines Aufenthaltstitels an Berufssportler und Berufstrainer, deren Einsatz in deutschen Sportvereinen oder vergleichbaren sportlichen Einrichtungen, soweit sie am Wettkampfsport teilnehmen, vorgesehen ist, wenn sie das 16. Lebensjahr vollendet haben und eine Vereinbarung mit dem Verein oder der Einrichtung über ein Gehalt nachweisen, das mindestens 50 Prozent der Beitragsbemessungsgrenze für die gesetzliche Rentenversicherung beträgt, und der für die Sportart zuständige deutsche Spitzenverband im Einvernehmen mit dem Deutschen Sportbund ihre sportliche Qualifikation als Berufssportler oder ihre fachliche Eignung als Trainer bestätigt.[244] **156**

Arbeitnehmern, die Staatsangehörige eines Mitgliedstaates sind, eine vergleichbare diskriminierungsfreie Behandlung."

[239] Die Drittwirkung bejahend *Holzke*, SpuRt 2004, 1, 5 und 7; ablehnend *Kreis/Schmid*, NZA 2003, 1013, 1016 m. w. N.

[240] Siehe KOM (2001) 371 endg.

[241] Siehe Beschluss des Rates und der Kommission, ABl. EG 2004 L 84 vom 20. 3. 2004.

[242] Schweizer Staatsangehörige werden den EU/EWR-Staatsangehörigen gleichgestellt; für die Staatsangehörigen der am 1. Mai 2004 beigetretenen neuen EU-Mitgliedsstaaten gelten Übergangsfristen (ausgenommen Malta und Zypern, deren Staatsangehörige unmittelbar freizügigkeitsberechtigt sind). Ausgenommen sind auch die Sportler, die aufgrund des Assoziationsabkommens EWG/Türkei ein Aufenthaltsrecht besitzen. Diese sind verpflichtet, das Bestehen des Aufenthaltsrechts durch den Besitz einer Aufenthaltserlaubnis, die auf Antrag ausgestellt wird, nachzuweisen (§ 4 Abs. 5 AufenthG).

[243] Bundesgesetzblatt 2004 Teil I Nr. 62 v. 2. 12. 2004, S. 2937.

[244] Die Bestimmung entspricht der vom 7. 2. 2002 bis 31. 12. 2004 gültigen Regelung in § 5 Nr. 10 der „Verordnung über Aufenthaltsgenehmigungen zur Ausübung einer unselbständigen Erwerbstätigkeit" (kurz: Arbeitsaufenthalteverordnung – AAV); eine Übergangsregelung enthält § 46 Abs. 4 BeschV. Zur Entwicklung und zu den Motiven der Neuregelung des § 5 Nr. 10 AAV siehe *Eilers*, in: *Scherrer/Del Fabro*, S. 129 ff., *Mohr*, SpuRt 2001, 95 ff. und SpuRt 2002, 193 f.; siehe auch *Breucker/Wüterich*, SpuRt 2004, 10 ff. § 5 Nr. 10 AAV in der bis zum 7. 2. 2002 gültigen Fassung lau-

157 Der Deutsche Sportbund (seit 20. 5. 2006: Der Deutsche Olympische Sportbund) hat die sportliche Qualifikation von Berufssportlern und Berufstrainern für den Einsatz in der höchsten Spielklasse der jeweiligen Sportart pauschal bestätigt. Das Einvernehmen des DSB erstreckt sich ausnahmsweise auch auf die zweithöchste Spielklasse des Fußballs. Die Einbeziehung auch der 2. Fußball-Bundesliga erscheint allerdings gerechtfertigt, da die Fußball-Bundesliga und 2. Fußball-Bundesliga eine organisatorische und wirtschaftliche Einheit im Ligaverband bilden. Die Satzung und das Ligastatut, insbesondere die Vorgaben des Lizenzierungsverfahrens, gelten für die Clubs beider Spielklassen gleichermaßen. Zudem stehen die Clubs in den Spielen um den DFB-Vereinspokal in direkter sportlicher Konkurrenz. Hervorzuheben ist auch die besondere Wirtschaftskraft der 2. Fußball-Bundesliga im Vergleich zu zweiten Ligen anderer Sportarten. Die Einvernehmenserklärung des DSB erstreckt sich jedoch nicht auf einen Einsatz des Sportlers in 2. und 3. Mannschaften eines Clubs, die in niedrigeren Spielklassen spielen. Die Ausländerbehörden haben im Hinblick auf Spieler aus Ländern, mit denen Assoziierungsabkommen bestehen, die Diskriminierungsverbote enthalten, allerdings zu prüfen, ob der Einsatz in einer 2. Mannschaft nicht lediglich eine Arbeitsbedingung einer rechtmäßigen Beschäftigung bei einer Mannschaft der höchsten Spielklasse darstellt, wofür einiges spricht.

158 Gemäß § 34 BeschVO[245] kann die Bundesagentur für Arbeit den Staatsangehörigen von Andorra, Australien, Israel, Japan, Kanada, Monaco, Neuseeland, San Marino und den USA die Zustimmung zu einem Aufenthaltstitel zur Ausübung einer Beschäftigung erteilen.

159 Neu – und im Hinblick auf die FIFA Fußball WM 2006 und künftige sportliche Großereignisse in Deutschland auch begrüßenswert – ist, dass § 12 BeschVO Aufenthaltserleichterungen für *internationale Sportveranstaltungen* wie folgt vorsieht:

160 „Keiner Zustimmung bedarf die Erteilung eines Aufenthaltstitels an Personen, die zur Vorbereitung, Teilnahme, Durchführung und Nachbereitung internationaler Sportveranstaltungen durch das jeweilige Organisationskomitee akkreditiert werden, soweit die Bundesregierung Durchführungsgarantien übernommen hat, insbesondere
– die Repräsentanten, Mitarbeiter und Beauftragten von Verbänden oder Organisationen einschließlich Schiedsrichter und Schiedsrichterassistenten,
– die Spieler und bezahltes Personal der teilnehmenden Mannschaften,
– die Vertreter der offiziellen Verbandspartner und offizielle Lizenzpartner,
– die Vertreter der Medien einschließlich des technischen Personals, die Mitarbeiter der Fernseh- und Medienpartner."

V. Völliger Ausschluss ausländischer Spieler von Nationalmannschaften

161 Nationalmannschaften werden nur für bestimmte Wettkämpfe repräsentativer Art zusammengerufen und zeichnen sich dadurch aus, dass sie sich ausschließlich aus inländischen Spielern zusammensetzen. Die Mitwirkung ausländischer Sportler in Nationalmannschaften wird stets durch die Statuten der Verbände ausgeschlossen. Ein solcher Ausschluss ist nach Gemeinschaftsrecht unter dem Blickwinkel der Repräsentation und Identifikation nicht zu beanstanden.[246]

162 Ausländische Spitzensportler werden oft unter Abkürzung der Wartezeit eingebürgert, um die eigene Nationalmannschaft zu verstärken, wie die Beispiele der Fußball-Profis

---

tete: „Eine Aufenthaltserlaubnis kann erteilt werden ... Berufssportlern und Berufstrainern, deren Einsatz in deutschen Sportvereinen vorgesehen ist, sofern der zuständige Sportfachverband ihre sportliche Qualifikation oder ihre fachliche Eignung als Trainer bestätigt und wenn der jeweilige Verein ein für den Lebensunterhalt ausreichendes Gehalt bezahlt."

[245] § 34 BeschV entspricht § 9 AAV a. F.
[246] Vgl. auch Rz. 58.

Sean Dundee und *Nando Rafael* und der Hochspringerin *Alina Astafei* verdeutlichen. Für neu eingebürgerte Sportler bestehen indessen auf internationaler Ebene befristete Sperren der internationalen Fachverbände (z. B. 3 Jahre gemäß Regel 5.2 d). Derartige Sperren sollen gewährleisten, dass Nationalmannschaften überwiegend aus Sportlern bestehen, die in dem Land, für das sie starten, geboren oder zumindest aufgewachsen sind. Außerdem soll der Abwerbung ausländischer Spitzensportler, die dazu dient, das eigene Renommée als Sportnation international aufzuwerten, entgegengewirkt werden.[247]

Dies bezweckt auch der neue Anhang 2 des FIFA-Reglements bezüglich Status und Transfer von Spielern.[248] Ein Spieler, der für die A-Nationalmannschaft seines Landes noch nicht zum Einsatz kam und seine Staatsangehörigkeit wechselt oder eine weitere Staatsangehörigkeit annimmt, erhält nur dann eine Spielberechtigung für die Nationalmannschaft des anderen Staates, wenn er, seine Eltern oder die Großeltern auf dem Gebiet dieses Staates geboren wurden oder er mindestens zwei Jahre ununterbrochen auf dem Staatsgebiet wohnhaft war.[249]

163

6. Kapitel. Internationale Transferregelungen im Fußball

I. Entwicklung der Transferregelungen

Für die Regelung der Spielertransfers zwischen den Nationalverbänden ist die FIFA zuständig. Das „FIFA-Reglement bezüglich Status und Transfer von Spielern" ist bei allen internationalen Transfers von Spielern zwischen den Mitgliedsverbänden der FIFA unmittelbar verbindlich. Die Transferbestimmungen der einzelnen Nationalverbände finden auf grenzüberschreitende Transfers grundsätzlich keine Anwendung. Die nach dem *Bosman*-Urteil erforderliche Anpassung der FIFA-Transferbestimmungen erfolgte in Art. 14 Abs. 8 des am 1. Oktober 1997 in Kraft getretenen FIFA-Transferreglements. Danach war die Regelung des Art. 14 Abs. 1, wonach der frühere Verein einen Anspruch auf eine Ausbildungs- und/oder Förderungsentschädigung hatte, wenn der Spieler mit einem neuen Verein einen Vertrag schließt,[250] nicht anwendbar auf Transfers von Spielern, die Staatsangehörige eines EU-/EWR-Mitgliedsstaates sind, und die zwischen zwei EU-/EWR-Nationalverbänden stattfinden, „sofern der Arbeitsvertrag des Spielers mit seinem alten Verein für beide Parteien normal beendet ist" (Ablauf der vereinbarten Vertragsdauer oder einvernehmliche Auflösung).

164

Die FIFA beschloss darüber hinaus, dass mit Wirkung vom 1. April 1999 auch bei Transfers von Spielern, die nicht Staatsangehörige eines EU-/EWR-Mitgliedsstaates sind, *innerhalb* der EU/des EWR eine Transferentschädigung nach Beendigung des Vertrages nicht mehr verlangt werden dürfe. In der Übergangsfrist zwischen Oktober 1997 und April 1999 konnten also bei Transfers von *Nicht-EU/EWR-Spielern innerhalb* der EU auch nach Ablauf des Vertrages noch Entschädigungen gefordert werden.

165

Bis zum In-Kraft-Treten des geänderten FIFA-Transferreglements am 1. September 2001 galt für Transfers, die *außerhalb* der EU/des EWR vollzogen wurden, die Bestimmung des Art. 14 Abs. 1 des alten Reglements, wonach ein Anspruch des alten Vereins auf Ausbildungs- und/oder Förderungsentschädigung bestand.

166

---

[247] Zur Vereinbarkeit derartiger Sperren mit den Grundrechten vgl. 1/4 ff.
[248] In Kraft seit 1. Juli 2005; abgedruckt in SpuRt 2005, 99 ff.
[249] Auslöser war die Absicht mehrerer brasilianischer Fußballer, die Staatsangehörigkeit Katars anzunehmen, um – gegen eine gewisse Vergütung – für die Nationalmannschaft des Landes spielen zu können.
[250] Dieser Anspruch bestand unabhängig vom Alter des Spielers. Die Höhe der Entschädigung sollte zwischen den Clubs vereinbart werden (Art. 15 Abs. 1). Kam es binnen 30 Tagen zu keiner Einigung, war der Fall einer FIFA-Sonderkommission zu unterbreiten, deren Entscheidung endgültig und unanfechtbar war (Art. 17, 18 Abs. 3).

II. Das neue FIFA-Transferreglement

167 Mehrere Beschwerden[251] hatten die EU-Kommission veranlasst, die FIFA-Transferbestimmungen zu überprüfen. Im Zuge dieser Untersuchung nach der Kartellverordnung 17/62 wurde am 14. Dezember 1998 eine Mitteilung der Beschwerdepunkte an die FIFA gerichtet.[252]

168 Die EU-Kommission, i. e. die Generaldirektion Wettbewerb unter Kommissar Mario Monti, sah in der nach dem *Bosman*-Urteil bestehenden und durch das FIFA-Transferreglement gedeckten Praxis der Clubs, mit den Spielern befristete Arbeitsverträge mit langer Laufzeit abzuschließen und für einen Wechsel vor Ablauf des Vertrags z.T. astronomisch hohe Summen zu verlangen (die dann im Übrigen auch von den aufnehmenden Clubs gezahlt wurden, siehe Transfers Zidane, Figo, Ronaldo), einen Verstoß gegen die Bestimmungen der Art. 39, 81 und 82 EGV. Die Freizügigkeit der Spieler sei nicht mehr gewährleistet.[253] Dies teilweise wohl zu Recht: Durch die „Hintertür" langfristiger Verträge, die eine Laufzeit von z.T. mehr als fünf Jahren hatten, wurden Verhältnisse geschaffen, die dem rechtswidrigen „Status quo ante Bosman" ähnelten.[254] Monti forderte u. a. die Einführung eines einseitigen Kündigungsrechts für die Spieler, wobei konkreter Anknüpfungspunkt hierfür offenbar eine Regelung im belgischen Arbeitsrecht war, die ein solches Kündigungsrecht gesetzlich verankerte.[255]

169 Nach umfassenden Verhandlungen über eine Neuregelung der Transferbestimmungen zwischen der EU-Kommission, der FIFA und der UEFA bestätigten Mario Monti und FIFA-Präsident Sepp Blatter die abschließende Einigung über die Grundsätze der neuen Transferregeln in einem Briefwechsel am 5. März 2001. Die Neufassung des FIFA-Transferreglements einschließlich der neuen Ausführungsbestimmungen wurde am 5. Juli 2001 in Buenos Aires vom FIFA-Exekutivkomitee angenommen und trat am 1. September 2001 in Kraft.[256] Eine Klage der internationalen Vereinigung der Spielergewerkschaften FIFPro gegen die neuen Transferbestimmungen wurde nach einer Verständigung mit der FIFA zurückgenommen.[257] Das Reglement gilt für alle internationalen Transfers und regelt das Transferwesen weltweit einheitlich. Insofern wirken sich die darin berücksichtigten Vorgaben der EU-Kommission faktisch auch auf einen grenzüberschreitenden Wechsel eines Spielers z. B. in Südamerika aus. Nach Inkrafttreten des Reglements wurde das Verfahren vor der Kommission abgeschlossen und die nicht zurückgezogenen Beschwerden zurückgewiesen.

Die beschlossenen Regelungen beruhen auf folgenden Prinzipien:[258]

– für Spieler unter 23 Jahren wird ein Ausbildungsentschädigungssystem eingerichtet, mit dem die Ausbildungsanstrengungen insbesondere der kleinen Clubs unterstützt und belohnt werden sollen;

– mittels eines neu eingeführten Solidaritätsmechanismus wird ein Anteil von 5 % einer Transferentschädigung an diejenigen Clubs (auch aus dem Amateurlager) umgeleitet, die an Training und Ausbildung eines Spielers beteiligt waren;

---

[251] Art. 3 VO 17/62 spricht von „Antrag" auf Feststellung einer Zuwiderhandlung. Im Sprachgebrauch der europäischen Gerichte werden Anträge nach Art. 3 als „Beschwerden" bezeichnet. Diesen Sprachgebrauch hat die neue VO (EG) 1/2003, ABl. 2003 Nr. L 1/1, mit der die VO 17/62 mit Wirkung zum 1. Mai 2004 aufgehoben wurde, in Art. 7 übernommen; vgl. *Mestmäcker/Schweitzer*, § 20 Fn. 1.

[252] Zum Verfahren siehe VO (EG) Nr. 2842/98, ABl. 1998 Nr. L 354/18.

[253] So eine Kommissionssprecherin in der FAZ, 20. Juni 2000.

[254] Siehe Vorauflage 7/168.

[255] Siehe hierzu *Klingmüller/Wichert*, SpuRt 2001, 1 und *Fritz/Düll*, SpuRt 2002, 144.

[256] „Reglement bezüglich Status und Transfer von Spielern" unter http://www.fifa.com/fifa/handbook/regulations/player.transfer/2003/Status.Transfer.DE.pdf.

[257] Siehe *De Kepper*, EU-Sportrecht aktuell, SpuRt 2001, 191.

[258] Siehe Mitteilung der EU-Kommission IP/02/824 vom 5. Juni 2002; ausführlich *Del Fabro/Scherrer*, S. 141 ff.; *Fritz/Düll*, SpuRt 2002, 144 ff.

- internationale Vereinswechsel von Spielern unter 18 Jahren sind nur unter besonderen Voraussetzungen erlaubt;
- pro Spielzeit gibt es zwei Transferperioden, wobei jeder Spieler höchstens einmal den Verein wechseln darf; die zweite Periode sollte auf Registrierungen aus rein sportlichen Gründen beschränkt sein;
- die Laufzeit der Verträge beträgt mindestens ein Jahr und höchstens fünf Jahre;
- Verträge von Spielern bis 28 Jahre sind drei Jahre lang, die älterer Spieler zwei Jahre lang geschützt und dürfen grundsätzlich nicht gekündigt werden;
- es besteht die Möglichkeit einer Kündigung aus triftigem Grund oder sportlich triftigem Grund; liegt ein solcher vor, wird keine Entschädigung fällig;
- bei einer Kündigung durch den Spieler oder den Verein ohne triftigen Grund wird eine finanzielle Entschädigung fällig;
- bei Kündigung ohne triftigen Grund während des geschützten Zeitraums können gegen Spieler, Vereine und Spielervermittler angemessene sportliche Sanktionen verhängt werden;
- eine Kündigung ist nur zum Ende einer Spielzeit zulässig;
- Einrichtung einer Kammer zur Beilegung von Streitigkeiten, um effektiv und kostengünstig Streitigkeiten zu beenden; die Möglichkeit, ordentliche Gerichte anzurufen, besteht daneben.

170 Nach Abs. 2 der Präambel des Reglements waren lediglich einige Grundsätze betreffend den Status von Spielern, die Untervertragnahme und die Registrierung von Spielern auch auf nationaler Ebene unmittelbar verbindlich. Darüber hinaus musste sich das jeweilige nationale Transferreglement lediglich nach den übrigen „Grundsätzen" richten. Die praktische Handhabung des Reglements stellte die Verbände bzw. die mit der Leitung und Durchführung des Spielbetriebs betrauten Ligaorganisationen vor nicht unerhebliche Schwierigkeiten. Durch die FIFA-Zirkulare Nr. 799, 801, 818, 826 und 867 wurden Auslegungen und Änderungen, zum Teil wesentlicher Art, vorgenommen, so z. B. die Abschaffung des Kaskade-Systems für die Zahlung von Ausbildungsentschädigungen bei späteren Transfers durch Zirkular Nr. 826.[259] Die grundsätzliche Beschränkung auf einen Wechsel pro Spielzeit wurde auch durch von der FIFA genehmigte Ausnahmen „verwässert". Zirkular Nr. 867 schaffte insofern Klarheit, als dass bei einvernehmlicher Vertragsauflösung ein Wechsel in beiden Transferperioden möglich ist, die damit faktisch wieder gleichgestellt wurden.

171 Auch die Regelungen zur Beilegung und Schlichtung von Streitigkeiten in Art. 42 ff. erfuhren eine wesentliche Änderung. Die FIFA erkannte schnell, dass die Einrichtung eines eigenen, unabhängigen Schiedsgerichts des Fußballs (TAF[260]), welches ursprünglich in Art. 42 Abs. 1 lit. c) des Reglements als Berufungsinstanz für die Entscheidungen der Kammer zur Beilegung von Streitigkeiten vorgesehen war, aus zeitlichen und organisatorischen Gründen nicht zu realisieren war. FIFA und die Internationale Schiedsgerichtskammer für Sport CIAS/ICAS[261] einigten sich dann darauf, eine spezielle Liste von Schiedsrichtern für fußballbezogene Streitigkeiten in das System des Schiedsgerichts für Sport TAS/CAS[262] zu integrieren. Im Gegenzug erkannte die FIFA die Gerichtsbarkeit des TAS/CAS an. Seit dem 11. November 2002 ist das TAS zuständig für Berufungen gegen Entscheidungen der Kammer.[263] Die Parteien können seit dem 1. Januar 2004 aus

---

[259] FIFA-Zirkulare abrufbar unter http://www.fifa.com/de/regulations/regulation/.
[260] Le Tribunal Arbitral du Football.
[261] Le Conseil International de l'Arbitrage en matière de Sport/The International Council of Arbitration for Sport; Informationen unter http://www.tas-cas.org/.
[262] Le Tribunal Arbitral du Sport/The Court of Arbitration for Sport. Vg. 6. Teil Rz. 163 ff.
[263] Siehe FIFA-Zirkular Nr. 827; vgl. auch Art. 59, 60 der am 1. Januar 2004 in Kraft getretenen FIFA-Statuten unter http://www.fifa.com/de/regulations/index.html.

einer Liste von 80 Schiedsrichtern für fußballspezifische Fälle auswählen: Jeweils zehn Schiedsrichter werden von jeder der sechs FIFA-Konföderationen ernannt, zehn Schiedsrichter ernennt die FIFA und zehn die FIFPro.[264] Für das schiedsgerichtliche Verfahren gelten die Statuten des TAS, ergänzend das schweizerische Recht.

172 Im Zuge der Revision des FIFA-Transferreglements wurde die Struktur des Reglements überarbeitet. Die Regelungsinhalte der verschiedenen Zirkulare wurden ebenso in das Reglement bzw. in dessen Anhänge aufgenommen wie die bisher in den Ausführungsbestimmungen zum Reglement enthaltenen Bestimmungen. Die grundlegenden, auf der Verständigung mit der EU beruhenden Prinzipien sind nahezu unverändert beibehalten worden.

Einige wichtige Änderungen sind folgende:
– es wird deutlicher als bisher festgelegt, welche Regelungen auch auf nationaler Ebene unmittelbar verbindlich bzw. umzusetzen sind (Art. 1 Abs. 3);
– Ausbildungsentschädigung und Solidaritätsbeitrag werden auch bei einer sog. „Ausleihe" des Spielers fällig (Art. 10);
– die Sechs-Monats-Regel, die besagt, dass ein Spieler einen Vertrag mit einem anderen Club nur abschließen darf, wenn sein Vertrag mit dem bisherigen Club abgelaufen ist oder in den folgenden sechs Monaten ablaufen wird, wird wieder eingeführt (Art. 18 Abs. 3);
– der von den Clubs zu gewährleistende Schutz minderjähriger Spieler wird näher im Reglement ausgestaltet (Art. 19);
– die Berechnung der Ausbildungsentschädigung erfolgt nach den Kosten im Land des aufnehmenden Clubs und der Kategorie des aufnehmenden Clubs (Art. 20 i.V. m. Art. 5 Abs. 1 des Anhangs 4); für EU/EWR bleiben die existierenden Sonderbestimmungen bestehen (Art. 6 des Anhangs 4)
– die Abgrenzung der Zuständigkeiten von FIFA und nationalen Arbeits- bzw. Schiedsgerichten wurde überarbeitet; für bestimmte Streitfälle ist der Einzelrichter der Kammer zur Beilegung von Streitigkeiten zuständig (Art. 22 ff.).

173 Das neue FIFA-Reglement bezüglich Status und Transfer ist am 18. Dezember 2004 vom FIFA-Exekutivkomitee verabschiedet worden und am 1. Juli 2005 in Kraft getreten.[265] Art. 26 in der Fassung des FIFA-Zirkulars Nr. 995 enthält die Übergangsbestimmungen.

174 Da das Reglement in seiner alten Fassung auf einer Übereinkunft zwischen FIFA, UEFA und EU-Kommission basiert, stellt es naturgemäß einen Kompromiss dar. Es bildet die rechtliche Grundlage für das internationale Transferwesen, die unverzichtbar ist.

175 Es ist allerdings nicht auszuschließen, dass etwa ein Spieler vor einem nationalen Gericht gegen die Bestimmung des Reglements klagt, wonach ein an dessen (erstmaliger) Verpflichtung als Profi interessierter neuer Club aus einem anderen EU-Mitgliedstaat eine hohe Ausbildungsentschädigung zahlen muss. Denn durch diese Verpflichtung könnte die Freizügigkeit des Spielers dann über das erforderliche Maß hinaus eingeschränkt werden, wenn der neue Club diese Zahlung nicht leisten will und von einer Verpflichtung Abstand nimmt. Das nationale Gericht könnte die Frage nach der Vereinbarkeit der FIFA-Transferbestimmungen mit dem Gemeinschaftsrecht dem EuGH zur Vorabentscheidung vorlegen. Weder für die nationalen Gerichte noch für den EuGH ist die Übereinkunft zwischen Kommission, FIFA und UEFA bindend.[266]

---

[264] Siehe FIFA-Zirkular Nr. 854.
[265] Abrufbar unter http://www.fifa.com/documents/static/regulations/Status.Transfer.DE.pdf; siehe auch SpuRt 2005, 99 ff.
[266] Hierzu deutlich der EuGH, *Bosman*, Rz. 136; siehe auch *Streinz*, in *Scherrer/Del Fabro*, S. 99, 101.

Durch die Aufhebung des Transfersystems in der EU ergeben sich Konsequenzen für **176** die *Bewertung der Vereinsvermögen*. Durch ein Urteil des Bundesfinanzhofes von 1992 waren die deutschen Vereine bisher verpflichtet, den Wert ihrer Spieler in ihrer Bilanz zu aktivieren: Die Transferentschädigungen seien Anschaffungskosten für die vom DFB zu erteilende Spielerlaubnis und damit aktivierungspflichtiges Wirtschaftsgut mit den entsprechenden Abschreibungsmöglichkeiten.[267] Nun erscheint es sehr fraglich, ob eine Aktivierung zu den Anschaffungskosten (Höhe der gezahlten Transferentschädigung) in der Handelsbilanz bzw. als Vermögensnachweis im Lizenzierungsverfahren der DFL noch erfolgen kann. Denn nach dem *Bosman*-Urteil muss nun jeder Verein damit rechnen, dass ein Spieler entschädigungsfrei ins Ausland wechselt. Der Spieler verliert so seinen Wert, der bisher in den zukünftig zu erwartenden Transferentschädigungsansprüchen bestand. Werden künftig keine Transferzahlungen mehr erbracht, fehlt es an einem entgeltlichen Erwerb, mit der Folge, dass die Spielerlaubnis nicht mehr aktiviert werden kann.[268] Vor diesem Hintergrund müssen auch die als Gläubigersicherheiten verwendeten zukünftigen Ablöseansprüche der Vereine, insbesondere, soweit sie an finanzierende Banken abgetreten sind, neu bewertet werden.[269]

7. Kapitel. Wettbewerbsbestimmungen nach Art. 81 und 82 EGV

Der EuGH hatte in seinen Sportentscheidungen die angegriffenen Sportregeln bislang **177** nicht am Maßstab des Wettbewerbsrechts überprüft. Erst in der Sache Meca-Medina und Majcen ergab sich diese Gelegenheit.[270] Das in den Art. 81 ff. EGV geregelte EG-Wettbewerbsrecht ist von weitreichender Bedeutung für den Sport in der EU.[271] Um den von der EG angestrebten Binnenmarkt als weitestmögliche Vollendung des Gemeinsamen Marktes[272] zu verwirklichen, ist es erforderlich, dass der Wettbewerb innerhalb der Gemeinschaft vor *Verfälschung, Behinderung und Ausschaltung* geschützt wird.[273] Der Verwirklichung dieses grundlegenden Ziels[274] dienen die Art. 81 ff. EGV.[275]

I. Regelungsgehalt der Art. 81 und 82 EGV

Art. 81 untersagt „alle Vereinbarungen zwischen Unternehmen, Beschlüsse von Unter- **178** nehmensvereinigungen und aufeinander abgestimmte Verhaltensweisen, welche den Handel zwischen Mitgliedstaaten zu beeinträchtigen geeignet sind und eine Verhinderung, Einschränkungen oder Verfälschungen des Wettbewerbs innerhalb des gemeinsamen Marktes bezwecken oder bewirken".

Art. 82 verbietet den Missbrauch einer den Markt beherrschenden Stellung, soweit **179** diese den Handel zwischen Mitgliedstaaten beeinträchtigt.[276]

---

[267] BFH, BB 1992, 2039.
[268] *Söffing*, BB 1996, 523.
[269] Vgl. zu den Einzelheiten *Arens*, SpuRt 1996, 41 f.
[270] Siehe oben Rz. 95.
[271] Zu den möglichen Auswirkungen des Wettbewerbsrechts vgl. Schlussantrag *Lenz*, EuGRZ 1995, 501 Rz. 253 ff.; *Streinz*, RuS 29 (49) ff.; *Hilf/Pache*, NJW 1996, 1175 f. m. w. N.
[272] Art. 14 EGV; siehe *Geiger*, Art. 2 Rn. 7.
[273] EuGH, Slg. 1973, 215, 244 f. *Europemballage und Continental Can/Kommission*.
[274] Es handelt sich bei diesen Forderungen nicht um allgemeine Programmsätze, sondern um grundlegende Ziele des EWGV, EuGH, a.a.O.
[275] *Streinz/Eilmansberger*, vor Art. 81 Rz. 1.
[276] Vgl. *Streinz/Eilmansberger*, vor Art. 82 Rz. 1; *Weiß*, in *Calliess/ Ruffert*, Art. 82 Rz. 1.

II. Standpunkt der Kommission

180 Die bislang von der Kommission auf dem Gebiet des Wettbewerbsrechts getroffenen Entscheidungen folgen drei politischen Prinzipien der Kommission:[277]

1. Die Kommission erkennt die Regelungsbefugnis der Sportverbände für die nichtwirtschaftlichen Aspekte des Sportes an;

2. Die internen Vorschriften der Sportverbände, die dazu dienen, die Chancengleichheit zwischen den Vereinen, die Ungewissheit der Wettkampfergebnisse sowie die Organisation, die Integrität und einen reibungslosen Ablauf der Wettkämpfe sicherzustellen, entziehen sich grundsätzlich der Anwendbarkeit der im Vertrag festgelegten Wettbewerbsvorschriften;

3. Die Kommission befasst sich ausschließlich mit Fällen, die von Belang für die Gemeinschaft sind und sich spürbar auf den Handel zwischen den Mitgliedsstaaten auswirken.

Die Kommission wird angesichts der Rechtsprechung des EuGH in ihrem Weißbuch zur Rolle des Sports hier ihre Positionen neu definieren müssen.

III. Betroffene Bereiche des Sports

181 Im Bereich des Sports ergeben sich Auswirkungen dieser Regelungen insbesondere zu folgenden Punkten:
- Exklusive Übertragungsrechte[278]
  a) Erwerb von exklusiven Übertragungsrechten für Sportveranstaltungen durch einen oder mehrere Programmanbieter
  b) Umfang der Kontrolle, die Sportverbände gemäß Art. 14 der UEFA-Statuten über Sportübertragungen auf dem eigenen Territorium ausüben
- Transferregeln
- Ausländerklauseln und andere Marktzutrittsschranken wie Wartefristen beim Wechsel der Staatsangehörigkeit / Einbürgerung
- Disziplinarstrafen
- Vermarktungsbeschränkungen gegenüber Sportlern und Veranstaltern in Form der Produktwerbung, z. B.
  - Vergabe des Prädikats „offiziell"
  - Vorgabe bestimmter Marken
  - Bindung an bestimmte Sportartikelhändler
  - Exklusivvertrieb von Eintrittskarten
- Wettbewerb zwischen Sportverbänden der gleichen oder ähnlichen Sportart
- Dumping
- Subventionen für den Sport.

---

[277] Pressemitteilung der Kommission IP/99/965; siehe auch den Helsinki-Bericht zum Sport der Kommission, KOM (1999) 644, S. 8. Punkt 4.2.1.1. und S. 9 Punkt 4.2.1.3: „Im Bosman-Urteil wurde das Ziel, ein Gleichgewicht zwischen den Sportclubs aufrechtzuerhalten, indem die Chancengleichheit und die Ungewissheit der Ergebnisse gewahrt und die Aufnahme und Ausbildung junger Spieler gefördert wird, als legitim anerkannt. Daher könnten Vereinbarungen zwischen Profilclubs oder Entscheidungen ihrer Verbände, die diese Ziele verfolgen, von den Wettbewerbsregeln ausgenommen werden. Das Gleiche gilt für Transfer- oder Mustervertragssysteme, die auf objektiv kalkulierten Ablösesummen beruhen, die im Verhältnis zu den Ausbildungskosten stehen, oder auf in Dauer und Umfang beschränkte Exklusiv-Übertragungsrechte. Selbstverständlich müssen in diesem Zusammenhang auch die anderen Bestimmungen des Vertrags eingehalten werden, insbesondere im Bereich der Freizügigkeit der Profisportler."

[278] Vgl. hierzu ausführlich 4. Teil Rz. 61 ff.

IV. Sportvereine und Sportverbände als Unternehmen

Voraussetzung für die Anwendbarkeit der Wettbewerbsregeln des Gemeinschaftsrechts im Sport und auf die Sportvereine und -verbände ist, dass es sich bei diesen um Unternehmen bzw. Unternehmensvereinigungen im Sinne der Art. 81 ff. EGV handelt. Unternehmen in diesem Sinne ist „jede eine wirtschaftliche Tätigkeit ausübende Einheit, unabhängig von ihrer Rechtsform und der Art ihrer Finanzierung".[279] Auf Gewinnerzielungsabsicht kommt es nicht an.[280] 182

Profivereine sind daher Unternehmen i. S. d. Art. 81 ff. EGV, denn sie üben unabhängig von ihrer Größe unbestritten eine wirtschaftliche Tätigkeit aus. Die Sportverbände, in denen sie zusammengeschlossen sind, sind Unternehmensvereinigungen und zugleich auch selbst Unternehmen i. S. d. Vorschrift.[281] Auch der jeweilige Verband, in dem die nationalen Sportverbände zusammengeschlossen sind, stellt eine Unternehmensvereinigung im Sinne von Art. 81 EGV dar.[282] Die FIFA ist nach Ansicht des EuG eine von den nationalen Verbänden und den Vereinen geschaffene Struktur in der Form einer Unternehmensvereinigung zweiten Grades.[283] 183

V. Auswirkungen der Art. 81 ff. EGV auf Ausländerklauseln und Transferregeln

Die *Ausländerklauseln* und *Transferregeln* sind Bestandteil der Vereins- und Verbandssatzungen. Als solche stellen sie entweder *Beschlüsse* von Unternehmensvereinigungen dar oder sind – wenn man auf den zugrunde liegenden Willen der Vereine abstellt – *Vereinbarungen* von Unternehmen, die beide in gleicher Weise von Art. 81 EGV erfasst werden.[284] 184

Zentrales Tatbestandsmerkmal des Art. 81 Abs. 1 EGV ist das Vorliegen einer wettbewerbsbeschränkenden Abrede. Die Abrede hat wettbewerbsbeschränkende Wirkung, wenn sie die Handlungsfreiheit der Beteiligten einschränkt und dadurch die Marktstellung Dritter verändert.[285] Art. 81 EGV betrifft nur den Wettbewerb im Handel zwischen den Mitgliedstaaten (*Zwischenstaatlichkeitsklausel*). Dieser ist betroffen, wenn eine Maßnahme „unmittelbar oder mittelbar, tatsächlich oder der Möglichkeit nach geeignet ist, die Freiheit des Handels zwischen Mitgliedstaaten in einer Weise zu gefährden, die der Verwirklichung der Ziele eines einheitlichen zwischenstaatlichen Marktes nachteilig sein kann".[286] 185

Dazu zählen auch die *Transfer- und Ausländerregeln*. Eine Wettbewerbsbeschränkung liegt vor, denn das Transfersystem *beschränkt* die Möglichkeiten der einzelnen Vereine, sich durch beliebige Einstellung von Spielern Konkurrenz zu machen.[287] Dies gilt ebenso für die Ausländerklauseln. Es liegt nahe, dass diese Klauseln (auch) eine Wettbewerbsbeschränkung beinhalten.[288] Dies gilt ebenso für *freiwillige* Vereinbarungen über Ausländereinsätze, wie sie beispielsweise die Fußballclubs der Bundesliga bis Ende der Saison 1995/96 getroffen hatten.[289] 186

Die Wettbewerbsbeschränkung muss *spürbar* sein. Es darf sich daher nicht um bloße Bagatellfälle handeln.[290] Die Spürbarkeit der Wettbewerbsbeschränkung oder der Han- 187

---

[279] EuGH, Slg. I 1993, 637 = NJW 1993, 2592, Rz. 17 *Poucet*; *Hilf/Pache*, NJW 1996, 1176.
[280] Vgl. *Streinz/Eilmansberger*, vor Art. 81 Rz. 22; *Weiß*, in *Calliess/Ruffert*, Art. 81 Rz. 31.
[281] *Lenz*, EuGRZ 1995, 501 Rz. 255 f.; *Hilf/Pache*, NJW 1996, 1176; *Karpenstein*, RuS 11, 186; EuG, *Piau/Kommission*, Rs. T-193/02, Rz. 69.
[282] EuG, *Piau/Kommission*, Rs. T-193/02, Rz. 72; siehe Rz. 100.
[283] EuG, *Piau/Kommission*, Rs. T-193/02, Rz. 112, 116.
[284] Vgl. *Weiß*, in *Calliess/Ruffert*, Art. 81 Rz. 51 ff.
[285] Vgl. *Eilmansberger* in *Streinz*, Art. 81 Rz. 37; *Weiß* in *Calliess/Ruffert*, Art. 81 Rz. 82 ff.
[286] EuGH, Slg. 1966, 389 *Consten-Grundig*; vgl. *Geiger*, Art. 85 Rz. 15.
[287] *Fleischer*, WuW 1996, 473, 475. Vgl. auch *Streinz*, ZEuP 2005, 340 ff.
[288] Ebenso *Lenz*, EuGRZ 1995, 502 Rz. 260 ff. m. w. N.; *Hilf/Pache*, NJW 1996, 1176. A. A. *Scholz/Aulehner*, SpuRt 1996, 47.
[289] Ebenso *Fischer*, SpuRt 1996, 38; *Wertenbruch*, EuZW 1996, 91 f.
[290] „De-minimis"-Regel; vgl. EuGH, Slg. 1971, 351, 356; *Eilmansberger* in *Streinz*, Art. 81 Rz. 75.

delsbeeinträchtigung hängt nicht davon ab, ob tatsächlich spürbare Auswirkungen eintreten. Vielmehr genügt es, wenn die Abrede eine spürbare Wettbewerbsbeschränkung bezweckt bzw. zur spürbaren Beeinträchtigung des Handels geeignet ist.[291]

188 Nicht unter das Kartellverbot fallen nach der Rechtsprechung des EuGH Nebenabreden, die zur Erreichung eines wettbewerbsneutralen Hauptzweckes erforderlich sind (*Immanenztheorie*) oder die den Beteiligten die *Erschließung der Märkte* ermöglichen sollen.[292]

189 Die dem Bosman-Urteil zugrunde liegenden *Transferregeln* dürften *wohl* auch kartellrechtswidrig gewesen sein, denn sie waren für das finanzielle und sportliche Gleichgewicht der Profiligen nicht unverzichtbar. Wie bereits oben angesprochen, könnte dieses Gleichgewicht auch durch einen ligaweiten Finanzausgleich hergestellt werden.[293] Diese Beurteilung hat sich auch in der amerikanischen Rechtsprechung durchgesetzt. Leitentscheidung ist dort *Mackey v. NFL*,[294] die eine den europäischen Transferbestimmungen vergleichbare Entschädigungsregel im American Football wegen eines Verstoßes gegen das Kartellverbot für nichtig erklärt. Nicht anders verhält es sich mit den *Ausländerklauseln*, denn sie sind weder unter dem Gesichtspunkt der Nachwuchsförderung noch für das Identifikationsbedürfnis des Publikums unverzichtbar.[295]

190 Eine gerichtliche Klärung hätte im Fall *Balog*[296] herbeigeführt werden können. Das erstinstanzliche belgische Gericht in Charleroi legte dem EuGH die Frage vor, ob es mit Art. 81 EGV vereinbar sei, dass ein Club innerhalb der EU eine Transferentschädigung für einen vertragslosen Spieler bei einem Wechsel innerhalb desselben EU-Staates, in einen anderen EU-Staat oder zu einem Drittstaat außerhalb der EU verlangen könne.

191 Das Vorabentscheidungsersuchen wurde vom belgischen Gericht zurückgenommen, nachdem sich die Parteien in letzter Sekunde geeinigt hatten, kurz bevor die zuständige Generalanwältin Stix-Hackl im mündlichen Verfahren ihre Schlussanträge hätte stellen sollen. Bestandteil der Einigung war, dass der den Parteien offenbar bekannt gewordene Rechtsstandpunkt der Generalanwältin nicht veröffentlicht würde. Dieser lautete dahin gehend, dass Transferentschädigungen für Spieler ohne Arbeitsvertrag einen Verstoß gegen Art. 81 EGV darstellen würden, und zwar sowohl bei einem Wechsel innerhalb des betreffenden EU-/EWR-Mitgliedsstaats als auch bei einem Wechsel innerhalb der EU/ des EWR sowie aus einem EU-/EWR-Mitgliedsstaat in ein anderes Land.[297]

192 Unter die Wettbewerbsbestimmungen fällt auch das *FIFA-Spielervermittlerreglement*.[298] Vereine und Spieler dürfen nach den Regularien der FIFA und der Nationalverbände nur mit vom Spielervermittlern zusammenarbeiten, die vom zuständigen Nationalverband lizenziert sind. Die Kommission beanstandete in einem 1999 aufgrund mehrerer Beschwerden eingeleiteten Verfahren insbesondere die obligatorische Entrichtung einer hohen, zinsfreien Kaution als Voraussetzung für die Erteilung der Spielervermittlerlizenz. In dem am 1. März 2001 in Kraft getretenen überarbeiteten Spielervermittlerreglement hat die FIFA u. a. die Kautionsregelung durch die Verpflichtung, eine Berufshaftpflichtversicherung abzuschließen, ersetzt. Voraussetzung für die Lizenzerteilung ist außerdem eine erfolgreich abgelegte Spielervermittlerprüfung und die Unterzeichnung eines Ehrenkodex. Die Kommission hat das Ziel der FIFA, Spieler und Verbände vor nicht qualifizier-

---

[291] Vgl. *Koch*, in *Grabitz/Hilf*, Art. 85 Rz. 100 m. w. N.; *Weiß* in *Calliess/Ruffert*, Art. 81 Rz. 105.
[292] EuGH, Slg. 1996, 285, 304 *Maschinenbau Ulm*; vgl. *Fleischer*, WuW 1996, 479.
[293] So bereits *Lenz*, EuGRZ 1995, 502 Rz. 269 f.; vgl. hierzu auch *Streinz*, RuS 29, 27 (50).
[294] *Fleischer*, WuW 1996, 473, 480 m. w. N. und Hinweis darauf, dass das Problem mittlerweile tarifvertraglich geregelt ist.
[295] S. oben Rz. 108; *Lenz*, EuGRZ 1995, 502 Rz. 262.
[296] Rs. 264/98 – Tibor Balog ./. ASBL Royal Charleroi Sporting Club.
[297] Vgl. *Kerr*, Freedom of movement in sport inside and outside the European Union, in: *Scherrer/del Fabro*, S. 17, 24; zum Verfahren auch *Eilers*, WFV 43, S. 49, 64 f. und *de Kepper*, SpuRt 2001, 12 und 2001, 99.
[298] Abrufbar unter http://www.fifa.com/organisation/Players_agents_regulations_EFSD_2003.pdf. Vgl. hierzu 2. Teil Rz. 185 f.

ten und unseriösen Vermittlern zu schützen, anerkannt und diesem mehr Gewicht beigemessen als den mit dem Reglement verbundenen Wettbewerbsbeschränkungen. Mit Einstellung des Verfahrens wurden die Beschwerden zurückgewiesen.[299] Gegen die Entscheidung der Kommission wurde Klage vor dem EuG erhoben, die allerdings abgewiesen wurde.[300] Auch das hiergegen eingelegte Rechtsmittel zum EuGH blieb erfolglos.[301]

VI. Auswirkungen der Art. 81 ff. EGV auf Wartefristen bei Nationalitätswechsel/Einbürgerung

Wartefristen bei Nationalitätswechsel können zwar eine ordnungspolitische Funktion erfüllen (kein „Abkaufen" der Nationalität); m. E. verstoßen jedoch, gemessen am Verhältnismäßigkeitsgrundsatz, zumindest Sperren, die über sechs Monate hinausgehen, gegen Art. 81 EGV.[302]   193

VII. Auswirkungen der Art. 81 ff. EGV auf Disziplinarmaßnahmen

Des Weiteren können auch *Disziplinarmaßnahmen* gegenüber Berufssportlern wegen eines Verstoßes gegen Verbandsstatuten den Art. 81 ff. EGV zuwiderlaufen. Als Beispiel kann hier der Fall der ehemaligen Sprintweltmeisterin *Katrin Krabbe* herangezogen werden.[303] Die Wettkampfsperren bei Dopingvergehen sind zwar erforderlich, um die Integrität des Profisports und die Chancengleichheit zu wahren und damit auch seine Vermarktungsfähigkeit zu erhalten. Allerdings sind die zu verhängenden Sanktionen immer streng an ihren Voraussetzungen und am Verhältnismäßigkeitsgrundsatz zu messen.[304]   194

VIII. Auswirkungen der Art. 81 ff. EGV auf Produktwerbung

Produktwerbung resultiert häufig in *Vermarktungsbeschränkungen* gegenüber Sportlern und Veranstaltern. Darunter fallen Bestimmungen, die einen Sportler oder Veranstalter in seinen Werbemöglichkeiten einschränken, z. B. durch   195
— die Verleihung des Prädikats „offiziell"
— die obligatorische Verwendung „offizieller" Ausrüstungen bei Wettkämpfen
— den obligatorischen Bezug von Ausrüstungen bei bestimmten Händlern.[305]

Grundsätzlich ist ein einheitliches Reglement für das Funktionieren jeder Sportart unverzichtbar, dennoch ist stets im Einzelnen zu prüfen, ob die Vermarktungsbeschränkung für die *wettkampfmäßige* Durchführung unbedingt *erforderlich* ist.[306]   196

Zahlreiche Sportverbände verleihen bestimmten Sportausrüstungen das Prädikat *„offiziell"*. Die Hersteller bezahlen hierfür eine Vergütung. So hatte der dänische Tennisverband eine Vereinbarung getroffen, der zufolge Tennisbälle der Marken Penn, Tretorn und Slazenger als offiziell anerkannt werden. Ein dänischer Parallelimporteur hatte bei der Kommission gegen diese Praxis Beschwerde eingelegt. Die Kommission ist der Auffassung, dass die Vergabe des Prädikats „offiziell" an Sponsoren für den Verbraucher irreführend sei, da dem Sportartikel damit ungerechtfertigterweise ein Gütesiegel verliehen werde. Die Verleihung des Prädikats „offiziell" ist für die Kommission nur zulässig, wenn aus der Kennzeichnung eindeutig ein Sponsorenverhältnis hervorgeht oder wenn technische Gründe Maßstab sind.   197

---

[299] Siehe Pressemitteilung der Kommission IP 02/585 vom 18. April 2002.
[300] Siehe Rz. 100: EuG, *Piau/Kommission*, Rs. T-193/02, Urteil vom 26. Januar 2005.
[301] Abl. C 154/3 vom 1. 7. 2006.
[302] Vgl. auch 2/197 f.
[303] Vgl. OLG München, SpuRt 1996, 133 (Kartellsenat), siehe 2/140.
[304] Vgl. *Fleischer*, WuW 1996, 481.
[305] Vgl. *Fleischer*, WuW 1996, 482.
[306] Vgl. ausführlich 2/199 ff.

198 Der dänische Tennisverband änderte seine Regelung ab der Saison 1992 und gründete einen „Sponsor Ball Pool", dem jeder Ballhersteller beitreten kann. Für jedes Turnier erfolgte eine Ausschreibung innerhalb des Pools für einen Turnierlieferanten. Die Laufzeit des Poolvertrags betrug 3 Jahre (1995–1997). Die Kommission äußerte allerdings Bedenken gegen Vertragslaufzeiten von über einem Jahr. Letztlich verständigten sich Kommission und dänischer Tennisverband darauf, dass der Verband alle zwei Jahre eine transparente, diskriminierungsfreie und für jedermann offene Ausschreibung für das Sponsoring durchführt. Der Sponsor erhält den Titel „Sponsor des dänischen Tennisverbandes", allerdings ohne den Zusatz „offiziell", und ist für einen maximalen Zeitraum von zwei Jahren einziger Tennisball-Sponsor des Verbandes. Als solcher liefert er außerdem Tennisbälle zu einem Vorzugspreis.

199 Gegen die ursprüngliche Auffassung der Kommission sprach, dass ein Sponsorengagement lang genug sein muss, um ein glaubwürdiges und qualitatives *Sponsoringkonzept* realisieren zu können. Das Prädikat „offiziell" ist zudem nicht zwangsläufig als Qualitätslabel zu verstehen, sondern soll eine *einheitliche Ausrüstung* sicherstellen.[307]

200 Häufig schreiben Sportverbände bei Veranstaltungen, die sie selbst organisieren oder die unter ihrer Schirmherrschaft stehen, die *ausschließliche Verwendung bestimmter Marken* von Sportausrüstungen vor. Dies ist kartellrechtlich unbedenklich, wenn es sich um selbst organisierte Wettkämpfe handelt und ein sachlicher Grund für die Vorgabe einer einheitlichen Marke vorliegt. Dagegen dürfte ein Missbrauch einer marktbeherrschenden Stellung vorliegen, wenn ein Sportverband Exklusivverträge auch für Wettbewerbe abschließt, die lediglich unter seiner Schirmherrschaft stehen. Keine Einwände bestehen, wenn ein Sportverband den Veranstalter verpflichtet, qualitativ hochwertige Turnierbälle zu verwenden, weil eine solche Einschränkung technisch bedingt ist.[308]

IX. Auswirkungen der Art. 81 ff. EGV auf exklusive Einkaufsvereinbarungen

201 Einige Sportverbände schreiben Vereinen oder Veranstaltern Bezugsquellen vor, so dass diese ihre Ausrüstungen bei *bestimmten Händlern* beziehen müssen. Ein solcher Zwang verstößt gegen Art. 81 EGV und die Verordnung 1983.[309] Diese Verordnung lässt exklusive Vertriebsvereinbarungen nur zu, solange „Parallelimporte" ebenfalls gestattet werden. Damit ist die Einfuhr gleichartiger Produkte aus anderen Mitgliedsstaaten gemeint. Findet also ein Großhändler im Ausland eine kostengünstigere Bezugsquelle für das gleiche Erzeugnis, so muss ihm dessen Einfuhr gestattet sein.[310]

202 So hat die Kommission die Firma Dunlop Slazenger International und All Weather Sports, den Alleinvertriebshändler der Firma Dunlop in den Benelux-Staaten, mit einer Geldstrafe belegt, weil dieser versucht habe, die Ausfuhr von Bällen in andere EU-Mitgliedsstaaten zu blockieren und dadurch die Alleinvertriebsberechtigten in diesen Staaten zu schützen. In einem anderen Fall hat die Kommission Geldstrafen gegen Tretorn und bestimmte Exklusivvertreter wegen Verstoßes gegen Art. 81 EGV verhängt. Die Kommission befand, dass Tretorn seinen Exklusivvertretern für Tennisbälle ein Ausfuhrverbot auferlegt hatte und diese Vertreter zur Umsetzung dieses Ausfuhrverbots beigetragen und den Parallelimport von Tennisbällen verhindert hätten.[311]

---

[307] Vgl. Coopers & Lybrand-Studie 1995, Rz. 4062 ff.
[308] Vgl. Coopers & Lybrand-Studie 1995, Rz. 4066 ff. Ausführlich und differenzierend *Buschmann*, S. 14 ff.
[309] Verordnung der Kommission 1983/83, ABl. Nr. L 73/83.
[310] Vgl. Coopers & Lybrand-Studie 1995, Rz. 4075 ff.
[311] Vgl. Coopers & Lybrand-Studie 1995, Rz. 4080 f. Vgl. aber auch OGH, Urt. v. 15. 10. 2002, Az. 4 Ob 201/021.

X. Auswirkungen der Art. 81 ff. EGV auf den Exklusivvertrieb von Eintrittskarten

Bei bestimmten Sportgroßereignissen pflegen Veranstalter mit einer Agentur in jedem Mitgliedstaat eine Exklusivvereinbarung abzuschließen, wonach nur diese berechtigt ist, Eintrittskarten zu verkaufen. Bisweilen wird der Erwerb der Karten davon abhängig gemacht, dass der Kunde beim gleichen Unternehmen Hotelzimmer bucht und weitere Dienstleistungen beansprucht. Ein solches Geschäftsgebaren führt zu einer Abgrenzung der nationalen Märkte und verstößt gegen Art. 81 ff. EGV. In diesem Sinn hat die Kommission in Bezug auf das Kartenvertriebssystem für die Fußball-WM von 1990 in Italien entschieden.[312] Die Kommission stellte zunächst fest, dass die FIFA und der nationale italienische Fußballverband aufgrund ihrer wirtschaftlichen Tätigkeiten als Unternehmen i. S. d. Art. 81 EGV zu qualifizieren seien.[313] Diese hätten gegen Art. 81 EGV verstoßen, da die Verträge über den Alleinvertrieb von Pauschalarrangements mit Eintrittskarten innerhalb der Gemeinschaft und in der übrigen Welt, ohne die Möglichkeit eines Rückgriffs auf alternative Versorgungsquellen zu einer Abschottung der Märkte geführt hätte und somit eine spürbare Beeinträchtigung des Handels zwischen den Mitgliedstaaten bewirkt habe.[314]

203

Bezüglich des Kartenverkaufs zur Fußball WM 1998 in Frankreich stellte die Kommission dann einen Verstoß gegen Art. 82 EGV fest.[315] Das französische Organisationskomitee CFO[316] habe „mit der Anwendung diskriminierender Regelungen für den Vorverkauf von Eintrittskarten zu den Spielen der Fußballweltmeisterschafts-Endrunde in den Jahren 1996 und 1997 an die Allgemeinheit gegen Artikel 82 EGV und Art. 54 EWR-Abkommen verstoßen".[317] Die CFO, die für den Verkauf von über 2,6 Millionen Eintrittskarten der Fußball-WM verantwortlich war, sei in der Lage gewesen, beim Verkauf der Karten als De-facto-Monopolist frei von jeglichem Wettbewerbsdruck durch andere Unternehmen aufzutreten und habe somit über eine beherrschende Stellung auf den relevanten Märkten verfügt. Diese Marktmacht habe die CFO i. S. d. Art. 82 EG missbraucht, da sie der Allgemeinheit auf den relevanten Produktmärkten Verkaufsbedingungen auferlegt habe, aufgrund derer die überwältigende Mehrheit der außerhalb Frankreichs wohnenden Verbraucher vom Kartenerwerb ausgeschlossen worden sei. Die Maßnahme habe daher auch den Handel zwischen den Mitgliedstaaten betroffen.

204

XI. Auswirkungen der Art. 81 ff. EGV auf die Mehrfachbeteiligung an Fußballvereinen

Zur Sicherung der sportlichen Integrität der Clubwettbewerbe hat die UEFA 1998 eine Regelung erlassen, wonach keine natürliche oder juristische Person gleichzeitig, direkt oder indirekt, in irgendeiner Funktion oder mit irgendeinem Mandat an der Führung, an der Verwaltung und/oder der sportlichen Leitung von mehr als einem am gleichen UEFA-Clubwettbewerb teilnehmenden Club beteiligt sein darf. Unterstehen zwei oder mehrere Clubs derselben gemeinsamen Kontrolle, darf nur ein Club am gleichen UEFA-Clubwettbewerb teilnehmen. Kontrolle bedeutet in diesem Sinne, dass eine natürliche oder juristische Person im Club über die Mehrheit der Stimmrechte verfügt, oder das Recht hat, die Mehrheit der Mitglieder des Leitungs- oder Aufsichtsorgans zu bestellen oder abzuberufen oder aufgrund einer Stimmrechtsvereinbarung über die

205

---

[312] ABl. EG 1992 L 1992, 326; vgl. Coopers & Lybrand-Studie 1995, Rz. 4096 ff.
[313] ABl. EG 1992 L 326/31, hinsichtlich der Unternehmenseigenschaft der FIFA vgl. Rz. 49, Unternehmenseigenschaft der FIGC Rz. 53 – Fußball- WM 1990.
[314] ABl. EG 1992 L 326/31 Rz. 124 – Fußball- WM 1990.
[315] ABl. EG 2000 L 005/55 – Fußball-WM Frankreich.
[316] „Comité français d'organisation de la Coupe du monde de football 1998".
[317] ABl. EG 2000 L 005/55, Art. 1 – Fußball-WM Frankreich.

Mehrheit der Stimmrechte verfügt.³¹⁸ Diese Regelung hat offenkundig erhebliche Auswirkungen auf die Handlungsfreiheit der Investoren, die sich nicht unbeschränkt an Fußballclubs beteiligen können. Auf die Beschwerde der an mehreren europäischen Vereinen beteiligten Investmentgesellschaft ENIC gelangte die EU-Kommission zu dem zutreffenden Ergebnis, dass die Vorschrift mit der notwendigen Wahrung der Integrität, Glaubwürdigkeit und Fairness des sportlichen Wettbewerbs gerechtfertigt werden könne. Die im Rahmen der Verbandsautonomie aufgestellte Regel bezwecke nicht die Verhinderung des Wettbewerbs, sondern den Schutz der ausgerichteten Sportveranstaltung.³¹⁹ Die Einschränkung der Handlungsfreiheit gehe auch nicht über das zur Verwirklichung des legitimen Ziels – Gewährleistung der Ungewissheit des Spielausgangs im Interesse der Öffentlichkeit – erforderliche Maß hinaus. Als dogmatischer Anknüpfungspunkt dieser Überlegung lässt sich der bereits erwähnte Immanenzgedanke anführen, wonach Abreden, die zur Erreichung eines wettbewerbsneutralen Hauptzweckes erforderlich sind, nicht unter das Kartellverbot fallen.³²⁰ Dieselben Erwägungen gelten beispielsweise auch für das Verbot einer Fremdbeherrschung einer Kapitalgesellschaft der Fußball-Bundesliga gemäß § 8 Ziffer 2 der Satzung des Ligaverbandes. Diese „50% + 1"-Regelung ist kartellrechtskonform, verfolgt sie doch das hehre Ziel, den Profi-Fußball nicht zum „Spielball" der Investoren werden zu lassen.³²¹

XII. Auswirkungen der Art. 81 ff. EGV auf sportorganisatorische Regeln

206 Nicht unter das Kartellverbot fallen dementsprechend auch die für die Organisation des sportlichen Wettbewerbs notwendigen Regeln als ureigenen Ausfluss der Verbandsautonomie. Dazu zählen sowohl die Spielregeln im engeren Sinne als auch die durch den speziellen Spielmodus bedingten Regelungen. Diese sind notwendige Voraussetzung eines geregelten Sport- und Wettkampfbetriebes.³²² In diesem Sinne hat auch die Kommission 1999 im Fall Mouscron eine Beschwerde gegen die Heim- und Auswärtsspielregel der UEFA, wonach jeder Verein sein Heimspiel – abgesehen von einigen wenigen Ausnahmen – im eigenen Stadion auszutragen hat, zurückgewiesen.³²³

XIII. Freistellung

207 Nach Art. 81 Abs. 3 EGV können in Einzelfällen von Art. 81 Abs. 1 EGV erfasste Abreden ausnahmsweise vom Kartellverbot „freigestellt" sein. Voraussetzung ist, dass die freigestellten Maßnahmen unter Beteiligung der Verbraucher am Gewinn zur Verbesserung der Warenerzeugung oder Warenverteilung oder zur Förderung des technischen oder wirtschaftlichen Fortschritts beitragen.³²⁴ Eine solche Freistellung setzte bislang einen Antrag und eine förmliche Entscheidung der Kommission voraus. Mit In-Kraft-Treten der Ver-

---

³¹⁸ Reglement betreffend die Integrität der UEFA-Klubwettbewerbe – Unabhängigkeit der Vereine (Anhang VI des CL- und UEFA Pokal Reglements), abrufbar unter http://www.uefa.com/uefa/MediaServices/Regulations/index.html; siehe auch Pressemitteilung der Kommission IP/02/942 vom 27. Juni 2002.

³¹⁹ Pressemitteilung der Kommission IP/02/942 vom 27. Juni 2002; zustimmend auch *Heermann*, WRP 2003, 724 (727); vgl. hierzu auch *ders.*, SpuRt 2003, 90 (93).

³²⁰ Vgl. EuGH, Slg. 1996, 285, 304 *Maschinenbau Ulm*; vgl. *Fleischer,* WuW 1996, 479.

³²¹ A. A. *Heermann*, WRP 2003, 724 (732), der die Erforderlichkeit mit dem Argument verneint, es gebe ein milderes Mittel, das darin bestehe, dass dann eben nur einer der fremdbeherrschten Clubs in einem UEFA-Wettbewerb antreten dürfe. Dabei wird verkannt, dass – sporttypisch – jeder Club, der sich sportlich qualifiziert hat, auch antreten sollte, anstatt dass ein Investor entscheidet, welche der von ihm beherrschten Mannschaften ins Rennen geschickt wird.

³²² *Hannamann*, S. 451; siehe auch Helsinki-Bericht zum Sport der Kommission, KOM (1999) 644, S. 8 Punkt 4.2.1.1.

³²³ Pressemitteilung der Kommission IP/99/965 vom 9. Dezember 1999.

³²⁴ Zu dieser Freistellungsvoraussetzung *Herdegen*, S. 226 f.

ordnung 1/2003[325] ist es zu einem Systemwechsel gekommen. Art. 81 Abs. 3 EGV ist jetzt eine Legalausnahme. Das bedeutet, dass Vereinbarungen, die die Voraussetzungen des Art. 81 Abs. 3 EG erfüllen, automatisch als freigestellt gelten.[326]

Ob eine Vereinbarung dem Anwendungsbereich unterfällt, müssen die Unternehmen jetzt selbständig beurteilen. Im Hinblick auf die angesprochenen Verhaltensweisen im Sport erscheint das Vorliegen der tatbestandlichen Voraussetzungen für eine Befreiung als sehr fraglich. Außerdem würde eine Freistellung z. B. nichts an dem Verstoß der Transfer- und Ausländerregeln gegen Art. 39 EGV ändern.[327]

Schließlich verbleibt die Möglichkeit, die wettbewerbsbeschränkenden Bestimmungen **208** in *Tarifverträgen* zwischen Verbänden und Spielergewerkschaften zu regeln und damit dem Kartellrecht zu entziehen. Tarifverträge fallen in den Bereich des Arbeitsrechts, der zwar nicht vollständig dem Anwendungsbereich der Wettbewerbsvorschriften des EGV entzogen ist. Die Gewährleistung der Tarifautonomie von Arbeitgebern und Gewerkschaften kann es jedoch erforderlich machen, Tarifverträge vom Kartellrecht auszunehmen, soweit dies für diesen Zweck notwendig ist.[328] Dies gilt jedoch nur in beschränktem Maße und darf nicht zu einer „Flucht in den Tarifvertrag"[329] führen. Außerdem verbleibt es auch hier bei der Anwendbarkeit des Art. 39 EGV.

XIV. Dumping

Die Europäische Union ist befugt, ihren Markt gegenüber Einfuhren zu Dumpingprei- **209** sen zu schützen. Beim Dumping handelt es sich um eine von Exporteuren angewandte Praxis, Erzeugnisse im Ausland zu Preisen zu verkaufen, die niedriger sind als beim Verkauf im Inland.[330] Nach den Regelungen der EU-Handelspolitik ist Dumping verboten,[331] was auch den bestehenden internationalen Festlegungen, insbesondere Art. VI des GATT entspricht. Auch der Sport ist vom Dumping betroffen, wenn beispielsweise EU-Hersteller von *Sportartikeln* durch Dumpingpraktiken ausländischer Konkurrenten außerhalb der EU benachteiligt werden. In einem solchen Fall kann eine offizielle Beschwerde an die Kommission gerichtet werden, die daraufhin prüft, ob ein Fall von Dumping vorliegt und gegebenenfalls Schritte einleitet, um die geschädigten EU-Unternehmen zu schützen bzw. zu entschädigen.[332]

XV. Subventionen für den Sport

Art. 87 Abs. 1 EGV untersagt *staatliche oder aus staatlichen Mitteln gewährte Beihilfen*, die durch **210** Begünstigung bestimmter Unternehmen oder Produktionszweige den Wettbewerb im Handel zwischen den Mitgliedsstaaten verfälschen, es sei denn, sie lassen sich aus besonderen sozialen oder sonstigen Gründen rechtfertigen.[333]

In zahlreichen Ländern erhalten die Sportorganisationen Hilfen und Subventionen der **211** verschiedensten Art durch nationale, regionale und kommunale Behörden. Beispiele für die finanzielle Unterstützung von Fußballvereinen sind die 1990 getroffene Entscheidung der spanischen Regierung, den Clubs der obersten Spielklasse sämtliche Schulden zu erlassen und die staatlichen Beihilfen für französische Clubs. Jüngstes Beispiel für eine solche Unterstützung ist die sog. „Salva Calcio" in Italien.[334] Die im Februar 2003 erlassenen Steuer- und

---

[325] ABl. EG 2003 L 01/01 – Verordnung 1/2003.
[326] *Weitbrecht*, EuZW 2003, 69 ff.; *Bechtold*, DB 2004, 235.
[327] Vgl. *Lenz*, EuGRZ 1995, 505, Rz. 278; *Karpenstein*, RuS 11, 171, 188.
[328] Zutreffend *Lenz*, EuGRZ 1995, 504 Rz. 271 ff., 274.
[329] *Fikentscher*, SpuRt 1995, 149, 151; vgl. auch *Fleischer*, WuW 1996, 485.
[330] *Hahn*, in: *Calliess/Ruffert*, Art. 133 Rz. 132.
[331] Vgl. *Geiger*, Art. 133 Rz. 35 ff.; *Hahn*, in: *Calliess/Ruffert*, Art. 133 Rz. 130 ff.
[332] Vgl. *Geiger*, Art. 133 Rz. 42; Coopers & Lybrand-Studie 1995, Rz. 4139 ff.
[333] Vgl. *Cremer*, in: *Calliess/Ruffert*, Art. 87 Rz. 1; *Streinz/Koenig/Kühling*, Art. 87 Rz. 1 ff.
[334] Pressemitteilungen der Kommission IP/03/1529 vom 11. November 2003; IP/04/854 vom 1. Juli 2004.

Bilanzvorschriften sollten es italienischen Proficlubs ermöglichen, die Verträge mit den Spielern als immaterielle Anlagewerte über einen Zeitraum von zehn (!) Jahren abzuschreiben und nicht nur während der wirtschaftlichen Nutzung in der Vertragslaufzeit. In vielen Mitgliedsstaaten wird der Sport zudem finanziell durch *Lotterien, Toto* und andere Formen des Wettbetriebs unterstützt. Außerdem stehen Sportanlagen häufig im *kommunalen Eigentum* und werden unentgeltlich oder zu einem symbolischen Betrag an den Sportverein verpachtet.[335] Auch werden Sanierungs- und Unterhaltungskosten der Anlagen nicht selten von der Kommune getragen.[336] Dadurch kann es im internationalen Vergleich zu Wettbewerbsverzerrungen im Verhältnis zu denjenigen Sportvereinen kommen, die ihren Haushalt aus eigener Finanzkraft bestreiten. In europäischen Pokalwettbewerben kann dies zu Vorteilen führen, weil sich die reicheren Clubs die besseren Spieler leisten können.

212   Vorteile der genannten Art fallen unter den Begriff der Beihilfe, weil dieser *extensiv* zu verstehen ist und sowohl Geld- als auch Sachleistungen aller Art, einschließlich Steuervergünstigungen, umfasst.[337] Ein bestimmter Grad der Wettbewerbsverfälschung und der Beeinträchtigung des Handels im Sinne einer echten *Spürbarkeit* ist nicht erforderlich.[338] Gemäß der De-minimis-Verordnung beeinträchtigen Beihilfen, die einen Gesamtbetrag von € 100.000,– innerhalb von drei Jahren nicht übersteigen, den Handel zwischen Mitgliedsstaaten nicht und/oder verfälschen den Wettbewerb nicht.[339] Über diese Schwelle hinausgehende Vergünstigungen der genannten Art sind unzulässig.

213   Die Kommission hat daher die italienische Regierung zur Änderung der „Salva Calcio" aufgefordert, wobei sie aber offenbar die gewährten Vorteile nicht mehr als verbotene staatliche Beihilfe ansieht, sondern nur noch als einen Verstoß gegen die EU-Bilanzrichtlinien.[340] Die italienische Regierung hat daraufhin ihr Dekret zurückgezogen.

214   Im Rahmen von Sportinfrastrukturmaßnahmen, wie Stadionneubauten, kommt ein Ausschluss des Beihilfecharakters einer öffentlichen (Mit-)Finanzierung dann in Betracht, wenn eine unternehmensspezifische Begünstigung vermieden wird.[341] Das lässt sich zunächst dadurch erreichen, dass die Anlage nicht nur von einem spezifischen Club genutzt wird, sondern auch anderen Nutzungen und Aktivitäten offen steht. Eine unternehmensspezifische Begünstigung kann auch dadurch vermieden werden, dass die öffentliche Hand eine marktübliche Gegenleistung vom Club erhält, wie z. B. Nutzungsrechte und Gewinnbeteiligungen, und für sie andere mittelbare Vorteile, die zu einer Gesamtrentabilität führen, damit verbunden sind.[342] Im Zusammenhang mit sportinfrastrukturellen Maßnahmen hat die Kommission im Jahr 2001 Zuschüsse des französischen Staates für Trainingszentren für junge Fußballspieler nicht beanstandet, weil diese erzieherischen und Integrationszielen dienten und nur geringe Folgen für den Wettbewerb bewirkten.[343]

215   Eine *Ausnahme* gemäß Art. 87 Abs. 3 d EGV, wonach Beihilfen zur *Förderung der Kultur und der Erhaltung des kulturellen Erbes* als mit dem Gemeinsamen Markt vereinbar angesehen werden können, ist im professionellen Sport wohl nicht anzuerkennen. Für eine solche Ausnahme ließe sich zwar anführen, dass Sportvereine, insbesondere Fußballclubs, im weitesten Sinne zum soziokulturellen Erbe eines Landes gehören. Sie betreiben nicht nur wirtschaftliche Aktivitäten, sondern nehmen auch andere Funktionen wahr, zu denen bisweilen auch die Nutzung ihrer Sportstätten für sonstige Freizeitbetätigung und kulturelle Veranstaltun-

---

[335] So verlangt die Stadt München vom Rekordmeister FC Bayern München für die Nutzung eines Grundstücks als Trainingsgelände, welches einen Wert von über 100 Millionen Mark haben dürfte, lediglich einen Pachtzins von 6079,50 Mark pro Jahr, so die FAZ v. 29. 1. 1997.
[336] Vgl. hierzu auch die unterschiedlichen Finanzierungsmodelle hinsichtlich der Stadionneu- und -umbauten in Vorbereitung der Fußball WM 2006.
[337] Vgl. *Streinz/Koenig/Kühling*, Art. 87 Rz. 27 ff.
[338] Vgl. *Streinz/Koenig/Kühling*, Art. 87 Rz. 56.
[339] VO (EG) Nr. 69/2001 der Kommission, ABl. 2001 L 10/30; siehe *Orth*, SpuRt 2003, 149, 151.
[340] Pressemitteilung der Kommission IP/04/854 vom 1. Juli 2004.
[341] *Koenig/ Kühling*, SpuRt 2002, 53, 57.
[342] *Koenig/ Kühling*, SpuRt 2002, 53, 57.
[343] MEMO/02/127 vom 5. Juni 2002.

gen gehört. Durch die Ermöglichung von „events" für die einheimische Bevölkerung bereichern sie das Leben in der Region. Ferner tragen Sportvereine häufig zur Erhöhung des Ansehens der Kommunen und des Selbstwertgefühls ihrer Bürger bei.[344] Eine Auslegung der Ausnahmevorschrift nach Wortlaut und Systematik ergibt jedoch, dass in der Regel nur *nichtwirtschaftliche* Betätigungen beihilfefähig sind, vor allem im Bereich der Literatur, Musik, bildenden und darstellenden Kunst, im Filmsektor[345] sowie in der Denkmalpflege. Würde die kulturelle Maßnahme auch ohne Beihilfe durchgeführt, was beim Spielbetrieb der Profisportvereine außer Frage steht, kommt die Ausnahme nicht in Betracht.

XVI. Wettbewerb zwischen Sportverbänden

Sportverbände sind in Deutschland nach dem *Ein-Platz-Prinzip* organisiert, wonach es für **216** jede Sportart nur einen Fachsportverband git.[346] Dies dient der Einheitlichkeit der Regelaufstellung und des Wettkampfsystems im internationalen Rahmen. Probleme treten auf, wenn in einer Sportart die Anhänger einer bestimmten Variante zu der Auffassung gelangen, dass ihnen mit einem separaten Verband besser gedient wäre. Erinnert sei an die Gründung der International Snowboard Federation (ISF) außerhalb des Internationalen Skiverbandes (FIS). Auch die Wasserballer streben zum Zwecke größerer Werbewirksamkeit eine eigene Europameisterschaft an, wogegen die FINA nur eine gemeinsame Ausrichtung von Wasserball, Schwimmen, Wasserspringen und Synchronschwimmen akzeptiert.[347]

Grundsätzlich steht es jedermann frei, einen Sportverein ins Leben zu rufen. Diese **217** Vereinigungsfreiheit basiert auf Art. 9 I GG und ermöglicht auch die Gründung eines separaten oder konkurrierenden Vereins, der wiederum mit anderen Vereinen zu einem nationalen, europäischen oder internationalen Verband wachsen kann. Bei ungehindertem Wettbewerb könnten private Organisationen, seien es Verbände oder nicht, eigene Parallelveranstaltungen grenzüberschreitend organisieren und damit den etablierten Wettbewerben Teilnehmer und Zuschauer entziehen. Wird Sportlern eines Konkurrenzvereins die Chance verwehrt, an bedeutsamen Meisterschaften teilzunehmen, die der traditionelle Verband ausrichtet, kann darin ein Missbrauch der den Sportveranstaltungsmarkt beherrschenden Stellung erblickt werden. Umfangreichere Ausscheidungswettkämpfe müssten wohl in Kauf genommen werden.[348]

Ein Verstoß gegen Art. 81 ff. EGV hat allerdings stets zur Voraussetzung, dass der Handel **218** zwischen den Mitgliedsstaaten ernsthaft betroffen ist. Ob dies der Fall ist, lässt sich nur im Einzelfall beurteilen. Die legitimen Interessen des traditionellen Sportverbandes sind gegen diejenigen des „Newcomers" abzuwägen. Die Kommission hat diese Betroffenheit Anfang 1994 im Falle einer Beschwerde des französischsprachigen Hallenfußballverbandes verneint.[349]

XVII. Zentrale Vermarktung der Medienrechte

Die Frage, ob die *zentrale Vermarktung der Medienrechte an Sportveranstaltungen, insbesondere* **219** *an der Fußball-Bundesliga, am* UEFA-Cup und an der Champions League, mit EU-Kartellrecht vereinbar ist, ist bereits im Medienteil behandelt.[350]

---

344 So zu Recht die EG-Kommission, vgl. Coopers & Lybrand-Studie 1995, Rz. 4147 ff.
345 Vgl. hierzu 4/65.
346 Vgl. hierzu ausführlich 2/108 f., 113 ff.
347 Vgl. SZ vom 11. 4. 1997.
348 So schuf beispielsweise die FIS, vom IOC mit der Ausrichtung der olympischen Snowboard-Wettbewerbe 1998 in Nagano beauftragt, für ISF-Profis die Möglichkeit, sich für die Olympischen Spiele und die FIS-WM zu qualifizieren, vgl. SZ vom 28. 11. 1996.
349 Vgl. Coopers & Lybrand-Studie 1995, Rz. 4087 ff.
350 Vgl. 4. Teil Rz. 83 ff.; vgl. dort auch das Urteil gegen die Freistellungsentscheidung zugunsten der Europäischen Rundfunkunion (EBU), die das Eurovisions-Netz betreibt und über ihr gemeinsames Einkaufs- und Übertragungssystem öffentlich-rechtlichen Sendern die Ausstrahlung von Programmen ermöglicht, Rz. 104 ff.

8. Teil. Sport und Strafrecht

Übersicht

	Rz.
1. Kapitel. Einführung	1
2. Kapitel. Abgrenzung des Gegenstandes	6
A. Das Sportstrafrecht im engeren Sinn als Straflosigkeitsrecht des Sports	6
I. Vorbemerkung	6
II. Sport als Strafrechtsbegriff	7
1. Vorbemerkung	7
2. Die Funktion des Sports im Sportstrafrecht im engeren Sinne	8
3. Die einzelnen Definitionsmerkmale des Sports	9
a) Vorbemerkung	9
b) Sport als Bewegung	12
c) Sport als Bewegung gegeneinander	13
d) Sport als regel- und organisationsgeleitetes Handeln	16
e) Sonderfälle	21
4. Zwischenergebnis	24
III. Straftaten im Sport vs. Straftaten beim Sport	25
1. Vorbemerkung	25
2. Straftaten im Sport vs. Straftaten beim Sport	26
3. Mögliche Täter-Opfer-Konstellationen im Sport	30
a) Sportler vs. Sportler	31
b) Sportler vs. Zuschauer	32
c) Sportler vs. Unparteiische oder Offizielle	34
d) Zuschauer vs. Zuschauer/Dritte; Fankriminalität	35
e) Veranstalter/Ausrüster vs. Sportler/Zuschauer	36
IV. Ergebnis	40
B. Das Sportwirtschaftsstrafrecht als Sportstrafrecht im weiteren Sinne	47
3. Kapitel. Körperverletzungen und Sachbeschädigungen im Sport	48
A. Einführung	48
I. Behandelte Deliktsgruppen	48
1. Körperverletzungs- und Sachbeschädigungsdelikte	48
2. Keine Behandlung der Tötungsdelikte	50
3. Keine Behandlung der übrigen Deliktsgruppen des Kern- und Nebenstrafrechts	51
4. Sonderproblem: Doping	52
II. Körperverletzungen im anerkannten Bewegungskampfsport	53
III. Körperverletzungen im Sport	55
1. Konkretisierende Abgrenzung zu den Körperverletzungen beim Sport	55
2. Trainerhandeln als Körperverletzung im Sport?	57
a) Beteiligung des Trainers an den Taten seiner Spieler	57
b) Körperverletzung durch quälerisches Training	58
IV. Empirische Grundlagen der Körperverletzungen im Sport	59
1. Vorbemerkung	59
2. Regelfall: Vorsätzliche Tatbestandsverwirklichung	60
3. Regelfall: Vorsätzliche Regelverletzung	62
B. Körperverletzungen im Sport	63
I. Vorbemerkung	63
II. Dogmatische Begründungen für die Straflosigkeit der Körperverletzungen im Sport	64
1. Vorbemerkung	64
2. Tatbestandsausschließende Lösungen	65
a) Restriktive Auslegung des Tatbestands der Körperverletzungsdelikte	65
b) Sozialadäquanz bzw. erlaubtes Risiko	66
c) Sportadäquanz	69

	Rz.
d) Kritik	70
3. Rechtfertigungslösungen	71
a) Rechtfertigung durch aktuell vorhandene Einwilligung	71
b) Eigene Lösung: Rechtfertigung durch mutmaßliche Einwilligung	79
III. Das Problem der Sittenwidrigkeit	84
IV. Grundtatbestand und Qualifikationen	88
a) Der Grundtatbestand des § 223 StGB	88
b) Qualifikationen	92
V. Versuch	98
VI. Täterschafts- und Teilnahmeformen	99
VII. Unterlassen	100
C. Sachbeschädigungen im Sport	101
I. Vorbemerkung	101
II. Tatbestandsausschluss vs. Rechtfertigung	102
1. Tatbestandsausschluss	103
2. Keine Rechtfertigung	104
3. Rechtfertigung durch mutmaßliche Einwilligung	105
D. Prozessuale Fragen	106
I. Vorbemerkung	106
II. Das öffentliche Strafverfolgungsinteresse	107
III. Doppelbestrafungsverbot bzgl. staatlicher und innerverbandlicher Sanktionen	108
4. Kapitel. Doping	109
A. Einführung	109
B. Doping als Körperverletzung	110
I. Grundtatbestand und Qualifikationen	110
1. Tatbestandsfragen des § 223 StGB	110
a) Körperliche Misshandlung	110
b) Gesundheitsschädigung	111
2. Qualifikationen der §§ 224 bis 227 StGB	112
II. Die strafrechtliche Bedeutung der einzelnen Formen des Dopings	113
1. Freiwilliges Selbstdoping	113
2. Unfreies Selbstdoping/Heimliches Doping/Zwangsdoping	116
3. Einverständliches Fremddoping	119
4. Versehentlich gefährliches Doping	121
III. Ergebnis	124
C. Doping als Verstoß gegen das Arznei- und Betäubungsmittelrecht	125
1. § 95 Abs. 1 Nr. 2 a AMG	125
2. §§ 29 ff. BtMG	128
D. Doping als Vermögensdelikt	129
I. Vorbemerkung	129
II. Doping als Betrug gem. § 263 StGB	130
1. Die Dogmatik des Betrugstatbestandes	130
2. Die einzelnen möglichen Betrugskonstellationen	132
a) Betrug zum Nachteil des Vereins	132
b) Betrug zum Nachteil des Veranstalters	135
c) Betrug zum Nachteil der Sponsoren	138
d) Betrug zum Nachteil von Förderinstitutionen	142
e) Betrug zum Nachteil von Konkurrenten	143
f) Betrug zum Nachteil von Zuschauern	146
g) Betrug zum Nachteil von Wettanbietern	147
III. Doping als Untreue gem. § 266 StGB	148
E. Doping als Wettbewerbsdelikt	149
5. Kapitel. Sportmanipulationen	151
A. Vorbemerkung	151
B. Manipulationen zu sportimmanenten Zwecken	154
I. Vorbemerkung	154
II. Manipulationen durch Sportler/Trainer	155
1. Manipulationen mit Ergebniswirkung	155
a) Vorbemerkung	155

Übersicht

	Rz.
b) Betrug zum Nachteil der gegnerischen Spieler	156
c) Betrug zum Nachteil des gegnerischen Vereins	158
d) Betrug zum Nachteil des eigenen Vereins	160
e) Ergebnis	162
2. Manipulationen ohne Ergebniswirkung	163
C. Manipulationen zu außersportlichen Zwecken; insbesondere: Wettmanipulationen	164
I. Manipulationen durch Unparteiische/Offizielle	164
1. Vorbemerkung	164
2. Betrug zum Nachteil des Wettanbieters	165
3. Betrug zum Nachteil des Verbandes	168
4. Betrug zum Nachteil des unterlegenen Vereins	169
5. Betrug zum Nachteil einzelner Spieler	173
II. Manipulationen durch Sportler / Trainer	174
1. Betrug zu Lasten von Wettanbietern	174
2. Betrug zum Nachteil des Verbandes	175
3. Betrug zum Nachteil des gegnerischen Vereins	176
4. Betrug zum Nachteil der gegnerischen Spieler	177
5. Zwischenergebnis	178
D. Manipulationen in Absprache der beteiligten Mannschaften	179
E. Ergebnis	182
6. Kapitel. Sportwirtschaftsstrafrecht	183
A. Einführung	183
B. Untreue gemäß § 266 StGB	185
I. Missbrauchstatbestand	186
II. Treuebruchstatbestand	189
C. Die Insolvenzdelikte	191
D. Falschangabedelikte gemäß § 331 HGB	197
E. Bestechung im geschäftlichen Verkehr gemäß §§ 299, 300 StGB	198

Literatur: *Adolphsen, Jens*, Anforderungen an Dopingstrafen nationaler Sportverbände – am Beispiel des Falles Dieter Baumann, SpuRt 2000, S. 97 ff.; *Ahlers, Rainer*, Doping und strafrechtliche Verantwortlichkeit, Baden-Baden 1994; *Amelung, Knut*, Die Einwilligung in die Beeinträchtigung eines Grundrechtsguts, Berlin 1981; *Arzt, Gunther*, Strafrechtliche, kriminologische und verfahrensrechtliche Aspekte, in: *Württembergischer Fußballverband e.V.* (Hrsg.), Zuschauerausschreitungen bei Fußballspielen, Stuttgart 1980; *Behrens, Stephan*, Vermögensstraftaten bei Sportwetten und Pferderennen, Würzburg 1993; *Berendonk, Brigitte*, Doping. Von der Forschung zum Betrug, Reinbek 1992; *Berr, Helmut*, Sport und Strafrecht, Saarbrücken 1973; *Berz, Ulrich*, Die Bedeutung der Sittenwidrigkeit, GA 116 [1969], S. 145 ff.; *Brüchert, Oliver*, Warum die Randale meistens ausbleibt, Neue Kriminalpolitik 2000, 32 ff.; *Cancio Meliá, Manuel*, Opferverhalten und objektive Zurechnung, ZStW 111 [1999], S. 357 ff.; *Cherkeh, Rainer*, Betrug (§ 263 StGB), verübt durch Doping im Sport, Frankfurt 2000; *Cherkeh, Rainer/Momsen, Carsten*, Doping als Wettbewerbsverzerrung?, NJW 2001, S. 1745 ff.; *Derksen, Roland*, Ultimate Fighting – oder: setzt das Strafrecht modernen Gladiatorenkämpfen Grenzen?, SpuRt 2000, S. 141 ff.; *Derleder, Peter/Deppe, Ulrike*, Die Verantwortung des Sportarztes gegenüber Doping, JZ 1992, S. 116 ff.; *Digel, Helmut*, Verrechtlichung des Sports am Beispiel des Dopings, in: *Justizministerium Baden-Württemberg* (Hrsg.), Sport und Recht, Symposium Triberg 2001, S. 18 ff.; *Ditz, Walter*, Doping im Pferderennsport, Pfaffenweiler 1986; *Dölling, Dieter*, Die Behandlung der Körperverletzung im Sport im System der strafrechtlichen Sozialkontrolle, ZStW 96 [1984], S. 36 ff.; *ders.*, Fahrlässige Tötung bei Selbstgefährdung des Opfers, GA 131 [1984], S. 71 ff.; *Donatsch, Andreas*, Gedanken zum strafrechtlichen Schutz des Sportlers, SchwZStr 107 [1990], 400 ff.; *Dury, Walter*, Haftung des Trainers. Straf- und zivilrechtliche Verantwortlichkeit, in: *ders.* (Hrsg.), Der Trainer und das Recht, Stuttgart 1997, S. 9 ff.; *Ek, Ralf*, Hooligans, Freiburg 1996; *Eser, Albin*, Zur strafrechtlichen Verantwortung des Sportlers, insbesondere des Fußballspielers, JZ 1978, 368 ff.; *Fahl, Christian*, Sportverbandsgerichtsbarkeit und Doppelbestrafungsverbot, SpuRt 2001, 181 ff.; *Faller, Artur*, Sport und Strafrecht (Die Sportverletzung), Heidelberg 1953; *Foth, Eberhardt*, Sicherheit im Stadion – strafrechtliche Probleme, in: *Württembergischer Fußballverband e.V.* (Hrsg.), Sicherheit im Stadion, Stuttgart 1992, S. 37 ff.; *ders.*, Strafrechtliche Probleme des Kindersports, in: *Württembergischer Fußballverband e.V.* (Hrsg.), Kindersport, Stuttgart 1998, S. 78 ff.; *Frisch, Wolfgang*, Zum Unrecht der sittenwidrigen Körperverletzung (§ 228 StGB), in: FS Hirsch, Berlin 2002, S. 485 ff.; *Fritzweiler, Jochen*, Gefährliches Boxen und staatliches Verbot?, SpuRt 1995, S. 156 f.; *ders.*, Ein § 299a StGB als neuer Straftatbestand

8. Teil. Sport und Strafrecht

für den sich dopenden Sportler?, SpuRt 1998, S. 234f.; *ders.*, (Hrsg.), Doping – Sanktionen, Beweise, Ansprüche, München 2000; *ders./Pichler, Josef*, Tödliche Unfälle bei Risikosportarten, SpuRt 1997, S. 124ff.; *Gauger, Michael*, Die Dogmatik der konkludenten Täuschung, Frankfurt 2001; *Gawron, Franz-Josef*, Die strafrechtliche Beurteilung der Körperverletzung beim Sport, München 1956; *Gropp, Walter*, Strafrecht Allgemeiner Teil, 3. Aufl., Berlin 2005; *Gutheil, Ulrike*, Doping. Die haftungsrechtliche und sportrechtliche Verantwortung von Sportler, Trainer, Arzt und Sportverband, Hamburg 1996; *Haas, Ulrich/Prokop, Clemens*, Sind Staatsanwälte verpflichtet gegen Doping-Ärzte Ermittlungsverfahren einzuleiten?, SpuRt 1997, S. 56ff.; *Hammer, Michael*, „Auto-Surfen" – Selbstgefährdung oder Fremdgefährdung?, JuS 1998, 785ff.; *Hansen, Georg*, Die Einwilligung des Verletzten bei Fahrlässigkeitstaten, Bonn 1963; *Hartung, Fritz*, Schlägermensur und Strafrecht, NJW 1954, 1225ff.; *Harzer, Regina*, Die Verletzung von Spielregeln und das Strafrecht – Saktionsmöglichkeiten und Sanktionsverfahren im Profifußball, KritV 1999, 114ff.; *Heger, Martin*, Die Strafbarkeit von Doping nach dem Arzneimittelgesetz, SpuRt 2001, S. 92ff.; *Hilgendorf, Eric*, Körperteile als „gefährliche Werkzeuge", ZStW 112 [2000], S. 811ff.; *Hirsch, Hans Joachim*, Soziale Adäquanz und Unrechtslehre, ZStW 74 [1962], S. 78ff.; *Holzke, Frank*, Der Begriff Sport im deutschen und im europäischen Recht, Köln 2001; *Hummel, Dieter*, Verfolgung von Sportvergehen unter besonderer Berücksichtigung von Straftaten im Zusammenhang mit Fußballspielen, in: *Württembergischer Fußballverband e.V.* (Hrsg.), Fußballsport und Strafrecht, Stuttgart 1978, S. 64; *Jakobs, Günter*, Strafrecht Allgemeiner Teil, 2. Aufl., Berlin 1993; *Jarvers, Konstanze*, Das neue italienische Anti-Dopinggesetz, ZStW 113 [2001], 947ff.; *Jescheck, Hans Heinrich/Weigend, Thomas*, Lehrbuch des Strafrechts Allgemeiner Teil, 5. Aufl., Berlin 1996; *Jung, Heike*, Der praktische Fall – Strafrecht: Der listige Sportler, JuS 1992, S. 131ff.; *Kauffmann, Hans*, Einige Gedanken zum öffentlichen Interesse an der Verfolgung von Körperverletzungen im Sport, in: FS Kleinknecht, München 1985, S. 203ff.; *Karakaya, Ilkin/Kölling, Lars*, Strafbares Vortäuschen im Dopingermittlungsverfahren, SpuRt 2001, 49ff.; *Kellner, Franz*, Die Einwilligung in die Lebensgefährdung, Regensburg 1974; *Ketteler, Gerd*, Sport als Rechtsbegriff, SpuRt 1997, S. 73ff.; *Kienapfel, Diethelm*, Das erlaubte Risiko im Strafrecht, Frankfurt 1966; *Kindhäuser, Urs*, Erlaubtes Risiko und Sorgfaltswidrigkeit, GA 141 [1994] S. 197ff.; *ders.*, Betrug als vertypte mittelbare Täterschaft, in: FS Bemmann, Baden-Baden 1997, S. 339ff.; *Kirsch, Andreas*, Gewalt bei sportlichen Großveranstaltungen, Frankfurt a. M. 2000; *Klug, Uwe*, Doping als strafbare Verletzung der Rechtsgüter Leben und Gesundheit, Würzburg 1996; *Kohlhaas, Max*, Zur Anwendung aufputschender Mittel im Sport, NJW 1970, S. 1958ff.; *Krogmann, Mario*, Dopinggesetzgebung im Ausland, SpuRt 1999, S. 19f., 61, 148f.; 2000, S. 13f., 106; *Kühl, Kristian*, Zur strafrechtlichen Relevanz sportethischer Beurteilungen des Dopings, in: *Vieweg* (Hrsg.), Doping, Realität und Recht, Berlin 1998, S. 77ff.; *ders.*, Die sportrechtlichen Straftatbestände, in: *Württembergischer Fußballverband e.V.* (Hrsg.), Verbandsrechtsprechung und staatliche Gerichtsbarkeit, Stuttgart 1988, S. 22ff.; *ders.*, Sportrecht heute – aus strafrechtlicher Sicht, in: *Württembergischer Fußballverband e.V.* (Hrsg.), Sportrecht damals und heute, Stuttgart 2001, S. 126ff.; *Kühl/Latz*, in: Clasing (Hrsg.), Doping – Verbotene Arzneimittel im Sport, Balingen 2004, S. 159ff.; *Kühn, Ralph*, Sportsstrafrecht und Notwehr unter besonderer Berücksichtigung der Fahrlässigkeit im Sport und durch Kampfsport erworbener Sonderfähigkeiten, Aachen 2001; *Lehmann, Alexandra*, Randale rund um den Fußball, Kriminalistik 2000, 299ff.; *Linck, Joachim*, Doping und staatliches Recht, NJW 1987, S. 2245ff.; *ders.*, Doping aus juristischer Sicht, MedR 1993, S. 55ff.; *Looschelders, Dirk*, Die haftungsrechtliche Relevanz außergesetzlicher Verhaltensregeln im Sport, JR 2000, S. 265ff.; *Lorenzen, Henning*, Strafrecht und Sportgerichtsbarkeit, SchlHA 1985, 65ff.; *Maurach, Reinhart/Zipf, Heinz*, Strafrecht Allgemeiner Teil I, 8. Aufl., Heidelberg 1992; *Mehl, Gert*, Die Strafbarkeit der Körperverletzung beim Sport, Tübingen 1953; *Merz, Malte*, „Bewusste Selbstschädigung" und die Betrugsstrafbarkeit nach § 263 StGB, Frankfurt 1999; *Mestwerdt, Thomas*, Notwendigkeit und verfassungsrechtliche Grundlagen eines staatlichen Dopingverbots, SpuRt 1997, S. 119ff.; *ders.*, Doping, Sittenwidrigkeit und staatliches Sanktionsbedürfnis?, Hamburg 1997; *Momsen-Pflanz, Gundula*, Die sportethische und strafrechtliche Bedeutung des Dopings. Störung des wirtschaftlichen Wettbewerbs und Vermögensrelevanz, Frankfurt 2005; *Müller, Anja*, Doping im Sport als strafbare Gesundheitsschädigung? (§§ 223 Abs. I, 230 StGB), Baden-Baden 1993; *Naucke, Wolfgang*, Zur Lehre zum strafbaren Betrug, Berlin 1998; *Niedermair, Harald*, Körperverletzung mit Einwilligung und die Guten Sitten, München 1999; *Ordemann, W.*, Zum Betrug bei Spätwetten, MDR 1962, 623ff.; *Otto, Harro*, Zur Strafbarkeit des Doping – Sportler als Täter und Opfer, SpuRt 1994, S. 10ff.; *ders.*, Grundkurs Strafrecht, 7. Aufl., Berlin 2004; *Paringer, Martin*, Korruption im Profifußball, Frankfurt a. M. 2001; *Pfister, Bernhard*, Die persönliche Verantwortlichkeit des Schiedsrichters in zivil- und strafrechtlicher Hinsicht, in: *Württembergischer Fußballverband e.V.* (Hrsg.), Der Schiedsrichter und das Recht, Stuttgart 1988, S. 61ff.; *Popp, Stephan*, Die Sittenwidrigkeit der Tat im Sinne von § 226a StGB, Erlangen-Nürnberg 1994; *Preuß, Wilhelm*, Untersuchungen zum erlaubten Risiko im

Strafrecht, Berlin 1974; *Quillmann, Hella-Regina,* Die Bedeutung der Einwilligung in riskantes Verhalten bei der Fahrlässigkeitstat, Tübingen 1978; *Rain, Joachim,* Die Einwilligung des Sportlers beim Doping, Frankfurt a. M. 1998; *Rehberg, Jörg/Flachsmann, Stefan,* Strafbarkeit von ‚Doping' als Betrug nach schweizerischem Strafrecht, SpuRt 2000, 212 ff.; *Reinhardt, Markus,* Die strafrechtliche Bedeutung der FIS-Regeln, Zürich 1976; *Reinhart, Michael,* Öffentliches Strafverfolgungsinteresse bei Sportverletzungen und -unfällen, SpuRt 1997, S. 1 ff.; *ders.,* Sportverbandsgerichtsbarkeit und Doppelbestrafungsverbot, SpuRt 2001, S. 45 ff., 184 f.; *Reschke, Eike,* Sportverbandsgerichtsbarkeit und Doppelbestrafungsverbot, SpuRt 2001, S. 183 f.; *Roeder, Hermann,* Die Einhaltung des sozialadäquaten Risikos und ihr systematischer Standort im Verbrechensaufbau, Berlin 1969; *Rössner, Dieter,* Recht im Sport, in: *Grupe/Mieth* (Hrsg.) Lexikon der Ethik im Sport, Schorndorf 1998, S. 421 ff.; *ders.,* Fahrlässiges Verhalten im Sport als Prüfstein der Fahrlässigkeitsdogmatik, in: FS Hirsch, Berlin 1999, S. 313 ff.; *ders.,* in: *Digel* (Hrsg.), Spitzensport. Chancen und Probleme, Schorndorf 2001; *Roxin, Claus,* Strafrecht Allgemeiner Teil I, 4. Aufl., München 2005; *Schaffstein, Friedrich,* Rechtfertigung bei den Fahrlässigkeitsdelikten, in: FS Welzel, Berlin 1974; *Schiffer, Bernd H.,* Die strafrechtliche Behandlung der Sportverletzung, Mannheim 1977; *Schild, Wolfgang,* Sportstrafrecht, Baden-Baden 2002; *ders.,* Das strafrechtliche Problem der Sportverletzung, Jura 1982, S. 464 ff., 520 ff.; *ders.,* Aufsichts- und Überwachungpflichten des Trainers und Übungsleiters aus strafrechtlicher Sicht, in: *Württembergischer Fußballverband e.V.* (Hrsg.), Rechtsverhältnisse der Trainer und Übungsleiter, Stuttgart 1992, S. 18 ff.; *ders.,* Strafrechtliche Fragen der Ausschreitungen von Zuschauern bei Sportveranstaltungen, in: *ders.,* (Hrsg.), Rechtliche Aspekte bei Sportgroßveranstaltungen, Heidelberg 1992, S. 63 ff.; *Schlösser, Jan,* Der „Bundesliga-Wettskandal" – Aspekte einer strafrechtlichen Bewertung, NStZ 2005, 423 ff.; *Schimke, Martin,* Sportrecht, Frankfurt 1996; *Schmidt, Eberhard,* Schlägermensur und Strafrecht, JZ 1954, 369 ff.; *Schmitt, Bertram,* Körperverletzungen bei Fußballspielen, Lübeck 1985; *ders.,* Von Zuschauern und Sportlern begangene Körperverletzungen bei Fußballspielen, ArchKrim 176 [1985], 171 ff.; *Schneider-Grohe, Christa Brigitte,* Doping. Eine kriminologische Untersuchung zur Problematik der künstlichen Leistungssteigerung im Sport und zur rechtlichen Handhabung dieser Fälle, Lübeck 1979; *Schreiber, Hans-Ludwig/Beulke, Werner,* Untreue durch Verwendung von Vereinsgeldern zu Bestechungszwecken – BGH, NJW 1975, 1234, JuS 1977, 656 ff.; *Schürer-Mohr, Wiebke,* Erlaubte Risiken. Grundfragen der „erlaubten Risikos" im Bereich der Fahrlässigkeitsdogmatik, Frankfurt 1998; *Schroeder, Friedrich-Christian/Kauffmann, Hans* (Hrsg.), Sport und Recht, Berlin 1972; *Schröder, Rainer/Bedau, Marion,* Doping: Zivilrechtliche Ansprüche der Konkurrenten gegen den gedopten Sportler, NJW 1999, 3361 ff.; *Schwab, Rouven,* Das zivilrechtliche Nachspiel im Fall Hoyzer, NJW 2005, S. 938 ff.; *Sengle, Alfred,* Einführung in die Fußballregeln unter besonderer Berücksichtigung der Regel 12, in: *Württembergischer Fußballverband e.V.* (Hrsg.), Fußballsport und Strafrecht, Stuttgart 1978, S. 7 ff.; *Steiner, Udo,* Verfassungsfragen des Sports, NJW 1991, 2729 ff.; *Steinkamp, Egon,* Was ist eigentlich Sport?; Wuppertal 1983; *Tag, Brigitte,* Der Körperverletzungstatbestand im Spannungsfeld zwischen Patientenautonomie und Lex artis, Berlin 2000; *Tenter, Dieter/Thomas, Klaus,* Die „Schwalbe" auf dem Fußballfeld oder ist die Zeitlupenstudie für den Staatsanwalt Anlaß zur Einleitung von Ermittlungen, JA 1996, S. 855 f.; *Trifftterer, Otto,* Vermögensdelikte im Bundesligaskandal, NJW 1975, 612 ff.; *Turner, George,* Die Einwilligung des Sportlers zum Doping, NJW 1991, 2943 ff.; *ders.,* Rechtsprobleme beim Doping im Sport, MDR 1991, S. 569 ff.; *Ulmen, Karl-Josef,* Pharmakologische Manipulationen (Doping) im Leistungssport der DDR. Eine juristische Untersuchung, Frankfurt 2000; *Vieweg, Klaus,* Staatliches Anti-Doping-Gesetz oder Selbstregulierung des Sports?, SpuRt 2004, S. 194 ff.; *ders.,* in: *ders.* (Hrsg.), Doping, Realität und Recht, Berlin 1998, S. 27 ff.; *Vögeli, Hans Felix,* Strafrechtliche Aspekte der Sportverletzungen, im besonderen die Einwilligung des Verletzten im Sport, Zürich 1974; *Vollrath, Alfred,* Sportkampfverletzungen im Strafrecht, Leipzig 1931; *Weise, Klaus-Peter,* Finanzielle Beeinflussung von sportlichen Wettkämpfen durch Vereinsfunktionäre – Überlegungen zur Missbrauchsuntreue auf der Grundlage des sog. Bundesligaskandals, Gießen 1982; *Wiethaupt, Hans,* Zur straf- und zivilrechtlichen Seite von Unglücksfällen auf Tribünen in überfüllten Fußballstadien, VersR 1971, 16 ff.; *Wimmer, Klaus,* Die Bedeutung des zustimmenden Willens und anderer positiver Stellungnahmen des Berechtigten, Heidelberg 1979; *Wittig, Petra,* Dianas zweifelhafter Sieg – Rennwette und Doping, SpuRt 1994, S. 134 ff.; *Wolf, Paul-Gerhard,* Die Kriminalität bei Fußballspielen. Eine kriminologische Untersuchung, Freiburg 1962; *Zipf, Heinz,* Kriminalpolitik, 2. Aufl., Heidelberg 1980; *ders.,* Einwilligung und Risikoübernahme im Strafrecht, Neuwied 1970; *ders.,* Rechtskonformes und sozialadäquates Verhalten im Strafrecht, ZStW 82 [1970], S. 633 ff.

1. Kapitel. Einführung

Der Sport ist kein rechtsfreier Raum[1] und war es wohl auch nie. Er ist aber trotz der fortschreitenden Verrechtlichung[2] der letzten Jahrzehnte ein „rechtsarmer" Raum[3] geblieben, den das Strafrecht bislang kaum und dann auch eher zögerlich betritt. Den Sportbeteiligten und Sportwissenschaftlern, die schon den zunehmenden Einfluss des Zivil- und Verwaltungsrechts auf den Sport mit Skepsis verfolgen,[4] war diese Zurückhaltung der Strafrechtspraxis bislang willkommen. Sie empfanden das Strafrecht mit seinem strengen, strafzweckorientierten Sanktionensystem überwiegend als Störenfried in der als spielerisch-zweckfrei gedachten Welt des Sports.[5] In dieser Haltung wussten sie sich verbündet mit den meisten Vertretern der Strafrechtsdogmatik, die darum bemüht waren – und es immer noch sind – die theoretische Begründung für ein „Straflosigkeitsrecht" des Sports zu liefern.[6] 1

Angesichts des grassierenden Dopingunwesens[7] ist nun aber bei den Praktikern des Sports und des Sportrechts ein teilweises Umdenken zu beobachten: Der Ruf nach einem staatlichen Eingreifen im Allgemeinen und dem Tätigwerden des Strafgesetzgebers im Besonderen wird lauter.[8] Selbst überzeugte Verfechter einer weitreichenden Autonomie des Sports gegenüber dem staatlichen Recht sind inzwischen mit rechtspolitischen Gedanken und Vorschlägen zur Schaffung neuer Dopingstraftatbestände an die (Fach-)Öffentlichkeit getreten[9] (eingehend zum Doping aus strafrechtlicher Sicht unten Kapitel 4). Schon allein diese Entwicklung gibt Anlass, das vorliegende Praxishandbuch um einen Strafrechtsteil zu ergänzen. 2

Weitere Anlässe kommen hinzu: Die anhaltende Professionalisierung und Kommerzialisierung des Sports hat bewirkt, dass aus dem Spitzensport ein eigener Wirtschaftszweig und aus Sportvereinen und Sportverbänden Wirtschaftsunternehmen geworden sind. Diese Entwicklung hat nicht nur in der Sache dazu geführt, dass Vereins- und Verbandsverantwortliche wie Unternehmensmanager denken und handeln müssen, sondern hat auch einen Wandel in den Rechtsformen mit sich gebracht. Aus herkömmlichen eingetragenen Vereinen sind Kapitalgesellschaften geworden, deren Aktien im Einzelfall sogar an der Börse gehandelt werden. 3

---

[1] Vgl. für die allgemeine Meinung z. B. *Schild*, Sportstrafrecht, S. 9.
[2] Vgl. statt vieler *H. Kauffmann*, FS Kleinknecht, S. 203.
[3] So *Rössner*, in: Grupe/Mieth (Hrsg.), Lexikon der Ethik im Sport, S. 423.
[4] Hierzu pointiert *Digel*, Verrechtlichung des Sports am Beispiel des Dopings, in: Justizministerium Baden-Württemberg (Hrsg.), Sport und Recht, S. 18–41.
[5] Vgl. *Reinhart*, SpuRt 1997, 1.
[6] *Schild*, Jura 1982, 520 (521) sieht hierin den eigentlichen Zweck jeder strafrechtstheoretischen Beschäftigung mit dem Sport; *ders.*, Sportstrafrecht, S. 10 formuliert diesen Zweck so: „ ... müssen die allgemein-rechtlichen Kategorien inhaltlich so ausgefüllt und gestaltet werden, dass sie ein gesellschaftlich anerkanntes Sportgeschehen ermöglichen und zulassen"; in ähnlichem Sinn auch *Zipf*, Kriminalpolitik, 2. Aufl., S. 10.
[7] Das Dopingproblem beschränkt sich nicht mehr auf den klassischen Hochleistungs- und Showsport; mehrere Vorfälle bei den Paralympics 2004 in Athen haben gezeigt, dass mittlerweile auch im Behindertensport gedopt wird, der in der Vergangenheit als idealtypische Verkörperung des „sauberen" Sports gelten konnte.
[8] Bezeichnend ist hierfür die Meldung in der *Frankfurter Allgemeinen Zeitung* vom 24. 3. 2004, S. 41, wonach „der Sport in Sachen Doping nach der Hilfe des Staates gerufen" habe; vgl. hierzu *Vieweg*, SpuRt 2004, 194. Im Zuge des jüngsten Skandals um den Rad-Profi Jan Ullrich hat die Politik diesen Hilferuf nunmehr aufgenommen. So hat z. B. der bayerische Ministerpräsident Stoiber in einem Gastkommentar in der *Bild am Sonntag* vom 23. 7. 2006 unter dem Titel „Null Toleranz bei Doping" ein härteres staatliches Einschreiten gegen Doping-Sünder unter Einsatz strafprozessualer Zwangsmittel gefordert. Seine klare Einschätzung lautete: „Doping ist kriminell".
[9] Vgl. hierzu insbesondere die Vorschläge von *Fritzweiler*, SpuRt 1998, 234 und *Cherkeh/Momsen*, NJW 2001, 1745 (1751 f.).

1. Kapitel. Einführung

Mit den neuen Rechtsformen sind den Sportverantwortlichen auch neue gesellschafts-, handels- und aktienrechtliche Verhaltenspflichten erwachsen, die nicht selten strafbewehrt sind: Als Vorstände und Aufsichtsräte von Kommandit- oder Aktiengesellschaften haben sie u. a. Bilanzierungs- und Auskunftsvorschriften einzuhalten, deren vorsätzliche Missachtung gem. den §§ 331 HGB, 399, 400 AktG jeweils eine Straftat darstellt. Führen sie eine börsennotierte Gesellschaft, unterliegen sie zudem den Bestimmungen des Wertpapierhandelsgesetzes (WpHG), die eine Reihe weiterer Straftatbestände, wie etwa zum Insiderhandel oder zur Kursmanipulation, umfassen. Und selbst wenn sie „nur" einem Club vorstehen, der als Gesellschaft mit beschränkter Haftung organisiert ist, müssen sie insbesondere in wirtschaftlich schwierigen Zeiten verschärfte Überwachungs- und Handlungspflichten beachten, um nicht ein Ermittlungsverfahren wegen des Verdachts der Insolvenzverschleppung gem. §§ 64, 84 GmbHG oder des Bankrotts gem. § 283 StGB zu riskieren.[10] Ein modernes, praxisorientiertes Sportrecht ist daher nicht nur weitgehend zum Wirtschaftsrecht geworden,[11] sondern muss auch ein Wirtschaftsstrafrecht des Sports sein (s. dazu unten Kapitel 6), das den Sportbeteiligten eine Präventionsberatung zur Verfügung stellt, die ihnen hilft, Strafbarkeitsrisiken auszuschalten.

4 Das Sportwirtschaftsstrafrecht als Sportstrafrecht im weiteren Sinne und das bereits erwähnte traditionelle Sportstrafrecht im engeren Sinne teilen damit ein gemeinsames Ziel, das sie freilich auf sehr unterschiedlichen Wegen erreichen wollen: Letzterem geht es um eine abstrakt-dogmatische Begründung dafür, weshalb Verletzungen des Gegners und ähnliche, im sportlichen Kampf begangene Delikte dem staatlichen Strafen entzogen sein sollen (s. hierzu unten Kapitel 3). Ersteres hingegen erkennt vorbehaltlos an, dass bestimmte, im Sportwirtschaftsverkehr begangene Taten strafwürdig sind und will lediglich den rechtstreuen Sportverantwortlichen eine Handreichung dafür bieten, wie sie die – meist ungewollte – Begehung dieser Taten für sich vermeiden können.

Angesichts dieser unterschiedlichen Ausgangspunkte des Sportstrafrechts im engeren und des Sportstrafrechts im weiteren Sinne bleiben Abgrenzungsschwierigkeiten nicht aus. Es versteht sich keineswegs von selbst, welche Vorgänge mit Sportbezug straffrei bleiben sollen und daher Gegenstand des Sportstrafrechts im engeren Sinne sind, welche in das Beratungsfeld des Sportstrafrechts im weiteren Sinne gehören und bei welchen schließlich der Sport lediglich den Vorwand für Akte der allgemeinen Kriminalität liefert. Einige Beispiele mögen dies verdeutlichen:

– Neue, auf Gefahr und Nervenkitzel angelegte Freizeitbeschäftigungen, wie etwa das sog. „Gotcha-Spiel",[12] nehmen für sich dieselben strafrechtlichen Privilegien in Anspruch, die den traditionellen Sportarten gewährt werden.

– Tätliche Auseinandersetzungen zwischen Sportlern und Zuschauern[13] werfen die Frage auf, ob das Sportstrafrecht im engeren Sinn nur im Verhältnis der Sportler zueinander oder auch in anderen Personenkonstellationen gelten soll.

---

[10] Nachdem der DFB diese Rechtsform nunmehr für sämtliche Fußballclubs bis hinab in die Regionalligen zulässt, entsteht hier ein erhebliches Risikopotential für die jeweiligen Vereinsführungen, das erhöhten sportstrafrechtlichen Beratungsbedarf zur Folge haben wird; dies umso mehr, als im Falle einer tatsächlich eintretenden GmbH-Insolvenz das Insolvenzgericht gesetzlich verpflichtet ist, die Insolvenzakten von Amts wegen der Staatsanwaltschaft zuzuleiten.

[11] „Sportrecht ist weitgehend Wirtschaftsrecht" – diese Feststellung der Herausgeber des vorliegenden Handbuches in ihrem Vorwort zur 1. Auflage ist heute aktueller denn je.

[12] Bei diesem Spiel besteht das Ziel darin, die Mitspieler aufzuspüren, mit Farbpatronen aus einer Luftdruckwaffe zu treffen und so aus dem Spiel zu nehmen; da die Waffen mit relativ hohem Mündungsdruck funktionieren, sind Verletzungen der Mitspieler an ungeschützten Körperpartien keineswegs selten. Der Name des Spiels stellt im Übrigen eine Verballhornung der englischen Wendung „got you" dar, was sich mit „hab dich!" übersetzen lässt und das Spiel treffend charakterisiert.

[13] Solche Auseinandersetzungen sind kein bloßes Gedankenspiel: Bereits im Jahr 1995 hat der Fall des Fußball-Profis Eric Cantona Schlagzeilen gemacht, der während seines Engagements bei Man-

- Für die Plage der Fankriminalität spitzt sich die soeben gestellte Frage angesichts des besonderen kriminologischen Hintergrunds dieses Phänomens[14] sogar noch zu.
- Sportmanipulationen[15] aller Art[16] nehmen eine Zwitterstellung ein: Soweit sie einen materiellen Vorteil für den Täter oder einen Dritten hervorbringen sollen, rücken sie zumindest in die Nähe des allgemeinen Betrugs im Wirtschaftsverkehr. Da bei solchen Manipulationen andererseits aber jeweils die spezifische Situation der betroffenen Sportart ausgenutzt wird, sind sie im Gesamtzusammenhang des Sportstrafrechts zu erörtern, auch wenn sie naturgemäß keine strafrechtliche Privilegierung verdienen.

Die nachfolgende Darstellung muss daher mit einer Bestimmung ihres eigenen Gegenstands beginnen (s. unten Kapitel 2), die vorrangig – aber nicht ausschließlich – das Sportstrafrecht im engeren Sinne im Blick hat. Dies gebietet auch das Eigeninteresse dieses Rechtsgebiets: Das Sportstrafrecht als selbst erklärtes Straflosigkeitsrecht des Sports kann nur dann auf Anerkennung hoffen, wenn in der (Fach-)Öffentlichkeit der Eindruck vermieden wird, dass unter dem Deckmantel der Sportautonomie Akte allgemeiner Kriminalität gerechtfertigt werden sollen. Das Sportstrafrecht im engeren Sinne ist daher gut beraten, sich selbst zu beschränken und sein Straflosigkeitspostulat nicht zu überspannen. Umgekehrt ist das präventive Sportwirtschaftsstrafrecht aus denselben Gründen zu besonderer Vorsicht angehalten: Um die Seriosität des sportlichen Wirtschaftens und dessen positive Außenwahrnehmung zu gewährleisten, muss es Handlungsanleitungen bieten, die nicht nur strafrechtliche *Verurteilungen*, sondern nach Möglichkeit bereits strafrechtliche *Ermittlungsverfahren* vermeiden helfen.

Der Maxime der Beschränkung des Sportstrafrechts im engeren Sinn und der Vorsicht bei der Prävention im Sportwirtschaftsstrafrecht ist auch der vorliegende Beitrag verpflichtet. Er beansprucht dabei nicht, die Herausforderungen und ungelösten Probleme des Sportstrafrechts abschließend zu bewältigen. Ein solches Unterfangen müsste so breit angelegt werden, dass ihm nur ein eigenes, vermutlich sogar mehrbändiges Handbuch gerecht werden könnte. Schon aus Platzgründen beschränken sich die nachfolgenden Ausführungen daher darauf, einen kompakten Überblick über die häufigsten Fragen des

---

chester United am 25. Januar 1995 im Spiel gegen Crystal Palace nach einer verbalen Provokation durch einen Fan diesem mit dem Fußballstiefel in die Rippen trat; Cantona wurde für diese Tat von einem englischen Strafgericht in zweiter Instanz zu 120 Stunden gemeinnütziger Arbeit verurteilt. Im Jahr 2004 haben zwei Vorfälle im amerikanischen Profi-Sport für Aufsehen gesorgt: Am 13. September 2004 warf Frank Francisco, ein Spieler der Texas Rangers, der auf der Einwechselbank auf seinen Einsatz wartete, während der Baseball-Partie seines Teams gegen die Oakland A's nach Schmährufen gegnerischer Fans einen Stuhl in die Ränge und brach dabei einer Zuschauerin die Nase; Francisco wurde noch im Stadion verhaftet, später aber gegen Kaution wieder auf freien Fuß gesetzt; er wurde zwischenzeitlich von einem Strafgericht zu gemeinnütziger Arbeit sowie zur Teilnahme an einer Therapie zur Aggressionsbewältigung verurteilt. Der zweite Vorfall betraf den Basketball-Sport: Kurz vor dem Ende der Partie zwischen den Detroit Pistons und den Indiana Pacers am 19.11.2004 kam es zunächst zu einer Rangelei unter den Spielern, die später in eine Prügelei zwischen Spielern der Indiana Pacers und einigen Detroit-Fans ausartete; gegen sieben der beteiligten Fans und fünf Spieler wurden Strafverfahren eingeleitet die zwischenzeitlich zu sehr unterschiedlichen Ergebnissen geführt haben; im Extremfall eines beteiligten Fans wurde eine Bewährungsstrafe von zwei Jahren ausgesprochen.

[14] S. dazu unten Rz. 35.

[15] Mit dem Begriff der Sportmanipulation ist in dieser Abhandlung **nicht** das Doping gemeint; dieses wirft – wie bereits angedeutet – eine Reihe strafrechtlicher Fragen auf, die bei den übrigen Sportmanipulationen nicht oder nicht in dieser Form auftreten; ihm ist daher ein eigenes Kapitel (s. unten Kapitel 4) gewidmet.

[16] Zu denken ist hier an die Beeinflussung von Sportwetten (vgl. dazu z. B. *Wittig*, SpuRt 1994, 134), aber auch an die verschiedenen Formen potentiell Ergebnis verändernder Unsportlichkeiten, deren strafrechtliche Relevanz in der Literatur gelegentlich diskutiert wird (vgl. z. B. hierzu *Tenter/Thomas*, JA 1996, 855).

materiellen Strafrechts und des Strafprozessrechts zu geben, mit denen Sportler oder andere Sportbeteiligte im Zusammenhang mit ihrem Sport konfrontiert werden können. Der Erwartung entsprechend, die ein Benutzer an ein *Praxis*handbuch berechtigterweise herantragen wird, steht dabei durchgehend die praktische Behandlung dieser Fragen sowie deren Bedeutung im „worst case" eines strafrechtlichen Ermittlungsverfahrens im Vordergrund. Dogmatische Ausführungen werden demgegenüber auf das unumgängliche Mindestmaß beschränkt.

2. Kapitel. Abgrenzung des Gegenstandes
A. Das Sportstrafrecht im engeren Sinn als Straflosigkeitsrecht des Sports
I. Vorbemerkung

6 Das Strafrecht nimmt im Allgemeinen eine emotionslose, wissenschaftlich distanzierte Haltung zu der Frage ein, ob ein bestimmtes Verhalten strafbar sein soll. Das Sportstrafrecht im engeren Sinne hingegen verficht mit Verve sein Ziel, das Sportgeschehen möglichst weitgehend vor dem Zugriff des staatlichen Strafrechts zu bewahren[17] und bedarf schon deshalb einer besonderen Rechtfertigung. Diese kann – wenn überhaupt – nur der Sport selbst liefern, der nicht nur hohes gesellschaftliches Ansehen, sondern zunehmend auch die Wertschätzung des Verfassungsgebers genießt.[18]

Gerade weil das Sportstrafrecht im engeren Sinne in erster Linie vom Prestige seines Gegenstandes zehrt, ist es im eigenen Interesse gehalten, besonders sorgsam mit ihm umzugehen. Es darf ihn einerseits nicht in einem starren Status quo festhalten, der neu entstehenden Sportarten keinen Raum lässt und ihnen die strafrechtliche Privilegierung des hergebrachten Sports verweigert. Andererseits darf es ihn aber auch nicht der Vereinnahmung durch – oft kurzlebige – Freizeitphänomene preisgeben, deren Subsumtion unter den Sportbegriff die Berechtigung der strafrechtlichen Sonderbehandlung des Sports insgesamt in Frage stellen würde. Schon aus diesem Grund ist das Sportstrafrecht auf eine möglichst klare und trennscharfe Definition des von ihm behandelten Sports angewiesen. Zwei weitere Gründe kommen hinzu: Zum einen verlangt das Sportstrafrecht im engeren Sinn als Teil des allgemeinen Strafrechts in besonderem Maße nach Begriffsklarheit, um von vornherein jedem Konflikt mit den Anforderungen des in Art. 103 Abs. 2 GG und § 1 StGB niedergelegten Bestimmtheitsgebots aus dem Wege zu gehen.[19] Zum anderen bedarf das Sportstrafrecht im engeren Sinne auch eines begrifflichen Instrumentariums, mit dem innerhalb des Gesamtgeschehens des Sports privilegierungsfähige Vorgänge von nicht privilegierungsfähigen Handlungsweisen abgegrenzt werden können. Damit aber steht das Sportstrafrecht im engeren Sinne vor der Notwendigkeit, eine Sportdefinition zu finden, deren Akzente so gesetzt sind, dass sie den besonderen Anforderungen eines „Straflosigkeitsrechts" des Sports genügen.

II. Sport als Strafrechtsbegriff
1. Vorbemerkung

7 Die Versuche, den Begriff des Sports zu bestimmen, sind sowohl innerhalb wie außerhalb der Rechtswissenschaft zahlreich; zu einer allgemein anerkannten Definition – die von

---

[17] Ein Paradebeispiel hierfür liefern *Fritzweiler/Pichler*, SpuRt 1997, 124.
[18] Die Förderung des Sports ist mittlerweile nicht nur in zahlreichen Landesverfassungen, sondern auch in dem aktuellen Verfassungsentwurf der Europäischen Union als Staatsziel verankert; das Grundgesetz steht in dieser Hinsicht bislang freilich abseits; vgl. hierzu oben *Fritzweiler/v. Coelln* 1/Rz. 2–7.
[19] S. dazu unten Rz. 8.

einigen Autoren ohnehin für unmöglich oder sinnlos gehalten wird[20] – haben diese Versuche bislang freilich nicht geführt.[21]

Den vorhandenen Definitionen soll an dieser Stelle keine weitere hinzugefügt werden. Dies umso weniger, als das vorliegende Handbuch selbst bereits an exponierter Stelle eine ausführliche und sorgfältig hergeleitete Definition zur Verfügung stellt,[22] die auch für das Sportstrafrecht im engeren Sinne eine ohne weiteres ausreichende Arbeitsbasis darstellt. Angesichts der bereits erwähnten Notwendigkeit, die allgemeine Begriffsdefinition für die Zwecke des Sportstrafrechts an verschiedenen Stellen besonders zu akzentuieren, sind im Folgenden aber einige ergänzende Bemerkungen anzubringen:

2. Die Funktion des Sports im Sportstrafrecht im engeren Sinne

Während der Begriff „Sport" z. B. im öffentlichen Recht[23] häufiger Eingang in den Gesetzestext gefunden hat, existiert im Strafrecht nur ein einziger Tatbestand, nämlich § 95 Abs. 1 Nr. 2a AMG, der explizit von „Dopingzwecken im Sport"[24] spricht und damit unmittelbar an das Vorliegen oder Nicht-Vorliegen sportlicher Sachverhalte anknüpft. Nur für diese Vorschrift erlangt das verfassungsrechtliche Bestimmtheitsgebot im Hinblick auf eine hinreichend klare und umgrenzte Begriffsdefinition des Sports unmittelbare Bedeutung.[25] Da der Sport aber an vielen Stellen zur Auslegung von Tatbestands- oder Rechtfertigungsmerkmalen herangezogen wird, entfaltet das Bestimmtheitsgebot insoweit freilich eine *mittelbare* Wirkung.[26] Unsicherheiten, die zumindest die Ränder des Sportbegriffes kennzeichnen, bewirken daher bislang[27] kaum, dass eine aus spezifischen Sporttatbeständen resultierende Strafbarkeit im Einzelfall über Gebühr ausgedehnt würde, sondern allenfalls, dass die Strafbarkeit wegen der Verwirklichung allgemeiner Tatbestände, wie z. B. der Körperverletzung gem. §§ 223 ff. StGB, nicht weit genug zurückgedrängt wird. Uneinheitliche Begriffsdefinitionen und verbleibende Begriffsunschärfen können daher zunächst hingenommen werden, auch wenn sie der wünschenswerten Rechtssicherheit naturgemäß nicht zuträglich sind.

Wie rasch mitunter die Rechtssicherheit für die Sportbeteiligten enden kann, zeigt sich am deutlichsten bei *Schild*, der mit Hilfe des Topos der Sportadäquanz zu einem weitgehenden Tatbestandsausschluss gelangen will, dabei aber betont, dass diese Lösung „eindeutig" nur dort greifen könne, „wo auch tatsächlich eine anerkannte Sportart ausgeübt wird".[28] Folgt man diesem Ansatz, muss der Täter in Zweifelsfällen stets mit dem Vorhalt rechnen, seine Aktivität unterfalle keiner gängigen Definition von Sport, sei erst

8

---

[20] So z. B. von *Birk*, NVwZ 1985, 689; *Spindler/Spindler*, NVwZ 1993, 225; *Schwerdtner*, NVwZ 1989, 936.

[21] Auch nicht der Definitionsversuch von *Holzke*, Der Begriff Sport im deutschen und europäischen Recht, S. 157 ff., obwohl dieser ausdrücklich den Anspruch der Endgültigkeit erhebt: „Die vorliegende Arbeit versucht, das Problem der rechtswissenschaftlichen Sportdefinition zu lösen. Dabei kann sie sich nicht damit begnügen, den bisherigen Definitionsversuchen einen weiteren hinzuzufügen" (a.a.O., S. 2).

[22] *Pfister*, Einleitung/Rz. 1 ff.

[23] Vgl. hierzu *Ketteler*, SpuRt 1997, 73.

[24] Eingehend zu dieser Vorschrift unten Rz. 125–127.

[25] Der Gesetzgeber hat bei der Schaffung des § 95 Abs. 1 Nr. 2a AMG einen sehr weiten Sportbegriff zugrunde gelegt, der über die Grenzen der im Folgenden zu entwickelnden strafrechtlichen Definition hinausgeht; s. dazu unten Rz. 126.

[26] Vgl. zur Reichweite des Bestimmtheitsgebots im Einzelnen Schönke/Schröder-*Eser*, 27. Aufl., § 1, Rn. 1–57.

[27] Sollten die rechtspolitischen Erwägungen zur Einführung eines eigenen Doping-Straftatbestandes (vgl. o. Fn. 9) das Wohlwollen des Gesetzgebers finden und in geltendes Recht umgesetzt werden, könnte sich diese Situation aber rasch ändern; eingehend zur strafrechtlichen Problematik des Doping s. unten Kapitel 4.

[28] *Schild*, Sportstrafrecht, S. 120.

recht keine *anerkannte* Sportart und müsse somit nach allgemeinen Grundsätzen bestraft werden.

Ersetzt man die Sportadäquanz durch das herkömmliche Instrument der Sozialadäquanz[29] oder die dogmatische Neuerfindung der Wettkampfadäquanz,[30] so ändert sich an dieser Risikoverteilung nichts: Wettkampf- oder sozialadäquat kann ebenfalls nur sein, was die Anerkennung der Gesamtgesellschaft oder doch wenigstens derjenigen Instanzen genießt, die die Definitionsmacht über den jeweiligen Wettkampf in Anspruch nehmen. Fällt die in Frage stehende Tätigkeit aber schon nicht unter die vorhandenen Sportdefinitionen, wird ihr diese Anerkennung regelmäßig versagt bleiben.

Das Kriterium der (allgemeinen) Anerkennung kommt schließlich auch bei der Einwilligungslösung der herrschenden Meinung an zentraler Stelle ins Spiel und führt auch dort dazu, dass letztlich die Sportdefinition die entscheidende Weiche stellt, die zur Straflosigkeit des Täters führen soll: Da die rechtfertigende Einwilligung in die eigene Verletzung[31] ihre Grenze gem. § 228 StGB an der Sittenwidrigkeit der Tat findet,[32] und anerkannter Sport im Unterschied zu regellos ausgestaltetem Nervenkitzel schwerlich sittenwidrig sein kann, ist auch hier stets derjenige auf einem guten Weg, der sich darauf berufen kann, lediglich eine den anerkannten Definitionen des Sports unterfallende Sportart ausgeübt zu haben.

Die Begriffsdefinition des Sports öffnet somit nach nahezu allen gängigen Konstruktionen die Tür zur möglichen Straflosigkeit eines Verhaltens, das an sich unter einen Straftatbestand subsumiert werden kann. Bleibt bereits diese erste Tür verschlossen, ist der Eintritt zu den dogmatischen Gebäuden des Sportstrafrechts im engeren Sinn verwehrt und eine Lösung nur noch über allgemeine, jenseits der Besonderheiten des Sports angesiedelte Kriterien zu erzielen. Es bleibt daher die Frage zu klären, welche Schlösser der Schlüssel des Sportbegriffs sperrt und wer ihn in der Hand hat.

3. Die einzelnen Definitionsmerkmale des Sports

9 **a) Vorbemerkung.** Die in Literatur und Rechtssprechung genannten Definitionsmerkmale des Sports sind für das Sportstrafrecht im engeren Sinne von unterschiedlicher Bedeutung: Die angebliche Zweckfreiheit des Sports[33] sowie das Leistungsstreben im Sport werfen für die strafrechtliche Beurteilung von Sportsachverhalten keine Probleme auf und können daher im Folgenden unerwähnt bleiben.

10 Auf das Merkmal des sportlichen Leistungsvergleichs und des daraus resultierenden Wettkampfes braucht ebenfalls nicht näher eingegangen zu werden, da dies an anderer Stelle der Begriffsdefinition miterledigt wird: Wie sogleich zu zeigen sein wird,[34] ist das Sportstrafrecht im engeren Sinne das Recht des Kampfsports, der denknotwendig nur als Wettkampf betrieben werden kann. Damit aber führt die Suche nach den Grenzen des strafrechtlich privilegierten Kampfsportes sachlogisch zwingend zu dem Ergebnis, dass nicht in Wettkämpfen betriebene Aktivitäten, wie z. B. das Joggen oder Bergsteigen, abweichend vom Alltagsverständnis nicht dem Sportbegriff unterfallen, der für das Sportstrafrecht im engeren Sinne heranzuziehen ist.

---

[29] Vgl. z. B. *Dölling*, ZStW 96 [1984], 36.

[30] Vgl. *Rössner*, FS Hirsch, S. 313.

[31] Ob die Sittenwidrigkeitsschranke auch für andere Delikte Bedeutung erlangt, ist hingegen umstritten; s. dazu unten Rz. 105 mit Fn. 269.

[32] S. hierzu ausführlich unten Rz. 84–87.

[33] Angesichts der zunehmenden Professionalisierung des Sports und der nicht zu leugnenden Erscheinungsform des Berufssportlers ist dieses Kriterium, das der Welt des reinen Amateursports entstammt, seit längerem in die Diskussion geraten; vgl. hierzu *Pfister*, Einleitung/Rz. 3; *Ketteler*, SpuRt 1997, 75 will – offenbar vor dem Hintergrund dieser Diskussion – das Kriterium der Zweckfreiheit von einem Wesensmerkmal des Sports zu einem bloßen Indiz für das Vorliegen von Sport herabstufen.

[34] S. unten Rz. 13 und Rz. 15.

Von besonderer Bedeutung für den Sportbegriff des Sportstrafrechts im engeren Sinne **11**
sind somit nur die Kriterien der körperlichen Bewegung sowie des Vorhandenseins bindender und durchsetzbarer Regeln, auf die im Folgenden näher einzugehen ist.

b) Sport als Bewegung. Erstes zentrales Definitionsmerkmal für den Sport ist regel- **12**
mäßig das Kriterium der körperlichen Bewegung,[35] weshalb der Sportcharakter bewegungsarmer Betätigungen wie Schach,[36] Schießen[37] oder Motorsport[38] in Zweifel steht. Für das Sportstrafrecht im engeren Sinne stellt dies überwiegend ein Randproblem dar, das allerdings im Bereich des Motorsports akut wird:

– In „bewegungslosen" Sportarten wie dem Schachspiel sind Straftaten im spezifischen Zusammenhang mit der Sportausübung nur schwer vorstellbar. Soweit sie vorkommen, beschränken sie sich auf verbale oder tätliche Entgleisungen schlechter Verlierer oder exaltierter Gewinner und resultieren nicht aus der Sportausübung als solcher, sondern aus Charakterschwächen der Sportler. Sie sind – wie noch darzustellen sein wird[39] – kein Thema des Sportstrafrechts im engeren Sinne.

– Gleiches gilt im Ergebnis auch für die meisten der „bewegungsarmen" Sportarten, wie etwa das Schießen: Wer dabei seine Waffe gezielt auf einen anderen Beteiligten richtet und diesen verletzt oder tötet, begeht keine Tat, die mit den Mitteln des Sportstrafrechts im engeren Sinne bewältigt werden müsste. Vielmehr nutzt er lediglich seinen Sport als Gelegenheit zu allgemein kriminellem Handeln. Anders können sich allerdings Situationen darstellen, in denen sorgfaltswidriges oder allenfalls mit bedingtem Schädigungsvorsatz erfolgendes Hantieren mit einem gefährlichen Sportgerät zu Sachbeschädigungen oder Verletzungen anderer führt.[40] Dies zeigt das Beispiel des Motorrennsports:

– Eine Sonderstellung unter den „bewegungsarmen" Sportarten nimmt der Rennsport[41] ein, bei dem die Körperbewegung des Rennfahrers im Vergleich zur mechanisch bewirkten Bewegung seines Sportgerätes lediglich eine unbedeutende Rolle spielt. Gleichwohl besteht gerade für den Rennsport ein erhöhtes rechtspolitisches Bedürfnis, ihm die Privilegierungen des Sportstrafrechts im engeren Sinne angedeihen zu lassen. Denn im Rennsport treten häufig Situationen auf, in denen zwar Straftatbestände verwirklicht werden, eine Strafbarkeit der beteiligten Fahrer aber vermieden werden sollte: Zu denken ist beispielsweise an gewagte Start- oder Überholmanöver, bei denen die Kontrahenten eine Berührung und damit angesichts der hohen Geschwindigkeiten auch eine Beschädigung gegnerischer Fahrzeuge in Kauf nehmen. Dies erfüllt nach allgemeinen Kriterien den Tatbestand der Sachbeschädigung gem. § 303 Abs. 1 StGB, sofern es tatsächlich zum Unfall kommt, und kann immerhin noch einen strafbaren Versuch gem. § 303 Abs. 2 StGB darstellen, wenn die Situation glimpflich endet. Hierbei jeweils allein darauf zu vertrauen, dass kein Rennstallbesitzer Strafantrag stellen und die Staatsanwaltschaft zudem gem. § 303 c StGB das öffentliche Interesse an der Strafverfolgung verneinen werde, ist nicht sachgerecht.[42] Vielmehr bedarf

---

[35] Vgl. *Pfister*, Einleitung/Rz. 3.
[36] *Steinkamp*, Was ist eigentlich Sport?, S. 21 rechnet das Schachspiel ausdrücklich nicht zum Sport.
[37] Zweifel an der Sportqualität des Schießens meldet z. B. *Ketteler*, SpuRt 1997, 73 (74) an, versucht diese aber sogleich selbst mit dem Hinweis wieder zu zerstreuen, dass das Schießen ausgeprägte koordinative Fähigkeiten verlange.
[38] Vgl. *Pfister*, Einleitung/Rz. 3: „Autosport [ist] allenfalls dann [Sport], wenn man nicht die Bewegung des menschlichen Körpers als entscheidend ansieht."
[39] S. dazu unten Rz. 26–28.
[40] S. dazu unten Rz. 33; kommt es dabei zum Tod eines anderen, sind die rechtlichen Möglichkeiten des Sportstrafrechts jedoch überschritten; vgl. dazu unten Rz. 50 und Rz. 97.
[41] Gemeint ist damit im Folgenden der Automobil-, Motorrad- und Bootsrennsport.
[42] Angesichts der Bestimmung in Nr. 86 Abs. 2 RiStBV, wonach bei Privatklagedelikten wie der Sachbeschädigung (vgl. § 374 Abs. 1 Nr. 6 StPO) das Ausmaß der Rechtsverletzung und damit die

es einer einzelfallunabhängigen, dogmatisch abgesicherten Begründung für die Straflosigkeit solcher Karambolagen, die aus den Grundsätzen des Sportstrafrechts im engeren Sinne herzuleiten ist. Dazu aber bedarf es wiederum einer flexiblen Sportdefinition, die bereit ist, das Kriterium der Körperbewegung des Sportlers wenn nötig in den Hintergrund zu rücken. Soweit es den Rennsport anbelangt, ist diese Flexibilität auch gelebte Praxis: Sowohl in der Alltagsanschauung wie auch in der Vorstellung der Strafjuristen ist der Motorsport fest als klassischer Zweig des Sports verankert, weshalb eine Neuorientierung hin zu seiner verstärkten strafrechtlichen Erfassung nicht zu erwarten steht.[43] Damit ist das Problem der definitorischen Zuordnung des Rennsports zum Sport als solchem zwar nicht gelöst, für das Sportsstrafrecht im engeren Sinne aber doch soweit entschärft, dass es im Rahmen der nachfolgenden praxisorientierten Darstellung dahinstehen kann. Der Rennsport hält daneben aber noch eine weitere Besonderheit bereit, die ebenfalls ein Licht auf die besonderen strafrechtlichen Anforderungen an die Definition des Sports wirft.

13 c) Sport als Bewegung gegeneinander. Der Rennsport ist nicht nur sportliche Betätigung an der Grenze zwischen Bewegungs- und Nicht-Bewegungssport, sondern zugleich auch eine solche im Graubereich zwischen gegeneinander und nebeneinander betriebenem Sport:[44] Zwar ist einerseits klar, dass die Rennfahrer nicht primär gegeneinander, sondern gegen die Uhr fahren und ihren Sport insoweit nebeneinander betreiben.[45] Andererseits aber wird dieser Kampf gegen die Uhr zeitgleich von allen Fahrern am selben Ort geführt, was naturgemäß zu aggressivem Fahrverhalten im unmittelbaren Duell um die bessere Position führt und dem Geschehen ein kämpferisches Element verleiht. Für den Rennsport selbst ist die Frage, wie die tatbestandsrelevanten Folgen solcher Zweikämpfe strafrechtlich zu behandeln sind, im Grundsatz[46] bereits beantwortet worden.[47] Sie führt aber gleichwohl zu dem allgemeinen Problem, ob die Privilegierungen des Sportstrafrechts im engeren Sinne für sämtliche Sportarten – unabhängig davon, ob sie neben- oder gegeneinander betrieben werden – gelten sollen, oder ob insoweit eine kategoriale Unterscheidung vorzunehmen ist:
– Insbesondere *Schild* – und mit ihm eine vordringende Strömung in der Literatur – ist der Auffassung, dass für den Sport nebeneinander allein die allgemeinen Regeln der strafrechtlichen Haftung heranzuziehen seien, jedoch „eigentlich"[48] nichts spezifisch Sportstrafrechtliches gelten könne.

Schadenshöhe wesentlichen Einfluss auf das Vorliegen des öffentlichen Strafverfolgungsinteresses hat, könnte im Übrigen auch nicht darauf vertraut werden, dass die Staatsanwaltschaft bei Beschädigungen von Rennfahrzeugen mit Millionenwert den Geschädigten schließlich auf den Privatklageweg verweisen und die Angelegenheit deshalb „versanden" würde.

[43] Dies gilt allerdings nur für den hier thematischen Bereich der „racing accidents"; anders stellt sich die Lage dar, soweit eine strafrechtliche Beurteilung der Sicherheit der Rennfahrzeuge im Raum steht; vgl. dazu unten Rz. 37/38 sowie Fn. 90.

[44] In der Sache herrscht Einigkeit darüber, dass diese Unterscheidung notwendig und sinnvoll ist; die Terminologie hierzu ist allerdings uneinheitlich: *Schild*, Sportstrafrecht, S. 61 spricht von Sportarten „Mann gegen Mann/Frau gegen Frau", die er weiter in „Kampfsport" und „Sportkampf" unterteilt und von den Sportarten „Mann/Frau neben Mann/Frau" abgrenzt. *Fritzweiler* 5/Rz. 13 bezeichnet in Anlehnung an die zivilrechtliche Rechtsprechung den Sport nebeneinander als „Individualsport", den Sport gegeneinander aber als „Kampfsport", ohne diesen – wie *Schild* – weiter in Unterkategorien einzuteilen.

[45] Weshalb *Fritzweiler* 5/Rz. 15 den Motorsport auch in seine Kategorie des Individualsports einordnet.

[46] Im Einzelnen noch zu klären ist aber, ob auch gravierende Folgen bis hin zum Tod anderer Sportbeteiligter stets straflos bleiben können; ausführlich hierzu unten Rz. 96/97; vgl. auch bereits oben Fn. 40.

[47] S. oben Rz. 12.

[48] *Schild*, Sportstrafrecht, S. 61.

– Eine noch restriktivere Haltung nimmt offenbar *Fischer* ein,⁴⁹ der sportstrafrechtliche Kriterien auf den Kampfsport im Sinne von *Schild*⁵⁰ beschränken und wohl den „Sportkampf" (den er freilich als Kampfsport bezeichnet) nach allgemeinen Einwilligungsregeln behandeln will.⁵¹

Der Sportrechtspraktiker ist gut beraten, sich an diesen Theorien von *Schild* und *Fischer* **14** zu orientieren, die aller Voraussicht nach bei Strafverfolgungsorganen und Gerichten ebenfalls auf Zuspruch stoßen werden. Es ist daher sinnvoll, die Definition des Sports für die Zwecke des Sportsstrafrechts im engeren Sinne ebenfalls restriktiv zu handhaben und sie im Regelfall (der durch einzelne Ausnahmen bestätigt wird) auf die gegeneinander betriebenen Bewegungssportarten zu beschränken. In der Terminologie des vorliegenden Handbuchs führt dies zu dem Grundsatz:

Sportstrafrecht im engeren Sinne ist – von einzelnen überkommenen Ausnahmen abgesehen – **15**
das Strafrecht des Bewegungskampfsports.

Ausgenommen aus dem Bereich des Sportsstrafrechts im engeren Sinn sind damit von vornherein solche Tatbestandsverwirklichungen, die auf Fahrlässigkeit oder gar Vorsatz bei der Ausübung von *Individualsport* beruhen. Dies gilt dort insbesondere auch für das sorgfaltswidrige Hantieren mit gefährlichem Sportgerät.

d) Sport als regel- und organisationsgeleitetes Handeln. „Bindende Regeln sind **16** ein ganz besonderes, wenn nicht geradezu das typische Merkmal des Sports."⁵² Da bindende Regeln auch eine Instanz zu ihrer Durchsetzung erfordern, führt dieses sporttypische Merkmal zwangsläufig zu einem weiteren Wesenskennzeichen des Sports: Sport ist durch Organisationen – meist in Form autonomer Verbände – geprägt, die neben der Gewährleistung der Regeln auch für die regelgerechte Durchführung von Wettkämpfen sorgen.

Aus den Begriffsmerkmalen der Regelbindung und der Organisiertheit des Sports er- **17** wächst für die klassischen, im Alltags- und Rechtsverständnis bereits anerkannten Sportarten kein strafrechtliches Problem, weil diese Sportarten über elaborierte Regelwerke und nationale sowie internationale Organisationsgremien verfügen. Beide Merkmale werden aber für neue Erscheinungen der Freizeitgestaltung oder des Entertainments zum eigentlichen „Lackmus-Test", wenn die Entscheidung ansteht, ob sie in den Genuss der Privilegien des Sportsstrafrechts im engeren Sinne gelangen sollen. Denn sowohl die Rechtsprechung wie auch der überwiegende Teil der strafrechtlichen Literatur beharren auf zwei, in innerer Verbindung zueinander stehenden Grundsätzen:

Sie sind zum einen nur dann bereit, Tatbestandsverwirklichungen im Freizeit- oder **18** Entertainmentbereich straffrei zu stellen, wenn sie im Rahmen einer Aktivität erfolgen, die durch ein Gerüst von Regeln ausreichend definiert und gelenkt wird. Dies machen die Ausführungen von *Derksen*⁵³ zum Phänomen des sog. „Ultimate Fighting"⁵⁴ exemplarisch deutlich:

---

⁴⁹ Vgl. *Tröndle/Fischer*, 53. Aufl., § 228, Rn. 22.
⁵⁰ Vgl. zu dieser Terminologie oben Fn. 44.
⁵¹ Seine Kommentierung hierzu bei *Tröndle/Fischer*, a.a.O. ist allerdings sowohl terminologisch wie auch inhaltlich nicht frei von Unklarheiten, da in ihr gerade dort von „allgemeinen Regeln" die Rede ist, wo ersichtlich sportart- oder wettkampfspezifische Kriterien gemeint sind, und zudem die Anwendung sportartspezifischer Kriterien unabhängig vom Vorliegen einer anerkannten Sportart propagiert wird.
⁵² *Pfister*, Einleitung/Rz. 3.
⁵³ *Derksen*, SpuRt 2000, 141 ff.
⁵⁴ Beim „Ultimate Fighting" handelt es sich um einen Zweikampf, der mit Händen und Füßen ausgetragen wird und ursprünglich aus einer Mischung etablierter Kampfarten wie Boxen, Wrestling, Kickboxen u.a.m. entstanden ist. Der besondere „Reiz" bestand dabei von Anfang an darin, dass auch blutige Verletzungen der Kontrahenten bewusst in Kauf genommen werden. Der besonders üble Ruf des „Ultimate Fighting" resultiert wesentlich aus einem Kampf zwischen dem Ukrai-

2. Kapitel. Abgrenzung des Gegenstandes

„*Ein Leistungsvergleich erfordert die Einhaltung von festen und einheitlichen Regeln. Ohne Regeln lassen sich keine Leistungen bestimmen, gibt es mithin auch keinen Vergleichsmaßstab für Leistungen. Der Leistungsvergleich kennzeichnet aber das Wesen des Sports; hierin liegt sein gesellschaftlicher Wert begründet, der – in Maßen – Risiken für das Leben und die Körperintegrität von Sportlern rechtfertigt. Würde man von diesem Merkmal absehen, ließe sich ein Kampfsport nicht von einer Prügelei unterscheiden. Wegen der das Ultimate Fighting kennzeichnenden Regellosigkeit der körperlichen Auseinandersetzung handelt es sich ausgehend von den . . . Begriffsmerkmalen des Sports um keinen Sport."*

Nahezu ebenso aufschlussreich sind auch die Urteilsausführungen des OLG Hamm zum Gotcha-Spiel,[55] deren Schwerpunkt – wenn auch etwas verklausuliert – auf dem Fehlen einer verbandsmäßigen Organisation und dem damit einhergehenden Mangel an allgemein gültigen Regeln liegt:

„*Das Gotcha-Spiel zählt nicht zu einer . . . allgemein anerkannten und verbandsmäßig organisierten Kampfsportart. Eine Anwendung bestimmter Regeln einer Kampfsportart kommt . . . auch nicht entsprechend in Betracht. Es kommt deshalb allenfalls auf die Einhaltung der von den Parteien* **selbst vereinbarten** *Regeln an"* (Hervorhebung im Original).

Indem das Gericht sodann weiter ausführt, dass es auf die von den Beteiligten im konkreten Fall festgelegten Regeln für die rechtliche Beurteilung nicht ankommen könne, deutet es auch bereits den zweiten, insbesondere von der Rechtsprechung hochgehaltenen Grundsatz an:

19 Die Definitionsmacht darüber, wann eine bestimmte, strafrechtlich zu beurteilende Aktivität hinreichend organisiert und regelgeleitet ist und damit die Anerkennung als Sportart verdient, wird von den Gerichten selbst beansprucht. Stellvertretend für die gesamte Rechtsprechung kann ein exemplarisches Urteil herangezogen werden, in dem sich das OLG Düsseldorf mit dem sog. Auto-Surfen[56] auseinander zu setzen hatte. Das Gericht versagt dieser Aktivität jegliche rechtliche Anerkennung und hält zur Begründung fest:

„*Nach allgemeinen Wertmaßstäben, die vernünftigerweise nicht anzweifelbar sind, war die Körperverletzung trotz der Einwilligung des V danach sittenwidrig. Dass das Verhalten des Angekl. und seiner Freunde von einem Teil der Gleichartigen als zeitgemäße Form der Freizeitgestaltung angesehen und*

---

ner Jevgenij Solotarjow und dem Amerikaner Douglas Dedge im Jahre 1998, in dessen Verlauf letzterer zu Tode kam; umstritten ist dabei freilich bis heute, ob dieser Tod dem Wesen des „Ultimate Fighting" selbst geschuldet (so die Darstellung in der Sendung *Spiegel-TV extra* vom 7.5. 1998) oder lediglich auf eine Verkettung unglücklicher Umstände zurückzuführen ist. Unabhängig vom tragischen Ausgang des Kampfes Solotarjow v. Dedge ist aufgrund der Entwicklung, die das „Ultimate Fighting" in der Zwischenzeit genommen hat, mittlerweile zweifelhaft, ob die Feststellung, es handele sich dabei um „eine Art moderner Gladiatorenkampf, . . . ein eindrucksvolles frivoles Spiel um Leben und Tod" (*Derksen*, SpuRt 2000, 142) noch zutrifft: Es existiert mit der UFC (Ultimate Fighting Championship) eine Dachorganisation zur Ausrichtung der Kämpfe, deren Regelwerk das „Ultimate Fighting" in geordnete Bahnen lenkt und in einen zwar harten, aber nicht länger anarchischen Zweikampf verwandelt hat. Dieser Wandel hat bereits dazu geführt, dass einzelne Gliedstaaten der USA das „Ultimate Fighting" als reguläre Sportart anerkennen (so z. B. der Bundesstaat Nevada; vgl. hierzu die Entscheidung der Nevada State Athletic Commission von 23. 7. 2001). Als extremer Kampfsport ohne Grenzen ist das „Ultimate Fighting" damit wohl inzwischen durch das sog. „Backyard Wrestling" abgelöst worden, bei dem zwei ungeschützte Kämpfer nach gewillkürten „Regeln" – bisweilen in einem mit Stacheldraht umgrenzten Ring – aufeinander einschlagen.

[55] OLG Hamm, NJW 1997, 949.

[56] Beim Auto-Surfen legt sich meist ein Beteiligter (im konkret zu entscheidenden Fall waren es sogar mehrere) bäuchlings auf ein Autodach und hält sich dort in Höhe der geöffneten Seitenfenster mit beiden Händen fest; sodann fährt das Fahrzeug los. Die Aufgabe des „Surfers" besteht dabei darin, trotz erheblicher Fahrtgeschwindigkeit und abrupter Richtungsänderungen durch den Fahrer den Halt auf dem Dach nicht zu verlieren. Gerade wegen seiner Gefährlichkeit erfreut sich das Auto-Surfen unter Jugendlichen offenbar einer gewissen Beliebtheit. Ähnliches gilt auch für das verwandte S-Bahn-Surfen.

deshalb die dadurch verursachte Körperverletzung von ihnen nicht als Verstoß gegen die guten Sitten angesehen werden mag, ist ohne Bedeutung; denn Wertvorstellungen einer bestimmten Gruppe sind für die Beurteilung der Sittenwidrigkeit nicht maßgebend."[57]

Damit gibt das Gericht dem Praktiker des Sportstrafrechts im engeren Sinne eine klare Marschroute vor: Den Staatsanwalt oder Strafrichter stattet es mit der Befugnis aus, im Einzelfall selbst darüber zu entscheiden, wann er eine tatbestandsrelevante Handlung unter den Begriff der Sportausübung subsumieren will und wann nicht. Den Strafverteidiger andererseits bringt es in eine Position, in der der schlichte Hinweis auf die Autonomie des Sports allein noch keine Verteidigungsstrategie sein kann. Vielmehr hat sich der Verteidiger auf einen argumentativen Schlagabtausch mit Staatsanwälten und Richtern über die Grenzen des Sportbegriffs einzustellen. Diesen kann er nur gewinnen, wenn er rechtliche und tatsächliche Argumente parat hat, die für den Sportcharakter der verfahrensgegenständlichen Aktivität sprechen.[58] Anders stellt sich die Situation allenfalls dann dar, wenn die Aktivität, bei deren Ausübung es zu tatbestandsrelevanten Handlungen kommt, zweifelsfrei alle Elemente der gängigen Sportdefinitionen erfüllt. Aber selbst dann bleiben noch Sonderfälle, die dem Sportstrafrecht im engeren Sinne Probleme bei ihrer Einordnung bereiten können. 20

e) Sonderfälle. Obwohl sie ohne weiteres sämtliche Merkmale der Sportdefinition erfüllen, bleibt insbesondere für zwei Aktivitäten dennoch fraglich, ob sie Gegenstand des Sportstrafrechts im engeren Sinne sein sollen: Es handelt sich dabei zum einen um die studentische Schlägermensur, zum anderen um das Boxen. 21

aa) Die studentische Schlägermensur. Ebenso wie das Sportfechten mit Säbel, Degen oder Florett erfüllt auch die studentische Schlägermensur die klassischen Definitionsmerkmale des Sports. Gleichwohl ist sie nicht in den Kanon der anerkannten Sportarten einzureihen. Der Grund hierfür liegt in ihrer historisch bedingten Verwandtschaft zu den ständischen Ehrenhändeln,[59] der sich zwar mit dem Wandel der Gesellschaftsstrukturen praktisch erledigt hat, jedoch in der Sonderstellung der Mensur weiterlebt. Diese Sonderstellung äußert sich dabei nicht nur in der Selbst- und Fremdwahrnehmung der Paukanten, sondern auch in der – im Unterschied zum Sportfechten – nicht über jeden Zweifel erhabenen Sittengemäßheit der Mensur.[60] 22

bb) Das Boxen. Weil das Boxen im Unterschied zu anderen Sportarten auf die absichtliche körperliche Verletzung des Gegners angelegt ist und daher immer wieder auch zu schwerwiegenden Folgen bei den Kämpfern führt, wird bisweilen vor allem in der nichtjuristischen Öffentlichkeit bezweifelt, ob es zu den strafrechtlich besonders privilegierten Sportarten gezählt werden dürfe.[61] 23

Soweit diese Zweifel bereits den Sportcharakter des Boxens als solchen betreffen, verfehlen sie die eigentliche Problemebene: Es kann nicht darum gehen, das Boxen mit seiner Jahrtausende alten Tradition als Sportkampf durch eine Einschränkung der Sportdefi-

---

[57] OLG Düsseldorf, NStZ-RR 1997, 325; vgl. dazu auch die kritischen Anmerkungen von *Hammer*, JuS 1998, 785; *Koelle*, JuS 1999, 1040; *Saal*, NZV 1998, 49.

[58] Die Feststellung von *Pfister*, Einleitung/Rz. 4, dass bei einer Einigung von zwei oder mehr Personen auf einen sportlichen Wettkampf jede das daraus resultierende Risiko akzeptiere und die Grenze hierfür nach allgemeinem staatlichen Recht erst die Sittenwidrigkeit sei, ist vor diesem Hintergrund ebenso richtig wie gefährlich. Denn sie verschleiert die Tatsache, dass gerade über die Grenze der Sittenwidrigkeit erst noch zu streiten ist.

[59] Ausführlich hierzu *Frevert*, Ehrenmänner. Das Duell in der bürgerlichen Gesellschaft, S. 182–195.

[60] Vgl. hierzu BGHSt 4, 32; in dieser Entscheidung wird die Schlägermensur nur deshalb nicht für sittenwidrig erklärt, weil nach Auffassung des BGH nicht festgestellt werden kann, dass sie dem Anstandsgefühl *aller* billig und gerecht Denkenden zuwiderlaufe; vgl. zu dieser Entscheidung auch die Anmerkung von *Eb. Schmidt*, JZ 1954, 369 sowie *Hartung*, NJW 1954, 1225.

[61] Vgl. hierzu den mit eindrucksvollen Zahlen und Hintergrundinformationen versehenen Bericht von *Fritzweiler*, SpuRt 1995, 156.

nition aus dem Katalog der anerkannten Sportarten auszuklammern; damit würde der Definition Gewalt angetan.[62] Stattdessen müssen rechtsdogmatisch und rechtspolitisch überzeugende Kriterien gefunden werden, anhand derer straflose von strafbaren Folgen des Boxens unterschieden werden können. Diese Notwendigkeit mag zwar gerade für den Boxsport von besonderer Bedeutung sein, trifft diesen jedoch nicht allein. Auch für andere Sportarten mit gesteigertem Gefahrenpotential[63] gilt es ggf., differenzierte Lösungen für die strafrechtliche Behandlung ihrer Folgen zu entwickeln. Die Anerkennung als Sportart wird hiervon bei ihnen ebenso wenig berührt wie beim Boxen.

4. Zwischenergebnis

24 Das Sportstrafrecht im engeren Sinne ist das Strafrecht des regelgeleiteten und organisierten Bewegungskampfsports. Ausnahmen, mit denen einerseits bewegungsarme Sportarten wie der Rennsport dem strafrechtlichen Sportbegriff zugeschlagen und andererseits Kampfformen wie die Schlägermensur aus ihm herausgenommen werden, bestätigen diese Regel.

In der Praxis liegt die Entscheidung, ob eine konkrete Aktivität dem Sportstrafrecht im engeren Sinne unterfällt, bei den Organen der Strafverfolgung. Dies gilt auch im Hinblick auf die sogleich näher zu erörternde Unterscheidung zwischen Straftaten *im* Sport und solchen, die lediglich *beim* Sport begangen werden.

III. Straftaten im Sport vs. Straftaten beim Sport

1. Vorbemerkung

25 Selbst wenn der regelgeleitete und organisierte Bewegungskampfsport den Hintergrund eines strafrechtlich relevanten Geschehens bildet, sind damit nicht zwingend schon die Würfel zugunsten der Geltung des Sportstrafrechts im engeren Sinn gefallen. Vielmehr ist das jeweilige Sportereignis in die einzelnen möglichen Täter-Opfer-Beziehungen zu zerlegen, die sich ergeben können im Verhältnis
- der Sportler untereinander;
- der Sportler zu Unparteiischen und Offiziellen;
- der Sportler zum Veranstalter/Sportstättenbetreiber;
- der Sportler zu den Zuschauern;
- der Zuschauer zum Veranstalter/Sportstättenbetreiber;
- der Zuschauer untereinander;
- der Zuschauer zu außenstehenden Dritten.

Für jede einzelne dieser möglichen Täter-Opfer-Konstellationen ist gesondert zu überlegen, ob und ggf. welche Tatbestandsverwirklichungen in den Genuss der Privilegien des Sportstrafrechts im engeren Sinne gelangen sollen. Die Antwort hierauf ist erneut bereits durch das Wesen des Sports vorgezeichnet. Sie ist ausformuliert in der bereits traditionellen Unterscheidung der Literatur zwischen den Straftaten *im* Sport und den Straftaten *beim* Sport.[64]

---

[62] In Bezug auf das Boxen ist die Bemerkung von Derksen zum „Ultimate Fighting" (s. oben Rz. 18) umzukehren: Das Boxen stellt einen regelgeleiteten Leistungsvergleich und damit einen Kampfsport dar, der sich wesensmäßig von einer ungeordneten Prügelei unterscheidet.

[63] Zu denken ist in diesem Zusammenhang vor allem an den Rennsport, dessen Sportcharakter oben Rz. 12 bereits thematisiert wurde.

[64] Vgl. hierzu und zum Folgenden *Reinhart*, SpuRt 1997, 1; im Ansatz ebenso z. B. *Berr*, Sport und Strafrecht, S. 212 ff.; *Eser*, JZ 1978, 374; *Kühn*, Sportstrafrecht und Notwehr unter besonderer Berücksichtigung der Fahrlässigkeit im Sport und durch Kampfsport erworbener Sonderfertigkeiten, S. 83; *Looschelders*, JR 2000, 271; *Lorenzen*, SchlHA 1985, 67 f.; *Schild*, Jura 1982, 585 (586 ff.); *ders.*, Sportstrafrecht, S. 121; *Zipf*, Einwilligung und Risikoübernahme im Strafrecht, S. 86, 91 u. 95.

2. Straftaten im Sport vs. Straftaten beim Sport

Die vom Sportstrafrecht im engeren Sinne propagierte Straflosigkeit von Rechtsgutsverletzungen im Bewegungskampfsport rechtfertigt sich aus einem Gedanken, der dem Prinzip des „venire contra factum proprium" verwandt ist: So wie derjenige, der sich wissentlich auf ein Rechtsverhältnis eingelassen hat, anschließend nicht verlangen kann, von dessen rechtlichen Konsequenzen freigestellt zu werden, kann auch der Staat nicht bestrafen, was er zuvor selbst anerkannt hat. Dies gilt aber naturgemäß nur, soweit tatbestandsrelevante Folgen bei der Anerkennung der jeweiligen Sportart sehenden Auges in Kauf genommen werden müssen, weil sie wesensmäßig mit ihrer Ausübung verbunden und daher nahezu unvermeidlich sind. Hingegen darf die allgemeine Anerkennung des Sports und seiner Autonomie nicht dazu führen, dass das vielgestaltige Sportgeschehen pauschal als Deckmantel für straflose Tatbestandsverwirklichungen der unterschiedlichsten Art genutzt werden kann. Eine solche Folge müsste nicht nur die Legitimation des Sportstrafrechts im engeren Sinne, sondern auch die Wertschätzung des Sports selbst erschüttern und ist daher um der Integrität des Sports willen strikt zu vermeiden. 26

Um einerseits die Privilegierung der unvermeidlichen Folgen des Sports zu gewährleisten und andererseits diese Privilegierung für solche allgemein kriminellen Machenschaften zu unterbinden, für die der Sport lediglich den Handlungshintergrund abgibt, ist auf das Wesen des Bewegungskampfsports als des alleinigen Gegenstandes des Sportstrafrechts im engeren Sinne[65] abzustellen: Dieses Wesen besteht im Gegeneinander der beteiligten Sportler, die sich dabei häufig, aber keineswegs immer, besonderer Sportgeräte bedienen. Hieraus folgt zunächst, dass als Tatbestandsverwirklichungen *im* Sport solche Verhaltensweisen privilegierungsfähig sind, die mit diesem Gegeneinander der Sportler einhergehen. Gemeint sein können damit wiederum nur Zusammenstöße, die in Verletzungen des Gegners oder Beschädigungen seiner Sportausrüstung enden (zu denken ist hier z. B. an zerrissene Kleidungsstücke, zerbrochene Schläger oder demolierte Rennfahrzeuge). 27

Hieraus ergibt sich auch bereits ein erstes, in den Kategorien des Strafrechts fassbares Zwischenergebnis: Privilegierte Tatbestandsverwirklichungen *im* Sport beschränken sich im Wesentlichen auf die Körperverletzungsdelikte gem. §§ 223 ff. StGB sowie auf die Sachbeschädigung gem. § 303 StGB. 28

Andere Deliktsgruppen, wie die Vermögens- und Eigentumsdelikte oder die leider ebenfalls bisweilen thematischen Sexualdelikte, haben hingegen mit dem Wesen des Sports nichts zu tun und verdienen daher von vornherein keine Privilegierung. Wenn sich also z. B. ein Sportler in der Umkleidekabine der unbeaufsichtigten Geldbörse eines Mannschaftskameraden bemächtigt oder sich – was ebenfalls bereits vorgekommen ist – ein Trainer an seinen minderjährigen Schützlingen sexuell vergeht,[66] handelt es sich hierbei um Erscheinungsformen der allgemeinen Kriminalität, bei denen lediglich die Gelegenheit des Sports zur Tatbegehung ausgenutzt wird. Diese Straftaten *beim* Sport sind von den Straftaten *im* Sport wesensmäßig zu unterscheiden und ausschließlich nach allgemeinen strafrechtlichen Regeln zu beurteilen.

Die an Deliktsgruppen orientierte Abgrenzung von Straftaten *im* Sport und Straftaten *beim* Sport gilt auch für die Ehrdelikte der §§ 185 ff. StGB. Zwar mag es im Eifer des Sportgeschehens aus der Sicht des Handelnden bisweilen geradezu unvermeidlich erscheinen, Gegenspieler, Unparteiische, Offizielle oder sogar das Publikum mit beleidigenden Schimpfworten oder obszönen Gesten zu bedenken. Sportspezifisch im eigentlichen Sinne sind solche Entgleisungen aber nicht. Auch wenn man Verständnis dafür aufbringen kann, dass Sportler über rüde Attacken ihres Gegenspielers oder offensichtliche Fehlentscheidungen des Schiedsrichters erbost sind, gibt es kein handfestes sach-

---

[65] S. dazu oben Rz. 12–14.
[66] Erinnert sei hier an den Fall des angesehenen Eiskunstlauftrainers Karel F., der vor einigen Jahren einen öffentlichen Skandal verursachte.

liches Kriterium, weshalb derartige Entgleisungen dem Wesen des jeweils ausgeübten Sports entsprechen sollten. Situationen verständlicher Empörung finden sich vielmehr auch außerhalb des Sports in zahlreichen Alltagssituationen, ohne dass dort jeweils die Forderung erhoben werden könnte, Beleidigungen zu privilegieren. Soweit solche Privilegierungen notwendig erscheinen, hat vielmehr der Gesetzgeber bereits mit dem Rechtfertigungsgrund der Wahrnehmung berechtigter Interessen gem. § 193 StGB eine abschließende Regelung geschaffen, die ohne weiteres eine sachgerechte Einzelfalllösung ermöglicht. Ein Sonderstrafrecht der Ehrdelikte im Sport jenseits dieser Regelung ist weder notwendig noch angebracht.[67]

29 Zusammenfassend ist festzuhalten:
– Es muss grundlegend zwischen Straftaten *im* Sport und Straftaten *beim* Sport unterschieden werden. Straftaten *im* Sport sind nur solche, die wesensmäßig durch die jeweils ausgeübte Sportart bedingt und innerhalb dieser Sportart unvermeidlich sind. Nur sie verdienen die Privilegierungen des Sportstrafrechts im engeren Sinn.
– Die privilegierungsfähigen Straftaten *im* Sport sind auf die Körperverletzungsdelikte gem. §§ 223 ff. StGB sowie auf die Sachbeschädigung gem. § 303 StGB beschränkt.

Einzelne, auf der Basis dieser Grundsätze noch verbleibende Abgrenzungsfragen stehen im Zusammenhang mit den unterschiedlichen Täter-Opfer-Konstellationen im Sport, die nunmehr im Detail zu betrachten sind.

3. Mögliche Täter-Opfer-Konstellationen im Sport

30 Sport wird schon im Amateur- und naturgemäß erst recht im Profibereich regelmäßig nicht als geschlossene Privatveranstaltung betrieben, in die nur die Sportler selbst involviert sind. Vielmehr sind daneben die verschiedensten Personengruppen in der einen oder anderen Form selbst am Sportgeschehen beteiligt (z. B. als Trainer oder Schiedsrichter), vor Ort anwesend (z. B. als Zuschauer) oder im Hintergrund für den reibungslosen Ablauf einer Sportveranstaltung mitverantwortlich (z. B. als Veranstalter oder technische Funktionäre). All diese Personen kommen sowohl als Täter wie auch als Opfer von strafbaren Handlungen im Zusammenhang mit dem Sport in Betracht. Dementsprechend ist auch für jede einzelne der dadurch ermöglichten Täter-Opfer-Konstellationen[68] gesondert zu fragen, ob in ihr die Privilegierungen des Sportstrafrechts im engeren Sinne zum Tragen kommen sollen. Ohne dabei den nachfolgenden Ausführungen über Gebühr vorzugreifen, kann schon vorab festgestellt werden, dass die Antwort außerhalb der Sportler-Sportler-Beziehung überwiegend negativ ausfällt.

31 **a) Sportler vs. Sportler.** Hierbei handelt es sich um die klassische Konstellation, mit der das Sportstrafrecht im engeren Sinne konfrontiert ist: Im Bewegungskampfsport sind die ausübenden Sportler schon aufgrund der Bewegungsdynamik der Sportart nicht immer in der Lage, Rücksicht auf den Gegner bzw. dessen Ausrüstung zu nehmen, weshalb strafrechtlich relevante Rechtsgutsbeeinträchtigungen dort zwangsläufig und unvermeidlich sind. Es versteht sich, dass diese im Verhältnis Sportler gegen Sportler eintretenden, wesensmäßig zum Sport gehörenden Tatbestandsverwirklichungen privilegierungsfähig und privilegierungsbedürftig sind.

32 **b) Sportler vs. Zuschauer.** Es gehört nicht zum Wesen des Sports, dass sich Sportler mit Zuschauern beleidigende oder gar handgreifliche Auseinandersetzungen liefern.[69] Im

---

[67] Dies gilt erst recht für Beleidigungen, deren einziger Zweck darin besteht, den Gegner zu einer unfairen Reaktion zu provozieren; ein plastisches Beispiel hierfür stellt die verbale Provokation von Zinedine Zidane durch Marco Materazzi im Endspiel der Fußball-WM 2006 dar, die den vieldiskutierten Kopfstoß Zidanes ausgelöst hat.
[68] S. dazu bereits die Übersicht oben Rz. 25.
[69] S. hierzu die Beispiele oben Fn. 13.

Gegenteil: Pöbeleien oder Schlimmeres[70] von Zuschauern gegen missliebige Spieler entspringen regelmäßig der puren Lust an der Provokation und dienen so der psychologischen „Kriegsführung" gegen den Betroffenen. Sie laufen damit dem Fairness-Gedanken des Sports fundamental zuwider. Umgekehrt verstößt aber selbstverständlich auch der Sportler selbst gegen die grundlegenden Prinzipien der Fairness und des Sportsgeistes, wenn er sich von unsportlichem Fanverhalten zu einem strafrechtlich relevanten „Gegenschlag" hinreißen lässt.[71] Es besteht daher in beiden Richtungen keine Veranlassung, derartige Übergriffe, die nicht *im* Sport, sondern lediglich aus dem Sport heraus stattfinden, strafrechtlich zu privilegieren.

Ein anderes Ergebnis kann sich bei Beeinträchtigungen von Rechtsgütern einzelner **33** Zuschauer durch Sportler – nicht aber im umgekehrten Fall – allerdings dann ergeben, wenn es um Verletzungen durch abirrende Spielgeräte wie z. B. Fußbälle oder Eishockey-Pucks geht.[72] Da diese Fälle nahezu ausschließlich im Bereich der Fahrlässigkeit angesiedelt sind, wird sich die Straflosigkeit des Sportlers zwar meist schon daraus ergeben, dass nicht er die erforderliche Sorgfalt außer Acht gelassen, sondern entweder das Opfer selbst jegliche Vorsicht in den Wind geschlagen oder aber der Sportveranstalter die Sportstätte mangelhaft abgesichert hat. Für die verbleibenden Konstellationen spricht aber alles dafür, sie als Tatbestandsverwirklichungen *im* Sport und damit als privilegierte Vorgänge im Rahmen des Sportstrafrechts im engeren Sinne einzustufen.

c) Sportler vs. Unparteiische oder Offizielle. Im Verhältnis von Sportlern zu **34** Schiedsrichtern, Trainern, Verbandsvertretern, Ordnern oder ähnlichen Funktionsträgern des Sports gilt nichts anderes als im Verhältnis zwischen Sportlern und Zuschauern: Eine sportstrafrechtliche Privilegierung tatbestandsrelevanten Verhaltens kann nur in Betracht kommen, soweit es um fahrlässige Rechtsgutsbeeinträchtigungen geht, die aus dem Sportgeschehen heraus und aufgrund der räumlichen Nähe des Opfers zu diesem erwachsen.[73] Wechselseitige[74] Übergriffe tätlicher oder verbaler Natur von Sportlern und

---

[70] Gemeint sind hier zum einen bewusst herabwürdigende oder offen rassistische Formen des Zuschauerverhaltens; zu denken ist etwa an die Bananen, die von gegnerischen Fans lange Zeit mit Vorliebe in den Strafraum vor dem Tor von Oliver Kahn geworfen wurden, oder an die Nachahmung von Affengebrüll, wenn dunkelhäutige Fußballspieler den Ball führen. Zum anderen geht es aber auch um Gegenstände, die aus den Zuschauerrängen auf das Spielfeld geworfen werden und zu Verletzungen bei einzelnen Spielern führen; auch insoweit ist wiederum Oliver Kahn als Opfer in Erinnerung, der in dem Bundesliga-Spiel des FC Bayern München gegen den SC Freiburg am 12. 4. 2000 von einem Golfball am Kopf getroffen wurde und dabei eine klaffende Platzwunde erlitt. Gegenüber derartigen Entgleisungen stellen sich z. B. die üblichen Fangesänge in den Fußballstadien selbstverständlich als harmlos und strafrechtlich unbedenklich dar.

[71] Dies gilt schon bei vergleichsweise harmlosen Aktionen, wie dem berühmt-berüchtigten „Stinkefinger" (der als beleidigend i. S. d. § 185 StGB angesehen werden kann; vgl. BayObLG, NJW 2000, 1584), den Stefan Effenberg nach einem Fußballländerspiel gegen die eigenen Fans erhoben hatte und für den er aus der Nationalmannschaft ausgeschlossen wurde; für tätliche Angriffe wie die oben in Fn. 13 beschriebenen sollte es sich von selbst verstehen.

[72] Strafrechtlich heikel bleiben aber Tötungen von Zuschauern, wie sie z. B. im Automobilrennsport bereits vorgekommen sind; zu denken ist hierbei etwa an die Katastrophe beim 24-Stunden-Rennen von Le Mans im Jahre 1955, bei der ein Mercedes-Werkswagen in die Zuschauer geschleudert wurde und 80 Menschen tötete.

[73] Zum Sonderproblem einer möglichen strafbaren Teilnahme von Offiziellen (insbesondere von Trainern) an Taten, die von Sportlern gegen andere Sportler begangen werden, s. unten Rz. 99/100.

[74] Strafrechtlich relevante Zusammenstöße von Sportlern und Offiziellen sind generell eher selten (ein unrühmliches Beispiel liefern aber die Ausschreitungen nach dem Ende des Relegationsspiels für die Qualifikation zur Fußball-WM 2006 zwischen der Schweiz und der Türkei am 16. 11. 2005 in Istanbul, in die nicht nur Spieler beider Mannschaften, sondern auch türkische Betreuer verwickelt waren); soweit sie vorkommen, gehen sie ganz überwiegend von aufgebrachten Sportlern aus; in Ausnahmefällen ist aber auch der umgekehrte Fall beobachtbar: So gab es z. B. am 11. 10. 2003 in der amerikanischen Profi-Baseball-Liga während der Play-Off-Partie zwischen den New York Yankees

Offiziellen – oder auch von Offiziellen untereinander[75] – aber laufen dem Wesen des Sports zuwider und unterliegen daher den allgemeinen strafrechtlichen Grundsätzen. Dies gilt umso mehr, wenn das fragliche Verhalten auf Seiten von Spielern und/oder Offiziellen in einer ergebnisorientierten Beeinflussung des Wettkampfes besteht; auf derartige Sportmanipulationen wird unten in Kapitel 5 noch ausführlich einzugehen sein.

35 d) Zuschauer vs. Zuschauer/Dritte; Fankriminalität. Es bedarf keiner näheren Erläuterung, dass tätliche Auseinandersetzungen von Zuschauern untereinander bzw. Fanausschreitungen, bei denen Ordnungskräfte[76] oder gänzlich Außenstehende zu Schaden[77] kommen, nicht zum Wesen des Sports gehören, sondern diesen in Misskredit bringen. Bei derartigen Vorkommnissen wird der Sport lediglich als Instrument missbraucht, um allgemeine Aggressionen auszuleben. Bisweilen tritt das eigentliche Sportgeschehen sogar soweit in den Hintergrund, dass es nur noch eine abstrakte Oberfläche ritualisierter Kämpfe darstellt. Dies wird besonders augenfällig bei den in jüngerer Zeit zu beobachtenden verabredeten Massenschlägereien von Hooligan-Gruppen, die völlig losgelöst von aktuellen Fußball-Spielen auf der „grünen Wiese" stattfinden.[78]

Da Zuschauerausschreitungen somit nicht Gegenstand des Sportstrafrechts im engeren Sinne sein können und zudem auch nicht vorrangig[79] ein Problem des allgemeinen Straf- und Strafverfahrensrechts, sondern vielmehr ein Phänomen darstellen, dass mit den Mitteln der Kriminologie[80] erforscht werden muss, wird in der vorliegenden Abhandlung nicht näher auf sie eingegangen.

36 e) Veranstalter/Ausrüster vs. Sportler/Zuschauer. Die Beziehung von Sportlern und/oder Zuschauern zum Veranstalter eines Sportereignisses, zum Betreiber einer Sportstätte oder zum Ausrüster[81] wird strafrechtlich dann relevant, wenn es zu Tötungen, Verletzungen oder Sachbeschädigungen kommt, die mit Sicherheitsmängeln der Anlage

---

und den Boston Red Sox einen kuriosen Vorfall, bei dem Don Zimmer, ein 72-jähriges Mitglied des Trainerstabes der Yankees, auf das Spielfeld stürmte und einen Zweikampf mit Pedro Ramirez, dem Pitcher der Red Sox, vom Zaun brach.

[75] Es ist bereits in verschiedenen Sportarten vorgekommen, dass sich die Trainerstäbe der jeweils beteiligten Mannschaften so in die Haare gerieten, dass die Auseinandersetzung in einer veritablen Prügelei endete.

[76] In frischer und schrecklicher Erinnerung ist hier immer noch der Fall des französischen Gendarmen Daniel Nivel, der während der Fußball-Weltmeisterschaft 1998 von deutschen Hooligans beinahe zu Tode geprügelt wurde.

[77] Außenstehende erleiden hierbei seltener körperlichen Schaden, sind dafür aber oft mit enormen Sachschäden konfrontiert; man denke in diesem Zusammenhang nur an von randalierenden Fans zerstörte Gaststätteneinrichtungen.

[78] Vgl. hierzu den anonymen Insider-Bericht eines bekennenden Hooligans in der BILD-Zeitung vom 29. 3. 2005.

[79] Bei der Prävention von Zuschauerausschreitungen handelt es sich überhaupt nicht um eine straf-, sondern allein um eine polizeirechtliche Fragestellung; vgl. hierzu oben *Fritzweiler/v. Coelln* 1/ Rz. 70–79.

[80] Vgl. aus der kriminologischen Literatur z. B. *Brückert*, Neue Kriminalpolitik 2000, 32; *Ek*, Hooligans, Freiburg, 1996; *Hahn*, Fanverhalten, Massenmedien und Gewalt im Sport, Schorndorf, 1988; *Horak* (Hrsg.), „Ein Spiel dauert länger als 90 Minuten". Fußball und Gewalt in Europa, Hamburg, 1988; *Kirsch*, Gewalt bei sportlichen Großveranstaltungen, Frankfurt, 2000; *Lehmann*, Kriminalistik 2000, 299; *Matthesius*, Anti-Sozial-Front. Vom Fußballfan zum Hooligan, Opladen, 1992; *Württembergischer Fußballverband e. V.* (Hrsg.), Zuschauerausschreitungen bei Fußballspielen, Stuttgart, 1980; zu den materiell-strafrechtlichen Aspekten der Problematik vgl. *Schild*, Strafrechtliche Fragen der Ausschreitungen von Zuschauern bei Sportveranstaltungen, in: ders. (Hrsg.), Rechtliche Aspekte bei Sportgroßveranstaltungen, Heidelberg, 1994, 63–93.

[81] Der Begriff des Ausrüsters wird in diesem Abschnitt in einem weiten Sinne verstanden; er umfasst insbesondere auch den Rennstall, der im Motorrennsport die Rennfahrzeuge entwickelt und/oder einsetzt.

oder des eingesetzten Sportgerätes in Verbindung zu bringen sind.[82] Die Frage, ob in dieser Beziehung die Privilegierungen des Sportstrafrechts im engeren Sinne zum Tragen kommen sollen, ist differenziert zu beantworten:

Ausgangspunkt der Antwort ist dabei die Erkenntnis, dass innerhalb der hier möglichen Täter-Opfer-Beziehungen im Grundsatz nicht das Wesen des jeweils ausgeübten Sports, sondern vielmehr die allgemeine Verkehrssicherungspflicht in Rede steht. Verletzungen dieser Pflicht, die regelmäßig im Bereich des Unterlassens liegen, sind aber im Sport grundsätzlich nicht anders zu beurteilen als in allen übrigen Lebensbereichen und damit einer strafrechtlichen Sonderbehandlung im Regelfall nicht zugänglich.

Dies gilt uneingeschränkt für die Beziehung von Veranstaltern und Sportstättenbetreibern[83] zu den Zuschauern eines Sportereignisses und versteht sich dort auch von selbst: Der Veranstalter bzw. Betreiber hat unter dem Gesichtspunkt der Eröffnung einer Gefahrenquelle ebenso wie jeder andere Inhaber einer gefahrträchtigen Anlage, etwa einer gewerblich oder industriell genutzten Betriebsstätte, für die Sicherheit der Sportstätte einzustehen. Sachliche Gründe für eine Entschärfung des strafrechtlichen Haftungsmaßstabes allein aufgrund des sportlichen Hintergrunds sind nicht ersichtlich. Der Besucher eines Sportereignisses muss ebenso wie z. B. der Besucher eines Rockkonzerts ohne weiteres davon ausgehen können, dass sich der Veranstalter bzw. Betreiber mit der notwendigen Sorgfalt um seine Sicherheit bemüht.

Haftungserleichterungen für Veranstalter oder Betreiber sind nach der hier vertretenen Auffassung selbst in den Fällen nicht angebracht, in denen sich der Zuschauer einer gefährlichen Sportart aus freien Stücken in die Nähe der Gefahrenquelle begibt und dort anschließend zu Schaden kommt.[84] Denn der Veranstalter bzw. Betreiber hat auch bei Sportveranstaltungen, die bekanntermaßen von Zuschauern immer wieder für den eigenen Nervenkitzel instrumentalisiert werden, Sorge dafür zu tragen, dass unvernünftige Zuschauer von der Gefahrenquelle fern gehalten werden. Diese Verpflichtung trifft ihn schon deshalb, weil er sie regelmäßig mit Hilfe einfacher Vorkehrungen, wie z. B. Absperrungszäunen, erfüllen kann. Die Unvernunft der Zuschauer vermag die strafrechtliche[85] Haftung des Veranstalters bzw. Betreibers allenfalls dann auszuschalten,[86] wenn sie in ein Verhalten mündet, das für den Veranstalter nicht mehr vorhersehbar und beherrschbar ist und daher für ihn den Fahrlässigkeitsvorwurf beseitigt. Gleiches gilt im Ergebnis auch dort, wo das Zuschauerverhalten die Qualität einer einverständlichen Fremd- ge-

---

[82] Die in Betracht kommenden Fallgestaltungen sind zahlreich und sehr unterschiedlicher Natur; sie reichen vom Einsturz von Tribünen bis hin zu Rennwagen, die in die Zuschauer rasen (s. dazu bereits das Beispiel oben Fn. 72) und von versagenden Sportgeräten bis hin zu fatalen Fehlern in Streckengestaltung und -sicherung.

[83] Die Beziehung zwischen Ausrüstern und Zuschauern kann hier außer Acht gelassen werden, da Konstellationen, in denen Zuschauer unmittelbar aufgrund eines vom Ausrüster zu verantwortenden Mangels des Sportgeräts zu Schaden kommen, in der Praxis nur von untergeordneter Bedeutung sind; soweit sie vorkommen sollten (insbesondere im Automobilrennsport ist es durchaus vorstellbar, dass ein Fahrzeug aufgrund eines technischen Mangels vom Fahrer nicht mehr beherrscht werden kann und unkontrolliert in die Zuschauer rast) gelten uneingeschränkt die Ausführungen zum Verhältnis zwischen Veranstaltern und Zuschauern.

[84] Zu denken ist hier insbesondere an die aus dem Rallye-Sport bekannte Situation, in der Zuschauer sich bewusst *auf* die Strecke stellen, um erst im letzten Moment vor den ankommenden Rennfahrzeugen zur Seite zu springen.

[85] Zu den zivilrechtlichen Haftungsfragen eingehend *Fritzweiler* 5/Rz. 80–91.

[86] Von der Frage, wann die strafrechtliche Haftung entfällt, ist die andere Frage zu unterscheiden, wie sich ein Mitverschulden des Opfers auf die Strafzumessung für den Täter auswirkt; schon nach allgemeinen Strafzumessungsgrundsätzen ist regelmäßig eine Strafmilderung vorzunehmen, wenn das Opfer dem Schutz seiner eigenen Rechtsgüter nicht die gebührende Aufmerksamkeit geschenkt hat (vgl. statt aller *Tröndle/Fischer*, 53. Aufl., § 46, Rz. 59); dies gilt für die hier thematischen Fälle in gleicher Weise.

fährdung⁸⁷ erreicht, wobei diese – in ihren Konturen verschwommene⁸⁸ – Rechtsfigur in der Praxis der Staatsanwaltschaften und Strafgerichte allerdings tendenziell restriktiv gehandhabt wird. In allen übrigen Fällen verbleibt bei den Zuschauern allenfalls ein Mitverschuldensanteil, der für den Veranstalter bzw. Betreiber zwar strafmildernd, nicht jedoch strafausschließend wirkt.⁸⁹

37 Der Grundsatz aus dem Haftungsverhältnis des Sportveranstalters und Sportstättenbetreibers zu den Zuschauern ist auf das Verhältnis des Veranstalters, Betreibers oder Ausrüsters zu den Sportlern nur bedingt übertragbar:

Soweit es um den allgemein verkehrssicheren Zustand von Sportstätten geht, gibt es keinen Grund, die Regeln der Verkehrssicherung im Verhältnis von Veranstaltern und Betreibern zu den Sportlern sportspezifisch zu modifizieren: Der Veranstalter und/oder Betreiber haftet gegenüber dem Sportler strafrechtlich in gleicher Weise wie gegenüber dem Zuschauer. Ein Beispiel, das eine allfällige Differenzierung der Haftung nach der Person der Betroffenen ad absurdum führen kann, zeigt die Richtigkeit dieses Ergebnisses: Stürzt etwa in einem Stadion aufgrund mangelnder Wartung ein Teil des Daches ein, kann es keinen Unterschied machen, ob durch die herabstürzenden Dachteile Zuschauer oder Sportler verletzt oder getötet werden. Vielmehr hat der Stadionbetreiber gegenüber beiden Opfergruppen gleichermaßen unter dem Gesichtspunkt der fahrlässigen Körperverletzung gem. § 229 StGB bzw. der fahrlässigen Tötung gem. § 222 StGB einzustehen.

Anders stellt sich die Sachlage hingegen dar, wenn es um die sportspezifische Beschaffenheit einer Sportstätte geht. Beispielhaft seien hier nur zwei Fallkonstellationen genannt: Eine neu konstruierte Autorennstrecke ist so anspruchsvoll, dass die Mehrzahl der Fahrer mit ihr überfordert ist; es kommt aus diesem Grund zu zahlreichen Unfällen mit hohen Sachschäden an den Fahrzeugen und verschiedenen Verletzungen bei den Fahrern.⁹⁰ Für eine Weltcup-Abfahrt im alpinen Skirennsport werden vom verantwortlichen Kurssetzer einzelne Tore so gesetzt, dass sie nur von den absoluten Spitzenfahrern gemeistert werden können. Zahlreiche andere Rennläufer stürzen, einige von ihnen ziehen sich gravierende Verletzungen zu.

Für derartige sportspezifische Sicherheitskriterien einer Sportstätte – oder auch eines Sportgeräts⁹¹ – haben im Regelfall die Kriterien der freiverantwortlichen Selbstgefährdung⁹² des Sportlers zu gelten: Da die Sportler nicht „blindlings" mit den jeweiligen Sportstätten und Sportgeräten konfrontiert sind, sondern diese normalerweise einer län-

---

⁸⁷ Die Abgrenzung der einverständlichen Fremdgefährdung von der freiverantwortlichen Selbstgefährdung ist in ihren Einzelheiten umstritten; die wohl h. M. nimmt sie anhand der Kriteriums der Geschehensbeherrschung vor: Hält das spätere Opfer das Geschehen selbst in der Hand, soll eine freiverantwortliche Selbstgefährdung vorliegen, ist hingegen der spätere Täter Herr des Geschehens, soll es sich um eine einverständliche Fremdgefährdung handeln (vgl. hierzu sowie zum Streitstand ausführlich *Tröndle/Fischer*, 53. Aufl., vor § 13, Rz. 19 f.); orientiert man sich an dieser Grenzziehung, so liegt bei den Besuchern von gefährlichen Sportveranstaltungen regelmäßig nur eine einverständliche Fremdgefährdung vor, da nicht sie, sondern die Sportler das Geschehen beherrschen.

⁸⁸ Vgl. dazu die Nachweise bei *Tröndle/Fischer*, a.a.O. (Fn. 87).

⁸⁹ S. dazu schon oben Fn. 86.

⁹⁰ Ein vergleichbarer Fall ist im Rodel-Sport aktuell geworden: Die neu erbaute Rodelbahn im italienischen Cesana sollte im Rahmen eines Weltcup-Rennens für die olympischen Winterspiele 2006 in Turin erprobt werden. Dabei kam es bereits im Training – offenbar bedingt durch die Konstruktion der Bahn – zu zahlreichen Stürzen, bei denen einige Fahrerinnen und Fahrer z. T. erheblich verletzt wurden; die geplante Weltcup-Veranstaltung wurde daraufhin abgesagt.

⁹¹ Zu denken ist hier vorrangig – aber keineswegs ausschließlich – an Rennfahrzeuge: Werden sie nicht entsprechend dem Stand der Sicherheitstechnik konstruiert und kommt deswegen der Fahrer zu Schaden oder zu Tode, so steht die Frage der Strafbarkeit des Konstrukteurs bzw. des Rennstallbesitzers im Raum; es sei in diesem Zusammenhang nur auf das Verfahren vor den italienischen Strafgerichten betreffend den tödlichen Unfall des Formel-1-Rennfahrers Ayrton Senna in Imola im Jahre 1994 erinnert.

⁹² Vgl. zu dieser Rechtsfigur auch bereits oben Fn. 87.

geren Testphase bzw. Besichtigung unterziehen, sind sie in der Lage, die Anforderungen einzuschätzen, die von der Sportstätte bzw. dem Sportgerät an sie gestellt werden. Soweit es sich um Profisportler handelt, ist daher davon auszugehen, dass sie aufgrund ihrer Vertrautheit und Erfahrung mit der Sportart sowie auch anderen ihnen bekannten Sportstätten und Sportgeräten das für sie bestehende Risiko zuverlässig einschätzen können. Gehen die Sportler das von ihnen erkannte Risiko gleichwohl ein, tragen sie allein die Verantwortung für die hieraus erwachsende Selbstgefährdung. Für den Veranstalter, Betreiber oder Ausrüster ist in diesem Fall bereits der Tatbestand[93] der möglichen Fahrlässigkeitsdelikte[94] ausgeschlossen. Anders liegt es hingegen, wenn sich versteckte, für den Sportler nicht erkennbare Gefahren realisieren. Für diese – in der Praxis wohl extrem seltenen – Konstellationen bleibt es bei der uneingeschränkten strafrechtlichen Haftung des Veranstalters, Betreibers oder Ausrüsters, sofern er seinerseits die Risiken hätte erkennen und vermeiden können.

38 Unterscheidet man für die strafrechtliche Haftung des Sportstättenbetreibers bzw. des Sportveranstalters oder -ausrüsters in seinem Verhältnis zu den Sportlern zwischen allgemeinen Verkehrssicherungspflichten und sportspezifischen Gestaltungsmöglichkeiten, so resultiert daraus naturgemäß die Frage nach einer sachgerechten Abgrenzung dieser beiden Bereiche. Diese kann anhand der technischen Regeln vorgenommen werden, die für die jeweils in Rede stehende Sportart festgelegt sind:

Um sportspezifische Gestaltungsmöglichkeiten handelt es sich immer dann, wenn für eine bestimmte Gestaltung einer Sportstätte bzw. eines Sportgeräts Vorgaben des zuständigen Verbandes existieren, durch die auch der einzuhaltende Sorgfaltsmaßstab bestimmt wird. Denn diese Vorgaben zeigen, dass die in ihnen geregelte Gestaltung des Sportgeräts bzw. der Sportstätte offenbar zu den Grundlagen des betreffenden Sports gehört, ohne deren Festlegung seine Ausübung gar nicht sinnvoll möglich wäre.[95] Missachtet der Veranstalter, Betreiber oder Ausrüster bei der Gestaltung der Sportstätte bzw. des Sportgeräts diese Vorgaben des Sportregelwerks, so verlässt er damit die sportspezifische Gestaltungsmöglichkeit und zugleich auch den Bereich der strafrechtlichen Haftungsprivilegierung. Er muss sich dann im Falle eines Schadenseintritts sein regelwidriges Verhalten als Sorgfaltswidrigkeit im strafrechtlichen Sinne zurechnen lassen. Die Strafbarkeit des Veranstalters, Betreibers oder Ausrüsters kann allerdings auch in diesem Fall ausgeschlossen sein, wenn sich der Sportler freiverantwortlich selbst gefährdet, indem er die Sportstätte bzw. das Sportgerät trotz der von ihm erkannten Regelwidrigkeit nutzt.

Bei der Grenzziehung zwischen allgemeinen Verkehrssicherungspflichten und sportspezifischen Gestaltungsmöglichkeiten verbleibt freilich dann ein Graubereich, in dem sich eine schematische Lösung verbietet, wenn Vorgaben des einschlägigen Regelwerks fehlen oder nicht eindeutig sind. Dies hat beispielsweise der Fall der österreichischen Skirennläuferin Ulrike Maier gezeigt, die bei einem Weltcup-Abfahrtsrennen zu Tode kam, weil sie bei einem Sturz mit dem Kopf gegen ein im Schnee angebrachtes Zeitmessgerät prallte. Die Anbringung von solchen Messanlagen u. ä. mag man zunächst dem Bereich der allgemeinen Verkehrssicherungsverantwortung zuordnen, jedoch ist andererseits zu bedenken, dass es sich dabei um eine (leistungs-)sportspezifische Notwendigkeit handelt, die mit guten Gründen auch zu den sportspezifischen Gestaltungsmöglichkeiten gerechnet werden kann.[96] Welche Lösung im Einzelfall sachgerecht ist, kann angesichts der

---

[93] Wohl einhellige Meinung; vgl. *Tröndle/Fischer*, 53. Aufl., vor § 13, Rz. 19 m. w. N. aus Literatur und Rechtsprechung.

[94] Der Fall einer vorsätzlichen Fehlkonstruktion von Sportgeräten oder Sportstätten kann für die Praxis wohl getrost außer Betracht bleiben.

[95] Ein anschauliches Beispiel hierfür liefert das technische Regelwerk der FIA, das die Spezifika der Rennwagen der einzelnen Kategorien festlegt; gäbe es diese Bestimmungen nicht, wäre der Automobil-Rennsport sinnlos, da dann leistungsmäßig nicht mehr vergleichbare Fahrzeuge gegeneinander ins Rennen geschickt werden könnten.

[96] So im Ergebnis auch *Fritzweiler/Pichler*, SpuRt 1997, 124.

Fülle der möglichen Konstellationen nicht abstrakt vorab beantwortet werden. Die praktische Erfahrung zeigt allerdings, dass die Strafverfolgungsbehörden für solche Fälle die Beurteilungshoheit beanspruchen und dementsprechend leicht geneigt sind, die Ermittlungen aufzunehmen und ein förmliches Strafverfahren einzuleiten.[97] Um dies von vornherein zu vermeiden verbleibt dem Veranstalter, Betreiber oder Ausrüster nur der Ausweg der Unfallprävention mittels größtmöglicher Sicherheitsvorkehrungen, die im Zweifel noch über die Vorgaben der Regelwerke hinausreichen sollten.

39 Anders gelagerte Abgrenzungsschwierigkeiten ergeben sich im Bereich des Amateursports: Während im Profisport für strafrechtlich relevante Rechtsgutsbeeinträchtigungen aus der Sphäre von Veranstaltern, Betreibern und Ausrüstern regelmäßig mit Hilfe der Figur der freiverantwortlichen Selbstgefährdung des Sportlers sachgerechte Ergebnisse erzielt werden können, sind im Amateurbereich differenziertere Lösungen notwendig. Denn bei Amateursportlern kann nicht – wie beim erfahrenen Profi – ohne weiteres davon ausgegangen werden, dass er das Risiko der Sportausübung in vollem Umfang überblickt, weshalb die Freiverantwortlichkeit seiner Selbstgefährdung oftmals in Frage zu stellen sein wird. Verbleiben insoweit im Einzelfall Zweifel, ist es nach hier vertretener Auffassung durchaus sachgerecht, den Veranstalter, Betreiber oder Ausrüster auch im Bereich der sportspezifischen Gestaltungsmöglichkeiten mit der strafrechtlichen Haftung zu belasten. Denn im Verhältnis zum Amateursportler ist gerade der Veranstalter, Betreiber oder Ausrüster als der erfahrene „Profi" zu betrachten, der in der Lage ist, bestehende Risiken vorab abzuschätzen und – wo nötig – zu vermeiden. Schon allein unter dem Gesichtspunkt der größeren Erfahrung und Sachnähe ist es daher angebracht, ihn grundsätzlich in die Haftung zu nehmen.

IV. Ergebnis

40 Das Sportstrafrecht im engeren Sinne privilegiert die *Bewegungskampfsportarten*.
41 Das Sportstrafrecht im engeren Sinne findet nur für *anerkannte* Sportarten Anwendung. Die Definitionsmacht hierüber üben im Zweifelsfall die Gerichte aus.
42 Das Sportstrafrecht im engeren Sinne gilt auch im Rahmen anerkannter Bewegungskampfsportarten nur für Straftaten *im* Sport, nicht aber für Straftaten beim Sport.
43 Straftaten im Sport betreffen lediglich die *Körperverletzungs- und Sachbeschädigungsdelikte*.
44 Straftaten im Sport betreffen regelmäßig nur das Verhältnis der ausübenden *Sportler untereinander*.
45 Sportveranstalter, Sportstättenbetreiber und Sportausrüster tragen die volle strafrechtliche Verantwortung für die Erfüllung ihrer *allgemeinen Verkehrssicherungspflichten*.
46 Daneben existiert für Sportveranstalter, Sportstättenbetreiber und Sportausrüster ein Bereich *sportspezifischer Gestaltungsmöglichkeiten*, in dem der für sie geltende Sorgfaltsmaßstab durch die technischen Regelwerke der Sportverbände konkretisiert ist. Zudem ist dieser Bereich im Verhältnis zu den Profi-Sportlern unter dem Gesichtspunkt der freiverantwortlichen Selbstgefährdung des Sportlers privilegiert.

B. Das Sportwirtschaftsstrafrecht als Sportstrafrecht im weiteren Sinne

47 Wie bereits in der Einführung dargestellt,[98] führt die zunehmende Professionalisierung und Kommerzialisierung des Sports dazu, dass sich das Sportgeschehen immer mehr allgemeinen Sachverhalten des Wirtschaftslebens angleicht. Dementsprechend ist von den

---

[97] So auch im geschilderten Todesfall von Ulrike Maier; hiergegen *Fritzweiler/Pichler*, a.a.O. (Fn. 96). Das Verfahren endete schließlich aufgrund eines unauflösbaren Gutachterstreits mit einer Einstellung.

[98] S. oben Rz. 3.

Sportverantwortlichen zunehmend auch das Gespür dafür gefordert, wo im allgemeinen Wirtschaftsverkehr die Grenzen des Erlaubten liegen und welche Vorsichtsmaßnahmen sowohl bei der allgemeinen Organisation eines Vereins oder Verbandes wie auch bei der konkreten Abwicklung einzelner Geschäfte zu beachten sind, um Grenzüberschreitungen zu vermeiden. Für das Sportstrafrecht ist es daher an der Zeit, seine Dienste in Form einer positiven Präventionsberatung anzubieten und den Verantwortlichen im Wirtschaftszweig Sport Handreichungen für ein „strafrechtsfestes" Agieren zu geben. Diese Handreichungen, denen Kapitel 6 dieses Teils gewidmet ist, sind gemeint, wenn in der vorliegenden Abhandlung vom Sportwirtschaftsstrafrecht als dem Sportstrafrecht im weiteren Sinne gesprochen wird. Die Verwendung des Begriffs des Sportwirtschaftsstrafrechts darf aber keinesfalls dahin missverstanden werden, dass auch in diesem Bereich – ähnlich wie im Sportstrafrecht im engeren Sinne – einer Straflosigkeit tatbestandsrelevanter Verhaltensweisen das Wort geredet werden soll. Das Gegenteil ist der Fall: Der Sport verlöre endgültig seine Unschuld, wenn er zu einem Tummelplatz würde, den Wirtschaftskriminelle ungestraft für ihre Zwecke nutzen könnten.

3. Kapitel. Körperverletzungen und Sachbeschädigungen im Sport

A. Einführung

I. Behandelte Deliktsgruppen

1. Körperverletzungs- und Sachbeschädigungsdelikte

Dargestellt werden im Folgenden lediglich die spezifischen sportstrafrechtlichen Fragestellungen im Zusammenhang mit den Körperverletzungsdelikten gem. §§ 223 ff. StGB sowie der Sachbeschädigung gem. § 303 StGB. **48**

Die Problematik, wie das Strafrecht sachgerecht mit Sportverletzungen umgehen kann, die auf Einwirkungen des Gegners zurückzuführen sind, stellt das klassische Betätigungsfeld des Sportstrafrechts im engeren Sinne dar. Trotz der bereits seit einigen Jahrzehnten andauernden Diskussion ist eine endgültige, sämtliche Sachverhaltskonstellationen sachgerecht erfassende Lösung dieses Problems bis heute nicht gefunden. Einigkeit besteht lediglich darüber, dass Körperverletzungen im Sport weitestgehend straffrei gestellt werden sollen und dass dieses Ergebnis nicht lediglich auf einem „Gentlemen-Agreement" der Sportler darüber beruhen sollte, im Verletzungsfall keinen Strafantrag gem. § 230 Abs. 1 StGB i.V. m. §§ 77 ff. StGB zu stellen.[99] Noch weniger tragfähig erscheint es, die bislang zu beobachtende Praxis der deutschen[100] Strafverfolgungsbehörden als gegeben hinzunehmen und die Verweisung eines eventuellen Strafantragstellers auf den Privatklageweg gem. § 374 Abs. 1 Nr. 4 i.V. m. § 376 StPO als im voraus feststehendes Faktum zu erwarten.[101] Die statt dessen notwendige dogmatische Begründung der Straf-

---

[99] Vgl. hierzu statt vieler *Tröndle/Fischer*, 53. Aufl., § 228, Rz. 22.

[100] Im Ausland herrschen – oftmals bedingt durch die Existenz spezieller Doping-Straftatbestände – z.T. andere Gepflogenheiten; dies haben allein im Jahr 2006 die Razzien der italienischen Behörden im Quartier der österreichischen Biathleten während der olympischen Spiele in Turin sowie die groß angelegten Ermittlungen der spanischen Polizei im Milieu des Profi-Radsports im Vorfeld der Tour de France gezeigt.

[101] Dies ist schon deshalb gefährlich, weil in jüngster Zeit erste Anzeichen einer Abkehr einzelner Staatsanwaltschaften von ihrer bisherigen Praxis zu beobachten sind: Anfang der 1980er Jahre war der Fußball-Profi Ewald Lienen noch ohne weiteres auf den Privatklageweg verwiesen worden, nachdem ihm sein Gegenspieler Norbert Siegmann während des Bundesliga-Spiels Arminia Bielefeld gegen Werder Bremen am 14. 8. 981 bei einem groben Foul eine klaffende Wunde im Oberschenkel zugefügt hatte, die mit 23 Stichen genäht werden musste, und er daraufhin Strafantrag gestellt

losigkeit des Sportlers ist bislang Gegenstand eines erbitterten Theorienstreits, dem *Schild* mit seiner im Jahre 2002 erschienenen Monographie zum Sportstrafrecht[102] erst noch einen neuen Ansatz hinzugefügt hat.[103] Der Praktiker des Sportrechts sieht sich daher einem unübersichtlichen Streitstand gegenüber, den er schon deshalb kennen sollte, um im Fall der Einleitung konkreter Ermittlungen die Chancen und Risiken des Verfahrens abschätzen und seine Argumente schärfen zu können. Der vorliegende Beitrag bietet daher neben einem eigenen dogmatischen Lösungsansatz[104] vorrangig eine Aufstellung der verschiedenen in Literatur und Rechtsprechung vertretenen Auffassungen, die den Einstieg in das komplexe Problemfeld erleichtern soll.

49 Angesichts der Debatte über die dogmatisch sachgerechte Lösung von Körperverletzungsfällen im Sport gerieten die im Sport ebenfalls häufig anzutreffenden Sachbeschädigungen üblicherweise aus dem Blickfeld. Dies stellt schon deshalb ein Versäumnis dar, weil auch diese Sachbeschädigungen – ebenso wie die Körperverletzungen im Sport – zu einem nicht unerheblichen Teil (bedingt) vorsätzlich begangen werden[105] und daher nicht ohne weiteres mit dem Hinweis darauf abgetan werden können, dass die fahrlässige Sachbeschädigung ohnehin nicht tatbestandsmäßig sei. Dieser Sachlage wird vorliegend dadurch Rechnung getragen, dass in einem kurzen Abschnitt[106] auf die Gemeinsamkeiten und Unterschiede in den Problemlagen bei der Körperverletzung und der Sachbeschädigung eingegangen wird.

Hingegen bleiben die übrigen Deliktsgruppen des Kern- und Nebenstrafrechts nachfolgend außer Betracht; dies hat im Einzelnen folgende Gründe:

2. Keine Behandlung der Tötungsdelikte

50 Die Tötungsdelikte der §§ 211 bis 222 StGB[107] sind aus zwei Gründen nicht Gegenstand der nachfolgenden Abhandlung: Zum einen, weil die Situation der vorsätzlichen Tötung eines Sportlers durch einen anderen Sportbeteiligten während der Sportausübung in der Praxis – glücklicherweise – vernachlässigt werden kann. Derartiges ist, soweit bekannt, bisher nicht vorgekommen[108] und wird hoffentlich auch in Zukunft ein theoretischer Fall bleiben.

---

hatte; im Jahre 2004 hingegen nahm die Staatsanwaltschaft Zwickau von Amts wegen (!) die Ermittlungen auf, nachdem in der Zweitliga-Partie des SV Wacker Burghausen gegen Erzgebirge Aue der Burghausener Spieler Hrvoje Vukovic dem Auer Spieler Skerdilaid Curri bei einem Zweikampf in der Luft mit den Stollen seiner Fußball-Stiefel in die Rippen getreten und Curri dabei einen Lungeneinriss sowie einen doppelten Rippenbruch beigebracht hatte. Bemerkenswert ist auch der Fall von Joey Didulica, dem Torhüter von Austria Wien, der einem Stürmer von Rapid Wien bei einem Zusammenprall im Strafraum während des Liga-Spiels am 26.5.2005 die Nase gebrochen hatte. Obwohl das Gericht nur von Fahrlässigkeit ausging, wurde der Torwart für seine Regelwidrigkeit vom Wiener Landesstrafgericht gleichwohl zu einer Geldstrafe von 120 Tagessätzen zu jeweils € 500,– verurteilt. Die Richterin sagte dabei in ihrer mündlichen Urteilbegründung: „Das Strafgesetz gilt für alle. Es gilt für den Mann auf der Straße und für den Tormann auf dem Fußballfeld". Vgl. hierzu die Meldung bei kicker online vom 25.4.2006 (http//:www.kicker.de/fussball/artikel/ 331467).

[102] *Schild*, Sportstrafrecht, Baden-Baden, 2002.
[103] Ausführlich zu seiner Theorie der Sportadäquanz unten Rz. 69.
[104] S. unten Rz. 79–83.
[105] S. unten Rz. 61.
[106] S. unten Rz. 101–105.
[107] Vgl. hierzu z. B. *Dölling*, GA 131 [1984], 71 (93), für (fahrlässige?) Tötung durch regelgerechte Schläge während eines Boxkampfes.
[108] Die Tötung des „Ultimate Fighters" Douglas Dedge (s. dazu schon oben Fn. 54) stellt ebenfalls keinen solchen Fall dar: Zum einen gilt das „Ultimate Fighting" – wie bereits dargestellt – nach ganz h. M. nicht als Sport, weshalb auch keine Tötung im Sport vorliegt; zum anderen muss – jedenfalls im Lichte der im Nachhinein bekannt gewordenen Fakten – davon ausgegangen werden, dass auch dieser Todesfall auf Fahrlässigkeit zurückzuführen ist.

Zum anderen sind fahrlässige Tötungen,[109] die in der Praxis – wenn auch selten – vorkommen können, im dogmatischen Ansatz anders zu behandeln, als die vergleichsweise harmlosen Körperverletzungen oder Sachbeschädigungen: Unabhängig davon, ob man für die letztgenannten Deliktsgruppen eine Lösung auf der Tatbestands- oder auf der Rechtfertigungsebene wählt,[110] wird man zugestehen müssen, dass Todesfälle im Sport, die auf die Einwirkung des Gegners zurückzuführen sind,[111] von keiner der angebotenen Lösungen erfasst sind. Sie sind weder sozial- noch sportadäquat[112] und können wegen der fehlenden Disponibilität des Rechtsguts Leben[113] auch nicht aufgrund der Einwilligung des Opfers straffrei gestellt werden. Für sie gelten daher stets die allgemeinen Grundsätze des Strafrechts, nicht aber die privilegierenden Besonderheiten des Sportstrafrechts im engeren Sinne.[114]

3. Keine Behandlung der übrigen Deliktsgruppen des Kern- und Nebenstrafrechts

Die übrigen Deliktsgruppen des Kern- und Nebenstrafrechts bleiben in der nachfolgenden Abhandlung außer Betracht, weil ihre Verwirklichung nicht mit dem Wesen des Sports in Verbindung steht, sondern lediglich bei der Gelegenheit der Sportausübung erfolgt. Derartige Straftaten *beim* Sport aber sind strikt von den Straftaten *im* Sport zu unterscheiden[115] und fallen daher nicht in den hier allein thematischen Gegenstandsbereich des Sportstrafrechts im engeren Sinne. 51

4. Sonderproblem: Doping

Das derzeit besonders akute Problem des Dopings bleibt an dieser Stelle aus mehreren Gründen unerwähnt: 52

Zum Ersten ist das Phänomen des Dopings keineswegs auf die Körperverletzungsdelikte beschränkt, sondern wirkt weit über diese hinaus in den Bereich des Vermögens-, Arzneimittel- und sogar Betäubungsmittelstrafrechts hinein.[116] Diese Bezüge des Dopings müssten im Zusammenhang einer Abhandlung der Körperverletzungsdelikte entweder deplaziert wirken oder aber zu kurz kommen.

Zum Zweiten ist umgekehrt auch festzustellen, dass das Doping keineswegs zwangs-

---

[109] Zum Sonderfall der Körperverletzung mit Todesfolge gem. § 227 StGB vgl. unten Rz. 97.

[110] Vgl. unten Rz. 64–83.

[111] Dies gilt erst recht für Todesfälle, die auf das Verhalten anderer Sportbeteiligter, wie insbesondere Trainer, Betreuer und Ärzte zurückgehen: Im Fußball-Sport haben in dieser Hinsicht mehrere plötzliche Herztode von Spielern in Portugal und Spanien Aufsehen erregt, bei denen der Vorwurf laut geworden ist, die medizinische Abteilung der Vereine, in denen diese Spieler engagiert waren, habe akute Warnhinweise übersehen oder missachtet; ein ähnlich gelagerter Fall betrifft den Tod von Korey Stringer, einem Profi der National Football League im American Football, der während eines Saisonvorbereitungs-Trainings seines Teams, der Minnesota Vikings, mit Kreislaufversagen zusammenbrach und anschließend verstarb.

[112] Anders aber wohl *Dölling*, GA 131 [1984], 71 (93), der bei der „regelgerechten" Tötung eines Boxers „das von der Rechtsordnung anerkannte gesellschaftliche Interesse an der Ausübung des Boxsports" als einen von mehreren Gründen für die Rechtfertigung der Tötung nennt.

[113] Dies ist im Kern unumstritten; vgl. statt aller *Wessels/Hettinger*, Strafrecht BT I, 29. Aufl., Rn. 2; die hieran im Zusammenhang mit der Problematik der Sterbehilfe geäußerte Kritik (vgl. NK-*Neumann*, 2. Aufl., vor § 211, Rz. 3 m. w. N.) ist für Sachverhalte aus der Welt des Sports nicht relevant.

[114] Wegen der insoweit uneingeschränkten Geltung des Offizialgrundsatzes des § 152 Abs. 1 StPO sind die Strafverfolgungsbehörden auch gehalten, in solchen Fällen stets zu ermitteln; vgl. hierzu *Reinhart*, SpuRt 1997, 1.

[115] Ausführlich hierzu bereits oben Rz. 26–29.

[116] S. dazu unten Rz. 125–148.

läufig den Tatbestand der Körperverletzung erfüllt[117] und auch aus diesem Grund nicht in einer Abhandlung über Körperverletzungen im Sport zu verorten ist.

Schließlich ist zum Dritten auch zu konstatieren, dass man dem grassierenden Dopingphänomen nicht gerecht werden könnte, wenn es lediglich als ein Unterpunkt unter mehreren in einem Kapitel „versteckt" würde. Seine Verbreitung und Virulenz im modernen (Profi-)Sport verlangt vielmehr auch eine vertiefte und gesonderte Behandlung im Rahmen eines eigenen Kapitels. Dementsprechend ist dem Doping in diesem Teil das nachfolgende Kapitel 4 gewidmet.

II. Körperverletzungen im anerkannten Bewegungskampfsport

53 Wie im Rahmen der Gegenstandsbestimmung für das Sportstrafrecht im engeren Sinne bereits erörtert, bildet der anerkannte Bewegungskampfsport dessen alleinigen Bezugspunkt.[118] Aus diesem Grunde bilden Verletzungen und Sachbeschädigungen im nebeneinander betriebenen Sport,[119] wie etwa dem alpinen Skilauf, nicht den Gegenstand der nachfolgenden Betrachtungen. Für derartige Verletzungs- und Schadensfälle gelten ausschließlich die allgemeinen strafrechtlichen Grundsätze, die hier nicht im Einzelnen erörtert werden können.

54 Hingewiesen sei an dieser Stelle allerdings kurz auf vier Gesichtspunkte, die in derartigen Situationen aus strafrechtlicher Sicht bedeutsam sind:

– Die Strafbarkeit kann nach deutschem Strafrecht stets nur daraus folgen, dass der Täter eine willensgesteuerte Handlung vorgenommen oder aufgrund einer willentlichen Entscheidung eine notwendige Handlung unterlassen hat.[120] Es kann sich für den Praktiker lohnen, einen Gedanken darauf zu verwenden, ob dieses Erfordernis im Einzelfall erfüllt ist: Zumindest der ungeübte Freizeitsportler gerät in diversen Sportarten in den ersten Übungsphasen nicht selten in Situationen, in denen nicht er selbst das Sportgerät, sondern umgekehrt das Sportgerät ihn beherrscht. Kommt es aus solchen Situationen heraus zu einer Verletzung oder Schädigung eines anderen, kann es bisweilen[121] an einer willensgesteuerten Handlung des Schädigers und damit an der Grundvoraussetzung jeder Strafbarkeit fehlen.

– Anders als im Bewegungskampfsport wird es bei Verletzungshandlungen im nebeneinander betriebenen Sport meist am Vorsatz[122] des Schädigers fehlen und lediglich Fahrlässigkeit im Raum stehen. Denn im Unterschied zum Bewegungskampfsport resultieren Schadensereignisse hier in der Mehrzahl der Fälle nicht daraus, dass der Sportler versucht, im unmittelbaren Zweikampf die Oberhand im Spielgeschehen zu behalten, sondern vielmehr daraus, dass er sich und seine Fähigkeiten überschätzt und daher dem anderen schlicht „in die Quere kommt".

---

[117] S. unten Rz. 110–124.

[118] S. oben Rz. 12–15.

[119] Die zur Bezeichnung dieser Sportarten verwendete Begrifflichkeit ist nicht einheitlich: *Fritzweiler* 5/Rz. 13 ff. bevorzugt offenbar den Begriff „Individualsportarten", setzt aber den in der Literatur häufig zu findenden Begriff der „Parallelsportarten" gleichberechtigt daneben; *Schild*, Sportstrafrecht, S. 62, spricht vom „sportlichen Verkehr".

[120] Vgl. *Wessels/Beulke*, Strafrecht AT, 35. Aufl., Rz. 85–99 mit ausführlicher Darstellung der einzelnen Theorieströmungen, die sich aber sämtlich im Erfordernis der Willentlichkeit der Handlung oder Unterlassung einig sind.

[121] *Schild*, Sportstrafrecht, S. 63, meint sogar, dass „in vielen Fällen" das Vorliegen eines willensgetragenen Verhaltens zu verneinen sei; dies steht allerdings in einem gewissen Widerspruch zu seiner unmittelbar anschließenden Feststellung, dass von dem ungeübten Sportler z. B. ein „Notsturz" verlangt werde und daher zumindest das Unterlassen einer solchen Notbremse oder aber die Tatsache, dass er sich aus freien Stücken in eine anschließend von ihm nicht mehr beherrschbare Lage gebracht habe, als willentliches Verhalten angesehen werden müsse.

[122] Vgl. unten Rz. 60/61.

- Der Fahrlässigkeitsvorwurf knüpft bei Verletzungen oder Sachbeschädigungen im nebeneinander betriebenen Sport häufig nicht an eine Regelwidrigkeit im eigentlichen Sinne an, sondern vielmehr an eine Missachtung der allgemein im Verkehr erforderlichen Sorgfalt. Dies schon deshalb, weil bisweilen gar keine entsprechenden Regeln vorhanden sind, die gebrochen werden könnten.[123] Eine wichtige Ausnahme bildet hier allerdings der Skisport, der auch im Bereich des Freizeit-Sports von den allgemeinen FIS-Regeln beherrscht wird.[124]
- Im nebeneinander betriebenen Sport wird für Verletzungen und Sachbeschädigungen eine rechtfertigende Einwilligung des Opfers meist von vornherein nicht in Betracht kommen. Vielmehr wird der Sportler, der sich selbst sorgfältig verhält, regelmäßig auch an seine Mit-Sportler den Anspruch stellen, dass diese ihrerseits die notwendige Umsicht walten lassen.[125]

III. Körperverletzungen im Sport

1. Konkretisierende Abgrenzung zu den Körperverletzungen beim Sport

Im Grundsatz wurde die Abgrenzung zwischen den Körperverletzungen *im* Sport, die den Gegenstand des Sportstrafrechts im engeren Sinne bilden, und den Verletzungen, die nur gelegentlich der Sportausübung erfolgen und daher nach allgemeinen strafrechtlichen Grundsätzen zu beurteilen sind, bereits vorgenommen.[126] Die Ausführungen können daher an dieser Stelle auf einige erläuternde Beispiele beschränkt werden, die zeigen, wo im Einzelfall die Grenze zwischen den Verletzungen im Sport und denjenigen beim Sport verläuft. 55

Nicht im Sport, sondern nur beim Sport finden z. B. statt: 56
- Schlägereien zwischen einzelnen Spielern oder ganzen Mannschaften, wie sie insbesondere im Eishockey nicht unüblich sind;
- bewusste Tätlichkeiten vor oder nach dem Spiel, während der Spielpausen oder bei ruhendem Spiel;
- bewusste Tätlichkeiten, die zwar im laufenden Spiel, aber ohne jeden Bezug zum Spielfluss erfolgen;
- das Wegschlagen des Spielgeräts mit Verletzungsfolgen bei Sportbeteiligten oder Zuschauern, insbesondere das Ballwegschlagen während einer Spielunterbrechung;[127]
- körperliche Auseinandersetzungen nach Kollisionen, wie sie im Motorsport bisweilen zu beobachten sind;
- bei Kampfsportarten im engeren Sinn wie z. B. dem Boxen, Judo, Karate u. ä. solche Angriffe auf den Gegner, die bewusst nicht mit den zugelassenen Angriffsmitteln vorgetragen werden;[128]

---

[123] Beispielsweise verstößt ein Freizeit-Radsportler, der bei einem Überholvorgang auf einem Feldweg mit einem entgegenkommenden Jogger zusammenstößt, allenfalls gegen die allgemeinen Gebote des Straßenverkehrs, nicht aber gegen eine spezifische Sportregel der Radsportverbände.

[124] Ausführlich zu den FIS-Regeln *Fritzweiler* 5/Rz. 16–27.

[125] Dieser Anspruch wird vom Strafrecht in Form des sog. „Vertrauensgrundsatzes" auch anerkannt; der Vertrauensgrundsatz wurde ursprünglich für den Straßenverkehr entwickelt, wird jedoch mittlerweile weiterum als allgemeines Prinzip der Haftungsbegrenzung anerkannt; er besagt, dass „unter normalen und ordnungsgemäßen Verhältnissen jeder auf ein verkehrsgemäßes Verhalten der anderen Verkehrsteilnehmer vertrauen darf, sich also nicht darauf einzustellen braucht, dass andere sich ordnungswidrig verhalten." (vgl. Schönke/Schröder-*Cramer/Sternberg-Lieben*, 27. Aufl., § 15, Rz. 211 sowie Rz. 148–153).

[126] S. oben Rz. 27.

[127] Vgl. hierzu auch OLG Karlsruhe, NJW 1982, 394.

[128] Ein Beispiel hierfür liefert der Biss des Profi-Boxers Mike Tyson ins Ohr seines Gegners Evander Holyfield während des Weltmeisterschaftskampfes am 28. 6. 1997 in Las Vegas; das Boxen ist ein Faustkampf, kein Beißkampf (für diesen Fall ebenso *Tröndle/Fischer*, 53. Aufl., § 228, Rz. 22).

– der bewusste Missbrauch des Sportgeräts zu anderen als den im Regelwerk vorgesehenen Zwecken.[129]

Diese Liste erhebt selbstverständlich keinen Anspruch auf Vollständigkeit. Sie soll zudem nicht darüber hinwegtäuschen, dass sich die Abgrenzung der Kategorien im Einzelfall schwierig gestalten kann und einer allgemeingültigen, abstrakten Lösung nicht zugänglich ist. Sie kann aber als Leitschnur dienen, die einen Vergleichsmaßstab für konkrete Einzelfälle liefert und dadurch deren Einordnung zumindest erleichtert.

2. Trainerhandeln als Körperverletzung im Sport?

57 a) Beteiligung des Trainers an den Taten seiner Spieler. Nach den oben[130] getroffenen Feststellungen kommen Körperverletzungen im Sport grundsätzlich nur im Verhältnis der Sportler zueinander, nicht aber in der Beziehung von Sportlern und Trainern in Betracht. Eine Ausnahme hierzu ist aber durch den Grundsatz der sog. Akzessorietät der Teilnahme im Strafrecht vorgezeichnet: Danach erfährt die Teilnahme, die in Form der Anstiftung gem. § 26 StGB oder der Beihilfe gem. § 27 StGB vorkommen kann, regelmäßig das rechtliche Schicksal der Haupttat, auf die sie sich bezieht.[131] Für das Sportstrafrecht im engeren Sinne ist dieses Prinzip dahin auszugestalten, dass auch die mögliche Teilnahme des Trainers, die nahezu stets als Anstiftung gegeben sein wird, in den Genuss der Privilegierungen des Sportstrafrechts im engeren Sinne kommt, wenn die Haupttat des Sportlers als eine Tat im Sport anzusehen ist. Umgekehrt bleiben auch ihr diese Privilegierungen versagt, wenn schon die Haupttat des Sportlers selbst nur als eine solche bei Gelegenheit der Sportausübung einzustufen ist.[132]

Jenseits dieser Besonderheiten des strafrechtlichen Akzessorietätsgrundsatzes aber sind Privilegierungen des Trainers durch das Sportstrafrecht im engeren Sinne nicht anzuerkennen. Dies gilt insbesondere auch für Körperverletzungen durch quälerische Trainingsmethoden.

58 b) Körperverletzung durch quälerisches Training. In seiner Monographie zum Sportstrafrecht trifft *Schild* die bezeichnende Feststellung:

„*Andere Lösungen*... *können das Problem der konkreten Trainingssituation nicht lösen, weil es durchaus zu tatsächlichem Widerruf des gequälten und an seine Grenzen geführten Sportlers kommen kann.*"[133]

Dies lässt sich zwanglos dahin verstehen, dass *Schild* quälerische, die Tatbestandsschwelle der Körperverletzungsdelikte überschreitende Trainingsmethoden nicht nur im Einzelfall durch die Einwilligung des Sportlers für rechtfertigungsfähig, sondern im Allgemeinen sogar dann für tatbestandslos, weil sportadäquat, hält, wenn sie dem erklärten Willen des Betroffenen zuwider laufen. Dies erhellt aus seiner weiteren Bemerkung, dass man „*auch hier auf das Kriterium der Sportadäquanz abstellen*"[134] könne.

Obwohl *Schild* selbst die Folgerungen seiner Feststellung dadurch abschwächt, dass er „brutales Straftraining, Ohrfeigen oder Misshandlungen..., Verordnung von planmäßi-

---

[129] Zu denken ist hier etwa an den Fall, dass ein Baseball-Spieler seinen Schläger nicht zur Abwehr des gepitchten Balles, sondern dazu benutzt, um mit ihm auf einen Gegenspieler loszugehen.
[130] S. oben Rz. 31 und 34.
[131] Allgemein zum Grundsatz der Akzessorietät z. B. *Wessels/Beulke*, Strafrecht AT, 35. Aufl., Rz. 551 ff.
[132] Ein anschauliches Beispiel für diese Problemlage bietet wiederum das Foul von Norbert Siegmann an Ewald Lienen (s. dazu schon oben Fn. 101): Ewald Lienen sowie einige Verantwortliche von Arminia Bielefeld wollten gehört haben, dass Norbert Siegmann von seinem Trainer Otto Rehagel verbal („Pack ihn dir!") zu dem Foul angestachelt worden war; Ewald Lienen erstreckte daraufhin seinen Strafantrag auch auf Otto Rehagel wegen des Verdachts der Anstiftung zur Körperverletzung; dieses Verfahren verlief ebenso im Sande wie das gegen Norbert Siegmann selbst.
[133] *Schild*, Sportstrafrecht, S. 128.
[134] *Schild*, a.a.O. (Fn. 133).

gen Hungerkuren... oder Exzesse im Turntraining" als „eindeutig sportinadäquat und rechtswidrig" bezeichnet,[135] ist seinem Ansatz vehement zu widersprechen: Training, das unter den Begriff der körperlichen Misshandlung[136] oder der Gesundheitsschädigung[137] subsumiert werden kann, ist nie sportadäquat. Allenfalls kann der betroffene Sportler es durch seine Einwilligung rechtfertigen, jedoch muss es ihm dann auch freistehen, diese Einwilligung zu widerrufen und die quälerische Trainingsmethode zurückzuweisen, wenn er genug von ihr hat. Sport – auch professionalisierter Spitzensport – ist nicht militärischer Drill,[138] bei dem sich der untergebene Sportler bedingungslos und ohne zu murren den Befehlen des vorgesetzten Trainers zu beugen hätte. Der „tatsächliche Widerruf des gequälten Sportlers"[139] einer zuvor erteilten Einwilligung ist daher nicht etwa ein sachwidriger juristischer Winkelzug, sondern der stets beachtliche Ausweg, auf dem sich die Willensfreiheit und Menschenwürde des Sportlers Achtung verschafft.

IV. Empirische Grundlagen der Körperverletzungen im Sport

1. Vorbemerkung

Nach der Abgrenzung des Gegenstandsbereichs der nachfolgenden Abhandlung ist nunmehr auf die tatsächliche Ausgangslage einzugehen, die stets im Auge gehalten werden muss, wenn sachgerechte juristische Lösungen für die bestehenden Probleme des Sportstrafrechts erzielt werden sollen. Dies gilt insbesondere für die primär empirische Feststellung der subjektiven Tatseite bei Körperverletzungen und Sachbeschädigungen im Sport. Sollte sich nämlich erweisen, dass derartige Taten überwiegend auf Fahrlässigkeit beruhen, so wären bereits dadurch einige Problemkreise entschärft. Sollte hingegen im Regelfall vom Vorsatz des verursachenden Sportlers ausgegangen werden müssen, wären hierdurch einzelne der bislang angebotenen dogmatischen Lösungsansätze zur strafrechtlichen Behandlung von Körperverletzungen im Sport von vornherein diskreditiert.[140] 59

2. Regelfall: Vorsätzliche Tatbestandsverwirklichung

Die strafrechtsdogmatische Diskussion über die Behandlung sportlicher Sachverhalte wird bislang von der Grundannahme beherrscht, dass es in der Praxis ganz überwiegend lediglich um fahrlässiges Handeln gehe. Dies dürfte auch der eigentliche Grund dafür sein, weshalb die Sachbeschädigung im Sport nicht in den Fokus der traditionellen sportstrafrechtlichen Literatur gekommen ist: Offenbar geht man davon aus, dass dieser Deliktstatbestand, von dem keine Fahrlässigkeitsvariante existiert, im Regelfall ohnehin nicht relevant werden könne, da von den Sportlern der Erfolg einer Beschädigung oder gar Zerstörung der gegnerischen Sportausrüstung nicht einmal billigend Kauf genommen, geschweige denn gewollt oder beabsichtigt werde. 60

Schild hat freilich jüngst für die Körperverletzung – allerdings nicht für die Sachbeschädigung, die auch bei ihm außer Betracht bleibt – zu Recht darauf aufmerksam gemacht, dass diese Grundannahme verfehlt ist:[141] Ganz überwiegend nimmt der Sportler,

---

[135] *Schild*, a.a.O. (Fn. 133).
[136] Körperliche Misshandlung wird definiert als „üble und unangemessene Behandlung, durch welche das körperliche Wohlbefinden des Opfers mehr als nur unerheblich beeinträchtigt wird"; vgl. für diese allgemein akzeptierte Definition *Wessels/Hettinger*, Strafrecht BT I, 29. Aufl., Rz. 255.
[137] Gesundheitsschädigung ist nach allgemeiner Auffassung „das Hervorrufen oder Steigern eines krankhaften Zustandes körperlicher oder seelischer Art beim Opfer"; vgl. *Wessels/Hettinger*, Strafrecht BT I, 29. Aufl., Rz. 257.
[138] Vgl. zu dessen angeblicher Sonderstellung im Rahmen der Körperverletzungsdelikte BGHSt 14, 269.
[139] *Schild*, a.a.O. (Fn. 133).
[140] S. unten Rz. 70 und Rz. 78.
[141] Vgl. *Schild*, Sportstrafrecht, S. 69 und 74f.; ebenso *Tröndle/Fischer*, 53. Aufl., § 228, Rz. 22; auch einzelne Gerichte sind mittlerweile offenbar geneigt, bei bestimmten Fouls im Sport Vorsatz hin-

der seinen Gegenspieler unmittelbar körperlich attackiert, dabei billigend in Kauf, dass dieser im Falle des Körperkontakts auch Schmerzen verspürt; jede andere Unterstellung wäre – zumal für einen Profisportler, der die Zweikampfsituationen präzise einzuschätzen vermag und die Wirkung von „Körpertreffern" aus eigener Erfahrung zur Genüge kennt – lebensfremd.

Der bisher vorherrschende Fahrlässigkeitsansatz hat sich von dieser Tatsache wohl nur deshalb ablenken lassen, weil er die eigentliche Sportverletzung in Form eines heilungsbedürftigen pathologischen Zustandes und damit ausschließlich die Tatbestandsvariante der Gesundheitsschädigung im Sinne des § 223 Abs. 1, 2. Alt. StGB vor Augen hat. Insoweit wird es wohl in der Tat meist am notwendigen Vorsatz des verursachenden Spielers fehlen, da dieser darauf vertrauen wird, dass es „schon gut gehen wird" und sein Gegner nach allenfalls kurzer Behandlung das Spiel wieder aufnehmen kann. Da aber eine vorsätzliche Körperverletzung auch schon dann vorliegt, wenn nur die andere Alternative des § 223 StGB, nämlich die körperliche Misshandlung billigend in Kauf genommen wird, vermag dieser Vorsatzmangel hinsichtlich der Gesundheitsschädigung des Gegners den Sportler nicht zu entlasten.

61 Bei der Sachbeschädigung mag das Verhältnis zwischen Vorsatz und Fahrlässigkeit ausgeglichener sein als bei den Körperverletzungsdelikten. Zu vernachlässigen ist der Vorsatzanteil aber auch hier sicherlich nicht: Zu denken ist dabei insbesondere an den Motorrennsport, bei dem sog. „Racing-Accidents" an der Tagesordnung sind. Es widerspräche der Lebenserfahrung, anzunehmen, dass in diesen Situationen von den Beteiligten weder eine Beschädigung des gegnerischen noch des eigenen Fahrzeugs (auch dieses ist für den Fahrer in aller Regel fremd!) für möglich gehalten und billigend in Kauf genommen würde. Zahlreiche weitere Vorsatzsituationen aus anderen Sportarten kommen hinzu.[142] Schon aus diesem Grund ist daher im Folgenden auch – in der gebotenen Kürze – auf die strafrechtliche Behandlung vorsätzlicher Sachbeschädigungen im Sport einzugehen.

3. Regelfall: Vorsätzliche Regelverletzung

62 Eine zweite verbreitete Grundannahme besteht darin, dass nicht nur Körperverletzungen des Gegners i. S. d. § 223 StGB, sondern auch die diesen Verletzungen vorgelagerten Regelverstöße durch die Sportler überwiegend nur fahrlässig erfolgen. Auch dies erscheint in erhöhtem Maße lebensfremd: Die Sportregeln, und insbesondere die Fairnessanforderungen, sind in den meisten Sportarten durchaus einfach und klar ausgestaltet, dem Sportler bekannt und – mindestens in Form des sog. sachgedanklichen Mitbewusstseins[143] – in der Handlungssituation auch bewusst. Ein Fußball-Spieler etwa, der seinen Gegenspieler mittels einer sog „Notbremse" von den Beinen holt, weiß, dass dieses Verhalten nicht regelkonform ist; gleiches gilt für den Eishockey-Profi, der seinen Gegner mittels eines Cross-Checks an die Bande drückt. Die Liste dieser Beispiele ließe sich beliebig verlängern. Sie alle zeigen schon an dieser Stelle, dass eine Begründung der Straflosigkeit von Körperverletzungen und Sachbeschädigungen im Sport, die von lediglich fahrlässigen Regelverletzungen ausgeht, nicht sachgerecht sein kann.

---

sichtlich der Verletzungsfolge anzunehmen: So hat das AG Freiburg den Eishockey-Profi Peter Jakobsson wegen bedingt vorsätzlich begangener gefährlicher Körperverletzung zu einer Geldstrafe i. H. v. € 3.000,00 verurteilt, weil er seinem Gegenspieler Jiri Selenka mit einem regelwidrigen Stockschlag mehrfach den Kiefer gebrochen hatte; vgl. hierzu die Meldung in der *Süddeutschen Zeitung* vom 21. 4. 2005, S. 34.

[142] So kann z. B. mit Fug davon ausgegangen werden, dass ein Fußballspieler, der seinen Gegner durch heftiges Zerren an dessen Trikot daran hindern will, an den Ball zu kommen, dabei auch in Kauf nimmt, dass das malträtierte Kleidungsstück reißt.

[143] Vgl. hierzu Schönke/Schröder-*Cramer/Sternberg-Lieben*, 27. Aufl., § 15, Rz. 51 ff.

B. Körperverletzungen im Sport

I. Vorbemerkung

Der Aufbau der nachfolgenden Darstellung folgt nicht – wie sonst allgemein üblich – 63
dem Deliktsaufbau im Strafrecht und arbeitet daher nicht schematisch die Probleme des
objektiven und subjektiven Tatbestandes, der Rechtswidrigkeit und der Schuld der Reihe
nach ab. Stattdessen wird die Diskussion über den dogmatisch korrekten Weg hin zur
Straflosigkeit von Körperverletzungen im Sport vorab behandelt und damit in den Mittelpunkt gestellt. Erst im Anschluss hieran wird dann auf die – wenigen – verbleibenden
allgemeinen Fragen des Tatbestands und seiner Qualifikationen,[144] des Versuchs,[145] der
Täterschaft und Teilnahme[146] sowie des Unterlassens[147] eingegangen. Dies rechtfertigt sich
daraus, dass zum einen die dogmatische Diskussion über die Straflosigkeit den eigentlichen und klassischen Schwerpunkt des Sportstrafrechts im engeren Sinne darstellt und
zum anderen auch – unabhängig von der jeweils eingenommenen dogmatischen Position
– weitgehende Einigkeit über die im Ergebnis anzunehmende Straflosigkeit des Sportlers
herrscht, weshalb die allgemeinen Deliktsprobleme in der Praxis nur selten relevant
werden.

II. Dogmatische Begründungen für die Straflosigkeit der Körperverletzungen im Sport

1. Vorbemerkung

Die in Literatur und Rechtsprechung für die Straflosigkeit des Sportlers angebotenen Be- 64
gründungen lassen sich in zwei Gruppen unterteilen:
  Eine in der Literatur im Vordringen begriffene Auffassung will, mit im Einzelnen sowohl inhaltlich wie auch begrifflich unterschiedlichen Ansätzen, bereits die Tatbestandsmäßigkeit von Sportverletzungen verneinen,[148] weshalb es für sie auf die Frage einer
möglichen Rechtfertigung nicht mehr ankommt.
  Hingegen stellt die Rechtsprechung – und ihr folgend auch die (noch) herrschende
Meinung in der Literatur – darauf ab, dass das Verhalten im Einzelfall durch die Einwilligung des Opfers in den Grenzen des § 228 StGB gerechtfertigt sein könne.[149] Die eigene
Lösung[150] orientiert sich zwar im Ansatz an dieser Rechtfertigungstheorie, wählt für
deren Begründung aber einen abweichenden Weg.

2. Tatbestandsausschließende Lösungen

a) Restriktive Auslegung des Tatbestands der Körperverletzungsdelikte. Verschie- 65
dentlich ist versucht worden, das erwünschte Ergebnis der Straflosigkeit des Sportlers
bereits durch eine sportspezifisch oder „situationsadäquat"[151] restriktive Auslegung der
objektiven Voraussetzungen der Körperverletzungsdelikte zu erreichen. Dabei wird vor
allem an der ersten Alternative des § 223 Abs. 1 StGB, der körperlichen Misshandlung,[152]
angesetzt. Diese soll nicht vorliegen, wenn der Täter nicht in unfairer Absicht, somit also

---

[144] S. unten Rz. 88–97.
[145] S. unten Rz. 98.
[146] S. unten Rz. 99.
[147] S. unten Rz. 100.
[148] S. dazu sogleich unten Rz. 65–69.
[149] S. dazu unten Rz. 71–77.
[150] S. unten Rz. 79–83.
[151] So Eser, JZ 1978, 368 (371).
[152] Vgl. zur Definition der körperlichen Misshandlung bereits oben Fn. 136.

nicht unangemessen, handelt.¹⁵³ Gleiches soll nach anderer Interpretation, die sich an der Problematik des ärztlichen Heileingriffes orientiert, dann gelten, wenn der betroffene Gegenspieler kein Missempfinden verspürt oder das sportliche Handeln in seiner Gesamttendenz gerade auf Gesundheitsförderung angelegt ist.¹⁵⁴

Im Ergebnis ähnlich wirkt sich auch die Auffassung einiger Autoren aus, die die von der herrschenden Meinung vorgenommene Differenzierung zwischen tatbestandsausschließendem Einverständnis und rechtfertigender Einwilligung ablehnen und im Rahmen der Körperverletzungsdelikte eine Misshandlung des Opfers nur dann annehmen wollen, wenn es an seiner Einwilligung fehlt und der Täter somit gegen seinen Willen handelt.¹⁵⁵

66 b) Sozialadäquanz bzw. erlaubtes Risiko. *aa) Vorbemerkung.* Im vorliegenden Abschnitt wird eine direkte Beziehung zwischen den Begriffen der Sozialadäquanz und des erlaubten Risikos hergestellt, die beim Leser den Eindruck erwecken kann, als handle es sich dabei unbestritten um widerspruchsfreie oder sogar synonyme Begriffe. Dieser Eindruck wird – dessen ist sich der Autor bewusst – den Vertretern dieser Ansätze nur zum Teil gerecht. Denn während einige von ihnen in der Tat die Ausdrücke „Sozialadäquanz" und „erlaubtes Risiko" mit gleichlaufender Tendenz verwenden,¹⁵⁶ sollen sie bei anderen offenbar als Gegensatzpaar¹⁵⁷ verstanden werden. Den Verästelungen in der Begriffsverwendung¹⁵⁸ kann und soll freilich im Rahmen eines an den Bedürfnissen der Praxis orientierten Handbuches nicht im Einzelnen nachgegangen werden. Dies umso weniger, als sich bei näherem Hinsehen der Verdacht aufdrängt, dass häufig zwar intensiv über Begriffe, nicht aber über die Sache selbst gestritten wird.

Unübersichtlich ist der Streitstand auch innerhalb der Gemeinde der Anhängerschaft der Figur des erlaubten Risikos selbst: Eine traditionelle Strömung siedelt das erlaubte Risiko ausschließlich im Bereich der Fahrlässigkeitsdogmatik an,¹⁵⁹ zieht es dort als Korrektiv für die Sorgfaltswidrigkeit heran¹⁶⁰ und gelangt demgemäß zu einem Tatbestandsausschluss.¹⁶¹ Andere hingegen betrachten das erlaubte Risiko als einen Rechtfertigungsgrund¹⁶² eigener Art. Wieder andere unterscheiden – in einer bisweilen sowohl begriff-

---

¹⁵³ So *Eser*, JZ 1978, 368 (371); *Faller*, Sport und Strafrecht (Die Sportverletzung), S. 42 und 68; gegen ihn mit guten Gründen *Berr*, Sport und Strafrecht, S. 47 f.

¹⁵⁴ So z. B. *Burgardsmeier*, Der Ringkampf im Strafrecht (Rostock, 1913), S. 38; *Karding*, Straflose vorsätzliche Körperverletzungen bei Bewegungsspielen (Leipzig, 1902); *Schmidt*, Die strafrechtliche Verantwortlichkeit des Arztes für verletzende Eingriffe (Jena, 1900), S. 56; *Weimann*, Verletzungen beim Sport (Breslau, 1921); diese, durchgehend in Monographien aus der Frühzeit des 20. Jahrhunderts vertretene Auffassung ist mittlerweile in Diktion und Inhalt deutlich antiquiert.

¹⁵⁵ So z. B. *Hirsch*, ZStW 74 [1962], 78 (105, Fn. 102); SK-*Horn/Wolters*, § 223, Rz. 36; *Wimmer*, Die Bedeutung des zustimmenden Willens und anderer positiver Stellungnahmen des Berechtigten, S. 145 ff. und 167.

¹⁵⁶ So z. B. *Jakobs*, Strafrecht AT, 2. Aufl., 7/113 sowie 7/127, Anm. 195 a, wo für sein Konzept des erlaubten Risikos die Vertreter der Lehre von der Sozialadäquanz zustimmend zitiert werden.

¹⁵⁷ So z. B. von *Hirsch* ZStW 74 [1962], 78 (95), der von „sozialinadäquatem, aber erlaubtem Risiko" spricht.

¹⁵⁸ Vgl. hierzu *Roxin*, Strafrecht AT I, 4. Aufl., § 11, Rz. 65.

¹⁵⁹ So z. B. *Roxin*, Strafrecht AT I, 4. Aufl., § 24, Rz. 20 und 108; *Kindhäuser* GA 141 [1994], 221; *Rössner*, FS Hirsch, S. 321; *Schürer-Mohr*, Erlaubte Risiken. Grundfragen des „erlaubten Risikos" im Bereich der Fahrlässigkeitsdogmatik, S. 166 f.

¹⁶⁰ So ausdrücklich *Rössner*, FS Hirsch, 321; *Schürer-Mohr*, Erlaubte Risiken. Grundfragen des „erlaubten Risikos" im Bereich der Fahrlässigkeitsdogmatik, S. 173.

¹⁶¹ So z. B. *Jakobs*, a.a.O. (Fn. 156; offenbar auch *Roxin*, Strafrecht AT I, 4. Aufl., § 24, Rz. 20 (speziell auch für fahrlässige Verletzungen im Sport).

¹⁶² So z. B. *Maurach/Zipf*, Strafrecht AT I, S. 401 ff.; *Preuß*, Untersuchungen zum erlaubten Risiko im Strafrecht, S. 161 ff. Für die Figur der Sozialadäquanz als Rechtfertigungsgrund treten ein *Schmidhäuser/Alwart*, Strafrecht AT, Rz. 108.

lich wie inhaltlich wenig erhellenden Art und Weise[163] – zwischen einem tatbestandsausschließenden unverbotenen und einem rechtfertigenden erlaubten Risiko.[164] Auch in diesem Punkt soll hier keine exakte Aufarbeitung der einzelnen Unterschiede in den jeweils vertretenen Standpunkten erfolgen, da deren Auswirkungen auf die Praxis gering sind. Vielmehr wird – der wohl überwiegenden Meinung unter den Verfechtern der Figur des erlaubten Risikos folgend – den nachfolgenden Ausführungen deren tatbestandsbegrenzender Charakter zugrunde gelegt. Dies erscheint schon deshalb sachgerecht, weil im Rahmen des sportlichen Geschehens wohl nur eine Tatbestandslösung gemeint sein kann, die sich bewusst von der Einwilligungslösung der h. M. abgrenzt; diese Abgrenzung wäre mit der Figur eines rechtfertigenden erlaubten Risikos, das überwiegend in unmittelbarer dogmatischer Nähe zur sog. Risikoeinwilligung abgesiedelt wird,[165] gerade nicht zu erreichen.

bb) Inhalt der Theorieströmungen. Zipf[166] und *Dölling*,[167] die beiden Begründer der Theorie **67** der Sozialadäquanz des sportlichen Geschehens, gehen – mit Unterschieden in den Details – von der Erkenntnis aus, dass der Sport vom staatlichen Recht als eigenes gesellschaftliches Teilsystem anerkannt[168] und wertgeschätzt[169] werde. Damit aber müssten die in diesem Teilsystem üblichen, wenn nicht sogar unvermeidlichen[170] Verhaltensweisen ebenfalls rechtlich anerkannt werden. In der Konsequenz seien Verletzungen, die in ein „sportübliches Verhaltensmuster"[171] fielen, aus dem Tatbestandsbereich der Körperverletzungsdelikte herauszunehmen. Dies mindestens dann, wenn sie auf fahrlässigem Handeln des Sportlers bei fahrlässigen Regelverletzungen beruhten.[172]

Von einem ähnlichen Gedanken gehen – wiederum mit zahlreichen Unterschieden **68** im Einzelnen – auch die Anhänger der Lehre vom erlaubten Risiko[173] aus. Sie verschieben dabei meist lediglich die Betonung von der Anerkennung der Verhaltensweisen in einem bestimmten Lebensbereich auf die rechtliche und/oder gesellschaftliche Akzeptanz von bestimmten, als riskant erkannten Verhaltensweisen: Ähnlich wie etwa der moderne Straßenverkehr, der trotz zahlreicher durch ihn hervorgerufener Schadensereignisse sehenden Auges gebilligt werde, stelle auch der Sport eine gesellschaftliche Sphäre dar, deren Schadensgeneigtheit bekannt sei, gleichwohl aber hingenommen werde. Dies sei auch im Rah-

---

[163] Vgl. Schönke/Schröder-*Lenckner*, 27. Aufl., vor § 32, Rz. 100: „Es sind dies die Fälle des im eigentlichen Sinn ‚erlaubten' d.h. gerechtfertigten Risikos (i. U. zu dem schon die Sorgfaltspflicht begrenzenden ‚erlaubten', d.h. wegen sozialer Sozialadäquanz bereits unverbotenen Risiko; …)".
[164] So z. B. *Schild*, Sportstrafrecht, S. 109 f. mit Fn. 335.
[165] Vgl. hierzu Schönke/Schröder-*Lenckner*, 27. Aufl., vor § 32, Rz. 104 ff.
[166] Vgl. *Zipf*, ZStW 82 [1970], 663; *ders.*, Einwilligung und Risikoübernahme im Strafrecht, Neuwied, 1970.
[167] Vgl. *Dölling*, ZStW 96 [1984], 36; ihm folgend *Kühn*, Sportstrafrecht und Notwehr unter besonderer Berücksichtigung der Fahrlässigkeitsstrafbarkeit im Sport und durch Kampfsport erworbener Sonderfertigkeiten, S. 72 ff.
[168] *Dölling*, ZStW 96 [1984], 36 (60).
[169] *Zipf*, ZStW 82 [1970], 663; *ders.*, Einwilligung und Risikoübernahme im Strafrecht, S. 95.
[170] *Zipf*, Einwilligung und Risikoübernahme im Strafrecht, S. 95 f.
[171] *Dölling*, ZStW 96 [1984], 36 (61).
[172] *Zipf*, Einwilligung und Risikoübernahme im Strafrecht, S. 95 f., 101 f. und 103; diese strengen Einschränkungen stellt Dölling nicht auf: Er hält auch regelwidrige und vorsätzliche Körperverletzungen für straflos, sofern sie nicht zu gravierenden Verletzungen führen; vgl. *Dölling*, ZStW 96 [1984], 36 (59 f. und 63).
[173] Vgl. z. B. *Cancio Meliá*, ZStW 111 [1999], 385; *Eser* JZ 1978, 372; *Kellner*, Die Einwilligung in die Lebensgefährdung, S. 39 ff.; *Niedermair*, Körperverletzung mit Einwilligung und die Guten Sitten, 131 f.; *Roeder*, Die Einhaltung des sozialadäquaten Risikos und ihr systematischer Standort im Verbrechensaufbau, S. 40 und 42; *Schmitt*, Körperverletzungen bei Fußballspielen, S. 129 f.; *F. C. Schroeder*, in: ders./H. Kauffmann (Hrsg.), Sport und Recht, 28; *Schürer-Mohr*, Erlaubte Risiken. Grundfragen des ‚erlaubten Risikos' im Bereich der Fahrlässigkeitsdogmatik, S. 308 und passim; in der älteren Literatur auch bereits *Vollrath*, Sportkampfverletzungen im Strafrecht, S. 26 ff. und 38 ff.

men einer strafrechtlichen Beurteilung zu beachten, soweit in der riskanten Lebenssphäre eigene, die Risikoverteilung sachgerecht regelnde Sorgfaltsnormen vorhanden seien; dieser Anforderung wiederum sei durch die sportlichen Regelwerke Genüge getan.[174]

69 c) Sportadäquanz. *Schild* hat neuerdings[175] ein eigenes Konzept der von ihm sog. Sportadäquanz vorgelegt, die er ebenfalls ausdrücklich als tatbestandsausschließend[176] verstanden wissen will. Sein Ausgangspunkt ist dabei ein normativ aufgeladener Sportbegriff, der durch das Vorhandensein eines ausgearbeiteten Regelwerks sowie grundsätzlich auch durch die Anerkennung der betreffenden Sportart mittels der Aufnahme des für sie zuständigen Verbandes in den deutschen Sportbund (DSB; jetzt: DOSB) konstituiert wird.[177] Bei der Betätigung dieses normativ bestimmten Sports sollen sowohl fahrlässige wie auch vorsätzliche[178] Körperverletzungen, die von einem Sportler an einem anderen verübt werden, in den sich aus dem „performativen Charakter des Sports"[179] – und damit letztlich aus sich selbst heraus[180] – ergebenden Grenzen tatbestandslos sein. Verallgemeinernd stellt *Schild* zu diesen Grenzen lediglich fest, dass sie durch die Kriterien der Sportimmanenz des schädigenden Verhaltens, die nicht mit seiner Regelkonformität gleichzusetzen seien,[181] sowie der freiwilligen Teilnahme des Opfers am Sportgeschehen[182] vorgegeben seien. Im Übrigen überlässt er die Grenzziehung einem „behutsam gehandhabten case-law".[183]

70 d) Kritik. Die vorstehend wiedergegebenen Ansätze sind aus verschiedenen Gründen abzulehnen:

Soweit sie eine sportspezifische Auslegung der Tatbestandsvoraussetzungen des § 223 StGB propagieren, verfehlen sie überwiegend schon das eigentliche Problem, da sie allein eine Einschränkung der Tatbestandsalternative der körperlichen Misshandlung im Auge haben, die für die Alternative der Gesundheitsschädigung naturgemäß nicht weiterhilft. Zudem formulieren sie bisweilen lediglich Selbstverständlichkeiten, wenn sie etwa eine Körperverletzung dann verneinen wollen, wenn das Opfer kein Missempfinden verspürt. Oder sie verkennen – wie insbesondere die älteren Literaturmeinungen[184] – die Notwendigkeit, für die strafrechtliche Beurteilung eines Verletzungsvorgangs stets auf die konkrete Handlung und die Situation des konkreten Opfers abstellen zu müssen. Diese, dem Strafrecht immanente Isolierung der Tat[185] verbietet es, aus der abstrakten Geeignetheit

---

[174] So offenbar *Roxin*, Strafrecht AT I, 4. Aufl., § 24, Rz. 18 unter Verweis auf die FIS-Regeln; vgl. auch *Schmidhäuser/Alwart*, Strafrecht AT, Rz. 104, 116 und 109.

[175] *Schild*, Sportstrafrecht, S. 116–124; in der Sache ebenso, aber unter anderer Bezeichnung auch schon *ders.*, Jura 1982, 464–477; 520–529; 585–592; mit ähnlicher Terminologie auch *Lorenzen*, SchlHA 1985, 67 („Sportimmanenz") und *Gropp*, Strafrecht AT, 3. Aufl., § 6 Rz. 230 („sportspezifische Sozialadäquanz").

[176] *Schild*, Sportstrafrecht, S. 116; *Fuchs*, Österreichisches Strafrecht AT I, S. 138 vertritt den gleichen Ansatz, misst ihm aber nur rechtfertigende Wirkung bei; diese Einordnung wird von Schild mit der Begründung abgelehnt, dass das hier in Rede stehende sportspezifische Risiko nicht erlaubt, sondern nur zugelassen sei (*Schild*, Sportstrafrecht, S. 118; vgl. dazu auch schon oben Fn. 164).

[177] *Schild*, Sportstrafrecht, S. 119.

[178] *Schild*, Sportstrafrecht, S. 119.

[179] *Schild*, Sportstrafrecht, S. 120.

[180] *Schild*, Sportstrafrecht, S. 119: „Man kann... den Bereich der Sportadäquanz als solchen bestimmen"; die von ihm früher herangezogene Maßfigur des „Noch-Sportlers" (vgl. *Schild*, Jura 1982, 590 f.) gibt Schild an dieser Stelle offenbar preis.

[181] *Schild*, Sportstrafrecht, S. 121: „Auf die Einhaltung einzelner Regeln kommt es dabei nicht an."

[182] *Schild*, Sportstrafrecht, S. 122 f.

[183] *Schild*, Sportstrafrecht, S. 120 unter Berufung auf *Schürer-Mohr*, Erlaubte Risiken. Grundfragen des ‚erlaubten Risikos' im Bereich der Fahrlässigkeitsdogmatik, S. 147.

[184] S. oben Rz. 65 und Fn. 154.

[185] So zu Recht auch *Schild*, Sportstrafrecht, S. 69 f.

des Sports zur Körperertüchtigung und damit zur Gesundheitsvorsorge unmittelbar den Schluss zu ziehen, dass auch der gefoulte Sportler in der konkreten Handlungssituation letztlich nicht verletzt, sondern körperlich ertüchtigt worden sei.

Den herkömmlichen Ansätzen der Sozialadäquanz und des erlaubten Risikos sind im Wesentlichen drei Argumente entgegenzuhalten:

Zum Ersten ist ihre Lösung – bezogen auf das Gesamtgeschehen im Sport – weder einheitlich[186] noch lebensnah. Indem sie die Straflosigkeit der Sportverletzung an eine fahrlässige Erfolgsverursachung und eine regelkonforme bzw. allenfalls fahrlässig regelwidrige Handlung binden,[187] verkennen sie weitgehend die tatsächlichen Gegebenheiten des organisierten und professionalisierten Bewegungskampfsports. Sie erfassen daher allenfalls atypisch gelagerte Fälle, nicht aber den Regelfall einer bedingt vorsätzlichen körperlichen Misshandlung, der eine vorsätzliche Regelwidrigkeit vorgelagert ist.[188] Zudem führen sie mit dem Kriterium der fahrlässigen Regelverletzung ohne Not und ohne nachvollziehbaren Grund ein normatives Korrektiv ein, welches den Körperverletzungstatbeständen fremd ist. Der dort vorausgesetzte Vorsatz (bei §§ 223 ff. StGB) bzw. die notwendige Sorgfaltswidrigkeit (bei § 229 StGB) bezieht sich nach allgemeinen Grundsätzen strikt auf die Tathandlung und den aus ihr resultierenden Erfolg. Ob die Tathandlung hinsichtlich der Verletzung außerhalb des Straftatbestandes liegender Vorgaben vorsätzlich erscheint oder nicht, ist demgegenüber belanglos. Es ist daher nicht ersichtlich, weshalb im Sportstrafrecht etwas anderes gelten und aus einer tatbestandslosen – vorsätzlichen oder fahrlässigen – Körperverletzung eine tatbestandsmäßige Verletzung werden soll, nur weil die Verletzungshandlung einen vorsätzlichen Verstoß gegen außerrechtliche, rein innersportliche Gebote darstellt. Eine derartige Konstruktion gibt dem Sportler vielmehr Steine statt Brot: Die abstrakt eröffnete Möglichkeit der strafrechtlichen Privilegierung wird ihm im konkreten Fall regelmäßig „unter der Hand" wieder entzogen.

Zum Zweiten reduzieren diese Ansätze das Verhältnis zwischen sportlichen und rechtlichen Regeln letztlich auf den negativen Aspekt der Verletzung der Sportregel, lassen umgekehrt aber die konstituierenden, positiven Regeln der einzelnen Sportarten außer Acht. Dies bringt sie dazu, die im Sportgeschehen verwirklichte Körperverletzung als solche zum einheitlichen strafrechtlichen Ausgangspunkt zu nehmen und erst in einem zweiten, rein normativen Schritt mittels der Kriterien der Regelkonformität und der Fahrlässigkeit eine Ausdifferenzierung vorzunehmen. Sachgerechter ist es hingegen, schon im ersten Schritt, der zu gleichen Teilen empirisch und normativ geprägt ist, eine Abgrenzung danach vorzunehmen, ob bestimmte Verletzungshandlungen dem Wesen der ausgeübten Sportart (noch) entsprechen oder nicht. Dieses Wesen kann dabei nur anhand der konstituierenden Regeln dieser Sportart bestimmt werden; der Gesichtspunkt der Verletzung einzelner sportlicher Sanktionsnormen hilft hierbei nicht weiter. Dies mag ein Beispiel verdeutlichen: Die sog. „Notbremse" des Fußball-Spielers, mit der er einen Torerfolg der gegnerischen Mannschaft durch ein gezieltes Foul verhindert, stellt eine Regelwidrigkeit dar, die vom Schiedsrichter mit einem Platzverweis zu sanktionieren ist. Dem Wesen des Fußballspiels widerspricht sie deshalb aber noch nicht. Sie hat eine andere normative Qualität als etwa eine Ohrfeige, die ein Spieler dem anderen während einer Spielunterbrechung hinter dem Rücken des Schiedsrichters verabreicht. Die hieraus folgende Notwendigkeit einer unterschiedlichen strafrechtlichen Behandlung dieser beiden Vorgänge geht aber bei den objektivierenden tatbestandsausschließenden Theorien in einer undifferenzierten Gesamtschau unter.

Mit dem Stichwort der objektivierenden Betrachtungsweise ist auch bereits das dritte Argument gegen die oben dargestellten Lösungsansätze, einschließlich desjenigen der Sportadäquanz, angesprochen. Ihnen ist die Loslösung vom individuellen Willen des ver-

---

[186] Hierauf weist auch *Schild*, Sportstrafrecht, S. 117 hin.
[187] S. dazu oben Rz. 67.
[188] S. dazu oben Rz. 60–62.

3. Kapitel. Körperverletzungen und Sachbeschädigungen

letzten Sportlers gemeinsam, die sie sich zum Teil sogar ausdrücklich auf die Fahnen geschrieben haben.[189] Die damit zwangsläufig einhergehende Einschränkung der Entscheidungsfreiheit des Opfers ist bei Lichte besehen aber weder aus rechtlichen noch aus tatsächlichen Gründen angebracht:

Rechtlich sprechen gute Gründe dafür, das Rechtsgut der Körperverletzungsdelikte nicht auf die körperliche Unversehrtheit als solche zu beschränken, sondern mindestens als Reflex auch die freie Bestimmung des einzelnen über seinen Körper in deren Schutzbereich einzubeziehen.[190] Dieser Gedanke prägt auch die ständige Rechtsprechung zu den strafrechtlichen Fragen des ärztlichen Heileingriffs, die aus ihm den Grundsatz herleitet, dass selbst das ärztliche Vorgehen zur Rettung der Gesundheit des Patienten den Tatbestand der Körperverletzung erfüllt und nur nach vorangegangener Aufklärung aufgrund der Einwilligung des Betroffenen gerechtfertigt sein kann.[191] Es ist nicht erkennbar, warum der Sportler im Hinblick auf die Bestimmung über seinen eigenen Körper einen geringeren Schutz genießen sollte als der kranke Patient. Im Gegenteil: Während man beim Patienten immerhin noch einwenden kann, dass die Handlungen des Arztes in seinem eigenen, wohlverstandenen Interesse vorgenommen würden und dieser Nutzen sein Selbstbestimmungsrecht in den Hintergrund treten lasse, lässt sich ein ähnliches Argument für die Situation der Sportverletzung nicht finden: Das schmerzhafte Foul geschieht weder direkt noch indirekt im Interesse des Gefoulten. Dass dieser es gleichwohl hinnehmen muss, kann daher auch nicht mit seinem eigenen Wohl, sondern allenfalls mit dem höheren Wohl eines funktionierenden Sports begründet werden. Ob der Sportler aber diesem Wohl auch um den Preis eigener Schmerzen und Gesundheitsschäden dienen will, muss in einem Sportsystem, das in eine freie und pluralistische Gesellschaft eingebettet ist, stets seiner eigenen Entscheidung überlassen werden.

Gegen dieses Ergebnis kann auch nicht eingewandt werden, dass die Möglichkeit eines jederzeitigen Widerrufs einer einmal erteilten Einwilligung zu merkwürdigen Konsequenzen[192] führe, die „sinnvoll für einen sportlichen Wettkampf nicht vertreten werden"[193] könnten. Denn zum Einen muss die grundsätzlich freie Widerruflichkeit der Einwilligung keineswegs automatisch bedeuten, dass ein Widerruf auch jederzeit während eines laufenden sportlichen Wettkampfs erfolgen könnte.[194] Zum Zweiten erscheinen die in der Literatur angeführten Beispiele des Fußball- oder Eishockey-Spielers, der vor oder während eines Spiels grundlos und „aus heiterem Himmel" seine Einwilligung verweigert[195] oder zurückzieht, ausgesprochen lebensfremd. Und zum Dritten existieren durchaus außerrechtliche Möglichkeiten, mit denen auf einen solchen Widerruf, wenn er denn

---

[189] So bezeichnet *Tröndle/Fischer*, 53. Aufl., § 228, Rz. 22 die Konsequenz der Einwilligungslösungen, dem Schädiger die Rechtfertigung und damit auch die Straflosigkeit zu versagen, wenn das Opfer die Einwilligung zuvor verweigert hat, ausdrücklich als „merkwürdig"; vgl. auch *Schild*, Sportstrafrecht, S. 78.

[190] Vgl. hierzu *Tag*, Der Körperverletzungstatbestand im Spannungsfeld zwischen Patientenautonomie und lex artis – eine arztstrafrechtliche Untersuchung, S. 68; SK-*Horn/Wolters*, § 223, Rz. 35; *Tollmein*, KritV 1998, 52 (57); *Freund/Heubel*, MedR 1995, 194; BGHZ 124, 52 stellt für die Körperverletzung i. S. d. Zivilrechts fest: „Schutzgut des § 823 I BGB ist nicht die Materie, sondern das Seins- und Bestimmungsfeld der Persönlichkeit, das in der körperlichen Befindlichkeit materialisiert ist".

[191] Vgl. hierzu die Nachweise bei *Tröndle/Fischer*, 53. Aufl., § 223, Rz. 9.

[192] Vgl. hierzu bereits oben Fn. 189.

[193] *Schild*, Sportstrafrecht, S. 78.

[194] So aber *Schild*, Sportstrafrecht, S. 78; man denke jedoch in diesem Zusammenhang an das bekannte Schulbeispiel des Passagiers auf einem Kreuzfahrtschiff: Wenn dieser sich auf dem offenen Ozean dazu entschließt, das Schiff verlassen zu wollen und vom Kapitän verlangt, die nächste Insel anzulaufen, um ihn dort abzusetzen, macht sich der Kapitän trotz dieses Widerrufs der zuvor gegebenen Einwilligung gleichwohl nicht wegen Freiheitsberaubung strafbar, wenn er dem Ansinnen des Passagiers nicht nachkommt und diesen stattdessen erst im nächsten fahrplanmäßig angelaufenen Hafen von Bord lässt.

[195] Vgl. *Tröndle/Fischer*, 53. Aufl., § 228, Rz. 22.

doch einmal erfolgen sollte, angemessen reagiert werden und die daraus resultierende „unmögliche" rechtliche Situation von vornherein vermieden werden kann – die Auswechslung aus dem Spiel oder die Herausnahme aus dem Kader sind nur zwei davon.

Angesichts der aufgeführten Schwächen der tatbestandsausschließenden Lösungsansätze verdient die Rechtfertigungslösung den Vorzug. Zu erörtern bleibt aber noch, wie diese im Einzelnen ausgestaltet sein kann bzw. soll.

3. Rechtfertigungslösungen

a) Rechtfertigung durch aktuell vorhandene Einwilligung.
Soweit in Rechtsprechung und Literatur Rechtfertigungslösungen für Körperverletzungen im Sport vertreten werden, knüpfen diese – soweit ersichtlich – stets an eine aktuell vorhandene Einwilligung des Opfers an, die stillschweigend (konkludent)[196] durch die Teilnahme am Wettkampfgeschehen erteilt werden soll. Ein Rückgriff auf den eigenständigen,[197] aber subsidiären[198] Rechtfertigungsgrund der mutmaßlichen Einwilligung erfolgt hingegen nicht.[199]

71

Der Bezugspunkt dieser konkludenten Einwilligung des Opfers kann dabei entweder der tatsächlich eintretende Verletzungserfolg oder aber lediglich das Risiko einer Verletzung sein. Im ersten Fall ist von einer sog. Erfolgseinwilligung zu sprechen, im zweiten Fall liegt eine sog. Risikoeinwilligung vor. Beide Formen der Einwilligung sind im Grundsatz dogmatisch anerkannt,[200] folgen jedoch im Einzelnen unterschiedlichen Gesetzmäßigkeiten. Sie werden daher nachfolgend jeweils gesondert abgehandelt.

aa) Die Erfolgseinwilligung. Nach h. M. kann eine vorsätzliche Körperverletzung nur dann durch die Einwilligung des Opfers gerechtfertigt sein, wenn sie sowohl die Vornahme der Tathandlung als auch den Eintritt des Taterfolges umfasst.[201] Ist das Opfer zwar mit der tatbestandsmäßigen Handlung einverstanden, tut es dabei aber gleichzeitig kund, dass es durch sie nicht verletzt werden wolle, so fehlt es demgemäß an einer wirksamen Einwilligung; der Schädiger sieht sich dann dem uneingeschränkten Strafbarkeitsrisiko ausgesetzt.

72

Die trennscharfe Unterscheidung zwischen einer Einwilligung in die Handlung einerseits und den durch sie bewirkten Erfolg andererseits mag zunächst künstlich und lebensfremd wirken, sie wird aber wohl von der Mehrheit der Vertreter der klassischen Einwilligungslösung im Sportstrafrecht – stillschweigend – vorgenommen. Denn diese Mehrheit will nur die fahrlässige bzw. auf fahrlässigem Regelverstoß beruhende Verletzung durch die Einwilligung des Opfers gedeckt sehen.[202] Will man der Literatur wie auch der

---

[196] Das Vorliegen einer explizit ausgesprochenen Einwilligung wird hingegen in aller Regel nicht thematisiert; es erscheint in der Tat auch lebensfremd, dass etwa ein Fußball-Spieler während des „Shake-Hands" vor Spielbeginn seinen Gegenspielern der Reihe nach zuflüstert, er sei mit eventuellen Sportverletzungen einverstanden – gänzlich ausgeschlossen ist dies aber naturgemäß nicht.

[197] H. M.; vgl. hierzu Schönke/Schröder-*Lenckner*, 27. Aufl., vor § 32, Rz. 54; a. A. z. B. *Otto*, Grundkurs Strafrecht I, 7. Aufl., § 8, Rz. 131.

[198] So insbesondere *Roxin*, Strafrecht AT I, 4. Aufl., § 18, Rz. 10.

[199] Vgl. hierzu aber unten Rz. 79–83.

[200] Vgl. hierzu statt vieler Schönke/Schröder-*Lenckner*, 27. Aufl., vor § 32, Rz. 34 und 102 ff.

[201] Vgl. z. B. LK-*Hirsch*, 11. Aufl., vor § 32, Rz. 106 m. w. N.

[202] So z. B. NK-*Paeffgen*, § 228, Rz. 103; Schönke/Schröder-*Stree*, 27. Aufl., § 228, Rz. 16; SK-*Horn/Wolters*, § 228, Rz. 21 f.; *Jescheck/Weigend*, Strafrecht AT, 5. Aufl., S. 591; *Gawron*, Die strafrechtliche Beurteilung der Körperverletzungen beim Sport, S. 110 ff.; *Hansen*, Die Einwilligung des Verletzten bei Fahrlässigkeitstaten, S. 81 ff.; *Kellner*, Die Einwilligung in die Lebensgefährdung, S. 129; *Kienapfel*, Das erlaubte Risiko im Strafrecht, S. 27; *Mehl*, Die Strafbarkeit der Körperverletzungen beim Sport, S. 90; *Popp*, Die Sittenwidrigkeit der Tat im Sinne von § 226a StGB, S. 84; *Quillmann*, Die Bedeutung der Einwilligung in riskantes Verhalten bei der Fahrlässigkeitstat, S. 20 ff. und 43 ff.; *Schaffstein*, FS-Welzel, S. 564; *Schimke*, Sportrecht, S. 140; *Vögeli*, Strafrechtliche Aspekte der Sportverletzungen, im besonderen die Einwilligung des Verletzten im Sport, S. 118 ff.; regelmäßig erfolgt dabei eine

Rechtsprechung nicht unterstellen, sie verschließe bewusst die Augen vor der Erkenntnis, dass sowohl hinsichtlich des Verletzungserfolgs wie auch im Hinblick auf die Regelwidrigkeit regelmäßig Vorsatz des Sportlers angenommen werden muss[203] und auch der verletzte Sportler aufgrund seiner eigenen sportlichen Lebenserfahrung um diese Umstände weiß, bleiben nur zwei mögliche Schlüsse: Entweder wird weiterhin angenommen, dass schon die Einwilligung in die Verletzungshandlung fehle, was allerdings angesichts der zugleich propagierten Rechtfertigung der Fahrlässigkeitstat unwahrscheinlich ist. Oder aber es wird davon ausgegangen, dass sich die vorhandene Einwilligung gerade nicht auch auf den Erfolg erstreckt. Beides führt dazu, dass die Erfolgseinwilligung in die Vorsatztat für das Sportstrafrecht weitestgehend vernachlässigt werden kann. Sie spielt nach h. M. allenfalls dann eine Rolle, wenn Sportarten in Rede stehen, die – wie insbesondere das Boxen – ihrer Natur nach auf die vorsätzliche Zufügung von Schmerzen angelegt sind[204] oder wenn bei anderen Sportarten ausnahmsweise und ausdrücklich in vorsätzliche Verletzungshandlungen individuell eingewilligt wird.

73 *bb) Die Risikoeinwilligung.* Ohne die jeweils zugrunde liegende dogmatische Konstruktion stets aufzudecken[205] geht die h. M. in der sportstrafrechtlichen Literatur und Rechtsprechung offenbar davon aus, dass der Sportler, der sich sehenden Auges auf die verletzungsträchtige Sportsituation einlässt, mindestens – aber eben auch nur – in das Risiko einer auf Fahrlässigkeit des Gegners beruhenden Verletzung einwilligt.[206]

74 In diesem Rahmen sollen gerechtfertigt sein:
– *fahrlässige Verletzungen,* sofern sie auf regelkonformem oder allenfalls leicht fahrlässig regelwidrigem Verhalten beruhen,[207]

– *unabhängig von ihrer Schwere.*[208]

75 Im Allgemeinen nicht gerechtfertigt bleiben dagegen:
– fahrlässige Verletzungen, die auf vorsätzlichen oder grob fahrlässigen Regelverstößen beruhen;[209]

– vorsätzliche Verletzungen;[210]

– jeweils auch dann, wenn sie nur leicht ausfallen.[211]

76 Für die nach diesen Grundsätzen rechtfertigungsfähigen Verletzungen bleibt allerdings die in § 228 StGB konstituierte Grenze der Sittenwidrigkeit zu beachten.[212] Gleiches gilt auch für die im Allgemeinen nicht gerechtfertigten Handlungen, sofern sie im Einzelfall ausnahmsweise von einer erweiterten ausdrücklichen Einwilligung[213] gedeckt sind.

Berufung auf die ständige Rechtsprechung der Strafgerichte; vgl. hierzu die Leitentscheidungen BGHSt 4, 24 (33); 4, 88 (92); BayObLGSt 1960, 266 (270); 1961, 180; OLG Braunschweig NdsRpfl. 1960, 233; OLG Hamm JR 1998, 465; OLG Karlsruhe NJW 1982, 394; **a. A.** aber *Berz* GA 116 [1969], 145 (148), der auch vorsätzliche Körperverletzungen im Sport grundsätzlich gerechtfertigt sieht.

[203] S. dazu bereits oben Rz. 60–62.
[204] So z. B. *Tröndle/Fischer*, 53. Aufl., § 228, Rz. 22.
[205] Insoweit anders, aber gleichwohl unklar *Tröndle/Fischer*, 53. Aufl., § 228, Rn. 22, der einerseits feststellt, dass bei Wettkampf-Sportarten insbesondere die Grundsätze der Risiko-Einwilligung gelten sollen, bereits im nächsten Satz dann aber anmerkt: „Hier wird freilich jedenfalls bei fahrlässigen Verletzungen in Sportarten, die nicht auf Körperverletzungen abzielen, meist schon der Tatbestand des § 229 ausgeschlossen sein."
[206] So im Ergebnis die oben Fn. 202 genannten Vertreter der Einwilligungslösung.
[207] Vgl. z. B. Schönke/Schröder-*Stree*, 27. Aufl., § 228, Rz. 16.
[208] Vgl. z. B. BayObLGSt 1961, 180 (= NJW 1961, 2073) sowie die große Mehrheit der in Fn. 202 genannten Autoren.
[209] Vgl. z. B. BayObLGSt 1960, 209; OLG Braunschweig NdsRpfl. 1960, 233.
[210] Vgl. z. B. BGHSt 4, 88 (92).
[211] U. a. hieran entzündet sich die Kritik von *Tröndle/Fischer*, 53. Aufl., § 228, Rz. 22.
[212] S. hierzu unten Rz. 84–87.
[213] S. dazu schon oben Rz. 72.

Gegen das Institut der Risikoeinwilligung werden zwar verschiedentlich dogmatische **77** Bedenken erhoben,[214] auf die hier nicht im Einzelnen eingegangen werden kann. Jedoch konnten diese Einwände die h. M. bislang nicht erschüttern. Da auch nicht absehbar ist, dass sich dies in naher Zukunft ändern könnte, ist dem Sportrechtspraktiker an dieser Stelle dringend zu empfehlen, sich intensiv mit dieser h. M. auseinander zu setzen und seine Argumentation auf sie einzurichten. Gleichwohl soll aber auch hier auf die berechtigte Kritik an der vorherrschenden Auffassung hingewiesen und ein eigener Lösungsweg angeboten werden.

cc) Kritik. Neben allfälligen grundlegenden Einwänden gegen die Figur der Risikoein- **78** willigung[215] ergeben sich aus spezifisch sportstrafrechtlicher Sicht zwei eng miteinander verknüpfte Kritikpunkte:

Zum einen trifft, wie bereits dargestellt wurde,[216] die Beschränkung auf fahrlässig herbeigeführte Verletzungen nicht die Realität des Sportgeschehens, die von bedingt vorsätzlichen Körperverletzungshandlungen dominiert wird. Damit setzt sich die h. M. in Widerspruch zu ihrem eigenen Anspruch, die überwiegende Mehrzahl der Tatbestandsverwirklichungen im Sport sachgerecht abzuarbeiten. Um im sportlichen Bild zu bleiben: Ihre vermeintliche dogmatische „Spielmacherrolle" ist in Wahrheit eine Abseitsposition, aus der heraus lediglich ungewöhnlich gelagerte Fälle gelöst werden können. Damit aber entsteht eine Verästelung der Lösungswege, die weder durch strafrechtliche noch durch sportspezifische Sachzwänge bedingt ist und ohne Not zu Abgrenzungsschwierigkeiten und damit verbundener Rechtsunsicherheit führt.

Die mangelnde Einheitlichkeit der Fallbehandlung ist dabei zu einem Gutteil auf die weitverbreitete, aber sachwidrige[217] Verquickung von Regelverstößen und Tatbestandsverwirklichungen zurückzuführen: Zwar mag es möglich oder sogar notwendig sein, aus der Fahrlässigkeit hinsichtlich einer Regelwidrigkeit unmittelbar die Fahrlässigkeit im Hinblick auf den tatbestandsmäßigen Erfolg zu folgern. Für den Vorsatz aber gilt dies nicht: Auch wer vorsätzlich eine Sportregel verletzt, kann durchaus annehmen, dass schon alles gut gehen und der betroffene Gegner bei der Aktion unverletzt bleiben werde. Die häufig zu beobachtende Gleichsetzung von Regelwidrigkeitsvorsatz und Tatbestandsvorsatz ist daher zum einen empirisch fragwürdig und zum anderen dogmatisch verfehlt: Da das Strafrecht nur die Kategorie des Tatbestandsvorsatzes kennt, ist nicht erfindlich, weshalb allein der Vorsatz bzgl. der Verletzung von Regeln, die nicht nur jenseits des Strafrechts, sondern gänzlich außerhalb des Rechts angesiedelt sind, über die Strafbarkeit eines Verhaltens entscheiden soll, das bei ansonsten völlig gleicher Qualität straflos wäre, wenn es an diesem außerrechtlichen Vorsatz fehlte.[218] Vielmehr ist die rechtliche Fiktion der Identität der beiden Vorsatzarten ebenso zurückzuweisen wie die empirische Fiktion, nach der bei jeder einzelnen Teilnahme eines Sportlers an einem Wettkampf erneut eine konkludente Einwilligung erteilt wird.[219] Stattdessen ist nach einer sowohl in tatsächlicher wie auch dogmatischer Hinsicht angemesseneren Lösung zu suchen.

b) Eigene Lösung: Rechtfertigung durch mutmaßliche Einwilligung. Die straf- **79** rechtliche Behandlung sportlicher Sachverhalte muss in einem ersten Schritt mit der Abgrenzung der privilegierungsfähigen bzw. privilegierungswürdigen Fallkonstellationen von den übrigen Tatbestandsverwirklichungen beginnen.

---

[214] Im spezifischen Zusammenhang des Sportstrafrechts vor allem von *Schild*, Sportstrafrecht, S. 86 f.; von einem anderen Ansatz herkommend auch *Roxin*, Strafrecht AT I, 4. Aufl., § 24, Rz. 108.
[215] S. dazu bereits die Nachweise oben Fn. 214.
[216] S. dazu oben Rz. 60–62.
[217] S. dazu oben Rz. 70.
[218] S. hierzu ebenfalls bereits oben Rz. 70.
[219] So auch *Schild*, Sportstrafrecht, S. 78 und 81; vgl. für die Rechtsprechung in Zivilsachen auch die Entscheidung BGHZ 63, 140 (144), in der von der „künstlichen Unterstellung" einer solchen Einwilligung die Rede ist.

Dieser Schritt kann dabei nicht erst innerhalb der Deliktsdogmatik des Strafrechts getan werden, sondern muss dieser stets vorgelagert sein: Was privilegiert werden kann und soll, ergibt sich aus dem Wesen der Sportart, die jeweils den aktuellen Hintergrund des strafrechtlich relevanten Geschehens liefert. Dementsprechend verbietet sich ein pauschaler Verweis auf die Besonderheiten oder die Autonomie „des" Sports. Vielmehr ist jeweils anhand der den Sinn und Zweck der einzelnen Sportart konstituierenden Regeln zu fragen, welche Vorgänge dieser Sportart noch immanent sind und welche jenseits ihrer Wesensgrenzen liegen.

Hiervon ist die anders gelagerte Frage zu unterscheiden, welches Verhalten den Anforderungen der allgemein-sportlichen oder der sportartspezifischen Fairness entspricht. Denn die Verletzung der Fairness-Regeln oder „einfachen Spielregeln"[220] ist dem Sport keineswegs wesensfremd, sondern als spannungsteigerndes Element geradezu eingeplant.[221] Dies beweist nicht nur die Existenz der sportartübergreifend geltenden Vorteilsregel,[222] die die Sanktion für die Regelverletzung zurücktreten lässt, wenn dies der weiterlaufenden Entwicklung des Spiels dient,[223] sondern auch die Art der innersportlichen Sanktionen als solche. In den verschiedensten Sportarten[224] konstituieren diese Sanktionen besondere Spielsituationen, die meist aus sich heraus für die begünstigte Mannschaft eine erhöhte Chance bieten, zu ergebnisverbessernden Erfolgen zu kommen und zugleich die bestrafte Mannschaft zu gesteigerten Abwehrleistungen zwingen.[225] Durch sie werden nicht nur zahlreiche Wettkämpfe entschieden, sondern diese für die Zuschauer bisweilen auch erheblich interessanter.

80 Aus der Unterscheidung zwischen sportimmanenter Regelwidrigkeit und sportwidriger Regelferne[226] folgt bereits zweierlei: Zum Ersten sind die auf regelfernen Handlungen beruhenden Verletzungen von vornherein nicht als solche *im* Sport anzusehen und daher weder privilegierungswürdig noch überhaupt privilegierungsfähig. Sie fallen vielmehr als bloße Straftaten beim Sport aus dem Anwendungsbereich des Sportstrafrechts heraus.[227] Zum anderen sind die auf regelnahes Verhalten zurückzuführenden Verletzungen als Straftaten im Sport grundsätzlich auch dann zu privilegieren, wenn ihnen eine fahrlässige oder vorsätzliche Regelwidrigkeit zugrunde liegt. In den Worten von Schild:[228]

„Die Einhaltung der Sportregeln hat keine Relevanz für die Frage der Rechtmäßigkeit des betreffenden Verhaltens."

Diese zweite Erkenntnis legt den Grundstein für eine Lösung, die zwanglos mit den bereits beschriebenen, durch meistenteils vorsätzliches Handeln geprägten Gegebenheiten des Sports[229] in Einklang zu bringen ist, und ermöglicht zudem eine einheitliche und damit für den Betroffenen rechtssichere Handhabung der unterschiedlichen Sportverletzungen.

---

[220] So die Terminologie von *Schild*, Sportstrafrecht, S. 48.

[221] *Sengle*, Einführung in die Fußballregeln unter besonderer Berücksichtigung der Regel 12; in: Württembergischer Fußballverband e.V. (Hrsg.), Fußballsport und Strafrecht, S. 7–18 (hier: S. 9) hält die Regelverletzung sogar für spielimmanent.

[222] Im American Football existiert eine Variante dieser Regel, die sogar zusätzliche taktische Möglichkeiten eröffnet: Es steht dort dem Kapitän der durch eine Strafe begünstigten Mannschaft frei, diese Strafe abzulehnen, wenn er meint, dass die ohne sie bestehende Spielsituation größeren Erfolg verspricht.

[223] Vgl. *Schild*, Sportstrafrecht, S. 44.

[224] Zu denken ist hier nicht nur an die Standardsituationen im Fußball-Sport, sondern z. B. auch an die aus Strafen resultierenden Unterzahl-Situationen im Eishockey, die 7-Meter-Strafen im Handball, die Strafecken im Feldhockey oder die Raumverlust-Strafen im American Football; diese Liste ließe sich beliebig verlängern.

[225] Vgl. *Schild*, Sportstrafrecht, S. 44 und 48 f.

[226] Diese Terminologie lehnt sich hier bewusst an *Tröndle/Fischer*, 53. Aufl., § 228, Rz. 22 an; seine Begriffsverwendung erfolgt aber vor einem anderen dogmatischen Hintergrund.

[227] S. hierzu bereits oben Rz. 26–29.

[228] *Schild*, Sportstrafrecht, S. 53.

[229] S. oben Rz. 60–62.

Diese Handhabung kann allerdings nicht schon in einem an rein objektiven Kriterien 81
orientierten Tatbestandsausschluss bestehen, der ohne Rücksicht auf den Opferwillen erfolgt. Vielmehr ist nach dem oben Gesagten[230] dieser Opferwille unbedingt zu respektieren: Gibt das Opfer zu verstehen, dass es nicht länger bereit ist, durch die Einwirkung des Gegners verursachte Schmerzen und/oder Gesundheitsschäden hinzunehmen, so muss diese Erklärung rechtlichen Bestand haben. Dies ist nur mit einer auf der Rechtfertigungsebene anzusiedelnden Einwilligungslösung zu erreichen.

Das Mittel der Wahl ist für diese Lösung aber nicht eine – fiktive – konkludente Einwilligung, sondern die mutmaßliche Einwilligung unter dem Gesichtspunkt des mangelnden Interesses: Auf den Rechtfertigungsgrund der mutmaßlichen Einwilligung kann nämlich nicht nur zurückgegriffen werden, wenn die aktuelle Einwilligung der Opfers aus tatsächlichen Gründen nicht eingeholt werden kann, sondern darüber hinaus auch dann, wenn ohne weiteres davon auszugehen ist, dass das Opfer auf eine Befragung keinen Wert legt.[231] Eine solche Annahme aber kann sich namentlich daraus ergeben, dass das Opfer bereits in der Vergangenheit in Angriffsrichtung und Intensität gleichgelagerte Rechtsgutsverletzungen jeweils geduldet hat.[232] Eben diese Situation liegt aber auch im sportlichen Wettkampf vor: Die beteiligten Sportler begeben sich stets erneut in die ihnen bekannte und aus eigener Erfahrung zunehmend vertraute Wettkampfsituation, in der sie jedes Mal mit den gleichen Eingriffen in ihre Rechtsgüter konfrontiert sind. Der Fußball-Spieler z. B. begibt sich, soweit er sich als Amateur oder Profi an einer Punktspielrunde beteiligt, allwöchentlich wieder aus freien Stücken in Spielsituationen, in denen er bereits bei früheren Gelegenheiten Unsportlichkeiten und Verletzungen hinnehmen musste, gegen die er keine rechtlichen Einwände erhoben hat. Er rechtfertigt damit die Annahme, dass er bei der Wiederkehr dieser früher bereits erfahrenen Situationen wiederum so reagieren werde, wie er dies auch zuvor getan hat. Will er dies nicht, muss er es explizit kundtun und in seinem dann manifestierten Willen auch respektiert werden. Äußert er sich hingegen nicht, so muss ihn umgekehrt sein sportlicher Gegner auch nicht eigens befragen. Er kann vielmehr davon ausgehen, dass die Situation unverändert geblieben ist und er eventuell eintretende Verletzungen auch weiterhin dulden werde.

Hiergegen kann auch nicht eingewandt werden, dass im Schulbeispiel des Obstpflückers stets ein und derselbe Täter in die Rechtsgüter ein und desselben Opfers eingreife, während im Sport ständig neue Täter auf ein Opfer einwirkten. Denn auf die Singularität der Person kann es jedenfalls dann nicht ankommen, wenn sich sowohl der Täter wie auch der Betroffene in demselben abgeschlossenen Geschäftskreis bewegen und daher über identische Empfängerhorizonte verfügen. So aber liegt es beim Sport: Täter und Opfer sind sich wechselseitig im Klaren darüber, in welche Situation sie sich begeben und wie ihr Handeln in dieser Situation von ihrem jeweiligen Gegenüber eingeschätzt wird. Zudem wissen sie, dass sie es nicht mit einem potentiell unbegrenzten, sondern mit einem überschaubaren Kreis stets wiederkehrender Gegner zu tun haben. Damit ist die wechselseitige Erwartungssicherheit gewährleistet, die letztlich den theoretischen Hintergrund des Rechtfertigungsgrundes der mutmaßlichen Einwilligung darstellt.

Es bleibt somit für die dargestellte Lösung festzuhalten: 83

---

[230] S. oben Rz. 70.
[231] So z. B. OLG Hamburg NJW 1960, 1482; Schönke/Schröder-*Lenckner*, 27. Aufl., vor § 32, Rz. 54; *Jescheck/Weigend*, Strafrecht AT, 5. Aufl., S. 386 f.; *Wessels/Beulke*, Strafrecht AT, 35. Aufl., Rz. 384; *Tiedemann*, JuS 1970, 109; wohl auch *Tröndle/Fischer*, 53. Aufl., vor § 32, Rz. 4.
[232] Das Lehrbuchbeispiel hierfür ist das Pflücken bzw. Aufsammeln von Obst im Garten des Nachbarn, das dieser in der Vergangenheit bereits mehrfach geduldet hat; es braucht dann nicht in jedem Folgejahr erneut nach seiner Zustimmung gefragt zu werden, vielmehr kann sie bis zum Ergehen eines expliziten Widerrufs als gegeben unterstellt werden; vgl. hierzu Schönke/Schröder-*Lenckner*, 27. Aufl., vor § 32, Rz. 55 m. w. N.

3. Kapitel. Körperverletzungen und Sachbeschädigungen

- Verletzungshandlungen, die im Rahmen der jeweils betriebenen Sportart wesensfremd bzw. regelfern sind, werden nicht privilegiert; für sie bedarf es stets der ausdrücklichen Einwilligung des Opfers;
- Verletzungen, die dem Wesen der jeweils betriebenen Sportart entsprechen, fallen in den Anwendungsbereich des Sportstrafrechts, unabhängig davon, ob sie durch regelkonformes oder regelwidriges Verhalten hervorgerufen werden;
- im Anwendungsbereich des Sportstrafrechts sind Verletzungen des Gegners durch die mutmaßliche Einwilligung in der Fallgruppe des mangelnden Interesses gerechtfertigt;
- soweit die mutmaßliche Einwilligung reicht, sind sämtliche Verletzungen, unabhängig von ihrer Schwere, durch sie gedeckt;
- die Grenze der Rechtfertigung bildet allein die Sittenwidrigkeit im Sinne des § 228 StGB. Auf diese ist nunmehr noch einzugehen.

III. Das Problem der Sittenwidrigkeit

84 Für sämtliche der in Literatur und Rechtsprechung vertretenen Einwilligungslösungen ist die Sittenwidrigkeit der Tat[233] das Korrektiv, mit dem eine im Einzelfall als zu weitgehend empfundene Straffreiheit von Sportverletzungen wieder behoben werden kann.[234] Wie bei einem derart weiten und mit schwer greifbaren Wertvorstellungen aufgeladenen Begriff wie demjenigen der guten Sitten[235] nicht anders zu erwarten, herrscht freilich keine Einigkeit darüber, wo die Grenze zur Sittenwidrigkeit genau verlaufen soll.

85 Es kann daher lediglich als feststehend angesehen werden, dass
- insbesondere innerhalb der Rechtsprechung die Tendenz besteht, den Begriff der Sportausübung restriktiv auszulegen und für Geschehnisse jenseits anerkannter Sportarten im Zweifel Sittenwidrigkeit anzunehmen;[236]
- ebenfalls von Seiten der Rechtsprechung die Neigung besteht, beim Fehlen anerkannter Wettkampfregeln die Sittenwidrigkeit zu bejahen;[237]
- Auswüchse der Spaß-Kultur wie etwa das Oben-Ohne-Schlamm-Catchen oder der Zwergenweitwurf[238] im Allgemeinen als sittenwidrig angesehen werden.

86 Jenseits dieses Grundkonsenses aber lässt sich bereits in der gängigen Kommentarliteratur für alle denkbaren Fallvarianten eine unterstützende Meinung ebenso finden wie deren Gegenteil.[239] Der Rechtssicherheit ist dies naturgemäß nicht zuträglich.

---

[233] § 228 StGB spricht ausdrücklich von der Sittenwidrigkeit der Tat, weshalb es auf die Sittenwidrigkeit der Einwilligung als solcher nicht ankommt (h. M.; vgl. Schönke/Schröder-*Lenckner*, 27. Aufl., vor § 32, Rz. 38 m. w. N.; **a. A.** *Amelung*, Die Einwilligung in die Beeinträchtigung eines Grundrechtsguts, S. 56 f.; anders auch die Rechtslage im Zivilrecht; vgl. dazu Palandt-*Thomas*, 64. Aufl., § 823, Rz. 42).

[234] Für die Vertreter der unterschiedlichen Tatbestandslösungen ist die Sittenwidrigkeit der Tat dagegen ohne eigenständiger Bedeutung; sie legen in der Sache aber häufig die gleichen Maßstäbe an, etwa um die Grenzen der Sozialadäquanz sportlichen Handelns zu bestimmen.

[235] Vgl. zur allgemeinen Diskussion über die Zweckmäßigkeit und verfassungsrechtliche Problematik dieses Begriffs den Überblick über den Streitstand bei Schönke/Schröder-*Stree*, 27. Aufl., § 228, Rz. 6.

[236] Vgl. dazu insbesondere das schon oben Rz. 19 auszugsweise zitierte Urteil OLG Düsseldorf NStZ-RR 1997, 325.

[237] S. dazu OLG Hamm NJW 1997, 949 zum sog „Gotcha-Spiel" sowie BGH NStZ-RR 1996, 100 zum spielerischen Duell mit scharfen Waffen; vgl. auch Schönke/Schröder-*Stree*, 27. Aufl., § 228, Rz. 17.

[238] Vgl. zu beidem *Niedermair*, Körperverletzung mit Einwilligung und die Guten Sitten, S. 143 f.

[239] Vgl. hierzu beispielhaft einerseits Schönke/Schröder-*Stree*, 27. Aufl., § 228, Rz. 17, der die Tat für sittenwidrig hält, wenn bei fahrlässigem Verhalten die Gefahr erheblicher Schäden bestanden hat,

Auch in diesem Punkt vermag die hier entwickelte abgestufte Lösung mittels der Figur 87
der mutmaßlichen Einwilligung zur Entzerrung des Problems beizutragen: Denn wenn
man bereits aufgrund einer außerrechtlichen Wertung das Sportstrafrecht auf die anerkannten Bewegungskampfsportarten begrenzt und zudem auch bei deren Vorliegen die
Straftaten *im* Sport von den Straftaten *beim* Sport abschichtet, dann sind für den so verbleibenden Anwendungsbereich des Sportstrafrechts von vornherein nur wenige Fälle
der Sittenwidrigkeit denkbar. Wenn man schließlich die Sportstraftat auch noch von der
sportlichen Regelverletzung entkoppelt, ist die Weiche zur Anerkennung der Straflosigkeit dieser Tat nahezu immer schon längst gestellt, bevor die Prüfung der Sittenwidrigkeit akut wird. Ein kleines Problemfeld verbleibt allenfalls noch für qualifizierte Formen
der Verletzung, auf die sogleich noch einzugehen ist.

IV. Grundtatbestand und Qualifikationen

a) Der Grundtatbestand des § 223 StGB. Der Grundtatbestand des § 223 Abs. 1 StGB, 88
mit dem sich auch der Tatbestand der fahrlässigen Körperverletzung gem. § 229 StGB
deckt, enthält zwei Alternativen, nämlich die Gesundheitsschädigung und die körperliche Misshandlung. Diese beiden Alternativen sind für das Sportgeschehen von unterschiedlicher praktischer Bedeutung.

aa) Die Gesundheitsschädigung. Die Gesundheitsschädigung im Sinne des § 223 Abs. 1 89
StGB wird üblicherweise definiert als das Hervorrufen, Steigern oder Aufrechterhalten
eines – wenn auch nur vorübergehenden – pathologischen Zustandes.[240]
Sieht man von der gesondert zu behandelnden Doping-Problematik[241] einmal ab, so
wird diese Definition überall dort relevant, wo unsorgfältiges oder unsportliches Verhalten zu heilungsbedürftigen Verletzungen des Gegenspielers führt, wie z. B. Prellungen,
Muskel- und Bänderverletzungen oder Knochenbrüchen; ausreichend für einen heilungsbedürftigen pathologischen Zustand sind aber beispielsweise auch Abschürfungen
oder Blutergüsse. Derartige medizinisch regelwidrige Zustände werden durch die Teilnahme am Sportgeschehen zwar häufig hervorgerufen, jedoch vom Verursacher meist
weder gewollt noch billigend in Kauf genommen. Im Unterschied zur körperlichen
Misshandlung[242] wird die Gesundheitsschädigung daher überwiegend nicht für das Vorsatz-, sondern lediglich für das Fahrlässigkeitsdelikt relevant. Anders stellt sich die Situation allerdings bei einigen traditionellen Kampfsportarten wie insbesondere dem Boxen
dar: Die Faustkämpfer, denen es gerade darum geht, den Gegner möglichst physisch k. o.
zu schlagen, nehmen auch länger andauernde pathologische Auswirkungen ihrer Schläge
regelmäßig nicht nur billigend in Kauf, sondern erkennen diese von vornherein als notwendige Folge ihres Tuns.[243]

bb) Die körperliche Misshandlung. Unter einer körperlichen Misshandlung im Sinne des 90
§ 223 Abs. 1 StGB wird jede üble und unangemessene Behandlung verstanden, die das
körperliche Wohlbefinden des Opfers mehr als nur unerheblich beeinträchtigt.[244] Hierfür
reichen nach ganz herrschender Meinung und gesicherter Rechtsprechung auch kurzfristige Schmerzen aus, wie sie etwa durch eine Ohrfeige[245] verursacht werden.

---

und andererseits *Tröndle/Fischer*, 53. Aufl., § 228, Rz. 22, der ausdrücklich auch erhebliche Verletzungen als nicht sittenwidrig einstuft.
[240] Für die allgemeine Meinung *Tröndle/Fischer*, 53. Aufl., § 223, Rz. 6.
[241] S. unten Rz. 111.
[242] S. dazu schon oben Rz. 60 sowie unten Rz. 90.
[243] Insoweit vergleichbar sind einerseits neuere Modeerscheinungen wie das sog. „Ultimate
Fighting", andererseits aber auch traditionsreiche Veranstaltungen wie die studentische Schlägermensur; beide werden aber – aus unterschiedlichen Gründen – nicht zu den hier behandelten anerkannten Sportarten gezählt; vgl. dazu oben Rz. 18 und 22.
[244] Vgl. statt aller *Tröndle/Fischer*, 53. Aufl., § 223, Rz. 3a.
[245] Vgl. BGH MDR/D 1973, 901; BGH NJW 1990, 3157; BGH StV 1992, 106.

Diese Variante der Körperverletzung tritt im Sport wegen der Weite ihrer Definition deutlich häufiger auf als die Gesundheitsschädigung: In jedem – fairen oder unfairen – intensiven Körperkontakt im Rahmen eines sportlichen Zweikampfs steckt regelmäßig die Gefahr eines – zumindest kurzzeitig gefühlten – Schmerzes, der auch die Intensität einer Ohrfeige erreicht. Anders als bei der Gesundheitsschädigung ist dabei auch davon auszugehen, dass der Sportler, der diese Zweikampfsituationen aus eigener Erfahrung kennt, die Schmerzen seines Gegners regelmäßig billigend in Kauf nimmt und insoweit vorsätzlich handelt.[246]

91 cc) *Sonderproblem: Vorliegen einer unangemessenen Behandlung.* Die Definition der körperlichen Misshandlung ist geeignet, die Frage aufzuwerfen, ob nicht über das in ihr enthaltene Kriterium der unangemessenen Behandlung bereits eine normative Korrektur vorgenommen werden kann bzw. sogar vorzunehmen ist, durch die Körperverletzungen im Sport tatbestandslos gestellt werden.[247] Die Möglichkeit einer solchen Korrektur liegt insbesondere dann nahe, wenn die Unangemessenheit der Behandlung als deren Sozialwidrigkeit definiert[248] und damit das Konzept der Sozialadäquanz in sie hineingelesen wird.

Jedoch sprechen die oben bereits im Einzelnen gegen die Tatbestandslösungen[249] ins Feld geführten Argumente auch gegen eine solche, an der konkreten Auslegung des Begriffs der Misshandlung ansetzende Tatbestandseinschränkung. Dies umso mehr, als diese die Alternative der Gesundheitsschädigung nicht erfassen könnte und deshalb zu einer Asymmetrie innerhalb des Körperverletzungstatbestandes führen müsste, die ihrerseits ein schwer verständliches Ergebnis zeitigen würde: Die meist vorsätzliche körperliche Misshandlung bliebe danach tatbestandslos, die häufig nur fahrlässig verwirklichte Gesundheitsschädigung hingegen wäre tatbestandsmäßig. Dies kann nicht sinnvoll sein.

92 **b) Qualifikationen.** Die vorsätzliche – nicht aber die fahrlässige – Körperverletzung kann in unterschiedlicher Weise qualifiziert sein und ist dann mit z.T. drastisch gesteigerten Strafdrohungen verbunden:
– der Strafrahmen für die durch die *besondere Gefährlichkeit* der Begehungsweise gekennzeichnete gefährliche Körperverletzung gem. § 224 StGB liegt bei Freiheitsstrafe von 6 Monaten bis zu 10 Jahren, in minder schweren Fällen bei 3 Monaten bis zu 5 Jahren;
– der Strafrahmen für die durch *besondere Tatfolgen* geprägte schwere Körperverletzung gem. § 226 StGB liegt bei Freiheitsstrafe von 1 Jahr bis zu 10 Jahren, für die Körperverletzung mit Todesfolge gem. § 227 StGB sogar bei 3 Jahren bis zu 15 Jahren.

Ausgehend von der Erkenntnis, dass Körperverletzungen im Sport überwiegend vorsätzlich erfolgen,[250] kommen auch diese Qualifikationstatbestände für das Sportgeschehen – wenn auch freilich mit unterschiedlicher Häufigkeit – durchaus in Betracht.

93 aa) *Qualifikationen des § 224 Abs. 1 StGB.* Von besonderer praktischer Bedeutung für das Sportgeschehen ist innerhalb des Katalogs des § 224 Abs. 1 StGB vor allem die Alternative der Tatbegehung mittels eines gefährlichen Werkzeugs:
– Zwar ist von der herrschenden Meinung in Literatur[251] und Rechtsprechung[252] anerkannt, dass Körperteile des Schädigers keine gefährlichen Werkzeuge im Sinne dieser Vorschrift sind; dies soll auch dann gelten, wenn diese Körperteile besonders trainiert

---

[246] S. dazu schon oben Rz. 60.
[247] So *Eser,* JZ 1978, 368 (371); für den militärischen Betrieb auch die – allerdings vereinzelt gebliebene – Entscheidung BGHSt 14, 269; zweifelnd hierzu Schönke/Schröder-*Eser,* 27. Aufl., § 223, Rz. 4 a.
[248] So z. B. OLG Düsseldorf, NJW 1991, 2918.
[249] S. oben Rz. 70.
[250] S. oben Rz. 60.
[251] Vgl. für viele Schönke/Schröder-*Stree,* 27. Aufl., § 224, Rz. 4; **a. A.** *Hilgendorf,* ZStW 112 [2000], 811 (822 ff.); zweifelnd *Tröndle/Fischer,* 53. Aufl., § 224, Rz. 8.
[252] Vgl. BGH GA 1984, 124; OLG Köln, StV 1994, 247.

sind,²⁵³ wie etwa die Handkanten eines Karate-Kämpfers oder die Fäuste eines Profiboxers;
- andererseits aber werden zahlreiche Sportgeräte als gefährliche Werkzeuge angesehen; so z. B.: Schläger jeder Art, insbesondere Baseball- oder (Eis-)Hockeyschläger;²⁵⁴ Fechtinstrumente; auch Fußballstiefel²⁵⁵ oder andere robuste Sportschuhe;²⁵⁶
- zwar wird unter Berufung auf den Zweck der Vorschrift eine Einschränkung des Begriffs des gefährlichen Werkzeugs für die Fälle erwogen, in denen das betreffende Werkzeug ersichtlich nicht zu Angriffs- oder Verteidigungszwecken eingesetzt wird,²⁵⁷ jedoch ist diese einschränkende Auslegung – soweit ersichtlich – bislang im Bereich des Sports noch nicht zur Anwendung gekommen; sie wäre dort auch zweifelhaft, da die eingesetzten Werkzeuge immerhin zu Zwecken eines sportlichen Angriffs benutzt werden.

Neben dem gefährlichen Werkzeug spielen die anderen Varianten des § 224 Abs. 1 StGB lediglich eine untergeordnete Rolle, wobei jedoch eine gemeinschaftliche Begehung i. S. d. § 224 Abs. 1 Nr. 4 StGB bisweilen vorliegen kann (so z. B. wenn zwei Eishockey-Spieler gemeinsam einen Gegner „in die Zange nehmen") und auch eine lebensgefährdende Behandlung i. S. d. § 224 Abs. 1 Nr. 5 StGB im Einzelfall nicht völlig auszuschließen²⁵⁸ ist. **94**

Nach der hier vertretenen Auffassung kann allerdings auch die Verwirklichung eines qualifizierenden Merkmals des § 224 Abs. 1 StGB in aller Regel als durch die mutmaßliche Einwilligung des Opfers gedeckt gelten. Denn solange z. B. der Einsatz eines Sportgerätes nicht völlig regelfern und damit nicht mehr *im* Sport, sondern nur noch *beim* Sport erfolgt, gehört er zu den üblichen, sowohl vom Täter wie vom Opfer ständig erfahrbaren Vorgängen und liegt somit innerhalb des von dem Gesichtspunkt des mangelnden Interesses abgedeckten Erfahrungshorizonts. Soweit die h. M. Vorsatztaten generell aus dem Bereich des Sportstrafrechts herausnimmt und allenfalls im Einzelfall durch ausdrücklich erklärte Einwilligung für gerechtfertigt halten will, muss sie allerdings eine einzelfallbezogene, nicht verallgemeinerungsfähige Lösung finden. **95**

bb) Qualifikationen des § 226 Abs. 1 StGB. § 226 Abs. 1 StGB enthält eine Reihe schwerer Tatfolgen, an die das Gesetz die oben bereits dargestellte Strafdrohung knüpft. Der Eintritt derartiger Folgen, wie etwa der Verlust eines Körpergliedes, die dauernde Entstellung oder das Siechtum, ist auch im Zusammenhang mit dem Sport nicht auszuschließen, bleibt in der Praxis aber auf exeptionelle Fälle beschränkt.²⁵⁹ Soweit diese Fälle **96**

---

²⁵³ Vgl. *Schild*, Sportstrafrecht, S. 123.
²⁵⁴ Für den Eishockeyschläger explizit OG Zürich SchwJZ 1990, 425; vgl. auch die oben Fn. 141 bereits wiedergegebene Meldung der *Süddeutschen Zeitung* vom 21. 4. 2005.
²⁵⁵ So ausdrücklich Schönke/Schröder-*Stree*, 27. Aufl., § 224, Rz. 5.
²⁵⁶ Allgemein zum „beschuhten" Fuß als gefährliches Werkzeug BGH MDR/D 1952, 273; BGH MDR/D 1971, 16; BGH MDR/H 1979, 987; BGHSt 30, 375; BGH NStZ 1984, 329; BGH NStZ 2000, 418; BGH NStE Nr. 3 zu § 223 a.
²⁵⁷ Dies soll insbesondere für ärztliche Instrumente in der Hand eines ausgebildeten Mediziners gelten (vgl. dazu BGH NJW 1987, 2946), aber z. B. auch für die Schere oder die Rasierklinge in der Hand des Friseurs (vgl. BGH NJW 1966, 1763).
²⁵⁸ Hierbei ist zu berücksichtigen, dass dieses Merkmal von der h. M. weit ausgelegt wird und schon dann erfüllt sein soll, wenn die Behandlung des Opfers lediglich abstrakt dazu geeignet ist, dieses in Lebensgefahr zu bringen; einer konkreten Lebensgefährdung bedarf es hingegen nicht; vgl. zum ganzen *Tröndle/Fischer*, 53. Aufl., § 224, Rz. 12.
²⁵⁹ Noch am wahrscheinlichsten ist der Eintritt solcher Folgen in den Geschwindigkeitssportarten, wie dem Automobil- oder Motorradrennsport, bei denen immer wieder Unfälle vorkommen, die mit dem Verlust von Gliedmaßen (man denke z. B. an den Unfall von Alex Zanardi auf dem Eurospeedway in Sachsen im Herbst 2001, bei dem er beide Beine verlor) oder Querschnittslähmungen enden. Aber auch der Ski-, Reit- oder Handballsport („Fall Deckarm") ist von tragischen Unfällen nicht verschont geblieben.

aktuell werden und dabei die Verwirklichung des Grundtatbestandes der Körperverletzung als solche auf vorsätzlichem Handeln beruht, stellt sich die Frage, ob die schweren Folgen des § 226 Abs. 1 StGB noch von der Einwilligung des Opfers gedeckt sind und wenn ja, ob sie nicht zumindest die Tat als sittenwidrig erscheinen lassen. Auch hier wird sich keine allgemein gültige Lösung finden lassen. Vielmehr werden die Umstände des Einzelfalles sowie die Charakteristik und Gefahrgeneigtheit der im konkreten Fall ausgeübten Sportart[260] im Rahmen einer umfassenden Abwägung zu berücksichtigen sein.

97   cc) *Qualifikation des § 227 StGB.* Auch der Eintritt des Todes des Opfers als unmittelbare Folge einer im Sport erfolgten Verletzung ist im Einzelfall nicht ausgeschlossen und bereits vorgekommen. Eine auf Einwilligung beruhende Straflosigkeit des Täters kommt dabei aber nach – richtiger – Ansicht der Rechtsprechung nicht in Betracht, da in die eigene Tötung nicht eingewilligt werden kann; allenfalls kann die Einwilligung in den Verletzungsteil der Tat Bestand haben und so die Körperverletzung mit Todesfolge zu dem weniger gravierenden Delikt der fahrlässigen Tötung gem. § 222 StGB herabgestuft werden.[261]

V. Versuch

98   Soweit eine vorsätzliche Körperverletzung im Sport in Rede steht, ist zu beachten, dass auch bereits deren Versuch strafbar ist; vgl. §§ 223 Abs. 2 und 224 Abs. 2 StGB. Für die ohnehin gerechtfertigten Taten *im* Sport ist dies aber ohne praktische Bedeutung, da die Rechtfertigung ohne weiteres auch den Versuch umfasst. Für Taten *beim* Sport, die regelmäßig nicht durch die Einwilligung des Opfers oder andere Rechtfertigungsgründe gedeckt sind, ist die Versuchsstrafbarkeit hingegen nach den allgemein geltenden Grundsätzen zu beurteilen, auf die jedoch an dieser Stelle weder im Einzelnen eingegangen werden kann, noch eingegangen zu werden braucht.

VI. Täterschafts- und Teilnahmeformen

99   In der überwiegenden Mehrzahl der Verletzungsfälle im Sport wird der Erfolg im Zuge eines Kampfes „Mann gegen Mann" bzw. „Frau gegen Frau" eintreten und daher einem einzelnen Schädiger zuzurechnen sein. Fälle der Mittäterschaft (s. dazu das bereits angeführte Beispiel mehrerer Eishockey-Spieler, die gemeinsam einen Gegner bedrängen[262]) oder der Teilnahme (meist in Form der Anstiftung durch den Trainer, der seine Spieler zu hartem „Einsteigen" ermuntert) sind allerdings ebenfalls denkbar. Für sie ergeben sich keine sportstrafrechtlichen Besonderheiten: Ist einer von mehreren Mittätern gerechtfertigt, so sind es die übrigen in aller Regel auch. Handelt ein Spieler als Haupttäter nicht rechtswidrig, so ist schon nach dem Wortlaut der Teilnahmebestimmungen der §§ 26 (Anstiftung) und 27 (Beihilfe) StGB keine Teilnahme möglich. Ist umgekehrt der Sportler strafbar, insbesondere weil er sich außerhalb der Wesensgrenzen seines Sports gestellt hat, so trifft diese Strafbarkeit nach allgemeinen Grundsätzen auch denjenigen, der dabei vorsätzlich mit ihm zusammenwirkt, ihm hilft oder ihn zu seiner Handlung bestimmt hat.

VII. Unterlassen

100   Situationen des strafbaren Unterlassens treten im Sport für den agierenden Sportler so gut wie nie auf: Er führt die Verletzung des Gegners gerade nicht durch Untätigkeit, sondern durch Übereifer herbei. Eine Unterlassung könnte daher allenfalls für Trainer oder sonstige Betreuer in Betracht kommen, wenn diese verpflichtet wären, gegen Verletzun-

---

[260] In diesem Sinne wohl auch NK-*Paeffgen*, 2. Aufl., § 228, Rz. 109, der allerdings mit der Korrelation von üblichen Regelverstößen und daraus resultierenden Verletzungsfolgen argumentiert.
[261] Vgl. BGHSt 4, 93; BayObLGSt 1957, 75; **a. A.** vor dem Hintergrund der Dogmatik der Risikoeinwilligung z. B. SK-*Samson*, nach § 16, Rz. 33.
[262] S. oben Rz. 94.

gen ihrer Schützlinge einzuschreiten, diese Verpflichtung aber missachten. Für den Bereich des Erwachsenensports kann eine derartige Verpflichtung aber von vornherein nicht angenommen werden, da sich dort die Sportler freiwillig und in voller Kenntnis der Umstände den sportspezifischen Gefahren aussetzen.[263] Im Kinder- und Jugendsport will *Schild*[264] offenbar etwas anderes annehmen, jedoch überzeugt dies nicht: Soweit es um Verletzungen *im* Sport geht, kann schon deshalb nichts anderes gelten, weil diese Art der Verletzung sportartspezifisch ist und sich die Spezifika einer Sportart nicht mit dem Alter der beteiligten Sportler ändern. Zudem sind derartige Verletzungen zumindest gerechtfertigt – nach *Schild* selbst sogar tatbestandslos[265] – weshalb es im Rechtssinne gar nichts zu verhindern gibt: Es ist nicht erfindlich, weshalb der außenstehende Trainer einen Erfolg soll verhindern müssen, den der unmittelbar Handelnde selbst herbeiführen darf.

C. Sachbeschädigungen im Sport

I. Vorbemerkung

Im nachfolgenden Abschnitt wird allein auf die Frage des Tatbestandsausschlusses bzw. der Rechtfertigung aufgrund sportspezifischer Gesichtspunkte eingegangen. Dies rechtfertigt sich daraus, dass die allgemeinen Tatbestandsprobleme, insbesondere die Frage des vorsätzlichen Handelns, bereits erörtert wurden[266] und spezifische Probleme der Auslegung der Sachbeschädigungsalternativen im Zusammenhang mit dem Sport nicht entstehen. 101

II. Tatbestandsausschluss vs. Rechtfertigung

Ein sportstrafrechtlicher Meinungsstreit über die Frage, ob für schädigende Verhaltensweisen im Sport bereits der Tatbestand des § 303 StGB ausgeschlossen sein soll, oder aber eine Rechtfertigung unter dem Gesichtspunkt der Einwilligung des Opfers in Betracht zu ziehen ist, wird – soweit ersichtlich – nicht geführt. Dies dürfte daran liegen, dass die herrschende Meinung davon ausgeht, dass meist ohnehin nur Fahrlässigkeit vorliegt und sich daher für sie von vornherein kein strafrechtliches Problem ergibt. Geht man aber lebensnah davon aus, dass auch ein erheblicher Teil der Sachbeschädigungen im Sport mindestens bedingt vorsätzlich erfolgt,[267] so wird die Frage nach der Strafbarkeit des Verursachers sehr wohl akut. Zu Ihrer Beantwortung bieten sich dann im Wesentlichen drei Ansätze an: 102

1. Tatbestandsausschluss

Wer bereits bei den Körperverletzungsdelikten für einen Tatbestandsausschluss eintritt, wird dies bei der Sachbeschädigung konsequenterweise ebenfalls tun. Dies gilt insbesondere für diejenigen Theorien, die auf der empirisch richtigen Grundannahme aufbauen, dass im Sport meist Vorsatztaten vorliegen, und die daher auch normativ nicht danach unterscheiden, ob der Täter vorsätzlich oder fahrlässig gehandelt hat.[268] 103

2. Keine Rechtfertigung

Überträgt man die herkömmliche Rechtfertigungslösung der h. M. von den Körperverletzungsdelikten auf die Sachbeschädigung, so dürfte es für Letztere keine Rechtferti- 104

---

[263] Vgl. hierzu *Schild*, Sportstrafrecht, S. 127.
[264] Vgl. *Schild*, Sportstrafrecht, S. 127.
[265] S. oben Rz. 69.
[266] S. oben Rz. 60 f.
[267] S. oben Rz. 61.
[268] So insbesondere *Schild*, Sportstrafrecht, S. 116 ff.

gung geben, da nur fahrlässiges und/oder regelkonformes Verhalten gerechtfertigt sein soll. Während aber die fahrlässige Sachbeschädigung ohnehin nicht strafbar ist, erfolgt die strafbare Sachbeschädigung nicht nur vorsätzlich, sondern meist auch sportregelwidrig, weshalb sie in der Logik dieses Ansatzes nicht durch die konkludente Einwilligung des Geschädigten gedeckt sein kann.

3. Rechtfertigung durch mutmaßliche Einwilligung

105 Vorliegend wird – wie bereits bei den Körperverletzungsdelikten – wiederum der Lösung über die mutmaßliche Einwilligung in der Fallvariante des mangelnden Interesses der Vorzug gegeben. Dabei erfasst die Rechtfertigung grundsätzlich auch vorsätzliches und regelwidriges Verhalten.[269]

Anders als bei den Körperverletzungsdelikten ist die Wirksamkeit der Einwilligung bei der Sachbeschädigung auch nicht durch die Schranke der Sittenwidrigkeit begrenzt. Denn im Rahmen des § 303 StGB gibt es lediglich den ungeschriebenen Rechtfertigungsgrund der (mutmaßlichen) Einwilligung, auf den § 228 StGB, der diese Schranke enthält, schon deshalb nicht angewandt werden kann, weil dies auf eine unzulässige Analogie zu Lasten des Täters hinausliefe.[270]

D. Prozessuale Fragen

I. Vorbemerkung

106 Soweit vorstehend von Taten *im* Sport die Rede ist, die bereits aus materiell-rechtlichen Gründen nicht strafbar sein sollen, sind strafverfahrensrechtliche Fragen für sie naturgemäß ohne Belang. Da aber – wie sich gezeigt hat – die Grenzen zwischen dem straflosen Sportgeschehen und strafbaren Verhaltensweisen bisweilen durch unwegsames Gelände verlaufen und es daher in der Praxis jederzeit zur Einleitung eines Ermittlungsverfahrens kommen kann, sei im Folgenden in der gebotenen Kürze auf zwei ständig wiederkehrende prozessuale Fragestellungen hingewiesen: Zum einen auf die Problematik, wann bei den Straftaten rund um den Sport, bei denen überwiegend sog. relative Antragsdelikte[271] im Raum stehen, das öffentliche Interesse an der Strafverfolgung zu bejahen ist. Zum anderen auf das Thema des Konkurrenzverhältnisses zwischen staatlichen Straf- und verbandlichen Disziplinarsanktionen.

II. Das öffentliche Strafverfolgungsinteresse

107 Nach der hier vertretenen Lösung verläuft die Trennlinie zwischen straflosen und strafbaren Verletzungs- bzw. Schädigungshandlungen entlang der Grenze zwischen Tatbestandsverwirklichungen *im* Sport und solchen *beim* Sport. Letztere sind grundsätzlich nicht gerechtfertigt und damit auch strafbar. Soweit es sich bei ihnen um relative Antragsdelikte handelt und sie im öffentlichkeitswirksamen Spitzensport begangen werden, ist im Regelfall auch das öffentliche Interesse an der Strafverfolgung zu bejahen. Dies schon deshalb, weil die Tat meist vor den Augen einer vielköpfigen Zuschauerschaft stattfindet und damit über den unmittelbaren Lebenskreis der Beteiligten hinauswirkt. Hinzukommt, dass der Sport weiterum eine Funktion als rollenformendes Verhaltensvor-

---

[269] S. oben Rz. 80.
[270] Dies ist im Einzelnen strittig, entspricht aber der nunmehr herrschenden Meinung; ausführlich zum Streitstand Schönke/Schröder-*Lenckner*, 27. Aufl., vor § 32, Rz. 37 m. w. N.
[271] Dies gilt sowohl für die einfache vorsätzliche wie auch für die fahrlässige Körperverletzung, die gem. § 230 Abs. 1 StGB entweder auf Antrag des Verletzten oder bei Vorliegen des besonderen öffentlichen Interesses an der Strafverfolgung verfolgt wird, wie auch für die Sachbeschädigung, für die § 303 c StGB eine inhaltsgleiche Bestimmung enthält.

bild innehat, der es in besonderem Maße abträglich wäre, wenn sportwidriges Verhalten ungestraft bliebe.

Die Straftaten im Sport sind dagegen schon aus materiell-rechtlichen Gründen straflos zu stellen; für sie kann daher von vornherein kein Interesse an der Strafverfolgung bestehen.[272]

III. Doppelbestrafungsverbot bzgl. staatlicher und innerverbandlicher Sanktionen

Im Jahre 2001 hatte ich in einem Aufsatz[273] die Auffassung vertreten, dass zwischen den Sanktionen, die aufgrund der verbandlichen Strafgewalt gegen einen Sportler verhängt werden, und den Sanktionen des staatlichen Strafrechts ein aus Art. 103 Abs. 3 GG herzuleitendes Doppelbestrafungsverbot besteht. Diese Auffassung ist in der Literatur auf erbitterten Widerspruch gestoßen[274] und bis heute vereinzelt geblieben.[275] Für den Praktiker sei daher darauf hingewiesen, dass nahezu einhellig davon ausgegangen wird, dass

— Verbandssanktionen und staatliche Strafe nebeneinander verhängt werden dürfen;
— eine bereits verhängte Verbandsstrafe allenfalls im Rahmen der Zumessung der staatlichen Strafe mildernd berücksichtigt werden kann.

Ich selbst halte nach erneuter Überlegung meine These von der Geltung des Doppelbestrafungsverbots aufrecht.

108

4. Kapitel. Doping

A. Einführung

Dopinggerüchte oder positive Dopingproben sind im Spitzensport mittlerweile an der Tagesordnung. Es vergeht kaum eine Woche, in der nicht ein neuer Fall Schlagzeilen macht. Appelle für einen „sauberen Sport" verhallen offenkundig ungehört. Verbandssanktionen scheinen ebenfalls nicht die gewünschte abschreckende Wirkung zu entfalten. Es verwundert daher nicht, dass von Seiten der Sportpraktiker verstärkt nach dem Einschreiten oder zumindest der Mithilfe staatlicher Stellen bei der Dopingbekämpfung gerufen wird. Naturgemäß gerät dabei auch das staatliche Strafrecht als intensivste und spürbarste Form sanktionierender Eingriffe in den Blick — außergewöhnliche Situationen erfordern offenbar auch ungewöhnliche Maßnahmen.

109

Der deutsche Strafgesetzgeber hat sich den Rufen nach der Schaffung eigener Dopingtatbestände[276] freilich bislang weitgehend verschlossen.[277] Anders als in einigen Staaten

---

[272] Teilweise anders (das öffentliche Strafverfolgungsinteresse auch bei Straftaten im Sport bejahend, sofern eine grobe Unsportlichkeit vorliegt) noch *Reinhart* SpuRt 1997, 1 (6); diese Position halte ich in dieser Form nicht mehr aufrecht.
[273] *Reinhart* SpuRt 2001, 45 und 184.
[274] Vgl. insbesondere die Einwände von *Fahl* SpuRt 2001, 181 und *Reschke* SpuRt 2001, 183.
[275] Vgl. für viele *Schild*, Sportstrafrecht, S. 124: „Selbstverständlich kann die Sanktionierung durch den Sportverband keine Rechtskraft bezüglich des staatlichen Strafverfahrens ausüben."
[276] Vgl. hierzu vor allem die monographische Aufarbeitung der Problematik durch *Momsen-Pflanz*, Die sportethische und strafrechtliche Bedeutung des Dopings, Frankfurt a. M., 2005 sowie die Überlegungen von *Fritzweiler*, SpuRt 1998, 234 und *Cherkeh/Momsen*, NJW 2001, 1745 (1751f.) zur Schaffung eines eigenen Straftatbestandes für wettbewerbsverzerrendes Doping.
[277] In der Folge des zweifachen Doping-Skandals um die Tour de France 2006 (Suspendierung der Favoriten Jan Ullrich und Ivan Basso bereits im Vorfeld wegen des Verdachts des Blut-Dopings sowie positiver Doping-Test des späteren Siegers Floyd Landis) scheint allerdings Bewegung in den politischen Entscheidungsprozess gekommen zu sein; vgl. hierzu die Meldung in den ARD-Tagesthemen vom 29.7.2006 wonach die Bundesregierung an einem Entwurf eines Anti-Doping-Gesetzes arbeitet.

des europäischen Auslands,[278] die über eigene, mit besonderen Straftatbeständen versehene Anti-Dopinggesetze verfügen, kommen in der Bundesrepublik Deutschland daher bislang nahezu ausschließlich[279] nur die allgemeinen, nicht eigens auf die Situation des Doping zugeschnittenen Tatbestände des Kern- und Nebenstrafrechts als Instrumente strafrechtlicher Dopingbekämpfung in Betracht. Es sollte nicht verwundern, dass sich diese Tatbestände in der Praxis als unzureichend erweisen: Wie im Folgenden zu zeigen sein wird, bietet die Dogmatik der Körperverletzungsdelikte[280] verschiedene „Hintertüren", durch die Dopingsünder, wenn sie nur geschickt genug sind, leicht entkommen können. Dies gilt in sogar noch gesteigertem Maße auch für die bestehenden Tatbestände des Vermögensstrafrechts.[281] Der Grund hierfür ist sicherlich zu einem nicht geringen Teil auch in den vielfältigen Erscheinungsformen des Dopings zu finden, die hier nicht im Einzelnen dargestellt werden können. Hierfür, sowie für die naturwissenschaftlich-medizinischen Grundlagen und Zusammenhänge des Dopings und dessen verbands- und zivilrechtlichen Folgen kann auf die Darstellung von *Summerer* in Teil 2. dieses Handbuchs verwiesen werden.[282] Vorliegend erfolgt eine strikte Beschränkung auf die rein strafrechtlichen Aspekte des Themas.

B. Doping als Körperverletzung

I. Grundtatbestand und Qualifikationen

1. Tatbestandsfragen des § 223 StGB

110 **a) Körperliche Misshandlung.** Die Alternative der körperlichen Misshandlung setzt bei den Körperverletzungsdelikten – wie bereits gesehen[283] – eine Behandlung voraus, die das körperliche Wohlbefinden des Opfers negativ beeinflusst. Obgleich die h. M. darum bemüht ist, diese Definition nach Möglichkeit zu objektivieren und auf das Empfinden einer gedachten Durchschnittsperson abzustellen,[284] bleibt dabei doch stets eine subjektive Komponente im Spiel: Der Begriff des Wohl*befindens*, der zentraler Bestandteil der Definition ist, knüpft an eine Körperwahrnehmung an, die zwangsläufig subjektiv geprägt ist und nicht vollständig objektiviert werden kann. Dies führt zu der Erkenntnis, dass in den Fällen, in denen weder das konkrete Opfer eine Beeinträchtigung seines Wohlbefindens verspürt, noch die gedachte, den Kontrollmaßstab bildende Durchschnittsperson eine solche Beeinträchtigung empfinden würde, auch keine körperliche Misshandlung i. S. d. § 223 Abs. 1 StGB vorliegen kann. Ein anderes Ergebnis wäre selbst von einer weiten Auslegung des Begriffs des Wohlbefindens nicht mehr gedeckt und verstieße damit gegen das strafrechtliche Analogieverbot, für das stets der Gesetzeswortlaut die unübersteigbare Grenze darstellt.[285]

Im Zusammenhang mit der Vergabe von Doping-Mitteln stellt die Definition der körperlichen Misshandlung bereits eine erste Hürde dar, die auf dem Weg zur Strafbarkeit des Handelnden nur schwer zu überwinden ist: Denn der Zweck des Dopings besteht ge-

---

[278] Die strafrechtliche Situation im Ausland kann an dieser Stelle nicht in sinnvoller und für den Leser nützlicher Form abgehandelt werden, da hierzu Spezialkenntnisse der einzelnen Rechtsordnungen notwendig wären, die dem Autor fehlen; ein erster Überblick über die Rechtslage im europäischen Ausland findet sich bei *Krogmann*, SpuRt 1999, 19–20, 61, 148–149 und SpuRt 2000, 13–14, 106 sowie bei *Momsen-Pflanz*, Die sportethische und strafrechtliche Bedeutung des Dopings, S. 113–117.

[279] Zur Ausnahme des § 95 Abs. 1 Nr. 2 a AMG s. unten Rz. 125–127.

[280] S. dazu unten Rz. 110–124.

[281] S. dazu unten Rz. 129–148.

[282] S. oben *Summerer* 2/Rz. 209–248.

[283] S. oben Rz. 90.

[284] Vgl. hierzu z. B. OLG Düsseldorf, NJW 1991, 2918.

[285] Zur allgemeinen Bedeutung der Wortlautgrenze vgl. BVerfG NJW 1987, 55; BVerfGE 92, 12.

rade darin, die körperliche Leistungsfähigkeit des Sportlers zu erhöhen, was in aller Regel nicht gelingen kann, wenn der gedopte Sportler dabei zugleich ein − wie auch immer geartetes − körperliches Missempfinden verspürt. Meist wird der Sportler bei bzw. unmittelbar nach der Einnahme des Doping-Mittels daher keine Beeinträchtigungen, sondern im Gegenteil eine Steigerung seines Wohlbefindens verspüren. In diesem Zeitpunkt wird daher meist auch das Vorliegen einer körperlichen Misshandlung zu verneinen sein, wenn man nicht etwa auf den kurzen Schmerz beim Einstechen einer Injektionsnadel abstellen will, womit der Kern der Sache aber verfehlt würde. Die körperliche Misshandlung wird sich daher − wenn überhaupt − erst dann annehmen lassen, wenn Spätschäden akut werden, die bereits bei der Doping-Vergabe selbst angelegt waren.

b) Gesundheitsschädigung. Die Alternative der Gesundheitsschädigung ist im Vergleich zur Variante der körperlichen Misshandlung besser geeignet, bereits im Zeitpunkt der Einnahme des Mittels die körperverletzende Qualität bestimmter Dopingmaßnahmen zu erfassen: Denn für sie ist in Rechtsprechung und herrschender Literaturmeinung anerkannt, dass das notwendige Hervorrufen eines pathologischen Zustands[286] schon darin liegt, dass eine erst später akut werdende Schadensentwicklung im Körper der Opfers unwiderruflich angelegt wird.[287] Damit sind auch Doping-Maßnahmen, die zwar im Handlungszeitpunkt noch keine beobachtbaren Schäden hervorrufen, solche jedoch, z. B. in Form späterer hormoneller Störungen, Herz- und Gefäßveränderungen oder chronischer Beschwerden, bereits „vorprogrammieren", von ihrem Beginn an als Gesundheitsschädigungen im Sinne der Körperverletzungstatbestände anzusehen. **111**

2. Qualifikationen der §§ 224 bis 227 StGB

Bei einzelnen Formen des Dopings können auch qualifizierende Tatbestände der §§ 224 **112** bis 227 StGB erfüllt werden, wobei der praktische Schwerpunkt auf den einzelnen Alternativen des § 224 Abs. 1 StGB liegen wird. Körperverletzendes Doping mit Todesfolge (§ 227 StGB) ist glücklicherweise ebenso selten wie Doping, das zu dauernden, unter den Katalog des § 226 StGB fallenden Schäden führt; ausgeschlossen ist beides aber nicht.[288]

Aus dem Katalog des § 224 Abs. 1 StGB kann wiederum vor allem die lebensgefährdende Behandlung in Betracht kommen, wenn durch das Doping eine erhebliche Belastung des Herz-Kreislauf-Systems des Betroffenen oder schwere Spätschäden hervorgerufen werden. Soweit Zwangsdoping oder heimliches Doping vorliegt, kann auch eine gemeinschaftliche Tatbegehung durch mehrere, arbeitsteilig zusammenarbeitende Trainer und Betreuer verwirklicht sein. Hingegen wird das medizinische Werkzeug, das von den ärztlichen Betreuern ggf. bei der Doping-Vergabe eingesetzt wird, regelmäßig nicht als gefährliches Werkzeug i. S. d. § 224 Abs. 1 Nr. 2 StGB anzusehen sein, da es von medizinisch ausgebildeten Personen kunstgerecht gehandhabt wird.[289]

---

[286] Vgl. dazu die oben Rz. 89 wiedergegebene Definition der Gesundheitsschädigung.

[287] Den Leitfall stellt hier die Infizierung des Opfers mit dem HIV-Virus durch ungeschützten Geschlechtsverkehr dar; diese Infizierung stellt für sich allein bereits eine Gesundheitsschädigung dar, auch wenn die AIDS-Erkrankung noch nicht zum Ausbruch gekommen ist; vgl. hierzu *Tröndle/Fischer*, 53. Aufl., § 223, Rz. 7 f. sowie dort die Nachweise zum Streitstand.

[288] Der wohl berühmteste Fall tödlichen Dopings ist der des Radprofis Tom Simpson, der im Jahre 1967 bei der Tour de France während des Anstiegs zum Mont Ventoux vom Rad stürzte und in Folge der Wirkungen eines Cocktails aus Amphetaminen und Alkohol tot zusammenbrach; es wurde aber nicht ausreichend geklärt, ob dabei Fremdverschulden im Spiel war. Aus dem Katalog des § 226 StGB kommt im Zusammenhang mit dem Doping insbesondere der Verlust der Fortpflanzungsfähigkeit (§ 226 Abs. 1 Nr. 1, 4. Alt. StGB) in Betracht; langfristige Hormongaben zum Zwecke der Leistungssteigerung, wie sie z. B. im Leistungssportsystem der ehemaligen DDR praktiziert wurden, sollen in der Vergangenheit bereits zu solchen Folgen geführt haben.

[289] Vgl. hierzu bereits die Nachweise aus der Rechtsprechung oben in Fn. 257.

II. Die strafrechtliche Bedeutung der einzelnen Formen des Dopings

1. Freiwilliges Selbstdoping

113 Beim freiwilligen Selbstdoping ist eine Handlungssituation rechtlich zu beurteilen, in der sich der Sportler selbst die Dopingsubstanz verabreicht und dabei um ihre Auswirkungen und Risiken für seine Gesundheit weiß.

114 Unter dem Gesichtspunkt der Körperverletzungsdelikte muss diese rechtliche Beurteilung kurz und eindeutig ausfallen: Die Körperverletzung ist schon nach dem Wortlaut des § 223 StGB stets nur dann strafbar, wenn ein anderer von ihr betroffen ist. Der Raubbau am eigenen Körper bzw. die freiverantwortliche Selbstschädigung fällt demgegenüber nicht unter die Tatbestände der §§ 223 ff. StGB.

115 Da der sich selbst dopende Sportler in eigener Person keinen Tatbestand erfüllt und dementsprechend straflos bleibt, haben im Hinblick auf die Körperverletzungsdelikte auch diejenigen strafrechtlich nichts zu befürchten, die ihn zu seinem Tun verleiten oder ihm dabei Hilfe leisten. Denn in der Dogmatik des deutschen Strafrechts setzt die Strafbarkeit wegen der Teilnahme an einer Tat stets eine vorsätzliche und rechtswidrige Haupttat voraus, an der es vorliegend gerade fehlt. Eine Strafbarkeit Dritter käme vielmehr erst dann in Frage, wenn der Sportler durch falsche Einflüsterungen oder gar durch Zwang zum Doping bewogen würde. In diesen Fällen liegt die Herrschaft über das Geschehen nicht mehr in den Händen des Sportlers selbst, sondern vielmehr bei dem täuschenden oder drohenden Hintermann; es handelt sich daher in diesen Fällen nicht mehr um freiwilliges Selbstdoping, sondern um eine der sogleich unter 2. zu behandelnden Erscheinungsformen.

2. Unfreies Selbstdoping/Heimliches Doping/Zwangsdoping

116 Von einem Selbstdoping kann naturgemäß dann nicht die Rede sein, wenn nicht der Sportler selbst das Doping-Mittel in seinen Körper bringt, sondern dies von einem anderen, insbesondere einem Trainer oder ärztlichen Betreuer, bewerkstelligt wird. Daneben sind Situationen denkbar, in denen der Sportler die Doping-Substanz zwar rein physisch selbst einnimmt, die Verantwortung hierfür aber bei einem anderen liegt. Es geht um folgende Konstellationen:
– Dem Sportler wird die Dopingsubstanz unter Gewaltanwendung oder – was häufiger sein dürfte – unter Drohungen oder sonstigem psychischen Zwang verabreicht;[290]
– der Sportler wird über die gesundheitsschädlichen Wirkungen der gegebenen Mittel bewusst getäuscht oder im Unklaren gelassen;
– dem Sportler wird ein Doping-Mittel untergeschoben, dessen Einnahme er zunächst gar nicht bemerkt.[291]

In all diesen Situationen bestehen an der Strafbarkeit der handelnden Personen wegen eines Körperverletzungsdelikts – und im Fall des Zwangsdopings zusätzlich wegen Nötigung gem. § 240 StGB – keine ernsthaften Zweifel:

117 Mindestens der Tatbestand der einfachen Körperverletzung gem. § 223 StGB ist entweder durch den Trainer bzw. Betreuer in eigener Person oder doch wenigstens unter Ausnutzung

---

[290] Derartige Methoden haben offenbar das Sportförderungs- und Trainingssystem vieler Staaten des ehemaligen Ostblocks geprägt; bekannt sind u. a. entsprechende Dopingpraktiken an jungen Leistungsschwimmerinnen in der DDR und Turnerinnen in Rumänien.

[291] Hierauf hat sich z. B. der Langstreckenläufer Dieter Baumann berufen, nachdem eine Doping-Probe bei ihm positiv ausgefallen war; er brachte vor, dass ein Unbekannter heimlich eine Doping-Substanz in seine Zahnpasta injiziert habe und erstattete diesbezüglich Strafanzeige wegen Körperverletzung und Hausfriedensbruchs; das gegen Unbekannt geführte Verfahren verlief allerdings im Sande, weshalb bis heute ungeklärt ist, ob das Vorbringen Baumanns einen realen Hintergrund hatte oder eine bloße Schutzbehauptung dargestellt hat.

des Sportlers als getäuschtes oder gezwungenes Werkzeug gegen sich selbst erfüllt. Ob daraus – je nach Ausgestaltung der konkreten Handlungssituation – eine unmittelbare Allein- oder Mittäterschaft (vgl. § 25 Abs. 1, 1. Alt. bzw. Abs. 2 StGB) oder aber eine mittelbare Täterschaft[292] (vgl. § 25 Abs. 1, 2. Alt. StGB) resultiert, ist eine rein dogmatische Frage, die sich im praktischen Ergebnis nicht auswirkt und daher an dieser Stelle nicht näher behandelt wird.

Das Eingreifen eines anerkannten Rechtfertigungsgrundes ist in solchen Situationen **118** ebenfalls nicht anzunehmen, da es an einer rechtfertigenden Einwilligung gerade fehlt und andere Erlaubnistatbestände von vornherein nicht in Betracht kommen. Die tatbestandsmäßige und rechtswidrige Körperverletzung ist schließlich in aller Regel auch schuldhaft begangen, so dass alle materiellen Voraussetzungen der Strafbarkeit vorliegen. Dem Sportler, der sichergehen will, dass wegen solcher Vorgänge auch effektiv ermittelt wird, sei allerdings die rechtzeitige Stellung eines Strafantrages gem. § 230 Abs. 1 i. V. m. §§ 77 ff. StGB spätestens drei Monate nach Kenntniserlangung von Tat und Täter empfohlen; nur damit kann eine Verfahrenserledigung „schlanker Hand" durch Verneinung des öffentlichen Interesses an der Strafverfolgung[293] sicher verhindert werden.

3. Einverständliches Fremddoping

Die aus Sicht der Strafrechtsdogmatik heikelste Situation ist diejenige des einverständ- **119** lichen Fremddopings, in der sich der Sportler in voller Kenntnis der Wirkungen und Risiken ein Doping-Mittel von seinem Arzt oder Trainer verabreichen lässt. Denn dabei ist jedenfalls dann, wenn auch der Arzt oder Trainer seinerseits die Folgen des Dopings kennt und somit vorsätzlich handelt,[294] der Tatbestand der Körperverletzung ebenso erfüllt[295] wie die objektiven und subjektiven Voraussetzungen des Rechtfertigungsgrundes der Einwilligung des Opfers. Damit spitzt sich das Problem auf die Frage zu, ob die Tat sittenwidrig und daher trotz vorliegender Einwilligung des Sportlers rechtswidrig ist.

Zur Sittenwidrigkeit des einverständlichen Fremddopings werden zahlreiche, sich **120** z. T. diametral widersprechende Ansätze vertreten, die in eine praktische Patt-Situation münden:
– Einige Autoren halten das Kriterium der Sittenwidrigkeit aus dogmatischen[296] oder

---

[292] Vgl. allgemein zur Verantwortlichkeit des Hintermannes, der sein gutgläubiges Opfer zum Werkzeug gegen sich selbst macht, Schönke/Schröder-*Cramer/Heine*, 27. Aufl., § 25, Rz. 11 sowie den spektakulären Fall BGHSt 32, 38 („Sirius-Fall").

[293] Vgl. zum öffentlichen Interesse an der Strafverfolgung die allgemeinen Ausführungen oben Rz. 107. Folgt man den dort entwickelten Grundsätzen, dürfte das öffentliche Strafverfolgungsinteresse in den hier thematischen Doping-Fällen ohnehin nicht verneint werden; in der Praxis ist aber zu berücksichtigen, dass die Entscheidung darüber, ob das öffentliche Strafverfolgungsinteresse zu bejahen ist, im Ermessen der Staatsanwaltschaft steht und dieses Ermessen gerichtlich nicht überprüfbar ist (h. M.; vgl. hierzu BGHSt 16, 225 sowie BVerfGE 51, 176 [177 ff.]; a. A. Schönke/Schröder-*Stree*, 27. Aufl., § 230, Rz. 3).

[294] Zur Situation beim fahrlässigen Doping s. unten Rz. 121–123.

[295] Für den Normalfall des Dopings kommt es dabei auch nicht auf den Streit über die strafrechtliche Behandlung der ärztlichen Heilbehandlung an, da das Doping keine Heilzwecke verfolgt und demgemäß auch nicht unter den Begriff der Heilbehandlung subsumiert werden kann; strittig ist dies allerdings für das sog. „therapeutische Doping", bei dem einem erkrankten oder verletzten Sportler verbotene Substanzen verabreicht werden, um seine Gesundheit wiederherzustellen; die besseren Gründe sprechen dafür, hierin eine Heilbehandlung zu sehen (so auch *Schild*, Sportstrafrecht, S. 144 m. w. N. zum Streitstand), die allerdings nach den von der Rechtsprechung zum ärztlichen Heileingriff entwickelten Grundsätzen (vgl. hierzu im Einzelnen die Nachweise bei *Tröndle/Fischer*, 53. Aufl., § 223, Rz. 9–13) allenfalls gerechtfertigt sein kann.

[296] So *Niedermair*, Körperverletzung mit Einwilligung und die Guten Sitten, S. 146 f. und 196, der die Lösung über die Kriterien der objektiven Zurechnung sucht; im Ergebnis ähnlich *Frisch*, FS Hirsch, S. 491 ff., der für die Entscheidung über die Unwirksamkeit der Einwilligung allein auf

verfassungsrechtlichen[297] Gründen für bedeutungslos; aus ihrer Sicht entfaltet es daher auch für die Zulässigkeit des Dopings keine einschränkende Wirkung;

- vereinzelt wird aus §§ 95 Abs. 1 Nr. 2 a i. V. m. 6 a AMG ein allgemeines Dopingverbot hergeleitet, das auch die Sittenwidrigkeit der Körperverletzung durch Doping begründen soll;[298]
- eine Strömung in der Literatur beruft sich darauf, dass das Doping in der gegenwärtigen Gesellschaft allgemein abgelehnt werde und somit gegen das „Anstandsgefühl aller billig und gerecht Denkenden" verstoße; demgemäß sei die Dopingtat sittenwidrig und die Einwilligung in sie unwirksam;[299]
- ein anderer Teil der Literatur gelangt ebenfalls zur Sittenwidrigkeit des Doping, weil dieses gegen die allgemein akzeptieren Grundregeln des Sports bzw. der Sportlichkeit verstoße;[300]
- die wohl h. M. stellt hingegen allein auf den Schutzzweck der Körperverletzungsdelikte ab, aus dem heraus sie die Sittenwidrigkeit des Doping bestimmen will; gemessen an diesem Schutzzweck soll das Doping nur dann sittenwidrig sein, wenn es zu erheblichen gesundheitlichen Konsequenzen führt, so etwa bei gravierenden Dauerschäden, schweren Folgen im Sinne des § 226 StGB oder bei Suchtgefährlichkeit des Dopingmittels.[301]

Obwohl dies aus der Sicht des Sports wenig befriedigend erscheinen mag, ist im Ergebnis der h. M. zuzustimmen: Der Begriff der Sittenwidrigkeit ist ohnehin so weit, dass er sich am Rande des verfassungsrechtlich gerade noch Zulässigen bewegt. Schon aus diesem Grunde ist es daher geboten, ihn restriktiv zu handhaben und nach Möglichkeit von außerstrafrechtlichen oder gar außerrechtlichen Wertungen freizuhalten. Dies kann am besten gelingen, indem man die Sittenwidrigkeit im Sinne des § 228 StGB auf das Rechtsgut der Körperverletzungsdelikte zurückbezieht. Damit aber liegt es dann auf der Hand, das Ausmaß der Rechtsverletzung und somit die Schwere der – eingetretenen oder drohenden – Tatfolgen über die Sittenwidrigkeit des Dopings entscheiden zu lassen.

4. Versehentlich gefährliches Doping

121 Beim versehentlich gefährlichen Doping geht es um eine Situation, in der entweder der selbst dopende Sportler oder der fremd dopende Betreuer die gesundheitlichen Folgen des Dopings nicht kennt oder unterschätzt. Nicht gemeint ist hingegen der bloße Irrtum

---

deren offensichtliche Unvernünftigkeit abstellen will; dass Doping offensichtlich unvernünftig sei, wird man aber nur in den seltensten Fällen sagen können (so auch *Schild*, Sportstrafrecht, S. 153).

[297] Einen Verstoß des § 228 StGB gegen das Bestimmtheitsgebot sehen z. B. *Lenckner*, JuS 1968, 251 f. (307); *NK-Paeffgen*, 2. Aufl., § 228, Rz. 44–53; *Roxin*, JuS 1964, 379; weitere Nachweise bei LK-*Hirsch*, 11. Aufl., § 228, Rz. 2.

[298] So *Heger* SpuRt 2001, 94; ähnlich auch *Kühl*, in: Vieweg (Hrsg.), Doping. Realität und Recht, S. 84.

[299] Vgl. *Haas/Prokop*, SpuRt 1997, 58; *Kühl/Latz*, in: Clasing (Hrsg.), Doping – Verbotene Arzneimittel im Sport, S. 159; *Mestwerdt*, Doping. Sittenwidrigkeit und staatliches Sanktionsbedürfnis?, S. 123 ff.; *Ulmen*, Pharmakologische Manipulationen (Doping) im Leistungssport der DDR, S. 99.

[300] Vgl. z. B. *Derleder/Deppe*, JZ 1992, 117; *Linck*, NJW 1987, 2546 (2550 f.); ders., MedR 1993, 60; *Schröder/Bedau*, NJW 1999, 3366; *Turner*, NJW 1991, 2943; ders., MDR 1991, 573; *Vieweg*, in: ders. (Hrsg.), Doping. Realität und Recht, S. 27 ff.

[301] So z. B. *Jung*, JuS 1992, 133; *Kohlhaas*, NJW 1970, 1959 f.; *Müller*, Doping im Sport als strafbare Gesundheitsschädigung (§§ 223 Abs. 1, 230 StGB), 109 ff.; *Otto*, SpuRt 1994, 15; *Popp*, Die Sittenwidrigkeit der Tat im Sinne von § 226 a StGB, S. 86 f.; *Rain*, Die Einwilligung des Sportlers beim Doping, S. 181 ff.; *Schneider-Grohe*, Doping. Eine kriminologische und kriminalistische Untersuchung zur Problematik der künstlichen Leistungssteigerung im Sport und zur rechtlichen Handhabung dieser Fälle, S. 141; *Schönke/Schröder-Stree*, 27. Aufl., § 228, Rz. 18; wohl auch *Tröndle/Fischer*, 53. Aufl., § 228, Rz. 23 a.

über die Dopingqualität eines Mittels, da dieser im Hinblick auf die Körperverletzungsdelikte keine rechtliche Relevanz besitzt.

Der Irrtum des sich freiverantwortlich selbst dopenden Sportlers ist schon deshalb irrelevant, weil die Selbstverletzung auch dann nicht strafbar ist, wenn sie lediglich fahrlässig erfolgt. 122

Ein Irrtum des Betreuers über die gesundheitsschädlichen Wirkungen des von ihm verabreichten Doping-Mittels wird regelmäßig seine Fahrlässigkeit begründen, die sich aber lediglich auf den anwendbaren Tatbestand, nicht hingegen auf die strafrechtlichen Folgen im Ganzen auswirkt: Wer zwangsweise oder heimlich dopt, macht sich dann der fahrlässigen Körperverletzung gem. § 229 StGB strafbar. Wer einem Sportler ein Mittel verabreicht, über dessen Wirkungen er ihn auf der Basis seines eigenen Unwissens nicht ausreichend aufgeklärt hat, konnte keine wirksame, von Willensmängeln freie Einwilligung des Opfers herbeiführen und handelt deshalb rechtswidrig; auch er ist daher gem. § 229 StGB strafbar.[302] 123

III. Ergebnis

Die Strafbarkeit wegen eines Körperverletzungsdelikts hat nur derjenige ernsthaft zu fürchten, der einem Sportler heimlich, durch Täuschung oder Zwangsanwendung ein Doping-Mittel beibringt oder fahrlässig die Gesundheitsgefahren eines an sich einverständlich verabreichten Präparats verkennt. In allen übrigen Konstellationen fehlt es entweder bereits an einem Straftatbestand oder es liegt in der überwiegenden Mehrzahl der Fälle eine rechtfertigende Einwilligung vor. Diese aus sportlicher Sicht unbefriedigende Rechtslage kann aber durch einzelne Sondertatbestände des Nebenstrafrechts teilweise noch korrigiert werden. 124

C. Doping als Verstoß gegen das Arznei- und Betäubungsmittelrecht

1. § 95 Abs. 1 Nr. 2a AMG

§ 95 Abs. 1 Nr. 2a AMG (=Arzneimittelgesetz) stellt es unter Strafe, vorsätzlich entgegen § 6a Abs. 1 AMG Arzneimittel zu Dopingzwecken im Sport in den Verkehr zu bringen, zu verschreiben oder bei einem anderen anzuwenden; diese Strafbarkeit wird durch Abs. 2 der Vorschrift auch auf den Versuch und durch Abs. 4 auf die fahrlässige Begehung erstreckt. 125

§ 95 Abs. 1 Nr. 2a AMG besagt im Einzelnen: 126
– Strafbar ist nur das Fremddoping, nicht das Selbstdoping, da das Dopingmittel nach dem Wortlaut der Vorschrift bei einem anderen angewandt werden muss;
– als Täter kommt jede beliebige Person, nicht etwa nur ein Arzt oder Apotheker in Betracht, da der Tatbestand insoweit keine Einschränkungen enthält;
– ein In-Verkehr-Bringen liegt nach der Legaldefinition des § 4 Abs. 17 AMG auch bereits dann vor, wenn das Doping-Mittel zum Verkauf oder zur sonstigen Abgabe vorrätig gehalten, feilgehalten oder feilgeboten wird;
– der bloße Besitz oder Erwerb eines Dopingmittels ist hingegen nicht strafbar;
– nur solche Dopingmittel können die Strafbarkeit begründen, die nach der Begriffsbestimmung des § 2 AMG ein Arznei- oder Betäubungsmittel darstellen;
– der *ausschließliche* Zweck der Tathandlung muss im Doping im Sport bestehen; werden (auch) Heilzwecke verfolgt, bleibt die Handlung straffrei;

---

[302] Anders wohl *Schild*, Sportstrafrecht, S. 147 f., der einen Tatbestandsausschluss unter dem Gesichtspunkt der Risikoeinwilligung erwägt; dieser dürfte jedoch meist schon daran scheitern, dass der Sportler das gesundheitliche Risiko, dem er ausgesetzt wird, gar nicht überblickt.

- es muss das Doping *im Sport* bezweckt sein, wobei der Sportbegriff im Zusammenhang des § 95 Abs. 1 Nr. 2 a AMG sehr weit zu verstehen ist und allgemein jede sportliche Aktivität, sei es innerhalb oder außerhalb eines Wettkampfes, umfasst;[303]
- eine Einwilligung des gedopten Sportlers kommt nicht in Betracht, da nicht seine Rechtgüter, sondern die Rechtsgüter der Allgemeinheit geschützt sind, über die er nicht verfügen kann; § 95 Abs. 1 Nr. 2 a AMG dient vorrangig der Sicherheit des Arzneimittelverkehrs.

127 Hinzuweisen ist noch auf § 95 Abs. 3 AMG, der einen im Wege der Regelbeispielstechnik erstellten Katalog besonders schwerer Fälle enthält, der folgende Alternativen umfasst:
- Die Abgabe oder Verwendung von Dopingmitteln an bzw. bei Personen unter 18 Jahren;
- die Gefährdung der Gesundheit einer großen Zahl von Menschen;
- das Hervorrufen der Gefahr des Todes oder einer schweren Schädigung des Opfers an seinem Körper oder seiner Gesundheit;
- das Handeln aus grobem Eigennutz;
- die Erlangung von Vermögensvorteilen großen Ausmaßes.

2. §§ 29 ff. BtMG

128 Lediglich der Vollständigkeit halber und im Hinblick darauf, dass insbesondere Marihuana und Kokain bereits als Doping-Mittel bei einzelnen Sportlern nachgewiesen wurden, sei an dieser Stelle erwähnt, dass auch das Betäubungsmittelgesetz (BtMG) in seinen §§ 29 ff. zahlreiche Straftatbestände enthält, die immer dann verwirklicht sein können, wenn Doping-Mittel im Spiel sind, die auf der sog. Positivliste der Anlagen I bis III zum BtMG als Betäubungsmittel aufgeführt sind. Die Sportbeteiligten werden insoweit nicht anders behandelt als gewöhnliche Betäubungsmittel-Delinquenten.

D. Doping als Vermögensdelikt

I. Vorbemerkung

129 Im modernen Profi-Sport werden enorme wirtschaftliche Werte bewegt, an denen nicht nur die Sportler selbst, sondern auch zahlreiche andere Beteiligte, wie Vereine und Verbände, Veranstalter, Medien, Sponsoren und andere mehr ihren Anteil haben. Es liegt daher die Überlegung nahe, ob sich nicht der dopende Sportler materielle Vorteile auf Kosten anderer Sportbeteiligter erschleicht und damit eine Vermögensstraftat begeht.

Da – ähnlich wie im Bereich der Körperverletzungstatbestände – ein eigenständiges Delikt des vermögensschädigenden Dopings nicht existiert, kann aber auch hierbei nur an die allgemeinen Tatbestände des Vermögensstrafrechts, insbesondere die Tatbestände des Betrugs gem. § 263 StGB und der Untreue gem. § 266 StGB, gedacht werden. Beide aber weisen eine eigenständige und sehr komplexe Dogmatik auf, die nicht auf den Sport, sondern auf das allgemeine Wirtschaftsleben zugeschnitten ist. Diese verunmöglicht es insbesondere, schon die bloße Täuschung im Sport als solche, unabhängig von den durch sie herbeigeführten Folgen, strafrechtlich zu erfassen. Strafbar kann eine solche Täuschung vielmehr nur dann sein, wenn sie bei einem bestimmten Personenkreis einen Vermögensnachteil bewirkt. Und auch dann sind noch weitere Tatbestandsvoraussetzungen zu beachten, die – wie sogleich zu zeigen sein wird – in ihrer Gesamtheit dazu füh-

---

[303] So die wohl h. M. unter Berufung auf die Gesetzesmaterialien; vgl. *Schild*, Sportstrafrecht, S. 171; *Körner*, BtMG, § 95 AMG, Rz. 24; **a. A.** *Lippert-Deutsch*, § 6 a AMG, Rz. 2, der auf sportliche Wettkämpfe oder vergleichbare Ereignisse abstellt.

ren, dass das Doping trotz seiner zweifellos beträchtlichen finanziellen Folgen für Dritte kaum jemals als Betrug oder Untreue zu erfassen ist.

II. Doping als Betrug gem. § 263 StGB

1. Die Dogmatik des Betrugstatbestandes

Die Betrugsdogmatik ist in letzter Zeit namentlich aufgrund der Arbeiten von *Pawlik*[304] **130** und *Wittig*[305] in Bewegung geraten. Von diesen beiden Autoren, aber auch von weiteren Vertretern des Schrifttums[306] werden – im Einzelnen sehr unterschiedliche – Konzepte für eine normative Neuinterpretation des Betrugstatbestands angeboten, die die Täuschung als die eigentliche Tathandlung des Betrugs in den Mittelpunkt der Untersuchungen rücken. Diese Ansätze, die z.T. in Form umfangreicher Monographien entwickelt worden sind, können an dieser Stelle allerdings weder im Einzelnen dargestellt noch gar einer kritischen Sichtung unter dem spezifischen Blickwinkel des Sportstrafrechts[307] unterzogen werden, da beides den Rahmen bei weitem sprengen würde. Dies ist freilich für die vorliegende Abhandlung unschädlich, da sich diese neuen normativen Theorien des Betrugs nicht mit der Problematik des Dopings im Sport befassen und zudem bislang auch nicht von der Praxis der Staatsanwaltschaften und Strafgerichte aufgegriffen worden sind.

Für den Praktiker des Sportrechts ist es daher angeraten, sich bis auf weiteres an der **131** überkommenen Dogmatik des § 263 StGB zu orientieren. Hierbei ist im Einzelnen zu beachten:

– Der Tatbestand des Betruges erfordert eine Täuschung über Tatsachen, die ausdrücklich, konkludent oder durch Unterlassen begangen werden kann; nach h. M. bedarf es allerdings für jede dieser Täuschungsformen einer konkreten Einwirkung auf das intellektuelle Vorstellungsbild des Opfers, weshalb der Betrug als Kommunikationsdelikt anzusehen ist;

– durch die Täuschung muss ein Irrtum des Verfügenden hervorgerufen werden, was dann ausgeschlossen ist, wenn dieser auf Informationen zu bestimmten Sachverhalten keinerlei Wert legt und sich demgemäß darüber auch keine Gedanken macht;

– der Irrtum muss den Getäuschten zu einer Vermögensverfügung veranlassen, unter der jedes Tun, Dulden oder Unterlassen zu verstehen ist, das zu einer unmittelbaren Minderung des Vermögens des Geschädigten führt; Verfügender und Geschädigter brauchen dabei nicht identisch zu sein; vielmehr ist auch ein sog. „Dreiecksbetrug" möglich, bei dem der Getäuschte über fremdes Vermögen verfügt, zu dem er in einer faktischen oder rechtlichen Nähebeziehung steht;

– die Vermögensverfügung muss zu einem Vermögensschaden führen, der im Wege der Gesamtsaldierung festgestellt wird; dabei wird der Vermögensstand vor und nach der auf der Täuschung beruhenden Verfügung verglichen; ergibt sich aus diesem Vergleich ein negativer Saldo, liegt ein Betrugsschaden vor, der durch eine später eintretende Kompensation nicht mehr beseitigt werden kann;

– subjektiv muss der Täter nicht nur vorsätzlich, sondern daneben auch in der Absicht handeln, sich oder einen Dritten rechtswidrig zu bereichern; er muss dabei einen Vorteil erstreben, der das exakte Spiegelbild des eingetretenen Schadens darstellt und mit diesem „stoffgleich" ist.

---

[304] *Pawlik*, Das unerlaubte Verhalten beim Betrug, Köln, 1999.
[305] *Wittig*, Das tatbestandsmäßige Verhalten des Betrugs, Frankfurt a. M., 2005.
[306] Vgl. z. B. *Kindhäuser*, FS Bemmann, S. 285 ff.; *Lampe*, ZStW 112 [2000], 884; *Gauger*, Die Dogmatik der konkludenten Täuschung, S. 23 und 43; *Merz*, „Bewusste Selbstschädigung" und die Betrugsstrafbarkeit nach § 263 StGB, S. 161.
[307] Vgl. dazu in Ansätzen *Schild*, Sportstrafrecht, S. 158–163.

4. Kapitel. Doping

Diese Tatbestandskomponenten des § 263 StGB sowie ihr Zusammenspiel sind für die verschiedenen möglichen, durch das Doping heraufbeschworenen Betrugskonstellationen jeweils gesondert zu untersuchen.

2. Die einzelnen möglichen Betrugskonstellationen

132 **a) Betrug zum Nachteil des Vereins.**[308] Für den an einen Verein gebundenen Vertragssportler ist zunächst an einen Betrug zu Lasten dieses Vereins zu denken, da der sich dopende Sportler Gehälter und Prämien erhält, die er womöglich nicht erhalten würde, wenn sein Dopinggebahren bekannt wäre.

Ein derartiger Betrug kann allerdings von vornherein nur dann in Betracht kommen, wenn der Sportler sich selbst und heimlich dopt. Werden ihm hingegen von Betreuern des Vereins Dopingmittel zur Verfügung gestellt, so fehlt es bereits an einer Täuschungshandlung; wird das Selbstdoping des Sportlers vom Verein ohne Nachforschungen geduldet, so liegt kein Irrtum vor, da sich die Vereinsverantwortlichen dann offenbar keine Gedanken über die Dopingpraxis innerhalb ihres Vereins machen.

133 Eine ausdrückliche Täuschung über das Selbstdoping kann beim Vertragsabschluss begangen werden, wenn der Sportler einen Vertrag unterzeichnet, der ein ausdrückliches Dopingverbot enthält, an das er sich von Anfang an nicht halten will. Dies wird in der Praxis aber eine schwierig zu klärende Beweisfrage darstellen: Denn selbst wenn der Sportler einige Zeit nach dem Vertragsabschluss beim Doping ertappt wird, muss dies noch nicht bedeuten, dass er schon bei der Vertragsunterzeichnung vorhatte, das Dopingverbot zu missachten. Hat er den Entschluss hierzu in der Tat erst später gefasst, verbliebe allein die Möglichkeit der Täuschung durch Unterlassen, indem er die Vereinsverantwortlichen nicht über seine Verhaltensänderung aufklärt. Jedoch erscheint es durchaus zweifelhaft, ob ihn eine entsprechende Aufklärungspflicht trifft, die sich nur aus dem verletzten Vertrag selbst ergeben könnte.[309] Üblicherweise aber reicht der Vertrag als solcher noch nicht für die Begründung einer Garantenpflicht aus; vielmehr bedarf es darüber hinaus einer besonderen Vertrauensbeziehung zwischen den Parteien dieses Vertrags,[310] die im Verhältnis des Sportlers zu seinem Verein regelmäßig fehlt.

134 Selbst wenn eine Täuschung durch den Sportler beweisbar vorliegt, bleibt die Frage nach dem Vermögensschaden des Vereins: Denn dieser gibt zwar Vermögensbestandteile in Form von Gehältern, Prämien und Sachleistungen an den Spieler, erhält dafür aber auch dessen sportliche Gegenleistung. Der Schaden des Vereins kann sich daher allenfalls daraus ergeben, dass die Gegenleistung des dopenden Sportlers in ihrem Wert hinter den Leistungen des Vereins an den Sportler zurückbleibt und daher kein wirtschaftliches Äquivalent für diese darstellt. Dies zu ermitteln wird allenfalls anhand einer wertenden Gesamtbetrachtung unter Einbeziehung aller Umstände des Einzelfalls möglich sein. Eine schematische Übertragung der Kriterien der Marktüblichkeit verbietet sich dagegen schon deshalb, weil es den Marktpreis für sportliche Spitzenleistungen nicht gibt und daher nicht ohne weiteres festgestellt werden kann, dass der ungedopte Sportler X ein Gehalt von Y, derselbe Sportler in gedoptem Zustand hingegen nur das geringere Gehalt Z wert ist. Ein Beispiel mag dies verdeutlichen: Im amerikanischen Profi-Baseballsport

---

[308] Der Begriff des Vereins ist an dieser Stelle nicht auf Vereine im technischen Sinne beschränkt, sondern umfasst – unabhängig von ihrer Organisationsform – auch alle anderen Teams, Rennställe, etc.

[309] *Cherkeh* äußert sich zu dieser Konstellation zwar nicht, jedoch liegt es nahe, dass er eine entsprechende Aufklärungspflicht annehmen würde, da er eine gleichgerichtete Pflicht bereits im Verhältnis des Sportlers zu seinen Sponsoren konstruiert; vgl. dazu *Cherkeh*, Betrug (§ 263 StGB), verübt durch Doping im Sport, S. 79 ff. und 96 ff.

[310] Vgl. zu diesem Erfordernis allgemein LK-*Tiedemann*, 11. Aufl., § 263, Rz. 53 ff. und speziell für Vertragsbeziehungen im Sport *Momsen-Pflanz*, Die sportethische und strafrechtliche Bedeutung des Dopings, S. 235 f.

sind einige prominente Spieler in den Verdacht geraten, ihre Schlagkraft mit Hilfe anaboler Stereoide gesteigert zu haben; zum Kreis der Verdächtigen zählt u. a. auch Barry Bonds von den San Fransisco Giants, der in den zurückliegenden Spielzeiten regelmäßig mit großem Abstand den Liga-Rekord für erzielte Home-Runs gehalten hat. Sollte Bonds nun des Dopings überführt und von der Liga für einen Teil der kommenden Spielzeit gesperrt werden, würde sich die Frage stellen, ob seine Leistungen, die er im Rest der Saison zu erzielen in der Lage ist, ihn nicht immer noch so wertvoll für die Mannschaft machen, dass er gleichwohl sein Gehalt wert ist. Dagegen kann auch nicht eingewandt werden, dass er ohne eine allfällige Sperre jedenfalls mehr Spiele absolvieren und daher auch eine höhere Leistung erbringen würde. Denn es ist ohne weiteres vorstellbar, dass er auch ohne Sperre z. B. aufgrund einer Verletzung oder einer vorübergehenden Formkrise für einige Spiele ausfallen würde.

Sollte der Schadensnachweis im Einzelfall gelingen, wäre die subjektive Tatseite hingegen problemlos, da sowohl der Vorsatz als auch die Bereicherungsabsicht des Sportlers ohne weiteres angekommen werden kann. Es käme dann ein Betrug zu Lasten des Vereins in Betracht.

b) Betrug zum Nachteil des Veranstalters. Nimmt der Sportler an einem einzelnen Wettkampf teil und erhält er hierfür vom Veranstalter ein Start- oder Preisgeld, so steht Betrug zum Nachteil des Veranstalters im Raum.[311]

Eine ausdrückliche Täuschung liegt dabei dann vor, wenn der Sportler beim Abschluss des Teilnahmevertrags die ihm gestellte Frage nach einem eventuell vorliegenden Doping bewusst falsch beantwortet. Nach h. M. soll aber auch ohne eine ausdrückliche Frage bereits in der Anmeldung zum bzw. spätestens in der Teilnahme am Wettkampf die konkludente Erklärung liegen, nicht gedopt zu sein.[312]

Ob in jedem Einzelfall diese Täuschung auch zu einem entsprechenden Irrtum des Veranstalters führt, darf allerdings bezweifelt werden:[313] Zumindest in einigen Sportarten hat das Doping offensichtlich endemische Ausmaße erreicht, weshalb kein Veranstalter mehr davon ausgehen kann, dass die Wettkämpfer entsprechend ihren Erklärungen auch wirklich „sauber" seien; dies gilt insbesondere für den Straßenradsport. Umgekehrt kann auch der Täuschungsvorsatz des Sportlers im konkreten Fall zweifelhaft sein, da er unter Umständen mit Fug davon ausgehen kann, dass die verbreitete Dopingpraxis in seiner Sportart ohnehin ein offenes Geheimnis sei, über das sich jedenfalls die Insider, zu denen die Veranstalter sicherlich zu zählen sind, keinen Illusionen mehr hingeben.

Wird ein Irrtum bejaht, so ist auch die Vermögensverfügung in Form des Abschlusses des entgeltlichen Teilnahmevertrags anzunehmen. Problematisch bleibt aber auch hier wieder der Vermögensschaden: Der Veranstalter schließt nicht nur einen isolierten Vertrag mit dem gedopten Teilnehmer, sondern ein ganzes Bündel einzelner Verträge mit Sportlern, Medien, Vermarktern, Sponsoren etc., dessen einzelne Komponenten sich wechselseitig bedingen. Häufig sind insbesondere Sponsoren oder Fernsehanstalten nur dann bereit substantielle Beträge für ein einzelnes Sportereignis auszugeben, wenn auch

---

[311] Gleiches gilt auch dann, wenn nicht ein gedopter Sportler, sondern ein gedoptes Tier, insbesondere ein Rennpferd, an den Start geht; vgl. hierzu *Wittig*, SpuRt 1994, 134.

[312] So z. B. *Cherkeh*, Betrug (§ 263 StGB), verübt durch Doping im Sport, S. 75 ff.; *Kühl*, in: Vieweg (Hrsg.), Doping. Realität und Recht, S. 86; *Lackner/Kühl*, StGB, 25. Aufl., § 263, Rz. 9; *Mestwerdt*, Doping. Sittenwidrigkeit und staatliches Sanktionsbedürfnis?, S. 65; *Momsen-Pflanz* Die sportethische und strafrechtliche Bedeutung des Dopings, S. 221; *Otto*, SpuRt 1994, 15; *Rössner*, in: Digel (Hrsg.), Spitzensport. Chancen und Probleme, S. 54; *Schild*, Sportstrafrecht, S. 164; *Schimke*, Sportrecht, S. 201 f.; LK-*Tiedemann*, 11. Aufl., § 263, Rz. 31; *Ulmen*, Pharmakologische Manipulationen (Doping) im Leistungssport der DDR, S. 113.

[313] So auch *Linck*, NJW 1987, 2551; *Momsen-Pflanz*, Die sportethische und strafrechtliche Bedeutung des Dopings, S. 221; *Schild*, Sportstrafrecht, S. 164; **a. A.** *Cherkeh*, Betrug (§ 263 StGB), verübt durch Doping im Sport, S. 111; *Ditz*, Doping im Pferderennsport, S. 502 und 508.

die Teilnahme „großer Namen" gesichert ist. Aus diesem Grund ist bei der Schadensberechnung das vom Veranstalter geschnürte „Gesamtpaket" in die Saldierung einzustellen und nicht lediglich der Teilnahmevertrag mit dem einzelnen Sportler, den dieser nicht mängelfrei erfüllen kann, weil er gedopt ist. Bei einer Gesamtschau aber wird der wirtschaftliche Vorteil des Veranstalters regelmäßig seinen Nachteil aus dem einen inkongruenten Teilnahmevertrag aufwiegen oder sogar übersteigen, weshalb es auch am Schaden fehlt.[314] Dem kann nicht entgegengehalten werden, dass bei einer derartigen Gesamtschau auf systemwidrige Weise eine spätere Schadenskompensation zugunsten des Täters berücksichtigt werde.[315] Denn es geht hier nicht um Vorteile, die dem Veranstalter erst im nachhinein zufließen, sondern um solche, die untrennbar und unmittelbar mit dem Abschluss des Vertrages mit dem gedopten Sportler verbunden sind.

138 **c) Betrug zum Nachteil der Sponsoren.** *aa) Persönliche Sponsoren des Sportlers.* Für einen möglichen Betrug zu Lasten der persönlichen Sponsoren des Sportlers ist die Täuschungssituation identisch mit derjenigen beim möglichen Betrug zu Lasten des eigenen Vereins:[316] Hier wie dort kann eine ausdrückliche Täuschung dann vorliegen, wenn im Sponsoring-Vertrag ein Dopingverbot enthalten ist, das vom Sportler entgegen seinen wahren Intentionen nach außen hin akzeptiert wird.[317] Problematisch ist daher auch hier der Nachweis, dass auf Seiten des Sportlers von Anfang an nicht die Bereitschaft vorhanden war, ein vereinbartes Dopingverbot zu beachten.[318]

139 Gelingt der Nachweis der Täuschung, sind auch die übrigen Tatbestandsvoraussetzungen zu bejahen. Insbesondere ist im Verhältnis des Sportlers zu seinen Sponsoren auch die Schadensfeststellung vereinfacht: Da das Sponsoring nicht an einem leistungsbezogenen, sondern vielmehr an einem imagebezogenen Marktwert des Sportlers festgemacht wird, das Image des Sportlers durch Doping aber nahezu zwangsläufig leidet, kann meist relativ problemlos auch davon ausgegangen werden, dass einem am Image des „sauberen" Sport-

---

[314] So auch die wohl h. M., vgl. *Kühl/Latz,* in: Clasing (Hrsg.), Doping – Verbotene Arzneimittel im Sport, S. 160; *Linck,* NJW 1987, 2551; *ders.,* MedR 1993, 61; *Mestwerdt,* Doping. Sittenwidrigkeit und staatliches Sanktionsbedürfnis?, S. 64; *Schild,* in: ders. (Hrsg.), Rechtliche Fragen des Dopings, S. 30; *Schneider-Grohe,* Doping. Eine kriminologische und kriminalistische Untersuchung zur Problematik der künstlichen Leistungssteigerung im Sport und zur rechtlichen Handhabung dieser Fälle, S. 149; *Turner,* MDR 1991, 574; **a. A.** *Cherkeh,* Betrug (§ 263 StGB), verübt durch Doping im Sport, S. 192 f.; *Otto,* SpuRt 1994, 15; *Rössner,* in: Digel (Hrsg.), Spitzensport. Chancen und Probleme, S. 55; *Schild,* Sportstrafrecht, S. 165; *Ulmen,* Pharmakologische Manipulationen (Doping) im Leistungssport der DDR, S. 113.
[315] So aber *Cherkeh,* Betrug (§ 263 StGB), verübt durch Doping im Sport, S. 192 f.
[316] S. oben Rz. 133.
[317] *Schild,* Sportstrafrecht, S. 168 und *Cherkeh,* Betrug (§ 263 StGB), verübt durch Doping im Sport, S. 79 ff. und 90 f. wollen daneben eine konkludente Täuschung über die unbeeinflusste Leistungsfähigkeit des Sportlers annehmen; dies erscheint aber zweifelhaft, da Sponsoring häufig nicht oder wenigstens nicht primär eine Frage der objektiv messbaren Leistung eines Sportlers ist; vielmehr spielen hier zahlreiche Faktoren wie persönliches Image des Sportlers, seine Präsenz in Öffentlichkeit und Medien, die Beliebtheit seiner Sportart u.a.m. eine wesentliche Rolle; als Beispiel sei hier einerseits auf die deutsche Kanutin Birgit Fischer und andererseits auf die russische Tennisspielerin Anna Kournikowa verwiesen: Während erstere seit Jahren ihre Sportart nach Belieben dominiert, aber aufgrund des fehlenden Sponsoreninteresses um ihr wirtschaftliches Auskommen zu kämpfen hat, hat letztere nie ein Profi-Turnier gewinnen können, ist aber gleichwohl ein Magnet für Sponsoren und Werbepartner.
[318] *Cherkeh,* Betrug (§ 263 StGB), verübt durch Doping im Sport, S. 79 ff. und 96 ff. will dieses Problem dadurch umgehen, dass er eine Aufklärungspflicht im Rahmen des Sponsoringvertrages konstruiert, wenn der Sportler erst nach dem Vertragsschluss mit dem Doping beginnt; er begründet dies mit dem angeblich bestehenden besonderen Vertrauensverhältnis zwischen den beiden Vertragspartnern; gegen ihn *Momsen-Pflanz,* Die sportethische und strafrechtliche Bedeutung des Dopings, S. 235 f.; *Schild,* Sportstrafrecht, S. 168; *Mestwerdt,* Doping. Sittenwidrigkeit und staatliches Sanktionsbedürfnis?, S. 130.

lers orientierten Sponsoring-Entgelt kein wirtschaftliches Äquivalent auf Seiten des Sportlers gegenübersteht.[319]

bb) *Sponsoren des Sportereignisses/der Sportart.* Für den möglichen Betrug zu Lasten eines Sponsors, der sich lediglich allgemein bei der finanziellen Unterstützung einer bestimmten Sportart engagiert, fehlt es regelmäßig schon an der konkreten Kommunikationsbeziehung zwischen dem dopenden Sportler und dem Sponsor, innerhalb derer eine Täuschung erfolgen könnte. 140

Der Sponsor eines einzelnen Sportereignisses, der etwa ein Preisgeld auslobt[320] oder einen Sachpreis stiftet, kann zwar über die Tatsache getäuscht werden, dass der Gewinner des Preises gedopt ist, jedoch entsteht ihm regelmäßig kein Schaden: Da er den ausgelobten Preis ohnehin dem Sieger übergeben müsste, kann die Preishingabe als solche den Schaden noch nicht begründen. Vielmehr könnte der Schaden allein aus einer subjektiven Zweckverfehlung resultieren, die darin zu sehen sein müsste, dass aus Sicht des Sponsors nicht der richtige, weil „saubere" Sieger den Preis erhält. M. E. ist bereits zweifelhaft, ob diese Zweckbindung im Einzelfall tatsächlich besteht. Selbst wenn sie bestehen sollte, kann sie aber angesichts der Gegebenheiten des modernen Hochleistungssports, zu denen eben auch das Doping zu zählen ist, nicht für sich genommen den Betrugsschaden begründen.[321] 141

d) Betrug zum Nachteil von Förderinstitutionen. In dieser Konstellation kann ein Betrug zu Lasten der Förderinstitution bejaht werden, wenn der Sportler eine Fördervereinbarung abschließt, die nur für „saubere" Sportler gelten soll, er in Wirklichkeit aber gedopt ist. Hier ist der Schaden auch ohne weiteres in der Verfehlung des anerkannten Zwecks zu sehen, nur dopingfreien Sport fördern zu wollen.[322] Denn dieser Zweck ist bei den Förderinstitutionen nicht nur regelmäßig vorhanden, sondern hier auch gleichsam kontrafaktisch anzuerkennen, da eine Bekämpfung des unerwünschten Dopings über den „goldenen Zügel" der Sportförderung ein sinnvolles Instrument der Sportsteuerung darstellt. 142

e) Betrug zum Nachteil von Konkurrenten. Ein Betrug kommt in der Beziehung des dopenden Sportlers zu seinem „sauberen" Konkurrenten allenfalls deshalb in Betracht, weil dem Konkurrenten ein Preis entgeht, der ihm zustünde, wenn der gedopte Sportler a priori vom Wettbewerb ausgeschlossen oder anschließend disqualifiziert worden wäre. 143

Ein Betrug, der unmittelbar in der Beziehung des gedopten Sportlers zu seinem Konkurrenten begangen werden könnte, würde allerdings voraussetzen, dass zwischen den einzelnen Teilnehmern eines Wettkampfes überhaupt eine Kommunikationsbeziehung besteht, innerhalb derer getäuscht werden könnte. Entgegen einigen Stimmen in der 144

---

[319] So im Ergebnis auch *Cherkeh*, Betrug (§ 263 StGB), verübt durch Doping im Sport, S. 208 ff.; *Ditz*, Doping im Pferderennsport, S. 521 ff.; *Schild*, Sportstrafrecht, S. 169.

[320] In der Literatur ist allerdings umstritten, ob es sich hierbei um eine Auslobung im technischen Sinn des § 657 BGB handelt; dafür *Cherkeh*, Betrug (§ 263 StGB), verübt durch Doping im Sport, S. 138 ff.; dagegen *Ditz*, Doping im Pferderennsport, S. 503 ff. (Anwartschaft) und *Schild*, Sportstrafrecht, S. 166 (Angebot an eine unbestimmte Zahl von Personen).

[321] So im Ergebnis auch *Kühl/Latz*, in: Clasing (Hrsg.), Doping – Verbotene Arzneimittel im Sport, S. 160; *Linck*, MedR 1993, 61; *Momsen-Pflanz*, Die sportethische und strafrechtliche Bedeutung des Dopings, S. 225; *Schneider-Grohe*, Doping. Eine kriminologische und kriminalistische Untersuchung zur Problematik der künstlichen Leistungssteigerung im Sport und zur rechtlichen Handhabung dieser Fälle, S. 149; *Turner*, MDR 1991, 574; **a. A.** *Cherkeh*, Betrug (§ 263 StGB), verübt durch Doping im Sport, S. 206 und 230 f.; *Otto*, SpuRt 1994, 14; *Schild*, Sportstrafrecht, S. 166; mit spezifisch auf den Pferdesport zugeschnittener Begründung (Preis als Prämie für den Zuchterfolg) auch *Ditz*, Doping im Pferderennsport, S. 521 ff.

[322] So auch *Schild*, Sportstrafrecht, S. 169.

Literatur³²³ erscheint mir dies zweifelhaft: Selbst wenn man davon ausgeht, dass der Sportler mit dem Antreten bei einem Wettkampf konkludent erklärt, er sei nicht gedopt, bedeutet dies noch nicht, dass sich diese Erklärung an den gesamten Kreis seiner Konkurrenten richtet. Umgekehrt müsste dann nämlich die gleiche Erklärung auch von allen Konkurrenten gegenüber sämtlichen Mitbewerbern abgegeben werden. Mit anderen Worten: Jeder müsste jedem gegenüber konkludent erklären, dass er die Dopingregeln nicht verletzt habe; dies erscheint lebensfremd.³²⁴

145 Ein sog. „Dreiecksbetrug" durch Täuschung eines Dritten (des Veranstalters oder Sponsors), der sodann über das Vermögen des Konkurrenten verfügt und dieses schädigt, ist ebenfalls nicht ersichtlich: Denn auch wenn der Dritte zunächst Prämien und Preisgelder an den gedopten Sportler auskehrt, bleibt doch der Anspruch des wahren, weil „sauberen" Siegers hierauf bestehen, weshalb diese Auskehrung noch keine Verfügung über das Vermögen des „geprellten" Zweiten darstellt.³²⁵

146 **f) Betrug zum Nachteil von Zuschauern.** Ein Betrug des dopenden Sportlers zu Lasten der Zuschauer wird im Ergebnis übereinstimmend abgelehnt, jedoch unterscheiden sich die Begründungen hierfür beträchtlich:

Nach der hier vertretenen Auffassung fehlt es bereits an der notwendigen Kommunikationsbeziehung zwischen dem Sportler und den Zuschauern, weshalb auch keine Täuschung vorliegen kann.

Soweit eine Täuschung gleichwohl angenommen wird, wird entweder die im Entrichten des Eintrittspreises bestehende Vermögensverfügung,³²⁶ die Kausalität zwischen der Täuschung und der Verfügung³²⁷ oder aber der Vermögensschaden³²⁸ verneint: Der Zuschauer erwirbt seine Eintrittskarte in aller Regel nicht, weil er davon ausgeht, dass ein bestimmter Sportler nicht gedopt ist, sondern weil er Interesse an einem spannenden und unterhaltsamen Wettkampf hat. Dieser aber wird ihm auch dann geboten, wenn bei einzelnen Wettkämpfern Doping im Spiel ist.

147 **g) Betrug zum Nachteil von Wettanbietern.** In dieser Konstellation kommt ein Betrug schon deshalb nicht in Betracht, weil zwischen den Wettunternehmern und dem dopenden Sportler keinerlei direkte Kommunikationsbeziehung besteht, aus der heraus eine Täuschung erwachsen könnte. Etwas anderes kann lediglich dann gelten, wenn der Sportler selbst auf seinen eigenen Erfolg wettet oder wetten lässt. Dann liegt die Täuschung aber nicht in dem Doping als solchem, sondern vielmehr in der Manipulation der

---

³²³ Vgl. z. B. *Cherkeh*, Betrug (§ 263 StGB), verübt durch Doping im Sport, S. 64 f.; *Ditz*, Doping im Pferderennsport, S. 501 ff.; *Schild*, Sportstrafrecht, S. 166; regelmäßig wird von den Vertretern dieser Auffassung allerdings ein Betrug zu Lasten des Konkurrenten im Ergebnis mit dem Argument abgelehnt, dass die vom Täter erstrebte Bereicherung nicht mit dem Schaden des Konkurrenten (also erschwerte Durchsetzung seiner Ansprüche auf Preisgelder und Prämien) stoffgleich sei; mit anderer Begründung (Fehlen einer irrtumsbedingten Vermögensverfügung auf Seiten des Mitkonkurrenten) auch *Momsen-Pflanz*, Die sportethische und strafrechtliche Bedeutung des Dopings, S. 232 f.; anders (Betrug bejahend) aber *Ditz*, Doping im Pferderennsport, S. 507; *Schneider-Grohe*, Doping. Eine kriminologische und kriminalistische Untersuchung zur Problematik der künstlichen Leistungssteigerung im Sport und zur rechtlichen Handhabung dieser Fälle, S. 148.
³²⁴ So im Ergebnis auch *Dury*, Haftung des Trainers. Straf- und zivilrechtliche Verantwortlichkeit; in: ders. (Hrsg.), Der Trainer und das Recht, S. 23; *Gutheil*, Doping. Die haftungsrechtliche und sportrechtliche Verantwortung von Sportler, Trainer, Arzt und Sportverband, S. 173.
³²⁵ So auch *Schild*, Sportstrafrecht, S. 166.
³²⁶ So *Cherkeh*, Betrug (§ 263 StGB), verübt durch Doping im Sport, S. 65.
³²⁷ So wohl *Schild*, Sportstrafrecht, S. 167.
³²⁸ So *Linck*, NJW 1987, 2551; *ders.*, MedR 1993, 61; *Otto*, SpuRt 1994, 15; *Rössner*, in: Digel (Hrsg.), Spitzensport. Chancen und Probleme, S. 55; *Schneider-Grohe*, Doping. Eine kriminologische und kriminalistische Untersuchung zur Problematik der künstlichen Leistungssteigerung im Sport und rechtlichen Handhabung dieser Fälle, S. 149; *Turner* MDR 1991, 574; *Ulmen*, Pharmakologische Manipulationen (Doping) im Leistungssport der DDR, S. 195.

Wettchancen. Damit unterscheidet sich dieser Fall nicht von allen übrigen Fällen der Wettmanipulation, die unten in Kapitel 5[329] ausführlich behandelt werden.

III. Doping als Untreue gem. § 266 StGB

Eine Strafbarkeit des dopenden Sportlers wegen Untreue gem. § 266 StGB kommt in keiner der oben behandelten Konstellationen in Betracht. Denn entweder fehlt es gänzlich an einem Rechtsverhältnis zwischen dem Sportler und den betroffenen Dritten, aus dem die für den Untreuetatbestand notwendige Treuepflicht resultieren könnte, oder aber diese Rechtsverhältnisse beschränken sich auf bloße Austauschverträge, innerhalb derer – von wenigen Ausnahmefällen abgesehen – ebenfalls keine qualifizierte Treueverpflichtung bestehen kann.[330]

148

E. Doping als Wettbewerbsdelikt

Wie bereits mehrfach erwähnt, kennt das deutsche Strafrecht keinen eigenen Doping-Straftatbestand, mit dem die „Sauberkeit" des Sports als solche geschützt würde. *Fritzweiler*,[331] *Cherkeh/Momsen*[332] und jüngst insbesondere *Momsen-Pflanz*[333] haben daher angeregt, einen Tatbestand zu schaffen, der in Anlehnung an die bestehenden Wettbewerbstatbestände der §§ 299, 300 StGB die Lauterkeit des Wettbewerbs im Sport schützen soll. Das Rechtsgut dieses Tatbestandes sollte demnach im „Schutz des Sportethos im sportlichen Wettkampf"[334] bzw. schlicht im Vermögen und im wirtschaftlichen Wettbewerb[335] bestehen, wobei die Schutzsubjekte mindestens die konkurrierenden Sportler,[336] u. U. darüber hinaus aber auch Sponsoren, Zuschauer, Veranstalter und Preisspender, mithin also letztlich die sportbeteiligte Allgemeinheit,[337] sein könnten. In Form eines abstrakten Gefährdungsdelikts[338] sollte dabei das Bestreiten eines Wettkampfes[339] unter Verstoß gegen die für die jeweilige Sportart einschlägigen Dopingbestimmungen[340] im Bereich des professionellen Leistungssports[341] unter Strafe gestellt werden. Die dabei notwendige Blanketttechnik, mit deren Hilfe die Sportverbandsregeln zum Doping in den Straftatbestand integriert werden könnten, wäre dabei unbedenklich, sofern sie vom Gesetzgeber verantwortlich gehandhabt würde.[342]

149

Diese Überlegungen sind sicher begrüßenswert – eine sichtbare Reaktion des Gesetzgebers haben sie freilich bislang nicht gezeitigt.[343] Dies mag möglicherweise auch darin seinen Grund haben, dass der Gesetzgeber verfassungsrechtliche Bedenken ernst nimmt, die verschiedentlich unter Berufung auf die Vereinigungsfreiheit gem. Art. 9 Abs. 1 GG und die hieraus abgeleitete Autonomie des Sports sowie auf die allgemeine Handlungs-

150

---

[329] S. unten Rz. 164–167 und Rz. 174.
[330] Vgl. dazu Schönke/Schröder-*Lenckner/Perron*, 27. Aufl., § 266, Rz. 27.
[331] *Fritzweiler*, SpuRt 1998, 234.
[332] *Cherkeh/Momsen*, NJW 2001, 1745.
[333] *Momsen-Pflanz*, Die sportethische und strafrechtliche Bedeutung des Dopings, S. 265–270 und passim.
[334] *Cherkeh/Momsen*, NJW 2001, 1745 (1751).
[335] *Momsen-Pflanz*, Die sportethische und strafrechtliche Bedeutung des Dopings, S. 173.
[336] *Fritzweiler*, SpuRt 1998, 234 (235).
[337] *Cherkeh/Momsen*, NJW 2001, 1745 (1751).
[338] *Fritzweiler*, SpuRt 1998, 234 (235).
[339] Für die strikte Beschränkung auf Handlungen des Selbst- oder Fremddopings, die bei einem Wettbewerb nachweisbar sein müssen, tritt insbesondere *Momsen-Pflanz*, Die sportethische und strafrechtliche Bedeutung des Dopings, S. 266, ein.
[340] *Cherkeh/Momsen*, NJW 2001, 1745 (1751).
[341] *Fritzweiler*, SpuRt 1998, 234 (235).
[342] *Cherkeh/Momsen*, NJW 2001, 1745 (1751 f.).
[343] Vgl. aber oben Fn. 277.

freiheit gem. Art. 2 Abs. 1 GG gegen ein Anti-Doping-Strafgesetz vorgebracht werden.³⁴⁴ Jedoch können diese Bedenken nicht durchgreifen, wenn man sich einerseits auf den Kern der durch Art. 9 Abs. 1 GG garantierten Sportautonomie zurückbesinnt und sich andererseits den Schutzzweck des vorgeschlagenen Wettbewerbstatbestands gegen das Doping vor Augen hält: Die gewährleistete Sportautonomie betrifft zunächst nur den Bereich sportlicher Eigengesetzlichkeiten. Verlässt der Sport diesen Bereich und adaptiert er Verhaltensmuster, die in anderen gesellschaftlichen Bereichen bekannt und verpönt sind, so entfernt er sich von seinem eigenen Wesen und begibt sich statt dessen in gleichsam fremde Gefilde. So verhält es sich auch mit dem Charakter des professionalisierten Spitzensports als wirtschaftlichem Wettbewerb. Dieser Wettbewerb hat mit Auswüchsen zu kämpfen, die ihn selbst in Frage stellen und damit ein freies Wirtschaften im Sport in gleicher Weise gefährden, wie sie auch das Wirtschaften in jeder anderen Erscheinungsform und Sparte gefährden würden. Wenn es – was im Grundsatz außer Frage steht – dem Staat gestattet ist, regelnd und strafend zum Schutz des wirtschaftlichen Wettbewerbs einzugreifen, kann er nicht daran gehindert sein, in den sportwirtschaftlichen Wettbewerb einzugreifen. Art. 9 Abs. 1 GG steht dem nicht entgegen. Art. 2 Abs. 1 GG ebenfalls nicht, solange die Verhältnismäßigkeit des Eingriffs gewahrt bleibt. Dies ist jedenfalls für die bisher vorliegenden Gesetzesvorschläge der Fall.

5. Kapitel. Sportmanipulationen

A. Vorbemerkung

151 Zu Beginn des Jahres 2005 wurde der sog. „Schiedsrichterskandal" im deutschen Profi-Fußball publik, in dessen Mittelpunkt zunächst der Zweitliga-Schiedsrichter Robert Hoyzer stand, der im Interesse einer offenbar betrügerisch handelnden „Wettmafia" um den Haupttäter Ante S. Pokal- und Ligaspiele „verpfiffen" haben soll.

Mit dem Schiedsrichterskandal, der in der sportinteressierten Öffentlichkeit weiterum Empörung ausgelöst hat, ist naturgemäß das Thema der strafrechtlichen Relevanz von Manipulationen akut geworden, das zuvor auf den insoweit traditionell anfälligen Pferderennsport beschränkt schien und jenseits seiner Grenzen allenfalls Gegenstand weniger – eher beargwöhnter – literarischer Abhandlungen war.³⁴⁵ Das neu erwachte öffentliche Interesse am Thema sowie die Tatsache, dass die Justiz im Falle Hoyzer nicht nur ausreichende Verdachtsgründe gesehen hat, um Haftbefehle zu erlassen und zu vollziehen, sondern Robert Hoyzer und mehrere andere Beteiligte zwischenzeitlich in erster Instanz zu hohen Strafen wegen gewerbsmäßigen Betrugs verurteilt hat,³⁴⁶ geben Anlass, sich im Folgenden eingehender mit der möglichen Strafbarkeit von Manipulationen im Sport auseinander zu setzen.

152 Zur besseren Strukturierung des Problemfeldes ist vorab eine mehrfache Kategorisierung nach Fallkonstellationen vorzunehmen, mit der bereits die spätere rechtliche Weichenstellung vorgezeichnet wird:
– Zu unterscheiden ist zum einen zwischen sportimmanenten und außersportlichen Manipulationen. Als sportimmanent werden dabei diejenigen Eingriffe in den ordnungsgemäßen Ablauf eines Sportereignisses bezeichnet, bei denen es dem Täter ausschließlich oder doch mindestens vorrangig um das positive sportliche Ergebnis als solches geht. Dieses Ergebnis kann dabei ebenso in dem Sieg in einem wichtigen Spiel, z. B. einem Turnierendspiel, bestehen wie in dem Erhalt der Spielklasse oder dem Errei-

---

³⁴⁴ So insbesondere von *Steiner*, NJW 1991, 2729 und *Mestwerdt*, SpuRt 1997, 119; s. dazu auch oben *Fritzweiler/v. Coelln* 1/Rz. 25–30.
³⁴⁵ Vgl. insbesondere *Tenter/Thomas*, JA 1996, 855.
³⁴⁶ Urteil des LG Berlin vom 17. 11. 2005.

chen eines attraktiven Wettbewerbs; gemeinsam ist all diesen Situationen aber, dass der Täter auf einen sportlichen Erfolg hin manipuliert. Gerade dies ist bei außersportlich motivierten Einflussnahmen nicht zwangsläufig der Fall: Dort kann dem Täter auch der Misserfolg seiner Mannschaft einen Vorteil bringen, etwa weil er auf ihre Niederlage gewettet hat und nun seinen Wettgewinn zu sichern versucht. Soll nicht eine Ergebniswette, sondern eine Situationswette unterstützt werden, kann dem Manipulierenden das Ergebnis des Spiels sogar gänzlich gleichgültig sein, so z. B. dann, wenn er lediglich darauf gesetzt hat, dass ein bestimmter Spieler ein Tor macht und er nun dieser Wette zum Erfolg verhelfen will. Diese Beispiele zeigen bereits, dass der außersportliche Zweck einer Manipulation regelmäßig in der Erlangung eines materiellen Vorteils von dritter, nicht selbst am Sportgeschehen beteiligter Seite bestehen wird. Dabei soll nicht verkannt werden, dass auch sportimmanente Beeinflussungen regelmäßig zu messbaren wirtschaftlichen Vorteilen führen. Es bleibt aber festzuhalten, dass sich das Verhältnis des eigentlichen Zwecks zur allenfalls in Kauf genommenen Nebenfolge von einer Erscheinungsform der Manipulation zu anderen umkehrt: Die sportimmanente Manipulation bezweckt den sportlichen Erfolg und nimmt die daraus erwachsenden finanziellen Vorteile mit; die außersportliche Manipulation zielt auf den geldwerten Vorteil und nimmt ggf. dafür ein bestimmtes sportliches Ergebnis in Kauf;

— eine zweite Unterscheidung ist danach zu treffen, ob die jeweils vorgenommene Manipulation sich im Endergebnis eines konkreten Spiels oder einer Meisterschaftsrunde auswirkt oder nicht. Diese Unterscheidung ist in Verbindung mit der soeben vorgenommenen Unterscheidung nach sportimmanenten und außersportlichen Zwecken einer Manipulation insbesondere für die Frage von Bedeutung, ob ein eventuell verwirklichter Tatbestand vollendet wurde oder im Versuch stecken geblieben ist. Während bei sportimmanenten Manipulationen regelmäßig nur Versuch vorliegen kann, wenn das gewünschte Ergebnis nicht herbeigeführt werden konnte, kann sich die Sachlage bei außersportlich bezweckten Beeinflussungen durchaus anders darstellen, da dort – wie bereits erwähnt – der Erfolg bzw. Misserfolg der beeinflussten Partie nicht notwendigerweise auch Vorraussetzung des bezweckten Tätererfolges sein muss;

— eine dritte Differenzierung ist anhand der Person des jeweiligen Täters vorzunehmen: Es kommen hierfür zum einen Spieler bzw. Trainer in Frage, die unmittelbar in das manipulierte Spielgeschehen involviert sind. Zum anderen kann die Manipulation aber auch von Schiedsrichtern oder anderen Offiziellen ausgehen, die zwar ebenfalls an einem Sportereignis teilnehmen, dabei aber nicht selbst das Spiel spielen, sondern gleichsam über diesem stehen. Diese Unterscheidung nach der Person des Manipulierenden ist deswegen von besonderer Bedeutung, weil von ihr auch die Anschlussfrage abhängt, wer ggf. im Rahmen einer Betrugsprüfung gem. § 263 StGB als Getäuschter bzw. Geschädigter in Betracht kommt. Während Spieler und Trainer mit ihrem Verhalten primär den Schiedsrichter bzw. andere Offizielle täuschen könnten, ist diese Variante für den Schiedsrichter selbst naturgemäß ausgeschlossen, weshalb nach anderen möglichen Täuschungsopfern zu suchen ist;

— schließlich ist zum Vierten auch noch danach zu unterscheiden, ob ein kollusives Zusammenwirken zwischen verschiedenen Sportbeteiligten vorliegt oder nicht. Manipulieren z. B. lediglich die Spieler einer Mannschaft ohne äußeren Anstoß durch dritte Personen, so wird es regelmäßig bei einem sportimmanenten Beeinflussungsversuch zum Zwecke der Herbeiführung eines positiven Ergebnisses bleiben. Werden hingegen Ergebnisse vorher zwischen den Beteiligten beider Mannschaften abgesprochen, so muss es eine komplementäre Beurteilung beider Seiten geben: Während die eine auf den Erfolg – meist den sportlichen Erfolg – abzielt, muss sich die andere Mannschaft notwendigerweise dazu bereit erklärt haben, eine Niederlage herbeizuführen oder zu akzeptieren. Dieses Verhalten kann eine eigene Täuschungsqualität im Sinne des § 263

StGB haben, daneben aber auch als Teilnahme an einer möglichen Tat der Spieler der gegnerischen Mannschaft bedeutsam sein.

153 Auf der Basis der vier vorstehend erläuterten Unterscheidungen ist zu untersuchen, ob die einzelnen Varianten der Sportmanipulation jeweils den Tatbestand des Betrugs gem. § 263 StGB erfüllen. Hierzu muss wiederum (wie bereits im vorherigen Kapitel) danach differenziert werden, zu wessen Lasten der jeweils mögliche Betrug gehen könnte. Hierfür kommen in den unterschiedlichen Konstellationen auch unterschiedliche Personen bzw. Vermögensmassen in Betracht.

B. Manipulationen zu sportimmanenten Zwecken

I. Vorbemerkung

154 Manipulationen zu sportimmanenten Zwecken, also zur Erreichung eines Sieges, des Ligahalts, des Aufstiegs in eine höhere Spielklasse oder auch des Erreichens eines internationalen Wettbewerbs, werden in aller Regel von Spielbeteiligten, nicht aber von Schiedsrichtern oder anderen Offiziellen ausgehen. Zwar ist es nicht von vornherein von der Hand zu weisen, dass ein Schiedsrichter im Einzelfall ein Spiel aus altruistischen Motiven „verpfeift" und damit einem notorisch erfolglosen Verein einen Sieg schenkt, jedoch kann diese Möglichkeit, die wohl rein theoretischen Charakter hat, im Folgenden unerörtert bleiben. Die nachfolgenden Ausführungen beschränken sich daher auf die mögliche Strafbarkeit von manipulierenden Spielern bzw. Trainern.

II. Manipulationen durch Sportler/Trainer

1. Manipulationen mit Ergebniswirkung

155 a) Vorbemerkung. Als manipulative Verhaltensweisen, die ein Spiel oder gar eine Meisterschaft beeinflussen, kommen vor allem Handlungen wie die sog. „Schwalbe" im Fußball-Sport in Frage, bei denen einzelne Spieler vortäuschen, vom Gegenspieler unfair zu Fall gebracht worden zu sein, um auf diese Weise einen Strafstoß oder eine sonstige Spielstrafe herbeizuführen.[347] Denkbar – und auch bereits vorgekommen – sind aber auch Fälle, in denen nicht nur ein Foul simuliert, sondern gegenüber dem Schiedsrichter ein solches Foul ausdrücklich verbal behauptet oder umgekehrt eine eigene Unsportlichkeit bestritten wird.[348]

Für diese Fälle ist in der Literatur bereits erwogen worden,[349] ob im Hinblick auf verschiedene Geschädigte Betrug gem. § 263 StGB vorliegen könne. Als Geschädigte kommen dabei insbesondere die einzelnen gegnerischen Spieler, der gegnerische Verein, aber auch der eigene Verein des manipulierenden Spielers in Betracht.

156 b) Betrug zum Nachteil der gegnerischen Spieler. Im Verhältnis des manipulierenden Spielers zu seinen Gegenspielern, die sein Verhalten unmittelbar beobachten können, lässt sich eine konkludente Täuschung über ein angeblich unfaires Verhalten jedenfalls dann bejahen, wenn der Spieler durch die Gesamtumstände seines Verhaltens, wie z. B. den Sturz und damit verbundenes Wehklagen sowie ggf. auch lautstarke Rufe nach dem

---

[347] Außerhalb des Fußball-Sports, an den hier vorrangig zu denken ist, kann beispielsweise auch im Eishockey ein unerlaubter Check des Gegners behauptet werden mit dem Ziel, eine Zeitstrafe gegen diesen Gegner zu erwirken.

[348] Für den letzteren Fall steht exemplarisch das Verhalten des Fußballprofis Oliver Held, der am 28. 4. 1998 in der Bundesliga-Partie des FC Schalke 04 gegen den 1. FC Köln vom Schiedsrichter befragt wurde, ob er kurz vor der eigenen Torlinie einen Schuss mit der Hand abgewehrt habe; Oliver Held verneinte dies, obwohl die spätere Analyse von Videobildern klar belegen konnte, dass er gelogen hatte.

[349] Vgl. *Tenter/Thomas*, JA 1996, 855.

Schiedsrichter, zu verstehen gibt, dass eine Unsportlichkeit gegen ihn begangen worden sei. Kommuniziert der Spieler hingegen direkt und ausschließlich mit dem Schiedsrichter, so ist bereits zweifelhaft, ob darin auch eine mittelbare Täuschung der Gegenspieler zu sehen ist, die vom Inhalt der Kommunikation mit dem Schiedsrichter erst durch dessen spielleitende Entscheidung erfahren. Insoweit kann aber davon ausgegangen werden, dass der Schiedsrichter als gutgläubiges – und damit vorsatzloses – menschliches Werkzeug[350] zum Zwecke der Täuschung eingesetzt wird.

Die über das Vorliegen einer Unsportlichkeit getäuschten Gegenspieler unterliegen **157** auch einem korrespondierenden Irrtum. Fraglich ist aber, ob von ihrer Seite oder von Seiten eines in ihrem Lager stehenden Dritten[351] eine Vermögensverfügung über ihr eigenes Vermögen vorliegt. Hierbei wird nach den einzelnen Manipulationssituationen zu unterscheiden sein:

– Ist von der Manipulation kein Spieler persönlich betroffen (z. B. in Form eines Platzverweises), so könnte seine Vermögensverfügung allenfalls darin liegen, dass er es nach dem verlorenen Spiel gegenüber seinem eigenen Verein unterlässt, die ihm zustehende Siegprämie einzufordern, weil er irrtümlich der Überzeugung ist, das Spiel regelgerecht verloren zu haben. Grundsätzlich ist anerkannt, dass auch das bloße Nichtgeltendmachen eines in Wahrheit bestehenden Anspruchs eine Vermögensverfügung darstellen kann.[352] Es ist aber im Einzelfall Tatfrage, ob durch die – hier als unmittelbar ergebnisrelevant unterstellte – Manipulation dem Spieler tatsächlich die Geltendmachung von Prämienansprüchen erschwert wird. Von Sportart zu Sportart und auch von Verein zu Verein wird die Prämienzahlung durchaus unterschiedlich gehandhabt; bisweilen werden im laufenden Spielbetrieb jeweils Prämien für einzelne Siege bezahlt, bisweilen gibt es lediglich Saisonprämien. Selbst wenn man in der Nichtgeltendmachung von Prämienansprüchen durch die betroffenen Gegenspieler aber eine Verfügung und daraus folgend einen Vermögensschaden erblicken möchte, ist in jedem Fall die Absicht stoffgleicher Bereicherung zu verneinen: Dem manipulierenden Spieler kommt es primär auf den eigenen sportlichen Erfolg und allenfalls noch auf die damit verbundene Nebenfolge der eigenen wirtschaftlichen Bereicherung an. Diese eigene Bereicherung kann allerdings nur darin bestehen, dass er seinerseits von seinem Verein Zuwendungen erhält. Diese Zuwendungen seines Vereins sind nicht die Kehrseite von unterbleibenden Prämienzahlungen des gegnerischen Vereins an dessen Spieler. Ein Betrug scheidet in dieser Konstellation daher in jedem Fall aus.

– Die andere Möglichkeit besteht darin, dass ein unmittelbar selbst von der Manipulation betroffener Spieler, der etwa in Folge eines vorgetäuschten Fouls des Feldes verwiesen wird, damit ebenfalls Prämienansprüche verliert. Auch hier ist die Frage des Verlusts dieser Ansprüche zunächst wieder eine Tatfrage und auch hier scheitert ein Betrug am Ende jedenfalls am Merkmal der fehlenden Stoffgleichheit zwischen erstrebter Bereicherung und eingetretenem Schaden.

– Neben einer eigenen Verfügung der betroffenen Gegenspieler kommt auch eine Verfügung des entscheidenden Schiedsrichters über das Vermögen dieser Spieler in Betracht. Für diesen Fall des sog. Dreiecksbetrugs, der von Rechtsprechung und Literatur im Grundsatz anerkannt ist, bedarf es aber einer Nähebeziehung des möglicherweise verfügenden Schiedsrichters zu dem betroffenen Vermögen, die von der h. M. dahin umschrieben wird, dass er „im Lager" des Geschädigten stehen müsse.[353] Dieses Erfor-

---

[350] Der manipulierende Spieler ist dann als mittelbarer Täter i. S. d. § 25 Abs. 1, 2. Alt. StGB anzusehen, der einen subjektiven Tatbestandsmangel beim Schiedsrichter ausnutzt; vgl. zu dieser Konstellation der mittelbaren Täterschaft Schönke/Schröder-*Cramer/Heine*, 27. Aufl., § 25, Rz. 15.

[351] Vgl. zu dieser Konstellation des sog. „Dreiecksbetrugs" bereits oben Rz. 131.

[352] Vgl. z. B. RGSt 76, 173; BGH, BB 1964, 1456; BGH, wistra 1994, 24; BGH, NStZ 1994, 189; OLG Stuttgart, MDR 1969, 949; **a. A.** *Naucke*, Zur Lehre vom strafbaren Betrug, S. 215.

[353] Vgl. hierzu sowie zum Streitstand *Tröndle/Fischer*, 53. Aufl., § 263, Rz. 47–51.

dernis erscheint vorliegend aber zweifelhaft: Zwar könnte man erwägen, dass ein Schiedsrichter ähnlich wie ein Richter eines staatlichen Gerichts[354] trotz seiner Überparteilichkeit im Lager der beiden Spielparteien steht und daher auch in der Lage ist, über deren Vermögen zu verfügen. Jedoch ist dabei zum Ersten zu bedenken, dass dies allenfalls im Verhältnis des Schiedsrichters zu den Vereinen gelten könnte, die die jeweiligen Mannschaften stellen, nicht aber unmittelbar im Verhältnis zu den Spielern. Hinzu kommt, dass der Vergleich zwischen einem Schiedsrichter und einem staatlichen Richter auch deshalb nicht sinnvoll gezogen werden kann, da es dem staatlichen Richter möglich ist, mit Rechtsverbindlichkeit und der Konsequenz der notfalls zwangsweisen Durchsetzung über geltend gemachte Ansprüche zu entscheiden. Diese vermögensbezogene Entscheidungsbefugnis fehlt dem Schiedsrichter im Sport. Dieser kann lediglich spielleitende Entscheidungen treffen, hat es aber nicht in der Hand, mit bindender Wirkung über Zahlungen an die beteiligten Spieler zu entscheiden. Eine Verfügung des spielleitenden Schiedsrichters über das Vermögen der beteiligten Spieler liegt daher nicht vor. Selbst wenn man dies anders konstruieren wollte, wäre aber auch hier wieder zu beachten, dass das Merkmal der Stoffgleichheit zwischen Schaden und Vorteil nicht vorliegt. Denn insoweit ändert sich durch den Austausch der Person des Verfügenden in der Sache nichts. Auch in der Konstellation eines möglichen Dreiecksbetrugs scheidet daher § 263 StGB zu Lasten des Gegenspielers bzw. sämtlicher Spieler der gegnerischen Mannschaft aus.

158 **c) Betrug zum Nachteil des gegnerischen Vereins.** Anders als im Verhältnis zu den Gegenspielern kommt in der Beziehung des manipulierenden Spielers zum gegnerischen Verein bzw. zu dessen Verantwortlichen keine unmittelbare Täuschungshandlung in Betracht. Es fehlt hierzu an der notwendigen Kommunikationsbeziehung zwischen ihm und den Entscheidungsträgern des gegnerischen Vereins. Dass diese möglicherweise im Stadion anwesend sind und das Spielgeschehen sehen bzw. dieses später im Fernsehen nachvollziehen können, begründet noch keine unmittelbare Kommunikationsbeziehung. Wäre es anders, so müsste man in jedem vorgetäuschten Foul eine Täuschungshandlung gegenüber allen anwesenden Zuschauern, sowohl im Stadion, wie auch an den Fernsehschirmen, sehen. Damit wäre eine Inflation der Kommunikationsbeziehungen fingiert, die zu einer unüberschaubaren Fülle von Betrugskonstellationen führen müsste.

159 Eine Täuschung kommt insoweit nur gegenüber dem Schiedsrichter in Betracht, der dann auch derjenige sein müsste, der über das Vermögen des gegnerischen Vereins verfügt.[355] Eine Verfügung des Schiedsrichters über das Vermögen des gegnerischen Vereins liegt aber nach dem oben bereits Gesagten[356] schon deshalb nicht vor, weil der Schiedsrichter nicht im Lager des gegnerischen Vereins steht; die gegen eine Vergleichbarkeit mit einem staatlichen Richter vorgebrachten Argumente gelten auch in diesem Verhältnis unverändert.[357] Betrug zum Nachteil des gegnerischen Vereins scheidet somit ebenfalls aus.

160 **d) Betrug zum Nachteil des eigenen Vereins.** Auch im Verhältnis des manipulierenden Spielers zu den eigenen Vereinsverantwortlichen ist schon das Vorliegen einer hinreichenden Kommunikationsbeziehung, innerhalb derer die Täuschungshandlung stattfinden könnte, problematisch. Diese mag man aber immerhin mit dem Argument bejahen, dass sich die Kommunikation hier nicht auf das Spielgeschehen selbst beschränkt, sondern auch im Rahmen von Mannschaftsbesprechungen, Spielanalysen u. ä. stattfinden kann.

---

[354] Dies beschreibt die Situation des Prozessbetrugs, der eine klassische Variante des Dreiecksbetrugs darstellt; vgl. hierzu statt aller Schönke/Schröder-*Cramer*, 27. Aufl., § 263, Rz. 69 ff.
[355] Zwar muss nach anerkannter Auffassung beim Betrug der Verfügende nicht mit dem Geschädigten, wohl aber der Getäuschte mit dem Verfügenden identisch sein; vgl. hierzu Schönke/Schröder-*Cramer*, 27. Aufl., § 263, Rz. 65.
[356] S. oben Rz. 157.
[357] So im Ergebnis – freilich ohne jedwede Begründung – auch *Tenter/Thomas*, JA 1996, 855.

Jedoch ist bereits ein Irrtum der Vereinsverantwortlichen zu verneinen: Die Verant- **161** wortlichen des eigenen Vereins werden Sieg- oder Punkteprämien regelmäßig nur an das tatsächliche Endergebnis eines Spiels knüpfen, ohne dabei darauf abzustellen, ob dieses Ergebnis in allen Einzelheiten regelgerecht zustande gekommen ist oder nicht. Dies ist schon deshalb anzunehmen, weil die Frage der Regelgerechtigkeit im Einzelfall von den Akteuren nur bedingt beeinflussbar ist bzw. der Nachweis dieser Regelgerechtigkeit unter Umständen unmöglich sein kann. Wenn sich die Vereinsverantwortlichen aber keine Gedanken darüber machen, ob der Sieg ordnungsgemäß zustande gekommen ist oder nicht, werden sie sich auch keine Vorstellungen darüber bilden, ob der eigene Spieler möglicherweise ein Foul vorgetäuscht und somit den letztlich spielentscheidenden Elfmeter „herausgeschunden" hat oder nicht.[358] Betrug zum Nachteil des eigenen Vereins scheitert daher im Regelfall daran, dass sich die Entscheidungsträger des Vereins keinerlei Gedanken über die konkreten Umstände eines Sieges machen und daher den Spielern ohne Rücksicht auf eine eventuell vorliegende Manipulation für den Fall des Sieges eine Prämie gewähren.

e) Ergebnis. Ein Betrug durch den Spieler/Trainer, der aus dem Spielgeschehen heraus **162** eine Manipulation mit sportimmanentem Zweck begeht, kommt nicht in Betracht.

2. Manipulationen ohne Ergebniswirkung

Da bereits die Manipulationen mit Ergebniswirkung in sämtlichen Konstellationen kei- **163** nen strafbaren Betrug darstellen, weil aus Rechtsgründen die notwendigen Tatbestandsvoraussetzungen nicht vorliegen, kann in der Manipulation ohne Ergebniswirkung nicht einmal ein strafbarer Versuch des Betrugs gem. § 263 Abs. 2 StGB i.V. m. § 23 Abs. 1 StGB gesehen werden. Allenfalls läge, falls der betreffende Spieler eine entsprechende subjektive Vorstellung haben sollte, ein sog. strafloses Wahndelikt[359] vor.

C. Manipulationen zu außersportlichen Zwecken; insbesondere: Wettmanipulationen

I. Manipulationen durch Unparteiische/Offizielle

1. Vorbemerkung

Entsprechend der Unterscheidung von sportimmanenten und außersportlichen Manipu- **164** lationszwecken liegt bei den Manipulationen mit primär finanziellem Hintergrund stets ein außersportlicher Zweck vor. Es wurde bereits festgestellt, dass hierfür nicht notwendigerweise ein bestimmtes Ergebnis, und erst recht nicht ein positives Ergebnis für die unterstützte Mannschaft erzielt werden muss, damit die Zwecke des Täters erfüllt werden können. Es ist daher bei diesen Manipulationen nicht sinnvoll, nach der eingetretenen oder unterbliebenen Ergebniswirkung zu unterscheiden. Vielmehr ist unabhängig davon nur nach den jeweils in Betracht kommenden Betrugskonstellationen zu fragen.

2. Betrug zum Nachteil des Wettanbieters

Werden außersportliche Zwecke in Gestalt von Wettgewinnen erstrebt, so steht zunächst **165** ein Betrug zum Nachteil des Wettanbieters im Raum. Hierbei ist anerkannt, dass derjeni-

---

[358] Anders, aber offenbar von einer anderen tatsächlichen Ausgangsbasis herkommend, wohl *Tenter/Thomas*, JA 1996, 855 (856), die einen Betrug zum Nachteil des eigenen Vereins ernsthaft zu erwägen scheinen. Die dort angestellten Überlegungen sind freilich allenfalls für den in der Praxis eher unwahrscheinlichen Fall tragfähig, dass konkrete Prämien für konkrete Spielsituationen ausgeschüttet werden; so etwa, wenn ein Spieler für einen Elfmeter, der von ihm herausgespielt wurde, eine gesonderte Prämie erhält.

[359] Ausführlich zur Figur des Wahndelikts Schönke/Schröder-*Eser*, 27. Aufl., § 22, Rz. 78 ff.

ge konkludent täuscht, der sich an einem Gewinnspiel, einer Lotterie oder einem Glücksspiel beteiligt und dabei die Gewinnchancen zu seinen Gunsten manipuliert.[360] Wie die Entscheidungen zum Pferderennsport[361] zeigen, kann eine derartige konkludente Täuschung über die nicht manipulierten Gewinnchancen nicht nur vorliegen, wenn ein mathematisch berechenbares Chancengefüge vorhanden ist, sondern auch dann, wenn generell eine bestimmte zuvor vorhandene Gewinnchance durch den Täter verändert wird.[362] Dies ist bei einem Unparteiischen der Fall, wenn er konkrete Entscheidungen trifft, die das Spielgeschehen mindestens in seinem Sinne konkret beeinflussen können. Da bereits mit potentiell ergebnisändernden Entscheidungen auch die der Wettquote zugrunde liegenden Ergebniswahrscheinlichkeiten verändert werden, liegt diese Täuschung schon dann vor, wenn solche Entscheidungen getroffen werden und nicht erst, wenn tatsächlich eine Ergebnisänderung eintritt.

166 Die übrigen Tatbestandsmerkmale des Betrugs sind unproblematisch:
– Der Wettanbieter lässt die Wette auf einen bestimmten Spielausgang oder eine bestimmte Spielsituation nur deshalb zu, weil er davon ausgeht, dass keine Manipulationen vorgenommen werden bzw. vorgenommen worden sind; hierüber aber irrt er;[363]
– mit dem Abschluss des Wettvertrages verfügt er auch über sein Vermögen;
– hierdurch erleidet er zudem einen Vermögensschaden, mindestens in Form einer konkreten Vermögensgefährdung, da mit dem Vertrag bereits Ansprüche gegen ihn begründet werden, deren wahrscheinliche Realisierung zu seinen Lasten verschoben ist;
– auch die subjektiven Voraussetzungen des Betrugstatbestands sind erfüllt, da der Täter nicht nur vorsätzlich handelt, sondern den Wettgewinn auch erstrebt und zudem dieser Wettgewinn die Kehrseite des Verlustes des Wettanbieters darstellt.

167 Wettet der Unparteiische/Offizielle nicht in eigener Person, sondern schickt er Strohmänner vor, so kann dies eine mittelbare Täterschaft im Sinne des § 25 Abs. 1, 2. Alt. StGB darstellen. Wettet er auch nicht mittelbar über einen Strohmann, sondern unterstützt er lediglich Dritte bei ihren Wettmanipulationen und erhält er hierfür einen Anteil an der Beute, so kann je nach konkreter Ausgestaltung der internen Abreden sowohl Mittäterschaft im Sinne des § 25 Abs. 2 StGB wie auch Beihilfe im Sinne des § 27 StGB vorliegen. Wird die Manipulation in regelmäßig wiederkehrender Form betrieben und mit ihr ein erheblicher Gewinn erzielt, so wird es sich um gewerbsmäßigen Betrug im Sinne des § 263 Abs. 3 Nr. 1, 1. Alt. StGB handeln.

3. Betrug zum Nachteil des Verbandes

168 *Schwab* geht davon aus, dass im Schiedsrichterskandal des Jahres 2005 von Seiten der involvierten Unparteiischen auch ein Betrug zu Lasten des DFB vorlag.[364] Dem ist zuzustimmen:

In den meisten Sportarten werden Schiedsrichter entweder für das einzelne Spiel oder für ihre gesamte Tätigkeit vergütet. Bei der jeweiligen Vergütungsabrede wird mindes-

---

[360] Vgl. hierzu OLG Karlsruhe, Die Justiz 1970, 265; RGSt 21, 108; RGSt 61, 16; BayObLGSt 1993, 8 (für den Fall des manipulierten Roulettespiels); umstritten ist hingegen, ob bei einer sog. Spätwette erklärt wird, dass der Wettende den Ausgang des in Wahrheit bereits gelaufenen Rennens nicht kenne; bejahend RGSt 62, 416; ablehnend BGHSt 16, 120; vgl. zu dieser BGH-Entscheidung auch die Anm. von *Bockelmann*, NJW 1961, 1934; *Wersdörfer*, JZ 1962, 451; *Mittelbach*, JR 1961, 506; dem BGH zustimmend aber *Ordemann*, MDR 1962, 623.

[361] Vgl. zur Spätwette RGSt 62, 416 einerseits und BGHSt 16, 120 andererseits. BGHSt 29, 165 hat eine konkludente Täuschung und damit Betrug bejaht für den Fall, dass der Ausgang eines Pferderennens durch die Bestechung von Jockeys manipuliert wurde.

[362] So im Ergebnis auch das LG Berlin in seinem Urteil vom 17.11.2005. Skeptisch bzgl. der Rechtsprechung des BGH aber *Schlösser*, NStZ 2005, 423 (425 ff.).

[363] Auch insoweit zweifelnd *Schlösser*, NStZ 2005, 425 (427 f.).

[364] *Schwab*, NJW 2005, 938 (940, Fn. 30); ebenso auch *Schlösser*, NStZ 2005, 423 (429).

tens konkludent erklärt, dass der Schiedsrichter das Spiel regelgerecht leiten wolle und nicht von vornherein vorhabe, dieses in seinem Sinne zu „verpfeifen". Hat er Letzteres gleichwohl vor, so täuscht er konkludent über dieses Vorhaben und erzeugt auf Seiten der Verbandsverantwortlichen einen entsprechenden Irrtum. Dieser Irrtum führt wiederum dazu, dass die Vergütung an ihn in voller Höhe ausbezahlt wird, obwohl die von ihm erbrachte Schiedsrichterleistung hierfür keinen adäquaten Gegenwert darstellt. Somit liegt nicht nur eine Vermögensverfügung, sondern auch ein Vermögensschaden auf Seiten des Verbandes vor; es handelt sich hier in der Sache um einen klassischen Eingehungsbetrug.[365] Die notwendigen subjektiven Tatbestandsvoraussetzungen liegen ebenfalls vor, da es dem Täter (mindestens auch) um die Erlangung der Vergütung geht bzw. er diese als notwendige Zwischenfolge seines Handelns erkennt und als solche auch billigt. Zudem ist der Schaden, den der Verband durch die Auszahlung des Honorars an den Unparteiischen hat, stoffgleich mit eben diesem Vorteil.

Diese Konstruktion gilt auch dann, wenn keine Wettmanipulation den Hintergrund des „verpfiffenen" Spiels darstellt, sondern sich der Schiedsrichter lediglich von einer der beiden Mannschaften hat kaufen lassen.

4. Betrug zum Nachteil des unterlegenen Vereins

In der Beziehung des Schiedsrichters zum unterlegenen Verein ist bereits die Täuschungshandlung problematisch. Ähnlich wie dies für die Spieler festgestellt wurde, gilt auch für den Schiedsrichter, dass es an einer hinreichend konkreten Kommunikationsbeziehung zu den Vereinsverantwortlichen fehlt, weshalb im direkten Verhältnis auch keine Täuschung in Betracht kommen kann.[366] Es kann freilich eine Dreieckskonstellation durch Täuschung der Verbandsverantwortlichen vorliegen. Dazu ist zu beachten, dass der Schiedsrichter jeweils nach dem Spiel einen Spielberichtsbogen auszufüllen und beim Verband einzureichen hat, auf dem die einzelnen Ereignisse des Spiels und somit auch seine Entscheidungen vermerkt sind. Bei der Abgabe dieses Berichtsbogens erklärt der Schiedsrichter konkludent, dass die darauf vermerkten Entscheidungen jedenfalls nicht auf bewussten Fehlern beruhen. Insoweit liegt auch eine Täuschung der Verbandsverantwortlichen vor, die bei diesen zu einem entsprechenden Irrtum führen. **169**

Die Vermögensverfügung von Seiten des Verbandes besteht darin, dass das Spiel entsprechend dem vom Schiedsrichter berichteten Ergebnis gewertet wird. Hinsichtlich dieser Wertungskompetenz steht der Verband auch im Lager der am Spiel beteiligten Vereine. Insoweit ist seine Position eine andere als die des Schiedsrichters gegenüber den Vereinen bzw. deren Spielern.[367] Denn die Entscheidung, ein Spiel zu werten, ist im Verbandsrechtsverhältnis verbindlich und durchsetzbar, weshalb insoweit der Verband einem richterlichen Kollegium bei staatlichen Gerichten gleichgestellt werden kann. **170**

Die Verfügung führt aber nur dann zu einem Schaden, wenn mit dem verlorenen Spiel auch die Chance weiterer Spiele und damit künftiger Einnahmen verloren geht. Bei einfachen Ligaspielen, die nicht unmittelbar zum Ausscheiden aus einem Wettbewerb führen, wird hingegen kein Schaden in Betracht kommen, da aus der bloßen Tabellensituation dem Verein kein Schaden erwächst. Die vage Möglichkeit, dass wegen eines einzelnen verlorenen Spiels beim nächsten Heimspiel weniger Zuschauer erscheinen und daher die Einnahmen geringer ausfallen, begründet noch keine hinreichende Expektanz im **171**

---

[365] Diese Konstruktion kann im Einzelfall dann problematisch werden, wenn eine längerfristige vertragliche Beziehung zwischen dem Täter und seinem Verband besteht und der Vorsatz hinsichtlich der Manipulation nicht schon zum Zeitpunkt des Vertragsabschlusses vorhanden war, sondern erst später gereift ist. Es stellt sich dann die Frage einer möglichen Täuschung durch Unterlassen, die in der Vertragsbeziehung des dopenden Sportlers zu seinem Verein bzw. seinen Sponsoren thematisiert – und verneint – wurde; s. dazu oben Rz. 133 und 138.
[366] Im Ergebnis ebenso *Schlösser*, NStZ 2005, 423 (429).
[367] S. dazu oben Rz. 157 und 159.

Sinne des Betrugstatbestandes und stellt daher weder einen Schaden, noch eine Gefährdung des Vermögens des Vereins dar.

172 Soweit ein Vermögensschaden wegen des Ausscheidens des benachteiligten Vereins im Rahmen eines K. o.-Systems angenommen werden kann, bleibt freilich noch die subjektive Tatseite und dort insbesondere wiederum das Kriterium der Stoffgleichheit problematisch. „Verpfeift" ein Schiedsrichter ein Spiel, weil er sich eine Beteiligung an Wettgewinnen erhofft, so ist der von ihm erstrebte Vorteil mit dem Schaden des Vereins nicht stoffgleich. Die entgangenen Einnahmen des Vereins beruhen nicht auf einer Verfügung des Wettanbieters, auf die allein es dem Täter ankommt, sondern auf einer hiervon völlig unabhängigen Verbandsentscheidung. Im Verhältnis des Schiedsrichters zu den betroffenen Vereinen liegt daher im Ergebnis weder ein vollendeter, noch ein versuchter Betrug vor.

5. Betrug zum Nachteil einzelner Spieler

173 Ein derartiger Betrug kommt nach dem soeben Gesagten ebenfalls nicht in Betracht. Hier fehlt es mindestens an der Stoffgleichheit zwischen erstrebtem Vorteil und eingetretenem Schaden, der in entgangenen Siegprämien bzw. in der Aussicht auf weitere Siegprämien aus zukünftigen Spielen bestehen könnte. Hinzu kommt, dass der getäuschte Verband wohl auch nicht im Lager des einzelnen Spielers steht, da er nicht unmittelbar über dessen Vermögensverhältnisse zu entscheiden hat, sondern lediglich durch die Spielwertung auf das Vermögen des Vereins einwirken kann.

II. Manipulationen durch Sportler/Trainer

1. Betrug zu Lasten von Wettanbietern

174 Insoweit gilt für diese Personen nichts anderes als auch für Unparteiische, die die Wettchancen manipulieren. Betrug zu Lasten des Wettanbieters liegt daher nach hier vertretener Auffassung vor.

2. Betrug zum Nachteil des Verbandes

175 Eine derartige Betrugsstrafbarkeit kann für Spieler und Trainer nicht konstruiert werden, da diese keine Vergütung durch den Verband erhalten und dem Verband daher auch kein Vermögensschaden entstehen kann.

3. Betrug zum Nachteil des gegnerischen Vereins

176 Will man einen Betrug manipulierender Spieler bzw. Trainer zu Lasten des gegnerischen Vereins konstruieren, so ist nach der möglichen Täuschung zu fragen: Getäuscht werden können mangels einer konkreten Kommunikationsbeziehung wiederum nicht unmittelbar die Vereinsverantwortlichen, sondern allenfalls der Schiedsrichter. Dieser müsste dann entsprechende Entscheidungen treffen und zudem im Lager des gegnerischen Vereins stehen. Dies ist aber nach den bereits oben getroffenen Feststellungen[368] nicht der Fall, weshalb ein Betrug in dieser Konstellation ausscheidet.

4. Betrug zum Nachteil der gegnerischen Spieler

177 Auch hier könnte eine Verfügung nur durch den Schiedsrichter vorgenommen werden, der auch hier wiederum nicht im Lager der gegnerischen Spieler steht, weshalb auch insoweit ein Betrug auszuscheiden hat.

---

[368] S. dazu oben Rz. 157.

5. Zwischenergebnis

Für manipulierende Spieler bzw. Trainer ergibt sich eine Betrugsstrafbarkeit nur dann, **178** wenn sie außersportliche Ziele in Form von Wettgewinnen verfolgen. Lassen sie sich hingegen nur von Dritten für ein bestimmtes Verhalten bezahlen, so liegt hierin kein Betrug. Dies betrifft beispielsweise den Fall, dass ein reicher Fan eines Vereins, der mit allen Mitteln dessen Erfolg herbeiführen möchte, einzelnen Spielern Prämien dafür zahlt, dass sie mit Hilfe von „Schwalben" Elfmeterpfiffe provozieren und somit Siege erringen. Da dies auf Seiten der Spieler wie gesehen keine Straftat darstellt, kommt von Seiten des Geldgebers, der im Hintergrund bleibt, auch keine Anstiftung gemäß § 26 StGB hierzu in Betracht.

D. Manipulationen in Absprache der beteiligten Mannschaften

Aus der Geschichte der Fußball-Bundesliga ist der sog. „Bundesligaskandal" der Spielzeit **179** 1970/1971 bekannt, bei dem sich die Clubs von Rot-Weiß Oberhausen und Arminia Bielefeld offenbar den Klassenerhalt mit Hilfe von Bestechungsgeldern an Spieler des FC Schalke 04 und möglicherweise auch des 1. FC Köln erkauft hatten. Als der Skandal publik wurde,[369] führte er zu drastischen – später aber im Gnadenwege überwiegend deutlich abgemilderten[370] – Verbandsstrafen sowie auch zu strafrechtlichen Ermittlungen. Die strafrechtlichen Folgen beschränkten sich jedoch für die meisten Beteiligten auf Verfahren wegen Meineids gem. § 154 StGB, weil sie unter Eid ihre Beteiligung an den Schiebereien geleugnet hatten.

Betrügerisches Verhalten wurde im Zusammenhang mit diesem Skandal niemandem **180** zur Last gelegt. Nach den oben gemachten Ausführungen war dies auch nur konsequent. Soweit nur Spieler und Trainer an Spielmanipulationen zu innersportlichen Zwecken beteiligt sind, steht Betrug nicht im Raum. Dies ändert sich auch dann nicht, wenn die Spieler beider beteiligter Mannschaften involviert sind bzw. die Verantwortlichen der einen Mannschaft mit Spielern der anderen Mannschaft kollusiv zusammenarbeiten. Denn die Gründe, an denen die Betrugsstrafbarkeit scheitert – insbesondere die mangelnde Nähebeziehung des verfügenden Schiedsrichters über das Vermögen des gegnerischen Vereins bzw. im Falle des Spielverkaufs die mangelnde Nähebeziehung der Spieler zum Vermögen des gegnerischen Vereins –, bleiben auch in dieser Konstellation unverändert bestehen.

Der Skandal zog allerdings für einige Vereinsverantwortliche, die Gelder an gegne- **181** rische Spieler ausbezahlt hatten, auch noch ein Strafverfahren wegen des Verdachts der Untreue zu Lasten des eigenen Vereins nach sich. Der Gedanke der Strafverfolgungsbehörden bestand dabei darin, dass die Bestechungsgelder eine nicht notwendige Ausgabe dargestellt hatten, die die Vereinskasse unnötig belastete. Für die Vereinsführung ist aber – wie für die Führung anderer Unternehmen auch – anerkannt, dass sie dem Verein gegenüber vermögensbetreuungspflichtig ist[371] und die Bildung „schwarzer Kassen" zu Be-

---

[369] Aufgedeckt wurde der Vorgang durch Horst-Gregorio Canellas, den Vereinspräsidenten von Kickers Offenbach, der zum Schein auf ein Bestechungsansinnen eingegangen war und dieses auf Band aufgezeichnet hatte; Canellas machte die Aufzeichnung während einer Grill-Party zu seinem 50. Geburtstag den anwesenden Gästen zugänglich, wurde in der Folgezeit aber ebenfalls durch den DFB mit einer lebenslangen Sperre belegt, die 1976 schließlich aufgehoben wurde; Canellas muss den Skandal als das schlimmste Ereignis seines Lebens empfunden haben, wie seine Reaktion auf die Entführung der Lufthansa-Maschine „Landshut" nach Mogadischu durch Terroristen im Jahre 1977 belegt; obwohl er selbst unter den Geiseln in der Maschine war, stellte er später in einem Zeitungsinterview fest: „Der Skandal war schlimmer, viel schlimmer. Mogadischu hatte noch menschliche Züge."

[370] So wurden z. B. die Nationalspieler Reinhard „Stan" Libuda, Klaus Fichtel und Klaus Fischer jeweils lebenslang gesperrt, dann aber nach zwei Jahren (Libuda), einem Jahr (Fischer) und einem halben Jahr (Fichtel) begnadigt.

[371] Vgl. BGH NJW 1975, 1234; BGH wistra 1993, 263.

stechungszwecken ebenso zu unterlassen hat wie unnötige Ausgaben zu Lasten des Vereins.[372] In letzter Instanz vor dem Bundesgerichtshof erfolgte jedoch schließlich ein Freispruch der Angeklagten mit dem Argument, dass es an einem Vermögensschaden des Vereins gefehlt habe, da die erkaufte Chance des Liga-Erhalts wirtschaftlich wertvoller gewesen sei als das hingegebene Geld.[373]

E. Ergebnis

182 Mit den vorhandenen strafrechtlichen Mitteln lässt sich insbesondere die Konstellation des Wettbetrugs durch Schiedsrichter, die zum Zwecke eines Wettgewinns Spiele „verpfeifen", strafrechtlich adäquat lösen. In allen übrigen Konstellationen, die nicht mit Wetterfolgen in Zusammenhang stehen, bietet das geltende Strafrecht hingegen keine Handhabe zum Einschreiten. Insbesondere ist der Straftatbestand des Betruges gem. § 263 StGB nicht erfüllt.

6. Kapitel. Sportwirtschaftsstrafrecht

A. Einführung

183 Das in Kapital 4. behandelte Dopingproblem stellt keineswegs die einzige Herausforderung für das Sportstrafrecht dar: Die ungebremst voranschreitende Professionalisierung des Sports führt zu seiner verstärkten Einbindung in die Zusammenhänge und Abläufe des Wirtschaftslebens und macht den Sport damit auch anfällig für wirtschaftskriminelle Verhaltensweisen. Dabei ist einerseits davon auszugehen, dass die Tatbestände des allgemeinen und speziellen Wirtschaftsstrafrechts in den seltensten Fällen mit krimineller Energie bewusst verwirklicht werden. Andererseits kann aber auch angenommen werden, dass die Tatbestandsverwirklichungen in der Praxis sehr viel häufiger sind, als die Betroffenen selbst glauben. Sehr viele Verhaltensweisen sind im Hinblick auf die weit gefassten Tatbestände des Wirtschaftsstrafrechts bereits bedenklich, ohne dass dies dem Handelnden konkret bewusst ist. Verwirklicht er gleichwohl den Tatbestand, so kann er sich getreu dem bekannten Spruch „Unwissenheit schützt vor Strafe nicht" im Ermittlungsverfahren aber nur in den seltensten Fällen darauf berufen, von nichts gewusst zu haben.[374] Angesichts dieser Sachlage sowie auch der Tatsache, dass der Sport durch verstärktes Auftreten von wirtschaftskriminellen Verhaltensweisen sehr schnell in Verruf geraten müsste, erscheint es angezeigt, im Folgenden in aller Kürze eine erste Handreichung für die im Sportgeschehen verantwortlichen Personen zu liefern, die strafrechtliche Risiken aufzeigt und damit vermeiden hilft.

184 Behandelt werden dabei diejenigen Tatbestände, deren Verwirklichung entweder den handelnden Personen nicht ins Bewusstsein dringt oder aber die mit besonderen Schwierigkeiten bei der rechtlichen Einordnung verbunden sind. Aus diesen Gründen beschränkt sich die nachfolgende Darstellung auf den Tatbestand der Untreue gemäß § 266 StGB, die Tatbestände der Bestechung im geschäftlichen Verkehr gemäß §§ 299, 300

---

[372] Vgl. dazu speziell im Zusammenhang mit dem Bundesligaskandal BGH NJW 1975, 1234; zur gesamten Problematik umfassend *Weise*, Finanzielle Beeinflussung von sportlichen Wettkämpfen durch Verbandsfunktionäre, Gießen, 1982.

[373] Vgl. BGH NJW 1975, 1234 mit Anmerkungen von *Triffterer*, NJW 1975, 613; *Bringewat*, JZ 1977, 667; *Schreiber/Beulke*, JuS 1977, 656; vgl. auch *Seemann*, JuS 1982, 917.

[374] Die Möglichkeit des schuldausschließenden unvermeidbaren Verbotsirrtums gem. § 17 StGB ist angesichts der extrem strengen Anforderungen, die insbesondere die Rechtsprechung an die Unvermeidlichkeit des Irrtums stellt, eher theoretischer Natur; vgl. zu den Anforderungen *Tröndle/Fischer*, 53. Aufl., § 17 Rz. 8–9 b.

StGB, die Insolvenzdelikte gemäß § 283 ff. StGB und §§ 64, 84 GmbHG sowie die Falschangabedelikte, die nach dem Handelsrecht für sämtliche Kapitalgesellschaften gelten. Nicht Gegenstand der Abhandlung sind hingegen die Delikte der Steuerhinterziehung gemäß § 370 und 370 a AO, der Amtsträgerbestechung gemäß §§ 331 ff. StGB sowie die speziell auf börsennotierte Aktiengesellschaften zugeschnittenen Delikte. Für die ersten beiden Deliktsgruppen ist dies damit zu rechtfertigen, dass sie allgemein im Bewusstsein der im Wirtschaftsleben stehenden Personen verankert sind und daher davon ausgegangen werden kann, dass sie grundsätzlich gekannt und beachtet werden. Für die Tatbestände, die sich speziell auf börsennotierte Kapitalgesellschaften beziehen, kann eine nähere Ausarbeitung unterbleiben, da nach den katastrophalen Erfahrungen, die Borussia Dortmund seit dem Börsengang des Vereins gemacht hat, davon auszugehen ist, dass die Bereitschaft zu weiteren Börsengänge im deutschen Sport derzeit gegen null tendiert.

B. Untreue gemäß § 266 StGB

Der Tatbestand der Untreue, der in zwei eigenständige Teiltatbestände, nämlich den Missbrauchstatbestand gemäß § 266 Abs. 1, 1. Alt. StGB und den Treuebruchstatbestand gemäß § 266 Abs. 1, 2. Alt. StGB zerfällt, gilt allgemein als sehr schwer handhabbar und zu weit geraten. Gerade die Weite dieses Tatbestandes führt aber auch dazu, dass Verantwortliche in Sportvereinen und Sportverbänden sehr leicht mit ihm in Konflikt geraten können, ohne dies zunächst zu bemerken. Um dem vorzubeugen, sei auf Folgendes hingewiesen: 185

I. Missbrauchstatbestand

Der Missbrauchstatbestand des § 266 Abs. 1, 1. Alt. StGB kann von Personen erfüllt werden, die kraft Gesetzes, behördlichen Auftrags oder Rechtsgeschäfts dazu befugt sind, über fremdes Vermögen zu verfügen oder dieses zu verpflichten. Geschäftsführer von Sportvereinen oder Sportverbänden, die als Kapitalgesellschaften organisiert sind, gehören ohne weiteres zu diesem Personenkreis. Gleiches gilt auch für die Vorstände und Geschäftsführer herkömmlicher Vereine, die jeweils ihren Verein nach außen rechtsgeschäftlich vertreten. 186

Ein Missbrauch der Verfügungs- bzw. Verpflichtungsmacht liegt nach allgemeiner Auffassung dann vor, wenn eine im Innenverhältnis zwischen dem Handelnden und dem betreuten Vermögensträger bestehende Einschränkung der jeweiligen Handlungsmacht im Außenverhältnis missachtet wird und diese Überschreitung gegenüber dritten Personen auch Rechtswirkungen entfaltet.[375] In der Praxis sind somit alle Fallgestaltungen erfasst, in denen aufgrund interner Absprachen beispielsweise eine Obergrenze für eigenverantwortlich zu tätigende Ausgaben festgelegt, diese Grenze bei einzelnen Geschäften aber überschritten wird. Im Bereich des Sports sei hier insbesondere an Spielerverpflichtungen erinnert: Besteht eine interne Vereinbarung mit dem Vereinsvorstand oder Geschäftsführer der Gesellschaft, nicht mehr als die Summe X für Spielerneueinkäufe auszugeben, und wird diese Verpflichtung ohne Rücksprache mit den Gesellschaftern bzw. Vereinsmitgliedern missachtet, so steht bereits ein strafbarer Missbrauch der Verfügungsmacht im Raum. 187

Nach herrschender Meinung erfordert auch der Missbrauchstatbestand des § 266 Abs. 1, 1. Alt. StGB eine sog. qualifizierte Vermögensbetreuungspflicht des Handelnden. Diese Betreuungspflicht wird allerdings bei Vereinsvorständen bzw. Gesellschafts-Ge- 188

---

[375] Auf eine griffige Formel gebracht, besteht der Missbrauch i. S. d. § 266 Abs. 1, 1. Alt. StGB somit im Ausnutzen des Auseinanderfallens von rechtlichem Können nach außen und rechtlichem Dürfen nach innen; vgl. hierzu *Tröndle/Fischer*, 53. Aufl., § 266, Rz. 9.

schäftsführern ohne weiteres angenommen, da sie gerade auch dazu eingesetzt sind, die Vermögensinteressen ihres Vereins bzw. ihrer Gesellschaft zu wahren.[376]

II. Treuebruchstatbestand

189 Der Treuebruchstatbestand ist aufgrund der Formulierung des Gesetzes noch sehr viel weiter gefasst als der Missbrauchstatbestand: Er kann durch jede beliebige Handlung oder Unterlassung verwirklicht werden, die gegen eine bestehende Vermögensbetreuungspflicht verstößt und dadurch einen Schaden des betreuten Vermögens herbeiführt. Dies kann insbesondere immer dann der Fall sein, wenn ein Geschäftsführer oder Vereinsvorstand gegen die Grundsätze des sorgfältigen kaufmännischen Wirtschaftens verstößt und Geschäfte im Namen seines Vereins bzw. seiner Gesellschaft eingeht, die für diese vermeidbare – und von ihm auch als solche erkannte – negative Folgen zeitigen. Auch hier ist wieder an den Abschluss ungünstiger Geschäfte, beispielsweise bei Spielertransfers, zu denken. Darüber hinaus kommen aber auch zahlreiche weitere Verhaltensweisen in Betracht, die zu unnötigen Ausgaben und damit Vermögensminderungen des Vereins bzw. der Gesellschaft führen.[377]

190 Stimmt der verantwortliche Vermögensinhaber einer an sich schädigenden Handlung zu, so beseitigt dieses Einverständnis grundsätzlich den Tatbestand des § 266 StGB. Dies gilt jedoch dann nicht, wenn das Einverständnis seinerseits in grober Weise gegen die Grundsätze des ordnungsgemäßen Wirtschaftens verstößt. Bei Kapitalgesellschaften ist dies nach gesicherter Rechtsprechung insbesondere dann der Fall, wenn die Zustimmung zu einer Handlung erfolgt, die sich als eigenkapitalgefährdend erweist und die Gesellschaft damit in akute Existenzgefahr bringt.[378] Auch diese Konstellation des unbeachtlichen Einverständnisses ist für den Sport im Einzelfall durchaus zu beachten: Man denke insbesondere an kleinere, wirtschaftlich nicht in vollem Umfang leistungsfähige Vereine, die sich dafür entscheiden, ihr gesamtes Kapital für Spieler auszugeben, die auf dem Transfermarkt nur zu extrem hohen Preisen erhältlich sind. Hier gilt es im Einzelnen darauf zu achten, dass mit den Einkäufen nicht letztlich die Existenz des Vereins bzw. der Gesellschaft gefährdet wird. In diesem Falle stünde grundsätzlich die Gefahr einer strafbaren Untreue im Raum. Ähnliches kann im Einzelfall auch dann gelten, wenn nach einem Abstieg aus einer höheren Spielklasse das Budget nicht angepasst wird und in durch sportliche Kriterien nicht mehr zu rechtfertigender Weise Gelder des Vereins bzw. der Gesellschaft für Spielereinkäufe oder andere Zwecke eingesetzt werden.

C. Die Insolvenzdelikte

191 Sportvereine geben in letzter Zeit immer häufiger ihre Rechtsform als Verein bürgerlichen Rechts auf und wandeln sich in Kapitalgesellschaften um. Diese Entwicklung wird zweifellos dadurch begünstigt, dass in einzelnen Sportarten, insbesondere im Profi-Fußball, der Verband dieses nicht nur zulässt, sondern teilweise bis hinein in die obersten Amateurspielklassen für unbedenklich hält.

192 Mit der Organisationsform der Kapitalgesellschaft, insbesondere der GmbH, sind im Falle einer wirtschaftlichen Krise auch besondere Handlungs- bzw. Unterlassungspflichten verknüpft, deren Missachtung wiederum strafbewehrt ist. Zudem ist zu beachten, dass im Falle der Insolvenz einer Kapitalgesellschaft das Insolvenzgericht von Amts wegen verpflichtet ist, die Akten an die Staatsanwaltschaft zur Prüfung weiterzuleiten, weshalb in der Praxis in derartigen Fällen regelmäßig Ermittlungsverfahren aufgenom-

---

[376] S. dazu schon oben Fn. 371.

[377] Verwiesen sei an dieser Stelle auf den bereits oben Rz. 181 angesprochenen Bundesligaskandal, der im konkreten Fall allerdings für die Angeklagten glimpflich verlief.

[378] Vgl. hierzu BGHSt 35, 333 sowie zum Streitstand *Tröndle/Fischer*, 53. Aufl., § 266, Rz. 51 ff.

men werden. Sehr häufig stellt sich dabei heraus, dass diejenigen Geschäftsführer von Kapitalgesellschaften, die mit aller Macht versucht haben, noch „zu retten, was zu retten ist", wichtige strafbewehrte Pflichten missachtet haben, weil sie bis zuletzt an eine Rettung ihrer Gesellschaft geglaubt haben. Diese Situation ist insbesondere im Sport besonders leicht vorstellbar: Traditionell gewachsene Sportvereine, die bei den Fans einer bestimmten geografischen Region tief verankert sind, werden regelmäßig besonders schweren Herzens den Schritt zum Insolvenzgericht gehen, wenn dieser nur irgendwie vermeidbar erscheint. Sollte sich am Ende gleichwohl jede Rettungsbemühung als fruchtlos erweisen, so dürfte daher häufig die Insolvenz zu spät angemeldet worden sein. Besondere Beachtung verdient daher für die Verantwortlichen von Sportvereinen, die im Rechtssinne als GmbH organisiert sind, die Bestimmung, dass bei Vorliegen von Zahlungsunfähigkeit oder Überschuldung binnen drei Wochen zwingend Insolvenz angemeldet werden muss; vgl. § 64 GmbHG. Wird diese Anmeldefrist vorsätzlich oder auch nur fahrlässig überschritten, so stellt dies gemäß § 84 GmbHG eine Straftat dar, die in der Praxis regelmäßig mit hohen Geldstrafen geahndet wird.

Liegt eine wirtschaftliche Krise in Form von Zahlungsunfähigkeit, drohender Zahlungsunfähigkeit oder Überschuldung vor, so sind auch die meisten wirtschaftlichen Handlungen nur noch mit großer Vorsicht ausführbar. Für den Fall einer späteren Insolvenzeröffnung bzw. der Abweisung des Antrags mangels Masse stellt es eine Straftat dar, wenn in der Krise z. B. noch Vermögensgegenstände entgegen den Grundsätzen des ordnungsgemäßen Wirtschaftens verschleudert werden; vgl. § 283 Abs. 1 Nr. 8 StGB. Im Bereich des Sports ist hier insbesondere daran zu denken, dass das „Spielermaterial" im Krisenfall unter dem eigentlichen Transferwert an andere Vereine abgegeben wird. 193

Zu beachten ist auch, dass im Krisenfall die Buchführung und Bilanzierung peinlich genau zu erfolgen hat, da die Nichtaufstellung bzw. die verspätete Aufstellung von Bilanzen ebenso eine Straftat darstellt wie die allgemein unübersichtliche Buchführung, vgl. § 283 Abs. 1 Nr. 5–7 StGB. 194

Ebenfalls ein klassischerweise im Zusammenhang mit wirtschaftlichen Krisen stehendes Delikt ist die Nichtabführung von Beiträgen zur Sozialversicherung gemäß § 266a StGB. Dies gilt auch im Bereich des Sports: Auch ein Verein, der in der wirtschaftlichen Krise steckt, ist selbstverständlich gehalten, pünktlich die Sozialversicherungsbeiträge für seine Mitarbeiter – insbesondere also seine Profi-Spieler – zu entrichten. 195

Schließlich ist im Fall der wirtschaftlichen Krise auch die strafbare sog. Gläubigerbegünstigung gemäß § 283c StGB zu vermeiden. Dieser Tatbestand erfasst sämtliche Handlungen, mit denen einem Gläubiger in der Krise noch eine Befriedigung oder Sicherheit gewährt wird, die er so nicht zu beanspruchen hat. Insbesondere ist dabei auch die Konstellation erfasst, in der Verpfändungen oder Sicherungsübereignungen von Gesellschafts- bzw. Vereinsvermögen erfolgen, in der Hoffnung, eine Insolvenz noch abwenden zu können. Diese an sich in bester Absicht vorgenommenen Handlungen sind regelmäßig bereits verboten und führen zur möglichen Strafbarkeit der Verantwortlichen. 196

D. Falschangabedelikte gemäß § 331 HGB

Werden Sportvereine als Kapitalgesellschaften organisiert, so unterliegen sie den Bestimmungen des HGB bezüglich der Bilanzierung. Werden in der Bilanz vorsätzlich die Verhältnisse der Gesellschaft unrichtig wiedergegeben oder verschleiert, so führt dies nicht nur zur zivil-, sondern auch zur strafrechtlichen Haftung der Mitglieder des vertretungsberechtigten Organs bzw. des Aufsichtsrats; vgl. § 331 Nr. 1 HGB. Diese Vorschrift ist erfahrungsgemäß bei kleinen Kapitalgesellschaften bereits den Verantwortlichen von klassischen Erwerbsgesellschaften nicht bewusst. Es sei daher an dieser Stelle für die Verantwortlichen von Sport-Kapitalgesellschaften eigens darauf hingewiesen, dass auch sie 197 von dieser strafrechtlichen Haftungsfolge betroffen werden, wenn sie ihren Pflichten im Zusammenhang mit der Erstellung des Jahresabschlusses nicht peinlich genau nachkommen.

E. Bestechung im geschäftlichen Verkehr gemäß §§ 299, 300 StGB

198 Werden im Sport oder im Zusammenhang mit dem Sport Angestellte oder Beauftragte eines geschäftlichen Betriebes im geschäftlichen Verkehr mit einem Vorteil bedacht oder wird diesen Personen ein Vorteil versprochen, damit sie im Gegenzug den Vorteilsgewährenden bzw. einen Dritten beim Bezug von Waren oder gewerblichen Leistungen in unlauterer Weise bevorzugen, so erfüllt dies den Straftatbestand der Angestelltenbestechung gemäß § 299 StGB. Dieser Tatbestand wird gemäß § 300 StGB qualifiziert, wenn sich die Tat entweder auf einen Vorteil großen Ausmaßes[379] bezieht oder wenn die Tat gewerbsmäßig oder von Mitgliedern einer Bande begangen wird.

Die Vorschrift des § 299 StGB steht auch im Mittelpunkt des Strafprozesses gegen Karl-Heinz Wildmoser jun., der im Zusammenhang mit dem Neubau der Allianz-Arena Provisionen in Millionenhöhe für die Auftragsvergabe an bestimmte Baufirmen erhalten haben soll. Insbesondere im Zusammenhang mit Stadion-Bauten oder vergleichbaren Großprojekten, die von einzelnen Sportvereinen oder -verbänden realisiert werden, ist die Vorschrift des § 299 StGB besonders scharf zu beachten.[380]

---

[379] Die Bestimmung des Vorteils großen Ausmaßes ist umstritten; die Rechtsprechung tendiert dazu, sie bei € 50.000,– anzusetzen; vgl. BGH NStZ-RR 2002, 50; ablehnend hierzu aber z. B. *Tröndle/Fischer*, 53. Aufl., § 300 Rz. 4.

[380] Vor einigen Jahren wurde im Zusammenhang mit einer Sonderzahlung des Fernsehsenders Premiere an den FC Bayern München für die Gewährung erweiterter Senderechte ebenfalls von dem Verdacht gesprochen, dass durch dieses Zusammenwirken § 299 StGB erfüllt sein könnte; nach dem Kenntnisstand des Autors ist ein entsprechendes Verfahren aber nie eingeleitet worden.

Anhang

Übersicht

	Seite
A. Gesetzestexte	721
1. Sportanlagenlärmschutzverordnung (18. BImSchV)	721
2. Dopingopfer-Hilfegesetz – DOHG	732
3. Gesetz zum Schutz des olympischen Emblems und der olympischen Bezeichnungen (OlympSchG)	735
4. Gesetz über den Verkehr mit Arzneimitteln (Arzneimittelgesetz – AMG)	738
B. Verbandsrecht	741
1. Olympische Charta	741
2. Statuten internationaler/nationaler Verbände	791
3. Welt Anti Doping Code	792
C. Vertragsmuster	836
1. Athletenvereinbarung DOSB	836
2. Musterarbeitsvertrag	845

A. Gesetzestexte

1. Sportanlagenlärmschutzverordnung (18. BImSchV)

Achtzehnte Verordnung zur Durchführung des Bundes-Immissionsschutzgesetzes (Sportanlagenlärmschutzverordnung – 18. BImSchV)

Vom 18. Juli 1991
(BGBl. I S. 1588, ber. S. 1790)
FNA 2129-8 18
geänd. durch Art. 1 Erste ÄndVO v. 9. 2. 2006 (BGBl. I S. 324)

Auf Grund des § 23 Abs. 1 des Bundes-Immissionsschutzgesetzes in der Fassung der Bekanntmachung vom 14. Mai 1990 (BGBl. I S. 880) verordnet die Bundesregierung nach Anhörung der beteiligten Kreise:

§ 1 Anwendungsbereich. (1) Diese Verordnung gilt für die Errichtung, die Beschaffenheit und den Betrieb von Sportanlagen, soweit sie zum Zwecke der Sportausübung betrieben werden und einer Genehmigung nach § 4 des Bundes-Immissionsschutzgesetzes nicht bedürfen.

(2) Sportanlagen sind ortsfeste Einrichtungen im Sinne des § 3 Abs. 5 Nr. 1 des Bundes-Immissionsschutzgesetzes, die zur Sportausübung bestimmt sind.

(3) ¹Zur Sportanlage zählen auch Einrichtungen, die mit der Sportanlage in einem engen räumlichen und betrieblichen Zusammenhang stehen. ²Zur Nutzungsdauer der Sportanlage gehören auch die Zeiten des An- und Abfahrverkehrs sowie des Zu- und Abgangs.

§ 2 Immissionsrichtwerte. (1) Sportanlagen sind so zu errichten und zu betreiben, daß die in den Absätzen 2 bis 4 genannten Immissionsrichtwerte unter Einrechnung der Geräuschimmissionen anderer Sportanlagen nicht überschritten werden.

(2) Die Immissionsrichtwerte betragen für Immissionsorte außerhalb von Gebäuden

1. in Gewerbegebieten
   - tags außerhalb der Ruhezeiten — 65 dB(A),
   - tags innerhalb der Ruhezeiten — 60 dB(A),
   - nachts — 50 dB(A),
2. in Kerngebieten, Dorfgebieten und Mischgebieten
   - tags außerhalb der Ruhezeiten — 60 dB(A),
   - tags innerhalb der Ruhezeiten — 55 dB(A),
   - nachts — 45 dB(A),
3. in allgemeinen Wohngebieten und Kleinsiedlungsgebieten
   - tags außerhalb der Ruhezeiten — 55 dB(A),
   - tags innerhalb der Ruhezeiten — 50 dB(A),
   - nachts — 40 dB(A),
4. in reinen Wohngebieten
   - tags außerhalb der Ruhezeiten — 50 dB(A),
   - tags innerhalb der Ruhezeiten — 45 dB(A),
   - nachts — 35 dB(A),
5. in Kurgebieten, für Krankenhäuser und Pflegeanstalten
   - tags außerhalb der Ruhezeiten — 45 dB(A),
   - tags innerhalb der Ruhezeiten — 45 dB(A),
   - nachts — 35 dB(A).

(3) Werden bei Geräuschübertragung innerhalb von Gebäuden in Aufenthaltsräumen von Wohnungen, die baulich aber nicht betrieblich mit der Sportanlage verbunden sind, von der Sportanlage verursachte Geräuschimmissionen mit einem Beurteilungspegel von mehr als 35 dB(A) tags oder 25 dB(A) nachts festgestellt, hat der Betreiber der Sportanlage Maßnahmen zu treffen, welche die Einhaltung der genannten Immissionsrichtwerte sicherstellen; dies gilt unabhängig von der Lage der Wohnung in einem der in Absatz 2 genannten Gebiete.

(4) Einzelne kurzzeitige Geräuschspitzen sollen die Immissionsrichtwerte nach Absatz 2 tags um nicht mehr als 30 dB(A) sowie nachts um nicht mehr als 20 dB (A) überschreiten; ferner sollen einzelne kurzzeitige Geräuschspitzen die Immissionsrichtwerte nach Absatz 3 um nicht mehr als 10 dB (A) überschreiten.

(5) ¹Die Immissionsrichtwerte beziehen sich auf folgende Zeiten:

1. tags	an Werktagen	6.00 bis 22.00 Uhr,
	an Sonn- und Feiertagen	7.00 bis 22.00 Uhr,
2. nachts	an Werktagen und	0.00 bis 6.00 Uhr 22.00 bis 24.00 Uhr,
	an Sonn- und Feiertagen und	0.00 bis 7.00 Uhr 22.00 bis 24.00 Uhr,
3. Ruhezeit	an Werktagen und	6.00 bis 8.00 Uhr 20.00 bis 22.00 Uhr,
	an Sonn- und Feiertagen und	7.00 bis 9.00 Uhr, 13.00 bis 15.00 Uhr 20.00 bis 22.00 Uhr.

²Die Ruhezeit von 13.00 bis 15.00 Uhr an Sonn- und Feiertagen ist nur zu berücksichtigen, wenn die Nutzungsdauer der Sportanlage oder der Sportanlagen an Sonn- und Feiertagen in der Zeit von 9.00 bis 20.00 Uhr 4 Stunden oder mehr beträgt.

(6) ¹Die Art der in Absatz 2 bezeichneten Gebiete und Anlagen ergibt sich aus den Festsetzungen in den Bebauungsplänen. ²Sonstige in Bebauungsplänen festgesetzte Flächen für Gebiete und Anlagen sowie Gebiete und Anlagen, für die keine Festsetzungen bestehen, sind nach Absatz 2 entsprechend der Schutzbedürftigkeit zu beurteilen. ³Weicht die tatsächliche bauliche Nutzung im Einwirkungsbereich der Anlage erheblich von der im Bebauungsplan festgesetzten baulichen Nutzung ab, ist von der tatsächlichen bauli-

chen Nutzung unter Berücksichtigung der vorgesehenen baulichen Entwicklung des Gebietes auszugehen.

(7) Die von der Sportanlage oder den Sportanlagen verursachten Geräuschimmissionen sind nach dem Anhang zu dieser Verordnung zu ermitteln und zu beurteilen.

§ 3 Maßnahmen. Zur Erfüllung der Pflichten nach § 2 Abs. 1 hat der Betreiber insbesondere

1. an Lautsprecheranlagen und ähnlichen Einrichtungen technische Maßnahmen, wie dezentrale Aufstellung von Lautsprechern und Einbau von Schallpegelbegrenzern, zu treffen,
2. technische und bauliche Schallschutzmaßnahmen, wie die Verwendung lärmgeminderter oder lärmmindernder Ballfangzäune, Bodenbeläge, Schallschutzwände und -wälle, zu treffen,
3. Vorkehrungen zu treffen, daß Zuschauer keine übermäßig lärmerzeugenden Instrumente wie pyrotechnische Gegenstände oder druckgasbetriebene Lärmfanfaren verwenden, und
4. An- und Abfahrtswege und Parkplätze durch Maßnahmen betrieblicher und organisatorischer Art so zu gestalten, daß schädliche Umwelteinwirkungen durch Geräusche auf ein Mindestmaß beschränkt werden.

§ 4 Weitergehende Vorschriften. Weitergehende Vorschriften, vor allem zum Schutz der Sonn- und Feiertags-, Mittags- und Nachtruhe oder zum Schutz besonders empfindlicher Gebiete, bleiben unberührt.

§ 5 Nebenbestimmungen und Anordnungen im Einzelfall. (1) Die zuständige Behörde soll von Nebenbestimmungen zu erforderlichen Zulassungsentscheidungen und Anordnungen zur Durchführung dieser Verordnung absehen, wenn die von der Sportanlage ausgehenden Geräusche durch ständig vorherrschende Fremdgeräusche nach Nummer 1.4 des Anhangs überlagert werden.

(2) Die zuständige Behörde kann zur Erfüllung der Pflichten nach § 2 Abs. 1 außer der Festsetzung von Nebenbestimmungen zu erforderlichen Zulassungsentscheidungen oder der Anordnung von Maßnahmen nach § 3 für Sportanlagen Betriebszeiten (ausgenommen für Freibäder von 7.00 Uhr bis 22.00 Uhr) festsetzen; hierbei sind der Schutz der Nachbarschaft und der Allgemeinheit sowie die Gewährleistung einer sinnvollen Sportausübung auf der Anlage gegeneinander abzuwägen.

(3) [1]Die zuständige Behörde soll von einer Festsetzung von Betriebszeiten absehen, soweit der Betrieb einer Sportanlage dem Schulsport oder der Durchführung von Sportstudiengängen an Hochschulen dient. [2]Dient die Anlage auch der allgemeinen Sportausübung, sind bei der Ermittlung der Geräuschimmissionen die dem Schulsport oder der Durchführung von Sportstudiengängen an Hochschulen zuzurechnenden Teilzeiten nach Nummer 1.3.2.3 des Anhangs außer Betracht zu lassen; die Beurteilungszeit wird um die dem Schulsport oder der Durchführung von Sportstudiengängen an Hochschulen tatsächlich zuzurechnenden Teilzeiten verringert. [3]Die Sätze 1 und 2 gelten entsprechend für Sportanlagen, die der Sportausbildung im Rahmen der Landesverteidigung dienen.

(4) Bei Sportanlagen, die vor Inkrafttreten dieser Verordnung baurechtlich genehmigt oder – soweit eine Baugenehmigung nicht erforderlich war – errichtet waren, soll die zuständige Behörde von einer Festsetzung von Betriebszeiten absehen, wenn die Immissionsrichtwerte an den in § 2 Abs. 2 genannten Immissionsorten jeweils um weniger als 5 dB(A) überschritten werden; dies gilt nicht an den in § 2 Abs. 2 Nr. 5 genannten Immissionsorten.

(5) Die zuständige Behörde soll von einer Festsetzung von Betriebszeiten absehen, wenn infolge des Betriebs einer oder mehrerer Sportanlagen bei seltenen Ereignissen nach Nummer 1.5 des Anhangs Überschreitungen der Immissionsrichtwerte nach § 2 Abs. 2

1. die Geräuschimmissionen außerhalb von Gebäuden die Immissionsrichtwerte nach § 2 Abs. 2 um nicht mehr als 10 dB(A), keinesfalls aber die folgenden Höchstwerte überschreiten:

tags außerhalb der Ruhezeiten	70 dB(A),
tags innerhalb der Ruhezeiten	65 dB(A),
nachts	55 dB(A)

und
2. einzelne kurzzeitige Geräuschspitzen die nach Nummer 1 für seltene Ereignisse geltenden Immissionsrichtwerte tags um nicht mehr als 20 dB(A) und nachts um nicht mehr als 10 dB(A) überschreiten.

(6) In dem in Artikel 3 des Einigungsvertrages genannten Gebiet soll die zuständige Behörde für die Durchführung angeordneter Maßnahmen nach § 3 Nr. 1 und 2 eine Frist setzen, die bis zu zehn Jahre betragen kann.

(7) Im übrigen Geltungsbereich dieser Verordnung soll die zuständige Behörde bei Sportanlagen, die vor Inkrafttreten der Verordnung baurechtlich genehmigt oder – soweit eine Baugenehmigung nicht erforderlich war – errichtet waren, für die Durchführung angeordneter Maßnahmen nach § 3 Nr. 1 und 2 eine angemessene Frist gewähren.

§ 6 Zulassung von Ausnahmen. [1]Die zuständige Behörde kann für internationale oder nationale Sportveranstaltungen von herausragender Bedeutung im öffentlichen Interesse Ausnahmen von den Bestimmungen des § 5 Abs. 5, einschließlich einer Überschreitung der Anzahl der seltenen Ereignisse nach Nummer 1.5 des Anhangs, zulassen. [2]Satz 1 gilt entsprechend auch für Verkehrsgeräusche auf öffentlichen Verkehrsflächen außerhalb der Sportanlage durch das der Anlage zuzurechnende Verkehrsaufkommen nach Nummer 1.1 Satz 2 des Anhangs einschließlich der durch den Zu- und Abgang der Zuschauer verursachten Geräusche.

§ 7 Zugänglichkeit der Norm- und Richtlinienblätter. [1]Die in den Nummern 2.1, 2.3, 3.1 und 3.2 des Anhangs genannten DIN-Normblätter und VDI-Richtlinien sind bei der Beuth Verlag GmbH, Berlin, zu beziehen. [2]Die genannten Normen und Richtlinien sind bei dem Deutschen Patentamt archivmäßig gesichert niedergelegt.

§ 8 Inkrafttreten. Diese Verordnung tritt drei Monate nach der Verkündung in Kraft. Der Bundesrat hat zugestimmt.

Anhang

Ermittlungs- und Beurteilungsverfahren

1. **Allgemeines**
1.1 Zuzurechnende Geräusche

Den Sportanlagen sind folgende bei bestimmungsgemäßer Nutzung auftretende Geräusche zuzurechnen:
  a) Geräusche durch technische Einrichtungen und Geräte,
  b) Geräusche durch die Sporttreibenden,
  c) Geräusche durch die Zuschauer und sonstigen Nutzer,
  d) Geräusche, die von Parkplätzen auf dem Anlagengelände ausgehen.

Verkehrsgeräusche einschließlich der durch den Zu- und Abgang der Zuschauer verursachten Geräusche auf öffentlichen Verkehrsflächen außerhalb der Sportanlage durch das der Anlage zuzuordnende Verkehrsaufkommen sind bei der Beurteilung gesondert von den anderen Anlagengeräuschen zu betrachten und nur zu berücksichtigen, sofern sie nicht im Zusammenhang mit seltenen Ereignissen (Nummer 1.5) auftreten und im Zusammenhang mit der Nutzung der Sportanlage den vorhandenen Pegel der Verkehrsgeräusche rechnerisch um mindestens 3 dB(A) erhöhen. Hierbei ist das Berechnungs- und Beurteilungsverfahren der Verkehrslärmschutzverordnung vom 12. Juni 1990 (BGBl. I S. 1036) sinngemäß anzuwenden. Lediglich die Berechnung der durch den Zu- und Abgang der Zuschauer verursachten Geräusche erfolgt nach diesem Anhang.

1.2 Maßgeblicher Immissionsort
Der für die Beurteilung maßgebliche Immissionsort liegt
a) bei bebauten Flächen 0,5 m außerhalb, etwa vor der Mitte des geöffneten, vom Geräusch am stärksten betroffenen Fensters eines zum dauernden Aufenthalt von Menschen bestimmten Raumes einer Wohnung, eines Krankenhauses, einer Pflegeanstalt oder einer anderen ähnlich schutzbedürftigen Einrichtung;
b) bei unbebauten Flächen, die aber mit zum Aufenthalt von Menschen bestimmten Gebäuden bebaut werden dürfen, an dem am stärksten betroffenen Rand der Fläche, wo nach dem Bau- und Planungsrecht Gebäude mit zu schützenden Räumen erstellt werden dürfen;
c) bei mit der Anlage baulich aber nicht betrieblich verbundenen Wohnungen in dem am stärksten betroffenen, nicht nur dem vorübergehenden Aufenthalt dienenden Raum.
Einzelheiten hierzu sind in Nr. 3.2.2.1 geregelt.

1.3 Ermittlung der Geräuschimmission
1.3.1 Beurteilungspegel, einzelne kurzzeitige Geräuschspitzen
Der Beurteilungspegel L_r kennzeichnet die Geräuschimmission während der Beurteilungszeit nach Nr. 1.3.2. Er wird gemäß Nr. 1.6 mit den Immissionsrichtwerten verglichen. Der Beurteilungspegel wird gebildet aus dem für die jeweilige Beurteilungszeit ermittelten Mittelungspegel L_{Am} und gegebenenfalls den Zuschlägen K_I für Impulshaltigkeit und/oder auffällige Pegeländerungen nach Nr. 1.3.3 und K_T für Ton- und Informationshaltigkeit nach Nr. 1.3.4. Für die Beurteilung einzelner kurzzeitiger Geräuschspitzen wird deren Maximalpegel L_{AFmax} herangezogen. Für die Beurteilung von Geräuschen bei neu zu errichtenden Sportanlagen sind die Geräuschimmissionen nach dem in Nr. 2 beschriebenen Prognoseverfahren, bei bestehenden Sportanlagen in der Regel nach Nr. 3 durch Messung zu bestimmen.

1.3.2 Beurteilungszeiten T_r
1.3.2.1 Werktags
An Werktagen gilt für Geräuscheinwirkungen
tags außerhalb der Ruhezeiten (8 bis 20 Uhr) eine Beurteilungszeit von 12 Stunden,
tags während der Ruhezeiten (6 bis 8 Uhr und 20 bis 22 Uhr) jeweils eine Beurteilungszeit von 2 Stunden,
nachts (22 bis 6 Uhr) eine Beurteilungszeit von 1 Stunde (ungünstigste volle Stunde).

1.3.2.2 Sonn- und feiertags
An Sonn- und Feiertagen gilt für Geräuscheinwirkungen
tags außerhalb der Ruhezeiten (9 bis 13 Uhr und 15 bis 20 Uhr) eine Beurteilungszeit von 9 Stunden,
tags während der Ruhezeiten (7 bis 9 Uhr, 13 bis 15 Uhr und 20 bis 22 Uhr) jeweils eine Beurteilungszeit von 2 Stunden,
nachts (0 bis 7 Uhr und 22 bis 24 Uhr) eine Beurteilungszeit von 1 Stunde (ungünstigste volle Stunde).
Beträgt die gesamte Nutzungszeit der Sportanlagen zusammenhängend weniger als 4 Stunden und fallen mehr als 30 Minuten der Nutzungszeit in die Zeit von 13 bis 15 Uhr, gilt als Beurteilungszeit ein Zeitabschnitt von 4 Stunden, der die volle Nutzungszeit umfaßt.

1.3.2.3 Teilzeiten T_i
Treten während einer Beurteilungszeit unterschiedliche Emissionen, jeweils unter Einschluß der Impulshaltigkeit, auffälliger Pegeländerungen, der Ton- und Informationshaltigkeit sowie kurzzeitiger Geräuschspitzen auf, ist zur Ermittlung der Geräuschimmission während der gesamten Beurteilungszeit diese in geeigneter Weise in Teilzeiten T_i aufzuteilen, in denen die Emissionen im wesentlichen gleichartig sind. Eine solche Unterteilung ist z. B. bei zeitlich abgrenzbarem unterschiedlichem Betrieb der Sportanlage erforderlich.

1.3.3 Zuschlag $K_{I,\ i}$ für Impulshaltigkeit und/oder auffällige Pegeländerungen
Enthält das zu beurteilende Geräusch während einer Teilzeit T_i der Beurteilungszeit nach Nr. 1.3.2 Impulse und/oder auffällige Pegeländerungen, wie z. B. Aufprallgeräusche von Bällen, Geräusche von Startpistolen, Trillerpfeifen oder Signalgebern, ist für diese Teilzeit ein Zuschlag $K_{I,\ i}$ zum Mittelungspegel $L_{Am,\ i}$ zu berücksichtigen.
Bei Geräuschen durch die menschliche Stimme ist, soweit sie nicht technisch verstärkt sind, kein Zuschlag $K_{I,\ i}$ anzuwenden.
Treten die Impulse und/oder auffälligen Pegeländerungen in der Teilzeit T_i im Mittel höchstens einmal pro Minute auf, sind neben dem Mittelungspegel $L_{Am,\ i}$ der mittlere Maximalpegel $L_{AFmax,\ i}$ (energetischer Mittelwert) und die mittlere Anzahl n pro Minute der Impulse und/oder auffälligen Pegeländerungen zu bestimmen. Der Zuschlag $K_{I,\ i}$ beträgt dann:
3406DBAT_BImSchV_18_Anlage1_N001.BMP   (1)
Sofern Impulse und/oder auffällige Pegeländerungen in der Teilzeit T_i mehr als einmal pro Minute auftreten, ist der Wirkpegel $L_{AFTm,\ i}$ nach dem Taktmaximalverfahren mit einer Taktzeit von 5 Sekunden zu bestimmen. Dieser beinhaltet bereits den Zuschlag $K_{I,\ i}$ für Impulshaltigkeit und/oder auffällige Pegeländerungen ($L_{Am,\ i} + K_{I,\ i} = L_{AFTm,\ i}$). Bei Anlagen, die Geräuschimmissionen mit Impulsen und/oder auffälligen Pegeländerungen in der Teilzeit T_i mehr als einmal pro Minute hervorrufen und vor Inkrafttreten dieser Verordnung baurechtlich genehmigt oder – soweit eine Baugenehmigung nicht erforderlich war – errichtet waren, ist für die betreffende Teilzeit ein Abschlag von 3 dB(A) zu berücksichtigen.

1.3.4 Zuschlag $K_{T,\ i}$ für Ton- und Informationshaltigkeit Wegen der erhöhten Belästigung beim Mithören ungewünschter Informationen ist je nach Auffälligkeit in den entsprechenden Teilzeiten Ti ein Informationszuschlag $K_{Inf,\ i}$ von 3 dB oder 6 dB zum Mittelungspegel $L_{Am,\ i}$ zu addieren. $K_{Inf,\ i}$ ist in der Regel nur bei Lautsprecherdurchsagen oder bei Musikwiedergaben anzuwenden. Ein Zuschlag von 6 dB ist zu wählen, wenn Lautsprecherdurchsagen gut verständlich oder Musikwiedergaben deutlich hörbar sind. Heben sich aus dem Geräusch von Sportanlagen Einzeltöne heraus, ist ein Tonzuschlag $K_{Ton,\ i}$ von 3 dB oder 6 dB zum Mittelungspegel $L_{Am,\ i}$ für die Teilzeiten hinzuzurechnen, in denen die Töne auftreten. Der Zuschlag von 6 dB gilt nur bei besonderer Auffälligkeit der Töne. In der Regel kommen tonhaltige Geräusche bei Sportanlagen nicht vor. Die hier genannten Zuschläge sind so zusammenzufassen, daß der Gesamtzuschlag auf maximal 6 dB begrenzt bleibt: $K_{T,\ i} = K_{Inf,\ i} + K_{Ton,\ i}$ b 6 dB(A)   (2)

1.3.5 Bestimmung der Beurteilungspegel Die Beurteilungspegel werden für die Beurteilungszeit Tr unter Berücksichtigung der Zuschläge $K_{I,\ i}$ für Impulshaltigkeit und/oder auffällige Pegeländerungen und $K_{T,\ i}$ für Ton- und Informationshaltigkeit nach Gleichung (3) ermittelt:
3406DBAT_BImSchV_18_Anlage1_N002.BMP   (3)
mit

a) für den Tag außerhalb der Ruhezeiten
    an Werktagen   3406DBAT_BImSchV_18_Anlage 1_N003 BMP
    an Sonn- und Feiertagen   3406DBAT_BImSchV_18_Anlage 1_N004 BMP

b) für den Tag innerhalb der
Ruhezeiten 3406DBAT.BImSchV.18.Anlage1.N005 BMP
c) für die Nacht 3406DBAT.BImSchV.18.Anlage1.N006 BMP

und $L_{Am,\,i}$, $K_{I,\,i}$ und $K_{T,\,i}$ die Mittelungspegel und Zuschläge für Impulshaltigkeit und/oder auffällige Pegeländerungen oder der Abschlag nach Nr. 1.3.3 sowie der Zuschlag für Ton- und Informationshaltigkeit nach Nr. 1.3.4 während der zugehörigen Teilzeiten T_i.

Im Falle von Nr. 1.3.2.2 Satz 2 beträgt T_r = 4 Stunden.

Zur Bestimmung der Beurteilungszeit Tr im Falle von § 5 Abs. 3 sind die Beurteilungszeiten nach Buchstaben a, b oder c um die außer Betracht zu lassenden Teilzeiten T_i nach Nr. 1.3.2.3 (tatsächliche Nutzungszeit) zu kürzen.

1.4 Ständig vorherrschende Fremdgeräusche
Fremdgeräusche sind Geräusche am Immissionsort, die unabhängig von dem Geräusch der zu beurteilenden Anlage oder Anlagen auftreten.
Sie sind dann als ständig vorherrschend anzusehen, wenn der Mittelungspegel des Anlagengeräusches gegebenenfalls zuzüglich der Zuschläge für Impulshaltigkeit und/oder auffällige Pegeländerungen in mehr als 95 % der Nutzungszeit vom Fremdgeräusch übertroffen wird.

1.5 Seltene Ereignisse
Überschreitungen der Immissionsrichtwerte durch besondere Ereignisse und Veranstaltungen gelten als selten, wenn sie an höchstens 18 Kalendertagen eines Jahres in einer Beurteilungszeit oder mehreren Beurteilungszeiten auftreten. Dies gilt unabhängig von der Zahl der einwirkenden Sportanlagen.

1.6 Vergleich des Beurteilungspegels mit dem Immissionsrichtwert
Der durch Prognose nach Nr. 2 ermittelte Beurteilungspegel nach Nr. 1.3.5 ist direkt mit den Immissionsrichtwerten nach § 2 der Verordnung zu vergleichen. Wird der Beurteilungspegel durch Messung nach Nr. 3 ermittelt, ist zum Vergleich mit den Immissionsrichtwerten nach § 2 der Verordnung der um 3 dB(A) verminderte Beurteilungspegel nach Nr. 1.3.5 heranzuziehen.

2. Ermittlung der Geräuschimmission durch Prognose

2.1 Grundlagen
Der Mittelungspegel L_{Am} ist in Anlehnung an VDI-Richtlinie 2714 „Schallausbreitung im Freien" (Januar 1988) und Entwurf VDI-Richtlinie 2720/1 „Schallschutz durch Abschirmung im Freien" (November 1987) zu berechnen.
Für die Berechnung der Mittelungspegel werden für alle Schallquellen die mittleren Schalleistungspegel L_{WAm}, die Einwirkzeiten, die Raumwinkelmaße, gegebenenfalls die Richtwirkungsmaße, die Koordinaten der Schallquellen und der Immissionsorte, die Lage und Abmessungen von Hindernissen und außerdem für schallabstrahlende Außenbauteile von Gebäuden die Flächen S und die bewerteten Bauschalldämm-Maße R'_w benötigt.
Als Eingangsdaten für die Berechnung können Meßwerte oder Erfahrungswerte, soweit sie auf den Meßvorschriften dieses Anhangs beruhen, verwendet werden. Wenn aufgrund besonderer Vorkehrungen eine im Vergleich zu den Erfahrungswerten weitergehende dauerhafte Lärmminderung nachgewiesen ist, können die der Lärmminderung entsprechenden Korrekturwerte bei den Eingangsdaten berücksichtigt werden.
Der Mittelungspegel der Geräusche, die von den der Anlage zuzurechnenden Parkflächen ausgehen, ist zu berechnen nach den Richtlinien für den Lärmschutz an Straßen – Ausgabe 1990 – RLS-90, bekanntgemacht im Verkehrsblatt, Amtsblatt des Bundesministers für Verkehr der Bundesrepublik Deutschland (VkBl.) Nr. 7 vom 14. April 1990 unter lfd. Nr. 79. Bei der Bestimmung der Anzahl der Fahrzeugbewegungen je Stellplatz und Stunde ist, sofern keine genaueren Zahlen

vorliegen, von bei vergleichbaren Anlagen gewonnenen Erfahrungswerten auszugehen. Die Richtlinien sind zu beziehen von der Forschungsgesellschaft für Straßen- und Verkehrswesen, Alfred-Schütte-Allee 10, 5000 Köln 21.
Der Beurteilungspegel für den Verkehr auf öffentlichen Verkehrsflächen ist zu berechnen nach den Richtlinien für den Lärmschutz an Straßen – Ausgabe 1990 – RLS-90, bekanntgemacht im Verkehrsblatt, Amtsblatt des Bundesministers für Verkehr der Bundesrepublik Deutschland (VkBl.) Nr. 7 vom 14. April 1990 unter lfd. Nr. 79. Die Richtlinien sind zu beziehen von der Forschungsgesellschaft für Straßen- und Verkehrswesen, Alfred-Schütte-Allee 10, 5000 Köln 21.

2.2 Von Teilflächen der Außenhaut eines Gebäudes abgestrahlte Schalleistungen
Wenn sich Schallquellen in einem Gebäude befinden, ist jedes Außenhautelement des Gebäudes als eine Schallquelle zu betrachten. Der durch ein Außenhautelement ins Freie abgestrahlte Schalleistungspegel L_{WAm} ist aus dem mittleren Innenpegel $L_{m,\,innen}$ im Raum, den es nach außen abschließt, in ca. 1 m Abstand von dem Element, aus seiner Fläche S (in m^2) und aus seinem bewerteten Bauschalldämm-Maß R'_w nach der Gleichung

$$L_{WAm} = L_{m,\,innen} + 10\,lg(S) - R'_w - 4\,dB \tag{4}$$

zu berechnen. Für den mittleren Innenpegel kann von Meß- oder Erfahrungswerten ausgegangen werden. Er kann für einen Raum aus dem Schalleistungspegel $L_{WAm,\,innen}$ aller Schallquellen im Raum zusammen nach der Gleichung

$$L_{m,\,innen} = L_{WAm,\,innen} + 10\,lg(T/V) + 14\,dB = L_{WAm,\,innen} - 10\,lg(A/4) \tag{5}$$

berechnet werden, worin T die Nachhallzeit (in s) bei mittleren Frequenzen, V das Volumen (in m^3) und A die äquivalente Absorptionsfläche des Raumes (in m^2) bei mittleren Frequenzen ist.
Für Öffnungen ist das bewertete Bauschalldämm-Maß mit Null anzusetzen.

2.3 Schallausbreitungsrechnung
Die Rechnung ist für jede Schallquelle entsprechend VDI-Richtlinie 2714, Abschnitt 3 bis 7, und Entwurf VDI-Richtlinie 2720/1, Abschnitt 3, durchzuführen. Bei den frequenzabhängigen Einflüssen ist von einer Frequenz von 500 Hz auszugehen.
Werden bei der Schallausbreitungsrechnung Abschirmungen berücksichtigt, ist nach Entwurf VDI-Richtlinie 2720/1, Abschnitt 3.1, gegebenenfalls eine feinere Zerlegung in Einzelschallquellen als nach VDI-Richtlinie 2714, Abschnitte 3.3 und 3.4, erforderlich.
Reflexionen, die nicht bereits im Raumwinkelmaß enthalten sind, sind nach VDI-Richtlinie 2714, Abschnitt 7.1, durch die Annahme von Spiegelschallquellen zu berücksichtigen.
Der Mittelungspegel $L_{Am}(s_m)$ von einer Schallquelle an einem Immissionsort im Abstand s_m von ihrem Mittelpunkt ist nach Gleichung (6) zu berechnen:

$$L_{Am}(s_m) = L_{WAm} + DI + K_o - D_s - D_L - D_{BM} - D_e \tag{6}$$

Die Bedeutung der einzelnen Glieder in Gleichung (6) ist Tabelle 1 zu entnehmen.
Die Eigenabschirmung von Gebäuden ist in Anlehnung an VDI-Richtlinie 2714, Abschnitt 5.1, durch das Richtwirkungsmaß zu berücksichtigen. Mit DI ≤ -10 dB für die dem Immissionsort abgewandte Seite darf jedoch nur gerechnet werden, wenn sich ihr gegenüber keine reflektierenden Flächen (z. B. Wände von Gebäuden) befinden.
Das Boden- und Meteorologie-Dämpfungsmaß DBM ist nach VDI-Richtlinie 2714, Abschnitt 6.3, Gleichung (7), anzusetzen.
Die Einfügungsdämpfungsmaße D_e von Abschirmungen sind nach Entwurf VDI-Richtlinie 2720/1, Abschnitt 3, zu berechnen. Dabei ist in Gleichung (5) dieser Richtlinie $C_2 = 20$ zu setzen. Der Korrekturfaktor für Witterungseinflüsse ist für alle Anlagen nach Abschnitt 3.4.3, Gleichung (7 a), zu berechnen.

Tabelle 1: Bedeutung der Glieder in Gleichung (6)

Größe	Bedeutung	Fundstelle
L_{WAm}	mittlerer Schalleistungspegel	VDI-Richtlinie 2714
DI	Richtwirkungsmaß	Abschnitt 5.1
K_o	Raumwinkelmaß	Abschnitt 5.2, Gleichung (3) oder Tabelle 2
D_s	Abstandsmaß	Abschnitt 6.1, Gleichung (4)
D_L	Luftabsorptionsmaß	Abschnitt 6.2, Gleichung (5) in Verbindung mit Tabelle 3
D_{BM}	Boden- und Meteorologie-dämpfungsmaß	Abschnitt 6.3, Gleichung (7) VDI-Richtlinie 2720/1
D_e	Einfügungsdämpfungsmaß von Schallschirmen	Abschnitt 3

2.4 Bestimmung des Mittelungspegels $L_{Am,\,i}$ sowie der Zuschläge $K_{I,\,i}$ und $K_{T,\,i}$ in der Teilzeit T_i

Zur Bestimmung des Mittelungspegels $L_{Am,\,i}$ in der Teilzeit T_i sind die nach Gleichung (6) bestimmten Mittelungspegel aller einwirkenden Schallquellen energetisch zu addieren. Die Zuschläge $K_{I,\,i}$ für Impulshaltigkeit und/oder auffällige Pegeländerungen und $K_{T,\,i}$ für Ton- und Informationshaltigkeit sind entsprechend Nr. 1.3.3 und Nr. 1.3.4 nach Erfahrungswerten zu bestimmen.

2.5 Berechnung der Pegel kurzzeitiger Geräuschspitzen

Wenn einzelne kurzzeitige Geräuschspitzen zu erwarten sind, ist die Berechnung nach Nr. 2.3 statt mit den mittleren Schalleistungspegeln aller Schallquellen mit den maximalen Schalleistungspegeln L_{WAmax} der Schallquellen mit kurzzeitigen Geräuschspitzen zu wiederholen.

3. Ermittlung der Geräuschimmission durch Messung

3.1 Meßgeräte

Bei Messungen dürfen Schallpegelmesser der Klasse 1 nach DIN IEC 651, Ausgabe Dezember 1981, oder DIN IEC 804, Ausgabe Januar 1987, verwendet werden, die zusätzlich die Anforderungen des Entwurfes DIN 45657, Ausgabe Juli 1989, erfüllen. Schallpegelmesser müssen den eichrechtlichen Vorschriften entsprechen.

3.2 Meßverfahren und Auswertung

3.2.1 Meßwertarten

Meßgröße ist der A-bewertete mit der Zeitwertung F ermittelte Schalldruckpegel $L_{AF}(t)$ nach DIN IEC 651, Ausgabe Dezember 1981. Der Mittelungspegel L_{Am} wird nach DIN 45641, Ausgabe Juni 1990, aus dem zeitlichen Verlauf des Schalldruckpegels oder mit Hilfe von Schallpegelmessern nach DIN IEC 804, Ausgabe Januar 1987, gebildet.

Im Falle von Nr. 1.3.3 sind neben dem Mittelungspegel L_{Am} die Maximalpegel L_{AFmax} der Impulse und/oder auffälligen Pegeländerungen oder aus den im 5-s-Takt ermittelten Taktmaximalpegeln $L_{AFT,\,5}$ nach DIN 45641, Ausgabe Juni 1990, der Wirkpegel L_{AFTm} zu bestimmen.

Für die Beurteilung einzelner, kurzzeitiger Geräuschspitzen ist der Maximalpegel L_{AFmax} heranzuziehen.

3.2.2 Ort und Zeit der Messungen

Es ist an den in Nr. 3.2.2.1 genannten Orten und zu den in Nr. 3.2.2.2 genannten Zeiten zu messen.

3.2.2.1 Ort der Messungen

Der Ort der Messungen ist entsprechend Nr. 1.2 zu wählen. Ergänzend gilt:
a) Bei bebauten Flächen kann abweichend von den Bestimmungen in Nr. 1.2 Buchstabe a das Mikrofon an einem geeigneten Ersatzmeßpunkt (z. B. in einer Baulücke neben dem betroffenen Gebäude) möglichst in Höhe des am stärk-

sten betroffenen Fensters aufgestellt werden, insbesondere wenn der Bewohner nicht informiert oder nicht gestört werden soll.

b) Bei unbebauten Flächen ist in mindestens 3 m Höhe über dem Erdboden zu messen. Besondere Gründe bei der nach Nr. 1.2 erforderlichen Auswahl des am stärksten betroffenen Randes der Fläche (z. B. Abschattung durch Mauern, Hanglage, geplante hohe Wohngebäude) sind im Meßprotokoll anzugeben.

c) Sind Messungen in Wohnungen durchzuführen, die mit der zu beurteilenden Anlage baulich aber nicht betrieblich verbunden sind, ist in den Räumen bei geschlossenen Türen und Fenstern und bei üblicher Raumausstattung mindestens 0,4 m von den Begrenzungsflächen entfernt zu messen. Die Messung ist an mehreren Stellen im Raum, in der Regel an den bevorzugten Aufenthaltsplätzen, durchzuführen, und die gemessenen Mittelungspegel sind entsprechend Gleichung (7) in Nr. 3.2.2.2 energetisch zu mitteln.

3.2.2.2 Zeit und Dauer der Messungen

Zeit und Dauer der Messungen haben sich an den für die zu beurteilende Anlage kennzeichnenden Nutzungen unter Berücksichtigung aller nach Nr. 1.1 zuzurechnenden Geräusche zu orientieren. Dabei sollen die bei bestimmungsgemäßer Nutzung der Anlage auftretenden Emissionen, gegebenenfalls getrennt für Teilzeiten T_i mit unterschiedlichen Emissionen, erfaßt werden.

Die Meßdauer ist nach der Regelmäßigkeit des Pegelverlaufs zu bestimmen. Bei Nutzungszyklen soll sich die Meßdauer für eine Messung mindestens über einen typischen Geräuschzyklus erstrecken.

Treten am Meßort Fremdgeräusche auf, ist grundsätzlich nur dann zu messen, wenn erwartet werden kann, daß der Mittelungspegel des Fremdgeräusches während der Meßdauer um mindestens 6 dB(A) unter dem Mittelungspegel des Anlagengeräusches liegt. Ist das Fremdgeräusch unterbrochen und ist in diesen Zeiten das Anlagengeräusch pegelbestimmend, ist in den Pausenzeiten zu messen.

Bei Abständen zwischen Quelle und Immissionsort ab 200 m sind die Messungen in der Regel bei Mitwind durchzuführen. Die Mitwindbedingung ist erfüllt, wenn der Wind von der Anlage in Richtung Meßort in einem Sektor bis zu $\pm 60°$ weht und wenn die Windgeschwindigkeit im Bereich weitgehend ungestörter Windströmungen (z. B. auf freiem Feld) in ca. 5 m Höhe etwa zwischen 1 m/s und 3 m/s liegt. Im Verlauf der Messungen ist darauf zu achten, daß die am Mikrofon auftretenden Windgeräusche die Meßergebnisse nicht beeinflussen.

Bei außergewöhnlichen Wetterbedingungen sollen keine Schallpegelmessungen vorgenommen werden. Außergewöhnliche Wetterbedingungen können beispielsweise stärkerer Regen, Schneefall, größere Windgeschwindigkeit, gefrorener oder schneebedeckter Boden sein. In der Regel sind an jedem Meßort drei unabhängige Messungen durchzuführen und die Mittelungspegel $L_{Am, k}$ aus diesen Messungen nach Gleichung (7) zu mitteln (energetische Mittelung):

3406DBAT_BImSchV_18_Anlage1_N007.BMP (7).

Sofern aus vorliegenden Erkenntnissen bekannt ist, daß der Schwankungsbereich der Mittelungspegel der zu beurteilenden Geräuschimmissionen in der Beurteilungszeit kleiner ist als 3 dB(A), genügt eine einmalige Messung. Dies gilt auch, wenn der aus dem Meßwert für die Geräuschimmission bestimmte Beurteilungspegel um mehr als 6 dB(A) unter oder über dem geltenden Immissionsrichtwert liegt.

Wenn bei regulärer Nutzung der Anlage innerhalb der Beurteilungszeit der Schwankungsbereich der Mittelungspegel $L_{Am, k}$ aus den drei Einzelmessungen größer ist als 6 dB(A), ist zu prüfen, ob durch getrennte Erfassung von Teilzeiten der Schwankungsbereich auf weniger als 6 dB(A) verringert werden kann. In diesem Fall erfolgt die Bestimmung des Mittelungspegels für jede einzeln erfaßte Teilzeit nach Gleichung (7) aus drei Einzelmessungen. Andernfalls sind an fünf verschiedenen Meßterminen die Mittelungspegel $L_{Am,\ k}$ zu bestimmen und nach Gleichung (8) energetisch zu mitteln:

$$3406DBAT\_BImSchV\_18\_Anlage1\_N008.BMP \tag{8}$$

Im Falle von Nr. 1.3.3 Abs. 4 gelten Gleichung (7) und (8) für L_{AFTm} entsprechend.

3.3 Meßprotokoll

Die Meßwerte sind in einem Protokoll festzuhalten. Das Protokoll muß eine eindeutige Bezeichnung der Meßorte (Lageplan) und die erforderlichen Angaben über Nutzungsarten und -dauern, Meßzeit und Meßdauer, Wetterlage, Geräuschquellen, Einzeltöne, Informationshaltigkeit, Impulshaltigkeit, auffällige Pegeländerungen, Fremdgeräusche und verwendete Meßgeräte oder Meßketten sowie gegebenenfalls über Maßnahmen zur Sicherstellung einer ausreichenden Meßsicherheit bei Verwendung von Meßketten enthalten.

2.
Gesetz über eine finanzielle Hilfe für Doping-Opfer der DDR
(Dopingopfer-Hilfegesetz – DOHG)

Vom 24. August 2002
Zuletzt geändert durch Art. 5 Abs. 18 G zur Überarbeitung des Lebenspartnerschaftsrechts
vom 15. 12. 2004 (BGBl. I S. 3396)
(BGBl. I S. 3410)
FNA 251-9

§ 1 Grundsatz

(1) Beim Bundesverwaltungsamt wird aus humanitären und sozialen Gründen ein Fonds in Höhe von 2 Millionen Euro eingerichtet, aus dem nach Maßgabe der folgenden Vorschriften finanzielle Hilfe an Doping-Opfer der ehemaligen Deutschen Demokratischen Republik gewährt wird.

(2) ¹Der Fonds ist berechtigt, Zuwendungen von dritter Seite anzunehmen. ²Er erlischt, wenn das Fondsvermögen an die Anspruchsberechtigten ausgekehrt worden ist.

§ 2 Anspruchsberechtigung

(1) Anspruch auf finanzielle Hilfe nach diesem Gesetz haben Personen, die erhebliche Gesundheitsschäden erlitten haben, weil
1. ihnen als Hochleistungssportlern oder -nachwuchssportlern der ehemaligen Deutschen Demokratischen Republik ohne ihr Wissen oder gegen ihren Willen Dopingsubstanzen verabreicht worden sind,
2. ihrer Mutter während der Schwangerschaft unter den Bedingungen der Nummer 1 Dopingsubstanzen verabreicht worden sind.

(2) ¹Der Anspruch ist nicht übertragbar und nicht vererblich, es sei denn, der Anspruchsberechtigte verstirbt nach Antragstellung. ²In diesem Fall wird die auf Grund des Antrags bewilligte Leistung seinem Ehegatten, Verlobten auch im Sinne des Lebenspartnerschaftsgesetzes, Lebenspartner, seinen Kindern oder Eltern ausgezahlt, wenn und soweit sie erben.

§ 3 Begriffsbestimmungen

1. Dopingsubstanzen im Sinne dieses Gesetzes sind Wirkstoffe, die zur unphysiologischen manipulativen Steigerung der körperlichen Leistungsfähigkeit den Stoffwechsel aktivieren sollten, das Muskelwachstum fördern sollten, die Herausbildung bestimmter Koordinationsfähigkeiten fördern oder die Wiederherstellungsvorgänge nach hohen Belastungen im Training und Wettkampf unterstützen sollten. Insbesondere gehören dazu anabole Steroide.
2. Erhebliche Gesundheitsschäden sind solche, die zu schwerwiegenden körperlichen Beeinträchtigungen führen oder geführt haben. Zu berücksichtigen sind insbesondere folgende Kriterien:
   a) Schwere der Schädigung,
   b) Dauer der Schädigung,
   c) eventuell notwendige Operationen,
   d) Rückbildungsfähigkeit der Schädigung,
   e) Auswirkungen auf die Lebensführung,
   f) Arbeitsfähigkeit, Ausfallzeit.

§ 4 Verfahren

(1) ¹Die Ansprüche sind bis zum 31. März 2003 beim Bundesverwaltungsamt anzumelden. ²Dem Antrag sind beizufügen:

1. ein fachärztliches Gutachten, in dem Art und Ursache des erheblichen Gesundheitsschadens angegeben und begründet werden, sofern bekannt unter Angabe der verabreichten Dopingsubstanz,
2. eine eigenhändig unterzeichnete Erklärung der Antragstellerin oder des Antragstellers, durch wen und in welchem Zeitraum ihr oder ihm Dopingsubstanzen ohne ihr oder sein Wissen oder gegen ihren oder seinen Willen verabreicht wurden.

³In den Fällen des § 2 Abs. 1 Nr. 2 ist eine entsprechende Erklärung der Mutter beizufügen, bei Unerreichbarkeit eine Erklärung der Antragstellerin oder des Antragstellers.

(2) ¹Verspätet gestellte Anträge sind unzulässig. ²Unvollständige Anträge sind innerhalb einer vom Bundesverwaltungsamt gesetzten Frist zu vervollständigen.

(3) ¹Das Bundesverwaltungsamt kann durch Bescheid über die Anspruchsberechtigung dem Grunde nach entscheiden und dabei Abschlagszahlungen festlegen. ²Die Hilfen werden als Einmalleistungen zu jeweils gleichen Teilen ausgezahlt. ³Die Höhe der Hilfen ergibt sich aus dem Verhältnis des Fondsvermögens zu der Gesamtzahl der festgestellten Anspruchsberechtigten.

§ 5 Beirat

(1) ¹Sind die Voraussetzungen für die Gewährung der Hilfe zweifelhaft, so werden die Antragsunterlagen einem beim Bundesministerium des Innern eingerichteten Beirat zur Stellungnahme vorgelegt. ²Der Beirat nimmt schriftlich gegenüber dem Bundesverwaltungsamt Stellung.

(2) ¹Der Beirat setzt sich zusammen aus einem Vertreter des Bundesministeriums des Innern, zwei Personen mit ärztlicher Approbation, einer Person mit Befähigung zum Richteramt, einem Sporthistoriker, einem Vertreter des Doping-Opfer-Hilfe-Vereins, einem Vertreter einer Spitzenorganisation des Deutschen Sports sowie einem Vertreter der Spender. ²Der Vorsitzende muss die Befähigung zum Richteramt haben.

(3) Die Mitglieder des Beirats und ihre Mitarbeiter dürfen die während ihrer Tätigkeit erlangten Kenntnisse und Unterlagen auch nach Beendigung ihrer Tätigkeit nicht offenbaren oder verwerten.

§ 6 Aufklärung des Sachverhalts

(1) ¹Die Antragstellerin oder der Antragsteller soll an der Aufklärung des Sachverhalts durch das Bundesverwaltungsamt und den Beirat mitwirken, insbesondere durch persönliches Erscheinen, Duldung zusätzlicher medizinischer Untersuchungen, eigene Sachverhaltsangaben und Benennung von Zeugen. ²Kosten für vom Beirat geforderte zusätzliche medizinische Untersuchungen werden erstattet.

(2) Zur Anerkennung eines erheblichen Gesundheitsschadens genügt die Wahrscheinlichkeit eines ursächlichen Zusammenhangs mit der Verabreichung von Dopingsubstanzen.

(3) Wurden der Antragstellerin oder dem Antragsteller Dopingsubstanzen vor Vollendung des 18. Lebensjahres verabreicht, so wird vermutet, dass ihr oder ihm die manipulative Wirkungsweise dieser Mittel nicht bekannt war.

§ 7 Datenschutz

Für die Erhebung, Verarbeitung und Nutzung personenbezogener Daten gilt das Bundesdatenschutzgesetz mit den Maßgaben, dass

1. personenbezogene Daten, einschließlich Angaben über die Gesundheit, ohne Einwilligung des Betroffenen nur verarbeitet und genutzt werden dürfen, wenn dies zur Durchführung dieses Gesetzes erforderlich ist;
2. § 14 Abs. 2 und 5 des Bundesdatenschutzgesetzes keine Anwendung findet;
3. § 76 Abs. 1 des Zehnten Buches Sozialgesetzbuch und § 200 des Siebten Buches Sozialgesetzbuch entsprechend gelten.

§ 99 der Verwaltungsgerichtsordnung bleibt unberührt.

§ 8 Verhältnis zu anderen Rechtsvorschriften

(1) [1]Ansprüche wegen desselben Lebenssachverhalts aus anderen Rechtsgründen bleiben unberührt. [2]Auf Grund dieser Ansprüche bereits gewährte Leistungen werden nicht auf die Leistungen nach diesem Gesetz angerechnet.

(2) Leistungen nach diesem Gesetz werden nicht auf Leistungen der Sozialhilfe angerechnet.

§ 9 Inkrafttreten, Außerkrafttreten

[1]Dieses Gesetz tritt am Tag nach der Verkündung in Kraft. [2]Es tritt mit Ablauf des Jahres 2007 außer Kraft.

3.
Gesetz zum Schutz des olympischen Emblems und der olympischen Bezeichnungen (OlympSchG)

Vom 31. März 2004
(BGBl. I S. 479)

§ 1 Gegenstand des Gesetzes

(1) Gegenstand dieses Gesetzes ist der Schutz des olympischen Emblems und der olympischen Bezeichnungen.

(2) Das olympische Emblem ist das Symbol des Internationalen Olympischen Komitees bestehend aus fünf ineinander verschlungenen Ringen nach dem Muster der Anlage 1 (Olympische Ringe).

(3) Die olympischen Bezeichnungen sind die Wörter „Olympiade", „Olympia", „olympisch", alle diese Wörter allein oder in Zusammensetzung sowie die entsprechenden Wörter oder Wortgruppen in einer anderen Sprache.

§ 2 Inhaber des Schutzrechts

Das ausschließliche Recht auf die Verwendung und Verwertung des olympischen Emblems und der olympischen Bezeichnung steht dem Nationalen Olympischen Komitee für Deutschland und dem Internationalen Olympischen Komitee zu.

§ 3 Rechtsverletzungen

(1) Dritten ist es untersagt, ohne Zustimmung der Inhaber des Schutzrechts im geschäftlichen Verkehr das olympische Emblem
1. zur Kennzeichnung von Waren oder Dienstleistungen,
2. in der Werbung für Waren oder Dienstleistungen,
3. als Firma, Geschäftsbezeichnung oder zur Bezeichnung oder zur Bezeichnung einer Veranstaltung oder
4. für Vereinsabzeichen oder Vereinsfahnen

zu verwenden. Satz 1 findet entsprechende Anwendung für Embleme, die dem olympischen Emblem ähnlich sind, wenn wegen der Ähnlichkeit die Gefahr von Verwechslungen besteht, einschließlich der Gefahr, dass das Emblem mit den Olympischen Spielen oder der Olympischen Bewegung gedanklich in Verbindung gebracht wird oder dass hierdurch die Wertschätzung der Olympischen Spiele oder der Olympischen Bewegung ohne rechtfertigenden Grund in unlauterer Weise ausgenutzt oder beeinträchtigt wird.

(2) Dritten ist es untersagt, im geschäftlichen Verkehr ohne Zustimmung der Inhaber des Schutzrechts im geschäftlichen Verkehr die olympischen Bezeichnungen
1. zur Kennzeichnung von Waren oder Dienstleistungen,
2. in der Werbung für Waren oder Dienstleistungen oder
3. als Firma, Geschäftsbezeichnung oder zur Bezeichnung einer gewerbsmäßigen Veranstaltung

zu verwenden, wenn hierdurch die Gefahr von Verwechslungen besteht, einschließlich der Gefahr, dass die Bezeichnung mit den Olympischen Spielen oder der Olympischen Bewegung gedanklich in Verbindung gebracht wird oder wenn hierdurch die Wertschätzung der Olympischen Spiele oder der olympischen Bewegung ohne rechtfertigenden Grund in unlauterer Weise ausgenutzt oder beeinträchtigt wird. Satz 1 findet entsprechende Anwendung für Bezeichnungen, die den in § 1 Abs. 3 genannten ähnlich sind.

(3) Die Absätze 1 und 2 gelten nicht für die Kennzeichnung eines nach § 2 des Urheberrechtsgesetzes geschützten Werkes sowie für die Werbung hierfür, wenn das Werk sich mit den Olympischen Spielen oder der Olympischen Bewegung im weitesten Sinne befasst.

§ 4 Benutzung von Namen und beschreibenden Angaben

Die Inhaber des Schutzrechts haben nicht das Recht, einem Dritten zu untersagen, im geschäftlichen Verkehr
1. dessen Namen oder Anschrift zu benutzen oder
2. die olympischen Bezeichnungen oder ähnliche Bezeichnungen als Angabe über Merkmale oder Eigenschaften von Waren, Dienstleistungen oder Personen zu benutzen, sofern die Benutzung nicht unlauter ist.

§ 5 Unterlassungsanspruch

(1) Wer das olympische Emblem oder die olympischen Bezeichnungen entgegen § 3 benutzt, kann von dem Nationalen Olympischen Komitee für Deutschland oder dem Internationalen Olympischen Komitee auf Unterlassung in Anspruch genommen werden.

(2) Wer die Verletzungshandlung vorsätzlich oder fahrlässig begeht, ist dem Nationalen Olympischen Komitee für Deutschland und dem Internationalen Olympischen Komitee zum Ersatz des diesen durch die Verletzungshandlung entstandenen Schadens verpflichtet.

§ 6 Vernichtungsanspruch

Das Nationale Olympische Komitee für Deutschland und das Internationale Olympische Komitee können in Fällen des § 3 verlangen, dass die im Besitz oder Eigentum des Verletzers befindlichen, widerrechtlich gekennzeichneten Gegenstände vernichtet werden, es sei denn, dass der durch die Rechtsverletzung verursachte Zustand der Gegenstände auf andere Weise beseitigt werden kann und die Vernichtung für den Verletzer oder den Eigentümer im Einzelfall unverhältnismäßig ist. Weitergehende Ansprüche auf Beseitigung bleiben unberührt.

§ 7 Verjährung

Auf die Verjährung der in den §§ 5 und 6 genannten Ansprüche finden die Vorschriften des Anschnitts 5 des Ersten Buches Bürgerliches Gesetzbuch entsprechende Anwendung.

§ 8 Fortgeltung bestehender Rechte

Rechte Dritter, die auf Grund gesetzlicher Bestimmungen, auf Grund vertraglicher Vereinbarungen auf dem Gebiet des Vereins-, Marken-, Geschmacksmuster- und Handelsrechts oder auf Grund sonstiger vertraglicher Vereinbarungen mit den Rechtsinhabern am 13. August 2003 bereits bestehen, bleiben unberührt.

§ 9 Sachliche Zuständigkeit

(1) Für alle Klagen, durch die ein Anspruch auf Grund dieses Gesetzes geltend gemacht wird, sind die Landgerichte ausschließlich zuständig.

(2) Die Landesregierungen werden ermächtigt, durch Rechtsverordnung die Streitsachen im Sinne von Absatz 1 insgesamt oder teilweise für die Bezirke mehrerer Landgericht einem von ihnen zuzuweisen, sofern dies der sachlichen Förderung oder der schnelleren Erledigung der Verfahren dient. Die Landesregierungen können diese Ermächtigung auf die Landesjustizverwaltungen übertragen.

§ 10 Inkrafttreten

§ 9 Abs. 2 tritt am Tag nach der Verkündung in Kraft; im Übrigen tritt dieses Gesetz am ersten Tag des dritten auf die Verkündung folgenden Kalendermonats in Kraft.

Anlage 1

Das olympische Symbol besteht aus fünf ineinander verschlungenen Ringen: blau, gelb, schwarz, grün und rot, die in dieser Reihenfolge von links nach rechts angeordnet sind. Es besteht aus den olympischen Ringen allein, unabhängig davon, ob sie einfarbig oder mehrfarbig dargestellt werden.

4.
Gesetz über den Verkehr mit Arzneimitteln
(Arzneimittelgesetz – AMG)[1]

In der Fassung der Bekanntmachung vom 12. Dezember 2005[2]
(BGBl. I S. 3394)
– Auszug –

§ 6a Verbot von Arzneimitteln zu Dopingzwecken im Sport

(1) Es ist verboten, Arzneimittel zu Dopingzwecken im Sport in den Verkehr zu bringen, zu verschreiben oder bei anderen anzuwenden.

(2) Absatz 1 findet nur Anwendung auf Arzneimittel, die Stoffe der im Anhang des Übereinkommens gegen Doping (Gesetz vom 2. März 1994 zu dem Übereinkommen vom 16. November 1989 gegen Doping, BGBl. 1994 II S. 334) aufgeführten Gruppen von Dopingwirkstoffen enthalten, sofern
1. das Inverkehrbringen, Verschreiben oder Anwenden zu anderen Zwecken als der Behandlung von Krankheiten erfolgt und
2. das Doping bei Menschen erfolgt oder erfolgen soll.

(3) Das Bundesministerium wird ermächtigt, im Einvernehmen mit dem Bundesministerium des Innern durch Rechtsverordnung mit Zustimmung des Bundesrates weitere Stoffe oder Zubereitungen aus Stoffen zu bestimmen, auf die Absatz 1 Anwendung findet, soweit dies geboten ist, um eine unmittelbare oder mittelbare Gefährdung der Gesundheit des Menschen durch Doping im Sport zu verhüten.

---

[1] **[Amtl. Anm.:]** Dieses Gesetz dient der Umsetzung
– der Richtlinie 2001/83/EG des Europäischen Parlaments und des Rates vom 6. November 2001 zur Schaffung eines Gemeinschaftskodexes für Humanarzneimittel (ABl. EG Nr. L 311 S. 67),
– der Richtlinie 2001/82/EG des Europäischen Parlaments und des Rates vom 6. November 2001 zur Schaffung eines Gemeinschaftskodexes für Tierarzneimittel (ABl. EG Nr. L 311 S. 1),
– der Richtlinie 2001/20/EG des Europäischen Parlaments und des Rates vom 4. April 2001 zur Angleichung der Rechts- und Verwaltungsvorschriften der Mitgliedstaaten über die Anwendung der guten klinischen Praxis bei der Durchführung von klinischen Prüfungen mit Humanarzneimitteln (ABl. EG Nr. L 121 S. 34),
– der Richtlinie 2002/98/EG des Europäischen Parlaments und des Rates vom 27. Januar 2003 zur Festlegung von Qualitäts- und Sicherheitsstandards für die Gewinnung, Testung, Verarbeitung, Lagerung und Verteilung von menschlichem Blut und Blutbestandteilen und zur Änderung der Richtlinie 2001/83/EG (ABl. EU Nr. L 33 S. 30),
– der Richtlinie 2004/23/EG des Europäischen Parlaments und des Rates vom 31. März 2004 zur Festlegung von Qualitäts- und Sicherheitsstandards für die Spende, Beschaffung, Testung, Verarbeitung, Konservierung, Lagerung und Verteilung von menschlichen Geweben und Zellen (ABl. EU Nr. L 102 S. 48),
– der Richtlinie 2004/24/EG des Europäischen Parlaments und des Rates vom 31. März 2004 zur Änderung der Richtlinie 2001/83/EG zur Schaffung eines Gemeinschaftskodexes für Humanarzneimittel hinsichtlich traditioneller pflanzlicher Arzneimittel (ABl. EU Nr. L 136 S. 85),
– der Richtlinie 2004/27/EG des Europäischen Parlaments und des Rates vom 31. März 2004 zur Änderung der Richtlinie 2001/83/EG zur Schaffung eines Gemeinschaftskodexes für Humanarzneimittel (ABl. EU Nr. L 136 S. 34) und
– der Richtlinie 2004/28/EG des Europäischen Parlaments und des Rates vom 31. März 2004 zur Änderung der Richtlinie 2001/82/EG zur Schaffung eines Gemeinschaftskodexes für Tierarzneimittel (ABl. EU Nr. L 136 S. 58).

[2] Neubekanntmachung des AMG idF der Bek. v. 11.12.1998 (BGBl. I S. 3586) in der ab 1.12.2005 geltenden Fassung.

§ 95 Strafvorschriften

(1) Mit Freiheitsstrafe bis zu drei Jahren oder mit Geldstrafe wird bestraft, wer

...

2a. entgegen § 6a Abs. 1 Arzneimittel zu Dopingzwecken im Sport in den Verkehr bringt, verschreibt oder bei anderen anwendet,

...

(2) Der Versuch ist strafbar.

(3) ¹In besonders schweren Fällen ist die Strafe Freiheitsstrafe von einem Jahr bis zu zehn Jahren. ²Ein besonders schwerer Fall liegt in der Regel vor, wenn der Täter durch eine der in Absatz 1 bezeichneten Handlungen
1. die Gesundheit einer großen Zahl von Menschen gefährdet,
2. einen anderen in die Gefahr des Todes oder einer schweren Schädigung an Körper oder Gesundheit bringt,
3. aus grobem Eigennutz für sich oder einen anderen Vermögensvorteile großen Ausmaßes erlangt oder
4. im Falle des Absatzes 1 Nr. 2a Arzneimittel zu Dopingzwecken im Sport an Personen unter 18 Jahren abgibt oder bei diesen Personen anwendet.

(4) Handelt der Täter in den Fällen des Absatzes 1 fahrlässig, so ist die Strafe Freiheitsstrafe bis zu einem Jahr oder Geldstrafe.

§ 98 Einziehung

¹Gegenstände, auf die sich eine Straftat nach § 95 oder § 96 oder eine Ordnungswidrigkeit nach § 97 bezieht, können eingezogen werden. ¹§ 74a des Strafgesetzbuches und § 23 des Gesetzes über Ordnungswidrigkeiten sind anzuwenden.

B. Verbandsrecht

1.
Olympische Charta*

in der Fassung vom 1. September 2004[1]

Übersicht

		Seite
Einführung in die Olympische Charta		743
Präambel		744
Grundlegende Prinzipien des Olympismus		744
Kapitel 1	**Die Olympische Bewegung und ihr Handeln**	744
Regel 1	Zusammensetzung und allgemeine Organisation der Olympischen Bewegung	744
Regel 2	Aufgabe und Rolle des IOC*	745
	Durchführungsbestimmung zu Regel 2	746
Regel 3	Anerkennung durch das IOC	746
Regel 4	Der Olympische Kongreß*	746
	Durchführungsbestimmung zu Regel 4	746
Regel 5	Olympische Solidarität*	747
	Durchführungsbestimmung zu Regel 5	747
Regel 6	Olympische Spiele*	747
	Durchführungsbestimmung zu Regel 6	748
Regel 7	Rechte an den Olympischen Spielen und olympische Eigentumsrechte*	748
Regel 8	Das olympische Symbol*	748
Regel 9	Die olympische Fahne*	748
Regel 10	Der olympische Wahlspruch*	749
Regel 11	Olympische Embleme*	749
Regel 12	Die olympische Hymne*	749
Regel 13	Das olympische Feuer, olympische Fackeln*	749
Regel 14	Olympische Bezeichnungen*	749
	Durchführungsbestimmung zu den Regeln 7 bis 14	749
Kapitel 2	**Das Internationale Olympische Komitee (IOC)**	752
Regel 15	Rechtsstatus	752
Regel 16	Mitglieder*	752
	1. Zusammensetzung des IOC – Wählbarkeit, Rekrutierung, Wahl, Aufnahme und Status der IOC-Mitglieder	752
	2. Pflichten	753

---

* Übersetzt von Prof. Dr. Christoph Vedder, Juristische Fakultät, Universität Augsburg, und Prof. Dr. Manfred Lämmer, Deutsche Sporthochschule Köln, © Christoph Vedder, Manfred Lämmer; Vorabdruck aus: Vedder/Lämmer (Hrg.), Olympisches Recht, 2006.

[1] Unverändert bis zum Abschluß der Session des IOC in Turin im Februar 2006. Die Olympische Charta wird vom Internationalen Olympischen Komitee in französischer und englischer Sprache als einzig authentische Sprachen beschlossen und veröffentlicht. Im Falle von Divergenzen gilt gemäß Regel 24 Absatz 3 die französische Fassung. Die hier vorgelegte deutsche Übersetzung kann somit für sich keine rechtliche Verbindlichkeit beanspruchen. Sie dient dem Verständnis und der Verbreitung der olympischen Regeln; die NOKs sind gemäß Regel 28 Absatz 2.2 und insbesondere gemäß Abs. 4 und der Athletenerklärung gemäß Abs. 6 der Durchführungsbestimmung zu Regel 45 verpflichtet, die Olympische Charta den Athleten zur Kenntnis zu bringen. Die Übersetzung ist bewußt nicht eine Neuschöpfung der Olympischen Charta in deutscher Rechtssprache, sondern eine möglichst textnahe Übertragung der olympischen Regeln und Durchführungsbestimmungen. Diese weisen aufgrund ihrer mittlerweile über 100jährigen Entstehungsgeschichte sprachliche und andere Brüche auf; sie sind nicht immer in einer konsistenten Rechtssprache abgefaßt. Wo die Vorlage nicht eindeutig ist, bemüht sich die Übersetzung darum, die Vorlage nicht in bestimmtem Sinne zu interpretieren. Eine Übersetzung von Rechtstexten kann allerdings auch nicht völlig mechanistisch und neutral sein. Für die Übersetzung tragen allein die Übersetzer die Verantwortung. Die Groß- bzw. Kleinschreibung olympischer Begriffe folgt der in der deutschen Sprache üblich gewordenen.

Anhang B. Verbandsrecht

	3. Beendigung der Mitgliedschaft	754
	4. Ehrenpräsident – Ehrenmitglieder – Mitglieder ehrenhalber	755
	Durchführungsbestimmung zu Regel 16	755
Regel 17	Organisation	758
Regel 18	Die Session*	758
	Durchführungsbestimmung zu Regel 18	759
Regel 19	Die IOC-Exekutivkommission*	760
	1. Zusammensetzung	760
	2. Wahlen, Amtszeiten, Verlängerungen, Vakanzen	760
	3. Zuständigkeiten, Verantwortlichkeiten und Aufgaben	760
	4. Delegation von Befugnissen	761
	Durchführungsbestimmung zu Regel 19	761
Regel 20	Der Präsident*	762
	Durchführungsbestimmung zu Regel 20	762
Regel 21	IOC-Kommissionen*	762
	Durchführungsbestimmung zu Regel 21	762
Regel 22	Ethik-Kommission des IOC*	763
	Durchführungsbestimmung zu Regel 22	764
Regel 23	Maßnahmen und Sanktionen*	764
	Durchführungsbestimmung zu Regel 23	765
Regel 24	Sprachen	766
Regel 25	Einnahmen des IOC	766
Kapitel 3	**Die Internationalen Verbände (IFs)**	766
Regel 26	Anerkennung von IFs	766
Regel 27	Aufgabe und Rolle der IFs innerhalb der Olympischen Bewegung	766
Kapitel 4	**Die Nationalen Olympischen Komitees (NOKs)**	767
Regel 28	Aufgabe und Rolle der NOKs*	767
Regel 29	Zusammensetzung der NOKs*	768
	Durchführungsbestimmung zu den Regeln 28 und 29	769
Regel 30	Die nationalen Verbände	771
Regel 31	Land und Name eines NOK	771
Regel 32	Fahne, Emblem und Hymne eines NOK	771
Kapitel 5	**Die Olympischen Spiele**	771
Regel 33	Veranstaltung der Olympischen Spiele*	771
	Durchführungsbestimmung zu Regel 33	772
Regel 34	Wahl der Gastgeberstadt*	772
	Durchführungsbestimmung zu Regel 34	772
Regel 35	Schauplatz, Wettkampfstätten und Austragungsorte der Olympischen Spiele*	773
	Durchführungsbestimmung zu Regel 35	773
Regel 36	Organisationskomitee*	773
	Durchführungsbestimmung zu Regel 36	774
Regel 37	Haftung – Entzug der Ausrichtung der Olympischen Spiele	774
Regel 38	Koordinierungskommission für die Olympischen Spiele – Verbindung zwischen den NOKs und dem OK*	774
	Durchführungsbestimmung zu Regel 38	775
Regel 39	Olympisches Dorf*	776
	Durchführungsbestimmung zu Regel 39	776
Regel 40	Kulturprogramm*	776
Regel 41	Zulassungsregel*	776
	Durchführungsbestimmung zu Regel 41	777
Regel 42	Staatsangehörigkeit der Wettkämpfer*	777
	Durchführungsbestimmung zu Regel 42	777
Regel 43	Altersgrenze	778
Regel 44	World Anti-Doping Code	778
Regel 45	Einladungen und Meldungen*	778
	Durchführungsbestimmung zu Regel 45	778
Regel 46	Olympische Sportarten	780
	1. Spiele der Olympiade	780
	2. Olympische Winterspiele	780

Regel 47	Programm der Sportarten, Zulassung von Sportarten, Disziplinen und Wettbewerben	781
	1. Olympische Sportarten, die Teil des Programms der Olympischen Spiele sind	781
	2. Disziplinen	781
	3. Wettbewerbe	781
	4. Bedingungen für die Aufnahme von Sportarten, Disziplinen und Wettbewerben	781
	5. Mitteilung über die Teilnahme der IFs an den Olympischen Spielen	782
	6. Abweichungen von den Fristen für die Zulassung oder den Ausschluß von Sportarten, Disziplinen und Wettbewerben	782
	7. Zuständigkeit für die Zulassung oder den Ausschluß einer Sportart, einer Disziplin oder eines Wettbewerbs	782
Regel 48	Programm der Olympischen Spiele	782
Regel 49	Technische Verantwortung der IFs bei den Olympischen Spielen*	782
	Durchführungsbestimmung zu Regel 49	783
Regel 50	Jugendlager	786
Regel 51	Berichterstattung über die Olympischen Spiele*	786
	Durchführungsbestimmung zu Regel 51	786
Regel 52	Veröffentlichungen im Zusammenhang mit den Olympischen Spielen*	786
	Durchführungsbestimmung zu Regel 52	787
Regel 53	Werbung, Demonstrationen und Propaganda*	787
	Durchführungsbestimmung zu Regel 53	787
Regel 54	Protokoll	789
Regel 55	Olympische Ausweis- und Akkreditierungskarte – die damit verbundenen Rechte	789
Regel 56	Verwendung der olympischen Fahne	789
Regel 57	Verwendung des olympischen Feuers	789
Regel 58	Eröffnungs- und Schlußfeiern	790
Regel 59	Siegerehrungen, Medaillen- und Urkundenübergaben	790
Regel 60	Ehrentafel	790
Regel 61	Streitigkeiten – Schiedsgerichtsbarkeit	790

Einführung in die Olympische Charta

Die Olympische Charta kodifiziert die Grundlegenden Prinzipien des Olympismus, sowie die Regeln und Durchführungsbestimmungen, die vom Internationalen Olympischen Komitee (IOC) erlassen wurden. Sie regelt die Organisation, das Handeln und das Funktionieren der Olympischen Bewegung und legt die Bedingungen für die Veranstaltung der Olympischen Spiele fest. Im wesentlichen hat die Charta drei Grundfunktionen:

a) Als grundlegendes Dokument mit Verfassungscharakter legt die Olympische Charta die wesentlichen Prinzipien und unabdingbaren Werte des Olympismus fest und verleiht ihnen Ausdruck.
b) Die Olympische Charta dient weiter als Satzung für das Internationale Olympische Komitee.
c) Daneben legt die Olympische Charta die wichtigsten gegenseitigen Rechte und Pflichten der drei Säulen der Olympischen Bewegung fest: des Internationalen Olympischen Komitees, der Internationalen Verbände und der Nationalen Olympischen Komitees sowie der Organisationskomitees für die Olympischen Spiele, die alle verpflichtet sind, die Olympische Charta zu achten.

Hinweis

Der Gebrauch des männlichen Geschlechts in bezug auf jede natürliche Person in der Olympischen Charta (zum Beispiel Bezeichnungen wie Präsident, Vizepräsident, Vorsitzender, Mitglied, Führer, Funktionär, Chef de mission, Teilnehmer, Wettbewerber, Athlet, Kampfrichter, Schiedsrichter, Jurymitglied, Attaché, Kandidat, Personal sowie Pronomen wie er, sie oder ihnen) soll, soweit keine ausdrückliche gegenteilige Bestimmung vorhanden ist, dahingehend verstanden werden, daß er das weibliche Geschlecht mit einschließt. Soweit keine anderweitige ausdrückliche schriftliche Regelung es bestimmt, ist für die Zwecke der Olympischen Charta ein Jahr ein Kalenderjahr, das am 1. Januar beginnt und am 31. Dezember endet.

Präambel

Der neuzeitliche Olympismus geht auf Pierre de Coubertin zurück, auf dessen Initiative im Juni 1894 der Congrès International Athlétique von Paris abgehalten wurde. Das Internationale Olympische Komitee (IOC) konstituierte sich am 23. Juni 1894. Die ersten Olympischen Spiele (Spiele der Olympiade) der Neuzeit wurden 1896 in Athen veranstaltet. 1914 wurde die olympische Fahne, die von Pierre de Coubertin dem Pariser Kongreß vorgestellt wurde, angenommen. Sie zeigt die fünf ineinander greifenden Ringe, die die Einheit der fünf Kontinente und das Zusammenkommen von Athleten aus aller Welt anläßlich der Olympischen Spiele symbolisieren. Die ersten Olympischen Winterspiele wurden 1924 in Chamonix in Frankreich veranstaltet.

Grundlegende Prinzipien des Olympismus

1. Der Olympismus ist eine Lebensphilosophie, die in ausgewogener Ganzheit die Eigenschaften von Körper, Wille und Geist miteinander vereint und überhöht. Durch die Verbindung von Sport, Kultur und Bildung zielt der Olympismus darauf ab, eine Lebensart zu schaffen, die auf der Freude an Leistung, auf dem erzieherischen Wert des guten Beispiels sowie auf der Achtung universell gültiger fundamentaler ethischer Prinzipien aufbaut.
2. Ziel des Olympismus ist es, den Sport in den Dienst der harmonischen Entwicklung des Menschen zu stellen, um eine friedliche Gesellschaft zu fördern, die der Wahrung der Menschenwürde verpflichtet ist.
3. Die Olympische Bewegung ist das gemeinschaftliche, organisierte, weltweite und permanente Wirken aller Individuen und Organisationen, die sich von den Werten des Olympismus leiten lassen, unter der obersten Autorität des IOC. Sie umfaßt alle fünf Kontinente. Sie erreicht ihren Höhepunkt in der Zusammenführung der Athleten der Welt zu einem großen Fest des Sports, den Olympischen Spielen. Ihr Symbol sind die fünf ineinander greifenden Ringe.
4. Die Ausübung von Sport ist ein Menschenrecht. Jeder Mensch muß die Möglichkeit zur Ausübung von Sport ohne Diskriminierung jeglicher Art und im olympischen Geist haben. Dies erfordert gegenseitiges Verstehen im Geist von Freundschaft, Solidarität und Fairplay. Die Organisation, die Verwaltung und die Leitung des Sports müssen in den Händen unabhängiger Sportverbände liegen.
5. Jegliche Form von Diskriminierung eines Landes oder einer Person aufgrund von Rasse, Religion, Geschlecht sowie aus politischen oder sonstigen Gründen ist mit der Zugehörigkeit zur Olympischen Bewegung unvereinbar.
6. Die Zugehörigkeit zur Olympischen Bewegung setzt die Einhaltung der Olympischen Charta und die Anerkennung durch das IOC voraus.

Kapitel 1
Die Olympische Bewegung und ihr Handeln

Regel 1 Zusammensetzung und allgemeine Organisation der Olympischen Bewegung

1. Unter der obersten Autorität des Internationalen Olympischen Komitees umfaßt die Olympische Bewegung Organisationen, Athleten und andere Personen, die sich der Olympischen Charta verpflichten. Das Ziel der Olympischen Bewegung ist es, einen Beitrag zur Schaffung einer friedlichen und besseren Welt zu leisten, indem die Jugend durch Sport, der im Einklang mit dem Olympismus und dessen Werten ausgeübt wird, erzogen wird.

2. Die drei Säulen der Olympischen Bewegung sind das Internationale Olympische Komitee (IOC), die Internationalen Verbände (IFs), sowie die Nationalen Olympischen Komitees (NOKs). Jede Person oder Organisation, die in irgendeiner Eigenschaft der Olympischen Bewegung angehört, unterliegt den Bestimmungen der Olympischen Charta und hat die Entscheidungen des IOC zu befolgen.

3. Zusätzlich zu den drei Säulen umfaßt die Olympische Bewegung auch die Organisationskomitees für die Olympischen Spiele (OKs), die nationalen Verbände, Vereine sowie die Personen, die den IFs und den NOKs angehören, insbesondere die Athleten, deren Interessen ein grundlegendes Element des Handelns der Olympischen Bewegung sind, und weiterhin Kampfrichter, Schiedsrichter, Trainer und andere Offizielle des Sports sowie technische Offizielle. Sie schließt auch andere Organisationen und Einrichtungen ein, die vom IOC anerkannt sind.

Regel 2 Aufgabe und Rolle des IOC★

Die Aufgabe des IOC ist es, den Olympismus in aller Welt zu fördern und die Olympische Bewegung anzuführen. Die Rolle des IOC besteht darin:

1. sowohl die Förderung der Ethik im Sport als auch die Erziehung der Jugend durch Sport zu stärken und zu unterstützen und seine Bemühungen darauf zu richten, daß sich im Sport der Geist des Fairplay durchsetzt und Gewalt geächtet wird;
2. die Organisation, Entwicklung und Koordinierung des Sports und sportlicher Wettkämpfe zu stärken und zu unterstützen;
3. die regelmäßige Veranstaltung der Olympischen Spiele sicherzustellen;
4. mit den zuständigen öffentlichen oder privaten Organisationen und Behörden zusammenzuarbeiten, um den Sport in den Dienst der Menschheit zu stellen und dadurch den Frieden zu fördern;
5. Maßnahmen zu ergreifen, um die Einheit der Olympischen Bewegung zu stärken und deren Unabhängigkeit zu wahren;
6. gegen jede Form der Diskriminierung vorzugehen, die die Olympische Bewegung beeinträchtigt;
7. die Förderung von Frauen im Sport auf allen Ebenen und in allen Organisationseinheiten zu stärken und zu unterstützen, insbesondere das Prinzip der Gleichheit von Mann und Frau durchzusetzen;
8. den Kampf gegen das Doping im Sport anzuführen;
9. Maßnahmen zum Schutz der Gesundheit der Athleten zu stärken und zu unterstützen;
10. gegen jeden politischen oder kommerziellen Mißbrauch des Sports und der Athleten vorzugehen;
11. die Bemühungen von Sportorganisationen und staatlichen Behörden, für die soziale und berufliche Zukunft der Athleten zu sorgen, zu stärken und zu unterstützen;
12. die Entwicklung des Sports für Alle zu stärken und zu unterstützen;
13. einen verantwortungsvollen Umgang mit Umweltbelangen zu stärken und zu unterstützen, die nachhaltige Entwicklung im Zusammenhang mit dem Sport zu fördern und sicherzustellen, daß die Olympischen Spiele diesen Grundsätzen entsprechend veranstaltet werden;
14. für eine positive nachhaltige Wirkung der Olympischen Spiele in den Gastgeberstädten und Gastgeberländern zu sorgen;
15. Initiativen, die Sport mit Kultur und Erziehung verbinden, zu stärken und zu unterstützen;

16. die Aktivitäten der Internationalen Olympischen Akademie (IOA) und anderer Institutionen, die sich der olympischen Erziehung verschrieben haben, zu stärken und zu unterstützen.

Durchführungsbestimmung zu Regel 2
1. Die IOC-Exekutivkommission kann unter den Bedingungen, die sie für angemessen hält, die Schirmherrschaft des IOC über internationale, mehrere Sportarten umfassende Wettkämpfe auf regionaler, kontinentaler oder weltweiter Ebene übernehmen, sofern diese in Übereinstimmung mit der Olympischen Charta stattfinden, unter der Kontrolle eines NOK oder einer vom IOC anerkannten Vereinigung stehen und die Unterstützung der betroffenen Internationalen Verbände sowie die Beachtung von deren technischen Regeln gewährleistet ist.
2. Die IOC-Exekutivkommission kann die Schirmherrschaft des IOC über andere Veranstaltungen übernehmen, sofern diese in Einklang mit dem Ziel der Olympischen Bewegung stehen.

Regel 3 Anerkennung durch das IOC
1. Bedingung für die Zugehörigkeit zur Olympischen Bewegung ist die Anerkennung durch das IOC.
2. Das IOC kann nationale Sportorganisationen als NOK anerkennen, deren Tätigkeit mit den Aufgaben und der Rolle des IOC verbunden ist. Das IOC kann auch Vereinigungen von NOKs auf kontinentaler oder weltweiter Ebene anerkennen. Alle NOKs und Vereinigungen von NOKs sollen, soweit möglich, Rechtspersönlichkeit haben. Sie müssen die Olympische Charta befolgen. Ihre Statuten bedürfen der Genehmigung des IOC.
3. Das IOC kann IFs und Vereinigungen von IFs anerkennen.
4. Die Anerkennung von Vereinigungen von IFs oder NOKs beeinträchtigt in keiner Weise das Recht der einzelnen IFs und der einzelnen NOKs, direkt mit dem IOC in Verbindung zu treten, und umgekehrt.
5. Das IOC kann mit dem Sport in Verbindung stehende, international tätige Nicht-Regierungs-Organisationen anerkennen, deren Statuten und Aktivitäten mit der Olympischen Charta in Einklang stehen.
6. Die Anerkennung durch das IOC kann vorläufig oder endgültig sein. Über die vorläufige Anerkennung oder über deren Entziehung entscheidet die IOC-Exekutivkommission für einen bestimmten oder unbestimmten Zeitraum. Die IOC-Exekutivkommission kann Bedingungen festlegen, unter denen die vorläufige Mitgliedschaft erlischt. Über die endgültige Anerkennung oder deren Entziehung entscheidet die Session. Die Einzelheiten des Anerkennungsverfahrens werden von der IOC-Exekutivkommission festgelegt.

Regel 4 Der Olympische Kongreß*
Der Olympische Kongreß versammelt in zeitlichen Abständen, die vom IOC festgelegt werden, die Vertreter der Säulen der Olympischen Bewegung. Er wird vom Präsidenten des IOC einberufen; er hat beratende Funktion.

Durchführungsbestimmung zu Regel 4
1. Der Olympische Kongreß wird auf Beschluß der Session vom Präsidenten einberufen und vom IOC an einem Ort und zu einer Zeit abgehalten, die von der Session festgelegt werden. Der Präsident hat den Vorsitz und legt das Verfahren fest.
2. Der Olympische Kongreß setzt sich aus den Mitgliedern, dem Ehrenpräsidenten, den Ehrenmitgliedern und Mitgliedern ehrenhalber des IOC sowie den Delegierten der IFs

und der NOKs zusammen; teilnehmen können auch Vertreter von vom IOC anerkannten Organisationen. Darüber hinaus nehmen am Olympischen Kongreß die Athleten und Persönlichkeiten teil, die persönlich oder als Vertreter einer Organisation eingeladen werden.

3. Die IOC-Exekutivkommission legt nach Beratung mit den IFs und den NOKs die Tagesordnung des Olympischen Kongresses fest.

Regel 5 Olympische Solidarität*
Die Olympische Solidarität hat zum Ziel, Hilfe für NOKs, insbesondere für die, die sie am dringendsten benötigen, zu leisten. Die Hilfe erfolgt in Form von Programmen, die durch das IOC und die jeweiligen NOKs gemeinsam und, wenn nötig, mit technischer Unterstützung der IFs erarbeitet werden.

Durchführungsbestimmung zu Regel 5
Die von der Olympischen Solidarität aufgestellten Programme sollen dazu beitragen:

1. die Grundlegenden Prinzipien des Olympismus zu fördern;
2. die NOKs bei der Vorbereitung ihrer Athleten und Mannschaften für die Teilnahme an den Olympischen Spielen zu unterstützen;
3. das sportliche Fachwissen von Athleten und Trainern zu entwickeln;
4. das technische Niveau der Athleten und Trainer in Zusammenarbeit mit den NOKs und den IFs, auch durch Stipendien, zu verbessern;
5. Sportfunktionäre auszubilden;
6. mit Organisationen und Einrichtungen zusammenzuarbeiten, die solche Ziele verfolgen, insbesondere durch olympische Erziehung und die Verbreitung des Sports;
7. wo erforderlich, einfache, zweckmäßige und wirtschaftliche Sportstätten in Zusammenarbeit mit nationalen oder internationalen Institutionen zu errichten;
8. die Organisation von Wettkämpfen auf nationaler, regionaler und kontinentaler Ebene unter der Leitung oder der Schirmherrschaft der NOKs zu unterstützen sowie den NOKs bei der Organisation, der Vorbereitung und der Teilnahme ihrer Delegationen bei regionalen und kontinentalen Wettkämpfen zu helfen;
9. gemeinsame bilaterale oder multilaterale Kooperationsprogramme unter den NOKs zu fördern;
10. Regierungen und internationale Organisationen dazu aufzufordern, Sport in die offizielle Entwicklungshilfe aufzunehmen.

Die Programme werden von der Kommission für die Olympische Solidarität durchgeführt.

Regel 6 Olympische Spiele*
1. Die Olympischen Spiele sind Wettkämpfe zwischen Athleten in Einzel- oder Mannschaftswettbewerben, nicht zwischen Ländern. Sie bringen die Athleten zusammen, die von ihren NOKs ausgewählt und deren Meldungen vom IOC bestätigt wurden. Sie kämpfen unter der technischen Leitung der betreffenden IFs.

2. Die Olympischen Spiele bestehen aus den Spielen der Olympiade und den Olympischen Winterspielen. Nur solche Sportarten, die auf Schnee oder Eis ausgeübt werden, gelten als Wintersportarten.

3. Die letzte Entscheidung in allen die Olympischen Spiele betreffenden Fragen liegt beim IOC.

4. Ungeachtet der anwendbaren Regeln und Fristen für alle Schieds- und Berufungsverfahren und vorbehaltlich anderweitiger Regelungen des World Anti-Doping Code, kann

eine Entscheidung des IOC bezüglich einer Auflage der Olympischen Spiele, einschließlich aber nicht beschränkt auf Wettkämpfe und deren Folgen wie Ranglisten und Ergebnisse, nach Ablauf einer Frist von drei Jahren vom Tag der Schlußzeremonie dieser Spiele an von niemandem mehr angefochten werden.

Durchführungsbestimmung zu Regel 6

1. Eine Olympiade ist ein Zeitraum von vier aufeinanderfolgenden Kalenderjahren, der am 1. Januar des ersten Jahres beginnt und am 31. Dezember des vierten Jahres endet.

2. Die Olympiaden werden von den ersten Spielen der Olympiade, die 1896 in Athen veranstaltet wurden, fortlaufend gezählt. Die XXIX. Olympiade wird am 1. Januar 2008 beginnen.

3. Die Olympischen Winterspiele werden in der Reihenfolge gezählt, in der sie abgehalten werden.

Regel 7 Rechte an den Olympischen Spielen und olympische Eigentumsrechte*

1. Die Olympischen Spiele sind das ausschließliche Eigentum des IOC, das alle mit ihnen zusammenhängenden Rechte und Daten, insbesondere und ohne Einschränkung alle Rechte hinsichtlich ihrer Durchführung, Verwertung, Übertragung, Aufnahme, Darstellung, Wiedergabe, des Zugangs und der Verbreitung in jeder Form und durch jedes Mittel und Technologie, gleich ob sie heute schon existieren oder künftig entwickelt werden, innehat. Das IOC legt die Bedingungen für den Zugang zu und für jede Nutzung der Daten bezüglich der Olympischen Spiele und der Wettkämpfe und sportlichen Leistungen bei den Olympischen Spielen fest.

2. Das olympische Symbol, die Fahne, der Wahlspruch, die Hymne, die Begriffe (einschließlich aber nicht beschränkt auf „Olympische Spiele" und „Spiele der Olympiade"), Bezeichnungen, Embleme, das olympische Feuer und die Fackel, wie in den Regeln 8 bis 14 definiert, werden gemeinsam oder einzeln als „olympische Eigentumsrechte" bezeichnet. Alle olympischen Eigentumsrechte sowie alle Nutzungsrechte daran stehen im ausschließlichen Eigentum des IOC, einschließlich aber nicht beschränkt auf jede Nutzung in Gewinnerzielungsabsicht oder zu kommerziellen oder Werbezwecken. Das IOC kann für alle oder einen Teil seiner Rechte unter von der IOC-Exekutivkommission festgelegten Bedingungen Lizenzen erteilen.

Regel 8 Das olympische Symbol*

Das olympische Symbol besteht aus fünf ineinandergreifenden Ringen gleicher Größe (die olympischen Ringe), allein verwendet, in einer oder in fünf verschiedenen Farben, die, von links nach rechts Blau, Gelb, Schwarz, Grün und Rot sind. Die Ringe greifen von links nach rechts ineinander; gemäß der folgenden graphischen Darstellung sind der blaue, der schwarze und der rote Ring oben, der gelbe und der grüne Ring unten angeordnet. Das olympische Symbol drückt das Wirken der Olympischen Bewegung aus und steht für die Einheit der fünf Kontinente und das Treffen von Athleten aus aller Welt bei den Olympischen Spielen.

Regel 9 Die olympische Fahne *

Die olympische Fahne hat einen weißen Grund ohne Umrandung. In ihrer Mitte befindet sich das olympische Symbol in seinen fünf Farben.

Regel 10 Der olympische Wahlspruch*
Der olympische Wahlspruch „Citius. Altius. Fortius" bringt das Streben der Olympischen Bewegung zum Ausdruck.

Regel 11 Olympische Embleme*
Ein olympisches Emblem ist eine einheitliche Gestaltung, die die olympischen Ringe mit einem anderen charakteristischen Bestandteil vereint.

Regel 12 Die olympische Hymne*
Die olympische Hymne ist das von Spyros Samaras komponierte musikalische Werk mit dem Titel „Olympische Hymne".

Regel 13 Das olympische Feuer, olympische Fackeln*
1. Das olympische Feuer ist das Feuer, das in Olympia unter der Autorität des IOC entzündet wird.
2. Eine olympische Fackel ist eine tragbare Fackel oder eine Nachbildung, die vom IOC genehmigt wird und die dazu bestimmt ist, die olympische Flamme brennen zu lassen.

Regel 14 Olympische Bezeichnungen*
Eine olympische Bezeichnung ist jede visuelle oder hörbare Darstellung, die in irgendeiner Form mit den Olympischen Spielen, der Olympischen Bewegung oder einer ihrer Säulen in Zusammenhang steht.

Durchführungsbestimmung zu Regeln 7 bis 14
1. Rechtlicher Schutz:
- 1.1. Das IOC kann alle geeigneten Maßnahmen ergreifen, um die Rechte an den Olympischen Spielen und die olympischen Eigentumsrechte auf nationaler und internationaler Ebene für sich schützen zu lassen.
- 1.2. Jedes NOK ist dem IOC gegenüber für die Einhaltung der Regeln 7 bis 14 und der Durchführungsbestimmung zu den Regeln 7 bis 14 in seinem Land verantwortlich. Es ergreift Maßnahmen, um jede Nutzung olympischer Eigentumsrechte, die im Widerspruch zu diesen Regeln oder ihren Durchführungsbestimmungen steht, zu untersagen. Es hat sich darüber hinaus zu bemühen, den Schutz der olympischen Eigentumsrechte des IOC zugunsten des IOC zu erwirken.
- 1.3. Wenn ein nationales Gesetz oder eine Eintragung als Marke oder ein anderes rechtliches Instrument einem NOK rechtlichen Schutz für das olympische Symbol oder die anderen olympischen Eigentumsrechte gewährt, darf das NOK die sich daraus ergebenden Rechte nur in Übereinstimmung mit der Olympischen Charta und gemäß den Weisungen des IOC wahrnehmen.
- 1.4. Ein NOK kann sich jederzeit an das IOC wenden, um dessen Unterstützung bei der Wahrnehmung der olympischen Eigentumsrechte und bei der Beilegung von Streitigkeiten, die diesbezüglich mit Dritten entstehen, zu ersuchen.

2. Nutzung olympischer Eigentumsrechte durch das IOC oder durch Dritte mit Genehmigung oder mit Lizenzierung durch das IOC:
- 2.1. Das IOC kann eines oder mehrere olympische Embleme schaffen, die es nach seinem Ermessen verwenden kann.
- 2.2. Das olympische Symbol, die olympischen Embleme und jedes andere olympische Eigentumsrecht des IOC können vom IOC oder durch eine von ihm autorisierte Person im Land eines NOK verwendet werden, sofern folgende Bedingungen erfüllt werden:

2.2.1. bei allen Sponsoren- und Ausrüsterverträgen und bei allen Vermarktungsunternehmungen außer den unten in Absatz 2.2.2 genannten darf die Nutzung den Interessen des betroffenen NOK keinen ernsthaften Schaden zufügen; die Entscheidung des IOC erfolgt im Benehmen mit dem NOK, das einen Teil des Nettoertrages aus der Nutzung erhält;

2.2.2. bei allen Lizenzverträgen erhält das NOK die Hälfte aller Nettoeinkünfte einer solchen Nutzung nach Abzug aller Steuern und Auslagen, die damit zusammenhängen. Das NOK wird über eine solche Nutzung im voraus unterrichtet.

2.3. Das IOC kann nach seinem alleinigen Ermessen den Rundfunk- und Fernsehanstalten, die die Olympischen Spiele übertragen, gestatten, das olympische Symbol, die olympischen Embleme und die anderen olympischen Eigentumsrechte des IOC und der OKs zu verwenden, um für die Übertragung der Olympischen Spiele zu werben. Die Vorschriften der Absätze 2.2.1 und 2.2.2 dieser Durchführungsbestimmung finden für solche Genehmigungen keine Anwendung.

3. Nutzung des olympischen Symbols, der olympischen Fahne, des olympischen Wahlspruchs und der olympischen Hymne:

3.1. Vorbehaltlich Absatz 2.2 dieser Durchführungsbestimmung kann das IOC das olympische Symbol, die olympische Fahne, den olympischen Wahlspruch und die olympische Hymne nach seinem Ermessen verwenden.

3.2. Die NOKs können das olympische Symbol, die olympische Fahne, den olympischen Wahlspruch und die olympische Hymne nur im Rahmen nicht gewinnorientierter Tätigkeiten verwenden, soweit diese Verwendung zur Entwicklung der Olympischen Bewegung beiträgt und deren Ansehen nicht schädigt und sofern die NOKs die vorherige Zustimmung der IOC-Exekutivkommission erhalten haben.

4. Schaffung und Nutzung eines olympischen Emblems durch ein NOK oder ein OK:

4.1. Ein olympisches Emblem kann vorbehaltlich der Zustimmung des IOC von einem NOK oder von einem OK geschaffen werden.

4.2. Das IOC kann die Gestaltung eines olympischen Emblems genehmigen, wenn sich das Emblem nach seiner Auffassung von anderen Emblemen unterscheidet.

4.3. Die Fläche, die das in ein olympisches Emblem einbezogene olympische Symbol einnimmt, darf ein Drittel der Gesamtfläche des Emblems nicht überschreiten. Das in ein olympisches Emblem einbezogene olympische Symbol muß vollständig erscheinen und darf nicht verändert werden.

4.4. Das olympische Emblem eines NOK muß zusätzlich zu den obengenannten den folgenden Anforderungen genügen:

4.4.1. Das Emblem muß so gestaltet sein, daß es eine eindeutige Verbindung zum Land des betreffenden NOK erkennen läßt.

4.4.2. Der charakteristische Bestandteil des Emblems darf sich nicht allein auf den Namen des Landes des NOK oder dessen Abkürzung beschränken.

4.4.3. Der charakteristische Bestandteil des Emblems darf sich weder auf die Olympischen Spiele noch auf ein bestimmtes Datum oder Ereignis beziehen, das seine zeitliche Dauer begrenzen würde.

4.4.4. Der charakteristische Bestandteil des Emblems darf keine Wahlsprüche, Bezeichnungen oder andere typische Begriffe enthalten, die den Eindruck universeller oder internationaler Geltung vermitteln.

4.5. Das olympische Emblem eines OK muß zusätzlich zu den oben in den Absätzen 4.1, 4.2 und 4.3 enthaltenen Bestimmungen den folgenden Anforderungen genügen:

4.5.1. Das Emblem muß so gestaltet sein, daß es eine eindeutige Verbindung mit den Olympischen Spielen, die von dem betreffenden OK organisiert werden, erkennen läßt.

4.5.2. Der charakteristische Bestandteil des Emblems darf sich nicht allein auf den Namen des Landes des betreffenden OK oder dessen Abkürzung beschränken.

4.5.3. Der charakteristische Bestandteil des Emblems darf keine Wahlsprüche, Bezeichnungen oder andere typischen Begriffe enthalten, die den Eindruck universeller oder internationaler Geltung vermitteln.

4.6. Alle olympischen Embleme, die vor Inkrafttreten der vorstehenden Bestimmungen vom IOC genehmigt worden sind, behalten ihre Gültigkeit.

4.7. Wann und wo immer dies möglich ist, muß das olympische Emblem eines NOK einer Eintragung, d.h. rechtlichem Schutz in dessen Land, zugänglich sein. Das NOK muß die Eintragung binnen sechs Monaten nach Genehmigung eines solchen Emblems durch das IOC vornehmen lassen und dem IOC Nachweis über diese Eintragung erbringen. Die Genehmigung olympischer Embleme durch das IOC kann zurückgenommen werden, wenn die betroffenen NOKs nicht alle gebotenen Maßnahmen ergreifen, ihr olympisches Emblem zu schützen und das IOC von einem solchen Schutz in Kenntnis zu setzen. In gleicher Weise müssen die OKs ihre olympischen Embleme in Einklang mit den Weisungen des IOC schützen lassen. Rechtlicher Schutz, der zugunsten der NOKs oder der OKs erlangt wird, kann nicht gegenüber dem IOC geltend gemacht werden.

4.8. Die Verwendung eines olympischen Emblems zu Zwecken der Werbung, zu kommerziellen oder Erwerbszwecken jeglicher Art kann nur unter den Bedingungen erfolgen, die unten in den Absätzen 4.9 und 4.10 niedergelegt sind.

4.9. Jedes NOK oder OK, das sein olympisches Emblem direkt oder durch Dritte zu Zwecken der Werbung, zu kommerziellen oder Erwerbszwecken jeglicher Art nutzen möchte, hat diese Durchführungsbestimmung zu beachten und deren Beachtung durch Dritte sicherzustellen.

4.10. Alle Verträge oder Vereinbarungen einschließlich derer, die von einem OK geschlossen werden, sind von dem betreffenden NOK zu unterzeichnen oder zu genehmigen und unterliegen den folgenden Grundsätzen:

4.10.1. Die Verwendung des olympischen Emblems eines NOK ist nur in dem Land dieses NOK zulässig; ein solches Emblem kann, ebenso wie alle anderen Symbole, Embleme, Marken und Bezeichnungen eines NOK, die sich auf den Olympismus beziehen, in dem Land eines anderen NOK nicht ohne dessen vorherige schriftliche Zustimmung zu Zwecken der Werbung, zu kommerziellen oder Erwerbszwecken jeglicher Art verwendet werden.

4.10.2. Ebensowenig kann das olympische Emblem eines OK, wie auch andere Symbole, Embleme, Marken oder Bezeichnungen eines OK, die sich auf den Olympismus beziehen, in dem Land eines NOK nicht ohne dessen vorherige schriftliche Zustimmung zu Zwecken der Werbung, zu kommerziellen oder Erwerbszwecken jeglicher Art verwendet werden.

4.10.3. Die Geltungsdauer der durch ein OK geschlossenen Verträge darf in keinem Fall den 31. Dezember des Jahres der betreffenden Olympischen Spiele überschreiten.

4.10.4. Die Verwendung eines olympischen Emblems muß zur Entwicklung der Olympischen Bewegung beitragen und darf deren Ansehen nicht schädigen; jeder Zusammenhang zwischen einem olympischen Emblem und Produkten oder Dienstleistungen ist untersagt, wenn dieser mit den Grundlegenden Prinzipien des Olympismus oder der Rolle des IOC, wie sie in der Olympischen Charta niedergelegt sind, unvereinbar ist.

4.10.5. Auf Anforderung des IOC stellt jedes NOK oder OK diesem eine Kopie jedes Vertrages, dessen Vertragspartner es ist, zur Verfügung.

5. Philatelie

In Zusammenarbeit mit den NOKs der betreffenden Länder fördert das IOC die Verwendung des olympischen Symbols auf Postwertzeichen, die von den zuständigen nationalen Behörden in Verbindung mit dem IOC vorbehaltlich der vom IOC festgelegten Bedingungen ausgegeben werden.

6. Musikalische Werke

Das OK der Gastgeberstadt und das NOK des Gastgeberlandes stellen sicher, daß das Verfahren für die Anerkennung des IOC als Inhaber des Urheberrechts an jedem musikalischen Werk, das speziell im Zusammenhang mit den Olympischen Spielen in Auftrag gegeben wird, zur Zufriedenheit des IOC verläuft.

Kapitel 2
Das Internationale Olympische Komitee (IOC)

Regel 15 Rechtsstatus

1. Das IOC ist eine internationale nichtstaatliche, nicht gewinnorientierte Organisation unbegrenzter Dauer in Form einer Vereinigung mit Rechtspersönlichkeit, die vom Schweizer Bundesrat gemäß einer am 1. November 2000 geschlossenen Vereinbarung anerkannt worden ist.

2. Es hat seinen Sitz in Lausanne (Schweiz), der Olympischen Hauptstadt.

3. Ziel des IOC ist es, die Aufgabe, die Rolle und die Verpflichtungen zu erfüllen, die ihm durch die Olympische Charta übertragen werden.

4. Die Beschlüsse des IOC sind endgültig. Jede Streitigkeit über ihre Durchführung oder Auslegung kann allein durch die IOC-Exekutivkommission und in gewissen Fällen durch Schiedsverfahren vor dem Court of Arbitration for Sport (CAS) entschieden werden.

5. Um seine Aufgabe zu erfüllen und seine Rolle wahrzunehmen, kann das IOC andere juristische Personen wie Stiftungen oder Unternehmen gründen, erwerben oder anderweitig kontrollieren.

Regel 16 Mitglieder*

1. Zusammensetzung des IOC – Wählbarkeit, Rekrutierung, Wahl, Aufnahme und Status der IOC-Mitglieder

1.1. Die Mitglieder des IOC sind natürliche Personen. Die Gesamtzahl der IOC-Mitglieder darf vorbehaltlich der Durchführungsbestimmung 16 die Zahl 115 nicht überschreiten. Das IOC setzt sich zusammen aus:

1.1.1. einer Mehrheit von Mitgliedern, deren Mitgliedschaft nicht mit einer bestimmten Funktion oder einem bestimmten Amt, wie in Durchführungsbestimmung 16.2.2.5. bestimmt, verbunden ist; ihre Gesamtzahl darf die Zahl 70 nicht übersteigen; es darf gemäß und vorbehaltlich Durchführungsbestimmung 16 nicht mehr als ein solches Mitglied Staatsangehöriger desselben Landes sein;

1.1.2. aktiven Athleten, wie in Durchführungsbestimmung 16.2.2.2. definiert, deren Gesamtzahl die Zahl 15 nicht übersteigen darf;

1.1.3. Präsidenten oder Personen, die in IFs, in einer Vereinigung von IFs oder anderen vom IOC anerkannten Organisationen eine geschäftsführende oder ranghohe, leitende Position bekleiden, deren Gesamtzahl die Zahl 15 nicht übersteigen darf;

1.1.4. Präsidenten oder Personen, die in NOKs oder weltweiten oder kontinentalen Vereinigungen von NOKs eine geschäftsführende oder ranghohe Position bekleiden, deren Gesamtzahl die Zahl 15 nicht übersteigen darf; es darf innerhalb des IOC nicht mehr als eines dieser Mitglieder Staatsangehöriger desselben Landes sein.

1.2. Das IOC rekrutiert und wählt seine Mitglieder gemäß Durchführungsbestimmung 16 aus den wählbaren Persönlichkeiten, die es für qualifiziert hält.

1.3. Das IOC nimmt seine neuen Mitglieder im Rahmen einer Zeremonie auf, in deren Verlauf sie erklären, ihre Pflichten zu erfüllen, indem sie den folgenden Eid sprechen:

„*Der Ehre teilhaftig geworden, Mitglied des Internationalen Olympischen Komitees zu werden, im Bewusstsein der Verantwortung, die mir diese Stellung auferlegt, verpflichte ich mich, der Olympischen Bewegung mit all meinen Kräften zu dienen, alle Bestimmungen der Olympischen Charta und die Beschlüsse des Internationalen Olympischen Komitees, die ich für meine Person als endgültig und verbindlich erachte, zu befolgen und ihre Befolgung sicherzustellen, den Verhaltenskodex zu achten, mich nicht von politischen oder geschäftlichen Einflüssen wie auch von rassischen oder religiösen Erwägungen leiten zu lassen, alle anderen Formen von Diskriminierung zu bekämpfen und die Interessen des Internationalen Olympischen Komitees und der Olympischen Bewegung unter allen Umständen zu vertreten.*"

1.4. Die Mitglieder des IOC repräsentieren das IOC und vertreten die Interessen des IOC und der Olympischen Bewegung in ihren Ländern und in den Organisationen der Olympischen Bewegung, in denen sie eine Position innehaben.

1.5. Die Mitglieder des IOC nehmen von Regierungen, Organisationen oder Dritten keinen Auftrag oder Weisungen entgegen, die dazu geeignet sind, sie in der Freiheit ihres Handelns oder ihrer Stimmabgabe zu beeinträchtigen.

1.6. Die Mitglieder des IOC haften nicht persönlich für Schulden oder Verpflichtungen des IOC.

1.7. Vorbehaltlich der Regel 16.3. wird jedes IOC-Mitglied für eine Amtszeit von acht Jahren gewählt und kann für eine oder mehrere aufeinanderfolgende Amtsperioden von acht Jahren wiedergewählt werden. Das Verfahren der Wiederwahl wird von der IOC-Exekutivkommission festgelegt.

2. Pflichten

Jedes Mitglied des IOC hat die folgenden Pflichten:

2.1. die Olympische Charta, den Verhaltenskodex und andere Regelungen des IOC zu befolgen;

2.2. an den Sessionen teilzunehmen;

2.3. sich an der Arbeit der Kommissionen des IOC, in die das Mitglied berufen wurde, zu beteiligen;

2.4. zur Entwicklung und Förderung der Olympischen Bewegung beizutragen;

2.5. in seinem Land und innerhalb der Organisation der Olympischen Bewegung, in dem es eine Position innehat, die Durchführung der Programme des IOC zu überwachen;

2.6. dem Präsidenten auf dessen Bitte über die Entwicklung und die Förderung der Olympischen Bewegung und deren Belange in seinem Lande und in der Organisation der Olympischen Bewegung, in der es eine Position innehat, zu berichten;

2.7. den Präsidenten unverzüglich über alle Ereignisse in seinem Land oder innerhalb der Organisation der Olympischen Bewegung, in der es eine Position bekleidet, zu unterrichten, die die Anwendung der Olympischen Charta zu behindern oder auf eine andere Weise die Olympische Bewegung nachteilig zu beeinflussen geeignet sind;

2.8. andere Aufgaben wahrzunehmen, die ihm vom Präsidenten übertragen werden.

3. Beendigung der Mitgliedschaft

Die Mitgliedschaft eines IOC-Mitgliedes endet in den folgenden Fällen:

3.1. Rücktritt

Ein IOC-Mitglied kann zu jedem Zeitpunkt seine Mitgliedschaft beenden, indem es dem IOC-Präsidenten schriftlich seinen Rücktritt erklärt. Bevor die IOC-Exekutivkommission den Rücktritt annimmt, kann sie verlangen, das zurücktretende Mitglied zu hören.

3.2. Nicht-Wiederwahl

Ein IOC-Mitglied verliert seine Mitgliedschaft ohne weitere Formalitäten, wenn es nicht gemäß Regel 16.1.7., Durchführungsbestimmung 16.2.6 und gegebenenfalls Durchführungsbestimmung 16.2.7. wiedergewählt wird.

3.3. Altersgrenze

Vorbehaltlich der Durchführungsbestimmung 16.2.7.1. verliert ein IOC-Mitglied seine Mitgliedschaft am Ende desjenigen Kalenderjahres, in dem es das Alter von 70 Jahren erreicht.

3.4. Nichtteilnahme an Sessionen oder fehlende aktive Teilnahme an der Arbeit des IOC

Ein IOC-Mitglied verliert ohne weitere Erklärung seinerseits seine Mitgliedschaft, falls es, ausgenommen im Falle höherer Gewalt, über einen Zeitraum von zwei Jahren nicht an IOC-Sessionen teilnimmt oder sich nicht aktiv an der Arbeit des IOC beteiligt. In diesen Fällen wird der Verlust der Mitgliedschaft auf Vorschlag der IOC-Exekutivkommission durch Entscheidung der Session festgestellt.

3.5. Verlegung des Wohnsitzes oder des Lebensmittelpunktes

Ein IOC-Mitglied gemäß Regel 16.1.1.1. verliert seine Mitgliedschaft, wenn es seinen Wohnsitz oder seinen Lebensmittelpunkt in ein anderes Land als das Land zur Zeit seiner Wahl verlegt.

In diesem Fall wird der Verlust der Mitgliedschaft auf Vorschlag des IOC-Exekutivkomitees durch Beschluß der Session festgestellt.

3.6. Mitglieder, die als aktive Athleten gewählt sind

Ein IOC-Mitglied gemäß 16.1.1.2. verliert seine Mitgliedschaft, sobald es nicht mehr Mitglied der IOC-Athletenkommission ist.

3.7. Präsidenten und Personen, die in NOKs oder weltweiten oder kontinentalen Vereinigungen von NOKs, in IFs oder Vereinigungen von IFs oder in einer anderen vom IOC anerkannten Organisation eine geschäftsführende oder hochrangige Position innehaben

Ein IOC-Mitglied gemäß Regel 16.1.1.3. oder Regel 16.1.1.4. verliert seine Mitgliedschaft, sobald es aus der Funktion ausscheidet, die es zur Zeit seiner Wahl ausgeübt hat.

3.8. Ausschluß

3.8.1. Ein IOC-Mitglied kann durch Beschluß der Session ausgeschlossen werden, wenn das Mitglied seinen Eid verletzt hat oder wenn die Session zu der Auffassung gelangt, daß das Mitglied fahrlässig oder vorsätzlich die Interessen des IOC gefährdet hat oder ein Verhalten gezeigt hat, das des IOC unwürdig ist.

3.8.2. Die Entscheidung, ein IOC-Mitglied auszuschließen, wird mit einer Mehrheit von zwei Dritteln der bei der Session anwesenden Mitglieder auf Vorschlag der IOC-Exekutivkommission getroffen. Das betroffene Mitglied hat das Recht, gehört zu werden; dieses Recht umfaßt das Recht, über die erhobenen Anschuldigungen unterrichtet zu werden, und das Recht, persönlich zu erscheinen oder eine schriftliche Verteidigungsschrift zu unterbreiten.

3.8.3. Bis die Session über einen Ausschlußvorschlag entscheidet, kann die IOC-Exekutivkommission das betroffene Mitglied vorübergehend suspendieren und es von den Rechten, Vorrechten und Funktionen, die sich aus der Mitgliedschaft ergeben, vollständig oder teilweise entbinden.

3.8.4. Ein Mitglied, das vom IOC ausgeschlossen wurde, kann nicht als Mitglied einem NOK, einer Vereinigung von NOKs oder einem OK angehören.

4. Ehrenpräsident – Ehrenmitglieder – Mitglieder ehrenhalber

4.1. Auf Vorschlag der IOC-Exekutivkommission kann die Session ein IOC-Mitglied, das als Präsident des IOC Außerordentliches geleistet hat, zum Ehrenpräsidenten wählen. Der Ehrenpräsident hat das Recht, seinen Rat zu geben.

4.2. Ein IOC-Mitglied, das nach mindestens zehn Jahren im Dienste des IOC ausscheidet und diesem außerordentliche Dienste erwiesen hat, kann auf Vorschlag der IOC-Exekutivkommission von der Session zum Ehrenmitglied des IOC gewählt werden.

4.3. Auf Vorschlag der IOC-Exekutivkommission kann die Session angesehene Persönlichkeiten von außerhalb des IOC, die dem IOC besonders herausragende Dienste geleistet haben, zu Mitgliedern ehrenhalber wählen.

4.4. Der Ehrenpräsident, Ehrenmitglieder und Mitglieder ehrenhalber werden auf Lebenszeit gewählt. Sie haben kein Stimmrecht und sie sind nicht für ein Amt innerhalb des IOC wählbar. Die Regelungen der Absätze 16.1.1. bis 1.5., 16.1.7., 16.2., 16.3. und die Durchführungsbestimmung 16.1. und 16.2. finden auf sie keine Anwendung. Ihr Status kann durch Beschluß der Session entzogen werden.

Durchführungsbestimmung zu Regel 16

1. Wählbarkeit

Jede natürliche Person über 18 Jahren ist für die IOC-Mitgliedschaft wählbar, sofern:

1.1. ihre Kandidatur gemäß Absatz 2.1 unterbreitet wurde;

1.2. die betreffende Person die in Absatz 2.2. festgelegten Bedingungen erfüllt;

1.3. ihre Kandidatur von der Nominierungs-Kommission geprüft und darüber Bericht erstattet wurde;

1.4. ihre Wahl der Session von der IOC-Exekutivkommission vorgeschlagen wurde.

2. Verfahren für die Wahl von IOC-Mitgliedern

2.1. Unterbreitung von Kandidaturen für die Wahl zum IOC-Mitglied. Die folgenden Personen und Organisationen sind berechtigt, eine oder mehrere Kandidaturen für die Wahl zum IOC-Mitglied zu unterbreiten: die IOC-Mitglieder, die IFs, die Vereinigungen von IFs, die NOKs, die weltweiten oder kontinentalen Vereinigungen von NOKs und die anderen vom IOC anerkannten Organisationen.

2.2. Zulassung von Kandidaten

Um zugelassen zu werden, müssen alle Kandidaturen dem Präsidenten schriftlich unterbreitet werden und die folgenden Voraussetzungen erfüllen:

2.2.1. Jede Person oder Organisation, die eine Kandidatur für die Wahl zum IOC-Mitglied unterbreitet, muß für jede Kandidatur eindeutig erklären, ob der Kandidat als aktiver Athlet gemäß Absatz 2.2.2. vorgeschlagen wird oder ob die Kandidatur mit einer Funktion verbunden ist, die der Kandidat in einer der Organisationen ausübt, die in den Absätzen 2.2.3. oder 2.2.4. genannt sind, oder ob die Kandidatur eine unabhängige Persönlichkeit gemäß Absatz 2.2.5. betrifft.

2.2.2. Wenn ein Kandidat als aktiver Athlet im Sinne von Regel 16.1.1.2. vorgeschlagen wird, muß dieser Kandidat spätestens während derjenigen Spiele der Olympiade oder der Olympischen Winterspiele in die IOC-Athletenkommission gewählt oder ernannt worden sein, die auf die Olympischen Spiele folgen, an denen der Kandidat zuletzt teilgenommen hat.

2.2.3. Wenn die Kandidatur mit einer Funktion in einer IF oder einer Vereinigung von IFs oder in einer Organisation, die vom IOC gemäß Regel 3.5. anerkannt ist, verbunden ist, muß der Kandidat dort das Amt des Präsidenten bekleiden oder eine Person sein, die dort eine geschäftsführende oder ranghohe leitende Position innehat.

2.2.4. Wenn die Kandidatur mit einer Funktion in einem NOK oder einer weltweiten oder kontinentalen Vereinigung von NOKs verbunden ist, muß der Kandidat dort das Amt des Präsidenten bekleiden oder eine Person sein, die dort eine geschäftsführende oder ranghohe leitende Position innehat.

2.2.5. Jeder andere Vorschlag für eine Kandidatur muß sich auf eine unabhängige Persönlichkeit beziehen, die Staatsbürger eines Staates ist, in dem sie ihren Wohnsitz oder Lebensmittelpunkt hat und in dem ein NOK besteht.

2.3. Nominierungs-Kommission

2.3.1. Die Nominierungs-Kommission besteht aus sieben Mitgliedern, von denen drei durch die IOC-Ethik-Kommission, drei durch die Session und eines durch die IOC-Athletenkommission ausgewählt werden. Die Mitglieder der Nominierungs-Kommission werden für vier Jahre gewählt; sie können wiedergewählt werden.

2.3.2. Aufgabe der Nominierungs-Kommission ist es, jede Kandidatur gemäß Absatz 2.4.2. zu prüfen und einen schriftlichen Bericht für das IOC zu erstellen.

2.3.3. Die Nominierungs-Kommission wählt ihren Vorsitzenden.

2.4. Prüfung der Kandidaturen durch die Nominierungs-Kommission

2.4.1. Nach Eingang einer Kandidatur leitet der Präsident diese an den Vorsitzenden der Nominierungs-Kommission weiter. Außer im Falle besonderer Umstände muß jede beim Vorsitzenden der Nominierungs-Kommission spätestens sechs Monate vor dem Tag der Eröffnung der nächsten Session eingegangene Kandidatur so behandelt werden, daß die IOC-Exekutivkommission der betreffenden Session einen Vorschlag unterbreiten kann.

2.4.2. Die Nominierungs-Kommission zieht alle nützlichen Informationen über den Kandidaten bei, insbesondere über seine berufliche und wirtschaftliche Situation sowie über seine Karriere und sportlichen Aktivitäten; die Kommission kann den Kandidaten auffordern, Empfehlungen von Persönlichkeiten beizubringen, um Informationen zu erhalten; die Kommission kann den Kandidaten zu einem Gespräch einladen.

2.4.3. Die Kommission prüft die Wählbarkeit, Herkunft und Zulässigkeit aller Kandidaturen und gegebenenfalls den Status des Kandidaten als aktiver Athlet oder die Funktion, mit der die Kandidatur verbunden ist.

2.4.4. Die Nominierungs-Kommission erstattet der IOC-Exekutivkommission einen schriftlichen Bericht über die Wählbarkeit, die Herkunft und die Zulässigkeit jeder Kandidatur, indem sie die Gründe für ihre Auffassung darlegt, daß ein Kandidat die erforderlichen Voraussetzungen für eine Wahl zum IOC-Mitglied besitzt oder nicht.

2.5. Verfahren vor der IOC-Exekutivkommission

2.5.1. Die IOC-Exekutivkommission ist allein zuständig, der Session eine Kandidatur vorzuschlagen. Wenn sie beschließt, eine Kandidatur vorzuschlagen, unterbreitet die IOC-Exekutivkommission der Session spätestens einen Monat vor deren Eröffnung einen schriftlichen Vorschlag, dem der Bericht der Nominierungs-Kommission beigefügt ist. Die IOC-Exekutivkommission kann einen Kandidaten anhören. Sie kann mehrere Kandidaturen für die Wahl eines einzigen Mitglieds vorschlagen.

2.5.2. Das Verfahren für die Überprüfung von Kandidaturen als aktiver Athlet gemäß den Absätzen 2.2.1. und 2.2.2. kann beschleunigt und auf die Einhaltung der in den Absätzen 2.4.1. und 2.5.1. bestimmten Fristen verzichtet werden, soweit es erforderlich ist, um die sofortige Wahl von neu in die IOC-Athletenkommission gewählten Athleten zu IOC-Mitgliedern zu ermöglichen.

2.6. Verfahren vor der IOC-Session

2.6.1. Die IOC-Session ist allein zuständig, IOC-Mitglieder zu wählen.

2.6.2. Der Vorsitzende der Nominierungs-Kommission hat das Recht, der Session die Auffassung der Kommission zu übermitteln.

2.6.3. Jede von der Exekutivkommission vorgeschlagene Kandidatur für die Wahl zum IOC-Mitglied wird der Session zur Abstimmung unterbreitet; die Abstimmung ist geheim; die Entscheidung fällt mit der Mehrheit der abgegebenen Stimmen.

2.7. Übergangsvorschriften

Die bestehenden Rechte von IOC-Mitgliedern, deren Wahl vor dem Tag des Abschlusses der 110. Session (11. Dezember 1999) wirksam geworden ist, bleiben mit folgender Maßgabe erhalten:

2.7.1. IOC-Mitglieder, deren Wahl vor dem Tag des Abschlusses der 110. Session (11. Dezember 1999) wirksam geworden ist, müssen am Ende des Kalenderjahres ausscheiden, in dessen Verlauf sie das Alter von 80 Jahren erreichen, sofern sie nicht vor 1966 gewählt worden sind. Wenn ein Mitglied diese Altersgrenze während seiner Amtsperiode als IOC-Präsident, Vizepräsident oder Mitglied der IOC-Exekutivkommission erreicht, wird das Ausscheiden am Ende der darauf folgenden Session wirksam.

2.7.2. Ungeachtet Absatz 2.7.1 bedürfen IOC-Mitglieder, deren Wahl vor dem Tag des Abschlusses der 110. Session (11. Dezember 1999) wirksam geworden ist und die nicht durch die Altersgrenze gemäß Absatz 2.7.1. betroffen sind, der Wiederwahl durch die Session unter den in Absatz 2.6 festgelegten Bedingungen: ein Drittel im Jahr 2007, ein Drittel im Jahr 2008 und ein Drittel im Jahr 2009. Die diesbezügliche Verteilung wurde während der 111. Session durch Losverfahren entschieden.

2.7.3. Die Begrenzung auf ein Mitglied pro Land, wie in Absatz 16.1.1.1. letzter Satz festgelegt, findet auf IOC-Mitglieder, deren Wahl vor dem Abschluss der 110. Session (11. Dezember 1999) wirksam geworden ist, keine Anwendung.

2.7.4. Bis zum 31. Dezember 2007 wird die Gesamtzahl der IOC-Mitglieder die Zahl 130 nicht übersteigen.

3. Mitgliederverzeichnis

Die IOC-Exekutivkommission führt ein aktuelles Verzeichnis aller IOC-Mitglieder, des Ehrenpräsidenten, der Ehrenmitglieder und der Mitglieder ehrenhalber. Das Verzeichnis enthält die Herkunft jedes Mitglieds und gibt an, ob die Kandidatur des Mitglieds als aktiver Athlet vorgeschlagen wurde, mit einer anderen Funktion verbunden ist oder als unabhängige Persönlichkeit vorgeschlagen wurde.

4. Ehrenpräsident – Ehrenmitglieder – Mitglieder ehrenhalber:

4.1. Der Ehrenpräsident wird eingeladen, an den Olympischen Spielen, den Olympischen Kongressen, den Sessionen und den Sitzungen der IOC-Exekutivkommission teilzunehmen; an der Seite des IOC-Präsidenten wird ein Platz für ihn reserviert. Er hat das Recht, seinen Rat zu geben.

4.2. Die Ehrenmitglieder werden eingeladen, an den Olympischen Spielen, den Olympischen Kongressen und den Sessionen teilzunehmen, wo ein Platz für jeden von ihnen reserviert wird. Sie geben ihren Rat auf Bitten des Präsidenten.

4.3. Die Mitglieder ehrenhalber werden eingeladen, an den Olympischen Spielen und an den Olympischen Kongressen teilzunehmen, wo für jeden von ihnen ein Platz reserviert wird. Der Präsident kann sie darüber hinaus einladen, an anderen Zusammenkünften oder Veranstaltungen des IOC teilzunehmen.

Regel 17 Organisation
Die Befugnisse des IOC werden durch seine Organe ausgeübt:
1. die Session,
2. die Exekutivkommission,
3. den Präsidenten.

Regel 18 Die Session*
1. Die Session ist die Vollversammlung der Mitglieder des IOC. Sie ist das höchste Organ des IOC. Ihre Entscheidungen sind endgültig. Eine ordentliche Session findet einmal im Jahr statt. Eine außerordentliche Session kann durch den Präsidenten oder auf schriftliches Verlangen von mindestens einem Drittel der Mitglieder einberufen werden.
2. Die Session hat die folgenden Zuständigkeiten:

2.1. die Olympische Charta zu verabschieden und zu ändern;

2.2. die Mitglieder des IOC, den Ehrenpräsidenten, die Ehrenmitglieder und die Mitglieder ehrenhalber zu wählen;

2.3. den Präsidenten, die Vizepräsidenten und alle anderen Mitglieder der IOC-Exekutivkommission zu wählen;

2.4. die Gastgeberstadt für die Olympischen Spiele zu wählen;

2.5. die Stadt zu bestimmen, in der eine ordentliche Session abgehalten wird, während der Präsident die Befugnis hat, die Stadt zu bestimmen, in der eine außerordentliche Session abgehalten wird;

2.6. den Jahresbericht und die Jahresbilanz des IOC zu billigen;

2.7. die Wirtschaftsprüfer des IOC zu ernennen;

2.8. über die Gewährung und die Entziehung der endgültigen Anerkennung von NOKs, Vereinigungen von NOKs, IFs, Vereinigungen von IFs und anderen Organisationen durch das IOC zu entscheiden;

2.9. Mitglieder des IOC auszuschließen und den Status des Ehrenpräsidenten, der Ehrenmitglieder und der Mitglieder ehrenhalber zu entziehen;

2.10. alle anderen Angelegenheiten, die ihr durch Gesetz oder durch die Olympische Charta übertragen werden, zu entscheiden und zu beschließen.

3. Das für eine Session erforderliche Quorum beträgt die Hälfte der Zahl der Mitglieder des IOC plus eins. Die Beschlüsse der Session werden mit der Mehrheit der abgegebenen Stimmen gefaßt; für eine Änderung der Grundlegenden Prinzipien des Olympismus oder der Regeln der Olympischen Charta ist jedoch eine Mehrheit von zwei Dritteln der bei der Session anwesenden IOC-Mitglieder erforderlich.

4. Jedes Mitglied verfügt über eine Stimme. Enthaltungen, leere oder ungültige Stimmzettel werden bei der Berechnung der erforderlichen Mehrheit nicht berücksichtigt. Stimmabgabe durch Stellvertretung ist nicht erlaubt. Die Abstimmung erfolgt geheim, wenn es die Olympische Charta vorsieht oder wenn der Sitzungspräsident auf Antrag mindestens eines Viertels der anwesenden Mitglieder so entscheidet. Bei Stimmengleichheit entscheidet der Sitzungspräsident.

5. Die Bestimmungen der Regeln 18.3 und 18.4 sind auf Wahlen, gleich ob von Personen oder Gastgeberstädten, anwendbar. Wenn es jedoch nur zwei Kandidaten gibt oder nur zwei Kandidaten übrigbleiben, wird der Kandidat, der die größere Stimmenzahl auf sich vereint, als gewählt erklärt.

6. Die Session kann Zuständigkeiten an die IOC-Exekutivkommission übertragen.

Durchführungsbestimmung zu Regel 18

1. Die IOC-Exekutivkommission ist für die Durchführung und die Vorbereitung aller Sessionen, einschließlich aller diesbezüglichen finanziellen Fragen, verantwortlich.

2. Der Termin einer ordentlichen Session wird allen IOC-Mitgliedern mindestens sechs Monate vor der Eröffnung der Session mitgeteilt. Die Session wird, wenn es sich um eine ordentliche Session handelt, mindestens einen Monat, bei außerordentlichen Sessionen mindestens zehn Tage vor deren Zusammentritt, durch Anordnung des Präsidenten formell einberufen; die Einberufung wird von einer Tagesordnung begleitet, aus der die Angelegenheiten hervorgehen, die bei dieser Sitzung behandelt werden.

3. Der Präsident oder in dessen Abwesenheit oder Verhinderung der dienstälteste anwesende Vizepräsident oder bei dessen Abwesenheit oder Verhinderung das dienstälteste anwesende Mitglied der IOC-Exekutivkommission hat den Vorsitz der Session.

4. Jede Entscheidung der Session, einschließlich Entscheidungen über Änderungen der Olympischen Charta, treten sofort in Kraft, soweit die Session nicht anders entschieden. Eine Angelegenheit, die nicht auf der Tagesordnung einer Session steht, kann behandelt werden, wenn ein Drittel der Mitglieder es beantragt oder wenn der Sitzungsvorsitzende es gestattet.

5. Ein IOC-Mitglied kann in den folgenden Fällen nicht an der Abstimmung teilnehmen:

5.1. wenn die Abstimmung die Wahl einer Gastgeberstadt für die Olympischen Spiele betrifft, bei der eine Stadt des Landes, dessen Staatsbürger es ist, Kandidatin ist;

5.2. wenn die Abstimmung die Wahl des Tagungsorts für eine Session, einen Olympischen Kongreß oder eine andere Tagung oder ein anderes Ereignis betrifft, für die eine Stadt oder eine öffentliche Einrichtung des Landes, dessen Staatsbürger es ist, Kandidatin ist;

5.3. wenn die Abstimmung die Wahl eines Kandidaten zum IOC-Mitglied betrifft, der Staatsbürger desselben Landes wie das Mitglied ist;

5.4. wenn die Abstimmung die Wahl eines Kandidaten, der Staatsbürger desselben Staates wie das Mitglied ist, in ein Amt in der IOC-Exekutivkommission oder in ein anderes Amt betrifft;

5.5. wenn die Abstimmung eine Angelegenheit betrifft, die das Land oder das NOK des Landes berührt, dessen Staatsangehöriger es ist.

Im Zweifelsfall entscheidet der Vorsitzende, ob das betreffende Mitglied an der Abstimmung teilnehmen kann.

6. Der Präsident legt die Regeln für alle Wahlen mit Ausnahme der Wahl zum Präsidenten, deren Regelung von der IOC-Exekutivkommission festgelegt wird, fest.

7. Alle Verfahrensfragen, die die Sessionen und die Abstimmungen betreffen, die nicht von der Olympischen Charta geregelt sind, werden vom Präsidenten geregelt.

8. Im Dringlichkeitsfall kann ein Beschluß vom Präsidenten oder von der IOC-Exekutivkommission der Abstimmung im schriftlichen Verfahren, einschließlich Telefax oder E-Mail, durch die IOC-Mitglieder unterbreitet werden.

9. Über alle Zusammenkünfte und Verhandlungen der Session werden unter der Verantwortung des Präsidenten Protokolle angefertigt.

Regel 19 Die IOC-Exekutivkommission*
1. Zusammensetzung

Die IOC-Exekutivkommission besteht aus dem Präsidenten, vier Vizepräsidenten und zehn weiteren Mitgliedern. Die Auswahl dieser Mitglieder muß der Zusammensetzung der Session entsprechen. Die Session achtet bei jeder Wahl darauf, daß das oben genannte Prinzip eingehalten wird.

2. Wahl, Amtszeit, Verlängerung, Vakanzen

2.1. Alle Mitglieder der IOC-Exekutivkommission werden von der Session in geheimer Abstimmung mit der Mehrheit der abgegebenen Stimmen gewählt.

2.2. Die Amtszeit der Vizepräsidenten und der zehn weiteren Mitglieder der IOC-Exekutivkommission beträgt vier Jahre. Ein Mitglied kann ungeachtet der Position, in die es gewählt wurde, höchstens zwei aufeinander folgende Amtszeiten lang der IOC-Exekutivkommission angehören.

2.3. Wenn ein Mitglied zwei aufeinander folgende Amtszeiten gemäß Regel 19.2.2 vollendet hat, kann es nach einer Zwischenzeit von mindestens zwei Jahren wieder in die IOC-Exekutivkommission gewählt werden. Diese Regel gilt nicht für die Wahl in das Amt des Präsidenten, für die keine Wartefrist vorgesehen ist.

2.4. Im Fall der Vakanz einer Position außer der des Präsidenten wählt die folgende Session ein Mitglied in diese Position für eine Amtszeit von vier Jahren.

2.5. Alle Mitglieder der IOC-Exekutivkommission beginnen ihre Amtszeit oder die zweite Amtszeit am Ende der Session, die sie gewählt hat. Ihre Amtszeit endet mit dem Ende der letzten ordentlichen Session des Jahres, in dessen Verlauf die Amtszeit endet.

2.6. Für die Zwecke dieser Regel bedeutet ein Jahr den Zeitraum zwischen zwei aufeinander folgenden ordentlichen Sessionen.

3. Zuständigkeiten, Verantwortlichkeiten und Aufgaben

Die IOC-Exekutivkommission trägt die allgemeine Verantwortung für die Verwaltung des IOC und für die Führung seiner Geschäfte. Insbesondere hat sie folgende Aufgaben:

3.1. sie wacht über die Einhaltung der Olympischen Charta;

3.2. sie genehmigt alle internen Organisationsvorschriften;

3.3. sie erstellt einen Jahresbericht, der die Jahresbilanz enthält, und unterbreitet ihn zusammen mit dem Bericht des Wirtschaftsprüfers der Session;

3.4. sie legt der Session über jeden Vorschlag zur Änderung einer Regel oder einer Durchführungsbestimmung einen Bericht vor;

3.5. sie unterbreitet der Session die Namen der Personen, deren Wahl in das IOC sie empfiehlt;

3.6. sie regelt und überwacht das Verfahren der Zulassung und der Auswahl der Kandidaturen für die Ausrichtung der Olympischen Spiele;

3.7. sie stellt die Tagesordnung der Sessionen auf;

3.8. auf Vorschlag des Präsidenten ernennt – oder entläßt – sie den Generaldirektor. Der Präsident entscheidet über dessen Bezüge und kann Sanktionen verhängen;

3.9. sie sorgt gemäß dem Gesetz für die Aufbewahrung aller Protokolle, Berichte und anderer Aufzeichnungen des IOC, einschließlich der Protokolle aller Sessionen, der IOC-Exekutivkommission und der anderen Kommissionen oder Arbeitsgruppen;

3.10. sie trifft alle Entscheidungen und erläßt die Bestimmungen des IOC, die rechtlich bindend sind, in der ihr am geeignetsten erscheinenden Form, wie zum Beispiel

Regelwerke, Vorschriften, Normen, Richtlinien, Anleitungen, Handbücher, Anweisungen, Bedingungen und andere Entscheidungen, insbesondere, jedoch nicht darauf beschränkt, alle Bestimmungen, die zur ordnungsgemäßen Anwendung der Olympischen Charta und für die Durchführung der Olympischen Spiele erforderlich sind;

3.11. sie organisiert in regelmäßigen Abständen, mindestens alle zwei Jahre, Zusammenkünfte mit den IFs und den NOKs. Bei diesen Zusammenkünften hat der Präsident des IOC den Vorsitz, der auch das Verfahren festlegt und die Tagesordnung nach Konsultation mit den betroffenen Organen erstellt;

3.12. sie schafft und verleiht die Ehren-Auszeichnungen des IOC;

3.13. sie übt alle Befugnisse aus und nimmt alle Aufgaben wahr, die nicht durch Gesetz oder durch die Olympische Charta der Session oder dem Präsidenten übertragen sind.

4. Delegation von Befugnissen

Die IOC-Exekutivkommission kann Befugnisse auf eines oder mehrere ihrer Mitglieder, auf IOC-Kommissionen, auf Angehörige der IOC-Verwaltung, auf andere Institutionen oder auf Dritte übertragen.

Durchführungsbestimmung zu Regel 19

1. Der Präsident ist für die Durchführung und Vorbereitung aller Sitzungen der IOC-Exekutivkommission verantwortlich. Er kann alle oder einen Teil seiner diesbezüglichen Befugnisse auf den Generaldirektor delegieren.

2. Die IOC-Exekutivkommission tritt zusammen, wenn sie vom Präsidenten oder auf Verlangen der Mehrheit seiner Mitglieder mindestens zehn Tage vor ihrem Zusammentritt einberufen wird. Die Einberufung hat die während der Tagung zu behandelnden Fragen anzugeben.

3. Der Präsident oder in dessen Abwesenheit oder bei dessen Verhinderung der dienstälteste anwesende Vizepräsident oder bei dessen Abwesenheit oder Verhinderung das dienstälteste anwesende Mitglied der IOC-Exekutivkommission hat den Vorsitz der Sitzung der IOC-Exekutivkommission.

4. Das für eine Tagung der IOC-Exekutivkommission erforderliche Quorum beträgt acht.

5. Die Entscheidungen der IOC-Exekutivkommission werden mit Mehrheit der abgegebenen Stimmen getroffen.

6. Jedes Mitglied hat eine Stimme. Enthaltungen, leere oder ungültige Stimmzettel werden bei der Berechnung der erforderlichen Mehrheit nicht berücksichtigt. Stimmabgabe durch Stellvertretung ist nicht erlaubt. Die Abstimmung erfolgt geheim, wenn die Olympische Charta es vorsieht, wenn der Sitzungspräsident so entscheidet oder wenn mindestens ein Viertel der anwesenden Mitglieder es verlangt. Bei Stimmengleichheit entscheidet der Sitzungspräsident.

7. Ein Mitglied der IOC-Exekutivkommission hat in den in Durchführungsbestimmung 18.5. aufgezählten Fällen an der Abstimmung nicht teilzunehmen. Im Zweifelsfall entscheidet der Sitzungspräsident über die Teilnahme des betroffenen Mitglieds an einer Abstimmung.

8. Alle Verfahrensfragen bezüglich der Tagungen der IOC-Exekutivkommission, die nicht von der Olympischen Charta geregelt sind, werden vom Präsidenten festgelegt.

9. Die IOC-Exekutivkommission kann Tagungen in Form von Telefon- oder Videokonferenzen abhalten.

10. Im Dringlichkeitsfall kann eine Entscheidung oder ein Beschluß vom Präsidenten den Mitgliedern der IOC-Exekutivkommission zur Abstimmung im schriftlichen Verfahren einschließlich Telefax oder E-Mail unterbreitet werden.

11. Protokolle aller Zusammenkünfte und anderer Verhandlungen der Session werden unter der Verantwortung des Präsidenten erstellt.

Regel 20 Der Präsident*
1. Die Session wählt in geheimer Wahl aus dem Kreis ihrer Mitglieder einen Präsidenten für eine Amtsperiode von acht Jahren, die einmal um vier Jahre verlängert werden kann.

2. Der Präsident vertritt das IOC und leitet dessen gesamte Aktivitäten.

3. Der Präsident kann handeln oder eine Entscheidung im Namen des IOC treffen, wenn die Umstände es der Session oder der IOC-Exekutivkommission nicht erlauben zu handeln. Eine solche Maßnahme oder Entscheidung ist dem zuständigen Organ unverzüglich zur Bestätigung zu unterbreiten.

4. Wenn der Präsident nicht in der Lage ist, die mit seinem Amt verbundenen Aufgaben wahrzunehmen, vertritt ihn der in dieser Funktion dienstälteste Vizepräsident, bis der Präsident seine Dienstfähigkeit zurückerlangt hat oder, wenn es sich um dauernde Dienstunfähigkeit handelt, bis zur Wahl eines neuen Präsidenten bei der nächsten Session. Der neue Präsident wird für eine Amtsperiode von acht Jahren mit der Möglichkeit zur Wiederwahl für vier Jahre gewählt.

Durchführungsbestimmung zu Regel 20
1. Kandidaturen für die Wahl zum Präsidenten werden drei Monate vor dem Tag der Eröffnung der Session erklärt, in deren Verlauf die Wahl stattfinden soll. Jedoch kann diese Frist durch eine Entscheidung der IOC-Exekutivkommission geändert werden, wenn die Umstände nach deren Auffassung eine solche Änderung rechtfertigen.

2. Vorbehaltlich des in Regel 20.3 geregelten Falles wird der Präsident von derjenigen Session gewählt, die im zweiten Jahr der Olympiade zusammentritt.

Regel 21 IOC-Kommissionen*
Um die Session, die IOC-Exekutivkommission oder den Präsidenten zu beraten, können Kommissionen des IOC eingesetzt werden. Der Präsident setzt dauernde oder andere institutionalisierte oder ad hoc-Kommissionen und Arbeitsgruppen ein, wann immer es notwendig erscheint. Vorbehaltlich ausdrücklicher gegenteiliger Regelung in der Olympischen Charta oder in speziellen Regelungen, die von der IOC-Exekutivkommission festgelegt werden, bestimmt der Präsident deren Aufgabenbereich, nominiert deren Mitglieder und entscheidet über deren Auflösung, sobald er zu der Auffassung gelangt, daß sie ihre Aufgaben erfüllt haben. Keine Kommissions- oder Arbeitsgruppensitzung darf ohne die vorherige Zustimmung des Präsidenten stattfinden, es sei denn, es ist in der Olympischen Charta oder in speziellen Regelungen, die von der IOC-Exekutivkommission festgelegt werden, anderes vorgesehen. Der Präsident ist kraft seines Amtes Mitglied aller Kommissionen und Arbeitsgruppen und hat den protokollarischen Vorsitz, wenn er bei einer ihrer Sitzungen anwesend ist.

Durchführungsbestimmung zu Regel 21
1. Die Athletenkommission

Eine Athletenkommission des IOC wird eingesetzt, deren Mehrheit von Athleten gestellt wird, die von den Athleten gewählt werden, die an den Olympischen Spielen teilnehmen. Die Wahlen erfolgen während der Spiele der Olympiade und der Olympischen Winterspiele nach einem Regelwerk, das von der IOC-Exekutivkommission nach Kon-

sultation mit der Athletenkommission erlassen und spätestens ein Jahr vor den Olympischen Spielen, in deren Verlauf die Wahlen stattfinden, den IFs und den NOKs übermittelt wird.
Alle Bestimmungen und Verfahrensregeln der IOC-Athletenkommission werden nach Konsultation der IOC-Athletenkommission von der IOC-Exekutivkommission festgelegt.

2. Die Ethik-Kommission

Die Ethik-Kommission des IOC wird gemäß Regel 22 und Durchführungsbestimmung zu Regel 22 eingesetzt.

3. Die Nominierungs-Kommission

Um alle Kandidaturen für die Wahl zum Mitglied des IOC zu prüfen, wird eine Nominierungs-Kommission des IOC gemäß Durchführungsbestimmung 16.2.3 eingesetzt.
Alle Bestimmungen und Verfahrensregeln der Nominierungs-Kommission des IOC werden nach Konsultation der Nominierungs-Kommission des IOC von der IOC-Exekutivkommission festgelegt.

4. Die Kommission für die Olympische Solidarität

Die Kommission für die Olympische Solidarität wird eingesetzt, um die Aufgaben zu erfüllen, die ihr in Regel 5 und der Durchführungsbestimmung zu Regel 5 übertragen sind.

5. Die Kommissionen zur Bewertung von Bewerberstädten

Um die Kandidaturen der Städte zu prüfen, die sich darum bewerben, die Spiele der Olympiade und die Olympischen Winterspiele auszurichten, setzt der Präsident zwei Kommissionen zur Bewertung von Bewerberstädten gemäß Durchführungsbestimmung 34.2.2 ein.

6. Die Kommissionen zur Koordinierung der Olympischen Spiele

Um zur Verbesserung der Organisation der Olympischen Spiele und der Zusammenarbeit zwischen dem IOC, den OKs, den IFs und den NOKs beizutragen, setzt der Präsident eine Koordinierungs-Kommission gemäß Regel 38 und Durchführungsbestimmung zu Regel 38 ein.

7. Die Medizinische Kommission

7.1. Der Präsident setzt eine Medizinische Kommission ein, deren Aufgabenbereich die folgenden Pflichten enthält:

7.1.1. den World Anti-Doping Code und alle anderen Anti-Doping-Bestimmungen des IOC, insbesondere anläßlich der Olympischen Spiele, anzuwenden;

7.1.2. Richtlinien für die medizinische Versorgung und die Gesundheit der Athleten zu erarbeiten.

7.2. Die Mitglieder der Medizinischen Kommission dürfen keine medizinische Aufgabe im Rahmen der Delegation eines NOK bei den Olympischen Spielen ausüben, noch dürfen sie an Beratungen der Mitglieder ihrer jeweiligen nationalen Delegationen hinsichtlich eines Verstoßes gegen den World Anti-Doping Code teilnehmen.

8. Verfahren

Den Vorsitz jeder Kommission des IOC hat ein IOC-Mitglied. Die Kommissionen können Sitzungen in Form von Telefon- oder Videokonferenzen abhalten.

Regel 22 Ethik-Kommission des IOC*

Die Ethik-Kommission des IOC hat den Auftrag, auf der Grundlage der Werte und Grundsätze, die in der Olympischen Charta niedergelegt sind, einen Rahmen ethischer

Grundsätze mit einem Verhaltenskodex, der integraler Bestandteil der Olympischen Charta ist, festzulegen und ständig zu aktualisieren. Darüber hinaus untersucht sie Beschwerden, die wegen Nichtbeachtung dieser ethischen Prinzipien einschließlich von Verstößen gegen den Verhaltenskodex erhoben werden, und schlägt erforderlichenfalls der IOC-Exekutivkommission Sanktionen vor.

Durchführungsbestimmung zu Regel 22
1. Die Zusammensetzung und Organisation der Ethik-Kommission des IOC werden in deren Satzung geregelt.
2. Jede Änderung des Verhaltenskodex, der Satzung der Ethik-Kommission des IOC und jeder anderen Regelung und Durchführungsbestimmung, die aus der Ethik-Kommission hervorgeht, werden der IOC-Exekutivkommission zur Genehmigung unterbreitet.

Regel 23 Maßnahmen und Sanktionen*
Die Maßnahmen und Sanktionen, die im Fall einer Verletzung der Olympischen Charta, des World Anti-Doping Code oder jeder anderen Vorschrift von der Session, der IOC-Exekutivkommission oder der Disziplinar-Kommission gemäß Regel 2.4. verhängt werden können, sind die folgenden:
1. Im Rahmen der Olympischen Bewegung
1.1. Gegenüber Mitgliedern, dem Ehrenpräsidenten, Ehrenmitgliedern und Mitgliedern ehrenhalber des IOC:

    a) ein Verweis, ausgesprochen durch die IOC-Exekutivkommission;

    b) die Suspendierung für einen bestimmten Zeitraum, ausgesprochen durch die IOC-Exekutivkommission. Die Suspendierung kann sich ganz oder teilweise auf die Rechte, Vorrechte und Funktionen erstrecken, die mit der Mitgliedschaft verbunden sind. Die oben erwähnten Sanktionen können miteinander verbunden werden. Sie können auch unabhängig von einer bestimmten Verletzung der Olympischen Charta oder einer anderen Bestimmung Mitgliedern des IOC, dem Ehrenpräsidenten, Ehrenmitgliedern und Mitgliedern ehrenhalber auferlegt werden, die durch ihr Verhalten die Interessen des IOC beeinträchtigen.

1.2. Gegenüber den IFs:

    a) Streichung aus dem Programm der Olympischen Spiele
      – einer Sportart (Session);
      – einer Disziplin (IOC-Exekutivkommission);
      – eines Wettbewerbs (IOC-Exekutivkommission);

    b) Entzug der vorläufigen Anerkennung (IOC-Exekutivkommission);

    c) Entzug der endgültigen Anerkennung (Session).

1.3. Gegenüber den Vereinigungen der IFs:

    a) Entzug der vorläufigen Anerkennung (IOC-Exekutivkommission);

    b) Entzug der endgültigen Anerkennung (Session).

1.4. Gegenüber den NOKs:

    a) Suspendierung (IOC-Exekutivkommission); in diesem Fall entscheidet die IOC-Exekutivkommission von Fall zu Fall über die Folgen für das betreffende NOK und dessen Athleten;

    b) Entzug der vorläufigen Anerkennung (IOC-Exekutivkommission);

    c) Entzug der endgültigen Anerkennung (Session); in diesem Fall verliert das NOK alle Rechte, die es nach der Olympischen Charta genießt;

    d) Entzug des Rechts, eine Session oder einen Olympischen Kongreß zu organisieren (Session).

1.5. Gegenüber den Vereinigungen von NOKs:
  a) Entzug der vorläufigen Anerkennung (IOC-Exekutivkommission);
  b) Entzug der endgültigen Anerkennung (Session).
1.6. Gegenüber einer Gastgeberstadt, einem OK und einem NOK: Entzug des Rechtes, die Olympischen Spiele auszurichten (Session).
1.7. Gegenüber einer Bewerber- oder Kandidatenstadt und einem NOK: Entzug des Rechtes, eine Bewerber- oder eine Kandidatenstadt für die Ausrichtung der Olympischen Spiele zu sein (IOC-Exekutivkommission).
1.8. Gegenüber anderen anerkannten Vereinigungen und Organisationen:
  a) Entzug der vorläufigen Anerkennung (IOC-Exekutivkommission);
  b) Entzug der endgültigen Anerkennung (Session).

2. Im Rahmen der Olympischen Spiele im Falle einer Verletzung der Olympischen Charta, des World Anti-Doping Code oder jeder anderen anwendbaren Entscheidung oder Regelung, die vom IOC oder einer IF oder einem NOK erlassen wurde, einschließlich aber nicht beschränkt auf den IOC-Verhaltenskodex oder andere staatliche Gesetze oder Regelungen, oder im Fall jeglicher Art von Fehlverhalten:

2.1. gegenüber Einzelteilnehmern und Mannschaften: Nichtzulassung zu oder Ausschluß von den Olympischen Spielen auf Zeit oder auf Dauer, Disqualifizierung oder Entzug der Akkreditierung; im Falle des Ausschlusses oder der Disqualifizierung sind die Medaillen und Urkunden, die unter Verstoß gegen die Olympische Charta erlangt worden sind, dem IOC zurückzugeben. Darüber hinaus kann, was in das Ermessen der IOC-Exekutivkommission gestellt ist, ein Einzelteilnehmer oder eine Mannschaft den Vorteil einer Plazierung verlieren, die bei anderen Wettbewerben der Olympischen Spielen erreicht wurde, in deren Verlauf der Einzelteilnehmer oder die Mannschaft disqualifiziert oder ausgeschlossen wurde; in diesem Fall sind die gewonnenen Medaillen und Urkunden dem IOC zurückzugeben (IOC-Exekutivkommission);

2.2. gegenüber Offiziellen, Leitern und anderen Mitgliedern der Delegationen sowie gegenüber Schiedsrichtern und Jurymitgliedern: Nichtzulassung zu oder Ausschluß von den Olympischen Spielen auf Zeit oder auf Dauer (IOC-Exekutivkommission);

2.3. gegenüber allen anderen akkreditierten Personen: Entzug der Akkreditierung (IOC-Exekutivkommission);

2.4. die IOC-Exekutivkommission kann ihre Befugnisse einer Disziplinar-Kommission übertragen.

3. Vor Verhängung einer Maßnahme oder Sanktion kann das zuständige Organ des IOC eine Verwarnung aussprechen.

4. Alle Sanktionen und Maßnahmen lassen andere Rechte des IOC und jeder anderen Organisation, einschließlich aber nicht beschränkt auf die IFs und die NOKs, unberührt.

Durchführungsbestimmung zu Regel 23

1. Jede Ermittlung in bezug auf Tatsachen, die zu einer Maßnahme oder Sanktion führen können, wird unter der Verantwortung der IOC-Exekutivkommission geführt, die zu diesem Zweck ihre Befugnisse ganz oder teilweise delegieren kann.

2. Während der gesamten Dauer einer Ermittlung kann die IOC-Exekutivkommission der betroffenen Person oder Organisation ihre Rechte, Vorrechte und Funktionen, die mit der Mitgliedschaft oder dem Status der Person oder Organisation verbunden sind, ganz oder teilweise entziehen.

3. Jede Einzelperson, jede Mannschaft und jede andere natürliche oder juristische Person hat das Recht, von dem Organ des IOC gehört zu werden, das zuständig ist, ihr gegenüber eine Maßnahme oder eine Sanktion zu verhängen. Das rechtliche Gehör im Sinne dieser Vorschrift schließt das Recht ein, über die erhobenen Anschuldigungen informiert zu werden, und das Recht, persönlich zu erscheinen oder eine schriftliche Verteidigung zu unterbreiten.

4. Jede von der Session, von der IOC-Exekutivkommission oder von der in Regel 23.2.4 genannten Disziplinar-Kommission verhängte Maßnahme oder Sanktion ist der betroffenen Partei schriftlich mitzuteilen.

5. Wenn das zuständige Organ nichts anderes bestimmt, werden alle Maßnahmen oder Sanktionen sofort wirksam.

Regel 24 Sprachen
1. Die Amtssprachen des IOC sind Französisch und Englisch.

2. Bei allen Sessionen wird eine Simultanübersetzung in Französisch, Englisch, Deutsch, Spanisch, Russisch und Arabisch bereitgestellt.

3. Bei Abweichungen zwischen dem französischen und dem englischen Text der Olympischen Charta und aller anderen Dokumente des IOC ist der französische Text maßgeblich, sofern nichts Gegenteiliges ausdrücklich schriftlich bestimmt ist.

Regel 25 Einnahmen des IOC
1. Das IOC kann Schenkungen und Vermächtnisse annehmen und sich um alle anderen Einnahmen bemühen, die es ihm erlauben, seine Aufgaben wahrzunehmen. Es erzielt Einkünfte aus der Verwertung seiner Rechte, einschließlich aber nicht beschränkt auf Fernsehrechte, Schirmherrschaften, Lizenzen, olympische Eigentumsrechte sowie aus der Veranstaltung der Olympischen Spiele.

2. Um die Entwicklung der Olympischen Bewegung zu fördern, kann das IOC einen Teil seiner Einkünfte den IFs, den NOKs, einschließlich der Olympischen Solidarität und den OKs zukommen lassen.

Kapitel 3
Die Internationalen Verbände (IFs)

Regel 26 Anerkennung von IFs
Zur Entwicklung und Förderung der Olympischen Bewegung kann das IOC internationale nichtstaatliche Organisationen, die eine oder mehrere Sportarten auf weltweiter Ebene verwalten und die Organisationen umfassen, die diese Sportarten auf nationaler Ebene verwalten, als IFs anerkennen.

Die Statuten, Gepflogenheiten und Aktivitäten der IFs innerhalb der Olympischen Bewegung müssen in Übereinstimmung mit der Olympischen Charta, insbesondere hinsichtlich der Annahme und Umsetzung des World Anti-Doping Codes, stehen. Vorbehaltlich des Vorsitzenden, bewahrt jede IF ihre Unabhängigkeit und ihre Autonomie in der Verwaltung ihrer Sportart.

Regel 27 Aufgabe und Rolle der IFs innerhalb der Olympischen Bewegung
1. Die Aufgabe und die Rolle der IFs innerhalb der Olympischen Bewegung bestehen darin:

1.1.   im olympischen Geist die Regeln für die Ausübung ihrer Sportarten aufzustellen, in Kraft zu setzen und über deren Anwendung zu wachen;

1.2.   die Entwicklung ihrer Sportart auf der ganzen Welt sicherzustellen;

- 1.3. zur Verwirklichung der in der Olympischen Charta festgelegten Ziele beizutragen, insbesondere durch die Verbreitung des Olympismus und der olympischen Erziehung;
- 1.4. ihre Stellungnahme zu den Kandidaturen für die Ausrichtung der Olympischen Spiele, insbesondere soweit die technischen Gesichtspunkte der Austragungsorte ihrer Sportart betroffen sind, abzugeben;
- 1.5. die Zulassungskriterien für die Wettkämpfe der Olympischen Spiele in Übereinstimmung mit der Olympischen Charta festzulegen und dem IOC zur Genehmigung zu unterbreiten;
- 1.6. bei Olympischen Spielen und bei Spielen unter der Schirmherrschaft des IOC die Verantwortung für die technische Kontrolle und Leitung ihrer Sportart zu übernehmen;
- 1.7. bei der Verwirklichung der Programme der Olympischen Solidarität technische Unterstützung zu leisten.

2. Darüber hinaus haben die IFs das Recht:
- 2.1. an das IOC gerichtete Vorschläge hinsichtlich der Olympischen Charta und der Olympischen Bewegung zu erarbeiten;
- 2.2. bei der Vorbereitung der Olympischen Kongresse mitzuwirken;
- 2.3. sich auf Bitte des IOC an der Arbeit der Kommissionen des IOC zu beteiligen.

Kapitel 4
Die Nationalen Olympischen Komitees (NOKs)

Regel 28 Aufgabe und Rolle der NOKs*

1. Die Aufgabe der NOKs ist es, die Olympische Bewegung in ihren jeweiligen Ländern in Übereinstimmung mit der Olympischen Charta zu entwickeln, zu fördern und zu schützen.

2. Die Rolle der NOKs ist es:
- 2.1. die Grundlegenden Prinzipien und Werte des Olympismus in ihren Ländern, insbesondere in den Bereichen Sport und Bildung, durch die Unterstützung von olympischen Bildungsprogrammen auf allen Ebenen in Schulen, Einrichtungen der Sport- und Leibeserziehung und an Universitäten, sowie durch die Anregung der Schaffung von Einrichtungen, die der olympischen Erziehung gewidmet sind, wie zum Beispiel nationale olympische Akademien, olympische Museen und andere Programme, insbesondere im kulturellen Bereich, mit Bezug zur Olympischen Bewegung, zu fördern;
- 2.2. die Einhaltung der Olympischen Charta in ihren Ländern sicherzustellen;
- 2.3. die Entwicklung sowohl des Hochleistungssports als auch des Breitensports zu unterstützen;
- 2.4. bei der Ausbildung von Sportfunktionären durch die Veranstaltung von Lehrgängen zu helfen und dafür zu sorgen, daß diese Lehrgänge zur Verbreitung der Grundlegenden Prinzipien des Olympismus beitragen;
- 2.5. jeder Form von Diskriminierung und von Gewalt im Sport entgegenzuwirken;
- 2.6. den World Anti-Doping Code anzunehmen und umzusetzen.

3. Die NOKs haben die alleinige Zuständigkeit, ihre Länder bei Olympischen Spielen und bei mehrere Sportarten umfassenden regionalen, kontinentalen und weltweiten Wettkämpfen unter der Schirmherrschaft des IOC zu vertreten. Darüber hinaus ist jedes

NOK verpflichtet, an den Spielen der Olympiade durch die Entsendung von Athleten teilzunehmen.

4. Die NOKs haben die alleinige Zuständigkeit die Stadt, die sich darum bewirbt, die Olympischen Spiele in ihrem Land auszurichten, zu wählen und zu bestimmen.

5. Um ihre Aufgabe zu erfüllen, können die NOKs mit Regierungsstellen zusammenarbeiten, mit denen sie harmonische Beziehungen unterhalten sollen. Jedoch dürfen sie sich nicht an Aktivitäten beteiligen, die im Widerspruch zur Olympischen Charta stehen würden. Die NOKs können auch mit nichtstaatlichen Institutionen zusammenarbeiten.

6. Die NOKs haben ihre Autonomie zu wahren und sich jedem Druck, einschließlich aber nicht allein politischer, rechtlicher, religiöser oder wirtschaftlicher Art zu widerstehen, der sie an der Einhaltung der Olympischen Charta hindern könnte.

7. Die NOKs haben das Recht:

7.1. sich „Nationale Olympische Komitees" (NOKs) zu nennen, sich als solches zu kennzeichnen oder zu bezeichnen, wobei die Bezeichnung oder Kennzeichnung in ihrem Namen enthalten sein oder auf sie Bezug genommen werden muß;

7.2. Wettkämpfer, Offizielle und andere Mannschaftsangehörige zu Olympischen Spielen in Übereinstimmung mit der Olympischen Charta zu entsenden;

7.3. sich die Hilfe der Olympischen Solidarität zuteil werden zu lassen;

7.4. bestimmte olympische Eigentumsrechte mit Genehmigung des IOC und in Übereinstimmung mit Regeln 7 bis 14 und den Durchführungsbestimmungen zu den Regeln 7 bis 14 zu nutzen;

7.5. an Aktivitäten unter der Leitung oder der Schirmherrschaft des IOC, einschließlich regionaler Spiele, teilzunehmen;

7.6. vom IOC anerkannten Vereinigungen von NOKs anzugehören;

7.7. Vorschläge an das IOC hinsichtlich der Olympischen Charta und der Olympischen Bewegung, einschließlich der Ausrichtung der Olympischen Spiele, zu erarbeiten;

7.8. ihre Stellungnahme zu den Kandidaturen für die Ausrichtung der Olympischen Spiele abzugeben;

7.9. auf Bitte des IOC an der Arbeit der Kommissionen des IOC teilzunehmen;

7.10. bei der Vorbereitung der Olympischen Kongresse mitzuwirken;

7.11. andere Befugnisse auszuüben, die ihnen durch die Olympischen Charta oder vom IOC eingeräumt werden.

8. Das IOC unterstützt die NOKs bei der Wahrnehmung ihrer Aufgabe durch seine verschiedenen Abteilungen und durch die Olympische Solidarität.

9. Neben den Maßnahmen und Sanktionen, die für den Fall einer Verletzung der Olympischen Charta vorgesehen sind, kann die IOC-Exekutivkommission die zum Schutz der Olympischen Bewegung im Land eines NOK angemessenen Beschlüsse fassen, insbesondere die Suspendierung oder den Entzug der Anerkennung eines solchen NOK, wenn die Verfassung, die Gesetze oder andere Vorschriften, die in dem Land gelten, oder Maßnahmen von Regierungsseite oder anderer Institutionen die Tätigkeit des NOK oder die Bildung und Verlautbarung des Willens des NOK behindern. Bevor eine solche Entscheidung getroffen wird, gewährt die IOC-Exekutivkommission dem NOK rechtliches Gehör.

Regel 29 Zusammensetzung der NOKs*

1. Die NOKs müssen, gleichgültig wie sie im übrigen zusammengesetzt sind, als Mitglieder haben:

1.1. alle IOC-Mitglieder in ihrem Land, sofern vorhanden. Diese Mitglieder haben in den Vollversammlungen des NOK Stimmrecht. Darüber hinaus sind die IOC-Mitglieder gemäß Regel 16.1.1.1. im Land von Amts wegen Mitglieder des Exekutivorgans des NOK, in dem sie das Stimmrecht haben;

1.2. alle nationalen Verbände, die Mitglieder der IFs sind, die für eine Sportart verantwortlich sind, die zum Programm der Olympischen Spiele gehört, oder deren Vertreter;

1.3. aktive Athleten oder ehemalige Athleten, die an Olympischen Spielen teilgenommen haben; letztere müssen in dieser Funktion spätestens am Ende der dritten Olympiade, die auf die letzten Olympischen Spiele folgt, an denen sie teilgenommen haben, zurücktreten.

2. Die NOKs können als Mitglieder haben:

2.1. nationale Verbände, die Mitglieder von durch das IOC anerkannten IFs sind, deren Sportarten nicht zum Programm der Olympischen Spiele gehören;

2.2. mehrere Sportarten umfassende Vereinigungen und andere sportorientierte Organisationen oder deren Vertreter sowie Persönlichkeiten, die die Staatsangehörigkeit des Landes haben und die geeignet sind, die Wirksamkeit des NOK zu stärken oder die der Sache des Sports und des Olympismus herausragende Dienste geleistet haben.

3. Die Stimmenmehrheit eines NOK und seines Exekutivorgans hat bei den Stimmen, die von den olympischen Sportverbänden oder deren Vertretern abgegeben werden, zu liegen. Bei Fragen, die die Olympischen Spiele betreffen, zählen nur die Stimmen der Mitglieder des Exekutivorgans des NOK und der nationalen Verbände gemäß Absatz 1.2. Vorbehaltlich der Zustimmung der IOC-Exekutivkommission kann ein NOK die Stimmen der IOC-Mitglieder in seinem Land gemäß Absatz 1.1. und der aktiven oder ehemaligen Athleten in seinem Land gemäß Absatz 1.3. mit in die Stimmenmehrheit einbeziehen und bei Fragen, die die Olympischen Spiele betreffen, mit berücksichtigen.

4. Regierungen oder andere staatliche Stellen stellen keine Mitglieder eines NOK. Allerdings kann ein NOK nach seinem Ermessen entscheiden, Vertreter dieser Stellen als Mitglieder zu wählen.

5. Die territoriale Zuständigkeit eines NOK deckt sich mit den Grenzen des Landes, in dem es gegründet wurde und seinen Sitz hat.

Durchführungsbestimmung zu Regeln 28 und 29
1. Verfahren zur Anerkennung der NOKs

1.1. Eine nationale Sportorganisation, die sich um die Anerkennung des Status eines NOK bewirbt, muß einen Antrag beim IOC einreichen, aus dem hervorgeht, daß der Bewerber alle Bedingungen erfüllt, die von der Olympischen Charta, insbesondere Regel 29 und Durchführungsbestimmung zu Regeln 28 und 29, vorgeschrieben sind.

1.2. Es ist nachzuweisen, daß die nationalen Verbände, die Mitglieder des NOK sind, tatsächlich und dauerhaft entsprechende sportliche Aktivitäten in ihrem Lande und auf internationaler Ebene durchführen, insbesondere indem sie Wettkämpfe ausrichten und an ihnen teilnehmen und indem sie Trainingsprogramme für Athleten durchführen. Ein NOK kann nur eine nationale Vereinigung für jede Sportart, für die eine IF verantwortlich ist, anerkennen. Die nationalen Verbände oder die von ihnen ausgewählten Vertreter müssen die Stimmenmehrheit im NOK und seinem Exekutivorgan haben. Mindestens fünf nationale Verbände innerhalb eines NOK müssen einer IF angehören, die für die Sportart verantwortlich ist, die Teil des Programms der Olympischen Spiele ist.

1.3. Voraussetzung für die Anerkennung ist die Genehmigung der Statuten eines Bewerbers durch die IOC-Exekutivkommission. Gleiches gilt für jede spätere Änderung oder Ergänzung der Statuten. Die Statuten müssen zu jeder Zeit in Übereinstimmung mit der Olympischen Charta stehen und ausdrücklich auf diese verweisen. Im Falle eines Zweifels hinsichtlich der Bedeutung oder der Auslegung der Statuten eines NOK oder im Falle eines Widerspruchs zwischen den Statuten und der Olympischen Charta geht letztere vor.

1.4. Jedes NOK hat gemäß seiner Statuten mindestens einmal im Jahr eine Vollversammlung seiner Mitglieder abzuhalten. Insbesondere sind die Vorlage von Jahresberichten und geprüften Bilanzen und gegebenenfalls die Wahl der Leitenden und der Mitglieder des Exekutivorgans auf die Tagesordnung der Vollversammlungen zu setzen.

1.5. Die Leitenden und die Mitglieder des Exekutivorgans eines NOK werden gemäß den Statuten des NOK für eine Amtszeit von nicht länger als vier Jahren gewählt; sie können wiedergewählt werden.

1.6. Die Mitglieder eines NOK mit Ausnahme derer, die hauptberuflich in der Sportverwaltung tätig sind, dürfen keinerlei Entschädigung oder Vergütung im Zusammenhang mit ihrer Tätigkeit oder der Ausübung ihrer Funktionen entgegennehmen. Reise- und Aufenthaltskosten sowie andere gerechtfertigte Kosten, die bei der Ausübung ihrer Funktionen anfallen, können erstattet werden.

1.7. Der Entzug oder Verlust der Anerkennung eines NOK hat den Verlust aller Rechte zur Folge, die diesem durch die Olympische Charta übertragen werden.

2. Die Aufgaben der NOKs

Die NOKs nehmen die folgenden Aufgaben wahr:

2.1. Sie haben ihre Delegationen zu Olympischen Spielen und zu regionalen, kontinentalen oder weltweiten, mehrere Sportarten umfassenden Wettkämpfen, die unter der Schirmherrschaft des IOC stehen, aufzustellen, zu organisieren und zu leiten. Sie entscheiden über die Meldung von Athleten, die durch die jeweiligen nationalen Verbände vorgeschlagen werden. Diese Auswahl hat sich nicht allein auf die sportlichen Leistungen eines Athleten, sondern auch auf seine Eignung zu gründen, den jugendlichen Sportlern seines Landes als Vorbild zu dienen. Die NOKs haben sich zu vergewissern, daß die von den nationalen Verbänden vorgeschlagenen Meldungen in jeder Hinsicht den Vorschriften der Olympischen Charta entsprechen.

2.2. Sie sorgen für Ausrüstung, Transport und Unterbringung der Mitglieder ihrer Delegationen. Für diese schließen sie angemessene Versicherungen ab, die die Risiken des Todesfalls, der Invalidität, der Krankheit und der Arzt- und Arzneimittelkosten sowie die Haftpflicht gegenüber Dritten abdecken. Sie sind für das Verhalten der Mitglieder ihrer Delegationen verantwortlich.

2.3. Sie haben die alleinige und ausschließliche Zuständigkeit, die von den Mitgliedern ihrer Delegationen anläßlich der Olympischen Spiele und aller damit verbundenen sportlichen Wettkämpfe und Zeremonien zu tragende Kleidung und Uniformen und die zu benutzende Ausrüstung vorzuschreiben und zu bestimmen. Diese ausschließliche Zuständigkeit erstreckt sich nicht auf spezielle Ausrüstung, die von den Athleten ihrer Delegationen während der Wettkämpfe benutzt wird. Unter spezieller Ausrüstung ist die Ausrüstung zu verstehen, hinsichtlich derer das NOK anerkannt hat, daß sie wegen ihrer besonderen technischen Merkmale einen substantiellen Einfluß auf die Leistung des Athleten hat. Jede Werbung hinsichtlich dieser speziellen Ausrüstung unterliegt der Genehmigung durch das betreffende NOK, sofern ein ausdrücklicher oder stillschweigender Bezug zu den Olympischen Spielen gegeben ist.

3. Empfehlungen

Den NOKs wird empfohlen:

- 3.1. regelmäßig – möglichst jedes Jahr – einen Olympischen Tag oder eine Olympische Woche zur Förderung der Olympischen Bewegung zu veranstalten;
- 3.2. ihr Wirken in die Förderung der Kultur und der Künste in den Bereichen Sport und Olympismus mit einzubeziehen;
- 3.3. sich an den Programmen der Olympischen Solidarität zu beteiligen;
- 3.4. Finanzierungsquellen in einer Weise zu erschließen, die mit den Grundlegenden Prinzipien des Olympismus vereinbar ist.

Regel 30 Die nationalen Verbände

Um von einem NOK anerkannt und als Mitglied aufgenommen zu werden, muß ein nationaler Verband tatsächlich und auf Dauer entsprechende sportliche Aktivitäten durchführen, Mitglied einer vom IOC anerkannten IF sein und von der Olympischen Charta und den Regeln ihrer IF geleitet werden und diesen in jeder Hinsicht nachkommen.

Regel 31 Land und Name eines NOK

1. Der Ausdruck „Land" bezeichnet in der Olympischen Charta einen unabhängigen, von der internationalen Gemeinschaft anerkannten Staat.

2. Die Bezeichnung eines NOK muß seinen territorialen Grenzen und der Tradition seines Landes entsprechen und bedarf der Genehmigung durch die IOC-Exekutivkommission.

Regel 32 Fahne, Emblem und Hymne eines NOK

Die Fahne, das Emblem und die Hymne, die ein NOK zur Verwendung in Verbindung mit seinen Tätigkeiten einschließlich der Olympischen Spiele bestimmt, bedürfen der Genehmigung durch die IOC-Exekutivkommission.

Kapitel 5
Die Olympischen Spiele

I. Veranstaltung, Ausrichtung und Durchführung der Olympischen Spiele

Regel 33 Veranstaltung der Olympischen Spiele*

1. Die Spiele der Olympiade werden im Laufe des ersten Jahres, die Olympischen Winterspiele im dritten Jahr einer Olympiade veranstaltet.

2. Mit der Ehre und der Verantwortung, Gastgeber der Olympischen Spiele zu sein, wird vom IOC eine Stadt betraut, die als Gastgeberstadt für die Olympischen Spiele gewählt wird.

3. Die Termine für die Olympischen Spiele werden von der IOC-Exekutivkommission festgelegt.

4. Die Nicht-Veranstaltung der Olympischen Spiele im Laufe des Jahres, in dem sie stattzufinden haben, zieht unbeschadet aller anderen Rechte des IOC die Aufhebung der Rechte der Gastgeberstadt nach sich.

5. Jeglicher finanzieller Überschuß, der von einer Gastgeberstadt, einem OK oder dem NOK des Landes der Gastgeberstadt aus der Veranstaltung der Olympischen Spiele erwirtschaftet wird, wird für die Entwicklung der Olympischen Bewegung und des Sports verwendet.

Durchführungsbestimmung zu Regel 33
Die Dauer der Wettkämpfe der Olympischen Spiele darf 16 Tage nicht überschreiten.

Regel 34 Wahl der Gastgeberstadt*
1. Die Wahl der Gastgeberstadt ist das Vorrecht der Session.

2. Die IOC-Exekutivkommission legt das Verfahren fest, das zu befolgen ist, bis die Wahl durch die Session stattfindet. Vorbehaltlich außerordentlicher Umstände findet die Wahl sieben Jahre vor der Veranstaltung der Olympischen Spiele statt.

3. Die Zentralregierung des Landes jeder Bewerberstadt muß dem IOC ein rechtlich verbindliches Dokument unterbereiten, durch das die Regierung garantiert und sich verpflichtet, daß das Land und dessen staatliche Stellen die Olympische Charta befolgen und respektieren werden.

4. Die Wahl der Gastgeberstadt findet in einem Land statt, das keine Bewerberstadt für die Ausrichtung der betreffenden Olympischen Spiele stellt.

Durchführungsbestimmung zu Regel 34
1. Bewerbung um die Ausrichtung Olympischer Spiele – Bewerberstädte

1.1. Um zulässig zu sein, muß eine Bewerbung einer Stadt um die Ausrichtung Olympischer Spiele durch das NOK ihres Landes bestätigt werden; in diesem Fall gilt die Stadt als Bewerberstadt.

1.2. Jede Bewerbung um die Ausrichtung Olympischer Spiele muß dem IOC von den zuständigen öffentlichen Stellen der Bewerberstadt zusammen mit der Zustimmung des NOKs des Landes unterbereitet werden. Diese Stellen und das NOK müssen garantieren, daß die Olympischen Spiele zur Zufriedenheit des IOC und unter den von ihm festgesetzten Bedingungen ausgerichtet werden.

1.3. Falls mehrere Städte desselben Landes mögliche Bewerber um die Ausrichtung derselben Olympischen Spiele sind, kann sich nur eine Stadt entsprechend der Entscheidung des NOK des betreffenden Landes bewerben.

1.4. Vom Tage der Einreichung einer Bewerbung um die Ausrichtung Olympischer Spiele beim IOC an überwacht das NOK des Landes der Bewerberstadt die Handlungen und das Verhalten der Bewerberstadt bezüglich ihrer Bewerbung und gegebenenfalls bezüglich der Kandidatur für die Ausrichtung der Olympischen Spiele und ist dafür mitverantwortlich.

1.5. Jede Bewerberstadt hat die Pflicht, die Olympische Charta und jede andere Regelung und Vorgabe, die von der IOC-Exekutivkommission erlassen wird, sowie alle technischen Vorschriften, die von den IFs für deren jeweilige Sportart erlassen werden, zu befolgen.

1.6. Alle Bewerberstädte werden ein Verfahren zur Annahme der Kandidaturen befolgen, das unter der Aufsicht der IOC-Exekutivkommission durchgeführt wird, die auch den Ablauf dieses Verfahrens festlegt. Die IOC-Exekutivkommission bestimmt die Städte, die als Kandidatenstädte angenommen werden.

2. Kandidatenstädte – Bewertung

2.1. Kandidatenstädte sind diejenigen Bewerberstädte, die geeignet sind für eine Entscheidung der IOC-Exekutivkommission, sie der Session zur Wahl zu unterbreiten.

2.2. Der Präsident des IOC ernennt eine Kommission zur Bewertung der Kandidatenstädte für jede Auflage der Olympischen Spiele. Diesen Kommissionen gehören jeweils Mitglieder des IOC, Vertreter der IFs, der NOKs, der Athletenkommission und des Internationalen Paralympischen Komitees (IPC) an. Staatsangehörige von

Ländern, die eine Kandidatenstadt stellen, können nicht Mitglieder der Bewertungskommission sein. Die Bewertungskommission kann sich von Fachleuten unterstützen lassen.

2.3. Jede Bewertungskommission prüft die Kandidaturen aller Kandidatenstädte, nimmt die Austragungsorte in Augenschein und unterbreitet spätestens einen Monat vor dem Tag der Eröffnung der Session des IOC, die die Gastgeberstadt für die Olympischen Spiele wählt, allen IOC-Mitgliedern einen schriftlichen Bericht über alle Kandidaturen.

2.4. Jede Kandidatenstadt hat die von der IOC-Exekutivkommission gewünschten finanziellen Garantien beizubringen, die auch entscheidet, ob diese Garantien von der Stadt selbst oder einer anderen zuständigen lokalen, regionalen oder nationalen Stelle oder von Dritten zu geben sind.

3. Wahl der Gastgeberstadt – Unterzeichnung des Gastgeberstadt-Vertrages

3.1. Nach der Vorlage des Berichts der Bewertungskommission erstellt die IOC-Exekutivkommission die endgültige Liste der Kandidatenstädte, die der Session zur Abstimmung über die Wahl unterbereitet werden.

3.2. Die Wahl der Gastgeberstadt findet statt, nachdem die Session sich mit dem Bericht der Bewertungskommission beschäftigt hat.

3.3. Das IOC schließt mit der Gastgeberstadt und mit dem NOK ihres Landes einen schriftlichen Vertrag. Dieser Vertrag, allgemein als Gastgeberstadt-Vertrag bezeichnet, wird durch alle Parteien unmittelbar nach der Wahl der Gastgeberstadt unterzeichnet.

Regel 35 Schauplatz, Wettkampfstätten und Austragungsorte der Olympischen Spiele*

1. Alle Sportwettkämpfe müssen in der Gastgeberstadt der Olympischen Spiele stattfinden, es sei denn, die IOC-Exekutivkommission genehmigt die Ausrichtung bestimmter Wettbewerbe in anderen Städten, an anderen Wettkampfstätten oder Austragungsorten im selben Land. Die Eröffnungs- und die Schlußfeiern müssen in der Gastgeberstadt selbst veranstaltet werden. Der Schauplatz, die Wettkampfstätten und die Austragungsorte für jeden Sportwettkampf oder jedes andere Ereignis jeglicher Art müssen von der IOC-Exekutivkommission genehmigt werden.

2. Bei Olympischen Winterspielen kann das IOC, wenn es aus geographischen oder topographischen Gründen unmöglich ist, bestimmte Wettbewerbe oder Disziplinen einer Sportart im Land der Gastgeberstadt zu organisieren, deren Durchführung ausnahmsweise in einem angrenzenden Land genehmigen.

Durchführungsbestimmung zu Regel 35

1. Das Ersuchen, einen Wettkampf oder eine Disziplin oder einen anderen Sportwettkampf in einer anderen Stadt oder an einem anderen Ort als der Gastgeberstadt selbst auszurichten, ist dem IOC spätestens vor dem Besuch der Kommission für die Bewertung der Bewerberstädte schriftlich zu unterbreiten.

2. Die Ausrichtung, der Ablauf und die Medienberichterstattung der Olympischen Spiele dürfen in keiner Weise von einem anderen Ereignis beeinträchtigt werden, das in der Gastgeberstadt oder in ihrer Umgebung oder an anderen Wettkampfstätten oder Austragungsorten stattfindet.

Regel 36 Organisationskomitee*

Mit der Ausrichtung der Olympischen Spiele werden vom IOC das NOK des Landes der Gastgeberstadt und die Gastgeberstadt selbst betraut. Das NOK ist für die Errichtung eines Organisationskomitees (OK) zu diesem Zweck verantwortlich, das vom Zeitpunkt seiner Konstituierung direkt der IOC-Exekutivkommission untersteht.

Durchführungsbestimmung zu Regel 36

1. Das OK muß in seinem Land mit Rechtspersönlichkeit ausgestattet sein.
2. Das Exekutivorgan des OK muß umfassen:
   - das oder die Mitglieder des IOC gemäß Regel 16.1.1.1. in dem Land;
   - den Präsidenten und den Generalsekretär des NOK;
   - mindestens ein Mitglied, das die Gastgeberstadt vertritt und von dieser benannt wird.

Dem Exekutivorgan des OK können auch Vertreter staatlicher Stellen und andere Persönlichkeiten angehören.

3. Von seiner Errichtung bis zum Abschluß seiner Liquidation ist das OK verpflichtet, alle seine Tätigkeiten in Übereinstimmung mit der Olympischen Charta, mit dem zwischen dem IOC, dem NOK und der Gastgeberstadt geschlossenen Vertrag sowie mit allen anderen Regelungen oder Weisungen der IOC-Exekutivkommission wahrzunehmen.

Regel 37 Haftung – Entzug der Ausrichtung der Olympischen Spiele

1. Das NOK, das OK und die Gastgeberstadt haften gesamtschuldnerisch für alle Verpflichtungen, die sie einzeln oder gemeinsam hinsichtlich der Ausrichtung und Durchführung der Olympischen Spiele eingegangen sind, mit Ausnahme der finanziellen Haftung für Ausrichtung und Durchführung dieser Spiele, die vollständig die Gastgeberstadt und das OK gesamtschuldnerisch trifft, unbeschadet der Haftung Dritter, insbesondere der Haftung, die sich aus den gemäß Durchführungsbestimmung zu Regel 34 gegebenen Garantien ergeben kann. Das IOC übernimmt keinerlei finanzielle Haftung hinsichtlich Ausrichtung und Durchführung der Olympischen Spiele.

2. Für den Fall der Nichteinhaltung der Olympischen Charta oder anderer Bestimmungen und Weisungen des IOC oder einer Verletzung der Pflichten, die vom NOK, vom OK oder der Gastgeberstadt vertraglich übernommen wurden, ist das IOC berechtigt, der Gastgeberstadt, dem OK und dem NOK jederzeit und mit sofortiger Wirkung die Ausrichtung der Olympischen Spiele unbeschadet des Ersatzes des dem IOC dadurch entstandenen Schadens zu entziehen. In diesem Fall haben das NOK, das OK, die Gastgeberstadt, das Gastgeberland und dessen Regierungs- oder andere Institutionen oder andere Parteien auf städtischer, lokaler, staatlicher, Provinz- oder anderer regionaler oder nationaler Ebene keinerlei Anspruch auf irgendeine Form von Schadenersatz gegen das IOC.

Regel 38 Koordinierungskommission für die Olympischen Spiele – Verbindung zwischen den NOKs und dem OK★

1. Koordinierungskommission für die Olympischen Spiele

Um die Durchführung der Olympischen Spiele und die Zusammenarbeit zwischen dem IOC, dem OK, den IFs und den NOKs zu verbessern, setzt der Präsident des IOC eine Koordinierungskommission für die Olympischen Spiele (Koordinierungskommission) zu dem Zweck ein, die Arbeitsbeziehungen zwischen den Beteiligten zu steuern und zu vertiefen. Die Koordinierungskommission umfaßt Vertreter des IOC, der IFs, der NOKs und der Athleten.

2. Verbindung zwischen dem NOK und dem OK – Chefs de Mission

Während der Olympischen Spiele unterstehen die Wettkämpfer, Offiziellen und die anderen Mannschaftsangehörigen jedes NOK der Verantwortung eines vom NOK benannten Chef de Mission, dessen Aufgabe – zusätzlich zu anderen Funktionen, die ihm durch sein NOK übertragen werden – es ist, Verbindung mit dem IOC, den IFs und dem OK zu halten.

Durchführungsbestimmung zu Regel 38
1. Aufgabe der Koordinierungskommission

Die Aufgabe der Koordinierungskommission ist es:

1.1. die Fortschritte des OK zu überwachen;

1.2. alle wesentlichen Aspekte der Organisation der Olympischen Spiele zu beobachten und zu prüfen;

1.3. das OK zu unterstützen;

1.4. auf den Aufbau der Verbindung zwischen dem OK auf der einen Seite und dem IOC, den IFs und den NOKs auf der anderen Seite hinzuwirken;

1.5. zur Beilegung von Streitigkeiten, die zwischen den Beteiligten entstehen können, beizutragen;

1.6. sicherzustellen, daß alle IFs und NOKs entweder durch das OK oder durch das IOC auf Initiative der Koordinierungskommission über die Fortschritte der Organisation der Olympischen Spiele unterrichtet werden;

1.7. sicherzustellen, daß die IOC-Exekutivkommission über die Auffassungen des OK, der IFs und NOKs zu den die Olympischen Spiele betreffenden wichtigen Fragen unterrichtet wird;

1.8. nach Konsultation der IOC-Exekutivkommission und des OK die Bereiche zu prüfen, in denen eine fruchtbare Zusammenarbeit zwischen den NOKs hergestellt werden kann, insbesondere hinsichtlich Lufttransport, Fracht, Anmietung von Unterbringungsmöglichkeiten für zusätzliche Offizielle und das Verfahren der Zuteilung von Eintrittskarten an die IFs, die NOKs und an beauftragte Reisebüros;

1.9. dem OK folgendes vorzuschlagen und vorbehaltlich der Zustimmung der IOC-Exekutivkommission festzulegen:

1.9.1. die Vorkehrungen für die Trainings- und Wettkampfanlagen sowie für die Unterbringung und die Anlagen im Olympischen Dorf;

1.9.2. die Kosten für Teilnahme, Unterbringung und damit verbundene Dienstleistungen, die vom OK zu stellen sind;

1.9.3. die Modalitäten für den Transport und die Unterbringung der Teilnehmer und der Offiziellen sowie andere Fragen, die nach ihrer Auffassung das Wohlbefinden der Wettkämpfer und der Offiziellen und ihre Fähigkeit, die während der Olympischen Spiele notwendigen Funktionen auszuüben, betreffen;

1.10. die Wettkampf-, Trainings- und anderen Anlagen in Augenschein zu nehmen und über jede Angelegenheit, die sie nicht lösen konnte, der IOC-Exekutivkommission zu berichten;

1.11. sicherzustellen, daß das OK in angemessener Weise den Auffassungen der IFs und der Chefs de Mission nachkommt;

1.12. vorbehaltlich der Zustimmung der IOC-Exekutivkommission spezielle Arbeitsgruppen einzusetzen, die sich mit genau bestimmten Bereichen der Ausrichtung der Olympischen Spiele befassen und der IOC-Exekutivkommission berichten und Verbesserungen empfehlen, die von der Koordinierungskommission umzusetzen sind;

1.13. nach den Olympischen Spielen eine Organisationsanalyse zu erstellen und darüber der IOC-Exekutivkommission zu berichten;

1.14. weitere Zuständigkeiten, die ihr von der IOC-Exekutivkommission übertragen werden, wahrzunehmen und jede Weisung der IOC-Exekutivkommission auszuführen;

1.15. im Falle einer Angelegenheit, zu deren Lösung die Koordinierungskommission sich außerstande sieht, oder wenn eine Partei sich weigert, entsprechend der in dieser Angelegenheit getroffenen Entscheidung zu handeln, wird die Kommission die Angelegenheit und alle diesbezüglichen Umstände unverzüglich der IOC-Exekutivkommission berichten, die eine endgültige Entscheidung trifft;

1.16. während der Olympischen Spiele fallen die Aufgaben der Koordinierungskommission auf die IOC-Exekutivkommission zurück. Der Vorsitzende der Koordinierungskommission nimmt an den täglichen Koordinierungssitzungen mit dem OK teil.

2. Chefs de Mission

Während der Dauer der Olympischen Spiele wohnt der Chef de Mission im Olympischen Dorf und hat Zugang zu allen medizinischen Einrichtungen sowie zu allen Trainings- und Wettkampfanlagen und ebenso zu den Medienzentren und den Hotels der olympischen Familie.

3. Attachés

Jedes NOK kann einen Attaché ernennen, um die Zusammenarbeit mit dem OK zu erleichtern. Der Attaché fungiert als Verbindungsperson zwischen dem OK und seinem NOK, um zur Lösung praktischer Probleme wie etwa Reise und Unterbringung beizutragen. Während der Dauer der Olympischen Spiele ist der Attaché als Mitglied der Delegation seines NOKs zu akkreditieren.

Regel 39 Olympisches Dorf*

Um alle Wettkämpfer, Offizielle und die anderen Angehörigen der Mannschaften an einem Ort zu vereinen, stellt das OK ein Olympisches Dorf für einen Zeitraum, der von der IOC-Exekutivkommission festgelegt wird, zur Verfügung.

Durchführungsbestimmung zu Regel 39

1. Das Olympische Dorf muß allen Vorgaben entsprechen, die von der IOC-Exekutivkommission festgelegt werden.

2. Die Kontingente für die Offiziellen und andere Angehörige der Mannschaften, die im Olympischen Dorf untergebracht werden, werden von der IOC-Exekutivkommission festgelegt.

3. Falls das IOC dem OK gestattet, Wettkämpfe an einem anderen Ort als der Gastgeberstadt auszutragen, kann das OK dazu verpflichtet werden, angemessene Unterbringung, Dienstleistungen und Einrichtungen im Einklang mit den Vorgaben, die von der IOC-Exekutivkommission festgelegt werden, zur Verfügung zu stellen.

4. Das OK trägt alle Kosten für Unterkunft und Verpflegung der Wettkämpfer, Offiziellen und der anderen Angehörigen der Mannschaften im Olympischen Dorf und an den anderen Unterbringungsorten, wie oben festgelegt, sowie die Kosten für die Beförderung am Ort.

Regel 40 Kulturprogramm*

Das OK organisiert ein Programm kultureller Veranstaltungen, das mindestens den gesamten Zeitraum abdecken muß, während dessen das Olympische Dorf geöffnet ist. Dieses Programm ist der IOC-Exekutivkommission zur vorherigen Genehmigung vorzulegen.

II. Die Teilnahme an den Olympischen Spielen

Regel 41 Zulassungsregel*

Um zur Teilnahme an den Olympischen Spielen zugelassen zu werden, muß ein Wettkämpfer, Trainer, Coach oder Offizieller der Mannschaft die Olympische Charta und die

Regeln der betreffenden IF, wie sie vom IOC genehmigt worden sind, beachten, und der Wettkämpfer, Coach, Trainer oder andere Offizielle der Mannschaft muß von seinem NOK gemeldet werden. Die oben aufgeführten Personen müssen vor allem:
- den Geist des Fairplay und der Gewaltlosigkeit achten und sich entsprechend verhalten und
- den World Anti-Doping Code beachten und ihm in jeder Hinsicht nachkommen.

Durchführungsbestimmung zu Regel 41
1. Jede IF legt für ihre Sportart eigene Zulassungskriterien in Übereinstimmung mit der Olympischen Charta fest. Diese Kriterien sind der IOC-Exekutivkommission zur Genehmigung vorzulegen.
2. Die Anwendung der Zulassungskriterien obliegt in ihren jeweiligen Verantwortungsbereichen den IFs, den diesen angehörenden nationalen Verbänden und den NOKs.
3. Vorbehaltlich der Genehmigung durch die IOC-Exekutivkommission darf kein Wettkämpfer, Coach, Trainer oder anderer Offizieller der Mannschaft, die an Olympischen Spielen teilnehmen, gestatten, daß seine Person, sein Name, sein Bild oder seine sportlichen Leistungen während der Olympischen Spiele zu Werbezwecken genutzt werden.
4. Die Meldung für oder die Teilnahme eines Wettkämpfers an Olympischen Spielen darf von keiner finanziellen Gegenleistung abhängig gemacht werden.

Regel 42 Staatsangehörigkeit der Wettkämpfer*
1. Jeder Wettkämpfer bei Olympischen Spielen muß Staatsangehöriger des Landes des NOK sein, das ihn meldet.
2. Alle Streitigkeiten über die Bestimmung des Landes, für das ein Wettkämpfer bei Olympischen Spielen starten kann, werden durch die IOC-Exekutivkommission entschieden.

Durchführungsbestimmung zu Regel 42
1. Ein Wettkämpfer, der gleichzeitig Staatsangehöriger zweier oder mehrerer Länder ist, kann nach seiner Wahl für eines von diesen starten. Wenn er jedoch bereits bei Olympischen Spielen, bei kontinentalen oder regionalen Spielen oder bei regionalen oder Weltmeisterschaften, die durch die zuständige IF anerkannt sind, für ein Land gestartet ist, kann er für ein anderes Land nur dann starten, wenn er die in Absatz 2 festgelegten Bedingungen erfüllt, die für Personen gelten, die die Staatsangehörigkeit gewechselt oder eine neue Staatsangehörigkeit erworben haben.
2. Ein Wettkämpfer, der bei Olympischen Spielen, bei kontinentalen oder regionalen Spielen oder bei regionalen oder Weltmeisterschaften, die von der zuständigen IF anerkannt sind, für ein Land gestartet ist und der die Staatsangehörigkeit gewechselt oder eine neue Staatsangehörigkeit erworben hat, kann an Olympischen Spielen für seinen neuen Staat teilnehmen, sofern mindestens drei Jahre vergangen sind, seit der Wettkämpfer seinen früheren Staat zum letzten Mal vertreten hat. Diese Frist kann mit Zustimmung der betroffenen NOKs und der betroffenen IFs durch die IOC-Exekutivkommission unter Berücksichtigung der Umstände des Einzelfalls verkürzt oder ganz aufgehoben werden.
3. Wenn ein assoziiertes Land, eine überseeische Provinz oder ein überseeisches Département, ein Land oder eine Kolonie die Unabhängigkeit erlangt oder wenn ein Land aufgrund einer Grenzveränderung in ein anderes eingegliedert wird oder wenn sich ein Land mit einem anderen vereinigt oder wenn ein neues NOK durch das IOC anerkannt wird, kann ein Wettkämpfer weiter für das Land starten, dem er angehört oder angehörte. Er kann sich aber auch, wenn er dies vorzieht, entscheiden, für sein Land zu starten oder durch sein neues NOK, wenn ein solches existiert, für die Olympischen Spiele gemeldet zu werden. Diese besondere Wahl darf nur einmal getroffen werden.

4. Im übrigen kann die IOC-Exekutivkommission in allen Fällen, in denen ein Wettkämpfer zur Teilnahme an den Olympischen Spielen als Vertreter eines anderen Landes als das seinige oder als jemand, der die Wahl des Landes hat, das zu vertreten er gedenkt, zugelassen wäre, alle individuellen oder generellen Entscheidungen in bezug auf Nationalität, Staatsangehörigkeit, Wohnort oder Wohnsitz des Wettkämpfers einschließlich der Dauer der Wartefrist treffen.

Regel 43 Altersgrenze
Für die Wettkämpfer bei Olympischen Spielen gibt es außer denen, die in den von der IOC-Exekutivkommission genehmigten Wettkampfregeln der IFs enthalten sind, keine Altersgrenze.

Regel 44 World Anti-Doping Code
Der World Anti-Doping Code ist für die gesamte Olympische Bewegung verbindlich.

Regel 45 Einladungen und Meldungen*
1. Die Einladungen, an den Olympischen Spielen teilzunehmen, werden ein Jahr vor der Eröffnungszeremonie vom IOC an alle NOKs verschickt.

2. Nur durch das IOC anerkannte NOKs können Wettkämpfer zu Olympischen Spielen melden. Jede Meldung unterliegt der Zustimmung durch das IOC, das nach seinem Ermessen jederzeit und ohne Begründung eine Meldung zurückweisen kann. Niemand hat ein Recht welcher Art auch immer darauf, an den Olympischen Spielen teilzunehmen.

3. Ein NOK meldet Wettkämpfer nur auf der Grundlage von Meldeempfehlungen, die durch nationale Verbände ausgesprochen werden. Wenn das NOK diesen zustimmt, übermittelt es die Meldungen dem OK. Das OK hat deren Empfang zu bestätigen. Die NOKs haben die Gültigkeit der von den nationalen Verbänden vorgeschlagenen Meldungen zu prüfen und sich zu vergewissern, daß niemand aus rassischen, religiösen, politischen oder wegen anderer Formen von Diskriminierung nicht berücksichtigt worden ist.

4. Die NOKs dürfen zu Olympischen Spielen nur Wettkämpfer entsenden, die für internationale Spitzenwettkämpfe hinreichend vorbereitet sind. Ein nationaler Verband kann über seine IF die IOC-Exekutivkommission anrufen, um eine Entscheidung des NOK in einer Meldeangelegenheit überprüfen zu lassen. Die Entscheidung der IOC-Exekutivkommission ist endgültig.

Durchführungsbestimmung zu Regel 45
1. Die IOC-Exekutivkommission legt die Zahl der Teilnehmer an den Olympischen Spielen fest.

2. Die Verfahren und die Fristen für die Meldung der Wettkämpfer zu den sportlichen Wettkämpfen bei den Olympischen Spielen und deren Zulassung werden von der IOC-Exekutivkommission festgelegt.

3. Alle Meldungen sind in ein spezielles, vom IOC genehmigtes Formular in Druckbuchstaben einzutragen und in einer vom OK festgelegten Anzahl von Exemplaren zu versenden.

4. Die Teilnahme an Olympischen Spielen setzt für jeden Wettkämpfer voraus, daß er alle Vorschriften, die in der Olympischen Charta enthalten sind, und die Regeln der für seine Sportart verantwortlichen IF einhält. Der Wettkämpfer muß durch diese IF ordnungsgemäß benannt werden. Das NOK, das einen Wettkämpfer meldet, stellt in eigener Verantwortlichkeit sicher, daß der Wettkämpfer die Olympische Charta und den World Anti-Doping Code vollständig kennt und befolgt.

5. Für den Fall, daß es in einem Land, in dem es ein anerkanntes NOK gibt, für eine bestimmte Sportart keinen nationalen Verband gibt, kann das NOK allein mit Genehmi-

gung der IOC-Exekutivkommission und der IF, die für diese Sportart verantwortlich ist, in dieser Sportart Wettkämpfer zu Olympischen Spielen melden.

6. Jeder Teilnehmer an den Olympischen Spielen, gleich in welcher Funktion, muß die folgende Erklärung unterzeichnen:

„In Kenntnis dessen, daß ich als Teilnehmer bei den Olympischen Spielen an einem außergewöhnlichen Ereignis bleibender internationaler und historischer Bedeutung teilnehme, und im Bewußtsein der Zulassung meiner Teilnahme erkläre ich mich damit einverstanden, während der Olympischen Spiele unter den Bedingungen und zu den Zwecken, die gegenwärtig oder künftig durch das Internationale Olympische Komitee (IOC) im Blick auf die Förderung der Olympischen Spiele und der Olympischen Bewegung festgelegt werden, gefilmt, insbesondere vom Fernsehen, fotografiert, identifiziert oder in anderer Weise aufgezeichnet zu werden.

Ich erkläre mich weiterhin damit einverstanden, die gegenwärtig in Kraft befindliche Olympische Charta, insbesondere die Vorschriften der Olympischen Charta über die Zulassung zu Olympischen Spielen (einschließlich Regel 41 und ihrer Durchführungsbestimmung), über die Informationsmedien (Regel 51) und über die auf der Kleidung und der Ausrüstung, die bei den Olympischen Spielen getragen oder benutzt werden, zugelassene Herstellerbezeichnung (Durchführungsbestimmung zu Regel 53) zu befolgen.

Ich erkläre mich darüber hinaus damit einverstanden, daß jede Streitigkeit, die anläßlich oder in Zusammenhang mit meiner Teilnahme an den Olympischen Spielen entsteht, gemäß dem Regelwerk für Schiedsgerichtsbarkeit in Sportsachen (Regel 61) dem Schiedsgerichtshof für Sportsachen unterbreitet wird.[2]

Ich erkläre mich weiter damit einverstanden, den World Anti-Doping Code und den IOC-Verhaltenskodex zu befolgen.

Alle entsprechenden anwendbaren Regeln und Vorschriften sind mir durch mein Nationales Olympisches Komitee und/oder meinen nationalen Sportverband oder meinen Internationalen Verband zur Kenntnis gebracht worden."

7. Das zuständige NOK hat die in Absatz 6 genannte Erklärung ebenfalls zu unterzeichnen, um zu bestätigen und zu garantieren, daß alle einschlägigen Regeln dem Wettkämpfer zur Kenntnis gebracht wurden und daß das NOK durch den zuständigen nationalen Sportverband mit Zustimmung der betreffenden IF ermächtigt wurde, das Meldeformular in seinem Namen zu unterzeichnen.

8. Eine Meldung ist ungültig, wenn obige Vorschriften nicht eingehalten werden.

9. Wenn eine ordnungsgemäß gemeldete Delegation oder Mannschaft oder ein ordnungsgemäß gemeldeter individueller Teilnehmer zurückgezogen wird, stellt dies, wenn es ohne Zustimmung der IOC-Exekutivkommission erfolgt, einen Verstoß gegen die Olympische Charta dar, der Gegenstand einer Untersuchung sein wird und zu Maßnahmen oder Sanktionen führen kann.

10. Die Zahl der Meldungen wird für jede Sportart zwei Jahre vor den betreffenden Olympischen Spielen von der IOC-Exekutivkommission nach Konsultation mit den betreffenden IFs festgelegt.

11. Die Zahl der Meldungen für die Einzelwettbewerber darf die für die Weltmeisterschaften vorgesehene nicht überschreiten und darf keinesfalls die Zahl von drei pro Land überschreiten. Für bestimmte Wintersportarten kann die IOC-Exekutivkommission Ausnahmen zulassen.

12. Für Mannschaftssportarten darf vorbehaltlich anderslautender Entscheidung der IOC-Exekutivkommission die Zahl der Mannschaften zwölf für jedes Geschlecht nicht überschreiten und nicht weniger als acht betragen.

13. Um eine gerechte Aufteilung der Zahl der Ersatzleute in bestimmten Einzel- und Mannschaftssportarten zu erreichen, und angesichts der Tatsache, daß in bestimmten

---

[2] Anmerkung d. Übers.: die englische Fassung lautet: „submitted exclusively"; vgl. Regel 61.

Sportarten pro Wettkampf und Land nur eine einzige Meldung ohne Ersatzmann erlaubt ist, kann die IOC-Exekutivkommission nach Konsultation der betroffenen IFs die Zahl der Ersatzleute erhöhen oder verringern.

14. Vorbehaltlich einer anderslautenden von der IOC-Exekutivkommission beschlossenen und in den Gastgeberstadt-Vertrag aufgenommenen Entscheidung ist die Zahl der an den Spielen der Olympiade teilnehmenden Athleten auf zehntausendfünfhundert (10500) und die Zahl der Offiziellen auf fünftausend (5000) begrenzt.

III. Programm der Olympischen Spiele

Regel 46 Olympische Sportarten

Die Sportarten, für die die folgenden IFs verantwortlich sind, gelten als olympische Sportarten:

1. Spiele der Olympiade:
   - Internationaler Leichtathletikverband (IAAF);
   - Internationaler Ruderverband (FISA);
   - Internationaler Badmintonverband (IBF);
   - Internationaler Baseballverband (IBAF);
   - Basketball-Weltverband (FIBA);
   - Internationaler Boxverband (AIBA);
   - Internationaler Kanuverband (ICF);
   - Internationaler Radsportverband (UCI);
   - Internationale Reiterliche Vereinigung (FEI);
   - Internationaler Fechtverband (FIE);
   - Internationaler Fußballverband (FIFA);
   - Internationaler Turnerbund (FIG);
   - Internationaler Gewichtheberverband (IWF);
   - Internationaler Handballverband (IHF);
   - Internationaler Hockeyverband (FIH);
   - Internationaler Judoverband (IJF);
   - Internationaler Ringerverband (FILA);
   - Internationaler Schwimmverband (FINA);
   - Internationale Union für Modernen Fünfkampf (UIPM);
   - Internationaler Softballverband (ISF);
   - Taekwondo-Weltverband (WTF);
   - Internationale Tennis-Vereinigung (ITF);
   - Internationaler Tischtennisverband (ITTF);
   - Internationale Schützenunion (ISSF);
   - Internationaler Verband für Bogenschießen (FITA);
   - Internationale Triathlon-Union (ITU);
   - Internationaler Segelverband (ISAF);
   - Internationaler Volleyballverband (FIVB).

2. Olympische Winterspiele:
   - Internationale Biathlon-Union (IBU);
   - Internationaler Bob-und Schlittensportverband (FIBT);
   - Welt-Curling-Verband (WCF);
   - Internationaler Eishockeyverband (IIHF);
   - Internationaler Verband für Rennschlittensport (FIL);
   - Internationale Eislaufunion (ISU);
   - Internationaler Skiverband (FIS).

Regel 47 Programm der Sportarten, Zulassung von Sportarten, Disziplinen und Wettbewerben

Das IOC legt das Programm der Olympischen Spiele fest. Dieses umfaßt nur olympische Sportarten.

1. Olympische Sportarten, die Teil des Programms der Olympischen Spiele sind

Um in das Programm der Olympischen Spiele aufgenommen zu werden, muß eine olympische Sportart den folgenden Kriterien genügen:

1.1. in das Programm der Spiele der Olympiade können nur Sportarten aufgenommen werden, die bei den Männern in wenigstens 75 Ländern und auf vier Kontinenten und bei den Frauen in wenigstens 40 Ländern und auf drei Kontinenten weit verbreitet ausgeübt werden;

1.2. in das Programm der Olympischen Winterspiele können nur Sportarten aufgenommen werden, die in mindestens 25 Ländern und auf drei Kontinenten weit verbreitet ausgeübt werden;

1.3. nur Sportarten, die den World Anti-Doping Code angenommen haben und anwenden, können in das Programm der Olympischen Spiele aufgenommen werden und dort verbleiben;

1.4. die Sportarten werden spätestens sieben Jahre vor den betreffenden Olympischen Spielen in das Programm der Olympischen Spiele aufgenommen; eine spätere Änderung ist vorbehaltlich Absatz 6 ausgeschlossen.

2. Disziplinen

2.1. Eine Disziplin, ein Teil einer olympischen Sportart, die einen oder mehrere Wettbewerbe umfaßt, muß einen anerkannten internationalen Verbreitungsgrad haben, um in das Programm der Olympischen Spiele aufgenommen werden zu können.

2.2. Die Voraussetzungen für eine Zulassung von Disziplinen sind dieselben, wie sie für die Zulassung olympischer Sportarten erforderlich sind.

2.3. Eine Disziplin wird sieben Jahre vor den betreffenden Olympischen Spielen zugelassen; einer späteren Änderung ist vorbehaltlich Absatz 6 ausgeschlossen.

3. Wettbewerbe

3.1. Ein Wettbewerb, ein Wettkampf in einer olympischen Sportart oder in einer ihrer Disziplinen, der eine Rangliste als Ergebnis hat, führt zu einer Verleihung von Medaillen und Urkunden.

3.2. Um in das Programm Olympischer Spiele aufgenommen zu werden, müssen die Wettbewerbe einen zahlenmäßig wie geographisch anerkannten internationalen Verbreitungsgrad haben und müssen mindestens zweimal Teil von Welt- oder Kontinentalmeisterschaften gewesen sein.

3.3. In das Programm Olympischer Spiele können nur Wettbewerbe aufgenommen werden, die bei den Männern mindestens in 50 Ländern und auf drei Kontinenten und bei den Frauen mindestens in 35 Ländern und auf drei Kontinenten durchgeführt werden.

3.4. Die Wettbewerbe werden spätestens drei Jahre vor den betreffenden Olympischen Spielen zugelassen; eine spätere Änderung ist vorbehaltlich Absatz 6 ausgeschlossen.

4. Bedingungen für die Aufnahme von Sportarten, Disziplinen und Wettbewerben:

4.1. Um in das Programm der Olympischen Spiele aufgenommen zu werden, hat jede Sportart, jede Disziplin oder jeder Wettbewerb die in dieser Regel vorgeschriebenen Bedingungen zu erfüllen.

4.2. Die Sportarten, Disziplinen oder Wettbewerbe, in denen die Leistungen wesentlich von einem mechanischen Antrieb abhängen, sind nicht zulassungsfähig.

4.3. Soweit das IOC nichts Gegenteiliges beschließt, kann ein einzelner Wettbewerb nicht gleichzeitig zu einer Einzelwertung und zu einer Mannschaftswertung führen.

4.4. Die Sportarten, Disziplinen oder Wettbewerbe, die in das Programm der Olympischen Spiele aufgenommen worden sind, die aber nicht mehr den Bedingungen dieser Regel genügen, können dennoch in Ausnahmefällen um der olympischen Tradition willen auf Beschluß des IOC im olympischen Programm verbleiben.

5. Mitteilung über die Teilnahme der IFs an den Olympischen Spielen

Die IFs, die für eine in das Programm der Olympischen Spiele aufgenommene Sportart verantwortlich sind, haben dem IOC ihre Beteiligung an den entsprechenden Olympischen Spielen spätestens zum Zeitpunkt der Session des IOC zu bestätigen, die die Gastgeberstadt dieser Spiele wählt.

6. Abweichungen von den Fristen für die Zulassung oder den Ausschluß von Sportarten, Disziplinen und Wettbewerben

Von den oben in den Absätzen 1.4, 2.3 und 3.4 festgelegten Fristen kann unter den folgenden Umständen abgewichen werden, um Änderungen am Programm der Olympischen Spiele zu erlauben:

6.1. Für die Zulassung von Sportarten, Disziplinen und Wettbewerben kann von einer Frist durch Beschluß des zuständigen Organs des IOC mit Zustimmung der IF, die für die Sportart verantwortlich ist, sowie des OK der Ausgabe der betreffenden Olympischen Spiele, abgewichen werden.

6.2. Für den Ausschluß einer Sportart, Disziplin oder eines Wettbewerbs kann von einer Frist durch Beschluß des zuständigen Organs des IOC abgewichen werden, wenn eine IF, die für diese Sportart verantwortlich ist, die Olympische Charta oder den World Anti-Doping Code nicht einhält. Zusätzlich können Maßnahmen und Sanktionen gemäß Regel 23 verhängt werden.

7. Zuständigkeit für die Zulassung oder den Ausschluß einer Sportart, einer Disziplin oder eines Wettbewerbs

Die Zulassung oder der Ausschluß einer Sportart fällt in die Zuständigkeit der Session des IOC, während die Zulassung oder der Ausschluß einer Disziplin oder eines Wettbewerbs in der Zuständigkeit der IOC-Exekutivkommission liegt.

Regel 48 Programm der Olympischen Spiele

1. Das Programm der Spiele der Olympiade muß mindestens 15 olympische Sportarten umfassen. Für das Programm der Olympischen Winterspiele gibt es keine Mindestzahl.

2. Nach jeder Veranstaltung von Olympischen Spielen überprüft das IOC das Programm der Olympischen Spiele.

3. Bei jeder Überprüfung können von den zuständigen Organen des IOC die Zulassungsbedingungen für Sportarten, Disziplinen oder Wettbewerbe überprüft und die Zulassung oder der Ausschluß von Sportarten, Disziplinen oder Wettbewerben beschlossen werden.

Regel 49 Technische Verantwortung der IFs bei den Olympischen Spielen★

1. Jede IF ist für die technische Überwachung und Leitung ihrer Sportart bei den Olympischen Spielen verantwortlich; alle Elemente der Wettkämpfe, einschließlich des Zeitplans, der Wettkampfstätten, der Trainingsorte und aller Ausrüstungen müssen deren Re-

geln entsprechen. Bezüglich aller technischen Vorkehrungen muß das OK die betreffenden IFs konsultieren. Der Ablauf aller Wettkämpfe in jeder Sportart liegt in der unmittelbaren Verantwortung der betreffenden IF.

2. Das OK stellt sicher, daß die verschiedenen olympischen Sportarten angemessen behandelt und einbezogen werden.

3. Die endgültige Entscheidung über Tag und Uhrzeit der Wettbewerbe liegt bei der IOC-Exekutivkommission.

Durchführungsbestimmung zu Regel 49
1. Technische Vorkehrungen bei den Olympischen Spielen

Die IFs haben hinsichtlich der technischen Vorkehrungen bei den Olympischen Spielen die folgenden Rechte und Pflichten:

1.1. Sie erlassen die technischen Vorschriften für ihre Sportarten, Disziplinen und Wettbewerbe einschließlich aber nicht beschränkt auf die Bewertungsmaßstäbe, die technischen Festlegungen bezüglich der Ausrüstungen, Einrichtungen und Anlagen, die Regeln über die technischen Bewegungsabläufe, Übungen oder Spiele, die Regeln über die technische Disqualifikation und die Regeln über die Bewertung und die Zeitnahme.

1.2. Sie stellen die Ergebnisse und die Endklassements der olympischen Wettbewerbe fest. Diese Ergebnisse werden den IFs vom OK auf dessen Kosten unverzüglich nach jedem Wettkampf in elektronischer Form gemäß den Richtlinien, die vom IOC aufgestellt werden, zur Verfügung gestellt. Die betroffene IF hat dann das Recht, die Ergebnisse über Wettkämpfe für ihre Sportart auf ihrer offiziellen Website zu veröffentlichen.

1.3. Sie haben unter der Autorität des IOC die technische Aufsicht über die Wettkampf- und Trainingsstätten ihrer jeweiligen Sportarten während der Wettkämpfe und des Trainings bei Olympischen Spielen inne.

1.4. Sie wählen im Rahmen der durch die IOC-Exekutivkommission auf Vorschlag der betreffenden IF festgelegten Gesamtzahl die Kampfrichter, Schiedsrichter und anderen technischen Offiziellen aus dem Gastland und dem Ausland aus. Die Kosten für Unterbringung, Transport und Uniformen der Kampfrichter, Schiedsrichter und der anderen technischen Offiziellen, die aus anderen Ländern als dem Gastgeberland kommen, gehen zu Lasten des OK. Die technischen Offiziellen müssen mindestens drei Tage vor dem ersten Wettkampf in ihrer Sportart und mindestens bis einen Tag nach dem letzten Wettkampf am Wettkampfort anwesend sein.

1.5. Sie ernennen während der Planung und Fertigstellung der Anlagen für ihren Sport zwei Technische Delegierte, um zu überwachen, daß ihre Regeln eingehalten werden, und um alle technischen Elemente der Wettkämpfe, einschließlich der Meldungen, der Anforderungen an die Austragungsorte, des Zeitplans für die Wettkämpfe, der vorolympischen Wettkämpfe, sowie der Bedingungen hinsichtlich der Unterbringung, Verpflegung und des Transports, der technischen Offiziellen und der Kampfrichter zu kontrollieren und zu bestätigen.

1.5.1. Die beiden Technischen Delegierten jeder IF müssen spätestens fünf Tage vor Beginn des ersten Wettbewerbs ihrer Sportart am Wettkampfort anwesend sein, um alle notwendigen Maßnahmen hinsichtlich der Meldungen zu treffen.

1.5.2. Die angemessenen Kosten für diese Delegierten während dieses Zeitraums und bis zum Ende der Olympischen Spiele (Flugreise in der Business Class, wenn die Flugstrecke 2500 km übersteigt, oder in der Economy Class, wenn die Flugstrecke 2500 km nicht übersteigt, Unterkunft und Verpflegung) werden durch das OK getragen.

1.5.3. Wenn in außergewöhnlichen Fällen aus technischen Gründen die Anwesenheit von Delegierten oder die Organisation zusätzlicher Besuche notwendig ist, werden nach vorheriger Information des IOC vom OK angemessene Vorkehrungen getroffen. Im Falle einer Meinungsverschiedenheit entscheidet die IOC-Exekutivkommission.

1.6. Sie sorgen dafür, daß alle Wettkämpfer die Bestimmungen der Regeln 51 und 53 einhalten.

1.7. Sie sorgen vor den Olympischen Spielen (Ausscheidungswettbewerbe) und während der Olympischen Spiele unter der Autorität des IOC und der NOKs für die Anwendung der Regeln des IOC über die Zulassung von Teilnehmern.

1.8. In Zusammenarbeit mit dem IOC stellen sie ihre technischen Vorgaben für die Bewerberstädte auf und revidieren sie.

2. Technische Bestimmungen, die der Annahme durch die IFs und das OK bedürfen, bevor sie der IOC-Exekutivkommission zur Genehmigung vorgelegt werden:

2.1. täglicher Zeitplan für das Programm einer Sportart bei den Olympischen Spielen;

2.2. Streckenführungen für Wettbewerbe, die sich außerhalb der olympischen Wettkampfstätten abspielen (zum Beispiel: Segeln, Marathonlauf, Gehen, Straßenradrennen und Military);

2.3. Bedarf an Trainingseinrichtungen vor und während der Olympischen Spiele;

2.4. technische Ausrüstung an den Wettkampfstätten, soweit diese in den technischen Regelwerken der IFs nicht definiert oder genannt wird;

2.5. technische Einrichtungen zur Ermittlung der Ergebnisse;

2.6. während der Olympischen Spiele notwendige Uniform der Offiziellen der IFs (wie zum Beispiel Kampfrichter und Schiedsrichter).

3. Vorschläge der IFs, für die die Zustimmung der IOC-Exekutivkommission erforderlich ist:

3.1. Aufstellung des Programms der Olympischen Spiele in ihren jeweiligen Sportarten, wobei sie gemäß den vom IOC festgelegten Regeln, Kriterien und Bedingungen Wettbewerbe aufnehmen oder ausschließen können;

3.2. Festlegung der Zahl der Teilnehmer pro Wettbewerb und pro Land und der Zahl der teilnehmenden Mannschaften bei den Olympischen Spielen;

3.3. Festlegung des Systems der Qualifikationswettbewerbe drei Jahre vor den Olympischen Spielen;

3.4. Festlegung des Systems der Gruppeneinteilung und der Auswahl der Athleten für die Qualifikationswettbewerbe (oder der Mannschaften in den Ausscheidungsgruppen) für die Olympischen Spiele;

3.5. Festlegung der Zahl der Ersatzleute in den Einzel- oder Mannschaftssportarten und -wettbewerben;

3.6. Festlegung der Zahl und Auswahl der Wettkämpfer für die Doping-Kontrollen;

3.7. Aufstellung der Liste der Wettkämpferinnen, denen die IFs anläßlich von Welt- oder Kontinental-Meisterschaften eine Bescheinigung über die Zugehörigkeit zum weiblichen Geschlecht ausgestellt hat, die für die Olympischen Spiele gilt, zusätzlich zu den durch das IOC bei vorherigen Olympischen Spielen ausgestellten Bescheinigungen;

3.8. Entsendung von mehr als zwei Technischen Delegierten, um die Vorbereitung für die Olympischen Spiele zu überwachen, oder die Durchführung zusätzlicher Besichtigungen, die nicht durch die Olympische Charta vorgesehen sind;

3.9. Herstellung aller visuellen oder audiovisuellen Aufzeichnungen der olympischen Wettbewerbe durch die IFs auf allen Trägermedien; jedoch ist jede kommerzielle Nutzung dieser Aufzeichnungen untersagt.

4. Weitere Bestimmungen bezüglich der technischen Vorkehrungen

4.1. Spätestens drei Jahre vor der Eröffnung der Olympischen Spiele haben die IFs das OK, das IOC und die NOKs über die Eigenschaften der erforderlichen technischen Einrichtungen und der Sportausrüstungen zu informieren, die gebraucht werden, um die Sportstätten während der Olympischen Spiele auszurüsten. Die betroffenen oder die betreffenden IFs können vorbehaltlich etwaiger von der IOC-Exekutivkommission aufgestellten Richtlinien verlangen, daß diese Sportausrüstungen von einem bestimmten Unternehmen oder von bestimmten Unternehmen geliefert werden.

4.2. Die erforderlichen technischen Offiziellen (Kampfrichter, Schiedsrichter, Zeitnehmer, Inspektoren) und eine Jury für Proteste werden für jede Sportart von der zuständigen IF im Rahmen der Gesamtzahl benannt, die auf Empfehlung der zuständigen IF durch die IOC-Exekutivkommission festgelegt worden ist. Sie nehmen ihre Aufgaben gemäß den Weisungen dieser IF in Verbindung mit dem OK wahr.

4.3. Kein Offizieller, der an einer Entscheidung beteiligt war, kann Mitglied der Jury sein, die den Streit zu entscheiden hat, der sich aus der Entscheidung ergeben hat.

4.4. Die Entscheidungen der Juries sind der IOC-Exekutivkommission schnellstmöglich mitzuteilen.

4.5. Die Juries entscheiden alle technischen Fragen, die ihre jeweilige Sportart betreffen, und ihre Entscheidungen, einschließlich aller damit verbundenen Sanktionen, sind endgültig, unbeschadet zusätzlicher Maßnahmen und Sanktionen, die durch die IOC-Exekutivkommission oder durch die Session des IOC beschlossen werden können.

4.6. Für die Unterbringung aller durch die IFs benannten technischen Offiziellen hat das OK vom Olympischen Dorf getrennte Unterkünfte zur Verfügung zu stellen. Die technischen Offiziellen und die Jury-Mitglieder dürfen nicht im Olympischen Dorf untergebracht werden. Sie gehören nicht zu den Delegationen der NOKs und sind allein ihren IFs verantwortlich.

5. Räumlichkeiten und Einrichtungen der IFs

5.1. Bei den Olympischen Spielen hat das OK auf seine Kosten den IFs, die für die zum Programm dieser Spiele gehörenden Sportarten verantwortlich sind, die Räume und Einrichtungen zur Verfügung zu stellen, die zur Wahrnehmung ihrer technischen Aufgaben erforderlich sind.

5.2. Vorbehaltlich der Zustimmung der IOC-Exekutivkommission hat das OK den oben erwähnten IFs auf deren Anforderung und auf deren Kosten die administrativen und technischen Einrichtungen sowie Unterbringungsmöglichkeiten, falls vorhanden, zur Verfügung zu stellen, die es ihnen erlauben, in der Gastgeberstadt der Olympischen Spiele ihre Tagungen abzuhalten.

6. Von den IFs durchgeführte Qualifikationswettbewerbe

6.1. Für bestimmte Sportarten können die IFs Qualifikationswettbewerbe durchführen oder in anderer Weise eine Obergrenze der Teilnahme an Olympischen Spielen, insbesondere für Mannschaften in den Mannschaftssportarten, festlegen.

6.2. Die Regeln über diese Festlegung und über die Qualifikationswettbewerbe unterliegen den Vorschriften der Olympischen Charta, soweit die IOC-Exekutivkommission dies bestimmt. Der Qualifikationsmodus ist der IOC-Exekutivkommission zur Genehmigung vorzulegen. Die NOKs werden durch das IOC über alle Fragen hinsichtlich der von den IFs organisierten Qualifikationswettbewerbe informiert.

6.3. Die Regeln 51, 58 und 59 gelten nicht für die Qualifikationswettbewerbe.

7. Durch das OK veranstaltete vorolympische Wettbewerbe

7.1. Um die für die Olympischen Spiele vorgesehenen Anlagen, insbesondere im Blick auf die technischen Aspekte der Wettkampfstätten und die Technologie, zu erproben, kann das OK nach Konsultation der IFs gemäß eines der IOC-Exekutivkommission zur Genehmigung vorgelegten Modus vorolympische Wettbewerbe durchführen.

7.2. Die vorolympischen Wettbewerbe haben unter der technischen Aufsicht der zuständigen IF stattzufinden.

7.3. Die vorolympischen Wettbewerbe unterliegen den Vorschriften der Olympischen Charta, soweit die IOC-Exekutivkommission dies bestimmt.

Regel 50 Jugendlager
Mit Genehmigung der IOC-Exekutivkommission kann das OK aus Anlaß der Olympischen Spiele in eigener Verantwortung ein internationales Jugendlager durchführen.

Regel 51 Berichterstattung über die Olympischen Spiele*
1. Das IOC ergreift alle notwendigen Maßnahmen, um für die Olympischen Spiele eine möglichst vollständige Berichterstattung durch die verschiedenen Kommunikations- und Informationsmedien und das größtmögliche Publikum weltweit sicherzustellen.

2. Alle Entscheidungen hinsichtlich der Berichterstattung über die Olympischen Spiele durch die Informationsmedien fallen in die Zuständigkeit der IOC-Exekutivkommission.

Durchführungsbestimmung zu Regel 51
1. Eines der Ziele der Olympischen Bewegung ist die Verbreitung und Förderung der Prinzipien und Werte des Olympismus durch den Inhalt der Berichterstattung über die Olympischen Spiele.

2. Die IOC-Exekutivkommission legt alle Bestimmungen und technischen Vorgaben hinsichtlich der Berichterstattung über die Olympischen Spiele in einem „IOC Media Guide" fest, der integraler Bestandteil des Gastgeberstadt-Vertrages ist. Der Inhalt des IOC Media Guide und alle anderen Weisungen der IOC-Exekutivkommission sind verbindlich für alle Personen, die an der Berichterstattung über die Olympischen Spiele beteiligt sind.

3. Nur die Personen, die als Medienvertreter akkreditiert sind, können als Journalisten, Reporter oder in einer anderen mit den Medien verbundenen Funktion tätig werden. Unter keinen Umständen können Athleten, Trainer, Offizielle, Presse-Attachés oder andere akkreditierte Teilnehmer als Journalist oder in einer anderen mit den Medien verbundenen Funktion tätig werden.

Regel 52 Veröffentlichungen im Zusammenhang mit den Olympischen Spielen*
Alle vom IOC gewünschten Publikationen im Zusammenhang mit den Olympischen Spielen werden auf Kosten des OK im vom IOC gewünschten Format hergestellt und verbreitet.

Durchführungsbestimmung zu Regel 52

1. Das OK ist für die Vorbereitung, Herstellung, Herausgabe und Verbreitung der folgenden Publikationen und Dokumente insbesondere an das IOC, an die IFs und alle NOKs verantwortlich:

1.1. für jede Sportart eine erläuternde Broschüre, die das Gesamtprogramm und die technischen Vorkehrungen enthält;

1.2. eine medizinische Broschüre gemäß den Weisungen des IOC; und

1.3. einen vollständigen Bericht über die Veranstaltung und Ausrichtung der Olympischen Spiele gemäß den Weisungen des IOC.

2. Hinsichtlich aller Dokumente und Publikationen im Zusammenhang mit den Olympischen Spielen leistet das OK den Weisungen der IOC-Exekutivkommission Folge. Grundsätzlich wird der Inhalt aller Dokumente und Publikationen dem IOC zur vorherigen Genehmigung unterbereitet.

Regel 53 Werbung, Demonstrationen und Propaganda*

1. Die IOC-Exekutivkommission legt die Grundsätze und Bedingungen fest, nach denen jegliche Form von Reklame oder andere Werbung gestattet werden kann.

2. Keinerlei Reklame oder andere Werbung in oder über den Stadien, Austragungsorten oder anderen Wettkampfstätten, die als Teil der olympischen Stätten anzusehen sind, wird erlaubt. Gewerbliche Einrichtungen und Werbeplakate werden weder in den Stadien, an den Austragungsorten noch in anderen Sportanlagen erlaubt.

3. Jede politische, religiöse oder rassische Demonstration oder Propaganda ist an den olympischen Stätten, Austragungsorten oder anderen Bereichen untersagt.

Durchführungsbestimmung zu Regel 53

1. Auf der Person, auf Kleidung, Zubehör oder – allgemeiner – auf jedwedem Kleidungsstück oder Ausrüstungsgegenstand, die von Athleten oder anderen Teilnehmern bei den Olympischen Spielen getragen oder benutzt werden, darf keinerlei Form von Werbung oder gewerblicher oder anderer Propaganda erscheinen mit Ausnahme – wie in Absatz 8 definiert – der Angabe des Herstellers des betreffenden Artikels oder des betreffenden Ausrüstungsgegenstandes, sofern diese Herstellerbezeichnung nicht auf eine ostentative Weise zu Werbezwecken angebracht ist.

1.1. Die Herstellerbezeichnung darf nur einmal pro Kleidungsstück oder Ausrüstungsgegenstand erscheinen.

1.2. Ausrüstung: jede Herstellerangabe, die 10 % der Gesamtoberfläche der Ausrüstung, die während des Wettkampfs sichtbar ist, übersteigt, gilt als ostentativ angebracht; keinesfalls darf die Herstellerangabe 60 cm^2 übersteigen.

1.3. Accessoires für den Kopf (z. B. Hüte, Helme, Sonnenbrillen, Schutzbrillen) und Handschuhe: jede Herstellerangabe, die 6 cm^2 übersteigt, gilt als ostentativ angebracht.

1.4. Kleidung (z. B. T-Shirts, Hosen, Sportpullover, Sporthosen): jede Herstellerangabe, die 20 cm^2 übersteigt, gilt als ostentativ angebracht.

1.5. Schuhe: das normale, unterscheidungskräftige Zeichen des Herstellers ist zugelassen. Der Name und/oder das Logo des Herstellers darf ebenfalls erscheinen, auf einer Fläche, die 6 cm^2 nicht übersteigt, und zwar als Teil des unterscheidungskräftigen Zeichens oder unabhängig von diesem.

1.6. Falls durch einen Internationalen Sportverband besondere Vorschriften erlassen werden, können Ausnahmen von den oben genannten Regeln durch die IOC-Exekutivkommission zugelassen werden.

Jeder Verstoß gegen die Vorschriften dieser Klausel zieht die Disqualifikation und den Entzug der Akkreditierung der betroffenen Person nach sich. Die diesbezüglichen Entscheidungen der IOC-Exekutivkommission sind endgültig.

Die von den Wettkämpfern getragenen Startnummern dürfen keinerlei Werbung enthalten und müssen das olympische Emblem des OK tragen.

2. Alle Verträge des OK, die ein wie immer geartetes Element von Werbung enthalten, einschließlich des Rechts oder der Lizenz, das Emblem oder das Maskottchen der Olympischen Spiele zu verwenden, müssen, um gültig zu sein, in Übereinstimmung mit der Olympischen Charta stehen und die Weisungen der IOC-Exekutivkommission beachten. Das gleiche gilt für die Verträge hinsichtlich der Zeitnahmegeräte und der Anzeigetafeln und hinsichtlich der Einspielung von Kennungssignalen in die Fernsehprogramme. Verstöße gegen diese Regelung fallen in die Kompetenz der IOC-Exekutivkommission.

3. Jedes für die Olympischen Spiele geschaffene Maskottchen gilt als ein olympisches Emblem, dessen Gestaltung durch das OK der IOC-Exekutivkommission zur Genehmigung vorzulegen ist. Dieses Maskottchen darf zu gewerblichen Zwecken im Land eines NOK nur mit vorheriger schriftlicher Genehmigung dieses NOK genutzt werden.

4. Das OK hat auf nationaler und auf internationaler Ebene den Schutz des Eigentums am Emblem und am Maskottchen der Olympischen Spiele zugunsten des IOC sicherzustellen. Dessen ungeachtet können das OK und nach dessen Auflösung das NOK des Gastgeberlandes das Emblem und das Maskottchen sowie andere Marken, Zeichen, Abzeichen, Plakate, Gegenstände und Dokumente, die mit den Olympischen Spielen in Beziehung stehen, während deren Vorbereitung, während deren Ablauf und während eines Zeitraums, der spätestens am Ende des Kalenderjahres endet, in dessen Verlauf diese Olympischen Spiele stattgefunden haben, verwenden. Nach Ablauf dieses Zeitraums gehören alle Rechte an diesen Emblemen, Maskottchen und anderen Marken, Zeichen, Abzeichen, Plakaten, Gegenständen und Dokumenten vollständig dem IOC. Gegebenenfalls und soweit das erforderlich ist, handeln das OK und/oder das NOK insoweit in treuhänderischer Eigenschaft zum ausschließlichen Vorteil des IOC.

5. Die Vorschriften dieser Durchführungsbestimmung gelten entsprechend auch für alle Verträge, die von dem Organisationskomitee für eine Session oder für einen Olympischen Kongreß geschlossen werden.

6. Die Uniformen der Wettkämpfer und aller Personen, die eine offizielle Funktion haben, können die Fahne oder das olympische Emblem ihres NOK oder, mit Genehmigung des OK, das olympische Emblem des OK tragen. Die Offiziellen der IFs können die Uniform und das Emblem ihrer Verbände tragen.

7. Auf allen Geräten, Einrichtungen und anderen technischen Apparaten, die von den Athleten oder den anderen Teilnehmern an den Olympischen Spielen weder getragen noch benutzt werden, einschließlich der Geräte für die Zeitnahme und der Anzeigetafeln, darf die Herstellerangabe keinesfalls ein Zehntel der Höhe des betreffenden Geräts, der Einrichtung oder des Apparats überschreiten und nicht mehr als 10 cm hoch sein.

8. Der Begriff „Herstellerangabe" bedeutet die Angabe des Namens, der Bezeichnung, der Marke, des Logos oder jedes anderen unterscheidungskräftigen Zeichens des Herstellers des Artikels und darf auf jedem Artikel nur einmal erscheinen.

9. Das OK, alle Teilnehmer und alle anderen Personen, die bei den Olympischen Spielen akkreditiert sind, und alle anderen betroffenen Personen oder Parteien haben die Handbücher, Empfehlungen, Richtlinien, und alle anderen Weisungen der IOC-Exekutivkommission hinsichtlich aller Fragen, die in den Anwendungsbereich von Regel 53 fallen, zu befolgen.

IV. Protokoll

Regel 54 Protokoll

1. Während der gesamten Dauer der Olympischen Spiele ist die IOC-Exekutivkommission allein zuständig, das für alle Wettkampfstätten und Orte, die unter der Verantwortlichkeit des OK stehen, geltende Protokoll festzulegen.

2. Während der Olympischen Spiele gebührt bei allen Zeremonien und Veranstaltungen den Mitgliedern, dem Ehrenpräsidenten, den Ehrenmitgliedern und Mitgliedern ehrenhalber des IOC nach dem Anciennitätsprinzip der Vorrang, wobei der Präsident, der Ehrenpräsident und die Vizepräsidenten Vortritt haben, gefolgt von den Mitgliedern des OK, den Präsidenten der IFs und den Präsidenten der NOKs.

3. Das OK, die IFs, die NOKs und alle anderen bei den Olympischen Spielen in irgendeiner Funktion akkreditierten Personen halten den IOC Protocol Guide und alle anderen Weisungen der IOC-Exekutivkommission hinsichtlich aller Fragen, die in den Anwendungsbereich dieser Regel fallen, ein.

Regel 55 Olympische Ausweis-und Akkreditierungskarte – die damit verbundenen Rechte

1. Die olympische Ausweis-und Akkreditierungskarte ist ein Dokument, das die Identität seines Inhabers beweist und das seinem Inhaber das Recht zur Teilnahme an den Olympischen Spielen gibt. In Verbindung mit dem Reisepaß oder einem anderen offiziellen Reisedokument des Inhabers verleiht die olympische Ausweis- und Akkreditierungskarte die Berechtigung, in das Land der Gastgeberstadt der Olympischen Spiele einzureisen. Sie berechtigt den Inhaber, sich dort für die Dauer der Olympischen Spiele und für einen Zeitraum von nicht mehr als einem Monat vor und einem Monat nach den Olympischen Spielen aufzuhalten und dort seine olympischen Funktionen wahrzunehmen.

2. Die olympische Ausweis- und Akkreditierungskarte wird unter der Autorität des IOC an die zu akkreditierenden Personen ausgegeben. Sie gewährt in dem jeweils erforderlichen und auf ihr vermerkten Umfang Zugang zu den Wettkampfstätten, Austragungsorten und Veranstaltungen unter der Verantwortlichkeit des OK. Die IOC-Exekutivkommission legt fest, welche Personen ein Anrecht auf solche Karten haben und unter welchen Bedingungen deren Aushändigung erfolgt. Das OK, die IFs, die NOKs und alle anderen betroffenen Personen oder Parteien befolgen die Handbücher, Empfehlungen, Richtlinien und alle anderen Weisungen der IOC-Exekutivkommission hinsichtlich aller Fragen, die in den Anwendungsbereich dieser Regel fallen.

Regel 56 Verwendung der olympischen Fahne

1. Während der gesamten Dauer der Olympischen Spiele hat eine olympische Fahne, die größeren Ausmaßes ist als alle anderen Fahnen, an einem Fahnenmast an einer gut sichtbaren Stelle des Hauptstadions und an allen anderen Austragungsorten, die unter der Verantwortung des OK stehen, zu wehen. Diese Fahnen werden während der Eröffnungszeremonie gehißt und während der Schlußzeremonie der Olympischen Spiele eingeholt.

2. Eine größere Zahl von olympischen Fahnen wird im Olympischen Dorf, an allen Wettkampf- und Trainingsorten in der Gastgeberstadt und an allen Wettkampfstätten, Austragungsorten und Örtlichkeiten, die der Verantwortung des OK unterstehen, gehißt.

Regel 57 Verwendung des olympischen Feuers

1. Das OK ist dafür verantwortlich, daß das olympische Feuer in das Olympiastadion gebracht wird. Alle Vorkehrungen für alle Staffelläufe und jede Verwendung des olympischen Feuers werden in strenger Einhaltung des IOC Protocol Guide getroffen.

2. Nach der Schlußzeremonie der Olympischen Spiele darf weder in einer Gastgeberstadt noch anderswo ein olympisches Feuer, eine olympische Fackel, Feuerschale oder ein anderes Behältnis, das in irgendeiner Form für das Brennen des olympischen Feuers bestimmt ist, ohne die Zustimmung des IOC verwendet werden.

Regel 58 Eröffnungs- und Schlußfeiern
1. Die Eröffnungs- und Schlußfeiern sind in strenger Einhaltung des IOC Protocol Guide abzuhalten.

2. Der Inhalt und die Details aller Abläufe, Zeitpläne und Programme aller Zeremonien sind dem IOC zur vorherigen Genehmigung vorzulegen.

3. Das Staatsoberhaupt des gastgebenden Landes erklärt die Olympischen Spiele mit einem der folgenden Sätze für eröffnet:
– bei der Eröffnung der Spiele der Olympiade:
  „Ich erkläre die Spiele von... (Name der Gastgeberstadt) zur Feier der... (Zahl der Olympiade) Olympiade moderner Zeitrechnung für eröffnet."
– bei der Eröffnung der Olympischen Winterspiele:
  „Ich erkläre die... (Zahl der Olympischen Winterspiele) Olympischen Winterspiele von... (Name der Gastgeberstadt) für eröffnet."

Während der gesamten Dauer der Olympischen Spiele, einschließlich aller Zeremonien, dürfen keinerlei Reden von Vertretern einer Regierung, anderen Politikern oder einer anderen staatlichen Stelle an einem Ort gehalten werden, der der Verantwortlichkeit des OK untersteht. Während der Eröffnungs- und der Schlußfeiern haben allein der Präsident des IOC und der Präsident des OK das Recht, kurze Ansprachen zu halten.

Regel 59 Siegerehrungen, Medaillen- und Urkundenübergaben
Die Siegerehrungen, Medaillen- und Urkundenübergaben haben in strenger Einhaltung des IOC Protocol Guide abzulaufen. Die Gestaltung der Medaillen und Urkunden wird dem IOC zur vorherigen Genehmigung unterbreitet.

Regel 60 Ehrentafel
Weder das IOC noch das OK nehmen eine Gesamtwertung nach Ländern vor. Eine Ehrentafel, die die Namen aller Medaillen- und Urkundengewinner jedes Wettbewerbs trägt, wird vom OK aufgestellt, und die Namen aller Medaillengewinner werden auf Dauer und an exponierter Stelle im Hauptstadion öffentlich ausgestellt.

V. Schiedsgerichtsbarkeit

Regel 61 Streitigkeiten – Schiedsgerichtsbarkeit
Alle Streitigkeiten, die sich anläßlich oder im Zusammenhang mit den Olympischen Spielen ergeben, sind ausschließlich dem Schiedsgerichtshof für Sportsachen gemäß dem Regelwerk für die Schiedsgerichtsbarkeit in Sportsachen zu unterbreiten.

2.
Statuten internationaler/nationaler Verbände

(Soweit möglich wurde angegeben, wie die Satzungen auf den Webseiten der einzelnen Verbände zu finden sind)

Verband:

Deutscher Basketball Bund, DBB
 www.basketball.de
 www.wbv-online.de > Verband > Ordnungen

Deutscher Eishockey Bund, DEB
 www.deb-online.de > Impressum > Satzung

Deutscher Fußball Bund, DFB
 www.dfb.de > DFB-Info > Interna > Statuten > Satzung

Deutscher Handball Bund, DHB
 www.deutscherhandballbund.de
 www.dhb-online.de > DHB Intern > Ordnungen/Satzungen

Deutscher Hockey Bund, DHB
 www.dhb.de
 www.deutscher-hockey-bund.de

Deutscher Leichtathletik Verband, DVV
 www.leichtathletik.de

Deutscher Schwimmverband
 www.dsv.de

Deutscher Skiverband, DSV
 www.ski-online.de > Service

Deutscher Tennis Bund, DTB
 www.dtb-tennis.de > DTB > Regeln

Deutscher Turner Bund, DTB
 www.dtb-online.de > Verband > Satzungen

Deutscher Volleyball Verband, DVV
 www.volleyball-verband.de > Verband > Satzungen/Ordnungen

Internationaler Fußballverband, FIFA
 www.fifa.com > Regelwerk & Listen > FIFA Statuten

Internationaler Leichtathletikverband, IAAF
 www.iaaf.org. > Inside IAAF > IAAF Constitution and Competetion Rules

3.
Welt-Anti-Doping-Code*

(Stand: 1. Januar 2004)

Übersicht

	Seite
Einleitung	794
Zielsetzung, Geltungsbereich und Organisation des Welt-Anti-Doping-Programms und des Code	794
Das Welt-Anti-Doping-Programm	794
Der Code	794
Internationale Standards	794
Models of Best Practice *[Empfehlungen für bestmögliche praktische Umsetzung]*	795
Grundgedanke des Welt-Anti-Doping-Code	795
Teil Eins: Dopingkontrollverfahren	796
Einleitung	796
Artikel 1: Definition des Begriffs *Doping*	797
Artikel 2: Verstöße gegen Anti-Doping-Bestimmungen	797
Artikel 3: Dopingnachweis	800
3.1 Beweislast und Beweismaß	800
3.2 Verfahren zur Feststellung von Tatsachen und Vermutungen	800
Artikel 4: Die *Liste verbotener Wirkstoffe und verbotener Methoden*	801
4.1 Veröffentlichung und Überarbeitung der Liste verbotener Wirkstoffe und verbotener Methoden	801
4.2 In der Liste verbotener Wirkstoffe und verbotener Methoden aufgeführte verbotener Wirkstoffe und verbotene Methoden	801
4.3 Kriterien für die Aufnahme von Wirkstoffen und Methoden in die Liste verbotener Wirkstoffe und verbotener Methoden	802
4.4 Medizinische Ausnahmegenehmigung [TUE]	803
4.5 Überwachungsprogramm	804
Artikel 5: Dopingkontrollen	804
5.1 Organisation von Dopingkontrollen	804
5.2 Standards für Dopingkontrollen	804
Artikel 6: Analyse von *Proben*	805
6.1 Beauftragung von anerkannten Labors	805
6.2 Nachzuweisende Wirkstoffe	805
6.3 Verwendung von Proben zu Forschungszwecken	805
6.4 Standards für die Analyse von Proben und Berichterstattung	805
Artikel 7: Ergebnismanagement	805
7.1 Erste Überprüfung bei positiven Analyseergebnissen	805
7.2 Mitteilung nach der ersten Überprüfung	806
7.3 Weitergehende Überprüfung des positiven Analyseergebnisses, soweit gemäß der Liste verbotener Wirkstoffe und verbotener Methoden erforderlich	806
7.4 Überprüfung von Verstößen gegen weitere Anti-Doping-Bestimmungen	806
7.5 Auf die vorläufige Suspendierung anwendbare Grundsätze	806
Artikel 8: Recht auf ein faires Anhörungsverfahren	807
Artikel 9: Automatische Disqualifikation	808
Artikel 10: Sanktionen gegen Einzelsportler	808
10.1 Disqualifikation von der Wettkampfveranstaltung, in der gegen Anti-Doping-Bestimmungen verstoßen wurde	808
10.2 Verhängung einer Sperre wegen Verbotener Wirkstoffe und Methoden	809
10.3 Spezielle Wirkstoffe	809
10.4 Sperre bei anderen Verstöße gegen Anti-Doping-Bestimmungen	810
10.5 Aufhebung oder Minderung der Dauer einer Sperre aufgrund außergewöhnlicher Umstände	810
10.6 Regeln für bestimmte mögliche Mehrfachverstöße	812
10.7 Streichen der Wettkampfergebnisse nach erfolgter Probenahme	813

* Die Übersetzung des Textes erfolgte durch die nationale Doping Agentur NADA.

Welt-Anti-Doping-Code

    10.8 Beginn der Sperre 813
    10.9 Status während der Sperre 814
    10.10 Kontrollen vor Wiedererlangung der Startberechtigung 814
Artikel 11: *Konsequenzen* für Mannschaften 815
Artikel 12: Sanktionen gegen Sportorganisationen 815
Artikel 13: Rechtsbehelfe 815
    13.1 Anfechtbare Entscheidungen 815
    13.2 Einsprüche gegen Entscheidungen wegen Verstößen gegen Anti-Doping-
          Bestimmungen und vorläufige Suspendierungen 815
    13.3 Anfechtung von Entscheidungen über eine Medizinische Ausnahmegenehmigung 816
    13.4 Anfechtung von Entscheidungen über Maßnahmen nach Teil 3 des Code 817
    13.5 Anfechtung von Entscheidungen über den Entzug oder der Suspendierung von
          Laborakkreditierungen 817
Artikel 14: Vertraulichkeit und Berichterstattung 817
    14.1 Informationen über positive Analyseergebnisse und sonstige mögliche Verstöße
          gegen Anti-Doping-Bestimmungen 817
    14.2 Weitergabe von Informationen an die Öffentlichkeit 818
    14.3 Informationen über Aufenthaltsort und Erreichbarkeit der Athleten 818
    14.4 Statistische Berichte 818
    14.5 Clearingstelle für Informationen über Dopingkontrollverfahren 818
Artikel 15: Festlegung der Zuständigkeiten in Dopingkontrollverfahren 819
    15.1 Dopingkontrollen bei Wettkampfveranstaltungen 819
    15.2 Trainingskontrollen 819
    15.3 Ergebnismanagement, Anhörungen und Sanktionen 819
    15.4 Gegenseitige Anerkennung 820
Artikel 16: Dopingkontrollverfahren bei Tieren, die an sportlichen Wettkämpfen teilnehmen 820
Artikel 17: Verjährungsfrist 821

Teil Zwei: Aufklärung und Forschung 822
Artikel 18: Aufklärung 822
    18.1 Hauptgrundsatz und oberstes Ziel 822
    18.2 Programm und Aktivitäten 822
    18.3 Koordinierung und Zusammenarbeit 822
Artikel 19: Forschung 822
    19.1 Zweck der Anti-Doping-Forschung 822
    19.2 Forschungsgebiete 822
    19.3 Koordinierung 822
    19.4 Forschungsmethoden 822
    19.5 Forschung unter Anwendung verbotener Wirkstoffe und verbotener Methoden . 823
    19.6 Missbrauch von Ergebnissen 823

Teil Drei: Aufgaben und Zuständigkeiten 824
Artikel 20: Zusätzliche Aufgaben und Zuständigkeiten der *Unterzeichner* 824
    20.1 Aufgaben und Zuständigkeiten des Internationalen Olympischen Komitees 824
    20.2 Aufgaben und Zuständigkeiten des Internationalen Paralympischen Komitees . . . 824
    20.3 Aufgaben und Zuständigkeiten der Internationalen Sportfachverbände 824
    20.4 Aufgaben und Zuständigkeiten der Nationalen Olympischen Komitees und der
          Nationalen Paralympischen Komitees 825
    20.5 Aufgaben und Zuständigkeiten der Nationalen Anti-Doping-Organisationen . . 825
    20.6 Aufgaben und Zuständigkeiten von Veranstaltern großer Sportwettkämpfe 825
    20.7 Aufgaben und Zuständigkeiten der WADA 826
Artikel 21: Aufgaben und Zuständigkeiten der Teilnehmer 826
    21.1 Aufgaben und Zuständigkeiten der Athleten 826
    21.2 Aufgaben und Zuständigkeiten der Athletenbetreuer 826
Artikel 22: Beteiligung der Regierungen 826

Teil Vier: Annahme, Einhaltung, Änderung und Auslegung 828
Artikel 23: Annahme, Einhaltung und Änderung 828
    23.1 Annahme des Code 828
    23.2 Umsetzung des Code 828
    23.3 Annahme- und Umsetzungsfristen 828
    23.4 Überwachung der Einhaltung des Code 828
    23.5 Konsequenzen der Nichteinhaltung des Code 829

23.6 Änderung des Code	829
23.7 Widerruf der Annahme des Code	829
Artikel 24: Auslegung des *Code*	829
Anhang 1: Begriffsbestimmungen	**831**

Einleitung

Zielsetzung, Geltungsbereich und Organisation des Welt-Anti-Doping-Programms und des *Code*

Das Welt-Anti-Doping-Programm und der *Code* haben die folgende Zielsetzung:
- Schutz des Grundrechts der *Athleten* auf Teilnahme an dopingfreiem Sport und somit weltweite Förderung der Gesundheit, Fairness und Gleichbehandlung der *Athleten*; und
- Sicherstellung harmonisierter, koordinierter und wirksamer Anti-Doping-Programme auf internationaler und nationaler Ebene zur Aufdeckung und Verhinderung von Verstößen gegen Anti-Doping-Bestimmungen sowie zur Prävention.

1 Das Welt-Anti-Doping-Programm

Das Welt-Anti-Doping-Programm umfasst alle Elemente, die zur Sicherstellung einer optimalen Harmonisierung und optimaler Verfahren („Best Practice") in internationalen und nationalen Anti-Doping-Programmen notwendig sind. Die wichtigsten Elemente sind:

Ebene 1: der *Code*
Ebene 2: die *Internationalen Standards*
Ebene 3: Empfehlungen für bestmögliche praktische Umsetzung des Code („Models of Best Practice")

2 Der Code

Der *Code* ist das grundlegende und allgemeingültige Dokument, auf dem das Welt-Anti-Doping-Programm im Sport basiert. Zweck des *Code* ist die Förderung der Anti-Doping-Anstrengungen durch die umfassende Harmonisierung der zentralen Elemente im Bereich Anti-Doping. Er soll detailliert genug sein, um eine vollständige Harmonisierung in den Bereichen zu erzielen, die einheitlich geregelt werden müssen, aber auch allgemein genug, um in anderen Bereichen eine flexible Umsetzung vereinbarter Anti-Doping-Grundsätze zu ermöglichen.

3 Internationale Standards[1]

Für die verschiedenen fachlichen und operativen Bereiche innerhalb des Anti-Doping-Programms werden in Absprache mit den *Unterzeichnern* und Regierungen *Internationale Standards* entwickelt und von der *WADA* genehmigt. Zweck der *Internationalen Standards* ist die Harmonisierung zwischen den für die speziellen fachlichen und operativen Teile des *Anti-Doping*-Programms verantwortlichen *Organisationen*. Die Befolgung der *Internationalen Standards* ist zwingende Voraussetzung für die Einhaltung des *Code*. Die *Internationalen Standards* können von Zeit zu Zeit nach angemessener Absprache mit den

---

[1] **Kommentar**: Die Internationalen Standards werden einen Großteil der technischen Details enthalten, die zur Umsetzung des Code erforderlich sind. Hierzu gehören beispielsweise die detaillierten Anforderungen für die Probenahme, die Laboranalyse und die Akkreditierung von Labors, die gegenwärtig im Anti-Doping-Regelwerk der Olympischen Bewegung 1999 („OMADC") enthalten sind. Die Internationalen Standards, die durch ausdrückliche Bezugnahme Bestandteil des Code sind, werden in Absprache mit den Unterzeichnern und den Regierungen von Experten entwickelt und in separaten technischen Dokumenten dargelegt. Es ist wichtig, dass die Fachleute die Internationalen Standards rechtzeitig anpassen können, ohne dass es hierzu einer Änderung des Code oder einzelner Regeln und Vorschriften der Beteiligten bedarf. Alle anwendbaren Internationalen Standards werden ab dem 1. Januar 2004 zur Verfügung stehen.

Unterzeichnern und den Regierungen durch das Exekutivkomitee der WADA überarbeitet werden. Unbeschadet anders lautender Bestimmungen des Code treten die *Internationalen Standards* und alle überarbeiteten Fassungen an dem in dem *Internationalen Standard* oder der überarbeiteten Fassung genannten Datum in Kraft.

Models of Best Practice[2] [*Empfehlungen für bestmögliche praktische Umsetzung*] 4

Für eine bestmögliche praktische Umsetzung des *Code* werden Verfahrensmodelle entwickelt, um in den verschiedenen Bereichen der Dopingbekämpfung Lösungen auf dem neuestem Stand der Wissenschaft anzubieten. Diese Modelle stellen Empfehlungen der *WADA* dar und werden den *Unterzeichnern* auf Anfrage zur Verfügung gestellt, sind jedoch nicht zwingend. Über die Bereitstellung von Anti-Doping-Musterdokumenten hinaus wird die *WADA* den *Unterzeichnern* ebenfalls Unterstützung in Form von Schulungen gewähren.

Grundgedanke des Welt-Anti-Doping-Code 5

Anti-Doping-Programme sind darauf ausgerichtet, die wahren, mit dem Sport ursprünglich verbundenen Werte zu erhalten. Dieser wahre Wert wird häufig als „Sportsgeist" bezeichnet; er macht das Wesen des Olympischen Gedankens aus; er entspricht unserem Verständnis von Fairness und ehrlicher sportlicher Gesinnung. Der Sportsgeist ist die Würdigung von Geist, Körper und Verstand des Menschen und zeichnet sich durch die folgenden Werte aus:
- Ethik, Fairness und Ehrlichkeit
- Gesundheit
- Hochleistung
- Charakter und Erziehung
- Spaß und Freude
- Teamgeist
- Einsatzbereitschaft und Engagement
- Anerkennung von Regeln und Gesetzen
- Respekt gegenüber der eigenen Person und gegenüber anderen Teilnehmern
- Mut
- Gemeinschaftssinn und Solidarität

Doping steht im grundlegenden Widerspruch zum Geist des Sportes.

---

[2] **Kommentar:** Die WADA wird Empfehlungen für Anti-Doping-Regelwerke vorbereiten, die sich an den Bedürfnissen der größeren Gruppen der Unterzeichner ausrichten (z. B. Internationale Sportfachverbände für Einzelsportarten, Internationale Sportfachverbände für Mannschaftssportarten, Nationale Anti-Doping-Organisationen usw.). Diese Muster für Regelwerke entsprechen dem Code und basieren auf ihm; sie sind Beispiele für „best practice" auf dem neuesten Stand und enthalten alle zur Durchführung eines wirkungsvollen Anti-Doping-Programms notwendigen Einzelheiten (einschließlich Verweise auf Internationale Standards). Aus diesen Mustern für Regelwerke können die Beteiligten unter verschiedenen Alternativen auswählen. Einige Beteiligte werden sich für die wortgetreue Anwendung der Musterregeln und -vorschriften und weiterer Modelle einer „best practice", andere werden sich möglicherweise für eine Anwendung der Modelle in abgeänderter Form entscheiden. Wieder andere Beteiligte beschließen möglicherweise die Entwicklung eigener Regeln und Vorschriften in Übereinstimmung mit den allgemeinen Grundsätzen und spezifischen Anforderungen des Code.
Andere Musterdokumente für bestimmte Bereiche der Dopingbekämpfung können auf der Grundlage allgemein anerkannter Bedürfnisse und Erwartungen der Beteiligten entwickelt werden. Hierzu können beispielsweise Modell- bzw. Mustervorgaben für nationale Anti-Doping-Programme, Ergebnismanagement, Kontrollen (soweit diese über die spezifischen Anforderungen der Internationalen Standards für Kontrollen hinausgehen), Aufklärungsprogramme usw. gehören. Alle „Models of Best Practice" werden vor ihrer Aufnahme in das Welt-Anti-Doping-Programm von der WADA geprüft und ggf. genehmigt.

Teil Eins: Dopingkontrollverfahren

Einleitung[3]

In Teil I des *Code* werden bestimmte Anti-Doping-Bestimmungen und Grundsätze dargelegt, die von Organisationen zu beachten sind, die aufgrund ihrer Zuständigkeit für die Annahme, Umsetzung oder Durchsetzung von Anti-Doping-Bestimmungen verantwortlich sind, wie z. B. das Internationale Olympische Komitee, das Internationale Paralympische Komitee, den internationalen Sportfachverbänden, *Veranstaltern von großen Sportwettkämpfen* und den *Nationalen Anti-Doping-Organisationen*. Diese Organisationen werden im Folgenden kollektiv als *Anti-Doping-Organisationen* bezeichnet.

Durch Teil I des *Code* werden die umfassenden Anti-Doping-Bestimmungen der einzelnen *Anti-Doping-Organisationen* weder ersetzt noch außer Kraft gesetzt. Einige Bestimmungen in Teil I des *Code* müssen von den einzelnen *Anti-Doping-Organisationen* in den eigenen Anti-Doping-Bestimmungen im Wesentlichen wortgetreu übernommen werden, während andere Vorschriften in Teil I lediglich verbindliche Grundsätze aufstellen, die den einzelnen *Anti-Doping-Organisationen* Flexibilität bei der Formulierung der Regeln einräumen, oder durch die Anforderungen gestellt werden, die zwar von jeder *Anti-Doping-Organisation* erfüllt, aber nicht in deren eigenen Anti-Doping-Bestimmungen wiederholt werden müssen. Die folgenden Artikel müssen ohne wesentliche Veränderungen (wobei notwendige unwesentliche redaktionelle Veränderungen sprachlicher Natur zulässig sind, etwa in Bezug auf den Namen der Organisation, die Sportart, Nummerierung der Abschnitte usw.) wortgetreu in die Regelwerke der *Anti-Doping-Organisationen* übernommen werden, soweit diese auf die jeweiligen Anti-Doping-Aktivitäten der betreffenden *Anti-Doping-Organisation* Anwendung finden: Artikel 1 (Definition des Begriffs *Doping*), 2 (Verstöße gegen Anti-Doping-Bestimmungen), 3 (Nachweis von Doping), 9 (Automatisches Streichen von Einzelergebnissen), 10 (Sanktionen gegen Einzelsportler), 11 (*Konsequenzen* für Mannschaften), 13 (Rechtsmittelverfahren) mit Ausnahme von 13.2.2, Artikel 17 (Verjährungsvorschriften), und die Begriffsbestimmungen.

Anti-Doping-Bestimmungen sind – wie Wettkampfregeln – sportliche Regeln, die bestimmen, unter welchen Bedingungen eine Sportart ausgeübt wird. Die *Athleten* nehmen diese als Teilnahmevoraussetzung an. Anti-Doping-Bestimmungen sollen sich weder nach strafprozessualen noch nach arbeitsrechtlichen Anforderungen oder Standards richten und auch nicht durch solche beschränkt sein. Die im *Code* festgelegten Grundsätze und Mindeststandards stellen den Konsens weiter Kreise der Beteiligten dar, deren

---

[3] **Kommentar**: Für die Harmonisierung ist es beispielsweise unerlässlich, dass alle Unterzeichner ihre Entscheidungen auf dieselbe Liste von Verstößen gegen Anti-Doping-Bestimmungen gründen, dieselben Beweislastregelungen anwenden und für dieselben Verstöße gegen Anti-Doping-Bestimmungen dieselben Sanktionen verhängen. Diese wesentlichen Regeln müssen identisch sein, unabhängig davon, ob eine Anhörung vor einem Internationalen Sportfachverband, auf nationaler Ebene oder vor dem internationalen Sportschiedsgericht (CAS) erfolgt. Andererseits ist es für eine wirksame Harmonisierung nicht erforderlich, alle Unterzeichner zu zwingen, ein bestimmtes Ergebnismanagement und dasselbe Anhörungsverfahren anzuwenden. Gegenwärtig gibt es viele unterschiedliche, aber dennoch gleichermaßen wirksame Verfahren für das Ergebnismanagement und die Anhörung bei den verschiedenen internationalen Sportfachverbänden und nationalen Organen. Der Code verlangt nicht, dass das Ergebnismanagement und die Anhörungsverfahren absolut identisch sind; er verlangt jedoch, dass die verschiedenen Ansätze der Unterzeichner den im Code aufgeführten Grundsätzen entsprechen.
In Bezug auf Artikel 13, gehört Absatz 13.2.2 nicht zu den Bestimmungen, die im Wesentlichen wortgetreu angenommen werden müssen, da in 13.2.2 verbindliche Leitgrundsätze aufgestellt werden, die den Anti-Doping-Organisationen bei der Formulierung ihrer Regeln eine gewisse Flexibilität einräumen.

Interesse auf Fairness im Sport gerichtet ist; dies sollte von allen Gerichten und rechtsprechenden Institutionen respektiert werden.

Die *Teilnehmer*[4] sind zur Einhaltung der Anti-Doping-Bestimmungen, die in Übereinstimmung mit dem *Code* von den zuständigen *Anti-Doping-Organisationen* angenommen wurden, verpflichtet. Jeder *Unterzeichner* stellt Regeln und Verfahrensweisen auf, um sicherzustellen, dass alle Teilnehmer im Zuständigkeitsbereich des *Unterzeichners* und seiner Mitgliedsorganisationen über die geltenden Anti-Doping-Bestimmungen der jeweiligen *Anti-Doping-Organisationen* unterrichtet sind und diese verbindlich anerkannt haben.

Artikel 1: Definition des Begriffs *Doping*

Doping wird definiert als das Vorliegen eines oder mehrerer der nachfolgend in Artikel 2.1 bis Artikel 2.8 festgelegten Verstöße gegen Anti-Doping-Bestimmungen.

Artikel 2:[5] Verstöße gegen Anti-Doping-Bestimmungen

Als *Verstöße gegen Anti-Doping-Bestimmungen* gelten:

2.1 Das Vorhandensein eines verbotenen Wirkstoffes, seiner Metaboliten oder Marker in den Körpergewebs- oder Körperflüssigkeitsproben eines Athleten.

2.1.1[6] Es ist die persönliche Pflicht eines jeden *Athleten*, dafür zu sorgen, dass keine *verbotenen Wirkstoffe* in seinen Körper gelangen.

---

[4] **Kommentar:** Mit ihrer Teilnahme am Sport sind die Athleten den Wettkampfregeln ihrer Sportart unterworfen. Entsprechend sollten die Athleten und Athletenbetreuer die Anti-Doping-Bestimmungen, die auf Artikel 2 des Code basieren, kraft ihrer Annahme der Mitgliedschaft, ihrer Akkreditierung oder ihrer Beteiligung in Sportorganisationen oder Teilnahme an sportlichen Wettkampfveranstaltungen – soweit vom Code erfasst – unterworfen sein. Dennoch soll jeder Unterzeichner seinerseits die notwendigen Schritte unternehmen, um die Bindung aller Athleten und aller Athletenbetreuer innerhalb seines Zuständigkeitsbereichs an die Anti-Doping-Bestimmungen der jeweiligen Anti-Doping-Organisation sicherzustellen.

[5] **Kommentar:** In diesem Artikel sind die Tatbestände und Handlungen aufgeführt, die einen Verstoß gegen die Anti-Doping-Bestimmungen begründen. Anhörungen in Dopingfällen werden auf Grundlage der Behauptung durchgeführt, dass eine bzw. mehrere dieser bestimmten Regeln verletzt wurden. Die meisten der nachfolgend aufgeführten Verletzungstatbestände und -handlungen sind in der einen oder anderen Weise auch im Anti-Doping-Regelwerk der Olympischen Bewegung oder in anderen bestehenden Anti-Doping-Bestimmungen aufgeführt.

[6] **Kommentar:** Im Hinblick auf Verstöße gegen Anti-Doping-Bestimmungen betreffend das Vorhandensein eines verbotenen Wirkstoffs (oder seiner Metaboliten oder Marker), übernimmt der Code das Prinzip der verschuldensunabhängigen Haftung („strict liability rule"), das auch im Anti-Doping-Regelwerk der Olympischen Bewegung und den meisten bestehenden Anti-Doping-Bestimmungen vorherrscht. Nach dem Prinzip der verschuldensunabhängigen Haftung liegt ein Verstoß gegen Anti-Doping-Bestimmungen immer dann vor, wenn in einer Körpergewebs- oder Körperflüssigkeitsprobe eines Athleten ein verbotener Wirkstoff gefunden wird. Der Verstoß liegt unabhängig davon vor, ob der Athlet vorsätzlich oder nicht vorsätzlich einen verbotenen Wirkstoff verwendete oder ob er fahrlässig oder anderweitig schuldhaft handelte. Stammt die positive Probe aus einer Wettkampfkontrolle, werden die Ergebnisse des betreffenden Wettkampfes automatisch ungültig (Artikel 9 – Automatische Streichung von Einzelergebnissen). Der Athlet hat dann jedoch die Möglichkeit, Sanktionen zu vermindern oder sogar ganz zu vermeiden, sofern er beweisen kann, dass er nicht schuldhaft bzw. nicht mit erheblichem Verschulden gehandelt hat (Artikel 10.5 – Aufhebung oder Verkürzung der Dauer einer Sperre aufgrund außergewöhnlicher Umstände).

Die verschuldensunabhängige Haftung im Zusammenhang mit dem Fund eines verbotenen Wirkstoffs in der Probe eines Athleten, sorgt kombiniert mit der Möglichkeit, dass Sanktionen beim Vorliegen außergewöhnlicher Umstände angepasst werden können, für einen angemessenen Ausgleich zwischen der wirkungsvollen Durchsetzung von Anti-Doping-Bestimmungen zum Nutzen aller „sauberen" Athleten einerseits und dem Gebot der Verhältnismäßigkeit im Falle außergewöhnlicher Umstände andererseits, in denen ein verbotener Wirkstoff ohne dessen Vorsatz oder Fahrlässigkeit in seinen Körper gelangt. Es muss betont werden, dass zwar die Feststellung, ob ein Verstoß

Die *Athleten* tragen die Verantwortung dafür, wenn in ihren *Körpergewebs- oder Körperflüssigkeitsproben verbotene Wirkstoffe,* deren *Metaboliten* oder *Marker* nachgewiesen werden. Demzufolge ist es nicht erforderlich, dass Vorsatz oder Fahrlässigkeit auf Seiten des *Athleten* nachgewiesen werden, um einen *Verstoß gegen Anti-Doping-Bestimmungen* gemäß Artikel 2.1 zu begründen.

2.1.2   Mit Ausnahme solcher *Wirkstoffe,* für die in der *Liste verbotener Wirkstoffe und verbotener Methoden* eigens quantitative Schwellenwerte aufgeführt sind, begründet das nachgewiesene Vorhandensein eines *verbotenen Wirkstoffes,* seiner *Metaboliten* oder *Marker* in der *Probe* eines *Athleten* – unabhängig von seiner Menge – *Verstoß gegen Anti-Doping-Bestimmungen.*

2.1.3[7]   Abweichend von der allgemeinen Regelung des Artikels 2.1 können in der *Liste verbotener Wirkstoffe und verbotener Methoden* spezielle Kriterien zur Bewertung *verbotener Wirkstoffe,* die auch endogen produziert werden können, aufgenommen werden.

2.2   Die *Anwendung* oder der *Versuch der Anwendung* eines *verbotenen Wirkstoffs* oder einer *verbotenen Methode.*

2.2.1[8]   Es ist nicht entscheidend, ob die *Anwendung* eines *verbotenen Wirkstoffs* oder einer *verbotenen Methode* leistungssteigernd wirkt oder nicht. Es ist ausreichend, dass der *verbo-*

---

gegen Anti-Doping-Bestimmungen vorliegt, nach dem Prinzip der verschuldensunabhängigen Haftung getroffen wird, damit aber nicht automatisch die Verhängung einer unveränderlichen Sperre verbunden ist.
Im Fall Quigley versus UIT führt das internationale Sportschiedsgericht (CAS) den Grundgedanken der verschuldensunabhängigen Haftung zutreffend wie folgt aus:
„Es ist richtig, dass die Anwendung des Prinzips der verschuldensunabhängigen Haftung in gewisser Weise in Einzelfällen, wie z. B. dem Fall von Q., zu ungerechten Ergebnissen führen kann; denn der Athlet kann die Medikamente aufgrund falscher Beschriftung oder falscher Beratung, die er nicht zu vertreten hat, genommen haben, insbesondere im Fall plötzlicher Krankheit im Ausland. Aber genauso ist es in gewisser Weise „unfair", wenn sich ein Athlet am Vorabend eines wichtigen Wettkampfes eine Lebensmittelvergiftung zuzieht. In keinem dieser beiden Fälle werden jedoch die Wettkampfvorschriften geändert, um diese Ungerechtigkeit auszugleichen. Genauso wenig wie der Wettkampf verschoben wird, um die Genesung des Athleten abzuwarten, wird das Verbot der Einnahme *Verbotener Wirkstoffe* aufgehoben, um ihrer versehentlichen Einnahme Rechnung zu tragen. Die Wechselfälle des Wettkampfes, wie auch die Wechselfälle des Lebens im Allgemeinen, können zu vielerlei Ungerechtigkeiten führen, sei es durch Zufall oder durch die Fahrlässigkeit nicht zur Rechenschaft zu ziehender Personen; dies ist ein Zustand, den das Recht nicht beheben kann. Außerdem erscheint es als fairer Ansatz, nicht die einem Einzelnen zufällig widerfahrende Ungerechtigkeit dadurch beheben zu wollen, indem man allen anderen Mitstreitern ihrerseits wissentlich Unrecht zufügt. Dies würde nämlich geschehen, wenn verbotene leistungssteigernde Wirkstoffe bei versehentlicher Einnahme geduldet würden. Darüber hinaus würde auch der vorsätzliche Missbrauch häufig unsanktioniert bleiben, weil der Beweis vorsätzlichen Fehlverhaltens nicht geführt werden könnte. Sicher ist auch, dass die Notwendigkeit des Nachweises vorsätzlichen Verhaltens zu kostspieligen Rechtsstreiten führen würde, welche die Verbände in ihrem Kampf gegen Doping durchaus lahm legen könnten – insbesondere Verbände mit einem bescheidenen Haushalt."
[7] **Kommentar:** Die Liste verbotener Wirkstoffe und verbotenen Methoden kann beispielsweise die Bestimmung enthalten, dass ein Verstoß gegen Anti-Doping-Bestimmungen vorliegt, wenn das T/E-Verhältnis größer als 6:1 ist, sofern nicht durch eine Langzeitstudie vorangehender oder späterer Kontrollergebnisse der Anti-Doping-Organisation der Nachweis für ein natürlich erhöhtes Verhältnis erbracht wird oder der Athlet anderweitig nachweist, dass das erhöhte Verhältnis von einem physiologischen oder pathologischen Zustand herrührt.
[8] **Kommentar:** Das Verbot der „Anwendung", wie es im Wortlaut des Anti-Doping-Regelwerks der Olympischen Bewegung angewendet wird, ist von Verbotenen Wirkstoffen auch auf Verbotene Methoden ausgedehnt worden. Dadurch entfällt die Notwendigkeit, das „Eingeständnis der Anwendung" als getrennten Verstoß gegen Anti-Doping-Bestimmungen spezifisch abzugrenzen. Die „Anwendung" kann beispielsweise durch ein Geständnis, die Zeugenaussage eines Dritten oder anderes Beweismaterial nachgewiesen werden.

tene Wirkstoff oder die *verbotene Methode* angewendet wurde oder ihre *Anwendung* versucht wurde, um einen *Verstoß gegen Anti-Doping-Bestimmungen* zu begehen.

2.3[9] Die Weigerung oder das Unterlassen ohne zwingenden Grund, sich einer angekündigten Probenahme zu unterziehen, die gemäß anwendbaren Anti-Doping-Bestimmungen zulässig ist, oder ein anderweitiger Versuch, sich der Probenahme zu entziehen.

2.4[10] Der Verstoß gegen anwendbare Vorschriften über die Verfügbarkeit des *Athleten* für *Trainingskontrollen*, einschließlich versäumter *Kontrollen* und dem Versäumnis, die erforderlichen Angaben zu Aufenthaltsort und Erreichbarkeit zu machen.

2.5[11] *Unzulässige Einflussnahme* oder *versuchte unzulässige Einflussnahme* auf einen Teil des *Dopingkontrollverfahrens*

2.6 *Besitz verbotener Wirkstoffe* und *verbotener Methoden*:

2.6.1 *Besitz* durch einen *Athleten* bedeutet Besitz von Wirkstoffen, die bei Trainingskontrollen verboten sind, zu jeder Zeit und an jedem Ort, oder die *Anwendung Verbotener Methoden* durch einen *Athleten*, sofern der *Athlet* nicht den Nachweis erbringt, dass der *Besitz* aufgrund einer Medizinischen Ausnahmegenehmigung (TUE) nach Artikel 4.4 genehmigt wurde oder aufgrund anderer akzeptabler Begründung gerechtfertigt ist.

2.6.2 *Besitz* von Wirkstoffen, die bei Trainingskontrollen verboten sind, oder die Anwendung *Verbotener Methoden* durch Athletenbetreuer im Zusammenhang mit einem *Athleten*, einem Wettkampf oder einem Training, sofern der *Athletenbetreuer* nicht den Nachweis erbringt, dass der *Besitz* dem Athleten gemäß einer Medizinischen Ausnahmegeneh-

---

Der Nachweis der „versuchten Anwendung" eines Verbotenen Wirkstoffs erfordert den Nachweis des Vorsatzes auf Seiten des Athleten. Die Tatsache, dass zum Nachweis dieses speziellen Verstoßes gegen Anti-Doping-Bestimmungen Vorsatz gefordert wird, widerlegt nicht das Prinzip der verschuldensunabhängigen Haftung, das für den Verstoß gegen Anti-Doping-Bestimmungen gemäß Artikel 2.1 und bei Anwendung eines Verbotenen Wirkstoffs oder einer Verbotenen Methode aufgestellt wurde.

[9] **Kommentar:** Nach fast allen bestehenden Anti-Doping-Bestimmungen ist das Unterlassen oder die Weigerung, sich nach der Benachrichtigung der Probenahme zu unterziehen, bzw. die Probenahme zu verweigern, verboten. Dieser Artikel dehnt die traditionelle Vorschrift dahin gehend aus, dass „ein anderweitiger Versuch, sich einer Probenahme zu entziehen", als verbotenes Verhalten gilt. Dementsprechend würde es einen Verstoß gegen Anti-Doping-Bestimmungen darstellen, wenn nachgewiesen wird, dass sich ein Athlet vor einem Dopingkontrolleur, der einen Test durchzuführen versuchte, versteckt. Ein Verstoß, der mit „einer Weigerung oder einem Unterlassen, sich einer Probenahme zu unterziehen", verbunden ist, kann sowohl durch Vorsatz als auch durch Fahrlässigkeit des Athleten begründet sein, während das „sich einer Probenahme zu entziehen" unter Vorsatz des Athleten erfolgt.

[10] **Kommentar**: Unangekündigte Trainingskontrollen sind ein wesentliches Element einer wirkungsvollen Dopingkontrolle. Ohne genaue Angaben zu Aufenthaltsort und Erreichbarkeit von Athleten ist ein solches Testverfahren ineffizient und gelegentlich sogar unmöglich. Dieser Artikel, der in den meisten bestehenden Anti-Doping-Bestimmungen nicht grundsätzlich enthalten ist, sieht vor, dass die Athleten, bei denen eine Trainingskontrolle durchgeführt werden soll, dafür verantwortlich sind, Informationen zu Aufenthaltsort und Erreichbarkeit zu machen und ggf. zu aktualisieren, so dass sie bei unangekündigten Trainingskontrollen erreicht werden können. Die „anzuwendenden Bestimmungen" werden vom Internationalen Sportfachverband des Athleten und der Nationalen Anti-Doping-Organisation festgelegt, wobei eine gewisse Flexibilität eingeräumt wird, um den verschiedenen Situationen in unterschiedlichen Sportarten und Ländern gerecht zu werden. Ein Verstoß gegen diesen Artikel kann auf vorsätzlichem oder fahrlässigem Verhalten des Athleten beruhen.

[11] **Kommentar**: Gemäß diesem Artikel sind Handlungen, die das Dopingkontrollverfahren auf unzulässige Weise beeinflussen, die jedoch nicht in der typischen Definition der Verbotenen Methoden enthalten sind, verboten. Hierunter sind beispielsweise die Veränderung der Identifikationsnummern auf einem Doping-Kontrollformular während des Kontrollverfahrens oder das Aufbrechen der B-Flasche bei der Analyse der B-Probe zu verstehen.

migung (TUE) nach Artikel 4.4 genehmigt wurde oder aufgrund anderer akzeptabler Begründung gerechtfertigt ist.

2.7 Das *Handeln* mit *Verbotenen Wirkstoffen* oder *Verbotenen Methoden*

2.8 Die Verabreichung oder *versuchte* Verabreichung von *Verbotenen Wirkstoffen* oder *Verbotenen Methoden* bei Athleten oder die Beihilfe, Unterstützung, Anleitung, Anstiftung, Verschleierung oder sonstige Tatbeteiligung bei einem Verstoß oder einem *versuchten Verstoß gegen Anti-Doping-Bestimmungen*.

Artikel 3: Dopingnachweis

3.1[12] Beweislast und Beweismaß

Die *Anti-Doping-Organisation* trägt die Beweislast für Verstöße gegen Anti-Doping-Bestimmungen. Das Beweismaß besteht darin, dass die *Anti-Doping-Organisation* gegenüber dem Anhörungsorgan überzeugend darlegen konnte, dass sie einen Verstoß gegen die Anti-Doping-Bestimmungen festgestellt hat, wobei die Schwere der Behauptung zu berücksichtigen ist. Die Anforderungen an das Beweismaß sind in allen Fällen höher als die bloße Wahrscheinlichkeit, jedoch geringer als ein Beweis, der jeden Zweifel ausschließt. Liegt die Beweislast zur Führung eines Gegenbeweises einer zu widerlegenden Vermutung oder zum Nachweis außergewöhnlicher Umstände oder Tatsachen gemäß dem *Code* bei dem Athleten oder einer anderen Person, der ein Verstoß gegen die Anti-Doping-Bestimmungen angelastet wird, so liegen die Anforderungen an das Beweismaß in der bloßen Wahrscheinlichkeit.

3.2 Verfahren zur Feststellung von Tatsachen und Vermutungen

Tatsachen im Zusammenhang mit Verstößen gegen Anti-Doping-Bestimmungen können durch zuverlässige Methoden, einschließlich Geständnis, bewiesen werden. Die folgenden Beweisregeln gelten in Dopingfällen:

3.2.1[13] Bei von der *WADA* akkreditierten Labors wird widerlegbar vermutet, dass diese die Analysen der Proben gemäß dem *Internationalen Standard für Labors* durchgeführt haben und die Proben entsprechend gelagert und aufbewahrt haben („chain of custody"). Der *Athlet* kann diese Vermutung widerlegen, indem er den Nachweis erbringt, dass ein Abweichen von dem *Internationalen Standard* erfolgte.

Wenn der *Athlet* die Vermutung widerlegt hat, indem er den Nachweis erbringt, dass ein Abweichen von dem *Internationalen Standard* erfolgte, dann trägt die *Anti-Doping-Organisation* die Beweislast, dass ein solches Abweichen nicht zu dem *positiven Analyseergebnis* führte.

3.2.2 Abweichungen vom *Internationalen Standard* für *Kontrollen*, die für ein *positives Analyseergebnis* nicht ursächlich waren, oder andere Verstöße gegen Anti-Doping-Bestimmungen bewirken nicht die Ungültigkeit solcher Ergebnisse. Wenn der *Athlet* überzeugend darlegt, dass während der *Kontrolle* vom *Internationalen Standard* abgewichen wurde, so trägt die *Anti-Doping-Organisation* die Beweislast, dass dieses Abweichen für das positive Analyseergebnis nicht ursächlich war oder keine Tatsachengrundlage für einen Verstoß gegen Anti-Doping-Bestimmungen darstellte.

---

[12] **Kommentar:** Diese Anforderung an die Beweisführung, der die Anti-Doping-Organisation gerecht werden muss, ist jener Anforderung vergleichbar, die in den meisten Ländern auf Fälle beruflichen Fehlverhaltens angewendet wird. Sie wurde auch häufig von Gerichten und Schiedsgerichten in Dopingfällen angewendet, z. B. Entscheidung des Internationalen Sportschiedsgerichts im Fall, N., J., Y., W. gegen FINA, CAS 98/208, 22. Dezember 1998.

[13] **Kommentar**: Die Beweislast in Form eines überzeugenden Beweises, dass ein Abweichen von dem Internationalen Standard erfolgte, trägt der Athlet. Erbringt der Athlet einen solchen Beweis, so geht die Beweislast auf die Anti-Doping-Organisation über, die zur ausreichenden Überzeugung des Anhörungsorgans den Nachweis zu erbringen hat, dass das Analyseergebnis durch dieses Abweichen nicht beeinflusst wurde.

Artikel 4: Die *Liste verbotener Wirkstoffe und verbotener Methoden*

4.1[14] **Veröffentlichung und Überarbeitung der Liste verbotener Wirkstoffe und verbotener Methoden**

Die *WADA* veröffentlicht so oft wie nötig, mindestens jedoch einmal jährlich, die *Liste verbotener Wirkstoffe und verbotener Methoden* als *Internationalen Standard*. Die beabsichtigte Fassung der *Liste verbotener Wirkstoffe und verbotener Methoden* und alle Überarbeitungen werden allen *Unterzeichnern und Regierungen* zur Stellungnahme und Beratung unverzüglich in Schriftform zur Verfügung gestellt. Die jährliche Fassung der *Liste verbotener Wirkstoffe und verbotener Methoden* und alle Überarbeitungen werden durch die *WADA* unverzüglich an alle *Unterzeichner* und Regierungen verteilt und auf der Website der *WADA* veröffentlicht. Jeder *Unterzeichner* ergreift geeignete Maßnahmen zur Verteilung der *Liste verbotener Wirkstoffe und verbotener Methoden* unter seinen Mitgliedern und Teilorganisationen. In den Regelwerken der *Anti-Doping-Organisationen* ist festgelegt, dass unbeschadet anderer Bestimmungen in der *Liste verbotener Wirkstoffe und verbotener Methoden* oder einer Überarbeitung, die *Liste verbotener Wirkstoffe und verbotener Methoden* und die Überarbeitungen nach den Bestimmungen der *Anti-Doping-Organisation* drei Monate nach Veröffentlichung der *Liste verbotener Wirkstoffe und verbotener Methoden* durch die *WADA* in Kraft tritt, ohne dass es hierzu weiterer Maßnahmen seitens der *Anti-Doping-Organisationen* bedarf.

4.2[15] **In der Liste verbotener Wirkstoffe und verbotener Methoden aufgeführte verbotene Wirkstoffe und verbotene Methoden**

Die *Liste verbotener Wirkstoffe und verbotener Methoden* führt diejenigen *verbotenen Wirkstoffe* und *verbotenen Methoden* auf, die wegen ihres Potenzials der Leistungssteigerung in zukünftigen Wettkämpfen oder ihres Maskierungspotenzials zu jeder Zeit als Dopingmittel

---

[14] **Kommentar:** Die Liste verbotener Wirkstoffe und verbotener Methoden wird bei Bedarf in einem beschleunigten Verfahren überarbeitet und veröffentlicht. Im Sinne der Rechtssicherheit wird jedoch jedes Jahr eine neue Liste veröffentlicht, unabhängig davon, ob tatsächlich Veränderungen vorgenommen wurden. Der Vorteil dieser IOC-Praxis, jedes Jahr im Januar eine neue Liste zu veröffentlichen, besteht darin, dass Rechtsunsicherheit darüber vermieden wird, welche Liste die aktuellste ist. Zu diesem Zweck wird auf der Website der WADA die jeweils aktuellste Liste verbotener Wirkstoffe und verbotener Methoden veröffentlicht. Es ist zu erwarten, dass die überarbeiteten Anti-Doping-Bestimmungen, die gemäß dem Code von den Anti-Doping-Organisationen angenommen werden, erst mit Veröffentlichung der ersten von der WADA angenommenen Liste verbotener Wirkstoffe und verbotener Methoden am 1. Januar 2004 in Kraft treten. Das Anti-Doping-Regelwerk der Olympischen Bewegung wird so lange gelten, bis der Code vom Internationalen Olympischen Komitee angenommen wurde.

[15] **Kommentar:** Es wird eine einzige Liste verbotener Wirkstoffe und verbotener Methoden geben. Zu den Wirkstoffen, die immer verboten sind, gehören Maskierungsmittel und Wirkstoffe, die bei der Anwendung im Training langfristige leistungssteigernde Wirkungen haben können, wie z. B. Anabolika. Alle Wirkstoffe und Methoden auf der Liste verbotener Wirkstoffe und verbotener Methoden sind im Wettkampf verboten. Die Unterscheidung, welche Wirkstoffe bei Wettkampfkontrollen und welche bei Trainingskontrollen kontrolliert werden, wurde aus dem Anti-Doping-Regelwerk der Olympischen Bewegung übernommen.

Es wird nur ein Dokument mit der Bezeichnung „Liste verbotener Wirkstoffe und verbotener Methoden" geben. Die WADA kann für besondere Sportarten zusätzliche Wirkstoffe oder Methoden in die Liste verbotener Wirkstoffe und verbotener Methoden aufnehmen (so z. B. die Aufnahme von Betablockern im Schießsport); diese werden jedoch alle in einer einzigen Liste verbotener Wirkstoffe und verbotener Methoden aufgeführt. Die Tatsache, dass alle verbotenen Wirkstoffe in eine einzige Liste aufgenommen werden, wird dazu beitragen, die gegenwärtige (Rechts-)Unsicherheit darüber, in welchem Sport welche Wirkstoffe verboten sind, aufzuheben. Einzelnen Sportarten werden keine Ausnahmeregelungen für bestimmte Wirkstoffe und Methoden von der Liste verbotener Wirkstoffe und verbotener Methoden zugestanden werden (z. B. die Streichung der Anabolika von der Liste verbotener Wirkstoffe und verbotener Methoden für „Denksportarten"). Dieser Entscheidung liegt zugrunde, dass es bestimmte grundlegende Dopingmittel gibt, die niemand, der sich selbst als Sportler bezeichnet, anwenden sollte.

(*außerhalb* und *während des Wettkampfes*) verboten sind, sowie jene *Wirkstoffe* und *Methoden*, die nur *während des Wettkampfes* verboten sind. Auf Empfehlung eines Internationalen Sportfachverbandes kann die *Liste verbotener Wirkstoffe und verbotener Methoden* von der WADA für dessen jeweilige Sportart erweitert werden. *Verbotene Wirkstoffe* und *verbotene Methoden* können in die *Liste verbotener Wirkstoffe und verbotener Methoden* als allgemeine Kategorie (z. B. Anabolika) oder mit speziellem Verweis auf einen bestimmten Wirkstoff oder eine bestimmte Methode aufgenommen werden.

4.3 Kriterien für die Aufnahme von Wirkstoffen und Methoden in die *Liste verbotener Wirkstoffe und verbotener Methoden*

Die *WADA* berücksichtigt bei der Aufnahme von Wirkstoffen oder Methoden in die *Liste verbotener Wirkstoffe und verbotener Methoden* folgende Kriterien:

4.3.1. Ein Wirkstoff oder eine Methode kommt für die Aufnahme in die *Liste verbotener Wirkstoffe und verbotener Methoden* in Betracht, wenn die *WADA* feststellt, dass der Wirkstoff oder die Methode zwei der folgenden drei Kriterien erfüllt:

4.3.1.1 Der medizinische oder ein sonstiger wissenschaftlicher Beweis, die pharmakologische Wirkung oder die Erfahrung, dass der Wirkstoff oder die Methode das Potenzial besitzt, die sportliche Leistung zu steigern, oder diese steigert;

4.3.1.2 Der medizinische oder ein sonstiger wissenschaftlicher Beweis, die pharmakologische Wirkung oder die Erfahrung, dass die Anwendung des Wirkstoffs oder der Methode für den Athleten ein gesundheitliches Risiko darstellt; oder

4.3.1.3 Die Feststellung durch die *WADA*, dass die *Anwendung* des Wirkstoffs oder der Methode gegen den in der Einleitung des *Code* beschriebenen Sportsgeist verstößt.

4.3.2[16] Ein *Wirkstoff* oder eine Methode ist auch dann in die *Liste verbotener Wirkstoffe und verbotener Methoden* aufzunehmen, wenn die *WADA* feststellt, dass durch medizinische oder sonstige wissenschaftliche Beweise, die pharmakologische Wirkung oder die Erfahrung nachgewiesen ist, dass der Wirkstoff oder die Methode das Potenzial haben, die *Anwendung* anderer *verbotener Wirkstoffe* oder *verbotener Methoden* zu maskieren.

4.3.3[17] Die Festlegung der *WADA* von *verbotenen Wirkstoffe* und *verbotenen Methoden* in der *Liste verbotener Wirkstoffe und verbotener Methoden* ist verbindlich und kann weder von

---

[16] **Kommentar:** Ein Wirkstoff wird in die Liste verbotener Wirkstoffe und verbotener Methoden aufgenommen, wenn der Wirkstoff ein Maskierungsmittel ist oder zwei der drei folgenden Kriterien erfüllt: (1) Der Wirkstoff hat das Potenzial, die sportliche Leistung zu steigern, oder er steigert diese; (2) er stellt ein potenzielles oder tatsächliches Gesundheitsrisiko dar; oder (3) er widerspricht dem Sportsgeist. Keines der drei Kriterien stellt <u>für sich allein</u> eine ausreichende Grundlage dar, um den Wirkstoff in die Liste verbotener Wirkstoffe und verbotenen Methoden aufzunehmen. Würde man das Potenzial zur Leistungssteigerung als einziges Kriterium anlegen, so würde dies auch das körperliche und geistige Training, der Verzehr von rotem Fleisch, die verstärkte Aufnahme von Kohlehydraten und das Höhentraining umfassen. Zu den Gesundheitsrisiken zählt auch das Rauchen. Aber auch das Vorliegen aller drei Kriterien würde nicht zu zufrieden stellenden Ergebnissen führen. So sollte beispielsweise die Anwendung der Genmanipulation zur erheblichen Steigerung der sportlichen Leistung verboten sein, da sie dem Sportsgeist nicht entspricht, auch wenn ein gesundheitsschädigender Faktor nicht nachgewiesen werden kann. Gleichermaßen läuft der potenziell gesundheitsschädliche Missbrauch bestimmter Wirkstoffe ohne medizinische Indikation, der auf der irrtümlichen Ansicht beruht, damit könne die Leistung gesteigert werden, eindeutig dem Sportsgeist zuwider, ungeachtet dessen, ob man realistischerweise eine Leistungssteigerung erwarten kann.

[17] **Kommentar:** Die Frage, ob ein Wirkstoff die in Artikel 4.3 (Kriterien für die Aufnahme von Wirkstoffen und Methoden in die Liste verbotener Wirkstoffe und verbotener Methoden) aufgeführten Kriterien erfüllt, kann im Einzelfall nicht zur Verteidigung gegen den Vorwurf des Verstoßes gegen Anti-Doping-Bestimmungen herangezogen werden. Es kann beispielsweise nicht argumentiert werden, dass ein nachgewiesener verbotener Wirkstoff in einer bestimmten Sportart keine leistungssteigernde Wirkung hat. Vielmehr liegt ein Fall von Doping vor, sobald ein Wirkstoff, der in der Liste verbotener Wirkstoffe und verbotenen Methoden aufgeführt ist, in der Körpergewebs-

Athleten noch von anderen *Personen* mit der Begründung angefochten werden, dass es sich bei dem Wirkstoff bzw. der Methode nicht um ein Maskierungsmittel handelt oder dass der Wirkstoff bzw. die Methode nicht das Potenzial haben, die Leistung zu steigern, dass sie kein Gesundheitsrisiko darstellen oder gegen den Sportsgeist verstoßen.

4.4[18] Medizinische Ausnahmegenehmigung [TUE]

Die *WADA* verabschiedet einen *Internationalen Standard* für das Verfahren zur Bewilligung von Medizinischen Ausnahmegenehmigungen [TUE].

Jeder Internationale Sportfachverband stellt sicher, dass für *internationale Spitzenathleten* bzw. *für Athleten,* die für einen *internationalen Wettkampf* gemeldet sind, ein Verfahren eingerichtet wird, nach dem *Athleten* mit nachgewiesener Krankheit, welche die *Anwendung* eines *verbotenen Wirkstoffes* bzw. einer *verbotenen Methode* erfordert, einen Antrag auf Erteilung einer *Medizinischen Ausnahmegenehmigung [TUE]* stellen können. Jede *Nationale Anti-Doping-Organisation* stellt sicher, dass für alle *Athleten*, die nicht zur Gruppe der *internationalen Spitzenathleten* zählen, innerhalb ihres Zuständigkeitsbereichs ein Verfahren eingerichtet wird, nach dem *Athleten* mit nachgewiesener Krankheit, welche die *Anwendung* eines *verbotenen* Wirkstoffs bzw. einer *verbotenen Methode* erfordert, einen Antrag auf Erteilung einer *Medizinischen Ausnahmegenehmigung [TUE]* stellen können. Derartige Anträge werden gemäß dem *Internationalen Standard für medizinische Ausnahmegenehmigungen [TUE]* bewertet. Die Internationalen Sportfachverbände und die *Nationalen Anti-Doping-Organisationen* melden der *WADA* unverzüglich die Ausnahmegenehmigungen, die den *internationalen* und *nationalen Spitzenathleten* bewilligt wurden, die in den *Registered Testing Pool* der jeweiligen *Nationalen Anti-Doping-Organisation* aufgenommen wurden.

Die *WADA* kann auf eigene Initiative die *medizinischen Ausnahmegenehmigungen* überprüfen, die den *internationalen* und *nationalen Spitzenathleten*, die in den *Registered Testing Pool* der jeweiligen *Nationalen Anti-Doping-Organisation* aufgenommen wurden, bewilligt wurden. Darüber hinaus kann die *WADA* auf Antrag eines *Athleten*, dem eine medizinische Ausnahmegenehmigung verweigert wurde, diese Verweigerung überprüfen. Stellt die *WADA* fest, dass die Bewilligung oder Verweigerung einer medizinischen Ausnahmegenehmigung nicht dem *Internationalen Standard für medizinische Ausnahmegenehmigungen (TUE)* entsprach, so kann die *WADA* diese Entscheidung aufheben.

---

oder Körperflüssigkeitsprobe eines Athleten nachgewiesen wird. Dasselbe Prinzip findet im Anti-Doping-Regelwerk der Olympischen Bewegung Anwendung.

[18] **Kommentar:** Es ist wichtig, dass die Verfahren zur Bewilligung medizinischer Ausnahmegenehmigungen in stärkerem Maße harmonisiert werden. Athleten, die ärztlich verordnete Verbotene Wirkstoffe anwenden, können Sanktionen unterliegen, sofern ihnen nicht eine medizinische Ausnahmegenehmigung bewilligt wurde. Viele Sportorganisationen verfügen derzeit jedoch nicht über Regeln zur Bewilligung medizinischer Ausnahmegenehmigungen; andere verfahren nach ungeschriebenen Regeln; und nur einige wenige verfügen über schriftlich fixierte Regeln innerhalb ihres Anti-Doping-Regelwerks. Mit diesem Artikel soll die Grundlage für medizinische Ausnahmegenehmigungen harmonisiert werden; mit diesem Artikel wird den Internationalen Sportfachverbänden die Verantwortung für die Bewilligung bzw. Verweigerung medizinischer Ausnahmegenehmigungen für internationale Spitzenathleten übertragen, während den Nationalen Anti-Doping-Organisationen die Verantwortung für die Bewilligung bzw. Verweigerung medizinischer Ausnahmegenehmigungen für nationale Spitzenathleten (die nicht gleichzeitig auch internationale Spitzenathleten sind) sowie für andere gemäß diesem Code der Dopingkontrolle unterliegende Athleten, übertragen wird.

Beispiele für häufig verordnete verbotene Wirkstoffe, die in dem Internationalen Standard für TUE gesondert erwähnt sein können, sind Arzneimittel, die zur Behandlung von akutem schweren Asthma oder entzündlichen Darmerkrankungen eingesetzt werden. Wird eine TUE entgegen den Bestimmungen des Internationalen Standards verweigert oder gewährt, so kann dieser Bescheid gemäß dem Internationalen Standard durch die WADA einer Überprüfung unterzogen werden. Gegen deren Entscheidung kann daraufhin gemäß Artikel 13 (Rechtsmittelverfahren) Widerspruch eingelegt werden. Wird die Bewilligung einer TUE aufgehoben, so gilt diese Aufhebung nicht rückwirkend, und die Ergebnisse, die der Athlet erzielte, während die TUE wirksam war, werden nicht annulliert.

4.5 Überwachungsprogramm

Die *WADA* richtet in Absprache mit den *Unterzeichnern* und Regierungen ein Überwachungsprogramm für Wirkstoffe ein, die nicht in der *Liste verbotener Wirkstoffe und verbotener Methoden* aufgeführt sind, welche jedoch nach Ansicht der *WADA* überwacht werden sollten, um Missbrauch im Sport zu ermitteln. Die *WADA* veröffentlicht vor jeder Kontrolle die Wirkstoffe, die überwacht werden. Werden Fälle entdeckt, in denen diese Wirkstoffe angewendet wurden, oder werden diese Wirkstoffe nachgewiesen, so wird dies regelmäßig von den Labors als aussagefähige Statistik an die *WADA* gemeldet. Die Statistik ist nach Sportart gegliedert und soll Angaben darüber enthalten, ob die Proben bei Wettkampf- oder Trainingskontrollen entnommen wurden. Diese Berichte enthalten keine weiteren Informationen in Bezug auf bestimmte Proben. Die *WADA* stellt den Internationalen Sportfachverbänden und den *Nationalen Anti-Doping-Organisationen* mindestens einmal jährlich aussagefähige Statistiken, nach Sportart gegliedert, zu diesen zusätzlichen Wirkstoffen zur Verfügung. Die *WADA* trifft Vorkehrungen, um sicherzustellen, dass im Hinblick auf solche Berichte Angaben über einzelne Athleten streng anonym behandelt werden. Die angezeigte Anwendung eines solchen Wirkstoffs oder der Nachweis eines solchen Wirkstoffs stellt keinen Verstoß gegen Anti-Doping-Bestimmungen dar.

Artikel 5: Dopingkontrollen

5.1 Organisation von Dopingkontrollen

Anti-Doping-Organisationen, die *Dopingkontrollen* durchführen, sollen in Zusammenarbeit mit anderen *Anti-Doping-Organisationen, die* ebenfalls *Kontrollen* bei derselben Gruppe von *Athleten* durchführen, wie folgt verfahren:

5.1.1 Planung und Umsetzung einer ausreichenden Anzahl von *Wettkampf-und Trainingskontrollen*

Jeder Internationale Sportfachverband richtet einen *Registered Testing Pool* für die dem jeweiligen Verband angehörenden *internationale Spitzenathleten* ein, jede *Nationale Anti-Doping-Organisation* einen nationalen *Registered Testing Pool*. Letzterem gehören sowohl *internationale Spitzenathleten* aus dem jeweiligen Land als auch *nationale Spitzenathleten* an. Die Internationalen Sportfachverbände und die *Nationalen Anti-Doping-Organisationen* planen *Wettkampf- und Trainingskontrollen* für ihren jeweiligen *Registered Testing Pool* und führen diese durch.

5.1.2 Sie führen vorrangig *unangekündigte Dopingkontrollen* durch.

5.1.3[19] Sie führen *Zielkontrollen* durch.

5.2[20] Standards für Dopingkontrollen

Anti-Doping-Organisationen, die *Dopingkontrollen* durchführen, führen diese in Übereinstimmung mit dem *Internationalen Standard* für *Dopingkontrollen* durch.

---

[19] **Kommentar:** Zielkontrollen werden deshalb aufgeführt, weil weder mit Stichprobenkontrollen noch mit gewichteten Stichprobenkontrollen gewährleistet wird, dass alle in Frage kommenden Athleten ausreichend kontrolliert werden. (Zum Beispiel: Weltklasse-Athleten; Athleten, deren Leistungen sich innerhalb kurzer Zeit erheblich verbessert haben; Athleten, deren Trainer auch andere Athleten betreuen, deren Testbefunde positiv waren usw.).

Selbstverständlich dürfen Zielkontrollen ausschließlich im Rahmen einer rechtmäßigen Dopingkontrolle durchgeführt werden. Der Code macht deutlich, dass Athleten nicht das Recht haben, zu erwarten, dass sie nur Stichprobenkontrollen unterzogen werden. Genauso verlangt der Code nicht, dass zur Durchführung von Zielkontrollen ein hinreichender Verdacht vorliegen muss.

[20] **Kommentar:** Die bei den verschiedenen Arten von Wettkampf- und Trainingskontrollen erforderlichen Methoden und Verfahren werden im Internationalen Standard für Kontrollen detaillierter beschrieben.

Artikel 6: Analyse von *Proben*

Bei *Dopingkontrollen* entnommene *Proben* werden in Übereinstimmung mit den folgenden Grundsätzen analysiert:

6.1[21] Beauftragung von anerkannten Labors

Die Analyse von *Proben* wird ausschließlich in den von der *WADA* akkreditierten oder anderweitig von der *WADA* anerkannten Labors durchgeführt. Die Auswahl des von der *WADA* akkreditierten Labors (oder einer anderen von der *WADA* anerkannten Methode), das mit der Analyse der *Probe* beauftragt werden soll, wird ausschließlich von der *Anti-Doping-Organisation*, die für das Ergebnismanagement zuständig ist, getroffen.

6.2 Nachzuweisende Wirkstoffe

Die Analyse von *Proben* erfolgt zum Nachweis *verbotener Wirkstoffe* und *verbotener Methoden*, die in der *Liste verbotener Wirkstoffe und verbotener Methoden* aufgeführt sind, sowie zum Nachweis weiterer Wirkstoffe, die von der *WADA* gemäß Artikel 4.5 festgelegt wurden (Überwachungsprogramm).

6.3 Verwendung von Proben zu Forschungszwecken

Die Proben dürfen ohne schriftliche Zustimmung nicht für andere Zwecke, als zum Nachweis von Wirkstoffen (oder Gruppen von Wirkstoffen) oder Methoden aus der *Liste verbotener Wirkstoffe und verbotener Methoden* oder zum Nachweis weiterer, von der *WADA* gemäß Artikel 4.5 festgelegten Wirkstoffe (Überwachungsprogramm) verwendet werden.

6.4 Standards für die Analyse von Proben und Berichterstattung

Die Labors analysieren die *Proben* und melden ihre Ergebnisse gemäß dem *Internationalen Standard* für Laboranalysen.

Artikel 7:[22] Ergebnismanagement

Jede *Anti-Doping-Organisation*, die ein Ergebnismanagement durchführt, richtet unter Einhaltung folgender Grundsätze ein Verfahren zur Behandlung potenzieller Verstöße gegen Anti-Doping-Bestimmungen vor der Anhörung ein:

7.1 Erste Überprüfung bei positiven Analyseergebnissen

Bei Erhalt eines *positiven Analyseergebnisses der A-Probe* führt die für das Ergebnismanagement zuständige *Anti-Doping-Organisation* eine erste Überprüfung durch, um festzustellen, ob: (a) eine gültige *medizinische Ausnahmegenehmigung* vorliegt, oder (b) ob eine offensichtliche Abweichung von den *Internationalen Standards für Dopingkontrollen* und *Laboranalysen* vorliegt, welche die Richtigkeit des *positiven Analyseergebnisses* in Frage stellt.

---

[21] **Kommentar:** Der Begriff „eine andere von der WADA anerkannte Methode" soll zum Beispiel mobile Bluttestverfahren abdecken, die von der WADA geprüft wurden und als zuverlässig erachtet werden.

[22] **Kommentar:** Einige der Unterzeichner haben eigene Vorgehensweisen beim Ergebnismanagement für positive Analyseergebnisse entwickelt. Obwohl die einzelnen Vorgehensweisen nicht völlig einheitlich sind, haben sich viele dieser Systeme des Ergebnismanagements als fair und wirksam erwiesen. Der Code ersetzt nicht jedes Ergebnismanagementsystem der Unterzeichner. Dieser Artikel bestimmt jedoch die Grundsätze, die von jedem Unterzeichner gewahrt werden müssen, um eine grundsätzliche Fairness des Ergebnismanagementprozesses zu gewährleisten. Die jeweiligen Anti-Doping-Bestimmungen der einzelnen Unterzeichner müssen mit diesen Grundsätzen übereinstimmen.

7.2[23] Mitteilung nach der ersten Überprüfung

Ergibt sich bei der ersten Überprüfung gemäß Artikel 7.1, dass keine gültige medizinische Ausnahmegenehmigung vorliegt oder keine offensichtliche Abweichung vorliegt, welche die Richtigkeit des *positiven Analyseergebnisses* in Frage stellt, so teilt die *Anti-Doping-Organisation* dem betreffenden *Athleten* unverzüglich gemäß der in ihrem Regelwerk vorgeschriebenen Form Folgendes mit: (a) das *positive Analyseergebnis*; (b) die Anti-Doping-Regel, gegen die verstoßen wurde, oder, in einem Fall gemäß Artikel 7.3, die zusätzlich durchzuführende Untersuchung zur Feststellung, ob ein Verstoß gegen eine Anti-Doping-Regel vorliegt; (c) das Recht des *Athleten*, unverzüglich um eine Analyse der B-*Probe* zu ersuchen oder, falls er dies unterlässt, dass er damit auf die Analyse der B-*Probe* verzichtet; (d) das Recht des *Athleten* und/oder seines Vertreters, bei der Eröffnung und Analyse der B-*Probe* zugegen zu sein, falls eine solche Analyse beantragt wurde; und (e) das Recht des *Athleten,* Kopien der Laborunterlagen zu den A-und B-*Proben* anzufordern, welche die im *Internationalen Standard für Laboranalysen* geforderten Informationen enthalten.

7.3 Weitergehende Überprüfung des positiven Analyseergebnisses, soweit gemäß der Liste verbotener Wirkstoffe und verbotener Methoden erforderlich

Die *Anti-Doping-Organisation* oder ein anderes von ihr eingesetztes Überprüfungsorgan führt darüber hinaus Nachuntersuchungen durch, soweit diese gemäß der *Liste verbotener Wirkstoffe und verbotener Methoden* erforderlich sind. Nach Abschluss dieser Nachuntersuchungen teilt die *Anti-Doping-Organisation* dem *Athleten* unverzüglich die Ergebnisse der Nachuntersuchungen mit und ob die *Anti-Doping-Organisation* einen Verstoß gegen eine Anti-Doping-Regel festgestellt hat.

7.4[24] Überprüfung von Verstößen gegen weitere Anti-Doping-Bestimmungen

Die *Anti-Doping-Organisation* oder ein anderes von ihr eingesetztes Überprüfungsorgan führt darüber hinaus Nachuntersuchungen durch, soweit diese nach geltenden Anti-Doping-Bestimmungen und Richtlinien, die gemäß diesem *Code* angenommen wurden, erforderlich sind oder soweit die *Anti-Doping-Organisation* aus anderen Gründen Nachuntersuchungen für angemessen hält. Die *Anti-Doping-Organisation* setzt den *Athleten* oder eine andere einer Sanktion zu unterwerfende *Person* in der in ihrem Regelwerk vorgesehenen Form von der Anti-Doping-Regel, gegen die offenbar verstoßen wurde, und von dem dem Verstoß zugrunde liegenden Sachverhalt in Kenntnis.

7.5[25] Auf die vorläufige Suspendierung anwendbare Grundsätze

Ein *Unterzeichner* kann Regeln für alle *Wettkampfveranstaltungen*, deren Veranstalter er ist, oder für jedes vom *Unterzeichner* zu verantwortende Mannschaftsauswahlverfahren be-

---

[23] **Kommentar:** Der Athlet hat das Recht, eine sofortige Analyse der B-Probe zu fordern, unabhängig davon, ob eine Nachuntersuchung gemäß Artikel 7.3 oder 7.4 erforderlich ist.

[24] **Kommentar:** Beispielsweise würde ein Internationaler Sportfachverband den Athleten normalerweise durch den nationalen Sportfachverband des Athleten informieren.

[25] **Kommentar:** Dieser Artikel lässt weiterhin die Möglichkeit einer vorläufigen Suspendierung vor einer endgültigen Entscheidung aufgrund einer Anhörung nach Artikel 8 (Recht auf ein faires Anhörungsverfahren) zu. Vorläufige Suspendierungen sind im OMADC und in den Vorschriften vieler Internationaler Sportfachverbände vorgesehen. Bevor jedoch eine vorläufige Suspendierung einseitig von einer Anti-Doping-Organisation verhängt werden kann, muss die im Code spezifizierte interne Überprüfung abgeschlossen sein. Darüber hinaus ist ein Unterzeichner, der eine vorläufige Suspendierung verhängt, dazu verpflichtet, dem Athleten die Möglichkeit eines vorläufigen Anhörungsverfahrens zu gewähren, entweder vor oder unverzüglich nach Verhängung der vorläufigen Suspendierung; andernfalls ist dieser Unterzeichner dazu verpflichtet, dem Athleten unmittelbar nach Verhängung einer vorläufigen Suspendierung die Möglichkeit eines beschleunigten Anhö-

schließen, die eine *vorläufige Suspendierung* nach erfolgter Prüfung und Mitteilung gemäß Artikel 7.1 und 7.2, jedoch vor einer Anhörung gemäß Artikel 8 (Recht auf ein faires Anhörungsverfahren), erlauben. Eine *vorläufige Suspendierung* darf jedoch nicht verhängt werden, sofern dem *Athleten*: (a) nicht die Möglichkeit eines vorläufigen Anhörungsverfahren entweder vor Verhängung der *vorläufigen Suspendierung* oder zeitnah nach Verhängung der *vorläufigen Suspendierung* gegeben wird; oder (b) ihm nicht die Möglichkeit eines beschleunigten Anhörungsverfahren gemäß Artikel 8 (Recht auf ein faires Anhörungsverfahren) zeitnah nach Verhängung einer *vorläufigen Suspendierung* gegeben wird.

Wird eine *vorläufige Suspendierung* nach einem *positiven Analyseergebnis* der A-*Probe* verhängt und bestätigt die nachfolgende Analyse der B-*Probe* das Ergebnis der A-*Probe* nicht, wird der *Athlet* keiner weiteren Disziplinarmaßnahme unterworfen und jede zuvor verhängte Sanktion wird aufgehoben. In Fällen, in denen der *Athlet* oder die Mannschaft des *Athleten* von einem *Wettkampf* ausgeschlossen und die Ergebnisse der A-*Probe* durch die anschließende Analyse der B-*Probe* nicht bestätigt wurden, kann der *Athlet* oder die Mannschaft seine bzw. ihre Teilnahme am Wettkampf fortsetzen, wenn eine Wiederaufnahme des *Wettkampfes* durch den *Athleten* oder die Mannschaft ohne weitere Beeinträchtigung des *Wettkampfes* noch möglich ist.

Artikel 8:[26] Recht auf ein faires Anhörungsverfahren

Jede *Anti-Doping-Organisation,* die für das Ergebnismanagement zuständig ist, muss einer *Person,* der zum Vorwurf gemacht wird, einen Verstoß gegen Anti-Doping-Bestimmungen begangen zu haben, ein Anhörungsverfahren ermöglichen. In einem solchen Anhörungsverfahren wird die Frage behandelt, ob ein Verstoß gegen Anti-Doping-Bestimmungen vorliegt und, sofern dies zutrifft, welche *Konsequenzen* angemessen sind. Das Anhörungsverfahren erfolgt unter Einhaltung der folgenden Grundsätze:

- eine zeitnahe Anhörung;
- ein faires und unparteiisches Anhörungsorgan;
- das Recht, sich auf eigene Kosten anwaltlich vertreten zu lassen;

---

rungsverfahrens gemäß Artikel 8 (Recht auf ein faires Anhörungsverfahren) zu gewähren. Der Athlet hat das Recht gegen die vorläufige Suspendierung einen Rechtsbehelf gemäß Artikel 13.2 einzulegen. Alternativ zu der in diesem Artikel beschriebenen Vorgehensweise der Verhängung einer vorläufigen Suspendierung hat die Anti-Doping-Organisation immer die Möglichkeit, von einer vorläufigen Suspendierung abzusehen und unter Rückgriff auf das beschleunigte Verfahren gemäß Artikel 8 unmittelbar ein abschließendes Anhörungsverfahren einzuleiten.

Gesetzt den seltenen Fall, dass die Analyse der B-Probe das Ergebnis der A-Probe nicht bestätigt, ist es dem vorläufig suspendierten Athleten gestattet, soweit es die Umstände zulassen, an späteren Wettkämpfen der Wettkampfveranstaltung teilzunehmen. Entsprechend kann der Athlet nach Maßgabe der einschlägigen Regeln des Internationalen Sportfachverbands in einer Mannschaftssportart an zukünftigen Wettbewerben teilnehmen, wenn die Mannschaft noch am Wettbewerb teilnimmt.

[26] **Kommentar:** Dieser Artikel enthält Grundsätze bezüglich der Gewährleistung einer fairen Anhörung für Personen, denen ein Verstoß gegen Anti-Doping-Bestimmungen vorgeworfen wird. Mit diesem Artikel wird nicht die Absicht verfolgt, die eigenen Regeln der einzelnen Unterzeichner zu ersetzen; vielmehr soll damit sichergestellt werden, dass jeder Unterzeichner ein Anhörungsverfahren nur unter Wahrung dieser Grundsätze bereitstellt.

Die Verweisung an das Internationale Sportschiedsgericht als Berufungsorgan in Artikel 13 hindert einen Unterzeichner nicht daran, das CAS auch als anfängliches Anhörungsorgan zu benennen.

Ein Anhörungsverfahren kann etwa am Vortag einer Sportgroßveranstaltung beschleunigt werden, wenn die Entscheidung über einen Verstoß gegen Anti-Doping-Bestimmungen notwendig ist, um zu klären, ob der Athlet an der Wettkampfveranstaltung teilnehmen darf. Oder es kann während einer Wettkampfveranstaltung beschleunigt werden, wenn von einer Entscheidung in dieser Sache die Gültigkeit der Ergebnisse des Athleten oder eine Fortsetzung der Teilnahme am Wettkampf abhängt.

- das Recht, über den behaupteten Verstoß gegen Anti-Doping-Bestimmungen angemessen und rechtzeitig informiert zu werden;
- das Recht, zu dem Vorwurf des Verstoßes gegen Anti-Doping-Bestimmungen und den sich daraus ergebenden *Konsequenzen* Stellung nehmen zu können;
- das Recht jeder Partei, Beweismittel vorzubringen, einschließlich des Rechts, Zeugen zu benennen und zu vernehmen (es steht im Ermessen des Anhörungsorgans auch telefonische Zeugenaussagen oder schriftliche Beweismittel zuzulassen);
- das Recht der *Person* zur Beiziehung eines Dolmetschers während der Anhörung, wobei das Anhörungsorgan über die Wahl des Dolmetschers und über die Frage der Kostenübernahme der Verdolmetschung entscheidet; und
- eine zeitnahe, schriftliche, begründete Entscheidung;

Ein beschleunigtes Verfahren ist nach Maßgabe des Regelwerks der jeweiligen *Anti-Doping-Organisation* und des Anhörungsorgans bei Anhörungen möglich, die in Verbindung mit *Wettkampfveranstaltungen* stattfinden.

Artikel 9:[27] Automatische Disqualifikation

Ein *Verstoß gegen Anti-Doping-Bestimmungen* im Zusammenhang mit einer *Wettkampfkontrolle* führt automatisch zur Annullierung des in diesem *Wettkampf* erzielten Einzelergebnisses, mit allen daraus entstehenden Konsequenzen, einschließlich der Aberkennung von Medaillen, Punkten und Preisen.

Artikel 10: Sanktionen gegen Einzelsportler

10.1[28] Disqualifikation von der Wettkampfveranstaltung, in der gegen Anti-Doping-Bestimmungen verstoßen wurde

Ein *Verstoß gegen Anti-Doping-Bestimmungen* während oder in Verbindung mit einer *Wettkampfveranstaltung* kann aufgrund einer entsprechenden Entscheidung der für diese Veranstaltung zuständigen Organisation zur Annullierung aller von einem *Athleten* in dieser Wettkampfveranstaltung erzielten Ergebnisse mit allen Konsequenzen führen, einschließlich der Aberkennung von Medaillen, Punkten und Preisen, unbeschadet der Bestimmungen des Artikels 10.1.1.

10.1.1 Weist der *Athlet* nach, dass er den Verstoß weder *vorsätzlich* noch *fahrlässig* herbeigeführt hat, so werden die Einzelergebnisse, die der *Athlet* in den anderen Wettkämpfen erzielt hat, nicht annulliert, es sei denn, es bestand die Wahrscheinlichkeit, dass die in einem anderen als dem Wettkampf, bei dem ein Verstoß gegen Anti-Doping-Bestimmungen erfolgte, erzielten Ergebnisse des *Athleten* durch Verstöße gegen Anti-Doping-Bestimmungen des *Athleten* beeinflusst wurden.

---

[27] **Kommentar:** Dieser Grundsatz findet sich gegenwärtig im OMADC. Gewinnt ein Athlet eine Goldmedaille, während er einen Verbotenen Wirkstoff in seinem Organismus hat, ist das unfair gegenüber den anderen Athleten in diesem Wettkampf, unabhängig davon, ob der Goldmedaillenträger daran die Schuld trägt. Nur „sauberen" Athleten sollte es erlaubt sein, von ihren Wettkampfergebnissen zu profitieren.
Bezüglich Mannschaftssportarten siehe Artikel 11 (Konsequenzen für Mannschaften).

[28] **Kommentar:** Während gemäß Artikel 9 (Automatische Disqualifikation) das Ergebnis in einem Einzelwettkampf, für den ein positives Kontrollergebnis des Athleten vorliegt (z. B. 100 m Rückenschwimmen), ungültig wird, kann es aufgrund dieses Artikels zum Streichen sämtlicher Ergebnisse kommen, die in Wettkämpfen der Wettkampfveranstaltung (z. B. der FINA-Weltmeisterschaft) erzielt wurden.
Zu den Faktoren, die in die Erwägung, ob andere bei derselben Wettkampfveranstaltung erzielte Ergebnisse als gestrichen erklärt werden, einbezogen werden müssen, gehört etwa die Schwere des Verstoßes gegen Anti-Doping-Bestimmungen des Athleten sowie der Umstand, ob für andere Wettkämpfe ein negatives Kontrollergebnis des Athleten vorliegt.

10.2[29] Verhängung einer Sperre wegen Verbotener Wirkstoffe und Methoden

Mit Ausnahme der in Artikel 10.3 genannten Wirkstoffe beträgt die Dauer der Sperre, die für einen Verstoß gegen Artikel 2.1 (Vorhandensein eines *Verbotenen Wirkstoffs* oder seiner *Metaboliten* oder *Marker*), Artikel 2.2 (*Anwendung* oder *Versuch der Anwendung* eines *Verbotenen Wirkstoffs* oder einer *Verbotenen Methode*) und 2.6 (*Besitz* eines *Verbotenen Wirkstoffs* oder einer *Verbotenen Methode*) verhängt wird:

Für den ersten Verstoß: zweijährige (2-jährige) Sperre
Für den zweiten Verstoß: lebenslange Sperre.

Dem *Athlet* oder der *Person* soll jedoch in jedem Fall die Möglichkeit eingeräumt werden, vor Verhängung einer Sperre den Sachverhalt für eine Aufhebung oder Reduzierung dieser Sanktion gemäß den Bestimmungen des Artikels 10.5 nachzuweisen.

10.3[30] Spezielle Wirkstoffe

Die *Liste verbotener Wirkstoffe und verbotener Methoden* kann spezielle Wirkstoffe aufführen, durch die es aufgrund ihres allgemeinen Vorhandenseins in medizinischen Produkten besonders leicht zu unbeabsichtigten Verstößen gegen Anti-Doping-Bestimmungen kommen kann, oder deren wirksamer Missbrauch als Dopingmittel weniger wahrscheinlich ist. Kann ein *Athlet* nachweisen, dass die Anwendung einer speziellen Substanz nicht der Steigerung der sportlichen Leistung diente, so findet anstelle der Sperre gemäß Artikel 10.2 folgendes Strafmaß Anwendung:

Erster Verstoß: Mindestens eine Verwarnung und Abmahnung und keine Nichtstartberechtigung bei künftigen Wettkampfveranstaltungen, und höchstens eine einjährige (1-jährige) Sperre.
Zweiter Verstoß: eine zweijährige (2-jährige) Sperre.
Dritter Verstoß: lebenslange Sperre.

---

[29] **Kommentar:** Die Harmonisierung von Sanktionen ist eine der am meisten diskutierten und debattierten Fragen im Anti-Doping. Die Argumente gegen eine Harmonisierung von Sanktionen gründen sich auf die Unterschieden zwischen den Sportarten, einschließlich der folgenden: Bei einigen Sportarten sind die Athleten Profisportler, die mit dem Sport ein beträchtliches Einkommen erzielen, bei anderen Sportarten sind die Athleten Amateure; bei den Sportarten, in denen die Karriere eines Sportlers kurz ist (z. B. Kunstturnen), hat eine zweijährige Nichtstartberechtigung viel schwerwiegendere Auswirkungen als für Sportler in Sportarten, in denen sich die Laufbahn sich üblicherweise über einen längeren Zeitraum erstreckt (z. B. Reitsport und Schießen); bei Individualsportarten kann der Athlet seine Leistungen viel besser durch individuelles Training während der Nichtstartberechtigung aufrechterhalten als in anderen Sportarten, in denen das Trainieren in einer Mannschaft wichtiger ist. Ein vorrangiges Argument für die Harmonisierung ist, dass es schlichtweg nicht richtig ist, dass gegen zwei Athleten aus demselben Land, deren Kontrollen auf denselben verbotenen Wirkstoff positiv waren, unter ähnlichen Umständen unterschiedliche Sanktionen verhängt werden, nur weil sie verschiedene Disziplinen ausüben. Darüber hinaus ist die flexible Strafbemessung oft als nicht hinnehmbare Möglichkeit für einige Sportorganisationen gesehen worden, nachsichtiger gegenüber Dopingsündern zu sein. Die fehlende Harmonisierung von Sanktionen hat auch häufig zu juristischen Auseinandersetzungen zwischen Internationalen Sportfachverbänden und Nationalen Anti-Doping-Organisationen geführt.

Nach dem Konsens, der auf der Weltkonferenz zum Doping im Sport im Februar 1999 in Lausanne erzielt wurde, wird eine zweijährige Sperre beim ersten schweren Verstoß gegen eine Anti-Doping-Regel, gefolgt von einer lebenslangen Sperre beim zweiten Verstoß, befürwortet. Dieser Konsens spiegelte sich im OMADC wider.

[30] **Kommentar:** Dieser Grundsatz ist an den OMADC angelehnt und erlaubt eine gewisse Flexibilität bei der Disziplinierung von Athleten, deren Testbefund als Folge der unbeabsichtigten Anwendung eines Erkältungsmittels, das ein verbotenes Stimulans enthält, positiv war.

Die Minderung einer Sanktion gemäß Artikel 10.5.2 findet erst bei einem zweiten oder dritten Verstoß Anwendung, da hinsichtlich der Sanktion, die der erste Verstoß nach sich zieht, bereits ein ausreichendes Maß an Spielraum zur Verfügung steht, um die Schwere der Schuld der Person zu berücksichtigen.

Dem *Athlet* oder der *Person* soll jedoch in jedem Fall die Möglichkeit eingeräumt werden, vor Verhängung einer Sperre den Sachverhalt für eine Aufhebung oder Reduzierung (im Falle eines 2. oder 3. Verstoßes) dieser Sanktion gemäß den Bestimmungen des Artikels 10.5 nachzuweisen.

10.4 Sperre bei anderen Verstößen gegen Anti-Doping-Bestimmungen

Die Dauer der Sperre bei anderen Verstößen gegen Anti-Doping-Bestimmungen beträgt:

10.4.1 Bei Verstößen gegen Artikel 2.3 (Weigerung oder Versäumnis, eine Probe abzugeben) oder Artikel 2.5 (*Unzulässige Einflussnahme bei Dopingkontrollverfahren*) findet die in Artikel 10.2 jeweils genannte Sperre Anwendung.

10.4.2[31] Bei Verstößen gegen Artikel 2.7 (*Handeln*) oder Artikel 2.8 (Verabreichung eines *Verbotenen Wirkstoffs* oder einer *Verbotenen Methode*) beträgt die Dauer der Sperre zwischen vier (4) Jahren bis zu einer lebenslangen Sperre. Ein Verstoß gegen Anti-Doping-Bestimmungen unter Beteiligung von *Minderjährigen* gilt als besonders schwerwiegender Verstoß; wird ein solcher Verstoß von *Athletenbetreuern* begangen und betrifft er nicht die in Artikel 10.3 erwähnten speziellen Wirkstoffe, führt das zu einer lebenslangen *Sperre* für diese *Athletenbetreuer*. Darüber hinaus können Verstöße gegen Artikel, bei denen auch nicht den Sport betreffende Gesetze und Vorschriften verletzt werden, den zuständigen Verwaltungs-, Fach- oder Justizbehörden gemeldet werden.

10.4.3[32] Bei Verstößen gegen Artikel 2.4 (Versäumnis, die erforderlichen Angaben zu Aufenthaltsort und Erreichbarkeit mitzuteilen oder für Kontrollen zur Verfügung zu stehen) beträgt die Sperre in Übereinstimmung mit den Regelwerken der *Anti-Doping-Organisation*, deren Kontrolle versäumt oder der die erforderlichen Angaben zu Aufenthaltsort und Erreichbarkeit nicht mitgeteilt wurden, mindestens drei Monate und höchstens zwei Jahre. Bei weiteren Verstößen gegen Artikel 2.4 beläuft sich die Dauer der Sperre auf das Maß, das in den Regeln der *Anti-Doping-Organisation*, deren Kontrolle versäumt wurde oder der die erforderlichen Angaben zu Aufenthaltsort und Erreichbarkeit nicht mitgeteilt wurden, festgelegt ist.

10.5 Aufhebung oder Minderung der Dauer einer Sperre aufgrund außergewöhnlicher Umstände

10.5.1[33] *Kein Verschulden*

Wenn der *Athlet* in einem Einzelfall, bei dem es um einen *Verstoß gegen Anti-Doping-Bestimmungen* nach Artikel 2.1 (Vorhandensein eines *verbotenen Wirkstoffs* oder seiner *Metaboli-*

---

[31] **Kommentar:** Diejenigen, die am Doping von Athleten oder an der Verdunkelung von Doping beteiligt sind, sollten härteren Sanktionen unterworfen werden als die Athleten, deren Kontrollbefunde positiv waren. Da die Befugnis von Sportorganisationen generell auf den Entzug von Akkreditierungen, Lizenzen, Mitgliedschaften und sportlichen Vergünstigungen beschränkt ist, ist das Anzeigen von Athletenbetreuern bei den zuständigen Behörden eine wichtige Abschreckungsmaßnahme in der Dopingbekämpfung.

[32] **Kommentar:** Die Verfahrensweisen der verschiedenen Anti-Doping-Organisationen im Hinblick auf den Aufenthaltsort und versäumte Dopingkontrollen können sehr unterschiedlich sein, insbesondere was die Einführung dieser Verfahrensweisen am Anfang betrifft. Deshalb ist ein beträchtliches Maß an Flexibilität bei der Strafverhängung für derartige Verstöße gegen Anti-Doping-Bestimmungen geschaffen worden. Anti-Doping-Organisationen, die bereits diesbezüglich über differenzierte Konzepte mit integrierten Sicherheitsmechanismen verfügen, und Organisationen, die bereits seit längerem über Erfahrungsberichte der Athleten im Hinblick auf die Konzepte bzgl. der Angabe des aktuellen Aufenthaltsort und Erreichbarkeit des Athleten verfügen, können Sperren im oberen Bereich der Skala vorsehen.

[33] **Kommentar:** Artikel 10.5.1 gilt nur für Verstöße gegen Artikel 2.1 und 2.2 (Vorhandensein und Anwendung Verbotener Wirkstoffe), da ein schuldhaftes Verhalten bereits erforderlich ist, um einen Verstoß gegen andere Anti-Doping-Bestimmungen zu begründen.

ten oder *Marker*) oder um die *Anwendung* eines *verbotenen Wirkstoffs* oder einer *verbotenen Methode* nach Artikel 2.2 geht, nachweist, dass dieser Verstoß ohne sein Verschulden verursacht wurde, so wird die ansonsten geltende Sperre aufgehoben. Liegt ein Verstoß gegen Artikel 2.1 (Vorhandensein eines *verbotenen Wirkstoffs*) aufgrund des Nachweises eines *verbotenen Wirkstoffs* oder seiner *Marker* oder *Metaboliten* vor, muss der *Athlet* ebenfalls nachweisen, wie der *verbotene Wirkstoff* in seinen Organismus gelangte, damit die Sperre aufgehoben wird. Findet dieser Artikel Anwendung und wird die ansonsten geltende Sperre aufgehoben, so wird der Verstoß gegen die Anti-Doping-Bestimmungen nicht als Verstoß im engeren Sinne der Feststellung der Dauer der Sperre aufgrund mehrmaliger Verstöße gemäß Artikel 10.2, 10.3 und 10.6 angesehen.

10.5.2[34] *Kein Vorsatz* oder *grobe Fahrlässigkeit*

Dieser Artikel 10.5.2 findet lediglich auf Verstöße gegen Anti-Doping-Bestimmungen betreffend Artikel 2.1 (Vorhandensein eines *verbotenen Wirkstoffs* oder seiner *Metaboliten*

---

[34] **Kommentar**: Bei Dopingfällen wird immer häufiger anerkannt, dass im Verlauf des Anhörungsverfahrens eine Möglichkeit zur Berücksichtigung der einzigartigen Tatsachen und Umstände jedes Einzelfalls bei der Verhängung von Sanktionen bestehen sollte. Dieser Grundsatz wurde 1999 auf der Weltkonferenz gegen Doping im Sport angenommen und in den OMADC aufgenommen. In Letzterem ist geregelt, dass Sanktionen unter „außergewöhnlichen Umständen" gemindert werden können. Auch der Code sieht die Möglichkeit einer Reduzierung oder Aufhebung der Sperrfrist unter dem besonderen Umstand vor, dass der Athlet nachweisen kann, dass er in Bezug auf den Verstoß entweder ganz ohne Verschulden oder weder vorsätzlich noch grob fahrlässig gehandelt hat. Dieser Ansatz steht mit den Grundsätzen der Menschenrechte im Einklang und schafft ein Gleichgewicht zwischen den Anti-Doping-Organisationen, die für eine deutlich enger gefasste Ausnahmeregelung plädieren oder sich sogar gänzlich gegen eine Ausnahmeregelung aussprechen, und jenen Anti-Doping-Organisationen, die eine zweijährige Sperre auf Grundlage anderer Faktoren eher reduzieren würden, selbst wenn ein Schuldeingeständnis des Athleten vorliegt. Diese Artikel finden lediglich auf die Verhängung von Sanktionen Anwendung; sie finden keine Anwendung auf die Feststellung, ob ein Verstoß gegen Anti-Doping-Bestimmungen vorliegt. Artikel 10.5 soll sich nur auf die Fälle auswirken, in denen die Umstände tatsächlich außergewöhnlich sind, und nicht auf die große Mehrzahl der Fälle. Zur Erläuterung der Anwendung von Artikel 10.5 sei ein Beispiel genannt, wo fehlendes Verschulden zur völligen Aufhebung einer Sanktion führen würde, nämlich wenn der Athlet beweisen kann, dass er trotz gebührender Sorgfalt Opfer eines Sabotageaktes eines Konkurrenten wurde. Umgekehrt kann eine Sanktion unter folgenden Umständen nicht aufgrund mangelnden Verschuldens aufgehoben werden: (a) bei Vorliegen eines positiven Testergebnisses aufgrund einer falschen Etikettierung oder Verunreinigung eines Vitaminpräparats oder eines Nahrungsergänzungsmittels (Athleten sind verantwortlich für die Stoffe, die sie zu sich nehmen (Artikel 2.1.1), und wurden auf möglicherweise kontaminierte Vitaminpräparate und Nahrungsergänzungsmittel hingewiesen); (b) die Verabreichung eines Verbotenen Wirkstoffs durch den persönlichen Arzt oder Trainer des Athleten, ohne dass dies dem Athleten mitgeteilt worden wäre (Athleten sind verantwortlich für die Auswahl ihres medizinischen Personals und dafür, dass sie ihr medizinisches Personal anweisen, ihnen keine Verbotenen Wirkstoffe zu geben); und (c) Sabotage der festen oder flüssigen Lebensmittel des Athleten durch Ehepartner, Coach oder eine andere Person im engeren Umfeld des Athleten (Athleten sind verantwortlich für die Stoffe, die sie zu sich nehmen, sowie für das Verhalten der Personen, denen sie Zugang zu ihren festen und flüssigen Lebensmitteln gewähren). In Abhängigkeit von den Tatsachen eines Einzelfalls kann jedoch jedes der oben genannten Beispiele zu einer Minderung der Sanktion aufgrund „fehlenden Vorsatzes oder fehlender grober Fahrlässigkeit" führen. So wäre etwa eine Minderung in Beispiel (a) angemessen, wenn der Athlet überzeugend darlegt, dass die Ursache für sein positives Kontrollergebnis in einem kontaminierten herkömmlichen Multivitaminpräparat lag, das von einer Quelle erworben wurde, die keinerlei Verbindung zu Verbotenen Wirkstoffen aufweist, und wenn der Athlet darlegt, dass er darauf geachtet hat, keiner anderen Nahrungsergänzungsmittel zu sich zu nehmen.
Artikel 10.5.2 findet nur auf die genannten Verstöße gegen Anti-Doping-Bestimmungen Anwendung, da diese Verstöße auf einem Verhalten beruhen können, das weder vorsätzlich noch beabsichtigt ist. Verstöße gemäß Artikel 2.4 (Informationen zu Aufenthaltsort und Erreichbarkeit, versäumte Kontrollen) werden nicht berücksichtigt, auch wenn kein vorsätzliches Verhalten zum Nachweis dieser Verstöße erforderlich ist, da im Rahmen der Sanktionierung von Verstößen gemäß Artikel 2.4

oder *Marker*), durch *Anwendung* eines *verbotenen Wirkstoffs* oder einer *verbotenen Methode* gemäß Artikel 2.2, dem Versäumnis, sich gemäß Artikel 2.3 einer *Probenahme* zu unterziehen, oder durch Verabreichung eines *verbotenen Wirkstoffs* oder einer *verbotenen Methode* gemäß Artikel 2.8 Anwendung. Wenn der Athlet in einem Einzelfall einen derartigen Verstoß betreffend nachweist, dass er weder vorsätzlich noch grob fahrlässig gehandelt hat, dann kann die Dauer der Sperre gemindert werden, allerdings darf die geminderte Dauer der Sperre nicht weniger als die Hälfte der ansonsten anwendbaren Mindestdauer der Sperre betragen. Wenn die ansonsten geltende Dauer der Sperre eine lebenslange Sperre ist, darf die nach diesem Unterartikel geminderte Dauer der Sperre nicht unter 8 (acht) Jahren liegen. Werden in Körpergewebs- oder Körperflüssigkeitsproben des Athleten ein *verbotener Wirkstoff* oder dessen *Marker* oder *Metaboliten* nachgewiesen, was einen Verstoß gegen Artikel 2.1 (Vorhandensein eines *verbotenen Wirkstoffs*) bedeutet, muss der *Athlet* für eine Minderung der Dauer der Sperre darüber hinaus darlegen, wie der *verbotene Wirkstoff* in seinen Organismus gelangte.

10.5.3 Wesentliche Unterstützung durch den *Athleten* bei der Aufdeckung oder dem Nachweis eines Verstoßes gegen Anti-Doping-Bestimmungen durch *Athletenbetreuer* und andere Personen

Wenn der *Athlet* die *Anti-Doping-Organisation* maßgeblich unterstützt hat und die *Anti-Doping-Organisation* dadurch einen Verstoß gegen Anti-Doping-Bestimmungen durch eine andere Person betreffend Besitz im Sinne von Artikel 2.6.2 (Besitz durch *Athletenbetreuer*), Artikel 2.7 (Hand*eln*) oder Artikel 2.8 (Verabreichung bei *Athleten*), aufdeckt oder nachweist, kann die *Anti-Doping-Organisation* die Dauer der *Sperre* ebenfalls reduzieren. Die reduzierte Dauer der *Sperre* darf allerdings nicht weniger als die Hälfte der ansonsten anwendbaren Mindestdauer der *Sperre* betragen. Wenn die ansonsten geltende Dauer der *Sperre* eine lebenslange *Sperre* ist, darf die nach diesem Unterartikel reduzierte Dauer der *Sperre* nicht unter 8 (acht) Jahren liegen.

10.6 Regeln für bestimmte mögliche Mehrfachverstöße

10.6.1[35] In Bezug auf die Verhängung von Sanktionen gemäß Artikel 10.2, 10.3 und 10.4 kann ein weiterer *Verstoß gegen Anti-Doping-Bestimmungen* nur dann als zweiter Verstoß berücksichtigt werden, wenn die *Anti-Doping-Organisation* nachweisen kann, dass der *Athlet* oder die *Person* den zweiten *Verstoß gegen Anti-Doping-Bestimmungen* erst verübt hat, nachdem der *Athlet* oder die *Person* von dem ersten *Verstoß gegen Anti-Doping-Bestimmungen* in Kenntnis gesetzt worden war oder nachdem die *Anti-Doping-Organisation* einen ausreichenden *Versuch* unternommen hat, ihn davon in Kenntnis zu setzen; kann die *Anti-Doping-Organisation* dies nicht überzeugend darlegen, so werden die Verstöße als ein einziger erster Verstoß behandelt und die zu verhängende Sanktion begründet sich auf den Verstoß, der die strengere Sanktion nach sich zieht.

10.6.2 Wird auf Grundlage einer einzigen *Kontrolle* nachgewiesen, dass ein Athlet sowohl hinsichtlich eines speziellen Wirkstoffs gemäß Artikel 10.3 als auch hinsichtlich eines weiteren *verbotenen Wirkstoffes* oder einer *verbotenen Methode* einen *Verstoß gegen Anti-Doping-Bestimmungen* begangen hat, so wird davon ausgegangen, dass der *Athlet* einen einzelnen Verstoß gegen Anti-Doping-Bestimmungen begangen hat, wobei jedoch die zu verhängende Sanktion sich auf denjenigen *verbotenen Wirkstoff* oder diejenige *verbotene Methode* begründet, welcher bzw. welche die strengste Sanktion nach sich zieht.

(von drei Monaten bis zu zwei Jahren) bereits ein ausreichendes Maß an Spielraum zur Verfügung steht, um die Schwere der Schuld des Athleten zu berücksichtigen.

[35] **Kommentar:** Gemäß diesem Artikel wird gegen einen Athleten, der zum zweiten Mal einen positiven Testbefund erhält, bevor er von dem ersten positiven Testbefund in Kenntnis gesetzt wurde, lediglich auf Grundlage eines einzigen Verstoßes gegen Anti-Doping-Bestimmungen eine Sanktion verhängt.

10.6.3[36] Wird nachgewiesen, dass ein *Athlet* zwei separate Verstöße gegen Anti-Doping-Bestimmungen begangen hat, wobei bei einem dieser Verstöße ein spezieller Wirkstoff nachgewiesen wurde, der den Sanktionen gemäß Artikel 10.3 (Spezielle Wirkstoffe) unterliegt, während bei dem anderen Verstoß ein *verbotener Wirkstoff* oder eine *verbotene Methode* nachgewiesen wurde, die den Sanktionen gemäß Artikel 10.2 unterliegen, oder dieser zweite Verstoß ein Verstoß war, der den Sanktionen gemäß Artikel 10.4.1 unterliegt, so beträgt die Dauer der Sperre, die für den zweiten Verstoß verhängt wird, mindestens zwei und höchstens drei Jahre. Wird nachgewiesen, dass ein *Athlet* einen dritten Verstoß gegen Anti-Doping-Bestimmungen begangen hat, wobei eine Kombination eines Verstoßes im Zusammenhang mit speziellen Wirkstoffen gemäß Artikel 10.3 und einem weiteren Verstoß gegen Anti-Doping-Bestimmungen gemäß Artikel 10.2 oder 10.4.1 vorliegt, so wird als Sanktion eine lebenslange Sperre verhängt.

10.7 Streichen der *Wettkampfergebnisse* nach erfolgter Probenahme

Zusätzlich zu der automatischen Annullierung der bei einem *Wettkampf* erzielten Ergebnisse, bei dem eine positive *Probe* gemäß Artikel 9 (Automatische Disqualifikation) entnommen wurde, werden alle Wettkampfergebnisse, die in dem Zeitraum von der Entnahme einer positiven *Probe* oder der Begehung eines anderen *Verstoßes gegen Anti-Doping-Bestimmungen* bis zum Beginn einer *vorläufigen Suspendierung* oder Sperre erzielt wurden, *für ungültig erklärt*, mit allen daraus entstehenden Konsequenzen, einschließlich der Aberkennung von Medaillen, Punkten und Preisen, sofern nicht aus Gründen der Fairness eine andere Vorgehensweise angemessen ist.

10.8[37] Beginn der *Sperre*

Die Sperre beginnt mit dem Tag der Anhörung, in der die Sperre beschlossen wurde, oder, wenn auf eine Anhörung verzichtet wurde, am Tag der Annahme der Sperre oder ihrer Verhängung. Jede *vorläufige Suspendierung* (unabhängig davon, ob sie verhängt oder

---

[36] **Kommentar:** Artikel 10.6.3 behandelt die Situation, in der ein Athlet zwei separate Verstöße gegen Anti-Doping-Bestimmungen begeht, wobei jedoch bei einem der Verstöße ein spezieller Wirkstoff nachgewiesen wird, der gemäß Artikel 10.3 geringere Sanktionen nach sich zieht. Hätte man diesen Artikel nicht in den Code aufgenommen, so könnte folgendes Sanktionsmaß auf den zweiten Verstoß angewandt werden: die Sanktion, die auf einen zweiten Verstoß mit dem Verbotenen Wirkstoff des zweiten Verstoßes Anwendung findet, die Sanktion, die auf einen zweiten Verstoß mit dem Wirkstoff des ersten Verstoßes Anwendung findet oder eine kombinierte Sanktion, welche sich rechnerisch ergibt, wenn man die Sanktionen für einen ersten Verstoß gemäß Artikel 10.2 (zwei Jahre) und einen ersten Verstoß gemäß Artikel 10.3 (bis zu einem Jahr) addiert. Hierdurch ergibt sich für einen Athleten, der einen ersten Verstoß gemäß Artikel 10.2 und danach einen zweiten Verstoß mit einem speziellen Wirkstoff verübt, und für einen Athleten, der einen ersten Verstoß mit einem speziellen Wirkstoff und danach einen zweiten Verstoß gemäß Artikel 10.2 verübt, dieselbe Sanktion. In beiden Fällen bedeutet die Sanktion eine Sperre zwischen zwei und drei Jahren.

[37] **Kommentar:** Zurzeit setzen viele Anti-Doping-Organisationen den Beginn einer Sperre auf den Tag fest, an dem die Entscheidung aufgrund der Anhörung ergeht. Diese Anti-Doping-Organisationen erklären Ergebnisse häufig rückwirkend ab dem Tag der positiven Probenahme für ungültig. Andere Anti-Doping-Organisationen legen den Beginn einer zweijährigen Suspendierung auf den Tag fest, an dem die positive Probe entnommen wurde. Wie aus den Erläuterungen zum OMADC hervorgeht, ist im OMADC keine dieser Vorgehensweisen vorgeschrieben. Der im Code vorgesehene Ansatz bietet Athleten keinen Anreiz, das Anhörungsverfahren zu verzögern, während sie in der Zwischenzeit an Wettkämpfen teilnehmen. Darüber hinaus werden Athleten durch den Code ermutigt, eine vorläufige Suspendierung bei anhängigem Anhörungsverfahren freiwillig anzunehmen. Auf der anderen Seite kann das die Sanktion verhängende Organ den Beginn der Sanktion auf einen Tag festsetzen, der vor den Tag des Anhörungsbeschlusses fällt, so dass der Athlet nicht durch Verzögerungen im Dopingkontrollverfahren, die er nicht zu vertreten hat (z. B. eine übermäßige Verzögerung durch das Labor beim Anzeigen eines positiven Kontrollbefundes oder Verzögerungen durch die Anti-Doping-Organisation bei der Ansetzung der Anhörung) benachteiligt wird.

freiwillig angenommen wurde) wird auf die Gesamtdauer der abzuleistenden Sperre angerechnet. Wo dies die Fairness gebietet, etwa bei Verzögerungen während des Anhörungsverfahrens oder anderen Phasen des *Dopingkontrollverfahrens*, die der *Athlet* nicht zu vertreten hat, kann das die Sperre verhängende Organ den Beginn der Sperre auf ein früheres Datum, das bis zum Tag der *Probe*nahme zurückreichen kann, vorverlegen.

10.9[38]   Status während der *Sperre*

Eine *Person*, die gesperrt wurde, darf während der *Sperre* in keiner Eigenschaft an einem *Wettkampf* oder einer anderen Aktivität (außer an Anti-Doping-Aufklärungs- oder Rehabilitationsprogrammen) teilnehmen, die von einem *Unterzeichner* oder einer Mitgliedsorganisation eines *Unterzeichners* genehmigt oder organisiert wurde. Darüber hinaus werden die *Unterzeichner,* Mitgliedsorganisationen der *Unterzeichner* sowie Regierungen bei einem *Verstoß gegen Anti-Doping-Bestimmungen*, der nicht spezielle Wirkstoffe gemäß Artikel 10.3 betrifft, die im Zusammenhang mit dem Sport stehende finanzielle Unterstützung oder andere Leistungen, welche die *Person* erhält, teilweise oder gänzlich einbehalten. Eine Person, gegen die eine *Sperre* von mehr als vier Jahren verhängt wurde, darf nach Ablauf von vier Jahren der *Sperre* an lokalen sportlichen Wettkampfveranstaltungen in einer Sportart teilnehmen, in der die *Person* nicht den *Verstoß gegen Anti-Doping-Regel* begangen hat, jedoch nur, sofern diese lokale sportliche Wettkampfveranstaltung nicht auf einem Niveau stattfindet, auf dem sich die *Person* direkt oder indirekt für die Teilnahme an einer nationalen Meisterschaft oder einer internationalen Wettkampfveranstaltung qualifizieren kann (oder Punkte für eine derartige Qualifikation erwerben kann).

10.10[39]   Kontrollen vor *Wiedererlangung der Startberechtigung*

Als Voraussetzung für die Wiedererlangung der Startberechtigung nach Ablauf einer bestimmten *Sperre* muss ein *Athlet* während der Zeit einer *vorläufigen Suspendierung* oder *Sperre* für *Trainingskontrollen* durch jede *Anti-Doping-Organisation* mit Kontrollbefugnis zur Verfügung stehen und auf Verlangen aktuelle und genaue Angaben zu Aufenthaltsort und Erreichbarkeit machen. Wenn ein *Athlet*, gegen den eine *Sperre* verhängt wurde, seine aktive Laufbahn beendet hat und aus dem Test Pool *für Trainingskontrollen* gestrichen wird, zu einem späteren Zeitpunkt die Wiedererlangung der Startberechtigung beantragt, so ist dem *Athleten* die Wiedererlangung der Startberechtigung so lange verwehrt, bis der *Athlet* die zuständigen *Anti-Doping-Organisationen* informiert hat und er über einen Zeitraum, welcher der ab dem Tag seines Ausscheidens aus dem Sport verbliebenen Dauer der *Sperre* entspricht, *Trainingskontrollen* unterzogen wurde.

---

[38] **Kommentar:** Die Regeln einiger Anti-Doping-Organisationen beinhalten lediglich ein „Wettkampfverbot" für Athleten während der Dauer der Sperre. Zum Beispiel könnte ein Athlet in dieser Sportart während der Sperrfrist als Trainer arbeiten. Dieser Artikel übernimmt diesbezüglich die Haltung des OMADC, die besagt, dass ein Athlet, gegen den eine Sperre wegen eines Verstoßes gegen Anti-Doping-Bestimmungen verhängt wurde, während dieser Sperrfrist in keiner Eigenschaft an einer autorisierten Wettkampfveranstaltung oder Aktivität teilnehmen darf. Dies würde beispielsweise die Betreuung einer Nationalmannschaft oder eine Tätigkeit als Trainer oder Sportfunktionär ausschließen. Sanktionen in einer Sportart werden auch von anderen Sportarten anerkannt (siehe Artikel 15.4). Der Person ist es gemäß diesem Artikel nicht untersagt, Freizeitsport zu betreiben.

[39] **Kommentar:** Zu der vergleichbaren Frage der Zulassung von Athleten, die startberechtigt sind, in einem Pool von Athleten für Trainingskontrollen erfasst sind, ihre aktive Laufbahn beenden und dann in den aktiven Sport zurückkehren wollen, stellt der Code keine Regeln auf, sondern es wird den verschiedenen Anti-Doping-Organisationen überlassen, eigene Regeln und Kriterien diesbezüglich aufzustellen.

Artikel 11: *Konsequenzen* **für Mannschften**

Wenn mehr als ein Mitglied einer Mannschaft in einer *Mannschaftssportart* von einem möglichen *Verstoß gegen Anti-Doping-Bestimmungen* gemäß Artikel 7 in Verbindung mit einer *Wettkampfveranstaltung* in Kenntnis gesetzt wurde, soll die Mannschaft bei dieser *Wettkampfveranstaltung* einer *Zielkontrolle* unterzogen werden. Stellt sich heraus, dass mehr als ein Mitglied einer Mannschaft in einer *Mannschaftssportart* während der *Wettkampfveranstaltung* einen *Verstoß gegen Anti-Doping-Bestimmungen* begangen hat, kann die Mannschaft disqualifiziert werden oder gegen sie andere disziplinarische Maßnahmen verhängt werden. In Sportarten, die nicht zu den *Mannschaftssportarten* zählen, bei denen jedoch Mannschaften ausgezeichnet werden, unterliegt die Disqualifikation oder die Verhängung anderer disziplinarischer Maßnahmen gegen die Mannschaft, bei der mindestens ein Mitglied der Mannschaft einen *Verstoß gegen Anti-Doping-Bestimmungen* begangen hat, den anwendbaren Regeln des Internationalen Sportfachverbandes.

Artikel 12:[40] **Sanktionen gegen Sportorganisationen**

Ein *Unterzeichner* oder eine Regierung, die den *Code* angenommen hat, wird durch den *Code* nicht daran gehindert, ihre eigene Regeln zum Zweck der Verhängung von Strafen gegen eine andere Sportorganisation, über die der *Unterzeichner* oder die Regierung Rechtskompetenz besitzt, zu vollstrecken.

Artikel 13: Rechtsbehelfe

13.1[41] Anfechtbare Entscheidungen

Gegen Entscheidungen, die auf Grundlage des *Code* oder der Regeln, die gemäß dem *Code* angenommen werden, ergehen, können Rechtsbehelfe gemäß den Bestimmungen der Artikel 13.2 bis 13.4 eingelegt werden. Derartige Entscheidungen bleiben während des Rechtsbehelfsverfahrens in Kraft, es sei denn, seitens des angerufenen Organs ergeht eine anders lautende Verfügung. Vor Beginn eines Rechtsbehelfsverfahrens müssen sämtliche verbandsinternen Rechtsbehelfe ausgeschöpft werden, soweit diese verbandsinternen Rechtsbehelfe im Einklang mit den Grundsätzen des Artikels 13.2.2 stehen.

13.2 Einsprüche gegen Entscheidungen wegen Verstöße gegen Anti-Doping-Bestimmungen und vorläufige Suspendierungen

Gegen eine Entscheidung, die feststellt, dass ein *Verstoß gegen Anti-Doping-Bestimmungen* begangen wurde, gegen eine Entscheidung, die feststellt, welche *Konsequenzen* ein *Verstoß gegen Anti-Doping-Bestimmungen* nach sich zieht, oder gegen eine Entscheidung, die feststellt, dass kein *Verstoß gegen Anti-Doping-Bestimmungen* begangen wurde, gegen eine Entscheidung, die besagt, dass eine *Anti-Doping-Organisation* nicht über die rechtliche Zuständigkeit verfügt, um bei einem Vorwurf des *Verstoßes gegen Anti-Doping-Bestimmungen* oder hinsichtlich der *Konsequenzen* zu entscheiden, sowie gegen eine Entscheidung, die besagt, dass aufgrund einer *vorläufigen Anhörung* oder aufgrund eines Verstoßes gegen Artikel 7.5 eine *vorläufige Suspendierung* verhängt wird, können Rechtsmittel ausschließlich gemäß den Bestimmungen dieses Artikels 13.2 eingelegt werden.

---

[40] **Kommentar:** Dieser Artikel verdeutlicht, dass der Code eventuell bestehende disziplinarrechtliche Beziehungen zwischen Organisationen in keiner Weise beschränkt.

[41] **Kommentar:** Der entsprechende Artikel des OMADC ist insofern weiter gefasst, als dieser die Bestimmung enthält, dass jede Streitigkeit aus der Anwendung des OMADC vor den CAS gebracht werden kann.

13.2.1[42]   Anfechtung bei Beteiligung internationaler Athleten

In Fällen, die im Zusammenhang mit der Beteiligung an einer *internationalen Sportveranstaltung* stehen, oder in Fällen von *internationalen Spitzenathleten* können Rechtsbehelfe gegen Entscheidungen ausschließlich vor dem Internationalen Sportschiedsgericht („CAS") gemäß den anwendbaren Vorschriften des Gerichts eingelegt werden.

13.2.2[43]   Anfechtung bei Beteiligung nationaler Athleten

In Fällen von *nationalen Spitzenathleten* im Sinne der Festlegung der *Nationalen Anti-Doping-Organisationen*, die keine Rechtsbehelfe gemäß Artikel 13.2.1 einlegen dürfen, können Rechtsbehelfe gegen Entscheidungen vor einem unabhängigen und unparteiischen Organ gemäß den Bestimmungen der *Nationalen Anti-Doping-Organisation* eingelegt werden. Die Bestimmungen für solche Rechtsbehelfsverfahren werden unter Einhaltung der folgenden Grundsätze festgelegt:
- eine rechtzeitige Anhörung;
- ein faires, unparteiisches und unabhängiges Anhörungsorgan;
- das Recht, sich auf eigene Kosten anwaltlich vertreten zu lassen; und
- eine rechtzeitige, schriftliche, begründete Entscheidung.

13.2.3   Zum Einlegen von Rechtsbehelfen berechtigte *Personen*

In Fällen des Artikel 13.2.1, sind folgende Parteien berechtigt, vor dem CAS Rechtsbehelfe einzulegen: (a) der *Athlet* oder eine andere *Person*, der/die Gegenstand einer Entscheidung ist, gegen die ein Rechtsbehelf eingelegt wird; (b) die andere Partei der Rechtssache, in der die Entscheidung ergangen ist; (c) der zuständige Internationale Sportfachverband und alle anderen *Anti-Doping-Organisationen*, nach deren Regeln eine Sanktion hätte verhängt werden können; (d) das Internationale Olympische Komitee oder das Internationale Paralympische Komitee, je nachdem, ob die Entscheidung Auswirkungen im Zusammenhang mit den Olympischen Spielen oder den Paralympischen Spielen haben könnte, einschließlich Entscheidungen mit Auswirkungen auf die Startberechtigung bei den Olympischen Spielen oder den Paralympischen Spielen; und (e) die *WADA*. In Fällen, auf die Artikel 13.2.2 zutrifft, sind diejenigen Parteien berechtigt, vor der nationalen Revisionsinstanz Rechtsmittel einzulegen, die in den Regeln der Nationalen Anti-Doping-Organisationen festgelegt sind: zu diesen gehören jedoch mindestens folgende Parteien: (a) der *Athlet* oder eine andere *Person*, der/die Gegenstand einer Entscheidung ist, gegen die ein Rechtsmittel eingelegt wird; (b) die andere Partei der Rechtssache, in der die Entscheidung ergangen ist; (c) der zuständige Internationale Sportfachverband; und (d) die *WADA*. In Fällen, auf die Artikel 13.2.2 zutrifft, sind die *WADA* und der Internationale Sportfachverband ebenfalls dazu berechtigt, Rechtsmittel hinsichtlich der Entscheidung der nationalen Rechtsbehelfsinstanz vor dem CAS einzulegen.

Unbeschadet sonstiger Bestimmungen dieses Code ist die einzige *Person*, die gegen eine *vorläufige Suspendierung* Rechtsmittel einlegen kann, der *Athlet* oder eine andere *Person*, dem bzw. der die *vorläufige Suspendierung* auferlegt wurde.

13.3   Anfechtung von Entscheidungen über eine Medizinische Ausnahmegenehmigung

Gegen Entscheidungen der *WADA*, durch welche die Bewilligung oder Verweigerung einer Medizinischen Ausnahmegenehmigung aufgehoben wird, können Rechtsbehelfe

---

[42] **Kommentar:** Die Entscheidungen des CAS sind endgültig und verbindlich, mit Ausnahme einer Überprüfung, die nach dem Recht erforderlich ist, das auf die Aufhebung oder Vollstreckung von Schiedssprüchen Anwendung findet.

[43] **Kommentar:** Eine Anti-Doping-Organisation kann sich für die Einhaltung dieses Artikels entscheiden, indem sie ihren Athleten mit Beteiligung an nationalen Wettkämpfen das Recht einräumt, unmittelbar vor dem CAS Rechtsbehelf einzulegen.

durch den *Athleten* oder die *Anti-Doping-Organisation,* deren Entscheidung aufgehoben wurde, ausschließlich vor dem CAS eingelegt werden. Gegen Entscheidungen von *Anti-Doping-Organisationen* über die Verweigerung einer medizinischen Ausnahmegenehmigung, die nicht durch die *WADA* ergangen sind und nicht von der *WADA* aufgehoben wurden, können *internationale Spitzenathleten* Rechtsbehelfe vor dem CAS und andere *Athleten* vor der in Artikel 13.2.2 beschriebenen nationalen Rechtsbehelfsinstanz einlegen. Hebt die nationale Rechtsbehelfsinstanz die Entscheidung über die Verweigerung einer medizinischen Ausnahmegenehmigung auf, kann die *WADA* gegen diese Entscheidung vor dem CAS Rechtsbehelf einlegen.

13.4 Anfechtung von Entscheidungen über Maßnahmen nach Teil 3 des Code

Hinsichtlich der gemäß Teil 3 des Code (Aufgaben und Zuständigkeiten) verhängten Maßnahmen ist diejenige Organisation, welcher die Maßnahmen gemäß Teil Drei des *Code* auferlegt wurden, berechtigt, ausschließlich vor dem CAS Rechtsbehelf gemäß den vor dieser Instanz anwendbaren Vorschriften einzulegen.

13.5[44] Anfechtung von Entscheidungen über den Entzug oder der Suspendierung von Laborakkreditierungen

Gegen Entscheidungen der *WADA*, die einem Labor die Akkreditierung entziehen oder diese zu suspendieren, kann nur das betroffene Labor Rechtsbehelf ausschließlich vor dem CAS einlegen.

Artikel 14: Vertraulichkeit und Berichterstattung

Die *Unterzeichner* stimmen den folgenden Grundsätzen über die Behandlung und den öffentlichen Umgang mit Ergebnissen der Dopingbekämpfung, und über die Achtung der Privatsphäre der eines *Verstoßes gegen Anti-Doping-Bestimmungen* Beschuldigten zu:

14.1 Informationen über *positive Analyseergebnisse* und sonstige mögliche Verstöße gegen Anti-Doping-Bestimmungen

Ein *Athlet*, dessen *Probe* zu einem *positiven Analyseergebnis* geführt hat, oder ein *Athlet* oder eine andere Person, der bzw. die gegen Anti-Doping-Bestimmungen verstoßen haben könnte, wird durch die *Anti-Doping-Organisation*, die für das Ergebnismanagement zuständig ist, gemäß den Bestimmungen des Artikels 7 (Ergebnismanagement) in Kenntnis gesetzt. Die *Nationale Anti-Doping-Organisation* des *Athleten,* der Internationale Sportfachverband des *Athleten* und die *WADA* werden ebenfalls spätestens bis zum Abschluss des in Artikel 7.1 und 7.2 beschriebenen Verfahrens in Kenntnis gesetzt. Die Mitteilung umfasst: den Namen, das Land und die Sportart des *Athleten*, die Disziplin des *Athleten* innerhalb der Sportart, Angaben darüber, ob die Kontrolle als *Trainings-* oder *Wettkampfkontrolle* erfolgte, das Datum der *Probenahme* sowie die vom Labor gemeldeten Analyseergebnisse. Dieselben *Personen* und *Anti-Doping-Organisationen* erhalten regelmäßig aktuelle Informationen über den Status und die Ergebnisse von Überprüfungen und Verfahren, die nach Artikel 7 (Ergebnismanagement), 8 (Recht auf ein faires Anhörungsverfahren) oder 13 (Rechtsmittelverfahren) durchgeführt werden, und sie erhalten in Fällen, in denen eine Sperre gemäß Artikel 10.5.1 (*Kein Verschulden*) aufgehoben oder in denen diese gemäß

---

[44] **Kommentar:** Ziel des Code ist es, dass Dopingfälle im Rahmen von gerechten und transparenten internen Verfahren mit endgültigen Rechtsmitteln geregelt werden können. Die Transparenz von Entscheidungen in Dopingfällen, welche durch Anti-Doping-Organisationen ergehen, ist durch Artikel 14 gewährleistet. Bezeichnete Personen und Organisationen, darunter die WADA, haben dann die Möglichkeit, gegen diese Entscheidungen Rechtsbehelfe einzulegen. Man beachte, dass die Definition der betroffenen Personen und Organisationen, welche berechtigt sind, gemäß Artikel 13 Rechtsmittel einzulegen, keine Athleten oder deren Sportfachverbände, denen aus der Disqualifizierung eines Teilnehmers ein Vorteil entstehen kann, einschließt.

Artikel 10.5.2 (*Kein Vorsatz oder grobe Fahrlässigkeit*) gemindert wird, eine schriftliche, begründete Entscheidung, in welcher die Grundlage für diese Aufhebung oder Minderung erläutert wird. Die Organisationen, welche diese Informationen erhalten haben, geben diese erst dann an Personen außerhalb des Kreises von Personen innerhalb der Organisation, die unverzüglich informiert werden sollten, weiter, wenn die für das Ergebnismanagement zuständige *Anti-Doping-Organisation* die Informationen öffentlich weitergegeben hat oder diese es versäumt hat, die Informationen gemäß der Bestimmungen des Artikels 14.2 öffentlich weiterzugeben.

14.2 Weitergabe von Informationen an die Öffentlichkeit

Die Identität von *Athleten,* deren *Proben* ein *positives Analyseergebnis* ergeben haben, oder von *Athleten* oder anderen *Personen,* die angeblich gegen andere Anti-Doping-Bestimmungen verstoßen haben, wird von der für das Ergebnismanagement zuständigen *Anti-Doping-Organisation* bis zum Abschluss der administrativen Überprüfung gemäß Artikel 7.1 und 7.2 nicht an die Öffentlichkeit weitergegeben. Spätestens zwanzig Tage, nachdem in einer Anhörung gemäß Artikel 8 festgestellt wurde, dass ein Verstoß gegen Anti-Doping-Bestimmungen vorliegt oder nachdem auf eine solche Anhörung verzichtet wurde oder gegen die Behauptung eines Verstoßes gegen Anti-Doping-Bestimmungen nicht rechtzeitig Widerspruch eingelegt wurde, muss die für das Ergebnismanagement zuständige *Anti-Doping-Organisation* öffentlich über die Entscheidung in dieser Angelegenheit berichten.

14.3 Informationen über Aufenthaltsort und Erreichbarkeit der Athleten

Athleten, die von ihrem Internationalen Sportfachverband oder ihrer *Nationalen Anti-Doping-Organisation* benannt worden sind, um in einen Pool von Athleten für *Trainingskontrollen* aufgenommen zu werden, teilen genaue und aktuelle Angaben zu Aufenthaltsort und Erreichbarkeit mit. Die Internationalen Sportfachverbände und die *Nationalen Anti-Doping-Organisationen* koordinieren die Benennung der *Athleten* und die Erfassung von aktuellen Informationen zu Aufenthaltsort und Erreichbarkeit und übermitteln diese an die *WADA*. Die *WADA* ermöglicht anderen *Anti-Doping-Organisationen,* die zur Durchführung von *Dopingkontrollen* bei dem *Athleten* gemäß Artikel 15 befugt sind, den Zugang zu diesen Informationen. Diese Informationen werden stets vertraulich behandelt; sie werden ausschließlich für Zwecke der Planung, Koordinierung und Durchführung von *Dopingkontrollen* verwendet und werden vernichtet, sobald sie nicht mehr den genannten Zwecken dienen.

14.4 Statistische Berichte

Anti-Doping-Organisationen veröffentlichen mindestens einmal jährlich einen allgemeinen statistischen Bericht über ihre *Dopingkontrollmaßnahmen* und übermitteln der *WADA* eine Kopie dieses Berichts.

14.5 Clearingstelle für Informationen über Dopingkontrollverfahren

Die *WADA* handelt als Clearingstelle für Informationen über sämtliche Daten von *Dopingkontrollverfahren* und -ergebnisse für *internationale und nationale Spitzenathleten,* die dem *Test Pool* der *Nationalen Anti-Doping-Organisation* angehören. Um eine Koordination der Dopingkontrollen zu ermöglichen und um unnötige doppelte Kontrollen bei *Dopingkontrollen* durch die verschiedenen *Anti-Doping-Organisationen* zu vermeiden, meldet jede *Anti-Doping-Organisation* sämtliche *Wettkampf-und Trainingskontrollen* von *Athleten* unmittelbar nach der Durchführung solcher Dopingkontrollen an die Clearingstelle der *WADA*. Die *WADA* ermöglicht dem *Athleten,* dem nationalen Sportfachverband des *Athleten,* dem *Nationalen Olympischen Komitee* oder dem Nationalen Paralympischen Komitee, der *Nationalen Anti-Doping-Organisation,* dem internationalen Sportfachverband und dem Internationalen Olympischen Komitee oder dem Internationalen Paralympischen Komitee den Zugang zu diesen Informationen. Private Informationen über einen *Athleten* werden von der *WADA* streng vertraulich behandelt. Die *WADA* veröffentlicht mindestens einmal jährlich statistische Berichte, in denen solche Informationen zusammengefasst werden.

Artikel 15:[45] Festlegung der Zuständigkeiten in Dopingkontrollverfahren

15.1[46] Dopingkontrollen bei *Wettkampfveranstaltungen*

Die Entnahme von *Proben* für die *Dopingkontrolle* findet sowohl während *internationaler* als auch während *nationaler Wettkampfveranstaltungen* statt. Allerdings soll nur eine einzige Organisation dafür verantwortlich sein, *Kontrollen* während einer *Wettkampfveranstaltung* zu veranlassen und durchzuführen. Bei *internationalen Wettkampfveranstaltungen* wird die Entnahme von *Proben* für *Kontrollen* von der internationalen Organisation, die Veranstalter der *Wettkampfveranstaltung* ist (z. B. das IOC bei den Olympischen Spielen, der Internationale Sportfachverband bei einer Weltmeisterschaft und die PASO für die Panamerikanischen Spiele), veranlasst und durchgeführt. Beschließt die internationale Organisation, bei einer solchen *Wettkampfveranstaltung* keine *Dopingkontrollen* durchzuführen, kann die *Nationale Anti-Doping-Organisation* des Landes, in dem die Veranstaltung statt findet, in Zusammenarbeit mit der internationalen Organisation oder der *WADA* und mit deren Genehmigung solche Kontrollen veranlassen und durchführen. Bei nationalen *Wettkampfveranstaltungen* wird die Entnahme von *Proben* für *Dopingkontrollen* von der hierzu eingesetzten *Nationalen Anti-Doping-Organisation* dieses Landes veranlasst und durchgeführt.

15.2[47] Trainingskontrollen

Trainingskontrollen werden sowohl von internationalen als auch von nationalen Organisationen veranlasst und durchgeführt. *Trainingskontrollen* können veranlasst und durchgeführt werden von: (a) der *WADA*; (b) dem IOC oder IPC im Zusammenhang mit den Olympischen Spielen oder den Paralympischen Spielen; (c) dem Internationalen Sportfachverband des *Athleten*; (d) der *Nationalen Anti-Doping-Organisation* des *Athleten*; oder (e) der *Nationalen Anti-Doping-Organisation* des Landes, in dem sich der *Athlet* gerade aufhält. *Trainingskontrollen* werden von der *WADA* koordiniert, um die Wirksamkeit des gemeinsamen Einsatzes bei *Dopingkontrollen* zu optimieren und unnötige mehrfache *Kontrollen* einzelner *Athleten* zu vermeiden.

15.3[48] Ergebnismanagement, Anhörungen und Sanktionen

Vorbehaltlich der Bestimmungen des Artikels 15.3.1 fallen Ergebnismanagement und Anhörungen in die Zuständigkeit der Organisation, welche die *Probenahme* veranlasst und

---

[45] **Kommentar:** Um eine effektive Dopingbekämpfung zu gewährleisten, müssen sich viele Anti-Doping-Organisationen, die sowohl auf nationaler als auch auf internationaler Ebene effektive Programme durchführen, daran beteiligen. Anstatt die Zuständigkeiten einer Gruppe zugunsten der ausschließlichen Kompetenz einer anderen Gruppe zu beschränken, beschäftigt sich der Code mit potenziellen Problemen im Zusammenhang mit sich überschneidenden Zuständigkeiten, zum einen durch die Harmonisierung auf einer viel höheren Ebene und zum anderen durch die Festlegung von Vorrangs-und Zusammenarbeitsregeln in bestimmten Bereichen.

[46] **Kommentar:** Die Anti-Doping-Organisation, die „Dopingkontrollen veranlasst und durchführt", kann nach eigenem Ermessen mit anderen Organisationen Vereinbarungen treffen und die Zuständigkeit für die Probenahme oder andere Bereiche des Dopingkontrollverfahrens an diese Organisationen übertragen.

[47] **Kommentar:** Durch bilaterale oder multilaterale Verträge zwischen den Unterzeichnern und Regierungen können zusätzliche Befugnisse zur Durchführung von Kontrollen eingeräumt werden.

[48] **Kommentar:** In einigen Fällen kann in den Verfahrensregeln der Anti-Doping-Organisation, welche die Probenahme eingeleitet und durchgeführt hat, festgelegt sein, dass das Ergebnismanagement von einer anderen Organisation durchgeführt wird (z. B. dem nationalen Sportfachverband des Athleten). In einem solchen Fall obliegt es der Anti-Doping-Organisation zu bestätigen, dass die Regeln der anderen Organisation mit dem Code übereinstimmen.

durchgeführt hat, und unterliegen den Verfahrensregeln dieser Organisation (oder, wenn keine *Probenahme* erfolgte, der Organisation, die den Verstoß aufgedeckt hat). Unabhängig davon, welche Organisation das Ergebnismanagement oder die Anhörungen durchführt, sind die in den Artikeln 7 und Artikel 8 dargelegten Grundsätze zu beachten und die in der Einleitung zu Teil Eins bestimmten Regeln, die ohne wesentlichen Veränderungen zu übernehmen sind, einzuhalten.

15.3.1[49] Das Ergebnismanagement und die Durchführung von Anhörungen bei Verstößen gegen Anti-Doping-Bestimmungen in Folge einer Kontrolle durch eine *Nationale Anti-Doping-Organisation* oder bei Verstößen gegen Anti-Doping-Bestimmungen, die durch eine *Nationale Anti-Doping-Organisation* entdeckt werden, bei einem *Athleten*, der weder Staatsangehöriger dieses Landes ist noch seinen ständigen Wohnsitz in diesem Land unterhält, werden nach den Regeln des zuständigen Internationalen Sportfachverbands durchgeführt. Das Ergebnismanagement und die Durchführung von Anhörungen nach Kontrollen durch das Internationale Olympische Komitee, das Internationale Paralympische Komitee oder einen *Veranstalter von großen Sportwettkämpfen* werden zum Zweck der Verhängung von Sanktionen, die über die Disqualifikation von der *Wettkampfveranstaltung* oder die Annullierung der in dieser *Wettkampfveranstaltung* erzielten Ergebnisse hinausgehen, an den zuständigen Internationalen Sportfachverband verwiesen.

15.4 Gegenseitige Anerkennung

Vorbehaltlich des in Artikel 13 vorgesehenen Rechts auf das Einlegen von *Rechtsbehelfen* werden die *Dopingkontrollen*, die medizinischen Ausnahmegenehmigungen sowie die Ergebnisse von Anhörungen oder andere endgültige Entscheidungen eines *Unterzeichners*, die mit dem *Code* übereinstimmen und in der Zuständigkeit dieses *Unterzeichners* liegen, von allen anderen *Unterzeichnern* anerkannt und beachtet. Die *Unterzeichner* können dieselben Maßnahmen anderer Organisationen, die den *Code* nicht angenommen haben, anerkennen, wenn die Regeln dieser Organisationen ansonsten mit dem *Code* übereinstimmen.

Artikel 16: Dopingkontrollverfahren bei Tieren, die an sportlichen Wettkämpfen teilnehmen

16.1 Bei jeder Sportart, in der Tiere an Wettkämpfen teilnehmen, legt der Internationale Sportfachverband dieser Sportart für die Tiere, die an der jeweiligen Sportart beteiligt sind, Anti-Doping-Bestimmungen fest und setzt diese um. Die Anti-Doping-Bestimmungen beinhalten eine Liste *verbotener Wirkstoffe*, geeignete *Kontrollverfahren* und eine Liste anerkannter Labors für die Analyse von *Proben*.

16.2 Hinsichtlich der Feststellung von Verstöße gegen Anti-Doping-Bestimmungen, des Ergebnismanagements, unparteiischer Anhörungen, der *Konsequenzen* und der Rechtsbehelfsverfahren legt der internationale Sportfachverband dieser Sportart für die Tiere, die an der Sportart beteiligt sind, Regeln fest, die im Allgemeinen mit Artikel 1, 2, 3, 9, 10, 11, 13 und 17 des *Code* übereinstimmen, und setzt diese um.

---

[49] **Kommentar:** Für das Ergebnismanagement und die Durchführung von Anhörungen, bei denen eine Nationale Anti-Doping-Organisation einen Athleten fremder Staatsangehörigkeit kontrolliert, der nicht in den rechtlichen Zuständigkeitsbereich dieser Nationalen Anti-Doping-Organisation fällt, besteht keine feste Regel, sondern lediglich für den Fall des Aufenthalts eines Athleten im Land seiner Nationalen Anti-Doping-Organisation. Gemäß dieses Artikels ist es dem internationalen Sportfachverband überlassen, nach eigenen Regeln zu bestimmen, ob das Management eines solchen Falles an die Nationale Anti-Doping-Organisation des Athleten verwiesen wird, ob das Management bei der Anti-Doping-Organisation verbleibt, welche die Probe entnommen hat, oder ob es an den internationalen Sportfachverband verwiesen wird.

Artikel 17:[50] Verjährungsfrist

Gegen einen *Athleten* oder eine andere *Person* kann nur dann ein Verfahren aufgrund eines *Verstoßes gegen eine Anti-Doping-Bestimmung* dieses Code eingeleitet werden, wenn dieses Verfahren innerhalb von acht Jahren ab dem Zeitpunkt des Verstoßes eingeleitet wird.

---

[50] **Kommentar:** Die Anti-Doping-Organisation kann hierbei einen früheren Verstoß gegen Anti-Doping-Bestimmungen im Sinne der Sanktion für einen Folgeverstoß, der sich mehr als acht Jahre später ereignet, berücksichtigen. Das heißt, ein zweiter Verstoß, der sich zehn Jahre nach einem ersten Verstoß ereignet, wird im Sinne der Sanktion als zweiter Verstoß betrachtet.

Teil Zwei: Aufklärung und Forschung

Artikel 18: Aufklärung

18.1 Hauptgrundsatz und oberstes Ziel

Der Hauptgrundsatz für Informations- und Aufklärungsprogramme ist es, den in der Einleitung zum *Code* beschriebenen Sportsgeist zu bewahren und zu verhindern, dass er durch Doping untergraben wird. Vorrangiges Ziel ist es, *Athleten* von der Anwendung *verbotener Wirkstoffe* und *verbotener Methoden* abzuhalten.

18.2 Programm und Aktivitäten

Jede *Anti-Doping-Organisation* plant Informations- und Aufklärungsprogramme, setzt diese um und überwacht sie. Durch die Programme sollen *Teilnehmer* aktuelle und genaue Informationen mindestens zu folgenden Punkten erhalten:
- Wirkstoffe und Methoden auf der *Liste der verbotenen Wirkstoffe und Methoden*
- gesundheitliche Folgen von Doping
- *Dopingkontrollverfahren*
- Rechte und Pflichten der *Athleten*

Die Programme sollen den Sportsgeist fördern, um eine gegen das Doping eingestellte Atmosphäre zu schaffen, in der das Verhalten der *Teilnehmer* beeinflusst wird.

Athletenbetreuer sollen die *Athleten* über die nach dem *Code* angenommenen Strategien zur Dopingbekämpfung und die Anti-Doping-Bestimmungen aufklären und beraten.

18.3 Koordinierung und Zusammenarbeit

Alle *Unterzeichner* und *Teilnehmer* arbeiten untereinander und mit Regierungen zusammen, um eine Koordinierung der Anstrengungen hinsichtlich der Information und Aufklärung in der Dopingbekämpfung zu gewährleisten.

Artikel 19: Forschung

19.1 Zweck der Anti-Doping-Forschung

Die Anti-Doping-Forschung trägt zur Entwicklung und Umsetzung wirksamer Programme im Rahmen der *Dopingkontrollverfahren* sowie zur Information und Aufklärung über Anti-Doping-Maßnahmen bei.

19.2 Forschungsgebiete

Die Anti-Doping-Forschung kann neben medizinischen, analytischen und physiologischen Untersuchungen auch soziologische, verhaltenspsychologische, juristische und ethische Studien umfassen.

19.3 Koordinierung

Die Koordinierung der Anti-Doping-Forschung durch die *WADA* wird gefördert. Vorbehaltlich der Rechte an geistigem Eigentum sollen Kopien von Forschungsergebnissen im Bereich Anti-Doping der *WADA* zur Verfügung gestellt werden.

19.4 Forschungsmethoden

Die Anti-Doping-Forschung wird in Übereinstimmung mit international anerkannten ethischen Methoden durchgeführt.

19.5 Forschung unter Anwendung *verbotener Wirkstoffe* und *verbotener Methoden*

Im Rahmen von Forschungsarbeiten sollte keine Verabreichung *verbotener Wirkstoffe* an Athleten bzw. keine Anwendung *verbotener Methoden* bei *Athleten* erfolgen.

19.6 Missbrauch von Ergebnissen

Es sind geeignete Vorkehrungen zu treffen, damit Ergebnisse der Anti-Doping-Forschung nicht zu Doping-Zwecken missbraucht und angewendet werden können.

Teil Drei: Aufgaben und Zuständigkeiten

Artikel 20:[51] **Zusätzliche Aufgaben und Zuständigkeiten der** *Uunterzeichner*

20.1 Aufgaben und Zuständigkeiten des Internationalen Olympischen Komitees

20.1.1   Annahme und Umsetzung von dem *Code* entsprechenden Anti-Doping-Strategien und -Regeln für die Olympischen Spiele.

20.1.2   Die Einhaltung des *Code* durch die Internationalen Sportfachverbände innerhalb der Olympischen Bewegung als Bedingung für die Anerkennung durch das Internationale Olympische Komitee zu fordern.

20.1.3   Die Bereitstellung finanzieller Mittel im Rahmen Olympischer Spiele für Sportorganisationen, die den *Code* nicht einhalten, teilweise oder gänzlich einzustellen.

20.1.4   Geeignete Maßnahmen zu ergreifen, um andere von der Nichteinhaltung des *Code* gemäß Artikel 23.5 abzubringen.

20.1.5   Förderung des *Programms für Unabhängige Beobachter*.

20.2 Aufgaben und Zuständigkeiten des Internationalen Paralympischen Komitees

20.2.1   Annahme und Umsetzung von dem *Code* entsprechenden Anti-Doping-Strategien und -Regeln für die Paralympischen Spiele.

20.2.2   Die Einhaltung des *Code* durch die Nationalen Paralympischen Komitees innerhalb der Olympischen Bewegung als Bedingung für die Anerkennung durch das Internationale Paralympische Komitee zu fordern.

20.2.3   Die Bereitstellung finanzieller Mittel im Rahmen Paralympischer Spiele für Sportorganisationen, die den *Code* nicht einhalten, teilweise oder gänzlich einzustellen.

20.2.4   Geeignete Maßnahmen zu ergreifen, um andere von der Nichteinhaltung des *Code* gemäß Artikel 23.5 abzubringen.

20.2.5   Förderung des *Programms für Unabhängige Beobachter*.

20.3   Aufgaben und Zuständigkeiten der Internationalen Sportfachverbände

20.3.1   Annahme und Umsetzung von dem *Code* entsprechenden Anti-Doping-Strategien und -Regeln.

20.3.2   Von nationalen Sportfachverbänden als Bedingung für die Aufnahme als Mitglied zu fordern, dass sie den *Code* in ihren Strategien, Regeln und Programmen einhalten.

20.3.3   Von allen *Athleten* und deren *Athletenbetreuern* in ihrem Zuständigkeitsbereich zu fordern, dass sie die Anti-Doping-Bestimmungen, die dem *Code* entsprechen, anerkennen und an ihn gebunden sind.

20.3.4[52]   Von *Athleten*, die keine regelmäßigen Mitglieder eines Nationalen Sportfachverbands sind, zu fordern, dass sie für *Probenahmen* zur Verfügung stehen und regelmäßig genaue sowie aktuelle Angaben über Aufenthaltsort und Erreichbarkeit mitteilen, wenn

---

[51] **Kommentar:** Die Zuständigkeiten der Unterzeichner und Teilnehmer werden in verschiedenen Artikeln im Code beschrieben; die im folgenden Teil aufgeführten Aufgaben verstehen sich als zusätzliche Aufgaben.

[52] **Kommentar:** Dazu würden z. B. auch Athleten aus Profi-Ligen gehören.

dies vom Internationalen Sportfachverband oder gegebenenfalls von einem *Veranstalter von großen Sportwettkämpfen* als Teilnahmebedingung gefordert wird.

20.3.5 Überwachung der Anti-Doping-Programme der Nationalen Sportfachverbände.

20.3.6 Geeignete Maßnahmen zu ergreifen, um andere von der Nichteinhaltung des *Code* gemäß Artikel 23.5 abzubringen.

20.3.7 Genehmigung und Unterstützung des *Programms für Unabhängige Beobachter* bei internationalen Wettkampfveranstaltungen.

20.3.8 Die Bereitstellung finanzieller Mittel für nationale Sportfachverbände, die Mitglieder des Internationalen Sportfachverbands sind und den *Code* nicht einhalten, teilweise oder gänzlich einzustellen.

20.4 Aufgaben und Zuständigkeiten der *Nationalen Olympischen Komitees* und der *Nationalen Paralympischen Komitees*

20.4.1 Sicherzustellen, dass ihre Anti-Doping-Strategien und Regeln dem *Code* entsprechen.

20.4.2 Von Nationalen Sportfachverbänden als Bedingung für die Mitgliedschaft oder Anerkennung zu fordern, dass ihre Anti-Doping-Strategien und -Regeln den anwendbaren Bestimmungen des *Code* entsprechen.

20.4.3 Von *Athleten*, die keine regelmäßigen Mitglieder eines Nationalen Sportfachverbands sind, zu fordern, dass sie für *Probenahmen* zur Verfügung stehen und regelmäßig genaue sowie aktuelle Angaben über Aufenthaltsort und Erreichbarkeit mitteilen, wenn dies während des Jahres vor den Olympischen Spielen als Bedingung für die Teilnahme an den Olympischen Spielen gefordert wird.

20.4.4 Zusammenarbeit mit der jeweiligen *Nationalen Anti-Doping-Organisation*.

20.4.5 Während der Dauer der Sperre die Bereitstellung finanzieller Mittel für *Athleten* oder *Athletenbetreuer*, die gegen Anti-Doping-Bestimmungen verstoßen haben, teilweise oder gänzlich einzustellen.

20.4.6 Die Bereitstellung finanzieller Mittel für nationale Sportfachverbände, die bei ihnen Mitglieder oder von ihnen anerkannt sind und den *Code* nicht einhalten, teilweise oder gänzlich einzustellen.

20.5 Aufgaben und Zuständigkeiten der Nationalen Anti-Doping-Organisationen

20.5.1 Annahme und Umsetzung von Anti-Doping-Bestimmungen und -Strategien, die dem *Code* entsprechen.

20.5.2 Zusammenarbeit mit anderen wichtigen nationalen Organisationen und anderen *Anti-Doping-Organisationen*.

20.5.3 Die gegenseitige Durchführung von Dopingkontrollen zwischen den *nationalen Anti-Doping-Organisationen* zu unterstützen.

20.5.4 Förderung der Anti-Doping-Forschung.

20.6 Aufgaben und Zuständigkeiten von *Veranstaltern großer Sportwettkämpfe*

20.6.1 Annahme und Umsetzung von dem *Code* entsprechenden Anti-Doping-Strategien und -Regeln für ihre *Wettkampfveranstaltungen*.

20.6.2 Geeignete Maßnahmen zu ergreifen, um andere von der Nichteinhaltung des *Code* gemäß Artikel 23.5 abzubringen.

20.6.3 Genehmigung und Unterstützung des *Programms für Unabhängige Beobachter*.

20.7 Aufgaben und Zuständigkeiten der WADA

20.7.1 Annahme und Umsetzung von dem *Code* entsprechenden Strategien und Verfahren.

20.7.2 Die weitere Bearbeitung *positiver Analyseergebnisse* zu überwachen.

20.7.3 Genehmigung *Internationaler Standards* für die Umsetzung des *Code*.

20.7.4 Akkreditierung von Labors bzw. Anerkennung anderer Labors für die *Probenanalyse*.

20.7.5 Entwicklung und Genehmigung optimaler Verfahrensmodelle.

20.7.6 Förderung, Durchführung, Beauftragung, Finanzierung und Koordinierung von Anti-Doping-Forschungsarbeiten.

20.7.7 Durchführung eines effektiven *Programms für Unabhängige Beobachter*.

20.7.8 Durchführung von *Dopingkontrollverfahren nach Genehmigung durch andere Anti-Doping-Organisationen*.

Artikel 21: Aufgaben und Zuständigkeiten der *Teilnehmer*

21.1 Aufgaben und Zuständigkeiten der *Athleten*

21.1.1 Kenntnis und Einhaltung aller anwendbaren Anti-Doping-Strategien und -Regeln, die in Übereinstimmung mit dem *Code* angenommen wurden.

21.1.2 Für *Probenahmen* zur Verfügung zu stehen.

21.1.3 Im Rahmen der Dopingbekämpfung für alles, was sie zu sich nehmen und anwenden, Verantwortung zu übernehmen.

21.1.4 Medizinisches Personal von seiner Verpflichtung in Kenntnis zu setzen, keine *verbotenen Wirkstoffe* und *verbotenen Methoden anzuwenden*, und die Verantwortung dafür zu übernehmen, dass gewährleistet ist, dass bei ihnen angewendete medizinische Behandlungen nicht gegen die in Übereinstimmung mit dem *Code* angenommenen Anti-Doping-Strategien und -Regeln verstoßen.

21.2 Aufgaben und Zuständigkeiten der *Athletenbetreuer*

21.2.1 Kenntnis und Einhaltung aller Anti-Doping-Strategien und Regeln, die in Übereinstimmung mit dem *Code* angenommen wurden und auf sie selbst oder die von ihnen betreuten *Athleten* anwendbar sind.

21.2.2 Kooperation im Rahmen des Programms zur *Dopingkontrolle* bei *Athleten*.

21.2.3 Ihre Einflussmöglichkeiten auf Werte und Verhalten der *Athleten* zu nutzen, um eine Einstellung gegen Doping zu fördern.

Artikel 22:[53] Beteiligung der Regierungen

Die Unterzeichnung einer Erklärung durch eine Regierung an oder vor dem ersten Tag der Olympischen Spiele von Athen, gefolgt von einem Verfahren, das zu einem

---

[53] **Kommentar:** Die meisten Regierungen können privaten, nichtstaatlichen Instrumenten wie dem Code nicht beitreten oder zu deren Einhaltung verpflichtet werden. Aus diesem Grund werden Regierungen nicht ersucht, zu Unterzeichnern des Code zu werden. Die Bemühung, Doping durch das koordinierte und harmonisierte Programm, das sich im Code widerspiegelt, zu bekämpfen, stellt jedoch in besonderem Maße eine gemeinsame Bemühung seitens des Sports und der Regierungen dar. Ein Beispiel für ein zwischenstaatliches Übereinkommen, das im Code erwogen wird, ist die Konvention, die im Abschlusskommuniqué des am 9./10. Januar 2003 in Paris von der UNESCO veranstalteten Runden Tisches der Minister und Hohen Beamten für Leibeserziehung und Sport diskutiert wurde.

Übereinkommen oder einer anderen Verpflichtung führt und das – in Übereinstimmung mit den verfassungsmäßigen und administrativen Rahmenbedingungen der Regierung – an oder vor dem ersten Tag der Olympischen Winterspiele von Turin umzusetzen ist, belegt, dass die Regierung dem Code verpflichtet ist.

Die *Unterzeichner* des *Code* erwarten, dass sich in der Erklärung und dem Übereinkommen die folgenden Hauptpunkte widerspiegeln:

22.1 Positive Maßnahmen zur Unterstützung der Dopingbekämpfung werden mindestens in den folgenden Bereichen ergriffen:
- Unterstützung nationaler Programme der Dopingbekämpfung;
- Verbreitung von *Verbotenen Wirkstoffen* und *Verbotenen Methoden*;
- Ermöglichung des Zugangs für die *WADA* zur Durchführung von *Trainingskontrollen*;
- Problematik der Nahrungsergänzungsmittel, die nicht ausgewiesene *Verbotene Wirkstoffe* enthalten; und
- teilweise oder gänzliche Einstellung der finanziellen Unterstützung von Sportorganisationen und *Teilnehmern*, welche den *Code* oder anwendbare Anti-Doping-Bestimmungen, die in Übereinstimmung mit dem *Code* angenommen wurden, nicht einhalten.

22.2 Alle weiteren Maßnahmen seitens der Regierungen in Zusammenhang mit Anti-Doping werden mit dem *Code* in Einklang gebracht werden.

22.3 Die weitergehende Einhaltung der in der Vereinbarung erfassten oder anderer Verpflichtungen werden, wie in den Absprachen der *WADA* mit den jeweiligen Regierungen festgelegt, überwacht.

Teil Vier: Annahme, Einhaltung, Änderung und Auslegung

Artikel 23: Annahme, Einhaltung und Änderung

23.1 Annahme des *Code*

23.1.1[54] Die folgenden Institutionen nehmen als *Unterzeichner* den Code an: die WADA, das *Internationale Olympische Komitee*, *Internationale Sportfachverbände*, das *Internationale Paralympische Komitee*, die *Nationalen Olympischen Komitees*, die *Nationalen Paralympischen Komitees*, *Veranstalter von großen Sportwettkämpfen* und *Nationale Anti-Doping-Organisationen*. Diese Organisationen erkennen den *Code* durch Unterzeichnung einer Annahmeerklärung nach Genehmigung durch ihre jeweiligen leitenden Organe an.

23.1.2[55] Weitere Sportorganisationen, die nicht in den Zuständigkeitsbereich eines *Unterzeichners* fallen, können den *Code* auf Aufforderung der *WADA* ebenfalls annehmen.

23.1.3 Eine Liste der Annahmeerklärungen wird von der *WADA* veröffentlicht werden.

23.2 Umsetzung des *Code*

23.2.1 Die *Unterzeichner* und Regierungen setzen die anwendbaren Vorschriften des *Code* durch Strategien, Satzungen, Regeln oder Vorschriften gemäß ihrer Befugnis und innerhalb ihrer jeweiligen Verantwortungsbereiche um.

23.2.2 Bei der Umsetzung des *Code* sind die *Unterzeichner* und Regierungen dazu aufgerufen, sich an den von der *WADA* empfohlenen optimalen Verfahrensmodellen zu orientieren.

23.3 Annahme- und Umsetzungsfristen

23.3.1 Am oder vor dem Tag der Olympischen Spiele von Athen nehmen die Unterzeichner den *Code* an und setzen ihn bis zu diesem Zeitpunkt um.

23.3.2 Der *Code* kann auch nach den oben angegebenen Terminen angenommen werden; es wird jedoch erst mit der Annahme des *Code* durch die *Unterzeichner* (und sofern die Annahme nicht widerrufen wird) davon ausgegangen, dass sie den *Code* einhalten.

23.4 Überwachung der Einhaltung des *Code*

23.4.1 Die Einhaltung des *Code* wird von der *WADA* oder auf eine andere, mit der *WADA* abgestimmte Art überwacht.

23.4.2 Um die Überwachung zu erleichtern, berichten die *Unterzeichner* der *WADA* alle zwei Jahre über ihre Einhaltung des *Code* und erläutern die Gründe für eine Nichteinhaltung.

---

[54] **Kommentar:** Jeder Unterzeichner, der den Code annimmt, unterzeichnet jeweils eine identische Abschrift des Standardformulars der allgemeingültigen Annahmeerklärung und reicht diese bei der WADA ein. Die Annahme erfolgt gemäß der Ermächtigung der Verfassungen bzw. Satzungen der jeweiligen Organisation. Beispiel: ein Internationaler Sportfachverband durch seinen Kongress und die WADA durch ihren Stiftungsvorstand.

[55] **Kommentar:** Diejenigen Profiligen, die zum gegenwärtigen Zeitpunkt nicht in den Zuständigkeitsbereich einer Regierung oder eines internationalen Sportfachverbandes fallen, werden dazu angehalten, den Code anzunehmen.

23.4.3[56] Die *WADA* prüft die Erläuterungen für die Nichteinhaltung und kann in außergewöhnlichen Situationen dem *Internationalen Olympischen Komitee*, dem *Internationalen Paralympischen Komitee, Internationalen Sportfachverbänden* und *Veranstaltern von großen Sportwettkämpfen* empfehlen, vorübergehend die Nichteinhaltung des Code zu entschuldigen.

23.4.4 Die *WADA* berichtet nach Absprache mit der Organisation, die sich dem *Code* unterstellt hat, dem *Internationalen Olympischen Komitee*, dem *Internationalen Paralympischen Komitee, Internationalen Sportfachverbänden* und *Veranstaltern von großen Sportwettkämpfen* über die Einhaltung. Diese Berichte werden auch der Öffentlichkeit zugänglich gemacht.

23.5 Konsequenzen der Nichteinhaltung des *Code*

23.5.1 Die Nichteinhaltung des *Code* durch eine Regierung oder durch das *Nationale Olympische Komitee* eines Landes kann Konsequenzen hinsichtlich der Olympischen Spiele, der Paralympischen Spiele, Weltmeisterschaften oder Wettkampfveranstaltungen von *Veranstaltern großer Sportwettkämpfe* gemäß Festlegung des Veranstalters der *Wettkampfveranstaltung* haben. Gegen die Auferlegung solcher Konsequenzen können seitens der Organisation, der diese Konsequenzen auferlegt werden, gemäß Artikel 13.4 vor dem CAS Rechtsmittel eingelegt werden.

23.6 Änderung des *Code*

23.6.1 Die *WADA* ist für die Überwachung der Entwicklung und Verbesserung des *Code* zuständig. *Athleten* und alle *Unterzeichner* und Regierungen sind dazu aufgefordert, sich an diesem Prozess zu beteiligen.

23.6.2 Die *WADA* leitet vorgeschlagene Änderungen des *Code* in die Wege und unterhält einen Beratungsprozess, in dem sie einerseits Empfehlungen annimmt und auf diese reagiert, und andererseits die Überprüfung empfohlener Änderungen und Kommentare hierzu durch die *Athleten, Unterzeichner* und Regierungen ermöglicht.

23.6.3 Änderungen des *Code* werden nach angemessener Beratung durch Zweidrittelmehrheit des WADA-Stiftungsvorstands [*WADA* Foundation Board] beschlossen, wobei eine Mehrheit der abgegebenen Stimmen sowohl des öffentlichen Sektors als auch der Mitglieder der Olympischen Bewegung erzielt werden muss. Unbeschadet sonstiger Bestimmungen treten die Änderungen drei Monate nach Beschlussfassung in Kraft.

23.6.4 Die *Unterzeichner* setzen einschlägige Änderungen des *Code* binnen eines Jahres nach Beschlussfassung durch den WADA-Stiftungsvorstand um.

23.7 Widerruf der Annahme des *Code*

23.7.1 Die *Unterzeichner* können ihre Annahme des *Code mit einer Frist von sechs Monaten schriftlich gegenüber der WADA* widerrufen.

Artikel 24: Auslegung des *Code*

24.1 Die offizielle Fassung des *Code* wird von der *WADA* bereitgehalten und in englischer und französischer Sprache veröffentlicht. Im Falle von Unstimmigkeiten zwischen der englischen und französischen Fassung gilt die englische Fassung als maßgebliche Fassung.

---

[56] **Kommentar:** Die WADA erkennt an, dass es bei Unterzeichnern und Regierungen bedeutende Unterschiede bei den Erfahrungen in der Dopingbekämpfung, ihren Mitteln und dem rechtlichen Kontext gibt, in dem Anti-Doping-Aktivitäten durchgeführt werden. Bei der Prüfung, ob eine Organisation den Code einhält, wird die WADA diese Unterschiede berücksichtigen.

24.2 Die Kommentare zu verschiedenen Bestimmungen des *Code* wurden aufgenommen, um das Verständnis und die Auslegung des Code zu erleichtern.

24.3 Der *Code* ist als unabhängiger und eigenständiger Text auszulegen und nicht als Verweis auf bestehendes Recht oder bestehende Satzungen der *Unterzeichner* oder Regierungen.

24.4 Die Überschriften der verschiedenen Teile und Artikel des *Code* dienen lediglich der Übersichtlichkeit. Sie gelten nicht als wesentlicher Bestandteil des *Code* und berühren in keiner Weise den Wortlaut der Bestimmungen, auf die sie Bezug nehmen.

24.5[57] Der *Code* findet keine rückwirkende Anwendung auf Angelegenheiten, die vor dem Tag der Annahme des Code durch einen Unterzeichner und seiner Umsetzung im Regelwerk des Unterzeichners anhängig waren.

24.6 Die Begriffsbestimmungen im Anhang 1 gelten als wesentlicher Bestandteil des *Code*.

---

[57] **Kommentar:** Eine Handlung, bei der es sich um einen Verstoß gegen Anti-Doping-Bestimmungen im Sinne des Code handelt, die aber kein Verstoß im Sinne der vor Annahme des Code gültigen Regeln eines Internationalen Sportfachverbandes ist, würde beispielsweise bis zur Änderung der Regeln des Internationalen Sportfachverbandes keinen Verstoß darstellen.

Verstöße gegen Anti-Doping-Bestimmungen vor Annahme des Code gelten zum Zweck der Strafbemessung nach Artikel 10 für Verstöße gegen Anti-Doping-Bestimmungen vor Annahme des Code gelten zum Zweck der Strafbemessung nach Artikel 10 für nachfolgende Verstöße nach Annahme des Code als „Erstverstöße" oder „Zweitverstöße".

Anhang 1: Begriffsbestimmungen

Anti-Doping-Organisation: Ein *Unterzeichner des WADA Code,* der für die Einführung und Verabschiedung von Regeln zur Einleitung, Umsetzung oder Durchführung eines jeglichen Teils der *Dopingkontrolle* zuständig ist. Dazu zählen z. B. *das Internationale Olympische Komitee,* das *Internationale Paralympische Komitee* sowie *Veranstalter von großen Sportwettkämpfen,* die bei ihren Wettkampfveranstaltungen *Dopingkontrollen* durchführen, die *WADA,* Internationale Sportfachverbände und *Nationale Anti-Doping-Organisationen.*

Anwendung: Die Anwendung, Aufnahme, Injektion oder Einnahme auf jedwede Art und Weise eines *verbotenen Wirkstoffs* oder einer *verbotenen Methode.*

Athlet:[58] Im Sinne der *Dopingkontrolle* eine *Person,* die auf internationaler Ebene (von den Internationalen Sportfachverbänden festgelegt) oder nationaler Ebene (von den *Nationalen Anti-Doping-Organisationen* festgelegt) an Sportveranstaltungen teilnimmt, sowie jede andere Person, die auf einer niedrigeren Ebene an Sportveranstaltungen teilnimmt und von der *Nationalen Anti-Doping-Organisation* der *Person* als zu kontrollierender *Athlet* benannt wird. Im Sinne der Anti-Doping-Information und -Aufklärung eine Person, die an Sportveranstaltungen unter der Zuständigkeit eines *Unterzeichners des WADA Code,* einer Regierung oder einer anderen Sportorganisation, die den *Code* annimmt, teilnimmt.

Athletenbetreuer: Jeder Coach, Trainer, Manager, Vertreter, Teammitglied, Funktionär, sowie medizinisches Personal oder medizinisches Hilfspersonal, die mit *Athleten,* die an Sportwettkämpfen teilnehmen oder sich auf diese vorbereiten, zusammenarbeiten oder diese behandeln.

Besitz:[59] Der tatsächliche, unmittelbare Besitz oder der mittelbare Besitz (der nur dann vorliegt, wenn die Person die ausschließliche Verfügungsgewalt über den *verbotenen Wirkstoff/verbotene Methode* oder die Räumlichkeiten, in denen ein *verbotener Wirkstoff/verbotene Methode* vorhanden ist, inne hat); vorausgesetzt jedoch, dass, wenn die Person nicht die ausschließliche Verfügungsgewalt über den *verbotenen Wirkstoff/verbotene Methode* oder die Räumlichkeit, in der ein *verbotener Wirkstoff/verbotene Methode* vorhanden ist, besitzt, mittelbarer Besitz nur dann vorliegt, wenn die Person vom Vorhandensein des *verbotenen Wirkstoffs/ verbotenen Methode* in den Räumlichkeiten wusste und beabsichtigte, Verfü-

---

[58] **Kommentar:** Diese Begriffsbestimmung verdeutlicht, dass alle internationalen und nationalen Spitzenathleten den Anti-Doping-Bestimmungen des Code unterliegen, wobei in den Anti-Doping-Bestimmungen der internationalen Sportfachverbände bzw. der Nationalen Anti-Doping-Organisationen genaue Begriffsbestimmungen für den internationalen und nationalen Spitzensport dargelegt werden. Auf nationaler Ebene gelten die gemäß dem Code angenommenen Anti-Doping-Bestimmungen mindestens für alle Personen in Nationalmannschaften sowie für alle Personen, die sich für die Teilnahme an einer nationalen Meisterschaft in einer Sportart qualifiziert haben. Nach dieser Begriffsbestimmung ist es der Nationalen Anti-Doping-Organisation möglich, ihr Dopingkontrollprogramm nach eigenem Ermessen von nationalen Spitzenathleten auf Athleten, die sich auf niedrigerer Ebene an Wettkämpfen beteiligen, auszudehnen. Athleten aller Ebenen des Wettkampfes sollten von der Anti-Doping-Information und -Aufklärung profitieren können.

[59] **Kommentar:** Gemäß dieser Begriffsbestimmung würde es den Bestand eines Verstoßes erfüllen, wenn im Fahrzeug eines Athleten Steroide gefunden werden, sofern der Athlet nicht überzeugend darlegt, dass eine andere Person das Fahrzeug benutzt hat; in diesem Fall obliegt es der Anti-Doping-Organisation, überzeugend darzulegen, dass der Athlet von den Steroiden wusste und die Absicht hatte, die Verfügungsgewalt über die Steroide auszuüben, obwohl der Athlet nicht die ausschließliche Verfügungsgewalt über das Fahrzeug ausübte. Gleiches gilt für das Beispiel, dass Steroide in einer Hausapotheke, die unter der gemeinsamen Verfügungsgewalt des Athleten und dessen Ehepartners steht; die Anti-Doping-Organisation muss überzeugend darlegen, dass der Athlet wusste, dass sich die Steroide darin befanden und der Athlet beabsichtigte, die Verfügungsgewalt über die Steroide auszuüben.

gungsgewalt über diese auszuüben. Ein *Verstoß gegen Anti-Doping-Bestimmungen* kann nicht allein auf den *Besitz* gestützt werden, sofern die *Person* eine konkrete Handlung ausgeführt hat, durch welche die *Person* zeigt, dass *sie* keine Verfügungsgewalt mehr ausüben will und auf ihre bisherige Verfügungsgewalt verzichtet. Letzteres gilt nur, wenn die Handlung erfolgte, bevor die Person auf irgendeine Weise davon in Kenntnis gesetzt wurde, dass sie gegen Anti-Doping-Bestimmungen verstoßen hat.

Code: Der Welt-Anti-Doping-Code.

Dopingkontrollen: Die Bestandteile des *Dopingkontrollverfahrens*, welche die Organisation der Kontrollen, *Probenahme* und weitere Bearbeitung der Proben sowie die Beförderung der Proben zum Labor umfassen.

Dopingkontrollverfahren: Das gesamte Verfahren einschließlich Organisation der Kontrollen, *Probenahme* und weitere Bearbeitung (z. B. Transport), Laboranalyse, Ergebnismanagement, Anhörungen und Rechtsmittel.

Einzelwettkampf/Wettkampf: Ein einzelner Lauf, einzelnes Spiel oder einzelner sportlicher Wettkampf, zum Beispiel das Finale des 100-Meter-Laufs bei den Olympischen Spielen. Bei Etappenwettkämpfen und anderen sportlichen Wettkämpfen, bei denen Preise täglich oder in anderen zeitlichen Abständen verliehen werden, gilt die in den Regeln des jeweiligen Internationalen Sportfachverbandes für *Einzelwettkampf* und *Wettkampfveranstaltung* festgelegte Abgrenzung.

Handeln: Verkauf, Abgabe, Verabreichung, Beförderung, Versendung, Lieferung oder Vertrieb eines *verbotenen Wirkstoffs* oder einer *verbotenen Methode* an einen *Athleten*, sei es entweder direkt oder durch einen oder mehrere Dritte, davon jedoch ausgenommen der Verkauf oder Vertrieb (durch *medizinisches Personal* oder *Person*en, die nicht *Athletenbetreuer* sind) eines *verbotenen Wirkstoffs* zu tatsächlichen und legalen therapeutische Zwecken.

Internationaler Spitzenathlet: *Athleten*, die von mindestens einem internationalen Sportfachverband in einen *Registered Testing Pool* eingeteilt wurden.

Internationaler Standard: Ein von der *WADA* verabschiedeter Standard zur Unterstützung des *Code*. Die Erfüllung der Bestimmungen eines *Internationalen Standards* (im Gegensatz zu einem anderen Standard, einer anderen Vorgehensweise oder einem anderen Verfahren) ist für die Schlussfolgerung ausreichend, dass die im *Internationalen Standard* geregelten Verfahren regelrecht durchgeführt wurden.

Internationale Wettkampfveranstaltung: Eine *Wettkampfveranstaltung*, bei der das *Internationale Olympische Komitee*, das *Internationale Paralympische Komitee*, ein *Internationaler Sportfachverband*, ein *Veranstalter von großen Sportwettkämpfen* oder eine andere internationale Sportorganisation als Veranstalter der *Wettkampfveranstaltung* auftritt oder die technischen Funktionäre der *Wettkampfveranstaltung* benennt.

Kein Verschulden: Die überzeugende Darlegung durch den *Athleten*, dass er weder wusste noch vermutete noch unter Anwendung der äußersten Sorgfalt hätte wissen oder vermuten müssen, dass er einen *verbotenen Wirkstoff* eingenommen oder eine *verbotene Methode* angewendet hat oder dass ihm ein *verbotener Wirkstoff* verabreicht oder bei ihm eine *verbotene Methode* angewendet wurde.

Kein Vorsatz oder grobe Fahrlässigkeit: Die überzeugende Darlegung durch den *Athleten*, dass sein Verschulden unter Berücksichtigung aller Umstände insbesondere der Kriterien für *Kein Verschulden*, in Bezug auf den Verstoß gegen die Anti-Doping-Regel nicht erheblich war.

Körpergewebs- und Körperflüssigkeitsprobe: Biologisches Material, das zum Zweck der *Dopingkontrolle* entnommen wurde.

Konsequenzen von Verstößen gegen Anti-Doping-Bestimmungen: Der Verstoß eines *Athleten* oder einer anderen *Person* gegen eine Anti-Doping-Bestimmung kann folgende Konsequenzen nach sich ziehen: (a) *Streichen der Ergebnisse* bedeutet, dass die Ergebnisse eines *Athleten* bei einem bestimmten *Wettkampf* oder einer bestimmten *Wettkampfveranstaltung* für ungültig erklärt werden, mit allen daraus entstehenden Konsequenzen, einschließlich der Aberkennung aller Medaillen, Punkte und Preise; (b) *Sperre* bedeutet, dass der *Athlet* oder eine andere Person für einen bestimmten Zeitraum von jeglicher Teilnahme am *Wettkampfgeschehen* oder sonstiger Aktivität oder von finanzieller Unterstützung gemäß Artikel 10.9 ausgeschlossen wird; und (c) *Vorläufige Suspendierung* bedeutet, dass der *Athlet* oder eine andere *Person* von der Teilnahme am *Wettkampfgeschehen* vorübergehend ausgeschlossen wird, bis eine endgültige Entscheidung nach einer gemäß Artikel 8 (Recht auf ein unparteiisches Anhörungsverfahren) durchzuführenden Anhörung gefällt wird.

Liste verbotener Wirkstoffe und verbotener Methoden: Die Liste der verbotenen Wirkstoffe und verbotenen Methoden, in der die *verbotenen Wirkstoffe* und *verbotenen Methoden* als solche aufgeführt werden.

Mannschaftssportart: Eine Sportart, in der das Auswechseln von Spielern während eines *Wettkampfes* erlaubt ist.

Marker: Eine Verbindung, Gruppe von Verbindungen oder biologischen Parametern, welche die Anwendung eines *verbotenen Wirkstoffs* oder einer *verbotenen Methode* anzeigen.

Metabolit: Jedes Stoffwechselprodukt, das bei einem biologischen Umwandlungsprozess erzeugt wird.

Minderjähriger: Eine natürliche *Person*, die nach den einschlägigen Gesetzen des Landes, in dem sie ihren Wohnsitz hat, die Volljährigkeit noch nicht erreicht hat.

Nationale Anti-Doping-Organisation: Die von einem Land eingesetzte(n) Institution(en), welche die oberste Autorität und Zuständigkeit zur Einführung, Verabschiedung und Umsetzung von Anti-Doping-Bestimmungen, zur Anordnung für die Entnahme von *Proben*, zum Management der Kontrollergebnisse und zur Durchführung von Anhörungen, alle auf nationaler Ebene, besitzt bzw. besitzen. Wenn die zuständige(n) Behörde(n) keine solche Institution einsetzt, fungiert das *Nationale Olympische Komitee* oder eine von diesem eingesetzte Institution als Nationale Anti-Doping-Organisation.

Nationales Olympisches Komitee: Die vom Internationalen Olympischen Komitee anerkannte Organisation. Der Begriff *Nationales Olympisches Komitee* umfasst in denjenigen Ländern, in denen der nationale Sportfachverband typische Aufgaben des *Nationalen Olympischen Komitees* in der Dopingbekämpfung wahrnimmt, auch den nationalen Sportfachverband.

Nationale Wettkampfveranstaltung: Eine *Wettkampfveranstaltung*, an der *internationale* oder *nationale Spitzenathleten* teilnehmen, die keine *internationale Wettkampfveranstaltung* ist.

Person: Eine natürliche *Person*, eine Organisation oder eine andere Gruppierung.

Positives Analyseergebnis: Protokoll eines Labors oder einer anderen anerkannten Kontrollinstitution, das in einer *Körpergewebs- oder Körperflüssigkeitsprobe* das Vorhandensein eines *verbotenen Wirkstoffes*, seiner *Metaboliten* oder *Marker* (einschließlich erhöhter Werte endogener Substanzen) bzw. die *Anwendung* einer *verbotenen Methode* feststellt.

Programm für Unabhängige Beobachter [Independent Observer Program]: Eine Gruppe von Beobachtern unter der Aufsicht der *WADA*, die die Durchführung des gesamten *Dopingkontrollverfahrens* bei bestimmten *Wettkampfveranstaltungen* beobachtet und über ihre Beobachtungen berichtet. Führt die *WADA* bei einer Wettkampfveranstaltung *Wettkampfkontrollen* durch, stehen die Beobachter unter Aufsicht einer unabhängigen Organisation.

Registered Testing Pool:[60] Die Gruppe der *Spitzenathleten*, die von jedem Internationalen Sportfachverband und jeder *Nationalen Anti-Doping-Organisation* jeweils zusammen-

---

[60] **Kommentar:** Jeder Internationale Sportfachverband legt die spezifischen Kriterien für die Aufnahme von Athleten in den *Registered Testing Pool* eindeutig fest. Kriterien könnten z. B. eine

gestellt wird. Diese Gruppe unterliegt den Wettkampf-und Trainingskontrollen des jeweiligen für die Zusammenstellung verantwortlichen internationalen Sportfachverbands oder der entsprechenden Nationalen Anti-Doping-Organisation.

Sperre: Siehe *Konsequenzen von Verstößen gegen Anti-Doping-Bestimmungen.*

Streichen der Ergebnisse: Siehe oben: *Konsequenzen von Verstößen gegen Anti-Doping-Bestimmungen.*

Trainingskontrollen: *Dopingkontrollen*, die nicht im Zusammenhang mit einem *Wettkampf* erfolgen.

Teilnehmer: *Athlet* oder *Athletenbetreuer.*

Unangekündigte Kontrolle: Eine *Dopingkontrolle*, die ohne vorherige Warnung des *Athleten* durchgeführt wird und bei welcher der *Athlet* vom Zeitpunkt der Benachrichtigung bis zur Abgabe der *Probe* ununterbrochen beaufsichtigt wird.

Unterzeichner: Diejenigen Institutionen, die den *Code* unterzeichnen und sich zu dessen Einhaltung verpflichten, insbesondere das Internationale Olympische Komitee, die internationalen Sportfachverbände, das Internationale Paralympische Komitee, die *Nationalen Olympischen Komitees*, die Nationalen Paralympischen Komitees, *Großveranstalter, Nationale Anti-Doping-Organisationen* und die *WADA.*

Unzulässige Einflussnahme: Veränderung zu einem unzulässigen Zweck oder auf unzulässige Weise; unzulässige Beeinflussung zwecks Veränderung von Ergebnissen oder um die Einleitung der üblichen Verfahren zu verhindern.

Veranstalter von großen Sportwettkämpfen: Dieser Begriff bezieht sich auf die kontinentalen Vereinigungen der *Nationalen Olympischen Komitees* und anderer internationaler Multi-Sport-Organisationen, die als Veranstalter einer kontinentalen, regionalen oder anderen *internationalen Wettkampfveranstaltung* fungieren.

Verbotene Methode: Jede Methode, die in der *Liste verbotener Wirkstoffe und verbotenen Methoden* als solche beschrieben wird.

Verbotene Wirkstoffe: Jeder Wirkstoff, der in der *Liste verbotener Wirkstoffe und verbotenen Methoden* als solcher beschrieben wird.

Versuch: Vorsätzliches Verhalten, das einen wesentlichen Schritt im geplanten Verlauf einer Handlung darstellt, die darauf abzielt, in einem Verstoß gegen Anti-Doping-Bestimmungen zu enden. Dies vorausgesetzt liegt jedoch ein Verstoß gegen Anti-Doping-Bestimmungen nicht allein aufgrund eines *Versuchs*, einen Verstoß zu begehen, vor, wenn die *Person* den Versuch aufgibt, bevor dieser durch einen nicht am Versuch beteiligten Dritten entdeckt wird.

Vorläufige Anhörung: Im Sinne des Artikels 7.5 eine beschleunigte, verkürzte Anhörung, die vor einer Anhörung gemäß Artikel 8 (Recht auf ein faires Anhörungsverfahren) stattfindet, und bei welcher der *Athlet* von den ihm vorgeworfenen Verstößen in Kenntnis gesetzt wird und er die Möglichkeit erhält, in schriftlicher oder mündlicher Form zu diesen Vorwürfen Stellung zu nehmen.

Vorläufige Suspendierung: Siehe oben: *Konsequenzen.*

WADA: Die Welt-Anti-Doping-Agentur.

Weitergabe von Informationen an die Öffentlichkeit: Die Weitergabe oder Verbreitung von Informationen gemäß Art. 14 an die Öffentlichkeit oder an Personen, die nicht dem Kreis von Personen angehören, welche ein Recht auf eine vorzeitige Benachrichtigung haben.

---

bestimmte Weltranglistenplatzierung, eine bestimmte Zeitnorm, die Mitgliedschaft in der Nationalmannschaft o.Ä. sein.

Wettkampfveranstaltung: Eine Reihe einzelner *Wettkämpfe*, die gemeinsam von einem Veranstalter durchgeführt werden (z. B. die Olympischen Spiele, die FINA-Weltmeisterschaft oder die Panamerikanischen Spiele).

Wettkampfkontrollen:[61] Zum Zwecke der Unterscheidung zwischen *Wettkampfkontrollen* und *Trainingskontrollen*, wird als Wettkampfkontrolle jede Kontrolle bezeichnet, für die ein Athlet im Zusammenhang mit einem bestimmten Wettkampf ausgewählt wird. Dies gilt unbeschadet anderer Vorschriften im Regelwerk eines internationalen Sportfachverbandes oder einer anderen zuständigen *Anti-Doping-Organisation*.

Zielkontrolle: Auswahl von *Athleten* zu *Dopingkontrollen*, bei der bestimmte *Athleten* oder Gruppen von *Athleten* für gezielte *Kontrollen* zu einem festgelegten Zeitpunkt ausgewählt werden.

---

[61] **Kommentar:** Diese Unterscheidung zwischen Wettkampf- und Trainingskontrollen ist insofern signifikant, da die vollständige Liste verbotener Wirkstoff und Methoden nur bei Wettkampfkontrollen kontrolliert wird. Verbotene Stimulanzien werden beispielsweise nicht bei Trainingskontrollen kontrolliert, da sie nur dann eine leistungssteigernde Wirkung haben, wenn sie sich im Organismus des Athleten befinden, während er tatsächlich im Wettkampf steht. Wenn das verbotene Stimulans sich während der Teilnahme des Athleten am Wettkampf nicht mehr im Organismus des Athleten befindet, ist es unerheblich, ob dieses im Urin des Athleten am Tag vor oder nach dem Wettkampf nachgewiesen werden konnte.

C. Vertragsmuster

1. Athletenvereinbarung*

zwischen

Name: ....

Vorname: ....

Geburtsdatum: ....

Verein: ....

Disziplin: ....

Kader: ....

und dem

....
(Name des Verbandes)

vertreten durch

....
(vertretungsberechtigte Personen des Verbandes)

1. **Präambel**

    Auf der Grundlage einer angestrebten Partnerschaft zwischen Athleten/innen und Verband,

    mit der Verpflichtung, gleiche und faire Bedingungen bei der Sportausübung zu schaffen und zu gewährleisten,

    im Bestreben, für einen fairen und an der gemeinsamen Erreichung des Verbandszwecks orientierten Ausgleich der wirtschaftlichen Verbands- und Athleteninteressen zu sorgen,

    im Interesse von Rechtsklarheit und einer unter Wahrung rechtsstaatlicher Grundsätze zügigen Streitschlichtung,

    aus der Gesamtverantwortung von Athleten/innen und Verband für die deutsche *(Sportart)*,

    schließen der *(Verband)* und der Athlet/die Athletin nachstehende Athletenvereinbarung, um die aus der gemeinsamen Zweckverfolgung fließenden gegenseitigen Rechte und Pflichten einvernehmlich zu konkretisieren.

    Hinweis – DOSB:

    Ein Abschluß der Athletenvereinbarung dürfte vornehmlich für (Bundes-) Kader/Nationalmannschafts-Athleten/innen in Betracht kommen.

2. **Rechtsgrundlagen**

    Die Vertragsparteien erkennen die Regelungen

    – der *(Verbands-)* Satzung,

    – der Wettkampfbestimmungen des *(z. B. Internationalen Verbands)*,

---

* Zur Entwicklung der Athletenvereinbarung siehe *Haas/Prokop*, Spurt 1996, 187; 189 und *Fikentscher/Schmidt/Sonn*, Spurt 1999, 89.

- der *(Verbands-)* Ordnung,
- der Rechts-und Verfahrensordnung des *(Verbands)* sowie
- die Doping-Bestimmungen des Deutschen Sportbundes (Rahmen-Richtlinien des DSB zur Bekämpfung des Dopings, mit Ausnahme der Vorschriften über Blutentnahmen, nebst Doping-Kontroll-System)

im Training und Wettkampf als für sich verbindlich an und verpflichten sich, den in diesen Regelungen statuierten Vorgaben nachzukommen.

Diese Rechtsgrundlagen dienen der einheitlichen und chancengleichen Ausübung der *(Sportart)*. Ihre Einhaltung und Anerkennung ist Grundvoraussetzung für die *(Sportart)*.

Hinweis – DOSB:

Die Aufzählung der Rechtsgrundlagen ist nur beispielhaft; ggf. kommen Streichungen oder Erweiterungen (z. B. im Hinblick auf Regelwerke internationaler Verbände) in Betracht.

Hinweise des Beirats der Aktiven:

1. *Zur Rechtsklarheit sollten die Rechtsgrundlagen ausdrücklich mit Datum („in der Fassung vom . . .") gekennzeichnet werden.*
2. *Der Umfang der Rechtsgrundlagen muß für die Athleten/innen zumutbar bleiben.*
3. *Eine ausdrückliche Aufnahme der Verbandsordnung sowie der Rechts- und Verfahrensordnung ist nur dort erforderlich, soweit diese nicht bereits im Text der Satzung enthalten sind.*

3. **Leistungen des *(Verbands)***

DOSB-Text:

Der *(Verband)* verpflichtet sich, den Athleten/die Athletin im Rahmen seiner/ihrer personellen und wirtschaftlichen Möglichkeiten optimal zu fördern und bemüht sich, die Leistungen Dritter *(z. B. von Sponsoren)* zugunsten der deutschen *(Sportart)* zu ermöglichen.

Text des Beirats der Aktiven:

Der *(Verband)* verpflichtet sich, die organisatorische und verwaltungstechnische Abwicklung aller Maßnahmen im Bereich *(Sportart)* sicherzustellen und den Athleten/die Athletin im Rahmen seiner/ihrer personellen und wirtschaftlichen Möglichkeiten zu fördern und Leistungen Dritter zu akquirieren.

3.1 **Training und Ausbildung**

Der Athlet/die Athletin wird *(z. B. in seiner/ihrer Eigenschaft als Mitglied eines Bundeskaders)* nach den neuesten sportwissenschaftlichen und sportmedizinischen Kenntnissen betreut. Hierfür stellt der *(Verband)* im Rahmen seiner personellen Möglichkeiten fachlich geeignete und qualifizierte *(Verbands-)* Trainer/innen zur Verfügung. Die Kosten für zentrale Maßnahmen trägt der Verband nach Maßgabe der Förderung durch das Bundesministerium des Innern. Im übrigen soll der Verband diese Kosten im Rahmen der Jahresplanung tragen.

3.2 **Wettkämpfe im Rahmen der Nationalmannschaft**

3.2.1 Der *(Verband)* nominiert den Athleten/die Athletin für Einsätze in der Nationalmannschaft auf der Grundlage der *(z. B. Verbands-Nominierungsrichtlinien)*. Diese werden nach Abstimmung mit den Athleten/innen und dem Bereich Leistungssport (BL) des Deutschen Sportbundes vor Saisonbeginn dem Athleten/der Athletin zur Kenntnis gegeben. Hiervon ausgenommen sind Nominierungen für die Olympischen Spiele, die in der Zuständigkeit des Nationalen Olympischen Komitees liegen; insoweit schlägt der *(Verband)* dem NOK die Athleten/innen auf der Grundlage der NOK-Nominierungsrichtlinien vor.

Anhang C. Vertragsmuster

3.2.2 Der *(Verband)* trägt nach Maßgabe von Ziffer 3.1 Satz 3 die notwendigen Kosten für die Entsendung des Athleten/der Athletin zur Nationalmannschaft.

3.2.3 Der *(Verband)* stellt dem Athleten/der Athletin die vom offiziellen Ausrüster der Nationalmannschaft gelieferte Sport- und Wettkampfbekleidung kostenfrei zur Verfügung.

3.3 **Interessenvertretung**

3.3.1 Der *(Verband)* ermöglicht dem Athleten/der Athletin, vertreten durch die gewählten Athletensprecher/innen, in allen den Leistungssport *(z. B. in Bundeskadern und der Nationalmannschaft)* betreffenden Fragen ein Mitspracherecht.

Hinweis – DOSB:
Zur Verwirklichung einer wirksamen Mitbestimmung der Athleten/innen sollten die Verbände in ihre Satzung eine entsprechende Regelung aufnehmen, nach der dem/der Aktivensprecher/in ein Mitgliedschaftsrecht mit Sitz und Stimme im Vorstand des Verbandes zusteht.

Hinweis des Beirats der Aktiven:
Bei fehlender oder lückenhafter Regelung der Mitbestimmung von Aktivensprechern/innen sollten Mitbestimmungsregelungen in die Athletenvereinbarung aufgenommen werden. Dies gilt insbesondere für die Mitbestimmung bei Ziffer 3.4 (Aufwendungskostenersatz), Ziffer 3.2.1 (Nominierungsrichtlinien), Ziffer 4.1.1 (Kader-Nominierungskriterien) sowie bei Ziffer 4.2.1 (Festlegung der Wettkampfkleidung).

3.3.2 Der *(Verband)* bemüht sich um die Schaffung der infrastrukturellen Rahmenbedingungen für den Leistungssport in seinem Verbandsgebiet (im Rahmen des Stützpunktsystems u. a. Gerätebeschaffung, Anlagennutzung, medizinische/physiotherapeutische Betreuung).

3.3.3 Der *(Verband)* übernimmt eine gesamtsportliche Interessenvertretung gegenüber nationalen und internationalen Institutionen aus Staat, Sport und Wirtschaft.

Hinweis des Beirats der Aktiven:
Bestehende Rechte der Aktivensprecher/innen sowie individuelle Rechte der Athleten/innen werden durch diese Regelung nicht berührt.

3.4 **Aufwendungskostenersatz**

Die von der Athletenvereinbarung erfaßten Athleten/innen werden aus den Sponsoreneinnahmen des Verbandes in einer Ausschüttungshöhe von *(% oder Euro-Betrag)* beteiligt. Die Verteilung der Sponsoreneinnahmen erfolgt nach ... *(Kriterien nennen; primär in Betracht kommen teilnahme-, [wettkampf-] oder leistungsbezogene Gesichtspunkte)*. Der gezahlte Aufwendungskostenersatz stellt einen finanziellen Ausgleich für die Verwertung von Persönlichkeitsrechten des Athleten/der Athletin dar.

Hinweis des Beirats der Aktiven:
Ziffer 3.4 und Ziffer 4.2 stehen in unmittelbarem Zusammenhang. Daher ist auch hier der Hinweis des Beirats der Aktiven zu Ziffer 4.2.5 zu beachten.

4. **Leistungen des/der Athleten/innen**

4.1 **Mitgliedschaft im Bundeskader**

4.1.1 Die Aufnahme und der Verbleib im Bundeskader des *(Verbands)* werden durch die *(z. B. Kader-Nominierungskriterien)* des *(Verbands)* geregelt. Diese werden nach Abstimmung mit den Athleten/innen und dem Bereich Leistungssport des Deutschen Sportbundes vor Saisonbeginn dem Athleten/der Athletin zur Kenntnis gegeben.

Athletenvereinbarung

Hinweis des Beirats der Aktiven:
Bei den Nominierungskriterien und der Nominierung im Einzelfall sind die Grundsätze der Gleichbehandlung, der Bestimmtheit und der Sachlichkeit verbindlich zu beachten.

4.1.2 Darüber hinaus müssen für die Aufnahme und Verbleib im Kader folgende zusätzliche Voraussetzungen erfüllt sein:

(z. B.
- *Teilnahme an den Deutschen Meisterschaften und offiziellen Qualifikationswettkämpfen des (Verbands) soweit zwingende berufliche und gesundheitliche Probleme dem nicht entgegenstehen;*
- *Teilnahme an Einsätzen im Rahmen der (Verbands-) Nationalmannschaft, soweit eine Nominierung im Rahmen der individuellen Jahreswettkampfplanung erfolgt ist und soweit berufliche und gesundheitliche Probleme dem nicht entgegenstehen;*
- *Einhaltung der anerkannten Grundsätze des sportlichen Verhaltens).*

Hinweise des Beirats der Aktiven:
1. *Aus Klarheitsgründen sollten auch schulische Probleme als Befreiungsgrund aufgenommen werden.*
2. *Eine Befreiung im Einzelfall aus anderen Gründen sollte ebenfalls aufgenommen und könnte wie folgt geregelt werden: Die Nichtteilnahme aus anderen Gründen muß von dem/der zuständigen Bundestrainer/in befürwortet werden.*
3. *Die Pflichten des Athleten/der Athletin müssen in sachlichem Zusammenhang mit seiner/ihrer Sportausübung stehen.*
4. *Auf ein ausgewogenes, gleichwertiges Verhältnis zwischen den verbindlichen Leistungen des Athleten/der Athletin und den verbindlichen Leistungen des Verbandes ist unbedingt zu achten.*

4.2 **Einsätze in der Nationalmannschaft**

4.2.1 Einheitliche Mannschaftskleidung

Der *(Verband)* legt zum Zwecke eines einheitlichen Erscheinungsbildes die Bekleidung fest, die vom Athleten/von der Athletin im Rahmen von Einsätzen der Nationalmannschaft zu tragen ist.

Einleitender Hinweis zum nachstehenden DOSB-Text (Version a und b):
Wie sich in den *Gesprächen mit dem Beirat der Aktiven* gezeigt hat, kann den jeweiligen Regelungsbedürfnissen der Verbände, die im Zusammenspiel mit den Athleten/innen ganz unterschiedlich ausgeprägt sein können, durch alternative Normtexte besser entsprochen werden. Um dem (unzulässigen) „Leerlauf" der „Version b" vorzubeugen, wird darauf zu achten sein, daß dem Athleten/der Athletin eine hinreichende Fläche zur Eigenvermarktung (z. B. auf dem Trikot) zur Verfügung steht.
Die Frage, ob den Athleten/innen auch Einfluß auf die Wahl der Verbandssponsoren eingeräumt werden muß bzw. ob Athleten/innen sich weigern können, für mißliebige Sponsoren zu werben, wurde nicht zu Ende diskutiert; nach DOSB-Auffassung besteht eine solche Einschränkung allerdings nicht.
Der Beirat der Aktiven hat den Themenkomplex „Vermarktungsrechte und Bekleidung" eigenständig in seinem Entwurf unter Ziffer 4.2.5 gefaßt. Diesen „Standortwunsch" respektieren wir. Insofern sind die Vorschläge des Justitiariats und des Beirates zur Lösung der gleichen Fragen an unterschiedlichen Stellen in dieser Athletenvereinbarung zu finden.
Die Autoren der Muster-Athletenvereinbarung stellen klar, daß sie sehr wohl davon ausgehen, daß im konkreten Zusammenhang eine grundsätzliche Werbepflicht der Athleten/innen zugunsten des Verbandes besteht. Rechtliche Erläuterungen hierzu sind der Broschüre „Rechte der Athleten" (erschienen als Akademieschrift 49 der FVA, S. 14 ff., insbesondere S. 16 linke Spalte) zu entnehmen.

Version a:
Der Athlet/die Athletin ist verpflichtet, bei solchen Einsätzen nur die offizielle Kleidung *(des Ausrüsters)* der Nationalmannschaft zu tragen und diese mit keinen weiteren Werbeträgern zu versehen, bzw. die auf der vom *(Verband)* zur Verfügung gestellten Sportbekleidung vorhandenen Werbeträger nicht abzudecken, zu verändern oder zu entfernen. Dies gilt auch für Stirn-, Schweißbänder, umgehängte Handtücher, Banner etc.

Hinweis – DOSB:
Der Verband hat ein berechtigtes Interesse daran, in der Öffentlichkeit einheitlich aufzutreten. Hierin ist ein Rechtfertigungsgrund für die Beschneidung der Persönlichkeitsrechte zu ersehen.

Version b:
Der Athlet/die Athletin ist verpflichtet, nur die offizielle Kleidung *(des Ausrüsters)* der Nationalmannschaft zu tragen. Er/Sie ist jedoch berechtigt, sofern internationale Vorgaben dem nicht entgegenstehen, sich durch Hinzufügung eigener Werbeträger individuell zu vermarkten; dies gilt nicht für Konkurrenzprodukte der Verbandssponsoren (Branchenexklusivität). Werbebotschaften, die gegen Recht, Ethik und Moral verstoßen bzw. Werbung diskriminierenden Inhalts/für politische Gruppierungen und mit politischen Aussagen sind nicht erlaubt. Der Athlet/die Athletin ist nicht befugt, auf der vom *(Verband)* zur Verfügung gestellten Sportkleidung die vorhandenen Werbeträger abzudecken, zu verändern oder zu entfernen. Dies gilt auch für Stirn-, Schweißbänder, umgehängte Handtücher, Banner usw.

4.2.2 Diese Verpflichtung gilt während der gesamten Wettkampfdauer einschließlich dazugehöriger Wettkampfpausen (z. B. im Stadion/im offiziellen Aufwärmbereich), sowie für Siegerehrungen, offizielle und verbandsseitig organisierte Pressekonferenzen/Pressegespräche, Empfänge und Mannschaftsfotos.

Hinweis – DOSB:
Das Justitiariat empfiehlt eine Erweiterung/Änderung der vorstehenden Textpassage dahingehend, daß nach dem Klammerzusatz („z. B. im offiziellen Aufwärmbereich") aufgenommen wird: „. . . sowie für Veranstaltungen, die in unmittelbarem Zusammenhang mit dem Wettkampfgeschehen stehen. Hierzu gehören (z. B.) Siegerehrungen, offizielle und verbandsseitig organisierte Pressekonferenzen/Pressegespräche und Mannschaftsfotos."
Sodann wären alle Eventualitäten abgedeckt.
Sofern mit einem Sponsor spezielle Vereinbarungen getroffen wurden, z. B. bestimmte Wettkampfschuhe zu verwenden, empfiehlt es sich ferner, dies im Rahmen der Ziffer 4.2 in einem eigenen Unterpunkt zu erwähnen.
Textvorschlag: Der Athlet/die Athletin verpflichtet sich während des Wettkampfes und im Wettkampfbereich nur Sport- und Wettkampfschuhe von (Verbands-Partner) zu tragen. Derzeit ist/sind dies: (. . .)
Sofern verbandsseitig gewünscht, können die Athleten/innen verpflichtet werden, an weiteren publizitätsfördernden Maßnahmen des Verbandes teilzunehmen. Es empfiehlt sich aber, den Athleten/innen hierfür ein individuelles Entgelt in Aussicht zu stellen, da die Regelung ansonsten rechtlich angreifbar wäre.
Zur Vermeidung von Abgrenzungsschwierigkeiten kann es sich u. U. empfehlen, in der Athletenvereinbarung zu definieren, was mit bestimmten Begrifflichkeiten gemeint ist (so könnte z. B. darauf hingewiesen werden, daß mit „Stadion" ein Bereich gemeint ist, der auch Callroom, Innenraum, Tribüne, etc. erfaßt).

Hinweis des Beirats der Aktiven:
Der Beirat empfiehlt aus Gründen der Rechtsklarheit eine Präzisierung der Formulierung, z. B. eine Beschränkung auf die Sportausübung des Athleten/der Athletin während des Wettkampfs einschließlich Aufwärmphase, Siegerehrung, verbandsseitig organisierter Pressekonferenzen/-gespräche und offizieller Mannschaftsfotos.

4.2.3 Der Athlet/die Athletin verpflichtet sich, an offiziellen Mannschaftsveranstaltungen des *(Verbands)* im Rahmen solcher Einsätze teilzunehmen.

Hinweis des Beirats der Aktiven:
Die Pflicht aus Ziffer 4.2.3 sollte unter Wahrung der Verhältnismäßigkeit wie bei Ziffer 4.1.2 unter dem Vorbehalt stehen, daß ihr nicht zwingende schulische/berufliche oder gesundheitliche Probleme entgegenstehen.

4.2.4 Verwertung der Bild- und Tonrechte

Der Athlet/die Athletin erklärt sich damit einverstanden, daß der *(Verband)* Bildrechte für Maßnahmen im Rahmen der Öffentlichkeitsarbeit des *(Verbands)* unentgeltlich verwertet, soweit die Aufnahmen im Rahmen solcher Einsätze gefertigt wurden.

Hinweis des Beirats der Aktiven:
Zur Klarheit sollte aufgenommen werden, daß die Öffentlichkeitsarbeit nicht die Verwertung zu Werbe- oder sonstigen kommerziellen Zwecken umfaßt.

4.2.5 (→ **nur relevant, wenn nicht die Varianten a oder b in Ziffer 4.2.1 gewählt wurden**)

Die Vermarktungsrechte auf der Bekleidung und ggf. auf der Ausrüstung des Athleten/der Athletin werden nach dem Grundsatz der Gleichberechtigung hälftig nach beiliegender Werbevereinbarung zwischen Verband und Athlet/in aufgeteilt. Zugunsten des einen *(Verbands-)* Hauptsponsors gilt Branchenexklusivität.
Sollte bis zum eines Jahres für die Werbefläche kein Verbandssponsor für die folgende Saison zur Verfügung stehen, wird dem Athleten/der Athletin die Möglichkeit eingeräumt, die Vermarktung dieser Werbefläche für eigene Werbezwecke vorzunehmen. Sollte nach diesem Zeitpunkt es noch gelingen, ein Unternehmen für ein Verbandssponsoring zu interessieren, sind unter Berücksichtigung der persönlichen Werbeverträge des Athleten/der Athletin angemessene Flächen für den Verbandssponsor zur Verfügung zu stellen.
Leistungen von Sponsoren für persönliche Werbung von Athleten/innen stehen ausschließlich dem Athleten/der Athletin zu.
Die Werberegelungen des internationalen Verbandes sind einzuhalten.

Hinweise des Beirats der Aktiven:
Der Beirat der Aktiven geht davon aus, daß keine grundsätzliche Werbepflicht des Athleten/ der Athletin zugunsten des Verbands (auch nicht bezüglich der Ausrüstung) besteht; auf der Grundlage freiwilliger Vermarktung steht ferner dem Athlet/der Athletin ein Recht auf Individualvermarktung in Abstimmung mit dem Verband zu. Bei der hälftigen Vermarktung handelt es sich um einen sinnvollen und fairen Kompromiß, unter der Voraussetzung, daß
1. *eine einheitliche Behandlung der Kadermitglieder gewährleistet ist,*
2. *sämtliche Leistungen von Sponsoren an Verband sowie ggf. an Verbandstrainer/in und -funktionäre im Rahmen der Informationspflicht des Verbandes offengelegt werden,*
3. *die Umlage der Sponsoringeinnahmen auf unmittelbare Leistungen an die Athleten/innen den Anteil von 75 % nicht unterschreitet.*

Andernfalls ist eine Trennung zwischen verpflichtender Athletenvereinbarung und freiwilliger Pool-Vereinbarung dringend zu empfehlen.

5. **Vertragsverletzungen**

5.1 Jede Vertragspartei ist verpflichtet, im Falle einer Vertragsverletzung der anderen Partei den hieraus entstandenen Schaden zu ersetzen. Haftungsmaßstab ist die Bestimmung des § 708 BGB; hiernach hat der Athlet/die Athletin bei der Erfüllung der ihm/ihr obliegenden Verpflichtungen nur für diejenige Sorgfalt einzustehen, welche er/sie in eigenen Angelegenheiten anzuwenden pflegt.

Anhang C. Vertragsmuster

Hinweis – DOSB:
Nach Auffassung der Autoren sollte es den Verhandlungen zwischen Verband und Aktiven/Aktivensprechern/innen überlassen bleiben, ob an dieser Stelle Haftungsbeschränkungen vorgesehen werden. Der Beirat der Aktiven hält dies für obligatorisch. Folglich schlägt der Beirat als letzten Satz der Ziffer 5.1 vor:
„*Die Vertragsparteien erklären eine Haftungsbeschränkung für Fälle der einfachen Fahrlässigkeit auf .... Euro."*

Hinweis des Beirats der Aktiven:
Die Höhe der Haftungsbeschränkung könnte sich an den Regelungen des Verbandes über die Geldbuße orientieren, vgl. z. B. die max. Höhe im Skisport: € 2500,– gegen Athleten/innen, € 25.000,– gegen juristische Personen; im Schwimmsport € 2000,–; im Fechtsport € 500,–; in der Leichtathletik € 250,– gegen Athleten/innen und € 2500,– gegen Vereinigungen. Sie sollte bei Athleten/innen keinesfalls den Betrag von € 2500,– überschreiten.

DOSB-Text:

5.2 Eine schuldhafte Vertragsverletzung kann zu einem Ausschluß aus dem Bundeskader, zur Nichtberücksichtigung für Einsätze der National- oder Olympiamannschaft, zur Versagung der Genehmigung von Auslandsstarts und zu einer Reduzierung oder Streichung des Aufwendungskostensatzes führen.

Text des Beirats der Aktiven:

5.2 Eine schuldhafte Vertragsverletzung kann mit einer Vertragsstrafe belegt werden. Diese Vertragsstrafe kann umfassen: ....
Einen Antrag auf Verhängung der Vertragsstrafe kann jede Vertragspartei stellen. Für den Rechtsweg gilt Ziffer 6.

Hinweis – DOSB:
Optional: „Festgesetzte Sanktionen des nationalen oder internationalen Fachverbandes werden als Vertragsstrafen vereinbart."

Hinweis des Beirats der Aktiven:
Die Sanktionen der Vertragsstrafe richten sich sowohl gegen den Athleten/die Athletin als auch gegen den Verband. In Betracht kommen beispielsweise Rüge, Verweis, Verwarnung, Geldstrafe oder (vorübergehender) Kaderausschluß. Im Hinblick auf mögliche Sanktionen gegen den Athleten/die Athletin können als Obergrenze die Sanktionsregelungen in der Satzung bzw. Rechts- und Verfahrensordnung des Verbands herangezogen werden. Die Verhängung der Vertragsstrafe unterliegt dem verfassungsrechtlichen Verhältnismäßigkeitsprinzip und hat die Berufsfreiheit des Athleten/der Athletin zu beachten. Sanktionen, die zum vorübergehenden Ausschluß aus dem Kader führen, kommen daher nur bei besonders schweren Verletzungen in Betracht, z. B. bei Verstößen gegen Dopingregelungen.

DOSB – Text:

5.3 Unberührt von diesen Bestimmungen bleibt eine Sanktion infolge allgemeiner Verletzung von Verpflichtungen nach dem Regelwerk des *(Verbands)* oder anderer Sportorganisationen *(z. B. Internationaler Verband).*

Text des Beirats der Aktiven:

5.3 Unberührt von diesen Bestimmungen bleibt eine Sanktion infolge allgemeiner Verletzung von Verpflichtungen nach dem Regelwerk des *(Verbands)* oder anderer Sportorganisationen, die durch andere als die Vertragspartner beantragt wird.

6. **Rechtsweg/Schiedsvereinbarung**

6.1 Die Vertragsparteien vereinbaren, daß bei Streitigkeiten zunächst der verbandsinterne Rechtsweg auszuschöpfen ist.

Athletenvereinbarung

Allgemeiner Hinweis:
Trotz intensiver Bemühungen war es nicht möglich, in den Gesprächen mit dem Beirat der Aktiven Konsens zur Frage der Schiedsvereinbarung zu finden. Von daher wird nachstehend (beginnend mit der Textziffer 6.2) zunächst diejenige Textversion nebst Hinweisen abgedruckt, die nach Auffassung der DOSB-Autoren sachgerecht ist. Im Anschluß finden sich dann eigenständige Formulierungsvorschläge bzw. Hinweisteile des Beirats der Aktiven.

DOSB-Text:

6.2 Außerdem verpflichten sich die Vertragsparteien, die gesondert beiliegende Schiedsvereinbarung zu unterzeichnen. Diese Schiedsvereinbarung hat nur Gültigkeit für die Dauer der Athletenvereinbarung und betrifft nur Streitigkeiten unmittelbar zwischen den Vertragsparteien. Sie erfaßt alle anläßlich dieses Vertrages entstehenden Streitigkeiten.

Das Schiedsgericht muß dabei binnen eines Monats nach Zustellung der Verbandsentscheidung angerufen werden.

Hinweis – DOSB:
Die gesonderte Unterzeichnung der Schiedsvereinbarung ist im Hinblick auf die Formvorschrift des § 1031 [vgl. Entwurf eines Gesetzes zur Neuregelung des Schiedsverfahrensrecht] notwendig. Die Schiedsvereinbarung wird im Hinblick auf die Einheitlichkeit der Rechtsprechung, Kostengesichtspunkte, größere Sachnähe der Schiedsrichter, den Gesichtspunkt erhöhter Vertraulichkeit und größerer Geschwindigkeit für sinnvoll erachtet. Dennoch ist darauf hinzuweisen, daß der Abschluß einer Schiedsvereinbarung „nur" ein zusätzlicher Weg ist. Diesen zu beschreiten ist allerdings aufgrund der genannten Vorteile zu empfehlen, zumindest wenn hierüber zwischen Verband und Athleten/innen ein entsprechender Konsens besteht. Hiervon ist auszugehen, wenn der/die jeweilige(n) Athletensprecher/in(innen) zugestimmt haben.

Text des Beirats der Aktiven:

6.2 Außerdem erklären die Vertragsparteien, daß alle aus dieser Athletenvereinbarung entstehenden Streitigkeiten unter Ausschluß der ordentlichen Gerichte nach Maßgabe der der Athletenvereinbarung anliegenden Schiedsordnung entschieden werden können.

6.3 Für den Fall, daß der Athlet/die Athletin den ordentlichen Rechtsweg wählt, erklärt der *(Verband)* den Verzicht auf die Einrede der Schiedsvereinbarung. Der *(Verband)* wird grundsätzlich bei Rechtsstreitigkeiten das Schiedsgericht anrufen. Er wird dem Athlet/der Athletin vorher unter Fristsetzung Gelegenheit geben, der Anrufung des Schiedsgerichts zu widersprechen. Im Falle eines Widerspruchs wird der ordentliche Rechtsweg bestritten.

6.4 Diese Regelung hat nur Gültigkeit für die Dauer der Athletenvereinbarung und betrifft nur Streitigkeiten unmittelbar zwischen den Vertragsparteien. Sie umfaßt alle anläßlich dieses Vertrages entstehenden Streitigkeiten.

6.5 Das Schiedsgericht muß dabei binnen eines Monats nach Zustellung der Verbandsentscheidungen angerufen werden.

6.6 Abweichend von § 10 Abs. 3 der Schiedsordnung i. S. v. Ziffer 6.2 vereinbaren die Vertragsparteien, daß die Schiedsrichter eine pauschale Vergütung von DM 100,– pro Tag erhalten.

Hinweise des Beirats der Aktiven:

1. Die Einführung des Wahlrechts beruht auf Vorbehalten des Beirats der Aktiven gegenüber einer verbindlichen Schiedsgerichtsbarkeit.

2. Bei der Ausübung des Wahlrechts ist zu beachten, daß die Entscheidung des Schiedsgerichts verbindlich ist und eine Überprüfung durch ordentliche Gerichte grundsätzlich nicht mehr möglich ist.

3. Ferner sind die Mehrkosten, die dem Athleten/der Athletin aufgrund der Schiedsgerichtsbarkeit entstehen können, derzeit nicht versicherbar.

4. Hinsichtlich der Schiedsordnung i. S. v. Ziffer 6.2 sind folgende Änderungen zur Erleichterung der Akzeptanz des Schiedsgerichts zu empfehlen:

§ 1 – Anwendungsbereich:
Diese Schiedsordnung findet auf alle Streitigkeiten Anwendung, die nach einer von den Vertragsparteien getroffenen Schiedsvereinbarung unter Ausschluß des ordentlichen Rechtsweges nach Ausübung des Wahlrechts des Athleten/der Athletin durch ein Schiedsgericht entschieden werden sollen.

§ 2 – Schiedsgericht, Ziffer 2:
... Dem Schiedsgericht dürfen insbesondere keine Personen angehören, die
– Mitglied eines Verbandsorgans im deutschen, ausländischen oder internationalen Sport sind oder in den vergangenen fünf Jahren waren;
– sich in einem Dienst- oder Arbeitsverhältnis zu einem Sportverband oder Sportverein befinden oder sich in den vergangenen fünf Jahren befunden haben, in dem die betreffende Sportart ausgeübt wird ...

7. **Zeitliche Geltung**

Der Inhalt dieses Vertrages hat Gültigkeit für **ein Jahr.** Das Ausscheiden aus dem Kreis der Kaderathleten wird als auflösende Bedingung dieses Vertrages vereinbart mit der Folge, daß der Vertrag zum Ablauf des jeweiligen Kalenderjahres erlischt (endet).

Hinweis – DOSB:
Die Festlegung der Laufzeit des Vertrages auf ein Jahr wird in Absprache mit dem Beirat der Aktiven für den Fall empfohlen, daß die Ziffern 2, 3.2.1 (Nominierungsrichtlinien) und 4.1.1 (Kader-Nominierungskriterien) dynamische Verweisungen („... in der jeweils gültigen Fassung") enthalten.

8. **Schlußbestimmung**

Die Unwirksamkeit einzelner Bestimmungen dieses Vertrages läßt die Wirksamkeit des Vertrages im übrigen unberührt.

....
(Verbandsvertreter/in)   (Verbandsvertreter/in)   Athlet/Athletin

....
(bei Minderjährigen
Unterschrift des/der
Erziehungsberechtigten)

2. Musterarbeitsvertrag Deutsche Fußball Liga GmbH (DFL)

Vertrag

Zwischen dem Verein bzw. der Kapitalgesellschaft

....,

Anschrift

....,

gesetzlich vertreten durch

....,

im Folgenden „Club" genannt,

und Herrn

....,

geb. am .... in ...., Nationalität ....,

Anschrift

....,

(bei Minderjährigen: gesetzlich vertreten durch

....),

im folgenden „Spieler" genannt,

wird folgender Vertrag geschlossen:

§ 1 Grundlagen des Vertragsverhältnisses

Der Club stellt den Spieler nach den Bestimmungen dieses Vertrages als Lizenzspieler im Sinne des Ligastatuts des „Die Liga – Fußballverbandes e.V." (Ligaverband) an.

Die Satzungen und Ordnungen des Ligaverbandes und des Deutschen Fußball-Bundes (DFB) sowie der Regional- und Landesverbände, die in ihren jeweiligen Fassungen die allgemein anerkannten Grundsätze des deutschen Fußballsports darstellen, sind auch aufgrund dieses Vertrages maßgebend für die gesamte fußballsportliche Betätigung.

Der Spieler erkennt sie – insbesondere die Satzung des Ligaverbandes, das Ligastatut (hier insbesondere die Lizenzordnung Spieler [LOS]), die Satzung des DFB, die Spielordnung des DFB, das Regionalligastatut des DFB, die Rechts- und Verfahrensordnung des DFB, die Schiedsrichterordnung des DFB, die Jugendordnung des DFB und die Anti-Doping-Richtlinien des DFB mit den dazu erlassenen Aus- und Durchführungsbestimmungen – in ihrer jeweils gültigen Fassung ausdrücklich als für ihn verbindlich an und unterwirft sich diesen Bestimmungen. Dies gilt auch für Entscheidungen der Organe und Beauftragten des Ligaverbandes, der DFL Deutsche Fußball Liga GmbH und des DFB bzw. der Organe und Beauftragten des Regionalverbandes gegenüber dem Spieler, insbesondere auch, soweit Sanktionen gem. § 44 der DFB-Satzung verhängt werden.

Der Spieler unterwirft sich außerdem der Satzung seines Clubs in der jeweiligen Fassung und insbesondere dessen Strafgewalt, sofern hierfür die gesetzlichen Voraussetzungen vorliegen.

Der Spieler erkennt darüber hinaus die Statuten und Reglemente der FIFA und der UEFA, insbesondere das FIFA-Reglement bezüglich Spielerstatus und Transfer von Spielern, in ihrer jeweils gültigen Fassung ausdrücklich als für ihn verbindlich an. Er unterwirft sich den Entscheidungen der zuständigen Organe und Rechtsorgane der FIFA und der UEFA.

Alle relevanten Regelungen des jeweiligen Verbandes können im Internet unter den folgenden Adressen abgerufen werden:
Ligaverband bzw. DFL Deutsche Fußball Liga GmbH: www.bundesliga.de/intern;
DFB: www.dfb.de/dfb-info/interna;
FIFA: www.fifa.com;
UEFA: www.uefa.com.

§ 2 Pflichten des Spielers

Der Spieler verpflichtet sich, seine ganze Kraft und seine sportliche Leistungsfähigkeit uneingeschränkt für den Club einzusetzen, alles zu tun, um sie zu erhalten und zu steigern und alles zu unterlassen, was ihr vor und bei Veranstaltungen des Clubs abträglich sein könnte. Gemäß diesen Grundsätzen ist der Spieler insbesondere verpflichtet

a) an allen Spielen und Lehrgängen des Clubs, an jedem Training – gleich ob allgemein vorgesehen oder besonders angeordnet –, an allen Spielerbesprechungen und an allen sonstigen der Spiel- und Wettkampfvorbereitung dienenden Veranstaltungen teilzunehmen. Dies gilt auch, wenn ein Mitwirken als Spieler oder Ersatzspieler nicht in Betracht kommt. Der Spieler ist bei entsprechender Anweisung auch verpflichtet, an Spielen oder am Training der zweiten Mannschaft des Clubs teilzunehmen, falls diese in der Oberliga oder einer höheren Spielklasse spielt;

b) sich im Falle einer beruflich relevanten Verletzung oder Erkrankung im Rahmen seiner Tätigkeit als Lizenzspieler bei dem vom Club benannten Arzt unverzüglich vorzustellen;

c) sich den sportmedizinisch oder sporttherapeutisch indizierten Maßnahmen, die durch vom Club beauftragte Personen angeordnet werden, umfassend zu unterziehen. Zu diesem Zweck entbindet der Spieler den jeweils behandelnden Arzt gegenüber dem geschäftsführenden Organ des Clubs ausdrücklich von seiner ärztlichen Schweigepflicht, soweit es sich um Informationen handelt, die für das Arbeitsverhältnis von Relevanz sind;

d) an Reisen im In- und Ausland, unter Nutzung der vom Club bestimmten Verkehrsmittel teilzunehmen, sofern dem nicht ausnahmsweise wichtige gesundheitliche Gründe entgegenstehen;

e) an allen Darstellungen und Publikationen des Clubs oder der Spieler zum Zwecke der Öffentlichkeitsarbeit für den Club, insbesondere in Fernsehen, Hörfunk und Presse, sowie bei öffentlichen Anlässen, Ehrungen, Veranstaltungen, Autogrammstunden etc. teilzunehmen bzw. mitzuwirken. Bei diesen und bei den unter a) genannten Veranstaltungen ist die vom Club gestellte Sportkleidung (Clubanzüge, Reisekleidung, Spielkleidung, Trainings- und Spielschuhe sowie alle sonstigen Bekleidungs- und Ausrüstungsgegenstände) entsprechend der jeweiligen Weisung des Clubs zu tragen. Der Club behält sich vor, die von ihm gestellte Sportkleidung mit Werbung zu versehen;

f) von Sponsoren des Clubs zur Verfügung gestellte Gebrauchsgüter (z.B. Kraftfahrzeuge) bei dienstlichen Anlässen ausnahmslos und bei privaten Unternehmungen regelmäßig zu nutzen;

g) Werbung für andere Partner als die des Clubs, auch durch oder auf der Bekleidung, nur mit vorheriger Zustimmung des Clubs zu betreiben. Der Club kann diese Zustimmung insbesondere dann verweigern, wenn durch Werbemaßnahmen des Spielers berechtigte Interessen des Clubs beeinträchtigt würden. Dies ist insbesondere der Fall, wenn der Spieler beabsichtigt, Werbung für Unternehmen zu betreiben, die in Konkurrenz zu den Partnern des Clubs stehen. Eine einmal gegebene Zustimmung kann widerrufen werden, sofern sachliche Gründe hierfür vorliegen;

h) alle für die Dauer des Vertrages vom Club oder dessen Ausrüstern bzw. Sponsoren zur Verfügung gestellten einheitlichen Bekleidungs- und Ausrüstungsgegenstände pfleglich zu behandeln und bei Beendigung des Vertragsverhältnisses dem Club zurückzugeben;

i) sich in der Öffentlichkeit und privat so zu verhalten, dass das Ansehen des Clubs, der Verbände und des Fußballsports allgemein nicht beeinträchtigt wird. Stellungnahmen in der Öffentlichkeit, insbesondere Interviews für Fernsehen, Hörfunk und Presse, bedürfen, soweit sie im Zusammenhang mit dem Spielbetrieb, dem Club oder dem Arbeitsverhältnis stehen, der vorherigen Zustimmung des Clubs jedenfalls dann, wenn der Spieler Gelegenheit hatte, diese zuvor einzuholen. Gegenüber außenstehenden Personen ist jegliche Äußerung über innere Clubangelegenheiten, insbesondere über den Spiel- und Trainingsbetrieb, zu unterlassen; dies gilt auch nach der Beendigung des Arbeitsverhältnisses;

j) sich auf alle sportlichen Veranstaltungen des Clubs gewissenhaft vorzubereiten. Dazu gehört insbesondere, den Anweisungen des Trainers bezüglich der Lebensführung Folge zu leisten, sofern sie sich auf die sportliche Leistungsfähigkeit des Spielers beziehen;

k) die sportliche Fairness gegenüber allen am Spiel- oder Trainingsbetrieb beteiligten Personen einzuhalten, insbesondere die durch die Schiedsrichter und Schiedsrichterassistenten eines Spieles getroffenen Entscheidungen unwidersprochen hinzunehmen;

l) sich im Falle einer Vermittlung nur der Dienste eines Rechtsanwalts oder einer Person, die sich im Besitz einer von einem Mitgliedsverband der FIFA ausgestellten Spielervermittlerlizenz befindet, zu bedienen;

m) es zu unterlassen, auf Spiele (auch einzelne Spielaktionen), Ergebnisse oder Tabellenplatzierungen der Liga, für die der Club zum jeweiligen Zeitpunkt lizenziert ist, Wetteinsätze zu platzieren oder dies über Dritte zu tun;

n) es zu unterlassen, Siegprämien von clubfremden Personen anzunehmen.

Der Spieler versichert ausdrücklich, dass er weder direkt noch indirekt über Anteile und/oder über Optionen für Anteile an lizenzierten Kapitalgesellschaften der deutschen Lizenzligen verfügt und solche Anteile bzw. Optionen während der Dauer dieses Vertrages auch nicht erwerben wird. Der Erwerb von Aktien des eigenen Clubs ist gestattet. Es besteht in diesem Fall eine Anzeigepflicht gegenüber dem Club und dem Ligaverband bzw. der DFL Deutsche Fußball Liga GmbH.

§ 2a Dopingverbot

a) Doping ist verboten. Der Spieler erkennt die nationalen und internationalen Anti-Doping-Bestimmungen – insbesondere die Anti-Doping-Richtlinien des DFB und deren Anhänge, das UEFA-Dopingreglement sowie das FIFA-Reglement für die Dopingkontrollen bei FIFA-Wettbewerben und außerhalb von Wettbewerben – in ihrer jeweils gültigen Fassung ausdrücklich als für ihn verbindlich an. Er unterwirft sich insbesondere auch den Bestimmungen der durch die Anti-Doping-Kommission des DFB angeordneten Doping- und der durch die NADA angeordneten Trainingskontrollen.

b) Als Doping im Sinne dieses Vertrages gilt insbesondere:
das Vorhandensein einer verbotenen Substanz oder ihrer Metaboliten oder diagnosti-

schen Marker in einer dem Körper des Spielers entnommenen Probe; die Verwendung oder versuchte Verwendung einer verbotenen Substanz oder Methode; die Weigerung, sich nach der Aufforderung gemäß der Anti-Doping-Richtlinien der Entnahme einer Probe zu unterziehen; ein Fernbleiben von der Probenentnahme ohne zwingenden Grund oder eine anderweitige Umgehung der Probenentnahme; die Verletzung der Anforderungen hinsichtlich der Verfügbarkeit des Spielers für Dopingkontrollen außerhalb von Wettbewerbsspielen einschließlich der Unterlassung, Angaben zum Aufenthaltsort zu liefern, sowie verpasste Kontrollen, die aufgrund von zumutbaren Regeln angekündigt werden; die Manipulation eines Teils einer Dopingkontrolle oder der Versuch einer solchen Manipulation; der Besitz von und der Handel mit verbotenen Substanzen und Methoden; die Verabreichung oder die versuchte Verabreichung einer verbotenen Substanz oder Methode an einen Spieler sowie die Unterstützung, Anstiftung, Beihilfe, Vertuschung und jede andere Art von Mittäterschaft im Zusammenhang mit einem Verstoß oder versuchten Verstoß gegen Anti-Doping-Vorschriften.

c) Die verbotenen Substanzen und Methoden sind in Anhang A der Anti-Doping-Richtlinien des DFB aufgeführt, die dem Spieler vom Club in gesonderter Weise ausgehändigt werden. Zudem können die relevanten Regelungen des jeweiligen Verbandes im Internet unter den folgenden Adressen abgerufen werden:
DFB: www.dfb.de/dfb-info/interna/statuten/dfbdoping.pdf
FIFA: www.fifa.com;
UEFA: www.uefa.com.

d) Die Parteien sehen in einem Verstoß des Spielers gegen die Anti-Doping-Vorschriften, der eine rechtskräftige Spielsperre des Spielers zur Folge hat, übereinstimmend einen wichtigen Grund, der es ausschließlich dem Club erlaubt, das Vertragsverhältnis außerordentlich und fristlos zu kündigen.

§ 3 Nutzung und Verwertung der Persönlichkeitsrechte im Arbeitsverhältnis

a) Der Spieler räumt dem Club, sofern und soweit seine Tätigkeit als Lizenzspieler und nicht ausschließlich seine Privatsphäre berührt ist, das ausschließliche Recht ein, sein Bildnis, seinen Namen (auch Spitz- und Künstlernamen), das von ihm gesprochene Wort sowie besondere fußballbezogene Persönlichkeitsmerkmale uneingeschränkt zu nutzen und zu verwerten.
Die hier eingeräumte wirtschaftliche Verwertung der Persönlichkeitsrechte in Bezug zu der Tätigkeit des Spielers als Lizenzspieler ist etwa gegeben bei einer Verwertung durch Fernsehen, Internet, mobile Dienste, Computerspiele, Sammelbilder u.Ä.
Zu der ausschließlich der Privatsphäre des Spielers zugeordneten und bei diesem verbleibenden wirtschaftlichen Verwertung der Persönlichkeitsrechte gehören insbesondere schriftstellerische Tätigkeiten sowie die Testimonial-Werbung für nicht fußballbezogene Produkte. Die Regelung des § 2 lit. g) dieses Vertrages bleibt hiervon unberührt.
Die vorgenannten Aufzählungen sind nur beispielhaft und nicht abschließend.
Falls der Spieler die dem Club zur exklusiven Verwertung eingeräumten Persönlichkeitsrechte durch Eigenvermarktungsmaßnahmen auch selbst wirtschaftlich verwerten möchte, bedarf es dazu stets der vorherigen schriftlichen Zustimmung durch den Club. Diese ist zu erteilen, falls dem nicht ausnahmsweise ein besonderes berechtigtes Interesse des Clubs entgegensteht.
Der Spieler erklärt, die wirtschaftliche Verwertung seiner Persönlichkeitsrechte, sofern und soweit seine Tätigkeit als Lizenzspieler berührt wird, keinem anderen eingeräumt zu haben.

b) Der Club ist in dem Umfang der Einräumung berechtigt, das Bildnis, seinen Namen (auch Spitz- und Künstlernamen), das von ihm gesprochene Wort sowie besondere fußballbezogene Persönlichkeitsmerkmale des Spielers uneingeschränkt zu nutzen und zu verwerten, insbesondere sie dem DFB, dem Ligaverband oder der DFL Deutsche Fußball Liga GmbH zur Erfüllung ihrer vertraglichen Verpflichtungen einzuräumen.

Der Spieler erkennt ausdrücklich an, dass die Verwertung der oben genannten Rechte für Maßnahmen im Rahmen der Gruppenvermarktung der Bundesliga und/oder der 2. Bundesliga und/oder weiterer Wettbewerbe des Ligaverbandes nach § 16 der Ordnung für die Verwertung kommerzieller Rechte (OVR) auch durch den Ligaverband bzw. die DFL Deutsche Fußball Liga GmbH erfolgen kann. Unter Gruppenvermarktung verstehen die Arbeitsvertragsparteien alle Vermarktungsmaßnahmen, welche die Vereine bzw. Kapitalgesellschaften der Bundesliga und/oder der 2. Bundesliga in ihrer Gesamtheit oder in wesentlichen Teilen umfassen.

Der Club kann die ihm von dem Spieler eingeräumten Rechte gegenüber Dritten auch gerichtlich geltend machen. Er ist berechtigt, bei der Übertragung der hier eingeräumten Rechte auf den DFB, den Ligaverband oder die DFL Deutsche Fußball Liga GmbH auch die Befugnis zu übertragen, die betreffenden Rechte gegenüber Dritten gerichtlich geltend zu machen.

c) Die Einräumung der Nutzungs- und Verwertungsrechte bezieht sich auch auf den Bereich aller gegenwärtigen und künftigen technischen Medien und Einrichtungen einschließlich Multimedia-Anwendungen (Internet, Online-Dienste, mobile Dienste etc.) und Softwareprodukte, insbesondere interaktive Computerspiele. Dies gilt insbesondere für die vom Club veranlasste oder gestattete Verbreitung von Bildnissen des Spielers als Mannschafts- oder Einzelaufnahmen in jeder Abbildungsform, auch der virtuellen Darstellung, besonders auch hinsichtlich der Verbreitung solcher Bildnisse in Form von Spielszenen und/oder ganzer Spiele der Lizenzligamannschaft, um somit öffentlich- und/oder privatrechtlichen Fernsehanstalten und/oder anderen audiovisuellen Medien und/oder weiteren Interessenten Nutzungen hieran zu ermöglichen.

d) Der Spieler stellt dem Club außerdem jederzeit seine Autogrammunterschrift im Originalschriftzug, als Faksimile oder in gedruckter Form für Zwecke der Öffentlichkeitsarbeit und/oder zur Wiedergabe auf vom Club beschafften Souvenir- und Verkaufsartikeln – ggf. auch in Verbindung mit Werbung Dritter – zur Verfügung.

e) Die aus der wirtschaftlichen Verwertung der eingeräumten Rechte erzielten Erlöse stehen ausschließlich dem Club zu, soweit nicht in diesem Vertrag ausdrücklich Abweichendes geregelt ist.

f) Die Rechteeinräumung ist grundsätzlich begrenzt auf die Laufzeit dieses Arbeitsvertrages. Diese Begrenzung gilt nicht für die mediale und multimediale Nachverwertung in Form von Archivbildern. Außerdem gilt für die Vermarktung und den Vertrieb von Produkten eine Abverkaufsfrist von 5 Jahren. Die Parteien sind sich einig, dass mit der vertraglichen Vergütung auch die Rechteeinräumung abgegolten ist.

§ 4 Pflichten des Clubs

1) Vergütung und andere geldwerte Leistungen:

Der Spieler erhält
a) ein monatliches Grundgehalt von Euro ....
b) Soweit weitere Vergütungen und andere geldwerte Leistungen vereinbart worden sind, sind diese in einer Anlage zum Vertrag enthalten. Die Anlage ist Bestandteil dieses Vertrages.
Die Bezüge des Spielers sind Bruttobezüge. Für die Abführung von Steuern und Soziallasten gelten die jeweiligen gesetzlichen Bestimmungen.
Auf die Bestimmung des § 14 dieses Vertrages wird ausdrücklich verwiesen.

2) Weitere Pflichten des Clubs:

Der Club verpflichtet sich neben der Bezahlung der vereinbarten Vergütung und anderer geldwerter Leistungen (Ziffer 1) insbesondere zu Folgendem:
a) qualifizierte Fachkräfte für einen geordneten Spiel- und Trainingsbetrieb zu stellen;
b) Spiel- und Trainingsstätten, Umkleide- und Sanitärräume nach den technischen Richtlinien des DFB bzw. des Ligaverbandes bereitzustellen und zu unterhalten;
c) sportmedizinische und sporttherapeutische Betreuung in ausreichendem Maße zur Verfügung zu stellen;
d) Sportkleidung zu stellen;
e) den Spieler bei entsprechender Berufung für Länderspiele und Auswahlspiele des DFB und seiner Mitgliedsverbände, Vorbereitungslehrgänge und Trainingslager nach den Bestimmungen der Lizenzordnung Spieler (LOS) und der DFB-Spielordnung abzustellen. Entsprechendes gilt für die Abstellung ausländischer Spieler für die Auswahlmannschaften anderer der FIFA angehörenden Nationalverbände;
f) den Spieler als Beisitzer in Rechtsorganen des DFB auf Abruf freizustellen;
g) dem Spieler Beratung in wirtschaftlichen, schulischen und beruflichen Angelegenheiten zu vermitteln, soweit der Spieler dies ausdrücklich wünscht;
h) sich im Falle einer Vermittlung nur der Dienste eines Rechtsanwalts oder einer Person, die sich im Besitz einer von einem Mitgliedsverband der FIFA ausgestellten Spielervermittlerlizenz befindet, zu bedienen;
i) Unfälle des Spielers gemäß der gesetzlichen Vorschrift des § 193 SGB VII dem Unfallversicherungsträger anzuzeigen;
j) dem Spieler den Trainingsplan vorbehaltlich eventueller Änderungen auf Anforderung zur Kenntnis zu geben;
k) dem Spieler die Satzungen und Ordnungen des DFB und des Ligaverbandes sowie das FIFA-Reglement bezüglich Spielerstatus und Transfer von Spielern in geeigneter Form in der jeweils gültigen Fassung zur Verfügung zu stellen.

§ 5 Einsatz und Tätigkeit

Einsatz und Tätigkeit des Spielers werden nach Art und Umfang vom geschäftsführenden Organ oder von den von ihm Beauftragten bestimmt.

Der Spieler hat den Weisungen aller kraft Satzung oder vom geschäftsführenden Organ mit Weisungsbefugnis ausgestatteter Personen – insbesondere des Trainers – vor allem auch hinsichtlich des Trainings, der Spielvorbereitungen, seiner Teilnahme am Spiel, der Behandlungen sowie aller sonstigen Clubveranstaltungen zuverlässig und genau Folge zu leisten.

§ 6 Vertragsstrafe

Bei Verstößen des Spielers gegen seine Pflichten gem. § 2 lit. a) bis g), i) bis k), m), n), § 2a, § 7 und § 8 dieses Vertrages ist der Club – unbeschadet seines Rechts zur Kündigung des Vertrages aus wichtigem Grund – im Rahmen der gesetzlichen Bestimmungen in jedem Einzelfall berechtigt, Vertragsstrafen gegen den Spieler festzusetzen. Als Vertragsstrafen werden vorgesehen Verweis, Ausschluss von Clubveranstaltungen sowie Geldbußen bis zur Höhe von

Euro .... (maximal ein monatliches Brutto-Grundgehalt).

Diese Vertragsstrafen können auch nebeneinander verhängt werden.

Weitergehende Schadensersatzansprüche bleiben unberührt.

Auf die Bestimmung des § 14 dieses Vertrages wird ausdrücklich verwiesen.

§ 7 Urlaub

Der Spieler hat Anspruch auf einen Jahresurlaub von 24 Werktagen. Als Werktage gelten alle Kalendertage, die nicht Sonn- oder gesetzliche Feiertage sind.

Der Urlaub ist in der pflichtspielfreien Zeit zu nehmen und zum Zwecke der Erholung zu nutzen. Pflichtspiele sind Meisterschaftsspiele, Pokalspiele (DFB und Liga) sowie von der FIFA bzw. der UEFA genehmigte europäische Vereinswettbewerbsspiele. Der Urlaub bedarf stets der ausdrücklichen Einwilligung durch den Club.

Soweit § 11 Abs. 1 BUrlG nicht zwingend ein anderes bestimmt, gilt für die Berechnung des Urlaubsentgeltes Folgendes:

Das Urlaubsentgelt bemisst sich nach dem durchschnittlichen Arbeitsverdienst, den der Spieler in den letzten 13 Wochen vor Beginn des Urlaubs erhalten hat. Gegebenenfalls sind neben dem Grundgehalt in diesem Zeitraum gezahlte Prämien mit zu berücksichtigen, soweit sie Lohnbestandteile sind. Sollten dem Spieler mehr als 24 Urlaubstage gewährt werden, so berechnet sich ab dem 25. Urlaubstag das Urlaubsentgelt lediglich aus dem Grundgehalt.

Ein Anspruch auf Urlaubsgeld besteht nicht.

§ 8 Krankheit

a) Der Spieler versichert sich auf seine Kosten gegen Krankheit. Er erhält vom Club einen Zuschuss zum Krankenversicherungsbeitrag nach den gesetzlichen Bestimmungen.

Der Spieler hat jeden Fall der Arbeitsunfähigkeit unverzüglich dem Club mitzuteilen und binnen drei Tagen eine ärztliche Bescheinigung vorzulegen, aus der sich auch die voraussichtliche Dauer der Arbeitsverhinderung ergibt. Dauert die Arbeitsunfähigkeit länger als in der Bescheinigung angegeben, so ist der Spieler verpflichtet, innerhalb von drei Tagen eine Folgebescheinigung vorzulegen.

b) Verletzt sich der Spieler oder erkrankt er anderweitig, ohne dass ihn hieran ein Verschulden trifft, so hat er Anspruch auf Fortzahlung seiner Vergütung nach den gesetzlichen Bestimmungen (§ 3 EntgFG). Nach Ablauf der gesetzlich vorgeschriebenen Frist von sechs Wochen entfallen für die weitere Dauer der Erkrankung die Ansprüche auf die vereinbarten Vergütungen.

Der Anspruch auf Lohnfortzahlung umfasst neben dem monatlichen Grundgehalt gegebenenfalls auch anteilig die für die jeweiligen Pflichtspiele im Zeitraum von sechs Wochen ab Arbeitsunfähigkeit gezahlten Prämien nach der Prämienordnung des Clubs für Lizenzspieler, soweit sie Lohnbestandteile sind. Die Prämienfortzahlung erhält der Spieler in diesem Fall nach Maßgabe der folgenden Regeln:

- bei einem Spieleinsatz in sämtlichen dem Beginn der Arbeitsunfähigkeit vorangegangenen fünf Pflichtspielen: 100 % der Prämien, die ihm bei Spieleinsätzen während des Lohnfortzahlungszeitraumes zugestanden hätten;
- bei vier Spieleinsätzen in den der Arbeitsunfähigkeit vorausgegangenen fünf Pflichtspielen:
  80 % der Prämien;
- bei drei Spieleinsätzen in den der Arbeitsunfähigkeit vorausgegangenen fünf Pflichtspielen:
  60 % der Prämien;
- bei zwei Spieleinsätzen in den der Arbeitsunfähigkeit vorausgegangenen fünf Pflichtspielen:
  40 % der Prämien;
- bei einem Spieleinsatz in den der Arbeitsunfähigkeit vorausgegangenen fünf Pflichtspielen:
  20 % der Prämien;
- ohne Spieleinsatz in den letzten der Arbeitsunfähigkeit vorausgegangenen fünf Pflichtspielen:
  keine Prämie.

Sind zum Beginn der Arbeitsunfähigkeit noch keine fünf Pflichtspiele ausgetragen worden, erhält der Spieler 100 % der Prämien, wenn er in mindestens der Hälfte der bis dahin ausgetragenen Pflichtspiele eingesetzt worden ist, andernfalls 50 % der Prämien.
Als Spieleinsatz gilt eine Einsatzdauer von mindestens 45 Minuten.

c) Wird der Spieler ausnahmsweise und aus wichtigem Grund (z.B. wegen auswärtiger Erkrankung oder Verletzung) nicht vom Clubarzt selbst behandelt, so gestattet er dem Clubarzt oder einem vom Club beauftragten Arzt die diesem notwendig erscheinende Untersuchung, die Einholung von Auskünften und sonstige zweckmäßig erscheinende Rückfragen oder Maßnahmen. Insoweit befreit er schon jetzt die behandelnden Ärzte gegenüber dem geschäftsführenden Organ des Clubs ausdrücklich von ihrer ärztlichen Schweigepflicht, soweit es sich um Informationen handelt, die für das Arbeitsverhältnis von Relevanz sind.

§ 9 Dauernde Spielunfähigkeit

Der Club ist berechtigt, den Spieler auf Kosten des Clubs für den Todesfall oder für den Fall der dauernden vollständigen Spielunfähigkeit durch Unfall oder Krankheit zu versichern. Soweit hieraus Ansprüche entstehen, tritt sie der Spieler hiermit an den Club ab, der die Abtretung annimmt.

§ 10 Vertragsbeginn und -ende

1) Vertragsbeginn

Dieser Vertrag wird am .... wirksam.
Aufschiebende Bedingung für die Wirksamkeit ist:
– die Erteilung der Spielerlaubnis nach § 13 Lizenzordnung Spieler (LOS) durch den Ligaverband bzw. die DFL Deutsche Fußball Liga GmbH;
– *(evtl. weiterer Grund)*

....

2) Vertragsende

Dieser Vertrag endet, vorbehaltlich der unter 3) und 4) getroffenen optionalen Vereinbarungen am
....

Er endet vorzeitig, wenn eine Partei das Vertragsverhältnis aus wichtigem Grund kündigt
(§ 626 BGB).
Insbesondere ist der Club berechtigt, das Vertragsverhältnis aus wichtigem Grund zu kündigen, wenn die Lizenz des Spielers erlischt bzw. entzogen, zurückgegeben oder versagt wird.
Die Parteien sehen zudem übereinstimmend den Abstieg des Clubs aus der 2. Bundesliga und/ oder dessen Versetzung in eine Amateurspielklasse als einen wichtigen Grund an, der es ausschließlich dem Club erlaubt, das Vertragsverhältnis außerordentlich und fristlos zu kündigen.

3) Verlängerungsoptionen

optional, Zutreffendes bitte ankreuzen:

☐ Dieser Vertrag verlängert sich jeweils um .... Jahr(e), es sei denn, eine der Vertragsparteien teilt der anderen bis zum dem jeweiligen Ablauf der Vertragszeit vorausgehenden 30. April schriftlich mit, dass sie an der Beendigung des Vertragsverhältnisses zum Ablauf der jeweiligen Vertragszeit festhalte. Geht eine solche Erklärung nach-

weislich fristgerecht ein, so endet das Vertragsverhältnis bei Ablauf der jeweils laufenden Vertragsperiode, ohne dass es einer Kündigung bedarf.
- ☐ Der Spieler und der Club verpflichten sich, diesen Vertrag unter den bisherigen Bedingungen um .... Jahr(e) fortzusetzen, falls der jeweils andere es wünscht.
Club und Spieler müssen bis zu dem der Vertragsbeendigung vorausgehenden 30. April schriftlich erklärt haben, ob sie von der Option Gebrauch machen wollen. Geben weder der Club noch der Spieler eine solche Erklärung fristgerecht ab, so endet der Vertrag an dem oben unter Ziffer 2) bestimmten Datum.

4) Weitere optionale Vereinbarungen

optional, Zutreffendes bitte ankreuzen:

☐ Entsprechend dem ausdrücklichen Wunsch des Spielers besitzt dieser Vertrag nur Gültigkeit für die Bundesliga.

für diesen Fall optional, Zutreffendes bitte ankreuzen:

☐ Steigt der Club während der Laufzeit dieses Vertrages aus der Bundesliga ab, so können die Vertragsparteien bis zum 30. Juni vor Beginn der Spielzeit in der neuen Spielklasse die Vergütung des Spielers unter Berücksichtigung der dann gegebenen Möglichkeiten des Clubs in schriftlicher Form neu vereinbaren. Führen die Verhandlungen zu keinem Ergebnis, so endet der Vertrag zum 30. Juni des entsprechenden Jahres, es sei denn der Club optiert vorher durch schriftliche Erklärung auf Fortsetzung des Vertrages zu den bisherigen Bedingungen bis zum vorgesehenen Vertragsende.

☐ Entsprechend dem ausdrücklichen Wunsch des Spielers besitzt dieser Vertrag nur Gültigkeit für die 2. Bundesliga.

für diesen Fall optional, Zutreffendes bitte ankreuzen:

☐ Steigt der Club während der Laufzeit dieses Vertrages in die Bundesliga auf, so können die Vertragsparteien bis zum 30. Juni vor Beginn der Spielzeit in der neuen Spielklasse die Vergütung des Spielers unter Berücksichtigung der dann gegebenen Möglichkeiten des Clubs in schriftlicher Form neu vereinbaren. Führen die Verhandlungen zu keinem Ergebnis, so endet der Vertrag zum 30. Juni des entsprechenden Jahres, es sei denn der Spieler optiert vorher durch schriftliche Erklärung auf Fortsetzung des Vertrages zu den bisherigen Bedingungen bis zum vorgesehenen Vertragsende.

☐ Steigt der Club während der Laufzeit dieses Vertrages aus der 2. Bundesliga ab, so können die Vertragsparteien bis zum 30. Juni vor Beginn der Spielzeit in der neuen Spielklasse die Vergütung des Spielers unter Berücksichtigung der dann gegebenen Möglichkeiten des Clubs in schriftlicher Form neu vereinbaren. Führen die Verhandlungen zu keinem Ergebnis, so endet der Vertrag zum 30. Juni des entsprechenden Jahres, es sei denn der Club optiert vorher durch schriftliche Erklärung auf Fortsetzung des Vertrages zu den bisherigen Bedingungen bis zum vorgesehenen Vertragsende. Übt der Club die Option aus, so setzt sich der Vertrag zu den bisherigen Bedingungen fort mit Ausnahme der Regelungen, die den für die neue Spielklasse geltenden Bestimmungen widersprechen (Vertrag als Vertragsspieler).

☐ Entsprechend dem ausdrücklichen Wunsch des Spielers besitzt dieser Vertrag nur Gültigkeit für die Lizenzligen (Bundesliga und 2. Bundesliga).

für diesen Fall optional, Zutreffendes bitte ankreuzen:

☐ Steigt der Club während der Laufzeit dieses Vertrages aus der 2. Bundesliga ab, so können die Vertragsparteien bis zum 30. Juni vor Beginn der Spielzeit in der neuen Spielklasse die Vergütung des Spielers unter Berücksichtigung der dann gegebenen

Möglichkeiten des Clubs in schriftlicher Form neu vereinbaren. Führen die Verhandlungen zu keinem Ergebnis, so endet der Vertrag zum 30. Juni des entsprechenden Jahres, es sei denn der Club optiert vorher durch schriftliche Erklärung auf Fortsetzung des Vertrages zu den bisherigen Bedingungen bis zum vorgesehenen Vertragsende. Übt der Club die Option aus, so setzt sich der Vertrag zu den bisherigen Bedingungen fort mit Ausnahme der Regelungen, die den für die neue Spielklasse geltenden Bestimmungen widersprechen (Vertrag als Vertragsspieler).

§ 11 Transferbestimmungen

Bei einem Transfer des Spielers gelten die in § 1 dieses Vertrages aufgeführten Bestimmungen
– insbesondere das Ligastatut und die Spielordnung des DFB – in der jeweils gültigen Fassung.

Für einen Transfer zu einem ausländischen Club gelten zusätzlich die Bestimmungen der FIFA bzw. der UEFA in der jeweils gültigen Fassung.

Vereinbarungen über Transferentschädigungszahlungen zwischen Club und Spieler sind unzulässig. Sie können nur von Clubs getroffen werden.

§ 12 Sonstige Vereinbarungen

optional, falls zutreffend bitte ankreuzen:
☐ siehe Anlagen ....

§ 13 Datenschutz und weitere Bestimmungen

Die Daten dieses Vertrages dürfen an den Ligaverband, die DFL Deutsche Fußball Liga GmbH und an den DFB zum Zwecke der Speicherung und Verarbeitung in einer Spielerdatenbank übermittelt werden. Der Ligaverband, die DFL Deutsche Fußball Liga GmbH und der DFB dürfen die Daten im Rahmen der Spielerverwaltung und -vermittlung sowie der ihnen durch Satzungen und Ordnungen zugewiesenen sonstigen Aufgaben speichern, nutzen und verarbeiten, insbesondere auch Dritten gegenüber offen legen. Dies gilt nicht für Angaben über Vergütungen und andere geldwerte Leistungen.

Die Unwirksamkeit einzelner Vertragsbestimmungen hat auf die Wirksamkeit des Vertrages im Übrigen keinen Einfluss. In diesem Fall richtet sich der Inhalt der betroffenen Klauseln nach der gesetzlichen Regelung.

Änderungen, Ergänzungen oder Aufhebungen dieses Vertrages werden erst mit ihrer schriftlichen Festlegung wirksam. Mündliche Nebenabreden haben keine Gültigkeit. Abweichungen hiervon können nur schriftlich getroffen werden; auch das Schriftformerfordernis selbst ist nur schriftlich abdingbar. Eine Offenlegung des Vertrages gegenüber Dritten ist nicht zulässig mit Ausnahme gegenüber dem Ligaverband, der DFL Deutsche Fußball Liga GmbH und dem DFB.

Ausschließlicher Gerichtsstand für den Fall, dass der Spieler keinen allgemeinen Gerichtsstand im Inland hat oder nach Vertragsschluss seinen Wohnsitz oder gewöhnlichen Aufenthaltsort in das Ausland verlegt oder sein Wohnsitz oder gewöhnlicher Aufenthaltsort im Zeitpunkt der Klageerhebung nicht bekannt ist, sowie der Erfüllungsort für alle mit dem Vertrag zusammenhängenden Ansprüche ist der Sitz des Clubs.

Der Vertrag ist in deutscher Sprache gefasst. Für ausländische Spieler kann auf Wunsch des Spielers eine englische, französische oder spanische Übersetzung (FIFA-Sprachen) erstellt werden. Im Zweifel gilt die deutsche Fassung.

§ 14 Ausschlussfrist

Im Interesse der Planungs- und Rechtssicherheit für Spieler und Club sind die beiderseitigen Ansprüche aus diesem Vertrag, insbesondere aus §§ 4 Ziffer 1) und 6, von den

Musterarbeitsvertrag Deutsche Fußball Liga

Vertragsparteien innerhalb von sechs Monaten nach Fälligkeit, im Falle der Beendigung des Arbeitsverhältnisses jedoch innerhalb von drei Monaten nach der Beendigung schriftlich geltend zu machen, anderenfalls sind sie erloschen, sofern ein solcher Verfall nicht durch zwingende gesetzliche Bestimmung ausgeschlossen ist. Ansprüche nach § 3 sind hiervon ausdrücklich ausgenommen.

_____	_____
Ort	Datum

_____	_____
Spieler	Club

Zutreffendes bitte ankreuzen:

☐ Minderjähriger Spieler, Unterschrift der gesetzlichen Vertreter:

_____	_____
Mutter	Vater

☐ Am Vertragsabschluss haben als Rechtsanwalt bzw. Spielervermittler mitgewirkt:

    auf Seiten des Spielers: auf Seiten des Clubs:

_____	_____
Name	Name

☐ Als Dolmetscher in die .... Sprache hat vor Unterzeichnung des Vertrages mitgewirkt:

_____
Name

Stichwortregister

(fette Zahlen = Teile / magere Zahlen = Randziff.)

Ablösesummen
- bei Spielertransfers zwischen Staaten der EU **VII Einf.**/1

Abonnement-Fernsehen **IV 1**/8
Abstieg in andere Liga **III 1**/63
ad-hoc-Schiedsgericht **II 2**/280
Adonnino-Bericht **VII 1**/16
AENOC **II 1**/31
AG
- Insolvenz **II 1**/104

Agenturvertrag
- Internationales Privatrecht **VI 2**/85

AGFIS **II 1**/32
Aikido-Verband **II 2**/115
Aktiengesellschaft, Sportclub
- Insolvenz **II 2**/10

Aktivensprecher **III 1**/55
Alexander Waske u. a. ./. ATP **II 2**/146
Allgemeine Handlungsfreiheit **I 1**/9 ff.
Allgemeines Persönlichkeitsrecht **VI**: s. auch Werberechte
- Anspruch bei unerlaubter Nutzung des Bildes oder Namens **IV 5**/181

Allgemeines Persönlichkeitsrecht des Sportlers
- TV-Verwertung **IV 3**/127

Amateur Athletic Association **III Einf.**/2
Amateureigenschaft der Sportler **II 1**/16
Amateur-Regel **III Einf.**/2
Amateursport
- Verkehrssicherungspflicht **VIII 2**/39

Amateursportler
- Ausübungsrecht in der EU **VII 2**/37

Ambush marketing **IV 2**/55
Amewu Mensah **II 2**/179
Anabole Wirkstoffe **II 2**/217
Analoge **II 2**/218
Anerkennung von ausländischen Urteilen **VI 3**/134 ff.
Anerkennungsgesuch
- des NOK **II 2**/167

Anlagenbezogener Immissionsschutz **I 2**/87
Anlagenhaftung
- UHG **V 7**/163

Annahmestelle
- Pflichtverletzung **III 6**/171

Anscheinsbeweis
- Doping **II 2**/232

Anspruch auf Rücksichtnahme und Förderung **II 2**/118
Antitrust Laws **II 2**/342
Antrag
- auf Insolvenzeröffnung **II 1**/87

Antrittsvertrag **III 1**/17

Anwendbarkeit der AGB-Bestimmungen **II 2**/312
- Abwägung der Interessen **II 2**/331
- auf Nebenordnungen **II 2**/312
- auf Vereinssatzungen **II 2**/312
- Beurteilungsspielraum **II 2**/332
- Bewertungsvorrecht **II 2**/330
- Einhaltung allgemeingültiger Verfahrensgrundsätze **II 2**/326
- Einhaltung des Verfahrens **II 2**/325
- Ein-Platz-Prinzip **II 2**/314
- Erstreckung der Ordnungsgewalt auf den Betroffenen **II 2**/323
- Fehlerfreiheit der Tatsachenermittlung **II 2**/328
- Gesetzmäßigkeitswidrigkeit der Ordnungsmaßnahme **II 2**/327
- kein Nachschieben von Gründen **II 2**/336
- keine Anpassung einer rechtswidrigen Maßnahme **II 2**/337
- Kontrollmaßstab § 242 BGB **II 2**/319
- Prüfungskriterien **II 2**/323
- Prüfungsumfang **II 2**/321
- Reiter-Fall **II 2**/312, 332
- Satzungsmäßige Grundlage der Ordnungsmaßnahme **II 2**/324
- Subsumtion und Strafausspruch **II 2**/330
- Zola Budd-Fall **II 2**/334

arbeitsrechtliche Vorgaben **II 1**/20
Arbeitsverhältnis
- Fortbestand bei Insolvenz **II 1**/103

Arbeitsvertrag
- Internationales Privatrecht **VI 2**/50

Arznei- u. Betäubungsmittelrecht
- Doping als Verstoß **VIII 4**/125

Assoziierungsabkommen **VII 5**/151
Astafei, Alina **I 1**/20 Fn. 58
Athletenerklärung
- Antrag zur Erteilung internationaler (FIS) Lizenz **II 2**/163
- Haftung **V 3**/79

Athletenpass **II 2**/159
Athletensprecher **III 1**/55
Athletenvereinbarung **III 1**/17
- Kaderathleten **II 2**/164
- Muster **Anh B**/1

Aufgaben, öffentliche **I 1**/35
Aufnahmeanspruch
- Aikido-Verband **II 2**/115
- Freizeitsportverein **II 2**/115
- gegen Verein/Verband **II 2**/107
- kartellrechtlich **II 2**/110

857

- zivilrechtlich **II** 2/112
Aufnahmevertrag
- Vereins-/Verbandsbeitritt **II** 2/149
Aufopferungsanspruch
- bei Umwelteinwirkung **V** 7/160
- für Leistungssportler **V** 6/143
Aufstieg in andere Liga **III 1** 63
Ausbildungsentschädigungen **II** 1/17; **II** 2/194
Ausländerklausel
- gegenwärtiger Status **VII** 5/146
- nach Bosman **VII** 5/139
Ausländerklauseln
- EU-Recht **VII** 3/68
Ausländer-Kontingente
- für EU-Angehörige **VII Einf.**/1
Ausnahmegenehmigung
- medizinische **II** 2/230
Ausrüstungsvertrag **III** 2/129
- Internationales Privatrecht **VI** 2/84
Ausschluss ausländischer Spieler von Nationalmannschaften **I** 1/20; **VII** 5/162
Autonomie **I** 1/5, 23
Autonomie des Sports **Einf.**/1 ff.
- Rechtliche Grenzen **Einf.**/31 ff.

Baumann, Dieter **I** 1/26
Bayerische SchiffahrtsO **I** 2/95
BBL **II** 1/40
Befähigungsnachweis
- Anerkennung im EU-Raum **VII** 2/43
Begründungserfordernis
- bei Vereins-/Verbandssanktion **II** 2/274
Beirat der Aktiven **III** 1/55
Beitrittsassoziation **VII** 5/152
Berufsfreiheit **I** 1/16 ff.
Bestechung **VIII** 6/198
Bestimmtheitsgrundsatz **II** 2/253
- Dopingverbot **II** 2/254
Betäubungsmittelrecht
- Doping **VIII** 4/125
Betriebliche brung **III** I/18
Betrug
- Doping **VIII** 4/130
- Sportmanipulation **VIII** 5/156
Bewegungskampfsport
- Körperverletzung **VIII** 3/53
Beweisführung im Prozess **V** 2/62
- Beweisbeibringung **V** 2/62
Bildnis des Sportlers **VI**: s. Werberechte
- Schutz **III** 2/79
BinnenschiffahrtsstraßenO **I** 2/95
Birte Bultmann ./. DLV **II** 2/143
Blutdoping **II** 2/220
Bosman-Fall **VII** 3/65
Bosmann-Urteil **III** 1/59
Bosman-Urteil **VII** 2/35
Brenner **II** 2/343
Bundesfachsportverbände **II** 1/25

Bundeskompetenzen im Sport **I** 1: s. Gesetzgebungskompetenz, Zuständigkeit
Bundeswehrsport **I** 1/43

Chip im Ball **II** 2/308
Competition Rules **II** 2/197
- des internationalen Leichtathletikverbandes **II** 2/197
- Wechsel der Staatsangehörigkeit **II** 2/197
Court of Arbitration for Sport (CAS) **VI** 4/165 ff.: s. Tribunal Arbitral du Sport

DBB **II** 1/40
DEB **II** 1/41
DEL **II** 1/41
DeliÒge-Fall **VII** 3/74
Deliktischer Anspruch **V** 1/6
Deliktsstatut
- Internationales Privatrecht **VI** 2/86 ff.
Der „Freiburger Kreis" **II** 1/30
DEU **II** 1/46
Deutsche Sporthilfe GmbH **II** 1/29
Deutsche Sportmarketing GmbH **II** 1/29
Deutscher Sportbund (DSB) **II** 1/27, 36
DFB **II** 1/38
DFL **II** 1/38
DHB **II** 1/43
DHoB **II** 1/45
Dienstleistung
- im Rahmen eines Vermarktungsvertrages **III** 2/94
Dienstleistungsfreiheit
- in der EU **VII** 4/136
Dienstunfähigkeit
- des Sportlers **III** 1/44
Dienstvertrag
- Internationales Privatrecht **VI** 2/51
Dieter Baumann ./. DLV und IAAF **II** 2/136
Direktionsrecht **III** 1/18
Disqualifikation
- Dopingbefund **II** 2/263
Disziplinarverfahren **II** 2/118
Diuretika **II** 2/218
DLV **II** 1/37
DOG **II** 1/28
DonÁ-Entscheidung **VII** 2/34; **VII**/61
Doping **I** 1/25 ff.; **II** 1/13; **II** 2/238; **VIII** 1/2; **VIII** 4/109
- Ahndung von Verstößen **II** 2/118
- als Betrug **VIII** 4/130
- als Körperverletzung **VIII** 4/110
- als Untreue **VIII** 4/148
- als Vermögensdelikt **VIII** 4/129
- Anscheinsbeweis **II** 2/232
- anwaltlicher Beistand **II** 2/267
- Betrug zum Nachteil der Sponsoren **VIII** 4/138
- Betrug zum Nachteil des Veranstalters **VIII** 4/135

(fette Zahlen = Teile / magere Zahlen = Randziff.)

- Betrug zum Nachteil des Vereins **VIII** **4**/132
- Betrug zum Nachteil von Förderinstitutionen **VIII** **4**/142
- Betrug zum nachteil von Konkurrenten **VIII** **4**/143
- Betrug zum Nachteil von Wettanbietern **VIII** **4**/147
- Betrug zum Nachteil von Zuschauern **VIII** **4**/146
- Blutdoping **II** **2**/220
- Definition **II** **2**/209
- Disqualifikation **II** **2**/263
- Dopingmittel **II** **2**/217
- DSB-Rahmenrichtlinien **II** **2**/225
- einverständliches Fremddoping **VIII** **4**/119
- Europarat-Übereinkommen gegen **II** **2**/209
- freiwilliges Selbstdoping **VIII** **4**/113
- Gendoping **II** **2**/220
- Gesundheitsschädigung **VIII** **4**/111
- heimliches Doping **VIII** **4**/116
- in der ehemaligen DDR **II** **2**/250
- körperliche Misshandlung **VIII** **4**/110
- Kontrolle **I** **1**/15
- Manipulation Urinprobe **II** **2**/220
- medzinische Ausnahmegenehmigung **II** **2**/230
- NADA **II** **2**/212
- NADA-Code **II** **2**/214, 234
- National Anti-Doping Agentur **II** **2**/212
- prima-facie-Beweis **II** **2**/232
- Qualifikationen der §§ 224 bis 227 StGB **VIII** **4**/112
- rechtliches Gehör **II** **2**/267
- Schadenersatz **II** **2**/241
- Schmerzensgeld **II** **2**/241
- Statuten **II** **2**/209
- Strafrecht **II** **2**/241
- strafrechtliche Bedeutung des Dopings **VIII** **4**/113
- strafrechtliche Relevanz **VIII** **3**/52
- Subsidiaritätsprinzip **II** **2**/210
- Therapeutic Use Exemption TUE **II** **2**/230
- Trainingskontrollen **II** **2**/225
- unfreies Selbstdoping **VIII** **4**/116
- Unschuldsvermutung **II** **2**/264
- unverzichtbare Rechtsgarantien **II** **2**/236
- Verbands- und Vereinssatzung **II** **2**/221
- Verfahren **II** **2**/267
- Verschuldensnachweis **II** **2**/229
- versehentlich gefährliches **VIII** **4**/121
- Verstoß gegen das Arznei- u. Betäubungsmittelrecht **VIII** **4**/125
- WADA **II** **2**/211
- Wals Wettbewerbsdelikt **VIII** **4**/149
- Welt-Anti-Doping-Agentur **II** **2**/211
- Zuständigkeit **II** **2**/209
- Zuständigkeit für Sanktion **II** **2**/266
- Zwangsdoping **VIII** **4**/116

Dopingkontrolle **Anh** **B**/1
Dopingkontrollverfahren **Anh** **B**/1
Dopingnachweis **Anh** **B**/1
Doppelbestrafungsverbot **VIII** **3**/108
Doppelsponsoring **IV** **2**/42
Drei-Stufen-Theorie **I** **1**/19 f.
DSB-Rahmenrichtlinien
- Doping **II** **2**/225

DSV **II** **1**/42, 48
DTB **II** **1**/39
DTuB **II** **1**/47
Due Process Clause **II** **2**/342
DVV **II** **1**/44

Echtermann ./. BDR **II** **2**/139
EG-Fernsehrichtlinie **IV** **2**/13
EG-Vertrag **VII** **2**/28; **VII** **4**/106
- Anwendungsbereich **VII** **2**/28
- Arbeitnehemerbegriff **VII** **4**/109
- berufliche Befähigungsnachweise im Sport **VII** **2**/43
- Dienstleistungsfreiheit **VII** **4**/134
- Drittwirkung **VII** **4**/121
- Freizügigkeit der Arbeitnehmer **VII** **4**/106
- keine Bereichsausnahme **VII** **2**/33
- Niederlassungsfreiheit **VII** **4**/134
- Recht von Amateursportlern **VII** **2**/37
- Rechtfertigungsgründe bzw. Grenzen des Art. 39 EGV **VII** **4**/124
- Regelung des Sports **VII** **2**/28
- Sport als „Teil des Wirtschaftslebens" **VII** **2**/29

Eigenhändler
- Agentur als **III** **3**/143

Eingriffsverwaltung **I** **2**/60
Einplatz-(Verbands)-Prinzip **Einf.**/14 f.
Ein-Platz-Prinzip **II** **2**/108
Einstweiliger Rechtsschutz
- im internationalen Recht **VI** **3**/141 ff.

Eintracht Frankfurt ./. Die Liga Fußballverband e.V. **II** **2**/142
Einzelvertrag
- Bindungslücken **II** **2**/161
- individueller **II** **2**/159
- Teilnahme- oder Nominierungsvertrag **II** **2**/160

Entertainment **IV** **2**/76
Entwicklungsassoziation **VII** **5**/152
EPO **II** **2**/219
Equal Protection Clause **II** **2**/342
Erfolgseinwilligung **VIII** **3** 72
Erfüllungsgehilfe **V** **1**/5
Ergebnismanagement
- Doping **Anh** **B**/1

Erklärung zum Sport
- der Regierungskonferenz von Amsterdam **VII** **1**/18

Erythropoietin **II** **2**/219
Ethik-Kommission des IOC **Anh** **B**/1
EU-Büro des deutschen Sports **VII** **1**/13
EuGH **VII** **3**/53

- Ausländerklausel der Fußballverbände VII 3/68
- Bosman VII/3 65
- Deliège VII 3/74
- Donà ./. Mantero VII 3 61
- Kolpak VII 3/88
- Lehtonen VII 3/80
- Meca-Medina und Maycen ./. Kommission VII 3/95
- Piau ./. Kommission VII 3/100
- Simutenkov VII 3/104
- Transferbestimmungen der Fußballverbände VII 3 68
- UNECTEF./. Heylens VII 3/63
- Walrave und Koch VII 3/56

EU-Recht VII Einf./1
Europäische Kommission VII 1/8
Europäische Sportcharta VII 1/5
Europäische Sportkonferenz (ESK) VII 1/12
Europäische Sportpolitik VII 1/15
Europäischer Gerichtshof (EuGH) VII 1/10
Europäischer Interregionaler Pool des Sports VII 1/14
Europäischer Verfassungsvertrag I 1/2, 6
Europäisches Beihilfenrecht I 2/64
Europäisches Parlament VII 1/9
Europäisches Sportforum VII 1 8
Europäisches Sportmodell VII 1/19
Europa-Mittelmeer-Abkommen VII 5/156
Europaratskonvention über das grenzüberschreitende Fernsehen IV 2/13; VII/11
Europarecht VII Einf.
- Auswirkungen der Art. 81 ff. EGV auf den Exklusivvertrieb von Eintrittskarten VII 7/204
- Auswirkungen der Art. 81 ff. EGV auf die Mehrfachbeteiligung an Fußballvereinen VII 7/206
- Auswirkungen der Art. 81 ff. EGV auf Disziplinarmaßnahmen VII 7/195
- Auswirkungen der Art. 81 ff. EGV auf exklusive Einkaufsvereinbarungen VII 7/202
- Auswirkungen der Art. 81 ff. EGV auf Produktwerbung VII 7/196
- Auswirkungen der Art. 81 ff. EGV auf sportorganisatorische Regeln VII 7/207
- Auswirkungen der Art. 81 ff. EGV auf Wartefristen bei Nationalitätswechsel/Einbürgerung VII 7/194
- Dumping VII 7/210
- FIFA-Spielervermittlerreglement VII 7/193
- Freistellung vom Kartellverbot VII 7/208
- Immanenztheorie VII 7/189
- Sportvereine als Unternehmen VII 7/183
- Subvention für den Sport VII 7/211
- Transfer- und Ausländerregeln VII 7/187
- Wettbewerb zwischen Sportverbänden VII 7/217
- Wettbewerbsbestimmungen nach Art. 81 und 82 EGV VII 7/178
- Zentrale Vermarktung der Medienrechte VII 7/220
- Zugang zum Arbeitsmarkt VII 5/157
- Zwischenstaatlichkeitsklausel VII 7/186

Eurovisionssystem der EBU IV 2/102
EU-Verfassungsvertrag VII 1/22
- Sport VII 1/23

Fachsportverband
- Anerkennung durch IOC II 2/168
- Geltung des Rechts gegenüber Athleten II 2/171
- internationaler II 2/168
- nationale Geltung des Rechts II 2/171
- nationaler II 2/169
Fairnessgebot Einf./24
Fair-Play-Gebot II 1/13
Falschangabedelikte gemäß 331 BGB VIII 6/197
Fankriminalität VIII 1/4
FC Sion ./. Swiss Football League II 2/145
Fehlentscheidung
- des Schiedsrichters II 2/305
Fernseh- und Hörfunkrechte IV 2 70
Fernsehausfallversicherung III 7/175
Fernsehrechteverwertungsvertrag
- Internationales Privatrecht VI 2/70 ff.
Fernsehübertragungsrechte II 2/208
- Bundesliga II 2/208
Fernseh-Übertragungsverträge III 4/154
- Pflichten des Rechteverwerters III 4/156
- Pflichten des Sportveranstalters III 4/156
- Pflichtverletzungen III 4/157
- Rechtsnatur III 4/155
Fernsehverwertungsvertrag IV 3/118, 144
- Hauptleistungspflicht des Lizenzgebers IV 3/148
- Hauptleistungspflicht des Lizenznehmers IV 3/149
- Inhaber der Verwertungsrechte IV 3/133
- Insolvenz IV 3/150
- Matching offer right IV 3/149
- Orchester-Fall IV 3/127
- Produktionsmodalitäten IV 3/146
- Promotion-Aktivitäten IV 3/149
- Recht auf Kurzberichterstattung IV 3/134
- Rechte des teilnehmenden Sportlers IV 3/124
- Sendegarantie IV 3/149
- Sportrechte-Agenturen IV 3/131
- Typenmischung IV 3/144
- Veranstaltungsort IV 3/146
- Veranstaltungszeiten IV 3/146
- Vertragsdauer IV 3/147
- Vertragsgegenstand IV 3/145
- Vertragspartner IV 3/144
FIA-Sportgesetz II 1/12

(fette Zahlen = Teile / magere Zahlen = Randziff.)

FIBA **II** 1/32
FIFA **II** 1/32
Fifa-Transferreglement
– Entstehung **VII** 6/168
Förderung
– deutscher Spieler **II** 2/196
Förderungsentschädigung **II** 2/194
Förderungsmaßnahmen des Bundes
– kraft Sachzusammenhangskompetenz **I** 2/58
Förderungsvoraussetzungen
– für Sportsubventionen **I** 2/61
Franchisevertrag
– Internationales Privatrecht **VI** 2/76 f.
Franchising
– Bundesliga **II** 1/66
Frankfurter-Tennisplatz-Urteil des BGH **V** 7/149
Freihandelsassoziation **VII** 5/152
Freiverantwortliche Selbstgefährdung **VIII** 2/37
Freizügigkeit der Arbeitnehmer in der EU **VII** 4/106
– Arbeitnehmerbegriff **VII** 4/109
– Diskriminierungsverbot **VII** 4/115
– Drittwirkung **VII** 4/121
– Grenzen **VII** 4/124
Fremddoping, einverständliches **VIII** 4/119
Fußball-Bundesliga-Skandal **I** 1/17 f.

Gastmitgliedschaft **II** 2/107
Gebot der Satzungsförmigkeit der Verfassung **II** 1/8
Gefährdungshaftung **V**/2 8, 49; **V** 7/161
– beim Auto- und Motorradsport **V** 2/51
– beim Flugsport **V** 2/52
– beim Reit- und Pferdesport **V** 2/50
Gefährliche Sportart
– Begriffsabgrenzung **V** 6/143
– Versicherung **V** 6/143
Gegendarstellung
– bei schädigender Sportberichterstattung **IV** 4/154
Gelegenheitsschiedsgericht **II** 2/280
GEMA **IV** 6/200
Gemeindekompetenzen im Sport **I** 1: s. Zuständigkeit
Gemeindezuständigkeit **I** 2/60
gemeinsame Vermarktung **IV** 2/81
Gendoping **II** 2/220
Generalausrüster **II** 2/204
Generalsponsor **II** 2/199
Gerichtsstand
– Sponsoringvertrag **III** 2/118
Gerichtsverfahren
– Strafrecht **VIII** 3/106
Gesamtschuldnerische Haftung **V** 5/129
– Prozess **V** 5/129
– Verletzung eines Mitsportlers **V** 5/129
– Verletzung von Zuschauern **V** 5/129
Gesamtvermarktung **IV** 2/81

Gesetzgebungskompetenzen im Sport **I** 1/28, 34 f., 41 ff.
Gesetzliche Versicherung **V** 6/131
Gesetzmäßigkeit der Verwaltung **I** 2/60
Gleichbehandlungsgrundsatz
– Satzung **II** 2/118
Glücksspielverbot
– Sportwette **III** 6/168
GmbH
– Insolvenz **II** 1/104
GmbH Co. KG
– Insolvenz **II** 1/104
GmbH, Sportclub
– Insolvenz **II** 2/104
Goldener Plan **I** 2/60
– Ziel **I** 2/60
Gotcha-Spiel **VIII** 1/4
Graciano Rocchigiani ./. WBC **II** 2/144
Grundrechte **I** 1/8 ff.
– Abwehrrechte **I** 1/8
– Allgemeine Handlungsfreiheit **I** 1/9 ff.
– Berufsfreiheit **I** 1/16 ff.
– Drittwirkung **I** 1/11
– Eingriffe **I** 1/24 ff.
– Elternrecht **I** 1/31 f.
– Körperliche Unversehrtheit **I** 1/14 f.
– Meinungsfreiheit **I** 1/13
– Religionsfreiheit **I** 1/15, 21
– Schutzpflichten **I** 1 8
– Vereinigungsfreiheit **I** 1/22 ff.

Haftpflichtversicherung **V** 6/130
Haftung **II** 1/85; **V** 2/17
– Alles-oder-nichts-Prinzip **V** 2/8
– allgemeine Sportplätze **V** 3/110
– Alpinskilauf **V** 2/18
– Alternativtäterschaft **V** 3/126
– Anspruchsgrundlagen **V** 3/71, 94, 100, 110, 119
– Ausschluss **V** 3/78, 98, 108, 115, 123
– Auto- und Motorradsport **V** 2/40
– Basketball **V** 2/46
– Berg- und Klettersport **V** 2/31
– Beschränkung **V** 1/6; **V** 3/78, 98, 108, 115, 123
– Boxen **V** 2/48
– der Betreiber von Bahnen **V** 3/100
– der Betreiber von Schleppanlagen **V** 3/100
– der Kommunen **V** 3/110
– der Sportler bei einzelnen Sportarten **V** 2/17
– der Sportler bei Sportunfällen **V** 1/7
– der Sportveranstalter bei Sportunfällen **V** 3/64
– der Veranstalter **V** 3/70
– der Vereinsorgane **II** 2/123
– der Zuschauer **V** 4/124
– des Sportlers gegenüber Zuschauern und Helfern **V** 2/53
– des Sportverbandes **V** 3/70
– des Sportvereins **V** 3/70

- des Staates **V** 3/110
- des Stadioneigentümers **V** 3/89
- des Vereins **II** 2/123
- Einwilligung in die Verletzung **V** 2/8
- Eishockey **V** 2/47
- Eislauf **V** 2/29
- Erleichterung bei freiwilliger Selbstgefährdung **VIII** 2/36
- Freeclimbing **V** 2/31
- Freizeichnung **V** 3/78
- für Fehler bei Prüfung wirtschaftlicher Leistungsfähigkeit **II** 1/85
- Fußball **V** 2/43
- Gefährdungshaftung **V** 2/8, 49
- gegenüber Sportlern **V** 3/70
- gegenüber Unbeteiligten **V** 3/80
- gegenüber unbeteiligten Dritten **V** 3/88
- gegenüber Zuschauern **V** 3/80
- gesamtschuldnerische **V** 5/129
- Gewalttätigkeit in Sportstadion **V** 3/83
- GmbH-Geschäftsführer **II** 1/85
- Golf **V** 2/34
- Handball **V** 2/45
- Handeln auf eigene Gefahr **V** 2/8
- im öffentlichen Sportbetrieb **V** 3/110
- Individualsportarten **V** 2/17
- Inlineskating **V** 2/32
- Jennerfall **V** 3/105
- Judo **V** 2/48
- Kampfsportarten **V** 2/42
- Langlauf **V** 2/29
- Leichtathletik **V** 2/33
- Mitverschulden **V** 2/59
- Mitverschuldensbeiträge **V** 3/117
- Nachweis einer Mittäterschaft **V** 4/125
- organschaftliche **II** 1/85
- Parallelsportarten **V** 2/17
- privater Sportlehrer **V** 3/93
- Produzent von Sportgeräten u. Sportanlagen **V** 3/118
- Prüfungsmaßstab **V** 2/17
- Radsport **V** 2/39
- Reparateur von Sportgeräten u. Sportanlagen **V** 3/118
- Ringen **V** 2/48
- Schulsporthallen **V** 3/110
- Schwimmen **V** 2/38
- Segelsport **V** 2/37
- Skilauf **V** 2/18, 29
- Skipisten **V** 3/110
- Snowboarden **V** 2/18
- Sportschule **V** 3/93
- Squash **V** 2/36
- staatliche Ausgleichspflicht **V** 6/143
- Tennis **V** 2/35
- Trainer **V** 3/93
- Trimm-Pfade **V** 3/110
- Veranstaltung **V** 3/83
- Verbandsvorstand **II** 1/85
- Vereinsvorstand **II** 1/85
- Verkehrspflichten **V** 3/96, 102, 112
- Verkehrspflichtenhaftung **V** 2/8
- Verletzung der Verschwiegenheitsvereinbarung **II** 1/85
- Vermieter von Sportgeräten u. Sportanlagen **V** 3/118
- Vertreiber von Sportgeräten u. Sportanlagen **V** 3/118
- Wassersport **V** 2/37
- Zuschauerausschreitung **V** 3/83
- Zuschauerunfall-Versicherung **V** 3/84

Haftungsausschluss **V** 2/55
- ausdrücklich **V** 2/55
- gesetzlicher **V** 2/57
- stillschweigender **V** 2/56
- Vereinbarung **V** 2/55

Haftungsbeschränkung **V** 2/55
Haftungsvoraussetzungen **V** 1/5
- Beweislast **V** 1/6
- deliktische Ansprüche **V** 1/6
- Erfüllungsgehilfen **V** 1/5
- Haftungsbeschränkung **V** 1/6
- Konkurrenz der Anspruchsgrundlagen **V** 1/6
- Mitverschulden **V** 1/6
- § 33 LuftVG **V** 1/6
- § 7 StVG **V** 1/6
- § 823 Abs. 1 BGB **V** 1/6
- § 823 Abs. 2 BGB **V** 1/6
- § 831 BGB **V** 1/6
- § 833 BGB **V** 1/6
- positive Vertragsverletzung **V** 1/5
- Schuldrechtsreform **V** 1/5
- Umfang des Schadenersatzes **V** 1/6
- Vertrag mit Schutzwirkung zugunsten Dritter **V** 1/5
- vertragliche Ansprüche **V** 1/5

Hamburger Tegelsbarg-Urteil des BVerwG **V** 7/149
Handgeld **III** I/39
Handlungshaftung **V** 7/163
Hauptpflicht
- des Sportlers **III** I/20

HBL **II** 1/43
Heimliches Doping **VIII** 4/116
Helfer
- Haftung der Sportler **V** 2/53

Herstellerhaftung
- Internationales Privatrecht **VI** 2/98 f.

Heylens-Urteil **VII** 2/46
HGH **II** 2/218
Holligan
- Sportstrafrecht **VIII** 2/35

Hoyzer **II** 2/258
Hoyzer-Fall **VIII** 5/151

IAAF Constitution **II** 1/12, 32
Idealverein **II** 1/14, 54
- eingetragener Verein **II** 1/54

(fette Zahlen = Teile / magere Zahlen = Randziff.)

- Erscheinungsformen **II 1**/54
- Multi-Club Ownership **II 1**/70
- Nebenzweck-Privileg **II 1**/59
- Umwandlung in Kapitalgesellschaften **II 1**/61
- Wirtschaftsunternehmen **II 1**/55

Immanenztheorie **IV 2**/92; **VII 7**/189

Immaterialgüter
- als Werberechte **III 2**/79
- Rechtsnatur **III 2**/83
- bertragung **III 2**/83

Immaterialgüterrechte
- als Werberechte **III 2**/79
- Internationales Privatrecht **VI 2**/54 ff., 99
- rechtlicher Schutz **III 2**/79 ff.
- Vermarktung **III 2**/83 ff.

Immissionsschutzrecht
- anlagengebundener Sport **I 2**/87

Impf-Fall-Entscheidung des BGH **V 6**/143

in dubio pro reo **II 2**/264

Informationsfreiheit **IV 2**/14

Infotainment **IV 2**/76

Insolvenz **II 1**/85; **III 2**/64
- Aktiengesellschaft **II 1**/104
- Amtsgericht **II 1**/88
- Anspruch auf Zahlung des Insolvenzgeldes **II 1**/90
- Antrag auf Insolvenzeröffnung **II 1**/87
- Antrag des Schuldners **II 1**/88
- Antragspflicht des Vorstandes **II 1**/89
- Arbeitsverhältnis **II 1**/103
- automatischer Zwangsabstieg **II 1**/99
- Berichtstermin **II 1**/96
- Bestand des Vereins **II 1**/92
- des Sportvereins **II 1**/85
- Eigenverwaltung durch den Schuldner **II 1**/91
- Eröffnung des Insolvenzverfahrens **II 1**/88
- Eröffnungsverfahren **II 1**/90
- Folgen **II 1**/92
- Folgen für Spieler **II 1**/102
- Gehaltsforderungen **II 1**/90
- GmbH **II 1**/104
- GmbH Co. KG **II 1**/104
- Gründe **II 1**/88
- Haftung **II 1**/89
- Insolvenzmasse **II 1**/93
- Insolvenzordnung **II 1**/85
- Insolvenzverwalter **II 1**/90
- Schadenersatz **II 1**/103
- Teilnahmerecht als Massebestandteil **II 1**/95
- Teilnahmerecht an Verbandseinrichtungen **II 1**/94
- Verbandsregelungen **II 1**/96
- Vereinsmitgliedschaft **II 1**/102
- Vereinsvermögen **II 1**/93
- Vergleichsverfahren **II 1**/85
- Wettkampfkosten **II 1**/96

Insolvenz eines Vereins/Verbands
- Antragspflicht des Vereinsvorstandes **II 2**/89
- Arbeitnehmer **II 2**/103
- Eröffnung **II 2**/88 ff.
- Folgen **II 2**/92 ff.
- Insolvenzmasse **II 2**/93
- Lizenz **II 2**/95
- Spieler **II 2**/102 f.
- Verbandsregeln **II 2**/96 ff.
- Weiterführung des Wettkampfbetriebes **II 2**/90 f.

Insolvenzdelikte **VIII 6**/191

institutionelles Schiedsgericht **II 2**/280

Interessen der am Sport Beteiligten **Einf.**/25 ff.

Internationale Fachsportverbände (Ifs) **II 1**/32

Internationale Gerichtszuständigkeit **VI 3**/102 ff.
- bei Klage aus Delikt **VI 3**/116 ff.
- bei Klage aus einem Vertrag **VI 3**/112 ff.
- bei Klagen gegen einen Internationalen Verband **VI 3**/110 f.
- der Gewährleistung (Regress) **VI 3**/121
- des Sachzusammenhangs (EuGVVO) **VI 3**/120
- des Vermögens **VI 3**/123 ff.
- Gerichtsstandsvereinbarung **VI 3**/127 ff.

Internationale Schiedsgerichtsbarkeit **VI 4**/150 ff.
- Satzungsmäßige Schiedsklausel **VI 4**/155
- Schiedsspruch, Aufhebung, Anerkennung **VI 4**/160 ff.
- Vereinbarung, Schiedsklausel **VI 4**/153 f.
- Verfahren **VI 4**/157 f.
- Vollstreckung **VI 4**/160 ff.
- Zulässigkeit **VI 4** 151 f.

Internationale Sportverbände **Einf.**: s. Sportverbände

Internationale Verbände **Anh B**/1

internationaler Fachsportverband **II 2**/168

Internationaler Sportverband
- Internationele Gerichtszuständigkeit bei Klage gegen **VI 4**/110 f.
- Kollisionsrechtliche Einordnung **VI 2**/12 ff.
- Organisationsstruktur **VI 1**/4 f.
- Rechtlicher Status **VI 1**/6
- Regelwerk, rechtliche Einordnung **VI 1**/6 ff.
- Verbandsstatut **VI 2**/12 ff.

Internationales Olympisches Komitee **II 1**/33

Internationales Olympisches Komitee (IOC)
- Rechtlicher Status **VI 1**/6

Internationales Privatrecht **VI 2**/12 ff.
- Auf Verbände/Vereine anzuwendendes Recht **VI 2**/12 ff.
- Deliktstatut **VI 2**/86 ff.
- Verbandsstatut **VI 2**/12 ff.
- Vertragsstatut **VI 2**/25 ff.

IOC **II 1**/28, 33; **Anh** 1
- Anerkennung durch das **Anh B**/1

863

- Aufgabe **Anh B**/1
- Rolle **Anh B**/1
IOC-Exekutivkommission **Anh B**/1
IOC-Kommissionen **Anh B**/1
IOC-Satzung **II** 2/165

„Jennerfall"-Urteil **V** 3/105
- Pistenpräparierung mit Pisten-Raupen **V** 3/107
Jugendarbeitsschutzgesetz **III** I/19
Jugendschutz **IV** 2/46
- Sportsendungen **IV** 2/46

Kabelfernsehen **IV** 1/8
Kienass-Urteil **I** 1/20
Kinderhochleistungssport **I** 1/31 ff.
Körperliche Unversehrtheit, Grundrecht auf **I** 1/14 f.
Körperverletzung
- aktuell vorhandene Einwilligung **VIII** 3/71
- Bewegungskampfsport **VIII** 3/53
- bewusste Tätlichkeit **VIII** 3/56
- durch quälerisches Training **VIII** 3/58
- empirische Grundlagen **VIII** 3/59
- Erfolgseinwilligung **VIII** 3/72
- erlaubtes Risiko **VIII** 3/66
- Gesundheitsschädigung **VIII** 3/89
- Kampfsportarten im engeren Sinn **VIII** 3/56
- körperliche Auseinandersetzung **VIII** 3/56
- körperliche Misshandlung **VIII** 3/90
- Missbrauch des Sportgeräts **VIII** 3/56
- mutmaßliche Einwilligung **VIII** 3/79
- § 223 StGB **VIII** 3/88
- Qualifikationen **VIII** 3/92
- restriktive Auslegung der Körperverletzungsdelikte **VIII** 3/65
- Risikoeinwilligung **VIII** 3/73
- Schlägerei **VIII** 3/56
- Sittenwidrigkeit **VIII** 3/84
- Sozialadäquanz **VIII** 3/66
- Sportadäquanz **VIII** 3/69
- Täterschafts- und Teilnahmeformen **VIII** 3/99
- tatbestandsauschließende Lösungen **VIII** 3/65
- Trainerhandeln **VIII** 3/57
- unangemessene Behandlung **VIII** 3/91
- Unterlassen **VIII** 3/100
- Versuch **VIII** 3/98
- vorsätzliche **VIII** 3/60
- Wegschlagen des Spielgeräts mit Verletzungsfolgen **VIII** 3/56
Körperverletzungsdelikt **VIII** 3/48
Kollisionsrecht **VI**: s. Internationales Privatrecht
Kolpak-Fall **VII** 3/88
Kommunenzuständigkeit **I** 2/60
Konkurrenzverhältnis von Sport und Umwelt **I** 2/80

Konkurs **II** 2: s. Insolvenz
Kontinentale Sportvereinigungen **II** 1/31
Koppelungsgeschäft **II** 1/18
Krabbe ./. DLV zbd IAAF **II** 2/140
Krabbe, Breuer, Derr ./. Sportclub Neubrandenburg **II** 2/135
Krabbe, Katrin **I** 1/34
Krabbe-Fall **II** 2/118
Krankenversicherung **V** 6/130
Krankenversicherung, gesetzliche **V** 6/133
- Versicherungsfall **V** 6/134
- Versicherungsleistung **V** 6/135
- Versicherungsverhältnis **V** 6/133
Kühlem ./. DSchwV **II** 2/131
Kühlem ./. NOK **II** 2/131
Kulturhoheit der Bundesländer **I** 2/59
Kurzberichterstattung **IV** 3/134

Länderkompetenzen im Sport **I** 1: s. Gesetzgebungskompetenz, Zuständigkeit
Lärmemissionen **I** 2/80
Lärmschutz **I** 2/99
Landesfachsportverbände **II** 1/24
Landes-Sport-Beirat **I** 2/64
Landessportbünde **II** 1/26
Lehtonen-Fall **VII** 3/80
Leistungsklage
- Schadenersatz **II** 2/300
- Schmerzensgeld **II** 2/300
Leistungsverwaltung **I** 2/60
Lex sportiva **VI** 1/8
Ligastatut **II** 1/38
Ligaverband **II** 1/38
limited judival review **II** 2/341
Linseman **II** 2/343
Lizenz **II** 2/95, 158
- Erteilung durch Verband **II** 1/77
- bertragung ohne **IV** 2/49
- UEFA-Clublizenzierungsverfahren **II** 1/82
- Verfahren zur Erteilung **II** 1/83
- Verlust **III** I/62
- Verweigerung **II** 1/84
Lizenzerteilungsverfahren **II Einf.**
Lizenzerteilungsverfahren durch Ligaverband **II** 1/77
- Auflagen **II** 1/81
- Entscheidung **II** 1/81
- Entscheidung der DFL **II** 1/81
- Kriterien **II** 1/78
- Nachweis der wirtschaftlichen Leistungsfähigkeit **II** 1/79
- Prüfung durch Wirtschaftsprüfer **II** 1/79
- Rechtsmittel **II** 1/81
- Rechtsmittel gegen Verweigerung **II** 1/81
- Sanktion **II** 1/81
- UEFA-Clublizenzierungsverfahren **II** 1/82
- Vertrag mit dem Ligaverband **II** 1/78
- Vertragsstrafe **II** 1/81
- Ziele **II** 1/77

(fette Zahlen = Teile / magere Zahlen = Randziff.)

Lizenzierungsordnung (LO) **II 1**/38
Lizenzierungsverfahren **II 1**/83
- Eishockey **II 1**/83
- Haftung **II 1**/85
- Handball **II 1**/83
- Lizenzverweigerung **II 1**/84
- Rechtsstreitigkeit **II 1**/84
- Verschwiegenheitsklausel **II 1**/85
Lizenzordnung Spieler (LOS) **II 1**/38
Lizenzvertrag **III 2**: s. Vermarktungsvertrag
Lizenzverweigerung **II 1**/84
Lohnfortzahlungspflicht **II 1**/20

Managementvertrag **III 3**/150
- Athleten-/Spieler-Vermittlungsvertrag **III 3**/151
- beiderseitige Pflichten **III 3**/151
- Pflichten **III 3**/152
- Pflichtverletzungen **III 3**/151, 153
- Rechtsnatur **III 3**/151, 152
Markenschutz **IV 2**/49
Meca-Medina u. Maycen ./. Kommission-Fall **VII 3**/95
Medienrechtevermarktung
- EU-Wettbewerbsrecht **VII 7**/220
Medizinrecht **IV 2**/12
Mehrspartenverein **II 2**/105
Merchandising **III 2**/73
Minderjährigkeit
- Wirksamkeit von Verträgen **III 1**/19
Mitbestimmung **III 1**/49, 55
- Aktivensprecher **III 1**/55
- Athletensprecher **III 1**/55
- Beirat der Aktiven **III 1**/55
- betriebsverfassungsrechtliche **III 1**/50
- gewerkschaftliche **III 1**/52
- im Individualsport **III 1**/55
Mitgliedschaft **II 2**/105
- Aikido-Verband **II 2**/115
- Arten **II 2**/105
- Aufnahmeanspruch **II 2**/107
- Aufnahmeantrag **II 2**/105
- außerordentliche **II 2**/107
- auswärtige **II 2**/107
- Bindungswirkung **II 2**/105
- Ein-Platz-Prinzip **II 2**/108
- Freizeitsportverein **II 2**/115
- Gastmitglied **II 2**/107
- Gebot der mehrfachen Satzungsverankerung **II 2**/106
- im Gründungsstadium **II 2**/105
- im Verband **II 2**/105
- Im Verein **II 2**/105
- kartellrechtlicher Aufnahmeanspruch **II 2**/110
- Mehrspartenvereine **II 2**/105
- mittelbare **II 2**/106
- ordentliche **II 2**/105
- unmittelbar **II 2**/105

- zivilrechtlicher Aufnahmeanspruch **II 2**/112
Mitgliedschaftspflichten **II 2**/147
Mitgliedschaftsrechte **II 2**/118
- als sonstige Rechte im Sinne des § 823 I BGB **II 2**/12
- Schadenersatz **II 2**/121
- Teilnahmeanspruch **II 2**/122
Mitteilungserfordernis
- bei Vereins-/Verbandssanktion **II 2**/274
Mitverschulden **V 1**/6; **V 2**/55, 59
- Bergsport **V 2**/60
- Golfsport **V 2**/60
- Individualsportarten **V 2**/60
- Kampfsportarten **V 2**/61
- Mont-Blanc-Entscheidung **V 2**/60
- Radsport **V 2**/60
- Segelsport **V 2**/60
- Skilauf-Urteil **V 2**/60
- Tennissport **V 2**/60
Monopolstellung der Sportverbände
- Binnenstruktur **Einf.**/13 ff.
- der Sportverbände **II Einf.**
- im Außenverhältnis **Einf.**/18 ff.
Multi-Club Ownership **II 1**/70

Nachbarliche Beeinträchtigung **V 7**/144
- Abwehr- bzw. Ausgleichsanspruch von Nachbarn **V 7**/155
- Anspruchsvoraussetzungen **V 7**/145
- Anwendung der Sportanlagenlärmschutz-Verordnung **V 7**/156
- Beseitigungs- und Unterlassungsanspruch gem. § 1004 BGB **V 7**/145
- Duldungspflicht des § 906 **V 7**/145
- Gesetzesänderung **V 7**/155
- Nachbarschutzklage **V 7**/154
- öffentlich rechtlicher Abwehranspruch **V 7**/145
- Ortsüblichkeit **V 7**/152
- § 906 BGB **V 7**/157
- §§ 858, 862 BGB **V 7**/145
- Privilegierung von Sportimmission **V 7**/153
- Sportimmission **V 7**/147
- Sportlärm **V 7**/146
- Sportlärmschutzverordnung **V 7**/154
- Unwesentliche Beeinträchtigung **V 7**/145
- Wesentliche Beeinträchtigung **V 7**/145
- Wesentliche Geräusch-Beeinträchtigung **V 7**/152
- Wesentlichkeit **V 7**/152
Nachbarliche Beeinträchtigungen
- Abwägungsgebot **I 2**/101
- allgemeine Sportanlagen **I 2**/104
- allgemeine Sportplätze **I 2**/103
- Ballspielanlagen der Kommunen **I 2**/110
- BauNutzungsVO **I 2**/105
- Bolzplätze **I 2**/110
- Gesetzeslage **I 2**/101

- konfliktlösende Maßnahmen **I 2**/109
- Rechtsprechung **I 2**/103
- Rücksichtnahmegebot **I 2**/103
- Skateanlagen der Kommunen **I 2**/110
- SportanlagenlärmschutzVO **I 2**/110
- Sportanlagen-LärmschutzVO **I 2**/106
- Tennisplätze **I 2**/103

Nachbarschutzklage
- gem. § 906 I BGB **V 7**/154

Nachbarschutzmaßnahmen **I 2**/80

Name
- des Sportlers **III 2**/79
- des Verbandes, Vereins **III 2**/79

Narkotika
- Doping **II 2**/217

National Anti-Doping Agentur **II 2**/212
nationaler Fachsportverband **II 2**/169
Nationales Olympisches Komitee **Anh B**/1
Nationales Olympisches Komitee (NOK) **II 1**/28

ne bis in idem
- Verbot der Doppelbestrafung **II 2**/258

NENA-Entscheidung
- des Bundesgerichtshofes **III 2**/85

Niederlassungsfreiheit
- in der EU **VII 4**/134

Nominierungsanspruch **II 2**/128
Nominierungsrichtlinien **II 2**/124
Nominierungsvertrag **II 2**/158
non-interference doctrine **II 2**/342
nulla poena sine lege **II 2**/257

Öffentliche Versicherung **V 6**/130
Olympic Charter **II 2**/165
olympische Bewegung **Anh B**/1
olympische Bezeichnungen **Anh B**/1
Olympische Charta **II 1**/4; **Anh B**/1
olympische Eigentumsrechte **Anh B**/1
olympische Fahne **Anh B**/1
olympische Hymne **Anh B**/1
Olympische Satzung **II 2**/165
olympische Solidarität **Anh B**/1
olympische Spiele **Anh B**/1
Olympische Spiele **Anh B**/1
olympische Embleme **Anh B**/1
olympischer Kongreß **Anh B**/1
olympischer Wahlspruch **Anh B**/1
Olympisches Dorf **Anh B**/1
olympisches Feuer **Anh B**/1
olympisches Symbol **Anh B**/1
Olympismus **Anh B**/1
Ordnung für die Verwertung kommerzieller Rechte (OVR) **II 1**/38
Ordnungs- und Strafgewalt
- der Vereine/Verbände **II 2**/173
- Ordnungsmaßnahmen **II 2**/173
- Rechtsetzungsmaßnahmen **II 2**/173
Ordnungsmaßnahmen der Verwaltung **I 2**/65
Ordre public **VI 2**/36 ff.

Organschaftsrechte **II 2**/118

Peptialhormone **II 2**/218
Persönlichkeitsrechte **VI 2**/57 ff., 99 ff.
Persönlichkeitsrechte des Sportlers
- Schutz **III 2**/79 ff.
- Vermarktung **III 2**/83 ff.
Pflichtverletzung
- des Dienstherrn **III 1**/46
- durch Sportler **III 1**/42
Piau ./. Kommission-Fall **VII 3**/100
Pichler ./. DSV **II 2**/133
Pressegesetze der Bundesländer **IV 2**/13
Prima-facie-Beweis
- Doping **II 2**/232
Private Versicherungen **V 6**/137
- Haftpflichtversicherung **V 6**/137
- Krankheitsversicherung **V 6**/137
- Unfallversicherung **V 6**/137
Privatversicherung **V 6**/130
Produzentenhaftung **VI 2**/98
Prüfungsverfahren
- wirtschaftliche Leistungsfähigkeit eines Vereins **II 1**/76
Publizitätserfordernis **II 2**/119

Radschinsky ./. NOK **II 2**/134
Rat der Europäischen Union **VII 1**/7
Recht am eigenen Bild **IV 5**/182
Recht auf Teilnahme an Mitgliederversammlung **II 2**/118
Rechtliches Gehör **II 2**/267
- Doping **II 2**/267
Rechtsschutz
- gegen Verfassungsverstöße **I 1**/51 ff.
Rechtswahlklausel **VI 2**/26 ff.
Regelanerkennungsvertrag
- Anwendbares Recht, Internationales Privatrecht **VI 2**/39 ff.
- Rechtswahl **VI 2**/42 f.
Regelverletzung
- vorsätzliche **VIII 3**/62
Reiterausweis **II 2**/159
Reiter-Fall **II 2**/158, 162
Rentenversicherung **V 6**/130, 136
- Versicherungsfall **V 6**/136
- Versicherungsleistung **V 6**/136
- Versicherungsverhältnis **V 6**/136
ReSpoDo **I 1**/30
restraint of trade laws **II 2**/344
Risikoeinwilligung **VIII 3**/73
Risikosportart
- Versicherung **V 6**/142
Roberts ./. FIBA **II 2**/137
Rückwirkungsverbot **II 2**/257
- Sanktion **II 2**/257
Rundfunkfreiheit **IV 2**/14
Rundfunkstaatsvertrag **IV 2**/13
Sachbeschädigung **VIII 3**/48, 101

(fette Zahlen = Teile / magere Zahlen = Randziff.)

- keine Rechtfertigung **VIII** 3/104
- mutmaßliche Einwilligung **VIII** 3/105
- Tatbestandsausschluss **VIII** 3/103

Sanktion
- bei Doping **II** 2/238
- Bestimmtheitsgrundsatz **II** 2/253
- Einspruchsverfahren **II** 2/275
- Rechtsmittel **II** 2/275
- Rückwirkungsverbot **II** 2/257
- Übermaßverbot **II** 2/259
- Verhältnismäßigkeit **II** 2/259
- Verschulden **II** 2/262
- Zurechenbarkeit **II** 2/262
- Zuständigkeit **II** 2/266

Sanktionen
- Dopingsperre **II** 2/177
- gegen Sportler **I** 1/13
- gegenüber Nichtmitgliedern **II** 2/178
- von Dachverband gegenüber Sportler **II** 2/176

Schadenersatz
- als Insolvenzforderung **II** 1/103
- Anlagenhaftung **V** 7/161
- bei schädigender Sportberichterstattung **IV** 4/176
- Ereignis in Bergen **V** 7/161
- Gefährdungshaftung **V** 7/161
- Gewässerverunreingung **V** 7/161
- Umfang **V** 1/6
- Verletzung von Mitgliedschaftsrechten **II** 2/121

Schadenersatzanspruch **IV** 5/198
- Nominierung **II** 2/130

Schärenkreuzer-Fall **II** 2/122
Scherhag ./. Deutscher Rollsport Bund (DRB) **II** 2/132

Schiedsgericht **II** 2/284
- Schiedsklausel **II** 2/284
- Schiedsspruch **II** 2/290
- Schiedsverfahren **II** 2/288
- Schiedsvergleich **II** 2/290
- Verfahren **II** 2/284
- Zuständigkeit **II** 2/284

Schiedsgerichtsbarkeit **II** 2/280
- Abgrenzung zum Verbands-, Vereinsgericht **II** 2/283
- Bedenken gegen … in Sportsachen **II** 2/281
- Einstweilige Anordnung **II** 2/289
- Erstmalige Verhängung einer Verbandsstrafe **II** 2/283
- Internationale **VI** 4/150 ff.
- Problematik **II** 2/280
- Schiedsklausel **II** 2/284
- Schiedsklausel, satzungsmäßige **II** 2/285
- Schiedsklausel, vertragliche **II** 2/286
- Schiedsspruch **II** 2/290 f.
- Schiedsverfahren **II** 2/288 f.
- Vorteile **II** 2/280
- Vorteile der … in Sportangelegenheiten **II** 2/280

Schiedsrichterskandal **VIII** 5/151
Schiedsspruch **II** 2/290
Schiedsverfahren **II** 2/288
Schmerzensgeld **IV** 5/199
- bei schädigender Sportberichterstattung **IV** 4/177

Schutzrechte **II** 2/118
Selbstdoping, freiwilliges
- Strafbarkeit **VIII** 4/113

Selbstdoping, unfreies
- Strafbarkeit **VIII** 4/116

Selbstgefährdung der Sportler **I** 2/66
- bei eingetretener Gefahr **I** 2/69
- Hochleistungssport **I** 2/67
- Risikosportarten **I** 2/68

Session
- IOC **Anh B**/1

Sherman Antitrust Act **II** 2/342
Simutenkov-Fall **VII** 3/104
Sittenwidrigkeit
- als Korrektiv bei Einwilligung **VIII** 3/84

Sozialversicherung **V** 6/130
Sozialwerte des Sports **II** 1/13
- Amateureigenschaft der Sportler **II** 1/16
- Doping **II** 1/13
- Fair Play **II** 1/13
- Fairnessgebot **II** 1/13
- Idealverein **II** 1/14
- Mannschaftsdienlichkeit **II** 1/13
- Teamfähigkeit **II** 1/13

Spende **III** 2/73
Sperre eines Sportlers
- Internationales Privatrecht **VI** 2/100 f.

Sperren **I** 1/13, 17 ff.
Spielberechtigung **II** 2: s. Lizenz
Spielerausweis **II** 2/158
Spielerlaubnis **II** 2/159
Spielerpass **II** 2/158
Spielertransfer **VII Einf.**/1
- Ablösesumme **VII Einf.**/1
- Ausländer-Kontingente **VII Einf.**/1

Spielervertrag
- in der Insolvenz des Vereins **II** 2/103

Spielordnung des Ligaverbandes (SpOL) **II** 1/38

Spielregeln
- im engeren Sinn **Einf.**/21
- im weiteren Sinn **Einf.**/22

Spitzname **III** 2: s. Name
Sponsoring **IV** 2/40; **III**2/73; **IV** 1
- in den Medien **IV** 2/16

Sponsoringvertrag **III** 2/77: s. auch Vermarktungsvertrag
- Abstraktionsprinzip **III** 2/92
- Ansprüche bei Rechtsverletzungen **III** 2/82
- Ausrüstungsvertrag **III** 2/129
- Dienst- und Werkleistungen des Gesponser-

867

ten **III 2**/103
- Dienstleistungen **III 2**/89, 94
- Gerichtsstand **III 2**/118
- Geschäftsgrundlage **III 2**/97
- Immaterialgüter als Werberechte **III 2**/79
- Internationale Verträge **III 2**/120
- Internationales Privatrecht **VI 2**/53, 66 ff.
- Leistungen des Gesponserten **III 2**/98
- Leistungen des Sponsors **III 2**/96, 108
- Leistungsgegenstand **III 2**/78
- Leistungsstörungen **III 2**/122
- Nena-Entscheidung **III 2**/85
- Pflichten **III 2**/97
- Pflichtverletzungen **III 2**/122
- Rahmenvertrag **III 2**/121
- Rechtsnatur der immateriellen Werberechte **III 2**/83
- TAS/CAS **III 2**/118
- typologische Einordnung **III 2**/90
- Typologische Einordnung, Rechtsnatur **III 2**/90 ff.
- Verbands- und Vereinsreglungen **III 2**/112
- Vergabe der Werberechte **III 2**/91, 98
- Verletzung von Nebenpflichten **III 2**/127
- vertragliche Regelungen **III 2**/97
- Vertragsdauer **III 2**/114
- Vorvertrag **III 2**/121
- Werberecht **III 2**/78

Sport **III Einf.**/1
- als öffentliche Aufgabe **I 1**/36 ff.
- als Strafrechtsbegriff **VIII 2**/7
- Definition **VIII 2**/9
- im Entwurf für den Europäischen Verfassungsvertrag **I 1**/2, 6
- im Grundgesetz **I 1**/2, 7
- in europäischen Verfassungen **I 1**/3
- in Landesverfassungen **I 1**/2, 4 f., 38, 40
- Versicherung **V 6**/138
- weltweiter Organisationsaufbau **II 1**/34
- Wirtschaftliche Bedeutung **III Einf.**/1

Sportanlagenlärmschutzverordnung (18. BImSchV) **Anh A**/1
Sportanlagen-LärmschutzVO **I 2**/106
SportanlagenlärmschutzVO
- Rechtsprechung **I 2**/110
- Anwendungsbereich **I 2**/107

Sportart
- gefährliche **V 6**/143
Sportausübung als Grundrecht **I 1**: s. Grundrechte
Sportbegriff **Einf.**/1
Sportberichterstattung **IV 1**/3
- Abonnement-Fernsehen **IV 1**/8
- Deutsches Sport-Fernsehen (DSF) GmbH **IV 1**/6
- elektronische Medizin **IV 1**/3
- Eurosport Fernseh GmbH **IV 1**/6
- Internet **IV 1**/10
- Kabel **IV 1**/8
- Kabel Deutschland GmbH (KDG) **IV 1**/9
- Mobilfunk **IV 1**/11
- Premiere Medien GmbH Co. KG **IV 1**/8
- Sport-Spartenprogramm **IV 1**/6
- Vollprogramme mit Sportangebot **IV 1**/5

Sportberichterstattung, schädigende
- Ansprüche von Sportlern **IV 4**/152
- Gegendarstellung **IV 4**/154
- Schadenersatz **IV 4**/176
- Schmerzensgeld **IV 4**/177
- Unterlassung **IV 4**/165
- Widerruf **IV 4**/170

Sportclub **II 2**: s. Verein, s. Aktiengesellschaft, s. GmbH
Sportemission **V 7**/144
Sportemissionen **I 2**/80
Sportförderung
- Auflagen **I 2**/64
- Doping **I 2**/64
- durch den Staat **I 1**/2 ff., 36 ff.
- gegenüber Vereinen und Verbänden **I 2**/64
- Gleichheitssatz **I 2**/64
- Landes-Sport-Beiräte **I 2**/64
- Subventionszweck **I 2**/64
- Verhältnismäßigkeit **I 2**/64
- Widerruf **I 2**/64

Sportförderungsgesetze **I 2**/59, 60
Sportförderungsrichtlinien **I 2**/60
Sportgrundrecht **I 1**/3 ff.: s. auch Grundrechte
Sportimmission **V 7**/147
- Privilegierung **V 7**/153
Sportklausel **V 6**/141
- des § 4 I Nr. 4 AHB **V 6**/137
Sportlärm
- Begriffsabgrenzung **V 7**/147
- Rechtsprechung **V 7**/146, 148
Sportlärmschutzverordnung **V 7**/154
Sportlehrer, privater
- Haftung **V 3**/93
Sportleistung **III 1**/8
Sportleistungsverträge
- Internationales Privatrecht **VI 2**/49 ff.
Sportleistungsvertrag **III 1**/7
- Abstieg **III 1**/63
- Alkoholverbot **III 1**/23
- Antrittsvertrag **III 1**/17
- Arbeitsbedingung **III 1**/18
- Arbeitsrecht **III 1**/18
- Arbeitsvertrag **III 1**/17
- Arbeitszeitgesetz **III 1**/33
- Athletenvereinbarung **III 1**/17
- Aufstieg **III 1**/63
- Beendigung **III 1**/56
- Beschäftigungspflicht **III 1**/37
- betriebliche bung **III 1**/18
- Deliktsanspruch **III 1**/41
- Dienstunfähigkeit des Sportlers **III 1**/44
- Dienstvertrag **III 1**/17, 72

(fette Zahlen = Teile / magere Zahlen = Randziff.)

- Dienstzeit des Sportlers **III 1**/33
- Direktionsrecht **III 1**/18, 21
- Einordnung des Sportleistungsvertrages **III 1**/13
- Eltern als gesetzliche Vertreter **III 1**/19
- Feiertagsarbeitsverbots-Bestimmungen **III 1**/33
- Hauptpflichten des Sportlers **III 1**/20
- Hauptpflichten des Sportveranstalters **III 1**/37
- Hochleistungssport **III 1**/19
- Insolvenz **III 1**/64
- Jugendarbeitsschutzgesetz **III 1**/19
- Lizenzverlust **III 1**/62
- Minderjährige **III 1**/19
- Mitbestimmung im Mannschaftssport **III 1**/49
- Nebenpflichten des Sportlers **III 1**/35
- Nebenpflichten des Sportveranstalters **III 1**/40
- Nichtleistung **III 1**/42
- Pflichten des Sportveranstalters als Arbeitgeber **III 1**/37
- Pflichtverletzung **III 1**/41
- Rauchverbot **III 1**/23
- Regelung der Dienstleistung **III 1**/18
- Schadenersatz **III 1**/41
- Schuldrechtsmodernisierungsgesetz **III 1**/41
- Spielsperre **III 1**/43
- Sport-Arbeitnehmer **III 1**/20
- Sportausbildungsleistung **III 1**/65
- sportliche Tätigkeit als schuldrechtliche Leistung **III 1**/8
- Sportunterricht **III 1**/65
- Streikrecht **III 1**/54
- Tariffähigkeit **III 1**/53
- Tarifpartner der Spielergewerkschaften **III 1**/53
- Tarifvertrag **III 1**/18
- Trainertätigkeit **III 1**/65
- Transfer-Wartefristen **III 1**/58
- Transferzahlung **III 1**/60
- Treuepflicht **III 1**/35
- Unmöglichkeit **III 1**/42
- Vergütungspflicht **III 1**/37
- Verpflichtung zur Begründung eines Schuldverhältnisses **III 1**/12
- Verschwiegenheitspflicht **III 1**/36
- verspätete Leistung **III 1**/42
- vertragsrechtliche Grundlagen **III 1**/12
- vormundschaftsgerichtliche Genehmigung **III 1**/19
- Werbepflicht **III 1**/27
- Wettkampfrichter **III 1**/70
- Wettkampfverbot **III 1**/43
- Wirksamkeit der Verträge mit Minderjährigen **III 1**/19

Sportler
- Bindung an Regelwerk der (Internationalen) Sportverbände **VI 1**/9: s. Werberechte

Sportlerpass **II 2**/158
Sportmanipulation **VIII 5**/151
- Betrug zu Lasten von Wettanbietern **VIII 5**/174
- Betrug zum Nachteil der gegnerischen Spieler **VIII 5**/156, 177
- Betrug zum Nachteil des eigenen Vereins **VIII 5**/160
- Betrug zum Nachteil des gegnerischen Vereins **VIII 5**/158, 176
- Betrug zum Nachteil des unterlegenen Vereins **VIII 5**/169
- Betrug zum Nachteil des Verbandes **VIII 5**/168, 175
- Betrug zum Nachteil des Wettanbieters **VIII 5**/165
- Betrug zum Nachteil einzelner Spieler **VIII 5**/173
- durch Sportler/Trainer **VIII 5**/155, 174
- durch Unparteiische/Offizielle **VIII 5**/164
- in Absprache der beteiligten Mannschaften **VIII 5**/179
- mit Ergebniswirkung **VIII 5**/155
- ohne Ergebniswirkung **VIII 5**/163
- Schiedsrichterskandal **VIII 5**/151
- Wettmafia **VIII 5**/151
- Wettmanipulation **VIII 5**/164
- zu außerordentlichen Zwecken **VIII 5**/164

Sportmanipulationen **VIII 1**/4
Sportmaterial, Haftung für
- Internationales Privatrecht **VI 2**/98

Sportorganisationen
- Bundesfachsportverbände **II 1**/25
- Der „Freiburger Kreis" **II 1**/30
- Deutscher Sportbund (DSB) **II 1**/27
- Internationale Fachsportverbände (Ifs) **II 1**/32
- Internationales Olympisches Komitee (IOC) **II 1**/33
- Kontinentale Sportvereinigungen **II 1**/31
- Landesfachsportverbände **II 1**/24
- Landessportbünde **II 1**/26
- Nationales Olympisches Komitee (NOK) **II 1**/28
- Stiftung Deutsche Sporthilfe **II 1**/29
- Struktur **II 1**/22

Sportrecht
- Begriff **Einf.**/6 ff.

Sportrechteagentur **IV 3**/131
Sportregeln **II 1**/4
Sportschäden **V Einf.**/1
- Allgemeines **V Einf.**/1

Sportschule
- Haftung **V 3**/93

SportseeschifferscheinVO **I 2**/95
Sport-Spartenprogramm **IV 1**/6
Sportsponsoring **IV 2**/40
Sportstrafrecht **VIII 2**/6
Sportsubvention **I 2**/61

869

- gesetzliche Ermächtigung **I 2**/65
- positiver Leistungsanspruch **I 2**/65
- Rechtsanspruch **I 2**/65

Sport-typische Delikte
- Internationales Privatrecht **VI 2**/97 ff.

Sport-typische Verträge
- Anwendbares Recht **VI 2**/39 ff.
- Internationales Privatrecht **VI 2**/39 ff.

Sporttypizität **Einf.**/5
- Bedeutung für das Recht **Einf.**/11 ff.
- Einplatz-(Verbands)-Prinzip **Einf.**/14 f.
- Monopolistisch-hierarchische Verbandsstruktur **Einf.**/13 ff.
- Monopolstellung **Einf.**/18 f.
- Schiedsrichterentscheidung, Verbindlichkeit **Einf.**/21
- Spielregeln **Einf.**/14, 21
- Tatsachenentscheidung des Schiedsrichters **Einf.**/21
- Verbandsregeln **Einf.**/14 f., 23
- Verbindlichkeit der Verbandsregeln **Einf.**/18 f.

Sportübertragung **IV 2**/58
- Exklusivvereinbarung **IV 2**/63
- Kartellrecht **IV 2**/58
- Rechtsgrundlagen für Beschränkung **IV 2**/58

Sportunfall
- Haftung **V 2**/7: s. Haftung
- Internationales Privatrecht **VI 2**/97
- Versicherung **V 6**/143
- Versicherungsschutz **V 6**/130

Sportunfallprozess
- Beweisführung **V 2**/62

Sportunterricht **III 1**/65
- Beendigung **III 1**/69
- Pflichtverletzung **III 1**/68
- Vertragspflichten **III 1**/66

Sportveranstalter
- Hauptpflichten **III 1**/38
- Nebenpflichten **III 1**/40

Sportveranstaltung
- einschließende Begleitung **I 2**/77
- Gefahr **I 2**/69
- Handlungsstörer **I 2**/72
- Ingewahrsamnahme **I 2**/76
- Maßnahmen gegen Fan-Gruppen **I 2**/74
- Maßnahmen gegen Veranstalter **I 2**/72
- Maßnahmen gegen Zuschauer **I 2**/74
- Maßnahmenkatalog **I 2**/75
- Platzverweis **I 2**/77
- Risiken **I 2**/69
- Stadionverbot **I 2**/77
- Vorgehen gegen Nichtstörer **I 2**/74
- Zweckveranlasser **I 2**/72

Sportveranstaltungsausfallversicherung **III 7**/174

Sportverbände **II 1**/35
- Autonomie **Einf.**/11 ff., 31 f.
- Einplatz-(Verbands)-Prinzip **Einf.**/14 ff.
- Monopolistisch-hierarchische Organisationsstruktur **Einf.**/13 f.
- Satzung **II 1**/35
- Verbandsordnungen **II 1**/35

Sportverband **II 1**: s. Sportverein
- Autonomie **I 1**/22 ff.
- Genehmigung einer Sportveranstaltung **IV 2**/101
- Haftung gegenüber Sportlern **V 3**/70
- Sportverbandsgesetz **I 1**/24, 33 f.

Sportverein **II 1**/72
- Finanzierung **II 1**/72
- Haftung gegenüber Sportlern **V 3**/70
- Idealverein **II 1**/54
- Licensing **II 1**/73
- Merchandising **II 1**/73
- Mitgliedsbeiträge **II 1**/72
- Vermarktung **II 1**/72

Sportvereine **II 1**/49
- Namensanmaßung **II 1**/51
- Namensleugnung **II 1**/51
- Namensschutz **II 1**/51
- Sitz **II 1**/50
- Vereinsname **II 1**/49
- Verwechslungsgefahr **II 1**/51

Sportvermarktung **IV Einf.**/1

Sportversicherung **V 6**/138
- Aufopferungsansprüche für Leistungssportler **V 6**/143
- Sporthaftpflichtversicherung **V 6**/141
- Sportkrankenversicherung **V 6**/140
- Sport-Unfallversicherung **V 6**/139
- staatliche Ausgleichspflicht für Gesundheitsschäden von Hochleistungssportlern **V 6**/143

Sportwerbung **IV 2**/16
- Alkohol **IV 2**/30
- Product Placement **IV 2**/22
- Schadenersatzanspruch **IV 2**/19; **V**/198
- Schleichwerbung **IV 2**/22
- Staatsvertrag über den Rundfunk im vereinten Deutschland **IV 2**/17
- Verbot der Programmbeeinflussung **IV 2**/20
- Tabakerzeugnisse **IV 2**/30
- Trennungs- und Kennzeichnungsgebot **IV 2**/20
- Zigaretten **IV 2**/30

Sportwettverträge **III 6**/168, 169
- Erlaubnis der Sportwette **III 6**/168
- Genehmigung der Sportwette **III 6**/168
- Gesetzliche Grundlagen der Sportwette **III 6**/168
- Glücksspielverbot **III 6**/168
- Grundlagen **III 6**/168
- Rechtmäßigkeit der staatlichen Beschränkung **III 6**/168
- Zulässigkeit der Sportwette **III 6**/168

Sport-Wettverträge
- Pflichtverletzungen **III 6**/170

(fette Zahlen = Teile / magere Zahlen = Randziff.)

- Rechtsnatur **III 6**/169
- Vertragspflichten **III 6**/169

Sportwirtschaftsstrafrecht **VIII 2**/47; **VIII 6**/183
- Bestechung im geschäftlichen Verkehr **VIII 6**/198
- Falschangabedelikte gemäß § 331 BGB **VIII 6**/197
- Insolvenzdelikte **VIII 6**/191
- Missbrauchstatbestand **VIII 6**/186
- Treuebruchstatbestand **VIII 6**/189
- Untreue **VIII 6**/185

Staatliche Ausgleichspflicht
- für Hochleistungssportler **V 6**/143

staatliche Förderungsleistung **I 2**/60

Staatszielbestimmungen **I 1**/1, 5, 38 ff.

Stabilisierungs- und Assoziierungsabkommen **VII 5**/156

Stadioneigentümer
- Haftung gegenüber Zuschauern **V 3**/89
- Verkehrspflichten **V 3**/89

Statuten internationaler Verbände **Anh B**/1

Stiftung Deutsche Sporthilfe **II 1**/29

Stimme
- des Sportlers **III 2**/79

Stimme des Sportlers **VI**: s. Werberechte

Stimmrecht **II 2**/118

Stimulantien
- Doping **II 2**/217

Strafprozess **VIII 3**/106

Strafrecht **VIII 1**/1
- Doping **VIII 4**/109
- Doppelbestrafungsverbot **VIII 3**/107
- öffentliches Strafverfolgungsinteresse **VIII 3**/107
- prozessuale Fragen **VIII 3**/106

Straftat
- Amateursport **VIII 2**/39
- beim Sport **VIII 2**/25
- Bewegungskampfsportarten **VIII 2**/40
- Ehrdelikte **VIII 2**/28
- freiverantwortliche Selbstgefährdung **VIII 2**/37
- Holligan **VIII 2**/35
- im Sport **VIII 2**/25
- Körperverletzungsdelikte **VIII 2**/28
- privilegierungsfähige **VIII 2**/29
- Sachbeschädigung **VIII 2**/28
- sportspezifische Sicherheitskriterien von Sportstätten **VIII 2**/37
- Täter-Opfer-Konstellationen im Sport **VIII 2**/30
- Verkehrssicherungspflicht **VIII 2**/38

Strafverfolgungsinteressen, öffentliche **VIII 3**/108

Streikrecht **III 1**/54

Strukturreform des DFB **II 1**/38

Subvention **I 2**/60
- EU-Recht **VII 7**/211

TAS/CAS **III 2**/118

Teilnahmeanspruch
- Mitgliedschaftsrechte **II 2**/122

Teilnahmerecht **II 2**: s. Lizenz
- Insolvenzmasse **II 1**/95

Teilnahmevertrag **II 2**/158

Teske ./. DLV **II 2**/138

Theorie der wesentlichen Bedingung **V 6**/131

Therapeutic Use Exemption TUE **II 2**/230

THG **II 2**/217

Tippgemeinschaft
- Pflichtverletzung **III 6**/172

Titelschutz **IV 2**/51

Titelsponsor **IV 2**/42

Tötungsdelikte **VIII 3**/50

Totogesellschaft
- Pflichtverletzung **III 6**/171

Trainer
- Haftung **V 3**/93
- Körperverletzung **VIII 3**/57

Transferbestimmungen
- EU-Recht **VII 3**/68

Transferentschädigung **II 1**/17

Transferliste **II 1**/17, 91

Transferperiode **II 2**/191

Transferregelungen im Fußball **VII 6**/165
- Entwicklung **VII 6**/165
- Fifa-Transferreglement **VII 6**/168

Transfersystem **II 2**/184
- Ausbildungs- und Förderungsentschädigung **II 2**/194
- der Leichtathletik **II 2**/191
- im Fußball **II 2**/191
- Transferentschädigung **II 2**/193
- Transferliste **II 2**/191
- Transferperiode **II 2**/191

Transfer-Wartefristen **III 1**/58

Transferzahlung **III 1**/60

Treuepflichten **II 2**/118

Tribunal Arbitral du Sport (TAS) **VI 4**/165
- Zuständigkeit in Vermarktungsverträgen **III 2**/118 f.

TV-Übertragungsrechte **II 1**/15

TV-Übertragungsverträge **III 4**: s. Fernseh-Übertragungsverträge

Übermaßverbot
- Sanktion **II 2**/259

Übertragung von Großereignissen
- im Fernsehen **IV 2**/109

UEFA **II 1**/31

UEFA-Clublizenzierungsverfahren **II 1**/82

Umweltbeeinträchtigungen
- aktiver Lärmschutz **I 2**/99
- Alpinskilauf **I 2**/90
- Autorennen **I 2**/89
- durch anlagenabhängige Sportarten **I 2**/81
- durch anlagenunabhängige Sportarten **I 2**/81
- Gesetzeslage **I 2**/82

- Gewässerschutz **I 2**/93
- Gewässerschutzrecht **I 2**/90
- Immissionsschutzrecht **I 2**/87, 97
- Konfliktlösende Ordnungsmaßnahmen **I 2**/85
- Moto-Cross **I 2**/91
- Motorradrennen **I 2**/89
- Motorsportveranstaltungen **I 2**/89
- Mountain-Bike **I 2**/92
- Naturschutzrecht **I 2**/90
- passiver Lärmschutz **I 2**/99
- Rechtsprechung **I 2**/85
- Rennsportveranstaltungen **I 2**/91
- Schlittenfahren **I 2**/90
- Skilanglauf **I 2**/90
- Sportarten mit Wasserfahrzeugen **I 2**/95
- Straßenverkehrsrecht **I 2**/88
- Umweltverträglichkeitsprüfung **I 2**/83, 86
- verkehrsbezogene **I 2**/99
- Wassersport ohne Wasserfahrzeuge **I 2**/94

Umwelteinwirkung durch Sport **V 7**/158
- Abwehranspruch **V 7**/160
- Anlagenhaftung **V 7**/163
- Anlagenhaftung des § 22 Abs. 2 WHG **V 7**/161
- Anspruchsvoraussetzungen **V 7**/158
- Aufopferungsanspruch **V 7**/160
- Gefährdungshaftung **V 7**/161
- Gewässerverunreinigungen nach § 22 WHG **V 7**/161
- Handlungshaftung **V 7**/163
- in Bergen **V 7**/161
- indivuelle Rechtsgutsverletzung **V 7**/165
- Kausalität **V 7**/167
- § 823 I BGB **V 7**/165
- Rechtsprechung **V 7**/159
- Rechtswidrigkeit **V 7**/168
- Schaden Ï§ 249 ff., 251 BGB **V 7**/166
- Schadenersatz **V 7**/160, 161, 162
- Sportanlage mit Elektroinstallation **V 7**/161
- Umwelthaftungsgesetz **V 7**/163
- Verschulden **V 7**/169

Umwelthaftungsgesetz **V 7**/163
Umweltschutzmaßnahmen **I 2**/80
Umweltverträglichkeitsprüfung **I 2**/83, 86
UNECTEF ./. Heylens-Fall **VII 3**/63
Unfallversicherung **V 6**/130
Unfallversicherung, gesetzliche **V 6**/131
- Bergwacht **V 6**/131
- Helfer **V 6**/131
- Organisator **V 6**/131
- Schiedsrichter **V 6**/131
- Schüler **V 6**/131
- Sportstudent **V 6**/131
- Theorie der wesentlichen Bedingung **V 6**/131
- verbotswidriges Handeln **V 6**/131
- versicherter Personenkreis **V 6**/131
- Versicherungsfall **V 6**/131

- Versicherungsleistung **V 6**/132
- Versicherungsverhältnis **V 6**/131
Unschuldsvermutung **II 2**/264
Unterlassungsanspruch **IV 5**/196
- bei schädigender Sportberichterstattung **IV 4**/165
Unterlassungsantrag **II 2**/302
Untreue
- Doping **VIII 4**/148
- Sportwirtschaftsstrafrecht **VIII 6**/185
Uphoff-Becker ./. Deutsches Olympiakomitee für Reiterei **II 2**/141

Veranstalterbegriff **IV 2**/81
Verband
- Insolvenz **II 2**/86 ff.
Verbandsautonomie **II 1**/3
Verbandsgerichtsbarkeit **II 2**/276
- Bedeutung **II 2**/277
- Bezeichnung der sportgerichtlichen Gremien **II 2**/277
- Schiedsgericht **II 2**/279, 280 ff.
- Vereinsautonomie **II 2**/279
Verbandsmitgliedschaft **II 2**/105
Verbandsrecht **II 2**/180; **Anh** 1
- Ablöseforderung **II Einf.**
- Athletenpass **II Einf.**
- Aufnahmeanspruch **II Einf.**
- Autonomie **II Einf.**
- Binnenstruktur **II 1**/4
- Dopingverbot **II Einf.**
- Ein-Platz-Prinzip **II Einf.**
- Förderung deutscher Spieler **II 2**/196
- Idealvereine **II Einf.**
- Kollisionen **II Einf.**
- Lizenz **II Einf.**
- Lizenzerteilungsverfahren **II Einf.**
- Mitgliedschaftsrechte **II Einf.**
- Monopolstellung der Sportverbände **II Einf.**
- Nominierungsanspruch **II Einf.**
- Ordnungs- und Strafgewalt der Vereine **II Einf.**
- Rechtsgarantien zugunsten der Sportler **II Einf.**
- rechtsstaatliche Grundsätze **II Einf.**
- Schiedgerichtsbarkeit **II Einf.**
- Sonderprivatrecht **II Einf.**
- Spielerlaubnis **II Einf.**
- Sportregeln **II 1**/5
- staatliche Gerichtsbarkeit **II Einf.**
- Statuten **II Einf.**
- Teilnahmeanspruch **II Einf.**
- und staatliches Recht **II 1**/3
- Verbandsgerichtsbarkeit **II Einf.**
- Vereinsautonomie **II 1**/3
- Vereinsregister **II Einf.**
- Vermarktungsbeschränkungen **II Einf.**
- Zulassungsregeln **II Einf.**
Verbandsregelwerk **II 2**/148

(fette Zahlen = Teile / magere Zahlen = Randziff.)

Verbandssanktionen **II 1**/8
Verbandsschiedsgerichtsbarkeit **II 2**/281
Verbandsstatut
– International-privatrechtliche Einordnung **VI 2**/12 ff.
Verbot der Doppelbestrafung **II 2**/258
Verbotswidriges Handeln **V 6**/131
Verein
– Betriebsrat **II 1**/19
– Insolvenz **II 2**/86 ff.
Vereinigungsfreiheit **I 1**/22 ff.
Vereinsautonomie **I 1**/22 ff.
– Rechtsetzungsrecht **II 2**/173
– Regelungspflicht **II 2**/173
– Sanktionen **II 2**/174
– Verbandsgerichtsbarkeit **II 2**/279
– Vereinsstrafe **II 2**/174
– Vereinsverwaltungsakt **II 2**/174
Vereinsgericht **II 2**/283
– Abgrenzung zum Schiedsgericht **II 2**/283
Vereinsgerichtsbarkeit **II 2**: s. Verbandsgerichtsbarkeit
Vereinsmitgliedschaft **II 2**/105
– Insolvenz **II 1**/102
Vereinsrecht **II Einf.**: s. Verbandsrecht
– gerichtliche berprüfung **II 2**/304
– Vorrang staatlichen Rechts **II 1**/10
Vereinsregelwerk **II 2**/148: s. Verbandsregelwerk
– Anfechtungsgründe **II 2**/151
– Aufnahmevertrag **II 2**/149
– dynamische Verweisung **II 2**/156
– Geltung gegenüber mittelbaren Mitgliedern **II 2**/153
– Geltung gegenüber unmittelbaren Mitgliedern **II 2**/148
– individualrechtliches Modell **II 2**/158
– korporationsrechtliches Modell **II 2**/153
– modifizierte Normentheorie **II 2**/148
– Nichtigkeitsgründe **II 2**/151
– Normentheorie **II 2**/148
– Regelung der Rechte und Pflichten **II 2**/152
– Satzung zugunsten Dritter **II 2**/153
– statische Verweisung **II 2**/154
– Verbandsbeitritt **II 2**/149
– Vertragstheorie **II 2**/148
Vereinsstrafe **II 2**/174
Vereinsstreitigkeit **II 2**/293
– Anträge **II 2**/293
– Feststellungsklage **II 2**/297
– gerichtliche berprüfung der Vereinsregelungen **II 2**/304
– Gestaltungsklage **II 2**/299
– Hauptsacheverfahren **II 2**/293
– Klagearten **II 2**/293
– Leistungsklage **II 2**/300
– Regelverstoß **II 2**/304
– Sportgerichte **II 2**/304
– Tatsachenentscheidung **II 2**/304
– Überprüfbarkeit von Regelverstößen

II 2/304
– Überprüfbarkeit von Tatsachenentscheidungen **II 2**/304
– Unterlassungsantrag **II 2**/302
– wrongful dismissal **II 2**/305
Vereinsverfassungsbegriff des BGH **II 1**/8
Vereinsverwaltungsakt **II 2**/174
Vereinswechsel **II 2**/184
– mittels Spielervermittler **II 2**/185
Verfassungsbeschwerde **I 1**/51 ff.
Verfassungsrang des Sports **I 1**/2 ff.
Vergleichsverfahren **II 1**/85
Verhältnismäßigkeit **I 1**/10
– Sanktion **II 2**/259
Verkehrspflicht **V 2**/10
– Athletenerklärung **V 3**/79
– Autorennen **V 3**/74
– Berg- und Klettersport **V 2**/15
– Eishockey **V 3**/75
– Flugsportarten **V 2**/15
– Fußball **V 3**/73
– gesetzlich fixierte **V 2**/13
– Golf **V 2**/15
– Hallen-Handball **V 3**/74
– im Sport **V 2**/13
– Individualsportarten **V 2**/13, 15
– Inline-Skating **V 2**/16
– Kampfsportarten **V 2**/13, 14
– Kegelbahn **V 3**/79
– Langläufer **V 2**/15
– Leichtathletik **V 2**/15
– Motorbootsport **V 2**/15
– Motorsport **V 2**/15
– Motorsportrennen **V 3**/77
– Parallelsport **V 2**/15
– Radrennen auf öffentlichen Straßen **V 3**/73
– Regelwerk der Sportverbände **V 2**/13
– Reitsport **V 2**/15
– Rodelbahn **V 3**/79
– Rodeln **V 3**/73
– Segelflug **V 3**/77
– Segelsport **V 2**/15
– Skilaufen **V 2**/15
– Skirennen **V 3**/77
– Snowboarden **V 2**/15, 16
– Squash **V 2**/15
– Tennisplatz **V 3**/3
– Wasserski **V 2**/15
Verkehrspflichten **V 3**/66, 112
– der Betreiber von Bahnen u. Schleppanlagen **V 3**/102
– im öffentlichen Sportbetrieb **V 3**/112
– Kommunen **V 3**/112
– Rechtsprechung **V 3**/66
– Reparatur von Sportgeräten **V 3**/121
– selbstverantwortliche Gefahrvermeidung und Gefahrsteuerung **V 3**/68
– Sporgerätevermieter **V 3**/121
– Sportgeräteproduzent **V 3**/121

- Sportgerätevertreiber **V 3**/121
- Sportlehrer **V 3**/96
- Sportschule **V 3**/96
- Sportveranstalrungsunfall **V 3**/66
- Sportverband **V 3**/73
- Sportverein **V 3**/73
- Staat **V 3**/112
- Trainer **V 3**/96
- unmittelbare Gefahreinwirkung **V 3**/68

Verkehrspflichtenhaftung **V 2**/8
Vermarktungsvertrag **III 2**/73, 77 ff.: s. Sponsoringvertrag
- anwendbares Recht **III 2**/120
- Beachtung der Verbandsregeln **III 2**/112 f.
- Dienst-/Werkleistungen des Gesponsorten **III 2**/103 ff.
- Gerichtsstandklausel **III 2**/118
- Geschäftsgrundlage **III 2**/97
- Internationale **III 2**/120
- Internationales Privatrecht **VI 2**/53, 66 ff.
- Kollisionsrecht **III 2**/120
- Leistungen des Sponsors **III 2**/108 ff.
- Leistungsgegenstand **III 2**/78 ff.
- Leistungsstörungen **III 2**/122 ff.
- Typologische Einordnung, Rechtsnatur **III 2**/90 ff.
- Vermarktbare Rechte **III 2**/79 ff.
- Vertragsdauer **III 2**/114 ff.
- Werbeleistungen des Gesponsorten **III 2**/98 ff.

Vermarkungsbeschränkungen **II 2**/199
- gegenüber Sportlern **II 2**/199
- gegenüber Vereinen **II 2**/199
- Vertrag mit Generalausrüster **II 2**/199

Vermittlungsvertrag **III 3**/133: s. Managementvertrag
- Abschluss der Sponsorenverträge **III 3**/142
- Agentur als „Eigenhändler" **III 3**/143
- Agentur als Vermittler **III 3**/134
- Entgelt **III 3**/139
- Internationale Agenturverträge **III 3**/149
- Kündigungsrecht **III 3**/140
- Pflichten der Agentur **III 3**/136
- Pflichten des Auftraggebers **III 3**/139
- Regelungspunkte **III 3**/136
- typologische Einordnung **III 3**/135
- Umfang der Vermarktung **III 3**/136
- Vertragsdauer **III 3**/140
- Werbeagenturvertrag **III 3**/133

Vermögensdelikt
- Doping **VIII 4**/129

Verschuldensnachweis
- Doping **II 2**/229

Versicherung
- Ausschluss von Risikosportarten **V 6**/142
- private **V 6**/137
- Sportklausel **V 6**/137
- Sportversicherung **V 6**/138

Versicherungsschutz **V 6**/130

- bei Sportunfällen **V 6**/130
- öffentliche Versicherung **V 6**/130
- private Versicherung **V 6**/130
- Sozialversicherung **V 6**/130

Versicherungsvertrag **III 7**/173
- Sportveranstaltungsausfallversicherung **III 7**/174

Vertraglicher Anspruch bei Sportschäden **V 1**/5

Vertragsstatut
- Kollisionsrechtliches **VI 2**/25 ff.

Videobeweis **II 2**/308
Volksfest-Lärm-Urteil des BGH **V 7**/154
Vollstreckung
- Ausländischer Urteile **VI 3**/134 ff.
- Deutscher Urteile im Ausland **VI 3**/140

voluntary associations **II 2**/341
Vorrang staatlichen Rechts vor Vereinsrecht **II 1**/10
Vorstand
- Antragspflicht bei Insolvenz **II 1**/89
- Haftung bei Insolvenz **II 1**/89

Wahlrecht **II 2**/118
Walrave und Koch-Entscheidung **VII 3**/56
WasserskiO **I 2**/95
Welt-Anti-Doping-Agentur **II 2**/211
Werbeagentur, Vertrag
- als Eigenhändler **III 2**/143 ff.
- als Vermittler **III 2**/134 f.

Werbeagenturvertrag **III 3**/133
Werbeausfallversicherung **III 7**/175
Werbeleistungsverträge **III 2**/73 ff.: s. auch Vermarktungsvertrag
Werbeleistungsvertrag **III 2**/73
Werberecht
- als Leistungsgegenstand **III 2**/78
- Immaterialgüter **III 2**/79
- Vergabe **II 2**/91, 98

Werberechte
- Internationales Privatrecht **VI 2**/54 ff.
- Rechtsnatur **III 2**/83
- Schutz **III 2**/79 ff.
- Übertragbarkeit **III 2**/84

Werberichtlinien **IV 2**/13
Werkvertrag
- Internationales Privatrecht **VI 2**/51

Wertrechte **II 2**/118
Wettbewerbsdelikt
- Doping **VIII 4**/149

Wettbewerbsrecht **IV 2**/47
- Ambush marketing **IV 2**/55
- Ergebnistabellen **IV 2**/55
- Gebrauch von Spielplänen **IV 2**/55
- Gebrauch von Titeln, Logos, Emblemen, Marken **IV 2**/51
- Herstellung und Vertrieb von Programmheften **IV 2**/50
- Markenschutz **IV 2**/51

(fette Zahlen = Teile / magere Zahlen = Randziff.)

- Titelschutz **IV 2**/51
- Übertragung ohne Genehmigung **IV 2**/49

Wettbewerbsregeln, europäische **VII 7**/178
- Art. 81, 82 EGV **VII 7**/179
- Ausländerklauseln **VII 7**/185
- Disziplinarmaßnahmen **VII 7**/195
- Dumping **VII 7**/210
- Einkaufsvereinbarungen, exklusive **VII 7**/202
- Exklusivvertrieb von Eintrittskarten **VII 7**/204
- Freistellung **VII 7**/208
- Medienrechtevermarktung **VII 7**/220
- Mehrfachbeteiligung an Fußballvereinen **VII 7**/206
- Nationalitätswechsel **VII 7**/194
- Produktwerbung **VII 7**/196
- Sportverbände **VII 7**/217
- Sportvereine als Unternehmen **VII 7**/183
- Subvention **VII 7**/211
- Transferregeln **VII 7**/185

Wettkampf
- Ausschreibung **II 2**/124
- Nominierungsrichtlinien **II 2**/124
- Teilnahmeanspruch **II 2**/123

Wettkampfbestimmungen **II 1**/4

Wettkampfkosten
- Insolvenz **II 1**/96

Wettkampfrichter **III 1**/70
- Pflichtverletzung **III 1**/72
- Vertragspflichten **III 1**/70

Wettmanipulation
- durch Offizielle **VIII 5**/164
- durch Sportler **VIII 5**/174
- durch Trainer **VIII 5**/174
- durch unparteiische **VIII 5**/164

Wettspieler
- Pflichtverletzung **III 6**/171

Widerrufsrecht
- bei schädigender Sportberichterstattung **IV 4**/170

Wild-cards **II 2**/127
Wirtschaftskriminalität **VIII 6**: s. Sportwirtschaftsstrafrecht
Wirtschaftsstrafrecht **VIII 6**: s. Sportwirtschaftsstrafrecht
Wirtschaftssubvention **I 2**/60, 61
World Anti-Doping Code **II 2**/170; **Anh B**/1
Wrongful dismissal
- Schiedsrichter **II 2**/305

Zentrale Rechtevergabe **IV 2**/81
Zentraler Rechteeinkauf **IV 2**/102
Zentralvermarktung **IV 2**/81
Zulassungsbeschränkung **II 2**/180
Zulassungsregeln **II 2**/181
- Leichtathletik **II 2**/181
- Olympische Spiele **II 2**/182
- Vereinbarkeit mit dem Rechtsberatungsgesetz **II 2**/190
- Vereinbarkeit mit staatlichem Recht **II 2**/187

Zurechenbarkeit **II 2**/262
- Vereinsstrafe **II 2**/262

Zuschauer
- Haftung der Sportler **V 2**/53

Zuschauerunfallversicherung **V 3**/84
Zuschauervertrag **III 5**/158
- Haftung **V 4**/128
- Pflichtverletzungen **III 5**/163
- Rechtsnatur **III 5**/158
- Vertragspflichten **III 5**/158

Zuständigkeiten **I 1**/41 ff.
- des Bundes **I 1**/42 ff.
- der Gemeinden **I 1**/49 f.
- der Länder **I 1**/46 ff.

Zwangsabstieg
- bei Insolvenz **II 1**/99

Zwangsdoping **VIII 4**/116
Zwischenstaatlichkeitsklausel **VII 7**/186